Presse-recht

*Recherche, Darstellung, Haftung
im Recht der Presse, des Rundfunks
und der neuen Medien*

von

Dr. Jörg Soehring, LL.M.
Rechtsanwalt in Hamburg

und

Dr. Verena Hoene, LL.M.
Rechtsanwältin in Köln

6. vollständig überarbeitete Auflage

2019

ottoschmidt

Bibliografische Information
der Deutschen Nationalbibliothek

Die Deutsche Nationalbibliothek verzeichnet diese
Publikation in der Deutschen Nationalbibliografie;
detaillierte bibliografische Daten sind im Internet
über http://dnb.d-nb.de abrufbar.

Verlag Dr. Otto Schmidt KG
Gustav-Heinemann-Ufer 58, 50968 Köln
Tel. 02 21/9 37 38-01, Fax 02 21/9 37 38-943
info@otto-schmidt.de
www.otto-schmidt.de

ISBN 978-3-504-67106-8

©2019 by Verlag Dr. Otto Schmidt KG, Köln

Das verwendete Papier ist aus chlorfrei gebleichten
Rohstoffen hergestellt, holz- und säurefrei, alterungs-
beständig und umweltfreundlich.

Einbandgestaltung: Lichtenford, Mettmann
Satz: WMTP, Birkenau
Druck und Verarbeitung: Kösel, Krugzell
Printed in Germany

Vorwort

In den knapp sechs Jahren seit Erscheinen der 5. Auflage im Spätsommer 2013 war eine Vielzahl gesetzgeberischer Aktivitäten zu verzeichnen, die, in einigen Fällen mit intensiver publizistischer Begleitung, häufig aber auch von der Öffentlichkeit weitgehend unbemerkt, zum Teil beträchtliche Auswirkungen auf das Recht der klassischen wie der neuen Medien haben.

Im Blickpunkt nicht nur der Fach-Öffentlichkeit standen und stehen das in seiner Bedeutung für die Medienfreiheiten vielfach deutlich überschätzte, am 1. Oktober 2017 in Kraft getretene Netzwerkdurchsetzungsgesetz (NetzDG) auf der einen und die am 25. Mai 2018 in Kraft getretene Datenschutz-Grundverordnung (DSGVO) auf der anderen Seite; ihre Auswirkungen auf das materielle Presserecht generell und insbesondere das Recht am eigenen Bild sind bei Drucklegung noch nicht endgültig geklärt. Zu nennen sind aber auch die Know-How-Schutz-Richtlinie und ihre mit fast einjähriger Verspätung erfolgte Umsetzung in nationales Recht durch das am 21. März 2019 vom Deutschen Bundestag verabschiedete, bei Abschluss des Manuskripts aber noch nicht in Kraft getretene Geschäftsgeheimnisschutzgesetz (GeschGehG) mit einer bis dato nicht existenten Regelung des für die Recherchearbeit der Medien so bedeutsamen *Whistleblowing* oder die Marktmissbrauchsverordnung (MAR) und ihre Anbindung u.a. an das mit Wirkung vom 1. Januar 2019 neu gefasste Wertpapierhandelsgesetz (WpHG), mit konkreten Auswirkungen auf bestimmte Missbrauchstatbestände in der Wirtschaftsberichterstattung. Mit der Ergänzung von § 51 UrhG um einen neuen Satz 3, der mit Wirkung vom 1. März 2018 dem Bildzitat einen konkreten Platz im Urheberrecht einräumt, wurde die Position der Redaktionen für diesen Bereich, mit der Erweiterung von § 169 GVG und § 17a BVerfGG die Berichterstattungsfreiheit des Mediums Fernsehen im Zusammenhang mit Gerichtsverfahren maßvoll gestärkt. Mit der Einführung eines besonderen Arbeitsraums für Medienvertreter bei Massenverfahren durch diese neuen Bestimmungen hat der Gesetzgeber darüber hinaus versucht, Lehren aus der zunächst sehr unübersichtlichen und teilweise missglückten Zulassung von Medienvertretern bei der Platzvergabe im sog. *NSU-Verfahren* zu ziehen; die Bewährung dieser neuen Regeln steht noch aus. Das in der StPO und in abgeschwächter Weise der ZPO und den anderen Verfahrensgesetzen des Bundes verankerte Medienprivileg im Rahmen des Zeugnisverweigerungs- und Beschlagnahmerechts wurde durch Gesetze vom 10. Februar 2015 und 25. Mai 2018 sachgerecht auf die Komplexe der Vorratsdatenspeicherung und der Auskunftsverpflichtungen gegenüber dem BKA übertragen. Zu nennen ist im Bereich der gesetzgeberischen Aktivitäten der letzten Jahre schließlich die Aufhebung von § 103 StGB, mit der der Bundesgesetzgeber auf den Versuch des türkischen Präsidenten *Erdogan* reagierte, das dem Bereich der Satire zuzuordnende sog. Schmähgedicht von *Jan Böhmermann* mit Hilfe der deutschen Justiz zu kriminalisieren; durch die generellen Beleidigungstatbestände der §§ 285 ff. StGB bleiben allerdings Repräsentanten ausländischer Staaten auch weiterhin geschützt.

Erste Weichenstellungen durch gerichtliche Entscheidungen waren im Bereich des Leistungsschutzrechts der Presseverlage zu verzeichnen, dessen weitere Anwendbarkeit im Lichte einer kurz vor Drucklegung bekannt gewordenen Stellungnahme des Generalanwalts beim EuGH vom 12. Dezember 2018 und der derzeit noch im Gesetzgebungsverfahren des Europäischen Parlaments befindlichen Vorbereitung eines europäischen Leistungsschutzrechts allerdings mehr als fraglich erscheint.

Ebenfalls kurz vor Erscheinen der 5. Auflage wurde das Urteil des Bundesverwaltungsgerichts zum grundrechtsunmittelbaren Auskunftsanspruch der Medien gegenüber Behörden des

Bundes vom 20. Februar 2013 bekannt. In dessen Folge haben sich die Verwaltungsgerichte in einer Vielzahl von Verfahren mit diesem Komplex beschäftigen müssen, so dass eine grundlegende Überarbeitung von § 4 der Neuauflage erforderlich wurde.

Der bereits erwähnte *Böhmermann*-Text schließlich hat die rechtlichen Rahmenbedingungen der Satire vertieft in den Blickpunkt nicht nur der Fach-Öffentlichkeit gerückt; die dazu anhängigen Auseinandersetzungen vor den Zivilgerichten sind bei Drucklegung nicht abgeschlossen.

Das Buch wurde in allen Teilen überarbeitet und aktualisiert. Die Autorin Verena Hoene, die an der 5. Auflage erstmals mitgewirkt hatte, hat in der vorliegenden Auflage einen deutlich größeren Anteil übernommen; Aufbau und Struktur des Gesamtwerks wurden dadurch nicht verändert. Das Buch ist trotz der selbständigen Bearbeitung der einzelnen Kapitel durch die beiden Autoren ein Gemeinschaftswerk.

Im Zeitalter der allgemein verfügbaren elektronischen Datenbanken, die sich nach den Beobachtungen des Verlags und der Autoren in der juristischen Praxis weitestgehend durchgesetzt haben, verliert die Angabe von Parallelfundstellen für die im Text zitierten gerichtlichen Entscheidungen zunehmend an praktischer Bedeutung. Im Interesse der Vermeidung jeder nicht erforderlichen Ausweitung des Umfangs des Werks haben wir daher, abweichend von der bisherigen Praxis, in dieser Auflage für Entscheidungen jeweils nur noch eine Primär- und eine Parallelfundstelle angegeben. Nicht aufrechtzuerhalten war die bis zur 5. Auflage praktizierte Fortführung der seit der 1. Auflage vergebenen Randziffern. Nachdem wir sie schon in der 5. Auflage durch Buchstaben untergliedert hatten, wo dies notwendig erschien, und dabei in Einzelfällen an das Ende des Alphabets gestoßen waren, haben wir uns in diesem Punkt nach reiflicher Überlegung zu einem Neuanfang entschlossen. Die Randziffern der jetzt vorliegenden 6. Auflage entsprechen daher zum größten Teil nicht mehr denen der Vorauflagen. Wir hoffen, dies durch eine deutliche Ausweitung des Schlagwortregisters kompensieren zu können.

Rechtsprechung und Schrifttum konnten bis zum 31. März 2019 berücksichtigt werden. Wir danken Frau Sonja Behrens-Khaled und Frau Friederike Voss im Lektorat sowie ihren Kolleginnen und Kollegen in der Herstellungsabteilung des Verlags erneut für ihre stets freundliche und umsichtige Unterstützung bei der Fertigstellung der hiermit vorgelegten Neuauflage. Für Anregungen und Kritik sind wir wie immer dankbar – diese können Sie gerne dem Verlag unter lektorat@otto-schmidt.de übermitteln.

Hamburg / Köln, im April 2019   Jörg Soehring   Verena Hoene

Inhaltsübersicht

Teil I
Material und Recherche

Erster Abschnitt
Einführung

Zweiter Abschnitt
Nachrichten/Fakten – Quellen und Beschaffung

Teil II
Das Recht der Darstellung

Erster Abschnitt
Allgemeine Grundlagen

Zweiter Abschnitt
Einzelfragen

Teil III
Haftung und Ansprüche

Erster Abschnitt
Strafrechtliche Haftung

Zweiter Abschnitt
Zivilrechtliche Ansprüche

Literaturverzeichnis

Agudo y Berbel/Engels, „Hörfunkrechte" – ein eigenständiges Wirtschaftsgut?, WRP 2005, 191

Ahrens, Redaktionelle Werbung – Korruption im Journalismus, GRUR 1995, 307

Ahrens, Die Benetton-Rechtsprechung des BVerfG und die UWG-Fachgerichtsbarkeit, JZ 2004, 763

Ahrens, Influencer Marketing – Regulierungsrahmen und Konsequenzen seiner Anwendung, GRUR 2018, 1211

Albrecht/Janson, Datenschutz und Meinungsfreiheit nach der Datenschutzgrundverordnung, CR 2016, 500

Alexander, Grundstrukturen des Schutzes von Geschäftsgeheimnissen durch das neue Gesch-GehG, WRP Heft VI, 2019 (bei Drucklegung noch nicht erschienen)

Alexander, Das Spannungsverhältnis zwischen investigativem Journalismus und dem Schutz von Geschäftsgeheimnissen, AfP 2017, 469

Alexander, Der verfassungsunmittelbare Auskunftsanspruch der Presse gemäß Art. 5 Abs. 1 Satz 2 GG, ZUM 2013, 614

Alexander, Persönlichkeitsschutz und Werbung mit tagesaktuellen Ereignissen, AfP 2008, 556

Arndt, Umwelt und Recht, NJW 1964, 1310

Arndt, Zur Rechtsprechung – Stasi-Unterlagen Prominenter, NJW 2001, 2948

Baumbach/Hopt, Handelsgesetzbuch – Kommentar, 37. Aufl. 2016

Baumbach/Lauterbach/Albers/Hartmann, Zivilprozessordnung, 74. Aufl. 2016

v. Becker, „Schmerzen, wie du sie noch nie erlebt hast" – LG Koblenz erlaubt Verfilmung des Gäfgen-Falls, NJW 2007, 662

v. Becker, Parodiefreiheit und Güterabwägung – Das „Gies-Adler"-Urteil des BGH, GRUR 2004, 104

Becker-Toussaint, Schmerzensgeldansprüche Beschuldigter bei Medieninformationen der Staatsanwaltschaften, NJW 2005, 414

Behm, Verletzung von Dienstgeheimnissen und Beihilfe durch Journalisten?, AfP 2000, 421

Beleites, Wie weiter mit den Stasi-Akten? – Die 7. Novelle zum Stasi-Unterlagen-Gesetz vom 21. Dezember 2006, Deutschland Archiv 40 (2007), 5

Benedikt/Kranig, DSGVO und KUG – ein gespanntes Verhältnis, ZD 2019, 4

Berg, Zum presserechtlichen Informationsanspruch, JuS 1998, 997

Bernreuther, Zur Interessenabwägung bei anonymen Meinungsäußerungen im Internet, AfP 2011, 218

Bettermann, Die allgemeinen Gesetze als Schranken der Pressefreiheit, JZ 1964, 601

Bettermann, Publikationsfreiheit für erschlichene Informationen?, NJW 1981, 1065

Beucher/Leyendecker/Rosenberg, Mediengesetze – Kommentar, 1999

Beyer, Religion and Freedom of the Press in Conflict, AfP 2013, 378

Binder/Vesting, Beck'scher Kommentar zum Rundfunkrecht, 4. Aufl. 2018 (zit. Binder/Vesting/*Bearbeiter*)

Borgmann, Von Datenschutzbeauftragten und Bademeistern – Der strafrechtliche Schutz am eigenen Bild durch den neuen § 201a StGB, NJW 2004, 2133

Bork, Product Placement und Wettbewerbsrecht – Zu den Grenzen „medialer" Fernsehwerbung, GRUR 1988, 264

Bork, Die Berichterstattung über inoffizielle „Stasi"-Mitarbeiter, ZIP 1992, 90

Born, Gen-Milch und Goodwill – Äußerungsrechtlicher Schutz durch das Unternehmenspersönlichkeitsrecht, AfP 2005, 110

Bornemann, Der Jugendmedienschutz-Staatsvertrag der Länder, NJW 2003, 787

Brandner, Kurzberichterstattung und Verfassungsrecht – Zur Verfassungsmäßigkeit des Staatsvertrages der Bundesländer vom 15.3.1990 zur Fernsehkurzberichterstattung, AfP 1990, 277

Brauneck/Schwarz, Rechtsfragen des journalistischen Interviews, AfP 2008, 14, 126 und 276

Brost, Privilegierte Quellen im Medienrecht – zwischen Aktualitätsdruck und Persönlichkeitsschutz, ZUM 2016, 816

Brost/Conrad, Anonymitätsschutz in der Sozialsphäre, AfP 2017, 286

Brost/Conrad/Rödder, Einholung und Berücksichtigung der Stellungnahme bei Verdachtsberichterstattung, AfP 2018, 287

Bruns, Persönlichkeitsschutz im Internet – medienspezifisches Privileg oder medienpersönlichkeitsrechtlicher Standard?, AfP 2011, 412

Bülow, Product-Placement und Freiheit der Kunst, WRP 1991, 9

Büttner, Über allen Wipfeln ist Ruh ... Satire und Parodie im Markenrecht, in Ahrens/Bornkamm/Kunz-Hallstein (Hrsg.), FS für Eicke Ullmann, 2006

Cahn, Produkthaftung für verkörperte geistige Leistungen, NJW 1996, 2899

Cornils, Gefühlsschutz, negative Informationsfreiheit oder staatliche Toleranzpflege: Blasphemieverbote in rechtlicher Begründungsnot, AfP 2013, 199

Cornils, Der Streit um das Medienprivileg – Zur Unionsrechtskonformität der neu gefassten Regelungen zum Mediendatenschutz , ZUM 2018, 561

Cronemeyer, Zum Anspruch auf Geldentschädigung bei der Verletzung des allgemeinen Persönlichkeitsrechts, AfP 2012, 10

Cronemeyer, Das Unternehmenspersönlichkeitsrecht in der gerichtlichen Praxis, AfP 2014, 111.

Czernik, Heimliche Bildaufnahmen – ein beliebtes Ärgernis, GRUR 2012, 457

Dahle/Stegmann, Promis und Pressefreiheit – ein gespanntes Verhältnis, AfP 2013, 480

Dahs, Handbuch des Strafverteidigers, 7. Aufl. 2005

Damm, Ole, Sind deutsche Gerichte zur weltweiten Internetregulierung befugt? Anmerkung zur BGH-Entscheidung „New York Times", GRUR 2010, 891

Damm, Renate, Gegendarstellung als Schlagzeile?, AfP 1994, 270

Damm/Rehbock, Widerruf, Unterlassung und Schadensersatz in den Medien, 3. Aufl. 2008

Dauner-Lieb, Bürgerliches Gesetzbuch – Schuldrecht, 3. Aufl. 2016 (zit. Dauner-Lieb/*Bearbeiter*)

Degenhart, Erläuterungen zu Art. 5 Abs. 1 und 2 GG in: Bonner Kommentar zum Grundgesetz, 68. Lieferung 2013

Degenhart, Rechtsfragen der Ausstellung von Presseausweisen, AfP 2005, 305

Degenhart, Marktverhaltensregeln im Wettbewerb der Medien, AfP 2018, 189

Demharter, Grundbuchordnung, 30. Aufl. 2016

Deutscher Presserat, Publizistische Grundsätze (Pressekodex) und Richtlinien für die publizistische Arbeit in der Fassung vom 13.3.2013, abrufbar unter http://www.presserat.info/inhalt/der-pressekodex/pressekodex.html

Deutscher Presserat, Pressemitteilungen, AfP 1990, 292

Dietrich, Caroline und die Medien, AfP 2013, 277

Dietrich, Eine Villa in Kenia, ZUM 2014, 661

Dörr, Auskunftsansprüche gegen die Medien bei Persönlichkeitsverletzungen, AfP 1993, 709

Dreier/Schulze, Urheberrechtsgesetz, 5. Aufl. 2015 (zit. Dreier/*Bearbeiter*)

Eckert/Freudenberg, Schleichwerbung mit Fantasieprodukten, GRUR 2012, 343

Ehmann, Die Nutzung des kommerziellen Wertes von Politikern zu Werbezwecken, AfP 2005, 237

Ekrutt, Vergütungspflicht für Pressespiegel – zur Auslegung und Konsequenz des § 49 UrhG, GRUR 1975, 358

Engels, Zur strafrechtlichen Haftung des verantwortlichen Redakteurs, AfP 2005, 39

Engels/Jürgens, Multimedia und elektronische Presse, AfP 2008, 367

Engels/Schulz, Das Bildnis aus dem Bereich der Zeitgeschichte – Anmerkungen zur Dogmatik des Bildnisschutzes, AfP 1998, 574

Engels/Stulz-Herrnstadt, Einschränkungen für die Presse nach dem neuen Jugendschutzgesetz, AfP 2003, 97

Erbs/Kohlhaas/Wache, Strafrechtliche Nebengesetze, 217. Ergänzungslieferung 2017

Euler, Recht am Bild der eigenen Sache? – wie frei sind gemeinfreie Kulturgüter?, AfP 2009, 459

Faßbender, Was darf die Satire? Bemerkungen aus der Perspektive des deutschen Verfassungsrechts, NJW 2019, 705

Fehn/Horst, Behördliche Pressearbeit bei strafprozessualen Maßnahmen, AfP 2007, 13

Felix, Kollision von Presseinformationsrecht und Steuergeheimnis, NJW 1978, 2134

Fezer (Hrsg.), Lauterkeitsrecht, 2005 (zit. *Fezer/Bearbeiter*)

Fiedler, Zunehmende Einschränkungen der Pressefreiheit, ZUM 2010, 18

Fischer, Strafgesetzbuch und Nebengesetze, 65. Aufl. 2018

Fischer, Die urheberrechtliche Schutzfähigkeit gerichtlicher Leitsätze, NJW 1993, 1228

Flechsig, Schutz gegen Verletzung des höchstpersönlichen Lebensbereichs durch Bildaufnahmen, ZUM 2004, 605

Flechsig, Gesetzliche Vergütungsansprüche im Lichte geplanter Leistungsschutzrechte für pressemäßige Medienerzeugnisse, AfP 2012, 427

Foerste, Die Produkthaftung für Druckwerke, NJW 1991, 1433

Forkel, Das Bundesverfassungsgerichtsgesetz, das Zitieren und die Meinungsfreiheit, JZ 1994, 637

Franz, Ein bisschen Spaß muss sein!, WRP 2019, 15

Frenz/Casimir-van den Brock, Religionskritische Meinungsäußerungen und Art. 10 EMRK in der Spruchpraxis des Europäischen Gerichtshofs für Menschenrechte, ZUM 2007, 815

Frenzel, Von Josefine Mutzenbacher zu American Psycho – Das Jugendschutzgesetz 2002 und das Ende des Gesetzes über die Verbreitung jugendgefährdender Schriften und Medieninhalte, AfP 2002, 191

Frey, Leistungsschutzrecht für Presseverleger – Überlegungen zur Struktur und zu den Auswirkungen auf die Kommunikation im Internet, MMR 2010, 291

Fricke, Grundlagen und Grenzen des Berichtigungsanspruchs im Äußerungsrecht, AfP 2009, 552

Friedrich, Die Grenzen politischer Kunst im Kampf gegen verfassungsfeindliches Gedankengut, AfP 2018, 479

Frömming/Peters, Die Einwilligung im Medienrecht, NJW 1996, 958

Fromm/Nordemann, Urheberrecht, 11. Aufl. 2014

Fuchs, Die wettbewerbsrechtliche Beurteilung redaktioneller Werbung in Presseerzeugnissen unter besonderer Berücksichtigung der Koppelung von entgeltlicher Anzeige und redaktioneller Berichterstattung, GRUR 1988, 736

Fuhr, Das Recht des Fernsehens auf freie Berichterstattung über öffentliche Veranstaltungen, in: Festschrift für Armbruster, 1976, S. 117

Gaede, Neuere Ansätze zum Schutz der Pressefreiheit beim „Geheimnisverrat durch Journalisten", AfP 2007, 410

Gaertner, Die Haftung von Verlagen für den wettbewerbswidrigen Inhalt von Anzeigen, AfP 1990, 269

v. Gamm, Urheberrechtsgesetz, Kommentar, 1968

v. Gamm, Persönlichkeitsschutz und Massenmedien, NJW 1979, 513

v. Gamm, Neuere Rechtsprechung zum Wettbewerbs- und Markenrecht GRUR 1991, 405

Garton-Ash, Redefreiheit – Prinzipien für eine vernetzte Welt, 2016

Gersdorf, Caroline-Urteil des EGMR: Bedrohung der nationalen Medienordnung, AfP 2005, 221

Glockzin, „Product Placement" im Fernsehen, MMR 2010, 161

Götting, Persönlichkeitsrechte als Vermögensrechte, 1995

Götting, Sanktionen bei Verletzung des postmortalen Persönlichkeitsrechts, GRUR 2004, 801

Götting/Scherz/Seitz, Handbuch des Persönlichkeitsrechts, 2008 (zit. Götting/*Bearbeiter*)

Gola, Datenschutzgrundverordnung, 2. Aufl. 2018

Gostomzyk, Äußerungsrechtliche Grenzen des Unternehmenspersönlichkeitsrechts – Die Gen-Milch-Entscheidung des BGH, NJW 2008, 2082

Gounalakis, Rechte und Pflichten privater Konzertveranstalter gegenüber den Massenmedien, AfP 1992, 343

Gounalakis, Zum Presseordnungsrecht, AfP 1993, 548

Gounalakis, Freiräume und Grenzen politischer Karikatur und Satire, NJW 1995, 811

Gounalakis, „Soldaten sind Mörder", NJW 1996, 481

Gounalakis, Der Mediendienste-Staatsvertrag der Länder, NJW 1997, 2993

Gounalakis, Persönlichkeitsschutz und Geldersatz, AfP 1998, 10

Gounalakis, Verdachtsberichterstattung durch den Staatsanwalt, NJW 2012, 1473

Gounalakis/Klein, Zulässigkeit von personenbezogenen Bewertungsplattformen – Die „Spickmich"-Entscheidung des BGH vom 23.6.2009, NJW 2010, 566

Grimm, Die Meinungsfreiheit in der Rechtsprechung des Bundesverfassungsgerichts, NJW 1995, 1697

Grimm, Der Stolpe-Beschluss des BVerfG – eine Rechtsprechungswende?, AfP 2008, 1

Grimm, Was schuldet der Staat der Religion?, in: Süddeutsche Zeitung v. 25.9.2012

Gröning, Hintertüren für redaktionelle Werbung? – Aufdeckung und Bekämpfung redaktioneller Werbung nach der neuesten Rechtsprechung des Bundesgerichtshofs, WRP 1993, 685

Gröning, Kostenlose Entgeltlichkeit? Wettbewerbskonforme Wettbewerbswidrigkeit? Werbende Nichtwerbung?, WRP 1995, 181

Groß, Presserecht, 3. Aufl. 1999

Groß, Zu den Voraussetzungen des Rechts auf Gegendarstellung und dessen Durchsetzung, AfP 1994, 264

Groß, Zum Presseordnungsrecht, AfP 1993, 548

Groß, Zum presserechtlichen Informationsanspruch, DÖV 1997, 133

Günther, Öffentlichkeitsarbeit von Behörden und externes Whistleblowing durch Beamte, NVwZ 2018, 1109

Haarhoff, Prominenten-Porträts als Marke? – Anmerkung zu den Beschlüssen des BGH „Marlene-Dietrich-Bildnis I" und des BPatG „Porträtfoto Marlene Dietrich II", GRUR 2011, 183

Hamich (Hrsg.), Karlsruher Kommentar zur Strafprozessordnung, 6. Aufl. 2008 (zit. KK/*Bearbeiter*)

Harmsen, Freiheit der Filmischen Berichterstattung, GRUR 1952, 500

Hartmann, Der Nachtragsanspruch – Störerhaftung der Presse infolge zulässiger Verdachts-berichterstattung, AfP 2015, 106

Hartstein/Ring/Kreile/Dörr/Stettner, Rundfunkstaatsvertrag, Stand: Dezember 2008

Hassemer, Vorverurteilung durch die Medien?, NJW 1985, 1921

Hauck, Geheimnisschutz im Zivilprozess – was bringt die neue Richtlinie für das deutsche Recht? NJW 2016, 2218

Hauschka, Product Placement und Wettbewerbsrecht – Ein Lösungsversuch, DB 1988, 165

Hecker, Die Haftung des Verlages für die Veröffentlichung fehlerhafter Anzeigen, AfP 1993, 717

Heermann, Stellung und Stellenwert des Hausrechts bei der audiovisuellen Verwertung von Sportveranstaltungen, WRP 2012, 17

Heermann, Leistungsschutzrecht für Sportveranstalter de lege ferenda?, GRUR 2012, 791

Hefermehl, Redaktionelle Werbung in Kundenzeitschriften, AfP 1971, 111

Hegemann, Die Früchte des verbotenen Baums: Investigative Recherche und die Verwertung rechtswidrig erlangter Informationen, AfP 2019, 12

Hegemann-Heine, Für ein Leistungsschutzrecht der Presseverleger, AfP 2009, 201

Heintschel v. Heinegg, Auskunftsansprüche der Presse gegenüber der Verwaltung, AfP 2003, 295

Heintschel v. Heinegg, Herausgabe und Verwendung von Stasi-Unterlagen mit personenbezo-genen Informationen an die Presse, AfP 2004, 505

Heldrich, Persönlichkeitsschutz und Pressefreiheit, in: Festschrift für H. Heinrichs, 1998, S. 319

Heldrich, Privates Glück in der Medienwelt, Medien zwischen Spruch und Informationsinte-resse, in: Festschrift für R. Schweizer, 1999, S. 29

Heldrich, Persönlichkeitsschutz und Pressefreiheit nach der Europäischen Menschenrechts-konvention, NJW 2004, 2634

Helle, Ernst, Die Unwahrheit und die Nichterweislichkeit der ehrenrührigen Behauptung, NJW 1964, 841

Helle, Jürgen, Die Einwilligung beim Recht am eigenen Bild, AfP 1985, 93

Helle, Jürgen, Besondere Persönlichkeitsrechte im Privatrecht: Das Recht am eigenen Bild, das Recht am gesprochenen Wort und der Schutz des geschriebenen Wortes, 1991

Helle, Jürgen, „Variantenlehre" und Mehrdeutigkeit der verletzenden Äußerung, AfP 2006, 110

Helle, Jürgen, Das kommerzielle Persönlichkeitsrecht und das Grundgesetz, AfP 2010, 531

Hellmann/Gärtner, Neues beim Volksverhetzungstatbestand – Europäische Vorgaben und ihre Umsetzung, NJW 2011, 961

Henning-Bodewig, Product Placement und andere Arten der „absatzfördernden Kommunika-tion"; Die neuen Formen der Schleichwerbung, BB 1986, Beilage 18

Henning-Bodewig, Product Placement und Sponsoring, GRUR 1988, 867

Henning-Bodewig, Sponsoring, AfP 1991, 487

Henning-Bodewig, Werbung im Kinospielfilm, GRUR 1996, 321

Herrmann/Lausen, Rundfunkrecht, 2. Aufl. 2004

Hesse, Rundfunkrecht – Die Organisation des Rundfunks in der Bundesrepublik Deutschland, 3. Aufl. 2003

Hirte, Mitteilung und Publikation von Gerichtsentscheidungen – Zum Spannungsverhältnis von Persönlichkeitsschutz und Interessen der Öffentlichkeit, NJW 1988, 1698

Hochhuth, Kein Grundrecht auf üble Nachrede – Der Stolpe-Beschluss des BVerfG schützt das Personal der Demokratie, NJW 2006, 189

Hochhuth, Schatten über der Meinungsfreiheit – Der „Babycaust"-Beschluss des BVerfG bricht mit der „Vermutung für die Zulässigkeit der freien Rede", NJW 2007, 192

Hochrathner, Hidden Camera – Ein zulässiges Einsatzwerkzeug für den investigativen Journalismus?, ZUM 2001, 669

Hoecht, Zur Zulässigkeit der Abrufbarkeit identifizierender Presseberichte über Straftäter aus Onlinearchiven, AfP 2009, 342

Hoeren, Pressespiegel und Urheberrecht – Eine Besprechung des Urteils des BGH „Elektronischer Pressespiegel", GRUR 2002, 1022

Hoeren, Das Telemediengesetz, NJW 2007, 801

Hoeren/Herring, Urheberrechtsverletzung durch WikiLeaks?, MMR 2011, 143

Hoeren/Herring, WikiLeaks und das Erstveröffentlichungsrecht des Urhebers – Informationsfreiheit als externe Schranke des Urheberrechts?, MMR 2011, 500

Hörnle, Strafbarkeit anti-islamischer Propaganda als Bekenntnisbeschimpfung, NJW 2012, 3415

Hoffmann, Die Entwicklung des Internet-Rechts bis Mitte 2007, NJW 2007, 2594

Hoffmann-Riem, Die Caroline II-Entscheidung des BVerfG – Ein Zwischenschritt bei der Konkretisierung des Kooperationsverhältnisses zwischen den verschiedenen betroffenen Gerichten, NJW 2009, 20

Holoubek, Medienfreiheit in der Europäischen Menschenrechtskonvention, AfP 2003, 193

Holznagel/Höppener, Exklusivvereinbarungen versus Pressefreiheit, DVBl. 1998, 868

Holznagel/Stenner, Die Zulässigkeit neuer Werbeformen – Von der Splitscreentechnik zu den neuen interaktiven Werbestrategien im Fernsehen, ZUM 2004, 617

Hopf, Das Berichterstattungsprivileg des § 5 Abs. 6 JMStV, ZUM 2009, 191

Hornung, Persönlichkeitsrechtliche Grenzen des presserechtlichen Auskunftsanspruchs, AfP 2017, 390.

Huff, Rechtsberatung in den Medien – Im Spannungsfeld zwischen unerlaubter Beratung und Pressefreiheit, NJW 2002, 2840

Ingendaay, Zur Verbreiterhaftung des Buchhandels, AfP 2011, 126

Ingerl/Rohnke, Markengesetz, 3. Aufl. 2010

Isensee, Kunstfreiheit im Streit mit Persönlichkeitsschutz, AfP 1993, 619

Isensee, Meinungsfreiheit im Streit mit der Religion – „Gotteslästerung" heute, AfP 2013, 189

Jarass, Nachrichtensperre und Grundgesetz – Öffentlichkeit als Verfassungsdirektive, AfP 1979, 228

Jarass, Konflikte zwischen Polizei und Presse bei Demonstrationen, JZ 1983, 280

Jarass, Das allgemeine Persönlichkeitsrecht im Grundgesetz, NJW 1989, 857

Kahl/Piltz, Wer hat Vorfahrt: Datenschutz oder Meinungs- und Pressefreiheit?, K&R 2018, 289

Karlsruher Kommentar zur Strafprozeßordnung, 7. Aufl. 2013 (zit. KK/*Bearbeiter*)

Keller, Die Akteneinsicht zu Forschungszwecken, NJW 2004, 413

Kiethe/Groeschke, Reichweite und Grenzen des Markenschutzes für Persönlichkeitsmerkmale bekannter Personen, WRP 2010, 608

Kilian, Die Neuregelung des Product Placement, WRP 2010, 826

Kissel/Mayer, Gerichtsverfassungsgesetz, 8. Aufl. 2015

Klass, Satire im Spannungsfeld zwischen Kunstfreiheitsgarantie und Persönlichkeitsschutz, AfP 2016, 477

Klein, Die Zweitverwertung von Stellenanzeigen, GRUR 2005, 377

Klöpfer/v. Lewinski, Das Informationsfreiheitsgesetz des Bundes (IFG), DVBl. 2005, 1277

Köhler/Bornkamm/Feddersen, Wettbewerbsrecht, Kommentar, 36. Aufl. 2018 (zit. Köhler/Bornkamm/Feddersen/*Bearbeiter*)

Köhler/Bornkamm, Redaktionelle Werbung, WRP 1998, 349

Köhler/Bornkamm, Auskunftsanspruch der Presse gegenüber Unternehmen der öffentlichen Hand, NJW 2005, 2337

Köhler/Bornkamm, Die UWG-Novelle 2008, WRP 2009, 109

Köndgen, Die Haftung von Börseninformationsdiensten: Lücke im Anlegerschutz?, JZ 1978, 389

Kohl, Wettbewerbsrechtliche Schranken für Presseberichterstattung und Pressekritik, AfP 1984, 201

Kohl, Vorverurteilung durch die Medien?, AfP 1985, 102

Kopp/Schenke, Verwaltungsgerichtsordnung, 23. Aufl. 2017

Koranyi/Singelnstein, Rechtliche Grenzen für polizeiliche Bildaufnahmen von Versammlungen, NJW 2011, 124

Korte, Das Recht auf Gegendarstellung im Wandel der Medien, 2002

Kotzenberg/Lorenz, Das Transparenzregister kommt – ein dringliches Thema vor allem für Familienunternehmen, NJW 2017, 2433

Kriele, Ehrenschutz und Meinungsfreiheit, NJW 1994, 1897

Krüger/Backer, Online-Archive und Persönlichkeitsschutz – gesetzgeberischer Handlungsbedarf?, WRP 2012, 1211

Kübler, Zur Wettbewerbswidrigkeit von „Offertenblättern", AfP 1988, 309

Kühl, Zur Strafbarkeit unbefugter Bildaufnahmen, AfP 2004, 190

Kühle, Gegendarstellung im Fernsehen, AfP 1975, 91

Kühling, Im Dauerlicht der Öffentlichkeit – Freifahrt für personenbezogene Bewertungsportale?, NJW 2015, 442

Kühling/Buchner, DSGVO/BDSG, 2. Aufl. 2018

Kugelmann, Das Informationsfreiheitsgesetz des Bundes, NJW 2005, 3609

Kull, Kein Auskunftsanspruch der Presse gegenüber dem Rundfunk – Anmerkungen zu BVerwG, AfP 1985, 75

Ladeur, Neue Werbeformen und der Grundsatz der Trennung von Werbung und Programm, ZUM 1999, 672

Ladeur, Zur Durchsetzung von Gegendarstellungsansprüchen in der ARD, AfP 2000, 217

Ladeur, Verantwortung für Verstöße gegen das Rundfunkwerberecht – Die Haftung des Veranstalters und Dritter für Ordnungswidrigkeiten, ZUM 2001, 643

Ladeur, Die Anpassung des privaten Medienrechts an die „Unterhaltungsöffentlichkeit", NJW 2004, 393

Ladeur, Ein „Leistungsschutzrecht" für Presseverlage und die Rechtsverfassung der Internetkommunikation, AfP 2012, 420

Ladeur/Gostomzyk, Ein Roman ist ein Roman ist ein Roman?, ZUM 2004, 426

Lampe, Der Straftäter als Person der Zeitgeschichte, NJW 1973, 217

Lang, Die Haftung für Fehler in Druckwerken, 1982

Lange, Werbung mit gesellschaftskritischen Themen als Bestandteil der Meinungs- und Pressefreiheit, AfP 2002, 185

Lauber-Rönsberg/Hartlaub, Personenbildnisses im Spannungsfeld zwischen Äußerungs- und Datenschutzrecht, NJW 2017, 1057

Lehmann, Rechtsgeschäfte und Verantwortlichkeit im Netz, ZUM 1999, 180

Lehmann/Katzenberger, Elektronische Pressespiegel und Urheberrecht, 1999

Lehr, Bildberichterstattung der Medien über Strafverfahren, NStZ 2001, 63

Lehr, Pressefreiheit und Persönlichkeitsrechte – Ein Spannungsverhältnis für die Öffentlichkeitsarbeit der Justiz, NJW 2013, 728

Lehr, Der Verdacht – eine besondere Herausforderung an den Ausgleich zwischen Persönlichkeitsschutz und freier Berichterstattung, AfP 2013, 7

Lent, Aktuelle Rechtsfragen der Gegendarstellung in elektronischen Presseangeboten, ZUM 2016, 954

Lent, Besondere Impressumspflichten im Online-Journalismus, ZUM 2015, 134

Lerche, Die Verwertung rechtswidrig erlangter Informationen durch Presse und Rundfunk, AfP 1976, 55

Lettmann, Schleichwerbung durch Influencer Marketing – das Erscheinungsbild der Influencer, GRUR 2018, 1206

Libor, Meinungsfreiheit contra Religionsfreiheit – 113. Tagung des Studienkreises für Presserecht und Pressefreiheit e.V. am 3./4.5.2013 in München, AfP 2013, 219

Liesching, Das neue Jugendschutzgesetz, NJW 2002, 3281

Liesching, Das Darstellungs- und Berichterstattungsprivileg für Sendungen zum politischen Zeitgeschehen nach § 5 Abs. 6 JMStV, ZUM 2009, 367

Lindner, Persönlichkeitsrecht und Geo-Dienste im Internet – z.B. Google Street View/Google Earth, ZUM 2010, 292

Löffler, Presserecht, 6. Aufl. 2015 (zit. Löffler/*Bearbeiter*)

Löffler, Presserecht, 3. Aufl. 1983

Löffler, Lücken und Mängel im neuen Zeugnisverweigerungs- und Beschlagnahmerecht von Presse und Rundfunk, NJW 1978, 913

Löffler, Das Grundrecht der Informationsfreiheit als Schranke des Urheberrechts, NJW 1980, 201

Loewenheim, Handbuch des Urheberrechts, 2. Aufl. 2010 (zit. Loewenheim/*Bearbeiter*)

Ludyga, Verbreitung oder öffentliche „Zurschaustellung" von Bildnissen aus sozialen Netzwerken in Online- und Printmedien, AfP 2017, 196

Luther, Postmortaler Schutz nicht vermögensrechtlicher Persönlichkeitsrechte, 2009

Maaßen, Panoramafreiheit in den Preußischen Schlossgärten, GRUR, 2010, 880

Macht, Die Zulässigkeit der Veröffentlichung illegal erlangter Informationen, AfP 1999, 317

Mahr, Die Zulässigkeit von Markenparodien – Von „Mordoro" bis zur „Lila Postkarte", WRP 2006, 1083

Mann, Auswirkungen der Caroline-Entscheidung des EGMR auf die forensische Praxis, NJW 2004, 3220

Mann, Einschüchterung oder notwendiger Schutz der Persönlichkeit?, AfP 2008, 6

Mann, Die Klarstellung nach der Stolpe-Rechtsprechung, AfP 2011, 326

Mann, Zur Rechtswidrigkeit der Herstellung von Lichtbildern, AfP 2012, 16

Mann, Zur identifizierenden Berichterstattung in der Sozialsphäre, AfP 2016, 119

Mathy/Wendt, Der Westfälische Friede und die Pressefreiheit – Über die rechtlichen Grenzen der Gastronomiekritik, AfP 1982, 144

Maunz/Dürig, Kommentar zum Grundgesetz, Aktualisierung 2006 (zit. Maunz/Dürig/*Bearbeiter*)

Maunz/Schmidt-Bleibtreu/Klein/Ulsamer, Bundesverfassungsgerichtsgesetz, Stand: 2008 (zit. Maunz/Schmidt-Bleibtreu/*Bearbeiter*)

Meister, Verfassungsrechtliche Fragen der Entgeltpflichtigkeit von Hörfunkübertragungen aus Fußballstadien, AfP 2003, 307

Melichar, Die Begriffe „Zeitung" und „Zeitschrift" im Urheberrecht, ZUM 1988, 14

Mensching, Grenzen der Verbreiterhaftung, AfP 2009, 441

Meyer-Goßner/Schmitt, Strafprozessordnung einschließlich Gerichtsverfassungsgesetz und Nebengesetze, 62. Aufl. 2019

Mielke, Allgemeine Liefer- und Geschäftsbedingungen im Fotobereich, ZUM 1998, 646

Möhring/Nicolini, Urheberrecht, 2. Aufl. 2000

Möllers, Selbstregulierung der Presse und fehlerhafte Finanzanalysen von Journalisten, AfP 2010, 107

Molle, Die Verdachtsberichterstattung – Anforderungen und Beweislastverteilung im Spannungsfeld zwischen Pressefreiheit und Ehrenschutz, ZUM 2010, 331

Müller, Gerda, Der Schutzbereich des Persönlichkeitsrechts im Zivilrecht, VersR 2008, 1141

Münchener Kommentar zum Strafgesetzbuch, 3. Aufl. 2017, zit. MüKo StGB/*Bearbeiter*

Münchener Kommentar zur StPO, 1. Aufl. 2016, zit. MüKo StPO/*Bearbeiter*

Naumann, Zweikampf zwischen EuGH und BVerfG? – Der Fußball spaltet die Gerichte bei der Frage nach der Entgeltlichkeit des Kurzberichterstattungsrechts, ZUM 2014, 938

Neuman-Duesberg, Bildberichterstattung über absolute und relative Personen der Zeitgeschichte, JZ 1960, 114

Nordemann, Die MFM-Bildhonorare: Marktübersicht für angemessene Lizenzgebühren im Fotobereich, ZUM 1998, 642

Nothelle, Freie Presse und ein faires Strafverfahren – Ein Fall für den Gesetzgeber?, AfP 1985, 18

Oechsler, Die Satire – Rechtliche Grenzen eines Kulturinstituts, NJW 2017, 757

Ohly, Zwölf Thesen zur Einwilligung im Internet; zugleich Besprechung zu BGH, Urt. vom 19.10.2011 – I ZR 140/10 – Vorschaubilder II, GRUR 2012, 983.

Palandt, Bürgerliches Gesetzbuch, 77. Aufl. 2018 (zit. Palandt/*Bearbeiter*)

Papier, Rechtsfragen der Rundfunkübertragung öffentlicher Veranstaltungen AfP 1989, 510

Partsch, Die neue Transparenzverordnung (EG) Nr. 1049/2001, NJW 2001, 3154

Partsch, Informationsfreiheitsgesetze – bessere Recherchemittel für die Presse, AfP 2002, 198

Partsch, Zum Stand der Informationsfreiheit in Deutschland, AfP 2012, 516

Paschke/Berlit/Meyer, Hamburger Kommentar Gesamtes Medienrecht, 3. Aufl. 2016 (zit. Paschke/*Bearbeiter*)

Paschke/Busch, Hinter den Kulissen des medienrechtlichen Rückrufanspruchs, NJW 2004, 2620

Paschke/Busch, Massenmediale Äußerungen zwischen rechtsgeschäftlicher Verschwiegenheitspflicht und grundrechtlicher Äußerungsfreiheit, AfP 2005, 13

Peifer, Veranstalterschutz und die Grenzen der Vermarktung von Exklusivrechten im Veranstaltungsbereich, AfP 2011, 540

Peifer, Die AGB-Kontrolle von Urheberverträgen – Götterdämmerung für das Leitbild einer angemessenen Vergütung?, AfP 2012, 510

Peifer, Influencer Marketing – Rechtlicher Rahmen und Regulierungsbedürfnis, GRUR 2018, 1218.

Peifer, Urheberrechtliche Zulässigkeit der Weiterverwertung von im Internet abrufbaren Fotos: einmal im Netz – für immer frei?, NJW 2018, 3490

Peifer/Kamp, Datenschutz und Persönlichkeitsrecht – Anwendung der Grundsätze über Produktkritik auf das Bewertungsportal „spickmich.de"?, ZUM 2009, 185

Peters, Die publizistische Sorgfalt, NJW 1997, 1334

Plath (Hrsg.), BDSG/DSGVO, Kommentar zum BDSG und zur DSGVO sowie den Datenschutzbestimmungen von TMG und TKG, 3. Aufl. 2018 (zit. Plath/*Bearbeiter*)

Pöppelmann, Gesetz zur Änderung des Saarländischen Pressegesetzes und des Rundfunkgesetzes für das Saarland, AfP 1994, 100

Pöppelmann, „Kunstgriffe" der Justiz – Ein Plädoyer für die Änderung des Zeugnisverweigerungsrechts für Beschäftigte bei Presse und Rundfunk, AfP 1997, 485

Poll, „TV Total" – Alles Mattscheibe oder was? – Zum Verhältnis von freier Benutzung (§ 24 UrhG) und Zitatrecht (§ 51 UrhG) zu Art. 5 GG, ZUM 2004, 511

Prantl, Die Sperrfrist für journalistische Informationen, AfP 1982, 204

Prantl, Der journalistische Exklusivvertrag über Informationen aus der personalen Sphäre, AfP 1984, 17

Prinz, Geldentschädigung bei Persönlichkeitsrechtsverletzungen durch die Medien, NJW 1996, 953

Prinz/Peters, Medienrecht – Die zivilrechtlichen Ansprüche, 1999

Püschel, Zur Berechtigung des presserechtlichen Auskunftsanspruchs in Zeiten allgemeiner Informationszugangsfreiheit, AfP 2006, 401

Radmann, Abschied von der Branchenübung: Für ein uneingeschränktes Namensnennungsrecht der Urheber, ZUM 2001, 788

Raji, Das KUG im Zahnradmodell der DSGVO, ZD 2019, 4

Rath-Glawatz, Zur Veröffentlichung von Kontakt- und Telefonsexanzeigen in Anzeigenblättern, AfP 2009, 452

Raue, Kunstfreiheit, Persönlichkeitsrecht und das Gebot der praktischen Konkordanz – Gedanken zum Esra-Urteil des Bundesverfassungsgerichts, AfP 2009, 1

Raue, Die beschlagnahmten Gurlitt-Bilder – Eine Bestandsaufnahme, ZRP 2014, 2

Rebmann, Aktuelle Probleme des Zeugnisverweigerungsrechts von Presse und Rundfunk und das Verhältnis von Presse und Polizei bei Demonstrationen, AfP 1982, 189

Redeker, Individualisierung, NJW 1993, 1835

Redeker, IT-Recht, 6. 2017, Rn. 843

Redeker/v. Oertzen, Verwaltungsgerichtsordnung, 15. Aufl. 2010

Reich, Beamtenstatusgesetz, 3. Aufl. 2018

Reidt, Art. 7 Abs. 4 des Rundfunkstaatsvertrages – Das Verhältnis von Werbung und Programm in Hörfunk und Fernsehen, AfP 1990, 101

Renner/Pille, Medienverfügungen in der Prozessberichterstattung, AfP 2018, 23

Ricker, Unternehmensschutz und Pressefreiheit, 1989

Ricker/Weberling, Handbuch des Presserechts, 6. Aufl. 2012

Riedel, Fotorecht für die Praxis, 4. Aufl. 1988

Ringel, Das Zugangsrecht von Fotoreportern bei Theaterpremieren, AfP 2000, 139

Rinsche, Verdachtsberichterstattung, AfP 2013, 1

Robak, Von „Esra" zu „Rohtenburg" – Zu den Auswirkungen der „Esra"-Entscheidung des Bundesverfassungsgerichts auf die jüngste Rechtsprechung zur Abwägung zwischen Kunstfreiheit und Persönlichkeitsrecht, AfP 2009, 325

Röhl, Fehler in Druckwerken, JZ 1979, 369

Rösler, Die Schranken des Urheberrechts bei geleakten Regierungsdokumenten – Anmerkung zu der Vorlage des BGH ZUM 2017, 753 – Afghanistan-Papiere, ZUM 2017, 758

Romatka, Bild-Zitat und ungenehmigte Übernahme von Lichtbildern, AfP 1971, 20

Roth, Rechtsfragen der Rundfunkübertragung öffentlicher Veranstaltungen, AfP 1989, 515

Ruhl/Bohner, Vorsicht Anzeige! Als Information getarnte Werbung nach der UWG-Reform 2008, WRP 2010, 375

Sack, Wer erschoss Boro?, WRP 1990, 791

Säcker, Aktuelle Probleme der Verschwiegenheitspflicht der Aufsichtsratsmitglieder, NJW 1986, 803

Sajuntz, Perlentaucher – Die Kunst der verkürzten Wiedergabe von Buchrezensionen, NJW 2011, 729

Sajuntz, Die Entwicklung des Presse- und Äußerungsrechts in den Jahren 2010 bis 2012, NJW 2012, 3761

Sajuntz, Die aktuellen Entwicklungen des Presse- und Äußerungsrechts, NJW 2017, 698

Sajuntz, Die Entwicklung des Presse- und Äußerungsrechts im Jahr 2017, NJW 2018, 589

Schaub, Arbeitsrechts-Handbuch, 17. Aufl. 2017 (zit. Schaub/*Bearbeiter*)

Schaub, Sponsoringverträge und Lauterkeitsrecht, GRUR 2008, 955

Scherz, Der Schutz der Persönlichkeit vor heimlichen Bild- und Tonaufnahmen, AfP 2005, 421

Scherz, Der Schutz des Individuums in der modernen Mediengesellschaft, NJW 2013, 721

Scherz/Reich, Vermögensrechtliche Ansprüche bei unzulässiger publizistischer Verwendung von Bildnissen aus der Privatsphäre, AfP 2010, 1

Schippan, Klare Worte des BGH zur Wirksamkeit von Honorarbedingungen für freie Journalisten, ZUM 2012, 771

Schippan, Prüfungspflichten einer Bildagentur bei der Weitergabe von Fotos, ZUM 2011, 795

Schippan, Das Bestreiten mit Nichtwissen bei Drittäußerungen im Gegendarstellungsprozess, ZUM 2014, 959

Schlüter, Verdachtsberichterstattung – Zwischen Unschuldsvermutung und Informationsinteresse, 2011

Schlüter, Zum „fliegenden Gerichtsstand" bei Persönlichkeitsrechtsverletzungen durch Medienveröffentlichungen, AfP 2010, 340

Schlüter/C.H. Soehring, BGH entscheidet langjährigen Streit um gebührenrechtliche Behandlung paralleler presserechtlicher Ansprüche, AfP 2011, 317

Schmidt-Petersen, Zu den Grenzen der freien Benutzung von Pressetexten im Internet, AfP 2011, 119

Schmitt Glaeser, Meinungsfreiheit, Ehrenschutz und Toleranzgebot, NJW 1996, 873

Schneider, Der Anspruch auf Widerruf im Verfügungsverfahren, AfP 1984, 127

Schoch, Aktuelle Fragen des Informationsfreiheitsrechts, NJW 2009, 2987

Schoch, Informationszugangsfreiheit des Einzelnen und Informationsverhalten des Staates, AfP 2010, 313

Schönke/Schröder, Strafgesetzbuch, 29. Aufl. 2014 (zit. Schönke/Schröder/*Bearbeiter*)

Schoreit, Fahndung und Ermittlung mit Hilfe der Medien auf polizeirechtlicher Grundlage, AfP 1989, 413

Schork, Das Gesetz zur Stärkung der Pressefreiheit im Straf- und Strafprozessrecht – Vorstellung und Kritik, NJW 2012, 2694

Schrader, Datenschutz und Auskunftsanspruch im Rundfunkbereich, AfP 1994, 114

Schricker, Verlagsrecht, 3. Aufl. 2001 (zit. Schricker, VerlR)

Schricker/Loewenheim, Urheberrecht, Kommentar, 5. Aufl. 2017 (zit. Schricker/*Bearbeiter*)

Schröder, Haftung von Börseninformationsdiensten, NJW 1980, 2279

Schröder, Strafrechtliche Risiken für den investigativen Journalismus? – Die Meinungs- und Pressefreiheit und das Wertpapierhandelsgesetz, NJW 2009, 465

Schröer-Schallenberg, Informationsansprüche der Presse gegenüber Behörden, 1987

Schulze, Urheber- und Leistungsschutzrechte des Kameramanns, GRUR 1994, 855

Schumann, Zur Geltung der allgemeinen Strafgesetze für Straftatbestände der Landespressegesetze und zum Deliktscharakter der Pflichtverletzung des verantwortlichen Redakteurs, AfP 2019, 19

Schuppert, Zur Frage der Verfassungsmäßigkeit und verfassungskonformen Auslegung und Anwendung von § 353d Ziff. 3 StGB, AfP 1984, 67

Schuppert, Das Stasi-Unterlagengesetz: Ein Maulkorb für die Presse?, AfP 1992, 105

Sedelmeier, Voraussetzung des Schmerzensgeldanspruchs – Klage auf Feststellung der Rechtswidrigkeit, AfP 1977, 377

Sedelmeier, Zur Pflicht eines Verlages zur Beantwortung eines Gegendarstellungsverlangens, AfP 2007, 324

Sedelmeier, Wann und wodurch entsteht der konkrete Leistungsanspruch auf Abdruck einer Gegendarstellung?, AfP 2012, 345

Sedelmeier, Zur Änderung der Gegendarstellung im Verfahren und der Wahrung der Unverzüglichkeit/Aktualitätsgrenze durch unzulässige Erstfassung, AfP 2006, 24-26.

Seelmann-Eggebert, Im Zweifel gegen die Meinungsfreiheit? – Zu den Entscheidungen „IM Sekretär/Stolpe" und „Babycaust" des BVerfG, AfP 2007, 86

Seelmann-Eggebert, Die Entwicklung des Presse- und Äußerungsrechts in den Jahren 2005 bis 2007, NJW 2008, 2551

Seifert, Postmortaler Schutz des Persönlichkeitsrechts und Schadensersatz – Zugleich ein Streifzug durch die Geschichte des allgemeinen Persönlichkeitsrechts, NJW 1999, 1889

Seitz, Prinz und Prinzessin – Wandlungen des Deliktsrechts durch Zwangskommerzialisierung der Persönlichkeit, NJW 1996, 2848

Seitz, Meinungsfundamentalismus, NJW 2003, 3523

Seitz, Zu vermögensrechtlichen Ansprüchen bei unzulässiger Nutzung von Bildnissen Prominenter, AfP 2010, 127

Seitz, Der Gegendarstellungsanspruch. Presse, Film, Funk, Fernsehen und Internet, 5. Aufl. 2017

Sendler, Liberalität oder Libertinage?, NJW 1993, 2157

Senfft, Begehungsgefahr bei Recherchen der Presse, NJW 1980, 367

Seyfarth, Der Einfluss des Verfassungsrechts auf zivilrechtliche Ehrenschutzklagen, NJW 1999, 1287

Simitis/Hornung/Spiecker, Datenschutzrecht, 1. Aufl. 2019

Smid, Der Journalist als Insider aufgrund öffentlich zugänglicher Informationen?, AfP 2002, 13

Soehring, Claas-Hendrik, Vorverurteilung durch die Presse – Der publizistische Verstoß gegen die Unschuldsvermutung, 1999 (zit. *C.H. Soehring*)

Soehring, Jörg, Presse, Persönlichkeitsrechte und „Vorverurteilungen", GRUR 1986, 518

Soehring, Jörg, Konvergenz der Medien – Soll das Recht der Medien harmonisiert werden?, Referat vor dem 64. Deutschen Juristentag, Berlin 2002, abgedruckt in: Verhandlungen des Vierundsechzigsten Deutschen Juristentags Berlin 2002, Band II/1 S. M 39 (zit. *Soehring,* Konvergenz)

Soehring, Jörg, Zur Haftung des verantwortlichen Redakteurs für Persönlichkeitsverletzungen durch Presseartikel, AfP 1977, 330

Soehring, Jörg, Gegendarstellungsrecht: Deliktsrecht?, AfP 1978, 81

Soehring, Jörg, Die neuere Rechtsprechung zum Presserecht, NJW 1994, 16

Soehring, Jörg, Ehrenschutz und Meinungsfreiheit, NJW 1994, 2926

Soehring, Jörg, Informationsanspruch contra Exklusivität – Mängel im Informationsverhalten öffentlicher Verwaltungen, AfP 1995, 449

Soehring, Jörg, Caroline und ein Ende? – Zum Urteil des Bundesverfassungsgerichts vom 15.12.1999, AfP 2000, 230

Soehring/Link, Von Dahlke zu Lafontaine – die Emanzipation der Werbung im Lichte des Art. 5 GG, in: Im Zweifel für die Pressefreiheit, Festschrift zur 100. Arbeitstagung der Arbeitsgemeinschaft der Verlagsjustitiare, 2008, S. 285

Specht/Eickhoff, Ein reformiertes Haftungskonzept für rechtswidrige Äußerungen auf Bewertungsportalen, CR 2016, 747

Specht/Müller-Riemenschneider, Äußerungsrechtliche Ansprüche juristischer Personen des öffentlichen Rechts, ZUM 2013, 929

Spindler, Die Archivierung elektronischer Pressespiegel, AfP 2006, 408

Spindler, Kollisionsrecht und internationale Zuständigkeit bei Persönlichkeitsrechtsverletzungen im Internet – die eDate-Entscheidung des EuGH, AfP 2012, 114

Spindler, Rechtsdurchsetzung von Persönlichkeitsrechten – Bußgelder gegen Provider als Enforcement?, GRUR 2018, 365

Spindler/Schmitz, Telemediengesetz, 2. Aufl. 2018

Spindler/Schuster, Recht der elektronischen Medien, 2008 (zit. Spindler/*Bearbeiter*)

Srocke, Die Konfrontation des Betroffenen im Vorfeld einer Verdachtsberichterstattung, AfP 2018, 291

Starck, Informationsfreiheit und Nachrichtensperre, AfP 1978, 171

Starcke, Das Recht zur Abbildung geschützter Designs, GRUR 2018, 1102

Steffen, Schranken des Persönlichkeitsschutzes für den „investigativen" Journalismus, AfP 1988, 117

Stieper, Das Leistungsschutzrecht für Presseverleger nah dem Regierungsentwurf zum 7. UrhRÄndG, ZUM 2013, 10

Stoltenberg, Stasi-Unterlagengesetz, Kommentar, 1992

Stürner, Caroline-Urteil des EGMR – Rückkehr zum richtigen Maß, AfP 2005, 213

Sydow/Specht/Bienemann, Europäische Datenschutzgrundverordnung, 2. Aufl. 2018

Tettinger, Das Recht des Rundfunks auf freie Berichterstattung bei Sportveranstaltungen, ZUM 1986, 497

Thum, Verfassungsunmittelbarer Auskunftsanspruch der Presse gegenüber staatlichen Stellen?, AfP 2005, 30

Tillmanns, Mediale Vermarktung von Verbrechen und Grundsatz eines *fair trial,* in: Festschrift Robert Schweizer, 1999, S. 227

Tinnefeld/Conrad, Die selbstbestimmte Einwilligung im europäischen Recht, ZD 2018, 391

Ullmann, Persönlichkeitsrechte in Lizenz?, AfP 1999, 209

Veil, Die Datenschutzgrundverordnung: des Kaisers neue Kleider, NVwZ 2018, 686

Verweyen/Schulz, Die Rechtsprechung zu den „Onlinearchiven", AfP 2008, 133

Volkmann, Die Geistesfreiheit und der Ungeist – Der Wunsiedel-Beschluss des BVerfG, NJW 2010, 517

Wagner, Strafprozessführung über Medien, 1987

Walter, Der zivilrechtliche Schutz vor Nachstellungen, ZUM 2002, 886

Wanckel, Foto- und Bildrecht, 5. Aufl. 2017

Wandtke/Bullinger, Praxiskommentar zum Urheberrecht, 4. Aufl. 2014

Wasmuth, Bemerkungen zum Rechtsschutz bei Klagen gegen Pressemitteilungen von Ermittlungsbehörden, NJW 1988, 1705

Weberling, Stasi-Unterlagen-Gesetz, 1993

Weberling, Keine Panoramafreiheit beim verhüllten Reichstag?, AfP 1996, 34

Weiand, Rechtliche Aspekte des Sponsoring, NJW 1994, 227*Wendt*, Das Recht am eigenen Bild als strafbewehrte Schranke der verfassungsrechtlich geschütztenKommunikationsfreiheiten des Art. 5 Abs. 1 GG, AfP 2004, 181

Wente, Das Recht der journalistischen Recherche, 1987

Wenzel, Das Recht der Wort- und Bildberichterstattung, 6. Aufl. 2018 (zit. Wenzel/*Bearbeiter*)

Wenzel/Burkhardt, Urheberrecht für die Praxis, 5. Aufl. 2009 (zit. Wenzel/*Burkhardt*, UrhR)

Wildmann/Castendyk, Fußball im europäischen TV – Informationsfreiheit gegen Verwertungsinteressen, MMR 2012, 75

Wilhelmi, Tonbandaufnahmen durch die Presse in öffentlichen Gemeinderatssitzungen, AfP 1992, 221

Wittreck, Persönlichkeitsbild und Kunstfreiheit – Grundrechtskonflikte Privater nach den Entscheidungen Esra und Contergan des Bundesverfassungsgerichts, AfP 2009, 6

Zagouras, Satirische Politikerwerbung – Zum Verhältnis von Meinungsfreiheit und Persönlichkeitsschutz, WRP 2007, 115

Zechlin, Kunstfreiheit, Strafrecht und Satire, NJW 1984, 1091

Zuck, Focus-Hokuspokus: die 500 besten Anwälte, NJW 1994, 297

Abkürzungsverzeichnis

a.A.	anderer Ansicht
Abs.	Absatz
a.E.	am Ende
AEUV	Vertrag über die Arbeitsweise der Europäischen Union
a.F.	alter Fassung
AfP	Archiv für Presserecht (Jahr und Seite)
AG	Amtsgericht
AGB	Allgemeine Geschäftsbedingungen
AktG	Aktiengesetz
Anm.	Anmerkung
AO	Abgabenordnung
AP	Arbeitsrechtliche Praxis
ArbGG	Arbeitsgerichtsgesetz
ArchPR	Archiv Presserechtlicher Entscheidungen (Jahr und Seite)
Art.	Artikel
BAG	Bundesarbeitsgericht
BArchG	Bundesarchivgesetz
Bay	Bayern, bayerisch
BayMG	Bayerisches Mediengesetz
BayObLG	Bayerisches Oberstes Landesgericht
BayPrG	Bayerisches Pressegesetz
BB	Betriebsberater (Jahr und Seite)
BBG	Bundesbeamtengesetz
BDG	Bundesdisziplinargesetz
BDSG	Bundesdatenschutzgesetz
BeamtStG	Beamtenstatusgesetz
BeckRS	Beck-Rechtsprechung (Jahr und Ziffer)
BGB	Bürgerliches Gesetzbuch
BGBl.	Bundesgesetzblatt (Jahrgang, Teil, Seite)
BGH	Bundesgerichtshof
BGHSt	Entscheidungen des Bundesgerichtshofs in Strafsachen (Band und Seite)
BGHZ	Entscheidungen des Bundesgerichtshofs in Zivilsachen (Band und Seite)
BKAG	Gesetz über das Bundeskriminalamt
BMG	Bundesmelderegister
BORA	Berufsordnung für Rechtsanwälte in der Fassung vom 1.11.2012
BRAO	Bundesrechtsanwaltsordnung
BT-Drucks.	Bundestagsdrucksache (Wahlperiode, Ausgabe, Seite)
BVerfG	Bundesverfassungsgericht
BVerfGE	Entscheidungen des Bundesverfassungsgerichts (Band und Seite)
BVerfGG	Bundesverfassungsgerichtsgesetz
BVerwG	Bundesverwaltungsgericht
BVerwGE	Entscheidungen des Bundesverwaltungsgerichts (Band und Seite)

DB	Der Betrieb (Jahr und Seite)
DLR	Deutschlandradio
DÖV	Die Öffentliche Verwaltung (Jahr und Seite)
DRiG	Deutsches Richtergesetz
DSGVO	Verordnung (EU) 2016/679 des Europäischen Parlaments und des Rates vom 27. April 2016 zum Schutz der natürlichen Personen bei der Verarbeitung personenbezogener Daten, zum freien Datenverkehr und zur Aufhebung der Richtlinie 95/46/EG (Datenschutz-Grundverordnung)
DVBl.	Deutsches Verwaltungsblatt
DVO	Durchführungsverordnung
DWG	Deutsche-Welle-Gesetz
EG	Ehrengericht
EGBGB	Einführungsgesetz zum Bürgerlichen Gesetzbuch
EGGVG	Einführungsgesetz zum Gerichtsverfassungsgesetz
EGMR	Europäischer Gerichtshof für Menschenrechte
EMRK	Europäische Menschenrechtskonvention
EuGH	Europäischer Gerichtshof
EUGVVO	Verordnung (EG) Nr. 44/2001 des Rates vom 22.12.2000 über die gerichtliche Zuständigkeit und Vollstreckung von Entscheidungen in Zivil- und Handelssachen
f./ff.	folgende
FamFG	Gesetz über das Verfahren in Familiensachen und in allen Angelegenheiten der freiwilligen Gerichtsbarkeit
FAZ	Frankfurter Allgemeine Zeitung
Fernsehrichtlinie	Richtlinie 89/552 EWG in der Fassung der Richtlinie 2007/65/EG vom 11.12.2007 – Fernsehen ohne Grenzen
FGO	Finanzgerichtsordnung
FuR	Film und Recht (Jahr und Seite)
Fußn.	Fußnote
GBO	Grundbuchordnung
GEMA	Gesellschaft für musikalische Aufführungsrechte
GeschGehG	Gesetz zum Schutz von Geschäftsgeheimnissen
GG	Grundgesetz
GKG	Gerichtskostengesetz
GR-Ch.	Charta der Grundrechte der Europäischen Union
GRUR	Gewerblicher Rechtsschutz und Urheberrecht (Jahr und Seite)
GRUR-Prax	Gewerblicher Rechtsschutz und Urheberrecht – Praxis im Immaterialgüter- und Wettbewerbsrecht (Jahr und Seite)
GRUR-RR	GRUR-Rechtsprechungsreport (Jahr und Seite)
GVG	Gerichtsverfassungsgesetz
GWB	Gesetz gegen Wettbewerbsbeschränkungen
GwG	Gesetz über das Aufspüren von Gewinnen aus schweren Straftaten; Geldwäschegesetz
HGB	Handelsgesetzbuch

IFG	Informationsfreiheitsgesetz des Bundes oder, wo ausdrücklich angegeben, des betreffenden Bundeslands
InsO	Insolvenzordnung
i.V.m.	in Verbindung mit
Jahn-Behörde	Bundesbeauftragter für die Unterlagen des Staatssicherheitsdienstes der DDR
JGG	Jugendgerichtsgesetz
JMStV	Staatsvertrag über den Schutz der Menschenwürde und den Jugendschutz in Rundfunk und Telemedien (Jugendmedienschutz-Staatsvertrag)
JuSchG	Jugendschutzgesetz
JZ	Juristenzeitung (Jahr und Seite)
Kap.	Kapitel
KG	Kammergericht Berlin
K&R	Kommunikation und Recht (Jahr und Seite)
KUG	Gesetz betreffend das Urheberrecht an Werken der bildenden Künste
KWG	Kreditwesengesetz
LAG	Landesarbeitsgericht
LfM	Landesanstalt für Medien Nordrhein-Westfalen
LG	Landgericht
LKV	Landes- und Kommunalverwaltung, Verwaltungsrechtszeitschrift für die Länder Berlin, Brandenburg, Sachsen, Sachsen-Anhalt und Thüringen (Jahr und Seite)
LMG	Landesmediengesetz
LPG	Landespressegesetz
LugÜ	Übereinkommen über die gerichtliche Zuständigkeit und die Anerkennung und Vollstreckung von Entscheidungen in Zivil- und Handelssachen (Lugano-Übereinkommen)
MarkenG	Markengesetz
MD	Magazindienst
MDR	Monatsschrift für Deutsches Recht (Jahr und Seite)
MedR	Medizin und Recht (Jahr und Seite)
MMR	Multimedia und Recht (Jahr und Seite)
MRRG	Melderechtsrahmengesetz
MTV	Manteltarifvertrag
MüKo	Münchner Kommentar zur StPO, 1. Aufl. 2016
m.w.N.	mit weiteren Nachweisen
NetzDG	Gesetz zur Verbesserung der Rechtsdurchsetzung in sozialen Netzwerken (Netzwerkdurchsetzungsgesetz) vom 30. Juni 2017, BGBl 2017 I 61
NJOZ	Neue Juristische Online Zeitschrift
NJW	Neue Juristische Wochenschrift (Jahr und Seite)
NJW-RR	NJW-Rechtsprechungsreport (Jahr und Seite)
NRW	Nordrhein-Westfalen
NStZ	Neue Zeitschrift für Strafrecht (Jahr und Seite)

NVwZ	Neue Zeitschrift für Verwaltungsrecht (Jahr und Seite)
OASG	Gesetz zur Sicherung der zivilrechtlichen Ansprüche der Opfer von Straftaten
ÖJZ	Österreichische Juristenzeitung (Jahr und Seite)
ÖOGH	Österreichischer Oberster Gerichtshof
OLG	Oberlandesgericht
OVG	Oberverwaltungsgericht
OWiG	Ordnungswidrigkeitengesetz
Pressekodex	Publizistische Grundsätze (Pressekodex) und Richtlinien für die publizistische Arbeit des Deutschen Presserats in der Fassung vom 11.3.2015, abrufbar unter www.presserat.de/pressekodex
RDG	Rechtsdienstleistungsgesetz
RG	Reichsgericht
RGSt	Entscheidungen des Reichsgerichts in Strafsachen (Band und Seite)
RGZ	Entscheidungen des Reichsgerichts in Zivilsachen (Band und Seite)
RiStBV	Richtlinien für das Straf- und Bußgeldverfahren
RL (EU) 2016/943	Richtlinie (EU) 2016/943 des Europäischen Parlaments und des Rates vom 8. Juni 2016 über den Schutz vertraulichen Know-Hows und vertraulicher Geschäftsinformationen (Geschäftsgeheimnisse) vor rechtswidrigem Erwerb sowie rechtswidriger Nutzung und Offenlegung
RStV	Staatsvertrag für Rundfunk und Telemedien vom 31.8.1991 in der Fassung des Einundzwanzigsten Rundfunkänderungsstaatsvertrags, in Kraft seit dem 25. Mai 2018
RVG	Rechtsanwaltsvergütungsgesetz
Rz.	Randziffer
S.	Seite
s.	siehe
Schulze	Schulze, Entscheidungssammlung zum Urheberrecht
SchwarzArbG	Schwarzarbeitsbekämpfungsgesetz
SGG	Sozialgerichtsgesetz
SPuRT	Zeitschrift für Sport und Recht
StGB	Strafgesetzbuch
StPO	Strafprozessordnung
StPOÄndG	Gesetz zur Änderung der Strafprozessordnung
StUG	Stasi-Unterlagen-Gesetz
StV	Staatsvertrag
TKG	Telekommunikationsgesetz
TMG	Telemediengesetz vom 26. Februar 2007, zuletzt geändert durch Artikel 1 des Gesetzes vom 21. Juli 2016
TPG	Thüringer Pressegesetz in der Fassung vom 6.6.2018
Tz.	Textziffer
UFITA	Archiv für Urheber-, Film-, Funk- und Theaterrecht (Band, Jahr und Seite)

UrhG	Urheberrechtsgesetz
UWG	Gesetz gegen den unlauteren Wettbewerb
VerlG	Verlagsgesetz
VersammlG	Versammlungsgesetz
VersR	Versicherungsrecht (Jahr und Seite)
VG	Verwaltungsgericht
VG Wort	Verwertungsgesellschaft Wort
VGH	Verwaltungsgerichtshof
vgl.	vergleiche
VwGO	Verwaltungsgerichtsordnung
VwVfG	Verwaltungsverfahrensgesetz
WpHG	Wertpapierhandelsgesetz
WRP	Wettbewerb in Recht und Praxis (Jahr und Seite)
ZAK	Kommission für Zulassung und Aufsicht der Landesmedienanstalten
ZAW	Zentralausschuss der Werbewirtschaft
ZD	Zeitschrift für Datenschutz (Jahr und Seite)
Ziff.	Ziffer
ZPO	Zivilprozessordnung
ZUM	Zeitschrift für Urheber- und Medienrecht (Jahr und Seite)
ZUM-RD	ZUM-Rechtsprechungsdienst (Jahr und Seite)

Teil I
Material und Recherche

Erster Abschnitt
Einführung

§ 1 Übersicht – Verfassungsrechtliche Grundlagen

1. Überblick

Art. 5 Abs. 1 und 2 GG und damit die zentrale verfassungsrechtliche Norm für das gesamte Medien- und Äußerungsrecht lautet: 1.1

„(1) Jeder hat das Recht, seine Meinung in Wort, Schrift und Bild frei zu äußern und zu verbreiten und sich aus allgemein zugänglichen Quellen ungehindert zu unterrichten. Die Pressefreiheit und die Freiheit der Berichterstattung durch Rundfunk und Film werden gewährleistet. Eine Zensur findet nicht statt.

(2) Diese Rechte finden ihre Schranken in den Vorschriften der allgemeinen Gesetze, den gesetzlichen Bestimmungen zum Schutze der Jugend und in dem Recht der persönlichen Ehre."

Ähnlich, wenn auch sehr viel detaillierter formuliert für den Geltungsbereich der Europäischen Menschenrechtskonvention, deren Mitgliedsstaat die Bundesrepublik Deutschland ist, Art. 10 EMRK:

„(1) Jede Person hat das Recht auf freie Meinungsäußerung. Dieses Recht schließt die Meinungsfreiheit und die Freiheit ein, Informationen und Ideen ohne behördliche Eingriffe und ohne Rücksicht auf Staatsgrenzen zu empfangen und weiterzugeben. Dieser Artikel hindert die Staaten nicht, für Hörfunk-, Fernseh- oder Kinounternehmen eine Genehmigung vorzuschreiben.

(2) Die Ausübung dieser Freiheiten ist mit Pflichten und Verantwortung verbunden; sie kann daher Formvorschriften, Bedingungen, Einschränkungen oder Strafdrohungen unterworfen werden, die gesetzlich vorgesehen und in einer demokratischen Gesellschaft notwendig sind für die nationale Sicherheit, die territoriale Unversehrtheit oder die öffentliche Sicherheit, zur Aufrechterhaltung der Ordnung oder zur Verhütung von Straftaten, zum Schutz der Gesundheit oder der Moral, zum Schutz des guten Rufes oder der Rechte anderer, zur Verhinderung der Verbreitung vertraulicher Informationen oder zur Wahrung der Autorität und der Unparteilichkeit der Rechtsprechung."

1.2 Mit diesen Bestimmungen, die in der Praxis der deutschen Gerichte im Bereich des Medien- und Äußerungsrechts eine überragende Rolle einnehmen[1] und denen im historischen und internationalen Kontext weitere, vergleichbare Normen entsprechen,[2] ist der **verfassungs- und konventionsrechtliche Rahmen** für die Tätigkeit der Medien in Deutschland abgesteckt. Wie den Texten unschwer zu entnehmen ist, normieren sie nicht nur die Kommunikationsfreiheiten als solche, zeigen sie vielmehr in ihren jeweiligen Abs. 2 auch die Schranken auf, die die Medien wie das einzelne Individuum bei deren Ausübung zu beachten haben, und damit das Spannungsfeld, in dem sich alle Medientätigkeit bewegt. Der in diesem Spannungsverhältnis zwischen Meinungs- und Medienfreiheit auf der einen Seite und den Rechten derjenigen, die von Medienaktivitäten betroffen sind, auf der anderen angelegte Konflikt ist das zentrale Thema, mit dem sich Medienunternehmen und deren Mitarbeiter sowie Juristen befassen müssen, wenn es um die rechtliche Beurteilung von Medienaktivitäten und -inhalten geht.

1.3 Medien leben von der Information. Sie leben aber vor allem für die Information. Das gilt für die **Presse** im herkömmlichen Sinn, sowie für den **Rundfunk** mit den medialen Formen **Hörfunk** und **Fernsehen**. Das gilt aber auch für die **elektronische Presse**. Darunter sind nicht nur die über das Internet zu beziehenden Ausgaben der Printmedien zu verstehen, sondern gemäß §§ 54 Abs. 2, 56 Abs. 2 RStV auch jedes journalistisch aufbereitete, online verbreitete Angebot, das nach Gestalt und Inhalt einer Zeitung oder Zeitschrift entspricht.[3] Allen Medien ist dabei gemein, dass sie sich in einem Austausch mit ihren Rezipienten befinden: Die Medien sollen umfassend und vollständig informieren. Der Leser, Hörer oder Zuschauer kann diese Informationen nutzen. Er erhält die Gelegenheit zu meinungsbildendem Wirken[4] und ist damit seinerseits am Kommunikationsprozess beteiligt. Die verschiedenen Freiheitsrechte des Art. 5 Abs. 1 GG stehen damit in einer Wechselbeziehung. Die Medien bereiten politische, wirtschaftliche und gesellschaftliche Entwicklungen auf. Sie nehmen sie aber auch auf. Zu Recht erteilen daher das BVerfG und der BGH Versuchen regelmäßig eine Absage, die **nur wertvolle Informationen** an den Kommunikationsgrundrechten des Art. 5 Abs. 1 GG teilhaben lassen wollen.[5] Auf diese Grundrechte können sich vielmehr auch Anbieter berufen, die ihren Zielgruppen neben politisch oder gesellschaftlich relevanten auch oder überwiegend triviale Informationen oder auch nur Unterhaltsames ohne direkt erkennbaren Informationswert, wie z.B. Musik oder Hörspiele sowie Fernseh- und Spielfilme, anbieten.

1.4 Dennoch setzt erfolgreiche Medienproduktion zu einem wesentlichen Teil erfolgreiche **Informationsbeschaffung** voraus. Dasjenige Medium seiner Kategorie wird in aller Munde und daher im Einzelfall am erfolgreichsten sein, dem es gelingt, die politisch oder gesellschaftlich relevantesten Strömungen zu identifizieren und Informationen aus dieser Sphäre als Erstes zu beschaffen, zu verifizieren und zu publizieren. Der Wettlauf der Redaktionen um Aktualität,

---

1 Zur Relevanz von Art. 10 EMRK für das deutsche Recht und insbesondere seiner Relation zu Art. 5 GG vgl. nur Maunz/Dürig/*Grabenwarter*, Art. 5 Abs. 1 und 2 GG Rz. 11 ff.

2 Vgl. nur Art. 19 des Internationalen Pakts über bürgerliche und politische Rechte von 1966; dazu Garton-Ash S. 46 ff.; Art. 11 der Charta der Grundrechte der Europäischen Union; Amtsblatt der Europäischen Union C 303/1 vom 14.12.2007.

3 Dazu *Engels/Jürgens*, AfP 2008, 367; *Fiedler*, ZUM 2010, 18. Zur Gleichstellung der elektronischen Presse mit der traditionellen, gedruckten Presse vgl. *Soehring*, Konvergenz, S. 43 f., 76. Sofern nicht im Text auf Besonderheiten hingewiesen wird, umfassen in diesem Buch die Begriffe „Presse" und „Medien" stets auch die elektronische Presse.

4 BVerfG AfP 1986, 314 – Niedersächsisches Landesrundfunkgesetz; s. auch BVerfG AfP 1981, 398 = NJW 1981, 1774 – Verfassungsmäßigkeit privater Rundfunksendungen.

5 BVerfG AfP 2008, 163 = NJW 2008, 1793 – Caroline von Hannover; BGH AfP 2007, 208 = NJW 2007, 1977 – Caroline von Hannover.

um die heißesten Nachrichten, die spektakulärsten Interviews oder exklusive Informationen und Bilder ist daher traditionell ein wesentlicher Teil ihrer täglichen Arbeit. In einer Zeit, in der insbesondere die Printmedien auf dem Feld der Aktualität mit dem Rundfunk, der elektronischen Presse und den so genannten **sozialen Medien** wie etwa *Facebook* und *Twitter* nicht mehr konkurrieren können, gilt dieser Wettlauf auch profilierter Meinung sowie tiefgreifenden **Analysen und Kommentaren** und ist damit ein Wettlauf um eine Kategorie von Journalisten, die derartige Texte am profiliertesten anbieten können. Dieser Wettlauf wird nicht nur unter Publikationen der gleichen Sparte ausgetragen wie Zeitungen, Magazinen oder Rundfunkredaktionen untereinander, sondern quer durch die verschiedenen Sparten der Medien. Er ist auch nicht etwa auf die großen Zeitungen, Zeitschriften oder Funkredaktionen beschränkt, sondern spielt sich auf lokaler Ebene gleichermaßen ab wie auf überregionaler oder nationaler.

Die rechtlichen Kriterien aufzuzeigen, vor deren Hintergrund und in deren Rahmen sich dieses Bemühen der Redaktionen um Informationen und Materialien abspielt, deren sich die Beteiligten aber oftmals nicht oder nicht hinreichend bewusst sein werden, ist das Anliegen des ersten Teils des vorliegenden Buchs. 1.5

2. Unterrichtung aus allgemein zugänglichen Quellen

Auszugehen ist von einem klaren Grundsatz: Jedermann hat das Recht, sich aus **allgemein zugänglichen Quellen** ungehindert zu unterrichten. Dieses Recht ist als Teil der Meinungsfreiheit durch Art. 5 Abs. 1 Satz 1 GG verfassungsrechtlich geschützt. Es steht selbstverständlich auch den Medien und ihren Beauftragten zu.[6] Erst der prinzipiell ungehinderte Zugang zur Information versetzt die Medien in die Lage, die ihnen in der freiheitlichen Demokratie zukommenden Aufgaben wahrzunehmen. **Allgemein zugänglich** ist eine Informationsquelle, wenn sie geeignet ist, der Allgemeinheit, mithin einem individuell nicht bestimmten Personenkreis, Informationen zu verschaffen.[7] Über die Zugänglichkeit und die Art des Zugangs entscheidet nach der Rechtsprechung des BVerfG derjenige, der im Einzelfall über eine Information verfügt und berechtigt ist, über ihre Verwendung zu bestimmen; er kann auch die Modalitäten des Zugangs zu den Informationen und ihrer Verbreitung festlegen, soweit dem nicht allgemeine Regeln entgegen stehen.[8] Handelt es sich bei den Inhabern des Bestimmungsrechts um Private, sind dies die Regeln des Privatrechts, handelt es sich um öffentliche Institutionen, sind es diejenigen des öffentlichen Rechts. Das so definierte Recht auf Zugang zu allgemein zugänglichen Informationen ergibt sich unmittelbar aus Art. 5 Abs. 1 Satz 1 GG. Es gilt für jedermann und hat als solches keine medienspezifische Komponente. 1.6

Nur reichen die in diesem Sinn allgemein zugänglichen Quellen nach dem Selbstverständnis der Medien und vor allem den Gegebenheiten des Marktes nicht aus: Eine Redaktion, die nur berichtet, was als Information sowieso schon auf dem Markt, was also bereits allgemein zugänglich ist, wird weder den Ansprüchen genügen, die sie an sich selbst stellt, noch wird sie ihre Aufgabe zur Unterrichtung der Öffentlichkeit über möglichst viele relevante Tatsachen und Vorgänge angemessen erfüllen und ihre Position im Wettbewerb mit konkurrierenden 1.7

---

6 BVerfG AfP 2001, 48 = NJW 2001, 1633 – Fernsehaufnahmen in Gerichtsverhandlungen; BVerfG AfP 2008, 156 = NJW 2008, 977.

7 BVerfG NJW 1970, 235; BVerfG NJW 1994, 1147; BVerfG AfP 2001, 48 = NJW 2001, 1633 – Fernsehaufnahmen in Gerichtsverhandlungen; BVerfG AfP 2008, 156 = NJW 2008, 977.

8 BVerfG AfP 2001, 48 = NJW 2001, 1633 – Fernsehaufnahmen in Gerichtsverhandlungen.

Medien behaupten. Und ihre Leser wird sie erst langweilen und dann verlieren. Die Medien brauchen also mehr als nur Informationen aus allgemein zugänglichen Quellen, wenngleich sie auch auf diese angewiesen sind. Um erfolgreich sein und die ihnen innerhalb unserer Gesellschaftsordnung zugewiesene Aufgabe erfüllen zu können, müssen sie in der Lage und von Rechts wegen befugt sein, selbst zu recherchieren und sich insbesondere Informationen auch aus solchen Quellen zu beschaffen, die eben noch **nicht allgemein zugänglich** sind.

3. Anspruch auf Eröffnung einer Informationsquelle

1.8   Damit ist die Frage aufgerufen, ob dem Grundrecht der Presse- und Rundfunkfreiheit gemäß Art. 5 Abs. 1 Satz 2 GG über den Wortlaut dieser Bestimmung hinaus eine allgemeine und direkt gegen jedermann wirkende **Informationsermittlungsfreiheit**, mithin ein Recht der Medien zu entnehmen ist, sich auch aus **nicht allgemein zugänglichen Quellen** zu informieren. Wäre das so, ließe sich aus der Gewährleistung der Medienfreiheiten durch das Grundgesetz ein Anspruch auf **Eröffnung einer Informationsquelle** ableiten. Die Antwort auf diese Frage ist deswegen von Relevanz, weil die weit überwiegende Mehrheit der für die Medien geltenden Landesgesetze (Einzelheiten Rz. 4.3) zwar einen Auskunftsanspruch begründet, dieser jedoch nur gegenüber Behörden gilt (Rz. 4.16 ff.), als Regelungsmaterie des Landesrechts nicht mit Verfassungsrang ausgestattet ist und von den Landesgesetzgebern modifiziert oder beseitigt werden könnte.

1.9   Nach tradiertem Verfassungsverständnis gewähren die Grundrechte des Grundgesetzes dem Bürger Abwehrrechte gegen Maßnahmen staatlicher Stellen, nicht aber subjektive Ansprüche auf Gewährung konkreter Leistungen durch den Staat. Und schon gar nicht gelten sie gegenüber dem nicht staatlichen Bereich. Für die durch Art. 5 Abs. 1 Satz 2 GG gewährleistete Presse- und Rundfunkfreiheit gilt die Qualifikation des Grundrechts als reines Abwehrrecht allerdings nicht uneingeschränkt. Diesem Grundrecht wird vielmehr sowohl in der Rechtsprechung des BVerfG[9] als auch im Schrifttum[10] eine **institutionelle Garantie** der gewährten Freiheitsrechte entnommen. Damit gewährleistet Art. 5 Abs. 1 GG die Kommunikationsfreiheiten nicht nur im Interesse des Einzelnen, sondern auch in demjenigen des **demokratischen Prozesses**.[11] Nach wie vor umstritten ist im presse- und verfassungsrechtlichen Schrifttum jedoch die Frage, ob dieser institutionellen Garantie ihrerseits auch der hier erörterte Informationsermittlungsanspruch, mithin der unmittelbar gegen Dritte wirkende Anspruch der Medien auf Informationserteilung, zu entnehmen ist.

a) Anspruch aus Art. 5 Abs. 1 GG

1.10   Viel spricht für die Auffassung, das Grundgesetz gewähre den Medien jedenfalls in einem eingeschränkten Rahmen einen unmittelbar durchsetzbaren Leistungsanspruch in Gestalt eines Anspruchs auf Gewährung von Informationen durch den Staat. Dies liegt deshalb näher als bei den übrigen Grundrechten der Art. 1 ff. GG, weil Art. 5 Abs. 1 Satz 2 GG nach allgemeiner, vom BVerfG in ständiger Rechtsprechung geprägter Rechtsüberzeugung eben mehr ge-

---

9   BVerfG NJW 1960, 29; BVerfG NJW 1961, 819 – Schmid/Spiegel; BVerfG NJW 1984, 1742; BVerfG AfP 2000, 559 = NJW 2001, 503 – Grundbucheinsicht durch Pressevertreter.
10   Vgl. dazu etwa *Degenhart*, Art. 5 Abs. 1 und 2 GG Rz. 345 ff.; Maunz/Dürig/*Grabenwarter* Art. 5 Abs. 1 und 2 GG Rz. 11 ff.
11   Maunz/Dürig/*Grabenwarter* Art. 5 Abs. 1 und 2 Rz. 6 ff.

währleistet als ein klassisches Abwehrrecht: Eine freie Presse – für den Rundfunk gilt nichts anderes – ist, wie das BVerfG[12] immer wieder und zu Recht ausgesprochen hat, für die freiheitliche Demokratie schlechthin konstitutiv, und folglich wird dieses Grundrecht nicht nur als das klassische Abwehrrecht des Bürgers gegen staatliche Repression verstanden, sondern als **institutionelle Garantie der Presse- und Rundfunkfreiheit**.[13] Damit ist nicht etwa der Schutz einer bestimmten Einrichtung gemeint, wie ihn etwa Art. 5 Abs. 3 GG für die Universitäten oder Art. 21 GG für politische Parteien vorsieht, sondern die gesamte Tätigkeit der Presse von der Beschaffung der Information, über deren Aufarbeitung, ihre technische Verbreitung bis hin zur Archivierung.[14] Die Landespressegesetze tragen dem Rechnung und bestimmen in ihrem jeweiligen § 3, wenn auch in Nuancen unterschiedlich, dass die Presse – obgleich private Institution – eine **öffentliche Aufgabe** erfüllt.[15] So definiert etwa § 3 des Landespressegesetzes von Nordrhein-Westfalen:

„Die Presse erfüllt eine öffentliche Aufgabe insbesondere dadurch, dass sie Nachrichten beschafft und verbreitet, Stellung nimmt, Kritik übt und auf andere Weise an der Meinungsbildung mitwirkt."

Ähnliche oder identische Regelungen enthalten alle anderen Landespressegesetze mit Ausnahme Hessens.[16] Für den Rundfunk finden sich – bedingt durch die besondere historische Entwicklung dieses Mediums[17] – vergleichbare ausdrückliche Gewährleistungen einer öffentlichen Aufgabe allerdings nur vereinzelt.[18] Das ändert aber nichts daran, dass die verfassungsrechtliche Gewährleistung der Rundfunkfreiheit diesem Medium im Ergebnis dieselben Funktionen innerhalb des freiheitlichen demokratischen Gemeinwesens zuweist wie diejenige der Pressefreiheit der Presse.[19]   1.11

Diese Normen begründen aber jedenfalls noch keinen unmittelbaren Anspruch auf Verschaffung einer bisher nicht bestehenden Informationsquelle für die Medien. Das Grundgesetz und die Landespressegesetze garantieren die **Institution der Medien** im Sinn einer umfassenden Betätigungsfreiheit. Aus dieser Gewährleistung lässt sich unmittelbar der Anspruch der Medien ableiten, in ihrer publizistischen Tätigkeit durch staatliche Stellen nicht behindert zu werden.[20] Dazu gehört trotz über eine lange Zeit unklarer Rechtslage auch der Anspruch, von staatlichen Organen und Institutionen **mit denjenigen Informationen versorgt zu werden, derer sie bedürfen**, um ihren Kontrollauftrag wirksam erfüllen zu können.[21]   1.12

---

12 Für die Presse: BVerfG NJW 1958, 257 – Lüth; BVerfG NJW 1961, 819 – Schmid/Spiegel; seither ständige Rechtsprechung; für den Rundfunk: BVerfG AfP 1973, 435 = NJW 1973, 1226; vgl. auch *Hesse*, Kap. 2 Rz. 29 ff.

13 Ricker/*Weberling*, Kap. 18 Rz. 7; entsprechend für den Bereich der EMRK: Maunz/Dürig/*Grabenwarter* Art. 5 Abs. 1 und 2 Rz. 13 ff. m.w.N.

14 BVerfG NJW 2012, 754 = GRUR 2012, 389 – Kunstausstellung im Online-Archiv.

15 Dazu im Einzelnen Löffler/*Cornils*, § 3 LPG Rz. 1 ff.

16 Vgl. die Landespressegesetze Baden-Württemberg, Brandenburg, Hamburg, Mecklenburg-Vorpommern, Niedersachsen, Rheinland-Pfalz, Saarland, Sachsen, Sachsen-Anhalt, Thüringen, jeweils in § 3; zur Entstehungsgeschichte des Begriffs der öffentlichen Aufgabe der Presse und zur Kritik daran vgl. Wenzel/*Burkhardt*, Kap. 6 Rz. 46 ff.

17 Dazu im Einzelnen *Hesse*, Kap. 2 Rz. 29 ff.

18 § 6 Abs. 1 LMG Baden-Württemberg; § 12 LMG Bremen; § 3 Abs. 1 Satz 1 Staatsvertrag über die Medien in Hamburg und Schleswig-Holstein; § 31 Abs. 1 Satz 1 LMG Nordrhein-Westfalen; § 5 LMG Rheinland-Pfalz; § 4 LMG Saarland; kritisch für den privaten Rundfunk *Hesse*, Kap. 5 Rz. 5.

19 Vgl. *Hesse*, Kap. 2 Rz. 42 m.w.N.

20 BVerfG AfP 2008, 156 = NJW 2008, 977; BVerfG AfP 2009, 581.

21 BVerfG AfP 2008, 156 = NJW 2008, 977; *Degenhart*, Art. 5 Abs. 1 und 2 GG Rz. 393 f.; *Lerche*, AfP 1976, 55 ff.; *Partsch*, AfP 2002, 198 f.; *Groß*, DÖV 1997, 133; *Heintschel v. Heinegg*, AfP 2003, 295 ff.; Ricker/*Weberling*, Kap. 18 Rz. 6; zweifelnd Löffler/*Burkhardt*, § 4 LPG Rz. 19 ff. m.w.N. aus der älte-

1.13 Wäre dies anders, so stünde der heute in nahezu allen Landespresse-, Medien- und Rundfunkgesetzen verankerte **Auskunftsanspruch der Presse** gegenüber den Behörden (dazu im Einzelnen Rz. 4.1 ff.) zur Disposition der Landesgesetzgeber.[22] Sie wären durch Aufhebung der betreffenden gesetzlichen Bestimmungen in der Lage, den Medien die Basis für die Erfüllung der Überwachungs- und Kontrollfunktionen zu entziehen, die ihnen in der freiheitlichen Demokratie nicht erst die Landesgesetzgeber verliehen haben, die ihnen vielmehr nach Auffassung des BVerfG bereits von Verfassungs wegen zukommen. Dass eine solche Entwicklung nicht nur theoretischer Natur sein muss, haben in der Vergangenheit Bestrebungen einzelner Landesregierungen gezeigt, durch gesetzgeberische Eingriffe den gewachsenen Bestand der Pressegesetze und damit die Pressefreiheit einzuschränken.[23] Dennoch hat es die Rechtsprechung[24] einschließlich derjenigen des BVerfG[25] in der Vergangenheit abgelehnt, allein aus der verfassungsrechtlichen Gewährleistung der Presse- und Rundfunkfreiheit einen Anspruch der Medien auf Gewährung konkreter Informationen gegen staatliche Stellen und Institutionen abzuleiten. Allerdings hat das BVerwG,[26] nicht ganz konsequent, bereits auf der Basis dieser Auffassung konzediert, dass den Medien auch jenseits des durch den gesetzlich begründeten Auskunftsanspruch erfassten Bereichs ein Anspruch auf Entscheidung nach Ausübung pflichtgemäßen Ermessens zusteht, das sich im Einzelfall dahingehend verdichten kann, dass nur die Erfüllung eines konkreten Informationsverlangens rechtmäßig ist. Und das BVerfG[27] hat trotz seiner Auffassung, bei Fehlen einer spezialgesetzlichen Norm könne ein Auskunftsanspruch nicht unmittelbar auf Art. 5 Abs. 1 GG gestützt werden, anerkannt, dass das Grundrecht der Presse- und Rundfunkfreiheit den Medien in all den Fällen einen gegen den Staat gerichteten Anspruch auf **Zugang zu Informationen** verschafft,

„... in denen eine im staatlichen Verantwortungsbereich liegende Informationsquelle aufgrund rechtlicher Vorgaben zur öffentlichen Zugänglichkeit bestimmt ist, der Staat den Zugang aber verweigert."[28]

Damit darf sich der Staat nicht zwischen einen Grundrechtsträger und eine öffentlich zugängliche Informationsquelle stellen.[29]

1.14 Heute ist die Rechtsprechung, nach der ein **Auskunftsanspruch der Medien nicht unmittelbar auf Art. 5 Abs. 1 GG gestützt** werden kann, überholt. Mit einem Urteil vom 20.2.2013 hat das BVerwG seine frühere Auffassung geändert und das Bestehen eines bei Fehlen einer spezialgesetzlichen Grundlage unmittelbar aus Art. 5 Abs. 1 Satz 2 GG abzuleitenden Aus-

---

ren Rechtsprechung; a.A. u.a. *Wente*, S. 25 ff.; *Thum*, AfP 2005, 30 ff.; *Püschel*, AfP 2006, 41, jew. m.w.N.

22 Zur Gewährung eines Minimalstandards in Form eines klagbaren Rechtsanspruchs vgl. Löffler/*Burkhardt*, § 4 LPG Rz. 23 ff.

23 Vgl. etwa die drastische Einschränkung des Gegendarstellungsanspruchs durch Änderung des Saarländischen Mediengesetzes; zu dieser aufgrund einer weiteren Gesetzesnovelle allerdings revidierten gesetzgeberischen Maßnahme im Einzelnen *Pöppelmann*, AfP 1994, 100 ff.

24 BVerwG NJW 1985, 1655; BVerwG NJW 1991, 118; OVG Münster NVwZ 1998, 312; VGH Mannheim NVwZ 1998, 900; VG Saarlouis AfP 2006, 596.

25 BVerfG AfP 2001, 48 = NJW 2001, 1633 – Fernsehaufnahmen in Gerichtsverhandlungen; BVerfG AfP 2008, 156 = NJW 2008, 977.

26 BVerwG NJW 1995, 2742.

27 BVerfG AfP 2001, 48 = NJW 2001, 1633 – Fernsehaufnahmen in Gerichtsverhandlungen; ähnlich BVerfG AfP 2000, 559 = NJW 2001, 503 – Grundbucheinsicht durch Pressevertreter; vgl. auch OVG Münster AfP 2004, 475 = NJW 2005, 618.

28 BVerfG AfP 2001, 48 = NJW 2001, 1633 – Fernsehaufnahmen in Gerichtsverhandlungen.

29 OVG Berlin-Brandenburg BeckRS 2012, 51575.

kunftsanspruchs der Medien anerkannt.[30] Solange der Bundesgesetzgeber, der mangels Gesetzgebungskompetenz ein eigenes Presse- oder Mediengesetz nicht erlassen hat, einen gesetzlichen Auskunftsanspruch gegen die seiner Jurisdiktion unterstehenden Behörden und anderen Stellen nicht anderweitig schafft, tritt an dessen Stelle der **verfassungsunmittelbare Auskunftsanspruch** in demjenigen Umfang, den der Gesetzgeber im Hinblick auf die Kommunikationsgrundrechte aus Art. 5 Abs. 1 GG nicht unterschreiten dürfte.[31] Während das BVerfG diese Frage im Verfahren der Verfassungsbeschwerde gegen die erste Entscheidung des BVerwG zum verfassungsunmittelbaren Auskunftsanspruch offengelassen hat,[32] sind dem inzwischen der EGMR[33] und das für Auskunftsklagen gegen Behörden des Bundes in allen Fällen, in denen die Behörden dort ihren Sitz haben, zuständige VG Berlin[34] gefolgt, so dass heute von dem Bestehen des verfassungsunmittelbaren Auskunftsanspruchs in den Fällen auszugehen ist, in denen sich die Medien zur Begründung ihres Auskunftsersuchens nicht auf die Bestimmungen der Landespressegesetze oder sonstige Sondernormen berufen können;[35] das ist insbesondere bei Auskunftsersuchen gegenüber den Bundesbehörden der Fall,[36] nachdem das BVerwG[37] entgegen der bis dahin geübten Praxis der Verwaltungsgerichte entschieden hat, dass ein Auskunftsanspruch gegen Bundesbehörden nicht aus dem für deren jeweiligen Sitz maßgeblichen Landespressegesetz abgeleitet werden kann.

b) Anspruch aus dem Demokratie- und Rechtsstaatsprinzip

Aus der Rechtsprechung des BVerfG folgt ein weiteres: Ein Anspruch auf Informationserteilung besteht nicht nur in den Fällen, in denen eine Quelle bestimmungsgemäß öffentlich zugänglich ist. Vielmehr ist bereits die Frage, ob und welche Quellen öffentlich zugänglich zu machen sind, durch Art. 5 Abs. 1 GG determiniert. Denn aus dem Rechtstaats- und Demokratieprinzip folgt, dass staatliches Handeln **öffentlicher Kontrolle** unterliegt. Diese Kontrolle zu gewährleisten ist Aufgabe der Medien. Staatliches Handeln kann daher nicht von vornherein der Überwachung durch die Medien entzogen werden, sondern erst dann, wenn die Eröffnung einer Informationsquelle andere schützenswerte Interessen berührt. | 1.15

Dieser Kontrollfunktion dienen neben den Bestimmungen der Landespresse-, Medien- und Rundfunkgesetze zahlreiche weitere Gesetze, die einen Zugang zu Informationen über staatliches Handeln eröffnen. So begründet die **Transparenzverordnung der Europäischen Union**[38] ein umfassendes Akteneinsichtsrecht jedes Bürgers der EU – und damit auch der Medien – gegenüber den Europäischen Behörden.[39] Auch das **Informationsfreiheitsgesetz des Bundes**[40] ermöglicht es jedermann, und damit wiederum auch den Medien, einen umfassenden, wenn auch keineswegs schrankenlosen, Anspruch auf Informationserteilung gegenüber den Behörden des Bundes geltend zu machen, einschließlich der Einsicht in Akten und andere, | 1.16

---

30 BVerwG AfP 2013, 355; vgl. auch BVerwG AfP 2015, 362; VG Köln AfP 2015, 384; offengelassen in BVerfG AfP 2014, 521 = NJW 2014, 3711 zu dem ersten Fall; BVerfG ZUM-RD 2016, 4 = NVwZ 2016, 50; kritisch Löffler/*Burkhardt*, § 4 LPG Rz. 57 ff.
31 BVerwG AfP 2013, 355; BVerwG AfP 2015, 362.
32 BVerfG ZUM-RD 2016, 4 = NVwZ 2016, 50.
33 EGMR AfP 2017, 301 – Magyar Helsinki Bizottsag./.Ungarn.
34 VG Berlin AfP 2017, 359; VG Berlin AfP 2017, 365.
35 Zustimmend *Alexander*, ZUM 2013, 614; kritisch u. a. Löffler/*Burkhardt*, § 4 LPG Rz. 57 ff. m.w.N.
36 VG Berlin AfP 2017, 359; VG Berlin AfP 2017, 365.
37 BVerwG AfP 2013, 355.
38 VO (EG) Nr. 1049/2001, abgedruckt u.a. in NJW 2001, 3172 ff.
39 Einzelheiten dazu bei *Partsch*, NJW 2001, 3154 ff. und AfP 2012, 516.
40 BGBl. I 2005, 2722; dazu *Klöpfer/v. Lewinski*, DVBl. 2005, 851 ff.; *Kugelmann*, NJW 2005, 3609 ff.

auch elektronische, Dokumente.[41] Den Behörden sind dabei nach der Definition in § 1 IFG auch natürliche oder juristische Personen des Privatrechts gleichgestellt, soweit eine Behörde sich ihrer zur Wahrnehmung einer öffentlich-rechtlichen Aufgabe bedient.

1.17 Eine Reihe von Bundesländern war dem Bund in dieser Frage mit dem Erlass vergleichbarer, aber keinesfalls in jeder Hinsicht identischer Gesetze für ihren Bereich vorangegangen;[42] andere sind ihm inzwischen gefolgt.[43] Eine neue Dimension schaffte das inhaltlich besonders weitgehende, am 6. 10.2012 in Kraft getretene **Hamburgische Transparenzgesetz,**[44] das jedermann einen sachlich nahezu uneingeschränkten Anspruch auf **Einsicht in Behördenvorgänge** eröffnet und die Verwaltung verpflichtet, eine jedermann zugängliche Online-Plattform einzurichten, die den direkten Zugriff auf Materialien und Akten erlaubt.[45] Und am 26.6.2017 ist die Neufassung des **Geldwäschegesetzes** in Kraft getreten,[46] das die Einrichtung eines neuen **elektronischen Transparenzregisters** vorsieht, dem hinsichtlich juristischer Personen des Privatrechts, eingetragener Personengesellschaften, Trusts und vergleichbarer rechtlicher Organisationen deren wirtschaftlich Berechtigte gemeldet werden müssen, sofern diese nicht bereits dem Handelsregister oder vergleichbaren anderen öffentlichen Registern zu entnehmen sind. In dieses Register Einsicht zu nehmen ist bei Geltendmachung eines berechtigten Interesses jedermann und sind damit auch die Medien berechtigt; zum berechtigten Interesse der Medien an einer Registereinsichtnahme vgl. Rz. 5.15.

1.18 Bei all diesen Gesetzen handelt es sich **nicht um pressespezifische Normen**, sondern um Regelungen, die jedermann den Informationsanspruch für ihren jeweiligen Geltungsbereich eröffnen und die die speziell für die Medien geschaffenen **Auskunftsansprüche gemäß den Landespresse-, Medien- und Rundfunkgesetzen** (dazu § 4) ergänzen, aber nicht einschränken.[47] Die Reichweite medialer Informationsrechte gegenüber dem tradierten Auskunftsanspruch nach den Landespressegesetzen wird durch diese Regelungen nach der Rechtsprechung des OVG Münster[48] in den Fällen faktisch erweitert, in denen die Landespressegesetze nicht einschlägig sind wie etwa bei **öffentlich-rechtlichen Rundfunkanstalten**, die nicht als Behörden im Sinne der Pressegesetze, wohl aber als auskunftspflichtig nach den Informationsfreiheitsgesetzen angesehen werden;[49] dazu Rz. 4.23 f. Andererseits greifen die Informationsfreiheitsgesetze die in der Praxis bedeutsame, im Rahmen der Landespressegesetze durch Rechtsprechung und Schrifttum vorgenommene Erstreckung des Informationsermittlungsanspruchs der Medien auf Mischformen öffentlich-/privatrechtlichen Verwaltungshandelns

---

41 Einzelheiten bei *Kugelmann*, NJW 2005, 3609 ff.
42 Brandenburg, Gesetz vom 10.3.1998, GVBl. I S. 46; Berlin, Gesetz vom 15.10.1999, GVBl. S. 561; Schleswig-Holstein, Gesetz vom 9.2.2001, GVBl. S. 166; Nordrhein-Westfalen, Gesetz vom 27.11.2001, GVBl. S. 806.
43 Mecklenburg-Vorpommern, Gesetz vom 10.7.2006, GVBl. 2006, 566; Hamburg, Gesetz vom 11. April 2006, GVBl. 2006, 167; Bremen, Gesetz vom 16. Mai 2006, Brem. GBl. 263; Saarland, Gesetz vom 12. Juli 2006, Amtsblatt 2006, 1624; Thüringen, Gesetz vom 20. Dezember 2007, GVBl. 2007, 256; Sachsen-Anhalt, Gesetz vom 19.6.2008, GVBl. LSA 12/2008, 242.
44 HmbTG vom 19.6.2012, HmbGVBl. I, 2012, 271.
45 www.transparenz.hamburg.de.
46 Gesetz zur Umsetzung der Vierten EU-Geldwäscherichtlinie, zur Ausführung der EU-Geldtransferverordnung und zur Neuorganisation der Zentralstelle für Finanztransaktionsuntersuchungen vom 23.6.2017, BGBl. I 2017, 1822; dazu im Einzelnen *Kotzenberg/Lorenz*, NJW 2017, 2433 ff.
47 OVG Münster NJW 2005, 618; *Schnabel*, NVwZ 2012, 854.
48 OVG Münster AfP 2012, 302 = ZUM 2012, 512 – Auskunftsanspruch eines Journalisten gegenüber dem WDR.
49 OVG Münster AfP 2012, 302 = ZUM 2012, 512; OVG Münster AfP 2012, 94; *Degenhart*, ZUM 2012, 521; a.A. *Schoch*, IFG, 2009, 182 oder *Dietrich*, K&R 2011, 385.

nur unzureichend auf.[50] Dementsprechend gingen die Instanzgerichte bislang bei der simultanen Anwendung beider Normstränge von einer Idealkonkurrenz aus,[51] in der die materielle Anspruchsgewährung weitgehend parallel verläuft.[52] Das BVerwG hat jedoch in einem Beschluss vom 3.6.2016[53] entschieden, dass Auskunftsansprüche, die sowohl auf ein Informationsfreiheitsgesetz als auch auf ein Landespressegesetz gestützt werden, verfahrensrechtlich als zwei unterschiedliche Streitgegenstände zu behandeln sind und daher auch mit unterschiedlichem Ergebnis und in unterschiedlichen Verfahrensabläufen zu bescheiden sein können.

c) Informationsanspruch gegenüber Privaten

Der nunmehr von der Rechtsprechung anerkannte **verfassungsunmittelbare Informationsanspruch** wirkt allerdings nur gegenüber staatlichen Organen, nicht aber **gegenüber Privaten**;[54] zur Frage der Auskunftspflicht privatrechtlich organisierter Unternehmen der öffentlichen Hand und von Unternehmen mit öffentlicher Beteiligung vgl. aber Rz. 4.21 f. Private sind zur Auskunftserteilung an die Medien unter keinem denkbaren rechtlichen Gesichtspunkt verpflichtet; verweigern sie sich einem Auskunftsersuchen, so stellt das keine Obliegenheitsverletzung dar, die ihnen später bei der Anspruchsdurchsetzung von den Medien entgegengehalten werden könnte.[55] Sie haben allerdings auch keinen Rechtsanspruch darauf, von Recherchemaßnahmen der Medien verschont zu bleiben. Wo die Medienrecherche nicht im Einzelfall auf spezialgesetzliche Schranken des Straf-, aber auch des Zivilrechts stößt (dazu § 10), müssen Private sie zwar nicht durch Auskunftserteilung oder sonstige Kooperationsmaßnahmen unterstützen, müssen sie als solche aber tolerieren. Abwehransprüche gegen Informationsermittlungsmaßnahmen durch die Medien stehen damit auch Privaten nicht zu (dazu Rz. 30.18 f.).

1.19

4. Sachliche Tragweite des Prinzips der Informationsfreiheit

Entspricht es nach alledem geltendem Verfassungsrecht, dass die Arbeit der Medien bei der Beschaffung von Informationen durch staatliche Gewalt nicht behindert werden darf, sofern und solange sie sich im Rahmen der allgemeinen Gesetze hält, so ist damit über die Frage noch nichts gesagt, was der Inhalt der Informationsbeschaffungsfreiheit ist oder sein kann.

1.20

Art. 5 Abs. 1 Satz 1 GG schützt seinem ausdrücklichen Wortlaut nach nur die freie **Äußerung von Meinungen**. Auf diese Gewährleistung der freien Verbreitung von **Meinungen** dürfen sich die Medien – unbeschadet der ausdrücklichen Gewährleistung der Presse- und Rundfunkfreiheit durch Art. 5 Abs. 1 Satz 2 GG – wie jeder andere berufen.[56] Dem Selbstverständnis der Redaktionen wird allerdings die Annahme eher gerecht werden, dass noch vor der Freiheit der Meinungsäußerung diejenige der Verbreitung, jedenfalls aber der Verarbeitung von tatsächlichen Angaben, mithin von **Nachrichten**, angesiedelt sein muss.

1.21

---

50 *Püschel*, AfP 2005, 401, 403 ff.; *Partsch*, AfP 2002, 198, 201.
51 BayVGH JurPC Web-Dok 183/2008; VG Berlin AfP 2008, 107= ZUM 2008, 252; VG Berlin ZUM 2008, 353.
52 OVG München AfP 2009, 183; VG Berlin BeckRS 2012, 45645.
53 BVerwG AfP 2016, 564.
54 Löffler/*Burkhardt*, § 4 LPG Rz. 77 f.
55 BVerfG NJW 2018, 2250 = ZUM 2018, 612.
56 *Degenhart*, Art. 5 Abs. 1 und 2 GG Rz. 4.

1.22 Denn der Wettlauf der Redaktionen gilt traditionell der **Nachricht** und nicht annähernd in gleichem Maß dem **Kommentar.** Insbesondere für überregionale Printmedien, die auf dem Gebiet der Verbreitung stündlich aktualisierter Nachrichten wegen der durch den Herstellungsprozess bedingten zeitlichen Verzögerung gegenüber dem Rundfunk und der elektronischen Presse häufig nicht mehr wettbewerbsfähig sein können, gewinnen heute allerdings Kommentare und vertiefende Reportagen an Bedeutung. Auch sie kommen aber ohne Nachrichten als Basis nicht aus; und auch diese Medien versuchen regelmäßig, insbesondere mit selbst recherchierten Nachrichten, einen Aktualitätsvorsprung zu erzielen. In erster Linie sollen also Tatsachen ermittelt und aufgedeckt werden; sie zu kommentieren ist erst der nächste Schritt. Meinungen, die nicht durch Tatsachen fundiert sind, werden in aller Regel weder interessieren noch überzeugen. Nicht selten werfen sie zudem rechtliche Probleme auf (Einzelheiten in Rz. 20.20 f.). Erst **Fakten** und die **Nachrichten**, die sie vermitteln, schaffen das Bedürfnis der Leser, Hörer oder Zuschauer nach und ihr Interesse an Kommentaren. Die Freiheit der Meinungsäußerung wäre wertlos, schlösse sie nicht die Freiheit ein, Fakten nicht nur zu ermitteln, sondern sie auch als Nachricht zu verbreiten. Es ist daher anerkannt, dass das Grundrecht der Meinungs- wie dasjenige der Presse- und Rundfunkfreiheit auch und in erster Linie das Recht beinhaltet, diejenigen Tatsachen, die zu ermitteln die Medien frei sind, auch zu verbreiten.[57]

1.23 Gegenstand der durch Art. 5 Abs. 1 und 2 GG wie auch durch Art. 10 EMRK geschützten Meinungs-, Presse- und Rundfunkfreiheit ist damit eine **Trias von Nachrichten** und den in ihnen verarbeiteten Tatsachen, **Meinungen und Kommentaren** und schließlich – für die traditionellen Medien Film und Fernsehen sowie die elektronische Presse unverzichtbar, aber auch aus der Berichterstattung durch die Printmedien nicht hinweg zu denken – **Bildern.** Auch diese damit angesprochene dritte Komponente der Medienberichterstattung, die **Bildberichterstattung**, ist durch ausdrückliche Erwähnung in Art. 5 Abs. 1 Satz 1 GG in den Schutzbereich der Gewährleistung der Presse- und Rundfunkfreiheit einbezogen: Die Freiheit der Meinungsäußerung ist die Freiheit des Einzelnen, seine Meinung in **Wort, Schrift und Bild** zu verbreiten.

1.24 Damit ist der äußere Rahmen dessen gezogen, was die Medien im Rahmen ihrer Bemühungen um Informationen zu beschaffen und aufzubereiten haben: Fakten, Kommentare und Bilder. Die Beschaffung und redaktionelle Bearbeitung jeder dieser Kategorien folgt weitgehend eigenen Regeln. Für alle drei Kategorien und für jede redaktionelle Tätigkeit aber gilt das Prinzip der **publizistischen Sorgfaltspflicht**, auf das daher zunächst einzugehen ist.

5. Mediendatenschutz

1.25 Am 25.5.2018 ist die DSGVO in Kraft getreten. Gleichzeitig sind im deutschen Recht das BDSG a. F. mit dem allgemein als Medienprivileg verstandenen § 41 sowie die datenschutzrechtlichen Bestimmungen in den presse-, medien- und rundfunkrechtlichen Normwerken der Bundesländer und im europäischen Bereich die Datenschutzrichtlinie 95/46/EG außer Kraft getreten; das zeitgleich neu eingeführte BDSG enthält eine § 41 BDSG a.F. vergleichbare oder sonstige auf die Medien ausgerichtete Bestimmung nicht mehr. Als Folge dieser als epochal zu wertenden **Neuordnung des deutschen und europäischen Datenschutzes** ist bei den Medien hinsichtlich der datenschutzrechtlichen Beurteilung sowohl der Beschaffung von In-

---

57 Löffler/*Cornils*, § 1 LPG Rz. 178 ff.

formationen wie auch ihrer publizistischen Verbreitung vielfach Verunsicherung zu bemerken, basieren die in ihr enthaltenen neuen Datenschutzbestimmungen doch auf dem Prinzip eines **Verbots mit Erlaubnisvorbehalt**: Jede Art der Speicherung oder Verarbeitung personenbezogener Daten auch im publizistischen Bereich[58] ist Datenverarbeitung im Sinne der DSGVO. Nach der Grundkonzeption der DSGVO ist sie verboten, sofern sie nicht nach den Kriterien von Art. 6 Abs. 1 DSGVO im Einzelfall erlaubt ist. Für den Bereich der publizistischen Datenvereinbarung gilt dies aber nicht uneingeschränkt. Art. 85 Abs. 1 DSGVO verpflichtet die Mitgliedstaaten, Regelungen zu schaffen, die dazu bestimmt sind, das Recht auf freie Meinungsäußerung und die Informationsfreiheit, namentlich für journalistische, aber auch für wissenschaftliche, künstlerische und literarische Zwecke, mit dem Schutz personenbezogener Daten in Einklang zu bringen. In Art. 85 Abs. 2 DSGVO heißt es dazu:

„Für die Verarbeitung, die zu journalistischen Zwecken oder zu wissenschaftlichen, künstlerischen oder literarischen Zwecken erfolgt, sehen die Mitgliedstaaten Abweichungen oder Ausnahmen von Kapitel II (Grundsätze), Kapitel III (Rechte der betroffenen Person), Kapitel IV (Verantwortlicher und Auftragsverarbeiter), Kapitel V (Übermittlung personenbezogener Daten an Drittländer oder an internationale Organisationen), Kapitel VI (Unabhängige Aufsichtsbehörden), Kapitel VII (Zusammenarbeit und Kohärenz) und Kapitel IX (Vorschriften für besondere Verarbeitungssituationen) vor, wenn dies erforderlich ist, um das Recht auf Schutz der personenbezogenen Daten mit der Freiheit der Meinungsäußerung und der Informationsfreiheit in Einklang zu bringen."

Die Einbeziehung der Datenverarbeitung für Zwecke der Wissenschaft, Kunst und Literatur in die **Öffnungsklausel des Art. 85 Abs. 2 DSGVO** stellt gegenüber der Regelung in Art. 9 der früher geltenden Richtlinie 95/46/EG eine Erweiterung dar. Einigkeit besteht darüber, dass insbesondere der Begriff *journalistische Zwecke* weit zu verstehen ist und dass er insbesondere keinen bestimmten Publikationskanal erfasst oder besondere Anforderungen an die jeweils in Rede stehende Form der journalistischen Tätigkeit stellt.[59] Auch *Blogs* oder über eine bloße Meinungsäußerung hinausgehende *Bewertungen* oder *Posts* dienen daher journalistischen Zwecken im Sinne von Art. 85 Abs. 2 DSGVO.[60] Allerdings sieht diese Bestimmung die Schaffung von Sonderregelungen durch die Mitgliedsstaaten nur vor, soweit dies *erforderlich* ist. Dieses Erforderlichkeitskriterium unterstreicht den Ausnahmecharakter der auf der Basis der Öffnungsklausel zugunsten der Meinungsäußerungs- und Informationsfreiheit zu treffenden Regelungen und damit den grundsätzlichen Vorrang des Schutzes personenbezogener Daten.

Dementsprechend geht die Konferenz der unabhängigen Datenschutzbehörden des Bundes und der Länder in ihrer Entschließung vom 9.11.2016[61] einerseits davon aus, dass die Regelungen der DSGVO grundsätzlich auf sämtliche Verarbeitungstätigkeiten in journalistischen, wissenschaftlichen, künstlerischen oder literarischen Bereichen anwendbar sind; andererseits dürfen nach dieser Entschließung die Grundsätze des Datenschutzes im Journalismus nicht in einem *weiten Umfang* ausgeschlossen werden und sollen sie am Notwendigkeitserfordernis zu messen sein; die **Sonderregelungen** im Anwendungsbereich von Art. 85 DSGVO müssen nach dieser Auffassung die in ihnen geregelten Ausnahmen und Abweichungen von den Bestimmungen der DSGVO jeweils **konkret und spezifisch** regeln und begründen. 1.26

---

58 Wenzel/*Burkhardt*/*Peifer*, Kap. 1 Rz. 69.
59 EuGH K&R 2009, 102 = CR 2009, 229 – Satamedia; Gola/*Pötters*, Art. 85 DSGVO Rz. 8 f.; Simitis/Hornung/Spiecker/*Dix*, Art. 85 DSGVO Rz. 12; s. auch Begründungserwägung 153 zur DSGVO.
60 Wenzel/*Burkhardt*/*Peifer*, Kap. 1 Rz. 73.
61 Abrufbar beispielsweise unter https://www.datenschutz-bayern.de/dsbk-ent/DSK_94-Art_85_DS GVO.html; kritisch zum generellen Vorrang des Datenschutzes auch *Weil*, NVwZ 2018, 686; *Kühling*/*Buchner*, Art. 85 DSGVO Rz. 2, 27, 31.

Diese Auffassung lässt sich indes bei näherer Betrachtung nicht halten. Art. 85 DSGVO richtet den verbindlichen Auftrag an die Mitgliedstaaten,[62] Ausnahmen zugunsten der Medienfreiheit vorzusehen, und geht dabei deutlich über die programmatische Soll-Vorschrift der Begründungserwägung 153 hinaus. Diesem Handlungsauftrag sind die nach der Kompetenzverteilung der Art. 70 ff. GG in Deutschland für die Presse und den Rundfunk zuständigen Bundesländer nachgekommen.

1.27 In den **Landespressegesetzen** finden sich, mit Abweichungen nur im Detail, Regelungen, die die in Art. 85 Abs. 2 DSGVO ermöglichten **Einschränkungen des Datenschutzes für journalistische Verarbeitungszwecke** in vollem Umfang umsetzen. So bestimmt beispielsweise § 12 LPG NRW, dass auf die Verarbeitung von **Daten zu journalistischen Zwecken von den Bestimmungen** der DSGVO nur Kap. I (*Allgemeine Bestimmungen*), Kap. X und Kap. XI (*Delegierte Rechtsakte und Durchführungsrechtsakte*) sowie Art. 5 Abs. 1 lit. f in Verbindung mit Abs. 2 DSGVO (*Verpflichtung zum Schutz der Daten vor unrechtmäßiger Verarbeitung*), Art. 24 DSGVO (*Festlegung der Verantwortlichkeit der datenverarbeitenden Stelle*) und Art. 32 DSGVO (*Sicherheit der Verarbeitung*) anwendbar sind. Nur bei einer Verletzung von Art. 5 Abs. 1 lit. f sowie Art. 24 und Art. 32 DSGVO gilt die Haftungsregelung des Art. 82 DSGVO.[63] Insbesondere ist eine Kodifizierung von Aufsichtsrechten für den Bereich der Printmedien in den Landespressegesetzen nahezu durchweg unterblieben;[64] das ist durch die Gestattung des Ausschlusses der Anwendbarkeit von Kap. VI (*Unabhängige Aufsichtsbehörden*) und Kap. VII DSGVO (*Zusammenarbeit und Kohärenz*) gerechtfertigt und von dem Gedanken getragen, dass das in allen demokratischen Gesellschaften geltende und in Deutschland namentlich aus Art. 5 Abs. 1 Satz 2 GG abgeleitete Prinzip der Staatsferne der Presse grundsätzlich jede Form staatlicher Aufsicht über die Presse ausschließt.[65] Soweit dagegen eingewandt wird, Art. 77 DSGVO (*Recht auf Beschwerde bei einer Aufsichtsbehörde*) sei ausdrücklich der Regelungsbefugnis der Mitgliedstaaten entzogen, weshalb auch für die Printmedien (vgl. zum Rundfunk Rz. 1.8) eine verbindliche, nicht allein durch eine freiwillige Selbstregulierung wie nach dem **Pressekodex** (dazu Rz. 2.4) erfolgende Aufsicht vorgesehen werden müsse,[66] überzeugt dies nicht. Da die Mitgliedstaaten nach Kap. VI DSGVO die Schaffung unabhängiger Aufsichtsbehörden für den Bereich der Datenverarbeitung u.a. zu journalistischen Zwecken gerade ausschließen können, läuft das Beschwerderecht nach Art. 77 DSGVO im Fall der Datenverarbeitung zu journalistischen Zwecken faktisch leer; wo es keine Aufsichtsbehörde geben muss, muss es auch keine Beschwerdestelle geben.[67] Sofern sich die Printmedien daher im Pressekodex, zu dessen Regelungsbereich auch der Redaktionsdatenschutz gehört, einer freiwilligen Selbstkontrolle unterwerfen, ist dies bereits mehr als

---

62 S. auch *Albrecht/Janson*, CR 2016, 500, 502.
63 § 11 BayPrG sieht sogar nur eine allgemeine Verpflichtung der Medien auf das Datengeheimnis bei der Verarbeitung personenbezogener Daten zu journalistischen Zwecken vor (nähere Regelungen erfolgen hier in Art. 38 BayDSG); manche Regelungen, wie etwa § 12 LPG BW, verweisen zudem bei einer Verletzung des Datengeheimnisses auf § 83 BDSG, da Art. 82 DSGVO diesen Tatbestand nicht umfasst.
64 Lediglich vereinzelt verweisen Landespressegesetze auf die freiwillige Selbstkontrolle, so z.B. Art. 11 Abs. 2 BayPrG, ohne dies jedoch zu spezifizieren.
65 BGH GRUR 2019, 189 = WRP 2019, 317 – Crailsheimer Stadtblatt II.
66 Simitis/Hornung/Spiecker/*Dix*, Art. 85 DSGVO Rz. 12.
67 S. auch *Cornils*, ZUM 2018, 561, 572 f.; vgl. dazu auch die Regelung in § 11a TPG: „Die Vorschriften über die Aufgaben und Befugnisse einer Aufsichtsbehörde nach Kapitel VIII finden keine Anwendung, da eine Aufgabenzuweisung nach Kapitel VI der Verordnung (EU) 2016/679 nicht erfolgt. Die Selbstregulierung der Presse durch den Pressekodex und die Beschwerdeordnung des Deutschen Presserates bleiben unberührt."

von Art. 85 Abs. 2 DSGVO verlangt. Unstreitig ist in diesem Zusammenhang, dass für den Bereich der journalistischen Datenverarbeitung keine Auskunftspflichten bestehen und dass damit die DSGVO am Prinzip des Redaktionsgeheimnisses nichts ändert (vgl. dazu nur Rz. 7.59, 8.1 f.).

Für den **Rundfunk** und die üblicherweise als **elektronische Presse** bezeichneten, heute nahe-zu von allen Medienunternehmen angebotenen **Telemedien** gelten die Regelungen des Rund-funkstaatsvertrags. Für den Rundfunk erfordert die Sicherstellung der Meinungsvielfalt seit jeher eine zumindest begrenzte staatliche Aufsicht. § 9c RStV verweist daher zunächst für den privaten Rundfunk, die in der *ARD* zusammengeschlossenen Landesrundfunkanstalten, das *ZDF* und das *Deutschlandradio* auf die nach Art. 85 Abs. 2 DSGVO anwendbaren Daten-schutzvorschriften. Nach § 9c Abs. 4 RStV obliegt die Aufsicht über die Einhaltung der daten-schutzrechtlichen Bestimmungen den jeweils zuständigen Ländern. So ist nach § 49 LMG NRW beispielsweise der Datenschutzbeauftragte der staatlich unabhängigen *Landesanstalt für Medien NRW* Aufsichtsbehörde für den privaten Rundfunk; für den WDR regelt § 48 WDR-Gesetz die Bestellung eines *WDR-Rundfunkdatenschutzbeauftragten*, der nach § 51 als Auf-sichtsbehörde fungiert. 1.28

Für die Telemedien dieser Rundfunkanstalten und die sog. Unternehmen oder Hilfsunterneh-men der Presse enthält § 57 RStV eine dem § 9c RStV entsprechende Regelung, allerdings mit der Einschränkung, dass im Bereich der Aufsicht Kap. VIII DSGVO keine Anwendung findet, soweit 1.29

„…Unternehmen, Hilfs- und Beteiligungsunternehmen der Presse der Selbstregulierung durch den Pressekodex und der Beschwerdeordnung des Deutschen Presserates unterliegen."

Dies führt dazu, dass es für die journalistische Tätigkeit der Printmedien faktisch keine Auf-sichtsregelungen gibt, Telemedienangebote desselben Unternehmens (und womöglich noch mit demselben Inhalt) hingegen prinzipiell der staatlichen Aufsicht gemäß § 57 RStV unterlie-gen; ihr können sie sich aber entziehen, indem sie sich der Selbstregulierung durch den Pres-sekodex und der dort vorgesehenen Möglichkeit einer Beschwerde beim Deutschen Presserat (dazu § 33) unterwerfen (§ 59 RStV); sofern sie diesen Weg wählen, gelten auch für die von Presseverlagen angebotenen Telemedien die aufsichtsrechtlichen Regelungen der Länder nicht. Telemedienangebote der Rundfunkveranstalter hingegen unterliegen stets der für diese geltenden Aufsicht; dies sind etwa für die journalistisch-redaktionell gestalteten Telemedien der privaten Rundfunkveranstalter gemäß § 51a LMG NRW die *LfM* und für das Telemedi-en-Angebot des *WDR* nach § 51 WDR-Gesetz der *WDR-Rundfunkdatenschutzbeauftragte*. Die Inkohärenz dieser Regelungen im Vergleich zur Presse wird zu Recht kritisiert.[68]

Auch wenn diese Rechtsmaterie aufgrund der in Deutschland herrschenden Zuständigkeit der Bundesländer für das Medienrecht in einer Vielzahl von Landespresse- und -mediengeset-zen sowie Staatsverträgen in Details unterschiedlich geregelt ist, besteht doch Einvernehmen, dass der in Rz. 1.26 genannte Handlungsauftrag des Art. 85 Abs. 2 DSGVO mit den in Rz. 1.27 ff. genannten Umsetzungsregelungen – vorbehaltlich der nach Art. 85 Abs. 3 DSGVO erforderlichen Notifizierung bei der Europäischen Kommission – erfüllt ist. Dies gilt ins-besondere auch für das Erforderlichkeitskriterium gemäß Art. 85 Abs. 2 DSGVO, das bei der Neufassung der Bestimmungen zum Redaktionsdatenschutz in den Presse- und Mediengeset- 1.30

---

68 *Cornils*, ZUM 2018, 561, 567 ff.

zen der Länder berücksichtigt wurde.[69] Die durch journalistisch-redaktionelle Tätigkeit zwangsläufig erfolgende Verarbeitung personenbezogener Daten ohne Einwilligung des Betroffenen (s. etwa nur Rz. 17.1 ff. zur identifizierenden Berichterstattung) ist durch das Medienprivileg gedeckt, dessen Umfang im Übrigen nach ständiger Rechtsprechung sowohl der deutschen Gerichte wie auch des EGMR durch die gebotene Abwägung mit dem Allgemeinen Persönlichkeitsrecht (Art. 8 EMRK, Art. 2 Abs. 1 und Art. 1 Abs. 1 GG) einzelfallbezogen definiert wird. Aber auch soweit Datenerfassung redaktionelle Arbeit vorbereitet, unterstützt und begleitet, wie etwa im Fall der Archivierung fertiger Inhalte oder auch von Rechercheergebnissen (dazu Rz. 11.1 f.), ist sie vom Medienprivileg erfasst, das nach der Rechtsprechung des EuGH weit auszulegen ist.[70] Dem steht insbesondere auch nicht die *Google Spain*-Entscheidung des EuGH entgegen[71], in der der Gerichtshof gerade ausdrücklich betont, dass die namentliche Identifizierung eines Betroffenen in einem journalistisch-redaktionellen Beitrag von einer zulässigen Ausnahme im Sinne des Art. 9 der (durch die DSGVO abgelösten) Datenschutzrichtlinie EG 95/46 umfasst sein kann, die Verarbeitung dieser redaktionellen Berichterstattung durch eine Suchmaschine hingegen nicht. Diese Auffassung vertreten auch die ersten Entscheidungen deutscher Gerichte zur Archivierung und zum Bereithalten von Inhalten; beide Formen der Datenverarbeitung müssten ohne die auf der Grundlage von Art. 85 Abs. 2 DSGVO von den deutschen Normsetzern erlassenen Öffnungsklauseln als unzulässig gelten. So war nach Auffassung des OLG Frankfurt der Suchmaschinenbetreiber *Google* nicht verpflichtet, die Anzeige von Suchergebnissen zu unterlassen, die zu redaktioneller Berichterstattung über einen Betroffenen führten, obwohl die Berichte bereits aus dem Jahr 2011 stammten, sich unter anderem mit dem Gesundheitszustand des Klägers befassten und damit sog. *Art. 9-Daten* enthielten.[72] Das Gericht sah deren Verarbeitung aufgrund der Regelung in Art. 17 Abs. 3 lit. a DSGVO in der aktuellen Berichterstattung als zulässig an und hielt einen Zeitablauf von sechs bis sieben Jahren nach der Erstberichterstattung noch nicht für ausreichend, um ein *Recht auf Vergessen* zu begründen.

1.31   Für den Bereich der Bildberichterstattung (dazu im Einzelnen Rz. 21.1 ff.) hält die weitaus überwiegende Auffassung die **Regelungen des KUG** auf die journalistischen Tätigkeiten von Redaktionen und Journalisten mit Recht weiterhin für **anwendbar**.[73] Umstritten und nach überwiegender Auffassung einzelfallabhängig zu prüfen ist hingegen die Reichweite der Öffnungsklausel des Art. 85 Abs. 1 DSGVO, die als eigener Handlungsauftrag an die Mitgliedstaaten zur Regelung von Ausnahmen für die allgemeine Informations- und Meinungsäußerungs-

---

69 S. nur exemplarisch die Begründung zur Änderung des LPG BW, LT-Drs. 16/3555, 14 v. 20.2.2018 für die Pressegesetze oder Begründung zum Gesetzesentwurf zur Zustimmung zum 21. Rundfunkstaatsvertrag, LT-Drs. 17/1565 v. 20.12.2017.

70 EuGH K&R 2009, 102 = CR 2009, 229 – Satamedia; Wenzel/*Burkhardt/Peifer*, Kap. 1 Rz. 72 f.

71 EuGH WRP 2014, 803 – Google Spain.

72 OLG Frankfurt a. M. WRP 2018, 1364; s. auch OLG Hamburg WRP 2019, 110; OLG Dresden ZD 2019, 172 = MDR 2019, 349.

73 Wenzel/*Burkhardt/Peifer*, Kap. 1 Rz. 71; *Tinnefeld/Conrad*, ZD 2018, 391, 397; *Lauber-Rönsberg/ Hartlaub*, NJW 2017, 1057; Simitis/Hornung/Spiecker/*Dix*, Art. 85 DSGVO Rz. 32; Wenzel/*v. Strobl-Albeg*, Kap. 7 Rz. 122 ff.; OLG Köln ZUM-RD 2018, 549 = WRP 2018, 1006; OLG Köln NJW-RR 2019, 240; LG Frankfurt a.M. BeckRS 2018, 25130; *Raji*, ZD 2019, 61; s. auch die Ausarbeitung des Wissenschaftlichen Dienstes des Deutschen Bundestags „Verhältnis der Datenschutz-Grundverordnung zum Kunsturhebergesetz" vom 16.5.2018, abrufbar unter https://www.bundestag.de/blob/563840/bf59a00573853aabbee2c32ddd01e3cd/wd-3-156-18-pdf-data.pdf; a.A. *Benedikt/ Kranig*, ZD 2019, 4 f.

freiheit verstanden wird.[74] Das *Bundesinnenministerium* geht auch hier von der Fortgeltung des KUG als Teil der deutschen Anpassungsgesetzgebung aus; den von ihm bekannt gemachten *FAQs*[75] lässt sich entnehmen, dass das KUG ganz allgemein für das Anfertigen von Fotografien, also auch im Rahmen der Meinungs- und Informationsfreiheit, Geltung behalten soll.

§ 2 Publizistische Sorgfalt

1. Landespressegesetze, Rundfunkrecht und Neue Medien

Sind die Medien verfassungsrechtlich und – so jedenfalls die Presse – durch die Bestimmungen der Landespressegesetze im Rahmen der Informationsermittlung privilegiert, so gilt dennoch auch für sie der allgemeine Satz, dass in einem demokratischen Staat, der auf Ausgleich widerstreitender Interessen aller bedacht sein muss, keine Freiheit schrankenlos sein kann und dass mit besonderer Privilegierung in aller Regel besondere Verantwortung und besondere Verpflichtungen einhergehen. Mit der hervorgehobenen verfassungsrechtlichen Position der Medien, denen die Landespressegesetze trotz ihrer privatrechtlichen Verfassung eine **öffentliche Aufgabe** zuweisen, korrespondiert daher eine gesteigerte Verantwortung gegenüber derselben Öffentlichkeit, der sie nach der Definition des Gesetzgebers zu dienen haben. Diese gesteigerte Verantwortung konkretisiert sich in der **publizistischen** oder **journalistischen Sorgfaltspflicht**.   2.1

Für die **Printmedien** einerseits und die Medien **Hörfunk** und **Fernsehen** sowie die **Neuen Medien** andererseits gelten in diesem Zusammenhang teilweise unterschiedliche Rechtsquellen, ohne dass diese Unterschiede praktische Konsequenzen nach sich zögen.   2.2

a) Presse

Die Gesetzgeber der meisten Landespressegesetze konkretisieren diese besondere Verantwortung in der Sorgfalts- bzw. Wahrheitspflicht der Presse. So definiert etwa § 6 LPG NRW: 2.3

---

74 *Cornils*, ZUM 2018, 561; Wenzel/*Burkhardt*/*Peifer*, Kap. 1 Rz. 71; für eine zumindest restriktive Auslegung der Öffnungsklausel des Art. 85 Abs. 1 DSGVO Sydow/*Specht*/*Bienemann*, Art. 85 DSGVO Rz. 9.

75 https://www.bmi.bund.de/SharedDocs/faqs/DE/themen/it-digitalpolitik/datenschutz/datenschutzgrundvo-liste.html#f10924666.

„Die Presse hat alle Nachrichten vor ihrer Verbreitung mit der nach den Umständen gebotenen Sorgfalt auf Inhalt, Herkunft und Wahrheit zu prüfen. Die Verpflichtung, Druckwerke von strafbarem Inhalt (§ 21 Abs. 2) freizuhalten, bleibt unberührt."[1]

Und die Pressegesetze der Länder Berlin und Bayern bringen den Sachzusammenhang zwischen verfassungsrechtlicher Privilegierung der Presse, der Zuweisung einer öffentlichen Aufgabe an die Presse und ihrer gesetzlichen Verpflichtung, Sorgfalt walten zu lassen, dadurch besonders plastisch zum Ausdruck, dass sie die Zuweisung der öffentlichen Aufgabe und die Begründung der gesetzlichen Sorgfaltspflicht in ein und demselben Paragraphen regeln (§ 3 Abs. 1 u. 2 LPG Berlin; Art. 3 Abs. 2 und 3 BayPrG).

2.4 Mit der Herstellung dieser **Korrelation von Privilegien und Pflichten** der Presse tragen die Landespressegesetzgeber der Rechtsprechung des BVerfG Rechnung, das seinerseits den sachlichen Zusammenhang zwischen öffentlicher Aufgabe und Sorgfaltspflicht der Presse schon früh und seither mehrfach betont hat:

„… Wenn die Presse von ihrem Recht, die Öffentlichkeit zu unterrichten, Gebrauch macht, ist sie zur wahrheitsgemäßen Berichterstattung verpflichtet … Die Presse ist … um ihrer Aufgabe bei der öffentlichen Meinungsbildung willen gehalten, Nachrichten und Behauptungen, die sie weitergibt, auf ihren Wahrheitsgehalt zu prüfen …".[2]

Diesen Zusammenhang der Gewährleistung der Freiheit der Meinungsäußerung mit den Pflichten und der Verantwortung, die sich aus eben dieser Gewährleistung ergeben, betont für den Bereich von Art. 10 Abs. 2 EMRK auch der EGMR .[3] Es ist daher nur konsequent, dass der **Deutsche Presserat** die journalistische Sorgfaltspflicht als Bestandteil des **Standesrechts der Presse** definiert, das zwar nicht die Qualität geltenden Rechts beansprucht, wohl aber von den Gerichten bei der Bestimmung der Pflichten der Medien als Auslegungsmaxime berücksichtigt werden kann.[4] Die in Zusammenarbeit mit den Presseverbänden beschlossenen Publizistischen Grundsätze, der so genannte **Pressekodex**, machen das deutlich:

„Recherche ist unverzichtbares Instrument journalistischer Sorgfalt. Zur Veröffentlichung bestimmte Informationen in Wort, Bild und Grafik sind mit der nach den Umständen gebotenen Sorgfalt auf ihren Wahrheitsgehalt hin zu prüfen und wahrheitsgetreu wiederzugeben. Ihr Sinn darf durch Bearbeitung, Überschrift oder Bildbeschriftung weder entstellt noch verfälscht werden. Unbestätigte Meldungen, Gerüchte und Vermutungen sind als solche erkennbar zu machen. Symbolfotos müssen als solche kenntlich sein oder erkennbar gemacht werden."[5]

2.5 Die für die Presse so definierte Sorgfaltspflicht trifft nicht nur die Verlage und Redaktionen. Sie gilt in gleichem Maß auch für **Nachrichtenagenturen** als diejenigen Institutionen, auf deren Vorarbeit die Redaktionen in vielen, vor allem aktuellen Fällen zurückgreifen. Der Auffassung, Nachrichtenagenturen transportierten nur Meldungen, ohne sie inhaltlich zu verarbeiten, und unterlägen daher einem nur eingeschränkten Sorgfalts- und Haftungsmaßstab, hat

---

1 So auch, mit im Detail teilweise abweichenden Formulierungen, § 6 LPG Baden-Württemberg, Brandenburg, Bremen, Hamburg, Niedersachsen und Saarland; § 5 LPG Mecklenburg-Vorpommern, Schleswig-Holstein, Sachsen, Sachsen-Anhalt und Thüringen, § 7 LMG Rheinland-Pfalz, mit etwas anderer Formulierung auch Art. 3 BayPrG; keine ausdrückliche Regelung der publizistischen Sorgfaltspflicht findet sich im hessischen Landespressegesetz.
2 BVerfG NJW 1961, 819 – Schmid/Spiegel; BVerfG AfP 1980, 151 = NJW 1980, 2072 – Böll/Walden; BVerfG AfP 2003, 539 = NJW 2004, 589; vgl. auch Löffler/*Steffen*, § 6 LPG Rz. 2 ff.
3 EGMR NJW 2012, 1058 = GRUR 2012, 741; EGMR NJW 2003, 1645; EGMR AfP 2016, 137 – Mladina D.D. Ljubljana./.Slowenien.
4 BGH NJW 1979, 1041 – Exdirektor; Löffler/*Steffen*, § 6 LPG Rz. 20; *Peters*, NJW 1997, 1334, 1335.
5 Pressekodex Ziffer 2.

das BVerfG[6] eine klare Absage erteilt. Im Hinblick auf die bereits betonte Wechselwirkung zwischen der öffentlichen Aufgabe der Presse einerseits und ihrer Verantwortung für den Inhalt verbreiteter Meldungen andererseits ist das nur konsequent.

b) Hörfunk und Fernsehen

Was nach der hiermit umrissenen Verfassungs- und Gesetzeslage für die Presse gilt, beansprucht für den Bereich des **Hörfunks** und **Fernsehens** nicht weniger Geltung. Diese Medien sind, wie gezeigt, verfassungsrechtlich in ähnlicher Weise privilegiert wie die Presse, und folglich besteht für sie dieselbe gesteigerte Verantwortung. Eine Reihe von Landespressegesetzen stellt dies ausdrücklich klar, indem sie bestimmen, dass die für die Presse geltende publizistische Sorgfaltspflicht **auf den Rundfunk entsprechend anwendbar** ist.[7]

2.6

Bestehende Lücken schließen für den **Rundfunk** unterschiedliche Normwerke. Für den Bereich der **bundesweit verbreiteten Programme** gilt insoweit § 41 Abs. 1 RStV mit dem Verweis auf die verfassungsmäßige Ordnung sowie die Vorschriften der allgemeinen Gesetze und die gesetzlichen Bestimmungen zum Schutz der persönlichen Ehre. Für den nur **landesweit verbreiteten Rundfunk** treten an dessen Stelle einzelne Bestimmungen der Landesmedien- bzw. pressegesetze.[8] Hinzu kommen von der Rechtsprechung des BVerfG statuierte Grundsätze, die ebenfalls eine Verpflichtung dieser Medien zur wahrheitsgemäßen Berichterstattung begründen und mit dem zunächst für die öffentlich-rechtlichen Anstalten geltenden Prinzip der Ausgewogenheit der Berichterstattung[9] ein zusätzliches Element der **verfassungsrechtlich fundierten Verantwortung** schaffen, das für die Presse keine Geltung beansprucht; und für den **privaten Rundfunk** gilt aufgrund der Rechtsprechung des BVerfG[10] und der auf ihr aufbauenden Bestimmungen der Landesmedien- bzw. -Rundfunkgesetze das Prinzip der Programmvielfalt in ähnlicher Weise wie für die öffentlich-rechtlichen Rundfunkanstalten.

2.7

c) Telemedien

Für die **Telemedien** und vornehmlich die ihnen zuzurechnende **elektronische Presse** ergibt sich die Pflicht zur Sorgfalt unmittelbar aus § 54 Abs. 2 RStV, auf den § 1 Abs. 4 TMG ausdrücklich verweist. Danach haben

2.8

„... Telemedien mit journalistisch-redaktionell gestalteten Angeboten, in denen insbesondere vollständig oder teilweise Inhalte periodischer Druckerzeugnisse in Text oder Bild wiedergegeben werden, ... den anerkannten journalistischen Grundsätzen zu entsprechen. Nachrichten sind vom Anbieter vor ihrer Verbreitung mit der nach den Umständen gebotenen Sorgfalt auf Inhalt, Herkunft und Wahrheit zu prüfen."

Bei der von dieser Bestimmung in erster Linie erfassten **elektronischen Presse** stellt sich damit die Frage nach einer modifizierten Haftung für ihren Inhalt nicht, die zwar für andere Telemedien bestimmten Einschränkungen unterworfen (§§ 7–10 TMG), im Fall der elektronischen Presse aber nicht anders geregelt ist als bei der gedruckten. Hier geht es lediglich da-

---

6 BVerfG AfP 2003, 539 = NJW 2004, 589.
7 Vgl. § 25 Abs. 1 LPG Baden-Württemberg und Bremen, § 23 Abs. 1 LPG Berlin, § 1 Abs. 1 LMG Rheinland-Pfalz.
8 Vgl. etwa Staatsvertrag über das Medienrecht in Hamburg und Schleswig-Holstein § 4 Abs. 1.
9 Vgl. BVerfGE 37, 85, 91 f.
10 BVerfGE 57, 295, 322 ff. – FRAG.

rum, welche Sorgfaltsanforderungen auch die elektronische Presse bei der Produktion ihrer Inhalte zu beachten hat; zur Inhaltshaftung der übrigen Telemedien Rz. 16.23 ff.

2.9 Die Angebote der elektronischen Presse müssen also ebenso wie diejenigen der gedruckten der verfassungsmäßigen Ordnung entsprechen. Die Vorschriften der allgemeinen Gesetze sowie die gesetzlichen Bestimmungen zum Schutz der persönlichen Ehre sind einzuhalten. Der Regelungsgehalt dieser Vorschriften ist zwar bereits Bestandteil der verfassungsmäßigen Ordnung, doch wollen die Normsetzer durch die explizite Erwähnung dieser Rechtsgüter ihre besondere Bedeutung auch für den Bereich der Mediendienste unterstreichen. Die Inhalte elektronischer Presse müssen zudem den anerkannten journalistischen Grundsätzen entsprechen (§ 54 Abs. 2 Satz 1 RStV); dazu gehören alle diejenigen Grundsätze, die sich aus den presse- und rundfunkrechtlichen Regelungen der Bundesländer sowie dem **Pressekodex** und den dazu erlassenen **Richtlinien** (Rz. 2.4) ergeben.

2.10 Im Ergebnis unterscheiden sich damit die materiellen Anforderungen an die bei der Sammlung und Auswertung von Informationen durch die unterschiedlichen Medien zu beachtende Sorgfalt nicht voneinander. Sie sind aber – im Hinblick auf die öffentliche Aufgabe und Verantwortung der Medien konsequent – höher als die Anforderungen an die Sorgfalt von Privatleuten bei der Verbreitung von Informationen.[11]

2. Inhalt der publizistischen Sorgfaltspflicht

2.11 Die für alle Medien maßgebliche Verpflichtung zur Beachtung der publizistischen Sorgfalt lässt sich anhand einer Reihe von Kriterien näher konkretisieren.

a) Pflicht zur Prüfung von Nachrichten

2.12 Inhaltlich bezieht sich die publizistische Sorgfaltspflicht auf die **Wahrheit** der von den Medien übermittelten Nachrichten, mithin der dargestellten Tatsachen. Schon dem Wortlaut der Landespressegesetze ist aber zu entnehmen, dass es nicht um eine Verpflichtung der Medien gehen kann, die **absolute Wahrheit** der von ihnen verbreiteten Nachrichten zu gewährleisten.[12] Verlangt wird vielmehr nur, dass die Medien einen Sachverhalt mit der mit ihren Mitteln einzuhaltenden Sorgfalt erforschen.[13] Die weitergehende Forderung nach Gewährleistung absoluter, gleichsam justizförmiger Wahrheit wäre mit dem Anspruch der Medien auf Verbreitung aktueller Berichterstattung nicht zu vereinbaren; sie verfügen fast niemals – und sicherlich nicht unter Aktualitätsdruck – über die sachlichen, personellen und rechtlichen Mittel, die eine Aufklärung unklarer Tatbestände im Sinn justizförmiger Wahrheitsfindung erst ermöglichen würden. Sie würden ihrem Auftrag, die Öffentlichkeit über Angelegenheiten zu unterrichten, die das Gemeinwohl in nachhaltiger Weise beeinflussen könnten, niemals gerecht werden können, stünden sie unter einem gesetzlich normierten Gebot, nur die **objektive Wahrheit** zu verbreiten.[14] Berichterstattung der Medien über politisch, gesellschaftlich oder

---

11 BVerfG AfP 1992, 53 = NJW 1992, 1439 – Bayer; BVerfG NJW 2003, 1855; für den privaten Betreiber einer Website vgl. LG Berlin MMR 2009, 482.

12 Vgl. hierzu *Damm/Rehbock*, Rz. 661 m.w.N.; *Prinz/Peters*, Rz. 278; *Peters*, NJW 1997, 1334, 1335; OLG Köln NJW 1963, 1934; LG Düsseldorf BeckRS 2013, 02221.

13 BGH AfP 1987, 597 = NJW 1987, 2225 – Pressemäßige Sorgfalt; OLG Nürnberg ZUM 1998, 849; *Löffler/Steffen*, § 6 LPG Rz. 160; *Ricker/Weberling*, Kap. 39, Rz. 7.

14 BGH AfP 2013, 57 = NJW 2013, 790 – IM Christoph.

wirtschaftlich brisante Themen wäre nahezu unmöglich; ihrer für den demokratischen Staat schlechthin konstitutiven Kontroll- oder Wächterfunktion könnten die Medien nicht gerecht werden.[15] Die **pressemäßige Wahrheitspflicht** darf mithin nicht mit einer Gewährleistung der Wahrheit gleichgesetzt werden, woraus folgt: Berichterstattung ist nicht stets und nicht allein deswegen rechtswidrig, weil sie objektiv unwahr oder auch nur nicht erweislich wahr ist;[16] Einzelheiten dazu in § 15.

Im Zusammenhang mit dieser Feststellung bilden die in der jüngeren Vergangenheit insbesondere aus aktuellem politischem Anlass diskutierten so genannten **Fake News** keine gesonderte Kategorie. Bei ihnen handelt es sich um manipulativ verbreitete, vorgetäuschte Nachrichten oder Falschmeldungen, die überwiegend im Internet und dort insbesondere in sozialen Netzwerken verbreitet werden. Ihre rechtliche Behandlung folgt, soweit sich aus dem im Jahr 2017 erlassenen **NetzDG** (dazu Rz. 16.27 und Rz. 25.12) nichts anderes ergibt, den dargestellten allgemeinen Grundsätzen. Häufig wird ihre Unwahrheit offen zutage treten oder ohne großen Rechercheaufwand zu klären sein. Ob etwa die Menschenmenge, die dem *inauguration speech* von US-Präsident *Trump* auf den Freiflächen und Straßen vor dem *Capitol Hill* in Washington DC folgt, wirklich, wie von diesem behauptet, größer war als diejenige aus vergleichbarem Anlass acht Jahre zuvor, ließ und lässt sich unschwer durch Vergleich der alten und der neuen Fernsehaufzeichnungen nachprüfen; die Medien werden diese Prüfung daher vornehmen müssen. Ist die Fake News hingegen subtiler, stammt sie etwa von ausländischen Geheimdiensten und bezieht sie sich insbesondere auf Vorgänge, die sich nicht in der Öffentlichkeit abspielen, so wird die Aufdeckung ihrer Unwahrheit häufig mit den den Medien zur Verfügung stehenden Mitteln nicht möglich sein, so dass ihre Verbreitung keinen Verstoß gegen deren Sorgfaltspflichten darstellt.

2.13

Mit gutem Grund enthalten die Bestimmungen der Landespressegesetze daher nicht die Verpflichtung zur Verbreitung der Wahrheit, sondern diejenige zur **Prüfung der verbreiteten Nachrichten auf ihren Wahrheitsgehalt**. Auch Ziffer 2 des Pressekodex (Rz. 2.4) legt mit der Forderung nach Einhaltung der nach den Umständen gebotenen Sorgfalt zwar einen strikten Maßstab an, stellt aber gleichzeitig klar, dass sich diese Forderung nicht auf den Inhalt, sondern auf die Prüfung von Nachrichten bezieht.

2.14

Dieser Verpflichtung werden die Medien gerecht, wenn sie sich mit der gebotenen Sorgfalt und Gründlichkeit um die Ermittlung des richtigen Sachverhalts und um dessen richtige Wiedergabe bemühen. Soweit das **Bayerische Pressegesetz** hierüber hinausgeht und in seinem Art. 3 Abs. 2 den Medien apodiktisch eine Pflicht zur wahrheitsgemäßen Berichterstattung auferlegt, kann nur eine restriktive Auslegung dieser Bestimmung als verfassungskonform angesehen werden, die in Übereinstimmung mit dem Wortlaut aller anderen Landespressegesetze und der herrschenden Meinung auf die Sorgfalt bei der Ermittlung des Sachverhalts anstatt auf die objektive Wahrheit abstellt.

2.15

b) Sorgfaltsmaßstab

Die Wahrheitspflicht der Medien darf damit nicht im Sinne schrankenloser Gewährleistung der objektiven Wahrheit verstanden werden kann. Der jeweilige Grad der aktuellen Wahrheitsgewähr muss vielmehr anhand desjenigen **Sorgfaltsmaßstabs** ermittelt werden, der von dem jeweiligen Medium in der konkreten Situation zu fordern ist. Es handelt sich, mit ande-

2.16

---

15 OLG Dresden NJW 2004, 1181.
16 BGH AfP 1987, 597 = NJW 1987, 2225 – Pressemäßige Sorgfalt.

ren Worten, um einen **berufsspezifischen** und damit nicht um einen allgemein gültigen Sorgfaltsmaßstab.

2.17 Dass dieser Sorgfaltsmaßstab nicht absolut definiert werden kann, ergibt sich schon aus dem Wortlaut der einschlägigen Bestimmungen der Landespressegesetze, die – im Übrigen in Übereinstimmung mit dem allgemeinen zivilrechtlichen Grundsatz des § 276 Abs. 2 BGB[17] – nicht mehr fordern als die Anwendung der **nach den Umständen gebotenen Sorgfalt**. Damit haben die Medien einen Grad von Sorgfalt anzuwenden, der sich an demjenigen orientiert, was bei Anlegung allgemein gültiger, verkehrsüblicher Maßstäbe erforderlich ist; die Wahrung eigener Sorgfaltsmaßstäbe genügt ebenso wenig wie diejenige presseüblicher Sorgfalt, wenn diese Maßstäbe den verkehrsüblichen Anforderungen im Einzelfall nicht genügen. Obendrein ist der publizistische Sorgfaltsmaßstab gleitend und damit **flexibel** ausgestaltet.[18] Die Frage, welchen Grad von Sorgfalt die Medien anwenden müssen, richtet sich damit stets nach den konkreten Umständen des Einzelfalls. Hierzu lassen sich jedoch jedenfalls die folgenden Leitlinien aufzeigen.[19]

aa) Informationswert und Sorgfaltsmaßstab

2.18 Nach gefestigter Rechtsanschauung besteht ein sachlicher Zusammenhang zwischen dem Inhalt der zu verbreitenden Nachricht und dem Grad der zu fordernden Sorgfalt. Je größer die Intensität des potentiellen Eingriffs in Rechte Dritter ist, desto höher wird die Rechtsprechung den **Sorgfaltsmaßstab** anlegen.[20] Wenn Medien sich mit (angeblichem) Fehlverhalten oder (angeblichen) Fehlentwicklungen Dritter befassen, entfalten sie eine Art **gefahrgeneigter Tätigkeit**. Daher müssen sie bei der Bestimmung des Sorgfaltsmaßstabs, den sie anlegen, bevor sie mit Nachrichten von hoher Eingriffsintensität an die Öffentlichkeit treten, dem Umstand in angemessener Weise Rechnung tragen, dass unsorgfältige Recherche zur Schädigung Dritter führen kann.[21]

2.19 Bei **heißen Eisen**, also Themen mit großer politischer, sozialer oder wirtschaftlicher Tragweite für die Betroffenen, liegt dieses Gefährdungspotenzial von Medienberichterstattung auf der Hand. Entsprechend hoch wird in der Regel die Anforderung an die bei der Prüfung des verarbeiteten Materials anzuwendende Sorgfalt sein.[22] Dies gilt insbesondere im Fall der **Verdachtsberichterstattung** (Rz. 16.43 ff.). Die Rechtsprechung verlangt vor der Verbreitung eines Verdachts eine hinreichend sorgfältige Recherche über den Wahrheitsgehalt und ein **Mindestmaß an Beweistatsachen**, die für den Wahrheitsgehalt der Äußerung sprechen. Zudem ist regelmäßig eine **Stellungnahme des Betroffenen** einzuholen (Einzelheiten in

---

17 Zum Verhältnis zwischen den spezifisch presserechtlichen Anforderungen an die Sorgfaltspflicht und dem allgemeinen Pflichtenkatalog des § 276 BGB vgl. insbesondere Löffler/*Steffen*, § 6 LPG Rz. 12 ff.
18 Löffler/*Steffen*, § 6 LPG Rz. 21 ff.; *Prinz/Peters*, Rz. 277; *Peters*, NJW 1997, 1334, 1336.
19 Einzelheiten auch bei Löffler/*Steffen*, § 6 LPG Rz. 38 ff.; *Ricker/Weberling*, Kap. 39, Rz. 9.
20 BVerfG AfP 1980, 151 = NJW 1980, 2072 – Böll/Walden; BGH GRUR 1969, 147 – Korruptionsvorwurf; BGH AfP 1979, 307 = NJW 1979, 1041 – Exdirektor; BGH AfP 1977, 340 = NJW 1977, 1288 – Abgeordnetenbestechung; BGH AfP 1997, 700 = NJW 1997, 1148– Stern TV; OLG Stuttgart ArchPR 1971, 104 – Rosa Luxemburg; Löffler/*Steffen*, § 6 LPG Rz. 40 ff.; *Damm/Rehbock*, Rz. 661 ff.
21 BGH AfP 1997, 700 = NJW 1997, 1148 – Stern TV.
22 Vgl. etwa BVerfG AfP 1980, 151 = NJW 1980, 2072 – Böll/Walden; BGH NJW 1957, 1315 – Spätheimkehrer; BGH NJW 1963, 902 – Fernsehansagerin; BGH AfP 1997, 700 = NJW 1997, 1148 – Stern TV; Löffler/*Steffen*, § 6 LPG Rz. 166.

Rz. 16.43 ff.).[23] Etwaige entlastende Einlassungen des Betroffenenmüssen berücksichtigt werden.

Erst recht gilt eine **gesteigerte Sorgfaltspflicht** bei der publizistischen Behandlung von Fragen aus dem Bereich der **Privat- oder Intimsphäre**, sofern sie im Einzelfall geeignet ist, Rechte des Betroffenen in besonders schwerwiegender Weise zu verletzen. So bedurfte die Veröffentlichung eines Berichts über ein angebliches sexuelles Verhältnis eines katholischen Geistlichen zu einer verheirateten Frau einer besonders sorgfältigen Recherche,[24] da er einerseits ohne wesentlichen Informationswert für die Öffentlichkeit war und andererseits das Gefährdungspotenzial für das persönliche und berufliche Ansehen der Betroffenen auf der Hand lag. Will eine Redaktion das Lichtbild einer ihr unbekannten, nur mit Unterwäsche bekleideten Person, das mit deren Einwilligung für eine Modebeilage angefertigt wurde, in einem anderen redaktionellen Zusammenhang veröffentlichen, so muss sie sich gesondert vergewissern, ob die dafür erforderliche Einwilligung vorliegt; zum Umfang der Einwilligung bei Bildveröffentlichungen im Einzelnen Rz. 21.73. Dass die Redaktion das Foto von einer ihr bekannten Agentur ohne Einschränkung des Verwendungszwecks erworben hat, reicht zu ihrer Entlastung nicht aus.[25]

2.20

Ähnlich liegt es im Fall der Berichterstattung über Vorgänge aus der **Sozialsphäre**. So darf in einem Bericht über ein ehemaliges Ratsmitglied eine ihm anzulastende Wahlfälschung nicht angedeutet werden, wenn der Sachverhalt bei dem Betroffenen nur telefonisch hinterfragt wurde und seine Angaben missverständlich sind.[26] Um einen Fall schwerer Sorgfaltspflichtverletzung handelt es sich auch, wenn eine Redaktion eine prozessuale Auseinandersetzung über die Wirksamkeit der Entlassung eines leitenden Angestellten in den Diensten einer Landesregierung publizistisch so darstellt, als sei das gerichtliche Verfahren bereits zu Lasten des Betroffenen abgeschlossen, während tatsächlich nur ein Antrag auf Gewährung einstweiligen Rechtsschutzes aus formellen Gründen zurückgewiesen wurde und dies dem berichtenden Redakteur auch bekannt war. In einem solchen Fall ändert an der Feststellung der schweren Sorgfaltspflichtverletzung auch die Tatsache nichts, dass die Klage des Betroffenen gegen seine Entlassung später tatsächlich abgewiesen wurde.[27] Ganz generell lässt sich in diesem Zusammenhang feststellen, dass Berichterstattung über **strafbare Handlungen** oder sonst ehrenrühriges Verhalten einem gesteigerten Sorgfaltsmaßstab unterworfen ist.[28]

2.21

Beschäftigen sich die Medien demgegenüber mit Angelegenheiten von geringerer gesellschaftlicher oder wirtschaftlicher Relevanz und solchen ohne erkennbare Auswirkung für das Ansehen und Fortkommen der Betroffenen, so kann der Forderung nach Anwendung der pressemäßigen Sorgfalt schon dann Genüge getan sein, wenn die Darstellung im Kern wahr ist, während **Vergröberungen und Verzerrungen** in diesem Bereich eher hinzunehmen sind.[29] Das wird häufig bei Berichterstattung aus dem Bereich des Showbusiness oder des Sports der

2.22

---

23 BGH AfP 2013, 57 = NJW 2013, 790 – IM Christoph; BGH ZUM 2013, 207; OLG Köln AfP 2011, 601 = ZUM 2012, 337; LG Köln ZUM-RD 2013, 414; vgl. auch *Gounalakis*, NJW 2012, 1473.
24 BGH AfP 1988, 34 = NJW-RR 1988, 733 – intime Beziehungen.
25 KG NJW-RR 1999, 1703.
26 LG Hamburg BeckRS 25473.
27 BGH AfP 1979, 307 = NJW 1979, 1041 – Exdirektor.
28 BGH NJW 1957, 1315 – Spätheimkehrer; BGH NJW 1963, 902 = GRUR 1963, 490 – Fernsehansagerin; OLG Stuttgart ArchPR 1971, 104 – Rosa Luxemburg; OLG Stuttgart NJW 1976, 628.
29 BVerfG NJW 1982, 2655, 1656 – Kredithaie; BGH GRUR 1968, 209 – Lengede; BGH AfP 1985, 116 = NJW 1985, 1621 – Türkol; BGH AfP 2006, 60 = ZUM 2006, 321 – dpa-Interview; BVerfG AfP 2008, 55 = NJW 2008, 747 – dpa-Interview; OLG Brandenburg NJW 1999, 3339, 3342; LG Köln

Fall sein, die nicht selten ohne erheblichen Informationswert ist, deren Verbreitung daher eher durch den Unterhaltungs- denn durch den Informationsauftrag einschlägiger Medien gerechtfertigt ist und die das Interesse des Publikums erst durch Vergröberungen und Übertreibungen weckt; dabei ist Voraussetzung für eine Herabsetzung des Sorgfaltsmaßstabs allerdings stets, dass die Berichterstattung die Rechte des Betroffenen der Substanz nach unangetastet lässt[30] (dazu im Einzelnen Rz. 15.14).

bb) Aktualität und Sorgfaltsmaßstab

2.23   Neben der Intensität des potentiellen Eingriffs spielt bei der Bestimmung des jeweils konkret zu fordernden Sorgfaltsmaßstabs stets die Frage der **Aktualität** eine maßgebliche Rolle. Und dieser Gesichtspunkt wird nicht selten zu einer anderen Gewichtung führen: Das Informationsinteresse der Öffentlichkeit und damit auch das berechtigte Anliegen der Medien, ihnen zugegangene Nachrichten schnell zu verbreiten, wird bei Angelegenheiten von grundlegender politischer, wirtschaftlicher oder gesellschaftlicher Bedeutung höher einzustufen sein als bei Klatschgeschichten ohne erhebliche Relevanz.[31]

2.24   Dieser Gesichtspunkt kann im Einzelfall dazu führen, dass der pressemäßigen Sorgfaltspflicht schon bei einem geringeren Verifizierungsgrad Genüge getan ist.[32] Das gilt trotz des Grundsatzes erhöhter Prüfungspflicht auch bei Angelegenheiten mit erheblicher Auswirkung für die Betroffenen und vornehmlich dann, wenn eine Nachricht gerade wegen ihres **Aktualitätsbezugs** beschleunigt veröffentlicht werden muss und ihr Informationswert mit zunehmendem zeitlichen Abstand sinken würde.[33] Das muss insbesondere im politischen Bereich angenommen werden, wenn sich der vom BVerfG mit Recht immer wieder betonte Grundsatz in der praktischen Rechtsanwendung bewähren soll, dass die Tätigkeit der Presse für das Funktionieren der freiheitlichen Demokratie unverzichtbar ist. Denn in der Regel sind die wirtschaftlichen oder persönlichkeitsrechtlichen Folgen unrichtiger, aber funktionsbezogener Medienberichterstattung für Funktionsträger im politischen Bereich weit weniger gravierend als für Angehörige anderer gesellschaftlicher Schichten. Und das Interesse der Öffentlichkeit an umfassender und aktueller Information ist nirgends so legitim wie gegenüber den Trägern hoheitlicher Gewalt. Dabei ist auch die Beurteilung dessen, was aktuell und dringlich ist, vom Grundrecht der Pressefreiheit umfasst.[34] Allerdings ist der Begriff der **Aktualität** nicht mit selbst erzeugtem Zeitdruck und insbesondere dem Wunsch einer Redaktion zu verwechseln, mit einer Nachricht als erste auf dem Markt zu sein; fehlt der Rechtfertigungsgrund inhaltlicher Aktualität, dann kann der Wettbewerbsgedanke als solcher einen Mangel an publizistischer Sorgfalt nicht rechtfertigen.[35]

AfP 2007, 380; *Grimm*, NJW 1995, 1697, 1702; *Damm/Rehbock*, Rz. 674; *Wenzel/Burkhardt/Peifer*, Kap. 5 Rz. 83.

30 Weitergehend *Ladeur*, NJW 2004, 393 ff.

31 BGH AfP 1977, 340 = NJW 1977, 1288 – Abgeordnetenbestechung; VG München AfP 2012, 593; LG Bonn AfP 1976, 146; *Sedelmeier*, AfP 1977, 377.

32 *Damm/Rehbock*, Rz. 673; *Peters*, NJW 1997, 1334, 1337.

33 *Peters*, NJW 1997, 1334, 1337; a.A *Prinz/Peters*, Rz. 281.

34 OLG Saarbrücken ZUM-RD 2012, 265.

35 *Peters*, NJW 1997, 1334, 1337.

cc) Quelle und Sorgfaltsmaßstab

Funktionszusammenhänge bestehen ferner zwischen den Anforderungen an den jeweiligen 2.25
Sorgfaltsmaßstab der Medien und den **Quellen**, auf die sie sich im Einzelfall stützen.[36] **Vorveröffentlichungen** durch andere Medien spielen in diesem Zusammenhang in der Praxis
eine beträchtliche Rolle, sind aber regelmäßig nicht ausreichend, um den Verzicht auf eigene
Recherchemaßnahmen zu rechtfertigen. Die Verpflichtung, selbst mit der gebotenen pressemäßigen Sorgfalt zu recherchieren, entfällt in der Regel nicht schon deswegen, weil eine
Nachricht bereits anderweitig publiziert wurde.[37] Denn eine falsche Nachricht wird nicht dadurch richtig, dass ein anderes Medium sie bereits veröffentlicht hat.

Von der Verpflichtung, vorveröffentlichte Meldungen im Regelfall selbst auf ihre inhaltliche 2.26
Richtigkeit zu überprüfen, hat auch der vielzitierte *Bayer*-Beschluss des BVerfG die Medien
nicht befreit. Dort stellt das BVerfG zwar fest, dass sich private Personen und weltanschauliche Gruppierungen zur Rechtfertigung einer ehrenrührigen Behauptung im Rahmen einer
Auseinandersetzung über eine die Öffentlichkeit bewegende Frage auf unwidersprochene
Vorveröffentlichungen der Medien berufen können.[38] Zugleich stellt es aber klar, dass dies
für die Medien nicht gilt, da ihnen eine besondere Verantwortung bei der Verbreitung nach-
teiliger Tatsachen obliegt.[39] Der erhöhten publizistischen Sorgfaltspflicht ist aber auch der Betreiber eines einem bestimmten Sachverhalt gewidmeten **Internetforums** unterworfen, der
sich folglich zur Rechtfertigung einer ehrenrührigen Behauptung nicht auf deren Vorveröffentlichung in einem Zeitungsbericht berufen kann.[40] Private können sich demgegenüber
auf das *Bayer*-Privileg allerdings nicht nur in schriftlicher oder mündlicher Kommunikation,
sondern auch beim Betrieb privater Websites im Internet berufen, in die sie Nachdrucke aus
renommierten Publikationen einstellen.[41]

Dass der ungeprüfte Nachdruck **vorveröffentlichter rechtswidriger Meldungen** dennoch 2.27
ausnahmsweise entschuldbar sein kann, ist allerdings auch nicht schlechthin ausgeschlossen.
Auch insoweit kommt es auf die konkreten Umstände des Einzelfalls an. Im Regelfall wird
das aber zu verneinen sein.[42] Das gilt insbesondere dann, wenn die Vorveröffentlichung ihrerseits nicht zutreffend, sondern im Kern oder in einem wesentlichen Punkt **entstellend wiedergegeben** wird.[43] Anders kann insbesondere zu entscheiden sein, wenn eine Nachricht an
unübersehbarer Stelle – etwa hervorgehoben in einer überregionalen Zeitung oder Zeitschrift
oder auch im öffentlich-rechtlichen Rundfunk[44] – publiziert wurde und eine Nachfrage bei
der betreffenden Redaktion ergibt, dass sie durch den Betroffenen nicht beanstandet wurde.[45]

Probleme bereiten in diesem Zusammenhang nicht selten **Übersetzungen** von Texten aus 2.28
fremden Sprachen, sofern sie als Beleg für eine bestimmte Behauptung angeführt werden, wie
etwa die Behauptung, ein islamischer Geistlicher habe den Dschihad verkündet. Hier genügt

---

36 *Damm/Rehbock*, Rz. 678.
37 A.A. LG Düsseldorf BeckRS 2013, 02221.
38 BVerfG AfP 1992, 53 = NJW 1992, 1439 – Bayer; ebenso für den privaten Betreiber einer Website
LG Berlin MMR 2009, 482.
39 Vgl. dazu *Grimm*, NJW 1995, 1697, 1702; *Soehring*, NJW 1994, 2926, 2927 m.w.N.
40 LG Köln ZUM 2012, 900.
41 LG Berlin MMR 2009, 62.
42 BGH NJW 1963, 904 – Drahtzieher; *Damm/Rehbock*, Rz. 678; Wenzel/*Burkhardt*, Kap. 6 Rz. 137 ff.
43 OLG Saarbrücken NJW 1997, 1376, 1377 – Rotlichtfürst.
44 OLG Karlsruhe AfP 2006, 162 = NJW-RR 2006, 483.
45 Ähnlich *Damm/Rehbock*, Rz. 678; ähnlich Wenzel/*Burkhardt*, Kap. 6 Rz. 134 ff.

eine Redaktion ihrer Verpflichtung zur Wahrung der publizistischen Sorgfalt, wenn sie die Übersetzung durch einen einschlägig tätigen Sprachwissenschaftler hat verifizieren lassen; das gilt selbst dann, wenn der Begriff in der Originalsprache mehrdeutig ist und die von der Redaktion mit Billigung des Experten gewählte Deutung nur eine von mehreren möglichen Deutungen wiedergibt.[46]

2.29 Anders als bei Meldungen anderer Medien gilt für Meldungen anerkannter Nachrichtenagenturen ein auch als **Agenturprivileg** bezeichneter **Vertrauensgrundsatz**. Die Rechtsprechung erkennt an, dass die Medien im Rahmen des journalistischen Tagesgeschäfts ihren verfassungsmäßigen Auftrag, die Öffentlichkeit umfassend und in der Regel tagesaktuell zu unterrichten, nicht erfüllen könnten, wenn sie ohne Ausnahmen jede ihnen vorliegende Meldung selbständig nachrecherchieren müssten. Als seriös bekannte Nachrichtenagenturen, von denen ein überwiegender Teil der tagesaktuellen Meldungen in der Regel stammt, gelten daher als **privilegierte Quelle** mit der Folge, dass die pressemäßige Sorgfalt in der Regel keine eigene Überprüfung des Wahrheitsgehalts ihrer Meldungen verlangt.[47] Auf Verlautbarungen der Nachrichtenagenturen dürfen sich die Medien vielmehr in der Regel verlassen, solange für die übernehmende Redaktion kein Anlass zu konkreten Zweifeln an der Richtigkeit der Meldung besteht.[48] Dieser Privilegierung der übernehmenden Medien entspricht die Tatsache, dass die Agenturen ihrerseits bei der Herausgabe von Meldungen pressemäßige Sorgfalt anzuwenden haben und den von unrichtigen Meldungen Betroffenen gegebenenfalls originär haften (Rz. 2.5). Allerdings betrifft das Agenturprivileg nur die Ermittlung der Wahrheit einer von einer Agentur herausgegebenen Nachricht. Die Prüfung der Frage, ob deren Veröffentlichung unter Identifizierung der Beteiligten als Verletzung ihres allgemeinen Persönlichkeitsrechts dennoch rechtswidrig ist, obliegt weiterhin den Medien.[49]

2.30 Der BGH erkennt allerdings das Agenturprivileg bei der Verwendung eines von einer **Bildagentur** verbreiteten Lichtbilds durch die Presse nicht an;[50] vgl. dazu auch Rz. 2.20. Das hat seinen Grund darin, dass die Sorgfaltspflicht der Bildagenturen ihrerseits im Vergleich zu derjenigen der Nachrichtenagenturen systembedingt eingeschränkt ist. Von Bildagenturen kann insbesondere nicht verlangt werden, vor der Herausgabe von Bildern zu prüfen, zu welchem redaktionellen Zweck das belieferte Medium ein Bild verwenden will.[51] Bei der Veröffentlichung von Lichtbildern haben daher die Redaktionen selbst die etwaige Verletzung von Persönlichkeitsrechten sowie des Rechts am eigenen Bild der Abgebildeten (dazu im Einzelnen § 21) und den Umfang etwa erteilter Einwilligungen (dazu im Einzelnen Rz. 21.73 ff.) zu prüfen. Oft ergibt sich das Risiko einer Rechtsverletzung auch nicht aus der Veröffentlichung an sich, sondern aus der von der jeweiligen Redaktion zu verantwortenden **Bildlegende** oder sonst wie aus dem **Kontext** (dazu im Einzelnen Rz. 16.90 ff.), mithin aus publizistischen Ele-

---

46 LG Köln AfP 2005, 81.
47 OLG Hamburg AfP 1977, 351; LG München AfP 1975, 758; KG AfP 2007, 571 = ZUM 2008, 59; AG Hamburg AfP 2008, 649; LG Oldenburg AfP 1988, 79; Löffler/*Steffen*, § 6 LPG Rz. 169; *Prinz/Peters*, Rz. 280; *Peters*, NJW 1997, 1334, 1336 f.
48 KG AfP 2007, 571 = ZUM 2008, 59.
49 Zutreffend *Brost*, ZUM 2016, 816; für den Bereich behördlicher Verlautbarungen: BGH NJW-RR 2016, 31 = ZUM-RD 2016, 434.
50 BGH GRUR 1962, 211 – Hochzeitsbild; vgl. auch KG NJW-RR 1999, 1547; AG Charlottenburg NJW-RR 1999, 1546.
51 BGH AfP 2011, 70 = NJW 2011, 755 – Die Akte H...; LG Hamburg AfP 2007, 385; LG Frankfurt a. M. AfP 2008, 417; dazu *Schippan*, ZUM 2011, 795.

menten, die die Bildagenturen nicht voraussehen oder kontrollieren und die sie daher auch nicht verantworten können.[52]

Daher muss von den Medien in **Abweichung vom Agenturprivileg** verlangt werden, dass sie die Zulässigkeit der Verwendung von ihnen erworbener Bilder originär prüfen und im Interesse der Begrenzung eigener Risiken in der Regel Rückfrage beim Urheber oder seiner Agentur und/oder beim Betroffenen halten oder eine sonst nach den Umständen des Einzelfalls angemessene Verifizierung vornehmen. Für die Beachtung der urheberrechtlichen Belange der Fotografen gilt das allerdings nur, wenn die Medien beim Erwerb der Bilder mit der Agentur keine Vereinbarungen getroffen haben, die der Agentur die Verantwortung für die urheberrechtliche Zulässigkeit der Bildverwertung zuweist (dazu im Einzelnen Rz. 9.39 ff.). Und wo eine Programmzeitschrift Standbilder als Begleitmaterial zur Vorstellung eines Fernsehfilms erhält, darf sie sich ohne weitere Recherche darauf verlassen, dass derartige Bilder im Rahmen der Ankündigung des Films veröffentlicht werden dürfen, ohne dass sie beim Abgebildeten Rückfrage halten muss.[53]

2.31

Als privilegierte Quelle gelten auch die Verlautbarungen von **Behörden**[54] wie insbesondere **Staatsanwaltschaften**, **Gerichten** oder der **Polizei**[55] sowie auch diejenigen **gewerblicher Verbände** für Meldungen, die ihre Interna betreffen.[56] Darauf, dass diese Stellen ihrerseits den Sachverhalt gründlich erforschen, in ihren Presseerklärungen nur zutreffende Darstellungen verbreiten und in ihrer Informationspolitik dem Gebot der Abwägung zwischen dem Informationsbedürfnis der Öffentlichkeit und den Persönlichkeitsrechten der Betroffenen gerecht werden (dazu § 19), dürfen die Medien vertrauen.[57] Das gilt auch für öffentliche Äußerungen eines Angehörigen der Bundesregierung.[58] Verletzen staatliche Stellen diese Gebote und beruht Medienberichterstattung darauf, so haften nicht die Medien, sondern die verlautbarenden Behörden nach Amtshaftungsgrundsätzen.[59] Allerdings verbleibt wie im Rahmen des Agenturprivilegs auch hier die Verantwortung für die Prüfung der Frage, ob eine identifizierende Berichterstattung zulässig ist, bei den Medien.[60] Gibt etwa eine Staatsanwaltschaft eine Meldung über den Termin einer Hauptverhandlung gegen einen angeklagten Vergewaltiger unter Mitteilung des Namens des Opfers bekannt, dann stellt die Veröffentlichung ohne Anonymisierung des Opfernamens trotz der Privilegierung der Quelle eine Verletzung des allgemeinen Persönlichkeitsrechts der Betroffenen dar (dazu Rz. 19.15).

2.32

---

52 BGH AfP 2011, 70 = NJW 2011, 755 – Die Akte H...; LG Hamburg AfP 2007, 385; LG Frankfurt a.M. AfP 2008, 417.
53 LG Duisburg AfP 2004, 160.
54 BGH AfP 2014, 135 = GRUR 2014, 693 – Sächsische Korruptionsaffäre; BGH AfP 2013, 57 = NJW 2013, 790 – IM Christoph; EGMR GRUR 2012, 741 = NJW 2012, 1058; OLG Dresden NJW 2004, 1181.
55 BGH NJW-RR 2016, 31 = ZUM-RD 2016, 434; OLG Karlsruhe AfP 1993, 586 = NJW-RR 1993, 732; vgl. auch BGH AfP 1971, 76 = NJW 1971, 698 – Pariser Liebestropfen; OLG Hamburg AfP 1977, 351; OLG Hamburg NJW 1980, 842; OLG Hamm NJW 1993, 1209 = GRUR 1993, 154; LG Oldenburg AfP 1988, 79; LG Berlin AfP 2008, 530.
56 LG Berlin AfP 2008, 636 = ZUM-RD 2016, 555.
57 LG Berlin AfP 2008, 530; *Damm/Rehbock*, Rz. 676 f.; *Löffler/Steffen*, § 6 LPG Rz. 170; Wenzel/*Burkhardt*, Kap. 6 Rz. 135 f.
58 LG Frankfurt a.M. AfP 2008, 643.
59 BGH AfP 1994, 142 = NJW 1994, 1950; OLG Düsseldorf NJW 2005, 604; LG Düsseldorf NJW 2003, 2536 – Mannesmann; OLG Düsseldorf AfP 2005, 375 = NJW 2005, 1791 – Mannesmann; dazu *Becker-Toussaint*, NJW 2004, 414 ff; kritisch *Brost*, ZUM 2016, 816.
60 BGH NJW-RR 2016, 31 = ZUM-RD 2016, 434; insoweit zutreffend *Brost*, ZUM 2016, 816.

dd) Anhörung des Betroffenen

2.33 Die Einhaltung der publizistischen Sorgfalt verlangt in der Regel auch die **Anhörung des Be-troffenen** vor der jeweiligen Veröffentlichung.[61] Allerdings ist der Betroffene nach Auffassung des BVerfG nicht verpflichtet, den Medien im Vorfeld der Berichterstattung mit einer Stellungnahme zur Verfügung zu stehen. Es besteht nicht einmal eine entsprechende Obliegenheit.[62] Die Auffassung des OLG Düsseldorf,[63] es sei ein Indiz für die Wahrheit der beabsichtigten Mitteilung, wenn der Betroffene die Bitte um Stellungnahme zurückweist oder auf sie überhaupt nicht reagiert, kann im Hinblick auf diese Entscheidung des BVerfG keinen Bestand haben. Die Medien handeln vielmehr bei ihrer Veröffentlichungsentscheidung mit und ohne Stellungnahme des Betroffenen auf eigenes Risiko (Rz. 2.18 f.). Die Anhörungspflicht gilt allerdings nicht ausnahmslos.[64] Vielmehr ist auch in dieser Hinsicht eine den **Umständen des Einzelfalls** gerecht werdende Differenzierung geboten.

2.34 Der BGH[65] hat die Verpflichtung zur **Anhörung des Betroffenen** ausdrücklich als Inhalt der publizistischen Sorgfaltspflicht bezeichnet; dies allerdings im Fall der Berichterstattung über angebliche sexuelle Beziehungen zwischen einem katholischen Geistlichen und einer verheirateten Frau mit der zutreffenden Begründung, dass diese Art der Berichterstattung erkennbar schwerwiegende nachteilige Folgen für den betroffenen Geistlichen haben musste und der besondere Öffentlichkeitswert, der einen geringeren Sorgfaltsmaßstab insbesondere unter dem Aspekt des Aktualitätsdrucks rechtfertigen kann, dieser Meldung nicht zukam. Gleiches galt im Hinblick auf die Schwere der Anschuldigung im Falle der Berichterstattung über die angebliche Verstrickung eines Polizeichefs in das Rotlichtmilieu; das Argument, es sei ohnehin nur mit einem Dementi zu rechnen gewesen, hat der BGH[66] in diesem Fall zutreffend verworfen.

2.35 Auch in weniger gravierenden Fällen gilt aber die Anhörung des Betroffenen nach dem Grundsatz *audiatur et altera pars* jedenfalls als *nobile officium* der Presse. Redaktionen werden diesem Gebot in der Regel schon deswegen Rechnung tragen, weil sie an der Position des Betroffenen interessiert und nur auf diesem Wege in der Lage sind, seine Sicht der Dinge in ihre Überlegungen einzubeziehen und in vielen Fällen auch öffentlich zu machen; auch die Reaktion eines Betroffenen auf die Konfrontation mit einem gegen ihn erhobenen Vorwurf kann eine berichtenswerte Nachricht darstellen. Zudem werden die Redaktionen in aller Regel daran interessiert sein, durch Anhörung des Betroffenen und Berücksichtigung seiner Darstellung ihr Haftungsrisiko zu reduzieren. Denn in der Praxis werden sie stets mit dem Einwand der Missachtung der publizistischen Sorgfaltspflicht rechnen müssen, wenn sie im Einzelfall auf die Anhörung verzichten.

2.36 Allerdings ist die Anhörung des Betroffenen rechtlich nur erforderlich, wenn dadurch Aufklärung erwartet werden kann.[67] Ergibt sich bei vernünftiger Prognose, dass von vornherein mit

---

61 OLG München NJW-RR 1996, 1487, 1489; OLG Brandenburg AfP 1995, 520, 522; OLG Stuttgart NJW 1972, 2320; LG Hamburg AfP 1993, 678.
62 BVerfG AfP 2018, 320 = NJW 2018, 2250.
63 OLG Düsseldorf AfP 2009, 159.
64 OLG Hamburg AfP 1996, 154 = NJW-RR 1996, 597; OLG München AfP 1990, 222 = NJW-RR 1990, 1443; Löffler/*Steffen*, § 6 LPG Rz. 170.
65 BGH AfP 1988, 34 = NJW-RR 1988, 733 – intime Beziehungen.
66 BGH AfP 1997, 144 = NJW 1996, 1131 – Polizeichef.
67 OLG München NJW-RR 1996, 1487; OLG Köln NJW 1963, 1634; OLG Düsseldorf BB 1964, 1361; Löffler/*Steffen*, § 6 LPG Rz. 170; *Damm/Rehbock*, Rz. 679.

einem **Dementi** zu rechnen, dass also durch die Rückfrage keine Aufklärung zu erwarten ist, wie dies erfahrungsgemäß etwa bei der Aufdeckung von Skandalen im politischen Bereich häufig der Fall ist, so ist die Anhörung des Betroffenen aus Rechtsgründen nicht geboten.[68] Gleiches gilt in Fällen, in denen der Betroffene sich zu dem in Frage stehenden Vorgang bereits anderweitig öffentlich geäußert hat.[69] Auch die Prognose, dass ein einer Wirtschaftsstraftat verdächtiger Unternehmer seine persönliche Anhörung durch die Presse und den dadurch bewirkten Warneffekt zum Anlass einer Flucht nehmen könnte, kann die Entscheidung einer Redaktion rechtfertigen, ihn vor der Veröffentlichung des Verdachts nicht zu hören.[70]

Taktische Überlegungen allein können aber die Unterlassung einer rechtlich gebotenen Anhörung des Betroffenen nicht rechtfertigen.[71] Dazu gehört insbesondere die nicht selten angestellte Überlegung, ein Betroffener, der erst durch seine Anhörung von der Existenz eines gegen ihn bestehenden Vorwurfs oder Verdachts unterrichtet wird, könnte versuchen, die drohende Veröffentlichung im Wege des vorbeugenden Rechtsschutzes durch eine gerichtliche einstweilige Verfügung unterbinden zu lassen. Die bloße Tatsache aber, dass eine Redaktion recherchiert, begründet für sich genommen noch nicht die für die Durchsetzung eines vorbeugenden Unterlassungsanspruchs erforderliche Erstbegehungsgefahr (dazu im Einzelnen Rz. 30.17 ff.). Dies gilt richtiger Auffassung nach auch dann, wenn eine Redaktion den Betroffenen mit einem bestimmten Verdacht konfrontiert und seine Stellungnahme dazu einholt.[72]   2.37

3. Rechtliche Relevanz der publizistischen Sorgfalt

Die unmittelbare **rechtliche Relevanz** der Nichteinhaltung der journalistischen Sorgfaltspflicht ist gering. Keines der Landespressegesetze bestimmt, dass derjenige eine strafbare Handlung oder Ordnungswidrigkeit begeht, der Nachrichten unter Missachtung der pressemäßigen Sorgfalt veröffentlicht. Insoweit sind Sorgfaltsverstöße durch die Medien nach unserer Rechtsordnung sanktionslos.   2.38

Diese liberale Regelung der Pressegesetze ist verfassungsrechtlich geboten und Ausdruck der in Rz. 2.12 getroffenen Feststellung, dass Grundgesetz und Landespressegesetze von den Medien nicht die Gewährleistung der objektiven Wahrheit ihrer Meldungen verlangen. Ist, wie dargestellt (Rz. 2.17 ff.), der anwendbare Sorgfaltsmaßstab gleitend und nur anhand der jeweiligen Umstände des Einzelfalls konkretisierbar, so handelt eine kritische und an den Geboten der Aktualität orientierte Presse stets unter dem Risiko, im konkreten Fall den (späteren) gerichtlichen Anforderungen an die Sorgfaltspflicht nicht gerecht zu werden. Die Medien können und müssen mit diesem Risiko leben und es im Einzelfall gegen das Gewicht der zu verbreitenden Nachricht, gegen die dadurch möglicherweise für den Betroffenen eintretenden Nachteile und gegen das zu vermutende Informationsinteresse der Öffentlichkeit abwägen, wollen sie ihrem Auftrag gerecht werden, die Öffentlichkeit mit aktuellen Nachrichten und sonstigen Informationen zu versorgen. Sie könnten dieses Risiko jedoch nicht tragen, wäre jede Publikation, deren vorbereitende Recherche den Anforderungen an den gebotenen Sorgfaltsmaßstab nicht genügt, vom Gesetzgeber mit Strafe oder Geldbuße bedroht. Staatsanwalt-   2.39

---

68 OLG Köln NJW 1963, 1634; OLG Düsseldorf BB 1964, 1361; Löffler/*Steffen*, § 6 LPG Rz. 170.
69 OLG Hamburg AfP 1996, 154 = NJW-RR 1996, 597.
70 *Ricker*, S. 121; *Damm/Rehbock*, Rz. 679.
71 Löffler/*Steffen*, § 6 LPG Rz. 170.
72 OLG Hamburg AfP 1992, 279; OLG Koblenz AfP 2008, 213; OLG Frankfurt a.M. AfP 2003, 63 = NJW-RR 2003, 37.

schaften und Gerichte gerieten dann in die Rolle von Zensurbehörden, die sie schon nach der ausdrücklichen Bestimmung des Grundgesetzes[73] nicht sein dürfen.[74]

2.40 Mittelbar ist die Einhaltung der journalistischen Sorgfaltspflicht aber von nicht zu überschätzender rechtlicher Bedeutung. Anhand dieses Kriteriums wird im Fall der Verletzung des Allgemeinen Persönlichkeitsrechts oder anderer Rechte Betroffener der **Verschuldensmaßstab** geprüft. Ein Verstoß gegen die Verpflichtung zur pressemäßig sorgfältigen Prüfung von Nachrichten und Informationen schließt sowohl im straf- als auch im zivilrechtlichen Bereich die Berufung der Medien auf den rechtfertigenden Gesichtspunkt der **Wahrnehmung berechtigter Interessen** aus (Einzelheiten in § 15). Rechtmäßige Medienberichterstattung ist mithin ohne die Beachtung der publizistischen Sorgfaltspflichten im Einzelfall nicht möglich.

---

73 Art. 5 Abs. 1 Satz 3 GG: „Eine Zensur findet nicht statt".
74 Vgl. Löffler/*Cornils*, § 1 LPG Rz. 260 ff.

§ 3 Allgemein zugängliche Informationen – Die Freiheit der Nachricht und ihre Beschränkungen

1. Einleitung

Die Beschaffung, Verarbeitung und Verbreitung von Informationen und Nachrichten stellt die Basis aller Medienarbeit dar. Redaktionen gehen dieser zentralen Aufgabe täglich und in der Regel unter Zeit- und Aktualitätsdruck nach. Der Rahmen der rechtlichen Grundlagen dieser Recherchearbeit ist außerordentlich weit gesteckt. Die Medien haben dabei gesetzliche Bestimmungen aus höchst unterschiedlichen Rechtsgebieten zu beachten. Zu ihnen gehören, um nur die wichtigsten zu nennen, etwa die Bestimmungen der Landespressegesetze sowie der Informationsfreiheitsgesetze des Bundes und der Mehrzahl der Bundesländer (dazu Rz. 1.16 f. und Rz. 4.7, 4.62) über den medienrechtlichen Auskunftsanspruch; rundfunkrechtliche Bestimmungen in einer Vielzahl unterschiedlicher Gesetze, Satzungen und Staatsverträge; teilweise unterschiedliche Sonderregelungen der geltenden Prozessordnungen betreffend das Zeugnisverweigerungsrecht der Medienangehörigen und das mit ihm korrespondierende Beschlagnahmeverbot; eine Vielzahl allgemein geltender, nicht speziell für die Medien geschaffener Gesetze wie insbesondere das StGB und zahlreiche strafrechtliche Nebengesetze; und nicht zuletzt das Urheber- und Verlagsrecht. Zu alledem ist grundsätzlich festzustellen, dass die geltende Rechtsordnung die Informations- und Materialbeschaffung durch die Redaktionen in keiner Weise privilegiert, soweit sich nicht aus einzelnen gesetzlichen Bestimmungen im konkreten Einzelfall etwas anderes ergibt.   3.1

Die **Nachricht** aber und damit das Rechtsgut, dem die Tätigkeit der Medien in erster Linie gewidmet ist und von dem sie auch in erster Linie existieren ist ein Rechtsgut, das jedermann zur Verfügung steht. **Ihre Nutzung ist frei**. Daraus folgt im Prinzip, dass die Medien unein-   3.2

geschränkt aufnehmen, verarbeiten und verbreiten dürfen, was über andere Medien bereits verbreitet worden ist, sofern sich nicht aus dem Inhalt des Vorveröffentlichten Einschränkungen ergeben, insbesondere nicht in Rechte Dritter eingegriffen wird; die Veröffentlichung einer inhaltlich rechtswidrigen Meldung wird allerdings durch die Vorveröffentlichung in einem anderen Medium nicht gerechtfertigt (Rz. 2.25 ff.). Es gibt, mit anderen Worten, kein Ausschließlichkeitsrecht an der Information. Welches Ereignis auch immer stattfindet – wird es bekannt, dürfen alle Medien uneingeschränkt darüber berichten, ohne dass sie damit in Rechte desjenigen eingreifen, der die entsprechende Meldung als erster aufgedeckt, recherchiert und verbreitet hat. Jedoch gibt es in unserer Rechtsordnung keine Freiheitsgewähr, die nicht auch Einschränkungen unterworfen wäre. Das OLG Düsseldorf hat hierzu in einer urheberrechtlichen Entscheidung den ebenso plakativen wie im Kern zutreffenden Satz geprägt:

„Die Presse darf alles schreiben; sie darf nur nicht abschreiben."[1]

Auch die Medien, die sich einer Nachricht bedienen wollen, die bereits anderenorts publiziert worden ist, und das im Grundsatz auch dürfen, haben folglich eine Reihe von Schranken zu beachten.

2. Urheberrecht

a) Allgemeines

3.3 Die erste dieser Schranken ist mit dem soeben zitierten Satz des OLG Düsseldorf bereits angesprochen. Bei der Verbreitung bereits anderweitig publizierter Meldungen haben die Medien etwaige **Urheberrechte** derjenigen zu beachten, die dieselben Nachrichten früher publiziert haben. Jede Übernahme vorveröffentlichter Meldungen findet mithin ihre Grenze in den Bestimmungen des Urheberrechts.

aa) Freiheit der Nachricht

3.4 Der Satz, dass die **Nachricht frei** ist, wird allerdings durch das Urheberrecht nicht etwa in Frage gestellt oder auch nur eingeschränkt. Die Meldung etwa, dass ein Wirbelsturm in *Iowa* binnen Stunden die ganze Getreideernte dieses Staats vernichtet hat, mag für einen Anbieter von Warenterminoptionen von größtem Wert sein, wenn sie ihm eher als seinen Wettbewerbern zugeht. Entsprechendes gilt für die Wirtschaftspresse, in der sich diese Branche informiert. Die Nachricht ist jedoch nicht, auch urheberrechtlich nicht, geschützt und darf daher von allen Medien zum frühestmöglichen Zeitpunkt auch dann verbreitet werden, wenn die betreffenden Wirtschaftskreise ein Geheimhaltungsinteresse geltend machen; die Tatsache allein, dass die Meldung bekannt geworden ist, legitimiert ihre Verbreitung.

3.5 Das Recht zur Verbreitung bereits bekannter Informationen betrifft jedoch stets nur den **Inhalt der Information**, nicht aber die **Form**, in der sie zunächst verbreitet wurde. Nach § 2 Abs. 1 Nr. 1 in Verbindung mit Abs. 2 UrhG sind Sprachwerke urheberrechtlich geschützt, sofern es sich um persönliche geistige Schöpfungen handelt. Dabei sind die Anforderungen, die die Rechtsprechung an die so genannte Schöpfungshöhe des Sprachwerks, also an die Originalität oder Eigentümlichkeit der sprachlichen Ausgestaltung einer Meldung stellt, gering.[2]

---

1 OLG Düsseldorf GRUR 1983, 758.
2 Wenzel/*Burkhardt*, UrhR, Kap. 2 Rz. 4.

Die meisten Zeitungs- oder Zeitschriftenbeiträge werden diesen geringen Anforderungen gerecht und sind danach urheberrechtlich geschützt, soweit es sich nicht um reine Kurzmeldungen handelt. Denn es gibt stets eine Reihe von sprachlichen Möglichkeiten, eine Nachricht zu präsentieren, und daraus folgt, dass die konkrete Ausformulierung einer Meldung in jeder Art von Medium in der Regel urheberrechtlich geschützt sein wird.[3]

Eine gewisse Einschränkung des Grundsatzes, dass die Information als solche nicht urheberrechtlich geschützt und damit frei verwertbar ist, ergibt sich aufgrund der speziellen gesetzlichen Bestimmung des § 87b Abs. 1 UrhG für den Bereich der **Datenbanken.** Dabei handelt es sich um systematische oder methodisch geordnete Sammlungen von Werken, Daten oder anderen unabhängigen Elementen, die in der Regel mithilfe elektronischer Mittel abrufbar sind und zu deren Beschaffung, Überprüfung oder Darstellung eine nach Art oder Umfang wesentliche Investition erforderlich ist.[4] Sie sind dagegen geschützt, dass Dritte sie insgesamt oder zu wesentlichen Teilen ohne die Einwilligung ihres Betreibers weiterverbreiten (§ 87b Abs. 1 UrhG). Die Veröffentlichung etwa von größeren Mengen in einer Datenbank erhobener Marktdaten ohne die Einwilligung des Betreibers durch eine Fachzeitschrift ist daher ebenso unzulässig[5] wie diejenige eines urheberrechtlich geschützten Textes. Gleiches gilt für die nahezu vollständige Übernahme der Zusammenstellung aller von den gesetzlichen Krankenkassen angebotenen Leistungen aus einer Datenbank.[6] Für nicht wesentliche Einzelinformationen aus derartigen Sammlungen gilt demgegenüber weiterhin der Grundsatz der Freiheit der Information. | 3.6

bb) Wörtliche Wiedergabe anderweitig publizierter Texte

Aus den Feststellungen zu Rz. 3.5 f. rechtfertigt sich der in Rz. 3.2 zitierte Satz, dass die Presse unter dem Aspekt des Urheberrechts *alles schreiben*, in aller Regel jedoch nicht *abschreiben* darf. Die wörtliche Wiedergabe bereits anderweitig publizierter Texte ist allerdings in den Fällen der §§ 51 ff. UrhG und darüberhinausgehend in den seltenen Ausnahmefällen zulässig, in denen eine Güterabwägung zwischen dem Grundrecht der Pressefreiheit und dem Urheberrecht ein überwiegendes Informationsinteresse gerade an dem Wortlaut eines Schriftstücks ergibt.[7] Das OLG Hamburg[8] hat dies mit Recht etwa angenommen im Fall der Wiedergabe einer Berufungsschrift des Politikers *Gregor Gysi* aus einem Verfahren der DDR-Justiz gegen den Regimekritiker *Robert Havemann*, dessen Verteidiger der später der Kollaboration mit der Stasi verdächtige *Gysi* gewesen war. | 3.7

Der BGH[9] hat zwar eine prinzipielle Berechtigung der Medien verneint, geschützte Werke oder Teile davon wiederzugeben, sofern nicht einer der Ausnahmetatbestände der §§ 51 ff. UrhG vorliegt, zugleich aber klargestellt, dass die Gerichte dem Grundrecht der Presse- und Rundfunkfreiheit bei der Auslegung urheberrechtlicher Gestattungsnormen wie derjenigen des § 24 UrhG Rechnung tragen müssen. Dem ist der Gesetzgeber gefolgt, indem er mit dem | 3.8

---

3 OLG Karlsruhe ZUM 2012, 49.
4 BGH AfP 2005, 548 = GRUR 2005, 940 – Marktstudien; LG Hamburg ZUM 2016, 70.
5 BGH AfP 2005, 548 = GRUR 2005, 940 – Marktstudien.
6 LG Hamburg ZUM 2016, 70.
7 OLG Hamburg AfP 2000, 91 = NJW 1999, 3343 – Berufungsschrift; OLG Stuttgart NJW-RR 2004, 619; Schricker/*Wild*, § 97 UrhG Rz. 34 ff.; a.A. BGH AfP 2003, 54 = NJW 2003, 916 – Gies-Adler; zum Ganzen *Poll*, ZUM 2004, 511 ff.
8 OLG Hamburg AfP 2000, 91 = NJW 1999, 3343 – Berufungsschrift.
9 BGH AfP 2003, 54 = NJW 2003, 916 – Gies-Adler.

2. Gesetz zur Regelung des Urheberrechts in der Informationsgesellschaft[10] den bis dahin geltenden Katalog der Rechtfertigungstatbestände zum **Zitierrecht** in § 51 Satz 2 Nr. 1-3 UrhG durch einen neuen Satz 1 um eine Generalklausel ergänzt hat. Danach kann die Veröffentlichung eines Zitats auch dann zulässig sein, wenn keiner der im UrhG ausdrücklich genannten Ausnahmetatbestände in Betracht kommt, sofern die Wesenszüge des Zitierrechts beachtet werden wie insbesondere der **Zitatzweck** und die Wiedergabe des zitierten Werks oder Werkteils nur im **gebotenen Umfang**.[11] Dabei stellt die Rechtsprechung des BGH an das Tatbestandsmerkmal des Zitatzwecks keine hohen Anforderungen. Erforderlich ist lediglich, dass der Zitierende eine innere Verbindung mit dem übernommenen fremden Werk herstellt; das übernommene Werk muss demnach als Erörterungsgrundlage für selbstständige Ausführungen des Zitierenden dienen.[12] Eine besonders intensive Auseinandersetzung des übernehmenden Werks mit dem übernommenen ist jedoch nicht erforderlich.[13] Mit dieser Generalklausel hat der Gesetzgeber insbesondere den Medien in Ausübung der ihnen zukommenden Grundrechte der Meinungs- und Pressefreiheit die Möglichkeit zum Zitieren jenseits der Sondertatbestände des § 51 Satz 2 UrhG eingeräumt.[14] Danach kann es heute nicht mehr zweifelhaft sein, dass die Verbreitung urheberrechtlich geschützter Dokumente von hoher politischer oder gesellschaftlicher Relevanz, wie sie primär etwa von der Internetplattform *Wikileaks* verbreitet und dann durch die herkömmlichen Medien übernommen werden, jedenfalls auf der Ebene dieser Medien urheberrechtlich statthaft sein kann, wenn sie sich in ihren Publikationen inhaltlich mit derartigen Dokumenten auseinandersetzen. So wird man etwa die vollständige oder partielle Wiedergabe eines vom US-Militär gedrehten Videos betreffend den tödlichen Angriff auf Zivilisten in Bagdad durch US-Soldaten wegen des überragenden Informationsinteresses der Öffentlichkeit an diesem Vorgang und des vergleichsweise geringen schöpferischen Gehalts des Videos als zulässig erachten müssen.[15] Ob die Einstellung der Volltexte der so genannten *Afghanistan-Papiere*, einer zur Unterrichtung des Deutschen Bundestags bestimmten Sammlung von militärischen Lageberichten der Bundeswehr, auf eine Online-Plattform der damaligen *WAZ-Mediengruppe* zulässig war, ist obergerichtlich noch nicht geklärt, richtiger Ansicht nach aber zu bejahen. Sicher ist insoweit nur, dass sie durch das Recht zum Kleinzitat gemäß § 51 Satz 2 Nr. 2 nicht gedeckt war[16], wenn es sich bei diesen Dokumenten um Sprachwerke im Sinne von § 2 UrhG handelt.[17] Der BGH[18] nimmt daher formal mit Recht an, dass diese Art der Publikation durch das Zitierrecht des § 51 Satz 2 Nr. 2 UrhG nicht gerechtfertigt ist, hat aber diesen Fall dem EuGH zur Prüfung der Frage vorgelegt, ob eine Rechtfertigung unter der Generalklausel in § 51 Satz 1 UrhG im Lichte der Bestimmungen der Europäischen Grundrechtecharta oder der so genannten Urheberrechtsrichtlinie der EU[19] in Betracht kommt.[20] Nach der inzwischen veröffentlichten Stellungnahme des General-

---

10 BGBl. I 2007, S. 251.
11 Dreier/Schulze/*Dreier*, § 51 UrhG Rz. 2 und 22 ff.
12 BGH AfP 2012, 365 = ZUM 2012, 681 – Blühende Landschaften.
13 BGH AfP 2016, 151 = GRUR 2016, 368 – Exklusivinterview.
14 Dreier/Schulze/*Dreier*, § 51 UrhG Rz. 22 ff.
15 Dazu und zu verwandten Fragen betreffend den Komplex *Wikileaks*: *Hoeren/Herring*, MMR 2011, 143 ff. und MMR 2011, 500 ff.
16 OLG Köln AfP 2016, 81 = NJW-RR 2016, 165.
17 Bejahend *Rösler*, ZUM 2017, 758.
18 BGH ZUM 2017, 753 = GRUR 2017, 901 – Afghanistan-Papiere.
19 Richtlinie 2001/29/EG zur Harmonisierung bestimmter Aspekte des Urheberrechts und der verwandten Schutzrechte in der Informationsgesellschaft vom 22.6.2001.
20 Dem steht möglicherweise die Tatsache entgegen, dass es sich im Anlassfall um eine unkommentierte Veröffentlichung von Dokumenten handelte, es mithin an dem auch im Rahmen der Generalklausel geforderten Zitatzweck fehlt.

anwalts beim EuGH[21] ist die Veröffentlichung dieses Materials aber schon deswegen nicht rechtswidrig, weil es seiner Natur als reines Informationsmaterial nach nicht urheberrechtsschutzfähig und die Berufung der klagenden Bundesrepublik auf ihr vermeintliches Urheberrecht nur ein rechtlich zu missbilligender Versuch ist, anderweitig nicht zu sichernde Geheimschutzinteressen durchzusetzen.

Ohne Rückgriff auf eine Güterabwägung mit Informationsinteressen der Öffentlichkeit in Anwendung der Generalklausel des § 51 Satz 1 UrhG oder auf die Einzeltatbestände in Satz 2 dieser Bestimmung kann die wörtliche Wiedergabe von Texten insbesondere im Fall **kurzer Meldungen** gerechtfertigt sein, wenn deren sprachliche Ausgestaltung belanglos oder angesichts ihrer Kürze nicht anders möglich ist und sie daher nicht als persönliche geistige Schöpfungen im Sinn von § 2 Abs. 2 UrhG gelten können. Solche Meldungen dürfen die Medien gemäß der ausdrücklichen Bestimmung des § 49 Abs. 2 UrhG im Original übernehmen; das gilt allerdings im Anwendungsbereich des Leistungsschutzrechts der Verleger (dazu Rz. 3.37 ff.) nicht für Internet-Suchmaschinen und vergleichbare Dienste. Zu den durch § 49 Abs. 2 UrhG freigegebenen Texten gehören in der Regel die **gesprochenen Kurznachrichten** der Hörfunk- und Fernsehsender ebenso wie die in Tageszeitungen abgedruckten **kurzen Meldungen**. Bestehen Zweifel daran, ob eine solche Meldung angesichts ihrer Kürze auch in ihrer konkreten sprachlichen Ausgestaltung noch gemeinfrei oder angesichts eines Minimums an Individualität oder Originalität bereits urheberrechtlich geschützt ist, so wird allein dies in aller Regel ein Indiz für das Bestehen des Urheberrechtsschutzes sein; bei der wörtlichen Übernahme anderweitig publizierter Meldungen ist daher stets Zurückhaltung geboten.

3.9

Gemeinfrei kraft ausdrücklicher gesetzlicher Bestimmung (§ 5 Abs. 1 UrhG) sind lediglich **Gesetze, Verordnungen, amtliche Erlasse** und Bekanntmachungen sowie **gerichtliche oder behördliche Entscheidungen** oder deren amtlich verfasste Leitsätze. Dazu gehören auch von Richtern verfasste und veröffentlichte Leitsätze, selbst wenn deren Veröffentlichung in Geschäftsordnungen oder Dienstanweisungen nicht vorgesehen ist.[22] Sie dürfen mithin ganz oder auszugsweise im Wortlaut übernommen werden.

3.10

Demgegenüber wurde die auszugsweise wörtliche Wiedergabe von **Anwaltsschriftsätzen** zur Parteispendenaffäre der achtziger Jahre des 20. Jahrhunderts als unzulässiger Eingriff in das Urheberrecht ihres Verfassers angesehen,[23] obwohl sie eine Materie von höchster Bedeutung für das politische Klima und damit einen Gegenstand von hohem Informationswert für die Öffentlichkeit betrafen; unter der Geltung der neuen Generalklausel des § 51 Satz 1 UrhG (Rz. 3.8) hätte diese Entscheidung anders ausfallen müssen.[24] Der Urheberrechtsschutz setzt aber voraus, dass die Ausgestaltung eines Schriftsatzes das Alltägliche, Handwerksmäßige deutlich überragt und durch seine sprachliche oder strukturelle Eigenart **Werkcharakter** annimmt.[25] Überwiegt allerdings der Informationszweck deutlich, so konnte schon nach altem Recht auch bei unterstelltem Urheberrechtsschutz die im Hinblick auf Art. 5 Abs. 1 GG erfor-

3.11

---

21 EuGH C-469/17 – Funke Medien NRW GmbH/Deutschland; Schlussanträge des Generalanwalts vom 24.10.2018, abrufbar unter www.curia.europa.eu. Es entspricht der Praxis des EuGH, den veröffentlichten Stellungnahmen des Generalanwalts in aller Regel zu folgen.
22 BGH NJW 1992, 1316; *Fischer*, NJW 1993, 1228.
23 BGH NJW 1987, 1322 = GRUR 1986, 739 – Anwaltsschriftsatz; OLG Düsseldorf AfP 1988, 154 = NJW 1989, 1162.
24 Vgl. dazu jetzt auch OLG Köln AfP 2019, 43.
25 BGH NJW 1987, 1322 = GRUR 1986, 739 – Anwaltsschriftsatz; Schricker/*Loewenheim*, § 2 UrhG Rz. 2, 92.

derliche Güterabwägung zwischen der Informations- und Pressefreiheit der Medien und dem Urheberrecht des Anwalts an seinem Schriftsatz dessen Veröffentlichung in einem **geeigneten zeitgeschichtlichen Kontext** rechtfertigen;[26] im Hinblick auf die Generalklausel in § 51 Satz 1 UrhG n.F. (Rz. 3.8) gilt dies umso mehr. Und nimmt ein Gericht zur Begründung einer Entscheidung auf den Inhalt einer anwaltlichen Antragsschrift Bezug, dann wird diese Bestandteil der Entscheidung, womit ihr Urheberrechtsschutz bereits gemäß § 5 UrhG entfällt.[27] Auch eine berufsübliche schriftliche Aufbereitung des Streitstoffs durch einen Rechtsanwalt ist aber urheberrechtlich nicht geschützt, wenn sie in Form und Inhalt nicht über das handwerkliche Niveau derartiger Schriftstücke hinausreicht. Daher dürfen die Medien im Grundsatz eine anwaltliche **Abmahnung** veröffentlichen, die ihnen wegen einer bereits erfolgten oder befürchteten Veröffentlichung zugeht;[28] im Einzelfall kann hier freilich das Allgemeine Persönlichkeitsrecht des Anwalts tangiert sein,[29] insbesondere wenn er der Veröffentlichung der Abmahnung widerspricht. Dieser Widerspruch wird aber unbeachtlich und die Veröffentlichung zulässig sein, wenn an dem Gesamtkontext der Abmahnung und der ihr zugrundliegenden Veröffentlichung ein überragendes öffentliches Informationsinteresse besteht, gegenüber dem das Allgemeine Persönlichkeitsrecht des Anwalts zurückzustehen hat (Einzelheiten dazu in Rz. 19.1 ff.).[30] Zulässig ist auch die inhaltliche Wiedergabe eines Schreibens, mit dem ein Rechtsanwalt im Namen eines Mandanten einer redaktionellen Anhörung zugrundeliegende Behauptungen oder Fragen zurückweist, selbst wenn er einer Veröffentlichung seiner Stellungnahme vorauseilend widerspricht.[31] Presserechtliche Anwaltsschreiben können auch einen rechtswidrigen Eingriff in das Recht von Verlagen und Rundfunkveranstaltern am Unternehmen (dazu Rz. 12.72 ff.) darstellen, wenn sie nicht an behauptete konkrete Rechtsverletzungen anknüpfen, sondern sich darauf beschränken, die Adressaten unspezifisch davor zu warnen, sich publizistisch mit einem Mandanten des Absenders zu befassen.[32]

cc) Kleinzitat

3.12 Die auszugsweise wörtliche Wiedergabe von bereits veröffentlichten urheberrechtlich geschützten Texten kann ferner gerechtfertigt sein, wenn die Voraussetzungen des so genannten **Kleinzitats** nach § 51 Satz 2 Nr. 2 UrhG vorliegen. Nach dieser Bestimmung ist es zulässig, Stellen eines geschützten Werks unter Angabe der Quelle wörtlich zu zitieren, wenn und soweit dies durch den Zweck der eigenen Darstellung geboten ist. Die nach dieser Bestimmung stets nur auszugsweise zulässige Übernahme eines bereits veröffentlichten Texts muss daher zu **Zwecken des Belegens** und darf nicht um ihrer selbst willen erfolgen.[33] Mit Recht hat daher das OLG München dem mit Kommentaren versehenen auszugsweisen Nachdruck von *Adolf Hitlers* ‚Mein Kampf' das Zitatprivileg des § 51 Satz 2 Nr. 2 UrhG verweigert, weil es bei der entsprechenden Publikation nicht darum ging, Thesen der Verfasser der Kommentare

---

26 OLG Hamburg AfP 2000, 91 = NJW 1999, 3343 – Berufungsschrift.
27 LG Köln ZUM 2010, 987.
28 OLG Köln AfP 2019, 51; OLG München AfP 2008, 79 = ZUM 2008, 991; im Ergebnis auch KG AfP 2007, 234 = NJW 2008, 768.
29 BVerfG AfP 2010, 145 = NJW 2010, 1587.
30 OLG Köln AfP 2019, 51.
31 OLG Köln AfP 2019, 43.
32 BGH AfP 2019, 40 = NJW 2019, 781 – presserechtliches Warnschreiben.
33 BGH NJW 1985, 2134 = GRUR 1987, 34 – Liedtextwiedergabe I; OLG München NJW 1990, 2003; OLG Köln NJW 1994, 1968 = GRUR 1994, 47; OLG München AfP 1998, 632.

durch einzelne Stellen des Buchs zu belegen, sondern darum, die Kommentare als Vehikel für die anderweitig als unzulässig erkannte Wiedergabe der Originaltexte zu nutzen.[34]

Auch wenn das zitierende Werk im Vordergrund steht, ist das Kleinzitat nur zulässig, soweit es als Beleg für die eigene Aussage des Zitierenden **erforderlich** ist. Hat ein Zitat daher keine andere Funktion, als dem Zitierenden eine ihm mögliche eigene Formulierung zu ersparen oder soll es den eigenen Text nur auflockern, ohne dass die konkrete Formulierung des zitierten Texts eine erkennbare Funktion im Rahmen der zitierenden Aussage hat, sind die Voraussetzungen für ein zulässiges Kleinzitat nicht erfüllt.[35] Stellt ein Autor seinem eigenen Text ein kurzes Zitat aus einem urheberrechtlich geschützten Text als Motto voran, so kann das aber als Beleg im Sinn von § 51 Satz 2 Nr. 2 UrhG angesehen werden.[36]

3.13

Einen größeren Freiraum hat der Zitierende nach der Rechtsprechung des BVerfG, wenn das Zitat über die bloße Belegfunktion hinaus als **Mittel künstlerischen Ausdrucks** und künstlerischer Gestaltung anzusehen ist; bei der Auslegung von § 51 Satz 2 Nr. 2 UrhG ist insoweit das Grundrecht der Kunstfreiheit aus Art. 5 Abs. 3 GG angemessen zu berücksichtigen.[37] Dabei ist die Tatsache allein nicht entscheidend, dass der Zitierende beabsichtigt, ein künstlerisches Werk zu schaffen. So konnte die Kombination eigener einleitender Betrachtungen und Tagebucheinträge mit urheberrechtlich geschützten Zeitungsartikeln, Urkunden und Lichtbildern nach Auffassung des BGH[38] auch unter dem vom Zitierenden in Anspruch genommenen Aspekt der **literarischen Collage** die Kunstwerk-Eigenschaft des zitierenden Werks nicht begründen und daher eine umfangreiche Sammlung urheberrechtlich geschützter Zitate als solche nicht rechtfertigen. Und zum Wesen eines zulässigen Zitats gehört es in jedem Fall, dass es nicht ununterscheidbar in das zitierende Werk integriert, sondern als fremdes Zitat ersichtlich gemacht[39] und dass die Quelle konkret angegeben wird (§ 63 UrhG).

3.14

Die Regelung, nach der im Rahmen von § 51 Satz 2 Nr. 2 UrhG nur **Stellen eines Werks** nachgedruckt werden dürfen, ist besonders bei einem aus aktuellem Anlass geplanten Abdruck urheberrechtlich geschützter Gedichte oder Liedtexte zu beachten. Auch ein solcher Abdruck ist als Kleinzitat nur dann gerechtfertigt, wenn es sich um einen **auszugsweisen Nachdruck** handelt und das nachdruckende Medium sich mit dem nachgedruckten Auszug inhaltlich auseinandersetzt; der Nachdruck darf mithin auch in diesem Zusammenhang nicht Selbstzweck sein. Den Abdruck einer Strophe eines dreistrophigen Straßenverkehrsliedes für Kinder hat aber der BGH,[40] denjenigen von sechs Zeilen eines aus 15 Zeilen bestehenden Schlagertexts das OLG Hamburg[41] mit Recht noch als zulässiges Kleinzitat angesehen. Der Abdruck eines vollständigen Gedichts ist als Kleinzitat allerdings auch dann nicht gerechtfertigt, wenn es sich um einen extrem kurzen Text handelt und die Herstellung eines Auszugs nicht sinnvoll erscheint.[42]

3.15

---

34 OLG München AfP 2012, 395 – Das unlesbare Buch; ebenso die Vorinstanz LG München I AfP 2012, 190 = ZUM 2012, 409.

35 KG NJW 2003, 680.

36 KG NJW 2003, 680; OLG München ZUM 2009, 970.

37 BVerfG AfP 2000, 451 = NJW 2001, 598; BGH AfP 2012, 365 = ZUM 2012, 681.

38 BGH AfP 2012, 365 = ZUM 2012, 681 – Blühende Landschaften; a.A. noch OLG Brandenburg ZUM 2011, 250 = GRUR 2011, 141.

39 OLG München AfP 1998, 632; Schricker/*Spindler*, § 51 UrhG Rz. 15.

40 BGHZ 28, 204.

41 OLG Hamburg UFITA 1969, 307.

42 BGH NJW 1985, 2134 = GRUR 1987, 47 – Liedtextwiedergabe I.

3.16 Der vollständige Nachdruck eines urheberrechtlich geschützten Texts ist formal immer ein sogenanntes **Großzitat**, das nur unter den sehr viel engeren Voraussetzungen von § 51 Satz 2 Nr. 1 UrhG erlaubt ist; sie liegen bei Medienberichterstattung nur im Ausnahmefall vor, da sie wissenschaftliche Tätigkeit voraussetzen.[43] Ausnahmsweise kann aber auch die Veröffentlichung vollständiger Texte durch die Generalklausel des § 51 Satz 1 UrhG gerechtfertigt sein. Der BGH hat dies erwogen im Fall der vergleichenden Veröffentlichung eines Originalmanuskripts des Politikers *Volker Beck* und seiner Buchversion, nachdem der Betroffene versucht hatte, sich von dem Buchtext mit der Behauptung zu distanzieren, er verfälsche die ihm unmittelbar zuzurechnenden Aussagen des Manuskripts; allerdings hat der BGH dies nicht abschließend entschieden, sondern den Fall dem EuGH zur Klärung rechtlicher Fragen im Anwendungsbereich der Urheberrechtsrichtlinie der EU vorgelegt.[44] Die Auffassung des LG Berlin,[45] urheberrechtlich geschützte **Briefe** des Schriftstellers *Botho Strauß* dürften trotz Widerspruchs ihres Verfassers im Wortlaut abgedruckt werden, war demgegenüber mit geltendem Urheberrecht nicht zu vereinbaren,[46] obwohl sie an eine Redaktion gerichtet waren. Gleiches gilt trotz eines feststellbaren aktuellen Anlasses für den nahezu vollständigen Abdruck zweier Briefe, die der Schriftsteller *Günter Grass* vor Jahrzehnten an einen politischen Freund geschrieben hatte, durch die *FAZ*,[47] oder die Veröffentlichung von Zitaten aus einer Korrespondenz zwischen einem Historiker und einem Journalisten ungeachtet der Tatsache, dass dem Verfasser der zitierten E-Mails der Beruf der Empfängers bekannt war.[48]

3.17 Unabhängig davon, ob es sich um ein Großzitat gemäß § 51 Satz 1 Nr. 1 UrhG oder um ein Kleinzitat gemäß Nr. 2 dieser Vorschrift handelt, setzt jede Art von Zitat aus einem urheberrechtlich geschützten Text im Hinblick auf § 12 Abs. 2 UrhG dessen **primäre Veröffentlichung** durch den Autor oder den Inhaber der primären Nutzungsrechte voraus. Das gilt auch in den Fällen von Zitaten, die ansonsten durch die Generalklausel des § 51 Satz 1 UrhG gerechtfertigt sein können.[49] Der partielle oder vollständige Nachdruck eines unveröffentlichten Briefs eines prominenten Schriftstellers ist daher immer unzulässig und auch durch übergeordnete Allgemeininteressen nicht zu rechtfertigen.[50]

---

43 *Löffler*, NJW 1980, 201, 203; Wenzel/*Burkhardt*, UrhR, Kap. 6 Rz. 11; vgl. aber OLG Hamburg AfP 2000, 91 = NJW 1999, 3343 – Berufungsschrift.
44 BGH GRUR 2017, 1027; in dem Manuskript hatte *Beck* in den 80iger Jahren des vorigen Jahrhunderts die partielle Straflosigkeit sexueller Handlungen Erwachsener mit Kindern gefordert. Das Manuskript wurde, leicht gekürzt und mit einer nicht von *Beck* stammenden Überschrift versehen, in einer ebenfalls nicht von ihm stammenden Textsammlung veröffentlicht, von der *Beck* behauptete, sie verfälsche den Aussagegehalt seines Originalmanuskripts. Mit diesem Fall setzte sich *SPIEGEL ONLINE* in einem redaktionellen Beitrag auseinander, dem ein Link auf beide Textversionen des Manuskripts beigefügt wurde. Nach den Schlussanträgen des Generalanwalts beim EuGH rechtfertigt der in diesem Fall von der Redaktion verfolgte Zweck, dem Nutzer selbst das Urteil zu ermöglichen, ob *Beck* die Wahrheit gesagt hatte, die Wiedergabe der vollständigen Manuskriptfassung nicht: EuGH C-516/17 – Beck/Spiegel Online GmbH; Schlussanträge des Generalanwalts vom 11.1.2019, abrufbar unter www.curia.europa.eu. Es entspricht der Praxis des EuGH, den veröffentlichten Stellungnahmen des Generalanwalts in aller Regel zu folgen.
45 LG Berlin NJW 1995, 881.
46 So zutreffend die Berufungsinstanz: KG NJW 1995, 3392 – Botho Strauß. .
47 KG AfP 2008, 196 = NJW-RR 2008, 857 – Günter-Grass-Briefe.
48 LG Hamburg ZUM-RD 2018, 160.
49 Dreier/Schulze/*Dreier*, § 51 UrhG Rz. 2.
50 KG AfP 2008, 196 = ZUM 2008, 329.

dd) Pressestimmen

Trotz der dargelegten Beschränkungen ist jedoch die Veröffentlichung **herkömmlicher Presseschauen** oder **Pressestimmen** durch das Recht zum Kleinzitat in jedenfalls analoger Anwendung von § 51 Satz 2 Nr. 2 UrhG gerechtfertigt.[51] Dabei handelt es sich um die Wiedergabe von **kurzen Auszügen** meist aus Pressekommentaren, wie sie traditionell durch Zeitungen, Zeitschriften und den Hörfunk verbreitet werden. Diese Art der Verarbeitung anderweitig veröffentlichter Texte dient der Erweiterung des Spektrums der eigenen Leser oder Hörer, der Verdeutlichung der eigenen Meinung, aber auch dem Aufzeigen von Meinungsunterschieden oder Widersprüchen. Medien, die sich dieses Instruments bedienen, wollen damit die Richtigkeit der eigenen Meinung oder Darstellung belegen oder sich von der durch das Zitat verbreiteten Sicht der Anderen abgrenzen. Sie tragen damit zur Meinungsbildung bei und werden auf diese Weise dem Zweck des § 51 Satz 2 Nr. 2 UrhG gerecht, sofern zwischen der Wiedergabe der **Stimme der Anderen** und eigenen redaktionellen Inhalten noch ein erkennbarer Sachzusammenhang besteht; verwendet allerdings eine Redaktion das Mittel der Pressestimmen im Einzelfall als reinen Zeilenfüller ohne inhaltlichen Bezug zu den eigenen redaktionellen Inhalten, dann kommt eine Rechtfertigung aus § 51 Satz 2 Nr. 2 UrhG nicht in Betracht. Bei den Pressestimmen im hier erörterten Sinn handelt es sich auch nicht um einen Anwendungsfall des § 49 UrhG (dazu Rz. 3.28 ff.). Die dort relevante Frage nach der Zeitungs- oder Zeitschrifteneigenschaft des zitierenden oder des zitierten Mediums stellt sich damit im vorliegenden Zusammenhang nicht.[52]

3.18

Nicht um Pressestimmen im soeben erörterten Sinn handelt es sich bei den so genannten **Abstracts**, insbesondere von **Buchrezensionen**, wie sie in jüngerer Zeit etwa durch den Online-Dienst *Perlentaucher* verbreitet worden sind, wie sie aber auch insbesondere in der Wissenschaftsliteratur mit zunehmender Häufigkeit verbreitet werden. Gibt der Verbreiter solcher Abstracts den Inhalt der Originalrezension oder sonstigen Originalveröffentlichung in eigenen Worten wieder, so ist das rechtlich unbedenklich; dann gilt der Satz, dass die Information als solche frei und nur so geschützt ist wie im Einzelfall gedanklich und sprachlich aufbereitet (vgl. Rz. 3.2 ff.).[53] Verwendet der Verfasser von Abstracts freilich Originalformulierungen aus der zugrundeliegenden Veröffentlichung, dann begibt er sich auf den Boden des Urheberrechts. Versuchen, derartige Übernahmen von Teilen geschützter Texte als so genannte freie Benutzungen der Originaltexte im Sinn von § 24 Abs. 1 UrhG zu rechtfertigen, hat der BGH[54] mit Recht einen Riegel vorgeschoben. Auch für derartige Veröffentlichungen gilt vielmehr, dass eine wörtliche Übernahme geschützter Vorlagen nur zulässig ist, wenn im Ausnahmefall die Voraussetzungen von § 51 Satz 1 oder Satz 2 Nr. 2 UrhG vorliegen. Jedenfalls dann, wenn sich Abstracts auf die wörtliche Wiedergabe gekürzter Originaltexte beschränken, ist das nicht der Fall.

3.19

ee) Bild- und Filmzitate

Besondere Probleme ergeben sich in den Fällen der Übernahme **anderweitig publizierter Lichtbilder** oder **Karikaturen** durch die Medien. Dabei handelt es sich formal meistens um

3.20

---

51 *Wild*, AfP 1989, 701, 706 f.

52 *Wild*, AfP 1989, 701, 706 f.

53 BGH AfP 2011, 62 = NJW 2011, 761 – Perlentaucher; BGH ZUM 2011, 242; OLG Frankfurt a.M. ZUM 2012, 152 – Perlentaucher.

54 BGH AfP 2011, 62 = NJW 2011, 761 – Perlentaucher; BGH ZUM 2011, 242; dazu *Schmidt-Petersen*, AfP 2011, 119 ff. und *Sajuntz*, NJW 2011, 729 ff.

ein **Großzitat**, weil Bilder ihrer Natur nach in der Regel nur als Ganzes übernommen werden können und die Veröffentlichung lediglich eines Bildausschnitts im Sinn einer Stelle des geschützten Werks als Kleinzitat gemäß § 51 Satz 2 Nr. 2 UrhG fast immer als Möglichkeit ausscheidet.[55] Als Großzitat aber ist die ungenehmigte Verbreitung von Bildern und Fotografien in der Regel ebenfalls nicht zu rechtfertigen, weil Medienpublikationen nahezu ausnahmslos keine wissenschaftlichen Werke im Sinne von § 51 Satz 2 Nr. 1 UrhG sind. In der Regel geht daher gerade bei Bildern der Schutz des Urhebers dem Interesse der Medien an ungehinderter Berichterstattung vor. Das gilt ohne Einschränkungen in Situationen, in denen es dem übernehmenden Medium allein darum geht, seine eigene Aktualität unter Beweis zu stellen und seine Leser oder Zuschauer durch Veröffentlichung von Bildern gleich gut oder gleich schnell zu informieren wie der Wettbewerb; eine derartige Zielsetzung rechtfertigt den Eingriff in die Urheberrechte Dritter unter keinen Umständen. Gleiches gilt bei der Abbildung von Fotos zur Illustration der redaktionellen Rezension eines Bildbands jedenfalls dann, wenn die Wiedergabe der Fotos im Wesentlichen dem Zweck der **Illustration** des Texts und nicht dessen Verständnis dient.[56] Auch die Nutzung von Ausschnitten aus Fernsehendungen in einem Format, das nach Art einer Collage als lustig empfundene Pannen in Sendungen Dritter zusammenstellte, war mangels inhaltlicher Auseinandersetzung mit den zitierten Sequenzen durch das Recht zum Großzitat nicht gerechtfertigt.[57] Gleiches gilt nach der für das innerdeutsche Recht maßgeblichen Auffassung des EuGH für die genehmigungslose Übernahme eines in ein Reisemagazin-Portal eingestellten Fotos in ein Schülerreferat zu Illustrationszwecken.[58]

3.21 Die Übernahme von Lichtbildern in andere Medien ohne Einwilligung des Inhabers der Rechte wäre damit schlechthin unzulässig, wenn man davon ausginge, dass der Katalog der §§ 44a ff. UrhG eine abschließende Regelung der Einschränkungen des Urheberrechts darstellt und eine ergänzende Auslegung urheberrechtlicher Gestattungsnormen auch in der Abwägung gegen das Grundrecht der Pressefreiheit nicht statthaft ist.[59] Davon kann aber nach der Aufnahme der Generalklausel des § 51 Satz 1 UrhG durch den Gesetzgeber im Jahre 2007[60] jedenfalls heute keine Rede mehr sein, zumal der Gesetzgeber durch abermalige Ergänzung von § 51 UrhG mit einem neuen Satz 3 mit Wirkung vom 1.3.2018 klargestellt hat, dass die Nutzung einer Abbildung von der Zitierbefugnis gemäß den Sätzen 1 und 2 auch dann erfasst ist, wenn die Abbildung ihrerseits Gegenstand eines Urheber- oder verwandten Schutzrechts ist.[61] Mit Recht hatten jedoch Rechtsprechung und Schrifttum bereits vorher mehrheitlich die Auffassung vertreten, dass auch die Übernahme von Bildern in entsprechender Anwendung von § 51 Satz 2 Nr. 2 UrhG als so genanntes **großes Kleinzitat** dann gerechtfertigt sein kann, wenn sie zum Zweck der inhaltlichen Auseinandersetzung mit der durch das Bild verkörperten gedanklichen Aussage erforderlich ist.[62] Zulässig war daher bereits vor der Neufassung des Gesetzes etwa die satirisch-verfremdende Wiedergabe des im Plenarsaal des Deutschen Bundestags angebrachten stilisierten und urheberrechtlich geschützten Bun-

---

55 *Löffler*, NJW 1980, 201, 203; *Romatka*, AfP 1971, 20.
56 OLG Hamburg GRUR 1990, 37.
57 OLG Köln AfP 2018, 429 = ZUM-RD 2018, 499.
58 EuGH NJW 2018, 3501= ZUM 2018, 674; zustimmend *Peifer*, NJW 2018, 3490.
59 *v. Gamm*, § 45 Rz. 3.
60 Dazu Dreier/Schulze/*Dreier*, § 51 UrhG Rz. 2 und 22 ff.
61 Gesetz v. 1.9.2017, BGBl. I 3346.
62 BGH NJW 1994, 2891, 2892 f. – Museumskatalog; OLG Hamburg GRUR 1990, 36, 37; OLG Hamburg GRUR 1993, 666 – Altersfoto; LG Berlin GRUR 1962, 207, 211 – Maifeier; LG München Schulze LGZ 182; KG Schulze KGZ 48; LG München AfP 1994, 326; Schricker/*Spindler*, § 51 UrhG Rz. 45; *Löffler*, NJW 1980, 201 ff.; *Romatka*, AfP 1971, 20.

desadlers im Rahmen einer Karikatur.[63] Und zulässig, weil vom Zitatzweck im Sinne von § 51 Satz 1 und 3 UrhG gedeckt, ist die Übernahme eines auf Facebook eingestellten Lichtbilds einer notorischen Verfasserin geposteter Hasskommentare in einen kritischen Bericht eines Online-Pressedienstes über derartige Hassbotschaften und deren Verfasser.[64] Die gegenteilige Auffassung des OLG München[65] berücksichtigt weder den in der Erweiterung von § 51 UrhG um die neue Generalklausel des Satzes 1 (Rz. 3.8) zum Ausdruck kommenden Rechtsgedanken noch den Aspekt, dass an der Identität einer Person, die ausländerfeindliche Parolen unter Beifügung ihres Porträts im Internet verbreitet, ein erhebliches öffentliches Interesse besteht und dass sich dieses Interesse jedenfalls dann auch auf das Abbild der Betreffenden erstreckt, wenn sie selbst es öffentlich gemacht hat.

Zulässig kann die Übernahme eines anderweitig veröffentlichten, urheberrechtlich geschütz-   3.22
ten Lichtbilds aber auch unter dem rechtlichen Aspekt des § 50 UrhG sein; nach dieser Bestimmung ist die Vervielfältigung, Verbreitung und öffentliche Wiedergabe von Werken, die im Verlauf von **Tagesereignissen** wahrnehmbar werden, in einem durch den Zweck gebotenen Umfang statthaft (Rz. 21.86 ff.).[66] Allerdings ist die Regelung des § 50 UrhG abschließend, soweit ihr Anwendungsbereich reicht. Wo die Medien Bilder veröffentlichen wollen, deren Veröffentlichung nach Sinn und Wortlaut des § 50 UrhG unzulässig ist, können sie sich nicht auf ein darüber hinausgehendes, unmittelbar aus Art. 5 Abs. 1 GG abzuleitendes Veröffentlichungsrecht berufen.[67] Zwar ist bei der Auslegung von § 50 UrhG dem Stellenwert der Grundrechte der Meinungs- und Medienfreiheiten immer angemessen Rechnung zu tragen.[68] Das BVerfG hat es aber abgelehnt, eine über den Wortlaut der Vorschrift hinausgehende, extensive Interpretation als durch Art. 5 Abs. 1 GG verfassungsrechtlich geboten zu bezeichnen[69], und die gegen die *Online-Archiv* – Entscheidung des BGH[70] gerichtete Verfassungsbeschwerde des betroffenen Verlags nicht zur Entscheidung angenommen.

Schließlich war auch die Verbreitung des in die Mediengeschichte eingegangenen Fotos des   3.23
toten schleswig-holsteinischen Ministerpräsidenten *Uwe Barschel* in der Badewanne seines Genfer Hotelzimmers durch eine Vielzahl von Print- und elektronischen Medien als großes Kleinzitat gerechtfertigt, obwohl es sich objektiv um einen Eingriff in die dem Verlag des *stern* zustehenden urheberrechtlichen Nutzungsrechte handelte; im Rahmen der Berichterstattung über die Tatsache und die Umstände von *Barschels* Tod überwog jedenfalls in unmittelbarem zeitlichen Zusammenhang mit den damaligen Ereignissen das Informationsinteresse der Öffentlichkeit klar die urheberrechtlichen Belange des Inhabers der Nutzungsrechte. Eine wahrheitsgetreue und lebensnahe Berichterstattung über die mysteriösen Umstände jenes Falls wäre ohne die Verbreitung des Bilds kaum möglich gewesen; in diesem Fall trug das Bild selbst einen beachtlichen Informationsgehalt in sich. In Anbetracht der erst später in das Gesetz eingefügten Generalklausel des § 51 Satz 1 UrhG und der die Bildberichterstattung ausdrücklich legitimierenden ergänzenden Bestimmung des § 51 Satz 3 UrhG könnte an der

---

63 BGH AfP 2003, 541 = NJW 2003, 2633 – Gies-Adler.
64 LG München I K&R 2016, 205.
65 OLG München AfP 2016, 278 = NJW-RR 2016, 871 – Internetpranger; OLG München AfP 2018, 250 – Internetpranger II.
66 Dazu BGH AfP 2002, 504 = NJW 2002, 3473 – Zeitungsbericht als Tagesereignis; ÖOGH ZUM 2001, 574; OLG Hamburg ZUM 2015, 577.
67 BGH AfP 2011, 247 = GRUR 2011, 415 – Kunstausstellung im Online-Archiv.
68 BVerfG NJW 2002, 754 = GRUR 2012, 389; BGH AfP 2003, 541 = NJW 2003, 2633 – Gies-Adler.
69 BVerfG NJW 2012, 754 = GRUR 2012, 389.
70 BGH AfP 2011, 247 = GRUR 2011, 415 – Kunstausstellung im Online-Archiv; BVerfG NJW 2012, 754 = GRUR 2012, 389.

Statthaftigkeit der Übernahme von Bildmaterial in vergleichbaren Konstellationen heute kein Zweifel mehr bestehen.

3.24 Zulässig wird nach diesen Grundsätzen in der Regel insbesondere die **satirische Verfremdung** urheberrechtlich geschützter Bilder sein.[71] Gleiches gilt, wenn das Bild zur Erläuterung eines Texts übernommen wird.[72] Das kann bei der ideologischen Auseinandersetzung mit einer Karikatur ebenso der Fall sein wie bei der Kritik an einer bestimmten Konsumwerbung, die nur durch Abbildung der gegebenenfalls urheberrechtlich geschützten Anzeige deutlich gemacht werden kann. Die Auffassung des OLG München,[73] das Nachrichtenmagazin *DER SPIEGEL* habe das der Illustrierten *BUNTE* vom Fotografen übertragene urheberrechtliche Nutzungsrecht verletzt, indem es ein Foto des mit seiner neuen Lebensgefährtin im Swimmingpool badenden und kurz darauf zurückgetretenen damaligen Bundesverteidigungsministers *Rudolf Scharping* zum Bestandteil einer Collage für das Titelbild einer Ausgabe machte, die sich inhaltlich mit Amtsführung und Amtsverständnis *Scharpings* auseinandersetzte, ist daher verfehlt; auch sie wäre jedenfalls im Licht der neuen Bestimmungen des § 51 Satz 1 und 3 UrhG heute nicht einmal mehr vertretbar. Zutreffend hat demgegenüber der BGH[74] festgestellt, dass es einer Redaktion gestattet war, ein anderweitig veröffentlichtes Lichtbild im Rahmen eines Beitrags nachzudrucken, der sich mit den Auseinandersetzungen der abgebildeten prominenten Person mit ihrem nicht minder prominenten Ehemann befasste, nachdem die Beteiligten diese Auseinandersetzung selbst in die Öffentlichkeit getragen hatten; hier war die Veröffentlichung des ersten Berichts mit dem Foto das Tagesereignis im Sinn von § 50 UrhG, das die Wiedergabe des Fotos im Rahmen eines kritisch-satirischen Folgeartikels rechtfertigte.

3.25 Auch die Wiedergabe eines geschützten **Filmausschnitts** in einem anderen Film oder Fernsehbeitrag kann schon seit jeher in entsprechender Anwendung von § 51 Satz 2 Nr. 2 und nunmehr vor allem durch die Generalklausel des § 51 Satz 1 UrhG **gerechtfertigt** sein[75] – dies allerdings nur unter den dargestellten Voraussetzungen; dient sie nicht dem Zweck inhaltlicher Auseinandersetzung, sondern lediglich als Aufmacher oder Füllsel, so ist sie in gleicher Weise unzulässig wie die wörtliche Wiedergabe eines Texts.[76] An die Intensität der inhaltlichen Auseinandersetzung sind allerdings keine hohen Anforderungen zu stellen.[77] Zutreffend hat etwa das OLG Stuttgart[78] festgestellt, dass das Urheberrecht an einem Pornofilm einen Ausschuss des Landtags von Baden-Württemberg nicht an der auszugsweisen Wiedergabe dieses Films in sachlichem Zusammenhang mit der Bewerbung seines Produzenten um eine Hörfunklizenz hinderte; auch die Medien wären daher berechtigt gewesen, einen Auszug oder ein Standbild jenes Films im Kontext ihrer Berichterstattung über den Vorgang wiederzugeben. Die schlichte Übernahme von fremdem Filmmaterial in eine andere Sendung, die nur zu **Illustrations- oder Dokumentationszwecken** erfolgt und eine inhaltliche Auseinandersetzung mit dem übernommenen Material vermissen lässt, ist hingegen weiterhin unzulässig; dass es sich dabei, wie im Fall von Aufnahmen von Krawallen im Zusammenhang mit der

---

71 BGH AfP 2003, 54 = NJW 2003, 916 – Gies-Adler; OLG Zweibrücken AfP 1999, 362.
72 BGH NJW 1994, 2891 = WRP 1994, 807, 809 – Museumskatalog; vgl. auch OLG Frankfurt a.M. AfP 2000, 185 = NJW 2000, 594 – Katharina Witt.
73 OLG München AfP 2003, 553 = ZUM 2003, 571.
74 BGH AfP 2002, 504 = NJW 2002, 3473 – Zeitungsbericht als Tagesereignis.
75 Dreier/Schulze/*Dreier*, § 51 UrhG Rz. 2, 22 ff.
76 OLG Köln AfP 2018, 429 = ZUM-RD 2018, 499; OLG Köln NJW 1994, 1968 = GRUR 1994, 47; LG Hamburg AfP 1997, 942; LG Frankfurt a.M. AfP 1995, 687.
77 BGH AfP 2016, 151 = GRUR 2016, 265 – Exklusiv-Interview.
78 OLG Stuttgart NJW-RR 2004, 619.

G 20 – Konferenz im Juli 2017 in Hamburg, um besonders aktuelles und für die Öffentlichkeit besonders interessantes Material handelt, ändert daran nichts.[79] Unzulässig war es auch, die Abbildung eines urheberrechtlich geschützten Kunstwerks, das aufgrund einer Vereinbarung mit dem Künstler in einer Möbelausstellung gezeigt wurde, nach Schluss der Ausstellung in einem Katalog des Möbelherstellers zu verbreiten.[80]

Nach diesen Grundsätzen kommt die Berufung auf das Recht zum **Filmzitat** bei der Verbreitung reiner Nachrichten prinzipiell nicht in Betracht. Im Rahmen umfangreicherer Medienberichterstattung gilt Anderes nur dann, wenn es sich dabei um eine **inhaltliche Auseinandersetzung** mit dem oder um eine Anknüpfung an das Original handelt; an das Vorliegen dieses Kriteriums stellt die Rechtsprechung allerdings keine strengen Anforderungen[81]. Der bloße Anreiz, dem Zuschauer wörtliche Ausschnitte aus einem Film oder Magazinbeitrag zu präsentieren, reicht als Zitier-Zweck aber niemals aus. Die Auffassung des LG Stuttgart[82] allerdings, ein Fernsehmagazin habe im zeitlichen und sachlichen Zusammenhang mit dem damals anhängigen und kurz darauf vor dem BVerfG gescheiterten **Verbotsverfahren gegen die NPD** eine kurze Sequenz aus einem von einem anderen Magazin ausgestrahlten Interview mit einem enttarnten V-Mann des Verfassungsschutzes nicht zitieren dürfen, muss schon nach damaliger Rechtslage als Überspannung der Anforderungen an die Zulässigkeit eines filmischen Kleinzitats angesehen werden; eben wegen der Durchsetzung der *NPD* mit V-Leuten des Verfassungsschutzes scheiterte das von der Bundesregierung eingeleitete Verbotsverfahren gegen diese Partei, und ein journalistisches Medium wie ein Fernsehmagazin musste schon im Rahmen von § 51 Satz 2 Nr. 2 UrhG als berechtigt angesehen werden, die eigene Darstellung der Problematik mit einem Beleg wie demjenigen eines kurzen Zitats aus einem Interview zu untermauern, in dem ein V-Mann sich zu seiner Tätigkeit bekennt. Nach der Ergänzung von § 51 UrhG um die Bestimmungen der Sätze 1 und 3 gilt dies umso mehr.

3.26

Zulässig ist es auch, urheberrechtlich geschützte Sequenzen aus einer **Fernsehshow** unverändert in eine Sendung zu übernehmen, die sich satirisch mit eben dieser Show auseinandersetzt; der BGH leitet dieses Ergebnis allerdings nicht aus einer entsprechenden Anwendung von § 51 Satz 2 Nr. 2 UrhG, sondern aus dem Recht zur freien Benutzung gemäß § 24 UrhG ab, mit der Konsequenz, dass ein solches satirisches Filmzitat selbst dann noch zulässig sein kann, wenn es den Rahmen des Erforderlichen sprengt.[83] Die bloße Aneinanderreihung mehrerer derartiger Sequenzen ohne inhaltliche Auseinandersetzung mit ihnen rechtfertigt das Zitieren hingegen nicht.[84]

3.27

b) Pressespiegel

Eine Durchbrechung des Grundsatzes, nach dem die wörtliche Übernahme anderweitig publizierter Informationen in aller Regel unzulässig ist, gilt für die so genannten **Pressespiegel**, deren prinzipielle Zulässigkeit sich aus der Bestimmung des § 49 Abs. 1 UrhG ergibt. Danach ist es gestattet, **Rundfunkkommentare** und Artikel sowie im Zusammenhang mit ihnen veröffentlichte Abbildungen aus **Zeitungen** und anderen lediglich Tagesinteressen dienenden Informationsblättern in anderen Zeitungen und Informationsblättern der gleichen Art zu ver-

3.28

---

79 LG Hamburg v. 7.9.2017 – 324 O 287/17, unveröffentlicht.
80 BGH AfP 2016, 71 = NJW 2015, 2119.
81 BGH AfP 2016, 151 = GRUR 2016, 265 – Exklusiv-Interview.
82 LG Stuttgart ZUM 2003, 156.
83 BGH AfP 2000, 459 = NJW 2001, 603 – Mattscheibe.
84 OLG Köln AfP 2018, 429 = ZUM-RD 2018, 499.

vielfältigen und zu verbreiten, ohne dass eine Einwilligung des Inhabers der urheberrechtlichen Nutzungsrechte vorliegt. Dieses Verbreitungsrecht gilt nicht für die elektronischen Medien; zu dem insoweit maßgeblichen Leistungsschutzrecht der Verleger vgl. Rz. 3.37 ff. Das Recht zur Verbreitung von Pressespiegeln geht über das Recht zum Kleinzitat hinaus. Es begründet das Recht zum Nachdruck ganzer Rundfunkkommentare und Zeitungsartikel und betrifft damit nicht die sogenannten Pressestimmen, die vor allem in Zeitungen und im Hörfunk regelmäßig zitiert zu werden pflegen und bei denen es sich stets nur um kurze Auszüge aus Artikeln handeln kann (Rz. 3.18). Historisch geht es hier nur um urheberrechtlich geschützte Texte. Erst seit der Novellierung des Urheberrechtsgesetzes vom 7. Juli 2008 dürfen die Pressespiegel auch im Zusammenhang mit Zeitungsartikeln veröffentlichte Abbildungen reproduzieren. Die Übernahme von nicht geschützten Texten, wie etwa Kurznachrichten, ist demgegenüber gemäß § 49 Abs. 2 UrhG ohnehin uneingeschränkt zulässig (Rz. 3.9) und daher vom Regelungsbereich des § 49 Abs. 1 UrhG nicht erfasst. Richterlich noch nicht geklärt ist hingegen die Einordnung von **Online-Nachrichtendiensten** oder **Blogs**, auf die § 49 UrhG aber jedenfalls analog anzuwenden ist.[85] Angesichts des Fortschreitens der Medienkonvergenz ließe sich eine andere Auffassung kaum noch vertreten; gerade Entscheidungen wie diejenige zur *Tagesschau-App*[86] zeigen, dass der Begriff des pressemäßigen Angebots heute erweiternd ausgelegt werden muss.

3.29 Das Nachdruckrecht nach § 49 Abs. 1 UrhG kann durch einen **Vorbehalt der Rechte** ausgeschlossen werden. Derjenige, der es ausübt, hat dafür eine **Vergütung** zu bezahlen, die gemäß § 49 Abs. 2 UrhG nicht den Verlagen, sondern den Urhebern und damit den Redakteuren zusteht und die nur von einer Verwertungsgesellschaft wie insbesondere der *Verwertungsgesellschaft Wort* geltend gemacht werden kann. Diese gesetzliche Bestimmung scheint damit ein recht weites Betätigungsfeld für Redaktionen zu eröffnen, die sich unter Ersparung eigenen Aufwands gegen Zahlung einer fest kalkulierbaren Vergütung anderweitig publizierter Texte und der sie illustrierenden Bilder bedienen wollen. Ihre Bedeutung ist jedoch in mehrfacher Hinsicht unklar und war über lange Zeit in Rechtsprechung und Schrifttum umstritten.

aa) Umfang der Nachdruckfreiheit

3.30 Freigestellt wird durch § 49 UrhG die Veröffentlichung von Artikeln aus Zeitungen und anderen lediglich Tagesinteressen dienenden Informationsblättern. Damit schließt der Gesetzgeber die freie Veröffentlichung von Artikeln aus Zeitschriften aus, ohne freilich zu definieren, **welche Medien Zeitung** und welche **Zeitschrift** sind. Diese Frage war vor allem für Wochenzeitungen, redaktionell selbständig arbeitende Sonntagszeitungen sowie Zeitschriften mit Aktualitätsanspruch lange umstritten.[87] Mit einem Urteil des BGH vom 27. Januar 2005[88] ist insoweit aber eine weitgehende, wenngleich nicht in jeder Hinsicht abschließende Klärung eingetreten. Nach seiner, für die Praxis nunmehr maßgeblichen, Auffassung können auch **wöchentlich oder gar monatlich erscheinende Periodika** Zeitungen im Sinne von § 49 UrhG sein, und zwar unabhängig davon, ob sie im zeitungstypischen, ungehefteten Format oder nach Art einer Zeitschrift geheftet erscheinen. Maßgeblich sei, so der BGH, allein die Frage, ob sie ihrem Gesamtcharakter nach im Wesentlichen der **aktuellen Information** dienen; dass

---

85 Dreier/Schulze/*Dreier*, § 49 UrhG Rz. 7; Wandtke/Bullinger/*Lüft*, § 49 UrhG Rz. 8.
86 BGH AfP 2015, 553 = GRUR 2015, 1228 – Tagesschau-App.
87 Dazu im Einzelnen 3. Auflage Tz. 3.17 ff.
88 BGH AfP 2005, 356 = NJW 2005, 2698 – WirtschaftsWoche.

nach dem Wortlaut des Gesetzes nur andere lediglich Tagesereignissen dienende Informationsblätter hinsichtlich der Abdruckfreiheit den Zeitungen gleichgestellt werden sollen, hält der BGH demgegenüber für irrelevant, weil er die in Rede stehenden Periodika als Zeitungen und damit nicht als andere Informationsblätter ansieht. Im konkreten Fall hat das Gericht daher die Auffassung des OLG München[89] gebilligt, das wöchentlich erscheinende Wirtschaftsmagazin *WirtschaftsWoche* sowie die monatlich erscheinende Zeitschrift *DM* seien Zeitungen im Sinn von § 49 Abs. 1 UrhG und hätten demnach den Abdruck in ihnen veröffentlichter Beiträge in Pressespiegeln zu tolerieren. Ausgenommen von der Verpflichtung, den Nachdruck eigener Beiträge in Pressespiegeln zu dulden, sind nach dieser Auffassung nur noch **Fachzeitschriften** und solche Zeitschriften, die Beiträge von bleibender Bedeutung enthalten und daher archiviert zu werden pflegen.[90]

Mit dem in Rz. 3.30 zitierten Urteil des BGH scheint die Diskussion darüber, wie die nicht täglich oder werktäglich erscheinenden Periodika unter dem Aspekt der Nachdruckfreiheit einzuordnen sind, im Wesentlichen abgeschlossen. Allerdings ist es im Licht der **Entwicklungen in der Informationsgesellschaft** schon jetzt nicht zu übersehen, dass wöchentlich oder in größeren Intervallen erscheinende Periodika immer weniger **Aktualitätsbedürfnisse** der Öffentlichkeit befriedigen und befriedigen können, weil sie dazu unter dem Druck kontinuierlich elektronisch verbreiteter Nachrichten nicht mehr in der Lage sind, und sich thematisch stattdessen der Einordnung und Kommentierung nicht mehr tagesaktueller Ereignisse sowie anderen Kommunikationsformen wie dem Interview, dem Feature oder der Reportage widmen. Für Periodika, auf die § 49 Abs. 1 UrhG nach Auffassung des BGH vor annähernd fünfzehn Jahren anwendbar war, mag das in einer sich schnell verändernden Medienlandschaft heute oder in weiteren zehn Jahren auch unter Berücksichtigung der vom BGH entwickelten Kriterien nicht mehr gelten. Denn es ist nach wie vor erforderlich, dass der übernommene Artikel aus einem Periodikum stammt, das sich seinem Schwerpunkt nach der Vermittlung **aktueller Informationen** von allgemeinem öffentlichen Interesse widmet.[91] Und zusätzlich ist es für das Abdruckrecht nach § 49 Abs. 1 UrhG erforderlich, dass der übernommene Artikel auch im Zeitpunkt seiner Übernahme durch das zitierende Medium noch tagesaktuelle Fragen betrifft.[92] Erforderlich ist damit ein enger zeitlicher Zusammenhang mit dem Ereignis, das Gegenstand des übernommenen Artikels ist. Denn Sinn der Ausnahmevorschrift des § 49 Abs. 1 UrhG ist es, den freien Kommunikations- und Meinungsbildungsprozess dadurch zu fördern, dass möglichst viele Medien aktuelle Themen auch aktuell behandeln können, ohne jeweils die Zustimmung des Inhabers der Nutzungsrechte an der Erstveröffentlichung einholen zu müssen.[93]

bb) Zum Nachdruck berechtigte Medien

§ 49 UrhG gestattet den Nachdruck der danach freigegebenen Texte nicht generell, sondern nur in Zeitungen und anderen lediglich Tagesinteressen dienenden **Informationsblättern**. In diesem Zusammenhang entspricht es seit Jahrzehnten unbeanstandeter Praxis und einer nicht näher begründeten Auffassung im Schrifttum,[94] dass sich insbesondere die Herausgeber so

3.31

3.32

89 OLG München ZUM 2002, 557.
90 BGH AfP 2005, 356 = NJW 2005, 2698 – WirtschaftsWoche im Anschluss an *Ekrutt*, GRUR 1975, 358 ff.
91 BGH AfP 2005, 356 = NJW 2005, 2698 – WirtschaftsWoche; KG ZUM 2011, 661.
92 KG ZUM 2011, 661.
93 Möhring/Nicolini/*Engels*, § 49 UrhG Rz. 3.
94 *Melichar*, ZUM 1988, 14, 16; anders mit eingehender Begründung *Wild*, AfP 1989, 701 ff.

genannter **Pressespiegel** auf das Nachdruckrecht aus § 49 Abs. 1 UrhG berufen können. Dabei handelt es sich um Publikationen, die sich – meist bestimmt für eng definierte Adressatenkreise – darauf beschränken, in anderen Medien erschienene Artikel zu sammeln, gegebenenfalls zu kürzen, zu ordnen und danach erneut zu veröffentlichen. An der Berechtigung dieser Auffassung bestehen jedoch beträchtliche Zweifel. Schon die Motive des Gesetzgebers ergeben das mit hinreichender Deutlichkeit:

„Für die Meinungsbildung der Öffentlichkeit über die bezeichneten Tagesfragen ist es von erheblicher Bedeutung, dass andere Blätter bereits erschienene Artikel, soweit sie solche Tagesfragen betreffen, aufgreifen können, um die darin vertretene Stellungnahme zu erörtern, sie zu unterstützen oder zu bekämpfen."[95]

Nicht um möglichst freie und wohlfeile Nachdruckrechte ging es daher dem Gesetzgeber, sondern darum, den im Gesetz genannten Medien einen über den eingeschränkten Anwendungsbereich von § 51 Satz 2 Nr. 2 UrhG hinausgehenden **Freiraum für die geistige Auseinandersetzung mit anderen Medien** zu verschaffen, mit denen sie im Einzelfall übereinstimmen mögen oder nicht. Die Vorschrift ist mithin ein Beitrag des Gesetzgebers zur verfassungsrechtlich gewährleisteten Freiheit der Presse, an der öffentlichen Meinungsbildung aktiv teilzunehmen. Da in erster Linie Zeitungen und andere lediglich Tagesinteressen dienende Informationsblätter zum Nachdruck berechtigt sind, geht das Gesetz von einer qualitativen Gleichwertigkeit der Abdruckberechtigten und derjenigen aus, die den Nachdruck tolerieren müssen.[96] Nur wer im Rahmen von § 49 Abs. 1 UrhG verpflichtet ist, ist auch nach den Intentionen des Gesetzgebers privilegiert. Demgegenüber beschränkt sich die Tätigkeit der Verbreiter von Pressespiegeln darauf, die redaktionelle Leistung Anderer systematisch zu erfassen und auszubeuten; zur vergleichbaren Praxis des Online-Dienstes *Perlentaucher* s. Rz. 3.19, zur wettbewerbsrechtlichen Beurteilung solcher Blätter Rz. 3.42 ff. Die Auffassung des BGH[97], dass sich jedenfalls solche Pressespiegel auf die Bestimmung des § 49 Abs. 1 UrhG berufen können, die lediglich betriebs- oder behördenintern verbreitet werden, ist daher mit Sinn und Zweck dieser Regelung nicht zu vereinbaren. Und eine Erweiterung des Kreises der Berechtigten auch auf andere Pressespiegel, die gegen Entgelt außerhalb eines so definierten, engen Empfängerkreises verbreitet werden, wäre von der Ermächtigung des § 49 Abs. 1 UrhG keinesfalls gedeckt.[98]

3.33 Für **elektronische Pressespiegel** hat der BGH die Weichen im Sinne einer **funktionalen Äquivalenz**[99] neu gestellt. Während sie nach der Rechtsprechung einiger Instanzgerichte[100] nicht durch § 49 Abs. 1 UrhG gedeckt waren und ihre Verbreitung daher unzulässig war, sind sie nach Auffassung des BGH[101] zur Übernahme geschützter Texte im Rahmen dieser Vorschrift berechtigt, sofern sie nur **betriebs- oder behördenintern** zugänglich gemacht werden. Zusätzlich verlangt der BGH eine technische Formatierung, die es ausschließt, dass der Empfänger die elektronischen Pressespiegel zur Volltextrecherche nutzen kann, so dass als Verbreitungs-

---

95 Amtl. Begründung zum Regierungsentwurf, UFITA 45 (1965), 282.
96 *Lehmann/Katzenberger*, S. 31 ff.; *Wild*, AfP 1989, 701, 705; LG Hamburg, AfP 1999, 389.
97 BGH AfP 2002, 437 = NJW 2002, 3393 – Elektronischer Pressespiegel; dazu *Hoeren*, GRUR 2002, 1022 ff.
98 OLG Hamburg AfP 2003, 356; LG Hamburg AfP 1999, 389; *Lehmann/Katzenberger*, S. 31 ff.; *Wild*, AfP 1989, 701, 705.
99 *Hoeren*, GRUR 2002, 1022 ff.
100 LG Hamburg AfP 1999, 390; OLG Hamburg AfP 2000, 299 = NJW-RR 2001, 552; OLG Köln AfP 2000, 94 = NJW-RR 2000, 151; vgl. zu diesem Problemkreis auch BGH AfP 1995, 624 = GRUR 1997, 459 – CB-Infobank; BGH AfP 1999, 63.
101 BGH AfP 2002, 437 = NJW 2002, 3393 – Elektronischer Pressespiegel.

format nur die Aufbereitung der übernommenen Artikel als PDF in Betracht kommt.[102] Als Konsequenz hieraus ist auch die **Archivierung** der Inhalte elektronischer Pressespiegel durch deren Bearbeiter oder Nutzer unzulässig.[103] Und ein gewerbliches Angebot an Dritte, für deren Zwecke Pressespiegel zusammenzustellen und sie ihnen auf elektronischem Wege zugänglich zu machen, ist auch nach der neueren Rechtsprechung zu diesem Problemkreis nicht zulässig.[104]

Die Wiedergabe von Zeitungsartikeln und anderweitigen Rundfunkkommentaren durch Hörfunk und Fernsehen in dem von § 49 Abs. 1 UrhG gezogenen Rahmen entspricht seit Jahrzehnten eingeführter Praxis, obgleich auch der Rundfunk nicht zu den vom Gesetzgeber ausdrücklich privilegierten Zeitungen und ihnen gleichwertigen anderen Informationsblättern gehört. In Anbetracht der Tatsache, dass die infrage stehenden Beiträge nach dem Wortlaut des Gesetzes nicht nur vervielfältigt, sondern auch öffentlich wiedergegeben werden dürfen, besteht an der Berechtigung dieser Medien zur Textwiedergabe aber kein Zweifel.[105]   3.34

cc) Vorbehalt der Rechte

Auch soweit die Übernahme fremder Texte und Bilder nach der heutigen Rechtslage zulässig sein kann, entfällt das Nachdruckrecht, wenn der Inhaber der Rechte die zum Nachdruck bestimmten Artikel mit einem **Vorbehalt der Rechte** versieht. Hierzu wird im urheberrechtlichen Schrifttum die einhellige, wenngleich nicht näher begründete Auffassung vertreten, dass ein genereller Vorbehalt nicht ausreiche; erforderlich sei vielmehr die Anbringung des Vorbehalts **an jedem einzelnen Artikel**.[106] Diese Auffassung ist jedoch unzutreffend. Dass sie denjenigen Redaktionen, die den freien Nachdruck ausschließen wollen und dazu nach dem klaren Wortlaut des Gesetzes auch berechtigt sind, eine außerordentlich stumpfe Waffe in die Hand gibt, ist evident. Denn keine Redaktion wird sich eine Zeitung vorstellen oder sie publizieren wollen, deren Lesbarkeit und damit Attraktivität dadurch beeinträchtigt wird, dass sich am Beginn oder am Schluss jedes Artikels der stereotype Hinweis darauf befindet, der Nachdruck ohne die Erlaubnis der Redaktion sei verboten; eine so aufgemachte Publikation würde sich in den Augen des Lesers selbst entwerten.   3.35

Eine innere Rechtfertigung für die Auffassung, nur ein spezieller Vorbehalt hinter jedem einzelnen Artikel sei geeignet, das Nachdruckrecht wirksam auszuschließen, ist nicht ersichtlich. Wenn der Gesetzgeber selbst dem Prinzip der Freiheit des Nachdrucks sogleich die Ausnahmeregelung an die Seite stellt, dass diese Freiheit durch die Anbringung eines Vorbehalts der Rechte ausgeschlossen werden kann, und wenn er davon absieht, für die Form des Vorbehalts entsprechende Vorschriften zu machen, dann wird man daraus vielmehr folgern müssen, dass er den Redaktionen insoweit freie Hand gelassen hat. Auch scheiden Gesichtspunkte der Rechtsklarheit und des Vertrauensschutzes in diesem Zusammenhang aus. Denn der Regelungsbereich von § 49 Abs. 1 UrhG beschränkt sich auf die Tätigkeit von Verlagen und Redaktionen sowie auf gewerbliche Unternehmen, die deren publizistische Erzeugnisse nutzen. Von ihnen wird man die Kenntnis nicht nur der gesetzlichen Regel, sondern auch diejenige   3.36

---

102 BGH AfP 2002, 437 = NJW 2002, 3393 – Elektronischer Pressespiegel; *Hoeren*, GRUR 2002, 1022, 1024.
103 *Spindler*, AfP 2006, 408 ff.
104 EuGH GRUR 2009, 1041 = ZUM 2009, 945; EuGH AfP 2012, 124 = ZUM 2012, 398; OLG Hamburg AfP 2003, 356; KG ZUM 2002, 828.
105 Schricker/*Melichar*, § 49 UrhG Rz. 18.
106 Vgl. Schricker/*Melichar*, § 49 UrhG Rz. 18; *v. Gamm*, § 49 UrhG Rz. 4.

des im Gesetz selbst vorgesehenen Ausnahmetatbestands verlangen können. Sie kennen die Problematik und sind in der Lage, sich darüber, ob der Inhaber der Rechte an den von ihnen zum Nachdruck vorgesehenen Artikeln einen Vorbehalt angebracht hat, nicht nur durch Lektüre des Artikels selbst, sondern auch unter Zuhilfenahme sonstiger medienüblicher Erkenntnisquellen zu informieren, zu denen im Bereich der Presse das in allen Landespressegesetzen zwingend vorgeschriebene **Impressum** (dazu im Einzelnen § 25) gehört. Entgegen der herrschenden Auffassung genügt daher derjenige Verleger, der die von ihm publizierten Artikel dem freien Nachdruck durch andere Zeitungen oder vergleichbare Publikationen entziehen will, den Anforderungen an den dafür gesetzlich vorgesehenen Vorbehalt schon dann, wenn er ihn im Impressum seines Periodikums deutlich sichtbar und mit dem ausdrücklichen Hinweis darauf anbringt, dass er sich auf den gesamten Inhalt der betreffenden Publikation bezieht.[107]

c) Leistungsschutzrecht der Presseverleger

3.37 Anders als etwa Datenbanken (§§ 4 Abs. 2, 87a–e UrhG) und auch Sammelwerke (§ 4 Abs. 1 UrhG) sind Presseerzeugnisse jenseits des allgemeinen Urheberrechtsschutzes sowie des nur in engen Grenzen anwendbaren wettbewerblichen Leistungsschutzes (dazu sogleich Rz. 3.42 ff.) nicht dagegen geschützt, dass Dritte die in ihnen gesammelten und verarbeiteten Informationen übernehmen und auf anderen Wegen weiterverbreiten. Im Gegenteil, der Grundsatz der Freiheit der Information (Rz. 3.2 ff.) steht einem solchen Schutz mangels spezialgesetzlicher Einschränkung ausdrücklich entgegen. Presseverlage empfanden dies zunehmend als misslich und beklagten die mit dem Aufkommen der **Online-Suchmaschinen** wie insbesondere *Google* und der von ihnen verbreiteten Kurzmeldungen und so genannten **Snippets** verbundene und als Ausbeutung ihrer Inhalte verstandene Nutzung als einen Eingriff in die materiellen Grundlagen des Pressewesens und damit in die durch Art. 5 Abs. 1 GG geschützte Substanz der freien Presse.[108] Die daraus resultierende Forderung der Presseverleger nach Einführung eines besonderen Leistungsschutzrechts für Presseverleger war und ist rechtspolitisch und auch verfassungsrechtlich umstritten,[109] können sich doch auch die Suchmaschinenbetreiber auf das Grundrecht der Kommunikationsfreiheit aus Art. 5 Abs. 1 Satz 1 GG berufen. Sie hat jedoch dazu geführt, dass der Bundestag im Jahr 2013 eine Ergänzung des Urheberrechts um die neuen §§ 87 f–h UrhG beschlossen und damit ein **Leistungsschutzrecht für Presseverleger** eingeführt hat.[110] Gemäß § 87f Abs. 1 UrhG steht nun den Presseverlegern – und nur ihnen, nicht etwa auch Buchverlegern – ein **ausschließliches Nutzungsrecht** an den von ihnen hergestellten Presserzeugnissen zu.[111] Ausgenommen sind nur einzelne Wörter oder kleinste, häufig als Snippets bezeichnete Textausschnitte.[112] Nach der vom

---

107 *Wild*, AfP 1989, 701, 107.
108 Dazu u.a. Dreier/Schulze/*Dreier*, § 87f UrhG Rz. 1 ff. m.w.N.; *Ladeur*, AfP 2012, 420 ff.
109 Vgl. etwa Dreier/Schulze/*Dreier*, § 87f UrhG Rz. 1 ff.; Wandtke/Bullinger/*Jani*, Vorbem. Rz. 1 ff. vor § 87f UrhG; *Hegemann/Heine*, AfP 2009, 201 ff.; *Frey*, MMR 220, 291 ff.; *Ohly*, WRP 2012, 41 ff.; *Ladeur*, AfP 2012, 420 ff.; *Flechsig*, AfP 2012, 427 ff.; *Stieper*, ZUM 2013, 10 ff.; *Heine/Stang*, AfP 2013, 177 ff., jeweils m.w.N.; vgl. auch BVerfG AfP 2017, 41 = NJW 2017, 147.
110 BGBl. 2013 I, 1161.
111 § 87f Abs. 2 UrhG; vgl. zu diesem neuen Rechtsbegriff etwa Wandtke/Bullinger/*Jani*, § 87f UrhG Abs. 2 Rz. 1 ff.; Dreier/Schulze/*Dreier*, § 87f UrhG Rz. 11 ff.; LG Berlin AfP 2015, 354 = ZUM 2015, 520.
112 § 87f Abs. 1 Satz 1, letzter Halbsatz UrhG; dazu OLG München ZUM 2016, 1057 = GRUR-RR 2017, 89; Dreier/Schulze/*Dreier*, § 87f UrhG Rz. 17.

OLG München[113] übernommenen Begründung des Gesetzesentwurfs durch den Rechtsausschuss des Deutschen Bundestags[114] handelt es sich dabei um schlagzeilenartige knappe Inhaltsbeschreibungen, zu deren absoluter Länge verbindliche gerichtliche Entscheidungen bisher nicht vorliegen; das OLG München hat allerdings entschieden, dass einerseits die Festlegung einer konkreten Höchstzahl von Wörtern nicht möglich[115], diese Frage vielmehr situations- und kontextbezogen im Einzelfall zu entscheiden ist, dass aber andererseits Meldungen in einer Länge von 25 oder mehr Wörtern nicht als kleinste, vom Leistungsschutzrecht ausgenommene Textausschnitte gelten können und daher dem Leistungsschutzrecht unterliegen.[116]

Das **Leistungsschutzrecht** schützt die Verleger dagegen, dass ein Dritter die Inhalte der von ihnen verlegten Periodika verbreitet oder öffentlich zugänglich macht. Es ist ausschließlich auf die unbefugte Nutzung im Internet ausgerichtet[117] und wirkt nur gegen gewerbliche Betreiber von **Suchmaschinen** und gewerbliche Anbieter vergleichbarer Dienste (§ 87g Abs. 1 UrhG). Seine Bewährung in der Praxis steht allerdings aus wirtschaftlichen wie aus rechtlichen Gründen noch aus. So hat ein Teil der Presseverleger das Recht nicht in Anspruch genommen, weil mit *Google* der maßgebliche Suchmaschinenbetreiber erklärt hat, er werde nach §§ 87f ff. UrhG geschützte Inhalte der Verleger, die das Recht in Anspruch nehmen, nicht mehr verbreiten, und dieser Teil der Verleger zu der Auffassung gelangt ist, dass die wirtschaftlichen Nachteile der damit de facto erfolgenden Blockierung ihrer Inhalte im Internet größer sind als die Vorteile, die mit der Vereinnahmung von Lizenzentgelten verbunden wären. Die Auffassung anderer, überwiegend in der *VG Media* organisierter Verleger, *Google* verletze das kartellrechtliche Diskriminierungsverbot, indem es Inhalte, für die ein Entgelt verlangt werde, von der Verbreitung auf der Suchmaschine ausschließe, vergütungsfreie Inhalte Dritter aber weiter verbreite, hat jedenfalls das VG Berlin[118] zurückgewiesen; die Suchmaschine generiere für die Nutzer, die Verlage als Website-Betreiber und die Werbekunden wirtschaftliche Vorteile und stelle sich damit als *Win-Win*-Situation für alle Beteiligten dar. Sollte sich diese Auffassung in der weiteren Entwicklung als maßgeblich durchsetzen, so erwiese sich das Leistungsschutzrecht der Presseverleger am Ende als ein stumpfes Schwert, auch wenn es der bereits anstehenden europa- und verfassungsrechtlichen Prüfung (dazu Rz. 3.40) standhalten sollte.

So stellt sich insbesondere die Frage, ob §§ 87f–h UrhG betreffend das Leistungsschutzrecht der Presseverleger technische Vorschriften im Sinne von Art. 8 Abs. 1 der Richtlinie 98/34/EG sind. Diese Frage hat das LG Berlin[119] in einem von der *VG Media* gegen *Google* angestrengten Schadenersatzrechtsstreit bejaht und dem EuGH zur Entscheidung vorgelegt. Handelt es sich um eine solche technische Vorschrift, so darf sie dem Einzelnen nicht entgegen-

3.38

3.39

---

113 OLG München ZUM 2016, 1057 = GRUR-RR 2017, 89.

114 BT-Drucks. 17/12534, S. 5.

115 Anders die Schiedsstelle des Deutschen Patent- und Markenamts nach dem Gesetz über die Wahrnehmung von Urheber- und verwandten Schutzrechten in einem Beschluss v. 24.9.2015 betreffend die Maßgeblichkeit des von der *VG Media* aufgestellten Tarifs Presseverleger: sieben Wörter unter Ausschluss des Suchbegriffs; vgl. Pressemitteilung des Deutschen Patent- und Markenamts, abrufbar unter www.urheberrecht.org/news/5468.

116 OLG München ZUM 2016, 1057 = GRUR-RR 2017, 89.

117 Dreier/Schulze/*Dreier*, § 87f UrhG Rz. 15.

118 VG Berlin ZUM 2016, 879; nicht rechtskräftig.

119 LG Berlin AfP 2017, 353 = ZUM-RD 2017, 262; anders jedenfalls im Verfahren des einstweiligen Rechtsschutzes OLG München ZUM 2016, 1057 = GRUR-RR 2017, 89.

gehalten werden, ist sie vielmehr unanwendbar,[120] nachdem die Bundesregierung davon abgesehen hat, im Gesetzgebungsverfahren die nach Art. 8 Abs. 1 der Richtlinie 98/34/EG gebotene Notifizierung bei der Europäischen Kommission vorzunehmen. Bis zu Abschluss dieses Verfahrens bestehen damit hinsichtlich der Anwendbarkeit von §§ 87f ff. UrhG beträchtliche Zweifel. Nachdem der Generalanwalt beim EuGH dem Gerichtshof empfohlen hat, die Vorschrift wegen mangelnder Notifizierung für unanwendbar zu erklären,[121] und das Europäische Parlament am 26.3.2019 sowie der EU-Rat am 15.4.2019 die bei Abschluss des Manuskripts noch nicht in Kraft getretene Richtlinie zum Urheberrecht im digitalen Binnenmarkt verabschiedet hat[122], deren Art. 15 das Leistungsschutzrecht der Presseverleger künftig für den Bereich der EU einheitlich regeln wird, ist mit großer Wahrscheinlichkeit davon auszugehen, dass das Leistungsschutzrecht in Gestalt der §§ 87f ff. UrhG nicht mehr oder nicht mehr unverändert anwendbar sein wird.

3.40 Zweifel würden aber, sollte der EuGH dem Votum des Generalanwalts nicht folgen oder der deutsche Gesetzgeber den gerügten Formfehler heilen oder sollte die in Rz. 3.39 genannte Richtlinie nicht oder nicht unverändert in Kraft treten, auch hinsichtlich der Vereinbarkeit der neuen Bestimmungen mit den **Grundrechten der Suchmaschinenbetreiber** aus Art. 5 Abs. 1 GG sowie denjenigen betreffend ihre Berufsfreiheit aus Art. 12 GG und auf Gleichbehandlung vergleichbarer Sachverhalte aus Art. 3 Abs. 1 GG bestehen. Eine insoweit von den Suchmaschinenbetreibern *Google* und *Yahoo* eingelegte Verfassungsbeschwerde hat das BVerfG zwar als wegen Nichteinhaltung des Rechtswegs gemäß § 90 Abs. 2 BVerfGG unzulässig verworfen.[123] Ausdrücklich weist das Gericht aber in dieser Entscheidung auf die **konkurrierenden Grundrechtspositionen** der Verleger einerseits und der Suchmaschinenbetreiber andererseits und die Aufgabe der Fachgerichte hin, sie bei der Auslegung der neuen gesetzlichen Normen angemessen zu berücksichtigen. Ausdrücklich verweist es auch auf die Bedeutung des Internet und der in ihm betriebenen Suchmaschinen für die **Verwirklichung der Informationsfreiheit**.[124] Es stellt obendrein fest, dass insbesondere die Ausfüllung der neuen und unbestimmten Rechtsbegriffe ‚**Presseerzeugnis**' und ‚**kleinste Textausschnitte**' Probleme bereiten dürfte und die Fachgerichte gehalten sein könnten, hierzu anhängig werdende Rechtsstreitigkeiten dem BVerfG gemäß Art. 100 GG zur Entscheidung vorzulegen. Auch die Frage nach der Verfassungsmäßigkeit der neuen Bestimmungen über das Leistungsschutzrecht der Presseverleger ist damit einstweilen offen.

3.41 Soweit der Leistungsschutz von Presseinhalten reicht und die in Rz. 3.39 f. dargestellten rechtlichen Bedenken ausgeräumt werden sollten, sieht das Gesetz **keine Zwangslizenzen** und keine zwingende Wahrnehmung der Verlegerrechte durch **Verwertungsgesellschaften** vor. Presseverleger sind aber nicht gehindert, ihre Rechte auf Verwertungsgesellschaften zu übertragen. Etliche haben von diesem Recht durch Gründung der *VG Media* Gebrauch gemacht, die für die in ihr organisierten Verlage die Ansprüche gegen die Suchmaschinenbetreiber verfolgt und in den in Rz. 3.37 ff. erwähnten gerichtlichen Verfahren anstelle individueller Verlage als

---

120 EuGH NJW 1997, 1062.
121 EuGH C-299/17 – VG Media/Google LLC; Schlussanträge des Generalanwalts vom 13.12.2018, abrufbar unter www.curia.europa.eu. Es entspricht der Praxis des EuGH, den veröffentlichten Stellungnahmen des Generalanwalts in aller Regel zu folgen.
122 Richtlinie des Europäischen Parlaments und des Rates über das Urheberrecht und die verwandten Schutzrechte im digitalen Binnenmarkt und zur Änderung der Richtlinien 96/9/EG und 2001/29/EG, abrufbar unter https://data.consilium.europa.eu/doc/document/PE-51-2019-INIT/de/pdf.
123 BVerfG AfP 2017, 41 = NJW 2017, 147.
124 Vgl. dazu insbesondere EuGH AfP 2017, 38 = NJW 2016, 3149 – GS Media.

Partei auftritt.[125] Der Normadressat darf die nach diesen Bestimmungen geschützten Inhalte nach der bisherigen Konzeption des Gesetzes nur dann nutzen, wenn er von dem jeweiligen Presseverleger eine entsprechende **Lizenz** erworben hat.[126] An der auf diese Weise von den Verlegern generierten Vergütung sind gemäß § 87h UrhG die Urheber zu beteiligen.

3. Wettbewerbsrecht

Ein Verbot der Veröffentlichung von Informationsmaterial, das bereits anderweitig publiziert   3.42
worden ist, kann sich unter Umständen auch aus der wettbewerbsrechtlichen Generalklausel
des § 3 Abs. 1 in Verbindung mit § 4 Nr. 3 und 4 UWG ergeben. Das ist insbesondere für
solches Material von Bedeutung, das wegen seiner einfachen sprachlichen Ausgestaltung und/
oder seiner Kürze nicht nach den Kriterien des Urheberrechts geschützt ist. So kann es unlauteres geschäftliches Handeln im Sinn von §§ 2 Abs. 1 Nr. 1, 3 UWG darstellen, wenn jemand
eine Ware oder gewerbliche Leistung anbietet, die eine **Nachahmung** der Waren oder Leistungen eines anderen darstellt, und dadurch eine Täuschung der Abnehmer über die betrieb-
liche Herkunft herbeiführt (§ 4 Nr. 3a UWG), wenn er die Wertschätzung einer nachgeahm-
ten Ware oder Dienstleistung unangemessen ausnutzt oder beeinträchtigt (§ 4 Nr. 3b UWG)
oder wenn er Mitbewerber gezielt behindert (§ 4 Nr. 4 UWG); in einem derartigen Verhalten
kann ein Wettbewerbsverstoß gerade dann liegen, wenn die übernommene Leistung an sich
frei und daher gegen die Übernahme durch Dritte nicht durch Sonderrechtsbestimmungen
geschützt ist, wie dies bei der reinen Information der Fall ist.[127]

a) Systematische Auswertung anderer Publikationen

In der täglichen redaktionellen Arbeit eingeführter Medien wird dieser Gesichtspunkt in aller   3.43
Regel keine Rolle spielen. In Grenzbereichen sind jedoch Konfliktsituationen denkbar, die
sich nur über die Generalklausel in § 3 Abs. 1 UWG lösen lassen. So hat etwa das LG Düsseldorf[128] auf Antrag von Zeitungsverlegern die Herausgabe und Verbreitung eines so genannten *Medien-Pressespiegels* untersagt, der sich darauf beschränkte, ohne eigene redaktionelle
Aktivität den Inhalt von ca. 200 in- und ausländischen Zeitungen systematisch durchzuarbei-
ten, auf 20 Seiten zu komprimieren und mit dem ausdrücklichen Hinweis darauf an Abonnenten zu versenden, dass der Bezieher sich die Lektüre der ausgewerteten Zeitungen ersparen könne (dazu schon Rz. 3.32 f.). Ein so genannter **Informationsdienst**, der auf Anfrage zu
bestimmten Themen nicht nur Fundstellen nachwies, sondern auf Wunsch auch Fotokopien
der nachgewiesenen Veröffentlichungen gegen Entgelt versandte, war gleichermaßen unzulässig.[129] Hingegen wird man in der gewerblichen Verbreitung von **Abstracts** anderweitig publizierter Texte wie etwa von Buchrezensionen, die die Schranken des Urheberrechts respektieren, eine Verletzung wettbewerbsrechtlicher Lauterkeitsnormen nur in ganz besonderen Ausnahmefällen sehen können (dazu Rz. 3.19).[130]

---

125 Dreier/Schulze/*Dreier*, § 87f UrhG Rz. 7.
126 *Flechsig*, AfP 2012, 427, 430.
127 Vgl. im Einzelnen Köhler/Bornkamm/*Köhler*, § 4 Nr. 3 UWG Rz. 3.6 ff.
128 LG Düsseldorf AfP 1988, 93.
129 BGH AfP 1995, 624 = GRUR 1997, 459 – CB-Infobank.
130 OLG Frankfurt a.M. AfP 2012, 61 = ZUM 2012, 146; *Sajuntz*, NJW 2011, 729, 730.

3.44 Auf die Frage, ob der Inhalt des ausgewerteten und verbreiteten Materials urheberrechtlich geschützt oder nach den oben dargestellten Grundsätzen frei war, kommt es in solchen Fällen nicht an. Unerheblich ist auch, ob sich eine Rechtfertigung der Übernahme bereits publizierter Texte u.U. aus dem Gesichtspunkt des § 49 Abs. 1 UrhG (dazu Rz. 3.32 ff.) ableiten lässt. Entscheidend ist vielmehr, dass es sich um Fälle der **planmäßigen Ausbeutung** der Leistungen und des Rufs anderer Presseorgane handelt. Das ist auch der Fall, wenn der entsprechende Dienst per Telefax oder über elektronische Medien verbreitet wird und sich dadurch insbesondere für Bezieher mit unzureichender postalischer Versorgung im Vergleich zum Bezug der Originär-Medien noch ein zeitlicher Vorteil ergibt. Dass der Anbieter solcher Dienste den dann bestehenden zeitlichen Vorsprung nur durch Verzicht auf eigene redaktionelle und technische Leistungen zu Lasten der Verlage und gegebenenfalls Rundfunkanstalten erzielen kann, legt das Unlauterkeitsurteil im Sinn von § 3 Abs. 1 UWG zwingend nahe.

3.45 Entsprechend kann zu entscheiden sein, wo Herausgeber von schriftlichen Informationsdiensten ganz oder überwiegend davon absehen, eigene Recherchen durchzuführen oder sonstige redaktionelle Leistungen zu erbringen, und sich stattdessen darauf beschränken, kurze Meldungen aus anderen Diensten, die gemäß § 49 Abs. 2 UrhG oder mangels sprachlicher Ausformung urheberrechtlich nicht geschützt sind, im Wortlaut zu vervielfältigen und zu verbreiten. Auch das ist als systematische und damit sittenwidrige **Ausbeutung fremder Leistung** und fremden Rufs unzulässig.[131] An der Wettbewerbswidrigkeit einer derartigen Übernahme der redaktionellen Leistung Dritter ändert sich auch dadurch nichts, dass die übernommenen Informationen in einer anderen äußeren Anordnung verbreitet werden. Entscheidend bleibt die Tatsache, dass das Ergebnis fremder Leistungen in der Sache unverändert und systematisch übernommen wird; bei identischer oder fast identischer Übernahme sind dabei an das Vorliegen der Unlauterkeit im Sinn von § 3 UWG geringere Anforderungen zu stellen als bei Einhaltung eines größeren Abstands zum übernommenen Primär-Medium.[132] Ein damit zusammenhängendes, neues Problem im digitalen Zeitalter ist das des sog. **gestohlenen Content** bei Online-Pressediensten, die einen Teil ihrer Artikel kostenlos zur Verfügung stellen, während der Leser sich durch Zahlung einer Vergütung Zugang zu weiteren Premium-Artikeln verschaffen kann (*Paid Content*). Dieses auf der Errichtung von Bezahlschranken (*Paywalls*) basierende Geschäftsmodell gewinnt in Hinblick darauf, dass der BGH *AdBlocker* als zulässig erachtet,[133] an Bedeutung. Übernimmt ein Online-Pressedienst den Inhalt eines Artikels aus dem *Paid Content*-Bereich des Erstanbieters und veröffentlicht er ihn auf seiner Webseite unentgeltlich, so unterläuft er das Geschäftsmodell des ersten Anbieters. Ob dieses Vorgehen wettbewerbsrechtlich unzulässig ist, ist aber in der Rechtsprechung noch nicht geklärt. Da die Kommunikationsgrundrechte aus Art. 5 Abs. 1 GG auch vom Zweitanbieter in Anspruch genommen werden können, kann jedenfalls in einer einmaligen oder nur gelegentlichen Übernahme fremder Inhalte noch keine systematische Ausbeutung des Erstanbieters gesehen werden;[134] vgl. zu der ähnlich liegenden Problematik der sog. Füllanzeigen auch Rz. 3.49.

3.46 Die prinzipielle Feststellung, dass die Nachricht als solche frei ist, wird durch diese Rechtsprechung nicht in Frage gestellt. Der hier erörterte wettbewerbliche Ansatz belegt aber, dass auch dieser Grundsatz Schranken hat und dass derjenige unzulässig handelt, der sich unter Verzicht auf eigenen redaktionellen Aufwand im Wesentlichen darauf beschränkt, systematisch

---

131 BGH AfP 1988, 32.
132 BGH AfP 1988, 32.
133 BGH AfP 2018, 515 = ZUM 2018, 881 – Werbeblocker II.
134 *Becker*, GRUR 2017, 346, 350; *Sack*, WRP 2017, 7 Rz. 42.

zu übernehmen, was Andere recherchiert und publiziert haben. Wo die Grenzen zu ziehen sind, lässt sich allerdings nicht abstrakt festlegen. Wie stets im Anwendungsbereich von § 3 Abs. 1 UWG müssen vielmehr bei der Entscheidung die Gesamtumstände des konkreten Einzelfalls berücksichtigt werden. So hat etwa das OLG Frankfurt die vollständige Übernahme der in den seinerzeit noch amtlichen Telefonbüchern gesammelten Daten im Wege des Abscannens und ihre anschließende Veröffentlichung auf CD-ROM trotz des auch von ihm anerkannten wettbewerbsrechtlichen Verbots der Leistungsübernahme und trotz der Tatsache noch als zulässig angesehen, dass auch die Herausgeberin der Originale eine Zusammenfassung der Daten auf CD-ROM anbot.[135]

b) Anzeigenübernahme

Im Bereich der Anzeigenakquisition und -veröffentlichung gilt das Prinzip der Freiheit der Informationsverwertung nur eingeschränkt.

3.47

aa) Füllanzeigen

Gelegentlich reichern Verleger gedruckter Publikationen ihren Anzeigenteil mit Anzeigen an, die sie ohne entsprechenden Auftrag der Inserenten und unentgeltlich anderen Publikationen, zum Teil im Wege fotomechanischer Wiedergabe, entnehmen. Ziel derartiger Aktionen ist es im Wesentlichen, bei der werbungtreibenden Wirtschaft und den für sie tätigen Agenturen durch die sichtbare Intensität der Anzeigenbelegung eine tatsächlich nicht oder noch nicht vorhandene Attraktivität des entsprechenden Mediums als Werbeträger vorzutäuschen. Sie sehen eine Rechtfertigung der Aufnahme derartiger **Füllanzeigen** in ihre Publikationen in der Erwägung, dass die Inserenten durch ihr Verhalten nicht geschädigt werden, da deren Anzeigen auf diese Weise eine größere Verbreitung erfahren als diejenige, mit der sie kalkuliert und für die sie bezahlt haben. Ein derartiges Vorgehen kann dennoch einen Verstoß gegen die Bestimmungen der §§ 3 Abs. 1, 4 Nr. 3 UWG darstellen.[136]

3.48

Nach der Rechtsprechung des BGH[137] sind derartige Manipulationen allerdings nicht in jedem Fall wettbewerbswidrig. Zwar werden durch sie die beteiligten Verkehrskreise über die Attraktivität der übernehmenden Publikation und damit über einen für die Beurteilung des entsprechenden Blatts als Werbeträger maßgeblichen Umstand getäuscht.[138] Wettbewerbsrechtlich relevant sind diese Täuschungen aber nur, wenn sie geeignet sind, die Interessen u.a. von Mitbewerbern **spürbar zu beeinträchtigen**, wenn mithin die Täuschungshandlung eine gewisse Schwere und Nachhaltigkeit aufweist; vereinzelte Gelegenheitsverstöße reichen insoweit nicht.[139] Sofern der Übernehmende aber in sich geschlossene Anzeigenteile ausbeutet, die in der Regel als Datenbanken anzusehen sein werden, liegt bereits ein Verstoß gegen § 87b UrhG vor[140]; der Gesichtspunkt der systematischen und damit nach § 3 Abs. 1 UWG unzulässigen Ausbeutung fremder Leistung tritt dann nur noch erschwerend hinzu.[141]

3.49

---

135 OLG Frankfurt a.M. AfP 1994, 319.
136 BGH AfP 1997, 631 = GRUR 1997, 380 – Füllanzeigen.
137 BGH AfP 1997, 631 = GRUR 1997, 380 – Füllanzeigen.
138 OLG Hamm NJW 1990, 1196; OLG Köln NJW-RR 1987, 622; OLG Stuttgart AfP 2000, 365 – jeweils zu § 3 UWG a.F.; *Klein*, GRUR 2005, 377, 380 f.
139 BGH AfP 1997, 631 = GRUR 1997, 380 – Füllanzeigen.
140 Dazu im Einzelnen *Klein*, GRUR 2005, 377, 378 f.
141 OLG Hamm GRUR 1979, 312; OLG Köln WRP 1982, 111; OLG München AfP 2001, 301 – Medium-Magazin; zur Sondersituation der so genannten Offertenblätter vgl. *Kübler*, AfP 1988, 309.

3.50 Dieser Gesichtspunkt kann aber in Fällen an Bedeutung gewinnen, in denen fremd platzierte Anzeigen ohne Täuschung des Rechtsverkehrs übernommen werden, der Tatbestand der Erstveröffentlichung in einem anderen Medium sowie die Unentgeltlichkeit des Nachdrucks mithin dem Publikum offenbart wird. Das gilt etwa für eine Fachpublikation, die sich speziell mit Fragen der Karriereplanung und den beruflichen Chancen von Hochschulabsolventen befasst und in diesem Rahmen ohne Auftrag der Inserenten **Stellenanzeigen** für Führungskräfte zusammenfasst und erneut veröffentlicht, die zuvor in anderen überregionalen Zeitungen erschienen sind. Das bei der Übernahme echter Füllanzeigen in der Regel vorhandene Täuschungselement, das gemäß § 4 Nr. 3a UWG zur Feststellung der Wettbewerbswidrigkeit führen kann, fehlt in dieser Konstellation, weil der Tatbestand des unentgeltlichen Nachdrucks und die Quelle offenbart werden. Statt um Täuschung der werbungtreibenden Wirtschaft und um wohlfeile Seitenfüllung geht es dem Verlag der übernehmenden Zeitschrift um das redaktionelle Anliegen, auf diese Weise stellungsuchenden Lesern einen besonders guten Überblick zu ermöglichen und ihnen den Erwerb mehrerer großer überregionaler Tageszeitungen zu ersparen, in denen derartige Stellenanzeigen üblicherweise veröffentlicht werden. Dennoch sieht die Rechtsprechung auch diese Art der Anzeigenübernahme als wettbewerbswidrig an, weil auch in dieser Konstellation der Gesichtspunkt der **systematischen Ausbeutung fremder Leistung** überwiegt und das so aufgemachte Anzeigenangebot geeignet ist, Interessenten vom Kauf mehrerer Erstpublikationen abzuhalten und sie dazu zu veranlassen, sich statt dessen das zusammenfassende Anzeigenangebot des übernehmenden Verlages zu beschaffen.[142] Die Parallele zum in Rz. 3.43 erörterten und gleichfalls als wettbewerbswidrig verbotenen Medien-Pressespiegel, der sich als Surrogat für den Bezug mehrerer Tageszeitungen anbietet, liegt auf der Hand.

3.51 Der Gesichtspunkt der sittenwidrigen Ausbeutung fremder Leistungen als Wettbewerbsverletzung nach § 3 Abs. 1 UWG kommt auch bei der Auswertung von Stellenanzeigen durch professionelle **Internet-Recherchedienste** zum Tragen. Sie werten etwa die originären Print- bzw. Online-Stellenmärkte in der Regel in zwei Richtungen aus: Zum einen schaffen sie einen eigenen Marktplatz, auf dem sie selbst Inserenten ansprechen, um auf diese Weise ohne organisatorischen Aufwand einen eigenen Stellenmarkt aufzubauen. Zum anderen bieten sie den Stellungsuchenden einen Recherchedienst an, ohne dass sie zuvor einen eigenen Stellenmarkt schaffen müssten. Eine solche Ausbeutung insbesondere der Stellenanzeigen ohne Einwilligung der Verlage kann, sofern sie mit dem Ziel der Bildung eines eigenen Marktplatzes erfolgt, das verlagseigene Anzeigengeschäft gefährden.[143] Werden derartige Anzeigen den Internetangeboten der Tageszeitungen entnommen und aus ihnen vervielfältigt, so stellt das aber nicht nur den Tatbestand der gezielten Behinderung nach §§ 3 Abs. 1, 4 Nr. 3 UWG,[144] sondern zusätzlich in der Regel auch eine Verletzung der geschützten Rechte der Verlage an den entsprechenden Datenbanken im Sinn von § 87b UrhG dar.[145] Hingegen ist das sogenannte **Screen Scraping**, mithin der Einsatz von Software zum Abschürfen von Inhalten auf anderen Websites, nach der Rechtsprechung grundsätzlich zulässig.[146]

---

142 OLG Köln AfP 1987, 600.
143 LG Berlin AfP 1996, 405.
144 OLG München AfP 2001, 301 = ZUM 2001, 255.
145 LG München I NJW-RR 1991, 1542 – Rechercheservice; LG Berlin AfP 1996, 405; LG Berlin AfP 1998, 649; LG Köln AfP 1999, 95.
146 BGH WRP 2014, 839 = GRUR 2014 – Flugvermittlung im Internet; BGH GRUR 2011, 1018 – Automobil-Onlinebörse; OLG Hamburg WRP 2018, 604.

bb) Abkupfern

Eine Verletzung urheberrechtlicher Bestimmungen, jedenfalls aber des Verbots wettbewerbs- 3.52
widriger Übernahme fremder Leistung kann es schließlich darstellen, wenn ein Verlag anderenorts veröffentlichte Anzeigen mit dem Willen des Inserenten in seinem Blatt veröffentlicht
und dabei dem zuerst publizierenden Blatt zur Vermeidung eigenen technischen Aufwands
Layout und drucktechnische Ausgestaltung im Wege fotomechanischer Wiedergabe entnimmt.[147] Gleiches gilt, wenn ein Verlag urheberrechtlich nicht geschützte, aber von der An-
zeigenabteilung eines Konkurrenzverlags gestaltete Anzeigentexte mit Willen des Inserenten
und in zeitlichem Zusammenhang mit der Erstveröffentlichung wörtlich nachdruckt.[148]

4. Vertragsrecht

Als dritte Einschränkung des Grundsatzes, dass Nachrichten oder sonstige Informationen für 3.53
jedermann frei sind und daher von allen Medien übernommen, verarbeitet und veröffentlicht
werden dürfen, kommen neben den erörterten urheber- und wettbewerbsrechtlichen auch
vertragliche Bindungen in Betracht.

a) Vertragliche Sperrfristen und Verwendungsbeschränkungen

Inhaber von Informationen beliefern die Medien, die von ihnen Informationen, Texte oder 3.54
Bilder beziehen, nicht selten unter Vereinbarung von **Sperrfristen**, mit der Auflage also, das
betreffende Material nicht vor einem bestimmten Zeitpunkt zu veröffentlichen. Derartige Einschränkungen kommen vor allem im Verkehr zwischen **Fotografen** oder **Bildagenturen** einerseits und den Medien andererseits vor. Das findet seine Rechtfertigung darin, dass Bilder
in aller Regel urheberrechtlich geschützt und schon aus diesem Grunde nicht, wie die Information als solche, zur Veröffentlichung durch alle Medien frei sind. In diesem Bereich sind
Sperrfristvereinbarungen daher regelmäßig rechtlich nicht zu beanstanden. Demgegenüber
werden Sperrfristvereinbarungen im Zusammenhang mit der Lieferung von **Informationen**
als Einschränkung des Rechts der Medien, Informationen zu verarbeiten und zu verbreiten,
nur ausnahmsweise in Betracht kommen. Zwar arbeiten Agenturen vor oder bei bestimmten
Anlässen gelegentlich mit Sperrfristen. Wo, wie namentlich in der Zusammenarbeit zwischen
Medien und Nachrichtenagenturen, die Informationsbeschaffung auf der Basis vertraglicher
Beziehungen vonstattengeht, wird der betreffende Vertrag jedoch regelmäßig darauf gerichtet
sein, den Medien die frühestmögliche Publikation der gelieferten Nachrichten zu gestatten.
Häufiger als bei der Belieferung der Medien durch Nachrichtenagenturen kommen vertraglich vereinbarte Sperrfristen für die Veröffentlichung von Informationen daher im Rahmen
von Individualvereinbarungen vor, wie etwa bei der Belieferung einzelner Medien mit Informationen über **Insiderwissen**, das nach dem Willen des Informanten nicht vor einem bestimmten Stichtag oder Ereignis publik gemacht werden soll, oder der Vorstellung neuer Produkte, die nach dem Willen des betreffenden Unternehmens der interessierten Öffentlichkeit
zu einem bestimmten Zeitpunkt gleichzeitig bekanntgemacht werden sollen. Auch die Verteilung der Manuskripte noch nicht gehaltener öffentlicher Reden an Redaktionen wird häufig
mit Sperrfristen verbunden, was seine innere Rechtfertigung in dem legitimen Interesse des

---

147 OLG Hamm AfP 1988, 66.
148 OLG Hamm NJW-RR 1994, 45.

Redners findet, den Inhalt seiner Rede nicht vor dem Zeitpunkt der entsprechenden Veranstaltung in der Öffentlichkeit kursieren zu sehen.

3.55 Gegen die **Wirksamkeit von Sperrfristvereinbarungen** und damit die Verpflichtung der Redaktionen, sich daran zu halten, sind prinzipiell rechtliche Bedenken nicht ersichtlich. Das gilt insbesondere, wenn, wie etwa im Fall der vorab verteilten Rede, sachliche Rechtfertigungsgründe für die Vereinbarung bestehen. Bei der Belieferung mit Nachrichten, mithin Material, über das die Medien im Prinzip frei verfügen dürfen, stößt eine Sperrfristvereinbarung jedenfalls durch die Presse aber an **standesrechtliche Grenzen**. Denn in solchen Fällen wird das Interesse des Lieferanten der Meldung an der Sperrfrist in der Regel dadurch begründet sein, dass er einer anderen Redaktion eine zeitliche Exklusivität eingeräumt hat und Redaktionen durch die Vereinbarung einer derartigen Exklusivität in der Regel gegen Ziffer 1.1 der Richtlinien zum Pressekodex verstoßen. Da aber Verstöße gegen standesrechtliche Bestimmungen nicht zwingend zur Sitten- oder Rechtswidrigkeit des ihnen zugrundeliegenden Verhaltens führen,[149] werden die Redaktionen ihren Informanten gegenüber in der Regel an derartige Vereinbarungen gebunden sein. Rechtlich unwirksam sind Sperrfristvereinbarungen nur in ganz besonderen Konstellationen (dazu Einzelheiten in Rz. 7.82 ff.).

3.56 Ähnlich wie Sperrfristvereinbarungen wirken **vertragliche Nutzungsrechtsbeschränkungen**, wie sie insbesondere vor dem Abschluss von Informationsverträgen vereinbart werden. Informanten, die ihre Informationen nur gegen Honorarzahlung offenbaren wollen, verlangen nicht selten, dass die Redaktionen sich einer strikten Verwendungsbeschränkung unterwerfen, bevor sie ihnen – in der Regel leihweise – Material zur Prüfung der Frage überlassen, ob es für sie von Interesse ist und ob sie folglich zur Zahlung des geforderten Informationshonorars bereit sind. Auch gegen die Rechtswirksamkeit derartiger Vereinbarungen bestehen keine Bedenken. Sie können vielmehr durchaus sachgerecht sein, schützen sie doch die Redaktionen davor, ungeprüftes Material ankaufen zu müssen, und die Informanten vor der Gefahr, dass die Redaktionen das nur leihweise überlassene Material ohne Abschluss der geforderten Honorarvereinbarung mit der Begründung auswerten, es handele sich um inhaltlich nicht geschützte und damit frei verwertbare Informationen.[150]

3.57 Medien, die gegen vertragliche Sperrfristvereinbarungen oder andere Verwendungsbeschränkungen verstoßen, müssen damit rechnen, dass sie die jeweils **vereinbarten Sanktionen** auf sich ziehen. Dabei kann es sich um vereinbarte Vertragsstrafen handeln, im Rahmen der Zusammenarbeit zwischen Nachrichtenagenturen und Redaktionen aber unter Umständen auch um die Kündigung langfristiger Nachrichtenlieferungsverträge aus wichtigem Grund.[151] Schadensersatzforderungen wegen der Verletzung vertraglicher Sperrfristvereinbarungen scheitern hingegen in der Regel daran, dass dem betreffenden Informanten der Nachweis eines durch die vorzeitige Veröffentlichung verursachten konkreten Schadens nicht möglich sein wird. Ist ein solcher Nachweis im Einzelfall möglich, kommen aber auch Schadensersatzansprüche aus dem rechtlichen Gesichtspunkt der positiven Forderungsverletzung in Betracht. Das kann etwa der Fall sein, wenn eine Redaktion den Ankauf des ihr überlassenen Materials ablehnt, der Informant daraufhin mit einer anderen Redaktion einen entsprechenden Vertrag abschließt und diese Veranlassung hat, den Informationsvertrag zu kündigen, nachdem die zu-

---

149 Vgl. nur Löffler/*Steffen*, § 6 LPG Rz. 241 m.w.N.
150 LG Hamburg NJW-RR 1994, 1012.
151 *Prantl*, AfP 1982, 204, 206.

erst angesprochene Redaktion den Kern des in Frage stehenden Materials nach Ablehnung seines Ankaufs abredewidrig veröffentlicht hat.[152]

b) Einseitige Sperrfristen

Verwendungsbeschränkungen wie Sperrfristen setzen stets das Bestehen vertraglicher Beziehungen voraus. Wer nicht Partei eines entsprechenden Liefervertrags und durch ihn zur Einhaltung von Sperrfristen verpflichtet ist, braucht sich um solche Fristen nicht zu kümmern, wenn er die entsprechende Information auf anderem Wege erhält. Auch die **unaufgeforderte Zusendung** von Informationen oder Material mit der Auflage, sie nicht vor einem bestimmten Datum zu verbreiten, führt in aller Regel nicht zur konkludenten Vereinbarung einer Sperrfrist. Mangels besonderer Umstände, die sich etwa aus ständiger Zusammenarbeit und entsprechender vertraglicher Übung zwischen dem Informanten und der in Frage stehenden Redaktion ergeben können, sind Redaktionen rechtlich nicht verpflichtet, **einseitige Sperrfristen** zu beachten.[153] Informanten, die sich auf entsprechende Vorbehalte verlassen, handeln auf eigenes Risiko.

3.58

Nur in Ausnahmefällen kann der **Bruch einseitig verhängter Sperrfristen** von Wettbewerbern als Verstoß gegen §§ 3, 4 Nr. 3 UWG zivilrechtlich geahndet werden. Das ist der Fall, wenn andere sachliche Gründe für den vorzeitigen Abdruck als die Absicht, sich einen ungerechtfertigten Vorsprung vor den Wettbewerbern zu verschaffen und sie auf diese Weise gezielt zu behindern, schlechthin ausscheiden. Das wird man jedoch nur in besonders krassen Fällen feststellen können. So hat etwa das OLG Stuttgart[154] die Klage eines Zeitungsverlegers, dessen Redaktion eine einseitig verhängte Sperrfrist beachtet hatte, gegen einen Konkurrenten, der die betreffende Meldung unter Bruch der Sperrfrist vorzeitig veröffentlicht hatte, mit der zutreffenden Begründung abgewiesen, dass die betreffende Redaktion durch die vorzeitige Veröffentlichung nicht zu Zwecken des Wettbewerbs im Sinn des UWG gehandelt habe. Rechtlich beachtlich ist die einseitig verhängte Sperrfrist allerdings, wenn das angebotene Material urheberrechtlich geschützt ist. Wie die Inhaber der Nutzungsrechte an Lichtbildern (Rz. 3.53) können auch die Inhaber der Rechte an Texten das für deren Veröffentlichung erforderliche Nutzungsrecht einseitig unter der Bedingung übertragen, dass es nicht vor einem bestimmten Zeitpunkt ausgeübt werden darf.[155]

3.59

§ 4 Auskunfts- und sonstige Informationsansprüche

---

152 LG Hamburg NJW-RR 1994, 1012.
153 *Prantl*, AfP 1982, 204, 206.
154 OLG Stuttgart NJW 1960, 2291.
155 LG München I GRUR 1989, 504.

1. Auskunftsansprüche gegenüber staatlichen Stellen

4.1 Art. 5 Abs. 1 Satz 1 GG gewährleistet neben den Grundrechten der Meinungsäußerungs-, Presse- und Rundfunkfreiheit auch das Recht, sich **aus allgemein zugänglichen Quellen** zu informieren. Dabei handelt es sich nicht um ein medienspezifisches Grundrecht. Es steht allerdings, wie jedermann sonst, auch den Medien zu.[1] Allgemein zugängliche Quellen stellen allerdings nur das Minimum dessen dar, über das die Medien an Informationsgrundlagen verfügen. Auf sie können sie sich immer stützen, sofern sie bestehende urheber- und wettbewerbsrechtliche Schranken (s. § 3) beachten. Dieses jedermann zustehende **Informationsgrundrecht** aus Art. 5 Abs. 1 Satz 1 GG ist jedoch für die Medien nicht ausreichend. Denn Medien, die ihren Adressaten nur Vorbekanntes bieten, wären für ihre Leser, Hörer oder Zuschauer uninteressant. Auch könnten sie der ihnen durch Verfassung und die große Mehrzahl der Landespressegesetze zugewiesenen Aufgabe nicht gerecht werden, Nachrichten zu beschaffen,[2] sie also nicht nur zu rezipieren und zu verbreiten. Erst der ungehinderte **Zugang zu Informationen** ermöglicht es den Medien, die ihnen in der freiheitlichen Demokratie zugewiesenen Aufgaben wirksam wahrzunehmen.[3] Gerade Nachrichten über Fehlentwicklungen oder Skandale im Bereich staatlichen Handelns und damit Informationen, mit deren Verbreitung die Medien der Wächterrolle gerecht werden, die sie im demokratischen Staat auch wahrzunehmen haben, sind in der Regel nicht allgemein zugänglich, müssen vielmehr erst mit medienspezifischen Mitteln beschafft und ausgewertet werden.

4.2 Die jedermann gewährleistete **Informationsfreiheit** kann damit gegenständlich und inhaltlich nicht mit dem verfassungsrechtlich gesicherten Informationsanspruch der Medien identisch sein; dieser muss vielmehr deutlich darüber hinausgehen. Gerade die Beschaffung von Informationen aus solchen Quellen, die nicht allgemein zugänglich sind, ist legitime und unverzichtbare Aufgabe der Medien. Als derartige **Informationsquellen** kommen staatliche und nichtstaatliche Stellen oder Individuen, kommen Pressekonferenzen und Veranstaltungen, mündliche und schriftliche Auskünfte sowie Dokumente, als **Methoden der Informationsbeschaffung** kommen direkte und indirekte Kontakte mit den betreffenden Stellen oder Personen, kommen legale, halblegale und gelegentlich auch illegale Wege in Betracht. Gerichte haben nur selten Anlass, sich mit der Recherchetätigkeit der Medien zu beschäftigen und ihnen in diesem Zusammenhang Freiräume oder Grenzen zuzuweisen;[4] in aller Regel gewinnt in der Praxis die Frage nach der Rechtmäßigkeit der Beschaffung von Informationen, Doku-

---

1 BVerfG AfP 2001, 48 = NJW 2001, 1633 – Fernsehaufnahmen in Gerichtsverhandlungen.
2 Landespressegesetze § 3; ausgenommen Berlin, Bremen, Hessen, Rheinland-Pfalz und Saarland.
3 BVerfG NJW 1979, 1400; BVerfG AfP 1994, 213 = NJW 1995, 184.
4 *Steffen*, AfP 1988, 117.

menten oder Bildern erst bei der rechtlichen Beurteilung bereits veröffentlichter Texte oder Bilder praktische Relevanz (dazu Rz. 12.88 ff., Rz. 12.104 ff.). Und doch sind die Rechtsgrundlagen der Informationsbeschaffung für die Medien von überragender Bedeutung. Wenngleich das Thema mit ihm nicht annähernd erschöpft ist, steht in seinem Mittelpunkt der in den Landespressegesetzen geregelte **Auskunftsanspruch gegenüber staatlichen Stellen.**

Nach der hier vertretenen Auffassung (Einzelheiten in Rz. 1.12 ff.) und heute herrschender   4.3
gerichtlicher Praxis[5] gewährleistet schon das Grundrecht der Presse- und Rundfunkfreiheit einen **unmittelbar gegen staatliche Stellen gerichteten Informationsanspruch der Medien,** der durch den in allen Landespressegesetzen,[6] etlichen Landesmedien- und -Rundfunkgesetzen[7] sowie seit Inkrafttreten des 10. Änderungsvertrags zum Rundfunkstaatsvertrag am 1. September 2008 (§ 9a RStV) auch dort normierten **Auskunftsanspruch** konkretisiert wird.[8] Dieser Anspruch stellt zugleich den **Mindeststandard an Informationsansprüchen** dar, der den Medien zugestanden werden muss. Denn Demokratie ohne Transparenz staatlicher Vorgänge, Planungen und Aktivitäten ist ebenso wenig denkbar wie diese Transparenz ohne die Mittlerrolle der Medien.[9] Mit dieser Erwägung weist das BVerfG[10] der Presse nicht nur in ständiger Rechtsprechung eine für die freiheitliche Demokratie schlechthin konstitutive Rolle zu, es erkennt vielmehr auch ausdrücklich an, dass eine Information der Bürger über staatliche Belange als Ausfluss des in Art. 20 GG verankerten **Demokratieprinzips** unverzichtbar ist:

„Eine verantwortliche Teilhabe der Bürger an der politischen Willensbildung des Volkes setzt voraus, dass der Einzelne von den zu entscheidenden Sachfragen, von den durch die verfassten Staatsorgane getroffenen Entscheidungen, Maßnahmen und Lösungsvorschlägen genügend weiß, um sie beurteilen, billigen oder verwerfen zu können."[11]

Staatliche Öffentlichkeitsarbeit ist im verfassungsrechtlich fundierten demokratischen Rechts-   4.4
staat unverzichtbar, und zwar über den eingeschränkten Rahmen hinaus, in dem schon der Wortlaut des Grundgesetzes selbst das Öffentlichkeitsprinzip gewährleistet (Art. 42 Abs. 1, 44 Abs. 1, 52 Abs. 3 Satz 3 GG). Den Medien steht gegenüber staatlichen Stellen ein **Rechtsanspruch auf Informationserteilung** zu, zu dessen Erfüllung der Staat innerhalb der durch die Presse- und Mediengesetze sowie die Rechtsprechung gezogenen Grenzen schon von Verfassungs wegen verpflichtet ist. Dessen selbständige Verankerung in Art. 5 Abs. 1 Satz 1 GG gewinnt obendrein besondere Bedeutung, wo der Informationsanspruch mit verfassungsrechtlich fundierten Rechten Dritter wie deren Grundrechten aus Art. 1 und 2 GG kollidiert. Dann sind diese kollidierenden Rechte im Wege der **praktischen Konkordanz** in einer Weise gegeneinander abzuwägen, dass der Grundgehalt auch des Informationsanspruchs erhalten

---

5 BVerwG AfP 2013, 355; EGMR AfP 2017, 301 – Magyar Helsinki Bizottsag ./. Ungarn; VG Berlin AfP 2017, 359; VG Berlin AfP 2017, 365; OVG Berlin-Brandenburg LKV 2016, 45; *Alexander,* ZUM 2013, 614.

6 Jeweils § 4, Hessen § 3, Brandenburg § 5.

7 LMG Baden-Württemberg § 6 Abs. 2; LPG Nordrhein-Westfalen § 26 Abs. 1; Pressegesetz Berlin § 23; LPG Brandenburg § 17; LPG Bremen und Niedersachsen § 25; LPG Schleswig-Holstein § 18; LPG Sachsen-Anhalt § 16; LMG Rheinland-Pfalz § 6; LMG Saarland § 5.

8 *Partsch,* AfP 2012, 516 ff.

9 BVerfG AfP 2001, 48 = NJW 2001, 1633 – Fernsehaufnahmen in Gerichtsverhandlungen; ähnlich BVerfG AfP 2000, 559 = NJW 2001, 503 – Grundbucheinsicht durch Pressevertreter.

10 Z.B. BVerfG NJW 1958, 257 – Lüth; BVerfG NJW 1961, 819 – Schmid/Spiegel.

11 BVerfG NJW 1977, 751 – Wahlwerbung.

bleibt.[12] Es ist daher unzutreffend, wenn das VG Köln[13] annimmt, der Bund habe mit den Bestimmungen der §§ 1 ff. IFG den vom BVerwG[14] geforderten Mindeststandard eines verfassungsunmittelbaren Auskunftsanspruchs geschaffen, und weitergehende Informationsansprüche der Medien kämen nicht in Betracht. Diese Auffassung übersieht, dass im Rahmen der Kollision zwischen überwiegenden Belangen Privater und den Auskunftsansprüchen der Medien eine am Einzelfall orientierte Güterabwägung stattzufinden hat (Rz. 4.86 ff.), wohingegen der Ausschlussgrund des § 5 Abs. 2 IFG abwägungsfest ist und damit eine Schranke des Informationsanspruchs der Medien gerade dort darstellt, wo es insbesondere um Informationen aus amtlichen Unterlagen und damit um einen Kernbereich medialer Recherchetätigkeit geht. Der Auskunftsanspruch der Medien geht mithin in einem ganz wesentlichen Punkt über denjenigen nach dem IFG hinaus.

4.5 Die Erfüllung dieses Informationsanspruchs ist **Amtspflicht** im Sinn von Art. 34 GG in Verbindung mit § 839 BGB.[15] Das mag in der täglichen Zusammenarbeit zwischen Behörden und Medien keine große Rolle spielen. Die meisten Behörden, denen aufgrund interner Verwaltungsanweisungen die Erfüllung des Informationsanspruchs der Medien übertragen ist, wie etwa das Presse- und Informationsamt der Bundesregierung, die ihm vergleichbaren staatlichen Pressestellen der Landesregierungen oder die Pressesprecher großer Behörden, sind sich nicht nur des Anspruchscharakters der Informationswünsche der Medien, sondern auch der Tatsache bewusst, dass es durchaus im Interesse auch der staatlichen Stellen sein kann und in der Regel sein wird, durch eine offensive Informationspolitik für ein entspanntes Verhältnis zu den Medien zu sorgen und sie auf diese Weise zugleich als Transformator eigener **Informations- und Öffentlichkeitsarbeit** zu nutzen.

4.6 Entsprechend verfahren wohl die meisten staatlichen Informationsbehörden, indem sie interessierte Journalisten regelmäßig mit schriftlichen Informationen versorgen, ohne dass darum im Einzelfall gesondert nachgesucht oder gar eine rechtliche Auseinandersetzung geführt werden muss.[16] Allerdings hat die in den Vorauflagen noch als gering bezeichnete Anzahl bekannt gewordener gerichtlicher Auseinandersetzungen über die Berechtigung seitens der Medien geltend gemachter Auskunftsansprüche in jüngerer Zeit deutlich zugenommen. Nicht mehr nur hinsichtlich solcher Auskunftsansprüche, die sich gegen privatrechtlich organisierte Unternehmen der oder mit Beteiligung der öffentlichen Hand richten (Rz. 4.21 f.), sondern auch hinsichtlich des Umfangs und Inhalts des gegen Behörden im traditionellen Sinne gerichteten Auskunftsanspruchs hat sich in den letzten Jahren ein größeres Konfliktpotential ergeben (dazu im Einzelnen Rz. 4.17 ff.)

4.7 Daran ändern die in einzelnen Bundesländern sowie im Bund seit etwa der Jahrtausendwende in Kraft getretenen **Informationsfreiheitsgesetze**[17] (Rz. 1.16 ff) nichts. Gleiches gilt für weitere Bundes- und Landesgesetze, die heute jedermann, und damit nicht nur den Medien, Auskunftsansprüche für Spezialbereiche zuerkennen wie etwa das Umweltinformationsgesetz des Bundes vom 22. Dezember 2004,[18] das Verbraucherinformationsgesetz des Bundes vom

---

12 *Partsch*, AfP 2012, 516 ff.
13 VG Köln AfP 2015, 477.
14 BVerwG AfP 2013, 355.
15 *Ricker/Weberling*, Kap. 19 Rz. 2 a.E.
16 Vgl. etwa Presserichtlinien der Senatsverwaltung für Justiz in Berlin, NJW 1998, 1376.
17 Dazu insb. *Schoch*, NJW 2009, 2987 ff.; *Schoch*, AfP 2010, 313 ff.
18 BGBl. I 2004 S. 3704.

5. November 2007[19] oder das inhaltlich besonders weitgehende Hamburgische Transparenzgesetz.[20] Denn die Abdeckung der Bundesrepublik Deutschland mit derartigen Gesetzen, die zudem inhaltlich unterschiedlich ausgeformt sind, ist alles andere als lückenlos, und ihr Regelungsbereich deckt sich auch nicht vollständig mit demjenigen des Auskunftsanspruchs in der im Wesentlichen einheitlichen Ausgestaltung durch die Landespresse-, Medien- und -Rundfunkgesetze. Vor allem aber stehen diese neueren Gesetze selbständig neben den Landespressegesetzen, ohne dass sich aus ihnen Einschränkungen der dort geregelten Auskunftsansprüche ableiten ließen; soweit diese Gesetze aber Ansprüche begründen, die über diejenigen nach den Landespressegesetzen hinausgehen, können sich auch die Medien auf sie berufen.[21]

a) Die Regelungen der Landespressegesetze

aa) Auskunftsberechtigte

Der Auskunftsanspruch gegenüber staatlichen Stellen steht nach dem Wortlaut der meisten Landespressegesetze den **Vertretern der Presse** und nach den in Bayern, Hessen und Mecklenburg-Vorpommern geltenden Gesetzesfassungen **der Presse** schlechthin zu, wobei die bayerische Regelung dies dahingehend präzisiert, dass die Presse das Recht auf Auskunftserteilung nur durch Redakteure oder andere ausgewiesene Mitarbeiter von Zeitungen und Zeitschriften ausüben kann.[22] Mit Ausnahme dieser in Bayern geltenden Sonderregelung sind die gesetzlichen Formulierungen unscharf, da den staatlichen Stellen als Auskunftssuchende nicht die Presse als Institution gegenübersteht, sondern Unternehmen bzw. Personen, die an der Herstellung von Presse mitwirken.[23] Den Rundfunk beziehen auch der Rundfunkstaatsvertrag (§ 9a RStV), der den Auskunftsanspruch pauschal den Rundfunkveranstaltern zuweist,[24] sowie die meisten Landespressegesetze[25] durch Verweisungsnormen ausdrücklich in den Kreis der Auskunftsberechtigten ein; Rheinland-Pfalz und das Saarland begründen den Auskunftsanspruch sogar gattungsübergreifend einheitlich für die Medien.[26]

4.8

Um den Behörden Kriterien dafür an die Hand zu geben, wem gegenüber sie auskunftspflichtig sind, ist eine an Sinn und Zweck des Auskunftsanspruchs orientierte Auslegung des Begriffs **Vertreter der Presse** geboten. Der Auskunftsanspruch dient, wie in Rz. 4.3 ff. dargelegt, in erster Linie der Ermöglichung und Sicherung der von Verfassungs wegen gebotenen Wahrnehmung einer Kontroll- und Wächterfunktion durch die Medien im demokratischen Staat. Die Landespressegesetze, die der Presse eine öffentliche Aufgabe zuweisen, konkretisieren diese Aufgabe dahin, dass sie die Beschaffung und Verbreitung von Nachrichten ebenso beinhaltet wie die Mitwirkung an der Meinungsbildung und die Verbreitung von Stellungnahmen

4.9

---

19 Verbraucherinformationsgesetz in der Fassung der Bekanntmachung vom 17. Oktober 2012 (BGBl. I 2012 S. 2166).

20 HmbTG vom 19.6.2012, HmbGVBl. I 2012, 271.

21 OVG Münster AfP 2004, 475; OVG Münster AfP 2010, 302 = ZUM 2012, 512.

22 § 4 Abs. 1 Satz 2 BayLPG; zur Kritik an der Fassung der übrigen Gesetzestexte Löffler/*Burkhardt*, § 4 LPG Rz. 38 ff.

23 Vgl. zum Folgenden eingehend *Schröer-Schallenberg*, S. 40 ff.

24 So auch § 6 Abs. 2 LMG Baden-Württemberg.

25 LMG Baden-Württemberg § 6 Abs. 2; LPG Nordrhein-Westfalen § 26 Abs. 1; LPG Berlin § 23; LPG Brandenburg § 17; LPG Bremen und Niedersachsen § 25; LPG Schleswig-Holstein § 18; LPG Sachsen-Anhalt § 16.

26 LMG Rheinland-Pfalz § 6; LMG Saarland § 5.

und Kritik. Damit ist die Auskunftspflicht staatlicher Stellen das Korrelat zu dem Recht und der Verpflichtung der Medien zum Sammeln und Verbreiten von Nachrichten sowie zur Mitwirkung an der öffentlichen und privaten Meinungsbildung. Daraus ergibt sich, dass die Verpflichtung der Behörden zur Erteilung von Auskünften gegenüber allen Mitarbeitern der Medien besteht, die ihrer Funktion nach an der Beschaffung, Verarbeitung und Verbreitung von Nachrichten sowie der geistigen Einflussnahme auf die Meinungsbildung mitwirken.[27]

4.10 Dies sind die **Redaktionen** und ihre **Mitarbeiter** einschließlich freier Journalisten, auch soweit sie nicht ständig, sondern nur gelegentlich für ein bestimmtes Medium tätig sind.[28] Dies können auch die **Verleger** bzw. **Rundfunkveranstalter**[29] selbst oder deren Organe und schließlich, soweit vorhanden, der Herausgeber sein.[30] Gleiches gilt für redaktionell tätige **Mitarbeiter von Telemedien** wie etwa eines Blog, der der Aufklärung über die Tätigkeit von Parlamentsabgeordneten dient,[31] oder für von der Redaktion zugelassene Autoren des zu bestimmten Sachthemen eingerichteten Blog eines Presseverlags.[32] Mitarbeiter von Presseverlagen oder Rundfunkanstalten, die sich ihrer Funktion nach mit der technischen Herstellung oder kaufmännischen Belangen befassen, gehören hingegen nicht zum Kreis der Auskunftsberechtigten. Anderenfalls würde der Kreis der Berechtigten unüberschaubar, und die Behörden, die sich mit Auskunftsersuchen konfrontiert sehen, wären nicht mehr in der Lage, zu klären, ob im Einzelfall überhaupt ein berechtigter Mitarbeiter der Medien um die Auskunft nachsucht.[33] Soweit sich ein Journalist auch als PR-Berater betätigt und ein von ihm gestelltes Auskunftsersuchen in diesen Bereich seiner Tätigkeit fällt, wird er sich auf den presserechtlichen Auskunftsanspruch nicht berufen können,[34] wohl aber unter Umständen auf ein Informationsfreiheitsgesetz oder eines der anderen in Rz. 4.7 genannten Gesetze, sofern das Auskunftsersuchen in deren Geltungsbereich fällt.

4.11 Redakteure und freie Mitarbeiter werden sich, sofern sie den Auskunftspflichtigen nicht bereits bekannt sind, im Zweifelsfall als für die Einholung von Auskünften zuständige Mitarbeiter der Medien ausweisen müssen. Das geschieht in der Regel durch einen **Presseausweis**, der zwar nicht etwa Voraussetzung für die journalistische Tätigkeit ist, aber dem Inhaber den Nachweis erleichtert, dass er als Pressevertreter tätig ist.[35] Für die Ausstellung von Presseausweisen gibt es weder in den Landespresse-, Medien- und Rundfunkgesetzen noch sonstwo eine gesetzliche Grundlage.[36] Sie wurden in der Vergangenheit auf der Grundlage eines Runderlasses des Innenministeriums des Landes Nordrhein-Westfalen[37] und einer Vereinbarung zwischen den Innenministern des Bundes und der Länder einerseits sowie den großen Ver-

---

27 So im Ergebnis auch *Schröer-Schallenberg*, S. 60; VGH Mannheim NJW 1996, 538.

28 *Ricker/Weberling*, Kap. 19 Rz. 4; VG Hannover AfP 1984, 60.

29 So ausdrücklich § 4 LPG Bayern, § 3 LPG Hessen und § 6 Abs. 2 LMG Baden-Württemberg; VG Berlin AfP 1994, 175; VG des Saarlandes AfP 1997, 837.

30 *Löffler/Burkhardt*, § 4 LPG Rz. 47 f.

31 VG Berlin AfP 2017, 359.

32 VGH Bayern AfP 2017, 174 = ZUM-RD 2017, 349.

33 Differenzierend *Löffler/Burkhardt*, § 4 LPG Rz. 49, die für einzelne Fragenkomplexe auch Verlagspersonal in den Kreis der Auskunftsberechtigten einbeziehen.

34 VG des Saarlandes AfP 2006, 596.

35 VG Düsseldorf AfP 2005, 296 = NJW-RR 2005, 1353; dazu im Einzelnen *Degenhart*, AfP 2005, 305 ff.

36 Lediglich § 6 Abs. 2 VersammlG setzt die Existenz eines Presseausweises voraus, indem er bestimmt, dass die Pressevertreter sich gegenüber einem Versammlungsleiter durch ihren Presseausweis ordnungsgemäß ausweisen.

37 Runderlass vom 25.11.1993; dazu im Einzelnen *Degenhart*, AfP 2005, 305 ff.

leger- und Journalistenverbänden andererseits über seine Gestaltung und die Ausgabevoraussetzungen ausgestellt und durch das zuständige Innenministerium autorisiert. Nachdem aber das VG Düsseldorf[38] die Beschränkung der Ausstellungskompetenz auf nur wenige eingeführte Verbände als unzulässig angesehen und die Innenministerkonferenz daraufhin am 7. Dezember 2007 beschlossen hat, die staatliche Autorisierung der durch die Verbände ausgestellten Ausweise ab dem Kalenderjahr 2009 einzustellen, waren die Presseausweise nunmehr reine Verbandsdokumente ohne öffentlichen Glauben. Ein einheitlich gestalteter Presseausweis wurde zuletzt von den sechs Medienverbänden *Deutscher Journalistenverband (DJV), Deutsche Journalistinnen- und Journalisten-Union (dju in ver.di), Bundesverband Deutscher Zeitungsverleger (BDZV), Verband Deutscher Zeitschriftenverleger (VDZ), Freelens* und *Verband Deutscher Sportjournalisten (VDS)* ausschließlich an hauptberufliche Journalistinnen und Journalisten ausgestellt. Presseausweise waren aber auch bei zahlreichen anderen Organisationen, zum Teil ohne Nachweise journalistischer Tätigkeit und zum Teil auch gegen Entgelt erhältlich.

Um den daraus resultierenden Missständen entgegenzuwirken, wurde durch eine Vereinbarung zur Wiedereinführung eines bundeseinheitlichen Presseausweises zwischen der Innenministerkonferenz der Länder und dem Trägerverein des Deutschen Presserats vom 6. Dezember 2016[39] die Einrichtung einer *Ständigen Kommission* beschlossen, die für die Zeit ab 2018 Organisationen benennt, die zur Ausstellung des einheitlichen Ausweises berechtigt sind. Diese Kommission hat zunächst die in Rz. 4.11 genannten sechs Verbände autorisiert, zugleich aber klargestellt, dass weitere Verbände berechtigt sein können, sich um eine entsprechende Autorisierung zu bewerben.   4.12

Behörden und Gerichte können diesen Ausweis als Nachweis der Berechtigung zur Forderung von Auskünften akzeptieren, sind dazu aber nicht verpflichtet, da es sich um von privaten Organisationen ausgestellte, nicht mit öffentlichem Glauben versehene Dokumente handelt. Im Einzelfall kann und muss, wenn die auskunftspflichtige Stelle darauf besteht, daher der Nachweis der Auskunftsberechtigung auch durch ein spezielles Legitimationsschreiben der Redaktion geführt werden, für die der Betreffende tätig ist.[40] Presseausweise, die gelegentlich auch von anderen als Medienunternehmen oder -verbänden ausgestellt und dann in der Regel gegen Entgelt abgegeben werden, sind als Legitimation schlechthin unbeachtlich.[41]   4.13

Mitarbeitern von Redaktionen im hier vertretenen Sinn steht der Auskunftsanspruch prinzipiell uneingeschränkt zu, ohne dass es darauf ankommen kann, welche politische oder gesellschaftliche Linie sie vertreten oder ob sie den auskunftspflichtigen Stellen aus sonstigen Gründen mehr oder weniger genehm sind. Anderenfalls bestünde für die Behörden de facto die schlechthin unakzeptable Möglichkeit, über die Auswahl derjenigen Redaktionsmitarbeiter, denen sie Auskünfte erteilen, Einfluss auf den Inhalt der Medien zu nehmen.[42] Die Verantwortung für Art und Inhalt der Auswertung und gegebenenfalls Weiterverbreitung der erhaltenen Auskünfte liegt ausschließlich bei den Medien selbst. Nur sie entscheiden **in eigener publizistischer Verantwortung**, ob der Inhalt einer erteilten Auskunft veröffentlichungsfähig   4.14

---

38 VG Düsseldorf AfP 2005, 296 = NJW-RR 2005, 1353.
39 Diese Vereinbarung und eine dazu ergangene Checkliste sind abrufbar unter www.presserat.de/pres
    seausweis.
40 So ausdrücklich § 4 Abs. 1 LPG Bayern und Berlin; vgl. Löffler/*Burkhardt*, § 4 LPG Rz. 53.
41 LG Frankfurt a.M. v. 24.9.1992 – 2/6 O 561/92, zitiert nach AfP 1993, 61.
42 *Soehring*, AfP 1995, 449 ff.

und -würdig ist.[43] Und sie sind nicht gehalten, ein Auskunftsersuchen mit dem Hinweis auf ein konkretes Veröffentlichungsvorhaben zu begründen.[44] Auch wäre jede Art der **Selektion der Medien** durch die auskunftspflichtigen staatlichen Stellen **nach Seriosität und Zuverlässigkeit** oder etwa ein Ausschluss sogenannter Sensationspresse unzulässig.[45] Nach diesen Grundsätzen können auch Verleger oder Redakteure von **Anzeigenblättern** den Auskunftsanspruch geltend machen,[46] dies jedenfalls solange und soweit sie für deren redaktionellen Teil recherchieren.[47]

4.15 Der Auskunftsanspruch ist schließlich auch nicht von der **Nationalität** des jeweiligen Mediums oder des nachfragenden Redakteurs abhängig, steht vielmehr ausländischen Medien und den für sie tätigen Mitarbeitern uneingeschränkt in gleicher Weise zu wie den inländischen.[48]

bb) Auskunftspflichtige

4.16 Der Auskunftsanspruch richtet sich nach dem Wortlaut der gesetzlichen Bestimmungen gegen die **Behörden**. Dieser Begriff bedarf der Klärung hinsichtlich der inneren Ordnung staatlicher Stellen, also der internen Auskunftskompetenz; zu klären ist ferner, bei welchen staatlichen Stellen es sich um auskunftspflichtige Behörden handelt.

4.17 Fragen der **inneren Ordnung der Behörden** bereiten den Angehörigen der Medien gelegentlich Verständnisschwierigkeiten. Dabei geht es um die individuelle Auskunftskompetenz der Behördenmitarbeiter. Es kommt nicht selten vor, dass Redakteure sich an bestimmte Dienststellen und dort an bestimmte Beamte wenden, diese um Auskünfte ersuchen und dann, wenn sie an Vorgesetzte oder andere Stellen verwiesen werden, die Auffassung vertreten, dies sei unzulässig, weil ihnen der Auskunftsanspruch gegenüber allen Behörden und gegebenenfalls gegenüber allen Bediensteten von Behörden zustehe. Dies ist indessen nicht der Fall.

4.18 Im Bereich der inneren Behördenorganisation kollidiert der Auskunftsanspruch der Medien vielmehr mit der grundsätzlichen **Verschwiegenheitspflicht der Beamten**. Der Gesetzgeber hat diese Kollision selbst gesehen und gelöst, indem er bestimmt (vgl. § 63 BBG und die entsprechenden Bestimmungen der Landesbeamtengesetze), dass die Behördenleitung entscheidet, wer den Medien Auskünfte erteilt. Beamte oder Behördenangestellte unterliegen der gesetzlichen Verschwiegenheitspflicht (§ 67 BBG) und sind daher zur Auskunftserteilung an die Medien nur berechtigt, wenn sie von der Behördenleitung damit beauftragt werden. Sie müssen anfragende Redakteure an die innerhalb ihrer Behörde oder sonstigen Organisationseinheit zuständige Stelle verweisen. Soweit Behörden Pressestellen eingerichtet haben, dürfen und müssen andere Abteilungen die Medien auf sie verweisen. Die Pressestellen genügen ihrer Auskunftspflicht, wenn sie die geforderten Informationen intern beschaffen und den Medien zur Verfügung stellen. Ein direkter Auskunftsanspruch gegenüber dem jeweiligen Sachbearbeiter eines bestimmten Vorgangs oder einer bestimmten Abteilung besteht nicht.

---

43 BVerfG AfP 2010, 365 = ZUM 2010, 961; BGH NJW 2017, 3153 – Unterstützung von peerblog; OVG Hamburg AfP 2010, 617; *Ricker/Weberling*, Kap. 19 Rz. 2.
44 OVG Hamburg AfP 2010, 617 = ZUM 2011, 91.
45 VGH Baden-Württemberg AfP 1989, 589; OVG Bremen NJW 1990, 933 und NJW 1989, 927; VG des Saarlandes AfP 2006, 596; *Ricker/Weberling*, Kap. 19 Rz. 7; *Soehring*, AfP 1995, 449 ff.
46 VGH Baden-Württemberg AfP 1992, 95.
47 VG des Saarlandes AfP 2006, 596.
48 Löffler/*Burkhardt*, § 4 LPG Rz. 45; *Ricker/Weberling*, Kap. 19 Rz. 9.

Auskunftspflichtig sind alle Behörden, gleich ob es sich um solche eines Bundeslands oder einer Kommune handelt. Während die Auskunftspflicht der **Landesbehörden** sich aus den Bestimmungen der jeweiligen Landespresse-, Medien- und Rundfunkgesetze ergibt (Nachweise in Rz. 4.3), war traditionell die Verpflichtung der **Bundesbehörden** zur Auskunftserteilung entsprechend den in den Landespressegesetzen normierten Regeln im Hinblick auf die ausschließliche Gesetzgebungskompetenz der Länder für das Presse- und Medienrecht und die Tatsache anerkannt, dass die Landespressegesetze keine Ausnahme vom generellen Auskunftsanspruch der Medien zugunsten der Bundesbehörden statuieren.[49] Angewandt wurden die am Sitz der jeweils in Anspruch genommenen Behörde geltenden landesrechtlichen Bestimmungen. Das BVerwG hat jedoch in seinen Entscheidungen vom 20.2.2013 und 25.2.2015[50] (dazu Rz. 1.14) die Ableitung der Auskunftspflicht einer Bundesbehörde aus § 4 LPG mit der zutreffenden Erwägung abgelehnt, dass die Landesgesetzgeber insoweit keine Kompetenz haben; vielmehr liege die Kompetenz zur Regelung von Informationsansprüchen gegen den Bund und seine Dienststellen und Behörden als Annexkompetenz beim Bund und ergebe sich mangels einschlägiger bundesgesetzlicher Normen entsprechend der hier vertretenen Auffassung (Rz. 1.12 ff.) ein Informationsanspruch der Medien unmittelbar aus den Kommunikationsgrundrechten des Art. 5 Abs. 1 GG.[51] Nur für Bremen galt diese Rechtslage seit jeher, da dessen Landespressegesetz ausdrücklich nur die   4.19

„... Behörden des Landes und der Gemeinden sowie die der Aufsicht des Landes unterliegenden Körperschaften des öffentlichen Rechts ...“

zur Auskunft verpflichtet (§ 4 Abs. 1 Satz 1 LPG Bremen). Soweit Bundesbehörden dort tätig werden oder vertreten sind, kann deren Auskunftspflicht daher schon seinem Wortlaut nach nicht aus dem Landespressegesetz, wohl aber aus dem Informationsfreiheitsgesetz des Bundes[52] und mit der neueren Rechtsprechung des BVerwG[53] unmittelbar aus der Gewährleistung der Presse- und Rundfunkfreiheit durch Art. 5 Abs. 1 Satz 2 GG abgeleitet werden (Rz. 1.10 ff.). Das BVerfG hat diese kompetenzrechtliche Frage bisher in zwei Entscheidungen[54] offengelassen, während der EGMR sie im Sinn der neueren Rechtsprechung des BVerwG entschieden hat.[55] Allerdings ist der Umfang dieser verfassungsunmittelbaren Auskunftspflicht nicht konkret bestimmt. Nach einer vom BVerwG verwandten Formel[56] soll er den Mindestbestand an Informationen gewährleisten, den der Bundesgesetzgeber im Hinblick auf Art. 5 Abs. 1 Satz 2 GG seinerseits gewährleisten müsste, machte er von seinem Recht Gebrauch, den Anspruch gesetzlich zu regeln, soweit er sich gegen Behörden des Bundes richtet.

Auskunftspflichtige Behörden im Sinn der Landespressegesetze sind u.a. auch Gerichte und Staatsanwaltschaften, Parlamente und ihre Verwaltungen sowie etwa ein Landesrechnungshof.[57] Gleiches gilt etwa für eine von einer Kommune nach Art eines kommunalen Eigen-   4.20

---

49 Löffler/*Burkhardt*, § 4 LPG Rz. 57 ff.; *Ricker/Weberling*, Kap. 19 Rz. 11; eingehend VG Berlin AfP 1994, 175; OVG Berlin VersR 1995, 1217.
50 BVerwG AfP 2013, 355 = ZUM 2013, 694; BVerwG AfP 2015, 362; a. A. die Vorentscheidung OVG Münster AfP 2014, 181.
51 BVerwG AfP 2013, 355 = ZUM 2013, 694.
52 VG Berlin AfP 2011, 515.
53 BVerwG AfP 2013, 355 = ZUM 2013, 694; BVerwG AfP 2015, 362.
54 BVerfG AfP 2014, 521 = NJW 2014, 3711; BVerfG ZUM-RD 2016, 4 = NVwZ 2016, 50.
55 EGMR AfP 2017, 301 – Magyar Helsinki Bizottsag./.Ungarn.
56 BVerwG AfP 2013, 355 = ZUM 2013, 694; BVerwG AfP 2015, 362; a. A. die Vorentscheidung OVG Münster AfP 2014, 181.
57 OVG Münster ZUM-RD 2013, 484.

betriebs geführte Oper oder ein kommunales Theater ohne eigene Rechtspersönlichkeit.[58] Sie alle unterliegen daher der Auskunftspflicht.[59] Auf der Ebene des Bundes sind auskunftspflichtig etwa das Kanzleramt[60] und das ihm zugeordnete Bundespresseamt,[61] der Bundestag[62] einschließlich seines wissenschaftlichen Dienstes;[63] dieser Anspruch kann sich auch aus § 1 Abs. 1 IFG ergeben.[64] Auskunftsansprüche können ferner geltend gemacht werden gegen den Bundesnachrichtendienst,[65] die Bundesanstalt für Finanzdienstleistungsaufsicht (BaFin),[66] die Bundesanstalt für Immobilienaufgaben,[67] das Bundesamt für Verfassungsschutz,[68] das Bundesamt für das Versicherungswesen[69] oder auch gegen einen gesetzlichen Träger der Rentenversicherung[70] sowie eine gesetzliche Krankenkasse.[71] Alle diese Stellen sind aber berechtigt, die Zuständigkeit für die Auskunftserteilung auf bestimmte Personen oder Dienststellen zu delegieren und damit die Auskunftserteilung organisatorisch zu kanalisieren. Das gilt im Bereich der Justiz auch für die Zusammenarbeit verschiedener Dienststellen wie Gerichte und Staatsanwaltschaften oder die verschiedenen Instanzen.[72] So bestehen keine Bedenken gegen die Praxis der Ermittlungsbehörden, den Auskunftsanspruch in der Weise zu kanalisieren, dass in der Regel nur diejenige Dienststelle über die Auskunftserteilung entscheidet, in deren Zuständigkeit sich das betreffende Verfahren gerade befindet, dass also die Polizeibehörden die Medien etwa nach Abgabe eines Verfahrens an die Staatsanwaltschaft, diese sie nach Erhebung der Anklage an das nunmehr mit der Sache befasste Gericht verweisen und die Auskunft selbst verweigern. Zwar sind prinzipiell alle Behörden zur Auskunftserteilung verpflichtet, doch erscheint diese Praxis gerade der Dienststellen im Bereich der Justiz schon deswegen vertretbar, weil der Auskunftsanspruch durch die Verweisung an die jeweils andere, inzwischen zuständig gewordene Dienststelle in der Substanz nicht beeinträchtigt wird.

4.21 Der Auskunftsanspruch kann auch in Fällen geltend gemacht werden, in denen sich das Auskunftsersuchen an **staatliche Adressaten in privatrechtlicher Organisationsform** wie Theater, Krankenhäuser, an die im Anteilsbesitz der Bundesländer Berlin und Brandenburg sowie des Bundes befindliche *Flughafen Berlin-Brandenburg GmbH*[73] oder an andere Unternehmen der Daseinsvorsorge[74] richtet. Auf sie sind die Bestimmungen der Landespressegesetze über den Auskunftsanspruch sowie die Grundsätze des verfassungsunmittelbaren Auskunftsan-

---

58 VG Köln AfP 2011, 511.
59 Löffler/*Burkhardt*, § 4 LPG Rz. 56 ff.
60 OVG Berlin-Brandenburg ZD 2012, 581; VG Berlin AfP 2017, 364.
61 OVG Berlin-Brandenburg AfP 2017, 530; Vorinstanz: VG Berlin AfP 2017, 359.
62 BVerwG AfP 2015, 184; OVG Berlin-Brandenburg AfP 2013, 537.
63 BVerwG AfP 2016, 193 = NJW 2015, 3258; die gegenteilige Auffassung in OVG Berlin-Brandenburg AfP 2015, 379 = ZUM 2016, 389 ist damit überholt.
64 BVerwG AfP 2016, 193 = NJW 2015, 3258.
65 BVerwG AfP 2013, 355 = ZUM 2013, 694; BVerwG AfP 2015, 470.
66 VGH Kassel AfP 2015, 371.
67 BVerwG AfP 2015, 362; OVG Münster AfP 2014, 181.
68 OVG Münster AfP 2015, 366 = NJW 2014, 3387; im konkreten Fall allerdings für das Verfahren des einstweiligen Rechtsschutzes verneint.
69 OVG Berlin ZUM 1996, 250.
70 BayVGH AfP 2009, 183.
71 BayVGH AfP 2018, 182.
72 Vgl. dazu *Kramer*, AfP 1997, 429 ff.; Presserichtlinien der Senatsverwaltung für Justiz in Berlin, NJW 1998, 1376; Richtlinien für die Zusammenarbeit der hessischen Staatsanwaltschaften mit den Medien, NJW 1996, 979; Presserichtlinien des Sächsischen Justizministeriums, NJW 1995, 2699.
73 OVG Berlin-Brandenburg AfP 2015, 84; VG Cottbus ZUM 2014, 441.
74 BGH NJW 2017, 3153 = GRUR 2017, 1051 – Unterstützung von peerblog.

spruchs jedenfalls analog anzuwenden,[75] wenn man derartige Institutionen der öffentlichen Hand nicht schlechthin als Behörden im Sinn der gesetzlichen Bestimmungen begreift.[76] Nach der zutreffenden Auffassung des BGH[77] ist der Behördenbegriff der Landespresse- und Mediengesetze nicht organisatorisch-verwaltungstechnisch, sondern funktionell-teleologisch zu begreifen; er erfasst daher auch jedwede privatrechtliche Organisationsform, solange die öffentliche Hand an ihr mehrheitlich beteiligt ist oder faktischen Einfluss nehmen kann. Es wäre mit der verfassungsrechtlich fundierten und durch die Landespressegesetzgeber ausdrücklich anerkannten Verpflichtung des Staats zur Auskunftserteilung nicht vereinbar, wenn es für die Frage, ob ein Auskunftsanspruch etwa gegenüber einem kommunalen Energieversorgungsträger besteht, darauf ankommen könnte, ob er als Abteilung einer Behörde oder ob er als rechtlich verselbständigte Gesellschaft mit beschränkter Haftung und damit formal als Privatrechtssubjekt betrieben wird. Lediglich für die Frage, in welchem Rechtsweg Auskunftsansprüche gegen die Beteiligungsunternehmen geltend zu machen sind, kann die privatrechtliche Verfassung einer staatlichen Stelle von Bedeutung sein (dazu Rz. 4.91 f.). Der Anspruch kann allerdings auch gegen den hoheitlichen Träger eines solchen Unternehmens gerichtet werden.[78] Und wo Unternehmen der Daseinsvorsorge vollständig oder mehrheitlich privatisiert worden sind, wie etwa die *Deutsche Telekom AG*, kommt ein Auskunftsanspruch nicht mehr in Betracht.[79]

Gemischtwirtschaftliche Gesellschaften gelten als Behörden im Sinn von § 4 LPG, wenn mehr als die Hälfte der Anteile unmittelbar oder mittelbar im Eigentum der öffentlichen Hand stehen.[80] Sie können die Auskunft nicht mit der Begründung verweigern, dass die Interessen der privaten Minderheitsgesellschafter von der Auskunftserteilung tangiert würden; deren Interessen haben vielmehr im Hinblick auf die mehrheitliche Beteiligung der öffentlichen Hand zurück zu stehen.[81] Die Antwort auf die in der Literatur[82] in diesem Zusammenhang kritisch aufgeworfene Frage, aus welchem Grund die Interessen der privaten Minderheitseigner hinter dem Auskunftsanspruch zurück zu stehen haben, ergibt sich aus der schlichten Tatsache, dass die öffentlich-rechtlich organisierten Mehrheitsgesellschafter der Auskunftspflicht unterliegen und die privaten Minderheitsgesellschafter sich durch Beitritt in eine öffentlich dominierte Gesellschaft dieser Verpflichtung mit unterwerfen. Daher ist auch die in diesem Zusammenhang geäußerte Auffassung[83] nicht zutreffend, die Medien hätten bei einer derartigen Gesellschaft Anspruch nur auf die Beantwortung der Frage nach der Höhe der an die Vertreter der öffentlichen Hand im Aufsichtsrat gezahlten Vergütung, während eine Verpflichtung zur Beantwortung auch der Frage nach der an die privaten Aufsichtsratsmitglieder gezahlten Vergütung nicht bestehe; belastet von der Gesamtheit der gezahlten Aufsichtsratsvergütungen ist in diesem Fall die öffentlich-rechtlich dominierte Gesellschaft, und folglich

4.22

---

75 Löffler/*Burkhardt*, § 4 LPG Rz. 6357; *Ricker/Weberling*, Kap. 19 Rz. 10; differenzierend *Groß*, S. 184; VG des Saarlandes AfP 1997, 837; OVG des Saarlandes AfP 1998, 426; VG Hamburg AfP 2009, 296; OVG Hamburg AfP 2010, 617.

76 *Wente*, S. 143 f.

77 BGH AfP 2005, 279 = NJW 2005, 1720 – presserechtlicher Auskunftsanspruch; BGH NJW 2017, 3153 = GRUR 2017, 1051 – Unterstützung von peerblog; OLG Hamm 11 U 5/14; OVG des Saarlandes AfP 1998, 426; VG München AfP 2006, 292; LG München I AfP 2007, 168 = WRP 2007, 99; dazu *Köhler*, NJW 2005, 2337.

78 VG Frankfurt/Oder AfP 2018, 92.

79 OVG Münster AfP 2008, 656.

80 BGH NJW 2017, 3153 = GRUR 2017, 1051 – Unterstützung von peerblog.

81 BGH AfP 2005, 279 = NJW 2005, 1720 – presserechtlicher Auskunftsanspruch.

82 *Köhler*, NJW 2005, 2337 ff.

83 *Köhler*, NJW 2005, 2337 ff.

muss sie auch über die Gesamtheit dieser Bezüge Auskunft erteilen. Konsequent hat daher das VG München[84] entschieden, dass eine privatrechtlich verfasste Einrichtung der öffentlichen Hand eine anderweitig geschuldete Auskunft nicht unter Berufung auf vertraglich begründete Verschwiegenheitsverpflichtungen verweigern darf. Hingegen mögen im Einzelfall Betriebsgeheimnisse von Unternehmen, die nach diesen Grundsätzen prinzipiell auskunftspflichtig sind, unter dem Aspekt überwiegender öffentlicher oder privater Interessen (vgl. nur § 8 Abs. 2 Nr. 3 LPG Nordrhein-Westfalen; dazu Rz. 4.31 ff.) eher zu einem Auskunftsverweigerungsrecht führen.[85] Und hinsichtlich der Aufsichtsratsprotokolle der im Besitz der öffentlichen Hand befindlichen *Flughafen Berlin-Brandenburg GmbH* steht den Medien ein Auskunftsanspruch schon deswegen nicht zu, weil dem die Verschwiegenheitspflicht gemäß §§ 93 Abs. 1 Satz 3, 116 AktG entgegensteht.[86]

4.23 Lange umstritten war die Frage, ob und gegebenenfalls in welchem Umfang der Presse Auskunftsansprüche gegenüber den **öffentlich-rechtlichen Rundfunkanstalten** zustehen, ob es sich bei ihnen also um Behörden im Sinn der Landespressegesetze handelt. Mit der Begründung, dass Ausübung öffentlicher Verwaltung zum Wesen öffentlich-rechtlicher Anstalten gehöre und die Rundfunkanstalten dieser hoheitlichen Organisationsform zuzurechnen sind, haben zwei Verwaltungsgerichte[87] den Auskunftsanspruch der Presse gegenüber den öffentlich-rechtlichen Rundfunkanstalten bejaht. Andere Gerichte[88] erkennen demgegenüber an, dass die Rundfunkanstalten im Hinblick auf die Gewährleistung der Rundfunkfreiheit in Art. 5 Abs. 1 Satz 2 GG unter den sonstigen öffentlich-rechtlichen Körperschaften eine Sonderstellung einnehmen und schon ihrer Funktion nach keine hoheitliche Gewalt und keine Verwaltungstätigkeit im eigentlichen Sinn ausüben, und verneinen daher ihre Verpflichtung zur Auskunftserteilung.

4.24 Diese Streitfrage ist für den Bereich der Landespressegesetze durch die Rechtsprechung des BVerwG[89] und des BVerfG[90] dahingehend geklärt worden, dass die **öffentlich-rechtlichen Rundfunkanstalten** nicht als Behörden gelten und den übrigen Medien daher ein presserechtlicher Auskunftsanspruch gegen sie nicht zusteht.[91] Indessen wirkt sich hier der Umstand aus, dass die Bestimmungen der Landespressegesetze durch diejenigen der Informationsfreiheitsgesetze des Bundes und der Länder nicht verdrängt, wohl aber ergänzt werden (Rz. 4.7). Hier ist zwischen dem einzelgesetzlich geschützten Informationsanspruch einerseits und dem Grundrecht der Rundfunkfreiheit andererseits abzuwägen. Unter Berufung auf die einschlägigen Bestimmungen des Informationsfreiheitsgesetzes des Landes Nordrhein-Westfalen sowie § 55a des WDR-Gesetzes hat daher das OVG Münster mit Recht entschieden, dass der *Westdeutsche Rundfunk* einem Pressejournalisten solche Informationen zugänglich machen muss, die keine Rückschlüsse auf das Redaktionsgeheimnis und den Programmauftrag des Senders zulassen.[92]

---

84 VG München AfP 2007, 168 = WRP 2007, 99.
85 OVG Münster AfP 2010, 302 = ZUM 2010, 512 für den insoweit ähnlich gelagerten Fall eines Auskunftsersuchens nach dem IFG NRW.
86 OVG Berlin-Brandenburg AfP 2015, 274 = ZUM 2015, 601.
87 VG Berlin v. 1.12.1982, unveröffentlicht; zitiert nach *Schröer-Schallenberg*, S. 78 Fußn. 250.
88 OVG Münster AfP 1985, 305; VGH Mannheim NJW 1982, 668.
89 BVerwG AfP 1985, 72 = NJW 1985, 1655.
90 BVerfG NJW 1989, 382; so auch OVG Münster AfP 2012, 302 = ZUM 2012, 512.
91 Zustimmend *Schröer-Schallenberg*, S. 79 ff.; *Herrmann/Lausen*, § 22 Rz. 45; kritisch *Kull*, AfP 1985, 75; vgl. auch OVG Koblenz AfP 1995, 705.
92 OVG Münster AfP 2012, 302 = ZUM 2012, 512.

Ungeklärt ist schließlich die Frage einer **Auskunftspflicht der Kirchen**. Soweit sie privat- **4.25** rechtlich organisiert sind, sind sie schlechthin nicht Adressat des in den Landespressegesetzen normierten Auskunftsanspruchs (Rz. 1.19). Soweit sie hingegen, wie etwa die evangelisch-lutherische oder die katholische Kirche, in der Rechtsform der öffentlich-rechtlichen Körperschaft verfasst sind, ergibt sich prinzipiell dieselbe Konstellation wie bei den öffentlich-rechtlichen Rundfunkanstalten. Der hoheitlichen Organisationsform steht die Tatsache gegenüber, dass auch die Kirchen prinzipiell **keine hoheitlichen Aufgaben und Funktionen** erfüllen, soweit ihnen nicht in Teilbereichen wie namentlich im Steuerwesen hoheitliche Gewalt ausdrücklich verliehen ist. Richtig ist daher die Auffassung, dass den Medien gegenüber den öffentlich-rechtlich verfassten Kirchen ein Auskunftsanspruch nur in den Bereichen zusteht, in denen sie aufgrund verfassungsrechtlicher bzw. gesetzlicher Ermächtigung Hoheitsrechte ausüben können, wie insbesondere im Bereich der Kirchensteuer.[93]

cc) Inhalt und Schranken des Auskunftsanspruchs

Nach der Mehrheit der einschlägigen Bestimmungen sind die Behörden verpflichtet, den Me- **4.26** dien die der **Erfüllung ihrer öffentlichen Aufgabe** dienenden Auskünfte zu erteilen.[94] Diese Verpflichtung bezieht sich auf die bei der in Anspruch genommenen Behörde **tatsächlich vorhandenen Informationen** zu jeweils einem bestimmten, klar umrissenen Sachverhalt.[95] Einschränkend formuliert das Bremer Landespressegesetz,[96] nach dem die Presse einen Auskunftsanspruch in Angelegenheiten von öffentlichem Interesse hat, während wieder andere Regelungen großzügiger sind und der Presse ein nicht weiter qualifiziertes Recht auf Auskunft[97] bzw. einen Anspruch auf die gewünschten Auskünfte[98] zuerkennen. Mit Hinweis auf das Fehlen einer hoheitlichen Tätigkeit hat etwa das OVG Berlin-Brandenburg Ansprüche von Journalisten auf Auskünfte über den **wissenschaftlichen Dienst des Deutschen Bundestags** und Einsichtnahme in seine Ausarbeitungen als unbegründet zurückgewiesen;[99] dieser Dienst diene ausschließlich der Unterstützung der Abgeordneten bei Ausübung ihres Mandats, seine Tätigkeit könne daher nicht als hoheitlich eingestuft werden. Demgegenüber hat das BVerwG dem anfragenden Journalisten einen entsprechenden, auf das IFG des Bundes gestützten Anspruch mit der zutreffenden Erwägung zuerkannt, die mit seiner Erfüllung verbundene Transparenz laufe der Mandatsausübung des den Dienst beauftragenden Abgeordneten in keiner Weise zuwider und dies gelte erst recht, wenn der Auskunftsanspruch mit dem Verdacht von Unregelmäßigkeiten auf Seiten eines Abgeordneten begründet wird.[100] In keinem der einschlägigen Gesetze wird der Gegenstand des Auskunftsanspruchs über die zitierten Generalklauseln hinaus positiv definiert. Soweit die Mehrheit der Regelungen den Auskunftsanspruch mit der öffentlichen Aufgabe der Presse verknüpft, ergibt sich allein da-

---

93 Einzelheiten bei *Schröer-Schallenberg*, S. 85 f.
94 LMG Baden-Württemberg § 4 Abs. 1; LPG Brandenburg § 5 Abs. 1; LPG Berlin § 4 Abs. 1 (sinngemäß); LPG Hamburg § 4 Abs. 1; LPG Mecklenburg-Vorpommern § 4 Abs. 2; LPG Niedersachsen § 4 Abs. 1; LPG Nordrhein-Westfalen § 4 Abs. 1; LMG Rheinland-Pfalz § 6 Abs. 1; LMG Saarland § 5 Abs. 1; LPG Sachsen § 4 Abs. 1; LPG Sachsen-Anhalt § 4 Abs. 1 (sinngemäß); LPG Schleswig-Holstein § 4 Abs. 1; LPG Thüringen § 4 Abs. 1.
95 OVG Berlin-Brandenburg AfP 2017, 334.
96 LPG Bremen § 4 Abs. 1.
97 LPG Bayern § 4 Abs. 1 Satz 1.
98 LPG Hessen § 3 Abs. 1 Satz 1.
99 OVG Berlin-Brandenburg AfP 2015, 379 = ZUM 2016, 389.
100 BVerwG AfP 2016, 193 = NJW 2016, 3258.

raus keine inhaltliche Beschränkung des im Ausgangspunkt sachlich uneingeschränkten Informationsrechts, sofern nur die Medien publizistische Interessen verfolgen.

4.27 Die Regelungen der Landespressegesetze ermöglichen es den um Auskunft ersuchten Behörden bei Fehlen spezialgesetzlicher Auskunftsverweigerungsrechte (dazu Rz. 4.52 ff.) allerdings zu prüfen, ob unter Umständen ein legitimes öffentliches Interesse an dem Gegenstand der Auskunft schlechthin fehlen kann.[101] Denn da der Anspruch dazu bestimmt ist, den Medien die Erfüllung ihres Informationsauftrags zu ermöglichen, setzt er jedenfalls voraus, dass eine anfragende Redaktion mit dem Auskunftsersuchen ein **publizistisches Ziel** verfolgt. Eine Auskunftspflicht besteht daher nicht, wenn ein Verlag sich um Informationen bemüht, die er erkennbar nicht publizistisch auswerten, sondern kommerziell nutzen will. Mit dieser Begründung hat der Bayerische VGH[102] eine Klage abgewiesen, mit der ein Verlag sich um die Herausgabe von Daten der Versicherten eines Trägers der gesetzlichen Unfallversicherung bemühte, um diese Daten anschließend für eigene Werbeaktivitäten zu nutzen. Dabei handelt es sich allerdings um eine Ausnahmekonstellation, die in der Praxis nur selten vorkommen wird; an der oben in Rz. 4.14 getroffenen Feststellung, dass die um eine Auskunft nachsuchenden Medien nicht verpflichtet sind, ein konkretes öffentliches Interesse an dem dahinterstehenden Gegenstand ihrer Recherche oder gar ein konkretes Veröffentlichungsvorhaben dazulegen,[103] ändert sich nichts. Wegen Rechtsmissbrauchs kann die Erfüllung eines Auskunftsanspruchs vielmehr nur dann verweigert werden, wenn feststeht, dass es dem Ersuchenden nicht um die Offenlegung von Informationen, sondern um andere, von der Rechtsordnung missbilligte Zwecke geht.[104]

4.28 Soweit der Auskunftsanspruch besteht, ist er in der Regel durch die Beantwortung spezifisch gestellter Fragen zu erfüllen.[105] Unabhängig von der Frage, ob der Anspruch auch auf die Herausgabe von oder Einsichtnahme in Akten gerichtet sein kann, reicht es nicht aus, wenn der um die Auskunft Ersuchende einen Sachverhalt generell umschreibt und um dessen Konkretisierung durch die in Anspruch genommene Stelle nachsucht. So bestand nach der zutreffenden Auffassung der zuständigen Gerichte im Fall des *Flughafens Berlin-Brandenburg* kein Anspruch darauf, dass einer der Gesellschafter dem Anfragenden alle Unterlagen betreffend den Bau und die eingetretenen Verzögerungen zur Verfügung stellte.[106] Hinreichend konkret und sachlich begründet war demgegenüber die an die *Bundesanstalt für Immobilienaufgaben* gerichtete Frage nach dem Inhalt eines zwischen ihr und einem privaten Messeveranstalter geschlossenen zeitlich befristeten Mietvertrags über eine Teilfläche des stillgelegten *Flughafens Berlin-Tempelhof* und dem dafür gezahlten Mietzins.[107] Der Anspruch erfasst aber nur **Informationen**, die bei der jeweiligen Behörde **tatsächlich vorhanden** sind.[108] Behörden sind nicht verpflichtet, sich die geforderten Informationen bei anderen Behörden oder durch eigene Recherche zu beschaffen; das gilt im Rahmen aller Landespresse wie auch in demjenigen der

---

101 *Köhler*, NJW 2005, 2337 ff.
102 BayVGH AfP 2009, 183.
103 OVG Hamburg AfP 2010, 617; *Ricker/Weberling*, Kap. 19 Rz. 2.
104 OVG Berlin-Brandenburg AfP 2018, 538 für den vergleichbaren Fall eines Anspruchs nach dem IFG.
105 OVG Berlin-Brandenburg AfP 2015, 84 = ZUM-RD 2014, 462; *Löffler/Burkhardt*, § 4 LPG Rz. 84 ff.
106 OVG Berlin-Brandenburg AfP 2015, 84 = ZUM-RD 2014, 462; VG Cottbus ZUM 2014, 441.
107 OVG Münster AfP 2014, 181 = ZUM-RD 2014, 307.
108 BVerfG ZD 2016, 21; BVerwG AfP 2013, 355 = ZUM 2013, 694; BVerwG NJW 2013, 2538 = ZUM 2013, 904.

Informationsfreiheitsgesetze.[109] So war der *Bundesnachrichtendienst* nicht verpflichtet, Auskunft darüber zu erteilen, wie viele inoffizielle Mitarbeiter er und seine Vorgängerin, die *Organisation Gehlen,* in bestimmten Jahren gehabt hatten und wie viele von ihnen Angehörige bestimmter nationalsozialistischer Organisationen gewesen waren, da er über die entsprechenden Daten nicht verfügte.[110] Gegenüber dem *Bundesarchiv* bestand kein Anspruch darauf, dass es zum Zweck der Beantwortung eines Auskunftsersuchens Materialien, die sich noch nicht in seinem Besitz befanden, anforderte und in den eigenen Bestand aufnahm.[111] Demgegenüber hat es das BVerfG[112] als denkbar bezeichnet, dass das *Bundesarchiv* gehalten ist, Akten, die sich in seinem Besitz befanden, dann aber in privatrechtlich organisierte Stiftungen ausgelagert wurden, wiederzubeschaffen, wenn dies zur Erledigung eines ansonsten begründeten Auskunftsersuchens erforderlich ist;[113] die gegen die Versagung dieses Anspruchs durch die Verwaltungsgerichte gerichtete Verfassungsbeschwerde hat es gleichwohl als unzulässig verworfen, weil insoweit der Rechtsweg des § 90 Abs. 2 BVerfGG noch nicht ausgeschöpft worden sei. Und die Landespressegesetze gewähren einem Journalisten keinen Anspruch darauf, dass eine prinzipiell auskunftpflichtige städtische Oper ihm zu diesem Zweck erst herzustellende Dokumente oder etwa fotografische Aufnahmen aus einzelnen Inszenierungen zur Verfügung stellt.[114]

Die **Art der Beantwortung** eines hinreichend konkretisierten Auskunftsersuchens steht 4.29 grundsätzlich im **pflichtgemäßen Ermessen** der zuständigen Behörde,[115] wobei auf die berechtigten Belange des Ersuchenden Rücksicht zu nehmen ist und schriftliche Anfragen in der Regel schriftlich, telefonische wenn möglich am Telefon zu beantworten sind.[116] Die Medien haben aber keinen Anspruch darauf, zwecks Klärung eines bestimmten Verdachts ein kommunales Schulgebäude aufsuchen und inspizieren zu dürfen.[117] Auch ein Anspruch auf **Akteneinsicht** oder –vorlage besteht im Regelfall nicht;[118] zum Sonderfall des Anspruchs auf Erteilung von Urteilsabschriften in gerichtlichen Verfahren vgl. Rz. 4.62 f. Im Einzelfall kann sich aber der Auskunftsanspruch zu einem Anspruch auf Akteneinsicht verdichten, wenn aufgrund der Komplexität der Materie nur auf diese Weise vollständige und wahrheitsgemäße Sachverhaltskenntnis vermittelt werden kann,[119] wie dies etwa bei der Beantwortung der Frage nach dem Inhalt eines Gutachtens der Fall ist, das eine Kommunalverwaltung in Auftrag gegeben und aus öffentlichen Mitteln bezahlt hat.[120] Im Geltungsbereich der Informationsfreiheitsgesetze ist die Akteneinsicht als eines der Mittel der Informationserteilung bereits im Gesetzeswortlaut vorgesehen (vgl. nur § 7 Abs. 4 IFG Bund), bedarf das Ersuchen um sie also keiner besonderen Rechtfertigung.

Urheberrechtliche Nutzungsbeschränkungen stehen der Gewährung von Auskünften wie 4.30 auch von Akteneinsicht nicht entgegen. Sowohl im Rahmen des presserechtlichen Auskunfts-

---

109 BVerfG ZD 2016, 21.
110 BVerwG AfP 2013, 355 = ZUM 2013, 694.
111 BVerwG NJW 2013, 2538 = ZUM 2013, 904.
112 BVerfG ZD 2017, 476.
113 Dagegen OVG Berlin-Brandenburg ZD 2012, 581; i. E auch OVG Berlin-Brandenburg NJW 2018, 2217.
114 VG Köln AfP 2011, 511.
115 Löffler/*Burkhardt*, § 4 LPG Rz. 87.
116 Löffler/*Burkhardt*, § 4 LPG Rz. 87.
117 VG Berlin ZUM 2014, 918.
118 BVerwG NJW 2014, 1126; OVG Berlin-Brandenburg AfP 2015, 274 = ZUM 2015, 601.
119 Löffler/*Burkhardt*, § 4 LPG Rz. 874; *Ricker/Weberling*, Kap. 19 Rz. 2.
120 VG Cottbus AfP 2002, 360.

anspruchs als auch in demjenigen nach den Informationsfreiheitsgesetzen stellt die Gewährung von Akteneinsicht insbesondere keine urheberrechtlich verbotene Vervielfältigungs- oder Verbreitungshandlung und kein sonstiges Zugänglichmachen gegenüber der Allgemeinheit dar. Die auskunftspflichtigen Behörden können sich zur Abwehr eines Akteneinsichtsgesuchs insoweit auch nicht auf die Ausschlusstatbestände des Schutzes überwiegender privater Belange nach den Landespressegesetzen (dazu Rz. 4.86 ff.) oder das geistige Eigentum gemäß § 6 IFG des Bundes berufen,[121] wenn die Erteilung von Abschriften die geeignete Form für die Erfüllung eines ansonsten begründeten Auskunfts- oder Informationsanspruchs ist.

4.31 Auch den Medien können Auskunftsansprüche gegenüber den Trägern staatlicher Gewalt aber nicht ohne **Einschränkungen** zustehen. Folglich definieren alle Landespressegesetze die Grenzen für die Geltendmachung dieses Anspruchs. So schränkt etwa § 4 Abs. 2 des Nordrhein-Westfälischen Landespressegesetzes den Auskunftsanspruch wie folgt ein:[122]

„Ein Anspruch auf Auskunft besteht nicht, soweit

1. durch sie die sachgemäße Durchführung eines schwebenden Verfahrens vereitelt, erschwert, verzögert oder gefährdet werden könnte oder

2. Vorschriften über die Geheimhaltung entgegenstehen oder

3. ein überwiegendes öffentliches oder schutzwürdiges privates Interesse verletzt würde oder

4. deren Umfang das zumutbare Maß überschreitet.“

Lediglich das Bayerische Landespressegesetz ist auch in diesem Punkt großzügiger, indem es eine Auskunftsverweigerung nur für den Fall vorsieht, dass

„... aufgrund beamtenrechtlicher oder sonstiger gesetzlicher Bestimmungen eine Verschwiegenheitspflicht besteht.“[123]

4.32 Schon aus diesen in nahezu allen einschlägigen Gesetzen ausdrücklich vorgesehenen Einschränkungen wird deutlich: Das Recht der Medien auf Informationserteilung wird häufig mit **Belangen Anderer** kollidieren. Diese sind ihrerseits teilweise, wie auch der Informationsanspruch selbst, verfassungsrechtlich fundiert. Das gilt etwa für die **schutzwürdigen privaten Interessen** als Ausprägung des Allgemeinen Persönlichkeitsrechts, das seinerseits als Konkretisierung der Gewährleistung der Menschenwürde und der allgemeinen Handlungsfreiheit durch Art. 1 Abs. 1 und Art. 2 Abs. 1 GG angesehen wird (Einzelheiten zum Allgemeinen Persönlichkeitsrecht in § 19). Wo eine solche verfassungsrechtliche Fundierung fehlt, sind die dem Auskunftsanspruch entgegenstehenden Belange Dritter von den Gesetzgebern in Ausübung ihrer generellen Befugnis definiert, die Grundrechte aus Art. 5 Abs. 1 GG durch einfaches Gesetz einzuschränken (Art. 5 Abs. 2 Satz 1 GG).

4.33 Wie in anderen Bereichen des Medienrechts auch, muss damit bei der Bestimmung der konkreten Tragweite des Auskunftsanspruchs im Einzelfall eine Abwägung widerstreitender Interessen, mithin eine **Güterabwägung** vorgenommen werden.[124] Diese Güterabwägung ist jedenfalls insoweit, als nicht absolute Schranken des Auskunftsanspruchs wie die Beachtung gesetzlicher Geheimhaltungsvorschriften in Betracht kommen, schon durch die allgemeinen

---

121 So für das IFG Bund ausdrücklich VG Berlin AfP 2012, 211.
122 Ähnlich, wenn auch in Nuancen unterschiedlich, alle anderen Landespressegesetze bis auf Bayern.
123 LPG Bayern § 4 Abs. 2 Satz 2.
124 *Ricker/Weberling*, Kap. 20 Rz. 10; OLG Schleswig AfP 1985, 46 ff.; *Wente*, S. 33 ff.; *Steffen*, AfP 1988, 117.

Rechtsgrundsätze legitimiert, die die Rechtsprechung von BVerfG und BGH zum Spannungsfeld der Grundrechte aus Art. 5 GG einerseits und Art. 1 und 2 GG andererseits entwickelt hat (dazu im Einzelnen Rz. 12.67 ff.). Da dies so ist, ist es in der Praxis auch nur von geringer Bedeutung, dass der Wortlaut der Landespressegesetze die Schranken des Auskunftsanspruchs im Detail unterschiedlich definiert.[125] Abzuwägen sind danach generell das jeweils konkret in Frage stehende Informationsinteresse der Öffentlichkeit nach Aktualität und Intensität einerseits und das Gewicht derjenigen öffentlichen oder schutzwürdigen privaten Belange, die der Auskunftserteilung ganz oder teilweise entgegenstehen könnten, andererseits[126] (Einzelheiten in Rz. 4.51 ff.).

Das danach für die Bestimmung der Tragweite des Auskunftsanspruchs maßgebliche öffentliche Informationsinteresse seinerseits ist anhand des Gegenstands des Auskunftsersuchens zu bestimmen. Es ist immer zu bejahen, wo es um **politische Aktivitäten** des Bundes, der Länder oder der Kommunen geht.[127] Angelegenheiten aus dem politischen Bereich im weitesten Sinn sind stets Gegenstand eines legitimen öffentlichen Informationsinteresses, und der rechtliche Spielraum der Behörden zur Verweigerung von Auskünften ist entsprechend eng. So war etwa die Bundestagsverwaltung nach der zutreffenden Auffassung des VG Berlin[128] verpflichtet, der Presse Auskunft zu erteilen über die Rückzahlungen, die Bundestagsabgeordnete für den Einsatz dienstlich erworbener Lufthansa-Bonusmeilen zu privaten Zwecken an den Deutschen Bundestag geleistet haben. Dass das BVerwG[129] demgegenüber im Fall des Sachleistungsbezugs von Bundestagsabgeordneten durch seitens der Bundestagsverwaltung bezahlten Erwerb teurer Schreibgeräte oder Kameras in teilweise erheblichem Umfang den sowohl als Informationsanspruch gemäß dem IFG als auch medienrechtlich begründeten Auskunftsanspruch verneint hat, ist durch die Vorschrift des § 5 Abs. 2 IFG begründet, die im Fall des Auskunftsersuchens hinsichtlich persönlicher Daten eine Güterabwägung nicht zulässt; mit Recht hat demgegenüber das OVG Berlin-Brandenburg[130] in der Vorinstanz dem aus Art. 5 Abs. 1 GG abgeleiteten medienrechtlichen Auskunftsanspruch zur Geltung verholfen. Dass einzelne Bundestagsabgeordnete auf Kosten der Allgemeinheit zum Teil mehrere Exemplare eines teuren Schreibgeräts bezogen, kann mit legitimer Mandatsausübung nicht begründet werden; es stellt vielmehr einen Missbrauch dar, über den aufzuklären die Medien berechtigt sein müssen. Auch wenn es dem Auskunftsersuchenden um die Aufdeckung eines Korruptionsfalls im politischen Bereich geht, kann die Erwägung, dass dessen Bekanntmachung durch die Medien die Ehre des Verantwortlichen in Mitleidenschaft ziehen könnte, keinen Gesichtspunkt darstellen, der als schutzwürdiges privates Interesse des Betroffenen zur Begründung einer Auskunftsverweigerung herangezogen werden kann. Eine den Auskunftsanspruch beschränkende Rechtspflicht der Medien zur Schonung derjenigen, die für Missstände im öffentlichen Leben verantwortlich sind, gibt es schlechthin nicht.[131] Im politischen Bereich darf eine Auskunft allenfalls dann verweigert werden, wenn ihre Erteilung mit zwingenden materiellen Geheimhaltungsvorschriften (dazu Rz. 4.74 ff.) kollidieren oder wegen relativer Belang-

4.34

---

125 Löffler/*Burkhardt*, § 4 LPG Rz. 97 ff.

126 Zahlreiche Beispiele aus der Rechtsprechung bei *Wente*, S. 35 Fn. 77 ff.; zur insoweit gleich liegenden Problematik bei den Informationsfreiheitsgesetzen: *Partsch*, AfP 2012, 516 ff.

127 *Wente*, S. 34.

128 VG Berlin AfP 2008, 110 = ZUM 2008, 353 auf der Basis des IFG; der Anspruch war aber auch gemäß § 4 LPG Berlin begründet.

129 BVerwG AfP 2015, 184.

130 OVG Berlin-Brandenburg ZUM-RD 2017, 49; die gegen die medienrechtlich begründete Verurteilung zur Auskunftserteilung eingelegte Revision ist bei Abschluss des Manuskripts noch anhängig.

131 *Steffen*, AfP 1988, 117 ff.

losigkeit des Vorgangs und des mit der Auskunftserteilung verbundenen Aufwands unzumutbar sein würde.

4.35 Ein öffentliches Informationsinteresse besteht in der Regel aber auch an Angelegenheiten aus den Bereichen der **Wirtschaft**, der **Wissenschaft** und **der Kultur.** Nur fällt der Abwägungsvorgang in diesen Bereichen meist differenzierter aus als im politischen Bereich, weil etwa mit behördlicher Preisgabe von Details über die Verhältnisse von **privaten Wirtschaftsunternehmen** viel eher eine Verletzung von Geheimhaltungsvorschriften als absoluter Schranke des Auskunftsanspruchs oder von schutzwürdigen Belangen des Betroffenen verbunden sein kann. Hier müssen die um Auskunft ersuchten Behörden daher in den Abwägungsvorgang auch die Frage einbeziehen, ob und inwieweit die tatsächlichen Komplexe, um deren Aufklärung es den Medien in ihrer Fragestellung geht, jedenfalls eine Rückwirkung auf Belange der Öffentlichkeit haben können. Das wird beispielshalber bei der vermuteten Beteiligung eines Unternehmens an illegalem Waffenhandel oder an Drogengeschäften oder bei der vermuteten Gesundheitsschädlichkeit bestimmter Produkte regelmäßig der Fall sein,[132] während die Öffentlichkeit von der Frage, ob ein Unternehmer bei einer Trunkenheitsfahrt ertappt worden ist, in der Regel nicht oder nicht wesentlich tangiert ist. Die Auskunft über die Identität des Betroffenen wird daher in der Regel nicht erteilt werden dürfen (dazu Rz. 4.68). In einem solchen Fall schlägt daher das Interesse des Einzelnen, mit seinen persönlichen Belangen nicht an die Öffentlichkeit gezerrt zu werden, im Rahmen der Abwägung sehr viel stärker zu Buche als in den zuvor genannten Beispielsfällen.

4.36 Allerdings können auch **Angelegenheiten ohne direkte Öffentlichkeitsrelevanz** Gegenstand eines berechtigten Interesses einer breiten Öffentlichkeit sein, selbst wenn sie nur der Unterhaltung oder Erbauung des Publikums dienen.[133] Dass ein Auskunftsersuchen durch Angehörige der **Unterhaltungspresse** gestellt wird, steht der Berechtigung des Anspruchs daher nicht *per se* entgegen. Auch derartige Medien können im Prinzip Auskunftsansprüche geltend machen, und ein Informationsersuchen der Medien kann sich auch auf Angelegenheiten ohne politische oder gesellschaftliche Relevanz beziehen, wenn nur sein Gegenstand der in Anspruch genommenen Behörde bekannt ist. Das Gewicht der widerstreitenden Interessen, die die auskunftspflichtigen Behörden bei der Entscheidung über die Auskunftserteilung und gegebenenfalls deren Umfang zu berücksichtigen haben (dazu sogleich Rz. 4.37 ff.), wird in diesem Bereich jedoch tendenziell größer sein.

4.37 In die zur Bestimmung des konkreten Umfangs des Auskunftsanspruchs gebotene Güterabwägung sind einerseits das öffentliche Informationsinteresse und andererseits insbesondere die **Belange betroffener privater Personen oder Institutionen** einzubeziehen. Sie haben in den letzten Jahren als Schranke des Auskunftsanspruchs insbesondere unter Berücksichtigung datenschutzrechtlicher Aspekte, vor allem aber aufgrund der Rechtsprechung des BVerfG deutlich an Gewicht gewonnen und damit im Ergebnis den Spielraum der Behörden zur Verweigerung von Informationen womöglich ungewollt erweitert. So hat etwa das VG Köln[134] angenommen, die öffentlich-rechtlichen Betreiber des ehemaligen *Flughafens Tempelhof* seien nicht verpflichtet, Auskunft zu erteilen über den Wortlaut des Mietvertrags mit einem privaten Mieter und insbesondere darüber, zu welchen Konditionen das Areal an vergeben wurde, da dadurch überwiegende öffentliche und private Belange in Gestalt der berechtigten Interessen der Beteiligten an der Wahrung ihrer Geschäftsgeheimnisse tangiert würden; öffent-

---

132 *Wente*, S. 35 m.w.N.
133 Löffler/*Burkhardt*, § 3 LPG Rz. 34 f.; *Ricker/Weberling*, Kap. 19 Rz. 8.
134 VG Köln AfP 2011, 312 = ZUM 2012, 523.

liche Belange seien in Gestalt der Wahrung der Verhandlungsposition des Eigentümers im Rahmen einer künftigen Verwertung des Areals, private unter dem Aspekt der Wahrung des Geschäftsgeheimnisses des Mieters berührt. Diese Aspekte standen zwar der Forderung nach Bekanntgabe des Wortlauts des gesamten Mietvertrags entgegen, nicht aber derjenigen nach Bekanntgabe der wesentlichen Vertragsdetails wie der Identität des privaten Mieters, der finanziellen Konditionen und der Laufzeit des Vertrags; an diesen Details der Vermietung einer herausragenden Immobilie der öffentlichen Hand an ein privates Unternehmen bestand ein legitimes Informationsinteresse der Öffentlichkeit.[135]

Auch die Bestimmungen der Datenschutzgesetze über die **Weitergabe personenbezogener** **Daten** begründen keine unmittelbare Einschränkung des gesetzlichen Auskunftsanspruchs der Medien. Die Medien sind aufgrund der Vorschrift des Art. 85 DSGVO und der zu ihrer Ausführung in Deutschland erlassenen aktualisierten Landespresse- und -mediengesetze sowie der rundfunkrechtlichen Staatsverträge zur Erhebung, Speicherung und Verarbeitung personenbezogener Daten zu journalistischen Zwecken berechtigt;[136] dazu im Einzelnen Rz. 1.25 ff. Und die Verpflichtung der Behörden zur Erfüllung des medienrechtlichen Auskunftsanspruchs gehört zu deren gesetzlichen Aufgaben (Rz. 4.5). Daher gilt das datenschutzrechtliche Verbot der Weitergabe von Daten im Rahmen des Auskunftsanspruchs der Medien gegenüber den auskunftspflichtigen Behörden prinzipiell nicht. Mittelbar hat jedoch der Aspekt der Schutzwürdigkeit privater Daten und sonstiger Informationen gegen die Preisgabe durch Behörden durch das Volkszählungsurteil des BVerfG[137] erheblich an Gewicht gewonnen, in dem das Gericht aus dem Zusammenwirken datenschutzrechtlicher Gesichtspunkte mit dem bereits zuvor mit Verfassungsrang ausgestatteten Allgemeinen Persönlichkeitsrecht ein **Recht auf informationelle Selbstbestimmung** entwickelt hat. Danach ist es dem Einzelnen vorbehalten, 4.38

„... grundsätzlich selbst zu entscheiden, wann und innerhalb welcher Grenzen persönliche Lebenssachverhalte offenbart werden ...“[138]

Dieses Recht auf informationelle Selbstbestimmung gilt zwar seinerseits nicht schrankenlos; die Bestimmungen der Landespressegesetze über den Auskunftsanspruch der Medien schränken es nach wie vor ein. Der Gesichtspunkt der schutzwürdigen Belange Privater, der von den Behörden in die Entscheidung über die Auskunftserteilung und gegebenenfalls den Umfang der Auskunft einzubeziehen ist, hat jedoch durch das Volkszählungsurteil im Rahmen der Abwägungsproblematik als Rechtfertigung einer Auskunftsverweigerung deutlich an Gewicht gewonnen.[139]

Das gilt insbesondere auch für in **staatlichen Archiven** gespeicherte personenbezogene Daten. Betreffen sie **Verstorbene**, so unterliegen sie nicht den Bestimmungen der der DSGVO und der Datenschutzgesetze des Bundes und der Länder.[140] Nach § 11 Abs. 1, Abs. 2 Satz 1 BArchG dürfen sie erst nach Ablauf von 30 Jahren und im Fall geheimhaltungsbedürftiger Unterlagen 60 Jahre nach ihrer Entstehung, frühestens aber zehn Jahre nach dem Tod des Betroffenen genutzt werden. Die Weitergabe personenbezogener Daten betreffend Verstorbe- 4.39

---

135 So zutreffend in der Berufungsinstanz OVG Münster AfP 2014, 181 = ZUM-RD 2014, 307.
136 BGH AfP 2009, 401 = NJW 2009, 2888 – Spickmich.de; für die Rechtslage vor Inkrafttreten der DSGVO vgl. § 14 Abs. 2 Nr. 1 BDSG a.F.; a.A. OVG Münster AfP 2009, 295 zu § 11 BDSG a.F.; vgl. schon *Wente*, S. 153 f.
137 BVerfG NJW 1984, 419 – Volkszählungsgesetz.
138 BVerfG NJW 1984, 419 – Volkszählungsgesetz.
139 *Wente*, S. 131 ff.
140 Plath/*Grages*, Art. 89 DSGVO Rz. 9 f.

ne oder die Gewährung von Einsicht in sie betreffende Archivmaterialien werden die Medien unter Berufung auf den gesetzlichen Auskunftsanspruch nicht ohne Einschränkung verlangen können, weil ihm in diesen Fällen höherrangige Prinzipien des Verfassungsrechts entgegen stehen können. Es ist daher gerechtfertigt, dass das Bundesarchiv die Einsicht in Urkunden über dienstliche und private Verhältnisse von Kriegsteilnehmern vor Ablauf von 30 Jahren unter Hinweis auf seine Benutzungsordnung versagt hat, die in Übereinstimmung mit den gesetzlichen Sperrfristen vorsieht, dass personenbezogene Materialien in der Regel erst 30 Jahre nach dem Tod des Betroffenen freigegeben werden.[141] Die Schutzfristen nach § 11 Abs. 1–3 BArchG sind allerdings nicht auf Archivgut des Bundes anzuwenden, das bereits bei seiner Entstehung zur Veröffentlichung bestimmt war oder vor der Übergabe an das Bundesarchiv auf der Basis eines Informationsfreiheitsgesetzes bekanntgegeben worden ist (§ 11 Abs. 5 BArchG), sowie auf Archivgut, das sich auf Amtsträger in Ausübung ihrer Ämter und auf Personen des öffentlichen Lebens bezieht, es sei denn ihr schutzwürdiger privater Lebensbereich wäre betroffen (§ 11 Abs. 4 BArchG). Damit entfaltet das Archivrecht für wesentliche Bereiche des öffentlichen Interesses keine Sperrwirkung. Obendrein kann das Bundesarchiv die Schutzfristen unter den Voraussetzungen des § 12 BArchG insbesondere für wissenschaftliche Zwecke verkürzen; einen besonderen, medienrechtlich begründeten Anspruch auf Verkürzung der Schutzfristen jenseits des Wortlauts des Gesetzes gibt es aber nicht.[142] In Archiven gespeicherte **personenbezogene Daten Lebender** unterliegen demgegenüber den Bestimmungen der Datenschutzgesetze,[143] die aber journalistische Recherche und damit auch die presserechtlichen Auskunftsansprüche nicht einschränken (Rz. 4.38).

dd) Neutralität

4.40 In ihrer Öffentlichkeitsarbeit und damit in Erfüllung ihrer Auskunftspflicht haben die Behörden strikte Neutralität walten zu lassen.[144] Das gilt unter zweierlei Aspekten und ergibt sich, soweit nicht in den Landespressegesetzen ausdrücklich bestimmt, zum einen aus der verfassungsrechtlichen Legitimation des Auskunftsanspruchs der Medien (dazu Rz. 1.10 ff. und Rz. 4.3 ff.) und zum anderen aus dem Gleichbehandlungsgrundsatz des Art. 3 Abs. 1 GG.

4.41 Ausdrücklich ordnen die Landespressegesetze allerdings Neutralität nur in zeitlicher Hinsicht an, wenn sie bestimmen:[145]

„Der Verleger einer Zeitung oder Zeitschrift kann von den Behörden verlangen, dass ihm deren amtliche Bekanntmachungen nicht später als seinen Mitbewerbern zur Verwendung zugeleitet werden."

Die praktische Relevanz dieser Bestimmung ist im Zeitalter elektronischer Kommunikation vermutlich nur noch gering, wenngleich die öffentliche Verwaltung sich nicht in jedem Fall nach ihr gerichtet hat und dazu im Einzelfall gerichtlich angehalten werden musste.[146] Es handelt sich um eine gesetzgeberische Konkretisierung des Gleichbehandlungsgrundsatzes aus Art. 3 Abs. 1 GG, die sich auf offizielle Verlautbarungen der Behörden beschränkt,[147] also

---

141 OVG Koblenz NJW 1984, 1135.
142 VGH Mannheim AfP 2015, 471.
143 Plath/*Grages,* Art. 89 DSGVO Rz. 9 f.
144 BVerfG NJW 1987, 827; OVG Bremen NJW 1990, 933; *Ricker/Weberling,* Kap. 21 Rz. 1 ff.; hierzu auch *Soehring,* AfP 1995, 449 ff.; BVerwG NJW 1997, 2694 = ZUM 1998, 78.
145 § 4 Abs. 4 LPG Nordrhein-Westfalen; ähnlich die übrigen Landespressegesetze bis auf Bayern.
146 VGH Baden-Württemberg AfP 1992, 95; BVerwG AfP 1992, 402.
147 Löffler/*Burkhardt,* § 4 LPG Rz. 138 ff.; BVerwG NJW 1997, 2694 = ZUM 1998, 78; VG Sigmaringen AfP 1998, 429.

auf Fälle **aktiver Informationspolitik** in Gestalt amtlicher Mitteilungen. Ihr unmittelbarer Regelungsgehalt gilt damit nur einem engen Teilbereich staatlicher Informationspolitik. Die Vorschrift betrifft ihrem Wortlaut nach nicht den eigentlichen Auskunftsanspruch, den die Medien in eigener Initiative geltend machen und mit dem sie ihrerseits erst aktive Recherche betreiben können.

Allerdings ist es mit dem Sinn dieser gesetzlichen Regelung ebenso wenig vereinbar wie mit allgemein gültigen verfassungsrechtlichen Prinzipien, wenn eine Gemeinde es ablehnt, **nicht amtliche Mitteilungen** und Nachrichten, die sie einzelnen Redaktionen zur Verfügung stellt, auch deren Mitbewerbern zu überlassen, weil der Wortlaut des Gesetzes sich nur auf amtliche Mitteilungen beziehe.[148] Auf derselben Linie liegt es, wenn eine Gemeinde dem Verleger eines örtlich verbreiteten **Anzeigenblatts** als Gegenleistung für die regelmäßige Verbreitung der Gemeindenachrichten einen **Vertriebskostenzuschuss** bezahlt, den ein Wettbewerber von ihr nicht erhält. Entgegen der Auffassung des OLG Frankfurt[149] ist eine derartige Subvention nicht nur dann rechtswidrig, wenn es dafür keine gesetzliche Grundlage gibt, verstößt die in dieser Praxis liegende Bevorzugung eines Verlags durch die öffentliche Hand vielmehr auch dann gegen das Neutralitätsgebot, wenn sie auf einer gemeindlichen Satzung beruht.[150] Unzulässig ist es daher auch, wenn eine Kommune einen Verleger damit beauftragt, ein **kommunales Informations- und Anzeigenblatt** zu produzieren und zu verbreiten, das sich – wie private Anzeigenblätter auch – überwiegend aus dem Anzeigenaufkommen finanziert, hinsichtlich dessen die Kommune dem Verleger aber die Übernahme einer etwa entstehenden Unterdeckung zusagt.[151] Und einen Verstoß gegen das Neutralitätsgebot, der sich im Ergebnis auch als Verstoß gegen das Verbot unlauterer Werbung gemäß § 3 UWG erweisen kann, stellt es dar, wenn eine Gemeinde in ihren **amtlichen Bekanntmachungen** Materialien zur Förderung des Solarstroms anbietet, die sie auf der Grundlage einer geschäftlichen Zusammenarbeit mit ausgewählten Installationsbetrieben hat erstellen lassen.[152]

Tatsächlich ist auch die Bestimmung der Landespressegesetze über die Neutralitätspflicht der Behörden nur eine Konkretisierung verfassungsrechtlicher Grundsätze, denen das Postulat strikter Neutralität bereits unmittelbar zu entnehmen ist. Schon der **Gleichbehandlungsgrundsatz** des Art. 3 Abs. 1 GG verbietet es staatlichen Stellen, bei der Entscheidung über Zeitpunkt, Inhalt oder Umfang zu erteilender Informationen zwischen einzelnen Presseverlagen oder sonstigen Medien zu differenzieren.[153] Schon er verbietet daher insbesondere ein differenzierendes Informationsverhalten von Behörden durch **selektive Verteilung von Informationsmaterial**[154] oder eine **gezielte finanzielle Förderung** eines von mehreren konkurrierenden Verlagen.[155] Gleichermaßen ist es staatlichen Stellen untersagt, zwischen einzelnen auskunftssuchenden Redakteuren zu differenzieren und sich auf diesem Wege – gleichgültig ob gezielt oder nur als Nebeneffekt – Einfluss auf die Berichterstattung der Medien zu ver-

4.42

4.43

---

148 So aber VGH Baden-Württemberg AfP 1992, 95.
149 OLG Frankfurt a.M. AfP 1993, 493 = ZUM 1994, 118.
150 Ähnlich für ein von einer Kommune selbst herausgegebenes Amtsblatt mit redaktionellem und Anzeigenteil BGH NJW 2019, 763 = GRUR 2019, 189 – Crailsheimer Stadtblatt II; OLG Stuttgart AfP 2016, 171 = ZUM 2016, 666; dazu schon *Soehring*, AfP 1995, 449 ff.
151 A.A. OLG Naumburg WRP 1995, 61.
152 BGH AfP 2013, 129 – Solarinitiative.
153 BVerwG NJW 1997, 2694 = ZUM 1998, 78; VG Bremen NJW 1997, 2696; *Löffler/Burkhardt*, § 4 LPG Rz. 136 ff.; *Ricker/Weberling*, Kap. 21 Rz. 2; *Soehring*, AfP 1995, 449 ff.; VG Bremen NJW 1997, 2696; BVerwG NJW 1997, 2694 = ZUM 1998, 78.
154 VGH Baden-Württemberg AfP 1992, 95; KG AfP 1998, 630 = NJW 1998, 3573.
155 OLG Frankfurt a.M. AfP 1993, 493 = ZUM 1994, 118; OLG Naumburg WRP 1995, 61.

schaffen.[156] Umgekehrt ist es den Behörden unter dem Gesichtspunkt der Gleichbehandlung nicht verwehrt, im Zuge der Umstellung ihres Informationssystems auf elektronische Datenübertragung die Belieferung eines einzelnen Journalisten per Telefax einzustellen, selbst wenn er in der Vergangenheit so beliefert wurde und die Fortsetzung dieser Praxis wünscht.[157] Solange aber eine Behörde Auskunftsersuchen in sachgerechter Weise zügig bearbeitet, ergibt sich aus dem früheren Eingang eines Ersuchens kein Anspruch des betreffenden Mediums darauf, früher als ein anderes beschieden zu werden, das ein gleichlautendes Ersuchen später gestellt hat; ein **Anspruch auf Aktualitätsvorsprung** gegenüber in derselben Angelegenheit recherchierenden Mitbewerbern lässt sich weder den Landespressegesetzen noch dem Gleichbehandlungsgrundsatz entnehmen.[158] Und ein anderweitig unbegründeter medienrechtlicher Auskunftsanspruch wird nicht dadurch begründet, dass die ersuchte Behörde dem auf ein Informationsfreiheitsgesetz gestützten Ersuchen eines Anderen entsprochen hat.[159]

4.44 Eine Differenzierung im Auskunftsverhalten kann insbesondere nicht mit angeblicher Effektivität oder Ineffektivität, Seriosität oder Unseriosität oder auch nur einer Unterscheidung nach dem wissenschaftlichen Niveau der Medien gerechtfertigt werden, die im Einzelfall um eine Auskunft nachsuchen.[160] Mit Recht ist daher auch die damalige Praxis des Berliner Senats für verfassungswidrig gehalten worden, Kosten der Begleitung von Regierungsdelegationen auf Auslandsreisen durch ausgewählte Journalisten zu übernehmen oder in sonstiger Weise Einfluss auf die Auswahl der begleitenden und dann auch berichtenden Journalisten zu nehmen.[161] Das Gleichbehandlungsgebot gilt allerdings nur mit Einschränkungen für die **Begründung des Auskunftsersuchens**. Wird es von dem einen Journalisten medienrechtlich und von dem anderen auf der Basis eines Informationsfreiheitsgesetzes geltend gemacht und erweist es sich nur unter einem dieser rechtlichen Aspekte als begründet, so darf und muss die Behörde nach der Rechtsprechung des BVerwG differenzieren und nur dem begründeten Ersuchen stattgeben, selbst wenn der Gegenstand der Auskunft identisch ist[162] (vgl. schon Rz. 1.18).

4.45 Die Erwägung etwa, dass eine bestimmte Zeitung im Ruf **unseriöser, überzogener Berichterstattung** steht, scheidet daher als Rechtfertigung einer Auskunftsverweigerung oder sonstigen Benachteiligung bei der Auskunftserteilung schlechthin aus. Das gilt auch für eine Befürchtung der auskunftspflichtigen Behörde, dass eine Redaktion die sachgerechte, seriöse Verarbeitung und Verbreitung ihr erteilter Auskünfte nicht zu gewährleisten scheint. Mit Recht hat daher das VG Berlin[163] die Entscheidung der dortigen Polizeibehörden für unzulässig erklärt, Redakteure einer als **links** geltenden Tageszeitung von **Pressegesprächen** auszuschließen, die den Repräsentanten aller übrigen in Berlin tätigen Redaktionen offenstanden. Ebenso unzulässig war die Versagung des Zutritts zur Teilnahme an der Einweihung der neuen Bayerischen Staatskanzlei und einem aus diesem Anlass veranstalteten Pressegespräch durch die Bayerische Staatsregierung gegenüber einem Journalisten mit der Begründung, der Betroffene habe in der Vergangenheit kritische Berichte über den Neubau geschrieben und sei daher auf eine erneute Besichtigung nicht mehr angewiesen.[164] Ließe man derartige Differen-

---

156 VG München AfP 1993, 609 = NJW 1994, 1976; OVG Münster NJW 1996, 2882.
157 VG Minden NJW 2001, 315.
158 VG Berlin AfP 2015, 381 = ZUM-RD 2015, 752.
159 VGH Mannheim AfP 2015, 471.
160 BVerwG NJW 1997, 2694 = ZUM 1998, 78; anders noch BVerwG NJW 1993, 675.
161 VG Berlin AfP 1996, 97 = NJW 1996, 410.
162 BVerwG AfP 2016, 564; VG Berlin AfP 2015, 381 = ZUM-RD 2015, 752.
163 VG Berlin AfP 1985, 77.
164 VG München AfP 1993, 609 = NJW 1994, 1976.

zierungen zu, so liefe das auf die Gewährung von Einfluss für staatliche Stellen auf den Inhalt von Publikationen oder deren tendenzielle Grundlinie und damit auf eine klare Verletzung des Grundrechts der Pressefreiheit hinaus.[165]

Daher ist es auch unzulässig, wenn eine Kreisverwaltung, die ortsansässigen Journalisten regelmäßig von sich aus **Pressemitteilungen** zustellt, einen bestimmten ebenfalls ortsansässigen Journalisten entgegen dessen ausdrücklichem Antrag von der Verteilung ausschließt und dies mit dem Argument begründet, eine Analyse seiner Veröffentlichungen über einen längeren Zeitraum habe ergeben, dass er sich nur zu einem geringen Teil und auch nur auf einem eingeschränkten Sachgebiet mit lokalen Themen befasse.[166] Nach den Landespressegesetzen besteht kein Rechtsanspruch auf regelmäßige Verteilung von Pressemitteilungen durch staatliche Stellen; wird ein entsprechender Verteildienst eingerichtet, müssen die betreffenden Behörden aber auch insoweit strikte **Neutralität** walten lassen. Effizienzgesichtspunkte, die der gegenteiligen Auffassung zugrunde liegen mögen, können jedenfalls im Zeitalter der elektronischen Kommunikation keine Rolle spielen. Und die Tatsache, dass auskunftsersuchende Medien nicht gehalten sind, ihre **konkreten Recherchevorhaben** oder gar Veröffentlichungsabsichten offenzulegen (Rz. 4.14), steht auch im Zusammenhang mit der aktiven Verteilung von Informationsmaterial durch öffentliche Stellen jedweder Selektion entgegen. 4.46

Mit Recht unumstritten wird heute von einer Rechtspflicht der Gerichtsverwaltungen zur Überlassung **gerichtlicher Entscheidungen** an die Medien zum Zweck der Auswertung und, sofern gewünscht, Publikation ausgegangen.[167] Das gilt auch für noch nicht rechtskräftige Entscheidungen.[168] Gerichtsentscheidungen der Öffentlichkeit zugänglich zu machen, stellt eine verfassungsunmittelbare Aufgabe der rechtsprechenden Gewalt dar, die alle Entscheidungen umfasst, an denen ein öffentliches Interesse bestehen kann.[169] Die Tatsache, dass die in den meisten Fällen im Hinblick auf Geschäftsgeheimnisse oder etwa Persönlichkeitsrechte häufig gebotene Anonymisierung der Beteiligten an dem jeweiligen Verfahren mit Aufwand verbunden ist, rechtfertigt es nicht, die Übersendung einer von den Medien angeforderten Entscheidung zu verweigern.[170] 4.47

Staatliche Behörden sind unter keinen Umständen dazu berufen, Medien zu zensieren oder zu kategorisieren; dieses im Grundgesetz ausdrücklich verankerte Prinzip (Art. 5 Abs. 1 Satz 3 GG) darf auch nicht dadurch ausgehöhlt werden, dass Behörden über die Gewährung oder Nichtgewährung von Auskünften Einfluss auf den Inhalt von Publikationen zu nehmen suchen. Das gilt auch für die **Veröffentlichung** und, soweit von den Medien verlangt, **Herausgabe von Urteilsabschriften**.[171] Es ist daher nicht zulässig, die Herausgabe von Entscheidungen auf Fachzeitschriften zu beschränken.[172] Seine gegenteilige Praxis,[173] in der es von der Zulässigkeit der Selektion zum Bezug berechtigter Medien auf der Basis von deren wissen- 4.48

---

165 BVerfG AfP 1979, 301 = NJW 1979, 1400 – Kölner Volksblatt; VG Berlin AfP 1985, 77; vgl. auch *Soehring*, AfP 1995, 449 ff.
166 A.A. VGH Mannheim AfP 1989, 587; *Ricker/Weberling*, Kap. 21 Rz. 2.
167 BVerfG AfP 2015, 540 = NJW 2015, 3708; BVerwG NJW 1997, 2694 = ZUM 1998, 78.
168 BVerfG AfP 2015, 540 = NJW 2015, 3708; BVerwG NJW 1997, 2694 = ZUM 1998, 78.
169 BVerwG NJW 1997, 2694 = ZUM 1998, 78; OVG Münster NJW 1997, 144; OLG Celle AfP 1990, 306 = NJW 1990, 2570; OVG Lüneburg AfP 1996, 301 = NJW 1996, 1489; *Soehring*, AfP 1995, 449 ff.
170 BVerwG NJW 1997, 2694 = ZUM 1998, 78; LG Berlin AfP 2002, 61 = NJW 2002, 838.
171 BVerwG NJW 1997, 2694 = ZUM 1998, 78.
172 BVerwG NJW 1997, 2694 = ZUM 1998, 78.
173 BVerwG AfP 1994, 74 = NJW 1993, 674.

schaftlichem Niveau ausging, hat das BVerwG mit Recht aufgegeben.[174] Mit Recht hat auch
der VGH Mannheim[175] das BVerfG verpflichtet, seine Entscheidungen, die es auf der Grundlage einer langjährigen Vereinbarung exklusiv dem Online-Portal *juris* zur Veröffentlichung
zur Verfügung gestellt hatte, zu denselben Bedingungen auch einem Wettbewerber zugänglich
zu machen; dass sich ausgerechnet das BVerfG zur Rechtfertigung seiner anderweitigen Praxis
offenbar auf ein angebliches Urheberrecht berufen hat, ist schon im Hinblick auf den klaren
Wortlaut von § 5 Abs. 1 UrhG unverständlich. Und schließlich können selbstverständlich
mittelbare oder gar unmittelbare **finanzielle Interessen** der für die Information der Medien
verantwortlichen Behörden- oder Gerichtsbediensteten eine Differenzierung zwischen unterschiedlichen auskunftssuchenden Medien nicht rechtfertigen. So ist es insbesondere unzulässig, wenn die für die Veröffentlichung gerichtlicher Entscheidungen zuständige Kommission
eines Gerichts und die mit ihr zusammenarbeitende Gerichtsverwaltung Entscheidungen nur
oder zeitlich bevorzugt an die Redaktion einer Fachzeitschrift abgibt, deren nebenamtliche
Mitarbeiter Mitglieder des Gerichts sind.[176]

ee) Zumutbarkeit

4.49 Die Mehrheit der Landespressegesetze schränkt den Auskunftsanspruch ferner für den Fall
ein, dass der Umfang der geforderten Auskunft das **zumutbare Maß überschreitet**,[177] während eine Reihe weiterer Länder[178] diese Einschränkung nicht ausdrücklich vorsieht. Bei ihr
handelt es sich aber um nichts anderes als eine Ausprägung des in unserer Rechtsordnung
generell geltenden Verbots des Rechtsmissbrauchs, so dass sich in den Fällen, in denen dies
überhaupt in Betracht kommt, die Behörden auch derjenigen Länder auf sie berufen können,
die eine entsprechende ausdrückliche Regelung nicht vorsehen. Diese Einschränkung des
Auskunftsanspruchs soll einer Störung der Behörden durch übertriebene oder schikanöse
Auskunftsersuchen vorbeugen.[179] Sie stellt damit keinen zusätzlichen materiellen Verweige-
rungsgrund dar. Nur wenn sie in diesem Sinn als Konkretisierung des Verbots rechtsmissbräuchlichen Verhaltens verstanden und in der Anwendung auf Extremfälle beschränkt wird,
ist die Vorschrift im Hinblick darauf, dass der Informationsanspruch der Medien seinerseits
verfassungsrechtlich legitimiert ist, verfassungskonform.[180] Vor allem aber begründet diese
Bestimmung nicht das Recht, die Beantwortung von Fragen zu bestimmten Sachverhaltskom-
plexen generell zu verweigern. Sie rechtfertigt – ihrem Wortlaut entsprechend – die Auskunftsverweigerung allenfalls insoweit, als eben durch den **Umfang des Auskunftsersuchens**
das Maß des Zumutbaren überschritten wird.

---

174 BVerwG NJW 1997, 2694 = ZUM 1998, 78; so wohl auch BVerfG AfP 2015, 540 = NJW 2015,
     3708.
175 VGH Mannheim ZUM 2013, 814 – juris-Privileg.
176 BVerwG NJW 1997, 2694 = ZUM 1998, 78; VGH Mannheim ZUM 2013, 814 – juris-Privileg;
     OVG Bremen NJW 1989, 926; VG Hannover AfP 1994, 82 = NJW 1993, 3282; ähnlich OLG Celle
     AfP 1990, 306 = NJW 1990, 2570; anders noch BVerwG AfP 1994, 74 = NJW 1993, 675; OVG Lüne-
     burg AfP 1996, 301 = NJW 1996, 1489; Löffler/*Burkhardt*, § 4 LPG Rz. 139 ff.; zum Ganzen *Soeh-
     ring*, AfP 1995, 449 ff.
177 Baden-Württemberg, Niedersachsen, Nordrhein-Westfalen, Rheinland-Pfalz, Sachsen, Sachsen-An-
     halt, Schleswig-Holstein, jeweils § 4 Abs. 2 Ziff. 4; Mecklenburg-Vorpommern § 4 Abs. 3 Ziff. 4;
     Brandenburg, Saarland jeweils § 5 Abs. 2 Ziff. 4.
178 Bayern, Berlin, Bremen, Hamburg und Thüringen.
179 *Schröer-Schallenberg*, S. 130; *Ricker/Weberling*, Kap. 20 Rz. 12.
180 *Ricker/Weberling*, Kap. 20 Rz. 13.

ff) Beschränkung auf Tatsachen

Der durch die Landespressegesetze gewährleistete Informationsanspruch der Medien ist auf die Erteilung von Auskünften über **Tatsachen** gerichtet, die den jeweiligen Behörden zu einem bestimmten Komplex bekannt sind. Es muss sich um bei der in Anspruch genommenen Behörde **vorhandene Informationen** handeln. Die Medien können nicht verlangen, dass Behörden sich anderweitig, aber nicht bei ihnen vorhandene Informationen erst beschaffen, um auf deren Basis Auskunft erteilen zu können[181] (dazu schon Rz. 4.28). Es besteht auch kein Anspruch darauf, dass die Behörden Informationen oder sonstiges Material erst generieren[182] oder dass sie bestimmte tatsächliche Vorgänge **bewerten,** sonstwie kommentieren[183] oder dass sie nicht realisierte, noch nicht verbindlich gewordene Planungen, Ideen oder Vorhaben mitteilen.[184] Daraus folgt ohne weiteres, dass aus dem gesetzlichen Auskunftsanspruch auch kein Anspruch der Medien darauf abgeleitet werden kann, von Behördenleitern oder bestimmten Politikern **Interviews** zu erhalten.[185] In der Entscheidung darüber, ob und welchen Medien Interviews gewährt werden, sind die Behörden und ihre Leiter vielmehr frei. Auch ist ein in kommunaler Verantwortung geführtes und daher prinzipiell auskunftspflichtiges Opernhaus (Rz. 4.21 f.) nicht verpflichtet, einem Fotojournalisten zu gestatten, eigene Fotos von einer Opernpremiere zu fertigen, wenn es ein generelles Fotografierverbot erlassen hat.[186]

4.50

b) Abwägungskriterien

Mit der Feststellung, dass die formalen Voraussetzungen für die Geltendmachung des Auskunftsanspruchs erfüllt sind, ist die Frage, ob der Anspruch im konkreten Einzelfall begründet ist, jedoch noch nicht entschieden. Vielmehr ergibt sich in der Praxis der Zusammenarbeit zwischen staatlichen Stellen und Redaktionen eine Fülle von spezifischen Konstellationen, in denen tatsächlich oder vermeintlich berechtigte Informationsinteressen der Öffentlichkeit, denen die Medien durch die Realisierung ihres Auskunftsanspruchs und darauf aufbauende Berichterstattung gerecht werden wollen, mit entgegenstehenden Belangen der auskunftspflichtigen Stellen selbst oder vor allem Dritter kollidieren. Derartige Kollisionen müssen jeweils unter Beachtung der in den Landespressegesetzen normierten Abwägungskriterien und des grundsätzlichen verfassungsrechtlichen Stellenwerts sowohl des Auskunftsanspruchs als auch der ihm im Einzelfall entgegenstehenden Belange gelöst werden.

4.51

aa) Straf-, Ermittlungs- und Verwaltungsverfahren

Nach § 4 Abs. 2 Nr. 1 LPG Nordrhein-Westfalen und den vergleichbaren Normen der übrigen Landespresse- und Mediengesetze besteht ein Auskunftsanspruch nicht, wenn durch die Auskunft

4.52

„...die sachgemäße Durchführung eines schwebenden Verfahrens vereitelt, erschwert, verzögert oder gefährdet werden könnte."

---

181 BVerwG NJW 2013, 2538 = ZUM 2013, 904.
182 BVerwG AfP 2013, 355 = ZUM 2013, 694; OVG Berlin-Brandenburg AfP 2017, 334 = ZUM-RD 2017, 291; VG Köln AfP 2011, 511.
183 OVG Münster AfP 1996, 299 = NJW 1995, 2741; Löffler/*Burkhardt*, § 4 LPG Rz. 85.
184 OVG Saarlouis AfP 2008, 653 = NJW 2008, 777.
185 VGH Mannheim AfP 1989, 587; *Ricker/Weberling*, Kap. 21 Rz. 2.
186 OLG Münster AfP 2013, 162.

Dabei kann es sich um jede Art von rechtlich geregelter Behandlung eines Einzelfalls durch Träger hoheitlicher Gewalt handeln.[187] Gesetzgebungsverfahren der Parlamente des Bundes und der Länder sind hingegen keine Verfahren im Sinn dieser Bestimmung.[188] In der Praxis handelt es sich bei den Verfahren im Sinn von § 4 Abs. 2 Nr. 1 LPG insbesondere um **Straf-, Ermittlungs-, und Verwaltungsverfahren** sowie Verfahren vor Disziplinargerichten oder parlamentarischen Untersuchungsausschüssen.[189] Hier ist das Konfliktpotential zwischen dem Informationsbedürfnis der Medien und dem Anliegen der Betroffenen, mit ihren Verfahren nicht vor die Öffentlichkeit gezerrt zu werden, besonders groß – einem Anliegen, dem die Ermittlungsbehörden und Gerichte im Rahmen ihrer Informationstätigkeit Rechnung zu tragen haben. Für Auskünfte, die von anderen öffentlichen Stellen als der ermittelnden Behörde oder am Verfahren nicht beteiligten Privaten verlangt werden können, ist dies in §§ 474 ff. StPO detailliert geregelt. Für Auskunftsersuchen der Medien enthalten diese Bestimmungen mangels Zuständigkeit des Bundesgesetzgebers aber keine Regelungen.

4.53　Doch stehen Rechtspflege und Verwaltungshandeln nicht ohne Grund im Mittelpunkt des Informationsinteresses der Medien und der Öffentlichkeit. Sie sind wesentlicher Teil der staatlichen Gewalt. Geheimprozesse sind Markenzeichen eines jeden totalitären Regimes und mit den Gegebenheiten eines demokratischen Rechtsstaats schlechthin nicht zu vereinbaren. Zur Rechtspflege gehören auch nicht nur die Rechtsprechung staatlicher Gerichte, sondern auch die Tätigkeit von **Polizei** und **Staatsanwaltschaften**, aber auch die Durchsetzung von staatlichen Vorgaben und Entscheidungen etwa im Bereich des Baurechts oder des Umwelt- oder Verbraucherschutzes durch die zuständigen Verwaltungsbehörden. Alle diese Ausprägungen hoheitlichen Handelns unterliegen in prinzipiell gleicher Weise der kritischen Beobachtung durch die Medien wie andere Bereiche staatlichen Handelns auch. Das gilt auch für die Namen der auf Seiten der Behörden und Gerichte mitwirkenden Personen. Gerade auch in Strafverfahren haben die Medien einen legitimen Anspruch darauf, dass ihnen die Namen der mitwirkenden Staatsanwälte und Verteidiger bekannt gegeben werden;[190] deren Allgemeines Persönlichkeitsrecht steht dem nicht entgegen.

4.54　Die Frage nach der Tragweite des Informationsanspruchs ist auch in diesem Zusammenhang unabhängig davon zu beantworten, ob und in welcher Weise die Medien die geforderte Information der Öffentlichkeit tatsächlich zugänglich machen dürften. Die Verantwortung für Art und Umfang der Veröffentlichung von Informationen, die die Medien von auskunftspflichtigen Behörden erhalten haben, tragen allein sie, und die auskunftspflichtigen staatlichen Stellen sind prinzipiell nicht dazu berufen, ihr Ermessen hinsichtlich einer dem Gegenstand angemessenen Berichterstattung an die Stelle desjenigen der Medien zu setzen (Rz. 4.14).[191] Die Medien brauchen im Vorfeld der Berichterstattung mehr Bewegungsfreiheit als bei der späteren Veröffentlichung,[192] und daran muss sich auch die Handhabung von Auskunftsersuchen in Ermittlungs-, Straf- und Verwaltungsverfahren orientieren. Es ist daher auch im Zusammenhang mit justizförmigen Verfahren nicht zulässig, die Entscheidung über einen Auskunftsanspruch von einer amtlichen Prognose darüber abhängig zu machen, ob die Verwendung der erbetenen Auskunft in der Medienberichterstattung ihrerseits in geschützte Rechte

---

187 Löffler/*Burkhardt*, § 4 LPG Rz. 104.
188 VG Berlin AfP 2015, 279.
189 Löffler/*Burkhardt*, § 4 LPG Rz. 104.
190 BVerwG AfP 2015, 80 = NJW 2015, 807.
191 BVerfG AfP 2010, 365 = ZUM 2010, 961; BGH NJW 2017, 3153 – Unterstützung von peerblog.
192 *Steffen*, AfP 1988, 117, 118.

der Betroffenen und insbesondere ihr Allgemeines Persönlichkeitsrecht eingreifen wird.[193] Hieraus ist zu folgern:

Auch die Tätigkeit der Gerichte sowie der Ermittlungs- und Verwaltungsbehörden ist Gegen- **4.55** stand eines berechtigten Informationsinteresses der Medien und damit legitimer Gegenstand eines Auskunftsanspruchs.[194] Die zuständigen staatlichen Stellen haben zwar in jedem Stadium des Verfahrens die **Unschuldsvermutung** des Art. 6 Abs. 2 EMRK zu beachten, die in der Bundesrepublik Deutschland unmittelbar geltendes Recht ist.[195] Sie dürfen damit auch im Rahmen der Erfüllung ihrer Auskunftpflichten den Medien gegenüber Verdächtige nicht als überführt oder, in entsprechender Anwendung dieses Gedankens, Sachverhalte nicht als fest- stehend darstellen, die sich erst im Ermittlungsstadium befinden.[196] Verstoßen sie gegen die- sen Grundsatz, setzen sich auch Behörden Ansprüchen der vom Verstoß Betroffenen aus.[197]

So war es beispielsweise im Fall des Nudelfabrikanten *Birkel* unzulässig, den noch nicht verifi- **4.56** zierten Verdacht einer Verseuchung bestimmter Lebensmittel aus seiner Produktion im Wege von Behördeninformationen in einer Weise zu verbreiten, dass die Medien und die von ihnen informierte Öffentlichkeit von seiner Richtigkeit ausgehen mussten.[198] Und im Fall *Mannes- mann* verstieß die Staatsanwaltschaft gegen die Grundsätze eines fairen Verfahrens, indem sie in einer Presseverlautbarung über die Einleitung eines Ermittlungsverfahrens gegen Verant- wortliche des *Mannesmann*-Konzerns nach dessen Übernahme durch den britischen Konkur- renten *Vodafone* bekannt gab, gegen den vormaligen Vorstandsvorsitzenden werde auch we- gen eines vermuteten erkauften Sinneswandels und des daraus abgeleiteten Verdachts der Un- treue ermittelt.[199] Durch eine Presseerklärung über die Eröffnung eines Ermittlungsverfah- rens wegen vermuteter Vorteilsannahme gegen lokale Polizeibeamte verletzt eine Staats- anwaltschaft aber auch dann das Allgemeine Persönlichkeitsrecht der Beamten nicht in unzulässiger Weise, wenn einzelne Beamte über ihre Zugehörigkeit zu einer in der Verlaut- barung genannten Dienststelle identifizierbar sind und die Vorwürfe sich im Ergebnis als un- begründet erweisen.[200]

Durch die Verlautbarung ungerechtfertigter **Vorverurteilungen** oder **haltloser Verdächti-** **4.57** **gungen** wie in den in Rz. 4.56 genannten Fällen verletzen die Ermittlungsbehörden ihrerseits das Allgemeine Persönlichkeitsrecht der Betroffenen oder deren Recht am Unternehmen.[201] Sie haben mithin in solchen Fällen die Obliegenheit, nicht nur zu prüfen, ob sie überhaupt Verlautbarungen über anhängige Ermittlungsverfahren herausgeben oder Auskünfte dazu er- teilen dürfen, sondern auch, mit welchem Inhalt das geschieht. Verletzen sie diesen Grund- satz, werden die Medien ihrerseits genau prüfen müssen, ob und mit welchem Tenor sie den

---

193 BVerfG AfP 2010, 365 = ZUM 2010, 961; BGH NJW 2017, 3153 – Unterstützung von peerblog; VG Berlin AfP 2000, 594.

194 BVerwGE 35, 225 = NJW 1970, 1760; OVG Lüneburg NJW 1991, 445; dazu im Einzelnen auch *Huff*, AfP 2010, 332.

195 BGBl. II 1952, 685.

196 Dazu im Einzelnen *Lehr*, NJW 2013, 728 ff.

197 BGH NJW 1955, 97; OLG Düsseldorf NJW-RR 1993, 1184; OLG Hamburg NJW 1980, 842 – Lotto- skandal; OLG Hamm NJW 1993, 1209 = GRUR 1993, 154; *Wasmuth*, NJW 1988, 1705; *Fehn/Horst*, AfP 2007, 13 ff.

198 OLG Stuttgart AfP 1990, 145; vgl. auch OLG Karlsruhe AfP 1993, 586 = NJW-RR 1993, 723.

199 OLG Düsseldorf AfP 2005, 375 = NJW 2005, 1791 – Mannesmann; dazu *Becker-Toussaint*, NJW 2004, 414 ff.

200 VG Berlin NJW 2013, 1464.

201 *Lehr*, NJW 2013, 728 ff.

Inhalt derartiger Verlautbarungen ihrerseits veröffentlichen. Dennoch rechtfertigt die Tatsache allein, dass zurzeit erst ein Verdacht besteht (dazu Rz. 16.48 f.), keine generelle Auskunftsverweigerung gegenüber den nachforschenden Medien. Die Ermittlungsbehörden sind vielmehr verpflichtet, bei der inhaltlichen Gestaltung ihrer Auskünfte die für die Medien im Rahmen von Verdachtsberichterstattung geltenden Prinzipien zu beachten.[202]

4.58 Eine prinzipielle Auskunftsverweigerung ist damit auch im Hinblick auf anhängige Strafverfahren nur dort zulässig, wo spezielle **materielle Geheimhaltungsvorschriften** eingreifen. Das ist insbesondere der Fall, wenn die Öffentlichkeit wegen Gefährdung der Staatssicherheit berechtigtermaßen von einer Verhandlung ausgeschlossen wird[203] und aus diesem Grund gemäß § 353d Nr. 1 StGB i.V.m. § 174 Abs. 2 GVG ein absolutes Veröffentlichungsverbot besteht. Gleiches gilt, wenn die Medien vor öffentlicher Verhandlung der entsprechenden Fälle die **Herausgabe von Abschriften von Anklageschriften** oder sonstigen Teilen der Ermittlungsakten bzw. deren wörtliche Mitteilung verlangen, nachdem das BVerfG[204] trotz heftiger Kritik an der Verfassungsmäßigkeit und dem Sinn dieser Vorschrift[205] § 353d Nr. 3 StGB für verfassungsgemäß erklärt hat. Dürfen die Medien aus derartigen Materialien schlechthin nicht wörtlich zitieren, bevor sie in öffentlicher Verhandlung erörtert worden sind, dann wird man ihnen auch keinen durchsetzbaren Anspruch darauf geben können, sie selbst einzusehen oder Abschriften daraus zu erhalten. Darauf beschränkt sich aber bereits die Tragweite dieser Schranke des Auskunftsanspruchs.

4.59 Wiedergabe von Aktenbestandteilen Denn § 353d Nr. 3 StGB stellt keine Rechtfertigung dafür dar, dass Ermittlungsbehörden die Erteilung einer Auskunft inhaltlich verweigern. Das ergibt sich schon daraus, dass diese Vorschrift den Medien nicht verbietet, sinngemäß über den Inhalt der entsprechenden Materialien zu berichten;[206] vgl. dazu im Einzelnen Rz. 12.96 ff. Auch sind Bestimmungen der Beamtengesetze über die Geheimhaltung von Personalakten und die Verschwiegenheitpflicht derjenigen, die mit der Bearbeitung solcher Akten befasst sind,[207] keine Geheimhaltungsbestimmungen, die eine Auskunftsverweigerung *per se* rechtfertigen könnten. So ist es den Behörden auch nicht schlechthin verboten, den Medien Auskunft über Disziplinarverfahren zu erteilen; sie haben die Entscheidung über die Auskunftserteilung vielmehr im Wege einer an den konkreten Umständen des Einzelfalls orientierten Güterabwägung zu treffen.[208]

4.60 Außer den durch spezielle gesetzliche Tatbestände geregelten Schranken kommen als Einschränkung des Auskunftsanspruchs betreffend Straf- und Ermittlungsverfahren lediglich die allgemeinen Bestimmungen der Landespressegesetze in Betracht. Für **schwebende Verfahren** setzt danach die Auskunftsverweigerung voraus, dass ein Verfahren durch die Auskunftsverweigerung vereitelt, erschwert, verzögert oder gefährdet werden könnte oder schutzwürdige private Belange verletzt werden könnten (dazu im Einzelnen Rz. 4.68 ff.). Diese Ausnahmetatbestände werden allerdings angesichts ihres sehr weitgehenden Wortlauts nur bei restriktiver, verfassungskonformer Interpretation dem verfassungsrechtlich fundierten Informationsanspruch der Medien gerecht. Nur bei konkreter Gefahr der Vereitelung oder einer wesentli-

---

202 *Lehr*, NJW 2013, 728 ff.
203 Dazu *Fischer*, § 353d StGB Rz. 2.
204 BVerfG AfP 1986, 35 = NJW 1986, 1239; BVerfG AfP 2014, 435.
205 Vgl. *Schuppert*, AfP 1984, 67 ff. m.w.N.
206 BVerfG AfP 1986, 35 = NJW 1986, 1239.
207 Dazu BVerwG NJW 1987, 1657; BVerwG NJW 1987, 1214.
208 OVG Lüneburg NJW 1991, 445.

chen Erschwerung der Ermittlungen können die zuständigen Stellen sich zur Begründung einer Auskunftsverweigerung im Einzelfall auf sie berufen.[209] So kam im Fall des Attentäters vom Berliner Breitscheidplatz *Anis Amri* die Verweigerung einer Auskunft über vor dem Attentat durchgeführte Observationsmaßnahmen und deren Auswertung durch die Ermittlungsbehörden schon deswegen nicht in Betracht, weil die Information über die zurückliegenden Tatbestände das auch nach dem Tod des Betroffenen noch schwebende Ermittlungsverfahren nicht mehr gefährden konnte.[210]

Der Gesichtspunkt der Erschwerung oder Vereitelung des Ermittlungszwecks kommt als Rechtfertigung der Auskunftsverweigerung vor allem in Fällen der so genannten **Informationssperre** in Betracht. Erheben etwa in Entführungsfällen die Täter die Forderung, die Polizei nicht zu verständigen, und geschieht dies doch, so könnte die Bekanntgabe des Falls durch die Polizeibehörde an die Medien zu einer unmittelbaren Gefährdung des Lebens des Opfers führen, und diese Konstellation kann die in derlei Fällen verhängte Informationssperre auch gegenüber dem Informationsanspruch der Medien rechtfertigen.[211] In diesen Fällen können sich die Behörden in der Regel außerdem auf überwiegende schutzwürdige Interessen Privater berufen. Eine derart begründete Nachrichtensperre ist jedoch nur zulässig, wenn schwerwiegende Gründe für sie sprechen.[212] Und eine Notsituation der dargestellten Art kann eine Auskunftssperre nur so lange rechtfertigen, wie die Notsituation als solche andauert. Der nachträgliche Informationsanspruch der Medien wird durch im Einzelfall anerkennenswerte höherwertige Belange, die seine Beschränkung zeitweilig rechtfertigen können, nicht beeinträchtigt. Stattdessen werden die Medien nach dem Abschluss derartiger Fälle ein legitimes Interesse daran geltend machen können, ihrer Kontrollfunktion durch besonders intensive Recherchen und kritische Fragen an die zuständigen Behörden gerecht zu werden, und der Auskunftsanspruch ist auch in diesen Fällen das Instrument, diesem Informationsinteresse Geltung zu verschaffen.

Die dargestellten Grundsätze gelten im Zusammenhang mit der Entscheidung über die Bitte der Medien um Erteilung von **Urteilsabschriften** aus Straf- oder Disziplinarverfahren entsprechend (dazu schon Rz. 4.47 ff.). Aus dem Postulat der Öffentlichkeit gerichtlicher Verfahren folgt prinzipiell ein Anspruch der Medien darauf, in geeigneten Fällen auch Urteilsabschriften zu erhalten,[213] wenngleich dieser Anspruch im Wortlaut der gesetzlichen Bestimmungen über den Auskunftsanspruch nicht vorgesehen ist; demgegenüber sehen die **Informationsfreiheitsgesetze** (dazu schon Rz. 1.17 f.) eine Informationserteilung durch Gewährung von **Akteneinsicht** bereits ihrem Wortlaut nach vor (vgl. etwa § 7 Abs. 4 IFG). Auch bei der Entscheidung über derartige Formen des Informationsersuchens ist nach den dargestellten Kriterien eine Güterabwägung vorzunehmen. So steht die Tatsache, dass der verurteilte Straftäter aus den in einem Urteil angeführten besonderen Umständen selbst dann erkennbar sein kann, wenn sein Name anonymisiert wird, der Herausgabe der Urteilsabschrift nicht entgegen, wenn an den aus dem Urteil ersichtlichen Umständen des Falls ein legitimes Informa-

4.61

4.62

---

209 Löffler/*Burkhardt*, § 4 LPG Rz. 106.
210 VG Berlin AfP 2017, 271.
211 Vgl. hierzu im Einzelnen *Starck*, AfP 1978, 171 ff.; *Jarass*, AfP 1979, 228 ff.
212 Löffler/*Burkhardt*, § 4 LPG Rz. 134 f.
213 BVerfG AfP 2015, 540 = NJW 2015, 3708; BVerwG NJW 1997, 2694 = ZUM 1998, 78; OLG Celle AfP 1990, 306 = NJW 1990, 2570; OVG Bremen NJW 1989, 926; LG Berlin AfP 2002, 61 = NJW 2002, 838; einschränkend OLG Stuttgart AfP 1992, 291.

tionsinteresse der Öffentlichkeit besteht.[214] Nach der Rechtsprechung des BVerfG[215] darf auch die Herausgabe von Urteilsabschriften nur verweigert werden, wenn es unmittelbar und dringend naheliegt, dass durch sie ein Strafverfahren vereitelt, verzögert oder seine Durchführung gefährdet würde. Die Möglichkeit allein, dass Zeugen in einem anderen Verfahren beeinflusst werden könnten, reicht als Grund für eine Herausgabeverweigerung nicht aus.

4.63   Dass die Medien berechtigt sind, an der in aller Regel öffentlichen Hauptverhandlung eines Strafverfahrens teilzunehmen, und daher auf die **Kenntnis des schriftlichen Urteils** nicht angewiesen sein mögen,[216] rechtfertigt die Verweigerung der Erteilung einer Urteilsabschrift nicht generell und insbesondere dann nicht, wenn die möglicherweise aus dem Urteil ersichtlichen Umstände eines abgeschlossenen Strafverfahrens aus aktuellem Anlass ihrerseits eine neue aktuelle Bedeutung erlangen. Allerdings kann ein längerer zeitlicher Abstand zwischen dem Abschluss eines Verfahrens und der Bitte um Erteilung einer Urteilsabschrift im Hinblick auf den **Resozialisierungsgedanken** des ersten *Lebach*-Urteils[217] (dazu im Einzelnen Rz. 19.61 ff.) im Rahmen der Abwägung der Informationsinteressen der Medien gegen das Persönlichkeitsrecht des Verurteilten angemessen berücksichtigt werden.[218]

bb) Zivilrechtspflege

4.64   Die für Straf- und Ermittlungsverfahren geltenden, in Rz. 4.52 ff. dargestellten Grundsätze sind im Bereich der Zivilrechtspflege nicht ohne Weiteres entsprechend anwendbar. Strafverfahren sind in der Regel Gegenstand eines berechtigten öffentlichen Interesses. Ihr Gegenstand ist regelmäßig eine Störung des Rechtsfriedens, an deren Kenntnis die Öffentlichkeit *per se* berechtigtermaßen interessiert ist. Strafverfahren sind zudem das klassische Instrumentarium totalitärer Staaten zur Disziplinierung oder gar Vernichtung Oppositioneller, so dass in diesem Bereich auch die verfassungsrechtlich fundierte Kontrollfunktion der Medien gegenüber hoheitlichem Handeln einen besonderen Stellenwert einnimmt. Diese Aspekte gelten im Bereich der Zivilrechtspflege nicht oder doch nur in einem sehr eingeschränkten Maß.

4.65   Maßstab für die Beurteilung der Frage, ob und in welchem Umfang die Medien Auskünfte auch über Zivilprozesse und damit zusammenhängende Probleme verlangen können, ist neben den Bestimmungen der Landespressegesetze über den Auskunftsanspruch auch die in § 299 Abs. 2 ZPO getroffene Wertentscheidung. Danach darf Dritten **Einsicht in die Akten eines Zivilprozesses** ohne das Einverständnis der Parteien nur gewährt werden, wenn ein besonderes rechtliches Interesse glaubhaft gemacht wird (vgl. auch § 100 VwGO; § 120 SGG). Der Auskunftsanspruch der Medien, der materiell dieselben Erkenntnisse vermitteln kann und soll wie die Akteneinsicht, wird durch dieses gesetzliche Erfordernis zwar nicht unmittelbar eingeschränkt, weil dem Bundesgesetzgeber insoweit ebenso wie im Fall der §§ 474 ff. StPO (Rz. 4.52) die Gesetzgebungskompetenz fehlt. Dennoch wird im Zivilprozess der Anspruch auf Auskunftserteilung und Gewährung von Akteneinsicht eher die Ausnahme und nicht, wie in allen anderen Bereichen, die Regel sein. Denn die Einschränkung des Anspruchs durch schutzwürdige private Interessen im Sinn etwa von § 4 Abs. 2 Nr. 3 LPG Nordrhein-Westfalen wirkt sich hier sehr viel stärker aus: Der Aspekt der Kontrolle staatlichen Handelns

---

214 BVerwG NJW 1997, 2694 = ZUM 1998, 78; OLG Celle AfP 1990, 306 = NJW 1990, 2570; OVG Münster NJW 1997, 144; OVG Lüneburg AfP 1996, 301 = NJW 1996, 1489.
215 BVerfG AfP 2015, 540 = NJW 2015, 3708.
216 OLG Stuttgart AfP 1992, 291.
217 BVerfG AfP 1973, 423 = NJW 1973, 1226 – Lebach I.
218 OLG Stuttgart AfP 1992, 291.

durch die Medien spielt bei der Schlichtung von Auseinandersetzungen zwischen privaten Parteien eine ungleich geringere Rolle als bei anderen Formen hoheitlichen Handelns, so dass die gerade im Rahmen der Beurteilung schutzwürdiger privater Belange erforderliche Güterabwägung (Rz. 4.51 ff.) in der großen Mehrheit üblicher Zivilrechtsstreitigkeiten zu Gunsten der privaten Beteiligten wird ausfallen müssen.

Das gilt aber nicht in gleichem Maß für die Erteilung von Urteilsabschriften. Im Bereich des **Zivilprozesses** ist dies die gebräuchlichste Form der Auskunftserteilung. Zu entscheiden ist damit, ob dem Gesuch der Medien um Erteilung einer Urteilsabschrift berechtigte private Belange Dritter – in der Regel der Prozessparteien – entgegenstehen. Dabei ist zwischen Streitigkeiten über Rechtsfragen von allgemeinem Interesse (dazu Rz. 4.67) und solchen Rechtsstreitigkeiten zu differenzieren, für die sich die Medien im Hinblick auf die Beteiligten und den jeweiligen konkreten Sachverhalt interessieren.[219] Die generell zu erwägende Berücksichtigung schutzwürdiger privater Belange kann im Ergebnis nur die Fälle betreffen, in denen die Medien Auskünfte oder Urteilsabschriften im Hinblick auf die Beteiligten und die faktischen Konstellationen erbitten, um die es in den jeweiligen Zivilprozessen geht (dazu Rz. 4.68). 4.66

Das öffentliche Interesse an Informationen über die Entscheidung von **Rechtsfragen von allgemeinem Interesse** liegt demgegenüber auf der Hand; ihm wird im Allgemeinen durch Herausgabe von Urteilsabschriften insbesondere an die **juristische Fachpresse** zu entsprechen sein und regelmäßig auch tatsächlich entsprochen, wobei in der Regel das Rubrum geschwärzt und damit die Anonymität der Prozessparteien und der beteiligten Anwälte gewahrt wird.[220] Ansonsten aber sind die Gerichte verpflichtet, derartige Entscheidungen zu veröffentlichen bzw. auf individuelles Verlangen einzelner Medien an diese herauszugeben.[221] Das gilt etwa für die Klärung grundsätzlicher Streitfragen aus den Bereichen des **Miet-, Verkehrs- oder Arbeitsrechts**, die für eine große Anzahl von Mietern, Vermietern, Verkehrsteilnehmern oder Arbeitnehmer von Bedeutung sind. Es gilt auch für Entscheidungen einer Vielzahl wirtschaftsrechtlicher Fragen wie etwa solche aus den Bereichen des Aktien- oder allgemeinen Gesellschaftsrechts, kann aber auch für Streitfragen aus jedem anderen Rechtsgebiet gelten. Der Grundsatz, dass sich alle staatliche Gewalt der Beobachtung durch die Medien zu stellen hat, gilt damit auch für die Rechtsprechung der Zivilgerichtsbarkeit. Zudem ist die Öffentlichkeit auf die Kenntnis gerichtlicher Entscheidungen des Zivilrechts jedenfalls höherer Instanzen wegen ihrer faktischen Präjudizwirkung angewiesen.[222] Die tatsächlich geübte Veröffentlichungspraxis der Gerichte trägt dem Rechnung.[223] 4.67

Fraglich kann demgegenüber sein, ob die Medien Auskunft auch über die an einem Rechtsstreit beteiligten Parteien oder Urteilsabschriften verlangen können, aus denen sich diese Informationen ergeben. Als Schranke des Anspruchs auf Erteilung von Auskünften oder Urteilsabschriften kommen auch in diesem Zusammenhang insbesondere **schutzwürdige private Belange** in Betracht. Die auskunftserteilende Dienststelle wird also auch hier abwägen müssen zwischen dem Interesse der Öffentlichkeit, nicht nur über das Ergebnis eines Zivilrechtsstreits, sondern auch über die Identität derjenigen informiert zu werden, die daran beteiligt waren, und dem Interesse der Beteiligten an der Wahrung ihrer Anonymität. Die Tat- 4.68

---

219 *Hirte*, NJW 1988, 1698 ff.
220 *Keller*, NJW 2004, 413.
221 OLG München OLGZ 1984, 477; OVG Bremen NJW 1989, 926; OLG Celle AfP 1990, 306 = NJW 1990, 2570.
222 *Hirte*, NJW 1988, 1698 ff.
223 *Keller*, NJW 2004, 413.

sache, dass auch Zivilprozesse aufgrund öffentlicher Verhandlung entschieden werden, ist dabei als Abwägungskriterium zu berücksichtigen, hat aber nur eingeschränktes Gewicht. Denn erfahrungsgemäß nimmt die Öffentlichkeit ihr Recht, auch an mündlichen Verhandlungen in Zivilprozessen teilzunehmen, nicht oder nur in seltenen Ausnahmefällen wahr, weil in unserem Rechtssystem der Zivilprozess im Wesentlichen durch die Einreichung von Schriftsätzen gefördert wird und mündliche Verhandlungen einen eher formalen Charakter zu haben pflegen. Zu berücksichtigen ist aber andererseits, dass die Bekanntgabe der Identität der Beteiligten an die Medien ungleich intensiver in die Privatsphäre der Beteiligten hineinwirken kann als die Erörterung des Rechtsstreits in einer mündlichen Verhandlung mit allenfalls wenigen Zuhörern.

4.69 Für den Regelfall des alltäglichen Zivilprozesses ist daher davon auszugehen, dass schutzwürdige Belange der Beteiligten der **Aufdeckung ihrer Anonymität** durch die auskunftserteilende Stelle entgegenstehen. Die Auskunft darf sich auf den Namen der Beteiligten nur dann erstrecken, wenn auch an ihm ein berechtigtes Interesse bestehen kann.[224] Dieses berechtigte Interesse wird etwa bei der Entscheidung eines Mietrechtsstreits von grundsätzlicher Bedeutung in der Regel nicht zu begründen sein, wohl aber bei der Entscheidung eines Rechtsstreits zwischen Unternehmen mit weitreichenden wirtschaftlichen Folgen auch für die betroffenen Arbeitnehmer oder Auseinandersetzungen über Fragen, deren Darstellung ohne Kenntnis der Beteiligten nicht verständlich ist.[225] Auch die Stellung der Beteiligten im öffentlichen Leben (dazu im Einzelnen Rz. 21.5 ff.), und die Tatsache, dass die einem Zivilprozess zugrunde liegenden Fakten oder Sachverhaltskomplexe ihrerseits in der Öffentlichkeit bekannt geworden sind, wird im Regelfall dazu führen, dass die Gerichte ihre Entscheidungen unter Aufdeckung der Identität der Beteiligten bekannt machen dürfen und müssen. Ein Auskunftsanspruch auch unter Identifizierung der Beteiligten ist darüber hinaus stets dann begründet, wenn die Prozessparteien sich im Zusammenhang mit dem Prozess selbst an die Öffentlichkeit gewandt und insbesondere die Tatsache der Klageerhebung bekannt gemacht haben. Da sie sich in solchen Fällen der Anonymität selbst begeben haben, kommen Geheimhaltungs- oder Anonymitätsinteressen als berechtigte Belange, die der Auskunftserteilung entgegenstehen, nicht mehr in Betracht.

4.70 Haben die Medien bereits Kenntnis von den Beteiligten eines Rechtsstreits und richtet sich ihr Ersuchen um Erteilung von Auskünften oder Urteilsabschriften auf den Inhalt der Entscheidung oder Details der Prozessgeschichte, so stellt sich die Frage nach der Wahrung der **Anonymität der Beteiligten** durch die zuständige staatliche Stelle nicht mehr, wohl aber erneut diejenige, ob schutzwürdige private Belange der Erteilung der gewünschten Auskunft oder Entscheidungsabschrift entgegenstehen. Dies wird man bei einem Auskunftsersuchen über das Ergebnis eines Rechtsstreits jedenfalls dann verneinen müssen, wenn der Rechtsstreit durch ein Urteil beendet wurde, da insoweit angesichts des auch im Zivilprozess geltenden Öffentlichkeitsprinzips das legitime Anonymitätsinteresse der Beteiligten schon kraft Gesetzes eingeschränkt ist und jedermann die Möglichkeit hat, sich durch Teilnahme an der Urteilsverkündung über das Ergebnis zu informieren. Anders mag zu entscheiden sein, wenn der Prozess durch einen Vergleich beendet wurde. Dann wird über die Tatsache des Abschlusses des Vergleichs immer, über dessen Inhalt jedoch wiederum nur dann Auskunft zu erteilen sein, wenn ein legitimes Interesse der Öffentlichkeit zu erkennen ist oder dargelegt wird, darüber informiert zu werden; nicht selten legen Parteien Wert darauf, dass der Inhalt abge-

---

224 *Hirte*, NJW 1988, 1698 ff.
225 Weitere Beispiele bei *Hirte*, NJW 1988, 1698 ff.

schlossener Vergleiche nicht öffentlich bekanntgemacht wird, und vereinbaren sie diesbezüglich ausdrücklich Stillschweigen.

Soweit sich Ersuchen um Erteilung von Auskünften oder Gewährung von Akteneinsicht auf konkreten Sachvortrag in den im Prozess eingereichten **Schriftsätzen** erstrecken, werden ihnen in der Regel überwiegende private Belange entgegenstehen, da das Öffentlichkeitsprinzip des Zivilprozesses nur die mündliche Verhandlung, nicht aber deren schriftsätzliche Vorbereitung betrifft und die Parteien und ihre Vertreter es in der Hand haben, selbst darüber zu entscheiden, ob und inwieweit sie ihren schriftsätzlichen Vortrag auch in mündlicher Verhandlung öffentlich machen wollen. Der Herausgabe von Schriftsatzkopien kann schließlich auch das Urheberrecht der Verfasser der Schriftsätze entgegenstehen, das die Rechtsprechung prinzipiell auch dem Anwaltsschriftsatz zuerkennt.[226]   4.71

Auch danach, ob, wann und **wie viele Zivilrechtsstreitigkeiten** eine bestimmte Person in der Vergangenheit geführt und welchen Gegenstand diese Streitigkeiten gehabt haben, werden Gerichte gelegentlich von Redaktionen gefragt. Bei der Beantwortung derartiger Anfragen muss die auskunfterteilende Stelle entgegenstehende schutzwürdige Belange des Betroffenen in besonderem Maß beachten. Gilt schon im Bereich der Strafrechtspflege heute generell der Satz, dass das Informationsinteresse der Öffentlichkeit hinsichtlich zurückliegender Verurteilungen umso geringer zu bewerten ist, je mehr Zeit seit der Verurteilung verstrichen ist,[227] (dazu im Einzelnen Rz. 19.60 ff.), so ist im Bereich der Zivilrechtspflege generell davon auszugehen, dass der Erteilung von Auskünften über längere Zeit zurückliegende Streitigkeiten schutzwürdige Belange der Beteiligten entgegen stehen und eine Auskunfterteilung allenfalls dann in Betracht kommt, wenn ein konkretes aktuelles Informationsbedürfnis gerade hinsichtlich dieser Frage geltend gemacht werden kann.   4.72

Keine Auskunft erteilen Gerichte schließlich im Allgemeinen über anhängige **Insolvenzanträge**, bevor über die Eröffnung des Verfahrens entschieden, ein jedenfalls vorläufiger Insolvenzverwalter bestellt worden ist und/oder Sicherungsmaßnahmen wie Verfügungsverbote oder Beschlagnahmen getroffen wurden. Diese restriktive Praxis der Insolvenzgerichte ist durch schutzwürdige Belange der Betroffenen geboten. Die öffentliche Mitteilung über ein Insolvenzverfahren, das tatsächlich nicht durchgeführt werden muss, weil ein Insolvenzgrund nicht vorliegt, kann für den Betroffenen existenzvernichtend sein. Das Interesse der Beteiligten daran, dass die Medien und über sie die Öffentlichkeit über die Einleitung von Insolvenzverfahren nicht ohne vorherige Prüfung durch das zuständige Gericht unterrichtet werden, wiegt daher in diesem frühen Verfahrensstadium in aller Regel schwerer als das Informationsinteresse der Öffentlichkeit, zumal Insolvenzanträge – etwa durch Wettbewerber – auch missbräuchlich gestellt werden können und derjenige, der ein Insolvenzverfahren gegen sich selbst beantragt, berechtigt ist, diesen Antrag bis zur Entscheidung über die Eröffnung des Verfahrens zurückzunehmen. Daher kommt eine Auskunfterteilung in diesem Verfahrensstadium nur unter ganz besonderen, in der Regel nicht vorliegenden Voraussetzungen in Betracht. Nachdem allerdings in einem anhängigen Verfahren eine gerichtliche Entscheidung wie etwa eine Sicherungsanordnung oder ein Eröffnungsbeschluss erlassen worden ist, sind Informa-   4.73

---

226 BGH GRUR 1986, 739 – Anwaltsschriftsatz; OLG Düsseldorf AfP 1988, 154 = NJW 1989, 1162 – Anwaltsschriftsatz; vgl. aber andererseits OLG Hamburg AfP 2000, 91 = NJW 1999, 3343 – Berufungsschrift; OLG München AfP 2008, 79; anders im Ergebnis auch KG AfP 2007, 234 = NJW 2008, 768.
227 OLG Stuttgart AfP 1992, 291.

tionen über die Website *Insolvenzbekanntmachungen.de* allgemein zugänglich.[228] Der Auskunftsanspruch der Medien wird aber auch in diesen Fällen nicht gegenstandslos, weil die amtlichen Bekanntmachungen sechs Monate nach Aufhebung eines Verfahrens gelöscht werden, im Einzelfall aber ein Informationsbedürfnis über ein länger zurück liegendes Verfahren bestehen kann.

cc) Geheimhaltungsvorschriften

4.74 Nach § 4 Abs. 2 Nr. 2 LPG Nordrhein-Westfalen und den entsprechenden Bestimmungen der übrigen landesrechtlichen Normen besteht ein Auskunftsanspruch nicht, wenn ihm

„...Vorschriften über die Geheimhaltung entgegenstehen".

Dabei kann es sich niemals um eigene Geheimhaltungsinteressen der auskunftspflichtigen Behörden handeln. Es kommt auch nicht darauf an, ob individuelle Beamte einer in Anspruch genommenen Dienststelle oder Organe einer hoheitlich beherrschten privatrechtlich verfassten Gesellschaft (dazu Rz. 4.21 f.) zur Geheimhaltung verpflichtet sind.[229] Maßgeblich ist allein, ob die Behörde als solche eine **gesetzliche Geheimhaltungsverpflichtung** trifft.[230] Bloße Geheimhaltungsinteressen einer ansonsten auskunftspflichtigen Stelle können mithin die Zurückhaltung von Informationen nichtrechtfertigen. Zutreffend heißt es daher etwa in den *Richtlinien des Hamburger Senats für den Verkehr mit den Medien*:

„Auskünfte sind in aller Regel auch dann zu erteilen, wenn es sich um die Aufdeckung etwaiger der Verwaltung unterlaufener Fehler oder die Erörterung von Missständen im Bereich des öffentlichen Lebens handelt. Berichte und kritische Stellungnahmen auch in solchen Fällen gehören in besonderem Maße zu der im Pressegesetz definierten öffentlichen Aufgabe der Medien."[231]

Auch **interne Einzelweisungen an Beamte**, über bestimmte Vorgänge Verschwiegenheit zu bewahren, befreien die Behörde als solche nicht von der Verpflichtung zur Auskunftserteilung. Sie sind als Schranke des Auskunftsanspruchs ebenso ungeeignet wie allgemeine Verwaltungsvorschriften, die bestimmte Bereiche hoheitlicher Tätigkeit generell der Auskunftspflicht zu entziehen suchen, sofern für derartige Vorschriften keine gesetzliche Grundlage existiert.[232] Wäre dies anders und hätte es damit die staatliche Verwaltung selbst oder ihre Spitze in der Hand, Verschwiegenheitspflichten im Sinn der Landespressegesetze durch interne Anordnungen zu begründen, dann bestünde die akute Gefahr der Aushöhlung des Auskunftsanspruchs durch derartige Einzelweisungen. Daher ist auch eine förmliche Einstufung eines Vorgangs als **Verschlusssache** zur Rechtfertigung einer Auskunftsverweigerung nicht relevant; erforderlich ist stets das Vorliegen materieller Geheimhaltungsgründe, die eine solche Einstufung gegenüber den Medien rechtfertigen können.[233]

4.75 Nimmt man den Satz ernst, dass eine ungehinderte freie Presse einschließlich ihrer Kontrollfunktion für die freiheitliche Demokratie unverzichtbar ist, so kann dies nicht anders sein. Alle **Missstände im Bereich der Träger hoheitlicher Gewalt**, und wenn sie sich auch nur im

---

228 Vgl. dazu § 9 Abs. 1 InsO i.V.m. § 2 der Verordnung zu öffentlichen Bekanntmachungen in Insolvenzverfahren im Internet v. 12.2.2002 (BGBl. I, 677).
229 OVG Berlin-Brandenburg AfP 2015, 84 = ZUM-RD 2014, 462.
230 OVG Berlin-Brandenburg AfP 2015, 84 = ZUM-RD 2014, 462.
231 Ziff. 3.5; abrufbar etwa unter http://www.richterverein.de/aktuell/pressRicht03.pdf.
232 OVG Münster AfP 2009, 295; *Schröer-Schallenberg*, S. 119 ff.; *Löffler/Burkhardt*, § 4 LPG Rz. 114.
233 BVerwG AfP 2012, 298 zu der vergleichbaren Problematik von § 1 IFG; unklar OVG Mecklenburg-Vorpommern AfP 2013, 161.

Stadium der Untersuchung befinden, wie etwa Fragen der *Parteienfinanzierung*[234] oder der Verwendung *gemeindlichen Eigentums*[235] sind damit Gegenstand des berechtigten Informationsinteresses der Medien und verlieren diese Qualifizierung nicht etwa dadurch, dass die betroffene Behörde sie als geheim einstuft oder ihr den Stempel *Verschlusssache* aufdrückt. Gleiches gilt prinzipiell für den militärischen Bereich wie etwa Fragen der Verteidigungskonzeption, der Schlagkraft der Streitkräfte oder der richtigen Verwendung der für militärische Zwecke bereitgestellten Haushaltsmittel.[236] Eine Auskunftsverweigerung mit dem Ziel, Missstände zu verschleiern oder eine Aufklärung zu verzögern, widerspräche der klaren Rechtslage. Daher war auch ein privatrechtlich verfasstes, aber von Kommunalverbänden beherrschtes Unternehmen verpflichtet, Auskunft darüber zu erteilen, ob es einen zu Wahlkampfzwecken eingesetzten Internetblog des damaligen Kanzlerkandidaten *Peer Steinbrück* finanziell unterstützt hatte.[237] Und die Verweigerung des Informationsanspruchs über ein exzessives Einkaufsverhalten von Bundestagsabgeordneten auf Kosten der Staatskasse durch das BVerwG[238] war auf der Grundlage von § 5 Abs. 2 IFG begründet; auf der Basis des verfassungsunmittelbaren, an § 4 der Landespressegesetze orientierten medienrechtlichen Auskunftsanspruchs war die Bundestagsverwaltung insoweit auskunftspflichtig.[239]

Als zur Einschränkung des Auskunftsanspruchs geeignete Geheimhaltungsvorschriften kommen danach nur durch Gesetz oder aufgrund eines Gesetzes im Verordnungswege erlassene Bestimmungen in Betracht.[240] Auch solche Gesetze begründen aber keineswegs immer eine Einschränkung des Auskunftsanspruchs. Denn **formelle Geheimhaltungsvorschriften** wenden sich in der Regel an den einzelnen Amtsträger, dessen Loyalität und Verschwiegenheit gegenüber dem Staat als seinem Dienstgeber sie sichern sollen, während der Auskunftsanspruch der Medien ja nicht gegenüber einzelnen Beamten, sondern immer nur gegenüber den Behörden als solchen besteht.[241] Mit Recht hat daher das VG Berlin entschieden, dass die bloße Kennzeichnung einer Liste von Honoraren, die das Bundesfinanzministerium unter der Leitung des damaligen Bundesfinanzministers *Peer Steinbrück* einer Anwaltskanzlei für erbrachte Dienstleistungen gezahlt hatte, als *V.S. Vertraulich* die Verweigerung der Auskunft über deren Höhe nicht rechtfertigt, da dieser Kennzeichnung eine gesetzliche Geheimhaltungsvorschrift nicht zugrunde lag.[242]

4.76

Jedem Amtsträger sind durch die unterschiedlichsten Gesetze wie die Beamtengesetze (vgl. § 77 Abs. 1 Satz 1 i.V.m. § 61 BBG), das Strafgesetzbuch (vgl. §§ 353b, 354, 355 StGB) oder die auf der Basis der DSGVO neu gefassten Datenschutzgesetze[243] umfassende **Geheimhaltungsverpflichtungen** auferlegt, die er persönlich bei Vermeidung der vom Gesetzgeber dafür bestimmten Sanktion zu beachten hat. Auch diese Normen haben jedoch nur den Zweck, die Einhaltung der gesetzlich vorgeschriebenen Informationswege durch ihre Adressaten zu sichern.[244] Nur darum geht es ihnen, nicht aber um die Beschränkung des Auskunftsanspruchs

4.77

---

234 OLG Hamm AfP 1981, 285 ff.
235 LG Frankfurt a.M. AfP 1979, 245.
236 BVerfG NJW 1961, 1603 – Spiegel-Urteil.
237 BGH NJW 2017, 3153 – Unterstützung von peerblog.
238 BVerwG AfP 2015, 84.
239 OVG Berlin-Brandenburg ZUM-RD 2017, 49 – nicht rechtskräftig.
240 *Löffler/Burkhardt*, § 4 LPG Rz. 109; *Ricker/Weberling*, Kap. 20 Rz. 8 f.; *Wente*, S. 148; *Schröer-Schallenberg*, S. 122.
241 So im Ergebnis OVG Münster AfP 2004, 475 = NJW 2005, 618.
242 VG Berlin NJW 2013, 1464.
243 Vgl. dazu nur *Veil*, NVwZ 2018, 686 ff.
244 *Wente*, S. 149.

der Medien, und folglich kann aus ihnen auch keine materielle Beschränkung dieses Anspruchs hergeleitet werden. So kann etwa die durch § 353b StGB mit Strafandrohung sanktionierte Geheimhaltungsverpflichtung der Beamten im Einzelfall allein auf einer entsprechenden Anordnung des Vorgesetzten beruhen, ohne dass ein Tatbestand materiellen Geheimhaltungsbedürfnisses vorliegt.[245] Andererseits können gesetzliche Geheimhaltungsverpflichtungen materieller Art auch durch anderweitige Vorschriften impliziert sein oder sich auch aus der Natur der Sache ergeben. So hat etwa das VG Köln[246] auf der Basis des einschlägigen IFG entschieden, dass die Bestimmung des § 18 Abs. 2 Nr. 3 und 4 des Jugendschutzgesetzes, nach der die **Listen jugendgefährdender Medien** nicht öffentlich geführt werden, eine materielle Geheimhaltungsvorschrift darstellt, die einem deren Inhalt betreffenden Auskunftsanspruch entgegengehalten werden kann.

4.78 Auch Auskunftsansprüche gegen den **Bundesnachrichtendienst** als eine Behörde des Bundes sind nicht schlechthin ausgeschlossen. Sie werden insbesondere erteilt werden müssen, wo es um organisatorische Fragen und personelle Konstellationen auf Leitungsebene geht. Ausgeschlossen sind Ansprüche aber im **operativen Bereich.** Es ist die gesetzliche Aufgabe des BND, Erkenntnisse aus dem Ausland zu gewinnen und zu verarbeiten, die für die Bundesrepublik Deutschland von außen- und sicherheitspolitischer Bedeutung sind. Derartige Informationen dürfen und müssen die Mitarbeiter des Dienstes mit nachrichtendienstlichen, also verdeckten Mitteln beschaffen. Würden sie öffentlich gemacht, wäre die weitere Arbeit des Dienstes erschwert oder unmöglich. Daher sind operative Vorgänge vom Auskunftsanspruch in der Regel ausgenommen.[247] Das gilt aber nicht ausnahmslos für alle Erkenntnisse. So hat das BVerwG[248] entschieden, dass der Bundesnachrichtendienst Auskunft darüber geben musste, ob er gegen angebliche Anhänger der sog. *Gülen-Bewegung,* die in einer vom türkischen Geheimdienst übermittelten Liste verzeichnet waren, bei deutschen Ermittlungsbehörden Strafanzeige erstattet hatte, wie dies von der türkischen Regierung gefordert worden war. Eine unzumutbare weitere Belastung der ohnehin zum Zeitpunkt der Entscheidung schwer belasteten Beziehungen zwischen der Bundesrepublik und der Türkei durch die Beantwortung dieser Frage sei ausgeschlossen, und daher überwiege insoweit das Auskunftsinteresse des anfragenden Journalisten, während hinsichtlich einer Reihe weiterer von ihm gestellter Fragen dem Geheimhaltungsbedürfnis nachrichtendienstlicher Erkenntnisse Vorrang gegenüber dem Auskunftsinteresse einzuräumen sei.

4.79 Ähnlich verhält es sich entgegen der Auffassung des OVG Münster[249] auch für den **Bundesdatenschutzbeauftragten,** da anderenfalls die gesamte Tätigkeit seiner Behörde der Kontrolle durch die Medien entzogen wäre. Auch dem VG München[250] kann nicht gefolgt werden, das dem entscheidenden Unterschied zwischen der Sicherung staatlich festgelegter Informationswege im Sinn der jeweils *ad personam* definierten Verschwiegenheitspflichten und materiellen Geheimhaltungsinteressen des Staates nicht Rechnung trägt. Das gilt auch für Bayern, wie sich aus der gebotenen verfassungskonformen Auslegung von § 4 Abs. 2 Satz 2 BayLPG ergibt; wenn das VG München[251] dem Wortlaut der Bayerischen Kodifizierung des Auskunftsanspruchs demgegenüber die Ermächtigung entnimmt, ganze Themenbereiche undifferen-

---

245 *Fischer,* § 353b StGB Rz. 10.
246 VG Köln ZUM 2013, 906.
247 BVerwG AfP 2015, 470.
248 BVerwG NJW 2018, 485.
249 OVG Münster AfP 2009, 295.
250 VG München AfP 2006, 292, 296.
251 VG München AfP 2006, 292, 296.

ziert und ohne Ausnahme dem Informationsanspruch der Medien und damit der Öffentlichkeit vorzuenthalten, so trägt das dem verfassungsrechtlichen Stellenwert dieses Informationsrechts keinesfalls Rechnung; erforderlich ist vielmehr eine Abwägung im Einzelfall.[252] Die Geheimhaltungspflicht trifft zunächst und unmittelbar nur den oder die betreffenden Beamten *ad personam* und besagt noch nichts darüber, ob der gesetzliche Anspruch der Medien auf Erteilung der im Einzelfall geforderten Information ausgeschlossen ist.[253] Entscheidend ist vielmehr, ob dem Informationsinteresse der Medien schutzwürdige Interessen von solchem Gewicht gegenüberstehen, dass der Auskunftsanspruch im Einzelfall dahinter zurück stehen muss.[254]

Eine Ausnahme von dem Grundsatz, dass formelle Geheimhaltungsbedürfnisse allein die Auskunftsverweigerung nicht rechtfertigen, bilden diejenigen Verfahrensvorschriften, die die **Vertraulichkeit geheimer Beratung** gewährleisten sollen, darunter insbesondere die Bestimmungen über das Beratungsgeheimnis aus richterlicher Tätigkeit[255] oder dasjenige der Mitglieder der Rechnungshöfe, die aufgrund gesetzlicher Bestimmung (vgl. nur § 3 Abs. 4 Satz 1 des Gesetzes über den Bundesrechnungshof) richterliche Unabhängigkeit besitzen. Auch im Fall der Rechnungshöfe versagt aber der Auskunftsanspruch nur gegenüber dem Beratungsgeheimnis. Nicht geschützt sind organisatorische Vorgänge, Korrespondenzen und die Ergebnisse durchgeführter Prüfungen. Insoweit setzt sich der Auskunftsanspruch auch gegenüber dem Interesse der Rechnungshöfe daran durch, Interna vertraulich zu behandeln. Das hat das BVerwG für den vergleichbar liegenden Fall der Anforderung von Akten in gerichtlichen Verfahren entschieden.[256]

4.80

Geheimhaltungsvorschriften im hier erörterten Sinn können – abgesehen von diesen Sonderfällen – nur solche gesetzlichen Bestimmungen sein, die als **materielle Geheimhaltungsbestimmungen** jedenfalls auch die Behörden als solche zu ihren Adressaten haben, deren Sinn mithin nicht oder nicht nur die Sicherung der Einhaltung formeller Geheimhaltungsbedürfnisse oder Informationswege ist; nur materielle Geheimhaltungsbestimmungen kommen daher als Einschränkung des Auskunftsanspruchs der Medien in Betracht.[257] Nur die Weitergabe solcher Informationen, deren Preisgabe den Behörden durch gesetzliche Bestimmungen in ihrer Eigenschaft als Träger der öffentlichen Verwaltung schlechthin untersagt ist, kann auch unter Berufung auf den medienrechtlichen Auskunftsanspruch nicht gefordert werden.[258] Die Bestimmung einer Gemeindeordnung über die Nichtöffentlichkeit von Sitzungen etwa begründet keine zwingende materielle Geheimhaltungsverpflichtung hinsichtlich der in ihnen behandelten Gegenstände und gefassten Beschlüsse; sie kann dem Auskunftsanspruch daher nicht entgegengehalten werden. Auch Auskünfte über Personalentscheidungen müssen daher selbst dann erteilt werden, wenn sie in nichtöffentlicher Sitzung eines Gemeinderats getroffen wurden.[259] Der in der Rechtsform einer GmbH organisierte Betreiber

4.81

---

252 OVG Münster AfP 2004, 475 = NJW 2005, 618.
253 OVG Münster AfP 2004, 475 = NJW 2005, 618; OLG Schleswig AfP 1985, 46, 48 = NJW 1985, 1090, 1092.
254 BVerwG NJW 2018, 485.
255 Vgl. auch Anlage 3 zu § 17 GeschäftsO des Deutschen Bundestags; § 30 VwVfG des Bundes; § 9 KWG; weitere Beispiele bei *Ricker/Weberling*, Kap. 20 Rz. 8 ff.; Löffler/*Burkhardt*, § 4 LPG Rz. 109 f.
256 BVerwG NJW 2007, 1705.
257 Löffler/*Burkhardt*, § 4 LPG Rz. 108 ff.; *Ricker/Weberling*, Kap. 20 Rz. 8b; OLG Schleswig AfP 1985, 46, 48 = NJW 1985, 1090, 1092; OVG Münster AfP 2004, 475 = NJW 2005, 618; *Wente*, S. 148.
258 Löffler/*Burkhardt*, § 4 LPG Rz. 108 ff.
259 VGH München AfP 2004, 437 = NJW 2004, 3358.

öffentlicher Schwimmbäder kann sich gegenüber einem Ersuchen um Bekanntgabe von Besucherzahlen und Umsätzen zur Verweigerung der Auskunft nicht auf die Vorschrift des § 85 Abs. 1 GmbHG betreffend die Geheimhaltungspflichten der Geschäftsführer und Aufsichtsräte derartiger Gesellschaften berufen.[260] Und ein durch die öffentliche Hand beherrschtes Unternehmen der Wasserversorgung kann gegenüber dem Anspruch auf Auskunft über Abschluss und Inhalt mit externen Dienstleistern geschlossener Serviceverträge nicht auf eine darin vereinbarte Vertraulichkeitsklausel und die ihr zugrundeliegenden Betriebs- und Geschäftsgeheimnisse verweisen.[261]

4.82 Zu den Geheimhaltungsvorschriften im materiellen Sinn gehören vornehmlich die strafrechtlichen Bestimmungen über den **Landesverrat**. Was materiell als Staatsgeheimnis im Sinn von § 93 StGB definiert ist, darf der Öffentlichkeit nicht, auch nicht über den Auskunftsanspruch der Medien, mitgeteilt werden.[262] Die formelle Bezeichnung eines Vorgangs als geheimhaltungsbedürftig allein stellt hingegen nur eine Voraussetzung der Strafbarkeit der Veröffentlichung dar, die zusätzlich zum Vorliegen des materiellen Geheimnisbegriffes erfüllt sein muss.[263] Damit grenzt der Gesetzgeber Fälle insbesondere des nicht strafbaren **publizistischen Landesverrats** von denjenigen des eigentlichen Landesverrats ab;[264] dazu eingehender Rz. 12.36 ff. Die formelle Geheimhaltungsanordnung allein ist daher, wenn es nicht um Staatsgeheimnisse im materiellen Sinn geht, auch keine Rechtfertigung für eine generelle Auskunftsverweigerung.[265]

dd) Steuergeheimnis

4.83 Eine besonders bedeutsame und zugleich komplexe Rolle bei der Eingrenzung des Auskunftsanspruchs der Medien spielt die prinzipiell als materielle Geheimhaltungsvorschrift ausgelegte Bestimmung des § 30 AO. Das dort geregelte **Steuergeheimnis** hat als Gegenstück zu den durch die Abgabenordnung angeordneten weitgehenden Auskunfts- und Offenbarungspflichten der Steuerpflichtigen, aber auch Dritter, in unserer Rechtsordnung eine zentrale Funktion. Es ist daher als Geheimhaltungsvorschrift im Sinn von § 4 Abs. 2 Nr. 2 LPG zu werten[266] und stellt, soweit es um die Höhe der Einkünfte und Steuern einzelner Steuerpflichtiger geht, eine **absolute Schranke** des Auskunftsanspruchs dar.[267] Über derartige Belange dürfen die Finanzämter auch den Medien schlechthin keine Auskunft geben, und ein Verstoß gegen dieses Verbot ist nicht nur strafbar, kann vielmehr seinerseits eine Amtspflichtverletzung darstellen, die die betreffende Behörde gegenüber dem Steuerpflichtigen zur Leistung von Schadenersatz verpflichten kann. Das gilt auch für Auskünfte über den Gegenstand **finanzgerichtlicher Verfahren**, die auf Antrag eines beteiligten Steuerpflichtigen unter Ausschluss der Öffentlichkeit stattfinden (§ 52 Abs. 2 FGO).

4.84 Keine absolute Auskunftsschranke stellt das Steuergeheimnis jedoch im Rahmen von **Steuerstrafverfahren** dar. Für sie gilt, wie prinzipiell für alle Strafverfahren, das Öffentlichkeitsprin-

---

260 OVG Hamburg AfP 2010, 617.
261 OLG Hamm ZD 2016, 439; vgl. auch BVerwG AfP 2015, 362 = ZUM 2015, 709.
262 Vgl. dazu etwa *Fischer*, § 93 StGB Rz. 9 ff.
263 *Fischer*, § 95 StGB Rz. 2.
264 *Fischer*, § 95 StGB Rz. 1.
265 BVerwG AfP 2012, 298 zu der vergleichbaren Problematik von § 1 IFG.
266 OVG Münster AfP 2012, 590.
267 OLG Hamm AfP 1981, 285; OVG Münster AfP 2012, 590; *Felix*, NJW 1978, 2134; *Ricker/Weberling*, Kap. 20 Rz. 8a; differenzierend Löffler/*Burkhardt*, § 4 LPG Rz. 110.

zip des § 169 GVG, und für sie gilt daher auch der Satz, dass die gerichtliche Tätigkeit sich als Teil staatlichen Handelns im Prinzip der kritischen Beobachtung durch die Medien und daraus resultierender Berichterstattung in gleicher Weise stellen muss wie anderes staatliches Handeln auch (Einzelheiten Rz. 6.6 ff.). Daraus folgt, dass Auskünfte über Steuerstrafverfahren auch unter Berufung auf das Steuergeheimnis nicht schlechthin verweigert werden dürfen. Die zuständigen Behörden wie Polizei, Steuerfahndung oder Staatsanwaltschaften dürfen zwar im Ermittlungsstadium grundsätzlich Auskünfte über von ihnen vermutete oder verfolgte Steuerverfehlungen nicht unter Nennung des Namens der Betroffenen erteilen oder gar die Summe angeblich hinterzogener Steuern offenbaren; dem steht § 30 AO im Regelfall entgegen. Sie sind jedoch verpflichtet, nach Eröffnung der Hauptverhandlung Anfragen nach dem Termin bevorstehender Hauptverhandlungen oder nach dem Tenor gerichtlicher Entscheidungen zu beantworten.[268] Über dieses Minimum hinaus kann eine Durchbrechung des Steuergeheimnisses aus Anlass anhängiger Ermittlungs-, Straf- oder Ordnungswidrigkeitsverfahren ausnahmsweise dann in Betracht kommen, wenn an einer Information der Öffentlichkeit ein zwingendes öffentliches Interesse besteht. Das ist nach der Definition des § 30 Abs. 4 Nr. 5 AO insbesondere der Fall bei so genannten Kapitalverbrechen und Wirtschaftsstraftaten, die wegen ihrer Auswirkungen geeignet sind, die wirtschaftliche Ordnung oder das Vertrauen der Allgemeinheit in die Redlichkeit des geschäftlichen Verkehrs oder die ordnungsgemäße Arbeit der Behörden empfindlich zu stören. Diese strengen Voraussetzungen liegen nur selten vor, so dass eine Aufhebung des Steuergeheimnisses und damit eine Auskunftserteilung vor dem Zeitpunkt der öffentlichen Hauptverhandlung nur in außerordentlich gravierenden Fällen in Betracht kommt.

Das ist etwa in einem **Parteispendenfall** noch während des Ermittlungsverfahrens angenommen worden, soweit es um den Gegenstand des Ermittlungsverfahrens, den bisherigen Stand der Ermittlungen sowie die Umschreibung der Funktion der Beschuldigten in der Öffentlichkeit, nicht aber um die Aufdeckung der Identität der Beschuldigten ging.[269] Als Ausnahmekonstellation im Sinn von § 30 Abs. 4 Nr. 5 AO haben die Ermittlungsbehörden etwa im Jahr 2007 mit Recht die Einleitung eines Steuerstrafverfahrens gegen den damaligen Vorstandsvorsitzenden der *Deutsche Post AG* und Aufsichtsratsvorsitzenden der *Deutsche Telekom AG*, *Klaus Zumwinkel*, angesehen und folglich die Öffentlichkeit nicht nur über die Einleitung des gegen ihn gerichteten Ermittlungsverfahrens, sondern auch über die vermutete Höhe der hinterzogenen Steuern unterrichtet. Zu denken ist in diesem Zusammenhang ferner an Fälle steuerstrafrechtlicher Verstrickungen von Inhabern von und Bewerbern um öffentliche Ämter, Fälle der organisierten Kriminalität wie insbesondere Geldwäsche oder vergleichbare Konstellationen. In den in jüngerer Zeit nicht seltenen Fällen der Aufdeckung schwarzer Konten in der Schweiz oder anderen Steueroasen werden die Behörden über den auch rechtspolitisch umstrittenen Ankauf von Dateien mit den Namen der Steuerflüchtlinge und der Höhe der dem deutschen Fiskus entzogenen Beträge immer Auskunft geben, hinsichtlich der Identität der in den jeweiligen Dateien genannten Personen aber im Hinblick auf deren höherrangige private Belange die Auskunft vor Abschluss der jeweiligen Ermittlungsverfahren jedenfalls in der Regel verweigern müssen.

4.85

---

268 Löffler/*Burkhardt*, § 4 LPG Rz. 102 f.; *Ricker/Weberling*, Kap. 20 Rz. 8a.
269 OLG Hamm AfP 1981, 285; zustimmend *Wente*, S. 157; Löffler/*Burkhardt*, § 4 LPG Rz. 112; *Ricker/Weberling*, § 20 Rz. 8a.

ee) Schutzwürdige private Interessen als Auffangtatbestand

4.86 Nach dem Wortlaut der Mehrheit der Landespressegesetze besteht entsprechend der Regelung in § 4 Abs. 2 Nr. 3 LPG Nordrhein-Westfalen ein Auskunftsanspruch nicht, soweit

„...ein schutzwürdiges privates Interesse verletzt würde."

Während § 5 IFG in diesem Zusammenhang eine detaillierte Skala mit Kriterien für die Abwägung geschützter Privatinteressen mit kollidierenden Informationsansprüchen enthält, handelt es sich nach dem Wortlaut der Landespressegesetze um eine zwingende Regelung, die eine Abwägung mit den grundrechtlich legitimierten Informationsinteressen der Medien auszuschließen scheint.[270] Es liegt aber auf der Hand, dass ein allein durch die **schutzwürdigen Interessen Privater** legitimierter rigoroser Ausschluss von Auskunftsansprüchen, wie ihn im Hinblick auf den Schutz gespeicherter persönlicher Daten § 5 Abs. 2 IFG für den Geltungsbereich dieses Gesetzes vorsieht,[271] der verfassungsrechtlichen Fundierung des medienrechtlichen Auskunftsanspruchs nicht gerecht würde.[272] Es handelt sich daher auch bei dieser Regelung um eine Generalklausel, die den Behörden einen im Wege der Güterabwägung auszufüllenden Ermessensspielraum bei der Entscheidung über die Auskunftserteilung zuweist. Aus dem Informationsinteresse der Medien einerseits und dem Interesse Privater andererseits, mit ihren Belangen nicht an die Öffentlichkeit gezerrt zu werden, ergibt sich ein ständiges Konfliktpotential, dem sich die Medien im Rahmen ihrer Berichterstattung, dem sie und die Behörden sich aber bereits im Vorfeld der Berichterstattung bei der Geltendmachung und Bescheidung von Auskunftsansprüchen zu stellen haben. Dieser Konflikt wird nicht geringer dadurch, dass es sich bei den schutzwürdigen privaten Interessen, die der Auskunftserteilung im Einzelfall entgegenstehen können, vielfach um Aspekte handeln wird, die auch dem Recht der persönlichen Ehre oder dem Bereich des Jugendschutzes zuzuweisen sind und die daher bereits nach Art. 5 Abs. 2 GG das Grundrecht der Pressefreiheit und damit auch den Auskunftsanspruch der Medien einschränken. Das Spannungsverhältnis zwischen Auskunftsanspruch und schutzwürdigen privaten Belangen ist damit nichts Anderes als eine Konkretisierung des allgemeinen Spannungsverhältnisses zwischen den Medienfreiheiten und anderweitig geschützten Rechtsgütern. Es kann daher im Einzelfall auch nur nach denselben Kriterien der Güterabwägung gelöst werden, die nach der Rechtsprechung des BVerfG[273] ganz prinzipiell anzuwenden sind, wo Grundrechte aus Art. 5 Abs. 1 GG mit anderweitig verfassungsrechtlich geschützten Rechten kollidieren. Dabei wäre es nicht zulässig, private Interessen prinzipiell höher zu bewerten als das Informationsinteresse der Medien.[274] Insbesondere in diesem Bereich sind jedoch zwei Gesichtspunkte bedeutsam, auf die in anderem Zusammenhang bereits hingewiesen wurde.

4.87 Gerade wo es um die Abwägung des Informationsinteresses gegen private Belange geht, mag die Neigung mancher Behörde besonders ausgeprägt sein, zwischen seriöser und unseriöser Presse zu differenzieren und ihre eigene Bewertung der unterstellten **Seriosität** desjenigen Mediums, das *in concreto* die Auskunft begehrt, oder seines vermeintlichen Mangels an Serio-

---

270 Hierzu im Detail *Hornung*, AfP 2017, 390; Einzelnachweise zu den landesrechtlichen Regelungen dort in Fn. 6.
271 Vgl. dazu u. a. BVerwG AfP 2018, 46.
272 Vgl. dazu im Einzelnen *Hornung*, AfP 2017, 390, a. A. VG Köln AfP 2015, 477.
273 BVerfG NJW 1958, 257 – Lüth; BVerfG NJW 1966, 1603 – Spiegel-Urteil; BVerfG AfP 1971, 119 = NJW 1971, 1645 – Mephisto; BVerfG AfP 1973, 423 = NJW 1973, 1226 – Lebach I; seither ständige Rechtsprechung.
274 OVG Lüneburg NJW 1991, 445; OLG Schleswig AfP 1985, 46; *Ricker/Weberling*, Kap. 20 Rz. 10.

sität in den Abwägungsprozess einzubeziehen. Eine derartige Kategorisierung der Medien ist, wie in Rz. 4.40 ff. bereits dargestellt, schlechthin unzulässig; das gilt auch im vorliegenden Zusammenhang.[275] Und besondere Beachtung verdient an dieser Stelle der Gesichtspunkt, dass mit der Entscheidung der Behörden über die Auskunftsgewährung noch keine Vorentscheidung darüber gefallen ist, ob und wie der Inhalt der erteilten Auskunft von den Medien auch tatsächlich veröffentlicht werden darf. Im Fall etwa einer Pressemitteilung über einen Verhandlungstermin in einer Vergewaltigungssache, die auch Namen und Beruf des Opfers mitteilt, läge es in der alleinigen Verantwortung der Medien, zu erkennen, dass diese Information nicht für die Öffentlichkeit bestimmt sein kann (Einzelheiten in Rz. 19.55). Die Prüfung der Zulässigkeit der Veröffentlichung obliegt daher auch in diesem Bereich ausschließlich den Medien selbst. Die Erwägung, die Medien könnten mit der erteilten Auskunft nicht sachgerecht oder sorgfältig umgehen und dadurch Rechte Dritter beeinträchtigen, ist keine Rechtfertigung für die Verweigerung einer begehrten Auskunft. Das gilt sogar dann, wenn bestimmte Medien zuvor wegen unzulässiger Berichterstattung gerichtlich in Anspruch genommen worden sind und dies der auskunftspflichtigen Behörde bekannt ist.

Nach diesen Grundsätzen wäre etwa die zuvor erwähnte Pressemitteilung einer Staatsanwaltschaft, mit der sie den Termin einer Hauptverhandlung über ein Vergewaltigungsdelikt unter Nennung der Namen von Angeklagtem und Opfer mitteilt, mit deren **schutzwürdigen privaten Belangen** unter keinen Umständen vereinbar. Zutreffend hat auch der VGH Kassel[276] das Interesse eines Beamten der Kultusverwaltung an seiner Anonymität gegenüber dem Auskunftsanspruch höher gewichtet, nachdem dieser Beamte für eine Panne im Rahmen des Hessischen Zentralabiturs verantwortlich war und die Tageszeitung, deren Verlag und Redakteur die Auskunft verlangten, darüber nach Art einer Kampagne wiederholt und aggressiv berichtet hatten. Im Fall *Gurlitt* bestand kein Anspruch der Medien auf Auskunft über die im Einzelnen beschlagnahmten Kunstwerke, da es zum maßgeblichen Zeitpunkt entgegen den Behauptungen einzelner Medien keine hinreichenden Anhaltspunkte dafür gab, dass es sich bei den beim Betroffenen sichergestellten Kunstwerken um Nazi-Raubkunst handelte.[277] Bei Recherchen der Medien zu Einzelheiten des Dienstwagengebrauchs eines Staatssekretärs galten Details betreffend die Namen und Anschriften von Dritten, die der Betroffene auf erlaubten Privatfahrten besucht hatte, als schutzwürdige Belange, über die Auskunft nicht zu erteilen war.[278] Auf der Basis der einschlägigen Bestimmungen des IFG war der Presse andererseits die Einsichtnahme in ein Gutachten über die Verstrickung ehemaliger Bediensteter eines Bundesministeriums in Unrechtstaten des Nazi-Regimes zu allen Fällen bereits verstorbener vormaliger Mitarbeiter zu gewähren.[279]

Details des Ablaufs einer Strafvollstreckung in einem Strafverfahren gegen den Geschäftsführer eines kommunalen Wasserverbandes, über das unter Identifizierung des Betroffenen zulässigerweise umfangreich berichtet worden war, sind nicht durch schutzwürdige Belange des Verurteilten gegen eine Auskunftserteilung abgeschirmt,[280] solange Ort und konkreter Zeitpunkt des Strafantritts nicht genannt werden. Wirkt sich der Gegenstand eines privaten Geheimhaltungsinteresses auf die politische Tätigkeit eines Amtsträgers aus wie etwa die Funktion des damaligen sächsischen Ministerpräsidenten *Stanislaw Tillich* in der ehemaligen

4.88

4.89

---

275 *Wente*, S. 163.
276 Hess. VGH AfP 2012, 308.
277 VGH München AfP 2014, 375 = ZUM 2014, 358.
278 OVG Magdeburg AfP 2017, 336.
279 BVerwG AfP 2018, 46.
280 OVG Bautzen AfP 2017, 330.

DDR, so überwiegt das Informationsinteresse der Medien das Interesse des Betroffenen an der Geheimhaltung der geforderten Information ebenfalls.[281] Und im Fall des plötzlichen Todes einer bekannten Jugendrichterin setzt sich das Informationsinteresse der Medien hinsichtlich der objektiven Umstände des Todes mit Recht gegenüber dem prinzipiell als schutzwürdig anerkannten Interesse der Angehörigen an der Wahrung der Privatsphäre der Verstorbenen durch.[282] Mit Recht hat auch das OVG Berlin-Brandenburg[283] dem Geheimhaltungsinteresse der betroffenen Bundestagsabgeordneten weniger Gewicht beigemessen als dem Informationsinteresse der Medien an dem Umfang des Erwerbs teurer Schreibgeräte mit Bundesmitteln[284] (dazu schon Rz. 4.34), und mit Recht hat das VG Berlin auch einem Auskunftsanspruch der Medien betreffend die Höhe der von einem Bundesministerium an eine Anwaltssozietät gezahlten Beratungshonorare gegenüber dem Geheimhaltungsinteresse der betroffenen Sozietät in einer Konstellation den Vorrang eingeräumt, in der der seinerzeit zuständige Bundesminister später von der betroffenen Sozietät ein beträchtliches Vortragshonorar erhalten hatte.[285] Hinter dem berechtigten Anspruch auf Auskunftserteilung zurückzutreten hatten ferner die Anonymitätsinteressen der professionellen Beteiligten an einem Strafverfahren[286] und das Interesse des Pächters von Teilen des stillgelegten Flughafens Berlin-Tempelhof an der Wahrung seiner Geschäftsgeheimnisse gegenüber dem Anspruch der Medien auf Bekanntgabe der wesentlichen wirtschaftlichen Details.[287] Demgegenüber wurde es als Verletzung entgegenstehender privater Belange angesehen, dass das Land Rheinland-Pfalz, dem durch § 30 Abs. 3 des ZDF-Staatsvertrags das Recht übertragen worden ist, die Haushalts- und Wirtschaftsführung des *ZDF* zu prüfen, über den Inhalt der Prüfungsberichte Auskünfte erteilte.[288] Solange die Rechtsprechung die öffentlichen Rundfunkanstalten im Hinblick auf das auch ihnen zustehende Grundrecht der Rundfunkfreiheit von der Verpflichtung zur Auskunftserteilung generell ausgenommen hat (Rz. 4.23), war diese Auffassung konsequent. Nachdem aber im Rahmen der einschlägigen Informationsfreiheitsgesetze auch die Rundfunkanstalten den übrigen Medien gegenüber informationspflichtig sind, soweit durch die Informationserteilung nicht Programmauftrag und Redaktionsgeheimnis gefährdet werden (Rz. 4.24), ist die Zurückhaltung derartiger Informationen durch die öffentlich-rechtlichen Rundfunkanstalten nicht mehr zu rechtfertigen.

c) Durchsetzung des Auskunftsanspruchs

4.90   Wird die von den Medien bei staatlichen Stellen begehrte Auskunft im Einzelfall verweigert, dann stellt sich die Frage des Rechtsschutzes. In der Praxis hat diese Frage allerdings lange Zeit keine große Rolle gespielt, weil zum einen Medien und Behörden in den meisten Fällen einen Weg finden, auftretende Meinungsverschiedenheiten über den Umfang des Auskunftsanspruchs im Wege des Kompromisses zu lösen und weil zum anderen die Nachricht im Allgemeinen nur interessiert, solange sie aktuell ist und an der gerichtlichen Durchsetzung von Auskunftsansprüchen bei den Medien auch aus diesem Grund nur geringes praktisches Interesse herrschte. Insbesondere nach dem Inkrafttreten der Informationsfreiheitsgesetze hat

---

281 VG Dresden AfP 2009, 301.
282 OVG Berlin-Brandenburg AfP 2010, 621.
283 OVG Berlin-Brandenburg ZUM-RD 2017, 49; nicht rechtskräftig.
284 A.A. zu § 5 IFG: BVerwG AfP 2015, 189.
285 VG Berlin NJW 2013, 1464.
286 BVerwG AfP 2015, 80 = NJW 2015, 807; anders die Vorinstanz VGH Mannheim AfP 2015, 89.
287 BVerwG AfP 2015, 362 = ZD 2015, 535.
288 VG Neustadt/Weinstr. AfP 1994, 340.

sich dies aber in den letzten Jahren geändert und die Anzahl gerichtlicher Auseinandersetzungen über Informationsansprüche der Medien deutlich zugenommen.[289]

Im Wesentlichen ist die Rechtslage hinsichtlich der Durchsetzung von Auskunftsansprüchen in Rechtsprechung[290] und Schrifttum[291] geklärt. Der Anspruch der Medien auf Auskunftserteilung kann im Wege der **Leistungsklage**[292] vor den **Verwaltungsgerichten** geltend gemacht werden. Das gilt auch dann, wenn er sich gegen Gerichte und Staatsanwaltschaften richtet. Die Auffassung, in derartigen Verfahren seien nach § 23 EGGVG die Oberlandesgerichte zuständig,[293] ist verfehlt.[294] Denn bei der Gewährung von Auskünften durch Staatsanwaltschaften und Gerichte an die Medien handelt es sich nicht um Maßnahmen auf dem Gebiet der Strafrechtspflege, für deren Beurteilung nach der genannten Vorschrift die Oberlandesgerichte zuständig sind, sondern um die Erfüllung einer spezifisch medienrechtlichen Verpflichtung.[295] Da der Anspruch in jedem Fall im Wege der Leistungsklage geltend gemacht werden kann, braucht das zeitraubende behördliche Vorverfahren nach § 68 VwGO nicht durchgeführt zu werden;[296] eine Vorbefassung der auskunftspflichtigen Behörde im Sinne eines negativ oder binnen angemessener Zeit gar nicht beschiedenen Ersuchens auf Erteilung der Auskunft ist als Verfahrensvoraussetzung aber erforderlich.[297] Demgegenüber ist ein Auskunftsanspruch nach dem IFG im Wege der **Verpflichtungsklage** geltend zu machen, mit der Folge, dass im Regelfall vor Klageerhebung ein behördliches Vorverfahren gemäß § 68 Abs. 1 Satz 2 VwGO durchzuführen ist.[298]

Die Verwaltungsgerichte sind nach richtiger Auffassung[299] auch für diejenigen Auskunftsklagen zuständig, die sich gegen die öffentliche Hand in Gestalt privatrechtlich verfasster Gesellschaften richten (Rz. 4.21 f.), da die Zulässigkeit des **Rechtswegs zu den Verwaltungsgerichten** nicht von der Rechtsform der Beteiligten, sondern von der Natur des geltend gemachten Anspruchs abhängt[300] und Grundlage des Anspruchs auch in diesen Fällen ausschließlich die dem öffentlichen Recht zuzurechnenden[301] presse- und rundfunkrechtlichen Normen über

4.91

4.92

---

289 Dazu und zum Verfahren nach diesen Gesetzen *Partsch*, AfP 2012, 516 ff.

290 OLG Hamm AfP 1981, 285; VGH Mannheim NJW 1979, 2117; OLG Celle AfP 1990, 306 = NJW 1990, 2570; OLG Stuttgart AfP 1992, 291; OVG Lüneburg NJW 1991, 445; VG Berlin AfP 1994, 175; VGH München AfP 2004, 473 = NJW 2004, 3358; VG Cottbus AfP 2008, 114. In jüngerer Zeit wird die Frage der Zulässigkeit der Leistungsklage und des Rechtswegs in den veröffentlichten Entscheidungen nicht mehr thematisiert; vgl. nur BVerwG AfP 2013, 452; BVerwG ZUM 2014, 537; VGH Kassel AfP 2015, 371; OVG Berlin-Brandenburg AfP 2017, 334.

291 *Löffler/Burkhardt*, § 4 LPG Rz. 184 ff.; *Ricker/Weberling*, Kap. 22 Rz. 1 ff.; *Wente*, S. 174 ff.; *Groß*, S. 251 ff.

292 VG des Saarlandes AfP 2006, 596.

293 OLG Stuttgart AfP 1992, 291.

294 BVerwG NJW 1989, 412 für den Fall des Widerrufs einer Presseerklärung einer Staatsanwaltschaft; *Ricker/Weberling*, Kap. 22 Rz. 1.

295 BVerwG NJW 1989, 412; VG Berlin AfP 2000, 594.

296 VGH Baden-Württemberg AfP 1992, 95; VG Hannover AfP 1984, 61; VG des Saarlandes AfP 2006, 596; *Löffler/Burkhardt*, § 4 LPG Rz. 186; *Ricker/Weberling*, Kap. 2 Rz. 3; *Schröer-Schallenberg*, S. 172; a. A. OVG Bremen NJW 1989, 926; VG Hamburg AfP 2009, 296.

297 BVerwG AfP 2018, 523 = ZD 2018, 546.

298 BVerwG AfP 2018, 330; aufgrund besonderer Umstände war im entschiedenen Fall die Durchführung des Widerspruchsverfahrens allerdings entbehrlich.

299 OVG des Saarlandes AfP 1998, 426, *Löffler/Burkhardt*, § 4 LPG Rz. 184.

300 *Kopp/Schenke*, § 40 VwGO Rz. 6.

301 *Ricker/Weberling*, Kap. 22 Rz. 1; *Wente*, S. 274 ff.

den Auskunftsanspruch sind. Dass in zwei Fällen der BGH[302] über Klagen sachlich entschieden hat, mit denen die Kläger Auskunftsansprüche gegen öffentlich-rechtlich beherrschte Gesellschaften privaten Rechts verfolgten, ändert an der Primärzuständigkeit der Verwaltungsgerichtsbarkeit für derartige Klagen nichts.[303] Denn der BGH war in einem der beiden Fälle an eine fehlerhafte Verweisung durch das angerufene Verwaltungsgericht[304] und im anderen an die ungerechtfertigte Bejahung des Zivilrechtswegs durch das erstinstanzliche Gericht gebunden und hatte nicht die Möglichkeit der erneuten Zuständigkeitsprüfung und gegebenenfalls Zurückverweisung.[305] Er hat sich daher in den erwähnten Entscheidungen mit der Rechtswegfrage in keiner Weise befasst und sich darauf beschränkt, in der Sache selbst zu entscheiden.

4.93   In der Rechtsprechung ungeklärt war längere Zeit die Frage, ob dem Missverhältnis zwischen den Aktualitätsbedürfnissen der Medien und der Dauer gerichtlicher Verfahren durch die Möglichkeit abgeholfen werden kann, den Auskunftsanspruch im Wege einer **einstweiligen Anordnung** gerichtlich geltend zu machen. Gegen diese Möglichkeit spricht zwar der allgemeine verfahrensrechtliche Grundsatz, dass einstweilige gerichtliche Maßnahmen in der Regel nur zur Sicherung eines bestehenden Zustands in Betracht kommen, nicht aber als Mittel, dem Kläger die Erfüllung seines Anspruchs zu ermöglichen.[306] Die Rechtsprechung bricht mit diesem Grundsatz aber auch ansonsten dort, wo die Gewährung des beschleunigten einstweiligen Rechtsschutzes nach Abwägung widerstreitender Interessen zur Durchsetzung von Leistungsansprüchen unabweisbar erscheint.[307] Unter Berücksichtigung des hohen verfassungsrechtlichen Stellenwerts, den die Presse- und Rundfunkfreiheit und als ihre Konkretisierung der Auskunftsanspruch der Medien gegenüber staatlichen Behörden in unserer Gesellschaft einnehmen, erkennen Rechtsprechung[308] und Schrifttum[309] daher auch für den vorliegenden Bereich die Möglichkeit einstweiligen Rechtsschutzes prinzipiell an. Dabei verlangen die Gerichte entsprechend allgemeinen verfahrensrechtlichen Grundsätzen zunächst, dass der Anspruchsteller den Anspruch bei der betreffenden Behörde geltend macht. Leitet er daraufhin das gerichtliche Verfahren ein, ohne der Behörde ausreichend Zeit zur Prüfung und Beantwortung des Auskunftsersuchens zu geben, führt das nicht zur Unzulässigkeit des Antrags; der Anspruchsteller muss aber die Verfahrenskosten tragen, wenn die Behörde den Anspruch im Verfahren anerkennt.[310] Anspruchsvoraussetzung ist sodann die Glaubhaftmachung der materiellen Anspruchsvoraussetzungen. Ein pauschaler Hinweis auf das öffentliche Interesse an dem Gegenstand der geforderten Auskunft reicht nicht aus.[311] Hinsichtlich des Auskunftsersuchens über in einem bestimmten Jahr im Bundeskanzleramt geführte Hintergrundgesprä-

---

302 BGH AfP 2005, 279 = NJW 2005, 1720 – presserechtlicher Auskunftsanspruch; BGH NJW 2017, 3153 – Unterstützung von peerblog.
303 A.A. *Ricker/Weberling*, Kap. 22 Rz. 1.
304 BGH AfP 2005, 279 = NJW 2005, 1720 – presserechtlicher Auskunftsanspruch.
305 § 17a Abs. 2 Satz 3 und Abs. 5 GVG.
306 Vgl. etwa *Kopp/Schenke*, § 123 VwGO Rz. 13 ff.; *Schröer-Schallenberg*, S. 173 f.
307 Vgl. etwa die Rechtsprechung zum Unterhaltsrecht und zur Durchsetzung des arbeitsrechtlichen Beschäftigungsanspruchs; Einzelheiten und weitere Beispiele bei *Baumbach/Lauterbach/Albers/ Hartmann*, § 940 ZPO Rz. 12 ff.
308 BVerwG ZUM 2014, 537; BVerwG AfP 2013, 452; OVG-Berlin-Brandenburg AfP 2017, 334; VG Berlin AfP 2000, 594; VGH München AfP 2005, 473 = NJW 2005, 3358; VG Cottbus AfP 2008, 114; VG Dresden AfP 2009, 301; VG Frankfurt/Oder AfP 2010, 305; OVG Mecklenburg-Vorpommern AfP 2013, 161.
309 *Löffler/Burkhardt*, § 4 LPG Rz. 174; *Ricker/Weberling*, Kap. 22 Rz. 5; *Wente*, S. 276.
310 BVerwG AfP 2018, 523 = ZR 2018, 546.
311 OVG Berlin-Brandenburg ZUM 2018, 147.

che hat das OVG Berlin-Brandenburg die für die Gewährung des einstweiligen Rechtsschutzes erforderliche Dringlichkeit mit der zutreffenden Begründung verneint, dass derartige Gespräche in ständiger Praxis geführt werden und der antragstellende Journalist nichts Konkretes dafür vorgetragen habe, dass die Erledigung seines Auskunftsersuchens plötzlich von besonderer Dringlichkeit sei.[312] In einigen Entscheidungen gestellte Anforderungen an die Glaubhaftmachung besonderer Gründe für die Dringlichkeit der Entscheidung[313] werden jedoch dem verfassungsrechtlich verankerten hohen Stellenwert der Kontroll- und Vermittlungsfunktion der Medien nicht gerecht. Mit Recht hat daher das BVerfG entschieden,[314] dass an die Zulässigkeit der Inanspruchnahme des einstweiligen Rechtsschutzes **keine überhöhten Anforderungen** gestellt werden dürfen. Liegt der einem Auskunftsanspruch zugrundeliegende Sachverhalt allerdings schon länger zurück, dann muss der Antragsteller die Dringlichkeit zum Zeitpunkt der Inanspruchnahme des einstweiligen Rechtsschutzes konkret darlegen.[315] So hat in einem Fall betreffend den Verbleib von Akten des Bundeskanzleramts in privaten Stiftungen das OVG Berlin-Brandenburg die für den Erlass der beantragten einstweiligen Anordnung erforderliche Dringlichkeit mit dem Hinweis darauf verneint, dass das betreffende Thema seit Jahren in der Öffentlichkeit erörtert werde und der Antragsteller nichts dafür vorgetragen habe, dass es nun aufgrund neuer Entwicklungen wieder aktuell geworden sei.[316]

Dritte, deren durch die Rechtsordnung geschützte Belange durch eine in Erfüllung von § 4   4.94 LPG erteilte oder zu erteilende Auskunft einer Behörde tangiert werden, haben ihrerseits die Möglichkeit, sich im Wege des einstweiligen Rechtsschutzes gegen die Erteilung der Auskunft zu wehren. Ein solcher Antrag kann aber nur Erfolg haben, wenn die Behörde bei der Abwägung der berechtigten Belange eines solchen Beteiligten gegen den Auskunftsanspruch ersichtlich fehlerhaft handelt. Der Versuch etwa eines Großunternehmens der Lebensmittelindustrie, die Erteilung einer Auskunft über annähernd 30 gegen dieses Unternehmen wegen Verstößen gegen lebensmittelrechtliche Vorschriften ergangene Bußgeldbescheide zu verhindern, konnte keinen Erfolg haben. Hier überwog nach den Grundsätzen der Verdachtsberichterstattung (dazu Rz. 16.48 ff.) das Informationsinteresse der Öffentlichkeit dasjenige des betroffenen Unternehmens an der Geheimhaltung des Vorgangs unbeschadet der Tatsache, dass die Bußgeldbescheide noch nicht rechtskräftig waren.[317]

d) Unentgeltlichkeit

Auskunftsersuchen auf der Basis der Presse-, Medien- und Rundfunkgesetze müssen die Be-   4.95 hörden und sonstigen auskunftspflichtige Stellen **unentgeltlich** bearbeiten und bescheiden, da keine der einschlägigen Normen die Zahlung eines Entgelts für die Auskunft vorsieht und diese Bestimmungen den Auskunftsanspruch abschließend regeln. Ein Vergütungsanspruch kann insbesondere nicht aus anderweitigen Rechtsnormen, wie etwa einer kommunalen Verwaltungsgebührensatzung, abgeleitet werden.[318] Demgegenüber können die Behörden im Anwendungsbereich des IFG Bearbeitungsgebühren erheben, soweit es nicht um die Erteilung einfacher Auskünfte geht (§ 10 Abs. 1 IFG).

---

312 OVG Berlin-Brandenburg AfP 2017, 334.
313 BVerwG ZUM 2014, 537; OVG Münster AfP 2014, 383.
314 BVerfG AfP 2014, 521 = NJW 2014, 3711.
315 BVerfG AfP 2014, 521 = NJW 2014, 3711; BVerwG ZUM 2014, 537; OVG Lüneburg AfP 2018, 69 = NJW 2018, 487.
316 OVG Berlin-Brandenburg NJW 2018, 2217.
317 VG München AfP 2012, 593.
318 VG Arnsberg AfP 2007, 69.

2. Auskunftsansprüche gegenüber Privaten und Unternehmen

a) Rechtmäßigkeit der Informationsverweigerung

4.96 Anders als gegenüber staatlichen Stellen steht den Medien gegenüber **Privaten** und damit auch nicht staatlichen oder staatlich beherrschten **Unternehmen und Verbänden** kein gesetzlicher Auskunftsanspruch zu. Die einschlägigen Bestimmungen gewähren den Anspruch auf Auskunftserteilung ausschließlich gegenüber den Behörden und können auf Auskunftsersuchen an private Individuen oder Unternehmen und Verbände auch nicht entsprechend angewandt werden.[319] Auch unmittelbar aus Art. 5 GG kann ein Auskunftsanspruch gegenüber privaten Personen und anderen nicht staatlichen Stellen nicht abgeleitet werden. Selbst die Anwendung der Lehre von der Drittwirkung der Grundrechte, mithin der eingeschränkten Geltung der Grundrechte im Rechtsverkehr unter Privaten, führt nicht dazu, dass aus dem Grundrecht der Pressefreiheit ein Anspruch auf Informationserteilung gegenüber Privaten abgeleitet werden könnte.[320]

4.97 Privatpersonen, Unternehmen oder Verbänden obliegt auch keine Verpflichtung zu **pressefreundlichem Verhalten**.[321] Private, die sich den Informationsersuchen der Medien verweigern, mögen dadurch zwar häufig gegen ihre eigenen Interessen handeln. Denn sie müssen damit rechnen, dass die Medien alles daran setzen werden, sich Informationen, die sie direkt vom Objekt ihres Interesses nicht erhalten, auf anderem Wege zu beschaffen, und das Eingehen auf die Informationswünsche der Medien könnte ihnen zugleich die Möglichkeit eröffnen, auf die künftige Berichterstattung einzuwirken und dafür zu sorgen, dass Fehler vermieden werden. Rechtspflichten verletzen Private durch Informationsverweigerung jedoch nicht. Grundsätzlich steht es vielmehr jedermann außerhalb des hoheitlichen Bereichs frei, zu entscheiden, ob und inwieweit er sich mit den Medien einlässt und ob er es fördern, lediglich tolerieren oder im Rahmen seiner Möglichkeiten verhindern will, dass Meldungen über ihn publiziert werden. Die Medien erfüllen zwar bei ihrer Recherchearbeit nach der Definition der Landespressegesetze eine öffentliche Aufgabe. Das ändert aber nichts daran, dass sie Privatrechtssubjekte sind und in Erfüllung ihrer Aufgaben auf der Ebene des Privatrechts agieren; letzteres gilt auch für die publizistische Tätigkeit der öffentlichrechtlichen Rundfunkanstalten.[322] Die Medien treten damit den privaten Personen oder Unternehmen, für die sie sich im Einzelfall interessieren, ausschließlich auf privatrechtlicher Ebene als gleichgeordnete Institutionen und nicht etwa mit einem irgendwie gearteten hoheitlichen Auftrag oder Anspruch gegenüber.

4.98 Nur im Ausnahmefall kann sich aus dem Verbot sittenwidriger Schädigung nach § 826 BGB oder dem Behinderungs- oder Diskriminierungsverbot nach § 20 GWB ein Auskunftsanspruch der Medien gegenüber Unternehmen ergeben.[323] So kann etwa eine Behinderungsmaßnahme im Sinn dieser Bestimmungen vorliegen, wenn **Nachrichtenagenturen** bestimmte Medien ohne sachlichen Grund von der Belieferung mit Nachrichten ausschließen. Dem Ausgeschlossenen kann in einer derartigen Situation ein klagbarer Anspruch auf Abschluss und

---

319 BVerfG NJW 2018, 2250; Löffler/*Burkhardt*, § 4 LPG Rz. 77 ff.; LG Frankfurt a.M. AfP 1989, 572; vgl. dazu auch *Brost/Conrad/Rödder*, AfP 2018, 287 einerseits und *Srocke*, AfP 2018, 291 andererseits.
320 OLG München AfP 1985, 222; LG Frankfurt a.M. AfP 1989, 572; Löffler/*Burkhardt*, § 4 LPG Rz. 78; *Stober*, AfP 1981, 389.
321 *Steffen*, AfP 1988, 117.
322 BGH AfP 1976, 75 = NJW 1976, 1198 – Panorama.
323 *Steffen*, AfP 1988, 117; *Wente*, S. 194.

anschließende Erfüllung eines Informationslieferungsvertrages zustehen. Denkbar ist ein Verstoß gegen die genannten privatrechtlichen Behinderungsverbote aber auch in Fällen, in denen etwa Großunternehmen **Pressestellen** unterhalten, die im Prinzip allen oder allen in Betracht kommenden Medien Auskünfte erteilen, ein bestimmtes Medium oder einen bestimmten Journalisten aber ohne sachlichen Grund ausschließen.

Im Gegensatz zu derartigen Ausnahmekonstellationen wird eine Berufung auf die rechtlichen Gesichtspunkte der §§ 826 BGB oder 19 Abs. 2 Nr. 1, 20 Abs. 1 GWB zur Begründung eines Auskunftsersuchens gegenüber privaten Individuen wohl immer ausgeschlossen sein; Ausnahmefälle sind insoweit kaum denkbar. Als Rechtsgrundlage für einen Informationsanspruch gegenüber Individuen kommen allenfalls **Informationsverträge** in Betracht. Hat sich jemand gegenüber einer Redaktion hinsichtlich bestimmter Vorgänge vertraglich zur Auskunftserteilung verpflichtet, so wird er an derartige Vereinbarungen in der Regel gebunden und demgemäß auch verpflichtet sein, die gewünschten Informationen zu erteilen. Rechtliche Bedenken gegen die Wirksamkeit derartiger Vereinbarungen sind in der Regel nicht ersichtlich.[324] Das Recht, einen Journalisten mit der Begründung von der Informationserteilung auszuschließen, man habe mit seiner Art der Berichterstattung unliebsame Erfahrungen gemacht oder sei mit der Tendenz des betreffenden Mediums nicht einverstanden, steht privaten Unternehmen, anders als den staatlichen Behörden, immer zu. Und keinesfalls reicht es zur Begründung eines Auskunftsanspruchs gegenüber einem Privaten aus, darauf hinzuweisen, dass der Betreffende einem anderen Medium bereits Auskünfte zu der interessierenden Thematik erteilt oder sich ihm gegenüber zur Auskunftserteilung verpflichtet habe. Auch Exklusivvereinbarungen über bestimmte Informationen oder Vorgänge (dazu Rz. 7.78 ff.), die von außenstehenden Journalisten nicht selten als Einschränkung ihrer journalistischen Freiheit empfunden werden, werden in ihrer Rechtswirksamkeit nicht durch das Bestreben anderer Medien in Frage gestellt, sich unter Berufung auf die genannten zivilrechtlichen Behinderungsverbote gleichen Zugang zu den gewünschten Informationen zu beschaffen.

b) Folgen der Auskunftsverweigerung

Sind damit Private prinzipiell nicht auskunftspflichtig, so obliegt es allein den Medien, zu entscheiden, welche Konsequenzen sie im Einzelfall aus der Verweigerung einer erbetenen Auskunft ziehen wollen. Schon im Geltungsbereich der gesetzlichen Auskunftspflichten enthebt die Erteilung einer Auskunft die Medien nicht von der Verantwortung für den Inhalt der Meldung, die sie unter deren Verwendung verbreiten; Anderes kann unter dem rechtlichen Aspekt der privilegierten Quelle (dazu Rz. 2.29) allenfalls insoweit gelten, als es um die tatsächliche Richtigkeit des Inhalts einer von einer Behörde erteilten Auskunft geht. Umso mehr tragen allein die Medien das Risiko der Veröffentlichung in Konstellationen, in denen sie sich um Auskünfte bei Privaten bemühen, mit diesem Bemühen aber scheitern. Wird eine private Person oder Institution durch eine Veröffentlichung in ihren Rechten verletzt, so können die Medien gegenüber daraus resultierenden Ansprüchen insbesondere grundsätzlich nicht mit Erfolg einwenden, der Betroffene habe es selbst zu vertreten, dass die Berichterstattung Fehler enthalte, nachdem er die erbetenen Auskünfte verweigert habe. So hat das BVerfG[325] ausdrücklich entschieden, dass die Weigerung eines Privaten, der Presse bestimmte Fragen zu beantworten, dessen Anspruch auf Abdruck einer Gegendarstellung (dazu im Einzelnen § 29) selbst dann nicht beseitigt, wenn seine Antwort die betreffende Redaktion in die Lage versetzt

4.99

4.100

---

324 Vgl. dazu *Wente*, S. 188 ff.
325 BVerfG NJW 2018, 2250.

hätte, den Sachverhalt zutreffend darzustellen und die spätere Verpflichtung zum Abdruck der Gegendarstellung dadurch zu vermeiden.

4.101 Sofern die Medien allerdings ansonsten mit der gebotenen Sorgfalt recherchiert haben, können sie sich auf den rechtfertigenden Gesichtspunkt der **Wahrnehmung berechtigter Interessen** berufen, wenn sie den Betroffenen zwar nicht angehört, sich aber hierum jedenfalls bemüht haben und mit diesem Bemühen an seiner Weigerung gescheitert sind, die erbetenen Auskünfte zu erteilen;[326] vgl. dazu näher Rz. 2.33 ff.; Rz. 15.1 ff. Im Ergebnis erhöht damit derjenige, der die Beantwortung von Anfragen der Medien ablehnt, nicht nur das Risiko einer Falschberichterstattung, sondern auch dasjenige, dass sich die Medien auf die Rechtmäßigkeit ihrer gegebenenfalls fehlerhaften Berichterstattung berufen können. Grundsätzlich aber gilt die Feststellung, dass die Medien das Risiko solcher Veröffentlichungen zu tragen haben, an deren Verifizierung die betroffenen privaten Personen oder Unternehmen nicht mitgewirkt haben, auch wenn sie durch entsprechende Auskunftsersuchen darum gebeten worden sind. Das gilt sogar dann, wenn die betreffende Redaktion im Rahmen der Veröffentlichung darauf hinweist, dass der Betroffene zwar um eine Stellungnahme gebeten wurde, dieser Bitte jedoch nicht entsprochen hat. Auch ein solcher Hinweis schränkt das Veröffentlichungsrisiko nicht ein. Er kann stattdessen unter Umständen seinerseits haftungsrechtlich problematisch sein. Das wird insbesondere dann der Fall sein, wenn durch die konkrete Ausformulierung und Platzierung des Hinweises beim Leser oder Zuschauer der Eindruck erweckt wird, als habe der Betroffene mit seiner Weigerung, der Presse Auskunft zu erteilen, konkludent zum Ausdruck gebracht, dass an den gegen ihn erhobenen Vorwürfen etwas Wahres sei, oder als stelle die Auskunftsverweigerung einen Verstoß gegen rechtliche oder soziale Verpflichtungen dar.

§ 5 Akten- und Registereinsicht

1. Übersicht

5.1 Einen ausdrücklichen Rechtsanspruch darauf, **Einsicht in Akten und Unterlagen staatlicher Behörden** oder Organisationen zu nehmen, sehen die Landespressegesetze und die ihnen entsprechenden rundfunkrechtlichen Normen nicht vor. Allerdings kann sich der Auskunftsanspruch nach diesen Gesetzen im Einzelfall zu einem Anspruch auf Zugänglichmachung oder Herausgabe von Akten oder Aktenbestandteilen verdichten (Rz. 4.29). Und anders als die Landespressegesetze vermitteln die **Informationsfreiheitsgesetze** in ihrem jeweiligen Anwendungsbereich und seit dem 27.12.2017 bei Darlegung eines berechtigten Interesses auch die Bestimmungen der **§§ 18 – 26 GwG**[1] derartige Ansprüche, die zwar nicht speziell für die

---

326 OLG Köln AfP 2011, 601 = ZUM 2012, 337; OLG Hamburg AfP 2012, 57.
  1 Dazu *Kotzenberg/Lorenz*, NJW 2017, 2433.

Medien geschaffen wurden, die aber auch von ihnen geltend gemacht werden können.[2] Im privaten Bereich, in dem, wie dargestellt, schon ein Auskunftsanspruch der Medien allenfalls in extremen Ausnahmesituationen erfolgreich durchgesetzt werden kann, lässt sich demgegenüber ein Anspruch auf Akteneinsicht schlechthin nicht begründen.

Gegenüber staatlichen Stellen kommen jedoch Ansprüche der Medien auf Einsicht in besondere **öffentliche Register** wie insbesondere Handels- und Unternehmensregister, Grundbücher oder Schuldnerverzeichnisse in Betracht; zu den Insolvenzbekanntmachungen vgl. schon Rz. 4.73. Ähnlich wie beim Anspruch auf Einsicht in die Akten von Zivilprozessen (Rz. 4.64 ff.) geht es in den Gesetzen, die die Führung dieser Register anordnen und ihre Benutzung regeln, nicht in erster Linie um Informationen über staatliches Handeln, wie sie Gegenstand des medienrechtlichen Auskunftsanspruchs sind, sondern um Informationen, die staatliche Stellen nur verwalten, die der Sache nach aber Private betreffen. Die einschlägigen Bestimmungen sind damit ihrer Natur nach nicht medienspezifisch und verfolgen primär Zwecke aus dem Regelungsbereich der jeweiligen Spezialgesetze und gewährleisten in der Regel auch den Schutz der Persönlichkeitsrechte derjenigen, die von den jeweiligen Registereintragungen betroffen sind. Daraus ist aber kein generelles Verbot der Nutzung derartiger Register als Informationsquelle der Medien abzuleiten. Aus dem Grundrecht der Presse- und Rundfunkfreiheit leitet sich vielmehr ein schutzwürdiges Interesse gerade auch der Medien am Zugang zu öffentlichen Datensammlungen und Registern ab, das auch dann geltend gemacht werden kann, wenn derartige Register, wie insbesondere das Grundbuch, für die Öffentlichkeit nur in beschränktem Umfang zugänglich sind. Und die Bestimmungen der DSGVO stehen der Öffnung dieser Register als Informationsquelle der Medien nicht entgegen, soweit sie zu journalistischen Zwecken genutzt werden sollen (Rz. 1.25 ff.).

5.2

Das BVerfG[3] leitet dieses berechtigte Interesse der Medien an der Möglichkeit der **Einsichtnahme in öffentliche Register** mit Recht unmittelbar aus Art. 5 Abs. 1 Satz 2 GG ab, ohne auf die medienrechtlichen Bestimmungen über den Auskunftsanspruch zurückzugreifen. Denn trotz der unterschiedlichen Zielsetzung der gesetzlichen Bestimmungen über die öffentlichen Register im Vergleich zu den Bestimmungen über den medienrechtlichen Auskunftsanspruch sind auch Gerichte und sonstige Dienststellen, die die öffentlichen Register führen, staatliche Stellen; das gilt gemäß der ausdrücklichen Bestimmung des § 9a Abs. 1 Satz 2 HGB auch für die *Bundesanzeiger Verlag GmbH*, die zur Zeit mit der Führung des elektronischen Unternehmensregisters beliehen ist und insoweit die Funktion einer Justizbehörde wahrnimmt. Der Anspruch der Medien auf Einsicht in die öffentlichen Register ergibt sich damit in erster Linie unmittelbar aus den speziellen registerrechtlichen Normen, die allerdings, wie das BVerfG[4] ebenfalls entschieden hat, auch die Grenzen des Zugangs zu den in ihnen enthaltenen Informationen definieren können. Daneben kann dieser Anspruch im Einzelfall allerdings auch unmittelbar aus Art. 5 Abs. 1 Satz 2 GG und aus den landesrechtlichen Bestimmungen über den Auskunftsanspruch der Medien abzuleiten sein.

5.3

---

2 OVG Berlin-Brandenburg AfP 2015, 274.
3 BVerfG AfP 2000, 559 = NJW 2001, 503 – Grundbucheinsicht durch Pressevertreter.
4 BVerfG AfP 2000, 559 = NJW 2001, 503 – Grundbucheinsicht durch Pressevertreter; BVerfG AfP 2000, 566.

2. Handels- und Unternehmensregister

5.4   Keine rechtlichen Probleme ergeben sich in diesem Zusammenhang im Bereich des heute elektronisch geführten **Handels- und Unternehmensregisters**. Die Einsicht in diese Register und in die dazu eingereichten Schriftstücke ist jedermann (§ 9 Abs. 1 Satz 1 HGB), also auch den Medien, gestattet. Das bedarf für die zum Register eingereichten Schriftstücke besonderer Betonung, weil erst der Inhalt der Registerakten häufig diejenige Information vermittelt, auf die es bei der Recherche ankommt. So kann etwa bei einer Gesellschaft mit beschränkter Haftung dem Unternehmensregister die Höhe des Stammkapitals und die Identität der Geschäftsführer und Prokuristen, erst der dazu geführten Registerakte aber entnommen werden, wer die Gesellschafter sind. Das Recht, in diese Unterlagen Einsicht zu nehmen, kann heute in der Regel über die Webseiten *www.handelsregister.de* und *www.unternehmensregister.de* auf elektronischem Weg wahrgenommen werden (§ 9 Abs. 1 Satz 2–5 HGB). Das gilt auch für die von den Unternehmen nach den einschlägigen bilanzrechtlichen Vorschriften zu veröffentlichenden **Jahresabschlüsse**. Allerdings vermittelt die Einsicht in die elektronischen Register unentgeltlich nur die Kenntnis der Firma eines Unternehmens, des zuständigen Registergerichts und der Registernummer. Für den Abruf weitergehender Dokumente wie etwa Gesellschaftsverträge, Gesellschafterlisten oder Jahresabschlüsse müssen auch die Medien Gebühren entrichten. Bei Kleinstunternehmen im Sinn von § 267a HGB kann die Einsichtnahme in die Bilanz nur auf Antrag und nur durch Überlassung einer Kopie erfolgen (§ 9 Abs. 6 HGB).

5.5   Der Anspruch auf **Einsichtnahme in Unternehmensdaten** dient der Transparenz des Handelsverkehrs und der Offenlegung der an ihm teilnehmenden Personen und Unternehmen. Er ist prinzipiell uneingeschränkt[5] und darf nicht etwa wegen fehlenden berechtigten Interesses oder eines Verdachts des Missbrauchs versagt werden. Einer Berufung auf den gesetzlichen Auskunftsanspruch bedarf es daher nicht, wenn die Medien Sachverhalte aufklären wollen, die aus dem Handels- oder Unternehmensregister und den dazu geführten Akten ersichtlich sind. Der Auskunftsanspruch nach den Landespressegesetzen kann aber im Einzelfall über den Inhalt dieser Dokumente hinausgehen und dann eine sinnvolle Ergänzung zum allgemeinen Einsichtsrecht darstellen. Ein Anspruch auf Zulassung der Übernahme des kompletten Handelsregisters zum Zweck der gewerblichen Verbreitung der daraus ersichtlichen Informationen kann aus §§ 9 ff. HGB nicht hergeleitet werden.[6]

3. Schuldnerverzeichnis

5.6   Probleme ergeben sich hingegen heute im Zusammenhang mit dem seit dem 1. 1. 2013 in jedem Bundesland von einem so genannten Zentralen Vollstreckungsgericht gemäß §§ 882c ff. ZPO geführten **Schuldnerverzeichnis**. Dort werden diejenigen Personen registriert, deren Eintragung der jeweils zuständige Gerichtsvollzieher nach ergebnislosen Vollstreckungsversuchen gemäß § 882c ZPO oder die zuständige Vollstreckungsbehörde gemäß § 284 AO angeordnet hat (§§ 882b/c ZPO); die Eintragung ist nach Ablauf von drei Jahren und vor Ablauf dieser Frist dann zu löschen, wenn der Schuldner seine Verbindlichkeiten beglichen hat (§ 882e ZPO).

---

5 BGH WM 1989, 1299 = WRP 1990, 325; *Baumbach/Hopt*, § 9 HGB Rz. 2 f.
6 BGH WM 1989, 1299 = WRP 1990, 325.

Der Gesetzgeber hat die **Nutzung des Schuldnerverzeichnisses** restriktiv geregelt. Während 5.7
gemäß § 915 Abs. 3 ZPO a.F. über das Bestehen oder Nichtbestehen einer bestimmten Eintragung im Schuldnerverzeichnis auf Antrag jedermann Auskunft zu erteilen war und auch Einsicht in das Verzeichnis gewährt werden konnte, dürfen nach der seit 2013 geltenden Fassung
von § 882f ZPO personenbezogene Informationen aus diesem Verzeichnis nur für Zwecke
der Zwangsvollstreckung verwendet werden sowie zum Zweck der Erfüllung gesetzlicher
Pflichten, zur Prüfung der wirtschaftlichen Zuverlässigkeit des Schuldners, der Prüfung der
Voraussetzungen für die Gewährung von öffentlichen Leistungen oder zur Abwendung von
wirtschaftlichen Nachteilen, die daraus entstehen können, dass Schuldner ihren Zahlungsver-
pflichtungen nicht nachkommen, und schließlich zur Verfolgung von Straftaten. Die Informationen dürfen obendrein nur für den Zweck verwendet werden, für den sie übermittelt
worden sind (§ 882f Abs. 1 Satz 2 ZPO). Informationen in Gestalt von Abdrucken aus dem
Schuldnerverzeichnis erhalten nach der seit 2013 geltenden Rechtslage u.a. Industrie- und
Handels- sowie sonstige öffentlich-rechtliche Berufskammern wie etwa die Rechtsanwalts-
kammern und Unternehmen, die in gewerblicher Ausgestaltung private Schuldnerverzeichnisse führen wie etwa die *Schufa* (§ 882g ZPO).[7] Diese Institutionen sind ihrerseits ermächtigt, denjenigen Personen oder Unternehmen, deren Interessen sie zu wahren haben, Auskünfte zu erteilen (§ 882g Abs. 4 ZPO). Medien und Medienvertreter gehören nicht zu denjenigen, die das Gesetz in diesem Zusammenhang als auskunftsberechtigt ansieht.

Damit scheidet ein **Zugriff der Medien auf das Schuldnerverzeichnis** jedenfalls unter Beru- 5.8
fung auf §§ 882b ff. ZPO aus. Die gewisse Prangerwirkung der Eintragung, die der Gesetzgeber früher mit der Einräumung einer Auskunftsverpflichtung gegenüber jedermann bewusst in Kauf genommen hatte, um säumige Schuldner dazu anzuhalten, ihre Schulden möglichst zügig zu bezahlen,[8] hält er in Abwägung mit dem Grundrecht der Menschenwürde aus
Art. 1 GG und dem aus Art. 2 Abs. 1 GG abgeleiteten Recht auf informationelle Selbstbestimmung nicht mehr für gerechtfertigt. Dem fortbestehenden Interesse der Wirtschaft an Informationen über die Bonität insbesondere künftiger Vertragspartner stellt die Neufassung von
§§ 882b ff. ZPO nun ausdrücklich das Prinzip des Schuldnerschutzes gegenüber.[9] Sinn des
Schuldnerverzeichnisses ist es damit jedenfalls heute nicht mehr, den Medien eine direkte In-
formationsmöglichkeit über die Zahlungsmoral der Bürger zu geben.

Dessen ungeachtet kann sich aber der **Auskunftsanspruch der Medien** nach den für sie gel- 5.9
tenden landesrechtlichen Bestimmungen und Staatsverträgen auch auf den Inhalt des Schuldnerverzeichnisses richten. Denn da der Bundesgesetzgeber im Bereich des Presse- und Rundfunkrechts keine Gesetzgebungskompetenz hat,[10] ist er auch nicht in der Lage, den Geltungsbereich der Landespressegesetze und der inhaltsgleichen rundfunkrechtlichen Bestimmungen
über den Auskunftsanspruch der Medien durch die Neufassung der Zivilprozessordnung einzuschränken. Allerdings ist gerade im Zusammenhang mit Recherchen zum heiklen Thema
privater Verschuldung von Individuen der Gesichtspunkt der Wahrnehmung schutzwürdiger
privater Interessen (Rz. 4.86 ff.) immer zu berücksichtigen und kommt eine Auskunftserteilung nur in Betracht, wenn im Einzelfall das Informationsinteresse der Öffentlichkeit im Rahmen der gebotenen Abwägung einen höheren Stellenwert hat. Das kann, wie etwa bei der Be-

---

7 Dazu *Baumbach/Lauterbach/Albers/Hartmann*, § 882g ZPO Rz. 5 ff.

8 *Baumbach/Lauterbach/Albers/Hartmann* (57. Aufl. 1999), § 915 ZPO Rz. 3.

9 *Baumbach/Lauterbach/Albers/Hartmann*, Rz. 4 f. vor § 882b ZPO.

10 Die über Jahrzehnte in Art. 75 Abs. 1 Nr. 3 GG vorgesehene sogenannte *Rahmenkompetenz* des Bundes für die allgemeinen Rechtsverhältnisse der Presse, die der Bundesgesetzgeber nie genutzt hatte,
wurde im Rahmen der Föderalismusreform 2006 gestrichen.

richterstattung über strafrechtliche Verurteilungen (dazu Rz. 19.54 ff.), insbesondere dann der Fall sein, wenn die Medien Anhaltspunkte dafür haben, dass sich ein Bewerber um ein öffentliches Amt oder um eine herausragende privatwirtschaftliche Position mit spezifisch finanzieller Verantwortung so verschuldet hatte, dass er seine Verpflichtungen nicht mehr erfüllen konnte und daher in das Schuldnerverzeichnis eingetragen werden musste.

4. Grundbuch

5.10   Anders als im Fall des Handels- und Unternehmensregisters ist auch die Einsicht in das **Grundbuch** nicht jedermann gestattet, sondern gemäß § 12 Abs. 1 GBO nur demjenigen, der ein **berechtigtes Interesse** darlegt. Gleiches gilt für die Urkunden, auf die im Grundbuch zur Ergänzung einer Eintragung Bezug genommen wird, sowie für unerledigte Eintragungsanträge. Als berechtigtes Interesse im Sinn dieser Bestimmung kommt auch das Berichterstattungsinteresse der Medien in Betracht.[11] Unter der Voraussetzung der Darlegung des berechtigten Interesses kann auch die Erteilung von Abschriften (§ 12 Abs. 2 GBO) oder von Auskünften aus elektronisch gespeicherten Verzeichnissen verlangt werden, zu deren Führung die Grundbuchämter berechtigt, aber nicht verpflichtet sind (§ 12a Abs. 1 Satz 3 und 4 GBO).

5.11   Das gesetzlich geregelte Recht zur Einsicht in das Grundbuch hat den primären Zweck, die zivilrechtlichen Funktionen der Publizität des Grundbuchs im Sinn von §§ 891, 893 BGB zu ergänzen; insoweit dient es der Erhaltung der Rechtssicherheit im Grundstücksverkehr und dem Umgang mit Rechten am Grundeigentum.[12] Das bedeutet aber nicht, dass eine Einsichtnahme durch Medienvertreter zu publizistischen Zwecken nicht zulässig wäre. Die frühere restriktive Praxis der Grundbuchämter wird dem aus Art. 5 Abs. 1 Satz 2 GG abzuleitenden Informationsermittlungsanspruch der Medien nicht gerecht und ist daher verfassungsrechtlich nicht haltbar.[13] Denn obwohl die Tätigkeit der Grundbuchämter wie diejenige der Handels- und Unternehmensregister sowie der Schuldnerverzeichnisse primär der Regelung des Privatrechtsverkehrs dient, ist sie dennoch wie jene Ausübung staatlicher Gewalt. An den von ihnen bearbeiteten Vorgängen kann daher ein legitimes Informationsinteresse der Medien im Sinn von § 12 GBO bestehen wie an anderem Verwaltungshandeln auch.[14] Dafür genügt jedes verständige, durch die jeweilige konkrete Sachlage begründete Interesse.[15] Dass dazu auch Gesichtspunkte der historischen Forschung gehören können, hat der Gesetzgeber ausdrücklich anerkannt (§ 12c Abs. 1 Nr. 1 GBO).[16]

5.12   Mit Recht haben daher Gerichte[17] den Medien den Anspruch auf Grundbucheinsicht zunächst in Fällen zugesprochen, in denen es um den Umgang der Verwaltung mit öffentlichem Grundeigentum und damit fraglos um einen Gegenstand eines originären Informationsinteresses der Medien ging, bei dem entgegenstehende Belange Privater nicht in Rede stehen. Auch der Verdacht, ein gewählter kommunaler Vertreter habe seinen Informationsvorsprung

---

11 BVerfG AfP 2000, 559 = NJW 2001, 503 – Grundbucheinsicht durch Pressevertreter; BGH AfP 2012, 43 = NJW-RR 2011, 1651; OLG Stuttgart AfP 2012, 401.

12 *Wente*, S. 167.

13 BVerfG AfP 2000, 559 = NJW 2001, 503 – Grundbucheinsicht durch Pressevertreter; BVerfG AfP 2000, 566; BGH AfP 2012, 43 = NJW-RR 2011, 1651; OLG Stuttgart AfP 2012, 401.

14 So ausdrücklich OLG Hamm AfP 1988, 267 = NJW 1988, 2482; *Demharter*, § 12 GBO Rz. 10.

15 OLG Stuttgart RPfl 1970, 92; OLG Hamm RPfl 1971, 107; LG Mosbach AfP 1990, 63.

16 Zum Verfahren insoweit *Demharter*, § 12 GBO Rz. 11.

17 LG Frankfurt a. M. AfP 1979, 245; LG Stuttgart AfP 1984, 171.

aus nicht öffentlichen Sitzungen dazu ausgenutzt, ein bestimmtes Grundstück zu erwerben, um es wenig später der Kommune zur Verwirklichung eines ihm bekannten Bauvorhabens mit Gewinn weiterzuverkaufen, rechtfertigt das Grundbucheinsichtsverlangen der Medien.[18] Gleiches galt für den Verdacht, der damalige Bundespräsident *Christian Wulff* habe sich sein Einfamilienhaus durch einen privaten Unternehmer finanzieren lassen.[19]

Jedoch ist der Zugriff der Medien auf das Grundbuch nicht auf Fälle beschränkt, in denen sich aus ihm Rückschlüsse auf ein Verhalten öffentlicher Verwaltung oder öffentlicher Funktionsträger gewinnen lassen. Auch Konstellationen, in denen es um **rechtliche oder wirtschaftliche Verhältnisse Privater** geht, können das erforderliche berechtigte Interesse an der Grundbucheinsicht begründen.[20] Das war etwa der Fall bei dem Verdacht eines Journalisten, der Unternehmer *Anton Schlecker* habe vor Einleitung seines Insolvenzverfahrens ein ihm gehörendes Grundstück auf seine am Verfahren nicht beteiligte Ehefrau übertragen,[21] oder bei der Recherche eines Medienvertreters nach dem eingetragenen Eigentümer eines Grundstücks, das regelmäßig von einer Skinhead-Gruppe genutzt wurde.[22] In derartigen Fällen können die Grundbuchämter die Medien auch nicht auf anderweitig denkbare Informationsquellen wie im Fall *Schlecker* den Insolvenzverwalter verweisen.[23] Ebenso wenig ist es ausreichend, wenn die Grundbuchämter den Medien fallspezifische, von ihnen selbst ausgewählte Informationen erteilen und die darüber hinausgehende Einsicht in das Grundbuch verweigern.[24]

5.13

In Anlehnung an die Abwägungskriterien der medienrechtlichen Bestimmungen über den Auskunftsanspruch und namentlich dasjenige der Berücksichtigung entgegenstehender **schutzwürdiger privater Belange** ist bei der Entscheidung über derartige Auskunftsersuchen aber zwischen dem Informationsinteresse der Medien und dem Recht auf informationelle Selbstbestimmung des im Grundbuch Eingetragenen abzuwägen.[25] Denn die Grundbucheinsicht gibt der Öffentlichkeit nicht nur Aufschluss über gegenwärtige und frühere Eigentümer eines Grundstücks, sondern auch über dessen Belastung mit Hypotheken und Grundschulden sowie beispielsweise über eingetragene Nacherben- oder Zwangsversteigerungsvermerke und damit über faktische Verhältnisse, die jedenfalls für den Regelfall als vertraulich angesehen werden. Dennoch stehen derartige schutzwürdige Belange der Eingetragenen dem Anspruch der Medien auf Gewährung von Akteneinsicht heute nicht mehr entgegen, sofern Gegenstand der Recherche ein Vorgang ist, der die Öffentlichkeit wesentlich angeht und die Recherche der Aufbereitung einer ernsthaften, sachbezogenen Auseinandersetzung dient, wie dies nach der zutreffenden Auffassung des BGH etwa im Fall der Finanzierung des Wohnhauses des damaligen Bundespräsidenten *Christian Wulff* der Fall war.[26] Anders wird es sein, wenn Nachforschungen der Medien lediglich dazu dienen, eine in der Öffentlichkeit vorhandene oder vermutete Neugier oder Sensationslust zu befriedigen.[27]

5.14

---

18 LG Mosbach AfP 1990, 63.
19 BGH AfP 2012, 43 = NJW-RR 2011, 1651.
20 BVerfG AfP 2000, 559 = NJW 2001, 503 – Grundbucheinsicht durch Pressevertreter; BVerfG AfP 2000, 566; OLG Stuttgart AfP 2012, 401.
21 OLG Stuttgart AfP 2012, 401.
22 OLG München NJW-RR 2017, 171 = ZUM-RD 2016, 646.
23 OLG Stuttgart AfP 2012, 401.
24 BGH AfP 2012, 43 = NJW-RR 2011, 1651.
25 OLG München NJW-RR 2017, 171 = ZUM-RD 2016, 646.
26 BGH AfP 2012, 43 = NJW-RR 2011, 1651.
27 KG AfP 2002, 39 = NJW 2002, 223; BGH AfP 2012, 43.

5.15 Aus diesem Grund verlangt die Rechtsprechung[28] in derartigen Fällen zur Begründung des Einsichtsersuchens, dass die Medien einen konkreten Bezug des Gegenstands ihrer Recherche zu dem in Rede stehenden Grundstück darlegen. An diese Darlegung wurden, entsprechend der lange Zeit herrschenden grundsätzlichen Skepsis der Praxis gegenüber den Informationsansprüchen der Medien, in der Vergangenheit strenge Anforderungen gestellt. So sollte es nicht ausreichen,[29] dass sich die Presse ganz generell für die finanzielle Situation eines Prominenten und seiner Familie interessierte und mit dieser Begründung Einsicht in das Grundbuch eines der Ehefrau des Betroffenen gehörenden Grundstücks begehrte. Der BGH hat jedoch auch die Anforderungen an die Begründung des Einsichtsersuchens im Interesse einer weitgehenden Recherchefreiheit der Medien deutlich heruntergesetzt. Nach seiner für die Praxis nunmehr maßgeblichen Auffassung[30] ist es für ein erfolgreiches Einsichtsersuchen nicht erforderlich, dass die Medien die für die Recherche benötigten Informationen im Einzelnen benennen, während sie nach wie vor jedenfalls den Verdacht oder die Information offenlegen müssen, deren Aufklärung oder Verifizierung die Einsichtnahme dienen soll.[31] Das Interesse etwa einer Redaktion daran, in wessen Eigentum eine Luxusvilla steht, die von einem Lokalpolitiker bewohnt wird, dessen bekannte Einkommensverhältnisse allein ihm das Wohnen in einem derartigen Objekt nicht gestatten, oder wem das Luxusobjekt gehört, in dem ein stadtbekannter Unternehmer noch immer wohnt, obwohl er bereits vor geraumer Zeit für seine Unternehmungen ein Insolvenzverfahren hat anmelden müssen, begründet nach der heute geltenden Rechtslage das vom Gesetzgeber geforderte **rechtliche Interesse** an der Einsichtnahme. Und im Rahmen der Recherche über ein von einer Skinhead-Gruppe genutztes Grundstück ist es zur Begründung des Ersuchens um Grundbucheinsicht nicht erforderlich, den Grundeigentümer namentlich zu benennen, wenn es dem recherchierenden Journalisten gerade darum geht, seine Identität herauszufinden.[32]

5.16 Allerdings kann das dem Grunde nach auch vom BGH noch vertretene Erfordernis der Darlegung eines **konkreten Recherchevorhabens** gegenüber dem Grundbuchamt mit dem durch Art. 5 Abs. 1 Satz 2 GG geschützten Redaktionsgeheimnis kollidieren. Dieser Konflikt lässt sich nur auflösen, indem, entsprechend der Tendenz der neueren Rechtsprechung, im Einzelfall an die Spezifizierung des Recherchegegenstands unter besonderer Berücksichtigung der Medienfreiheiten aus Art. 5 Abs. 1 Satz 2 GG allenfalls geringe Anforderungen gestellt werden. Nur solche Konkretisierungen können verlangt werden, die für die Feststellung des Informationsinteresses bedeutsam sind.[33] Es ist ausreichend, wenn sich aus dem Ersuchen ergibt, dass die Grundbucheinsicht auf die Beschaffung journalistisch verwertbarer Informationen abzielt und daher dem Schutzbereich der Medienfreiheiten zuzuordnen ist.[34] Hingegen ist die von den Medien ebenfalls vertretene These, das Erfordernis der Darlegung eines Recherchevorhabens verstoße auch gegen das Zensurverbot des Art. 5 Abs. 3 GG, unzutreffend. Insoweit hat das BVerfG mit Recht darauf hingewiesen, dass nicht die Veröffentlichung einer Information von einer vorherigen Kontrolle durch eine staatliche Stelle abhängig gemacht,

---

28 BVerfG AfP 2000, 559 = NJW 2001, 503 – Grundbucheinsicht durch Pressevertreter; BVerfG AfP 2000, 566.
29 KG AfP 2002, 39 = NJW 2002, 223.
30 BGH AfP 2012, 43 = NJW-RR 2011, 1651.
31 BVerfG AfP 2012, 43 = NJW-RR 2011, 223; BGH AfP 2012, 43 = NJW-RR 2011, 1651.
32 OLG München NJW-RR 2017, 171 = ZUM-RD 2016, 646.
33 OLG München NJW-RR 2017, 171 = ZUM-RD 2016, 646.
34 BVerfG AfP 2000, 566; BGH NJW-RR 2011, 1651.

sondern die Vorfrage geklärt wird, ob etwas überhaupt zum Gegenstand einer Presseveröffentlichung gemacht werden darf.[35]

Mit dem Grundrecht der Presse- und Rundfunkfreiheit wäre es nicht zu vereinbaren, das Einsichtsrecht der Medien einer doppelten Einschränkung zu unterwerfen. Zu Unrecht hat insbesondere das OLG Hamm[36] angenommen, das Grundbuchamt habe im Fall des Einsichtsersuchens einer Redaktion nicht nur zu prüfen, ob der Gegenstand des konkret darzulegenden aktuellen Informationsinteresses den Anspruch auf Grundbucheinsicht begründen könne; es müsse vielmehr den **jeweiligen Eigentümer anhören**, bevor es die Grundbucheinsicht gewährt. Diese Ansicht findet im Gesetz keine Stütze. Auch in den sonstigen Fällen eines anerkannten berechtigten Interesses an der Grundbucheinsicht ist die Anhörung des Eigentümers nicht vorgesehen;[37] dem Eigentümer steht gegen die Gewährung der Einsicht noch nicht einmal ein Rechtsbehelf zur Verfügung.[38] Die neuere Rechtsprechung[39] hat daher die Auffassung, den Medien stehe der Anspruch auf Grundbucheinsicht nur unter dem Vorbehalt der vorherigen Information oder gar Zustimmung des jeweiligen Eigentümers zu, mit Recht verworfen.[40] Sie liefe im Ergebnis auf eine unzulässige Beschränkung des Informationsanspruchs der Medien hinaus und hätte zur Folge, dass sie von ihrem Recht der Grundbucheinsicht in der Regel keinen Gebrauch machen könnten. Denn eine Redaktion hat ein legitimes Interesse daran, dass der Gegenstand ihrer Recherche nicht zu einem frühen und von ihr nicht zu kontrollierenden Zeitpunkt bekannt wird. Haben die Medien zwar in der Regel den Betroffenen im Zuge ihrer Recherche anzuhören (Rz. 2.33 ff.), so obliegt doch die Bestimmung des Zeitpunkts und des Verfahrens, zu und in dem sie das tun, ausschließlich ihnen.

5.17

Neben den Anspruch auf Einsichtnahme nach der Grundbuchordnung kann der **Anspruch auf Auskunftserteilung** nach den medienrechtlichen Auskunftsnormen treten.[41] Dieser Umstand hatte insbesondere so lange praktische Bedeutung, als die Rechtsprechung meinte, hinsichtlich des Umfangs des Informationsinteresses der Medien differenzieren zu dürfen, und dieses Interesse nur insoweit bejahte, als es darum ging, ob eine bestimmte Person oder Institution eingetragener Eigentümer eines Grundstücks ist, aber die Auffassung vertrat, der Information der Medien über eingetragene Belastungen oder Verfügungsbeschränkungen stünden schutzwürdige private Belange entgegen; der daraus resultierende Konflikt konnte in der Praxis dadurch gelöst werden, dass die Grundbuchämter zwar die Einsicht in das Grundbuch unter Berufung auf ein nicht hinreichend dargelegtes berechtigtes Interesse verweigerten, den Medien aber die Auskunft über diejenigen Einzelheiten aus dem Grundbuch erteilten, um die es ihnen mit dem Antrag auf Einsicht tatsächlich ging.[42] Nachdem aber der BGH die Voraussetzungen für das Einsichtsrecht der Medien weitgehend liberalisiert und insbesondere auch entschieden hat, dass sich das Einsichtsrecht nicht auf einzelne Aspekte beschränkt, sondern hinsichtlich des gesamten Inhalts des Grundbuchs besteht,[43] sind Fallgestaltungen kaum noch denkbar, in denen die Medien gegenüber den Grundbuchämtern auf den allgemeinen pressespezifischen Auskunftsanspruch angewiesen sein könnten.

5.18

---

35 BVerfG AfP 2000, 559 = NJW 2001, 503 – Grundbucheinsicht durch Pressevertreter.
36 OLG Hamm AfP 1988, 267 = NJW 1988, 2482.
37 BGH NJW 1981, 1563; LG Mosbach AfP 1990, 63.
38 BGH NJW 1981, 1563.
39 BVerfG AfP 2000, 559 = NJW 2001, 503 – Grundbucheinsicht durch Pressevertreter; BGH NJW 1981, 1563; OLG Stuttgart AfP 2012, 401.
40 Zustimmend *Demharter*, § 12 GBO Rz. 24.
41 *Wente*, S. 168.
42 Vgl. dazu etwa BVerfG AfP 2000, 566.
43 BGH AfP 2012, 43 = NJW-RR 2011, 1651.

§ 6 Zutritt zu Veranstaltungen

1. Veranstaltungen staatlicher Stellen

6.1 Die **Einholung von Auskünften** bei staatlichen oder privaten Stellen sowie die Einsichtnahme in Register allein reichen als Methode der Informationsbeschaffung nicht aus. Wo immer es ihnen möglich ist, werden die Medien vielmehr versuchen, sich aus erster Hand zu informieren. Das setzt innerhalb der durch die Rechtsordnung gezogenen Grenzen ihre Fähigkeit voraus, bei Ereignissen und **Veranstaltungen von öffentlichem Interesse** und vornehmlich solchen des Staats und seiner Untergliederungen und Einrichtungen präsent zu sein. Nur so können sie in vielen Fällen ihrer gesetzlich fundierten Aufgabe zur kritischen Überwachung staatlicher Aktivitäten und zur Teilnahme an der Meinungsbildung, insbesondere durch die Veröffentlichung von Stellungnahmen und Kritik,[1] gerecht werden. Die Frage, ob und unter welchen Voraussetzungen den Medien ein Recht zusteht, **dabei zu sein**, hat damit nicht minder große Bedeutung als diejenige, ob und in welchem Umfang sie die Erteilung von Auskünften oder die Gewährung von Registereinsicht verlangen können. Datenschutzrechtliche Aspekte stehen auch in diesem Zusammenhang der Recherche durch Medien nicht entgegen, da die Verarbeitung personenbezogener Daten zu journalistischen Zwecken dem Anwendungsbereich der DSGVO entzogen ist (Rz. 1.25 ff.).

6.2 Die demnach unverzichtbare Teilnahme der Öffentlichkeit und damit auch von Vertretern der Medien an **Veranstaltungen des Staates** im weitesten Sinn ist von der Rechtsordnung weitgehend, wenn auch nur zum Teil spezialgesetzlich, gewährleistet. Dabei beschränkt sich das Recht auf Teilnahme in der Regel allerdings auf das Recht zum Zuhören bzw. Zuschauen. Ein Anspruch auf aktive Teilnahme an den jeweiligen Verhandlungen besteht demgegenüber mit Ausnahme von Pressekonferenzen staatlicher Stellen (dazu Rz. 6.27 ff.) nicht.

a) Parlamentssitzungen

6.3 Mit dieser Einschränkung gilt die Gewährleistung der Teilnahme der Öffentlichkeit an Veranstaltungen des Staats zunächst für die **Sitzungen des Bundestags** einschließlich derjenigen der von ihm eingesetzten Untersuchungsausschüsse sowie des **Bundesrats**, deren Sitzungen

---

1 § 3 LPG NRW; ähnlich alle übrigen Landespressegesetze bis auf Hessen.

jeweils öffentlich sind.[2] Gleiches gilt für die Sitzungen der **Parlamente von Ländern**[3] **und Gemeinden,**[4] die in der Regel ebenfalls öffentlich und damit für jedermann zugänglich sind. Dieses für den Parlamentsbereich unumstrittene Öffentlichkeitsprinzip hat keine medienspezifische Komponente; es ist vielmehr unmittelbarer Ausdruck des Demokratieprinzips und berechtigt damit die Medien (nur) wie jedermann, jederzeit an den entsprechenden Sitzungen teilzunehmen. Vom Öffentlichkeitsprinzip unberührt bleibt das Recht dieser Gremien, die Öffentlichkeit in bestimmten Fällen von den Verhandlungen auszuschließen,[5] sowie das Hausrecht der Veranstalter, aus dem sich einzelne Beschränkungen ergeben können. Allerdings gehen in diesem Zusammenhang die Rechte der Medien weiter als diejenigen der sonstigen Öffentlichkeit. Denn die Berechtigung der Medien zur Teilnahme an Parlamentssitzungen ist als Ausdruck der Informationsgrundrechte aus Art. 10 EMRK prinzipiell nicht einschränkbar. So ist es etwa unzulässig, in die wegen eines in einem Parlament ausbrechenden Tumults gebotene Räumung des Sitzungsraums auch Medienvertreter einzubeziehen, die sich an dem Tumult nicht beteiligen, aber bleiben wollen, um über das Ereignis berichten zu können.[6]

Unter Berufung auf das Hausrecht sprechen Veranstaltungsleiter in Einzelfällen das Verbot aus, **im Sitzungsraum Bild- und Tonaufnahmen** herzustellen. Zur Begründung eines solchen Verbots reicht die Berufung auf das Hausrecht allein aber nicht aus. Es bedarf vielmehr einer besonderen Rechtfertigung, die sich im Einzelfall in Analogie zu den entsprechenden Regelungen der Landespressegesetze etwa aus schutzwürdigen privaten Belangen (dazu Rz. 4.86 ff.) ergeben kann. Ein genereller Hinweis aber auf Persönlichkeitsrechte von Ratsmitgliedern, auf Gesichtspunkte des Datenschutzes (Rz. 6.1) oder gar den schlichten Unwillen Beteiligter, im Hörfunk hör- oder im Fernsehen sichtbar gemacht zu werden, kann ein Verbot von Ton- oder Bildaufnahmen aus öffentlichen Verhandlungen der Parlamente nicht rechtfertigen.[7] Nicht das durch Art. 5 Abs. 1 Satz 2 GG legitimierte Berichterstattungsinteresse des Hör- und Fernsehfunks bedarf im Rahmen öffentlicher Parlamentssitzungen einer besonderen Rechtfertigung, sondern im Einzelfall ein etwaiges Interesse Beteiligter, derartige Berichterstattung einzuschränken oder gar ganz zu untersagen.

6.4

Aus dem Hausrecht kann sich aber andererseits eine faktische Zutrittssperre ergeben, wenn die **Kapazität des jeweiligen Sitzungsraums** wegen starken Andrangs zu besonders interessierenden Veranstaltungen nicht ausreicht, um allen Interessierten Zugang zu gewähren; dagegen sind auch die Medien rechtlich nicht geschützt; zur abweichenden Situation bei Gerichtsverhandlungen aber Rz. 6.19, 6.23 f. Schranken des Rechts auf Teilnahme an Parlamentssitzungen, die sich speziell an die Medien richten, kommen aber nicht in Betracht. Soweit Parlamente und ihre Ausschüsse aufgrund gesetzlicher Ermächtigung im Ausnahmefall unter Ausschluss der Öffentlichkeit tagen, sind Medienvertreter in der Regel dennoch zuzulassen, sofern dies nicht im Einzelfall zu einer Gefährdung der Sicherheit und Ordnung führt[8] oder andere Gründe, wie etwa zwingende gesetzliche Geheimhaltungsvorschriften, der Zulassung entgegenstehen.

6.5

---

2 Art. 42 Abs. 1 Satz 1, 44 Abs. 1 Satz 1, 52 Abs. 3 Satz 2 GG.
3 Vgl. etwa. Art. 42 Satz 1 Verfassung NRW.
4 Vgl. etwa § 48 Abs. 2 Satz 1 Gemeindeordnung NRW.
5 Vgl. etwa Art. 42 Abs. 1 Satz 2, 44 Abs. 1 Satz 2 und 52 Abs. 3 Satz 3 GG.
6 EGMR v. 9.2.2017 – 67259/14 – Selmani/Mazedonien; zitiert nach *Haug,* AfP 2017, 397.
7 VG Saarlouis AfP 2010, 518.
8 EGMR v. 9.2.2017 – 67259/14 – Selmani/Mazedonien; zitiert nach *Haug,* AfP 2017, 397.

b) Gerichtsverhandlungen

6.6 Anders als im Rahmen der Parlamentsberichterstattung ist die Teilnahme der Öffentlichkeit und der Medien an **Gerichtsverhandlungen** spezialgesetzlich geregelt. Auch die Rechtsprechung ist Teil der staatlichen Gewalt. Geschichtliche Erfahrung und ein Blick in die Praxis heutiger totalitärer Regime lehrt, dass insbesondere im Bereich der Strafrechtspflege die Gefahr des Missbrauchs staatlicher Macht groß ist. Folglich ist das Prinzip der **Transparenz der Rechtspflege** für die Öffentlichkeit, als deren Mittler die Medien fungieren, unverzichtbar. Dem tragen die Regelungen der §§ 169 ff. GVG Rechnung, indem sie für den Regelfall die Öffentlichkeit von Gerichtsverhandlungen vorsehen. Allerdings sind die Medien Hörfunk und Fernsehen auch nach der am 14.4.2018 in Kraft getretenen Neufassung der §§ 169 GVG und 17a BVerfGG prinzipiell nicht berechtigt, den Verlauf von Gerichtsverhandlungen durch Ton- und Bildaufnahmen zu dokumentieren; Einzelheiten dazu unter Rz. 6.13 f. Das Prinzip der Öffentlichkeit schließt andererseits die Möglichkeit der Anwesenheit von Vertretern der Medien einschließlich derjenigen von Hörfunk und Fernsehen ausdrücklich ein. Sie können auch nicht unter Rückgriff auf § 176 GVG unter dem Aspekt einer möglichen Störung der öffentlichen Ordnung ausgeschlossen werden, selbst wenn das Gericht, etwa aufgrund einschlägiger Vorveröffentlichungen, die Befürchtung einer späteren rechtswidrigen Prozessberichterstattung hegt.[9] Ihr **Zutrittsrecht** ist vielmehr als Bestandteil des Grundrechts der Rundfunkfreiheit aus Art. 5 Abs. 1 Satz 2 GG verfassungsrechtlich gewährleistet.[10]

aa) Öffentlichkeitsprinzip

6.7 Die **Verhandlung vor den Gerichten** einschließlich der Verkündung von Entscheidungen ist **öffentlich**.[11] Das gilt für die Straf- und Zivilgerichte aufgrund der unmittelbaren Anwendbarkeit des GVG auf diese Verfahrensarten, gilt aber auch für die Verwaltungs-, Arbeits-, Sozial- und schließlich die Finanzgerichtsbarkeit[12]; hier allerdings mit der Einschränkung, dass die Öffentlichkeit schon dann auszuschließen ist, wenn ein Beteiligter, nicht aber die Finanzverwaltung, dies verlangt.[13] Auch für Disziplinarverfahren nach dem Bundesdisziplinargesetz und für Verfahren vor dem Richterdienstgericht gilt heute das **Öffentlichkeitsprinzip**.[14] Für Verfahren nach der Bundesrechtsanwaltsordnung hingegen ist das Öffentlichkeitsprinzip durch den Gesetzgeber mit der Maßgabe ausdrücklich ausgeschlossen, dass der am Verfahren beteiligte Rechtsanwalt die Herstellung der Öffentlichkeit verlangen kann.[15] Ausgeschlossen ist die Öffentlichkeit schließlich in Strafverfahren gegen Jugendliche; wird allerdings in derartigen Verfahren gleichzeitig gegen Heranwachsende oder Erwachsene verhandelt, dann gilt wieder das Öffentlichkeitsprinzip.[16]

6.8 Die damit weit überwiegend angeordnete Öffentlichkeit des Verfahrens gebietet prinzipiell, dass die Verhandlungen für jedermann **frei zugänglich** sein müssen, soweit das Gesetz keine

---

9 *v. Coelln*, AfP 2014, 193 ff.
10 *v. Coelln*, AfP 2014, 193 ff. unter Hinweis auf die Rechtsprechung des BVerfG; kritisch dazu *Hamm*, AfP 2014, 202 ff.
11 § 169 Abs. 1 Satz 2 GVG.
12 §§ 55 VwGO, 52 ArbGG, 61 SGG, 52 FGO, jeweils i.V.m. §§ 169 ff. GVG.
13 § 52 Abs. 2 FGO.
14 §§ 3 BDG und 65, 66 DRiG verweisen insoweit generell auf die Bestimmungen der VwGO.
15 § 135 Abs. 1 Satz 2 BRAO.
16 § 48 Abs. 1 und 3 JGG.

Ausnahmen vorsieht.[17] Das bedeutet auch, dass es keine **Zugangshindernisse** geben darf, die verhindern, dass die Öffentlichkeit, zu der auch Medienvertreter gehören, den Gerichtssaal ohne Schwierigkeiten erreichen kann.[18] Damit unvereinbar ist es, wenn eine Gerichtsverwaltung ein Gerichtsgebäude einer generellen **Video-Überwachung** unterzieht und dementsprechend jeder Besucher davon ausgehen muss, dass sein Besuch erfasst wird.[19] Jedenfalls in einer generell angeordneten und praktizierten Videoüberwachung liegt eine Verletzung des Allgemeinen Persönlichkeitsrechts der Besucher,[20] die es für sie unzumutbar machen kann, das Gerichtsgebäude zu betreten, um an der Verhandlung teilzunehmen.[21]

Auch von öffentlichen Gerichtsverhandlungen kann allerdings **die Öffentlichkeit** und können damit auch die Medien **ausgeschlossen** werden, wenn Umstände aus dem persönlichen Lebensbereich von Prozessbeteiligten oder Zeugen zur Sprache kommen werden, deren öffentliche Erörterung **schutzwürdige private Interessen** verletzen würde.[22] Die Öffentlichkeit soll als Regelfall ausgeschlossen werden, wenn minderjährige Zeugen vernommen werden;[23] auf Verlangen einer insoweit betroffenen Person ist das Gericht in diesen Fällen zum Ausschluss sogar verpflichtet.[24] Gegen diese Entscheidung stehen ordentliche Rechtsbehelfe nicht zur Verfügung.[25] Der Erlass einer einstweiligen Anordnung durch das BVerfG, durch die auf Antrag eines ausgeschlossenen Pressevertreters dessen Zulassung verfügt würde, kommt zwar prinzipiell in Betracht; ein entsprechender Antrag wird aber nur erfolgreich sein, wenn im Ausnahmefall erkennbar ist, dass das Interesse der Medien an einer vollständigen und unmittelbaren Berichterstattung deutlich höher zu gewichten ist als die im konkreten Fall in Betracht kommenden schutzwürdigen privaten Belange.[26]

6.9

Zulässig ist der **Ausschluss der Öffentlichkeit** auch in anderen, im GVG ausdrücklich genannten Fällen, wie etwa dann, wenn private Geheimnisse erörtert werden sollen, deren Offenbarung strafbar ist,[27] wenn Personen unter 18 Jahren vernommen werden[28] oder in Fällen der Gefährdung der Staatsicherheit oder des Lebens oder der Gesundheit von Verfahrensbeteiligten.[29] Bei der Entscheidung des Gerichts über den Ausschluss der Öffentlichkeit in diesen Fällen ist im Hinblick auf die damit verbundene Beschränkung der Informationsmöglichkeiten der Medien eine **Güterabwägung** anhand der Umstände des Einzelfalls unerlässlich. Bei ihrer Durchführung ist insbesondere die Bestimmung des § 175 Abs. 2 Satz 1 GVG zu beachten. Danach kann auch bei grundsätzlichem Ausschluss der Öffentlichkeit einzelnen Personen, zu denen auch Vertreter der Medien gehören können,[30] die Teilnahme an der Verhandlung gestattet werden. Lässt ein Gericht wegen der Bedeutung der zu verhandelnden Sache in einem Verfahren gegen Jugendliche eine eingeschränkte Öffentlichkeit zu, so kann es hinsichtlich der zu beteiligenden Medienvertreter eine zahlenmäßige Beschränkung anordnen

6.10

---

17 BVerfG AfP 1999, 256 = NJW 1999, 1951 – Kruzifix-Verfahren.
18 *Kopp/Schenke*, § 55 VwGO Rz. 3.
19 VG Wiesbaden NJW 2010, 1220; a.A. LG Itzehoe NJW 2010, 3525.
20 BVerfG NJW 1984, 419 – Geschwindigkeitsmessung durch Videoüberwachung.
21 VG Wiesbaden NJW 2010, 1220.
22 § 171b Abs. 1 Satz 1 GVG.
23 §§ 171b Abs. 2, 172 Nr. 4 GVG.
24 § 171b Abs. 3 GVG.
25 § 171b Abs. 5 GVG.
26 BVerfG NJW 2007, 672.
27 § 172 Nr. 3 GVG.
28 § 172 Nr. 4 GVG.
29 § 172 Nr. 1 und 2 GVG.
30 BVerfG AfP 2009, 580; *Kissel/Mayer*, § 175 GVG Rz. 13.

und die individuelle Zulassung einem Losverfahren unterwerfen.[31] Im Fall der Zulassung einer eingeschränkten Öffentlichkeit hat das Gericht auch die Möglichkeit, hinsichtlich derjenigen Angelegenheiten, die in der nur teilweise öffentlichen Verhandlung erörtert werden, die zur Teilnahme Zugelassenen nach § 174 Abs. 3 Satz 1 GVG zur Geheimhaltung zu verpflichten. Zur Beachtung dieser Geheimhaltungspflicht sind auch zur Verhandlung zugelassene Vertreter der Medien verpflichtet; eine Verletzung dieser Verpflichtung ist nach § 353d Nr. 2 StGB strafbar; vgl. dazu Rz. 12.95.

6.11   Öffentlich ist in allen gerichtlichen Verfahren aber nur die **mündliche Verhandlung**, im Strafverfahren mithin die Hauptverhandlung. Daher können die Medien nicht beanspruchen, zu Vorbereitungsmaßnahmen der Gerichte zugelassen zu werden. Auch haben sie keinen Anspruch darauf, zur Vorbereitung ihrer Teilnahme an einer Hauptverhandlung oder im zeitlichen Zusammenhang mit ihr Zugang zu einem Angeklagten in der Untersuchungs-[32] oder Auslieferungshaft[33] zu erhalten.

bb) Hörfunk- und Fernsehaufnahmen

6.12   Während mithin Journalisten prinzipiell Zutritt zu Gerichtsverhandlungen haben und demgemäß Berichterstattung über ihren Verlauf und ihr Ergebnis stets zulässig ist, verbietet § 169 Abs. 1 Satz 2 GVG im Grundsatz die Herstellung von **Ton-, Film- oder Fernsehaufnahmen** von Gerichtsverhandlungen zu Zwecken der öffentlichen Vorführung oder der Veröffentlichung ihres Inhalts. Der Gesetzgeber hat dieses Verbot im Hinblick auf die traditionell in erster Linie im Blickpunkt der Öffentlichkeit stehenden Strafverfahren wie folgt begründet:

„Rundfunk- und Filmaufnahmen im Gerichtssaal gehen über die in § 169 GVG gewährleistete Öffentlichkeit der Hauptverhandlung weit hinaus und gefährden nicht nur die Wahrheitsfindung im Strafverfahren, sondern beeinträchtigen auch die Verteidigung des Angeklagten. Sie lenken den Angeklagten und die Zeugen von der Hauptverhandlung ab. Sie hindern unter Umständen den Angeklagten und den Verteidiger wegen der Scheu vor einem unbeschränkten, unübersehbaren und unsichtbaren Zuhörer- oder Zuschauerkreis, ihre Aussagen und Erklärungen so zu gestalten, wie es das Verteidigungsinteresse erfordert. Sie vereiteln den Zweck des § 243 Abs. 2 StPO, wonach die Zeugen bei der Vernehmung des Angeklagten nicht zugegen sein dürfen, und ermöglichen es späteren Zeugen zu hören, was früher vernommene Zeugen ausgesagt haben. Sie legen auch den Zeugen und Sachverständigen Hemmungen bei ihren Aussagen auf und beeinträchtigen ihre Unbefangenheit. Den noch nicht verurteilten Angeklagten zerren sie in einer oft unerträglichen Weise in das Scheinwerferlicht einer weiten Öffentlichkeit."[34]

6.13   Mit Wirkung vom 18.4.2018 hat der Gesetzgeber dieses Verbot in mehrfacher Hinsicht gelockert,[35] nachdem schon seit 1998 eine beschränkte Ausnahme für die Verhandlungen vor dem BVerfG galt. Sowohl beim BGH als auch beim BVerfG sind nunmehr Radio-, Film- und Fernsehaufnahmen und deren Übertragung bei der **öffentlichen Verkündung von Entscheidungen** zulässig.[36] Darüber hinaus dürfen in Verhandlungen vor dem BVerfG derartige Aufnahmen auch zu Beginn der Verhandlung bis zu dem Zeitpunkt hergestellt werden, zu dem das Gericht die Anwesenheit der Beteiligten festgestellt hat,[37] und dürfen derartige Aufnah-

---

31 BVerfG AfP 2009, 580; EGMR NJW 2013, 521 – Axel Springer AG/Deutschland.
32 BerlVerfGH NJW 1994, 3343.
33 BVerfG AfP 1995, 596.
34 BT-Drucks. IV/178, 45.
35 Vgl. dazu im Einzelnen *Hoeren*, NJW 2017, 3339.
36 §§ 169 Abs. 3 Satz 1 GVG, 17a Abs. 1 Satz 2 Nr. 2 BVerfGG.
37 § 17a Abs. 1 Satz 2 Nr. 1 BVerfGG.

men auch verbreitet werden.[38] Zur Wahrung schutzwürdiger Interessen der Beteiligten oder Dritter sowie eines ordnungsgemäßen Ablaufs des Verfahrens können allerdings die Aufnahmen oder deren Übertragung von beiden Gerichten teilweise untersagt oder von der Einhaltung von Auflagen abhängig gemacht werden.[39] Mit diesen gesetzlichen Sonderbestimmungen trägt der Gesetzgeber dem besonders hohen Öffentlichkeitswert insbesondere der Verhandlungen vor dem BVerfG, eingeschränkt auch derjenigen vor dem BGH sowie der Tatsache Rechnung, dass Fragen des Persönlichkeitsschutzes, denen das besondere Augenmerk des Gesetzgebers im Rahmen des § 169 GVG gilt[40] (Rz. 6.12), in jenen Verfahrenssituationen jedenfalls in der Regel keine Rolle spielen. Ob die Öffnung der Entscheidungsverkündung für Fernseh-, Film- und Tonaufnahmen gemäß § 169 GVG auch für Verfahren vor dem BGH sinnvoll ist, erscheint allerdings zweifelhaft. In Zivilsachen werden in ständiger Praxis lediglich die Entscheidungsformeln ohne Begründung verkündet; an ihnen besteht ein im Wege elektronischer Berichterstattung zu befriedigendes Informationsinteresse der Öffentlichkeit in der weit überwiegenden Zahl der Fälle nicht. Und auch in Strafsachen liegen die vollständigen Entscheidungsgründe im Zeitpunkt der Verkündung regelmäßig noch nicht vor. Die Zulassung der Aufzeichnung und Verbreitung von Entscheidungsverkündungen durch elektronische Medien vor dem BGH dürfte damit praktische Relevanz kaum erlangen.

Gemäß den ab dem 18.4.2018 geltenden Bestimmungen der § 169 Abs. 2 GVG, § 17a Abs. 2 BVerfGG können alle Gerichte ohne Beschränkung auf den BGH und das BVerfG schließlich die Herstellung von Tonaufnahmen vom gesamten Verlauf einer Verhandlung einschließlich der Verkündung von Entscheidungen **zu wissenschaftlichen und historischen Zwecken** zulassen, wenn das in Rede stehende Verfahren eine herausragende zeitgeschichtliche Bedeutung für die Bundesrepublik Deutschland hat. Auch in diesem Zusammenhang können die Gerichte zur Wahrung schutzwürdiger Interessen der Beteiligten oder Dritter sowie eines ordnungsgemäßen Ablaufs des Verfahrens die Herstellung von Aufnahmen teilweise untersagen. Dieser einzige Fall, in dem der Gesetzgeber die Aufnahme des gesamten Verlaufs einer Verhandlung auf Tonträgern zulässt, hat aber für die Medien keine Bedeutung. Denn publizistische Zwecke reichen für die Zulassung nicht aus, und die so entstandenen Aufnahmen dürfen weder herausgegeben noch für Zwecke eines anderen Verfahrens genutzt werden. Das Gericht hat sie nach Abschluss des Verfahrens dem Bundes- oder zuständigen Landesarchiv zur Prüfung, ob den Aufnahmen bleibender zeitgeschichtlicher Wert zukommt, und gegebenenfalls zur Übernahme anzubieten. Nehmen die Archive sie nicht an, müssen sie von dem Gericht, das ihre Herstellung zugelassen hat, gelöscht werden.

6.14

Abgesehen von den in Rz. 6.13 f. dargestellten Fällen gilt das Verbot der Herstellung von Ton- oder Fernsehaufnahmen ohne Ausnahme. Es schließt allerdings nur diese medialen Kommunikationsformen aus. **Wortberichterstattung durch Redaktionen von Hörfunk und Fernsehen** ist davon ebenso wenig betroffen[41] wie das Recht der Medien, während der Verhandlung Lichtbilder – dies freilich unter dem Vorbehalt anderweitiger Anordnungen des Gerichtsvorsitzenden (dazu Rz. 6.21 f.) – oder Zeichnungen von den Prozessbeteiligten anfertigen zu lassen. Ein Reporter kann daher nicht etwa mit der Begründung von einer Verhandlung ausgeschlossen werden, er plane, unter Verwendung von anderweitig beschafftem Bildmaterial oder schriftlicher Notizen über den Verhandlungsverlauf im Fernsehen oder Hörfunk zu berichten. Auch eine Live-Berichterstattung aus dem Verhandlungssaal etwa über

6.15

---

38 Kritisch mit Recht *Hoeren*, NJW 2017, 3339.
39 §§ 169 Abs. 3 Satz 2 GVG, 17a Abs. 2 BVerfGG.
40 Vgl. die Begründung zu § 169 GVG.
41 *Kissel/Mayer*, § 169 GVG Rz. 67; BVerfG AfP 1999, 258; BVerfG NJW 1996, 583.

Twitter ist durch § 169 GVG nicht ausgeschlossen. Sie kann jedoch wie die Herstellung von Fotografien durch den Gerichtsvorsitzenden untersagt werden, wenn von ihr Störungen des Verhandlungsablaufs ausgehen.[42]

6.16 Soweit das Verbot der Herstellung von Ton-, Fernseh- oder Filmaufnahmen reicht, gilt es absolut, und zwar auch für Ortsbesichtigungen.[43] Es kann auch nicht durch übereinstimmende Erklärungen aller Prozessbeteiligten außer Kraft gesetzt werden.[44] Selbst der Wunsch etwa eines beteiligten Strafverteidigers, den Verlauf der Hauptverhandlung oder auch nur einer Beweisaufnahme zu Zwecken der Auswertung im Rahmen der Prozessführung auf Tonträger aufzunehmen, rechtfertigt eine Durchbrechung dieses Prinzips nicht.[45] Und zur Sicherung der Einhaltung des Aufnahmeverbots sind vom Gerichtsvorsitzenden ausgesprochene Verbote der Benutzung von Aufnahmegeräten, Laptops oder Mobiltelefonen statthaft, da bei deren Nutzung nicht kontrolliert werden kann, ob sie nicht zur Fertigung akustischer Aufzeichnungen des Verhandlungsverlaufs oder von Teilen davon missbraucht werden.[46] Wenngleich das Verbot durch das Wertesystem des Grundgesetzes nicht gefordert wird und damit als solches keinen Verfassungsrang hat, ist es nach Auffassung des BVerfG[47] bei verfassungskonformer Auslegung auch unter Berücksichtigung des Grundrechts der Rundfunkfreiheit aus Art. 5 Abs. 1 Satz 2 GG verfassungsrechtlich nicht zu beanstanden. Auch in diesem Zusammenhang vertritt das BVerfG die Auffassung, es sei in erster Linie Aufgabe des Gesetzgebers, durch Schaffung allgemein verbindlicher Zutrittsregeln festzulegen, ob und inwieweit Informationsquellen allgemein zugänglich sind, und der Gesetzgeber sei in diesem Zusammenhang auch befugt, Modalitäten des Zugangs festzulegen, wozu auch der Ausschluss der Herstellung von Fernseh- und Tonaufnahmen gehöre.[48] Es ist damit auch allein der Gesetzgeber, der das Verbot aufheben oder in geeigneter Weise lockern könnte, wie er das in Gestalt der Neuregelung der in Rz. 6.13 f. genannten Bestimmungen mit Wirkung ab dem 18.4.2018 getan hat.

6.17 Das Verbot der Herstellung von Ton- und Fernsehaufnahmen gilt aber auch im Gerichtssaal nicht, solange die Verhandlung noch nicht begonnen hat, sowie während der Verhandlungspausen und nach Schluss der Verhandlung.[49] Über die Frage, ob und in welchem Umfang Mitarbeiter von Hörfunk und Fernsehen in diesen Stadien des Verfahrens Gelegenheit zur Herstellung von Bild- und Tonaufnahmen erhalten, entscheidet der Vorsitzende des Gerichts in Ausübung der ihm übertragenen Sitzungsgewalt (§ 176 GVG). Dabei hat er jedoch das Grundrecht der Rundfunkfreiheit angemessen zu berücksichtigen.[50] **Sitzungspolizeiliche Anordnungen** eines Gerichtsvorsitzenden, die die Rundfunkveranstalter und die für sie vor Ort präsenten Aufnahmeteams daran hindern, in dem danach prinzipiell erlaubten Rahmen vor Beginn der Verhandlung Aufnahmen anzufertigen, sind ein Eingriff in den Schutzbereich von Art. 5 Abs. 1 Satz 2 GG. Der Gerichtsvorsitzende hat daher der Bedeutung der Freiheit der Rundfunkberichterstattung und dem Grundsatz der Verhältnismäßigkeit Rechnung zu tra-

---

42 *v. Coelln*, AfP 2014, 193 ff.
43 BGH NJW 1989, 1741; *Kissel/Mayer*, § 169 GVG Rz. 63.
44 BGHSt 22, 83; *Kissel/Mayer*, § 169 GVG Rz. 69.
45 OLG Düsseldorf NJW 1990, 2898.
46 BVerfG AfP 2014, 438 = NJW 2014, 3013.
47 BVerfG AfP 2001, 48; BVerfG AfP 2001, 48 = NJW 2001, 1633 – Fernsehaufnahmen in Gerichtsverhandlungen.
48 BVerfG AfP 2001, 48 = NJW 2001, 1633 – Fernsehaufnahmen in Gerichtsverhandlungen.
49 BGHSt 23, 123; BVerfG NJW 1995, 184; *Ricker/Weberling*, Kap. 16 Rz. 11; *Kissel/Mayer*, § 169 GVG Rz. 63.
50 BVerfG AfP 1992, 359 = NJW 1992, 3288 – Honecker I; BVerfG AfP 2009, 244; BVerfG AfP 2017, 405 = NJW 2017, 3288.

gen, bevor er derartige Aufnahmen untersagt,[51] und insbesondere beeinträchtigende Beschlüsse in nachvollziehbarer Weise zu begründen.[52] Das Interesse etwa der am Verfahren mitwirkenden Richter und Staatsanwälte, nicht gefilmt zu werden, ist keine Rechtfertigung für ein Verbot des Filmens im Sitzungssaal vor und nach der Hauptverhandlung oder in Sitzungspausen.[53] Sie stehen vielmehr als diejenigen, die ein staatliches Gerichtsverfahren zu gestalten haben, selbst im Blickpunkt der Öffentlichkeit[54] und sind daher auch nicht berechtigt, die Herstellung von Fernsehaufnahmen dadurch zu behindern, dass sie die Anzahl der Sitzungstage, an denen die Fertigung von Aufnahmen statthaft sein soll, ohne besonderen sachlichen Grund limitieren[55] oder den Gerichtssaal erst nach Aufruf der Sache und damit zu einem Zeitpunkt betreten, zu dem das Verbot des § 169 Abs. 1 Satz 2 GG prinzipiell greift.[56] Lässt aber ein Gericht, wie im Verfahren gegen den Drogerieunternehmer *Anton Schlecker*, Aufnahmen vor Beginn der Verhandlung und vor der Urteilsverkündung zu und behält es sich in dem Beschluss vor, über weitere Aufnahmeerlaubnisse auf der Basis der jeweiligen Verhandlungssituation von Fall zu Fall zu entscheiden, dann ist das jedenfalls nicht mit der überwiegenden Wahrscheinlichkeit verfassungswidrig, dass der Erlass einer einstweiligen Anordnung gerechtfertigt wäre.[57] Mit der Gewährleistung der Rundfunkfreiheit war es andererseits im Prozess gegen *Erich Honecker* nicht vereinbar, die Herstellung von Fernsehaufnahmen im Gerichtssaal vor Verhandlungsbeginn schlechthin zu unterbinden. Das BVerfG[58] hat das eingeschränkte Recht von Fernsehveranstaltern, auch im Gerichtssaal Aufnahmen herzustellen, in jenem Verfahren zunächst im Wege einer einstweiligen Anordnung gewährleistet und die darin getroffene vorläufige Sachentscheidung später bestätigt.[59] Die damit begründete Spruchpraxis entspricht seither ständiger Rechtsprechung des BVerfG,[60] dessen Anrufung insbesondere im Verfahren des einstweiligen Rechtsschutzes immer wieder erforderlich ist und häufig Erfolg haben wird,[61] weil insbesondere Strafgerichte vielfach versuchen, sich der Berichterstattung durch den Rundfunk auch insoweit zu entziehen, als sie durch § 169 Satz 2 GVG gerade nicht untersagt ist.

Bei der Entscheidung über die **Zulassung von Aufnahmen** im Sitzungssaal hat der Gerichtsvorsitzende im Rahmen des ihm zustehenden Ermessens allerdings neben dem Grundrecht der Rundfunkfreiheit auch andere Aspekte zu berücksichtigen.[62] Dazu können neben Sicherheitsaspekten und denjenigen eines geordneten Verfahrensablaufs insbesondere auch die Persönlichkeitsrechte anderer Verfahrensbeteiligter als der mitwirkenden Richter und Staats-   6.18

---

51 BVerfG AfP 2000, 454; BVerfG AfP 2009, 244; BVerfG NJW 2017, 798; BVerfG AfP 2017, 405 = NJW 2017, 3288; *Lehr*, NStZ 2001, 63 ff.
52 BVerfG NJW 2017, 798.
53 BVerfG AfP 2000, 454; BVerfG AfP 2007, 344 = NJW-RR 2007, 1416; BVerfG AfP 2007, 551; BVerfG AfP 2012, 2178 = NJW 2012, 2178; BVerfG NJW 2017, 798; *Lehr*, NStZ 2001, 63 ff.
54 BVerfG AfP 2009, 244 = NJW 2009, 2117; BVerfG AfP 2012, 2178 = NJW 2012, 2178; *Lehr*, NStZ 2001, 63 ff.
55 BVerfG NJW 2017, 798.
56 BVerfG AfP 2007, 344 = NJW-RR 2007, 1416; BVerfG AfP 2007, 551; BVerfG AfP 2008, 497 = NJW 2008, 977.
57 BVerfG AfP 2017, 405 = NJW 2017, 3288.
58 BVerfG AfP 1992, 359 = NJW 1992, 3288 – Honecker I.
59 BVerfG AfP 1994, 213 = NJW 1995, 184 – Honecker II.
60 BVerfG AfP 2000, 454; BVerfG AfP 2002, 213; BVerfG NJW 2003, 2523; BVerfG AfP 2007, 117 = NJW-RR 2007, 986; BVerfG AfP 2007, 344 = NJW-RR 2007, 1416; BVerfG AfP 2008, 497 = NJW 2008, 977; BVerfG AfP 2012, 2178 = NJW 2012, 2178; BVerfG NJW 2017, 798.
61 BVerfG AfP 2012, 2178 = NJW 2012, 2178.
62 BVerfG AfP 2008, 497 = NJW 2008, 977.

anwälte, mithin insbesondere diejenigen der Angeklagten und gegebenenfalls der am Verfahren mitwirkenden Opfer gehören.[63] Dies hat verschiedentlich zu der Anordnung geführt, dass das Gesicht des Angeklagten oder eines anderen Verfahrensbeteiligten vor der Verbreitung der im Sitzungssaal hergestellten Aufnahmen zu **verpixeln,** mithin unkenntlich zu machen ist. Derartige Einschränkungen stellen nicht *per se* eine unzulässige Einschränkung der Berichterstattungsfreiheit dar, können vielmehr im Hinblick auf die betroffenen Persönlichkeitsrechte gerechtfertigt sein.[64] Das hat das BVerfG etwa angenommen im Fall eines Verfahrens gegen mutmaßliche *Al-Kaida-Angehörige* wegen der Gefahr für Leib und Leben der Angeklagten und weiterer am Verfahren beteiligter Personen,[65] im Fall eines Strafverfahrens gegen einen *wegen Abgeordnetenbestechung angeklagten Kommunalpolitiker*[66] sowie im so genannten *Holzklotz-Fall,*[67] in dem der Vorsitzende der zuständigen Strafkammer zur Sicherung der Unschuldsvermutung die Unkenntlichmachung von Bildern des Angeklagten angeordnet hat, dem vorgeworfen wurde, durch das Werfen eines Holzklotzes von einer Autobahnbrücke ein darunter fahrendes Fahrzeug getroffen und eine Insassin des Fahrzeugs getötet zu haben. Stets muss aber die Anordnung einer Verpixelung im Einzelnen unter ausdrücklicher Abwägung aller erheblichen Umstände des konkreten Falls begründet werden.[68] Pauschal angeordnet würde sie einen verfassungswidrigen Eingriff in das Grundrecht des betroffenen Mediums aus Art. 5 Abs. 1 Satz 2 GG darstellen; und keinesfalls kommt es bei der Entscheidung auf ein Einverständnis oder einen Widerspruch derjenigen an, deren Persönlichkeitsrechte das Gericht durch die Anordnung schützen will.[69]

6.19   Im Interesse der Aufrechterhaltung eines geordneten Verfahrens und eines funktionierenden Gerichtsbetriebs kann es auch geboten sein, die Anzahl der im Gerichtssaal präsenten Hörfunk- oder Fernsehteams zu beschränken; zur Raumkapazität generell vgl. Rz. 6.23. Die Praxis hat dazu die so genannten **Pool-Lösungen** entwickelt, die es gegebenenfalls nur einem Fernsehveranstalter erlauben, im Sitzungssaal Aufnahmen zu machen., Macht ein Gericht von dieser Möglichkeit Gebrauch, ist es seine Aufgabe, durch geeignete Auflagen gegenüber dem zugelassenen Veranstalter sicherzustellen, dass er das gewonnene Material anderen interessierten Veranstaltern unentgeltlich oder gegen Kostenbeteiligung zur Verfügung stellt. Nur unter dieser Voraussetzung kann der Ausschluss einzelner Teams bei gleichzeitiger Zulassung anderer gerechtfertigt sein.[70] Das Kammergericht[71] hat allerdings zutreffend und mit Billigung des BVerfG[72] entschieden, dass nur diejenigen Medien Anspruch auf Überlassung des Materials durch den Poolführer haben, die sich an dem jeweiligen Pool beteiligt oder dies jedenfalls ernsthaft versucht haben. Und lässt ein Gericht entgegen § 48 Abs. 1 JGG Medienvertreter in einem Strafverfahren gegen Jugendliche zu, dann kann es ausreichen, wenn es je drei Vertre-

---

63 BVerfG AfP 2017, 405 = NJW 2017, 3288; BVerfG AfP 2013, 233 = NJW 2013, 1293.
64 EGMR NJW 2018, 2461 – Axel Springer SE und RTL Television GmbH/Deutschland; BVerfG AfP 2002, 213; BVerfG NJW 2003, 2523; BVerfG AfP 2007, 117 = NJW-RR 2007, 986; BVerfG AfP 2009, 244 = NJW 2009, 2117.
65 BVerfG AfP 2002, 213.
66 BVerfG AfP 2007, 551.
67 BVerfG AfP 2009, 46 = NJW 2009, 350 – Holzklotz-Fall; vgl. auch BVerfG AfP 2015, 238 – Holzklotz-Fall.
68 BVerfG AfP 2016, 532; BVerfG AfP 2014, 438 = NJW 2014, 3013.
69 *Renner/Pille,* AfP 2018, 23 ff.
70 BVerfG AfP 2008, 97 = NJW 2008, 977; BVerfG AfP 2008, 497 = NJW 2008, 1069.
71 KG AfP 1997, 729 = NJW-RR 1997, 789.
72 BVerfG NJW-RR 2008, 1069.

tern der regionalen und der überregionalen Presse und drei Vertretern des Rundfunks den Zutritt gestattet, ohne zusätzlich noch eine Pool-Lösung anzuordnen.[73]

Die Tätigkeit von Rundfunk- und Fernsehjournalisten **vor dem Gerichtsgebäude** oder innerhalb des Gebäudes **vor dem Verhandlungssaal** ist vom Verbot des § 169 Satz 2 GVG nicht erfasst. Das gilt etwa für die Ankunft oder Abfahrt der Prozessbeteiligten. Insoweit sind allerdings das Hausrecht des Gerichtspräsidenten und die sitzungspolizeiliche Anordnungsbefugnis des Vorsitzenden des jeweiligen Spruchkörpers gemäß § 176 GVG zu beachten; beide sind berechtigt, spezielle oder generelle Anordnungen zur Gewährleistung eines funktionsfähigen Gerichtsbetriebs einschließlich eines ungestörten Zugangs zum Gerichtsgebäude zu erlassen.[74] Obendrein können sich Einschränkungen der Möglichkeit der Medien zur Herstellung und Verbreitung solcher Aufnahmen aus dem Allgemeinen Persönlichkeitsrecht der Beteiligten ergeben; dazu im Einzelnen § 19. 6.20

cc) Fotografieren

Ein **Verbot der Herstellung von Fotografien** lässt sich der Vorschrift des § 169 Abs. 1 Satz 2 GVG nicht entnehmen.[75] Inwieweit im Gerichtssaal fotografiert werden darf, bestimmt vielmehr der Gerichtsvorsitzende in Ausübung des ihm gesetzlich übertragenen Hausrechts nach §§ 176 ff. GVG,[76] ohne dass den Medien insoweit größere Rechte zustünden als der sonstigen anwesenden Öffentlichkeit. Auch für Bildjournalisten, die im Gerichtssaal fotografieren wollen, kann der Vorsitzende des Gerichts entsprechend der Praxis bei der Fernsehberichterstattung **Pool-Lösungen** anordnen.[77] Sie setzen wie dort voraus, dass das Gericht den zugelassenen Journalisten die Verpflichtung auferlegt, das angefertigte Material anderen, die sich ebenfalls um den Zutritt bemüht haben, unentgeltlich oder allenfalls gegen Kostenbeteiligung zur Verfügung zu stellen.[78] Im Allgemeinen werden die Gerichte berechtigt sein, die Anfertigung von Fotografien wegen des damit verbundenen Stör- und Ablenkungseffekts nach Eintritt in die Verhandlung nicht mehr zu gestatten. Auch kann die Tätigkeit von Fotojournalisten innerhalb eines Gerichtsgebäudes von der Erteilung einer schriftlichen Erlaubnis des Gerichtspräsidenten abhängig gemacht werden, um sicherzustellen, dass den Journalisten generelle sitzungspolizeiliche Anordnungen über den organisatorischen Ablauf nachweislich bekannt sind, zu deren Erlass der Gerichtspräsident kraft seines Hausrechts befugt ist.[79] 6.21

Soweit trotz eines gerichtlichen Verbots Aufnahmen hergestellt werden, kann den Betroffenen derselbe Schutz gegen die Anfertigung und gegebenenfalls Veröffentlichung der Bilder zustehen, der sich aus den auch außerhalb des Gerichtssaals geltenden allgemeinen Grundsätzen ergibt (dazu im Einzelnen § 21).[80] Daraus folgt etwa das Recht des Gerichtsvorsitzenden, im Einzelfall die **Verpixelung** oder anderweitige Unkenntlichmachung des Gesichts des Ange- 6.22

---

73 BVerfG AfP 2009, 580.
74 BGH NJW 1982, 947.
75 LG Berlin AfP 1994, 332; *Lehr*, NStZ 2001, 63 ff.
76 *Wanckel*, Rz. 22.
77 BVerfG AfP 2008, 497 = NJW-RR 2008, 1069.
78 BVerfG AfP 1992, 359; BVerfG AfP 2000, 454 = NJW 2000, 2890; BVerfG AfP 2008, 497; *v. Coelln*, AfP 2014, 193.
79 BVerfG NJW-RR 2007, 1053.
80 LG Berlin AfP 1994, 332.

klagten oder anderer Verfahrensbeteiligter anzuordnen.[81] Allerdings dürfen derartige Anordnungen nicht pauschal und routinemäßig erfolgen (vgl. dazu schon Rz. 6.18). Denn der derartigen Anordnungen stets zugrundeliegende Schutz des Allgemeinen Persönlichkeitsrechts des Betroffenen geht nicht über dessen allgemeinen Schutz außerhalb von Gerichtsverhandlungen hinaus.[82] Und ordnet ein Gericht eine Verpixelung des Gesichts eines wegen einer aufsehenerregenden Tat Angeklagten an, so sind daran nur diejenigen Medien gebunden, deren Vertreter in der Verhandlung zugegen sind und an die sich die Anordnung daher nur richten kann. Verfügen andere Medien über ungepixelte Bilder des Angeklagten, so sind sie an deren Verbreitung durch die gerichtliche Anordnung nicht und ansonsten nur dann gehindert, wenn ihr das Recht des Angeklagten an seinem eigenen Bild nach den dafür geltenden Grundsätzen (dazu im Einzelnen § 21) entgegensteht; das war bei einem wegen der Mitgliedschaft in einer ausländischen terroristischen Vereinigung mit versuchter Beteiligung an einem Mord Angeklagten wegen der überragenden zeitgeschichtlichen Bedeutung des Verfahrens nicht der Fall.[83]

dd) Raumkapazität

6.23 Gerade bei aufsehenerregenden Gerichtsverfahren spielt das Problem der **Kapazität von Verhandlungsräumen** als faktischer Zutrittsschranke immer wieder eine Rolle.[84] In der Praxis versuchen die Gerichte, dem Informationsanspruch der Medien dadurch Rechnung zu tragen, dass sie den jeweils größten geeigneten Verhandlungsraum zur Verfügung stellen. Dazu sind sie allerdings nicht ohne weiteres verpflichtet. Dem Vorsitzenden des jeweiligen Gerichts steht insoweit vielmehr ein Ermessen zu,[85] bei dessen Ausübung er jedoch neben Anderem wie etwa schutzwürdigen Belangen der Verfahrensbeteiligten auch den Informationsanspruch der Medien zu berücksichtigen hat; der bloße Hinweis eines Gerichts auf die Überfüllung eines Verhandlungsraums reicht zur Rechtfertigung der Verweigerung des Zutritts weiterer Interessierter solange nicht aus, als mit zumutbaren Mitteln auf einen größeren Sitzungssaal ausgewichen werden kann. Auf der anderen Seite besteht kein Anspruch der Medien darauf, dass auf einen Saal außerhalb des Gerichtsgebäudes ausgewichen oder dass die Verhandlung mittels Lautsprechern oder Fernsehmonitoren in andere Säle oder die Flure des Gerichtsgebäudes übertragen wird.[86] Der vom Gesetzgeber mit dem Verbot von Film- oder Fernsehaufnahmen während der Verhandlung verfolgte Zweck, die Verfahrensbeteiligten vor der Beobachtung durch ein unübersehbares Publikum zu schützen, würde auch auf diese Weise verfehlt; vgl. dazu aber Rz. 6.25. Allerdings folgt aus dem Grundrecht der Medienfreiheit aus Art. 5 Abs. 1 Satz 2 GG das Gebot, bei unzureichender Raumkapazität ein gewisses Mindestmaß an Plätzen für die Medien bereitzuhalten, deren Nutzung dann nach dem Gesichtspunkt der Priorität, aber auch nach anderen, sachlich begründeten Aspekten gestattet werden kann.[87]

---

81 EGMR NJW 2018, 2461 – Axel Springer SE und RTL Television GmbH/Deutschland; BVerfG AfP 2002, 213; BVerfG NJW 2003, 2523; BVerfG AfP 2007, 117 = NJW-RR 2007, 986; BVerfG AfP 2009, 244 = NJW 2009, 2117.
82 BGH AfP 2011, 356 = NJW 2011, 3153; OLG Hamburg AfP 2012, 392.
83 BGH AfP 2011, 356 = NJW 2011, 3153; a. A. die Vorinstanz: KG AfP 2010, 395 = GRUR-RR 2010, 1417.
84 Vgl. dazu *Kissel/Mayer*, § 169 GVG Rz. 24 ff; *Renner/Pille*, AfP 2018, 23 ff.
85 *Kissel/Mayer*, § 169 GVG Rz. 26.
86 BVerfG NJW 1993, 915; BVerfG AfP 2013, 233 = NJW 2013, 1293.
87 *v. Coelln*, AfP 2014, 193 ff.

Reicht in Anbetracht des öffentlichen Interesses an einer Verhandlung die Raumkapazität 6.24 nicht aus, dürfen die Gerichte Eintrittskarten vergeben. Dabei dürfen sie vorsehen, dass ein Teil der vorhandenen Plätze für Pressevertreter reserviert wird[88] und dass die reservierten Plätze nach dem Zeitpunkt des Erscheinens, des Eingangs entsprechender Platzreservierungswünsche oder auch nach dem Losverfahren oder der Priorität der Anmeldungen zugeteilt werden.[89] Zugelassene Pressevertreter haben aber keinen Anspruch darauf, dass ihnen der einmal eingenommene Platz dauerhaft reserviert bleibt; das Gericht kann vielmehr auch anordnen, dass ein für die Presse vorgesehener Platz durch einen anderen Journalisten eingenommen werden darf, wenn derjenige, der ihn zuerst innehatte, den Sitzungssaal verlässt.[90] Im so genannten **NSU-Verfahren** hat das BVerfG im Wege einer einstweiligen Anordnung nicht etwa das vom OLG München gewählte Prioritätsverfahren als verfassungswidrig angesehen, sondern auf der Grundlage von § 32 Abs. 1 BVerfG entschieden, dass die Sicherstellung der Teilnahme von Vertretern auch türkischer Medien im Wege der Rechtsfolgenabwägung zur Abwehr schwerer Nachteile und im Interesse des Gemeinwohls dringend geboten war.[91] Der Beschluss lässt ausdrücklich offen, ob türkischen Medienvertretern eine Teilnahme trotz der Tatsache hätte ermöglicht werden müssen, dass sie die Chance versäumt hatten, sich rechtzeitig um einen Platz zu bemühen.

Dem Problem der Raumkapazität widmet sich aber ein weiterer Aspekt der am 18.4.2018 in 6.25 Kraft getretenen Neufassung der §§ 169 GVG, 17a BVerfGG. Danach hat jedes Gericht die Möglichkeit, eine Tonübertragung der gesamten Verhandlung in einen **für die Medien bereitgestellten Arbeitsraum** zuzulassen (§ 169 Abs. 1 Satz 3 GVG, § 17a Abs. 1 Satz 3 BVerfGG). Wie bei der Übertragung von Fernsehaufnahmen von Teilen der Verhandlungen vor dem BVerfG und dem BGH (Rz. 6.14) können die Gerichte allerdings auch in diesem Zusammenhang zur Wahrung schutzwürdiger Interessen der Beteiligten oder Dritter sowie eines ordnungsgemäßen Verfahrensablaufs die Aufnahmen oder deren Übertragung teilweise untersagen oder von der Einhaltung von Auflagen abhängig machen. Diese Regelung schafft eine Art **erweiterten Sitzungssaal** bei Verhandlungen mit breitem Medienecho, ist auf Tonübertragungen beschränkt und begründet kein Recht zur Veröffentlichung oder Verbreitung der Originalaufnahmen oder von Teilen davon. Sie wird praktische Bedeutung nur in Fällen von besonders großem Öffentlichkeitsinteresse haben, in denen der Andrang von Publikum und Medienvertretern größer ist als die Raumkapazität des Verhandlungssaals. Das Gesetz schreibt selbst für diese Fälle die Schaffung der Möglichkeit der Übertragung in den separaten Medien-Arbeitsraum nicht zwingend vor, stellt sie vielmehr in das Ermessen des Gerichts. Allerdings dürfte dieses Ermessen sich im Hinblick auf die Kommunikationsgrundrechte aus Art. 5 Abs. 1 Satz 2 GG zu einem Rechtsanspruch darauf verdichten, dass der Medienraum eingerichtet und die Verhandlung dorthin übertragen wird, wenn in Verfahren von überragendem Öffentlichkeitsinteresse die vorhandene Raumkapazität nicht ausreicht, um allen im Gerichtsgebäude anwesenden Journalisten die Anwesenheit im Verhandlungsraum zu ermöglichen. Für den Fall der Einrichtung des Medienraums ist in der Neufassung des Gesetzes nicht geregelt, nach welchen Kriterien Medienvertreter auf ihn verwiesen werden oder Zutritt

---

88 BGH AfP 2006, 238.

89 BVerfG NJW 2003, 500; BVerfG AfP 2013, 233 = NJW 2013, 1293; EGMR NJW 2013, 521 – Axel Springer AG/Deutschland.

90 BVerfG NJW 2003, 500.

91 BVerfG AfP 2013, 233; die Verfassungsbeschwerde wurde laut Mitteilung des BVerfG zurückgenommen, so dass eine Hauptsacheentscheidung nicht ergangen ist: https://www.merkur.de/politik/verfassungsgericht-kein-urteil-journalisten-nsu-prozess-3305770.html.

zum Verhandlungsraum erhalten können.[92] Für die Zuteilung von Plätzen im Verhandlungsraum einer- und im Medienraum andererseits liegt es aber nahe, die Verteilungsgrundsätze, die die Gerichte im *NSU* – Verfahren entwickelt haben (Rz. 6.24), entsprechend anzuwenden. Und mit dem Grundrecht der Rundfunkfreiheit aus Art. 5 Abs. 1 Satz 2 GG wäre es unvereinbar, wollten die Gerichte in den Fällen großen Andrangs, für die die Regelung bestimmt ist, die Plätze im Verhandlungssaal komplett den Verfahrensbeteiligten und dem Publikum zuweisen und die Medien generell auf die Möglichkeit verweisen, der Verhandlung in dem für sie eingerichteten Arbeitsraum akustisch zu folgen. Diese Möglichkeit vermittelt im Vergleich zur Präsenz im Verhandlungsraum einen minderen Grad an direkter Teilnahme und damit eine Einschränkung der Berichterstattungsfreiheit, die nicht pauschal und nicht ohne zwingenden Grund verfügt werden darf.

6.26 Aus übergroßem Interesse der Öffentlichkeit und fehlender Raumkapazität herrührende **Arbeitsbeschränkungen** müssen die Medien hinnehmen, weil das Prinzip der Öffentlichkeit von Gerichtsverhandlungen nicht in erster Linie dem Unterhaltungs- oder gar Sensationsbedürfnis der Öffentlichkeit, sondern der Kontrolle und kritischen Begleitung der Rechtspflege durch die Öffentlichkeit dient.[93] Dieses Ziel wird nicht beeinträchtigt, wenn zwar eine größere Anzahl von Presseberichterstattern, nicht aber alle interessierten Journalisten an einer Verhandlung teilnehmen können und das Gericht ohne erkennbare Vernachlässigung der Berichterstattungsfreiheit von der Einrichtung des gesonderten Medienarbeitsraums absieht, etwa weil im Gerichtsgebäude dafür geeignete Räume oder die erforderliche technische Infrastruktur nicht zur Verfügung stehen. Wo Medienverbünde bestehen, wie etwa bei den in der *ARD* zusammengeschlossenen öffentlich-rechtlichen Rundfunkanstalten, wird es in der Regel genügen, wenn bei Raummangel einem Korrespondenten Zutritt gewährt wird, auf dessen Material die übrigen Mitglieder des Verbunds zurückgreifen können;[94] vgl. dazu schon Rz. 6.19. Gleiches gilt in den heute nicht seltenen Konstellationen, in denen unterschiedliche Zeitungsverlage konzernrechtlich verbunden sind und über eine für bestimmte Themen verantwortliche Zentralredaktion verfügen.

c) Pressekonferenzen

6.27 Uneingeschränkten Zutritt müssen Behörden Medienvertretern im Prinzip auch zu **Pressekonferenzen** gewähren. Auf die Möglichkeit der Teilnahme an ihnen werden die Medien sogar in besonderem Maße angewiesen sein, um ihrer Aufgabe zur Berichterstattung aus dem politischen Bereich nachkommen zu können und sich nicht gegenüber anderen Medien Wettbewerbsnachteilen ausgesetzt zu sehen. Der Ausschluss von Vertretern einer bestimmten Zeitung wegen deren politischer oder publizistischer Grundhaltung ist daher unzulässig (vgl. dazu schon Rz. 4.40 ff.).[95] Und unzulässig ist es erst recht, Pressevertretern den Zutritt ohne jede Begründung pauschal zu verweigern. Das gilt auch für in der Öffentlichkeit angekündigte, von einer Gemeinde veranstaltete Bürgerversammlungen zum Thema der Integration von Zuwanderern in das Gemeindeleben.[96] Zulässig ist es jedoch, zu Pressekonferenzen mit Persönlichkeiten des öffentlichen Lebens, die einem besonderen Sicherheitsrisiko ausgesetzt sind, wie etwa ausländischen Staatsoberhäuptern oder Ministern, nur solche Journalisten zuzulas-

---

92 Kritisch hierzu *Hoeren*, NJW 2017, 3339 m.w.N.
93 *Kissel/Mayer*, § 169 GVG Rz. 26; *Kurtz*, AfP 1997, 448.
94 BVerfG NJW 1993, 915.
95 VG Berlin AfP 1985, 77; VG München AfP 1993, 609; *Löffler/Burkhardt*, § 4 LPG Rz. 152.
96 VG Cottbus AfP 2018, 273.

sen, die sich einer besonderen **Sicherheitsüberprüfung** unterzogen haben.[97] Diese Überprüfung organisiert für den Bereich der Bundesregierung deren Presse- und Informationsamt durch das Verfahren der **jährlichen Akkreditierung**. Das ist im Hinblick auf die notwendigerweise hohen Sicherheitsstandards, die als Voraussetzung der Gewährung des Zutritts insbesondere zum Bundeskanzleramt und den Bundesministerien erfüllt sein müssen, unvermeidlich. Bei der Erteilung der Akkreditierung haben die Behörden aber wiederum **Neutralität** walten zu lassen.[98] Die Möglichkeit, sich um eine solche Akkreditierung zu bemühen, sich als deren Voraussetzung der Sicherheitsüberprüfung zu unterziehen und mangels offenbar werdender Sicherheitsbedenken die Berechtigung zur Teilnahme an den Pressekonferenzen zu erlangen, müssen die Behörden jedem Journalisten einräumen, ohne zuvor anhand seiner politischen Grundhaltung oder derjenigen des von ihm repräsentierten Mediums selektieren zu dürfen. Sicherheitsbedenken, die die Versagung einer Akkreditierung rechtfertigen könnten, lassen sich nicht schon daraus ableiten, dass ein Bewerber mutmaßlich in eine Demonstrationsstraftat verwickelt war, wenn das gegen ihn eingeleitete Strafverfahren gemäß § 153 StPO eingestellt wurde.[99]

Auch eine **Selektion nach Sachkunde** ist für den Regelfall ausgeschlossen. Zwar hielt das BVerwG[100] sie im Fall der Veranstaltung einer Pressefahrt durch die damals noch öffentlich-rechtlich organisierte *Deutsche Bundesbahn* für zulässig, nachdem diese die Teilnahme vom Nachweis einer vorherigen einschlägigen fachjournalistischen Tätigkeit abhängig gemacht hatte. Derartige Auswahlkriterien kollidieren jedoch mit dem Neutralitätsgebot für jede staatliche Informationspolitik (dazu schon Rz. 4.40 ff.). Ihre Zulassung kommt daher allenfalls in ganz besonders gelagerten Ausnahmefällen in Betracht, da nicht ausgeschlossen werden kann, dass hinter der Forderung des Nachweises besonderer Sachkunde sachfremde Kriterien stecken. Es kann den Behörden insbesondere nicht gestattet sein, über die Forderung des Nachweises früherer einschlägiger journalistischer Tätigkeit im Ergebnis eine Zugangssperre für die publizistische Behandlung bestimmter fachspezifischer Sachverhalte zu errichten. Vom Grundrecht der Pressefreiheit gemäß Art. 5 Abs. 1 Satz 2 GG ist auch das Recht des Journalisten erfasst, sein Spektrum zu erweitern und sich mit Vorgängen vertraut zu machen und gegebenenfalls über sie zu berichten, die in seiner bisherigen Praxis noch keine Rolle gespielt haben.

Besonderen Regeln unterliegen Pressekonferenzen, die nicht durch Behörden, sondern im Zusammenwirken mit ihnen durch die privatrechtlich organisierten **Bundes- oder Landespressekonferenzen** veranstaltet werden. So handelt es sich bei der **Bundespressekonferenz** um die Veranstaltung einer privaten Vereinigung in der Rechtsform des eingetragenen Vereins. Gleichermaßen wird etwa in *Hamburg* die wöchentliche Pressekonferenz des Senats zwar im Rathaus, jedoch nicht vom Senat, sondern vom *Verein Landespressekonferenz* veranstaltet, dessen Vorsitzendem oder sonstigem Versammlungsleiter der Senat bei dieser Gelegenheit auch das Hausrecht überträgt. Organisationsrechtlich obliegt es in diesen Fällen den privaten Veranstaltern, das Zutrittsrecht zu regeln. Das geschieht in der Praxis über die Gestaltung ihrer Satzung und namentlich der Bestimmungen über die Aufnahme von Mitgliedern und die Zulassung zur Teilnahme an den Pressekonferenzen. Der Ausschluss von bestimmten Journalisten oder Vertretern bestimmter Medien von der Mitgliedschaft, jedenfalls aber von der Teilnahme an den Pressekonferenzen darf nicht ohne berechtigten Grund erfolgen. Die Sat-

6.28

6.29

---

97 VG Hamburg AfP 2010, 418; Löffler/*Burkhardt*, § 4 LPG Rz. 153.
98 Löffler/*Burkhardt*, § 4 LPG Rz. 153.
99 VG Berlin AfP 2004, 477.
100 BVerwG AfP 1975, 762.

zung des *Bundespressekonferenz e.V.* etwa trägt diesem Gedanken dadurch Rechnung, dass sie die Voraussetzungen der Aufnahme als Mitglied konkret und nachvollziehbar umschreibt und obendrein die Teilnahme von so genannten *Ständigen Gästen* ausdrücklich zulässt.

6.30 **Zu Unrecht ausgeschlossene Journalisten** können von den jeweiligen staatlichen Stellen die Ermöglichung des Zutritts verlangen und diesen Anspruch gegebenenfalls auf der Basis von § 20 Abs. 5 GWB gerichtlich durchsetzen. Denn es wäre mit dem verfassungsrechtlich gewährleisteten Informationsanspruch der Medien nicht vereinbar, wenn staatliche Stellen sich der Verpflichtung zur Informationsgewährung dadurch entziehen könnten, dass sie die Veranstaltung von Pressekonferenzen privaten Vereinen überlassen und sich gegenüber dem Teilnahmewunsch einzelner Medienvertreter auf deren Verbandshoheit berufen. Die Verantwortung des Staats für ein verfassungs- und gesetzeskonformes Verhalten derjenigen privatrechtlichen Organisationen, denen er die Durchführung primär ihm obliegender Aufgaben überträgt, ist in diesem Zusammenhang nicht geringer als im Rahmen des Auskunftsanspruchs der Medien gegenüber privatrechtlich organisierten, aber von der öffentlichen Hand beherrschter Unternehmen (dazu im Einzelnen Rz. 4.21 f.). Ebenso wenig sind die Regierungen dazu berechtigt, unter Berufung auf ihr Hausrecht ihnen politisch oder aus sonstigen Gründen missliebigen Mitgliedern oder Gästen der Bundes- oder Landespressekonferenz den Zutritt zu den mit ihrer Zustimmung in ihren Räumen durchgeführten Veranstaltungen zu verweigern.[101]

d) Öffentliche Ereignisse, Polizeiaktionen

6.31 Sowohl rechtliche als auch praktische und ethische Probleme ergeben sich bei der Beschaffung von Informationen über Unglücksfälle, gewalttätige Aktionen oder spektakuläre Kriminalfälle und der Berichterstattung über die **Aktivitäten der Polizei** aus derlei Anlässen (dazu näher Rz. 21.43 ff.). Als ein Beispiel von vielen mag der als *Gladbecker Geiseldrama* in die Kriminalgeschichte eingegangene Entführungsfall genannt werden, in dem sich Medien und Polizei nicht nur gegenseitig in der Verfolgung der Geiselnehmer und dem Versuch, mit ihnen Kontakt zu halten, behinderten, in dem einzelne Journalisten sich vielmehr dem Vorwurf aussetzten, durch Kooperation mit den Geiselnehmern deren Aktionen jedenfalls im Ergebnis unterstützt zu haben. In derartigen Situationen kann eine sehr konkrete Spannungslage zwischen dem legitimen Informationsinteresse der Medien und polizeilichen Aufgaben einschließlich des Ermessens der zuständigen Polizeibehörden hinsichtlich der richtigen Taktik im Umgang mit den Tätern bestehen. Zur Bewältigung dieses Konflikts zwischen den Informationsinteressen der Medien und ungehinderter Polizeiarbeit haben die Konferenz der Innenminister des Bundes und der Länder sowie die einschlägigen Berufsverbände der Medien ein spezielles Regelwerk verabschiedet.[102] In diesen sogenannten **Verhaltensgrundsätzen für Presse/Rundfunk und Polizei** erkennen die Innenminister als Dienstherren der Polizei das Recht und die Pflicht der Medien zur authentischen und damit zeit- und ortsnahen Berichterstattung gerade

---

101 OVG Bremen AfP 1990, 74 = NJW 1990, 931.
102 Verhaltensgrundsätze für Presse/Rundfunk und Polizei zur Vermeidung von Behinderungen bei der Durchführung polizeilicher Aufgaben und der freien Ausübung der Berichterstattung; beschlossen von der Innenministerkonferenz am 26.11.1993, ARD, ZDF, Deutscher Presserat, Verleger-, Zeitungs- und Zeitschriftenverbänden, dem Verband Privater Rundfunk und Telekommunikation und den journalistischen Berufsverbänden; abzurufen unter http://www.presserat.info/fileadmin/user_upload/StellungnahmeVerhaltensgrundsaetze_Presse_Polizei.pdf; vgl. hierzu und zur gesamten Problematik *Tilmanns* in Dögling/Gössel/Waltos, Kriminalberichterstattung in der Tagespresse, S. 255 ff.

aus derartigen Anlässen ausdrücklich an und bestätigen aber andererseits die Medienverbände, dass in etwaigen Konfliktfällen die Rechtsgüter Leben und Gesundheit der Beteiligten Vorrang vor den Informationsinteressen der Öffentlichkeit haben müssen.[103] Ebenso wird als Prinzip festgestellt, dass Journalisten sich im Rahmen ihrer Arbeit nicht zum Werkzeug von Straftätern machen lassen dürfen und den Tätern während des Tathergangs keine Gelegenheit zur öffentlichen Selbstdarstellung geben sollen.[104] Wie der Name dieses Regelwerks dies richtig zum Ausdruck bringt, handelt es sich dabei aber nicht um bindende Rechtsnormen, sondern um Appelle an die Beteiligten, deren etwaige Verletzung als solche keine rechtlichen Sanktionen nach sich zieht; derartige Sanktionen können sich vielmehr auch im Anwendungsbereich der Verhaltensgrundsätze nur aus allgemein gültigen Gesetzen ergeben. Im Sinn der Verhaltensgrundsätze ist es aber, dass etwa das OVG Berlin-Brandenburg[105] es abgelehnt hat, einem Pressevertreter im Wege einstweiligen Rechtsschutzes Zutritt zu einem von Flüchtlingen besetzten ehemaligen Schulgebäude zu gewähren, in dem nach der Ankündigung einer Zwangsräumung eine Auseinandersetzung mit der Polizei drohte.

2. Private Veranstaltungen

Nach anderen Regeln entscheidet sich die Frage, ob, unter welchen Bedingungen und mit welchen Einschränkungen die Medien und ihre Vertreter das Recht haben, an **privaten Veranstaltungen teilzunehmen**, die Gegenstand eines berechtigten Informationsinteresses der Allgemeinheit sind. Diese Frage und diejenige, ob und inwieweit die Veranstalter berechtigt sind, sich durch ein Zutrittsverbot gegen Berichterstattung abzuschirmen, erscheint nur auf den ersten Blick von geringer praktischer Bedeutung; denn in den meisten Fällen werden die Veranstalter von kulturellen oder sportlichen Ereignissen oder aber auch von Hauptversammlungen großer Aktiengesellschaften die Beachtung durch die Medien nicht nur nicht scheuen, sie vielmehr als Multiplikatoren einer erwünschten Öffentlichkeits- und Werbewirkung bewusst herbeiführen. Bedenkt man aber, dass der Ausschluss oder die selektive Zulassung von Medienvertretern nicht nur das Mittel sein kann, die Öffentlichkeit fernzuhalten oder einer Veranstaltung eine nur eingeschränkte Öffentlichkeit zu verschaffen, sondern auch dasjenige, sich gezielt gegen Berichterstattung durch als unliebsam empfundene Medien abzuschirmen, dann zeigt sich, dass es sich hierbei um ein nicht nur theoretisches Problem handelt. Und die jahrelange gerichtliche Auseinandersetzung um die Hörfunkübertragungsrechte für Fußballspiele hat vollends deutlich gemacht, dass die Frage nach dem Zutrittsrecht zu privaten Veranstaltungen auch direkte wirtschaftliche Komponenten einschließt und dass es sich damit schon aus diesem Grund um ein Problem von großer praktischer Bedeutung handelt.[106]

6.32

Wegen ihrer unterschiedlichen Arbeitsbedingungen und publizistischen Wirkung ist in diesem Zusammenhang Differenzierung zwischen den Printmedien einerseits und dem Rundfunk andererseits sowie innerhalb des Rundfunks auch zwischen den Gattungen Hörfunk und Fernsehen geboten. Zunächst ist jedoch für alle Medien gleichermaßen festzustellen: Wie es jedenfalls im Regelfall keinen gesetzlichen Auskunftsanspruch gegen Private gibt, ein solcher insbesondere nicht unmittelbar aus den Grundrechten der Presse- und Informationsfrei-

6.33

---

103 Verhaltensgrundsätze Ziff. 5.
104 Verhaltensgrundsätze Ziff. 6.
105 OVG Berlin-Brandenburg AfP 2014, 384 = ZUM 2015, 351.
106 Dazu u.a. *Peifer*, AfP 2011, 540 ff.; *Heermann*, WRP 2012, 17 ff., 132 ff.; *Heermann*, GRUR 2012, 791 ff.; *Wildmann/Castendyk*, MMR 2012, 75 ff.; *Naumann*, ZUM 2014, 938 ff.

heit abgeleitet werden kann (Rz. 4.96 ff.), so gibt es im Grundsatz auch **keinen** grundrechtlich legitimierten **Anspruch** der Medien darauf, **zu privaten Veranstaltungen zugelassen** zu werden. Das gilt auch für Pressekonferenzen privater Unternehmen.[107] Der Veranstalter eines Theaterabends, eines Konzerts, aber auch eines Fußballspiels oder einer anderen sportlichen Veranstaltung ist daher im Prinzip rechtlich in der Lage, selbst zu bestimmen, wen er unter welchen Bedingungen zulässt.

6.34 Eine Ausnahme von diesem Prinzip ergibt sich aufgrund einer Entscheidung des Gesetzgebers für alle Medien allerdings im Bereich **öffentlicher Versammlungen**. Dabei handelt es sich um eine örtliche Zusammenkunft von mindestens drei Personen, die der gemeinsamen Erörterung, Kundgebung oder Bildung einer Meinung dienen, und insbesondere um Demonstrations-, Diskussions- oder Wahlveranstaltungen.[108] Nach § 6 Abs. 1 VersammlG[109] kann der Veranstalter in der Einladung bestimmte Personen oder Personengruppen vom Besuch einer öffentlichen Versammlung ausschließen; dies gilt gemäß § 6 Abs. 2 VersammlG aber nicht für Pressevertreter, die sich freilich nach dem ausdrücklichen Wortlaut des Gesetzes durch einen **Presseausweis** (dazu Rz. 4.12) legitimieren müssen. Wenngleich der Begriff des *Pressevertreters* im Versammlungsgesetz nicht ausdrücklich definiert ist, gibt es keinen Zweifel, dass darunter auch Hörfunk- und Fernsehjournalisten zu verstehen sind.[110] Öffentlich sind Versammlungen im Sinn des VersammlG, wenn vorbehaltlich einer Einschränkung aufgrund der jeweiligen Raumkapazität jedermann Zutritt hat, der mögliche Teilnehmerkreis mithin nicht individuell bestimmt ist.[111] Richtet sich daher die Einladung zu Veranstaltungen in diesem Sinn etwa in Form von Plakaten, Zeitungsanzeigen o. ä. an die Öffentlichkeit, so haben alle Medien einen **gesetzlichen Zutrittsanspruch**. Ansonsten aber muss hinsichtlich des Zutrittsrechts zwischen den Medien Presse, Fernsehen und Hörfunk differenziert werden.

a) Printmedien

6.35 Der Zutritt zu Veranstaltungen, die für die Öffentlichkeit zwar von Interesse, aber nicht öffentlich im Sinn des Versammlungsgesetzes sind, folgt den allgemeinen Regeln des Privatrechts. Ein Anspruch auf Zulassung kann weder aus dem Grundrecht der Presse- und Informationsfreiheit noch aus den Landespressegesetzen hergeleitet werden. Es gilt insoweit der das Privatrecht beherrschende Grundsatz der Kontrahierungsfreiheit. Wer zu einer privaten Veranstaltung zugelassen wird und zu welchen Bedingungen das geschieht, bestimmt der Veranstalter. Er ist – auch gegenüber den Vertretern der Presse – nur wenigen Einschränkungen unterworfen. Er ist insbesondere nicht gehalten, der Presse unentgeltlichen Zutritt zu gewähren, wenn er den Zutritt für die Allgemeinheit nur gegen Entgelt gewährt. Die Presse hat rechtlich auch keinen Anspruch darauf, mit Eintrittskarten bevorzugt bedient zu werden, wenn die Nachfrage groß ist, oder Zugang zu besonderen Einrichtungen wie etwa Telefonen oder Computer-Arbeitsplätzen zu erhalten, wenn der Veranstalter sie ihr nicht zur Verfügung stellen will.

---

107 LG Frankfurt a. M. AfP 1989, 572.
108 *Erbs/Kohlhaas/Wache*, § 1 VersammlG Rz. 20 ff. m.w.N.
109 In Bayern, Niedersachsen, Sachsen und Sachsen-Anhalt gelten gesonderte Versammlungsgesetze: Bayerisches VersammlG vom 22. Juli 2008, GVBl 2008, 421; Niedersächsisches VersammlG vom 7. Oktober 2010, Nds. GVBl 2010, 465, 532; Sächsisches VersammlG, GVBl 2/2012; VersammlG Sachsen-Anhalt, GVBl Sachsen-Anhalt 22/2209.
110 *Wente*, S. 192.
111 *Erbs/Kohlhaas/Wache*, § 1 VersammlG Rz. 25.

Wenn für die Printmedien tätige Journalisten dennoch in allen diesen Fragen in der Regel bevorzugt behandelt werden, dann ist dies demnach keine Folge rechtlicher Zwänge, sondern diejenige eines natürlichen Interesses der Veranstalter daran, Öffentlichkeitswirkung herzustellen. Gelegentliche Versuche, diese Faktizität durch rechtliche Kriterien abzusichern, sind im Ansatz steckengeblieben und können nach geltendem Recht auch nicht überzeugen. Das Prinzip der Informations- und Pressefreiheit gemäß Art. 5 Abs. 1 Satz 1 und 2 GG kann als Grundlage eines solchen Anspruchs nicht in Betracht gezogen werden (Rz. 4.96 ff.). Ein rechtlich begründeter Kontrahierungszwang zugunsten der Presse würde auch eine Beschränkung der allgemeinen Handlungsfreiheit des Veranstalters aus Art. 2 Abs. 1 GG und seiner negativen Meinungsäußerungsfreiheit darstellen, die durch Art. 5 Abs. 1 Satz 1 GG gleichermaßen gewährleistet ist wie das Grundrecht der Pressefreiheit. Das Interesse eines privaten Veranstalters, sich nicht der Presse oder sich nicht jeder Presse zu stellen, ist durch das Grundgesetz nicht minder geschützt, als es die Kommunikationsgrundrechte von Presse und Rundfunk sind.[112]

6.36

Schranken der damit als Grundsatz anzuerkennenden Freiheit privater Veranstalter, für die Printmedien tätige Journalisten zu ihren Veranstaltungen nicht oder nur selektiv zuzulassen, können sich allenfalls in extremen Ausnahmesituationen ergeben. Wo etwa ein Verein der Fußballbundesliga die Presse generell zulässt, aber einen bestimmten Sportjournalisten ausschließt, weil er sich bei ihm durch frühere Kritiken missliebig gemacht hat, kommt ein Rechtsanspruch eben dieses Journalisten auf Zulassung zu denselben Konditionen in Betracht, wie sie den übrigen Pressevertretern auch eingeräumt werden.[113] Das hat das Reichsgericht[114] bereits im Jahr 1931 im Fall des Ausschlusses eines Theaterkritikers grundsätzlich entschieden, wenngleich der Zutrittsanspruch für den konkreten Fall verneint wurde. Rechtsgrundlage eines solchen Zutrittsanspruchs ist heute eine jedenfalls analoge Anwendung des Diskriminierungsverbots gemäß § 20 Abs. 5 GWB sowie des Verbots sittenwidriger Schädigung gemäß § 826 BGB unter Berücksichtigung der in der Art. 5 Abs. 1 Satz 2 GG verkörperten Wertentscheidung des Grundgesetzes für eine freie Presse- und Rundfunktätigkeit.[115] Aus diesen Bestimmungen kann sich ein Zutrittsrecht überall dort ergeben, wo Veranstalter – etwa im Wege aufwändiger Pressekonferenzen – eine beachtliche Breitenwirkung erstreben und erzielen, einzelnen Journalisten aber ohne sachlichen Grund den Zutritt und damit die Berichterstattung verwehren wollen.[116] Das gilt auch für Hauptversammlungen börsennotierter Aktiengesellschaften. Wer allerdings Pressekonferenzen von vornherein nur mit der Maßgabe veranstaltet, dass sich alle Teilnehmer bestimmten Bedingungen unterwerfen, ist daran rechtlich nicht gehindert.[117] Und anders als bei staatlichen Pressekonferenzen (Rz. 6.28) ist es privaten Veranstaltern nicht verwehrt, von zutrittswilligen Journalisten den Nachweis einer dem zu verhandelnden Thema entsprechenden Sachkunde zu verlangen.[118]

6.37

---

112 *Löffler*, BB 1980, 1127 f.; OLG Hamburg UFITA 76 (1976), 354.
113 OG Köln AfP 2001, 218 = NJW-RR 2001, 1051.
114 RGZ 133, 388 – Theaterkritiker.
115 OG Köln AfP 2001, 218 = NJW-RR 2001, 1051.
116 *Löffler/Burkhardt*, § 4 LPG Rz. 163; dazu LG Frankfurt a. M. AfP 1989, 572; *Holznagel/Höppener*, DVBl. 1998, 870.
117 OLG München NJW-RR 2010, 769 = GRUR-RR 2010, 258.
118 *Löffler/Burkhardt*, § 4 LPG Rz. 163.

b) Fernsehen

6.38 Ergeben sich damit für die Printmedien kaum rechtliche Probleme beim Zutritt zu privaten Veranstaltungen, so ist die Situation beim Medium **Fernsehen** mit seinen kombinierten Elementen der Ton- und Bildberichterstattung sehr viel differenzierter. Vereinzelt haben sich bereits ältere gerichtliche Entscheidungen einer vergleichbaren Thematik angenommen. So hat vor Einbruch des Fernsehzeitalters das LG Hamburg[119] die Klage eines Produzenten von Film-Wochenschauen auf Zulassung zum *Deutschen Galoppderby* abgewiesen. Das Kammergericht[120] hingegen hat die Auffassung vertreten, dem Produzenten einer Wochenschau, den der Veranstalter eines in offener Arena ausgetragenen Boxkampfs nicht zugelassen hatte, könne es im Hinblick auf das in Art. 5 Abs. 1 Satz 2 GG gewährleistete Grundrecht der Filmfreiheit nicht verwehrt werden, sich durch Errichtung eines Gerüsts neben der Arena in die Lage zu versetzen, die Veranstaltung auch ohne Zulassung zu filmen. Diese beiden Beispiele aus der Zeit vor Beginn des Fernsehzeitalters – weitere sind nicht bekanntgeworden – zeigen bereits, dass es bei der Frage nach der Berechtigung von Film- oder Fernsehveranstaltern zum Zutritt zu privaten Veranstaltungen und zur Ausstrahlung des dabei produzierten Materials um Kategorien geht, die gegenüber der Teilnahme der Printmedien grundsätzlich unterschiedlicher Natur sind; auch geht es, wiederum anders als im Bereich der Printmedien, nicht nur um die Frage des **Zutrittsrechts**.

aa) Hausrecht

6.39 Auch gegenüber den Fernsehveranstaltern gilt jedoch als Zutrittsschranke zunächst das **Hausrecht des Veranstalters** und damit das Prinzip, dass der Veranstalter berechtigt ist, zuzulassen oder auszuschließen, wen er will. Wollen nicht zugelassene Fernsehveranstalter das Hausrecht rechtlich überwinden, so wird das nur möglich sein, wenn sie sich auf einen Kontrahierungszwang des Veranstalters berufen können. Ein solcher Anspruch ist im Schrifttum vereinzelt aus dem Grundrecht der Rundfunkfreiheit aus Art. 5 Abs. 1 Satz 2 GG[121] sowie aus dem vom Reichsgericht[122] zur Begründung des Zutrittsanspruchs herangezogenen Verbot sittenwidriger Schädigung abgeleitet worden.[123] In der Praxis hat sich diese Auffassung aber nicht durchsetzen können, und gegen beide Begründungsansätze sprechen auch überwiegende Bedenken. Die Auffassung, private Veranstalter hätten den Zutritt von Fernsehteams unter unmittelbarem Rückgriff auf Art. 5 Abs. 1 Satz 2 GG jedenfalls für eingeschränkte Sendezwecke zu dulden, ist unzutreffend. Sie berücksichtigt nicht, dass sich das Grundrecht der Rundfunkfreiheit jedenfalls unmittelbar nicht gegen Private richtet, dass es Ansprüche der Medien vielmehr nur gegen den Staat begründet.[124] Insoweit kann für das Medium Fernsehen nichts Anderes gelten als für die Presse. Und die Feststellung, der Veranstalter eines Fußballspiels, eines Rock-Konzerts in einem Stadion oder gar einer Oper handele sittenwidrig, wenn er den Sendeanstalten Aufnahme und Übertragung der Veranstaltung nicht ermöglichen will, lässt sich jedenfalls in dieser Verallgemeinerung nicht treffen. Entgegenstehende, in erster Linie wirtschaftliche Interessen des Veranstalters von einigem Gewicht sind bei der Ausfüllung des offenen Tatbestands der sittenwidrigen Schädigung im Sinn von § 826 BGB vielmehr ohne weiteres erkennbar und als solche rechtlich geschützt.

---

119 Die Entscheidung ist unveröffentlicht; erwähnt bei *Harmsen*, GRUR 1952, 500, 502.
120 KG GRUR 1952, 533 – Berliner Waldbühne.
121 *Fuhr*, S. 117 ff.
122 RGZ 133, 298 – Theaterkritiker.
123 *Tettinger*, ZUM 1986, 497, 503 ff.
124 *Holznagel/Höppener*, DVBl. 1998, 870.

Schon die Existenz dieser **wirtschaftlichen Interessen** zeigt die unterschiedliche rechtliche 6.40
Qualität der Fragestellung nach dem Zugangsrecht der Printmedien einerseits und des Fernsehens anderseits.[125] Die Möglichkeit der Lektüre eines Berichts über ein Fußballspiel oder einer Premierenkritik am folgenden Tag ist für die allerwenigsten Interessierten ein Grund, das Spiel oder die Opernpremiere nicht zu besuchen; die Möglichkeit, beides unter Verzicht auf Kosten und Unbequemlichkeiten zuhause am Fernsehgerät zu verfolgen, mag es wohl sein. Es ist daher heute allgemein anerkannt, dass sich das Hausrecht des Veranstalters auch gegenüber dem Medium Fernsehen durchsetzt und gleichzeitig die Basis darstellt, auf der die Veranstalter ihre wirtschaftlichen Interessen gegenüber den Sendebetrieben durchsetzen können (dazu auch Rz. 6.45).[126] Im Einzelfall können dem allerdings kartell- oder medienrechtliche Schranken entgegenstehen.[127]

bb) Urheber- und Leistungsschutzrechte

Während durch die Wortberichterstattung über ein Konzert, eine Theater- oder eine Opern- 6.41
aufführung **Urheber- oder Leistungsschutzrechte** des Veranstalters, der Komponisten oder der Textdichter der aufgeführten Werke oder der Mitwirkenden *per se* nicht verletzt werden, ist dies beim Fernsehen anders. Dieses Medium macht die Aufführung unmittelbar sicht- und hörbar und greift damit in die Leistungsschutzrechte der Künstler und, sofern noch geschützt, die Urheberrechte der Komponisten oder Autoren ein. Das Fernsehen bedarf daher bei derartigen Veranstaltungen schon unter dem Gesichtspunkt der **Urheber- bzw. Leistungsschutzrechte** der Beteiligten einer Legitimation zur Aufzeichnung und Ausstrahlung, die mit dem rechtlichen Aspekt des Hausrechts nichts zu tun hat und die insbesondere als Schranke der Berichterstattung auch dort ihre Funktion behält, wo das Hausrecht eine solche Schranke nicht darstellt – etwa weil eine *Open-air*-Veranstaltung auch ohne Zutritt mittels elektronischer Geräte aufgezeichnet werden kann oder einem Sender eine heimlich gefertigte Tonband- oder Videoaufzeichnung zur Verfügung steht.

Gegenüber diesen urheber- bzw. leistungsschutzrechtlichen Ausschließlichkeitsrechten der 6.42
Urheber und der Mitwirkenden an solchen Veranstaltungen muss daher die Berufung sowohl auf Art. 5 Abs. 1 Satz 2 GG als auch auf den rechtlichen Gesichtspunkt des Verbots sittenwidriger Schädigung nach § 826 BGB versagen, sofern nicht ausnahmsweise die Voraussetzungen des Kleinzitats gemäß § 51 Satz 2 Nr. 2 UrhG (dazu Rz. 3.12 ff.) oder der Berichterstattung über Tagesereignisse gemäß § 50 UrhG (dazu Rz. 21.86 ff.) vorliegen. Auch wenn man mit der hier vertretenen Auffassung Einschränkungen des Urheberrechts im Hinblick auf höherrangige Allgemeininteressen unter bestimmten Umständen für möglich hält (Rz. 3.20 f.), wäre ein über den Geltungsbereich dieser Ausnahmebestimmungen hinausgehendes, generelles Recht der Fernsehveranstalter zur Aufzeichnung und Übertragung auch nur von Teilen urheber- bzw. leistungsschutzrechtlich geschützter Veranstaltungen mit dem System des Urheberrechts nicht zu vereinbaren, wo wegen der Werk-Eigenschaft des aufgenommenen Ereignisses der Urheberrechtsschutz als *sedes materiae* überhaupt in Betracht kommt, wie dies eben bei Konzerten, Theater- oder Opernaufführungen der Fall ist.

---

125 OLG München NJW-RR 2010, 769 = GRUR-RR 2010, 258.
126 BGH AfP 2011, 253 = NJW 2011, 1811 – Hartplatzhelden; OLG München AfP 2018, 448 = NJW-RR 2018, 1523; *Peifer*, AfP 2011, 540 ff.; eingehend *Heermann*, WRP 2012, 17 ff. m.w.N.
127 EuGH AfP 2011, 462 = GRUR 2012, 156 – Karen Murphy.

cc) Sonstige entgegenstehende Rechte

6.43 Bei Sportveranstaltungen kommen spezialgesetzlich gewährte Ausschließlichkeitsrechte wie das Urheber- oder Leistungsschutzrecht als Schranke der Fernsehberichterstattung ohnehin nicht in Betracht.[128] Dennoch ist die Feststellung nicht zu bestreiten, dass auch bei derartigen Veranstaltungen Qualität und Intensität der Berichterstattung durch das Fernsehen einer- und durch die Printmedien andererseits grundverschieden sind. Durch die Möglichkeit, sich über Verlauf und Ergebnis eines Fußballspiels am nächsten Tag in der Zeitung zu informieren, wird sich ein Fußballfreund selbst dann nicht vom Besuch des ihn interessierenden Spiels abhalten lassen, wenn der Zeitungsbericht erfahrungsgemäß spannend geschrieben und erstklassig bebildert sein wird. Die Möglichkeit hingegen, dasselbe Spiel zeitgleich und in voller Länge im heimischen Wohnzimmer vor dem Fernsehgerät zu betrachten, schafft eine solche Alternative, und auch die Gelegenheit, in einer einstündigen Zusammenfassung der interessantesten und packendsten Szenen aus allen wesentlichen Spielen eines Tages Fußball zu erleben, mag Manchen von einem Gang in die Stadien abhalten, der ein Spiel besuchen würde, gäbe es ein derartiges Angebot nicht. Schon diese Feststellungen sprechen gegen die Möglichkeit, den Gedanken der *Theaterkritiker*-Entscheidung des Reichsgerichts,[129] die selektive Zulassung von Kritikern zu Veranstaltungen könne den Tatbestand der sittenwidrigen Schädigung gemäß § 826 BGB erfüllen, ohne weiteres auf das Medium Fernsehen zu übertragen.

6.44 Hinzu kommt der praktische Gesichtspunkt, dass Fernsehjournalisten in der Regel einen Tross an Technik und Personal nach sich ziehen. Das Bild der Kameramänner konkurrierender Anstalten, die sich am Stadionrand um die besten Aufnahmepositionen prügeln, ist in der öffentlichen Diskussion um die Einführung eines Rechts zur Kurzberichterstattung nicht ohne Grund beschworen worden. Bei Veranstaltungen in geschlossenen Räumen ist die Möglichkeit, mehreren Aufnahmeteams gleichzeitig Gelegenheit zum Arbeiten zu bieten, naturgemäß noch weiter eingeschränkt. Soweit daher das Hausrecht des Veranstalters als Berichterstattungsschranke zur Verfügung steht, weil die Veranstaltungen gegen ungebetene Besucher abgeschirmt sind, muss gegenüber dem Gedanken an dessen Durchbrechung durch die Annahme eines Kontrahierungszwangs im Fall des Fernsehens noch größere Zurückhaltung geübt werden als im Fall der Printmedien. Erst wo ein Veranstalter im Wege eines Gestattungsvertrags gegenüber einem einzelnen Fernsehveranstalter freiwillig auf sein Hausrecht verzichtet, kann sich aus kartell- oder medienrechtlichen Erwägungen ein Zwang ergeben, auch anderen Veranstaltern Zugang zu gewähren.[130]

6.45 Aus der Feststellung, dass sich die Veranstalter von Sportveranstaltungen in aller Regel gegenüber Fernsehübertragungen nicht auf spezialgesetzlich normierte Ausschließlichkeitsrechte wie Urheber- oder Leistungsschutzrechte der Mitwirkenden berufen können, lässt sich nicht die Konsequenz ziehen, dass das Medium Fernsehen uneingeschränkt berechtigt ist, Berichte von Sportveranstaltungen auszustrahlen, die – wie im Fall der *Berliner Waldbühne* von einem Baum jenseits der Umfriedung des Veranstaltungsorts (Rz. 6.38) oder durch Aufnahmen mit Kleinstgeräten von den Zuschauerrängen aus oder etwa mittels Drohnen aus der Luft – unter

---

128 BGH AfP 1990, 194 = NJW 1990, 2815 – Sportübertragungen; BGH AfP 2011, 253 = NJW 2011, 1811 – Hartplatzhelden.
129 RGZ 133, 398 – Theaterkritiker.
130 BGH AfP 1990, 194 = NJW 1990, 2815 – Sportübertragungen.

Umgehung des Hausrechts oder dadurch zustande kommen, dass ein Hausrecht nicht besteht, wie dies etwa bei Rad- oder Autorennen der Fall ist, die über öffentliche Straßen führen. Als Berichterstattungsschranke kommt in derartigen Konstellationen zunächst, wenn auch nur in krassen Ausnahmesituationen, der Tatbestand des § 823 Abs. 1 BGB in Betracht. Sollte es einem Sendeunternehmen etwa gelingen, eine geschlossene und für das Publikum nur gegen Entgelt zugängliche Sportveranstaltung verdeckt oder – etwa im Fall von Freiluftveranstaltungen – aus der Luft aufzuzeichnen und eine solche Aufzeichnung zeitgleich oder nur geringfügig zeitlich versetzt auszustrahlen, so wäre ein derartiges Vorgehen als rechtswidriger Eingriff in den Gewerbebetrieb des Veranstalters im Sinn von § 823 Abs. 1 BGB unzulässig. Grundsätzlich aber handelt es sich nach der Rechtsprechung des BGH bei der Filmaufzeichnung einer Sportveranstaltung weder um eine Nachahmung einer geschützten gewerblichen Leistung im Sinn von § 4 Nr. 3 UWG noch um eine von dieser Bestimmung erfasste wettbewerbswidrige unmittelbare Leistungsübernahme.[131]

Zu denken ist aber auch an das **Recht** der an der Veranstaltung teilnehmenden Sportler am **eigenen Bild**.[132] Auch insoweit unterscheiden sich Fernsehen und Printmedien, aber auch Fernsehen und Hörfunk grundlegend voneinander. Sport wird heute zwar mit beachtlicher Publizität betrieben, aber jedenfalls dort, wo er das breite Publikum interessiert, fast immer in erster Linie zu Erwerbszwecken. Sport im Allgemeinen und vor allem so populäre Sportarten wie in Deutschland der Fußball sind zum Gewerbe derjenigen geworden, die ihn professionell betreiben. Zwar sind jedenfalls die prominenteren Protagonisten der einzelnen Sportarten Persönlichkeiten im Blickpunkt der Öffentlichkeit, die unter den Voraussetzungen von § 23 Abs. 1 KUG Einschränkungen ihres Rechts am eigenen Bild hinzunehmen haben und es daher dulden müssen, dass etwa ihr Lichtbild oder ein Szenenbild, auf dem sie erkennbar sind, im Zusammenhang mit einem Spielbericht andertags in der Zeitung oder auch in den Abendnachrichten von Fernsehsendern erscheint (Einzelheiten dazu in § 21). | 6.46

Damit haben die Sportler es aber noch keineswegs hinzunehmen, dass sie während eines Spiels gefilmt und dass die so entstandenen Aufnahmen gegen ihren Willen der Öffentlichkeit über das Medium Fernsehen zugänglich gemacht werden. Auch Persönlichkeiten im Blickpunkt der Öffentlichkeit haben gemäß § 23 Abs. 2 KUG Einschränkungen ihres Rechts am eigenen Bild nur insoweit zu dulden, als dem nicht eigene berechtigte Interessen entgegenstehen (dazu Rz. 21.52 ff.); machen sie aber, wie im Beispielsfall der Sportler, ihre Leistung der Öffentlichkeit in der Regel nur gegen Entgelt zugänglich, dann ist ihr **berechtigtes Erwerbsinteresse** ein Gesichtspunkt, der im Rahmen von § 23 Abs. 2 KUG zu berücksichtigen ist und das Recht der Medien einschränkt, sich auch des Bilds der betreffenden Personen zu bedienen.[133] | 6.47

So ist es in der Rechtsprechung seit Langem anerkannt, dass eine Einschränkung des Rechts am eigenen Bild nicht geduldet werden muss, wo die Nutzung nicht zu Informationszwecken, sondern zu Zwecken der Werbung erfolgt (Einzelheiten in Rz. 17.23 ff. und Rz. 21.66 ff.).[134] Dem liegt auch der Gedanke zugrunde, dass jedenfalls dort, wo es um die wirtschaftliche Nut- | 6.48

---

131 BGH AfP 1990, 194 = NJW 1990, 2815 – Sportübertragungen; BGH AfP 2011, 253 = NJW 2011, 1811 – Hartplatzhelden; dazu *Peifer*, AfP 2011, 540 ff.

132 Darauf, dass Fernsehberichterstattung das Recht am eigenen Bild der Akteure verletzen kann, weist *Gounalakis*, AfP 1992, 343 ff., zutreffend, wenn auch mit unzutreffendem Ergebnis hin; zu entsprechenden Rechten von darstellenden Künstlern vgl. auch *Ringel*, AfP 2000, 142.

133 Vgl. zu einer ähnlichen Konstellation auch BGHZ 33, 22 – Figaros Hochzeit.

134 RGZ 74, 308 – Graf Zeppelin; BGH GRUR 1956, 427 – Paul Dahlke; BGH GRUR 1959, 430 – Caterina Valente; BGH GRUR 1962, 105 – Ginseng Wurzel; BGH GRUR 1981, 846 – Rennsportgemein-

zung des eigenen Bilds geht, dem Abgebildeten, der sich in der Regel durch eigene Leistung einen **Good Will** und damit die Möglichkeit geschaffen hat, Bild und Namen auch werblich einzusetzen, Schutz dagegen gewährt werden muss, dass der so geschaffene Wert durch Dritte ausgebeutet wird. Dieser Gesichtspunkt kommt auch im vorliegenden Zusammenhang zum Tragen. Soweit Leistungssportler ihren Sport zu Erwerbszwecken ausüben und soweit die Vereine und Veranstalter, mit denen sie zusammenarbeiten, dem Publikum üblicherweise nur gegen Entgelt Zutritt zu ihren Veranstaltungen gewähren, ist auch hier die wirtschaftliche Verwertbarkeit der Leistung als entgegenstehendes berechtigtes Interesse im Sinn von § 23 Abs. 2 KUG anzuerkennen. Ein Recht der Fernsehveranstalter, ohne Abstimmung mit den Veranstaltern und ohne Zahlung einer Vergütung zu filmen und zu übertragen, kommt daher nicht in Betracht. Dass das Recht am eigenen Bild originär dem einzelnen Sportler und nicht den Vereinen oder Gesellschaften zusteht, die oder deren Verbände den Rundfunkanstalten den Zutritt zu den Veranstaltungen untersagen oder ihn an die Bedingung der Entrichtung einer Vergütung knüpfen, ändert an diesem Ergebnis nichts.[135] Rechtliche Bedenken dagegen, dass die finanziellen Forderungen, die sich aus diesem Recht ergeben, ausdrücklich oder auch stillschweigend an den jeweiligen Verein oder Verband abgetreten und diese so in die Lage versetzt werden, die daraus resultierenden Ansprüche geltend zu machen, sind nicht ersichtlich. Das gilt umso mehr, als die Rechtsprechung inzwischen anerkannt hat, dass das Allgemeine Persönlichkeitsrecht auch eine vermögensrechtliche Komponente hat (dazu Rz. 13.20 ff.).

6.49 Das setzt aber voraus, dass es sich bei dem Gegenstand von Fernsehberichterstattung um Veranstaltungen handelt, zu denen Zutritt üblicherweise nur gegen Entgelt gewährt wird und die damit einen **kommerziellen Wert** haben, der durch die Fernsehberichterstattung zugleich ausgebeutet, aber auch gefördert werden kann. Mit Recht hat der BGH daher die Klage eines Fußball-Landesverbands gegen die unentgeltliche Verbreitung von kurzen Spielszenen aus dem Amateurbereich auf einer Internet-Plattform abgewiesen und sich dabei mit dem Recht der Spieler an ihrem eigenen Bild schon deswegen nicht näher befasst, weil der in jenem Fall klagende Verband zu dessen Geltendmachung nicht berechtigt war.[136] Berechtigte Interessen der Spieler im Sinn von § 23 Abs. 2 KUG standen dieser Art von filmischer Berichterstattung aber auch deswegen nicht entgegen, weil Amateurspieler mit der Ausübung ihres Sports in der Regel keine vermögenswerten Interessen verfolgen und der Betreiber des Internetportals seinerseits für das Zugänglichmachen der Spielszenen keine Vergütung erhielt. Im Ergebnis ist es aber heute nicht mehr strittig, dass die Veranstalter privater Ereignisse wie insbesondere Sportveranstaltungen, die auch dem allgemeinen Publikum Zutritt nur gegen Entgelt gewähren, berechtigt sind, Fernsehteams nur zuzulassen, wenn sie sich zuvor über die Art und Höhe der von den Medien zu erbringenden Gegenleistung verständigt haben.[137]

dd) Sportliche Großereignisse

6.50 Nach alledem lässt sich ein Rechtsanspruch der Fernsehveranstalter, zu Zwecken der Aufnahme und Sendung zu Veranstaltungen privater Veranstalter zugelassen zu werden, weder unmittelbar aus dem Grundrecht der Rundfunkfreiheit gemäß Art. 5 Abs. 1 Satz 2 GG noch auf

---

schaft; BGH GRUR 1994, 732 – McLaren; BGH NJW 1994, 1954 = GRUR 1994, 808 – Markenverunglimpfung.
135 Vgl. hierzu auch OLG München AfP 2018, 448 = NJW-RR 2018, 1523.
136 BGH AfP 2011, 253 = NJW 2011, 1811 – Hartplatzhelden.
137 BGH AfP 1990, 194 = NJW 1990, 2815 – Sportübertragungen; BGH AfP 2011, 253 = NJW 2011, 1811 – Hartplatzhelden; *Peifer*, AfP 2011, 540 ff.; *Heermann*, WRP 2012, 17 ff.

der Basis der anwendbaren einfachgesetzlichen Bestimmungen begründen. Die Veranstalter sind vielmehr prinzipiell frei, selbst zu entscheiden, ob und welches Fernsehteam sie zulassen und zu welchen Bedingen das geschieht. Es liegt auf der Hand, dass unter diesen Umständen in der Regel dasjenige Sendeunternehmen zum Zuge kommt, das den höchsten Preis bietet, und die Erfahrung zeigt, dass dies häufig Unternehmen des *Pay TV* sein werden. Um dieser Sach- und Rechtslage einerseits und andererseits dem unübersehbaren Interesse der Öffentlichkeit Rechnung zu tragen, bei bestimmten Ereignissen von überragender Bedeutung dabei sein zu können, bestimmt der Rundfunkstaatsvertrag in der seit dem 1.3.2007 geltenden Fassung,[138] dass eine Fernsehausstrahlung von **sportlichen Großereignissen** im *Pay TV* nur dann zulässig ist, wenn das zugelassene Sendeunternehmen selbst oder ein Dritter zu angemessenen Bedingungen die Voraussetzungen dafür schafft, dass das betreffende Ereignis zeitgleich oder, wenn nicht anders möglich, – nur geringfügig zeitversetzt zumindest auch in einem frei empfangbaren und allgemein zugänglichen Fernsehprogramm in Deutschland ausgestrahlt werden kann.

Großereignisse, für die diese Regelung gilt, sind u.a. Olympische Spiele, Spiele der deutschen 6.51 Fußballnationalmannschaft oder entscheidende Spiele um den Vereinspokal des Deutschen Fußball-Bundes und der europäischen Vereinsmeisterschaften im Fußball.[139] Das originär zugelassene Sendeunternehmen, das sein Programm verschlüsselt ausstrahlt, und derjenige, der die Veranstaltungen im frei empfangbaren Programm auszustrahlen beabsichtigt, sind gehalten, sich über die finanziellen Konditionen, zu der Letzterer die Übertragungsmöglichkeit erwirbt, zu verständigen und, gelingt ihnen das nicht, die Entscheidung über die Konditionen einem Schiedsgericht gemäß §§ 1025 ff. ZPO zu übertragen.[140] Erst auf diese Weise haben die Bundesländer im Wege einer Zwangslizenz gewährleisten können, dass jedenfalls bei den genannten sportlichen Großereignissen neben einem Veranstalter von *Pay TV* jedenfalls ein Veranstalter eines frei empfangbaren Fernsehprogramms berichten kann.

ee) Kurzberichterstattung

Schon vor Einführung der Regelungen über die Berichterstattung von sportlichen Großereig- 6.52 nissen, aber aus inhaltlich ähnlichen Erwägungen haben die Länder bereits im Jahr 1990[141] für das Medium Fernsehen ein besonderes **Recht zur Kurzberichterstattung** eingeführt, das nicht nur bei den Großereignissen im Sinn von § 4 Abs. 1 RStV ausgeübt werden kann, sondern bei allen Veranstaltungen und Ereignissen, die öffentlich zugänglich und von allgemeinem Informationsinteresse sind.[142] Die Verfassungsmäßigkeit dieser Regelung war im Hinblick auf die in Rz. 6.39 ff. beschriebenen Rechtspositionen der privaten Veranstalter, insbesondere ihr Hausrecht, ihre Eigentumsrechte, urheber- und leistungsschutzrechtliche Gesichtspunkte sowie das Recht am eigenen Bild der Akteure zunächst umstritten.[143] Das BVerfG hat jedoch die Verfassungsmäßigkeit eines im Gesetz über den WDR und im Nordrhein-Westfälischen Rundfunkgesetz verankerten vergleichbaren Rechts auf Kurzbericht-

---

138 Vgl. nunmehr § 4 RStV.
139 Vgl. die Einzelheiten in § 4 Abs. 2 Nr. 1–5 RStV; dazu Binder/Vesting/*Rossen-Stadtfeld*, § 4 RStV Rz. 88 f.
140 § 4 Abs. 1 Satz 2 RStV.
141 Staatsvertrag zur Ergänzung des Rundfunkstaatsvertrags v. 15.3.1990, Art. 10a bis f.
142 Heute § 5 Abs. 1 RStV.
143 Vgl. dazu u.a. *Papier*, AfP 1989, 510; *Roth*, AfP 1989, 515; *Jarass*, AfP 1993, 455 ff.; *Brandner*, AfP 1990, 277 ff.; *Gounalakis*, AfP 1992, 343 ff.; *Herrmann/Lausen*, § 22 Rz. 58 ff.

erstattung[144] grundsätzlich bestätigt[145] und nur insoweit einen Verstoß jener Gesetze gegen das Grundrecht der Berufsfreiheit der Veranstalter aus Art. 12 Abs. 1 GG festgestellt, als nach damaliger Rechtslage das Recht zur Kurzberichterstattung auch bei berufsmäßig durchgeführten Veranstaltungen unentgeltlich in Anspruch genommen werden konnte. Damit bestehen gegen § 5 RStV in der heute geltenden Fassung keine begründeten verfassungsrechtlichen Bedenken mehr,[146] zumal das Recht der Veranstalter, mit einzelnen Sendern entgeltliche Vereinbarungen über eine ausführlichere Berichterstattung zu treffen, davon nicht tangiert wird; die in aller Regel im Rahmen derartiger Vereinbarungen zugesagte Exklusivität (dazu Rz. 7.82 ff.) wird allerdings durch das Recht zur Kurzberichterstattung beeinträchtigt. Auch europarechtlich bestehen gegen die Verpflichtung der Inhaber exklusiver Fernsehübertragungsrechte, Anderen eine Kurzberichterstattung zu ermöglichen, keine Bedenken. Anders als das BVerfG[147] vertritt jedoch der EuGH[148] die Auffassung, dass das Recht unentgeltlich zu gewähren ist. Wie dieser in der Rechtsprechung von BVerfG und EuGH aufgetretene Konflikt zu lösen ist, ist bisher nicht entschieden.[149]

6.53   Heute ist damit jeder in Europa zugelassene Fernsehveranstalter zu einer **nachrichtenmäßigen**[150] **Kurzberichterstattung** über Veranstaltungen und Ereignisse berechtigt, die öffentlich zugänglich und von allgemeinem Informationsinteresse sind. Für die Ausübung dieses Rechts kann der jeweilige Veranstalter immer das allgemein vorgesehene Eintrittsgeld sowie den Ersatz der Aufwendungen verlangen, die ihm durch die Ausübung des Rechts entstehen.[151] Handelt es sich, wie etwa bei den Spielen der Fußballbundesliga, um berufsmäßig durchgeführte Veranstaltungen, so kann der Veranstalter darüber hinaus ein angemessenes Entgelt verlangen, über dessen Höhe wiederum ein Schiedsgericht entscheiden soll, wenn sich die Beteiligten nicht einigen.[152] Der Rechtsanspruch der Sender auf Zulassung zu dieser Art von Berichterstattung ist unbedingt. Auf die Leistungsfähigkeit des einzelnen Senders kommt es dabei ebenso wenig an wie auf die Frage, ob für die beabsichtigte Kurzberichterstattung unter Berücksichtigung des sonstigen Informationsangebots noch ein Bedürfnis besteht.[153] Obgleich durch die Diskussion über die Berichterstattung von Spielen der Fußballbundesliga veranlasst und auch sonst in erster Linie auf Sportberichterstattung zielend, beschränkt sich das Recht zur Kurzberichterstattung allerdings nicht auf Sportereignisse. Es erstreckt sich vielmehr auch auf andere öffentliche Veranstaltungen wie Opern-, Konzertoder Theateraufführungen.[154] Ausgeschlossen ist es nur dann, wenn der Veranstalter die Übertragung oder Aufzeichnung der Veranstaltung durch das Fernsehen schlechthin untersagt, wozu er weiterhin befugt ist.[155]

---

144 Vgl. § 5a WDR-Gesetz, § 37 LMG NRW, die in ihrer aktuellen Fassung jeweils auf den RStV verweisen.

145 BVerfG AfP 1998, 192 = NJW 1998, 1627; vgl. dazu *Lenz*, NJW 1999, 757 ff.; *Tietje*, JuS 1999, 644 ff.

146 So für eine frühere Fassung des RStV bereits LG Bremen AfP 1994, 149.

147 BVerfG AfP 1998, 192 = NJW 1998, 1627.

148 EuGH AfP 2013, 123 = ZUM 2013, 202 – Sky/Österreich.

149 Dazu im Einzelnen *Naumann*, ZUM 2014, 938 ff.

150 § 5 Abs. 1 Satz 1, Abs. 4 Satz 1 RStV; Einzelheiten bei Binder/Vesting/*Neukamm/Brinkmann*, § 5 RStV Rz. 103 ff.

151 § 5 Abs. 6 RStV.

152 § 5 Abs. 7 Satz 1 und 2 RStV.

153 LG Bremen AfP 1994, 149 ff.

154 *Jarass*, AfP 1993, 455, 456; Binder/Vesting/*Neukamm/Brinkmann*, § 5 RStV Rz. 90.

155 § 5 Abs. 5 Satz 4 RStV.

Das Recht zur Kurzberichterstattung wird nach § 5 Abs. 1 Satz 1 RStV nur für das Fernsehen 6.54
begründet. Eine analoge Anwendung der einschlägigen Bestimmungen auf Hörfunk und
Presse kommt angesichts der Eindeutigkeit des Wortlauts und der fernsehspezifischen Aus-
richtung der Norm nicht in Betracht.[156] Sendeunternehmen, die das Recht ausüben wollen,
müssen sich zuvor beim Veranstalter anmelden.[157] Reichen die räumlichen und technischen
Kapazitäten für die Zulassung aller interessierten Fernsehteams nicht aus, so haben diejenigen
Sendeunternehmen Vorrang, zu denen der Veranstalter vertragliche Bindungen unterhält; im
Übrigen steht dem Veranstalter ein Auswahlermessen zu.[158] Die Zugelassenen sind nach dem
Modell der **Pool-Lösung** (Rz. 6.19) verpflichtet, den nicht zugelassenen Sendeunternehmen
das Signal und die Aufzeichnung der Sendung gegen Ersatz ihrer angemessenen Aufwendun-
gen zu überlassen. Die Kurzberichterstattung ist bei kurzfristig und regelmäßig wiederkehren-
den Veranstaltungen auf 90 Sekunden, in anderen Fällen auf die Länge der Zeit beschränkt,

„... die notwendig ist, um den nachrichtenmäßigen Informationsgehalt der Veranstaltung oder des Ereignisses zu vermitteln".[159]

Für regelmäßige Sportveranstaltungen, wie etwa die Spiele der Fußballbundesligen, gilt damit
die 90 Sekunden-Regel.

In der Praxis wird das Recht zur Kurzberichterstattung selten in Anspruch genommen, be- 6.55
schränkt sich seine Bedeutung vielmehr im Wesentlichen darauf, dass sich die Beteiligten zur
Vermeidung des mit der Inanspruchnahme verbundenen förmlichen Verfahrens auf vertraglicher Basis auf die jeweils anwendbaren Zugangsregeln verständigen.[160] Gelingt das nicht
und nimmt ein Fernsehveranstalter das Recht einseitig in Anspruch, so ist dieser Anspruch
beim Veranstalter anzumelden[161] und im Fall der Weigerung des Veranstalters im **Zivilrechtsweg durchsetzbar**. Das kann in dringlichen Fällen auch im Wege der **einstweiligen
Verfügung** geschehen.[162] Soweit die Rechtsprechung in der Frühzeit des Rechts der Kurzberichterstattung den Erlass einstweiliger Verfügungen zu deren Durchsetzung mit dem Hinweis darauf abgelehnt hat,[163] dass es sich um Leistungsverfügungen handelt, die die Entscheidung über die Hauptsache vorwegnehmen, hat sie verkannt, dass der Erlass derartiger Leistungsverfügungen keineswegs ausnahmslos unzulässig und dass er insbesondere dort geboten
ist, wo die Verweisung auf das stets langwierige Hauptsacheverfahren im Ergebnis auf eine
Rechtsverweigerung hinausläuft (dazu für den Auskunftsanspruch Rz. 4.93).

c) Hörfunk

Wie die Presse übermittelt auch der **Hörfunk** in Sprache umgesetzte Informationen. Wie 6.56
beim Medium Fernsehen können andererseits auch im Fall des Hörfunks Urheber- und Leistungsschutzrechte bei kulturellen Ereignissen Berichterstattungshindernisse darstellen. Hingegen kann das Recht am eigenen Bild der Beteiligten keine Rolle spielen. Der Hörfunk ist
mithin jedenfalls bei Sportveranstaltungen nur insoweit mehr ein Surrogat für die persönliche

---

156 A.A. *Gounalakis*, AfP 1992, 343, 344.
157 § 5 Abs. 8 RStV.
158 § 5 Abs. 9 RStV.
159 § 5 Abs. 4 Satz 2 und 3 RStV.
160 Binder/Vesting/*Neukamm*/*Brinkmann* § 5 RStV Rz. 26.
161 § 5 Abs. 8 RStV; Einzelheiten dazu bei Binder/Vesting/*Neukamm*/*Brinkmann*, § 5 RStV Rz. 118 ff.
162 LG Bremen AfP 1994, 149.
163 OLG München v. 13.5.1993 – 26 U 3716/93; OLG Düsseldorf v. 21.9.1993 – U (Kart) 12/93; LG
     Hamburg v. 11.2.1994 – 329 O 59/94, jeweils unveröffentlicht.

Teilnahme des Interessierten als es die Presse ist, als er zeitgleich und damit auf aktuellstem Weg berichten kann; ansonsten ist er ebenso wenig wie die Presse zur Vermittlung des unmittelbaren optischen Erlebens in der Lage. Hörfunkberichterstattung greift daher – sofern nicht im Einzelfall spezifische Rechtswidrigkeitselemente hinzukommen – ebenso wenig in spezialgesetzlich geschützte vermögensrechtliche Positionen der Akteure von Sportveranstaltungen ein wie Berichterstattung durch die Presse.

6.57 Dennoch sind insbesondere die Vereine der Fußballbundesligen dazu übergegangen, Hörfunkreportern den Zutritt zu den Stadien nur gegen ein von den Veranstaltern festgelegtes Entgelt zu gestatten. Das rechtliche Kriterium, auf das sie sich insoweit berufen, ist, wie im Fall des Fernsehens, ihr Hausrecht an den Stadien, in denen die Spiele ausgetragen werden. Die Frage, ob eine derartige Reglementierung der Hörfunkberichterstattung zulässig[164] oder im Hinblick auf den aus Art. 5 Abs. 1 Satz 2 GG abgeleiteten Informationsauftrag der Hörfunkveranstalter unzulässig[165] ist, hat die Gerichte lange beschäftigt.[166] Nicht zuletzt im Hinblick auf das Grundrecht der Berufsfreiheit der Sportveranstalter aus Art. 12 GG und damit ihr berechtigtes Interesse daran, die wirtschaftlichen Aspekte ihres Berufs und desjenigen der für sie aktiven Sportler bestmöglich selbst ausbeuten zu können, hat der BGH[167] ebenso wie das LG[168] und das OLG Hamburg[169] diese Frage im Sinn der Sportveranstalter entschieden und damit der wirtschaftlichen Betätigungsfreiheit der Sportveranstalter ein höheres Gewicht eingeräumt als dem Grundrecht der Rundfunkfreiheit der Hörfunkveranstalter aus Art. 5 Abs. 1 Satz 2 GG. Nachdem die gegen das Urteil des BGH vom klagenden Rundfunkveranstalter eingelegte Verfassungsbeschwerde ohne Erfolg geblieben ist,[170] können folglich Sportler und Veranstalter auch denjenigen Hörfunkveranstaltern, die von Sportereignissen aus den Stadien berichten wollen, mittels Zutrittsbeschränkungen Sendeverbote erteilen und deren Lockerung von der Zahlung eines Entgelts abhängig machen.

§ 7 Arbeit mit Informanten

---

164 So *Meister*, AfP 2003, 307 ff.; *Beater*, AfP 2008, 345 ff.
165 *Mailänder*, ZUM 2003, 820 ff.; *Agudo y Berbel/Engels*, WRP 2005, 191 ff.
166 Eingehend zu den Einzelheiten und mit Recht kritisch zu der im Text zitierten Rechtsprechung: Binder/Vesting/*Neukamm/Brinkmann*, § 4 RStV Rz. 7 ff.
167 BGH AfP 2006, 56 = NJW 2006, 3779 – Hörfunkrechte an Bundesligaspielen.
168 LG Hamburg AfP 2002, 251 = ZUM 2002, 655.
169 OLG Hamburg AfP 2003, 361 = ZUM 2003, 782; anders noch AG Münster AfP 1994, 68.
170 Binder/Vesting/*Neukamm/Brinkmann*, § 4 RStV Rz. 13b.

1. Information und Verschwiegenheitspflichten

Wie Nachrichtenproduktion durch Medien ohne Recherche nicht denkbar ist, so gehört zur **7.1** Recherche in vielen Fällen unverzichtbar die Zusammenarbeit mit **Informanten**. Informanten stehen den Medien auf unterschiedlichste Weise und aus unterschiedlichsten Motiven zur Verfügung. Sie liefern ihre Informationen aus teils altruistischen, teils egoistischen Motiven, teils entgeltlich, teils unentgeltlich. Sie gewähren Exklusivität oder erzählen ihre Geschichte jedem Journalisten, dessen sie für ein Gespräch habhaft werden können. Sie sonnen sich im Licht der Öffentlichkeit oder machen die Wahrung ihrer Anonymität zur Grundlage ihrer Zusammenarbeit mit den Medien und beanspruchen damit **Informantenschutz**. Sie wenden sich an Redaktionen in Verfolgung wohlüberlegter, strategischer Ziele oder gelegentlich auch aus purer Wichtigtuerei.

So vielfältig die damit nur grob umrissenen Erscheinungsformen und Motivationen der Infor- **7.2** manten sein mögen, so vielfältig sind die Probleme, die sich für die Redaktionen im Umgang mit ihnen ergeben können. Deren wichtigstes, die **Einschätzung der Glaubwürdigkeit**, ist allerdings kaum rechtlicher Natur und daher an dieser Stelle nicht weiter zu vertiefen. Die Zusammenarbeit der Medien mit Informanten wirft jedoch in erheblichem Umfang auch Rechtsfragen auf.

Das Informationsinteresse der Medien und die Bereitschaft des Einzelnen, ihnen Informatio- **7.3** nen zukommen zu lassen, kollidieren häufig mit straf- oder zivilrechtlich begründeten **Pflichten zur Verschwiegenheit**. Zum Teil beschränken diese Bestimmungen als allgemeine Gesetze im Sinn von Art. 5 Abs. 2 GG die Freiheit zur Recherche unmittelbar (Einzelheiten unten in § 10). Zum Teil wenden sie sich nur an die Informanten selbst ohne rechtliche Bindungswirkung gegenüber den Medien. Eine rechtlich fundierte sowie effiziente und vertrauensvolle Zusammenarbeit zwischen Redaktionen und Informanten setzt aber voraus, dass die Redaktionen sich auch über solche Schranken der Auskunftserteilung durch Informanten im Klaren sind, die nur oder in erster Linie die Informanten ihrerseits binden. Dabei ist zu differenzieren zwischen Informanten aus dem hoheitlichen (Rz. 7.4 ff.) und solchen aus dem privaten Bereich (Rz. 7.23 ff.).

a) Beamte und andere Hoheitsträger

7.4 Erfahrung lehrt, dass der gesetzliche Auskunftsanspruch der Medien (dazu Rz. 4.1 ff.), ihre Rechte zur Einsicht in diverse staatlich geführte Register (Rz. 5.1 ff.) und ihre Befugnisse zum Zutritt zu öffentlichen Veranstaltungen unterschiedlicher Art (Rz. 6.1 ff.) zwar unverzichtbar sind, zur Erfüllung ihres Informationsauftrags aber nicht annähernd ausreichen. Denn die Ausübung dieser Informationsrechte gegenüber den dafür zuständigen Stellen setzt voraus, dass die Medien Anlass haben, Fragen zu stellen. Das aber ist gerade in heiklen Angelegenheiten vielfach erst der Fall, wenn sie auf inoffiziellem Wege Hinweise auf einen bestimmten, bis dahin geheimen Sachverhalt erhalten haben, wenn sie also **aus der Behörde oder sonstigen Stelle heraus** informiert worden sind. Die Bereitschaft von Bediensteten der öffentlichen Hand, den Medien als Informant zur Verfügung zu stehen, kollidiert jedoch vielfach mit deren strafrechtlich sanktionierten Verschwiegenheitspflichten.

aa) Landesverrat und Gefährdung der äußeren Sicherheit

7.5 Die strafrechtlichen Bestimmungen der §§ 93 ff. StGB über den Landesverrat und die Gefährdung der äußeren Sicherheit des Staats richten sich an jedermann, und damit zwar in erster Linie an Amtsträger, aber eben auch an die Medien (Einzelheiten zu §§ 93 ff. StGB in Rz. 12.36 ff.) Strafbar macht sich nach § 94 Abs. 1 Nr. 2 StGB u.a., wer

„...ein Staatsgeheimnis im Sinn des § 93 Abs. 1 StGB an einen Unbefugten gelangen lässt...", ̛

wozu prinzipiell auch die Medien gehören.[1] Strafbar ist es aber nach § 95 StGB auch, ein derart offenbartes Staatsgeheimnis öffentlich bekannt zu machen. Diese Bestimmung regelt den so genannten **publizistischen Landesverrat** und richtet sich damit unmittelbar und in erster Linie an die Medien.[2]

7.6 Trägt ein Informant, bei dem es sich in der Regel um einen Amtsträger handeln wird, eine Information an die Medien heran, die als **Staatsgeheimnis** im Sinn von § 93 StGB zu qualifizieren ist, so ist nicht nur dieses Verhalten strafbar, sondern die Medien sind vielmehr ihrerseits in aller Regel gesetzlich verpflichtet, von einer Veröffentlichung der betreffenden Information abzusehen; Verstöße gegen diese Verpflichtung können gemäß § 95 StGB als **Offenbarung von Staatsgeheimnissen** (dazu Rz. 12.31 ff.) ihrerseits strafbar sein. Dies gilt jedenfalls solange, wie das Geheimnis von der jeweils zuständigen amtlichen Stelle oder auf deren Veranlassung (noch) tatsächlich geheim gehalten wird.[3] Die Beachtung dieser materiellrechtlichen Geheimhaltungspflicht liegt damit unmittelbar im eigenen Interessen- und Verantwortungsbereich auch der Medien. Nur ganz ausnahmsweise kann es nach den Grundsätzen der Güterabwägung unter Berücksichtigung von Art. 5 Abs. 1 Satz 2 GG gerechtfertigt sein, wenn die Medien ihnen offenbare Staatsgeheimnisse veröffentlichen.[4] Gerichtliche Entscheidun-

---

1 *Fischer*, § 93 StGB Rz. 18 m.w.N.
2 *Fischer*, § 95 StGB Rz. 1.
3 *Ricker/Weberling*, Kap. 50 Rz. 60.
4 *Fischer*, § 93 StGB Rz. 18.

gen, die diese Ausnahmeregel zugunsten der Medien angewandt haben, sind nach der Neufassung der Bestimmungen über den Landesverrat im Jahr 1968 denn auch nicht bekannt geworden.

bb) Formelle Geheimhaltungspflichten

Anders steht es mit den Geheimhaltungsvorschriften der §§ 353b und 355 sowie der § 203 **7.7**
Abs. 2 und § 206 StGB. Diese Bestimmungen stellen so genannte **Sonderdelikte** unter Strafe, die nur durch Amtsträger und diejenigen Personen, die Amtsträgern in den einzelnen Straftatbeständen jeweils gleichgestellt werden, sowie im Fall des § 206 StGB durch die Bediensteten des Post- und Telekommunikationswesens begangen werden können. Die Verwendung und Veröffentlichung von Informationen, die die Medien unter Verletzung dieser Bestimmungen erhalten, ist damit ihrerseits nicht strafbar; ob ihre öffentliche Bekanntmachung allein deswegen zulässig oder unter anderen zivil- oder strafrechtlichen Aspekten rechtswidrig ist, steht damit allerdings noch nicht fest und ist in anderem Zusammenhang zu erörtern (Rz. 12.104 ff.).

(1) Amtsverschwiegenheit

Nach § 353b Abs. 1 StGB wird bestraft, wer als **Amtsträger oder gleichgestellter Mitarbeiter** **7.8**
des öffentlichen Dienstes Geheimnisse unbefugt offenbart, die ihm in dieser Eigenschaft anvertraut oder sonstwie bekannt geworden sind. Geheimnisse im Sinn dieser Bestimmung und auch im Rahmen der weiteren Geheimhaltungsvorschriften sind Tatsachen, deren Kenntnis nicht über einen begrenzten Personenkreis hinausgeht.[5] Auf den materiellen Geheimnisbegriff im Sinn der Bestimmungen über den Landesverrat (dazu Rz. 12.31 ff.) kommt es mithin in diesem Zusammenhang nicht an. Dem Verrat von Geheimnissen gleichgestellt ist in § 353b Abs. 2 StGB die Offenbarung von sonstigen Gegenständen oder Nachrichten, die nicht geheim sind, sofern der Täter durch ein Gesetzgebungsorgan des Bundes oder eines Landes oder eines seiner Ausschüsse oder von einer anderen amtlichen Stelle **förmlich zur Geheimhaltung verpflichtet** worden ist.

Voraussetzung für die Strafbarkeit nach § 353b StGB ist damit zunächst das Vorliegen eines **7.9**
formellen oder materiellen Geheimnisses. Die Wahrscheinlichkeit, dass Informationen, die öffentlich Bedienstete den Medien vertraulich zukommen lassen, in diese Kategorie fallen, ist hoch. Denn da Gegenstände, die offenkundig, also einem unbegrenzten Personenkreis schon bekannt und damit materiell nicht mehr geheim sind,[6] als Information für recherchierende Medien in der Regel nicht von Interesse sind und der Geltungsbereich der formellen Geheimhaltungsvorschriften insbesondere durch die generellen Vorschiften der §§ 67 BBG und 37 BeamtStG über die beamtenrechtliche Verschwiegenheitspflicht sehr weit gezogen ist,[7] betrifft Informationserteilung durch Bedienstete staatlicher Stellen, die nicht zur Auskunftserteilung befugt sind, in den meisten Fällen **geheimhaltungsbedürftige Tatsachen**. Dies gilt gemäß § 37 Abs. 1 Satz 2 BeamtStG auch nach Beendigung des Beamtenverhältnisses. Unter einer dienstlichen Angelegenheit im Sinn dieser Vorschriften ist jede Tatsache oder Bewertung zu verstehen einschließlich eigener Handlungen der Amtsträger und deren Kenntnisse über die

---

5 BGH NJW 1957, 680; BGH NStZ 2000, 596; BGH MMR 2001, 605; *Fischer*, § 353b StGB Rz. 10.
6 *Fischer*, § 353b StGB Rz. 13.
7 *Fischer*, § 353b StGB Rz. 10 ff.

Leistung und das Persönlichkeitsbild ihrer Kollegen.[8] Nach allgemeiner Auffassung ist daher auch ein **Whistleblower** – auch wenn es die eigene Person betrifft – nach der sog. Stufentheorie gehalten, zunächst zu remonstrieren (§ 36 BeamtStG) und die internen Abhilfemöglichkeiten einschließlich Dienstaufsichtsbeschwerden zu ergreifen, bevor er ohne Genehmigung des Dienstherren an die Öffentlichkeit geht.[9] Daran wird sich mit Inkrafttreten von § 5 Nr. 2 des am 21.3.2019 vom Deutschen Bundestag beschlossenen GeschGehG[10] (dazu Rz. 7.37 ff.) nichts ändern, weil dieses Gesetz den Komplex des Geschäftsgeheimnisses und des *Whistleblowing* nur für den privaten Bereich regelt. Die in anderem Zusammenhang getroffene Feststellung (Rz. 4.16 ff.), dass sich der gesetzliche Auskunftsanspruch der Medien nicht etwa gegen jeden Beamten, sondern nur gegen jede staatliche Stelle und innerhalb der betreffenden Stelle gegen diejenigen richtet, die zur Auskunftserteilung ausdrücklich ermächtigt worden sind, ist durch diese Situation begründet. Wer den Medien Informationen erteilt, ohne dazu innerhalb der innerbehördlichen Hierarchie berechtigt zu sein, läuft stets Gefahr, sich strafbar zu machen.

7.10 Allerdings ist die Offenbarung derartiger Geheimnisse oder formell geschützter Informationen gemäß § 353b Abs. 1 Satz 1 StGB nur tatbestandlich, wenn dadurch **wichtige öffentliche Interessen konkret gefährdet** werden.[11] Die Gefährdung wichtiger öffentlicher Interessen tritt damit als zweites Tatbestandsmerkmal neben dasjenige des Geheimnisverrats, sei dieser materieller oder formeller Natur. Es muss sich dabei um Interessen von einigem Rang handeln.[12] In Betracht kommt hier die Gefährdung etwa der Zusammenarbeit deutscher und ausländischer Nachrichtendienste, der ungestörten Strafrechtspflege oder der Aufrechterhaltung des Wettbewerbs unter mehreren Bewerbern um öffentliche Aufträge.[13] Auch die Offenbarung der Tatsache, dass hinsichtlich bestimmter Personen in einer polizeilichen Datensammlung keine Eintragungen vorhanden sind, kann wichtige öffentliche Interessen gefährden, wenn daraus auf die Ermittlungstaktik der Polizei in einem bestimmten Komplex geschlossen werden kann.[14] Das bloße Interesse daran, die gesetzlich geforderte Amtsverschwiegenheit als solche intakt zu erhalten, begründet die Strafbarkeit hingegen noch nicht.[15]

7.11 Das Risiko, dass in der Offenbarung formeller oder materieller Dienstgeheimnisse zugleich eine Gefährdung wichtiger öffentlicher Interessen und damit eine strafbare Handlung gesehen wird, trägt stets der Informant. Und es ist nicht gering. Wer als Amtsträger den Medien Informationen zukommen lässt, ohne dafür institutionell zuständig zu sein, muss im Fall der Aufdeckung der undichten Stelle stets mit strafrechtlichen Konsequenzen rechnen, zumal hinsichtlich der **Gefährdung öffentlicher Interessen** im Rahmen von § 353b Abs. 1 Satz 2 StGB die Schuldform der **Fahrlässigkeit** ausreicht, der bei strafrechtlichen Delikten in der Regel geforderte Vorsatz mithin nicht erforderlich ist.[16] Da nach strafrechtlichen Grundsätzen ein Irrtum in der Regel jedenfalls den Vorwurf der Fahrlässigkeit nicht beseitigt, nützt es dem Informanten, der den Medien unter Verstoß gegen Geheimhaltungsvorschriften Informationen oder Material zuspielt, auch nichts, wenn er sich darauf beruft, er habe nicht geglaubt, dadurch wichtige öffentliche Interessen zu gefährden.

---

8 *Reich*, § 37 BeamtStG Rz 3.
9 *Günther*, NVwZ 2018, 1109 ff. m.w.N.
10 BGBl. I 2019 v. 25.4.2019, S. 466.
11 BGH NJW 1989, 1872.
12 BGH NJW 1958, 1403.
13 *Fischer*, § 353b StGB Rz. 12.
14 BGH NJW 2001, 2032 = MMR 2001, 605.
15 *Fischer*, § 353b StGB Rz. 24 f.
16 BGH NJW 2001, 2032 = MMR 2001, 605.

(2) Private Geheimnisse

Eine wichtige Ergänzung des Geheimnisschutzes nach § 353b StGB stellt die Bestimmung des 7.12
§ 203 Abs. 2 StGB dar. Danach sind Amtsträger und die ihnen gleichgestellten Personen strafbar, die ihnen in ihrer amtlichen Eigenschaft anvertraute oder sonst bekanntgewordene fremde Geheimnisse, insbesondere **Betriebs- oder Geschäftsgeheimnisse** sowie solche aus **persönlichen Lebensverhältnissen Privater** offenbaren. Gleiches gilt für die Preisgabe sonstiger
Informationen, die für Aufgaben der öffentlichen Verwaltung erfasst worden sind; auch in
dieser Hinsicht ändert sich gemäß § 1 Abs. 3 Nr. 1 GeschGehG mit dem Inkrafttreten dieses
Gesetzes nichts. Amtsträgern ausdrücklich gleichgestellt sind Datenschutzbeauftragte hinsichtlich solcher Informationen, die einem Amtsträger zugänglich und ihnen in Ausübung
ihres Amts bekannt geworden sind (§ 203 Abs. 4 Satz 1 StGB). In diesen Fällen geht es also
nicht, wie in § 353b StGB, um den Schutz materieller Geheimnisse des Staats und seiner Untergliederungen oder solcher Sachverhalte, deren Geheimhaltung förmlich angeordnet worden ist, sondern um den **Schutz privater Geheimnisse,** über die staatliche Stellen kraft ihres
Amts verfügen. Anders als im Fall des § 353b StGB werden Verstöße gegen § 203 StGB nur
auf Antrag verfolgt (§ 205 StGB). Aus der Kombination der beiden Geheimhaltungsvorschriften ergibt sich dennoch eine fast vollständige strafrechtliche Absicherung der Verschwiegenheitspflichten von Beamten, sonstigen Angehörigen des öffentlichen Dienstes und ihnen
durch das Gesetz gleichgestellte Personen.

(3) Post- und Fernmeldegeheimnis

Als eine Art Sonderdelikt zu § 202 StGB stellt die Bestimmung des § 206 StGB die Verletzung 7.13
des **Post- und Fernmeldegeheimnisses** durch Inhaber oder Beschäftigte eines Unternehmens,
das geschäftsmäßig Post- und Telekommunikationsdienstleistungen erbringt, unter Strafe.
Verboten ist nach Abs. 1 dieser Vorschrift jedwede Weitergabe von Tatsachen, die dem Post-
oder Fernmeldegeheimnis unterliegen. Gemäß § 206 Abs. 5 StGB schützt das Postgeheimnis
die näheren Umstände des Postverkehrs bestimmter Personen sowie den Inhalt von Postsendungen. Dem Fernmeldegeheimnis unterliegen der Inhalt der Telekommunikation und ihre
näheren Umstände. Dazu gehört insbesondere auch die Frage, ob jemand an einem Telekom-
munikationsvorgang beteiligt ist oder war. Das Fernmeldegeheimnis erstreckt sich auch auf
die näheren Umstände erfolgloser Verbindungsversuche. In allen diesen Fällen ist es gleichgültig, ob es sich bei dem Inhalt der Kommunikation um Geheimnisse im Sinn von § 203
StGB handelt oder nicht.

Das gilt auch im Rahmen der weiteren Tatbestände des § 206 StGB. Nach dessen Abs. 4 dür- 7.14
fen auch solche Tatsachen nicht weitergegeben werden, die einem Amtsträger aufgrund eines
berechtigten Eingriffs in das Post- oder Fernmeldegeheimnis bekannt geworden sind, etwa im
Rahmen der strafprozessualen Überwachung des Post- oder Fernmeldeverkehrs.[17] Und nach
§ 206 Abs. 2 StGB ist es für Inhaber und Beschäftigte der Post- und Telekommunikations-
unternehmen strafbar, Postsendungen zu öffnen, zu unterdrücken oder sich auf sonstige Weise von ihrem Inhalt Kenntnis zu verschaffen. Geschützt ist damit in allen Fällen des § 206
StGB die **Integrität des Post- und Fernmeldegeheimnisses** unbeschadet des Inhalts der gegebenenfalls offenbarten Kommunikation.

---

17 *Fischer,* § 206 StGB Rz. 10.

(4) Steuergeheimnis

7.15 Die Bestimmung des § 355 StGB schließlich sichert das **Steuergeheimnis**, indem sie nicht nur die Weitergabe der steuerlichen und wirtschaftlichen Verhältnisse eines Steuerpflichtigen durch Amtsträger unter Strafe stellt, sondern zusätzlich auch die Offenbarung fremder Betriebs- oder Geschäftsgeheimnisse, die ihnen aus Anlass steuerlicher oder steuerstrafrechtlicher Verfahren bekannt geworden sind. Auch dieser Tatbestand kann im Regelfall nur durch Amtsträger und die ihnen in § 355 Abs. 2 StGB gleichgestellten Personen verletzt werden, nicht aber durch Medienangehörige.

(5) Relevanz für die Medien

7.16 Zusammenfassend lässt sich für die vorstehend dargestellten Geheimhaltungsvorschriften feststellen: Da es sich jeweils um so genannte **Amtsdelikte** handelt, verletzen Redakteure, die unter Umgehung der für die Auskunftserteilung nach den Landespressegesetzen zuständigen Stellen auf inoffiziellem Wege Informationen aus allen Bereichen der öffentlichen Verwaltung erhalten, durch deren Entgegennahme und Veröffentlichung in der Regel selbst keine Straftatbestände.

7.17 Strafbar kann jedoch die **Anstiftung** der genannten qualifizierten Täterkreise zur Begehung von Geheimnisverrat sein, und zwar auch durch Personen, die ihrerseits nicht Täter sein können (§ 28 Abs. 1 StGB).[18] Verleiten Redakteure einen Amtsträger oder eine ihm im Rahmen der Geheimhaltungsvorschriften gleichgestellte Person vorsätzlich dazu, ihnen unter Verstoß gegen die genannten Geheimhaltungsvorschriften Informationen zu verschaffen, und rufen sie erst dadurch den Tatentschluss beim Täter hervor,[19] dann machen sie sich dadurch unter Umständen ihrerseits unter dem rechtlichen Gesichtspunkt der Anstiftung strafbar. Die tatbestandlichen Voraussetzungen dieses Ausnahmetatbestands werden aber in aller Regel nicht zu beweisen sein.

7.18 Die in der Praxis kaum vorkommende strafbare Anstiftung zum Geheimnisverrat ist die einzige Ausnahme von dem Grundsatz, dass die Entgegennahme und Veröffentlichung strafrechtlich geschützter Informationen durch Medienangehörige nicht strafbar ist. Denn entgegen einer zeitweilig weit verbreiteten Tendenz in der Rechtsprechung[20] kommt nach richtiger Ansicht eine **Beihilfe** zur Straftat der Offenbarung jedenfalls dann nicht in Betracht, wenn ein Redakteur eine Information lediglich entgegennimmt, ohne auf die Begehung des Geheimnisverrats durch den Normadressaten positiv einzuwirken; dass er den ihm seitens eines Amtsträgers pflichtwidrig offenbarten Sachverhalt anschließend seinerseits öffentlich macht, kann daran nichts ändern.[21] Der Vorwurf der Beihilfe zur pflichtwidrigen Offenbarung bedarf vielmehr zunächst der begründeten Feststellung, dass und durch wen eine Amtspflichtverletzung überhaupt begangen worden ist; denn nicht jede Offenbarung von Dienstgeheimnissen kommt auf diesem Weg zu Stande. Und er bedarf obendrein konkreter Anhaltspunkte dafür, dass und auf welche Weise ein für das veröffentlichende Medium tätiger Journalist daran mitgewirkt hat; die Veröffentlichung als solche ist kein Indiz dafür.[22]

---

18 *Fischer*, § 353b StGB Rz. 27.

19 Zur strafrechtlichen Teilnahmeform der Anstiftung vgl. etwa die Erläuterungen bei *Fischer*, § 26 StGB Rz. 2 ff.

20 BGH NStZ 2000, 594; BayObLG NStZ-RR 1999, 299; OLG Köln NJW 1988, 2489; OLG Düsseldorf NJW 1989, 1872; LG Ulm NJW 2000, 822; *Fischer*, § 353b StGB Rz. 28.

21 *Behm*, AfP 2000, 421 ff.; *Gaede*, AfP 2007, 410 ff., jeweils m.w.N.

22 LG Potsdam AfP 2006, 200; OLG Brandenburg AfP 2006, 484.

Dennoch haben Ermittlungsbehörden über lange Jahre die These vertreten, ein Journalist   7.19
könne sich unter dem Aspekt einer so genannten **sukzessiven Beihilfe zum Geheimnisverrat**
strafbar machen, wenn er ihm unter Verletzung von § 353b StGB pflichtwidrig erteilte Informationen veröffentlicht, und mit dieser Begründung Durchsuchungsbeschlüsse (zum Durch-
suchungs- und Beschlagnahmeverbot Rz. 8.34 ff.) gegen Redaktionen erwirkt, deren Ziel, jedenfalls aber erwünschte Nebenwirkung es dann stets war, die Identität des Informanten zu
ermitteln und damit das durch Art. 5 Abs. 1 Satz 2 GG geschützte **Redaktionsgeheimnis**[23]
sowie das Zeugnisverweigerungsrecht der Medienangehörigen (dazu Rz. 8.1 ff.) zu unterlaufen.[24]

Dem hat im Jahr 2007 zunächst das BVerfG im so genannten *Cicero*-Urteil[25] einen Riegel vor-   7.20
geschoben, nachdem es schon viel früher im *Spiegel*-Urteil[26] festgestellt hatte, dass Durchsuchungen oder Beschlagnahmen gegen Presseangehörige dann verfassungsrechtlich unzulässig sind, wenn sie ausschließlich oder vorwiegend dem Zweck dienen, die Identität des Informanten zu ermitteln. Im Hinblick auf die Praxis der Ermittlungsbehörden, auf der Basis des
Vorwurfs einer angeblichen Beihilfe von Journalisten zum Geheimnisverrat durch Amtsträger
Redaktionsräume zu durchsuchen und so zu versuchen, die Identität des oder der Informanten aufzudecken, hat das BVerfG im *Cicero*-Urteil[27] klargestellt, dass die bloße Veröffentlichung eines Dienstgeheimnisses durch einen Journalisten nicht ausreicht, um einen Verdacht der Beihilfe zum Geheimnisverrat zu begründen, der seinerseits eine Beschlagnahme
oder Durchsuchung in den Redaktionsräumen rechtfertigen könnte. Das Gericht betont in
dieser Entscheidung mit Recht den mit einer Durchsuchung in Redaktionsräumen verbundenen massiven und einschüchternden Eingriff; im Hinblick auf den damit zwangsläufig verbundenen Eingriff in das Grundrecht der Presse- oder Rundfunkfreiheit gemäß Art. 5 Abs. 1
Satz 2 GG ist jedenfalls nach dieser Entscheidung die Tatsache, dass der publizierende Journalist im Besitz geheimer Information sein oder gewesen sein muss, keine ausreichende Grundlage für eine Redaktionsdurchsuchung oder Beschlagnahme.[28]

Der Gesetzgeber hat diese verfassungsrechtlich allein zutreffende Sicht mit Wirkung zum   7.21
1.8.2012 schließlich dadurch nachvollzogen, dass er durch das *Gesetz zur Stärkung der Pressefreiheit im Straf- und Strafprozessrecht*[29] klarstellende Ergänzungen zu §§ 353b StGB und 97
StPO eingeführt hat. Nach der heute geltenden Fassung von § 353b Abs. 3a StGB sind **Beihilfehandlungen von Journalisten zum Geheimnisverrat** durch Amtsträger nicht rechtswidrig, wenn sie sich auf die Entgegennahme, Auswertung und Veröffentlichung der geschützten
Information beschränken.[30] Und unter denselben Voraussetzungen sind gemäß § 97 Abs. 5
StPO auch Durchsuchungs- und Beschlagnahmemaßnahmen nicht statthaft. Diese Bestimmungen fingieren zwar zunächst fehlerhaft, dass die bloße Entgegennahme und Veröffentlichung einer geheimen Information durch einen Journalisten die Tatbestandsvoraussetzungen
der Beihilfe erfüllen kann; im Ergebnis schreiben sie aber durch die Freistellung vom Rechts-

---

23 BVerfG AfP 1984, 94 = NJW 1974, 1741 – Der Aufmacher.
24 So zutreffend *Gaede*, AfP 2007, 410.
25 BVerfG AfP 2007, 110 = NJW 2007, 1117 – Cicero; vgl. auch EGMR AfP 2018, 500 - Becker/Norwe-
    gen.
26 BVerfG NJW 1966, 1603 – Spiegel-Urteil.
27 BVerfG AfP 2007, 110 = NJW 2007, 1117 – Cicero.
28 So im Anschluss an das BVerfG auch EGMR NJW 2008, 2565 – Stern-Reporter; EGMR NJW-RR
    2011, 1266; ähnlich EGMR AfP 2018, 500.
29 PrStG; BGBl. 2012 I, 1374.
30 *Fischer*, § 353b StGB Rz. 29.

widrigkeitsurteil fest, was seit Langem und spätestens seit dem *Cicero*-Urteil[31] ohnehin geltendes Recht ist.[32] Es zeigt damit der Praxis der Ermittlungsbehörden nun auch im kodifizierten Recht die Schranken auf, jenseits deren sie ihre Ermittlungsbemühungen gegenüber Journalisten und in Redaktionen einzustellen haben.

cc) Rechtfertigung des Geheimnisverrats?

7.22 Die Bestimmungen der §§ 67 BBG, 37 BeamtStG über die Verschwiegenheitspflicht der Beamten und die hier erörterten strafrechtlichen Bestimmungen, die der Absicherung dieser Verschwiegenheitspflicht dienen und sie auf gleichgestellte Personen ausdehnen, sind allgemeine Gesetze im Sinn von Art. 5 Abs. 2 GG. Sie beschränken die Meinungsäußerungsfreiheit derjenigen, die ihnen unterworfen sind, in zulässiger Weise.[33] Der Versuch, den Geltungsbereich dieser Bestimmungen dadurch aufzuweichen, dass Amtsträger und ihnen gleichgestellte Personen sich zur Rechtfertigung von Medieninformationen unmittelbar auf ihr Grundrecht der Meinungsäußerungsfreiheit berufen und sich dadurch im Umgang mit den Medien einen größeren Handlungsspielraum verschaffen können, ist vom BVerfG[34] im Wesentlichen zurückgewiesen worden. Ist ein Amtsträger der Auffassung, dass im Organisationsbereich seiner Dienststelle Missstände festzustellen sind, so rechtfertigt dies allein noch nicht die Information der Medien unter Verletzung der gesetzlichen Geheimhaltungsbestimmungen. Auch die naheliegende Überzeugung, dass diejenigen, die für festgestellte Missstände verantwortlich sind, kaum bereit sein werden, sie abzustellen, wenn sie nur intern darauf angesprochen werden, ist kein Rechtfertigungsgrund. Nur wenn Beschwerden auch nach vollständiger Erschöpfung des Dienstwegs unter Einbeziehung des zuständigen Ministers nicht zu einer Abhilfe führen, kann es ausnahmsweise gerechtfertigt sein, dass ein Amtsträger sich unter Verletzung einer Geheimhaltungsvorschrift unmittelbar an die Medien wendet.[35] An dieser Rechtslage ändert auch das am 21.3.2019 vom Deutschen Bundestag beschlossene, am 26.4.2019 in Kraft getretene GeschGehG nichts.[36] Es gestattet zwar unter den Voraussetzungen des § 5 Nr. 1 und 2 die Offenbarung von Geheimnissen durch die Medien, regelt jedoch nur den Schutz von Unternehmen[37] und ist daher für die rechtliche Beurteilung des Geheimnisverrats durch Mitarbeiter von Behörden ohne Bedeutung.

b) Private Informanten

7.23 Auch **private Informanten** sind rechtlich keineswegs immer Herr der Informationen, die sie den Medien anbieten oder zukommen lassen. Die Weitergabe von Informationen kann und wird vielmehr auch im privaten Bereich häufig gesetzliche oder vertragliche Verschwiegenheitsverpflichtungen verletzen.

---

31 BVerfG AfP 2007, 110 = NJW 2007, 1117 – Cicero.
32 Nur insoweit zutreffend *Schork*, NJW 2012, 2694 ff.; die daran anschließende Kritik der Autorin, der Gesetzgeber habe versäumt, den Schutz derjenigen zu erweitern, deren Belange durch Geheimnisbruch von Amtsträgern verletzt oder gefährdet werden, ist schon deswegen verfehlt, weil die im Text behandelten Bestimmungen des StGB ja eben diesen Schutz im Auge haben.
33 BVerfGE 28, 191 = NJW 1975, 1641 – Radikalenerlass; Wenzel/*Burkhardt*, Kap. 2 Rz. 33.
34 BVerfG NJW 1970, 1498 – Pätsch.
35 EGMR NJW 2017, 1533 – Görmüs u. a./Türkei; BVerfG NJW 1970, 1498 – Pätsch.
36 Dazu grundlegend *Alexander*, AfP 2017, 496 ff.; siehe auch *Alexander*, WRP VI 2019.
37 *Alexander*, WRP 2017, 1034 ff.

aa) Gesetzliche Verschwiegenheitspflichten

Gesetzliche Verschwiegenheitspflichten, die einer Informationserteilung durch private Infor- 7.24
manten entgegenstehen können, ergeben sich aus einer Reihe von Bestimmungen.

(1) Privatgeheimnisse

Einer strafrechtlich sanktionierten **Verschwiegenheitspflicht** unterliegen gemäß § 203 Abs. 1 7.25
StGB zunächst die Angehörigen der Mehrzahl der **freien Berufe** (dazu Rz. 10.3 ff.). Danach
ist die Weitergabe von Geheimnissen strafbar, die Angehörigen der Heilberufe und der
rechts- und steuerberatenden sowie einiger weiterer gesetzlich definierter Berufe in Ausübung
ihres jeweiligen Berufs anvertraut oder sonst bekannt werden. Den Berufsangehörigen gleichgestellt sind die bei ihnen tätigen Mitarbeiter einschließlich der Auszubildenden. Die Verletzung dieses Straftatbestands wird nur auf Antrag dessen verfolgt, zu dessen Gunsten die Verschwiegenheitspflicht besteht; ist er verstorben, so geht das Antragsrecht nach Maßgabe von
§ 205 Abs. 2 StGB auf seine Angehörigen oder, wenn der Geheimnisverrat nicht den persönlichen Lebensbereich des Verstorbenen betrifft, auf seine Erben über.

Die Einhaltung dieser **beruflichen Verschwiegenheitspflicht** ist in der Regel für die Angehö- 7.26
rigen der betreffenden Berufe eine Selbstverständlichkeit, sollte dies aber im Hinblick auf die
Persönlichkeitsrechte derjenigen, die sich ihnen anvertrauen, auch für die Öffentlichkeit und
damit für die Medien sein und als solche respektiert werden. Verstöße gegen diese Verpflichtung können nicht nur strafrechtliche Verfolgung, sondern unter dem rechtlichen Aspekt der
Verletzung des Allgemeinen Persönlichkeitsrechts auch zivilrechtliche Ansprüche nach sich
ziehen (dazu im Einzelnen in § 19). Soweit ersichtlich, ist die Beachtung der Verschwiegenheitspflicht durch Angehörige der Heilberufe in der Praxis weitgehend die Regel. Insbesondere Ärzte, aber auch Psychologen oder Angehörige von Beratungsstellen werden von den Medien wohl nur in Ausnahmefällen, etwa in Fällen der Erkrankung von Personen in herausragender Position oder nach spektakulären Unglücksfällen, um Angaben über den Gesundheitszustand der ihnen anvertrauten Personen ersucht. Halten sie sich in solchen Fällen nicht
an die Schweigepflicht, dann haben die Medien immer noch selbständig zu prüfen, ob die
Veröffentlichung der ihnen offenbarten Tastsachen zulässig ist oder nicht; die Verletzung einer Verschwiegenheitspflicht durch einen Angehörigen der Heilberufe stellt damit nicht etwa
per se eine Rechtfertigung einer daraus resultierenden Verletzung der Rechte der Patienten
durch die Medien dar.

Rechtsanwälte aber erfreuen sich insbesondere im Zusammenhang mit großen Strafprozes- 7.27
sen häufig eines intensiven Informationsinteresses der Medien, und nicht selten verkennen
Journalisten, dass auch Anwälte durch eine gesetzliche Verschwiegenheitspflicht gebunden
und als Informanten alles andere als frei sind. Zwar kann eine Verschwiegenheitsverletzung
durch die Einwilligung desjenigen gerechtfertigt werden, zu dessen Schutz sie besteht.[38] Das
ändert aber nichts daran, dass zunächst einmal prinzipiell vom Bestehen einer Verschwiegenheitspflicht auszugehen ist und dass die Medien aus der Weigerung eines Rechtsanwalts, ihnen Auskunft zu erteilen, keine inhaltlichen Schlüsse ziehen dürfen.

Dieser Rechtslage trägt die journalistische Praxis nicht immer Rechnung. Nicht selten bedrän- 7.28
gen Journalisten Anwälte um Informationen, auch wenn diese erklärtermaßen nicht aus-
kunftsbefugt und -bereit sind. Ein erfahrener Strafverteidiger hat dies so ausgedrückt, dass in

---

38 *Fischer*, § 203 StGB Rz. 63 ff.

aufsehenerregenden Fällen die Beteiligten einschließlich ihrer Anwälte namentlich durch die Boulevardpresse *„regelrecht zwischengenommen"* würden; selbst harmlos gegebene Erklärungen und objektiv geführte Gespräche mit der Presse könnten schlimme Folgen haben. Der Umgang mit der Presse sei *„ebenso aufregend und gefährlich wie derjenige mit schönen Frauen oder mit Pferden"*; man müsse *„ständig aufpassen, dass sie nicht durchgehen.*[39] Das mag überzeichnet sein, kennzeichnet aber ein Spannungsfeld, dessen Existenz in Anbetracht des großen Interesses der Medien an bestimmten gerichtlichen Verfahren nicht zu bestreiten ist. Der Druck auf die Rechtsanwälte, es mit ihrer Verschwiegenheitsverpflichtung nicht mehr so genau zu nehmen, ist obendrein in den letzten Jahren durch das Hinzutreten spezifischer Anwaltsjournale oder auch Themenseiten der Wirtschaftspresse ständig größer geworden, die sich schwerpunktmäßig mit anwaltlichen Dienstleistungen befassen und die Anwaltschaft veranlassen, ihnen die Namen von Mandanten und Einzelheiten betreffend bestimmte Mandate zu nennen.

7.29 Gemäß § 203 Abs. 1 Nr. 3 StGB dürfen aber gerade Rechtsanwälte den Medien nur dann Auskunft erteilen, wenn sie von ihren Mandanten dazu ermächtigt worden sind. Auskünfte, die auch Rechtsanwälte gelegentlich ohne Ermächtigung durch ihre Auftraggeber und dann in der Regel vertraulich erteilen, müssen von den Medien sorgfältig auf ihre Verwertbarkeit geprüft werden, weil informierende Rechtsanwälte erfahrungsgemäß im etwaigen Streitfall nicht bereit sein werden, den Redakteuren als Zeugen zur Verfügung zu stehen. Erteilen sie aber offen und vorbehaltlos Auskunft, dann wird die Verwertung und Publizierung derartiger Informationen durch die Medien vom Straftatbestand des § 203 StGB nicht erfasst; Durchsuchungs- und Beschlagnahmemaßnahmen bei ihnen unter dem rechtlichen Aspekt einer angeblichen sukzessiven Beihilfe (Rz. 7.19 ff.) kommen auch in diesem Zusammenhang nicht in Betracht. Ob die Veröffentlichung von Informationen, die den Medien unter Verletzung des § 203 StGB zugespielt werden, nach anderen zivil- oder strafrechtlichen Bestimmungen unzulässig ist, ist aber stets gesondert zu prüfen.

(2) Berufs- und standesrechtliche Restriktionen

7.30 **Rechtsanwälte** und Angehörige anderer freier Berufe wie insbesondere Ärzte oder Heilpraktiker unterliegen darüber hinaus ausdrücklichen **berufs- oder standesrechtlichen Werbebeschränkungen**, deren praktische Relevanz allerdings geringer geworden ist, nachdem insbesondere das BVerfG[40] den Grundsätzen des anwaltlichen Standesrechts die rechtliche Verbindlichkeit abgesprochen und der EGMR den Freiraum für Informationsmaßnahmen der Ärzte[41] und Anwälte[42] erweitert hat. Aus dennoch weiterhin bestehenden Restriktionen ergibt sich aber für die betreffenden Berufsangehörigen eine Schranke berechtigter Informationstätigkeit insbesondere in Fällen, in denen es um die Herausstellung besonderer eigener Leistungen oder Angebote gegenüber der Öffentlichkeit geht.

7.31 Nach § 6 BORA darf ein Rechtsanwalt heute über seine Dienstleistungen und seine Person informieren, soweit es sich um **sachliche, berufsbezogene Angaben** handelt. Es ist daher nicht *per se* unzulässig, wenn sich Rechtsanwälte mit Informationen über eigene Leistungen und Erfolge über die Medien an die Öffentlichkeit wenden oder sich den Medien als Aus-

---

39 *Dahs*, Rz. 201.
40 BVerfG NJW 1988, 191.
41 EGMR AfP 1986, 33 = NJW 1985, 2885 – Barthold/Deutschland; EGMR NJW 2003, 497 – Stambuk/Deutschland.
42 EGMR GRUR-RR 2009, 173 – Brzank/Deutschland.

kunftsgeber oder Interviewpartner zur Verfügung stellen, sofern es dabei nicht um Sensationsberichterstattung, sondern um ein sachliches Anliegen von allgemeinem Interesse geht (§ 6 Abs. 1 BORA).[43] Auch dürfen Rechtsanwälte auf Praxisschildern oder Drucksachen auf bestimmte Tätigkeitsschwerpunkte wie etwa das Versicherungs- oder Transportrecht[44] oder aber Strafverteidigungen[45] und selbstverständlich auf die von den Anwaltskammern für zahlreiche Rechtsgebiete speziell verliehenen Fachanwaltsbezeichnungen hinweisen (§ 7 BORA). Gleiches gilt für Kanzleieröffnungsanzeigen.[46] Daraus ergibt sich, dass Rechtsanwälte auch die Medien jedenfalls auf Anfrage entsprechend informieren dürfen. Die Mitwirkung eines Anwalts als Rechtsberater an einer Telefonaktion einer Tageszeitung ist ebenfalls nicht *per se* als berufsrechtswidrig zu bezeichnen, solange er die Anrufer nicht zur weiteren Beratung an seine Praxis verweist oder seine Adresse in der betreffenden Zeitung veröffentlicht.[47] Auch die Bezeichnung eines Rechtsanwalts als Experte für ein bestimmtes Fachgebiet im Rahmen eines von ihm verfassten redaktionellen Beitrags oder mit ihm veranstalteten Interviews kann nach den heute geltenden gelockerten Standards nicht mehr berufsrechtswidrig sein, sofern sie sachlich zutrifft und nicht werblich herausgestellt wird.

Hinweise auf Mandate und Mandanten sind aber auch nach heutiger Rechtslage nur zulässig, soweit der Mandant ausdrücklich eingewilligt hat (§ 6 Abs. 2 Satz 2 BORA). Demgegenüber ist ein Rechtsanwalt berufsrechtlich nicht mehr daran gehindert, einem Redakteur eines Fachmagazins Angaben zu Erfolgen zu machen, die er in einer bestimmten Gruppe von Verfahren erzielt hat.[48] Und unter Berücksichtigung des Grundrechts der Berufsfreiheit aus Art. 12 Abs. 1 Satz 1GG ist es nicht unzulässig, wenn ein Rechtsanwalt auf der eigenen Website eine so genannte **Gegnerliste** veröffentlicht, aus der ersichtlich ist, gegen welche Unternehmen etwa einer bestimmten Branche er für seine Mandanten bereits mit Erfolg tätig geworden ist.[49] Dies gilt selbst dann, wenn ein auf einer solchen Liste genanntes Unternehmen mit seiner Nennung nicht einverstanden ist und darin eine Verletzung seines Unternehmenspersönlichkeitsrechts sieht. Andererseits darf ein Rechtsanwalt auch weiterhin nicht daran mitwirken, dass Dritte für ihn Werbung betreiben, die ihm selbst verboten ist (§ 6 Abs. 3 BORA). Sachliche Informationen über Leistungen, Angebote und Erfolge unter Wahrung der Anonymität der Mandanten sind indessen heute nicht mehr als Werbung einzustufen.[50]

7.32

Ähnlich wie für Rechtsanwälte sehen die insoweit geltenden einschlägigen landesrechtlichen **Berufsordnungen der Ärzte** Werbebeschränkungen vor.[51] Auch insoweit hat die Rechtsprechung in jüngerer Zeit für eine deutliche Erweiterung der Freiräume gesorgt, die diese Berufsgruppe für ihre eigene Öffentlichkeitsarbeit und damit für die Zusammenarbeit mit und ihr Informationsverhalten gegenüber den Medien nutzen kann. So ist auch Ärzten eine sachliche Darstellung ihrer Tätigkeit gegenüber den Medien nicht mehr verwehrt,[52] auch wenn damit unvermeidlich ein gewisser werblicher Effekt verknüpft ist. Das gilt insbesondere auch dann,

7.33

---

43 EGMR AfP 1986, 33 = NJW 1985, 2885 – Barthold/Deutschland; Wenzel/*Burkhardt*, Kap. 2 Rz. 42.
44 BVerfG NJW 1995, 712; OLG Düsseldorf NJW 1992, 2835.
45 BGH NJW 1994, 2284.
46 BGH NJW-RR 1994, 1480.
47 OLG Stuttgart AfP 1995, 673.
48 OLG Frankfurt a.M. GRUR 2000, 1098.
49 BVerfG NJW 2008, 838 = GRUR 2008, 352 – Gegnerliste; anders noch KG NJW-RR 2005, 1709.
50 OLG Frankfurt a.M. GRUR 2000, 1098.
51 Vgl. etwa § 27 Berufsordnung der Ärztekammer Nordrhein für die nordrheinischen Ärztinnen und Ärzte vom 14.11.1998 in der Fassung vom 19.11.2011.
52 EGMR AfP 1986, 33 = NJW 1985, 2885 – Barthold/Deutschland; EGMR NJW 2003, 497 – Stambuk/Deutschland.

wenn Ärzte sich durch Äußerungen gegenüber den Medien gegen öffentlich gegen sie erhobene Vorwürfe verteidigen wollen.[53] So war es etwa durch die Gewährleistung der Meinungsfreiheit in Art. 10 Abs. 2 EMRK gedeckt, dass ein Augenarzt gegenüber einer Lokalzeitung auf seine Tätigkeit in der seinerzeit noch relativ neuen Lasertechnik für die Behandlung von Fehlsichtigkeit, die Anzahl bereits durchgeführter Behandlungen und die Tatsache hinwies, dass er eine Erfolgsquote von 100 % verzeichnen konnte, und dass er sich zur Bebilderung des Artikels bei der Arbeit fotografieren ließ.[54] Auch die Mitwirkung eines Schönheitschirurgen an einem Fernsehbeitrag über den Urlaubstrend, Reisen nach Mallorca mit einer schönheitschirurgischen Behandlung vor Ort zu verbinden, wurde nicht als standeswidrige Werbung angesehen.[55]

7.34 Allerdings tendiert die Rechtsprechung nach wie vor dazu, die Selbstdarstellung von Ärzten[56] und Heilpraktikern[57] gegenüber den Medien als Verstöße gegen das berufsrechtliche Werbeverbot und zugleich auch gegen das Verbot unlauterer geschäftlicher Handlungen gemäß § 3 UWG zu werten. Das gilt jedenfalls dann, wenn die eigene Person in den Vordergrund gestellt oder eine sonstwie anpreisende Art der Darstellung gewählt wird. So war etwa die Verteilung einer Pressemitteilung als berufsrechtswidrige Werbung des betreffenden Arztes anzusehen, in der er eine vom ihm erworbene Privatklinik als *Klinik der Hoffnung* bezeichnete.[58]

7.35 Auch soweit danach Werbeverbote insbesondere zu Lasten von Rechtsanwälten und Ärzten fortbestehen, kann von diesen in der Regel nicht verlangt werden, die Veröffentlichung von Informationen oder Äußerungen gegenüber den Medien davon abhängig zu machen, dass ihnen die betreffenden Publikationen vorher zur Billigung vorgelegt werden;[59] Einzelheiten dazu in Rz. 7.60 ff. Das Risiko einer reißerischen Verfremdung oder fehlerhaften Aufbereitung rechtlich unbedenklicher Informationen durch die Medien tragen demnach in der Regel diese selbst und nicht die sie informierenden und mit ihnen kooperierenden Berufsangehörigen. Andererseits sind Normadressaten der Werbeverbote nur die jeweiligen Berufsangehörigen, nicht aber die Medien. Die Beschaffung und spätere Verwertung derartiger Informationen durch Redaktionen ist daher nicht unzulässig.

7.36 Auch ein etwaiger Versuch der Medien, Ärzte oder Rechtsanwälte zu Äußerungen anzustiften, die berufsrechtlich oder als Geheimnisverrat nach § 203 StGB verboten sind, wäre nicht strafbar. Denn bei § 203 StGB handelt es sich um ein echtes Sonderdelikt, das nur von den darin genannten Berufsträgern verletzt werden kann und zu dem strafrechtlich relevante Anstiftung oder Beihilfe nicht möglich sind.[60] Und bei Verstößen gegen berufs- oder standesrechtliche Ge- oder Verbote handelt es sich nicht um Straftatbestände, so dass eine Anstiftung auch zu ihnen nicht strafbar sein kann. Dennoch haben die Medien Anlass zur Zurückhaltung in der Auswertung derartiger Informationen, da sie sich gegen zivilrechtliche Ansprüche etwa

---

53 BVerfG NJW 1992, 234; OLG Hamburg WRP 1993, 498.
54 EGMR NJW 2003, 497 – Stambuk/Deutschland.
55 OVG Münster NJW 2007, 3144.
56 OLG Hamburg AfP 1988, 352; OLG Hamburg WRP 1993, 498; OLG Köln NJWE-WettbR 1996, 196.
57 KG AfP 1988, 346; OLG Hamburg AfP 1988, 350.
58 OLG München GRUR 2000, 1100; neben der Verletzung berufsrechtlicher Vorschriften kommen in diesen Fällen auch Verstöße gegen §§ 3, 3a UWG in Verbindung mit den Regelungen des Heilmittelwerbegesetzes in Betracht.
59 BVerfG AfP 1992, 128 = NJW 1992, 2341 – Hackethal-Interview; BVerfG NJW 1994, 123 – Anwaltsinterview; anders OLG Hamburg WRP 1993, 498.
60 MüKo StGB/*Cierniak/Niehaus*, § 203 StGB Rz. 165.

wegen einer Verletzung des Allgemeinen Persönlichkeitsrechts oder des Rechts am Unternehmen der von der Verletzung einer Verschwiegenheitspflicht Betroffenen nicht mit dem Argument werden verteidigen können, sie hätten sich darauf verlassen, dass die sie instruierenden Berufsträger zur Auskunftserteilung berechtigt gewesen seien. Das Risiko einer Verletzung derartiger Rechte tragen daher die Medien auch dort, wo sie sich auf Informationen verlassen, die ihnen die Angehörigen privilegierter Berufe erteilen.

(3) Geschäftsgeheimnisse

Eine weitere, insbesondere für die Wirtschaftsberichterstattung durch die Medien bedeutsame gesetzliche Verschwiegenheitspflicht ergab sich nach der bisherigen Rechtslage aus den Bestimmungen der §§ 17-19 UWG. Diese Bestimmungen wurden mit dem Inkrafttreten des GeschGehG als des deutschen Umsetzungsgesetzes zur Richtlinie (EU) 2016/943 aufgehoben.[61] Nach dem zuvor geltenden § 17 UWG war der Verrat von Betriebs- oder Geschäftsgeheimnissen durch **Arbeitnehmer** strafbar. Vergleichbare Regelungen enthalten § 85 Abs. 1 GmbHG für Geschäftsführer und Aufsichtsräte von Gesellschaften mit beschränkter Haftung und §§ 93 Abs. 1 Satz 3 und 116 Satz 2 AktG[62] für Vorstands- und Aufsichtsratsmitglieder von Aktiengesellschaften[63] mit der Maßgabe, dass Verstöße im Fall der Aktiengesellschaft nicht strafbar sind, wohl aber Schadenersatzansprüche der geschützten Unternehmen begründen können. Über diese Bestimmungen hinaus geht § 4 GeschGehG in Übereinstimmung mit Art. 2 Nr. 3 der RL (EU) 2016/943, wonach die Geheimnisschutzverpflichtung nicht, wie nach bisherigem Recht, nur Arbeitnehmer und die Organe juristischer Personen trifft, sondern **jedermann**. Andererseits und ebenfalls abweichend vom bisher maßgeblichen innerstaatlichen deutschen Recht schränkt § 5 Nr. 1 GeschGehG in Übereinstimmung mit Art. 5 lit. a der Richtlinie die **Geheimhaltungsverpflichtung** zugunsten der freien Meinungsäußerung, der Informationsfreiheit und der Freiheit und Pluralität der Medien[64] sowie in der sogenannten **Whistleblowing**-Klausel gemäß § 5 Nr. 2 GeschGehG in Übereinstimmung mit Art. 5 lit. b der Richtlinie zu dem Zweck ein, die Aufdeckung beruflichen oder sonstigen Fehlverhaltens oder illegaler Tätigkeiten zu ermöglichen, sofern sie geeignet ist, das allgemeine öffentliche Interesse zu schützen.[65] In diesen Fällen fällt gemäß § 5 GeschGehG die Erlangung, Nutzung und Offenlegung von Geschäftsgeheimnissen nicht unter die Verbotstatbestände des § 4 GeschGehG.

SchutzumfangUm **Geschäftsgeheimnisse** handelt es sich nach § 2 Nr. 1 GeschGehG, wenn eine Information in den Kreisen, die üblicherweise mit dieser Art von Informationen umgehen, nicht allgemein bekannt und daher von wirtschaftlichem Wert, wenn sie Gegenstand von den Umständen nach angemessenen Geheimhaltungsmaßnahmen des rechtmäßigen In-

7.37

7.38

---

61 Art. 5 des am 21.3.2019 beschlossenen Gesetzes zur Umsetzung der Richtlinie (EU) 2016/943 zum Schutz von Geschäftsgeheimnissen vor rechtswidrigem Erwerb sowie rechtswidriger Nutzung und Offenlegung, BT-Drucks. 19/4724; vgl. zu den Einzelheiten der Richtlinie *Alexander*, ZUM 2013, 614; *Alexander*, AfP 2017, 469 ff.; zum GeschGehG generell *Alexander*, WRP VI 2019; Köhler/Bornkamm/Feddersen/*Feddersen*, Rz. 4 ff. vor §§ 17 – 19 UWG.

62 Die Aufhebung dieser Bestimmungen sieht das Gesetz zur Umsetzung der Richtlinie (EU) 2016/943 zum Schutz von Geschäftsgeheimnissen vor rechtswidrigem Erwerb sowie rechtswidriger Nutzung und Offenlegung, BT-Drucks. 19/4724, nicht vor.

63 Vgl. dazu *Säcker*, NJW 1986, 803 ff.

64 Dazu grundlegend *Alexander*, AfP 2017, 496 ff.

65 Vgl. zu den Einzelheiten der Richtlinie *Alexander*, ZUM 2013, 614; *Alexander*, AfP 2017, 469 ff.; Köhler/Bornkamm/Feddersen/*Feddersen*, Rz. 4 ff. vor §§ 17 – 19 UWG.

habers ist und ein berechtigtes Interesse an der Geheimhaltung besteht.[66] Nach bisher geltendem Recht bestand die Geheimhaltungsverpflichtung nur während des Bestehens des Dienstverhältnisses, steht sie also der Offenbarung von Geschäftsgeheimnissen nach dessen Beendigung nicht mehr entgegen.[67] Da § 4 GeschGehG in Übereinstimmung mit Art. 4 der RL (EU) 2016/943 die Verpflichtung zur Wahrung der Betriebs- und Geschäftsgeheimnisse nicht mehr an den Status des Offenbarenden als Arbeitnehmer oder Organ des Geschützten knüpft, spielt diese zeitliche Zäsur nach neuem Recht im Prinzip keine Rolle mehr; das Verbot des Verrats von Geschäftsgeheimnissen richtet sich nunmehr an jedermann. Allerdings endet nach §§ 4 Abs. 2 Nr. 3, 23 Abs. 1 Nr. 3 GeschGehG die mögliche Strafbarkeit des Geheimnisverräters (Rz. 7.40), wenn es sich um einen Arbeitnehmer des Inhabers des Geheimnisses handelt, mit der Beendigung seines Arbeitsverhältnisses . Über den Zeitpunkt der Vertragsbeendigung hinaus gilt das grundsätzliche Verbot in § 4 GeschGehG und gelten im Übrigen schon nach der bisherigen Rechtslage häufig insbesondere mit leitenden Mitarbeitern ausdrücklich vereinbarte vertragliche Verschwiegenheitsverpflichtungen;[68] dazu auch Rz. 7.43 ff.

7.39   Die gesetzliche Verpflichtung zur Wahrung von Geschäftsgeheimnissen wurde nach bisher geltendem Recht nicht nur verletzt, wenn der betreffende Mitarbeiter einen Wettbewerber fördern will, sondern auch dann, wenn er aus Eigennutz oder in der bloßen Absicht handelt, dem eigenen Unternehmen Schaden zuzufügen. Der Tatbestand des wettbewerbsrechtlichen Geheimnisverrats kann damit insbesondere dann erfüllt sein, wenn sich Mitarbeiter von Unternehmen durch finanzielle Zuwendungen dazu bestimmen lassen, Geschäftsgeheimnisse preiszugeben. Nach § 4 GeschGehG kommt es auf diese subjektiven Merkmale in der Person des Geheimnisverräters nicht mehr an. Das ändert aber nichts daran, dass derjenige, der als Amtsträger Geheimnisse gegen Zahlung eines Entgelts offenbart, nach §§ 332 f. StGB (dazu Rz. 7.71 ff.) wegen Bestechlichkeit oder Vorteilsannahme strafbar sein kann und dass auch derjenige, der einen Amtsträger durch finanzielle Zuwendungen oder Versprechungen zum Verrat von Geheimnissen verleitet oder zu verleiten versucht, wegen aktiver Bestechung strafbar ist (Rz. 7.72 f.); diese strafrechtlichen Bestimmungen gelten unbeschadet des § 5 GeschGehG auch für Medienangehörige.

7.40   Nach dem bisher maßgeblichen § 19 UWG machte sich strafbar, wer unter Verletzung von § 17 UWG einen Geheimnisverrat begeht. Strafbar macht sich aber auch der Dritte, der den Verräter zum Vertragsbruch verleitet oder auch nur das Anerbieten des Anderen zu einem solchen Vorgehen annimmt (§ 19 Abs. 1 und 2 UWG). Insoweit ergeben sich aus § 23 GeschGehG prinzipiell keine wesentlichen Änderungen.[69] Strafbar ist auch nach § 23 Abs. 1 GeschGehG das Erlangen, Nutzen oder Offenlegen von Geschäftsgeheimnissen unter Verstoß gegen § 4 GeschGehG. Diesen strafrechtlichen Schutz des Geschäftsgeheimnisses schränkt § 23 Abs. 6 GeschGehG allerdings u.a. zugunsten der Medienangehörigen in derselben Weise ein, wie dies nach heutiger Rechtslage § 353b Abs. 3a StGB, § 97 Abs. 5 StPO im Fall der Entgegennahme, Auswertung und Veröffentlichung von Dienst- und Amtsgeheimnissen durch die Medien tun (Rz. 7.19 ff.). Will man entgegen der hier vertretenen Auffassung darin überhaupt Beihilfehandlungen sehen, so sind sie nach den genannten Bestimmungen jedenfalls nicht rechtswidrig und damit nicht strafbar.

---

66 Dazu grundlegend *Alexander*, AfP 2017, 496 ff.; Köhler/Bornkamm/Feddersen/*Köhler*, § 17 UWG Rz. 5 ff.; *Hauck*, NJW 2016, 2218 ff.
67 Köhler/Bornkamm/Feddersen/*Köhler*, § 17 UWG Rz. 22.
68 Köhler/Bornkamm/Feddersen/*Köhler*, § 17 UWG Rz. 22.
69 Dazu und zu den im Gesetzgebungsverfahren eingeführten Änderungen gegenüber dem Regierungsentwurf *Alexander*, WRP VI 2019.

EigennutzHandelt allerdings ein Journalist bei der Nutzung oder Offenlegung eines Ge- 7.41
schäftsgeheimnisses selbst aus Eigennutz oder zur Förderung des eigenen oder fremden Wettbewerbs oder in der Absicht, dem Inhaber eines Unternehmens Schaden zuzufügen, dann
kann er sich auf das Medienprivileg der § 5 Nr. 1 und 2, § 23 Abs. 6 GeschGehG nicht berufen, macht er sich vielmehr gemäß § 23 Abs. 2 GeschGehG persönlich strafbar. Das Kriterium
des Handelns aus Eigennutz wird im Fall von Medienberichterstattung nur in seltenen Ausnahmefällen erfüllt sein. Es ist insbesondere nicht schon dann erfüllt, wenn sich Medien Informationen dadurch verschaffen, dass sie Mitarbeiter von Unternehmen zum Bruch ihrer
Verschwiegenheitspflicht veranlassen oder das Ergebnis eines derartigen Geheimnisbruchs
auch nur entgegennehmen. Denn die Medien handeln auch dann, wenn sie durch ungesetzli-
che Handlungen Dritter beschaffte Informationen verarbeiten und verbreiten, jedenfalls in
der Regel immer noch in Erfüllung ihres durch Art. 5 Abs. 1 Satz 1 GG gewährleisteten Re-
chercheauftrags, sofern nur an dem Inhalt der so gewonnenen Information ein legitimes öffentliches Interesse besteht. Wenngleich damit die Frage, ob derart recherchiertes Material
tatsächlich veröffentlicht werden darf, noch nicht beantwortet ist (vgl. zur Veröffentlichung
rechtswidrig erlangter Informationen Rz. 12.104 ff.), erfolgt jedenfalls die Informationsbeschaffung durch die Medien in aller Regel nicht aus Eigennutz.

§ 5 Nr. 1 GeschGehG schließt in Übereinstimmung mit Art. 5 lit. a der RL 2016/953 den 7.42
Schutz von Geschäftsgeheimnissen im Fall der Ausübung des Rechts der freien Meinungsäußerung und der Informationsfreiheit einschließlich der Freiheit und der Pluralität der Medien ausdrücklich aus. Damit sind insbesondere Nutzung und Offenbarung von Geschäftsgeheimnissen im Rahmen journalistischer Recherche und Veröffentlichungen nicht verboten.
Diese Ausnahme gilt zwar nicht uneingeschränkt; vielmehr ist nach dem Grundsatz der **praktischen Konkordanz** eine Abwägung mit dem entgegenstehenden Grundrecht der unterneh-
merischen Freiheit aus Art. 16 GR-Ch vorzunehmen.[70] Nach dem im deutschen wie im europäischen Recht etablierten Prinzip der Güterabwägung[71] wird daher auch in Zukunft zu prüfen sein, ob an dem Gegenstand des im Einzelfall durchbrochenen Geheimnisschutzes ein legitimes Informationsinteresse der Öffentlichkeit besteht,[72] und die Ausnahme der Offenbarung von Geschäftsgeheimnissen durch Medien vom grundsätzlichen Verbot des § 4 in § 5
GeschGehG wird nur greifen, wenn diese Frage bejaht werden kann. Auch die weitere Recht-
fertigungsklausel in § 5 Nr. 2 GeschGehG auf der Basis von Art. 5 lit. b der RL (EU) 2016/943
betreffend die als **Whistleblowing** bezeichnete Offenlegung eines Geschäftsgeheimnisses zur
Aufdeckung eines beruflichen oder sonstigen Fehlverhaltens oder einer illegalen Tätigkeit
wird sich zugunsten der Berichterstattungsfreiheit der Medien auswirken, sofern die Offenlegung geeignet ist, das allgemeine öffentliche Interesse zu schützen.[73] Denn wenn die Durchbrechung des Geheimnisschutzes durch den Whistleblower auf der Basis des Normengefüges
des GeschGehG und der RL (EU) 2016/943 nicht sanktioniert wird, dann kann die Veröffentlichung der betreffenden Informationen durch die Medien nicht rechtswidrig sein. Ob das
Whistleblowing im Einzelfall zulässig ist, ist aber wiederum im Wege der Abwägung des Interesses des Berechtigten an der Geheimhaltung gegen das Informationsinteresse der Öffentlichkeit zu ermitteln.[74]

---

70 Köhler/Bornkamm/Feddersen/*Köhler*, Vorbem. zu §§ 17 – 19 UWG Rz. 36.
71 Dazu im vorliegenden Zusammenhang *Alexander*, WRP 2016, 1034 ff. unter V.
72 EGMR NJW 2017, 1533 – Görmüs u. a./Türkei.
73 Köhler/Bornkamm/Feddersen/*Köhler*, Vorbem. zu §§ 17 – 19 UWG Rz. 36; auf die am 16.4.2019
    vom EU-Parlament verabschiedete sog. Whistleblower-Richtlinie, die nun innerhalb von zwei Jahren
    in nationales Recht umzusetzen sein wird, kann hier noch nicht näher eingegangen werden.
74 EGMR NJW 2017, 1533 – Görmüs u. a./Türkei.

bb) Vertragliche Verschwiegenheitspflichten

7.43 Informationserteilung durch Private kann und wird aber häufig nicht nur durch die erwähnten strafrechtlichen Bestimmungen, sondern zusätzlich auch durch **vertragliche Bindungen** eingeschränkt sein.

(1) Verschwiegenheitspflichten von Arbeitnehmern

7.44 Derartige Einschränkungen des Rechts, den Medien Informationen zu erteilen, können und werden sich in erster Linie aus dem **Arbeitsverhältnis** ergeben, und zwar auch und gerade dort, wo es nicht um Betriebs- oder Geschäftsgeheimnisse im Sinn von bisher § 17 UWG oder nun§ 2 GeschGehG geht.[75] Insbesondere von Führungskräften und damit in der Regel Informationsträgern dürfen Unternehmen in aller Regel erwarten, dass sie **Betriebsinterna** unabhängig davon vertraulich behandeln, ob ihre Weitergabe im Einzelfall strafbar wäre oder nicht. Keine Zweifel ergeben sich insoweit, als Verschwiegenheitspflichten ausdrücklich vertraglich vereinbart sind. Derartige Vereinbarungen sind wirksam, und ihre Verletzung kann den Gebundenen zur Zahlung gegebenenfalls vereinbarter Vertragsstrafen, u.U. aber auch zur Leistung von Schadenersatz verpflichten. Schweigepflichten von Arbeitnehmern bestehen aber in der Regel auch dann, wenn sie nicht ausdrücklich vereinbart sind, und zwar als Ausprägung der **Treuepflicht des Arbeitnehmers** als einer stillschweigend vereinbarten vertraglichen Nebenpflicht.[76] Für die Aufdeckung innerbetrieblicher Missstände sind nach geltendem Recht die zum öffentlichen Dienst[77] entwickelten Grundsätze entsprechend anzuwenden: Erst wenn innerbetriebliche Versuche zur Beseitigung der Missstände nichts fruchten, und nur wenn es sich um Angelegenheiten von öffentlichem Interesse handelt, darf sich ein Arbeitnehmer mit seiner Kritik und den sie stützenden Betriebsinterna an die Medien wenden;[78] vgl. auch Rz. 7.9. Für Geschäftsgeheimnisse im Sinn von § 2 GeschGehG wird man diese Restriktion im Fall des Whistleblowing allerdings nicht mehr gelten lassen können, soweit es durch § 5 Nr. 2 GeschGehG gedeckt ist; vgl. Rz. 7.42.

7.45 Anders als bisher die gesetzliche Verschwiegenheitsverpflichtung nach § 17 UWG, aber in Übereinstimmung mit § 4 GeschGehG können vertragliche Schweigepflichten auch über die Beendigung des Arbeitsverhältnisses hinaus fortwirken. Das ist bei Geschäftsgeheimnissen immer der Fall, bei sonstigen vertraulichen Informationen nur, wenn dies vereinbart wird. Eine solche Verschwiegenheitspflicht kann sich aber auch aus einer dem Arbeitsverhältnis immanenten nachwirkenden **Loyalitätspflicht** des Arbeitnehmers ergeben.[79] Sie gebietet es ausgeschiedenen Arbeitnehmern selbst dann, wenn sie nicht in besonders herausgehobener Position tätig waren, über solche Angelegenheiten des Unternehmens Stillschweigen zu bewahren, auf deren Geheimhaltung es bei der Durchsetzung seiner berechtigten Interessen angewiesen ist.[80] Nach Beendigung des Arbeitsverhältnisses kann allerdings bereits nach geltendem Recht und erst recht in Ansehung der Whistleblowing-Klausel des § 5 Nr. 2 GeschGehG die Offenbarung gravierender Missstände im Einzelfall gerechtfertigt sein. Das ist der Fall, wenn die

---

75 Vgl. dazu Schaub/*Linck*, § 53 Rz. 47 ff.

76 Schaub/*Linck*, § 53 Rz. 47 ff.

77 EGMR NJW 2017, 1533 – Görmüs u. a./Türkei; BVerfG NJW 1970, 1498 – Pätsch.

78 *Wente*, S. 179.

79 BGH AfP 1981, 270 = NJW 1981, 1089 – Der Aufmacher I; Wenzel/*Burkhardt/Peifer*, Kap. 2 Rz. 61 m.w.N.

80 BGH NJW 1963, 856 = GRUR 1963, 367; BAG AP § 611 BGB – Schweigepflicht Nr. 1 u. 3; Wenzel/ *Burkhardt/Peifer*, Kap. 2 Rz. 61.

erforderliche Güterabwägung ergibt, dass das Informationsinteresse der Öffentlichkeit schwerer wiegt als das Interesse des Unternehmens an der Beachtung der nachvertraglichen Verschwiegenheitspflicht durch den ausgeschiedenen Mitarbeiter. In seiner den Geheimnisbruch als rechtswidrig einstufenden Entscheidung im Fall *G. Wallraff* hat das BVerfG in diesem Zusammenhang insbesondere berücksichtigt, dass das damals verletzte Redaktionsgeheimnis der *BILD-Zeitung* seinerseits durch Art. 5 Abs. 1 Satz 2 GG geschützt ist.[81]

Wie die strafrechtlich sanktionierten Geheimhaltungspflichten binden auch arbeitsrechtlich begründete Verschwiegenheitspflichten nur den jeweiligen Arbeitnehmer, nicht aber die Medien, die in keinen vertraglichen Beziehungen zum jeweiligen Unternehmen stehen. Das **Verleiten zum** und die **Ausnutzung von** fremdem **Vertragsbruch** kann jedoch unter Umständen einen Verstoß gegen das Verbot sittenwidriger Schädigung gemäß § 826 BGB darstellen, der Ansprüche nicht nur gegen den vertraglich Gebundenen, sondern auch gegen denjenigen begründet, der zum Vertragsbruch verleitet hat.[82] Daran ist im vorliegenden Zusammenhang insbesondere dann zu denken, wenn Journalisten einen Arbeitnehmer in Kenntnis ausdrücklich vereinbarter vertraglicher Schweigepflichten zur Informationserteilung überreden. Ein Verstoß gegen die Vorschrift des § 826 BGB setzt jedoch die Feststellung sittenwidrigen Verhaltens voraus. Betreffen aber Informationen, die sich eine Redaktion gegebenenfalls auf diesem Weg beschafft, Angelegenheiten von öffentlichem Interesse, so hängt die Frage, ob das Vorgehen der Redaktion das Kriterium der Sittenwidrigkeit erfüllt, von einer Güterabwägung ab, in die auch das Grundrecht der Pressefreiheit und der daraus resultierende Informationsauftrag der Medien einzubeziehen sind.[83] Folglich ist auch die Informationsverschaffung durch die Medien unter Überwindung vertraglicher Geheimhaltungspflichten Dritter nicht zwangsläufig rechtswidrig; ob die Publikation so erlangter Informationen ihrerseits zulässig oder unzulässig ist, ist auch in diesem Zusammenhang gesondert zu prüfen (dazu Rz. 12.104 ff.). | 7.46

(2) Sonstige vertragliche Schweigepflichten

Weitere vertragliche Verschwiegenheitspflichten können sich etwa im Rahmen von Verträgen mit **Angehörigen der freien Berufe** ergeben, und zwar auch insoweit, als die strafrechtliche Sanktion des § 203 StGB nicht eingreift. So sind etwa Rechtsanwälte und Ärzte nicht nur straf-, sondern auch zivilrechtlich gehalten, sich über die Belange ihrer Mandanten oder Patienten Dritten gegenüber nicht zu äußern; verstoßen sie gegen diese Pflicht, können sie sich schadenersatzpflichtig machen. So ist aber auch ein Architekt, obwohl er nicht zum Kreis der nach § 203 StGB Schweigepflichtigen gehört, ohne Einwilligung seines Auftraggebers nicht berechtigt, der Öffentlichkeit Informationen über die innere Ausstattung oder die Kosten eines nach seinen Entwürfen errichteten Gebäudes zu erteilen.[84] | 7.47

Auch das strafrechtlich nicht sanktionierte **Bankgeheimnis** ist zivilrechtlich geschützt.[85] Im Fall seiner Verletzung durch eine unbedachte Äußerung des damaligen Vorstandssprechers der *Deutsche Bank AG, Rolf Breuer*, über die Kreditwürdigkeit des Medienunternehmers *Leo Kirch* hat dies zu einem hohen Schadenersatzanspruch des Betroffenen geführt.[86] Für derartige Verschwiegenheitspflichten gelten die oben zum Arbeitsverhältnis gegebenen Hinweise | 7.48

---

81 BGH AfP 1981, 270 = NJW 1981, 1089 – Der Aufmacher I.
82 Vgl. nur Palandt/*Sprau*, § 826 BGB Rz. 23 f. m.w.N.
83 Dazu im Einzelnen *Paschke/Busch*, AfP 2005, 13 ff.
84 MüKo BGB/*Busche*, § 650p BGB Rz. 32.
85 BGH NJW 1958, 1232; Einzelheiten bei *Dauner-Lieb/Langen*, § 675 BGB Rz. 30 ff.
86 BGH AfP 2006, 150 = NJW 2006, 830 – Breuer.

aber entsprechend: Sie binden nur die Partner der jeweiligen vertraglichen Beziehung und nicht die Medien. Erhalten die Medien Informationen unter Verletzung derartiger Geheimhaltungspflichten, so haben sie nach den für sie geltenden Regeln zu entscheiden, ob diese Informationen zum Gegenstand einer Veröffentlichung gemacht werden dürfen oder ob sie etwa die Kreditwürdigkeit (dazu Rz. 12.75 ff.) oder das Allgemeine Persönlichkeitsrecht (Rz. 19.41 ff.) des Bankkunden rechtswidrig beeinträchtigen können.

2. Informantenhaftung

7.49 **Äußerungen von Informanten** gegenüber den Medien sind ihrerseits vom Grundrecht der Meinungsäußerungsfreiheit aus Art. 5 Abs. 1 Satz 1 GG geschützt.[87] Dieser Schutz ist aus äußerungsrechtlicher Sicht deckungsgleich mit demjenigen der Presse- und Rundfunkfreiheit aus Art. 5 Abs. 1 Satz 2 GG. Soweit also die Presse- und Rundfunkfreiheit reicht, ist auch die Erteilung von Informationen an die Medien durch das Grundrecht der Meinungsäußerungsfreiheit gedeckt.[88] Wie die Presse- und Rundfunkfreiheit steht jedoch auch die Meinungsäußerungsfreiheit unter dem Vorbehalt der allgemeinen Gesetze gemäß Art. 5 Abs. 2 GG. Die Weitergabe von Informationen an die Medien kann daher mit Rechtsnormen kollidieren, zu denen nicht nur die in Rz. 7.5 ff., 7.12 ff. behandelten Geheimhaltungsverpflichtungen und berufsrechtlichen Restriktionen der Äußerungsfreiheit gehören. Sie ist aus diesem Grund für Informanten nicht ohne Risiko. Informanten setzen sich vielmehr unter Umständen eigenen Haftungsrisiken aus, die sich auf unterschiedliche Weise konkretisieren können.[89] Insbesondere können sich Risiken aus den erörterten gesetzlichen oder vertraglichen Verschwiegenheitpflichten unter dem Aspekt der Vertrauensverletzung im Verhältnis zu demjenigen ergeben, aus dessen Sphäre die Information stammt, nach allgemeingültigen straf- oder zivilrechtlichen Grundsätzen aber auch gegenüber demjenigen, dessen Interessen von der in Rede stehenden Berichterstattung tangiert werden. Über die Gefahr solcher Haftungsrisiken müssen sich Informanten und Redaktionen, die mit ihnen zusammenarbeiten, Rechenschaft ablegen, um gegebenenfalls die erwünschten oder voraussichtlichen Wirkungen der Veröffentlichung einer vertraulichen Information und die sich daraus auch für die Informanten ergebenden Risiken gegeneinander abwägen zu können.

a) Vertrauenshaftung

7.50 Haftungsfolgen aus der Preisgabe von Informationen an die Medien können sich zunächst aus dem speziellen Vertrauensverhältnis ergeben, in dem der Informant zu demjenigen steht, aus dessen geschützter Sphäre die infrage stehende Information stammt.

aa) Strafrechtliche Haftung

7.51 Die strafrechtlichen Folgen einer Verletzung ihrer Verschwiegenheitspflicht durch Angehörige des öffentlichen Dienstes, aber auch verschiedener privater Berufszweige, sind oben (Rz. 7.5 ff., Rz. 7.12 ff.) im Einzelnen erörtert worden. Liegen die tatbestandlichen Voraussetzungen der jeweiligen gesetzlichen Bestimmung vor, die den Informanten unter Strafandro-

---

87 BVerfG AfP 2003, 43 = NJW 2003, 1109; BGH AfP 2005, 360 = NJW 2005, 2766.
88 BGH AfP 2005, 360 = NJW 2005, 2766.
89 BGH AfP 2006, 150 = NJW 2006, 830 – Breuer.

hung zur Geheimhaltung verpflichtet, und ist der gegebenenfalls erforderliche[90] Strafantrag gestellt, so kann der Informant wegen der Weitergabe der Information bestraft werden. Das gilt etwa im Fall des § 353d Nr. 3 StGB, der die öffentliche Mitteilung des Inhalts strafrechtlicher Ermittlungsakten vor deren Erörterung in der Hauptverhandlung unter Strafe stellt (dazu Rz. 12.96 ff.), auch dann, wenn der Informant Medienvertretern den Akteninhalt in seinen Privaträumen offenbart.[91] Sofern nicht die Verbreitungshandlung ihrerseits unter Strafe steht wie im Fall des § 353d Nr. 3 StGB, bleiben die Medienangehörigen, die die betreffende Information veröffentlichen, in der Regel straflos; anderes kann nur in extremen Ausnahmefällen unter den Voraussetzungen der Anstiftung oder Beihilfe gelten (Rz. 7.17 ff.).

bb) Zivilrechtliche Haftung

Verstößt ein Informant durch die Weitergabe einer Information gegen ausdrücklich oder stillschweigend vereinbarte **vertragliche Verschwiegenheitspflichten**, so kann er sich obendrein schadenersatzpflichtig machen, wenn aus der Verletzung dieser Pflicht ein nachweisbarer Schaden entsteht. Dieses Risiko kann sich bei Angehörigen des öffentlichen Dienstes, bei Arbeitnehmern privater Arbeitgeber, im Bankenverkehr, aber auch im Rahmen von Dienstleistungsverträgen realisieren. Auch kann der betreffende Informant von dem durch die jeweilige Verschwiegenheitspflicht Begünstigten auf Unterlassung künftigen Geheimnisverrats in Anspruch genommen werden. Diese Haftung trifft aber ebenfalls nur den Informanten und nicht die Medien, die die von ihm zur Verfügung gestellte Information publizieren, wie etwa der bereits erwähnte Fall *Breuer*[92] (Rz. 7.48) demonstriert.   7.52

Verrät ein Arbeitnehmer ein **Geschäftsgeheimnis** betreffend ein neues Produkt, Verfahren oder Marketingkonzept, so kann dem Unternehmen daraus ein wirtschaftlicher Schaden entstehen, für den der Geheimnisverräter aus dem rechtlichen Gesichtspunkt der positiven Forderungsverletzung und auf der Basis von § 10 GeschGehG einzustehen hat; berichten aber die Medien über das neue Produkt, so handeln sie in der Regel in Erfüllung ihres Informationsauftrags, so dass sie insoweit ein Haftungsrisiko nicht eingehen. Und stellt ein Informant gegenüber einer Fernsehredaktion in einem Interview Behauptungen auf, die unwahr und tatbestandlich im Sinn von §§ 186 StGB, 823 Abs. 2 BGB sind (dazu Rz. 18.3 ff.), so kann er von dem Verletzten auch dann auf Unterlassung in Anspruch genommen werden, wenn das Interview nicht ausgestrahlt wird oder wenn gegenüber dem Fernsehveranstalter mangels Wiederholungs- (dazu Rz. 30.13 ff.) oder Erstbegehungsgefahr (Rz. 30.18) ein Unterlassungsanspruch nicht besteht.[93]   7.53

Angehörige des öffentlichen Dienstes und private Arbeitnehmer müssen darüber hinaus damit rechnen, dass ihr Beschäftigungsverhältnis aus wichtigem Grund **fristlos gekündigt** wird, wenn sie gegen Verschwiegenheitspflichten verstoßen.[94]   7.54

b) Begrenzung des Haftungsrisikos

Die Risiken, die ein Informant eingeht, der sich an die Medien wendet, können trotz der dargestellten Einschränkungen beträchtlich sein. Er und die Redaktion, mit der er im Einzelfall   7.55

---

90 § 205 StGB: erforderlich für § 201 Abs. 1 u. 2, §§ 202 bis 204 StGB.
91 OLG Stuttgart NJW 2004, 622.
92 BGH AfP 2006, 150 = NJW 2006, 830 – Breuer.
93 LG Hamburg NJW 2003, 1952.
94 Dazu Schaub/*Linck*, § 127 Rz. 145; Wenzel/*Burkhardt/Peifer*, Kap. 2 Rz. 59 f.

zusammenarbeitet, werden daher gerade in heiklen Fällen nicht nur die Richtigkeit der jeweils erteilten Information und die presserechtliche Zulässigkeit ihrer Verbreitung prüfen müssen, sondern auch die Frage, ob realistische Möglichkeiten bestehen, das Haftungsrisiko des Informanten durch sonstige geeignete Maßnahmen einzuschränken.

7.56 Im Außenverhältnis kommt dafür insbesondere die Vereinbarung von **Informantenschutz** in Betracht, mithin die Zusage der Redaktion, dass sie die Quelle der Information weder im Rahmen der Veröffentlichung noch in etwaigen Straf- oder Zivilprozessen, die der Veröffentlichung gegebenenfalls folgen könnten, preisgeben wird. Nach der Rechtsprechung des BVerfG[95] wie auch des EGMR[96] ist der Schutz journalistischer Quellen eine der Grundvoraussetzungen für die Wahrnehmung der Medienfreiheiten und seine Durchbrechung auch dort, wo Verfahrensordnungen sie prinzipiell zulassen, nur statthaft, wenn ein überragendes öffentliches Interesse dafür nachgewiesen wird. In Deutschland ist der Informantenschutz obendrein eine Ausprägung der Medienfreiheiten des Art. 5 Abs. 1 Satz 2 GG und heute durch das in allen Verfahrensordnungen geregelte gesetzliche Zeugnisverweigerungsrecht der Medien gewährleistet (dazu schon Rz. 7.16 ff.; Einzelheiten in § 8).

7.57 Die Einhaltung der Zusage von **Informantenschutz** wird gelegentlich durch die Vereinbarung von Vertragsstrafen gesichert. In der Regel bedarf es einer derartigen Absicherung des Informanten aber nicht. Redaktionen legen schon im Eigeninteresse größten Wert auf die Einhaltung eines einmal zugesagten Informantenschutzes, da sie sich durch den Bruch derartiger Zusagen als Ansprechstelle für Informanten für die Zukunft selbst disqualifizieren. Die Wahrung des Informantenschutzes ist obendrein Standespflicht im Sinn des Pressekodex.[97] Erfahrung lehrt denn auch, dass Redaktionen in prozessualen Auseinandersetzungen eher den Verlust eines Rechtsstreits und etwa die daraus resultierende Verpflichtung zur Veröffentlichung einer Berichtigung oder zur Leistung von Schadenersatz in Kauf nehmen, als dass sie Informanten preisgeben, denen sie Vertraulichkeit zugesagt haben.[98]

7.58 **Informantenschutz** kann auch in Fällen wirksam sein, in denen der Informant als solcher zwar bekannt ist, nicht aber der konkrete Inhalt der von ihm erteilten Information. So hat es etwa das OLG Hamburg[99] mit Recht abgelehnt, im Fall der Veröffentlichung einer von einem Wettbewerber des Informanten als wettbewerbswidrig angesehenen Äußerung im Rahmen eines Interviews dem Interviewten die Beweislast dafür aufzuerlegen, dass er sich nicht im veröffentlichten Sinn geäußert habe, weil damit zu rechnen war, dass der als Zeuge in Betracht kommende interviewende Journalist sich auf sein **Zeugnisverweigerungsrecht** berufen werde. Es gibt, mit anderen Worten, in den Fällen, in denen ein Verletzter einen Informanten aufgrund einer Medienveröffentlichung unmittelbar in Anspruch zu nehmen beabsichtigt, keine Vermutung dafür, dass der Informant sich exakt so geäußert hat, wie ihn das betreffende Medium zitiert.

7.59 Wo der Gesichtspunkt des Informantenschutzes greift, kann der daraus resultierende Schutz gegen unmittelbare Inanspruchnahme der Informanten nach bisheriger Rechtslage auch nicht durch einen **Anspruch auf Auskunft über die Identität des Informanten** oder über den Inhalt der von ihm gegebenen Information durchbrochen werden. Ein derartiger Auskunfts-

---

95 BVerfG AfP 2007, 110 = NJW 2007, 1117 – Cicero.
96 EGMR AfP 2018, 500 - Becker/Norwegen; EGMR NJW 2008, 2563 – Zwangshaft; EGMR NJW 2008, 2565 – Sternreporter; EGMR NJW-RR 2011, 1266 – Erzwungene Herausgabe von Fotos.
97 Pressekodex Ziff. 5 Satz 1.
98 Vgl. etwa OLG Hamburg AfP 1993, 576 = NJW-RR 1992, 1378.
99 OLG Hamburg AfP 1993, 576 = NJW-RR 1992, 1378.

anspruch besteht gegenüber den Printmedien traditionell schlechthin nicht.[100] Daran hat sich durch das Inkrafttreten der DSGVO am 25.5.2018 nichts geändert. Denn die für deren Umsetzung kompetenzrechtlich allein zuständigen Bundesländer haben von der Ermächtigung in Art. 85 Abs. 2 DSGVO Gebrauch gemacht und die Landespressegesetze um Bestimmungen ergänzt, die an die Stelle des außer Kraft getretenen § 41 BDSG a.F. getreten sind und die für die Medien die in Kapitel III DSGVO im Einzelnen geregelten Ansprüche Betroffener auf Erteilung von Auskünften über den Inhalt sie betreffender gespeicherter Daten aus dem Anwendungsbereich der DSVGO ausnehmen (Einzelheiten in Rz. 1.25 ff.). Dieser damit im Wesentlichen unverändert geltende Ausschluss von Auskunftsansprüchen Betroffener gegen die **Printmedien** wird zwar in gewisser Hinsicht dadurch gelockert, dass Richtlinie 8.10 zum Pressekodex es als **Standespflicht der Printmedien** bezeichnet, von Berichterstattung Betroffenen Auskunft über die zu ihrer Person gespeicherten Daten zu erteilen. Diese Auskunftspflicht erstreckt sich aber in Anlehnung an das bundesgesetzliche Zeugnisverweigerungsrecht (dazu § 8) ausdrücklich nicht auf die Person des oder der Informanten und die Personen, die an der in Rede stehenden Publikation berufsmäßig mitgewirkt haben. Für den Bereich des **öffentlich-rechtlichen Rundfunks** gilt nichts anderes. Insoweit begründen die Bestimmungen der §§ 9c, 57 und 59 RStV in der ebenfalls zum 25.5.2018 geänderten und im Hinblick auf den Datenschutz nunmehr auch für private Rundfunkveranstalter geltenden Fassung (§ 9c Abs. 1 RStV) für von Berichterstattung Betroffene zwar Auskunftsansprüche hinsichtlich des Inhalts der sie betreffenden gespeicherten Daten. Auch diese Ansprüche beziehen sich aber nicht auf die Identität von Informanten oder derjenigen, die an der betreffenden Publikation berufsmäßig mitgewirkt haben. Abweichend von dem bundesgesetzlich im Einzelnen ausgeprägten Zeugnisverweigerungsrecht der Medien erlauben diese Normen zwar eine Abwägung des Auskunftsverweigerungsrechts mit den Interessen außenstehender Betroffener. Im Hinblick auf das sowohl durch das BVerfG[101] als auch durch die EMRK[102] als Verfassungsprinzip gewährleistete **Redaktionsgeheimnis** müssen sie aber verfassungs- und konventionskonform dahingehend ausgelegt werden, dass das Interesse des Informanten an zugesagter Anonymität so lange als höherrangiges Rechtsgut anzuerkennen ist, wie er nicht im Einzelfall darauf nachträglich verzichtet. Der Betroffene kann mithin auch insoweit, als einzelne Normen ihm einen Auskunftsanspruch nach Medienveröffentlichungen überhaupt zuerkennen, Auskunft allenfalls über die gespeicherten Daten selbst, nicht aber über deren Herkunft sowie den Zweck der Speicherung verlangen.[103]

Im Interesse des Informantenschutzes einschränkend auszulegen sind auch die Spezialbestimmungen der §§ 101 Abs. 1, 101a UrhG, die dem Urheber u.a. einen Anspruch auf Auskunft über die Identität desjenigen gewähren, der einem Dritten widerrechtlich urheberrechtlich geschützte Gegenstände wie etwa Fotografien überlassen hat, sowie auf Vorlage in diesem Zusammenhang vorhandener Unterlagen. Beide Bestimmungen stehen unter dem ausdrücklichen Vorbehalt der Verhältnismäßigkeit (§ 101 Abs. 4, § 101a Abs. 2 UrhG). Werden mit den auf ihnen basierenden Ansprüchen nicht in erster Linie wirtschaftliche Interessen des Inhabers des verletzten Urheberrechts verfolgt, zielt der Anspruch stattdessen auf die Preisgabe der Identität des Einsenders von Fotografien an eine Redaktion, die von einem Verlag unter Verletzung des Urheberrechts des Auskunftssuchenden veröffentlicht worden sind, dann ist

7.60

---

100 OLG Hamburg AfP 1995, 504.
101 BVerfG AfP 2007, 110 = NJW 2007, 1117 – Cicero.
102 EGMR AfP 2018, 500 – Becker/Norwegen; EGMR NJW 2008, 2563 – Zwangshaft; EGMR NJW 2008, 2565 – Sternreporter; EGMR NJW-RR 2011, 1266 – Erzwungene Herausgabe von Fotos.
103 Für das Recht vor Inkrafttreten der DSGVO: *Schrader*, AfP 1994, 114, 115; für das neue Recht u.a. *Cornils*, ZUM 2018, 561 ff.; *Weberling/Bergann*, AfP 2018, 205 ff.

bei der im Rahmen der Verhältnismäßigkeitsprüfung gebotenen Güterabwägung das Prinzip des Informantenschutzes höher zu bewerten und die auf Auskunftserteilung gerichtete Klage trotz der insoweit vorhandenen gesetzlichen Grundlage abzuweisen.[104]

7.61 Die Absicherung des Informanten durch Zusage von **Informantenschutz** scheidet jedoch dort als Möglichkeit aus, wo die Medien selbst ihre Quellen offenbaren. Das wird vielfach gerade bei spektakulären Informationen der Fall sein, die auf den ersten Blick unglaubwürdig wirken und bei denen die Medien daher meinen, erst durch die konkrete Benennung der Quelle Plausibilität herstellen zu können. Denn das Zeugnisverweigerungsrecht der Medien versagt, wenn sie ihre Quelle bereits offenbart haben (Rz. 8.23). Die Zusage von Informantenschutz ist darüber hinaus auch dort ein untaugliches Mittel, wo der von der Berichterstattung Betroffene aus der Art der Information von sich aus auf die Quelle schließen kann. In derartigen Fällen gibt es keine rechtlich und faktisch wirksame Methode zum Schutz des Informanten vor Risiken, die sich aus der Informationserteilung ergeben können. Die Praxis hilft sich in geeigneten Fällen durch Vereinbarung von Freihalteverpflichtungen der Medien zugunsten der Informanten oder jedenfalls die Gewährung von Rechtsschutz durch Übernahme etwaiger Prozesskosten.

c) Inhaltshaftung

7.62 Unabhängig von der Verletzung vertraglicher oder strafrechtlich sanktionierter gesetzlicher Verschwiegenheitspflichten haften Informanten nach allgemeinen straf- oder zivilrechtlichen Grundsätzen demjenigen, in dessen Rechte sie gegebenenfalls aufgrund des Inhalts einer den Medien von ihnen erteilten Information eingreifen (dazu im Einzelnen Rz. 12.1 ff.).

7.63 So ist nach § 186 StGB wegen **übler Nachrede strafbar**, wer Tatsachen behauptet oder verbreitet, die einen Anderen in der öffentlichen Meinung herabzusetzen geeignet sind, sofern diese Tatsachen nicht erweislich wahr sind. Handelt es sich um publizistisch relevante Vorgänge, so wird die üble Nachrede zunächst gegenüber dem jeweiligen Medium begangen und erst daran anschließend gegebenenfalls durch die Presse oder den Rundfunk gegenüber der Öffentlichkeit. Da die üble Nachrede kein Sonderdelikt der Medien ist, ist der Informant daher, sofern seine Identität bekannt ist oder ermittelt werden kann, strafrechtlich in gleicher Weise verantwortlich wie der Verantwortliche Redakteur, der die Information veröffentlicht[105] (Rz. 26.8 ff.).

7.64 Gleiches gilt in **zivilrechtlicher Hinsicht**. Wer durch vorsätzliche oder fahrlässige Fehlinformation der Medien eine Ursache dafür setzt, dass ein Dritter durch darauf basierende Veröffentlichungen geschädigt wird, begeht eine **unerlaubte Handlung** im Sinn von §§ 823 ff. BGB, für deren Folgen er dem Dritten in gleicher Weise einzustehen hat wie die Medien, die seine Falschmeldung verbreiten.[106] Daher setzt auch die **zivilrechtliche Informantenhaftung** im Einzelfall den Nachweis nicht nur der Herkunft der Information von einem bestimmten Informanten, sondern auch der Tatsache voraus, dass die Information so vom Informanten stammt, wie sie später rechtswidrig in den Medien veröffentlicht worden ist. Die Tatsache allein, dass ein Informant in einer Publikation in einem bestimmten Sinn zitiert wird, reicht für

---

104 BVerfG AfP 1999, 261 = NJW 1999, 2880 – Fall Holst.
105 Vgl. Löffler/*Kühl*, § 20 LPG Rz. 86 ff.
106 BGH NJW 1968, 1419 = GRUR 1968, 645 – Pelzversand; BGH JZ 1973, 556; Löffler/*Steffen*, § 6 LPG Rz. 229.

diesen Nachweis noch nicht aus, da auch im Fall von Medienveröffentlichungen Irrtümer nicht ausgeschlossen werden können; wer den Informanten selbst in Anspruch nehmen will, muss vielmehr den konkreten Nachweis der Richtigkeit des Zitats führen.[107] Das gilt auch dann, wenn der Zitierte von einer Redaktion mit einer rechtsverletzenden Behauptung zitiert wird, die er gegenüber der Redaktion so nicht geäußert hat, sofern die ihm im redaktionellen Text zugeordnete Äußerung inhaltlich nicht seiner Position entspricht.[108] Haben die Medien die Identität des Informanten in der veröffentlichten Meldung offenbart, wird der Geschädigte diesen Nachweis in der Regel dadurch führen können, dass er die zuständigen Redakteure des publizierenden Mediums als Zeugen dafür benennt, dass die Information so vom Informanten stammt wie sie veröffentlicht worden ist; ein Zeugnisverweigerungsrecht steht den Redakteuren dann nicht zu (dazu im Einzelnen Rz. 8.23). Wird der Informant in der Meldung hingegen nicht genannt, so hat der Betroffene keinen Anspruch darauf, dass ihm die Redaktion ihre Quelle offenbart (Rz. 7.59).

Eine originäre **zivilrechtliche Informantenhaftung** hat die Rechtsprechung ursprünglich vor allem für von den Medien verbreitete **wettbewerbswidrige Äußerungen** angenommen. Nach der älteren hierzu ergangenen Rechtsprechung sollte ein Informant für Wettbewerbsverletzungen durch Medien, die auf seine Informationen zurück gingen, schon dann in Anspruch genommen werden können, wenn er mit Verallgemeinerungen, Ungenauigkeiten oder generell damit rechnen musste, dass seine Information zur Grundlage wettbewerbswidriger redaktioneller Werbung werden konnte;[109] (zur redaktionell eingekleideten Werbung Rz. 24.10 ff.). Vom Risiko dieser Haftung sollte er sich nur dadurch befreien können, dass er sich gegenüber den Medien das Recht vorbehielt, die auf seinen Informationen basierenden Beiträge vor der Veröffentlichung zu prüfen.[110]

7.65

Diese Auffassung wird jedoch den unterschiedlichen Aufgaben und Einflussmöglichkeiten der Medien einerseits und der Informanten andererseits nicht gerecht.[111] Da die Medien ihren Informanten in aller Regel keinen konkreten Einfluss auf den Inhalt zu veröffentlichender Texte gewähren wollen und dies häufig auch nicht können, läuft die ältere Rechtsprechung im Ergebnis auf eine mit dem deutschen Zivilrechtssystem unvereinbare **Gefährdungshaftung des Informanten** oder darauf hinaus, dass Informanten es zur Vermeidung unkalkulierbarer Risiken schlechthin unterlassen müssen, sich an die Medien zu wenden. Es muss aber etwa einem Unternehmen grundsätzlich möglich sein, sich selbst mit Informationen über eigene Produkte oder Leistungen an die Medien zu wenden. Solange daher eine erteilte Information sachlich und inhaltlich korrekt ist, muss der Informant nicht dafür einstehen, was die Medien aus ihr machen.[112] Das Haftungsrisiko liegt, wie bei anderen Informationen auch, prinzipiell allein in deren eigener Sphäre.

7.66

So genügt etwa im Fall einer wettbewerbswidrigen **redaktionell verkleideten Werbung** (dazu im Einzelnen Rz. 24.10 ff.) der bloße Verdacht, dass die darin verarbeiteten Angaben vom Produkthersteller selbst stammen, nicht zur Begründung seiner eigenen wettbewerbsrecht-

7.67

---

107 OLG Hamburg AfP 1993, 576 = NJW-RR 1992, 1378; OVG Lüneburg AfP 2014, 96.

108 OVG Lüneburg AfP 2014, 96.

109 BGH NJW 1968, 1419 = GRUR 1968, 645 – Pelzversand; dazu Wenzel/*Burkhardt*, Kap. 12 Rz. 71.

110 BGH NJW 1964, 1181 = GRUR 1964, 392 – Weizenkeimöl; BGH NJW 1967, 675 = GRUR 1967, 362 – Spezialsalz; BGH NJW 1968 = GRUR 1968, 645 – Pelzversand.

111 A.A. wohl Ricker/*Weberling*, Kap. 41 Rz. 20.

112 OLG München GRUR 2000, 1100.

lichen Haftung.[113] Mit Recht hat daher der BGH[114] in Abkehr von seiner früheren Rechtsprechung[115] entschieden, dass ein Unternehmen, das den Medien sachliche und zutreffende Informationen erteilt, für darauf beruhende wettbewerbswidrig anpreisende Berichterstattung nicht allein deswegen haftet, weil es sich bei der Informationserteilung kein Recht zur Prüfung der Berichterstattung vorbehalten und auch keine Verwendungsauflagen gemacht hat. Daher haftet der Informant grundsätzlich auch dann nicht für den Inhalt einer Veröffentlichung der Medien, wenn diese in erster Linie auf einer von ihm zur Verfügung gestellten Gebrauchsanweisung oder Produktbeschreibung beruht.[116]

7.68 Anderes gilt nur, wenn ein Informant aufgrund konkreter Umstände Anlass zu der Vermutung hat, seine zutreffende Information werde in einer wettbewerbswidrigen Weise veröffentlicht werden.[117] Ebenso ist etwa ein Unternehmen wettbewerbsrechtlich verantwortlich, wenn es seine Produkte in **Presseinformationen** unrichtig oder irreführend darstellt und die betreffende Information von der Presse für eine werbende Berichterstattung übernommen wird, da hier das Unternehmen den Fehler einer unzutreffenden Berichterstattung selbst veranlasst hat.[118] Um zu haften, muss das informierende Unternehmen mithin selbst eine adäquate Ursache für die wettbewerbswidrige Pressedarstellung gesetzt haben.[119] Das hat die Rechtsprechung wegen ihres reißerischen Inhalts etwa angenommen im Fall der Verbreitung einer berufsrechtswidrigen Pressemitteilung eines Arztes durch eine Publikumszeitschrift, in der der Arzt eine vom ihm erworbene und auf alternative Krebstherapien spezialisierte Privatklinik unter anderem als *Klinik der Hoffnung* bezeichnete,[120] oder im Fall eines redaktionellen Berichts über *Hochseil-Gärten*, der von dessen Geschäftsführer verfasst worden ist und ausschließlich die Vorzüge einer konkreten derartigen Einrichtung herauskehrt.[121]

7.69 Andererseits ist die Haftung eines gewerbetreibenden Informanten ausgeschlossen, wenn die Medien auf der Grundlage von ihm erteilter Informationen eine ihnen erlaubte Wertung vornehmen, die wettbewerbswidrig wäre, hätte er sie selbst verbreitet.[122] Auch kommt eine Haftung des Informanten dann nicht in Betracht, wenn er sich zwar negativ über **Konkurrenzprodukte** äußert, seine Angaben jedoch wahr und sachlich vorgetragen sind und überdies der Aufklärung der Allgemeinheit über wettbewerbsrelevante Fragen dienen, so dass ein ernsthaftes Informationsinteresse besteht;[123] hiervon ist vor allem auch im Bereich des Verbraucherschutzes auszugehen.[124]

---

113 BGH NJW 1990, 1529 = GRUR 1990, 373 – Schönheitschirurgie; BGH AfP 1993, 566 = NJW-RR 1993, 868 – Produktinformation I; BGH AfP 1996, 64 = GRUR 1996, 71 – Produktinformation III.
114 BGH AfP 1994, 302 = NJW-RR 1994, 1385 – Produktinformation II; BGH AfP 1997, 524 = NJW-RR 1997, 235 – Orangenhaut; BGH AfP 1996, 64 = GRUR 1996, 71 – Produktinformation III.
115 BGH NJW 1964, 1181 = GRUR 1964, 392 – Weizenkeimöl; BGH NJW 1967, 675 = GRUR 1967, 362 – Spezialsalz; BGH NJW 1968 = GRUR 1968, 645 – Pelzversand.
116 BGH NJW 1994, 1536 – Beipackzettel.
117 BGH AfP 1994, 302 = NJW-RR 1994, 1385 – Produktinformation II; BGH AfP 1996, 64 = GRUR 1996, 71 = WRP 1996, 98 – Produktinformation III; BGH AfP 1997, 524 = NJW-RR 1997, 235 – Orangenhaut; KG NJW-RR 1994, 233; OLG Hamburg AfP 2003, 211.
118 BGH AfP 1997, 524 = NJW-RR 1997, 235 – Orangenhaut.
119 OLG Rostock WRP 1995, 657 f.
120 OLG München GRUR 2000, 1100.
121 OLG Köln AfP 2004, 136.
122 OLG Stuttgart AfP 1991, 743 = NJW-RR 1991, 1515.
123 LG Frankfurt a.M. NJW-RR 1997, 85 – López.
124 LG Frankfurt a.M. NJW-RR 1997, 85 – López.

3. Informationshonorare

Wo über Medien diskutiert wird, wird über kurz oder lang das Wort vom **Scheckbuchjourna-**   7.70
lismus fallen. Dass Informanten den Medien ihre Informationen oft nicht oder nicht in erster
Linie anbieten, weil sie mit deren Weitergabe etwas bewegen, Missstände aufdecken oder
sonstwie die unterschiedlichsten ideellen, politischen oder wirtschaftlichen Interessen verfolgen wollen, dass sie vielmehr vorhandene Informationen von öffentlichem Interesse vielfach
auch als Quelle der Erzielung von Einkünften ansehen, entspricht allgemeiner Erfahrung.
Man mag das bedauern und geneigt sein, die Schuld den Medien zuzuweisen, die gelegentlich
unsinnig erscheinende Summen für in der Regel exklusive Informationen aufwenden.
Schlechthin vermeiden lässt sich der Einsatz von Geld für die Beschaffung von Informationen
im redaktionellen Alltag jedoch nicht, da die Praxis des Informationskaufs bei Weitem zu verbreitet und zu bekannt ist, als dass nicht Inhaber brisanter Informationen von sich aus deren
Preisgabe von der Zusage bestimmter finanzieller oder geldwerter Leistungen abhängig machen würden. Allerdings lehrt die Erfahrung seriöser Redaktionen auch, dass in der Regel die
teuerste Information keineswegs die wertvollste oder die verlässlichste sein muss. Ob und gegebenenfalls wieviel Geld eine angebotene Information einer Redaktion wert ist, wird sie anhand des Gewichts und der Aktualität der Information und des geforderten Preises nach publizistischen Kriterien entscheiden. In rechtlicher Hinsicht ist auch in diesem Zusammenhang
relevant, an welche Gruppen von Informanten Zahlungen erfolgen sollen.

a) Amtsträger

Nach § 332 Abs. 1 StGB ist wegen **Bestechlichkeit** strafbar, wer als Amtsträger oder ihm   7.71
Gleichgestellter einen Vorteil dafür fordert, annimmt oder sich versprechen lässt, dass er eine
Diensthandlung vornimmt und dadurch seine Dienstpflichten verletzt. Gleiches gilt nach
Abs. 2 derselben Vorschrift für Richter oder Schiedsrichter, die Vorteile dafür fordern, anneh-
men oder sich versprechen lassen, dass sie eine richterliche Handlung vornehmen und da-
durch ihre Pflichten verletzen, und seit 2015 gilt dies auch für Amtsträger der Europäischen
Union und Mitglieder eines ihrer Gerichte. Beamte und andere ihnen rechtlich gleichgestellte
Amtsträger verletzen in der Regel gesetzlich oder durch Verwaltungsanweisungen begründete
Dienstpflichten, wenn sie, ohne zur Auskunftserteilung an die Medien generell zuständig
oder im Einzelfall ermächtigt worden zu sein, Informationen an die Medien weitergeben
(Rz. 7.8 ff.). Das hier in Betracht kommende Tatbestandsmerkmal der Pflichtwidrigkeit ist daher in Fällen des Geheimnisbruchs durch Amtsträger und ihnen gleichgestellte Personen in
der Regel erfüllt. Hingegen ist auf den ersten Blick nicht einsichtig, dass die in Betracht kommenden Personen dadurch, dass sie ihre Pflicht zur Verschwiegenheit verletzen, eine Diensthandlung vornehmen könnten; orientiert man sich nur am Wortsinn der Bestimmung des
§ 332 StGB, so scheint der Tatbestand der Bestechlichkeit nicht erfüllt zu sein.

Die Rechtsprechung[125] legt jedoch diesen Tatbestand und den ihm ähnlichen der Vorteils-   7.72
annahme (§ 331 StGB) traditionell weit aus. Sie sieht eine **Diensthandlung** im Sinn dieser
Normen bereits in einem Missbrauch der Amtsstellung, nämlich der Vornahme einer durch
Dienstvorschriften verbotenen Handlung, sofern diese Handlung dem Täter nur durch seine
amtliche Stellung ermöglicht wird. Konsequent wird Bestechlichkeit auch darin gesehen, dass
ein Amtsträger seine amtliche Stellung missbraucht, um eine vorschriftswidrige, insbesondere

---

125 BGH NJW 1952, 1222; BGH NJW 1960, 971; Schönke/Schröder/*Heine/Eisele,* § 332 StGB Rz. 9.

strafbare Handlung zu begehen.[126] Als Fall der Bestechlichkeit ist damit auch der **Verrat eines Dienstgeheimnisses** strafbar, selbst wenn der betreffende Amtsträger dieses Dienstgeheimnis erst durch den Geheimnisverrat eines anderen erfährt.[127] Damit ist es Beamten und den ihnen strafrechtlich gleichgestellten Personen verboten, sich für die Weitergabe von Informationen aus ihrem Tätigkeitsbereich Geld oder andere Vorteile versprechen zu lassen, sie zu fordern oder sie entgegenzunehmen; tun sie es dennoch, so machen sie sich strafbar. Für die Angehörigen der Medien ist dies von Bedeutung, weil dem Tatbestand der (passiven) **Bestechlichkeit** derjenige der (aktiven) **Bestechung** nach § 334 StGB gegenübersteht, strafbar also auch derjenige ist, der einem Amtsträger oder einem ihm Gleichgestellten Vorteile für die Vornahme einer pflichtwidrigen Diensthandlung im hier erörterten Sinn anbietet, verspricht oder gewährt.

7.73   Ergänzt werden die Tatbestände der Bestechlichkeit und der Bestechung durch diejenigen der **Vorteilsannahme** und der **Vorteilsgewährung** gemäß §§ 331, 333 StGB. Nach diesen Bestimmungen ist bereits die Annahme oder Gewährung, das Fordern oder Anbieten von Vorteilen für solche Diensthandlungen strafbar, die keine Pflichtverletzungen darstellen. Da der Begriff der **Diensthandlung** im Rahmen dieser Bestimmungen in gleicher Weise exzessiv ausgelegt wird wie im Rahmen der Bestechungsparagraphen,[128] dürfen auch solche Beamte Geld oder andere Vorteile für die Erteilung von Informationen nicht fordern oder erhalten, die für die Auskunftserteilung zuständig sind oder im Einzelfall Informationen erteilen, deren Weitergabe unter den konkreten Umständen des Falles keine Pflichtverletzung darstellt. Der Einsatz von Geld oder anderen Vorteilen scheidet damit als legales Mittel der Informationsbeschaffung gegenüber Beamten, Richtern, Soldaten und ihnen aufgrund gesetzlicher Vorschrift gleichgestellten Personen schlechthin aus.

b) Privatpersonen und -institutionen

7.74   In einer Gesellschaft, die aus verschiedensten Gründen an möglichst aktuellen, möglichst vollständigen und möglichst exklusiven Informationen interessiert oder sogar auf sie angewiesen ist, sind Informationen **Ware**, wenn sie auch der handelsrechtlichen Definition dieses Begriffs[129] nicht entsprechen; in jedem Fall sind sie Gegenstand eines regen Handels. So ist es etwa der primäre Geschäftszweck der Nachrichtenagenturen und der Medien Presse, Hörfunk und Fernsehen selbst, Informationen gegen Entgelt weiterzugeben, sie mithin zu verkaufen.

7.75   Rechtliche Probleme ergeben sich dabei nicht. Insbesondere die nicht selten zu beobachtende Zahlung von teilweise sechsstelligen Honoraren für so genannte **Verbrecherstories** mag aus vielerlei Gründen diskussionswürdig sein,[130] rechtlich zu beanstanden ist auch sie nicht.[131] Das gilt auch dann, wenn, wie im Regelfall, die Verträge zwischen den Medien und den Straftätern unter Vermittlung von Rechtsanwälten zustande kommen und wenn die Veröffentlichungshonorare ganz oder teilweise zur Finanzierung der Honorare dieser Anwälte dienen. Soweit in extremen Ausnahmefällen, meist Fällen übertriebener Selbstdarstellung der betei-

---

126 BGH NJW 1983, 462; BGH NJW 1987, 1340.
127 BGHSt 14, 123.
128 *Fischer*, § 331 StGB Rz. 6 ff.; Schönke/Schröder/*Heine/Eisele*, § 331StGB Rz. 31 f.
129 Bei Waren im Rechtssinn handelt es sich um handelbare bewegliche Sachen; vgl. etwa *Baumbach/ Hopt*, Rz. 8 vor § 373 HGB.
130 Vgl. dazu nur *Dahs*, Rz. 1192; *Wagner*, S. 17 ff.; *Tillmans*, S. 227 ff.
131 OLG München AfP 1981, 347; im Grundsatz auch BGH GRUR 1968, 209 – Lengede.

ligten Anwälte, das anwaltliche Berufsrecht derartigen Aktivitäten Grenzen zieht, binden diese ausschließlich die Anwälte, brauchen sie also von den Medien nicht beachtet zu werden. Für diese ergeben sich die Grenzen der Honorierung von Informationen an Private nur aus den Gesetzen des Marktes, mithin dem Preis, und u.U. denjenigen des Geschmacks und des Stils.

Lassen sich Informanten, die nicht dem Kreis der Beamten oder der ihnen gleichgestellten Funktionsträger zuzurechnen sind, Honorare für die Preisgabe von Informationen zahlen, hinsichtlich deren sie einer gesetzlichen oder vertraglichen Verschwiegenheitspflicht unterliegen, so ist das rechtlich nur in den vom Gesetz ausdrücklich bestimmten Fällen zu beanstanden. So stellt § 299 StGB die aktive und passive **Bestechung von Angestellten** unter Strafe. Voraussetzung sind im Rahmen dieser Bestimmung aber ein Handeln zu geschäftlichen Zwecken sowie der Einsatz bzw. die Entgegennahme von Geld oder anderen Vorteilen zu dem Zweck, eine Bevorzugung beim Bezug von Waren oder Dienstleistungen zu erlangen bzw. zu gewähren. An beiden Merkmalen fehlt es regelmäßig, wenn die Medien dem Angestellten eines Unternehmens Vorteile dafür gewähren oder versprechen, dass er ihnen unter Bruch von Verschwiegenheitspflichten Informationen verschafft. Zivilrechtlich ist er in der Regel verpflichtet, die Mittel, die er von den Medien erhalten hat, an seinen Arbeitgeber herauszugeben, und zwar auch dann, wenn dem Arbeitgeber ein Schaden nicht entstanden ist (§ 667 BGB).[132] Auch hierbei handelt es sich aber um einen Vorgang, der sich ausschließlich zwischen dem betreffenden Angestellten und seinem Arbeitgeber abspielt, der die Medien ihrerseits in ihrer Handlungs- und Entschließungsfreiheit hingegen nicht einschränkt. 7.76

c) Steuerliche Behandlung von Informationshonoraren

Grundsätzlich sind Honorare, die die Medien einem Dritten dafür bezahlen, dass er ihnen Informationen zukommen lässt, Betriebsausgaben, die das steuerliche Betriebsergebnis mindern und als solche auch von den Finanzämtern anerkannt werden. Probleme ergeben sich nur dann, wenn die Medien ihren Informanten Anonymität zugesichert haben und die Anonymität auch gegenüber dem Finanzamt nicht brechen wollen. In derartigen Fällen können sie den Nachweis der betrieblichen Veranlassung der betreffenden Zahlung nicht führen; ein Auskunftsverweigerungsrecht, das trotz Wahrung der Identität des Zahlungsempfängers die steuerliche Geltendmachung der ihm gezahlten Honorare ermöglichen würde, steht ihnen im steuerlichen Veranlagungsverfahren nicht zu.[133] Solche Zahlungen werden von den Finanzämtern daher nicht anerkannt; sie sind aus dem versteuerten Einkommen zu leisten. Dies sollte bei der Zusage von Informantenschutz berücksichtigt und dabei unter Umständen abgewogen werden, ob die Zusage auch mit der Einschränkung erteilt werden kann, dass die Wahrung der Anonymität dem Informanten zwar gegenüber der Öffentlichkeit und für den Fall eventueller prozessualer Auseinandersetzungen versprochen wird, die Medien sich aber das Recht vorbehalten, dem Finanzamt gegebenenfalls den Namen des Informanten zu nennen. Die Gefahr, dass der Name auf diesem Wege an die Öffentlichkeit gelangt, ist zwar nicht gänzlich auszuschließen, im Hinblick auf das Steuergeheimnis des § 30 AO jedoch gering. 7.77

---

132 Dazu nur Palandt/*Sprau*, § 667 BGB Rz. 6 f.
133 BFH AfP 1998, 338 = NJW 1998, 1973.

4. Exklusivverträge

a) Inhalt

7.78 Häufig verlangen die Medien von ihren Informanten, dass sie ihnen exklusiv zur Verfügung stehen, und die Informanten werden bereit sein, auf derartige Forderungen einzugehen. **Exklusivvereinbarungen** kommen insbesondere in Betracht, wo es nicht um reine Informationen, sondern um die Vermittlung von Erlebnissen und Erfahrungen geht. Dies sind in der Regel zugleich die Fälle, in denen dem Informanten oder Erlebnisträger[134] Honorare gezahlt werden und in denen das betreffende Medienunternehmen daher schon aus wirtschaftlichen Gründen Wert darauf legen muss, als Gegenleistung für das Honorar einen Informationsvorsprung gegenüber der Konkurrenz oder nach Möglichkeit ein Informationsmonopol zu erhalten. Der Inhalt der in solchen Fällen vereinbarten Exklusivverträge richtet sich jeweils nach den konkreten Umständen des Einzelfalls.[135]

aa) Vereinbarungen zugunsten der Medien

7.79 **Exklusivverträge** untersagen den Informanten, Informationen oder sonstige Schilderungen zu dem Tatsachenkomplex, der Gegenstand des Vertrags ist, an andere Medien zu geben. Ferner wird häufig vereinbart, dass sich der Informant anderen Medien oder Fotografen auch nicht zur Anfertigung von Bildern zur Verfügung stellen darf. Im Interesse der jeweiligen Redaktion kann es schließlich liegen, Vereinbarungen darüber zu treffen, dass der Vertragspartner auf die Geltendmachung von Ansprüchen aus dem rechtlichen Gesichtspunkt der Persönlichkeitsrechtsverletzung verzichtet, die ihm anderenfalls als Folge der beabsichtigten Veröffentlichung zustehen könnten,[136] wenngleich ein derartiger Verzicht in der Regel und in den Grenzen des Zumutbaren schon aus dem Abschluss des Vertrages als solchem abgeleitet werden kann.

7.80 Verstößt ein Vertragspartner gegen derartige **Exklusivvereinbarungen**, so ist er dem anderen nach allgemeinen zivilrechtlichen Grundsätzen zum Schadenersatz verpflichtet. Da aber die Schäden, die einem Medienunternehmen aus der Verletzung von Exklusivverträgen entstehen, häufig nicht konkretisierbar sind, und da sich Informanten, die ihre Geschichten verkaufen, in der Regel nicht in solchen Vermögensverhältnissen befinden, die ihnen die Leistung von Schadenersatz ermöglichen, müssen Medien Wert darauf legen, die Einhaltung von Exklusivvereinbarungen rechtlich abzusichern. Als Mittel dafür kommt nur die Vereinbarung von **Vertragsstrafen** in Betracht, auf die daher in Exklusivverträgen nicht verzichtet werden sollte. Ferner kann es im Interesse der Medien liegen, die Honorarzahlung jedenfalls teilweise von der Einhaltung der Exklusivvereinbarung abhängig zu machen und dazu zu vereinbaren, dass bestimmte Teile des Honorars erst nach Abschluss der vorgesehenen Veröffentlichungen und unter Umständen nach Ablauf einer daran anschließenden Karenzzeit zu zahlen sind.

bb) Vereinbarungen zugunsten der Informanten

7.81 **Exklusivvereinbarungen zu Gunsten von Informanten** kommen in der Praxis in erster Linie in der Weise vor, dass Informanten sich das Recht zur exklusiven Auswertung von ihnen zur

---

134 *Wente*, S. 188.
135 Vgl. dazu im Einzelnen *Prantl*, AfP 1984, 17 ff.; *Tillmanns*, S. 277 ff.
136 Wenzel/*Burkhardt/Peifer*, Kap. 2 Rz. 66.

Verfügung gestellter Texte, Bilder oder Informationsmaterialien bis zum Abschluss eines entsprechenden Informationsvertrags vorbehalten. An dem Abschluss derartiger Vereinbarungen können Informanten und Medien gleichermaßen interessiert sein. Sie ermöglichen es den Informanten, den Medien insbesondere urheberrechtlich nicht geschützte Materialien oder Informationen ganz oder auszugsweise zum Zweck der Prüfung zu überlassen, ob sie für eine Veröffentlichung geeignet oder interessant sind, ohne das Risiko eingehen zu müssen, dass die Medien den Abschluss des erwünschten Informationsvertrags verweigern und die ihnen überlassenen Materialien oder Informationen gleichwohl unter Berufung auf deren Gemeinfreiheit auswerten und gegebenenfalls veröffentlichen.[137] Den Medien ihrerseits erlauben sie den Erwerb des entsprechenden Materials zu Prüfungszwecken vor der Entscheidung darüber, ob sie es ankaufen wollen.

b) Wirksamkeitsgrenzen

Zum Thema der Exklusivverträge enthält Richtlinie 1.1 zum Pressekodex die folgende Regelung:　7.82

„Die Unterrichtung der Öffentlichkeit über Vorgänge oder Ereignisse, die für die Meinungs- und Willensbildung wesentlich sind, darf nicht durch Exklusivverträge mit den Informanten oder durch deren Abschirmung eingeschränkt oder verhindert werden. Wer ein Informationsmonopol anstrebt, schließt die übrige Presse von der Beschaffung von Nachrichten dieser Bedeutung aus und behindert damit die Informationsfreiheit."

Diese Richtlinie stellt allerdings nur die Auffassung des *Deutschen Presserats* dar. Sie hat damit allenfalls die eingeschränkte rechtliche Qualität einer standesrechtlichen Norm[138] und bindet die Medien nicht unmittelbar. Dennoch ist mit ihr die Frage nach der rechtlichen Wirksamkeit von Exklusivverträgen aufgeworfen.

Grundsätzlich bestehen gegen die Wirksamkeit von **Exklusivverträgen** über Informationen　7.83 und sonstige Erlebnisberichte keine Bedenken.[139] Privatleute und auch privatrechtlich verfasste Unternehmen sind in der Entscheidung darüber, ob und welchen Medien sie Informationen erteilen wollen, prinzipiell frei (Rz. 4.96 ff.). Hieraus folgt grundsätzlich, dass es ihnen rechtlich nicht verwehrt sein kann, Informationen nur einzelnen Medien oder auch nur einem von ihnen zur Verfügung zu stellen, und sich dazu durch den Abschluss von Exklusivverträgen rechtlich zu verpflichten. Handelt es sich aber bei den erteilten Informationen um solche aus der durch das Allgemeine Persönlichkeitsrecht geschützten Intim- oder Privatsphäre (dazu Rz. 19.12 ff., 19.23 ff.) so ist die Dispositionsbefugnis des Informanten nach der Rechtsprechung des BVerfG[140] eingeschränkt: Das Allgemeine Persönlichkeitsrecht dient, von seiner vermögensrechtlichen Ausprägung abgesehen (dazu Rz. 13.20 ff.), nicht der Kommerzialisierung. Exklusivverträge in diesem Bereich können daher andere Medien nicht daran hindern, sich mit der Intim- oder Privatsphäre eines Betroffenen zu befassen, sobald er sie gegenüber einem Medium oder einzelnen Medien einmal preisgegeben hat.[141] Selbstverständlich ist auch, dass diejenigen, die den Medien kraft Gesetzes auskunftspflichtig sind, sich nicht wirksam verpflichten können, nur einzelnen von ihnen Informationen zu erteilen. Sie würden

---

137　Vgl. zu einem solchen Fall LG Hamburg AfP 1993, 782.
138　*Ricker/Weberling*, Kap. 40 Rz. 13.
139　BGH GRUR 1968, 209 – Lengede; OLG München AfP 1981, 347; Wenzel/*Burkhardt/Peifer*, Kap. 2 Rz. 63.
140　BVerfG AfP 2000, 76 = NJW 2000, 1021 – Caroline von Monaco I.
141　BVerfG AfP 2000, 76 = NJW 2000, 1021 – Caroline von Monaco I.

gegen das aus Art. 3 Abs. 1 GG abzuleitende und teilweise in den Landespressegesetzen abgesicherte Neutralitätsgebot verstoßen (dazu Rz. 4.40 ff.).

7.84 Abgesehen von diesen Fällen sind der Dispositionsbefugnis eines Informanten und damit auch seiner Fähigkeit, rechtlich bindende Exklusivvereinbarungen abzuschließen, nur hinsichtlich solcher Informationen Schranken gezogen, die ihrer Art nach einen außergewöhnlichen Öffentlichkeitswert haben, so dass der Ausschluss der übrigen Medien von der Berichterstattung und die daraus resultierende Verweisung der Öffentlichkeit auf nur eine Informationsquelle zu einem schlechthin untragbaren Ergebnis führen würde. An derartige Konstellationen haben offenbar die Verfasser der Richtlinie 1.1 zum Pressekodex (Rz. 7.82) gedacht. Für solche Konstellationen geht auch ein Teil des Schrifttums von der Unwirksamkeit von Exklusivverträgen aus,[142] ohne dies jedoch rechtlich zu begründen. Der BGH[143] hat diese Frage in seiner einzigen hierzu bisher ergangenen Entscheidung ausdrücklich offen gelassen; die Auffassung,[144] er habe den dort in Rede stehenden Exklusivvertrag zwischen Bergleuten, die bei dem seinerzeit aufsehenerregenden Grubenunglück von *Lengede* zeitweilig verschüttet waren, und einer Illustrierten als sittenwidrig und damit nichtig bezeichnet, trifft nicht zu. Auf die Wirksamkeit jenes Vertrags kam es nicht an, weil er nach der zutreffenden Auffassung des BGH jedenfalls keine Bindungswirkung gegenüber außenstehenden Verlagen entfaltete, die sich identische Informationen aus anderen Quellen beschafft hatten und ebenfalls darüber berichteten.

7.85 Tatsächlich lässt sich die Auffassung, Exklusivverträge zwischen einem Erlebnisträger und einem Medienunternehmen seien wegen Behinderung der publizistischen Tätigkeit anderer Medien unwirksam, denn auch nur in extremen Ausnahmefällen rechtfertigen. Denkbar ist das nur unter den Voraussetzungen, unter denen ausnahmsweise aus der deliktsrechtlichen Generalklausel des § 826 BGB oder aus §§ 19 Abs. 2 Nr. 1, 20 Abs. 1 Satz 1 GWB ein klagbarer Informationsanspruch auch gegenüber Privaten abgeleitet werden kann (Rz. 4.100). Es ist daher auch nicht verwunderlich, dass Fälle, in denen Exklusivverträge zwischen Informanten und Medien als unwirksam angesehen wurden, in der Praxis nicht bekannt geworden sind. Das Beispiel des auf Kosten des Steuerzahlers in den Weltraum beförderten Astronauten, der seine dort gesammelten Erfahrungen und Erlebnisse nach Rückkehr exklusiv einem einzigen Medium verkauft[145], mag aber ein Anwendungsfall einer solchen Ausnahmekonstellation sein.

7.86 Gesetzliche Schranken für die Freiheit privater Veranstalter, Exklusivvereinbarungen abzuschließen, ergeben sich schließlich für den Spezialbereich der Fernsehberichterstattung aus den Bestimmungen der Rundfunkstaatsverträge und Landesmediengesetze über Zwangslizenzen bei sportlichen Großveranstaltungen sowie dem Recht der Kurzberichterstattung (Rz. 6.51 ff.).

c) Bindungswirkung

7.87 Bedeutsamer als die Frage, ob den Medien gegenüber dem durch einen Exklusivvertrag gebundenen Informanten wegen etwaiger Unwirksamkeit dieses Vertrags ein durchsetzbarer In-

---

142 Wenzel/*Burkhardt*/*Peifer*, Kap. 2 Rz. 63; *Ricker*/*Weberling*, Kap. 7 Rz. 5; *Wente*, S. 188; vgl. auch LG Köln ArchPR 1975, 37.
143 BGH GRUR 1968, 209 – Lengede.
144 *Ricker*/*Weberling*, Kap. 7 Rz. 5.
145 Wenzel/*Burkhardt*/*Peifer*, Kap. 2 Rz. 63.

formationsanspruch zustehen kann, ist in der Praxis die Frage, ob sich aus der Existenz eines Exklusivvertrags Schranken der Berichterstattung für andere Medien im Sinn einer **Drittwirkung** ergeben können, die sich die benötigten Informationen auf anderem Weg beschaffen oder sie nach der Erstveröffentlichung durch den Inhaber der Exklusivrechte selbständig auswerten. In der *Lengede*-Entscheidung[146] hat der BGH diese Frage zugunsten der konkurrierenden Medien entschieden und dementsprechend die Drittwirkung des Exklusivvertrags verneint. Das ist für den Regelfall ebenso zutreffend wie für die vom BGH entschiedene konkrete Konstellation. Dem deutschen Zivilrecht ist das Institut eines Vertrags zu Lasten Dritter fremd, und Vereinbarungen zwischen einem Medienunternehmen und einem Informanten oder Erlebnisträger können andere Medien schon aus diesem Grund nicht daran hindern, sich über den Gegenstand des Exklusivvertrags aus anderen Quellen zu unterrichten und darüber zu berichten. Jedenfalls insoweit dürfte auch eine entgegenstehende Standesauffassung der Presse, von der das LG Hamburg ausgegangen ist,[147] nicht existieren. Gäbe es sie, so wäre sie rechtlich unbeachtlich, da sie das verfassungsrechtlich gewährleistete Recht der konkurrierenden Medien, sich aus allgemein zugänglichen Quellen zu unterrichten, nicht wirksam einschränken könnte. Schon hieraus folgt, dass konkurrierende Medien auch nicht etwa gehindert sind, die vom Inhaber des Exklusivrechts erstveröffentlichten Informationen anschließend auszuwerten und sie dann ihrerseits zu veröffentlichen,[148] sofern sie die Schranken insbesondere des Urheberrechts dabei beachten.

In Betracht kommt damit eine Bindungswirkung des Exklusivvertrags zu Lasten anderer Medien nur dort, wo sich diese auf dieselbe Quelle stützen wie der Inhaber des Exklusivrechts. Auch in diesem Bereich erscheint jedoch der Rückgriff auf eine angebliche Standesauffassung problematisch, die davon ausgehen soll, dass Exklusivvereinbarungen durch konkurrierende Medien zu respektieren seien; die in Rz. 7.83 zitierte Bestimmung aus den Richtlinien zum Pressekodex lässt eine eher reservierte Haltung dieses Gremiums gegenüber Exklusivvereinbarungen erkennen. 7.88

Als Beschränkung des Rechts der Medien, sich Informationen zu beschaffen, für die ein anderes Medium Exklusivität beanspruchen kann, kommen in diesem Zusammenhang damit allenfalls die Regeln des Wettbewerbs- und des allgemeinen Deliktsrechts in Betracht. Nach feststehender Praxis gilt es als wettbewerbswidrig, wenn ein Unternehmen einen vertraglich gebundenen Dritten zum **Vertragsbruch zu Lasten eines Wettbewerbers** verleitet.[149] Diese Regel gilt auch für die Medien und führt dazu, dass jeder Versuch eines Mediums unzulässig ist, einen exklusiv gebundenen Informanten dazu zu verleiten, ihm trotz einer dem Nachfrager bekannten vertraglichen Bindung die dadurch gesperrten Informationen zu erteilen. Der Inhaber des Exklusivrechts kann das konkurrierende Unternehmen, das sich so verhält, auf Unterlassung der Veröffentlichung und gegebenenfalls auf Schadenersatz oder auch Bereicherungsausgleich in Anspruch nehmen. Demgegenüber gilt die bloße Ausnutzung von fremdem Vertragsbruch in der Regel noch nicht als wettbewerbswidrige oder sonst unerlaubte Handlung.[150] Wendet sich daher ein exklusiv gebundener Informant von sich aus auch an andere Medien, so sind diese rechtlich nicht gehindert, die so erlangten Informationen zu veröffentlichen. 7.89

---

146 BGH GRUR 1968, 209 – Lengede.
147 LG Hamburg ArchPR 1975, 37.
148 So für den Bereich des Allgemeinen Persönlichkeitsrechts ausdrücklich BVerfG AfP 2000, 76 = NJW 2000, 1021 – Caroline von Monaco I.
149 Einzelheiten bei Köhler/Bornkamm/Feddersen/*Köhler*, § 4 UWG Rz. 4.36 f.
150 Köhler/Bornkamm/Feddersen/*Köhler*, § 4 UWG Rz. 4.36b.

5. Bearbeitung eingereichter Texte

7.90 Eine Ausprägung des Urheberrechts in der redaktionellen Arbeit betrifft den Umgang mit **eingereichten Texten**. Aus der in Rz. 3.2 getroffenen Feststellung, dass Medien alles schreiben, aber nicht abschreiben dürfen, wird nicht selten die Schlussfolgerung gezogen, dass Redaktionen jedenfalls mit Texten, über die sie verfügen, weil sie ihnen zur Veröffentlichung angeboten werden, frei umgehen dürfen. Hier wirkt sich das Urheberrecht jedoch in einem anderen Sinn als Schranke redaktioneller Tätigkeit aus. Denn da nahezu jeder nicht ganz kurze oder belanglose Text primär für den jeweiligen Autor urheberrechtlich geschützt ist, sind die Redaktionen im Prinzip an den Wortlaut der ihnen vorliegenden Texte gebunden, stößt also ihre Freiheit in der Umgestaltung oder Kürzung solcher Texte an urheberrechtliche Grenzen. Diese Grenzen sind unterschiedlich starr ausgeprägt in den Fällen der angestellten Redakteure (Rz. 7.91) und denen der Informanten bzw. Einsender von Beiträgen (Rz. 7.92 ff.).

a) Angestellte Redakteure

7.91 Für angestellte Redakteure an Tageszeitungen und Zeitschriften schaffen die einschlägigen Manteltarifverträge den Redaktionen einen erheblichen und in der praktischen Arbeit auch unverzichtbaren Freiraum. Nach § 17 Abs. 1b des Manteltarifvertrags für Redakteurinnen und Redakteure an Tageszeitungen[151] bzw. § 12 Abs. 1b des Manteltarifvertrags für Redakteurinnen und Redakteure an Zeitschriften[152] ist der Verlag zur Umgestaltung oder Bearbeitung von Beiträgen angestellter Redakteure berechtigt. Das schließt das **Recht zur Kürzung** ein. Dieses Recht endet jedoch dort, wo das Urheberpersönlichkeitsrecht der Redakteure tangiert wird. Danach sind Verlage und die von ihnen beauftragten Redaktionen auch bei diesem Personenkreis nicht zu solchen Bearbeitungen, Umgestaltungen oder Kürzungen berechtigt, die geeignet sind, die berechtigten geistigen oder persönlichen Interessen der Autoren an ihren Beiträgen zu gefährden.[153] So wäre es auch bei Beiträgen angestellter Redakteure insbesondere unzulässig, politische, weltanschauliche oder religiöse Kernaussagen ihrer den Redaktionen eingereichten Beiträge auf dem Weg der Bearbeitung in ihr Gegenteil zu verkehren. Insoweit tritt das aus dem Arbeitsverhältnis folgende Weisungsrecht des Verlags bzw. des von ihm beauftragten Chefredakteurs hinter dem Urheberpersönlichkeitsrecht des Redakteurs zurück. Da die Manteltarifverträge nicht für allgemeinverbindlich erklärt worden sind, gelten die genannten Regeln allerdings nur, wenn der betreffende Redakteur gewerkschaftlich gebunden und der betreffende Verlag dem Manteltarifvertrag als Partei beigetreten ist, sofern diese Regelungen nicht zusätzlich in die individuellen Anstellungsverträge übernommen worden sind, wie das in der Regel geschieht.

b) Einsender und freie Mitarbeiter

7.92 Stark eingeschränkt ist demgegenüber die Freiheit der Redaktionen in der Bearbeitung solcher Texte, die sie von anderen Autoren als angestellten Redakteuren zur Veröffentlichung erhalten. Denn nach § 14 UrhG ist grundsätzlich jede ungenehmigte Veränderung oder Bearbei-

---

151 Abzurufen u.a. bei http://www.bdzv.de/fileadmin/bdzv_hauptseite/positionen/tarifvertraege/MTV 2014.pdf.

152 Abzurufen u.a. bei https://www.vdz.de/fileadmin/vdz/upload/politik-recht/Mantelvertrag_fuer_Re dakteure_04-11-20011.pdf.

153 § 17 Abs. 2 bzw. § 12 Abs. 2 MTV für Redakteurinnen und Redakteure an Tageszeitungen bzw. an Zeitschriften.

tung eines urheberrechtlich geschützten Texts als Entstellung zu werten,[154] die ohne Zustimmung des Verfassers nicht zulässig ist.[155] Das gilt auch für Kürzungen. Dieser Grundsatz schränkt die Gestaltungsfreiheit der Redaktionen in der täglichen Arbeit stark ein. Redaktionen tun daher gut daran, wenn sie sich in der Zusammenarbeit mit Mitarbeitern und Einsendern von Beiträgen, die nicht in den Geltungsbereich der Manteltarifverträge fallen, das Recht zur Bearbeitung einschließlich des Rechts zur Kürzung ausdrücklich vorbehalten oder vertraglich einräumen lassen.

Der daher stets empfehlenswerte ausdrückliche Erwerb von Rechten an eingereichten oder einzureichenden Texten kann und wird häufig auch auf der Basis **Allgemeiner Geschäftsbedingungen** erfolgen. Zulässig ist es nach der Rechtsprechung des BGH insbesondere, im Rahmen derartiger Geschäftsbedingungen Vereinbarungen über die Einräumung von Bearbeitungs- und Weiterverbreitungsrechten zu treffen, so dass die Redaktionen in der Lage sind, durch Abschluss geeigneter Vereinbarungen mit ihren freien Mitarbeitern hinsichtlich der Bearbeitungs-, Umgestaltungs- und Zweitverwertungsrechte etwa diejenige Situation herzustellen, die auf der Basis der Manteltarifverträge gegenüber fest angestellten Mitarbeitern gilt.[156] Eine insoweit jahrelang herrschende Unsicherheit über den Umfang der Zulässigkeit der Einräumung von Nutzungsrechten auf der Basis von Allgemeinen Geschäftsbedingungen[157] ist damit im Wesentlichen beseitigt.

Der gesetzliche Schutz der Autoren gegen die ungenehmigte Bearbeitung eingereichter Beiträge kann allerdings im Einzelfall auch bei Fehlen ausdrücklicher vertraglicher Vereinbarungen unter dem Aspekt **vertraglicher Übung** eingeschränkt sein. Namentlich bei längerer Zusammenarbeit zwischen Redaktionen und Einsendern kann sich ein Recht zur Bearbeitung und Umgestaltung eingereichter Texte schon dann ergeben, wenn die Bearbeitung in der Vergangenheit praktiziert worden ist und der Einsender ihr nicht widersprochen hat. In den nicht seltenen Fällen, in denen Einsender von Beiträgen ausdrücklich erklären, mit einer Bearbeitung oder Kürzung nicht einverstanden zu sein, sind die Redaktionen aber an den entsprechenden Vorbehalt gebunden. Halten sie einen solchen Beitrag ohne Bearbeitung oder Kürzung nicht für veröffentlichungsfähig und können sie die Zustimmung des Verfassers zur Vornahme der gewünschten Änderung nicht erreichen, so müssen sie vom Abdruck absehen.[158]

c) Leserbriefe

Die dargestellten Grundsätze gelten prinzipiell auch für **Leserbriefe**. Vom rechtlichen Ausgangspunkt her kann mithin auch der Einsender eines Leserbriefs der Redaktion dessen Kürzung oder Bearbeitung untersagen. Redaktioneller Übung entspricht es jedoch, in Leserbriefspalten von Zeitungen oder Zeitschriften ausdrücklich darauf hinzuweisen, dass sich die Redaktion die Kürzung von Leserbriefen vorbehält. In der Regel wird sich der Einsender einen

7.93

7.94

7.95

---

154 *Dreier/Schulze*, § 14 UrhG Rz. 2; Wenzel/*Burkhardt*, UrhR, Kap. 4 Rz. 20.
155 LG Hamburg AfP 2010, 610 = ZUM 2011, 264.
156 BGH AfP 2012, 378 = ZUM 2012, 793 – Honorarbedingungen Freie Journalisten; anders noch LG München I ZUM 2012, 904; zu Ganzen eingehend *Peifer*, AfP 2012, 510 ff.; *Schippan*, ZUM 2012, 771, jeweils m.w.N.
157 Vgl. etwa LG Hamburg ZUM 2010, 72; OLG Hamburg AfP 2011, 385 = ZUM 2011, 846; LG Mannheim NJW-RR 2012, 564; OLG Rostock ZUM 2012, 706; OLG Jena WRP 2012, 1150; weitere Nachweise insb. bei *Schippan*, ZUM 2012, 771.
158 LG Hamburg AfP 2010, 610 = ZUM 2011, 264.

derartigen Vorbehalt entgegenhalten lassen müssen, aus der Kürzung seiner Einsendung mithin keine Ansprüche ableiten können. Dieser übliche Vorbehalt berechtigt die Redaktionen jedoch nicht dazu, Kürzungen oder sonstige Veränderungen vorzunehmen, die die Substanz des eingesandten Briefs verfälschen. Derartige Maßnahmen stellen in der Regel eine Verletzung des Urheberrechts des Verfassers und stets eine Verletzung seines Allgemeinen Persönlichkeitsrechts dar (Rz. 16.98). Sie sind daher durch einen routinemäßigen Kürzungs- oder Bearbeitungsvorbehalt nicht gedeckt. Gegenüber einem generellen redaktionellen Vorbehalt der Kürzung von Leserbriefen wird sich aber auch eine ausdrückliche Erklärung des Einsenders durchsetzen, dass er mit einer Kürzung oder Bearbeitung seines Briefs nicht einverstanden ist. Liegt eine derartige Erklärung vor, so hat die Redaktion nur die Wahl zwischen einem vollständigen Abdruck oder der Entscheidung, von der Veröffentlichung insgesamt abzusehen.[159]

6. Interviews und Hintergrundgespräche

7.96 Medien vermitteln nicht nur Fakten. Von Verfassungs wegen und kraft ausdrücklichen Auftrags der Landespressegesetze[160] wirken sie vielmehr auch auf andere Weise an der Meinungsbildung mit. Diesem Ziel sowie der schlichten Unterhaltung ihrer Leser, Zuhörer und Zuschauer dienen die zahllosen Gespräche, die Redaktionen ständig mit Politikern, Angehörigen des Wirtschaftslebens, aber auch Künstlern und Sportlern führen. Solche Gespräche werden zum Teil als zur Veröffentlichung bestimmte **Interviews**, zum Teil aber auch als vertrauliche **Hintergrundgespräche** geführt, die der persönlichen Unterrichtung der teilnehmenden Medienvertreter dienen und nicht zur Veröffentlichung bestimmt sind.

a) Interviews

7.97 Wenngleich die Rahmenbedingungen der Printmedien einerseits und der Medien Hörfunk und Fernsehen andererseits bei der Durchführung von Interviews schon aus technischen Gründen unterschiedlich sind,[161] gilt für beide Bereiche: Der rechtliche Rahmen der Durchführung und Veröffentlichung von Interviews wird fast ausschließlich durch die jeweilige Absprache gezogen, die nicht selten ausdrücklich in Form eines **Interviewvertrags**, häufig aber auch konkludent, also durch stillschweigende Übereinkunft der Beteiligten und gegebenenfalls stillschweigende Bezugnahme auf die Usancen der Medien, zustande kommt.

aa) Interviewfreiheit

7.98 Der gesetzliche Auskunftsanspruch der Medien ist auf die Vermittlung von Informationen beschränkt und begründet keinen Anspruch der Redaktionen auf Gewährung von Interviews (Rz. 4.50). Ob die in den Vorauflagen vertretene Auffassung, Repräsentanten des Staats wie Angehörige der Regierungen oder der Parlamente seien in der Entscheidung, ob, wem und in welchem Umfang sie Interviews gewähren wollen, ebenso frei wie private Unternehmer oder sonstige Persönlichkeiten von öffentlichem Interesse, im Licht der neueren Rechtsprechung

---

159 Die im Text vertretene Auffassung entspricht der Richtlinie 2.6 Abs. 4 zum Pressekodex.
160 Vgl. nur § 3 LPG Nordrhein-Westfalen.
161 Dazu im Einzelnen *Brauneck/Schwarz*, AfP 2008, 14 ff.

zum Informationsverhalten von Staatsorganen und Beamten[162] noch uneingeschränkt zutrifft, ist bisher nicht abschließend geklärt.

Jedenfalls für Privatpersonen und private Unternehmen gilt das **Prinzip der Interviewfreiheit** allerdings ohne Einschränkungen. Derjenige, der ein Interview gewährt, kann ein legitimes Interesse daran haben, es zur Verwirklichung seiner politischen, gesellschaftlichen, wirtschaftlichen oder ideellen Zwecke gezielt einzusetzen, sich also auf dem Weg des Interviews nur gegenüber den Zielgruppen bestimmter Medien zu äußern. Nicht selten ist das Interview auch Mittel des Ausdrucks der eigenen Persönlichkeit. Jedem Versuch der Medien, sich gegenüber einer bestimmten Persönlichkeit zur Begründung eines Interview-Wunsches auf das Grundrecht der Presse- und Rundfunkfreiheit gemäß Art. 5 Abs. 1 Satz 2 GG zu berufen, wird daher das Recht des Betreffenden gegenüber stehen, selbst zu bestimmen, ob und gegenüber welchen Medien und damit welchen Teilen der Öffentlichkeit er sich äußern will. Dieses Recht aber ist als Teil der allgemeinen Handlungsfreiheit gemäß Art. 2 Abs. 1 GG ebenso geschützt wie die Presse- und Rundfunkfreiheit.

7.99

Im Verhältnis zu **Vertretern des Staats** und seiner Untergliederungen und insbesondere zu Regierungsmitgliedern unterliegt dieser Rechtssatz allerdings einer gewissen Einschränkung, die daraus folgt, dass Regierungen und andere Repräsentanten des Staats in dieser Eigenschaft keine Grundrechtsträger, sondern Grundrechtsverpflichtete sind.[163] Bei ihnen ist zu unterscheiden, ob sie in ihrer amtlichen Eigenschaft oder ob sie etwa als Parteipolitiker oder gar als Privatpersonen agieren, wenngleich die Abgrenzung im Einzelfall häufig Schwierigkeiten bereitet. Äußern sie sich in ihrer amtlichen Eigenschaft, so unterliegen sie einem Neutralitäts- und Sachlichkeitsgebot,[164] wie sie auch im Rahmen des medienrechtlichen Auskunftsanspruchs zur Neutralität verpflichtet sind (Rz. 4.40 ff.). Äußern sie sich in ihrer Eigenschaft als Privatperson oder auch als Vertreter einer politischen Partei, können aber auch sie den Schutz der Grundrechte und damit auch denjenigen der allgemeinen Handlungsfreiheit gemäß Art. 2 Abs. 1 GG für sich in Anspruch nehmen.[165] Für das typische, verabredete Interview in den Printmedien, im Studio von Hörfunk- oder Fernsehveranstaltern oder aber auch im Büro das Interviewten bleibt es daher bei der Regel, dass jedermann frei ist, darüber zu entscheiden, ob und gegebenenfalls über welches Medium er sich auf dem Weg des Interviews an die Öffentlichkeit wenden will; dies jedenfalls dann, wenn es dem Interviewer entsprechend der Regel darum geht, vom Interviewten Einschätzungen, Prognosen und Bewertungen zu erhalten und auf diese Weise auch seine Persönlichkeit zu erkunden. Ob etwa ein Mitglied der Bundesregierung derartige Interviews ausschließlich einem der beiden großen inländischen Anbieter des öffentlich-rechtlichen Fernsehens oder beiden oder etwa nur noch einem privaten Fernsehveranstalter gewähren will, ist in erster Linie eine Frage politischer Weitsicht; rechtlich ist der Politiker in der Entscheidung darüber in gleicher Weise frei, wie er frei ist in der Entscheidung, bestimmten Printmedien Interviews nicht zu gewähren. Denn auch Repräsentanten staatlicher Gewalt steht das Recht zu, ihre politische Meinung frei zu äußern,[166] dies zu unterlassen oder zu bestimmen, wem gegenüber sie sich äußern wollen und wem gegenüber nicht.

7.100

---

162 Dazu im Einzelnen: Wenzel/*Burkhardt*/*Peifer*, Kap. 2 Rz. 28 ff.

163 Wenzel/*Burkhardt*/*Peifer*, Kap. 2 Rz. 28 f. m.w.N.

164 Vgl. nur BVerfG NJW 2018, 928 – Fall Wanka; BVerwG JZ 2018, 360 – Licht aus; Wenzel/*Burkhardt*/*Peifer*, Kap. 2 Rz. 30 m.w.N.

165 BVerfG NVwZ 2015, 209 – Fall Schwesig; Wenzel/*Burkhardt*/*Peifer*, Kap. 2 Rz. 32 m.w.N.

166 Wenzel/*Burkhardt*/*Peifer*, Kap. 2 Rz. 32.

7.101 Eine Einschränkung der damit auch gegenüber Hörfunk und Fernsehen prinzipiell bestehenden negativen Interviewfreiheit ergibt sich jedoch bei **situationsgebundenen Live-Interviews**, die von Repräsentanten des Staats nicht Journalisten eines bestimmten Veranstalters nach vorheriger Verabredung gegeben werden, sondern anwesenden Medienvertretern *ad hoc* aus besonderem Anlass. Äußert sich etwa die Bundeskanzlerin nach der Rückkehr von einer Auslandsreise noch auf der Treppe des Flugzeugs oder äußert sich ein Fachminister aus Anlass einer Katastrophe oder aus sonstigen Gründen an Ort und Stelle vor den Mikrofonen und Kameras der anwesenden Vertreter von Hörfunk und Fernsehen, dann wäre es unzulässig, wenn sie oder er unter den Anwesenden selektierte und die Abschaltung bestimmter Mikrofone und Kameras verlangte. In solchen Situationen sprechen Vertreter des Staats in Ausübung der ihnen übertragenen öffentlichen Ämter,[167] so dass sich das Verbot der Diskriminierung oder Bevorzugung bestimmter Sender oder ihrer Repräsentanten schon aus dem Gleichheitssatz des Art. 3 Abs. 1 GG ergibt.

7.102 In derartigen Konstellationen ist daher das im Rahmen des Auskunftsanspruchs geltende **Neutralitätsgebot** (Rz. 4.40 ff.) entsprechend anzuwenden, wenngleich die Gewährung von Interviews nicht Auskunftserteilung im Sinn der Landespressegesetze ist. Die anwesenden Vertreter aller Hörfunk- und Fernsehveranstalter, die die technischen Vorkehrungen zur Aufnahme und Übertragung der Live-Äußerungen des betreffenden Vertreters staatlicher Gewalt getroffen haben, haben einen Rechtsanspruch darauf, die Gelegenheit zur Aufnahme und Aufzeichnung dessen zu erhalten, was dieser an Ort und Stelle gegenüber den Medien von sich gibt. Seit Einführung des Rechts auf Kurzberichterstattung durch die Rundfunkstaatsverträge und Landesmediengesetze (Rz. 6.57 ff.) ist dieser Anspruch jedenfalls in seinem Kernbereich auch gesetzlich begründet.

bb) Inhalt des Interviewvertrags

7.103 Abgesehen von der soeben erörterten Ausnahme des situationsbedingten Live-Interviews von Repräsentanten des Staats und seiner Untergliederungen folgt schon aus der dargestellten negativen Interviewfreiheit, dass die Beteiligten auch in der Ausgestaltung der Bedingungen der Interviewgewährung weitgehend frei sind.[168] Stellt ein potenzieller Interviewpartner Bedingungen, auf die sich die betreffende Redaktion nicht einlassen will oder kann, wie etwa die Verknüpfung des Interviews mit bestimmten PR- oder Werbemaßnahmen (dazu Rz. 24.10 ff.), so folgt daraus nicht etwa ein Recht der Medien, das bereits aufgezeichnete Interview auch ohne Erfüllung der Bedingung zu publizieren. Sie müssen sich stattdessen entscheiden, ob sie die Bedingung akzeptieren oder von der Durchführung bzw. Veröffentlichung des Interviews absehen wollen. Werden im Rahmen eines Interviews dem Journalisten gehörende Tonträger besprochen, so ändert sich dadurch an den Eigentumsverhältnissen hinsichtlich des Tonträgers nichts; das Eigentum verbleibt vielmehr dem Journalisten,[169] der mangels ausdrücklicher oder jedenfalls konkludenter anderweitiger Vereinbarungen zur Herausgabe nicht verpflichtet ist. Nicht um einen Interviewvertrag, sondern eine anders gelagerte Vereinbarung handelt es sich aber bei einem **Ghostwriter-Vertrag**, mithin der Vereinbarung über die Erstellung eines Manuskripts durch einen Journalisten, das unter dem Namen des Vertragspartners veröffentlicht werden soll. In einer solchen Konstellation regeln

---

167 Vgl. Nachweise bei Wenzel/*Burkhardt*/*Peifer*, Kap. 2 Rz. 28 ff.
168 Dazu im Einzelnen *Brauneck*/*Schwarz*, AfP 2008, 276 ff.
169 BGH AfP 2015, 560 = NJW 2016, 317 – Kanzler Kohls Tonbänder; anders die Vorinstanz: OLG Köln AfP 2014, 465 = ZUM-RD 2015, 15.

sich die Rechtsbeziehungen der Parteien nach den Bestimmungen der §§ 662 ff. BGB über den Auftrag. Der Journalist als Auftragnehmer ist gemäß § 667 BGB verpflichtet, seinem Auftraggeber das gesamte in Durchführung des Auftrags entstandene Material einschließlich besprochener Tonträger herauszugeben, wenn der Auftrag beendet wird, bevor die beabsichtigte Publikation erfolgt.[170] Nach Auffassung des OLG Köln[171] trifft den Journalisten als vertragliche und nachvertragliche Nebenpflicht auch eine umfassende Verschwiegenheitpflicht hinsichtlich der ihm in den Gesprächen mit dem Auftraggeber erteilten Informationen und mitgeteilten Einschätzungen. Diese Auffassung ist freilich hinsichtlich offenbarter Informationen im Hinblick auf deren prinzipiell fehlende Schutzfähigkeit (Rz. 3.1 f.) verfehlt, während sich der Anspruch des Auftraggebers auf Unterlassung der einwilligungslosen Weitergabe von ihm vertraulich geäußerter Meinungen und Einschätzungen aus seinem Allgemeinen Persönlichkeitsrecht ableiten lässt (dazu Rz. 19.20 f.).

Auch die häufig getroffene Vereinbarung, dass die Veröffentlichung des Interviews erst nach **Autorisierung** durch den Interviewpartner erfolgen darf, ist für die Medien verbindlich. Unterbleibt die Einholung der Einwilligung in einem solchen Fall, ist die Veröffentlichung des Interviews selbst dann ohne Einschränkung unzulässig, wenn die Aufzeichnung den Verlauf des Interviews und die darin gefallenen Äußerungen des Interviewten vollständig und richtig wiedergibt. Erfolgt die Autorisierung, so ist die Redaktion prinzipiell an den gebilligten Wortlaut gebunden. Allenfalls kleinere Änderungen, die den Sinn der Aussagen des Interviewten nicht berühren, können unbedenklich sein, insbesondere wenn sie sich im Rahmen der Schlussredaktion aus technischen Gründen als notwendig erweisen. Die Vereinbarung des Autorisierungsvorbehalts schließt, sofern nichts anderes vereinbart ist, das Recht des Interviewpartners ein, die Zustimmung zur Veröffentlichung des Interviews auch ohne Gründe nachträglich zu widerrufen, solange er es noch nicht autorisiert hat; vgl. zum Widerruf erteilter Einwilligungen Rz. 19.100 f.   7.104

Ohne **Autorisierungsvorbehalt** ist jedoch die Einholung der Zustimmung des Interviewpartners zur Veröffentlichung der Endfassung des Interviews rechtlich nicht erforderlich.[172] Auch ein Interview, dessen Autorisierung der Interviewte sich nicht vorbehalten hat, muss aber den Gesprächsverlauf wahrheitsgemäß und insbesondere ohne Kürzungen wiedergeben, die den Sinngehalt der Aussage verfälschen. Insbesondere ist es unzulässig, dem Interviewten Äußerungen unterzuschieben, die er nicht oder nicht so von sich gegeben hat, wie sie im Interview zu lesen sind.[173] Unter dem Aspekt der Rechtssicherheit liegt es mithin nicht nur im Interesse des Interviewpartners, sondern auch in demjenigen der Redaktion, den Autorisierungsvorbehalt zu vereinbaren.   7.105

Widerruf der Einwilligung Wird eine Autorisierungsvereinbarung nicht getroffen, so ist namentlich der Partner eines Hörfunk- oder Fernsehinterviews an die mit dessen Aufnahme erklärte Einwilligung zur Ausstrahlung gebunden und in der Regel zum **Widerruf der Einwilligung** nicht berechtigt.[174] Anderes kann gelten, wenn er zur Gewährung des Interviews unter falschen Voraussetzungen veranlasst wurde und sich insbesondere mit seinem Interview überraschend in einem politischen oder sozialen Umfeld wiederfindet, in dem er sich der Öffent-   7.106

---

170 BGH AfP 2015, 560 = NJW 2016, 317 – Kanzler Kohls Tonbänder; im Ergebnis ebenso die Vorinstanz: OLG Köln AfP 2014, 465 = ZUM-RD 2015, 15.
171 OLG Köln v. 29.5.2018 – 15 U 65/17, n. rkr.; Leitsätze in AfP 2018, 375.
172 *Wente*, S. 88.
173 BGH NJW 1965, 685 – Soraya; BGH AfP 1995, 411 = NJW 1995, 861 – Caroline von Monaco I.
174 LG Köln AfP 1989, 766.

lichkeit nicht präsentieren will. Auch in einem solchen Fall ist ein Widerruf der Einwilligung zur Ausstrahlung des Interviews allerdings nur beachtlich, wenn er an Ort und Stelle und unverzüglich erklärt wird, sofern die Diskrepanz zwischen dem Format oder der Kernaussage der Sendung und den Vorstellungen des Interviewpartners dort schon erkennbar ist. Wird sie erst im Rahmen der Ausstrahlung erkennbar, dann ist der Interviewte allerdings auch in zeitlichem Zusammenhang damit noch zum Widerruf berechtigt.

7.107   Bei Hörfunk- oder Fernsehinterviews hat sich die Übung herausgebildet, dass der Interviewer und sein Interviewpartner vor Aufnahmebeginn kurz über den geplanten Gang des Interviews und die zu behandelnden Fragen miteinander sprechen. Auf diese Weise erhält der Interviewte die Möglichkeit, sich auf das Interview vorzubereiten; gleichzeitig wird er vor Überraschungen geschützt. Die Herstellung von Ton- oder Bildaufnahmen derartiger informeller Vorgespräche ist unzulässig; die allgemeinen strafrechtlichen Schranken der Recherche und insbesondere diejenige des § 201 StGB (dazu Rz. 10.5) gelten für derartige Vorgespräche ohne Einschränkung. Unzulässig ist insbesondere die Ausstrahlung etwaiger Aufnahmen, die unter Verstoß gegen das Verbot der Aufzeichnung zustande gekommen sind.[175]

b) Hintergrundgespräche

7.108   Die Führung von **Hintergrundgesprächen** namentlich zwischen Politikern und Angehörigen der Medien gehört zur täglichen Praxis von Politik und Medien. Die Satzungen der *Bundespressekonferenz* und einzelner *Landespressekonferenzen* haben sie institutionalisiert, indem sie vorschreiben, dass die Auskunftgebenden berechtigt sind, sogar Mitteilungen vor der Pressekonferenz als zur Verwertung ohne Quelle und ohne Nennung des Auskunftgebenden bzw. als vertraulich zu qualifizieren, und dass die Mitglieder der Pressekonferenz verpflichtet sind, sich an derartige Kategorisierungen zu halten.[176] Auch der Pressekodex sowie die dazu ergangenen Richtlinien für die publizistische Arbeit statuieren die Verpflichtung der Medien, die in Informations- oder Hintergrundgesprächen vereinbarte Vertraulichkeit grundsätzlich zu wahren; Ausnahmen lassen sie insbesondere zu, wenn

„... bei sorgfältiger Güter- und Interessenabwägung gewichtige staatspolitische Gründe überwiegen, insbesondere wenn die verfassungsmäßige Ordnung berührt oder gefährdet ist."[177]

Wenngleich der Pressekodex und die dazu erlassenen Richtlinien die Medien rechtlich nicht binden,[178] zeigen sie, dass die Angehörigen der Medien selbst der Einhaltung vereinbarter Vertraulichkeit einen hohen Stellenwert beimessen. Es liegt im Interesse jedes einzelnen Journalisten, in diesem Bereich keinen Regelverstoß zu begehen, da er sich dadurch als Teilnehmer weiterer Hintergrundgespräche ohne Weiteres disqualifiziert und ein Vertrauenskapital verspielt, auf das er für die erfolgreiche Ausübung seines Berufs angewiesen ist.

7.109   Die Verletzung vereinbarter **Vertraulichkeit** führt rechtlich zu einem Verwertungsverbot. Das folgt unabhängig davon, ob die Vertraulichkeit ausdrücklich vereinbart wurde oder ob sich aus den Umständen des betreffenden Gesprächs eine konkludente Vereinbarung ergibt, schon aus der Rechtsnatur der Vertraulichkeitsvereinbarung. Das folgt aber auch und insbesondere aus dem Allgemeinen Persönlichkeitsrecht des Gesprächspartners, das nach heute

---

175 LG Hamburg, nicht begründeter Beschluss v. 16.5.1988 – 74 O 226/88, unveröffentlicht.
176 Vgl. etwa Satzungen des Vereins Bundespressekonferenz e.V. § 16 Abs. 2 Satz 2; der Landespressekonferenz Schleswig-Holstein § 4 Abs. 1.
177 Richtlinie Nr. 5.1 zum Pressekodex.
178 *Ricker/Weberling*, Kap. 40 Rz. 13.

einhelliger Auffassung die Vertraulichkeit des nicht öffentlich gesprochenen Worts in besonderem Maße schützt (Einzelheiten in Rz. 10.9 f.).

§ 8 Zeugnisverweigerungsrecht und Beschlagnahmeverbot

1. Einführung

Arbeit mit Informanten ist ohne das gesetzlich normierte **Zeugnisverweigerungsrecht der Medien** und ohne das zu seiner Absicherung hinzutretende **Beschlagnahmeverbot** nicht denkbar. Das BVerfG hat bereits im Jahr 1966 im *Spiegel*-Urteil[1] anerkannt, dass die Medien die ihnen zugewiesene öffentliche Aufgabe der Kontrolle und Kritik insbesondere staatlicher Gewalt nicht erfüllen könnten, wenn sie nicht berechtigt wären, ihre Informationsquellen geheim zu halten.[2] Dazu bedarf es sowohl eines Zeugnisverweigerungsrechts als auch eines Verbots, in Redaktionsräumen Beschlagnahmeaktionen durchzuführen. Das entspricht heute gefestigter Rechtsüberzeugung nicht nur in Deutschland,[3] sondern auch im Geltungsbereich der EMRK.[4] Das Zeugnisverweigerungsrecht ist die unverzichtbare rechtliche Grundlage, auf deren Basis Redaktionen ihren Informanten **Anonymität** zusagen und diese Zusage auch einhalten können, obwohl noch bis ins Jahr 2007 immer wieder Versuche staatlicher Ermittlungsbehörden zu beobachten waren, dieses Recht durch Beschlagnahmeaktionen in Redaktionen zu unterlaufen[5] (dazu Rz. 7.19 ff.). Ohne die Zusage von Vertraulichkeit und die verfahrensrechtlichen Garantien, die die Einhaltung solcher Zusagen erst ermöglichen, wären die Medien in der Regel nicht in der Lage, namentlich brisante Informationen zu beschaffen, die aus gesetzlich geschützten Geheimsphären kommen und für das Funktionieren der Kontrolle staatlicher Gewalt durch die Medien unverzichtbar sind.

8.1

---

1 BVerfG NJW 1966, 1603 – Spiegel-Urteil.
2 Vgl. zum Redaktionsgeheimnis auch BVerfG AfP 1984, 94 = NJW 1974, 1741 – Der Aufmacher.
3 BVerfG NJW 1966, 1603 – Spiegel-Urteil; BVerfG NJW 1974, 356; BVerfG AfP 2000, 557 = NJW 2001, 507; BVerfG AfP 2007, 110 = NJW 2007, 1117 – Cicero.
4 EGMR AfP 2018, 500 – Becker/Norwegen; EGMR NJW 2017, 1533 – Görmüs u. a./Türkei.
5 Vgl. dazu insbesondere BVerfG AfP 2007, 110 = NJW 2007, 1117 – Cicero.

2. Rechtsgrundlagen

8.2 Seine rechtliche Grundlage findet das **Zeugnisverweigerungsrecht** der Angehörigen der Medien seit dem 1.1.1975 in allen Verfahrensordnungen des Bundes, wenn auch in unterschiedlicher Ausgestaltung. So bestimmt für den Bereich des **strafrechtlichen Ermittlungsverfahrens** § 53 Abs. 1 Satz 1 Nr. 5 StPO, dass zur Verweigerung des Zeugnisses berechtigt sind

„... Personen, die bei der Vorbereitung, Herstellung oder Verbreitung von periodischen Druckwerken, Rundfunksendungen, Filmberichten oder der Unterrichtung oder Meinungsbildung dienenden Informations- und Kommunikationsdiensten berufsmäßig mitwirken oder mitgewirkt haben."

Ausdrücklich bezieht der Gesetzgeber in dieser Bestimmung mit der Erwähnung derjenigen, die an der Meinungsbildung dienenden Informations- oder Kommunikationsdiensten mitwirken, die Mitarbeiter der elektronischen Presse in den Kreis der Zeugnisverweigerungsberechtigten ein.[6] Alle Berechtigten dürfen gemäß § 53 Abs. 1 Satz 2 StPO das Zeugnis verweigern über

„... die Person des Verfassers oder Einsenders von Beiträgen und Unterlagen oder des sonstigen Informanten sowie über die ihnen im Hinblick auf ihre Tätigkeit gemachten Mitteilungen, über deren Inhalt sowie über den Inhalt selbst erarbeiteter Materialien und den Gegenstand berufsbezogener Wahrnehmungen. Dies gilt nur, soweit es sich um Beiträge, Unterlagen, Mitteilungen und Materialien für den redaktionellen Teil oder redaktionell aufbereitete Informations- und Kommunikationsdienste handelt."

8.3 Die Berechtigung zur Verweigerung des Zeugnisses über den Inhalt **selbst erarbeiteter Materialien** und den Gegenstand **berufsbezogener Wahrnehmungen** war freilich lange umstritten (dazu Rz. 8.25 ff.). Sie ist erst durch das Änderungsgesetz vom 15.2.2002 in die StPO aufgenommen worden; dies allerdings nur um den Preis einer substantiellen Einschränkung. Denn das Zeugnis über den Inhalt selbst erarbeiteter Materialien und den Gegenstand entsprechender Wahrnehmungen der Journalisten darf nicht verweigert werden, wenn

„... die Aussage zur Aufklärung eines Verbrechens beitragen soll oder wenn Gegenstand der Untersuchung

1. eine Straftat des Friedensverrats und der Gefährdung des demokratischen Rechtsstaats oder des Landesverrats und der Gefährdung der äußeren Sicherheit (§§ 80a, 85, 87, 88, 95, auch in Verbindung mit § 97b, §§ 97a, 98 bis 100a des Strafgesetzbuchs),

2. eine Straftat gegen die sexuelle Selbstbestimmung nach den §§ 174 bis 176, 179 des Strafgesetzbuchs oder

3. eine Geldwäsche, eine Verschleierung unrechtmäßig erlangter Vermögenswerte nach § 261 Abs. 1 bis 4 des Strafgesetzbuchs

ist und die Erforschung des Sachverhalts oder die Ermittlung des Aufenthaltsorts des Beschuldigten auf andere Weise aussichtslos oder wesentlich erschwert wäre."

Im Wege einer Unterausnahme schließlich darf das Zeugnis allerdings auch in diesen Fällen verweigert werden, soweit es

„... zur Offenbarung der Person des Verfassers oder Einsenders von Beiträgen und Unterlagen oder des sonstigen Informanten oder der ihm im Hinblick auf seine Tätigkeit nach Absatz 1 Satz 1 Nr. 5 gemachten Mitteilungen oder deren Inhalts führen würde."[7]

---

6 KK/*Senge*, § 53 StPO Rz. 30.
7 § 53 Abs. 2 Satz 2 und 3 StPO.

Bei grundsätzlicher Anerkennung der Notwendigkeit eines journalistischen Zeugnisverweigerungsrechts und dem erkennbaren und durch die Entstehungsgeschichte der aktuellen Fassung des Gesetzes[8] belegten Bemühen des Gesetzgebers um eine ausgewogene Regelung dieses Kernstücks der Absicherung der Medienfreiheiten handelt es sich schon nach dem Wortlaut der Bestimmungen um eine außerordentlich komplizierte Regelung, die den Medienangehörigen das Zeugnisverweigerungsrecht keineswegs ohne Ausnahme gewährt.

Der Gesetzgeber hat jedoch die Novellierung des strafprozessualen Zeugnisverweigerungsrechts und damit insbesondere die grundsätzliche Einbeziehung selbst recherchierten Materials und selbst angestellter Beobachtungen für die Bereiche der **Zivilprozess-** und der **Abgabenordnung** nicht nachvollzogen. § 383 Abs. 1 Nr. 5 ZPO und § 102 Abs. 1 Nr. 4 AO enthalten für den Zivilprozess bzw. für den Bereich der Steuerverwaltung nach wie vor die Regelungen betreffend das Zeugnisverweigerungsrecht in der bis 2002 auch für das Strafverfahren geltenden Fassung, mithin für

8.4

„... Personen, die bei der Vorbereitung, Herstellung oder Verbreitung von periodischen Druckwerken oder Rundfunksendungen berufsmäßig mitwirken oder mitgewirkt haben, über die Person des Verfassers, Einsenders oder Gewährsmanns von Beiträgen und Unterlagen sowie über die ihnen im Hinblick auf ihre Tätigkeit gemachten Mitteilungen, soweit es sich um Beiträge, Unterlagen und Mitteilungen für den redaktionellen Teil handelt."

Diese Fassung des Gesetzes gilt kraft Verweisung auch für das Verfahren vor den **Arbeits-, Verwaltungs-, Finanz- und Sozialgerichten** sowie im Verfahren der **Freiwilligen Gerichtsbarkeit** (§ 46 Abs. 2 ArbGG, § 98 VwGO, § 84 Abs. 1 FGO, § 118 Abs. 1 SGG sowie § 29 Abs. 2 FamFG). Der Gesetzgeber hat mithin für alle diese Verfahrensarten weder die durch § 53 Abs. 1 Satz 1 Nr. 5 StPO vollzogene Klarstellung übernommen, dass auch Mitarbeiter der elektronischen Presse zur Zeugnisverweigerung berechtigt sind,[9] noch die, wenn auch eingeschränkte, Erstreckung des Zeugnisverweigerungsrechts auf selbst recherchiertes Material und selbst angestellte Beobachtungen nachvollzogen. Die analoge Anwendung der weitergehenden Regelung des § 53 StPO auch auf das verwaltungsgerichtliche Verfahren hat jedenfalls in einem Fall, in dem es um eigene Wahrnehmungen eines als Zeuge befragten Journalisten ging, das OVG Lüneburg[10] mit der Begründung abgelehnt, es handele sich nicht um eine planwidrige Regelungslücke im Gesetz, sondern um eine bewusste Entscheidung des Gesetzgebers, nur für den Bereich des Strafprozesses eine weitergehende Regelung einzuführen. Nachdem das BVerfG[11] die frühere Fassung von § 53 StPO in einem Fall der Beschlagnahme selbst recherchierten Materials eines Fernsehsenders als mit dem Grundrecht der Presse- und Rundfunkfreiheit vereinbar bezeichnet hat, ist in der Praxis von der Maßgeblichkeit der Unterschiedlichkeit der Regelungen in der StPO einerseits und den übrigen Verfahrensgesetzen des Bundes andererseits auszugehen. Das gilt allerdings nicht für die prozessuale Schlechterstellung der Mitarbeiter der **elektronischen Medien**, deren Berechtigung, das Zeugnis in gleichem Umfang wie die Angehörigen anderer Mediengattungen zu verweigern, unmittelbar aus Art. 5 Abs. 1 Satz 1 GG und Art. 10 EMRK abzuleiten ist, solange der Gesetzgeber es ihnen nicht ausdrücklich einräumt (dazu Rz. 8.14).

Demgegenüber gilt im **Bußgeld-** und **Disziplinarverfahren**, im **anwaltsgerichtlichen Verfahren** sowie im **Verfahren der parlamentarischen Untersuchungsausschüsse** des Bundes-

8.5

---

8 Löffler/*Achenbach*, § 23 LPG Rz. 19 ff.
9 Dazu *Soehring*, Konvergenz, S. 39 ff.
10 OVG Lüneburg AfP 2014, 474 = NJW 2915, 104.
11 BVerfG AfP 1987, 679.

tags aufgrund ebenfalls ausdrücklicher Verweisung (§ 46 Abs. 1 OWiG, § 116 Abs. 1 Satz 2 BRAO, Art. 44 Abs. 2 Satz 1 GG) das strafprozessuale Zeugnisverweigerungsrecht entsprechend.

8.6 Ein bedenkliches Einfallstor für anderweitig unzulässige Ermittlungsmaßnahmen bei den Medien stellten §§ 100g, 100h StPO i.V.m. §§ 96, 113a und 113b TKG betreffend die so genannte **Vorratsdatenspeicherung** dar. Nach diesen Bestimmungen waren Betreiber von Kommunikationsnetzen verpflichtet, Telekommunikationsdaten für eine bestimmte Zeit zu speichern und den Ermittlungsbehörden Auskunft über geführte Gespräche zu erteilen, ohne dass diese Verpflichtung für den Bereich der Medien im Hinblick auf deren Zeugnisverweigerungsrecht eingeschränkt worden wäre. Diese gesetzlichen Bestimmungen waren jedoch nicht mehr anwendbar, nachdem das BVerfG sie durch Urteil vom 2.3.2010[12] wegen Verstoßes gegen eine Reihe von nationalen und europäischen Datenschutzgrundsätzen und die dadurch bewirkte Verletzung des Grundrechts der Unverletzlichkeit des Fernmeldegeheimnisses aus Art. 10 GG für verfassungswidrig erklärt hatte; dabei spielte allerdings der Aspekt der durch die Vorratsdatenspeicherung auch bewirkten Einschränkung des Informantenschutzes der Medien keine Rolle.

8.7 Durch Gesetz vom 10.2.2015[13] wurden die in diesem Zusammenhang zentrale Norm des § 100g StPO und die in Rz. 8.6 genannten weiteren Normen aber vollständig neu gefasst. Wegen der Einzelheiten muss auf die Kommentierungen zur StPO verwiesen werden.[14] In medienrechtlicher Hinsicht entscheidend ist die Tatsache, dass der Gesetzgeber in § 100g Abs. 4 StPO durch Verweisung auf § 53 Abs. 1 Satz 1 Nr. 1–5 StPO nunmehr eine in der früheren Version des Gesetzes fehlende Ausnahmeregelung für Berufsgeheimnisträger einschließlich der **Medienangehörigen** eingefügt und dadurch die auch aus Art. 5 Abs. 1 Satz 2 GG resultierenden Bedenken gegen die gesetzlich angeordnete Vorratsdatenspeicherung geheilt hat. Nach der Neufassung von § 100g Abs. 4 StPO ist die Erhebung so genannter Verkehrsdaten im Sinn von Abs. 2 unzulässig, wenn sie sich u. a. gegen Medienangehörige richtet und voraussichtlich Erkenntnisse erbringen würde, über die diese das Zeugnis verweigern dürften. Dennoch von den Ermittlungsbehörden erlangte Erkenntnisse unterliegen einem Beweisverwertungsverbot, und Aufzeichnungen hierüber sind zu vernichten (§ 100g Abs. 4 Sätze 2 und 3 StPO). Diese Regeln gelten auch, wenn ein Journalist als Verdächtiger einer Straftat selbst das Ziel einer entsprechenden Ermittlungsmaßnahme ist. Auch in diesem Fall dürfen Erkenntnisse zu Sachverhalten, hinsichtlich deren der betroffene Journalist nach § 51 Abs. 1 Satz 1 Nr. 5 StPO das Zeugnis verweigern dürfte, nicht verwertet werden. Wenngleich das Gesetz auch hinsichtlich der durch Abs. 4 besonders geschützten Berufsträger aus Praktikabilitätsgründen[15] ein Speicherungsverbot als solches nicht vorsieht, trägt es mit diesen Regelungen dem Grundrecht der Medienfreiheiten aus Art. 5 Abs. 1 Satz 2 GG hinreichend Rechnung. Dass die *Bundesnetzagentur* am 28.6.2017 gegenüber den gemäß §§ 110, 113 TKG zur Speicherung verpflichteten Unternehmen erklärt hat, sie werde bis zum Abschluss anhängiger gerichtlicher Verfahren gegen die neu gefassten gesetzlichen Bestimmungen die Verpflichtung zur Speicherung nicht durchsetzen und insbesondere keine Bußgelder wegen der Nichterfüllung der Speicherungspflicht verhängen, ändert nichts daran, dass sich Medienangehörige und -unternehmer gegenüber etwa dennoch erfolgender Speicherung ihrer Daten auf die Be-

---

12 BVerfG NJW 2010, 833 – Vorratsdatenspeicherung.
13 BGBl. I 2015, 2218.
14 Wegen der Gesetzesgeschichte und der Einzelheiten vgl. nur *Meyer-Goßner/Schmitt*, § 100g StPO Rz. 1 ff.
15 *Meyer-Goßner/Schmitt*, § 100g StPO Rz. 40.

freiungstatbestände in § 100g Abs. 4 StPO würden berufen und der Gesetzgeber im Rahmen einer etwaigen abermaligen Neufassung des Gesetzes hinter den durch die Einführung dieses Befreiungstatbestands geschaffenen Mindeststandard nicht mehr wird zurückgehen können.

Mit Wirkung zum 25.5.2018 hat der Bundesgesetzgeber im Rahmen der Anpassung des natio-   8.8
nalen Rechts an die zu diesem Zeitpunkt in Kraft getretene DSGVO auch das **Gesetz über das Bundeskriminalamt** neu gefasst. Dabei hat er die Rechte der Medienangehörigen im Rahmen der Befragungsrechte des BKA und der Auskunftspflichten der Bürger entsprechend den Bestimmungen in §§ 52 – 55 StPO geregelt (§ 41 Abs. 3 BKAG) und hinsichtlich der dem BKA eingeräumten Rechte zur Abwehr der Gefahren des internationalen Terrorismus eine Bereichsausnahme geschaffen (§ 62 BKAG), die derjenigen in § 100g Abs. 4 StPO (Rz. 8.7) entspricht. Die noch in der Vorauflage gegen die nunmehr außer Kraft gesetzten Bestimmungen der vor dem 25.5.2018 geltenden Fassung des BKAG geäußerten Bedenken[16] sind damit gegenstandslos geworden.

Das Zeugnisverweigerungsrecht wird ergänzt durch das **Beschlagnahmeverbot** des § 97   8.9
Abs. 5 StPO, während der Gesetzgeber für **Durchsuchungen** keine medienspezifischen Ausnahmen von der allgemeingültigen Regel der §§ 102 ff. StPO vorgesehen hat. Allerdings dürfen auch Durchsuchungen nicht zu dem Zweck vorgenommen werden, Gegenstände aufzuspüren, die nach § 97 Abs. 5 StPO nicht beschlagnahmt werden dürften,[17] wie es ja nach der Klarstellung des BVerfG in der *Cicero*-Entscheidung[18] ohnehin und ganz generell unzulässig ist, formal zulässige Ermittlungsmaßnahmen zu dem Zweck einzuleiten und durchzuführen, den verfassungsrechtlich gewährleisteten Informantenschutz zu durchbrechen. Auch der EGMR hat inzwischen mehrfach anerkannt, dass der Schutz redaktioneller Quellen für eine demokratische Gesellschaft von großer Bedeutung und dass er daher Gegenstand der Gewährleistung in Art. 10 EMRK ist.[19]

Wie schon das Zeugnisverweigerungsrecht ist auch das **Beschlagnahmeverbot** durch die   8.10
StPO-Novelle von 2002 und zusätzlich 2012 durch das Gesetz zur Stärkung der Pressefreiheit im Straf- und Strafprozessrecht[20] (dazu Rz. 7.21) erweitert worden. Beide Institute zur Stärkung des Redaktionsgeheimnisses lassen aber weiterhin Einschränkungen des Zeugnisverweigerungsrechts und des Beschlagnahmeverbots zu. Zwar erfasst auch das Beschlagnahmeverbot jetzt grundsätzlich selbst recherchiertes Material. Durch Verweisungen auf generelle Verfahrensnormen schränkt der Gesetzgeber das Beschlagnahmeverbot aber für den Fall ein, dass ein Medienangehöriger an der Tat, wegen deren ermittelt wird, oder an einer Begünstigung, Strafvereitelung oder Hehlerei beteiligt ist, oder dass es sich um Gegenstände handelt, die durch eine Straftat hervorgebracht oder zur Begehung einer Straftat gebraucht oder bestimmt sind oder die aus einer Straftat herrühren (§ 97 Abs. 2 Satz 3 und § 160a Abs. 4 Satz 2 StPO). Wegen einer Beihilfehandlung darf seit dem 1.8.2012 nur dann eine Beschlagnahme in Redaktionsräumen durchgeführt werden, wenn bestimmte Tatsachen einen dringenden Verdacht der Beteiligung eines Redaktionsangehörigen an einer Straftat begründen (§ 97 Abs. 5 Satz 2 Halbs. 1 StPO). Und in allen Fällen ist die Beschlagnahme nur zulässig, wenn sie unter Be-

---

16 *Soehring/Hoene*, 5. Aufl., § 8 Tz. 8.
17 *Meyer-Goßner/Schmitt* § 103 StPO Rz. 7 m.w.N.
18 BVerfG AfP 2007, 110 = NJW 2007, 1117 – Cicero; vgl. auch EGMR AfP 2018, 500 – Becker/Norwegen; EGMR 2017, 1533 – Görmüs u a./Türkei.
19 EGMR AfP 2018, 500 – Becker/Norwegen; EGMR NJW 2008, 2563 – Zwangshaft; EGMR NJW 2008, 2565 – Sternreporter; EGMR NJW-RR 2011, 1266 – erzwungene Herausgabe von Fotos; EGMR 2017, 1533 – Görmüs u a./Türkei.
20 PrStG; BGBl. 2012 I, 1374.

rücksichtigung der Grundrechte aus Art. 5 Abs. 1 Satz 2 GG nicht außer Verhältnis zur Bedeutung der Sache steht und die Erforschung des Sachverhalts oder die Ermittlung des Aufenthaltsorts des Täters auf andere Weise aussichtslos oder wesentlich erschwert wäre (§ 97 Abs. 5 Satz 2 Halbs. 2 StPO).

8.11 Selbst der dringende Verdacht der **Teilnahme eines Redakteurs an einem Bagatelldelikt** rechtfertigt also eine Beschlagnahme in seinen Redaktions-, aber auch in anderen Räumen nicht. Die Strafverfolgungsbehörden haben vielmehr nach dem ausdrücklichen Wortlaut des Gesetzes in allen Fällen einer erwogenen Beschlagnahme von Materialien in Redaktionsräumen oder in Räumen von Journalisten außerhalb der Redaktionen eine spezifische Abwägung zwischen den kollidierenden Rechtsgütern der Presse- und Rundfunkfreiheit auf der einen und dem Interesse des Staats an einer effektiven Strafverfolgung auf der anderen Seite vorzunehmen, wie sie im Spannungsfeld von Art. 5 Abs. 1 und 2 GG ohnehin geboten ist.

8.12 Die früher geltenden **Bestimmungen der Landespressegesetze** über das Zeugnisverweigerungsrecht und das strafprozessuale Beschlagnahme- und Durchsuchungsverbot hat das BVerfG[21] aus Gründen vorrangiger Gesetzgebungskompetenz des Bundes für verfassungswidrig erklärt[22] – dies allerdings nur für den Anwendungsbereich der bundesrechtlichen Verfahrensordnungen. Fast alle Landesgesetzgeber haben daraufhin die entsprechenden Bestimmungen der Landespresse- und Mediengesetze ersatzlos gestrichen. Soweit jedoch in einzelnen Landespressegesetzen Bestimmungen über das Zeugnisverweigerungsrecht noch in Kraft sind,[23] gelten sie ergänzend zum Bundesrecht ausschließlich in Verfahren, die allein nach Landesrecht abgewickelt werden, wie etwa Verfahren vor den Landesverfassungsgerichten oder Untersuchungsausschüssen, soweit deren Verfahrensordnungen nicht auf die StPO des Bundes verweisen.[24] Landesrechtliche Bestimmungen gelten damit insbesondere nicht für die in der Regel im Blickpunkt der Medien stehenden Straf- und Zivilprozesse.

8.13 Die rundfunkrechtlichen Bestimmungen über den **Auskunftsanspruch** derjenigen, deren Rechte durch Medienberichterstattung verletzt worden sind (dazu Rz. 7.67), respektieren das gesetzlich definierte Zeugnisverweigerungsrecht der Medien, indem sie den auskunftspflichtigen Rundfunkveranstaltern ein **Auskunftsverweigerungsrecht im Umfang des gesetzlichen Zeugnisverweigerungsrechts** einräumen, dessen Ausübung freilich eine Abwägung der schutzwürdigen Interessen der Beteiligten voraussetzt. Das entspricht der Position des *Deutschen Presserats,*[25] der das Auskunftsverweigerungsrecht allerdings absolut formuliert, es mithin nicht von einer gesonderten Güterabwägung abhängig macht. Auch das 1998 in Kraft getretene OASG[26] gewährt den Berechtigten zwar einerseits einen Auskunftsanspruch gegenüber den Medien über Entgelte, die sie Straftätern gezahlt haben, deren Opfer der Berechtigte geworden ist, verschafft aber den gesetzlichen Auskunfts- oder Aussageverweigerungsrechten ausdrücklich Priorität gegenüber diesem Anspruch (§ 4 Satz 2 OASG). Darüber hinaus gibt es auch generell keinen Anspruch der von Berichterstattung Betroffenen gegenüber den Medien auf Aufklärung darüber, aus welchen Quellen sie bestimmte Informationen oder Bilder erhalten haben. Mit Recht hat der EGMR vielmehr den **Quellenschutz** als einen *Eckstein der Pres-*

---

21 BVerfG NJW 1974, 356; BVerfG NJW 1974, 743.
22 Dazu Löffler/*Achenbach,* § 23 LPG Rz. 5 ff.
23 § 23 LPG Baden-Württemberg, § 18 Berliner Pressegesetz.
24 Löffler/*Achenbach,* § 23 LPG Rz. 7.
25 Pressekodex Richtlinie 8.10.
26 BGBl. I 1998, 905.

sefreiheit bezeichnet, ohne den Informanten davon abgehalten werden könnten, die Medien über Tatsachen von öffentlichem Interesse zu informieren.[27]

Alle hier genannten gesetzlichen Bestimmungen sind Ausprägung der Berechtigung der Medien, ihre **Quellen nicht zu offenbaren.** Dieses Recht ist nach der Rechtsprechung des BVerfG[28] und des EGMR[29] Teil der verfassungs- und konventionsrechtlichen Gewährleistung der Presse- und Rundfunkfreiheit und damit der freien Disposition durch den Gesetzgeber entzogen. Die Begründung eines uneingeschränkten Zeugniszwangs auch für Medienangehörige und ihrer uneingeschränkten Verpflichtung, Beschlagnahmen und Durchsuchungsmaßnahmen zu dulden, wäre mit Art. 5 Abs. 1 Satz 2 GG ebenso wenig zu vereinbaren wie mit Art. 10 EMRK. Konsequent hat auch das BVerfG[30] noch nach der Aufnahme des Zeugnisverweigerungsrechts und Beschlagnahmeverbots in die Verfahrensgesetze des Bundes entschieden, dass die geltenden Bestimmungen nicht als abschließende Regelung des Rechts der Zeugnisverweigerung angesehen werden können, dass vielmehr eine darüber hinausgehende Begrenzung des Aussagezwangs oder der gesetzlichen Beschlagnahmemöglichkeiten unter Umständen unmittelbar aus Art. 5 Abs. 1 Satz 2 GG abgeleitet werden kann. Die früher vom BGH[31] vertretene gegenteilige Auffassung ist angesichts der klaren Stellungnahme des BVerfG zu dieser Frage nicht haltbar.[32] Und in jedem Fall ist es geboten, Verfahrensnormen, aus deren Wortlaut sich eine Zeugnispflicht von Medienangehörigen oder die Möglichkeit einer Beschlagnahme oder Durchsuchungsaktion bei ihnen ergeben kann, im Licht der Gewährleistung der Presse- und Rundfunkfreiheit verfassungskonform so auszulegen, dass die Medien jedenfalls in der Regel nicht gezwungen werden können, ihre Quellen zu offenbaren.[33]

8.14

Versuche der Medien, Aussageverweigerungsrechte über den durch die geltenden Verfahrensnormen gezogenen Rahmen hinaus im konkreten Fall unmittelbar aus dem Grundrecht der Presse- und Rundfunkfreiheit abzuleiten, sind dennoch in den bisher entschiedenen Fällen ergebnislos geblieben. So hat es etwa das BVerfG[34] im Prinzip abgelehnt, über den Wortlaut der gesetzlichen Bestimmungen hinaus auch das **Chiffregeheimnis** der Anzeigenabteilungen der Presseverlage dem Zeugnisverweigerungsrecht zu unterstellen, sofern Anzeigen nicht im Einzelfall aufgrund ihrer inhaltlichen Ausgestaltung an der meinungsbildenden Funktion der Presse teilhaben.[35] Danach kommt ein Zeugnisverweigerungsrecht im Anzeigenbereich im Ergebnis nur bei anonym aufgegebenen so genannten Bekenner-Anzeigen in Betracht. Auch der Versuch des *ZDF*, ein Zeugnisverweigerungsrecht bzw. Beschlagnahmeverbot hinsichtlich des seinerzeit nach den gesetzlichen Bestimmungen noch dem Zeugniszwang unterliegenden selbst recherchierten Materials (dazu Rz. 8.2 und Rz. 8.26 ff.) unmittelbar aus den Kommunikationsgrundrechten des Art. 5 Abs. 1 GG abzuleiten, ist vor dem BVerfG[36] ohne Erfolg ge-

8.15

---

27 EGMR AfP 2018, 500 – Becker/Norwegen; EGMR NJW 2017, 1533 – Görmüs u. a./Türkei; vgl. schon OLG Hamburg AfP 1995, 504.

28 BVerfG NJW 1966, 1603 – Spiegel-Urteil; BVerfG NJW 1969, 1019; *Löffler*, NJW 1978, 913, 915; *Löffler/Achenbach*, § 23 LPG Rz. 25 f.; *Ricker/Weberling*, Kap. 30 Rz. 5.

29 EGMR AfP 2018, 500 – Becker/Norwegen; EGMR NJW 2017, 1533 – Görmüs u. a./Türkei.

30 BVerfG NJW 1969, 1019; BVerfG AfP 1983, 385; BVerfG NJW 1990, 701.

31 BGH AfP 1979, 236 = NJW 1979, 1212 – Spiegel-Urteil; vgl. auch *Rebmann*, AfP 1982, 189 ff.

32 So ausdrücklich auch BGH AfP 1989, 738 = NJW 1990, 525; *Löffler/Achenbach*, § 23 LPG Rz. 71 ff.; *Ricker/Weberling*, Kap. 30 Rz. 5; *Löffler*, NJW 1978, 913 ff.; *Meyer-Goßner/Schmitt*, § 53 StPO Rz. 27.

33 BVerfG AfP 2007, 110 = NJW 2007, 1117 – Cicero; OLG Dresden NJW 2007, 3511.

34 BVerfG AfP 1983, 385 = NJW 1984, 1101; BVerfG NJW 1990, 701.

35 Mit Recht kritisch dazu *Löffler/Achenbach*, § 23 LPG Rz. 72.

36 BVerfG AfP 1987, 697.

blieben. Ebenso erfolglos blieb der Versuch des *ZDF*, sich gegenüber einer auf § 12 des damaligen Fernmeldeanlagengesetzes gestützten Anordnung einer Ermittlungsbehörde, über von einem bestimmten Mobilfunkanschluss geführte Telefongespräche mit dem seinerzeit weltweit gesuchten Immobilienspekulanten *Dr. Jürgen Schneider* Auskunft zu erteilen, auf sein verfassungsrechtlich fundiertes Auskunftsverweigerungsrecht zu berufen.[37] In der Auslegung der gesetzlichen Bestimmungen durch die Rechtsprechung wirkt sich die Erkenntnis, dass das Zeugnisverweigerungsrecht unmittelbar verfassungsrechtlich legitimiert ist, inzwischen allerdings sehr konkret aus.[38] Trotz der vom BVerfG prinzipiell anerkannten Möglichkeit eines übergesetzlichen Zeugnisverweigerungsrechts und Beschlagnahmeverbots orientieren sich die Ermittlungsbehörden zwar ausschließlich an den einschlägigen Bestimmungen der StPO und der ZPO. Ihren nicht selten zu beobachtenden Tendenzen, diese Bestimmungen zu Lasten der Medienfreiheiten restriktiv auszulegen, begegnen die Gerichte nun aber zunehmend mit einer verfassungskonformen Auslegung der jeweiligen Eingriffsnormen, die dem hohen Stellenwert von Quellenschutz und Redaktionsgeheimnis Rechnung trägt.

3. Träger des Zeugnisverweigerungsrechts

8.16 Auf das Zeugnisverweigerungsrecht können sich alle Mitarbeiter der Medien berufen, die **bei der Vorbereitung, Herstellung und Verbreitung von Druckerzeugnissen oder Rundfunksendungen mitwirken** oder mitgewirkt haben, sofern dies berufsmäßig geschieht. Zur Zeugnisverweigerung berechtigt ist damit jeder, der sich an der Vorbereitung oder Herstellung eines redaktionellen Beitrags in jedem Medium im Anwendungsbereich von Art. 5 Abs. 1 Satz 2 GG berufsmäßig beteiligt. Dazu gehören Redakteure, Korrespondenten und Rechercheure ebenso wie Angehörige der kaufmännischen Verwaltung eines Verlags.[39] Den Versuch einer Ermittlungsbehörde, die Preisgabe des Namens eines Informanten nicht durch die zuständigen Redakteure, sondern durch den Justitiar des Verlags im Wege der Verhängung von Beugehaft nach § 70 StPO zu erzwingen, hat das LG Hamburg[40] zutreffender Weise zurückgewiesen.

8.17 Voraussetzung für die Zeugnisverweigerung ist es auch nicht, dass der Betreffende Angestellter eines Medienunternehmens ist. Das Merkmal der berufsmäßigen Mitwirkung schließt nur Gelegenheitsinformanten oder gelegentliche Einsender von Beiträgen aus, lässt aber das Zeugnisverweigerungsrecht freier Mitarbeiter und solcher journalistischer Zulieferer unberührt, die sich mit einer gewissen Regelmäßigkeit als Lieferanten von Beiträgen oder auch als Informanten einer Redaktion betätigen oder dies zu tun beabsichtigen.[41] Auch ist es nicht Voraussetzung für die Inanspruchnahme des Zeugnisverweigerungsrechts, dass ein Journalist entgeltlich tätig wird.[42] Der Kreis der Weigerungsberechtigten ist damit weit gezogen, wenngleich es bei freien Mitarbeitern im Einzelfall zu einem Legitimationsproblem kommen kann.

---

37 LG Frankfurt a.M. NJW 1996, 1008.
38 BVerfG AfP 2007, 110 = NJW 2007, 1117 – Cicero; BGH AfP 1989, 738 = NJW 1990, 525; OLG Dresden NJW 2007, 3511.
39 *Löffler/Achenbach*, § 23 LPG Rz. 27 ff.; KK/*Senge*, § 53 StPO Rz. 32; *Meyer-Goßner/Schmitt*, § 53 StPO Rz. 31 f.
40 LG Hamburg AfP 1984, 172; zustimmend *Meyer-Goßner/Schmitt*, § 53 StPO Rz. 31.
41 BGH AfP 1999, 268 = NJW 1999, 2051; *Löffler/Achenbach*, § 23 LPG Rz. 38; KK/*Senge*, § 53 StPO Rz. 31; *Meyer-Goßner/Schmitt*, § 53 StPO Rz. 31.
42 *Löffler/Achenbach*, § 23 LPG Rz. 38.

Nach § 53 Abs. 1 Satz 1 Nr. 5 StPO und den Verfahrensordnungen, die auf diese Vorschrift verweisen (Rz. 8.5), steht das Zeugnisverweigerungsrecht auch den Autoren von **Filmberichten**[43] und den Mitarbeitern der **elektronischen Presse** zu. Auch auf das Erfordernis der Zugehörigkeit der Zeugnisverweigerungsberechtigten zur **periodischen Presse** hat der Gesetzgeber mit der Novellierung verzichtet. Nicht mehr ausgeschlossen sind damit die gesamte **Buchpresse** und diejenigen, die bei der Produktion von **Flugblättern** und in der Regel **Plakaten** mitwirken.[44] Zum **Rundfunk** im Sinn der Zeugnisverweigerungsbestimmungen gehören wie stets der Hörfunk und das Fernsehen,[45] so dass deren Mitarbeiter in gleicher Weise privilegiert sind wie diejenigen der periodischen Presse. Mitarbeiter von **Online-Diensten** können das Zeugnis über die Identität eines Nutzers im Rahmen von Ermittlungen wegen eines von diesem in den Dienst eingestellten Inhalts aber nur dann verweigern, wenn es sich um elektronische Presse handelt; handelt es sich hingegen um ein Forum, auf dessen Inhalt der Anbieter und seine Mitarbeiter keinen Einfluss nehmen, den sie vielmehr nur administrieren, dann steht ihnen das Zeugnisverweigerungsrecht nicht zu.[46] Auch ein Beschlagnahmeverbot besteht in diesen Fällen nicht.[47]

8.18

Nach § 383 Abs. 1 Nr. 5 ZPO und den entsprechend ausgestalteten weiteren Verfahrensordnungen (Rz. 8.4), steht hingegen das Zeugnisverweigerungsrecht weiterhin nur den Mitarbeitern periodischer Druckschriften und des Rundfunks zu. Mitarbeiter der anderen Mediengattungen, für die nach diesen Vorschriften das Zeugnisverweigerungsrecht nicht gilt, die aber in Verfahren, auf die § 53 Abs. 1 Satz 1 Nr. 5 StPO anwendbar ist, zur Zeugnisverweigerung berechtigt wären, werden beanspruchen können, dass die Gerichte ihnen das Zeugnisverweigerungsrecht im Wege verfassungskonformer Auslegung der ihrem Wortlaut nach restriktiveren Bestimmung des § 383 Abs. 1 Nr. 5 ZPO ebenfalls einräumen, da sachliche Gründe dafür, dieses Recht im Zivilprozess enger zu fassen als im Strafverfahren, ersichtlich nicht bestehen; zur anders gelagerten Problematik des selbst recherchierten Materials vgl. Rz. 8.4.

8.19

4. Inhalt des Zeugnisverweigerungsrechts

Mit der Identität der Informanten einerseits und dem Inhalt der von diesen gemachten Mitteilungen andererseits wird das Zeugnisverweigerungsrecht für zwei unterschiedliche Kategorien gewährt. Hinzu treten, wenn auch unter dem Vorbehalt der Verhältnismäßigkeit, für den Bereich des Strafprozesses und der ihm gleichgestellten Verfahren die selbst recherchierten Materialien sowie die berufsbezogenen eigenen Wahrnehmungen.

8.20

a) Identität der Informanten

Das Zeugnisverweigerungsrecht erfasst in allererster Linie die Identität der Informanten, die im Gesetzeswortlaut mit den Begriffen des Verfassers, Einsenders oder in der Formulierung von § 383 Abs. 1 Nr. 5 ZPO des Gewährsmanns von Beiträgen oder Unterlagen für den redaktionellen Teil umfassend definiert werden. Damit darf zunächst die Beantwortung aller Fragen nach dem Verfasser eines Beitrags verweigert werden, gleichgültig, ob es sich um einen

8.21

---

43 Löffler/*Achenbach*, § 23 LPG Rz. 42.
44 KK/*Senge*, § 53 StPO Rz. 28; Löffler/*Achenbach*, § 23 LPG Rz. 41; *Ricker/Weberling*, Kap. 30 Rz. 25.
45 KK/*Senge*, § 53 StPO Rz. 29; *Meyer-Goßner/Schmitt*, § 53 StPO Rz. 30.
46 LG Duisburg MMR 2013, 334.
47 LG Augsburg K&R 2013, 421.

Angehörigen des betreffenden Medienunternehmens oder einen Außenstehenden handelt; auch wenn der Befragte selbst der Verfasser ist, ist er berechtigt, dies zu verschweigen und die Auskunft über die Person des Verfassers zu verweigern.[48] Handelt es sich um eine Mehrheit von Verfassern, so darf die Antwort auf die Frage nach der Identität von jedem von ihnen verweigert werden, unabhängig von der Qualität oder Quantität des Beitrags des Einzelnen.[49]

8.22　Das Zeugnisverweigerungsrecht schützt auch den Verfasser eines anonymen Beitrags in Hörfunk und Fernsehen. Dies gilt auch dann, wenn er ihn selbst verliest und sich dabei abbilden lässt.[50] Dasselbe gilt im Fall der Ausstrahlung eines Interviews, in dem eine Redaktion zwar die Gruppenzugehörigkeit des Interviewpartners offenbart, seine Identität aber durch Verwendung eines Pseudonyms verbirgt.[51] Stets ist entscheidend, dass die Medien die Identität des Informanten oder Verfassers geheim halten wollen und das auch zuvor getan haben. Solange dies der Fall ist, dürfen nicht nur Antworten auf direkte Fragen wie diejenige nach dem Namen des Informanten oder Verfassers verweigert werden. Gleiches gilt vielmehr auch für alle indirekten Fragen, deren Beantwortung zur Aufdeckung der Identität beitragen oder sie auch nur erleichtern würde.[52] Dann darf auch die Beantwortung solcher Fragen verweigert werden, hinsichtlich deren ein eigenständiges Zeugnisverweigerungsrecht nicht besteht, wie etwa derjenigen nach **gezahlten Informationshonoraren**.[53]

8.23　Hingegen versagt das Zeugnisverweigerungsrecht in der Regel, wenn die Medien die **Identität ihres Informanten bereits selbst preisgegeben** haben und die Befragung auf weitere Einzelheiten wie etwa seinen gegenwärtigen Aufenthaltsort gerichtet ist.[54] Auch im Streit darüber, ob sich ein in einem Beitrag namentlich genannter Informant gegenüber der betreffenden Redaktion so geäußert hat, wie ihn die Redaktion zitiert, kann sich der Redakteur nicht auf sein Zeugnisverweigerungsrecht berufen, wenn er über die inhaltliche Richtigkeit des Zitats als Zeuge aussagen soll.[55] In Ausnahmekonstellationen kann sich allerdings der Schutz der Anonymität auch auf die **Lebensumstände des Informanten** erstrecken.[56] Das kommt in seltenen Fällen eines ganz außerordentlichen Publizitätsinteresses in Betracht sowie dann, wenn das Interesse an der Veröffentlichung auch des Namens des Informanten ausnahmsweise so erheblich ist, dass es den staatlichen Anspruch auf ungestörte Ausübung der Rechtspflege und namentlich einen bestehenden Strafanspruch erheblich überwiegt.[57] Diese Auffassung ist im Schrifttum teilweise auf Ablehnung gestoßen.[58] Vor allem aber ist sie in ihren tatsächlichen Voraussetzungen so vage, dass Redaktionen im Einzelfall nur schwer auf die Anwendung dieser Ausnahmeregel werden vertrauen können. Rechtssicherheit hinsichtlich des Quellenschutzes bietet nur die Wahrung der Anonymität des zu schützenden Informanten.[59]

48　*Ricker/Weberling*, Kap. 30 Rz. 28; *Meyer-Goßner/Schmitt*, § 53 StPO Rz. 35.
49　LG Hamburg AfP 1984, 172; LG Heilbronn AfP 1984, 119; *Ricker/Weberling*, Kap. 30 Rz. 28.
50　KK/*Senge*, § 53 StPO Rz. 36; *Meyer-Goßner/Schmitt*, § 53 StPO Rz. 35.
51　BGH AfP 1989, 738 = NJW 1990, 525.
52　BGH AfP 1979, 236; BGH AfP 1989, 738 = NJW 1990, 525.
53　BGH AfP 1989, 738 = NJW 1990, 525; *Löffler/Achenbach*, § 23 LPG Rz. 45.
54　BGH AfP 1999, 268 = NJW 1999, 2051; LG Frankfurt a. M. NJW 1996, 1008; KK/*Senge*, § 53 StPO Rz. 35; *Meyer-Goßner/Schmitt*, § 53 StPO Rz. 34.
55　BVerfG NJW 2002, 592 = ZUM 2002, 62; OLG Dresden NJW-RR 2002, 342.
56　BGH AfP 1979, 236.
57　KK/*Senge*, § 53 StPO Rz. 35.
58　*Meyer-Goßner/Schmitt*, § 53 StPO Rz. 34; *Rebmann*, AfP 1982, 189, 191; zustimmend hingegen *Löffler/Achenbach*, § 23 LPG Rz. 47.
59　BVerfG NJW 2002, 592 = ZUM 2002, 62; OLG Dresden NJW-RR 2002, 342.

Einsender Bei den **Einsendern** und **Gewährsleuten** von Beiträgen oder Unterlagen im Sinn 8.24
der gesetzlichen Bestimmungen handelt es sich um die eigentlichen Informanten, mithin die
Lieferanten von Material und Informationen. Auch ihre Anonymität ist durch das Zeugnis-
verweigerungsrecht in vollem Umfang geschützt. Unbeachtlich ist, ob das gelieferte Material
oder die gelieferten Informationen tatsächlich veröffentlicht worden oder ob sie noch zur
Veröffentlichung bestimmt sind. Vom Zeugnisverweigerungsrecht erfasst ist damit auch die
Identität der Lieferanten von Material, das nur als Hintergrundmaterial dient oder sich nach
Prüfung als zur Veröffentlichung ungeeignet erweist.[60]

b) Anvertraute Mitteilungen und selbst recherchiertes Material

Vom Aussagezwang befreit waren die Mitarbeiter der Medien schon vor dem Inkrafttreten 8.25
der Strafprozessnovelle von 2002 ferner hinsichtlich der ihnen im Hinblick auf ihre berufliche
Tätigkeit **gemachten Mitteilungen**.[61] Die insoweit durch § 53 Abs. 1 Nr. 5 StPO n.F. vorgesehene Privilegierung gilt aber nicht nur denjenigen Mitteilungen, die zum Gegenstand einer
Veröffentlichung geworden sind, sondern auch dem Hintergrundmaterial sowie solchen Mitteilungen, die sich als publizistisch unergiebig erweisen und daher nicht weiter ausgewertet
werden.[62] Als Mitteilung in diesem Sinn gilt nach der zutreffenden Rechtsprechung des
BGH[63] auch alles, was ein in seiner Identität nicht identifizierter Interviewpartner einer Redaktion zu beobachten ermöglicht hat. So sind, solange die Identität des Informanten als solche nicht aufgedeckt ist, Fragen nach seinem Aussehen, seinen Gewohnheiten, seinem Aufenthalt und alle weiteren Fragen dem Zeugniszwang entzogen, deren Beantwortung auch nur
theoretisch Rückschlüsse zulassen könnte, die zu seiner Enttarnung führen können.[64]

Trotz dieser pressefreundlichen Auslegung des Begriffs der anvertrauten Mitteilungen war 8.26
das Zeugnisverweigerungsrecht gemäß § 53 Abs. 1 Nr. 5 StPO in diesem Punkt über lange
Jahre alles andere als umfassend und weit davon entfernt, perfekt ausgebildet zu sein.[65] Nach
herrschender Auffassung galt auch im Rahmen dieser Bestimmung und gilt bis heute im Anwendungsbereich von § 383 Abs. 1 Nr. 5 ZPO als privilegiert nur dasjenige, was Informanten
den Mitarbeitern der Medien aktiv mitgeteilt haben; gleichgestellt sind seit jeher Dokumente
und sonstige Unterlagen, die sie den Medien übergeben haben, sowie das Ergebnis gezielter
Beobachtungen, die Informanten den Medien bewusst ermöglichen.[66] Hingegen waren unter
der Geltung aller Verfahrensordnungen das **selbst recherchierte** bzw. **erarbeitete Material**
sowie alle Beobachtungen vom Zeugnisverweigerungsrecht ausgeschlossen, die Medienmitarbeiter aktiv angestellt haben, ohne dass sie ihnen von Informanten gezielt ermöglicht worden wären.[67] Zum selbst erarbeiteten Material in diesem Sinn gehören etwa die von Medien-

---

60 KK/*Senge*, § 53 StPO Rz. 43; *Meyer-Goßner/Schmitt*, § 53 StPO Rz. 38.
61 Im Anwendungsbereich von § 383 Abs. 1 Nr. 5 ZPO und der Verfahrensordnungen, die auf diese
   Vorschrift verweisen (Rz. 8.4), gilt diese Einschränkung auch heute noch. Die Darstellung in
   Rz. 8.25 - 8.29 ist für den Bereich des Strafprozesses und derjenigen Verfahrensordnungen, die auf
   die StPO Bezug nehmen, nur noch von historischem Interesse; im Bereich der ZPO und der auf sie
   verweisenden weiteren Gesetze behält sie aber ihre Aktualität.
62 BGH AfP 1979, 236; Löffler/*Achenbach*, § 23 LPG Rz. 58; KK/*Senge*, § 53 StPO Rz. 43.
63 BGH AfP 1989, 738 = NJW 1990, 525.
64 BGH AfP 1989, 738 = NJW 1990, 525.
65 Vgl. Löffler/*Achenbach*, § 23 LPG Rz. 59 ff.
66 BGH AfP 1979, 236; BVerfG AfP 1987, 683 = NJW 1988, 329; LG Heilbronn AfP 1984, 119; KK/
   Senge, § 53 StPO Rz. 40.
67 BVerfG AfP 1987, 697; BGH AfP 1979, 236; *Meyer-Goßner/Schmitt*, § 53 StPO Rz. 39; KK/*Senge*,
   § 53 StPO Rz. 40.

mitarbeitern gefertigten **Fotografien und Filme** ebenso wie das Ergebnis von Beobachtungen von Straftaten, die ein Journalist hat anstellen können, der einen Demonstrationszug begleitet hat und der auf diese Weise zum Zeugen geworden ist. Derart selbst erarbeitetes Material wird im Rahmen dieser Fassung des Gesetzes auch nicht dadurch zu einer privilegierten Mitteilung, dass es von einem Außendienstmitarbeiter an einen anderen Redakteur weitergegeben wurde; beide müssen, als Zeuge befragt, wahrheitsgemäß und vollständig aussagen.[68]

8.27 Damit war unter der Geltung von § 53 Abs. 1 Satz 1 Nr. 5 StPO a.F. und ist unter derjenigen von § 383 Abs. 1 Nr. 5 ZPO bis heute ein Kernbereich publizistischer Arbeit vom Zeugnisverweigerungsrecht ausgenommen.[69] Die Folgen sind gravierend. Die Grenzen zwischen gemachter Mitteilung und selbst erarbeiteter Information, zwischen aktiver Beobachtung und solcher Beobachtung, die ein Informant einem Journalisten gezielt ermöglicht, sind fließend und in vielen Fällen nicht hinreichend sicher bestimmbar. Mit Recht hat es etwa das OLG München abgelehnt, einem Journalisten das Zeugnisverweigerungsrecht hinsichtlich auf einer Pressekonferenz getätigter Äußerungen Dritter mit der Begründung zu versagen, es handele sich um selbst angestellte Beobachtungen.[70] Wie schwierig die Abgrenzung im Einzelnen sein kann, illustriert auch der Fall des Interviews mit einem in seiner Identität geschützten Mitglied der Terrororganisation *RAF*, in dem die Ermittlungsbehörden das Recht des Redakteurs in Abrede nahmen, Antworten auf Fragen nach anderen Teilnehmern am Interview wie etwa Dolmetschern, nach der Anfertigung von Fotografien aus Anlass des Interviews, nach der Sprache, in der das Interview geführt wurde, und nach dem etwa gezahlten Honorar zu verweigern. Mit Recht hat allerdings in diesem Fall der BGH das Zeugnisverweigerungsrecht auf diese Art selbst gemachter Beobachtungen mit der Erwägung erstreckt, dass anderenfalls das Recht, die Identität des Informanten zu schützen, umgangen werden könnte.[71]

8.28 Vor allem aber erweist sich die dargestellte Auslegung der im Anwendungsbereich von § 383 Abs. 1 Nr. 5 ZPO noch heute geltenden Regeln durch die Rechtsprechung zunehmend hinderlich für die **aktive Recherche** und damit die eigentliche Aufgabe der Medien. Insbesondere in der Akzeptanz der Beobachtung von **Demonstrationen** und **Kundgebungen** durch die Medien hat sie den Effekt, dass die Teilnehmer an derartigen Veranstaltungen in den sie begleitenden Journalisten und unter ihnen vornehmlich in den anwesenden Fotografen und Kameramännern weniger die Multiplikatoren erwünschter Öffentlichkeitswirkung sehen, die sie in erster Linie sein wollen und auch tatsächlich sind, als vielmehr unfreiwillige Lieferanten von Beweismaterial für Staatsanwaltschaften und Polizei. Dass bei unfriedlich verlaufenden Demonstrationen Journalisten nicht selten ebenso Opfer rechtswidriger Gewaltanwendung geworden sind wie Polizeibeamte, hat hier seine wichtigste Ursache.

8.29 Erschwert werden durch die restriktive Auslegung des Zeugnisverweigerungsrechts im vorliegenden Zusammenhang auch vielfältige Formen informeller Zusammenarbeit zwischen Medien und im Grenzbereich der Kriminalität tätigen Informanten, die Journalisten traditionell gern Einblick in eigene Erkenntnisse und Tipps für die Anstellung eigener Beobachtungen geben, in ihnen jedoch angesichts des umfassenden Zeugniszwangs bei selbst angestellten Be-

---

68 BGH AfP 1979, 236; KK/*Senge*, § 53 StPO Rz. 40.
69 Zur grundlegenden – auch rechtspolitischen – Kritik an dieser Rechtslage vgl. insbesondere Löffler/*Achenbach*, 4. Aufl. 1997, § 23 LPG Rz. 61 ff.; *Pöppelmann*, AfP 1997, 485.
70 OLG München AfP 1989, 567.
71 BGH AfP 1989, 738 = NJW 1990, 525.

obachtungen ebenfalls zunehmend Erfüllungsgehilfen der Strafverfolgungsbehörden sehen. Insbesondere investigativ arbeitende und daher bisweilen aggressiv recherchierende Journalisten, die schon der Natur der Sache nach mehr und ungewöhnlichere Vorfälle beobachten als der normale Bürger, müssen sich daher bei der Ausübung ihres Berufs nach der im Rahmen von § 383 Abs. 1 Nr. 5 ZPO fortgeltenden Rechtslage darauf einstellen, nicht nur ihren Redaktionen, sondern auch den Strafverfolgungsbehörden als Informationsquelle zu dienen, wenn sie als Zeugen zu den von ihnen beobachteten Vorgängen aussagen müssen. Dennoch hat das BVerfG[72] es unter der damals auch im Rahmen von § 53 Abs. 1 Nr. 5 StPO geltenden, identischen Rechtslage abgelehnt, das Zeugnisverweigerungsrecht auf den Inhalt selbst recherchierten oder anderweitig hergestellten Materials und insbesondere auf von den Medien selbst gefertigte Lichtbilder und Filme zu erstrecken. Die Praxis muss sich daher weiter auf die für die unterschiedlichen Verfahrensordnungen unterschiedlich geregelte Ausgestaltung des Zeugnisverweigerungsrechtsrechts einstellen.

Schließlich besteht nach herrschender Auffassung in der Regel kein Zeugnisverweigerungsrecht gegenüber Fragen nach der Zahlung und gegebenenfalls Höhe von **Informationshonoraren**.[73] Das ist insbesondere deswegen unbefriedigend, weil derartige Fragen erfahrungsgemäß zwar bei Ermittlungsbeamten außerordentlich beliebt, für den Ermittlungszweck aber in aller Regel irrelevant sind. Sie dienen nur in seltenen Fällen der Aufklärung von strafbaren Handlungen, in der Regel hingegen der Befriedigung eines offenbar unstillbaren, gleichwohl aber illegitimen Interesses der Ermittlungsbehörden an der Arbeitsweise und Struktur der Medien. Allerdings kommt ein Zeugnisverweigerungsrecht im Zusammenhang mit Fragen nach der Honorierung von Informanten ausnahmsweise dann in Betracht, wenn die Beantwortung der Fragen zur Aufdeckung der bisher gewahrten Anonymität des Informanten oder Verfassers führen oder diese jedenfalls erleichtern könnte.[74] 8.30

c) Anzeigenteil

Aufgrund ausdrücklicher Entscheidung des Gesetzgebers (§ 53 Abs. 1 Satz 3 StPO; § 383 Abs. 1 Nr. 5 ZPO) sind ferner **Anzeigen** aus dem Geltungsbereich des Zeugnisverweigerungsrechts ausgenommen. Über die Identität des Einsenders einer chiffrierten Anzeige darf das Zeugnis in der Regel ebenso wenig verweigert werden wie über den Inhalt von Unterlagen, die ein Inserent einer Redaktion im Zusammenhang mit einem Anzeigenauftrag übersendet. Das geltende Zeugnisverweigerungsrecht erkennt damit das so genannte **Chiffregeheimnis** nicht an. Dieser Regelung entsprechend ist der Verleger eines Mediums, das Chiffreanzeigen enthält, auch nach § 7 SchwarzArbG verpflichtet, den Behörden der Zollverwaltung Namen und Anschrift eines Inserenten bekannt zu geben, wenn Anhaltspunkte dafür bestehen, dass in der Chiffreanzeige Schwarzarbeit beworben wird. 8.31

Trotz gravierender Bedenken gegen die geltende Regelung hat es das BVerfG jedenfalls für den Regelfall ausdrücklich abgelehnt, das Zeugnisverweigerungsrecht auf den Anzeigenteil zu erstrecken.[75] Ausnahmen können allerdings bei chiffrierten **Anzeigen** nicht geschäftlichen, 8.32

---

72 BVerfG AfP 1987, 697 = NJW 1988, 329.
73 BGH AfP 1979, 236; KK/*Senge*, § 53 StPO Rz. 44; *Rebmann*, AfP 1982, 189, 190.
74 BGH AfP 1979, 236; BGH AfP 1989, 738 = NJW 1990, 525; Löffler/*Achenbach*, § 23 LPG Rz. 45; KK/*Senge*, § 53 StPO Rz. 44.
75 BVerfG AfP 1983, 387 = NJW 1984, 1101; BVerfG NJW 1990, 701; kritisch dazu Löffler/*Achenbach*, § 23 LPG Rz. 77.

sondern **meinungsbildenden Inhalts** in Betracht kommen,[76] wenn bei ihnen im Einzelfall die Anonymität des Inserenten nicht weniger schutzwürdig und -bedürftig erscheint als beim Einsender eines anonymen Leserbriefs, dessen Identität vom Zeugnisverweigerungsrecht geschützt wird.[77] Zum Schutz eines Inserenten, gegen den wegen wettbewerbswidriger Werbung ermittelt wird, kann das Zeugnisverweigerungsrecht hingegen nicht eingesetzt werden.[78] Die Auskunftspflicht reicht aber auch hier nicht weiter als nach den allgemeinen prozessrechtlichen Vorschriften. Eine darüberhinausgehende generelle, materiellrechtliche Auskunftspflicht der Medien hinsichtlich des Anzeigenteils kennt das geltende Recht nicht. So hat etwa auch derjenige, der auf eine Chiffreanzeige mit einer Bewerbung reagiert und vom Inserenten keine Antwort erhält, keinen Anspruch gegen den Verleger auf Bekanntgabe der Identität des Inserenten.[79]

5. Ausübung des Zeugnisverweigerungsrechts

8.33 Die **Ausübung des Zeugnisverweigerungsrechts** steht im Ermessen des jeweils als Zeuge geladenen Medienangehörigen. Ein gesetzliches Schweigegebot besteht für Medienangehörige nicht. In diesem Punkt ist die Rechtslage anders als bei denjenigen Inhabern eines beruflich bedingten Zeugnisverweigerungsrechts, die nach § 203 StGB zur Verschwiegenheit verpflichtet und die folglich auch verpflichtet sind, sich auf ihr Zeugnisverweigerungsrecht zu berufen, wo es besteht. Medieninformanten, die sich auf die Vertraulichkeit ihres Umgangs mit einem Journalisten verlassen, steht auch nicht etwa ein Rechtsanspruch darauf zu, dass er das Zeugnisverweigerungsrecht ausübt.[80] In der Praxis werden Medienangehörige es aber stets ausüben, wenn sie ihrem Informanten die Wahrung seiner Anonymität zugesagt haben. Nach Ziffer 5 Abs. 2 des *Pressekodex* und Ziffer 5.1 der dazu ergangenen Richtlinien gilt dies als Standespflicht, und die Verletzung dieser Pflicht wird unweigerlich dazu führen, dass Informanten den Kontakt mit dem betreffenden Journalisten in Zukunft meiden werden. Die strikte Beachtung der Möglichkeiten des Zeugnisverweigerungsrechts ist eine Grundvoraussetzung dafür, dass Medien an vertrauliche Informationen überhaupt herankommen. Rechtlich jedoch sind die Medienangehörigen in ihrer Entscheidung frei. Da das Zeugnisverweigerungsrecht in erster Linie dem Schutz der Presse- und Rundfunkfreiheit dient,[81] gilt das selbst dann, wenn der Informant den Medienmitarbeiter von einer ihm gegenüber etwa eingegangenen vertraglichen Verschwiegenheitspflicht entbindet oder selbst zur Sache aussagt.[82] Die Inhaber des Zeugnisverweigerungsrechts der Medien dürfen damit über dessen Ausübung nach Opportunität entscheiden. Die Entscheidung ist allerdings dann, wenn ein Journalist in einem Verfahren von seinem Zeugnisverweigerungsrecht keinen Gebrauch macht, irreversibel; er kann sich dann hinsichtlich identischer Beweisfragen in Folgeverfahren auf das Verweigerungsrecht nicht mehr berufen.[83]

---

76 BVerfG AfP 1983, 385; BVerfG NJW 1990, 701; KK/*Senge*, § 53 StPO Rz. 43.
77 KG NJW 1984, 1133; *Meyer-Goßner/Schmitt*, § 53 StPO Rz. 40.
78 BFH AfP 1990, 351.
79 AG Köln AfP 1996, 91.
80 Löffler/*Achenbach*, § 23 LPG Rz. 79 f.
81 *Ricker/Weberling*, Kap. 30 Rz. 36.
82 Löffler/*Achenbach*, § 23 LPG Rz. 82; *Ricker/Weberling*, Kap. 30 Rz. 37.
83 BGH AfP 2013, 137 = NJW-RR 2013, 159.

6. Beschlagnahme- und Durchsuchungsverbot

Durchsuchungs- und **Beschlagnahmeaktionen** in Redaktionen oder sonstwie gegen Medien- 8.34
angehörige stellen stets einen äußerst gravierenden Eingriff in das Grundrecht der Presse-
bzw. Rundfunkfreiheit dar.[84] Sollen sie rechtmäßig durchgeführt werden, so bedarf es immer
der strikten Einhaltung der für sie geltenden materiell- und verfahrensrechtlichen gesetzlichen
Bestimmungen sowie einer Kontrollüberlegung, ob sie bei prinzipieller Statthaftigkeit unter
Beachtung der verfassungsrechtlichen Gewährleistung des Redaktionsgeheimnisses[85] im konkreten Einzelfall erforderlich und verhältnismäßig sind. Die staatlichen Gerichte sind stets
verpflichtet, einen effektiven Rechtsschutz gegen die Anordnung derartiger Maßnahmen zu
gewährleisten.[86] Eine nach § 304 StPO gegen die Anordnung einer Beschlagnahme oder
Durchsuchung grundsätzlich statthafte Beschwerde darf daher nicht unter Berufung auf die
so genannte prozessuale Überholung mit der Begründung als unzulässig verworfen werden,
die Maßnahme als solche sei abgeschlossen und an der beantragten gerichtlichen Entscheidung bestehe kein rechtsschutzwürdiges Interesse mehr.[87] Redaktionen sind daher stets berechtigt, gegen Durchsuchungs- und gegebenenfalls Beschlagnahmeaktionen auch dann noch
mit den gesetzlich verfügbaren Rechtsbehelfen einschließlich, sofern deren prozessuale Voraussetzungen vorliegen, der Verfassungsbeschwerde vorzugehen, wenn die Maßnahmen als
solche sachlich bereits erledigt sind.

a) Beschlagnahmen

Trotz der damit bestehenden Verpflichtung der Ermittlungsbehörden, Beschlagnahmen nur 8.35
mit großer Zurückhaltung und nur unter strikter Beachtung des Verhältnismäßigkeitsgrundsatzes durchzuführen, ergänzt der Gesetzgeber das Zeugnisverweigerungsrecht der Medien
mit gutem Grund durch das in § 97 Abs. 5 StPO geregelte Verbot der **Beschlagnahme zu
Beweiszwecken;** vgl. zur davon strikt zu unterscheidenden **Beschlagnahme von Druckwerken wegen rechtswidrigen Inhalts** Rz. 27.1 ff. Diese Ergänzung ist erforderlich zur Verhinderung einer Umgehung des eigentlichen Zeugnisverweigerungsrechts durch die Ermittlungsbehörden;[88] an die Stelle der Befragung eines Redaktionsangehörigen könnten anderenfalls
die Durchsuchung der Redaktionsräume und die Beschlagnahme des dort vorgefundenen
Materials treten. In zwei Beschlüssen vom 10.12.2010 hat das BVerfG deutlich klargestellt,
dass Durchsuchungs- und Beschlagnahmemaßnahmen wegen der damit verbundenen einschüchternden Wirkung eine Beeinträchtigung des Grundrechts der Presse- und Rundfunkfreiheit aus Art. 5 Abs. 1 Satz 2 GG darstellen.[89] Die durch dieses Grundrecht geschützte Vertraulichkeit der Redaktionsarbeit verwehrt es nach Auffassung des Gerichts den staatlichen
Ermittlungsbehörden, sich Einblicke in Redaktionsinterna zu verschaffen, die zur Entstehung
redaktioneller Beiträge führen. Es sind daher nicht nur Rechercheunterlagen und -materialien
gegen eine Beschlagnahme geschützt, sondern auch organisationsbezogene Unterlagen, aus
denen sich redaktionelle Projekte und Abläufe sowie die Identität der Mitarbeiter einer Re-

---

84 BVerfG AfP 2007, 110 = NJW 2007, 1117 – Cicero; BVerfG AfP 2005, 169; BVerfG AfP 2005, 169;
  BVerfG AfP 2008, 172; BVerfG AfP 2011, 47 = NJW 2011, 1859.
85 BVerfG AfP 2007, 110 = NJW 2007, 1117 – Cicero; EGMR NJW 2008, 2565 – Stern-Reporter;
  EGMR NJW-RR 2011, 1266.
86 BVerfG AfP 2008, 172; LG Dresden AfP 2002, 69.
87 BVerfG AfP 1998, 204 = NJW 1998, 2131; LG Berlin AfP 2011, 500.
88 BGH NJW 1992, 763; KK/*Greven*, § 97 StPO Rz. 1.
89 BVerfG AfP 2011, 47 = NJW 2011, 1859; BVerfG AfP 2011, 51 = NJW 2011, 1863; BVerfG AfP 2015,
  419 = NJW 2015, 3430.

daktion ergeben.[90] Auch die Anfertigung von Grundflächenskizzen und Lichtbildern von Redaktionsräumen im Zuge einer Durchsuchung stellt einen Eingriff in die Mediengrundrechte dar, da mit der bildlichen und skizzenhaften Darstellung dieser Räumlichkeiten der mit der Durchsuchung ohnehin verbundene Eingriff in die redaktionelle Sphäre vertieft und perpetuiert wird.[91]

8.36 In Übereinstimmung mit diesem prinzipiellen **Schutz der Redaktionsräume** gegen Eingriffe durch Ermittlungsbehörden baut die Vorschrift des § 97 Abs. 5 StPO betreffend das Beschlagnahmeverbot unmittelbar auf dem Zeugnisverweigerungsrecht auf. Sie verbietet die Beschlagnahme in demselben Umfang, in dem den Medienangehörigen das Recht zur Zeugnisverweigerung zusteht.[92] So unterliegen dem Beschlagnahmeverbot wie dem Zeugnisverweigerungsrecht u.a. auch Leserbriefe.[93] Das gilt aber nicht, wenn ein Bekennerschreiben einer terroristischen Vereinigung sich nicht nur zu dem Ziel eines fehlgeschlagenen Anschlags bekennt, sondern sich auch mit den Gründen für sein Scheitern auseinandersetzt und zu neuen Anschlägen aufruft; ein solches Schreiben ist das Ergebnis einer Straftat und unterliegt damit der Beschlagnahme.[94]

8.37 Für den Bereich des Strafverfahrens gilt das Beschlagnahmeverbot auch für **selbst recherchiertes** bzw. **erarbeitetes Material**. Im Bereich des Zivilprozesses und derjenigen Verfahrensarten, deren Prozessordnungen auf die ZPO Bezug nehmen, ist diese Art Material allerdings nach wie vor vom Beschlagnahmeverbot ebenso wie vom Zeugnisverweigerungsrecht ausgenommen; zur Kritik an der damit weiterhin unterschiedlich ausgestalteten Rechtslage Rz. 8.27 ff. Durch Verweisung auf generelle Verfahrensnormen schränkt der Gesetzgeber das Beschlagnahmeverbot aber auch im Geltungsbereich der Strafprozessordnung für den Fall ein, dass ein Medienangehöriger an der Tat, wegen deren ermittelt wird, oder an einer Begünstigung, Strafvereitelung oder Hehlerei beteiligt ist, oder wenn es sich um Gegenstände handelt, die durch eine Straftat hervorgebracht oder zur Begehung einer Straftat gebraucht oder bestimmt sind oder die aus einer Straftat herrühren (§ 97 Abs. 2 Satz 3 und § 160a Abs. 4 Satz 2 StPO). Allerdings ist die Beschlagnahme auch in diesen Fällen nur zulässig, wenn sie unter Berücksichtigung der Grundrechte aus Art. 5 Abs. 1 Satz 2 GG nicht außer Verhältnis zur Bedeutung der Sache steht, die Erforschung des Sachverhalts oder die Ermittlung des Aufenthaltsorts des Täters auf andere Weise aussichtslos oder wesentlich erschwert wäre (§ 97 Abs. 5 Satz 2 Halbs. 2 StPO)[95] und der gegen den betreffenden Medienangehörigen gerichtete Tatverdacht hinreichend konkretisiert und von Gewicht ist.[96] Durch das am 1.8.2012 in Kraft getretene Gesetz zur Stärkung der Pressefreiheit im Straf- und Strafprozessrecht (dazu Rz. 7.21) ist nun auch klargestellt worden, dass eine vermutete Beihilfe zum Geheimnisverrat eine Beschlagnahme in Redaktionen allenfalls dann rechtfertigt, wenn sie unter Berücksichtigung der Grundrechte aus Art. 5 Abs. 1 Satz 2 GG nicht außer Verhältnis zur Bedeutung der Sache steht und die Erforschung des Sachverhalts oder die Ermittlung des Aufenthaltsorts des Täters auf andere Weise aussichtslos oder wesentlich erschwert wäre. Hingegen unterliegen Daten von Nutzern einer durch ein Medienunternehmen betriebenen In-

---

90 BVerfG AfP 2011, 47 = NJW 2011, 1859.
91 BVerfG AfP 2011, 51 = NJW 2011, 1863.
92 Löffler/*Achenbach*, § 23 LPG Rz. 96; KK/*Greven*, § 97 StPO Rz. 28; *Meyer-Goßner/Schmitt*, § 97 StPO Rz. 45; *Ricker/Weberling*, Kap. 30 Rz. 43 ff.
93 KG AfP 1983, 352 = NJW 1984, 1133; Löffler/*Achenbach*, § 23 LPG Rz. 75.
94 BVerfG AfP 2000, 557 = NJW 2001, 507; BGH AfP 1996, 270 = NJW 1996, 532.
95 *Meyer-Goßner/Schmitt*, § 97 StPO Rz. 45.
96 BVerfG AfP 2015, 419 = NJW 2015, 3430.

ternetplattform nicht dem Beschlagnahmeverbot, wenn die Äußerungen der Nutzer dort ohne redaktionelle Kontrolle eingestellt werden.[97]

Foto- und Filmaufnahmen sind nach der heute geltenden Rechtslage im Bereich der Straf- 8.38
prozessordnung auch dann gegen Beschlagnahmen geschützt, wenn sie von Medienmitarbeitern aus Anlass eines Interviews oder Informationsgesprächs gefertigt wurden[98] (dazu Rz. 8.26). Das gilt auch für Aufnahmen von Demonstrationen oder Gewalttaten, die in der Vergangenheit der uneingeschränkten Beschlagnahme unterlagen.[99] Ihre Beschlagnahme kommt heute nur noch unter den Voraussetzungen der §§ 97 Abs. 2 Satz 3 und 160a Abs. 4 Satz 2 StPO in Betracht, und dies auch nur dann, wenn die nach § 97 Abs. 5 Satz 2 Halbs. 2 StPO erforderliche Güterabwägung ergibt, dass im Einzelfall das Interesse an einer effizienten Strafverfolgung dasjenige an der Gewährleistung des Redaktionsgeheimnisses überwiegt. Beschlagnahmeaktionen, durch die die Identität eines Informanten der Medien aufgedeckt werden sollen, sind auch dann unzulässig, wenn gegen den unbekannten Informanten der Verdacht einer Verletzung des Dienstgeheimnisses und demnach einer Straftat besteht;[100] dazu im Einzelnen Rz. 7.18 f.

Ohne Ausnahme bedürfen Beschlagnahmen in Redaktionsräumen einer **richterlichen An-** 8.39
ordnung (§ 98 Abs. 1 Satz 2 StPO).[101] Büroräume freier Mitarbeiter von Redaktionen nehmen demgegenüber nach der Rechtsprechung des BGH[102] am Richterprivileg nicht teil. Beschlagnahmeanordnungen zu Lasten von Redaktionen oder auch einzelnen Journalisten bedürfen darüber hinaus ausnahmslos und damit auch in den Fällen, für die § 97 Abs. 5 Satz 2 Halbsatz 2 StPO dies nicht ausdrücklich anordnet, einer spezifischen Prüfung der Frage, ob die Anordnung der Beschlagnahme unter Berücksichtigung des in Betracht kommenden Delikts, des Stands der Ermittlungen und der Schwere des Eingriffs in die Pressefreiheit, den eine Beschlagnahme in Redaktionsräumen darstellt, in der konkreten Situation erforderlich und geboten ist.[103]

b) Durchsuchungen

Nach § 102 StPO ist eine **Durchsuchung** der Wohnung, anderer Räume des Betroffenen, sei- 8.40
ner selbst und der ihm gehörenden Sachen zulässig zwecks Aufspürung von Beweismitteln oder Ergreifung des Täters, wenn der Betroffene einer Straftat oder einer Datenhehlerei, Begünstigung, Strafvereitelung oder Hehlerei verdächtig ist. Anders als die Bestimmungen über das Zeugnisverweigerungsrecht und die Beschlagnahme sieht § 102 StPO für den Fall der Durchsuchung ein Medienprivileg nicht vor. Durchsuchungen zwecks Auffindens von Beweismaterial sind vielmehr auch in Redaktionsräumen und bei Medienangehörigen außerhalb von Redaktionsräumen zulässig, wenn der Betroffene selbst einer Straftat verdächtig ist,[104] und zwar im Prinzip auch im Fall des Verdachts eines so genannten Presseinhaltsdelikts (dazu Rz. 26.3). Das gilt im Fall des Verdachts der Bestechung selbst dann, wenn die Gefahr besteht,

---

97 LG Darmstadt AfP 2015, 463; LG Duisburg MMR 2013, 334.
98 KK/*Greven*, § 95 StPO Rz. 32.
99 BVerfG NJW 1981, 971; BVerfG AfP 1987, 697 = NJW 1988, 329.
100 BVerfG AfP 2007, 110 = NJW 2007, 1117 – Cicero.
101 BGH AfP 1999, 268 = NJW 1999, 2051.
102 BGH AfP 1999, 268 = NJW 1999, 2051.
103 BVerfG AfP 2011, 51 = NJW 2011, 1863; BVerfG AfP 2015, 419 = NJW 2015, 3430; LG Bremen AfP 1999, 386.
104 *Meyer-Goßner/Schmitt*, § 103 StPO Rz. 7.

dass durch die Durchsuchung der Informantenschutz und damit das Zeugnisverweigerungsrecht durchbrochen wird,[105] solange es nicht das ausschließliche oder überwiegende Ziel der
Durchsuchung ist, die Identität des Informanten aufzudecken.[106]

8.41 Auch Durchsuchungen gemäß § 103 StPO, die dem Auffinden von Beweismaterial bei anderen Personen als dem Verdächtigen gelten, dürfen in **Redaktionsräumen** im Prinzip durchgeführt werden. Auch derartigen Maßnahmen gegenüber besteht kein Medienprivileg, soweit
sie nicht gezielt dazu dienen, Gegenstände aufzuspüren oder Informationen zu beschaffen,
die vom Zeugnisverweigerungsrecht gedeckt und nach § 97 Abs. 5 StPO von der Beschlagnahme ausgenommen sind.[107] Sie setzen allerdings voraus, dass Tatsachen vorliegen, aus denen
zu schließen ist, dass die gesuchte Person oder Sache sich in den durchsuchten Räumen befindet. Diese Tatsachen müssen ihrerseits feststehen, und eine bloße Vermutung reicht als
Grund für eine Durchsuchung einer Redaktion auch dann nicht aus, wenn sie durch krimi-
nalistische Erfahrung gestützt wird.[108]

8.42 In der Regel kann und wird aber eine **Durchsuchung in Redaktionsräumen** im Hinblick auf
den mit Verfassungsrang ausgestatteten **Verhältnismäßigkeitsgrundsatz** sowie die Gewährleistung des **Redaktionsgeheimnisses** durch Art. 5 Abs. 1 GG und Art. 10 EMRK[109] unzulässig sein, obwohl sie durch den Wortlaut der einschlägigen gesetzlichen Bestimmungen nicht
verboten ist. Denn jede Durchsuchung von Redaktions- oder Verlagsräumen stellt einen
schwerwiegenden Eingriff in die redaktionelle Tätigkeit und damit in die Pressefreiheit dar.[110]
Auch bei Durchsuchungsanordnungen ist es daher stets erforderlich, unter Berücksichtigung
der Schwere des Delikts einerseits und der Schwere des mit der Anordnung verbundenen Eingriffs in die Medienfreiheiten andererseits eine konkrete Abwägung vorzunehmen.[111] Die Anordnung und Durchführung eines Durchsuchungs- und Beschlagnahmebeschlusses zum
Zweck der Aufklärung einer **Bagatellstraftat** ist daher auch dann unzulässig, wenn ein Zeugnisverweigerungsrecht nicht in Betracht käme.[112] Und auch unabhängig davon, ob es sich um
ein Bagatelldelikt handelt oder nicht, ist stets zu prüfen, ob das Strafverfolgungsinteresse im
konkreten Einzelfall ein solches Gewicht hat, dass es höher zu werten ist als der Schutz des
Redaktionsgeheimnisses.[113]

8.43 Auch Durchsuchungen in Redaktionsräumen bedürfen stets der **Anordnung durch einen
Richter**.[114] Nur bei Gefahr im Verzug kann gemäß § 105 Abs. 1 Satz 1 StPO eine Anordnung
durch die Staatsanwaltschaft ausreichend sein. Dies gilt allerdings im Hinblick auf die beson-

---

105 BVerfG AfP 1976, 123; BVerfG AfP 2007, 110 = NJW 2007, 1117 – Cicero.

106 BVerfG AfP 2007, 110 = NJW 2007, 1117 – Cicero.

107 BVerfG AfP 2007, 110 = NJW 2007, 1117 – Cicero; KG JR 1983, 382; LG Köln NJW 1981, 1746;
Meyer-Goßner/Schmitt, § 103 StPO Rz. 7.

108 LG Mannheim AfP 2012, 490.

109 BVerfG AfP 2007, 110 = NJW 2007, 1117 – Cicero; EGMR NJW 2008, 2565 – Stern-Reporter;
EGMR NJW-RR 2011, 1266; EGMR NJW 2017, 1533 – Görmüs u. a./Türkei; EGMR AfP 2018,
500 – Becker/Norwegen.

110 BVerfG AfP 2007, 110 = NJW 2007, 1117 – Cicero; BVerfG AfP 2005, 169; BVerfG AfP 1008, 172;
BVerfG AfP 2011, 47 = NJW 2011, 1859; BVerfG AfP 2011, 51 = NJW 2011, 1863.

111 BVerfG AfP 2007, 110 = NJW 2007, 1117 – Cicero; BVerfG AfP 2005, 169; BVerfG AfP 1008, 172;
BVerfG AfP 2011, 47 = NJW 2011, 1859; BVerfG AfP 2011, 51 = NJW 2011, 1863; LG Bremen
AfP 1999, 386.

112 BVerfG NJW 1966, 1603 – Spiegel-Urteil; *Ricker/Weberling*, Kap. 30 Rz. 45; KK/*Greven*, § 97 StPO
Rz. 31.

113 BVerfG AfP 2011, 47 = NJW 2011, 1859.

114 BGH AfP 1999, 268 = NJW 1999, 2051.

dere Eingriffsintensität nicht für die Anordnung einer Durchsuchung von Redaktionsräumen. Sie ist auch in Fällen der Gefahr in Verzug in entsprechender Anwendung von § 98 Abs. 1 Satz 2 StPO nur aufgrund einer richterlichen Anordnung zulässig.[115] Wie schon im Bereich der Beschlagnahme gilt dies allerdings nicht für Durchsuchungsmaßnahmen in den Räumen eines freien Mitarbeiters außerhalb der Redaktion.[116]

§ 9 Bildbeschaffung

1. Bildrecherche

Für die Printmedien und das Fernsehen ergeben sich im Bereich der Beschaffung von Bild- und Filmmaterial besondere Probleme. Dabei ist zu unterscheiden zwischen der selbständigen Bildrecherche durch die von den Medienunternehmen eingesetzten angestellten oder beauftragten Fotografen oder Kamerateams und dem Erwerb von Bildern oder Filmen, die durch freie Fotografen oder Kameraleute hergestellt und in der Regel durch Agenturen vermarktet werden.

9.1

In der Praxis der Bebilderung von Printmedien sowie in der aktuellen Berichterstattung des Fernsehens ist die Veröffentlichung aktuellen Foto- bzw. Filmmaterials unverzichtbar. Im Zusammenhang mit den an dieser Stelle zu erörternden Rechtsproblemen der Recherche sind die **rechtlichen Rahmenbedingungen** für die **Herstellung** von Lichtbildern und Filmen zu erörtern. Auf die Rechtsprobleme der Verbreitung vorhandenen Bildmaterials ist in anderem Zusammenhang (Rz. 21.1 ff.) einzugehen. Diese Aufspaltung der Problematik entspricht der Wertung des Gesetzgebers, der seinerseits zwischen der **Herstellung** und der **Verbreitung von Lichtbildern unterscheidet.** Im Rahmen der Herstellung von Bildern ist es rechtlich ohne Belang, ob Lichtbilder oder Fernsehaufnahmen durch angestellte Bildredakteure für ei-

9.2

---

115 BGH (Ermittlungsrichter) NJW 1999, 2051; KK/*Bruns* § 105StPO Rz. 1; Löffler/*Achenbach*, vor § 13 LPG Rz. 32; *Meyer-Goßner/Schmitt*, § 105 StPO Rz. 2; *Ricker/Weberling*, Kap. 32 Rz. 56.
116 BGH AfP 1999, 268 = NJW 1999, 2051.

nen bestimmten Verlag oder einen bestimmten Fernsehsender oder ob sie durch freie Fotografen bzw. Produzenten zur beliebigen Verwertung hergestellt werden. Soweit im Folgenden
von der Herstellung von Fotografien die Rede ist, gelten die dazu getroffenen Feststellungen
für die Herstellung von Fernsehaufnahmen entsprechend.

a) Recht am eigenen Bild

aa) Herstellung von Lichtbildern und Filmen

9.3 Das Recht der Herstellung von Lichtbildern ist durch den Gesetzgeber nur bruchstückhaft
und wenig konsequent geregelt.

9.4 Hinsichtlich der Lichtbilder oder filmischen Aufnahmen von Personen finden sich die grundlegenden gesetzlichen Bestimmungen in §§ 22 ff. KUG vom 9.1.1907. Diese Bestimmungen
regeln mit dem **Recht am eigenen Bild** entgegen dem sonstigen Inhalt dieses Gesetzes keine
urheberrechtlichen Probleme, sondern eine vom Gesetzgeber aus seinerzeit aktuellem Anlass[1]
frühzeitig für notwendig erachtete besondere Ausprägung des erst viel später entwickelten
und heute gewohnheitsrechtlich anerkannten **Allgemeinen Persönlichkeitsrechts,**[2] die die
Ablösung der sonstigen Bestimmungen des Kunsturhebergesetzes durch das Urheberrechtsgesetz im Jahr 1965 überdauert hat. §§ 22 ff. KUG befassen sich jedoch nicht mit der Herstellung, sondern ausschließlich mit der **Verbreitung von Lichtbildern.**[3] Da ein Verstoß gegen
die Vorschriften zum Schutz des Rechts am eigenen Bild gemäß § 33 KUG strafbar ist und im
deutschen Strafrecht ein striktes Analogieverbot herrscht, kann den §§ 22 ff. KUG ein Verbot
der Herstellung von Fotografien auch nicht in entsprechender Anwendung entnommen werden.[4] Das BVerfG sieht es dementsprechend auch als unzulässig an, in jeder Herstellung einer
Fotografie eine Handlung zur Vorbereitung ihrer späteren gesetzwidrigen Verbreitung zu sehen und daher bereits aus § 22 KUG ein Film- oder Fotografierverbot abzuleiten.[5] Präventiv-
polizeiliche Maßnahmen, etwa eine Beschlagnahme des Film- oder Fotomaterials gem. §§ 94,
98 StPO zur Beweissicherung oder eine Einziehung nach § 201a Abs. 5, § 74a StGB, § 111b
StPO kommen daher nur zur Gefahrenabwehr oder bei Gefahr in Verzug in Betracht; ein Anspruch auf Einschreiten besteht regelmäßig nicht.[6] Insbesondere obliegt es nicht der Polizei,
zu entscheiden, welche Form der Berichterstattung erfolgen soll und welcher Art von vor-
bereitender Recherche es dafür bedarf.[7]

9.5 Neben die Bestimmungen des KUG tritt zusätzlich allerdings noch als wesentliche **Straf-
rechtsnorm** § 201a StGB. Mit dieser Vorschrift wurde erstmals ein ausdrückliches, wenngleich in seinen Konturen unscharfes und daher schon wegen Verstoßes gegen den strafrechtlichen Bestimmtheitsgrundsatz des Art. 103 Abs. 2 GG nicht unbedenkliches Verbot bereits

---

1 Zur geschichtlichen Entwicklung Schricker/Loewenheim/*Götting*, § 22 KUG Rz. 1 ff.
2 *v. Gamm*, Einf. Rz. 102; Schricker/Loewenheim/*Götting*, § 22 KUG Rz. 7; Löffler/*Steffen*, § 6 LPG
Rz. 119.
3 VGH Baden-Württemberg AfP 1996, 193; Schricker/Loewenheim/*Götting*, § 22 KUG Rz. 34; Wen-
zel/*v. Strobl-Albeg*, Kap. 7 Rz. 27; *Prinz/Peters*, Rz. 809.
4 OLG Dresden v. 10.7.2018 – 4 U 381/18, zit. nach juris; OLG Hamburg NJW 1972, 1290; OLG Celle
NJW 1979, 57; VG Köln AfP 1988, 182 = NJW 1988, 367; VGH Baden-Württemberg AfP 1996, 193.
5 BVerfG GRUR 2016, 311; BVerwG AfP 2012, 411 = ZUM 2012, 909; VG Köln AfP 1988, 182; *Mann*,
AfP 2013, 16 ff.; a.A. OLG Oldenburg NJW 1963, 920.
6 BVerwG AfP 2012, 411 = NJW 2012, 2676; VGH München Beschl. v. 23.6.2016 – 10 ZB 14.1058, zit.
nach juris; KG AfP 2007, 139 = NJW-RR 2007, 1196.
7 BVerwG AfP 2012, 411 = NJW 2012, 2676.

der Herstellung von Personenaufnahmen statuiert. Nach § 201a Abs. 1 Nr. 1 StGB wird bestraft, wer unbefugt von Personen, die sich in einer Wohnung oder einem gegen Einblick besonders geschützten Raum befinden, Bildaufnahmen herstellt oder überträgt und dadurch deren höchstpersönlichen Lebensbereich verletzt (dazu Rz. 10.8 ff.).[8] Daneben ist mit dem 49. Gesetz zur Änderung des Strafgesetzbuches im Jahr 2015 gemäß § 201a Abs. 1 Nr. 2 StGB auch die unbefugte Herstellung oder Übertragung von Bildaufnahmen einer Person, die deren Hilflosigkeit darstellt und daher ihren höchstpersönlichen Lebensbereich verletzt, unter Strafe gestellt worden. Damit soll etwa dem Erstellen und Verbreiten von Bildern, die Unfallopfer zeigen, aber auch von Opfern einer Gewalttat oder Personen in für sie potentiell ehrverletzenden Situationen[9] entgegengewirkt werden. Dabei muss allerdings die Hilflosigkeit aus der Bildaufnahme unmittelbar erkennbar sein.[10] § 201a Abs. 1 Nr. 3 StGB stellt den Gebrauch oder das Zugänglichmachen einer solchen Aufnahme unter Strafe, und nach Nr. 4 ist auch bei ursprünglich zulässigen Aufnahmen die wissentlich unbefugte Weitergabe strafbar, wenn dadurch der höchstpersönliche Lebensbereich der abgebildeten Person verletzt wird. Weiter ist es nach § 201a Abs. 2 StGB verboten, anderen Personen Bildaufnahmen zugänglich zu machen, die geeignet sind, dem Ansehen der abgebildeten Person erheblich zu schaden, wobei es hier nicht darauf ankommt, ob die Abbildung ursprünglich mit Zustimmung der betroffenen Person gemacht wurde. Strafbar macht sich schließlich auch, wer gegen Entgelt Bildaufnahmen einer minderjährigen Person, die deren Nacktheit zum Gegenstand hat, herstellt, anbietet oder sich oder einer dritten Person verschafft. Mit Ausnahme der Regelung in § 201a Abs. 1 Nr. 1 StGB werden die strafrechtlichen Beschränkungen ihrerseits aber in § 201a Abs. 4 StGB durch die Wahrnehmung überwiegender berechtigter Interessen wie etwa der Berichterstattung über ein zeitgeschichtliches Ereignis eingeschränkt.[11]

Mit diesen Spezialbestimmungen hat der Gesetzgeber jedoch die Freiheit der Herstellung der Fotografie einer Person nur partiell und zudem in klärungsbedürftiger Weise eingeschränkt. Denn jedenfalls die Fertigung von Fotografien in öffentlichen Räumen wie etwa bei Veranstaltungen, Kundgebungen oder Demonstrationen wird durch sie, vorbehaltlich der nicht an räumliche Gegebenheiten geknüpften Straftatbestände des § 201a Abs. 1 Nr. 2 und Abs. 2 StGB, nicht verboten. Unklar ist auch, wo die Grenzen zwischen einem öffentlichen und einem gegen Einblicke besonders geschützten Raum verlaufen. Der Gesetzgeber hat mit dieser Abgrenzung ersichtlich an die erste *Caroline von Monaco*-Entscheidung des BVerfG[12] anknüpfen wollen, die von einem privaten Rückzugsbereich spricht, in dem ein Betroffener

9.6

„... objektiv erkennbar für sich allein sein will und in dem er sich im Vertrauen auf die Abgeschiedenheit so verhält, wie er es in der breiten Öffentlichkeit nicht tun würde."

Nach der maßgeblich durch den EGMR veranlassten und mitgeprägten Ausrichtung des Rechts am eigenen Bild (dazu im Einzelnen Rz. 21.2 ff.) ist aber der im Wortlaut des § 201a Abs. 1 Nr. 1 StGB in Bezug genommene besondere Schutz gegen Einblicke ein Kriterium, das als Begründung für die Strafbarkeit der Herstellung eines Lichtbilds unter den Aspekten des Rechtsstaatsprinzips des Art. 20 GG und der Medienfreiheiten des Art. 5 Abs. 1 GG nicht ausreicht (Einzelheiten dazu in Rz. 10.15 ff.).

---

8 Einzelheiten bei Wenzel/*v. Strobl-Albeg*, Kap. 7 Rz. 56 ff.
9 Die Gesetzesbegründung (BT-Drucks. 18/3202, S. 28) nennt etwa „Betrunkene auf dem Heimweg".
10 BGH (4. Strafsenat) AfP 2017, 497 = NJW 2017, 1891; s. dazu auch *Mavany*, AfP 2017, 478; Wenzel/*v. Strobel-Albeg*, Kap. 7 Rz. 65.
11 Dazu Wenzel/*v. Strobel-Albeg*, Kap. 7 Rz. 72 ff.
12 BVerfG AfP 2000, 78 = NJW 2000, 1021 – Caroline von Monaco I.

9.7 Schon nach dem Wortlaut von § 201a Abs. 1 Nr. 1 StGB ist die Anfertigung von Fotos Prominenter oder sonstiger Personen im Blickpunkt der Öffentlichkeit auch dann nicht strafbar (dazu im Einzelnen § 21), wenn sie sich aus privatem Anlass in die Öffentlichkeit begeben, und zwar unabhängig davon, ob die Verbreitung derartiger Fotos ihrerseits zulässig ist oder nicht (dazu im Einzelnen Rz. 21.80 ff.) Da andere gesetzliche Verbotstatbestände in diesem Bereich nicht existieren, läge mithin der Umkehrschluss nahe, dass die Rechtsordnung außerhalb des Anwendungsbereichs von § 201a Abs. 1 StGB die Herstellung von Fotografien von Personen nicht untersagt, der Schutz der Persönlichkeit des Einzelnen vielmehr erst dort einsetzt, wo hergestellte Fotografien auch tatsächlich genutzt, also verbreitet oder ausgestellt werden.

9.8 Die Rechtsprechung[13] schränkt jedoch diesen vermeintlich großzügig gesteckten gesetzlichen Rahmen für die Tätigkeit von Fotografen ein, indem sie in der Regel bereits in der Anfertigung von Fotografien von Personen eine Verletzung des Allgemeinen Persönlichkeitsrechts des Abgebildeten sieht, sofern sie ohne dessen **Einwilligung** erfolgt und eine Verbreitung des Bildes in jedem auch nur denkbaren Kontext unzulässig sein würde.[14] Gerechtfertigt wird die strikte Haltung der Rechtsprechung im Wesentlichen in der Eignung der Fotografie, eine bestimmte Situation oder einen an sich nicht verallgemeinerungsfähigen situationsgebundenen Ausdruck optisch zu isolieren und zu perpetuieren, sowie in der Erwägung, dass das Fehlen jeder Möglichkeit einer Kontrolle über die etwaige Verbreitung des gegen seinen Willen hergestellten Bilds eine unzumutbare Belastung der Persönlichkeit des Betroffenen darstelle.[15] Die Umstände einer Bildherstellung fließen regelmäßig in die Abwägung ein, ob die spätere Veröffentlichung des Bildmaterials zulässig war. So ist mittlerweile anerkannt, dass auch Prominente nicht hinnehmen müssen, in der Öffentlichkeit fotografiert zu werden, wenn sie sich dabei in einer privaten Situation befinden. Veröffentlichungen von Fotoaufnahmen einer ehemaligen Fernsehmoderatorin bei einem Stadtbummel mit ihrem Lebensgefährten sind ebenso untersagt worden[16] wie Aufnahmen eines *prominenten Sängers bei einem Reiseantritt auf einem Flughafen*[17] oder Fotos, die einen Fußballnationalspieler während der Fußball-EM bei einem Kurzurlaub mit einer Bekannten zeigten.[18] Zu einer strafrechtlichen Verurteilung führte auch das Verbreiten von Aufnahmen eines vermeintlich an *Ebola erkrankten Patienten* gegen dessen Willen durch einen Journalisten; hier verneinte das Gericht einen „presseinternen" Vorgang und damit eine durch Art. 5 GG geschützte Recherchefreiheit.[19] Hingegen war die Aufnahme der Ehefrau eines ehemaligen *Formel-1-Rennfahrers* beim Betreten eines Krankenhauses trotz des privaten Anlasses aufgrund des erheblichen Informationsinteresses gerechtfertigt,[20] und auch Bildaufnahmen anlässlich der *Beerdigung des Nobelpreisträgers Günther Grass* waren trotz der Ankündigung eines „Abschieds im engsten Familienkreis" aufgrund

13 BGH NJW 1957, 1315 – Spätheimkehrer; BGH NJW 1966, 2353 = GRUR 1967, 205 – Vor unserer eigenen Tür; BGH AfP 1995, 597 = GRUR 1995, 621 – Videoüberwachung; OLG Schleswig NJW 1980, 352; OLG Oldenburg NJW 1963, 920; OLG Hamburg GRUR 1990, 35 – Begleiter; OLG Düsseldorf NJW 1994, 1971; KG AfP 2007, 139 = NJW-RR 2007, 1196; LG Berlin AfP 1994, 332; Wenzel/ v. Strobl-Albeg, Kap. 7 Rz. 30; Schricker/Loewenheim/*Götting*, § 22 KUG Rz. 34 f.; *Prinz/Peters*, Rz. 809; Löffler/*Steffen*, § 6 LPG Rz. 123; i.E. auch *Wanckel*, Rz. 15.
14 KG AfP 2007, 139 = NJW-RR 2007, 1196.
15 Wenzel/*v. Strobl-Albeg*, Kap. 7 Rz. 30 m.w.N.
16 BGH AfP 2009, 256.
17 OLG Köln AfP 2017, 253 = NJW-RR 2017, 1074 – Manipuliertes Filmmaterial; s. auch LG Frankfurt AfP 2013, 438 zu Aufnahmen auf einem Friedhof.
18 OLG Köln v. 22.11.2018 – 15 U 96/18, zit. nach juris.
19 OLG Köln ZUM-RD 2017, 551 – Strafbares Verbreiten von Bildnissen.
20 OLG Köln ZUM 2016, 290 – Krankenhausbesuch.

des erheblichen öffentlichen Informationsinteresses zulässig.[21] Daraus aber folgt ein Gebot der Differenzierung: Nur wenn an einer Person ein **zeitgeschichtliches Interesse** schlechthin nicht besteht oder sie in einem Sachzusammenhang aufgenommen wird, an dem seinerseits ein öffentliches Interesse nicht in Betracht kommt, kann die Herstellung der Aufnahme als solche rechtswidrig sein. Wo es hingegen um Vorgänge aus dem Bereich der Zeitgeschichte geht, ist das nicht der Fall.

Damit sind Fotografen und Kamerateams bei der Herstellung von Lichtbildern und filmischen Aufnahmen, auf denen jedenfalls auch Personen abgebildet sind, in ihrer Tätigkeit auch insoweit beträchtlichen Einschränkungen unterworfen, als sie für die Medien tätig sind. De facto müssen sie neben § 201a StGB in jedem konkreten Einzelfall die Bestimmungen der §§ 22 ff. KUG über den Schutz des Rechts am eigenen Bild und des Allgemeinen Persönlichkeitsrechts bereits bei der Beurteilung der Frage berücksichtigen, ob schon die Herstellung einer Aufnahme in einer späteren Abwägung mit dem Informationsinteresse der Öffentlichkeit als Persönlichkeitsverletzung anzusehen ist (Einzelheiten in Rz. 21.1 ff.). Dies gilt insbesondere in den Fällen, in denen Bild- oder Filmjournalisten mit einer **versteckten Kamera** operieren.[22] Insbesondere in der Praxis der Fernsehmagazine setzt sich diese Art der Bildrecherche zwar seit einigen Jahren immer mehr durch. Gerade für sie gilt aber die Feststellung, dass schon die **Herstellung** von Personenaufnahmen in der Regel als Verletzung des Allgemeinen Persönlichkeitsrechts **unzulässig** ist[23] und Gegenteiliges allenfalls dann gilt, wenn an der durch das heimlich hergestellte Bild vermittelten Sachaussage ein **überragendes Informationsinteresse** der Öffentlichkeit besteht, das nach den zum Allgemeinen Persönlichkeitsrecht entwickelten Kriterien (dazu Rz. 17.6 ff., Rz. 19.1 ff., Rz. 21.1 ff.) das Recht des Betroffenen an seinem eigenen Bild im Einzelfall verdrängen kann. Dies ist regelmäßig nach den in der *Wallraff*-Entscheidung vom BVerfG entwickelten Kriterien nicht der Fall, wenn die durch heimliche Aufzeichnungen widerrechtlich beschafften Informationen Verhaltensweisen offenbaren, die ihrerseits nicht rechtswidrig sind,[24] wobei es nach der zutreffenden jüngeren Rechtsprechung ausreicht, wenn ein überragendes Interesse der Allgemeinheit an der Veröffentlichung der rechtswidrig beschafften oder erlangten Informationen besteht. Eine Berichterstattung über Einzelheiten mit Abbildung eines Grundbuchauszugs aus den sog. „Panama-Papers" kann daher ebenso zulässig sein[25] wie die Veröffentlichung von heimlichen Filmaufnahmen in einem Unternehmen zur Darlegung von Arbeitsbedingungen im Niedriglohnsektor[26] oder die Veröffentlichung von Filmaufnahmen aus Bio-Hühnerställen zur Darstellung der Missstände in der Massentierhaltungsbranche für Biowaren in Discountern.[27] Auch Aufnahmen eines Klinikbetriebs sind nicht zu untersagen, wenn die gefilmten Zustände Fehlentwicklungen zutreffend zeigen und in der Gesamtschau einen Missstand von erheblichem Gewicht darstellen.[28] Nicht zulässig ist es allerdings, eine im Einzelfall rechtswidrige Herstellung einer verdeckten Aufnahme in einem Betrieb oder einer Arztpraxis damit zu ahnden, dass ein auf den betroffenen Betrieb oder die in Rede stehende Praxis bezogenes generelles Verbot der Herstellung von Aufnahmen ausgesprochen wird. Mit Recht verweist die

9.9

---

21 OLG Hamburg AfP 2017, 442 – Beisetzung eines bekannten Autors.
22 Dazu im Einzelnen *Hochrathner*, ZUM 2001, 669 ff.; *Czernik*, GRUR 2012, 457 ff.
23 EGMR NJW-RR 2012, 1059; OLG Köln NJW 2000, 2210; OLG Düsseldorf AfP 2010, 182; LG Düsseldorf AfP 2009, 529.
24 BVerfG NJW 1984, 1741 – Günter Wallraff; generell zum Thema *Czernik*, GRUR 2012, 457.
25 OLG Stuttgart GRURPrax 2017, 335.
26 OLG Stuttgart AfP 2015, 450; BGH AfP 2014, 534 – Innenminister unter Druck.
27 BGH AfP 2018, 222 – Filmaufnahmen aus Bio-Hühnerställen.
28 OLG Hamburg MD 2019, 281; anders noch die Vorinstanz (LG Hamburg ZD 2018, 88).

Rechtsprechung[29] (vgl. dazu im Einzelnen Rz. 30.59 ff.) auf die auch in diesem Zusammenhang bestehende Notwendigkeit einer am Einzelfall orientierten Güterabwägung. Für Fälle eines besonderen Informationsinteresses der Öffentlichkeit hält auch der *Deutsche Presserat* den Einsatz verdeckter Recherchemethoden für gerechtfertigt.[30]

9.10 Selbst wo aber der Einsatz einer versteckten Kamera im Ausnahmefall erlaubt sein kann, müssen die Aufnahmeteams der Fernsehveranstalter davon absehen, bei Gelegenheit der Bildaufnahmen auch **Tonaufnahmen** herzustellen, da sie sich widrigenfalls wegen Verstoßes gegen § 201 Abs. 1 Nr. 1 StGB strafbar machen (dazu Rz. 10.9).

bb) Folgen von Rechtsverletzungen

9.11 Wo Bildjournalisten unter Verletzung wirklicher oder behaupteter Rechte Dritter fotografieren oder filmen oder im Grenzbereich des Zulässigen operieren, gehen sie häufig unmittelbare, spürbare Risiken ein.

(1) Hoheitliche Maßnahmen

9.12 Anders als schreibende Journalisten müssen Bildberichterstatter in der Praxis erfahrungsgemäß nicht selten mit handgreiflichen Protesten derjenigen rechnen, die sie fotografieren oder filmen und die damit nicht einverstanden sind. Die rechtlichen Kategorien sind dabei im Bereich öffentlich-rechtlicher und privater Sanktionen vergleichbar.

9.13 Besonderes Gewicht hat dieses Problem im Rahmen von Demonstrationen und Polizeieinsätzen gewonnen (Einzelheiten in Rz. 21.10 ff.). Polizeibeamte im Einsatz **beschlagnahmen** nicht selten Kameras, jedenfalls aber belichtetes Filmmaterial von Pressefotografen, wenn sie davon ausgehen, selbst auf von diesen gefertigten Fotos abgebildet zu sein, und berufen sich dabei auf die Landespolizeigesetze. Die Rechtfertigung derartiger Beschlagnahmen wird in der Behauptung gesucht, durch die Herstellung bzw. die zu erwartende Veröffentlichung des Filmmaterials werde eine strafbare Handlung begangen bzw. drohe ihre Begehung, und dies rechtfertige den präventiven Eingriff der Polizeibehörden.[31]

9.14 Diese Rechtsauffassung ist regelmäßig unzutreffend. Die bloße Möglichkeit der Rechtswidrigkeit einer etwaigen späteren Veröffentlichung reicht zur Rechtfertigung einer Beschlagnahme oder vorbeugenden Untersagung nicht aus.[32] Die Anfertigung von Bildern lässt sich, wie dargestellt, nicht als Verletzung des Rechts am eigenen Bild qualifizieren, und die von der Rechtsprechung angenommene Verletzung des Allgemeinen Persönlichkeitsrechts ist keine strafbare Handlung. Daher kann bereits eine **Identitätsfeststellung** einen unzulässigen Eingriff in das Allgemeine Persönlichkeitsrecht des von ihr betroffenen Fotografen darstellen[33] und erst recht können polizeiliche Beschlagnahmeaktionen nicht mit dem Gesichtspunkt gerechtfertigt werden, sie seien zur Verhinderung einer Persönlichkeitsrechtsverletzung erforderlich,[34] wie

---

29 BGH AfP 2018, 222 – Filmaufnahmen aus Bio-Hühnerställen; OLG Düsseldorf AfP 2010, 182.
30 Pressekodex, Richtlinie 4.1.
31 VG Karlsruhe NJW 1980, 1708; OLG Celle NJW 1979, 57; VGH Mannheim NVwZ 2001, 1292.
32 BVerwG AfP 2012, 411 = ZUM 2012, 909; VGH München, Beschl. v. 23.6.2016 – 10 ZB 14.1058, zit. nach juris.
33 BVerfG GRUR 2016, 311 – NVwZ 2016, 63 m. Anm. *Penz*.
34 VGH Baden-Württemberg AfP 1996, 193, 195; OVG Saarlouis AfP 2002, 545.

auch ohne besondere Umstände keine Ansprüche eines Betroffenen auf präventiv-polizeiliches Einschreiten bestehen.[35]

Bestehen allerdings in seltenen Ausnahmefällen konkrete Anhaltspunkte dafür, dass die Medien Aufnahmen von Polizisten in **rechtswidriger Weise veröffentlichen** werden, dann kann eine strafbare Handlung nach § 33 KUG bevorstehen, die gegebenenfalls auch eine Beschlagnahme rechtfertigen kann. Doch darf aus der Ausübung einer vom Gesetz erlaubten Tätigkeit wie dem Fotografieren oder Filmen von Demonstrationen und Polizeieinsätzen nicht automatisch auf das Bevorstehen rechtswidriger Verwertungshandlungen geschlossen werden.[36] Erforderlich ist vielmehr eine an Sicherheit grenzende Wahrscheinlichkeit dafür, dass die Redaktion, die die betreffenden Fotos anfertigen lässt, bei der Veröffentlichungsentscheidung geltende straf- oder zivilrechtliche Bestimmungen außer Acht lassen wird.[37] Ohne das Hinzutreten besonderer Umstände müssen die Ordnungsbehörden daher vor der Entscheidung über eine Beschlagnahme von Filmen oder Kameras von der Rechtstreue der jeweiligen Redaktion ausgehen. Die Rechtsprechung verweist in diesem Zusammenhang mit Recht auf die auch der Polizei offenstehende Möglichkeit, einstweiligen Rechtsschutz vor den Zivilgerichten in Anspruch zu nehmen, sollte eine Verständigung über das Ob und Wie einer Veröffentlichung nicht möglich sein,[38] wobei dann insbesondere die Möglichkeit zu berücksichtigen ist, die befürchtete Verletzung von Persönlichkeitsrechten der abgelichteten Polizeibeamten durch das anonymisierende Anbringen von Augenbalken zu vermeiden.[39] Auch die Entwicklung beschlagnahmter Filme und die Öffnung entsprechender Datenträger durch Polizeibehörden ist daher in der Regel ohne die Zustimmung des betreffenden Fotografen unzulässig.[40] Umgekehrt bedarf die Herstellung polizeilicher Aufnahmen von Demonstrationen und anderen Großereignissen nicht nur einer gesetzlichen Grundlage, sondern im Hinblick auf die Persönlichkeitsrechte der Betroffenen ihrerseits stets einer an der Gefahrenlage des Einzelfalls orientierten Interessenabwägung.[41]

9.15

Dennoch kann den betroffenen Bildjournalisten in kritischen Situationen nur empfohlen werden, sich zunächst einmal zu fügen und das verlangte Material freiwillig herauszugeben. Faktisch werden sie zu Erfolg versprechendem Widerstand nicht in der Lage sein, und rechtlich laufen sie Gefahr, sich wegen ungerechtfertigten Widerstands gegen Vollstreckungsbeamte gemäß § 113 StGB strafbar zu machen, wenn sich ihre Einschätzung hinsichtlich der Zulässigkeit oder Unzulässigkeit der umstrittenen Maßnahme nachträglich als unzutreffend erweist.

9.16

Jedoch können betroffene Bildjournalisten durchgeführte Beschlagnahmen stets mit den zulässigen[42] **Rechtsmitteln** anfechten, um der kaum zu leugnenden Tendenz der Polizeibehörden zur unzulässigen Eindämmung erlaubter Bildberichterstattung entgegenzuwirken. Als Reaktion kommen in der Regel Anfechtungsklagen nach § 42 VwGO und vor allem Anträge auf nachträgliche Feststellung der Unzulässigkeit der beanstandeten Maßnahme gemäß § 113

9.17

---

35 VGH München, Beschl. v. 23.6.2016 – 10 ZB 14.1058, zit. nach juris.
36 BVerfG GRUR 2016, 311; BVerwG AfP 2012, 411 = ZUM 2012, 909; VGH München NVwZ-RR 2015, 104; OVG Saarlouis AfP 2002, 545; VG Köln AfP 1988, 182; VGH Baden-Württemberg AfP 1996, 193; *Mann*, AfP 2013, 16; *Jarass*, JZ 1983, 280 ff.
37 OVG Saarlouis AfP 2002, 545.
38 BVerwG AfP 2012, 411 = ZUM 2012, 909.
39 OVG Saarlouis AfP 2002, 545.
40 VGH Baden-Württemberg AfP 1998, 424.
41 BVerfG GRUR 2016, 311; BVerwG AfP 2012, 411; VGH München NVwZ-RR 2015, 104; BVerfG NVwZ 2009, 441; dazu im Einzelnen *Koranyi/Singelstein*, NJW 2011, 124.
42 VGH Baden-Württemberg AfP 1996, 193 und AfP 1998, 424; BVerwG AfP 2000, 205.

Abs. 1 Satz 4 VwGO in Betracht. Nach der für Beschlagnahmen in Redaktionen nun auch vom BVerfG[43] gebilligten Rechtsprechung des BVerwG[44] sind derartige Klagen in aller Regel auch dann zulässig, wenn das beschlagnahmte Material, wie das häufig geschieht, zwischenzeitlich herausgegeben wird und damit eine faktische Erledigung des Vorgangs des Vorgangs eintritt.

9.18 Aber nicht nur Polizeibeamte können sich handgreiflich gegen die Durchführung fotografischer Tätigkeit wehren. Privaten, etwa den Teilnehmern an Demonstrationen, die sich durch die fotografischen Aktivitäten der Bildjournalisten in gleicher Weise in ihren Rechten verletzt fühlen wie die Polizeibeamten, kann unter den Voraussetzungen der strafrechtlichen Notwehrtatbestände (§§ 32 ff. StGB) ein eigenes Abwehrrecht zustehen, aufgrund dessen auch sie sich handgreiflich gegen die Herstellung weiterer Fotografien wehren und die Herausgabe bzw. Vernichtung belichteter Aufnahmen,[45] sicher aber nicht diejenige der Kameras verlangen oder das Anrichten von Zerstörungen rechtfertigen können. Das Recht zur Notwehr steht jedem zu, der sich unter Beachtung des Verhältnismäßigkeitsgrundsatzes gegen einen gegenwärtigen rechtswidrigen Angriff zur Wehr setzen will. Dabei ist anerkannt, dass es sich nicht um einen strafbaren Angriff handeln muss, dass vielmehr auch eine nicht strafbare Verletzung von Persönlichkeitsrechten die Berufung auf den Gesichtspunkt der Notwehr rechtfertigen kann.[46]

9.19 Ob eine fotografische Tätigkeit unter den konkreten Umständen des Einzelfalls die Grenzen der Persönlichkeitsrechtsverletzung erreicht oder überschreitet, wird aber im Allgemeinen streitig sein. Gerade in der aufgeheizten Situation solcher Demonstrationen, die nicht frei von tatsächlicher Gewaltanwendung verlaufen oder jedenfalls potenziell zur Gewalttätigkeit tendieren, und bei denen sich die Konflikte zwischen fotografierten Demonstranten und Fotoreportern in der Regel erst ergeben, dürfte sich für die Bildreporter jenseits der rechtlichen Beurteilung ein pragmatisches Nachgeben schon im Interesse ihrer persönlichen Sicherheit und im Übrigen in der Regel wegen der Chancenlosigkeit einer Abwehr der wirklichen oder vermeintlichen Notwehrmaßnahme empfehlen.

(2) Abwehrrechte Privater

9.20 Soweit die Anfertigung von Fotografien oder Filmen den Tatbestand der Verletzung des Allgemeinen Persönlichkeitsrechts erfüllt, kommt eine **Notwehr des Betroffenen** ebenfalls in Betracht. Es kann auch berechtigt sein, sich vorbeugend mit Gewalt gegen den Angriff des Fotografen zu wehren, und muss sich nicht etwa darauf beschränken, sein Gesicht vor der Kamera zu verbergen.[47] Allerdings werden die rechtlichen Voraussetzungen der Notwehr in der Regel nicht vorliegen, weil sie einen gegenwärtigen Angriff auf das geschützte Rechtsgut, mithin das Allgemeine Persönlichkeitsrecht, voraussetzen und dieser Angriff in Gestalt der Herstellung einer Fotografie in der Regel abgeschlossen sein wird, wenn der Betroffene reagieren kann.[48] Auch in der Konfrontation insbesondere zwischen Paparazzi und Prominenten oder Straf-

---

43 BVerfG AfP 2008, 172.
44 BVerwG AfP 2000, 205.
45 OLG Köln AfP 2017, 253 = NJW-RR 2017, 1074 – Manipuliertes Filmmaterial; OLG Düsseldorf NJW 1994, 1971; OLG Hamburg AfP 2012, 392.
46 OLG Hamburg NJW 1972, 1290; OLG Düsseldorf NJW 1994, 1971; OLG Hamburg AfP 2012, 392.
47 LG Frankfurt AfP 2013, 438 zu Aufnahmen auf einem Friedhof; OLG Hamburg AfP 2012, 392; Wenzel/v. Strobl-Albeg, Kap. 7 Rz. 106 ff.
48 *Prinz/Peters*, Rz. 817.

tätern im Umfeld gerichtlicher Verhandlungen kann den Beteiligten auf beiden Seiten daher nur der Verzicht auf jede Art von Gewaltanwendung empfohlen werden, zumal die Frage nach der Rechtmäßigkeit oder Rechtswidrigkeit des Vorgehens des Fotografen, aber auch der Verteidigungsmaßnahme des Betroffenen, in der Hektik der Konfrontation häufig nicht verlässlich beurteilt werden kann.[49] Der physische Widerstand eines Prominenten gegen die Fertigung von Bildern oder Filmen rechtfertigt es nicht, diesen Widerstand nun seinerseits zu filmen und die so hergestellten Aufnahmen der tätlichen Auseinandersetzung unter Abbildung des Prominenten auszustrahlen.[50]

Liegt eine Rechtsverletzung vor, stehen dem Verletzten dieselben Ansprüche und Rechts- 9.21
behelfe zu, die auch sonst als Sanktionen von Persönlichkeitsrechtsverletzungen in Betracht kommen.[51] Zu erwähnen ist in diesem Zusammenhang insbesondere die Tatsache, dass der Fotograf oder Kameramann auf Vernichtung der rechtswidrig hergestellten Aufnahmen in Anspruch genommen werden kann. Auch wird der Abgebildete in Analogie zum allgemeinen zivilrechtlichen Auskunftsanspruch in Zweifelsfällen einen Anspruch auf Vorlage der Negative der belichteten Filme oder der ihn betreffenden Bilddateien geltend machen können, um prüfen zu können, ob aus der von ihm beanstandeten Situation rechtsverletzende Aufnahmen überhaupt entstanden sind.[52]

b) Sonstige Schranken der Bildrecherche

Neben den Einschränkungen, die sich für die Tätigkeit von Bildjournalisten aus § 201a StGB 9.22
sowie dem Allgemeinen Persönlichkeitsrecht der Abgebildeten ergeben können, kommen weitere Schranken der Bildberichterstattung in Betracht. Sie sind rechtlich im Allgemeinen weniger problematisch. Auf sie ist daher hier nur in Kürze einzugehen.

aa) Die allgemeinen Gesetze

Bildberichterstattung und die zu ihrer Vorbereitung dienende Aufnahmetätigkeit von Foto- 9.23
grafen und Kameraleuten sind den allgemeinen Gesetzen im Sinn von Art. 5 Abs. 2 GG in gleicher Weise unterworfen wie sonstige Recherchetätigkeit auch. Die rechtlichen Grenzen der Recherche (Einzelheiten in Rz. 10.1 ff.) sind daher auf die Tätigkeit der Fotoreporter und Kameraleute in gleicher Weise anwendbar wie auf diejenige aller anderen Redakteure und Rechercheure, soweit ihre Anwendung unter Berücksichtigung der Besonderheiten der Tätigkeit der Bildjournalisten möglich ist.

So sind auch Bildreporter gehalten, die strafrechtlichen Bestimmungen über den **Hausfrie-** 9.24
densbruch zu beachten.[53] Auch ihr Wunsch nach aktuellen und möglichst exklusiven Bildern rechtfertigt nicht deren Verletzung,[54] zumal damit im Fall von Personenaufnahmen auch die Verletzung des Straftatbestands des § 201a StGB verbunden sein kann (dazu Rz. 10.15 ff.). Veranstalter von privaten oder gewerblichen Veranstaltungen oder die Betreiber von privaten,

---

49 *Wanckel*, Rz. 311; *Prinz/Peters*, Rz. 817.
50 KG AfP 2007, 139 = NJW-RR 2007, 1196; zu einem vergleichbaren Fall s. auch OLG Köln AfP 2017, 253 = NJW-RR 2017, 1074 – Manipuliertes Filmmaterial.
51 Einzelheiten in Teil III (§§ 26 ff.).
52 Vgl. zur vergleichbaren Situation der unzulässigen Herstellung von Aufzeichnung von Telefongesprächen BGH NJW 1988, 1016.
53 S. beispielsweise LG Berlin AfP 2004, 482.
54 *Wanckel*, Rz. 9.

aber der Öffentlichkeit zugänglichen Einrichtungen wie Kirchen, Museen, Parks oder zoologischen Gärten sind berechtigt, sich die Anfertigung von Fotografien und Filmen innerhalb ihrer Veranstaltungen bzw. Einrichtungen selbst vorzubehalten oder die Erteilung der Erlaubnis dazu von bestimmten Bedingungen wie der Zahlung eines Entgelts oder der Auferlegung bestimmter Verwendungsbeschränkungen abhängig zu machen (dazu auch Rz. 21.87). Wer an derartigen Veranstaltungen teilnimmt oder Einrichtungen in Kenntnis solcher Bedingungen betritt, erklärt sich jedenfalls stillschweigend mit ihrer Einhaltung einverstanden und ist an sie gebunden.[55]

9.25 Leistungen von Bildjournalisten an Beamte dafür, dass ihnen die Ablichtung vertraulicher Materialien ermöglicht wird, sind strafbare Vorteilsgewährung. Sie ist nach den einschlägigen strafrechtlichen Bestimmungen in gleicher Weise zu beurteilen wie vergleichbare Aktivitäten anderer Redakteure auch. Wegen der Einzelheiten kann daher auf die Darstellung der allgemeinen Grenzen der Recherche verwiesen werden (Rz. 7.73; Rz. 10.1 ff.).

bb) Gesetzliche Fotografierverbote

9.26 Ausdrückliche gesetzliche Bestimmungen über die Anfertigung von Lichtbildern existieren nur für einige besondere Regelungsbereiche. So ist die Herstellung von Film- und Fernseh- (sowie Ton-) Aufnahmen von **Gerichtsverhandlungen** kraft ausdrücklicher gesetzlicher Bestimmung verboten (§ 169 GVG; dazu Rz. 6.4 ff.).[56] Ein ausdrückliches Verbot der Anfertigung von Fotografien während einer Gerichtsverhandlung enthält das Gesetz hingegen nicht; es wird sich jedoch in der Regel aus Anordnungen des Vorsitzenden des jeweiligen Gerichts ergeben, der sich dazu auf sein Recht der Verhandlungsleitung und das von ihm während der Verhandlung im Sitzungssaal auszuübende Hausrecht berufen kann (Rz. 6.13).[57]

9.27 Gesetzliche Beschränkungen der Bildrecherche ergeben sich ferner im Bereich militärischer Sicherheitseinrichtungen. Nach § 5 Abs. 2 des **Schutzbereichsgesetz**[58] ist es verboten, in den durch die zuständigen Landesbehörden definierten Schutzbereichen ohne Genehmigung zu fotografieren.[59] Und nach § 109g Abs. 2 StGB ist u.a. die Anfertigung oder Weitergabe von Fotografien von so genannten Wehrmitteln, militärischen Einrichtungen oder Anlagen verboten, sofern dadurch konkrete Sicherheitsbelange der Bundesrepublik gefährdet werden.[60] Dabei sind die militärischen Einrichtungen und Anlagen in Deutschland stationierter NATO-Truppen den deutschen Einrichtungen gleichgestellt.[61] Ein darüber hinausgehendes Verbot der Herstellung von Luftbildern besteht gemäß § 109g Abs. 2 StGB heute nur noch unter der Voraussetzung, dass dadurch die Sicherheit der Bundesrepublik Deutschland oder die Schlagkraft ihrer Truppen gefährdet wird.[62] Dafür kommen belanglose Abbildungen sicher nicht in

---

55 BGH AfP 2011, 158 = NJW 2011, 749 – Preußische Gärten und Parkanlagen I; BGH NJW 2013, 1809 = ZUM 2013, 571 – Preußische Gärten und Parkanlagen II; s. auch *Schabenberger*, GRURPrax 2011, 139; a.A. *Lehment*, GRUR 2011, 327; *Wanckel*, Rz. 8 ff.
56 Gesetz zur Erweiterung der Medienöffentlichkeit (BGBl. I S. 3546).
57 BVerfG NJW 1995, 184; BGH NJW 1998, 1420; LG Berlin AfP 1994, 332; *Ricker/Weberling*, Kap. 16 Rz. 12; *Wanckel*, Rz. 22.
58 Schutzbereichsgesetz v. 7.12.1956 (BGBl. I 1956, 899).
59 Dazu *Wanckel*, Rz. 28.
60 Einzelheiten bei Schönke/Schröder/*Eser*, § 109g StGB Rz. 1 ff.; *Wanckel*, Rz. 29.
61 § 1 Abs. 2 Nr. 4 Viertes Strafrechtsänderungsgesetz i.d.F. vom 19.12.1986, abgedruckt bei *Fischer*, Anh. 14.
62 Dazu *Wanckel*, Rz. 34 ff.

Betracht,[63] wohl aber das Fotografieren eines Munitionsdepots.[64] Die Verletzung dieser spezialgesetzlichen Bestimmungen führt zwar nicht zu unmittelbaren Ansprüchen Dritter gegen die jeweils tätigen Fotografen oder Kameraleute, ist jedoch nach den jeweils einschlägigen Bestimmungen strafbar bzw. als Ordnungswidrigkeit mit Geldbuße bedroht.

Im Zusammenhang mit dem **Datenschutz** wird seit Inkrafttreten der DSGVO diskutiert, ob 9.28 das Herstellen und Verbreiten von Aufnahmen für journalistische Zwecke an datenschutzrechtlichen Bestimmungen zu messen ist. Hier setzt sich aber zunehmend die Auffassung durch, dass die Bereichsausnahme des Art. 85 Abs. 2 DSGVO greift und nach wie vor die §§ 22 ff. KUG heranzuziehen sind (s. auch unter Rz. 1.10).[65]

2. Erwerb von Bildrechten

In der Praxis der Presseverlage spielt der Erwerb von Veröffentlichungsrechten an Lichtbil- 9.29 dern von freien Fotografen und vor allem Bildagenturen eine mindestens ebenso große Rolle wie die Anfertigung von Fotografien durch angestellte oder freie Mitarbeiter. Auch bei öffentlich-rechtlichen und privaten Fernsehveranstaltern kommt ein Zukauf von Filmmaterial häufig vor. Beim Einkauf von Bild- und Filmrechten zu Veröffentlichungszwecken können sich Probleme zum einen auf der Ebene des Erwerbs der Veröffentlichungsrechte und zum anderen bei der Gestaltung der vertraglichen Rahmenbedingungen für den Erwerb ergeben.

a) Gesetzliche Grundlagen

Bilder und Filme sind Gegenstand von Rechten derjenigen, die sie geschaffen haben. Durch 9.30 Bilder und Filme berührt werden zudem häufig Rechte derjenigen, deren Bildnis, deren geschütztes Werk oder unter Umständen deren Eigentum oder Privatsphäre dargestellt wird. Bei beiden Arten von Rechten handelt es sich um unterschiedliche Kategorien, die in keinem direkten Zusammenhang miteinander stehen.

aa) Urheberrecht

Bilder, die sich für eine Publikation durch Printmedien eignen, sind regelmäßig urheberrecht- 9.31 lich geschützt. Das gilt zunächst für Zeichnungen, auf deren Veröffentlichung die Presse auch im Zeitalter der Fotografie nach wie vor nicht verzichten kann, und für Karikaturen. Beide sind in der Regel als **Werke der bildenden Kunst** gemäß § 2 Abs. 1 Nr. 4 UrhG Gegenstand des Urheberrechts. An das Erfordernis des Vorliegens einer persönlichen geistigen Schöpfung im Sinn von § 2 Abs. 2 UrhG stellt die Rechtspraxis regelmäßig nur geringe Anforderungen.[66] So sind im Allgemeinen etwa Skizzen, die ein Zeichner von den Beteiligten einer Gerichtsverhandlung anfertigt, in der das Fotografieren verboten ist, urheberrechtlich geschützt. Auch an gezeichneten Karten oder grafischen Tabellen, wie sie die Presse oftmals zur Veranschaulichung geografischer, demografischer oder statistischer Zusammenhänge abbildet, besteht nach § 2 Abs. 1 Nr. 7 UrhG im Allgemeinen ein Urheberrecht.

---

63 BGH NJW 1971, 441.
64 Dazu *Fischer*, § 109g StGB Rz. 3 m.w.N.
65 OLG Köln WRP 2018, 1006; s. auch Wenzel/*Strobl-Albeg*, Kap. 7 Rz. 122 ff. jedenfalls für Bildnisse, die unter das Medienprivileg des Art. 85 Abs. 2 DSGVO fallen.
66 Vgl. Wenzel/*Burkhardt*, UrhR, Kap. 2 Rz. 2 ff.; *Fromm/Nordemann*, § 2 UrhG Rz. 30 ff.

9.32 Gleiches gilt schließlich für Fotografien, deren Veröffentlichung durch die Presse in besonderem Maße unverzichtbar ist. Sie sind entweder als so genannte **Lichtbildwerke** gemäß § 2 Abs. 1 Nr. 5 UrhG oder als (schlichte) **Lichtbilder** gemäß § 72 UrhG für den Fotografen geschützt. Angesichts der an Aktualität orientierten Medien sind die unterschiedlichen Schutzfristen von 70 Jahren nach Versterben des Urhebers (Lichtbildwerke) und 50 Jahren nach dem Erscheinen bzw. der Herstellung des Bilds (§ 72 Abs. 3, § 69 UrhG)[67] ohne große praktische Bedeutung. Als oder wie Filmwerke im Sinn von § 2 Abs. 1 Nr. 6 UrhG urheberrechtlich geschützt sind schließlich auch die filmischen Beiträge, die Fernsehveranstalter für ihr aktuelles oder unterhaltendes Programm von Dritten erwerben.

9.33 Wo immer die Medien daher bildliche Illustrationen einsetzen, haben sie zunächst die Urheberrechte der jeweiligen Zeichner, Fotografen, Produzenten oder Kameraleute[68] zu beachten. Sofern diese als Arbeitnehmer von Presseverlagen tätig werden, wird heute in Ergänzung des gesetzlichen Tatbestands des § 43 UrhG im Wesentlichen durch die urheberrechtlichen Bestimmungen der Manteltarifverträge für die Übertragung der Veröffentlichungsbefugnis auf die Verlage Sorge getragen (Rz. 7.91 ff.), deren Regelungen obendrein häufig individualvertraglich vereinbart werden. Soweit Redaktionen Bilder von Agenturen oder freien Fotografen erwerben, muss durch die Art der Vertragsgestaltung dafür gesorgt werden, dass die Verlage diejenigen urheberrechtlichen **Nutzungsrechte** erwerben, die sie für die beabsichtigte Veröffentlichung benötigen. Probleme bereiten dabei oft Bildagenturen, die in ihren Geschäftsbedingungen unterschiedliche Regelungen für die private und die kommerzielle Nutzung vorsehen, was von den Redaktionen nicht immer ausreichend beachtet wird, oder auch Bilder, die den Redaktionen zugeschickt und von diesen ohne ausreichende Klärung der Urheberschaft verwendet werden. Gleiches gilt für Fernseh- oder auch Hörfunkveranstalter im Rahmen des Erwerbs vorproduzierter Beiträge. Stets muss die Redaktion sich auf geeignete Weise vergewissern, dass der Anbieter berechtigt ist, über die Nutzungsrechte zu verfügen. Unterlässt sie dies und verletzt sie durch die Veröffentlichung das Urheberrecht des wahren Urhebers, so handelt sie fahrlässig und ist dem Urheber zum Schadenersatz verpflichtet.[69]

9.34 Für die Printmedien sind dabei die **Auslegungsregeln** des § 38 UrhG zu beachten: Nach § 38 Abs. 3 UrhG erwerben Verleger von Zeitungen im Zweifel ein einfaches Nutzungsrecht, das die Befugnis des Inhabers der Rechte, das infrage stehende Bild auch anderweitig publizieren zu lassen, unberührt lässt. Wird einem Zeitungsverleger ein ausschließliches Nutzungsrecht eingeräumt, so ist der Inhaber der Rechte nach § 38 Abs. 3 Satz 2 UrhG gleichwohl berechtigt, das infrage stehende Werk anderweitig erscheinen zu lassen, sobald es durch den Vertragspartner veröffentlicht worden ist. Die Exklusivität endet mithin in diesen Fällen mit der erstmaligen Veröffentlichung durch die Zeitung. Demgegenüber erwerben Verleger von Zeitschriften gemäß § 38 Abs. 1 UrhG ein ausschließliches Nutzungsrecht mit der Maßgabe, dass der Urheber berechtigt ist, das betreffende Bild ein Jahr nach Erscheinen anderweitig zu verwerten, sofern nicht – etwa im Rahmen der Bestimmungen des Manteltarifvertrags – etwas Anderes vereinbart worden ist.

---

67 Dazu Schricker/Loewenheim/*Vogel*, § 72 UrhG Rz. 49 ff.
68 Zu den Urheber- und Leistungsschutzrechten von Kameraleuten vgl. im Einzelnen *Schulze*, GRUR 1994, 855.
69 BGH ZUM 2013, 406.

Diese Bestimmungen sind dispositives Recht, können also durch von den Parteien ausdrück- 9.35
lich zu vereinbarende andere Regeln ersetzt werden.[70] Sie sind zudem eine spezialgesetzliche
Ausprägung der in § 31 Abs. 5 UrhG normierten und in der urheberrechtlichen Praxis fest
etablierten **Zweckübertragungslehre**, durch die sie zugleich ergänzt werden.[71] Rechte zur
Nutzung urheberrechtlicher Befugnisse werden daher im Zweifel, soweit also der im Einzelfall
abgeschlossene Nutzungsvertrag nichts anderes bestimmt, stets nur in dem Umfang übertragen, der erforderlich ist, um den mit der Übertragung verfolgten konkreten Zweck zu erreichen.[72] Erwirbt also der Verleger mehrerer Zeitschriften ein aktuelles Foto zur Veröffentlichung in einer bestimmten Zeitschrift, so ist er nach der Zweckübertragungslehre im Zweifel
nicht berechtigt, es auch in anderen Zeitschriften zu veröffentlichen, während der Fotograf
oder die für ihn handelnde Agentur nach § 38 Abs. 1 UrhG im Zweifel für die Dauer eines
Jahres daran gehindert ist, es anderweitig zu publizieren.

Trotz des Versuchs des Gesetzgebers, die Übertragung urheberrechtlicher Nutzungsbefugnis- 9.36
se gerade für den Bereich der Presse im Einzelnen zu regeln, herrscht in der Anwendung dieser Grundsätze immer noch eine beachtliche Rechtsunsicherheit. So darf einerseits ein Verlag,
der das Recht zur Veröffentlichung eines Fotos in einer seiner Publikationen erwirbt, für diese
Publikation mit dem Foto werben, ohne dafür eine gesonderte Berechtigung erwerben zu
müssen.[73] Andererseits soll nach Auffassung des OLG Karlsruhe[74] ein Zeitschriftenverlag
ohne nähere Absprache entgegen § 38 Abs. 1 UrhG nur ein einfaches Nutzungsrecht an Lichtbildern erwerben. Danach bleibt die Befugnis des Fotografen zur anderweitigen Veröffentlichung unberührt, während sich die Veröffentlichungsbefugnis des Verlags auf der anderen
Seite trotz der Zweckübertragungslehre auf alle von ihm herausgegebenen Zeitschriften erstrecken soll.

Mit dem Honorar für die Veröffentlichung eines Fotos in einer Zeitschrift ist mangels aus- 9.37
drücklicher gegenteiliger Vereinbarung die Übernahme auf die vom Verlag jeweils nachträglich hergestellte Jahrgangs-CD-ROM nicht mit abgegolten.[75] Gleiches gilt für die Einstellung
urheberrechtlich geschützter Bilder oder Textbeiträge in ein Online-Archiv.[76] Der Verlag hat
nach Auffassung des BGH in einem solchen Fall nicht einmal die rechtliche Möglichkeit, das
Recht zur Veröffentlichung des Fotos auf der CD-ROM durch nachträgliche Zahlung einer
angemessenen Lizenzgebühr nach Art einer Zwangslizenz zu erwerben.[77] Andererseits ist ein
Verlag aber berechtigt, ein zur Veröffentlichung in einem Printobjekt erworbenes Lichtbild
auch in einer Online-Ausgabe desselben Objekts zu veröffentlichen, wofür jedoch eine Zu-
satzvergütung zum vereinbarten Honorar zu zahlen ist, sofern nicht ausdrücklich etwas anderes vereinbart wurde.[78] Und selbst wenn sich ein Verleger das vertragliche Recht hat einräumen lassen, Fotos in sämtlichen von ihm verlegten Objekten zu veröffentlichen, kann sich aus

---

70 Schricker/Loewenheim/*Peukert*, § 38 UrhG Rz. 8; alljährlich gibt die Mittelstandsgesellschaft Foto-
    Marketing (mfm) eine Übersicht der marktüblichen Vergütungen für Bildnutzungsrechte heraus,
    welche über www.bvpa.org/shop bestellt werden kann.
71 Schricker/Loewenheim/*Peukert*, § 38 UrhG Rz. 10.
72 Dazu im Einzelnen Schricker/Loewenheim/*Ohly*, § 31 UrhG Rz. 64 ff.; *Fromm/Nordemann*, § 31
    UrhG Rz. 108 ff.; Wenzel/*Burkhardt*, UrhR, Kap. 5 Rz. 77 ff.
73 OLG Celle AfP 1998, 224.
74 OLG Karlsruhe GRUR 1984, 522 – Herrensitze in Schleswig-Holstein.
75 BGH AfP 2002, 35 = NJW 2002, 896 – Spiegel-CD ROM; OLG Hamburg AfP 1999, 177 = ZUM
    1999, 78.
76 OLG Bamberg ZUM 2012, 967 = GRUR-RR 2012, 450; OLG Düsseldorf ZUM 2014, 242.
77 BGH AfP 2002, 35 = NJW 2002, 896 – Spiegel-CD ROM.
78 OLG Hamburg AfP 2009, 408.

der Vertragsgestaltung immer noch ergeben, dass mit dem vereinbarten Honorar nur die Erstveröffentlichung abgegolten und für weitere Veröffentlichungen ein Zusatzhonorar zu zahlen ist.[79] Der häufig in vorformulierten Verträgen zu findende *„buy-out"*, also die vollständige Übertragung von Nutzungs- und Verwertungsrechten gegen eine Einmalzahlung wird von der Rechtsprechung aus Gründen der Intransparenz oder auch der unangemessenen Benachteiligung zunehmend kritisch gesehen.[80]

9.38   Verlage und Redaktionen auf der einen und Fotografen und ihre Agenturen auf der anderen Seite sollten sich daher vor dem Abschluss von Verträgen über den Erwerb von Bildrechten darüber im Klaren sein, welche Art von Rechtsübertragung sie vereinbaren wollen. Insbesondere dann, wenn ein Verlag Ausschließlichkeitsrechte an Fotos und damit die Berechtigung erwerben will, sie beliebig häufig und in allen Verlagsobjekten zu veröffentlichen, ist auf entsprechend eindeutige Vertragsgestaltung Wert zu legen (dazu Rz. 9.43 ff.). Dabei muss er insbesondere auch darauf achten, dass er mit dem wirklichen Inhaber der Rechte kontrahiert. So kann etwa ein Verlag Rechte an Bildern eines Fotomodells nicht durch eine Vereinbarung mit ihm erwerben, solange nicht der Fotograf, von dem die Aufnahmen stammen, dem Abschluss der Vereinbarung zugestimmt hat.[81] Und als praktische Konsequenz aus der Zweckübertragungslehre lässt sich jedenfalls die generelle Regel aufstellen, dass sich Vertragslücken fast immer zu Gunsten der Urheber auswirken.

bb) Sonstige Rechte

9.39   Bilder sind aber nicht nur Gegenstand urheberrechtlicher Befugnisse ihrer Fotografen oder Zeichner bzw. der Agenturen, die die daraus abzuleitenden Nutzungsrechte häufig zu ausschließlicher Verwertung erworben haben. Durch ihre Veröffentlichung kann und wird vielmehr vielfach auch in **Rechte Dritter** eingegriffen werden. Gleiches gilt für Filmaufnahmen. Dabei geht es in erster Linie um das Recht des Abgebildeten am eigenen Bild (dazu Rz. 21.1 ff.). Veröffentlichungssperren können sich aber auch aus anderen rechtlichen Gesichtspunkten ergeben. Erfahrungsgemäß laufen Redaktionen gerade bei Bildern, die sie von freien Fotografen oder Agenturen erwerben, Gefahr, diesem Gesichtspunkt keine hinreichende Aufmerksamkeit zu widmen. Die Auffassung eines Redakteurs, er habe die Veröffentlichungsrechte hinsichtlich eines bestimmten Bilds erworben und dürfe es daher in der redaktionellen Arbeit nach Belieben verwerten, ist ebenso weit verbreitet wie sie im Einzelfall falsch sein kann. Denn der Inhaber der urheberrechtlichen Nutzungsrechte an einem Lichtbild, von dem eine Redaktion ihre Berechtigung zur Veröffentlichung ableitet, kann regelmäßig nur über seine eigenen Rechte verfügen, nicht aber über diejenigen Dritter, die durch die Herstellung oder Verbreitung des Bilds im Einzelfall tangiert sein könnten. Gleiches gilt umgekehrt auch für denjenigen, der auf einem Foto abgebildet ist und dessen Verwendung durch eine Redaktion zustimmt; diese Zustimmung ersetzt ihrerseits nicht diejenige des Fotografen, auf die es in erster Linie ankommt.[82]

9.40   Die Medien müssen sich daher beim Erwerb von Veröffentlichungsrechten zusichern lassen, dass der Veräußerer nicht nur über die Nutzungsrechte des Urhebers verfügen darf, sondern auch über die Rechte desjenigen, der durch die Verbreitung verletzt werden könnte. Eine derartige Zusicherung kann zwar die gegebenenfalls erforderliche Einwilligung des Dritten nicht

---

79 OLG Hamburg GRUR 1999, 87 – Mehrfachveröffentlichung.
80 OLG Hamburg GRUR-RR 2011, 293; LG Bochum ZUM-RD 2012, 217.
81 OLG Jena ZUM 2004, 841.
82 OLG Jena ZUM 2004, 841.

ersetzen, berechtigt jedoch den Erwerber, Schadenersatzansprüche gegen den Veräußerer geltend zu machen, wenn er seinerseits wegen der Veröffentlichung in Anspruch genommen werden sollte. Selbst wenn aber der Vertragspartner im Einzelfall versichert oder gar nachweist, dass der Abgebildete der Aufnahme und Verbreitung seines Lichtbilds zugestimmt hat, steht damit noch nicht fest, dass diese Zustimmung auch die konkrete Art der Veröffentlichung deckt, für die das Bild erworben wird (im Einzelnen Rz. 21.24 ff.).[83]

Der Erwerb urheberrechtlicher Nutzungsbefugnisse an Bildern enthebt damit die Medien 9.41 nicht der eigenverantwortlichen Prüfung der Frage, ob nicht deren Veröffentlichung wegen entgegenstehender Rechte Dritter unzulässig sein kann. Allerdings wird diese Prüfung im Hinblick darauf, ob abgebildete Personen sich mit der Veröffentlichung generell oder in einem bestimmten thematischen Kontext einverstanden erklärt haben, in vielen Fällen nur in Gestalt der gezielten Nachfrage beim Fotografen oder Filmlieferanten möglich sein. Eine Nachfrage beim Betroffenen selbst kommt häufig nicht in Betracht, weil den Redaktionen seine Personalien nicht bekannt sind. Liegt in solchen Fällen die ausdrückliche Zusicherung des Bildlieferanten vor, dass der Betroffene der beabsichtigten Art der Bildverwendung zugestimmt hat, dann handeln die Redaktionen nicht schuldhaft, wenn sie auf derartige Zusicherungen vertrauen.

Besondere Regelungen hat der BGH im vorliegenden Kontext für den Verkehr zwischen **Bild-** 9.42 **agenturen** und den Medienunternehmen entwickelt, die von ihnen Bildrechte erwerben. So stellt die bloße faktische Überlassung von Bildmaterial durch Agenturen an Verlage noch keine nach § 22 KUG zu beurteilende und dann häufig rechtswidrige Verbreitungshandlung, sondern nur einen medieninternen Vorgang dar, der nicht als Verletzung der Rechte des Abgebildeten gewertet werden darf, solange mit der Überlassung nicht bereits eine Veröffentlichungsabrede verbunden ist.[84] Und der Betreiber eines Bildarchivs ist vor der Weitergabe archivierter Fotos an Medienunternehmen nicht verpflichtet, die Rechtmäßigkeit etwaiger Veröffentlichungen des Materials durch die Medien zu prüfen.[85] Auch insoweit gilt also die Feststellung, dass es die Medien selbst und nicht etwa ihre Vorlieferanten sind, die die Verantwortung für die rechtliche Zulässigkeit von Veröffentlichungen tragen.

b) Vertragliche Rahmenbedingungen für den Erwerb von Bildrechten

Der Erwerb von Bildrechten durch die Medien unterliegt der Vertragsfreiheit, kann also 9.43 durch die Beteiligten in allen seinen Bedingungen frei ausgehandelt werden. Dabei zeigt die Praxis, dass sich die Redaktionen und Fotografen häufig über die Grundlagen des Abschlusses rechtlich bindender Vereinbarungen nicht im Klaren sind oder sie doch in der Hektik der täglichen redaktionellen Arbeit nicht oder nicht hinreichend beachten. Dadurch entstehen Unsicherheiten über die wechselseitigen Rechte und Pflichten und in einer Zeit, in der Urheber und insbesondere freie Fotografen sich ihrer gesetzlichen Rechte stärker als in der Vergangenheit bewusst und von den einschlägigen Verbänden auch darüber beraten werden, häufig auch gerichtliche Streitigkeiten.

---

83 Vgl. BGH AfP 1985, 110 = NJW 1985, 1617 – Nacktfoto.
84 BGH ZUM 2011, 240; a.A. *Schippan*, ZUM 2011, 795.
85 BGH AfP 2011, 70 = NJW 2011, 755 – Die Akte H...; KG AfP 2011, 383 = MMR 2012, 258.

aa) Abschluss von Nutzungsrechtsverträgen

9.44 Verträge über die Einräumung urheberrechtlicher Nutzungsrechte bedürfen keiner besonderen Form. Sie können damit schriftlich, mündlich, aber auch durch konkludente Handlung, also durch stillschweigende Übereinkunft ohne jede Fixierung des gewünschten Vertragsinhalts zustande kommen. Ausdrückliche und schriftliche Verträge mit einer konkreten Fixierung der beiderseitigen Rechte und Pflichten sind schon im Hinblick auf die alles andere als klare Festlegung des Umfangs der jeweiligen Nutzungsrechtsübertragung durch die Rechtsprechung (dazu Rz. 9.35 f.) wünschenswert; in der Praxis dürften sie dennoch die Ausnahme sein.

9.45 Häufig übersenden Fotografen den Redaktionen Fotos ohne Anforderung und ohne ausdrückliche Absprache über die Art der etwaigen Verbreitung und die dafür zu zahlenden Entgelte. In derartigen Fällen stellt sich die Frage, ob durch die Übersendung und Entgegennahme der Fotos im Wege konkludenter Vereinbarung ein Kaufvertrag zustande kommt, und damit auch, ob der Verlag das Eigentum an den ihm überlassenen Fotos erwirbt. Diese Frage ist mit derjenigen nach der Einräumung eines Nutzungsrechts und den dafür gegebenenfalls geltenden Bedingungen nicht unbedingt identisch.[86] Während das OLG München[87] davon ausgegangen ist, dass die Entgegennahme der Fotos in derartigen Konstellationen als konkludenter Abschluss eines Kaufvertrags und als Übereignung der Fotos auszulegen ist, hat der BGH[88] im gegenteiligen Sinn entschieden. Allein aus der Tatsache, dass ein Fotograf einem Verlag Fotos zusendet und dass dieser sie in sein Archiv übernimmt, kann auf den Abschluss eines Kaufvertrags selbst dann nicht geschlossen werden, wenn die Zahlung einer Archivgebühr vereinbart und geleistet wird.

9.46 In der Zusammenarbeit zwischen Redaktionen und Agenturen ist aber die Verwendung von Allgemeinen Geschäftsbedingungen zur Regel geworden. Für sie gelten die allgemeinen zivilrechtlichen Regeln der §§ 305 ff. BGB über die Einbeziehung derartiger Bedingungen in den Geschäftsverkehr zwischen Vertragspartnern und über deren inhaltliche Ausgestaltung, soweit deren Anwendung nicht daran scheitert, dass es sich bei Verlagsunternehmen in aller Regel um Unternehmen handelt, auf die das AGB-Recht nur eingeschränkt anwendbar ist (§ 310 Abs. 1 BGB).[89]

9.47 Allgemeine Geschäftsbedingungen werden nur kraft ausdrücklicher oder stillschweigender Einbeziehung in ein bereits bestehendes Vertragsverhältnis Vertragsbestandteil (§ 305 Abs. 2 BGB).[90] Häufig beobachtete Versuche von Agenturen oder Fotografen, sich zur Begründung von Ansprüchen auf den Inhalt von Bedingungen zu berufen, die sie ihrem Vertragspartner erst zu diesem Zweck nachträglich übersenden, können keinen Erfolg haben. Gleiches gilt für Allgemeine Geschäftsbedingungen, die auf der Rückseite von Rechnungen abgedruckt werden und dem Vertragspartner jedenfalls im Rahmen neuer Vertragsbeziehungen erst nach Vertragsschluss zur Kenntnis gelangen.[91] In solchen Fällen gilt nur, was ausdrücklich vereinbart ist oder was ein Gericht gegebenenfalls als den hypothetischen Vertragswillen der Beteiligten

---

86 OLG München ZUM 2008, 78.
87 OLG München AfP 2004, 142.
88 BGH AfP 2007, 205 = ZUM 2007, 655 – Archivfotos; OLG München AfP 2009, 62 = ZUM 2008, 982; dazu *Wanckel*, Rz. 353.
89 Vgl. zu den Auswirkungen der §§ 305 ff. BGB auf die urheberrechtliche Nutzungsverträge im Einzelnen Schricker/Loewenheim/*Ohly*, vor §§ 31 ff. UrhG Rz. 36 f.; *Schricker*, VerlR, Einl. Rz. 14 f.
90 Vgl. dazu nur Staudinger/*Schlosser*, § 305 BGB Rz. 114.
91 Staudinger/*Schlosser*, § 305 BGB Rz. 110 m.w.N.

aus den Umständen des Einzelfalls, den vom Gesetz zur Verfügung gestellten Auslegungs-regeln sowie unter Umständen den Usancen der Branche ermittelt. Wählt allerdings ein Ver-lag aus einer Mehrzahl von Fotos, die ihm ein Fotograf oder eine Agentur unter Beifügung von Allgemeinen Geschäftsbedingungen übersandt hat, einige zur Veröffentlichung aus, so wird das als konkludente Vereinbarung der Geltung dieser Bedingungen zu werten sein.[92]

Im Rahmen Allgemeiner Geschäftsbedingungen können insbesondere Vereinbarungen über die Einräumung von Bearbeitungs-, Mehrfachverwertungs- und Weiterverbreitungsrechten getroffen werden. Unter den Instanzgerichten war lange umstritten, wo im Hinblick auf die etwaige Leitbildfunktion der Bestimmungen der §§ 11 Abs. 2, 31 UrhG die inhaltlichen Gren-zen für die Vereinbarung Allgemeiner Geschäftsbedingungen (§ 307 Abs. 2 Nr. 1 BGB) im Rahmen von Nutzungsrechtsvereinbarungen verlaufen.[93] Diese Frage ist vom BGH durch ein Urteil vom 31.5.2012 im Wesentlichen geklärt worden.[94] Danach schränkt insbesondere die sogenannte Zweckübertragungslehre des § 31 Abs. 5 UrhG die Befähigung der Medienunter-nehmen, derartige Vereinbarungen formularmäßig zu treffen, nun nicht mehr ein.[95] Auch die formularmäßige Vereinbarung von Entgelten für freie Fotografen und Journalisten kann nach dieser Grundsatzentscheidung jedenfalls nicht mehr abstrakt und damit nicht mehr durch Verbände oder Tarifgemeinschaften der Inhaltskontrolle gemäß § 307 Abs. 1 Nr. 2 BGB un-terworfen werden; insoweit gilt stattdessen das Prinzip der Vertragsfreiheit ohne Einschrän-kungen.[96] Regeln Allgemeine Geschäftsbedingungen das Entgelt für umfangreiche Nutzungs-rechtsübertragungen allerdings nicht mit der durch § 307 Abs. 2 Nr. 2 BGB geforderten Be-stimmtheit, dann greift die Inhaltskontrolle im konkreten Fall auch nach der nunmehr gelten-den Rechtslage ein. Sie kann dann aber nicht mehr von Verbänden, muss vielmehr durch den individuell betroffenen Fotografen in die Wege geleitet werden.[97]

Ohne unmittelbare Auswirkungen auf den Inhalt von Vertragsbeziehungen zwischen Verlag und Fotograf sind im Allgemeinen die so genannten Urheberstempel, die vielfach auf der Rückseite von fotografischen Abzügen angebracht werden. Soweit sie den Fotografen benen-nen, begründen sie zwar die Vermutung, dass er der Urheber ist (§ 10 Abs. 1 UrhG). Auch schließt im Fall der Zusendung von Fotos ohne ausdrückliche Absprache der Vermerk „Foto nur leihweise" die Annahme aus, durch die Entgegennahme der Fotos durch den Verlag kom-me ein konkludent abgeschlossener Kaufvertrag zustande.[98] Soweit die Urheberstempel aller-dings darüber hinaus bestimmte Bedingungen zum Ausdruck bringen, an die der Fotograf seine Zustimmung zur Veröffentlichung knüpfen will, handelt es sich nicht um Allgemeine Geschäftsbedingungen, an die der Verlag gebunden wäre. Ob sich gegebenenfalls aus den konkreten Umständen wie etwa aus jahrelanger widerspruchsloser Entgegennahme derartiger Fotos die stillschweigende Erklärung des Verlags ableiten lässt, dass er mit den im Urheber-stempel angeführten Bedingungen einverstanden ist, kann nur unter Berücksichtigung aller

9.48

9.49

---

92 OLG Celle AfP 1998, 224; OLG München AfP 1998, 513.
93 Aus der Rechtsprechung etwa LG Hamburg ZUM 2010, 72; OLG Hamburg AfP 2011, 385 = ZUM 2011, 846; LG Mannheim NJW-RR 2012, 564; OLG Rostock ZUM 2012, 706; OLG Jena WRP 2012, 1150.
94 BGH AfP 2012, 378 = ZUM 2012, 793 – Honorarbedingungen Freie Journalisten; vgl. auch schon BGH GRUR 1984, 45 – Honorarbedingungen Sendevertrag.
95 Anders noch OLG Hamburg AfP 2011, 385 = ZUM 2011, 846; LG Mannheim NJW-RR 2012, 564.
96 Zu den Auswirkungen BGH AfP 2012, 378 – Honorarbedingungen Freie Journalisten; im Einzelnen vgl. nur *Peifer*, AfP 2012, 510 ff.; *Schippan*, ZUM 2012, 771 ff., jeweils m.w.N.
97 BGH AfP 2012, 378 = ZUM 2012, 793 – Honorarbedingungen Freie Journalisten; dazu insbesondere *Peifer*, AfP 2012, 510 ff.
98 BGH AfP 2007, 205 = ZUM 2007, 655 – Archivfotos; OLG München AfP 2009, 63.

Umstände des Einzelfalls beurteilt werden. In der Regel kann sich der Fotograf auf die in einem derartigen Stempelaufdruck enthaltenen Bedingungen nicht berufen. Dies gilt insbesondere, wenn der Verlag durch sein Verhalten in der Vergangenheit zum Ausdruck gebracht hat, dass er diese Bedingungen nicht gegen sich gelten lassen will.

bb) Inhalt von Nutzungsrechtsverträgen

9.50 Nutzungsrechtsverträge können im Rahmen der Vertragsfreiheit frei ausgehandelt oder aber nach der neueren Rechtslage auch weitgehend im Wege Allgemeiner Geschäftsbedingungen festgelegt werden. Daher lassen sich allgemeingültige Feststellungen zum Inhalt derartiger Verträge nicht treffen. In der Praxis haben sich aber einige typische und erfahrungsgemäß konfliktträchtige Konstellationen herausgebildet.

(1) Sperrfristen

9.51 **Sperrfristen** spielen im Bereich der Veräußerung von Bildrechten meist eine größere Rolle als im Bereich der Nachrichtenlieferung (dazu Rz. 3.52 ff.). Rechtliche Bedenken gegen die Wirksamkeit von Sperrfristvereinbarungen sind jedenfalls für den Regelfall nicht ersichtlich.[99] Gleiches gilt für Ausschließlichkeitsbindungen.[100] Das gilt insbesondere für Lichtbilder. Das Recht der Fotografen, über die Festlegung der Bedingungen für den Erwerb von Veröffentlichungsrechten ihre eigenen wirtschaftlichen Interessen angemessen zu wahren, ist grundsätzlich anzuerkennen. Wo im Einzelfall ein dringendes und aktuelles Informationsinteresse der Öffentlichkeit an der vertraglich nicht abgesicherten Veröffentlichung eines Lichtbilds besteht, dürfte das Recht zum Bildzitat (Rz. 3.20 ff.) die publizistischen Belange der Medien in der Regel ausreichend schützen.

9.52 Soweit Sperrfristen vereinbart werden, wird ihre Einhaltung in der Regel durch die Vereinbarung von Vertragsstrafen gesichert. Auch derartige Vereinbarungen sind regelmäßig wirksam, wenn sie ausdrücklich abgeschlossen werden. Werden sie den Verlagen im Wege Allgemeiner Geschäftsbedingungen aufoktroyiert, so sind die Schranken des § 309 Nr. 6 BGB zu beachten. Die richterliche Herabsetzung von Vertragsstrafen nach § 343 BGB kommt hingegen auch dann, wenn sie der Höhe nach exzessiv erscheinen, im Hinblick auf § 348 HBG nicht in Betracht, wenn es sich, wie im Regelfall, beim Erwerber um einen Kaufmann im Sinn des HGB handelt. Redaktionen, die Sperrfristen vereinbaren, müssen daher im eigenen Interesse peinlich genau darauf achten, dass diese Fristen auch eingehalten werden.

(2) Urheberbenennung

9.53 Nach § 13 Satz 2 UrhG ist der Urheber berechtigt, zu bestimmen, ob sein Werk mit einer Urheberbezeichnung zu versehen und welche Bezeichnung zu verwenden ist. Das Recht auf Anbringung des Urhebervermerks gehört heute zum Kernbestand des Urheberpersönlichkeitsrechts.[101] Damit ordnet das Gesetz allerdings keine zwingende Anbringung des Urhebervermerks in der Veröffentlichung an, behält es vielmehr die Entscheidung darüber, ob sie erfolgen soll, dem Urheber vor. Mangels ausdrücklicher vertraglicher Vereinbarung oder jeden-

---

99 *Wanckel*, Rz. 349.

100 *Wanckel*, Rz. 350.

101 BGH GRUR 1972, 713 – Im Rhythmus der Jahrhunderte; BGH NJW 1994, 2621 = GRUR 1995, 671 – Namensnennungsrecht des Architekten; *Radmann*, ZUM 2001, 788.

falls eines rechtlich beachtlichen einseitigen Vorbehalts des Urhebers besteht daher keine Verpflichtung der Medien, die Namen der Fotografen anzugeben. Der Vermerk im so genannten **Urheberstempel** reicht allerdings insoweit aus, da es nicht um vertragliche Vereinbarungen, sondern um die Ausübung eines dem Urheber von Gesetzes wegen vorbehaltenen Rechts geht.[102]

Die jahrzehntelange Übung jedenfalls der aktuellen Presse und eines Teils der Magazinpresse, die Urheberbenennung von Fotografen zu unterlassen,[103] ist heute nicht mehr festzustellen.[104] Es ist im Gegenteil davon auszugehen, dass die Urheberbenennung von Fotografen in Presseerzeugnissen nunmehr den Usancen der Branche entspricht. Mangels ausdrücklicher abweichender Vereinbarung, die aber weiterhin möglich ist,[105] gilt sie daher als von den Beteiligten eines Nutzungsrechtsübertragungsvertrags akzeptiert,[106] so dass heute die Verpflichtung zur Benennung der Fotografen entsprechend § 13 Satz 2 UrhG die Regel ist. Daher können sich insbesondere Redaktionen nicht mehr auf das Fehlen einer ausdrücklichen oder konkludenten Vereinbarung über die Urheberbenennung berufen, wenn sie Fotografien ohne Erlaubnis veröffentlichen und dabei die Urheberbenennung unterlassen. Im Verletzungsprozess ist der Urheber so zu stellen, wie er stünde, hätte er hinsichtlich des betreffenden Fotos eine Lizenz erteilt, und er kann und wird sich darauf berufen, dass er dies nur bei Vereinbarung der Urheberbenennung getan hätte.[107] 9.54

Wo die Urheberbenennung zum Gegenstand des Vertrags gemacht wird, sei es ausdrücklich oder auf Grund der geänderten Branchenübung konkludent, ist sie für die Verlage bindend. Die Einhaltung dieser Vereinbarung macht es erforderlich, den Namen des Fotografen dem jeweiligen Bild konkret zuzuordnen; eine nur generelle Benennung etwa in einem Sammelnachweis im Impressum oder in der Anbringung des Namens am Seitenrand, die die konkrete Zuordnung nicht ermöglicht, reicht zur Erfüllung nicht aus.[108] 9.55

Die vereinbarte Urheberbenennung wird in der Regel durch die Vereinbarung von Vertragsstrafen gesichert, wobei die Tendenz der Praxis dahin geht, als Vertragsstrafe einen Zuschlag von 100 % des vereinbarten Veröffentlichungshonorars zu vereinbaren.[109] Dies entspricht der von der *Mittelstandsgemeinschaft Foto-Marketing* herausgegebenen so genannten *MFM-Marktübersicht*.[110] An dieser Empfehlung orientiert sich die Praxis der Gerichte häufig auch in den Fällen, in denen eine Vertragsstrafenvereinbarung nicht getroffen wurde, indem sie den Fotografen bei vertragswidrig unterbliebener Urheberbenennung sowie bei Veröffentlichung von Bildern ohne vertragliche Grundlage und ohne Urheberbenennung gemäß § 97 Abs. 1 UrhG als Schadenersatz im Wege der Lizenzanalogie einen Zuschlag von 100 % zum 9.56

---

102 LG München AfP 1994, 239.
103 Vgl. *v. Gamm*, § 13 UrhG Rz. 14 ff.
104 *Radmann*, ZUM 2001, 788 ff.
105 BGH NJW 1994, 2621 = GRUR 1995, 671 – Namensnennungsrecht des Architekten; *Radmann*, ZUM 2001, 788.
106 BGH GRUR 1963, 40 – Straßen gestern und morgen; BGH NJW 1994, 2621.
107 OLG Düsseldorf NJW-RR 1999, 194 = ZUM 1998, 668; LG Düsseldorf GRUR 1993, 664; LG Münster NJW-RR 1996, 32.
108 LG München AfP 1994, 239.
109 Schricker/Loewenheim/*Dietz*, § 13 UrhG Rz. 26 unter Hinweis auf die veröffentlichten Tarife der VG Bild-Kunst.
110 Bildhonorare – Übersicht der marktüblichen Vergütung für Bildnutzungsrechte, jährlich herausgegeben von der Mittelstandsgemeinschaft Foto-Marketing, Arbeitskreis im Bundesverband der Pressebild-Agenturen und Bildarchive e.V.; zu beziehen über https://bvpa.org/bildhonorare/.

vereinbarten bzw. dem üblichen Honorar zubilligt.[111] Insbesondere das OLG Hamburg[112] lehnt allerdings die generelle Heranziehung der MFM-Marktübersicht zur Ermittlung der Höhe geschuldeter Vertragsstrafen oder Lizenzgebühren wegen durchgreifender Bedenken gegen die Höhe der dort angesetzten Beträge zu Recht ab und zieht sie nur in Erwägung, wenn die Beteiligten selbst in früheren Vereinbarungen von ihrer Anwendbarkeit ausgegangen sind. Es sieht zwar in der fehlenden Urheberbenennung mangels abweichender Vereinbarung ebenfalls eine Rechtsverletzung, an die die Berechtigung der Urheber anknüpft, eine fiktive Lizenzgebühr zu fordern, vertritt aber die zutreffende Auffassung, dass deren Höhe in Anwendung von § 287 ZPO durch das Gericht zu schätzen ist und in der Regel bei 50 % des vereinbarten oder anderweitig geschuldeten Lizenzhonorars liegen wird.[113]

(3) Verlust- und Blockierungshonorare

9.57 Bilder werden Redaktionen in unterschiedlichem Bearbeitungszustand und zu verschiedenen Konditionen zur Verfügung gestellt. Weit verbreitet ist insbesondere die Ansichtssendung von Fotos mit der Absprache, dass die Redaktion nur diejenigen Bilder bezahlt, die sie für eine Veröffentlichung tatsächlich auswählt. Nicht selten werden derartige Bilder den Redaktionen auch zur Archivierung überlassen, ohne dass zugleich ein Vertrag über deren Ankauf und den Erwerb uneingeschränkter Nutzungsrechte abgeschlossen wird (dazu Rz. 9.45, 9.60 f.). In anderen Fällen wird vereinbart, dass die Redaktionen die Bilder innerhalb bestimmter Frist an den Lieferanten zurückzugeben haben. Und schließlich werden auch bei der Vereinbarung einer festen Abnahme bestimmter Bilder feste Rückgabetermine vereinbart, soweit es nicht um Exklusivrechte geht und der Verlag die Bilder ankauft.

9.58 Sofern heute Bilder den Verlagen noch in physischer Form überlassen werden, wird dies häufig mit einem Blockierungshonorar verbunden. Dabei handelt es sich um eine pauschalierte Vertragsstrafe, die der Urheber oder Rechteinhaber im Falle des Verlusts eines Bildes fordert. Soweit dies in vorformulierten Vertragsbedingungen von Fotografen oder Agenturen geregelt ist, bedarf dies stets einer besonders kritischen Betrachtung.[114] Nicht selten enthalten diese Klauselwerke Bestimmungen, nach denen zunächst für längere Zeiträume die Zahlung von **Blockierungshonoraren** und erst im Anschluss daran die Zahlung des **Verlusthonorars** gefordert wird. Klauseln, aus denen sich Blockierungshonorare errechnen, die höher sind als die in denselben Bedingungen vereinbarten Verlusthonorare, sind wegen unangemessener Benachteiligung gemäß § 307 Abs. 1 BGB unwirksam.[115] Soweit derart zweigleisige Vereinbarungen dennoch wirksam sind, haben die Redaktionen durch die Wahl der günstigsten Alternative die Möglichkeit, den ihnen verbleibenden Spielraum zu nutzen und insbesondere bei unklarer interner Situation im Zweifel frühzeitig den Verlust zu erklären, statt zunächst für längere Zeiträume vergeblichen Suchens hohe Blockierungshonorare zu bezahlen. Voraussetzung für die Anwendbarkeit der hier erörterten Klauseln ist aber auch in diesem Zusammenhang, dass sie in rechtlich einwandfreier Weise in die Vertragsbeziehungen zwischen Agentur bzw. Fotografen und Verlag einbezogen worden sind. Ist das der Fall, können sich

---

111 LG Düsseldorf GRUR 1993, 664; OLG Düsseldorf NJW-RR 1999, 194 = ZUM 1998, 668; OLG Brandenburg ZUM 2010, 56 = GRUR-RR 2009, 413; LG Münster NJW-RR 1996, 32; LG München AfP 1994, 239 = ZUM 1995, 57; LG Berlin ZUM 1998, 673; LG Hamburg ZUM 2004, 675; LG Düsseldorf GRUR-RR 2013, 59.

112 OLG Hamburg AfP 2009, 408; OLG Hamburg MMR 2010, 196.

113 Ähnlich KG AfP 2012, 477 = WRP 2012, 1002.

114 Dazu insbesondere *Wanckel*, Rz. 364 m.w.N.

115 LG Hamburg ZUM 2004, 148.

Verlage gegen die aus solchen Klauseln resultierenden Risiken nur dadurch einigermaßen verlässlich schützen, dass sie durch geeignete Vorkehrungen im internen organisatorischen Bereich das Risiko des Verlusts bzw. der verspäteten Rückgabe minimieren.

Sind vertragliche Regelungen über die Folgen des Verlusts von Diapositiven nicht oder nicht wirksam zustande gekommen, richten sich die Rechtsfolgen nach allgemeinen zivilrechtlichen Grundsätzen.[116] Dann sind die Agenturen oder Fotografen auf den Nachweis angewiesen, dass ihnen durch den Verlust oder die verspätete Rückgabe ein konkreter Schaden entstanden ist, was bei der Überlassung digitaler Bilddateien regelmäßig ausscheiden wird. Im Fall des Verlusts von Negativen oder Diapositiven wird der Schadenersatzanspruch des Fotografen grundsätzlich nicht dadurch gemindert, dass der Fotograf Originale übersandt hat, ohne für die Auswertung geeignete Kopien zurück zu behalten.[117] Hingegen gilt der Nachweis eines fehlenden oder nur geringen Schadens insbesondere dann als geführt, wenn aus einer Serie weitgehend gleicher Genrebilder von wiederholbaren Situationen nur einzelne Exemplare verlorengehen. Gerichte haben Schadenersatzforderungen in Höhe von Beträgen zwischen 250,- und 1500,- Euro für jedes verlorene Diapositiv auch dann zugesprochen, wenn die klagenden Fotografen den Nachweis einer konkreten Schädigung etwa durch den Verlust anderweitiger Verwertungsmöglichkeiten nicht führen konnten, und dies mit Feststellungen von Sachverständigen über den üblichen Wert derartiger Diapositive[118] bzw. mit einer angeblichen Branchenüblichkeit[119] begründet. 9.59

Gelegentlich überlassen Fotografen den Verlagen insbesondere schwarz/weiß-Abzüge gegen Zahlung eines Entgelts zu Archivierungszwecken. Derartige Vereinbarungen sind entgegen der Auffassung des OLG Hamburg[120] mangels ausdrücklicher Vereinbarung rechtlich nicht als Kaufvertrag zu werten, aufgrund dessen der Verlag das Eigentum an den betreffenden Bildern erwirbt (Rz. 9.45).[121] Sofern hinsichtlich des Rechts des Verlags zur Veröffentlichung solcher Bilder nichts Konkretes vereinbart wurde, kommt allerdings im Regelfall durch die Übersendung ein konkludent abgeschlossener Lizenzvertrag zustande, aufgrund dessen der Verlag zur Veröffentlichung einzelner archivierter Bilder berechtigt ist und dafür eine Lizenzgebühr nach üblichen Sätzen zu entrichten hat.[122] Liegt ein Kaufvertrag vor, so kann sich ein einmaliges oder auch uneingeschränktes Veröffentlichungsrecht ohne zusätzliche Vergütung bereits aus einer ungewöhnlichen Höhe des für die Überlassung der Bilder vereinbarten Kaufpreises ergeben. Auslegungsstreitigkeiten können und sollten aber in solchen Fällen durch den Abschluss von Vereinbarungen vermieden werden, die nicht nur die Eigentumsverschaffung, sondern auch die Modalitäten der Nutzungsrechtsüberlassung möglichst konkret regeln. 9.60

c) Fehlen vertraglicher Regelungen

Nicht selten kommt es in der Praxis vor, dass Fotos ohne wirksame Nutzungsberechtigung auf Seiten des Verlags veröffentlicht werden. Das kann im Einzelfall auf Vorsatz, wird aber in 9.61

---

116 BGH AfP 2002, 215 = GRUR 2002, 282 – Bildagentur.
117 OLG Hamburg ZUM 1998, 665.
118 OLG Hamburg ZUM 1998, 663 unter Hinweis auf OLG Karlsruhe v. 21.6.1991 – 15 U 141/90, unveröffentlicht; OLG Hamburg ZUM 1998, 665.
119 LG Köln AfP 1987, 533 mit zutreffend kritischer Anmerkung v. *Damm*.
120 OLG Hamburg AfP 1989, 751 = GRUR 1989, 912 – Spiegel-Fotos.
121 BGH AfP 2007, 205 = GRUR 2007, 693 – Archivfotos.
122 OLG Hamburg AfP 1989, 751 = GRUR 1989, 912 – Spiegel-Fotos.

der Regel darauf beruhen, dass sich der Verlag in einem Irrtum über den Umfang der ihm eingeräumten Nutzungsberechtigung befindet, wie etwa in den Fällen des mehrfachen Abdrucks eines Fotos, für das nur eine einmalige Abdruckberechtigung erworben wurde,[123] der Veröffentlichung von zu Archivierungszwecken käuflich erworbenen Fotos ohne Zahlung des trotz des Erwerbs geschuldeten Veröffentlichungshonorars (Rz. 9.45)[124] oder der Veröffentlichung in Nutzungsarten, auf die sich die Einräumung des Nutzungsrechts nicht erstreckt. Dann steht dem betroffenen Fotografen neben dem Unterlassungsanspruch gemäß § 97 Abs. 1 UrhG ein Anspruch auf Schadenersatz gemäß § 97 Abs. 2 UrhG zu, der in aller Regel in der Form des Anspruchs auf Zahlung einer angemessenen Lizenzgebühr geltend gemacht und zugesprochen wird. Erfolgt in solchen Fällen die Veröffentlichung ohne Urheberbenennung, so können die Fotografen ferner nach der heute maßgeblichen Rechtsprechung den Anspruch auf Zahlung eines Zuschlags von 50 bis 100 % zum angemessenen Veröffentlichungshonorar geltend machen (Rz. 9.56).

9.62 Häufig fordern die Fotografen zusätzlich einen so genannten Verletzerzuschlag von weiteren 100 %. Einen solchen Zuschlag durch Verdoppelung einer tariflichen Lizenzgebühr erkennt die Rechtsprechung mittlerweile regelmäßig an,[125] wobei diese aber nicht zwangsläufig an den Sätzen der MFM auszurichten sind.[126]

§ 10 Grenzen und Grenzformen der Recherche

---

123 OLG Hamburg GRUR 1999, 87.
124 OLG Hamburg AfP 1989, 751 = GRUR 1989, 912 – Spiegel-Fotos.
125 BGH AfP 2015, 333 – Motorradteile; OLG Düsseldorf GRURPrax 2017, 2014; OLG Hamm GRUR-RR 2016, 188; LG Hamburg v. 28.2.2013 – 310 O 208/12, zit. nach juris.
126 KG K&R 2016, 125 für lizenzfreie Bilder.

1. Rechtliche Rahmenbedingungen

Bei ihren Bemühungen um Informationen laufen Journalisten Gefahr, nicht nur ohne recht- 10.1
liche Grundlage zu handeln, sondern auch aktiv in Rechte ihrer Zielpersonen einzugreifen.
Solche Rechte, die schon dem Versuch der Recherche entgegenstehen können, sind zum Teil
strafrechtlich geschützt. Aber auch dort, wo das Strafrecht keine Sanktionen bereithält, ist die
Recherche nicht unbedingt frei, vielmehr greifen unter Umständen zivilrechtliche Auffangtat-
bestände wie vor allem das Allgemeine Persönlichkeitsrecht ein.

Denn im Verhältnis zwischen Medien und anderen privaten Rechtssubjekten gibt es **kein** 10.2
Sonderrecht der Medien. Sie treten den übrigen Teilnehmern am Rechtsverkehr vielmehr
trotz der gesetzgeberischen Wertung ihrer Recherchetätigkeit als öffentlicher Aufgabe nicht
mit hoheitlichem Anspruch, sondern auf Gleichordnungsebene gegenüber. Art. 5 Abs. 2 GG
bestimmt, dass die Medienfreiheiten durch die allgemeinen Gesetze beschränkt werden. Das
sind nach der Rechtsprechung des BVerfG alle Gesetze,

„... die sich nicht speziell gegen die Presse, insbesondere nicht gegen die Beschaffung einer Information oder die Äußerung einer Meinung als solcher richten, die vielmehr dem Schutz eines schlechthin,
ohne Rücksicht auf eine bestimmte Information oder Meinung zu schützenden Rechtsguts dienen,
eines Gemeinschaftswerts, der gegenüber der Betätigung der Pressefreiheit den Vorrang genießt.“[1]

Bei den im Folgenden darzustellenden straf- und zivilrechtlichen Bestimmungen handelt es 10.3
sich um allgemeine Gesetze im Sinn dieser Definition, da sie sich nicht gegen die Medien als
solche oder gegen bestimmte Informationen oder Meinungen richten, sondern Allgemeingül-
tigkeit gegenüber jedermann beanspruchen. Die Medien sind daher an diese Gesetze auch im
Rahmen ihrer Recherchetätigkeit gebunden. Ihr Informationsanspruch stellt keine generelle
Rechtfertigung der Verletzung von Straftatbeständen oder Normen des zivilrechtlichen Deliktsrechts dar; die Grundrechte der Presse- und Rundfunkfreiheit gewährleisten die Verbreitung, aber nicht die rechtswidrige Beschaffung von Informationen.[2] Dies bedeutet indes nicht,
dass das Grundrecht der Pressefreiheit in diesen Fällen stets zurücktreten muss. So gilt bei der
Verletzung zivilrechtlicher Normen seit den *Wallraff*-Entscheidungen des BGH und des
BVerfG,[3] dass diese durch das Informationsinteresse der Öffentlichkeit gerechtfertigt sein
kann.[4] Auch die Verwertung einer Information, die ein Dritter unter Verletzung strafrechtlicher Normen erlangt und an die Medien weitergibt, sieht die Rechtsprechung als zulässig
an.[5] Der Fall schließlich, dass ein Journalist sich selbst strafbar macht, um an relevante Informationen zu kommen, ist nicht so eindeutig geklärt. So konnte etwa ein Fernsehjournalist,
der nach den Anschlägen auf das *World Trade Center* in New York auf einer Reihe von In-
landsflügen *heimlich ein Butterflymesser* bei sich trug, um Sicherheitslücken in der Fluggast-
kontrolle auf den von ihm genutzten deutschen Flughäfen aufzudecken, und der dadurch gegen eine Bestimmung des Luftverkehrsgesetzes (§ 27 Abs. 4 Satz 1 Nr. 1 LuftVG a.F.) verstieß,
sein Vorgehen nicht etwa damit rechtfertigen, dass es durch das Grundrecht der Rundfunkfreiheit gedeckt sei. Umgekehrt hat der EGMR[6] entschieden, dass bei einem überragenden

---

1 BVerfG NJW 1958, 257 – Lüth; st. Rspr., vgl. dazu Löffler/*Cornils*, § 1 LPG Rz. 248.
2 BVerfG AfP 1984, 94 = NJW 1984, 1741 – Der Aufmacher; BVerfG NJW 2004, 1855 = ZUM 2004,
  556; Löffler/*Steffen*, § 6 LPG Rz. 53; *Macht*, AfP 1999, 317 ff.
3 BGH AfP 1981, 270 = NJW 1981, 1089; BVerfG AfP 1984, 94 = NJW 1984, 1741.
4 BGH AfP 2018, 222 = NJW 2018, 2877 – Bio-Hühnerstall.
5 BGH AfP 2014, 534 = NJW 2015, 782 – Innenminister unter Druck; s. auch OLG Karlsruhe v.
  13.2.2019 – 6 U 105/18, zit. nach juris.
6 EGMR AfP 2016, 239 – Haldimann u.a./Schweiz; s. dazu auch *Hegemann*, AfP 2019, 12 ff.

Informationsinteresse der Öffentlichkeit auch eine minder schwere Straftat gerechtfertigt sein könnte; im konkreten Fall ging es um ein *vorgetäuschtes Beratungsgespräch*, das im Nebenzimmer durch die Beschwerdeführer abgehört wurde, was einen Verstoß gegen Schweizer Strafrechtsnormen darstellte und zur Verurteilung zu einer Geldstrafe von 4 bis 12 Tagessätzen führte.

10.4　Gesetzesverstöße bei der Beschaffung von Informationen sind damit durch das Grundrecht der Medienfreiheiten einzelfallbezogen zu rechtfertigen, dies gilt auch bzgl. des rechtlichen Gesichtspunkt der Wahrnehmung berechtigter Interessen außerhalb des unmittelbaren Anwendungsbereichs von § 193 StGB.[7] Damit ist allerdings die Frage, ob und inwieweit Informationen veröffentlicht werden dürfen, die sich die Medien unter Verletzung straf- oder zivilrechtlicher Bestimmungen verschaffen oder die ihnen auf diese Weise zugehen, noch nicht entschieden. Auf sie wird in anderem Zusammenhang, insbesondere bei der für die Medien wichtigen Frage der rechtswidrig erlangten Informationen, einzugehen sein (Rz. 12.72 ff. und Rz. 12.105).

2. Strafrechtliche Schranken der Recherche

10.5　Als strafrechtlich sanktionierte Rechte, die dem Informationsbedürfnis der Medien im Einzelfall Grenzen setzen können, kommen im Wesentlichen der Schutz der häuslichen Sphäre sowie die Bestimmungen über den (strafrechtlichen) Schutz des persönlichen Lebens- und Geheimnisbereichs in Betracht. Im Hinblick auf die Feststellungen in Rz. 10.2 selbstverständlich ist darüber hinaus, dass neben den im Folgenden darzustellenden eine große Anzahl weiterer Normen zu beachten ist, die keinen spezifischen Bezug zur Recherchetätigkeit der Medien haben und die daher hier nicht weiter zu behandeln sind. Kein Journalist darf, um nur einige wenige Beispiele zu nennen, im Interesse der Information der Öffentlichkeit Dokumente stehlen, fälschen oder unterschlagen, Amtsträger bestechen oder Verkehrsverstöße begehen (s. auch § 12).[8]

a) Hausrecht

10.6　Das Hausrecht privater Personen und Institutionen ist strafrechtlich durch den Tatbestand des **Hausfriedensbruchs** gemäß § 123 Abs. 1 StGB geschützt. Verstöße werden allerdings nur auf Antrag des Verletzten verfolgt (§ 123 Abs. 2 StGB). Die Bestimmung ist ein Schutzgesetz im Sinn von § 823 Abs. 2 BGB, und derjenige, dessen Hausrecht verletzt wird, kann vom Verletzer Unterlassung und gegebenenfalls Schadenersatz verlangen. Der Tatbestand des Hausfriedensbruchs erfasst die private häusliche Sphäre ebenso wie Geschäfts- oder Amtsräume. Er schützt die Wohnung, die Geschäftsräume oder das sonstige umfriedete Besitztum gegenüber dem unberechtigten Zutritt durch jedermann und damit auch durch Journalisten. Er greift nicht ein, wo es am Merkmal der Widerrechtlichkeit des Eindringens fehlt. Das ist insbesondere bei allgemein zugänglichen Räumen der Fall,[9] die daher auch von Journalisten zu Informationszwecken betreten werden dürfen. Speziell gegenüber Journalisten versagt das Hausrecht, soweit es sich um den Zutritt zu öffentlichen Versammlungen handelt, da Pressevertreter von ihnen nicht ausgeschlossen werden dürfen (§ 6 Abs. 2 VersammlG; Rz. 6.23).

---

7 OLG Düsseldorf AfP 2006, 78.
8 Grundsätzlich zum Thema *Renner/Baumann*, AfP 2015, 285.
9 *Fischer*, § 123 StGB Rz. 10.

Dies bedeutet indes nicht, dass – etwa zur Wahrung des Betriebsfriedens – für öffentliche Gebäude nicht in Einzelfällen **Hausverbote**, auch mit Wirkung gegenüber Journalisten, ausgesprochen werden können. So war beispielsweise ein Verbot, ein Gericht zum Zwecke vorher angekündigter Befragungen zu betreten, wegen der dadurch entstehenden Zwangslage der Befragten zulässig.[10] Das Hausrecht berechtigt auch zur Vergabe beschränkter Zutrittsbefugnisse; **einen Anspruch auf Akkreditierungen** gibt es nicht.[11]

Soweit aber das Hausrecht dem Zutritt durch Dritte entgegensteht, rechtfertigt der Wunsch der Medien, dessen Inhaber zu befragen oder sich dort sonstige Informationen zu beschaffen, prinzipiell nicht den Zutritt zu Privat- oder Geschäftsräumen gegen den Willen des Betroffenen. Wie es, von extremen Ausnahmesituationen abgesehen, keinen gesetzlichen oder übergesetzlichen Auskunftsanspruch der Medien gegenüber Privaten gibt (Rz. 4.78 ff.), so wird auch eine übergesetzliche Rechtfertigung der Verletzung der räumlichen Privatsphäre durch recherchierende Journalisten nicht anerkannt.[12] Auch Journalisten bedürfen daher, bevor sie zu Recherchezwecken in die geschützte räumliche Sphäre ihrer Zielpersonen eindringen, der Erlaubnis, die ausdrücklich oder auch stillschweigend erteilt werden kann. Das in die Mediengeschichte eingegangene Eindringen von Redakteuren in das Genfer Hotelzimmer des vormaligen Schleswig-Holsteinischen Ministerpräsidenten *Uwe Barschel* mag journalistisch verständlich gewesen sein, rechtlich zulässig war es nicht; auch der Hotelgast hat für die Dauer seines rechtmäßigen Aufenthalts ein geschütztes Hausrecht an dem von ihm gemieteten Zimmer.[13]

b) Schutz des persönlichen Lebens- und Geheimnisbereichs

Strafrechtlich geschützt ist ferner der persönliche Lebens- und Geheimnisbereich gemäß §§ 201 ff. StGB. Auch Verstöße gegen diese Bestimmungen werden gemäß § 205 StGB nur auf Antrag verfolgt.

aa) Vertraulichkeit des gesprochenen Worts

§ 201 StGB stellt die **Vertraulichkeit des gesprochenen Worts** unter strafrechtlichen Schutz. Nach Abs. 1 Nr. 1 und 2 dieser Vorschrift ist es verboten, das nicht öffentlich gesprochene Wort eines anderen auf Tonträger aufzunehmen oder die so hergestellte Aufnahme zu gebrauchen oder einem Dritten zugänglich zu machen. Nicht öffentlich sind Äußerungen unter Anwesenden, wenn die Zahl der Teilnehmer an der betreffenden Veranstaltung faktisch oder rechtlich beschränkt ist. Die Herstellung von Tonaufzeichnungen anlässlich einer verwaltungsrechtlichen Anhörung, die zwar nicht öffentlich im Sinne der einschlägigen Verfahrensordnung ist, an der aber faktisch eine unüberschaubare Anzahl von Personen teilnehmen kann, ist daher nicht strafbar.[14] Für die redaktionelle Arbeit ist aber vor allem ein anderer Aspekt dieser Bestimmung von Bedeutung: Sie stellt in der Regel die häufig praktizierte – und

10.7

10.8

10.9

---

10 VGH Baden-Württemberg NJW 2017, 3543.

11 VG Berlin, Beschl. v. 28.4.2017 – 27 L 36.17, zit. nach juris; VG Karlsruhe v. 19.12.2013 – 3 K 1329/13, zit. nach juris; s. aber auch BVerfG AfP 2013, 233 = NJW 2013, 1293 zur Teilhabe an Berichterstattungsmöglichkeiten (hier: NSU-Prozess).

12 BVerfG AfP 1984, 94 = NJW 1984, 1741 – Der Aufmacher; LG Hamburg ZUM 2008, 614; *Jarass*, AfP 1979, 228 ff.; *Löffler*, BB 1980, 1127 f.; OLG Hamburg UFITA 76 (1976), 354.

13 RGZ 169, 87; *Fischer*, § 123 StGB Rz. 3; für den erwähnten Fall Barschel: Schweizerisches Bundesgericht NJW 1994, 504.

14 OLG Nürnberg NJW 1995, 974.

dennoch rechtswidrige – Aufnahme von Telefongesprächen auf Tonträger unter Strafe. Das gilt auch für das Mitschneiden von Telefongesprächen über geschäftliche Angelegenheiten.[15] Der Wunsch von Redakteuren, durch **Mitschneiden** eines Telefongesprächs mit einem Informanten oder einer Person, über die berichtet werden soll, größtmögliche Authentizität der beabsichtigten Gesprächswiedergabe zu erreichen oder Beweise zu sichern, rechtfertigt daher die Herstellung einer solchen Aufnahme nicht.[16]

10.10   Nach § 201 Abs. 2 Satz 1 Nr. 1 StGB ist es ferner strafbar, das nicht zur Kenntnis des Täters bestimmte nicht öffentlich gesprochene Wort eines anderen mit einem **Abhörgerät** abzuhören. Auch diese Bestimmung hat praktische Relevanz in erster Linie im Bereich von Telefon- oder Funkgesprächen, wenngleich auch der klassische Lauschangriff durch Platzierung von Abhörvorrichtungen in fremden Räumen von ihr erfasst wird. Verboten ist danach die Benutzung jeder Art Abhörvorrichtung, mithin eines technischen Geräts. Strafbar ist bereits das Abhören als solches und nicht erst die Herstellung einer Aufnahme des abgehörten Gesprächs. Das Lauschen an der Wand ist demgegenüber nicht strafbar.[17] Gleiches hat der BGH[18] in einer älteren und schon damals nicht unumstrittenen Entscheidung für die Benutzung einer Mithöranlage wie eines Zweithörers oder einer Lautsprechereinrichtung im Telefonverkehr angenommen, und zwar nicht nur im geschäftlichen, sondern auch im privaten Bereich, weil derartiges im Telefonverkehr üblich und daher eine jedenfalls konkludente Einwilligung des Gesprächspartners zu erwarten sei. Diese Auffassung beseitigt, soweit die Gerichte ihr heute noch folgen sollten, aber nur die Straflosigkeit des Mithörens, nicht hingegen diejenige des Herstellens technischer Aufzeichnungen vertraulich geführter Gespräche.

10.11   Das BVerfG wie auch das BAG vertreten demgegenüber bereits seit längerem die Auffassung, dass das **heimliche Mithören** jedenfalls eine Verletzung des Allgemeinen Persönlichkeitsrechts des Gesprächspartners darstellt und dass etwa Informationen, die ein Arbeitgeber durch Mithören eines Telefongesprächs seines Arbeitnehmers erhält, in gerichtlichen Auseinandersetzungen unverwertbar sind, selbst wenn dieser von der Existenz der Mithöranlage Kenntnis hat.[19] Dieser Auffassung hat sich auch der BGH angeschlossen.[20] Daher ist heute davon auszugehen, dass in Telefongesprächen zwischen Redakteuren und ihren Informanten oder denjenigen, über die berichtet werden soll, nicht erst die Herstellung einer Tonaufnahme, sondern bereits das Mithören eines solchen Gesprächs durch einen Zeugen strafbar ist, sofern der Informant nicht darüber informiert wird, dass auf Seiten seines Gesprächspartners ein Dritter mithört.

10.12   § 201 StGB stellt in Abs. 2 Satz 1 Nr. 2 auch die **öffentliche Mitteilung** des nicht öffentlich gesprochenen Worts eines anderen im Wortlaut oder seinem wesentlichen Inhalt nach unter Strafe, sofern es entgegen Abs. 1 Nr. 1 aufgenommenen oder entgegen Abs. 2 Satz 1 Nr. 1 abgehört wurde. Diese für die Medien unmittelbar relevante Bestimmung gilt allerdings nach dem ausdrücklichen Wortlauts des Gesetzes nur dann,

---

15 BGH NJW 1988, 1016.
16 BVerfG AfP 2003, 36 = NJW 2002, 3619; BGH NJW 2003, 1727.
17 Schönke/Schröder/*Lenckner/Eisele*, § 201 StGB Rz. 18.
18 BGH NJW 1982, 1397; a.A. BVerfG NJW 1992, 815; LAG Berlin JZ 1982, 258; a.A. *Fischer*, § 201 StGB Rz. 7a; Schönke/Schröder/*Lenckner/Eisele*, § 201 StGB Rz. 19.
19 BVerfG NJW 1992, 815; BVerfG NJW 2002, 3619; BAG NJW 1998, 1331; BAG NJW 2010, 104.
20 BGH NJW 2003, 1727; BGH NJW-RR 2010, 1289.

„... wenn die öffentliche Mitteilung geeignet ist, berechtigte Interessen eines anderen zu beeinträchtigen. Sie ist nicht rechtswidrig, wenn die öffentliche Mitteilung zur Wahrnehmung überragender öffentlicher Interessen gemacht wird" (§ 201 Abs. 2 Satz 2 und 3 StGB).

Damit hat der Gesetzgeber das Instrumentarium der Güterabwägung in das Strafgesetzbuch übernommen,[21] das das Verhältnis zwischen den Medienfreiheiten und den Rechten Dritter im Zivilrecht seit jeher prägt (dazu im Einzelnen Rz. 19.1 ff.). Ist es nach der Rechtsprechung des BVerfG zivilrechtlich zulässig, wenn die Medien rechtswidrig beschafftes Material im Fall eines überwiegenden Informationsinteresses der Öffentlichkeit trotz der Fragwürdigkeit seiner Herkunft veröffentlichen (dazu im Einzelnen Rz. 12.72 ff., Rz. 12.84 ff.), so ist dieses Verhalten nach § 201 Abs. 2 Satz 3 StGB auch nicht strafbar. Die Vorschrift unterscheidet damit zwischen dem stets unzulässigen Abhören und der ebenfalls stets unzulässigen Herstellung heimlicher Tonaufnahmen einerseits und der Verwertung derartiger Aufnahmen andererseits. Nur für die **Verwertung** auf strafbarem Weg gewonnener Informationen zieht das Gesetz die Schwelle der Beeinträchtigung berechtigter Interessen eines anderen ein, so dass die Weitergabe durch strafbares Abhören erlangter belangloser Informationen schlechthin nicht strafbar ist. Und selbst wenn diese Schwelle überschritten wurde und die auf strafbarem Weg gewonnenen Informationen berechtigte Belange Dritter beeinträchtigen können, bleibt ihre Veröffentlichung straffrei, wenn an ihrem Inhalt ein **überragendes Informationsinteresse** der Öffentlichkeit besteht. Auf diesem Weg vollzieht das Gesetz für den Bereich des Strafrechts nach, was die Rechtsprechung im zivilrechtlichen Konfliktfeld zwischen den Medienfreiheiten und insbesondere dem Allgemeinen Persönlichkeitsrecht als geltende Standards entwickelt hat (zur verfassungsrechtlichen Beurteilung von § 201 Abs. 1 Nr. 2 StGB vgl. Rz. 12.75 f.). 10.13

In allen Varianten des § 201 StGB ist die Tat nur auf Antrag des Verletzten strafbar (§ 205 StGB). Ausgenommen ist lediglich die durch § 201 Abs. 3 StGB unter schwerere Strafe gestellte Begehung dieser Taten durch Amtsträger oder sonstige Angehörige des öffentlichen Dienstes, die von Amts wegen zu verfolgen ist. 10.14

bb) Verletzung des höchstpersönlichen Lebensbereichs durch Herstellung und Verbreitung von Bildaufnahmen

§ 201a StGB stellt unter der Bezeichnung „*Verletzung des höchstpersönlichen Lebensbereichs durch Bildaufnahmen*" auch das unerlaubte Anfertigen **heimlicher Bildaufnahmen** von Personen unter Strafe[22] (näher auch in Rz. 9.8 f.) – dies gemäß § 205 StGB wiederum unter dem Vorbehalt eines insoweit gestellten Strafantrags. Nach § 201a Abs. 1 Nr. 1 StGB wird bestraft, wer 10.15

„... von einer anderen Person, die sich in einer Wohnung oder einem gegen Einblick besonders geschützten Raum befindet, unbefugt Bildaufnahmen herstellt oder überträgt und dadurch deren höchstpersönlichen Lebensbereich verletzt."

§ 201a Abs. 1 Nr. 2 StGB erstreckt das Verbot auch auf unbefugte Aufnahmen, die die Hilflosigkeit einer Person zum Gegenstand haben und dadurch deren höchstpersönlichen Lebensbereich verletzten. Entsprechend der Regelung in § 201 Abs. 2 Satz 1 Nr. 2 StGB wird gemäß § 201a Abs. 1 Nr. 3 auch bestraft, wer entgegen Abs. 1 Nr. 1 und 2 hergestellte Aufnahmen gebraucht oder Dritten zugänglich macht (§ 201a Abs. 2 StGB),[23] und nach Abs. 1 Nr. 4 dür-

---

21 Schönke/Schröder/*Lenckner/Eisele*, § 201 StGB Rz. 33a.
22 Dazu im Einzelnen *Wendt*, AfP 2004, 181 ff.; *Kühl*, AfP 2004, 190 ff.; *Scherz*, AfP 2005, 421 ff.
23 Dazu im Einzelnen *Flechsig*, ZUM 2004, 605 ff. unter II 2.

fen auch befugt hergestellte Bildaufnahmen der in Abs. 1 Nr. 1 und 2 bezeichneten Art nicht wissentlich unbefugt Dritten zugänglich gemacht werden, wenn wiederum der höchstpersönliche Lebensbereich der abgebildeten Person betroffen ist. Abs. 3 der Vorschrift stellt den weiteren Fall unter Strafe, dass jemand eine

„... Bildaufnahme, die die Nacktheit einer anderen Person unter achtzehn Jahren zum Gegenstand hat"

für entgeltliche Zwecke herstellt oder anbietet oder sich solche Aufnahmen gegen Entgelt verschafft. Während also § 201a Abs. 1 Nr. 1 und 2 sowie Abs. 3 StGB das voyeuristische Eindringen in den höchstpersönlichen Lebensbereich eines anderen unter Strafe stellt, handelt es sich bei der Tatbestandsvariante des Abs. 1 Nr. 4 um einen Fall des Vertrauensbruchs, dessen Pönalisierung im Hinblick auf die Medienfreiheiten des Art. 5 Abs. 1 Satz 2 GG verfassungsrechtlich problematisch erscheint.[24]

10.16   Diese Vorschriften sind als Reaktion des Gesetzgebers auf die durch die Digitalisierung vereinfachte Möglichkeit zur Herstellung und Verbreitung von Aufnahmen unter Eindringen in die Privatsphäre der Abgebildeten[25] sowie der Umsetzung der europäischen Vorgaben zum Sexualstrafrecht zu verstehen.[26] Der Gesetzgeber hat sie trotz nachdrücklicher Bedenken der Medienwirtschaft wegen ihres Potenzials zu Eingriffen in die Medienfreiheiten des Art. 5 Abs. 1 Satz 2 GG in das Strafgesetzbuch eingefügt und dabei insbesondere die gebotene Konsolidierung mit der bereits existierenden Strafnorm des § 33 KUG versäumt.[27] Sie richten sich gegen die Verletzung eines höchstpersönlichen Rückzugsbereichs des Individuums vornehmlich durch die Herstellung voyeuristischer Aufnahmen in Schwimmbädern, Toiletten, Arztpraxen oder Umkleidekabinen und damit gegen Eingriffe in das Allgemeine Persönlichkeitsrecht der Zielpersonen, die in aller Regel nicht durch ein legitimes Informationsinteresse der Öffentlichkeit gedeckt sein können.[28] Sie ergänzen für diese Fälle den Straftatbestand des § 33 KUG, der die Verbreitung von Lichtbildern unter Verletzung des Rechts des Betroffenen am eigenen Bild gemäß §§ 22, 23 KUG seit jeher unter Strafe stellt, sind aber zum Teil auch mit ihm deckungsgleich.[29] Und sie übertragen damit die oben dargestellte Regel (vgl. Rz. 9.5 f.) konsequent in den Bereich des Strafrechts, dass die Herstellung von Lichtbildern und Filmaufnahmen von Individuen jedenfalls immer dann als Verletzung des Allgemeinen Persönlichkeitsrechts der Zielperson anzusehen ist, wenn es auch die Verbreitung der hergestellten Aufnahmen wäre. Da die Verbreitung von Bildern der hier in Rede stehenden Art stets nach § 33 KUG strafbar ist, weil sie nicht von den Rechtfertigungsgründen des § 23 Abs. 1 KUG gedeckt sein kann, war es aus der Sicht des Gesetzgebers allerdings konsequent, nun auch bereits die Herstellung der Bilder insoweit zu pönalisieren, wie dies im Bereich des gesprochenen Worts im Rahmen des § 201 StGB hinsichtlich der Herstellung von Tonaufnahmen geschieht. Gegen die Verfassungsmäßigkeit der neuen Straftatbestände besteht daher, mit Ausnahme desjenigen in § 201 Abs. 3 StGB, entgegen der von den Medienverbänden im Gesetzgebungsverfahren vertretenen Auffassung, keine Bedenken, sofern sie in der Rechtsanwendung restriktiv und damit verfassungskonform ausgelegt werden.[30]

---

24 *Borgmann*, NJW 2004, 2133 ff.

25 Schönke/Schröder/*Lenckner/Eisele*, § 201a StGB Rz. 1; MüKo StGB/*Graf*, § 201a StGB Rz. 2.

26 S. BT-Drucks. 18/2601.

27 *Borgmann*, NJW 2004, 2133 ff.

28 *Wendt*, AfP 2004, 181 ff. unter IV 7 d bb (2).

29 *Borgmann*, NJW 2004, 2133 ff.

30 Vgl. dazu im Einzelnen *Wendt*, AfP 2004, 181 ff. unter IV 7d; *Flechsig*, ZUM 2004, 605; *Kühl*, AfP 2004, 181.

Auch nach § 201a StGB ist aber nicht jede ungenehmigte Herstellung der Abbildung einer **10.17**
Person strafbar. Die Strafbarkeit setzt vielmehr voraus, dass der Fotograf oder Kameramann
die besondere Lebenssituation, also etwa die Abgeschiedenheit einer Wohnung überwindet
oder die hilflose Lage einer Person ausnutzt und dadurch den **höchstpersönlichen Lebensbereich** des Abgebildeten verletzt. Allein die Überwindung räumlicher Schranken, etwa durch
das Eindringen in eine Wohnung oder einen anderweitig geschützten Raum, reicht allein für
eine Strafbarkeit nicht aus. Die Verletzung des höchstpersönlichen Lebensbereichs des Abgebildeten ist vielmehr ein weiteres, selbständiges Tatbestandselement, das zum Eindringen hinzutreten muss. Dieses Tatbestandsmerkmal enthält ein wertendes Element, das im Hinblick
auf den Bestimmtheitsgrundsatz des Art. 103 Abs. 2 GG nicht unproblematisch ist,[31] das aber
verfassungsrechtlicher Kontrolle im Ergebnis Stand hält, wenn der Straftatbestand im Licht
der Gewährleistung der Medienfreiheiten durch Art. 5 Abs. 1 GG verfassungskonform ausgelegt und nur auf die Fälle des direkten Eingriffs in den höchstpersönlichen Lebensbereich
des Verletzten angewandt wird, für die er nach der Intention des Gesetzgebers bestimmt ist.[32]
Dann aber mag es durchaus sein, dass die Herstellung von Bildern oder Filmen, deren Verbreitung gemäß § 33 KUG strafbar ist, von den Straftatbeständen des § 201a StGB noch nicht
erfasst wird.

Die Sozialadäquanzklausel des § 201 Abs. 2 Satz 2 und 3 StGB findet sich in einer weiter- **10.18**
gehenden Fassung seit dem 49. Strafrechtsänderungsgesetz nunmehr auch in § 201a Abs. 4
StGB. Damit sollte auch bei der Verwendung von Bildaufnahmen die Pressefreiheit durch die
Möglichkeit einer **Abwägung** sichergestellt werden. Während § 201 Abs. 2 Nr. 3 StGB noch
das überragende öffentliche Interesse an der Mitteilung einer Tonaufnahme verlangt, genügt
für die Verwendung von Bildmaterial die „Wahrnehmung überwiegender berechtigter
Interessen [...], namentlich der Kunst oder der Wissenschaft, der Forschung oder der Lehre,
der Berichterstattung über Vorgänge des Zeitgeschehens oder der Geschichte oder ähnlichen
Zwecken." Damit hat im Einzelfall eine Abwägung zwischen den aufgeführten Interessen und
den höchstpersönlichen Interessen der abgebildeten Person stattzufinden.[33]

cc) Briefgeheimnis

§ 202 StGB schützt das so genannte **Briefgeheimnis**. Auch diese Bestimmung stellt eine **10.19**
Schranke für die journalistische Recherche dar. Nach ihr ist es verboten, verschlossene Briefe
oder andere verschlossene Schriftstücke, die nicht zur Kenntnisnahme durch den Täter bestimmt sind, zu öffnen oder sich vom Inhalt eines solchen Schriftstücks durch Anwendung
technischer Mittel Kenntnis zu verschaffen. Gleichgestellt sind solche Schriftstücke, die zwar
nicht ihrerseits verschlossen, die aber durch ein verschlossenes Behältnis gegen unbefugte
Kenntnisnahme besonders gesichert sind, wie etwa durch einen Safe. Gleichgestellt sind nach
§ 202 Abs. 3 StGB ferner Abbildungen, die ebenfalls nicht zur Kenntnis genommen werden
dürfen, wenn sie im verschlossenen Umschlag oder etwa in einem Bankschließfach verwahrt
werden. Täter und damit strafbar ist derjenige, der den Verschluss oder das Behältnis öffnet,
ohne dass es darauf ankommt, ob der Inhalt in irgendeiner Weise geheimhaltungsbedürftig
oder entsprechend gekennzeichnet ist. Allein derjenige, der ein Schriftstück oder eine Abbil-

---

31 *Borgmann*, NJW 2004, 2133 ff.; Schönke/Schröder/*Lenckner/Eisele*, § 201a StGB Rz. 10.
32 *Wendt*, AfP 2004, 181 ff., unter IV 7d; *Flechsig*, ZUM 2004, 605 ff. unter III.
33 S. *Paschke/Halder*, jurisPR-ITR 15/2017, Anm. 2; *Eisele/Sieber*, StV 2015, 312; s. auch EGMR AfP
   2016, 239 – Haldimann c. Suisse.

dung durch Verschließen oder Einschließen gegen Kenntnisnahme durch Dritte besonders sichert, soll darüber disponieren dürfen, ob und durch wen diese Sicherung aufgehoben wird.

10.20 Anders als im Rahmen von §§ 201 und 201a StGB sowie § 33 KUG ist im Fall von § 202 StGB jedoch nur die Überwindung der Sicherung strafbar, nicht aber die Verwendung des Inhalts des gesicherten Schriftstücks oder sonstigen Objekts. Werden den Medien daher Materialien als Folge einer Verletzung des Tatbestands des § 202 StGB durch Dritte zugänglich gemacht, so ist die Veröffentlichung dieser Materialien nicht strafbar. Gesondert zu prüfen ist allerdings auch hier, ob sich ein Veröffentlichungsverbot aus anderen rechtlichen Gesichtspunkten ergibt, wie namentlich dem Urheberrecht des Verfassers des Schriftstücks oder seinem Allgemeinen Persönlichkeitsrecht (dazu Rz. 12.84 ff.).

dd) Ausspähen und Abfangen von Daten

10.21 Durch § 202a StGB ist ferner das so genannte **Ausspähen von Daten** unter Strafe gestellt, sofern diese elektronisch, magnetisch oder in sonstiger Weise unkörperlich gespeichert sind. Ergänzend stellt § 202b StGB das Abfangen von Daten aus einer nichtöffentlichen Datenübermittlung oder aus der elektromagnetischen Abstrahlung einer Datenverarbeitungsanlage unter Strafe, und nach § 202c StGB sind Vorbereitungshandlungen zu diesen Delikten wie etwa der Handel mit Passwörtern strafbar. Wie schon § 202 StGB dienen auch diese Bestimmungen in erster Linie dem Schutz der Betreiber von Datenbanken vor der Überwindung der technischen Sperren durch unbefugte Nutzer (Hacker). Dass der Inhalt der gespeicherten und gesicherten Daten als solcher geheimhaltungsbedürftig oder sonst schutzwürdig ist, kommt zwar in der Regel hinzu, wird aber im Tatbestand dieser Bestimmungen nicht vorausgesetzt,[34] zumal insoweit der Straftatbestand des § 17 Abs. 2 Nr. 1 UWG ergänzend eingreift.[35]

10.22 Daraus folgt die eingeschränkte Bedeutung auch dieser Straftatbestände für die Medien: Auch durch sie sind die Medien selbstverständlich unmittelbar gebunden; kein noch so berechtigtes Informationsinteresse wird den Einbruch in geschützte Dateien rechtfertigen können. Verletzt ein Dritter den Tatbestand und stellt er den Medien die dadurch gewonnenen Daten zur Verfügung, so ist jedoch, wie im Fall der Verletzung des Briefgeheimnisses, deren Nutzung durch die Medien nicht strafbar. Ob aus anderen Gründen, wie etwa Persönlichkeitsrechten, ein Veröffentlichungsverbot in Betracht kommt, ist anhand des Inhalts des so gewonnenen Datenbestands im Einzelfall zu prüfen (dazu Rz. 12.84 ff.). Die Bild-Zeitung durfte daher E-Mails, die sich mit der Abwälzung von Unterhaltszahlungen eines Landesfinanz- und Innenministers auf die Allgemeinheit befassten, aus Gründen des hohen öffentlichen Informationsinteresses verwerten.[36]

ee) Verletzung von Privatgeheimnissen

10.23 Die in der Praxis wohl bedeutsamste strafrechtliche Norm zum Schutz der Privatsphäre ist die Bestimmung des § 203 StGB über die Verletzung von Privatgeheimnissen, die im vorliegenden Zusammenhang allerdings nur der Vollständigkeit halber zu erwähnen ist, zumal sie nach wohl überwiegender Auffassung einem Informationsbegehren der Presse nicht über die

---

34 *Fischer*, § 202a StGB Rz. 4.

35 Dieser wird nach der im April 2019 beschlossenen Fassung durch § 23 des Gesetzes zum Schutz von Geschäftsgeheimnissen (GeschGehG) ersetzt werden, abrufbar unter https://www.bmjv.de/SharedDocs/Gesetzgebungsverfahren/DE/GeschGehG.html.

36 BGH AfP 2014, 534 = NJW 2015, 782 – Innenminister unter Druck.

Geheimhaltungsvorschriften der Landespressegesetze entgegengehalten werden kann.[37] Während im Rahmen der §§ 201–202c StGB auch Redakteure Täter sein können und diese Bestimmungen damit unmittelbare Relevanz für die Medien haben, verpflichtet § 203 StGB spezifisch die Angehörigen bestimmter Berufszweige wie der Heilberufe, der rechts- und steuerberatenden Berufe oder des öffentlichen Dienstes zur **Verschwiegenheit** über diejenigen Angelegenheiten, die ihnen in ihrer beruflichen Eigenschaft anvertraut oder sonstwie bekanntgeworden sind (dazu schon Rz. 7.7 ff.).

Redakteure scheiden als Täter aus, sofern sie nicht ausnahmsweise zugleich Angehörige einer 10.24 der in Frage stehenden Berufsgruppen sind und Geheimnisse publizieren, die ihnen selbst in dieser Eigenschaft anvertraut oder bekanntgeworden sind. Als Anstifter können sie unter Umständen strafbar sein, wenn sie den zur Geheimhaltung Verpflichteten dazu veranlassen, seine Verschwiegenheitspflicht zu brechen.[38] Das Publizieren von durch Geheimnisbruch beschafften Informationen könnte nur anhand der Rechtsfigur der sog. sukzessiven Beihilfe eine strafrechtlich relevante Beihilfehandlung begründen; diese Rechtsauffassung ist jedoch unzutreffend, denn der Tatbestand des § 203 StGB ist durch das Offenbaren nicht nur vollendet, sondern auch beendet und damit nicht mehr teilnahmefähig (vgl. auch Rz. 7.18 f.). Die Verwertung und Veröffentlichung derart offenbarter Geheimnisse durch die Medien ist demnach wie in den Fällen der §§ 202 und 202a und b StGB nicht strafbar. Umso mehr wird aber auch in diesem Zusammenhang zu prüfen sein, ob nicht die Nutzung und Veröffentlichung von Informationen, die die Medien durch einen solchen Geheimnisbruch erlangt haben, nach zivilrechtlichen Kriterien unzulässig ist (dazu Rz. 12.84 ff.).

ff) Nachstellung

Schließlich kommt in seltenen Ausnahmefällen als Schranke journalistischer Recherchetätig- 10.25 keit der unter dem Begriff des Stalking bekannt gewordene Straftatbestand der Nachstellung gemäß § 238 StGB in Betracht. Nach Abs. 1 dieser Vorschrift wird auf Antrag des Betroffenen (§ 238 Abs. 4 StGB) unter anderem bestraft, wer einem Menschen unbefugt nachstellt, indem er beharrlich

„1. die räumliche Nähe dieser Person aufsucht,

2. unter Verwendung von Telekommunikationsmitteln oder sonstigen Mitteln der Kommunikation oder über Dritte Kontakt zu dieser Person herzustellen versucht, oder

...

5. eine andere vergleichbare Handlung vornimmt und dadurch seine Lebensgestaltung schwerwiegend beeinträchtigt.“

Dieser Straftatbestand, der sich, wie schon die weiteren Handlungsvarianten gemäß § 238 10.26 Abs. 1 StGB zeigen, seiner Zielrichtung nach nicht in erster Linie gegen die Tätigkeit von Medienmitarbeitern richtet, kann gleichwohl in Ausnahmefällen auch auf Recherchemaßnahmen anwendbar sein. Zu denken ist etwa an Konstellationen wie diejenige nach dem Rücktritt des damaligen Bundesfinanzministers *Lafontaine* im März 1999, als Journalisten tagelang *vor dem Wohnhaus des Betroffenen Stellung bezogen*, um Stellungnahmen von ihm zu erhalten, und ihre Positionen auch nicht räumten, als *Lafontaine* sie vom Balkon seines Hauses aus bat, ihn

---

37 Z.B. § 4 Abs. 2 LPG-NW, s. OVG Münster, AfP 2004, 475 = NJW 2005, 618; VG Gelsenkirchen v. 25.6.2014 – 4 K 3466/13, zit. nach juris; umfassend *Fricke/Gerecke*, AfP 2014, 293.
38 Schönke/Schröder/*Lenckner/Eisele*, § 203 StGB Rz. 73.

in Ruhe zu lassen, und erklärte, er werde in absehbarer Zeit zu seinem Schritt keine öffentlichen Erklärungen abgeben. Gegen die Verfassungsmäßigkeit dieses Straftatbestands bestehen unter dem rechtlichen Gesichtspunkt des Bestimmtheitsgrundsatzes gemäß Art. 103 Abs. 2 GG gravierende Bedenken,[39] die allenfalls dann nicht zum Tragen kommen dürften, wenn die Gerichte sie in einschlägigen Fällen insbesondere im Licht der Mediengewährleistungen des Art. 5 Abs. 1 Satz 2 GG verfassungskonform auslegen.

3. Zivilrechtliche Schranken der Recherche

10.27   Neben die erörterten strafrechtlichen Bestimmungen können als Schranken für die Informationsermittlungsfreiheit der Medien die zivilrechtlichen Regeln insbesondere über den Schutz des **Allgemeinen Persönlichkeitsrechts** treten. Verstöße gegen diese Regeln sind, sofern der Täter nicht zugleich gegen Straftatbestände wie etwa diejenigen der §§ 201 oder 201a StGB verstößt, nicht strafbar; sie werden daher in der Regel sanktionslos bleiben. In krassen Fällen können sie aber dazu führen, dass der von rechtswidriger Recherchemaßnahme Betroffene zivilrechtliche Abwehransprüche geltend macht, wofür insbesondere die auf Unterlassung weiteren rechtswidrigen Verhaltens gerichtete einstweilige Verfügung in Betracht kommt. Wie im Bereich der Berichterstattung (Rz. 19.1 ff.) hat die Rechtspraxis auch für den Bereich der Recherche eine Reihe typischer Fallgruppen entwickelt, die als Verletzung des Allgemeinen Persönlichkeitsrechts in Betracht kommen.

a) Aufnahme des gesprochenen Worts

10.28   Ein generelles Problem insbesondere im Rahmen öffentlicher Veranstaltungen ist die für die Medien bedeutsame Frage, inwieweit es gestattet ist, Wortbeiträge in öffentlichen Veranstaltungen auf **Tonträger aufzunehmen**. Das Interesse daran kann nicht nur durch den Wunsch etwa von Rundfunkreportern motiviert sein, Teile der hergestellten Aufnahmen in spätere Sendungen einzublenden, sondern auch durch den Wunsch nach möglichst exakter Aufzeichnung des jeweils gesprochenen Worts zum Zweck späterer redaktioneller Auswertung und Dokumentation sowie eventuell der Verbreitung wörtlicher Zitate. Dieses Problem ist nicht durch einen einfachen Umkehrschluss aus dem Straftatbestand des § 201 StGB zu lösen, der nur die Aufnahme des nicht öffentlich gesprochenen Worts unter Strafe stellt. Vielmehr tritt neben den strafrechtlichen der zivilrechtliche Schutz des Allgemeinen Persönlichkeitsrechts nach § 823 Abs. 1 BGB, aus dem in der Regel ein Verbot der Herstellung einer Tonaufnahme gegen den Willen des Sprechers oder ohne dessen Kenntnis abgeleitet wird. In Anbetracht des hohen Stellenwerts, den die Rechtsprechung dem Allgemeinen Persönlichkeitsrecht in allen seinen Ausprägungen einräumt, muss davon ausgegangen werden, dass jedermann selbst darüber zu befinden hat, ob er sich nur in der Öffentlichkeit äußern oder ob er es hinnehmen will, dass seine prinzipiell flüchtige Rede durch Herstellung einer Tonaufnahme manifestiert wird und dadurch auf Dauer auch im Detail reproduzierbar bleibt.[40]

10.29   Die Herstellung einer Tonaufnahme bedarf daher prinzipiell auch bei öffentlichen Veranstaltungen, zu denen die Medien Zutritt haben, der **Einwilligung** des jeweiligen Redners oder Diskussionsteilnehmers. Diese Einwilligung kann konkludent erteilt werden. Sie wird regel-

---

39 Einzelheiten bei *Fischer*, § 238 StGB Rz. 5 m.w.N.
40 BVerfG NJW 1973, 891 – Tonbandaufnahme; BGH NJW 1958, 1344 – Tonbandaufnahme; OLG Köln NJW 1979, 661; BVerwG AfP 1990, 349 = NJW 1991, 118.

mäßig als erteilt gelten, wenn für den Redner durch vorgehaltene Mikrophone oder sonst aus den konkreten Umständen ersichtlich ist, dass sein Wortbeitrag aufgezeichnet wird. Dies führt nach den Entscheidungen zu den *Kohl*-Tagebüchern indes nicht dazu, dass der Redner die Verfügungsgewalt über die Aufnahme verliert. Diese ist vielmehr nach allgemeinen zivilrechtlichen Grundsätzen zu beurteilen und führt – entgegen der Auffassung des OLG Köln[41] – zwar nicht zu einem Anspruch nach § 950 BGB, wohl aber nach dem Umständen des Einzelfalls nach Auffassung des BGH zu einem Herausgabeanspruch aus einem Auftragsverhältnis.[42] Hingegen wird regelmäßig von einer konkludenten Einwilligung auch in die Verwertung einer Aufzeichnung auszugehen sein, wenn etwa der Sprecher bei einer Veranstaltung das Wort ergreift, für die deren Leiter die Herstellung von Tonaufnahmen generell freigegeben hat, wie dies in der Regel bei öffentlichen Sitzungen der Landesparlamente, des Bundestags und häufig bei Kongressen der Fall sein wird. Die bloße Tatsache, dass ein Wortbeitrag in einer Veranstaltung geleistet wird, die sich im öffentlichen, und zwar auch im staatlichen Bereich abspielt, und an der die Öffentlichkeit berechtigtermaßen teilnimmt, rechtfertigt hingegen die Herstellung einer Tonaufnahme noch nicht. Das gilt auch für Sitzungen der Kommunalvertretungen.[43] Die Medien haben in diesen Fällen keinen Anspruch darauf, dass ihnen eine Aufnahmegenehmigung erteilt wird.[44]

b) Schutz des geschriebenen Worts

Aber nicht nur das gesprochene Wort gilt als Teil der Persönlichkeit desjenigen, der sich äußert, mit der Folge, dass nur er zu bestimmen hat, ob, unter welchen Umständen und durch wen es auf Tonträger aufgezeichnet werden darf. Für das geschriebene Wort gilt im Prinzip nichts anderes. Auch hier kann das Allgemeine Persönlichkeitsrecht als zivilrechtlicher Auffangtatbestand neben den enger definierten strafrechtlichen Schutz gemäß § 202 StGB und im Übrigen auch neben denjenigen des Urheberrechts des Verfassers treten.[45] Ob allerdings Urheberrechte eines Verfassers, namentlich die auf die Richtlinie 2001/29/EG beruhenden Schrankenregelungen, auch dann greifen, wenn der Verfasser zuvor sein Werk selbst einmal öffentlich zur Verfügung gestellt hat, hat der BGH jüngst in zwei Vorlageentscheidungen zu Recht angezweifelt und die für die Medien ausgesprochen relevante Frage, ob urheberrechtliche Schranken der Informationsfreiheit entgegengehalten werden können, dem EuGH zur Klärung vorgelegt (vgl. aber u. Rz. 10.31).[46] Auch die nicht genehmigte Veröffentlichung einer E-Mail oder eines nicht-öffentlichen Social Media-Beitrags kann ebenso wie die unbefugte Veröffentlichung eines Briefes das Persönlichkeitsrecht des Betroffenen verletzen.[47] Allerdings lässt sich ein generelles Verbot aus dem Allgemeinen Persönlichkeitsrecht nicht ableiten.[48] Es wird vielmehr stets darauf ankommen, ob der Inhalt eines bestimmten Schriftstücks einen durch das Allgemeine Persönlichkeitsrecht tabuisierten Sachverhalt betrifft und ob und mit welchem Gewicht ein Informationsinteresse der Öffentlichkeit daran besteht.

10.30

---

41 OLG Köln AfP 2014, 465 = ZUM-RD 2015, 15 – Herausgabeanspruch von Tonbändern.
42 BGH AfP 2015, 560 = NJW 2016, 317 – Kanzler Kohls Tonbänder.
43 A.A. *Wilhelmi*, AfP 1992, 221 ff.
44 BVerwG AfP 1990, 349 = NJW 1991, 118; VGH Hessen LKRZ 2014, 22.
45 BGH NJW 1954, 1404 – Leserbrief; KG ZUM-RD 2016,461 – Strittmatter-Brief.
46 BGH AfP 2017, 407 – Reformistischer Aufbruch m. Anm. *Mann*; BGH AfP 2017, 416 = NJW 2017, 3450 – Afghanistan Papiere; krit. auch *Nieland*, K&R 2013, 285.
47 OLG Braunschweig AfP 2012, 265 = ZUM 2013, 78; LG Köln CR 2007, 195; *Härting*, Rz. 536 ff.
48 KG AfP 2007, 842 = NJW-RR 2007, 234; OLG München AfP 2008, 79 = ZUM 2008, 991.

10.31 Auch ein in der Öffentlichkeit bekannter Schriftsteller muss die gegen seinen Widerspruch erfolgende Veröffentlichung seiner Briefe nicht hinnehmen, wenn er zu einer die Öffentlichkeit bewegenden Frage mit einer Redaktion korrespondiert und dabei ausdrücklich erklärt, die Korrespondenz sei nicht zur Veröffentlichung bestimmt.[49] Derartige schriftliche Äußerungen sind in der Regel ihrer Natur nach nur zur Kenntnisnahme durch die unmittelbar Beteiligten bestimmt, und der Verfasser muss nicht damit rechnen, dass sie einer breiten Öffentlichkeit zugänglich gemacht werden. Anders als die Veröffentlichung des nicht für die Öffentlichkeit bestimmten geschriebenen Worts ist allerdings die bloße Kenntnisnahme von schriftlichen Äußerungen einer Person vor einer etwaigen Veröffentlichung noch nicht als Verletzung des Allgemeinen Persönlichkeitsrechts des Verfassers anzusehen. Anderes ist allenfalls dann anzunehmen, wenn es sich um Äußerungen handelt, die der Intimsphäre des Verfassers zuzurechnen und damit ihrer Natur nach nicht zur Kenntnisnahme durch Dritte bestimmt sind. In der Regel greift jedoch die Schrankenfunktion des Allgemeinen Persönlichkeitsrechts im Hinblick auf schriftliche Äußerungen erst dort, wo die Entscheidung über die Veröffentlichung fällt.

10.32 Allerdings gilt dieses Veröffentlichungsverbot nicht generell, da das Allgemeine Persönlichkeitsrecht, anders als in der Regel Straftatbestände, als offener Tatbestand seinerseits nicht absolut definiert ist, seine Tragweite vielmehr nur im Einzelfall unter Abwägung der widerstreitenden Interessen ermittelt werden kann (Einzelheiten in Rz. 12.50 ff. und Rz. 19.1 ff.). Wie im Rahmen der Verwendung rechtswidrig erlangter Informationen von der Rechtsprechung (Rz. 12.74 ff.) und im Rahmen des strafrechtlichen Schutzes des gesprochenen Worts in Gestalt des § 201 Abs. 2 Satz 2 und 3 StGB vom Gesetzgeber ausdrücklich anerkannt (Rz. 10.12 ist im Einzelfall eine Güterabwägung zwischen dem berechtigten Interesse des Verfassers eines Schriftstücks, mit dessen Inhalt nicht der Öffentlichkeit präsentiert zu werden, und dem Informationsinteresse der Öffentlichkeit vorzunehmen. So hat es etwa das BVerfG[50] als unzulässig angesehen, dass die Zivilgerichte der Autorin eines kritischen Berichts über ein bestimmtes Krankenhaus die *Veröffentlichung eines Briefs eines Chefarztes* dieses Hauses unter Berufung auf dessen Allgemeines Persönlichkeitsrecht untersagten, weil die Autorin mit der Veröffentlichung dieses Briefs einen Beitrag zur öffentlichen Meinungsbildung leistete und keine privaten Zwecke verfolgte. Gleiches galt für die *auszugsweise Veröffentlichung des Schreibens eines Rechtsanwalts*, der auf die Bitte einer Redaktion um Freigabe eines Lichtbilds zur Veröffentlichung im Rahmen einer geplanten Berichterstattung über ein Gerichtsverfahren nicht nur mit einer Weigerung, sondern sogleich mit der Ankündigung rechtlicher Schritte gedroht hatte.[51] Auch die Wiedergabe von Äußerungen aus einem an ein Verlagshaus gerichteten und ausdrücklich nicht zur Veröffentlichung bestimmten Anwaltsschreibens stellt keine Verletzung des allgemeinen Persönlichkeitsrechts des Anwalts dar.[52] Und nach der zutreffenden Auffassung des OLG Hamburg[53] war im Fall des Rechtsanwalts und Bundestagsabgeordneten *Gregor Gysi* im Zusammenhang mit der *Veröffentlichung seiner Verteidigungsschrift* im weithin bekannten und heute auch historisch bedeutsamen Verfahren des damaligen DDR-Regimes gegen den Schriftsteller Robert Havemann dem öffentlichen Informationsinteresse gegenüber dem Persönlichkeitsrecht *Gysis* der Vorzug zu geben und der Zugriff auf den von ihm verfassten Schriftsatz dementsprechend rechtmäßig. Mit Recht hat anderer-

---

49 KG NJW 1995, 3392; a.A. noch die Vorinstanz: LG Berlin NJW 1995, 881.
50 BVerfG NJW 1991, 2339 – Chefarztbriefe.
51 BVerfG NJW 2010, 1587 = GRUR 2010, 544.
52 OLG Köln AfP 2019, 43.
53 OLG Hamburg AfP 2000, 316 = NJW 1999, 3343; LG Hamburg AfP 1999 379; vgl. auch OLG München AfP 2008, 79 = ZUM 2008, 991.

seits etwa das OLG Köln die *Veröffentlichung einer E-Mail eines Prominenten untersagt*, die einen bestimmten Teil seiner Privat- oder gar Intimsphäre gegenüber der Öffentlichkeit preisgab.[54]

c) Telefonanrufe

Es ist heute anerkannt, dass **unerbetene Telefonanrufe** eine Verletzung des Allgemeinen Persönlichkeitsrechts des Angerufenen darstellen können. Davon ist nach der Rechtsprechung[55] und nach der ausdrücklichen Bestimmung in § 7 Abs. 2 Nr. 2 UWG insbesondere bei unerbetenen Anrufen zu Zwecken der Werbung auszugehen. Darin war auch vor Inkrafttreten der neuen Gesetzesfassung ein Verstoß gegen die guten Sitten im Sinn von § 3 UWG a.F. und ist auch heute noch eine Verletzung des Allgemeinen Persönlichkeitsrechts des Angerufenen zu sehen. Ausnahmen kommen nur dann in Betracht, wenn der Angerufene ausdrücklich in die Anrufe eingewilligt oder dem Anrufer durch sein Verhalten Anlass zu der berechtigten Annahme gegeben hat, er sei mit den Anrufen einverstanden.[56]

10.33

Die Übertragung dieses Rechtsgedankens auf telefonische Anrufe von Journalisten bei privaten Personen oder Institutionen zum Zweck der Auskunftseinholung ist allerdings jedenfalls nicht uneingeschränkt möglich. Durch sie ergäbe sich eine drastische und im Ergebnis nicht hinzunehmende Einschränkung der Recherchemöglichkeiten der Medien. Die erstmalige **telefonische Kontaktaufnahme** von Journalisten mit einer privaten Person oder Institution zum Zweck der Klärung, ob Informationen erteilt werden, kann bei Abwägung der widerstreitenden Interessen nicht als ein rechtswidriges Eindringen in die Privatsphäre des Angerufenen und damit als Persönlichkeitsrechtsverletzung angesehen werden, sofern sie zu üblichen Tageszeiten erfolgt. Der Annahme, bereits ein erstmaliger telefonischer Anruf bei einer Person, über deren Auskunftsbereitschaft der Anrufer noch keine Kenntnis hat, könne deren Allgemeines Persönlichkeitsrecht verletzen, steht der Umstand, dass Recherchetätigkeit verfassungsrechtlich geschützt und aufgrund der ausdrücklichen Bestimmungen der Landespressegesetze über die öffentliche Aufgabe der Medien als ein hochrangiges Rechtsgut anzusehen ist, ebenso entgegen wie die Tatsache, dass es von der Rechtsprechung in der Regel als Gebot der journalistischen Sorgfalt angesehen wird, vor einer Veröffentlichung jedenfalls den Versuch zu unternehmen, den Betroffenen zu hören (dazu Rz. 2.22 ff.).

10.34

Erklärt aber eine private Person oder Institution, nicht auskunftsbereit zu sein, dann muss auch eine Redaktion das respektieren. Etwaige fortgesetzte telefonische Versuche von Journalisten, sie zu einer Aufgabe ihrer Haltung zu veranlassen und ihnen die gewünschten Informationen doch noch zu entlocken, erfüllen den Tatbestand der Verletzung des Allgemeinen Persönlichkeitsrechts und u.U. denjenigen der Nötigung gemäß § 240 StGB. Auch die Medien haben die persönliche Sphäre derjenigen zu achten, über die sie berichten oder von denen sie Informationen erhalten wollen. Ein Telefonterror gegen den erklärten Willen des Betroffenen wäre als Verletzung seines Allgemeinen Persönlichkeitsrechts stets unzulässig und u.U. als ein Fall des so genannten Stalking auch strafbar (dazu Rz. 10.25 f.).

10.35

---

54 OLG Köln AfP 2012, 66.
55 BGH NJW 1970, 1738 = GRUR 1970, 523 – Telefonwerbung I; BGH NJW 1989, 2820 = GRUR 1989, 753 – Telefonwerbung II; OLG Frankfurt a.M. GRUR 1983, 674 – Lästiger Anlageberater.
56 Einzelheiten bei *Köhler/Bornkamm/Feddersen*, § 7 UWG Rz. 127 ff.

d) Belagerung

10.36 Eine vergleichbare Rechtsverletzung kommt neben dem strafrechtlichen Tatbestand des Stalking gemäß § 238 StGB in den Fällen der Belagerung der Wohnung von Personen in Betracht. Respektieren wartende Journalisten das Hausrecht als solches, halten sie sich aber – wie geschehen (vgl. das Beispiel in Rz. 10.26) – über Stunden oder gar Tage in großer Zahl vor der Haustür ihrer Zielperson bereit, so muss die Grenze strafbaren Verhaltens gemäß § 238 StGB nicht unbedingt überschritten sein, zumal diese nicht spezifisch auf Recherchetätigkeit zielende Bestimmung noch relativ neu ist und praktische Erfahrungen mit ihrer Anwendung durch die Gerichte im vorliegenden Kontext bisher fehlen. Auf Personen, die den Kontakt mit den Medien nicht wünschen und sich ihm vielfach auch nicht gewachsen fühlen, kann ein derartiges Verhalten informationshungriger Journalisten jedoch im Ergebnis wie eine Freiheitsberaubung wirken. Sie trauen sich nicht mehr vor ihre eigene Haustür und sind dadurch zwar nicht rechtlich, wohl aber faktisch in ihrer Bewegungs- und allgemeinen Handlungsfreiheit erheblich beschränkt. Eine Belagerung der Wohnung des Betroffenen kann daher insbesondere dann, wenn sie länger andauert, trotz des prinzipiell anzuerkennenden Informationsbedürfnisses der Medien eine schwerwiegende Verletzung seines Allgemeinen Persönlichkeitsrechts darstellen.

10.37 Der Gesetzgeber hat sich dieses Themas obendrein nicht nur im Rahmen des neuen § 238 StGB angenommen, sondern auch durch das im Jahr 2002 in Kraft getretene **Gewaltschutzgesetz**, das Opfern von Nachstellungen insbesondere einen effektiveren Rechtsschutz eröffnet. Nach § 1 Abs. 2 Satz 1 Nr. 2b dieses Gesetzes, das ebenfalls nicht nur und nicht in erster Linie auf Medienvertreter zielt, gilt dies insbesondere auch für eine Person, die andere

„... dadurch unzumutbar belästigt, dass sie ihr gegen den ausdrücklich erklärten Willen wiederholt nachstellt oder sie unter Verwendung von Fernkommunikationsmitteln verfolgt.“

Journalisten und insbesondere **Paparazzi**, die sich mit der Weigerung eines Betroffenen, ihnen Auskunft zu erteilen oder sich fotografieren zu lassen, nicht abgeben und ihn mehr oder weniger hartnäckig verfolgen, um doch noch zu einer Stellungnahme oder einem Foto zu gelangen, können daher gegebenenfalls nach den Bestimmungen dieses Gesetzes mit einem Kontaktverbot belegt werden,[57] das nach § 96 FamFG in einem vereinfachten Verfahren vollstreckt werden kann.[58]

10.38 Unzulässig ist auch die planmäßige Beobachtung und Überwachung eines privaten Grundstücks, etwa mittels einer dazu installierten **Videokamera**.[59] Eine derartige Maßnahme stellt in aller Regel eine schwerwiegende Verletzung des Allgemeinen Persönlichkeitsrechts des Betroffenen in seiner Ausprägung als Recht auf informationelle Selbstbestimmung dar.[60] Das kann sogar dann gelten, wenn eine auf ein privates Grundstück gerichtete Kamera in Wahrheit nicht genutzt wird, weil allein aufgrund der Existenz dieser Kamera dem Betroffenen der

---

57 Vgl. insoweit zu einem ähnlich gelagerten Fall LG Oldenburg NJW 1996, 62.
58 Dazu im Einzelnen *Walter*, ZUM 2002, 886 ff.
59 BGH AfP 1995, 597 = ZUM 1995, 719 – Videoüberwachung; OLG Köln NJW 1989, 720; BVerwG NJW 1986, 2332; *Jarass*, NJW 1989, 857, 859; BGH NJW 1991, 2651 für Strafverfolgungsmaßnahmen; OVG Hamburg MMR 2011, 128 für großflächige Überwachung von Hauseingängen; ähnlich für den Fall der ständigen Installation einer Anlage, die es dem Arbeitgeber gestattet, sich jederzeit in Telefongespräche seiner Mitarbeiter einzuschalten oder sie ohne dessen Kenntnis mitzuhören, BVerfG NJW 1992, 815.
60 BVerfG NJW 2009, 3293; BGH AfP 1995, 597 = ZUM 1995, 719 – Videoüberwachung; OLG Köln NJW 2017, 835; OLG Köln NJW 1989, 720; OLG Karlsruhe NJW 2002, 2799.

Eindruck vermittelt wird, er werde ständig überwacht oder müsse jedenfalls damit rechnen, dass das der Fall ist.[61] Der Einsatz derartiger Mittel zu Zwecken der Recherche kann daher nur in ganz extremen Ausnahmekonstellationen eines überragenden und anderweitig nicht zu befriedigenden Informationsinteresses gerechtfertigt sein. Auch gegen sie kann der Betroffene mit einem Unterlassungsanspruch[62] – und dies vor allem im Wege der einstweiligen Verfügung – vorgehen.

e) Herstellung von Psychogrammen etc.

Das zivilrechtlich durch § 823 Abs. 1 BGB geschützte Allgemeine Persönlichkeitsrecht gilt als Ausprägung der Grundrechte aus Art. 2 Abs. 1 i.V.m. Art. 1 Abs. 1 GG. Bei seiner Ausdeutung im Rahmen des Spannungsverhältnisses zwischen dem Informationsinteresse der Medien und dem Interesse des Individuums, durch die Medien nicht belästigt zu werden, kann die Rechtsprechung des BVerfG nicht außer Betracht bleiben. Spätestens seit der Schaffung eines Rechts auf informationelle Selbstbestimmung durch dessen *Volkszählungsurteil*[63] muss daher davon ausgegangen werden, dass auch andere Recherche-Maßnahmen als die bisher erörterten einen rechtswidrigen Eingriff in das Allgemeine Persönlichkeitsrecht eines Betroffenen darstellen können.

So kann es bereits eine Verletzung dieses Rechts darstellen, wenn handschriftliche Aufzeichnungen zur heimlichen Anfertigung eines graphologischen Gutachtens benutzt werden.[64] Auch das Interesse einer Redaktion, ein bestimmtes Individuum eingehend zu charakterisieren, kann eine derartige Maßnahme nicht rechtfertigen. Das Gleiche gilt für eine sonstige systematische Analyse einer Persönlichkeit gegen oder ohne deren Willen und Wissen mit den Mitteln der Psychologie.[65] Derartige Untersuchungen braucht niemand zu tolerieren. Sie sind daher, sofern ohne Zustimmung des Betroffenen vorgenommen, in der Regel als Verletzung seines Persönlichkeitsrechts zu werten. Die Grenzen zulässiger Recherche und Materialsammlung sind damit immer dann überschritten, wenn eine Redaktion durch derartige Maßnahmen eine Informationsdichte herzustellen versucht, die bei Anlegung eines objektiven Maßstabs als ein Eindringen in den Kernbereich einer Persönlichkeit anzusehen ist.

f) Einschleichen, Täuschung

Grenzformen des Journalismus, die im Fall des Journalisten *Günter Wallraff* Mediengeschichte geschrieben hat, stellen schließlich das **Einschleichen** in die geschäftliche Sphäre und die Täuschung desjenigen dar, der auf diese Weise ausgespäht werden soll. Auch für diese Art der Recherche gelten die allgemeinen Bestimmungen des Zivilrechts. Wer sich von einem Unternehmen als Arbeitnehmer einstellen lässt, tatsächlich aber nicht wie ein solcher zum Unternehmenserfolg beisteuern, sondern lediglich Informationen beschaffen will, die ihm auf andere Weise nicht zugänglich sind, begeht bei Begründung des Arbeitsverhältnisses eine Täuschung. Sein Arbeitgeber kann den Arbeitsvertrag daher gemäß § 123 BGB wegen arglistiger Täuschung anfechten und ihm die weitere Tätigkeit in seinem Betrieb und dessen weiteres Betreten untersagen. Das mit dem Mittel der Täuschung bewirkte Überwinden des erklärten

10.39

10.40

10.41

---

61 BGH AfP 2010, 257 = NJW 2010, 1533; LG Bonn NJW-RR 2005, 1067.
62 BGH AfP 1995, 597 = ZUM 1995, 719 – Videoüberwachung.
63 BVerfG NJW 1984, 419 – Volkszählungsgesetz.
64 LAG Baden-Württemberg NJW 1976, 310.
65 Löffler/*Steffen*, § 6 LPG Rz. 59.

oder mutmaßlichen Willens des Betroffenen, seine privaten oder geschäftlichen Angelegenheiten nicht durch die Medien ausforschen und vor der Öffentlichkeit erörtern zu lassen, wird aber in der Regel auch als Verletzung seines Allgemeinen Persönlichkeitsrechts oder als sittenwidrige Schädigung im Sinn von § 826 BGB zu qualifizieren sein.[66]

10.42 In diesem Sinn rechtswidrig handelt etwa ein Redakteur, der sich als *Vertreter eines Pharmakonzerns tarnt* und Sportlern Dopingmittel anbietet, um die darüber geführten Gespräche heimlich aufzuzeichnen und auszuwerten.[67] Zulässig war hingegen die *Anbahnung fiktiver Geschäftsbeziehungen* durch eine Redaktion zur Aufdeckung vermuteter Praktiken bei der Platzierung sittenwidriger Verträge über verbotene Schleichwerbung im Fernsehen durch eine Unternehmensberatungsgesellschaft, da an der Aufdeckung derartiger Praktiken eine hohes Informationsinteresse der Öffentlichkeit besteht.[68] Auch der Deutsche Presserat bezeichnet die Anwendung unlauterer Methoden bei der Beschaffung von Nachrichten und Informationen zwar grundsätzlich als unzulässig, weist aber mit Recht daraufhin, dass das Mittel der verdeckten Recherche im Einzelfall gerechtfertigt sein kann,

„... wenn damit Informationen von besonderem öffentlichen Interesse beschafft werden, die auf andere Weise nicht zugänglich sind."[69]

Damit bringt er den auch in diesem Zusammenhang zutreffenden Gedanken zum Ausdruck, dass das Mittel der verdeckten Recherche zwar im Regelfall rechtswidrig ist, dass aber außergewöhnliche Informationslagen und Situationen seinen Einsatz im Einzelfall im Wege der Güterabwägung rechtfertigen können.[70]

10.43 Dem Ziel unlauterer Recherchemethoden wie des Einschleichens oder der Täuschung können Unterlassungs- und in geeigneten Fällen auch Schadenersatzansprüche zustehen. Auch in diesem Zusammenhang aber ist von der Feststellung, dass derartige Methoden der Recherche verboten sind, die Frage zu trennen, ob und unter welchen Umständen Informationen, die auf unlautere Weise beschafft worden sind, veröffentlicht werden dürfen (dazu Rz. 12.84 ff.).

g) Schutz von Betriebs- und Geschäftsgeheimnissen

10.44 Kernbereich journalistischer Tätigkeit ist das Aufdecken von Missständen und Fehlentwicklungen gerade auch in Unternehmen. Seien es eigene investigative Tätigkeiten, sei es durch die Verwertung der durch **Whistleblower** erhaltenen Informationen, in jedem Fall ist das Ergebnis regelmäßig die Veröffentlichung eines bislang auch innerhalb des betroffenen Unternehmens geheim oder zumindest vertraulich behandelten Umstands. Solange die Recherchemethode nicht, wie oben beschrieben, rechtswidrig ist oder aber die Berichterstattung im Rahmen der Abwägung mit dem Unternehmenspersönlichkeitsrecht zu beanstanden ist (dazu Rz. 19.88), stellt die Aufdeckung eines Betriebs- oder Geschäftsgeheimnisses grundsätzlich eine zulässige journalistische Tätigkeit dar, zumal die strafrechtlichen Bestimmungen der §§ 17 – 19 UWG nach überwiegender Auffassung ein Handeln im geschäftlichen Verkehr erfordern, das wiederum ein Wettbewerbsverhältnis zwischen dem Handelndem und dem be-

---

66 BGHZ 80, 25 = AfP 1981, 270 = NJW 1981, 1089 – Der Aufmacher I; BGH NJW 1981, 1366 = GRUR 1981, 441 – Der Aufmacher II; BVerfGE 66, 116 = AfP 1984, 94 = NJW 1984, 1741 – Der Aufmacher.
67 Deutscher Presserat, Jahrbuch 1988, S. 109; zu der davon zu unterscheidenden Arbeit mit der versteckten Kamera Rz. 9.9.
68 OLG München AfP 2004, 138 = NJW-RR 2004, 767; OLG München AfP 2005, 371.
69 Richtlinien für die publizistische Arbeit Nr. 4.1.
70 LG Hamburg v. 23.6.2017 – 324 O 352/16, zit. nach juris (nicht rechtskräftig).

troffenen Unternehmen verlangt. Bei einer redaktionellen Berichterstattung wird dies regelmäßig zu verneinen sein.[71]

Ein neuer Blick auf die Berichterstattung über Betriebs- und Geschäftsgeheimnisse wird allerdings durch die **Geheimnisschutzrichtlinie** der EU[72] zu werfen sein, die durch das Gesetz zum Schutz von Geschäftsgeheimnissen (GeschGehG) umgesetzt wird.[73]. Nach Art. 4 der nach überwiegender Auffassung insoweit vollharmonisierten Richtlinie sind sowohl der unbefugte Erwerb wie auch die unbefugte Offenlegung eines Betriebs- und Geschäftsgeheimnisses rechtswidrig. Allerdings sieht Art. 5 der Richtlinie eine Verpflichtung der Mitgliedstaaten vor, dafür Sorge zu tragen, dass Anträge auf die in der Geheimnisschutzrichtlinie vorgesehenen Sanktionsmöglichkeiten abgelehnt werden, wenn der Erwerb, die Nutzung oder die Offenlegung eines Betriebs- oder Geschäftsgeheimnisses u.a. zur Ausübung des Rechts auf freie Meinungsäußerung und der Informationsfreiheit oder aber zur Aufdeckung eines Missstands erfolgt; diese Regelung ist nahezu wortgleich in § 5 des GeschGehG enthalten. Über den Verweis in Art. 5 lit. a der Richtlinie auf die Grundrechtecharta der Europäischen Union und damit auch des Art. 10 EMRK[74] ist damit die Meinungs- und Informationsfreiheit zwar nicht schrankenlos gewährleistet.[75] Maßgeblich wird künftig aber auch in diesem Bereich die Rechtsprechung des EuGH für das Verhältnis zwischen Unternehmensschutz und Meinungs- und Informationsfreiheit sein (zum Spannungsfeld zwischen der Urheberrechtsrichtlinie 2001/29/EG und der Presse- und Informationsfreiheit s. Rz. 10.30).

10.45

§ 11 Sicherung von Rechercheergebnissen

1. Grundlagen

Soweit Medien die Ergebnisse ihrer Recherchen archivieren, geschieht dies in erster Linie mit dem Ziel, sich den Zugriff auf erarbeitetes Material und bereits gesammelte Informationen für eine etwaige spätere erneute Befassung mit der betreffenden Thematik zu erhalten. Bei solchen Rechercheergebnissen, die nicht oder nicht unmittelbar in eine Publikation eingeflossen sind, wird dies das einzige Ziel der Archivierung sein. Aber auch dort, wo Recherchen zu Ver-

11.1

---

71 Vgl. *Köhler/Bornkamm/Feddersen*, § 17 UWG, Rz. 52; OLG München AfP 2004, 138 = NJW-RR 2004, 767 – Verdeckte Recherche über eine Schleichwerbung.

72 Richtlinie (EU) 2016/943 v. 8.6.2016.

73 Gesetz zur Umsetzung der Richtlinie (EU) 2016/943 zum Schutz von Geschäftsgeheimnissen vor rechtswidrigem Erwerb sowie rechtswidriger Nutzung und Offenlegung.

74 Die Vorgaben der EMRK sind in ihrer „Bedeutung und Tragweite" auf die Grundrechte der EU-Grundrechte-Charta anzuwenden (Art. 52 Abs. 3 GrCh).

75 *Alexander*, AfP 2017, 469.

öffentlichungen geführt haben, dürfte bei der in den Medienunternehmen institutionalisierten Archivierung des erarbeiteten Materials das Motiv künftiger Verfügbarkeit für weitere publizistische Arbeit im Allgemeinen im Vordergrund stehen und die Absicht, auf der durchgeführten Recherche basierende Berichte gegen juristische Angriffe Dritter abzusichern, demgegenüber in den Hintergrund treten.

11.2 Bei der Archivierung einerseits und sonstiger Sicherung von Rechercheergebnissen andererseits handelt es sich demnach jedenfalls in der Regel um unterschiedliche Kategorien. Dabei erfolgt die Archivierung in der Organisation der Verlage und Rundfunkveranstalter normalerweise außerhalb der unmittelbaren Verantwortung der Redaktionen. Auf die mit ihr verbundenen Rechtsfragen, insbesondere zum Datenschutz (dazu s. Rz. 1.5) soll im vorliegenden Zusammenhang nicht eingegangen werden. Zu erörtern sind an dieser Stelle jedoch die rechtlichen Bedingungen für die **Absicherung der redaktionellen Arbeit** im Hinblick auf etwaige rechtliche Auseinandersetzungen über die Zulässigkeit von Berichterstattung.

11.3 Publizistische Tätigkeit ist **gefahrgeneigte Tätigkeit**. Die Gefahr, dass Medienveröffentlichungen zu straf- oder zivilrechtlichen Konsequenzen führen, ist zwar statistisch gering. Tatsächlich wird sie aber mit zunehmender Verrechtlichung unserer Gesellschaft und zunehmender Bereitschaft weiter Bevölkerungskreise zu rechtlichen Auseinandersetzungen von Jahr zu Jahr größer. Sie wächst obendrein mit der immer größer werdenden Anzahl von Rechtsanwälten, die die Auseinandersetzung mit den Medien als Geschäftsmodell pflegen, sowie vor allem mit wachsender Brisanz der veröffentlichten Informationen und Bilder. Gerade bei der publizistischen Bearbeitung „heißer Eisen" ist es daher heute dringend geboten, das Ergebnis der durchgeführten Recherchen auch daraufhin zu überprüfen, ob es der etwaigen Notwendigkeit späterer Beweisführung gerecht wird. Auf Fragen der Beweislast braucht dabei in diesem Zusammenhang noch nicht eingegangen zu werden (dazu Rz. 30.46 ff., Rz. 31.3, Rz. 32.9 ff.). Sie sind im Zusammenhang mit der Absicherung der Recherche nur von zweitrangiger Bedeutung, da im Ergebnis jede Redaktion von der Notwendigkeit ausgehen muss, in einer etwaigen zivil- oder strafrechtlichen Auseinandersetzung jedenfalls sehr konkrete Anhaltspunkte, wenn nicht den **vollen Beweis** für die Richtigkeit verbreiteter Behauptungen zu liefern, die in Rechte Dritter eingreifen. Schon hieraus ergibt sich unabhängig von der Frage der Beweislastverteilung im Einzelnen die Notwendigkeit, recherchierte Informationen und Materialien im Hinblick auf das im deutschen Zivil- oder Strafprozess geltende Beweisrecht einzuordnen und auf diese Weise rechtzeitig zu prüfen, ob durch zusätzliche Recherchemaßnahmen eine weitere Absicherung des gefundenen Ergebnisses erreicht werden kann und muss.

11.4 Allerdings sind die Medien rechtlich nicht verpflichtet, ihre Rechercheergebnisse aufzubewahren. Das gilt auch für den Rundfunk. Zwar sieht die Mehrheit der insoweit einschlägigen Gesetze bzw. Staatsverträge die **Verpflichtung** vor, die Texte aller Sendungen wortgetreu aufzuzeichnen und für eine bestimmte Frist zu **archivieren** (Einzelheiten in Rz. 29.113 f.). Ziel dieser Bestimmungen ist es aber nicht, die Möglichkeiten der Veranstalter zu sichern, ihre Berichterstattung im Streitfall zu rechtfertigen. Mit den entsprechenden Regelungen tragen die Gesetzgeber vielmehr der Tatsache Rechnung, dass das Medium Rundfunk von Natur aus flüchtig und dass ein Betroffener, der eine Sendung nicht zufällig zeitgleich aufzeichnet, nicht in der Lage ist, Einzelheiten im Hinblick auf eine etwaige Rechtsverletzung zu prüfen, wenn er nicht Zugriff auf eine Mitschrift des ausgestrahlten Textes erhält. Es ist daher nur konsequent, dass hinsichtlich des nicht ausgestrahlten Materials auch die Rundfunkveranstalter nicht zur Archivierung verpflichtet sind.

Rechtsstreitigkeiten über tatsächliche oder vermeintliche Rechtsverletzungen durch Medienveröffentlichungen werden in der Regel vor den Zivilgerichten geführt. Strafverfahren kommen zwar insbesondere bei den Beleidigungsdelikten der §§ 186 ff. StGB in Betracht. In der Praxis sind sie jedoch die Ausnahme, da es sich bei diesen Straftaten um Privatklagedelikte handelt (§ 374 Abs. 1 Nr. 2 StPO), die von den Staatsanwaltschaften nur bei Vorliegen eines besonderen öffentlichen Interesses verfolgt werden.[1] Derjenige, der sich durch Medienveröffentlichungen verletzt fühlt, wird aber in aller Regel Interesse eher an der Erwirkung einer zivilrechtlichen Sanktion als an der Durchführung eines strafrechtlichen Privatklageverfahrens haben. Tatsächlich spielt dieses Verfahren in der Praxis auch nur eine geringe Rolle.

11.5

In prozessualen Auseinandersetzungen werden die Medien ohne Ausnahme als Privatrechtssubjekte behandelt. Das gilt auch für den öffentlich-rechtlichen Rundfunk.[2] Dass sie sich bei der Durchführung von Recherche und Berichterstattung auf eine verfassungsrechtliche Tätigkeitsgewährleistung und einen gesetzlichen Auftrag zur Information der Öffentlichkeit berufen können, ändert daran nichts. Zwar erkennt die Rechtsordnung die Sondersituation der Medien an, die sich u.a. aus der Notwendigkeit vertrauensvoller Beziehungen zu ihren jeweiligen Informanten ergibt. Aus ihr rechtfertigt sich die Gewährung eines nach heutiger Rechtslage nahezu uneingeschränkten **Zeugnisverweigerungsrechts** und **Beschlagnahmeverbots** (dazu Rz. 8.1 ff.). Die Bestimmungen der rundfunkrechtlichen Staatsverträge und Landesmediengesetze über den Auskunftsanspruch der Betroffenen gebieten keine Einschränkung dieser Feststellung, da durch sie das Prinzip des Zeugnisverweigerungsrechts und damit dasjenige des Informantenschutzes nicht durchbrochen wird (s. Rz. 1.5, Rz. 7.67 f.).

11.6

Daher sind auch allgemeine Gesetze wie § 101a UrhG, der einen Auskunftsanspruch des Urhebers betreffend die Identität des Lieferanten von Fotografien begründet, im Licht des aus Art. 5 Abs. 1 Satz 2 GG abgeleiteten Prinzips des Informantenschutzes restriktiv auszulegen, soweit mit dem Anspruch die Preisgabe der Identität desjenigen bezweckt wird, von dem ein Verleger ein bestimmtes Foto erhalten hat; die Auskunftspflicht des Verlags kann dann im Wege der Güterabwägung zu verneinen sein.[3] Aus der Anerkennung dieser Sondersituation der Medien wird auch verständlich, dass das BVerfG in der *Wallraff*-Entscheidung[4] das **Redaktionsgeheimnis** als selbständig geschütztes Rechtsgut behandelt.

11.7

Dennoch gelten im Zivilprozess auch für die Medien die allgemeinen verfahrensrechtlichen Regeln und damit auch die Bestimmungen über die Beweisführung. Auch sie gehören zu den allgemeinen Gesetzen im Sinn von Art. 5 Abs. 2 GG, die die Presse- und Rundfunkfreiheit einschränken. Damit müssen sich Redaktionen für den Fall gerichtlicher Auseinandersetzungen trotz des anerkannten Redaktionsgeheimnisses und trotz des ihnen zustehenden Zeugnisverweigerungsrechts auf die Notwendigkeit der Beweisführung nach allgemeinen prozessualen Regeln einstellen. Ein besonderes Beweisrecht der Medien gibt es nicht.[5] Soweit die Rechtsprechung in Einzelfällen anerkannt hat, dass das Redaktionsgeheimnis im Zivilprozess nicht ausgehöhlt werden darf, führt das nicht zu einer prinzipiellen Sonderbehandlung der Medien im Prozess.[6]

11.8

---

1 § 376 StPO; RiStBV Nr. 86, abzurufen unter www.verwaltungsvorschriften-im-internet.de.
2 BGH AfP 1976, 75 = NJW 1976, 1198 – Panorama; BVerwG NJW 1994, 2500.
3 BVerfG AfP 1999, 261 = NJW 1999, 2880.
4 BVerfGE 66, 116 = AfP 1984, 94 = NJW 1974, 1741 – Der Aufmacher.
5 Wenzel/*Burkhardt*, Kap. 12 Rz. 131.
6 Vgl. OLG Köln AfP 1977, 236; LG Köln AfP 2007, 153.

11.9 Allerdings schränken nicht nur die allgemeinen Gesetze im Sinn von Art. 5 Abs. 2 GG die Kommunikationsgrundrechte des Art. 5 Abs. 1 ein, sind vielmehr auch die allgemeinen Gesetze ihrerseits im Licht der Medienfreiheiten zu interpretieren.[7] Gehören also auch die verfahrensrechtlichen Bestimmungen der Prozessordnungen zu den allgemeinen Gesetzen im Sinn von Art. 5 Abs. 2 GG, so muss das dazu führen, dass den Medien bei der Erfüllung ihrer Beweisführungslast im Rahmen der geltenden zivilprozessualen Bestimmungen Erleichterungen gewährt werden, soweit ihre Beweisführungsmöglichkeiten durch das Zeugnisverweigerungsrecht eingeschränkt sind.[8] Für andere Verfahrensarten wie etwa den Strafprozess gilt nichts anderes.

11.10 Ursprünglich war es der BGH,[9] der diesen in der gerichtlichen Praxis lange zu wenig beachteten Aspekt der Ausstrahlung des Grundrechts der Medienfreiheiten auf die Verfahrensnormen in einem Einzelfall anerkannt und in erweiternder Auslegung der zivilprozessualen Bestimmungen über die Parteivernehmung die Aussage eines verklagten Journalisten über seine Quellen bei Respektierung des Prinzips des Informantenschutzes als Beweismittel zugelassen hat. Später hat dann der EGMR[10] aus der Gewährleistung eines fairen Verfahrens gemäß Art. 6 Abs. 1 EMRK das für den Zivilprozess grundsätzlich geltende Prinzip der **Waffengleichheit** abgeleitet und daraus gefolgert, dass einer Partei die Gelegenheit gegeben werden muss, den Beweis des Inhalts eines Gesprächs, für dessen Verlauf sie beweispflichtig ist, auch durch ihr eigenes Zeugnis zu führen, wenn nur sie und die Gegenpartei daran teilgenommen haben. Nachdem die deutsche Rechtsprechung dem gefolgt ist,[11] können sich nun auch Medien zur Führung des Beweises der inhaltlichen Richtigkeit eines von ihnen wiedergegebenen Gesprächs mit einem Betroffenen auf das **Zeugnis des Redakteurs** berufen, der das Gespräch geführt hat, wenn andere Beweismittel nicht zur Verfügung stehen (vgl. auch Rz. 11.20). Allerdings ist es den Gerichten nicht verwehrt, im Rahmen der Beweiswürdigung zu berücksichtigen, dass die als Zeugen oder Partei vernommenen Journalisten am Ausgang des Verfahrens ein besonderes Interesse haben und daher als weniger glaubwürdig anzusehen sein können als andere neutralere Beweismittel.

2. Einzelheiten

11.11 Vor dem damit zu beachtenden Hintergrund der prinzipiellen Anwendbarkeit der einschlägigen Beweisregeln des Zivilprozesses auch auf die Medien sind deren Möglichkeiten zu sehen, gefundene Rechercheergebnisse beweisfest zu machen.

a) Dokumente

11.12 Wo immer die Möglichkeit besteht, die Richtigkeit einer publizistischen Darstellung durch **Dokumente** zu belegen, sollte von ihr Gebrauch gemacht werden. Schriftliche Dokumente

---

7 BVerfG NJW 1958, 257 – Lüth; BVerfG NJW 1966, 1603 – Spiegel-Urteil; BVerfG AfP 1973, 423 = NJW 1973, 1226 – Lebach I.
8 OLG Köln AfP 2001, 524; LG Köln AfP 2007, 153; vgl. auch EGMR NJW 2008, 2563 – Zwangshaft und NJW 2008, 2565 – Sternreporter.
9 BGH AfP 1975, 801 – Metzeler.
10 EGMR NJW 1995, 1413.
11 BVerfG NJW 2001, 2531; BGH NJW 2003, 3636; BAG NJW 2007, 2427; im Grundsatz auch BVerfG NJW 2008, 2170.

erweisen sich, sofern an ihrer Echtheit keine Zweifel bestehen, in jedem gerichtlichen Verfahren als ein Beweismittel, das allen anderen überlegen ist.

Allerdings sind nicht alle Arten von Dokumenten zur Beweisführung geeignet. So sind insbesondere Vorveröffentlichungen anderer Medien über denselben Vorgang kein Beweismittel im Sinn der Prozessordnungen. Denn die Tatsache, dass eine rechtsverletzende Behauptung in anderen Medien bereits früher aufgestellt und verbreitet worden ist, begründet nicht die Vermutung ihrer Wahrheit und ist daher jedenfalls in der Regel beweisrechtlich unerheblich. Nur **Einzelpersonen** können sich nach dem *Bayer-Beschluss* des BVerfG[12] zur Rechtfertigung von Äußerungen darauf berufen, dass von ihnen in die geistige oder politische Auseinandersetzung eingeführte Tatsachenbehauptungen zuvor in den Medien verbreitet worden sind, ohne dass der Betroffene dem entgegengetreten ist (sog. „**Laienprivileg**"). Den Medien selbst steht eine derartige Beweiserleichterung nicht zu.[13] 11.13

Nur sehr eingeschränkte Relevanz kommt ferner **eidesstattlichen Versicherungen** zu, in denen sich Redaktionen von ihren Informanten nicht selten die Richtigkeit ihrer Darstellung bestätigen lassen. Zwar mag die Forderung einer Redaktion, ihr Informant möge über die Richtigkeit seiner Darstellung eine eidesstattliche Versicherung abgeben, geeignet sein, dem Informanten den hohen Stellenwert seiner Aussage und die Wichtigkeit ihrer Vollständigkeit und Richtigkeit vor Augen zu führen,[14] wenngleich die Abgabe einer falschen eidesstattlichen Versicherung, die nicht zur Vorlage bei einem Gericht oder einer Behörde bestimmt ist, nicht strafbar und damit rechtlich irrelevant ist. Auch lässt die Zivilprozessordnung für die in der Praxis häufigen Verfahren der einstweiligen Verfügung in §§ 294, 920 Abs. 2, 936 ZPO eidesstattliche Versicherungen als Mittel der Glaubhaftmachung zu. Auch in diesen Verfahren ist ihr Beweiswert jedoch im Allgemeinen gering, weil entgegenstehende eidesstattliche Versicherungen der klagenden Partei gleichermaßen zulässig und vom Gericht bei der Entscheidungsfindung zu berücksichtigen sind. Außerhalb des Verfahrens der einstweiligen Verfügung kommen eidesstattliche Versicherungen als Beweismittel im Zivilprozess hingegen nicht in Betracht; sie ersetzen insbesondere nicht die Notwendigkeit, ihre Verfasser als Zeugen zu präsentieren. 11.14

b) Mithören und Mitschneiden von Gesprächen

Es scheint in der Praxis nicht selten vorzukommen, dass Journalisten namentlich Telefongespräche mit Informanten und Betroffenen aufzeichnen, um auf diese Weise Beweismaterial für künftige Auseinandersetzungen zu gewinnen. Es ist bereits in anderem Zusammenhang dargestellt worden, dass die **heimliche Herstellung einer Tonbandaufnahme** des nicht öffentlich gesprochenen Worts eines anderen ohne dessen Einwilligung **unzulässig** und gemäß § 201 Abs. 1 Nr. 1 StGB **strafbar** ist (Rz. 10.9 f.). Die Rechtswidrigkeit und Strafbarkeit derartiger Maßnahmen wird nicht dadurch beseitigt, dass die Aufnahme zum Zweck der Beweissicherung und späterer Verwendung im Prozess hergestellt wird.[15] Nicht autorisierte Tonbandaufnahmen scheiden daher regelmäßig als Möglichkeit legaler Recherchesicherung aus; zu Ausnahmen bei überragendem öffentlichen Interesse an der Aufdeckung von Missständen s. Rz. 10.3. 11.15

---

12 BVerfG AfP 1992, 53 = NJW 1992, 1439 – Bayer.
13 Dazu *Soehring*, NJW 1994, 2926, 2927.
14 OLG Frankfurt ZUM 2001, 322 für ein Verfügungsverfahren.
15 BGH NJW 1988, 1016; BVerfG NJW 1992, 815.

11.16 Hingegen hat der BGH[16] in einer älteren Entscheidung das **Mithören** von Telefongesprächen über einen zweiten Hörer oder eine Lautsprechereinrichtung durch einen Dritten als zulässig angesehen. Dem lag die Auffassung zugrunde, sowohl bei geschäftlichen als auch bei privaten Telefongesprächen könne von einer zu vermutenden oder stillschweigend erteilten Einwilligung des Gesprächsteilnehmers dazu ausgegangen werden, dass auf der Gegenseite ein Dritter das Gespräch mithört, ohne dass dies dem Gesprächspartner offenbart wird. Diese bereits seinerzeit nicht unproblematische Auffassung hat sich jedoch jedenfalls für den Regelfall nicht durchsetzen können. Nachdem das BVerfG[17] entschieden hat, dass das aus dem Allgemeinen Persönlichkeitsrecht abgeleitete Recht am gesprochenen Wort sowohl das Individuum als auch juristische Personen des Privatrechts gegen das Mithören eines Telefonats durch Dritte schützt und dass Zeugenaussagen, die darauf beruhen, im Zivilprozess jedenfalls in der Regel nicht verwertbar sind, hat sich inzwischen auch der BGH[18] dieser Auffassung angeschlossen.

11.17 Das Mithören von Telefonaten stellt damit einen Eingriff in das Allgemeine Persönlichkeitsrecht des Gesprächspartners selbst dann dar, wenn es im Einzelfall nicht strafbar ist, und darauf beruhende **Zeugenaussagen** sind prozessual **unverwertbar**, sofern nicht die Einwilligung des Gesprächspartners eingeholt wurde. Ausnahmen kommen allenfalls in extremen Situationen in Betracht, in denen sich der Beweisführer in einer Notwehrsituation oder einer vergleichbaren Lage befindet[19] wie etwa im Fall wiederholter anonymer Anrufe[20] oder erpresserischer Drohungen.[21] Um derartige Konstellationen wird es bei Recherchegesprächen der Medien mit ihren Informanten oder mit Betroffenen aber jedenfalls in der Regel nicht gehen. Als Mittel der Beweisführung kommt daher das heimliche Mithören von Telefonaten heute nicht mehr in Betracht.

c) Zeugenaussagen

11.18 In vielen Fällen besteht ohnehin nur die Möglichkeit der Beweisführung durch **Zeugenaussagen**. Dieses wohl häufigste Beweismittel im Zivil- wie im Strafprozess ist zugleich das schlechteste. Das Erinnerungsvermögen des Menschen ist unterschiedlich und im Allgemeinen nicht sehr stark ausgeprägt. Auf Zeugenaussagen ist nach aller Erfahrung in Prozessen wenig Verlass, und nicht selten ergibt die Vernehmung eines Zeugen das exakte Gegenteil desjenigen, was die ihn benennende Partei sich davon erhofft. Dennoch kommen gerade Redaktionen in Rechtsstreitigkeiten über die Rechtmäßigkeit von Veröffentlichungen ohne Zeugenbeweis in der Regel nicht aus. Soweit Informanten als Zeugen zur Verfügung stehen, ergeben sich im Vergleich zu anderen prozessualen Auseinandersetzungen keine Besonderheiten. Die Medien werden sich von der prinzipiellen Verlässlichkeit ihrer Informanten und Zeugen und von der Richtigkeit ihrer den Einzelfall betreffenden Darstellung vor der Veröffentlichung überzeugen und sie nach Möglichkeit anhand objektiver Kriterien wie vorhandener Dokumente, nachweisbarer Begebenheiten oder ergänzender Aussagen Dritter überprüfen. Sie können und müssen dann darauf vertrauen, dass die Informanten in der forensischen Auseinandersetzung auch das Gericht von der Richtigkeit ihrer Darstellung überzeugen.

---

16 BGH NJW 1982, 1397; vgl. auch OLG Düsseldorf NJW 2000, 1578.
17 BVerfG NJW 2002, 3619.
18 BGH NJW 2003, 1727; vgl. auch BAG NJW 1998, 1331; BAG NJW 2010, 104.
19 BVerfG NJW 2002, 3619; BGH NJW 1958, 1344.
20 BGH NJW 1982, 277.
21 BGH NJW 1958, 1344.

Schwierigkeiten ergeben sich jedoch in den vielen Fällen, in denen die Redakteure **Informan-**   11.19
tenschutz versprechen. Aus der Tatsache allein, dass die Medien sich aus diesem Grund im
Prozess auf das Zeugnis ihrer primären Quellen nicht berufen können, dürfen wegen des hohen Stellenwerts des Schutzes journalistischer Quellen keine prozessualen Nachteile für sie
abgeleitet werden.[22] Die Gerichte müssen vielmehr in diesen Fällen auf entsprechenden Antrag den- oder diejenigen Redakteur oder Redakteure, die mit dem Informanten gesprochen
haben, als Zeugen dafür anhören, dass ihr Informant sie so unterrichtet hat, wie dies in der
anschließenden Berichterstattung dargestellt worden ist, und aus welchen Gründen und mit
welchen Mitteln sie sich von der Glaubwürdigkeit ihres Informanten überzeugt haben.

Entgegen weit verbreiteter Ansicht ist ein derartiger **mittelbarer Zeugenbeweis** nach deut-   11.20
schem Prozessrecht ebenso wenig prinzipiell unzulässig oder wertlos wie es die Vernehmung
so genannter Lauschzeugen[23] ist. Über die Verwertbarkeit derartiger Zeugenaussagen ist vielmehr aufgrund einer Interessen- und Güterabwägung nach den im Einzelfall gegebenen Umständen zu entscheiden.[24] Diese Abwägung führt gerade in Auseinandersetzungen mit Medi-
en, die ihren primär in Betracht kommenden Zeugen Informantenschutz zugesagt haben und
sich an diese Zusage halten, zu der Notwendigkeit, alle ihnen verbleibenden Beweismittel einschließlich des indirekten Zeugenbeweises voll auszuschöpfen (Rz. 11.6 f.). Insbesondere für
den Beweis innerer Tatsachen[25] gebührt nach der Rechtsprechung des BGH[26] der Vernehmung derjenigen Person, um deren innere Absichten oder Überzeugungen es geht, nicht einmal Vorrang vor der Vernehmung derjenigen, denen gegenüber der Betreffende sich entsprechend geäußert hat.

Die Überzeugungskraft eines Zeugen, der bei der infrage stehenden Begebenheit nicht zu-   11.21
gegen war, der sich also nur auf ein Hörensagen berufen und „Ross und Reiter" nicht nennen
kann, mag in den Augen der Gerichte im Allgemeinen zwar nicht sehr groß sein. Das rechtfertigt aber, wie gezeigt, keineswegs die generelle Ablehnung der Vernehmung mittelbarer
Zeugen in den Fällen, in denen die unmittelbaren Zeugen wegen der Gewährung von Informantenschutz nicht zur Verfügung stehen. Voraussetzung für die Vernehmung eines mittelbaren Zeugen ist lediglich, dass das Beweisthema als solches hinreichend konkretisiert ist und
die Redaktion jedenfalls die Gründe substantiiert darlegen kann, die für die Glaubwürdigkeit
der Information sprechen.[27] Das kann und muss insbesondere dadurch erreicht werden, dass
die Redakteure die von ihnen während der Informantengespräche gefertigten **Notizen** vorlegen. Dadurch, aber auch durch sonstige, im Einzelfall geeignete Maßnahmen können und
müssen sie dem Gericht die Überzeugung vermitteln, dass sie die von ihren geschützten Informanten erteilten Informationen in ihrer eigenen Zeugenaussage richtig wiedergeben und
dass sie sich bereits vor der betreffenden Veröffentlichung darum bemüht haben, die verarbeiteten Informationen mit allen zumutbaren Mitteln zu verifizieren.[28] Wo Materialien oder Zu-
satzinformationen, die die Glaubwürdigkeit der Information in Ergänzung einer etwaigen
mittelbaren Zeugenvernehmung untermauern können, nicht zur Verfügung stehen und die

---

22 EGMR NJW 2008, 2563 – Zwangshaft; EGMR NJW 2008, 2565 – Sternreporter.
23 BGH GRUR 1995, 693, 697 – Indizienkette; BGH JZ 1991, 927, 928.
24 BGH GRUR 1995, 693, 697 – Indizienkette.
25 S. dazu OLG Köln v. 18.10.2018 – 15 U 37/18, zit. nach juris.
26 BGH NJW 1992, 1899.
27 OLG Hamburg AfP 1993, 574.
28 BGH AfP 2015, 36 = NJW 2015, 778 – Chefjustitiar; Staudinger/*Hagel*, § 823 BGB Rz. C 119.

Redaktion sich einem Informantenschutz verpflichtet sieht, muss sie aber einen negativen Ausgang des Prozesses in Kauf nehmen.[29]

11.22 Es ist daher für Redaktionen zur Verbesserung der eigenen Situation im Prozess unverzichtbar, auch noch so belanglos erscheinende Notizen oder sonstige Beweisstücke über durchgeführte Recherchen zu verwahren. Diese Aufbewahrung zu eigenen journalistischen Zwecken ist insbesondere auch datenschutzrechtlich nicht zu beanstanden (s. näher dazu Rz. 1.5), da unabhängig von einer tatsächlichen Veröffentlichung eine Dokumentation und Archivierung personenbezogener Daten zu journalistischen Zwecken privilegiert[30] und ohnehin von der Bereitstellung dieser Daten zur Übermittlung und einem Abruf im Internet abzugrenzen ist.

d) Parteivernehmung

11.23 Die Situation der Medien in Zivilprozessen wird häufig noch dadurch erschwert, dass klagende Parteien neben dem Verlag oder dem Rundfunkveranstalter denjenigen Redakteur als weiteren Beklagten in den Prozess einbeziehen, der den beanstandeten Beitrag verfasst oder an seiner Entstehung mitgewirkt hat. Das hat nach dem formalen Beweisrecht der Zivilprozessordnung die vom Kläger in der Regel beabsichtigte Konsequenz, dass der betreffende Redakteur als Zeuge für die Richtigkeit der angegriffenen Behauptungen ausscheidet. Stehen Informanten als Zeugen und stichhaltige Dokumente als ergänzende Beweismittel dann nicht zur Verfügung, so wird nach allgemeinen zivilprozessualen Regeln die Beweissituation der Medien nahezu hoffnungslos. Denn die eigene Aussage des als Partei in den Rechtsstreit einbezogenen Redakteurs ist ein prozessual zulässiges Beweismittel nur dann, wenn sich die Gegenpartei auf sie beruft, was in Auseinandersetzungen der hier in Frage stehenden Art in aller Regel nicht in Betracht kommt. Eine Ausnahme von dieser Regel erlaubt aber § 448 ZPO für den Fall, dass das Ergebnis einer etwaigen Beweisaufnahme nicht ausreicht, um die Überzeugung des Gerichts von der Wahrheit oder Unwahrheit einer im Prozess relevanten Behauptung zu begründen. Dann kann das Gericht die **Vernehmung einer Partei** nach pflichtgemäßem Ermessen von Amts wegen anordnen. Allerdings muss für die zu beweisende Tatsache die Lebenserfahrung[31] oder jedenfalls eine gewisse Wahrscheinlichkeit sprechen.[32] Da es sich bei § 448 ZPO aber um eine Ausnahmevorschrift handelt,[33] ist diese Voraussetzung in der Mehrzahl üblicher Zivilrechtsstreitigkeiten nur schwer zu erfüllen.

11.24 Diese im Hinblick auf den Inhalt geführter Informationsgespräche nahezu hoffnungslose prozessuale Situation hat sich für die Medien zunächst durch das *Metzeler-Urteil* des BGH[34] deutlich entspannt, nach dem es geboten ist, im Rahmen der dem Gericht obliegenden freien Beweiswürdigung die verklagten Journalisten von Amts wegen als Partei zu vernehmen und bei der Würdigung ihrer Aussage auch das von ihnen im Rahmen der Recherche gesammelte Material einschließlich persönlicher Notizen zu berücksichtigen. Nachdem im Anschluss an

---

29 OLG Köln v. 13.12.2018 – 15 U 56/16, zit. nach juris; OLG Hamburg AfP 1993, 574; *Fricke/Gerecke*, AfP 2014, 293.
30 Spindler/Schuster/*Mann/Smid*, 7. Teil Rz. 124; zur Unionsrechtskonformität des „Medienprivilegs" in den Landespressegesetzen vgl. *Cornils*, ZUM 2018, 561.
31 BGH NJW-RR 1991, 983.
32 BGH NJW 1998, 814.
33 *Baumbach/Lauterbach/Albers/Hartmann*, § 448 ZPO Rz. 1.
34 BGH AfP 1975, 801 – Metzeler.

den EGMR[35] auch die deutsche Rechtsprechung[36] ein generelles Prinzip der **Waffengleichheit** im Zivilprozess und daraus abgeleitet das Gebot entwickelt hat, im Einzelfall auch die Prozesspartei selbst wie einen Zeugen anzuhören, wenn andere Beweismittel nicht zur Verfügung stehen, hat sich diese Situation auch zu Gunsten der Medien entscheidend verbessert. Die Gerichte werden auch in zivilprozessualen Auseinandersetzungen über Medienäußerungen von dieser Möglichkeit regelmäßig Gebrauch machen müssen.

---

35 EGMR NJW 1995, 1413.
36 BVerfG NJW 2001, 2531; BGH NJW 2003, 3636; BAG NJW 2007, 2427; im Grundsatz auch BVerfG NJW 2008, 2170.

Teil II
Das Recht der Darstellung

Erster Abschnitt
Allgemeine Grundlagen

§ 12 Die allgemeinen Gesetze als Schranken der Berichterstattung

1. Vorbemerkungen

Redaktionen benötigen bei der Recherche mehr rechtlichen Freiraum als im Rahmen der Berichterstattung. Es ist geradezu selbstverständlich, dass sich schon aus publizistischer Sicht nicht alles Material und alle Informationen zur Veröffentlichung eignen, die sich Redaktionen mit den Mitteln der Recherche beschafft haben. Mit der Feststellung, dass die Medien berech-   12.1

tigt sind, sich auf bestimmten Wegen bestimmte Informationen zu verschaffen, ist daher im Einzelfall eine Entscheidung darüber, ob und in welcher Weise so beschafftes Material tatsächlich publiziert werden darf, noch nicht gefallen, wie andererseits die Rechtswidrigkeit einer Recherchemaßnahme nicht zwangsläufig dazu führt, dass auch die Veröffentlichung des so gewonnenen Materials rechtswidrig ist. Die Entscheidung über die rechtliche Zulässigkeit der Verbreitung von Medieninhalten folgt anderen rechtlichen Kriterien, die in der redaktionellen Arbeit im Allgemeinen schon deswegen eine größere Beachtung als die in Teil I dargestellten Voraussetzungen und Grenzen der Recherche finden werden, weil die Folgen rechtswidriger Berichterstattung für die Medien in der Regel gravierender sind als diejenigen rechtswidriger Recherche.

12.2 Konflikte zwischen den Medien und denjenigen, die sich durch deren Veröffentlichungen in ihren Rechten verletzt fühlen, können auf zivil- und auf strafrechtlicher Ebene ausgetragen werden. In der täglichen Praxis spielen sich diese Auseinandersetzungen überwiegend auf der Ebene des Zivilrechts ab (Rz. 11.5). Das ändert aber nichts daran, dass der Gesetzgeber das Recht der persönlichen Ehre als der zentralen Schranke der Medienberichterstattung primär im Strafrecht verankert hat und dass Medieninhalte auch Gegenstand von Strafverfahren sein können. Es ist daher zunächst auf die straf- und anschließend auf die zivilrechtlichen Grenzen einzugehen, auf die die Medien in ihrer Veröffentlichungspraxis zu achten haben.

2. Strafrechtliche Schranken der Medienberichterstattung

12.3 Die Freiheit der Berichterstattung wird im Bereich des Strafrechts in erster Linie durch die **Beleidigungstatbestände** der §§ 185 ff. StGB begrenzt. Dabei handelt es sich sowohl um allgemeine Gesetze im Sinn von Art. 5 Abs. 2 GG als auch um eine gesetzgeberische Konkretisierung des **Rechts der persönlichen Ehre**, das das Grundgesetz in Art. 5 Abs. 2 neben den **allgemeinen Gesetzen** und den **Gesetzen zum Schutze der Jugend** ausdrücklich als Schranke der Meinungsäußerungs-, Presse- und Rundfunkfreiheit erwähnt. Da nach der Rechtsprechung des BVerfG[1] das Recht der persönlichen Ehre eine Schranke der Freiheiten des Art. 5 Abs. 1 GG nur darstellt, soweit es gesetzlich normiert ist, andererseits aber zwischen der Ehre des Einzelnen und der Freiheit der Berichterstattung ein besonders intensives Spannungsverhältnis besteht,[2] haben gerade die strafrechtlichen Beleidigungstatbestände als Schranken der Berichterstattungsfreiheit eine zentrale praktische Bedeutung, selbst wenn in der Praxis bei Weitem nicht alle Fälle ihrer Verletzung durch die Medien auch tatsächlich strafrechtlich verfolgt werden oder auch nur verfolgt werden dürfen (dazu Rz. 26.16 ff.).

12.4 Neben den **Beleidigungstatbeständen** kennt das Strafrecht eine Fülle weiterer Tatbestände, die die Medien bei ihrer Berichterstattungspraxis zu beachten haben. Nur die in der Praxis bedeutsamsten dieser Vorschriften können im Folgenden zunächst in ihren Grundzügen dargestellt werden. Auf Einzelheiten der Auslegung insbesondere der Beleidigungstatbestände wird in diesem Zweiten Abschnitt detailliert einzugehen sein. Im Einzelfall können sich aber auch andere, im Folgenden nicht ausdrücklich erwähnte Normen des materiellen Strafrechts als allgemeine Gesetze im Sinn von Art. 5 Abs. 2 GG und damit als relevante Schranke freier Berichterstattung auswirken.

---

1 BVerfG NJW 1972, 811 – Gefangenenpost.
2 Löffler/*Cornils*, § 1 LPG Rz. 247 ff.

Während das deutsche Strafrecht im hier interessierenden Bereich herkömmlich nur die Verbreitungsformen des **gesprochenen** und des **geschriebenen bzw. gedruckten Worts** erfasste, hat der Gesetzgeber verschiedentlich Veranlassung gehabt, die einschlägigen gesetzlichen Bestimmungen neuen medialen Formen anzupassen. Das geschah und geschieht zum Teil durch Schaffung oder Erweiterung spezialgesetzlicher Bestimmungen, vor allem aber durch die Erstreckung des in vielen einschlägigen Normen verwendeten Begriffs der *Schriften* auf die neuen Medien im Wege der gesetzlichen Fiktion. So erfasst § 11 Abs. 3 StGB heute neben Ton- und Bildträgern wie den herkömmlichen Vervielfältigungsmedien Tonband, Schallplatte und CD auch Datenspeicher, Abbildungen und andere Darstellungen unter dem Begriff der Schriften, so dass alle Straftatbestände, die an die Verbreitung gedruckter Medien anknüpfen, automatisch auch für alle anderen bekannten Arten verkörperter Darstellung gelten. Das gilt auch für Äußerungen, die nur vorübergehend in elektronischen Arbeitsspeichern bereitgehalten werden, wie etwa im Cache eines Internet-Browsers.[3]

12.5

Soweit Normen des Strafrechts an die Verbreitung der dergestalt definierten Schriften anknüpfen, ist stets die Weitergabe der Substanz nach erforderlich, im Fall des Datenspeichers mithin die körperliche Übergabe des Trägermediums wie der Festplatte oder eines externen Speichermediums.[4] Anderes gilt nur, sofern und soweit einzelne Bestimmungen wie etwa § 184d StGB ausdrücklich vorsehen, dass auch die Verbreitung von Medien- oder Telediensten vom jeweiligen Verbot erfasst wird.

12.6

a) Allgemeine Beleidigungtatbestände

aa) Beleidigung

Basisnorm des strafrechtlichen Ehrenschutzes ist der Tatbestand des § 185 StGB, der ohne nähere gesetzgeberische Definition die **Beleidigung** unter Strafe stellt. Schutzobjekt dieser Bestimmung ist die **Ehre des Menschen**[5] und – mit nur geringfügigen Einschränkungen – auch diejenige menschlicher Gemeinschaften. Dabei richtet sich der Ehrbegriff nicht nach dem subjektiven, häufig überspitzten, gelegentlich aber auch abgestumpften Ehrgefühl des Einzelnen, ist seine Bedeutung vielmehr nach objektiven Kriterien zu ermitteln, soweit das bei einem derart offenen, unbestimmten Rechtsbegriff wie demjenigen der Ehre möglich ist.

12.7

Vom Ehrbegriff erfasst und damit strafrechtlich geschützt ist sowohl die **innere Ehre** des Menschen als Ausprägung des Prinzips der Menschenwürde in Art. 1 Abs. 1 Satz 1 GG[6] als auch die so genannte **äußere Ehre**, mithin das vom Einzelnen erworbene Ansehen in der Gesellschaft[7] – letztere allerdings nur insoweit, als sie berechtigtermaßen in Anspruch genommen wird: Die Zerstörung des unredlich erworbenen Ansehens des Gauners durch seine Entlarvung stellt keinen Angriff auf seine strafrechtlich geschützte Ehre dar.[8]

12.8

Verletzt wird der Beleidigungtatbestand des § 185 StGB durch die so genannte **Kundgabe der Nicht oder Missachtung** der Ehre des Anderen.[9] Während es im individuellen Kontakt von Menschen häufig zweifelhaft sein mag, ob eine bestimmte Ausdrucks- oder Handlungs-

12.9

---

3 BT-Drucks. 13/7385, 36.
4 BayObLG NJW 2000, 2911; *Fischer*, § 74d StGB Rz. 4.
5 BGH NJW 1951, 929; *Fischer*, § 185 StGB Rz. 3.
6 BGH NJW 1958, 228.
7 *Löffler/Steffen*, § 6 LPG Rz. 75 m.w.N.
8 *Wenzel/Burkhardt/Peifer*, Kap. 5 Rz. 178.
9 BGH NJW 1951, 929; *Fischer*, § 185 StGB Rz. 7.

weise als eine solche Kundgabe einzustufen ist – man denke nur an den dem Anderen gezeigten Vogel –, ergeben sich Abgrenzungsprobleme für den Bereich medialer Kommunikation insoweit nicht; eine publizistische Veröffentlichung ist der Natur der Sache nach immer Kundgabe. Entscheidend ist damit allein, ob durch den Inhalt der Kundgabe der als Ehre geschützte soziale Geltungsanspruch des Betroffenen in rechtlich unzulässiger Weise herabgesetzt wird. Das kann im direkten Kontakt zwischen demjenigen, der sich äußert, und dem Betroffenen durch **herabsetzende Werturteile** wie durch **ehrenrührige Tatsachenbehauptungen** geschehen. Da sich aber die Medien wiederum der Natur der Sache nach stets an einen größeren Kreis wenden, die Äußerung unrichtiger ehrenrühriger Tatsachenbehauptungen gegenüber einem anderen als dem Betroffenen jedoch nicht in den Anwendungsbereich von § 185 StGB fällt,[10] kann Medienberichterstattung diesen Grundtatbestand des Beleidigungsrechts nur durch Verbreitung ehrenrühriger Meinungsäußerungen verletzen (dazu Rz. 20.19 ff.).

bb) Üble Nachrede und Formalbeleidigung

12.10 Nach § 186 StGB wird wegen **übler Nachrede** bestraft, wer in Bezug auf einen Anderen Tatsachen behauptet oder verbreitet, die geeignet sind, diesen verächtlich zu machen oder in der öffentlichen Meinung herabzuwürdigen, sofern nicht die Tatsachen erweislich wahr sind. Da Medienberichterstattung darauf angelegt ist, Informationen und damit Tatsachen betreffend Personen oder Institutionen zu verbreiten, handelt es sich beim Tatbestand der üblen Nachrede um diejenige gesetzliche Norm, die in der täglichen Praxis des Äußerungsrechts sowohl im Straf- als auch im Zivilrecht die mit Abstand größte praktische Relevanz als Schranke der Berichterstattung hat.

12.11 Der Tatbestand der üblen Nachrede zielt auf die Verbreitung **unwahrer Tatsachenbehauptungen**. Die Äußerung und Verbreitung von Meinungen wird von ihm nicht erfasst (zur Abgrenzung s. § 14). Auf der anderen Seite erfüllt den Tatbestand nicht nur derjenige, der unwahre Tatsachenbehauptungen selbst aufstellt, sondern auch derjenige, der sie (nur) verbreitet. Die Berufung auf eine **fremde Quelle** beseitigt damit die Gefahr der Strafbarkeit prinzipiell ebenso wenig wie die Kennzeichnung eines Vorgangs als Gerücht[11] (Rz. 16.58 ff.) oder Verdacht (Rz. 16.48 ff.).[12]

12.12 Als Beleidigungsdelikt erfasst § 186 StGB allerdings nicht jede unwahre Tatsachenbehauptung, sondern nur solche Behauptungen, die als Verletzung **des sozialen Geltungsanspruchs** und damit der Ehre des Betroffenen jedenfalls in Betracht kommen.[13] Das Gesetz bringt dies mit dem Tatbestandsmerkmal der Eignung zur Herabwürdigung bzw. Verächtlichmachung klar zum Ausdruck. Die Verbreitung **wertneutraler Falschmeldungen**, und solcher Falschmeldungen, durch die der soziale Geltungsanspruch eines konkret Betroffenen nicht tangiert wird (dazu insbesondere Rz. 18.4 ff.) verwirklicht den Tatbestand der üblen Nachrede nicht.[14] Damit fällt insbesondere der Komplex der heute so bezeichneten **Fake News** in aller Regel aus dem Anwendungsbereich des § 186 StGB heraus – so genannter Nachrichten meist aus dem Bereich der Politik oder Wirtschaft, die frei erfunden sind, sich über die sozialen Medien wie

---

10 *Fischer*, § 186 StGB Rz. 10 m.w.N.

11 BGH AfP 1977, 340 = NJW 1977, 1288 – Abgeordnetenbestechung.

12 BGH NJW 1970, 187 = GRUR 1969, 624 – Hormoncreme.

13 *Wenzel/Burkhardt/Peifer*, Kap. 5 Rz. 214.

14 BGH AfP 2009, 55; BGH AfP 2006, 60 = NJW-RR 2006, 126 – dpa-Interview; BVerfG AfP 2008, 55 = NJW 2008, 747 – dpa-Interview; OLG Brandenburg NJW 1999, 3339; LG Köln AfP 2007, 380.

Facebook oder *Twitter* und die von ihnen erreichten so genannten *Follower* in großer Geschwindigkeit unkontrolliert verbreiten und, da sie angebliche Tatsachen oder Entwicklungen in der Regel ohne konkreten Bezug auf individuelle Personen oder Institutionen beinhalten, sich der Sanktion durch die eingeführten Instrumente des Straf- oder Zivilrechts entziehen. Wenn etwa US-Präsident *Trump* nach seiner Amtseinführung behauptet, die Menschenmenge, die der Zeremonie vor dem *Capitol Hill* gefolgt ist, sei größer gewesen als diejenige bei der Amtseinführung seines Vorgängers, dann ist das eine objektiv erweisliche Fälschung der historischen Fakten; da aber Rechte individueller Personen oder Institutionen durch diese Falschbehauptung nicht tangiert werden, ist sie im deutschen Recht nicht als üble Nachrede einzuordnen und mit den herkömmlichen Mitteln des Strafrechts nicht zu sanktionieren (zum Sanktionsmechanismus des NetzDG vgl. Rz. 16.27 f.).

Derjenige aber, der Behauptungen aufstellt oder verbreitet, die im Sinn dieses Tatbestands ehrenrührig sind, trägt in der Regel die **Beweislast für die Richtigkeit** solcher Behauptungen: Schon dann, wenn die Wahrheit einer Behauptung nicht bewiesen werden kann, ist der Tatbestand des § 186 StGB verletzt. Dass die verbreitete Behauptung tatsächlich unwahr ist, ist nicht Voraussetzung der Strafbarkeit; und dass sie objektiv wahr ist oder sein mag, entlastet denjenigen, der sie verbreitet, nicht, wenn er den entsprechenden Beweis nicht führen kann, sofern nur der Verletzte die Wahrheit bestreitet. Ebensowenig nützt dem Verletzer dann seine subjektive Überzeugung von der Wahrheit der verbreiteten Behauptung. Anderes gilt nur in den Fällen der Wahrnehmung berechtigter Interessen (Einzelheiten in § 15). Gefordert wird in Auseinandersetzungen über hinsichtlich ihrer Wahrheit umstrittene Tatsachenbehauptungen vor den Straf- wie vor den Zivilgerichten der **tatsächliche Beweis der Wahrheit**.

Objektive Beweisregeln stellt dabei nur § 190 StGB für die **Berichterstattung über Straftaten** auf. Diese Vorschrift ist auch in zivilrechtlichen Auseinandersetzungen anwendbar, ohne dass dem verfassungsrechtliche Bedenken entgegenstünden.[15] Nach ihr gilt der Wahrheitsbeweis als erbracht, wenn derjenige, der einer strafbaren Handlung bezichtigt wird, wegen dieser Handlung rechtskräftig verurteilt wurde. Allerdings ist mit dieser Feststellung allein die Frage der Zulässigkeit der Berichterstattung über eine rechtskräftige Verurteilung noch nicht geklärt; sie kann trotz der feststehenden Wahrheit der Darstellung als Verletzung des Allgemeinen Persönlichkeitsrechts unzulässig sein; dazu Rz. 19.54 ff. Umgekehrt kann nach rechtskräftigem Freispruch der Wahrheitsbeweis nicht mehr geführt werden, so dass die dennoch verbreitete Behauptung über die angeblich begangene Straftat in der Regel als üble Nachrede zu qualifizieren ist; im Fall *Kachelmann* hat allerdings das BVerfG[16] das nach dessen rechtskräftigem Freispruch im Rahmen eines Interviews veröffentlichte Insistieren des angeblichen Vergewaltigungsopfers, es sei aber doch so gewesen wie von ihr behauptet, als durch den Aspekt des Gegenschlags gerechtfertigte Meinungsäußerung angesehen (dazu Rz. 14.30). Ansonsten gilt das allgemeine Beweisrecht des Straf- bzw. Zivilprozessrechts (dazu Rz. 11.9 ff.).

Diese strikte und im Ergebnis berichterstattungsfeindliche Beweislastregel des § 186 StGB ist die wesentlichste Ursache dafür, dass Medienberichterstattung als **gefahrgeneigte Tätigkeit** angesehen werden muss; aus ihr leitet sich auch die **Verbreiterhaftung** der Medien ab (dazu im Einzelnen Rz. 16.1). Mit jeder Verbreitung einer Tatsachenbehauptung, die den Ruf oder die Ehre eines Dritten beeinträchtigen könnte, ist das Risiko der Haftung für die Unrichtigkeit eben dieser Behauptung verbunden, sofern der Verbreiter den Wahrheitsbeweis nicht führen kann.

12.13

12.14

12.15

---

15 BVerfG NJW 2006, 1865.
16 BVerfG AfP 2016, 240 – Kachelmann.

12.16 Selbst wenn aber der Wahrheitsbeweis geführt wird, kann die Verbreitung von Tatsachenbehauptungen über einen Dritten unzulässig sein. Das ist nach § 192 StGB dann der Fall, wenn

„... das Vorhandensein einer Beleidigung aus der Form der Behauptung oder Verbreitung oder aus den Umständen, unter welchen sie geschah, hervorgeht."

Diese Vorschrift regelt den Tatbestand der so genannten **Formalbeleidigung**. Bei ihrer Auslegung und Anwendung im Einzelfall ist zu berücksichtigen, dass nach der Rechtsprechung des BVerfG[17] das Grundrecht der Meinungsäußerungsfreiheit, das als Teil der Presse-, Rundfunk- und Filmfreiheit auch den Medien uneingeschränkt zusteht, nicht nur den Inhalt einer Meinung, sondern auch die Form erfasst, in der sie geäußert wird. Die Möglichkeit öffentlicher Kritik und der Teilnahme an öffentlicher Diskussion soll nicht durch die Befürchtung des Kritikers beeinträchtigt werden, er könne sich wegen wertender Äußerungen der Gefahr strafrechtlicher Verfolgung ausgesetzt sehen.[18] Daher ist auch drastische, einprägsame Sprache zur Übermittlung und Kommentierung von Tatsachen grundsätzlich erlaubt. Die Grenze zur Formalbeleidigung wird erst durch so genannte **Schmähkritik** überschritten, in Fällen also, in denen die Absicht zu verletzen stärker hervortritt als diejenige zur Äußerung der eigenen Meinung.[19] Die strafrechtliche Schwelle zur Formalbeleidigung entspricht damit derjenigen, an der im Rahmen des zivilrechtlichen Deliktsrechts zulässige Meinungsäußerung zu unzulässiger Schmähung wird (dazu im Einzelnen Rz. 20.19 ff.).

cc) Verleumdung

12.17 Nach § 187 StGB wird bestraft, wer **wider besseres Wissen** Behauptungen im Sinn von § 186 StGB oder solche Behauptungen aufstellt oder verbreitet, die geeignet sind, **den Kredit eines anderen zu gefährden** (Einzelheiten in Rz. 12.77 ff.). Für die Medien hat diese Bestimmung nur geringe praktische Bedeutung. Sie stellt im Wesentlichen einen Sondertatbestand zu demjenigen des § 186 StGB dar, von dem sie sich jedoch in zwei wesentlichen Punkten unterscheidet: Sie greift nur ein, wenn die Unwahrheit der Behauptung feststeht,[20] und strafbar ist nur derjenige, der sie in positiver Kenntnis[21] ihrer Unwahrheit vorsätzlich verbreitet; dass aber Redaktionen Meldungen in positiver Kenntnis ihrer Unwahrheit verbreiten, sollte und dürfte in der Praxis die absolute Ausnahme sein. Anders verhält es sich im Bereich der in der Regel über soziale Medien verbreiteten **Fake News.** Deren Urheber scheuen häufig vor vorsätzlicher Verfälschung objektiv feststehender Fakten nicht zurück. Tatbestandlich im Sinn von § 186 StGB sind sie aber nur in den seltenen Fällen, in denen durch die gefälschte Behauptung der soziale Geltungsanspruch oder der Kredit eines individuell Betroffenen beeinträchtigt wird (Rz. 12.12).

12.18 Mit dem zusätzlichen Tatbestandsmerkmal der **Kreditgefährdung** geht der Anwendungsbereich des § 187 StGB zwar über den Bereich des eigentlichen Ehrenschutzes hinaus. Dieser Tatbestand kann auch erfüllt sein, wenn Behauptungen verbreitet werden, die nicht ehrenrührig, aufgrund ihrer bloßen Fehlerhaftigkeit aber geeignet sind, das Vertrauen in die Kreditwürdigkeit des Betroffenen zu erschüttern.[22] So wäre etwa in der 2008 ausgelösten Finanzkrise

---

17 BVerfG AfP 1982, 163 = NJW 1982, 2655 – Kredithaie.
18 BVerfG AfP 1980, 147 = NJW 1980, 2069 – Römerberg-Gespräche.
19 BGH NJW 1974, 1762 = AfP 1974, 702 – Deutschlandstiftung; BGH GRUR 1977, 801, 803 – Halsabschneider; OLG Brandenburg AfP 2007, 247; Wenzel/*Burkhardt/Peifer*, Kap. 5 Rz. 232.
20 *Fischer*, § 187 StGB Rz. 2.
21 *Fischer*, § 187 StGB Rz. 4.
22 *Fischer*, § 187 StGB Rz. 3a.

die bewusst unwahre Meldung, eine ohnehin *angeschlagene Bank müsse wegen der unerwarteten Insolvenz eines ihrer größten Schuldner erneut Abschreibungen in gewaltiger Höhe vornehmen*, zwar nicht ehrenrührig im Sinn des Tatbestands von § 186 StGB, da das behauptete Ereignis außerhalb des Einflussbereichs der Bank läge; sie wäre aber geeignet, den (eigenen) Kredit der betroffenen Bank oder gar ihren Fortbestand zu gefährden, und ihre Verbreitung wäre somit tatbestandlich im Sinn von § 187 StGB. Da aber die Strafbarkeit auch in dieser Tatbestandsvariante Handeln wider besseres Wissen und damit Vorsatz hinsichtlich der Unwahrheit der Meldung voraussetzt, hat § 187 StGB mit Ausnahme des Sonderfalls der **Fake News** auch insoweit für die Berichterstattung durch Medien kaum Relevanz.

dd) Strafantrag

Alle allgemeinen Beleidigungstatbestände der §§ 185-187 StGB werden grundsätzlich nur **auf** 12.19
Antrag verfolgt. Das Strafantragsrecht steht dem Verletzten und im Fall seines Todes seinen Angehörigen zu (§§ 194 Abs. 1 Satz 1 und 5, 77 Abs. 2 StGB). Erfolgt die Beleidigung durch Verbreitung einer Schrift (Rz. 12.5 f.) und damit jedenfalls auch durch die gedruckten Medien, durch den Rundfunk oder durch Telemedien, so ist eine Verfolgung von Amts wegen zulässig, wenn es sich bei dem Verletzten um einen Angehörigen einer im Inland lebenden Gruppe Verfolgter des Nazi-Regimes handelt und die Beleidigung mit dieser Verfolgung zusammenhängt. Dies gilt nicht, wenn der Verletzte der Strafverfolgung widerspricht (§ 194 Abs. 1 Satz 2 und 3 StGB); da der Verletzte im Fall eines Widerspruchs seinerseits einen Strafantrag nicht stellen wird, bleibt die Beleidigung in diesem besonderen Fall straffrei.

b) Verunglimpfung des Andenkens Verstorbener

Nach § 189 StGB wird bestraft, wer das **Andenken Verstorbener verunglimpft**. Vom Begriff 12.20
des Verunglimpfens sind die in §§ 185 bis 187 StGB geregelten Tatbestände der Beleidigung, der üblen Nachrede und der Verleumdung erfasst, so dass der Tatbestand des § 189 StGB durch alle drei Begehungsformen erfüllt werden kann. Auch dieser Tatbestand wird prinzipiell nur auf Antrag des Verletzten oder seiner Angehörigen verfolgt (§§ 194 Abs. 2 Satz 1, 77 Abs. 2 StGB). Durch die Verwendung des Begriffs Verunglimpfen bringt der Gesetzgeber aber zum Ausdruck, dass nur Beleidigungshandlungen von einer gewissen Intensität tatbestandsmäßig sind; nur eine schwerwiegende Beeinträchtigung oder Gefährdung des Ansehens Verstorbener kann danach strafbar sein.[23] Die Vorschrift ist unter Berücksichtigung des Grundrechts der Meinungsfreiheit aus Art. 5 Abs. 1 Satz 1 GG zu Gunsten derjenigen, die sich über Verstorbene äußern, restriktiv auszulegen.

Dennoch bestehen verfassungsrechtliche Bedenken dagegen, dass das Gesetz das **Andenken** 12.21
Verstorbener unter besonderen strafrechtlichen Schutz mit einer höheren Strafandrohung als im Fall der Beleidigung nach § 185 StGB stellt.[24] Nachdem das BVerfG[25] entschieden hat, dass Persönlichkeitsrecht und Ehre des Individuums mit seinem Tod enden, kommt das Recht der persönlichen Ehre im Sinn von Art. 5 Abs. 2 GG als verfassungsrechtliche Rechtfertigung für die auch in dieser Bestimmung liegende Beschränkung der Meinungs- und Pres-

---

23 BGH NJW 1959, 635; *Fischer*, § 189 StGB Rz. 3.
24 § 189 StGB: Freiheitsstrafe bis zu zwei Jahren; § 185 StGB: Freiheitsstrafe bis zu einem Jahr und nur im Fall tätlicher Beleidigung zwei Jahre. In beiden Fällen wird aber die alternativ mögliche Geldstrafe die Regelstrafe sein.
25 BVerfG AfP 1971, 119 = NJW 1971, 1645 – Mephisto.

sefreiheit nicht mehr in Betracht. Eine innere Rechtfertigung für die Strafbarkeit der Verunglimpfung Verstorbener, die als Sonderform der Beleidigung einen Angriff auf die Ehre des Verletzten voraussetzt, ist nicht mehr ersichtlich; die verbleibenden zivilrechtlichen Sanktionen (dazu Rz. 13.5) bieten den Nachkommen des Verstorbenen hinreichenden Schutz.

12.22   Der Gesetzgeber allerdings hat den Rechtsgedanken des Schutzes des **Andenkens Verstorbener** für den Bereich der so genannten **Auschwitz-Lüge** durch den besonderen Straftatbestand des § 194 Abs. 2 StGB konkretisiert, aktualisiert und damit bestätigt; zur sog. qualifizierten Auschwitz-Lüge vgl. Rz. 12.56. Das Erfordernis des Strafantrags entfällt nach dieser Bestimmung im Fall der Verunglimpfung solcher Verstorbener, die durch Akte der nationalsozialistischen oder einer anderen Gewaltherrschaft zu Tode gekommen sind, sofern die Verunglimpfung damit zusammenhängt; unter besonderen strafrechtlichen Schutz werden damit nicht nur verstorbene jüdische Opfer des Nationalsozialismus, sondern auch verstorbene Angehörige anderer durch die Nationalsozialisten oder andere Gewaltregime verfolgter Gruppen gestellt.[26] Anders als die übrigen Beleidigungsdelikte werden derartige Fälle von Amts wegen verfolgt, sofern nicht ein Antragsberechtigter widerspricht (§ 194 Abs. 2 Satz 2 - 4 StGB).

c) Beleidigungsdelikte zu Lasten des Staats

12.23   In einer Reihe von Bestimmungen stellt das Strafgesetzbuch Angriffe gegen Ehre und Ansehen von **Institutionen oder Personen aus dem politischen Bereich** unter besondere Strafandrohung. Das ist der Fall bei Angriffen gegen den Bundespräsidenten, die Bundesrepublik Deutschland oder eines ihrer Länder sowie gegen deren Verfassungsorgane oder -symbole. Diese Bestimmungen sind teils im Beleidigungsrecht, teils aber auch im so genannten Staatsschutzrecht angesiedelt und hier im Hinblick auf ihre Relevanz für die Berichterstattung durch Medien zusammenfassend kursorisch darzustellen. Der bis Ende des Jahres 2017 in § 103 StGB vorgesehene besondere Schutz von **Repräsentanten ausländischer Staaten** wurde als Folge der vor den deutschen Straf- und Zivilgerichten geführten Auseinandersetzung zwischen dem türkischen Staatspräsidenten *Erdogan* und dem deutschen Publizisten *Jan Böhmermann* (dazu Rz. 20.36 f.) mit Wirkung zum 1.1.2018 aufgehoben. Allerdings kann ein Beleidigungsdelikt nach den allgemeinen Bestimmungen der §§ 185 ff. StGB weiterhin auch dann verfolgt werden, wenn es sich gegen Repräsentanten ausländischer Staaten richtet; vgl. insoweit die 5. Auflage, § 12 Tz. 30.

aa) Verunglimpfung des Bundespräsidenten

12.24   Nach § 90 StGB wird bestraft, wer öffentlich, in einer Versammlung oder durch Verbreitung von Schriften (dazu Rz. 12.5) den **Bundespräsidenten verunglimpft**. Als Täter oder Tatmittler im Rahmen dieses Straftatbestands kommen in erster Linie die Print- und Rundfunkmedien in Betracht, die sich der Natur der Sache nach stets öffentlich äußern. Unter Strafandrohung gestellt wird die **Verunglimpfung**. Darunter wird hier wie schon im Rahmen von § 189 StGB und wie auch im Rahmen der anderen im Folgenden darzustellenden Bestimmungen eine nach Form, Inhalt oder Begleitumständen erhebliche Ehrenkränkung verstanden, die in den Tatbestandsvarianten der §§ 185 bis 187 StGB begangen werden kann, also als (einfache) Beleidigung, als üble Nachrede oder auch als Verleumdung.[27] Eine besondere Einschränkung der Freiheit der Berichterstattung und Kritik ergibt sich aus dieser Bestimmung allerdings

---

26 *Fischer*, § 194 StGB Rz. 16.
27 *Fischer*, § 90 StGB Rz. 2.

nicht, da der Bundespräsident als Person auch ohne diesen Spezialtatbestand unter dem Schutz der §§ 185 ff. StGB stünde. Die Bedeutung von § 90 StGB erschöpft sich damit in einer erhöhten Strafandrohung.

bb) Verunglimpfung des Staats und seiner Symbole

Nach § 90a Abs. 1 Nr. 1 StGB ist u.a. strafbar, wer öffentlich oder durch Verbreitung von Schriften die **Bundesrepublik** oder eines ihrer Länder oder deren **verfassungsmäßige Ordnung** beschimpft oder böswillig verächtlich macht. § 90a Abs. 1 Nr. 2 StGB erweitert die Strafbarkeit auf die Verunglimpfung von **Staatssymbolen** wie der Flagge, der Hymne oder des Wappens der *Bundesrepublik Deutschland*. Schutzgut dieser Bestimmung ist nach herrschender Auffassung die Integrität von Bund und Ländern in ihrer konkreten Gestalt als freiheitliche repräsentative Demokratie.[28] Bei der Anwendung dieser Norm auf Äußerungen in den Medien ist entgegen in der Rechtsprechung der Instanzgerichte gelegentlich zu beobachtenden Tendenzen im Hinblick auf die verfassungsrechtliche Gewährleistung der freien Meinungsäußerung und der Pressefreiheit Zurückhaltung geboten. Strafrechtsbestimmungen als allgemeine Gesetze im Sinn von Art. 5 Abs. 2 GG bedürfen als Schranke der Meinungs- und Pressefreiheit ihrerseits in der Regel der Legitimation durch anderweitige Verfassungsprinzipien. Sie dürfen vor allem nicht zur Immunisierung des Staats gegen Kritik oder Ablehnung führen.[29] Bereits außerhalb des Bereichs von Medienäußerungen kommt daher eine Verurteilung nach § 90a StGB erst in Betracht, wenn die konkrete Art und Weise der Äußerung geeignet ist, den Bestand der oder den Frieden in der *Bundesrepublik Deutschland* oder die Funktionsfähigkeit ihrer Einrichtungen zu gefährden.[30]

12.25

Äußerungen in einem Flugblatt, die gedankliche Verbindungen zwischen der *Bundesrepublik Deutschland* oder einem deutschen Bundesland und einem faschistischen Staat herstellen, dürfen im Licht der Freiheitsgewährung daher nicht als tatbestandliche Verunglimpfung angesehen und verurteilt werden, wenn der Text auch andere, die Tatbestandsmerkmale des § 90a StGB nicht erfüllende Deutungen ermöglicht.[31] Wo Meinungen in der verfassungsrechtlich besonders geschützten Form künstlerischer Gestaltung geäußert und verbreitet werden, kommen die allgemeinen Gesetze als Freiheitsschranke wegen des Fehlens eines Gesetzesvorbehalts in Art. 5 Abs. 3 GG allenfalls dort in Betracht, wo sie Ausdruck einer von der Verfassung selbst anderenorts vorgegebenen Begrenzung sind.[32]

12.26

Dies wird insbesondere im Fall von **Karikatur** und **Satire** bedeutsam,[33] deren verkörperte Verbreitung in der Regel durch die Medien erfolgt. Daher ist es folgerichtig, wenn das BVerfG bei der satirischen oder karikierenden *Persiflage der Bundesflagge*[34] oder des *Deutschlandlieds*[35] der Kunstfreiheit Vorrang vor dem strafrechtlichen Schutz der Staatssymbole einräumt, mag sie auch, wie in einigen der entschiedenen Fälle, von kaum zu überbietender Ge-

12.27

---

28 *Fischer*, § 90a StGB Rz. 2 m.w.N.
29 BVerfG NJW 2001, 596 = ZUM 2001, 320 – Deutschland muss sterben.
30 BVerfG AfP 2012, 141 = NJW 2012, 1273.
31 BVerfG ZUM 1998, 930.
32 BVerfG AfP 1971, 119 = NJW 1971, 1645 – Mephisto.
33 BVerfG NJW 1990, 1982 – Bundesflagge; BVerfG NJW 1990, 1985 – Deutschlandlied.
34 BVerfG NJW 1990, 1982 – Bundesflagge; vgl. in Abgrenzung zum Urheberrecht auch BGH AfP 2003, 541 = NJW 2003, 3633 – Gies-Adler.
35 BVerfG NJW 1990, 1985 – Deutschlandlied; BVerfG NJW 2001, 596 = ZUM 2001, 320 – Deutschland muss sterben.

schmacklosigkeit sein. Mit Recht hat etwa auch das LG Aachen[36] in dem *Stecken einer kleinen Bundesflagge in einen Haufen Pferdemist* aus Anlass einer Kundgebung, bei der auch die Reichskriegsflagge gezeigt wurde, einen Ausdruck legitimen Protests und nicht etwa eine Verunglimpfung im Sinn von § 90a StGB gesehen.

12.28 Anders als Repräsentanten des Staats und seine Organe, deren Ehre und sozialer Geltungsanspruch bereits durch §§ 185 ff. StGB geschützt sind, nehmen die in § 90a StGB geschützten äußeren Staatssymbole am gemäß Art. 1 Abs. 1 GG grundrechtlich gewährleisteten Ehrenschutz nicht teil. Sie sind auch ansonsten durch das Grundgesetz allenfalls in einem Kernbereich geschützt, in dem es um den Bestand des demokratischen Rechtsstaats als solchen geht.[37] Die Bezeichnung der Bundesflagge als *Schwarz-Rot-Senf* fällt daher in den Schutzbereich von Art. 5 Abs. 1 Satz 1 GG, und es ist kaum noch verständlich, dass es erforderlich war, für diese Feststellung das BVerfG[38] zu bemühen. Bedenken bestehen auch dagegen, die *bildliche Vereinigung von Bundesadler und Reichsadler mit Hakenkreuz* auf einem Poster oder auch in einer politischen Karikatur als Angriff auf diesen Kernbereich und damit als eine nach § 90a StGB strafbare Form der Meinungsäußerung oder der Kunstausübung zu behandeln.[39] Auch wenn man derartige Darstellungen als Verirrung von Geschmack und gegebenenfalls künstlerischer Betätigung ansieht, wird man darin keinen die Substanz des demokratischen Rechtsstaats berührenden Angriff erblicken können. So ist es insbesondere nicht gerechtfertigt, in der erwähnten *Vereinigung von Bundes- und Reichsadler*, die nicht tatbestandsmäßig im Sinne der Verunglimpfung des Wappens ist, eine Beschimpfung des Staats selbst im Sinn des § 90a Abs. 1 Nr. 1 StGB zu sehen.[40] Die in jedem Fall erforderliche Abwägung zwischen dem durch den Straftatbestand geschützten Rechtsgut und dem Grundrecht der Kunstfreiheit[41] kommt bei derart schematischer Subsumtion **karikaturistischer Verfremdungen** der Bundessymbole erkennbar zu kurz. Das BVerfG hat mit seinen Entscheidungen zu den Karikaturen von *Deutschlandflagge*[42] und *Deutschlandlied*[43] demgegenüber den zwingenden Weg zu der gebotenen verfassungskonformen Auslegung dieses Straftatbestands gewiesen.

12.29 Im Bereich der Wortberichterstattung wird durch § 90a StGB gerade die ureigenste und von Verfassungs wegen bestehende Aufgabe der Medien einem besonderen und hinsichtlich des Strafmaßes erhöhten[44] Risiko unterworfen: die kritische Kontrolle und Begleitung der Tätigkeit des Staats. Dass aber gerade Bund und Länder, deren Kontrolle zu den verfassungsmäßigen Aufgaben der Medien gehört, einen verschärften strafrechtlichen Schutz gegen Medienberichterstattung genießen, leuchtet keineswegs unmittelbar ein und erscheint verfassungsrechtlich bedenklich. Daher kann allenfalls eine restriktive Auslegung dieser Bestimmung, die den Medien den größtmöglichen Freiraum für Berichterstattung und Kritik belässt, der Gewährleistung von Meinungs- und Medienfreiheiten durch das Grundgesetz gerecht werden.[45] Gerade Normen zum Schutz des Staats bedürfen in der praktischen Anwendung einer beson-

---

36 LG Aachen NJW 1995, 894.
37 BVerfG AfP 2012, 141 = NJW 2012, 1273; *Zechlin*, NJW 1984, 1091, 1093.
38 BVerfG AfP 2008, 591 – Schwarz-Rot-Senf.
39 So aber LG Bochum NJW 1989, 598; im Ergebnis auch OLG Frankfurt a.M. NJW 1991, 117.
40 A.A. OLG Frankfurt a.M. NJW 1991, 117.
41 BVerfG NJW 2001, 596 = ZUM 2001, 320 – Deutschland muss sterben.
42 BVerfG NJW 1990, 1982 – Bundesflagge; BVerfG AfP 2008, 591 – Schwarz-Rot-Senf.
43 BVerfG NJW 2001, 596 = ZUM 2001, 320 – Deutschland muss sterben; BVerfG NJW 1990, 1985 – Deutschlandlied.
44 Die Strafandrohung reicht von Geldstrafe bis zu Freiheitsstrafe bis zu drei Jahren.
45 So für den Bereich der Kunst *Zechlin*, NJW 1984, 1091, 1093.

ders sorgfältigen Prüfung daraufhin, ob sie nicht dem besonderen Schutzbedürfnis der **Machtkritik** zuwiderlaufen, aus dem die Gewährung der Meinungs- sowie der Presse- und Rundfunkfreiheit erst ihre Legitimation gewinnt.[46] Zwingend ist daher bei der Auslegung von § 90a StGB den Grundrechten aus Art. 5 Abs. 1 und 3 GG im Wege der Güterabwägung Rechnung zu tragen.[47]

Der Tatbestand des § 90a StGB ist verletzt in Fällen des Beschimpfens oder des böswilligen Verächtlichmachens von Bund und Ländern einschließlich ihrer Symbole. Beim Tatbestandsmerkmal des **Beschimpfens** handelt es sich um eine nach Form oder Inhalt besonders verletzende Äußerung der Missachtung eines der geschützten Objekte, die sich durch besondere Rohheit des Ausdrucks oder durch einen inhaltlich besonders schwerwiegenden und sachlich ungerechtfertigten Vorwurf auszeichnet.[48] Diese besondere Rohheit wird im Hinblick auf die grundgesetzliche Gewährleistung der Kunstfreiheit in den Fällen von **Karikatur und Satire** in aller Regel nicht vorliegen. Das BVerfG hat dies mit Recht nicht nur für Karikierungen bzw. Persiflagen der *Bundesflagge*[49] und der *Nationalhymne*[50] festgestellt, sondern auch für den Fall der *Verwendung nationalsozialistischer Symbole* in der Karikatur.[51] Erneut ist dabei zu betonen, dass die in einigen dieser Fälle jedenfalls teilweise vorliegenden groben Verirrungen im Geschmack keine rechtliche Dimension haben und damit die Strafbarkeit nicht begründen können.

12.30

Unter dem Begriff des **Verächtlichmachens** werden Äußerungen verstanden, durch die eines der geschützten Objekte als der Achtung der Staatsbürger unwert hingestellt wird. Das hat die ältere Rechtsprechung etwa angenommen im Fall der Bezeichnung der Bundesrepublik als *frisch gestrichener Coca-Cola-Bude*,[52] eines Bundeslands als *Unrechtsstaat*[53] oder einer Bundestagswahl als *Betrugsmanöver*.[54] Derartige Entscheidungen werden heutigem Verfassungsverständnis aber nicht mehr gerecht. Die Metapher von der frisch gestrichenen *Coca-Cola-Bude* hat sicher nicht die Verletzungsqualität, die an den Bestand des Staats rührt, während es bei der Bezeichnung einer demokratisch durchgeführten Wahl als *Betrugsmanöver* besonders auf den Kontext ankommen wird. Und ein Protest gegen eine Ehrung des Hitler-Attentäters *Georg Elsner* mit dem Slogan *Mörder können keine Vorbilder sein* liegt entgegen der Auffassung der zuständigen Strafgerichte ganz eindeutig noch im Bereich zulässiger Meinungsäußerung, so dass eine Verurteilung nach § 90a StGB verfassungsrechtlich nicht zu rechtfertigen ist.[55] Die Grenzen zwischen den einzelnen Tatbestandsmerkmalen sowie zwischen den danach unter Strafe gestellten Äußerungen und harter Kritik, die auch dann nicht nach dieser Vorschrift strafbar ist, wenn sie sich als unsachlich oder uneinsichtig darstellt,[56] sind natürlich fließend. Nur eine auf wirklich krasse Tatbestände reduzierte Anwendung dieser Bestim-

12.31

---

46 BVerfG ZUM 1998, 930, 932; BVerfG NJW 2001, 596 = ZUM 2001, 320 – Deutschland muss sterben.
47 BVerfG NJW 1990, 1982 – Bundesflagge; BVerfG ZUM 1998, 930; BVerfG NJW 2001, 596 = ZUM 2001, 320 – Deutschland muss sterben.
48 BGHSt 7, 110; LG Frankfurt a.M. NJW 1982, 658.
49 BVerfG NJW 1990, 1982 – Bundesflagge; BVerfG AfP 2008, 591 – Schwarz-Rot-Senf.
50 BVerfG NJW 1990, 1985 – Deutschlandlied; BVerfG NJW 2001, 596 = ZUM 2001, 320 – Deutschland muss sterben.
51 BVerfG NJW 1990, 2541 – Hitler-Satiren.
52 BGH NJW 1953, 271.
53 BGHSt 7, 110.
54 VGH Mannheim NJW 1976, 2177.
55 BVerfG AfP 2012, 141 = NJW 2012, 1273.
56 BGH NJW 1964, 1481.

mung, wie sie das BVerfG[57] seit Jahren konsequent praktiziert, wird der Gewährleistung der Meinungs- und Pressefreiheit gerecht.

cc) Verunglimpfung von Verfassungsorganen

12.32   § 90b StGB stellt die **Verunglimpfung eines Gesetzgebungsorgans**, einer **Regierung** oder eines **Verfassungsgerichts von Bund oder Ländern** unter Strafe. Kann nach Rz. 12.25 ff. der Straftatbestand des § 90a StGB selbst bei der gebotenen restriktiven Auslegung eine spürbare Beeinträchtigung der Freiheit der Medien zu kritischer oder satirischer Beschäftigung mit dem Staat, seinen Symbolen und seinen Repräsentanten darstellen, die den Redaktionen in der Auseinandersetzung mit dem Staat und seinen Maßnahmen jedenfalls eine gewisse Mäßigung in der Wortwahl oder auch der satirischen Darstellung auferlegt, und bestehen dagegen die dargestellten verfassungsrechtlichen Bedenken, so gilt beides für den Straftatbestand des § 90b StGB nicht. Er begründet die Strafbarkeit einer Äußerung nur, wenn durch sie das Ansehen des Staats gefährdet und die Äußerung in der Absicht verbreitet wird, sich für Bestrebungen gegen den Bestand der *Bundesrepublik Deutschland* oder gegen deren Verfassungsgrundsätze einzusetzen. Bei dieser Bestimmung handelt es sich damit um ein **echtes Staatsschutzdelikt**, das nicht primär durch die Äußerung und Verbreitung einer Meinung, sondern durch die konkrete Gefährdung des Staats und die vom Täter verfolgten verfassungswidrigen Bestrebungen gekennzeichnet ist.[58] Auch handelt es sich um ein allgemeines Gesetz im Sinn von Art. 5 Abs. 2 GG, das keine auf die Medien spezifisch zugeschnittene Bedeutung hat und gegen dessen Anwendung auf Medienberichterstattung daher auch keine Bedenken bestehen.

dd) Politische üble Nachrede

12.33   § 188 StGB stellt die **üble Nachrede** und **Verleumdung** gegen **Personen des politischen Lebens** unter schärfere Strafandrohung als die Regeltatbestände der §§ 186, 187 StGB, wenn sie öffentlich zum Nachteil einer im politischen Leben des Volks stehenden Person begangen wird, und zwar aus Beweggründen, die mit der Stellung des Beleidigten im öffentlichen Leben zusammenhängen, sofern die Tat geeignet ist, sein öffentliches Wirken erheblich zu erschweren. Während im Rahmen von § 186 StGB die Regelstrafe Geldstrafe und die Höchststrafe Freiheitsstrafe von zwei Jahren ist, droht § 188 StGB, wie auch § 187 StGB, mit einer Freiheitsstrafe von bis zu fünf Jahren eine bereits sehr empfindliche Höchststrafe an. Da die Tat nur öffentlich oder durch Verbreitung von Schriften begangen werden kann, kommen als Täter bzw. Tatmittler in erster Linie wiederum die Medien in Betracht.

12.34   Auch für diese Bestimmung gelten die bereits zu § 90a StGB (Rz. 12.25 ff.) geäußerten Bedenken. Auch in diesem Zusammenhang sind keine überzeugenden Gründe dafür ersichtlich, dass mit Politikern ausgerechnet diejenigen unter besonderen strafrechtlichen Schutz gegen Äußerungen gerade der Medien gestellt werden, deren Kontrolle und kritische Begleitung die ureigenste und von Verfassungs wegen gewährleistete Aufgabe derjenigen ist, die mit der Strafe bedroht werden. Entgegen der Auffassung des BVerfG in einer Entscheidung aus der Gründungsphase der Bundesrepublik[59] ist dies im Hinblick sowohl auf den Gleichheitsgrundsatz

---

57 BVerfG NJW 1990, 1982 – Bundesflagge; BVerfG NJW 1990, 1985 – Deutschlandlied; BVerfG NJW 1990, 2541 – Hitler-Satiren; BVerfG NJW 2001, 596 = ZUM 2001, 320 – Deutschland muss sterben; BVerfG AfP 2008, 591 – Schwarz-Rot-Senf; BVerfG AfP 2012, 141 = NJW 2012, 1273.
58 *Fischer*, § 90b StGB Rz. 3 f.
59 BVerfG NJW 1956, 99.

des Art. 3 Abs. 1 GG als auch auf die Gewährleistung der Meinungs- und Medienfreiheiten durch Art. 5 Abs. 1 GG nur dann unbedenklich, wenn sie eng ausgelegt und die Duldungspflicht des von einer solchen Äußerung Betroffenen bewusst hoch gewichtet wird.[60] Dies gilt umso mehr, als der Anwendungsbereich der Norm mit den normalen Tatbestandsmerkmalen und den für die Medien heiklen Beweislastregeln der üblen Nachrede (Rz. 12.13 f.) weit gezogen ist. Erforderlich ist daher in jedem Fall eine verfassungskonforme Auslegung unter spezifischer Berücksichtigung der Medienfreiheiten und des Umstands, dass Personen im politischen Leben ohnehin Kritik in einem größeren Maß ertragen müssen als der Normalbürger.[61] Vom Grundtatbestand der üblen Nachrede unterscheidet sich dieser Sondertatbestand zunächst nur durch die Definition der besonders geschützten Personen, zu denen im Wesentlichen die **Angehörigen der Regierungen und Gesetzgebungskörperschaften** von Bund und Ländern unter Einschluss der jeweiligen Opposition,[62] nicht aber sonstige hervorragende Persönlichkeiten etwa aus Wirtschaft, Wissenschaft und Kultur gehören.

Gerichte haben sich bis in die 80er Jahre des 20. Jahrhunderts mit Anklagen wegen einer Verletzung dieses Sondertatbestands des Beleidigungsrechts beschäftigen müssen,[63] wenngleich die in ihm verwirklichte Vorstellung eines besonderen Ehrenschutzes für Angehörige des politischen Lebens mit dem Verfassungsverständnis des Grundgesetzes kaum vereinbar erscheint. Aus jüngerer Zeit sind demgegenüber keine Verurteilungen nach dieser Vorschrift mehr bekannt geworden. Ihre praktische Bedeutung ist daher nur gering. Sie wird in gewissem Maß auch dadurch relativiert, dass die verschärfte Strafbarkeit nur dann zum Tragen kommt, wenn die Tat geeignet ist, **das öffentliche Wirken** des Betroffenen erheblich zu **erschweren**. 12.35

d) Offenbarung und Preisgabe von Staatsgeheimnissen

Mit den Begriffen der **Offenbarung und Preisgabe von Staatsgeheimnissen** wird der früher unter der Bezeichnung **publizistischer Landesverrat** strafrechtlich geregelte Komplex der Mitwirkung der Medien am Tatbestand des Landesverrats bezeichnet. Das bis zur Neuordnung dieses Rechtsgebiets in der Folge der Bewältigung der *Spiegel*-Affäre im Jahr 1968 geltende Staatsschutzrecht unterschied prinzipiell nicht zwischen dem klassischen Landesverräter, demjenigen also, der einer fremden Macht Staatsgeheimnisse mitteilt und damit bewusst zum Nachteil der äußeren Sicherheit des eigenen Staats handelt (heute § 94 Abs. 1 StGB), und dem Publizisten, der in bester Absicht und in Ausübung seiner verfassungsmäßigen Aufgabe der Überwachung und Kontrolle des Staats einen als Staatsgeheimnis geltenden Komplex behandelt.[64] Demgegenüber zieht das heute geltende Strafrecht insoweit bewusst klare Grenzen.[65] Nunmehr ist der eigentliche Landesverrat in § 94 StGB, der früher als publizistischer Landesverrat bezeichnete Tatbestand des Offenbarens von Staatsgeheimnissen hingegen in § 95 StGB und dessen Variante der fahrlässigen Begehung in § 97 StGB geregelt. 12.36

---

60 *Fischer*, § 188 StGB Rz. 1; vgl. insoweit EGMR NJW 2006, 591 für den Fall der üblen Nachrede zum Nachteil der Ehefrau eines finnischen Parlamentsabgeordneten.
61 *Fischer*, § 188 StGB Rz. 1.
62 *Fischer*, § 188 StGB Rz. 2.
63 Vgl. etwa OLG Düsseldorf NJW 1983, 1212; BayObLG NJW 1982, 2511; OLG Frankfurt a.M. NJW 1981, 1569; weitere Nachweise etwa bei Schönke/Schröder/*Lenckner/Eisele*, § 188 StGB Rz. 1 ff.
64 Ricker/*Weberling*, Kap. 50 Rz. 51.
65 *Fischer*, § 95 StGB Rz. 1.

12.37 Für die damit unterschiedlich geregelten Bestimmungen über den allgemeinen und den publizistischen Landesverrat gilt einheitlich der in § 93 StGB definierte Grundbegriff des **Staatsgeheimnisses**. Dabei handelt es sich um

„... Tatsachen, Gegenstände oder Erkenntnisse, die nur einem begrenzten Personenkreis zugänglich sind und vor einer fremden Macht geheim gehalten werden müssen, um die Gefahr eines schweren Nachteils für die äußere Sicherheit der Bundesrepublik Deutschland abzuwenden".[66]

Während aber für den allgemeinen Tatbestand des Landesverrats eine Weitergabe von Informationen oder Materialien ausreicht, die unter diesen materiellen Geheimnisbegriff zu subsumieren sind, sofern die weiteren Tatbestandsmerkmale des § 94 StGB erfüllt sind,[67] ist der primär auf die Medien ausgerichtete Tatbestand des Offenbarens oder Preisgebens eines Staatsgeheimnisses nur dann erfüllt, wenn es von einer amtlichen Stelle oder auf deren Veranlassung tatsächlich geheim gehalten wird.

12.38 Neben das materielle tritt hier also das formelle Kriterium der **tatsächlichen Geheimhaltung** des Staatsgeheimnisses durch die Behörde oder sonstige amtliche Stelle, in deren Kompetenz die Entscheidung über die Geheimhaltung liegt. Nur wenn staatliche Stellen konkrete Vorsorge dafür getroffen haben, dass das Geheimnis nicht über den zu seiner Kenntnis befugten begrenzten Personenkreis hinaus bekannt wird, und wenn solche Geheimschutzmaßnahmen im Wesentlichen beachtet werden,[68] kann ein Fall des strafrechtlich relevanten Offenbarens von Staatsgeheimnissen und damit des publizistischen Landesverrats vorliegen. Er ist allerdings selbst unter diesen Voraussetzungen nur dann strafbar, wenn durch die Offenbarung zusätzlich die Gefahr eines schweren Nachteils für die äußere Sicherheit der Bundesrepublik hervorgerufen wird. Wird diese Gefahr fahrlässig herbeigeführt, also vom Vorsatz des Täters nicht erfasst, ist die Tat als so genannte Preisgabe von Staatsgeheimnissen nach § 97 Abs. 1 StGB mit geringerer Strafandrohung strafbar. Die Tatbestände beider Bestimmungen setzen mithin Vorsatz hinsichtlich der Offenbarung des Geheimnisses voraus; sie unterscheiden sich lediglich dadurch, dass der mit höherer Strafandrohung versehene § 95 StGB auch hinsichtlich der Sicherheitsgefährdung Vorsatz verlangt, während im Rahmen von § 97 StGB insoweit Fahrlässigkeit genügt. Offenbaren also Journalisten Staatsgeheimnisse vorsätzlich, so hängt ihre Strafbarkeit nach der einen oder der anderen der beiden Bestimmungen lediglich davon ab, ob sie hinsichtlich der Gefährdung der Sicherheit des Staats ebenfalls mit Vorsatz gehandelt haben.

12.39 Publizistische Berichterstattung über einschlägige Informationen und Vorgänge kann aber dann nicht mehr strafbar sein, wenn sie durch andere Medien bereits offenbart worden sind. Das folgt aus dem Umstand, dass auch die Offenbarung formell geschützter Geheimnisse nur strafbar ist, wenn und solange die Geheimhaltung durch die zuständigen Behörden im Wesentlichen gewahrt wird. Damit haben **Vorveröffentlichungen** – anders als bei der Verletzung zivilrechtlich geschützter Rechtsgüter (dazu Rz. 2.25 ff.) – im Rahmen des publizistischen Landesverrats im Ergebnis rechtfertigende Wirkung.

12.40 Immer straflos ist schließlich die Offenbarung so genannter **illegaler Staatsgeheimnisse**.[69] Nach der Legaldefinition des § 93 Abs. 2 StGB handelt es sich dabei um

---

66 Einzelheiten bei *Fischer*, § 93 StGB Rz. 2 ff.
67 Vgl. *Fischer*, § 94 StGB Rz. 3 ff.
68 *Fischer*, § 95 StGB Rz. 2.
69 *Fischer*, § 95 StGB Rz. 1.

„... Tatsachen, die gegen die freiheitlich demokratische Grundordnung oder unter Geheimhaltung genübergegenüber den Vertragspartnern der Bundesrepublik Deutschland gegen zwischenstaatlich vereinbarte Rüstungsbeschränkungen verstoßen ..."

Nach § 97a StGB ist die Mitteilung eines derartigen Geheimnisses an eine fremde Macht oder deren Mittelsmann dann, wenn es zusätzlich die materiellen Kriterien des Staatsgeheimnisses nach § 93 Abs. 1 StGB erfüllt, wie der Landesverrat strafbar, sofern dadurch die Gefahr eines schweren Nachteils für die äußere Sicherheit der Bundesrepublik hervorgerufen wird. Diese Bestimmung beruht auf der Erwägung, dass es für die Belange des Staats und insbesondere seine äußere Sicherheit höchst nachteilig sein kann, wenn derartige Geheimnisse unter Ausschluss der Öffentlichkeit an fremde Mächte gelangen und die eigene Regierung glaubt, die infrage stehenden Tatsachen seien weiterhin geheim; die Vorschrift zielt damit auf klassische Agenten- oder Spionagetätigkeiten und nicht auf die publizistische Tätigkeit der Medien.[70] Denn die öffentliche publizistische Erörterung der Existenz so genannter **illegaler Staatsgeheimnisse** wird von § 97a StGB nicht erfasst.[71] Die Offenbarung eines illegalen Geheimnisses gehört vielmehr zum Kernbereich der den Medien übertragenen Kontrollfunktion, so dass die Entscheidung des Gesetzgebers, sie prinzipiell aus dem Anwendungsbereich des strafrechtlich geschützten Staatsgeheimnisses herauszunehmen, als eine konsequente Umsetzung des Prinzips der Pressefreiheit angesehen werden muss.

e) Jugendschützende Bestimmungen

Der Katalog der Normen, die nach Art. 5 Abs. 2 GG die Freiheit der Meinungsäußerung und diejenige der Presse- und Rundfunkfreiheit einschränken, benennt neben den allgemeinen Gesetzen ausdrücklich die **Bestimmungen zum Schutz der Jugend**. Indem das Grundgesetz den Jugendschutz neben den allgemeinen Gesetzen ausdrücklich erwähnt, bringt es deutlich zum Ausdruck, dass diesem Rechtsgut im Wertesystem der Verfassung ein besonderer Stellenwert zukommt, dass mithin der **Jugendschutz** wie die Pressefreiheit **Verfassungsrang** hat.[72] Der Jugendschutz kann damit die Meinungs- und insbesondere die Presse- und Rundfunkfreiheit erheblich einschränken[73] und setzt im Einzelfall Grenzen nicht nur für diejenigen Medien, die sich im Grenzbereich etwa zur **Pornografie** ansiedeln; er ist vielmehr auch von nicht spezifisch ausgerichteten Medien im Rahmen von Textberichterstattung, Bildauswahl und Programmgestaltung zu beachten.

12.41

aa) Pornografie

Die Tatbestände der **Pornografie** sind in den Bestimmungen der §§ 184 bis 184e StGB zusammengefasst, Vorschriften, die allerdings nicht ausschließlich jugendschützenden Charakter haben und obendrein nur zu einem kleinen Teil auf die Medien bezogen sind.[74] Da § 11 Abs. 3 StGB für den Bereich des Strafrechts im Wege der Legaldefinition den *Schriften* Abbildungen sowie Ton- und Bildträger, nicht aber den Rundfunk gleichstellt, dehnt § 184d StGB, um die insoweit bestehende Regelungslücke zu schließen, den Geltungsbereich der Bestim-

12.42

---

70 Schönke/Schröder/*Sternberg-Lieben*, § 97a StGB Rz. 1.
71 *Fischer*, § 95 StGB Rz. 1; Ricker/*Weberling*, Kap. 50 Rz. 66.
72 Löffler/*Cornils*, § 1 LPG Rz. 271 ff.
73 BVerfG NJW 1971, 1555; Löffler/*Cornils*, § 1 LPG Rz. 271 ff.
74 Es handelt sich beim Recht der Pornografie um eine äußerst komplexe Materie, die hier nur in ihren Grundzügen dargestellt werden kann; wegen der Einzelheiten muss auf das spezifisch strafrechtliche Schrifttum verwiesen werden.

mungen über das Verbot von Pornografie ausdrücklich auf die Verbreitung im Wege des Rundfunks sowie der Tele- und Mediendienste aus.

12.43 §§ 184a bis 184c StGB erfassen die **Herstellung und Verbreitung** so genannter **harter Pornografie** schlechthin, also ohne Einschränkung des Kreises derjenigen, an die sich das betreffende Angebot in den vom Gesetz im Einzelnen definierten Verbreitungs-, Angebots- und Werbeformen konkret richtet. Unter diesen Tatbestand der harten Pornografie fallen Darstellungsformen, die Gewalttätigkeiten sexueller Art, sexuelle Handlungen von Menschen mit Tieren (§ 184a StGB) oder schließlich sexuelle Handlungen an, vor oder von Kindern (§ 184b StGB) oder Jugendlichen (§ 184c StGB) zum Gegenstand haben.[75] Diese Formen der Pornografie sind schlechthin verboten. Tathandlung ist bereits die Herstellung des einschlägigen Materials wie etwa die Aufnahme einer Fotografie[76] und unabhängig vom Kreis der angesprochenen Zielgruppen dessen Verbreitung. Damit richtet sich die Bestimmung in dieser Variante nicht nur, aber auch unmittelbar an diejenigen, die Druckschriften oder Rundfunkprogramme herstellen oder damit handeln, also insbesondere an Redaktionen, Verlage und Rundfunkveranstalter[77] sowie die Anbieter von Telemedien und Telediensten (Rz. 12.42).[78]

12.44 Demgegenüber erfasst der Grundtatbestand des § 184 Abs. 1 StGB die so genannte **einfache Pornografie**. Darunter werden nach einer in der Praxis eingeführten, in ihrer Berechtigung wie ihrer konkreten Anwendung auf den Einzelfall allerdings keineswegs unproblematischen Formel Darstellungen verstanden, die in einer den Sexualtrieb aufstachelnden Weise den Menschen zum bloßen (auswechselbaren) Objekt geschlechtlicher Begierde degradieren.[79] Pornografie in diesem Sinn liegt insbesondere vor in Fällen der aufdringlich vergröbernden, anreißerischen, verzerrenden oder unrealistischen Darstellung sexueller Handlungen, die unter Berücksichtigung ihres objektiven Erscheinungsbilds Selbstzweck sind und ohne Sinnzusammenhang mit anderen gedanklichen Inhalten bleiben oder diese nur zum Vorwand für provozierende Darstellungen nehmen.[80] Danach ist die vollständige oder partielle Darstellung des nackten menschlichen Körpers als solche nicht pornografisch; sie wird es vielmehr erst bei Hinzutreten optischer oder textlicher Gestaltungsmerkmale, die den erwähnten Definitionen entsprechen.[81]

12.45 Anders als im Fall der harten Pornografie gemäß §§ 184a bis 184c StGB ist die **Herstellung einfacher Pornografie** als solche vom Straftatbestand noch nicht erfasst. Medien mit pornografischen Darstellungen in diesem Sinne unterliegen stattdessen einem in § 184 Abs. 1 Nr. 1–9 StGB sehr eingehend definierten Verbreitungsverbot, das im Prinzip dem Schutz Jugendlicher unter achtzehn Jahren dient.[82] Strafbar sind erst Verstöße gegen diese spezifischen Verbreitungsverbote, während die gesetzeskonforme Verbreitung straflos bleibt.

---

75 Einzelheiten bei *Fischer*, § 184 StGB Rz. 5 ff.
76 BGH NStZ 2018, 90.
77 *Fischer*, § 184 StGB Rz. 9 ff.
78 Einzelheiten bei *Fischer*, § 184 StGB Rz. 23 ff.; dazu auch BGH AfP 2001, 396 = NJW 2001, 3558; BGH NJW 2009, 1892.
79 *Fischer*, § 184 StGB Rz. 7 ff. m.w.N.
80 BGH NJW 1969, 1918 – Fanny Hill; OLG Düsseldorf NJW 1974, 1474; OLG Koblenz NJW 1979, 1467; *Fischer*, § 184 StGB Rz. 7.
81 Einzelbeispiele bei *Fischer*, § 184 StGB Rz. 7b.
82 Vgl. dazu im Einzelnen *Fischer*, § 184 StGB Rz. 10 ff.

bb) Gewaltdarstellung

Neben die Bestimmungen der §§ 184 ff. StGB tritt zum Schutz der Jugend insbesondere diejenige des § 131 StGB betreffend die **Gewaltverherrlichung oder -verharmlosung**. Die Vorschrift stellt denjenigen unter Strafe, der eine Schrift verbreitet, die

12.46

„... grausame oder sonst unmenschliche Gewalttätigkeiten gegen Menschen oder menschenähnliche Wesen in einer Art schildert die eine Verherrlichung oder Verharmlosung solcher Gewalttätigkeiten ausdrückt oder die das Grausame oder Unmenschliche des Vorgangs in einer die Menschenwürde verletzenden Weise darstellt."

Zu den Schriften gehören auch in diesem Zusammenhang Abbildungen sowie Bild- und Tonträger (§ 11 Abs. 2 StGB), und verboten ist die Verbreitung des einschlägigen Materials auch über Hörfunk und Fernsehen sowie über Medien- und Teledienste (§ 131 Abs. 2 StGB). Auch im Rahmen von § 131 StGB gehört zu den vom Gesetz ausdrücklich genannten Verletzungshandlungen in erster Linie das Verbreiten, so dass auch durch diese Vorschrift Verlage und Rundfunkveranstalter direkt angesprochen sind. Hingegen wird die bis 1994 geltende Tatbestandsvariante des **Aufstachelns zum Rassenhass** im Allgemeinen ideologisch motiviert sein, daher vom Täter mit direktem Vorsatz verwirklicht werden und damit für die weit überwiegende Mehrheit aller Medien schon aus diesem Grund nicht relevant sein. Sie ist heute in § 130 Abs. 2 geregelt (dazu Rz. 12.51 ff.).

Tatbestandlich sind die Begehungsformen der **Gewaltverherrlichung bzw. -verharmlosung**. Deren Konturen sind nicht immer leicht zu bestimmen. In der Praxis bereiten sie nicht selten Schwierigkeiten, weil bedingter Vorsatz zur Tatbestandsverwirklichung genügt, eine gezielte Absicht zur Verherrlichung oder Verharmlosung von Gewalt also nicht vorhanden sein muss. Diese Begehungsformen liegen vor, wenn das Grausame und Unmenschliche des Vorgangs den wesentlichen Inhalt und zugleich den Sinn der Schilderung ausmacht.[83] Wie bereits im Bereich der einfachen Pornografie wird man auch hier im Wesentlichen darauf abstellen müssen, ob die Darstellung ihrer Gesamtaussage nach in erster Linie Selbstzweck ist oder ob mit ihr andere gedankliche Inhalte und Informationen vermittelt oder veranschaulicht werden sollen.

12.47

Für die Medien bringt der Gesetzgeber diesen Gedanken selbst dadurch zum Ausdruck, dass er in § 131 Abs. 2 StGB solche Darstellungen aus dem Verbotsbereich ausnimmt, die der Berichterstattung über Vorgänge des Zeitgeschehens oder der Geschichte dienen.[84] Damit ist jedoch nicht etwa eine pauschale Freistellung der Medien von den Beschränkungen des § 131 StGB gemeint. Auch Darstellungen in den Medien bleiben vielmehr nach dem Grundtatbestand strafbar, wenn etwa unter dem Deckmantel der Berichterstattung grausame Szenen über das durch den Informationszweck gebotene Maß hinaus geschildert oder ausgespielt werden.[85] In der Information über begangene Grausamkeiten und Gewalttaten sind die Medien daher prinzipiell frei; benutzen sie aber das Mittel der Information, um die dargestellten Taten im oben erwähnten Sinn zu verherrlichen oder zu verharmlosen, dann greift auch ihnen gegenüber der Tatbestand des § 131 StGB ein.

12.48

---

83 *Fischer*, § 131 StGB Rz. 7 ff.; OLG Koblenz NJW 1986, 1700.
84 Zu der insoweit identisch konzipierten Bestimmung des § 5 Abs. 6 JMStV vgl. *Hopf*, ZUM 2009, 91 ff.; *Liesching*, ZUM 2009, 367 ff.
85 *Fischer*, § 131 StGB Rz. 10 f.

f) Volksverhetzung

12.49 In engem thematischen Zusammenhang mit dem Tatbestand der Gewaltverherrlichung einerseits und demjenigen der Verunglimpfung des Andenkens Verstorbener (Rz. 12.20) andererseits steht die Bestimmung des § 130 StGB, die unter der Bezeichnung **Volksverhetzung** eine Reihe unterschiedlicher Äußerungsdelikte zusammenfasst, sofern sie den öffentlichen Frieden stören oder dazu geeignet sind. Die im letzten Jahrzehnt unter anderem im Hinblick auf europarechtliche Vorgaben mehrfach geänderte Vorschrift[86] richtet sich im Ausgangspunkt gegen die unter Strafe gestellten Äußerungen unabhängig von ihrer jeweiligen Verbreitungsform. Insbesondere ist eine Verbreitung durch Medien keine Voraussetzung für die Anwendbarkeit dieser Bestimmungen.

12.50 Bei § 130 Abs. 1 und 3 StGB handelt es sich um ein **abstraktes Gefährdungsdelikt**.[87] Strafbarkeitsvoraussetzung ist daher die bloße Eignung zur Störung des Friedens, während eine konkrete Gefährdung oder tatsächlich eingetretene Störung des öffentlichen Friedens als Voraussetzung der Strafbarkeit nicht gefordert wird.[88] In den Tatbestandsvarianten der Abs. 1 und 3 handelt es sich bei § 130 StGB damit um ein Gefährdungsdelikt, das der Erschütterung des Vertrauens in die Rechtssicherheit und der Aufhetzung des psychologischen Klimas vorbeugen soll.[89] Eine schriftliche oder sonstwie verkörperte Verbreitung der Äußerung ist im Rahmen dieser Tatbestände nicht erforderlich. Es liegt aber auf der Hand, dass die Verbreitung von Äußerungen durch die Medien ein geradezu typischer Anwendungsfall für derartige Äußerungen ist. Und da die Medien nicht nur für eigene Äußerungen, sondern jedenfalls im Prinzip auch für von ihnen verbreitete Äußerungen Dritter haften (dazu Rz. 16.43 f.), handelt es sich schon bei den Tatbeständen des § 130 Abs. 1 und 3 StGB um Normen, die sich zwar nicht ausschließlich und damit auch nicht in verfassungswidriger Weise gezielt, wohl aber faktisch in erster Linie an die Medien wenden. Tatsächlich knüpfen denn auch nahezu alle bekannt gewordenen gerichtlichen Entscheidungen zum Tatbestand der **Volksverhetzung** nach Maßgabe der Abs. 1 und 3 an die Verbreitung der einschlägigen Äußerungen in schriftlicher oder gedruckter Form an.[90] Und wegen des damit bestehenden Konflikts zwischen dem Grundrecht der Meinungs- und Medienfreiheit aus Art. 5 Abs. 1 GG und ihren Beschränkungen auf der Basis von Art. 5 Abs. 2 GG sind, wie das BVerfG[91] ausdrücklich klargestellt hat, auch die Verbotstatbestände des § 130 StGB im Licht der Gewährleistung der Meinungs- und Medienfreiheiten durch Art. 5 Abs. 1 GG restriktiv auszulegen.

12.51 Die strafrechtliche Haftung der Medien geht aber im Rahmen von § 130 StGB über die potenzielle Gefährdung öffentlichen Friedens noch hinaus. Denn nach § 130 Abs. 2 Nr. 1 und 2 StGB ist die Verbreitung der von Abs. 1 und 3 erfassten Äußerungen auch ohne das Vorliegen einer potenziellen Gefährdung des öffentlichen Friedens strafbar, wenn sie durch Schriften

---

86 Zuletzt geändert durch das 49. Gesetz zur Änderung des Strafgesetzbuches – Umsetzung europäischer Vorgaben zum Sexualstrafrecht vom 21.1.2015 (BGBl. I, 10); zur Entstehungsgeschichte der jüngeren Fassungen von § 130 StGB und ihren europarechtlichen Hintergründen vgl. u. a. Schönke/Schröder/*Sternberg-Lieben*, § 130 StGB Rz. 1; *Hellmann/Gärtner*, NJW 2011, 961 ff.

87 *Fischer*, § 130 StGB Rz. 2a.

88 *Fischer*, § 130 StGB Rz. 2a.

89 BGH NJW 1979, 1992; BGHSt 34, 331; BGH NJW 1978, 59; OLG Düsseldorf NJW 1986, 251; OLG Hamburg MDR 1981, 71.

90 Vgl. die Beispiele bei *Fischer*, § 130 StGB Rz. 21 ff.

91 BVerfG AfP 2003, 41 = NJW 2003, 660; BVerfG NJW 2001, 61 – Bezeichnung als Jude; BVerfG NJW 2009, 3503 – Polen-Invasion stoppen!; BVerfG AfP 2010, 142 – Ausländerrückführung – Für ein lebenswertes deutsches Augsburg.

oder durch den Rundfunk sowie Tele- oder Mediendienste erfolgt. Der Gesetzgeber weist den Medien damit im Rahmen der Volksverhetzungstatbestände eine erhöhte Verantwortung zu. Ausgenommen sind lediglich Äußerungen im Rahmen der staatsbürgerlichen Aufklärung (§§ 130 Abs. 6, 86 Abs. 3 StGB)[92] und damit auch Berichte über einschlägige Äußerungen Dritter, solange die Medien durch die Art der Berichterstattung deutlich machen, dass sie über den betreffenden Vorgang nur informieren, sich die Äußerungen aber nicht zu eigen machen.

Inhaltlich verbietet § 130 Abs. 1 und 2 StGB solche Äußerungen und deren Verbreitung, die **12.52** zum Hass gegen nationale, rassische, religiöse oder durch ihre ethnische Herkunft bestimmte Gruppen oder gegen Teile der Bevölkerung oder auch nur gegen Einzelne wegen ihrer Zugehörigkeit zu diesen Kreisen anstacheln oder auffordern, oder die die genannten Gruppen oder ihnen zugehörige Personen wegen dieser Zugehörigkeit beschimpfen, böswillig verächtlich machen oder verleumden und dadurch deren Menschenwürde angreifen. Geschützt werden in erster Linie – anders als im Fall der Beleidigungsdelikte, deren Schutzgut die persönliche Ehre ist (Rz. 12.7) – nicht einzelne Personen, sondern nationale, religiöse oder durch ihr Volkstum definierte Gruppen,[93] sofern durch den Angriff auf sie der öffentliche Friede gestört wird (Rz. 12.54). Das Gesetz erweitert diesen Schutz aber ausdrücklich auf Einzelpersonen, sofern sie einer der genannten Gruppen angehören und aus eben diesem Grund angegriffen werden. Durch die Erweiterung des Schutzbereichs um den abstrakteren Begriff *Teile der Bevölkerung und ihnen zugehörige Einzelpersonen* stellt der Gesetzgeber zusätzlich klar, dass nicht nur die enumerativ genannten, tendenziell besonders gefährdeten Sondergruppen, sondern eben auch andere Teile der Bevölkerung gegen Aufhetzung geschützt werden sollen, sofern sie sich nur durch gemeinsame Merkmale definieren und dadurch von der großen Allgemeinheit absetzen.

Verletzungen des § 130 StGB werden nicht selten durch die Verbreitung von häufig als *Hate* **12.53** *Speech* bezeichneten Hassbotschaften begangen. Dabei handelt es sich um die Beschimpfung oder Verleumdung von Individuen oder Gruppen von Individuen im Sinn der Definition in Rz. 12.52, die mit den Mitteln der modernen Massenkommunikation und insbesondere über soziale Medien wie *Facebook* oder *Twitter* verbreitet wird. Durch das am 1.1.2018 in Kraft getretene NetzDG wird die Verbreitung derartiger Kommunikation unter bestimmten Voraussetzungen (dazu Rz. 16.27 f.) in einem gesonderten Verfahren und mit administrativen, nicht strafrechtlich ausgestatteten Sanktionen geahndet, das der deutsche Gesetzgeber nicht zuletzt deswegen eingeführt hat, weil den Anbietern der großen sozialen Medien der für jede strafrechtliche Verfolgung erforderliche Verschuldensvorwurf hinsichtlich des Inhalts einzelner von ihnen transportierter Falschmeldungen oder Hassbotschaften nicht gemacht werden kann. Das ändert aber nichts daran, dass Hassbotschaften und *Hate Speech* in vielen Fällen den Tatbestand der Volksverhetzung erfüllen und dass nach § 130 StGB strafbar ist, wer sie in Umlauf bringt oder an ihrer Verbreitung schuldhaft mitwirkt. Das gilt auch im Fall der Einstellung derartiger Inhalte in die entsprechenden sozialen Netzwerke im Ausland, sofern sie im Inland abrufbar sind.[94] Verbreitet jemand eine Reihe von Botschaften potenziell rechtsverletzenden Inhalts über ein soziales Netzwerk, dann kann sich das Tatbestandsmerkmal des Beschimpfens aus der Gesamtschau der einschlägigen Botschaften selbst dann ergeben, wenn

---

92 Kritisch zu dieser sog. Sozialadäquanzklausel Schönke/Schröder/*Sternberg-Lieben*, § 130 StGB Rz. 25.
93 *Fischer*, § 130 StGB Rz. 4.
94 BGH NJW 2001, 624.

die einzelne für sich genommen noch nicht die Eingriffsintensität aufweist, die der Tatbestand des Beschimpfens voraussetzt.[95]

12.54 Auch verbale Angriffe auf Gruppen, die durch die schlichte Zugehörigkeit zu einem Beruf gekennzeichnet sind, können den Tatbestand der Volksverhetzung gemäß § 130 Abs. 1 und 2 StGB verletzen.[96] So sollen auch *Arbeiter, Beamte* oder *Soldaten* als Gruppe gegen Angriffe der in § 130 Abs. 1 und 2 StGB bezeichneten Art geschützt sein.[97] Das ist aber selbst dann, wenn man derartige Berufsgruppen als Teile der Bevölkerung im Sinn des gesetzlichen Tatbestands definiert, nur der Fall, wenn es sich dem Inhalt der Äußerung nach um gezielte Angriffe auf die Menschenwürde oder gar das Leben oder die körperliche Unversehrtheit der betreffenden Gruppe handelt. Denn Schutzgut von § 130 StGB ist der öffentliche Friede; die Vorschrift ist nicht dazu bestimmt, den Schutz individueller Rechtsgüter zu erweitern.[98] Daher ist die bloße Beleidigung einer derartigen Gruppe nicht tatbestandlich im Sinne dieser Norm.[99] Das ist insbesondere in den Fällen kritischer Äußerungen über Berufsgruppen wie *Polizisten* oder *Soldaten* zu beachten, in denen die Rechtsprechung immer wieder den Versuch unternimmt, die aufgrund der prinzipiellen Straflosigkeit der Kollektivbeleidigung (dazu Rz. 13.35 ff.) bestehende Lücke des strafrechtlichen Ehrenschutzes durch Rückgriff auf den Tatbestand der Volksverhetzung zu schließen.[100]

12.55 Tatbestandlich sind nach der Rechtsprechung etwa die Bezeichnung von Kapitalisten als *Pappscheiben, auf die man schießen kann,*[101] oder die Bezeichnung von Juden als *Untermenschen.*[102] Auch das Verbot eines Wahlplakats mit der Aufforderung *Polen-Invasion stoppen!* war durch § 130 Abs. 1 StGB gerechtfertigt und auch unter Berücksichtigung des Grundrechts der Meinungsfreiheit der werbenden politischen Partei verfassungsrechtlich nicht zu beanstanden.[103] Gleiches galt für einen Wahlwerbespot der *NPD*, der unter Suggestion der Begehung einer Reihe von Straftaten durch Angehörige der türkischen Volksgruppe in Berlin für die *Wiederherstellung von Recht und Ordnung* warb.[104] Die Verbreitung eines Plakats mit der Aufschrift *Ausländerrückführung – Für ein lebenswertes deutsches Augsburg* konnte demgegenüber nicht gemäß § 130 Abs. 2 StGB geahndet werden, weil ihm nach Auffassung des BVerfG unter Berücksichtigung des Grundrechts der Meinungsfreiheit des Verbreiters trotz seiner unverkennbar rechtsradikalen Tendenz noch kein Angriff auf die Menschenwürde der ausländischen Bevölkerungskreise entnommen werden konnte.[105] Im Fall der Bezeichnung von Asylbewerbern als *Schmarotzer, Betrüger* oder *Straftäter* in Form eines Schmähgedichts, die ohne Frage den Tatbestand des Verächtlichmachens dieses Teils der Bevölkerung erfüllt, sieht die Rechtsprechung zwar auch ein Aufstacheln zum Hass gegen die Betroffenen sowie

---

95 OLG Dresden ZUM 2018, 192 zur vergleichbaren Situation im Rahmen des Beleidigungstatbestands des § 185 StGB.
96 *Fischer,* § 130 StGB Rz. 5 m.w.N.
97 OLG Düsseldorf NJW 1986, 2518; OLG Frankfurt a.M. NJW 1989, 1369 – Soldaten sind Mörder; a.A. LG Frankfurt a.M. NJW 1988, 2683.
98 Schönke/Schröder/*Sternberg-Lieben,* § 130 StGB Rz. 1 a.
99 BGHSt 36, 90; OLG Frankfurt a.M. NJW 1989, 1369.
100 BGH AfP 1989, 535 = NJW 1989, 1365; OLG Frankfurt a.M. NJW 1989, 1367 – Soldaten-Urteil I; BayObLG NJW 1991, 1493; vgl. aber BVerfG AfP 1994, 286 = NJW 1994, 2943 – Soldaten sind Mörder.
101 OLG Braunschweig NJW 1978, 2046; LG Göttingen NJW 1979, 174.
102 BGH NJW 1963, 2034.
103 BVerfG NJW 2009, 3503 – Polen-Invasion stoppen!.
104 OVG Berlin-Brandenburg AfP 2011, 621.
105 BVerfG AfP 2010, 142 – Ausländerrückführung – Für ein lebenswertes deutsches Augsburg.

eine potenzielle Gefährdung des öffentlichen Friedens. Die Frage, ob es sich zugleich um einen Angriff auf die Menschenwürde des betroffenen Teils der Bevölkerung handelt, der erst die Strafbarkeit nach § 130 Abs. 1 Nr. 2 StGB begründet, ist jedoch umstritten[106] und richtiger Weise zu verneinen, sofern – wie in den entschiedenen Fällen – die Schmähung Ausdruck einer durchdachten und ausformulierten, wenn auch sozial nicht zu tolerierenden Meinung ist; diese Art Schmähung enthält noch nicht die Aufforderung, die angegriffene Bevölkerungsgruppe zu vernichten oder ihr die Lebensgrundlage zu entziehen. Mit Recht hat daher das BVerfG die strafrechtliche Verurteilung eines Journalisten wegen der Bezeichnung eines Bewerbers um ein öffentliches Amt als *Jude*[107] und diejenige des Verfassers eines *Türken-feindlichen Flugblatts, in dem der Verfasser einerseits drastische Formulierungen über die betroffene Volksgruppe gebrauchte, andererseits aber den Leser aufforderte, sich eine eigene Meinung zu bilden,*[108] durch die jeweiligen Fachgerichte als mit Art. 5 Abs. 1 GG unvereinbar aufgehoben. Und gutmütige, ironische oder landsmannschaftlich bedingte Schimpfereien wie die Bezeichnung von Rechtsanwälten als *Rechtsverdreher*, von Ärzten als *Kurpfuscher* oder der Berliner als *Saupreußen* oder *Großschnauzen* fallen offensichtlich nicht in den Anwendungsbereich des Tatbestands der Volksverhetzung.[109]

Durch § 130 Abs. 3 StGB wird die so genannte **qualifizierte Auschwitz-Lüge** unter Strafe gestellt. Dieser Tatbestand erfasst das Leugnen des nationalsozialistischen Massenmords an der jüdischen Bevölkerung sowie die Billigung oder Verharmlosung des Völkermords durch die nationalsozialistische Gewaltherrschaft. Anders als die zu demselben Themenkreis erlassene Bestimmung des § 194 Abs. 2 StGB (Rz. 12.22) richtet sich diese Vorschrift nicht gegen das Leugnen von Verbrechen des Völkermords schlechthin, sondern ausdrücklich nur gegen das Leugnen des nationalsozialistischen Völkermords.[110] Tatbestandlich im Sinn dieser Bestimmung ist aber nicht nur das schlichte Leugnen der begangenen Verbrechen,[111] sondern ebenso das Verharmlosen derartiger Taten. Der Tatbestand kann auch dadurch verletzt werden, dass der Täter Medienvertretern *Pressemappen mit einschlägigem Inhalt zur Verfügung stellt*.[112] Wird die Auschwitz-Lüge, wie das nicht selten geschieht, von im Ausland ansässigen Tätern in der Weise über das Internet verbreitet, dass die Äußerung im Inland abrufbar und ihrem Inhalt nach auch für den inländischen Nutzer des Internet bestimmt ist, dann ist der Tatbestand des § 130 Abs. 3 StGB stets auch im Inland erfüllt.[113]

12.56

Schließlich stellt § 130 StGB Abs. 4 die **öffentliche Billigung, Verherrlichung oder Rechtfertigung der nationalsozialistischen Gewaltherrschaft** unter Strafe. Nach dieser Vorschrift war es etwa strafbar und im Hinblick auf § 15 Abs. 1 VersG auch verboten, eine Versammlung unter offenem Himmel *zum Gedenken an und zur Ehrung von Rudolf Hess* durchzuführen.[114] Anders als bei dem von Abs. 3 erfassten Leugnen einer historischen Tatsache handelt es sich bei § 130 Abs. 4 StGB um einen unbestreitbaren Eingriff in das Grundrecht der Meinungsfreiheit aus Art. 5 Abs. 1 GG, der sich unmittelbar gegen eine bestimmte Meinung als solche wendet und daher vom Gesetzesvorbehalt des Art. 5 Abs. 2 GG nicht erfasst ist. Dennoch hat das BVerfG entschieden, dass auch diese Bestimmung nicht gegen Art. 5 Abs. 1 Satz 1 GG verstößt,

12.57

---

106 Bejahend BayObLG NJW 1995, 145; verneinend OLG Frankfurt a.M. NJW 1995, 143.
107 BVerfG AfP 2000, 563 = NJW 2000, 61 – Bezeichnung als Jude.
108 BVerfG AfP 2003, 41 = NJW 2003, 660.
109 Schönke/Schröder/*Sternberg-Lieben*, § 130 StGB Rz. 7.
110 *Fischer*, § 130 StGB Rz. 33 ff.
111 Dazu LG Mannheim NJW 1994, 2494; BGH NJW 1995, 340.
112 BGH NJW 2005, 689 – Teilweises Auschwitz-Leugnen.
113 BGH NJW 2001, 624.
114 BVerwG NJW 2009, 98; BVerfG NJW 2010, 47.

und dies im Wesentlichen mit der Erwägung begründet, dem Grundrecht der Meinungsfreiheit sei im Hinblick auf das ganz außerordentliche Ausmaß der Unrechtshandlungen des NS-Regimes eine über den Wortlaut von Art. 5 Abs. 2 GG hinaus reichende Schranke immanent, die es rechtfertige, die Verherrlichung oder Rechtfertigung dieses Unrechtssystems unter Strafe zu stellen.[115] In einem französischen Verfahren gegen den Gründer des *Front National, Jean-Marie Le Pen,* hat sich der EGMR dieser Auffassung angeschlossen.[116]

g) Beschimpfung von religiösen Bekenntnissen

12.58 Insbesondere für kritische und satirische Medien bedeutsam als Schranke von Berichterstattungs- und Kritikfreiheit ist die Bestimmung des § 166 StGB über die **Beschimpfung von Bekenntnissen, Religionsgesellschaften und Weltanschauungsvereinigungen.** Diese Vorschrift stellt die öffentliche Beschimpfung religiöser und weltanschaulicher Institutionen namentlich durch die Medien unter Strafe, sofern sie geeignet ist, **den öffentlichen Frieden zu stören.** Sie kann, da dieser Tatbestand nicht an eine Verbreitung durch Schriften anknüpft, sondern an die Öffentlichkeit des Vorgangs, auch durch Verbreitung einschlägiger Äußerungen über das Internet verletzt werden,[117] ohne dass dies im Gesetz ausdrücklich bestimmt ist, wie etwa in § 130 Abs. 2 Nr. 2 oder § 131 Abs. 2 StGB. § 166 StGB schützt sowohl das weltanschauliche Bekenntnis als solches als auch die Institutionen, in denen sich die unterschiedlichen Bekenntnisse organisieren. Die rechtspolitische Rechtfertigung eines derartigen Straftatbestands in einem Staat, der weltanschauliche Neutralität und Meinungsfreiheit gewährleistet, erscheint nicht unproblematisch.[118] Sie setzt in jedem Fall voraus, dass die Gerichte bei der Anwendung der Norm sorgfältig prüfen, ob unter Abwägung der widerstreitenden Interessen der Eingriff in das Grundrecht der Meinungs- und gegebenenfalls dasjenige der Kunstfreiheit erforderlich ist.[119] Der Freiraum für die Äußerung kritischer Meinungen muss grundsätzlich auch für denjenigen gewährleistet sein, der agnostisch oder religiös anders denkt als die jeweils organisierte Mehrheit. Der Gesetzgeber trägt diesem Gedanken immerhin dadurch Rechnung, dass er nicht jede Beschimpfung unter Strafe stellt, sondern eben nur eine solche, die geeignet ist, den öffentlichen Frieden zu stören.

12.59 Ob eine **Beschimpfung** vorliegt, ist aus der Sicht eines neutralen, auf Toleranz bedachten Beobachters nach den gesamten Umständen des Einzelfalls zu entscheiden.[120] Eine Beschimpfung liegt nicht schon in jeder herabsetzenden Äußerung; erforderlich ist vielmehr eine nach Form und Inhalt besonders intensive Kundgebung der Missachtung, die sich ihrerseits aus der Rohheit des Ausdrucks oder dem Inhalt der Äußerung ergeben kann.[121] Karikaturen, die sachliche Kritik zum Ausdruck bringen oder jedenfalls einen gedanklichen Ansatz zur sachlichen Auseinandersetzung erkennen lassen, sind auch in der Auseinandersetzung mit Bekenntnissen oder Religionsgemeinschaften erlaubt. Sie können nicht als Fall des Beschimpfens angesehen werden.[122]

---

115 BVerfG NJW 2010, 47, 199; dazu im Einzelnen *Volkmann,* NJW 2010, 417 ff.

116 EGMR AfP 2017, 145.

117 OLG Nürnberg MMR 1998, 535.

118 Vgl. dazu *Libor,* AfP 2013, 219 ff.; *Isensee,* AfP 2013, 189 ff.; *Cornils,* AfP 2013, 199 ff; *Beyer,* AfP 2013, 378 ff.

119 BVerwG NJW 1999, 304; zur Rechtsprechung des EGMR zur vergleichbaren Normenkollision im Anwendungsbereich von Art. 10 EMRK vgl. *Frenz/Casimir-van den Brock,* ZUM 2007, 815 ff.

120 OLG Celle NJW 1986, 1275.

121 OLG Nürnberg MMR 1998, 535; OLG Köln NJW 1982, 657; OLG Celle NJW 1986, 1275.

122 OLG Köln NJW 1982, 657; LG Bochum NJW 1989, 727.

So sind die ab 2005 international und auch in Deutschland verbreiteten **Mohammed-Karika-** 12.60
turen[123] jedenfalls in den allermeisten Fällen nicht tatbestandlich im Sinn von § 166 StGB.
Das gilt ungeachtet der Tatsache, dass ihre Verbreitung in etlichen islamischen Ländern zu
erheblichen Störungen des öffentlichen Friedens geführt hat. Denn nach der im Inland herrschenden Rechtslage ist die Beschimpfung der anderen Religion die erste Tatbestandsvoraus-
setzung, und die Gefährdung des öffentlichen Friedens tritt lediglich als weiteres Tatbestandsmerkmal hinzu; fehlt es an ersterer, so kann das Eintreten letzter allein die Strafbarkeit nicht
begründen. Die *satirisch-kritische Auseinandersetzung mit dem Islam* in Wort oder Bild, insbesondere in seinen radikalen Erscheinungsformen, allein aber kann nach deutschem Rechtsverständnis nicht als Beschimpfung angesehen werden.

Für die kritische, ja aggressive Auseinandersetzung mit den **christlichen Religionsgemein-** 12.61
schaften gilt nichts Anderes. So wurde etwa das satirisch-kritische TV-Format *Popetown* mit
Recht nicht als Beschimpfung der katholischen Kirche angesehen.[124] Ebenso zutreffend hat
das OLG München das Vorliegen des Tatbestands der Religionsbeschimpfung in einem Fall
verneint, in dem nicht nur *Glaubenssätze und Gebräuche einer im Inland bestehenden christlichen Kirche* kritisch kommentiert, sondern die *Glaubensvorstellungen der christlichen Kirchen
schlechthin in Frage gestellt* wurden.[125] Und auch die Darstellung des *mit homosexuellen Attri-
buten geschmückten Papstes* auf einem Umzugswagen im Rahmen einer *Christopher Street Pa-
rade* stellte keine im Sinn von § 166 StGB tatbestandliche Beschimpfung der Religionsgemeinschaft der Katholiken dar, weil bei objektiver Betrachtung die Auseinandersetzung mit der
Einstellung ihrer Kirche zum Thema Homosexualität im Fokus der Aktion stand.[126] Demgegenüber ist die Auffassung des OLG Celle[127] verfehlt, die Bezeichnung der christlichen Kirche als *eine der größten Verbrecherorganisationen der Welt* in einem Flugblatt stelle eine Verletzung von § 166 StGB dar, nachdem der Kontext des Flugblatts sichtbar machte, dass der
Verfasser auf unbestreitbare historische Fakten verwies. Verfehlt ist daher auch die Untersagung der Abbildung von *Papst Benedikt XVI. mit einer befleckten Soutane* auf dem Titelbild
der Satirezeitschrift *Titanic* im Kontext des sogenannten *Vatileaks*-Skandals.[128]

Erst wenn die durch das Toleranzgebot gezogenen Grenzen zum Beschimpfen überschritten 12.62
sind, stellt sich die zusätzliche Frage nach der Eignung zur **Gefährdung des öffentlichen
Friedens** als eines weiteren Tatbestandsmerkmals.[129] Eine derartige Gefährdung lag nach
Auffassung des OLG Nürnberg[130] bei der Verbreitung der Darstellung eines *an ein Kreuz ge-
nagelten Schweins* vor. Nicht ausreichend ist es aber, dass das religiöse Gefühl der Gläubigen
der kritisierten Religionsgemeinschaft verletzt wird. Es muss vielmehr aus der Sicht eines objektiven Beobachters unter Berücksichtigung der konkreten Umstände die Befürchtung bestehen, dass das friedliche Nebeneinander verschiedener jeweils durch ein gemeinsames Bekenntnis verbundener Bevölkerungskreise gestört wird.[131] Dabei sind auch Art und Umfang
der Verbreitung zu berücksichtigen und an Blätter, die an kleine, intellektuelle Gruppen ver-

---

123 OVG Berlin-Brandenburg NJW 2012, 3116.
124 LG München ZUM 2006, 578 m. Anm. *Liesching.*
125 OLG München FuR 1984, 595.
126 VGH München NJW 2011, 793.
127 OLG Celle NJW 1986, 1275.
128 LG Hamburg v. 10.7.2012 – 324 O 406/12, unveröffentlicht; dazu *Beyer*, AfP 2013, 378 ff.
129 *Fischer*, § 166 StGB Rz. 14.
130 OLG Nürnberg MMR 1998, 535.
131 OLG Köln NJW 1982, 657.

breitet werden, weniger strenge Anforderungen zu stellen als an Äußerungen, die einer breiten Öffentlichkeit zugänglich gemacht werden.[132]

12.63 An diesen Maßstäben ist auch die Verbreitung von **Mohammed-Karikaturen** (Rz. 12.60) oder des vor einigen Jahren vieldiskutierten Films *Innocence of Muslims*[133] zu messen. Selbst wenn in diesen Fällen das Tatbestandsmerkmal des Beschimpfens erfüllt ist, wie das bei *Innocence of Muslims* mit guten Gründen angenommen werden kann, ist im Hinblick auf die Grundrechte der Meinungs- und Religionsfreiheit derjenigen, die solche Darstellungen verbreiten, Zurückhaltung bei der Annahme geboten, ihre Verbreitung sei geeignet, den öffentlichen Frieden zu stören. Wird dieser Film etwa auf einer Veranstaltung einer erkennbar antiislamischen Organisation vorgeführt, die damit das Ziel verfolgt, die nicht-islamische Gesellschaft gegen den Islam und die ihn praktizierenden Bevölkerungskreise aufzuhetzen, dann wird man von einer Gefährdung des öffentlichen Friedens ausgehen müssen.[134] Wird er oder werden **Mohammed-Karikaturen** hingegen im Rahmen einer sachlichen Auseinandersetzung mit dem Islam und insbesondere mit radikalen islamischen Organisationen und Tendenzen gezeigt, dann fehlt es an der Eignung zur Störung des öffentlichen Friedens. Daran kann auch die Tatsache nichts ändern, dass radikale Minderheiten der islamischen Religionsgemeinschaften dazu tendieren, auf jede Zurschaustellung ihres Propheten und jede Kritik an ihm oder ihrem Bekenntnis mit Gewalt zu reagieren. Entscheidend kann nicht die Frage sein, ob die Anhänger einer angegriffenen Religion zu Gewaltreaktionen neigen, sondern diejenige, ob die Kritik an einer Religion geeignet ist, Gewalt gegen ihre Anhänger zu provozieren; sonst hätten es die jeweiligen Anhänger einer Religionsgemeinschaft selbst in der Hand, kritische Auseinandersetzungen mit ihrer Religion durch die Art ihrer Reaktion mit den Mitteln des Rechts zu verhindern.[135] Aus demselben Grund erfüllt auch die Ausstrahlung eines Fernsehberichts über ein *Papst-kritisches Theaterstück*, das in einigen der wiedergegebenen Passagen als Beschimpfung der Institution des Papsttums und des damaligen Amtsinhabers angesehen werden kann, nicht den Tatbestand des § 166 StGB, solange die berichtende Redaktion sich die Tendenz einer derartigen Beschimpfung nicht zu eigen macht.[136]

h) Scalping

12.64 Der Begriff des **Scalping**[137] kennzeichnet die gelegentlich zu beobachtende Praxis u. a. von Herausgebern von Börsenbriefen und Wirtschaftsjournalisten, *größere Posten von Aktien meist kleiner Unternehmen zu einem günstigen Kurs zu kaufen*, anschließend in den Medien, für die sie tätig sind, *gezielt positive Meldungen* über sie zu verbreiten und sie in redaktionellen Beiträgen *zum Kauf zu empfehlen*. Durch die so verursachte Nachfrage steigt der Kurs dieser Papiere, bis die Urheber des **Scalping** ihre Anteile wieder verkaufen und den erhofften Kursgewinn realisieren. Mit den Verkäufen ist dann häufig ein Sturz des Kurses unter den von den Manipulatoren gezahlten Einstandspreis und damit eine jedenfalls in Kauf genommene Schädigung originärer Anteilseigner verbunden, denen so *das Fell über die Ohren gezogen* wird. Es handelt sich um eine in Deutschland seit Beginn des Jahrtausends gelegentlich aufgetretene Form des Missbrauchs der Möglichkeiten des Wirtschaftsjournalismus.[138]

---

132 LG Bochum NJW 1989, 727.
133 Dazu *Hörnle*, NJW 2012, 3415 ff.
134 *Hörnle*, NJW 2012, 3415 ff.
135 *Grimm* in Süddeutsche Zeitung vom 25.9.2012.
136 VG Köln AfP 1995, 532.
137 Engl. *Skalpieren*; *das Fell über die Ohren ziehen*.
138 Dazu im Einzelnen *Smid*, AfP 2002, 13 ff.; *Schröder*, NJW 2009, 465 ff.; *Möllers* AfP 2010, 107.

Hierauf hat als erstes der *Deutsche Presserat* reagiert und die Richtlinien zum Pressekodex um 12.65 einen neuen Abschnitt betreffend die Wirtschafts- und Finanzmarktberichterstattung[139] ergänzt, der u.a. bestimmt:

„Journalisten und Verleger dürfen keine Berichte über Wertpapiere und/oder deren Emittenten in der Absicht veröffentlichen, durch die Kursentwicklung des entsprechenden Wertpapiers sich, ihre Familienmitglieder oder andere nahestehende Personen zu bereichern. …

Interessenkonflikte bei der Erstellung oder Weitergabe von Finanzanalysen sind in geeigneter Weise offenzulegen."

Durch Einfügung eines neuen § 20a in das WpHG im Jahre 2002 hat dann auch der Gesetzgeber derartige Praktiken verboten und sie gemäß §§ 38 Abs. 2, 39 Abs. 1 Nr. 2 WpHG unter Strafe gestellt. Wurde allein durch die zitierte Ergänzung der Richtlinie 7 zum Pressekodex deutlich, dass das **Scalping** aus der Sicht des Berufsstands zu missbilligen ist, so war nach Bekanntwerden der ersten Fälle in Deutschland umstritten, wie dieser Tatbestand rechtlich einzuordnen ist. Die zunächst herrschende Meinung sah in einem solchen Verhalten eine strafbare Verletzung des **Verbots des Insiderhandels** gemäß § 14 WpHG.[140] Zutreffend hat jedoch der BGH[141] im Jahr 2003 entschieden, dass es sich um verbotene *sonstige Täuschungshandlungen* gemäß § 20a Abs. 1 Satz 1 Nr. 3 WpHG handelte.[142] An die Stelle der genannten Bestimmungen des WpHG a. F. und verbunden mit einer völligen Neufassung dieses Gesetzes ist mit Wirkung vom 2.7.2016 die auch als *MAR*[143] bezeichnete europäische Marktmissbrauchsverordnung[144] getreten, deren Art. 15 nunmehr Marktmanipulationen und den Versuch dazu verbietet. Sie können in zwei Tatbestandsvarianten in Erscheinung treten.

Art. 12 Abs. 2d MAR erfasst als **Marktmanipulation** den eigentlichen Tatbestand des *Scalp-* 12.66 *ing*, das als Ausnutzung eines gelegentlichen oder regelmäßigen Zugangs zu jeder Art von traditionellen oder elektronischen Medien durch Abgabe von Stellungnahmen zu Finanzinstrumenten aller Art verboten ist, wenn der Täter zuvor Positionen bei den betroffenen Finanzinstrumenten eingegangen ist und anschließend Nutzen aus den Auswirkungen der Stellungnahme auf deren Kurs zieht. Das gilt nur dann nicht, wenn der betroffene Journalist auf den Interessenkonflikt zwischen seiner Beteiligung an dem betreffenden Finanzinstrument und der zu ihm veröffentlichten Stellungnahme ordnungsgemäß und wirksam hinweist. Verboten bleibt nach dieser Bestimmung mithin weiter die Ausnutzung jeder Art journalistischer oder publizistischer Möglichkeit zur vorsätzlichen Manipulation der Kurse von Aktien oder anderen Finanzinstrumenten im eigenen wirtschaftlichen Interesse derjenigen, die über wirtschaftliche Sachverhalte publizieren. Hat der Manipulationsversuch Erfolg, so ist dieses Verhalten nach § 119 Abs. 1 Nr. 1 i.V.m. § 120 Abs. 15 Nr. 2 WpHG strafbar. Bleibt die Manipulation im Ergebnis ohne Auswirkung auf den Wert des betreffenden Wertpapiers, so wird sie als Ordnungswidrigkeit mit Bußgeld geahndet (§ 120 Abs. 15 Nr. 2 WpHG).

---

139 Pressekodex, Richtlinie Nr. 7.4 Abs. 2.
140 Vgl. *Smid*, AfP 2002, 13 ff. m.w.N.
141 BGH NJW 2004, 302.
142 So auch OLG München NJW 2011, 3664.
143 Market Abuse Regulation.
144 Verordnung (EU) Nr. 596/2014 des Europäischen Parlaments und des Rates vom 16. April 2014 über Marktmissbrauch (Marktmissbrauchsverordnung) und zur Aufhebung der Richtlinie 2003/6/ EG des Europäischen Parlaments und des Rates und der Richtlinien 2003/124/EG, 2003/125/EG und 2004/72/EG der Kommission.

12.67 Anders als Art. 12 Abs. 2d MAR knüpft der Tatbestand der Marktmanipulation in Art. 12 Abs. 1c MAR nicht an wirtschaftliche Eigeninteressen des publizierenden Journalisten oder Publizisten an, sondern allein an die vorsätzliche oder fahrlässige Verbreitung falscher oder irreführender Informationen betreffend Angebote oder Kurse von Aktien oder Finanzinstrumenten anderer Art über die traditionellen oder elektronische Medien, sofern dadurch ein anormales oder künstliches Kursniveau herbeigeführt oder wahrscheinlich herbeigeführt wird. Ausdrücklich erfasst diese Tatbestandsvariante auch die Verbreitung einschlägiger Gerüchte, und mit dem Merkmal des Wissen Müssens[145] stellt das Gesetz außerordentlich hohe Anforderungen an die Sorgfalt bei der Verbreitung einschlägiger Meldungen. Der europäische Gesetzgeber berücksichtigt aber das dadurch insbesondere für die Medien entstehende Risiko, indem er in Art. 21 MAR ein **Medienprivileg** vorsieht und damit klarstellt, dass das Verbot des Art. 12 Abs. 1c MAR sich in erster Linie an diejenigen richtet, die die Medien mit entsprechenden Informationen oder Gerüchten versehen und sie auf diese Weise zu ihren Zwecken manipulieren. Nach Art. 21 MAR sind bei der Veröffentlichung gemäß Art. 12 Abs. 1c MAR einschlägiger Meldungen oder der Abgabe einschlägiger Empfehlungen die Prinzipien der Pressefreiheit und der Freiheit der Meinungsäußerung in den Medien sowie journalistische Berufs- und Standesregeln zu berücksichtigen. Eine eigene Haftung der Medien kommt nach Art. 21 lit. a und b MAR nur in Betracht, wenn dem veröffentlichenden Medium aus der Verbreitung der Fehlinformation oder des Gerüchts ein eigener Vorteil oder Gewinn erwächst oder es mit eigener Manipulationsabsicht handelt. Verstöße gegen Art. 12 Abs. 1c MAR sind wie diejenigen gegen Art. 12 Abs. 2d strafbar, wenn die intendierte Marktmanipulation Erfolg hat, und werden anderenfalls als Ordnungswidrigkeit geahndet (Rz. 12.66).

3. Zivilrechtliche Schranken der Medienberichterstattung

12.68 Zivilrechtliche Schranken der Medienberichterstattung ergeben sich vornehmlich aus den allgemeinen Bestimmungen des **Rechts der unerlaubten Handlung** gemäß §§ 823 ff. BGB. Wenngleich es sich bei diesen Bestimmungen im Wortsinn um allgemeine, für und gegen jedermann geltende Gesetze handelt, die sich nicht speziell und nicht einmal in erster Linie an die Medien wenden, haben sie bei der rechtlichen Beurteilung und Bewältigung von Konflikten zwischen Medien und denjenigen, die von ihrer Berichterstattung betroffen sind, in der Praxis die mit Abstand größte Bedeutung. Denn das Haftungsrecht der Medien wird in der gerichtlichen Praxis ganz maßgeblich durch die Zivilgerichte geprägt und weiterentwickelt.

a) Allgemeines Persönlichkeitsrecht

12.69 § 823 Abs. 1 BGB bestimmt:

„Wer vorsätzlich oder fahrlässig das Leben, den Körper, die Gesundheit, die Freiheit, das Eigentum oder ein sonstiges Recht eines anderen widerrechtlich verletzt, ist dem anderen zum Ersatz des daraus entstehenden Schadens verpflichtet."

Als einen der bedeutsamsten Anwendungsbereiche eines **sonstigen Rechts**, das nach dieser Bestimmung wie das Leben, die Gesundheit oder das Eigentum gegen Beeinträchtigungen durch Dritte geschützt wird, hat sich seit der *Leserbrief*-Entscheidung des BGH[146] in der Rechtsprechung von BGH und BVerfG das **Allgemeine Persönlichkeitsrecht** herausgebildet,

---

145 § 122 Abs. 2 BGB: Unkenntnis aufgrund von Fahrlässigkeit.
146 BGH NJW 1954, 1404 – Leserbrief.

das inzwischen gewohnheitsrechtlich anerkannt,[147] durch die Wertentscheidungen der Art. 1 und 2 GG vorgegeben und damit ähnlich wie ein eigenständiges Grundrecht verfassungsrechtlich gewährleistet ist.[148] Es gilt als Ausprägung der Prinzipien der Unantastbarkeit der Menschenwürde und des Rechts auf freie Entfaltung der Persönlichkeit. Wie auch die Grundrechte der Presse- und Rundfunkfreiheit gehört es seit den Anfängen der Rechtsprechung des BVerfG zum Kernbereich des Wertesystems des Grundgesetzes.[149]

In der Ausprägung des **Allgemeinen Persönlichkeitsrechts** schränken Art. 1 und 2 GG die Berichterstattung der Medien ein, wenngleich sie, wie alle Grundrechte, primär als Abwehrrechte gegen die Ausübung staatlicher Gewalt konzipiert sind und sich damit ihrer ursprünglichen Konzeption nach nicht unmittelbar gegen die dem Privatrecht zuzurechnende Tätigkeit der Medien wenden. Zwischen ihnen und den Kommunikationsgrundrechten des Art. 5 Abs. 1 GG ist abzuwägen, wo immer sich Konflikte zwischen der Freiheit der Berichterstattung und dem Allgemeinen Persönlichkeitsrecht ergeben, die nicht durch speziellere Normen etwa des Zivilrechts geregelt werden. Als sogenannter **offener Tatbestand** entzieht sich allerdings gerade das Allgemeine Persönlichkeitsrecht einer exakten Definition seiner Tragweite und seiner Grenzen.[150] Nach der Rechtsprechung des BVerfG[151] und auch des EGMR[152] ergänzen und beschränken sich die Medienfreiheiten einerseits und die Freiheiten aus Art. 1 und 2 GG in der Ausprägung des Allgemeinen Persönlichkeitsrechts andererseits gegenseitig in der Weise, dass sie jeweils als Interpretationsstandard bei der Ermittlung der Bedeutung der beiderseitigen Rechte im Einzelfall zu berücksichtigen sind. Das Allgemeine Persönlichkeitsrecht stellt damit eine stets beachtliche Schranke der Berichterstattung durch die Medien dar; die Pressefreiheit ihrerseits schränkt das Allgemeine Persönlichkeitsrecht ein und ist bei der Ermittlung seiner Tragweite zu berücksichtigen.

12.70

Damit führt nur die **Abwägung der kollidierenden Rechte** unter Berücksichtigung aller Umstände des Einzelfalls zu einem mit den Vorgaben des Grundgesetzes konformen Ergebnis. Zu berücksichtigen sind im Rahmen dieses Abwägungsprozesses namentlich der Öffentlichkeitswert der in Frage stehenden Meldung und die Intensität des durch sie verursachten Eingriffs in Belange des Betroffenen. Diese Interdependenz der Kommunikationsgrundrechte des Art. 5 Abs. 1 GG und des Allgemeinen Persönlichkeitsrechts führt zwangsläufig dazu, dass dessen theoretische Konturen unklar bleiben.[153] Namentlich Verfechter einer positivistischen, methodisch vorgeblich unanfechtbaren Rechtswissenschaft haben denn auch verschiedentlich Bedenken gegen diese Rechtsfigur vorgebracht,[154] die jedoch in Anbetracht der heute **gewohnheitsrechtlichen Anerkennung** des Rechtsinstituts des Allgemeinen Persönlichkeitsrechts und seiner Positionierung im Wertesystem des Grundgesetzes für die praktische Arbeit der Medien nicht von Bedeutung sind. Die Rechtspraxis hat sich zunehmend und im Ergebnis mit Erfolg darum bemüht, den aus der dargestellten Konfliktsituation resultierenden Nachteil der Unklarheit der Konturen dieses Rechtsinstituts durch die Entwicklung von Fallgruppen zu kompensieren. Erst in ihnen gewinnt diese Schranke der Freiheit der Medienberichterstat-

12.71

---

147 Zur Rechtsentwicklung vgl. nur Löffler/*Steffen*, § 6 LPG Rz. 56; Wenzel/*Burkhardt/Peifer*, Kap. 5 Rz. 3 ff.; *Prinz/Peters*, Rz. 50; *v. Gamm*, NJW 1979, 513.

148 *Jarass*, NJW 1989, 857 ff.

149 BVerfG NJW 1958, 257 – Lüth.

150 Wenzel/*Burkhardt/Peifer*, Kap. 5 Rz. 9 ff.; Löffler/*Steffen*, § 6 LPG Rz. 57.

151 BVerfG NJW 1958, 257 – Lüth; BVerfG NJW 1966, 1603 – Spiegel-Urteil; BVerfG AfP 1973, 423 = NJW 1973, 1226 – Lebach I.

152 EGMR NJW-RR 2008, 1218; EGMR AfP 2004, 348 = NJW 2004, 2647 – Caroline von Monaco.

153 Wenzel/*Burkhardt/Peifer*, Kap. 5 Rz. 9 ff. m.w.N.

154 Vor allem *Bettermann*, JZ 1964, 601; *Kriele*, NJW 1994, 1897 ff.; vgl. auch *Lerche*, AfP 1976, 55.

tung die Konturen, die das Allgemeine Persönlichkeitsrecht im Rahmen des Möglichen kalkulier- und handhabbar machen[155] (Einzelheiten in Rz. 19.1 ff.).

b) Recht am Unternehmen

12.72 Ein weiteres sonstiges Recht im Sinn von § 823 BGB ist das sogenannte **Recht am eingerichteten und ausgeübten Gewerbebetrieb**, das heute kürzer und einprägsamer auch als **Recht am Unternehmen** bezeichnet wird. Auch dieses Recht richtet sich als allgemeines Gesetz nicht direkt und nicht in erster Linie gegen die Presse- und Rundfunkfreiheit; auch aus ihm kann sich aber eine Einschränkung der Medienberichterstattung ergeben. Ursprünglich als deliktsrechtlicher Auffangtatbestand entwickelt, der sonst bestehende Lücken im Rechtsschutz der Unternehmen, insbesondere im gewerblichen Rechtsschutz, schließen sollte[156] und so unterschiedliche Tatbestände erfasste wie etwa unberechtigte Schutzrechtsverwarnungen,[157] die rechtswidrige Benutzung anderweitig nicht geschützter Unternehmenskennzeichnungen[158] oder die Rechtsfolgen eines rechtswidrigen Streiks,[159] hat das Recht am Unternehmen in der Rechtsprechung des BGH schon frühzeitig Bedeutung auch für den Schutz von Unternehmen gegen Medienberichterstattung erlangt.[160]

12.73 Nach einer in der Rechtsprechung zunächst vertretenen Auffassung sollte dieses Rechtsinstitut Unternehmen auch gegen Kritik an ihren Leistungen, Erzeugnissen oder sonstigen Verhältnissen schützen, soweit sie sich störend auf die freie gewerbliche Entfaltung des betroffenen Unternehmens auswirken kann.[161] Dass mit einem derart extensiven Verständnis des **Rechts am Unternehmen** jeder kritischen Berichterstattung namentlich im wirtschaftlichen Bereich unzumutbare Grenzen gesetzt würden, liegt aber auf der Hand. Der BGH hat daher mit der berühmten *Höllenfeuer*-Entscheidung frühzeitig eine Kehrtwende vollzogen.[162] Dort hat das Gericht, ohne dies ausdrücklich auszusprechen, im Ergebnis eine Gleichstellung des Rechts am Unternehmen mit dem Allgemeinen Persönlichkeitsrecht vorgenommen, soweit der Schutz von Unternehmen gegen Medienberichterstattung in Rede steht. Eine Verletzung des Rechts am Unternehmen durch Medienveröffentlichungen kommt nach einhelliger gerichtlicher Praxis seitdem nur noch in Betracht, wenn sich der Eingriff **direkt und unmittelbar** gegen den Verletzten richtet. Mittelbare, reflexartige Auswirkungen von Medienberichterstattung auf ein Unternehmen verletzen das Recht am Unternehmen nicht.[163] Auch gilt dieses Recht als subsidiär, wird es also nur dort verletzt, wo speziellere Tatbestände zum Schutz des Betroffenen nicht zur Verfügung stehen.[164] Zu diesen spezielleren Tatbeständen gehören nach der neueren Rechtsprechung des BGH die Rechte aus § 824 BGB[165] und aus § 823

---

155 Vgl. auch die Übersichten etwa bei Löffler/*Steffen*, § 6 LPG Rz. 58 ff.; Palandt/*Sprau*, § 823 BGB Rz. 87 ff.; Wenzel/*Burkhardt*/*Peifer*, Kap. 5 Rz. 20 ff.; *Prinz*/*Peters*, Rz. 54 ff.
156 Palandt/*Sprau*, § 823 BGB Rz. 133 ff.
157 BGHZ 63, 531 – Kindernähmaschinen.
158 BGH NJW 1983, 2195 – Photokina.
159 BAG NJW 1978, 2114.
160 Zur Entwicklung vgl. Wenzel/*Burkhardt*/*Peifer*, Kap. 5 Rz. 128 ff.
161 Vgl. insbesondere BGH NJW 1952, 660 = GRUR 1952, 410 – Constanze I; BGH GRUR 1956, 212 – Wirtschaftsarchiv.
162 BGH NJW 1966, 1617 – Höllenfeuer.
163 BGH AfP 1985, 114 = NJW 1985, 1620 – Mietboykott; BGH AfP 1989, 456 = NJW-RR 1989, 924 – Filmbesprechung.
164 BGH GRUR 1967, 540 – Die Nächte der Birgit Malmström; BGH AfP 1989, 456 = NJW-RR 1989, 924 – Filmbesprechung; BGH AfP 1998, 399 = NJW 1998, 2141 – Appartementanlage.
165 BGH AfP 1998, 399 = NJW 1998, 2141 – Appartementanlage.

Abs. 2 BGB in Verbindung mit den Bestimmungen über den strafrechtlichen Ehrenschutz ebenso wie das Allgemeine Persönlichkeitsrecht.[166]

Andererseits beschränkt sich der durch das Recht am Unternehmen gewährleistete Schutz nach heutigem Verständnis nicht mehr auf Unternehmer im Sinn des Handelsrechts wie etwa *Kaufleute* und *Handelsgesellschaften* (§§ 1 ff. HGB). Es kann vielmehr auch von Angehörigen anderer auf Erwerb ausgerichteter Gruppen in Anspruch genommen werden, wie etwa die Angehörigen der traditionellen freien Berufe der *Anwalt-* oder der *Ärzteschaft*[167] oder auch einen *freiberuflich tätigen Sporttrainer*.[168]   12.74

Wie das Allgemeine Persönlichkeitsrecht bietet seit der *Höllenfeuer*-Entscheidung des BGH[169] auch das **Recht am Unternehmen** keinen absoluten Schutz gegen kritische Äußerungen mehr, soweit in Anbetracht der erwähnten Subsidiarität Ansprüche gegen Medienäußerungen aus ihm überhaupt noch hergeleitet werden können. Vielmehr wird dieses Rechtsinstitut ebenfalls als **offener Tatbestand** verstanden, der nur nach einer Güterabwägung unter Berücksichtigung der Umstände des Einzelfalls zur Feststellung der Rechtswidrigkeit von Medienberichterstattung über Unternehmen und deren Leistungen, Waren oder Verhältnisse führen kann.[170] Nachdem die Rechtsprechung im Übrigen den Schutz des Allgemeinen Persönlichkeitsrechts über den Bereich der individuellen Persönlichkeit hinaus auf sonstige Rechtsträger erweitert hat, besteht damit heute ein dogmatischer oder praktischer Bedarf für einen Rückgriff auf das Recht am Unternehmen, das für andere Konfliktbereiche seine Bedeutung behalten hat, im Ergebnis nicht mehr.[171] Anderes gilt nur für den Rechtsschutz für **juristische Personen des öffentlichen Rechts** (dazu Rz. 13.28 ff.), die das Allgemeine Persönlichkeitsrecht nicht für sich in Anspruch nehmen können.[172] Im Konfliktfeld zwischen der Freiheit der Medienberichterstattung und -kritik einerseits und dem Schutz des Rufs von Unternehmen andererseits decken sich die Schutzfunktionen des Allgemeinen Persönlichkeitsrechts und des Rechts am Unternehmen jedoch nahtlos.   12.75

c) Verletzung von Schutzgesetzen

Nach § 823 Abs. 2 BGB stellt es eine unerlaubte Handlung dar, wenn jemand ein **den Schutz eines Anderen bezweckendes Gesetz** verletzt. Die Rechtsfolgen sind im Rahmen dieses Tatbestands dieselben wie im Fall der Verletzung eines der besonderen Tatbestände in § 823 Abs. 1 BGB. Zu den Schutzgesetzen im Sinn dieser Bestimmung gehören insbesondere die Bestimmungen des Strafgesetzbuchs über die **Beleidigungsdelikte**,[173] die auf diese Weise unmittelbare zivilrechtliche Relevanz gewinnen und wegen der in der Praxis zu beobachtenden Verlagerung des Ehrenschutzes gegenüber Medienberichterstattung vom Straf- in das Zivilrecht hier ihre weit größere Bedeutung erlangen. Zusammen mit den verschiedenen Ausprägungen des Allgemeinen Persönlichkeitsrechts, auf die im Einzelnen in § 19 einzugehen sein wird, handelt es sich bei den strafrechtlichen Beleidigungstatbeständen aufgrund ihrer An-   12.76

---

166 BGH AfP 1992, 140 = NJW 1992, 1312 – Bezirksleiter Straßenbauamt.
167 BGH NJW 2012, 2579; BGH AfP 2013, 396 = NJW 2013, 2760; KG AfP 2009, 608.
168 BGH NJW 2012, 2579.
169 BGH NJW 1966, 1617 – Höllenfeuer.
170 Vgl. auch BGH AfP 1976, 34 = NJW 1976, 620 – Warentest II.
171 OLG Stuttgart AfP 2015, 450; so auch Wenzel/*Burkhardt/Peifer*, Kap. 5 Rz. 138 ff; anders, wenn auch ohne überzeugende Begründung, *Cronemeyer*, AfP 2014, 111 ff.
172 Löffler/*Steffen*, § 6 LPG Rz. 72 a.E.; *Prinz/Peters*, Rz. 140.
173 Palandt/*Sprau*, § 823 BGB Rz. 70.

erkennung als Schutzgesetze im Sinn von § 823 Abs. 2 BGB daher auch im Zivilrecht um diejenigen gesetzlichen Bestimmungen, aus denen sich die intensivste Beschränkung der Berichterstattung durch die Medien ergibt.

d) Kreditgefährdung

12.77 § 824 BGB regelt den Tatbestand der so genannten **Kreditgefährdung**. Nach dieser nicht ganz leicht verständlichen Bestimmung ist die Behauptung oder Verbreitung einer unwahren Tatsache unzulässig, die geeignet ist, den Kredit eines Anderen zu gefährden oder sonstige Nachteile für dessen Fortkommen herbeizuführen, und zwar auch dann, wenn derjenige, der die Behauptung verbreitet, die Unwahrheit zwar nicht kennt, aber kennen muss.[174] Damit schafft das Gesetz ähnlich wie im Fall des über § 823 Abs. 2 BGB in das Zivilrecht hineinwirkenden § 186 StGB einen weiteren Gefährdungstatbestand, der den Medien das Risiko der Unwahrheit von ihnen verbreiteter Behauptungen aufbürdet und die Einordnung redaktioneller Tätigkeit als einer gefahrgeneigten Arbeit (Rz. 12.14) erklärt. Allerdings schränkt § 824 Abs. 2 BGB dieses Risiko unter bestimmten Voraussetzungen wieder ein:

> „Durch eine Mitteilung, deren Unwahrheit dem Mitteilenden unbekannt ist, wird dieser nicht zum Schadensersatz verpflichtet, wenn er oder der Empfänger der Mitteilung an ihr ein berechtigtes Interesse hat.“

12.78 Bei der Bestimmung des § 824 BGB handelt es sich um den einzigen speziell äußerungsrechtlichen Tatbestand im Bürgerlichen Gesetzbuch. Sie ergänzt die strafrechtlichen Ehrenschutztatbestände sinnvoll in der Weise, dass sie jede **Beeinträchtigung des wirtschaftlichen Rufs** eines Anderen durch die Verbreitung einer unwahren Tatsachenbehauptung erfasst, während im strafrechtlichen Bereich der wirtschaftliche Ruf nur durch § 187 StGB und damit nur in den Fällen der Verbreitung einer wider besseres Wissen aufgestellten Behauptung geschützt wird;[175] vgl. dazu schon Rz. 12.18.

12.79 Der Tatbestand des § 824 BGB wird erfüllt durch das Aufstellen oder Verbreiten unwahrer Tatsachenbehauptungen. Damit entspricht er demjenigen des § 186 StGB mit der Konsequenz der im Prinzip uneingeschränkten **Verbreiterhaftung**. Wie dort stellt es auch hier in der Regel keine rechtlich relevante Entlastung dar, wenn sich derjenige, der eine solche Behauptung verbreitet, mit der Einlassung verteidigt, die infrage stehende Behauptung stamme von einem Dritten und sei auch als solche kenntlich gemacht worden. Anderes kann namentlich bei Hörfunk- und Fernsehsendungen dann gelten, wenn sich die Redaktion darin ausgestrahlte kreditschädigende Äußerungen eines Dritten nicht zu eigen macht, sondern diese lediglich als eigenständigen Beitrag eines von mehreren Teilnehmern an der Sendung nach Art eines Meinungsforums transportiert.[176]

12.80 Wie derjenige des § 186 StGB ist auch der Tatbestand des § 824 BGB nur verletzt, wenn **unwahre Tatsachenbehauptungen** aufgestellt oder verbreitet werden. Die Äußerung und Verbreitung von Meinungen und Kritik, durch die sich ein Dritter in seinem wirtschaftlichen Ruf beeinträchtigt fühlt, wird von diesem Tatbestand nicht erfasst.[177] Versuche, diese gesetzgeberische Entscheidung zu korrigieren und Unternehmen auch gegen unliebsame Medienkritik

---

174 § 122 Abs. 2 BGB: Unkenntnis aufgrund von Fahrlässigkeit.
175 Wenzel/*Burkhardt*/*Peifer*, Kap. 5 Rz. 237.
176 BGH NJW 1970, 187 – Hormoncreme.
177 Wenzel/*Burkhardt*/*Peifer*, Kap. 5 Rz. 246; Palandt/*Sprau*, § 824 BGB Rz. 2.

zu schützen,[178] können angesichts des klaren Wortlauts von § 824 BGB keinen Erfolg haben. Bewertungen und Kritik können jedoch unter den für sie geltenden Voraussetzungen, insbesondere in den Fällen der Schmähkritik (Rz. 20.18 ff.) auch dann rechtswidrig sein, wenn sie sich gegen Unternehmen richten. Der Regelung in § 186 StGB entspricht schließlich der Umstand, dass auch im Rahmen des Tatbestands der Kreditgefährdung die **Eignung zur Rufbeeinträchtigung** ausreicht, eine tatsächliche Beeinträchtigung als Folge der Verbreitung einer Meldung mithin nicht stattgefunden haben muss.[179]

Vom Tatbestand der üblen Nachrede unterscheidet sich derjenige der Kreditgefährdung demgegenüber in zweierlei Hinsicht. Anders als dort wird hier nicht verlangt, dass die unwahre Behauptung ehrenrührig ist. § 824 BGB schützt das Vertrauen in die Kreditfähigkeit eines Dritten sowie mit dem Begriff des Fortkommens seine darüber hinaus gehenden wirtschaftlichen und beruflichen Zukunftsaussichten[180] gegen unwahre Behauptungen schlechthin, sofern diese nur geeignet sind, sich nachteilig auf den wirtschaftlichen Ruf des Betroffenen auszuwirken. Auf die Rechtsprechung, nach der so genannte **wertneutrale Falschbehauptungen** im Rahmen von § 186 StGB nicht tatbestandlich sind, weil sie sich auf den sozialen Geltungsanspruch des Betroffenen nicht nachteilig auswirken können (vgl. dazu insbesondere Rz. 15.14),[181] kann sich ein Verletzer im Anwendungsbereich von § 824 BGB nicht unbedingt berufen. Die Behauptung etwa, der *größte Kunde eines Fabrikanten sei nicht mehr in der Lage, seine Verbindlichkeiten zu tilgen und habe Insolvenz anmelden müssen,* ist für den sozialen Geltungsanspruch des Fabrikanten irrelevant; im Fall ihrer Fehlerhaftigkeit verletzt sie ihn nicht in seinen Rechten aus §§ 823 Abs. 2 BGB, 186 StGB. Auf seine Kreditwürdigkeit kann sie sich gleichwohl äußerst nachteilig auswirken, so dass sie tatbestandlich im Sinn von § 824 BGB sein kann; vgl. hierzu auch das Bespiel in Rz. 12.18. Daher stellt es auch eine im Rahmen von § 824 BGB relevante falsche Behauptung dar, wenn über ein von einem bestimmten Unternehmen ausgeführtes Bauvorhaben behauptet wird, *das fertiggestellte Bauwerk lasse auf den ersten Blick 85 Baumängel erkennen,* während es tatsächlich nur 16 waren.[182]

Auch § 824 BGB schützt allerdings nicht gegen **Ungenauigkeiten oder Übertreibungen**, die für die Beurteilung des Betroffenen in der öffentlichen Meinung ohne Belang sind und sich daher nicht nachteilig auf seinen wirtschaftlichen Ruf auswirken können. Wären es in dem Beispiel in Rz. 12.81 statt der behaupteten 85 nur 83 Baumängel gewesen, läge eine Verletzung von § 824 BGB nicht vor. Der BGH[183] hat dies etwa angenommen im Fall eines Berichts über die *Streichung eines Charterflugs, von der laut Berichterstattung 40 Personen betroffen gewesen sein sollen,* während es tatsächlich nur 30 waren. Das OLG München[184] hielt die Behauptung, *ein Journalist stehe bei einem Fernsehproduzenten monatlich mit 6000,– DM auf der Pay-Roll,* während er tatsächlich nur 1500,– DM erhielt, für rechtlich unbeachtlich; maßgeblich war die Richtigkeit des durch diese Meldung beim Leser hervorgerufenen Eindrucks, der Journalist, der über die Sendungen jenes Fernsehproduzenten regelmäßig berichtete, sei käuflich. Eine Kreditgefährdung im Sinn von § 824 BGB kann andererseits selbst dann vorliegen, wenn die verbreitete unwahre Behauptung von der Öffentlichkeit im Prinzip positiv gewertet wird, sie

12.81

12.82

---

178 *Cronemeyer*, AfP 2014, 111 ff.
179 BGH AfP 1975, 804 – Brüning-Memoiren I.
180 BGH AfP 1975, 804 – Brüning-Memoiren I.
181 BGH AfP 2006, 60 = NJW-RR 2006, 126 – dpa-Interview; BVerfG AfP 2008, 55 = NJW 2008, 747 – dpa-Interview.
182 LG Hamburg NJW 2003, 1952.
183 BGH AfP 1985, 116 = NJW 1985, 1621 – Türkol.
184 OLG München NJW-RR 1996, 926.

sich aber im Einzelfall auf den Betroffenen negativ auswirkt; in der Literatur[185] wird hierzu das anschauliche Beispiel der Falschmeldung genannt, ein *Theater sei ständig ausverkauft*, was auf hohe Akzeptanz schließen lässt, Interessierte jedoch davon abhalten kann, sich um Eintrittskarten zu bemühen.

12.83 Anders als im Rahmen von § 186 StGB ist im Rahmen der Kreditgefährdung auch das Problem der **Beweislast** für die Unrichtigkeit der Behauptung geregelt (vgl. dazu im Einzelnen Rz. 30.48 ff., Rz. 31.30, Rz. 32.9 ff.). Prinzipiell trifft sie hier den von der Meldung Betroffenen, in aller Regel also den Kläger.[186] Für die Medien ergibt sich hieraus jedoch nur eine geringfügige Risikoentlastung. Sie bleiben auch im Rahmen dieses Tatbestands zur Darlegung verpflichtet. Bestreitet der Betroffene die Richtigkeit einer Behauptung, so muss derjenige, der sie aufgestellt oder verbreitet hat, sie jedenfalls so weit konkretisieren und substantiieren, dass es dem Betroffenen möglich ist, sich darauf konkret einzulassen und die Einzelheiten gegebenenfalls zu widerlegen. Verweigert der Verletzer diese Substantiierung, obwohl sie ihm möglich sein müsste, so braucht der Verletzte den Beweis der Unwahrheit nicht zu führen.[187]

12.84 Eine bedeutsame Einschränkung des Anwendungsbereichs von § 824 BGB ergibt sich aus dem von der Rechtsprechung geforderten Merkmal der **Unmittelbarkeit des Eingriffs**. Nur derjenige wird in seinen Rechten verletzt, der von der Stoßrichtung einer unrichtigen Behauptung so, wie sie von den beteiligten Verkehrskreisen verstanden wird, unmittelbar betroffen ist (dazu im Einzelnen Rz. 13.36 ff.) Indirekte Betroffenheit reicht nicht aus. Die Äußerung einer unwahren Tatsachenbehauptung, die nur mittelbar geeignet ist, die wirtschaftlichen Interessen eines Anderen zu gefährden, wird damit von diesem Tatbestand nicht erfasst, sondern nur diejenige, die sich im Sinne einer **Betriebsbezogenheit** direkt und unmittelbar gegen einen Dritten richtet.[188] Nur aufgrund dieser Restriktion in der Auslegung des Tatbestands sind die Medien in der Lage, sich kritisch mit Geschehnissen in der Wirtschaft zu beschäftigen. Ohne das Erfordernis der Betriebsbezogenheit des Eingriffs wäre es ihnen etwa unmöglich, über für die öffentliche Gesundheit so bedeutsame Missstände wie in der Vergangenheit den *österreichischen Glykol-Weinskandal,* den *massenhaften Nematoden-Befall von Meeresfischen,* die *Belastung von Hühnereiern mit Dioxinen* oder auch die *Vermischung angeblichen Rindfleischs mit Pferdefleisch* wahrheitsgemäß zu berichten, ohne sich dadurch Ansprüchen von solchen Unternehmen auszusetzen, die mit unbelasteter Ware handeln, deren Geschäfte aber durch den generell schlechten Ruf, den sich die betreffenden Produkte als Nebeneffekt der aufgedeckten Skandale zugezogen haben, dennoch negativ beeinträchtigt werden.

12.85 Schwierigkeiten bereitet schließlich die Auslegung der Haftungseinschränkung durch § 824 Abs. 2 BGB, nach der der Verbreiter einer kreditschädigenden Behauptung nicht haftet, wenn deren Unwahrheit zwar feststeht, dies dem Verbreiter aber nicht bekannt war, sofern er sich auf ein berechtigtes Interesse an der Verbreitung berufen kann; dieses berechtigte Interesse muss entweder ihm selbst, kann aber auch dem Empfänger der Mitteilung zugestanden haben. Für die Medien ist diese Entlastungsmöglichkeit ohne nennenswerte praktische Bedeutung. Zunächst wird die Relevanz der Vorschrift dadurch gemindert, dass sie sich auf den Ausschluss von Schadenersatzpflichten beschränkt. Ansprüchen Verletzter auf Unterlassung der weiteren Verbreitung oder auf Veröffentlichung einer Berichtigung können sich die Medien daher unter Berufung auf den Rechtfertigungsgrund des § 824 Abs. 2 BGB nicht entzie-

---

185 Wenzel/*Burkhardt*/*Peifer*, Kap. 5 Rz. 257.
186 BGH GRUR 1972, 435 – Grundstücksgesellschaft; Palandt/*Sprau*, § 824 BGB Rz. 13.
187 BGH NJW 1974, 1710 – Arbeitsrealitäten; BGH AfP 1975, 804 – Brüning-Memoiren I.
188 BGH AfP 1989, 456 = NJW-RR 1989, 924 – Filmbesprechung.

hen. Die Rechtsprechung[189] geht davon aus, dass es für die weitere, also künftige Verbreitung von Behauptungen, deren Unwahrheit feststeht, schlechthin keine Rechtfertigung gibt, sofern sie überhaupt tatbestandlich sind (dazu im Einzelnen Rz. 18.1 ff.). Auch die etwaige Verpflichtung des Verletzers zur Veröffentlichung einer Berichtigung ist verschuldensunabhängig und kann im Fall feststehender Unwahrheit der Meldung unter Umständen selbst dann durchgesetzt werden, wenn die erstmalige Verbreitung der Meldung gerechtfertigt war;[190] vgl. dazu Rz. 31.3 ff.

Hat daher der **Haftungsausschluss** nach § 824 Abs. 2 BGB praktische Bedeutung nur für die etwaige Schadenersatzpflicht des Verletzers, so ist auch damit seine Tragweite noch nicht abschließend bestimmt. Nach dem Wortlaut des Gesetzes greift die Rechtfertigung bei allen Verschuldensformen mit Ausnahme des Vorsatzes ein. Nur wer die Unrichtigkeit der von ihm aufgestellten oder verbreiteten Behauptung kennt, soll sich nicht auf den rechtfertigenden Gesichtspunkt der **Wahrnehmung berechtigter Interessen** berufen können. Der BGH[191] interpretiert den Haftungsausschluss jedoch restriktiv und versagt ihn auch in Fällen bedingten Vorsatzes und grober Fahrlässigkeit. Zusätzlich wird insbesondere die Frage erörtert, ob der Haftungsausschluss des § 824 Abs. 2 BGB überhaupt für öffentliche Mitteilungen – und damit insbesondere für Medienveröffentlichungen – gilt oder ob er sich auf solche Mitteilungen beschränkt, die im internen Verkehr zwischen dem Verletzer und dem Empfänger der betreffenden Meldung verbreitet werden. Für eine Einschränkung dieses Haftungsprivilegs auf interne Mitteilungen wird zum einen die Entstehungsgeschichte der Vorschrift angeführt, die in das Bürgerliche Gesetzbuch speziell im Interesse der Einschränkung des Haftungsrisikos der Kreditauskunfteien aufgenommen worden ist.[192] Zum anderen wird darauf hingewiesen, dass sich nach heute gefestigter Rechtsauffassung der generelle Rechtfertigungsgrund der Wahrnehmung berechtigter Interessen (dazu im Einzelnen Rz. 15.1 ff.) nicht mehr auf die Wahrnehmung eigener Interessen beschränkt, dass von ihm vielmehr auch die Wahrnehmung fremder Interessen erfasst wird und dass die Privilegierung von Medienberichterstattung unter Einschluss unwahrer kreditschädigender Tatsachenbehauptungen zu einer im Ergebnis untragbaren Haftungsentlastung der Medien führe; das mache es erforderlich, die öffentliche Verbreitung von kreditschädigenden Behauptungen und namentlich diejenige durch Medienberichterstattung grundsätzlich aus dem Anwendungsbereich des § 824 Abs. 2 BGB herauszunehmen und es für diesen Bereich beim Grundtatbestand des Abs. 1 zu belassen.[193]

12.86

Die damit aufgeworfene Frage, ob sich die Medien im Rahmen des Tatbestands der **Kreditgefährdung** überhaupt auf den Rechtfertigungsgrund der **Wahrnehmung berechtigter Interessen** berufen können, ist in der Rechtsprechung noch nicht abschließend geklärt. Sicher ist danach nur, dass prinzipiell auch die Medien schadenersatzpflichtig sind, wenn sie fahrlässig und damit schuldhaft unwahre kreditschädigende Behauptungen verbreiten.[194] Dass sie in diesem Zusammenhang im Einzelfall das Haftungsprivileg der Wahrnehmung berechtigter Interessen auch für sich in Anspruch nehmen können, hat der BGH jedenfalls in der bisherigen Rechtsprechung nicht schlechthin ausgeschlossen, wohl aber darauf hingewiesen, dass in Anbetracht des Gefährdungspotentials, das die Verbreitung kreditschädigender Behauptun-

12.87

---

189 BVerfG AfP 1980, 151 = NJW 1980, 2072 – Böll/Walden.
190 BGH NJW 1960, 672 – La Chatte.
191 BGH AfP 1978, 29 = NJW 1978, 210 – Alkoholtest.
192 Wenzel/*Burkhardt*/*Peifer*, Kap. 5 Rz. 275.
193 So insbesondere Wenzel/*Burkhardt*/*Peifer*, Kap. 5 Rz. 271 ff. m.w.N.
194 BGH AfP 1985, 116 = NJW 1985, 1621 – Türkol; BGH AfP 1986, 47 = NJW 1986, 981 – Warentest III.

gen durch die Medien mit sich bringt, von den Medien die Einhaltung eines **besonders hohen Sorgfaltsmaßstabs** verlangt werden muss. Wird diese besondere Sorgfaltspflicht im Einzelfall nicht beachtet, scheidet die Berufung auf den Gesichtspunkt der Wahrnehmung berechtigter Interessen durch die Medien im Rahmen von § 824 Abs. 2 BGB aus.[195]

e) Sittenwidrige Schädigung

12.88 Der Katalog der deliktsrechtlichen Tatbestände, die sich als Schranke der Presse- und Meinungsäußerungsfreiheit auswirken können, endet mit der Bestimmung des § 826 BGB. Danach ist schadenersatzpflichtig, wer

„in einer gegen die guten Sitten verstoßenden Weise einem anderen vorsätzlich Schaden zufügt."

Wie schon bei dem in § 823 Abs. 1 BGB angesiedelten Allgemeinen Persönlichkeitsrecht handelt es sich auch bei dieser deliktsrechtlichen Generalklausel um einen offenen Tatbestand, der sich einer exakten Definition entzieht und stattdessen unter Heranziehung aller konkreten Umstände des Einzelfalls dann zum Urteil der Rechtswidrigkeit führt, wenn – einer seit langem eingeführten Formel entsprechend – ein bestimmtes Verhalten das **Anstandsgefühl aller billig und gerecht Denkenden** verletzt.[196] Wie die ebenfalls unscharfen Tatbestände des Allgemeinen Persönlichkeitsrechts und des Rechts am Unternehmen im Rahmen von § 823 Abs. 1 BGB wird auch dieser Tatbestand für die Rechtspraxis erst dadurch handhabbar, dass die Gerichte Fallgruppen gebildet haben, in denen sich das allgemeine Sittenwidrigkeitsurteil konkretisiert. Wo im Einzelfall eine Anwendung dieser Generalklausel gegenüber Äußerungen von Personen oder Medien in Betracht kommt, ist wie im Rahmen des Allgemeinen Persönlichkeitsrechts im Wege der Güterabwägung unter Berücksichtigung der Wertentscheidung des Grundgesetzes für die Meinungsäußerungs- und Pressefreiheit zu entscheiden.[197]

12.89 Für die rechtliche Beurteilung von Medienäußerungen spielt diese Bestimmung in der Praxis allerdings keine nennenswerte Rolle, weil auch das Allgemeine Persönlichkeitsrecht des § 823 BGB als offener Tatbestand ausgestaltet ist.[198] Ihre Anwendung kommt aber etwa in den zwar seltenen, materiell aber durchaus bedeutsamen Fällen des **Einschleichjournalismus**[199] oder des Bruchs zugesicherter Vertraulichkeit[200] in Betracht. Gleiches gilt in den Fällen des rechtswidrigen **Boykottaufrufs** (Einzelheiten in Rz. 22.51 ff.) sowie in den seltenen Ausnahmefällen, in denen Medien zielgerichtete **Kampagnen** gegenüber bestimmten Personen oder Institutionen veranstalten, die angesichts ihrer Intensität und Unsachlichkeit eine Legitimation durch die Grundrechte der Presse- oder Rundfunkfreiheit nicht beanspruchen können.[201]

4. Verwendung rechtswidrig erlangter Informationen

12.90 Die rechtlichen **Schranken für die Informationsbeschaffung** durch die Medien sind, wie insbesondere in § 10 dargestellt, vielfältig. Neben die dort genannten Straftatbestände treten ver-

---

195 BGH NJW 1966, 2010 – Teppichkehrmaschine.
196 Palandt/*Sprau*, § 826 BGB Rz. 3 ff.
197 BGH AfP 1981, 270 = NJW 1981, 1089 – Der Aufmacher I; BVerfG AfP 1984, 94 = NJW 1984, 1741 – Der Aufmacher.
198 Wenzel/*Burkhardt*/*Peifer*, Kap. 5 Rz. 279; Löffler/*Steffen*, § 6 LPG Rz. 240.
199 BGH AfP 1981, 270 = NJW 1981, 1089 – Der Aufmacher I.
200 BGH AfP 1987, 508 = NJW 1987, 2667 – Langemann.
201 Vgl. dazu Löffler/*Steffen*, § 6 LPG Rz. 242 f.

tragliche Beschränkungen sowie insbesondere die zivilrechtliche Generalklausel des Allgemeinen Persönlichkeitsrechts, das nicht nur als Berichterstattungs-, sondern in den dort genannten Fällen bereits als Informationsbeschaffungsschranke wirken kann (Rz. 10.27 ff.). Verstöße gegen die daraus resultierenden Verbote und damit die Informations- und Materialüberlassung an die Medien etwa unter dem Bruch beamten- oder arbeitsrechtlicher Verschwiegenheitspflichten, unter Verletzung der straf- und zivilrechtlich geschützten Geheimsphäre durch rechtswidrige Herstellung von Tonaufnahmen des nicht öffentlich gesprochenen Worts, durch Mitschneiden von Telefongesprächen oder auch durch Entwendung von Unterlagen oder deren Kopien seitens der Informanten dürften nahezu zur täglichen Praxis im Umgang zwischen Medien und ihren Informanten gehören. Ergeben sich aus solchen Verstößen gegen geltendes Recht Informationen, über die die Medien ohne den Rechtsbruch nicht verfügen würden, so stellt sich die Frage, ob derartige Informationen trotz ihrer Herkunft aus **trüber Quelle** veröffentlicht werden dürfen oder ob die Veröffentlichung einen neuerlichen, selbständigen Rechtsbruch darstellt.[202]

a) Strafrechtliche Sanktionen

Eine Sanktionierung der Veröffentlichung von Informationen, die die Medien durch Rechtsbruch seitens ihrer Informanten oder auch ihrer eigenen Mitarbeiter erhalten, enthält das Strafgesetzbuch nur in wenigen Einzelfällen, während es eine Fülle von gesetzlichen Tatbeständen enthält, die sich als materielle Schranke der Medienberichterstattung auswirken können (Rz. 12.5 ff.). Strafrechtlich sanktioniert werden im Wesentlichen die für die Medien besonders relevanten Verbote, bestimmte Informationen bekanntzumachen, und zwar unbeschadet ihres Wahrheitsgehalts und unbeschadet der Frage, ob deren Inhalt bestimmte Rechtsgüter verletzt. Zu dieser Gruppe von Rechtsnormen, die sich zwar nicht ausschließlich, de facto aber weit überwiegend an die Medien wenden, gehören insbesondere die Bestimmungen in §§ 201 Abs. 2 (Rz. 12.92) und 353d StGB (Rz. 12.94 f.) sowie in § 44 StUG (Rz. 12.100 ff.) und § 33 KUG (Rz. 12.103).

12.91

aa) Veröffentlichung von Abhörprotokollen

Nach § 201 Abs. 2 Satz 1 Nr. 2 sowie Satz 2 und 3 StGB ist neben dem eigentlichen Täter des verbotswidrigen Mitschneidens oder Abhörens von Telefongesprächen auch derjenige strafbar, der

12.92

„... das ... aufgenommene oder ... abgehörte nichtöffentlich gesprochene Wort eines anderen im Wortlaut oder seinem wesentlichen Inhalt nach öffentlich mitteilt ...“

dies allerdings nur, wenn

„... die öffentliche Mitteilung geeignet ist, berechtigte Interessen eines anderen zu beeinträchtigen ...“

und

„... die öffentliche Mitteilung nicht zur Wahrnehmung überragender öffentlicher Interessen gemacht wird;“ vgl. dazu schon Rz. 10.9 f.

Diese im Jahr 1990 in das StGB eingefügte[203] Bestimmung bricht für den Bereich der Verwendung auf rechtswidrige Weise hergestellter Tonaufnahmen mit dem bis zu ihrem Inkrafttreten

---

202 Dazu im Einzelnen *Hegemann*, AfP 2019, 12 ff.
203 25. Strafrechtsänderungsgesetz, BGBl I 1990, 1764.

gültigen Satz aus der Rechtsprechung,[204] dass die Veröffentlichung **rechtswidrig erlangter Informationen** nicht per se unzulässig ist. Sie ist, wie die Gesetzesbegründung ergibt,[205] gezielt gegen die Presse, den Hörfunk und das Fernsehen gerichtet, denen der Gesetzgeber auf diese Weise die Verbreitung rechtswidrig erlangter Informationen bei Strafandrohung verbietet. Sie ist daher trotz ihres generalisierenden Wortlauts kein allgemeines Gesetz im Sinn von Art. 5 Abs. 2 GG[206] und begegnet schon aus diesem Grund verfassungsrechtlichen Bedenken. Verfassungsrechtlich bedenklich ist sie aber auch deswegen, weil sie sowohl mit der sogenannten Bagatellklausel[207] in Abs. 2 Satz 2 als auch mit der Einschränkung durch das Rechtfertigungsprinzip der Wahrnehmung überragender öffentlicher Interessen in Satz 3[208] das im Zivilrecht bewährte Prinzip der Güterabwägung (dazu im Einzelnen Rz. 12.70 ff., und Rz. 15.9 ff., Rz. 19.2 ff.) in das Strafrecht transponiert und damit gegen den aus Art. 103 Abs. 2 GG abgeleiteten strafrechtlichen Bestimmtheitsgrundsatz[209] verstößt. Dass diese Sachlage die Redaktionen dazu bewegen muss, sich im Zweifel gegen die Verwertung auch brisanten Materials zu entscheiden, das nach ihrer persönlichen Überzeugung der Öffentlichkeit nicht vorenthalten werden darf, liegt auf der Hand. Die Tatsache, dass in den annähernd dreißig Jahren seit Inkrafttreten der Neuregelung noch keine dazu ergangene veröffentlichte gerichtliche Entscheidung bekannt geworden ist,[210] dürfte bereits für sich den empirischen Nachweis dafür erbringen, dass die Medien unter dem Druck der Strafandrohung mit der Veröffentlichung einschlägigen Materials zurückhaltender geworden sind. Mit der Wächterfunktion, die die Landespressegesetze und das BVerfG den Medien im demokratischen Rechtsstaat zuweisen (Rz. 1.10 f.), erscheint es jedoch unvereinbar, dass der Gesetzgeber durch diese Regelung etwaige Fehlentscheidungen der Medien in der Abwägung privater Geheimhaltungs- und öffentlicher Informationsinteressen unter Strafe stellt. § 201 Abs. 2 StGB muss daher wegen Verstoßes gegen Art. 5 Abs. 1 GG als verfassungswidrig angesehen werden.

12.93 Eine andere, verfassungskonforme Regelung hat der Gesetzgeber für den Fall des Mithörens von Kommunikation auf den Frequenzen des **Polizeifunks** und anderer nach den Vorschriften des Telekommunikationsgesetzes zulässiger oder speziell zugelassener Funknetze getroffen. Während die Veröffentlichung des Inhalts vorsätzlich abgehörter Gespräche vom Tatbestand des § 201 StGB erfasst und damit den vorstehend erläuterten Regeln einschließlich der dagegen bestehenden verfassungsrechtlichen Bedenken unterworfen ist, stellen §§ 89 Satz 2, 148 Abs. 1 Nr. 1 TKG auch die öffentliche Mitteilung des Inhalts nicht vorsätzlich mitgehörter Gespräche auf diesen Frequenzen unter Strafe. Wie in § 201 Abs. 1, aber anders als § 201 Abs. 2 StGB richtet sich die Strafandrohung jedoch nur an den Mithörenden selbst. Gibt er die so gewonnenen Informationen an die Medien weiter, so bleibt deren anschließende Veröffentlichung straflos. Die gegenteilige Auffassung,[211] die auch die Verbreitung eines von einem Dritten unbefugt abgehörten Polizeifunkgesprächs dem Straftatbestand des § 148 Abs. 1 Nr. 1 TKG unterwerfen will, ist mit dem insoweit klaren Wortlaut des Gesetzes nicht

---

204 BVerfG NJW 1973, 891 – Tonbandaufnahme; BVerfG AfP 1984, 94 = NJW 1984, 1741 – Der Aufmacher; BGH AfP 1979, 304 = NJW 1979, 647 – Kohl/Biedenkopf; BGH AfP 1981, 270 = NJW 1981, 1089 – Der Aufmacher I; BGH AfP 1987, 508 = NJW 1987, 1667 – Langemann.
205 BT-Drucks. 11/6714, 3.
206 Dazu Löffler/*Cornils*, § 1 LPG Rz. 247 ff.
207 *Fischer*, § 201 StGB Rz. 12; Ricker/*Weberling*, Kap. 54 Rz. 13.
208 Dazu *Fischer*, § 201 StGB Rz. 13; Ricker/*Weberling*, Kap. 54 Rz. 13.
209 Dazu Schönke/Schröder/*Eser*/*Hecker*, § 1 StGB Rz. 17 ff.
210 Mit Ausnahme der zivilrechtlichen Entscheidung LG München I ZUM 2004, 681.
211 AG Potsdam ZUM 2000, 166.

zu vereinbaren. Ob in einem solchen Fall zivilrechtliche Ansprüche bestehen, ist auch in diesem Fall gesondert zu prüfen (dazu Rz. 12.104 ff.).

bb) Nicht öffentliche Gerichtsverhandlungen

Nach § 353d Nr. 1 StGB ist die Berichterstattung über solche **Gerichtsverhandlungen** verboten, bei denen die **Öffentlichkeit ausgeschlossen** war. Diese Bestimmung ist vor dem Hintergrund von § 174 Abs. 2 GVG zu sehen und beschränkt sich damit auf die Fälle des Ausschlusses der Öffentlichkeit wegen Gefährdung der Staatssicherheit, da § 174 Abs. 2 GVG nur für diese Fälle ein Veröffentlichungsverbot vorsieht.[212] Auch betrifft das Veröffentlichungsverbot nur solche Vorgänge, die sich nach dem Zeitpunkt, zu dem die Öffentlichkeit ausgeschlossen wurde, und vor der Wiederherstellung der Öffentlichkeit ereignet haben.[213] Ausgeschlossen ist die Öffentlichkeit aber auch bei richterlichen Vernehmungen außerhalb einer Hauptverhandlung.[214] Da Journalisten in diesen Fällen selbst stets zur ausgeschlossenen Öffentlichkeit gehören, kann das Verbot nach dieser Bestimmung nur Vorgänge und Informationen betreffen, die den Medien von Verfahrensbeteiligten zugespielt worden sind.

12.94

Nach § 353d Nr. 2 StGB ist ferner die Berichterstattung über **nicht öffentliche Gerichtsverhandlungen** und darin erörterte Tatsachen verboten, hinsichtlich deren das Gericht den Beteiligten aufgrund eines Gesetzes eine Schweigepflicht auferlegt hat. Als solches Gesetz kommt nach geltendem Recht nur die Bestimmung des § 174 Abs. 3 GVG in Betracht, nach der das Gericht Teilnehmer an einer Verhandlung mit partieller Öffentlichkeit dazu verpflichten kann, über den Inhalt der Verhandlung Stillschweigen zu bewahren (Rz. 6.9 f.).[215] Die Bedeutung dieses Straftatbestands beschränkt sich damit auf die seltenen Fälle, in denen die Öffentlichkeit zwar generell ausgeschlossen ist, das Gericht aber den Medien die Teilnahme unter ausdrücklicher Auferlegung einer Geheimhaltungspflicht gestattet hat.

12.95

cc) Wiedergabe von Aktenbestandteilen

Eine besondere Einschränkung der Freiheit der Berichterstattung ergibt sich aus der Bestimmung des § 353d Nr. 3 StGB.[216] Danach ist die **wörtliche öffentliche Mitteilung der Anklageschriften** oder **sonstiger Bestandteile von Ermittlungsakten** aus Straf-, Bußgeld- oder Disziplinarverfahren oder wesentlicher Teile daraus mit Strafe bedroht, sofern sie erfolgt, bevor die betreffenden Teile in öffentlicher Verhandlung erörtert worden sind. Gegen den rechtspolitischen Sinn und die verfassungsrechtliche Wirksamkeit dieser Bestimmung, die die Medien im Stadium der Ermittlungen in den einschlägigen Verfahren an der wörtlichen Wiedergabe von Beschuldigungen durch Ermittlungsbehörden, aber auch der Einlassungen der Beschuldigten und ihrer Verteidiger, und damit an der authentischsten Form der Berichterstattung, hindert, sind beachtliche Bedenken geltend gemacht worden.[217] Das BVerfG[218] hat jedoch die Verfassungsmäßigkeit dieser Bestimmung bejaht, so dass sie zu beachten ist, wenn

12.96

---

212 *Fischer*, § 353d StGB Rz. 3.
213 *Fischer*, § 353d StGB Rz. 4.
214 BGH AfP 2013, 250 = ZUM 2013, 515 – sexuelle Neigungen.
215 *Fischer*, § 353d StGB Rz. 4.
216 Dazu *Wilhelm*, NJW 1994, 1520.
217 *Schuppert*, AfP 1984, 67 m.w.N.
218 BVerfG AfP 1986, 35 = NJW 1986, 1239; BVerfG AfP 2014, 435 = NJW 2014, 2777; ähnlich für eine vergleichbare Bestimmung des Schweizerischen Kantons Waadt: EGMR AfP 2017, 1219 – Bedát/Schweiz; anders noch in demselben Verfahren die II. Sektion: EGMR AfP 2015, 321.

den Medien Aktenbestandteile zugespielt oder sonst bekannt werden. Die Vorschrift untersagt aber ausdrücklich nur das wörtliche Zitat und lässt die Befugnis, sinngemäß über den Inhalt von Anklageschriften oder anderen Aktenbestandteilen zu berichten, unberührt,[219] sofern dem nicht im Einzelfall Bedenken unter dem Gesichtspunkt des Allgemeinen Persönlichkeitsrechts oder des Urheberrechts von Verfahrensbeteiligten entgegenstehen (dazu Rz. 19.69 ff.).

12.97 Als öffentliche Mitteilung kommen aus naheliegenden Gründen in erster Linie Veröffentlichungen durch die Medien in Betracht. Der Tatbestand kann aber auch durch Personen verletzt werden, die nicht für die Medien tätig sind, mithin insbesondere deren Informanten, zumal die wörtliche Wiedergabe von Aktenbestandteilen vor deren Erörterung in der Hauptverhandlung nach herrschender Auffassung selbst dann unzulässig ist, wenn die Verfahrensbeteiligten sie selbst, etwa durch Zugänglichmachen im Internet, veranlassen[220] oder jedenfalls mit ihr einverstanden sind.[221] So hat es etwa das OLG Stuttgart[222] als Verletzung des § 353d Nr. 3 StGB angesehen, dass ein *Mitglied einer Bürgerinitiative nach Erstattung einer Strafanzeige gegen die Betreiber einer Chemiefabrik und Einsichtnahme in die Ermittlungsakte* anlässlich einer in seinen Wohnräumen veranstalteten Pressekonferenz *Auszüge aus von ihm gefertigten Kopien verlas.*

12.98 Als amtliche Schriftstücke im Sinn dieser Bestimmung gelten auch Schriftstücke aus privater Quelle, sofern sie durch Einreichung bei der Ermittlungsbehörde, durch Beschlagnahme oder auf andere Weise zum Aktenbestandteil geworden sind; wird aber etwa eine Verteidigungsschrift veröffentlicht, bevor sie in das Verfahren eingeführt worden und damit zum Aktenbestandteil geworden ist, so liegt eine Verletzung von § 353d StGB nicht vor.[223] Andererseits ändert die Tatsache, dass der Wortlaut einzelner Bestandteile der Akten bereits anderweitig veröffentlicht und dadurch einer unbestimmten Vielzahl von Personen bekanntgeworden ist, nach herrschender Auffassung am Veröffentlichungsverbot nichts, sobald das betreffende Schriftstück Bestandteil der Akte geworden ist.[224] Anderes kann allenfalls dann gelten, wenn zweifelsfrei feststeht, dass die Rechtsgüter, die durch das Veröffentlichungsverbot geschützt werden sollen, durch die erneute Veröffentlichung bereits anderweitig bekannt gewordener Aktenbestandteile nicht mehr gefährdet werden können.[225] Verboten ist schließlich die Veröffentlichung nicht nur eines vollständigen einschlägigen Schriftstücks, sondern auch diejenige wesentlicher Teile daraus. Für die Beantwortung der Frage, was im Einzelfall als wesentlicher Teil anzusehen ist, kommt es entsprechend dem Normzweck maßgeblich darauf an, ob der wiedergegebene Auszug aus einem Schriftstück geeignet ist, die Verfahrensbeteiligten zu beeinflussen.[226]

12.99 Mit Abschluss der öffentlichen Erörterung der jeweiligen Aktenbestandteile in der Hauptverhandlung erlischt das Veröffentlichungsverbot des § 353d Nr. 3 StGB. Auch nach diesem Zeitpunkt kann jedoch insbesondere die wörtliche Wiedergabe von Verteidigungsschriften der beteiligten Anwälte oder von Auszügen daraus unzulässig sein, da Anwaltsschriftsätze

---

219 BVerfG AfP 1986, 35 = NJW 1986, 1239.
220 BVerfG AfP 2014, 450 = NJW 2014, 2777; OLG Celle ZUM 2011, 341.
221 AG Nürnberg MDR 1983, 424; *Fischer*, § 353d StGB Rz. 6.
222 OLG Stuttgart NJW 2004, 622.
223 Schönke/Schröder/*Perron*, § 353d StGB Rz. 43.
224 *Fischer*, § 353d StGB Rz. 9.
225 OLG Hamburg NStZ 1990, 283.
226 OLG Hamm NJW 1977, 967.

nach der Rechtsprechung[227] am Urheberrechtsschutz teilnehmen können. Ob diese Einschränkung gilt, ist dann jeweils anhand der konkreten Umstände des Einzelfalls zu prüfen. Nach richtiger Auffassung kommt der Urheberrechtsschutz von Anwaltsschriftsätzen nur in seltenen Ausnahmefällen in Betracht, da sie in der Regel von den Zwängen der Sachverhaltsdarstellung und der Sachlogik geprägt sind und für die vom Urheberrechtsgesetz geforderte eigenschöpferische Darstellung in den meisten Fällen kein Raum bleibt.[228] Vor allem aber ist auch dann, wenn es um die Frage nach der Veröffentlichungsfähigkeit eines Anwaltsschriftsatzes geht, eine Güterabwägung vorzunehmen, die nach dem Zeitpunkt der Erörterung in öffentlicher Verhandlung jedenfalls bei der schriftsätzlichen Darstellung von Sachverhalten von beachtlichem öffentlichen oder historischen Informationswert zur Zulässigkeit der Veröffentlichung führen kann.[229]

dd) Veröffentlichung von Unterlagen des Staatssicherheitsdienstes der früheren DDR

Eine Veröffentlichungsbeschränkung, die der Regelung des § 353d Nr. 3 StGB unmittelbar nachgebildet ist, hat der Gesetzgeber in Gestalt des § 44 StUG für den Umgang mit den Unterlagen der so genannten *Jahn-Behörde* geschaffen. Diese Bestimmung lautet:

12.100

„Wer von diesem Gesetz geschützte Originalunterlagen oder Duplikate von Originalunterlagen mit personenbezogenen Informationen über Betroffene oder Dritte ganz oder in wesentlichen Teilen im Wortlaut öffentlich mitteilt, wird ... bestraft. Dies gilt nicht, wenn der Betroffene oder Dritte eingewilligt hat."

Damit stuft das StUG, wie § 353d Nr. 3 StGB, das Zitieren aus **Original-Stasi-Unterlagen** durch die Medien als Straftatbestand ein. Von dem genannten Vorbild unterscheidet sich die Regelung dennoch in verschiedener Hinsicht. Zum einen gilt das Veröffentlichungsverbot nach dem ausdrücklichen Wortlaut des Gesetzes dann nicht, wenn der Betroffene eingewilligt hat,[230] während im Rahmen von § 353d Nr. 3 StGB nicht einmal die Einwilligung des Betroffenen eine Veröffentlichung vor der Erörterung des betreffenden Schriftstücks in öffentlicher Verhandlung rechtfertigen soll.[231] Zum anderen sind aber nach § 44 StUG auch die im Katalog des § 32 Abs. 3 Satz 1 StUG aufgeführten Informationen aus Stasi-Unterlagen vom Veröffentlichungsverbot ausgenommen, die sich auf Personen der Zeitgeschichte beziehen, sofern dem nicht deren überwiegende schutzwürdige Interessen nach Maßgabe von § 32 Abs. 3 Satz 2 und 3 StUG entgegenstehen (dazu Rz. 19.21).

Mit dieser Begründung hat etwa das OLG Frankfurt[232] die Veröffentlichung von Informationen aus Stasi-Unterlagen *über die letzte überlebende Teilnehmerin an der Entführung der Lufthansa-Maschine Landshut durch Angehörige der RAF im Herbst 1977* für gerechtfertigt erachtet, die zum Zeitpunkt der Veröffentlichung nur verdächtig war, an der Entführung beteiligt gewesen zu sein, und erst später rechtskräftig verurteilt wurde. Im Hinblick auf § 32 Abs. 3 StUG war auch die Veröffentlichung der *Verteidigungsschrift des Rechtsanwalts und Bundes-*

12.101

---

227 BGH GRUR 1986, 739; OLG Düsseldorf AfP 1988, 154 = NJW 1989, 1162 – Anwaltsschriftsatz; a.A. für die entschiedenen Fälle OLG München AfP 2008, 79 = ZUM 2008, 991; KG AfP 2007, 234 = NJW 2008, 768.
228 OLG Hamburg NJW 1999, 3343, 3344; KG AfP 2007, 234 = NJW 2008, 768.
229 OLG Hamburg AfP 2000, 91 = NJW 1999, 3343, 3344 – Berufungsschrift.
230 OLG Frankfurt a.M. AfP 1996, 177, 178.
231 AG Nürnberg MDR 1983, 424.
232 OLG Frankfurt a.M. AfP 1996, 177.

tagsabgeordneten Gregor Gysi im Verfahren des damaligen DDR-Regimes gegen Robert Have-
mann nicht durch § 44 StUG verboten.[233] Andererseits wäre nach diesen Bestimmungen die
Veröffentlichung von Unterlagen der Stasi über den *ehemaligen Bundeskanzler Helmut Kohl*
unzulässig und strafbar, nachdem das BVerwG die Herausgabe dieser Unterlagen an die Medien als unzulässig eingestuft hat.[234] Zudem sind nicht alle Stasi-Unterlagen gegen Veröffentlichungen geschützt, sondern nur diejenigen mit personenbezogenen Informationen über Betroffene oder Dritte.[235] Damit ist die Veröffentlichung von Unterlagen mit personenbezogenen Informationen über Stasi-Mitarbeiter nicht strafbar, sofern nicht die Ausnahmetatbestände in § 32 Abs. 3 Satz 2 und 3 StUG eingreifen. Da § 44 StUG, wie § 353d Nr. 3 StGB, obendrein nur die Mitteilung des Akteninhalts im Wortlaut unter Strafe stellt, ist die sinngemäße
Wiedergabe des vollständigen Inhalts einer vom Gesetz geschützten Unterlage selbst dann
nicht strafbar, wenn sie unter Mitteilung des Namens des Betroffenen erfolgt.[236]

12.102   Gegen die **Verfassungsmäßigkeit** des Veröffentlichungsverbots nach § 44 StUG bestehen die-
selben gravierenden Bedenken wie gegen die restriktive Auslegung der Grundnorm des § 32
StUG durch das BVerwG,[237] zumal das Gesetz wie im Fall von § 201 Abs. 2 StGB
(Rz. 12.91 f.) den aus Art. 103 Abs. 2 GG abgeleiteten strafrechtlichen Bestimmtheitsgrund-
satz verletzt, indem es wegen der inhaltlichen Bezugnahme des Straftatbestands auf § 32
Abs. 3 StUG[238] die Strafbarkeit der Veröffentlichung von der wertenden Beantwortung der
Frage abhängig macht, ob die Veröffentlichung eine Person der Zeitgeschichte betrifft und ob
ihr im Einzelfall überwiegende schutzwürdige Interessen des Betroffenen entgegenstehen.
Schon im Hinblick hierauf sind die Zweifel an der Verfassungsmäßigkeit dieses Straftatbestands nicht allein deswegen gegenstandslos,[239] weil das BVerfG[240] die Verfassungsmäßigkeit des als Modell für diese Bestimmung dienenden § 353d Nr. 3 StGB bejaht hat.

ee) Verletzung des Rechts am eigenen Bild

12.103   Nach § 33 Abs. 1 KUG wird schließlich bestraft, wer unter Verletzung von § 22 KUG das Bild
eines Anderen ohne dessen Einwilligung und ohne Vorliegen eines der Rechtfertigungsgründe des § 23 KUG verbreitet (dazu im Einzelnen Rz. 21.1 ff.; zur Strafbarkeit der Anfertigung
von Fotos unter Verletzung des höchstpersönlichen Lebensbereichs Rz. 10.15 ff.). In Anbetracht der Häufigkeit derartiger Rechtsverletzungen und ihrer Verfolgung durch die Verletzten vor den Zivilgerichten ergibt sich aus dieser Bestimmung ein theoretisch erhebliches
Strafbarkeitsrisiko, das zudem dadurch besonders gravierend erscheint, dass es sich auch bei
der Rechtfertigungsnorm des § 23 KUG um einen offenen Tatbestand handelt, der den Gerichten und im vorliegenden Zusammenhang dem Strafrichter ein weites Abwägungsermes-
sen einräumt. In der Praxis jedoch hat die Bestimmung nur geringe Bedeutung,[241] weil die

---

233 OLG Hamburg NJW 1999, 3343.
234 BVerwG NJW 2002, 1815; BVerwG AfP 2004, 380 = NJW 2004, 2462 – Helmut Kohl; a.A. als Vor-
     instanz VG Berlin NJW 2004, 457.
235 Vgl. hierzu die Legaldefinition in § 6 Abs. 3 u. 7 StUG.
236 *Stoltenberg*, § 44 StUG Rz. 9.
237 *Heintschel von Heinegg*, AfP 2004, 505; *Schuppert*, AfP 1992, 105 m.w.N. für die frühere Gesetzes-
     fassung; a.A. BVerwG AfP 2004, 380 = NJW 2004, 2462 – Helmut Kohl; *Drohla*, NJW 2004, 418
     auf der Basis der Auslegung der Bestimmungen durch VG Berlin NJW 2004, 457; für die frühere
     Gesetzesfassung auch OLG Frankfurt a.M. AfP 1996, 177.
238 OLG Frankfurt a.M. AfP 1996, 177.
239 *Schuppert*, AfP 1992, 105 ff.
240 BVerfG AfP 1986, 35 = NJW 1986, 1239.
241 *Wenzel/v. Strobl-Albeg*, Kap. 9 Rz. 64.

Strafverfolgung gemäß § 33 Abs. 2 KUG nur auf Antrag des Verletzten statthaft ist und die bereits oben in Rz. 12.4 generell getroffene Feststellung der Verlagerung des Rechtsschutzes gegen Medienveröffentlichungen in das Zivilrecht auch für den Bereich der Verletzung des Rechts am eigenen Bild gilt. Obendrein handelt es sich bei diesem Tatbestand wie bei den Beleidigungsdelikten gemäß § 374 Abs. 1 Nr. 8 StPO um ein Privatklagedelikt, so dass die Staatsanwaltschaften selbst in den seltenen Fällen der Stellung eines Strafantrags in der Regel nicht tätig werden dürfen; Einzelheiten zu Strafantrag und Privatklage in Rz. 26.16 ff.

b) Zivilrechtliche Sanktionen

Abgesehen von den in Rz. 12.90 ff. genannten Sonderbestimmungen des Strafrechts kennt das deutsche Recht keinen spezifischen Tatbestand, der die **Veröffentlichung durch Rechtsbruch beschaffter oder den Medien zugespielter Informationen** sanktioniert. Neben die erwähnten materiell-strafrechtlichen Schranken treten jedoch die oben in Rz. 12.68 ff. genannten zivilrechtlichen Einschränkungen der Berichterstattungsfreiheit. Sie zwingen die Medien und in Konfliktfällen auch die Zivilgerichte zur Entscheidung der Frage, ob die Veröffentlichung solcher Informationen und solchen Materials zulässig sein kann, bei deren Beschaffung gegen zwingende Rechtsnormen verstoßen worden ist.   12.104

Diese Frage hat die Rechtsprechung des BGH[242], des BVerfG[243] und neuerdings auch des EGMR[244] prinzipiell zugunsten der Berichterstattungsfreiheit entschieden. Zwar ist die Begehung einer Straftat wie eines Diebstahls, der heimlichen Aufnahme des gesprochenen Worts (Rz. 10.9 ff.) oder der Anfertigung von Fotografien unter Verstoß gegen § 201a StGB (Rz. 10.15 ff.) auch dann strafbar, wenn sie der Gewinnung von Informationen zum Zweck der Veröffentlichung dient; das Grundrecht der Presse- oder Rundfunkfreiheit scheidet nach bisher herrschender Meinung als Rechtfertigungsgrund aus.[245] Nach Auffassung des EGMR[246] kann in solchen Fällen allerdings bereits die Verhängung einer Strafe gegen einen Journalisten einen Verstoß gegen Art. 10 EMRK darstellen, wenn es um eine Straftat von geringem Gewicht geht, an der durch sie gewonnen Information aber ein überragendes Informationsinteresse der Öffentlichkeit besteht. Aber auch wenn die Verletzung von Straftatbeständen zwecks Informationsbeschaffung im Regelfall weiterhin strafrechtliche Sanktionen nach sich ziehen wird, hat das auf die Frage, ob auch die Veröffentlichung so gewonnener Informationen rechtswidrig ist, keinen unmittelbaren Einfluss. Allerdings stellt etwa die Verletzung der Geheimsphäre eines Betroffenen in aller Regel einen Eingriff in dessen Allgemeines Persönlichkeitsrecht. Dieses ist aber nicht absolut gegen Eingriffe durch Medienveröffentlichungen geschützt, ist vielmehr unter Berücksichtigung aller Umstände des Einzelfalls und insbesondere der Intensität des Eingriffs einerseits und des Öffentlichkeitswerts der durch ihn beschafften Nachricht andererseits gegen das Grundrecht der Medien auf freie Berichterstattung abzuwägen. Ergibt sich als Ergebnis dieses Abwägungsprozesses, den die Medien in eige-   12.105

---

242 BGH AfP 1979, 304 = NJW 1979, 647 – Kohl/Biedenkopf; BGH AfP 1981, 270 = NJW 1981, 1089 – Der Aufmacher I; BGH AfP 1987, 508 = NJW 1987, 2667 – Langemann; BGH AfP 1998, 399 = NJW 1998, 2141 – Appartementanlage; BGH AfP 2014, 534 = NJW 2015, 782 – Innenminister unter Druck

243 BVerfG AfP 1984, 94 = NJW 1984, 1741 – Der Aufmacher; BVerfG AfP 1999, 261 = NJW 1999, 2880 – Fall Holst; vgl. auch Löffler/*Steffen*, § 6 LPG Rz. 53; Wenzel/*Burkhardt/Peifer*, Kap. 10 Rz. 18 ff.; Ricker/*Weberling*, Kap. 42 Rz. 19; *Macht*, AfP 1999, 317, 323 ff.

244 EGMR AfP 2016, 239 – Haldimann u. a./Schweiz; dazu im Einzelnen *Hegemann*, AfP 2019, 12 ff.

245 Löffler/*Steffen*, § 6 LPG Rz. 53; *Macht*, AfP 1999, 317 ff.

246 EGMR AfP 2016, 239 – Haldimann u. a./Schweiz.

ner Verantwortung vorzunehmen und den im Streitfall die Gerichte nachzuvollziehen haben, dass der Informationswert der Nachricht schwerer wiegt als die durch ihre Beschaffung begangene Rechtsverletzung, so stellt die Rechtswidrigkeit der Informationsbeschaffung kein Verwertungshindernis dar.[247] Dabei ist zu berücksichtigen, welche Qualität der Rechtsbruch im Rahmen der Informationsbeschaffung hat. Nutzen die Medien lediglich den Rechtsbruch Dritter aus, die ihnen Informationen zuspielen, dann kann dem Informationsinteresse der Öffentlichkeit im Rahmen der Abwägung ein höheres Gewicht beizumessen sein als in Fällen, in denen sich etwa ein Redakteur durch Bruch einer Vertraulichkeitsvereinbarung selbst eine kritische Information beschafft; entfällt in einem solchen Fall die Strafbarkeit des Redakteurs wegen eines höherrangigen Interesses der Öffentlichkeit an der so gewonnenen Information,[248] dann ist aber der Rückschluss auf die zivilrechtliche Statthaftigkeit der Informationsverbreitung zwingend.[249] Hinsichtlich der Frage, ob überhaupt ein Fall rechtswidriger Informationsbeschaffung vorliegt, trägt entsprechend dem allgemeinen Beweisrecht des Zivilprozesses der Verletzte die Beweislast.[250]

12.106 Der BGH[251] hatte in Anwendung dieser Grundsätze die Veröffentlichung des Wortlauts eines in den 70er Jahren des 20. Jahrhunderts illegal abgehörten und mitgeschnittenen *Telefongesprächs zwischen den damaligen Oppositionspolitikern Kohl* und *Biedenkopf* zu beurteilen. Sie war seinerzeit noch nicht, wäre aber nach heutiger Rechtslage gemäß § 201 Abs. 2 StGB strafbar (Rz. 12.92 f.); der BGH hat die Veröffentlichung seinerzeit nur deswegen für rechtswidrig erklärt, weil der Inhalt jenes Telefongesprächs ausschließlich aus Belanglosigkeiten bestand, hinsichtlich deren er ein Informationsinteresse der Öffentlichkeit nicht feststellen konnte. Unzulässig war auch die Veröffentlichung eines Manuskripts mit *Informationen aus dem Geheimdienstwesen,* das unter Verwendung von Tonbandaufzeichnungen und ergänzenden Informationen eines Dienstangehörigen entstanden, dann aber durch den Gesprächspartner des Informanten unter *Bruch einer ausdrücklichen Geheimhaltungsvereinbarung* an die Presse weitergegeben worden war, nach der nur eine gemeinschaftliche und inhaltlich abgestimmte Veröffentlichung statthaft sein sollte.[252] Gleiches gilt für die Veröffentlichung von Informationen über den *Inhalt auf Tonband aufgezeichneter Gespräche im Rahmen eines Ghostwriter-Vertrags zwischen dem ehemaligen Bundeskanzler Helmut Kohl und seinem Biografen* nach Kündigung des Vertrags aufgrund einer ihm immanenten Vertraulichkeitsvereinbarung.[253] Die *Preisgabe einiger Details aus der redaktionellen Arbeit der Bild-Zeitung* durch den Schriftsteller *Günter Wallraff* hingegen wurde wegen ihres überragenden Informationswerts für die öffentliche Meinungsbildung trotz der ausdrücklichen Feststellung für zulässig erachtet, dass der Verfasser sich die Informationen mit der rechtswidrigen Methode des *Einschleichens* verschafft hatte.[254] Auch in den Fällen der Veröffentlichung vertraulicher E-Mails mit der Information, dass ein *Landesminister für sein nichteheliches Kind keinen Unterhalt zahlte* und dieses daher auf Leistungen der Kommune nach dem Unterhaltsvorschussgesetz angewiesen war,[255] oder von mit den Mitteln der Täuschung und des Einschleichens gefertig-

---

247 BVerfG AfP 1984, 94 = NJW 1984, 1741 – Der Aufmacher; KG ZUM 2011, 570; OLG Stuttgart AfP 2015, 450; OLG Rostock AfP 2015, 350.
248 EGMR AfP 2016, 239 – Haldimann u. a./Schweiz.
249 BGH AfP 2014, 534 = NJW 2015, 782 – Innenminister unter Druck.
250 LG Hamburg AfP 2008, 640.
251 BGH AfP 1979, 304 = NJW 1979, 647 – Kohl/Biedenkopf.
252 BGH AfP 1987, 508 = NJW 1987, 2667 – Langemann.
253 OLG Köln AfP 2015, 430 = NJW-RR 2015, 1258 – Kohls Gostwriter.
254 BGH NJW 1981, 1366 = GRUR 1981, 441 – Der Aufmacher II.
255 BGH AfP 2014, 534 = NJW 2015, 782 – Innenminister unter Druck.

ten *Filmaufnahmen über tarifvertragswidrige Arbeitsbedingungen bei einem führenden Automobilhersteller*[256] überwog das öffentliche Informationsinteresse die Tatsache, dass die betreffenden Informationen den veröffentlichenden Medien unter Rechtsbruch zugänglich gemacht worden waren. Zulässig war auch die Verbreitung von *Bildern von toten Hühnern und solchen mit unvollständigem Federkleid*, die ein Informant mittels nächtlichen Einschleichens in einen Bio–Betrieb gefertigt und einem Sender des ARD-Verbunds zur Verfügung gestellt hatte.[257] Das Interesse der Öffentlichkeit an skandalösen Zuständen in einem als sauber geltenden Betrieb wog deutlich schwerer als die Tatsache, dass die Bilder nur im Weg des Hausfriedensbruchs hatten gefertigt werden können. Auch die Veröffentlichung eines Fotos, das nur *durch Betreten eines befriedeten Besitztums* und gegen den erklärten Willen des Betroffenen gefertigt werden konnte, kann zulässig sein, wenn hinsichtlich der auf dem Foto erkennbaren Missstände ein berechtigtes Informationsinteresse der Öffentlichkeit besteht, das ohne die Veröffentlichung des Fotos nicht ausreichend befriedigt werden könnte.[258] Und die Tatsache allein, dass eine *sitzungspolizeiliche Verfügung eines Gerichts die Veröffentlichung ungepixelter Portraitfotos der Angeklagten untersagte*, führte nicht zur Rechtswidrigkeit der anordnungswidrigen Veröffentlichung der Bilder, da in Anbetracht der verhandelten Tat ein überragendes Interesse der Öffentlichkeit an der Identität der Täter bestand und die sitzungspolizeiliche Anordnung nur die in der Verhandlung anwesenden Personen, nicht aber eine Redaktion binden konnte, der die Fotos zugespielt wurden.[259] Hingegen ist die Veröffentlichung von *Äußerungen eines Betroffenen in richterlichen Vernehmungen außerhalb einer öffentlichen Verhandlung* prinzipiell rechtswidrig; das gilt aber nicht mehr, wenn diese Äußerungen später in einer öffentlichen Verhandlung verlesen wurden.[260]

Zulässig ist es wiederum, Auszüge aus einem *in strafbarer Weise auf Tonträger aufgezeichneten Interview* zu veröffentlichen, in dem ein Journalist sich als *Interessent für den Abschluss einer sittenwidrigen Vereinbarung über die Platzierung verbotener Schleichwerbung im öffentlich-rechtlichen Fernsehen* ausgibt und der Betroffene bestätigt, er sei zum Abschluss einer solchen Vereinbarung bereit und in der Lage; hier überwiegt der Informationswert der Meldung die Tatsache, dass die Information unter Verstoß gegen § 201 Abs. 2 Nr. 2 StGB erlangt worden ist, insbesondere unter Berücksichtigung der gegen die Verfassungsmäßigkeit dieser Bestimmung bestehenden Bedenken (Rz. 12.92) bei weitem. Die gegenteilige Auffassung des OLG München,[261] die damit begründet wurde, hier werde nur ein ohnehin bekannter Missstand aufgedeckt, an dem aus diesem Grund ein überwiegendes Informationsinteresse nicht bestehe, läuft darauf hinaus, dass Medien legitimer Weise an der Aufklärung von Missständen nicht mehr mitwirken dürfen, wenn diese dem Grunde nach bekannt sind. Diese Auffassung wird dem Stellenwert der Medienfreiheiten in der gebotenen Güterabwägung nicht annähernd gerecht.[262] Und auch Erkenntnisse aus der rechtswidrig zustande gekommen *Datenbank Football Leaks über Finanzgebaren und Steuervermeidungsstrategien prominenter Fußballspieler* betreffen selbst dann, wenn eine Steuerhinterziehung im Rechtssinn nicht in Rede steht, in Anbetracht der bekannten Einkommensverhältnisse und der Vorbildfunktion von professionellen Spitzensportlern Angelegenheiten von erheblichen Öffentlichkeitswert, die die

12.107

---

256 OLG Stuttgart AfP 2015, 450; gleicher Ansicht die Vorinstanz LG Stuttgart AfP 2014, 548.
257 BGH AfP 2018, 222 = ZUM 2018, 519.
258 OLG Rostock AfP 2015, 350.
259 BGH AfP 2011, 356 = NJW 2011, 3153 – Bildveröffentlichung von Irakterroristen.
260 BGH AfP 2013, 250 = NJW 2013, 1681 – Der Kachelmann-Krimi.
261 OLG München AfP 2004, 138 = NJW-RR 2004, 767.
262 Vgl. insoweit auch OLG München AfP 2005, 371.

Veröffentlichung rechtfertigen.[263] Demgegenüber erscheint es gerechtfertigt, wenn das LG Hamburg[264] angenommen hat, die Veröffentlichung von *Filmmaterial, das durch einen Hausfriedensbruch zustande gekommen war,* sei in einem Fall unzulässig gewesen, in dem die betreffende Redaktion auf diese Weise dokumentierte *Zustände der Massentierhaltung zwar kritisierte, aber selbst nicht die Auffassung vertrat, der kritisierte Tierhalter verletze durch die dokumentierten Zustände gesetzliche Bestimmungen.* Und die Veröffentlichung des Inhalts von *E-Mails aus der Intim- und Privatsphäre eines Prominenten, die durch Diebstahl seines Computers* an die Presse gelangt waren, war nicht etwa wegen des der Veröffentlichung vorausgegangenen Rechtsbruchs eines unbekannten Informanten rechtswidrig, sondern aufgrund der Tatsache, dass dem Betroffenen seinerseits kein strafbares Handeln vorgeworfen wurde und ein berechtigtes Informationsinteresse hinsichtlich des Vorgangs nicht in Betracht kam.[265]

12.108 Die gegen diese Rechtsprechung zur Verwendung rechtswidrig erlangter Informationen grundsätzlich vorgebrachte Kritik[266] überzeugt nicht. Soweit sie ein Veröffentlichungsverbot aus dem zivilrechtlichen Rechtssatz abzuleiten versucht, dass derjenige, der in rechtswidriger und schuldhafter Weise geschützte Rechte eines Dritten verletzt, diesem zum Schadenersatz verpflichtet und daher auch gehalten ist, die Ausnutzung des rechtswidrig geschaffenen Zustands zu unterlassen (§§ 1004, 823, 249 BGB),[267] versagt dieses Argument bereits in allen Fällen der Zurverfügungstellung von Informationen und Material durch medienfremde Dritte. Eingriffe in geschützte Rechtspositionen durch Medienangehörige selbst dürften die Ausnahme bilden, während der weitaus größte Teil der unter Verletzung von Rechtsnormen beschafften Informationen und Materialien den Medien von außen zugeliefert wird. Bei der Veröffentlichung solcher Informationen und Materialien handelt es sich auch nicht um die Fortsetzung eines eigenen Rechtsbruchs, sondern um die Ausnutzung einer durch fremden Rechtsbruch geschaffenen Informationslage. Dass diese Ausnutzung ihrerseits nicht rechtswidrig sein kann, wenn gegen die Veröffentlichung des Inhalts der so erlangten Informationen unter anderen rechtlichen Gesichtspunkten Bedenken nicht bestehen, ist schon der in Übereinstimmung mit der verfassungsrechtlichen Gewährleistung einer freien Presse stehenden Institution eines weitgehenden Zeugnisverweigerungsrechts (dazu Rz. 8.1 ff.) zu entnehmen. Denn dieses Recht dient nachgerade der Schaffung eines Vertrauensverhältnisses zwischen Redakteuren und Informanten und damit insbesondere der Gewährleistung des Zugangs der Medien zu solchen Informationen, die ihre Informanten nicht liefern würden, müssten sie damit rechnen, dass sie sich persönlich für deren Beschaffung verantworten müssen.[268] Dass in diesen Fällen ein generelles Veröffentlichungsverbot nicht in Betracht kommt, wird auch von den Kritikern der zitierten Rechtsprechung im Prinzip anerkannt.[269]

12.109 Damit verbleiben die vermutlich seltenen Fälle, in denen sich Redakteure Informationen durch eigenen Rechtsbruch verschaffen, die Ableitung eines Veröffentlichungsverbots aus dem Gesichtspunkt des deliktsrechtlichen Schadenersatzanspruchs mithin prinzipiell in Betracht gezogen werden kann. Auch für diese Fallgruppe hat die Rechtsprechung[270] jedoch ein

---

263 So das KG in einem unveröffentlichten Hinweisbeschluss, zit. nach *Sajuntz*, NJW 2018, 589 ff., Fn. 25.

264 LG Hamburg ZUM 2008, 614.

265 KG ZUM 2011, 570.

266 Vgl. u.a. *Wente*, S. 103 ff.; *Bettermann*, NJW 1981, 1065; differenzierend *Macht*, AfP 1999, 317 ff.

267 *Wente*, S. 103 m.w.N.; mit Recht kritisch hierzu *Macht*, AfP 1999, 317, 323.

268 BVerfG AfP 1984, 94 = NJW 1984, 1741 – Der Aufmacher.

269 *Wente*, S. 105 f.; *Macht*, AfP 1999, 317, 323 f.

270 BVerfG AfP 1984, 94 = NJW 1984, 1741 – Der Aufmacher; BGH AfP 2014, 534 = NJW 2015, 782 – Innenminister unter Druck; OLG Stuttgart AfP 2015, 450.

generelles Veröffentlichungsverbot mit Recht abgelehnt. Dabei geht es nicht, wie die Kritik dieser Spruchpraxis[271] meint, darum, dem Rechtsbrecher zu gestatten, die Früchte des Rechtsbruchs davonzutragen. Wird etwa der Journalist, der unter Verstoß gegen das Verbot des § 242 StGB Unterlagen entwendet, auf deren Grundlage er dann berichtet, des von ihm begangenen Diebstahls überführt, so steht seiner persönlichen Strafbarkeit nichts im Wege. Die These,[272] die bloße Möglichkeit, dass rechtswidrig beschaffte Informationen rechtmäßig veröffentlicht werden dürfen, stelle eine Einladung an Journalisten dar, auf Verdacht Rechtsbrüche in der Hoffnung zu begehen, dadurch auf veröffentlichungswürdige Informationen zu stoßen, erscheint schon aus diesem Grund lebensfremd und überzeugt daher ebenfalls nicht. Denn es bleibt ja bei dem Grundsatz, dass der Rechtsbruch auch dann rechtswidrig und in den einschlägigen Fällen mit dem Risiko strafrechtlicher Ahndung verbunden ist, wenn er durch Angehörige der Medien begangen wird. Die Einschränkung der strafrechtlichen Haftung von Journalisten in Fällen, in denen das Gewicht der Straftat gering und der Öffentlichkeitswert der durch sie beschafften Informationen überragend ist, durch die Rechtsprechung des EGMR[273] wird nur in extremen Ausnahmefällen greifen und kann schon wegen ihres Ausnahmecharakters keine verlässliche Basis für eine Entscheidung von Journalisten zum vorsätzliche Bruch von Strafgesetzen sein. Es geht hier vielmehr um die durch Grundgesetz und Landespressegesetze statuierte Aufgabe der Medien, durch Verbreitung von Tatsachen mit Relevanz für das Gemeinwesen insbesondere auf Missstände von öffentlicher Bedeutung hinzuweisen[274] und auf diese Weise auch ihre Kontrollfunktion wahrzunehmen. Zwar kann die Schwelle für die Zulässigkeit der Informationsverwertung dort höher zu anzusetzen sein, wo Redaktionen sich Informationen unter eigenem Rechtsbruch verschafft haben.[275] Sie jedoch allein deswegen an der Veröffentlichung wahrer Meldungen von hohem Öffentlichkeitswert zu hindern, weil sie ihnen im Einzelfall etwa durch Verletzung des Rechts am gesprochenen Wort oder des Briefgeheimnisses zugänglich geworden sind, kommt im Hinblick auf die Gewährleistung prinzipiell freier Berichterstattung über Tatsachen, die für die Öffentlichkeit von Bedeutung sind, nicht in Betracht.

§ 13 Medienopfer – Inhaber von Rechten und Betroffene

---

271 *Wente*, 106; so im Ergebnis auch Löffler/*Steffen*, § 6 LPG Rz. 53; *Macht*, AfP 1999, 317, 323.

272 *Macht*, AfP 1999, 317, 323.

273 EGMR NJOZ 2016, 1505 – Haldimann u. a./Schweiz.

274 BVerfG AfP 1984, 94 = NJW 1984, 1741 – Der Aufmacher.

275 BGH AfP 2014, 534 = NJW 2015, 782 – Innenminister unter Druck.

1. Übersicht

13.1 Berichterstattung durch die Medien befasst sich mit Personen des öffentlichen Lebens ebenso wie mit solchen, die bis zu einem bestimmten Zeitpunkt oder Ereignis die Aufmerksamkeit der Öffentlichkeit noch nicht auf sich gezogen haben. Sie befasst sich mit staatlichen Institutionen ebenso wie mit privaten Unternehmen, Vereinen oder sonstigen Vereinigungen. Sie alle kommen als Träger der Rechte, die durch die in § 12 dargestellten Normen des Straf- und Zivilrechts geschützt werden, und damit als Ziele von Medienrecherchen und -veröffentlichungen in Betracht. In Abschnitt 2 dieses Kapitels geht es zunächst um die Berechtigung natürlicher Personen, Ansprüche wegen sie betreffender Medienäußerungen geltend zu machen. Abschnitt 3 befasst sich mit Personenvereinigungen des Privat-, Abschnitt 4 mit juristischen Personen des öffentlichen Rechts. Gruppenübergreifend werden schließlich die in der Praxis bedeutsamen Themen der Betroffenheit (Abschnitt 5) und Erkennbarkeit (Abschnitt 6) behandelt. Die in diesem Kapitel erörterten Probleme werden durch die am 25.5.2018 in Kraft getretene DSGVO nicht beeinflusst, weil die personenbezogene Erhebung und Verarbeitung von Daten, die in vermeintlicher oder tatsächlicher Rechtsverletzung der Betroffenen resultiert, stets zu journalistischen Zwecken erfolgt und diese Art der Datenverarbeitung aus dem Anwendungsbereich der DSGVO ausgenommen ist (Rz. 1.25 ff.).

2. Natürliche Personen

a) Lebende Betroffene

13.2 Lebende Personen Insbesondere das **Allgemeine Persönlichkeitsrecht** basiert auf der Gewährleistung der Grundrechte der Würde des Menschen (Art. 1 Abs. 1 Satz 1 GG) und der freien Entfaltung der Persönlichkeit (Art. 2 Abs. 1 GG). Nach der Rechtsprechung des BVerfG[1] sind diese Grundrechte auch und gerade gegen Beeinträchtigungen durch Medien und Äußerungen sonstiger Dritter geschützt. Daraus folgt, dass **jede lebende natürliche Person** Träger des Allgemeinen Persönlichkeitsrechts und des Rechts der persönlichen Ehre in der Ausgestaltung, die diese Rechtsinstitute durch die in § 12 dargestellten straf- und zivilrechtlichen Normen erfahren haben. Das gilt ohne Ausnahme.

13.3 Der Schutz der Persönlichkeit ist nicht auf Inländer beschränkt, kann vielmehr von **Ausländern** in gleicher Weise in Anspruch genommen werden. Er gilt auch für **Kinder**, und zwar unabhängig davon, ob sie bereits ein persönliches Ehr- oder Würdegefühl entwickelt haben;[2] so sind etwa auch kleinste Kinder in ihrem Recht am eigenen Bild in gleicher Weise geschützt wie Erwachsene. Und in besonderem Maß gelten die Bestimmungen zum Schutz der Persönlichkeit zugunsten der Angehörigen benachteiligter Gruppen wie etwa geistig oder körperlich Behinderter.

13.4 Damit gibt es kein lebendes Individuum, dem das Recht abgesprochen werden könnte, sich gegenüber einer behaupteten Verletzung seiner Rechte durch die Medien zur Wehr zu setzen.

---

1 BVerfG NJW 1958, 257 – Lüth; BVerfG NJW 1961, 819 – Schmid/Spiegel; BVerfG AfP 1971, 119 = NJW 1971, 1645 – Mephisto; BVerfG AfP 1973, 423 = NJW 1973, 1226 – Lebach I; BVerfG AfP 1980, 151 = NJW 1980, 2072 – Böll/Walden; BVerfG AfP 1999, 57 = NJW 1999, 1322.

2 BVerfG AfP 2000, 76 = NJW 2000, 1021 – Caroline von Monaco I; BVerfG AfP 2005, 459 = NJW 2005, 1857; BGH GRUR 1974, 415 – Saat der Sünde; BGHSt 7, 129; Wenzel/*Burkhardt*/*Peifer*, Kap. 5 Rz. 114.

Allerdings gelten zwei Einschränkungen: **Repräsentanten des Staats** dürfen sich zwar in ihrer amtlichen Funktion zu Maßnahmen und Vorhaben der von ihnen vertretenen Körperschaft äußern und sich in diesem Rahmen auch mit kritischen Äußerungen sachlich auseinandersetzen; sie können sich in ihrer amtlichen Funktion aber nicht auf Art. 5 Abs. 1 Satz 1 GG und das daraus abgeleitete Recht zum Gegenschlag (Rz. 15.20; Rz. 20.5) berufen.[3] Und das Recht auf Respektierung der Persönlichkeit durch die Medien ist **höchstpersönlicher Natur.**[4] Einer im Schrifttum[5] vertretenen Tendenz, in Abkehr von diesem Grundsatz Persönlichkeitsrechte gegen Medienberichterstattung abzuschotten, indem man sie kommerzialisiert, sie mithin zum eigenständigen Gegenstand des Rechtsverkehrs macht, hat die Rechtsprechung im Prinzip[6] mit Recht eine Absage erteilt; vgl. dazu aber Rz. 13.5 ff. Danach gestatten es insbesondere das Allgemeine Persönlichkeitsrecht und das Recht am eigenen Bild dem Individuum nicht, sich etwa im Wege von Exklusivverträgen im Interesse der Kommerzialisierung seiner Persönlichkeit eines Teils seiner geschützten Sphäre zugunsten einzelner Vertragspartner zu begeben und die Öffentlichkeit als solche von der Nutzung dieses freigegebenen Teils auszuschließen.[7]

Daran ändert die *Marlene Dietrich*-Entscheidung des BGH[8] nichts, in der das Gericht erstmals **vermögenswerte Bestandteile** des Allgemeinen Persönlichkeitsrechts anerkannt hat, auf die hinsichtlich der Sanktionen im Verletzungsfall sowie der Übertragbarkeit die allgemeinen immaterialgüterrechtlichen Regeln anzuwenden sind.[9] Vielmehr ist das Allgemeine Persönlichkeitsrecht nun als ein **gespaltenes Recht** zu verstehen, das neben seinen immateriellen Bestandteilen auch vermögensrechtliche Bestandteile aufweist.[10] Nur diese vermögensrechtlichen Bestandteile sind gegen rechtswidrige Ausbeutung in gleicher Weise geschützt wie andere Immaterialgüterrechte auch. Das gilt etwa für die **Nutzung des Namens** oder der Abbildung einer Persönlichkeit **zu Zwecken der Werbung** (dazu Rz. 17.23 ff.; Rz. 21.66 ff.), aber auch für andere Nutzungsarten, die im Rechtsverkehr üblicherweise nicht ohne Entgelt gewährt zu werden pflegen. Das BVerfG[11] folgt diesem Ansatz einer zweigliedrigen Ausgestaltung des Allgemeinen Persönlichkeitsrechts in seiner *Marlene Dietrich* betreffenden Entscheidung und sieht dabei seine eigene Ausdeutung des immateriellen Persönlichkeitsrechts in der ersten *Caroline von Monaco*-Entscheidung[12] nicht in Frage gestellt.[13]

13.5

In den Fällen der Verletzung der Rechte Verstorbener durch Medieninhalte ergibt sich damit aus der Anerkennung vermögensrechtlicher Bestandteile des Allgemeinen Persönlichkeitsrechts[14] insbesondere keine Erweiterung der den Hinterbliebenen zustehenden oder von ihnen geltend zu machenden Ansprüche. Persönlichkeitsrechte können im Fall einer Verletzung

13.6

---

3 BVerfG NJW 2018, 928 – Wanka.
4 BVerfG AfP 2000, 76 = NJW 2000, 1021 – Caroline von Monaco I; dazu *Soehring*, AfP 2000, 230; BGH NJW 1968, 1773 – Mephisto; BGH AfP 1981, 270 = NJW 1981, 1089 – Der Aufmacher I; Damm/*Rehbock*, Rz. 797.
5 *Ullmann*, AfP 1999, 209, 214; ähnlich auch *Seifert*, NJW 1999, 1889, 1995.
6 BVerfG AfP 2000, 76 = NJW 2000, 1021 – Caroline von Monaco I; dazu *Soehring*, AfP 2000, 230.
7 BVerfG AfP 2000, 76 = NJW 2000, 1021 – Caroline von Monaco I; BGH NJW 2018, 3509.
8 BGH AfP 2000, 356 = NJW 2000, 2195 – Marlene Dietrich.
9 Dazu u.a. *G. Müller*, VersR 2008, 1141 ff. unter C; *Seelmann-Eggebert*, NJW 2008, 2551; *Götting/Brändel*, § 37 Rz. 16 ff.; *Peukert*, ZUM 2000, 710 ff.; *Wagner*, GRUR 2000, 717 ff.; *Helle*, AfP 2010, 531 ff.
10 *G. Müller*, VersR 2008, 1141 ff. unter C; a.A. *Götting*, GRUR 2004, 801 ff.
11 BVerfG AfP 2006, 452 = NJW 2006, 3409 – Blauer Engel.
12 BVerfG AfP 2000, 76 = NJW 2000, 1021 – Caroline von Monaco I.
13 *Seelmann-Eggebert*, NJW 2008, 2551.
14 BGH AfP 2000, 356 = NJW 2000, 2195 – Marlene Dietrich.

ihrer immateriellen Bestandteile durch rechtswidrige Medienberichterstattung nach wie vor nur vom unmittelbar Verletzten selbst und im Fall der Verletzung Geschäftsunfähiger durch deren gesetzliche Vertreter wahrgenommen werden.[15] So hat etwa der BGH eine Klage abgewiesen, mit der der Bruder eines Manns, der *zunächst seine Familie und dann sich selbst getötet hatte*, sich dagegen zur Wehr setzen wollte, dass durch die Berichterstattung über die Tat und ihre Umstände auch sein Name in die Öffentlichkeit getragen und mit der Tat in Verbindung gebracht wurde.[16] Die Berichterstattung trifft in einem solchen Fall trotz der Namensgleichheit (dazu Rz. 17.18 f.) nicht den Überlebenden in seinen eigenen Rechten, und die Grenzen des deliktischen Ehrenschutzes würden überschritten, wollte man einem Individuum eine eigene Klagbefugnis allein deswegen zuerkennen, weil durch die Namensnennung auch es (mittelbar) betroffen ist. Anders ist es allerdings, wenn die Medien den Tod einer Person zum Anlass nehmen, sich publizistisch mit einem Hinterbliebenen zu befassen, und durch die entsprechende Veröffentlichung in rechtswidriger Weise in dessen eigenes Persönlichkeitsrecht eingreifen. Das war etwa der Fall bei einem Bericht über den *Freitod des Sohns einer ehemaligen Landesministerin*, den die Presse zum Anlass nahm, sich eingehend mit Jahre zurück liegenden eigenen Suizid-Absichten der Hinterbliebenen zu befassen.[17]

13.7 Auch sind die immateriellen Aspekte des Allgemeinen Persönlichkeitsrechts als solche weiterhin **weder übertragbar noch vererblich**;[18] s. dazu auch Rz. 32.19 ff. Das gilt trotz des in den Schuldrechtsreformen der Jahre 1990 und 2002 unverändert gebliebenen Wortlauts von § 253 BGB[19] auch für den Anspruch auf **Zahlung einer Geldentschädigung**, der nicht in dieser Bestimmung geregelt wird, sondern seinen höchstpersönlichen und daher jedenfalls vor Rechtshängigkeit auch nicht vererblichen Charakter seiner unmittelbaren Ableitung aus dem Allgemeinen Persönlichkeitsrecht und dem ihm zugrundeliegenden Art. 2 Abs. 1 GG verdankt.[20] Dieser Anspruch entfällt auch dann, wenn der Verletzte ihn noch zu Lebzeiten rechtshängig macht, aber während des anhängigen Rechtsstreits verstirbt;[21] so konnte auch die Witwe von Ex-Kanzler *Helmut Kohl* den in erster Instanz mit 1 Millionen Euro bezifferten und zugesprochenen Entschädigungsanspruch wegen einer nach Auffassung der Gerichte schwerwiegenden Verletzung seines Allgemeinen Persönlichkeitsrechts nicht mehr realisieren, nachdem *Kohl* während des Berufungsverfahrens verstorben war[22] (Einzelheiten zur Geldentschädigung in Rz. 32.33 ff.). Demgegenüber gelten die von der Rechtsprechung inzwischen anerkannten vermögensrechtlichen Aspekte des Allgemeinen Persönlichkeitsrechts wie auch Bereicherungsansprüche in den Fällen rechtswidriger Vermarktung des Namens oder des Bildes einer Person nicht mehr als höchstpersönliche Ansprüche, sondern als übertragbare und vererbliche Vermögenswerte;[23] s. dazu Rz. 32.30 ff.

---

15 *G. Müller*, VersR 2008, 1141 ff. unter C; a.A. auch für den immaterialgüterrechtlichen Aspekt von Persönlichkeitsrechten *Ullmann*, AfP 1999, 209 (214).

16 BGH AfP 1980, 154 = NJW 1980, 1790 – Familienname.

17 OLG Dresden NJW 2012, 782.

18 BGH NJW 1968, 1773 = GRUR 1968, 552 – Mephisto; *G. Müller*, VersR 2008, 1141 ff. unter C.

19 Dazu Palandt/*Sprau*, § 847 BGB Rz. 13.

20 BGH AfP 2014, 328 = NJW 2014, 2871; BGH AfP 2017, 239; Löffler/*Steffen*, § 6 LPG Rz. 332 ff.; Wenzel/*Burkhardt*, Kap. 14 Rz. 84 ff.; *Damm/Rehbock*, Rz. 1011.

21 BGH AfP 2017, 421 = NJW 2017, 3004.

22 OLG Köln GRUR-Prax 2018, 476, n. rkr.; Leitsätze in AfP 2018, 375.

23 BGH AfP 2000, 356 = NJW 2000, 2195 – Marlene Dietrich.

b) Der Schutz Verstorbener

aa) Immaterielle Aspekte

Damit stellt sich die Frage nach dem **Schutz Verstorbener** gegen Beeinträchtigungen durch Medienberichterstattung. Nach der Rechtsprechung des BVerfG[24] enden die persönliche Ehre und damit auch die immateriellen Aspekte des Allgemeinen Persönlichkeitsrechts mit dem Tod des Menschen. Würde dieser Grundsatz konsequent praktiziert, so wären Ehre und Ruf Verstorbener gegen Beeinträchtigungen durch Berichterstattung schlechthin schutzlos. Davon kann indessen jedenfalls im Ergebnis keine Rede sein. Der Schutz Verstorbener ist vielmehr an zwei Stellen spezialgesetzlich geregelt, und auch die Rechtsprechung von BVerfG und BGH wendet den Satz vom Erlöschen der Ehre mit dem Tod des Menschen im praktischen Ergebnis nur mit Einschränkungen an.

§ 189 StGB stellt das **Andenken des Verstorbenen** unter besonderen strafrechtlichen Schutz (dazu Rz. 12.20 ff.). Damit erkennt der Gesetzgeber prinzipiell an, dass die Ehre des Individuums, die durch die allgemeineren Tatbestände der §§ 185 ff. StGB geschützt ist, mit dem Tod endet und der erwünschte strafrechtliche Schutz des Nachrufs Verstorbener einer besonderen gesetzlichen Begründung bedarf. Es ist jedoch bereits darauf hingewiesen worden (Rz. 12.20 f.), dass dieser strafrechtliche Schutz nur in Fällen besonders gravierender Rufschädigungen eingreift; die normale Beleidigung oder üble Nachrede zu Lasten des Toten bleibt straflos. Der Gesetzgeber hat ferner im Rahmen des Rechts am eigenen Bild ein Bedürfnis dafür anerkannt, den Bildnisschutz Verstorbener für eine gewisse Zeit über den Tod hinaus zu gewährleisten, obwohl seine Ehre und sein Allgemeines Persönlichkeitsrecht mit dem Tod erlöschen; nach § 22 Satz 3 KUG endet das Recht am eigenen Bild daher nicht mit dem Tod, sondern erst zehn Jahre danach (dazu Rz. 21.71 f.).

Außerhalb dieser spezialgesetzlichen Regelungen erkennt die insoweit nicht ganz konsequente Rechtsprechung des BVerfG[25] und, ihm folgend, diejenige der Zivilgerichte dem Verstorbenen einen so genannten **postmortalen Achtungsanspruch** zu. Er überdauert den Tod des Menschen trotz des Erlöschens seiner persönlichen Ehre und gewährt ihm Schutz gegen schwere Verletzungen seines Lebensbilds[26] sowie gegen andere schwerwiegende Beeinträchtigungen, die bei Lebenden als Verletzung der Menschenwürde zu qualifizieren wären.[27] Dieses Recht unterscheidet sich nach der Rechtsprechung des BVerfG qualitativ in zweifacher Hinsicht vom Recht der persönlichen Ehre des lebenden Menschen. Es wird zum einen nicht durch jede Ehrkränkung oder anderweitige Persönlichkeitsrechtsverletzung tangiert, sondern nur durch solche, die einen Eingriff in den Kernbereich der Menschenwürde des Verstorbenen oder eine ähnlich gravierende Rechtsverletzung darstellen; die postmortale Veröffentlichung der *Krankenakte eines bekannten Unternehmers* etwa, über dessen Erbschaft ein Streit unter den Hinterbliebenen herrscht, in dem die Frage seiner Testierfähigkeit eine zentrale

13.8

13.9

13.10

---

24 BVerfG AfP 1971, 119 = NJW 1971, 1645 – Mephisto; BVerfG AfP 2001, 295 = ZUM 2001, 584 – Wilhelm Kaisen; BVerfG AfP 2008, 161 = NJW 2008, 1657; OLG Düsseldorf NJW-RR 2000, 321; Wenzel/*Burkhardt/Peifer*, Kap. 5 Rz. 181; Löffler/*Steffen*, § 6 LPG Rz. 71.

25 BVerfG AfP 1971, 119 = NJW 1971, 1645 – Mephisto; BVerfG AfP 2001, 295 = ZUM 2001, 584 – Wilhelm Kaisen; BVerfG AfP 2008, 161 = NJW 2008, 1657.

26 BGH NJW 1968, 1773 = GRUR 1968, 552 – Mephisto; BGH NJW 1974, 1371 = GRUR 1974, 797 – Fiete Schulze; BGH GRUR 1984, 907 – Frischzellenkosmetik; OLG Düsseldorf NJW-RR 2000, 321 – Galinski.

27 OLG Hamburg AfP 1983, 466; OLG Düsseldorf NJW-RR 2000, 321 – Galinski; OLG Frankfurt a.M. AfP 2009, 612 = ZUM 2009, 952; Wenzel/*Burkhardt/Peifer*, Kap. 5 Rz. 114 f.

Rolle spielt, kann nicht als Eingriff in seine Menschenwürde in diesem Sinn verstanden werden und begründet daher keinen von der Witwe geltend zu machenden postmortalen Unterlassungsanspruch.[28] Und es kommt, zum anderen, eine Güterabwägung mit kollidierenden Rechten wie etwa der Meinungs- oder Kunstfreiheit nicht mehr in Betracht,[29] wenn die Verletzung des postmortalen Achtungsanspruchs als solche feststeht. Weil das aber so ist, bestehen für die Annahme einer solchen Rechtsverletzung besonders hohe Hürden,[30] und die Fälle, in denen die Gerichte einen rechtswidrigen Angriff auf das postmortale Persönlichkeitsrecht in der Praxis anerkannt haben, sind dementsprechend selten.

13.11   Eine Verletzung des postmortalen Achtungsanspruchs hat die Rechtsprechung etwa angenommen in den Fällen der Verfälschung des Lebensbilds des Schauspielers *Gustav Gründgens* durch *Klaus Manns* Roman *Mephisto*,[31] der missbräuchlichen Verwendung der Signatur des Malers *Emil Nolde*,[32] der Bezeichnung eines verstorbenen Malers als *NS-Künstler*[33] oder der Berichterstattung über *besonders grausame Abtreibungen durch einen verstorbenen Arzt während der NS-Zeit*.[34] Im Fall eines bei dessen Tod noch anhängigen Ehrenschutzrechtsstreits von *Franz Josef Strauß* hat das OLG München[35] dessen Kindern und Erben das Recht zur Fortführung des Rechtsstreits und zur Geltendmachung des postmortalen Achtungsanspruchs des Verstorbenen zuerkannt. Die Aufhebung dieses Urteils durch das BVerfG[36] sowie ein zweites Urteil des OLG München[37] in derselben Sache beruhten nicht etwa darauf, dass die Berechtigung der Erben des Verstorbenen zur Geltendmachung seines postmortalen Achtungsanspruchs in Frage gestellt worden wäre, sondern auf der Feststellung des BVerfG, dass die beanstandeten Äußerungen nicht als schwerwiegende Verzerrung des Lebensbilds des Verstorbenen angesehen werden konnten und daher vom Grundrecht der Meinungsäußerung gedeckt waren. Auch war es nicht als Verletzung des postmortalen Achtungsanspruchs der verstorbenen Schauspielerin *Magda Schneider* zu werten, dass der Autor eines Romans über die letzte Nacht ihrer Tochter *Romy Schneider* dieser Äußerungen über die *Nähe ihrer Mutter zur nationalsozialistischen Führung* in den Mund legte.[38]

13.12   Die Wahlkampfaussage, der der *SPD* angehörige verstorbene ehemalige Bremer Bürgermeister *Wilhelm Kaisen* würde, wäre er noch am Leben, die rechtsradikale *DVU* bzw. die ebenfalls rechtsradikalen *Republikaner* wählen, stellte keine Verletzung seines postmortalen Achtungsanspruchs dar, war vielmehr, da erkennbar spekulativ und für den Verstorbenen nicht herabsetzend, durch das Grundrecht der Meinungsfreiheit der auf Unterlassung in Anspruch genommenen politischen Partei gedeckt.[39] Die Auffassung zweier Oberlandesgerichte,[40] Nachkommen des früheren Bundeskanzlers *Konrad Adenauer* oder des früheren SPD-Vorsitzen-

---

28 OLG Köln AfP 2018, 255.
29 BVerfG AfP 2001, 295 = ZUM 2001, 584 – Wilhelm Kaisen; BVerfG AfP 2006, 452 = NJW 2006, 3409 – Blauer Engel; BVerfG AfP 2008, 161 = NJW 2008, 1657.
30 OLG Frankfurt a.M. AfP 2009, 612 = ZUM 2009, 952.
31 BVerfG AfP 1971, 119 = NJW 1971, 1645 – Mephisto.
32 BGH AfP 1989, 728 = NJW 1990, 1986 – Emil Nolde.
33 LG Hamburg AfP 1993, 595.
34 OLG München NJW-RR 1994, 925 – Schreckliches Mädchen.
35 OLG München AfP 1989, 747 = NJW-RR 1990, 1435 – Zwangsdemokrat I.
36 BVerfG AfP 1990, 192 = NJW 1991, 95 – Zwangsdemokrat.
37 NJW 1992, 1323 – Zwangsdemokrat II.
38 OLG Frankfurt a.M. AfP 2009, 612 = ZUM 2009, 952.
39 BVerfG AfP 2001, 295 = ZUM 2001, 584 – Wilhelm Kaisen; so auch schon OLG Bremen AfP 1994, 145 = NJW-RR 1995, 84 – Wilhelm Kaisen; Wenzel/*Burkhardt/Peifer*, Kap. 5 Rz. 115.
40 OLG Köln AfP 1998, 647 = NJW 1999, 1969 – Adenauer; OLG Koblenz AfP 1999, 285.

den *Kurt Schumacher* könnten in vergleichbaren Fällen die Ausstrahlung von Wahlwerbung mit politischer Vereinnahmung der Verstorbenen im Fernsehen verhindern, ist mit der Rechtsprechung zur erforderlichen Eingriffsintensität bei der Geltendmachung des postmortalen Achtungsanspruchs nicht zu vereinbaren. Eine offenkundige Verdrehung historischer Tatsachen stellt noch keinen Angriff auf die Menschenwürde des Verstorbenen dar, mag sie auch aus der Sicht des objektiven Beobachters als noch so abwegig erscheinen. Die dieselbe Art der Wahlwerbung betreffende Klage eines Enkels des bereits 1925 verstorbenen ehemaligen Reichspräsidenten *Friedrich Ebert* hat das OLG Bremen daher mit Recht abgewiesen. Die in diesem Fall zu bedenkende Frage nach dem Fortbestand des postmortalen Achtungsanspruchs des Verstorbenen noch 67 Jahre nach seinem Tod (dazu Rz. 13.17 ff.) blieb daher im Ergebnis unentschieden.[41]

Den Versuch der Erben des früheren Bundeskanzlers *Willy Brandt*, den Vertrieb einer mit seinem Konterfei versehenen so genannten *Abschiedsmedaille* unter Berufung auf den postmortalen Achtungsanspruch des Verstorbenen zu verhindern, haben die Gerichte[42] ebenfalls zurückgewiesen. Hier war eine Verletzung des Lebensbilds des Verstorbenen oder eine vergleichbar schwere Beeinträchtigung nicht zu erkennen. Auch der Bruder eines Manns, der *seine Familie und danach sich selbst getötet hatte*, konnte seinen Versuch, eine Berichterstattung über die Tragödie unter Namensnennung zu verhindern, nicht mit dem postmortalen Achtungsanspruch der getöteten Familie begründen,[43] und die veröffentlichte Einschätzung eines Publizisten, der verstorbene und zu Lebzeiten weithin bekannte Vorsitzende der jüdischen Gemeinde in Berlin, *Heinz Galinski*, habe in der Zeit nach dem Zweiten Weltkrieg *dem Schwarzmarktmilieu angehört*, reichte jedenfalls unter Berücksichtigung des Umstands zur Begründung eines postmortalen Achtungsanspruchs nicht aus, dass sie in einer wissenschaftlich-historischen Arbeit geäußert wurde.[44] Schließlich stellt auch die Verarbeitung der *Ermordung eines 14-jährigen Mädchens durch einen jungen Mann, mit dem sie kurz vor der Tat freiwilligen Geschlechtsverkehr ausgeübt hatte*, in einem *Theaterstück* keine Verletzung des postmortalen Achtungsanspruchs der Ermordeten dar, weil die aus der Fiktionalität des Theaterstücks resultierende verzerrende und partiell falsche Darstellung der Fakten noch nicht als Verletzung der Menschenwürde der Getöteten angesehen werden kann.[45] Und die Veröffentlichung des Fotos des später getöteten *Opfers einer Geiselnahme in Todesangst* stellte ebenfalls keine Entstellung des Lebensbilds der Betroffenen dar.[46]

Liegt aber eine Verletzung des postmortalen Achtungsanspruchs vor, so steht den Angehörigen des Verstorbenen ausschließlich ein **Unterlassungsanspruch** gegen die weitere Verbreitung der betreffenden Darstellung oder Äußerung zu. Insbesondere ein **postmortaler Gegendarstellungsanspruch** kommt wegen des höchstpersönlichen Charakters dieses Rechtsbehelfs schlechthin nicht in Betracht, wie ebenfalls in einem den verstorbenen *Franz Josef Strauß* betreffenden Fall festgestellt wurde.[47] Das gilt selbst dann, wenn ein Medienunternehmen noch zu Lebzeiten des Betroffenen zur Veröffentlichung der Gegendarstellung verurteilt, diese aber zum Todeszeitpunkt noch nicht abgedruckt oder gesendet wurde; in diesem Fall kann das zur

13.13

13.14

---

41 OLG Bremen NJW-RR 1993, 726 – Friedrich Ebert.
42 BVerfG NJW 2001, 594 – Willy Brandt; BGH NJW 1996, 593 – Willy Brandt.
43 BGH AfP 1980, 154 = NJW 1980, 1790 – Familienname.
44 OLG Düsseldorf AfP 2000, 468 = NJW-RR 2000, 321 – Heinz Galinski.
45 BVerfG AfP 2008, 161 = NJW 2008, 1657; BGH ZUM 2008, 951; OLG Hamm AfP 2006, 261; a.A. in einem Parallelverfahren OLG Köln ZUM 2008, 335.
46 OLG Hamburg AfP 2005, 76.
47 OLG Hamburg AfP 1994, 322; so auch OLG Stuttgart NJW-RR 1996, 599.

Veröffentlichung verpflichtete Unternehmen nach dem Tod des Betroffenen die Aufhebung der einstweiligen Verfügung verlangen, durch die die Veröffentlichung angeordnet wurde.[48]

13.15 Auch löst die Verletzung des postmortalen Achtungsanspruchs keinen Anspruch des überlebenden Angehörigen auf Zahlung einer **Geldentschädigung** (dazu im Einzelnen Rz. 32.33 ff.) aus, und zwar auch dann nicht, wenn ein solcher Anspruch dem Verstorbenen zugestanden hätte, hätte er die Rechtsverletzung erlebt,[49] oder wenn der Betroffene verstirbt, bevor ein Urteil, mit dem er einen Geldentschädigungsanspruch durchgesetzt hat, rechtskräftig geworden ist.[50] Die gegenteilige und insbesondere mit der Präventivfunktion der Geldentschädigung begründete Auffassung hat der BGH[51] mit der zutreffenden Begründung verworfen, dass die Präventivfunktion allein den Anspruch nicht rechtfertigen kann, dass die primär geforderte schwerwiegende Persönlichkeitsrechtsverletzung wegen des Erlöschens des Persönlichkeitsrechts zu Lasten eines Toten nicht mehr begangen werden und auch die für die Zuerkennung der Geldentschädigung ebenfalls konstitutive Genugtuungsfunktion nicht mehr zum Tragen kommen kann. Die Tatsache, dass eine Verletzung der Menschenwürde eine Intensität erreicht, die einen Anspruch auf Zahlung einer Geldentschädigung ausgelöste hätte, wäre der Verletzte noch am Leben, begründet folglich keinen Geldentschädigungsanspruch zugunsten der überlebenden Angehörigen.[52] Anderes kommt nur in Betracht, wenn im Ausnahmefall die Rechtsverletzung zu Lasten des Verstorbenen zugleich auch als Verletzung eigener Rechte der Überlebenden anzusehen ist.[53] Und die gegen den Willen der Eltern erfolgte Veröffentlichung eines kontextneutralen Fotos einer bei einem spektakulären Verkehrsunfall ums Leben gekommenen Frau im Rahmen eines redaktionellen Berichts löst auch keinen Anspruch der Hinterbliebenen auf Zahlung einer Lizenzgebühr aus, weil das Berichterstattungsinteresse im Vordergrund steht und die Verwendung des Bilds folglich nicht als kommerzielle Nutzungshandlung gewertet werden kann.[54]

13.16 Wo und soweit aber ein postmortaler Achtungsanspruch anerkannt wird, kann er durch die **Angehörigen** wahrgenommen werden, zu denen jedenfalls der überlebende Ehegatte oder Lebenspartner sowie die Kinder des Verstorbenen gehören.[55] Im Fall der Verunglimpfung Verstorbener sind auch die Enkel, Eltern und Geschwister strafantragsberechtigt, sofern die Kinder, der Ehegatte oder der Lebenspartner des Verstorbenen nicht mehr am Leben sind (§§ 194 Abs. 2, 77 Abs. 2 Satz 2 StGB). Dem entsprechend hat das OLG Köln[56] einen Enkel *Konrad Adenauers* als zur Wahrnehmung des postmortalen Achtungsanspruchs seines Großvaters berechtigt angesehen. Im Fall *Emil Nolde* hat der BGH[57] dieses Recht der Witwe des

---

48 KG AfP 2007, 137.
49 BGH NJW 1974, 1371 = GRUR 1974, 797 – Fiete Schulze; BGH AfP 2006, 67 = NJW 2006, 605 – Obduktionsfoto; BGH AfP 2012, 260 = NJW 2012, 1728.
50 OLG Köln GRUR-Prax 2018, 476, n. rkr.; Leitsätze in AfP 2018, 375.
51 BGH AfP 2006, 67 = NJW 2006, 605 – Obduktionsfoto.
52 BGH AfP 2006, 67 = NJW 2006, 605 – Obduktionsfoto; OLG Düsseldorf AfP 2000, 574; OLG Hamburg AfP 2000, 76.
53 BGH AfP 2006, 67 = NJW 2006, 605 – Obduktionsfoto; OLG Düsseldorf AfP 2000, 574; OLG Frankfurt a. M. AfP 2009, 612 = ZUM 2009, 952.
54 BGH AfP 2012, 260 = NJW 2012, 1728.
55 So ausdrücklich § 22 Satz 4 KUG für die Verletzung des Rechts am eigenen Bild und § 77 Abs. 2 Satz 1 StGB für die Verunglimpfung Verstorbener; LG Hamburg AfP 1993, 595; OLG München AfP 1989, 747 = NJW-RR 1990, 1435 – Zwangsdemokrat I; OLG München NJW-RR 1994, 925 – Schreckliches Mädchen; OLG Bremen AfP 1994, 145 = NJW-RR 1995, 84 – Wilhelm Kaisen.
56 OLG Köln AfP 1999, 647 = NJW 1999, 1969 – Adenauer.
57 BGH AfP 1989, 728 = NJW 1990, 1986 – Emil Nolde.

Verstorbenen, der mit der Pflege seines Nachlasses betrauten Stiftung hingegen nicht aus eigenem Recht, sondern nur aufgrund einer durch die Witwe erteilten Prozessführungsbefugnis zuerkannt. Zu weit geht das OLG Koblenz,[58] das es im Fall der Wahlwerbung der rechtsradikalen Partei *Die Republikaner* auch dem nach den einschlägigen gesetzlichen Bestimmungen zur Ausstrahlung von Wahlwerbung verpflichteten öffentlich-rechtlichen Rundfunkveranstalter erlaubte, die Ausstrahlung mit dem Hinweis auf die Verletzung postmortaler Persönlichkeitsrechte *Kurt Schumachers* zu verweigern; zur Frage der materiellen Verletzung des postmortalen Achtungsanspruchs in diesen Fällen vgl. Rz. 13.12. Die in diesem Fall der Sache nach vom OLG Koblenz gebilligte Wahrnehmung von Persönlichkeitsrechten Dritter durch den beklagten Rundfunkveranstalter wäre wegen der Höchstpersönlichkeit des Allgemeinen Persönlichkeitsrechts (Rz. 13.4) nicht einmal zugunsten lebender Personen statthaft gewesen. Sie kann es im Rahmen des postmortalen Achtungsanspruchs erst recht nicht sein.

Der postmortale Persönlichkeitsschutz ist **zeitlich nicht unbeschränkt**. Wie lange er nach dem Tod des Betroffenen in Anspruch genommen werden kann, ist in der Rechtsprechung allerdings nicht abschließend geklärt. Das BVerfG[59] geht zutreffend davon aus, dass das Schutzbedürfnis des Verstorbenen in dem Maße schwindet, in dem die Erinnerung an ihn verblasst, ohne hierfür klare Fristen zu definieren. Das OLG Köln[60] hält eine solche Klärung für entbehrlich, weil sich eine gleichsam natürliche Befristung aus dem begrenzten Kreis der Wahrnehmungsberechtigten ergebe, bezieht aber in deren Kreis einen Enkel des Verstorbenen ohne Weiteres ein, obwohl der Anspruch auf diese Weise u. U. auch nach 70 oder mehr Jahren noch geltend gemacht werden kann, und gewährt ihn im konkreten Fall jedenfalls mehr als 30 Jahre nach dem Tod *Konrad Adenauers*. Das OLG München[61] vertritt unter Hinweis darauf, dass § 189 StGB für seinen Geltungsbereich keine zeitliche Begrenzung vorsieht, die Auffassung, dass es eine absolute zeitliche Begrenzung des postmortalen Achtungsanspruchs nicht gebe, dass sich aber aus dem zeitlichen Abstand zwischen dem Tod des Verletzten und der Verletzungshandlung eine abnehmende Schwere der Beeinträchtigung ergeben könne, so dass von einem im jeweiligen Einzelfall zu bestimmenden Zeitpunkt an eine schwerwiegende Beeinträchtigung des Lebensbilds des Verstorbenen nicht mehr in Betracht komme. 13.17

Sicher ist in Anbetracht der Wertentscheidung des Gesetzgebers in § 22 Satz 3 KUG, dass die Schutzfrist nicht weniger als zehn Jahre betragen kann, soweit im Einzelfall überhaupt ein postmortaler Anspruch in Betracht kommt. Der BGH,[62] der die Schutzdauer der vermögenswerten Bestandteile des postmortalen Persönlichkeitsrechts (Rz. 13.20 ff.) in Anlehnung an § 22 Satz 3 KUG auf zehn Jahre befristet hat, hat allerdings in derselben Entscheidung ausdrücklich festgestellt, dass diese Befristung für die ideellen Bestandteile des postmortalen Persönlichkeitsrechts nicht gilt, ohne zugleich hierfür eine nach seiner Auffassung maßgebliche andere Frist zu nennen. Im Schrifttum[63] wird in Anlehnung an den Entwurf eines Ehrenschutzgesetzes aus dem Jahr 1959, der niemals Gesetz geworden ist, eine Maximalfrist von 30 Jahren befürwortet, nach deren Ablauf die Wahrnehmung nachwirkender Persönlichkeits- 13.18

---

58 OLG Koblenz ZUM 1999, 418.
59 BVerfG NJW 2018, 770.
60 OLG Köln AfP 1999, 647 = NJW 1999, 1969 – Adenauer.
61 OLG München AfP 2001, 69.
62 BGH AfP 2007, 42 = NJW 2007, 684 – kinski-klaus.de; insoweit ablehnend *Kiethe/Grouschke*, die in Anlehnung an die Verjährung des Urheberrechts für die vermögenswerten Bestandteile des Allgemeinen Persönlichkeitsrechts eine Schutzfrist von 70 Jahren nach dem Tod des Betroffenen fordern.
63 *Wenzel/Burkhardt/Peifer*, Kap. 5 Rz. 124; de lege ferenda auch *Luther*, S. 506 ff.

rechte Verstorbener durch ihre Angehörigen in jedem Fall ausgeschlossen sein soll. Diese Frist bezeichnet auch das LG Hamburg[64] als angemessen, während der BGH[65] im Fall *Emil Nolde* festgestellt hat, der Anspruch sei 30 Jahre nach dem Tod des Künstlers noch nicht erloschen, und das OLG Bremen[66] den postmortalen Achtungsanspruch für den ehemaligen Reichspräsidenten *Friedrich Ebert* auch 67 Jahre nach dessen Tod noch für denkbar gehalten hat.

13.19   Nach Ablauf einer derart langen Zeitspanne ist jedoch ein Verstorbener, lebt sein Gedächtnis überhaupt noch fort, längst zur historischen Person geworden. Die Auffassung, ihm stehe auch dann noch ein postmortaler Achtungsanspruch zu, wird dem Grundgedanken dieses Rechtsinstituts ebenso wenig gerecht wie der ihm zugrundeliegenden Feststellung, dass die Ehre des Menschen mit seinem Tod endet. Auch stieße legitime Geschichtsschreibung an unter dem Gesichtspunkt von Art. 5 Abs. 1 und 3 GG unakzeptable Grenzen, müssten Autoren und Medien damit rechnen, wegen angeblicher Falschdarstellungen oder angeblich ehrenrühriger Wertungen noch Jahrzehnte nach dem Tod einer historischen Persönlichkeit von deren Angehörigen mit Unterlassungsansprüchen überzogen zu werden. Daher ist auch die Auffassung des LG Frankfurt[67] unzutreffend, der postmortale Achtungsanspruch erlösche so lange nicht, wie ein Verstorbener im kollektiven Gedächtnis bleibt; auch sie führt dazu, dass dieser als Ausnahme gedachte Rechtsbehelf von den Abkömmlingen historischer Persönlichkeiten ohne jede zeitliche Begrenzung in Anspruch genommen werden kann. Der erwähnte Zeitraum von 30 Jahren nach dem Tod sollte daher die Maximalfrist darstellen, binnen deren der postmortale Achtungsanspruch geltend gemacht werden kann.[68] Richtigerweise endet er in Anlehnung an die Bestimmung des § 77 Abs. 2 Satz 2 StGB mit dem Tod der engsten überlebenden Angehörigen, mithin des Ehegatten oder Lebenspartners, der Kinder und gegebenenfalls der Enkel, auch wenn diese Voraussetzung innerhalb von weniger als 30 Jahren erfüllt ist.

bb) Vermögensrechtliche Aspekte

13.20   Neben den in Rz. 13.6 ff. erörterten immateriellen postmortalen Achtungsanspruch treten seit der Grundsatzentscheidung des BGH[69] in Sachen *Marlene Dietrich* nunmehr unbestritten die **vermögensrechtlichen Aspekte des Allgemeinen Persönlichkeitsrechts**, die den Verstorbenen wie den Lebenden gegen kommerzielle Ausbeutung schützen können, wo eine solche Ausbeutung üblicherweise nur aufgrund von Vereinbarungen und nur gegen Entgelt gestattet zu werden pflegt. Dieser Schutz, der vom BVerfG[70] unter verfassungsrechtlichen Aspekten nicht beanstandet wurde, wird heute gewährt, wenn, wie etwa im Fall des Komikers *Heinz Ehrhardt*, berühmt gewordene Charakteristika eines verstorbenen Künstlers nach seinem Tod zu Zwecken der Werbung imitiert und ausgebeutet werden.[71] Im Fall *Marlene Dietrich* wurde der Klage ihrer Tochter auf Unterlassung des *Gebrauchs des Namens zur Kennzeichnung eines*

---

64 LG Hamburg AfP 1993, 595.
65 BGH AfP 1989, 728 = NJW 1990, 1986 – Emil Nolde.
66 OLG Bremen NJW-RR 1993, 726 – Friedrich Ebert.
67 LG Frankfurt a.M. ZUM 2009, 308.
68 *Luther*, S. 506 ff.
69 BGH AfP 2000, 356 = NJW 2000, 2195 – Marlene Dietrich; OLG Hamburg AfP 1989, 760 = NJW 1990, 1995 – Heinz Erhardt; LG München I AfP 1997, 559 – Meister Eder.
70 BVerfG AfP 2006, 452 = NJW 2006, 3409 – Blauer Engel.
71 OLG Hamburg AfP 1989, 760 = NJW 1990, 1995 – Heinz Erhardt; LG München I AfP 1997, 559 – Meister Eder.

Automobiltyps sowie sonstiger Waren und gewerblicher Leistungen stattgegeben.[72] Anders als im Fall des herkömmlichen Allgemeinen Persönlichkeitsrechts können die Rechte aus dessen vermögensrechtlichem Bestandteil abgetreten und nach dem Tod des Inhabers von den Erben oder auch einem Nachlassverwalter oder Testamentsvollstrecker geltend gemacht werden.[73]

Vor allem aber hat der BGH im Fall *Marlene Dietrich*[74] die Grundsatzentscheidung darüber gefällt, dass das Allgemeine Persönlichkeitsrecht **vermögensrechtlicher Natur** sein kann. Das gilt insbesondere für seine Ausprägungen in Gestalt des Rechts am eigenen Bild und am Namen, aber auch in sonstigen, üblicherweise nur gegen Entgelt zu nutzenden Varianten mit der Folge, dass der Verletzte und nach seinem Tod seine Erben im Verletzungsfall Schadensersatz- und ggf. Bereicherungsansprüche geltend machen können. Konsequent hat der BGH[75] auch entschieden, dass das Bildnis einer lebenden oder verstorbenen Person unter Umständen auch als Marke geschützt werden kann.[76] Demgegenüber hat das KG[77] in seiner *Marlene Dietrich*-Entscheidung zu Recht die auf Unterlassung des Gebrauchs des Namens *Marlene* zur Werbung für das *Musical Marlene* gerichtete Klage als unbegründet abgewiesen, weil es sich hier um eine Nutzung im Schutzbereich von Art. 5 Abs. 3 GG handelte. Folgerichtig hat dann der BGH[78] in einem weiteren von der Erbin *Marlene Dietrichs* anhängig gemachten Rechtsstreit entschieden, dass ein Verlag, der über die verstorbene Schauspielerin redaktionell berichtete, für diesen Bericht unter Verwendung ihres Lichtbilds werben durfte.

13.21

Die Anerkennung eines derartigen **vermögenswerten Aspekts** des Allgemeinen Persönlichkeitsrechts hat entgegen vereinzelten Stimmen in der Rechtsprechung[79] mit dem oben erörterten postmortalen Achtungsanspruch nichts zu tun.[80] Die kommerzielle Ausbeutung der vermögensrechtlichen Aspekte des Persönlichkeitsrechts führt vielmehr unmittelbar zu Ansprüchen aus § 823 Abs. 1 BGB.[81] Ihre Anerkennung soll es aber, wie der BGH ausdrücklich klargestellt hat, den Erben Verstorbener nicht ermöglichen, die öffentliche und damit publizistische Auseinandersetzung mit Leben und Werk des Verstorbenen zu steuern.[82] Verfehlt war es daher, wenn das OLG München[83] der Erbin *Marlene Dietrichs* nach der Veröffentlichung eines gefälschten Aktbilds, das dem Betrachter den Eindruck vermittelte, es zeige die verstorbene Schauspielerin, einen Entschädigungsanspruch zuerkannt hat. Zwar handelte es sich bei der Veröffentlichung dieses Bilds um einen Eingriff in die Menschenwürde der Verstorbenen, der als Verletzung ihres postmortalen Achtungsanspruchs angesehen werden und daher zu einem Unterlassungsanspruch führen konnte. Indem es der Erbin auch einen Entschädigungsanspruch zuerkannte, hat das Gericht aber verkannt, dass es in diesem Fall gerade

13.22

---

72 BGH AfP 2000, 356 = NJW 2000, 2195 – Marlene Dietrich; ebenso schon die Vorinstanz: KG AfP 1997, 926.
73 LG Berlin AfP 2013, 434 = ZUM 2013, 900.
74 BGH AfP 2000, 356 = NJW 2000, 2195 – Marlene Dietrich.
75 BGH NJW 2008, 1569 – Marlene-Dietrich-Bildnis; BGH NJW-RR 2010, 1563 – Marlene-Dietrich-Bildnis II.
76 Vgl. zu den durch das Rechtsinstitut des vermögensrechtlichen Persönlichkeitsrechts aufgeworfenen Problemen etwa *Helle*, AfP 2010, 531 ff.; *Kiethe/Groeschke*, WRP 2010, 608 ff.; *Haarhoff*, GRUR 2011, 183 ff.
77 KG AfP 1997, 926.
78 BGH AfP 2002, 435 = NJW 2002, 2317 – Marlene Dietrich II.
79 KG AfP 1997, 926; OLG München ZUM 2002, 744.
80 *G. Müller*, VersR 2008, 1141 ff. unter D; *Helle*, AfP 2010, 531 ff.
81 BGH AfP 2000, 356 = NJW 2000, 2195 – Marlene Dietrich.
82 BGH AfP 2007, 42 = NJW 2007, 684 – kinski-klaus.de.
83 OLG München ZUM 2002, 744; mit Recht kritisch dazu *Götting*, GRUR 2004, 801 ff.

nicht um eine Nutzungsart geht, die üblicherweise gegen Entgelt gewährt zu werden pflegt, sondern um eine Persönlichkeitsverletzung, die unter Lebenden zu einem Anspruch auf Zahlung einer Geldentschädigung führen kann. Dass aber der postmortale Achtungsanspruch keinen derartigen Entschädigungsanspruch gewährt, hat der BGH in Kenntnis der anderweitigen Auffassung des OLG München[84] seither noch einmal bestätigt.

13.23 Die **Schutzdauer** für die **vermögenswerten Bestandteile des Allgemeinen Persönlichkeitsrechts** hat der BGH entsprechend der Regelung für das Recht am eigenen Bild in § 22 KUG auf zehn Jahre nach dem Tod des Betroffenen festgelegt.[85] Das ist unter dem Aspekt der Rechtssicherheit zu begrüßen und erscheint auch in Anbetracht der sachlichen Nähe des Allgemeinen Persönlichkeitsrechts zum Recht am eigenen Bild sachgerecht. Im Hinblick etwa auf die Schutzdauer des Urheberrechts oder des Rechts ausübender Künstler, die sich auf 70 Jahre nach dem Tod des Urhebers bzw. 50 Jahre nach dem Erscheinen des Bild- oder Tonträgers mit der geschützten Produktion belaufen (§§ 64, 82 UrhG),[86] erscheint diese Befristung aber nicht unbedingt einleuchtend. Und wenig einleuchtend ist sie auch deswegen, weil der BGH den postmortalen Achtungsanspruch ausdrücklich nicht hat entsprechend befristen wollen (Rz. 13.18).[87]

3. Personenvereinigungen des Privatrechts

13.24 Art. 19 Abs. 3 GG bestimmt, dass die Grundrechte auch für inländische juristische Personen gelten, soweit sie ihrem Wesen nach auf diese anwendbar sind. Das ist nach ständiger Rechtsprechung hinsichtlich der Gewährung des Grundrechts auf freie Entfaltung der Persönlichkeit aus Art. 2 Abs. 1 GG der Fall mit der Folge, dass jedenfalls im Prinzip auch **juristische Personen** den Schutz des Allgemeinen Persönlichkeitsrechts sowie den Schutz der persönlichen Ehre und des wirtschaftlichen Rufs im Sinn der §§ 185 ff. StGB, 823 ff. BGB für sich in Anspruch nehmen können. Wie das BVerfG inzwischen klargestellt hat, gilt das nach heutiger Rechtslage im Hinblick auf die durch Art. 26 Abs. 2 AEUV gewährleisteten Grundfreiheiten im Binnenmarkt sowie das Diskriminierungsverbot des Art. 18 AEUV auch für **juristische Personen aus Mitgliedstaaten der Europäischen Union**.[88] Allerdings geht dieser Schutz nicht in jeder Hinsicht gleich weit wie derjenige des Allgemeinen Persönlichkeitsrechts natürlicher Personen.

13.25 Unumstritten ist, dass auch juristische Personen das **Recht am gesprochenen Wort** für sich in Anspruch nehmen können.[89] Die Auffassung des OLG Dresden,[90] eine in der Rettung schiffbrüchiger Mittelmeerflüchtlinge aktive rechtsfähige Organisation des Privatrechts könne einem Vertreter der sogenannten *Identitären Bewegung* ihre Kennzeichnung als *Schlepperorganisation* nicht untersagen, weil sie sich mangels Grundrechtsfähigkeit prinzipiell nicht gegen Schmähkritik zur Wehr setzen könne, ist schon aus den in Rz. 13.24 Gründen fehlerhaft.

---

84 BGH AfP 2006, 67 = NJW 2006, 605 – Obduktionsfoto.
85 BGH AfP 2007, 42 = NJW 2007, 684 – kinski-klaus.de.
86 Für eine Analogie zu § 64 UrhG: *Kiethe/Groeschke*, WRP 2010, 608 ff.
87 Kritisch auch Wenzel/*Burkhardt/Peifer*, Kap. 5 Rz. 124; Löffler/*Steffen*, § 6 LPG Rz. 71, der meint, die vermögensrechtlichen Aspekte bestünden so lange fort, bis das postmortale, nicht vermögensrechtliche Persönlichkeitsrecht erloschen ist.
88 BVerfG NJW 2011, 3428 = ZUM 2011, 825 – Verbreitungsrecht des Urhebers.
89 BVerfG AfP 2003, 36 = NJW 2002, 3619.
90 OLG Dresden NJW-RR 2018, 1196.

Andererseits hat die Rechtsprechung zwar die Frage noch nicht beantwortet, ob juristischen Personen auch ein Recht am eigenen Bild zustehen kann; das BVerfG[91] hat aber angedeutet, dass dies nach seiner Auffassung nicht der Fall ist. Im Ergebnis ist diese Frage zu verneinen. Denn § 23 KUG gilt nur für natürliche Personen. Soweit es um den Bildnisschutz von Organen oder Repräsentanten juristischer Personen geht, können sie dieses Recht persönlich in Anspruch nehmen. Ein Schutz anderer visueller Aspekte der Persönlichkeit wie etwa sächlicher Mittel oder Räumlichkeiten kommt aber schon bei natürlichen Personen nur in Ausnahmefällen in Betracht (dazu Rz. 21.85 ff.), und ein tragfähiger Grund für die Zubilligung eines im Persönlichkeitsrecht angesiedelten Schutzes etwa an betrieblichen Einrichtungen ist nicht ersichtlich.[92] Verfehlt war es daher, wenn das LG Berlin[93] einer Gesellschaft, die ein *Autohaus* betreibt, einen Unterlassungsanspruch gegen die Veröffentlichung von *Fotos Prominenter zuerkannt hat, die während einer Feier in ihren betrieblichen Räumen gefertigt worden waren.* Demgegenüber wird man das Recht auch von juristischen Personen prinzipiell anerkennen müssen, sich gegen die Veröffentlichung rechtswidrig erlangter Informationen zur Wehr zu setzen, wenn die nach allgemeinen Grundsätzen gebotene Güterabwägung ergibt, dass die Veröffentlichung nicht durch höherrangige Informationsinteressen der Öffentlichkeit gerechtfertigt ist (dazu Rz. 12.104 ff.)..[94] Dabei ist jedoch aufgrund der Tatsache, dass Art. 19 Abs. 3 GG den juristischen Personen den Grundrechtsschutz nur insoweit zuerkennt, als die Grundrechte ihrem Wesen nach auf sie anwendbar sind, die Schutzintensität des Allgemeinen Persönlichkeitsrechts im Konflikt mit den Grundrechten der Meinungs- und Medienfreiheiten des Art. 5 Abs. 1 GG weniger intensiv ausgeprägt als das bei natürlichen Personen als den originären Grundrechtsträgern der Fall ist.[95] Und unter keinen Umständen steht der von der Rechtsprechung als Ausprägung des Allgemeinen Persönlichkeitsrechts entwickelte Anspruch auf Zahlung einer Geldentschädigung nach schwerwiegenden Persönlichkeitsrechtsverletzungen (dazu im Einzelnen Rz. 32.15 ff.) juristischen Personen zu.[96]

Soweit danach die Voraussetzungen für den Schutz der Persönlichkeit überhaupt vorliegen, gilt das zunächst für juristische Personen im Rechtssinn, mithin im Wesentlichen **Gesellschaften mit beschränkter Haftung** und **Aktiengesellschaften**,[97] wenn sie in ihrem sozialen Geltungsbereich als Wirtschaftsunternehmen oder Arbeitgeber betroffen sind,[98] sowie für **eingetragene Vereine**.[99] Das gilt nach ihrer Umwandlung in eine Aktiengesellschaft auch für die *Deutsche Bahn AG.*[100] Der Rechtsschutz gegen Rufbeeinträchtigung wird aber auch Personenvereinigungen gewährt, die nicht in der Rechtsform der juristischen Person organisiert sind und sich daher nicht unmittelbar auf die Gewährleistung des Art. 19 Abs. 3 GG berufen können. Er erstreckt sich daher insbesondere auch auf die in der Form der **Offenen Handels-**

13.26

---

91 BVerfG NJW 2005, 883.
92 BVerfG AfP 2003, 36 = NJW 2002, 3619.
93 LG Berlin ZUM 2004, 578.
94 BGH AfP 2018, 222 = ZUM 2018, 519.
95 BerlVerfGH AfP 2009, 368 = NJW 2009, 3357.
96 BGH NJW 1980, 2807 = GRUR 1980, 1090 – Medizinsyndikat I; OLG Stuttgart MDR 1979, 671; Wenzel/*Burkhardt*, Kap. 14 Rz. 137; Löffler/*Steffen*, § 6 LPG Rz. 344; *Damm/Rehbock*, Rz. 1008; kritisch dazu *Born*, AfP 2005, 110 ff.
97 BGH NJW 1954, 1412; OLG Stuttgart NJW 1976, 628, 630 – Siemens-Festschrift.
98 BGH NJW 1981, 2402 – Rennsportgemeinschaft; BGH AfP 1986, 361 = NJW 1986, 2951 – BMW; BGH AfP 1994, 138 = NJW 1994, 1281 – Bilanzanalyse; BVerfG ZIP 1994, 972 – Bilanzanalyse.
99 BGH AfP 1974, 702 = NJW 1974, 1762 – Deutschlandstiftung; OLG Stuttgart NJW-RR 1993, 733 – Scientology Church.
100 KG NJW 2000, 2210.

gesellschaft, der **Kommanditgesellschaft** oder der **Partnerschaftsgesellschaft** organisierten wirtschaftlichen Einheiten.[101]

13.27 Auch **nicht rechtsfähige Vereine** wie insbesondere **Gewerkschaften**[102] oder **politische Parteien**[103] sind ungeachtet ihrer fehlenden Rechtsfähigkeit berechtigt, Ansprüche wegen einer Verletzung des auch ihnen zustehenden Persönlichkeitsrechts oder ihres wirtschaftlichen Rufs geltend zu machen. Ob ein Allgemeiner Studierendenausschuss *(ASTA)* zivilrechtlich parteifähig und damit auch selbst Betroffener von Medienberichterstattung sein kann oder lediglich als der gesetzliche Vertreter der verfassten Studierendenschaft gilt, die ihn gewählt hat,[104] richtet sich nach dem im Einzelfall anwendbaren Hochschulgesetz.

4. Juristische Personen des öffentlichen Rechts

13.28 **Juristische Personen des öffentlichen Rechts** wie Bund, Länder und Kommunen sowie Anstalten und Körperschaften des öffentlichen Rechts sind hingegen nicht Grundrechtsträger. Darin unterscheiden sie sich von den juristischen Personen des Privatrechts und den ihnen im vorliegenden Zusammenhang gleichgestellten privatrechtlich verfassten Personenvereinigungen. Die Prinzipien der Menschenwürde und der freien Entfaltung der Persönlichkeit nach Art. 1 und 2 GG scheiden als Basis für einen Ehrenschutz öffentlich-rechtlicher Körperschaften damit aus. Ihnen steht ein Persönlichkeitsrecht nicht zu.[105] Umgekehrt können sich staatliche Stellen zur Rechtfertigung von Äußerungen, die in geschützte Rechte Privater eingreifen, auf das Grundrecht der Meinungsfreiheit nicht berufen,[106] wenngleich ihnen die Verbreitung von Einschätzungen und Meinungen im Rahmen der von ihnen ausgeübten Verwaltungstätigkeit nicht schlechthin verwehrt ist; das gilt auch für den *Allgemeinen Studierendenausschuss (AStA)* einer öffentlich-rechtlichen Universität,[107] sofern er als parteifähig anzusehen ist (Rz. 13.27), sowie eine *Handwerksinnung,* soweit sie nicht in ihrer hoheitlichen Funktion, sondern als Vertreterin der berufsständischen und wirtschaftlichen Interessen ihrer Mitglieder tätig wird.[108] Und namentlich die **öffentlich-rechtlichen Rundfunkanstalten** können trotz ihrer Organisationsform jedenfalls den Schutz des Art. 5 Abs. 1 Satz 2 GG für sich in Anspruch nehmen.[109]

13.29 Die praktische Bedeutung der mangelnden Grundrechtsfähigkeit öffentlich-rechtlicher Körperschaften für ihre Berechtigung zur Geltendmachung von Ansprüchen gegenüber Medienberichterstattung ist jedoch gering. Jedenfalls im strafrechtlichen Bereich sind sie privaten Institutionen dadurch gleichgestellt, dass die Beleidigungstatbestände der §§ 185 ff. StGB auch

---

101 BGH AfP 1975, 911 = NJW 1975, 1882 – Geist von Oberzell; BGH NJW 1980, 2807 = GRUR 1980, 1090 – Medizin-Syndikat I.
102 BGH AfP 1972, 229 = NJW 1971, 1655 – Sabotage.
103 OLG München AfP 1976, 130; OLG München AfP 1996, 391 = NJW 1996, 2515 – Feuer in die Herzen.
104 So im Rahmen der Passivlegitimation OLG Frankfurt a.M. NJW 2018, 1106.
105 KG AfP 2010, 85 = NJW-RR 2010, 1424; LG Hamburg AfP 2012, 289; Löffler/*Steffen,* § 6 LPG Rz. 72; Wenzel/*Burkhardt/Peifer* Kap. 5 Rz. 126; *Prinz/Peters,* Rz. 140; *Specht/Müller-Riemenschneider,* ZUM 2013, 929 ff.
106 BVerfG AfP 2010, 560 = NJW 2011, 511.
107 OLG Frankfurt a. M. AfP 2016, 167 = NJW-RR 2016, 1381.
108 BGH WRP 2018, 682.
109 BVerfG NJW 1989, 382; vgl. auch BVerwG AfP 1985, 72 = NJW 1985, 1655.

zu ihren Gunsten Anwendung finden,[110] wenn sie selbst oder ihre Repräsentanten Gegenstand von Beleidigungsdelikten werden.[111] Körperschaften unterhalb der Ebene des Bundes und der Länder sind obendrein nach der Rechtsprechung[112] wie private Personen und Institutionen berechtigt, gemäß § 823 Abs. 2 BGB in Verbindung mit den strafrechtlichen Ehrenschutztatbeständen auch zivilrechtlich gegen Medienberichterstattung vorzugehen, und zwar nicht nur gegenüber falschen Tatsachenbehauptungen, sondern auch gegenüber als unzulässig bezeichneter Kritik,[113] soweit sie wie ein Privater am Rechtsverkehr teilnehmen; das kann auch bei Wahrung öffentlicher Aufgaben der Fall sein.[114] Allerdings ist dabei im Einzelfall sorgfältig zu prüfen, ob durch eine bestimmte Äußerung die Körperschaft als solche oder einer ihrer Bediensteten in Person beeinträchtigt ist.[115] Soweit natürliche Personen äußerungsrechtliche Ansprüche in ihrer Eigenschaft als Amtsträger geltend machen, wie das etwa bei dem *Bürgermeister einer Kommune*[116] oder einer *Landtagspräsidentin*[117] der Fall ist, stehen ihnen Ansprüche nur in dem Maß zu, wie sie die von ihnen repräsentierten Körperschaften selbst in Anspruch nehmen könnten.

Die Anerkennung einer eigenen Klagbefugnis **öffentlich-rechtlicher Körperschaften** überzeugt jedoch nicht. Das gilt jedenfalls dort, wo es um Äußerungen nicht über einzelne Personen innerhalb der öffentlichen Verwaltung, sondern um Äußerungen über die jeweiligen Institutionen selbst geht. Kritische Auseinandersetzung mit der öffentlichen Verwaltung gehört zu den ureigensten Aufgaben der Medien nach den Bestimmungen der Landespressegesetze.[118] Sie repressionsfrei zu ermöglichen ist der eigentliche Zweck der Gewährleistung der Pressefreiheit durch Grundgesetz und EMRK und der wiederholten Feststellung des BVerfG, dass eine freie und unkontrollierte Presse für die freiheitliche Demokratie schlechthin konstitutiv ist.[119] Mit diesen Grundsätzen und der Aussage, dass öffentlich-rechtlichen Körperschaften kein Allgemeines Persönlichkeitsrecht zuzuerkennen ist (Rz. 13.28), ist ihre Berechtigung, wie Private zivilrechtliche Ansprüche gegenüber Medienberichterstattung geltend zu machen, nicht zu vereinbaren. Richtigerweise sollte deren Schutz auf solche Fälle beschränkt bleiben, in denen veröffentlichte Berichterstattung mit Straftatbeständen kollidiert (Rz. 12.23 ff.); insoweit ist allerdings auch ihre zivilrechtliche Klagbefugnis im Hinblick auf §§ 194 Abs. 3 Satz 2 StGB und 823 Abs. 2 BGB nicht zu bestreiten. Es ist daher richtig, dass die neuere Rechtsprechung die Berechtigung staatlicher Stellen zur Geltendmachung von Gegendarstellungs-[120]

13.30

---

110 BGH NJW 1956, 1367; Einzelheiten bei *Specht/Müller-Riemenschneider*, ZUM 2013, 929.
111 BVerfG NJW 1990, 1982 – Bundesflagge; BVerfG AfP 1996, 50 = NJW 1995, 3303, 3304 – Soldaten sind Mörder II; Löffler/*Steffen*, § 6 LPG Rz. 72; Wenzel/*Burkhardt/Peifer*, Kap. 5 Rz. 126.
112 BGH AfP 2008, 55; BGH AfP 1983, 270 = NJW 1983, 1183 – Vetternwirtschaft; VGH Kassel NJW 1990, 1005; KG AfP 2010, 85 = NJW-RR 2010, 1424; LG Rostock AfP 2012, 492.
113 BGH NJW 1984, 1607 – Bundesbahnplanungsvorhaben; OLG München v. 16.10.1996 – 21 U 4743/96, unveröffentlicht – Bayerische Zentrale für neue Medien; OLG München ZUM 2001, 813 = NJW-RR 2002, 186.
114 BGH NJW 1984, 1607 – Bundesbahnplanungsvorhaben – für die damals noch öffentlich-rechtlich verfasste Deutsche Bundesbahn; *Prinz/Peters*, Rz. 140.
115 BGH AfP 1983, 270 = NJW 1983, 1183 – Vetternwirtschaft.
116 KG AfP 2010, 85 = NJW-RR 2010, 1424; LG Rostock AfP 2012, 492.
117 LG Rostock AfP 2012, 492.
118 § 3 LPG Nordrhein-Westfalen und die entsprechenden Bestimmungen der übrigen Landespressegesetze.
119 BVerfG NJW 1958, 257 – Lüth; BVerfG NJW 1961, 819 – Schmid/Spiegel; BVerfG NJW 1966, 1603 – Spiegel-Urteil.
120 BerlVerfGH AfP 2008, 593 = NJW 2008, 3491; KG BeckRS 2011, 28792.

und Berichtigungsansprüchen[121] (dazu Rz. 29.14 und Rz. 31.11) jedenfalls auf Fälle besonders gravierender und an die Substanz gehender Rechtsverletzungen limitiert.

13.31 Die **Bundesrepublik** selbst und die **Bundesländer** sind auf den strafrechtlichen Sonderschutz der §§ 90a und 90b StGB (dazu Rz. 12.25 ff.)beschränkt und daher richtiger Ansicht nach zur Geltendmachung zivilrechtlicher Ansprüche als Folge von Medienberichterstattung schlechthin nicht befugt.[122] Die Rechtsprechung[123] folgt dieser Auffassung nicht und erkennt auch der *Bundesrepublik Deutschland* sowie den *Bundesländern*[124] Unterlassungs- und Berichtigungsansprüche jedenfalls in Fällen zu, in denen eine Äußerung geeignet ist, die betroffene Körperschaft schwerwiegend in ihrer Funktion zu beeinträchtigen. Die auf diese Weise gezogene Grenze erscheint jedoch weder praktikabel noch dogmatisch überzeugend, indem sie die Frage nach der Klagbefugnis der Bundesrepublik und der Länder mit derjenigen nach der Begründung einer individuellen Klage gleichsetzt.

13.32 Wie nach der hier vertretenen Auffassung der Bundesrepublik, so stehen auch **ausländischen Staaten** zivilrechtliche Ansprüche gegenüber Medienveröffentlichungen nicht zu.[125] Ihnen gewährt die deutsche Rechtsordnung nach der Streichung des Sondertatbestands der Beleidigung von Repräsentanten gemäß § 103 StGB a. F. im Jahr 2017 keinen strafrechtlichen Ehrenschutz mehr; sie können schon daher zivilrechtlich nicht besser gestellt werden als der Bund und die Bundesländer. Die im Ergebnis richtige Zurückweisung eines von *Serbien* geltend gemachten Unterlassungsanspruchs wegen einer Berichterstattung über die Existenz von Massengräbern albanischer Zivilisten im *Kosovo* durch das KG[126] hätte daher richtigerweise mit fehlender Klagebefugnis dieses Staats und nicht mit der als solcher allerdings auch zutreffenden Erwägung begründet werden müssen, der Staat müsse den Medien in Fällen der Verdachtsberichterstattung (dazu im Einzelnen Rz. 16.48 ff.) einen größeren Freiraum einräumen als private Betroffene.

13.33 In- und ausländische öffentlich-rechtliche Körperschaften sind damit aber kein Freiwild für die Medien. Das gilt auch nach der hier vertretenen Auffassung, nach der Staaten und Ländern kein und anderen Körperschaften allenfalls ein eingeschränkter zivilrechtlicher Ehrenschutz zukommt. Denn in aller Regel kommt Berichterstattung über Institutionen nicht ohne Berichterstattung über Personen aus, und die Berechtigung auch solcher Personen, die in ihrer Eigenschaft als **Repräsentanten von Bund, Ländern** oder **ausländischen Staaten** durch Veröffentlichungen in ihren eigenen Rechten verletzt werden, sich dagegen auch vor den Zivilgerichten zur Wehr zu setzen, steht im Grundsatz nicht in Frage. Ihnen können Ansprüche allerdings nur in dem Umfang zuerkannt werden, wie sie im Fall ihrer Klagebefugnis den von ihnen repräsentierten Körperschaften selbst zustünden. Nur solche Äußerungen kommen mithin als Anknüpfungspunkte für Ansprüche von Amtsträgern in Betracht, die geeignet sind, die von ihnen vertretene Körperschaft schwerwiegend in ihrer Funktion zu beeinträchtigen (Rz. 13.31).[127] Gegen **äußerungsrechtliche Bagatelldelikte** sind damit weder der Staat noch seine Repräsentanten geschützt.

---

121 BGH AfP 2008, 381 = NJW 2008, 2262 – Richtigstellungsanspruch des BKA; OLG Dresden AfP 2018, 560 (nur LS) = BeckRS 2018, 22294.
122 Wenzel/*Burkhardt/Peifer*, Kap. 5 Rz. 126; *Prinz/Peters*, Rz. 141.
123 BGH AfP 2008, 381 = NJW 2008, 2262; OLG Hamburg AfP 2007, 488; BerlVerfGH AfP 2008, 593 = NJW 2008, 3491; LG Hamburg AfP 2002, 450.
124 KG AfP 2010, 85 = NJW-RR 2010, 1424; LG Hamburg AfP 2012, 289; LG Rostock AfP 2012, 492.
125 LG Wiesbaden AfP 1979, 327; LG Hamburg v. 24.3.2000 – 324 O 616/99, unveröffentlicht.
126 KG AfP 1999, 361.
127 KG AfP 2010, 85 = NJW-RR 2010, 1424; LG Hamburg AfP 2012, 289.

5. Betroffenheit

Schwierigkeiten bereiten gelegentlich Fälle, in denen **Personenvereinigungen von geringer Organisationsdichte** Gegenstand von Äußerungen in den Medien sind und sich durch sie beeinträchtigt fühlen. Das betrifft etwa *Volksgruppen,* bestimmte *Berufsstände* oder auch *die Familie* sowie *Branchen oder Handelsorganisationen.* Machen derartige Gruppen oder Organisationsformen geltend, von Medienberichterstattung in geschützten Rechten verletzt zu sein, dann stellt sich die Frage nach der **Betroffenheit.** Sie wird im Folgenden unter den rechtlichen Aspekten der Kollektivbeleidigung und der unmittelbaren Betroffenheit von Personen erörtert, wobei es sich um natürliche oder eben auch juristische Personen und ihnen gleichgestellte Organisationsformen handeln kann.

13.34

a) Kollektivbeleidigung

Um eine **Kollektivbeleidigung** handelt es sich, wenn eine ehrverletzende Äußerung eine zahlenmäßig überschaubare, aufgrund bestimmter Merkmale aus der Allgemeinheit herausgehobene und konkret abgrenzbare Mehrheit von Personen betrifft.[128] Das hat die Rechtsprechung etwa angenommen im Fall der Äußerung einer üblen Nachrede über ein *Mitglied einer Landesregierung, dessen Name nicht mitgeteilt wurde;* das Gremium *Landesregierung* wurde mit Recht als hinreichend eng definiert angesehen, so dass sich jedes seiner Mitglieder die Äußerung zurechnen lassen konnte, solange sie vom Verbreiter nicht auf ein bestimmtes Mitglied konkretisiert wurde.[129]

13.35

Berufsstände wie *die Anwaltschaft, die Ärzte,*[130] *die Polizei,*[131] *die Soldaten* oder *das Militär* hingegen sind nicht in hinreichender Form organisiert und auch in ihrer personellen Zusammensetzung nicht hinreichend klar definiert, als dass ihre Angehörigen Träger der hier erörterten Rechte und damit zur Geltendmachung von Ansprüchen gegenüber solchen Äußerungen berechtigt sein könnten, die sich auf die Gruppe als solche und nicht etwa nur auf individuelle oder individualisierbare einzelne Mitglieder der Gruppe beziehen;[132] vgl. zu diesen Fällen unter dem Aspekt der Volksverhetzung auch Rz. 12.49 ff. Generelle Kritik etwa an *den Rechtsanwälten* durch die Medien berechtigt daher weder einzelne Angehörige dieses Berufsstands noch deren Standesorganisationen zur Geltendmachung von Ansprüchen. Die Rechtsprechung folgt dieser Auffassung nur teilweise. So wurden etwa in älteren gerichtlichen Entscheidungen *die deutschen Ärzte*[133] oder *die Patentanwälte*[134] als beleidigungsfähige Gruppen anerkannt. Neuere Entscheidungen dehnen den Rechtsschutz gegen Kollektivbeleidigung insbesondere auf den Berufsstand der *Soldaten* aus.[135]

13.36

---

128 Löffler/*Steffen,* § 6 LPG Rz. 103.
129 BGHSt 18, 182; vgl. auch BGHSt 14, 48; BGHSt 19, 235; Schönke/Schröder/*Lenckner/Eisele,* Vorbem. vor § 185 StGB Rz. 5; Löffler/*Steffen,* § 6 LPG Rz. 103.
130 OLG Karlsruhe AfP 2007, 246 = NJW-RR 2007, 1342.
131 BayObLG NJW 1989, 1742; BayObLG NJW 1990, 921; OLG Düsseldorf NJW 1981, 1522.
132 OLG Düsseldorf NJW 1981, 1522; Löffler/*Steffen,* § 6 LPG Rz. 103 ff.; weitergehend *Fischer,* Rz. 9 ff. vor § 185 StGB.
133 RG JW 1932; anders OLG Karlsruhe AfP 2007, 246 = NJW-RR 2007, 1342. Wenzel/*Burkhardt/Peifer,* Kap. 5 Rz. 185.
134 BayObLG NJW 1953, 554.
135 BGH AfP 1989, 535 = NJW 1989, 1365 – Soldaten sind Mörder; BVerfG NJW 1994, 2943 – Soldaten sind Mörder; BVerfG AfP 1996, 50 = NJW 1995, 3303, 3304 – Soldaten sind Mörder II; OLG Frankfurt a. M. NJW 1989, 1367 – Soldaten-Urteil I; OLG Frankfurt a. M. NJW 1991, 2032 – Soldaten-Urteil II; BayObLG NJW 1991, 1493.

13.37 Diese Entscheidungen berücksichtigen jedoch das Erfordernis der Konzentration auf einen eingrenzbaren Personenkreis[136] nicht hinreichend. Sie schränken damit die Freiheit der Berichterstattung über bestimmte gesellschaftliche oder berufliche Gruppen und die Kritik an ihnen über das erforderliche Maß hinaus in einer im Ergebnis mit der verfassungsrechtlichen Gewährleistung der Meinungs- und Pressefreiheit unvereinbaren Weise ein. Dieser Gesichtspunkt kam auch in der öffentlichen Diskussion der 90er Jahre des letzten Jahrhunderts um die *Soldaten*-Beschlüsse des BVerfG[137] zu kurz. Hier fehlte es mangels Beleidigung einer als solcher beleidigungsfähigen Gruppe bereits am Tatbestand, so dass sich die im Mittelpunkt der Diskussion wie der Begründung des ersten *Soldaten*-Beschlusses des BVerfG[138] stehende Frage nach der verfassungsrechtlichen Rechtfertigung der in Frage stehenden Äußerung bei richtiger Sachbehandlung nicht hätte stellen dürfen.[139] Mit Recht hat daher das BVerfG in einer jüngeren Entscheidung die Verbreitung des Slogans *A.C.A.B.* (*All Cops Are Bastards*) nicht als einen Fall der Kollektivbeleidigung angesehen.[140]

13.38 Wäre von einer Aussage über bestimmte Charakteristika einer solchen Gruppe jeder einzelne Gruppenangehörige betroffen, so wäre generalisierende kritische Beschäftigung der Medien mit gesellschaftlichen Gruppen oder die Äußerung diesbezüglicher Meinungen ohne unvertretbares Risiko schlechthin unmöglich. In jeder Gruppe wird es Untergruppen oder auch nur Außenseiter geben, auf die an sich zutreffende oder jedenfalls vertretbare Typisierungen oder Charakterisierungen nicht passen und die mit eben dieser Begründung die kritische Berichterstattung über die ganze Gruppe verhindern könnten, wären sie davon im Rechtssinn individuell betroffen. Daher sind auch alle anderen rechtlich nicht fassbaren Gruppen aus dem gesellschaftlichen Bereich wie etwa *die Fußballspieler, die Raucher* oder *die Autofahrer* als Kollektiv nicht beleidigungsfähig.[141] Wird über derartige Gruppen negativ oder gar unwahr berichtet, so ist derjenige, der sich ihnen zugehörig fühlt, zur Geltendmachung von Ansprüchen nicht befugt.[142] Das gilt auch für *die Frauen* oder *die Männer* als Kollektiv. Mit Recht wurden daher einige Frauen, die auf den in Frage stehenden Bildern nicht abgebildet waren, nicht als befugt angesehen, sich gegen die regelmäßige Zurschaustellung spärlich bekleideter junger Frauen auf den Titelseiten einer Illustrierten gerichtlich zur Wehr zu setzen,[143] ohne dass es auf die Frage ankam, ob ansonsten der Tatbestand einer Rechtsverletzung vorlag.

13.39 Diese Rechtslage ändert sich allerdings dann, wenn sich Berichterstattung nicht generell mit derartigen mehr oder weniger amorphen Gruppen, sondern gezielt mit Personen oder Institutionen befasst, die sie repräsentieren, wie etwa einer *Anwalts- oder Ärztekammer* oder einer bestimmten *Organisation von Autofahrern* oder *Fußballspielern*. Sie sind zur Geltendmachung von Ansprüchen wie alle anderen Personen oder Personenverbände jedenfalls dann berechtigt, wenn ein Bericht sich unmittelbar mit ihnen und nicht nur generell mit der von ihnen vertretenen Gruppe befasst. Von Medienäußerungen über die *unverhältnismäßig gut verdienenden Zahnärzte* etwa ist auch eine Zahnärztekammer im Rechtssinne nicht betroffen, wohl aber von Berichterstattung über angebliche Missstände in ihrem eigenen Organisationsbereich. Von der Behauptung, *mehr als 30 Leistungssportler hätten sich einer Doping-Behand-*

---

136 *Herdegen*, NJW 1994, 2933, 2934 unter Ziff. 7.
137 BVerfG NJW 1994, 2943 – Soldaten sind Mörder; BVerfG NJW 1995, 3303 – Soldaten sind Mörder II; dazu u.a. *Herdegen*, NJW 1994, 2933, 2934.
138 BVerfG NJW 1994, 2943.
139 *Herdegen*, NJW 1994, 2933, 2934 unter Ziff. 7; kritisch auch *Gounalakis*, NJW 1996, 481 ff.
140 BVerfG NJW 2016, 2643; anders noch OLG Karlsruhe BeckRS 2014, 11644.
141 Vgl. auch Löffler/*Steffen*, § 6 LPG Rz. 103 ff.
142 Wenzel/*Burkhardt*, Kap. 12 Rz. 51 m.w.N.
143 LG Hamburg NJW 1980, 56.

lung in einer Wiener Blutbank unterzogen, war daher der Dachverband nicht betroffen, in dem die Sportler organisiert sind.[144] Von einer Behauptung über *alle Polizisten* aber, *die zu einer bestimmten Zeit an einem bestimmten Ort Dienst getan haben,* kann jeder einzelne dieser Beamten betroffen sein,[145] auch wenn man mit der hier vertretenen Auffassung die Beleidigungsfähigkeit der Polizei als solcher ablehnt.[146] Gleiches gilt, wenn zwar generell von *der Polizei* die Rede ist, sich aber aus den Umständen eines Berichts ergibt, dass sich die Aussage nur auf eine konkrete Einheit und die darin Dienst tuenden Beamten bezieht.[147] Auch die *Antiterroreinheit GSG 9* ist daher mit Recht als ein in diesem Sinne beleidigungsfähiges Kollektiv angesehen worden.[148]

Nicht unmittelbar betroffen im hier erörterten Sinn sind auch die Angehörigen *bestimmter Nationen* oder *Volksgruppen.* Gegen Berichterstattung, die sich mit *den Amerikanern* oder *den Kroaten in der Bundesrepublik* befasst, können einzelne Angehörige der betreffenden Staaten oder Gruppen Ansprüche daher nicht geltend machen. Eine nicht verallgemeinerungsfähige Ausnahme gilt nur für die Angehörigen der **jüdischen Bevölkerungsgruppe.** Nach Auffassung des BGH,[149] die das BVerfG[150] im Hinblick eine etwaige Verletzung von Art. 5 Abs. 1 Satz 1 GG ausdrücklich gebilligt hat, ist durch eine Beleidigung *der Juden* jeder individuell betroffen, der sich zum jüdischen Glauben bekennt. So wurde etwa der Slogan einer Tierschutzorganisation *Der Holocaust auf Ihrem Teller* im Rahmen einer Kampagne gegen den Fleischkonsum mit Billigung des BVerfG[151] als Verletzung des Allgemeinen Persönlichkeitsrechts von Überlebenden des Holocaust gewertet. Zu beachten ist allerdings, dass nicht jede Bezeichnung einer Person als *Jude* materiell eine Beleidigung oder gar eine Volksverhetzung darstellt.[152]

13.40

Die Auffassung von der kollektiven Beleidigungsfähigkeit der **jüdischen Bevölkerung** ist mit der historischen Situation der Deutschen erklärbar, mit den ansonsten geltenden Prinzipien zur Ermittlung der individuellen Betroffenheit aber nicht zu vereinbaren.[153] Der Gesetzgeber hat diese systemwidrige Rechtsprechung jedoch sanktioniert und ihren Grundgedanken mit dem Straftatbestand der sogenannten *Auschwitz-Lüge* (§ 194 Abs. 1 Satz 2 StGB)[154] jedenfalls für den Bereich des Strafrechts auf andere Opfer von totalitären Gewaltregimen erweitert. Bei einer vielzitierten Entscheidung des BGH,[155] die das *Leugnen der Judenverfolgung* als straffrei angesehen hat, handelt es sich um eine Einzelfallentscheidung, die mit dem als Reaktion darauf erlassenen Straftatbestand des § 130 Abs. 3 StGB heute nicht mehr zu vereinbaren wäre und die am Prinzip der kollektiven Beleidigungsfähigkeit der jüdischen Bevölkerung nichts ändert.[156]

13.41

---

144 OLG Hamburg AfP 2008, 632.
145 RGSt 45, 138.
146 BayObLG NJW 1989, 1742; BayObLG NJW 1990, 921.
147 OLG Frankfurt a.M. NJW 1977, 1353; BayObLG NJW 1990, 921.
148 OLG Stuttgart JR 1981, 339.
149 BGH NJW 1980, 45 = GRUR 1980, 67 – Verfolgungsschicksal m. Anm. *G. Wild*; so auch BGH NJW 1994, 1421; BVerfG AfP 1994, 126 = NJW 1994, 1779.
150 BVerfG NJW 1993, 916; BVerfG AfP 1994, 126 = NJW 1994, 1779; BVerfG NJW 2009, 3089 – Der Holocaust auf Ihrem Teller.
151 BVerfG NJW 2009, 3089 – Der Holocaust auf Ihrem Teller.
152 BVerfG AfP 2000, 563 = NJW 2000, 61 – Bezeichnung als Jude.
153 Vgl. auch *Soehring*, GRUR 1986, 518, 521.
154 Dazu *Fischer*, § 194 StGB Rz. 15 ff.
155 BGH NJW 1994, 1421.
156 BVerfG AfP 1994, 126 = NJW 1994, 1779.

13.42 Von nur geringer praktischer Relevanz jedenfalls für die Medienberichterstattung ist schließlich die Frage, ob **die Familie** als solche beleidigungsfähig ist.[157] Sie ist zwar durch Art. 6 GG als Institution ausdrücklich verfassungsrechtlich geschützt, aber jedenfalls zivilrechtlich nicht Rechtssubjekt und schon daher zur Geltendmachung von Ansprüchen als solche nicht legitimiert.[158] Besonders für Familien gilt aber der oben formulierte Grundsatz, dass Angehörige einer konkret abgrenzbaren Personenmehrheit von Äußerungen über die betreffende Gruppe individuell betroffen sein können. Für eingetragene Lebenspartnerschaften kann nach deren Gleichstellung mit der Familie durch das BVerfG und ihrer Anerkennung in zahlreichen Gesetzen nichts Anderes gelten.[159] Unter diesem Aspekt kann das *einzelne Familienmitglied* von einer Äußerung über die *Familie als ganze* ebenso betroffen sein,[160] wie es etwa das *Mitglied einer Erbengemeinschaft* von Berichten über diese Gemeinschaft,[161] *die Eltern* von einer Beleidigung des Kindes oder unter besonderen Umständen *ein Ehegatte* von derjenigen des anderen sein können;[162] vgl. dazu aber Rz. 32.40. Zu Recht hat jedoch das LG Berlin angenommen, dass der derzeitige *Chef des Hauses Hohenzollern* nicht berechtigt ist, Ansprüche wegen eines Berichts über Vorgänge geltend zu machen, die vor Jahrzehnten von einem seiner Vorfahren zu verantworten waren.[163]

b) Individuelle Betroffenheit

13.43 Im Zusammenhang mit der Berechtigung, sich gegen Medienberichterstattung und -kritik zur Wehr zu setzen, ergeben sich ferner Zweifelsfragen, wenn Berichterstattung sich nicht explizit oder sonstwie eindeutig mit bestimmten Personen, Unternehmen oder Organisationen befasst, die behauptete Rechtsverletzung sich vielmehr daraus ergibt, dass die beanstandete Berichterstattung sich auch auf die betreffende Person oder Institution beziehen kann. Hier handelt es sich um das Problem der **individuellen Betroffenheit**, das nicht mit demjenigen der Erkennbarkeit (dazu Rz. 13.50 ff.) verwechselt werden darf und besonders im Bereich der Berichterstattung über *Warengattungen*, Dienstleistungen und *Branchen* relevant ist. Praktisch relevant wird diese Frage in Fällen wie der Berichterstattung über die *Verfälschung preiswerter österreichischer Weine mit einem gesundheits- und lebensgefährlichen Frostschutzmittel* im Jahr 1985, drei Jahre später über den massenhaften *gesundheitsgefährdenden Nematodenbefall von Meeresfischen* oder aber über die *Beimischung von Pferdefleisch in Rindfleischprodukten* und die *Verseuchung von Hühnereiern mit Dioxin-Rückständen*. Durch sachlich zutreffende Berichte über solche Vorgänge kann für eine gewisse Zeit nach deren Veröffentlichung nicht nur eine ganze Branche in ihrer wirtschaftlichen Existenz erschüttert, kann vielmehr auch jedes einzelne branchenzugehörige Unternehmen einschließlich solcher Unternehmen getroffen werden, die ausschließlich mit unbedenklicher Ware handeln.

13.44 Möglicherweise oder tatsächlich nachteilige Auswirkungen auf ein Unternehmen oder Individuum sind zur Begründung der Betroffenheit und damit der Klagbefugnis dennoch nicht ausreichend. Das gilt trotz der anhand der in Rz. 13.43 genannten Beispielsfälle unschwer er-

---

157 Dazu *Fischer*, § 185 StGB Rz. 11a; Wenzel/*Burkhardt*/*Peifer*, Kap. 5 Rz. 184.
158 BGH NJW 1951, 531; unentschieden in BGH AfP 1980, 154 = NJW 1980, 1790 – Familienname; Löffler/*Steffen*, § 6 LPG Rz. 102.
159 BVerfG NJW 2013, 2257.
160 Wenzel/*Burkhardt*/*Peifer*, Kap. 5 Rz. 184.
161 OLG Brandenburg NJW-RR 2000, 325.
162 BGH NJW 1952, 476; BGH NJW 1969, 1110 = GRUR 1969, 426 – Detektei; OLG Karlsruhe AfP 2012, 466.
163 LG Berlin AfP 2013, 71.

kennbaren potenziellen Gefährlichkeit gerade von Berichterstattung über Produkte und Warengattungen für das wirtschaftliche Fortkommen Einzelner. Die Rechtsprechung verlangt stattdessen eine **unmittelbare Betroffenheit**, wozu es zwar keines zielgerichteten Eingriffs, wohl aber jedenfalls einer engen Beziehung der beanstandeten Aussage zum klagenden Unternehmen bedarf, sofern keine direkte Zuordnung erfolgt; vgl. hierzu schon Rz. 12.82. Dies ist etwa verneint worden im Fall der kritischen Berichterstattung über *Elektronenorgeln*, obwohl nur wenige Anbieter auf dem Markt tätig waren und von der Berichterstattung betroffen sein konnten; hier ging es um Kritik am System und nicht an den individuellen Angeboten einzelner Branchenangehöriger.[164] Von der Kritik an einem *namentlich benannten Produkt* ist in der Regel nicht derjenige betroffen, der damit handelt, sondern nur der Hersteller.[165] Abträgliche und sachlich falsche Behauptungen über *die privaten Reinigungsfirmen in einer Stadt* berechtigen nicht einzelne Angehörige dieser Branche zur Geltendmachung von Ansprüchen, obgleich die Anzahl der betroffenen Betriebe naturgemäß beschränkt ist.[166] Kritische Medienbefassung mit *öffentlich zugänglichen und unentgeltlich nutzbaren Wasserspendern* berechtigt weder einzelne, im Bericht nicht identifizierbare Hersteller derartiger Geräte noch den Verband, in dem sie sich zusammengeschlossen haben, zur Geltendmachung von Ansprüchen.[167] Von der Bezeichnung von *Zucker als Schadstoff* durch einen Verbraucherverband sind Unternehmen, die Zucker produzieren oder damit handeln, nicht individuell betroffen.[168] Gleiches kann für Gesellschaften oder Vereine im Hinblick auf Äußerungen gelten, die sich mit dem Verhalten eines einzelnen Gesellschafters oder Vereinsmitglieds befassen,[169] während die entsprechende Körperschaft von Äußerungen über das Verhalten ihrer Organe oder Mitarbeiter auch in ihren eigenen Rechten betroffen sein kann, sofern es um Tatbestände geht, die mit ihr in einem funktionalen Zusammenhang stehen.[170]

Die gegen das Erfordernis **individueller Betroffenheit** geäußerte Kritik[171] ist nicht berechtigt. **13.45** Denn nur eine restriktive Handhabung dieses Kriteriums lässt den Medien den benötigten und von Verfassungs wegen garantierten Freiraum für Berichterstattung gerade im wirtschaftlichen Bereich. Es wird immer Ausnahmen und Außenseiter geben, auf die generell zu beobachtende Tatbestände und insbesondere Missstände nicht zutreffen. Das Risiko, mit Berichterstattung über bestimmte Produkte, technische Systeme, Heilmethoden oder Ernährungsweisen jeweils in Rechte Einzelner einzugreifen, würde daher im Ergebnis die kritische Auseinandersetzung der Medien mit derartigen Produkten, Systemen oder Methoden generell verhindern,[172] wäre jeder Angehörige der betreffenden Gruppe oder Branche im Rechtssinn betroffen. Nur durch die von der Rechtsprechung praktizierte restriktive Handhabung des Merkmals der Betroffenheit sind die Medien in der Lage, aktuelle und die Öffentlichkeit berührende Themen aufzugreifen und kritisch zu behandeln, wie etwa *Missstände industrieller Tierhaltung in der Landwirtschaft* und deren Folgen, ohne sich dem unkalkulierbaren Risiko der Inanspruchnahme durch die Inhaber einzelner Produktionsbetriebe auszusetzen.

---

164 BGH NJW 1963, 1871 – Elektronenorgeln.
165 BGH NJW 1966, 2010 = GRUR 1966, 633 – Teppichkehrmaschine.
166 OLG Köln NJW 1985, 1643.
167 LG Frankfurt a. M. AfP 2014, 365.
168 OLG Hamburg AfP 1988, 348 = GRUR 1988, 480 – Schadstoff Zucker.
169 BGH NJW 1980, 2807 = GRUR 1980, 1090 – Medizin-Syndikat I.
170 BGH GRUR 1981, 80 – Medizin-Syndikat IV; BGH NJW 1993, 930 = GRUR 1993, 409 – Illegaler Fellhandel; *Prinz/Peters*, Rz. 144.
171 Wenzel/*Burkhardt/Peifer*, Kap. 5 Rz. 263.
172 Zustimmend OLG Hamburg AfP 1988, 348 – Schadstoff Zucker.

13.46 Fehlerhaft ist daher die Annahme **individueller Betroffenheit** eines nicht genannten Unternehmens von der Berichterstattung über ein Produkt nur deswegen, weil es nur wenige Produzenten dieses Produkts gibt,[173] solange sich die Kritik mit dem Produkt als solchem und nicht mit einem spezifischen Erzeugnis befasst, das von einem individualisierbaren Unternehmen hergestellt wird. Unzutreffend war auch die Annahme, einem *Verband von Kreditvermittlern* stehe die Befugnis zu, sich gegen die Kennzeichnung von Angehörigen der Branche als *Kredithaie* zur Wehr zu setzen, wenn der beanstandete Ausdruck und die Tatsachenbehauptungen, auf denen er aufbaute, einem bestimmten Unternehmen oder Kreis von Unternehmen nicht zuzuordnen waren. Das BVerfG[174] hat allerdings diese Frage nicht vertieft und der gegen seine Verurteilung eingelegten Verfassungsbeschwerde des betroffenen Verlags stattgegeben, weil die betreffende Äußerung durch die Kommunikationsgrundrechte aus Art. 5 Abs.1 GG gedeckt war.

13.47 Auf der anderen Seite fehlt es nicht an individueller Betroffenheit, wenn bei kritischer Berichterstattung über ein Buch *der Verleger*[175] und bei Kritik an einem im Ausland hergestellten Erzeugnis statt des Produzenten *der Alleinimporteur* Ansprüche geltend macht.[176] Von genereller Produkt- oder Systemkritik ist auch derjenige individuell betroffen, dessen Betrieb oder Erzeugnis zwar nicht namentlich genannt, aber zur Illustration des Texts abgebildet wird wie etwa *der identifizierbare Betreiber einer Chemischen Reinigung*, die zur Illustration eines Berichts über die tückischen Wirkungen von Perchloräthylen abgebildet wird, selbst aber seit Langem auf die Verwendung dieser Chemikalie verzichtet;[177] vgl. dazu auch Rz. 13.49.

13.48 Der Grundsatz, dass nur **individuelle Betroffenheit** zur Geltendmachung von Ansprüchen berechtigt, gilt aber auch außerhalb des Bereichs der Berichterstattung über wirtschaftliche Fragen. So verletzt ein Bericht über eine *Betriebsversammlung* nicht den Betriebsratsvorsitzenden,[178] ein Bericht über eine *politische Partei* nicht eines ihrer Mitglieder[179] und ein Bericht über eine *von 20 bis 30 Teilnehmern veranstaltete Aktion* nicht einen einzelnen Teilnehmer[180] individuell in ihren Rechten. Andererseits ist von Berichterstattung über eine Zeitung oder Zeitschrift in der Regel auch deren *Chefredakteur*[181] und von Berichterstattung über Missstände in einem Betrieb oder Theater der *Inhaber oder Intendant*[182] unmittelbar betroffen und damit zur Geltendmachung von Ansprüchen legitimiert. Ein Bericht über das *Fehlverhalten eines Beamten der Arbeitsverwaltung* wiederum betrifft nur ihn persönlich, nicht aber die infrage stehende Behörde.[183]

13.49 Schließlich kommt individuelle Betroffenheit auch dort in Betracht, wo eine Person von der Berichterstattung gar nicht gemeint ist. Die nicht ganz fernliegende Möglichkeit, dass ein Be-

---

173 LG Frankfurt a. M. AfP 2014, 365; LG Offenburg ArchPR 1970, 80.
174 BVerfG AfP 1982, 163 = NJW 1982, 2655 – Kredithaie.
175 BGH AfP 1975, 804 – Brüning-Memoiren I.
176 BGH NJW 1970, 187 – Hormoncreme; BGH AfP 1989, 456 = NJW-RR 1989, 924 – Filmbesprechung.
177 Ähnlich OLG Köln ZUM 1993, 34; OLG Düsseldorf AfP 2000, 470; *Prinz/Peters*, Rz. 144; vgl. jedoch hierzu BGH AfP 1992, 140 = NJW 1992, 1312 – Bezirksleiter Straßenbauamt.
178 OLG Hamburg AfP 1982, 232.
179 OLG Hamburg ArchPR 1977, 47.
180 OLG München ArchPR 1974, 112.
181 OLG Hamburg ArchPR 1976, 54; OLG Hamburg ArchPR 1977, 47; KG AfP 2007, 321; OLG Hamburg AfP 2008, 314.
182 *Seitz*, Kap. 4 Rz. 13 m.w.N.
183 BGH AfP 1983, 270 = NJW 1983, 1183 – Vetternwirtschaft.

richt auf eine bestimmte Person oder Institution bezogen wird, reicht insoweit bereits aus. So war etwa der damals berühmte Rennfahrer *Huschke v. Hanstein* von einem (werbenden) Testbericht eines fiktiven *Huschke v. Busch* über ein Fastfood-Erzeugnis betroffen.[184] Dasselbe kann insbesondere in Fällen von **Namensgleichheit** gelten, in denen Berichterstattung sich auf einen Namensträger bezieht, einen anderen, möglicherweise im gleichen örtlichen oder beruflichen Umfeld Ansässigen aber in gleicher Weise trifft; s. dazu Rz. 17.18 ff. Gleiches gilt etwa in Fällen der Produktberichterstattung oder -kritik, wenn zur Illustration eines Beitrags eine Verpackung oder eine Markenabbildung gezeigt oder abgebildet wird, die zwar der besprochenen Produktgruppe zuzurechnen ist, auf die aber die Sachaussage der Berichterstattung nicht zutrifft; dazu schon Rz. 13.47.

6. Erkennbarkeit

Obwohl sich die Kategorien häufig überschneiden, ist vom Merkmal der Betroffenheit dasjenige der **Erkennbarkeit** zu unterscheiden. Wer in Medienberichterstattung namentlich genannt oder auf Grund sonstiger Umstände erkennbar wird, muss von ihr nicht allein deswegen im Rechtssinn betroffen sein. Das kann etwa im Rahmen von Wirtschaftsberichterstattung der Fall sein, bei der die Rechtsprechung eine Betroffenheit im Rechtssinn nur im Fall der Unmittelbarkeit des Eingriffs annimmt (Rz. 13.44 ff.). Wer umgekehrt in einem Bericht nicht erkennbar ist, mag zwar von ihm gemeint, kann aber nicht im Rechtssinn betroffen sein.[185] Die Berechtigung zur Geltendmachung von Ansprüchen nach Berichterstattung setzt daher neben der Betroffenheit stets auch die Erkennbarkeit voraus.

13.50

a) Texte

Erkennbar ist in aller Regel derjenige, dessen Name ausdrücklich genannt wird, gleichgültig ob es sich dabei um Personen oder Institutionen handelt. Zweifelhaft kann das nur im Fall der Verwendung von Allerweltsnamen (*Hans Müller*) sein. In der Regel wird es zur Beseitigung der Erkennbarkeit ausreichen, wenn eine Redaktion den Namen des Betroffenen ändert und darauf mit einem Sternchenvermerk hinweist.[186] Der Betroffene ist aber trotz einer solchen Maßnahme erkennbar, wenn seine Identität sich aus den übrigen Umständen des Berichts ableiten lässt,[187] wie etwa der Angabe seiner vollständigen oder nur teilweise anonymisierten Anschrift, seines Berufs oder derjenigen tatsächlichen Umstände, auf die sich die Berichterstattung bezieht,[188] oder auch aus einer illustrierenden Fotografie. Werden solche Umstände hinreichend präzise dargestellt, dann kann die Identität des Betroffenen und damit er selbst sogar dann erkennbar sein, wenn die Medien ein Pseudonym verwenden und darauf hinweisen oder auch nur die Initialen des Betroffenen benutzen.[189] Die Verfremdung oder Abkürzung des Namens kann mithin unter Umständen lediglich eine Alibifunktion erfüllen; sie wird dann an der Erkennbarkeit des Betroffenen nichts ändern. Daraus folgt aber auch bereits, dass namentliche Nennung nicht erforderlich ist, um eine Äußerung einer bestimm-

13.51

---

184 OLG Hamburg AfP 1993, 582 = WRP 1993, 251 – Huschke v. Busch.
185 *Prinz/Peters*, Rz. 142.
186 LG München I AfP 2011, 591.
187 OLG Köln AfP 2014, 463 = ZUM 2014, 902.
188 OLG Hamburg NJW-RR 1992, 536.
189 OLG Karlsruhe AfP 2012, 466.

ten Person oder Institution zuzuordnen;[190] dazu im Einzelnen § 17. Die Erkennbarkeit kann sich vielmehr auch aus den verschiedensten sonstigen Umständen des jeweiligen Berichts ergeben. So wäre etwa *ein Würzburger Anwalt* anhand dieser Bezeichnung allein nicht erkennbar; ergibt sich aber aus dem ihn betreffenden Bericht, dass er *als Staatsanwalt gegen seinen Willen aus dem Justizdienst entlassen wurde* und sich seit Jahren um seine Wiedereinstellung bemüht, dann besteht an der Erkennbarkeit kein Zweifel.[191]

13.52   Stets kommt es auf die konkreten Umstände des Einzelfalls an. So wird *der einzige Chirurg,* der in einer namentlich genannten Kleinstadt praktiziert, auch dann erkennbar bleiben, wenn er einen Allerweltsnamen trägt oder wenn ihm die Redaktion ein **Pseudonym** zuordnet. Der *Leiter einer Redaktion* ist auch dann erkennbar, wenn namentlich nicht er, wohl aber die Redaktion genannt wird.[192] In den Fällen von *Produkt- oder Dienstleistungskritik* lässt sich die Erkennbarkeit häufig daraus herleiten, dass im textillustrierenden Bild das kritisierte Produkt in Gestalt einer *konkreten Marke*[193] oder die *Ansicht eines bestimmten Geschäftsbetriebs gezeigt* wird, der die kritisierte Leistung erbringt. Wird ein Name genannt, dann beseitigt auch seine Verfremdung die Erkennbarkeit nicht,[194] wenn sich die Identität des Betroffenen für das Publikum aus anderen Umständen der Veröffentlichung ergibt. Das OLG Hamburg[195] geht aber in diesem Zusammenhang zu weit, wenn es die Erkennbarkeit einer Frau, deren abgebildete Gesichtszüge mit einem hinreichend großen **Augenbalken** verdeckt werden, daraus ableitet, dass dasselbe Bild, ebenfalls mit Augenbalken versehen, in einer früheren Veröffentlichung unter Nennung des Namens der Betroffenen abgebildet wurde, und sich hierfür auf einen gewissen Erinnerungseffekt beruft. Richtiger Ansicht nach müssen sich die Umstände, die zur Identifizierung und damit Betroffenheit eines nicht namentlich Genannten führen sollen, aus dem in Rede stehenden Beitrag selbst ergeben; insbesondere reicht es nicht aus, wenn ein interessierter Leser oder Zuschauer die Identität durch eigene Recherche ermittelt.[196]

13.53   An die Erkennbarkeit stellt die Praxis allerdings keine hohen Anforderungen. Nach Auffassung des BGH[197] reicht es bereits aus, wenn der Betroffene begründeten Anlass hat anzunehmen, er werde erkannt werden können. Das ist allerdings vor allem deswegen zu weit gehend, weil diese Auffassung an ein rein subjektives Kriterium auf Seiten des Betroffenen anknüpft, das sich jeder objektiven Kontrolle entzieht. Keinesfalls ist es aber erforderlich, dass der Betroffene auch vom durchschnittlichen Leser oder Betrachter erkannt wird. Erkennbarkeit innerhalb des Bekanntenkreises reicht aus.[198] Nicht ausreichend ist es hingegen, wenn nur der Betroffene selbst und seine nächste Umgebung sich in einer Darstellung erkennen; eine gewisse Ausstrahlung über diesen engsten Bereich hinaus ist erforderlich.[199] Und nicht zu folgen ist der Ansicht, die Erkennbarkeit einer im redaktionellen Text hinreichend anonymisierten

---

190 LG Oldenburg AfP 1986, 84; Wenzel/*Burkhardt*, Kap. 11 Rz. 64.
191 BVerfG NJW 2004, 3619.
192 BGH NJW 1981, 1366 = GRUR 1981, 441 – Der Aufmacher II.
193 Anders für den Bereich der Fernsehberichterstattung BGH AfP 1992, 140 = NJW 1992, 1312 – Bezirksleiter Straßenbauamt.
194 BGH AfP 1975, 911 = NJW 1975, 1882 – Geist von Oberzell.
195 OLG Hamburg AfP 1993, 590 = NJW-RR 1993, 923; ähnlich LG Berlin NJW-RR 1992, 1379.
196 LG Düsseldorf AfP 2000, 470 zum insoweit gleich liegenden Problem der Betroffenheit; a.A. OLG München ArchPR 1974, 112.
197 BGH AfP 1971, 76 = NJW 1971, 698 – Pariser Liebestropfen; ähnlich OLG Hamburg AfP 1975, 916.
198 BVerfG NJW 2004, 3619; BGH NJW-RR 1988, 733; BGH AfP 2005, 464 = NJW 2005, 2844 – Esra.
199 Zutreffend LG Oldenburg AfP 1985, 299, 300.

und nicht durch die veröffentlichten Fakten individualisierbaren Person lasse sich daraus ableiten, dass eine Recherche zum Gegenstand der Berichterstattung in einer Internet-Suchmaschine zum Namen eines Betroffenen führt.[200]

Besondere Probleme ergeben sich in Fällen, in denen individuelle Personen die Vorlage von **Romanfiguren** oder sonstigen fiktiven Gestalten in fiktionalen oder auch nicht-fiktionalen Texten bilden. Die Schwierigkeiten beruhen hier jedenfalls auch darauf, dass derjenige, der sich in literarischen Werken an der Realität orientiert, gleichwohl die verfassungsrechtliche Gewährleistung der Kunstfreiheit gemäß Art. 5 Abs. 3 GG für sich in Anspruch nehmen kann. Nach der *Esra*-Entscheidung des BVerfG[201] spricht in diesen Fällen eine **Vermutung für die Fiktionalität**, ist mithin für die Annahme der Erkennbarkeit die Feststellung einer besonderen Intensität der Identifizierungsmerkmale erforderlich, die der BGH[202] in seiner dieselbe Sache betreffenden Entscheidung für den konkreten Fall später festgestellt hat. Die bloße Möglichkeit der Entschlüsselung von Romanfiguren durch sorgfältige Kritiker oder Literaturwissenschaftler reicht aber nicht aus.[203] Die in seiner früheren Rechtsprechung[204] vertretene Auffassung, es sei ausreichend, wenn ein nicht unbedeutender Leserkreis das Vorbild in einer Romanfigur unschwer erkenne, hat das BVerfG ausdrücklich aufgegeben. Entgegen der Annahme des KG[205] begründet es daher in derartigen Fällen die Erkennbarkeit noch nicht, wenn die Vorlage einer literarischen Figur nur für einen geringen Kreis ihr ohnehin vertrauter Personen erkennbar ist. Ebensowenig reicht es für die Erkennbarkeit aus, wenn sich jemand in einem kritischen *Roman über Vorkommnisse im Schulbetrieb* in demjenigen wiedererkennt, den der Autor als *Protagonisten eines bestimmten Lehrertypus* beschreibt.[206]

b) Abbildungen

Besondere Probleme können sich vor allem im Zusammenhang mit der Veröffentlichung von **Fotografien oder Filmen** ergeben, die isoliert oder im Zusammenhang mit den begleitenden Texten zur Erkennbarkeit abgebildeter Personen führen können. Auch und gerade hier stellt die Rechtsprechung an die Erkennbarkeit keine hohen Anforderungen,[207] wird den Medien also dann, wenn sie die Erkennbarkeit vermeiden wollen, besondere Sorgfalt abverlangt. In diesem Zusammenhang reicht es stets aus, wenn ein Abgebildeter darlegen und beweisen kann, dass er innerhalb seines Bekanntenkreises tatsächlich erkannt worden ist.[208] Die Tatsache, dass ein Foto bereits vor Jahren angefertigt wurde und sich das Aussehen der betroffenen Person seither altersbedingt verändert hat, steht der Annahme der Erkennbarkeit nicht entgegen.[209] Da ein Mensch in der Regel in erster Linie anhand seiner Gesichtszüge identifiziert wird, hilft sich die Medienpraxis mit der Anbringung von **Augenbalken** oder, insbesondere im Fernsehen, mit der **Pixelung** der Bilder. Diese Maßnahmen beseitigen aber die Erkennbarkeit nicht, wenn die Identifizierung des Abgebildeten trotzdem möglich ist, sei es, weil der

13.54

13.55

200 *Seitz*, Kap. 4 Rz. 9.
201 BVerfG AfP 2007, 441 = NJW 2008, 39 – Esra.
202 BGH NJW-RR 1988, 733; BGH AfP 2005, 464 = NJW 2005, 2844 – Esra.
203 OLG Karlsruhe AfP 2012, 466.
204 BVerfG AfP 1971, 119 = NJW 1971, 1645 – Mephisto.
205 KG AfP 2004, 371 = NJW-RR 2004, 1415 – Meere.
206 BVerfG AfP 2008, 155 – Pestalozzis Erben.
207 Vgl. Schricker/Loewenheim/*Götting*, § 22 KUG Rz. 16 ff.; Wenzel/*v. Strobl-Albeg*, Kap. 7 Rz. 15 ff.; Löffler/*Steffen*, § 6 LPG Rz. 122.
208 OLG Hamburg AfP 1993, 590 = NJW-RR 1993, 923; OLG Stuttgart NJW-RR 1992, 536; OLG München AfP 1983, 276; differenzierend KG AfP 2015, 249; Wenzel/*v. Strobl-Albeg*, Kap. 7 Rz. 15.
209 LG Frankfurt a.M. AfP 2008, 417.

Balken nicht groß genug ausgefallen ist, sei es, weil die Identifizierung aus sonstigen Umständen wie etwa einer *auffälligen Tätowierung*[210] möglich ist.[211] Zur Erkennbarkeit einer Person, deren Abbildung verpixelt wurde, angebotener Zeugenbeweis wird aber nur in besonders gelagerten Fällen ausreichend sein.[212] Und die These des OLG Stuttgart,[213] eine Verletzung des Rechts am eigenen Bild des Betroffenen komme auch dann in Betracht, wenn er auf einem ausreichend verpixelten Bild objektiv nicht erkennbar ist, ist nicht haltbar. Wer in einem Text aufgrund Namensnennung oder begleitender Umstände erkennbar, auf dem im Kontext abgebildeten Foto aber nicht erkennbar ist, mag in anderen Rechten verletzt sein; eine Verletzung seines Rechts am Bild kommt dann aber nicht in Betracht.

13.56 Kein geeignetes Mittel zur Vermeidung der Erkennbarkeit ist schließlich die insbesondere in der Werbung gelegentlich praktizierte **Abbildung eines Double**.[214] Denn der Verkehr wird und soll den Abgebildeten in diesen Fällen nicht mit dem Anonymen assoziieren, der sich für die Abbildung hergegeben hat, sondern mit demjenigen, den er darstellt. Daher liegt im Auftritt eines Prominenten-Double in einem Werbefilm ohne Zustimmung des Imitierten zugleich eine Verletzung von dessen Allgemeinem Persönlichkeitsrecht;[215] dazu auch Rz. 21.66. Erforderlich ist aber, dass die Abbildung den zwingenden Eindruck erweckt, bei dem Abgebildeten handele es sich um die berühmte Person, auf die der Betrachter schließt und schließen soll.[216] Die bloße Tatsache, dass der Abgebildete denselben Typus verkörpert wie derjenige, der in ihm seinen Doppelgänger sieht, reicht insoweit nicht aus.[217]

13.57 Selbst wenn die Gesichtszüge nicht sichtbar sind, ist die Erkennbarkeit nicht ausgeschlossen. So hat sie der BGH[218] bejaht im Fall der *rückwärtigen Aufnahme eines in Aktion befindlichen Fußballtorwarts*. Das LG Bremen[219] bejaht die Erkennbarkeit anhand von *Ausschnitten aus früher veröffentlichten Ganzkörperfotos*, obwohl auf diesen Ausschnitten das Gesicht der Betroffenen nicht abgebildet war, und das LG Hamburg[220] hat trotz Pixelung eines Bilds die Erkennbarkeit anhand von Merkmalen wie der *Kopfform, Frisur und Kleidung einer Betroffenen* bejaht. Diese Entscheidungen überzeugen nicht. Denn die Merkmale, denen sie die Erkennbarkeit entnehmen wollen, tragen zur Individualisierung der Betroffenen nichts bei. Richtig ist daher die Auffassung des KG, dass es zur Begründung der Erkennbarkeit nicht ausreicht, wenn eine Person *in Allerweltskleidung im Bild von hinten* gezeigt wird und ihre mittellangen schwarzen Haare auf dem Bild zu sehen sind.[221] Zu weit geht insbesondere das OLG Nürnberg,[222] das einen *Kunstflieger, dessen Kopf auf dem abgebildeten Foto nur noch in Stecknadelkopfgröße* erscheint, dennoch für erkennbar hält und dies mit den *charakteristischen Merkmalen des Sportflugzeugs* begründet, die jedenfalls für Eingeweihte auf die Person des Piloten

---

210 OLG Hamburg AfP 1987, 703.
211 OLG Karlsruhe AfP 2015, 55; Schricker/Loewenheim/*Götting*, § 22 KUG Rz.17.
212 Vgl. insoweit OLG Saarbrücken AfP 2010, 81 = NJW-RR 2010, 346.
213 OLG Stuttgart AfP 2014, 352.
214 BGH AfP 2000, 354 = NJW 2000, 2201 – Der blaue Engel; OLG Karlsruhe AfP 1998, 326; LG Köln ZUM 2001, 180; Schricker/Loewenheim/*Götting*, § 22 KUG Rz. 20.
215 OLG Köln AfP 2015, 347; OLG Karlsruhe AfP 1996, 282.
216 BGH NJW 1958, 459 = GRUR 1958, 354 – Sherlock Holmes; OLG Köln AfP 2015, 347.
217 LG Hamburg NJW-RR 2011, 1677 = GRUR-RR 2012, 42.
218 BGH AfP 1979, 345 = NJW 1979, 2205 – Fußballtor.
219 LG Bremen GRUR 1994, 897 – Fotoausschnitt.
220 LG Hamburg MMR 2007, 398; ähnlich LG Frankfurt a. M. AfP 2007, 378.
221 KG AfP 2006, 567.
222 OLG Nürnberg GRUR 1973, 40; wie hier Schricker/Loewenheim/*Götting*, § 22 KUG Rz. 17; Löffler/*Steffen*, § 6 LPG Rz. 122.

schließen ließen. Gleiches gilt für die Auffassung, *ein Reiter,* der als solcher auf einem Foto nicht erkennbar ist, *werde über sein Pferd identifizierbar.*[223] Tatsächlich scheidet die Erkennbarkeit in diesen Fällen schon deswegen aus, weil sich der Abbildung gerade nicht entnehmen lässt, durch welche Person das abgebildete Flugzeug geflogen oder das abgebildete Pferd geritten wird; die nicht ganz fernliegende Möglichkeit, dass dies in der konkreten Situation nicht der jeweilige Eigentümer ist, ziehen diese Entscheidungen ersichtlich nicht ins Kalkül.

§ 14 Tatsachenbehauptung und Meinungsäußerung

1. Übersicht

Art. 5 Abs. 1 GG gewährleistet neben der Presse-, Rundfunk- und Filmfreiheit die Freiheit des Einzelnen, seine **Meinung frei zu äußern.** Die Landespressegesetze[1] definieren die öffentliche Aufgabe der Presse dahingehend, dass sie Nachrichten zu beschaffen und zu verbreiten sowie durch Stellungnahme, Kritik oder auf sonstige Weise an der Meinungsbildung mitzuwirken hat. Damit sind schon durch das Grundgesetz und die Landespressegesetze die Eckpfeiler jeder publizistischen Tätigkeit gesetzt, die – abgesehen vom besonderen Bereich der Bildberichterstattung – aus der **Verbreitung von Nachrichten**, mithin Meldungen über Tatsachen, und von **Meinungen** besteht. Das Bemühen um Differenzierung zwischen Nachricht und Kommentar, zwischen Tatsachenbehauptung und Meinungsäußerung, prägt in der Regel das Selbstverständnis von Redaktionen, und die rechtliche Bewältigung der mit Medienberichterstattung zusammenhängenden Fragen kommt ohne diese Unterscheidung nicht aus.

Dieses Problem ist von beträchtlicher praktischer Relevanz für die Arbeit der Medien. So gewährleistet schon Art. 5 Abs. 1 Satz 1 GG prinzipiell nur die freie **Verbreitung von Meinungen** unbeschadet ihrer Richtigkeit, während die Verbreitung erwiesenermaßen oder bewusst **unrichtiger Tatsachenbehauptungen** vom Grundrechtsschutz nicht erfasst ist;[2] vgl. dazu im Einzelnen § 18. Daher differenzieren die wesentlichsten gesetzlichen Tatbestände, die die Freiheit der Berichterstattung einschränken, zwischen der Verbreitung von Tatsachenbehauptun-

14.1

14.2

---

223 OLG Düsseldorf GRUR 1970, 618 – Schleppjagd.
  1 Vgl. nur § 3 LPG Nordrhein-Westfalen.
  2 BVerfG AfP 1976, 115 = NJW 1976, 1677 – Echternach; BVerfG AfP 1982, 215 = NJW 1983, 1415 – NPD von Europa; BVerfG AfP 1992, 53 = NJW 1992, 1439 – Bayer; BVerfG NJW 1993, 916; BVerfG NJW 1993, 1845; vgl. die immer noch maßgebliche Darstellung von *Grimm,* NJW 1995, 1697 ff. und das dort auf S. 1705 abgedruckte Schema.

gen und derjenigen von Meinungen. Namentlich die in der Praxis bedeutsamsten Vorschriften der §§ 186 StGB und 824 BGB betreffen nur die Verbreitung von Tatsachenbehauptungen. Und auf der Ebene der Rechtsfolgen ist die Differenzierung vollends unvermeidlich, weil der durch die Landespressegesetze begründete Gegendarstellungsanspruch nur gegenüber der Verbreitung von Tatsachenbehauptungen gewährt wird (Einzelheiten in Rz. 29.1 ff.) und weil nur ihnen gegenüber ein Berichtigungsanspruch geltend gemacht werden kann (Rz. 31.1 ff.).[3] Mit der schon aus diesen Gründen unverzichtbaren Zuordnung einer Äußerung zum Bereich der Tatsachenbehauptung oder der Meinungsäußerung wird daher in äußerungsrechtlichen Streitigkeiten häufig die wesentlichste Weichenstellung überhaupt vorgenommen.[4] Das entspricht auch der Auffassung des EGMR.[5]

14.3 Diese Abschichtung von Tatsachenbehauptungen und Meinungsäußerungen ist hinsichtlich individueller Äußerungen auch dann erforderlich, wenn ein Wortbeitrag als *Kommentar* überschrieben ist und daher *prima facie* seine Einordnung als Meinungsäußerung nahe zu liegen scheint; denn auch in Kommentaren enthaltene Tatsachenbehauptungen werden als solche behandelt.[6] Bei der Differenzierung zwischen Tatsachenbehauptungen und Meinungsäußerungen handelt es sich damit um ein zentrales Problem des Äußerungsrechts, dem sich Journalisten und Juristen in gleicher Weise stellen müssen, zumal die Einstufung einer Äußerung als Tatsachenbehauptung oder Meinungsäußerung eine Rechtsfrage ist, die der BGH als Revisionsgericht uneingeschränkt überprüft.[7] Ihre Handhabung durch die Zivil- oder Strafgerichte wird wegen ihrer Bedeutung für den Schutzumfang der Grundrechte aus Art. 5 Abs. 1 GG sowie für die Abwägung mit kollidierenden Grundrechten auch vom BVerfG nachgeprüft.[8] Und trotz dieser zentralen Bedeutung des Problems lässt sich die Feststellung nicht vermeiden, dass es in der Praxis nur unbefriedigend gelöst ist und häufig zu Unsicherheiten und Auseinandersetzungen führt.

2. Tatsachenbehauptungen

14.4 Um **Tatsachenbehauptungen** handelt es sich nach ganz herrschender Auffassung bei Äußerungen über Tatbestände oder Vorgänge, die Anspruch auf Wirklichkeitstreue erheben und auf ihre Richtigkeit hin objektiv, mit den Mitteln der Beweiserhebung, **überprüfbar** sind.[9] Wenn in der Praxis teilweise vom Kriterium der Beweisbarkeit Abstand genommen und statt dessen zur Abgrenzung der Tatsachenbehauptung von der Meinungsäußerung auf die Begriffspaare *wahr/unwahr* zur Kennzeichnung der Tatsachenbehauptung und *richtig/unrichtig* zu derjenigen der Meinungsäußerung ausgewichen wird,[10] so ist dies zwar ein untrügliches

---

3 BGH NJW 1962, 1438 = GRUR 1962, 652 – Eheversprechen; BGH NJW 1977, 1681 = GRUR 1977, 745 – Wohnstättengemeinschaft; *Prinz/Peters*, Rz. 5.

4 *Prinz/Peters*, Rz. 5.

5 EGMR NJW-RR 2011, 981 – Ruokkanen/Finnland.

6 BVerfG AfP 2004, 48 = NJW 2004, 1235.

7 BGH ZUM 2018, 928; BGH AfP 2008, 297 = NJW 2008, 2110 – Gen-Milch; BGH AfP 2015, 41 – Hochleistungsmagneten.

8 BVerfG NJW 1991, 95; BVerfG NJW 1996, 1529; BVerfG NJW 2012, 1643; BVerfG NJW 2013, 217 – Focus-Ärzteliste.

9 BGH NJW 1966, 1617 = GRUR 1966, 693 – Höllenfeuer; BGH AfP 1975, 804 = GRUR 1975, 89 – Brüning-Memoiren I; BGH AfP 1976, 75 = NJW 1976, 1198 – Panorama; BGH NJW 1993, 930 = GRUR 1993, 409 – Illegaler Fellhandel; Wenzel/*Burkhardt*, Kap. 4 Rz. 43; *Seitz*, Kap. 6 Rz. 3, 41.

10 So insbesondere Wenzel/*Burkhardt*, Kap. 4 Rz. 69 ff.

Anzeichen für die großen Schwierigkeiten, die die Anwendung der vermeintlich so griffigen Formel von der Beweisbarkeit im Einzelfall bereitet. Es bedeutet aber im Ergebnis jedenfalls für die Erfassung des Begriffs der Tatsachenbehauptung keine wirkliche Abkehr von eben dieser Formel: Ob etwas wahr oder unwahr ist, kann, sofern unter den Beteiligten streitig, wiederum nur im Wege der Beweiserhebung geklärt werden.

Nicht entscheidend ist in diesem Zusammenhang, wie eine Äußerung von ihrem Verfasser oder Verbreiter gemeint war[11] oder ob er gar die Beeinträchtigung der Rechte eines Anderen gewollt hat.[12] Auch kommt es nicht darauf an, ob eine Formulierung in einem äußerlich als *Kommentar* oder als *Nachricht* aufgemachten Beitrag enthalten ist.[13] Entscheidend für die Einordnung als **Tatsachenbehauptung** ist demgegenüber, ob der unbefangene durchschnittliche Leser oder Hörer einer Äußerung ihr einen mit den Mitteln der Beweiserhebung auf ihren Wahrheitsgehalt hin überprüfbaren Sachverhalt entnimmt.[14] Das wird jedenfalls immer dann der Fall sein, wenn die umstrittene Äußerung selbst für sich in Anspruch nimmt, beweisbar zu sein, wie etwa diejenige, es *lägen Beweise für eine bestimmte Sachlage* vor.[15] So hat etwa der EGMR[16] in der Äußerung, jemand sei *Spiritus Rector* einer *Bespitzelungsaktion* gewesen, zutreffender Weise eine Tatsachenbehauptung gesehen. Die Frage, ob der Betroffene im Sinn dieser Formulierung als Anreger oder Drahtzieher hinter einer solchen Aktion steht, ist mit den Mitteln der Beweiserhebung zu klären.

14.5

Entgegen einer früher im Wettbewerbsrecht geltenden Formel[17] darf bei der Ermittlung des Charakters einer Äußerung allerdings nicht auf den so genannten *flüchtigen Leser* oder Hörer abgestellt werden. Maßgeblich ist vielmehr das Verständnis des **unbefangenen Durchschnittsrezipienten**,[18] bei dessen Ermittlung auch berücksichtigt werden muss, an welche Leser- oder Hörerkreise eine bestimmte Publikation sich wendet.[19] Handelt es sich dabei etwa um ein politisch interessiertes Publikum, so darf größere Aufmerksamkeit und ein differenzierteres Verständnis vorausgesetzt werden als bei Veröffentlichungen einer Boulevardzeitung, während es bei einer in erster Linie für ausländische Leser bestimmten Äußerung auf deren besonderes Verständnis ankommt.[20] Und stets ist der **Kontext** zu berücksichtigen, in den eine Äußerung eingebettet ist. Wird sie aus ihm herausgelöst und erhält sie durch die daraus resultierende Isolierung oder anderweitige Zuordnung eine Sinndeutung, die nicht derjenigen entspricht, die sich unter Berücksichtigung des Kontexts ergibt, dann stellt die durch das Herauslösen entstehende Aussage keine auf ihre Rechtmäßigkeit zu prüfende ei-

14.6

---

11 BVerfG NJW 2012, 1643; BVerfG NJW 2013, 217 – Focus-Ärzteliste; BGH AfP 2017, 316; BGH ZUM 2018, 527; BGH AfP 1998, 506 = NJW 1998, 3047 – IM Sekretär; BGH NJW 1961, 1913; BGH NJW 1966, 1213 = GRUR 1966, 452 – Luxemburger Wort; Löffler/*Steffen*, § 6 LPG Rz. 90.

12 BGH NJW 1982, 1805 = GRUR 1982, 318 – Schwarzer Filz.

13 BVerfG AfP 2004, 48; LG Freiburg AfP 1998, 528.

14 BGH AfP 1976, 75 = NJW 1976, 1198 – Panorama; BGH AfP 1981, 270 = NJW 1981, 1089 – Der Aufmacher I.

15 BVerfG NJW-RR 2006, 1130.

16 EGMR v. 23. 11. 2017 – 19068/13 und 73322/13 – Standard Verlagsgesellschaft mbH/Österreich.

17 Vgl. nur *Köhler/Bornkamm/Feddersen*, § 1 UWG Rz. 29 f.

18 BVerfG AfP 1990, 192 = NJW 1991, 95 – Zwangsdemokrat; BVerfG NJW 1994, 2943 – Soldaten sind Mörder; BVerfG NJW 1995, 3303 – Soldaten sind Mörder II; BGH NJW 1970, 1077 = GRUR 1970, 370 – Nachtigall I; BGH AfP 1981, 270 = NJW 1981, 1089 – Der Aufmacher I; KG AfP 1999, 369; Löffler/*Steffen*, § 6 LPG Rz. 85, 90.

19 BVerfG NJW 1977, 799; BGH AfP 1972, 229 = NJW 1971, 1655 – Sabotage; BGH AfP 1985, 116 = NJW 1985, 1621 – Türkol; BGH AfP 1992, 140 = NJW 1992, 1312 – Bezirksleiter Straßenbauamt.

20 BGH AfP 1985, 116 = NJW 1985, 1621 – Türkol.

genständige Äußerung dar. Das gilt insbesondere für die Beurteilung der Frage, ob eine Äußerung als Tatsachenbehauptung oder eben unter Berücksichtigung des Kontexts als Meinungsäußerung einzuordnen ist.[21]

14.7 Von dieser Definition der Tatsachenbehauptung sind im Prinzip auch die häufig problematischen Äußerungen über **innere Tatsachen** erfasst.[22] Sie können aber nur dann als Tatsachenbehauptung behandelt werden, wenn sie mit äußeren Tatsachen begründet oder durch sie gestützt werden, die ihrerseits dem Beweis zugänglich sind, wie etwa eigenen Äußerungen des Betroffenen.[23] Aber auch die Aussage, jemand *wolle sich scheiden lassen*, ist, wenn auch mit Schwierigkeiten, ebenso auf ihren Wahrheitsgehalt hin überprüfbar wie diejenigen, eine prominente Zeitgenossin *beabsichtige zu heiraten*,[24] oder jemand sei aus bestimmtem Anlass *zu Tränen gerührt* gewesen.[25] Gleichermaßen kann in der in die Zukunft gerichteten Ankündigung, jemand *werde sich in einer bestimmten Weise verhalten*, die Behauptung der inneren Tatsache liegen, er habe bereits einen entsprechenden Beschluss gefasst.[26] Auf ihre Wahrheit überprüfbar und damit Behauptung einer inneren Tatsache ist auch die Erklärung, ein Unternehmen *nehme Entlassungen vor, um damit ein bestimmtes Ziel zu erreichen*, oder die Aussage, jemand habe *wissentlich falsche Zahlen genannt, damit ein Vorgang bei einer Überprüfung nicht aufgedeckt werden könne*.[27]

14.8 Um **innere Tatsachenbehauptungen** handelt es sich auch bei der Darstellung, jemand *habe sich aus bestimmten Gründen* in einer spezifischen Weise verhalten[28] oder bei Aussagen über die *innere Einstellung einer politischen Gruppierung*.[29] Gerade bei diesem letzten Beispiel handelt es sich aber um einen Grenzfall, und aus dem Kontext einer solchen Äußerung kann sich ergeben, dass es dem Verfasser in erster Linie darum geht, seiner eigenen Überzeugung Ausdruck zu verleihen und sich vom politischen Gegner abzusetzen; dann wird die betreffende Äußerung als Meinungsäußerung einzuordnen sein. Die in kommentierender Berichterstattung häufigen **Motivbehauptungen** können Tatsachenbehauptungen sein,[30] deren Äußerung mit beträchtlichen Risiken verbunden ist; der Beweis des Vorhandenseins eines einer bestimmten Person zugeordneten Motivs ist zwar theoretisch führbar, kann aber in der Praxis nur in den seltenen Fällen erbracht werden, in denen der Betreffende seine Absichten schriftlich niedergelegt oder gegenüber Dritten klar verlautbart hat und in denen diese Verlautbarungen den Medien zugänglich sind.

14.9 Äußerungen über **nicht kundgetane Motivationen** und Beweggründe oder geheime Pläne werden aber in der Regel als **Meinungsäußerungen** einzustufen sein.[31] Das gilt insbesondere, wenn das Anliegen des Verfassers der betreffenden Äußerung erkennbar wird, die innere Haltung des Betroffenen zu kritisieren oder sonstwie zu bewerten.[32] So sind etwa die Aussagen,

---

21 BGH ZUM 2018, 527.
22 Dazu *Seitz*, Kap. 6 Rz. 86 ff.
23 OLG Karlsruhe AfP 2008, 315 = NJW-RR 2008, 856; *Seitz*, Kap. 6 Rz. 86.
24 BGH AfP 1995, 411 = NJW 1995, 861 – Caroline von Monaco I.
25 OLG Karlsruhe AfP 2011, 281 = ZUM-RD 2011, 556.
26 BGH WRP 1998, 303 – Versicherungsrundschreiben.
27 BGH AfP 1992, 75 = NJW 1992, 1314 – Kassenarzt-Rundschreiben.
28 OLG Frankfurt a.M. AfP 1983, 279.
29 OLG Hamburg AfP 1983, 289.
30 BVerfG NJW 2007, 2686 = ZUM 2007, 468; *Seitz*, Kap. 6 Rz. 89.
31 BVerfG AfP 2016, 24 = NJW 2015, 1501; EGMR AfP 2016, 24 = NJW 2015, 1501 – Axel Springer/ Deutschland II.
32 *Seitz*, Kap. 6 Rz. 90.

der Bundeskanzler bereite einen neuen Weltkrieg vor,[33] ein Politiker *habe die von ihm bisher verfolgten Ziele um eines Regierungspostens und damit um seiner politischen Karriere willen preisgegeben,*[34] oder jemand *schrecke im geschäftlichen Verkehr auch vor strafbarem Verhalten nicht zurück,*[35] mit Recht als Meinungsäußerungen und nicht als Behauptung innerer Tatsachen angesehen worden. Gleiches gilt für die Aussage, ein Strafverteidiger habe in einem bestimmten Verfahren mit von ihm gestellten Anträgen *nur Obstruktion betreiben, das Verfahren verzögern und das Gericht zermürben wollen,*[36] und diejenige, ein aus der DDR ausgereister Schauspieler *habe der Stasi sein Tagebuch für eine Ausreise erster Klasse überlassen,* nachdem sowohl die genehmigte Ausreise als auch die Tagebuchübergabe unstreitig waren.[37] Auch die von der *BILD Zeitung* verbreitete Frage eines Bundestagsabgeordneten, ob Altkanzler *Gerhard Schröder* im Mai 2015 *die außerplanmäßige Auflösung des Bundestags und ihr folgend seine Abwahl als Bundeskanzler in einer für ihn aussichtslosen Situation herbeiführte, weil ihm ein äußerst lukrativer Posten in der Wirtschaft angeboten worden war,* war die Frage nach einer nicht kundgetanen inneren Tatsache und als solche als Meinungsäußerung einzuordnen.[38]

Eine solche Zuordnung zum Meinungsbereich kommt aber nur dann in Betracht, wenn einer Aussage über eine **innere Tatsache** das Bestreben zu entnehmen ist, die eigene Meinung zur Geltung zu bringen, indem etwa dem politischen Gegner oder dem ansonsten Andersdenkenden Motive nachgesagt werden, die der eigenen Überzeugung diametral zuwiderlaufen. Sagt eine Zeitschrift einem Betroffenen eine *Freundschaft zu einer Verstorbenen* nach, so fehlt es an diesem Meinungsbezug und stellt diese Formulierung folglich eine Tatsachenbehauptung dar.[39] Meinungsäußerung ist es aber, wenn jemandem nachgesagt wird, *er wolle sozialisieren.*[40] Es muss damit bei der Zuordnung von Äußerungen über innere Tatsachen zu den Bereichen der Meinungsäußerung bzw. der Tatsachenbehauptung sorgfältig auf die konkreten Umstände des Einzelfalls unter Beachtung des **Kontexts**[41] abgestellt werden (vgl. dazu auch Rz. 14.26). Vielfach wird sich dann ergeben, dass insbesondere bei Äußerungen über *innere Einstellungen von Personen des politischen Lebens* die Überzeugungen desjenigen zur Geltung kommen, der sich äußert; dann sind sie als Meinungsäußerungen zu behandeln.[42]

14.10

Ein weiterer Anwendungsbereich des Satzes, dass Tatsachenbehauptung ist, was auf seinen Wahrheitsgehalt hin überprüfbar ist, ergibt sich im Umgang der Medien mit **Zitaten**. Wird einer Person ein wörtliches Zitat in den Mund gelegt, so stellt dies stets die jedenfalls inzident aufgestellte Behauptung dar, sie habe sich im wiedergegebenen Sinn geäußert.[43] Diese Behauptung ist nicht erst dann falsch, wenn das Zitat frei erfunden ist, sondern schon dann,

14.11

---

33 BGH NJW 1954, 1252.
34 BGH NJW 1959, 636.
35 OLG Dresden ZUM-RD 2018, 482.
36 KG AfP 1997, 721.
37 BVerfG BeckRS 2016, 50714.
38 So im Ergebnis, wenn auch mit leicht abgewandelter Begründung, EGMR AfP 2016, 24 = NJW 2015, 1501 – Axel Springer/Deutschland II; a. A. OLG Hamburg AfP 2008, 404.
39 LG München I AfP 2015, 180.
40 OLG Düsseldorf ArchPR 1966 (XI), 53; *Seitz,* Kap. 6 Rz. 91.
41 BVerfG NJW 2013, 217 – Focus-Ärzteliste; BGH AfP 1997, 144 = NJW 1996, 1131 – Polizeichef; BGH AfP 1994, 218 = NJW 1994, 2614 – Börsenjournalist; BGH AfP 1997, 634 = NJW 1997, 2513 – Komplexe Gesamtäußerung; BGH AfP 2009, 137 = NJW 2009, 1872 – Fraport-Manila-Skandal.
42 *Seitz,* Kap. 6 Rz. 90.
43 BGH AfP 1978, 136 = NJW 1978, 1797 – Böll/Walden I; OLG Köln AfP 2009, 603 = ZUM 2011, 69; Wenzel/*Burkhardt,* Kap. 4 Rz. 32; *Prinz/Peters,* Rz. 17.

wenn es unvollständig und dadurch sinnentstellend ist[44] oder die als solche richtig wiedergegebene Äußerung in einen Zusammenhang gestellt wird, in dem sie ursprünglich nicht stand, und dadurch einen anderen Sinngehalt erhält als den ihr ursprünglich anhaftenden;[45] Einzelheiten hierzu in Rz. 16.63 ff. Als Tatsachenbehauptung hat daher der BGH[46] auch die Darstellung angesehen, eine *in lateinischer Sprache verfasste Stellungnahme* habe *in der deutschen Übersetzung eine bestimmte Bedeutung.* Und gerade bei in die deutsche Sprache übersetzten fremdsprachigen Zitaten gehen Zweifel hinsichtlich der Authentizität der Übersetzung zu Lasten des Zitierenden.[47] Allerdings greift auch in diesem Zusammenhang die Ausnahme der wertneutralen Falschmeldung (Rz. 12.81 f.). Ist ein Fehler in einem wörtlichen Zitat so unerheblich, dass dessen Kernaussage durch ihn nicht verfälscht und der soziale Geltungsanspruch des Zitierten nicht beeinträchtigt wird, so stellt die Verbreitung des inkorrekten Zitats keine Rechtsverletzung zu Lasten des Zitierten dar.[48]

3. Meinungsäußerungen

14.12 Im Gegensatz zu Tatsachenbehauptungen handelt es sich bei **Meinungsäußerungen** um solche Aussagen, die nicht mit dem Anspruch auf Wahrheit ausgestattet, sondern durch Elemente des Meinens oder Dafürhaltens geprägt sind.[49] Die Wahrheit einer Meinung oder eines Werturteils lässt sich nicht beweisen, und eine Aufforderung durch ein Gericht, einen solchen Beweis zu führen, wäre ihrerseits eine Verletzung der Rechte des Urteilenden aus Art. 5 Abs. 1 GG und Art. 10 EMRK.[50] Hier geht es stattdessen um den Ausdruck einer subjektiven Ansicht oder Überzeugung, und auch hier ist die Sicht des durchschnittlichen Lesers, Hörers oder Zuschauers bei der Ermittlung des richtigen Verständnisses maßgeblich. In diese Kategorie gehören in erster Linie Bewertungen wie etwa eine **Bonitätsbeurteilung,**[51] **Einschätzungen, Ansichten** und **Überzeugungen.** Man verwendet daher als Synonym für den Begriff der Meinungsäußerung auch denjenigen des **Werturteils,** ohne dass damit etwas sachlich Unterschiedliches zum Ausdruck gebracht wird.[52]

14.13 Charakteristisch für die Meinungsäußerung ist, dass man zwar über die Richtigkeit auch solcher Aussagen streiten kann, dass aber der Streit nicht durch den Beweis der Richtigkeit,[53] sondern durch **Überzeugungsarbeit** entschieden wird, sofern eine Entscheidung überhaupt gesucht und gefunden wird, was bei Meinungsäußerungen nicht immer der Fall sein muss. Nicht konstitutiv für das Vorliegen einer Meinungsäußerung ist es, dass derjenige, der sich

---

44 LG Köln ZUM 2017, 690.
45 BVerfG AfP 1980, 151 = NJW 1980, 2072 – Böll/Walden; BVerfG AfP 1989, 532 = NJW 1989, 1789 – Rasterfahndung; BVerfG AfP 2013, 49 = NJW 2013, 774 – Das Prinzip Arche Noah; BGH AfP 2011, 484 = NJW 2011, 3516 – Das Prinzip Arche Noah; OLG Hamburg AfP 1979, 243; Löffler/*Steffen*, § 6 LPG Rz. 200; Wenzel/*Burkhardt*, Kap. 4 Rz. 33.
46 BGH AfP 1998, 218 = NJW 1998, 1391 – Klartext.
47 OLG Brandenburg NJW-RR 2007, 1641.
48 OLG Dresden AfP 2017, 173.
49 BVerfG AfP 1982, 215 = NJW 1983, 1415 – NPD von Europa; BVerfG AfP 1992, 53 = NJW 1992, 1439 – Bayer; BVerfG NJW 1993, 1845; BGH NJW 1966, 1617 – Höllenfeuer; Löffler/*Steffen*, § 6 LPG Rz. 84; *Grimm*, NJW 1995, 1697.
50 EGMR NJW 2018, 1589 – Egill Einarsson/Island.
51 BGH NJW 2011, 2204 – Bonitätsbeurteilungen.
52 Wenzel/*Burkhardt*, Kap. 4 Rz. 48 ff.
53 Löffler/*Steffen*, § 6 LPG Rz. 157.

äußert, zugleich die tatsächlichen Grundlagen seiner Äußerung mitteilt.[54] Im Streit über die rechtliche Zulässigkeit einer Meinungsäußerung genügt es vielmehr, dass der in Anspruch Genommene die **tatsächlichen Bezugspunkte**, auf deren Basis er zu seiner Meinung gelangt ist, nachträglich offenbaren kann und dies tut. Besteht Streit über die tatsächlichen Grundlagen einer Meinungsäußerung, die nicht zusammen mit ihr mitgeteilt werden, so kann der sich Äußernde den rechtfertigenden Gesichtspunkt der Wahrnehmung berechtigter Interessen für sich in Anspruch nehmen, sofern deren sonstige Voraussetzungen vorliegen (dazu im Einzelnen Rz. 15.1 ff.). Die Äußerung ist dann nur unzulässig, wenn die Unrichtigkeit der ihr zugrundeliegenden Tatsachen erwiesen ist; dass sie nur nicht erweislich zutreffend sind, führt allein noch nicht zur Unzulässigkeit der Äußerung einer auf ihnen basierenden Überzeugung.[55] Das BVerfG[56] vertritt hierzu in ständiger Rechtsprechung die Auffassung, dass an die Wahrheitspflicht keine Anforderungen gestellt werden dürfen, die die Bereitschaft zum Gebrauch des Grundrechts der Meinungsfreiheit herabsetzen und so auf die Meinungsfreiheit insgesamt negativ einwirken können. Es hat allerdings klargestellt, dass insoweit an die Medien höhere Anforderungen zu stellen sind als an das Individuum in der geistigen oder politischen Auseinandersetzung.[57]

Die Zuordnung einer Aussage zum Bereich der Meinungsäußerung oder der Tatsachenbehauptung kann nicht davon abhängen, ob die jeweilige Aussage aus der Sicht des Betroffenen oder des urteilenden Gerichts **richtig** oder **falsch**, **vertretbar** oder **unvertretbar** oder auch **ehrverletzend** oder **noch tolerabel** ist.[58] In Anbetracht der verfassungsrechtlichen Gewährleistung der Meinungsfreiheit erscheint das als eine Selbstverständlichkeit. Diese Parameter sind erst für die Abgrenzung der Verbreitung zulässiger von unzulässigen Meinungen relevant (s. dazu im Einzelnen Rz. 20.1 ff.), geben aber für die primär zu entscheidende Frage nichts her, ob eine Aussage überhaupt in den Bereich der Tatsachenbehauptung oder denjenigen der Meinungsäußerung fällt. 14.14

4. Grenzfälle

Sind damit die theoretischen Kriterien der Abgrenzung zwischen Tatsachenbehauptungen 14.15 und Meinungsäußerungen einigermaßen deutlich, so ergeben sich bei der Anwendung dieser Kriterien auf Form und Inhalt einzelner Äußerungen zahlreiche Schwierigkeiten, die in der Praxis nur unbefriedigend gelöst sind und zur Beantwortung der Frage nötigen, wie in Zweifelsfällen zu entscheiden ist. Dabei gilt es im Grundsatz, für alle Arten von Äußerungen und Reaktionen auf Äußerungen nach Möglichkeit **einheitliche Kriterien** anzuwenden. Der Begriff der Tatsachenbehauptung ist derselbe, wenn er auf die Zulässigkeit einer Gegendarstellung hin untersucht wird, wie wenn es um die Frage geht, ob gegenüber einer Aussage ein Widerruf verlangt werden kann.[59] Die Auffassung,[60] der Begriff der Tatsachenbehauptung sei

---

54 BGH AfP 1974, 702 = NJW 1974, 1762 – Deutschlandstiftung.
55 BVerfG AfP 2016, 240 – Kachelmann; anders noch OLG Köln AfP 2013, 144 – Kachelmann; BGH AfP 1989, 669 = NJW-RR 1990, 1058 – Wünschelrute; EGMR NJW 2018, 1589 – Egill Eynarsson/Island.
56 BVerfG AfP 1983, 215 = NJW 1983, 1415 – NPD von Europa; BVerfG AfP 1992, 53 = NJW 1992, 1439 – Bayer; BVerfG NJW 1993, 1845.
57 BVerfG AfP 1992, 53 = NJW 1992, 1439 – Bayer; dazu *Soehring*, NJW 1994, 2926, 2927.
58 Löffler/*Steffen*, § 6 LPG Rz. 81, 90.
59 BVerfG AfP 1998, 500 = NJW 1999, 483; OLG Karlsruhe AfP 1999, 373.
60 KG NJW 1970, 2029; KG ZUM 1985, 103; BayVerfGH AfP 1994, 216 = NJW 1994, 2477.

im Fall der Geltendmachung von Gegendarstellungsansprüchen in einem umfassenderen Sinn zu verstehen als in Auseinandersetzungen über Unterlassungs-, Berichtigungs- oder Entschädigungsansprüche, und es sei insofern ein großzügigerer Maßstab anzuwenden,[61] mag zwar von dem Bestreben gekennzeichnet sein, einem Betroffenen zur Durchsetzung eines Gegendarstellungsanspruchs zu verhelfen; mit der verfassungsrechtlichen Gewährleistung der Meinungsäußerungsfreiheit ist sie aber nicht zu vereinbaren;[62] vgl. dazu auch Rz. 14.19 ff.

a) Stolpe-Doktrin

14.16 Lediglich für **Unterlassungsansprüche** gilt seit dem *Stolpe*-Beschluss des BVerfG[63] eine differenzierende Betrachtungsweise. Da es in diesem Zusammenhang darum geht, ob eine Äußerung, deren Mehrdeutigkeit sich nach ihrer Erstveröffentlichung ergeben hat, in Zukunft unverändert oder ob sie nur mit einem klarstellenden Zusatz oder in einer die Mehrdeutigkeit vermeidenden Formulierung wiederholt werden darf, besteht nach Auffassung des BVerfG ein geringerer Schutzbedarf der Medien als in Fällen, in denen andere Sanktionen wie insbesondere strafrechtliche Verurteilungen, aber auch zivilrechtliche Ansprüche auf Veröffentlichung einer Berichtigung, Leistung von Schadenersatz[64] oder auch auf Abdruck einer Gegendarstellung[65] in Rede stehen. Anders als in derartigen Fällen ist es nach dem *Stolpe*-Beschluss bei Unterlassungsansprüchen demjenigen, der sich in einer mehrdeutigen Weise geäußert hat, in der Abwägung mit dem Allgemeinen Persönlichkeitsrecht des Betroffenen zumutbar, sich in Zukunft eindeutig zu äußern und damit zugleich klarzustellen, welcher Äußerungsgehalt der rechtlichen Prüfung einer etwaigen Verletzung des Persönlichkeitsrechts zugrunde zu legen ist.[66] Nach einer weiteren Entscheidung des BVerfG,[67] die der EGMR in diesem Punkt ausdrücklich gebilligt hat,[68] gilt dies nicht nur, wo die Einordnung einer Äußerung als Tatsachenbehauptung oder Meinungsäußerung infrage steht, sondern auch dann, wenn eine Äußerung, deren Qualifizierung als Meinungsäußerung nicht problematisch ist, mit der Folge mehrdeutig ist, dass eine der möglichen Äußerungen die Grenzen zur Schmähkritik überschreitet und daher in dieser Variante rechtswidrig ist; dazu im Einzelnen Rz. 20.4 ff.

14.17 Die für Äußerungsstreitigkeiten primär zuständigen Zivilgerichte, die an die tragenden Gründe der Entscheidungen des BVerfG von Gesetzes wegen gebunden sind (§ 31 Abs. 1 BVerfGG), haben diese differenzierende Einordnung von mehrdeutigen Äußerungen inzwischen in ihrer Rechtsprechungspraxis umgesetzt,[69] so dass die Medien in Fällen der Veröffentlichung mehrdeutiger Äußerungen verstärkt mit Unterlassungsansprüchen konfrontiert werden. Das gilt allerdings nach der zutreffenden Auffassung des OLG Hamburg[70] nicht für mehrdeutige Aussagen, die durch **Internet-Suchmaschinen** verbreitet werden, weil es einer Suchmaschine nicht wie einer Person möglich ist, sich so differenziert auszudrücken, dass

61 LG Hamburg AfP 1971, 87.
62 BVerfG AfP 1998, 500 = NJW 1999, 483; BVerfG AfP 2008, 58 = NJW 2008, 1654; Löffler/*Sedelmeier*, § 11 LPG Rz. 89; Wenzel/*Burkhardt*, Kap. 11 Rz. 16.
63 BVerfG AfP 2005, 544 = AfP 2006, 41 = NJW 2006, 207 – Stolpe/IM Sekretär.
64 BVerfG AfP 1992, 133 = NJW 1992, 2073 – geb. Mörder.
65 BVerfG AfP 2008, 58 = NJW 2008, 1654; BGH AfP 2004, 56 = NJW 2004, 598 – Klinik Monopoly.
66 BVerfG AfP 2005, 544 = AfP 2006, 41 = NJW 2006, 207 – Stolpe/IM Sekretär.
67 BVerfG AfP 2006, 349 = NJW 2006, 3769 – Babycaust.
68 EGMR NJW 2011, 3353 – Babycaust.
69 OLG Köln AfP 2006, 365 = NJW-RR 2007, 43; OLG München AfP 2007, 229; OLG Hamburg AfP 2007, 206 = NJW-RR 2007, 702 – Emissionsprospekt.
70 OLG Hamburg ZUM 2007, 490.

Mehrdeutigkeiten von vornherein vermieden werden. Daran ändert auch die Entscheidung des BGH in Sachen *Google Autocomplete* nichts;[71] denn dort geht es nicht um mehrdeutige Äußerungen, sondern um die Frage, ob der Betreiber der Suchmaschine für den durch einen Algorithmus erzeugten eindeutigen Inhalt eines angegebenen Begriffs haftet; s. dazu im Einzelnen Rz. 16.38.

Im Schrifttum ist die vom BVerfG im *Stolpe*-Beschluss vollzogene Wende demgegenüber mehrheitlich mit guten Gründen auf Kritik gestoßen, die sich freilich weniger auf das vom Gericht für den konkreten Einzelfall gefundene Ergebnis bezieht als auf die Methodik und die Konsequenzen für die Veröffentlichungspraxis der Medien;[72] dazu im Einzelnen Rz. 30.1 f.

14.18

Nach der ansonsten unverändert maßgeblichen Rechtsprechung des BVerfG[73] ist die Tragweite des Grundrechts der Meinungsfreiheit verkannt, wenn die Gerichte einer Äußerung einen Sinn beilegen, den sie nach dem festgestellten Wortlaut nicht hat. In allen Fällen einer strafrechtlichen Ahndung von Äußerungen oder in Fällen, in denen der Betroffene andere zivilrechtliche Sanktionen sucht als Unterlassungsansprüche, gilt es nach der so genannten **Variantenlehre**[74] als Verletzung der Kommunikationsgrundrechte aus Art. 5 Abs. 1 GG, wenn die Gerichte sich unter mehreren möglichen Einordnungen für diejenige als Tatsachenbehauptung entscheiden, ohne die Einordnung als Meinungsäußerung unter Angabe überzeugender Gründe ausschließen zu können.[75] Einen Verstoß gegen diesen tragenden Rechtssatz des Äußerungsrechts stellt es dar, wenn Gerichte in der Abgrenzung von Tatsachenbehauptungen und Meinungsäußerungen in der Erwägung Großzügigkeit walten lassen, im Fall der Gegendarstellung treffe die geforderte Sanktion die Medien nicht in gleicher Weise wie im Fall anderer rechtlicher Sanktionen. Den Sanktionscharakter von Gegendarstellungen und daraus folgend die **Einheitlichkeit des Tatsachenbegriffs** für die Abgrenzung von der Meinungsäußerung insbesondere für das Gegendarstellungsrecht hat das BVerfG[76] selbst vielmehr auch nach dem *Stolpe*-Beschluss[77] ausdrücklich und klarstellend bestätigt.

14.19

Verfechter der gegenteiligen These verkennen, dass sie sich spätestens dann in einen unlösbaren Widerspruch versetzen, wenn eine Äußerung sowohl mit Gegendarstellungs- als auch mit Berichtigungs- und Schadenersatzansprüchen bekämpft wird. Eine Aussage verliert auch dann nicht ihren Charakter als Meinungsäußerung, wenn ihr mit klaren tatsächlichen Aussagen begegnet werden kann. Es zeichnet vielmehr jede und gerade die fundierte Meinung aus, dass sie am besten mit tatsächlichen Argumenten bekämpft wird; das ändert an ihrem

14.20

---

71 BGH AfP 2013, 260 = NJW 2013, 2348 – Autocomplete-Funktion.

72 Vgl. u.a. *Grimm*, AfP 2008, 1 ff.; *Mann*, AfP 2008, 6 ff.; *Seelmann-Eggebert*, AfP 2007, 86 ff.; differenzierend *Helle*, AfP 2006, 110 ff. mit Erwiderung *Gas*, AfP 2006, 428 ff.; a.A. u.a. *Hochhuth*, NJW 2006, 189 ff.

73 BVerfG AfP 1982, 215 = NJW 1983, 1415 – NPD von Europa; BVerfG AfP 1992, 53 = NJW 1992, 1439 – Bayer; BVerfG NJW 1993, 1845; BVerfG NJW 1999, 204; OLG Düsseldorf AfP 1995, 500; LG Berlin AfP 2007, 65.

74 *Helle*, AfP 2006, 110 ff.; *Seitz*, Kap. 6 Rz. 35 f.; der von *Seelmann-Eggebert*, AfP 2007, 86 ff. und NJW 2008, 2551 unter IV 1 geprägte Begriff der *Zweifelsregel* trifft den Kern dieser Rechtsprechung besser, hat sich aber nicht durchgesetzt.

75 BVerfG AfP 1982, 215 = NJW 1983, 1415 – NPD von Europa; BVerfG AfP 1992, 53 = NJW 1992, 1439 – Bayer; BVerfG NJW 1993, 1845; BVerfG NJW 1999, 204 = ZUM 1998, 930; BGH ZUM 2018, 527; BGH AfP 2004, 56 = NJW 2004, 598 – Klinik Monopoly; OLG Düsseldorf AfP 1995, 500; LG München I AfP 2015, 180.

76 BVerfG AfP 2008, 58 = NJW 2008, 1654; vgl. dazu schon BVerfG AfP 1998, 500; OLG Karlsruhe AfP 1999, 373.

77 BVerfG AfP 2005, 544 = AfP 2006, 41 = NJW 2006, 207 – Stolpe/IM Sekretär.

Charakter als Meinungsäußerung nichts. Den Vorwurf einer gewissen Widersprüchlichkeit muss sich daher auch das BVerfG machen lassen, wenn es seit dem *Stolpe*-Beschluss an die rechtliche Einordnung mehrdeutiger Äußerungen im Grenzbereich zwischen Tatsachenbehauptung und Meinungsäußerung ausschließlich für den Bereich der Unterlassungsansprüche unterschiedliche Maßstäbe anlegt und dies mit der eher praxisfernen These begründet, derartigen Ansprüchen fehle der Sanktionscharakter.[78] In der eigenen Rechtsprechungspraxis freilich setzt das BVerfG[79] die von ihm postulierten neueren Maßstäbe konsequent um, wie dies etwa die *Babycaust*-Entscheidung illustriert. Während es die strafrechtliche Verurteilung wegen der Äußerung einer mehrdeutigen Kritik, die in einer möglichen Deutungsvariante den Tatbestand der Beleidigung gemäß § 185 StGB erfüllte, wegen Verletzung des Grundrechts der Meinungsfreiheit des Kritikers aufgehoben hat,[80] hat es in der Verurteilung zur Unterlassung eine Verletzung des Grundrechts des Betroffenen nicht gesehen.

b) Mischformen

14.21   Der Begriff der **Meinungsäußerung** ist im Interesse eines wirksamen Grundrechtsschutzes weit zu verstehen.[81] In eine große Zahl von Aussagen fließen tatsächliche und wertende Elemente ein, ohne dass sie sich scharf voneinander trennen lassen. Enthält eine Äußerung in nicht trennbarer Weise sowohl tatsächliche als auch wertende Elemente, so ist sie insgesamt als Meinungsäußerung zu behandeln, wenn sie durch die wertenden Elemente geprägt ist.[82] Dann ist aber im Rahmen der Beurteilung der Zulässigkeit dieser Meinungsäußerung zu berücksichtigen, ob in ihr verarbeitete tatsächliche Elemente zutreffend sind oder nicht.[83] So ist die Aussage, ein Unternehmen habe *einen Umsatzeinbruch hinnehmen müssen*, eindeutig eine Tatsachenbehauptung, da durch Vergleich der Gewinn- und Verlustrechnungen ohne Weiteres aufklärbar; ob sie diesen Charakter verliert, wenn von *schweren Umsatzeinbrüchen* die Rede ist, und damit ein wertendes Element hinzutritt, ist immerhin zweifelhaft. Eine semantische Analyse und Trennung derartiger zusammengesetzter Äußerungen ist jedenfalls im Kontext rechtlicher Bewertung nicht möglich. Die Praxis entscheidet daher im Allgemeinen danach, ob der tatsächliche oder der wertende Charakter einer Aussage überwiegt bzw. welchen Kern sie hat.[84] In dem genannten Beispielsfall handelt es sich um eine Meinungsäußerung, wenn ein Umsatzeinbruch tatsächlich festzustellen ist; ist das nicht der Fall, liegt eine unwahre Tatsachenbehauptung vor. Bei der Aussage, die *Bundeswehr* habe bei einem Rüstungsunternehmen *jahrelang untaugliche Waffen gekauft*, handelt es sich um eine Meinungsäußerung, wenn sich aus dem Kontext ergibt, dass mit diesem Begriff nicht ein vertragswidriger Mangel behauptet, sondern der Überzeugung Ausdruck verliehen werden soll, dass die *Bundeswehr* ein Waffensystem gekauft habe, das in seiner vertragsgemäßen Konfiguration den vernünfti-

---

78 Zur Kritik im Einzelnen vgl. *Grimm*, AfP 2008, 1 ff.; *Mann*, AfP 2008, 6 ff.; *Seelmann-Eggebert*, AfP 2007, 86 ff.; differenzierend *Helle*, AfP 2006, 110 ff. mit Erwiderung *Gas*, AfP 2006, 428 ff.; a.A. u.a. *Hochhuth*, NJW 2006, 189 ff.

79 BVerfG AfP 2006, 349 = NJW 2006, 3769 – Babycaust; kritisch dazu *Hochhuth*, NJW 2007, 192 ff.

80 BVerfG AfP 2006, 349 = NJW 2006, 3769 – Babycaust; zustimmend EGMR NJW 2011, 3353 – Babycaust.

81 BVerfG BeckRS 2016, 50714.

82 BVerfG BeckRS 2016, 50714; BVerfG NJW 2007, 2686; BGH AfP 2009, 137 – Fraport-Manila-Skandal; BVerfG NJW 2013, 217 – Focus-Ärzteliste.

83 BVerfG AfP 1992, 53 = NJW 1992, 1439 – Bayer; BVerfG 1994, 1779; BVerfG NJW 1996, 1529.

84 BGH AfP 1997, 144 = NJW 1996, 1131 – Polizeichef; BGH AfP 1997, 634 = NJW 1997, 2513 – Komplexe Gesamtäußerung; BGH AfP 2009, 137 = NJW 2009, 1872 – Fraport-Manila-Skandal; *Wenzel/Burkhardt*, Kap. 4 Rz. 50.

gerweise zu stellenden Anforderungen nicht genügt.[85] Und Meinungsäußerung ist auch die Bezeichnung eines Betroffenen als *korrupt*, wenn er als Funktionär eines Hundezüchtervereins Einfluss auf die Prämierung eines bestimmten Tiers bei einer Hundeschau nimmt, für dessen Vermittlung im Rahmen eines Kaufgeschäfts er eine Provision vereinnahmt hat,[86] oder die Bezeichnung eines Polizisten als *Spanner* durch eine Person, die von ihm mehrfach anlasslos und ohne Ergebnis kontrolliert worden war.[87]

Der tatsächliche Charakter überwiegt demgegenüber, wenn eine Aussage aus verschiedenen tatsächlichen Komponenten zusammengesetzt wird und nur in der Zusammenfassung dieser tatsächlichen Komponenten ein wertendes Element zum Ausdruck kommt. Voraussetzung hierfür ist aber, dass die zusammengefassten Einzeltatsachen einer Klärung durch Beweisaufnahme zugänglich sind.[88] Gleiches gilt, wenn das tatsächliche Element der Aussage im Verständnis des Lesers oder Hörers gegenüber dem wertenden deutlich in den Vordergrund tritt. Im erwähnten Beispiel des *schweren Umsatzrückgangs* wird man das jedenfalls dann annehmen müssen, wenn die Aussage in einem dialektischen Gegensatz zu einer Darstellung der bisherigen Geschäftsentwicklung steht. Um eine Meinungsäußerung handelt es sich aber, wenn eine Äußerung nach ihrem Gesamtzusammenhang meinungsbildenden Charakter hat; dann dürfen nicht Sätze oder Satzteile mit tatsächlichem Gehalt herausgegriffen und als unrichtige Tatsachenbehauptungen untersagt werden.[89] Tatsachenbehauptung ist aber die Äußerung eines fragwürdigen Zeugen in einem Buch über das *Rotlichtmilieu, ein ehemaliger Polizeirat habe für einen Angehörigen dieses Milieus gearbeitet.* Das gilt auch dann, wenn der Verfasser hinzufügt, es handle sich insgesamt um eine *unergiebige Recherche*, und damit zum Ausdruck bringt, der Vorwurf lasse sich wohl nicht beweisen.[90]

Um ein Werturteil handelt es sich demgegenüber, wenn einer Redaktion nachgesagt wird, sie *betreibe Gefälligkeitsjournalismus*; die Verbreitung dieser Meinung ist aber rechtswidrig, wenn die zur Substantiierung mitgeteilten Tatsachen sich als haltlos erweisen.[91] Tatsachenbehauptungen sind Äußerungen in einer Streitschrift gegen *grüne Gentechnik*, deren Vertreter *gehörten einer Seilschaft für Fördermittelveruntreuung* an, sie beabsichtigten, *ein neues El Dorado für Geldwäsche entstehen zu lassen*, und ein in dieser Branche tätiges Unternehmen *diene vor allem der Propaganda und der Veruntreuung von Steuergeldern.* Als Meinungsäußerung ist demgegenüber die Kennzeichnung der Angegriffenen als *rücksichtslos und profitorientiert* oder als *Angehörige einer Gen-Mafia* einzustufen, weil insbesondere diesem Begriff erkennbar eine belastbare tatsächliche Grundlage fehlt und die Formulierung insgesamt als Ausdruck von Missachtung und Kritik zu werten ist.[92] Meinungsäußerung kann auch die Vermutung eines Kritikers einer sogenannten *Focus-Ärzteliste* sein, die Redaktion des Magazins *habe wohl bei einer Reihe von in der Liste berücksichtigten Ärzten angerufen und ihnen* – unter welchen Voraussetzungen auch immer – *einen Platz auf der Liste angeboten.*[93]

Bei den zuletzt genannten Äußerungen überwiegt der wertende Charakter, da der tatsächliche Gehalt der Aussagen **substanzarm** ist und gegenüber dem wertenden Element in den Hinter-

14.22

14.23

14.24

---

85 LG Köln AfP 2014, 270.
86 OLG Koblenz MMR 2014, 633.
87 BVerfG AfP 2016, 433.
88 BGH GRUR 1972, 435 – Grundstücksgesellschaft; BGH NJW 1974, 1710 – Arbeitsrealitäten.
89 BGH AfP 2009, 137 = NJW 2009, 1872 – Fraport-Manila-Skandal.
90 BGH AfP 1997, 144 = NJW 1996, 1131 – Polizeichef.
91 OLG Köln NJW-RR 2001, 1486.
92 BVerfG NJW 2012, 1643.
93 BVerfG NJW 2013, 217 – Focus-Ärzteliste.

grund tritt.[94] Derartige Äußerungen werden durch die Elemente der Stellungnahme, des Meinens oder Dafürhaltens geprägt.[95] Das gilt auch für die Qualifizierung einer Person als *nicht adeliger Namensträger*, wenn der so Apostrophierte den auf eine adelige Herkunft hindeutenden Namenszusatz durch eine Adoption erworben hat,[96] oder für die Äußerung eines Kommentators zum Rücktritt des Vorstandsvorsitzenden eines Großunternehmens, er *glaube nicht, dass der Rücktritt freiwillig war*, er müsse vielmehr damit zusammenhängen, *dass die Geschäfte nicht immer sauber geführt worden seien*.[97] Um eine Meinungsäußerung handelt es sich auch, wenn eine Trennung des wertenden und des tatsächlichen Gehalts einer Aussage ihren Sinn verfälschen oder aufheben würde.[98] Ist daher in dem in Rz. 14.21 erwähnten Beispielsfall die Rede von einem *seit Jahren anhaltenden Verfall eines Unternehmens*, das nun auch im letzten Geschäftsjahr *schwere Umsatzeinbußen habe hinnehmen müssen*, dann steht das wertende Element dieser Aussage im Vordergrund, sofern nicht die Aussage über die Umsatzeinbuße als solche falsch ist.

14.25   Nur scheinbar um einen Fall einer solchen Mischform handelt es sich, wenn die Medien einer konkreten Sachdarstellung eine **zusammenfassende, generalisierende Umschreibung** voran- oder hintanstellen. Eine so zusammengesetzte Darstellung kann fast immer in ihre Einzelteile aufgegliedert und dann auch rechtlich getrennt behandelt werden. Bei der Darstellung der mitgeteilten Einzeltatsachen handelt es sich um Tatsachenbehauptungen, bei der generalisierenden Zusammenfassung hingegen um deren Bewertung. Dass mit der etwaigen Korrektur der behaupteten Tatsachen auch die Basis für deren Bewertung entfällt, macht diese nicht ihrerseits zur Tatsachenbehauptung. Es liegt vielmehr in der Natur des Streits auch über Meinungen, dass zu deren Rechtfertigung oder Widerlegung Tatsachen angeführt werden.[99] Unzutreffend ist daher die Auffassung des BGH,[100] die Formulierung *mit Verlogenheit zum Geld* stelle trotz des Umstandes eine widerrufsfähige Tatsachenbehauptung dar, dass es sich dabei um eine zusammenfassende Würdigung von Einzeltatsachen handelte, die im Text ausdrücklich mitgeteilt wurden.

c) Sinnzusammenhang

14.26   Häufig erschließt sich die zutreffende Einordnung einer Formulierung als Meinungsäußerung oder Tatsachenbehauptung erst aus ihrem **Kontext**.[101] Er ist für die Auslegung und richtige Einordnung einer Äußerung stets zu berücksichtigen.[102] Das ist insbesondere der Fall bei der Verwendung von Begriffen, die einen Zustand oder auch eine wertende Umschreibung zum

---

94 BGH AfP 2005, 70 = NJW 2005, 279 – Anwaltsbrief; BVerfG NJW 2012, 1643.

95 BGH AfP 1997, 144 = NJW 1996, 1131 – Polizeichef; BGH AfP 1997, 634 = NJW 1997, 2513 – Komplexe Gesamtäußerung.

96 OLG Frankfurt a.M. NJW-RR 2010, 401.

97 BGH AfP 2009, 588 = NJW 2009, 3580.

98 BVerfG AfP 1982, 215 = NJW 1983, 1415 – NPD von Europa; BVerfG NJW 1993, 1845; BGH NJW 1994, 2614.

99 Löffler/*Steffen*, § 6 LPG Rz. 84.

100 BGH AfP 1988, 25 = NJW 1988, 1589 – Mit Verlogenheit zum Geld; BGH AfP 1997, 144 = NJW 1996, 1131 – Polizeichef; BGH AfP 1997, 634 = NJW 1997, 2513 – Komplexe Gesamtäußerung.

101 BGH ZUM 2018, 527; BGH AfP 1975, 804 = GRUR 1975, 89 – Brüning-Memoiren I; BGH NJW 1980, 2807 = GRUR 1980, 1090 – Medizin-Syndikat I; BGH AfP 1989, 669 = NJW-RR 1990, 1058 – Wünschelrute; BGH AfP 1994, 299 = NJW-RR 1994, 1246 – Verdeckte Behauptungen II; BGH AfP 2000, 88 = NJW 2000, 656 – Verdacht am Bau.

102 BGH AfP 1987, 597 = NJW 1987, 2225 – Pressemäßige Sorgfalt; BGH AfP 1989, 669 = NJW-RR 1990, 1058 – Wünschelrute.

Ausdruck bringen können. *Wird ein Turnierpferd wegen einer Verletzung als lahm bezeichnet,* so handelt es sich um die Beschreibung eines Zustands, die auf ihren Wahrheitsgehalt hin überprüft werden kann; bezeichnet eine Redaktion einen *Sportler als lahm,* so wird es sich dabei in aller Regel um den Ausdruck ihrer subjektiven Auffassung handeln. Unzulässig ist es wegen der Maßgeblichkeit des Kontexts, komplexe Äußerungen, die sich aus tatsächlichen und wertenden Elementen zusammensetzen, in diese Elemente zu zerlegen und nur die tatsächlichen Elemente zum Gegenstand von Unterlassungsansprüchen zu machen.[103] So konnte etwa die isolierte Verbreitung des im Rahmen eines Flugblatts erhobenen tatsächlich unwahren Vorwurfs nicht untersagt werden, ein Rechtsanwalt habe *seinen ehemaligen Mandanten durch falsche Beratung bei Anlagegeschäften geschädigt,* weil in demselben Flugblatt auch die Tatsache Erwähnung fand, dass eine deswegen gegen den Rechtsanwalt erhobene Schadenersatzklage rechtskräftig abgewiesen wurde und der Verfasser des Flugblatts die entsprechenden gerichtlichen Entscheidungen für falsch hielt.[104] Und mit Recht hat der BGH[105] mit Billigung des BVerfG[106] in der Bezeichnung der Produkte einer Großmolkerei in einer *Greenpeace*-Kampagne als *Gen-Milch* eine Meinungsäußerung gesehen, nachdem fest stand, dass die angegriffene Molkerei die Milch mit gen-manipulierten Pflanzen gefütterter Tiere verarbeitete.

Die Qualifizierung einer Person als **Nazi** oder **Kommunist** wird Tatsachenbehauptung sein, wenn sich aus dem Kontext ergibt, dass damit eine gegenwärtige oder frühere Parteizugehörigkeit zum Ausdruck gebracht werden soll.[107] In der Regel wird es sich bei diesen Bezeichnungen wie auch bei Begriffen wie *links- oder rechtsradikal*[108] oder *Neofaschist* aber um eine Meinungsäußerung handeln. Dies gilt immer dann, wenn sich aus dem Sinnzusammenhang kein Anhaltspunkt für eine konkrete Zuordnung, sondern die Intention des Verfassers ergibt, mit dem betreffenden Begriff eine bestimmte politische Einstellung oder Geisteshaltung zu kennzeichnen.[109] So ist die Bezeichnung *eines Gewalttäters, aus dessen Wohnung nationalsozialistische Parolen zu hören waren,* als *Nazi* ebenso Meinungsäußerung[110] wie diejenige einer *pseudoreligiösen Sekte mit reaktionärem Gedankengut* als *Nazi-Sekte.*[111] Gleiches gilt für die Bezeichnung eines Unternehmens als *Tarnorganisation der Scientology-Bewegung* jedenfalls dann, wenn diese Bezeichnung im Rahmen eines Artikels verwendet wird, der die aktive Mitgliedschaft der Inhaber des Unternehmens in jener Bewegung darstellt,[112] und die Darstellung, *die Zeugen Jehovas* lehnten *Feuerwehr, Rotes Kreuz, Bundeswehr und Zivildienst* als Einrichtungen ab.[113]

14.27

Die Bezeichnung eines Fernsehpublizisten, der ein nationalsozialistisches Unrechtsurteil seinerzeit beifällig kommentiert und sich auch ansonsten während des Dritten Reichs publizistisch als Stütze des Regimes hervorgetan hatte, als **Schreibtischtäter** war daher Meinungs-

14.28

---

103 BVerfG NJW 1991, 2074, 2075 – Gebührenerschleichung; BGH AfP 2009, 137 = NJW 2009, 1872 – Fraport-Manila-Skandal.
104 BGH AfP 1997, 634 = NJW 1997, 2513 – Komplexe Gesamtäußerung.
105 BGH AfP 2008, 297 = NJW 2008, 2110 – Gen-Milch; OLG Köln NJW-RR 2007, 698; dazu *Gostomzyk*, NJW 2008, 2082 ff.
106 BVerfG NJW 2010, 3501 – Gen-Milch.
107 OLG Düsseldorf NJW 1948, 386; OLG Frankfurt a.M. AfP 1979, 359, 360; OLG Düsseldorf NJW 1970, 905.
108 BVerfG AfP 2012, 549 = NJW 2012, 3712.
109 BVerfG NJW 1992, 2013; OLG München ArchPR 1975, 54.
110 BVerfG NJW 1992, 2013.
111 OLG Hamburg NJW 1992, 2035.
112 OLG Karlsruhe NJW-RR 1993, 1054.
113 OLG Köln AfP 1998, 404 = NJW 1998, 235.

äußerung, solange sich nicht aus dem Kontext der Verwendung dieses Begriffs ergab, dass dem Betroffenen die unmittelbare Verantwortung für ein im Kontext erwähntes Todesurteil nachgesagt werden sollte.[114] Gleiches gilt für die Äußerung, die Zeitung *Junge Freiheit* werde *von der Jugendorganisation der NPD gelenkt*.[115] Auch die Bezeichnung einer Person als *Neofaschist* im Rahmen einer Fernsehdiskussion über das Thema Abtreibung[116] bzw. diejenige eines westdeutschen Rechtsanwalts, der in den Neuen Bundesländern innerhalb weniger Jahre mit der Liquidation von ehemals volkseigenen Betrieben im Auftrag der damaligen Treuhandanstalt Honorareinnahmen von mehr als 10 Millionen DM erzielt hatte, als *Abkassierer*[117] ist jedenfalls im jeweiligen Kontext zutreffend ebenso als Meinungsäußerung gewertet worden wie die Aussage, jemand *gebe antisemitische Statements ab*.[118] Meinungsäußerung war auch die Formulierung, ein Institut für Medienanalyse betreibe *Datenmanipulation*,[119] die Äußerung in einer Presseerklärung, eine *Enten-Großmästerei halte die Tiere nicht artgerecht, sondern in tierquälerischen Großbeständen*,[120] der *Vorwurf wirtschaftlicher Verflechtungen* der Familie eines Bürgermeisters im Zusammenhang mit einem kommunalen Bauvorhaben, an dem ein Planungsbüro des Schwiegervaters des Bürgermeisters beteiligt war,[121] die Äußerung, dass ein Publizist und ein Journalist sich *gegenseitig benutzen wie ein Freier eine Hure, wobei offenbleibe, wer in diesem Vergleich der Drübersteiger und wer die Hure sei*,[122] oder schließlich diejenige, eine Person *stehe einer totalitären, verfassungs- und jagdfeindlichen Sekte nahe*.[123]

14.29 Umgekehrt werden die Bezeichnung einer Person als **Stasi-Mitarbeiter** oder vergleichbare Qualifizierungen in der Regel Tatsachenbehauptungen sein. Das hat das OLG Hamburg etwa in einem Fall angenommen, in dem der Betroffene als *Stasi-Helfer*, zugleich aber auch als *Denunziant* bezeichnet worden war.[124] Auch die Charakterisierung von *Gregor Gysi* als *registrierter Stasi-Spitzel* wurde als Tatsachenbehauptung angesehen.[125] In einem anderen Kontext könnte aber gerade die Bezeichnung *Stasi-Helfer* auch eine Meinungsäußerung sein,[126] da sie die Überzeugung des Verfassers zum Ausdruck bringt, der Betroffene habe der *Stasi* objektiv Hilfe geleistet. Die Qualifizierung des damaligen Brandenburgischen Ministerpräsidenten *Manfred Stolpe als Stasi-Mitarbeiter (IM Sekretär)* im Rahmen eines Fernsehspiels wurde unter Berücksichtigung des Kontexts zutreffend als Meinungsäußerung angesehen.[127] Dass der BGH[128] auch die Äußerung, *Stolpe sei als IM Sekretär über 20 Jahre in den Diensten des Staatssicherheitsdienstes tätig gewesen*, als Meinungsäußerung eingestuft hat, dürfte hingegen unter Berücksichtigung der konkreten Formulierung eine Überdehnung des Bereichs der Meinungsäußerung sein, da hier das Element der durch Beweiserhebung zu klärenden Tatsachenvermittlung so deutlich im Vordergrund stand, dass eine Anwendung der Variantenlehre

---

114 LG Köln AfP 1988, 376.
115 OLG Frankfurt a.M. AfP 2009, 163.
116 OLG Köln AfP 1993, 755.
117 OLG München NJW 1997, 62.
118 LG Köln AfP 2008, 534, das diese Äußerung allerdings als unzulässige Schmähkritik bezeichnet.
119 OLG Köln AfP 2003, 267.
120 OLG Nürnberg AfP 2002, 328.
121 LG Düsseldorf AfP 2005, 566.
122 OLG Frankfurt a.M. AfP 2012, 577.
123 OLG Saarbrücken AfP 2010, 493 = NJW-RR 2010, 1349.
124 OLG Hamburg ZIP 1992, 117 – Hermann Kant.
125 BVerfG NJW 2002, 356 – Gysi I.
126 OLG Hamburg ZIP 1992, 117 – Hermann Kant.
127 LG Berlin AfP 1993, 675; KG AfP 1994, 926 – IM Brandenburger.
128 BGH AfP 1998, 506 = NJW 1998, 3047 – IM Sekretär.

nicht ernsthaft in Betracht zu ziehen war. Diese Auffassung hat das BVerfG[129] im *Stolpe*-Beschluss (Rz. 14.16) im Ergebnis zutreffend dahingehend korrigiert, dass von einer Tatsachenbehauptung auszugehen sei, wenngleich an der vom Gericht nunmehr geforderten Differenzierung unter Berücksichtigung der jeweiligen Sanktion erhebliche Zweifel bestehen; wegen der methodischen Kritik an der vom BVerfG vorgenommenen Modifikation der Variantenregel vgl. Rz. 14.18, Rz. 31.1 ff.

Meinungsäußerung ist die Aussage, ein bereits in der ehemaligen DDR als Rechtsanwalt tätiger Betroffener habe Bürgerrechtler *nicht verteidigt, sondern bespitzelt*. Das gilt jedenfalls dann, wenn in demselben Kontext mitgeteilt wird, dazu hätten seine namentlich genannten Opfer genügend Dokumente vorgelegt; ohne diese gedankliche Anknüpfung an vorliegende Dokumente handelt es sich um eine Tatsachenbehauptung.[130] Ähnlich kann die Aussage, ein Politiker *habe zu Gewalt aufgerufen*, Meinungsäußerung sein, wenn sie Teil der Schilderung einer konkreten historischen Begebenheit ist und damit deren Interpretation darstellt, während sie isoliert als Tatsachenbehauptung gelten wird.[131] Meinungsäußerung ist auch die Aussage, die als rechtsradikal geltende Zeitung *Junge Freiheit werde durch die NPD gelenkt*.[132] Eine nicht mehr vertretbare Überinterpretation der Rechtsprechung des BVerfG stellt es hingegen dar, wenn die Aussage, *jemand habe in einem Punkt die Unwahrheit gesagt*, mit der Begründung als Meinungsäußerung qualifiziert wird, sie sei unter Berücksichtigung ihres Kontexts substanzarm.[133] Im Fall *Kachelmann* hat das BVerfG[134] die nach dessen Freispruch vom Vorwurf der Vergewaltigung im Rahmen eines Interviews veröffentlichte Äußerung des angeblichen Vergewaltigungsopfers, *sie sei keine Lügnerin, es sei doch so gewesen wie von ihr behauptet*, als unter dem Aspekt des **Gegenschlags** gerechtfertigte Meinungsäußerung eingeordnet, nachdem *Kachelmann* seinerseits in einem Interview die Betroffene wegen des von ihr erhobenen Vorwurfs als *kriminell* bezeichnet hatte. Losgelöst von der konkreten historischen Konstellation wäre diese Äußerung der Betroffenen als Tatsachenbehauptung zu qualifizieren und im Hinblick auf § 190 StGB als üble Nachrede einzustufen (dazu Rz. 12.14). Tatsachenbehauptung war auch die vom BGH[135] fälschlich als Meinungsäußerung eingestufte Aussage, der damalige Bundesminister *Stolpe sei als IM Sekretär über 20 Jahre in den Diensten des Staatssicherheitsdienstes tätig gewesen*.[136] Derartige Äußerungen sind, wenn sich ihre Substantiierung nicht bereits aus dem Kontext ergibt, substantiierungsfähig und daher auch substantiierungsbedürftig, und ihre Richtigkeit kann mit den Mitteln der Beweiserhebung überprüft werden.

Mit der Interpretation ambivalenter Äußerungen aus dem Kontext lassen sich auch die in Rz. 14.7 ff. erwähnten Fälle zwanglos erklären, in denen die Rechtsprechung die Darstellung angeblicher **innerer Tatsachen** als Meinungsäußerungen qualifiziert hat. Dasselbe gilt für **erkennbar substanzarme Äußerungen**[137] wie etwa diejenige, eine in eine staatliche Kulturbehörde berufene Schauspielerin *sei völlig unbekannt*,[138] und solche, die trotz formaler Ausgestaltung als Tatsachenbehauptung ihrem Inhalt nach so eindeutig irreal sind, dass sie bei

14.30

14.31

---

129 BVerfG AfP 2005, 544 = AfP 2006, 41 = NJW 2006, 207 – Stolpe/IM Sekretär.
130 BVerfG NJW 2002, 356 – Gysi I.
131 LG München I NJW-RR 1995, 660.
132 OLG Frankfurt a.M. NJW-RR 2009, 835.
133 LG Saarbrücken NJW-RR 1993, 730.
134 BVerfG AfP 2016, 240 – Kachelmann.
135 BGH AfP 1998, 506 = NJW 1998, 3047 – IM Sekretär.
136 BVerfG AfP 2005, 544 = AfP 2006, 41 = NJW 2006, 207 – Stolpe/IM Sekretär.
137 BGH GRUR 1969, 555 – Cellulitis.
138 EGMR v. 19.1.2017 – 52137/12 – Kapsis und Danikas/Griechenland.

Anlegung eines verständigen Maßstabs nur als Ausdruck einer Meinung verstanden werden können. Auch das wird sich dem verständigen durchschnittlichen Rezipienten in der Regel aus dem Kontext erschließen. Mit Recht hat daher das BVerfG[139] die Formulierung als Meinungsäußerung bezeichnet, die *CSU sei die NPD von Europa.*

d) Fragen

14.32 Auch die rechtliche Einordnung von **Fragen** kann unter dem hier erörterten Aspekt Schwierigkeiten bereiten. Anerkannt ist, dass eine Tatsachenbehauptung auch in Gestalt einer Frage formuliert und verbreitet werden kann.[140] Das Grundrecht der Meinungsfreiheit schließt jedoch auch das Recht ein, Fragen zu stellen.[141] Daher kann nicht in jeder Frage eine in sie eingekleidete Behauptung gesehen werden. Bei der rechtlichen Einordnung von Fragen kommt es vielmehr darauf an, ob die Frage im Einzelfall, gegebenenfalls wiederum unter Berücksichtigung ihres Kontexts, offen gestaltet ist oder ob sie dem Leser oder Hörer die Antwort gleichsam aufdrängt.

14.33 Im letzteren Fall handelt es sich um eine **rhetorische Frage**, die als verschleierte Tatsachenbehauptung einzuordnen ist. Um eine solche rhetorische oder geschlossene Frage handelt es sich auch, wenn die Frage als Schlagzeile ausgestaltet ist und sich aus dem folgenden Text ergibt, dass es in der konkreten historischen Situation für die Formulierung dieser Frage keinen tatsächlichen Anlass gibt.[142] Das hat die Rechtsprechung mit Recht angenommen etwa im Fall der Schlagzeilen *Udo Jürgens im Bett mit Caroline?*,[143] *Heide Simonis jetzt ins Dschungel-TV?*[144] oder *Ehebruch und Unfalltod – was hatte er damit zu tun?* in einem Bericht über *Karl-Theodor zu Guttenberg.*[145] Auch die auf den Moderator *Günther Jauch* gemünzte Frage in der Überschrift eines Artikels über den frühen Tod eines seiner Freunde: *Hätte er ihn damals retten können?* hat das BVerfG unter Rückgriff auf die **Variantenlehre** nicht als verkappte Tatsachenbehauptung, sondern als eine der Meinungsäußerung vergleichbare offene Frage eingeordnet, weil sich aus dem Bericht ergab, dass es für diese Frage keinen tatsächlichen Anlass gab.[146] Der Schlagzeile andererseits: *Günther Jauch Schock-Geständnis – Steckt seine Ehe in einer Krise?* ist die Behauptung einer existierenden Ehekrise zu entnehmen, weil es anderenfalls nichts zu gestehen gäbe.[147] Eine Tatsachenbehauptung im Sinn einer **Verdachtsberichterstattung** (dazu im Einzelnen Rz. 16.48 ff.) war nach Auffassung des OLG Hamburg auch der von der *BILD* Zeitung verbreiteten Frage eines Bundestagsabgeordneten zu entnehmen, ob Altkanzler *Gerhard Schröder sein Amt loswerden (wollte), weil ihm lukrative Jobs zugesagt waren, und ob er persönliche Motive hatte, als er in politisch aussichtsloser Lage Neuwahlen herbeiführte.*[148] Der EGMR[149] hat im Beschwerdeverfahren die Frage, ob es sich hier

---

139 BVerfG AfP 1983, 215 = NJW 1983, 1415 – NPD von Europa.
140 BVerfG AfP 1992, 51 = NJW 1992, 1442 – Fragen; OLG Köln NJW 1962, 1121.
141 BVerfG AfP 1992, 51 = NJW 1992, 1442 – Fragen.
142 OLG Hamburg AfP 1995, 517 = NJW-RR 1995, 541; weitere Beispiele dazu bei *Prinz/Peters*, Rz. 15.
143 BGH AfP 2004, 124 = NJW 2004, 1034 – unechte Frage.
144 KG ZUM 2008, 60.
145 LG München I AfP 2014, 173.
146 BVerfG AfP 2014, 433 = NJW 2014, 766; anders nach Zurückverweisung OLG Zweibrücken AfP 2015, 169 = NJW-RR 2015, 561; wie in der erstgenannten Entscheidung erneut BVerfG AfP 2018, 219 = NJW 2018, 1596.
147 OLG Karlsruhe AfP 2016, 164.
148 OLG Hamburg AfP 2008, 404.
149 EGMR AfP 2016, 24 = NJW 2015, 1501.

um eine Tatsachenbehauptung oder eine Meinungsäußerung handelte, nicht abschließend entschieden, aber in den Entscheidungsgründen angedeutet, dass er zur Einordnung als Meinungsäußerung neigt, und im Ergebnis der Individualbeschwerde des *Axel Springer Verlags* mit der zutreffenden Begründung stattgegeben, dass es sich um eine Äußerung im politischen Bereich handelte; dazu schon Rz. 14.9.

Handelt es sich hingegen um **offene Fragen**, die dem Rezipienten die Auswahl unter mehreren möglichen Antworten belassen und/oder ihm Denkanstöße zu geben bestimmt sind, dann genießen sie den Schutz der Meinungsfreiheit,[150] wobei im Sinn der **Variantenlehre** (Rz. 14.19) von einem weiten Meinungsbegriff auszugehen ist.[151] Meinungsäußerung war daher die Frage *Benehmen sich so Gäste?* in einem offensichtlich ausländerfeindlichen Pamphlet, in dem der Verfasser verschiedene, von Ausländern begangene Gewaltakte beschrieb, in dem er den Leser aber auch aufforderte, *sich selbst eine Meinung zu bilden*.[152] Dasselbe gilt für eine veröffentlichte Frage, ob eine kritische Berichterstattung über ein Unternehmen *durch eine vorhergehende finanzielle Auseinandersetzung zwischen dem Autor und dem kritisierten Unternehmen veranlasst* war.[153] Als offene Fragen in diesem Sinn müssen auch **Interviewfragen** angesehen werden, selbst wenn die in ihnen enthaltenen Unterstellungen unwahr sind, sofern sie nur dem Befragten die Möglichkeit einer negativen Beantwortung und gegebenenfalls Kommentierung belassen. Derartige Fragen sind damit rechtlich stets zulässig, sofern sie nicht spezifische Elemente enthalten, die als solche ehrenrührig und damit persönlichkeitsrechtsverletzend sind.[154] Gibt es allerdings für die Formulierung einer Frage, die den geschützten Persönlichkeitsbereich eines Betroffenen berührt, wie etwa vor Jahren diejenige, *ob Caroline von Monaco schwanger sei*, keinen tatsächlichen Anhaltspunkt, so ist die Verbreitung einer derartigen offenen Frage als Verletzung des Allgemeinen Persönlichkeitsrechts des Betroffenen selbst dann unzulässig, wenn man sie als spekulative Meinungsäußerung begreift.[155]

e) Schlussfolgerungen und Prognosen

Schlussfolgerungen und **Bewertungen** sind im Allgemeinen das Ergebnis einer Überzeugungsbildung auf der Grundlage festgestellter Tatsachen. Daher geht die Rechtsprechung auch in diesem Bereich im Regelfall zu Recht vom Vorliegen einer Meinungsäußerung aus; der häufig verwendete Begriff des Werturteils trifft derartige Aussagen besonders gut. Als Meinungsäußerung ist daher stets die Veröffentlichung des *Ergebnisses von Warentests* anzusehen (dazu im Einzelnen Rz. 22.21 ff.).[156] Gleiches gilt für *Bonitätsauskünfte*,[157] *wissenschaftliche Darstellungen*[158] sowie für *Äußerungen von Sachverständigen im Rahmen von Gutachten*[159] und deren Wiedergabe in den Medien.

14.34

14.35

---

150 BVerfG AfP 1992, 51 = NJW 1992, 1442 – Fragen; BGH AfP 2017, 48 = NJW 2017, 482 – „Mal PR-Agent, mal Reporter"; OLG Hamburg AfP 1995, 517 = NJW-RR 1995, 541.
151 BVerfG AfP 2003, 41 = NJW 2003, 660.
152 BVerfG AfP 2003, 41 = NJW 2003, 660.
153 BGH AfP 2017, 48 = NJW 2017, 482 – „Mal PR-Agent, mal Reporter".
154 BVerfG AfP 1992, 51 = NJW 1992, 1442 – Fragen.
155 OLG Hamburg AfP 1995, 517 = NJW-RR 1995, 541.
156 BGH AfP 1976, 34 = NJW 1976, 620 – Warentest II; LG Frankfurt a.M. GRUR-RR 2010, 83.
157 BGH AfP 2011, 259 = NJW 2011, 2204.
158 RGZ 84, 294; BGH NJW 1978, 751 – Schriftsachverständiger.
159 BGH NJW 1978, 751 – Schriftsachverständiger.

14.36 Auch bei **Prognosen** namentlich in der Publikumspresse wird es sich im Allgemeinen um das Ergebnis einer Meinungsbildung und damit um Meinungsäußerungen handeln,[160] sofern sie nicht im Einzelfall mit dem Anspruch auf überprüfbare Richtigkeit ausgestattet sind. Mit Recht hat etwa der BGH[161] im Rahmen der Berichterstattung über ein Wirtschaftsunternehmen die Fragestellung, *ob vorhandene Mittel es dem Unternehmen ermöglichen würden, über die Runden zu kommen*, als das Ergebnis einer kritischen Meinungsbildung und damit als Meinungsäußerung angesehen und dabei berücksichtigt, dass es sich bei der publizierenden Tageszeitung nicht etwa um eine Fachzeitschrift handelte, die mit dem Anspruch auf wissenschaftliche Verlässlichkeit antrete. Die Auffassung des LG Hamburg,[162] die Veröffentlichung von Zweifeln, *ob ein bestimmtes Unternehmen veröffentlichte Vorgaben durchhalten werde*, impliziere die Tatsachenbehauptung, das werde nicht der Fall sein, ist damit nicht zu vereinbaren und trägt dem Meinungscharakter einer derartigen Aussage nicht hinreichend Rechnung.

14.37 Auch in diesem Bereich kann sich jedoch unter **Berücksichtigung des Kontexts** der veröffentlichten Äußerung ergeben, dass dem Leser eine konkrete, überprüfbare Tatsache nahegebracht wird. Keinen Widerspruch zu der Feststellung, dass Prognosen in der Regel Meinungsäußerungen sind, stellt es insbesondere dar, wenn Mitteilungen mit eindeutigem Ankündigungscharakter wie etwa die in Frageform gekleidete Ankündigung einer *Hochzeit im September?*[163] oder die an ein bestimmtes Ereignis anknüpfende Frage, ob *ein Geschäft nun für mehrere Wochen geschlossen* bleiben wird, als Tatsachenbehauptung behandelt werden. Dabei handelt es sich nicht um eine Prognose im engeren Sinn, sondern um die Ankündigung zukünftigen tatsächlichen Geschehens, die sich als Tatsachenbehauptung an den normalen Kriterien der Wahrheitsüberprüfung messen lassen muss.

f) Rechtliche Qualifizierungen

14.38 Auch **rechtliche Qualifizierungen** sind in der Regel als Meinungsäußerung und nicht als Tatsachenbehauptung einzuordnen.[164] Das ergibt sich aus der Verwendung des Begriffspaars richtig/unrichtig als Test für das Vorliegen einer Meinungsäußerung im Gegensatz zu dem für Tatsachenbehauptungen maßgeblichen Begriffspaar wahr/unwahr. So ist die Bezeichnung eines Verhaltens als *illegal*[165] oder *strafrechtlich relevant*[166] ebenso als Meinungsäußerung eingestuft worden wie die im Vorfeld der rechtlichen Bewertung angesiedelten Begriffe *Sittenstrolch*,[167] *Wirtschaftskriminalität*[168] oder *manipuliert*.[169] Wirft ein Medienbericht die Frage auf, wie ein als unstreitig feststehender Sachverhalt rechtlich zu bewerten ist, so ist die Antwort, die der Bericht darauf findet, folglich Meinungsäußerung;[170] eine Anhörung des Betroffenen (dazu Rz. 2.33 ff.) ist nicht erforderlich.[171] Auch die Äußerung, eine bestimmte Verein-

---

160 BGH WRP 1998, 303 – Versicherungsrundschreiben.
161 BGH AfP 1975, 801 – Metzeler.
162 LG Hamburg v. 4.7.1986 – 74 O 253/85, unveröffentlicht.
163 BGH AfP 1995, 411 = NJW 1995, 861 – Caroline von Monaco I.
164 BGH NJW 1965, 294 – Volkacher Madonna; BGH AfP 1982, 217 = NJW 1982, 2246 – Klinikdirektoren.
165 BGH 1965, 294 – Volkacher Madonna; BGH AfP 1982, 217 = NJW 1982, 2246 – Klinikdirektoren.
166 LG Frankfurt a.M. NJW-RR 1997, 85 – López.
167 OLG Schleswig AfP 1974, 759.
168 OLG Stuttgart AfP 1980, 43.
169 OLG Hamburg ZUM 2012, 329.
170 BVerfG AfP 2019, 38 = NJW 2019, 419.
171 OLG Köln AfP 2017, 159.

barung *bleibe hinter den gesetzlichen Regeln zurück* und *verkürze gesetzliche Haftungsansprüche gegen den Vertragspartner*, ist Meinungsäußerung.[172] Gleiches gilt für die Kennzeichnung einer Person, die entgegen dortigem Recht Falken aus den USA exportiert hatte und deswegen dort bestraft worden war, als *Falkendieb*, die gleichfalls im Bereich der Meinungsäußerung liegt und daher nicht etwa deshalb unzulässig ist, weil der Tatbestand des Diebstahls nach deutschem Recht nicht erfüllt ist.[173] Meinungsäußerung war daher auch die *Qualifizierung der Arbeit eines Meinungsforschungsinstituts als Datenmanipulation*.[174] Am Meinungscharakter der Äußerung einer Rechtsauffassung ändert sich schließlich auch dann nichts, wenn die rechtliche Bewertung einer objektiven Überprüfung nicht standhält;[175] für die Qualifikation einer Aussage als Meinungsäußerung spielt es mithin auch in diesem Zusammenhang keine Rolle, ob sie richtig oder falsch ist.[176]

Erneut kann sich jedoch aus dem Sinnzusammenhang im Einzelfall eine andere Beurteilung ergeben, wobei insbesondere unter Berücksichtigung des Kontexts zu ermitteln ist, ob derjenige, der sich äußert, eine rechtliche Qualifizierung rechtstechnisch oder umgangssprachlich verwendet. Daher wird es sich um eine Tatsachenbehauptung handeln, wenn die Verwendung eines **Rechtsbegriffs** dem Leser einen bestimmten, konkret nachprüfbaren Tatbestand vermittelt wie etwa mit der Bezeichnung einer Person als *Eigentümer eines Grundstücks*.[177] Unter diesem Aspekt ist etwa der Vorwurf, ein bestimmtes Werk sei ein *Plagiat*, in der Regel eine Tatsachenbehauptung;[178] aber auch insoweit kann sich Anderes aus dem Kontext ergeben.[179] Unter Berücksichtigung des Kontexts hat der BGH auch den prinzipiell wertenden Begriff der *Illegalität*[180] sowie die Abqualifizierung eines bestimmten Verhaltens als *Betrugsmasche* und *Taschenspielertrick*[181] als Tatsachenbehauptung angesehen, weil sie sich jeweils auf einen dem Leser erkennbaren konkreten tatsächlichen Vorgang bezogen. Gleiches gilt für die Darstellung, *ein Geschäftsmann habe einen Beamten betrogen*, weil im Zusammenhang mit ihr der Eindruck erweckt wurde, der Betroffene habe sich oder einem Dritten durch Täuschung einen Vermögensvorteil verschafft,[182] während es sich in der Regel selbst hierbei nur um die pointierte Kennzeichnung eines Interessenkonflikts und damit eine Meinungsäußerung handeln wird.

14.39

Verfehlt erscheint allerdings die Auffassung, die Äußerung, eine behauptete *Abzweigung öffentlicher Mittel durch einen Theaterintendanten rechtfertige allemal den Vorwurf der Unterschlagung*, sei Tatsachenbehauptung.[183] Denn damit wird lediglich eine rechtliche Qualifizierung einer als Tatsache dargestellten Handlung vorgenommen,[184] die allerdings auch als Meinungsäußerung rechtswidrig ist, sofern der Kritisierte die Unwahrheit der ihr zugrundeliegen-

14.40

172 OLG Stuttgart AfP 1999, 353.
173 OLG Köln AfP 1985, 295.
174 OLG Köln AfP 2003, 267.
175 BGH NJW 1965, 294 – Volkacher Madonna; BGH GRUR 1974, 797 – Fiete Schulze (insoweit in NJW 1974, 1371 nur auszugsweise abgedruckt).
176 BVerfG AfP 2019, 38 = NJW 2019, 419.
177 Wenzel/*Burkhardt*, Kap. 4 Rz. 62.
178 BGH GRUR 1960, 500 – Plagiatsvorwurf I; BGH AfP 1992, 362 – Plagiatsvorwurf II.
179 OLG Köln AfP 2003, 335 = NJW-RR 2002, 1341; LG Hamburg AfP 2011, 198.
180 BGH NJW 1993, 930 – illegaler Fellhandel.
181 BGH AfP 1989, 669 = NJW-RR 1989, 1058 – Wünschelrute.
182 BGH AfP 1982, 219 = NJW 1982, 2248 – Geschäftsführer.
183 OLG Hamburg AfP 1992, 364.
184 Wie hier OLG München AfP 1992, 78; Löffler/*Steffen*, § 6 LPG Rz. 88.

den Behauptung des Abzweigens nachweist;[185] dazu Rz. 20.18 ff. Eine Überspannung der Regel, nach der auch rechtliche Bewertungen im Zweifel als Meinungsäußerung einzustufen sind (dazu Rz. 14.41 f.), stellt es schließlich dar, wenn das OLG Karlsruhe[186] die Äußerung eines Abtreibungsgegners, ein namentlich benannter Gynäkologe *nehme rechtswidrige Abtreibungen vor*, mit der Begründung als durch Art. 5 Abs. 1 Satz 1 GG geschützte Meinungsäußerung eingestuft hat, der Gesetzgeber selbst habe die Frage, ob eine nach § 218 StGB straffreie Abtreibung dennoch rechtswidrig sei, nicht eindeutig beantwortet; hier übersieht das Gericht, dass auch der verständige Durchschnittsleser, der mit der rechtlichen Thematik nicht wirklich vertraut ist, der Charakterisierung einer Abtreibung als rechtswidrig zwingend die Behauptung entnehmen muss, sie sei unerlaubt und damit strafbar.[187]

g) Auslegungsregel

14.41 Trotz der aufgezeigten Kriterien für die Einordnung einer Äußerung als Tatsachenbehauptung oder Meinungsäußerung und insbesondere der Möglichkeit, den Sinngehalt einer Aussage aus ihrem Kontext zu ermitteln, verbleiben Zweifelsfälle, die mit diesen Kriterien nicht zu lösen sind. Auf sie wendet die Rechtsprechung mit der so genannten **Variantenlehre** den Interpretationsstandard an, dass Äußerungen im Zweifel Meinungscharakter haben und dass mehrdeutige Meinungsäußerungen so zu interpretieren sind, dass ihre Auslegung nach Möglichkeit nicht zu einer Verurteilung führt.[188] Anderes gilt nach dem *Stolpe*-Beschluss des BVerfG[189] (s. dazu im Einzelnen Rz. 14.16, Rz. 30.1 ff.) nur dann, wenn eine mehrdeutige Äußerung Gegenstand eines Unterlassungsanspruchs ist. Ob allerdings diese im Kontext des Äußerungsrechts systemwidrige Ausnahme uneingeschränkt gilt oder ob sie in Zukunft nicht doch auf einen Kernbereich reduziert werden wird, in dem die Annahme einer Meinungsäußerung, wie im Anlassfall des *Stolpe*-Beschlusses, im Ergebnis fern liegt (Rz. 14.16), wird erst die weitere Entwicklung der Rechtsprechung zeigen können. Richtiger Auffassung nach wird man eine solche Reduzierung erwarten dürfen. Denn an der Grundausrichtung der Rechtsprechung zur Abgrenzung von Tatsachenbehauptung und Meinungsäußerung will das BVerfG erklärtermaßen auch mit dem *Stolpe*-Beschluss nichts ändern. Bewusst pointiert formuliert es an anderer Stelle,[190] die Tragweite der Meinungsfreiheit sei verkannt,

„... wenn Formulierungen, in denen die Bewertung tatsächlicher Vorgänge zum Ausdruck kommt, als Tatsachenbehauptungen angesehen werden ... Das gilt insbesondere dann, wenn eine Trennung der wertenden und der tatsächlichen Gehalte (einer Äußerung) den Sinn der Äußerung aufhöbe oder verfälschte ..."

14.42 Einen Verfassungsverstoß stellt es nach dieser Rechtsprechung auch dar, wenn die Gerichte einer Äußerung unter **mehreren möglichen Deutungen** diejenige geben, die zu einer strafrechtlichen Verurteilung oder zivilrechtlich zu anderen Sanktionen führt als Unterlassungs-

---

185 BGH AfP 1989, 669 = NJW-RR 1990, 1058 – Wünschelrute.

186 OLG Karlsruhe AfP 2003, 452 = NJW 2003, 2029; anders in einem Parallelverfahren zutreffend BVerfG AfP 2006, 349 = NJW 2006, 3769; zustimmend EGMR NJW 2011, 3353 – Babycaust.

187 Dass der Betroffene im entschiedenen Fall strafbare Abtreibungen nicht vornahm, stand fest.

188 BVerfG AfP 1983, 215 = NJW 1983, 1415 – NPD von Europa; BVerfG AfP 1992, 53 = NJW 1992, 1439 – Bayer; BVerfG NJW 1993, 1845; BGH NJW 1965, 294 – Volkacher Madonna; *Grimm*, NJW 1995, 1697, 1703 f.

189 BVerfG AfP 2005, 544 = AfP 2006, 41 = NJW 2006, 207 – Stolpe/IM Sekretär.

190 BVerfG AfP 1983, 215 = NJW 1983, 1415 – NPD von Europa.

ansprüchen,[191] ohne die anderen unter Angabe überzeugender Gründe auszuschließen.[192] Dieser Grundsatz gilt nicht nur für die Medien, sondern generell und damit auch für diejenigen, die sich im Rahmen eines Leserbriefs äußern.[193] Das Gericht, das sich im Streit über die richtige Einordnung einer Äußerung für die Tatsachenbehauptung und damit automatisch gegen die Meinungsfreiheit des Beklagten entscheidet, trifft eine konkrete Darlegungs- und Begründungslast dafür, dass die Qualifizierung der betreffenden Aussage als Meinungsäußerung nicht in Betracht kam. Diese Grundsätze gelten auch nicht nur für Äußerungen im politischen Meinungskampf, sondern für Äußerungen aller Art.[194]

In Anwendung dieses Grundsatzes haben Gerichte neben den in Rz. 14.21 ff. genannten etwa die folgenden Aussagen als Meinungsäußerungen behandelt:[195] Eine im politischen Bereich tätige Stiftung sei *von Alt- und Neufaschisten durchsetzt*;[196] Kreditvermittler seien *Kredithaie*;[197] ein Unternehmen sei nur *durch brutalen Machtmissbrauch zustande gekommen*;[198] die *Bayer AG bespitzele eine ihr missliebige Umweltschutzorganisation und setze sie unter Druck*;[199] ein Klinikchef habe *ein ganzes Krankenhaus heruntergewirtschaftet*;[200] ein Unternehmer sei ein *berüchtigter Chef und Halsabschneider*;[201] ein Verlag *betreibe mit der Herausgabe eines politischen Buchs Geschichtsfälschung*;[202] ein Meinungsforschungsinstitut betreibe *Datenmanipulation*;[203] oder die von einem *Kreisverband der AFD* verbreitete Äußerung, *ein Zeitungsverlag unterstütze eine Antifaschistische Initiative*.[204] Und das OLG München[205] sieht in der Aussage, ein bekannter Fernsehpublizist des konservativen Lagers *polemisiere seit Jahren aus seiner extrem rechten Position gegen alles, was nicht auf seiner Linie des kalten Krieges liege, er diffamiere, fälsche, beleidige und beteilige sich an rechtsextremen Kampagnen*, ein pauschales Werturteil über das berufliche Wirken und öffentliche Auftreten des Betroffenen, dessen Verbreitung Meinungsäußerung und daher durch das Grundrecht der Meinungsfreiheit gedeckt sei. Auch die Äußerung, die *Berichterstattung einer Zeitung erfolge mehr oder weniger durch Weglassen oder Hinzufügen*, gibt die Meinung des Kritikers wieder und stellt damit keine Tatsachenbehauptung dar.[206]

Die Gerichte räumen damit den Medien einen erheblichen Freiraum für kritische und auch polemische Berichterstattung ein, indem sie Äußerungen **im Zweifel als Meinungsäußerung**

14.43

14.44

---

191 BVerfG AfP 2005, 544 = AfP 2006, 41 = NJW 2006, 207 – Stolpe/IM Sekretär.
192 BVerfG AfP 1992, 53 = NJW 1992, 1439 – Bayer; BVerfG NJW 1993, 1845; BVerfG NJW 1999, 204; BGH AfP 1998, 506 = NJW 1998, 3047 – IM Sekretär; BayObLG AfP 1995, 496 = NJW 1995, 2501.
193 BVerfG AfP 1991, 735; OLG München NJW-RR 2005, 1355.
194 BGH AfP 1998, 506 = NJW 1998, 3047 – IM Sekretär.
195 Weitere umfangreiche Beispiele aus der Rechtsprechung insb. bei *Seitz*, Kap. 6 Übersicht vor Rz. 1 ff.
196 BGH AfP 1974, 702 = NJW 1974, 1762 – Deutschlandstiftung.
197 BGH GRUR 1969, 304; BVerfG AfP 1982, 163 = NJW 1982, 2655 – Kredithaie.
198 BGH NJW 1981, 2117 = GRUR 1981, 616 – Abgeordnetenprivileg.
199 BVerfG AfP 1992, 53 = NJW 1992, 1439 – Bayer.
200 BVerfG NJW 1993, 1845.
201 BGH AfP 1978, 33 = GRUR 1977, 801 – Halsabschneider.
202 OLG Köln AfP 1987, 696.
203 OLG Köln AfP 2003, 267.
204 OLG Karlsruhe v. 24.10.2018 – 6 U 65/18, bei Drucklegung noch unveröffentlicht.
205 OLG München v. 9.7.1984 – 21 U 2088/84, unveröffentlicht.
206 OLG Nürnberg AfP 1989, 562.

behandeln. Die dagegen vorgebrachte Kritik,[207] mit der Ausweitung des Begriffs der Meinungsäußerung schränke das BVerfG den Ehren- und Persönlichkeitsschutz in unzulässiger und im Ergebnis unerträglicher Weise ein, ist bei näherer Analyse dieser Rechtsprechung unzutreffend.[208] Auch die Auffassung, mit dieser Rechtsprechung ersparten sich die Gerichte die Durchführung zeitaufwändiger Sachverhaltsaufklärung,[209] ist zu vordergründig und im Ergebnis unzutreffend. Denn das Prinzip der Meinungsäußerungsfreiheit enthebt den Verbreiter einer scharfen, kritischen Äußerung nicht der Verpflichtung, jedenfalls im gerichtlichen Streit die tatsächliche Basis seiner Meinung darzulegen.[210] Und es befreit auch die Gerichte nicht von der Verpflichtung, diese tatsächliche Basis zu überprüfen, wenn sie streitig ist. Der von der Rechtsprechung aufgestellte Grundsatz *im Zweifel Meinungsäußerung* lässt vielmehr Raum für die Ermittlung der Wahrheit behaupteter tatsächlicher Bezugspunkte der Kritik[211] und stellt eine sachlich zutreffende Auslegungsregel dar, die dem hohen Stellenwert des Grundrechts der Meinungsäußerungs- und Pressefreiheit im Wertesystem des Grundgesetzes und in der erforderlichen Abwägung mit den Rechten Betroffener gerecht wird.

14.45 Es ist daher auch nicht zutreffend, wenn das OLG Frankfurt[212] in einer älteren Entscheidung angenommen hat, der Grundsatz sei nur auf Äußerungen im politischen Bereich anwendbar, während bei gewerblichen Äußerungen in der Regel der tatsächliche Gehalt im Vordergrund stehe. Äußerungen zu Fragen insbesondere aus den Bereichen Wirtschaft und Kultur können Sachverhalte betreffen, die für die Bevölkerung nicht minder relevant sind als solche aus dem politischen Bereich. Sie sind daher wie jede Meinung vom Grundrecht der freien Meinungsäußerung erfasst und benötigen prinzipiell nicht weniger Freiraum als jene. Wo ihnen im Einzelfall geschützte Rechte Dritter entgegenstehen, ist dies bei der Prüfung der rechtlichen Zulässigkeit einer Aussage, nicht aber bei ihrer Qualifikation als Tatsachenbehauptung oder Meinungsäußerung zu berücksichtigen. Richtig mag allerdings die resignative Feststellung[213] sein, dass Gerichte gelegentlich der Versuchung nicht widerstehen können, trotz dieses Grundsatzes die Abgrenzung zwischen Tatsachenbehauptungen und Werturteilen im Einzelfall daran zu orientieren, ob sie dem Betroffenen Schutz oder dem Kritiker Freiraum verschaffen wollen.

h) Satire und Karikatur

14.46 Ein insbesondere aus dem Bereich der Printmedien nicht hinwegzudenkendes Stilmittel der Kommunikation vornehmlich im politischen und gesellschaftskritischen Bereich ist das Mittel der **Satire** oder **Karikatur** (Einzelheiten dazu in Rz. 20.27 ff.). Auch bei diesen Kommunikationsformen stellt sich häufig die Frage, ob sie Informationen über Tatsachen oder ob sie Meinungsäußerungen transportieren. Wer sich dieses Stilmittels bedient, wird allerdings im Allgemeinen Überzeugungen zum Ausdruck bringen und nicht in erster Linie Tatsachen vermitteln wollen. Dennoch enthalten auch Karikatur und Satire, deren wesentliche Stilelemente die Mittel der Verzerrung, Verfremdung und Übertreibung sind, in der Regel Tatsachenbehauptungen im Rechtssinn.

---

207 *Sendler*, NJW 1993, 2157 und ZRP 1994, 343; *Redeker*, NJW 1993, 1835; *Isensee*, AfP 1993, 619; *Forkel*, JZ 1994, 637; *Kriele*, NJW 1994, 1897; zu Letzterem *Soehring*, NJW 1994, 2926.
208 Einzelheiten bei *Grimm*, NJW 1995, 1697, 1701 f.; *Soehring*, NJW 1994, 2926.
209 *Löffler*, 3. Aufl. 1983, § 6 LPG Rz. 116.
210 BGH AfP 1974, 702 = NJW 1974, 1762 – Deutschlandstiftung.
211 Vgl. dazu BGH AfP 1989, 669 = NJW-RR 1990, 1058 – Wünschelrute.
212 OLG Frankfurt a.M. NJW 1971, 471.
213 *Wenzel/Burkhardt*, Kap. 4 Rz. 68.

Ob das der Fall ist, ist im Einzelfall anhand des **Aussagekerns** zu ermitteln, der einer Darstel- 14.47
lung verbleibt, wenn man ihn aus seiner satirischen Einkleidung herausschält.[214] Setzen **Satire
und Karikatur** in ihrer Verfremdung oder Überzeichnung bei einem Geschehen an, das sie
selbst als real ausgeben oder das beim Rezipienten als bekannt vorausgesetzt werden kann,
dann sind die darin liegenden Tatsachenbehauptungen auch als solche zu werten, unterliegen
sie mithin den für diese geltenden Regeln.[215] Ist aber für den Empfänger erkennbar, dass es
sich bei der Behauptung um eine für die Satire typische Verfremdung oder Übertreibung handelt, die er als solche und damit als Teil der satirischen Aussage einordnen kann, dann nimmt
eine solche Darstellung der Satire nicht den Charakter der Meinungsäußerung.[216] Als auf ihre
Richtigkeit zu überprüfende Tatsachenbehauptung ist die satirische Äußerung daher erst
dann zu behandeln, wenn der Empfänger zu der irrigen Einschätzung kommen kann, sie sei
tatsächlich wahr. Für **Zitate**, die ein Kabarettist als Anknüpfungspunkt für Satire oder Karikatur nutzt, gilt allerdings in aller Regel das Gebot inhaltlicher Richtigkeit (Rz. 14.11) wie in
allen anderen Fällen auch.[217]

Das gilt nach einer Serie von Entscheidungen des BVerfG[218] sowie ihm folgend des BGH[219] 14.48
und des OLG Hamburg[220] auch für eine satirische Verfremdung der fotografischen Abbildung einer Person. Nach diesen Entscheidungen vermittelte die geringfügige und als solche
nicht ohne weiteres erkennbare *Verfremdung eines Fotos des Kopfs* des damaligen Vorstandsvorsitzenden der *Deutsche Telekom AG, Ron Sommer, in einer Karikatur, die ihn lächelnd auf
dem Querbalken des von seinem Unternehmen markenmäßig genutzten T zeigte,* die unzutreffende und sein Persönlichkeitsrecht verletzende Tatsachenbehauptung, der Abgebildete sehe
exakt so aus wie auf dem Foto gezeigt. Da das Bild selbst nicht einmal erkennen ließ, ob diese
– unterstellte – Behauptung zutreffend war oder nicht, hat das OLG Hamburg hierzu schließlich Beweis durch Einholung eines Sachverständigengutachtens eingeholt und der Unterlassungsklage von *Ron Sommer* stattgegeben.[221]

Mit der Regel, nach der Satire und Karikatur mit den Stilmitteln der **Übertreibung**, **Verfrem-** 14.49
dung und **Verzerrung** arbeiten dürfen, ohne sich des Schutzes der Kommunikationsgrundrechte des Art. 5 Abs. 1 GG zu begeben,[222] sind diese Entscheidungen nicht zu vereinbaren,
wie schon die Tatsache belegt, dass das OLG Hamburg auch unter Berücksichtigung der
Rechtsauffassung des BVerfG und des BGH erst durch Zuhilfenahme eines Sachverständigen
zu einer Antwort auf die Frage gelangte, ob die Gesichtszüge des Betroffenen überhaupt über
technisch unvermeidbare Änderungen hinaus manipuliert waren. Auch liegt in diesen Entscheidungen ein Widerspruch zu der ansonsten verfestigten Rechtsauffassung des BVerfG,

---

214 BVerfG AfP 1987, 677 = NJW 1987, 2661 – Strauß-Karikatur; BVerfG AfP 1992, 133 = NJW 1992,
2073 – geb. Mörder; BGH AfP 2000, 167 = NJW 2000, 1036 – Namensnennung; OLG Hamm
ArchPR 1974, 163; Löffler/*Steffen*, § 6 LPG Rz. 78c; Gounalakis, NJW 1995, 811, 813.
215 BGH AfP 1975, 911 = NJW 1975, 1882 – Geist von Oberzell; OLG Stuttgart NJW 1983, 1263 –
Siemens-Festschrift.
216 BVerfG AfP 2005, 171 = NJW 2005, 3271 – Satirische Fotomontage; BGH AfP 2017, 157 = NJW
2017, 1617 – Die Anstalt.
217 Löffler/*Steffen*, § 6 LPG Rz. 78c.
218 BVerfG AfP 2005, 171 = NJW 2005, 3271 – Satirische Fotomontage.
219 BGH AfP 2006, 54 = NJW 2006, 603 – Satirische Fotomontage; anders noch zutreffend BGH AfP
2004, 51 = NJW 2004, 596 – Fotomontage.
220 OLG Hamburg AfP 2008, 82.
221 OLG Hamburg AfP 2008, 82; das Urteil ist rechtskräftig, nachdem dagegen eingelegte weitere Beschwerden zum BVerfG (1 BvR 3349/08) und zum EGMR (52205/11) erfolglos geblieben sind.
222 So ausdrücklich auch BVerfG AfP 2005, 171 = NJW 2005, 3271 – Satirische Fotomontage.

dass das Allgemeine Persönlichkeitsrecht dem Einzelnen kein Recht darauf gibt, exakt so dargestellt zu werden, wie er sich selbst sieht oder sehen möchte.[223] Generell hat das BVerfG festgestellt, dass das Allgemeine Persönlichkeitsrecht in der Abwägung mit den Kommunikationsgrundrechten des Art. 5 Abs. 1 GG das Individuum vor verfälschenden oder entstellenden Darstellungen schützt, die von nicht ganz unerheblicher Bedeutung für die Persönlichkeitsentfaltung sind,[224] und an diesem Standard gemessen muss eine erst durch ein Sachverständigengutachten feststellbare Änderung der Gesichtszüge des Betroffenen hinter der in der Karikatur verwirklichten Meinungsäußerungsfreiheit zurücktreten. Zutreffend hat daher das LG München I[225] der Veröffentlichung des im Wege der Fotomontage hergestellten Lichtbilds des österreichischen Investors *Benko* und der früheren *Karstadt*-Vorstandsvorsitzenden *Berggruen* und *Middelhoff* mit der Unterzeile *Der talentierte Mr. Benko* nicht die Behauptung entnommen, die drei abgebildeten Personen hätten gemeinsam für das Foto posiert.

14.50 Allerdings kann auch eine **Identitätstäuschung** im Rahmen von Satire oder Karikatur die Behauptung einer falschen Tatsache sein, wenn sie die Realität grob entstellt. Davon konnte im Fall *Ron Sommer* keine Rede sein. Auch eine in einem Satiremagazin abgedruckte *Anzeige für ein alkoholisches Getränk*, die der über Jahrzehnte verbreiteten *Jägermeister*-Anzeigenserie nachempfunden war und in satirischer Form vorgab, das vermeintlich werbende Unternehmen *propagiere den Erwerb und Konsum von Alkoholika durch Kinder*, enthielt nicht die Tatsachenbehauptung, dies sei in der Realität der Fall, weil dem verständigen Leser der Satirezeitschrift der ironisierende Charakter dieses Motivs und damit seine mangelnde Authentizität nicht verborgen bleiben konnte.[226] Im Zweifelsfall spricht trotz der *Ron Sommer*-Entscheidung des BVerfG auch und gerade im Bereich von Satire und Karikatur die Vermutung gegen die Annahme einer Tatsachenbehauptung und für das Vorliegen einer Meinungsäußerung, weil beides in aller Regel Ausdruck künstlerischen Schaffens ist und damit den erhöhten Schutz des Art. 5 Abs. 3 Satz 1 GG für sich in Anspruch nehmen kann.[227]

§ 15 Wahrnehmung berechtigter Interessen

---

223 Vgl. nur BVerfG AfP 2000, 76 = NJW 2000, 1021 – Caroline von Monaco I; BVerfG AfP 1999, 57 = NJW 1999, 1322 – Helnwein.
224 BVerfG AfP 2007, 441 = NJW 2008, 39 – Esra.
225 LG München I AfP 2016, 89.
226 A.A. LG Hamburg FuR 1981, 102 – Jägermeister.
227 BVerfG AfP 1987, 677 = NJW 1987, 2661 – Strauß-Karikatur; insoweit auch BVerfG AfP 2005, 171 = NJW 2005, 3271 – Satirische Fotomontage; BGH AfP 2017, 157 = NJW 2017, 1617 – Die Anstalt.

1. Vorbemerkung

§ 193 StGB bestimmt: 15.1

Tadelnde Urteile über wissenschaftliche, künstlerische oder gewerbliche Leistungen, desgleichen Äußerungen, welche zur Ausführung oder Verteidigung von Rechten oder zur Wahrnehmung berechtigter Interessen gemacht werden, sowie Vorhaltungen und Rügen der Vorgesetzten gegen ihre Untergebenen, dienstliche Anzeigen oder Urteile von Seiten eines Beamten und ähnliche Fälle sind nur insoweit strafbar, als das Vorhandensein einer Beleidigung aus der Form der Äußerung oder aus den Umständen, unter welchen sie geschah, hervorgeht.

Kern dieser Bestimmung ist das Prinzip der **Wahrnehmung berechtigter Interessen**. Dieses Prinzip ist entgegen dem Wortlaut von § 193 StGB und seiner gesetzessystematischen Stellung nicht nur auf die strafrechtlichen Beleidigungstatbestände anwendbar. Der vom Gesetzgeber – abgesehen vom Sonderfall der Kreditgefährdung nach § 824 Abs. 2 BGB (dazu Rz. 12.87 ff.) – nur an dieser Stelle formulierte Gedanke der Wahrnehmung berechtigter Interessen gilt vielmehr als ein Grundprinzip, das die ganze Rechtsordnung durchzieht und namentlich auf die deliktsrechtlichen Tatbestände des Zivilrechts anwendbar ist, an denen sich auch das Haftungsrecht der Medien in erster Linie orientiert. Das Prinzip der Wahrnehmung berechtigter Interessen wurde mit Recht als die *Magna Charta der Kritikfreiheit* von Presse und Rundfunk bezeichnet.[1]

2. Rechtliche Relevanz

Äußerungen, die sich im Rahmen des Grundrechts der Presse- und Rundfunkfreiheit halten,   15.2
sind nicht rechtswidrig; sie stellen *per se* keine unerlaubte Handlung dar. Das entspricht der ständigen Rechtsprechung des BVerfG[2] und des BGH.[3] Nach heute ganz herrschender Auffassung handelt es sich bei der Bestimmung des § 193 StGB um eine Konkretisierung dieses allgemeinen Grundsatzes. Damit stellt das generelle Prinzip der Wahrnehmung berechtigter Interessen einen **Rechtfertigungsgrund** dar. Auch die Verbreitung objektiv rechtsverletzender Äußerungen durch die Medien ist folglich nicht rechtswidrig, wenn sie in **Wahrnehmung berechtigter Interessen** erfolgt. Sie ist damit auch weder strafbar noch tatbestandlich im Sinn der deliktsrechtlichen Bestimmungen.

Der Rechtfertigungsgrund der Wahrnehmung berechtigter Interessen erfasst in erster Linie   15.3
Äußerungen im Anwendungsbereich des § 186 StGB, mithin **ehrenrührige unwahre Tatsachenbehauptungen**, sofern deren Wahrheit oder Unwahrheit im Zeitpunkt ihrer Verbreitung nicht feststeht. Im Rahmen der Verbreitung von Meinungen oder wahren Tatsachenbehauptungen, die nicht durch § 186 StGB, sondern durch den Tatbestand insbesondere des Allgemeinen Persönlichkeitsrechts gemäß § 823 Abs. 1 BGB erfasst werden, bedarf es des Rückgriffs auf diesen Rechtfertigungsgrund nicht, weil sich in diesem Bereich Rechtfertigung und mangelnde Tatbestandsmäßigkeit unmittelbar aus der Gewährleistung der Pressefreiheit und ihrer Abwägung gegen die widerstreitenden Rechte des Betroffenen ergeben.[4] Dass aber die Verbreitung von Tatsachenbehauptungen insbesondere durch die Medien in Anbetracht der

---

1 *Löffler*, Handbuch des Presserechts, 3. Aufl. 1983, § 6 LPG Rz. 66.
2 BVerfG AfP 1980, 147 = NJW 1980, 2069 – Römerberg-Gespräche.
3 BGH AfP 1981, 270 = NJW 1981, 1089 – Der Aufmacher I; BGH AfP 1989, 669 = NJW-RR 1990, 1058 – Wünschelrute; BGH AfP 1987, 597 = NJW 1987, 2225 – Pressemäßige Sorgfalt.
4 *Prinz/Peters*, Rz. 254.

auch im Zivilprozess maßgeblichen Beweislastverteilung des § 186 StGB gefahrgeneigte Tätigkeit ist, wurde bereits in anderem Zusammenhang betont (Rz. 12.15). Ebenso wurde an anderer Stelle (Rz. 2.11 ff.) darauf hingewiesen, dass die durch die Landespressegesetze statuierte Verpflichtung der Medien zur Beachtung der publizistischen Sorgfaltspflicht ihre Grenzen im Bemühen um Wahrheit findet und eine Verpflichtung der Medien zur Gewährleistung der Wahrheit verbreiteter Nachrichten nicht begründet.

15.4 Konsequent wird daher der Rechtfertigungsgrund des § 193 StGB heute als Ausdruck des Rechtsgedankens des **erlaubten Risikos** verstanden, der sich unmittelbar aus den Kommunikationsgrundrechten des Art. 5 Abs. 1 GG ableitet.[5] Sind die Medien trotz der durch § 186 StGB grundsätzlich geschaffenen Risikoverteilung nach der Rechtsordnung nicht verpflichtet, die Wahrheit der von ihnen verbreiteten Nachrichten zu gewährleisten, so kann dann, wenn die Voraussetzungen der Wahrnehmung berechtigter Interessen vorliegen, allein aus der Fehlerhaftigkeit einer verbreiteten Tatsachenbehauptung im Anwendungsbereich der §§ 186 StGB, 823 BGB noch nicht auf die Rechtswidrigkeit der Verbreitung geschlossen werden. Eine Meldung kann danach falsch und geeignet sein, Rechte des Betroffenen zu verletzen; ihre in Unkenntnis der Unwahrheit erfolgte erstmalige Verbreitung kann dennoch erlaubt sein. Ist das der Fall, so ergeben sich daraus bedeutsame praktische Konsequenzen, auf die in anderem Zusammenhang (Rz. 30.13, Rz. 30.48 f. und Rz. 31.3 f.) einzugehen sein wird.

3. Voraussetzungen

15.5 Das Urteil, dass eine bestimmte Meldung **in Wahrnehmung berechtigter Interessen verbreitet** worden ist, setzt Feststellungen namentlich unter drei Aspekten voraus.

a) Geschützte Interessen

15.6 Als **berechtigte Interessen** im Sinn von § 193 StGB kommen die verschiedentlichsten Gesichtspunkte, vor Allem aber das für Medientätigkeit bedeutsame Interesse der Öffentlichkeit an relevanten Informationen in Betracht. Der Anwendungsbereich des Rechtfertigungsgrunds aus § 193 StGB war zwar ursprünglich dadurch stark eingeschränkt, dass nur eigene Interessen als berechtigte Interessen galten, wobei die Rechtsprechung den Begriff des eigenen Interesses stets weit ausgelegt hat.[6] Als Rechtfertigungsnorm für Medienveröffentlichungen schied der Gesichtspunkt der Wahrnehmung berechtigter Interessen dennoch in aller Regel aus. Gerechtfertigt wären nach dieser Auffassung nur solche Meldungen, mit denen sich die Medien zum Sprachrohr ihrer eigenen Belange machen.

15.7 Dieses untragbare Ergebnis vermeiden Rechtsprechung und Schrifttum jedoch heute mit unterschiedlicher Begründung. Teilweise wird das Recht der Medien, mit ihrer Berichterstattung nicht nur eigene Belange, sondern auch solche der Allgemeinheit zu wahren, aus der durch die meisten Landespressegesetze begründeten öffentlichen Aufgabe der Medien hergeleitet.[7] Teilweise wird eine Sonderstellung der Medien zwar abgelehnt, der Verzicht auf das Erfordernis der Wahrung von Eigeninteressen aber mit dem übergreifenden Gesichtspunkt begründet,

---

5 BGH AfP 1985, 116 = NJW 1985, 1621 – Türkol; *Fischer*, § 193 StGB Rz. 1; Wenzel/*Burkhardt*, Kap. 6 Rz. 29 ff.

6 Wenzel/*Burkhardt*, Kap. 6 Rz. 45 m.w.N.

7 BGH NJW 1960, 476 – Alte Herren.

dass jedermann an der öffentlichen Meinungsbildung mitzuwirken befugt und daher auch berechtigt sei, den Rechtfertigungsgrund der Wahrnehmung berechtigter Interessen für sich in Anspruch zu nehmen, wenn er dies tut. So hält etwa das KG die Wiedergabe der *Äußerung eines Rechtsanwalts über Einzelheiten eines ihm übertragenen Mandats* in einer Presseerklärung ohne inhaltliche Prüfung allein deswegen für rechtmäßig, weil nach der Verkehrsauffassung davon auszugehen sei, dass der Verfasser ausschließlich in Wahrung der Interessen seines Mandanten handele.[8] Nach dieser Auffassung bedarf es keiner spezifischen Legitimation der Medien zur Wahrnehmung von Interessen der Allgemeinheit.[9] Für die Praxis ist der dadurch gekennzeichnete Meinungsstreit jedoch ohne Bedeutung. Denn im Ergebnis steht fest, dass die Berufung der Medien auf den Rechtfertigungsgrund der Wahrnehmung berechtigter Interessen nicht daran scheitert, dass ihre Berichterstattung nicht eigene Belange oder jedenfalls solche Belange betrifft, zu denen sie im konkreten Fall in engen persönlichen oder sachlichen Beziehungen stehen, sondern auch und vor allem Angelegenheiten eines allgemeinen Interesses der Öffentlichkeit.

An die Stelle des Eigeninteresses der Medien tritt damit das **öffentliche Informationsinteresse**.[10] Dabei ist allerdings anerkannt, dass nicht jedes Informationsinteresse als Rechtfertigungsgrund in Betracht kommt. Wäre das der Fall, so wäre Berichterstattung auch dann, wenn sie massiv in Rechte Dritter eingreift, schlechthin ohne Risiko, da ein irgendwie geartetes Fremdinteresse an jeder noch so entfernten oder belanglosen Meldung zu vermuten oder jedenfalls zu begründen ist. Die Berufung auf den Rechtfertigungsgrund der Wahrnehmung berechtigter Interessen setzt vielmehr voraus, dass am Inhalt der verbreiteten Nachricht bei deren Empfänger – im Fall der Medien also: in der Öffentlichkeit – ein berechtigtes Informationsinteresse besteht;[11] Einzelheiten dazu in Rz. 15.11 ff. **15.8**

b) Interessenabwägung

Damit kommt nicht jedes Informationsinteresse als Rechtfertigungsgrund im Sinn von § 193 StGB in Betracht, sondern eben nur das **berechtigte Interesse**. Um als Rechtfertigungsgrund wirken zu können, müssen die wahrgenommenen Interessen, im Fall Medienberichterstattung also das Informationsinteresse der Öffentlichkeit, gegenüber den gefährdeten und gegebenenfalls verletzten Interessen des von der Berichterstattung Betroffenen höherwertig sein.[12] Ein sachgerechtes Ergebnis kann nur gefunden werden, indem der Informationswert der infrage stehenden Meldung für die Öffentlichkeit in Bezug gesetzt und abgewogen wird gegen die Beeinträchtigungen, die sich aus der Veröffentlichung der Meldung für den Betroffenen ergeben können. Auch bei der Beantwortung der Frage nach dem berechtigten Informationsinteresse kommt die Praxis daher ohne die Methode der **Güterabwägung** nicht aus.[13] **15.9**

Die Folge ist auch in diesem Bereich eine beachtliche Rechtsunsicherheit. Die Feststellung, ob eine bestimmte Meldung einem berechtigten Informationsbedürfnis der Öffentlichkeit gilt, das höher wiegt als die Interessen desjenigen, dessen Rechte durch sie gefährdet oder gar verletzt werden, wird in der richterlichen Praxis, wenn auch vielfach unbewusst, nicht selten vom gewünschten Ergebnis her beeinflusst werden. Dennoch ist die Methode der **Güterabwä-** **15.10**

---

8 KG NJW 1997, 2390.
9 BGH NJW 1963, 665 – Callgirl I; Wenzel/*Burkhardt*, Kap. 6 Rz. 54 f.
10 BVerfG NJW 1961, 819 – Schmid/Spiegel; Wenzel/*Burkhardt*, Kap. 6 Rz. 54; *Prinz/Peters*, Rz. 256.
11 Wenzel/*Burkhardt*, Kap. 6 Rz. 61 ff.
12 Wenzel/*Burkhardt*, Kap. 6 Rz. 61 ff.; *Prinz/Peters*, Rz. 257.
13 Löffler/*Steffen*, § 6 LPG Rz. 99.

gung, die der Gesetzgeber auch in den einer vergleichbaren Problematik geltenden strafrechtlichen Bestimmungen über Notstand und Notwehr (§§ 32–34 StGB) verankert hat, im Ergebnis nicht verzichtbar. Und wie bei der Entwicklung und Fortentwicklung des Allgemeinen Persönlichkeitsrechts (dazu im Einzelnen in § 19) hat die Rechtsprechung auch im vorliegenden Zusammenhang Fallgruppen entwickelt, mit denen sich die Fragestellung nach dem Vorliegen eines berechtigten Interesses und die dabei erforderliche Güterabwägung jedenfalls in gewissem Umfang eingrenzen lassen.

aa) Art und Intensität des Informationsinteresses

15.11 Die Inanspruchnahme des Rechtfertigungsgrunds der Wahrnehmung berechtigter Interessen kommt umso eher in Betracht, desto seriöser der Gegenstand der jeweiligen Berichterstattung ist. Handelt es sich um eine Thematik von großer Tragweite für die Allgemeinheit, so liegt die Wahrnehmung berechtigter Interessen prinzipiell nahe. Das ist etwa anzunehmen im Fall der Berichterstattung über *politische Fragen*[14] und insbesondere *Wahlkämpfe,*[15] über gesellschaftlich relevante Themen wie das *Doping in der vormaligen DDR,*[16] konfessionelle oder sonstige religiöse oder weltanschauliche Streitigkeiten,[17] über *Gewinnspielveranstalter und die mit der Teilnahme an solchen Spielen verbundenen Gefahren*[18] und über sonstige *wirtschaftliche Sachverhalte mit Öffentlichkeitsbezug,*[19] mit Bedeutung für den *Verbraucherschutz*[20] oder *für den konkreten Kreis der Adressaten der entsprechenden Mitteilung.*[21] In diesem Rahmen werden die Belange des von einer Meldung Betroffenen häufig weniger schwer wiegen als das Informationsinteresse der Öffentlichkeit, so dass die bloße Möglichkeit der Verletzung privater Belange die Rechtmäßigkeit der Berichterstattung noch nicht ausschließt.

15.12 Auch bei der Verbreitung von **Meldungen mit bloßem Unterhaltungswert** ist aber eine Wahrnehmung berechtigter Interessen nicht schlechthin ausgeschlossen.[22] Seine früher vertretene, gegenteilige Auffassung[23] hat der BGH nicht aufrechterhalten. Auch die sogenannten Unterhaltungsmedien können damit den Rechtfertigungsgrund für sich in Anspruch nehmen, da das Grundrecht der Presse- und Rundfunkfreiheit wertneutral ausgestaltet ist und insbesondere nicht gestattet, zwischen *guten und schlechten* bzw. *wertvollen und wertlosen* Medien zu unterscheiden.[24] Die Auffassung,[25] die jeglicher Berichterstattung im Interesse reiner Unterhaltung schlechthin die Eignung abspricht, Gegenstand eines berechtigten Informationsinteresses zu sein, lässt im Ergebnis nicht nur den Grundsatz der Wertneutralität des

---

14 OLG Nürnberg MDR 1963, 412.
15 BVerfG AfP 1983, 215 = NJW 1983, 1415 – NPD von Europa; BGH NJW 1959, 636 – Altbaden.
16 BVerfG AfP 2016, 530 = NJW 2016, 3360 – Doping in der DDR.
17 BGH NJW 1966, 1617 – Höllenfeuer.
18 OLG Karlsruhe AfP 2006, 162 = NJW-RR 2006, 483.
19 BGH NJW 1962, 32 – Waffenhandel; BGH GRUR 1969, 555 – Cellulitis; BGH AfP 1987, 597 = NJW 1987, 2225 – Pressemäßige Sorgfalt.
20 BGH NJW 1966, 2010 – Teppichkehrmaschine.
21 BGH AfP 1993, 703 = NJW 1993, 525 – Ketten-Mafia.
22 OLG München AfP 1990, 214; Wenzel/*Burkhardt,* Kap. 6 Rz. 64; a.A. *Ricker/Weberling,* Kap. 42 Rz. 66.
23 BGH NJW 1963, 665 – Callgirl I; BGH NJW 1963, 902 – Fernsehansagerin.
24 BVerfG AfP 1973, 423 = NJW 1973, 1226 – Soraya; BVerfG AfP 1984, 94 = NJW 1984, 1741 – Der Aufmacher; BVerfG AfP 2000, 76 = NJW 2000, 1021 – Caroline von Monaco I; OLG München AfP 1990, 214; Wenzel/*Burkhardt,* Kap. 6 Rz. 64; Löffler/*Steffen,* § 6 LPG Rz. 45.
25 *Prinz/Peters,* Rz. 256; *Ricker/Weberling,* Kap. 42 Rz. 66.

Grundrechts der Pressefreiheit außer Acht.[26] Sie wird auch nicht in der Lage sein, reine Unterhaltung auch nur annähernd verlässlich von anderen Gegenständen abzugrenzen, an denen die Öffentlichkeit oder maßgebliche Teile der Öffentlichkeit interessiert sein können.

Daher ist auch bei der Entscheidung der Frage, ob am Gegenstand einer Publikation ein berechtigtes Informationsinteresse der Öffentlichkeit besteht, eine Güterabwägung anhand der widerstreitenden Umstände des Einzelfalls vorzunehmen.[27] So kann hinsichtlich der persönlichen Verhältnisse eines Schauspielers, der aufgrund seiner beruflichen Tätigkeit im Blickpunkt der Öffentlichkeit steht und diese auch selbst ständig sucht, selbst dann ein berechtigtes Informationsinteresse bestehen, wenn es sich um Klatsch oder Trivialitäten handelt.[28] Allerdings werden im Rahmen von Sensations- oder Skandalberichterstattung die widerstreitenden Belange der Betroffenen häufig höher zu bewerten sein als das Informationsinteresse der Öffentlichkeit, so dass der Rechtfertigungsversuch insoweit häufig an der vorzunehmenden Güterabwägung scheitern wird.[29]
15.13

Unbegründet ist allerdings das hierzu im Schrifttum[30] vertretene Postulat, bei Berichten der Klatschpresse über Prominente und Pseudoprominente von einer Art Freiraum auszugehen, innerhalb dessen es auf die Wahrheit oder Unwahrheit von Tatsachenbehauptungen nicht ankomme. Richtig ist zwar, dass auf dieser Basis der Frage nach der Wahrnehmung berechtigter Interessen nicht nachgegangen werden müsste, weil die Widerrechtlichkeit bei unterstellter Unwahrheit bereits durch den genannten Freiraum beseitigt würde. Diese These findet aber in der Rechtsprechung kein Echo. Sie wird als Prinzip nicht durchsetzbar sein, da ein ihr zugrundeliegendes Sonderrecht der Unterhaltungspresse nicht existiert und es mit der grundgesetzlichen Gewährleistung des Allgemeinen Persönlichkeitsrechts von Angehörigen der betreffenden Schichten unvereinbar wäre, ihnen den Anspruch auf eine wahre Abbildung ihrer Persönlichkeit in den Medien als Prinzip vorzuenthalten. Richtig an dieser These ist aber der hinter ihr stehende Gedanke, dass Unrichtigkeiten in der Medienberichterstattung aus diesem Segment der Publizistik eher als nicht persönlichkeitsrelevant und damit als **wertneutrale Falschbehauptungen** einzustufen sein können und als solche durchsetzbare Ansprüche gegen die verbreitenden Medien nicht nach sich ziehen (dazu im Einzelnen Rz. 2.22; Rz. 18.8 ff.).
15.14

bb) Sachlichkeitsgebot

In der Rechtsprechung[31] wird vereinzelt die Auffassung vertreten, dass eine erfolgreiche Berufung auf den Rechtfertigungsgrund der Wahrnehmung berechtigter Interessen die **Sachlichkeit der Darstellung** voraussetzt. Dieses Sachlichkeitskriterium ist jedoch im vorliegenden Zusammenhang ohne Bedeutung. Neben dem ernstlichen Informationsinteresse, das als Voraussetzung der Wahrnehmung berechtigter Interessen immer zu fordern ist, hat es bezogen auf den Gegenstand einer Meldung kein eigenständiges Gewicht; jede Meldung hat einen sachlichen Kern, auf den sie sich inhaltlich reduzieren lässt. Die Forderung nach Sachlichkeit
15.15

---

26 BVerfG AfP 2000, 76 = NJW 2000, 1021 – Caroline von Monaco I; dazu *Soehring*, AfP 2000, 230.

27 Löffler/*Steffen*, § 6 LPG Rz. 99.

28 EGMR NJW 2012, 1058 – Axel Springer AG/Deutschland; OLG München AfP 1990, 214.

29 BVerfG AfP 1973, 435 = NJW 1973, 1221 – Soraya; BGH 1957, 1315 – Spätheimkehrer; BGH AfP 1996, 140 = NJW 1996, 1128 – Caroline von Monaco III; EGMR AfP 2004, 348 = NJW 2004, 2647 – Caroline von Monaco; Wenzel/*Burkhardt*, Kap. 6 Rz. 64; *Ricker/Weberling*, Kap. 42 Rz. 66.

30 *Ladeur*, NJW 2004, 393 ff.

31 BGH NJW 1981, 1366 – Der Aufmacher II; BGH AfP 1974, 702 = NJW 1974, 1762 – Deutschlandstiftung; so auch Wenzel/*Burkhardt*, Kap. 6 Rz. 62.

der Darstellung kollidiert aber vor allem mit dem anerkannten Prinzip, dass das Recht auf freie Meinungsäußerung das Recht des Einzelnen einschließt, seine Meinung auch drastisch und mit Schärfe zu formulieren.[32] Das Postulat der Sachlichkeit der Darstellung als Voraussetzung für eine Berufung auf den Rechtfertigungsgrund der Wahrnehmung berechtigter Interessen ist daher mit Recht auf Ablehnung gestoßen.[33] Geht es, wie gezeigt, hierbei in Wahrheit um einen Anwendungsfall des erlaubten Risikos bei der Vermittlung von Tatsachenbehauptungen, deren Wahrheit oder Unwahrheit im Zeitpunkt der Veröffentlichung nicht feststeht, so führt der Ruf nach Sachlichkeit der Darstellung bei seiner Anwendung nicht weiter. Konkretisiert sich Unsachlichkeit im Einzelfall als feststehende Unwahrheit, so versagt der Rechtfertigungsgrund im Fall weiterer Verbreitung ohnehin (Einzelheiten dazu in § 18). Und bietet sich die Unsachlichkeit in der Form der Äußerung dar, so greifen die allgemeinen Schranken der Äußerungsfreiheit ein, ohne dass es auf die Frage nach der Wahrnehmung berechtigter Interessen noch ankäme.

cc) Angemessenheit des Mittels

15.16 Nach einer im Schrifttum vertretenen These soll die Rechtfertigung durch Wahrnehmung berechtigter Interessen auch dann versagen, wenn die Art der Äußerung unter Berücksichtigung aller Umstände des Einzelfalls **nicht angemessen** ist.[34] Hierfür gilt jedoch das zum Sachlichkeitsgebot Ausgeführte entsprechend. Grundsätzlich findet die verfassungsrechtlich gewährleistete Kritikfreiheit im Bereich der Meinungsäußerung ihre Schranken erst bei der Überschreitung der Grenzen zur Schmähkritik.[35] Es ist daher diese Schranke, die eingreift, wenn eine kritische Äußerung trotz sachlich berechtigten Anliegens und zutreffenden Tatsachenkerns etwa wegen der Maßlosigkeit des Ausdrucks Anlass zu rechtlichen Bedenken gibt. Auch eines besonderen Kriteriums der Angemessenheit des Mittels bedarf es daher im Zusammenhang mit dem Problem der Wahrnehmung berechtigter Interessen nicht.[36] Dass unangemessene Kritik beim Adressaten zu falschen Sachverhaltsvorstellungen führen kann, mag zwar zutreffen. Dabei handelt es sich aber nicht um ein Problem der Rechtfertigung, sondern um ein solches der Ermittlung des Aussagegehalts einer bestimmten Äußerung. Hierfür gilt auch in diesem Zusammenhang: Soweit Äußerungen aus nachweislich falschen Tatsachenbehauptungen bestehen, kommt eine Rechtfertigung ihrer zukünftigen Verbreitung ohnehin nicht in Betracht (§ 18). Hinsichtlich solcher Äußerungen aber, die bereits verbreitet worden sind, ist der Streit um die Wahrheit der von ihnen vermittelten Tatsachenbehauptungen gerade der Konflikt, in dem sich die Fragestellung nach der Wahrnehmung berechtigter Interessen praktisch auswirkt.

15.17 An die Stelle der Angemessenheitsprüfung tritt daher eine vom BGH[37] mit Recht entwickelte Formel: Im Streit darüber, ob für eine Äußerung der Rechtfertigungsgrund der Wahrnehmung berechtigter Interessen in Anspruch genommen werden kann, muss zunächst die **Wahrheit der umstrittenen Sachaussage unterstellt** und auf dieser Basis die Frage beant-

---

32 BVerfG AfP 1982, 163 = NJW 1982, 2655 – Kredithaie; BGH AfP 1978, 33 = GRUR 1977, 801 – Halsabschneider.
33 *Arndt*, NJW 1964, 1310, 1312.
34 *Fischer*, § 193 StGB Rz. 15; Wenzel/*Burkhardt*, Kap. 6 Rz. 81.
35 BGH AfP 1971, 132 = GRUR 1971, 529 – Dreckschleuder; BGH AfP 1978, 33 = GRUR 1977, 801 – Halsabschneider.
36 A.A. Wenzel/*Burkhardt*, Kap. 6 Rz. 81.
37 BGH AfP 1985, 116 = NJW 1985, 1621 – Türkol; BGH AfP 1989, 669 = NJW-RR 1990, 1058 – Wünschelrute; BGH AfP 1993, 703 = NJW 1993, 525 – Ketten-Mafia.

wortet werden, ob der Mitteilende sie zur Wahrnehmung berechtigter Interessen für erforderlich halten durfte. Ist das der Fall, so ist die Nichterweislichkeit einer Tatsachenbehauptung in einer die Öffentlichkeit wesentlich berührenden Frage allein kein Grund für ihre Einordnung als rechtswidrig.[38] Die Frage nach der Angemessenheit einer bestimmten Aussage oder Darstellungsform kann daher richtigerweise bei der Prüfung der Voraussetzungen für den Rechtfertigungsgrund der Wahrnehmung berechtigter Interessen keine Rolle spielen. Und keinesfalls ist das Erfordernis der Angemessenheit des Mittels mit einem Gebot der Verwendung des notwendigen oder schonendsten Mittels zu verwechseln. Ein derartiges Gebot wäre mit dem Grundrecht der Freiheit der Meinungsäußerung nicht zu vereinbaren.[39]

dd) Absicht der Interessenwahrung

Aus dem Gesetzeswortlaut wird teilweise gefolgert, dass die Rechtfertigung nur für solche Äußerungen in Betracht kommt, die in der subjektiven **Absicht der Interessenwahrung** verbreitet werden.[40] Jedenfalls für Medienveröffentlichungen hat dieses Kriterium jedoch ebenfalls keine eigenständige Bedeutung.[41] Es ist vielmehr in Anbetracht des in den Landespressegesetzen statuierten Informationsauftrags der Medien zu unterstellen, dass sie bei der Unterrichtung der Öffentlichkeit auch über nicht vollständig aufgeklärte Tatbestände stets in der Absicht handeln, ihrem Informationsauftrag gerecht zu werden. Mit Recht ist insbesondere darauf hingewiesen worden, dass es mit den Kommunikationsgrundrechten aus Art. 5 Abs. 1 GG nicht zu vereinbaren wäre, wollten Gerichte im Rahmen der Prüfung einer etwaigen Rechtfertigung umstrittener Berichterstattung Motivforschung betreiben und dabei insbesondere zwischen seriöser und unseriöser Presse differenzieren.[42]

15.18

ee) Anlass der Berichterstattung

Demgegenüber kann die Frage nach dem **Anlass der Berichterstattung** für die Bejahung oder Verneinung dieses Rechtfertigungsgrunds durchaus von Bedeutung sein. Das gilt insbesondere im Bereich der Abwägung des Informationsinteresses gegen die Belange des Betroffenen. Es handelt sich hierbei zugleich um eine Konkretisierung des Prinzips der Ernstlichkeit des Informationsinteresses. Wer sich etwa durch eigene Äußerungen oder eigenes Verhalten selbst einem öffentlichen Interesse aussetzt, gibt den Medien allein dadurch Anlass, sich mit ihm kritisch zu befassen. Er kann dann nicht mehr denjenigen Grad der Achtung seines Persönlichkeitsrechts und des daraus von der Rechtsprechung auch abgeleiteten Rechts beanspruchen, nicht und insbesondere nicht unter Namensnennung zum Gegenstand von Medienberichterstattung gemacht zu werden,[43] den er beanspruchen könnte, wäre er im Anonymen geblieben. Das gilt für Äußerungen und Handlungen im politischen Bereich[44] ebenso wie im Bereich der Wirtschaft,[45] des Sports oder auch des Show Business, dessen Angehörige

15.19

---

38 BVerfG AfP 2016, 530 = NJW 2016, 3360 – Doping in der DDR.
39 BVerfG AfP 1980, 147 = NJW 1980, 2070 – Römerberg-Gespräche; BGH AfP 1974, 702 = NJW 1974, 1762 – Deutschlandstiftung; Wenzel/*Burkhardt*, Kap. 6 Rz. 83.
40 Insbesondere *Helle*, NJW 1964, 841, 843.
41 Wenzel/*Burkhardt*, Kap. 6 Rz. 84 ff.
42 Wenzel/*Burkhardt*, Kap. 6 Rz. 84 ff.
43 BGH AfP 1980, 154 = NJW 1980, 1790 – Familienname.
44 BGH NJW 1959, 636 – Altbaden.
45 BGH GRUR 1957, 360 – Phylax; BGH NJW 1964, 1471 – Sittenrichter.

in der Regel das Licht der Öffentlichkeit suchen und ihre öffentliche Wirkung und damit auch ihren wirtschaftlichen Erfolg erst aus dem Interesse der Öffentlichkeit beziehen.[46] Dieser Gesichtspunkt rechtfertigt auch die Medienberichterstattung über Strafverfahren und strafrechtliche Verurteilungen,[47] die fast immer zu einer Beeinträchtigung der Persönlichkeitsrechte des Betroffenen führt, die aber wegen der Bedeutung der Information der Öffentlichkeit über alle Aspekte der Strafrechtspflege sowie im Fall der Verurteilung wegen schwerwiegender Straftaten auch deswegen hinzunehmen ist, weil der Täter als Folge der Übertretung der für alle geltenden Gesetze seinerseits eine Einschränkung seines Allgemeinen Persönlichkeitsrechts hinzunehmen hat;[48] s. dazu im Einzelnen Rz. 19.54 ff.

15.20   Aus dem Gedanken des berechtigten Anlasses zu kritischer Berichterstattung hat die Rechtsprechung[49] ferner das so genannte **Recht zum Gegenschlag** entwickelt, das als besondere Konkretisierung des Gesichtspunkts der Wahrnehmung berechtigter Interessen gelten kann. Danach kann eine Äußerung schon dadurch gerechtfertigt sein, dass sie die adäquate Reaktion auf das Verhalten des Betroffenen darstellt.[50] Das hat im Fall *Kachelmann* das BVerfG[51] in einer Konstellation angenommen, in der das angebliche Vergewaltigungsopfer nach dem Freispruch *Kachelmanns* in einem Interview erklärte, sie sei keine Lügnerin, und es sei doch so gewesen wie von ihr behauptet, nachdem *Kachelmann* seinerseits in einem Interview die Betroffene wegen des von ihr erhobenen Vorwurfs als *kriminell* bezeichnet hatte. Losgelöst von der konkreten historischen Situation wäre es aber nicht durch den Gesichtspunkt der Wahrnehmung berechtigter Interessen gedeckt, wenn das vermeintliche Opfer nach dem Freispruch des angeblichen Täters seine Vorwürfe den Medien gegenüber wiederholt und diese sie veröffentlichen (s. auch Rz. 14.30). Entsprechend der generell für die Wahrnehmung berechtigter Interessen dargestellten Regel setzt auch das Recht zum Gegenschlag einen Angriff auf die eigene Person oder Position nicht voraus. Ausreichend ist vielmehr, dass es demjenigen, der sich äußert, darum geht, einen Angriff auf eine auch von ihm vertretene Überzeugung abzuwehren.[52] Liegt eine derartige Situation vor, so kommt bei der Abwägung der widerstreitenden Interessen dem Schutz des Betroffenen in der Regel weniger Gewicht zu als in Fällen, in denen er ohne direktes eigenes Zutun zum Ziel von Medienkritik geworden ist.

c) Sorgfaltspflichten

15.21   Allein mit der Feststellung, dass ein Medienbericht sich mit einem Gegenstand befasst, dem ein ernstliches öffentliches Informationsinteresse gilt, kann die Inanspruchnahme der Wahrnehmung berechtigter Interessen jedoch noch nicht begründet werden. Hinzukommen muss vielmehr ferner die Feststellung, dass die betreffende Redaktion bei der Recherche die gebotene **pressemäßige Sorgfalt** gewahrt hat (dazu im Einzelnen Rz. 2.4 ff.). Liegt eine Sorgfaltspflichtverletzung vor, so versagt die Berufung auf Wahrnehmung berechtigter Interessen auch

---

46 Zum Show-Business vgl. auch *Ladeur*, NJW 2004, 393 ff.
47 BVerfG AfP 1973, 423 = NJW 1973, 541 – Lebach I.
48 Wenzel/*Burkhardt*, Kap. 6 Rz. 67.
49 BVerfG NJW 1961, 819 – Schmid/Spiegel; BVerfG NJW 1969, 227 – Tonjäger; BGH AfP 1974, 702 = NJW 1974, 1762 – Deutschlandstiftung.
50 BVerfG AfP 1984, 702 = NJW 1969, 227 – Tonjäger.
51 BVerfG AfP 2016, 240 – Kachelmann; anders noch OLG Köln AfP 2013, 144.
52 BVerfG AfP 1980, 147 = NJW 1980, 2069 – Römerberg-Gespräche; BGH AfP 1972, 229 = NJW 1971, 1655 – Sabotage; BGH AfP 1974, 702 = NJW 1974, 1762 – Deutschlandstiftung.

dann, wenn am Gegenstand der Berichterstattung ein überragendes Informationsinteresse besteht.[53]

d) Privilegierte Äußerungen

Ein gesonderter Anwendungsfall des Rechtfertigungsgrunds der Wahrnehmung berechtigter 15.22
Interessen ist die rechtliche Behandlung der so genannten **privilegierten Äußerungen**. Dabei
handelt es sich im Wesentlichen um Äußerungen innerhalb von Gerichts- oder Verwaltungsverfahren, aber auch innerhalb besonders ausgestalteter Vertrauensbeziehungen einschließlich
solcher im so genannten **kleinen Kreis**, wozu insbesondere der engste Familien-[54] oder
Freundeskreis gehören.[55] Der BGH[56] behandelt mit Billigung durch das BVerfG[57] insbesondere Äußerungen von Verfahrensbeteiligten in gerichtlichen Auseinandersetzungen einschließlich solcher von Zeugen anlässlich ihrer Vernehmung als privilegiert mit der Folge,
dass sie mangels Rechtsschutzinteresses mit Rechtsbehelfen außerhalb des betreffenden Verfahrens schlechthin nicht angegriffen werden können. Das gilt auch für *inhaltlich ehrenrührige Äußerungen eines Staatsanwalts über den Geisteszustand eines Angeklagten in* einer gerichtlichen Hauptverhandlung,[58] *eines Rechtsanwalts in einem der Vorbereitung eines Zivilprozesses
dienenden Schreiben*[59] oder Äußerungen, die *gegenüber einer zur Amtsverschwiegenheit verpflichteten Behörde mit dem Ziel gemacht werden, diese zur Überprüfung eines bestimmten Verhaltens zu veranlassen.*[60] Privilegiert ist damit etwa die *Beschwerde eines Patienten über seinen
behandelnden Arzt* in einer Eingabe gegenüber der für diesen zuständigen Landesärztekam-
mer,[61] eine *gegenüber einer Staatsanwaltschaft abgegebene eidesstattliche Versicherung*[62] oder
eine *schriftliche Äußerung gegenüber einem Notar.*[63] Gleiches gilt schließlich auch für *Äußerungen von Abgeordneten in den Sitzungen der Parlamente,* denen sie angehören,[64] aber auch
für Äußerungen *innerhalb einer auf Familienangehörige beschränkten Facebook-Gruppe* über
eine zu dieser Gruppe gehörende Person.[65]

In all diesen Fällen setzt die Privilegierung allerdings nicht nur voraus, dass die umstrittenen 15.23
Äußerungen innerhalb des privilegierten Kreises fallen, sondern auch, dass sie von demjenigen, der sich äußert, nicht nach außen gegeben werden. Veröffentlicht etwa ein Rechtsanwalt
eine Äußerung, die innerhalb eines anhängigen gerichtlichen Verfahrens privilegiert ist, im
Wege einer Presseerklärung, eines Rundschreibens oder einer wissenschaftlichen Abhand-

---

53 BGH AfP 1985, 116 = NJW 1985, 1621 – Türkol; st. Rspr.; Löffler/*Steffen,* § 6 LPG Rz. 99; Wenzel/
    Burkhardt, Kap. 6 Rz. 73.
54 BGH NJW 1984, 1104; OLG Frankfurt a.M. v. 17.1.2019 – 16 W 54/18, bei Drucklegung noch unver-
    öffentlicht.
55 BVerfG NJW 2007, 1194; OLG Naumburg MMR 2013, 131.
56 BGH NJW 1977, 1681 = GRUR 1977, 745; st. Rspr., zuletzt BGH AfP 2005, 70 = NJW 2005, 279 –
    Anwaltsbrief; BGH WRP 2008, 359; BGH NJW 2012, 1659.
57 BVerfG NJW-RR 2007, 840.
58 LG Saarbrücken NJW 2013, 179.
59 OLG Celle NJW-RR 2012, 1189.
60 OLG Karlsruhe AfP 2006, 469 = NJW-RR 2006, 1640; OLG Hamm NJW-RR 1995, 1399.
61 BVerfG NJW 2004, 354.
62 OLG München NJW-RR 2002, 1473.
63 OLG Dresden AfP 2012, 60.
64 BGH NJW 1980, 780; BGH NJW 1981, 2217; OLG München AfP 1987, 440; LG Köln AfP 2002,
    346; *Prinz/Peters,* Rz. 46.
65 OLG Frankfurt a.M. v. 17.1.2019 – 16 W 54/18, bei Drucklegung noch unveröffentlicht.

lung, dann folgt ihre rechtliche Einordnung den für Äußerungen generell geltenden Regeln.[66] Gleiches kann gelten, wenn eine im Rahmen eines gerichtlichen Verfahrens gemachte Äußerung einen Dritten betrifft, der am Verfahren nicht beteiligt ist und sich daher innerhalb des Verfahrens nicht zur Wehr setzen kann, sofern ein Bezug auf diesen Dritten zum Verfahren nicht erkennbar und die Äußerung obendrein auf der Hand liegend falsch ist oder eine Schmähung darstellt.[67]

---

66 BGH AfP 2005, 70 = NJW 2005, 279; OLG Frankfurt a.M. AfP 2000, 384.
67 OLG Düsseldorf NJW 1987, 2522; OLG Hamm NJW 1992, 1329; Wenzel/*Burkhardt/Peifer*, Kap. 10 Rz. 30.

§ 16 Verbreiterhaftung

1. Behaupten und Verbreiten

a) Grundsätzliches

Die verfassungsrechtliche Gewährleistung der Meinungsfreiheit reicht bei der Äußerung und   **16.1**
Verbreitung von **Tatsachenbehauptungen** weniger weit als bei derjenigen von Meinungen
(Rz. 14.2). Insbesondere die Verbreitung bewusst oder erwiesenermaßen unrichtiger Tatsachenbehauptungen wird nach ständiger Rechtsprechung des BVerfG[1] vom Grundrechtsschutz des Art. 5 Abs. 1 Satz 1 GG nicht erfasst. Die Anwendung dieses Grundsatzes setzt
allerdings voraus, dass die Gerichte bei der Ermittlung des Aussagegehalts einer bestimmten
Äußerung die von der Rechtsprechung entwickelten **Interpretationsstandards** beachten. Dabei handelt es sich um dieselben Kriterien, die für die Abgrenzung von Tatsachenbehauptungen und Meinungsäußerungen maßgeblich sind.[2] Auf deren Darstellung in anderem Zusammenhang (§ 14) kann daher verwiesen werden.

Für die Ermittlung des Aussagegehalts einer als Tatsachenbehauptung einzuordnenden Äuße-   **16.2**
rung gilt dieselbe **Variantenlehre** wie für die Einordnung einer Äußerung als Tatsachenbehauptung oder als Meinungsäußerung (Rz. 14.15 ff., Rz. 14.41 f.). Lässt eine Äußerung tatsächlichen Inhalts mehrere Deutungen zu, so ist für die Prüfung daran anknüpfender Sanktionen mit Ausnahme des Unterlassungsanspruchs[3] diejenige zugrunde zu legen, die den Betroffenen am wenigsten beeinträchtigt und zugleich eine Verurteilung des beklagten Medien-

---

1 BVerfG AfP 1976, 115 = NJW 1976, 1677 – Echternach; BVerfG AfP 1982, 215 = NJW 1983, 1415 –
  NPD von Europa; BVerfG AfP 1992, 53 = NJW 1992, 1439 – Bayer; BVerfG NJW 1993, 916; BVerfG
  NJW 1993, 1845; BVerfG NJW 1994, 1779; *Grimm*, NJW 1995, 1697 ff.
2 Vgl. hierzu Löffler/*Steffen*, § 6 LPG Rz. 90 ff.
3 BVerfG AfP 2005, 544 = AfP 2006, 41 = NJW 2006, 207 – Stolpe/IM Sekretär.

unternehmens nach Möglichkeit vermeidet;[4] vgl. dazu im Einzelnen Rz. 14.15 ff. In der Praxis ist es dennoch das oberste Gebot, die **Verbreitung unwahrer Tatsachenbehauptungen zu vermeiden**, und unter den gerichtlichen oder außergerichtlichen Auseinandersetzungen über Medienäußerungen nehmen diejenigen über angeblich oder tatsächlich wahrheitswidrige Tatsachenbehauptungen schon wegen der verfassungsrechtlich schwächeren Position, die sie insoweit im Vergleich zu Meinungsäußerungen haben, eine Sonderstellung ein.

16.3 Besonders bedeutsam für die Berichterstattung durch Medien sind die beiden einzigen gesetzlichen Tatbestände, die sich mit der Übermittlung falscher Tatsachenbehauptungen befassen: § 186 StGB betreffend die **üble Nachrede** und § 824 BGB betreffend die **Kreditgefährdung**. Beide Bestimmungen begründen eine strikte **Verbreiterhaftung**. Schon im Wortlaut des Gesetzes stehen die Begehungsformen des Aufstellens und des Verbreitens unwahrer Tatsachenbehauptungen nebeneinander. Es entlastet sich also nicht, wer sich darauf beruft, er habe eine bestimmte Behauptung nicht originär aufgestellt; er habe vielmehr nur verbreitet, was anderenorts behauptet wurde. Damit scheint die Frage, ob eine bestimmte Behauptung durch eine Redaktion aufgestellt oder nur verbreitet wird, auf den ersten Blick ohne praktische Relevanz für die rechtliche Beurteilung zu sein. Tatsächlich ist das jedoch in dieser Konsequenz nicht der Fall. Denn unbeschadet der grundsätzlichen rechtlichen Gleichstellung der Kommunikationsformen des Behauptens und des Verbreitens ist jedenfalls auf der Ebene der Rechtsfolgen im Interesse einer möglichst freien Berichterstattung zwischen beiden Formen zu differenzieren.

aa) Behaupten

(1) Printmedien

16.4 Für den Inhalt einer Meldung haftet zunächst, wer die Tatsachen, die in ihr verarbeitet werden, **ausdrücklich behauptet**. Tatsachen behauptet, wer einen bestimmten Tatbestand als Gegenstand eigener Feststellung oder Überzeugung darstellt. Dem Leser, Hörer oder Zuschauer muss, bevor eine bestimmte Äußerung als Behauptung einer Tatsache qualifiziert werden kann, die Überzeugung vermittelt werden, dass der Gegenstand der Berichterstattung wahr ist.

16.5 Für die Annahme einer Behauptung im Rechtssinn reicht es aber in der Regel aus, wenn sich die Medien die von ihnen verbreiteten Meldungen **zu eigen machen**.[5] Das ist der Fall, wenn eine fremde Äußerung so in den eigenen Gedankengang eingebaut wird, dass die kombinierte Äußerung insgesamt **als eigene erscheint**,[6] und kann in den unterschiedlichsten Formen geschehen. So ist es etwa unerheblich, ob die Redaktion, die eine bestimmte Tatsache behauptet, dies als Ergebnis eigener Recherche oder Wahrnehmung tut oder ob sie sich für die Richtigkeit der Meldung auf eine fremde Quelle stützt.[7] Daher werden Redaktionen, die Tatsachen behaupten, grundsätzlich auch nicht durch den Hinweis entlastet, dass sie die entsprechenden Meldungen nicht selbst recherchiert, dass sie sie vielmehr anderen Publikationen entnommen und lediglich inhaltlich unverändert weiterverbreitet haben. Insbesondere rechtfertigt der **Einwand der Vorveröffentlichung** bei Medienberichterstattung auch nach dem *Bayer*-Be-

---

4 BGH AfP 1998, 506 = NJW 1998, 3047 – IM Sekretär; KG AfP 1999, 369.
5 Wenzel/*Burkhardt*, Kap. 4 Rz. 102 ff.
6 BGH AfP 2010, 72 = NJW 2010, 760 – Heute wird offen gelogen.
7 BGH NJW 1966, 2010 = GRUR 1966, 633 – Teppichkehrmaschine.

schluss des BVerfG[8] in der Regel für sich allein noch nicht die Berufung auf den rechtfertigenden Gesichtspunkt der Wahrnehmung berechtigter Interessen (dazu im Einzelnen § 15; vgl. aber auch Rz. 16.15). Entscheidend bleibt allein, dass die Meldung sich dem Leser in der Form, in der sie konkret aufbereitet und publiziert wird, als wahr darstellt. Auf derselben Linie liegt die Feststellung, dass auch die ausdrückliche Berufung auf anonyme Quellen wie etwa die in der Praxis nicht selten zitierten *gewöhnlich gut unterrichteten Kreise, Experten* oder *Insider* am Charakter einer Meldung als Tatsachenbehauptung nichts ändert.[9]

Als eigene Behauptung kann es auch gelten, wenn eine bestimmte Sachdarstellung in der Form einer eingehenden Wiedergabe einer Zeugenaussage präsentiert wird. Das gilt selbst dann, wenn in demselben Beitrag oder auch einer als Schlagzeile verbreiteten Frage Bedenken gegen die Glaubwürdigkeit der Darstellung erwähnt werden, der Leser aber der Gesamtdarstellung im Ergebnis den Eindruck entnimmt, Anhaltspunkte für die Unrichtigkeit der Aussage hätten sich nicht ergeben.[10] Dass sich die berichtende Redaktion jeder eigenen Darstellung enthält, ändert daran nichts. Selbst die unkritische Übernahme der Darstellung eines Dritten kann eigene Behauptung sein, wie etwa die Aussage, ein *nationalsozialistisches Gericht habe einen Widerstandskämpfer als Mörder oder Verbrecher bezeichnet.*[11] Gleiches gilt bei der Weiterleitung einer über ein soziales Netzwerk verbreiteten Behauptung durch das sog. **Teilen**, wenn dies von einer positiven Leseempfehlung begleitet wird,[12] wohingegen ein unkommentiertes Teilen noch nicht als ein Zueigenmachen angesehen werden kann.[13] Demgegenüber erfüllt das *Einstellen einer Vielzahl von durch die Online-Plattform Wikileaks veröffentlichten Originaldokumenten aus US-amerikanischen Regierungsquellen in das Online-Archiv einer Tageszeitung* nicht den Tatbestand des Zueigenmachens hinsichtlich der darin gesammelten tatsächlichen Informationen;[14] wegen etwa tangierter Urheberrechte an den in derartigen Datenbanken gespeicherten Texten sowie an den Datenbanken selbst vgl. Rz. 3.8.

Ebenso wenig kommt es auf die **Form der Behauptung** an. Der Haftung für die Unwahrheit einer behaupteten oder verbreiteten Tatsache entzieht sich nicht, wer durch einschränkende Formulierungen versucht, die Verantwortung von sich zu schieben, solange nur dem Leser oder Hörer durch die Art der Aussage der Eindruck vermittelt wird, sie sei eben doch sachlich richtig. Daher ist es in der Regel rechtlich unbeachtlich, wenn einer Aussage ein einschränkender Zusatz vorangestellt wird wie etwa die Formulierung *soweit der Redaktion bekannt.* Auch sonstige Methoden der Einkleidung einer Aussage in einschränkende Formulierungen ändern an ihrem Charakter als Tatsachenbehauptung nichts, wenn ihr Kern dadurch nicht verändert und dem Empfänger trotzdem als Botschaft die Überzeugung vermittelt wird, sie sei wahr.[15] So ändert auch die *Angabe einer Belegstelle für eine im Text aufgestellte unwahre Behauptung* nichts an deren Charakter als eigene Behauptung des Verfassers.[16]

16.6

16.7

---

8 BVerfG AfP 1992, 53 = NJW 1992, 1439; dazu *Soehring*, NJW 1994, 2926, 2927 m.w.N.
9 LG Hamburg AfP 1973, 441.
10 BGH AfP 1997, 144 = NJW 1996, 1131 – Polizeichef; OLG München AfP 1976, 130; OLG Zweibrücken AfP 2015, 169 = NJW-RR 2015, 561 entgegen BVerfG AfP 2014, 433 = NJW 2014, 766 in derselben Sache.
11 BGH NJW 1974, 1371 = GRUR 1974, 797, 798 – Fiete Schulze.
12 OLG Dresden AfP 2017, 257.
13 OLG Frankfurt a.M. ZUM-RD 2016, 307 – Hofdamen.
14 OLG Köln K&R 2014, 43.
15 BGH NJW 1980, 2801 – Medizin-Syndikat III.
16 OLG Frankfurt a.M. AfP 2000, 384.

16.8 Auch eine in **Frageform** gekleidete Aussage kann unter denselben Voraussetzungen als Behauptung einer Tatsache anzusehen sein;[17] vgl. dazu schon Rz. 14.32 f. Das kann etwa bei einer Artikelüberschrift der Fall sein, durch die dem Leser ein bestimmter Verdacht suggeriert wird, wie etwa dem Aufmacher *Udo Jürgens – Im Bett mit Caroline*?,[18] sofern dieser Verdacht durch den folgenden Beitrag noch zusätzlich genährt, jedenfalls aber nicht entkräftet wird. Andererseits hat das BVerfG wiederholt klargestellt, dass es zum Grundrecht der freien Meinungsäußerung auch gehört, Fragen zu stellen.[19] In der Formulierung von Fragen kann daher nur dann eine Tatsachenbehauptung gesehen werden, wenn sie dem Leser oder Hörer als rhetorische Frage die bejahende Antwort unabweisbar suggeriert. Auch als Mittel zur Äußerung eines Verdachts kommt die Frage in Betracht; dann ist sie nach der zutreffenden Auffassung des OLG Hamburg[20] nach den für die Verdachtsberichterstattung entwickelten Grundsätzen (dazu Rz. 16.50 ff.) zu beurteilen.

16.9 So genannte **offene Fragen** dürfen demgegenüber nicht als Tatsachenbehauptung angesehen werden. Sie sind vielmehr als Meinungsäußerungen zu behandeln (Rz. 14.34). Um offene Fragen handelt es sich, wenn sie den Leser oder Hörer zum Nachdenken anregen und ihm die Möglichkeit belassen, in der Beantwortung zu unterschiedlichen Ergebnissen zu gelangen.

16.10 Aus diesen Grundsätzen folgt bereits, dass auch sogenannte **verdeckte Behauptungen** Tatsachenbehauptungen im Rechtssinn sind. Darum handelt es sich, wenn Sachaussagen nicht offen ausgesprochen, sondern zwischen den Zeilen versteckt werden. Allerdings ist bei der Annahme verdeckter Behauptungen besondere Zurückhaltung geboten. Ähnlich wie bei Fragen liegen sie nur vor, wenn ihre Formulierung die Grenzen des Denkanstoßes überschreitet und dem Leser eine unabweisbare Schlussfolgerung nahelegt;[21] Einzelheiten hierzu in Rz. 16.84 ff. Um eine verdeckte Tatsachenbehauptung in diesem Sinn handelt es sich auch, wenn ein Bericht dem Leser mehrere als solche richtige Einzelbehauptungen präsentiert, jedoch eine in den betreffenden Kontext gehörende Tatsache verschweigt und dadurch einen Eindruck eines Geschehens hervorruft, der mit der Wirklichkeit nicht übereinstimmt.[22]

(2) Hörfunk und Fernsehen

16.11 Soweit **Hörfunk und Fernsehen** redaktionell bearbeitete Texte ausstrahlen, richtet sich die Frage, ob sie Behauptungen als eigene aufstellen und verbreiten, nach den in Rz. 16.4 ff. dargestellten Grundsätzen. Besonderheiten ergeben sich insoweit nicht. Anders als in aller Regel die Printmedien agieren die Medien Hörfunk und Fernsehen in einem Teilbereich ihrer publizistischen Tätigkeit aber als **Forum der Meinungen und Behauptungen Dritter**. Das ist der Fall, soweit sie *live* aufnehmen und senden, wie etwa bei situationsgebundenen aktuellen Interviews mit Politikern, Vertretern der Wirtschaft oder Sportlern. Das kann aber auch der Fall sein bei Diskussionen im Studio, bei denen die Funkmedien sich den Diskussionsteilnehmern als Forum zur Verfügung stellen und auf den Inhalt der Äußerungen der Teilnehmer keinen Einfluss nehmen, der Diskussion vielmehr freien Lauf lassen.[23] Da ihnen in diesen Fäl-

---

17 BVerfG AfP 1992, 51 = NJW 1992, 1442 – Fragen; OLG Köln NJW 1962, 1121.
18 BGH AfP 2004, 124 = NJW 2004, 1034 – Unechte Frage; OLG Karlsruhe AfP 2016, 164.
19 BVerfG AfP 1992, 51 = NJW 1992, 1442 – Fragen; BVerfG AfP 2003, 41 = NJW 2003, 660; BVerfG AfP 2014, 433 = NJW 2014, 766.
20 OLG Hamburg AfP 2009, 149.
21 BVerfG NJW 2004, 1942 = ZUM 2004, 560.
22 BGH AfP 2006, 65 = NJW 2006, 601; OLG München AfP 2001, 63.
23 Löffler/*Steffen*, § 6 LPG Rz. 276.

len die Möglichkeit der Vorauswahl und Überprüfung der von ihnen aufgenommenen und verbreiteten Aussagen Dritter fehlt, gelten die vorstehend dargestellten Grundsätze der Verbreiterhaftung insoweit nicht.[24] Für die Übermittlung der Äußerungen Dritter können die Veranstalter von Hörfunk und Fernsehen in derartigen Fällen daher nicht in Anspruch genommen werden.

Anderes gilt allerdings auch für **Hörfunk und Fernsehen**, wenn sie dem Hörer oder Zuschauer durch die Art der Darstellung die Überzeugung vermitteln, eine von ihnen ausgestrahlte Mitteilung eines Dritten treffe zu. Das kann sich insbesondere aus der Anmoderation oder Kommentierung ergeben. Sind sie als Zustimmung oder Unterstützung zu verstehen, wird ihnen die formal nur transportierte Meldung des oder der Dritten als eigene zugerechnet.[25] Davon wird man insbesondere dann ausgehen müssen, wenn ein Magazinbeitrag eine bestimmte *eigene Behauptung aufstellt* oder dem Publikum eine *bestimmte These nahe bringt* und zu deren Beleg *Personen zu Wort kommen lässt, die die Richtigkeit der betreffenden Behauptung oder These bestätigen oder sie durch Schilderung von Einzelbeispielen bekräftigen*; die Äußerungen dieser Personen werden dem Rundfunkveranstalter dann wie eigene Äußerungen zugerechnet mit der Folge, dass er für deren Inhalt nach den Grundsätzen der Verbreiterhaftung (dazu Rz. 16.13 ff.) einzustehen hat.

16.12

bb) Verbreiten

(1) Printmedien

Auch wo sich die Medien Behauptungen Dritter nicht zu eigen machen, kommt ihre Haftung gleichwohl in Betracht, soweit sie Aussagen Dritter auch nur **verbreiten**. Dabei wird im vorliegenden Zusammenhang unter dem Begriff des *Verbreitens* lediglich die publizistische Tätigkeit der Redaktionen im Sinn eines **intellektuellen Verbreitens** verstanden, und auf die Haftung des technischen Verbreiters wie etwa des Druckers oder Vertriebsunternehmens an dieser Stelle nicht weiter eingegangen (dazu Rz. 28.15 ff.).

16.13

Aus dem Wortlaut von §§ 186 StGB, 824 BGB folgt, dass nicht nur das Aufstellen eigener Behauptungen, sondern auch das **Verbreiten von Äußerungen Dritter** tatbestandlich sein kann. Besondere Bedeutung erlangt diese Feststellung jenseits des Anwendungsbereichs der genannten, auf Tatsachenbehauptungen beschränkten Bestimmungen aber auch deswegen, weil auch die Veröffentlichung rechtswidriger Meinungsäußerungen häufig nur über die Kommunikationsform des Verbreitens zu erfassen ist. Gerade auch für die Verbreitung von Meinungen, Kritik und gelegentlich auch Diffamierungen oder Schmähungen Dritter können die Medien haften, wenn sie sich von deren Inhalt nicht eindeutig **distanzieren**.[26] Sie haften insbesondere dann, wenn sie derartige Äußerungen Dritter zum Beleg eigener Meinungen und Kritik nutzen oder sie sonstwie in den dem Leser, Hörer oder Zuschauer vermittelten eigenen Gedankengang integrieren.[27]

16.14

---

24 BGH NJW 1970, 187 – Hormoncreme; BGH AfP 1976 = NJW 1976, 1198 – Panorama; Löffler/*Steffen*, § 6 LPG Rz. 276.

25 BGH NJW 1970, 187 – Hormoncreme; BGH AfP 1976 = NJW 1976, 1198 – Panorama; BGH AfP 1985, 116 = NJW 1985, 1621 – Türkol.

26 BGH AfP 1997, 700 = NJW 1997, 1148 – Stern-TV; BGH AfP 1997, 144 = NJW 1996, 1131 – Polizeichef.

27 BVerfG AfP 2004, 49 = NJW 2004, 590.

16.15 Die noch bis zur 4. Auflage vertretene Auffassung, eine distanzierungslose Verbreitung von Äußerungen Dritter führe stets zu einer Haftung der Medien, lässt sich aber nicht aufrechterhalten, wenn bei der Auslegung der §§ 186 StGB, 824 BGB die Bedeutung der Kommunikationsgrundrechte gemäß Art. 5 Abs. 1 GG und Art. 10 EMRK angemessen berücksichtigt wird. So entspricht es der neueren Rechtsprechung sowohl des EGMR[28] als auch des BVerfG,[29] dass von Journalisten im Hinblick auf Art. 10 EMRK und Art. 5 Abs. 1 GG nicht generell verlangt werden kann, sich vom *Inhalt eines Zitats* deswegen zu distanzieren, weil es Rechte eines Dritten verletzen könnte. Und die dokumentarische *Einstellung umfangreicher Sammlungen von Dokumenten der US-amerikanischen Regierung in das Online-Portal eines Zeitungsverlags* führt nicht zur Haftung des Verlags für deren Inhalt, sofern er ihn sich nicht im Einzelfall durch die Art der Kommentierung zu eigen gemacht hat.[30] Nach Auffassung des BVerfG kann im Fall der Veröffentlichung eines Fremdberichts auch die Recherchepflicht des Verbreiters eingeschränkt sein und eine eindeutige Kennzeichnung etwa als *gekürzter Fremdbericht* die Haftung des zitierenden Mediums ausschließen.[31] Damit entfällt insbesondere auch die Haftung der Verleger von Pressespiegeln für den Inhalt darin auszugsweise wiedergegebener Meldungen; vgl. zur urheberrechtlichen Beurteilung der Entnahme von Daten aus *Wikileaks* Rz. 3.8 und aus Pressespiegeln Rz. 3.28 ff. Im Gegenzug bedeutet das aber, dass deren Verleger besonders darauf achten müssen, dass sie nicht durch die Auswahl und Kürzung des Materials die Sachaussage des Ursprungsberichts verfälschen und dadurch in Rechte Dritter eingreifen.[32]

16.16 Auch wo die Medien Äußerungen ohne Einschränkungen und ohne Verklausulierungsversuche klar als Äußerungen Dritter ausgeben, sollen sie nach tradierter Auffassung haften, wenn sie sich von deren Inhalt nicht in geeigneter Weise distanzieren (dazu Rz. 16.18 f.). Das entspricht aber im Hinblick auf die in Rz. 16.15 zitierte neuere Rechtsprechung des BVerfG und des EGMR in dieser generellen Form nicht mehr der Rechtslage.[33] Die verfassungskonforme Auslegung von §§ 186 StGB, 824 BGB gebietet es vielmehr, den Medien die Möglichkeit zu eröffnen, über ehrverletzende Äußerungen Dritter wahrheitsgemäß zu berichten. Geschieht das in einer Weise, die dem Leser oder Hörer deutlich macht, dass die Wiedergabe der Äußerung Bestandteil eines Berichts über ein tatsächliches Geschehen ist, dann kommt eine Haftung für den Inhalt der Äußerung nach der heute geltenden Rechtslage nicht mehr in Betracht. Ist aber die Behauptung, *ein namentlich genannter Dritter habe sich entsprechend geäußert*, ihrerseits unwahr oder verbreiten Medien die ehrenrührige Äußerung unter Berufung auf eine nicht genannte oder anonymisierte Quelle, dann ändert sich an ihrer eigenen Haftung nichts. Wollte man auch eine derartige Berichterstattung über angebliche Äußerungen Dritter als gerechtfertigt ansehen, dann liefe das auf das untragbare Ergebnis hinaus, dass die Medien sich entgegen der klaren Vorgabe des Gesetzgebers durch Bezugnahme auf Äußerungen anonymer Dritter von jedweder Haftung freizeichnen und damit dem von ihrer Berichterstattung Betroffenen ein im Hinblick auf seine verfassungsrechtlich gesicherten Rechtspositionen unvertretbares Risiko aufbürden könnten; vgl aber zur Rechtslage bei der Parlaments- oder Gerichtsberichterstattung Rz. 16.17 f.

---

28 EGMR NJW 2009, 3145 – Affaire July et SARL Libération/Frankreich.
29 BVerfG AfP 2009, 480 = NJW-RR 2010, 470.
30 OLG Köln K&R 2014, 43.
31 BVerfG AfP 2009, 480 = NJW-RR 2010, 470; vgl. auch BGH AfP 2010, 72 = NJW 2010, 760.
32 BVerfG AfP 2009, 480 = NJW-RR 2010, 470.
33 Nicht haltbar daher OLG Frankfurt a. M. AfP 2016, 167 = NJW-RR 2016, 1381; im Ansatz zu weitgehend, wenn auch im Ergebnis richtig LG Offenburg AfP 2013, 429.

Auch haften die Medien für sachlich zutreffende Berichterstattung über unwahre oder aus 16.17
sonstigem Grund unzulässige Äußerungen Dritter nicht, soweit ihnen ausdrückliche gesetzliche Bestimmungen größere Freiräume verschaffen. Das ist insbesondere der Fall im Rahmen der wahrheitsgetreuen Berichterstattung über die Sitzungen des Bundestags und seiner Ausschüsse, die durch Art. 42 Abs. 3 GG ausdrücklich von jeder Verantwortlichkeit freigestellt wird. Diese verfassungsrechtliche Privilegierung von **Parlamentsberichterstattung** erweitern und konkretisieren § 37 StGB für den Bereich des Strafrechts und die Rechtsprechung[34] für denjenigen des Zivilrechts im Hinblick auf wahrheitsgetreue Berichte über öffentliche Sitzungen der Bundesversammlung und der gesetzgebenden Körperschaften der Bundesländer sowie schließlich auch der Kommunalvertretungen[35] oder von Ausschüssen eines dieser Parlamente. Darüber hinaus schließen die Bestimmungen der Landespressegesetze Gegendarstellungen zu wahrheitsgemäßen Berichten über die Verhandlungen auch der kommunalen Parlamente sowie die **Gerichtsberichterstattung** aus, vgl. dazu Rz. 29.24 ff. Von straf- und zivilrechtlicher Haftung freigestellt sind alle Berichte über Verlauf und Inhalt der entsprechenden öffentlichen Sitzungen, sofern sie als solche wahrheitsgetreu sind. Dies setzt nicht voraus, dass der Bericht den Verlauf einer Sitzung vollständig wiedergibt; die publizistische Behandlung auch nur eines Tagesordnungspunkts einer entsprechenden Debatte reicht aus.[36] Durch § 37 StGB privilegiert ist bereits die inhaltlich richtige Wiedergabe einzelner Reden oder Vorgänge aus einer längeren Debatte in einer öffentlichen Parlaments- oder Ausschusssitzung.[37] Der Wortlaut von § 37 StGB rechtfertigt auch nicht die Forderung, dass stets ausdrücklich auf den Verlauf der betreffenden Sitzung Bezug genommen wird, sofern nur klargestellt wird, dass es sich um Äußerungen handelt, die vor dem betreffenden Parlament getätigt wurden und für die der betreffende Abgeordnete selbst **Indemnität** beansprucht, mithin nach Art. 46 GG und § 36 StGB strafrechtlich nicht zur Verantwortung gezogen werden kann. Damit dürfen die Medien berichten, was in öffentlichen Sitzungen der Parlamente oder ihrer Ausschüsse erörtert wird, selbst wenn der Inhalt der betreffenden Beiträge seinerseits Dritte in ihren Rechten verletzt.

Wo aber die Haftung für lediglich verbreitete Meldungen nicht unter den Aspekten der eindeutig gekennzeichneten Fremdberichterstattung oder der Parlaments- und Gerichtsberichterstattung von vornherein ausscheidet, bleibt es beim Grundsatz der **Verbreiterhaftung**.[38] Diese Haftung können die Medien dann nur dadurch vermeiden, dass sie sich vom Inhalt der verbreiteten Meldung in geeigneter Weise **distanzieren**.[39] Ist diese Distanzierung nur halbherzig, wie dies oft zu beobachten ist, dann werden sie damit aber nur erreichen, dass sie sich die verbreiteten Behauptungen nicht als eigene zurechnen lassen müssen, so dass erst dadurch der Tatbestand der Verbreiterhaftung begründet wird.[40] Nur eine Distanzierung, die der verbreiteten Meldung auch nicht den Anschein möglicher Richtigkeit belässt, ist ein geeignetes Mittel zum Ausschluss der Haftung. Das kann etwa der Fall sein bei der Wiedergabe der Behauptung eines Dritten mit dem Zusatz, dieser *habe seine Darstellung inzwischen widerrufen müssen*, der Wiedergabe eines Gerüchts mit dem Zusatz, *es habe sich als haltlos erwiesen*, oder dem Bericht über eine von dritter Seite vorgebrachte Anschuldigung mit der Erläuterung, *für ihre Richtigkeit hätten sich keine Anhaltspunkte ergeben*. Über die Wahlkampfäußerung einer

16.18

---

34 BGH NJW 1980, 780 = GRUR 1980, 257.
35 LG Köln AfP 2002, 346.
36 *Fischer*, § 37 StGB Rz. 3.
37 *Ricker/Weberling*, Kap. 49 Rz. 21.
38 BGH AfP 1986, 241 = NJW 1986, 2503 – Ostkontakte.
39 BVerfG AfP 2004, 49 = NJW 2004, 590; Wenzel/*Burkhardt*, Kap. 4 Rz. 110 ff.
40 BGH AfP 1986, 241 = NJW 1986, 2503 – Ostkontakte.

politischen Partei etwa, *der politische Gegner habe die Straflosigkeit sexueller Handlungen an Minderjährigen befürwortet,* müssen die Medien die Öffentlichkeit auch dann unterrichten dürfen, wenn sie erkannter maßen unwahr oder jedenfalls nicht beweisbar ist, wollen sie ihrem Informationsauftrag gerecht werden. Aber sie müssen es in einer Weise tun, die dem Leser jedenfalls die Fragwürdigkeit dieser Meldung deutlich vor Augen führt.

16.19   Zu differenzieren ist in solchen Fällen zwischen dem Inhalt der Falschmeldung und der Tatsache ihrer Existenz. Indem die Medien Meldungen über öffentlichkeitsrelevante Falschbehauptungen Dritter unter geeigneter **Distanzierung** wahrheitsgemäß verbreiten, handeln sie in Erfüllung ihrer öffentlichen Aufgabe und damit in Wahrnehmung berechtigter Interessen. Derartige Berichterstattung ist also trotz des Grundsatzes der Verbreiterhaftung und trotz der feststehenden oder möglichen Unwahrheit der verbreiteten Behauptung gerechtfertigt. Sie kommt allerdings als Anknüpfungspunkt für Gegendarstellungen in Betracht, sofern an der Durchsetzung dieses Anspruchs im Hinblick auf die Distanzierung im konkreten Fall noch ein berechtigtes Interesse anzuerkennen ist; dazu im Einzelnen Rz. 29.22.

(2) Hörfunk und Fernsehen

16.20   Die dargestellten Grundsätze über die Verbreiterhaftung gelten prinzipiell für **Hörfunk** und **Fernsehen** in gleicher Weise. Allerdings bedarf es hier einer gewissen Reduktion der Haftung unter Berücksichtigung der segmentspezifischen Eigenheiten, die diese Medien von den Printmedien unterscheiden. Dabei geht es wiederum insbesondere um die Ausstrahlung von *live* aufgenommenen Diskussionen oder Interviews, die sich – anders als bei den Printmedien – einer Überarbeitung und Überprüfung durch die Rundfunkveranstalter und deren Redaktionen vor der Ausstrahlung entziehen. Die einschränkungslose Anwendung der allgemeinen Grundsätze der Verbreiterhaftung auf derartige Sendeformen, in denen diese Medien keine eigenen redaktionellen Leistungen erbringen, in denen sie stattdessen nur als **Forum der Meinungen** und Darstellungen Dritter agieren, hieße den Veranstaltern ein Risiko auferlegen, das sie verantwortlicherweise nicht tragen können. Ein solches Risiko müsste sie vielmehr dazu veranlassen, auf Talkshows und andere aktuelle Sendeformate zu verzichten, die ihrerseits gerade im politischen oder gesellschaftlichen Bereich einen Beitrag zur öffentlichen Meinungsbildung leisten können.

16.21   Daher tragen **Hörfunk und Fernsehen** in den Fällen, in denen sich ihre Mitwirkung auf die Vermittlung rechtlich bedenklicher Äußerungen Dritter beschränkt, kein eigenes Haftungsrisiko.[41] Das setzt aber voraus, dass sie dem Zuschauer oder -hörer nicht durch die Art der Moderation und Kommentierung oder der Integration der Live-Äußerungen Dritter in vorproduzierte Teile einer Sendung den Eindruck oder gar die Gewissheit vermitteln, der Inhalt der ausgestrahlten Äußerungen treffe zu. So durften etwa inhaltlich umstrittene *Vorwürfe einer Reihe von Krankenhausärzten betreffend ein angebliches Fehlverhalten ihres Chefarzts* im Fernsehen jedenfalls solange nicht verbreitet werden, als im redaktionellen Umfeld nicht klargestellt wurde, dass *der ärztliche Direktor die Vorwürfe für unbegründet hielt und der beschuldigte Chefarzt ein zum Zeitpunkt der Ausstrahlung der Sendung noch nicht abgeschlossenes berufsrechtliches Verfahren gegen sich selbst eingeleitet hatte,* um die Vorwürfe überprüfen zu lassen.[42] Die Klage eines Münchner Psychologen gegen einen Fernsehveranstalter wegen der Verbreitung des *Verdachts, er habe seine Patientinnen misshandelt,* scheiterte nach der richtigen Auffassung des

---

41 BGH NJW 1970, 187 = GRUR 1969, 624 – Hormoncreme; BGH AfP 1976, 75 = NJW 1976, 1198 – Panorama; *Brauneck/Schwarz,* AfP 2008, 14 ff., 126 ff.
42 BGH AfP 1997, 700 = NJW 1997, 1148 – Stern-TV.

OLG München[43] nicht etwa daran, dass die Anstalt für die Verbreitung der Äußerungen einer angeblichen Kronzeugin nicht hafte, sondern daran, dass der Beitrag die Grenzen zulässiger Verdachtsberichterstattung (dazu Rz. 16.50 ff.) nicht überschritten hatte.

Eine Sonderfrage nach der Tragweite der Verbreiterhaftung ergibt sich schließlich hinsichtlich der von privaten Fernsehveranstaltern ausgestrahlten so genannten **Fensterprogramme**. Nach §§ 25 ff. RStV sind die beiden bundesweit verbreiteten privaten Fernsehveranstalter mit den größten Reichweiten verpflichtet, derartige Programme, die von Dritten nach dem so genannten **Herausgeberprinzip** in eigener redaktioneller Verantwortung gestaltet und dem Programm des Veranstalters zugeliefert werden, in einem bestimmten Umfang auszustrahlen. Richtiger Ansicht nach reicht die Verbreiterhaftung der Fernsehveranstalter in diesen Fällen so weit, wie sie aufgrund der konkreten Umstände des Einzelfalls auf den Inhalt einer Sendung Einfluss nehmen können, und endet sie dort, wo dies nicht der Fall ist;[44] dazu schon Rz. 16.11. In Anwendung dieses Prinzips ist die Haftung der Fernsehveranstalter für Sendungen in den Fensterprogrammen ausgeschlossen, sofern sie – wie dies die Regel ist – auf deren Inhalt keinen Einfluss nehmen können und die Herkunft der entsprechenden Sendungen aus dritter Quelle in fernsehtypischer Weise deutlich machen. An der zuletzt genannten Voraussetzung fehlt es in der Praxis jedoch in der Regel. Das OLG Hamburg[45] hat daher im Ergebnis zu Recht angenommen, dass der Programmveranstalter *SAT 1 für den Inhalt eines von ihm ausgestrahlten Beitrags von SPIEGEL TV* nach den Grundsätzen der Verbreiterhaftung einzustehen hatte, nachdem sich aus der An- und Abmoderation nicht eindeutig ergab, dass es sich um einen Beitrag in alleiniger Verantwortung des Zulieferers handelte.

16.22

(3) Tele- und audiovisuelle Medien

Segmentspezifische Probleme vielfältiger Art ergeben sich bei der Verbreiterhaftung für diejenigen, die am Kommunikationsverkehr über das **Internet** teilnehmen. Anders als bei den herkömmlichen Medien hat man hier neben dem **Content Provider** als dem Urheber einer Mitteilung eine Vielzahl anderer Beteiligter: den **Access Provider**, der den Zugang zum Internet vermittelt, den **Host Provider**, der für einen Kunden Daten speichert und Dritten zugänglich macht, den **Suchmaschinenbetreiber**, der das Auffinden des Angebots ermöglicht, bis hin zum sogenannten **Admin-C**, der für die technische Betreuung einer Domain zuständig ist. Berücksichtigt man zusätzlich, dass diese Akteure des Internet ihre Leistungen an unterschiedlichen – nicht unbedingt inländischen – Orten erbringen und dass die Quelle einer Mitteilung häufig anonym bleibt, so bedarf es wenig Phantasie, sich die Vielzahl an Problemen auszumalen, die das Thema der Verbreiterhaftung im Internet auslöst und die natürlich an Landesgrenzen nicht haltmachen.

16.23

So verwundert es wenig, dass die *Europäische Union* in einigen Rechtsakten das grenzüberschreitende Anbieten und Nutzen von Kommunikationsformen reguliert hat. Die Richtlinie über audiovisuelle Mediendienste (kurz: **„AVMD-Richtlinie"**) regelt den gesamten Bereich der redaktionellen Kommunikation, bei der die Bereitstellung von Sendungen zur Information, Unterhaltung oder Bildung der Öffentlichkeit über ein elektronisches Kommunikationsnetz den Hauptzweck darstellt. Dazu gehören nicht nur das klassische Fernsehprogramm, bei dem der Anbieter die Übertragung festlegt (sog. linearer Dienst), sondern auch nicht-lineare

16.24

---

43 OLG München AfP 1997, 636 = NJW-RR 1996, 1487 – Sex-Papst.
44 BGH NJW 1970, 187 = GRUR 1969, 624 – Hormoncreme; BGH AfP 1976, 75 = NJW 1976, 1198 – Panorama; BGH AfP 1985, 116 = NJW 1985, 1621 – Türkol.
45 OLG Hamburg ZUM 2004, 75.

nutzerindizierte Abrufdienste, wie die immer beliebter werdenden Streaming-Angebote. Ferner umfasst der Regelungsbereich der Richtlinie die audiovisuelle **kommerzielle Kommunikation**, wie etwa Fernsehwerbung, Sponsoring, Teleshopping-Kanäle oder Produktplatzierung. Nicht in den Anwendungsbereich der Richtlinie fallen demgegenüber solche Dienste, die der **privaten Kommunikation** zuzurechnen sind (unabhängig von der potentiellen Empfängerzahl), wie etwa E-Mails, Blogs, private Webseiten oder Firmenauftritte, sofern die audiovisuellen Inhalte dort nur eine Begleiterscheinung darstellen (Bsp.: Einblendung einer Videosequenz auf einer privaten Facebook-Seite), aber auch Werbekanäle auf Video-Sharing-Plattformen,[46] außerdem (Online-) Zeitungen und Zeitschriften.[47] Auch Online-Informationsdienste, Dienste, die Inhalte Dritter bereithalten, die Zugang zu einem Informationsdienst bieten oder Informationen mittels eines solchen Dienstes anbieten, Social Media-Dienste, E-Mail-Dienste oder Suchmaschinenbetreiber fallen nicht unter die AVMD-Richtlinie. Diese Nachteile der im Jahr 2010 in Kraft getretenen Richtlinie sollen mit der im Jahr 2018 beschossenen Neufassung behoben werden. Diese siehtinsbesondere bei Plattformen wie etwa Online-Videotheken, aber auch Facebook, YouTube oder anderen Video-Sharing-Plattformen, Regelungen zur Sicherstellung eines Medienpluralismus sowie eine Flexibilisierung kommerzieller Kommunikationsformen vor, beabsichtigt aber auch einen verstärkten Jugendschutz und eine Verpflichtung der Mitgliedstaaten zur Kontrolle rechtswidriger, gewaltverherrlichender oder diskriminierender Inhalte.[48] Auch Online-Zeitungen können unter die Richtlinie fallen, wenn sie audiovisuelle Sendungen in einem von ihrer Haupttätigkeit abgrenzbaren Bereich anbieten. Für audiovisuelle Mediendienste werden die Vorschriften für Werbung und Produktplatzierung in Kinderprogrammen verschärft. Weiterhin enthält die Richtlinie auch Vorschriften zum Schutz personenbezogener Daten von Kindern. So müssen die Mitgliedstaaten das Sammeln von Daten Minderjähriger unterbinden, sofern diese Daten für nutzungsbasierte Werbung und Profiling verwendet werden sollen. Vorgesehen ist auch, dass wenigstens 30% der Angebote der Video-on-Demand-Plattformen europäische Produktionen enthalten müssen. Weiterhin ist der barrierefreie Zugang für Menschen mit Behinderungen zu verbessern.[49]

16.25 Die **E-Commerce-Richtlinie** der *Europäischen Union* (ECRL)[50] stellt die praktisch bedeutsamere Regelung dar, weil durch sie alle Telemediendienste erfasst werden, bei denen die redaktionelle oder kommerzielle Kommunikation nicht der Hauptzweck ist. Die ECRL gilt im Übrigen ergänzend auch für audiovisuelle Mediendienste (Art. 4 Abs. 7 der AVMD-Richtlinie).

16.26 Diese beiden Richtlinien sind in Deutschland im Wesentlichen im **TMG** umgesetzt worden. Das TMG unterscheidet, anders als die beiden Richtlinien, nicht zwischen audiovisuellen Diensten und privater Kommunikation, sondern nimmt in § 1 Abs. 1 TMG nur Negativabgrenzungen zum Rundfunk – für den der Bund keine Gesetzgebungskompetenz hat –, den

---

46 EuGH WRP 2018, 543 – Peugeot Deutschland/Deutsche Umwelthilfe; BGH CR 2019, 49 – YouTube-Werbekanal II.
47 Begründungserwägung 28 der AVMD-Richtlinie.
48 S. Richtlinie (EU) 2018/1808 des Europäischen Parlaments und des Rates vom 14. November 2018 zur Änderung der Richtlinie 2010/13/EU zur Koordinierung bestimmter Rechts- und Verwaltungsvorschriften der Mitgliedstaaten über die Bereitstellung audiovisueller Mediendienste (Richtlinie über audiovisuelle Mediendienste) im Hinblick auf sich verändernde Marktgegebenheiten, ABl. EU 2018 L 303, 69.
49 S. zur Novellierung auch *Jäger*, GRURPrax 2017, 372.
50 Richtlinie 2000/31/EG über den elektronischen Geschäftsverkehr v. 6.6.2000.

Telekommunikationsdiensten[51] und den telekommunikationsgestützten Diensten[52] vor. Im Übrigen sind in richtlinienkonformer Umsetzung der vorgestellten Regelungen **Telemediendienste** anmelde- und zulassungsfrei.

Abgrenzungsfragen zwischen Telemedien und Rundfunkangeboten stellen sich namentlich bei Live-Streams in Online-Angeboten von Printmedien. Sind diese redaktionell gestaltet, folgen sie einem Sendeplan und erscheinen sie regelmäßig, wobei sie mehr als 500 Nutzer gleichzeitig erreichen, handelt es sich um ein zulassungspflichtiges Rundfunkangebot. Wann allerdings ein Live-Stream „regelmäßig" erscheint und besagtem „Sendeplan" folgt, ist im Einzelnen umstritten; u.a. aus diesem Grund hat das VG Berlin die aufschiebende Wirkung einer Klage gegen eine Untersagungsverfügung der Medienanstalt Berlin-Brandenburg für verschiedene *Streaming-Formate der BILD-Zeitung* in einem Eilverfahren angeordnet; die Untersagung war angeordnet, weil die nach Auffassung der Medienanstalt erforderliche Zulassung („Rundfunklizenz") nicht gegeben war.[53] Die Abgrenzung der Telemedien zum Rundfunk hat daher erhebliche praktische Bedeutung, denn anders als Rundfunkangebote sind Telemediendienste zulassungsfrei. Sie unterliegen auch nicht einer staatlichen Aufsicht.[54] Weiterhin besteht für Telemedien eine Haftungsprivilegierung; die entsprechende Vorgabe der E-Commerce-Richtlinie ist in den §§ 7 bis 10 TMG übernommen worden. Daneben sieht das TMG eine Verpflichtung der Diensteanbieter vor, Nutzern einen anonymen oder pseudonymen Zugang zu ihren Leistungen zu ermöglichen, soweit dies technisch möglich und zumutbar ist (§ 13 Abs. 6 TMG). Dies ist wiederum ein Ausfluss aus Art. 5 Abs. 1 Satz 1 GG. Eine Verpflichtung, sich namentlich zu einer bestimmten Äußerung zu bekennen, begründet die Gefahr, aus Furcht vor negativen Auswirkungen eine Selbstzensur vorzunehmen.[55] Ergänzt werden die Regelungen des TMG durch die §§ 54 ff. RStV, in denen zusätzliche Vorschriften für Telemedien mit journalistisch-redaktionell gestalteten Angeboten erfasst sind.[56] Dazu gehören gemäß § 1 Abs. 4 TMG i.V.m. §§ 54 ff. RStV Bestimmungen über die inhaltlichen Anforderungen an derartige Dienste sowie die an die vergleichbaren Bestimmungen der Landespressegesetze angelehnten Impressumspflichten (Rz. 25.10 ff.) und Gegendarstellungsansprüche (dazu Rz. 29.11 ff. und Rz. 29.112 ff.).

Eine wesentliche Einschränkung der Haftungsprivilegierung ist seit dem 1.10.2017 in Kraft. Die zunehmende Verbreitung so genannter *Fake News*, aber auch von Hassreden, also diskriminierenden, diffamierenden und strafrechtlich relevanten Inhalten, und die als unbefriedigend empfundenen Selbstverpflichtungen der Social Media-Anbieter haben nach einiger öf-

16.27

---

51 S. § 3 Nr. 24 TKG: in der Regel gegen Entgelt erbrachte Dienste, die ganz oder überwiegend in der Übertragung von Signalen über Telekommunikationsnetze bestehen, einschließlich Übertragungsdienste in Rundfunknetzen.

52 In § 3 Nr. 25 TKG werden die telekommunikationsgestützten Dienste erfasst, also solche, die neben der reinen, von Nr. 24 TKG erfassten Telekommunikationsverbindung auch inhaltliche Leistungen enthalten, wie dies z.B. bei Service-Rufnummern der Fall ist; vgl. Spindler/Holznagel/*Ricke*, § 3 TKG Rz. 44.

53 VG Berlin AfP 2018, 556 unter Darlegung des Meinungsstands.

54 Zu den datenschutzrechtlichen Fragestellungen im Zusammenhang mit Kontrollrechten von Aufsichtsbehörden s. Rz. 1.5.

55 BGH AfP 2009, 401 = NJW 2009, 2888 – spickmich.de; krit. zu der in § 13 Abs. 6 TMG geregelten Pflicht zur Gewährleistung von Anonymität oder wenigstens Pseudonymität des Nutzers *Specht/Eickhoff*, CR 2016, 747; *Kühling*, NJW 2015, 442.

56 § 54 Abs. 2 RStV: „Telemedien mit journalistisch-redaktionell gestalteten Angeboten, in denen insbesondere vollständig oder teilweise Inhalte periodischer Druckerzeugnisse in Text oder Bild wiedergegeben werden"; dazu Rz. 29.71 ff.

fentlicher Diskussion zum Erlass des **NetzDG** geführt.[57] Das NetzDG legt Telemediendiensteanbietern, die mit Gewinnerzielungsabsicht Social Media-Plattformen betreiben, besondere Handlungspflichten auf, sofern diese im Inland mehr als zwei Millionen registrierte Nutzer haben. Gehen bei einem dieser Anbieter in einem Kalenderjahr mehr als 100 Beschwerden über rechtswidrige Inhalte[58] ein, muss der betroffene Betreiber halbjährlich einen deutschsprachigen Bericht über seinen Umgang mit den Beschwerden erstellen und im Bundesanzeiger sowie auf der eigenen Homepage spätestens einen Monat nach Ende eines Halbjahrs leicht erkennbar, unmittelbar erreichbar und ständig verfügbar in deutscher Sprache veröffentlichen. In dem Bericht ist u.a. darauf einzugehen, welche Anstrengungen unternommen werden, um strafbare Handlungen auf den Plattformen zu überwinden, welche Beschwerdemöglichkeiten gegeben sind, über die Anzahl der im Berichtszeitraum eingegangenen Beschwerden, organisatorische, fachliche und personelle Ausstattung der für die Bearbeitung zuständigen Mitarbeiter, Mitgliedschaft in Branchenverbänden, Anzahl der Beschwerden, bei denen eine externe Stelle konsultiert wurde, Anzahl der Beschwerden, die zu einer Löschung oder Sperrung führten, Zeit zwischen Beschwerdeeingang und Löschung oder Sperrung, gegliedert nach Zeiträumen „innerhalb von 24 Stunden „innerhalb von 48 Stunden"/„innerhalb einer Woche"/„zu einem späteren Zeitpunkt" sowie Maßnahmen zur Unterrichtung des Beschwerdeführers (§ 2 NetzDG). Ferner muss der Anbieter ein wirksames und transparentes Verfahren zum Umgang mit Beschwerden vorhalten, das zeitnahe Löschungen ermöglicht und einer ständigen Kontrolle unterliegt. Verstöße gegen diese Verpflichtungen sind bußgeldbewehrt (bis zu 5 Mio. EUR).[59] Um die Durchsetzbarkeit zu gewährleisten, muss der Anbieter einen inländischen Zustellbevollmächtigten bestimmen. Das NetzDG wirft allerdings einige Fragen auf. Zunächst einmal muss es sich an den zwingenden Vorgaben der E-Commerce-Richtlinie messen lassen. Zwar sieht diese in Art. 3 Abs. 4 eine Eingriffsmöglichkeit eines Mitgliedstaats gegen Anbieter aus einem anderen EU-Staat zum Schutz der öffentlichen Ordnung vor. Nach Art. 3 Abs. 4 lit. a ii) gilt dies aber jeweils nur für einen bestimmten Dienst der Informationsgesellschaft und nicht pauschal für alle Anbieter, die die Hürde von zwei Millionen registrierten Nutzern überschreiten.[60] Zudem werden im NetzDG Verfahrensvorschriften der Richtlinie missachtet, beispielsweise die Pflicht, vor Ergreifen einer solchen Maßnahme den Sitzstaat des Anbieters und die Kommission zu benachrichtigen.[61]

16.28 **Ausgenommen** von der Anwendbarkeit des NetzDG sind Plattformen mit journalistisch-redaktionell gestalteten Angeboten, die vom Diensteanbieter selbst verantwortet werden (für die weiterhin das TMG gilt), sowie Plattformen, die zur Individualkommunikation oder zur Verbreitung spezifischer Inhalte bestimmt sind (§ 1 Abs. 1 NetzDG). Insoweit greift nach wie vor die grundlegende Haftungsprivilegierung des § 7 TMG, um dem Umstand Rechnung zu

---

57 BT-Drucks. 18/12356 v. 16.5.2017.
58 Kritisch zur Begriffsbestimmung eines „rechtswidrigen Inhalts" angesichts unklarer Gesetzesmaterialien Spindler/*Schmitz*, § 3 NetzDG Rz. 14.
59 Daneben bleibt § 130 OWiG anwendbar. Daher können auch Inhaber eines Social Media-Unternehmens in Anspruch genommen werden, wenn diese ihren Aufsichts- und Kontrollpflichten nicht nachkommen. Über den Verweis in § 4 Abs. 2 NetzDG auf § 30 OWiG erhöht sich das Bußgeld auf 50 Mio. EUR, wenn es gegen juristische Personen oder Personenvereinigungen festgesetzt wird; das Bußgeld kann bei Anwendbarkeit des § 17 Abs. 4 OWiG, auf den § 30 Abs. 3 OWiG verweist, sogar noch höher ausfallen, wenn ein Unternehmen wirtschaftliche Vorteile aus der Ordnungswidrigkeit gezogen hat. In diesem Fall ist sogar die gesetzlich vorgesehene Höchstsumme zu überschreiten.
60 Kritisch beispielsweise nur *Spindler*, ZUM 2017, 473; *Kalscheuer/Hornung*, NVwZ 2017, 1721; *Guggenberger*, NJW 2017, 2577; *Müller-Franken*, AfP 2018, 1.
61 S. *Peifer*, AfP 2018, 14; zur Europarechtswidrigkeit s. auch *Hoeren*, abrufbar unter https://community.beck.de/2017/03/30/netzwerkdurchsetzungsgesetz-europarechtswidrig.

tragen, dass die wenigsten Diensteanbieter Kenntnis von den von ihnen transportierten, bereitgestellten oder vermittelten Inhalten haben oder auch nur haben können: Diensteanbieter im Sinn von §§ 8-10 TMG, mithin Access- und Host Provider, sind nicht verpflichtet, die von ihnen übermittelten oder gespeicherten Informationen zu überwachen oder nach Umständen zu forschen, die auf eine rechtswidrige Tätigkeit hinweisen. Diese Privilegierung gilt allerdings nur für die strafrechtliche Haftung der Diensteanbieter und für deren zivilrechtliche Haftung im Rahmen von Schadenersatzforderungen.[62] Sofern Access- oder Host-Provider sich von ihnen vermittelte Inhalte nicht zu eigen machen, deren Übermittlung nicht veranlassen, die Adressaten nicht auswählen und die übermittelten Informationen nicht auswählen oder verändern (vgl. im Einzelnen § 8 Abs. 1, § 9 Abs. 1 TMG), sind sie für die von ihnen übermittelten Informationen erst einmal nicht verantwortlich.[63] Bzgl. Social-Media-Plattformen, die unter die Richtlinie über audiovisuelle Mediendienste fallen (dazu s. Rz. 16.24), werden die Mitgliedstaaten nach Art. 6 verpflichtet, dafür zu sorgen, dass diese Plattformen keine Aufstachelung zu Gewalt oder Hass gegen eine Gruppe von Personen, einen öffentlichen Aufruf zur Begehung einer terroristischen Straftat oder diskriminierende Inhalte – verwiesen wird hier auf Art. 21 der Grundrechtecharta – gegen eine Person enthalten.

Bei Schadensersatzansprüchen ist zusätzlich zwischen den einzelnen Diensteanbietern nach §§ 8-10 TMG zu differenzieren. Host Provider gemäß § 10 TMG haften dann für **Schadensersatzansprüche**, wenn ihnen die Rechtswidrigkeit der für Dritte gespeicherten Information bekannt ist; hier wird positive Kenntnis gefordert, die der Geschädigte entsprechend allgemein geltenden Grundsätzen des Beweisrechts nachzuweisen hat.[64] Provider von bloßen Caches im Sinn von § 9 TMG haften auch bei Kenntnis der Rechtswidrigkeit eines von ihnen in einem automatisierten Verfahren durchgeleiteten Inhalts nicht. Eine Ausnahme besteht aber gemäß § 9 Abs. 1 Nr. 5 TMG dann, wenn der Provider positive Kenntnis von der Sperrung oder Entfernung eines Inhalts hat.[65] Demgegenüber sieht § 8 TMG für Access Provider und sonstige Diensteanbieter, die fremde Inhalte nur durchleiten oder sie allenfalls so kurzfristig zwischenspeichern, wie dies aus technischen Gründen für die Durchleitung erforderlich ist (§ 8 Abs. 2 TMG), eine Haftung auch im Fall der Kenntniserlangung von der Rechtswidrigkeit von ihnen transportierter Inhalte nicht vor.[66] Die Haftungsprivilegierung gilt aber nur für die im TMG aufgeführten Anbieter; dem Versuch, §§ 7-9 TMG entsprechend auch auf Link-Setzer zu erstrecken, ist von der Rechtsprechung[67] mangels planwidriger Regelungslücke eine Absage erteilt worden.

Für den stets verschuldensunabhängigen **Unterlassungsanspruch** sind nach wie vor die allgemeinen Regeln des Zivilrechts (dazu im Einzelnen § 30) und damit auch die oben in

16.29

16.30

---

62 BGH AfP 2007, 477 = GRUR 2007, 890 – Jugendgefährdende Medien bei eBay.

63 BGH GRUR 2016, 268 = WRP 2016, 341 (zur nachrangigen Haftung eines Access-Providers); BGH AfP 2010, 369 = GRUR 2010, 616 – marions-kochbuch.de; BGH NJW 2004, 3102 = ZUM 2004, 831 – Internetversteigerung; BGH AfP 2007, 350 = NJW 2007, 2558 – Internetversteigerung II; BGH AfP 2009, 401 = MMR 2009, 608 – spickmich.de; BGH AfP 2011, 156 = GRUR 2011, 321; Spindler/*Hoffmann*, § 10 TMG Rz. 4 m.w.N.; unter dem Gesichtspunkt einer unzulässigen Datenspeicherung kann eine Darstellung auf einem Bewertungsportal allerdings unzulässig sein, wenn der Portalbetreiber seine Funktion als „neutraler Informationsmittler" verletzt. Im konkreten Fall bot die Plattformbetreiberin Ärzten mit einem sog. „Premium-Paket" Darstellungsvorteile an, s. BGH AfP 2018, 230 – Ärztebewertungsportal III.

64 BGH AfP 2003, 550 = NJW 2003, 3764; OLG München AfP 2002, 522 = NJW 2002, 2398.

65 Spindler/*Hoffmann*, § 9 TMG Rz. 34 ff.

66 Spindler/*Hoffmann*, § 8 TMG Rz. 29.

67 BGH AfP 2008, 182 – ueber18.de für Links; s. auch BT-Drucks. 14/6098, S. 37.

Rz. 16.13 ff. dargestellten Grundsätze anwendbar. Das gilt nicht nur in den Fällen der Wiederholungsgefahr (dazu Rz. 30.8 ff.), sondern auch für vorbeugende Unterlassungsansprüche (Rz. 30.17 f.). Dies führt allerdings in der Theorie dazu, dass jeder, der auch nur eine Mitursache für eine Rechtsverletzung setzt, vom Verletzten auf Unterlassung in Anspruch genommen werden kann. Nach diesem Grundsatz würden damit auch bloß technische Verbreiter wie Access- oder Host Provider, oder sogar die Admin-C, die mit den Inhalten der von ihnen zum Abruf durch Dritte gespeicherten oder auch nur durchgeleiteten Informationen nichts zu tun haben, haften. Denn im Internet verschwimmen die Grenzen zwischen intellektueller und technischer Verbreitung viel stärker als bei den herkömmlichen Medien. Da aber ein derart weitgehendes Haftungskonzept selbst dort, wo es nur um Unterlassungsansprüche geht, weder angemessen noch praktikabel wäre, schränkt der BGH[68] die Haftung derjenigen, die Inhalte im Internet nur technisch verbreiten, dadurch ein, dass sie an die Verletzung so genannter Verkehrs- oder Prüfpflichten anknüpft. Nur wer derartige, im Einzelfall anhand von Zumutbarkeitskriterien zu entwickelnde[69] Prüfpflichten verletzt, kann hinsichtlich der Verbreitung rechtswidriger Informationen oder sonstiger Inhalte im Internet auf Unterlassung in Anspruch genommen werden. Macht sich der Access- oder Host Provider hingegen Inhalte zu eigen oder reagiert er bei einer Beanstandung nicht, haftet er wie der eigentliche (regelmäßig anonym bleibende) Urheber auf Unterlassung.

16.31 Die praktisch relevanten Fälle der Haftung eines Plattformbetreibers betrafen in den letzten Jahren daher die Eigenschaft des Providers als unmittelbarer („Täter" in der Diktion des 1. Zivilsenats des BGH) bzw. mittelbarer **Störer**. Diensteanbieter sind grundsätzlich nicht verpflichtet, die übermittelten oder gespeicherten Informationen zu überwachen. Das Speichern, Bereitstellen und damit auch Verbreiten fremder Inhalte führt ohne besondere Umstände auch nicht zu einem **Zueigenmachen**, das die Haftung als unmittelbarer Störer (Täter) auslösen würde.[70] Ob das der Fall ist, ergibt eine wertende Betrachtung aller Umstände des Einzelfalls, in deren Rahmen die Art der Datenübernahme, ihr Zweck sowie die konkrete Präsentation der übernommenen Daten durch den Übernehmenden zu berücksichtigen sind. Erhält der Leser den Eindruck, der Anbieter identifiziere sich mit einer Äußerung, liegt ein Zueigenmachen nahe.[71] Ein bloßer Hinweis auf die fremde Quelle übernommener Inhalte ändert an deren Qualifikation als eigene Inhalte in der Regel nichts; erforderlich ist vielmehr entsprechend den für die Verbreiterhaftung der Printmedien geltenden tradierten Grundsätzen (Rz. 16.13 f.) eine eindeutige konkrete **Distanzierung**.[72] Der häufig anzutreffende pauschale Hinweis, man distanziere sich von dem Inhalt aller verlinkten Seiten, ist damit problematisch.[73] Auf die neuere Rechtsprechung zur eingeschränkten Haftung der Medien für den Inhalt von Drittäußerungen (Rz. 16.15 f.) werden sich Provider aber dann berufen können, wenn sich aus der Art der Präsentation eindeutig ergibt, dass sie nur Fremdäußerungen in gleicher Weise verbreiten wie das bei Interviews und Leserbriefen in den Printmedien der Fall ist. Wenn allerdings der *Betreiber eines Ärztebewertungsportals die Bewertung eines Patienten nach einer Beanstandung inhaltlich überprüft und ohne Rücksprache mit dem Patienten inhaltlich abändert*, übernimmt er dafür eine eigene Verantwortung und kann er dementspre-

---

68 BGH AfP 2004, 357 = NJW 2004, 2158 – Schöner Wetten; Spindler/*Volkmann*, § 1004 BGB Rz. 21 m.w.N.
69 OLG Hamburg MMR 2009, 405; LG Hamburg ZUM 2009, 587.
70 BGH AfP 2015, 543 = GRUR 2015, 1129 – Hotelbewertungsportal.
71 BGH AfP 2009, 494 = GRUR 2009, 1093 – focus.de; KG Berlin v. 16.4.2013 – 5 U 63/12, zit. nach juris.
72 OLG Köln NJW-RR 2002, 1700 – Steffi Graf.
73 LG Berlin MMR 2005, 718; LG Hamburg AfP 2007, 277.

chend auf Unterlassung in Anspruch genommen werden.[74] Auch im Übrigen müssen Diensteanbieter ihnen nach vernünftigem Ermessen zumutbare Sorgfaltspflichten beachten. Wer durch sein Handeln eine ihm zurechenbare Gefahr eröffnet, dass Dritte Rechtsverletzungen begehen, haftet als unmittelbarer Störer, wenn er diese von ihm geschaffene Gefahr nicht im Rahmen des Möglichen und Zumutbaren begrenzt.[75] So hat der BGH beispielsweise eine täterschaftliche Verantwortung von *eBay* für den Zugang von Kindern und Jugendlichen zu jugendgefährdenden Medien bejaht.[76] Und die Anbieterin eines Online-Reiseportals mit einer Bewertungsfunktion haftet aufgrund der zumindest auch vorhandenen kommerziellen Natur ihres Angebots als Täterin für dort verbreitete unwahre Tatsachenbehauptungen.[77]

In der Praxis weitaus relevanter ist für Access- oder Host Provider daher die Haftung als **mittelbarer Störer**. Mittelbarer Störer ist nach ständiger Rechtsprechung des 6. Zivilsenats des BGH, wer – ohne unmittelbarer Störer zu sein – in irgendeiner Weise willentlich und adäquat kausal zur Verletzung eines geschützten Rechts beiträgt.[78] Dieser Beitrag kann auch in der Unterstützung oder Ausnutzung der Handlung eines eigenverantwortlich handelnden Dritten liegen, sofern der Diensteanbieter die rechtliche und tatsächliche Möglichkeit zur Verhinderung dieser Handlung hatte.[79] Hier besteht aber die in Rz. 16.30 f. angesprochene Einschränkung dergestalt, dass ein Diensteanbieter nur dann belangt werden kann, wenn er **Prüfungspflichten** verletzt hat. Deren Umfang bestimmt sich wiederum danach, ob und inwieweit dem als Störer in Anspruch Genommenen eine Prüfung überhaupt zumutbar ist. Dabei ergibt sich ein abgestuftes System:

Die Rechtsprechung differenziert zunächst danach, ob der als **Störer** in Anspruch Genommene in irgendeiner Form von der durch ihn ermöglichten Rechtsverletzung profitiert. Ein Ansatz ist dabei ein eigenes **wirtschaftliches Interesse** an den Angeboten Dritter. Der BGH hat daher in einigen Entscheidungen zu so genannten *Internet-Versteigerungen* festgehalten, dass der Betreiber einer Internetplattform immer dann, wenn er auf eine klare Rechtsverletzung hingewiesen wird, das in Rede stehende Angebot sperren muss. Darüber hinaus muss er dafür Vorsorge tragen, dass es nicht zu weiteren gleichartigen Rechtsverletzungen kommt.[80] Der Provider einer Internet-Auktions-Website, auf der gefälschte Rolex-Uhren angeboten werden, haftet als Störer einer Markenverletzung daher schon dann, wenn sich aus den konkreten Umständen des Falls Anzeichen für ein geschäftliches Handeln der Anbieter ergeben und der Provider seinerseits nicht nachweist, dass er – proaktiv – konkrete Kontrollmaßnahmen zum Ausschluss der in diesem Fall nahe liegenden Markenverletzung durchgeführt hat.[81]

16.32

16.33

74 BGH AfP 2017, 316 = GRUR 2017, 844; s. dazu auch BGH WRP 2018, 694
75 BGH AfP 2007, 477 = GRUR 2007, 890 – Jugendgefährdende Medien bei eBay; BGH NJW 2013, 784 = ZUM 2013, 288 – Alone in the Dark.
76 BGH AfP 2007, 477 = GRUR 2007, 890 – Jugendgefährdende Medien bei eBay.
77 LG Hamburg WRP 2012, 94 = ZUM 2011, 936; s. aber auch KG Berlin WRP 2012, 224 = ZUM 2011, 910; OLG Hamburg WRP 2012, 485 = MMR 2012, 605 und KG Berlin v. 16.4.2013 – 5 U 63/12, zit. nach juris.
78 S. nur BGH NJW 2013, 784 = ZUM 2013, 288 – Alone in the Dark; BGH GRUR 2011, 152 = WRP 2011, 223 – Kinderhochstühle im Internet; BGH GRUR 2011, 617 = WRP 2011, 881 – Sedo; BGH AfP 2010, 373 = GRUR 2010, 633 – Sommer unseres Lebens.
79 BGH AfP 2016, 253 = GRUR 2016, 855 – Ärztebewertungsportal II.
80 BGH GRUR 2011, 152 = WRP 2011, 223 – Kinderhochstühle im Internet; BGH GRUR 2011, 1038 = WRP 2011, 1609 – Stiftparfum; BGH AfP 2007, 352 = GRUR 2007, 708 – Internet-Versteigerung II; BGH NJW 2004, 3102 = ZUM 2004, 831 – Internetversteigerung I; OLG Hamburg MMR 2013, 114 = GRUR-RR 2013 – Kinderhochstühle II.
81 BGH NJW-RR 2008, 1136 = ZUM 2008, 685 – Internet-Versteigerung III.

Aber auch ein Betreiber eines Domain-Parking-Programms, das über Werbelinks eine Vergütung generiert, hat nach der Rechtsprechung des BGH grundsätzlich höhere Prüfungspflichten als etwa eine Domain-Vergabestelle.[82] Ansonsten gilt aber grundsätzlich, dass erst nach einem konkreten Hinweis auf eine Rechtsverletzung Maßnahmen zur Beseitigung einer Störung ergriffen werden müssen, die eine Verhinderung gleichartiger Rechtsverletzungen sicherstellen. So war es dem Betreiber eines File-Hosting-Dienstes nach Bekanntwerden von Rechtsverletzungen zuzumuten, Wortfilter einzusetzen oder sogar einschlägige Linksammlungen manuell auf gleichartige Urheberrechtsverletzungen zu überprüfen.[83]

16.34 Aber auch Provider von **nicht-kommerziellen Angeboten** unterliegen Prüfungspflichten; dies grundsätzlich aber erst, wenn sie auf eine Rechtsverletzung aufmerksam gemacht werden. Handelt es sich zudem um Nachrichten- oder Kommunikationsforen, ist zusätzlich die auch diesen Angeboten zukommende Presse- und Meinungsfreiheit aus Art. 5 Abs. 1 GG zu berücksichtigen. Wer beispielsweise über sogenannte RSS-Feeds lediglich fremde Inhalte bereithält, ist nicht etwa zu einer proaktiven Prüfung der eingestellten Beiträge auf rechtswidrige Inhalte verpflichtet.[84] Wird der Anbieter aber auf eine Rechtsverletzung hingewiesen, muss auch er ihr nachgehen. So war z.B. der Betreiber von *Wikipedia* nach Auffassung des LG Berlin gehalten, auf eine ihm zur Kenntnis gebrachte falsche Tatsachenbehauptung in einem *Wikipedia*-Beitrag zu reagieren.[85] Anders als bei einer Verletzung gewerblicher Schutzrechte lässt sich aber bei einer behaupteten Verletzung des Allgemeinen Persönlichkeitsrechts als einem offenen Tatbestand der Verstoß für einen Außenstehenden häufig nicht klar beurteilen. Dies legt dem Anbieter nach der Rechtsprechung des BGH[86] besondere Handlungspflichten auf: der Host Provider ist zu einem Tätigwerden aufgerufen, wenn die Rechtsverletzung so konkret vorgetragen wird, dass sie unschwer, mithin ohne eingehende rechtliche und tatsächliche Prüfung, bejaht werden kann. Dazu muss der Provider die Beanstandung an den für den Blogeintrag Verantwortlichen zur Stellungnahme weiterleiten. Erfolgt innerhalb einer angemessenen Frist keine Stellungnahme des Verantwortlichen, muss der Provider von der Berechtigung der Beanstandung ausgehen und den Eintrag löschen. Stellt der Verantwortliche jedoch die Rechtsverletzung substantiiert in Abrede, muss der Provider sich erneut an den Betroffenen wenden und ihn zu einer weiteren Darlegung und gegebenenfalls auch der Vorlage von Nachweisen für die Rechtsverletzung auffordern. Bleibt nunmehr die Stellungnahme des Betroffenen aus, ist eine weitere Prüfung des Providers nicht erforderlich; der Blogeintrag kann online bleiben. Ergibt sich hingegen aus der ergänzenden Stellungnahme des Betroffenen auch unter Berücksichtigung einer möglichen erneuten Stellungnahme des für den Blogeintrag Verantwortlichen eine Rechtsverletzung, ist der Eintrag zu löschen.

16.35 Eine Haftung als mittelbarer Störer kommt schließlich auch für die Betreiber von **Suchmaschinen** in Betracht. Hier berücksichtigt die Rechtsprechung allerdings, dass Suchmaschinen das Internet in einem automatisierten Verfahren durchsuchen und – anders als ein Host-Provider – regelmäßig keine Möglichkeit zur Kontaktaufnahme mit dem „Urheber" eines beanstandeten Beitrags haben. Die Prüf- und Sorgfaltspflichten beschränken sich in diesem Fall

---

82 BGH GRUR 2011, 617 = WRP 2011, 881 – Sedo.
83 BGH NJW 2013, 784 = ZUM 2013, 288 – Alone in the Dark.
84 BGH AfP 2012, 264 = GRUR 2012, 751 – RSS-Feeds.
85 LG Berlin ZUM 2019, 65.
86 BGH WRP 2019, 219; BGH AfP 2012, 50 = GRUR 2012, 311 – Blog-Eintrag; LG Berlin ZUM 2012, 712 = CR 2012, 755; s. auch *Nieland*, NJW 2010, 1494 und *Ladeur/Gostomzyk*, NJW 2012, 710.

auch nach Kenntnis von einer Beanstandung auf solche Sachverhalte, bei denen die Rechtsverletzung offenkundig ist.[87]

Versucht man vor diesem rechtlichen Rahmen, die vielfältigen Angebote im Internet, insbesondere diejenigen mit redaktionellem Hintergrund, im weiteren Sinne zu schematisieren, ergeben sich unterschiedliche Ausprägungen der Verbreiterhaftung. Dabei kann ein und dasselbe Angebot unterschiedliche Haftungsfolgen auslösen. Der Provider einer Online-Zeitung haftet selbst als Content Provider für die selbst erstellten oder zu eigen gemachten Inhalte. Finden sich bei dem redaktionellen Angebot noch – nicht-redaktionell überwachte – Plattformen für Fremdbeiträge wie insbesondere Blogs, so kommt eine Haftung als Host Provider in Betracht, die aber erst ansetzt, wenn Kenntnis von der Rechtswidrigkeit besteht. Keine Privilegierung nach den §§ 7-10 TMG gibt es hingegen für den Link-Setzer. Daraus ergibt sich folgender Überblick:

16.36

Ein Provider, der ein Forum mit obszön-fiktiven unbekleideten Körpern Prominenter anbietet und im Umfeld eines solchen Forums eigene Werbung platziert, haftet für die dadurch begangenen schweren Persönlichkeitsrechtsverletzungen, obgleich er an der inhaltlichen Gestaltung in keiner Weise mitwirkt.[88] Der Betreiber eines zugleich als kommerzielle Werbeplattform genutzten Themenportals für Kochrezepte, der Nutzern die Möglichkeit bietet, dort eigene Rezepte mit Abbildungen zu veröffentlichen, verbreitet eigene Informationen im Sinn von § 7 Abs. 1 TMG, wenn die Rezepte den Kerngehalt seines Forums darstellen und einer redaktionellen Kontrolle unterliegen. Er haftet folglich für das unerlaubte Einstellen urheberrechtlich geschützter Lichtbilder durch die Nutzer, auch wenn die Beiträge selbst erkennbar durch Dritte eingestellt wurden.[89] Eigene Informationen verbreitet auch der Betreiber eines Forums, das sich kritisch mit einem bestimmten Unternehmen befasst, für den Inhalt dort von Dritten eingestellter Äußerungen über dieses Unternehmen, wenn keine konkrete Distanzierung erfolgt.[90] Nach Auffassung des LG Hamburg macht auch der Betreiber der Videoplattform *YouTube* sich die dort eingestellten Inhalte zu eigen, da diese durch eine Sortierung und Kategorisierung wie eine eigene redaktionelle Nutzung durch den Anbieter erscheinen.[91] Und als eigene Äußerung ist mit Recht auch die Verbreitung rechtswidriger Schmähkritik durch den Betreiber eines Meinungsforums angesehen worden, der die Identität des Urhebers der Schmähkritik und des sie enthaltenden Beitrags nicht offengelegt hat.[92] Hingegen trifft den Verpächter einer Domain keine Eigenhaftung für die vom Pächter dort eingestellten rechtswidrigen Inhalte.[93]

16.37

Im Zusammenhang mit der Berichterstattung über die Frau des ehemaligen Bundespräsidenten, *Bettina Wulff*, ist auch die so genannte **Autocomplete-Funktion** der Suchmaschinen in die Diskussion gekommen.[94] Über diese Funktion erfolgen während der Eingabe von Suchbegriffen in eine Suchmaschine Vorschläge für vermeintliche passende Treffer. Die Rechtspre-

16.38

---

87 BGH AfP 2018, 322 = WRP 2018, 694.
88 OLG Köln NJW-RR 2002, 1700 = ZUM-RD 2002, 487 – Steffi Graf.
89 BGH AfP 2010, 369 = GRUR 2010, 616 – marions-kochbuch.de; OLG Hamburg ZUM 2009, 642.
90 LG Hamburg AfP 2007, 277.
91 LG Hamburg MMR 2010, 833.
92 OLG Düsseldorf AfP 2006, 267 = ZUM-RD 2007, 234; s. aber auch BGH WRP 2019, 219 zur eingeschränkten Haftung eines Suchmaschinenbetreibers.
93 BGH AfP 2009, 494 = GRUR 2009, 1093 – focus.de.
94 S. *Härting*, K&R 2012, 633.

chung[95] hatte bislang eine Haftung der Suchmaschinenbetreiber abgelehnt. Dabei wurde darauf abgestellt, dass der Nutzer einer Suchmaschine in der Vervollständigungsfunktion keine inhaltliche Aussage des Suchmaschinenbetreibers sieht, sondern lediglich eine aufgrund eines mathematischen Algorithmus aufgefundene Begriffsübereinstimmung.[96] Mit Urteil vom 14.5.2013 ist der BGH dieser Auffassung jedoch entgegengetreten und hat festgehalten, dass ein Internetnutzer in dem Suchvorschlag einen inhaltlichen Bezug zu dem von ihm eingegebenen Suchbegriff erwarte.[97] Ergibt sich aus der Suchwortergänzung eine unwahre Tatsachenbehauptung, so ist diese zwar nicht proaktiv, aber nach Kenntnis des Suchmaschinenbetreibers von einer Rechtsverletzung einzustellen. Der BGH knüpft damit an seine Entscheidungen zu Blog-Einträgen und RSS-Feeds an;[98] dazu schon Rz. 16.34.

16.39 Weniger eindeutig ist demgegenüber die Auffassung der Rechtsprechung zur Haftung eines Suchmaschinenbetreibers für so genannte **Snippets**. Sie geben kurze Textauszüge aus einer Webseite in einer Trefferliste wieder. Das KG[99] hat hierzu zunächst die Auffassung vertreten, dass ein Suchmaschinenbetreiber zumindest nach Kenntniserlangung verpflichtet ist, ein fehlerhaftes oder missverständliches Snippet zu entfernen. In einer jüngeren Entscheidung hat es hingegen in Übereinstimmung mit anderen Oberlandesgerichten[100] die Haftung des Providers für den Inhalt von Snippets mit der zutreffenden Erwägung verneint, dass auch hier das Suchergebnis automatisch generiert wird und der Betrachter den Treffer inhaltlich nicht dem Suchmaschinenbetreiber zuordnet.

16.40 Ein wesentlicher Streitpunkt ist auch die Verantwortlichkeit für die als **Link** bezeichneten Querverweise zu anderen Websites, die erst das eigentliche Surfen im Internet ermöglichen und somit kennzeichnend für das Wesen dieses Mediums sind.[101] Hier stellt sich die Frage, ob die Inhalte einer anderen Homepage durch den Link, der auf sie verweist, zu eigenen Inhalten des Verweisenden mit der Folge seiner Haftung werden. Diese Frage beantwortet sich nach den allgemeinen, in Rz. 16.13 ff. dargestellten Grundsätzen.[102] Generell kommt es somit darauf an, ob der Link-Setzer durch die inhaltliche und optische Gestaltung des Link den Eindruck erweckt, er identifiziere sich mit dessen Inhalt; steht der Link im Rahmen einer publizistischen Information, so wird er als Hinweis auf eine fremde Quelle verstanden, so dass der Verweisende für den Inhalt der verlinkten Seite nicht haftet.[103] Wer den elektronischen Verweis auf ein rechtswidriges Angebot zum Bestandteil seiner Geschäftsidee macht, haftet demgegenüber für den Inhalt der verlinkten Seiten wie für eigene Beiträge.[104] Hingegen ist eine Eigenhaftung eines Link-Setzers vom BGH[105] im Fall eines auch in einer Online-Version abrufbaren redaktionellen Zeitungsbeitrags über Glücksspielunternehmen zu Recht verneint worden. Zwar wurde über den Link der Zugriff auf die Internetadresse des besprochenen

---

95 OLG Hamburg AfP 2011, 491 = MMR 2012, 62; OLG München MMR 2012, 108 = ZUM-RD 2012, 344; OLG Köln MMR 2012, 840 = ZUM 2012, 987 – Vervollständigungsfunktion.
96 OLG Köln MMR 2012, 840 = ZUM 2012, 987 – Vervollständigungsfunktion.
97 BGH AfP 2013, 260 = WRP 2013, 917 – Autocomplete.
98 BGH AfP 2012, 264 = GRUR 2012, 751 – RSS-Feeds; BGH AfP 2012, 50 = GRUR 2012, 311 – Blog-Eintrag.
99 KG MMR 2010, 495 = ZUM-RD 2010, 224.
100 KG MMR 2012, 129; s. auch OLG Stuttgart MMR 2009, 190 = CR 2009, 187; OLG Hamburg MMR 2011, 685 = CR 2011, 667.
101 Dazu Spindler/*Hoffmann*, vor §§ 7 ff. TMG Rz. 35 ff.
102 BGH AfP 2008, 182 = GRUR 2008, 182 – ueber18.de.
103 BVerfG NJW 2012, 1205 = GRUR 2012, 390 – AnyDVD.
104 BGH AfP 2008, 182 = GRUR 2008, 182 – ueber18.de.
105 BGH AfP 2004, 357 = NJW 2004, 2158 – Schöner Wetten.

wettbewerbswidrig handelnden Glücksspielanbieters gewährt; der Verlag hatte von der Wettbewerbswidrigkeit des Angebots jedoch keine Kenntnis, und der BGH ist mit Recht davon ausgegangen, dass den Verlag nur eine der Rechtslage bei der Anzeigenveröffentlichung (Rz. 16.66 ff.) entsprechende eingeschränkte Prüfungspflicht traf.

Der BGH[106] ist schließlich auch der Auffassung entgegengetreten, man müsse zwischen dem 16.41 redaktionellen Beitrag und der Linksetzung, die eine ausschließlich technische Funktion habe, differenzieren.[107] Denn die Presse- und Meinungsfreiheit erstreckt sich eben nicht nur auf den Inhalt eines Berichts, sondern auch auf die Art seiner Darstellung. Wenn ein Link in einen redaktionellen Beitrag nach Art eines Belegs oder als Hinweis auf ergänzende Angaben eingebettet ist, dann nimmt er am Schutz des Art. 5 Abs. 1 GG teil. Der Umstand, dass die Rechtswidrigkeit des verlinkten Angebotes dem Ersteller des Ausgangsbeitrags bekannt war, ist im Rahmen der Abwägung mit den Interessen des Betroffenen zu berücksichtigen, wobei gerade diese Rechtswidrigkeit aber ein Informationsbedürfnis begründen kann.

b) Einzelheiten

Wo immer die Medien die Äußerungen Dritter verbreiten und sie auch unter Benennung der 16.42 jeweiligen Quelle als solche kennzeichnen, setzen sie sich einem doppelten Haftungsrisiko aus. Dabei ist zunächst nur auf die Haftung für den Inhalt der jeweiligen Äußerung gegenüber demjenigen einzugehen, den eine verbreitete Meldung individuell betrifft. Gesondert zu betrachten und in anderem Zusammenhang zu erörtern ist die Haftung der Medien für die Richtigkeit der Wiedergabe, eine Haftung, die in der Regel nicht gegenüber dem Betroffenen, sondern gegenüber demjenigen besteht, dessen Äußerung die Medien verbreiten; dazu Rz. 16.65.

aa) Leserbriefe

Aus dem Prinzip der Verbreiterhaftung wird im Grundsatz gefolgert, dass die Printmedien 16.43 auch für den **Inhalt des Leserbriefteils** haften.[108] Allerdings setzte schon die ältere Rechtsprechung des BGH[109] den für die Presse geltenden Haftungsmaßstab bei der Veröffentlichung von Leserbriefen herab. Eine Pflicht der Redaktionen zu eigenständiger Überprüfung ihres Inhalts bestand danach erst dann, wenn es im Einzelfall um schwere Beeinträchtigungen der Rechte Dritter ging. War das nicht der Fall, so war die Veröffentlichung eines Leserbriefs nicht rechtswidrig, und damit entfiel auch – abgesehen von der Verpflichtung zur Veröffentlichung etwaiger Gegendarstellungen (Rz. 29.22) – die zivilrechtliche Haftung des veröffentlichenden Verlags. Der vielfach übliche redaktionelle Hinweis darauf, dass Leserbriefe nicht die Meinung der Redaktion oder des Verlags wiedergeben, galt demgegenüber lange nicht als hinreichende Distanzierung. Nach der neueren Rechtsprechung zur Fremdberichterstattung[110] und zur Haftung der Medien für Interviews (dazu Rz. 16.45 ff.) wird heute die Ver-

---

106 BGH AfP 2011, 249 = GRUR 2011, 513 – AnyDVD; bestätigt durch BVerfG NJW 2012, 1205 = GRUR 2012, 390 – AnyDVD; s. auch EGMR v. 13.7.2012 – 16354/06 – Mouvement Raël Suisse/ Schweiz.
107 So OLG München GRUR-RR 2009, 85 = K&R 2009, 55.
108 BGH AfP 1986, 241 = NJW 1986, 2503 – Ostkontakte; OLG Celle AfP 2002, 506.
109 BGH AfP 1986, 241 = NJW 1986, 2503 – Ostkontakte.
110 BVerfG AfP 2009, 480 = NJW-RR 2010, 470; EGMR NJW 2009, 3145 – Affaire July et SARL Libération/Frankreich; EGMR NJW 2017, 795 – Carolis u. France Televisions/Frankreich.

breiterhaftung aber schon durch einen solchen Hinweis beseitigt, sofern er inhaltlich eindeutig ist und sichtbar platziert wird.[111]

16.44 Selbst wo danach eine Haftung für den **Inhalt eines Leserbriefs** überhaupt noch in Betracht kommt, ist aber die **Variantenlehre** zu beachten. Gerade für Leserbriefe hat der Grundsatz besondere Bedeutung, dass mehrdeutige Äußerungen im Zweifel dem Bereich der Meinungsäußerung zuzuordnen sind, weil es ihr Zweck in aller Regel ist, zuvor veröffentlichte redaktionelle Beiträge zu kommentieren.[112] Für die durch den *Stolpe*-Beschluss des BVerfG[113] geforderte Differenzierung zwischen Unterlassungsansprüchen einerseits und sonstigen Sanktionen andererseits (dazu Rz. 14.16 f.) besteht bei Leserbriefen daher keine Veranlassung. Und mit Recht hat schließlich der BGH[114] auch darauf hingewiesen, dass im Rahmen von Unterlassungsklagen gerade bei Leserbriefen an den **Nachweis der Wiederholungsgefahr** besondere Anforderungen zu stellen sind, da sie in der Regel nur einmal veröffentlicht zu werden pflegen. Gegenüber dem veröffentlichenden Verlag kann daher bei Leserbriefen die Wiederholungsgefahr in der Regel nicht vermutet werden, während die Haftung des Verfassers allgemeinen Regeln folgt; Einzelheiten zur Wiederholungsgefahr in Rz. 30.8 ff.

bb) Interviews

16.45 Auch für den Inhalt von ihnen verbreiteter **Interviews** haften die Medien nach den allgemeinen Grundsätzen über die Verbreiterhaftung jedenfalls dann, wenn sich ihre Vertreter im Rahmen des Interviews die Thesen des Interview-Partners zu eigen gemacht haben.[115] Das ist jedenfalls immer dann der Fall, wenn der Fragende eigene Tatsachenbehauptungen in den Raum stellt, neben denen die Antworten des Interviewten nur als Beleg für deren Richtigkeit wirken können.[116] Ob aber die Printmedien, die den Inhalt der Aussagen ihrer Interview-Partner vor der Publikation überprüfen und eine eigenständige Veröffentlichungsentscheidung treffen können, für deren Äußerungen auch dann haften, wenn sie sich deren Inhalt nicht zu eigen machen, war in der Rechtsprechung lange umstritten. Während das OLG Hamburg[117] diese Frage uneingeschränkt bejaht und das BVerfG[118] diese strikte Rechtsauffassung ursprünglich als verfassungsrechtlich nicht zu beanstanden bezeichnet hat, haben andere Gerichte sie seit jeher mit Recht differenzierter beantwortet. So hat etwa das OLG München[119] zutreffend angenommen, dass die Medien bei Interviews nur eine eingeschränkte Prüfungspflicht trifft, weil Interview-Äußerungen qualitativ mit denjenigen in Leserbriefen vergleichbar sind und es keinen überzeugenden Grund gibt, ihnen nicht dieselbe haftungsrechtliche Privilegierung einzuräumen wie diesen; dazu Rz. 16.43 f. Mit der neueren Rechtsprechung des EGMR[120] und des BVerfG[121] ist aber jetzt generell davon auszugehen, dass Redaktionen auch für Drittäußerungen im Rahmen von Interviews nicht haften.[122] Anderes

---

111 *Ricker/Weberling* Kap. 9 Rz. 17a.
112 OLG München NJW-RR 2005, 1355.
113 BVerfG AfP 2005, 544 = AfP 2006, 41 – Stolpe/IM Sekretär.
114 BGH AfP 1986, 241 = NJW 1986, 2503 – Ostkontakte.
115 OLG Hamburg AfP 1983, 412.
116 BGH AfP 2010, 72 = NJW 2010, 760.
117 OLG Hamburg AfP 2006, 564.
118 BVerfG AfP 2003, 539 = NJW 2004, 589.
119 OLG München AfP 2007, 229; vgl. auch LG Düsseldorf AfP 1999, 518.
120 EGMR NJW 2009, 3145 – Affaire July u. Sarl Libération/Frankreich; EGMR NJW 2017, 795 – Carolis u. France Televisions/Frankreich.
121 BVerfG AfP 2009, 480 = NJW-RR 2010, 470.
122 BGH AfP 2010, 72 = NJW 2010, 760; *Mensching*, AfP 2009, 441 ff.

kann nach heutiger Rechtslage nur noch angenommen werden, wenn eine Redaktion sich die Äußerung des Interviewten ausdrücklich zu eigen macht; mangelnde Distanzierung allein begründet hingegen die Haftung noch nicht.

Bei **Interviews in Hörfunk und Fernsehen** gilt der Grundsatz der Verbreiterhaftung aus den in Rz. 16.20 ff. genannten Gründen ohnehin nur mit Einschränkungen.[123] Wo sie sich auf die Funktion eines Forums der Aussagen Dritter beschränken, haften sie gerade für den Inhalt von Interviews nicht,[124] sofern sich nicht aus der Art der redaktionellen Aufbereitung des Interviews und seiner Integration in das Konzept einer redigierten und moderierten Sendung der Gesamteindruck ergibt, dass sie mit der Aussage des Interview-Partners in Wahrheit auch eine eigene Botschaft vermitteln, dass sie sich deren Inhalt also zu eigen machen.[125] Hingegen kann im Licht der Gewährung der Medienfreiheiten durch Art. 10 EMRK und Art. 5 Abs. 1 GG von den Medienangehörigen nicht verlangt werden, dass sie sich förmlich von dem Inhalt eines von ihnen verbreiteten Interviews distanzieren, auch wenn es Dritte in ihrer Ehre oder ihren Persönlichkeitsrechten verletzt.[126]

16.46

Schließlich ist auch die **Vermutung der Wiederholungsgefahr,** von der die Rechtsprechung bei Medienäußerungen in der Regel ausgeht (Rz. 30.8 ff.), auf Interview-Äußerungen nicht schematisch anzuwenden.[127] Wollte man mit der älteren Rechtsprechung die Haftung der Medien für Interview-Äußerungen im Grundsatz bejahen, dann müsste insoweit wie bei Leserbriefen differenziert werden. Macht sich ein Medium die Äußerung eines Interview-Partners zu eigen, so haftet es auch nach der neuen Rechtslage; es wird dann auch die Vermutung der Wiederholungsgefahr gegen sich gelten lassen müssen. Handelt es sich aber um eine Äußerung, die nach dem Gesamtzusammenhang des Interviews ausschließlich dem Interviewten zuzurechnen ist, so ist die Gefahr, dass das publizierende Medium eine derartige Interview-Äußerung später in anderem Zusammenhang erneut veröffentlichen wird, so fernliegend, dass sie nicht zu vermuten, sondern vom Verletzten konkret darzulegen ist.[128]

16.47

cc) Verdachtsberichterstattung

Besondere Schwierigkeiten bereitet häufig die Berichtsform der **Verdachtsberichterstattung;** zur ähnlich liegenden Problematik der Berichterstattung über Ermittlungsverfahren s. Rz. 19.69 ff. Wäre allein die Tatsache, dass die Medien über das Bestehen eines bestimmten Verdachts berichten, als die Behauptung seiner sachlichen Richtigkeit anzusehen oder wäre den Medien der Inhalt eines veröffentlichten Verdachts stets unter dem rechtlichen Gesichtspunkt der Verbreiterhaftung zuzurechnen, so wäre ihnen auch in Fällen großer öffentlicher Bedeutung des Vorgangs im Ergebnis die Möglichkeit versperrt, über das Bestehen eines Verdachts zu berichten. Dass dies mit dem öffentlichen Auftrag der Medien und ihrem verfassungsrechtlich gewährleisteten Recht zur Mitwirkung an der öffentlichen Meinungsbildung nicht zu vereinbaren wäre, liegt auf der Hand. Staats- und Wirtschaftsaffären im In- und Ausland wären nicht ans Tageslicht gekommen, wären den Medien nicht entsprechende Verdächtigungen zugespielt worden und hätten sie durch die entsprechenden Veröffentlichungen

16.48

---

123 OLG Frankfurt a.M. AfP 1985, 288.
124 EGMR NJW 2017, 795 – Carolis u. France Televisions/Frankreich.
125 BGH NJW 1970, 187 = GRUR 1970, 624 – Hormoncreme; BGH AfP 1976, 75 = NJW 1976, 1198 – Panorama.
126 EGMR NJW 2017, 795 – Carolis u. France Televisions/Frankreich.
127 OLG München AfP 2007, 229.
128 OLG München AfP 2007, 229; im Ergebnis auch LG Düsseldorf AfP 1999, 518.

nicht erst den Öffentlichkeitsdruck erzeugt, der in aller Regel schließlich zu deren Aufklärung und Aufarbeitung durch die zuständigen Stellen staatlicher Justiz und Verwaltung führt. Es mag genügen, hier auf die *Watergate-Affäre* in den USA als den Paradefall des modernen, investigativen Journalismus oder im Inland auf die Fälle *Neue Heimat, Parteispenden* und *Barschel*, später die *Bespitzelung von Mitarbeitern durch die Deutsche Bahn AG* und die *Deutsche Telekom AG* und in jüngerer Zeit schließlich spektakuläre *Durchsuchungsmaßnahmen in der Hauptverwaltung* der *Deutsche Bank AG* und der deutschen Niederlassung der Kapitalanlagegesellschaft *Blackrock* wegen des Verdachts der Beihilfe zur Steuerhinterziehung sowie *in den Hauptverwaltungen fast aller deutschen Automobilproduzenten im Zusammenhang mit dem Verdacht vorsätzlicher Manipulationen an elektronischer Motorensteuerungen zwecks Vortäuschung der Einhaltung gesetzlicher Vorschriften zur Abgasreinigung* zu verweisen. In allen diesen Fällen hätten die berichtenden Medien ihre öffentliche Aufgabe weit verfehlt, Missstände in staatlichen oder anderen öffentlichkeitsrelevanten Bereichen aufzudecken, hätten sie auf die Veröffentlichung des jeweils bestehenden Verdachts verzichtet, weil der Beweis für die Richtigkeit noch nicht zu führen war.

16.49 Daher ist anerkannt, dass die Medien prinzipiell auch berechtigt sein müssen, über **Verdachtslagen** unter Mitteilung der Quelle zu berichten.[129] Dabei handelt es sich bei der Quelle in diesem Zusammenhang nicht um den – in der Regel anonymen – Informanten der Medien, sondern um die Quelle, aus der der Verdacht originär stammt, wie etwa die *Beschuldigung des Betroffenen im Rahmen eines Zivilprozesses*, die *Einleitung eines Ermittlungsverfahrens* durch die Staatsanwaltschaft (dazu Rz. 19.69 ff.) oder das *Auftauchen bestimmter Dokumente*, deren Echtheit noch nicht verifiziert worden ist.

16.50 Anderseits kann nicht übersehen werden, dass der klassische Spruch *semper aliquid haeret* wohl nirgends so große Berechtigung hat wie im Fall der Verbreitung von Verdächtigungen. Wer sich erst einmal in der Öffentlichkeit einem Verdacht ausgesetzt sieht, wird es häufig schwer haben, sich von dem damit verbundenen Makel zu befreien, selbst wenn der Verdacht sich widerlegen lässt oder sich jedenfalls nicht bestätigt. Das in seiner rechtlichen Bedeutung häufig überstrapazierte Wort von der **Vorverurteilung durch die Medien**[130] kann hier berechtigt sein. Die Rechtsprechung, die die Verdachtsberichterstattung mit Recht als Ausfluss des Grundrechts der Presse- und Rundfunkfreiheit und des Prinzips der Wahrnehmung berechtigter Interessen[131] vom Grundsatz her für zulässig erachtet, legt den Medien in der Wahrnehmung dieses Rechts daher eine beträchtliche Verantwortung auf. Aus diesem Grund ist zulässige Verdachtsberichterstattung durch die Medien im Einzelfall an eine Reihe von Voraussetzungen geknüpft.

16.51 So wird sie schon im Hinblick auf den Gesichtspunkt der Wahrnehmung berechtigter Interessen immer voraussetzen, dass es sich um einen **Gegenstand berechtigten öffentlichen Inte-**

---

129 BGH AfP 1977, 340 = NJW 1977, 1288 – Abgeordnetenbestechung; BGH AfP 2000, 167 = NJW 2000, 1036 – Namensnennung; BGH AfP 2014, 135 = NJW 2014, 2029 – Sächsische Korruptionsaffäre; OLG München AfP 1993, 767 – Amigo; OLG Düsseldorf AfP 1995, 500; OLG München AfP 1997, 636 = NJW-RR 1996, 1487 – Sex-Papst; OLG Köln AfP 2011, 601 = ZUM 2012, 337; LG Hamburg AfP 1993, 678 – López; Löffler/*Steffen*, § 6 LPG Rz. 175 ff.; Wenzel/*Burkhardt/Peifer*, Kap. 10 Rz. 154 ff.; *Prinz/Peters*, Rz. 265 ff.; *Lehr*, AfP 2013, 7 ff.; *Rinsche*, AfP 2013, 1 ff.; grundlegend *Schlüter*, S. 1 ff.

130 Dazu *Soehring*, GRUR 1986, 518 ff.; detailliert und mit zahlreichen Beispielen aus der publizistischen Praxis *C.H. Soehring*, S. 19 ff.; *Schlüter*, S. 66 ff., 96 ff.

131 *Prinz/Peters*, Rz. 265.

resses handelt;[132] zur Wahrnehmung berechtigter Interessen im Einzelnen § 15. Über reine Belanglosigkeiten darf, wenn überhaupt, im Verdachtsstadium noch nicht berichtet werden.[133] Nicht erforderlich ist es auf der anderen Seite, dass Gegenstand des Verdachts eine strafbare Handlung ist,[134] so dass auch Verhaltensweisen in Betracht kommen, die nur mit einem sozialen oder moralischen Unwerturteil zu verknüpfen sind. Der vermutete *Kauf von Abgeordnetenstimmen*,[135] die vermutete *Bespitzelung des politischen Gegners* durch einen zur Wiederwahl anstehenden Amtsträger im Fall *Uwe Barschel*, der Verdacht der *Wirtschaftsspionage zu Lasten eines ganzen Industriezweigs*,[136] der Verdacht der *Käuflichkeit von selbst ernannten Anlegerschützern durch Anbieter dubioser Kapitalanlagemodelle*[137] oder der *Misshandlung von Patientinnen* durch einen prominenten Psychologen[138] stellen Beispielsfälle dar, in denen die Praxis mit Recht von zulässiger Verdachtsberichterstattung ausgegangen ist. Auch die Berichterstattung des Online-Portals der *New York Times* über den durch Akten des *FBI* untermauerten Verdacht des Bestehens von *Verbindungen eines deutschen Unternehmers zur organisierten Kriminalität in Russland* bewegte sich nach deutschem Recht sowie Art. 8 und 10 EGMRK im Rahmen zulässiger Verdachtsberichterstattung;[139] zur internationalen Zuständigkeit der deutschen Gerichte in diesem Fall s. Rz. 30.26 ff. Einen Grenzfall dürfte die Berichterstattung über den gegen einen bekannten Fußballprofi bestehenden Verdacht darstellen, er habe *eine Frau betäubt und sexuell missbraucht*. Der BGH[140] hat diese Verdachtsberichterstattung als unzulässig bezeichnet, obwohl feststand, dass die Frau zur Tatzeit Gast des Betroffenen gewesen war. Zulässig war demgegenüber die Wiedergabe der Äußerung der damaligen Bundesbeauftragten für die Stasi-Unterlagen, *Gregor Gysi habe wissentlich und willentlich mit der Stasi zusammengearbeitet*, als Ausdruck des Verdachts, *Gysi habe sich seinerzeit zu einer solchen Zusammenarbeit verpflichtet*.[141] Seine gegenteilige Auffassung,[142] die dem überragenden Öffentlichkeitswert, die diese Materie in Ansehung der jüngeren deutschen Geschichte nun einmal hat[143] (dazu auch Rz. 17.15 ff.), nicht annähernd gerecht wurde, hat das OLG Hamburg zwar revidiert,[144] der Unterlassungsklage des Betroffenen aber gleichwohl stattgegeben, weil die berichtende Redaktion die inhaltlichen Voraussetzungen der Zulässigkeit von Verdachtsberichterstattung nicht hinreichend beachtet habe. Zulässig war aber die Äußerung des Verdachts, ein *Universitätsprofessor und Landtagsabgeordneter sei über lange Jahre inoffizieller Stasi-Mitarbeiter gewesen und habe in dieser Eigenschaft seine damalige Freundin und jetzige Ehefrau bespitzelt*,[145] auf der Grundlage einer entsprechenden Mitteilung der *Jahn*-Behörde, oder des Verdachts, der ärztliche Vorstand der *Koordinierungsstelle für postmortale Organspenden* habe *die für die Feststellung des Hirntods zwingend erforderliche zweite Diagnostik vergessen*,[146] sowie des in Frageform verbreiteten Verdachts, Bundeskanzler *Schröder habe im Jahr 2005 Neuwahlen nur angesetzt, um nach einer erwarteten Niederlage in*

---

132 BGH AfP 2013, 57 = NJW 2013, 790 – IM Christoph; *Schlüter*, S. 102 ff.
133 *Soehring*, GRUR 1986, 518 ff.
134 OLG Hamburg AfP 2008, 404; *Schlüter*, S. 103.
135 BGH AfP 1977, 340 = NJW 1977, 1288 – Abgeordnetenbestechung.
136 LG Hamburg AfP 1993, 678 – López.
137 OLG Düsseldorf AfP 1995, 500.
138 OLG München NJW-RR 1996, 1487.
139 OLG Düsseldorf AfP 2009, 159, bestätigt durch EGMR NJW 2018, 3083 – Fuchsmann/Deutschland.
140 BGH NJW-RR 2071, 31; kritisch dazu *Sajuntz*, NJW 2017, 698.
141 LG Hamburg AfP 2004, 420.
142 OLG Hamburg AfP 2008, 627.
143 BVerfG AfP 2000, 445 = NJW 2000, 2413 – Stasi-Liste.
144 OLG Hamburg ZUM 2010, 606.
145 BGH AfP 2013, 57 = NJW 2013, 790 – IM Christoph.
146 BGH NJW-RR 2017, 98.

der Lage zu sein, eine besser dotierte Position in der Wirtschaft anzunehmen.[147] Im letztgenannten Fall wirkt sich aus, dass es um einen Vorgang aus dem Bereich der Politik ging und dass die Schwelle zu einer zulässigen Verdachtsberichterstattung im Fall eines ehemaligen Bundeskanzlers deutlich niedriger anzusetzen ist als bei Betroffenen mit weniger öffentlicher Präsenz. Richtigerweise hätte man in dieser Frage aber eine Meinungsäußerung sehen müssen, die sich den Kriterien der Verdachtsberichterstattung von vornherein entzieht (Rz. 14.9, Rz. 14.33). Zutreffend ist es daher, dass der BGH[148] in der Frage, ob *eine kritische Berichterstattung über ein Unternehmen der Medizinbranche durch eine zurückliegende wirtschaftliche Auseinandersetzung zwischen dem Autor und dem kritisierten Unternehmen veranlasst* war, eine Meinungsäußerung gesehen hat, deren Äußerung vom Grundrecht aus Art. 5 Abs. 1 GG gedeckt war.

16.52 Verdachtsberichterstattung ist ferner nur zulässig, wenn die Medien die **gebotene Sorgfalt** haben walten lassen. Auch das folgt aus der Maßgeblichkeit des Rechtsgedankens der Wahrnehmung berechtigter Interessen im vorliegenden Kontext. Es müssen insbesondere ein **Mindestbestand an Beweistatsachen** und damit hinreichende Anhaltspunkte für die Richtigkeit des Verdachts vorhanden sein.[149] Die Auffassung, es bestehe für die Medien in den Fällen der Verdachtsberichterstattung eine erhöhte Prüfungspflicht,[150] ist demgegenüber verfehlt. Denn es kennzeichnet diese Art von Berichterstattung ja gerade, dass die Medien in Kenntnis der Tatsache veröffentlichen und veröffentlichen dürfen, dass sie entgegen der Grundregel des § 186 StGB den Beweis für die Richtigkeit des Inhalts des Verdachts (noch) nicht führen können. Im Fall der Berichterstattung über den angeblichen *Stimmenkauf durch den Kaufhausmillionär Helmut Horten im Zusammenhang mit dem konstruktiven Misstrauensvotum gegen den damaligen Bundeskanzler Willy Brandt* etwa führte nicht die Tatsache zur Rechtswidrigkeit der Veröffentlichung, dass sich die Redaktion auf einen anonymen Informanten stützte, sondern diejenige, dass es sich bei ihm um die einzige Informationsquelle handelte und die Redaktion an die Öffentlichkeit ging, obwohl es ihr nicht gelungen war, überhaupt Anhaltspunkte für die Richtigkeit des ihr zugespielten Verdachts ausfindig zu machen.[151] Unzulässig war unter diesem Aspekt auch die Verbreitung des Verdachts des *sexuellen Missbrauchs einer Minderjährigen durch einen Lokalpolitiker, ohne dessen Einlassung mitzuteilen, er sei von der Volljährigkeit der Betroffenen ausgegangen,*[152] und die individualisierende *Zuordnung eines Betroffenen zur italienischen Mafia in Deutschland* ohne hinreichende Beweistatsachen.[153] Eine erhöhte Prüfungspflicht wird man den Medien in diesem Zusammenhang weniger bei der Recherche als bei der Entscheidung darüber abverlangen müssen, ob bei einer ungesicherten Verdachtslage die erforderliche Güterabwägung die Entscheidung rechtfertigt, den Verdacht gleichwohl zu veröffentlichen.[154]

---

147 EGMR 2015, 1501; a. A noch OLG Hamburg AfP 2008, 404.
148 BGH AfP 2017,48 = NJW 2017, 482 – „Mal PR-Agent, mal Reporter".
149 BGH AfP 1977, 340 = NJW 1977, 1288 – Abgeordnetenbestechung; BGH AfP 2000, 167 = NJW 2000, 1036 – Namensnennung; BGH AfP 2014, 135 = NJW 2014, 2029 – Sächsische Korruptionsaffäre; OLG München AfP 1993, 767 – Amigo; OLG Düsseldorf AfP 1995, 500; OLG München NJW-RR 2002, 186; KG ZUM 2008, 58; OLG München ZUM 2009, 777, bestätigt durch EGMR NJW 2018, 3768; LG Hamburg AfP 1993, 678 – López; Wenzel/*Burkhardt/Peifer*, Kap. 10 Rz. 155; *Schlüter*, S. 91 ff.
150 OLG München NJW-RR 1996, 1493 – Focus; *Prinz/Peters*, Rz. 269.
151 BGH AfP 1977, 340 = NJW 1977, 1288 – Abgeordnetenbestechung.
152 LG Frankfurt a.M. AfP 2017, 453.
153 EGMR NJW 2018, 3768; OLG München ZUM 209, 777.
154 OLG München NJW-RR 1996, 1493 – Focus.

Je schwerer und nachhaltiger sich der in Rede stehende Verdacht auf das Ansehen des Betrof- **16.53** fenen auswirken kann, umso höher sind die Anforderungen auch an die Sorgfaltspflicht anzusetzen.[155] Gegen die Zulässigkeit von Verdachtsberichterstattung kann es daher sprechen, wenn über einen Verdacht berichtet wird, der bereits Gegenstand eines staatsanwaltlichen Ermittlungsverfahrens war, ohne dass sich daraus Anhaltspunkte für seine Richtigkeit ergeben haben,[156] oder wenn ein Verdacht zum Zeitpunkt der Berichterstattung nicht mehr aktuell ist und er sich seit der Zeit seines Aufkommens weder bestätigt noch erhärtet hat. Erforderlich ist immer, und nicht nur vor der Verbreitung des Verdachts einer inneren Tatsache[157] (dazu Rz. 14.7 ff.), die **Anhörung des Betroffenen.** Dazu verlangt die Rechtsprechung seine Konfrontation mit den konkreten Verdachtselementen, über die berichtet werden soll; nicht ausreichend ist es, wenn eine Redaktion den Betroffenen unspezifisch um ein Interview bittet, in dem sie ihn unvorbereitet mit der Verdachtslage konfrontiert.[158] Ist eine solche Konfrontation nicht möglich, weil etwa der Betroffene nicht erreichbar ist oder weil er die erbetene Stellungnahme verweigert, dann müssen die Medien sich jedenfalls bei der Ermittlungsbehörde, die den Verdacht ursprünglich verbreitet hat, darüber vergewissern, ob der Verdacht noch fortbesteht.[159]

Allerdings sind die Anforderungen an die Verifizierungspflicht der Medien geringer, wenn es **16.54** um die Verbreitung des Verdachts eines von einem Staat zu verantwortenden Verbrechens geht[160] wie im Fall der *massenweisen Ermordung von Angehörigen der albanischen Bevölkerung und ihrer Beseitigung in Massengräbern* durch Angehörige serbischer Milizen; vgl. zur Klagebefugnis der *Republik Serbien* in diesem Fall Rz. 13.32. Aus der Aufgabe der freien Presse als ein Mittel zur Kontrolle staatlicher Gewalt folgt, dass der Staat sich in Anbetracht des Ungleichgewichts der Kräfte von Staat und freien Medien in erheblich größerem Umfang kritischer Berichterstattung auch über noch unbewiesene Vorwürfe stellen muss als sonstige Teilnehmer am Rechtsverkehr.

Und schließlich fordert die Rechtsprechung[161] als Voraussetzung zulässiger Verdachtsberich- **16.55** terstattung, dass die Medien durch die Art der Darstellung deutlich machen, dass es sich einstweilen **um nicht mehr als einen Verdacht** handelt. Das wird immer der Fall sein, wenn sie sich von dessen Inhalt ausdrücklich distanzieren, ohne dass dies schematisch und in jedem Einzelfall gefordert werden darf.[162] In der Regel genügen die Medien diesem Erfordernis daher auch dann, wenn sie in sonstiger Weise deutlich machen, dass die Sachlage jedenfalls offen, der Verdacht mithin nicht erwiesen ist und dass auch nicht mehr für als gegen seine

155 BGH AfP 2000, 167 = NJW 2000, 1036 – Namensnennung; OLG München ZUM 2009, 777; OLG Köln AfP 2014, 155.
156 OLG München NJW-RR 1996, 1493 – Focus.
157 OLG Hamburg NJW-RR 1994, 1176.
158 BGH AfP 2014, 135 = NJW 2014, 2029 – Sächsische Korruptionsaffäre; OLG Hamburg AfP 2008, 404; LG Köln GRUR-RR 2018, 488.
159 OLG Hamburg NJW-RR 1994, 1176.
160 KG AfP 1999, 362.
161 BGH AfP 2000, 167 = NJW 2000, 1036 – Namensnennung; BGH AfP 2013, 57 = NJW 2013, 790 – IM Christoph; BGH ZUM 2013, 207; BGH AfP 2014, 135 = NJW 2014.2029 – Sächsische Korruptionsaffäre; OLG München AfP 1993, 767 – Amigo; OLG München AfP 1997, 636 = NJW-RR 1996, 1487 – Sex-Papst; OLG Düsseldorf AfP 1995, 500; OLG Brandenburg AfP 2003, 343 = NJW-RR 2002, 1269; OLG Köln AfP 2014, 155; LG Hamburg AfP 1993, 678 – López; Wenzel/*Burkhardt/Peifer*, Kap. 10 Rz. 162; *Prinz/Peters*, Rz. 271.
162 EGMR v. 29.3.2001 – 38432/97 – Thoma/Luxemburg; EGMR v. 30.3.2004 – 53984 – Radio France/Frankreich; BVerfG NJW 2007, 2868.

Richtigkeit spricht.[163] So war die erwähnte Berichterstattung über einen mutmaßlichen Fall der *Bestechung von Abgeordneten des Deutschen Bundestags* nicht schlechthin, im Einzelfall aber deswegen unzulässig, weil dem Leser durch die Art der Berichterstattung und insbesondere die Entwertung eines veröffentlichten Dementis des Betroffenen trotz formaler Vorbehalte der Eindruck suggeriert wurde, der Verdacht sei inhaltlich zutreffend.[164] Umgekehrt war die Berichterstattung über den Verdacht eines *gravierenden Falls der Industriespionage bzw. der Verletzung von Betriebsgeheimnissen* gerechtfertigt, weil es sich um einen Fall von überragendem Öffentlichkeitswert handelte, hinreichende tatsächliche Anhaltspunkte für die Berechtigung des Verdachts bestanden und die betreffende Redaktion durch die Art ihrer Berichterstattung ausreichend deutlich gemacht hatte, dass über die Berechtigung des Verdachts von den unmittelbar Betroffenen noch gestritten wurde.[165] Gleiches gilt für den identifizierenden Bericht über die *aus privaten Mitteln getätigte Beteiligung eines deutschen Chefarztes an einer ausländischen Privatklinik*, wenn an ihr illegale Organtransplantationen durchgeführt werden, der Bericht es aber vermeidet, den Verdacht, der Chefarzt habe sich an den illegalen Maßnahmen der Klinik beteiligt oder auch nur von ihnen gewusst, zu erhärten oder gar als begründet hinzustellen.[166]

16.56   Unter denselben Voraussetzungen ist auch die Berichterstattung über die **Erstattung einer Strafanzeige** rechtmäßig, obwohl aus dem Tatbestand der Erstattung einer Anzeige nicht auf deren inhaltliche Richtigkeit geschlossen werden kann;[167] dazu im Einzelnen Rz. 19.69 ff. Das Gebot, in der Darstellung des Verdachts darauf hinzuweisen, dass es sich eben nicht um einen feststehenden Sachverhalt handelt, wird auch hinreichend beachtet, wenn eine Redaktion in einem Fall von öffentlicher Bedeutung wie dem *terroristischen Anschlag in Bad Kleinen im Sommer 1993* zwei denkbare Versionen der Tat mitteilt und zu erkennen gibt, dass sie einer dieser Versionen zuneigt, solange in ihrer Darstellung die Möglichkeit offenbleibt, dass auch die andere Version in Betracht kommt.[168] Und wenn eine *Staatsanwaltschaft in einer Pressekonferenz bestimmte Tatumstände als feststehend bezeichnet*, dann kann von den Medien nicht verlangt werden, dass sie die so bestätigten Vorwürfe in ihrer Berichterstattung relativieren.[169]

16.57   In Fällen zulässiger Verdachtsberichterstattung stehen dem Betroffenen **Ansprüche** gegen die Medien wegen der Veröffentlichung nur zu, wenn er den Nachweis dafür führt, dass der Verdacht zu Unrecht erhoben wurde.[170] Die Beweislast trägt unter den in Rz. 16.50 ff. genannten Voraussetzungen mithin der Verletzte. Kann er die Unrichtigkeit des Verdachts nicht beweisen, so darf den Medien dessen weitere Verbreitung nicht untersagt werden, sofern sie die oben genannten Grundsätze dabei beachten.[171] Allerdings ist ein Betroffener im Streit über die Zulässigkeit einer Verdachtsberichterstattung im Zusammenhang mit einem gegen ihn anhängigen Straf- oder Ermittlungsverfahren nicht verpflichtet, sich substantiiert zur Sache einzulassen, weil damit sein strafprozessuales Aussageverweigerungsrecht unterlaufen werden

---

163 BGH AfP 2000, 167 = NJW 2000, 1036 – Namensnennung; OLG Düsseldorf AfP 1995, 500; OLG Köln AfP 2011, 601; LG Hamburg AfP 1993, 678 – López.
164 BGH AfP 1977, 340 = NJW 1977, 1288 – Abgeordnetenbestechung.
165 LG Hamburg AfP 1993, 678 – López.
166 OLG Köln AfP 2014, 155.
167 BGH AfP 2000, 167 = NJW 2000, 1036 – Namensnennung; OLG Düsseldorf AfP 1995, 500; dazu auch *C.H. Soehring*, S. 19 ff.
168 OLG Hamburg NJW-RR 1994, 1178.
169 LG Berlin AfP 2008, 530.
170 LG Hamburg NJW-RR 1994, 1178.
171 Wenzel/*Burkhardt*/*Peifer*, Kap. 10 Rz. 163; *Molle*, ZUM 2010, 331 ff.; a.A. *Schlüter*, S. 217.

könnte. Die Auffassung des LG Frankfurt a.M.,[172] ihm könne nicht einmal die Geständnis-funktion des § 138 Abs. 3 ZPO entgegengehalten werden, ist jedoch verfehlt. Wer die Rechts-widrigkeit einer ihn in seinen Rechten beeinträchtigenden Tatsachenbehauptung nicht einmal bestreitet, kann nicht berechtigt sein, daran anknüpfende Ansprüche geltend zu machen.

dd) Gerüchte

Strikter als bei der Berichterstattung über konkrete Verdachtslagen ist die Haftung der Medi-en bei der Verbreitung von **Gerüchten** ausgeprägt. Sie unterscheiden sich vom Verdacht in der Substanz dadurch, dass belastbare tatsächliche Anhaltspunkte kaum vorhanden sind oder gar gänzlich fehlen. Nichts wäre für denjenigen, der einen Dritten ohne faktische Basis in sei-ner Ehre oder seinem wirtschaftlichen Ruf beschädigen will, einfacher, als dubiose oder nicht verifizierbare Behauptungen in die Form eines Gerüchts zu gießen, könnte er sich auf diese Weise der Haftung für ihren Inhalt entziehen.   16.58

Die Rechtsprechung legt daher an die Zulässigkeit der Verbreitung von **Gerüchten** mit Recht strenge Maßstäbe an. Stammen sie aus trüber Quelle und besteht an ihrem Inhalt nicht gerade ein überragendes Informationsinteresse der Öffentlichkeit, so haften die Medien für die Ver-breitung von Gerüchten selbst dann, wenn sie sich von ihrem Inhalt distanzieren.[173] Die Ver-breitung eines ungesicherten Gerüchts aus der Privatsphäre des Betroffenen ist nach der Rechtsprechung des BGH[174] und des EGMR[175] schlechthin unzulässig, sofern an ihm nicht ausnahmsweise ein überragendes Informationsinteresse der Öffentlichkeit besteht. Das gilt auch, wenn sie das *Privat- oder Eheleben Prominenter wie etwa des Bundeskanzlers*[176] oder des *Österreichischen Bundespräsidenten*[177] betreffen. Auch die Formulierung einer *Frage*, für die es keinen tatsächlichen Anhaltspunkt gibt, kann unter diesem Gesichtspunkt unzulässig sein.[178] Gleiches gilt für ungesicherte Gerüchte aus dem wirtschaftlichen Bereich. Veröffent-licht etwa ein *Börseninformationsdienst das vermeintlich heiße Gerücht, der Mehrheitsaktionär einer börsennotierten Aktiengesellschaft habe mit einer Großbank einen Deal über die Übernah-me seiner Aktien zu Vorzugskonditionen vereinbart*, so haftet er für die Verbreitung dieses Ge-rüchts jedenfalls dann, wenn er das Dementi der Bank zwar mit veröffentlicht, es aber mit dem Hinweis entwertet, die Bank habe auch in einem früheren Fall einen später erwiesenen Tatbestand zunächst dementiert.[179]   16.59

Auf der anderen Seite kann die **Existenz bestimmter Gerüchte** als solche namentlich im po-litischen, aber auch im wirtschaftlichen Umfeld durchaus eine Tatsache von hohem Informa-tionswert darstellen,[180] über die die Medien berichten dürfen und müssen. Wie bei Berichten über Äußerungen Dritter ist auch hier zwischen der Tatsache der Existenz des Gerüchts und seinem Inhalt zu differenzieren. Insbesondere bei der Berichterstattung über die Existenz von Gerüchten ist eine deutliche Distanzierung das geeignete und erforderliche Mittel, die Tatsa-   16.60

---

172 LG Frankfurt a.M. AfP 2017, 453.
173 BGH AfP 1997, 144 = NJW 1996, 1131 – Polizeichef; BGH AfP 1976, 75 = NJW 1976, 1198 – Pano-rama; LG Berlin AfP 1990, 59; *Prinz/Peters*, Rz. 16.
174 BGH NJW 1963, 665 – Callgirl I; BGH AfP 1988, 34 = NJW-RR 1988, 733 – intime Beziehungen.
175 EGMR NJW 2010, 751 – Standard Verlags Ges. mbH/Österreich.
176 LG Berlin AfP 2003, 174.
177 EGMR NJW 2010, 751 – Standard Verlags Ges. mbH/Österreich.
178 BGH AfP 2004, 124 = NJW 2004, 1034 – unechte Frage; KG ZUM 2008, 60; OLG Hamburg AfP 1995, 517.
179 OLG Düsseldorf AfP 1990, 303.
180 OLG Hamburg UFITA 78 (1976), 354.

che, dass ein bestimmtes Gerücht im Umlauf ist, zu veröffentlichen und der Haftung für die Verbreitung seines Inhalts gleichwohl zu entgehen. Die neuere Rechtsprechung zur Haftung der Medien für den Inhalt von Äußerungen in Leserbriefen und von Interview-Partnern (Rz. 16.43 ff.) ändert an der Erforderlichkeit einer klaren Distanzierung schon deswegen nichts, weil bei der Verbreitung von Gerüchten ein Dritter, der für deren Inhalt in Anspruch genommen werden könnte, in der Regel nicht zur Verfügung steht.

16.61 Der BGH[181] hält die Verbreitung eines Gerüchts nicht schlechthin für unzulässig, wohl aber eine klare **Distanzierung** für unverzichtbar. Das galt etwa im bereits erwähnten Fall der publizistischen Behandlung des Gerüchts über die *Auslobung eines hohen Geldbetrags für Bundestagsabgeordnete zum Zweck der Beeinflussung ihres Abstimmungsverhaltens im Rahmen des konstruktiven Misstrauensvotums gegen den damaligen Bundeskanzler Willy Brandt*. Ausdrücklich hat das Gericht in dieser Entscheidung anerkannt, dass allein die Existenz eines derartigen Gerüchts von hohem Stellenwert für die politisch interessierte Öffentlichkeit war und die Veröffentlichung des Gerüchts daher auch dann zulässig sein konnte, wenn seine Richtigkeit unter Berücksichtigung des vorhandenen Aktualitätsdrucks und der daraus resultierenden eingeschränkten Möglichkeiten der Verifikation nicht hinreichend abgesichert werden konnte. Unzulässig wurde die Berichterstattung im konkreten Fall, weil auf die inhaltliche Fragwürdigkeit des Gerüchts nicht in deutlicher Weise hingewiesen und insbesondere nicht alles vermieden wurde, was dem Leser den Eindruck nahebringen konnte, es werde an dem Gerücht schon etwas dran sein. Ähnlich wie in diesem Fall kann etwa die Berichterstattung über das Gerücht, ein bestimmtes *Unternehmen stecke in wirtschaftlichen Schwierigkeiten*, rechtmäßig und sogar geboten sein, wenn dieses Gerücht von einem Wettbewerber gestreut wurde und bei der Veröffentlichung neben der Distanzierung von seinem Inhalt auf die Quelle besonders hingewiesen wird. Auch in diesem Fall ist die Tatsache, dass ein Unternehmen das andere anzuschwärzen und damit in seiner wirtschaftlichen Leistungskraft zu schwächen versucht, die wahre Nachricht mit Informationswert für die Öffentlichkeit.

16.62 Handelt es sich bei einem Gerücht aber nur um **belanglosen Klatsch**, dann bleibt es bei dem Grundsatz, dass die Medien für seine Verbreitung selbst dann haften, wenn sie sich von ihrem Inhalt gleichzeitig distanzieren. Hier überwiegt beim Durchschnittsleser der Eindruck, dass an dem Gerücht eben inhaltlich doch etwas dran sei, da, anders als in den Beispielsfällen in Rz. 16.59 ff., anderenfalls keine Veranlassung dafür bestünde, darüber überhaupt zu berichten. Um solche Fälle handelte es sich etwa bei der Berichterstattung über die Gerüchte, ein *Trainer der Fußball-Bundesliga unterhalte sexuelle Verhältnisse mit den Ehefrauen mehrerer der von ihm trainierten Spieler*[182] bzw. ein dem Zölibat verpflichteter *katholischer Geistlicher unterhalte eine entsprechende Beziehung zu einer verheirateten Frau aus seiner Gemeinde*.[183]

ee) Zitate

16.63 Nicht einheitlich zu beurteilen ist die Haftung der Medien für den **Inhalt von ihnen verbreiteter Zitate**; zur Frage der Authentizität von Zitaten vgl. Rz. 16.96 f. Die noch bis zur 4. Auflage unter Berufung auf eine ältere Entscheidung des BGH[184] vertretene Auffassung, die Medien müssten sich den Inhalt der von ihnen verbreiteten Zitate stets als eigene Behauptung zurechnen lassen, wenn sie sich von ihm nicht ausdrücklich distanzieren, ist im Hinblick auf

---

181 BGH AfP 1977, 340 = NJW 1977, 1288 – Abgeordnetenbestechung.
182 LG München I ZUM 1998, 576.
183 BGH AfP 1988, 34 = NJW-RR 1988, 733 – Intime Beziehungen.
184 BGH AfP 1997, 144 = NJW 1996, 1131 – Polizeichef.

die neuere Rechtsprechung zu Haftung der Medien für Drittäußerungen[185] in dieser generellen Form nicht mehr aufrechtzuhalten; dazu schon Rz. 16.15, Rz. 16.45 f.

Machen sich die Medien den **Inhalt von ihnen verbreiteter Zitate** zu eigen, so besteht an ihrer Haftung allerdings kein Zweifel.[186] Dass eine Redaktion eine bestimmte Person zu Unrecht als *Mörder* oder *Sittenstrolch* diskreditiert und sich dabei auf die Äußerung eines zitierten Dritten beruft, wirkt sich für den Betroffenen nicht weniger gravierend aus, als wenn sie sie als Eigenbehauptung oder als Gerücht in die Welt setzen. Anderes gilt aber dann, wenn die Medien darüber berichten, dass sich eine Persönlichkeit mit einer bestimmten Behauptung, einem bestimmten Verdacht oder einer bestimmten Kritik zu Wort gemeldet hat, und ein öffentliches Informationsinteresse an dieser Tatsache besteht.[187] Ein Zueigenmachen liegt aber noch nicht vor, wenn eine Zeitung *eine ehrenrührige Äußerung eines Dritten im Rahmen eines Interviews verbreitet*, ohne sich ausdrücklich von ihr zu distanzieren.[188] Von einem öffentlichen Informationsinteresse an Äußerungen Dritter ist etwa bei Äußerungen von Politikern über bestimmte Sachverhalte oder Charakterisierungen, aber auch bei Aussagen von Beamten im Rahmen von Ermittlungsverfahren auszugehen. In solchen Fällen kann eine Distanzierung nicht zwingend verlangt werden.[189] Jedenfalls dürfen an deren Form keine hohen Anforderungen gestellt werden.[190] Ausreichend wird es in der Regel sein, wenn die Redaktion die in Rede stehende Äußerung in Anführungszeichen setzt,[191] sofern sich nicht aus dem sonstigen Inhalt des zitierenden Artikels eine inhaltliche Billigung des Zitats ergibt. Nach der zutreffenden Auffassung des EGMR[192] ist die Verwendung von Anführungszeichen aber nicht einmal erforderlich, wenn sich aus dem Kontext hinreichend deutlich ergibt, dass eine *einem Dritten zugeschriebene Äußerung nicht die persönliche Meinung der zitierenden Redaktion*, sondern diejenige des Dritten wiedergibt. Und verbreitet eine Redaktion im Rahmen ihrer politischen Berichterstattung eine *Wahlkampfäußerung des Funktionärs einer politischen Partei* in Form eines Zitats, dann kommt ihre Haftung für den Inhalt der Äußerung nicht in Betracht.[193]

16.64

Werden beleidigende Äußerungen eines Dritten im Wege des Zitats wiedergegeben, so erfüllen die Medien ihrerseits damit nicht den Tatbestand der Beleidigung. Da es bei Beleidigungen nicht um die Verbreitung unwahrer Behauptungen geht, greift der auf § 186 StGB zurückgehende Rechtsgedanke der Verbreiterhaftung von vornherein nicht ein. Die Veröffentlichung der Beleidigung kann jedoch den Tatbestand der Verletzung des Allgemeinen Persönlichkeitsrechts des Betroffenen erfüllen, wenn die im Rahmen dieses Tatbestands erforderliche Güterabwägung im Einzelfall das Fehlen eines berechtigten Informationsinteresses der Öffentlichkeit daran ergibt, dass und wie der in einem Bericht zitierte Dritte sich über den Betroffenen beleidigend geäußert hat. Im Fall der *Bezichtigung eines prominenten Politikers als verlogen* durch den politischen Gegner besteht ein derartiges Informationsinteresse, so dass allenfalls derjenige für den Inhalt der Äußerung haftet, der sie originär getan hat, nicht aber

16.65

---

185 BVerfG AfP 2009, 480 = NJW-RR 2010, 470; EGMR NJW 2009, 3145 – Affaire July et SARL Libération/Frankreich; EGMR NJW 2017, 795 – Carolis u. France Televisions/Frankreich.
186 LG Berlin AfP 1990, 59; Wenzel/*Burkhardt/Peifer*, Kap. 10 Rz. 209.
187 OLG München AfP 1976, 130 – Lockheed; LG Berlin AfP 1990, 59.
188 OLG Celle AfP 2015, 138.
189 BVerfG AfP 2009, 480 = NJW-RR 2010, 470; EGMR NJW 2009, 3145; EGMR v. 4.4.2017 – 50123/06 – Milisalvjevic/Serbien; zit. nach *Haug*, AfP 2017, 486.
190 LG Berlin AfP 1990, 59.
191 BVerfG AfP 2004, 49 = NJW 2004, 590; KG AfP 2001, 65.
192 EGMR v. 4.4.2017 – 50123/06 – Milisalvjevic/Serbien; zit. nach *Haug*, AfP 2017, 486.
193 LG Dresden AfP 2010, 595.

die Medien, die wahrheitsgemäß darüber berichten.[194] Auch die Wiedergabe einer angeblichen Äußerung von *Wolf Biermann* anlässlich einer Tagung der *CSU*, der um die Jahrtausendwende durch vielerlei Affären hervorgetretene *letzte Innenminister der DDR sei eine solche Bundesscheiße, da möchte man gar nicht rein treten*, im Rahmen eines Berichts über jene Tagung war durch das Informationsinteresse der Öffentlichkeit an der Sicht *Biermanns* gerechtfertigt, obwohl die Authentizität des Zitats umstritten war und es unbestreitbar einen beleidigenden Inhalt hatte.[195] Gleiches gilt für die *Weitergabe von Beschwerden diverser Eltern über das Verhalten einer Lehrerin durch den Elternratssprecher an die Schulleitung.*[196]

ff) Anzeigenteil

16.66 Aus dem Grundsatz der prinzipiell uneingeschränkten Verbreiterhaftung der Medien folgt, dass sie für den gesamten Inhalt der verbreiteten Zeitungen, Zeitschriften oder Sendungen haften. Das schließt grundsätzlich auch den **Anzeigenteil** ein,[197] dessen Veröffentlichung nach der Rechtsprechung des BVerfG wie die redaktionelle Tätigkeit von der verfassungsrechtlichen Gewährleistung der Pressefreiheit erfasst ist.[198] Das Anzeigenwesen ist traditionell vielfältig und erfasst namentlich in der Tagespresse neben der klassischen Markenartikel- und Dienstleistungswerbung so unterschiedliche Rubriken wie *Familien- und Todesanzeigen, Verkaufs-* und *weitere Kleinanzeigen* wie etwa *Kontakt- und Telefonsexanzeigen*[199] und gelegentlich auch so genannte *Bekenneranzeigen*, mit denen überhaupt kein gewerblicher oder sonstiger geschäftlicher Zweck, sondern die Absicht des Inserenten verfolgt wird, die betreffende Zeitung als Medium für die Verbreitung eigener Nachrichten, Überzeugungen oder sonstiger Anliegen zu nutzen.[200]

16.67 Es würde die praktischen Möglichkeiten der Verlags- und Rundfunkunternehmen bei Weitem überfordern, von ihnen eine uneingeschränkte inhaltliche Überprüfung von **Anzeigen** zu verlangen und die normale Verbreiterhaftung in Kraft treten zu lassen, wenn diese Prüfung nicht oder nicht mit der erforderlichen Sorgfalt erfolgt; das gilt insbesondere bei der Veröffentlichung von Kleinanzeigen und solchen Anzeigen, deren Inhalt von Gewohntem nicht abweicht.[201] Das traditionelle Anzeigenwesen insbesondere der Tagespresse käme bei einem derartigen Haftungsmaßstab praktisch zum Erliegen. Daher führt schon eine verfassungskonforme Auslegung der zivil- und strafrechtlichen Haftungsnormen dazu, dass die Verbreitung von Anzeigen herkömmlichen Inhalts durch die Medien nicht tatbestandsmäßig im Sinn der deliktsrechtlichen Bestimmungen ist und dass sich derjenige, der durch ihren Inhalt verletzt wird, mit seinen Ansprüchen statt an die betreffenden Verlage oder Rundfunkveranstalter an den Inserenten halten muss, sofern nicht die Rechtswidrigkeit von Anzeigen im Einzelfall unschwer zu erkennen ist. Das gilt allerdings nicht für Blätter, die keinen meinungsbildenden

---

194 OLG Hamburg NJW-RR 1994, 989.
195 KG AfP 2001, 65; BVerfG AfP 2004, 49 = NJW 2004, 590.
196 LG Köln v. 6.12.2017 – 12 O 135/17, unveröffentlicht.
197 BGH AfP 1972, 319 = NJW 1972, 1658 – Geschäftsaufgabe.
198 BVerfG NJW 1967, 976 – Südkurier.
199 Dazu im Einzelnen *Rath-Glawatz*, AfP 2009, 452 ff.
200 Vgl. dazu etwa LG Berlin AfP 1966, 100 – Kabarett; LG Braunschweig NJW 1975, 782 – Todesanzeige; OLG Düsseldorf AfP 1988, 259.
201 BGH NJW 1972, 2302 = GRUR 1973, 203 – Badische Rundschau; BGH AfP 1990, 202 = NJW-RR 1990, 1184 – Pressehaftung I; BGH AfP 1998, 624 = NJW 1999, 1960; BGH AfP 2007, 119 = ZUM-RD 2006, 547 – Stadt Geldern; BGH AfP 2006, 535 = NJW 2006, 3490 – Kontaktanzeigen; OLG Frankfurt a. M. GRUR 1985, 71; OLG Hamm GRUR 1984, 538; OLG Düsseldorf AfP 1988, 259; OLG Brandenburg AfP 1999, 360; zum Ganzen *Gaertner*, AfP 1990, 269; *Hecker*, AfP 1993, 717.

Inhalt haben und neben Werbung lediglich unterhaltende Beiträge wie *Horoskope, Rätsel* oder *Prominentenporträts* verbreiten. Sie haften auch für den Inhalt der von ihnen gedruckten Anzeigen uneingeschränkt.[202]

So haften die Medien etwa nicht für die Verbreitung von Anzeigen für *Möbel, die unter Verletzung des Urheberrechts Dritter* hergestellt werden,[203] für *Kleinanzeigen*[204] und sogar dann nicht, wenn der Inserent seinen Sitz im Ausland hat und der Verlag daher nicht als selbstverständlich davon ausgehen kann, dass ihm die Einzelheiten des strikten deutschen Wettbewerbsrechts bekannt sind.[205] Gleiches gilt im Hinblick auf die gelockerten Moralvorstellungen der Öffentlichkeit heute für *Kontaktanzeigen.*[206] Auch bei *Familienanzeigen* kommt eine eigenständige Prüfungspflicht der Medien nicht in Betracht, wenngleich in diesem Bereich Scherzanzeigen und sonstige Missbräuche des Anzeigenwesens durchaus vorkommen.[207] Ausgeschlossen ist die Haftung schließlich auch in Fällen *berufsrechtswidriger Anwaltswerbung*, da von den Anzeigenabteilungen der Medienunternehmen eine detaillierte Kenntnis des anwaltlichen Berufsrechts nicht erwartet werden kann.[208]

Allerdings kommt in allen diesen Fällen eine eigene Haftung der Medienunternehmen unter dem rechtlichen Gesichtspunkt der **Erstbegehungsgefahr** für die weitere Verbreitung von Anzeigen mit rechtswidrigem Inhalt in Betracht. Das gilt dann, wenn sie auf die Wettbewerbswidrigkeit der von ihnen bereits veröffentlichten Anzeigen außergerichtlich hingewiesen und zur Ablehnung weiterer inhaltlich gleicher Anzeigenaufträge aufgefordert wurden[209] oder wenn sie sich im Rechtsstreit nicht nur mit dem Hinweis auf ihre fehlende Haftung, sondern auch mit dem Argument verteidigen, die beanstandete Werbung ihres Inserenten sei rechtmäßig.[210]

Weichen Anzeigen aber aus tatsächlichen oder rechtlichen Gründen deutlich vom Üblichen ab, dann sind die Medien zur Vermeidung eigener Haftung verpflichtet, sie auf ihre tatsächliche Richtigkeit und gegebenenfalls rechtliche Unbedenklichkeit zu überprüfen.[211] Eine solche Überprüfung aufgegebener Inserate wird immer dann verlangt, wenn der Inhalt der Anzeige bei Anlegung eines objektiven Sorgfaltsmaßstabs Anlass zu berechtigten Zweifeln gibt. Das ist bei großformatigen, gegebenenfalls ganzseitigen Inseraten eher der Fall als bei kleineren.[212] Eine eigene Prüfungspflicht trifft die Medien unter diesem Aspekt etwa dann, wenn es sich beim Inhalt der Anzeige um einen Vorgang handelt, der üblicherweise nicht in der Form der Anzeige publiziert zu werden pflegt, oder wenn sonstige konkrete Anhaltspunkte für den

16.68

16.69

16.70

---

202 BGH AfP 2015, 421 = NJW 2015, 3377 – TIP der Woche.
203 BGH AfP 1998, 624 = NJW 1999, 1960; OLG Frankfurt a.M. AfP 1997, 547; OLG Frankfurt a.M. AfP 2006, 177; KG AfP 2005, 186.
204 OLG Hamm GRUR 1984, 538.
205 BGH NJW 1992, 3093 = GRUR 1993, 53 – Ausländischer Inserent; a.A. KG NJW-RR 1988, 489.
206 BGH AfP 2006, 535 = NJW 2006, 3490 – Kontaktanzeigen; dazu *Rath-Glawatz*, AfP 2009, 452 ff.
207 *Wenzel/Burkhardt/Peifer*, Kap. 10 Rz. 214.
208 OLG München NJW-RR 2001, 1716 = ZUM 2001, 529; OLG Frankfurt a.M. NJW 2005, 157.
209 OLG Brandenburg AfP 1999, 360; OLG Frankfurt a.M. AfP 1997, 547.
210 BGH AfP 1998, 389 = NJW 1998, 3342 – Pressehaftung II; BGH AfP 1995, 600 = NJW 1995, 2490 – Kinderarbeit.
211 BGH AfP 1972, 319 = NJW 1972, 1658 – Geschäftsaufgabe; BGH AfP 1990, 202 = NJW-RR 1990, 1184 – Pressehaftung I; BGH NJW-RR 1994, 872 – Kosmetikstudio; BGH AfP 1994, 140 = NJW-RR 1994, 874 – Schlankheitswerbung; BGH AfP 2007, 119 = ZUM-RD 2006, 547 – Stadt Geldern; OLG Düsseldorf AfP 1988, 259.
212 BGH NJW-RR 2001, 1406 = GRUR 2001, 529 – Herz-Kreislauf-Studie; OLG Frankfurt a.M. AfP 2009, 262.

Verdacht vorliegen, der Inhalt der Anzeige könne manipuliert oder sonstwie missbräuchlich verfälscht sein.[213] In derartigen Fällen wird man den Medien insbesondere eine vorsorgliche Rückfrage bei dem (vermeintlichen) Inserenten zumuten müssen, die in der Regel auch ohne großen Aufwand möglich sein wird,[214] da die Kontaktdaten aus dem Anzeigenauftrag bekannt sein müssen. Und die direkte, nach deutschem Wettbewerbsrecht nach wie vor stets unzulässige[215] Herabsetzung oder Verunglimpfung eines Wettbewerbers im Text einer Anzeige ist nach der Rechtsprechung so auffallend, dass die Medien sie stets wahrnehmen und auf ihre rechtliche Zulässigkeit überprüfen müssen.[216]

16.71   Eine eigene **Prüfungspflicht der Medien** hat der BGH[217] etwa angenommen im Fall der Insertion *des gesamten Maschinenparks eines Bauunternehmens wegen angeblicher Geschäftsaufgabe,* die durch einen anonym agierenden mutmaßlichen Wettbewerber zum Zweck der Schädigung des vermeintlichen Inserenten telefonisch aufgegeben wurde. Eine Eigenhaftung des betreffenden Verlags war auch zu bejahen in den Fällen der unbefugten *Werbung eines privatwirtschaftlichen Unternehmens mit dem Namen der Stadt,* in dem es ansässig war,[218] sowie der Verwendung der berühmten *Farbkombination grau/magenta in Kombination mit der Konzernmarke T der Deutsche Telekom AG* durch einen mit ihr nicht verbundenen Anbieter von Online-Dienstleistungen.[219] Gleiches galt im Fall einer Anzeige, in der der Inserent einem Wettbewerber im Wege *direkt bezugnehmender herabsetzender Werbung einen zwei Jahre zurückliegenden Wettbewerbsverstoß vorwarf,* ohne dass dazu zum Zeitpunkt der Veröffentlichung noch ein konkreter Anlass bestanden hätte,[220] und im Fall einer großformatigen Anzeige für *Möbel, auf deren Urheberrechtswidrigkeit der Inhaber der Nutzungsrechte den Verlag vor der Erstveröffentlichung unter Vorlage von Dokumenten hingewiesen hatte.*[221]

16.72   Auch im Fall der *Benetton*-Werbung mit dem Motiv *HIV-Positive* hat der BGH[222] neben der von ihm bejahten Wettbewerbswidrigkeit der Anzeige die Haftung des sie verbreitenden Verlags bejaht; die Wettbewerbswidrigkeit der Anzeige sei für den Verlag im Rahmen einer zumutbaren Prüfung ohne weiteres erkennbar gewesen. Nachdem das BVerfG[223] jedoch die in dieser Sache ergangenen Entscheidungen jeweils als Verletzung des Grundrechts der Meinungsfreiheit des inserierenden Unternehmens aus Art. 5 Abs. 1 Satz 1 GG aufgehoben hat, erweist sich dieses Argument als verfehlt. Ohne weiteres erkennbar war die Wettbewerbswidrigkeit dieser Anzeige sicher nicht, nachdem die Zivilgerichte einer- und das BVerfG andererseits zu unterschiedlichen Ergebnissen gekommen waren.

16.73   Die Ungewöhnlichkeit derartiger Anzeigen kann aber für einen Zeitungsverlag so offen zutage liegen, dass sie die Rechtslage selbständig prüfen und gegebenenfalls auch unabhängigen

---

213 Wenzel/*Burkhardt/Peifer*, Kap. 10 Rz. 216.
214 LG Berlin NJW-RR 1992, 1247.
215 Einzelheiten bei Köhler/Bornkamm/Feddersen/*Köhler*, § 4 UWG Rz. 1.12 ff.
216 BGH AfP 1990, 202 = NJW-RR 1990, 1184 – Pressehaftung I.
217 BGH AfP 1972, 319 = NJW 1972, 1658 – Geschäftsaufgabe.
218 BGH AfP 2007, 119 = ZUM-RD 2006, 547 – Stadt Geldern.
219 OLG Köln NJW-RR 2001, 1196.
220 OLG Düsseldorf AfP 1988, 259.
221 OLG Frankfurt a.M. AfP 2009, 262.
222 BGH AfP 1995, 599 = NJW 1995, 2492 – H.I.V. POSITIVE I; BGH AfP 2002, 162 = NJW 2002, 1200 – H.I.V. POSITIVE II.
223 BVerfG AfP 2001, 44 = NJW 2001, 591 – Benetton-Werbung I; BVerfG AfP 2003, 149 = NJW 2003, 1303 – Benetton-Werbung II.

rechtlichen Rat einholen müssen, bevor sie sie veröffentlichen.[224] Eine gesteigerte Prüfungspflicht hat die Rechtsprechung etwa bei *Kontaktanzeigen unter Angabe einer Telefonnummer* angenommen, weil die etwaige Fehlerhaftigkeit der angegebenen Telefonnummer potenziell zu einer schweren Persönlichkeitsverletzung in Gestalt unerbetener Anrufe bei dem wahren Inhaber des angegebenen Anschlusses führen kann.[225] Nach dem Inkrafttreten des Gesetzes zur Regelung der Rechtsverhältnisse der Prostituierten[226] am 1.1.2002 gelten derartige Anzeigen mangels besonderer Umstände aber nicht mehr als sittenwidrig oder rechtswidrig, so dass sich die Frage einer Haftung der Verlage für deren Inhalt nicht mehr stellt.[227] Das Angebot von *Cartier-Uhren* in einem Blatt, das sich in erster Linie an den ambulanten Handel wendet,[228] oder eines so genannten *Bio-Lotto-Programms, das angeblich die Errechnung persönlicher Lotto-Glückstreffertage ermöglicht* und die Gewinnaussichten des Benutzers steigert,[229] ist demgegenüber so augenfällig dubios, dass die Rechtsprechung mit Recht eine Verpflichtung der veröffentlichenden Verlage zur eigenständigen Prüfung dieser Angebote angenommen hat. Die Verwendung einer *für einen Produktionsbetrieb geschützten Marke in einer Händleranzeige* andererseits war nicht so offensichtlich unzulässig, dass der Verleger für ihre Verbreitung haften müsste.[230]

Strengere Anforderungen an die Prüfungspflicht der Medien stellt die Rechtsprechung auch nicht mehr bei der **Heilmittelwerbung**. Dort hat sie früher schon bei begründetem Anlass zu Zweifeln an der rechtlichen Zulässigkeit der angedienten Werbung zur Vermeidung der eigenen Verbreiterhaftung die Einholung von Rechtsrat oder die Bescheinigung der rechtlichen Unbedenklichkeit durch ein vom Inserenten beizubringendes Gutachten verlangt.[231] Nach Auffassung des BGH[232] besteht zwar in diesem die Gesundheit der Allgemeinheit berührenden Bereich eine erhöhte Sorgfaltspflicht betreffend die Gestaltung von Anzeigen. Diese trifft aber nur den Inserenten und, wie generell bei Anzeigenveröffentlichungen, nicht das veröffentlichende Medienunternehmen. Die Gesetzwidrigkeit einer großformatigen, plakativen Werbung mit einer *angeblich sensationellen Herz-Kreislauf-Studie* lag aber nach Auffassung des BGH so nahe, dass eine eigenständige Prüfung ihrer Zulässigkeit durch den Verlag zu fordern war.[233] Bei *Schlankheitswerbung* und behaupteten *Verstößen gegen die Nährwertkennzeichnungsverordnung*[234] besteht für die Medien aber in der Regel ebenfalls keine erhöhte Prüfungspflicht mehr; den Verlagen ist es auch bei diesen Materien nicht zuzumuten, konkrete Aussagen einzelner Inserate auf ihre Vereinbarkeit mit den einschlägigen gesetzlichen Bestimmungen zu prüfen.[235]

16.74

---

224 OLG Düsseldorf AfP 1988, 259.
225 LG Berlin NJW-RR 1992, 1247.
226 BGBl. I 2001, 3983.
227 BGH AfP 2006, 535 = NJW 2006, 3490 – Kontaktanzeigen; dazu *Rath-Glawatz*, AfP 2009, 452 ff.
228 OLG Frankfurt a.M. GRUR 1987, 539.
229 KG GRUR 1988, 223.
230 BGH AfP 1995, 489 = NJW 1994, 2827 – Suchwort Bosch.
231 OLG Düsseldorf GRUR 1982, 622; KG NJW-RR 1988, 489.
232 BGH AfP 1994, 140 = NJW-RR 1994, 874 – Schlankheitswerbung; zustimmend Wenzel/*Burkhardt/Peifer*, Kap. 10 Rz. 216.
233 BGH NJW-RR 2001, 1406 = GRUR 2001, 529 – Herz-Kreislauf-Studie.
234 Verordnung über nährwertbezogene Angaben bei Lebensmitteln und die Nährwertkennzeichnung von Lebensmitteln v. 25.11.1994, BGBl. I S. 3526.
235 BGH AfP 1994, 140 = NJW-RR 1994, 874 – Schlankheitswerbung; BGH AfP 2006, 242 = NJW-RR 2006, 1044 – Schlank-Kapseln; OLG Hamburg AfP 2003, 58; OLG Bamberg AfP 2002, 239; OLG Dresden AfP 2004, 452.

16.75 Für gewerbliche Anzeigen ergibt sich eine Haftungsentlastung der Presse zusätzlich aus dem so genannten **Pressepriveleg** des § 9 Satz 2 UWG.[236] Für Werbemaßnahmen, die gegen § 3 betreffend das Verbot unlauterer geschäftlicher Maßnahmen und § 7 UWG betreffend unzumutbare Belästigungen verstoßen, haften die für periodische Druckschriften Verantwortlichen auf Schadensersatz nur im Fall vorsätzlicher Zuwiderhandlungen, mithin nur dann, wenn ihnen die Rechtswidrigkeit der in Frage stehenden Werbeaussage bekannt war; die ursprüngliche Beschränkung des Pressepriwilegs auf Fälle der irreführenden Werbung ist mit der Neufassung des UWG entfallen.[237] Diese Bestimmung beschränkt allerdings nur eine etwaige Schadenersatzpflicht der Medien auf Fälle vorsätzlichen Handelns. Die Geltendmachung von Unterlassungsansprüchen wird durch sie nicht ausgeschlossen, sofern die Voraussetzungen für eine gesteigerte Prüfungspflicht gemäß Rz. 16.70 ff. im Einzelfall vorliegen. Die Haftungsentlastung des § 9 Satz 2 UWG findet nach zutreffender Auffassung über den Wortlaut des Gesetzes hinaus auch auf die Medien Hörfunk und Fernsehen Anwendung, soweit diese als Werbeträger fungieren.[238] Hingegen können sich Medienunternehmer im Fall von ihnen zu verantwortender redaktioneller Schleichwerbung (dazu im Einzelnen Rz. 24.45 ff.) nicht auf das Pressepriveleg berufen.[239]

16.76 Haftungsrisiken ganz anderer Art können sich aus dem **Insertionsvertrag** als solchem ergeben, wenn den Medien bei dessen Erfüllung Fehler unterlaufen. Zwar ist nach der Rechtsprechung des BGH[240] ein Verlag allein aufgrund des Anzeigenauftrags Beauftragter des Werbungtreibenden gemäß § 8 Abs. 2 UWG, für dessen Verhalten der Inserent in Anspruch genommen werden kann. Das gilt insbesondere dann, wenn dem Verlag die Rechtswidrigkeit einer bestimmten Anzeigenveröffentlichung nicht bekannt sein konnte, weil etwa der Inserent sich gegenüber einem Dritten wirksam verpflichtet hatte, ein bestimmtes Anzeigenmotiv aus dem Verkehr zu ziehen, ohne den Verlag darüber zu informieren.[241] Daraus allein ergeben sich noch keine besonderen Haftungsrisiken für die Medien.

16.77 Das ändert sich jedoch dann, wenn ein Verlag sich verpflichtet, dafür zu sorgen, dass eine bereits begangene Wettbewerbswidrigkeit im Rahmen von Folgeaufträgen nicht wiederholt wird. Kommt es in solchen Fällen trotz der eingegangenen Verpflichtung aufgrund eines Versehens des Verlags zu einer Wiederholung der beanstandeten Werbung, so wird das Verlagsverschulden zwar dem Inserenten zugerechnet.[242] Der Verlag seinerseits haftet dann aber dem Inserenten für Vertragsstrafen oder gerichtlich verhängte Ordnungsgelder. Verlage werden zwar in der Regel versuchen, diese Art der Haftung durch Allgemeine Geschäftsbedingungen auszuschließen. Die Rechtsprechung nimmt jedoch an, dass sie grob fahrlässig handeln, wenn sie keine Vorkehrungen treffen, die sicherstellen, dass Anzeigenänderungsaufträge verlässlich beachtet werden,[243] und dass ihnen der Nachweis dafür obliegt, im Einzelfall nicht grob fahrlässig gehandelt zu haben.[244] Die Berufung auf einschlägige haftungsausschließende Allgemeine Geschäftsbedingungen gegenüber ihren Inserenten wird den Verlagen daher in derartigen Fällen in der Regel verwehrt sein.

---

236 Bis zur UWG-Novelle 2015 § 13 Abs. 6 Nr. 1 UWG.
237 Wenzel/*Burkhardt*/*Peifer*, Kap. 10 Rz. 219 m.w.N.
238 Wenzel/*Burkhardt*/*Peifer*, Kap. 10 Rz. 219 m.w.N.
239 BGH GRUR 1980, 242 – Denkzettel; Wenzel/*Burkhardt*/*Peifer*, Kap. 10 Rz. 219 m.w.N.
240 BGH AfP 1998, 389 = NJW 1998, 3342 – Pressehaftung II; a.A. noch OLG Düsseldorf AfP 1994, 234.
241 BGH AfP 1998, 389 = NJW 1998, 3342 – Pressehaftung II.
242 BGH AfP 1988, 131 = NJW 1988, 1907 – Verlagsverschulden; OLG Düsseldorf AfP 1994, 234.
243 OLG Hamm NJW-RR 1988, 944.
244 OLG Düsseldorf GRUR 1993, 851.

2. Vermitteln von Eindrücken

Haftungsrisiken ergeben sich auch aus bestimmten Darstellungsformen wie Schlagzeilen, Bildunterschriften oder Montagen von Aussagen, die als solche jeweils zutreffend sind, aber in ihrer Kombination ein falsches Bild vermitteln. Gleiches gilt für aus dem Zusammenhang gerissene Zitate. Wenngleich es in diesen Fällen meist an der Vermittlung klarer Tatsachenbehauptungen fehlt, kann durch derartige Darstellungsformen ein **Eindruck** erweckt werden, der dem Leser, Hörer oder Zuschauer im Ergebnis in gleicher Weise ein verzerrtes und damit falsches Bild von der Wirklichkeit vermittelt, wie dies im Normalfall durch die Verbreitung eindeutig unwahrer Behauptungen geschieht.

16.78

a) Schlagzeilen, Inhaltsangaben

Durch die Wiedergabe der Kernaussage eines längeren Beitrags in **Schlagzeilen** und sonstigen **Artikelüberschriften** versuchen die Medien, die Aufmerksamkeit des Lesers, Hörers oder Zuschauers auf die folgende Detaildarstellung zu lenken. Gleiches gilt für geraffte **Inhaltswiedergaben** in Inhaltsverzeichnissen oder den – häufig drucktechnisch hervorgehobenen – **Zusammenfassungen** oder sogenannten *Abstracts*, die dem eigentlichen Text in vielen Publikationen vorangestellt werden. Bei den Rundfunkmedien können sich vergleichbare Konstellationen etwa in den Fällen der **Anmoderation** oder Ankündigung von Hörfunk- bzw. Fernsehsendungen oder dem so genannten *Trailer* von Fernsehsendungen ergeben. Schon der in diesen Fällen regelmäßig herrschende Zwang zur Kürze birgt die Gefahr, dass Sachverhalte, die im folgenden Textbeitrag zutreffend wiedergegeben werden, verzerrt oder verfälscht werden. Wo, wie vielfach in der Boulevardpresse, den Schlagzeilen eine besondere **Aufmacher**-Funktion zugewiesen wird, ist diese Gefahr besonders ausgeprägt. Ob aus der Verbreitung solcher Schlagzeilen, Inhaltswiedergaben oder Artikeleinführungen Ansprüche hergeleitet werden können, wird von der Rechtsprechung in der Regel danach beurteilt, ob ihnen eine in sich geschlossene und daher selbständig zu wertende Sachaussage zu entnehmen ist oder ob sie nur als unselbständiger Hinweis auf den durch sie gekennzeichneten Beitrag zu werten sind.

16.79

Von einer selbständigen Sachaussage geht die Rechtsprechung in der Regel dann aus, wenn der Betroffene bereits in der **Schlagzeile** oder **Artikelankündigung** erkennbar gemacht wird und diese obendrein einen aus sich heraus verständlichen Inhalt haben.[245] Dann haften die Medien für deren Inhalt nach allgemeinen Grundsätzen. Auch wenn die Formulierung einer Überschrift einen ehrverletzenden Eindruck vermittelt, der im folgenden Text korrigiert wird, kann sie unter Umständen als eigenständige Tatsachenbehauptung zu bewerten sein.[246] Daher kann sich im Wege einer Gegendarstellung auch der *Träger eines nicht ganz alltäglichen Namens* zur Wehr setzen, wenn einer Artikelüberschrift die Behauptung zu entnehmen ist, er sei verhaftet worden, selbst wenn sich aus dem folgenden Text ergibt, dass nicht er, sondern ein namensgleicher Dritter gemeint ist.[247]

16.80

Eine isolierte Betrachtung derartiger Ankündigungen ist vornehmlich bei **Boulevardzeitungen** und der so genannten *Yellow Press* gerechtfertigt und geboten, die das Instrument der Schlagzeile vor allem auf der ersten Seite nicht in erster Linie oder jedenfalls nicht nur zur

16.81

---

245 OLG München AfP 1981, 297.
246 LG Bonn AfP 1992, 386.
247 OLG Hamburg AfP 1986, 137.

Kennzeichnung des folgenden Artikelinhalts, sondern als blickfangmäßige Verkaufshilfe einsetzen.[248] So ist etwa in einer mehrspaltigen Schlagzeile einer Boulevardzeitung, die dem Betrachter schon aus größerem Abstand den Eindruck vermittelte, *Petra Kelly habe sich für 80 000,– DM nackt fotografieren lassen*, während sich aus dem folgenden Text ergab, dass sie eine Geldentschädigung in der genannten Höhe von einem Dritten forderte, der sie in einer Zeichnung unbekleidet dargestellt hatte,[249] oder den Ankündigungen auf den Titelblättern von Illustrierten, *Caroline von Monaco habe sich in einer bestimmten Weise über ihr Privatleben geäußert*,[250] mit Recht jeweils die Verbreitung einer selbständig zu wertenden Behauptung gesehen worden. Derartige Darstellungen müssen die Medien als isoliert zu bewertende Sachaussagen gegen sich gelten lassen, zumal bei einem Großteil der Leser oder Betrachter nicht davon ausgegangen werden kann, dass sie den Text, dem der zutreffende Sachverhalt im Detail entnommen werden kann, auch tatsächlich zur Kenntnis nehmen. Dies gilt insbesondere für die so genannten Titelseiten- oder **Kioskleser**, die sich damit begnügen, von den Aufmachern derartiger Publikationen Kenntnis zu nehmen, ohne das betreffende Blatt überhaupt im Einzelnen zu lesen;[251] dazu im Einzelnen Rz. 29.96; Rz. 31.31 ff.

16.82 Grundsätzlich gilt aber auch für **Schlagzeilen** das Gebot der **Textinterpretation aus dem Kontext**.[252] Insbesondere in der klassischen Zeitungs- oder Zeitschriftenpresse versteht der Leser sie im Gegensatz zur Boulevardpresse in aller Regel nicht als eine in sich abgeschlossene und damit aus sich selbst heraus interpretierbare Tatsachenbehauptung, sondern als die Hinlenkung auf die im folgenden Text zu lesende Detaildarstellung. Artikelüberschriften sind dann nicht als rechtlich selbständig zu wertende Sachaussagen einzuordnen,[253] sollen vielmehr nur das Leserinteresse auf den folgenden Beitrag hinlenken und würden ohne dessen Lektüre inhaltsleer im Raum stehen. Das gilt selbst bei Online-Angeboten der Presseverlage und selbst dann, wenn diese, wie in der Regel, dem Nutzer die Möglichkeit bieten, die Überschriften im Wege des *Scrollens* nur flüchtig zur Kenntnis zu nehmen.[254] Davon ist etwa das OLG München[255] bei der Schlagzeile *So werden Unfallopfer ausgeplündert* mit Recht ausgegangen. Derartige Konstellationen liegen insbesondere auch dann vor, wenn ohne die Lektüre des folgenden Texts unklar bleibt, von wem in der Überschrift die Rede ist.[256]

16.83 Wo Zeitungen oder Zeitschriften zwischen die Schlagzeile oder Artikelüberschrift und den eigentlichen redaktionellen Text noch eine besonders hervorgehobene **kurze Zusammenfassung** setzen, darf die Schlagzeile nicht ohne Berücksichtigung dieses ihr unmittelbar nachgeordneten Texts gewertet werden.[257] So hat etwa das LG Köln[258] der Schlagzeile *Tod eines Pianisten* im Zusammenwirken mit dem Untertitel *... über das Nazi-Opfer ... und den Schreibtischtäter ...* mit Recht nicht die Behauptung entnommen, der als Schreibtischtäter Bezeichnete sei für den Tod des Nazi-Opfers persönlich verantwortlich. Häufig überwiegt bei Schlagzeilen und kurzen einführenden Inhaltswiedergaben ohnehin das wertende Element,

---

248 OLG Hamburg AfP 2015, 444; OLG Köln AfP 1976, 132.
249 OLG Hamburg AfP 1988, 247 – Petra Kelly.
250 BGH AfP 1995, 411 = NJW 1995, 861 – Caroline von Monaco I.
251 Vgl. hierzu auch BVerfG AfP 1998, 184 = NJW 1998, 1381 – Gegendarstellung auf der Titelseite.
252 BGH AfP 1997, 643 = NJW 1997, 2513 – Komplexe Gesamtäußerung; KG AfP 1999, 369 = NJW-RR 1999, 2547; *Seitz*, Kap. 6 Rz. 31 ff.
253 OLG Hamburg AfP 2015, 444; OLG Hamburg AfP 2000, 472; *Seitz*, Kap. 6 Rz. 117.
254 OLG Hamburg AfP 2015, 444.
255 OLG München AfP 1973, 483.
256 OLG Köln AfP 1976, 132; AfP 1985, 295; OLG München AfP 1978, 206.
257 KG AfP 1999, 369 = NJW-RR 1999, 2547.
258 LG Köln AfP 1988, 376.

indem sie die Tendenz des folgenden Beitrags vorwegnehmen.[259] Dann handelt es sich nicht um die Verbreitung von Tatsachenbehauptungen, sondern um die Äußerung einer redaktionellen Meinung, die in aller Regel durch die Grundrechte der Meinungs- und Pressefreiheit gedeckt ist.[260] Mit Recht wurde daher auch einer Schlagzeile wie *Sittenstrolch vom Zug überrollt*[261] nicht die selbständig zu wertende Tatsachenbehauptung entnommen, bei dem Unfallopfer handele es sich um einen Sittenstrolch.

b) Verdeckte Behauptungen

Eindrücke, die nicht dem wahren Sachverhalt entsprechen, können in der Wortberichterstattung auch dadurch hervorgerufen werden, dass Sachverhalte in mehreren Einzeläußerungen geschildert werden, die bei isolierter Betrachtung als solche jeweils zutreffen, die jedoch in ihrer Kombination ein falsches Bild und damit eben einen falschen Eindruck vermitteln; die falsche Tatsachenbehauptung steht in diesen Fällen zwischen den Zeilen. Die Bewältigung dieses Problems bereitet in der Praxis sowohl den Redaktionen als auch den Betroffenen große Schwierigkeiten. Generell lässt sich aber feststellen, dass die Rechtsprechung der Äußerungsfreiheit in diesem Zusammenhang einen größeren Freiraum verschafft hatte, bevor der *Stolpe*-Beschluss des BVerfG[262] (dazu im Einzelnen Rz. 14.15 ff.) Anlass zu Überlegungen darüber gab, ob – entsprechend der Abgrenzung zwischen Tatsachenbehauptungen und Meinungsäußerungen – auch bei der Beurteilung verdeckter Behauptungen im Hinblick auf die geforderte Sanktion unterschieden und im Bereich der Unterlassungsansprüche ein strikterer Maßstab angelegt werden muss als bei anderen Sanktionen; Näheres dazu in Rz. 16.88.

16.84

Im Prinzip erkennt die Rechtsprechung an, dass auch **verdeckte Behauptungen** zu einer Rechtsverletzung führen können. So hat der BGH[263] ausgesprochen, dass der Betroffene gegenüber derartigen Äußerungen besonders schutzbedürftig sein kann, weil sie weniger greifbar sind, es also häufig an einer konkreten tatsächlichen Grundlage fehlen wird, gegen die er sich zur Wehr setzen kann. Die in einem Text nicht ausdrücklich enthaltene Aussage etwa, *ein Wissenschaftler habe eine bestimmte Publikation im Bewusstsein ihrer objektiven Bedeutung für die Sterilisationsprogramme des NS-Regimes veröffentlicht*, hat der BGH[264] der Verfremdung und Verfälschung einschlägiger Zitate entnommen und darin eine selbständig angreifbare – eben verdeckte – Behauptung gesehen. Um eine verdeckte Behauptung handelte es sich auch beim *Abdruck des Porträts einer Frau im Zusammenhang mit der Zwischenüberschrift Willy Brandt und der Sonderzug* im Rahmen eines Berichts über sexuelle Beziehungen prominenter Politiker; dieser Art der Darstellung konnte der Leser nur die Schlussfolgerung entnehmen, die Abgebildete habe eine sexuelle Beziehung zu *Willy Brandt* unterhalten.[265] Und der als solchen objektiv richtigen Darstellung, *Funktionsträger der katholischen Kirche hätten auf die ihnen übermittelte Meldung, ein Priester habe eine Minderjährige geschwängert, binnen einer Zeitspanne von drei Wochen nicht reagiert*, und während dieser Zeit habe die Schwangere eine Abtreibung vornehmen lassen, hat der BGH[266] mit Recht die verdeckte Be-

16.85

---

259 OLG Köln AfP 1976, 132.
260 Vgl. auch LG Köln AfP 1988, 376.
261 OLG Schleswig AfP 1975, 759.
262 BVerfG AfP 2005, 544 = AfP 2006, 41 = NJW 2006, 207 – Stolpe/IM Sekretär.
263 BGH NJW 1980, 2807 = GRUR 1980, 1090 – Medizin-Syndikat I; dazu Wenzel/*Burkhardt*, Kap. 12 Rz. 85.
264 BGH 1980, 2801 = GRUR 1980, 1105 – Medizin-Syndikat III.
265 OLG Köln NJW-RR 2000, 470.
266 BGH AfP 2006, 65 = NJW 2006, 601.

hauptung entnommen, die Kirche habe durch schnellere Reaktion die Abtreibung verhindern und gegen den Priester disziplinarisch vorgehen können. Hier musste der Leser zu der Überzeugung kommen, den kirchlichen Funktionsträgern seien gravierende Vorwürfe zu machen, während es in der Realität keinen Anlass dafür gab, weil ihnen die Identität von Täter und Opfer nicht bekannt war. Dass das BVerfG[267] die in dieser Sache zunächst ergangene Entscheidung des OLG Köln[268] aufgehoben hat, war nicht mit der Erwägung begründet, die Annahme einer verdeckten Behauptung verletze in diesem Fall das Grundrecht der Meinungsfreiheit desjenigen, der die Meldung verbreitet hatte, sondern mit der Auffassung des Gerichts, die konkrete Fassung des Verbotstenors verstoße gegen den Grundsatz der Verhältnismäßigkeit; dazu Rz. 16.89.

16.86   Die Rechtsprechung[269] betont aber mit Recht, dass bei der Annahme einer **verdeckten Behauptung** Zurückhaltung geboten ist, um die Spannungslage zwischen Ehrenschutz und Kritikfreiheit nicht einseitig zu Lasten der letzteren zu verschieben.[270] Erforderlich ist danach, dass der Kritiker sich an dem Gesagten oder Geschriebenen messen lassen muss und nicht notwendigerweise schon an dem, was ein Leser oder Richter aus dem realen Text zwischen den Zeilen herauszulesen meint.[271] Eine verdeckte Behauptung liegt vielmehr nur in solchen Fällen vor, in denen der Autor durch das Zusammenfügen mehrerer offener und als solche richtiger Behauptungen eine zusätzliche Sachaussage macht, die er dem Leser oder Hörer nicht nur als Denkanstoß, sondern als fertige Schlussfolgerung nahelegt.[272] So ist nach Auffassung des BGH[273] etwa der im Rahmen einer persönlichen Auseinandersetzung zweier Politiker stehenden, als solcher unstreitig zutreffenden Darstellung, *eine Bank habe jemandem aus gegebenem Anlass sämtliche Kredite gesperrt, und der klagende Betroffene sitze im Aufsichtsrat jener Bank*, nicht der Eindruck zu entnehmen, der Betroffene habe mit der Sperrung der Kredite etwas zu tun gehabt. Nicht um verdeckte und damit nicht um rechtlich angreifbare Behauptungen handelt es sich danach, wenn die Zusammenfügung mehrerer als solcher wahrer Behauptungen dem Leser nicht mehr als die Möglichkeit nahe legt, seine eigenen Schlüsse zu ziehen. Für die Annahme einer verdeckten Behauptung muss die Folgerung auf die vom Betroffenen beanstandete Sachaussage vielmehr unabweislich sein.[274]

16.87   Die nach dieser Rechtsprechung maßgeblichen Kriterien entsprechen damit nun denjenigen für die Abgrenzung offener und geschlossener Fragen (dazu Rz. 14.32 f.). Die damit verbundene Privilegierung einer nur möglicherweise, nicht aber unabweisbar irreführenden Zusammenfassung von als solchen richtigen Einzeltatsachen setzt aber voraus, dass die Berichterstat-

---

267 BVerfG NJW 2004, 1942 = ZUM 2004, 560.

268 OLG Köln NJW-RR 1998.

269 BVerfG NJW 2004, 1942 = ZUM 2004, 560; BGH AfP 2004, 56 = NJW 2004, 598 – Klinik Monopoly; BGH NJW 1980, 2801 = GRUR 1980, 1105 – Medizin-Syndikat III; BGH AfP 1994, 295 = NJW-RR 1994, 1242 – verdeckte Behauptungen I; BGH AfP 1994, 299 = NJW-RR 1994, 1246 – verdeckte Behauptungen II; OLG München AfP 2000, 174 = ZUM 1999, 331; OLG Köln AfP 2014, 463 = ZUM 2014, 902; OLG Köln AfP 2015, 441; OLG Düsseldorf AfP 2014, 70 = ZUM-RD 2014, 628.

270 *Seitz*, Kap. 6 Rz. 14.

271 *Löffler/Steffen*, § 6 LPG Rz. 92.

272 BGH NJW 1908, 2801 = GRUR 1980, 1105 – Medizin-Syndikat III; BGH AfP 1994, 295 = NJW-RR 1994, 1242 – verdeckte Behauptungen I; BGH AfP 1994, 299 = NJW-RR 1994, 1246 – verdeckte Behauptungen II; BGH AfP 2004, 56 = NJW 2004, 598 – Klinik Monopoly; OLG München AfP 2000, 174 = ZUM 1999, 331; LG Düsseldorf AfP 2007, 58.

273 BGH AfP 1994, 295 = NJW-RR 1994, 1242 – verdeckte Behauptungen I.

274 BGH AfP 2006, 65 = NJW 2006, 601; OLG Köln AfP 2014, 463 = ZUM 2014, 902; OLG Köln AfP 2015, 441; OLG Düsseldorf AfP 2014, 70 = ZUM-RD 2014, 628.

tung über diese Einzeltatsachen vollständig ist. Ermöglicht hingegen die Mitteilung mehrerer wahrer Einzelbehauptungen eine bestimmte ehrverletzende Schlussfolgerung erst deswegen, weil der Verfasser eine für die Beurteilung maßgebliche Tatsache verschweigt und die Schlussfolgerung weniger nahe läge, hätte er auch die verschwiegene Tatsache mitgeteilt, dann haften die Medien für den dadurch hervorgerufenen falschen Anschein.[275] Bei **Veröffentlichungen im Internet** steht es der Einordnung einer Aussage als verdeckte Behauptung nicht entgegen, dass der Leser die Möglichkeit hat, sich über den Aufruf eines **Link** eine für die Vermeidung des irreführenden Eindrucks maßgebliche Zusatzinformation zu beschaffen.[276] Das insoweit von der Rechtsprechung aufgestellte Postulat der Vollständigkeit der Darstellung schränkt damit das Gefährdungspotential für den Ruf des Betroffenen, das sich aus der dargestellten Rechtsprechung zu den verdeckten Behauptungen ohne Zweifel ergibt, in sachgerechter Weise wieder ein.

Die Frage, ob der *Stolpe*-**Beschluss** des BVerfG[277] (dazu im Einzelnen Rz. 14.15 ff.) auch für **verdeckte Behauptungen** gilt und dann dazu führt, dass jedenfalls im Rahmen von Unterlassungsansprüchen das Vorliegen einer (verdeckten) Tatsachenbehauptung schon dann festzustellen ist, wenn im Zusammenspiel mehrerer für sich unbedenklicher Formulierungen auch nur eine mögliche Deutung im Sinn der Tatsachenbehauptung zu lesen ist, ist in der Rechtsprechung des BVerfG bisher nicht entschieden worden. Der BGH[278] hat diese Frage allerdings im Sinn der Medienfreiheiten dahingehend beantwortet, dass die Schlussfolgerung des Rezipienten auf das Vorliegen einer unwahren und rechtsverletzenden Tatsachenbehauptung unabweisbar sein muss, damit eine Kombination mehrerer Äußerungen als verdeckte Behauptung sanktioniert werden kann. Mehrere Instanzgerichte sind dem inzwischen gefolgt.[279] Entgegen der noch in der 4. Auflage vertretenen These ist nur diese Auffassung zutreffend. Denn anders als bei den der *Stolpe*-Doktrin zugrundeliegenden Aussagen, deren Mehrdeutigkeit ihr Verbreiter hätte vermeiden können und die er daher nach Auffassung des BVerfG zu vertreten hat, würde die Möglichkeit, für Deutungen zur Verantwortung gezogen zu werden, die sich nicht einmal aus dem Wortlaut einer kombinierten Sachaussage sicher ergeben und die sich dem Leser auch nicht zwingend aufdrängen, das Risiko jeder verbalen Kommunikation unkalkulierbar erweitern und damit die Kommunikationsfreiheiten des Art. 5 Abs. 1 GG in unakzeptabler Weise einschränken. Wo sich aber aus einer bestimmten Art der Präsentation für sich jeweils zutreffender Fakten dem Leser ein unzutreffender und rechtsverletzender Eindruck **zwingend aufdrängt**, bedarf es eines Rückgriffs auf die *Stolpe*-Doktrin nicht, folgt die inhaltliche Verantwortung des Veröffentlichenden vielmehr bereits aus den allgemeinen, zur Abgrenzung verdeckter von offenen Fragen entwickelten Grundsätzen (Rz. 14.32 ff.), die für die Beantwortung der Frage nach dem Vorliegen einer verdeckten Behauptung unabhängig von den im konkreten Fall verfolgten Rechtsfolgen heranzuziehen sind. Nur wenn ein Verständnis einer mehrteiligen Äußerung unabweislich im Sinne einer

16.88

---

275 BGH AfP 2006, 65 = NJW 2006, 601; BGH AfP 2000, 88 = NJW 2000, 656 – Verdacht am Bau; OLG Karlsruhe AfP 2006, 72; OLG München AfP 2001, 63.
276 KG AfP 2007, 369.
277 BVerfG AfP 2005, 544 = AfP 2006, 41 – Stolpe/IM Sekretär.
278 BGH AfP 2006, 65 = NJW 2006, 601.
279 OLG Köln AfP 2014, 463 = ZUM 2014, 902; OLG Köln AfP 2015, 441; OLG Düsseldorf AfP 2014, 70 = ZUM-RD 2014, 628; LG Hamburg AfP 2011, 394; LG Köln AfP 2012, 185; AG München AfP 2012, 588; anders noch OLG Köln AfP 2006, 365 = NJW-RR 2007, 43; zustimmend *Sajuntz*, NJW 2012, 3761 ff.

(verdeckten) Tatsachenbehauptung zu deuten ist, löst sie damit die Rechtsfolgen der Verbreitung rechtswidriger Tatsachenbehauptungen aus.[280]

16.89 Schwierigkeiten in der rechtlichen Auseinandersetzung über die Zulässigkeit einer verdeckten Behauptung bereitet auch die Erfassung des konkreten Unrechtsgehalts und damit im Unterlassungsprozess die Formulierung des zu erlassenden Verbots. Grundsätzlich ist bei Rechtsverletzungen durch Medienäußerungen die **konkrete Verletzungsform** anzugreifen (Einzelheiten in Rz. 30.55). Das führt bei verdeckten Behauptungen und damit der Verbreitung von mehreren Äußerungen, die je für sich nicht unwahr sind und damit jedenfalls isoliert auch nicht verboten werden dürfen, indes zu Schwierigkeiten. Das OLG München[281] hat daher die Auffassung vertreten, der Betroffene müsse in einschlägigen Auseinandersetzungen die Aussage, die er dem Text als verdeckte Behauptung entnimmt, offen formulieren und sie als solche zum Gegenstand insbesondere seines Unterlassungsantrags machen. Dies ist jedoch unzutreffend.[282] Denn in den hier infrage stehenden Fällen ergibt sich die Rechtswidrigkeit erst aus der konkreten Art der Kombination mehrerer Einzelaussagen, die bei isolierter Betrachtung jeweils für sich rechtmäßig sind. Führt diese Kombination zu einer unwahren verdeckten Behauptung, dann ergibt sich das eben aus dieser konkreten Verletzungsform, die folglich auch bei verdeckten Behauptungen zum Gegenstand des gerichtlichen Verbots gemacht werden kann und muss; deren erneute Verbreitung in dieser Form wäre eine neue Rechtsverletzung. Das Recht des Verletzers, jede der Einzelbehauptungen isoliert oder in anderer als der konkret angegriffenen Kombination weiter zu verbreiten, bleibt von einem solchen Verbot ohnehin unberührt. Dieser Auffassung hat sich im Ergebnis das BVerfG[283] angeschlossen, das in der über das unvermeidliche Maß hinaus gehenden Formulierung eines gerichtlichen Unterlassungsgebots eine Verletzung des Grundrechts der Meinungsfreiheit aus Art. 5 Abs. 1 Satz 1 GG sieht und daher verlangt, dass der Tenor des Unterlassungsurteils bei verdeckten Behauptungen an die konkreten Äußerungen anknüpft, aus denen sich die Behauptung zusammen setzt; vgl. hierzu auch Rz. 30.55 ff.

c) Illustration

16.90 Häufig ist zu beobachten, dass durch die Verwendung und Kennzeichnung von Bildern Eindrücke vermittelt werden, die nicht mit der Wirklichkeit übereinstimmen und daher zu einer Verletzung der Rechte des Abgebildeten führen können. Diese Erfahrung findet ihren Niederschlag bereits in Richtlinie 2.2 zum Pressekodex, die das Problem wie folgt umschreibt:

„Kann eine Illustration, insbesondere eine Fotografie, beim flüchtigen Lesen als dokumentarische Abbildung aufgefasst werden, obwohl es sich um ein Symbolfoto handelt, so ist eine entsprechende Klarstellung geboten. Daher sind

– Ersatz- oder Behelfsillustrationen (gleiches Motiv bei anderer Gelegenheit, anderes Motiv bei gleicher Gelegenheit etc.),

– symbolische Illustrationen (nachgestellte Szene, künstlich visualisierter Vorgang zum Text etc.)

– Fotomontagen oder sonstige Veränderungen

deutlich wahrnehmbar in Bildlegende bzw. Bezugstext als solche kenntlich zu machen."

---

280 BGH AfP 2006, 65 = NJW 2006, 601.
281 OLG München NJW-RR 1996, 926.
282 So auch OLG München AfP 2000, 174 = ZUM 1999, 331.
283 BVerfG NJW 2004, 1942 = ZUM 2004, 560.

Schon diese Richtlinie zeigt, dass die Gestaltungsformen, deren sich die Medien zur optischen Illustration ihrer Beiträge bedienen, ebenso vielfältig sind wie die damit verbundenen Risiken. So wird man etwa der *Abbildung eines identifizierbaren Betriebs einer chemischen Reinigung im Rahmen eines Berichts über die Umweltverseuchung mit Perchloräthylen* die inzidente Aussage entnehmen, dieses nach heutiger Erkenntnis gefährliche Umweltgift werde im abgebildeten Betrieb noch eingesetzt. Die Einblendung des *Etiketts einer bestimmten Mineralwassersorte in eine Fernsehreportage über die Nitratbelastung von Mineralwasser* wird beim Zuschauer die Assoziation hervorrufen, die abgebildete Sorte gehöre zu den belasteten Produkten.[284] Die *namentliche Nennung eines bestimmten Präparats im Rahmen eines kritischen Berichts über Ginseng-Produkte* vermittelt dem Leser ebenfalls das Verständnis, es werde deswegen erwähnt, weil die im Text formulierte Kritik jedenfalls auch auf dieses Präparat zutrifft.[285] Und der Veröffentlichung des aus unverfänglichem Anlass angefertigten *Fotos einer jungen Frau neben Schilderungen sexueller Frühlingserlebnisse durch eine nicht mit Namen genannte angebliche Bekennerin* muss der verständige Durchschnittsleser den Eindruck entnehmen, es handele sich um eine Schilderung der Abgebildeten, jedenfalls aber habe sie die Verwendung ihres Fotos zur Illustration eines derartigen Beitrags autorisiert.[286] Der Wiedergabe des Lichtbilds eines *durch Augenbalken nur unzureichend unkenntlich gemachten Häftlings mit auffälliger Tätowierung im Rahmen eines Berichts über das Aids-Risiko Tätowierung* wird man allerdings jedenfalls dann noch nicht die Behauptung entnehmen können, der Abgebildete sei tatsächlich an Aids erkrankt, wenn die Bildlegende ausdrücklich vom *Aids-Risiko Tätowierung* und nicht vom *Aids-Opfer* spricht. Nach Auffassung des OLG Hamburg[287] stellt aber bereits die durch die Verwendung des Lichtbilds im Rahmen des Aids-Beitrags hervorgerufene Assoziation zwischen der bloßen Möglichkeit einer Aids-Infektion und dem Abgebildeten eine Verletzung seines Allgemeinen Persönlichkeitsrechts dar.

Prinzipiell gehört jedoch auch die **optische Illustration** redaktioneller Beiträge, insbesondere durch geeignete Fotografien und deren textliche Kommentierung, zur legitimen und verfassungsrechtlich gewährleisteten Tätigkeit der Medien. Die Entscheidung, ob und wie ein Presseerzeugnis bebildert wird, ist ebenso Ausfluss des Grundrechts der Pressefreiheit wie diejenige, welche Art von Person oder Objekt zum Gegenstand der Illustration gemacht werden soll;[288] vgl. dazu aber im Einzelnen Rz. 21.1 ff. Bilder haben die Funktion, den Text zu veranschaulichen, und die **Bildlegenden** sind in aller Regel nur als eine Art Kurzfassung ohne eigenen sachlichen Aussagegehalt zu verstehen, die den Text pointieren, nicht aber ihn und seine Lektüre ersetzen sollen.[289] Schon das für die Ermittlung des Aussagehalts generell maßgebliche Gebot der Berücksichtigung des Kontexts (Rz. 14.26 ff.) verbietet die isolierte Berücksichtigung einer Bildlegende, sofern es sich bei dem Bild nicht um eine isolierte Abbildung handelt, die für sich selbst steht, sondern erkennbar um die Illustration des gedruckten Texts; dann bilden Bild, Bildlegende und redaktioneller Text insgesamt den Kontext, der bei der Ermittlung des Aussagehalts auch der Bildlegende maßgeblich ist. 16.91

Der Bildlegende ... *kämpft mit allen Mitteln...* darf daher nicht die Behauptung entnommen werden, der Betroffene kämpfe mit *unlauteren oder gar rechtswidrigen Mitteln*, wenn der das 16.92

---

284 OLG Stuttgart AfP 1988, 147.
285 BGH NJW 1966, 1857 – Tai Ginseng.
286 OLG Hamburg AfP 1995, 508 = NJW-RR 1995, 220.
287 OLG Hamburg AfP 1987, 703.
288 BVerfG AfP 2000, 76 = NJW 2000, 1021 – Caroline von Monaco I.
289 OLG Düsseldorf AfP 1995, 500.

Bild umgebende Text dafür nichts hergibt.[290] Das gilt nach der nicht ganz unbedenklichen Auffassung des BGH[291] auch dann, wenn in einem kritischen Beitrag über eine bestimmte Warengattung ein konkretes zu ihr gehörendes Produkt zu Illustrationszwecken abgebildet wird, sofern nicht der Art der Präsentation oder sonstigen Umständen die Sachaussage zu entnehmen ist, eine Behauptung beziehe sich gerade auf das abgebildete Produkt. Dies ist aber ein Grenzfall, und in vergleichbaren Konstellationen kann gerade das Gebot der Berücksichtigung des Kontexts auch zum gegenteiligen Ergebnis führen. Das ist insbesondere dort der Fall, wo Bilder einschließlich ihrer Bildlegende für sich stehen und nicht der Illustration eines längeren gedruckten Texts dienen. Mit Recht hat daher das OLG München den Aussagegehalt der Bildlegende *doofer lederbehoster Bayer* im Zusammenhang einer satirischen Bildfolge ohne weitere textliche Erläuterungen unmittelbar und ausschließlich auf den Abgebildeten bezogen.[292] Die darauf beruhende Verurteilung des veröffentlichenden Verlags zur Zahlung einer Geldentschädigung an den Betroffenen wegen der vom OLG angenommenen schwerwiegenden Verletzung seines Allgemeinen Persönlichkeitsrechts hat allerdings das BVerfG mit der zutreffenden Begründung aufgehoben, die Kernaussage der Bildfolge sei durch das Grundrecht der Meinungsfreiheit noch gedeckt;[293] dazu im Einzelnen Rz. 20.27 ff.

16.93 Nach der Rechtsprechung des BGH[294] gilt das Gebot der Berücksichtigung des Kontexts bei der Ermittlung des Aussagegehalts einer Lichtbildeinblendung prinzipiell auch für den Bereich der **Fernsehberichterstattung**. Auch in ihrem Rahmen kann jemand, der nicht namentlich genannt wird, der jedoch aus den Umständen des Beitrags jedenfalls für einen Teil der Adressaten identifizierbar ist, von der Sachaussage des Berichts unmittelbar betroffen sein; s. dazu schon Rz. 13.53. Doch darf das Bild in seiner Bedeutung für die Ermittlung des dadurch vermittelten Aussagegehalts auch hier nicht überinterpretiert werden. Es kann sich daher im Einzelfall bei der optischen Erläuterung des gesprochenen Texts auch um eine bloße Illustration ohne eigenen Aussagegehalt im Sinn einer Tatsachenbehauptung handeln. Die Sachaussage etwa, ein *Unternehmen, das zwar im Wortbericht nicht namentlich genannt, dessen Marke oder Name aber im Bild im Zusammenhang mit der Schilderung eines Bestechungsskandals gezeigt wird*, habe an den Bestechungshandlungen mitgewirkt, darf dem Beitrag nach den zur verdeckten Behauptung entwickelten Grundsätzen (Rz. 16.86 ff.) nur dann entnommen werden, wenn sich die Teilnahme des betreffenden Unternehmens an den geschilderten Maßnahmen aus dem Zusammenwirken von Bild und Text zwingend aufdrängt.

16.94 Das gelegentlich verwendete Argument Betroffener, ein bestimmtes Foto sei nur aus Gründen der **Illustration** ausgewählt und verbreitet worden, hat für sich genommen keine rechtliche Substanz. Es ist vielmehr Ausdruck einer Verkennung der Tragweite des Grundrechts der Pressefreiheit. Es ist ausschließlich Sache der Redaktionen, ob und in welcher Weise sie Textbeiträge illustrieren und welchen Zweck sie damit im Einzelfall verfolgen wollen,[295] sofern sie durch die konkrete Art der Bebilderung nicht besonders geschützte Rechte Dritter verletzen. Bereits die genannten Beispiele zeigen aber, dass auch in diesem Bereich ein Haftungsrisiko besteht, das seine Ursache häufig in mangelnder Koordination der Tätigkeiten von Text- und Bildredakteuren haben wird.

---

290 KG AfP 1999, 369 = NJW-RR 1999, 1547.
291 BGH AfP 1987, 411 = NJW 1987, 2746 – Antiseptica.
292 OLG München AfP 1999, 71.
293 BVerfG AfP 2002, 417 = NJW 2002, 3767 – Bonnbons.
294 BGH AfP 1992, 140 = NJW 1992, 1312 – Bezirksleiter Straßenbauamt.
295 BVerfG AfP 2000, 76 = NJW 2000, 1021 – Caroline von Monaco I.

3. Zitieren

Besondere Probleme bereitet schließlich der Umgang mit **Zitaten**. Sie sind eine bei den Medi-   16.95
en beliebte und von ihnen vielfach praktizierte Methode insbesondere deswegen, weil sie dem
Leser den Eindruck der Verbreitung von Informationen aus erster Hand und damit besonders
authentischer Berichterstattung vermitteln.[296]

a) Wörtliche Zitate

Die Zuordnung einer bestimmten Aussage zu einer bestimmten Person in der Form des – in   16.96
der Regel wörtlichen – Zitats enthält ohne Ausnahme die jedenfalls inzidente Behauptung,
der Zitierte habe sich so geäußert wie er zitiert wird.[297] Das gilt unabhängig vom Inhalt des
Zitats (zur Haftung für den Inhalt von Zitaten Rz. 16.65 ff.), also insbesondere auch dann,
wenn es sich bei der zitierten Aussage ihrerseits um Meinungsäußerung oder Kritik handelt.
Nicht erforderlich ist dabei die Benutzung der für das wörtliche Zitat charakteristischen Anführungszeichen, wenn jedenfalls aus dem Kontext heraus erkennbar ist, dass der Zitierte sich
inhaltlich so geäußert haben soll wie im zitierenden Text behauptet.[298] Stets vermittelt die
Methode des Zitierens dem Leser die als Tatsachenbehauptung zu wertende Sachaussage, der
Zitierte habe sich entsprechend geäußert. Das betrifft nicht nur den jeweiligen Satz oder häufig auch nur Satzteil, mit dem eine Person im Einzelfall wörtlich zitiert wird, sondern auch
den Kontext, in den der zitierte Satz oder Satzteil durch die Medien gestellt wird. Nur ausnahmsweise werden Gerichte trotz formaler Fehlerhaftigkeit eines Zitats eine durch seine
Verbreitung begangene Rechtsverletzung verneinen. Dies kommt insbesondere dann in Betracht, wenn der Zitierte sich nicht wörtlich so geäußert hat, wie er zitiert wurde, der Inhalt
des Zitats aber seinen ansonsten öffentlich geäußerten Auffassungen entspricht und er sich
daher ohne eine Veränderung seiner Position in der Öffentlichkeit inhaltlich so geäußert haben könnte, wie er zitiert wurde,[299] oder aber wenn die Abweichung des Zitats vom Original
so unerheblich ist, dass sie den sozialen Geltungsanspruch des Zitierten nicht beeinträchtigt.[300]

Grundsätzlich stellt die Rechtsprechung an die **Authentizität** und Genauigkeit von Zitaten   16.97
hohe Anforderungen. Sie sind nur zulässig, wenn sie dem Leser unter Einschluss des Kontexts
ein zutreffendes Bild von der Aussage des Zitierten zeichnen.[301] Das Allgemeine Persönlichkeitsrecht schließt insbesondere das Recht des Individuums ein, durch Art und Inhalt seiner
Aussagen seinen eigenen sozialen Geltungsanspruch zu definieren.[302] Daher ist auch die fehlerhafte Übersetzung eines fremdsprachlichen Textes im Ergebnis einem Falschzitat gleich-
zusetzen, wenn sich die Sachaussage des Zitierten durch sie verändert.[303] Das Allgemeine Per-

---

296 OLG Köln AfP 2009, 603 = ZUM 2011, 69.
297 BGH AfP 2011, 484 = NJW 2011, 3516 – Das Prinzip Arche Noah; BVerfG AfP 2013, 49 = NJW
    2013, 774 – Das Prinzip Arche Noah.
298 EGMR v. 4.4.2017 – 50123/06 – Milisalvjevic/Serbien, zit. nach *Haug*, AfP 2017, 486.
299 BVerfG AfP 1980, 149 = NJW 1980, 2070 – Eppler.
300 OLG Dresden AfP 2017, 173.
301 BVerfG AfP 1973, 435 = NJW 1973, 1221 – Soraya; BVerfG AfP 1980, 149 = NJW 1980, 2070 –
    Eppler; BVerfG AfP 1980, 151 = NJW 1980, 2072 – Böll/Walden; BVerfG AfP 1993, 563 = NJW
    1993, 2925; BGH AfP 1978, 136 = NJW 1978, 1797 – Böll/Walden I; BGH AfP 2011, 484 = NJW
    2011, 3516 – Das Prinzip Arche Noah; OLG Celle AfP 2002, 506.
302 BVerfG AfP 1980, 149 = NJW 1980, 2070 – Eppler.
303 BGH AfP 1998, 218 = NJW 1998, 1391 – Klartext.

sönlichkeitsrecht des Zitierten wird allerdings noch nicht verletzt, wenn etwa *politische Schreiben oder Reden* ohne Verfälschung ihres Inhalts *in indirekter Rede oder nur auszugsweise zitiert* werden, insbesondere mit Wendungen, die zur sachgemäßen Information der Leser oder Hörer über das Wesentliche der zitierten Äußerung als ausreichend angesehen werden können.[304] Unzulässig ist es aber stets, einer Person Äußerungen unterzuschieben, die sie nicht, nicht so oder nicht in dem Zusammenhang getan hat, in dem sie sich veröffentlicht wiederfinden.[305] Das gilt natürlich in erster Linie bei dem vielfach großzügig gehandhabten wörtlichen Zitat, durch dessen Verfälschung der Zitierte zugleich zum Zeugen gegen sich selbst[306] gemacht wird. Den Eindruck, jemand habe sich in einem bestimmten Sinn geäußert, können die Medien aber auch durch Zitate in indirekter Rede erwecken.[307] Dass durch ein falsch wiedergegebenes oder aus dem Zusammenhang gerissenes Zitat beim Durchschnittsleser zwingend ein falscher Eindruck entsteht, ist nicht erforderlich. Die Möglichkeit, dass dem Leser durch die Art des Zitats ein falscher Eindruck über die ursprüngliche Aussage des Zitierten vermittelt wird, reicht bereits aus.[308]

16.98 Diese Grundsätze gelten auch für die redaktionelle Bearbeitung von **Leserbriefen**. So kann und wird in der Regel eine sinnentstellende Kürzung eines Leserbriefs den Leser über dessen tatsächlichen Inhalt täuschen und aus diesem Grund unzulässig sein. Die Veröffentlichung eines Briefs an einen Verlag, der nicht als Leserbrief bestimmt war, kann dem Leser den falschen Eindruck suggerieren, der Verfasser habe sich tatsächlich gegenüber der Leserschaft – und nicht nur gegenüber dem Verlag – Gehör verschaffen wollen,[309] wenn nicht durch die Art der Veröffentlichung deutlich wird, dass eben dies nicht der Fall ist. So stellt es weder eine Täuschungshandlung noch eine sonstige Verletzung des Allgemeinen Persönlichkeitsrechts eines Rechtsanwalts dar, wenn eine Redaktion dessen schriftliche Reaktion auf eine an seinen Mandanten gerichtete Anfrage zu einem bestimmten Sachverhalt veröffentlicht, selbst wenn der Rechtsanwalt der Veröffentlichung seines Schreibens ausdrücklich widerspricht.[310] Der BGH[311] hat allerdings in einer älteren Entscheidung in der auszugsweisen Veröffentlichung eines Anwaltsschreibens, mit dem hinsichtlich einer früheren Veröffentlichung Berichtigungsansprüche geltend gemacht wurden, eine Verletzung des Allgemeinen Persönlichkeitsrechts des Verfassers gesehen, die ihrerseits zu einem Berichtigungsanspruch führte; dass diese Auffassung im Hinblick auf die heutigen Standards der Interpretation der Kommunikationsgrundrechte durch BVerfG und EGMR (Rz. 20.1 ff.) noch zutreffend ist, wird man allerdings nicht annehmen dürfen. Vielmehr kann sich das legitime Informationsinteresse der Öffentlichkeit an dem Gegenstand eines Medienberichts auch auf Art und Inhalt der Kommunikation erstrecken, mit der ein Betroffener sich dazu äußert.[312] Und auch im Fall eines *presserechtlichen Warnschreibens* eines Rechtsanwalts, der dessen Veröffentlichung ausdrücklich wi-

---

304 BGH NJW 1960, 476 = GRUR 1960, 449 – Alte Herren; BGH AfP 2011, 484 = NJW 2011, 3516 – Das Prinzip Arche Noah; BVerfG AfP 2013, 49 = NJW 2013, 774 – Das Prinzip Arche Noah.
305 BVerfG AfP 1989, 532 = NJW 1989, 1789 – Rasterfahndung; BVerfG AfP 1993, 563 = NJW 1993, 2925; BGH AfP 1995, 411 = NJW 1995, 861 – Caroline von Monaco I; LG Köln ZUM 2017, 690.
306 BGH AfP 2011, 484 = NJW 2011, 3516 – Das Prinzip Arche Noah; BVerfG AfP 2013, 49 = NJW 2013, 774 – Das Prinzip Arche Noah; LG Köln AfP 2008, 230.
307 OLG Frankfurt a.M. NJW-RR 2005, 54; OLG Köln AfP 2009, 603 = ZUM 2011, 69; Wenzel/*Burkhardt*/*Peifer*, Kap. 5 Rz. 91.
308 BGH AfP 1998, 218 = NJW 1998, 1391 – Klartext; BGH AfP 2011, 484 = NJW 2011, 3516 – Das Prinzip Arche Noah; OLG München AfP 1981, 297.
309 KG NJW 1995, 3392 – Botho Strauß; a.A. noch die Vorinstanz: LG Berlin NJW 1995, 881.t
310 OLG Köln AfP 2019, 43.
311 BGH NJW 1954, 1404 – Leserbrief.
312 OLG Köln AfP 2019, 43.

derspricht, stellt die dennoch erfolgende Veröffentlichung keine Verletzung des Rechts des Absenders dar, wenn das Schreiben inhaltlich korrekt wiedergegeben wird.[313]

b) Interviews

Die für Zitate geltenden Regeln (Rz. 16.96 f.) gelten schließlich auch für **Interviews** als Son-   16.99
derform des Zitats. Auch bei deren Veröffentlichung vermitteln die Medien dem Leser in der Regel den Eindruck, das Gespräch mit dem Interview-Partner sei wörtlich und inhaltlich so geführt worden, wie es gedruckt oder, im Fall von Hörfunk und Fernsehen, gesendet wiedergegeben wird. Damit stellt das erfundene Interview in gleicher Weise eine Verletzung des Allgemeinen Persönlichkeitsrechts des vermeintlichen Interview-Partners dar wie das erfundene oder verfälschte Zitat.[314] Nichts Anderes gilt für die Wiedergabe von Interviews, die zwar nicht erfunden, aber sinnentstellend verändert oder gekürzt sind. Auch durch sie wird namentlich das Recht des Interview-Partners verletzt, selbst zu bestimmen, ob und wie er sich gegenüber einer breiten Öffentlichkeit zu bestimmten Fragen äußern will. Durch die Vereinbarung einer Autorisierung des ausgeschriebenen Texts durch den Interview-Partner (dazu Rz. 7.104) schützen daher die Medien nicht zuletzt sich selbst gegen das Risiko nachträglicher Auseinandersetzungen über den Wortlaut des gesprochenen Interviews.

§ 17 Identifizierung Betroffener

1. Vorbemerkung

Medien haben, vor allem im Rahmen der Berichterstattung über brisante Themen, das Bestre-   17.1
ben, Ross und Reiter und damit im Allgemeinen den **Namen** des- oder derjenigen zu nennen, über den oder die sie berichten. Das geschieht häufig in der Überzeugung, dass die Öffentlichkeit ein legitimes Interesse nicht nur an bestimmten Fakten und Vorgängen, sondern auch an denjenigen hat, die in sie verwickelt oder an ihnen beteiligt sind, nicht selten aber auch aus der Erwägung heraus, dass nur die unter voller Namensnennung veröffentlichte Darstellung Anspruch auf Glaubwürdigkeit hat. Und in vielen Fällen identifizieren Medien Beteiligte auch ohne nähere Reflexion darüber, ob und unter welchen Umständen das Recht zur Veröffentlichung von Fakten das Recht einschließt, auch die **Namen der Betroffenen** bekanntzugeben. Stets ergibt sich dann ein Konflikt zwischen dem Interesse der Medien an möglichst vollständiger Aufklärung der Öffentlichkeit unter Aufdeckung der Identität Betroffener und dem Interesse des Individuums, nicht an die Öffentlichkeit gezerrt zu werden. Dabei handelt es sich

---

313 BGH AfP 2019, 40 = NJW 2019, 781 – presserechtliches Warnschreiben.
314 BGH NJW 1965, 685 – Soraya; BGH AfP 1995, 411 = NJW 1995, 861 – Caroline von Monaco I;
   OLG München AfP 2001, 69 = NJW-RR 2001, 42.

um eine der bedeutsamsten Konkretisierungen des aus Art. 5 Abs. 1 GG einerseits und Art. 1 und 2 GG andererseits resultierenden grundsätzlichen Spannungsfelds zwischen den jeweils verfassungsrechtlich gewährleisteten Rechten der Medien auf ungehinderte Berichterstattung einerseits und des Einzelnen auf freie Entfaltung seiner Persönlichkeit andererseits.[1]

2. Arten der Identifizierung

17.2   Die nächstliegende und gebräuchlichste Methode der Identifizierung Betroffener durch die Medien ist die **Nennung ihres Namens** und, sofern für das Verständnis der Zusammenhänge erforderlich und nicht aus den sonstigen Umständen ersichtlich, ihres Wohn- oder Tätigkeitsorts. Es ist aber bereits in anderem Zusammenhang (Rz. 13.50 ff.) darauf hingewiesen worden, dass von Berichterstattung Betroffene auch mit anderen Mitteln erkennbar gemacht werden können wie etwa der Veröffentlichung eines Lichtbilds, der Schilderung der beruflichen Position des Betroffenen oder der Darstellung konkreter Ereignisse, die die Öffentlichkeit unschwer bestimmten Personen zuordnet.

17.3   Für die rechtliche Beurteilung der Frage, ob und unter welchen Umständen die Identifizierung Betroffener durch die Medien zulässig ist, ist die **Art der Identifizierung** prinzipiell unerheblich. Handelt es sich bei der Frage nach der Zulässigkeit der Identifizierung Betroffener um den erwähnten Konflikt zwischen dem Grundrecht auf freie Berichterstattung und demjenigen auf freie Entfaltung der Persönlichkeit, dann kann es für die Bestimmung der Position des Betroffenen im Einzelfall keinen Unterschied ausmachen, ob er für die Leser, Hörer oder Zuschauer durch die ausdrückliche Nennung seines Namens oder auf sonstige Weise erkennbar gemacht wird. Wäre die Nennung des Namens unter den konkreten Umständen des Einzelfalls unzulässig, dann sind die Medien zur Vermeidung von Haftungsrisiken gehalten, bei der Darstellung der Zusammenhänge alles zu vermeiden, was zu einer Identifizierung des Betroffenen auf sonstige Weise führen könnte. Umgekehrt wird derjenige, der ohnehin erkennbar ist und verpflichtet, seine Identifizierung in einem Medienbericht hinzunehmen, nicht dadurch in seinen Rechten verletzt, dass sein Name ausdrücklich genannt wird.[2]

3. Zulässigkeit der Identifizierung

17.4   Bei der Nennung des Namens Betroffener oder ihrer sonstigen Identifizierung im Rahmen von Medienberichterstattung handelt es sich nicht um einen Eingriff in ihr **Namensrecht** gemäß § 12 BGB. Durch diese Bestimmung wird nicht das Interesse des Individuums geschützt, nicht mit seinen Belangen vor die Öffentlichkeit gebracht zu werden, sondern das Interesse von Personen und Institutionen an der eigenen Identität. Der Namensträger hat gemäß § 12 BGB Anspruch darauf, dass seine Identität respektiert und dass er nicht durch unbefugten Gebrauch seines Namens mit Anderen verwechselt wird.[3] Liegt ein solcher Eingriff in das Namensrecht vor, so kommt es nicht auf die Frage an, ob durch die Herstellung einer Assoziation zwischen dem Betroffenen und dem Sachzusammenhang, in dem sein Name unrechtmäßig verwendet wird, auch in andere Rechte des Betroffenen eingegriffen wird. Die Rechtsverletzung ergibt sich dann schon aus der Verwendung des Namens als solcher; sie hat aller-

---

1 Dazu *Soehring*, GRUR 1986, 518 ff.
2 BGH AfP 2000, 167 = NJW 2000, 1036 – Namensnennung; OLG Oldenburg AfP 1988, 138.
3 Vgl. Palandt/*Ellenberger*, § 12 BGB Rz. 22 ff.

dings keine medienrechtliche Dimension, ist vielmehr nach den allgemeinen Regeln des Zivil- und gegebenenfalls Handelsrechts zu beurteilen. Gleiches gilt für die Verwendung der **Firma** des Kaufmanns[4] oder von **Marken oder sonstigen geschützten Unternehmenskennzeichen** im Sinn von § 5 MarkenG zur Kennzeichnung der durch sie geschützten Waren, Dienstleistungen oder Unternehmen.

Soweit aber Berichterstattung diese Kennzeichen zur **Identifizierung Betroffener** einsetzt, handelt sie außerhalb des Schutzbereichs des Namens-, Firmen- und Markenrechts.[5] Versuche einzelner Unternehmen, sich unter Berufung auf ihre Rechte an ihrer eingetragenen **Firma**[6] oder **Marke**[7] dagegen zu wehren, dass Medien ihren Namen, ihre Marken oder ihre sonstigen geschützten Geschäftsbezeichnungen in Berichten offenbaren, die sich mit ihnen, ihren Erzeugnissen oder Dienstleistungen befassen, sind daher mit Recht ohne Erfolg geblieben; vgl. zur anders gelagerten Problematik der Markenparodie aber Rz. 20.34 f. 17.5

Für die Medienberichterstattung hat daher das Namensrecht des § 12 BGB sowie das handelsrechtliche Firmen- und das Markenrecht in aller Regel keine praktische Bedeutung. Entsteht in ihrem Rahmen Streit über die Zulässigkeit einer Namensnennung oder die Identifizierung eines Beteiligten durch eines der anderen genannten Kennzeichen, so handelt es sich nicht um eine Verletzung der Rechte an diesen Kennzeichen, sondern um einen möglichen Eingriff in das Allgemeine Persönlichkeitsrecht, das auch das Recht auf **gewählte Anonymität** einschließt (dazu Rz. 19.2 ff.), oder unter Umständen in das Recht am Unternehmen der Betroffenen (dazu Rz. 22.59 ff.). 17.6

Bei dem Streit über die Zulässigkeit der **Identifizierung von Personen** und auch Unternehmen im Rahmen von Medienberichterstattung mit potenziell negativen Auswirkungen auf die Ehre oder den sozialen Geltungsanspruch des Betroffenen handelt es sich um eine der **Zentralfragen des Äußerungsrechts**. Vereinzelt wird in diesem Zusammenhang die Auffassung vertreten, die Offenbarung der Identität des Betroffenen sei prinzipiell eine Verletzung seines Allgemeinen Persönlichkeitsrechts und ohne seine Einwilligung rechtswidrig;[8] jedenfalls sei sie immer dann unzulässig, wenn eine anonymisierte Berichterstattung möglich sei.[9] Diese Auffassung verkennt aber grundlegend die Tragweite des Grundrechts der freien Meinungsäußerung und lässt insbesondere außer Acht, dass es sich beim **Allgemeinen Persönlichkeitsrecht** um einen offenen Tatbestand handelt, dessen Auslegung nach der ständigen Rechtsprechung des BVerfG[10] zwingend eine an den Umständen des Einzelfalls orientierte Abwägung der widerstreitenden Interessen der Medien einerseits und des Betroffenen andererseits erfordert; dazu schon Rz. 12.69 ff. und des Näheren Rz. 19.1 ff. 17.7

Auch die Auffassung, bei der Prüfung der Zulässigkeit der Identifizierung Betroffener seien dieselben Kriterien in die damit erforderliche Abwägung einzubeziehen, die die Rechtspre- 17.8

---

4 Bei der Firma handelt es sich um den Namen, unter dem ein Kaufmann seine Geschäfte betreibt, § 17 Abs. 1 HGB.
5 Vgl. nur *Ingerl/Rohnke*, § 14 MarkenG Rz. 154 ff.
6 BGH GRUR 1965, 547 – Carl Zeiss.
7 RGZ 117, 408 – Lysol; KG AfP 1997, 921; OLG Frankfurt a.M. AfP 2000, 189 = GRUR 2000, 1066 – Abkürzung ACC.
8 KG AfP 1988, 137.
9 OLG Frankfurt a.M. AfP 2016, 167; mit Recht kritisch dazu *Mann*, AfP 2016, 119 f.
10 BVerfG NJW 1958, 257 – Lüth; BVerfG NJW 1966, 1603 – Spiegel-Urteil; BVerfG AfP 1971, 119 = NJW 1971, 1645 – Mephisto; BVerfG AfP 1973, 423 = NJW 1973, 1226 – Lebach; BVerfG AfP 1980, 151 = NJW 1980, 2072 – Böll/Walden; BVerfG AfP 2012, 37 = NJW 2012, 756.

chung im Rahmen der §§ 22, 23 KUG für die Bestimmung der Grenzen des **Rechts am eigenen Bild** entwickelt hat[11] (dazu im Einzelnen Rz. 21.1 ff.), trifft nicht zu. Denn § 22 KUG geht für den Bereich des Rechts am eigenen Bild vom Grundsatz der Unzulässigkeit der einwilligungslosen Bildveröffentlichung aus; die Bestimmung des § 23 KUG enthält lediglich die Ausnahmetatbestände, bei deren Vorliegen die Veröffentlichung von Bildnissen auch ohne Einwilligung zulässig ist. Demgegenüber fehlt für den Bereich der Namensnennung wie ganz generell für denjenigen der Wortberichterstattung eine entsprechende gesetzgeberische Grundentscheidung gegen die Zulässigkeit, so dass sich hier, wie auch ansonsten im Rahmen der verbalen Kommunikation, im Vergleich zur Situation bei der Bildberichterstattung das Regel-/Ausnahmeverhältnis umkehrt;[12] dazu im Einzelnen Rz. 19.6 ff. Damit ist die **Namensnennung** jedenfalls bei Berichterstattung aus der Sozialsphäre des Betroffenen im Grundsatz zulässig. Da eine spezielle Norm, die sie verbietet, nicht vorhanden ist und insbesondere § 12 BGB nicht die Funktion hat, die § 22 KUG im Rahmen des Rechts am eigenen Bild zukommt, streitet für ihre Zulässigkeit aber nach heutigem Verständnis der Kommunikationsgrundrechte des Art. 5 Abs. 1 GG und des Art. 10 EMRK in jedem Fall eine Vermutung.[13]

17.9 Das gilt auch für die **Identifizierung Jugendlicher**, bei der die Medien zwar mit besonderer Sorgfalt vorzugehen haben, die aber ebenfalls keineswegs schlechthin unzulässig ist.[14] Ginge man mit dem KG[15] trotz dieser Interdependenz zwischen dem Recht des Einzelnen auf gewählte Anonymität und den Kommunikationsgrundrechten aus Art. 5 Abs. 1 GG und Art. 20 EMRK von der prinzipiellen Unzulässigkeit der Namensnennung oder der sonstigen Aufdeckung der Identität Betroffener aus, so würde dies die Berichterstattungsfreiheit der Medien in einer mit Art. 5 Abs. 1 GG und Art. 10 EMRK nicht zu vereinbarenden Weise beschränken.[16] Die Namensnennung wird erst dann unzulässig, wenn sich keine Anhaltspunkte für ein legitimes Informationsinteresse oder wenn sich in der Abwägung überwiegende Anonymitätsinteressen des Betroffenen ergeben.

17.10 Das Problem der Identifizierung durch **Namensnennung** oder auch in sonstiger Weise lässt sich daher, wie jede Streitfrage im Geltungsbereich des Allgemeinen Persönlichkeitsrechts, richtiger Ansicht nach nur im Wege der **Güterabwägung** lösen.[17] Prinzipiell ist damit nicht von der Unzulässigkeit der Namensnennung oder sonstigen Identifizierung des Betroffenen, sondern davon auszugehen, dass es auf die Umstände des Einzelfalls und insbesondere die Frage ankommt, ob ein legitimes Informationsinteresse der Öffentlichkeit nicht nur an dem berichteten Vorgang, sondern auch an der Identität der daran beteiligten Personen besteht. Im konkreten Fall kann die **Nennung des Namens** des Betroffenen nicht nur nicht unzulässig, sondern sogar geboten sein. Das hat das OLG Düsseldorf[18] im Fall der Berichterstattung über einen Verdacht krimineller Aktivitäten auf dem Gebiet der Kapitalanlage und der Verwicklung eines in diesem Metier bekanntermaßen aktiven Anlegerschützers in den betreffen-

---

11 OLG Celle AfP 1989, 575; Wenzel/*Burkhardt*/*Peifer*, Kap. 10 Rz. 53.
12 BVerfG AfP 2013, 143 = NJW 2012, 1500 – Wilde Kerle; vgl. *G. Müller*, VersR 2008, 1141 ff. unter B III 3; *Mann*, AfP 2016, 119 f.
13 BGH NJW 2015, 776 – Filialleiter beim Promi-Friseur; generell für die Wortberichterstattung BVerfG AfP 2010, 145 = NJW 2010, 1587 – Zitat aus Anwaltsschreiben.
14 BVerfG AfP 2013, 143 = NJW 2012, 1500 – Wilde Kerle; BGH AfP 2014, 58 = NJW 2016, 768.
15 KG AfP 1988, 137.
16 BVerfG AfP 2012, 37 = NJW 2012, 756.
17 Insoweit zutreffend *Brost*/*Conrad*, AfP 2017, 286, die aber fehlerhaft von einer Unzulässigkeit der Identifizierung bei unklarem Abwägungsergebnis ausgehen.
18 OLG Düsseldorf AfP 1995, 500.

den Vorgang mit der zutreffenden Erwägung angenommen, dass der Kreis der Beteiligten nach Kenntnis der interessierten Öffentlichkeit so klein war, dass nur die Identifizierung des tatsächlich Betroffenen andere in Betracht kommende Beteiligte gegen den ungerechtfertigten Verdacht schützen konnte, sie seien es, die in den Skandal verwickelt waren; vgl. dazu auch Rz. 17.19.

Zur Frage, ob im Einzelfall die Nennung des Namens oder die sonstige Aufdeckung der Identität des Betroffenen zulässig oder ob sie als Verletzung seines Allgemeinen Persönlichkeitsrechts unzulässig ist, liegt eine reichhaltige Kasuistik vor. So schützt die Rechtsprechung durch das Verbot der Namensnennung etwa das durch das aus Art. 4 GG abzuleitende Prinzip der **negativen Bekenntnisfreiheit** geschützte Interesse des Individuums, die Zugehörigkeit namentlich genannter oder sonstwie identifizierbarer Personen *zu Religionsgemeinschaften oder Sekten* nicht zum Gegenstand öffentlicher Erörterungen werden zu lassen. Das gilt selbst dann, wenn der Vater eines Betroffenen sich mit seiner Sorge über die *mit der Zugehörigkeit zu einer Religionsgemeinschaft verbundene Veränderung der Persönlichkeitsstruktur seines Sohns* selbst an die Medien wendet und die Berichterstattung unter Namensnennung wünscht und autorisiert;[19] vgl. dazu auch Rz. 19.38.

17.11

Im Fall der im Licht des öffentlichen Interesses stehenden **Scientology Church** ist die Rechtsprechung zu diesem Komplex aber uneinheitlich. Teilweise gewährt sie dem Mitglied dieser Organisation den prinzipiellen Schutz der Anonymität durch das Verbot der Identifizierung.[20] Mit Recht wurde die Nennung des Namens von *Rechtsanwälten untersagt, die einen Scientologen vertreten,* selbst aber zu der Organisation keine persönlichen Beziehungen hatten.[21] Überwiegend erkennt die Rechtsprechung[22] jedoch das überragende Interesse der Öffentlichkeit an Informationen über die Aktivitäten der *Scientologen* an und misst sie ihm mehr Gewicht bei als dem Anonymitätsinteresse und der negativen Bekenntnisfreiheit des einzelnen Mitglieds. Das gilt sogar in einem Fall, in dem der Betroffene *sich von der Bewegung losgelöst hat, aber weiterhin Elemente der Lehre des Sektengründers vertritt,*[23] wohingegen es unzulässig war, einen prominenten *Künstler, der sich vorübergehend mit dieser Sekte beschäftigt und einige der von ihr veranstalteten Kurse besucht hatte,* nach mehr als zwanzig Jahren noch namentlich mit der *Scientology*-Bewegung in Verbindung zu bringen.[24] Eine Überspannung des Anonymitätsinteresses der Betroffenen ist es jedoch, wenn das KG mit Billigung des BVerfG[25] sogar die Nennung der *Namen von Scientology-Mitgliedern* in der Publikumspresse als unzulässig ansieht, die der Organisation *namhafte Beträge als Spenden zugewendet haben und zuvor in Verbandspublikationen als Spender offen ausgewiesen* wurden.

17.12

Wo die **Identifizierung** im Zusammenhang mit der **beruflichen Tätigkeit** des Betroffenen steht, ist wiederum abzuwägen. Ist mit ihr keine sonstige Beeinträchtigung seiner Rechte verbunden, so wird sie zulässig sein. Das gilt etwa für die Nennung der Namen von *Rechtsanwälten im Zusammenhang mit der Berichterstattung über Prozesse von allgemeinem Interesse,* an

17.13

---

19 OLG München NJW 1986, 1260 – Opus Dei; BVerfG NJW 1990, 1980 – Opus Dei; OLG Celle NJW-RR 1999, 1477; vgl. zum in der Öffentlichkeit ausgetragenen Konflikt unter Familienangehörigen aber andererseits BVerfG AfP 1998, 386 = NJW 1998, 2889.
20 OLG Stuttgart AfP 1993, 739.
21 LG Berlin AfP 1997, 938 = NJW-RR 1997, 1245.
22 OLG München AfP 1993, 762; OLG Köln AfP 1993, 759; LG Baden-Baden, AfP 1994, 59.
23 OLG München AfP 1993, 769.
24 BVerfG AfP 1999, 57 = NJW 1999, 1322 – Helnwein.
25 BVerfG AfP 1998, 50 = NJW 1997, 2669.

denen sie beteiligt sind,[26] für die Bekanntgabe des Namens eines *Notarztes einschließlich seiner Einteilung zum Notfalldienst*, selbst wenn die Veröffentlichung solcher Daten in der einschlägigen Notfalldienstordnung nicht vorgesehen ist,[27] oder auch für die Aufnahme des Namens eines *praktizierenden Arztes unter Angabe seines Fachgebiets in ein einschlägiges Verzeichnis*.[28] Auch die Veröffentlichung des Namens und der dienstlichen Kontaktdaten eines *mit Außenkontakten betrauten Beamten auf der Website der ihn beschäftigenden Behörde* ist mangels damit verbundener Persönlichkeitsrechtsverletzung zulässig.[29]

17.14 Demgegenüber ist im Zusammenhang mit der Berichterstattung über die *Einleitung oder Durchführung von **Ermittlungsverfahren** in der beruflichen Sphäre des* Betroffenen bei der Namensnennung Zurückhaltung geboten. Wegen der akuten Gefahr, dass der Betroffene das Vertrauen seiner Klientel und damit die Basis seiner beruflichen Tätigkeit verliert, wird sie im Regelfall unzulässig sein,[30] sofern nicht im Einzelfall die Voraussetzungen zulässiger Verdachtsberichterstattung vorliegen (dazu im Einzelnen Rz. 16.50 ff.). Zulässig ist aber die Nennung des Namens eines *Arztes, gegen den wegen missbräuchlicher Abrechnungspraxis berufsrechtliche Sanktionen verhängt* wurden, in einem Fachblatt der Ärzteschaft, wenn die Bekanntgabe der Verurteilung in der entsprechenden Berufsrechtsordnung als mögliche Sanktion vorgesehen ist; die entsprechenden berufsgerichtlichen Anordnungen und die ihnen zugrundeliegende Satzungsnorm verletzen den Betroffenen nicht in seinem Allgemeinen Persönlichkeitsrecht, wenn es sich um einen herausgehobenen Fall mit Informationswert für die Allgemeinheit und für die Ärzteschaft handelt.[31] Gleiches gilt für die identifizierende Berichterstattung über die aus privaten Mitteln erfolgte *Beteiligung eines deutschen Chefarztes an einer ausländischen Privatklinik, wenn dort illegale Organtransplantationen durchgeführt werden*.[32] Zurückhaltung ist demgegenüber bei der namentlichen Nennung von *Straftätern* und Personen geboten, gegen die *strafrechtliche Ermittlungsverfahren ohne sachlichen Bezug zu ihrem beruflichen Wirkungsfeld eingeleitet* worden sind. Auch bei ihnen ist jedoch die Namensnennung nicht schlechthin unzulässig (dazu Rz. 19.54 ff.); zulässig ist sie insbesondere, wenn sich eine Ermittlungsbehörde bei bereits bestehendem dringendem Tatverdacht von der Veröffentlichung Hinweise aus der Bevölkerung verspricht.[33] Die gezielte Verbreitung eines nach den Bestimmungen des HGB *im Bundesanzeiger veröffentlichten Jahresabschlusses* an Banken und Seminarteilnehmer unter Nennung des Namens des betroffenen Unternehmens kann hingegen als Eingriff in dessen Persönlichkeitsrecht unzulässig sein.[34]

17.15 Häufig stellt sich die Frage nach der Zulässigkeit der Identifizierung vormaliger Mitarbeiter oder Informanten des **Staatssicherheitsdienstes der ehemaligen DDR**. Bei der Beantwortung dieser Frage kommt es nicht darauf an, ob im Einzelfall eine Auskunftserteilung seitens der *Jahn-Behörde* gemäß § 32 Abs. 3 StUG statthaft wäre oder nicht. Diese Vorschrift hat auf das Ergebnis der nach allgemeinen Regeln vorzunehmenden Güterabwägung keinen Einfluss.[35] Die publizistische Identifizierung ehemaliger Stasi-Mitarbeiter kann daher auch zuläs-

---

26 OLG Hamm NJW-RR 2008, 640 = ZUM-RD 2008, 356; KG MMR 2009, 478.
27 BGH AfP 1991, 416 = NJW 1991, 1532 – Notfalldienst.
28 OLG Nürnberg NJW 1993, 796.
29 OVG Koblenz MMR 2008, 635.
30 BGH AfP 1994, 142 = NJW 1994, 1950 – Amtspflichtverletzung; OLG Hamburg NJW-RR 1994, 1176.
31 BVerfG DVBl 2014, 777.
32 OLG Köln AfP 2014, 155.
33 OLG Celle NJW 2004, 1461.
34 BGH AfP 1994, 138 = NJW 1994, 1281; BVerfG ZIP 1994, 972 – Bilanzanalyse.
35 KG AfP 2011, 275.

sig sein, wenn ihrer Offenbarung durch die *Jahn-Behörde* im Einzelfall schutzwürdige Belange im Sinn von § 32 Abs. 3 StUG entgegenstehen.[36] Gibt die Behörde aber den Namen eines ehemaligen inoffiziellen Stasi-Mitarbeiters bekannt, dann dürfen die Medien auf die Richtigkeit dieser Mitteilung vertrauen und darüber jedenfalls im Weg der Verdachtsberichterstattung berichten, sofern sie deren weitere Voraussetzungen beachten;[37] dazu im Einzelnen Rz. 16.46 ff.

Die Veröffentlichung einer Liste der Namen mehrerer tausend ehemaliger inoffizieller **Stasi-** **Mitarbeiter** hat der BGH[38] untersagt, weil mit ihr eine persönlichkeitsrechtsverletzende Prangerwirkung jedenfalls zu Lasten derjenigen Betroffenen verbunden war, die in das Informationssystem der Stasi zwar als Mitläufer eingebunden waren, die aber weder dort eine exponierte Stellung noch in der Zeit nach der Vereinigung Deutschlands eine herausgehobene Position im öffentlichen Leben bekleideten. Das BVerfG[39] hat die gegen dieses Urteil eingelegte Verfassungsbeschwerde zwar im Ergebnis verworfen, in den Gründen seines dazu ergangenen Beschlusses aber ausgesprochen, dass die Veröffentlichung jener Liste vormaliger Stasi-Mitarbeiter prinzipiell durch die Grundrechte der Meinungs- und Pressefreiheit aus Art. 5 Abs. 1 GG gedeckt und dass auch das Auslegen der Liste mit Namen und Adressen der Betroffenen von den Kommunikationsgrundrechten des Art. 5 Abs. 1 GG gedeckt war. Auch hat es in diesem Beschluss betont, dass bei der Abwägung mit den Persönlichkeitsrechten einzelner von der Veröffentlichung der Liste Betroffener der historische Stellenwert des Stasi-Themas besonders zu berücksichtigen war und dass deren ehemalige Mitarbeiter und Funktionäre durch die Auslegung der Liste nicht im Kernbereich ihres Persönlichkeitsrechts getroffen wurden; dass das BVerfG die Entscheidung des BGH dennoch im Ergebnis nicht beanstandet hat, lag daher in einer nicht verallgemeinerungsfähigen Besonderheit des individuellen Falls. Die Veröffentlichung jedenfalls einer entsprechenden Liste der ranghöchsten hauptamtlichen Stasi-Mitarbeiter ist unter Berücksichtigung dieser Entscheidung daher auch heute noch als zulässig anzusehen. Eine hierzu ergangene frühere Entscheidung des BVerfG[40] kommt nur scheinbar zu einem anderen Ergebnis; denn sie beruht nicht auf der Erwägung, dass die Nennung der Namen der Angehörigen dieser Kategorie unzulässig war, sondern auf der Tatsache, dass jedenfalls der Kläger des Ausgangsverfahrens in der Liste genannt wurde, obwohl er nicht zu dem von der Liste erfassten Kreis gehörte.

Auch individualisierende Berichterstattung über das frühere Wirken Einzelner für die **Stasi** ist nach richtiger Auffassung der Gerichte in der Regel zulässig. Das gilt etwa für die Nennung des Namens eines in den Unterlagen der Stasi als Inoffizieller Mitarbeiter geführten *Informanten, dem umfangreiche Zahlungen zugeflossen waren,*[41] eines *früheren Stasi-Mitarbeiters, der der Öffentlichkeit als Lebensgefährte einer prominenten Schauspielerin vorgestellt wurde,*[42] oder eines *Universitätsprofessors und Landtagsabgeordneten, der als Stasi-Mitarbeiter seine eigene Lebensgefährtin bespitzelt* hatte.[43] Denn das Wirken der Stasi und die Art und Weise ihrer Zusammenarbeit mit Teilen der Bevölkerung stellen auch heute noch ein die Öffentlichkeit

17.16

17.17

---

36 BVerfG AfP 2000, 445 = NJW 2000, 2413; KG AfP 2011, 275.
37 BGH AfP 2013, 57 = NJW 2013, 790 – IM Christoph; BGH ZUM 2013, 207.
38 BGH AfP 1994, 306 = GRUR 1994, 913 – Stasi-Liste.
39 BVerfG AfP 2000, 445 = NJW 2000, 2413.
40 BVerfG AfP 1999, 159 = NJW 1999, 3326.
41 OLG München AfP 2011, 275.
42 KG AfP 2010, 376 = NJW-RR 2010, 1567; anders die Vorinstanz: LG Berlin ZUM 2010, 270.
43 BGH AfP 2013, 57 = NJW 2013, 790 – Verlautbarungen der Stasi-Unterlagenbehörde; BGH ZUM 2013, 207.

berührendes Thema dar. Zulässig war auch die namentliche Nennung eines *ehemaligen Stasi-Mitarbeiters im Rahmen eines wissenschaftlichen Werks*[44] sowie die Nennung des Namens eines *ehemaligen Offiziers der DDR-Grenztruppen, der heute bei der Bundespolizei tätig ist und sich selbst öffentlich zum Dienst an der Berliner Grenze geäußert hat.*[45] Gleiches gilt für die Veröffentlichung von Namen und Foto eines ehemaligen Stasi-Mitarbeiters auf einer Internetseite über die *Aktivitäten der Stasi in einer bestimmten Region.*[46]

17.18   Bei Berichterstattung über **Persönlichkeiten im Blickpunkt der Öffentlichkeit** (dazu im Einzelnen Rz. 21.28 ff.) ist stets zu prüfen, ob das erforderliche berechtigte Interesse der Öffentlichkeit an der Identität der beteiligten Personen gerade zum Zeitpunkt der Veröffentlichung besteht. Das wird bei länger zurück liegenden Ereignissen und insbesondere auch bei der Berichterstattung über frühere strafrechtliche Verurteilungen in der Regel nicht mehr der Fall sein;[47] dazu Rz. 19.60 ff. Handelt es sich hingegen um aktuelle Vorgänge und besteht an ihnen und den beteiligten Personen ein berechtigtes aktuelles Informationsinteresse, so ist die Identifizierung des Betroffenen zulässig.[48] So hat ein Mann, der *auf einer Social Media-Plattform Hasskommentare einschließlich des Aufrufs zur Ermordung einer namentlich genannten Frau veröffentlicht*, keinen Anspruch auf Unterlassung der Berichterstattung über diesen Vorgang unter Nennung seines Namens.[49] Zulässig war auch die namentliche Erwähnung einer *in der Lokalpolitik aktiven vormaligen Sachbearbeiterin eines Straßenbauamts im Zusammenhang mit einem Ermittlungsverfahren wegen vermuteter Korruption*[50] oder diejenige des *vormaligen Leiters der Schleswig-Holsteinischen Datenzentrale* im Zuge einer die Öffentlichkeit berührenden Auseinandersetzung über Wirksamkeit und Hintergründe seiner plötzlichen Entlassung.[51] Gleiches gilt für die namentliche Erwähnung eines *Beamten in zeitlichem und sachlichem Zusammenhang mit einem Komplex, zu dem er vor einem Parlamentarischen Untersuchungsausschuss als Zeuge ausgesagt hat.*[52] Einen besonderen Stellenwert gewinnt in der erforderlichen Güterabwägung andererseits der Schutz der Privatsphäre Minderjähriger. Zu weitgehend ist allerdings die Auffassung des KG, das die Nennung des *Vornamens des Sohns der Schauspielerin Anke Engelke aus Anlass der Hochzeit seiner Mutter* als unzulässig angesehen hat.[53] Die Identifizierung des Kindes mit diesem Ereignis hat unter keinem Aspekt einen persönlichkeits- oder sonstwie rechtsverletzenden Charakter. Auch das gerichtliche Verbot eines identifizierenden Berichts über eine *nächtliche Krawallaktion unter Beteiligung der gerade noch minderjährigen Söhne des Schauspielers Uwe Ochsenknecht*[54] verletzte den veröffentlichenden Verlag im Hinblick darauf in seinem Grundrecht aus Art. 5 Abs. 1 GG, dass die Betroffenen selbst schon als Schauspieler tätig waren und aufgrund ihrer Beteiligung an diversen Filmen und Serien eine gewisse eigene Bekanntheit erlangt hatten.[55]

---

44 LG Dresden AfP 2010, 293.
45 KG AfP 2003, 243.
46 LG München I v. 15.4.2009 – 9 O 1277/09, unveröffentlicht.
47 Vgl. hierzu BVerfG AfP 1973, 423 = NJW 1973, 1226 – Lebach I.
48 BGH AfP 2000, 167 = NJW 2000, 1036 – Namensnennung.
49 OLG Saarbrücken AfP 2017, 439.
50 BGH AfP 2000, 167 = NJW 2000, 1036 – Namensnennung.
51 BGH AfP 1979, 307 = NJW 1979, 1041 – Exdirektor.
52 OLG Celle AfP 1989, 575.
53 KG AfP 2004, 374.
54 OLG Hamburg NJW-RR 2010, 972.
55 BVerfG AfP 2013, 143 = NJW 2012, 1500 – Wilde Kerle.

4. Gleichnamigkeit

Auch wo nach diesen Grundsätzen die Namensnennung zulässig ist, können sich Bericht-   17.19
erstattungsrisiken insbesondere aus dem Problem der **Gleichnamigkeit** ergeben. Nach traditionellen äußerungsrechtlichen Grundsätzen musste sich derjenige, der eine mehrdeutige Tatsachenbehauptung verbreitete, jede nicht ganz fernliegende Bedeutung dieser Aussage zurechnen lassen, konnte er sich insbesondere nicht damit entlasten, dass er eine bestimmte mögliche Deutung seiner Aussage nicht beabsichtigt habe. Konnte sich eine bestimmte Sachaussage
in Fällen der Gleichnamigkeit auf mehrere Betroffene beziehen, trug danach derjenige, der sie
verbreitete, das Risiko der Verletzung eines jeden, der als Betroffener in Betracht kam. Das
hat die Rechtsprechung sogar in Fällen angenommen, in denen der Name des Betroffenen *in
der Schlagzeile eines Berichts genannt, aus dem Text aber zweifelsfrei deutlich wurde, dass nicht
er, sondern ein gleichnamiger Dritter gemeint war;* allein die Tatsache, dass die Schlagzeile bei
isolierter Betrachtungsweise auf ihn bezogen werden konnte, sollte in diesen Fällen einen Eingriff in seine Rechte darstellen.[56] Diese These lässt sich aber unter Berücksichtigung der durch
die Rechtsprechung des BVerfG und des BGH begründeten **Variantenlehre** jedenfalls nicht
mehr vorbehaltlos aufrechterhalten, wonach bei der Ermittlung des Aussagegehalts einer Äußerung unter mehreren möglichen Deutungen derjenigen der Vorzug zu geben ist, die den
Betroffenen weniger belastet und nicht zu einer Verurteilung der Medien führt (vgl.
Rz. 14.15, Rz. 14.19 ff., Rz. 14.44 ff.), soweit nicht lediglich die Unterlassung der erneuten Verbreitung einer mehrdeutigen Äußerung verlangt wird.[57]

Mit dem heute maßgeblichen Interpretationsstandard der **Variantenlehre** ist die Zurechnung   17.20
einer Äußerung zu einer Mehrheit namensgleicher Betroffener, von denen sie nur einen betrifft, jedoch ebensowenig vereinbar wie mit dem Postulat der Maßgeblichkeit des Kontexts
und der daraus abzuleitenden Zurückhaltung bei der selbständigen Berücksichtigung von
Schlagzeilen (Rz. 16.79 ff.). Das Risiko der Verfehlung des in Wahrheit Betroffenen aufgrund
von Namensidentität wird man danach heute den Medien allenfalls noch in den Fällen aufbürden können, in denen sich die wahre Identität des Betroffenen dem Publikum auch nicht
aus dem Kontext erschließt; die Grenze wird hier ähnlich verlaufen wie im Fall der Interpretation traditioneller Schlagzeilen mit Textbezug und selbstständig zu wertenden Aufmachern
(Rz. 16.79 ff.). Es stellt daher keine Verletzung der Rechte eines gleichnamigen Rechtsanwalts
dar, dass ein Fabrikant *einer Serie von Plüschtieren mit jeweils metaphorischen Namen dem zu
dieser Serie gehörenden Hund den Namen Hasso von Wedel gibt.*[58] Und der Träger des zwar
nicht alltäglichen, aber auch keineswegs einmaligen Familiennamens *Frankenberg* ist *von der
Verwendung dieses Namens als Titel einer Fernsehserie mit erkennbar fiktivem Inhalt* nicht in
seinen Rechten betroffen.[59]

Das mit dem Problem der Gleichnamigkeit dennoch weiterhin verbundene Restrisiko können   17.21
die Medien auch durch Verwendung von **Initialen** anstelle ausgeschriebener Nachnamen
oder von **Phantasienamen** nicht mit Sicherheit ausschließen. Wohl aber ist es im Hinblick
auf die *Stolpe*-Doktrin des BVerfG hinsichtlich der Rechtsfolgen reduziert. Wenn etwa die Erwähnung eines *als Dr. W. bezeichneten Bonner Urologen* im Rahmen eines Berichts über einen
schweren ärztlichen Kunstfehler mit anschließendem Vertuschungsversuch als eine Verletzung
des Allgemeinen Persönlichkeitsrechts eines Kollegen mit denselben Initialen gewertet wur-

---

56 OLG Hamburg AfP 1986, 137; LG Bonn AfP 1992, 386.
57 BVerfG AfP 2005, 544 = AfP 2006, 41 = NJW 2006, 207 – Stolpe/IM Sekretär.
58 OLG Hamburg AfP 1992, 267 – Hasso v. Wedel.
59 OLG München NJW-RR 1996, 1005 = WRP 1996, 787 – Frankenberg.

de,[60] die diesen zur Geltendmachung eines Berichtigungsanspruchs, mangels schweren Verschuldens und Intensität des Eingriffs nicht jedoch zur Geltendmachung einer Geldentschädigung berechtigte,[61] dann ist das unter Beachtung der heute maßgeblichen Rechtsgrundsätze in doppelter Hinsicht verfehlt. Die Anwendung der **Variantenlehre** (vgl. Rz. 14.15, Rz. 14.19 ff., Rz. 14.44 ff.) führt dazu, dass der berichtenden Zeitung die Streuwirkung des Berichts auf einen Unbeteiligten nicht zuzurechnen ist, so dass Ansprüche schlechthin nicht in Betracht kommen. Wollte man dies aber unter Berufung auf die *Stolpe*-Doktrin des BVerfG anders sehen, wäre allenfalls die Zuerkennung eines Unterlassungsanspruchs vertretbar, wenn die Zeitung auf die Aufforderung zur Abgabe eine Klarstellung nicht reagieren sollte (dazu im Einzelnen Rz. 14.15 ff., Rz. 16.88). Die vielfach praktizierte Verwendung erfundener Namen birgt damit zwar immer noch das nicht nur theoretische Risiko, dass mit dem erfundenen Namen eine der Redaktion nicht bekannte tatsächlich existierende Persönlichkeit getroffen wird; dies insbesondere, wenn nicht ausreichend deutlich herausgestellt wird, dass die Redaktion einen erfundenen Namen benutzt.[62] Allerdings genügen die Medien mit dieser Methode ihrer publizistischen Sorgfaltspflicht, so dass Schadenersatz- und im Hinblick auf die *Stolpe*-Doktrin auch Berichtigungs- und Gegendarstellungsansprüche eines namensgleichen, nicht gemeinten Dritten nicht in Betracht kommen; das LG München I hat in diesem Zusammenhang schon früher die zutreffende Auffassung vertreten, dass eine Redaktion, die *einen Phantasienamen benutzt und darauf in geeigneter Weise hinweist*, nicht verpflichtet ist, eigene Recherchen darüber anzustellen, ob dieser Name mit demjenigen namensgleicher tatsächlich vorhandener Personen übereinstimmt.[63]

17.22 Beim Problem der **Gleichnamigkeit** handelt es sich in Wahrheit nicht um ein Problem der Identifizierung, sondern um ein solches der **Risikostreuung**. Auch das folgt aus der Feststellung, dass das Mittel der Identifizierung möglicher Betroffener unerheblich ist. Mit derselben Berechtigung, mit der sich ein Namens- oder auch nur Initialengleicher unter Umständen gegen die Verbreitung einer Behauptung wehren kann, mit der er zwar nicht gemeint ist, die ihn aber unter Berücksichtigung ihres Kontexts treffen kann, kann dies auch derjenige tun, dem ein bestimmter Bericht ohne jede Namensnennung allein aufgrund des Kontexts zugerechnet werden kann, wenn auch mit den in Rz. 17.21 dargestellten limitierten Rechtsfolgen. Hier trifft sich das Problem der **Namensnennung** mit demjenigen der **Erkennbarkeit** (Rz. 13.50 ff.). Die wahrheitswidrige Berichterstattung über das angebliche *Zusammenwirken eines Amtstierarztes in Paderborn* mit Importeuren gesundheitlich bedenklichen Rindfleischs stellt auch ohne weitere Identifizierung eine Verletzung von dessen Rechten dar, wenn es nur einen Angehörigen dieses Berufs in Paderborn gibt. Und auch wenn es dort zwei oder drei Amtstierärzte gibt, dann hat die Berichterstattung in dieser Ausgestaltung immer noch dieselbe Eingriffsintensität wie diejenige unter Verwendung eines mehrfach zutreffenden Namens oder verwechselungsfähiger Initialen; vgl. zum dadurch angesprochenen Problem der Kollektivbeleidigung Rz. 13.35 ff.

17.23 Bei jedweder Identifizierung Betroffener verbleibt mithin ein nicht steuerbares, hinsichtlich der Rechtsfolgen allerdings deutlich limitiertes Restrisiko für die Medien, das nur durch die Orientierung der jeweiligen Art der Identifizierung an der konkreten Situation beherrschbar ist. So erweist sich im Beispielsfall des *Amtstierarztes* der Verzicht auf die Namensnennung

60 OLG Köln AfP 1975, 920.
61 Vgl. zum Aspekt der Vermeidung der Verletzung Mehrerer als Rechtfertigung der Identifizierung des in Wahrheit Betroffenen OLG Düsseldorf AfP 1995, 500.
62 LG Bonn AfP 1992, 386; Wenzel/*Burkhardt/Peifer*, Kap. 10 Rz. 57.
63 LG München I AfP 2011, 501.

als unzureichend. Wäre im genannten Beispiel die Rede von einer *ostwestfälischen Stadt* anstelle von *Paderborn*, so wäre die Anonymisierung perfekt; denn die Betroffenheit aller Amtstierärzte aus ostwestfälischen Städten wäre nicht ernsthaft in Erwägung zu ziehen. Im Fall des Berichts über ein Ermittlungsverfahren gegen einen *bundesweit bekannten Anlageberater* (Rz. 17.10) brächte eine Berichterstattung ohne volle Identifizierung des Betroffenen das Risiko mit sich, dass wegen der Überschaubarkeit der in Betracht kommenden Gruppe Unbeteiligte in ihren Rechten verletzt würden (Rz. 13.35). Hier können die Medien ihrer Verantwortung daher nur dadurch gerecht werden, dass sie einerseits den Betroffenen identifizieren, andererseits aber in unübersehbarer Weise deutlich machen, dass er zwar verdächtigt wird, dass es aber konkrete Feststellungen über die Richtigkeit des Verdachts noch nicht gibt, und damit die Voraussetzungen einer zulässigen Verdachtsberichterstattung erfüllen (Rz. 16.46 ff.).

5. Namensnennung und Werbung

Striktere Regeln gelten für die Nutzung des Namens oder die sonstige Vereinnahmung Dritter **zu Zwecken der Werbung,** ohne dass sich aus dieser Feststellung bereits ein absolutes Verbot der Verwendung fremder Namen zu Zwecken eigener Werbung ableiten ließe. Für die redaktionelle Arbeit scheint diese Feststellung zwar nur geringe praktische Bedeutung zu haben, da sie in aller Regel aus Berichterstattung und nicht aus Werbung besteht. Die Medien haften jedoch unter Umständen auch für den Inhalt der von ihnen verbreiteten Werbung Dritter (dazu Rz. 16.66 ff.). Und auch in der eigenen redaktionellen Arbeit werden Elemente der Berichterstattung mit denen der Werbung für die Produkte und Dienstleistungen Dritter nicht selten in unzulässiger Weise vermischt (dazu im Einzelnen Rz. 24.6 ff.).   17.24

Anders als in anderen Fällen der Namensnennung hat die Rechtsprechung bereits vor Jahrzehnten aus dem Allgemeinen Persönlichkeitsrecht die Regel abgeleitet, dass es das Recht jedes Einzelnen ist, sich nicht gegen den eigenen Willen von Dritten für deren **Werbezwecke** einspannen zu lassen. Dies galt über lange Zeit ohne Einschränkungen (dazu aber Rz. 17.26), und es galt und gilt insbesondere für Persönlichkeiten des öffentlichen Lebens auch dann, wenn sie die Veröffentlichung ihres Lichtbilds und nach den dargestellten Grundsätzen auch die Nennung ihres Namens zu Zwecken publizistischer Berichterstattung zu dulden haben.[64] Und es gilt auch für Verstorbene.[65] Auch dieses Verbot folgt nicht aus dem Namensrecht des Betroffenen aus § 12 BGB, da in derartigen Fällen eine Namenstäuschung nicht stattfindet, es dem Werbenden vielmehr gerade darauf ankommt, den beim Namen Genannten oder im Bild Gezeigten für sein Produkt oder seine Dienstleistungen zu vereinnahmen. Die unbefugte Werbung mit dem Namen eines Dritten wird vielmehr seit jeher als Verletzung seines Allgemeinem Persönlichkeitsrechts angesehen;[66] seitdem die Rechtsprechung[67] obendrein anerkannt hat, dass das Allgemeine Persönlichkeitsrecht neben seiner ideellen auch eine vermögensrechtliche Komponente enthält (dazu im Einzelnen Rz. 13.20 ff.), gilt dies umso mehr.   17.25

---

64 BGH NJW 1956, 1554 = GRUR 1956, 427 – Paul Dahlke; BGH AfP 1992, 149 = NJW 1992, 2084 – Joachim Fuchsberger; LG Hamburg AfP 1995, 526; LG Düsseldorf NJW-RR 1998, 747.

65 BGH AfP 2000, 356 = NJW 2000, 2195 – Marlene Dietrich; BVerfG AfP 2006, 452 = NJW 2006, 3409 – Blauer Engel; OLG Hamburg AfP 1989, 760 = NJW 1990, 1995 – Heinz Erhardt; KG AfP 1997, 926.

66 BGH NJW 1961, 2059 = GRUR 1962, 105 – Ginseng-Wurzel; BGH NJW 1981, 2402 = GRUR 1981, 846 – Rennsportgemeinschaft; BGH GRUR 1994, 732 – McLaren; LG Düsseldorf AfP 2003, 77.

67 BGH AfP 2000, 356 = NJW 2000, 2195 – Marlene Dietrich; BVerfG AfP 2006, 452 = NJW 2006, 3409 – Blauer Engel.

Im Prinzip muss daher niemand dulden, dass sein Name ungefragt oder gegen seinen Willen für fremde Werbung vereinnahmt wird. Das gilt auch bei Verwendung nur des Vornamens, wenn er eigentümlich und die Identität seines Trägers aus dem Kontext der Werbeaussage ersichtlich ist,[68] oder in Fällen der Gleichnamigkeit. So ist die Verwendung des fiktiven Namens *Huschke vom Busch* im Rahmen einer Werbeaktion für ein Fast-Food-Produkt mit Recht als Verletzung des Allgemeinen Persönlichkeitsrechts des seinerzeit noch berühmten Autorennfahrers *Huschke von Hanstein* angesehen worden, mit dem die angesprochenen Verkehrskreise den fiktiven Protagonisten der Werbeaktion unzweifelhaft assoziieren mussten.[69] Um unzulässige Werbung mit der Identität des Betroffenen handelte es sich auch bei einem mit großem Portraitfoto illustrierten Bericht darüber, dass *Gunter Sachs* auf dem Deck seiner Motoryacht im Hafen von Saint Tropez am Sonntagmorgen die berichtende Sonntagszeitung las, da diesem Bericht eine andere gedankliche Aussage nicht zu entnehmen war.[70]

17.26 Das Verbot der Nutzung eines fremden Namens oder auch der Abbildung eines unbeteiligten Dritten zu Zwecken der Werbung gilt nach neuerer Rechtsprechung allerdings nicht mehr völlig uneingeschränkt. Die Rechtsprechung des BVerfG und, ihr folgend, des BGH sowie des EGMR hat vielmehr anerkannt, dass auch **werbende Äußerungen** Ausdruck der durch Art. 5 Abs. 1 Satz 1 GG geschützten Meinungsfreiheit sind und dass es daher Konstellationen geben kann, in denen auch werbende Äußerungen, die mit Rechten Dritter kollidieren, durch das Grundrecht der Meinungsfreiheit geschützt sind, sofern sie jedenfalls auch einen wertenden, meinungsbildenden und damit kommunikativen Inhalt haben;[71] zu der insoweit identischen Situation beim Recht am eigenen Bild s. auch Rz. 21.68. In Anwendung dieses Grundsatzes hat der BGH inzwischen etwa die Untersagung der Verbreitung einer Anzeige mit dem Motiv *Sixt vermietet auch Autos an Mitarbeiter in der Probezeit*[72] und von Zigarettenanzeigen mit den Motiven *War das Ernst? oder August?*[73] oder *Schau mal, lieber Dieter, so einfach schreibt man super Bücher*[74] ungeachtet der Tatsache aufgehoben, dass sie für jeden erkennbar auf *Oskar Lafontaine, Prinz Ernst August von Hannover* bzw. *Dieter Bohlen* zielten. Die von den beiden Letztgenannten eingelegten Individualbeschwerden zum EGMR wegen behaupteter Verletzung ihrer Rechte aus Art. 8 EMRK sind jeweils erfolglos geblieben.[75] In allen diesen Fällen wie auch im den Vorsitzenden der Lokführer-Gewerkschaft *GDL* betreffenden Fall *Unser Mitarbeiter des Monats*[76] sind die Gerichte mit Recht davon ausgegangen, dass die werbenden Unternehmen jeweils aktuelle und in der Öffentlichkeit weithin bekannte Geschehnisse zum Anlass für satirisch-spöttische Werbesprüche genommen hatten, ohne die Betroffenen über eine bloße Aufmerksamkeitswerbung hinaus zur Anpreisung der beworbenen Produkte zu vereinnahmen. Wenngleich der Grundsatz des Verbots der Vereinnahmung fremder Namen zu Zwecken der Werbung als solcher durch diese neuere Rechtsprechung nicht in Frage gestellt wird, ist mithin künftig genauer darauf zu achten, ob werbende Äußerungen dieses Ele-

---

68 LG Düsseldorf AfP 1998, 238 = NJW-RR 1998, 747 – Berti; LG München I NJW-RR 2002, 617 = ZUM 2002, 238.

69 OLG Hamburg AfP 1993, 582 = WRP 1993, 251 – Huschke v. Busch.

70 BGH NJW 2013, 793 = ZUM 2013, 132; OLG Hamburg ZUM 2010, 884 – Playboy am Sonntag.

71 Grundlegend BVerfG AfP 2001, 44 = NJW 2001, 591 – H.I.V. POSITIVE I; BVerfG AfP 2003, 149 = NJW 2003, 1303 – H.I.V. POSITIVE II; dazu *Soehring/Link*, S. 285 ff.

72 AfP 2006, 559 = NJW 2007, 689 – Lafontaine; vgl. zur abweichenden Entscheidung des OLG Hamburg *Ehmann*, AfP 2005, 237 ff.

73 BGH AfP 2008, 596 = NJW 2008, 3782 – Zerknitterte Zigarettenschachtel.

74 BGH AfP 2008, 598 – Geschwärzte Worte.

75 EGMR AfP 2015, 323 = ZUM-RD 2015, 561 (Bohlen); EGMR AfP 2015, 327 = NJW 2016, 781 (Zigarettenwerbung).

76 OLG Dresden AfP 2018, 423 = GRUR-RR 2018, 532 – Mitarbeiter des Monats.

ment der Vereinnahmung des Genannten überhaupt enthalten[77] oder ob, wie in den hier genannten Fällen, der Gesichtspunkt insbesondere der satirischen Anknüpfung an reale Geschehnisse im Vordergrund steht und sich daher das Grundrecht der Meinungsfreiheit des Werbenden gegenüber dem Allgemeinen Persönlichkeitsrecht des in der Werbung Genannten durchsetzt. Dieser Aspekt rechtfertigte auch Werbung eines Bankhauses mit der Schlagzeile *Herr A., Sie müssen B. nicht verkaufen* und der anschließenden Aufforderung, stattdessen lieber Kunde der werbenden Bank zu werden;[78] diese Anzeige vereinnahmte den Betroffenen in keiner Weise als Protagonisten der werbenden Bank, und knüpfte stattdessen an eine publizistische Erörterung eines etwaigen Vermögensverfalls eines russischen Milliardärs und die Frage an, ob er nun einen ihm gehörenden englischen Fußballclub oder ob dieser einen prominenten Angehörigen der Mannschaft verkaufen müsse; sie war damit vom Grundrecht der Meinungsfreiheit gedeckt.

KundenzeitschriftenAuch begründet nicht jedes werbliche Umfeld zwingend die Annahme, **17.27** die **Nennung eines Namens** oder die Abbildung einer Person erfolge tatsächlich zu Werbezwecken. Dies bedarf vielmehr stets gesonderter Feststellung (dazu im Einzelnen Rz. 22.3 ff.). So hat etwa der BGH[79] mit Billigung des BVerfG[80] angenommen, dass auch die Verbreitung von **Kundenzeitschriften** legitime publizistische Tätigkeit und dass daher die Veröffentlichung des Lichtbilds eines bekannten Schauspielers auf der Titelseite einer derartigen Zeitschrift nicht unter dem Gesichtspunkt der ungenehmigten Nutzung des Bilds zum Zweck der Werbung unzulässig ist.

§ 18 Unwahre Tatsachenbehauptungen

1. Grundsatz der Rechtswidrigkeit

Bei unwahren Tatsachenbehauptungen besteht eine **faktische Vermutung** der **Unzulässigkeit** **18.1** **ihrer Verbreitung** durch die Medien. Sie nehmen nach der ständigen Rechtsprechung des BVerfG[1] am Grundrechtsschutz des Art. 5 Abs. 1 Satz 1 GG nicht teil, wenn sie im Bewusstsein ihrer Unwahrheit verbreitet worden sind oder wenn ihre Unwahrheit bereits zum Zeitpunkt ihrer Äußerung oder Verbreitung evident ist. Ist das der Fall, dann bietet auch die Wissenschaftsfreiheit gemäß Art. 5 Abs. 3 GG keine Rechtsgrundlage für ihre Verbreitung.[2] In diesen Fällen besteht damit an ihrer erneuten Verbreitung regelmäßig kein berechtigtes Interesse.

---

77 So auch für den Bereich der Bild-Werbung BGH ZUM 2010, 529 = NJW-RR 2010, 855 – Der strauchelnde Liebling.
78 OLG Hamburg ZUM-RD 2010, 469.
79 BGH AfP 1995, 495 = NJW-RR 1995, 789 – Chris Revue; OLG München AfP 1998, 409 = ZUM 1998, 1042 – Uschi Glas.
80 BVerfG AfP 2000, 163 = NJW 2000, 1026 – Chris Revue.
1 BVerfG AfP 1976, 115 = NJW 1976, 1677 – Echternach; BVerfG AfP 1982, 215 = NJW 1983, 1415 – NPD von Europa; BVerfG AfP 1992, 53 = NJW 1992, 1439 – Bayer; BVerfG NJW 1993, 916; BVerfG NJW 1993, 1845; dazu *Grimm*, NJW 1995, 1697 ff.
2 BVerfG AfP 2000, 555 = ZUM-RD 2000, 220; OLG Frankfurt a.M. WRP 2017, 875 – Fachbeitrag.

18.2 Hingegen ist die erstmalige Verbreitung einer Behauptung, die sich erst **nachträglich** als **unwahr** herausstellt, nicht vom Grundrechtsschutz ausgenommen.[3] Haben die Medien bei ihrer Abfassung in Wahrnehmung berechtigter Interessen gehandelt (dazu Rz. 15.1 ff.), dann ist ihre erstmalige Verbreitung rechtmäßig, wird mithin auch sie vom Grundrechtsschutz erfasst.[4] Erst wenn feststeht, dass die in Rede stehende Meldung unrichtig ist oder sich mit den Mitteln der Beweiserhebung nicht feststellen lässt, dass der Rechtfertigungsgrund der Wahrnehmung berechtigter Interessen eingreift, ist eine Meldung als unwahr zu behandeln.

18.3 Unwahre Tatsachenbehauptungen über Personen oder Institutionen werden im Allgemeinen geeignet sein, sich nachteilig auf deren Ansehen in der Öffentlichkeit, ihren sozialen Geltungsanspruch oder ihren Kredit bzw. ihre Geschäftsehre auszuwirken. Die Aufstellung oder Verbreitung solcher Behauptungen erfüllt damit den Tatbestand der **üblen Nachrede** gemäß § 186 StGB i.V.m. § 823 Abs. 2 BGB bzw. denjenigen der **Kreditgefährdung** gemäß § 824 BGB.[5] Ist das der Fall, so ist ihre weitere Verbreitung rechtlich ausnahmslos unzulässig. Steht die Unwahrheit einer Tatsachenbehauptung fest, so kommt insbesondere der Gesichtspunkt der Wahrnehmung berechtigter Interessen als Rechtfertigung ihrer weiteren Verbreitung nicht in Betracht, obgleich ihre ursprüngliche Verbreitung unter diesem Gesichtspunkt gerechtfertigt gewesen sein kann. Auch auf die Kommunikationsgrundrechte des Art. 5 Abs. 1 GG können sich die Medien zur Rechtfertigung der erneuten Verbreitung nachweislich unwahrer Tatsachenbehauptungen nicht berufen. Es gibt, so hat neben dem BVerfG[6] auch der BGH[7] wiederholt entschieden, kein berechtigtes Interesse an der Aufrechterhaltung und erneuten Verbreitung unwahrer Tatsachenbehauptungen, die im Sinn der zitierten Bestimmungen tatbestandlich sind. Dies gilt auch, soweit die Medien wertende Kommentare und damit Meinungsäußerungen verbreiten, wenn Tatsachenbehauptungen in sie einfließen, deren Unwahrheit feststeht oder dem Autor bekannt ist.[8]

2. Ausnahmen

18.4 Trotz dieser auf den ersten Blick klaren Rechtslage neigen Betroffene und Gerichte erfahrungsgemäß häufig dazu, den Satz von der Unzulässigkeit der Verbreitung unwahrer Tatsachenbehauptungen schematisch und damit unkritisch anzuwenden. Dabei wird übersehen, dass nicht jede unwahre Tatsachenbehauptung, die eine bestimmte Person oder Institution betrifft, tatbestandlich im Sinn der genannten straf- oder zivilrechtlichen Bestimmungen ist.

---

3 BVerfG AfP 1982, 163 = NJW 1983, 1415 – NPD von Europa; BVerfG NJW 1996, 1529; BVerfG AfP 1999, 57 = NJW 1999, 1322; BVerfG AfP 2003, 43 = NJW 2003, 1109; BGH AfP 2015, 36 = NJW 2015, 778 – Chefjustitiar.

4 BVerfG AfP 1999, 57 = NJW 1999, 1322 – Helnwein; BVerfG NJW 2003, 1856 = ZUM-RD 2003, 114; BVerfG AfP 2000, 351 = ZUM-RD 2000, 316; BGH AfP 1987, 597 = NJW 1987, 2255 – Pressemäßige Sorgfalt; zu den Grundsätzen einer zulässigen Verdachtsberichterstattung auch bei einer Verfahrenseinstellung s. BGH AfP 2015, 36 = GRUR 2015, 96 oder BGH GRUR 2016, 532.

5 *Grimm*, NJW 1995, 1697 ff.

6 BVerfG AfP 1976, 115 = NJW 1976, 1677 – Echternach; BVerfG AfP 1982, 215 = NJW 1983, 1415 – NPD von Europa; BVerfG AfP 1992, 53 = NJW 1992, 1439 – Bayer; BVerfG NJW 1993, 916; BVerfG NJW 1993, 1845; BVerfG NJW 2003, 1856 = ZUM-RD 2003, 114.

7 BGH GRUR 1972, 435 – Grundstücksgesellschaft; BGH AfP 1975, 804 = GRUR 1975, 89 – Brüning-Memoiren I; BGH AfP 1975, 911 = NJW 1975, 1882 – Geist von Oberzell.

8 BVerfG AfP 2003, 535 = NJW 2004, 277.

Mit Ausnahme des Anspruchs auf Abdruck einer Gegendarstellung[9] sind die genannten Tatbestände jedoch als Anknüpfungspunkt für die Geltendmachung zivilrechtlicher Ansprüche oder gar strafrechtlicher Verfolgung im vorliegenden Zusammenhang unverzichtbar.

Entgegen einer auch in der Rechtsprechung vertretenen Auffassung[10] stellt daher im Recht der Medien die Wahrheit als solche kein Rechtsgut dar, begründet also die Verletzung der Wahrheit ohne das Hinzutreten derjenigen Umstände, die sie zur üblen Nachrede im Sinn von § 186 StGB machen oder die den Tatbestand einer anderen gesetzlichen Verbotsnorm erfüllen, allein auch keine Rechtsverletzung.[11] Falsch ist daher die Auffassung insbesondere des OLG Hamburg, das Allgemeine Persönlichkeitsrecht schütze

18.5

„... vor der Verbreitung von Unwahrheiten unabhängig davon, ob diese Unwahrheiten einen irgendwie diskriminierenden oder auch nur kritisierenden Einschlag haben."[12]

Sie übersieht, dass sowohl die Landespressegesetze als auch die Rechtsprechung des BVerfG von den Medien lediglich ein Bemühen um Wahrheit, **nicht** aber eine **absolute Richtigkeitsgewähr** verlangen (Einzelheiten in Rz. 2.9 ff.). Mit dieser Rechtslage wäre es unvereinbar, zivil- oder gar strafrechtliche Sanktionen an die Verbreitung bloßer Unwahrheiten zu knüpfen, durch die die gesetzlichen Tatbestände des Ehren- oder Kreditschutzes nicht verletzt werden. Auch das Allgemeine Persönlichkeitsrecht kommt als ausschließlich zivilrechtlicher Auffangtatbestand insoweit nur dort in Betracht, wo es in seinem Wesen verletzt ist. Verfälschungen des Lebensbilds,[13] Verletzungen des Rechts auf Selbstbestimmung der Position der eigenen Persönlichkeit durch Veröffentlichung eines erfundenen Interviews[14] oder des sozialen Geltungsanspruchs durch Manipulation oder sonstwie verfälschende Wiedergabe des gesprochenen[15] oder geschriebenen[16] Worts gehören in diesen Bereich, sind in aller Regel aber tatbestandlich auch bereits durch die Bestimmung des § 186 StGB zu erfassen und schließen den Einwand mangelnder Rechtsverletzung daher aus.

Nicht selten sind aber von den Medien veröffentlichte Behauptungen zwar unwahr und doch mangels Hinzutretens besonderer Umstände für die Ehre, den wirtschaftlichen Ruf oder den sozialen Geltungsanspruch des Betroffenen ohne jede **Relevanz**. Das gilt etwa für die Behauptung, ein Filmschauspieler habe seinen letzten Urlaub auf Madeira verbracht, während er sich tatsächlich auf Mallorca aufhielt, ein Unternehmen habe unter Verstoß gegen ein Embargo eine große Partie Weizen in ein betroffenes Land verkauft, während es sich tatsächlich um Roggen handelte, oder eine Vereinigung habe ihre Jahrestagung in Frankfurt abgehalten, während sie tatsächlich in Wiesbaden tagte. Solche fehlerhaften Behauptungen mögen einen Gegendarstellungsanspruch begründen, nicht aber eine straf- oder sonstige zivilrechtliche Haftung der Medien, die sie irrtümlich verbreiten.

18.6

---

9 Hierzu reicht nach den Landespressegesetzen Betroffenheit aus dass Rechte des Anspruchsstellers verletzt sind, wird nicht vorausgesetzt; dazu Rz. 29.9 ff.
10 OLG Hamburg AfP 1988, 143.
11 BVerfG AfP 1982, 163 = NJW 1982, 2655 – Kredithaie; BGH AfP 1979, 307 = NJW 1979, 1041 – Exdirektor; *Grimm*, NJW 1995, 1697.
12 OLG Hamburg AfP 1988, 143; so i.E. auch Wenzel/*Burkhardt/Peifer*, Kap. 5 Rz. 74 ff.
13 BGH NJW 1958, 459 = GRUR 1958, 354 – Sherlock Holmes; BGH AfP 2008, 113 = WRP 2008, 820 – Namenloser Gutachten.
14 BGH NJW 1965, 685 – Soraya; BGH AfP 1995, 411 = NJW 1995, 861 – Caroline von Monaco I.
15 BVerfG AfP 1980, 149 = NJW 1980, 2070 – Eppler.
16 BGH NJW 1954, 1404 – Leserbrief.

18.7 Tatsächlich hat auch die Rechtsprechung trotz der dargestellten Tendenz im Ergebnis verschiedentlich anerkannt, dass Wahrheit oder Unwahrheit als solche keine rechtliche Dimension darstellen. **Wertneutrale Falschmeldungen** wie etwa Vergröberungen und Einseitigkeiten infolge des Zwangs zu Kürze und pressegerechter Darstellung können unvermeidbar sein. Sie beeinträchtigen das Lebensbild nicht ohne weiteres und können daher im Einzelfall hinzunehmen sein.[17] Das gilt insbesondere für staatliche Stellen und deren Organe wie etwa den Regierenden Bürgermeister von Berlin, der in seinen Rechten nicht durch die objektiv unrichtige Behauptung verletzt wird, er bemühe sich um zusätzliche Mittel für Dienstreisen.[18] Das gilt aber auch für die Behauptung, von der Annullierung eines Charterflugs in die Türkei seien 40 Personen betroffen, während es tatsächlich nur 30 waren,[19] oder diejenige, ein Betrüger, der insbesondere Bürgern der neuen Bundesländer wertlose Beteiligungen an Scheinfirmen verkaufte, habe auf diese Weise 6 Millionen DM ergaunert, während es tatsächlich nur wenig mehr als 5 Millionen DM waren.[20] Und zu Recht haben die Gerichte[21] auch die fehlerhafte Meldung, ein Betroffener habe sich gegenüber dem Magazin *Stern* in einer bestimmten Weise geäußert, während er die in Rede stehende Äußerung tatsächlich gegenüber der *Deutschen Presseagentur* getätigt hatte, als wertneutrale Falschbehauptung eingestuft und die dagegen gerichtete Klage abgewiesen.

18.8 Eine wertneutrale Falschbehauptung in diesem Sinn war auch die Behauptung, ein bestimmtes Ereignis habe anlässlich einer Vernissage bei *Jil Sander* stattgefunden, während es sich in der Tat um eine Vernissage von *Jil Sander* handelte.[22] Auch die sachlich falsche Meldung, die *ARD* überprüfe den Missbrauch von Subventionen, ist als wertneutrale Falschmeldung ohne rechtsverletzenden Charakter anzusehen, wenn die Prüfung in einem Bericht über eine Reihe zweifelhafter Subventionszahlungen durch die *ARD* erwähnt wird, der in seinen sonstigen Bestandteilen nicht angegriffen wird.[23] Gleiches gilt für die objektiv falsche Behauptung, ein namentlich genannter Aktionär habe sich in einem aktienrechtlichen Anfechtungsverfahren die von ihm erhobene Klage gegen Zahlung einer Entschädigung abkaufen lassen wollen, während es sich tatsächlich um eine Gesellschaft handelte, deren Geschäftsführer der Betroffene war.[24] Und auch die fehlerhafte Behauptung, alle auf einem Foto abgebildeten Personen gehörten dem *CDU*-Ortsverband an, während dies auf die Kläger nicht zutraf, ist zu Recht trotz des von den Klägern beanstandeten „In-die-Nähe-Rückens" vom LG Heilbronn wegen der **„geringen Eingriffsintensität"** nicht als unerlaubte Handlung angesehen worden; der Anspruch der Kläger auf Erstattung der Kosten für das von ihnen durchgesetzte Gegendarstellungsverlangen wurde dementsprechend zurückgewiesen (zum Kostenerstattungsanspruch bei Gegendarstellungen s. Rz. 29.90).[25] Hingegen kann dem OLG Karlsruhe[26] nicht in der Auffassung gefolgt werden, die Behauptung, ein Arzt, der unstreitig keine strafbaren Abtrei-

---

17 BVerfG AfP 1982, 163 = NJW 1982, 2655 – Kredithaie; BGH AfP 2008, 113 = NJW-RR 2008, 913 – Namenloser Gutachter; BGH AfP 1979, 307 = NJW 1979, 1041 – Exdirektor; OLG Brandenburg NJW-RR 1999, 3339; Wenzel/*Burkhardt*/*Peifer*, Kap. 5 Rz. 83.

18 KG NJW-RR 2010, 1424.

19 BGH AfP 1985, 116 = NJW 1985, 1621 – Türkol.

20 KG v. 24.1.1995 – 9 U 4493/94, unveröffentlicht.

21 BGH AfP 2006, 60 = NJW-RR 2006, 126 – dpa-Interview; BVerfG AfP 2008, 55 = NJW 2008, 747 – dpa-Interview.

22 BGH AfP 2008, 113 = NJW-RR 2008, 913 – Namenloser Gutachter.

23 BGH AfP 2009, 55 = MMR 2009, 252.

24 LG Köln AfP 2007, 380.

25 LG Heilbronn AfP 2018, 78.

26 OLG Karlsruhe AfP 2003, 452 = NJW 2003, 2029; anders in einem Parallelverfahren zutreffend BVerfG AfP 2006, 550 – Babycaust.

bungen vornahm, nehme rechtswidrige Abtreibungen vor, sei ihrem Gehalt nach wertneutral, weil der Gesetzgeber selbst es im Gesetzgebungsverfahren offen gelassen habe, ob nicht auch gemäß § 218 StGB straflose Abtreibungen rechtswidrig sind; der Durchschnittsleser, an den sich diese Behauptung wendet, unterscheidet bei einem so sensiblen Thema wie demjenigen der Abtreibung nicht zwischen den Begriffen strafbar und rechtswidrig und wird als selbstverständlich annehmen, derjenige, dem rechtswidriges Tun vorgeworfen wird, verletze die einschlägigen Gesetze.

Wie wertneutrale Falschmeldungen im erörterten Sinn sind auch **Übertreibungen** und **Ausschmückungen** durch die Boulevardpresse zu behandeln, wenn sie den wahren Sachverhalt in seiner Substanz nicht verfälschen und sich eine Beeinträchtigung des Lebensbilds oder des sozialen Geltungsanspruchs des Betroffenen aus ihnen nicht ergibt.[27] Einen Fall der Verletzung des Allgemeinen Persönlichkeitsrechts, nicht aber einen Fall des § 186 StGB kann es etwa auch darstellen, wenn die Medien einer Prominenten eine bevorstehende Hochzeit mit einem namentlich genannten Partner andichten, die tatsächlich zum Zeitpunkt der Veröffentlichung und Entscheidung nicht beabsichtigt ist.[28]

18.9

Es ist damit auch im Fall feststehender Unwahrheiten und bei streitigen Behauptungen vor Durchführung einer gerichtlichen Beweiserhebung stets zu prüfen, ob im Einzelfall geschützte Rechte des Betroffenen verletzt sind oder sein können oder ob es sich um eine wertneutrale Falschbehauptung oder eine unschädliche Übertreibung handelt, durch die sein sozialer Achtungs- und Geltungsanspruch als Ausprägung seines Allgemeinen Persönlichkeitsrechts ebenso wenig verletzt wird wie die spezielleren Tatbestände der §§ 186 StGB und 824 BGB.

18.10

§ 19 Wahre Tatsachenbehauptungen – Das Allgemeine Persönlichkeitsrecht

---

27 BGH GRUR 1968, 209 – Lengede.
28 OLG Hamburg NJW-RR 1999, 1701.

1. Grundlagen

19.1 Die Verbreitung wahrer Tatsachenbehauptungen gehört neben der Mitwirkung an der öffentlichen Meinungsbildung zu den ersten und vornehmsten Rechten und Aufgaben der Medien. Wahre Tatsachenbehauptungen sind unter keinen Umständen tatbestandlich im Sinn von §§ 186 StGB, 824 BGB. Denn diese Bestimmungen setzen die Unwahrheit der aufgestellten oder verbreiteten ehrenrührigen bzw. kreditschädigenden Behauptungen unabdingbar voraus. Die Feststellung, dass ein beträchtlicher Teil aller medienrechtlichen Auseinandersetzungen nicht die Verbreitung unwahrer, sondern diejenige wahrer Tatsachenbehauptungen betrifft, erscheint daher auf den ersten Blick paradox. Doch es ist gerade der Bereich der wahren Tatsachenbehauptungen, in dem sich das Spannungsfeld zwischen dem Bestreben der Medien, die Öffentlichkeit möglichst umfassend zu informieren, und dem in Gestalt des **Allgemeinen Persönlichkeitsrechts** geschützten Wunsch des Einzelnen, mit seinen Belangen nicht an die Öffentlichkeit gezerrt zu werden, in besonderem Maß entfaltet, wie sich bereits am Beispiel der Identifizierung und insbesondere namentlichen Benennung Betroffener gezeigt hat (Rz. 17.4 ff.).

19.2 Aus dem Allgemeinen Persönlichkeitsrecht ergibt sich damit die nahezu einzige und in der Praxis obendrein äußerst bedeutsame Einschränkung für die Berichterstattung der Medien über wahre Tatsachenbehauptungen. Bei ihr handelt es sich um die für das Medienrecht wichtigste Ausprägung der durch Art. 1 Abs. 1 GG und Art. 2 Abs. 1 GG begründeten Freiheitsrechte des Einzelnen im Wertesystem des Grundgesetzes in der Abgrenzung zu den Kommunikationsfreiheiten des Art. 5 Abs. 1 GG. Nach der Rechtsprechung des BVerfG[1] hat es als solches selbst **Verfassungsrang**, und die für die Praxis der Gerichte auch in Deutschland bedeutsame Rechtsprechung des EGMR[2] leitet aus der Gewährleistung des Anspruchs des Einzelnen auf Achtung seines Privat- und Familienlebens durch Art. 8 Abs. 1 EMRK ein Gebot des Persönlichkeitsschutzes auch gegenüber Medienveröffentlichungen ab, das im Einzelfall über dasjenige noch hinaus gehen kann, was die deutsche oder auch eine andere nationale Rechtsprechung gewährt. Für die Rechtspraxis hat dies erhebliche praktische Konsequenzen insoweit, als es die Grundrechtsqualität des Allgemeinen Persönlichkeitsrechts ist, die es dem BVerfG erlaubt und gebietet, die Rechtsprechung namentlich der Zivilgerichte immer wieder nicht nur im Hinblick darauf zu überprüfen, ob sie der Gewährleistung der Meinungs-, Presse- und Rundfunkfreiheit durch das Grundgesetz gerecht wird, sondern eben auch darauf, ob im Einzelfall der Schutz der Persönlichkeit gegenüber Beeinträchtigungen durch die Medien verkürzt wird. Obendrein begrenzt das Allgemeine Persönlichkeitsrecht die Kommunikationsgrundrechte aus Art. 5 Abs. 1 GG als allgemeines Gesetz gemäß Art. 5 Abs. 2 GG.

19.3 Zugleich ist das Allgemeine Persönlichkeitsrecht aber auch eine Ausprägung besonderer Persönlichkeitsrechte, die der Gesetzgeber zum Teil bereits vor seiner Entwicklung geschaffen (§§ 22 ff. KUG: Recht am eigenen Bild) und zum Teil später nachvollzogen hat, oder auch

---

1 BVerfG AfP 2000, 76 = NJW 2000, 1021 – Caroline von Monaco I; anders Löffler/*Steffen*, § 6 LPG Rz. 57.

2 Vgl. z.B. EGMR AfP 2015, 327 = NJW 2016, 781 – Ernst August von Hannover/Deutschland; EGMR AfP 2015, 320 – Tierbefreier e.V./Bundesrepublik Deutschland; EGMR ZUM 2018, 179 – Fernsehmoderator; EGMR AfP 2004, 348 = GRUR 2004, 1051 – Caroline von Monaco; EGMR NJW 2012, 1058 = GRUR 2012, 741 – Axel Springer AG/Deutschland; EGMR NJW 2012, 747 – Max Mosley; EGMR NJW 2012, 1053 = ZUM 2012, 551 – Caroline von Hannover II.

deren Vorbild.[3] Als sonstiges Recht gemäß § 823 Abs. 1 BGB bildet es einen so genannten **offenen Tatbestand**, der nicht abschließend umschrieben, dessen Ausprägung vielmehr jeweils anhand des zu entscheidenden Falls herauszuarbeiten ist (dazu schon Rz. 12.50 ff.). Bei seiner Auslegung und Anwendung bedarf es in besonderem Maß der Methode der Güterabwägung, in die die persönliche Ehre des Betroffenen als Kern des Allgemeinen Persönlichkeitsrechts einerseits und das berechtigte Interesse der Medien an der möglichst vollständigen Unterrichtung der Öffentlichkeit andererseits einzubeziehen sind.

Das Allgemeine Persönlichkeitsrecht gibt dem Einzelnen allerdings nicht das Recht, von anderen und insbesondere von den Medien nur so dargestellt zu werden, wie er sich selbst sieht oder gesehen werden möchte.[4] Aufgabe der Rechtsprechung ist es, in den jeweils konkret zu entscheidenden Fallkonstellationen die kollidierenden Prinzipien des Persönlichkeitsschutzes und der Medienfreiheiten im Wege der **Güterabwägung** miteinander in Einklang zu bringen.[5] Um diesen Abwägungsvorgang jedenfalls im Rahmen des Möglichen transparent und kalkulierbar zu machen, hat die Rechtspraxis den offenen Tatbestand des Allgemeinen Persönlichkeitsrechts durch die Schaffung spezieller Problemfelder fortentwickelt, in denen sich das genannte Spannungsfeld konkretisiert und anhand deren sich die Redaktionen vor der Vornahme von Veröffentlichungen jeweils Klarheit über die Frage verschaffen können, ob und inwieweit die Zulässigkeit beabsichtigter Berichterstattung auf die Schranken des Allgemeinen Persönlichkeitsrechts der Betroffenen stößt und möglicherweise hinter ihm zurückzustehen hat.

19.4

Die Typisierungen und Fallgruppen, anhand deren die Praxis die erforderliche Güterabwägung mit den Medienfreiheiten vornimmt, entsprechen dabei weitgehend denjenigen, die für das sehr viel ältere Recht am eigenen Bild entwickelt wurden (Einzelheiten dazu in Rz. 21.2 ff.). Dennoch sind sie nicht identisch. Während für das Recht der Wortberichterstattung und damit in erster Linie für dasjenige der Verbreitung von Tatsachenbehauptungen der Grundsatz gilt, dass es zum Selbstbestimmungsrecht der Medien gehört, nach eigenen Kriterien zu entscheiden, was sie für berichtenswert halten,[6] gilt für die Bildberichterstattung der Grundsatz, dass nach § 22 KUG die Verbreitung des Bildnisses einer Person deren Zustimmung bedarf und Ausnahmen nur in Betracht kommen, soweit der Katalog des § 23 Abs. 1 KUG und die dazu ergangene Rechtsprechung dies vorsehen.

19.5

Das **Regel-Ausnahmeverhältnis** zwischen zulässiger Medienäußerung und deren Beschränkung ist mithin bei der Verbreitung wahrer Tatsachenbehauptungen mit dem Potenzial zur Beeinträchtigung des Allgemeinen Persönlichkeitsrechts eines Betroffenen ein anderes als bei

19.6

---

3 Löffler/*Steffen*, § 6 LPG Rz. 57: Datenschutzrecht; Schutz des gesprochenen und geschriebenen Worts; Schutz gegen unerlaubte Bildaufnahmen.
4 BVerfG AfP 2016, 430 = NJW 2016, 3362; BVerfG AfP 2000, 76 = NJW 2000, 1021 – Caroline von Monaco I; BVerfG AfP 2012, 37 = NJW 2012, 756; BGH AfP 2017, 48 = GRUR 2017, 298; BGH NJW 2018, 1820; BGH WRP 2011, 70 = NJW 2011, 744 – Party-Prinzessin.
5 BVerfGE 7, 198 = NJW 1958, 257 – Lüth; BVerfGE 20, 162 = NJW 1966, 1603 – Spiegel-Urteil; BVerfG AfP 1971, 119 = NJW 1971, 1645 – Mephisto; BVerfG AfP 1973, 423 = NJW 1973, 1226 – Lebach I; BVerfG AfP 1980, 151 = NJW 1980, 2072 – Böll/Walden; BVerfG AfP 1987, 677 = NJW 1987, 2661 – Konkret-Karikatur; BVerfG AfP 1999, 57 = NJW 1999, 1322 – Helnwein.
6 BGH AfP 2012, 551 = GRUR 2013, 91 – Comedy-Darstellerin; OLG Hamburg AfP 2016, 546 – Politikerhochzeit; BVerfG AfP 1998, 192 = NJW 1998, 1627; BVerfG AfP 2000, 76 = NJW 2000, 1021 – Caroline von Monaco I; BVerfG AfP 2008, 163 = NJW 2008, 1793 – Caroline von Monaco II.

der Verbreitung seines Bildnisses.[7] Bei der Verbreitung **wahrer Tatsachenbehauptungen ist es die Beschränkung** auf der Basis des Allgemeinen Persönlichkeitsrechts, die einer **besonderen Rechtfertigung** bedarf, während **bei Bildnissen** umgekehrt die Verbreitung **ohne Rechtfertigungsgrund unzulässig** ist. Daher sind auch mit Recht sog. „**presserechtliche Informationsschreiben**", die sehr allgemein auf eine potentiell unzulässige Berichterstattung hinweisen, gegen die sich der Betroffene wehren würde, als unzulässig angesehen worden.[8] Die Medien müssten sich ein Bild machen können, ob eine eventuell beabsichtigte Berichterstattung in die Rechte eines Betroffenen eingreifen würde. Es hat auch seinen guten Grund, dass jenseits der Verbreitung unwahrer Tatsachenbehauptungen (dazu Rz. 18.1 ff.) Konflikte, die die Gerichte und insbesondere das BVerfG unter dem Aspekt einer zutreffenden Güterabwägung beschäftigen, ihren Ursprung weit häufiger im Bereich der Bild- als in demjenigen der Wortberichterstattung haben und dass bei bildlicher und paralleler textlicher Darstellung häufig lediglich die Bildveröffentlichung angegriffen wird. So hat etwa der ehemalige Bundespräsident *Wulff* sich hinsichtlich eines Beitrags, der ihn nach der *Versöhnung mit seiner Frau beim Einkaufen zeigte*, nur gegen die Bildberichterstattung gewendet,[9] und auch der frühere regierende Bürgermeister von Berlin griff lediglich eine Bildveröffentlichung an, die ihn am Vorabend einer gegen ihn gerichteten Misstrauensabstimmung bei einem *Restaurantbesuch* zeigte.[10] Eine Wort-/Bildberichterstattung über den Kurzurlaub eines Fußballnationalspielers während der WM 2018, die ihn mit seiner Begleitung zeigte, wurde dementsprechend vom OLG Köln auch nur hinsichtlich der Bildberichterstattung untersagt.[11]

19.7 Vor diesem Hintergrund bedarf es auch besonderer Betonung, dass die Einschränkungen der Medienfreiheiten durch die Rechtsprechung des EGMR[12] in erster Linie die Bildberichterstattung betreffen. Sie dürfen daher nicht schematisch auf die Verbreitung wahrer Tatsachenbehauptungen und deren Begrenzung durch das Allgemeine Persönlichkeitsrecht übertragen werden. Allerdings darf aus diesen Feststellungen auch nicht der pauschale Schluss gezogen werden, dass Wortberichterstattung bei identischen Themen immer in weiterem Umfang zulässig ist als die bildliche Darstellung; dies ist jedenfalls dann nicht der Fall, wenn ein Text eine Intensität von Detailinformationen aufweist, die derjenigen, die durch ein Bild vermittelt werden, gleich ist oder sie sogar überschreitet.[13]

19.8 Häufig entstammen Konflikte über angebliche oder tatsächliche Übergriffe der Medien in den Bereich des geschützten Persönlichkeitsrechts dem Bereich der unterhaltenden Presse. Dies geht häufig mit dem Argument einher, die Berichterstattung sei schon deswegen unzulässig, weil es in den konfliktträchtigen Fällen nicht um öffentlichkeitsrelevante Fakten, sondern nur um die Unterhaltung des Publikums gehe. Dies stellt jedoch eine Fehleinschätzung dar. Der verfassungsrechtlich gewährleistete Schutz der Presse- und Rundfunkfreiheit schließt den Bereich unterhaltender Berichterstattung selbstverständlich ein. Beiträge der Medien über das

---

7 BVerfG AfP 2010, 562 = NJW 2011, 740 – Aids Gala; BVerfG AfP 2012, 37 = NJW 2012, 756; BGH AfP 2010, 259 = NJW 2010, 3025 – Galadinner im Centre Pompidou; BGH NJW 2011, 744 = ZUM 2011, 164 – Party-Prinzessin; BGH NJW 2011, 746 = ZUM 2011, 161 – Rosenball in Monaco; *G. Müller*, VersR 2008, 114 ff. unter B III 3.

8 BGH AfP 2019, 40 = WRP 2019, 336.

9 BGH NJW 2018, 1820 = MDR 2018, 472.

10 BGH GRUR 2017, 302; s. auch BGH AfP 2007, 475 = NJW 2007, 749 – Oliver Kahn; BGH AfP 2007, 121 = NJW 2007, 1981 – Ernst August von Hannover.

11 OLG Köln SPuRt 2019, 31.

12 Insbesondere EGMR AfP 2004, 348 = NJW 2004, 2647 – Caroline von Monaco; dazu Rz. 21.2 ff.

13 BVerfG AfP 2000, 349 = NJW 2000, 2194; BGH AfP 2010, 259 = NJW 2010, 3025 – Galadinner im Centre Pompidou.

Privat- und Alltagsleben Prominenter und über ihr soziales Umfeld sind damit durch das Grundrecht der Presse- und Rundfunkfreiheit grundsätzlich in gleicher Weise geschützt wie etwa solche aus den Bereichen Politik, Wirtschaft, Kultur und Sport.[14] Gerade in der Konkurrenz zu anderen Medien und Unterhaltungsangeboten ist insbesondere die Presse darauf angewiesen, ihren Lesern auch unterhaltende Beiträge anzubieten und sie so an sich zu binden.[15]

Allerdings ist auch die Unterhaltungspresse an die aus dem Allgemeinen Persönlichkeitsrecht resultierenden Schranken der Berichterstattung gebunden. Und in der Abwägung der widerstreitenden Interessen kann das Argument, es handele sich im konkreten Fall nur um Unterhaltendes, dann doch an Gewicht gewinnen: Je größer und intensiver das öffentliche Interesse an einem berichteten Vorgang ist, desto weiter wird auch der Spielraum der Medienfreiheiten gegenüber den kollidierenden Persönlichkeitsrechten sein. Wo es aber an Öffentlichkeitsrelevanz fehlt und es daher nur oder doch in erster Linie um die Befriedigung von Neugier und Voyeurismus geht, wird sich das Allgemeine Persönlichkeitsrecht der Betroffenen gegenüber den Medienfreiheiten tendenziell eher durchsetzen,[16] sofern und soweit nicht der Betroffene sich auf die entsprechende Berichterstattungsform und die daraus resultierende Zurückdrängung seiner Persönlichkeitsrechte im Wege einer „Selbstöffnung" einlässt.[17] Diese Unterscheidung, deren Grenzen wiederum fließend sind, prägt insbesondere die Rechtsprechung des EGMR, der allerdings insbesondere im Rahmen der Bildberichterstattung darauf abstellt, ob ein Zusammenhang mit einem zeitgeschichtlichen Ereignis besteht.[18] Dabei handelt es sich jedoch um Kriterium des § 23 Abs. 1 KUG, das als solches im Rahmen der Bestimmung der Schranken des Allgemeinen Persönlichkeitsrechts nicht zum Tragen kommt.[19] Hier bleibt es dabei, dass von der Freiheit der verbalen Kommunikation auszugehen ist und deren Grenzen anhand des Schutzbereichs der jeweils betroffenen Ausprägung des Allgemeinen Persönlichkeitsrechts zu bestimmen sind.

19.9

Soweit das Allgemeine Persönlichkeitsrecht den Kommunikationsgrundrechten aus Art. 5 Abs. 1 GG Grenzen setzt, gilt das unabhängig von der Form der Verbreitung mit ihm kollidierender Tatsachenbehauptungen. Es kann damit nicht nur, wie soeben dargestellt, die Unterhaltungspresse die Grundrechte der Meinungs- und Pressefreiheit gegenüber den Individualgrundrechten der Betroffenen in prinzipiell gleicher Weise für sich in Anspruch nehmen wie andere Medien auch. Es unterliegen vielmehr Medienäußerungen ganz generell unabhängig von der Methode ihrer jeweiligen Verbreitung strukturell denselben aus dem Allgemeinen

19.10

---

14 BVerfG AfP 2000, 76 = NJW 2000, 1021 – Caroline von Monaco I; BVerfG AfP 2006, 448 = NJW 2006, 3406; BVerfG AfP 2008, 163 = NJW 2008, 1793 – Caroline von Monaco II; BGH GRUR 2009, 584 – Enkel von Fürst Rainier; BGH WRP 2011, 70 = NJW 2011, 744 – Party-Prinzessin; BGH AfP 2017, 310 = GRUR 2017, 850 – Popstar und Dessous-Model; *Hoffmann-Riem*, NJW 2009, 20 ff. unter V 1.

15 BVerfG AfP 2008, 163 = NJW 2008, 1793 – Caroline von Monaco II.

16 BVerfG AfP 2008, 163 = NJW 2008, 1793 – Caroline von Monaco II; *Hoffmann-Riem*, NJW 2009, 20 ff. unter V 1; Löffler/*Steffen*, § 6 LPG Rz. 45 f.

17 BVerfG AfP 1998, 52 = NJW 1998, 1386 – Münzen-Erna; BGH NJW 2018, 3509; BGH AfP 2012, 47; BGH NJW 2017, 1550 = GRUR 2017, 304 – Michael Schumacher; BGH NJW 2018, 1820 = GRUR 2018, 549 – Bundespräsident beim Einkaufen; BGH AfP 2017, 310 = GRUR 2017, 850 – Popstar und Dessous-Model; OLG Köln AfP 2018, 54; vgl. zum Aspekt der so genannten Unterhaltungsöffentlichkeit auch *Ladeur*, NJW 2004, 393 ff.

18 EGMR AfP 2004, 348 = NJW 2004, 2647 – Caroline von Monaco; EGMR NJW 2012, 1058 = GRUR 2012, 741 – Axel Springer AG/Deutschland; EGMR NJW 2012, 747 – Max Mosley; EGMR NJW 2012, 1053 = ZUM 2012, 551 – Caroline von Hannover II.

19 BVerfG AfP 2012, 37 = NJW 2012, 756.

Persönlichkeitsrecht folgenden Beschränkungen. Zwar kann die Abwägung der kollidierenden Interessen im Einzelfall auch von der Art des jeweiligen Mediums beeinflusst werden, wie das etwa in spezifischen Situationen im Hinblick auf deren Flüchtigkeit bei den Funkmedien Radio und Fernsehen der Fall sein mag; soweit derartige Besonderheiten in Betracht kommen, wird darauf bei der Erörterung der einzelnen Problembereiche eingegangen werden. Eine strukturelle Besserstellung einzelner Mediengattungen gegenüber dem Schutz des Individuums auf der Basis des Allgemeinen Persönlichkeitsrechts kommt demgegenüber nicht in Betracht.[20] Das gilt ungeachtet immer wieder laut werdender anderweitiger Stimmen gerade für die Verbreitung von Nachrichten über das **Internet**.[21] Bedenkenswert ist allerdings der Vorschlag, im Abwägungsprozess zwischen den Kommunikationsgrundrechten des Art. 5 Abs. 1 GG und den durch Artt. 1 und 2 GG geschützten Individualfreiheiten ersteren im Einzelfall geringeres Gewicht zuzusprechen, wenn eine rechtsverletzende Äußerung anonym verbreitet wird, wie dies für viele Äußerungen über das Internet typisch ist.[22]

19.11 Wie beim Recht am eigenen Bild sind auch im Rahmen des Allgemeinen Persönlichkeitsrechts dessen Systematisierung und Typisierung keineswegs einheitlich definiert[23] oder endgültig abgeschlossen. Sie befinden sich vielmehr in ständiger Fortentwicklung. Soweit das Allgemeine Persönlichkeitsrecht als spezielle Schranke des Rechts der Medien zur Berichterstattung über wahre Tatsachen eingreift, kommen insbesondere die folgenden Ausprägungen und Fallgruppen in Betracht.

2. Intimsphäre

19.12 Die **Intimsphäre** des Einzelnen definiert den engsten Bereich der Persönlichkeit des Menschen. Sie ist daher nur dem Individuum, nicht hingegen Unternehmen und anderen Personenvereinigungen, zuzubilligen. Sie steht unter dem effektivsten Schutz der Rechtsordnung gegen Eingriffe Dritter und insbesondere gegen Veröffentlichungen durch die Medien. Das gilt für Texte wie für Abbildungen. Das gilt insbesondere auch für Persönlichkeiten des öffentlichen Lebens und solche, die vorübergehend im Blickpunkt der Öffentlichkeit stehen (nach tradierter Terminologie: **Personen der Zeitgeschichte**; dazu Rz. 21.2 ff.), obwohl diese es in der Regel hinzunehmen haben, wenn die Medien über sie und ihre Aktivitäten unter Namensnennung berichten. Auch sie sind nicht gehalten, die Veröffentlichung von Informationen oder Lichtbildern zu tolerieren, mit denen die Medien in ihre Intimsphäre eindringen.[24]

19.13 So wird etwa die Ehescheidung eines führenden Politikers Gegenstand eines berechtigten Informationsinteresses der Öffentlichkeit und damit nicht mehr seiner Intimsphäre zuzurechnen sein, so dass die Medien darüber berichten dürfen. Die Gründe, die zur Zerrüttung der Ehe geführt haben, sind jedoch in der Regel in der Intimsphäre angesiedelt und daher gegen

---

20 Vgl. zu einem Online-Video etwa LG Köln v. 14.3.2018 – 28 O 362/17, zit. nach juris.
21 Dazu im Einzelnen *Bruns*, AfP 2011, 412 ff.
22 *Bernreuther*, AfP 2011, 218 ff.
23 Vgl. etwa die unterschiedlichen Systematisierungen bei Wenzel/*Burkhardt*/*Peifer*, Kap. 5 Rz. 16 ff.; Löffler/*Steffen*, § 6 LPG Rz. 57 ff.; *Soehring*, GRUR 1986, 518, 521 ff.
24 Grundlegend BGH AfP 2012, 47; s. auch BGH AfP 2013, 250 = GRUR 2013, 965; BGH AfP 2014, 534 = NJW 2015, 782 – Innenminister unter Druck; BGH AfP 1971, 76 = NJW 1971, 698 – Pariser Liebestropfen.

Veröffentlichung schlechthin geschützt.[25] Zeigt sich eine verheiratete Person des öffentlichen Lebens wiederholt mit einem anderen Partner in der Öffentlichkeit, dann ist dies jedenfalls dann nicht mehr der Intim-, sondern bereits ihrer weniger stringent geschützten Privatsphäre zuzurechnen, wenn ansonsten der Ehegatte an ihrem öffentlichen Leben teilnimmt. Darüber dürfen die Medien berichten.[26] Hingegen wird eine flüchtige Urlaubsbekanntschaft, die sich nicht vor den Augen der Öffentlichkeit abspielt, in der Regel der Intimsphäre zuzurechnen und daher gegen Berichterstattung schlechthin geschützt sein.[27]

Der Intimsphäre zuzuordnen sind in der Regel Vorgänge aus dem **Sexualbereich**, der damit gegen eine Darstellung in der Öffentlichkeit nahezu absolut geschützt ist.[28] Die Auffassung, dies gelte ohne jede Ausnahme, ist dennoch nicht zutreffend.[29] So verdrängte das Grundrecht der Meinungsfreiheit einer in ihrer Kindheit von ihrem Vater vielfach vergewaltigten Frau in einer Auseinandersetzung über die Zulässigkeit der öffentlichen Erörterung der Vorfälle durch die Betroffene das Persönlichkeitsrecht ihres Vaters trotz der unleugbaren Tatsache, dass es hier um intimste Vorgänge ging und die Identität des Vaters durch die Berichterstattung seiner Tochter zwangsläufig aufgedeckt werden musste.[30] Die Mitwirkung in Pornofilmen kann eine **Selbstöffnung** im Bereich der Sexualität darstellen, die eine darüber erfolgende Berichterstattung rechtfertigen kann.[31] Dementsprechend sah auch das LG Köln in eigenen Schilderungen einer im *Kindesalter entführten* und jahrelang gefangen gehaltenen jungen Frau eine Selbstöffnung. Eine spätere Buchveröffentlichung mit *Darstellungen intimer Vorgänge* während dieser Zeit hielt das LG daher für zulässig.[32] Demgegenüber wurde die Veröffentlichung intimer Details aus einem Abstammungsprozess als unzulässig angesehen,[33] obwohl an dem Prozess eine Persönlichkeit des öffentlichen Lebens beteiligt war und die andere Prozesspartei die betreffenden Details öffentlich gemacht hatte.

19.14

Eine Berichterstattung der Medien über eine **Sexualstraftat** aus Anlass des dazu anhängigen Strafverfahrens ist ebenfalls grundsätzlich zulässig, sofern in dem Beitrag ein unmittelbarer Bezug zur Tat besteht.[34] Um eine Verletzung der Intimsphäre handelt es sich dementsprechend bei der Preisgabe der Identität eines minderjährigen Opfers sexuellen Missbrauchs, da die Namensnennung für die Berichterstattung nicht erforderlich war.[35] Gleiches gilt, wenn *Sexualpraktiken des Angeklagten erörtert* werden, die keinen unmittelbaren Bezug zur Tat aufweisen.[36] Dass derartige Details in öffentlicher Hauptverhandlung erörtert worden sein mögen, wird daran in der Regel nichts ändern, weil es sich bei der Öffentlichkeit gemäß § 169 GVG um eine so genannte Saalöffentlichkeit handelt und die Intensität des Eingriffs in die

19.15

25 Zur Maßgeblichkeit dieser Differenzierung vgl. BGH AfP 1999, 350 = NJW 1999, 2893 – Ehebruch.
26 BGH NJW 1964, 1471 – Sittenrichter.
27 Wenzel/*Burkhardt*/*Peifer*, Kap. 5 Rz. 51.
28 BGH AfP 2012, 47 = NJW 2012, 767 – Wenn Frauen zu sehr lieben; BGH AfP 1988, 34 = NJW-RR 1988, 733 – Intime Beziehungen; BGH NJW 1974, 1947 = GRUR 1975, 561 – Nacktaufnahme; OLG Stuttgart AfP 1983, 396; OLG Düsseldorf AfP 1984, 229 – Rückenakt.
29 *Prinz*/*Peters*, Rz. 54; a.A. BGH AfP 2012, 47; Löffler/*Steffen*, § 6 LPG Rz. 67; OLG Hamburg AfP 1991, 533 = NJW-RR 1991, 98 – Graf.
30 BVerfG AfP 1998, 386 = NJW 1998, 2889.
31 BGH AfP 2012, 47 = NJW 2012, 767 – Wenn Frauen zu sehr lieben.
32 LG Köln AfP 2016, 370.
33 OLG Frankfurt a.M. NJW-RR 2000, 474.
34 BVerfG AfP 2009, 365 = NJW 2009, 3357; OLG Köln ZUM 2012, 330 = MMR 2012, 768.
35 EGMR NJW 2013, 771 – Kurier Zeitungsverlag und Druckerei GmbH/Österreich.
36 OLG Köln AfP 2012, 178.

Intimsphäre des Betroffenen durch Medienberichterstattung ungleich gravierender ist.[37] Geht es hingegen um die Darstellung einer Sexualstraftat, sind auch damit im Zusammenhang stehende Darstellungen intimer Details nicht durch den unantastbaren Kernbereich höchstpersönlicher privater Lebensgestaltung geschützt.[38] Im Fall eines wegen Vergewaltigung angeklagten und später freigesprochenen bundesweit bekannten Fernsehmoderators hat der BGH daher die Wiedergabe seiner eigenen Einlassung über ausgeübte sexuelle Praktiken in den Medien für zulässig erachtet, nachdem diese in der öffentlichen Hauptverhandlung verlesen worden war. Dabei hat ausweislich der Entscheidungsgründe allerdings die außergewöhnliche Prominenz des Betroffenen und das daraus resultierende überragende Interesse der Öffentlichkeit an dem in Rede stehenden Strafverfahren eine entscheidende Rolle gespielt; im Regelfall wird die Wiedergabe derartiger Details aus dem Intimleben Betroffener weiterhin unzulässig sein[39] und die Schilderung sich auf allgemeine Tatumstände beschränken müssen. Bei der publizistischen Erörterung des Strafverfahrens gegen eine bekannte junge Frau wegen gefährlicher Körperverletzung handelt es sich daher auch nicht um einen Eingriff in die Intimsphäre, obwohl dabei ihre *HIV-Erkrankung* und die Tatsache zu erörtern waren, dass sie in Kenntnis ihrer Erkrankung ungeschützten Geschlechtsverkehr gehabt hatte; die Erkrankung als solche wie auch die Tatsache des Geschlechtsverkehrs ohne Erörterung weiterer Details können im Hinblick auf die heutigen Wert- und Moralvorstellungen der Öffentlichkeit nicht mehr diesem besonders geschützten Bereich zugerechnet werden.[40]

19.16   Auch werden der Intimsphäre solche Vorgänge nicht zugerechnet, die sich trotz ihres prinzipiell intimen Charakters in der **sozial geprägten Öffentlichkeit** oder gar der **politischen Realität** auswirken, wie dies etwa bei einem Streit über die *nicht eheliche Vaterschaft* eines prominenten Zeitgenossen[41] oder den auch hierzulande von einem Teil der Medien über Jahre mit Ausdauer verbreiteten Berichten der englischen Presse über intime Affären des britischen Thronfolgers der Fall sein kann. Präsentiert sich eine Prominente zusammen mit ihrem neuen Partner gegenüber Journalisten als neues Paar, so ist es kein rechtswidriger Einbruch in die Intimsphäre der Beteiligten, wenn die Medien darauf hinweisen, dass der neue Partner eine Vergangenheit als Pornodarsteller hat;[42] eine Verletzung der Intimsphäre stellt es aber dar, wenn eine Redaktion daraus spekulative Schlussfolgerungen auf die Potenz des Betroffenen zieht.[43] Die Berichterstattung über eine nichteheliche Tochter eines Politikers verletzt diesen ebenfalls nicht in seiner Intimsphäre, wenn diese im Zusammenhang mit *unberechtigt bezogenen Unterhaltsvorschussleistungen* erfolgt.[44] Im Übrigen sind Berichte über das Sexualleben auch von Personen des politischen Lebens oder gar die Veröffentlichung von Fotografien, die mittels Teleobjektiven und Eindringens in umfriedete private Bereiche entstehen, ebenso unzulässig, wie sie es bei jedem „Normalbürger" sind,[45] und obendrein häufig strafbar (vgl. § 201a StGB, dazu Rz. 10.15 ff.). Berichtet aber die ausländische Presse über derartige Vorgänge und geschieht das noch dazu mit einer Intensität, die politische Auswirkungen naheliegen lässt, dann kann auch die erwähnte inländische Berichterstattung über derartige Vorgänge je-

---

37 OLG Köln AfP 2012, 178.
38 BGH AfP 2013, 254; BGH GRUR 2016, 532; OLG Köln v. 11.2.2016 – 15 U 114/15, zit. nach juris OLG Saarbrücken AfP 2017, 65.
39 BGH AfP 2013, 254.
40 KG AfP 209, 418 = GRUR-RR 2009, 436; KG NJW-RR 2010, 622 = GRUR-RR 2009, 436.
41 OLG Hamburg AfP 1991, 533 = NJW-RR 1991, 98 – Graf.
42 BGH AfP 2012, 47 = NJW 2012, 767 – Wenn Frauen zu sehr lieben.
43 LG Hamburg AfP 2008, 532; a.A. LG Berlin ZUM 2007, 866.
44 BGH AfP 2014, 534 = NJW 2015, 782 – Innenminister unter Druck.
45 *Benda*, NJW 1994, 2267; *Soehring*, NJW 1994, 2926, 2928.

denfalls durch den Aspekt der Wahrnehmung berechtigter Interessen gerechtfertigt sein.[46] Kein Fall der Intimsphäre, aber gleichwohl ein Eingriff in den privaten Lebensbereich, liegt vor, wenn ein Politiker in einem *Video in seinem Privathaus* gezeigt wird, selbst wenn dies im Zusammenhang mit einer sich kritisch mit diesem Politiker auseinandersetzenden Kunstaktion erfolgt.[47]

Zur Intimsphäre gehören aber auch andere Bereiche, die durch die strafrechtlichen Bestimmungen über den Schutz von Privatgeheimnissen besonders geschützt sind (vgl. § 203 StGB, dazu Rz. 10.23 ff.). Das wird etwa der Fall sein bei **Details medizinischer Untersuchungen,**[48] während die Tatsache der Erkrankung als solche jedenfalls bei Persönlichkeiten des öffentlichen Lebens in aller Regel nicht ihrer Intimsphäre zuzurechnen ist (vgl. auch Rz. 19.15 und Rz. 19.35).[49] Auch die Herstellung und Ausstrahlung von Filmaufnahmen eines in einem Pflegeheim liegenden hilf- und damit wehrlosen so genannten Wachkomapatienten stellt eine Rechtsverletzung dar, selbst wenn mit ihr das publizistische Anliegen der Dokumentation von Missständen im Bereich der Krankenpflege verfolgt werden soll.[50] Der Intimsphäre zuzurechnen sind auch Vorgänge unter dem Schutz des Beichtgeheimnisses sowie Sachverhalte, die der anwaltlichen Schweigepflicht unterliegen, sofern es sich bei letzteren um Vorgänge aus der Intimsphäre handelt.

19.17

Um Eingriffe in die Intimsphäre handelt es sich schließlich auch, wenn Medien **Sterbende** oder **Verstorbene in der Situation ihres Todeskampfs** oder in vergleichbaren Einstellungen fotografieren und die betreffenden Bilder veröffentlichen. Durch die Veröffentlichung derartiger Bilder verletzen sie zwar in erster Linie das Recht des Verstorbenen an seinem eigenen Bild gemäß § 22 KUG, das – anders als das Allgemeine Persönlichkeitsrecht – nicht mit dem Tod erlischt. Die Veröffentlichung kann jedoch zugleich auch die Intimsphäre der engsten Angehörigen verletzen, die auch deren Recht einschließt, mit der Trauer um den Verstorbenen allein gelassen und mit ihr nicht – wenn auch nur über das Bild des Verstorbenen – der Öffentlichkeit präsentiert zu werden.[51] Gleiches galt im Fall des *Rauschgifttodes* eines 19-Jährigen, über den eine Zeitung unter Beifügung eines Familienfotos und mit Andeutungen darüber berichtete, die *Eltern seien für den Tod ihres Sohnes verantwortlich.*[52] Und auch die Veröffentlichung einer unmittelbar nach der Tat entstandenen Aufnahme des Opfers eines Tötungsdelikts kann im Einzelfall eine Verletzung der Intimsphäre der nächsten Angehörigen darstellen.[53]

19.18

Soweit die Intimsphäre reicht, ist ihr Schutz absolut und damit abwägungsfest. Die einzige Ausnahme bilden Fälle der **Einwilligung** bzw. des **Verzichts** (Einzelheiten in Rz. 19.91 ff.). Wer Einzelheiten seines intimen Lebensbereichs selbst vor der Öffentlichkeit ausbreitet, muss

19.19

---

46 Vgl. zu der umgekehrten Konstellation BGH AfP 1999, 350 = NJW 1999, 2893 – Ehebruch; BVerfG AfP 2000, 352 = NJW 2000, 2189; die Zulässigkeit der Bekanntmachung der Scheidung des Klägers durch die deutsche Presse im Fall *Ehebruch* wurde auch mit der Tatsache begründet, dass die Veröffentlichung dieser Nachricht in England erlaubtermaßen bereits erfolgt war.

47 LG Köln v. 14.3.2018 – 28 O 362/17, zit. nach juris.

48 OLG Hamburg UFITA 71 (1978), 278; Wenzel/*Burkhardt/Peifer*, Kap. 5 Rz. 48.

49 BGH GRUR 2017, 304 = NJW 2017, 1550; anders in OLG München, Beschl. v. 29.6.2015 – 18 U 11/15 Pre, zit. nach juris.

50 OLG Karlsruhe AfP 1999, 489 = NJW-RR 1999, 1699.

51 OLG Düsseldorf AfP 2000, 574.

52 BGH GRUR 1974, 794 – Todesgift.

53 Vgl. dazu BGH AfP 2006, 67 = NJW 2006, 605 – Obduktionsfoto.

es hinnehmen, wenn die Medien davon Notiz nehmen und darüber berichten.[54] Wer sich als Pornodarsteller auch nur einer eingeschränkten Öffentlichkeit präsentiert, kann sich gegenüber einer Berichterstattung über diesen Teil seines Wirkens nicht auf den Schutz seiner Intimsphäre berufen,[55] sofern nicht besondere Gesichtspunkte hinzukommen. Einem Verzicht gleichkommen kann es, wenn der Betroffene sich gegen eine Verletzung seiner Intimsphäre durch die Medien zunächst nicht oder nur zögerlich zur Wehr setzt und der betreffende Vorgang durch Verbreitung in verschiedenen Medien einen Öffentlichkeitswert erhält, der bei sofortiger Verfolgung der Rechte des Betroffenen vermeidbar gewesen wäre.[56] Und wer einem Journalisten gegenüber etwa aufgrund eines Exklusivvertrags und gegen Honorar Intimitäten aus seinem Sexualleben ausplaudert oder sich für pornografische Fotografien zum Zweck der Veröffentlichung in einschlägigen Magazinen zur Verfügung stellt, wird in seinem Allgemeinen Persönlichkeitsrecht nicht dadurch verletzt, dass seine Äußerungen oder Fotografien auch andernorts publiziert werden.[57] Soweit in derartigen Fällen die Äußerungen oder Bilder durch speziellere Normen etwa des Urheberrechts oder des Rechts am eigenen Bild geschützt sind, kann der Verletzte nach den dafür geltenden Bestimmungen Rechtsschutz genießen. Eine Verletzung seines Allgemeinen Persönlichkeitsrechts unter dem Gesichtspunkt der Intimsphäre scheidet jedoch aus.

3. Geheimsphäre

19.20 Ähnlichen Schutz gegen Medienveröffentlichungen wie die Intimsphäre genießt als weitere Ausprägung des Allgemeinen Persönlichkeitsrechts die so genannte **Geheimsphäre**. Damit sind prinzipiell Äußerungen gegen Veröffentlichungen geschützt, die ohne oder gegen den Willen des Betroffenen auf Tonträger aufgenommen oder in unter Verstoß gegen § 201 Abs. 1 StGB abgehörten und mitgeschriebenen Telefongesprächen[58] gefallen sind, sofern nicht im Einzelfall überragende Informationsinteressen der Öffentlichkeit die Preisgabe rechtfertigen (§ 201 Abs. 2 Satz 3 StGB, dazu Rz. 10.9 ff.).[59] Gleiches gilt für Äußerungen in persönlichen Briefen[60] und E-Mails.[61] Auch die ursprünglich einvernehmlich aufgenommenen Tonbandprotokolle des Altbundeskanzlers *Kohl* durften nach Entzug einer Veröffentlichungsfreigabe nicht publizistisch verwertet werden.[62] Der Geheimsphäre zuzurechnen sind schließlich ohne Rechtsgrundlage gespeicherte persönliche Daten. Jede von den einschlägigen datenschutzrechtlichen Bestimmungen nicht gedeckte Weitergabe solcher Daten durch das speichernde Unternehmen gilt als Verletzung des Allgemeinen Persönlichkeitsrechts des Betroffenen.[63]

---

54 BVerfG AfP 2000, 76 = NJW 2000, 1021 – Caroline von Monaco I; Wenzel/*Burkhardt*/*Peifer*, Kap. 5 Rz. 51.

55 BVerfG AfP 2000, 76 = NJW 2000, 1021 – Caroline von Monaco I; BGH AfP 2012, 47 = NJW 2012, 767 – Wenn Frauen zu sehr lieben; LG Berlin NJW 1997, 1155.

56 BGH AfP 2012, 47 = NJW 2012, 767 – Wenn Frauen zu sehr lieben; LG Köln AfP 2016, 370; OLG Hamburg AfP 1991, 533 = NJW-RR 1991, 98 – Graf.

57 BVerfG AfP 2000, 76 = NJW 2000, 1021 – Caroline von Monaco I; *Soehring*, AfP 2000, 230.

58 BGH AfP 1979, 304 = NJW 1979, 647 – Kohl/Biedenkopf.

59 Vgl. auch BGH NJW 1988, 1016.

60 BGH NJW 1954, 1404 – Leserbrief; BGHZ 15, 249 – Cosima Wagner; KG AfP 2008, 196 = NJW-RR 2008, 857 – Günter Grass-Briefe.

61 KG ZUM 2011, 570.

62 OLG Köln AfP 2015, 430 = NJW-RR 2015, 1258; vgl. auch BGH AfP 2014, 534 = NJW 2015, 782 – Innenminister unter Druck.

63 BGH NJW 1984, 1886 – AEG-Aktionär.

Das gilt im Prinzip auch für geschäftliche Äußerungen und Aufzeichnungen der gekennzeichneten Art sowie für solche wörtlichen Äußerungen, die der Betroffene gegenüber Angehörigen der Medien selbst gemacht hat und die diese unter Verstoß gegen die einschlägigen gesetzlichen Bestimmungen (Rz. 10.8 ff.) aufgezeichnet haben. Der besonders geschützten Geheimsphäre zuzurechnen sind sogar **Geschäftsbücher** und sonstige **Aufzeichnungen von Unternehmen** jedenfalls dann, wenn sie von dem betreffenden Unternehmen nach Ablauf der gesetzlichen Aufbewahrungsfristen zur Vernichtung bestimmt sind und zu diesem Zweck geschreddert werden.[64]

19.21

Anders als im Bereich der Intimsphäre ist der Schutz der Geheimsphäre durch das Allgemeine Persönlichkeitsrecht jedoch **nicht schrankenlos**; vielmehr kann die Veröffentlichung daraus stammender Informationen und Aussagen Dritter ausnahmsweise zulässig sein, wenn an ihrem Inhalt unter Abwägung der widerstreitenden Interessen ein berechtigtes Informationsinteresse der Öffentlichkeit besteht. Anzuwenden sind insoweit dieselben Grundsätze, die die Rechtsprechung[65] für die Verwendung rechtswidrig beschaffter Informationen entwickelt hat (Einzelheiten in Rz. 12.72 ff., Rz. 12.84 ff.). Soweit der Bruch der Geheimsphäre allerdings durch Veröffentlichung des nicht öffentlich gesprochenen Worts eines Dritten erfolgt, kommt die Nutzung daraus resultierender Informationen nur unter den besonderen Voraussetzungen des § 201 Abs. 2 Satz 3 StGB und damit nur im Fall des Vorliegens eines überragenden öffentlichen Informationsinteresses in Betracht. Es liegt auf der Hand, dass derartige Ausnahmekonstellationen bei Vorgängen aus dem wirtschaftlichen oder politischen Bereich eher vorliegen können als bei solchen der Geheimsphäre Privater.

19.22

4. Privatsphäre

Sind die Konturen der Intim- und der Geheimsphäre danach noch einigermaßen fest gefügt, so ergeben sich die schwierigsten Abwägungsprobleme in den Bereichen, die der Privatsphäre in ihrer räumlichen und thematischen Ausprägung zugerechnet werden müssen. Zu ihr haben andere grundsätzlich nur Zutritt, soweit er ihnen gestattet wird.[66] Allerdings handelt es sich beim Allgemeinen Persönlichkeitsrecht um einen offenen Tatbestand, dessen Grenzen stets im Einzelfall unter Berücksichtigung der Freiheitsrechte der Betroffenen aus Art. 1 Abs. 1 und Art. 2 Abs. 1 GG, Art. 8 EMRK einerseits und der Kommunikationsgrundrechte des Art. 5 Abs. 1 GG und des Art. 10 EMRK andererseits ermittelt werden müssen. Im Bereich der Privatsphäre ist der Schutz des Allgemeinen Persönlichkeitsrechts gegen Medienveröffentlichungen damit nicht absolut. Sachgerechte Ergebnisse können vielmehr nur als Folge einer an allen Besonderheiten des Einzelfalls orientierten Güterabwägung gewonnen werden. Und wie bereits im Bereich der Intimsphäre kommt auch in allen Bereichen der Privatsphäre eine Rechtfertigung der Medienberichterstattung durch ausdrückliche Einwilligung des Betroffenen (dazu Rz. 19.91 ff.), aber auch dann in Betracht, wenn der Betroffene seine Privatsphäre selbst kontinuierlich über die Medien geöffnet oder sie gar gegenüber der Öffentlichkeit inszeniert

19.23

---

64 OLG Hamm AfP 1993, 740.
65 BGH AfP 2014, 534 = NJW 2015, 782 – Innenminister unter Druck; BGH AfP 1979, 304 = GRUR 1979, 418 – Kohl/Biedenkopf.
66 BVerfG AfP 2008, 163 = NJW 2008, 1793 – Caroline von Monaco II; BGH AfP 1979, 304 = NJW 1979, 647 – Kohl/Biedenkopf; BGH NJW 2012, 771 = GRUR 2012, 425 – Babyklappen.

hat.[67] Die Rechtsprechung hat daher verschiedene Kriterien herausgearbeitet, die für die nicht immer ganz leicht zu beurteilenden Abwägungsfragen herangezogen werden können.

a) Privater Lebensbereich

19.24 Das primäre Anwendungsgebiet des Schutzes der Privatsphäre ist der private Lebensbereich des Individuums in seiner sowohl thematischen als auch räumlichen Ausprägung. Hier hängt die Zulässigkeit der Berichterstattung zum einen von der Intensität des Eindringens in die private Sphäre und zum anderen von der sozialen Position des Betroffenen ab. Die deutsche Rechtsprechung hatte anfänglich in der Folge der *Caroline von Monaco*-Entscheidung des EGMR (dazu Rz. 21.2 ff.)[68] die Schranken für die Berichterstattung etwas enger gezogen als in der Vergangenheit. Während ursprünglich die Privatsphäre erst dann für Medienberichterstattung tabu war, wenn sie sich in so genannter räumlicher Abgeschiedenheit abspielte,[69] räumte die Rechtsprechung ihr nach der EGMR-Entscheidung den Vorrang vor der Berichterstattungsfreiheit der Medien schon dann ein, wenn es um Momente der Entspannung oder des Sich-Gehen-Lassens außerhalb der Einbindung in Pflichten und Funktionen des Berufs oder des Alltags ging.[70] So hat etwa das BVerfG[71] im Verbot der Berichterstattung über den *Skiurlaub einer Prominenten* keinen Eingriff in das Grundrecht der Pressefreiheit der berichtenden Zeitschrift gesehen und der BGH[72] die Veröffentlichung einer *Wegbeschreibung zum Ferienhaus* einer namentlich genannten Prominenten untersagt. Seitdem hat sich in der Rechtsprechung aber wieder die Erkenntnis durchgesetzt, dass Art. 5 Abs. 1 GG eine Vermutung für die Zulässigkeit freier Rede begründet, die Verbreitung wahrer Tatsachenbehauptungen daher im Grundsatz zulässig ist und die restriktivere Rechtsprechung zum Recht am eigenen Bild auf die Wortberichterstattung nicht ohne weiteres übertragbar ist.[73] Auch der EGMR verfolgt mittlerweile diese Linie,[74] wobei – worauf nachfolgend noch eingegangen wird und was auch der aktuellen deutschen Rechtsprechung entspricht – zwischen Politikern, Personen des öffentlichen Lebens (in der herkömmlichen Terminologie „Personen der Zeitgeschichte") und Privatpersonen unterschieden wird.[75]

19.25 Persönlichkeiten des öffentlichen Lebens und solche, die im **Blickpunkt der Öffentlichkeit** stehen (nach herkömmlicher Terminologie Personen der Zeitgeschichte; Einzelheiten dazu in Rz. 21.2 ff.), werden daher Berichte über ihren Familienstand und dessen Veränderung in der

---

67 OLG Hamburg AfP 2006, 173; LG Berlin AfP 2006, 190.
68 EGMR AfP 2004, 348 = NJW 2004, 2647 – Caroline von Monaco.
69 BVerfG AfP 2000, 76 = NJW 2000, 1021 – Caroline von Monaco I.
70 BVerfG AfP 2008, 163 = NJW 2008, 1793 – Caroline von Monaco II; BVerfG AfP 2007, 441 = NJW 2008, 39 – Esra; BGH AfP 2004, 119 = NJW 2004, 762 – Feriendomizil II; *Hoffmann-Riem*, NJW 2009, 20 ff. unter V 1.
71 BVerfG AfP 2000, 349.
72 BGH AfP 2004, 119 = NJW 2004, 762 – Feriendomizil II.
73 BVerfG AfP 2010, 562 = NJW 2011, 740; BVerfG AfP 2012, 37 = NJW 2012, 756; BGH AfP 2010, 259 = NJW 2010, 3025 – Galadinner im Centre Pompidou; BGH NJW 2011, 744 = ZUM 2011, 164 – Party-Prinzessin; BGH NJW 2011, 746 = GRUR 2011, 259 – Rosenball in Monaco; OLG Köln AfP 2016, 160; *Sajuntz*, NJW 2012, 3761.
74 EGMR NJW 2012, 1058 = GRUR 2012, 741 – Axel Springer AG/Deutschland; EGMR NJW 2012, 1053 = ZUM 2012, 551 – Caroline von Hannover.
75 EGMR NJW 2015, 1501 Tz. 54 – Axel Springer AG/Deutschland Nr. 2; zum gesteigerten Informationsinteresse der Öffentlichkeit bei Politikern auch (allerdings im Zusammenhang mit einer Bildberichterstattung): BGH NJW 2018, 1820 = GRUR 2018, 549 – Bundespräsident beim Einkaufen und bei Prominenten, BGH AfP 2017, 310 = NJW-RR 2017, 1516.

Regel hinnehmen müssen; das gilt auch für die Anzahl der Kinder und unter Umständen deren berufliche Entwicklung. Für *Ernst August von Hannover*, einen Angehörigen des deutschen und britischen Hochadels, seinerzeit ständigen Begleiter und heute Ehemann von *Caroline von Monaco*, hat die Rechtsprechung[76] dies bestätigt, ohne zu der umstrittenen Frage Stellung zu nehmen, ob der Betroffene zum Zeitpunkt der Veröffentlichung als Persönlichkeit der Zeitgeschichte anzusehen war. Sogar die Berichterstattung über eine *außereheliche Affäre* und ein aus ihr hervorgegangenes Kind kann jedenfalls dann zulässig sein, wenn über die Vaterschaft gestritten wird,[77] wohingegen intime Details aus derartigen Streitigkeiten selbst dann gegen Veröffentlichungen geschützt sind, wenn eine der beteiligten Parteien sie öffentlich machen will, während die andere sich dem widersetzt.[78] Zulässig ist auch der Bericht über die *Existenz eines nicht-ehelichen Sohns des Thronfolgers* einer konstitutionellen Erbmonarchie im Hinblick auf die erhebliche Bedeutung der Existenz eines männlichen Nachkommens für die Bevölkerung des betroffenen Landes.[79]

Für die Einschätzung der Persönlichkeit derjenigen, die aufgrund ihrer politischen, beruflichen oder sozialen Funktion im Licht der Öffentlichkeit stehen, sind **Informationen aus der Privatsphäre** in der Regel von legitimem Interesse.[80] Dass ein Landtagsabgeordneter eine Beziehung zu einer bekannten Fernsehmoderatorin unterhält, ist daher nicht Teil seiner geschützten Privatsphäre.[81] Auch eine Bildberichterstattung über einen *Supermarktbesuch eines ehemaligen Bundespräsidenten* ist unter dem Gesichtspunkt demokratischer Transparenz und Kontrolle vom BGH als legitim anerkannt worden. Eine Berichterstattung über das Alltagsleben eines Politikers kann daher durch das Informationsinteresse der Öffentlichkeit gerechtfertigt sein.[82] Das gilt aber nicht für die intimen Details (Rz. 19.12 ff.) oder auch nur Gerüchte über Details des Ehelebens eines Prominenten wie etwa des Bundeskanzlers.[83] Auch über die *bevorstehende Hochzeit* eines der bekanntesten deutschen Fernsehmoderatoren darf berichtet werden, nicht aber über vermutete oder tatsächliche Details der Feierlichkeiten.[84] Die Berichterstattung über eine neue Beziehung eines prominenten Sängers ist aufgrund des fehlenden meinungsbildenden Elements als unzulässig angesehen worden.[85] Personen im Blickpunkt der Öffentlichkeit sind damit nach heutiger Rechtsprechung wie jedermann gegen eine öffentliche Erörterung von Fragen ihres Privatlebens geschützt, die erkennbar ohne Bezug zur jeweils bekleideten öffentlichen Position oder Funktion sind; auch ihnen muss ein Freiraum verbleiben, in den sie sich zurückziehen können und in dem sie gegen Beobachtung durch Öffentlichkeit und Medien geschützt sind.[86]

19.26

---

76 BGH AfP 1999, 350 = NJW 1999, 2893 – Ehebruch; BVerfG AfP 2000, 352 = NJW 2000, 2189.
77 OLG Hamburg AfP 1991, 533 = NJW-RR 1991, 98 – Graf.
78 OLG Frankfurt a.M. NJW-RR 2000, 474.
79 OLG Karlsruhe AfP 2006, 170 = NJW 2006, 617.
80 BGH AfP 2012, 53 = NJW 2012, 763 – Die INKA-Story.
81 BGH AfP 2012, 53 = NJW 2012, 763 – Die INKA-Story.
82 BGH NJW 2018, 1820 = GRUR 2018, 549 – Bundespräsident beim Einkaufen; s. auch schon BGH AfP 2009, 392 = NJW 2009, 3030 – Joschka Fischer; BGH AfP 2008, 499 = NJW 2008, 3134 – Einkaufsbummel nach Abwahl.
83 LG Berlin AfP 2003, 174.
84 LG Berlin AfP 2006, 394 = NJW-RR 2006, 1639.
85 BGH AfP 2017, 310 = GRUR 2017, 850 – Popstar und Dessous-Modell.
86 BVerfG AfP 2010, 562 = NJW 2011, 740 – Galadinner im Centre Pompidou; BGH AfP 2017, 310; BGH AfP 1996, 140 = NJW 1996, 1128 – Caroline von Monaco III; BGH AfP 2012, 551 = NJW 2012, 3645 – Krankheit eines Prominenten.

19.27 Die Verbreitung der Meldung, dass der älteste, noch minderjährige Sohn der *Prinzessin von Monaco* noch keine Freundin habe und viel Sport treibe, war unzulässig, weil dies eine erkennbar private Angelegenheit ohne jeden Öffentlichkeitsbezug ist.[87] Hingegen hat es seine volljährige Schwester nach heutiger Rechtsprechung hinzunehmen, dass die Medien im Kontext der Erörterung des sorgenfreien Lebens reicher junger Frauen über ihre *Teilnahme an einer Benefiz-Gala*[88] oder an einem Prominenten-Ball in Monaco[89] berichten und dabei ihr äußeres Erscheinungsbild kommentieren; dieses kann regelmäßig nicht als Teil der geschützten Privatsphäre behandelt werden, da es *per se* in die Öffentlichkeit hineinwirkt.[90] Daher musste es eine Schauspielerin auch hinnehmen, dass anlässlich ihres Besuchs des Deutschen Filmballs, bei dem sie sich mit ihrem Begleiter auf dem „roten Teppich" gezeigt hatte, anschließend in den Medien über den *Grund einer 40-minütigen Abwesenheit* spekuliert wurde.[91] Im Rahmen eines Berichts über die Skiregion Arlberg und die Tatsache, dass dort viele Prominente ihren Urlaub machen, ist nach heutiger Rechtsauffassung auch die Tatsache nicht mehr Gegenstand ihrer geschützten Privatsphäre, dass auch *Caroline von Hannover* dort regelmäßig Ski-Urlaub macht, sich dort unauffällig gibt und ihre Ski selbst trägt.[92] Die Berichterstattung darüber, dass und mit wem ein *Spitzenpolitiker ein bestimmtes Restaurant aufsucht*, stellt kein Eindringen in seine geschützte Privatsphäre dar, die öffentliche Erörterung der dort geführten und belauschten Gespräche wird man demgegenüber als Verletzung seines Allgemeinen Persönlichkeitsrechts in Gestalt des Schutzes des Rechts am gesprochenen Wort werten müssen.[93] Zulässig ist wiederum die Berichterstattung über den *Nachbarstreit eines Lokalpolitikers* jedenfalls in einem Blatt mit lokaler oder regionaler Verbreitung,[94] da aus seinem Verhalten in einer solchen Streitigkeit Rückschlüsse auf die Glaubwürdigkeit seiner in öffentlicher Funktion vertretenen Haltung gezogen werden können. Und auch die Berichterstattung darüber, dass eine bekannte Frau einen ebenfalls bekannten Mann in der Öffentlichkeit küsst und streichelt, stellt jedenfalls dann keinen Einbruch in die geschützte Privatsphäre der Betroffenen dar, wenn sie sich in der Vergangenheit wiederholt öffentlich über ihre Beziehung zu ihrem Ehemann geäußert hat.[95] Diese Entwicklung hat dazu beigetragen, dass in der letzten Zeit verstärkt eine Beschränkung gerichtlich ausgetragener Auseinandersetzungen auf den Bildberichterstattungsteil festzustellen ist (s. dazu Rz. 19.6, Rz. 21.2 ff.).

19.28 Nach der Rechtsprechung des BVerfG[96] wirkt allerdings die Gewährleistung des Grundrechts der Ehe und Familie aus Art. 6 Abs. 1 und 2 GG in die Ausgestaltung des Allgemeinen Persönlichkeitsrecht hinein mit der besonderen Konsequenz, dass **Kinder** ein gesteigertes Recht darauf haben, in ihrem privaten Umfeld ohne Beobachtung durch die Medien und die Öffentlichkeit aufzuwachsen, und dass daher Details aus dem Privatleben der Kinder von Personen des öffentlichen Lebens stärker gegen Berichterstattung geschützt sind als dies bei ihren prominenten Eltern der Fall wäre. Hier manifestiert sich das Allgemeine Persönlichkeitsrecht als

---

87 OLG Hamburg NJW-RR 1999, 1550 = ZUM 1999, 735; best. durch BVerfG NJW 2000, 2191 = ZUM-RD 2000, 324.
88 BVerfG AfP 2010, 562 = NJW 2011, 740 – Galadinner im Centre Pompidou.
89 BGH NJW 2011, 744 = ZUM 2011, 164 – Party-Prinzessin; BGH NJW 2011, 746 = ZUM 2011, 161 – Rosenball in Monaco.
90 BVerfG AfP 2010, 562 = NJW 2011, 740 – Galadinner im Centre Pompidou.
91 OLG Köln AfP 2017, 161 = ZUM-RD 2017, 205.
92 BGH AfP 2012, 37 = NJW 2012, 756 – Caroline von Hannover.
93 So für den Bereich des Rechts am eigenen Bild: BGH AfP 1996, 140 = NJW 1996, 1128 – Caroline von Monaco III; BVerfG AfP 2000, 76 = NJW 2000, 1021 – Caroline von Monaco I.
94 KG AfP 2008, 392.
95 LG Köln AfP 2012, 584.
96 BVerfG AfP 2000, 76 = NJW 2000, 1021 – Caroline von Monaco I.

ein **Recht auf kindgemäße Entwicklung**.[97] Eine Verletzung dieses Rechts hat das BVerfG etwa in der Veröffentlichung eines so genannten Geburtshoroskops aus Anlass der Geburt der Tochter von *Caroline von Monaco* gesehen.[98] Aus ähnlicher Erwägung war es unzulässig, anlässlich der Berichterstattung über die Hochzeit einer Person des öffentlichen Lebens den *Vornamen ihres minderjährigen Sohns* zu nennen,[99] da die Gefahr bestand, dass seine Bindung an die prominente Mutter dadurch mehr als erforderlich in das Bewusstsein der Öffentlichkeit gerückt wurde. Allerdings bedeutet das nicht, dass es eine Regelvermutung gegen die Zulässigkeit identifizierender Berichterstattung über Kinder und Jugendliche gäbe.[100] So hatten es die noch jugendlichen Kinder eines bekannten Schauspielers hinzunehmen, dass die Medien über ihre Festnahme anlässlich *nächtlichen Randalierens* in der Öffentlichkeit berichteten.[101] Auch ein Fernsehbericht über den privaten Alltag des Enkels von *Fürst Rainier von Monaco* aus Anlass der Beisetzung des Fürsten wurde mit Recht als durch dieses zeitgeschichtliche Ereignis gerechtfertigt angesehen.[102] Die Adoptivtochter eines bekannten Fernsehmoderators kann sich dann nicht gegen die namentliche Identifizierung und die Darstellung des Kindschaftsverhältnisses wenden, wenn beides vorveröffentlicht war und zum Zeitpunkt der angegriffenen Berichterstattung auch noch nicht so lange zurücklag, dass eine Rückkehr in die Anonymität gegeben war.[103]

Mit dem Recht auf eine ungestörte kindgemäße Entwicklung hat es aber nichts zu tun, wenn sich **erwachsene Kinder** gegen eine Berichterstattung über ihre aktuell oder vormals berühmten Eltern wenden. Daher stand der Tochter von *Ulrike Meinhof* kein Unterlassungsanspruch gegen die Verfilmung des Wirkens der *Baader-Meinhof-Gruppe* zu, in der ihre Mutter eine herausragende Rolle gespielt hat.[104] Andererseits kann sich der spezifische Schutz der kindgerechten Entwicklung gegen Medienberichterstattung auch zu einem Schutz der ungestörten Eltern-Kind-Beziehung verdichten. Mit dieser Begründung hat das BVerfG[105] die Erwähnung einer *Vorstrafe eines Mannes* wegen eines strafrechtlich geahndeten sexuellen Missbrauchs der Tochter einer früheren Lebensgefährtin aus Anlass der ansonsten zulässigen Berichterstattung über eine Mehrlingsgeburt in der neuen Familie des Betroffenen und die Übernahme einer Ehrenpatenschaft durch den Bürgermeister der Wohngemeinde als Verletzung des Allgemeinen Persönlichkeitsrechts des Betroffenen bezeichnet, ohne dass es auf das etwa entgegenstehende Resozialisierungsinteresse des Betroffenen noch ankam (dazu Rz. 19.61 f.). 19.29

Personen außerhalb des Blickpunkts der Öffentlichkeit werden schon empirisch nur in Ausnahmefällen Gegenstand von Beobachtung durch die und Berichterstattung der Medien sein. Im Hinblick auf die von der Rechtsprechung heute mit Recht wieder stärker betonte Vermutung der Freiheit der Rede gibt es aber auch bei ihnen keinen Grundsatz, dass eine Erörterung von Angelegenheiten ihres Privatlebens vom Ausgangspunkt her nicht in Betracht kommt. Veröffentlichungen etwa über eine erfolgte Ehescheidung werden aber bei ihnen jedenfalls im Regelfall nicht durch ein öffentliches Informationsinteresse legitimiert sein.[106] An- 19.30

---

97 BGH AfP 2014, 58 = GRUR 2014, 200 – Prominententochter; BGH AfP 2014, 325; BGH AfP 2015, 564 = NJW 2016, 789.
98 BVerfG AfP 2003, 537 = NJW 2003, 3262 – Geburtshoroskop.
99 KG AfP 2007, 374.
100 BVerfG AfP 2013, 143 = NJW 2012, 1500 – Wilde Kerle.
101 BVerfG AfP 2013, 143 = NJW 2012, 1500 – Wilde Kerle.
102 BGH GRUR 2009, 584 = WRP 2009, 741 – Enkel von Fürst Rainier.
103 BGH AfP 2014, 58 = GRUR 2014, 200 – Prominententochter; BGH AfP 2014, 325.
104 OLG München AfP 2008, 75 = NJW-RR 2008, 1220 – Baader-Meinhof-Komplex.
105 BVerfG NJW-RR 2007, 1191.
106 OLG Hamburg AfP 1971, 32.

deres kann aber gelten, wenn eine solche Person eine gewisse Bekanntheit dadurch erringt, dass sie sich mit einer Persönlichkeit des öffentlichen Lebens privat liiert und sich mit dieser auch zusammen in der Öffentlichkeit zeigt[107] oder wenn sie sich über Jahre hin selbst gegenüber den Medien über ihre Beziehungen zu ihrem prominenten Partner äußert.[108] Hingegen kann zwar die Hochzeit eines berühmten Fernsehstars ein Ereignis der Zeitgeschichte sein, über das die Medien berichten dürfen, hinsichtlich der Identität des neuen Ehepartners aber dessen aus der Privatsphäre abgeleitetes Anonymitätsinteresse überwiegen; das ist dann der Fall, wenn das betroffene Paar sich nicht in der Öffentlichkeit gezeigt und auch sonst nichts getan hat, um die Identität des neuen Partners bekanntzumachen.[109]

19.31 Auch gegenständlich wird Medienberichterstattung durch die Privatsphäre eingeschränkt. Es gibt auch unter der Geltung der Vermutung freier Rede jenseits der ohnehin gegen Berichterstattung tabuisierten Intimsphäre einen autonomen Bereich der eigenen Lebensgestaltung, in dem der Mensch seine Individualität unter Ausschluss der Öffentlichkeit wahrnehmen und beanspruchen kann, für sich zu bleiben und den Einblick durch andere auszuschließen.[110] So sind **familiäre Auseinandersetzungen** und noch nicht realisierte Scheidungsabsichten ebenso wie geheim gehaltene Liebesbeziehungen in der Regel auch bei Prominenten private Belange, die die Öffentlichkeit nichts angehen und über die die Medien daher nicht berichten dürfen.[111] Gerüchte über sexuelle Beziehungen sind im Grenzbereich zwischen der Privat- und Intimsphäre der Betroffenen angesiedelt und haben auch dann nicht den Öffentlichkeitswert, der ihre Veröffentlichung vor definitiver Klärung des Sachverhalts rechtfertigen könnte, wenn sie einen katholischen Geistlichen betreffen.[112] Hingegen kann es zulässig sein, über einen derartigen Vorgang nach Klärung des Sachverhalts zu berichten, da er nach katholischer Morallehre unmittelbare Auswirkungen auf die Amtstauglichkeit des Priesters haben wird. Über die Tatsache, dass ein Ehebruch der Scheidungsgrund des im öffentlichen Leben stehenden *Ernst August von Hannover* war, durfte ohne Nennung der Partnerin und – natürlich – Schilderung der Details berichtet werden.[113] Außereheliche Beziehungen von Privatleuten sind hingegen stets ihre Privatsache und nicht Gegenstand eines berechtigten Informationsinteresses der Öffentlichkeit. Gleiches gilt für Auseinandersetzungen innerhalb einer außerehelichen Beziehung eines Prominenten. Einen rechtswidrigen Eingriff in dessen Allgemeines Persönlichkeitsrecht stellte es daher dar, dass eine Zeitung eine E-Mail des seinerzeit der Vergewaltigung beschuldigten Fernsehmoderators *Jörg Kachelmann* veröffentlichte, mit der er eine solche Beziehung beendete; auf die Frage, ob die von ihm dort genannten Gründe für seine Entscheidung der Wahrheit entsprachen oder nicht, kam es dabei nicht an.[114]

19.32 Hinsichtlich der Tatsache der Ehescheidung als solcher wird demgegenüber bei Persönlichkeiten des öffentlichen Lebens das **Informationsinteresse der Öffentlichkeit** überwiegen, insbesondere auch wenn ausländische Medien in großem Umfang auch über den Scheidungsgrund berichtet haben.[115] Haben Scheidungsfolgen auch eine gesellschaftspolitische Dimension wie etwa die Frage nach der in Öffentlichkeit und Politik immer wieder diskutierten ge-

---

107 BVerfG AfP 2006, 448 = NJW 2006, 3406.
108 OLG Hamburg ZUM 2006, 340.
109 LG Hamburg AfP 2010, 290.
110 BVerfG AfP 2010, 562 = NJW 2011, 740 – Galadinner im Centre Pompidou; BGH AfP 1996, 140; BGH AfP 1996, 140 = NJW 1196, 1128 – Caroline von Monaco III.
111 BGH AfP 2017, 310 = GRUR 2017, 850 – Popstar und Dessous-Modell.
112 BGH AfP 1988, 34 = NJW-RR 1988, 733 – Intime Beziehungen.
113 BGH AfP 1999, 350 = NJW 1999, 2893 – Ehebruch; BVerfG AfP 2000, 352 = NJW 2000, 2189.
114 KG AfP 2012, 66.
115 BGH AfP 1999, 350 = NJW 1999, 2893 – Ehebruch; BVerfG AfP 2000, 352 = NJW 2000, 2189.

rechten Verteilung der finanziellen Folgen einer gescheiterten Ehe, dann dürfen die Medien einen Betroffenen mit Klagen darüber, dass seine geschiedene Ehefrau ihn ausnehme wie eine Weihnachtsgans, auch dann zu Wort kommen lassen, wenn die Ehefrau dadurch identifiziert und in den Augen jedenfalls eines Teils der Leser oder Zuschauer an den Pranger gestellt wird.[116]

Dass die Öffentlichkeit von den Betroffenen gepflegtere Umgangsformen erwartet hätte, rechtfertigt es aber nicht, einen **Konflikt** in die Öffentlichkeit zu tragen.[117] Anders kann es sein, wenn sich der Verstoß gegen diese Erwartung seinerseits in der Öffentlichkeit abspielt und auf sie auswirkt. Kommt es aber in einer über lange Zeit auch nach außen hin inszenierten und kommerzialisierten Paarbeziehung zu einer gewalttätigen Eskalation in der Öffentlichkeit, dann kann auch derjenige Partner sich gegen eine wahrheitsgemäße Berichterstattung nicht mit Erfolg wehren, der die Kontrolle nicht verloren hat.[118] Die Meldung über eine angeblich bevorstehende Hochzeit, die tatsächlich nicht beabsichtigt ist, verletzt auch eine Angehörige des europäischen Hochadels in ihrer geschützten Privatsphäre und ist nicht etwa deswegen sanktionslos, weil sie als solche nicht ehrenrührig ist;[119] die Verletzungsintensität, die die Zuerkennung eines Anspruchs auf Geldentschädigung erforderlich machen könnte, hat eine derartige Falschmeldung allerdings nicht.[120] | 19.33

Größer wird der Spielraum für rechtmäßige Meldungen bei **spektakulären Ereignissen** sein. Die Auffassung des BGH aus dem Jahr 1965, eine nicht im politischen Leben stehende Persönlichkeit habe es nicht hinnehmen müssen, dass die Medien unter Namensnennung über die gegen ihren Willen erfolgte Heirat ihrer minderjährigen Tochter im schottischen *Gretna Green* berichteten,[121] ist mit dem heutigen Verständnis der Tragweite der Meinungs- und Pressefreiheit nicht mehr vereinbar; ein solcher Vorgang berührt die Öffentlichkeit und ist damit Gegenstand legitimer Medienberichterstattung. | 19.34

Gesundheitliche Probleme sind in aller Regel der Privatsphäre zuzuordnen[122] und daher nicht Gegenstand berechtigter Berichterstattung der Medien. Das gilt grundsätzlich auch für Persönlichkeiten des öffentlichen Lebens wie *Prinz Ernst August von Hannover*.[123] Anders ist dies allerdings zu beurteilen, wenn eine Erkrankung sich auf Position und Funktion einer im öffentlichen Leben stehenden Person unmittelbar auswirken könnte.[124] So wird der Kandidat, der sich um das Amt des Bundeskanzlers oder eines *Ministerpräsidenten* bewirbt, es hinnehmen müssen, wenn die Medien über zwei bereits *überstandene Herzinfarkte* berichten, da dies für die Einschätzung des Kandidaten, seiner Leistungsfähigkeit und damit seiner Eignung für das angestrebte Amt von unmittelbarer Bedeutung ist. Zulässig ist auch der Bericht darüber, | 19.35

---

116 BVerfG NJW-RR 2007, 1055 = ZUM 2007, 463.
117 OLG Hamburg ArchPR 1971, 110 – Prinzessin von Preußen.
118 KG AfP 2010, 385 = NJW 2011, 785.
119 OLG Hamburg NJW-RR 1999, 1701; BVerfG AfP 2000, 353 = NJW 2000, 2193.
120 OLG Hamburg NJW-RR 1999, 1701.
121 BGH GRUR 1965, 256 – Gretna Green.
122 BGH AfP 1996, 140 = NJW 1996, 1128 – Caroline von Monaco III; BGH AfP 2012, 551 = NJW 2012, 3645 – Krankheit eines Prominenten.
123 BGH AfP 2008, 610 = GRUR 2009, 86; für das Recht am eigenen Bild insoweit auch BGH AfP 2008, 606 = ZUM 2009, 58; BGH AfP 2008, 608 = WRP 2009, 204; BGH AfP 2008, 609 = WRP 2009, 201.
124 BGH NJW 2017, 1550 = GRUR 2017, 304 – Michael Schumacher; BGH AfP 2007, 208 = NJW 2007, 1977; BGH AfP 2008, 610 = GRUR 2009, 86; OLG Köln AfP 2018, 255 = K&R 2018, 266 (in einem Fall des postmortalen Persönlichkeitsschutzes).

dass eine bekannte Entertainerin durch eine Erkrankung aus ihrer Karriere herausgerissen wurde[125] – dies jedenfalls so lange, als es bei der Erwähnung der Erkrankung als solcher bleibt und deren Einzelheiten nicht erörtert werden.[126] Und nahezu ausnahmslos als widerrechtlicher Eingriff in die Privatsphäre zu werten wird es sein, wenn Medien über die bloße Erwähnung der Erkrankung hinaus Einzelheiten wie Symptome, Behandlungsmethoden oder Heilungsaussichten erörtern (s. auch Rz. 19.15 ff.).[127] Berichte über die *Unfruchtbarkeit der Ehefrau* eines Monarchen können jedenfalls dann zulässig sein, wenn diese Tatsache zum Scheitern der Ehe geführt hat,[128] während dies bei jeder anderen Frau oder jedem anderen Paar eindeutig der Privat-, wenn nicht der Intimsphäre zuzuordnen und ein berechtigtes Informationsinteresse der Öffentlichkeit daran zu verneinen ist.

19.36   **Alkoholprobleme** sind in der Regel ebenfalls eine Angelegenheit der von den Medien zu respektierenden Privatsphäre. Das gilt auch für Persönlichkeiten des öffentlichen Lebens.[129] Sie sind es jedoch nicht bei einem *Showstar*, der über Jahre hinweg als Liebling des Publikums aufgebaut worden und als solcher ständig in den Medien präsent gewesen ist, wenn sie sich auf seine öffentlichen Auftritte unmittelbar ausgewirkt haben. Dann wird ein legitimes Informationsinteresse des Publikums auch hieran als der Ursache des plötzlichen Scheiterns bestehen, hinter dem das Recht des Betroffenen auf Achtung seiner Privatsphäre zurückzutreten hat.

19.37   Der Privatsphäre sind auch Informationen über das **religiöse Bekenntnis** oder die Zugehörigkeit zu Sekten oder weltanschaulichen Gruppen zuzurechnen. Hier trifft sich das Allgemeine Persönlichkeitsrecht mit dem Grundrecht der negativen Bekenntnisfreiheit (Rz. 17.11 f.). An Informationen aus diesem Bereich besteht in der Regel ebenfalls kein legitimes Informationsinteresse der Öffentlichkeit. Unhaltbar ist daher die Auffassung,[130] das Anonymitätsinteresse des Einzelnen sei geringer zu bewerten als das Interesse einer Kirchengemeinde an der Information ihrer Gemeindemitglieder über Kirchenaustritte bestimmter Personen; sie verkennt nicht nur den Stellenwert des Rechts der negativen Bekenntnisfreiheit, sondern auch die unvermeidbare und im Zweifel gewollte Prangerwirkung, die mit derartigen Veröffentlichungen verbunden ist. Dem berechtigten Informationsinteresse der Gemeinde wird in einem solchen Fall mit der Veröffentlichung der Anzahl der Kirchenaustritte vollauf Genüge getan.

19.38   Das Anonymitätsinteresse des Betroffenen kann aber selbst dann überwiegen, wenn innerhalb einer Familie Meinungsverschiedenheiten über eine Sekten- oder Gruppenzugehörigkeit bestehen und sich ein Familienmitglied mit seinen Sorgen an die Öffentlichkeit wendet, während das andere die Berichterstattung über den Konflikt und seine Gruppenzugehörigkeit nicht wünscht.[131] Diese Frage kann aber nicht generell, sondern nur anhand der konkreten Umstände des Einzelfalls abschließend beurteilt werden (Rz. 19.14).[132] Auch das Anliegen ei-

---

125 BGH AfP 2012, 551 = NJW 2012, 3645 – Krankheit eines Prominenten.
126 BGH NJW 2017, 1550 = GRUR 2017, 304 – Michael Schumacher.
127 BGH NJW 2017, 1550 = GRUR 2017, 304 – Michael Schumacher; BGH AfP 2008, 610 = GRUR 2009, 86; BGH AfP 2012, 551 = NJW 2012, 3645 – Krankheit eines Prominenten; EGMR NJOZ 2012, 335 – Naomi Campbell.
128 Wenzel/*Burkhardt*/*Peifer*, Kap. 5 Rz. 61.
129 BGH AfP 2008, 610 = GRUR 2009, 86.
130 LG Zweibrücken NJW 1998, 3360 (nur Ls.).
131 BVerfG NJW 1990, 1980 – Opus Dei; OLG München NJW 1986, 1260 – Opus Dei; OLG Celle NJW-RR 1999, 1477.
132 Vgl. insoweit die abweichende und anders entschiedene Konstellation in BVerfG AfP 1998, 386 = NJW 1998, 2889.

nes Betroffenen, die Öffentlichkeit anhand eines in der eigenen Familie erlebten Schicksals über die Praktiken bestimmter Jugendsekten zu unterrichten, kann im Hinblick auf dessen Persönlichkeitsrecht durchaus denselben Stellenwert haben wie das Interesse seines von einer solchen Sekte vereinnahmten Angehörigen daran, nicht erwähnt zu werden. Der Schutz der Privatsphäre kann daher jedenfalls dann hinter das Informationsinteresse der Öffentlichkeit zurücktreten, wenn es um die Mitgliedschaft in einer als besonders aggressiv bekannten Gruppierung wie etwa der *Scientology Church* geht und aufgrund der Funktion des Betroffenen im öffentlichen Leben nicht ausgeschlossen werden kann, dass eine Indoktrination oder sonstige Beeinflussung unbeteiligter Dritter und insbesondere Jugendlicher erfolgt (zur Identifizierung von Personen im Zusammenhang mit *Scientology* auch Rz. 17.12).[133]

Auch sonstige Umstände des privaten Lebensbereichs können unter dem rechtlichen Aspekt der Privatsphäre gegen ihre Preisgabe an die Öffentlichkeit geschützt sein. Dazu können etwa der **Wohnort** oder die **Telefonnummern** von Personen gehören, die aufgrund ihrer beruflichen Funktionen als besonders gefährdet gelten müssen[134] oder die sich etwa als überregional bekannte und populäre Schauspieler gegen unerwünschte Kontaktversuche seitens des Publikums abschirmen wollen.[135] Als einen gerechtfertigten Eingriff in die Privatsphäre der Betroffenen hat der BGH[136] die Veröffentlichung von im Auftrag einer Presseagentur hergestellten *Luftbildern von Ferienhäusern Prominenter* angesehen, weil der Eingriff einerseits nicht den Kernbereich der Persönlichkeit der Betroffenen erreichte und diese sich der Öffentlichkeit gegenüber in Wort und Bild selbst über ihre Feriendomizile geäußert hatten. Die zusätzliche Veröffentlichung einer *detaillierten Wegbeschreibung* zu dem betreffenden Grundstück stellte hingegen nach Auffassung des Gerichts[137] einen rechtswidrigen Eingriff in die Privatsphäre der Betroffenen dar.

19.39

Die Frage, ob bereits die Veröffentlichung der Abbildung des Wohnhauses eines Prominenten ohne begleitende Wegbeschreibung einen rechtswidrigen Eingriff in das Persönlichkeitsrecht des Bewohners darstellt, beantworten die Gerichte[138] uneinheitlich. Die **Veröffentlichung eines Bilds des Wohnhauses** und der Adresse eines namentlich genannten, nach langjähriger Haft entlassenen ehemaligen RAF-Terroristen verletzt den Betroffenen nach Auffassung des KG[139] in seinem Allgemeinen Persönlichkeitsrecht selbst dann, wenn man richtigerweise annimmt, dass über seine Haftentlassung berichtet werden durfte (dazu Rz. 19.66). Gleiches gilt, wenn Bilder des Privathauses eines umstrittenen Politikers im Zusammenhang mit einer Kunstaktion gezeigt werden, dabei aber auch einen Blick auf den Politiker selbst in einer erkennbar privaten Situation ermöglichen.[140] Auch eine Abbildung des Wettermoderators *Kachelmann* auf dem *Privatparkplatz seines Strafverteidigers*[141] sowie eine weitere Abbildung we-

19.40

---

133 LG Baden-Baden AfP 1994, 59; OLG München AfP 1993, 762; OLG Köln AfP 1993, 759.
134 OLG München AfP 1991, 435 = NJW-RR 1990, 1364 – Maus.
135 LG Hamburg AfP 1996, 185.
136 BGH AfP 2004, 116 = NJW 2004, 766 – Feriendomizil I; BGH AfP 2004, 119 = NJW 2004, 762 – Feriendomizil II.
137 BGH AfP 2004, 119 = NJW 2004, 762 – Feriendomizil II; so auch BVerfG AfP 2006, 347 = NJW 2006, 2836; mit dem Recht am eigenen Bild können derartige Unterlassungsansprüche nicht begründet werden.
138 Bejahend OLG Hamburg AfP 2005, 75 = NJW-RR 2005, 414; KG NJW 2005, 2320 = ZUM 2005, 561; verneinend KG AfP 2006, 564.
139 KG AfP 2008, 396 = NJW-RR 2008, 1625; so im Grundsatz auch OLG Hamburg AfP 2012, 165.
140 LG Köln v. 14.3.2018 – 28 O 362/17, zit. nach juris; s. dazu auch *Friedrich*, AfP 2018, 479.
141 OLG Köln v. 18.2.2014 – 15 U 126/13, zit. nach juris.

nige Meter vor dem Eingang der Kanzlei des Strafverteidigers auf dem Gehweg[142] sah das OLG Köln trotz einer den Inhalt des Strafverfahrens darstellenden Wortberichterstattung als Persönlichkeitsrechtsverletzung an. Diese Bewertung hielt vor dem BVerfG nur insoweit stand, wie es um die Abbildung des Wettermoderators auf dem *Privatparkplatz* seines Strafverteidigers ging, weil es sich dabei um eine durch *räumliche Privatheit* geprägte Situation handelte.[143] Das Verbot einer Abbildung des Wettermoderators auf dem *Gehweg vor der Kanzlei* dagegen verstößt gegen die in Art. 5 Abs. 1 Satz 2 GG verankerte Pressefreiheit, da es sich um ein zeitgeschichtliches Ereignis handelte und der Wettermoderator sich in der Öffentlichkeit befand.[144] Richtig ist daher auch die Auffassung des OLG Hamburg,[145] dass eine Rechtsverletzung im Hinblick auf die Flüchtigkeit des Mediums jedenfalls dann nicht vorliegt, wenn ein Haus ohne Wegbeschreibung oder Adressenangabe im Fernsehen abgebildet wird. Und im Hinblick auf das Grundrecht der Pressefreiheit aus Art. 5 Abs. 1 Satz 2 GG zutreffend hat der BGH[146] entschieden, dass es keine rechtswidrige Verletzung des Persönlichkeitsrechts des vormaligen Bundesaußenministers *Joschka Fischer* darstellte, wenn eine Zeitung die *Außenansicht seines durchaus ansehnlichen Wohnhauses* abbildete und dies mit einer Textberichterstattung über die Grundstückspreise in der betreffenden Gegend und der Fragestellung verband, woher *Fischer* die Mittel für den Erwerb eines derartigen Grundstücks habe. Mit vergleichbarer Begründung ist auch die Abbildung der Ansicht und Beschreibung der Lage des Wohnhauses eines Unternehmers statthaft, der durch die Zahlung besonders niedriger Löhne und Gewährung besonders schlechter Arbeitsbedingungen in die Kritik geraten ist.[147] Ohne das Hinzutreten eines derartigen Informationswerts ist hingegen die bildliche Darstellung von Wohnhäusern und Grundstücken in den Medien dann unzulässig, wenn der Name des Eigentümers oder sonstigen Bewohners mitgeteilt wird; bei privaten Wohnverhältnissen handelt es sich nachgerade um einen der Kernbereiche des Persönlichkeitsrechts, der in der Abwägung gegen die Kommunikationsgrundrechte der Medien geschützt bleiben muss.

19.41 Als Bestandteil der Privatsphäre können auch Informationen über die **Einkommens- und Vermögensverhältnisse** eines Individuums geschützt sein. Das hat das OLG Hamburg[148] angenommen im Fall der Berichterstattung über die Vermögenslosigkeit eines Angehörigen des Hochadels. Das kann aber schon wegen der Gefahr, dass durch derartige Informationen die Aufmerksamkeit Krimineller geweckt wird, auch für die Veröffentlichung insbesondere pauschaler Listen wie derjenigen über *Die reichsten Deutschen* unter Angabe des Namens und der Anschriften der Betroffenen gelten. In seinen Rechten verletzt kann durch die Veröffentlichung einer solchen Liste aber nur derjenige sein, der in dieser Hinsicht in selbst gewählter Anonymität lebt und dessen Vermögensverhältnisse nicht aufgrund seiner beruflichen oder gesellschaftlichen Funktion einer breiteren Öffentlichkeit ohnehin bekannt sind oder in einem bestimmten zeitlichen Kontext gesellschaftliche Relevanz haben.[149] Hiervon wird man etwa in der seit 2008 herrschenden weltweiten Finanzkrise hinsichtlich teilweise exorbitanter Gehälter und insbesondere *Bonuszahlungen an Manager* von Banken und anderen Finanzdienstleistern ohne Weiteres ausgehen können, so dass die breite öffentliche Diskussion über die Berechti-

---

142 OLG Köln v. 19.12.2013 – 15 U 64/13, zit. nach juris.
143 BVerfG AfP 2017, 149 = NJW 2017, 1377.
144 BVerfG AfP 2017, 147 = NJW 2017, 1376.
145 OLG Hamburg AfP 2006, 182 = ZUM-RD 2006, 390.
146 BGH AfP 2009, 392 = NJW 2009, 3030 – Joschka Fischer; ebenso die Vorinstanz: KG AfP 2008, 399.
147 OLG Hamburg AfP 2012, 165.
148 OLG Hamburg AfP 1992, 376.
149 LG München I AfP 2011, 288.

gung und Angemessenheit derartiger Vergütungssysteme von den Grundrechten der Meinungs- und Medienfreiheiten aus Art. 5 Abs. 1 GG gedeckt ist. Unhaltbar war angesichts der Transparenz des Gehaltsgefüges in dieser Branche die Ansicht,[150] die öffentliche Bekanntgabe des *Gehalts eines Profi-Fußballspielers* stelle eine – noch dazu schwerwiegende und durch Zuerkennung einer Geldentschädigung zu ahndende – Persönlichkeitsrechtsverletzung dar.

Auch an der früheren Eigenschaft eines Betroffenen als **informeller Mitarbeiter des Staatssicherheitsdienstes** der vormaligen DDR (IM) wird im Hinblick auf den historischen Stellenwert der Institution *Stasi* jedenfalls in der Regel ein berechtigtes Informationsinteresse der Öffentlichkeit bestehen. In der undifferenzierten Bekanntgabe einer *Liste mit mehreren tausend Namen* ehemaliger Informeller Mitarbeiter durch eine in der Aufarbeitung früheren DDR-Unrechts engagierte Bürgerinitiative hat der BGH[151] zwar eine Verletzung des Allgemeinen Persönlichkeitsrecht jedenfalls derjenigen gesehen, die weder zu DDR-Zeiten in ihrer Eigenschaft als IM eine herausgehobene Rolle spielten noch nach der Vereinigung Deutschlands eine entsprechende Position bekleideten. In seinem zu derselben Liste ergangenen Urteil hat das BVerfG[152] jedoch mit guten Gründen erhebliche Vorbehalte gegen diese Auffassung formuliert und insbesondere auf die zentrale Rolle verwiesen, die das Ministerium für Staatssicherheit im totalitären Unrechtssystem der DDR gespielt hat und aus der sich ein fortdauerndes und überragendes Informationsinteresse der Öffentlichkeit hinsichtlich aller damit zusammen hängenden Fragen ergibt. Hat ein ehemaliger IM aber heute eine Position im öffentlichen Leben inne, so überwiegt schon nach den Wertungen des StUG das Interesse der Öffentlichkeit daran, über Spitzeltätigkeiten des Betroffenen in der ehemaligen DDR informiert zu werden.[153] In diesem Fall muss das Interesse am Schutz des privaten Lebensbereichs zurücktreten, ist Berichterstattung mithin zulässig.[154] Allerdings handelt es sich insbesondere bei § 13 StUG um eine Norm, die nur das Auskunftsverhalten der Behörde des Bundesbeauftragten für die Stasi-Unterlagen (BStU) regelt und die Beantwortung der Frage, ob die Medien die vormalige Verbindung einer Person zur *Stasi* öffentlich erörtern dürfen, weder positiv noch negativ präjudiziert.[155]

Im Fall der Bezeichnung des früheren Brandenburgischen Ministerpräsidenten und Bundesministers *Manfred Stolpe* war die Bezeichnung *Stasi-Spitzel* im Rahmen eines Berichts über einen Spielfilm unter Berücksichtigung des Kontexts obendrein eine Meinungsäußerung.[156] Als solche war sie schon deswegen zulässig, weil der Betroffene unstreitig als *Stasi*-IM geführt wurde, wenn er auch eine aktive Spitzeltätigkeit stets in Abrede gestellt hat. Dass das BVerfG[157] die Bezeichnung *Stolpes* als *IM Sekretär* als nicht durch die Meinungsfreiheit gedeckten Eingriff in geschützte Rechte des Betroffenen angesehen hat, lag demgegenüber daran, dass es in dieser Bezeichnung eine Tatsachenbehauptung sah, die nicht erweislich wahr und daher vom Schutzbereich des Grundrechts nicht erfasst war (dazu Rz. 14.16 ff. und

19.42

19.43

---

150 AG Berlin-Mitte AfP 1996, 188; a.A. OLG Celle AfP 1997, 819.

151 BGH AfP 1994, 306 = GRUR 1994, 913 – Stasi-Liste.

152 BVerfG AfP 2000, 445 = NJW 2000, 2413; dass das Gericht die ihm vorliegende Verfassungsbeschwerde im Ergebnis gleichwohl abgewiesen hat, lag an formalen Besonderheiten des Falls.

153 BGH AfP 1994, 306 = GRUR 1994, 913 – Stasi-Liste; BGH AfP 1998, 506 = NJW 1998, 3047 – IM Sekretär; BGH AfP 2013, 57 = NJW 2013, 790 – Verlautbarungen Stasi-Unterlagenbehörde; BGH ZUM 2013, 207; KG NJW-RR 1994, 926 – IM Brandenburger; *Bork*, ZIP 1992, 90 ff.

154 BVerfG AfP 2000, 445 = NJW 2000, 2413.

155 OLG München AfP 2011, 275.

156 KG NJW-RR 1994, 926 – IM Brandenburger.

157 BVerfG AfP 2005, 544 = NJW 2006, 207 – Stolpe/IM Sekretär.

Rz. 14.41 ff.). An der gerade auch vom BVerfG[158] selbst betonten Freiheit der Medien, über **Stasi-Verstrickungen** wahrheitsgemäß zu berichten, ändert der *Stolpe-Beschluss* nichts. Daher war die Erwähnung der vormaligen *Stasi*-Mitarbeit eines Betroffenen nicht nur im Rahmen eines wissenschaftlichen Werks zulässig,[159] sondern auch im Rahmen eines Berichts über den der Öffentlichkeit als solcher vorgestellten neuen Lebenspartner einer bekannten Schauspielerin.[160] Gleiches gilt für die Nennung eines vormaligen *Stasi*-Mitarbeiters, der unstreitig umfängliche Zahlungen von der Staatssicherheit erhalten hat,[161] und eines anderen, der seine Lebensgefährtin bespitzelte und danach als Vorsitzender einer Landtagsfraktion und Universitätslehrer im politischen und gesellschaftlichen Leben stand.[162] Und wenn eine Berichterstattung über einen vormaligen informellen Mitarbeiter, der diese Eigenschaft bestreitet, auf einer von dem BStU erteilten Auskunft darüber beruht, dass der Betroffene zweifelsfrei Mitarbeiter gewesen sein, dann handelt die berichtende Redaktion jedenfalls in Wahrnehmung berechtigter Interessen.[163]

19.44 Das öffentliche Informationsinteresse überwiegt auch, wenn jemand, der **von der *Stasi* observiert** wurde, die über ihn geführte Akte und damit auch darin enthaltene Behauptungen über einen ehemaligen Funktionsträger der DDR veröffentlicht. Sind diese Informationen im Detail unwahr, dann kann der Betroffene zwar einen Hinweis darauf verlangen, dass eine bestimmte Information aus der Akte nicht zutrifft, nicht aber fordern, dass die Akte mit seinem Namen überhaupt nicht mehr veröffentlicht wird.[164] Der von ehemaligen *Stasi*-Mitarbeitern in diesem Zusammenhang häufig in Anspruch genommene Grundsatz der Resozialisierung (dazu Rz. 19.60 ff.) greift hier nicht ein,[165] weil es nicht um das einseitige Recht eines verurteilten Straftäters geht, nach Verbüßung seiner Strafe die Chance zu einem nicht durch seine eigene Vergangenheit vorbelasteten neuen Lebensabschnitt zu erhalten, sondern um die Bewältigung eines Konflikts zwischen vormaligen Tätern und Opfern. In diesem Konflikt aber muss der durch die Geschichte legitimierten[166] Freiheit der Opfer, ihr im Unrechtssystem erlittenes Schicksal zu beschreiben und ihre Meinung dazu zu äußern, mehr Gewicht zuerkannt werden als dem Interesse der Täter, nicht mehr mit ihrer Vergangenheit konfrontiert zu werden,[167] zumal der Resozialisierungsgedanke als Instrument zum Schutz der Persönlichkeit auch ansonsten nicht ohne Einschränkungen schematisch angewandt werden darf (Rz. 19.62).[168]

b) Recht auf informationelle Selbstbestimmung

19.45 Eine weitere Konkretisierung des aus dem Allgemeinen Persönlichkeitsrecht abgeleiteten Rechts auf Achtung der Privatsphäre ergibt sich aus dem mit Verfassungsrang ausgestatteten Recht auf **informationelle Selbstbestimmung** (Art. 2 Abs. 1 i.V.m. Art. 1 Abs. 1 GG, Art. 8

---

158 BVerfG AfP 2000, 445 = NJW 2000, 2413.
159 LG Dresden AfP 2010, 293.
160 KG AfP 2010, 376 = NJW-RR 2010, 1567.
161 OLG München AfP 2011, 275.
162 BGH AfP 2013, 57 = NJW 2013, 790 – IM Christoph; BGH ZUM 2013, 207.
163 BGH AfP 2013, 57 = NJW 2013, 790 – IM Christoph; BGH ZUM 2013, 207.
164 OLG Hamburg AfP 1993, 756 – Hermann Kant.
165 KG AfP 2010, 376 = NJW-RR 2010, 1567.
166 BVerfG AfP 2000, 445 = NJW 2000, 2413.
167 Vgl. für eine ähnliche Konfliktlage BVerfG AfP 1998, 386 = NJW 1998, 2889; LG München I AfP 2009, 276 = ZUM-RD 2009, 412.
168 BVerfG AfP 2000, 160 = NJW 2000, 1859 – Lebach II; so auch BVerfG NJW-RR 2007, 1340 = WM 2007, 1001.

Abs. 1 EMRK).[169] Ursprünglich vom BVerfG als Abwehrrecht gegen überzogene Informationsforderungen des Staats im Rahmen einer Volkszählung geschaffen, wirkt es sich in gleicher Weise als Schranke der Medienberichterstattung aus wie andere Typisierungen und Konkretisierungen der Grundrechte aus Artt. 1 und 2 GG auch. Tragweite und Schutzfunktion gerade dieses Rechts auf informationelle Selbstbestimmung in der Abwägung gegenüber den Grundrechten der Meinungsäußerungs- und Pressefreiheit haben durch einige Entscheidungen zu Bewertungsportalen in den letzten Jahren klarere Konturen bekommen.[170]

Nach wie vor ist das Vorliegen eines **schutzwürdigen Interesses des Betroffenen** an dem Rechts auf informationelle Selbstbestimmung mit der **Meinungs- und Kommunikationsfreiheit abzuwägen**. Dem entspricht auch schon die ältere Rechtsprechung, die stets den Grund für die Preisgabe personenbezogener Daten und damit den Eingriff in das Recht auf informationelle Selbstbestimmung in einen Kontext zu dem mit der Veröffentlichung verbundenen Zweck stellt. So war die Speicherung der *Daten eines Arztes* in einer Datei betreffend den ärztlichen Notfalldienst in einer Gemeinde zwar objektiv ein Eingriff in das Recht auf informationelle Selbstbestimmung, jedoch wegen des überwiegenden Interesses der Öffentlichkeit an der Verfügbarkeit der entsprechenden Information gerechtfertigt.[171] In der Veröffentlichung mehrerer tausend Namen ehemaliger *Stasi*-IM durch eine Bürgerinitiative sah der BGH[172] ebenfalls eine Verletzung dieses Rechts, maß aber auch hier der Meinungsfreiheit ein höheres Gewicht bei (dazu Rz. 19.43 ff.)[173] und wer im Internet *Hassmails* verbreitet, muss ebenfalls hinnehmen, in einer anschließenden in sozialen Medien geführten Auseinandersetzung namentlich genannt zu werden.[174] Zweifelhaft ist es daher, wenn das OLG München den Abdruck eines von der Betroffenen selbst öffentlich zugänglich gemachten Fotos im Zusammenhang mit einer redaktionellen Kommentierung der gleichzeitig durch die Betroffene erfolgten Hass-Postings unter Hinweis auf die „Prangerwirkung" für die Betroffene untersagt (dazu auch Rz. 21.6).[175] Hingegen ist die Bekanntgabe des Wohnsitzes oder der *Wegbeschreibung* zu einem privaten Feriendomizil gegen den Willen des Betroffenen ebenso unzulässig[176] wie auch schon vor Inkrafttreten der DSGVO die Weitergabe personenbezogener gespeicherter Daten, soweit nicht gesetzlich ausdrücklich erlaubt.[177] Das gilt auch für die Bekanntgabe personenbezogener Daten eines Journalisten in einem parlamentarischen Bericht über die Bespitzelung von Journalisten durch den Bundesnachrichtendienst, da es dafür keine gesetzliche Grundlage gibt.[178]

19.46

Die neuen Recherchemöglichkeiten durch **Internetsuchmaschinen** oder über **Bewertungsportale** haben die Abwägungsprobleme noch einmal verschärft, wobei hier die Schwierigkeit eines Auseinanderfallens des eigentlichen „Täters" (in der Terminologie des für Presseverfahren zuständigen 6. Zivilsenats des BGH „unmittelbarer Störer") und des Betreibers der jewei-

19.47

---

169 BVerfG NJW 1984, 419 – Volkszählungsgesetz; Löffler/*Steffen*, § 6 LPG Rz. 58.
170 BGH AfP 2018, 322 = ZUM 2018, 433 – Internetforum; BGH AfP 2018, 230 = NJW 2018, 1884 – Ärztebewertungsportal III; BGH AfP 2014, 529 = NJW 2015, 489 – Ärztebewertung II.
171 BGH AfP 1991, 416 = NJW 1991, 1532 – Notfalldienst.
172 BGH AfP 1994, 306 = GRUR 1994, 913 – Stasi-Liste; s. aber auch die kritischen Ausführungen des BVerfG im Nichtannahmebeschluss, AfP 2000, 445 = NJW 2000, 2413.
173 BVerfG AfP 2000, 445 = NJW 2000, 2413.
174 OLG Saarbrücken AfP 2017, 439; s. BVerfG AfP 2016, 430 = NJW 2016, 3362.
175 OLG München AfP 2016, 278 – Internetpranger; OLG München AfP 2018, 250 – Internetpranger II.
176 BGH AfP 2004, 119 = NJW 2004, 762 – Feriendomizil II.
177 BGH NJW 1984, 1886 – AEG-Aktionär.
178 VG Berlin AfP 2006, 397.

ligen Fundstellenseite hinzukommt. Letzterer kann hingegen nur dann in Anspruch genommen werden, wenn er sich die beanstandeten Äußerungen zu Eigen gemacht und damit inhaltliche Verantwortung übernommen hat. Für ein Zu-Eigen-Machen spricht nach der Rechtsprechung des BGH, dass der Portalbetreiber die Äußerungen inhaltlich überprüft.[179] Ein **Zu-Eigen-Machen** liegt insbesondere dann vor, wenn der Portalbetreiber die Äußerung infolgedessen selbständig modifiziert, ohne dabei mit dem Verfasser der Äußerung Rücksprache zu halten, und den Betroffenen davon auch in Kenntnis setzt.[180] Fehlt es daran, greift eine Haftung erst dann ein, wenn der jeweilige Anbieter auf die Rechtsverletzung hingewiesen und diese für ihn auch klar erkennbar ist, wobei der Portalbetreiber allerdings zur Einholung sachgerechter Stellungnahmen sowohl des Bewertenden wie auch des Betroffenen zu der kritischen Äußerung verpflichtet ist.[181] Aus diesem Grund verneinte der BGH zutreffend eine Haftung *Googles* für Suchergebnisse mit stark abwertenden Inhalten.[182] Hingegen sah der BGH in einem *Ärztebewertungsportal*, in dem neben Basisinformationen auch ein kostenpflichtiges „Premium-Paket" gebucht werden konnte, ein Eigeninteresse des Portalbetreibers, mit dem dieser die Rolle als „neutraler Informationsmittler" verlässt und daher auch für die eingestellten Inhalte rechtlich zur Verantwortung gezogen werden kann (s. Rz. 16.29 ff.).[183]

19.48 Eine Verletzung des Rechts auf informationelle Selbstbestimmung kann auch die Veröffentlichung von Informationen darstellen, die sich die Medien selbst unter Verletzung der Schranken der Informationsbeschaffung erarbeitet haben, wie etwa durch heimliche Anfertigung **graphologischer Gutachten**, Herstellung von **Psychogrammen** oder sonstige systematische Speicherung und Auswertung privater Daten, die jedenfalls in ihrer Summe nicht für die Öffentlichkeit bestimmt sind.[184] Das öffentlich gesprochene oder geschriebene Wort ist ebenfalls unter dem Aspekt des Rechts auf informationelle Selbstbestimmung dagegen geschützt, dass die Medien es in verfälschter oder verfälschender Weise wiedergeben.[185] Und als weitere Konkretisierung dieses Rechts wird man die Entscheidung des BGH[186] ansehen müssen, dass es einen unzulässigen Eingriff in das Allgemeine Persönlichkeitsrecht darstellt, wenn ein Journalist, mit dem ein Informant die gemeinsame publizistische Auswertung und Bearbeitung von brisantem Material aus dessen geheimdienstlicher Tätigkeit vereinbart hat, dieses Material absprachewidrig allein redigiert und veröffentlicht.

c) Vorbilder aus der Realität

19.49 Mit zunehmender Häufigkeit sehen sich Personen mit Charakteren in Romanen oder Filmen konfrontiert, in denen sie sich wiederzuerkennen meinen und in deren Präsentation gegenüber einem breiten Publikum sie eine Verletzung ihres Allgemeinen Persönlichkeitsrechts ge-

---

179 Vgl. BGH AfP 2016, 253 = NJW 2016, 2106 – Ärztebewertungsportal III; BGH AfP 2012, 264 = NJW 2012, 2345.
180 BGH AfP 2017, 316 = NJW 2017, 2029.
181 BGH AfP 2016, 253 = NJW 2016, 2106 – Ärztebewertungsportal III; BGH AfP 2012, 50 = GRUR 2012, 311 – Blog-Eintrag.
182 BGH AfP 2018, 322 = ZUM 2018, 433 – Internetforum.
183 BGH AfP 2018, 230 = NJW 2018, 1884 – Ärztebewertungsportal III; eine Bewertung in demselben Portal wurde hingegen unter anderen Vorzeichen vom BGH als zulässig erachtet, BGH AfP 2014, 529 = NJW 2015, 489 – Ärztebewertungsportal II; s. auch BGH AfP 2016, 253 = NJW 2016, 2106 – Ärztebewertungsportal III.
184 Löffler/*Steffen*, § 6 LPG Rz. 59.
185 BGH AfP 2011, 484 = NJW 2011, 3515 – Das Prinzip Arche Noah; BVerfG AfP 2013, 49 = NJW 2013, 774 – Das Prinzip Arche Noah.
186 BGH AfP 1987, 508 = NJW 1987, 2667 – Langemann.

rade dann sehen, wenn die **Geschichten dieser Charaktere im Roman oder Film den Realitäten** entsprechen oder nahe kommen. Fast immer werfen derartige Konstellationen das Problem der Erkennbarkeit auf, da die Autoren in der Regel fiktive Namen verwenden und Charakterzüge sowie Geschehnisse so weit verfremden, dass jedenfalls Meinungsverschiedenheiten darüber aufkommen können, ob sich ein Betroffener zu Recht als das Vorbild der jeweiligen Roman- oder Filmfigur bezeichnet. Da es in derartigen Konstellationen stets um einen Konflikt des Allgemeinen Persönlichkeitsrechts nicht nur mit dem Kommunikationsgrundrechten des Art. 5 Abs. 1 GG, sondern auch mit dem Grundrecht der **Kunstfreiheit** gemäß Art. 5 Abs. 3 GG geht, das nicht unter dem speziellen Gesetzesvorbehalt des Art. 5 Abs. 2 GG steht (dazu Rz. 20.13 ff.), hat das BVerfG[187] hierzu den Grundsatz der Vermutung der Fiktionalität aufgestellt. Danach bedarf die Annahme der Erkennbarkeit der Feststellung einer besonderen Intensität der Identifizierungsmerkmale (dazu schon Rz. 13.54). Wird sie nach Maßgabe dieses Grundsatzes verneint, dann fehlt es schlechthin an einer rechtlich relevanten Konfliktlage zwischen dem Autor oder Verleger des literarischen Werks und demjenigen, der sich als Vorbild eines seiner Protagonisten begreift.[188] Eine Identifizierbarkeit in einem Sachbuch steht hingegen nicht unter dem Schutz des Art. 5 Abs. 3 GG und stellt daher auch bei Schilderung wahrer Tatsachen eine Persönlichkeitsrechtsverletzung dar, namentlich wenn es sich noch um ein Kind handelt.[189]

Wird in einem unter die Kunstfreiheit fallenden Werk die **Erkennbarkeit** bejaht, dann stellt sich die weitere Frage, ob der Betroffene die Verwendung seiner Person, seiner Lebensgeschichte oder eines Auszugs daraus oder sonstiger Merkmale, die mit seiner Persönlichkeit eng verbunden sind, tolerieren muss oder ob es sich dabei um rechtswidrige Eingriffe in sein Allgemeines Persönlichkeitsrecht handelt. Auch auf dieser Ebene wirkt sich zunächst wieder der Umstand aus, dass die Schranken, die entgegenstehende Rechte Dritter und in ihrer Durchsetzung die Gerichte **literarischer Darstellung** ziehen können, im Hinblick auf die durch Art. 5 Abs. 3 GG gewährte besondere Intensität der Freiheitsgewährleistungen enger gezogen sind als im Anwendungsbereich der Medienfreiheiten des Art. 5 Abs. 1 GG.[190] Da aus diesem Grund die Kunstfreiheit das Recht zur Verwendung von Vorbildern aus der Lebensrealität einschließt, folgt aus der Erkennbarkeit eines Vorbilds nicht automatisch eine Verletzung seines Persönlichkeitsrechts und scheidet insbesondere dann aus, wenn der Grad der Übereinstimmung nur gering ist. Wird auch diese sogenannte Bagatell-Hürde überschritten, so ist nach der Rechtsprechung des BVerfG auch dieser Konflikt im Wege der Güterabwägung mit der Folge zu lösen, dass eine rechtswidrige Verletzung des Persönlichkeitsrechts des Vorbilds umso eher festzustellen ist, desto stärker das Vorbild und die daraus entwickelte Figur übereinstimmen. Mit dieser Begründung hat der BGH[191] die gegen die Verbreitung des Romans *Esra* gerichtete Klage einer der beiden Protagonistinnen abgewiesen, weil die dort erzählte Geschichte die Klägerin zwar schon aufgrund der realen Mutter-Tochter-Beziehung eindeutig als die fiktive Figur *Lale* identifiziere, im Übrigen aber überwiegend fiktiv ausgestaltet sei. Da das BVerfG hinsichtlich der Tochter *Esra* das vom BGH zuvor aus-

19.50

---

187 BVerfG AfP 2007, 441 = NJW 2008, 39 – Esra; BGH NJW-RR 1988, 733; BGH AfP 2005, 464 = NJW 2005, 2844 – Esra; s. auch BGH AfP 2015, 564 = NJW 2016, 789; LG Hamburg NJW-RR 2016, 1442; dazu und zum Folgenden im Einzelnen *Robak*, AfP 2009, 325 ff.

188 Vgl. hierzu im Einzelnen u.a. *Raue*, AfP 2009, 1 ff.; *Wittreck*, AfP 2009, 6 ff.

189 BGH AfP 2015, 564 = NJW 2016, 789.

190 BVerfG AfP 2007, 441 = NJW 2008, 39 – Esra; BGH NJW-RR 1988, 733; BGH AfP 2005, 464 = NJW 2005, 2844 – Esra.

191 BGH AfP 2008, 385 = NJW 2008, 2587 – Esra II.

gesprochene Veröffentlichungsverbot[192] wegen der Intensität der Annäherung dieser Figur an die Realität verfassungsrechtlich nicht beanstandet hatte, blieb die spätere Entscheidung des BGH weitgehend ohne praktische Relevanz; durch die in dieser Sache nun vorliegende Kette von Entscheidungen sind aber die Grundzüge weitgehend geklärt, nach denen im Konflikt zwischen Realität und Fiktion die Tragweite des Allgemeinen Persönlichkeitsrechts zu bestimmen ist.

19.51 Die Rechtsprechung hat sich in einer Reihe weiterer Entscheidungen mit vergleichbaren Konflikten zwischen Realität und Fiktionalität im Anwendungsbereich des Allgemeinen Persönlichkeitsrechts befassen müssen. Mit Erwägungen zur Wechselwirkung zwischen der Realitätsnähe der fiktiven Figur und der Intensität des Eingriffs in das Persönlichkeitsrecht des Vorbilds, die denjenigen des BVerfG in der *Esra*-Entscheidung entsprechen, hat das KG[193] bereits im Jahr 2004 die Verbreitung des Romans *Meere* untersagt. Da aber das Gericht in dieser Entscheidung die erst später vom BVerfG[194] entwickelte **Vermutung der Fiktionalität** nicht berücksichtigte, stellt dieses Verbot im Ergebnis eine unzulässige Beschränkung der Kunstfreiheit des Autors und des Verlages dar. Mit den Leitgedanken des BVerfG vereinbar ist demgegenüber ein Urteil des BGH,[195] der die Klage des Täters gegen die Ausstrahlung eines eng an die Realitäten angelehnten Spielfilms über den als *Kannibale von Rothenburg* weithin bekannt gewordenen Straftäter abgewiesen hat, sowie ein Urteil des LG Koblenz,[196] das einen Verbotsantrag des Täters gegen die Ausstrahlung eines Fernsehfilms nach der Vorlage der Realität im Mordfall *Jakob von Metzler* zurückgewiesen hat. Die Verarbeitung der Ermordung eines 14-jährigen Mädchens durch einen jungen Mann, mit dem sie kurz vor der Tat freiwilligen Geschlechtsverkehr ausgeübt hatte, in einem Theaterstück stellt ebenfalls keine Verletzung des postmortalen Achtungsanspruchs der Ermordeten dar, weil im Hinblick auf die Fiktionalität des Theaterstücks und dessen verzerrende und partiell falsche Darstellung der Fakten noch nicht die Eingriffsintensität vorlag, die als Verletzung der Menschenwürde der Getöteten angesehen werden konnte.[197]

19.52 Auch die **Ausstrahlung eines Fernsehfilms** über den *Contergan*-Skandal der 60er Jahre des vergangenen Jahrhunderts war durch diesen Aspekt gerechtfertigt. Versuche sowohl des Unternehmens *Chemie Grünenthal* als auch eines Rechtsanwalts, der viele der Opfer vertreten hatte, die Ausstrahlung wegen behaupteter Verletzung ihres Unternehmens- bzw. Allgemeinen Persönlichkeitsrechts zu verhindern, blieben ohne Erfolg, weil das OLG Hamburg[198] im Fall des Unternehmens mit Recht von einem Überwiegen des Grundrechts der Kunstfreiheit aus Art. 5 Abs. 3 GG über das Unternehmenspersönlichkeitsrecht und im Fall des klagenden Rechtsanwalts davon ausging, dass die Übereinstimmung zwischen Realität und Fiktionalität

---

192 BGH AfP 2005, 464 = NJW 2005, 2844 – Esra.
193 KG AfP 2004, 371 = NJW 2004, 3639 – Meere.
194 BVerfG AfP 2007, 441 = NJW 2008, 39 – Esra; BGH NJW-RR 1988, 733; BGH AfP 2005, 464 = NJW 2005, 2844 – Esra.
195 BGH AfP 2009, 398 = NJW 2009, 3576; anders noch OLG Frankfurt a.M. AfP 2006, 185 = NJW 2007, 699 – Rothenburg.
196 LG Koblenz NJW 2007, 695 = ZUM 2006, 951 – Gäfgen; kritisch dazu *von Becker*, NJW 2007, 662 ff.; vgl. auch LG Leipzig ZUM 2008, 617.
197 BVerfG AfP 2008, 161 = NJW 2008, 1657; BGH ZUM 2008, 951 = GRUR 2009, 83; OLG Hamm AfP 2006, 261 – Ehrensache; BGH AfP 2008, 601 = NJW 2009, 751 – Theaterstück; OLG Hamm ZUM 2010, 453; a.A. in einem Parallelverfahren OLG Köln ZUM 2008, 335 = GRUR-RR 2008, 324.
198 OLG Hamburg AfP 2007, 146 = ZUM 2007, 483; OLG Hamburg AfP 2007, 143 = NJW-RR 2007, 1268; OLG Hamburg AfP 2009, 151 = NJW 2009, 1510 – Contergan.

nicht groß genug war, um einen rechtswidrigen Eingriff in dessen Allgemeines Persönlichkeitsrecht begründen zu können; die gegen diese Entscheidungen gerichteten Anträge auf Erlass einstweiliger Anordnungen hat das BVerfG[199] jeweils zurückgewiesen. Und der eng an die Realitäten einer Schule in einer deutschen Kleinstadt angelehnte Roman *Pestalozzis Erben* verletzte das Allgemeine Persönlichkeitsrecht des darin heftig kritisierten und ohne Weiteres erkennbaren Lehrers ebenfalls nicht, weil die im Roman zum Ausdruck gebrachte Kritik nicht die Verletzungsintensität erreichte, die das BVerfG fordert, um den mit einem Verbot verbundenen Eingriff in die Grundrechte der Kunst- und Meinungsfreiheit des Autors zu rechtfertigen.[200] Gleiches gilt für einen Roman, der sich mit den engen Beziehungen der Schauspielerin *Magda Schneider* zum Nazi-Regime befasste.[201]

Die Ausstrahlung des Films *Der Baader-Meinhof-Komplex* schließlich, die die Tochter von *Ulrike Meinhof* zu verhindern versuchte, wurde schon deswegen nicht untersagt, weil eigene Rechte der klagenden Tochter nicht verletzt werden;[202] Abweichungen der Darstellung in diesem Film von der Realität stellen auch keine Verletzung des postmortalen Achtungsanspruchs des ermordeten *Jürgen Ponto* dar.[203] Mit Recht hat das OLG Hamburg[204] aber in der Verbreitung eines Romans, der Kritikern der Politik des damaligen Bundeskanzlers *Gerhard Schröder* den Ausweg der mangels Entdeckung des Täters sanktionslosen Ermordung *Schröders* nahelegte, als gravierende Verletzung des Allgemeinen Persönlichkeitsrechts des damaligen Bundeskanzlers angesehen. Zutreffend ist daher auch die Entscheidung des LG Hamburg, trotz der Berufung eines Online-Händlers auf die Kunstfreiheit die Veräußerung eines *Miniaturholzgalgens* mit der Aufschrift „Reserviert – Sigmar ‚Das Pack' Gabriel" zu untersagen.[205] Auch die Verbreitung eines so genannten Romans im Internet, dessen ausschließliches Ziel es war, von den darin gezeichneten, in der Realität erkennbaren Personen Geldzahlungen zu erpressen, stellte eine Verletzung des Allgemeinen Persönlichkeitsrechts der Betroffenen dar.[206]

19.53

d) Strafrechtliche Verurteilungen

aa) Namensnennung

Die Rechtspflege durch die staatlichen Gerichte ist als Teil der Ausübung hoheitlicher Gewalt grundsätzlich Gegenstand eines berechtigten Interesses der Öffentlichkeit und damit auch berechtigter Berichterstattung durch die Medien. Der Gesetzgeber trägt dem mit der Begründung des Öffentlichkeitsprinzips Rechnung (dazu Rz. 6.6 ff.). Bereits aus dem Prinzip der Öffentlichkeit der Verhandlung und insbesondere der Urteilsverkündung folgt, dass eine Verurteilung wegen begangener **Straftaten** niemals ausschließlich Privatsache sein kann, wenngleich es Sinn der Öffentlichkeitsgewähr in erster Linie ist, die Verfahrensgerechtigkeit zu gewährleisten.[207] Wer strafbare Handlungen begeht, stellt sich allerdings allein dadurch außerhalb der Rechtsordnung, so dass er im Spannungsfeld zwischen dem von den Medien

19.54

---

199 BVerfG ZUM 2007, 730; BVerfG AfP 2007, 453 = NJW 2007, 3197 – Contergan; s. dazu auch *Seitz*, ZUM 2016, 817.
200 OLG Hamm AfP 2002, 224 = ZUM 2002, 387 – Pestalozzis Erben.
201 OLG Frankfurt a.M. AfP 2009, 612 = ZUM 2009, 952.
202 OLG München AfP 2008, 75 = NJW-RR 2008, 1220 – Baader-Meinhof-Komplex.
203 LG Köln AfP 2009, 78 = NJW-RR 2009, 623.
204 OLG Hamburg AfP 2004, 375 = ZUM 2004, 79.
205 LG Hamburg v. 28.9.2018 – 324 O 53/18, zit. nach juris.
206 OLG Karlsruhe AfP 2012, 466 = NJW-RR 2012, 820.
207 BVerfG AfP 2001, 48 = NJW 2001, 1633 – Fernsehaufnahmen in Gerichtsverhandlungen.

wahrzunehmenden Informationsbedürfnis der Öffentlichkeit und seinem eigenen Anspruch auf Achtung seiner Privatsphäre Einschränkungen in gewissem Umfang hinnehmen muss.[208] Wer den Rechtsfrieden bricht und durch seine Tat Rechtsgüter der Gemeinschaft angreift oder verletzt, muss es auch hinnehmen, dass das von ihm selbst erregte Informationsinteresse der Öffentlichkeit auf den dafür üblichen Wegen und damit vor allem über die Medien befriedigt wird.[209] Damit ist Berichterstattung über Hauptverhandlungen im Strafprozess und die darin ergehenden Entscheidungen prinzipiell zulässig.[210] Dies bedarf insbesondere keiner Begründung im Einzelfall. Ausgehend von dem Recht der Medien, selbst zu bestimmen, worüber und wie sie berichten, ist von Seiten der Gerichte auch in diesem Zusammenhang nicht zu fragen, ob ein bestimmter Gegenstand berichtenswert ist oder nicht, sondern ausschließlich, ob unter den konkreten Umständen des Einzelfalls entgegenstehende Rechte des Betroffenen höher zu gewichten sind.[211]

19.55   Diese Berichterstattung über **Gerichtsverhandlungen** kann auch eine Namensnennung einschließen, wenn die dafür selbstverständlich ebenfalls erforderliche Güterabwägung,[212] zugunsten des öffentlichen Informationsinteresses ausfällt. Dies wird umso eher der Fall sein, desto gravierender die Straftat und desto hervorgehobener die Position des Täters ist.[213] Bei den so genannten Kapitalverbrechen tritt das Allgemeine Persönlichkeitsrecht stets hinter den Informationsanspruch der Öffentlichkeit zurück. Das Recht der Medien, nicht nur über die Straftat und das Urteil, sondern auch über den Täter unter Aufdeckung seiner Identität zu berichten, ist unbestritten, wenn sich ein berechtigtes Informationsinteresse nicht nur auf die Tat, sondern auch auf die Identität des Täters bezieht.[214] Das gilt auch für **Sexualstraftaten**. So durften die Medien über eine Hauptverhandlung berichten, in der ein ehemaliger Spieler der Fußball-Bundesliga eine Vergewaltigung gestanden hatte und deswegen zu einer Freiheitsstrafe rechtskräftig verurteilt wurde. In einem solchen Fall zählen auch die näheren Umstände der Tat nicht mehr zur gegen Berichterstattung absolut geschützten Intimsphäre des Täters (zur vergleichbaren Problematik von Ermittlungsverfahren wegen einer Sexualstraftat vgl. Rz. 19.75).[215] Im Fall eines wegen Vergewaltigung angeklagten und später freigesprochenen bundesweit bekannten Fernsehmoderators war die Wiedergabe seiner eigenen Einlassung über mit der angeblich vergewaltigten Frau ausgeübte Sexualpraktiken zulässig, nachdem sie in der öffentlichen Hauptverhandlung verlesen und damit einer breiten Öffentlichkeit bekannt geworden war.[216] Hingegen zählen seine sexuellen Vorlieben und Praktiken, die in der gerichtlichen Hauptverhandlung erörtert worden sind, weiterhin zu seiner absolut geschützten Intimsphäre, soweit zwischen ihnen und der Tat ein Funktionszusammenhang nicht be-

---

208 EGMR NJW 2012, 1058 = GRUR 2012, 741 – Axel Springer AG/Deutschland; EGMR NJW-RR 2010, 1487 - Egeland u. Hanseid/Norwegen.

209 BVerfG AfP 1973, 423 = NJW 1973, 1226 – Lebach I; BGH AfP 2000, 167 = NJW 2000, 1036 – Namensnennung; BGH AfP 2006, 62 = ZUM 2006, 323.

210 BVerfG AfP 1973, 423 = NJW 1973, 1226 – Lebach; OLG Hamm AfP 1988, 258; OLG Hamburg NJW-RR 1991, 990.

211 BVerfG ZUM 2010, 961 = NJW-RR 2010, 1195.

212 OLG Düsseldorf AfP 1980, 108.

213 BGH AfP 2000, 167 = NJW 2000, 1036 – Namensnennung; BGH NJW 1962, 32 = GRUR 1962, 108 – Waffenhandel; OLG Frankfurt a.M. NJW 1980, 597; OLG Hamm AfP 1985, 218; OLG Hamburg AfP 1991, 537 = NJW-RR 1991, 990 ; VGH Baden-Württemberg AfP 2018, 159.

214 BGH AfP 2013, 54 = GRUR 2013, 200; OLG Köln ZUM-RD 2016, 740; BGH AfP 2000, 167 = NJW 2000, 1036 – Namensnennung; Löffler/*Steffen*, § 6 LPG Rz. 205 ff.; Wenzel/*Burkhardt/Peifer*, Kap. 10 Rz. 198; *Lampe*, NJW 1973, 217 ff.

215 BVerfG AfP 2009, 365 = NJW 2009, 3357.

216 BGH AfP 2013, 250.

steht.[217] Im Stadium des **Ermittlungsverfahrens** dürfen die Medien durch die Staatsanwaltschaft über strafrechtliche Verfahren unter Nennung des Namens des Beschuldigten hingegen nur in den Fällen schwerer Kriminalität oder bei Straftaten, die die Öffentlichkeit besonders berühren, informiert werden.[218]

Im Fall von **Kleinkriminalität** fehlt es generell an einem legitimen Interesse der Öffentlichkeit, den Namen des Täters zu erfahren.[219] Von der Hauptverhandlung eines Strafrichters über Schwere Gefechte hinterm Hühnerschuppen und deren Ergebnis kann die Lokalpresse die Öffentlichkeit umfassend und gegebenenfalls in humoriger Diktion auch dann hinreichend informieren, wenn sie die Identität der Beteiligten nicht preisgibt.[220] Im Fall von Verkehrsdelikten etwa ist eine Berichterstattung unter Namensnennung in der Regel unzulässig, wenn der Täter nicht im öffentlichen Leben steht; hier erstreckt sich das berechtigte Informationsinteresse auf die Tat, nicht aber auf den Täter. Allerdings gilt auch die Regel, dass eine Aufdeckung der Identität von Alltagspersonen im Zusammenhang mit von ihnen begangener Klein- oder Gelegenheitskriminalität nicht statthaft ist, nicht ohne Ausnahme. Mit Recht hat etwa das OLG Braunschweig[221] die Klage eines *NPD*-Angehörigen gegen eine Berichterstattung über seine Verurteilung wegen einer Gewalttätigkeit anlässlich einer von Gegendemonstranten begleiteten *NPD*-Demonstration mit der Erwägung abgewiesen, dass an der Ausfeuerung von Demonstrationen gerade der extremen politischen Szene in Gewalttaten ein dringendes Informationsinteresse der Öffentlichkeit besteht, obwohl der Täter keine herausgehobene Funktion innerhalb seiner Partei einnahm.

19.56

Handelt es sich hingegen bei kleiner oder mittlerer Kriminalität um einen Täter in herausgehobener Position oder besteht zwischen der Tat und der beruflichen oder sozialen Funktion des Täters ein sachlicher Zusammenhang, so wird seine Identifizierung tendenziell eher gestattet sein.[222] So wird etwa das Mitglied der Bundes- oder einer Landesregierung, das sich für schärfere Vorschriften betreffend das Autofahren unter Alkoholeinfluss einsetzt, aber selbst alkoholisiert am Steuer eines PKW angetroffen wird, einen Bericht der Medien unter Namensnennung hinnehmen müssen. Mit Recht haben daher die Gerichte auch die Berichterstattung über einen Verkehrsverstoß für zulässig erachtet, den der stets im Blickpunkt der Öffentlichkeit stehende *Prinz Ernst August von Hannover* dadurch begangen hatte, dass er die auf einer französischen Autobahn zulässige Höchstgeschwindigkeit von 130 km/h um ca. 80 km/h überschritten hatte.[223] Zutreffend ist auch die Auffassung des KG,[224] die damalige Ehefrau des Schauspielers *Til Schweiger*, die ihre Ehe einschließlich der Trennung der Eheleute sowie ihr Familien- und eigenes Unternehmerleben in den Medien umfangreich dargestellt hatte, müsse es hinnehmen, dass die Medien über ihre Verurteilung wegen Fahrens ohne Führerschein berichteten, zumal sie auch als Protagonistin eines neuen, familienfreundlichen PKW aktiv in Erscheinung getreten war; hier ergibt sich das berechtigte Informationsinteresse nicht nur an der Tat, sondern gerade auch an der Identität der Täterin in erster Linie aus der Vorbildfunktion, die sie selbst in ihren eigenen Auftritten in und gegenüber der Öffentlichkeit für sich reklamiert hatte. Daher kann auch eine bloße („schwere") Ordnungswidrigkeit eine

19.57

---

217 OLG Köln AfP 2012, 178 = ZUM-RD 2012, 206.
218 VGH Mannheim AfP 2018, 159.
219 Wenzel/*Burkhardt*/*Peifer*, Kap. 10 Rz. 198.
220 OLG Nürnberg NJW 1996, 530.
221 OLG Braunschweig ZUM 2005, 77.
222 BGH NJW 1962, 32 = GRUR 1962, 108 – Waffenhandel; Löffler/*Steffen*, § 6 LPG Rz. 208.
223 KG AfP 2004, 559 = NJW 2004, 3637; BGH AfP 2006, 62 = ZUM 2006, 323; BVerfG AfP 2006, 354 = NJW 2006, 2835.
224 KG AfP 2008, 409.

namentliche Identifizierung rechtfertigen, wenn diese im Zusammenhang mit der beruflichen Tätigkeit des Genannten stand, für die er wiederum in der Öffentlichkeit bekannt war.[225] Unzutreffend war daher die Untersagung der Berichterstattung über ein Drogendelikt eines der Öffentlichkeit als Fernsehkommissar weithin bekannten Schauspielers wegen vermeintlich fehlenden legitimen Informationsinteresses an der Identität des Verurteilten; auch aus einer solchen Rolle ergibt sich, wenn sie wie in diesem Fall über längere Zeit gespielt wird, eine Vorbildfunktion, mit der sich gerade jüngere und unkritische Zuschauer leicht identifizieren. Die gegenteiligen Entscheidungen des OLG Hamburg,[226] die vom BGH und BVerfG jeweils durch Nichtannahme der Revision und der Verfassungsbeschwerde im Ergebnis bestätigt wurden, hat der EGMR mit Recht als einen konventionswidrigen Eingriff in das Recht auf Freiheit der Meinungsäußerung bezeichnet.[227]

19.58 Ist die Tat gravierend und die Identität des Täters ohnehin bekannt, weil er in aller Öffentlichkeit gehandelt hat, so stellt aktuelle Berichterstattung unter Namensnennung keinen unzulässigen Eingriff in sein Persönlichkeitsrecht dar.[228] Dasselbe gilt im Fall der **Selbstbezichtigung**[229] und dann, wenn zwischen Tat und beruflicher Stellung des Täters wie etwa einer herausgehobenen Position in der öffentlichen Verwaltung ein funktionaler Zusammenhang besteht; so war es zulässig, den Namen des Leiters eines Kriminalkommissariats bekannt zu machen, der im Zusammenhang mit einer *Fahndung im Rotlichtmilieu* unter anderem Dienstgeheimnisse an die Verdächtigen weitergegeben und damit den Fahndungserfolg gefährdet hatte und deswegen verurteilt wurde (weitere Beispiele aus der Rechtsprechung Rz. 19.66 ff.).[230] Und es liegt auf der Hand, dass der **Funktionszusammenhang** zwischen Tat und Beruf des Täters die Identifizierung eines wegen Strafvereitelung verurteilten Rechtsanwalts ohne Weiteres rechtfertigt.[231] Ist die Verurteilung zum Zeitpunkt der Berichterstattung noch nicht rechtskräftig, dann ist darauf allerdings in geeigneter Weise hinzuweisen.[232]

19.59 Bei straffällig gewordenen **Jugendlichen** überwiegt in der Mehrheit der Fälle der Persönlichkeitsschutz, weil bei ihnen der Resozialisierungszweck der Strafe besonderes Gewicht hat. Diese Wertung entnehmen die Gerichte der Entscheidung des Gesetzgebers, Hauptverhandlungen in Strafverfahren gegen Jugendliche einschließlich der Urteilsverkündung unter Ausschluss der Öffentlichkeit durchzuführen.[233] Allerdings hat das BVerfG mit überzeugender Begründung ausgesprochen, dass es keine Regelvermutung gegen die Zulässigkeit identifizierender Berichterstattung über Straftaten von Jugendlichen oder jungen Erwachsenen gibt. Die Berichterstattung über Jugendliche, die dabei beobachtet wurden, wie sie bei nächtlichen Ausschweifungen Fahrräder traktierten, Blumen aus Beeten herausrissen und Telefonbücher in Telefonzellen vernichteten, war daher entgegen der Auffassung des OLG Hamburg[234] zulässig. Unzutreffend ist jedenfalls im Lichte einer späteren Entscheidung des BVerfG[235] die zum Recht am eigenen Bild ergangene Entscheidung des OLG Hamburg, die unter Hinweis auf

---

225 LG Köln v. 7.1.2015 – 28 O 421/14, zit. nach juris.
226 OLG Hamburg AfP 2006, 257 = ZUM-RD 2006, 513; OLG Hamburg ZUM 2008, 63.
227 EGMR NJW 2012, 1058 = GRUR 2012, 741 – Axel Springer AG/Deutschland.
228 OLG Oldenburg AfP 1988, 138.
229 OLG Karlsruhe ArchPR 1972, 82.
230 LG Berlin AfP 1998, 418 = NJW-RR 1999, 1253.
231 OLG München AfP 2003, 438 = NJW-RR 2003, 111.
232 LG Berlin AfP 1998, 418 = NJW-RR 1999, 1253.
233 BVerfG AfP 1973, 423 = NJW 1973, 1226 – Lebach I.
234 OLG Hamburg NJW-RR 2010, 972 = ZUM-RD 2009, 646.
235 BVerfG AfP 2012, 143 = NJW 2012, 1500 – Wilde Kerle.

den vorrangigen Schutz des Jugendlichen die bebilderte Berichterstattung über die gerichtliche Hauptverhandlung gegen einen zur Tatzeit gerade noch jugendlichen Gewalttäter untersagt, der auf einem Münchener U-Bahnhof einen unbeteiligten Dritten mit Todesfolge brutal zusammengeschlagen hatte und deswegen rechtskräftig verurteilt wurde;[236] hier überwog in Anbetracht der Brutalität des Vorgehens und des daraus resultierenden bundesweiten Echos auf die Tat des Informationsinteresse der Öffentlichkeit das Anonymitätsinteresse des Täters trotz seines zur Tatzeit gerade noch jugendlichen Alters bei Weitem.

bb) Zeitliche Beschränkung

Das öffentliche Interesse an der Person eines verurteilten Straftäters ist üblicherweise vorübergehend und nimmt daher mit zunehmendem zeitlichen Abstand zur Verurteilung wieder ab, sofern nicht besondere Umstände hinzutreten. Denn das Zurücktreten des aus dem Allgemeinen Persönlichkeitsrecht folgenden Anspruchs auf Anonymität gegenüber dem Informationsanspruch der Öffentlichkeit und der daraus resultierenden Berichterstattungsfreiheit der Medien über strafrechtliche Verurteilungen in den Fällen, in denen über die Person des Verurteilten unter Namensnennung überhaupt berichtet werden darf, findet seine Rechtfertigung unter anderem darin, dass der Straftäter zum Zeitpunkt der Begehung und Aburteilung seiner Tat in das **Bewusstsein der Öffentlichkeit** tritt. Versteht man den verurteilten Straftäter unter den oben genannten Voraussetzungen daher als Person im Blickpunkt der Öffentlichkeit (zu diesem Begriff Rz. 21.2 ff.), so ist er dies doch nicht auf Dauer, sondern in der Regel nur für den Zeitraum, in dem die von ihm begangene Straftat aktuelle Bedeutung hat; in der von der Rechtsprechung herkömmlicherweise verwendeten Terminologie ist er daher in aller Regel nicht absolute, sondern allenfalls relative Person der Zeitgeschichte.[237] Schon hieraus folgt, dass die Berichterstattung über erfolgte strafrechtliche Verurteilungen unter Namensnennung zeitlich nicht schrankenlos zulässig ist. Allerdings können absolute zeitliche Grenzen nicht gezogen werden.[238]

19.60

In den erforderlichen Prozess der Abwägung zwischen dem auch dem verurteilten Straftäter verbleibenden Anspruch auf Respektierung seiner Privatsphäre und dem Informationsinteresse der Öffentlichkeit ist der Gedanke der **Resozialisierung** einzubeziehen; das entspricht seit der ersten *Lebach*-Entscheidung des BVerfG[239] gefestigter Überzeugung. Dies bedeutet allerdings nicht, dass nach Ablauf des dafür im Einzelnen maßgeblichen Zeitraums eine Berichterstattung oder sonstige Erwähnung einer strafrechtlich gesühnten Straftat unter keinen Umständen mehr in Betracht kommt. Nicht selten ergeben sich vielmehr Konstellationen, in denen trotz dieses Umstands die Frage nach der Zulässigkeit einer öffentlichen Diskussion einer früher begangenen Straftat nicht schematisch im Sinn der ersten *Lebach*-Entscheidung beantwortet werden darf, sondern vielmehr eine erneute Güterabwägung unter Berücksichtigung der dann maßgeblichen tatsächlichen Umstände vorgenommen werden muss. In seiner zwei-

19.61

---

236 OLG Hamburg ZUM 2010, 61.

237 OLG München AfP 1981, 360 – Bayerische Spitzbuben; OLG Hamburg AfP 1991, 537 = NJW-RR 1991, 990; OLG Hamburg AfP 1994, 232 = NJW-RR 1994, 1439.

238 BVerfG AfP 1973, 423 = NJW 1973, 1226 – Lebach I; OLG Hamburg AfP 1991, 537 = NJW-RR 1991, 990; OLG Hamm AfP 1988, 258; OLG Köln AfP 1986, 347; OLG München AfP 1981, 360 – Bayerische Spitzbuben; Löffler/*Steffen*, § 6 LPG Rz. 211; Wenzel/*Burkhardt*/*Peifer*, Kap. 10 Rz. 200 ff.

239 BVerfG AfP 1973, 423 = NJW 1973, 1226 – Lebach I; OLG Köln ZUM-RD 2017, 551; OLG Frankfurt a.M. GRUR-RR 2017, 120.

ten *Lebach*-Entscheidung hat daher das BVerfG[240] ausdrücklich klargestellt, dass mit den in der ersten zu diesem Komplex ergangenen Entscheidung aufgestellten Grundsätzen keine vollständige Immunisierung gemeint war und dass vielmehr ein Abwägungsspielraum verbleiben kann, den wahrzunehmen Art. 5 Abs. 1 Satz 2 GG gebietet.

19.62 Bei Straftätern, die zu einer **Freiheitsstrafe** verurteilt worden sind, folgt schon aus dem Resozialisierungszweck der Strafe, dass eine weitere publizistische Behandlung ihrer Tat unter Namensnennung in der Regel nicht mehr zulässig ist, sobald sie ihre Haftstrafe verbüßt haben.[241] Mit dem Zeitpunkt der Haftentlassung soll sich der Resozialisierungsgedanke in der Praxis bewähren und der Betroffene die Chance auf einen unbelasteten Neubeginn erhalten.[242] Allerdings kann im Wege der auch in diesem Zusammenhang gebotenen Güterabwägung anders zu entscheiden sein, wenn eine außergewöhnliche Konstellation dies gebietet. Daher war die namentliche Erwähnung eines der Entführer von *Jan Philipp Reemtsma* nach Beendigung seiner Strafhaft im Rahmen eines Artikels über spektakuläre Kriminalfälle der Vergangenheit statthaft; denn bei diesem Komplex handelt es sich um einen Fall, der auch mehr als ein Jahrzehnt nach der Tat und ihrer partiellen Aufklärung und Aburteilung schon deswegen noch immer im Blickpunkt der Öffentlichkeit steht, weil die Suche nach dem größten Teil des erpressten Lösegelds von 30 Millionen DM nach wie vor andauert.[243] Mit Recht haben die Berliner Gerichte im Hinblick auf den historischen Stellenwert des gesamten *RAF*-Komplexes auch angenommen, dass die Medien über die bevorstehende Haftentlassung rechtskräftig verurteilter Straftäter aus dieser Gruppe[244] oder auch die Teilnahme eines der entlassenen Täter an einer öffentlichen Diskussionsveranstaltung berichten durften.[245] Falsch ist demgegenüber die Auffassung des OLG Hamburg, eine Zeitung, die berechtigtermaßen über die Haftentlassung einer der Beteiligten an dem Mord an *Martin Schleyer* berichtete, dürfe nicht erwähnen, dass die Betroffene nach ihrer Haftentlassung eine Änderung ihres Namens beantragt hatte, ohne dabei den gewählten Namen zu offenbaren.[246] Da die neu gewählte Identität der Betroffenen in diesem Fall gerade nicht offenbart wurde, ist nicht ersichtlich, welche schwerer wiegenden Aspekte aus dem Rechtskreis der Betroffenen die mit dieser Entscheidung verbundene Einschränkung der Berichterstattungsfreiheit hätten rechtfertigen können. Solange sich schließlich ein verurteilter Täter noch in Haft befindet und seine Haftentlassung auch nicht abzusehen ist, ist eine Gefährdung seiner Resozialisierung durch identifizierende Berichterstattung ohnehin als gering anzusehen und daher in der Regel ein Veröffentlichungsverbot noch nicht zu rechtfertigen; dies gilt insbesondere dann, wenn der Betroffene durch eigene Maßnahmen dazu beiträgt, dass sein Name und seine Verurteilung im Bewusstsein der Öffentlichkeit bleiben.[247]

---

240 BVerfG AfP 2000, 160 = NJW 2000, 1859 – Lebach II; so auch BVerfG NJW-RR 2007, 1340 = WM 2007, 1001.
241 BVerfG AfP 1973, 423 = NJW 1973, 1226 – Lebach I; OLG Hamburg AfP 1976, 137 – Banklady: OLG München AfP 1981, 360 – Bayerische Spitzbuben; OLG Hamm AfP 1988, 258; OLG Hamburg AfP 1991, 537 = NJW-RR 1991, 990; OLG Hamburg AfP 1994, 232 = NJW-RR 1994, 1439; OLG Hamburg AfP 2007, 228.
242 OLG München AfP 2007, 136; OLG Frankfurt a.M. ZUM 2007, 546; OLG Köln AfP 2007, 126.
243 LG Hamburg AfP 2011, 285; vgl. auch LG Hamburg AfP 2013, 70.
244 KG AfP 2008, 396 = NJW-RR 2008, 1625; KG AfP 2007, 376 = NJW-RR 2008, 492; LG Berlin AfP 2007, 282.
245 LG Berlin AfP 2008, 222.
246 OLG Hamburg AfP 2010, 270.
247 OLG Hamburg AfP 2008, 95 = ZUM-RD 2008, 232; LG Hamburg AfP 2013, 70.

Auch die **Tilgung einer Strafe aus dem Strafregister** wird von der Rechtsprechung als Zäsur   19.63
angesehen, jenseits derer jedenfalls über eine früher verhängte Freiheitsstrafe im Regelfall
nicht mehr berichtet werden darf.[248] Richtigerweise wird man aber auch aus ihr keine absolute Sperrwirkung gegen die spätere Erwähnung der Tat aus begründetem Anlass ableiten können.[249] Steht eine Durchbrechung dieser Regel zur Diskussion und erwägen die Medien die
öffentliche Erwähnung einer früher begangenen Straftat aus aktuellem Anlass, dann handelt
es sich bei der Straftilgung aber jedenfalls um ein wesentliches Kriterium, das bei der Güterabwägung in Rechnung zu stellen ist.[250] Das KG[251] hat dennoch mit Recht entschieden, dass
die Erwähnung einer schon zwanzig Jahre zurückliegenden und inzwischen getilgten Vorstrafe wegen Teilnahme an einer blutigen Schießerei aus Anlass der neuerlichen Verhaftung des
Betroffenen wegen eines in demselben Milieu angesiedelten Delikts von diesem hinzunehmen
war. Und die Berichterstattung über ein Vermögensdelikt mit einem überdurchschnittlich hohen angerichteten Schaden ist auch Jahre nach Verbüßung der Haft durch den Täter zulässig,
wenn er sich um einen Auftrag der öffentlichen Hand bemüht.[252] Gleiches galt auch für die
Erwähnung zweier 20 Jahre zurückliegender Sprengstoffanschläge nach Tilgung der Strafe im
Bundeszentralregister, weil der Betroffene sich wie zur Zeit der Tat in der rechten Szene aktiv
betätigte und nun Inhaber einer Marke für eine überwiegend von seinen Gesinnungsgenossen
geschätzte Mode-Linie war.[253] Zu weit geht es daher, wenn das OLG Köln[254] in einem Fall, in
dem im Zusammenhang mit der Bewerbung des Betroffenen um den Posten eines Leiters der
Kriminalpolizei eine elf Jahre zurückliegende und inzwischen getilgte Verurteilung wegen eines Ladendiebstahls erwähnt wurde, sogar von einer Verletzung der Menschenwürde spricht.

Bei Straftätern, die **keine Freiheitsstrafe** haben verbüßen müssen, kann der Zeitraum zuläs-   19.64
siger Berichterstattung unter Namensnennung im Einzelfall sehr viel kürzer sein als im Fall
der Verurteilung zu Freiheitsstrafen. Im Schrifttum[255] ist zwar insoweit eine Frist von nur
sechs Monaten vorgeschlagen worden. Jedoch ist es auch in diesem Zusammenhang nicht
möglich, ohne klare gesetzliche Grundlage mit starren Fristen zu operieren.[256] Auch für diesen Komplex gilt das aus der ersten *Lebach*-Entscheidung[257] abgeleitete Gebot der Respektierung des Resozialisierungsgedankens durch die Medien nicht schematisch und nicht ohne
Ausnahmen (Rz. 19.62). Dieser kann insbesondere dann nicht eingreifen, wenn die erneute
Berichterstattung sich zu einem Vorgang verhält, der einen unmittelbaren Bezug zu der früheren Verurteilung hat. So kann etwa die Tatsache, dass der Bewerber um die Position eines
Gerichtsvollziehers vor wenigen Jahren wegen Unterschlagung zu einer Geldstrafe verurteilt
wurde, für die Beurteilung der Frage, ob er für den Posten geeignet ist, durchaus von Bedeutung sein, und die Öffentlichkeit wird einen Anspruch darauf haben zu erfahren, dass einschlägige Bedenken bestehen. Im Wege der Abwägung kann sich daher auch hier ein sehr
viel längerer Zeitraum für zulässige Berichterstattung dann ergeben, wenn zwischen der frü-

---

248 OLG Köln AfP 1975, 866; BVerfG AfP 1993, 478 = NJW-RR 1993, 1463.
249 BVerfG AfP 2000, 160 = NJW 2000, 1859 – Lebach II; BVerfG NJW 2006, 1865; OLG Frankfurt a.
     M. NJW 1976, 1410; LG Köln AfP 1992, 83.
250 BVerfG NJW 2006, 1865; LG Hamburg AfP 2013, 70.
251 KG AfP 1992, 302.
252 BVerfG NJW-RR 2007, 1340.
253 OLG Frankfurt a.M. MMR 2012, 259 = ZUM-RD 2012, 85.
254 OLG Köln NJW-RR 1993, 31; BVerfG AfP 1993, 478 = NJW-RR 1993, 1463.
255 *Lampe*, NJW 1973, 217, 222.
256 Wenzel/*Burkhardt*/*Peifer*, Kap. 10 Rz. 201 f.
257 BVerfG AfP 1973, 423 = NJW 1973, 1226 – Lebach I.

heren Verurteilung und dem aktuellen Anlass der Berichterstattung ein *Funktionszusammenhang* besteht.[258]

19.65   So werden die Medien etwa eine bereits **viele Jahre zurückliegende Verurteilung** wegen Wahlfälschung erneut erwähnen dürfen, wenn der Betroffene im Rahmen einer Kommunalwahl zum Wahlleiter ernannt werden soll. Ist der Geschäftsführer eines in einen betrügerischen Bankrott verwickelten Unternehmens bereits früher wegen einer entsprechenden Tat verurteilt worden, so darf darüber aus Anlass seiner erneuten Verurteilung wieder berichtet werden, auch wenn die Berichterstattung über den abgeschlossenen Vorgang in den dazwischen liegenden Jahren unzulässig war. Die Auffassung des OLG Frankfurt,[259] in einem solchen Fall dürften zwar das Unternehmen und der Geschäftsführer, letzterer aber nicht unter seinem Namen genannt werden, ist inkonsequent und schon deswegen abzulehnen, weil ein Geschäftsführer über seine Funktion ohnehin identifizierbar ist und im Fall der Anonymisierung ein ungerechtfertigter Verdacht auf andere Geschäftsführer desselben Unternehmens fallen kann. Zu Recht war daher auch das OLG Düsseldorf der Auffassung, ein identifizierender Beitrag über mehrere Jahre zurückliegende Ermittlungen wegen *Beziehungen zur organisierten Kriminalität* eines in Deutschland ansässigen Geschäftsmanns sei wegen des Gewichts der Vorwürfe von einem das Persönlichkeitsrecht überlagernden Veröffentlichungsinteresse.[260]

19.66   Die **Rechtsprechung** legt aber insgesamt **kritische Maßstäbe** an. So reichte die Tatsache, dass drei Jahre nach der Verurteilung eines zum Zeitpunkt der Tat noch jugendlichen Straftäters ein weiterer, zunächst unentdeckter Tatbeteiligter gefasst wurde, nach Auffassung des OLG Hamm[261] als berechtigter Anlass zur Berichterstattung über diese Straftat unter Nennung des Namens des bereits Verurteilten nicht aus, wenngleich die Tat als solche aus diesem Anlass erneut Gegenstand eines Informationsbedürfnisses der Öffentlichkeit wurde. Das OLG Hamburg hat im Rahmen einer *Artikelserie über Mörder, die man nie vergisst*, die namentliche Erwähnung eines Manns, der als vierfacher Frauenmörder Kriminalgeschichte geschrieben hatte, 13 Jahre nach der Verurteilung ebenso als unzulässig angesehen[262] wie die Erwähnung desselben Manns aus Anlass der von ihm beantragten vorzeitigen bedingten Haftentlassung im Rahmen eines Artikels über Jahrhundert-Mordfälle,[263] beide Entscheidungen aber in einem späteren Urteil[264] dahingehend relativiert, dass sie vom Resozialisierungsgedanken getragen seien, weil die Haftentlassung des Betroffenen nicht mehr allzu fern gewesen sei. Hätte derselbe Mann jedoch nach der Haftentlassung erneut eine vergleichbare Tat begangen, wären die Medien zur Berichterstattung auch über die früheren Taten berechtigt gewesen.[265] Und führende Politiker, die über Jahrzehnte im Rampenlicht der Öffentlichkeit stehen, müssen es auch unter Berücksichtigung ihres Anspruchs auf Respektierung ihrer Privatsphäre hinnehmen, wenn die Medien die Öffentlichkeit aus aktuellem Anlass immer wieder an ihre frühere Verwicklung in politische oder finanzielle Skandale und deren Aufarbeitung in gerichtlichen

---

258 OLG Hamburg AfP 1991, 537 = NJW-RR 1991, 990; OLG Hamburg AfP 1994, 232 = NJW-RR 1994, 1439; OLG Frankfurt a.M. NJW-RR 1995, 476; Wenzel/*Burkhardt*/*Peifer*, Kap. 10 Rz. 205.
259 OLG Frankfurt a.M. NJW-RR 1995, 476.
260 OLG Düsseldorf v. 22.6.2011 – 15 U 17/08, zit. nach juris, bestätigt durch den EGMR mit Urt. v. 19.10.2017 – 71233/13, K&R 2018, 11.
261 OLG Hamm AfP 1988, 258.
262 OLG Hamburg AfP 1991, 537 = NJW-RR 1991, 990; a.A. mit Recht insoweit Löffler/*Steffen*, § 6 LPG Rz. 211.
263 OLG Hamburg AfP 1994, 232 = NJW-RR 1994, 1439.
264 OLG Hamburg AfP 2008, 95 = ZUM-RD 2008, 232.
265 KG AfP 1992, 302.

Verfahren erinnern. Gleiches gilt wegen der Bedeutung dieser Fälle für das Bewusstsein der Bevölkerung und die deutsche Geschichte für die Täter nationalsozialistischer Gewaltverbrechen[266] sowie verurteilte *RAF*-Terroristen,[267] die ihre Namensnennung im Zusammenhang mit der Darstellung ihrer Taten auch noch nach Jahrzehnten hinnehmen müssen, sofern sich spezifische Persönlichkeitsrechtsverletzungen nicht aus der Art der Darstellung ergeben. Und wer die Erinnerung an ein eher dem Bereich der Kleinkriminalität zuzurechnendes Vergehen wie etwa einen *Scheidungsbetrug* dadurch am Leben hält, dass er sich längere Zeit danach einzelnen Medien gegenüber zu der Tat äußert, der wird in seiner geschützten Privatsphäre nicht verletzt, wenn auch eine andere Publikation sich des Themas erneut annimmt.[268]

Eine weitere Einschränkung des Schutzes verurteilter Straftäter gegen Medienberichterstattung ergibt sich aus der Digitalisierung und **Archivierung von Medieninhalten**. Nachdem vermutlich die Mehrheit der deutschen Medien ihre Inhalte in Online-Archive einstellen und diese einem breiten Publikum, häufig unentgeltlich, zugänglich machen, drohen aus der Sicht der Betroffenen Verletzungen des Allgemeinen Persönlichkeitsrechts dadurch, dass die Öffentlichkeit Zugriff auf Berichte über ihre Straftaten hat, die zum Zeitpunkt ihrer originären Veröffentlichung rechtmäßig waren, deren neuerliche Veröffentlichung aber nach den dargestellten Grundsätzen unzulässig wäre. Die Rechtsprechung zu der durch diese Konstellation aufgeworfenen Problematik war zunächst uneinheitlich und schwankte zwischen einer laufenden Überprüfungspflicht der Medienunternehmen hinsichtlich der (noch) bestehenden Rechtmäßigkeit der Bereitstellung archivierter Inhalte,[269] und der Verneinung einer darin liegenden selbständigen Behauptung oder Verbreitung[270] und damit auch einer Verletzung der Persönlichkeitsrechte der Betroffenen. Diese Kontroverse ist in einer Serie von Entscheidungen des BGH im Sinn der Archivierungs- und Berichterstattungsfreiheit geklärt. Den von derartigen aus Online-Archiven abrufbaren Altmeldungen Betroffenen stehen Ansprüche dann nicht zu,[271] wenn der archivierte Beitrag zum Zeitpunkt seiner erstmaligen Veröffentlichung zulässig war.[272]

19.67

Nur diese Rechtsprechung des BGH wird dem Umstand gerecht, dass sich aus der ersten *Lebach*-Entscheidung des BVerfG[273] keine absolute Veröffentlichungsschranke ableiten lässt. Bei einer Archivierung rechtmäßiger Berichterstattung und deren Nutzung durch die Öffentlichkeit erfüllen die archivierenden Medien ein eigenes und von der Erstberichterstattung unabhängiges Informationsinteresse der Öffentlichkeit an den durch frühere Medienbericht-

19.68

---

266 OLG Frankfurt a.M. NJW 1980, 597: Löffler/*Steffen*, § 6 LPG Rz. 211.
267 KG AfP 2008, 396 = NJW-RR 2008, 1625; KG AfP 2007, 376 = NJW-RR 2008, 492; LG Berlin AfP 2007, 282.
268 A.A. OLG Koblenz NJW-RR 2010, 1348.
269 OLG Hamburg NJW 2008, 775 = MMR 2008, 377; OLG Hamburg ZUM 2009, 232; LG Hamburg AfP 2008, 226 = NJW-RR 2009, 120; ähnlich LG Düsseldorf AfP 2007, 162; *Verweyen/Schulz*, AfP 2008, 133.
270 OLG Frankfurt a.M. AfP 2006, 569 = NJW 2007, 1366; AfP 2006, 570; AfP 2006, 571 = NJW-RR 2007, 988; ZUM 2007, 915; AfP 2008, 621; KG AfP 2001, 337; AfP 2006, 561; AfP 2008, 74; OLG Köln AfP 2007, 126.
271 BGH AfP 2010, 77 = NJW 2010, 757; BGH AfP 2010, 162 = NJW 2010, 2432 – Spiegel-Dossier; BGH AfP 2010, 261 = NJW 2010, 2728; BGH AfP 2011, 172 = GRUR 2011, 550; BGH AfP 2011, 176 = ZUM 2011, 647; BGH AfP 2011, 180 = ZUM 2011, 647; BGH NJW 2012, 2197 = ZUM 2012, 675; BGH AfP 2013, 54 = ZUM 2013, 399 – Appolonia-Prozess; BGH AfP 2013, 50 = NJW 2013, 229 – Gazprom-Manager; a.A. insoweit noch OLG Hamburg ZUM 2009, 857; zustimmend *Hoecht*, AfP 2009, 342 ff.; kritisch *Krüger/Backer*, WRP 2012, 1211 ff.
272 BGH NJW-RR 2017, 31 = ZUM-RD 2016, 434.
273 BVerfG AfP 2000, 160 = NJW 2000, 1859 – Lebach II.

erstattung dokumentierten historischen und kulturellen Zusammenhängen.[274] Die Intensität der Beeinträchtigung des Persönlichkeitsrechts der Betroffenen durch den stets nur punktuellen Abruf der archivierten Informationen ist mit derjenigen durch die Verbreitung der Erstmitteilungen nicht annähernd vergleichbar, und es wäre in Anbetracht der Fülle des anfallenden Materials eine mit der Gewährleistung der Medienfreiheiten durch Art. 5 Abs. 1 GG nicht zu vereinbarende Belastung der Betreiber der Archive, wollte man sie, wie ursprünglich die Hamburger Gerichte, verpflichten, die von ihnen archivierten Inhalte ständig auf deren jeweils aktuelle Vereinbarkeit mit sich inhaltlich verändernden Rechten Dritter zu überprüfen,[275] und auch der EGMR hat zwischenzeitlich die Bedeutung der Online-Archive als Quelle für das Bildungswesen betont und diese daher dem Schutz des Art. 10 EMRK unterstellt.[276] Auch die Auffassung des OLG Hamburg, ein Betreiber eines Online-Archivs müsse eine Altmeldung über ein Ermittlungsverfahren auf Abmahnung des Betroffenen hinsichtlich seiner Identität anonymisieren, wenn feststeht, dass das gegen ihn seinerzeit eingeleitete Ermittlungsverfahren eingestellt wurde,[277] hat der BGH in einem Fall korrigiert, in dem der Betreiber des Online-Archivs zwar weiterhin unter Identifizierung des Betroffenen über den zur Zeit der Erstveröffentlichung öffentlichkeitsrelevanten Ermittlungsfall berichtet, dem Bericht aber einen Nachtrag über die Einstellung des Verfahrens angefügt hat.[278] Eine sich als unzutreffend herausstellende Verdachtsberichterstattung verpflichtet daher auch nicht zu einer Richtigstellung des ursprünglichen (jetzt archivierten) Beitrags, wohl aber unter dem Gesichtspunkt einer Folgenbeseitigung zu einer nachträglichen Mitteilung, dass nach zwischenzeitlich erfolgter Klärung des Sachverhalts der Verdacht nicht mehr aufrechterhalten werden kann.[279] Ebenso konsequent ist es dann aber auch, eine Altmeldung entfernen zu müssen, wenn diese schon ursprünglich – etwa nach den Grundsätzen der Verdachtsberichterstattung (s. dazu Rz. 16.48 ff.; Rz. 31.14 ff.) in dieser Form gar nicht hätte erfolgen dürfen. So hielt der BGH einen Hinweis auf die Einstellung eines Ermittlungsverfahrens gegen einen prominenten Fußballspieler wegen Vergewaltigung nach § 170 II StPO nicht für ausreichend, um die ursprünglich schon unzulässige individualisierende Berichterstattung zu rechtfertigen.[280]

e) Ermittlungsverfahren

19.69 Im Grenzbereich zwischen der Vermittlung wahrer und möglicherweise unwahrer Tatsachenbehauptungen angesiedelt ist Medienberichterstattung über anhängige, noch nicht abgeschlossene **Ermittlungsverfahren**. Auch sie wirft vielfältige Probleme auf. In der öffentlichen Diskussion fällt in diesem Zusammenhang nicht selten das der Sache nach nicht immer gerechtfertigte Schlagwort der Vorverurteilung durch die Medien.[281] Ähnlich wie in den Fällen der Verdachtsberichterstattung (Rz. 16.48 ff.) mischen sich hier Elemente der Übermittlung nachweislich wahrer und möglicherweise unwahrer Tatsachenbehauptungen, weil die Medien sich bei ihrer Berichterstattung über anhängige Ermittlungsverfahren in der Regel auf nachweislich zutreffende Primärquellen wie Auskünfte der Ermittlungsbehörden, der beteiligten Anwälte oder ihnen zugängliche Aktenbestandteile stützen, die Frage, ob der Inhalt der be-

---

274 BVerfG NJW 1982, 633 = GRUR 1982, 45; OLG Köln AfP 2007, 126.
275 So jetzt auch LG Hamburg AfP 2012, 79.
276 EGMR AfP 2014, 517.
277 OLG Hamburg AfP 2012, 172.
278 BGH AfP 2013, 50 = NJW 2013, 229 – Gazprom-Manager.
279 BGH AfP 2015, 36.
280 BGH NJW-RR 2017, 31 = ZUM-RD 2016, 434.
281 Dazu grundsätzlich *C.H. Soehring*, S. 19 ff., 41 ff.; *Nothelle*, AfP 1985, 18; *Kohl*, AfP 1985, 102; *Soehring*, GRUR 1986, 518 ff.

treffenden Informationen als solcher zutrifft, in der Regel aber vor Abschluss der Verfahren noch nicht beweiskräftig entschieden ist und von den Medien mit presseüblicher Sorgfalt auch nicht geprüft werden kann.

Das Risiko nachhaltiger Verletzung der Rechte Betroffener ist daher beträchtlich. Niemandem, dem in der Öffentlichkeit zu Unrecht die Begehung eines Kapitalverbrechens nachgesagt wird, nützt die Feststellung, dass die Medien dabei nur amtliche **Auskünfte der Ermittlungsbehörden** weitergegeben haben, und der alte Satz *semper aliquid haeret* hat in diesem Bereich besondere Bedeutung.[282] Andererseits liegt es auf der Hand, dass die Öffentlichkeit einen Anspruch darauf hat, auch über Ermittlungsverfahren jedenfalls dann unterrichtet zu werden, wenn die Unterrichtung über Verurteilungen ihrerseits zulässig wäre,[283] und dass die Medien mithin auch insoweit den ihnen durch die Landespressegesetze zugewiesenen Informationsauftrag zu erfüllen haben. Dabei ergibt sich jedoch schon aus den allgemeinen Grundsätzen der Verbreiterhaftung (dazu Rz. 16.13 ff.), dass es sich bei der Weitergabe von den Ermittlungsorganen bekanntgegebener Verdächtigungen oder Beschuldigungen zwar nicht um Eigenmeldungen der Medien, sondern um Behauptungen oder Vermutungen Dritter handelt, dass die Medien aber für deren Inhalt aufgrund ihrer Mitwirkung bei der Verbreitung haften können. Entsprechend hoch sind die Anforderungen, die die Rechtsprechung an die Zulässigkeit der Bekanntgabe von **Ermittlungsergebnissen** durch die Medien und an deren Sorgfaltspflicht vor Abschluss der Verfahren stellt. Die Medien sind sich der daraus resultierenden gesteigerten Verantwortung im Prinzip bewusst. Ziffer 13 des *Pressekodex des Deutschen Presserats* bringt dies deutlich zum Ausdruck:

„Die Berichterstattung über Ermittlungsverfahren, Strafverfahren und sonstige förmliche Verfahren muss frei von Vorurteilen erfolgen. Der Grundsatz der Unschuldsvermutung gilt auch für die Presse."

19.70

Dennoch ist Berichterstattung über die Einleitung und Durchführung von Ermittlungsverfahren prinzipiell zulässig, sofern die Medien zugleich die Grundsätze der **Verdachtsberichterstattung** beachten (s. im Einzelnen auch Rz. 16.48 ff.). Das gilt unbeschadet der besonderen Eignung von Berichten über anhängige Ermittlungsverfahren, insbesondere unter Identifizierung der Betroffenen, im Fall ihrer Fehlerhaftigkeit oder Nichterweislichkeit deren Rechte zu beeinträchtigen. Auch Ermittlungsverfahren gehören zum Zeitgeschehen. Bei aktueller Berichterstattung über Straftaten von Gewicht hat daher das Informationsinteresse der Öffentlichkeit im Allgemeinen Vorrang vor dem Persönlichkeitsrecht des Täters.[284] Abbildung, Namensnennung oder sonstige **Identifizierung des Täters** oder Verdächtigen sind daher vom Grundsatz her zulässig. Erforderlich ist aber auch in diesem Zusammenhang eine Güterabwägung unter strikter Beachtung des Grundsatzes der Verhältnismäßigkeit.[285] Dabei kann die Schwere der infrage stehenden Straftat nicht nur für das öffentliche Informationsinteresse, sondern auch für die Gewichtung der entgegenstehenden Persönlichkeitsbelange des Betroffenen Bedeutung erlangen, weil bei einer sehr schwerwiegenden Tat zwar einerseits ein hohes Informationsinteresse der Öffentlichkeit bestehen, andererseits aber auch die Gefahr der Stigmatisierung des nicht rechtskräftig Verurteilten erhöht sein kann.[286] Mit dieser Begründung hat das BVerfG im sogenannten *Holzklotz-Fall* angeordnet, dass das zu Beginn der Hauptverhandlung erlaubtermaßen angefertigte Bild des Angeklagten im Fernsehen nur in verpixelter

19.71

---

282 BGH AfP 2000, 167 = NJW 2000, 1036 – Namensnennung.
283 BVerfG AfP 2010, 365 = NJW-RR 2010, 1195; EGMR NJW-RR 2010, 1483 – A./Norwegen.
284 BVerfG AfP 1973, 423 = NJW 1973, 1226 – Lebach I; BVerfG AfP 2010, 365 = NJW-RR 2010, 1195; EGMR NJW-RR 2010, 1483 – A./Norwegen.
285 BVerfG AfP 1973, 423 = NJW 1973, 1226 – Lebach I; Löffler/*Steffen*, § 6 LPG Rz. 207.
286 BGH NJW-RR 2017, 31 = ZUM-RD 2016, 434.

Form ausgestrahlt werden durfte.[287] Bei leichten Straftaten kann dies im Umkehrschluss dazu führen, dass die Gefahr der Stigmatisierung des Verdächtigen gering ist, so dass die Medien in individualisierender Weise berichten dürfen, wenn aufgrund der konkreten Umstände an der Identität des Verdächtigen ein legitimes Informationsinteresse besteht; das war etwa anzunehmen im Fall des nächtlichen Randalierens aufgrund ihrer Familienverhältnisse und eigener Aktivitäten *bekannter Jugendlicher*.[288]

19.72 Stets ist aber die durch Art. 6 Abs. 2 EMRK gesicherte **Unschuldsvermutung** als Interpretationsstandard zu berücksichtigen, wenngleich diese Vorschrift in der Bundesrepublik Deutschland zwar als einfaches Bundesrecht[289] gilt, sich aber nur an die Träger staatlicher Gewalt wendet und daher auf Medienberichterstattung nicht unmittelbar anwendbar ist.[290] Beachten die Medien die Rolle der Unschuldsvermutung, dann steht aber auch Art. 8 EMRK einer Berichterstattung über die Einleitung eines Ermittlungsverfahrens nicht entgegen. Zulässig war daher etwa ein Bericht über die Einleitung eines Ermittlungsverfahrens gegen einen Angestellten einer Bank mit Beteiligung der öffentlichen Hand, der einen dreistelligen *Millionenbetrag verspekuliert* hatte.[291] Sind Nachforschungsmöglichkeiten sorgfältig ausgeschöpft worden, gibt es auch bei möglicher Unwahrheit der verbreiteten Äußerung keinen generellen Vorrang des Persönlichkeitsrechts, wobei spätere präzisierende Zusätze erforderlich werden können.[292]

19.73 Allerdings ist es nicht zulässig und im Interesse eines sachgerechten Schutzes der Betroffenen auch nicht erforderlich, die **Unschuldsvermutung** in den Rang einer gesonderten Ausprägung des Allgemeinen Persönlichkeitsrechts mit absoluter Geltung zu erheben. Die von einigen Gerichten vertretene gegenteilige Auffassung[293] beeinträchtigt die legitime Berichterstattung in unzulässiger und unzumutbarer Weise (dazu Rz. 16.48 ff. und Rz. 19.69 ff.).[294] Sie führt zu dem abstrusen, in der Medienpraxis aus Furcht vor rechtlichen Sanktionen dennoch nicht selten zu beobachtenden Ergebnis, dass auch der Geiselnehmer, der sein Verbrechen vor laufenden Fernsehkameras begeht, nach seiner Festnahme als mutmaßlicher Täter zu bezeichnen wäre. Gleiches würde selbst für den geständigen Täter gelten, solange die Tat nicht rechtskräftig abgeurteilt ist, und damit zu einem Formalismus führen, der die Unschuldsvermutung dort, wo sie angebracht ist, in den Augen des Publikums nur entwertet.[295] Als Interpretationsstandard für die Ermittlung der Tragweite des Persönlichkeitsschutzes allerdings werden die Medien die Unschuldsvermutung bei der Abwägung zwischen ihrem Informationsstreben und den Persönlichkeitsrechten der Beschuldigten in der Regel nicht außer Acht lassen dürfen.[296]

---

287 BVerfG AfP 2009, 46 = NJW 2009, 350 – Holzklotz-Fall.
288 BVerfG AfP 2012, 143 = NJW 2012, 1500 – Wilde Kerle.
289 *C.H. Soehring*, S. 43 f. m.w.N.
290 *Löffler/Steffen*, § 6 LPG Rz. 205; *Soehring*, GRUR 1986, 518; a.A. u.a. *C.H. Soehring*, S. 56 ff., 63 m.w.N.; *Lampe*, NJW 1973, 217.
291 EGMR NJW 2013, 768 – Standard Verlags GmbH/Österreich.
292 BVerfG AfP 2016, 530 = NJW 2016, 3360.
293 OLG Köln AfP 1987, 705 = NJW 1987, 2682; OLG Köln AfP 1989, 684; OLG Braunschweig AfP 1981, 29; *C.H. Soehring*, S. 56 ff., 63.
294 So auch BGH AfP 2000, 167 = NJW 2000, 1036 – Namensnennung; die Unschuldsvermutung bindet die Medien jedenfalls dann nicht, wenn sie die Grenzen zulässiger Verdachtsberichterstattung einhalten.
295 *Löffler/Steffen*, § 6 LPG Rz. 210 a.E.; hierzu *C.H. Soehring*, S. 67 f., 82 ff.
296 EGMR NJW 2006, 1645; EGMR NJW 2008, 3412; OLG Köln AfP 1987, 705 = NJW 1987, 2682; OLG Köln AfP 1989, 684; *Rodenbeck*, NJW 2018, 1227; *Soehring*, GRUR 1986, 518.

Unter Berücksichtigung der allgemein zur Verdachtsberichterstattung dargestellten Grundsätze (Rz. 16.48 ff.) ist daher auch in diesem Zusammenhang jeweils eine **Güterabwägung** anhand aller Umstände des konkreten Falls erforderlich.[297] Dabei ist in die Abwägung stets auch die soziale Funktion des Beschuldigten und gegebenenfalls der Sachzusammenhang zwischen ihr und der Tat einzustellen, wegen derer ermittelt wird. Über Ermittlungsverfahren gegen Regierungsmitglieder oder sonstige Funktionsträger in den Schaltzellen der Macht wird unter Namensnennung eher berichtet werden dürfen als bei Verfahren gegen jemanden, der in der Öffentlichkeit keine herausragende Position einnimmt.[298] So wird der volljährige Sohn einer bekannten *Bundespolitikerin* es hinnehmen müssen, wenn die Medien berichten, dass ein Interview-Partner der Mutter des Betroffenen in der auch von ihm genutzten Wohnung eine *Hanfpflanze* entdeckte, dass die Mutter dies mit einem Hinweis auf die grüne Aufzucht meines Sohns erklärte und dass daraufhin ein Ermittlungsverfahren gegen den Betroffenen wegen eines Rauschgiftdelikts eingeleitet wurde.[299]

19.74

Auch im Fall eines prominenten *Fernsehmoderators*, der wegen Verdachts der Vergewaltigung in Untersuchungshaft genommen und angeklagt wurde, durfte über die Tatsache der Inhaftierung und Einleitung des Ermittlungsverfahrens berichtet werden. Angesichts seiner Prominenz und der Tatsache, dass die ermittelnde Staatsanwaltschaft die Öffentlichkeit entsprechend unterrichtet hatte, war ein überwiegendes Informationsinteresse der Öffentlichkeit nicht ernstlich zweifelhaft. Nicht berichtet werden durfte in diesem Fall aber über sexuelle Praktiken des Beschuldigten[300] sowie Details zum angeblichen Tathergang und die Ergebnisse medizinischer Untersuchungen.[301] Und selbstverständlich erscheint es, wenn die Rechtsprechung den Opfern von Sexualstraftaten einen deutlich höheren Schutzgrad einräumt als den angeblichen oder wirklichen Tätern. So war die das Opfer identifizierende Wort- und Bildberichterstattung über eine Hauptverhandlung gegen einen Beschuldigten wegen des Vorwurfs, er habe seine Tochter mehrfach vergewaltigt, als Eingriff in ihre Intimsphäre unzulässig; daran änderte auch nichts, dass die gemeinsame Tochter des Beschuldigten und seines Opfers ihrerseits ein Pressegespräch über die Leidensgeschichte der Betroffenen geführt, dabei aber Anonymität vereinbart hatte.[302] Wie in sonstigen Fällen des Eingriffs in das Allgemeine Persönlichkeitsrecht auch kann im Rahmen der Güterabwägung aber berücksichtigt werden, dass sich ein Beschuldigter gegebenenfalls selbst gegenüber der Öffentlichkeit zu der Beschuldigung eingelassen hat. Äußert er sich etwa über seinen Verteidiger gegenüber der Presse, dann ist er gegen identifizierende Berichterstattung über den Inhalt eines gegen ihn erhobenen strafrechtlich relevanten Vorwurfs nicht mehr geschützt.[303] Und wer sich gegenüber der Öffentlichkeit selbst brüstet, ein Unterweltkönig zu sein, muss es hinnehmen, dass über seine Festnahme wegen des *Verdachts des Rauschgifthandles* und -schmuggels in Wort und Bild berichtet wird.[304]

19.75

Keine Probleme ergeben sich in diesem Zusammenhang, wenn die Begehung einer bestimmten Straftat einschließlich der Identität des Täters fest- und nur noch die verfahrensmäßige Bewältigung der Folgen aussteht, wie etwa bei Geiselnahmen, Banküberfällen oder sonstigen

19.76

---

297 Löffler/*Steffen*, § 6 LPG Rz. 207.
298 Vgl. auch EGMR NJW 2008, 3412.
299 BVerfG AfP 2010, 365 = NJW-RR 2010, 1195.
300 OLG Köln AfP 2012, 178 = ZUM-RD 2012, 206.
301 LG Köln AfP 2010, 603 = ZUM-RD 2011, 194.
302 KG AfP 2011, 269 = ZUM-RD 2012, 27.
303 LG Berlin AfP 2003, 559 = NJW-RR 2003, 552.
304 KG NJW-RR 2007, 345 = ZUM-RD 2006, 378.

Fällen, in denen der **Täter auf frischer Tat ertappt** oder die **Tat gefilmt** wurde und der wesentliche objektive Geschehensablauf damit feststeht. Die Zulässigkeit von Berichterstattung unter Namensnennung ist dann nach denselben Grundsätzen zu beurteilen, die im Rahmen bereits abgeschlossener Strafverfahren gelten (Rz. 19.56 ff.), allerdings mit der Maßgabe, dass die Behauptung nicht aufgestellt und der Eindruck nicht erweckt werden darf, der Täter sei bereits verurteilt.[305] Ist also die Tat von einigem Gewicht oder besteht an der Identität des überführten, aber noch nicht verurteilten Täters im Hinblick auf dessen soziale Stellung ein Informationsinteresse der Öffentlichkeit, so darf darüber zeitnah berichtet werden. Ist, wie etwa in den *Parteispendenverfahren* der achtziger Jahre des vergangenen Jahrhunderts, der objektive Tatbestand geklärt, dessen rechtliche Bewertung aber vor rechtskräftigem Abschluss des Verfahrens umstritten, so gilt dasselbe; dabei gilt zugunsten der Medien der Grundsatz, dass rechtliche Bewertungen feststehender Sachverhalte in aller Regel als Meinungsäußerungen durch das Grundrecht der Pressefreiheit gedeckt sind (Rz. 14.38 f.).[306] Die Behauptung etwa, ein noch nicht Verurteilter habe Steuerhinterziehung begangen, wird in solchen Fällen umstrittener rechtlicher Bewertungen feststehender Sachverhalte unzulässig sein, die Meinung hingegen, der festgestellte Sachverhalt erfülle den Tatbestand der Steuerhinterziehung, zulässigerweise in den Medien verbreitet werden dürfen.

19.77 Steht dagegen die Begehung der Straftat oder die Identität des Täters noch nicht fest, dann ist anhand der konkreten Umstände des jeweiligen Falls zu prüfen, ob die namentliche Erwähnung des Verdächtigten zulässig ist. Dabei ist die **Unschuldsvermutung** als Interpretationsstandard zu berücksichtigen. Zulässig ist identifizierende Berichterstattung stets, wenn gerade hinsichtlich der Identität des in einen bestimmten Verdacht Geratenen ein öffentliches Informationsinteresse besteht. Davon ist etwa im Fall der Einleitung und Durchführung von Ermittlungsverfahren gegen **Angehörige der Parlamente** von Bund und Ländern nach Aufhebung ihrer Immunität oder gegen **Funktionsträger** in der Verwaltung von Bund, Ländern und Kommunen ohne Weiteres auszugehen.[307] An der Identität der Person des Verdächtigen besteht aber ein legitimes Informationsinteresse der Öffentlichkeit auch im Fall eines als Kommissar bekannt gewordenen Fernsehschauspielers, der wegen eines Drogendelikts festgenommen wird,[308] oder eines Wirtschaftsjournalisten, der sich als Sachwalter von Kapitalanlegern einen Namen gemacht hat und dem im Rahmen eines Ermittlungsverfahrens der Vorwurf gemacht wird, er arbeite im eigenen wirtschaftlichen Interesse mit denjenigen Anlagevermittlern zusammen, deren Angebote er in seinen Publikationen vermeintlich kritisch beleuchtet.[309]

19.78 Auch über die Einleitung eines Ermittlungsverfahrens gegen eine an Aids erkrankte populäre Sängerin wegen des Verdachts, sie habe durch Ausübung ungeschützten Geschlechtsverkehrs ihren Partner in seiner Gesundheit verletzt, durften die Medien wegen des die Öffentlichkeit berührenden Gewichts dieses Verhaltens berichten.[310] Gleiches gilt für Rechtsanwälte, denen eine Straftat vorgeworfen wird, die mit ihrer beruflichen Tätigkeit in einem **Funktionszusammenhang** steht,[311] oder einen prominenten Psychologen, der zu den oberen Gesellschafts-

---

305 BGH AfP 2000, 167 = NJW 2000, 1036 – Namensnennung; *C.H. Soehring*, S. 83.
306 BGH AfP 1982, 217 = NJW 1982, 2246 – Klinikdirektoren.
307 BGH AfP 2000, 167 = NJW 2000, 1036 – Namensnennung.
308 EGMR NJW 2012, 1058 = GRUR 2012, 741 – Axel Springer AG/Deutschland; a.A. noch OLG Hamburg AfP 2006, 257 = ZUM-RD 2006, 513; OLG Hamburg ZUM 2008, 63.
309 OLG Düsseldorf AfP 1995, 500.
310 KG AfP 2009, 418 = ZUM-RD 2009, 600; KG NJW-RR 2009, 622 = GRUR-RR 2009, 436.
311 OLG München AfP 2003, 438 = NJW-RR 2003, 111; OLG Karlsruhe AfP 2006, 72 = NJW 2005, 2400; OLG Karlsruhe AfP 2006, 262 = ZUM 2006, 571.

schichten seiner Kommune gehört und als fachlich anerkannter Gutachter einen gewissen Bekanntheitsgrad erlangt, wenn ihm im Rahmen eines Ermittlungsverfahrens vorgeworfen wird, er habe über einen längeren Zeitraum Patientinnen misshandelt.[312] Sind derart Verdächtige in ihrer Berufsausübung mit anderen in Sozietät oder Praxisgemeinschaft verbunden, dann haben die Medien aber eine besondere Verantwortung klarzustellen, dass ein Ermittlungsverfahren gegebenenfalls nur einen der Partner und nicht alle von ihnen betrifft.[313] Ist diese Klarstellung vorhanden, ist es beispielsweise nicht unzulässig, wenn ein prominenter Friseur namentlich im Zusammenhang mit Ermittlungen gegen seinen Filialleiter gebracht wird.[314] Zulässig ist die Berichterstattung unter Namensnennung im Fall eines wegen eines anderen Vermögensdelikts rechtskräftig verurteilten und inhaftierten Straftäters, gegen den ein Ermittlungsverfahren wegen erneuter Vermögensdelikte eröffnet wird.

Nach einer von der Rechtsprechung entwickelten Formel ist **Berichterstattung unter Namensnennung** im Stadium des Ermittlungsverfahrens zulässig, wenn es sich um eine Straftat von erheblicher Bedeutung handelt und ein Mindestbestand an Beweistatsachen vorliegt, der für den Wahrheitsgehalt der Information spricht.[315] Zulässig ist diese Art der Berichterstattung aber auch, wenn die Mitteilung über die Person des Tatverdächtigen geeignet ist, zur Aufklärung beizutragen, und bereits ein nicht unbeträchtlicher konkreter Tatverdacht vorliegt.[316] In der Regel muss aber in diesen Fällen der Ermittlungsstand zutreffend wiedergegeben werden, was eine Darstellung der Position des Betroffenen einschließt.[317]   19.79

Keinesfalls reicht die Einleitung eines Ermittlungsverfahrens als solche zur Rechtfertigung der Veröffentlichung eines gegen eine bestimmte Person bestehenden Tatverdachts aus, da die Ermittlungsbehörden auch auf völlig unbegründete, unter Umständen wider besseren Wissens in Schädigungsabsicht erstattete Strafanzeigen hin tätig werden müssen. Erforderlich ist daher in jedem Fall der Berichterstattung über eingeleitete Ermittlungsverfahren das Vorliegen eines **Mindestbestands an Tatverdacht**,[318] der freilich noch nicht die Qualität des für den Erlass eines Haftbefehls oder für die Anklageerhebung erforderlichen dringenden Verdachts haben muss. Und wo nach den dargestellten Grundsätzen die Bekanntgabe eines noch nicht endgültig abgesicherten Verdachts durch die Medien zulässig ist, müssen diese im Interesse des Betroffenen jede Darstellung vermeiden, durch die dem Leser, Hörer oder Zuschauer der Eindruck vermittelt wird, als stehe das Ergebnis der Ermittlungen bereits fest und habe sich der Verdacht zur Gewissheit erhärtet.[319] Unzutreffend ist es allerdings, wenn das KG[320] die Auffassung vertreten hat, eine Persönlichkeitsrechtsverletzung liege in einem Fall der zunächst unzulässigen Berichterstattung über die Einleitung eines Ermittlungsverfahrens auch dann noch vor, wenn sich nachträglich die Richtigkeit des Ermittlungsergebnisses bestätigt hat und der Betroffene deswegen verurteilt worden ist.   19.80

---

312 OLG München AfP 1997, 636 = NJW-RR 1996, 1487 – Sex-Papst.
313 OLG Karlsruhe AfP 2006, 72 = NJW 2005, 2400.
314 BGH NJW 2015, 776 = ZUM-RD 2015, 151 – Filialleiter beim Promi-Friseur.
315 BGH AfP 2000, 167 = NJW 2000, 1036 – Namensnennung; BGH ZUM 2013, 207.
316 OLG Frankfurt a.M. NJW 1971, 47.
317 OLG Köln AfP 1989, 683; OLG Düsseldorf AfP 1980, 54 = NJW 1980, 599; OLG München AfP 1997, 636 = NJW-RR 1996, 1487 – Sex-Papst.
318 BGH AfP 2000, 167 = NJW 2000, 1036 – Namensnennung; BGH ZUM 2013, 207; OLG Köln v. 18.10.2018 – 15 U 37/18, zit. nach juris; Löffler/*Steffen*, § 6 LPG Rz. 209.
319 OLG Köln AfP 1987, 705; OLG Köln AfP 1989, 683; OLG Düsseldorf AfP 1980, 54 = NJW 1980, 599.
320 KG NJW 1968, 1969.

19.81 Wie im Fall erfolgter Verurteilungen sind in die im Einzelfall erforderliche Güterabwägung auch die **zeitliche Komponente** und vor allem der **Fortgang des Verfahrens** mit einzubeziehen. So kann es nicht zweifelhaft sein, dass jedenfalls im Regelfall die Berichterstattung über ein bestimmtes Ermittlungsverfahren einen rechtswidrigen Eingriff in das Allgemeine Persönlichkeitsrecht des Betroffenen darstellt, wenn es mangels Tatverdachts oder gar wegen erwiesener Unschuld endgültig eingestellt worden ist.[321] Das gilt aber nicht unbedingt im Fall einer Einstellung eines Verfahrens gemäß § 153 StPO, in dem die Frage der Täterschaft gerade offen bleibt; besteht an der Tat und der Identität des beschuldigten Täters zur Zeit der Einleitung des Ermittlungsverfahrens ein berechtigtes Informationsinteresse der Öffentlichkeit, dann kann es in einer solchen Konstellation die Einstellung überdauern und die andauernde Berichterstattung jedenfalls dann rechtfertigen, wenn die Redaktion die Tatsache der zwischenzeitlichen Einstellung ergänzend vermerkt.[322] Problematisch ist aber die Entscheidung des OLG Hamburg, bei einer länger zurückliegenden Verfahrenseinstellung gegen Auflage gem. § 153a StPO müsse ein Presseunternehmen seinen Internetauftritt dahingehend modifizieren, dass der in Beiträgen enthaltene Name des Betroffenen von Internet-Suchmaschinen nicht erfasst wird.[323] Zwar ist auch bei einer Einstellung nach § 153a StPO die Unschuldsvermutung nicht widerlegt. Allerdings ist der Ansatz hier (wie bei der Einstellung nach § 153 StPO) weniger eine anzunehmende geringe Schuld und ein geringfügiges Vergehen, sondern vielmehr die Entlastung der Verfolgungsbehörden bei einem angenommenen hinreichenden Tatverdacht, der mit hoher Wahrscheinlichkeit zu einer Verurteilung führen würde.[324] Selbstverständlich dürfte sein, dass neue Erkenntnisse, die dazu führen, dass das Verfahren wieder aufgenommen wird, auch eine Bezugnahme auf Archivbeiträge rechtfertigen. Erst Recht gilt dies, wenn die spätere Begehung einer Straftat durch den Betroffenen, die ihm im ersten Fall nicht hat nachgewiesen werden können, zu einer neuen Beurteilung der Statthaftigkeit von Berichterstattung über das frühere Verfahren führt.

19.82 Unzulässig wird weitere Berichterstattung in der Regel auch, wenn ein eingeleitetes Ermittlungsverfahren mit einer Anklageerhebung geendet hat und der Angeklagte **rechtskräftig freigesprochen** worden ist. Hier kann der von einem Ermittlungsverfahren Betroffene unter persönlichkeitsrechtlichen Aspekten nicht schlechter gestellt sein als der rechtskräftig Verurteilte.[325] In den nicht ganz seltenen Fällen schließlich, in denen ein Ermittlungsverfahren eingeleitet und rechtmäßig darüber berichtet wird, in denen die Ermittlungen aber nicht oder nur schleppend vorangehen und sich das Verfahren dementsprechend lange hinzieht, muss in der Regel dem Allgemeinen Persönlichkeitsrecht des Betroffenen größeres Gewicht eingeräumt werden als dem Informationsinteresse der Öffentlichkeit, wenn erneute Berichterstattung der Medien nicht durch neue Ereignisse oder jedenfalls Erkenntnisse veranlasst ist, sondern ausschließlich oder überwiegend durch das Interesse daran, die Tatsache der Anhängigkeit des Ermittlungsverfahrens und damit des Fortbestehens eines Verdachts gegen den Betroffenen im Bewusstsein der Öffentlichkeit zu halten.

19.83 Soweit die Ermittlungsbehörden den Medien bestimmte Erkenntnisse aus dem Verfahren mitteilen, handelt es sich um **privilegierte Quellen**, auf deren Richtigkeit die Medien in der

---

321 KG NJW 1989, 397; LG Köln ZUM 2012, 169; BGH NJW-RR 2017, 31 = ZUM-RD 2016, 434; Löffler/*Steffen*, § 6 LPG Rz. 211.
322 BGH AfP 2013, 50 = NJW 2013, 229 – Gazprom-Manager; a.A. noch die Vorinstanz: OLG Hamburg AfP 2012, 172.
323 OLG Hamburg AfP 2015, 447.
324 MüKo StPO/*Peters*, § 153a StPO Rz. 8.
325 OLG Dresden AfP 1998, 410; OLG Brandenburg NJW-RR 2003, 919.

Regel vertrauen dürfen (vgl. auch Rz. 2.31).[326] Das gilt auch für Aufforderungen zur Veröffentlichung von **Fahndungsaufrufen**. Veröffentlichen die Medien derartige Erkenntnisse oder Aufrufe in sachlich zutreffender Weise, ohne insbesondere den bestehenden Verdacht zu einer noch nicht existenten Gewissheit zu erhöhen, dann handeln sie, sofern an der Identität des Verdächtigen nach den dargestellten Grundsätzen ein Informationsinteresse der Öffentlichkeit besteht, in der Regel in Wahrnehmung berechtigter Interessen. Sie können dann nicht auf Schadenersatz, wohl aber im Fall des Nachweises einer besonderen Wiederholungsgefahr und festgestellter Unwahrheit auf Unterlassung in Anspruch genommen werden (dazu Rz. 32.4, Rz. 30.13). In Betracht kommt in solchen Fällen aber eine Haftung der Ermittlungsbehörden selbst unter dem rechtlichen Gesichtspunkt der Amtspflichtverletzung gemäß § 839 BGB, sofern sie die sie treffenden Verpflichtungen vor Information der Medien und insbesondere vor der Ausschreibung von Fahndungsaufrufen nicht beachtet haben.[327] Gleiches kann insbesondere dann gelten, wenn die Ermittlungsbehörden die Medien über die Einleitung eines Ermittlungsverfahrens unterrichten und dabei ihrerseits die dargestellten Abwägungskriterien und insbesondere die Tatsache nicht hinreichend beachten, dass zum Zeitpunkt der Unterrichtung ein Tatverdacht, der diese Maßnahme rechtfertigen konnte, noch nicht bestand.[328]

5. Sozial- und Öffentlichkeitssphäre

Mit den Begriffen der **Sozial- bzw. Öffentlichkeitssphäre** werden diejenigen Bereiche menschlichen Lebens und menschlicher Betätigung bezeichnet, die sich außerhalb der Privat- oder gar der Intimsphäre in oder vor einer eingeschränkten oder unbeschränkten Öffentlichkeit abspielen.[329] Auch in diesen Bereichen sind Personen oder Institutionen gegen wahre Medienberichterstattung keineswegs schutzlos, ist aber dem Informationsinteresse der Öffentlichkeit gegenüber dem Allgemeinen Persönlichkeitsrecht des Einzelnen ein tendenziell größeres Gewicht zuzuerkennen.[330]   19.84

Das gilt vor allem für die eigentliche **Öffentlichkeitssphäre**, in der in der Regel keine Schranken für wahrheitsgemäße Berichterstattung existieren. Über professionelle Äußerungen und Maßnahmen von Persönlichkeiten des öffentlichen Lebens wie Politikern oder Wirtschaftsführern, die sich auf deren öffentlichen Funktionen oder Leistungen beziehen oder auswirken, dürfen die Medien uneingeschränkt wahrheitsgemäß berichten. Wer sich aufgrund beruflicher oder sportlicher Leistungen so qualifiziert hat, dass die Öffentlichkeit sich für ihn interessiert, wird wahrheitsgemäße Berichte über diese Leistungen hinzunehmen haben, soweit sie sich in der Öffentlichkeit abspielen. Das gilt auch für die Mitwirkung von Rechtsanwälten an   19.85

---

326 BGH AfP 2014, 135 = GRUR 2014, 693 – Sächsische Korruptionsaffäre; BGH AfP 2013, 57 = GRUR 2013, 312 – IM Christoph; OLG Karlsruhe AfP 1993, 586 = NJW-RR 1993, 723; LG Berlin AfP 2008, 530; LG Berlin AfP 2008, 636 = ZUM-RD 2008, 555.

327 BGH AfP 2014, 135 = GRUR 2014, 693 – Sächsische Korruptionsaffäre; OLG Hamburg NJW 1980, 842 – Lottoskandal; OLG Hamm NJW 1993, 1209 = GRUR 1993, 154; OLG Düsseldorf NJW-RR 1993, 1184; vgl. zur Verantwortlichkeit der Ermittlungsbehörden für eigenes Informationsverhalten auch *Lehr*, NJW 2013, 728 ff.

328 BGH AfP 1994, 142 = NJW 1994, 1950 – Amtspflichtverletzung.

329 Wenzel/*Burkhardt*/*Peifer*, Kap. 5 Rz. 65 ff.; Löffler/*Steffen*, § 6 LPG Rz. 70, 218.

330 Löffler/*Steffen*, § 6 LPG Rz. 70.

spektakulären Strafverfahren[331] oder auch für Personen, die im Allgemeinen nicht im Licht der Öffentlichkeit stehen, sich aber im Einzelfall freiwillig ihrer Anonymität begeben.[332] Wer sich etwa an einer Rundfunkdiskussion oder einem Fernsehspiel beteiligt oder aus aktuellem Anlass Fernsehaufnahmen in seiner Wohnung zulässt und dabei ein Interview gibt, muss es hinnehmen, wenn die dabei entstandenen Aufnahmen mit seinen Beiträgen – unter Umständen auch mehrfach – einem Millionenpublikum vermittelt werden, auch wenn er dabei keine gute Figur macht.[333]

19.86 Ausgeprägter ist der Persönlichkeitsschutz in der so genannten **Sozialsphäre**, dem beruflichen Umfeld, das sich in der Öffentlichkeit abspielt und daher nicht mehr einer Erörterung eben durch diese Öffentlichkeit entzogen ist. Einer Darstellung seiner Persönlichkeit und seiner Leistungen wird sich der Einzelne in diesem Bereich immer dann zu unterwerfen haben, wenn und soweit daran ein aktuelles Informationsinteresse besteht. So ist etwa die *Bewertung der Leistungen von Lehrern* in einem von Schülern unterhaltenen Online-Portal auch dann zulässig, wenn die jeweilige Schule sowie die Namen der Lehrer und die von ihnen unterrichteten Fächer genannt werden.[334] Die bloße Zugehörigkeit zu einer politischen Partei oder sonstigen politischen oder religiösen Vereinigung ist schon im Hinblick auf die durch Art. 9 Abs. 1 GG geschützte Vereinigungsfreiheit so lange Teil der geschützten Privatsphäre und damit nicht Gegenstand eines legitimen Informationsinteresses der Öffentlichkeit, als der Betroffene lediglich eine passive Zugehörigkeit praktiziert und sich nicht offen zu ihr bekennt.[335] Zulässig war aber die Offenbarung der früheren aktiven *Zugehörigkeit* eines Betreibers einer so genannten Babyklappe zum *Kommunistischen Bund*, für dessen Familienpolitik der Betroffene seinerzeit verantwortlich gewesen war,[336] die weltanschaulich motivierte öffentliche Kritik an der Tatsache, dass ein Frauenarzt legale Abtreibungen ausführt[337] und erst Recht die identifizierende Berichterstattung über eine mögliche Verwicklung eines *Chefarztes in illegalen Organhandel*.[338] Statthaft ist auch die Berichterstattung über die professionelle Tätigkeit eines Betroffenen als *Pornodarsteller* und die Tatsache, dass er bei der Ausübung dieser Tätigkeit keine Kondome benutzt hat.[339] Auch die Veröffentlichung des Inhalts vertraulicher Korrespondenz kann ausnahmsweise gerechtfertigt sein, wenn er aufgrund seiner Nähe zum *nationalsozialistischen Gedankengut* die Öffentlichkeit in besonderer Weise berührt.[340] Gleiches gilt für eine als vertraulich bezeichnete Anwaltskorrespondenz, die sich allerdings zu einer Berichterstattung verhält, über die die Medien zulässigerweise berichten durften.[341] Und die Anlehnung der Ankündigung eines Buchs einer unbekannten Autorin an den Namen eines be-

---

331 KG ZUM-RD 2009, 533 = MMR 2009, 478; OLG Hamm NJW-RR 2008, 640 = ZUM 2008, 356; *Jarass*, NJW 1982, 1833, 1838; Wenzel/*Burkhardt*/*Peifer*, Kap. 5 Rz. 72.
332 OLG Köln AfP 2017, 249.
333 BVerfG AfP 2000, 78 = NJW 2000, 1021 – Caroline von Monaco I.
334 BGH AfP 2009, 401 = NJW 2009, 2888 – spickmich.de; s. dazu auch die zahlreichen Entscheidungen zu Bewertungsplattformen, etwa BGH AfP 2014, 529 = NJW 2015, 489 – Ärztebewertungsportal II; OLG Düsseldorf NJW-RR 2016, 656; OLG Köln AfP 2008, 85 = NJW-RR 2008, 203; OLG Köln ZUM 2008, 869 – spickmich.de; LG Regensburg AfP 2009, 175; zur Problematik der Online-Bewertungsplattformen im Einzelnen *Peifer/Kamp*, ZUM 2009, 185 ff.; *Gounalakis/Klein*, NJW 2010, 566 ff.
335 BGH NJW 2012, 771 = GRUR 2012, 425 – Babyklappen; Maunz/Dürig/*Klein*, Art. 21 Rz. 330.
336 BGH NJW 2012, 771 = GRUR 2012, 425 – Babyklappen.
337 BVerfG AfP 2010, 465 = NJW 2011, 47.
338 OLG Köln AfP 2014, 155.
339 BGH AfP 2012, 47 = NJW 2012, 767.
340 OLG Braunschweig AfP 2012, 265 = ZUM 2013, 78.
341 OLG Köln AfP 2019, 43.

kannten Protagonisten derselben Literaturgattung betrifft lediglich die Sozialsphäre des Vorbilds und ist daher von diesem hinzunehmen.[342]

Auch in diesem Zusammenhang kann sich allerdings das Recht auf informationelle Selbstbestimmung zu Gunsten des Individuums auswirken. Im Prinzip braucht es daher niemand zu dulden, etwa in seiner beruflichen Tätigkeit, die sich in einem engen sozialen Umfeld unter Ausschluss der breiteren Öffentlichkeit abspielt, dadurch beobachtet und zum Gegenstand auch sachlich zutreffender Medienberichterstattung gemacht zu werden, dass sich ein **Beobachter in seine Umgebung einschleicht**[343] oder dass unter Verstoß gegen die einschlägigen gesetzlichen Bestimmungen (§§ 201, 201a StGB, dazu Rz. 10.8 ff.) Ton- oder Filmaufnahmen von ihm hergestellt und später verbreitet werden. Eine schwerwiegende Verletzung des Persönlichkeitsrechts eines im öffentlichen Leben stehenden Betroffenen stellt es auch dar, wenn aufgrund einer Indiskretion seines ehemaligen Vorgesetzten nach Jahrzehnten darüber berichtet wird, dass er als Student für eine kurze Zeit vom sowjetischen Geheimdienst *KGB* angeworben worden war und daraufhin freiwillig mit einer deutschen Verfassungsschutzbehörde zusammengearbeitet hatte.[344] Falsch ist es hingegen, einem Betroffenen, der namentlich mit einer öffentlich abrufbaren Agentur in Erscheinung tritt und über den ein bundesweit ausgestrahlter Kurzbericht erschien, im Zusammenhang mit einer Veröffentlichung über seine nebenberufliche Tätigkeit ein Recht auf Anonymität zuzusprechen[345] und problematisch erscheint auch die Entscheidung des OLG München, eine Veröffentlichung rassistischer und diskriminierender öffentlicher *Facebook*-Einträge jeweils mit Profilfoto in der *BILD-Zeitung* wegen der damit verbundenen „Prangerwirkung" der Abgebildeten zu untersagen.[346]

19.87

Der Schutz der Persönlichkeit überwiegt insbesondere dann, wenn **Informationen** nicht zu publizistischen, sondern **zu gewerblichen Zwecken** verbreitet werden. So hat der BGH[347] mit Billigung durch das BVerfG[348] dem Unternehmenspersönlichkeitsrecht in einem Fall den Vorzug gegeben, in dem der nach handelsrechtlichen Bestimmungen publizitätspflichtige Jahresabschluss des betroffenen Unternehmens ungekürzt und unverändert als Bestandteil von Seminarunterlagen veröffentlicht wurde. In Anbetracht der handelsrechtlichen Publizitätspflicht des betroffenen Unternehmens sind diese Entscheidungen nur vor dem Hintergrund der Tatsache zu erklären, dass es hier nicht um eine Abwägung des Unternehmenspersönlichkeitsrechts gegen die Medienfreiheiten des Art. 5 Abs. 1 GG ging, sondern um gewerblich-kommerzielle Interessen des Verwenders; greifen hingegen die Medien auf publizierte Jahresabschlüsse zur Untermauerung etwa von Kritik an dem publizierenden Unternehmen in ihren Veröffentlichungen zu und bilden diese ab, so sind sie dazu ungeachtet dieser Entscheidungen befugt. Gleiches gilt für die Veröffentlichung von *Bonitätsbeurteilungen* von Unternehmen. Handelt es sich dabei – wie in der Regel – um Meinungsäußerungen, so liegt ein rechtswidriger Eingriff in das Unternehmenspersönlichkeitsrecht des Beurteilten nicht vor, sofern die Beurteilung auf einer zutreffenden Tatsachengrundlage beruht.[349] Die Verbreitung derartiger

19.88

---

342 LG Berlin AfP 2011, 293 = ZUM 2011, 870.
343 BGH AfP 1981, 270 = NJW 1981, 1089 – Der Aufmacher.
344 OLG Bremen NJW 1996, 1000 – Willi Lemke; zur Persönlichkeitsrechtsverletzung durch Verletzung vereinbarter Vertraulichkeit vgl. auch BGH AfP 1987, 508 = NJW 1987, 2667 – Langemann.
345 So aber OLG Frankfurt a.M. AfP 2016, 167 = NJW-RR 2016, 1381 – Pick-Up Artist; krit. *Srocke*, K&R 2016, 163.
346 OLG München AfP 2018, 250 – Internetpranger II.
347 BGH AfP 1994, 138 = NJW 1994, 1281 – Bilanzanalyse.
348 BVerfG NJW 1994, 1784.
349 BGH NJW 2011, 2204 = MMR 2011, 409 – Bonitätsbeurteilungen.

Tatsachen berührt allein die Sozialsphäre des beurteilten Unternehmens und ist von diesem daher ebenfalls hinzunehmen. Die Veröffentlichung einer *Liste von Zivilprozessen* unter Nennung der jeweiligen Mandanten, die eine auf das Presserecht spezialisierte Anwaltssozietät vor diversen deutschen Gerichten geführt hatte, verletzt demgegenüber die Sozietät in ihrem Recht am Unternehmen, weil dadurch das Vertrauen der genannten und künftiger Mandanten in die von Rechtsanwälten zu gewährleistende Vertraulichkeit in erheblichem Maß beeinträchtigt zu werden droht.[350] Die Veröffentlichung der *Sperre eines Berufssportlers* unter Identifizierung wiederum ist jedenfalls dann zulässig, wenn sie auf der Internetseite des zuständigen Sportverbands und nicht gegenüber einer breiten Öffentlichkeit erfolgt.[351]

19.89 Prinzipiell setzt sich im Konflikt mit der Sozialsphäre Betroffener die Vermutung der Freiheit der Berichterstattung durch. Wer sich beruflich oder gesellschaftlich exponiert wie die stellvertretende Leiterin einer Haftanstalt,[352] ein Mitarbeiter des *Staatssicherheitsdienstes* der vormaligen DDR[353] oder ein Angehöriger der damaligen DDR-Grenztruppen,[354] der wird in seinem Allgemeinen Persönlichkeitsrecht nicht dadurch verletzt, dass die Medien über diese seine gesellschaftlichen Funktionen auch noch Jahre nach Auflösung des Unrechtsstaats berichten, dem er in dieser Funktion gedient hat. Auf den Gesichtspunkt des Zeitablaufs wird er sich regelmäßig jedenfalls dann nicht berufen können, wenn sich Opfer mit ihrer Darstellung seiner Rolle im Unrechtsstaat zu Wort melden (Rz. 19.42 ff.). Wer sich als Geschäftsführer eines großen kommunalen Klinikbetriebs in einer Auseinandersetzung mit einem Großteil seiner Mitarbeiter befindet und aus diesem Anlass gekündigt wird, wird es hinnehmen müssen, dass die Medien darüber berichten.[355] Gleiches gilt für einen Unternehmer, der über verschiedene ausländische Beteiligungsgesellschaften medizinisch fragwürdige Diätpräparate vertreibt.[356] Hochrangige Ministerialbeamte[357] oder kommunale Bürgermeister[358] werden in ihrer Sozialsphäre nicht dadurch rechtswidrig beeinträchtigt, dass die Medien über von ihnen geführte Nachbarstreitigkeiten[359] oder darüber berichten, dass sie von der öffentlichen Hand ein Grundstück erworben haben und nun versuchen, es im Eigeninteresse seiner vorbestehenden gemeinnützigen Bindung zu entziehen.[360] Und ein Rechtsanwalt, der sich vornehmlich in presserechtlichen Streitigkeiten engagiert, muss es hinnehmen, dass Medien sein Auftreten vor Gericht unter Namensnennung kritisch würdigen.[361] In der Abwägung zum Allgemeinen Persönlichkeitsrecht des Betroffenen setzt sich die Berichterstattungsfreiheit aus Art. 5 Abs. 1 Satz 2 GG auch durch im Zusammenhang mit der Nennung des Namens und Veröffentlichung des Lichtbilds eines Aktivisten der rechtsradikalen Szene im Rahmen einer steckbriefartigen Aufforderung zu mehr Zivilcourage.[362]

---

350 KG AfP 2009, 608.
351 OLG Karlsruhe AfP 2010, 477 = MMR 2009, 404.
352 LG Hamburg AfP 1994, 321.
353 BGH AfP 2013, 57 = NJW 2013, 790 – IM Christoph; BGH ZUM 2013, 207; OLG Hamburg AfP 1993, 756; OLG München AfP 2011, 275.
354 KG AfP 2007, 243; vgl. auch LG München AfP 2009, 276.
355 BGH AfP 2007, 44 = NJW-RR 2007, 619 – Klinik-Geschäftsführer.
356 OLG Hamburg AfP 2012, 58 = NJW-RR 2011, 1611.
357 KG NJW-RR 2005, 350 = GRUR 2006, 260.
358 KG AfP 2008, 392.
359 KG AfP 2008, 392.
360 KG NJW-RR 2005, 350 = GRUR 2006, 260.
361 KG AfP 2007, 490.
362 OLG Braunschweig AfP 2000, 588 = NJW 2001, 160.

Grenzen werden der Berichterstattungsfreiheit allerdings gesetzt, wenn die **Geheimsphäre** 19.90
auf den beruflichen Bereich und damit auch die **Sozialsphäre ausstrahlt.**[363] So musste zwar
der frühere Fraktionsvorsitzender der Linken im Deutschen Bundestag, *Gregor Gysi*, die Veröffentlichung seiner anwaltlichen Verteidigungsschrift im zeitgeschichtlich bedeutsamen
DDR-Verfahren gegen *Robert Havemann* hinnehmen,[364] nicht hingegen ein weniger im Licht
der Öffentlichkeit stehender Rechtsanwalt die Veröffentlichung eines ausschließlich zur persönlichen Information seines Mandanten bestimmten vertraulichen Vermerks, obgleich die
Wiedergabe sachlich zutreffend war und am Inhalt des Vermerks wegen der Besonderheit des
Mandats ein prinzipielles Informationsinteresse der Öffentlichkeit bejaht werden konnte.[365]
Gleiches gilt für Korrespondenz eines bekannten Schriftstellers mit einer Redaktion mit der
ausdrücklichen Erklärung des Betroffenen, er sei mit deren Veröffentlichung nicht einverstanden.[366] Im Bereich der Sozialsphäre wird sich das Persönlichkeitsrecht des Einzelnen daher in
der Regel gegenüber dem Berichterstattungsinteresse der Medien insoweit durchsetzen, als
seine Aktivitäten und Funktionen nicht dazu bestimmt sind, Außenwirkungen zu entfalten.
Dies gilt erst einmal auch für Kommunikationsvorgänge als solche. Auch hier können aber
der Umstand sowie der Inhalt der zunächst einmal selbstverständlich als vertraulich einzustu-
fenden Nachrichten eine öffentliche Berichterstattung rechtfertigen, etwa wenn es um einen
Vorgang von besonderem Gewicht geht. So musste der Innenminister eines Bundeslandes
hinnehmen, dass der Inhalt einer E-Mail-Korrespondenz, in der es um unberechtigt bezogenen Leistungen nach dem Unterhaltsvorschussgesetz für sein nicht-eheliches Kind ging, veröffentlicht wurde.[367]

6. Einwilligung

Sofern die Veröffentlichung **wahrer Tatsachenbehauptungen** über Dritte prinzipiell unzuläs- 19.91
sig ist, kommt doch im Einzelfall ihre Rechtfertigung durch Einwilligung in Betracht. Dieses
Rechtsinstitut wird zwar im Hinblick auf § 22 KUG vornehmlich im sachlichen Zusammenhang mit dem Recht am eigenen Bild erörtert.[368] Es kann jedoch auch sonstige Einschränkungen des Allgemeinen Persönlichkeitsrechts rechtfertigen,[369] um dessen gesetzliche Konkretisierung es sich beim Recht am eigenen Bild handelt.[370] Besondere Bedeutung gewinnt die
Einwilligung im sachlichen Zusammenhang mit den an anderer Stelle behandelten Exklusivverträgen (Rz. 7.78 ff.),[371] da unter den heutigen Gegebenheiten gerade Informationen aus
Persönlichkeitssphären, die prinzipiell gegen Medienberichterstattung geschützt sind, zunehmend nur noch gegen Entgelt und dann meist mit der Vereinbarung von Exklusivbindungen
zur Veröffentlichung freigegeben zu werden pflegen.

---

363 BGH NJW 1962, 32 = GRUR 1962, 108 – Waffenhandel; Wenzel/*Burkhardt*/*Peifer*, Kap. 5 Rz. 67 f.
364 OLG Hamburg AfP 2000, 91 = NJW 1999, 3343 – Berufungsschrift.
365 LG Hamburg AfP 1988, 170.
366 KG NJW 1995, 3392; a.A. noch die Vorinstanz: LG Berlin NJW 1995, 881.
367 BGH AfP 2014, 534 = NJW 2015, 782 – Innenminister unter Druck.
368 Löffler/*Steffen*, § 6 LPG Rz. 202 ff.; Wenzel/*v. Strobl-Albeg*, Kap. 7 Rz. 132 ff.; *Helle*, AfP 1985,
   93 ff.
369 BVerfG AfP 2000, 76 = NJW 2000, 1021 – Caroline von Monaco I; dazu *Soehring*, AfP 2000, 230;
   vgl. auch Wenzel/*Burkhardt*/*Peifer*, Kap. 5 Rz. 64.
370 An dieser Stelle werden die mit der Einwilligung verbundenen generellen Rechtsfragen erörtert; wegen der im Fall des Rechts am eigenen Bild hinzukommenden Spezialfragen vgl. Rz. 21.69 ff.
371 BVerfG AfP 2000, 76 = NJW 2000, 1021 – Caroline von Monaco I.

a) Erteilung

19.92 Bei der **Einwilligung in Veröffentlichungen**, die ohne sie eine Verletzung von Persönlichkeitsrechten oder des Rechts am eigenen Bild darstellen würden, handelt es sich um eine rechtsgeschäftliche Willenserklärung, wenngleich Einzelheiten rechtsdogmatisch umstritten sind.[372] Ist mit ihr die Vereinbarung einer Gegenleistung verbunden, kommt sie im Wege des Vertrags zustande. Sie kann aber auch einseitig erklärt werden. Wie jede Willenserklärung, für die das Gesetz nicht die Einhaltung einer bestimmten Form vorschreibt, kann auch die Einwilligung ausdrücklich oder stillschweigend, insbesondere durch konkludente Handlung erteilt werden.[373] Das ist stets dann der Fall, wenn der Betreffende den Medien anderweitig gegen Veröffentlichungen geschützte Informationen erteilt oder die Anfertigung von Lichtbildern in Kenntnis des damit verfolgten Zwecks gestattet. So liegt in der Tatsache, dass eine Person sich von einem Fernsehteam interviewen lässt, regelmäßig die Einwilligung zur späteren Ausstrahlung des Interviews.[374] Die Auffassung des OLG München,[375] eine konkludente Einwilligung liege nur vor, wenn dem Betroffenen bekannt ist, dass er berechtigt ist, sie zu verweigern, und hierfür seien die Medien beweispflichtig, läuft im Ergebnis darauf hinaus, dass konkludente Einwilligungen keine verlässliche Grundlage für die redaktionelle Tätigkeit sein können, und ist mit allgemeinen Prinzipien der Rechtsgeschäftslehre[376] nicht zu vereinbaren. Im Streit darüber, ob eine Einwilligung insbesondere zu Fernsehaufnahmen jedenfalls konkludent erteilt worden ist, kommt es nicht nur auf den gesendeten Beitrag an. Vielmehr kann auf das gesamte aufgenommene Filmmaterial zurückgegriffen werden.[377] Hingegen wurde im Fall der *Kohl*-Tonbänder angenommen, dass die Aufzeichnungen allein noch keine konkludente Einwilligung in die spätere Veröffentlichung enthielten und dass diese noch unter einem weiteren Autorisierungsvorbehalt standen.[378]

19.93 Eine **stillschweigende Einwilligung** liege auch vor, wenn der Betroffene mit der Aufnahme seiner polizeilichen Vernehmung durch ein Fernseh-Team einverstanden ist, dem Team im Anschluss an die Vernehmung freiwillig zur Beantwortung ergänzender Fragen zur Verfügung steht und sich obendrein nach dem Sendetermin erkundigt. Die Auffassung des OLG Hamburg,[379] der Betroffene hätte auch in einem solchen Fall über die Erforderlichkeit einer Einwilligung ausdrücklich belehrt werden müssen, ist nicht nur lebensfremd, sondern verkennt evident die Bedeutung des Grundrechts der Rundfunkfreiheit in der betreffenden Situation. Wird allerdings der Betroffene in dem Glauben gelassen, ein eine Unfallsituation filmender, zeitgleich mit den herbeigerufenen Polizeibeamten erschienener Kameramann werde im Dienst der Polizei tätig, dann kann aus der bloßen Tatsache, dass der Betroffene sich gegen die Herstellung der Aufnahmen nicht wehrt, kein konkludentes Einverständnis mit der späteren Ausstrahlung des Materials durch den Fernsehveranstalter entnommen werden, in dessen

---

372 OLG Hamburg AfP 1987, 703; OLG München AfP 1983, 230; OLG München AfP 1989, 570 = NJW-RR 1990, 999; OLG München AfP 2001, 400 = NJW 2002, 305; *Wanckel*, Rz. 129; *Helle*, AfP 1985, 93 ff.; insbesondere zur Einwilligung im Internet *Ohly*, GRUR 2012, 983 ff.; *Prinz/Peters*, Rz. 248; a.A. (Realakt) Löffler/*Steffen*, § 6 LPG Rz. 124 m.w.N.

373 BGH GRUR 1962, 211 – Hochzeitsbild; Löffler/*Steffen*, § 6 LPG Rz. 124.

374 LG Köln AfP 1989, 766; OLG Frankfurt a.M. NJW-RR 1990, 1439; OLG Karlsruhe ZUM 2006, 568.

375 OLG München ZUM 2009, 429.

376 Staudinger/*Singer*, § 116 BGB Rz. 1.

377 OLG Köln NJW-RR 1994, 865.

378 LG Köln v. 27.4.2017 – 14 O 323/15, zit. nach juris.

379 OLG Hamburg AfP 2005, 73 = NJW-RR 2005, 479.

Auftrag der Kameramann tatsächlich erschienen war.[380] Auch liegt eine konkludente Einwilligung nicht etwa schon dann vor, wenn über eine Person eine rechtswidrige Veröffentlichung erscheint und diese sich dagegen zunächst nicht gerichtlich zur Wehr setzt; bei der Entscheidung, ob ein Betroffener einen einwilligungslosen Eingriff in sein Allgemeines Persönlichkeitsrecht hinzunehmen hat, kann dieser Umstand aber im Rahmen der Güterabwägung zu berücksichtigen sein.[381] Unter diesem Aspekt können sich die Medien zur Rechtfertigung eigener Publikationen zwar nicht prinzipiell, wohl aber unter Umständen im begründeten Einzelfall auf bereits vorliegende inhaltsgleiche Vorveröffentlichungen berufen. Hat über einen Vorgang allerdings ein Großteil der Presse unbeanstandet berichtet, dann kann im Einzelfall der Gesichtspunkt konkludenter Einwilligung demjenigen entgegengehalten werden, der nach langer Duldung der Beeinträchtigung seiner Rechte plötzlich gegen ein bestimmtes Medium Ansprüche geltend machen will.[382]

Als rechtsgeschäftliche Erklärung setzt die Erteilung der Einwilligung grundsätzlich Geschäftsfähigkeit des Betroffenen voraus, so dass sich die Medien auf eine **Einwilligung durch Minderjährige** nicht berufen können.[383] Die unter dem Stichwort der Grundrechtsmündigkeit erörterte Frage, ob ein entgegenstehender Wille des Minderjährigen die Einwilligung seines gesetzlichen Vertreters außer Kraft setzt,[384] ist noch nicht abschließend geklärt. Der BGH[385] hat in diesem Zusammenhang nur entschieden, dass dem Minderjährigen im Fall seines Einverständnisses mit der Veröffentlichung kein eigenständiges Recht zusteht, auf die Höhe des mit seinem gesetzlichen Vertreter vereinbarten Veröffentlichungsentgelts Einfluss zu nehmen. In Zweifelsfällen sollten sich die Medien darauf einstellen, dass die Einwilligungserklärung des oder der gesetzlichen Vertreter stets unverzichtbar ist und dass eine Veröffentlichung von Tatsachen oder Lichtbildern, die eine Verletzung der Rechte des Minderjährigen darstellen würde, trotz erteilter Einwilligung der gesetzlichen Vertreter unterbleiben sollte, wenn ein in Anbetracht seines Lebensalters und seiner Entwicklungsstufe nicht ganz unbeachtlich erscheinender Widerspruch des Minderjährigen vorliegt. Gibt es, wie häufig bei Familien- oder Nachbarschaftsstreitigkeiten, mehrere Betroffene, dann ist in der Regel die Einwilligung eines jeden von ihnen erforderlich.[386] | 19.94

b) Umfang

Die textliche oder auch bildliche Darstellung von Vorgängen aus dem geschützten Persönlichkeitsbereich und ihre Gestattung durch die Betroffenen geschehen in aller Regel aus aktuellem Anlass. | 19.95

Damit stellt sich die in den Gestattungsverträgen in aller Regel nicht geregelte Frage nach dem Umfang der Einwilligung und insbesondere dem zeitlichen und sachlichen Rahmen der erlaubten Berichterstattung. Dieses Problem wirkt sich besonders im Bereich der Bildveröffentlichung aus (dazu Rz. 21.73 ff.), kann aber im Einzelfall auch bei der Freigabe von Informationen zur Veröffentlichung und insbesondere bei der vorzunehmenden Interessenabwägung zwischen dem Recht auf Berichterstattung und dem Persönlichkeitsrecht oder dem | 19.96

---

380 OLG Hamm AfP 2009, 504 = ZUM-RD 2009, 548.
381 BVerfG AfP 2010, 365 = NJW-RR 2010, 1195.
382 OLG Hamburg AfP 1991, 533 – Graf.
383 Wenzel/v. Strobl-Albeg, Kap. 7 Rz. 133.
384 OLG Köln ArchPR 1970, 133; verneinend Helle, AfP 1985, 93 ff.
385 BGH NJW 1974, 1947 = GRUR 1975, 561 – Nacktaufnahme.
386 OLG Karlsruhe AfP 2002, 42 = ZUM 2002, 883.

Recht auf informationelle Selbstbestimmung des Einzelnen von Bedeutung sein.[387] Bei Vorgängen aus dem Intimleben etwa muss sich die Einwilligung ausdrücklich auf die Aufdeckung der Identität des Betroffenen erstrecken.[388] Generell wird man die im Urheberrecht entwickelte **Zweckübertragungslehre** entsprechend anwenden müssen,[389] deren Kernaussage lautet, dass eine Einwilligung in der Regel nur so weit reicht wie der mit ihrer Erteilung verfolgte Zweck. Dabei kann der Zweck ausdrücklich vereinbart werden, sich aber auch aus den Umständen ergeben.[390] Wird er ausdrücklich vereinbart, so ist die Rechtslage unproblematisch. Die anderweitige Verwendung von zu einem konkret vereinbarten Zweck freigegebenen Texten oder Bildern ist rechtswidrig,[391] sofern sie nicht aus anderen Gründen erlaubt ist, es der Einwilligung aus Rechtsgründen mithin nicht bedurfte. So wirkt etwa die Einwilligung eines Sportstars zu einem Interview für eine Sportsendung nicht als Rechtfertigung der Ausstrahlung des Interviews oder eines Teils davon im Rahmen einer pornografischen Sendung oder im Rahmen der Werbung für eine politische Partei.[392]

19.97 Als problematisch erweisen sich hingegen häufig Fälle der konkludenten Einwilligung, in denen der mit der Informationserteilung oder Bildaufnahme verfolgte **Zweck** naturgemäß **nicht ausdrücklich besprochen** und vereinbart wird. Hier neigt die Rechtsprechung dazu, die Reichweite der Einwilligung grundsätzlich eng auszulegen, und die Beweislast für Erteilung und Umfang der Einwilligung liegt bei demjenigen, der ein geschütztes Recht nutzt, mithin im Regelfall bei den Medien.[393] Die in der Rechtsprechung wohl herrschende Auffassung, auch eine konkludente Einwilligung werde wirksam nur getroffen, wenn der Betroffene konkret wisse, für welche Publikation er sich fotografieren oder für welche Fernsehsendung er sich interviewen lasse,[394] ist allerdings deutlich überzogen. Interessiert sich der Betroffene aus Anlass der mit seinem Einverständnis erfolgten Aufnahme nicht für den Zweck, zu dem die Aufnahme gemacht wird oder ist der Zweck bei vernünftiger Betrachtungsweise evident, dann ist vielmehr im Prinzip von einer konkludent erteilten uneingeschränkten Einwilligung auszugehen und bedarf es einer gesonderten Vereinbarung nur noch dann, wenn das Fernsehteam eine Ausstrahlungsart beabsichtigt oder sie später veranlasst, mit der der Betroffene billigerweise nicht rechnen konnte oder er „überrumpelt" wurde.[395] Daher bejahte der BGH zutreffend die Berechtigung zur Ausstrahlung eines satirisch aufbereiteten Interviews trotz Widerruf einer „Einwilligung" der Betroffenen, weil diese sich anlässlich einer „Mahnwache" mit einem Journalisten vor laufender Kamera auf ein beiderseits engagiert geführtes Streitgespräch über ein politisches Anliegen eingelassen hatte.[396]

19.98 Wer sich etwa von einem Fernsehteam bewusst filmen lässt und ihm obendrein Rede und Antwort steht, der muss sich sein Verhalten als Einwilligung zu einer Verwendung zurechnen lassen, mit der er billigerweise rechnen konnte.[397] Das ergeben schon die **Auslegungskrite-**

---

387 OLG Celle AfP 2017, 90 = GRURPrax 2017, 48; OLG Düsseldorf v. 10.9.2015 – 16 U 120/15, zit. nach juris.
388 OLG München AfP 2001, 135 = ZUM 2001, 252.
389 *Prinz/Peters*, Rz. 834; i.E. auch *Wanckel*, Rz. 161.
390 LG Berlin ZUM 2014, 251
391 Löffler/*Steffen*, § 6 LPG Rz. 127; *Prinz/Peters*, Rz. 834.
392 BGH AfP 1980, 35 = NJW 1980, 994 – Wahlkampfillustrierte.
393 Löffler/*Steffen*, § 6 LPG Rz. 128; *Prinz/Peters*, Rz. 836.
394 OLG Hamburg AfP 2005, 73 = NJW-RR 2005, 479; OLG Frankfurt a.M. NJW-RR 1990, 1439; *Prinz/Peters*, Rz. 834.
395 KG ZUM 2018, 191; OLG Karlsruhe ZUM 2006, 568; LG Bielefeld NJW-RR 2008, 715.
396 BGH AfP 2013, 401 = GRUR 2013, 1063.
397 LG Köln AfP 1989, 766; a.A. OLG Hamburg AfP 2005, 73 = NJW-RR 2005, 479.

rien der §§ 133, 157, 242 BGB gerade in Fällen, in denen er sich nicht danach erkundigt, für welche Sendung die Aufnahmen gefertigt werden. Gleiches gilt für denjenigen, der sich am Strand von einem ihm *fremden* Menschen mit ersichtlich professioneller Kameraausstattung interviewen und willentlich fotografieren lässt, ohne zu fragen, zu welchem Zweck das geschieht.[398] Die Einwilligung etwa zur Ausstrahlung des Interviews in einer etablierten Nachrichten- oder Magazinsendung oder zur Veröffentlichung des Lichtbilds im Rahmen der Reportage einer Tageszeitung über das Strandleben im Herbst ist in solchen Fällen konkludent erteilt (Beispiele aus der Rechtsprechung in Rz. 21.74 ff.). Häufig werden derlei Fälle nicht sein. Und im Hinblick auf die erwähnte Beweislastregel ist die Ausnutzung der Bereitschaft, sich filmen, fotografieren oder interviewen zu lassen, ohne über die Zweckbestimmung konkrete und beweisbare Absprachen zu treffen, für die Medien stets mit einem beträchtlichen Risiko verbunden.

In Anwendung dieser Grundsätze wird die aus aktuellem Anlass erteilte Einwilligung zur Bekanntgabe von prinzipiell geschützten Details aus der Privatsphäre in der Regel nur so lange gelten wie die **Aktualität** des Anlasses fortbesteht. Erteilt etwa der Täter einer spektakulären Straftat den Medien zum Zeitpunkt des gegen ihn durchgeführten Ermittlungs- und Strafverfahrens Informationen über sein früheres Privatleben, so muss er deren Veröffentlichung zu diesem Zeitpunkt dulden. Insoweit ist er in der Regel auch nicht dagegen geschützt, dass auch andere Medien als sein Vertragspartner diese Informationen auswerten und publizieren.[399] Der Verzicht auf die Respektierung seiner Privatsphäre wirkt insoweit jedenfalls zu diesem Zeitpunkt uneingeschränkt (Rz. 19.23). Gegen ein Jahre später erfolgendes Wiederaufgreifen dieser seine Privatsphäre betreffenden Informationen ohne entsprechenden aktuellen Anlass wird er sich jedoch sowohl gegenüber seinem früheren Vertragspartner als auch gegenüber Dritten zur Wehr setzen können, sofern nicht konkret etwas anderes vereinbart ist. So hat etwa das OLG Oldenburg[400] entschieden, dass die Einwilligung in die Darstellung einer Nierentransplantation eine drei Jahre später erfolgende erneute Veröffentlichung nicht rechtfertigt. Eine gegenüber einer Redaktion für einen gewissen Zeitraum freigelegte Intimsphäre schließt sich danach schon deswegen nach Ablauf einer gewissen Zeit mangels abweichender Vereinbarungen von selbst wieder, weil sich die Persönlichkeit mit ihren Anschauungen, Meinungen und Erfahrungen fortentwickelt und demgemäß niemand unterstellen kann, dass ein aus einer bestimmten Situation heraus erklärter Verzicht auf Respektierung der Intim- oder Privatsphäre zeitlich schrankenlos fortwirken soll.

19.99

c) Widerruf

Prinzipiell bindet die Einwilligung denjenigen, der sie erteilt, für den Gegenstand und die Dauer, für die sie bestimmt ist.[401] Wer sich zu diesem Zeitpunkt oder in engem zeitlichen Zusammenhang aus ihr lösen will, hat dazu die Möglichkeit nur unter den Voraussetzungen, unter denen nach §§ 119 ff. BGB Willenserklärungen angefochten werden können.[402] Das gilt insbesondere dann, wenn die Einwilligung im Rahmen eines entgeltlichen Vertrags erteilt worden ist.[403]

19.100

---

398 LG Köln AfP 1989, 766; a.A. OLG Hamburg AfP 2005, 73 = NJW-RR 2005, 479.
399 BVerfG AfP 2000, 76 = NJW 2000, 1021– Caroline von Monaco I.
400 OLG Oldenburg NJW 1983, 1202.
401 *Helle*, AfP 1985, 93, 100; OLG München AfP 1989, 570 = NJW-RR 1990, 999; LG Köln AfP 1989, 766.
402 LG Köln AfP 1989, 766; a.A. offenbar LG Hamburg NJW-RR 2005, 1357.
403 LG Köln AfP 1996, 186.

19.101 Auch die Freigabe von Informationen aus der Intim- oder geschützten Privatsphäre zur Veröffentlichung durch Medien im Wege der Einwilligung oder Gestattung ist nicht prinzipiell **unwiderruflich**. Auf sie wird man insbesondere den in §§ 42 UrhG und 35 VerlG niedergelegten Grundsatz entsprechend anwenden müssen, dass Einwilligungen widerrufen werden können, wenn sich die ihrer Erteilung zugrundeliegenden Auffassungen des Betroffenen geändert haben.[404] Die Auffassung[405] hingegen, ein Betroffener sei jederzeit und damit auch noch vor erstmaliger Ausstrahlung eines mit seiner Zustimmung hergestellten Films berechtigt, eine einmal erteilte Einwilligung zu widerrufen, weil er deren *Tragweite erst später erkannt hat*, ist mit der Qualifizierung der Einwilligung als eines rechtsgeschäftlichen Akts nicht zu vereinbaren und entzieht dem Umgang insbesondere des Mediums Fernsehen mit dem kooperationswilligen Publikum jede Basis für eine vernünftige, planbare Arbeit.

§ 20 Meinungsäußerungen und Kritik

1. Meinungsäußerungen

20.1 Im Vergleich zur Verbreitung von Tatsachenbehauptungen folgt diejenige von **Meinungen** einem grundsätzlich anderen und in der Tendenz liberaleren Regime. Tatsachenbehauptungen stehen dann, wenn ihre Unwahrheit feststeht, außerhalb der Gewährleistung der Meinungs-, Presse- und Rundfunkfreiheit des Art. 5 Abs. 1 GG (Rz. 18.1 ff.). Steht ihre Unwahrheit nicht fest, ist ihre Verbreitung aber nicht durch das Prinzip der Wahrnehmung berechtigter Interessen gerechtfertigt, so tragen die Medien in den meisten Fällen das Risiko ihrer Nichterweislichkeit (Rz. 12.13 f.; Rz. 30.48 ff.), können sie also den Schutz der Grundrechtsgewährung dann nicht für sich in Anspruch nehmen, wenn sie den ihnen obliegenden Beweis der Wahrheit nicht führen können. Und selbst die Verbreitung erweislich wahrer Tatsachenbehauptungen ist mit dem Risiko der Kollision mit höherrangigen Persönlichkeitsrechten Betroffener behaftet, die zu ihrer Unzulässigkeit im Einzelfall führen können (§ 19).

a) Meinungsfreiheit

20.2 Ganz anders verhält es sich mit der Äußerung und Verbreitung von **Meinungen** und **Kritik**. Es ist die Freiheit der Meinungsäußerung, die das BVerfG[1] schon vor Jahrzehnten als ein *für die freie demokratische Gesellschaft schlechthin konstitutives Grundrecht* bezeichnet hat und

---

404 OLG München AfP 1989, 570 = NJW-RR 1990, 999; LG Köln AfP 1996, 186; vgl. auch LG Nürnberg-Fürth AfP 2009, 177.
405 LG Hamburg NJW-RR 2005, 1357.
1 BVerfG NJW 1958, 257 – Lüth.

die auch der EGMR[2] als eine der *wesentlichen Grundlagen einer demokratischen Gesellschaft* hervorhebt. Für die Äußerung und Verbreitung von Meinungen können die Medien grundsätzlich den Grundrechtsschutz aus Art. 5 Abs. 1 Satz 1 GG sowie die Gewährleistung des Art. 10 EMRK in Anspruch nehmen. Selbstverständlich ist, dass die in Art. 5 Abs. 2 GG genannten entgegenstehenden Rechte Dritter sowie die in Art. 10 Abs. 2 EMRK genannten Rechtsgüter eine **Schrankenfunktion** auch für die Verbreitung von Meinungen wahrnehmen können. Für die Zulässigkeit der Verbreitung von Meinungen streitet aber jedenfalls bei Äußerungen über Fragen, die die Öffentlichkeit maßgeblich berühren, eine Vermutung.[3]

Wo es um den Schutz der freien **Meinungsäußerung** geht, nimmt das BVerfG obendrein eine außerordentlich aktive Rolle ein. Es überprüft im Einzelfall selbständig, ob die Zuordnung einer Äußerung zu den Bereichen Tatsachenbehauptung oder Meinungsäußerung durch die Fachgerichte im Licht der Grundrechtsgewährung zutreffend ist oder nicht. Diese Praxis des BVerfG und die ihr zugrundeliegende Überzeugung, dass das Grundrecht der freien Meinungsäußerung eine im demokratischen Staat schlechthin konstitutive Rolle einnimmt, die einen konsequenten Schutz durch die Rechtsprechung nicht nur rechtfertigt, sondern unabdingbar macht, ist in der Literatur zum Teil heftig kritisiert worden.[4] Diese Kritik ist trotz gelegentlicher Überspitzungen der genannten Grundsätze in der Rechtsprechung der Fachgerichte in der Sache unbegründet.[5] Das BVerfG lehnt es daher mit Recht ab, seine Rechtsprechung im Hinblick auf die im Schrifttum genannten Bedenken zu ändern, und der EGMR[6] räumt der auch durch Art. 10 Abs. 1 EMRK geschützten Meinungsfreiheit einen ähnlichen Stellenwert ein.

20.3

Daher muss nach der sogenannten Variantenlehre (Rz. 14.19, 14.41 ff.) unter **mehreren möglichen Deutungen einer Äußerung** vor dem Hintergrund einer bestimmten tatsächlichen Konstellation derjenigen der Vorzug gegeben werden, die nicht zu einer Verurteilung führt.[7] Allerdings wird nach der Rechtsprechung des BVerfG[8] im Anschluss an dessen *Stolpe*-Beschluss[9] das Grundrecht der Meinungsfreiheit nicht verletzt, wenn die Rechtsprechung nunmehr verlangt, eine mehrdeutige Meinungsäußerung, die in einer von mehreren möglichen Deutungsvarianten die Grenze zur Schmähkritik (dazu Rz. 20.19 ff.) überschreitet, bei künftigen Wiederholungen in der Weise klarzustellen, dass eine Verletzung des Allgemeinen Persönlichkeitsrechts oder der persönlichen Ehre des Betroffenen vermieden wird. Wo im Einzelfall die Abgrenzung zwischen Tatsachenbehauptungen und Meinungsäußerungen zu keinen

20.4

---

2 EGMR NJW 2004, 2653 – Perna/Italien.

3 BVerfG AfP 1984, 94 = NJW 1984, 1741 – Der Aufmacher; BVerfG NJW 1985, 787 – Schwarze Sheriffs; BVerfG AfP 1992, 53 = NJW 1992, 1439 – Bayer; BVerfG AfP 2013, 389; BVerfG BeckRS 2016, 50714.

4 *Kriele*, NJW 1994, 1897; *Sendler*, NJW 1993, 2157; *Sendler*, ZRP 1994, 343; *Isensee*, AfP 1993, 619; *Redeker*, NJW 1993, 1835; *Forkel*, JZ 1994, 637; *Schmitt Glaeser*, NJW 1996, 873; *Scherz*, NJW 2012, 721 ff.; beiläufig auch *Seitz*, NJW 2003, 3523.

5 *Grimm*, ZRP 1994, 276 und NJW 1995 1697 ff.; dazu im Einzelnen *Soehring*, NJW 1994, 2926 m.w.N.

6 EGMR NJW 1992, 613; EGMR NJW 1999, 1321; EGMR NJW 2004, 2653; EGMR NJW 2007, 1799; EGMR 1987, 2143 – Lingens/Österreich; EGMR NJW-RR 2011, 981 – Ruokkanen/Finnland; EGMR NJW 2012, 1058 = GRUR 2012, 741 – Axel Springer AG/Deutschland; vgl. hierzu *Holoubek*, AfP 2003, 193 ff; EGMR AfP 2016, 137 – Mladina D.D. Ljubljana/Slowenien.

7 BVerfG AfP 1990, 192 = NJW 1991, 95 – Zwangsdemokrat; BVerfG AfP 1992, 53 = NJW 1992, 1439 – Bayer; BVerfG NJW 1993, 1845; BVerfG NJW 1999, 204 = ZUM 1998, 930; BVerfG BeckRS 2016, 50714; BGH AfP 1998, 506 = NJW 1998, 3047 – IM Sekretär; BayObLG AfP 1995, 496 = NJW 1995, 2501.

8 BVerfG AfP 2006, 349 = NJW 2006, 3769; BVerfG AfP 2006, 550 – Babycaust.

9 BVerfG AfP 2005, 544 = AfP 2006, 41 = NJW 2006, 207 – Stolpe/IM Sekretär.

klaren Ergebnissen führt, spricht aber eine **Vermutung für die Meinungsäußerung**;[10] wiederum in Anlehnung an die *Stolpe*-Doktrin (Rz. 14.15 ff.) gilt das allerdings nicht, wenn der Betroffene lediglich die Unterlassung der künftigen, erneuten Verbreitung einer in dieser Hinsicht mehrdeutigen Äußerung verlangt;[11] zur Abgrenzung der Meinungsäußerung von der Tatsachenbehauptung s. § 14, insb. Rz. 14.41 ff. Während aber das BVerfG die zutreffende Einordnung einer beanstandeten Äußerung in die Kategorien der Tatsachenbehauptung und der Meinungsäußerung im Hinblick auf die verfassungsrechtliche Gewährleistung der Meinungsfreiheit regelmäßig überprüft, überlässt der EGMR[12] diese Einordnung den nationalen Gerichten in der Erwägung, dass diese besser als ein internationales Gericht in der Lage sind, zu beurteilen, wie eine konkrete Formulierung in der Öffentlichkeit aufgefasst werden wird.

20.5 Grundsätzlich besteht kein Abwehranspruch des Einzelnen gegen Schärfen und Überspitzungen, namentlich im öffentlichen Meinungskampf.[13] Im Interesse freier Rede ist daher auch aggressive, scharfe Sprache[14] sowie ein gewisses Maß an Provokation[15] prinzipiell erlaubt. Das gilt nach dem **Prinzip des Gegenschlags** insbesondere dann, wenn der Kritisierte seinerseits durch scharfe Äußerungen, aber auch durch fragwürdige Handlungen Anlass zu pointierter Kritik gegeben hat.[16] Dabei genießen Beiträge in einer die Öffentlichkeit besonders berührenden Frage stärkeren Schutz als Äußerungen, die ausschließlich der Verfolgung privater Interessen dienen.[17] Das Recht zum Gegenschlag ist aber Ausfluss des Grundrechts der Meinungsfreiheit; es kann daher von staatlichen Stellen und ihren Repräsentanten nicht in Anspruch genommen werden, wenn diese sich in Ausübung ihres Amts äußern.[18] Die Freiheit der Meinungsäußerung gewährleistet prinzipiell aber nicht nur deren Inhalt, sondern auch deren **Form**.[19] Die vom BVerfG[20] in seiner älteren Rechtsprechung vertretene Auffassung, das Grundrecht der Meinungsfreiheit sei weniger schützenswert, wo ein gerichtliches Verbot nur eine bestimmte, konkrete Formulierung betrifft, als wo es um das Verbot der Verbreitung einer Kritik ihrem Inhalt nach geht, findet sich in der späteren Judikatur des Gerichts[21] mit Recht nicht mehr.

20.6 Bei der Verbreitung von Meinungen und Kritik geht es nicht um die Frage nach der Wahrheit oder Unwahrheit. Meinungen sind vielmehr **vertretbar** oder **unvertretbar**, **richtig** oder **falsch**, und das maßgebliche Kriterium für die eine oder andere dieser Alternativen ist nicht das Mittel der Beweiserhebung, sondern dasjenige der Überzeugungsarbeit (dazu Rz. 14.12 ff.). Dass das Gericht, das über die Zulässigkeit der Verbreitung einer Meinung oder

---

10 BVerfG AfP 1982, 215 = NJW 1983, 1415 – NPD von Europa; BVerfG AfP 2017, 308 = NJW 2017, 1460.
11 BVerfG AfP 2005, 544 = AfP 2006, 41 = NJW 2006, 207 – Stolpe/IM Sekretär.
12 EGMR AfP 2015, 30 – Jalba/Rumänien.
13 BVerfG AfP 1980, 147 = NJW 1980, 2069 – Römerberg-Gespräche; BVerfG AfP 1982, 215 = NJW 1983, 1415 – NPD von Europa; BVerfG NJW 1985, 787 – Schwarze Sheriffs; EGMR AfP 2016, 137 – Mladina D.D. Ljubljana/Slowenien.
14 BVerfG AfP 1982, 163 = NJW 1982, 2655 – Kredithaie; BVerfG AfP 2017, 308 = NJW 2017, 1460.
15 EGMR NJW 2004, 2653 – Perna/Italien.
16 BVerfG NJW 1961, 819 – Schmid/Spiegel; BVerfG NJW 1969, 227 – Tonjäger; vgl. hierzu auch EGMR NJW 1992, 613; EGMR NJW 1999, 1321.
17 BVerfG AfP 1980, 147 = NJW 1980, 2069 – Römerberg-Gespräche; BVerfG NJW 1992, 2013; EGMR AfP 2016, 137 – Mladina D.D. Ljubljana/Slowenien.
18 BVerfG NJW 2018, 928 – Wanka.
19 BVerfG AfP 1982, 163 = NJW 1982, 2655 – Kredithaie.
20 BVerfG AfP 1976, 115 = NJW 1976, 1677 – Echternach.
21 Vgl. insoweit BVerfG AfP 1982, 163 = NJW 1982, 2655 – Kredithaie; BVerfG AfP 1990, 192 = NJW 1991, 95 – Zwangsdemokrat.

Kritik zu entscheiden hat, diese Meinung oder Kritik seinerseits für richtig hält, ist nicht Voraussetzung für die Zulässigkeit ihrer Verbreitung.[22] Vielmehr ist auch die Verbreitung einer falschen oder unbegründeten Meinung prinzipiell erlaubt.[23] Daher ist auch die Offenbarung der tatsächlichen Bezugspunkte für eine bestimmte Meinung oder Kritik nicht Voraussetzung für die Zulässigkeit ihrer Verbreitung. Es genügt, wenn derjenige, der eine Meinung äußert, im Prozess bereit und in der Lage ist, diese tatsächlichen Bezugspunkte mitzuteilen und sie, soweit erforderlich, zu beweisen.[24] Fehlt es jedoch an einer ausreichenden tatsächlichen Grundlage für Äußerungen, die den sozialen Geltungsanspruch oder die Ehre eines Anderen verletzen können, dann sind auch Meinungen nicht durch die Rechte aus Art. 5 Abs. 1 GG und 10 EMRK gedeckt.[25]

In Anwendung dieser Grundsätze steht insbesondere **politischer Meinungsäußerung und** 20.7 **Kritik** ein weiter Freiraum offen.[26] Nach einer eingängigen Formel des EGMR[27] sind die Grenzen für zulässige Kritik gegenüber Regierungen weiter als gegenüber individuellen Politikern und diesen gegenüber wiederum weiter als gegenüber Privatpersonen. Die Charakterisierung der *türkischen Kurdenpolitik* als *echtes Kolonialstatut* durch einen türkischen Autor war danach durch das Grundrecht der Meinungsfreiheit aus Art. 10 EMRK ebenso gedeckt[28] wie die Bezeichnung eines Politikers mit abweichender Gesinnung als *intellektueller Bankrotteur*,[29] die Äußerung, der vormalige Vizekanzler der Republik Österreich, *Herbert Haupt*, sei in gleicher Weise *wie ein Flusspferd im Wiener Zoo gewöhnlich von kleinen braunen Ratten umgeben*,[30] oder die Äußerung, *jemand schrecke im geschäftlichen Verkehr auch vor strafbarem Verhalten nicht zurück* und sei *als mutmaßlicher Hintermann eines Dritten anzusehen*.[31] Nach deutscher Rechtsprechung ist die Verwendung eines Aufklebers mit dem Slogan *Soldaten sind Mörder*[32] ebenso Ausdruck des Grundrechts der freien Meinungsäußerung wie die Bezeichnung eines querschnittsgelähmten Reserveoffiziers der Bundeswehr, der sich trotz seiner körperlichen Konstitution um die Einberufung zu einer Wehrübung bemühte, als *geb. Mörder* durch ein Satiremagazin,[33] die Bezeichnung des politischen Gegners in einer lokalpolitischen Auseinandersetzung als *Dummschwätzer*[34] oder *Hure*[35] oder auch die Bezeichnung des Wechsels des Mandatsträgers einer Kommune in die Geschäftsführung eines Unternehmens, mit dem er kurz zuvor für die Kommune einen hochdotierten Vertrag abgeschlossen hatte, als *skandalös*.[36] Hat die Ehefrau eines ehemaligen Landtagsabgeordneten, die ihrerseits nach einem Parteiwechsel ein Landtagsmandat innehat, das Zustandekommen einer ge-

---

22 BGH NJW 1965, 294 – Volkacher Madonna.
23 BVerfG AfP 1982, 215 = NJW 1983, 1415 – NPD von Europa.
24 BVerfG AfP 1976, 119 = NJW 1976, 1680 – Deutschlandstiftung; BGH AfP 1974, 702 = NJW 1974, 1762 – Deutschlandstiftung; OVG Münster NJW 1996, 3355.
25 EGMR AfP 2014, 430 – Lavric/Rumänien.
26 BVerfG NJW 2018, 770.
27 EGMR NJW 2002, 1995 – Baskaya u.a./Türkei; EGMR NJW 2012, 1058 = GRUR 2012, 741 – Axel Springer AG/Deutschland; EGMR NJW 2012, 1053 = GRUR 2012, 745 – Caroline von Hannover II; EGMR AfP 2018, 38 – Haupt/Österreich.
28 EGMR NJW 2002, 1995 – Baskaya u.a./Türkei.
29 EGMR AfP 2016, 137 – Mladina D.D. Ljubljana/Slowenien.
30 EGMR AfP 2018, 38 – Haupt/Österreich.
31 OLG Dresden ZUM-RD 2018, 482.
32 BVerfG AfP 1994, 286 = NJW 1994, 2943 – Soldaten sind Mörder; anders BVerfG AfP 1996, 50 = NJW 1995, 3303, – Soldaten sind Mörder II.
33 BVerfG AfP 1992, 133 = NJW 1992, 2073 – geb. Mörder.
34 BVerfG AfP 2009, 49 = NJW 2009, 749 – Dummschwätzer.
35 OLG Frankfurt a.M. AfP 2012, 577 = ZUM 2012, 973.
36 LG Köln AfP 2011, 605.

planten Koalition mit ihrer neuen Partei verhindert, dann ist es statthaft, eine Interviewäußerung zu veröffentlichen, die den Ehemann als *Drahtzieher des Scheiterns der Koalitionsverhandlungen* und in diesem Zusammenhang als *Kriminellen* bezeichnet.[37] Vom Grundrecht der Meinungsfreiheit gedeckt ist auch die Bezeichnung des Organisators einer Gegendemonstration gegen eine Demonstration aus dem rechtsextremen Spektrum als *Obergauleiter der SA-Horden*[38] und diejenige eines in der DDR hingerichteten und nach 1990 vom LG Berlin rehabilitierten Widerstandskämpfers, dem neben passivem Widerstand auch unaufgeklärte Sprengstoffattentate vorgeworfen worden waren, als *Anführer einer terroristischen Vereinigung und KgU-Banditen*;[39] vgl. zur Frage des postmortalen Persönlichkeitsrechts in diesem Zusammenhang Rz. 13.5 ff.

20.8 Als Meinungsäußerung zulässig war auch die Bezeichnung des verstorbenen bayerischen Ministerpräsidenten *Franz Josef Strauß* als *Zwangsdemokrat*,[40] die Äußerung, *Strauß decke Faschisten*,[41] die Bezeichnung der *CSU* als *NPD von Europa*,[42] der an eine politische Partei gerichtete Vorwurf, sie *werfe 3 Millionen Steuergelder zum Fenster hinaus*,[43] die Umschreibung des Programms einer anderen, in ihm *würden Menschen zu Heuschrecken, die mit Gewalt dezimiert werden müssen*.[44] Auch der im Wahlkampf erhobene Vorwurf, ein Bewerber um ein Bürgermeisteramt *gehe über Leichen und trete unsere Rechtsordnung mit Füßen*, war durch das Grundrecht der Meinungsäußerungsfreiheit gedeckt.[45] Gleiches gilt für den ironisch-satirischen *Aufruf an Kameraden mit nationalem Hintergrund, in eine bestimmte Stadt zu kommen*, womit der Verfasser eine aus seiner Sicht zu zögerliche Haltung gegenüber rechtsradikalen Gruppen persiflierte.[46] Und nach Auffassung des BVerfG konnte sich selbst der Verbreiter eines Plakats mit der Aufschrift *„Ausländerrückführung – Für ein lebenswertes deutsches Augsburg"* auf sein Grundrecht der Meinungsfreiheit berufen, was demgemäß seine Verurteilung gemäß § 130 Abs. 2 StGB ausschloss.[47] Auch die Verbreitung der Frage eines Bundestagsabgeordneten, ob *Altkanzler Gerhard Schröder sein Amt loswerden (wollte), weil ihm lukrative Jobs zugesagt waren, und ob er persönliche Motive hatte, als er in politisch aussichtsloser Lage Neuwahlen herbeiführte*, war als politische Äußerung vom Grundrecht der Meinungsfreiheit gedeckt;[48] dazu und zu der abweichenden Wertung dieser Frage als beweisbedürftiger Tatsachenbehauptung schon Rz. 14.33. Hingegen gilt auch in der politischen Auseinandersetzung das **Verbot der Schmähkritik**. Der öffentlich geäußerte Wunsch, bei einem Sachbuchautor mit in der Öffentlichkeit äußerst umstrittenen Thesen *möge der nächste Schlaganfall sein Werk gründlicher verrichten*, ist als bewusste Schmähung und Verletzung der Menschenwürde des Betroffenen vom Grundrecht der Meinungsfreiheit nicht mehr gedeckt.[49]

---

37 KG AfP 2010, 498.
38 BVerfG AfP 2017, 308 = NJW 2017, 1460.
39 BVerfG NJW 2018, 770.
40 BVerfG AfP 1990, 192 = NJW 1991, 95 – Zwangsdemokrat; OLG München NJW 1992, 1323 – Zwangsdemokrat II.
41 BVerfG NJW 1990, 1980 – Anti-Strauß-Parole.
42 BVerfG AfP 1982, 215 = NJW 1983, 1415 – NPD von Europa.
43 OLG München AfP 1992, 258.
44 OLG München AfP 1996, 391 = NJW 1996, 2515 – Feuer in die Herzen.
45 BVerfG AfP 2003, 538 = NJW 2003, 3760.
46 OLG Frankfurt a. M. NJW-RR 2009, 475.
47 BVerfG AfP 2010, 142 – Ausländerrückführung – Für ein lebenswertes deutsches Augsburg.
48 EGMR AfP 2016, 24 = NJW 2015, 1501 – Axel Springer/Deutschland II.
49 LG Berlin AfP 2013, 526.

Ebenfalls unter den Umständen des Einzelfalls zulässige Meinungsäußerung war etwa die Be-   20.9
zeichnung eines Betroffenen als *Nazi* im Rahmen einer persönlichen Auseinandersetzung,
nachdem aus seiner Wohnung nationalsozialistische Propaganda zu hören gewesen war,[50]
oder diejenige eines bekennenden Verfechters von Thesen, die an die NS-Rassenlehre erinnern, als *bekannter Neonazi*.[51] Gleiches gilt für die Titulierung einer Person als *Neofaschist*
im Rahmen einer Fernsehdiskussion zum Thema *Kirche terrorisiert Frauen*,[52] die Äußerung,
Spezialität einer kritisierten Person seien *antisemitische, antizionistische Statements*, in einem
im Internet veröffentlichten Brief,[53] die Bezeichnung einer weltanschaulich gegen die Liberali-
sierung des Abtreibungsrechts engagierten Vereinigung als *rechte bis rechtsradikale frauen-
feindliche Lebensschützer-Organisation*[54] oder diejenige eines autoritär geführten Psycho-
logenverbands als *Psychogruppe mit autoritärer bis totalitärer Struktur*[55] und die Kritik der
Abschiebepraxis einer Kommune als *Gestapo-Methode*.[56] Die Bezeichnung eines durch einschlägige Veröffentlichungen hervorgetretenen Rechtsanwalts als *rechtsextrem und rechtsradikal*[57] ist durch das Grundrecht der Meinungsäußerung ebenso gedeckt wie die Kritik an dem
Veranstalter eines Straßenfests der sogenannten Leder- und Fetischszene dahingehend, es *bestünden massive Verbindungen zu den rechtsextremen Unterstützern des irakischen, palästinen-
sischen und deutschen Terrorismus,*[58] oder die Aussage eines *Kreisverbands der AFD*, ein Zeitungsverlag *unterstütze eine antifaschistische Initiative,* nachdem die angegriffene Zeitung einen Aufruf jener Initiative zu einer Gegendemonstration gegen die *AFD* veröffentlicht hatte.[59]

Weite Freiräume beanspruchen können Meinungsfreiheit und Kritik auch dort, wo sie als   20.10
Eingriff in die **Sozialsphäre** des Betroffenen verstanden werden, und damit insbesondere im
Bereich **wirtschafts- oder gesellschaftskritischer Äußerungen**. Eine zulässige Meinungsäußerung stellt die Äußerung dar, ein *Chefarzt habe ein Krankenhaus heruntergewirtschaftet,*
obgleich er nur für die Missstände in der von ihm geleiteten Abteilung verantwortlich gemacht werden konnte,[60] die Charakterisierung eines ehemaligen leitenden Mitarbeiters einer
öffentlich-rechtlichen Rundfunkanstalt, der sich mit Vorwürfen gegen die Leitung seines ehemaligen Arbeitgebers und der *ARD* über eine Zeitschrift an die Öffentlichkeit wandte, als
schillernde Persönlichkeit, Kronzeuge und unzuverlässig[61] und die Äußerung, ein Schauspieler,
der mit Genehmigung der Behörden hatte aus der DDR ausreisen können, habe *als Gegenleistung für die Übergabe seiner Tagebücher an die Stasi eine Ausreise erster Klasse eintauschen
können,* nachdem der Sachverhalt der Übergabe als solcher unstreitig war.[62] Gleiches gilt für
die im Rahmen einer Meinungsverschiedenheit gefallene Äußerung, der Vorstand eines Fuß-
ballclubs *fühle sich von einem Funktionär belogen und betrogen,*[63] oder diejenige eines Fußballtorwarts, sein Kritiker *gehöre auf die Couch,* und *die von ihm geäußerte Kritik sei Schwach-*

---

50 BVerfG AfP 1992, 58 = NJW 1992, 2013.
51 OLG Stuttgart AfP 2016, 268 = NJW-RR 2016, 932.
52 OLG Köln AfP 1993, 755.
53 OLG Köln NJW-RR 2009, 697.
54 OLG Karlsruhe AfP 1992, 263.
55 OVG Münster NJW 1996, 3355.
56 BVerfG NJW 1992, 2815.
57 BVerfG AfP 2012, 549 = NJW 2012, 3712.
58 BerlVerfGH AfP 2009, 368.
59 OLG Karlsruhe v. 24.10.2018 – 6 U 65/18, bei Drucklegung noch unveröffentlicht.
60 BVerfG NJW 1993, 1845.
61 OLG Saarbrücken AfP 2011, 366.
62 BVerfG BeckRS 2016, 50714.
63 Zweifelnd OLG Hamm NJW-RR 1996, 538.

sinn.[64] Die schriftlich geäußerte Auffassung des Gutachters einer Versicherungsgesellschaft, ein Arzt *stelle leichtfertig Atteste und Krankschreibungen aus,*[65] wurde zu Recht ebenso wenig als Schmähkritik angesehen wie die Bezeichnung eines Gutachters, der eine in ihrer Wertigkeit umstrittene Sacheinlage in eine in wirtschaftliche Schwierigkeiten geratene Kapitalgesellschaft im Auftrag des Großaktionärs extrem hoch bewertet hatte, *als eines namenlose Gutachters,*[66] die Bezeichnung von Äußerungen eines anderen Gutachters als *sinnloses Gerede, mentale Konstruktion* und *professionelle Unzulänglichkeit*[67] oder die Beschreibung der Tätigkeit notorischer Abmahnanwälte als *für die Anwaltszunft lohnendes Geschäft*[68] und die Aussage, *sie verfolgten im Gebühreninteresse das Prinzip häppchenweiser Abmahnung.*[69] Vom Recht der freien Meinungsäußerung aus Art. 10 EMRK gedeckt war auch die Bezeichnung einer Funktionärin, der eine bedeutende Rolle bei der Subventionsvergabe an ein Theater übertragen worden war, als einer *völlig unbekannten Schauspielerin* in einem kritischen Bericht über den Vorgang.[70]

20.11 Auch bei der Apostrophierung eines Rechtsanwalts als *Winkeladvokat* durch einen Kollegen in einer themenbezogenen Auseinandersetzung überwiegt entgegen der Auffassung des OLG Köln[71] das Bestreben, den Gegner zu verletzen, nicht die dahinter stehende Sachaussage, so dass das BVerfG diese Bezeichnung nicht als unzulässige Schmähkritik, sondern als zulässige Meinungsäußerung eingestuft hat.[72] Dasselbe gilt für die Bezeichnung eines Rechtsanwalts als *umstritten,*[73] wohingegen die Äußerung, ein Rechtsanwalt *sei kriminell und korrupt und gehöre weggesperrt,* jedenfalls dann vom Grundrecht der Meinungsfreiheit nicht mehr gedeckt und als Schmähkritik zu werten ist, wenn der sich so Äußernde keine Mandatsbeziehung zu dem Betroffenen unterhält und keine tatsächlichen Bezugspunkte für seine Schmähung benennt.[74] Eine selbsternannte Geistheilerin und Ordensgründerin muss die Bezeichnung ihrer Heilungsmethoden als *Scharlatanerie,*[75] und ein Fußballtrainer muss in der Auseinandersetzung mit einem ihm zugeordneten Spieler seine Bezeichnung als *linke Bazille*[76] als Ausprägung des Rechts der freien Meinungsäußerung hinnehmen. Die Abbildung eines mit schwarzer Uniform und Mütze bekleideten Mitarbeiters eines anhand dieser Uniform erkennbaren privaten Bewachungsunternehmens auf einer Postkarte mit der Aufschrift *Recht & Ordnung – München 1980* ist trotz der Tatsache durch das Grundrecht der freien Meinungsäußerung gedeckt, dass ihr der durchschnittliche Betrachter die Aussage entnehmen wird, so sehe derjenige aus, der sich als selbsternannter Ordnungshüter zu Unrecht polizeiliche Funktionen anmaßt.[77] Dasselbe gilt für die Unterlegung des Lichtbilds des Erwerbers der *Karstadt Warenhaus GmbH, René Benko,* mit der Schlagzeile *Der talentierte Mr. Benko* als Aufmacher für einen kritischen Artikel über die Unternehmenspolitik der von ihm beherrschten *Signum AG,* obgleich die Assoziation zu dem berühmten Buchtitel *Der talentierte Mr. Ripley* unübersehbar

---

64 LG München II AfP 2011, 606 = ZUM 2011, 874.
65 BVerfG NJW 2003, 961.
66 BGH AfP 2008, 113 = NJW-RR 2008, 913 – Namenloser Gutachter.
67 EGMR NJW 2019, 137 – Ceferin/Slowenien.
68 OLG Köln NJW-RR 2011, 1062 = GRUR-RR 2011, 325.
69 OLG Köln ZUM-RD 2011, 35 = GRUR-RR 2012, 121.
70 EGMR v. 19.1.2017 – 52137/12 – Kapsis u. Danikas/Griechenland.
71 OLG Köln NJW-RR 2012, 1187; a.A. schon *Sajuntz,* NJW 2012, 3761 ff. unter I 2.
72 BVerfG AfP 2013, 388 = NJW 2013, 3021.
73 OLG Dresden AfP 2013, 333.
74 OLG Dresden NJW-RR 2018, 1005.
75 OLG München AfP 1997, 721.
76 OLG Saarbrücken NJW-RR 1996, 1048.
77 BVerfG NJW 1985, 787 – Schwarze Sheriffs.

und gewollt ist; der Leser entnimmt der Herstellung dieser Assoziation nicht die Aussage, auch bei *Benko* handele es sich um einen Massenmörder.[78] Im Rahmen der Meinungsfreiheit hält sich schließlich auch die Qualifizierung einer partiell unvollständigen Statistik über eine vermeintliche Trendumkehr bei Kirchenaustritten als *trickreiches Frisieren der Statistik*.[79]

Vom Grundrecht der Meinungsfreiheit gedeckt ist auch das Unterhalten einer Website zur **Bewertung der Leistung** der Lehrer einer bestimmten Schule einschließlich der Nennung ihrer Namen und der von ihnen unterrichteten Fächer;[80] die dagegen von einer Lehrerin eingelegte Verfassungsbeschwerde hat das BVerfG mit Recht nicht zur Entscheidung angenommen.[81] Im Rahmen der Meinungsfreiheit hält sich auch die Bewertung der Zahlungsmoral eines Unternehmens als *langsam und schleppend* im Rahmen einer Bonitätsbeurteilung,[82] die Mutmaßung, *der Rücktritt des Vorstandsvorsitzenden einer großen Aktiengesellschaft beruhe darauf, dass die von ihm zu verantwortenden Geschäfte nicht immer so sauber waren,*[83] oder die Einstufung der geschäftlichen Aktivität eines Prozesskostenfinanzierers als *Bauernfängerei*.[84] Und das OLG München[85] hat in der publizistischen Auseinandersetzung über die Disziplinierung eines in der Friedensbewegung aktiven Fernsehjournalisten durch die ihn beschäftigende Anstalt die Aussage eines kritischen Berichts als zulässige Meinungsäußerung bewertet, die Fernsehanstalten mäßen mit zweierlei Maß, wenn eine weitere Moderatoren-Tätigkeit des betroffenen Journalisten von politischer Enthaltsamkeit abhängig gemacht werde, während in einer anderen Anstalt ein namentlich genannter konservativer Moderator ungehindert tätig sein dürfe, *der seit Jahren gegen alles polemisiert, was nicht auf seiner politischen Linie liegt, und im Rahmen seiner Tätigkeit diffamiert, fälscht und beleidigt und sich an rechtsextremen Kampagnen beteiligt.*

20.12

Einen ähnlich weiten Freiraum können schließlich Äußerungen **zur Durchsetzung umweltschützender, sonstiger weltanschaulicher oder rechtlicher Anliegen** beanspruchen. Vom Grundrecht der Meinungsäußerungsfreiheit gedeckt ist es daher auch, wenn einem Unternehmen durch eine weltanschaulich motivierte Gruppe vorgeworfen wird, es *bespitzele missliebige Kritiker und setze sie unter Druck,*[86] oder wenn der Vorstandsvorsitzende eines der größten deutschen Chemiekonzerne auf einem *Greenpeace*-Plakat mit der Aufschrift *Alle reden vom Klima – Wir ruinieren es* abgebildet wird.[87] Zulässig ist auch die Äußerung, die *Arbeitsbedingungen in einem bestimmten Unternehmen grenzten an Sklavenarbeit,*[88] die Bezeichnung von Milchprodukten als *Gen-Milch* durch die Umweltorganisation *Greenpeace*[89] aufgrund der Tatsache, dass die produzierenden Kühe auch gentechnisch veränderte Futtermittel erhalten, und die dem Ministerpräsidenten eines Bundeslands satirisch zugeschriebene Äußerung *Mil-*

20.13

---

78 LG München I AfP 2016, 89.
79 OLG Nürnberg NJW-RR 2008, 1434.
80 BGH NJW 2009, 2888 = ZUM 2009, 753 – spickmich.de; OLG Köln AfP 2008, 85 = NJW-RR 2008, 203; OLG Köln ZUM 2008, 869; LG Köln ZUM-RD 2008, 205 – spickmich.de; LG Regensburg AfP 2009, 175; dazu *Peifer/Kamm*, ZUM 2009, 185.
81 BVerfG, unbegründeter Beschluss v. 16.8.2010 – 1 BvR 1750/09.
82 BGH NJW 2011, 2204 – Bonitätsbeurteilungen.
83 BGH AfP 2009, 588 = NJW 2009, 3580.
84 BGH AfP 2005, 70 = NJW 2005, 279 – Anwaltsbrief.
85 OLG München v. 9.7.1984 – 21 U 2088/84, unveröffentlicht.
86 BVerfG AfP 1992, 53 = NJW 1992, 1439 – Bayer.
87 BGH AfP 1993, 736 = NJW 1994, 124; BVerfG AfP 1999, 254 – Alle reden vom Klima.
88 OLG Dresden AfP 2012, 383.
89 BGH AfP 2008, 297 = NJW 2008, 2110 – Gen-Milch; BVerfG NJW 2010, 3501 = GRUR-RR 2011, 224 – Gen-Milch.

lionenfache Tierquälerei darf nicht aufhören – meine Agrarindustrie will sie zur Anprangerung des legalen Haltens von Legehennen in Käfigbatterien durch einen Tierschutzverein.[90]

20.14   Auch die Äußerung eines Jagdverbands, eine ihm gegenüber kritisch eingestellte Person *stehe einer totalitären, verfassungs- und jagdfeindlichen Sekte nahe,* war vom Grundrecht der freien Meinungsäußerung gedeckt.[91] Gleiches gilt für die Äußerung, der Berichterstatter einer Zeitung *sei bei einer Reise nach Nigeria von einer Mineralölfirma für firmenfreundliche Berichterstattung geschmiert worden* und habe sich mit seiner Berichterstattung *für das Mineralölunternehmen prostituiert,* wenn unstreitig ist, dass die Reise des so Kritisierten in das damalige Krisengebiet Nigeria durch das Mineralölunternehmen überhaupt erst ermöglicht und dass sie von ihm finanziert wurde,[92] und für den Vorwurf der *Verbreitung rassistischen Gedankenguts und des Ausländerhasses gegenüber Türken* in einem Beschwerdebrief einer Elterninitiative betreffend einen mehrfach durch Schikanen gegenüber Schülern mit Migrationshintergrund bekannt gewordenen Lehrer.[93] Vom Grundrecht der Meinungsfreiheit gedeckt sind schließlich drastische Ausdrücke im sogenannten *Kampf ums Recht.*[94] Zulässig war daher die Äußerung, ein Polizist, der einen Beteiligten wegen eines marginalen Verkehrsverstoßes überdurchschnittlich lange vor Ort festhielt, *habe wohl zu lange in der Sonne gestanden,*[95] oder die Bezeichnung eines Polizisten *als Spanner* durch eine Person, die von ihm mehrfach anlasslos und ohne Ergebnis kontrolliert worden war.[96]

20.15   Auch in der nicht selten weltanschaulich aufgeheizten Diskussion um die rechtliche und moralische Rechtfertigung der **Abtreibung** räumt die Rechtsprechung dem Kritiker beachtliche Freiräume ein, die allerdings gelegentlich an ihre Grenzen stoßen. So waren nach der inzwischen auch vom EGMR[97] unter dem Aspekt einer Verletzung von Art. 10 EMRK gebilligten Rechtsprechung des BVerfG[98] sowohl der Slogan *damals Holocaust – heute Babycaust* als auch die Bezeichnung eines einschlägig tätigen Gynäkologen als *Tötungs-Spezialist für ungeborene Kinder* durch das Grundrecht der Meinungsfreiheit gedeckt, während das Gericht in derselben Entscheidung den dem Betroffenen gemachten Vorwurf *Kindermord im Mutterschoß* als nicht mehr zu rechtfertigende Schmähkritik ansah, weil ihm die Aussage entnommen werden könne, der Betroffene handele wie ein Mörder heimtückisch oder aus niederen Beweggründen, und diesem Vorwurf Belegtatsachen nicht zugrunde lagen. Dieser Gesichtspunkt gilt erst recht bei der plakativen Bezeichnung eines Gynäkologen *als Kindermörder*[99] und musste auch ausschlaggebend sein für die Qualifizierung des Vorwurfs der *Durchführung rechtswidriger Abtreibungen* in einer namentlich benannten Arztpraxis als Schmähkritik,[100] weil unstreitig war, dass der betreffende Arzt strafbare Abtreibungen gerade nicht vornahm; bei der Auffassung des OLG Karlsruhe,[101] der durchschnittliche Betrachter des betreffenden

---

90 OLG München NJW-RR 2006, 328; ähnlich OLG Nürnberg AfP 2002, 328 = NJW-RR 2002, 1471: tierquälerische Großbestände, nicht artgerechte Tierhaltung.
91 OLG Saarbrücken AfP 2010, 493 = NJW-RR 2010, 1349.
92 LG Köln NJW-RR 1998, 318.
93 BVerfG AfP 2003, 43 = NJW 2003, 1109.
94 BVerfG NJW 1988, 191; BVerfG NJW 2000, 199.
95 BVerfG NJW-RR 2012, 1002.
96 BVerfG AfP 2016, 433.
97 EGMR NJW 2011, 3353 – Babycaust; EGMR NJW 2016, 1867.
98 BVerfG AfP 2006, 349 = NJW 2006, 3769 – Babycaust; hinsichtlich des Babymord-Vorwurfs a.A. BGH AfP 2000, 463 = NJW 2000, 3421 – Babycaust.
99 LG Kaiserslautern NJW 1989, 1369.
100 BVerfG AfP 2006, 550.
101 OLG Karlsruhe AfP 2003, 452 = NJW 2003, 2029.

Flugblatts unterscheide zwischen den Begriffen *rechtswidrig* und *strafbar*, und der erste dieser beiden Begriffe sei erkennbar nicht rechtstechnisch zu verstehen, handelte es sich aber um eine deutliche Überdehnung der Bedeutung der Meinungsfreiheit in der Abwägung gegenüber dem Allgemeinen Persönlichkeitsrecht des angegriffenen Arztes, der sich mit seiner Praxis unstreitig im Rahmen des geltenden Rechts hielt.[102] Folgt der Qualifizierung der Abtreibung als *rechtswidrig* aber unmittelbar anschließend die Klarstellung, dass *der deutsche Gesetzgeber sie erlaubt und nicht unter Strafe stellt*, dann führt der Grundsatz der Maßgeblichkeit des Kontexts wiederum zur Zulässigkeit der entsprechenden Äußerung.[103]

b) Schranken

Trotz des damit weiten Schutzbereichs für die Verbreitung von Meinungen gilt die **Schrankenfunktion der allgemeinen Gesetze nach Art. 5 Abs. 2 GG** auch für sie. Zu ihnen gehören auch die Bestimmungen des UWG, die der Ausübung der Meinungsfreiheit im Bereich der **Werbung** traditionell enge Fesseln anlegen, auf die hier nicht im Einzelnen eingegangen werden kann. Es muss hier der Hinweis darauf genügen, dass Äußerungen zu Zwecken des Wettbewerbs speziellen Geboten unterworfen sind, die die Rechtsprechung insbesondere im Rahmen des heute in § 3 Abs. 1 UWG normierten Grundtatbestands der *unlauteren geschäftlichen Handlung* entwickelt hat und die jedenfalls die Grundsätze über die Zulässigkeit auch scharfer, aggressiver und bissiger Kritik für den Bereich wettbewerblicher Äußerungen außer Kraft gesetzt haben; vgl. dazu aber auch Rz. 17.24 ff. Umso bedeutsamer ist es, dass die Rechtsprechung die als sog. *Pressefehde* bezeichnete Berichterstattung der Medien über andere, auch konkurrierende Medien und Medienäußerungen über wirtschaftliche Themen mit jedenfalls reflexartiger Auswirkung auf die Wettbewerbssituation von Unternehmen prinzipiell aus dem Anwendungsbereich des Wettbewerbsrechts ausnimmt, indem sie anerkennt, dass derartige Berichterstattung nicht geschäftliche Handlung im Sinn von § 3 Abs. 1 UWG ist; Einzelheiten dazu in Rz. 22.32 ff.

Auch räumt die Rechtsprechung des BVerfG[104] in jüngerer Zeit der Meinungsfreiheit für den Bereich der **Werbung für eigene Produkte** oder Dienstleistungen ohne Bezugnahme auf Mitbewerber einen deutlich größeren Spielraum ein; Einzelheiten dazu in Rz. 21.68. So ist heute anerkannt, dass auch werbende Äußerungen Ausdruck der durch Art. 5 Abs. 1 Satz 1 GG geschützten Meinungsfreiheit sind und dass es daher Konstellationen geben kann, in denen sie, auch wenn sie mit Rechten Dritter kollidieren, durch das Grundrecht der Meinungsfreiheit geschützt sind, sofern sie jedenfalls auch einen wertenden, meinungsbildenden und damit kommunikativen Inhalt haben. In Anwendung dieses Grundsatzes hat der BGH etwa die Untersagung der Verbreitung einer Anzeige mit dem Motiv *Sixt vermietet auch Autos an Mitarbeiter in der Probezeit*[105] und von Zigarettenanzeigen mit den Motiven *War das Ernst? oder August?*[106] oder *Schau mal, lieber Dieter, so einfach schreibt man super Bücher*[107] ungeachtet

20.16

20.17

---

102 So auch *Seitz*, NJW 2003, 3523 ff.; a.A. *Hochhuth*, NJW 2007, 192 ff.
103 EGMR NJW 2016, 1867; BVerfG AfP 2010, 465 = NJW 2011, 47.
104 Grundlegend BVerfG AfP 2001, 44 = NJW 2001, 591 – H.I.V. POSITIVE I; BVerfG AfP 2003, 149 = NJW 2003, 1303 – H.I.V. POSITIVE II; BVerfG AfP 2001, 380 = NJW 2001, 3403 – Therapeutische Äquivalenz; dazu u.a. *Ahrens*, JZ 2004, 763 ff.; *Lange*, AfP 2002, 185 ff.; *Zagouras*, WRP 2007, 115 ff.; *Soehring/Link*, S. 285 ff.
105 BGH AfP 2006, 559 = NJW 2007, 689 – Lafontaine; vgl. zur abweichenden Entscheidung des OLG Hamburg *Ehmann*, AfP 2005, 237 ff.
106 BGH AfP 2008, 596 = NJW 2008, 3782 – Zerknitterte Zigarettenschachtel.
107 BGH AfP 2008, 598 = WRP 2008, 1527 – Geschwärzte Worte.

der Tatsache aufgehoben, dass sie für jeden erkennbar auf *Oskar Lafontaine, Prinz Ernst August von Hannover* bzw. *Dieter Bohlen* zielten. In allen diese Fällen ist der BGH mit Recht davon ausgegangen, dass die werbenden Unternehmen jeweils aktuelle und in der Öffentlichkeit weithin bekannte Geschehnisse zum Anlass für satirisch-spöttische Werbesprüche genommen hatten, ohne die Betroffenen über eine bloße Aufmerksamkeitswerbung hinaus für die Anpreisung der beworbenen Produkte zu vereinnahmen und ohne deren Allgemeines Persönlichkeitsrecht in spürbarer Weise zu beeinträchtigen. Gleiches galt für den mit einem Foto des Vorsitzenden der *Gewerkschaft Deutscher Lokomotivführer* illustrierten Slogan *Unser Mitarbeiter des Monats"* in einer Anzeige des Autovermieters *Sixt* zur Zeit der von der *GDL* organisierten massiven Lokomotivführer-Streiks.[108] Die von *Dieter Bohlen* und *Ernst August von Hannover* eingelegten Individualbeschwerden gegen die sie betreffenden Urteile des BGH wegen behaupteter Verletzung ihrer Rechte aus Art. 8 EMRK hat der EGMR mit zutreffenden Erwägungen zurückgewiesen.[109] Zulässig war auch die Wiedergabe eines niemals veröffentlichten, fiktiven kritischen Artikels über *Boris Becker* unter Beifügung seines Lichtbilds im Rahmen der Einführungswerbung für die damals neue Sonntagszeitung *FAS*.[110]

20.18 Außerhalb des Sondergebiets des Wettbewerbsrechts findet die freie Meinungsäußerung erst im Fall der **Schmähkritik** und dort ihre Grenze, wo es für eine bestimmte und einen Anderen belastende Meinung schlechthin keine tatsächlichen Bezugspunkte gibt.

20.19 Um **Schmähkritik** handelt es sich, wo drastische Kritik in bewusste und gewollte Schmähung und insbesondere in einen Angriff auf die Menschenwürde[111] umschlägt. Das ist jedenfalls immer dann der Fall, wenn die Absicht zu verletzen stärker hervortritt als die Absicht zur Äußerung der eigenen Meinung und damit zur Teilnahme am Meinungsbildungsprozess.[112] Dass eine Äußerung in ihrer konkreten, auch drastischen und unter Umständen verletzenden Form **nicht erforderlich** ist, um dem Anliegenden desjenigen Geltung zu verschaffen, der sich äußert, ist allein für ihre Qualifizierung als Schmähkritik nicht ausreichend.[113] Nach der Rechtsprechung des BVerfG[114] schließt jedes sachliche Anliegen im Rahmen einer öffentlichen Diskussion die Annahme einer Schmähkritik aus. Obendrein ist der Begriff der Schmähkritik wegen seines Potenzials zur Einschränkung der Meinungsfreiheit eng auszulegen.[115] Damit kommt die Qualifizierung einer Äußerung als Schmähkritik erst in Betracht, wenn sie keinerlei Sachnähe zu einem ihr zugrunde liegenden Tatbestand hat.[116] Sie liegt im

---

108 OLG Dresden AfP 2018, 423.

109 EGMR AfP 2015, 323 = ZUM-RD 2015, 561 (Bohlen); EGMR AfP 2015, 327 = NJW 2016, 781 (Zigarettenwerbung); vgl. zu der früher restriktiveren deutschen Rechtsprechung zur Meinungsfreiheit bei werbenden Äußerungen schon EGMR AfP 1986, 33 = NJW 1985, 2885 – Barthold/Deutschland; EGMR AfP 1988, 231 – Denkzettel; EGMR GRUR-RR 2009, 173 – Brzank/Deutschland.

110 BGH AfP 2010, 237 = NJW-RR 2010, 855 – Der strauchelnde Liebling.

111 BVerfG AfP 2003, 538 = NJW 2003, 3760; BGH AfP 2000, 167 = NJW 2000, 1036 – Namensnennung.

112 BVerfG AfP 1976, 119 = NJW 1976, 1680 – Deutschlandstiftung; BVerfG AfP 1980, 147 = NJW 1980, 2069 – Römerberg-Gespräche; BVerfG AfP 1990, 192 = NJW 1991, 95 – Zwangsdemokrat; BVerfG NJW 2012, 1643 – Grüne Gentechnik; BVerfG AfP 2015, 331 = NJW 2014, 3357; BGH AfP 1974, 702 = NJW 1974, 1762 – Deutschlandstiftung; BGH AfP 1978, 33 = GRUR 1977, 801 – Halsabschneider; BGH AfP 1971, 132 = GRUR 1971, 529 – Dreckschleuder.

113 BVerfG AfP 2017, 308 = NJW 2017, 1460 – Obergauleiter; BVerfG NJW 1991, 95 = ZUM 1991, 79; BVerfG AfP 1992, 53 = NJW 1992, 1439.

114 BVerfG AfP 2017, 308 = NJW 2017, 1460 – Obergauleiter.

115 BVerfG AfP 2017, 308 = NJW 2017, 1460 – Obergauleiter; BVerfG NJW 2012, 1643 – Grüne Gentechnik; BGH AfP 2000, 167 = NJW 2000, 1036 – Namensnennung.

116 Löffler/*Steffen*, § 6 LPG Rz. 190; OLG Köln AfP 1983, 472; LG Köln AfP 1988, 376.

politischen Meinungskampf und bei sonstigen die Öffentlichkeit wesentlich berührenden Fragen wie bei wertender Kritik an den gewerblichen Leistungen eines Wirtschaftsunternehmens[117] nur ausnahmsweise vor und findet sich eher in privaten Auseinandersetzungen.[118] Der Tatbestand der Schmähkritik ist erfüllt, wenn der Angriff auf den Betroffenen selbst vom Standpunkt des Kritikers aus und unter Berücksichtigung seines Engagements für die Sache nicht mehr verständlich ist.[119]

Insbesondere das **Fehlen tatsächlicher Bezugspunkte**, auf die sich eine Meinung stützt, ist damit ein maßgebliches Indiz dafür, dass eine Äußerung als Schmähkritik zu behandeln ist.[120] Das gilt auch für Äußerungen im politischen Bereich.[121] Und in der Wirkung derselbe Effekt ergibt sich, wenn sich herausstellt, dass die Tatsachenbehauptungen, auf die sich eine den Anderen beeinträchtigende Meinung stützt, unwahr sind.[122] Daher verlangt die Rechtsprechung[123] im Prozess um die Zulässigkeit der Äußerung einer tendenziell herabsetzenden Meinung die Offenbarung und gegebenenfalls den Nachweis der Richtigkeit der tatsächlichen Bezugspunkte der umstrittenen Äußerung, während es eine Verpflichtung, sie bereits zusammen mit der Äußerung bekanntzugeben, nicht gibt. Es besteht damit kein Zwang zur Begründung einer Meinungsäußerung außerhalb rechtlicher Auseinandersetzungen. Im Ergebnis stößt die Verbreitung von Meinungsäußerungen und Kritik auf dieselben Schranken wie unter dem strafrechtlichen Aspekt der **Formalbeleidigung** diejenige wahrer Tatsachenbehauptungen im Anwendungsbereich der §§ 186, 192 StGB (dazu Rz. 12.16). 20.20

Die Bezeichnung eines islamischen Predigers als *Hassprediger* etwa wird durch den Bezugspunkt legitimiert, dass der Betroffene in einer seiner Predigten dazu aufgerufen hatte, schon Kinder auf den Dschihad vorzubereiten.[124] Die Bezeichnung *durchgeknallter Staatsanwalt* im Rahmen einer kontroversen Diskussion über ein vielbeachtetes Ermittlungsverfahren gegen einen Prominenten ist durch die darin zum Ausdruck kommende Kritik ebenso gerechtfertigt[125] wie die Bezeichnung eines Fernsehmoderators, der mit seiner ehemaligen Geliebten und seiner Ehefrau unter einem Dach lebt, als *TV-Biedermann,* die Charakterisierung des Verlaufs einer inhaltlich kritisierten strafprozessualen Hauptverhandlung als *Musikantenstadel*[126] oder die Bezeichnung von Äußerungen eines anderen Gutachters als *sinnloses Gerede, mentale Konstruktion* und *professionelle Unzulänglichkeit.*[127] Die Äußerung, ein Rechtsamt *ignoriere absichtlich ihm vorliegende Fakten, um die Ablehnung einer Aufenthaltserlaubnis begründen zu können,* kann ihrem Sinn und Kontext nach eine zulässige Meinungsäußerung sein,[128] und durch tatsächliche Bezugspunkte zu rechtfertigen war auch die Bezeichnung der Tochter von *Ulrike Meinhof* als *Terroristentochter* in einem zeitgeschichtlichen Beitrag über 20.21

117 BGH NJW 2015, 773.
118 BVerfG AfP 2015, 331 = NJW 2014, 3357; BVerfG AfP 2013, 388 = NJW 2013, 3021; BVerfG NJW 2012, 1643 – Grüne Gentechnik; BVerfG AfP 1996, 50 – Soldaten sind Mörder II.
119 Löffler/*Steffen*, § 6 LPG Rz. 190.
120 BVerfG NJW 2012, 1643 – Grüne Gentechnik; OLG Karlsruhe ZUM 2015, 400.
121 EGMR AfP 2014, 430 – Lavric/Rumänien.
122 BVerfG AfP 2003, 535 = NJW 2004, 277 – NGG; BVerfG NJW 2012, 1643 – Grüne Gentechnik.
123 BVerfG AfP 1976, 119 = NJW 1976, 1680 – Deutschlandstiftung; BGH AfP 1974, 702 = NJW 1974, 1762 – Deutschlandstiftung.
124 OLG Köln NJW 2005, 2554 = ZUM-RD 2005, 511; OLG Brandenburg AfP 2007, 567 = NJW-RR 2007, 1641.
125 BVerfG AfP 2009, 361 = NJW 2009, 3016 – durchgeknallter Staatsanwalt.
126 BVerfG NJW 2017, 2606.
127 EGMR NJW 2019, 137 – Ceferin/Slowenien.
128 BVerfG AfP 2013, 389.

Einzelaspekte der Rolle *Meinhofs* in der *RAF,* der sich u.a. mit einem von der Tochter selbst verfassten Beitrag zu demselben Thema kritisch auseinandersetzte,[129] oder die auf den ersten Blick als reine Schmähung erscheinende Bezeichnung der Witwe eines auf dem Gebiet der Brustvergrößerung hervorgetretenen Schönheitschirurgen als *Busenmacher-Witwe,* nachdem sich die Betroffene in der Öffentlichkeit in vielfältiger Weise einschließlich der Zurschaustellung ihres eigenen Körpers mit den Leistungen ihres verstorbenen Ehemanns identifiziert hatte.[130] Die Charakterisierung eines Bundespolitikers in einer Schlagzeile einer großen überregionalen Tageszeitung als *Puff-Politiker* hingegen konnte nicht hinreichend mit allein der Tatsache unterlegt werden, dass der Betroffene Miteigentümer eines Mehrfamilienhauses war, in dem zwei Wohnungen an Prostituierte vermietet waren,[131] und eine mangels tatsächlicher Bezugspunkte unzulässige Schmähung war die Bezeichnung eines Rechtsanwalts als *kriminell und korrupt* sowie die Äußerung, *er gehöre weggesperrt.*[132]

20.22 Überschritten ist die Grenze zur **Schmähkritik** oder **Formalbeleidigung** insbesondere bei der Diskreditierung einer Person mit Begriffen wie *Schwein, Ferkel* oder *Affe*[133] oder sonstigen bloßen Schmähungen ohne sachlichen Aussagewert[134] und insbesondere ohne sachliche Nähe zum kritisierten Verhalten oder Sachverhalt wie etwa der Bezeichnung eines Unternehmers, der sich im Einzelnen gekennzeichneter dubioser Geschäftsmethoden bedient, als *Halunke, Kanaille* oder *Schuft.*[135] Schmähkritik in diesem Sinn ist auch die Bezeichnung einer Person als *durchgeknallt,* wenn der Verletzer keine diese Bezeichnung rechtfertigenden Anknüpfungspunkte nennen kann und die Äußerung ersichtlich nur dazu dient, die Betroffene zu verletzen,[136] diejenige eines Rechtsanwalts als *kriminell und korrupt*[137] oder eines Unternehmers als *Wirtschaftskrimineller, Lügner, Betrüger und Kopf der Bande*[138] während die Bezeichnung eines Staatsanwalts als *durchgeknallt* im Kontext einer sachlichen Kritik an seiner Führung eines Ermittlungsverfahrens vom Grundrecht aus Art. 5 Abs.1 GG gedeckt ist.[139] Die Qualifizierung der Zurschaustellung eines Transparents mit der Aufschrift *A.C.A.B. (All cops are bastards)* vor einer Gruppe von Polizeibeamten, die eine rechtsextremistische Demonstration abzuschirmen hatten, als strafbare Beleidigung begegnet nach Auffassung des BVerfG keinen verfassungsrechtlichen Bedenken.[140] Um nicht mehr durch die Meinungsäußerungsfreiheit gedeckte Schmähungen handelt es sich auch bei der Äußerung, ein konservativer Publizist *handhabe die Dreckschleuder ebenso gut wie die Feder,*[141] oder derjenigen, ein in einer arbeitsrechtlichen Kontroverse angegriffener Arbeitgeber sei ein *Halsabschneider.*[142] Im Fall des querschnittsgelähmten Reserveoffiziers, der sich um die Teilnahme an einer Wehrübung bemühte, hat das BVerfG[143] in sachgerechter Abgrenzung die Bezeichnung des Betroffenen als *geb. Mörder* noch als zulässigen Ausdruck satirischer Kritik an der Geisteshaltung des Be-

---

129 BGH AfP 2007, 46 = NJW 2007, 686 – Terroristentochter.
130 OLG München AfP 2005, 560 = ZUM 2005, 564.
131 LG Berlin AfP 2007, 63.
132 OLG Dresden NJW-RR 2018, 1005.
133 Wenzel/*Burkhardt*/*Peifer,* Kap. 5 Rz. 234.
134 OLG Köln AfP 1983, 472.
135 OLG Hamburg AfP 1990, 135.
136 BVerfG AfP 2014, 133 = NJW 2014, 764 – durchgeknallte Frau.
137 OLG Dresden NJW-RR 2018, 1005.
138 OLG Koblenz BeckRS 2017, 105693.
139 BVerfG AfP 2009, 361 = NJW 2009, 3016 – durchgeknallter Staatsanwalt.
140 BVerfG NJW 2017, 2607 – A.C.A.B.
141 BGH AfP 1971, 132 = GRUR 1971, 529 – Dreckschleuder; LG München I AfP 1997, 827.
142 BGH AfP 1978, 33 = GRUR 1977, 801 – Halsabschneider.
143 BVerfG AfP 1992, 133 = NJW 1992, 2073 – geb. Mörder.

troffenen angesehen, diejenige als *Krüppel* hingegen als unzulässige Schmähung. Die Bezeichnung des Schriftstellers *Heinrich Böll* als *steindummer, kenntnisloser und talentfreier Autor* sowie als *einen der verlogensten, ja korruptesten Autoren* im Rahmen einer Buchrezension überschreitet nach der insoweit zutreffenden Auffassung des BVerfG[144] ebenfalls die Grenzen der Schmähkritik, während der in dieser Entscheidung getroffenen generalisierenden Feststellung des Gerichts, Kunstkritik sei *per se* keine Kunst und könne daher die gesteigerte Gewährleistung des Art. 5 Abs. 3 GG nicht für sich in Anspruch nehmen, nicht gefolgt werden kann.

Als Schmähkritik wurde mit Recht auch die Bezeichnung eines Mitglieds des *Zentralrats der*   20.23
Juden in Deutschland als *Zigeunerjude* angesehen.[145] Zutreffend ist es auch, in der Bezeichnung eines Polizisten als *Clown* anlässlich einer Verkehrskontrolle eine Überschreitung der Grenzen der Meinungsfreiheit zu sehen;[146] eine Überspannung der Meinungsfreiheit ist daher die Auffassung,[147] die Verwendung des Begriffs *Wegelagerer* in derselben Konstellation sei von der Meinungsfreiheit gedeckt; bei diesen Äußerungen ist eine Auseinandersetzung mit der Sache nicht mehr erkennbar, kommt vielmehr nur noch die Absicht zum Ausdruck, den Anderen verbal anzugreifen und zu verletzen. Als Grenzfall muss die Bezeichnung eines in der damaligen DDR mit vielfachen Doping-Aktivitäten mit gesundheitlichen Spätfolgen für die betroffenen Sportler aufgefallenen Sportarztes als *Mengele des DDR-Doping-Systems* bezeichnet werden, deren Einordnung als rechtswidrige Schmähkritik durch die Zivilgerichte das BVerfG[148] wegen eines Überschusses der mit dem Namen *Mengele* assoziierbaren Gräueltaten über den Unrechtsgehalt planmäßigen gesundheitsgefährlichen Dopings verfassungsrechtlich nicht beanstandet hat. Aus vergleichbaren Erwägungen wurde auch die Verbreitung der Formulierung *Der Holocaust auf Ihrem Teller* durch einen Tierschutzverband als nicht mehr durch die Meinungsfreiheit getragene Beleidigung der in Deutschland lebenden Juden verboten.[149]

Die Bezeichnung eines Journalisten als *Berufsdesinformant und Mitglied der journalistischen*   20.24
Totenkopfdivision Joseph Goebbels ist jedenfalls dann Schmähkritik,[150] wenn sie nicht mit Belegtatsachen dafür unterlegt werden kann, dass der so Geschmähte nachhaltig und planmäßig falsche Nachrichten publiziert. Die Bezeichnung des OLG Nürnberg als *Reichsparteitags-OLG* durch einen Strafgefangenen hat das BVerfG[151] als noch zulässige Meinungsäußerung, das nach Zurückverweisung zuständige OLG Bamberg[152] hingegen als nicht mehr zu rechtfertigende Schmähkritik angesehen. Um Schmähkritik handelte es sich auch bei der Bezeichnung eines mehrfach vorbestraften Rückfalltäters als *Doktorand der Knastologie,*[153] von Polizisten als *Bulle,*[154] *Bastard*[155] oder *Clown,*[156] der Bundesgrenzschutzeinheit *GSG 9* als *Killertruppe*[157]

---

144 BVerfG AfP 1993, 476 = NJW 1993, 1462 – Böll/Walden II; a.A. *Gounalakis*, NJW 1995, 811, 814.
145 BayObLG AfP 2002, 221.
146 KG NJW 2005, 2872.
147 BayObLG NJW 2005, 1291.
148 BVerfG NJW 2006, 3266.
149 BVerfG NJW 2009, 3089 – Der Holocaust auf Ihrem Teller.
150 LG München I AfP 1997, 827.
151 BVerfG NJW 1994, 1149.
152 OLG Bamberg NJW 1994, 1972.
153 LG Nürnberg-Fürth ArchPR 1972, 84.
154 LG Essen NJW 1980, 1639.
155 BVerfG NJW 2017, 2607 – A.C.A.B.
156 KG NJW 2005, 2872.
157 OLG Köln AfP 1980, 112.

und des Schriftstellers *Heinrich Böll* als *geistigen Miturhebers des Terrorismus*.[158] Auch die Bezeichnung eines Lokalpolitikers als *allergrößte Pfeife*[159] sowie eines Offiziers der Bundeswehr als *Wehrsklavenhalter*[160] gilt als von der Meinungsfreiheit nicht mehr gedeckte Schmähung. Gleiches gilt für einen gegenüber einem Wissenschaftsautor erhobenen *Plagiatsvorwurf* jedenfalls dann, wenn es an jeglichem tatsächlichen Anknüpfungspunkt für diese Äußerung fehlt.[161]

20.25   Durch das Recht auf freie Meinungsäußerungen gedeckt sind hingegen so griffige Formulierungen wie etwa diejenigen, die *CSU* sei die *NPD von Europa*,[162] die Bezeichnung von Kreditvermittlern als *Kredithaie*,[163] die Bezeichnung des privaten Sicherheitsdienstes eines Einkaufszentrums als *privater Schlägertruppe* und ihrer Mitarbeiter u.a. als *verkrachte Existenzen jeder Couleur*[164] oder die Bezeichnung eines westdeutschen Rechtsanwalts, der in den Neuen Bundesländern mit der Liquidation vormals staatseigener Betriebe im Auftrag der damaligen Treuhandanstalt binnen kurzer Zeit Honorarerlöse von mehr als 10 Millionen DM erzielt hatte, als *Abkassierer*.[165] Als *Abkassierer* durfte auch ein gut bezahlter Fußballprofi im Zusammenhang mit einer vernichtenden Kritik an seinen sportlichen Leistungen bezeichnet werden.[166] Zulässige Meinungsäußerung war auch die Bezeichnung eines Amtsbewerbers als eines *linksradikal bis prokommunistisch eingestellten Kommunistenspezis*,[167] die Bezeichnung eines mit alternativen Behandlungsmethoden bekannt gewordenen Arztes als *Scharlatan und Pfuscher* durch einen Kritiker seiner Behandlungsmethoden im Rahmen eines Fernseh-Interviews[168] oder schließlich die Bezeichnung des Vaters eines Kinder-Virtuosen, der mit seiner Familie von den Einkünften des Kindes lebte, als *Patriarch und Schikanör;* dass das OLG Karlsruhe[169] in diesem Zusammenhang auch das Attribut *kleingewachsen* für einen Ausdruck der Meinungsfreiheit hält, ist demgegenüber unzutreffend, weil diesem Begriff jede Sachnähe zu dem kritisierten Tatbestand fehlt und das Bestreben, den Betroffenen in seiner Menschenwürde zu treffen, nicht zu übersehen ist. Nach Auffassung des EGMR[170] war auch die Bezeichnung des damaligen FPÖ-Politikers *Jörg Haider* als *Trottel* von der Gewährleistung der Meinungsfreiheit durch Art. 10 EMRK gerechtfertigt, obgleich auch hier die Sachaussage hinter den Wunsch zur Schmähung deutlich zurücktritt.

20.26   Bei der Benutzung von Begriffen wie **Nazi, Faschist** oder **Stasi-Spitzel** ist zunächst aus dem Kontext zu entnehmen, ob es sich um die Behauptung einer nachweislichen Tatsache im Sinn einer – gegebenenfalls früheren – Parteizugehörigkeit handelt (dazu im Einzelnen Rz. 14.26 ff.). Ist das nicht der Fall und die Bezeichnung danach Meinungsäußerung, so hängt die Frage, ob die Grenze zur Schmähkritik überschritten ist oder es sich um eine Äußerung handelt, durch die im Rahmen einer politischen Auseinandersetzung ein sachliches Anliegen zum Ausdruck kommt, von den Umständen des Einzelfalls ab. Mangels tatsächlicher Bezugs-

158 BVerfG AfP 1980, 151 = NJW 1980, 2072 – Böll/Walden.
159 LG Oldenburg AfP 1995, 679 = NJW-RR 1995, 1427.
160 LG Nürnberg-Fürth NJW 1998, 3423.
161 LG Hamburg AfP 2011, 198 = ZUM 2011, 679.
162 AfP 1982, 215 = NJW 1983, 1415 – NPD von Europa.
163 AfP 1982, 163 = NJW 1982, 2655 – Kredithaie.
164 BVerfG NJW 2002, 3315.
165 OLG München NJW 1997, 62.
166 OLG Celle AfP 1997, 819.
167 OLG München ArchPR 1972, 109.
168 OLG Karlsruhe AfP 2002, 533 = NJW-RR 2002, 1695.
169 OLG Karlsruhe AfP 2001, 336 = ZUM 2001, 888.
170 EGMR NJW 1999, 1321.

punkte kann eine derartige Qualifizierung unzulässig,[171] in den Fällen, in denen sich aus dem Verhalten oder der Vergangenheit des Betroffenen Anhaltspunkte ergeben, die seine entsprechende Qualifizierung jedenfalls nachvollziehbar erscheinen lassen, wird sie als – wenn auch möglicherweise überspitzter – Ausdruck einer politischen oder weltanschaulichen Meinung hingegen zulässig sein.[172]

2. Kunst und Satire

a) Grundsätzliches

Anders als die Kommunikationsfreiheiten des Art. 5 Abs. 1 GG steht die in Art. 5 Abs. 3   20.27
Satz 1 GG gewährleistete **Freiheit der Kunst** unter keinem speziellen Gesetzesvorbehalt. Die durch Art. 5 Abs. 2 GG gegenüber Meinungsäußerungen speziell errichteten Schranken der allgemeinen Gesetze, der Gesetze zum Schutz der Jugend und des Rechts der persönlichen Ehre schränken das Grundrecht der Kunstfreiheit als solche nicht ein. Erfolgt die Kundgabe einer Meinung in künstlerischer Ausprägung, so fällt sie in den Schutzbereich nicht nur von Art. 5 Abs. 1 GG, sondern auch in den spezielleren von Art. 5 Abs. 3 GG.[173] Eine textliche oder bildliche Darstellung ist als Kunst zu qualifizieren, wenn sie über den Rahmen der üblichen Form der Meinungsäußerung hinausgehend Ausdruck einer freien schöpferischen Gestaltung ist, in der der Autor oder Zeichner seine Überzeugungen, Eindrücke, Erfahrungen oder Erlebnisse zu unmittelbarer Anschauung bringt.[174] Auf Qualität, Niveau oder gar Geschmack kommt es bei der Bestimmung dessen, was Kunst ist, nicht an.[175] Ein Staat und seine Gerichte, die Kunstfreiheit gewährleisten und zu berücksichtigen haben, müssen auf alles Qualitativ-Wertende verzichten, damit nicht über die Definition der Kunst staatliches Kunstrichtertum entsteht.[176] Kunst im Sinn der verfassungsrechtlichen Gewährleistung ist daher nicht nur dort anzuerkennen, wo es sich um Aktivitäten im künstlerischen Bereich handelt und repräsentative Vertreter der infrage kommenden Kunstgattung sich zu einem Werk als Ausdruck künstlerischen Schaffens bekennen.[177] Aus gutem Grund stellt das BVerfG keine hohen qualitativen Anforderungen an den Begriff der Kunst. Eine gewisse Verfremdung der Stilmittel reicht jedenfalls dann aus, wenn es sich um Aussagen im geistigen Meinungskampf handelt. Ist das der Fall, so steht auch eine Medienäußerung unter dem Schutz nicht nur der Meinungsäußerungs-, sondern auch der Kunstfreiheit als des spezielleren Grundrechts.[178] Allerdings soll nach der insoweit nicht unproblematischen Auffassung des BVerfG[179] Kunstkritik als solche nicht als Kunst anzusehen sein.

---

171 OLG Frankfurt a.M. NJW-RR 1996, 1050.
172 BVerfG AfP 1992, 58 = NJW 1992, 2013; OLG Köln 1993, 755; KG NJW-RR 1994, 926 – IM Brandenburger.
173 BVerfG AfP 1987, 677 = NJW 1987, 2661 – Strauß-Karikatur.
174 BVerfG AfP 1971, 119 = NJW 1971, 1645 – Mephisto; BVerfG NJW 1985, 261 – Anachronistischer Zug; Einzelheiten bei *Isensee*, AfP 1993, 619; *Gounalakis*, NJW 1995, 811.
175 BVerfG AfP 1987, 677 = NJW 1987, 2661 – Strauß-Karikatur.
176 Maunz/Dürig/*Scholz*, Art. 5 Abs. 3 GG Rz. 38 f.
177 Maunz/Dürig/*Scholz*, Art. 5 Abs. 3 GG Rz. 38; OLG Hamburg v. 30.3.1995 – 3 U 210/94, unveröffentlicht.
178 BVerfG AfP 1971, 119 = NJW 1971, 1645 – Mephisto; BVerfG AfP 1987, 677 = NJW 1987, 2661 – Strauß- Karikatur.
179 BVerfG AfP 1993, 476 = NJW 1993, 1462 – Böll/Walden II.

20.28 Als Kunst in diesem weiten Sinn geschützt waren nach der Rechtsprechung des BVerfG etwa die *Assoziierung von Franz Josef Strauß mit nationalsozialistischen Unrechtstaten in einem politischen Straßentheater*,[180] die Bezeichnung eines *querschnittsgelähmten Reserveoffiziers* als *geb. Mörder* im Rahmen eines satirischen Beitrags,[181] die Verballhornung des *Deutschlandlieds*,[182] und der *Bundesflagge*[183] oder schließlich die Verwendung *verbotener nationalsozialistischer Symbole im Rahmen einer Hitler-Parodie.*[184] Auch insoweit ist nach der Rechtsprechung des BVerfG[185] die zu Art. 5 Abs. 1 GG entwickelte **Variantenlehre** (dazu im Einzelnen Rz. 14.16 ff.) zu beachten, nach der die Gerichte unter mehreren möglichen Deutungen einer künstlerischen oder satirischen Äußerung derjenigen den Vorzug zu geben haben, die den Betroffenen nicht in seinen Rechten verletzt und die daher nicht zu einer Verurteilung führt.[186]

20.29 Die **Einschränkung der Variantenlehre** für Unterlassungsansprüche gegenüber mehrdeutigen Äußerungen durch das BVerfG[187] kann im Bereich von Kunst und Satire hingegen keine Geltung entfalten. Insbesondere der im Vergleich zu Art. 5 Abs. 1 GG größere Schutz der Kunstfreiheit durch Art. 5 Abs. 3 GG verbietet es, diese Einschränkung auch dann zur Anwendung zu bringen, wenn eine Äußerung oder Darstellung nur aus einem bestimmten Blickwinkel oder Verständnis heraus als Kunst anzusehen ist, aus einem anderen hingegen nicht. Daher erweist sich die Auffassung, für die rechtliche Beurteilung von Satire und Karikatur sei es im Ergebnis ohne Belang, ob es sich im Einzelfall um Kunst oder nur um durch Art. 5 Abs. 1 GG gedeckte Meinungsäußerung handelt,[188] als problematisch, wenn man entgegen der hier vertretenen Auffassung die *Stolpe*-Rechtsprechung (Rz. 14.16 ff.) auf die Satire überhaupt anwendet. Ihre Anwendung auf diesen Bereich verbietet sich aber umso mehr, als **Mehrdeutigkeit** probates Stilmittel jeder Art von Kunst und insbesondere von Satire und Karikatur ist. Der Schutz des Art. 5 Abs. 3 GG greift daher auch gegenüber Unterlassungsansprüchen nur dann von vornherein nicht ein, wenn Äußerungen in Rede stehen, die offenkundig nicht als künstlerisch und insbesondere satirisch zu qualifizieren sind.[189] Der Begriff *Schmähkritik* ist auch in diesem Zusammenhang eng,[190] derjenige der *Kunst* hingegen weit auszulegen.

20.30 Auch die Gewährleistung der **Kunstfreiheit** durch das Grundgesetz ist jedoch trotz Fehlens eines speziellen Gesetzesvorbehalts nicht schrankenlos. Die Kunstfreiheit findet vielmehr dort ihre Grenze, wo ihre Ausübung unmittelbar mit anderen durch das Grundgesetz gewährleisteten Grundwerten wie der **Würde des Menschen** nach Art. 1 Abs. 1 Satz 1 GG oder dem Grundrecht auf **freie Entfaltung der Persönlichkeit** nach Art. 2 Abs. 1 GG kollidiert.[191] Damit sind Äußerungen auch dort, wo sie sich in künstlerischer Form präsentieren, prinzipiell

---

180 BVerfG NJW 1985, 261 – Anachronistischer Zug.
181 BVerfG AfP 1992, 133 = NJW 1992, 2073 – geb. Mörder.
182 BVerfG NJW 1990, 1985 – Deutschlandlied; BVerfG NJW 2001, 596 = ZUM 2001, 320 – Deutschland muss sterben.
183 BVerfG NJW 1990, 1982 – Bundesflagge; LG Aachen NJW 1995, 894.
184 BVerfG NJW 1990, 2541 – Hitler-Satiren.
185 BVerfG AfP 1993, 476 = NJW 1993, 1462 – Böll/Walden II.
186 BVerfG NJW 1990, 2541 – Hitler-Satiren; vgl. hierzu auch BayObLG NJW 1995, 145 – Asylbetrüger; a.A. insoweit OLG Frankfurt a. M. NJW 1995, 143 – Asylbetrüger.
187 BVerfG AfP 2005, 544 = AfP 2006, 41 = NJW 2006, 207 – Stolpe/IM Sekretär; BVerfG AfP 2006, 349 = NJW 2006, 3769 – Babycaust.
188 *Faßbender*, NJW 2019, 705 ff.
189 BVerfG NJW 1990, 2541 – Hitler-Satiren.
190 BGH AfP 2000, 167 = NJW 2000, 1036 – Namensnennung.
191 BVerfG AfP 1971, 119 = NJW 1971, 1645 – Mephisto; BVerfG AfP 2004, 49 = NJW 2004, 590.

dann unzulässig, wenn sie in den **Kernbereich der Würde des Kritisierten** eingreifen, spricht aber gerade bei dieser Äußerungsform zunächst eine Vermutung für die Zulässigkeit ihrer Verbreitung. So war es noch kein rechtswidriger Eingriff in die Würde der Betroffenen, wenn eine Satiresendung im Fernsehen auf die Äußerung einer rechtsextremen Politikerin, *politische Korrektheit gehöre auf den Müllhaufen der Geschichte*, mit der Replik reagiert *Lasst uns alle unkorrekt sei, da hat die Nazi-Schlampe doch recht. War das unkorrekt genug?*[192] Und Art. 1 und 2 GG als die maßgeblichen Schranken der Kunstfreiheit begründen keinen Anspruch des Einzelnen darauf, nur so dargestellt zu werden wie er selbst gesehen werden möchte.[193] Ein Eingriff in den geschützten Bereich der Menschenwürde lag aber nach Auffassung des BVerfG etwa vor im Fall des Romans *Mephisto* von *Klaus Mann*, in dem es eine Schmähschrift gegen den Schauspieler *Gustav Gründgens* sah,[194] im Fall der Karikatur, die *Franz Josef Strauß* als *kopulierendes Schwein in Richterrobe* zeigte[195] oder im Fall der Beschimpfung des verstorbenen *Heinrich Böll* als *steindummer, kenntnisloser und talentfreier Autor.*[196]

Einen deutlich weiteren Freiraum als noch in der *Mephisto*-Entscheidung räumt das BVerfG 20.31 in seiner neueren Rechtsprechung allerdings der künstlerischen Anlehnung literarischer Figuren an **reale Vorbilder** ein (dazu im Einzelnen Rz. 19.49 ff.). Für diesen Komplex hat das Gericht[197] nun den Grundsatz der **Vermutung der Fiktionalität** aufgestellt, nach dem die Erkennbarkeit einer realen Person in der fiktiven Figur eines Kunstwerks nur festgestellt werden kann, wenn eine besondere Intensität der Identifizierungsmerkmale vorliegt (dazu schon Rz. 13.54, Rz. 19.50 ff.). Da die Kunstfreiheit obendrein das Recht zur Verwendung von Vorbildern aus der Lebensrealität einschließt, folgt aus der Erkennbarkeit eines Vorbilds noch nicht automatisch eine Verletzung seines Persönlichkeitsrechts und scheidet sie insbesondere dann aus, wenn der Grad der Übereinstimmung nur gering ist. Wird auch diese Bagatell-Hürde überschritten, so ist nach der Rechtsprechung des BVerfG auch dieser Konflikt im Wege der Güterabwägung mit der Folge zu lösen, dass eine rechtswidrige Verletzung des Persönlichkeitsrechts des Vorbilds umso eher festzustellen ist, desto stärker das Vorbild und die daraus entwickelte Figur übereinstimmen.[198] In der Praxis ergeben sich aus dieser neueren Sicht des BVerfG weite Spielräume für die Anlehnung literarischer oder filmischer Gestalten an Vorbilder aus der Realität, die dazu geführt haben, dass Versuche, einschlägige Romane, Theaterstücke oder Filme zu untersagen, in der Mehrzahl der Fälle an dem gebotenen weiten Kunstverständnis gescheitert sind (Einzelnachweise in Rz. 19.50 ff.).

b) Satire und Karikatur

Die prinzipielle Privilegierung künstlerischer Tätigkeit durch das Grundgesetz wirkt sich für 20.32 die Medien insbesondere im Bereich der Stilmittel von **Satire** oder **Karikatur** aus, ohne dass es im Einzelfall entscheidend darauf ankommen wird, ob in Anwendung dieser Stilmittel Kunst im Rechtssinn oder nur eine pointierte Meinungsäußerung entsteht;[199] anderes gilt nur, soweit man die Variantenlehre entgegen der hier vertretenen Auffassung auf die Satire

---

192 LG Hamburg AfP 2017, 262.
193 BVerfG AfP 2002, 417 = NJW 2002, 3767 – Bonnbons.
194 BVerfG AfP 1971, 119 = NJW 1971, 1645 – Mephisto.
195 BVerfG AfP 1987, 677 = NJW 1987, 2661 – Strauß-Karikatur.
196 BVerfG AfP 1993, 476 = NJW 1993, 1462 – Böll/Walden II.
197 BVerfG NJW 2004, 3619; BGH NJW-RR 1988, 733; BGH AfP 2005, 464 = NJW 2005, 2844 – Esra.
198 BVerfG NJW 2004, 3619; BGH NJW-RR 1988, 733; BGH AfP 2005, 464 = NJW 2005, 2844 – Esra.
199 BVerfG NJW 1985, 787 – Schwarze Sheriffs; BVerfG AfP 1992, 133 = NJW 1992, 2073 – geb. Mörder; BVerfG AfP 1998, 52 = NJW 1998, 1386 – Münzen-Erna.

überhaupt anwendet (dazu Rz. 20.29). Satire kann und wird häufig, muss aber nicht Kunst sein.[200] Für deren rechtliche Qualifizierung ist diese Frage aber kaum von Bedeutung, da die für die Zulässigkeit satirischer Äußerungen entwickelten Grundsätze den für die Kunstfreiheit entwickelten Maßstäben stark angenähert sind,[201] wenn man von der nach diesseitiger Auffassung unzulässigen Anwendung der *Stolpe*-Doktrin (Rz. 14.16 ff.) auf die Satire absieht. In jedem Fall ist bei der rechtlichen Beurteilung einer satirischen Äußerung zwischen dem **Aussagekern**, mithin dem eigentlichen Inhalt der Darstellung und dessen künstlerischem Gewand, mithin der gewählten Form der Darstellung zu unterscheiden,[202] wobei der Freiraum der satirischen Einkleidung größer ist als derjenige der inhaltlichen Aussage.[203]

20.33 Allerdings muss Satire für den Leser oder Betrachter unter Rückgriff auf die Variantenlehre jedenfalls in einer möglichen Deutungsvariante als solche erkennbar sein (Rz. 20.29) Wird durch sie eine **Herkunftstäuschung** hervorgerufen, wird etwa dem Betroffenen ein *erfundenes Zitat* in satirischer Absicht und in einer Weise in den Mund gelegt, dass der zwingende Eindruck entsteht, es stamme von ihm, oder wird einem Unternehmen eine *kreditschädigende Werbeaussage untergeschoben*, die dem Leser oder Betrachter den zwingenden Eindruck vermittelt, sie stamme von dem betreffenden Unternehmen, dann enthält auch Satire im Ergebnis eine unwahre Tatsachenbehauptung, die sie als solche gegen sich gelten lassen muss (dazu Rz. 14.46 ff., Rz. 20.37). Derartige, in der Praxis seltene, künstlerisch verkleidete, aber in der Kernaussage unwahre Eingriffe in Rechte Dritter rechtfertigt der Gesichtspunkt der Kunstfreiheit jedenfalls dann nicht, wenn für den Betrachter nicht auf sonstige Weise deutlich gemacht wird, dass es sich nicht um eine authentische Aussage, sondern um eine in satirischer Absicht geschaffene Erfindung handelt.[204] Deutlich erkennbar war etwa der satirische Charakter der Äußerung, der Betroffene *wolle Modedesigner sein, habe es aber mit seinen pompösen Wallawalla-Kreationen nur zu Abverkäufen beim Einkaufssender gebracht*, im Rahmen eines erkennbar satirischen Artikels, der dem Fernsehformat *Dschungelcamp* insgesamt zehn bisher nicht berücksichtigte, vom Verfasser *als besonders peinlich empfundene Personen* empfahl.[205] Auch die Benutzung des markenrechtlich geschützten Buchtitels *Die Wanderhure* als Bestandteil des Titels *Die schönsten Wanderwege der Wanderhure* für ein anderes Buch, das sich satirisch-kritisch mit dem Original und den darum herum aufgebauten Vermarktungsprinzipien auseinandersetzt, kann durch die Gewährleistung der Kunstfreiheit in Art. 5 Abs. 3 GG gerechtfertigt sein.[206]

20.34 In einer älteren Entscheidung hat das LG Hamburg[207] die Veröffentlichung einer fingierten Anzeige, die für das alkoholische Getränk *Jägermeister* um jugendliche Käufer und Konsumenten warb, als unzulässig angesehen, weil sie nach seiner Auffassung unter Berücksichtigung der jahrelang tatsächlich verbreiteten Werbung des betroffenen Unternehmens von jedenfalls einem Teil der Betrachter als authentisch hätte missverstanden werden können. Nach modernem Verständnis der Tragweite der Grundrechte aus Art. 5 Abs. 1 und 3 GG und unter

---

200 BVerfG AfP 1998, 52 = NJW 198, 1386 – Münzen-Erna.
201 BVerfG AfP 2002, 417 = NJW 2002, 3767 – Bonnbons.
202 BVerfG AfP 1998, 52 = NJW 1998, 1386 – Münzen-Erna; BVerfG AfP 1992, 133 = NJW 1992, 2073 – Titanic; BVerfG AfP 1987, 677 = NJW 1987, 2661 – Strauß-Karikatur; dazu im Einzelnen *Klass*, AfP 2016, 477 ff.
203 BVerfG AfP 1998, 52 = NJW 1998, 1386 – Münzen-Erna; *Oechsler*, NJW 2017, 757 ff.
204 OLG Stuttgart NJW 1976, 628 – Siemens-Festschrift; OLG Hamburg NJW-RR 1994, 1373 – Engholm.
205 KG AfP 2011, 371.
206 OLG Düsseldorf AfP 2014, 538 = ZUM 2015, 54 – Die schönsten Wanderwege der Wanderhure.
207 LG Hamburg FuR 1981, 102 – Jägermeister.

Berücksichtigung der **Variantenlehre** käme ein Verbot dieser vermeintlichen Anzeige heute nicht mehr in Betracht, da jedenfalls beachtliche Teile der Leser schon im Hinblick auf ihre Platzierung in einem Satiremagazin nicht annehmen konnten, sie sei authentisch. Gleiches gilt für den *erfundenen Leserbrief*, mit dem dem Anschein nach *der Chefredakteur des Neuen Deutschland gemeinsam mit der Bürgerlichen Presse die kollektive Verantwortung für den Tod von Lady Diana übernahm*, da dem Leser die mangelnde Ernstlichkeit der Aussage aufgrund der Gesamtumstände nicht verborgen bleiben konnte.[208] So war auch die Verbreitung von satirischen Aufklebern zulässig, die den berühmten *Lufthansa-Kranich* in erkennbarer Verfremdung in ein *Lusthansa*-Symbol[209] oder die *BMW*-Marke in eine Aufforderung mit dem Wortlaut *Bums Mal Wieder* umfunktionierten.[210] Das galt auch für die Verfremdung der bekannten Zigarettenmarke *Marlboro* durch die fiktive Marke *Mordoro* und die Auslobung eines *fiktiven Preisausschreibens* mit den *Hauptgewinnen Magengeschwür, Herzinfarkt und Lungenkrebs* in parodierter Zigarettenwerbung.[211] Die Auffassung des BVerfG[212] und der Zivilgerichte,[213] die leichte und als solche nicht ohne weiteres erkennbare *Verfremdung eines Fotos des Kopfs des ehemaligen Vorstandvorsitzenden der Deutsche Telekom AG, Ron Sommer*, in einer Karikatur, die ihn lächelnd auf dem Querbalken des von seinem Unternehmen markenmäßig genutzten *T* zeigte, stelle die unzutreffende und sein Persönlichkeitsrecht verletzende Tatsachenbehauptung dar, der Abgebildete sehe exakt so aus wie auf dem Bild gezeigt, ist schon deswegen verfehlt, weil sich aus der unverkennbaren Ausgestaltung des Gesamtbilds als Karikatur zweifelsfrei ergab, dass es hier nicht um Detailgenauigkeit ging (dazu Rz. 14.48 f.). Und zweifelsfrei handelt es sich um Satire bei einem von einer Malerin geschaffenen Aktbildnis der *Dresdner Oberbürgermeisterin* vor dem Modell der seinerzeit politisch hoch umstrittenen neuen *Waldschlösschenbrücke* mit dem Text *Frau O. wirbt für das Welterbe*. Im zeitgeschichtlichen Kontext war das Allgemeine Persönlichkeitsrecht der Betroffenen daher auch nicht deswegen verletzt, weil es sich um ein – allerdings erkennbar der Phantasie der Künstlerin entsprungenes – Aktbildnis handelte.[214]

Die Gewährleistung der Kunstfreiheit soll nach älteren gerichtlichen Entscheidungen allerdings dort aufhören, wo ein Wettbewerbsverhältnis zwischen dem Verbreiter von Satire und dem Inhaber eines verfremdeten Kennzeichens besteht oder vermutet werden kann. Mit dieser Begründung hat die Rechtsprechung in der Verfremdung der berühmten Marken *NIVEA*[215] oder *MARS*[216] als satirische Bezeichnung von Kondomen eine Verletzung der Marken- und Namensrechte der betroffenen Unternehmen gesehen. Unter Berücksichtigung der neueren Rechtsprechung zur Tragweite des Grundrechts der Meinungsfreiheit im Bereich des Wettbewerbsrechts (dazu Rz. 20.17) sind diese Entscheidungen allerdings nicht mehr haltbar. Hingegen musste es nach der zutreffenden Auffassung des OLG Köln[217] der Verleger des real

20.35

---

208 LG Berlin AfP 1998, 525.
209 OLG Frankfurt a.M. NJW 1982, 648 – Lusthansa.
210 BGH AfP 1986, 361 = NJW 1986, 2951 – BMW.
211 BGH AfP 1984, 151 = NJW 1984, 1956 – Mordoro.
212 BVerfG AfP 2005, 171 = NJW 2005, 3271 – Satirische Fotomontage.
213 BGH AfP 2006, 54 = NJW 2006, 603 – Satirische Fotomontage; OLG Hamburg AfP 2008, 82 = ZUM-RD 2008, 408; anders noch zutreffend BGH AfP 2004, 51 = NJW 2004, 596 – Fotomontage; s. auch LG Hamburg AfP 2011, 612 = ZUM 2012, 74 für einen vergleichbaren Fall.
214 OLG Dresden AfP 2010, 402 = NJW-RR 2010, 1490.
215 OLG Hamburg GRUR 1993, 132 – NIVEA; BGH NJW 1995, 871 = GRUR 1995, 57 – Markenverunglimpfung II.
216 BGH NJW 1994, 1954 = GRUR 1994, 808 – Markenverunglimpfung; BVerfG NJW 1994, 3342 – Mars-Kondom.
217 OLG Köln AfP 1992, 371 – Express.

existierenden Zeitungstitels *Express* nicht hinnehmen, dass eben dieser Titel als Titel der fiktiven Zeitschrift genutzt wurde, in der im Film *Schtonk* die gefälschten *Hitler-Tagebücher* veröffentlicht wurden; hier konnte es auch vom Horizont des aufmerksamen Betrachters her nicht zweifelhaft sein, dass die Verwendung des Titels die inzidente unwahre Behauptung enthielt, die gefälschten Tagebücher seien in eben diesem Blatt erschienen. Fehlerhaft war es andererseits schon vor der Öffnung des Bereichs wettbewerblicher Äußerungen für die Grundrechte der Meinungs- und Kunstfreiheit, wenn das OLG Karlsruhe die Verbreitung eines *Polit-Posters* mit der erkennbar satirischen Aussage *Die Reichen müssen noch reicher werden – deshalb CDU* untersagt hat, weil es sich um eine unbefugte Benutzung des Namens *CDU* gehandelt habe;[218] hier kam eine Herkunftstäuschung nicht ernsthaft in Betracht, überwog vielmehr der satirisch-kritische Gehalt der Aussage eindeutig. Gleiches galt im Fall der Verfremdung der notorischen *Telekom*-Werbung unter Verwendung der von der *Deutsche Telekom AG* seit Jahren eingesetzten Farben und sogenannten T-Punkte für den Slogan *Alles wird teurer*,[219] in der der Betrachter unschwer die Kritik an der Preispolitik der *Telekom* erkannte.

20.36 Das Mittel der Freilegung der eigentlichen Aussage einer **Satire** oder **Karikatur** von dem aus gewollter Verzerrung, Übertreibung oder Verfremdung bestehenden satirischen Gewand, mit dem bereits die Unterscheidung von satirischen Tatsachenbehauptungen von mit demselben Stilmittel verbreiteten Meinungsäußerungen zu treffen ist (Rz. 14.46 ff.), ist auch dort einzusetzen, wo es um die Bestimmung des Aussagekerns einer in satirische Form gegossenen Meinungsäußerung geht.[220] Dennoch ist es unzutreffend, wenn die Hamburger Gerichte[221] in einzelnen, aus dem Kontext gelösten und für sich ungemein geschmacklosen Passagen des erkennbar satirischen sogenannten *Schmähgedichts von Jan Böhmermann* eine Verletzung des Allgemeinen Persönlichkeitsrechts des Türkischen Präsidenten *Erdogan* sehen und deren erneute Verbreitung untersagen. Denn es verbietet sich auch und gerade bei der Satire, einzelne Passagen eines in sich geschlossenen Texts aus dem Kontext herauszulösen und isoliert zu bewerten.[222] Das Gebot der Unterscheidung von Aussagekern und satirischer Umkleidung darf nicht dazu führen, dass die gerügte Beeinträchtigung des Satireopfers losgelöst von dem Gewicht der Normen und Ideale gewertet wird,[223] deren Verletzung durch das Satireopfer im konkreten Fall die eigentliche Aussage des beanstandeten Beitrags ist. Hier ging es dem Satiriker aber um den verfassungsrechtlich fraglos zulässigen **Gegenschlag** gegen *Erdogans* völlig überzogene und mit deutschem Rechtsverständnis unvereinbare Reaktion auf eine andere Satire im deutschen Fernsehen,[224] und die insbesondere beanstandeten Textpassagen mit drastischem sexuellen Bezug müssen richtigerweise als die satirische Ummantelung dieser Kernaussage gesehen werden, hinsichtlich deren der Satiriker den größeren Freiraum beanspruchen kann (Rz. 20.33). Denn der Kritiker sagt hier dem Kritisierten, der ständig ihm nicht genehme Meinungen durch die von ihm gesteuerten staatlichen Stellen verfolgen lässt, anhand der gewählten drastischen und bei isolierter Betrachtung zum Teil beleidigenden Äußerungen, wo in diesem Land die Grenzen zwischen Erlaubtem und Verbotenem verlaufen. Das ist vom

---

218 OLG Karlsruhe NJW 1972, 1810.
219 KG AfP 1997, 921 = NJW-RR 1997, 937.
220 BVerfG AfP 1987, 677 = NJW 1987, 2661 – Strauß-Karikatur; BVerfG AfP 1998, 52 = NJW 1998, 1386 – Münzen-Erna; BGH AfP 2000, 167 = NJW 2000, 1036 – Namensnennung; *Zechlin*, NJW 1984, 1091, 1093.
221 LG Hamburg AfP 2017, 177; OLG Hamburg AfP 2018, 335 = ZUM-RD 2018, 484.
222 BGH AfP 2017, 157 = NJW 2017, 1617 – Die Anstalt.
223 *Oechsler*, NJW 2017, 757.
224 Vgl. hierzu die sorgfältige und im Ergebnis zutreffende Analyse von *Klass*, AfP 2016, 477; *Sajuntz*, NJW 2017, 698 ff. und NJW 2018, 589 ff., jeweils unter I 4.

Grundrecht der Meinungsfreiheit ebenso gedeckt wie vom satirischen Zweck des Gedichts.[225] Richtig und überzeugend begründet ist in diesem Fall die Verfügung der Generalstaatsanwaltschaft Koblenz,[226] mit der diese die Einstellung des von *Erdogan* gegen *Böhmermann* angestrengten strafrechtlichen Ermittlungsverfahrens wegen des Vorwurfs der Beleidigung bestätigt. Und im Ergebnis zutreffend, wenn auch mit fragwürdiger Begründung haben die Kölner Gerichte[227] es abgelehnt, die ebenfalls von *Erdogan* beanstandete Verbreitung eines offenen Briefs des Vorstandsvorsitzenden der *Axel Springer SE* zu untersagen, in dem dieser sich der im *Böhmermann*-Text zum Ausdruck gekommenen Wertung ausdrücklich anschließt.

Auch im Bereich der Satire rechtfertigen die Grundrechte aus Art. 5 Abs. 1 und 3 GG aber nicht die **unrichtige Wiedergabe eines tatsächlichen Geschehens,**[228] sofern dadurch Rechte Dritter verletzt werden. So rechtfertigt Art. 5 Abs. 3 GG nicht die in eine Satire oder Glosse eingekleidete Behauptung, der Kritisierte *habe eine Äußerung getan, die er tatsächlich nicht getan hat oder hat tun wollen.*[229] Die – als solche unwahre – Behauptung etwa, der namentlich genannte Leiter einer Behörde *erscheine aufgrund seiner gesellschaftlichen Verpflichtungen regelmäßig erst nachmittags gegen 17.00 Uhr zum Dienst, wo er dann aber durchaus bis gegen 21.00 Uhr verweile*, wird auch nicht dadurch gerechtfertigt, dass sie Teil eines satirischen Beitrags ist.[230] Und die in die Form einer Suggestivfrage gefasste, als Schlagzeile verbreitete Behauptung *Heide Simonis jetzt ins Dschungel-TV?* war auch im Rahmen des darunter abgedruckten und satirisch bebilderten kritischen Beitrags über Auftritte der ehemaligen Schleswig-Holsteinischen Ministerpräsidentin in TV-Tanz-Shows als nicht zu rechtfertigende üble Nachrede zu qualifizieren, nachdem die Betroffene Fragen der Medien nach ihrer Bereitschaft, nun auch im Dschungel-TV aufzutreten, eindeutig negativ beantwortet hatte.[231]

20.37

Enthält die von ihrer satirischen Umkleidung freigelegte Aussage einer Karikatur die Kundgebung einer Missachtung, die die **Würde des Kritisierten** in ihrem Kernbereich trifft, dann rechtfertigt auch die Gewährleistung der Kunstfreiheit durch das Grundgesetz ihre Verbreitung nicht,[232] ist sie vielmehr strafrechtlich als **Beleidigung** im Sinn von § 185 StGB und zivilrechtlich als Eingriff in das Allgemeine Persönlichkeitsrecht des Kritisierten zu qualifizieren. Unter diesem Aspekt war etwa das öffentliche Bekenntnis einer Pop-Gruppe *I wanna make love with Steffi Graf*, zu dessen vermeintlicher Rechtfertigung das Argument angeführt wurde, der Vater der so Verunglimpften habe das auch getan, nicht mehr durch den Kunstvorbehalt des Art. 5 Abs. 3 GG gerechtfertigt.[233] Dasselbe galt für die Verunglimpfung des damaligen *SPD*-Vorsitzenden und Schleswig-Holsteinischen Ministerpräsidenten *Björn Engholm* durch *eine Fotomontage, die seinen Kopf auf dem Körper des toten Uwe Barschel in der Badewanne von dessen Genfer Hotelzimmer zeigte* – verbunden mit der Unterzeile *Sehr komisch, Herr Engholm.*[234] Unzulässig war auch die Darstellung des damaligen bayerischen Ministerpräsidenten

20.38

---

225 So zutreffend *Faßbender*, NJW 2019, 705 ff.

226 Generalstaatsanwaltschaft Koblenz AfP 2016, 556.

227 LG Köln AfP 2016, 280; OLG Köln AfP 2016, 358.

228 OLG Düsseldorf NJW-RR 1990, 1116 – die sieben peinlichsten Persönlichkeiten; *Klass*, AfP 2016, 477 unter III 5.

229 BVerfG AfP 2001, 382 = NJW 2001, 3613.

230 OLG Frankfurt a.M. NJW-RR 1993, 852.

231 KG AfP 2007, 569 = ZUM 2008, 60 – Satirische Fotomontage.

232 BVerfG AfP 1971, 119 = NJW 1971, 1645 – Mephisto; BVerfG NJW 1985, 261 – Anachronistischer Zug.

233 OLG Karlsruhe NJW 1994, 1963 – Steffi Graf.

234 LG Hamburg AfP 1994, 64; OLG Hamburg NJW-RR 1994, 1373 – Engholm; kritisch dazu *Gounalakis*, NJW 1995, 811, 814.

Franz Josef Strauß in der Form eines *Schweins, das in mehreren Varianten mit in Richterroben verkleideten anderen Schweinen kopuliert.* Darin lag nach Auffassung des BVerfG[235] nicht nur wegen der Darstellung des Betroffenen als Schwein ein Eingriff in dessen Menschenwürde; sie enthielt zusätzlich die nach Ansicht des Gerichts als solche nicht zu rechtfertigende Sachaussage, *Strauß mache sich die Justiz in anstößiger Weise zunutze* und empfinde an einer ihm willfährigen Justiz ein tierisches Vergnügen. Gleiches galt nach Auffassung des OLG Hamburg[236] auch für die unter der Überschrift *Gegen Faschismus, Reaktion und Krieg* verbreitete Darstellung von *Franz Josef Strauß* in Gestalt eines *amoklaufenden, bereits verletzten Kampfstiers, der auf eine Gruppe Jugendlicher losging,* weil ihr die Aussage zu entnehmen sei, der so Gekennzeichnete sei ein faschistischer Kriegstreiber mit der Absicht menschenverachtender Vernichtung aller Andersdenkenden, oder die Abbildung der damaligen Präsidentin des *Bundes der Vertriebenen* auf einem Plakat *in Verbindung mit einem SS-Offizier, einem Kreuzritter und abgewandelten Hitler-Zitaten,*[237] weil dieser Kombination die sachlich unwahre Behauptung zu entnehmen ist, die Betroffene verfolge dieselben Ziele gegenüber Osteuropa wie die Kreuzritter und das nationalsozialistische Dritte Reich.

20.39 Grundsätzlich kann aber als solche erkennbare Satire, Karikatur oder auch **Parodie**[238] einen beachtlichen Freiraum beanspruchen.[239] Zulässig war daher etwa die Verwendung der *Metapher von den bezahlten Politikern* in einer Moritat *auf Helmut Hortens Angst und Ende* trotz der Möglichkeit, diese Metapher im Hinblick auf den Fall *Abgeordnetenbestechung*[240] als Behauptung tatsächlich erfolgter Bestechung von Politikern misszuverstehen.[241] Zulässig war auch die Äußerung, ein bestimmter Politiker *sei störrischer als ein Esel, und dieser müsse davor geschützt werden, dass man ihn mit dem Politiker verwechsle,*[242] die Verbreitung des Posters *Alle reden vom Frieden ... wir nicht* mit dem Porträt eines bekannten Rüstungsindustriellen[243] oder eines *Greenpeace*-Plakats mit dem Foto des Vorstandsvorsitzenden eines deutschen Chemiekonzerns und dem Slogan *Alle reden vom Klima – Wir ruinieren es.*[244] Als zulässige Satire wurde auch die Verfremdung des Zeitungstitels *BILD* durch den Slogan *BILD Dir keine Meinung*[245] und diejenige des Zeitschriftentitels *Fit for Fun* durch den Slogan *Fick for Fun* angesehen.[246] Während im erstgenannten Fall die hinter der satirischen Verfremdung stehende Sachaussage aus sich selbst heraus verständlich ist, hat das OLG Hamburg die Zulässigkeit der Verfremdung im zweiten Fall mit seiner Feststellung begründet, einzelne Exemplare der so kritisierten Zeitschrift enthielten über das übliche Maß hinausgehende Darstellungen sexueller Themen. Zulässige Satire, die sich auch gegenüber dem Urheberrecht des gestaltenden Künstlers durchsetzte, war auch die parodistische Umgestaltung des über Jahrzehnte im ersten Bonner Plenarsaal des Deutschen Bundestags hängenden, nach seinem Schöpfer so benannten *Gies-Adlers* in einen *als solchen erkennbaren Pleitegeier* im Rahmen eines kritischen

---

235 BVerfG AfP 1987, 677 = NJW 1987, 2661 – Strauß-Karikatur.
236 OLG Hamburg NJW 1982, 659.
237 OLG Köln AfP 2009, 156.
238 Zur urheberrechtlichen Beurteilung der Parodie vgl. BGH AfP 2016, 446 = NJW 2017, 806 m. Anm. *Gounalakis* – Auf fett getrimmt.
239 Wenzel/Burkhardt/Peifer, Kap. 3 Rz. 30 ff; *Faßbender*, NJW 2019, 705.
240 BGH AfP 1977, 340 = NJW 1977, 1288 – Abgeordnetenbestechung.
241 BGH AfP 1982, 173 = NJW 1983, 1194 – Moritat.
242 OLG Hamburg MDR 1967, 146.
243 OLG Karlsruhe NJW 1982, 647.
244 BGH AfP 1993, 736 = NJW 1994, 124; BVerfG AfP 1999, 254 – Alle reden vom Klima; a.A. OLG Frankfurt a.M. NJW 1991, 361 = GRUR 1991, 209.
245 OLG Hamburg NJW-RR 1999, 1060 – BILD Dir keine Meinung.
246 OLG Hamburg AfP 1999, 287 – Fit for Fun.

Beitrags über die Haushaltspolitik des Deutschen Bundestags. Der BGH[247] hat es zwar abgelehnt, dieses Ergebnis mit einem Vorrang der satirisch-künstlerischen Freiheit des Gestalters der Parodie über das Urheberrecht zu begründen, seinerseits aber die zutreffende Auffassung vertreten, das Interesse der Allgemeinheit an einem möglichst umfassenden Zugang zu diesem ihr gewidmeten Werk müsse im Rahmen der Abgrenzung des Urheberrechts und seiner gesetzlichen Schranken wie im Fall der freien Bearbeitung berücksichtigt werden.[248]

Die Verfremdung des seit Jahren notorischen Werbespruchs *Fakten, Fakten, Fakten!* der Zeit-   **20.40**
schrift *Focus* durch den Slogan *Ficken, Ficken, Ficken!* hingegen hat das LG Berlin[249] mit allerdings fragwürdiger Begründung als nicht mehr durch die Meinungs- und Satirefreiheit gedeckte Verletzung der Intimsphäre des *Focus*-Chefredakteurs angesehen. Und fraglos nicht durch die Satirefreiheit gedeckt war die satirisch gemeinte *Assoziierung einer Minderjährigen, die an einem Schönheitswettbewerb teilgenommen hatte, mit pornografischen Aktivitäten durch das TV-Format TV Total.*[250] Gleiches gilt für die Bezeichnung eines Schauspielers, der im Alter von mehr als 70 Jahren noch einmal Vater geworden war, als *1,50 m geballte Erotik mit 40 kg zu viel auf der künstlichen Hüfte und einem künstlichen Gebiss, das er beim Küssen in die Tasche stecke.*[251] Obwohl ebenfalls im Grenzbereich der Intimsphäre angesiedelt, hat das OLG Hamburg[252] andererseits die satirische zeichnerische Darstellung des nackten Körpers eines *Protagonisten des Bodybuilding mit bei geöffnetem Fenster und dadurch hervorgerufenem Luftzug seitlich abgeknicktem Glied und der Unterzeile als zulässig angesehen, der Abgebildete sei von oben bis unten durchtrainiert, er habe sämtliche Glieder absolut unter Kontrolle – bis auf die Augenblicke, in denen das Fenster offen sei.* Wesensmerkmal des Bodybuilding sei der Anspruch seiner Verfechter, zur absoluten Beherrschung jedes Muskels in der Lage zu sein; die Aussage der satirischen Bildfolge ziele daher nicht auf die Person des Abgebildeten, sondern auf die Feststellung, dass auch derartige Körperbeherrschung ihre Grenzen hat, weswegen der Betrachter diese Abbildung auch nicht als in den Intimbereich hineinwirkende Entblößung der auf ihr erkennbaren Person missverstehen könne.

§ 21 Bildberichterstattung

---

247 BGH AfP 2003, 541 = NJW 2003, 2622 – Gies-Adler.
248 Zustimmend im Ergebnis, mit Recht kritisch aber zur vom BGH gewählten Begründung *v. Becker,* GRUR 2004, 104 ff.
249 LG Berlin AfP 1997, 735 = NJW 1997, 1371.
250 OLG Hamm AfP 2004, 543 = NJW-RR 2004, 919.
251 OLG München AfP 2013, 154.
252 OLG Hamburg AfP 1987, 701.

1. Recht am eigenen Bild

a) Überblick

21.1 Ein beachtlicher Teil aller Auseinandersetzungen zwischen Medien und Individuen über die Zulässigkeit von Berichterstattung entfällt auf Streitigkeiten als Folge der **Veröffentlichung von Bildern**, auf denen einzelne Personen in erkennbarer Weise abgebildet sind. Den rechtlichen Rahmen für derartige Bildveröffentlichungen stecken traditionell die als gesetzliche Ausprägung des Allgemeinen Persönlichkeitsrechts anzusehenden[1] Bestimmungen der §§ 22 ff. KUG ab. Daran hat sich, soweit die Verwendung von Bildnissen durch Medienunternehmen im Rahmen ihrer journalistischen Tätigkeit in Rede steht, durch das Inkrafttreten der **DSGVO** am 25.5.2018 nichts geändert (s. auch Rz. 1.25 ff.).[2] Zwar sind Speicherung und Verwendung von Bildnissen wie auch sonstiger personenbezogener Daten Maßnahmen der Datenverarbeitung, so dass sie grundsätzlich in den Anwendungsbereich der datenschutzrechtlichen Bestimmungen fallen. Durch Art. 85 Abs. 2 DSGVO hat der europäische Gesetzgeber aber den nationalen Gesetzgebern aufgegeben, für die Verarbeitung von Daten zu journalistischen sowie zu wissenschaftlichen, literarischen und künstlerischen Zwecken Abweichungen von wesentlichen Regelungen der DSGVO festzulegen, soweit dies erforderlich ist, um das Recht auf Schutz der personenbezogenen Daten mit der Freiheit der Meinungsäußerung und der Informationsfreiheit in Einklang zu bringen. Er hat damit im Ergebnis eine Art Bereichsausnahme geschaffen, die es den deutschen Gerichten auf der Basis der inzwischen gemäß Art. 85 Abs. 2 DSGVO in Kraft getretenen Landespresse- und -mediengesetze sowie der rundfunkrechtlichen Staatsverträge (Einzelheiten Rz. 1.25 ff.) ermöglicht, die Bestimmungen insbesondere der §§ 22 ff. KUG für den Bereich journalistischer Bildveröffentlichungen weiterhin anzuwenden.[3] Zusätzliche Bedeutung gewinnen die §§ 22 ff. KUG dadurch, dass die Rechtspraxis fehlerhaft dazu tendiert, sie entgegen ihrem Wortlaut in der Regel nicht nur auf die **Veröffentlichung** von Lichtbildern, sondern bereits auf deren **Herstellung** anzuwenden (vgl. dazu Rz. 9.4 ff.). Die Ansicht, das KUG müsse an die DSGVO angepasst werden, um auch das bloße Anfertigen einer Fotografie zu rechtfertigen,[4] wird daher ganz überwiegend abgelehnt, soweit journalistisch-redaktionelle Belange betroffen sind (Rz. 1.31), zumal auch der EuGH journalistischen, künstlerischen und literarischen Zwecken einen weiten Raum lässt und auf die erforderliche Abwägung mit dem Recht des Einzelnen auf Schutz seiner Privatsphäre verweist.[5]

---

1 *v. Gamm*, Einführung Rz. 102; Schricker/*Götting*, § 22 KUG Rz. 7; Dreier/*Specht*, Rz. 3 vor § 22 KUG.

2 So die zum Stand der Drucklegung überwiegende Auffassung, s. nur OLG Köln ZD 2018, 434 = WRP 2018, 1006; *Kahl/Piltz*, K&R 2018, 289; *Lauber-Rönsberg/Hartlaub*, NJW 2017, 1057; für eine weite Auslegung des Begriffs „journalistische Tätigkeit" auch Wenzel/*Burkhardt/Peifer*, Kap. 1 Rz.71 ff.

3 Wenzel/*Burkhardt/Peifer*, Kap. 1 Rz. 69 ff.; *Cornils*, ZUM 2018, 561 ff.; *Lauber-Rönsberg/Hartlaub*, NJW 2017, 1057 ff. mit Nachweisen zum umfangreichen Schrifttum zur DSGVO.

4 *Kahl/Piltz*, K&R 2018, 289.

5 EuGH K&R 2009, 102 = CR 2009, 229 – Satamedia.

Nach § 22 KUG dürfen Bildnisse nur **mit Einwilligung des Abgebildeten** verbreitet oder zur Schau gestellt werden. Die wesentlichen Ausnahmen von dieser Regel normiert **§ 23 Abs. 1 KUG**, der bestimmt, dass

21.2

„1. Bildnisse aus dem Bereich der Zeitgeschichte;

2. Bilder, auf denen Personen nur als Beiwerk neben einer Landschaft oder sonstigen Örtlichkeit erscheinen;

3. Bilder von Versammlungen, Aufzügen und ähnlichen Vorgängen, an denen die Abgebildeten teilgenommen haben;

4. Bildnisse, die nicht auf Bestellung angefertigt sind, sofern die Verbreitung oder Schaustellung einem höheren Interesse der Kunst dient"

ohne Einwilligung des Betroffenen verbreitet werden dürfen. Dies gilt allerdings nach § 23 Abs. 2 KUG nur, sofern dem nicht im Einzelfall berechtigte Interessen des Betroffenen oder im Falle seines Todes seiner Angehörigen entgegenstehen.

Da es bei §§ 22 ff. KUG um einen Aspekt des Persönlichkeitsschutzes geht, hat die Rechtspraxis den Ausnahmetatbestand betreffend **Bildnisse aus dem Bereich der Zeitgeschichte** gemäß § 23 Abs. 1 Nr. 1 KUG speziell auf die Abbildung von Personen bezogen. Sie hat dazu die für die Praxis jahrzehntelang maßgeblichen Rechtsfiguren der **absoluten** und der **relativen Person der Zeitgeschichte** entwickelt,[6] deren Einwilligung zur Verbreitung und damit auch zur Herstellung von Fotografien im Prinzip als nicht erforderlich galt, sofern dem nicht im Einzelnen zu begründende berechtigte Belange der Betroffenen im Sinn von § 23 Abs. 2 KUG entgegenstanden. Keine andere Rechtsfigur hat im Zusammenhang mit dem Recht am eigenen Bild wie auch im Bereich der Auslegung des Allgemeinen Persönlichkeitsrechts (Rz. 19.1 ff.) Rechtsprechung und rechtswissenschaftliches Schrifttum über lange Zeit so geprägt wie diejenige der Person der Zeitgeschichte und deren Ausdifferenzierung durch die Gerichte.

21.3

Die Sachgerechtigkeit der Zuordnung von Individuen zu den Kategorien der **absoluten** und der **relativen Person der Zeitgeschichte** wurde jedoch durch die Entscheidungspraxis der Gerichte selbst mehr und mehr infrage gestellt.[7] So hatten es etwa die Hamburger Gerichte[8] über Jahre hin abgelehnt, dem in den Medien seinerzeit omnipräsenten Chef des *Hauses Hannover*, *Ernst August von Hannover*, den Status einer absoluten Person der Zeitgeschichte zuzuerkennen, und im Wesentlichen mit der Begründung, er gehöre dieser Kategorie nicht an, die Veröffentlichung zahlreicher ihn zeigender Bilder ebenso untersagt wie die seine Privatsphäre betreffende Meldung über seine *in England vollzogene Ehescheidung* und die Tatsache, dass ein *Ehebruch der Scheidungsgrund* war. Der BGH hingegen,[9] der die Verbreitung dieser Meldung mit späterer Billigung durch das BVerfG[10] für rechtmäßig hielt, hat die Frage, ob und gegebenenfalls welcher der genannten Kategorien der Betroffene zuzuordnen war, bereits 1999 unentschieden gelassen, sie in den Gründen seines Urteils nicht einmal als Rechtsproblem erwähnt und das öffentliche Interesse an der in Rede stehenden Nachricht im Wege der Güterabwägung mit der gesellschaftlichen Position des Betroffenen begründet, wobei er ins-

21.4

---

6 *Neumann-Duesberg*, JZ 1960, 114.
7 Vgl. u.a. Löffler/*Steffen*, § 6 LPG Rz. 131; *Soehring*, Presserecht, 3. Aufl., Tz. 21.2 ff., und – wenn auch mit anderen Schlussfolgerungen – *Prinz/Peters*, Rz. 859.
8 OLG Hamburg v. 17.12.1996 – 7 U 178/96; LG Hamburg – 324 O 381/96 und 324 O 382/96, jeweils unveröffentlicht; weitere Nachweise unveröffentlichter Urteile zu diesem Komplex bei *Prinz/Peters*, Rz. 848 Fn. 232.
9 BGH AfP 1999, 350 = NJW 1999, 2893 – Ehebruch.
10 BVerfG AfP 2000, 352 = NJW 2000, 2189.

besondere dessen schon damals bekannte, unübersehbare Nähe zu seiner späteren Ehefrau, der von der Rechtsprechung seit Langem als absolute Person der Zeitgeschichte eingestuften *Prinzessin Caroline von Monaco*, sowie den Inhalt der Nachricht selbst und die Umstände ihres Bekanntwerdens berücksichtigte.

21.5   Gerade dieses Beispiel belegt die Feststellung, dass die Zuordnung von Individuen zu den Kategorien der **absoluten bzw. relativen Personen der Zeitgeschichte** nicht selten zu widersprüchlichen und damit ungerechten Ergebnissen führt. Statt die Frage, ob, vorbehaltlich entgegenstehender Rechte gemäß § 23 Abs. 2 KUG, die Einwilligung einer bestimmten Person zur Veröffentlichung eines bestimmten Bildes nicht erforderlich ist, anhand ihrer Zuordnung zu diesen Kategorien zu beantworten, lag es schon immer nahe, im Anschluss an einen im Schrifttum[11] publizierten Vorschlag zu fragen, ob es sich beim Betroffenen um eine Person handelt, die **im öffentlichen Leben** oder aufgrund bestimmter Ereignisse **im Blickpunkt der Öffentlichkeit** steht. Ist diese Frage zum Zeitpunkt der Veröffentlichung zu bejahen, so besteht ein empirisch belegbares und damit objektivierbares öffentliches Interesse an der Beschäftigung mit der betreffenden Person und der Illustration einschlägiger Berichterstattung durch entsprechende Bebilderung.[12] Das Beispiel *Ernst August von Hannover* belegt die Richtigkeit dieses Ansatzes. Nicht weil er Angehöriger eines der ältesten und historisch bedeutungsvollsten Adelsgeschlechter Europas ist, waren die Medien jedenfalls über lange Zeit berechtigt, sich mit ihm zu befassen und ihn im Bild zu zeigen, sondern weil er durch zahllose öffentliche Auftritte, Aktionen, Skandale und damit zeitgeschichtliche Ereignisse das Augenmerk der Öffentlichkeit immer wieder auf sich gezogen hat; sein jüngerer Bruder, der ein vergleichsweise zurückgezogenes und bescheidenes Leben zu führen scheint, konnte und kann offenbar ungeachtet seiner Zugehörigkeit zu derselben jedenfalls historisch bedeutenden Familie die Respektierung seiner Privatsphäre in demselben Umfang verlangen wie jeder andere auch, der nicht im Licht der Öffentlichkeit steht.[13]

21.6   Die Voraussetzungen für erlaubnisfreie Abbildungen nach § 23 Abs. 1 Nr. 1 KUG werden damit nicht mehr primär anhand der Einordnung der Handelnden in die hergebrachten Kategorien der absoluten und der relativen Person der Zeitgeschichte bestimmt, sondern anhand eines seinerseits durch zeitgeschichtliche Ereignisse oder Konstellationen determinierten Informationsinteresses der Öffentlichkeit.[14] Wenn eine rechtsextreme Frau auf *Facebook* unter Beifügung ihres Lichtbilds im Rahmen einer Hassbotschaft *Ausländer mit Tieren vergleicht, die zum gut gefüllten Futternapf rennen*, und fordert, dass *Bimbo zurück in den Busch zum Bananenpflücken soll*, dann ist das ungeachtet der Frage, ob es sich bei der Betroffenen nach herkömmlichen Kriterien um eine Person der Zeigeschichte handelt, ein zeitgeschichtliches Ereignis, an dem ein überragendes öffentliches Informationsinteresse besteht.[15] Fehlerhaft ist es daher, wenn das OLG München[16] in der Wiedergabe des von der Betroffenen selbst der Öffentlichkeit zugänglich gemachten Bildes im Rahmen der Veröffentlichung und Kommentierung des Hass-Postings durch eine Online-Redaktion eine Verletzung ihres Rechts am eigenen Bild sieht; vgl. zum urheberrechtlichen Aspekt dieses Falls schon Rz. 3.21. Wer sich mit

---

11 *Engels/Schulz*, AfP 1998, 574 ff., 579 ff.
12 Dazu im Einzelnen *Engels/Schulz*, AfP 1998, 574 ff., 579, 581.
13 OLG Frankfurt a.M. NJW-RR 2000, 474.
14 BVerfG AfP 2000, 78 = NJW 2000, 1021 – Caroline von Monaco I; dazu *Soehring*, AfP 2000, 230 ff.; BVerfG AfP 2001, 212 = NJW 2001, 1921.
15 Vgl. dazu im Detail *Ludyga*, AfP 2017, 196 ff.
16 OLG München AfP 2016, 278 = NJW-RR 2016, 871 – Internetpranger; anders und zutreffend für einen Fall der Wortberichterstattung OLG Saarbrücken AfP 2017, 439.

Äußerungen wie der hier in Rede stehenden und mit seinem Abbild in die Medienöffentlichkeit begibt, der stellt sich damit gleichsam selbst an den Pranger. Diesen Aspekt der selbst veranlassten **Prangerwirkung** blendet das OLG München[17] in einer zweiten Entscheidung zu diesem Sachverhalt ebenso aus wie die Tatsache, dass es in dieser Konstellation um einen die Öffentlichkeit stark bewegenden Aspekt der Zeitgeschichte geht, der nach § 23 Abs. 1 Nr. 1 KUG die Veröffentlichung des Lichtbilds im Rahmen der kritischen Auseinandersetzung mit dem Vorfall und der ihn auslösenden Person rechtfertigt.

Dieser Ansatz erklärt auch zwanglos, dass etwa Personen aus den Bereichen **Sport und Unterhaltung**, wenn sie nur hinreichend bekannt geworden sind, seit jeher zu den absoluten Personen der Zeitgeschichte gerechnet werden, obgleich sie zur Zeitgeschichte im engeren Sinn nichts beitragen und öffentliches Leben auch nur in den seltensten Fällen in sonstiger Weise prägen; sie stehen aber **im Blickpunkt der Öffentlichkeit,** und auch Aspekte der Unterhaltung sind, wie das BVerfG[18] wiederholt entschieden hat, Gegenstand legitimer Medientätigkeit und geeignet, auf ihre Weise zur öffentlichen Meinungsbildung beizutragen. Dabei ist allerdings der Freiraum, den die Medien im Konflikt mit den Persönlichkeitsrechten Betroffener in Anspruch nehmen können, in Angelegenheiten von reinem Unterhaltungswert enger gesteckt als in solchen von politischer oder gesellschaftlicher Relevanz.[19] Dieser Ansatz erklärt aber auch, dass nach etablierter Praxis **Begleiter von Prominenten** gewisse Einschränkungen ihres Rechts am eigenen Bild hinnehmen müssen, obgleich sie selbst in der Regel weder als Person der Zeitgeschichte gelten können noch unmittelbar etwas mit Ereignissen der Zeitgeschichte zu tun haben werden; dazu Rz. 21.35 f. Sie geraten allein aufgrund ihrer persönlichen Beziehungen und deren Präsenz in den Blickpunkt der Öffentlichkeit. Die Veröffentlichung von Bildern, auf denen in diesem Sinn definierte Personen des öffentlichen Lebens zu sehen sind, und die Berichterstattung über sie sind dann vom Prinzip her zulässig.

21.7

Dass das so begründete Verbreitungsrecht seinerseits nicht schrankenlos sein kann, war zu keinem Zeitpunkt fraglich und versteht sich auch heute von selbst. Die Grenzen ergeben sich aber weniger aus der Verortung unterschiedlichster Personen im Kontext des zeitgeschichtlichen Ereignisses im Rahmen von § 23 Abs. 1 Nr. 1 KUG denn aus der Veröffentlichungsschranke der **entgegenstehenden berechtigten Interessen** des Betroffenen gemäß § 23 Abs. 2 KUG,[20] der zugleich das im Bereich des Allgemeinen Persönlichkeitsrechts maßgebliche Prinzip der **Güterabwägung** zu entnehmen ist. Die Kategorien der **Personen des öffentlichen Lebens** und derjenigen **im Blickpunkt der Öffentlichkeit** erscheinen damit geeignet zur Überwindung von Schwierigkeiten, die sich bei der Anwendung der Parameter der absoluten und der relativen Person der Zeitgeschichte in der Praxis ergeben haben.

21.8

Die in einigen gerichtlichen Entscheidungen[21] des ausgehenden 20. Jahrhunderts bereits vorgezeichnete Abkehr von der Rechtsfigur der Person der Zeitgeschichte hat der BGH[22] durch

21.9

---

17 OLG München AfP 2018, 250 – Internetpranger II.
18 Vgl. nur BVerfG AfP 2000, 78 = NJW 2000, 1021 – Caroline von Monaco I.
19 Vgl. insbesondere EGMR AfP 2004, 348 = NJW 2004, 2647 – Caroline von Monaco; EGMR NJW 2012, 1058 = GRUR 2012, 741 – Axel Springer AG/Deutschland; EGMR NJW 2012, 747 – Max Mosley; EGMR NJW 2012, 1053 = GRUR 2012, 745 – Caroline von Hannover II.
20 *Engels/Schulz*, AfP 1998, 574 ff. (581).
21 Vgl. nur BVerfG AfP 2000, 78 = NJW 2000, 1021 – Caroline von Monaco I; BGH AfP 1995, 411 = NJW 1995, 861 – Caroline von Monaco I; BGH AfP 2004, 540 = NJW 2005, 594 – Rivalin von Uschi Glas; BGH AfP 2006, 62 = NJW 2006, 599 – Ernst August von Hannover.
22 BGH AfP 2007, 208 = NJW 2007, 1977 – abgestuftes Schutzkonzept; BGH ZUM 2007, 651 = GRUR 2007, 532; BGH AfP 2007, 121 = NJW 2007, 1981 – Ernst August von Hannover.

eine Serie von Entscheidungen vom 6.3.2007 zum sogenannten **abgestuften Schutzkonzept** ohne Übernahme der hier vorgeschlagenen Terminologie der Sache nach vollzogen. Die Geschichte dieses Paradigmenwechsels, wie er in der Rechtsprechung eines Obersten Bundesgerichts nicht eben häufig zu beobachten ist, lässt sich unschwer bis zum ersten *Caroline von Monaco*-Urteil des BGH[23] zurückverfolgen, das die damalige Klägerin mit der Verfassungsbeschwerde angefochten hatte. Auf diese Beschwerde hin erging mit dem Beschluss des BVerfG[24] vom 15.12.1999 die erste Grundsatzentscheidung dieses Gerichts zur Bestimmung eines gegen das Eindringen von Fotojournalisten geschützten **privaten Rückzugsraums** auch solcher Personen, die nach bisherigem Verständnis als Personen der Zeitgeschichte nur ein sehr eingeschränktes Recht am eigenen Bild für sich hatten in Anspruch nehmen können (dazu Rz. 21.51 ff.). Nachdem das BVerfG und der BGH zwar das Postulat eines Schutzes gegen das Eindringen von Fotografen in Bereiche **räumlicher Abgeschiedenheit** aufgestellt hatten, die klagende *Caroline von Monaco* aber mit ihrem prozessualen Ziel einer völligen Tabuisierung gegen Bildberichterstattung und ihrer dieser Forderung zu Grunde liegenden These unterlegen war, sie sei nicht als Person der Zeitgeschichte zu behandeln, rief sie gegen die Entscheidung des BVerfG vom 15.12.1999 den EGMR an.

21.10 Mit Urteil vom 24.6.2004[25] verwarf der EGMR den Begriff der absoluten Person der Zeitgeschichte und stufte *Caroline von Monaco* als Privatperson ein, die es, da sie keine öffentliche Funktion bekleide, nicht ohne Weiteres dulden müsse, ohne Einwilligung fotografiert zu werden. Insbesondere reiche das von den deutschen Gerichten zum Schutz des Persönlichkeitsrechts gerade prominenter Personen entwickelte Kriterium der örtlichen Abgeschiedenheit nicht aus, um diesem Personenkreis einen angemessenen Schutz ihrer Privatsphäre zu gewährleisten; ein Anspruch der Öffentlichkeit auf Informationen über das Privatleben könne nur bei Personen des öffentlichen Lebens und damit insbesondere Politikern anerkannt werden, zu denen *Caroline von Monaco* nach Auffassung dieses Gerichts aber gerade nicht gehöre. Dieses Urteil, das aufgrund der Ausgestaltung der EMRK nicht zwischen den Parteien des Ausgangsrechtsstreits wirkt, sondern statt dessen die Bundesrepublik Deutschland zur Leistung von Schadenersatz an *Caroline von Monaco* verpflichtet, und seine Auswirkungen auf die weitere Entwicklung von Berichterstattungsfreiheit und Persönlichkeitsschutz in Deutschland wurden sodann Gegenstand intensiver und kontrovers geführter Diskussionen, auf die an dieser Stelle nicht im Detail eingegangen werden kann, die aber neben vielen anderen Fragen auch diejenige aufwarf, wie sich das Verhältnis zwischen Judikaten des BVerfG und denjenigen des EGMR gestaltet, sofern beide einen identischen Sachverhalt unterschiedlich beurteilen.[26] Hierzu hat der für Rechtsstreitigkeiten aus dem Bereich von Art. 5 GG nicht zuständige Zweite Senat des BVerfG nur wenige Monate nach dem Erlass des *Caroline von Monaco*-Urteils in einem anderen Verfahren klargestellt, dass die Rechtsprechung des EGMR zur EMRK von den deutschen Gerichten einschließlich des BVerfG selbst als Auslegungshilfe zur Bestimmung von Inhalt und Reichweite auch der deutschen Grundrechte berücksichtigt werden muss, soweit dies nicht entgegen Art. 53 EMRK zu einer Beschränkung des durch das Grundgesetz gewährten Grundrechtsschutzes führt.[27]

---

23 BGH AfP 1995, 411 = NJW 1995, 861 – Caroline von Monaco I.

24 BVerfG AfP 2000, 78 = NJW 2000, 1021 – Caroline von Monaco I.

25 EGMR AfP 2004, 348 = NJW 2004, 2674 – Caroline von Monaco.

26 Vgl. statt Vieler nur *Stürner*, AfP 2005, 213 ff.; *Gersdorf*, AfP 2005, 221 ff.; *Engels/Jürgens*, NJW 2007, 2517; *Mann*, NJW 2004, 3220; *Heldrich*, NJW 2004, 1634; zu den faktischen Auswirkungen des Urteils auf die weitere Rechtsentwicklung vor allem *Hoffmann-Riem*, NJW 2009, 20 ff.

27 BVerfG NJW 2004, 3407 – Görgülü; so schon BVerfG NJW 1987, 2427; *Heldrich*, NJW 2004, 2634 ff.; *Paschke/Schulz*, Abschnitt 3 Rz. 4 ff.

Die mit der ersten *Caroline*-Entscheidung des EGMR faktisch in die Verantwortung der deut-   21.11
schen Gerichte zurückverlagerte weitere Rechtsentwicklung musste damit dessen Sicht berücksichtigen, ohne dass zugleich die in der bisherigen Rechtsprechung des BVerfG vorliegenden Konkretisierungen der Meinungs- und Medienfreiheiten einerseits und der Persönlichkeitsrechte der Betroffenen andererseits gegenstandslos geworden wären. Die Bemühungen
der Zivilgerichte um die Lösung dieser auf den ersten Blick unlösbar erscheinenden Aufgabe
(dazu im Einzelnen Rz. 21.19 ff.) kulminierten dann in der Serie der vom BGH am 6.3.2007
verkündeten Urteile,[28] die sämtlich wiederum *Caroline von Monaco* und den mit ihr inzwischen verheirateten *Prinz Ernst August von Hannover* betreffen, sowie in einer Reihe weiterer,
in Rz. 21.19 ff. dargestellter Urteile dieses Gerichts. Entsprechend der Auffassung des EGMR
hat der BGH in diesen Entscheidungen das Konzept der Person der Zeitgeschichte aufgegeben. Stattdessen ist nun auch nach seiner Auffassung entscheidend, ob die in Rede stehende
Bildberichterstattung ein Ereignis der Zeitgeschichte und die Einbindung der betroffenen Personen in ein derartiges Ereignis betrifft. Maßgeblich sind damit nunmehr die **zeitgeschichtliche Bedeutung** und der **Kontext der Berichterstattung**, um deren Bebilderung es geht. Diese dürfen aber nicht lediglich eine Alibifunktion haben; wo begleitende Textberichterstattung
keine eigene Aussage oder eine Aussage macht, die als Eingriff in das Allgemeine Persönlichkeitsrecht des Betroffenen rechtswidrig ist oder wo sie erkennbar nur dem Zweck dient, die
im Mittelpunkt stehende Veröffentlichung eines Porträtfotos zu legitimieren, kann sie eben
diesen Zweck nicht erfüllen und ist die Bildveröffentlichung folglich rechtswidrig.[29]

Gleichzeitig hat der BGH im Sinn der Position des BVerfG[30] aber klargestellt, dass der Begriff   21.12
der **Zeitgeschichte** im Interesse der Informationsfreiheit **weit auszulegen** und auf alle Vorgänge von gesellschaftlicher Relevanz anzuwenden ist. Entgegen der zunächst vom EGMR
vertretenen Auffassung kann er nicht nur und auch nicht in erster Linie auf den Bereich der
Politik bezogen werden.[31] Der EGMR seinerseits hat sich inzwischen in dieser Frage den deutschen Gerichten angenähert und klargestellt, dass es auch im Rahmen der Bildberichterstattung Aufgabe der Medien ist, Informationen und Ideen zu Fragen des allgemeinen Interesses
und dabei auch Fotos zu verbreiten, sofern sie nicht die Ehre und die Rechte anderer verletzen.[32] Hinsichtlich der Privatsphäre von Personen des öffentlichen Lebens hat der BGH obendrein die vom EGMR beanstandete Beschränkung des Schutzes auf Bereiche örtlicher Abgeschiedenheit aufgegeben und klargestellt, dass sich aus der Fokussierung auf den zeitgeschichtlichen Charakter des Anlasses von Bildberichterstattung gerade für die Gruppe der
bisherigen absoluten Personen der Zeitgeschichte eine Ausweitung des Schutzes ergibt, da die
räumliche Abgeschiedenheit nun nicht mehr Voraussetzung für die Geltendmachung des
Rechts am eigenen Bild durch Prominente ist, es vielmehr allein darauf ankommt, ob der **Anlass der Berichterstattung** einen relevanten Informations- oder Nachrichtenwert hat oder ob
er rein privater Natur ist. Allerdings kann die örtliche Abgeschiedenheit einer bestimmten
Situation nach wie vor ein Aspekt sein, der dem Recht des Betroffenen aus § 23 KUG gegen-

---

28 BGH AfP 2007, 208 = NJW 2007, 1977 – abgestuftes Schutzkonzept; BGH ZUM 2007, 651 = GRUR
    2007, 532; BGH AfP 2007, 121 = NJW 2007, 1981 – Ernst August von Hannover.
29 BGH AfP 2008, 507 = NJW 2008, 3138 – Einkaufsbummel auf Mallorca; BGH NJW 2009, 3138 =
    GRUR 2008, 1024.
30 BVerfG AfP 2000, 78 = NJW 2000, 1021 – Caroline von Monaco I; BVerfG AfP 2001, 212 = NJW
    2001, 1921; BVerfG AfP 2008, 163; BVerfG AfP 2010, 562 = NJW 2011, 740.
31 BGH AfP 2010, 259 = NJW 2010, 3025 – Galadinner im Centre Pompidou; BGH NJW 2011, 744 =
    ZUM 2011, 164 – Party-Prinzessin; BGH NJW 2011, 746 = ZUM 2011, 161 – Rosenball in Monaco;
    vgl. dazu *G. Müller*, VersR 2008, 1141 ff. unter B III 2d; *G. Müller* war seinerzeit die Vorsitzende des
    für das Äußerungsrecht zuständigen VI. Zivilsenats des BGH.
32 EGMR AfP 2013, 500 = NJW 2014, 1645 – Caroline von Hannover III.

über dem Berichterstattungsinteresse der Medien zum Durchbruch verhilft;[33] vgl. dazu auch Rz. 21.41.

21.13 Gegen zwei der drei Entscheidungen des BGH vom 6.3.2007 haben die Beteiligten erneut das BVerfG angerufen, das durch Beschluss vom 26.2.2008[34] das vom BGH nun sogenannte **abgestufte Schutzkonzept** aus verfassungsrechtlicher Sicht nicht beanstandet und lediglich in einem der streitigen Punkte der Verfassungsbeschwerde des beteiligten Verlags wegen Verletzung von dessen Grundrecht der Pressefreiheit stattgegeben hat. Wie schon der BGH hat auch das BVerfG in dieser Entscheidung dem EGMR nicht etwa den Fehdehandschuh hingeworfen,[35] sondern stattdessen die Leitlinien für die künftige Abgrenzung von Medienfreiheiten und Persönlichkeitsrechten in weitgehender Übereinstimmung mit seiner früheren Rechtsprechung unter Berücksichtigung der dargestellten Veränderungen in der Auffassung des BGH fortentwickelt, ohne in den modifizierten Positionen des BGH eine Verletzung der Vorgaben des Grundgesetzes zu erblicken.[36] Von der Maßgeblichkeit der Auffassung des EGMR im Rahmen der verfassungsrechtlichen Gewährleistungen des Grundgesetzes geht in dieser Entscheidung nun auch der für Art. 5 GG zuständige Erste Senat des BVerfG aus.

21.14 Ausdrücklich und mit Recht betont und belegt das BVerfG, dass es mit der Rechtsprechung des EGMR vereinbar ist, wenn die Fachgerichte bei der Konfliktbewältigung im Einzelfall auch die Art der **Position des Betroffenen im öffentlichen Leben** berücksichtigen, nachdem der EGMR selbst an anderer Stelle[37] zwischen **Politikern, Personen des öffentlichen Lebens, Personen im Blickpunkt der Öffentlichkeit** sowie **bloßen Privatpersonen** unterschieden und die den Konflikt auslösende *Caroline von Monaco* der mittleren dieser drei Kategorien zugeordnet hatte. Mit Recht verwirft das BVerfG auch die Auffassung der klagenden Prinzessin, sie sei gegen Medienberichterstattung und insbesondere Bildberichterstattung schlechthin zu immunisieren. Leuchtet es im Licht der durch sie maßgeblich mit beeinflussten Rechtsentwicklung ein, dass Individuen gleich welcher Funktion und Prominenz nicht durch bloße Kategorisierung als absolute Person der Zeitgeschichte pauschal der auch ihnen zukommende Persönlichkeitsschutz verweigert werden darf, so ist es bei der gebotenen Berücksichtigung der Kommunikationsgrundrechte des Art. 5 Abs. 1 GG, über die auch der EGMR nicht verfügen darf und will, ebenso zwingend, dass legitime Berichterstattung nicht daran scheitern kann, dass eine Person des öffentlichen Lebens durch gerichtliche Tabuisierung generell und unabhängig vom jeweiligen Anlass gegen Berichterstattung abgeschottet wird.

21.15 Es ist nach alledem auch unter Berücksichtigung der in Rz. 21.3 ff. dargestellten Änderung der Rechtsprechung weder geboten noch gerechtfertigt, das in Jahrzehnten deutscher Rechtskultur gewachsene System der Rechtsgewährung und des Rechtsschutzes im Rahmen des Rechts am eigenen Bild in seinen Grundstrukturen zu verändern oder gar über Bord zu werfen. Das gilt trotz der von der Rechtsprechung richtigerweise vollzogenen Abkehr von der Rechtsfigur der Person der Zeitgeschichte und trotz der Tatsache, dass die oben dargestellte Entwicklung in Teilbereichen zu einer nicht zu leugnenden Ausweitung des Schutzbereichs des § 22 KUG gegenüber den Kommunikationsgrundrechten des Art. 5 Abs. 1 GG geführt

---

33 Vgl. BVerfG NJW 2017, 1376 – Kachelmann/Gehweg-Foto einerseits und BVerfG AfP 2017, 149 = NJW 2017, 1377; bestätigt durch EGMR AfP 2019, 31 = NJW 2019, 741 – Kachelmann/Innenraum-Foto andererseits.

34 BVerfG AfP 2008, 163 = NJW 2008, 1793 – Caroline von Monaco II.

35 *Hoffmann-Riem*, NJW 2009, 20 ff., unter VIII.

36 Vgl. die Detaildarstellung bei *Hoffmann-Riem*, NJW 2009, 20 ff.

37 EGMR v. 11.1.2005 – 50774/99 – Sciacca/Italien; *Hoffmann-Riem*, NJW 2009, 220 ff. Fn. 9.

hat. Einige Entscheidungen, die vor der Konsolidierung der Rechtsprechung auf der Basis des **abgestuften Schutzkonzepts** gefällt worden sind, würden zwar künftig anders ausfallen; für die auch bei der Anwendung von § 23 KUG unverzichtbare Güterabwägung können und müssen die im Folgenden darzustellenden **Typisierungen**[38] **und Fallgruppen** der Medienpraxis wie auch der Rechtsprechung aber weiter die notwendige Orientierungshilfe bieten. Zu beachten ist dabei insbesondere, dass die deutsche Rechtsprechung die traditionell weitestgehend identische Behandlung von Wort- und Bildberichterstattung im Rahmen der Abwägung von Medienfreiheiten und Persönlichkeitsrechten aufgegeben hat und heute der Wortberichterstattung eine Vermutung der Freiheit der Rede konzediert, während im Hinblick auf den Funktionszusammenhang zwischen §§ 22 und 23 Abs. 1 KUG die Veröffentlichung von Abbildungen von Personen einer besonderen Rechtfertigung bedarf;[39] dazu im Einzelnen Rz. 19.6 ff.

Neben § 23 Abs. 1 Nr. 1 erlaubt § 23 Abs. 1 Nr. 3 KUG die Veröffentlichung von Bildern von **Versammlungen, Aufzügen** oder **ähnlichen Vorgängen**, an denen die Abgebildeten beteiligt waren. Wie § 23 Abs. 1 Nr. 1 KUG betreffend zeitgeschichtliche Ereignisse hat auch diese Ausnahme von der Grundregel der Einwilligungsbedürftigkeit der Abbildung von Personen in der Praxis der Medien und ihrer rechtlichen Bewältigung erhebliche Bedeutung. Ihr heute bei weitem wichtigster Anwendungsbereich sind Aufnahmen von Demonstrationen oder sonstigen spektakulären Ereignissen (dazu im Einzelnen Rz. 21.43 ff.). 21.16

Hingegen spielt der Ausnahmetatbestand des § 23 Abs. 1 Nr. 2 KUG betreffend Bilder, auf denen Personen nur als **Beiwerk neben einer Landschaft oder sonstigen Örtlichkeit** erscheinen, in der Praxis keine erhebliche Rolle.[40] Entscheidend ist für die Anwendbarkeit dieser Ausnahmevorschrift,[41] dass eine Landschaft oder sonstige Örtlichkeit das Bild prägt und dieses auch ohne die darauf auch abgebildete Person als vollständig erscheinen würde.[42] Die Abbildung einer Person neben anderen Personen fällt schon dem Wortlaut der Vorschrift nach nicht in ihren Anwendungsbereich; zur Problematik der Begleiter vgl. aber Rz. 21.35 f. Ebenfalls ohne nennenswerte Relevanz für die Medien ist schließlich der weitere Ausnahmetatbestand des § 23 Abs. 1 Nr. 4 KUG betreffend Bildnisse, deren Verbreitung einem **höheren Interesse der Kunst** dient.[43] Für alle diese Bestimmungen gilt aber die Beschränkung des § 23 Abs. 2 KUG ebenso wie im Rahmen des Bildnisses aus dem Bereich der Zeitgeschichte. Auch unter Berufung auf § 23 Abs. 1 Nr. 2 bis 4 KUG dürfen Abbildungen von Personen mithin nur veröffentlicht werden, soweit dem nicht berechtigte Interessen des Abgebildeten entgegenstehen. 21.17

Wie jedes in unserer Rechtsordnung gewährte Recht steht aber auch die Berufung Betroffener auf ihr Recht am eigenen Bild unter dem **Vorbehalt der missbräuchlichen Rechtsausübung**. Beschränkungen werden daher nicht nur den Medien durch § 22 KUG auferlegt, sondern durch das Verbot des Rechtsmissbrauchs auch den Betroffenen. Wer, etwa durch Veröffentlichung einer Autobiografie, an die Öffentlichkeit drängt, darf sich nicht darüber beschweren, dass er als deren Teil wahrgenommen und dargestellt wird, sofern an Art und Inhalt dieser 21.18

---

38 So auch *G. Müller*, VersR 2008, 1141 unter B III 2e unter Verweis auf BVerfG AfP 2008, 163 = NJW 2008, 1793.
39 BGH GRUR 2018, 964 – Tochter von Prinzessin Madeleine; BGH NJW 2011, 744 = ZUM 2011, 164 – Party-Prinzessin.
40 Dazu Wenzel/*v. Strobl-Albeg/Peifer*, Kap. 8 Rz. 69 ff.
41 Wenzel/*v. Strobl-Albeg/Peifer*, Kap. 8 Rz. 70.
42 OLG Karlsruhe AfP 2014, 458; Wenzel/*v. Strobl-Albeg/Peifer*, Kap. 8 Rz. 70.
43 Dazu Wenzel/*v. Strobl-Albeg/Peifer*, Kap. 8 Rz. 82 ff.

Darstellung ein berechtigtes Informationsinteresse der Öffentlichkeit besteht.[44] So können sich beispielsweise *Angehörige einer Sekte*, an deren Einrichtungen und Aktivitäten ein berechtigtes Informationsinteresse der Öffentlichkeit besteht, gegen grundsätzlich zulässige Fernsehaufnahmen ihres Zentrums nicht zur Wehr setzen, indem sie sich gegen den Widerspruch des Aufnahmeteams *selbst ins Bild drängen*, um sich anschließend gegenüber der Ausstrahlung der so entstandenen Bilder auf ihr Recht am eigenen Bild zu berufen.[45] Und wer sein Portraitfoto zur Illustration einer *rechtsradikalen, ausländerfeindlichen Hassbotschaft* selbst ins Internet einstellt, hat keinen Anspruch auf Unterlassung der Verwendung desselben Fotos zur Illustration eines Beitrags in einem elektronischen Pressemedium, das sich mit dem Vorgang kritisch auseinandersetzt;[46] vgl. dazu schon Rz. 21.6.

b) Einzelheiten

aa) Personen des öffentlichen Lebens

21.19 Am beruflichen und gesellschaftlichen Verhalten von **Personen des öffentlichen Lebens** und damit an ihrem Agieren in der **Sozialsphäre** besteht ein legitimes Informationsinteresse der Öffentlichkeit, das in aller Regel deren eigenes Interesse an der Aufrechterhaltung ihrer Anonymität überwiegt und zur Zulässigkeit auch der Herstellung und späteren Verbreitung von Fotografien führt; für den strikt privaten Bereich gilt dies heute allerdings nur noch, sofern und soweit ein Funktionszusammenhang mit ihrer beruflichen oder sozialen Sphäre festgestellt werden kann.

21.20 Zum Kreis der **Personen des öffentlichen Lebens** zählen Personen, die kraft politischer oder gesellschaftlicher Position oder kraft außergewöhnlicher persönlicher Leistung positiv oder negativ aus der Masse der Mitmenschen herausragen.[47] Sie müssen ihrer andauernden Popularität oder sonstigen Präsenz im Bewusstsein der Öffentlichkeit Tribut zollen und eine Einschränkung ihres Bildnisschutzes hinnehmen, die nicht auf ihr öffentliches Wirken beschränkt sein muss, sondern auch ihre Privatsphäre erfassen kann, sofern dies durch ein in diesen Bereich hinein wirkendes oder aus ihm heraus beeinflusstes zeitgeschichtliches Ereignis gerechtfertigt ist.[48] Dabei ist der **Begriff der Zeitgeschichte** weit auszulegen. Im Hinblick auf das Informationsinteresse der Öffentlichkeit umfasst er nicht nur Vorgänge von historisch-politischer Bedeutung, sondern das Zeitgeschehen im Allgemeinen, und damit alle Fragen von allgemeinem gesellschaftlichen Interesse.[49] Das gilt auch für unterhaltende The-

---

44 BGH NJW 2018, 3509 = GRUR 2018, 1077 für den insoweit vergleichbaren Fall der Wortberichterstattung.

45 LG Frankfurt a.M. NJW-RR 1995, 27; OLG Frankfurt a.M. NJW 1995, 878 – Universelles Leben II.

46 LG München I AfP 2016, 205; anders OLG München AfP 2016, 278 = NJW-RR 2016, 871 – Internetpranger und OLG München AfP 2018, 250 – Internetpranger II.

47 Schricker/*Götting*, § 23 KUG Rz. 25; *Damm/Rehbock*, Rz. 211; Paschke/*Kröner*, Abschnitt 34 Rz. 43 ff.

48 BGH AfP 2007, 208 = NJW 2007, 1977 – abgestuftes Schutzkonzept; BGH ZUM 2007, 651 = GRUR 2007, 532; BGH AfP 2007, 121 = NJW 2007, 1981 – Ernst August von Hannover; Schricker/*Götting*, § 23 KUG Rz. 22 ff.

49 BVerfG AfP 2008, 163 = NJW 2008, 1793 – Caroline von Monaco II; BGH AfP 2007, 208 = NJW 2007, 1977 – abgestuftes Schutzkonzept; BGH GRUR 2009, 584 – Enkel von Fürst Rainier; BGH AfP 2010, 259 = NJW 2010, 3025 – Galadinner im Centre Pompidou; BGH NJW 2011, 744 = ZUM 2011, 164 – Party-Prinzessin; BGH NJW 2011, 746 = ZUM 2011, 161 – Rosenball in Monaco; KG AfP 2013, 60; Paschke/*Kröner*, Abschnitt 34 Rz. 44 ff; *Dahle/Stegmann*, AfP 2013, 480 ff.; kritisch dazu *Dietrich*, ZUM 2014, 661 ff.; *Dietrich*, AfP 2013, 277 ff.

men und Beiträge, die nach ständiger Rechtsprechung[50] am Grundrechtsschutz teilnehmen und, wie der BGH[51] mit Recht festgestellt hat, die durch Art. 5 Abs. 1 GG geschützte Meinungsbildung nicht selten nachhaltiger anregen und beeinflussen können als strikt sachbezogene Informationen.

Personen des öffentlichen Lebens in diesem Sinn sind u.a. **Politiker**[52] einschließlich derjenigen, die nicht mehr aktiv sind, aber in ihrer aktiven Zeit eine herausragende Rolle im öffentlichen Leben gespielt haben, wie etwa die *politische Führungsschicht der vormaligen DDR*, deren Angehörige es aus diesem Grund hinzunehmen hatten, dass sich die Medien auch Jahre nach dem Ende des von ihnen repräsentierten Regimes mit ihnen und der sie betreffenden strafrechtlichen Aufarbeitung der Vergangenheit beschäftigten und unter Namensnennung und Verbreitung ihrer Bilder darüber berichteten;[53] annähernd dreißig Jahre nach dem Ende des Regimes dürfte das allerdings nur noch für Personen von historischem Rang gelten; zur zeitlichen Befristung des Rechts am eigenen Bild Rz. 13.17. Zulässig war auch eine Bildberichterstattung über einen *Einkaufsbummel der früheren Schleswig-Holsteinischen Ministerpräsidentin Heide Simonis nur wenige Tage nach ihrer Abwahl*. Die Gerichte[54] haben mit Recht ein Informationsinteresse der Öffentlichkeit daran bejaht, wie die Betroffene auch als Privatperson auf die Tatsache reagierte, dass sie das von ihr viele Jahre lang ausgeübte Amt völlig unerwartet an ihren politischen Gegner verloren hatte. Gleiches gilt für den bebilderten Bericht, der den ehemaligen Bundespräsidenten *Christian Wulff nach einem Großeinkauf auf dem Parkplatz eines Supermarkts* zeigte, weil auch an Angelegenheiten in der Sozialsphäre des vormals in herausgehobener Position tätigen Betroffenen ein berechtigtes öffentliches Informationsinteresse besteht.[55] Zulässig war es ebenso, dass Zeitungen unmittelbar nach dessen Ausscheiden aus dem Amt bebilderte Berichte über das *private Wohnhaus des ehemaligen Bundesaußenministers Joschka Fischer*[56] sowie von dessen *Ankunft auf dem Flughafen Newark auf dem Weg zum Antritt einer Dozentur in Princeton*[57] veröffentlichten.

21.21

Personen des öffentlichen Lebens können in Ausnahmefällen auch **Angehörige führender Politiker** sein. Das ist aber nur dann der Fall, wenn sie – wie etwa die *Ehefrau oder Partnerin des Bundespräsidenten* – häufig in der Öffentlichkeit zu repräsentieren haben oder wenn sie aufgrund eigener Entscheidung eine originäre Rolle in der Öffentlichkeit übernehmen.[58] Zu diesem Kreis gehören ferner berühmte *Wissenschaftler, Schauspieler* und andere *Künstler*,[59] *Sportler*[60] oder *Erfinder*,[61] werden aber Bilder verbreitet, die außerhalb ihres öffentlichen Wir-

21.22

---

50 BVerfG AfP 2000, 78 = NJW 2000, 1021 – Caroline von Monaco I; BVerfG AfP 2001, 212 = NJW 2001, 1921; BVerfG AfP 2008, 163 = NJW 2008, 1793 – Caroline von Monaco II.
51 BGH AfP 2004, 116 = NJW 2004, 766 – Feriendomizil I; BGH AfP 1995, 411 = NJW 1995, 861 – Caroline von Monaco I; BGH AfP 2007, 208 = NJW 2007, 1977 – abgestuftes Schutzkonzept.
52 Schricker/*Götting*, § 23 KUG Rz. 29; *Damm/Rehbock*, Rz. 211.
53 BVerfG AfP 1992, 359 = NJW 1992, 3288 – Honecker I; BVerfG AfP 1994, 213 = NJW 1995, 184 – Honecker II.
54 BGH AfP 2008, 499 = NJW 2008, 3134 – Einkaufsbummel nach Abwahl; KG AfP 2006, 369.
55 BGH NJW 2018, 1820 = GRUR 2018, 549 – Staatsoberhaupt beim Einkaufen.
56 BGH AfP 2009, 392 = NJW 2009, 3030 – Joschka Fischer.
57 KG AfP 2007, 375.
58 Schricker/*Götting*, § 23 KUG Rz. 42; Paschke/*Kröner*, Abschnitt 34 Rz. 58 ff.
59 BGH NJW 1956, 1554 = GRUR 1956, 427 – Paul Dahlke; BGH NJW 1959, 1269 = GRUR 1959, 430 – Caterina Valente; BGH NJW 1961, 558 = GRUR 1961, 138 – Familie Schölermann; OLG Hamburg AfP 1995, 512.
60 BGH NJW 1968, 1091 = GRUR 1968, 652 – Ligaspieler; BGH AfP 1980, 101 = NJW 1979, 2203 – Fußballkalender; BGH AfP 1979, 345 = NJW 1979, 2205 – Fußballtor; LG Berlin AfP 2006, 574.
61 RGZ 74, 308 – Graf Zeppelin; *Damm/Rehbock*, Rz. 211.

kungskreises entstanden sind, wie etwa Kinder- oder Jugendfotos oder Aufnahmen aus dem häuslichen Bereich, dann hat das mit dem zeitgeschichtlichen Aspekt ihrer Person nichts zu tun und bedarf es folglich der Einwilligung des jeweils Betroffenen.[62] Inwieweit *Nachrichtensprecher* und Schauspieler, die der Öffentlichkeit aus dem Fernsehen bekannt sind, dazu gehören, kann nicht abstrakt beurteilt werden. Häufig suchen sie auch außerhalb ihrer unmittelbaren beruflichen Funktion zur Steigerung ihres Marktwerts oder aus sonstigen Gründen die Öffentlichkeit und sorgen dann selbst dafür, dass sie zu den Personen des öffentlichen Lebens gehören; wo das nicht der Fall ist, sie vielmehr außerhalb des Mediums, das sie für alle wahrnehmbar macht, ein Leben normaler Zurückgezogenheit führen, können sie auch den normalen Schutz ihrer Privatsphäre für sich in Anspruch nehmen und gelten sie nicht als Person des öffentlichen Lebens.

21.23 Hingegen sind nach der modifizierten Rechtsprechung des BGH[63] **Angehörige regierender Fürstenhäuser** wie etwa *Caroline von Monaco* nicht mehr als Personen des öffentlichen Lebens einzustufen, wenn sie selbst keine öffentlichkeitsrelevante und damit vor allem keine politische Funktion wahrnehmen. Sie können und werden dann aber häufig aufgrund ihres persönlichen Verhaltens im Blickpunkt der Öffentlichkeit stehen (dazu Rz. 21.31), wie dies der BGH[64] und das BVerfG[65] für *Caroline von Monaco* und ihren Ehemann *Prinz Ernst August von Hannover* mit Recht festgestellt haben. Aus der Feststellung auch des EGMR,[66] dass sie nicht zu den Personen des öffentlichen Lebens gehören, folgt, wie die umfangreiche spätere Spruchpraxis der deutschen Gerichte (Einzelheiten in Rz. 21.35 ff.) und auch des EGMR selbst[67] belegt, daher keineswegs, dass sie heute gegen Bildberichterstattung immunisiert wären.

21.24 Anders als vor Beginn der in Rz. 21.2 ff. dargestellten neueren Entwicklung dürfen auch Personen des öffentlichen Lebens nicht mehr uneingeschränkt fotografiert und abgebildet werden. Dies gilt auch, soweit sie sich in der Öffentlichkeit zeigen. Gefordert wird vielmehr heute ein Bezug zwischen der betreffenden Person und einem zeitgeschichtlichen Ereignis im weitesten Sinn dieses Begriffs.[68] Faktisch ist damit nun stets ein **funktionaler Zusammenhang** zwischen der Stellung des Betroffenen im öffentlichen Leben und der jeweiligen Abbildung unverzichtbar. Für die damit erforderliche Bestimmung des Funktionszusammenhangs zwischen der Bildveröffentlichung und dem sie legitimierenden Ereignis ist in aller Regel der die Bebilderung begleitende Text heranzuziehen.[69]

21.25 Mit dieser Begründung hat es der BGH in den Entscheidungen vom 6.3.2007 einerseits als vom Berichterstattungsinteresse der Öffentlichkeit gedeckt erachtet, dass eine Zeitschrift einen bebilderten Bericht darüber veröffentlichte, dass *Caroline von Monaco* mit ihrem Ehemann *beim Skilaufen* weilte, während ihr Vater, der damals regierende Fürst von Monaco,

---

62 OLG Karlsruhe AfP 2010, 591.
63 BGH AfP 2007, 208 = NJW 2007, 1977 – abgestuftes Schutzkonzept; anders noch BGH AfP 1996, 140 = NJW 1996, 1128 – Caroline von Monaco III.
64 BGH AfP 2007, 208 = NJW 2007, 1977 – abgestuftes Schutzkonzept.
65 BVerfG AfP 2008, 163 = NJW 2008, 1793 – Caroline von Monaco II.
66 EGMR NJW 2012, 1053 = ZUM 2012, 551 – Caroline von Hannover II.
67 EGMR AfP 2013, 500 = NJW 2013, 1645 – Caroline von Hannover III.
68 BGH AfP 2007, 208 = NJW 2007, 1977 – abgestuftes Schutzkonzept; BVerfG AfP 2008, 163 = NJW 2008, 1793 – Caroline von Monaco II; *Dahle/Stegmann*, AfP 2013, 480 ff.; kritisch dazu *Dietrich*, ZUM 2014, 661 ff.; *Dietrich*, AfP 2013, 277 ff.
69 BGH ZUM 2007, 651 = GRUR 2007, 523; *Paschke/Kröner*, Abschnitt 34 Rz. 53.

schwer erkrankt war und nur von ihrer Schwester besucht wurde.[70] Bebilderten Berichten über einen *privaten Skiurlaub* der Prinzessin und ihres Ehemanns[71] ohne weiteren Informationsgehalt gestand der BGH demgegenüber mit Recht keinen **zeitgeschichtlichen Kontext** und damit keinen legitimen Berichterstattungswert zu.[72] Auch ein *gemeinsames Essen der Fernsehmoderatoren Günter Jauch und Thomas Gottschalk mit dem damaligen Bundesaußenminister Guido Westerwelle* in einem öffentlich zugänglichen Restaurant stellte kein zeitgeschichtliches Ereignis dar, das es hätte rechtfertigen können, ein bei dieser Gelegenheit hergestelltes Portraitfoto der Beteiligten ohne deren Einwilligung zu veröffentlichen.[73] *Verursacht ein bekannter Schauspieler schuldhaft einen schweren Verkehrsunfall* mit gravierenden Verletzungsfolgen für den Unfallbeteiligten, dann kann dies die Illustrierung eines dazu veröffentlichten Medienberichts mit einem Lichtbild des Schauspielers rechtfertigen, das ihn allein mit einer während der Fahrt getragenen Halskrause zeigt, während die Verbreitung weiterer, ihn im privaten Umgang mit dem verletzten Unfallopfer zeigender Fotos sein Recht am eigenen Bild verletzt.[74] Eine *berühmte Schauspielerin* wird Person des öffentlichen Lebens sein; *ihre Schwangerschaft* kann aber auch bei weitest möglichem Verständnis dieses Begriffs nicht als zeitgeschichtliches Ereignis angesehen werden, und die Veröffentlichung von Fotos, die auf die körperlichen Auswirkungen ihrer Schwangerschaft fokussiert sind, ist daher durch § 23 Abs. 1 Satz 1 KUG nicht gedeckt.[75] Als unzulässig stufte der BGH[76] zunächst auch einen bebilderten Bericht über die *Vermietung einer Ferienvilla der Eheleute von Hannover* ein, während das BVerfG,[77] ihm folgend in einer zweiten Entscheidung auch der BGH[78] und schließlich auch der EGMR[79] dem durch das umstrittene Bild illustrierten redaktionellen Bericht über die neue Sparsamkeit der Reichen und ihre dadurch motivierte Praxis, ihre Ferien-Immobilien zur Nutzung durch Private zu vermieten, eine die Öffentlichkeit bewegende Information entnahmen, die die Veröffentlichung auch des Bilds legitimierte. Zulässig war nach diesen Kriterien auch ein Fernsehbericht über den Enkel von *Fürst Rainier von Monaco aus Anlass der Beisetzung des Letzteren.*[80]

Nicht zu den Personen des öffentlichen Lebens gehören Menschen, deren Bekanntheitsgrad nicht auf eigener Leistung oder erworbener gesellschaftlicher oder politischer Position, sondern auf **Schicksalsschlägen** beruht,[81] wie *Menschen von abnorm kleinem Wuchs,*[82] *Siamesische Zwillinge*[83] oder auch *Opfer von Verkehrsunfällen* und *Gewalttaten.*[84] Sie können allerdings Teil des öffentlichen Lebens werden, wenn sich aus den konkreten Umständen des Einzelfalls etwas anderes ergibt, wie dies etwa bei einem überragenden Erfolg eines Kleinwüchsigen als Artist oder Künstler der Fall sein kann. Wenn die gesetzliche Normierung eines

21.26

---

70 BGH AfP 2007, 121 = NJW 2007, 1981 – Ernst August von Hannover.

71 BGH AfP 2007, 208 = NJW 2007, 1977 – abgestuftes Schutzkonzept.

72 Hierzu BVerfG AfP 2008, 163 = NJW 2008, 1793 – Caroline von Monaco II; EGMR NJW 2012, 1053 = ZUM 2012, 551 – Caroline von Hannover II.

73 OLG Köln AfP 2013, 512.

74 OLG Köln AfP 2013, 503 = ZUM 2013, 684.

75 OLG München AfP 2014, 347; ebenso LG München I AfP 2014, 434.

76 BGH ZUM 2007, 651 = GRUR 2007, 523.

77 BVerfG AfP 2008, 163 = NJW 2008, 1793 – Caroline von Hannover.

78 BGH AfP 2008, 503 = NJW 2008, 3141 – Urlaubsfoto von Caroline.

79 EGMR AfP 2013, 500 = NJW 2013, 1645 – Caroline von Hannover III.

80 BGH GRUR 2009, 584 = WRP 2009, 741 – Enkel von Fürst Rainier.

81 Schricker/*Götting*, § 23 KUG Rz. 30.

82 OLG München NJW 1975, 1129 – Zwerg.

83 LG Kleve MDR 1953, 107.

84 LG Köln AfP 1991, 757; OLG Karlsruhe GRUR 1989, 823 – Unfallfoto.

Rechts am eigenen Bild durch § 22 KUG überhaupt einer besonderen Rechtfertigung bedürfte, dann würde das für diesen Bereich gelten. Opfern von Schicksalsschlägen sollte das Mitgefühl und nicht die Neugier der Öffentlichkeit gelten, und ihr zu vermutender Wunsch, nicht zum Ziel von Fotografen und eines aus deren Tätigkeit möglicherweise entstehenden Voyeurismus der Öffentlichkeit zu werden, verdient den Respekt der Rechtsordnung, der sich im vorliegenden Zusammenhang bereits in der Vorverlegung des Persönlichkeitsschutzes durch Ableitung eines faktischen Fotografierverbots aus dem Allgemeinen Persönlichkeitsrecht (Rz. 9.4 ff.) Geltung verschafft.

21.27 Auch **verurteilte Straftäter** nehmen als solche am öffentlichen Leben nicht teil und gelten daher mit Recht nicht als Personen des öffentlichen Lebens.[85] Die Auffassung, jedenfalls Straftäter, die aufgrund der Außergewöhnlichkeit ihrer Tat aus der Masse herausragen, seien als Personen des öffentlichen Lebens einzustufen,[86] lässt sich im Lichte der ersten *Lebach*-Entscheidung des BVerfG[87] trotz der inzwischen vorliegenden Klarstellung in dessen zweiter Entscheidung zu demselben Komplex[88] nicht aufrechterhalten; allerdings stehen sie im zeitlichen Kontext zu ihrer Tat und deren strafrechtlicher Ahndung, gegebenenfalls aber auch später aus anderem Anlass, im Blickpunkt der Öffentlichkeit (dazu im Einzelnen Rz. 19.54 ff.). Als Person des öffentlichen Lebens werden sich prominente Straftäter allerdings in den seltenen Fällen etablieren, in denen sie, wie etwa jahrelang der inzwischen verstorbene *Fälscher der Hitler-Tagebücher, Konrad Kujau*, sich selbst weiterhin der Öffentlichkeit stellen und auf diese Weise Erinnerung und Interesse an Tat und Täter lebendig halten oder gar kommerzialisieren.

bb) Personen im Blickpunkt der Öffentlichkeit

21.28 Personen im Blickpunkt der Öffentlichkeit durften seit jeher nur in sachlichem und in der Regel auch räumlichem und zeitlichem **Zusammenhang mit dem zeitgeschichtlichen Ereignis** fotografiert und abgebildet werden, mit dem sie in Verbindung stehen.[89] Zu dieser Gruppe gehören Personen, die nicht durch ihre eigene Stellung in der Gesellschaft und/oder politische bzw. berufliche Leistungen aus der Masse hervorragen, die vielmehr erst aufgrund ihrer *Verknüpfung mit einem Ereignis der Zeitgeschichte* oder aufgrund *ihrer Beziehungen zu einer Person des öffentlichen Lebens* in den Blickpunkt der Öffentlichkeit geraten und auf diese Weise nun ihrerseits zum Gegenstand des Informationsinteresses der Öffentlichkeit werden. Dabei kann das Ereignis als solches positiver wie negativer Art sein. Seit der unter Rz. 21.2 ff. dargestellten Modifizierung der Rechtsprechung zum Recht am eigenen Bild ist die Zuordnung zu diesem Personenkreis in Abgrenzung zur Person des öffentlichen Lebens allerdings nicht mehr von derselben praktischen Bedeutung wie zuvor, da der hier maßgebliche Gesichtspunkt der thematischen Bindung der Person an ein zeitgeschichtliches Ereignis nun auch bei der Abbildung von Personen des öffentlichen Lebens zu berücksichtigen ist. Dennoch bietet die Kategorie der **Person im Blickpunkt der Öffentlichkeit** weiterhin eine wichtige Orientierungshilfe, weil nur diese Rechtsfigur erklären kann, dass auch Menschen, die nicht zu den Personen des öffentlichen Lebens zählen, situationsbedingt und häufig auch mit zeitlichen Einschränkungen ein legitimes Berichterstattungsinteresse der Medien hervorrufen.

---

85 OLG Hamburg AfP 1991, 537 = NJW-RR 1991, 990; OLG Hamburg AfP 1994, 232 = NJW-RR 1994, 1439.
86 *Damm/Rehbock*, Rz. 221.
87 BVerfG AfP 1973, 423 = NJW 1973, 1221 – Lebach I.
88 BVerfG AfP 2000, 160 = NJW 2000, 1859 – Lebach II.
89 Schricker/*Götting*, § 23 KUG Rz. 31 f.

In Verbindung mit dem zeitgeschichtlichen Ereignis, aus dem sich dieses Interesse ableitet, ergibt sich auch für diesen Personenkreis aus § 23 Abs. 1 Nr. 1 KUG eine Einschränkung des Rechts am eigenen Bild.

So musste es eine *bayerische Lokalpolitikerin*, die als Kritikerin und, wenngleich erfolglose, Herausforderin des damaligen Bayerischen Ministerpräsidenten *Edmund Stoiber* bundesweite Bekanntheit erlangt hatte, hinnehmen, dass ein während ihrer Kampagne mit ihrer Einwilligung gefertigtes, sie in erotisierender Pose zeigendes Foto später in anderem, wiederum zeitgeschichtlich relevantem Kontext veröffentlicht wurde, obgleich ihre bundesweite Bekanntheit zu diesem Zeitpunkt bereits verblasst war.[90] *Caroline* und *Ernst August von Hannover*, die nach der Rechtsprechung des EGMR nicht als Personen des öffentlichen Lebens einzustufen sind, müssen es dennoch dulden, im Rahmen eines Berichts über die Praxis sehr vermögender Menschen, ihre zuvor ausschließlich *selbst genutzten Ferienimmobilien zu vermieten*, im Bild gezeigt zu werden;[91] s. dazu schon Rz. 21.25. Personen, deren Bildnis in einer für einen begrenzten Kreis bestimmten Broschüre über den Verlauf eines von einer Wohnungsbaugesellschaft veranstalteten *Mieterfests* abgebildet werden, müssen dies im Kontext dieser Berichterstattung hinnehmen, da sich auch der Herausgeber der Broschüre auf die Rechte aus Art. 5 Abs. 1 GG berufen kann und die Beeinträchtigung der Abgebildeten gering ist.[92] Wer sich als Mitglied einer kleinen Gruppe unter der Bezeichnung *Großmütter gegen den Krieg* zu einer Mahnwache auf einem öffentlichen Platz einfindet und sich auf Diskussionen mit einem Journalisten über das Anliegen der Mahnwache und Fragen der Legitimität militärischer Aktionen einlässt, wird in seinem Recht am eigenen Bild nicht dadurch verletzt, dass sein Bild in einer dem Vorgang gewidmeten satirischen Fernsehsendung gezeigt wird.[93] Und wer zu diesem Zweck *durch Internet-Anzeigen geworbene junge Frauen unter falschem Vorwand serienmäßig in erotisierender Pose fotografiert und dabei seinerseits mit verdeckter Kamera gefilmt wird*, muss die Ausstrahlung eines ihn bei seiner Fotografentätigkeit zeigenden Fernsehfilms über dubiose Anzeigen im Internet tolerieren, da es sich bei derartigen Geschäftspraktiken auch um ein zeitgeschichtliches Ereignis handelt.[94] Ein zeitgeschichtliches Ereignis im Sinn von § 23 Abs. 1 Nr. 1 KUG stellt es schließlich auch dar, dass ein bekannter Fußballprofi *am Strand von Mallorca ausgeraubt* wurde; dies rechtfertigt allerdings nicht die Abbildung einer bei der Fertigung des Bilds vor Ort anwesenden unbeteiligten Frau, die weder mit der Straftat noch mit dem Opfer in Verbindung steht.[95]

Zu den Personen im Blickpunkt der Öffentlichkeit zählen wegen des großen öffentlichen Interesses häufig die **Beteiligten an spektakulären Strafprozessen** in zeitlichem Zusammenhang mit dem Verfahren; zur Identifizierung von Straftätern und Beschuldigten im Ermittlungsverfahren in der Medienberichterstattung vgl. Rz. 19.54 ff. und Rz. 19.60 ff. Das gilt nicht nur für die *Straftäter* selbst, sondern bei Prozessen von einigem Öffentlichkeitswert auch für die übrigen Beteiligten wie *Zeugen*[96] und *Opfer*,[97] in aller Regel aber nicht die Angehörigen der Beteiligten.[98] So können insbesondere die *überlebenden Angehörigen eines Mordopfers* die Respektierung ihrer persönlichen Trauer auch und gerade aus Anlass des Begräbnisses des

21.29

21.30

90 OLG München AfP 2013, 335.
91 EGMR AfP 2013, 500 = NJW 2013, 1645 – Caroline von Hannover III.
92 BGH AfP 2014, 324 = NJW-RR 2014, 1193.
93 BGH AfP 2013, 401 = NJW 2013, 3029.
94 OLG Karlsruhe AfP 2015, 55.
95 OLG Karlsruhe AfP 2014, 458.
96 BGH NJW 1965, 2148 = GRUR 1966, 102 – Spielgefährtin I.
97 OLG Frankfurt a. M. AfP 1976, 181 – Verbrechensopfer.
98 LG Köln AfP 1991, 757.

Opfers beanspruchen.[99] Wer zwei Straßenmusiker, die *vor einem Restaurant ein Bordstein-duell* abhalten, das als zeitgeschichtliches Ereignis gelten kann und über das daher in bebilderter Form berichtet werden darf, auffordert, den Gehsteig vor dem Restaurant zu räumen, nimmt an dem Ereignis selbst nicht aktiv teil; werden auch von ihm Fotos veröffentlicht, so verletzt ihn dies in seinem Recht am eigenen Bild.[100] Jedenfalls bei gerichtlichen Verfahren, an denen ein berechtigtes Informationsinteresse der Öffentlichkeit auch hinsichtlich der Identität der Beteiligten besteht (dazu Rz. 19.54 ff.), sind hingegen auch die beteiligten *Richter, Staatsanwälte* und *Verteidiger* als Personen im Blickpunkt der Öffentlichkeit anzusehen,[101] deren Lichtbild im Zusammenhang mit Berichten über das betreffende Verfahren gezeigt werden darf. Nach Auffassung der Landgerichte Berlin[102] und Köln[103] gilt dies nicht für ihrerseits *prominente Presseanwälte*, die es nach dieser Auffassung nicht dulden müssen, dass ihr Lichtbild im Zusammenhang mit als solchen zulässigen Berichten über von ihnen für ihre prominenten Mandanten betriebene Gerichtsverfahren veröffentlicht wird. Das ist nur zutreffend, wenn solche Verfahren ihrerseits nicht als zeitgeschichtliche Ereignisse angesehen werden können. Die große Mehrheit der von bekannten Presseanwälten geführten zivilrechtlichen Auseinandersetzungen betrifft aber Konstellationen, die als zeitgeschichtliche Ereignisse anzusehen sind; in Berichten darüber dürfen Porträts der beteiligten Anwälte ebenso gezeigt werden, wie das bei den Beteiligten an Strafverfahren der Fall ist.

21.31 In **Gerichtsverfahren** von nur durchschnittlicher oder geringer Bedeutung stehen ohnehin weder die unmittelbar *Beteiligten, Angeklagte, Zeugen* und gegebenenfalls *Opfer* noch die *mitwirkenden Richter, Staatsanwälte* und *Anwälte* im Blickpunkt der Öffentlichkeit, so dass im Zusammenhang mit solchen Verfahren Bildberichterstattung in der Regel unzulässig ist (dazu Rz. 19.60 ff.). Besteht aber an zivilrechtlichen Verfahren ein zeitgeschichtliches Interesse, weil sie sich etwa mit *Auseinandersetzungen zwischen Medien und prominenten Politikern über behauptete Falschaussagen* oder *zwischen Wirtschaftsunternehmen und Medien wegen behaupteter Umwelt- oder Gesundheitsgefährdungen* befassen, dann erstreckt sich dieses Interesse auch auf die Verfahrensbeteiligten und damit auch auf die beteiligten Rechtsanwälte, dürfen diese mithin im Rahmen entsprechender Berichterstattung abgebildet werden. In den Blickpunkt der Öffentlichkeit können schließlich auch *Journalisten* geraten, die *Zeugen herausragender Ereignisse* und auf diese Weise Teil des Geschehens werden. So wurde mit Recht etwa der mit ihrem eigenen Recht am Bild begründete Versuch einer Fernsehjournalistin zurückgewiesen, die spätere Berichterstattung über eine Szene zu unterbinden, in der sie zu dessen Lebzeiten den bekannten Entertainer *Harald Juhnke* interviewen wollte, in der dieser sie jedoch im Zustand der Trunkenheit tätlich angegriffen hatte.[104] Verfehlt erscheint demgegenüber die Auffassung, ein *Fotojournalist, der das private Anwesen eines prominenten Angeklagten aus Anlass von dessen Freispruch fotografiert* und bei dieser Gelegenheit selbst fotografiert wird, müsse die Veröffentlichung der ihn zeigenden Aufnahmen nicht dulden, obwohl das in Rede stehende Strafverfahren ohne Frage als zeitgeschichtliches Ereignis gelten musste.[105]

---

99 LG Köln AfP 1991, 757.
100 OLG Karlsruhe NJW-RR 2009, 1273.
101 OLG Hamburg AfP 1982, 177 – Rechtsanwalt; OLG München Schulze OLGZ 91; Schricker/*Götting*, § 23 KUG Rz. 33; *Damm/Rehbock*, Rz. 233 ff.; a.A. OLG Celle AfP 1984, 236.
102 LG Berlin NJW-RR 2007, 1270.
103 LG Köln AfP 2012, 586.
104 OLG Düsseldorf ZUM 2001, 706.
105 LG Köln AfP 2012, 188.

Allerdings kann es legitim sein, zur Verhinderung befürchteter Gewalttaten oder gar Lynch-Justiz das entgegenstehende Interesse im Sinn von § 23 Abs. 2 KUG höher zu werten als das Informationsinteresse der Öffentlichkeit. Dann kann es erforderlich sein, Aufnahmen von Verfahrensbeteiligten **unkenntlich zu machen** (s. dazu Rz. 6.18). Die sitzungspolizeiliche Verfügung eines Gerichts, die etwa die Veröffentlichung ungepixelter Porträtfotos eines Angeklagten untersagt, richtet sich aber nur an diejenigen Bildjournalisten, die zum Zeitpunkt des Erlasses der betreffenden Verfügung vor Ort sind. Erwirbt eine Redaktion derartige Bilder von einer Agentur und veröffentlicht sie sie ungepixelt, dann führt das nicht *per se* zur Rechtswidrigkeit der Veröffentlichung, sofern in Anbetracht der verhandelten Tat ein legitimes zeitgeschichtliches Interesse der Öffentlichkeit auch an der Identität der Täter besteht.[106] Dies ist gegebenenfalls im Verletzungsprozess unabhängig von der Entscheidung des Strafgerichts zu prüfen.

Angehörige des Adels, soweit es sich nicht um regierende Fürstenhäuser handelt, gehören in einer demokratischen Gesellschaft Jahrzehnte nach Abschaffung der gesetzlichen Adelsprivilegien allein aufgrund ihrer Zugehörigkeit zu bestimmten Familien nicht mehr zu den Personen des öffentlichen Lebens[107] (s. dazu schon Rz. 21.5). Sie sind aber erfahrungsgemäß häufig aufgrund ihres eigenen Verhaltens wie etwa ihres wiederholten Auftretens in der Öffentlichkeit Personen im Blickpunkt der Öffentlichkeit und als solche auch häufiger in Ereignisse von, wenn auch eingeschränkter, zeitgeschichtlicher Bedeutung verwickelt als Normalbürger; vgl. dazu schon die Beispiele aus der jüngeren Rechtsprechung in Rz. 21.25 ff. Auch in diesem Zusammenhang wirkt sich aus, dass der Begriff des zeitgeschichtlichen Ereignisses weit auszulegen ist (Rz. 21.20). So hat der BGH etwa einen mit Lichtbildern der Betroffenen illustrierten *Bericht über die Teilnahme einer Angehörigen des Monegassischen Fürstenhauses am dortigen Rosenball*[108] für gerechtfertigt gehalten, weil jedenfalls bei einem Teil der Bevölkerung ein legitimes Interesse an derartigen herausragenden gesellschaftlichen Ereignissen besteht. Gleiches galt für einen bebilderten Bericht über einen *Auftritt derselben Person bei einem Galadinner im Centre Pompidou* anlässlich der Eröffnung einer Ausstellung eines bekannten Künstlers[109] oder ihre *Teilnahme an einer Vernissage* insbesondere unter Berücksichtigung der Tatsache, dass sie sich auch als Kunstkolumnistin betätigt.[110] Die Veröffentlichung weiterer Lichtbilder derselben Betroffenen mit der Erwähnung der Tatsache, dass sie auf einer *AIDS-Gala* entstanden waren, hat das BVerfG demgegenüber mit der Erwägung untersagt, dass die Fotos keinen inhaltlichen Bezug zu dem Ereignis herstellten und auch der begleitende Text für den erforderlichen thematischen Bezug nichts hergab, während es im Hinblick auf den größeren Freiraum, den Art. 5 Abs. 1 GG verbaler Kommunikation einräumt, die entsprechende Wortberichterstattung einschließlich der Erwähnung der Tatsache, dass die Betroffene an dem Ereignis teilgenommen hatte, als rechtmäßig angesehen hat.[111]

Berichterstattung unter Veröffentlichung von Porträtfotos müssen **Angehörige des Adels**, aber auch andere **Prominente** obendrein hinnehmen, wenn sie selbst danach streben, das manchmal nur von ihnen selbst so empfundene Herausragen ihrer gesellschaftlichen Position

21.32

21.33

21.34

---

106 BGH AfP 2011, 356 = NJW 2011, 3153 – Bildveröffentlichung von Irakterroristen.
107 OLG Hamburg AfP 1992, 376 – Preußenprinz; OLG Hamburg ArchPR 1971, 110 – Prinzessin von Preußen.
108 NJW 2011, 746 = GRUR 2011, 259 – Rosenball in Monaco; BGH NJW 2011, 744 = GRUR 2011, 261 – Party-Prinzessin.
109 BGH AfP 2010, 259 = NJW 2010, 3025 – Galadinner im Centre Pompidou.
110 BGH AfP 2012, 45 = NJW 2012, 762 – Vernissage.
111 BVerfG AfP 2010, 562 = NJW 2011, 740 – AIDS-Gala.

aus dem Rahmen des Durchschnittlichen durch aktiven Kontakt mit den Medien zu betonen. Stets ist aber zu beachten, dass es heute eines zeitgeschichtlichen Kontexts bedarf, soll die einwilligungslose Abbildung auch eines Angehörigen des Adels gerechtfertigt sein. Die damalige Auffassung des BVerfG[112] etwa, die Veröffentlichung von Fotografien, die *Caroline von Monaco* bei einem *Sturz in einem öffentlichen Schwimmbad* zeigten, sei allein deswegen gerechtfertigt, weil es sich dort nicht um einen örtlich abgeschiedenen Rückzugsbereich handelte, ist mit dem seither gewandelten Verständnis des Schutzes der Privatsphäre nicht mehr zu vereinbaren. So muss es ein in der Öffentlichkeit bekannter Sänger nicht hinnehmen, dass Medien mit Bildern beider Beteiligten illustrierte Berichte über seine *neue Lebensgefährtin* veröffentlichen, solange die beiden nicht in der Öffentlichkeit aufgetreten sind.[113] Allerdings geraten auch Angehörige des Adels wie andere prominente Personen in einen legitimen Blickpunkt der Öffentlichkeit, wenn sie sich durch Leistungen, Funktionen oder auch nur ihr Verhalten einen entsprechenden Platz im Bewusstsein der Öffentlichkeit erworben haben. Das traf etwa zu auf den Versuch eines Angehörigen des Hochadels, *nach dem Zweiten Weltkrieg enteignetes Grundvermögen auf dem Gebiet der ehemaligen DDR in einem Verwaltungsverfahren zurück zu erhalten,*[114] so dass ein Pressebericht über das Verfahren mit seinem Bild illustriert werden darf. Und Berichte über die *Verurteilung von Ernst August von Hannover in Frankreich wegen eines erheblichen Verkehrsdelikts*[115] oder *den Grund seiner Ehescheidung*[116] sind auch nach jetzigem Verständnis unter Beifügung eines Fotos zulässig.

21.35 **Angehörige, Lebensgefährten** oder **sonstige enge Vertraute** von Personen des öffentlichen Lebens stehen nicht selten ihrerseits im Blickpunkt der Öffentlichkeit. Als Personen des öffentlichen Lebens können sie selbst dennoch nur dann eingestuft werden, wenn sie eine eigene und von derjenigen ihres Partners unabhängige Position im Bewusstsein der Öffentlichkeit bekleiden, mag auch die Prominenz des Partners ihnen den Weg dorthin erleichtert haben; nimmt etwa der *Ehepartner eines Regierungschefs* aktiv am politischen Geschehen teil oder übernimmt er oder sie eine herausragende Funktion im karitativen Bereich, dann wird man ihn oder sie als Person des öffentlichen Lebens aus eigenem Recht wahrnehmen dürfen. Bekleidet der *neue Lebensgefährte einer bekannten Künstlerin* eine Position als *Landtagsabgeordneter*, dann darf über die Beziehung beider unter Beifügung von Porträtfotos berichtet werden.[117] Gleiches gilt, wenn der der Öffentlichkeit präsentierte *Lebenspartner einer berühmten Schauspielerin* bis vor kurzem als *Pornodarsteller tätig* gewesen ist,[118] wenn eine *prominente Schauspielerin auf offener Straße eine handgreifliche Auseinandersetzung* mit demjenigen hat, mit dem sie lange Zeit eine nach außen inszenierte und kommerzialisierte Paarbeziehung unterhalten hatte,[119] oder wenn einer der *bekanntesten Moderatoren des deutschen Fernsehens nach seiner Trauung gemeinsam mit seiner Ehefrau die Kirche verlässt.*[120] Durch das zeitgeschichtliche Ereignis legitimiert war auch die Abbildung *des Vaters eines jugendlichen Amokläufers*, der sich im Zuge seiner Tat auch selbst getötet hatte, im Rahmen eines Berichts, der sich u. a. kritisch mit der etwaigen Verantwortung des Betroffenen für die Tat und deren

---

112 BVerfG AfP 2000, 348 = NJW 2000, 2192.
113 BGH AfP 2017, 310 = GRUR 2017, 850 – Popstar und Dessous-Model.
114 LG Hamburg AfP 1999, 523.
115 KG AfP 2004, 559 = NJW 2004, 3637; BGH AfP 2006, 62 = ZUM 2006, 323; BVerfG AfP 2006, 354 = NJW 2006, 2835.
116 BGH AfP 1999, 350 = NJW 1999, 2893 – Ehebruch.
117 BGH AfP 2012, 53 = NJW 2012, 763 – Die Inka-Story.
118 BGH AfP 2012, 47 = NJW 2012, 767 – Wenn Frauen zu sehr lieben (für einen Fall der Wortberichterstattung; die bildliche Illustrierung wäre hier ebenfalls zulässig gewesen).
119 KG NJW 2010, 785 = ZUM 2010, 972.
120 KG AfP 2013, 60.

fatale Folgen beschäftigte.[121] Bleiben Angehörige oder Begleiter hingegen bewusst im Hintergrund, so folgt allein daraus, dass sie am Zeitgeschehen nicht aktiv teilnehmen und daher auch nicht in den Blickpunkt der Öffentlichkeit geraten wollen; sie sind dann in aller Regel auch nicht Gegenstand eines berechtigten Informationsinteresses der Öffentlichkeit. Die im Sinn der Medienfreiheiten liberalere ältere Rechtsprechung,[122] die dazu tendierte, einem Menschen gegebenenfalls allein aus der Begleiterfunktion die Position einer relativen Person der Zeitgeschichte mit der daraus resultierenden Einschränkung ihres Rechts am eigenen Bild zuzuweisen, muss als überholt angesehen werden.

Kaum noch Einschränkungen ihres Rechts am eigenen Bild werden nach heutiger Rechtslage **21.36** daher die **Angehörigen**, **Partner** oder **Begleiter** von Personen des öffentlichen Lebens hinnehmen müssen, die nicht selbst ein originäres Informationsinteresse der Öffentlichkeit auf sich ziehen. Sie stehen ihrerseits allenfalls in sachlichem Zusammenhang mit dem Wirken ihrer prominenten Partner im Rahmen zeitgeschichtlicher Ereignisse im Blickpunkt der Öffentlichkeit und dürfen daher auch nur noch dann im Bild gezeigt werden, wenn sie mit dem betreffenden Partner zusammen im Rahmen eines zeitgeschichtlichen Ereignisses in der Öffentlichkeit auftreten oder wenn sie mit ihm zusammen oder an seiner Statt öffentlich repräsentieren.[123] Isoliert – etwa bei privatem Auftreten in der Öffentlichkeit und insbesondere *in Urlaubssituationen* (dazu Rz. 21.62) – sind sie nicht Objekt erlaubter Bildberichterstattung. Insbesondere ein wirkliches oder vermutetes Interesse an ihrem äußeren Erscheinungsbild ersetzt das nunmehr für die Einschränkung des Rechts am eigenen Bild gemäß § 23 Abs. 1 Nr. 1 KUG erforderliche zeitgeschichtliche Element nur dann, wenn sie aktiv an Ereignissen teilnehmen, die ihrerseits Gegenstand eines berechtigten Interesses der Öffentlichkeit sind. So war etwa die Verbreitung eines Fotos, das *Caroline von Monaco* und ihre damals 15-jährige Tochter ohne entsprechenden Anlass im Profil zeigte, unzulässig.[124] Und unzulässig ist auch die Verbreitung eines Fotos, das eine Frau *in räumlicher Nähe zu einem bekannten Fußballspieler zeigt, zu dem sie in keiner persönlichen Beziehung steht*.[125]

Personen, die sich nur einmal oder nur gelegentlich mit einem Prominenten in der Öffent- **21.37** lichkeit zeigen, galten demgegenüber schon nach früherer Rechtslage nicht als Personen der Zeitgeschichte; sie mussten daher eine Einschränkung ihres Rechts am eigenen Bild nicht hinnehmen.[126] Und bei Personen, die nur **im Zusammenhang mit einem bestimmten Ereignis** in den Blickpunkt der Öffentlichkeit geraten, machen auch enge persönliche Bindungen den jeweiligen Partner seinerseits jedenfalls im Allgemeinen nicht zum Gegenstand eines berechtigten Informationsinteresses der Öffentlichkeit.[127] Verfehlt und als Widerspruch zu den ansonsten von ihm vertretenen Grundsätzen zum abgestuften Schutzkonzept erscheint allerdings die Auffassung des BGH,[128] die Verbreitung von Fotografien, die *die neue Lebensgefährtin des Musikers Herbert Grönemeyer während einer Rom-Reise beim gemeinsamen Bummeln* mit ihm zeigen, stelle trotz der Tatsache einen rechtswidrigen Eingriff in ihr Recht am eigenen

---

121 OLG Stuttgart AfP 2014, 352.
122 BVerfG AfP 2001, 212 = ZUM 2001, 578; OLG Hamburg AfP 1991, 437 = NJW-RR 1990, 1000 – Begleiterin; OLG Hamburg AfP 1995, 512; LG Köln AfP 1994, 165; LG Köln AfP 1994, 166.
123 OLG Hamburg AfP 1991, 437 = NJW-RR 1990, 1000 – Begleiterin; Schricker/*Götting*, § 23 KUG Rz. 42.
124 BGH AfP 2004, 267 = NJW 2004, 1795 – Begleitperson II.
125 OLG Karlsruhe AfP 2014, 458.
126 OLG Hamburg NJW-RR 1991, 90.
127 OLG Frankfurt a.M. GRUR 1958, 508 – Verbrecherbraut.
128 BGH AfP 2007, 472 = NJW 2007, 3440 – Caféhausbesuch in Rom; ebenso KG AfP 2004, 564 = NJW 2005, 605.

Bild dar, dass diese Reise *in einem zeitlichen Zusammenhang mit der Verarbeitung des Krebstodes der Ehefrau und des Bruders des Sängers* in diversen von ihm in der Öffentlichkeit vorgetragenen Songs stand und die publizierende Zeitschrift im begleitenden Text auf diese Zusammenhänge eingegangen war. Hier bestand der Zusammenhang mit einem zeitgeschichtlichen Ereignis, als das man nicht nur das künstlerische Wirken *Grönemeyers,* sondern auch die Tatsache werten muss, dass er seine an sich strikt privaten Verluste in dieses künstlerische Wirken eingebunden und damit selbst öffentlich gemacht hatte.

21.38　Wo allerdings Personen selbst **in die Öffentlichkeit drängen**, ergeben sich die ansonsten in Fällen der **Einwilligung** oder des Verzichts geltenden Einschränkungen des Rechts am eigenen Bild (dazu Rz. 21.69 ff.). Die noch vor der Modifizierung der Rechtsprechung zum unterschiedlichen Schutzbereich des Rechts am eigenen Bild und des Allgemeinen Persönlichkeitsrechts ergangene Entscheidung des BVerfG,[129] die ihrerseits in der Öffentlichkeit völlig unbekannte neue Partnerin des Ehemanns der prominenten Schauspielerin *Uschi Glas,* deren Ehe aufgrund dieser neuen Beziehung gescheitert war, müsse eine bebilderte Berichterstattung über die neue Beziehung hinnehmen, nachdem sie *sich mit ihrem neuen Partner anlässlich einer Pressekonferenz zu ihm bekannt und in die Fertigung von Bildern eingewilligt* hatte, entspricht daher auch der heute geltenden Rechtslage.[130] Mit Recht hat das LG Berlin entschieden, dass ein Zeuge in einem spektakulären Strafverfahren zwar noch nicht durch seine Zeugenaussage, zu der er gesetzlich verpflichtet war, wohl aber dadurch zu einer Person im Blickpunkt der Öffentlichkeit wurde, dass er sich selbst *gegenüber einer Zeitungsredaktion zum Gegenstand des entsprechenden Strafverfahrens* äußerte.[131] Wer sich als Mitglied einer *kleinen Gruppe von Demonstranten auf eine Diskussion mit einem Fernsehjournalisten einlässt und dabei ohne Widerspruch gefilmt* wird, rechnet damit, dass sein Bild vom Fernsehveranstalter auch ausgestrahlt wird.[132] Und mit der Wiedergabe der ihn zeigenden Bilder in einer Suchmaschine muss rechnen, wer sie frei zugänglich in das Internet einstellt.[133] Fehlerhaft ist auch unter diesem Aspekt die Auffassung des OLG München,[134] die Wiedergabe eines von der Betroffenen selbst der Öffentlichkeit zugänglich gemachten Fotos im Rahmen der *Veröffentlichung und Kommentierung eines von ihr verbreiteten Hass-Posting* durch eine Online-Redaktion stelle eine Verletzung ihres Rechts am eigenen Bild dar (Rz. 21.6).

21.39　Große Zurückhaltung ist bei **Kindern** geboten. Das gilt schon für das Neugeborene, das die in der einwilligungslosen Abbildung liegende Rechtsverletzung noch nicht wahrzunehmen vermag.[135] Nach der Rechtsprechung des BVerfG[136] bedürfen Kinder im Interesse ihrer ungestörten Entwicklung eines größeren Freiraums ihrer Privatsphäre gegenüber der Beobachtung durch die Medien einschließlich deren bildlicher Dokumentation, wenngleich es eine Regelvermutung für die Rechtswidrigkeit einschlägiger Veröffentlichung nicht gibt[137] und Ju-

---

129　BVerfG AfP 2006, 448 = NJW 2006, 3406; BGH AfP 2004, 540 = NJW 2005, 594 – Rivalin von Uschi Glas.

130　Vgl. hierzu auch BVerfG AfP 2006, 347 = NJW 2006, 2836 – Feriendomizil II.

131　LG Berlin AfP 2004, 68.

132　BGH AfP 2013, 401 = NJW 2013, 3029.

133　OLG Köln ZUM 2010, 706 = MMR 2011, 323; LG Hamburg AfP 2010, 606 = ZUM-RD 2010, 623.

134　OLG München AfP 2016, 278 = NJW-RR 2016, 871 – Internetpranger; OLG München AfP 2018, 250 – Internetpranger II; anders und zutreffend für einen Fall der Wortberichterstattung OLG Saarbrücken AfP 2017, 439.

135　OLG Dresden NJW-RR 2018, 1132.

136　BVerfG AfP 2000, 76 = NJW 2000, 1021 – Caroline von Monaco I; dazu *Soehring,* AfP 2000, 230 ff.; BVerfG AfP 2000, 347 = NJW 2000, 2191; BGH AfP 2013, 399 = NJW 2013, 2890.

137　BVerfG AfP 2012, 143 = NJW 2012, 1500 – Wilde Kerle.

gendliche daher nicht ausnahmslos beanspruchen können, vor Eintritt in die Volljährigkeit unter keinen wie immer gearteten Umständen abgebildet zu werden.[138] Auch für **Kinder von Personen in herausgehobener Position** hat das BVerfG[139] die These, dass ein Agieren in der Öffentlichkeit in der Regel bereits mit einem Verzicht auf Privatheit einhergehe, bereits früh verworfen und entschieden, dass auch kindgerechtes Verhalten in der Öffentlichkeit selbst bei Kindern von Personen des öffentlichen Lebens ihrer geschützten Privatsphäre zuzurechnen ist. So galten etwa die Kinder von *Caroline von Monaco* ihrerseits schon zu der Zeit nicht als Personen des öffentlichen Lebens,[140] als der BGH[141] ihre Mutter in ständiger Rechtsprechung noch als Person der Zeitgeschichte einordnete. Dieser Schutz hatte und hat obendrein die Reflexwirkung, dass Eltern, die ohne ihre Kinder Bildveröffentlichungen hinzunehmen hätten, an dem höheren Schutzgehalt des Rechts ihrer Kinder teilnehmen und ihrerseits geschützt sind, soweit es um die Verbreitung von Aufnahmen geht, die sie gemeinsam mit ihren Kindern zeigen.[142] Allerdings ist auch dieser Schutz nicht absolut. Wenn Kinder sich *in Begleitung ihrer Eltern* oder jedenfalls eines von ihnen *bewusst der Öffentlichkeit zuwenden oder an öffentlichen Veranstaltungen teilnehmen*, dann kann es sich um ein zeitgeschichtliches Ereignis handeln, das auch ihre Abbildung im Rahmen der Berichterstattung über die betreffende Veranstaltung rechtfertigt.[143] Zulässig war daher die Bildberichterstattung über die *Teilnahme der elfjährigen Tochter von Caroline von Hannover an einem Eiskunstlaufturnier* in Anwesenheit ihrer Mutter, da es sich auch bei Sportveranstaltungen und selbst bei solchen von nur regionaler Bedeutung um Ereignisse der Zeitgeschichte handelt.[144] Geschützt gegen Bildberichterstattung ist aber der Bereich spezifischer **elterlicher Zuwendung** zu den Kindern.[145] Eine Verletzung des Rechts des Kindes an seinem eigenen Bild stellte etwa auch die Veröffentlichung von Lichtbildern dar, die ohne Einverständnis der Betroffenen anlässlich der Taufe des Kindes der Geigerin *Anne Sophie Mutter* angefertigt worden waren.[146]

In aller Regel erlischt das Interesse der Öffentlichkeit an Ereignissen der Zeitgeschichte ohne historische oder aus sonstigen Gründen überragende Dimension nach einer gewissen Zeitspanne, wie auch das Interesse der Öffentlichkeit an den Begleitern von Prominenten nach einer Weile erlischt, wenn sie sich nicht mehr gemeinsam in der Öffentlichkeit zeigen. Die Betroffenen stehen dann **nicht mehr im Blickpunkt der Öffentlichkeit**, und das Ereignis, das die Wiedergabe ihres Bilds legitimiert haben mag, ist mangels Aktualität nicht mehr zeitgeschichtlich. Dies führt dazu, dass das Recht zur einwilligungslosen Verbreitung von Bildern von Personen im Blickpunkt der Öffentlichkeit in der Regel zeitlich befristet ist und erlischt, wenn auch das Interesse der Öffentlichkeit an dem Geschehen oder wenn die Verbindung der Betroffenen mit den Personen endet, von denen sie ihre vorübergehende zeitgeschichtliche Bedeutung ableiten,[147] wie aber auch umgekehrt das öffentliche Interesse an einem bestimmten Vorgang der Vergangenheit nach Jahren aus aktuellem Anlass wieder erwachen kann und dann auch diejenigen, die mit ihm in unmittelbarer Verbindung standen, erneut ins Licht der

21.40

---

138 BGH NJW 2010, 1454 = GRUR 2010, 173.
139 BVerfG AfP 2000, 347 = NJW 2000, 2191.
140 BGH AfP 1996, 138 = NJW 1996, 985 – Kumulationsgedanke; KG AfP 2007, 221.
141 Vgl. nur BGH AfP 1996, 140 = NJW 1996, 1128 – Caroline von Monaco III.
142 OLG Hamburg AfP 2007, 558.
143 OLG Hamburg AfP 2006, 369.
144 BGH AfP 2013, 399 = NJW 2013, 2890.
145 BGH GRUR 2018, 964 – Tochter von Prinzessin Madeleine; BGH NJW 2011, 744 = ZUM 2011, 164 – Party-Prinzessin
146 OLG München AfP 1995, 658 = NJW-RR 1996, 93.
147 OLG Hamburg AfP 1987, 518; Löffler/*Steffen*, § 6 LPG Rz. 211.

Öffentlichkeit rücken können.[148] Soweit **Begleiter** von Personen des öffentlichen Lebens überhaupt im Blickpunkt der Öffentlichkeit stehen, kommt eine Einschränkung ihres Rechts am eigenen Bild gemäß § 23 Abs. 1 Nr. 1 KUG daher allenfalls für die Zeit des die Veröffentlichung legitimierenden Ereignisses oder einer gewissen Nachwirkung in Betracht. Wer sich etwa mit einem Schlager- oder Fußballstar liiert und sich in dieser Beziehung der Öffentlichkeit präsentiert, ist Gegenstand eines eingeschränkten öffentlichen Interesses allenfalls für die Zeit der Liaison, nicht aber Jahre danach.[149] So musste es eine frühere Freundin des damaligen Tennisstars *Boris Becker* auch nicht hinnehmen, dass sich nach der Beendigung dieser Beziehung ein Film mit ihr beschäftigte und sie im Bild zeigte.[150]

21.41 Bildberichterstattung wird ihr Augenmerk häufig auch auf die **Täter aufsehenerregender Verbrechen zum Zeitpunkt ihrer Entlassung aus der Strafhaft** richten. Insoweit kommen dieselben Kriterien zur Anwendung wie im Fall der Wortberichterstattung (dazu Rz. 19.60 ff.). Ist ein *Bericht über die bevorstehende Haftentlassung* im Ausnahmefall zulässig, weil auch dieser Vorgang als ein zeitgeschichtliches Ereignis anzusehen ist, dann muss auch die Bebilderung des entsprechenden Berichts mit einem Foto des Betroffenen aus der Zeit der Tat oder aber auch mit einem aktuellen Foto[151] zulässig sein. Zulässig im Hinblick auf den historischen Stellenwert des gesamten *RAF-Komplexes* war daher bebilderte Berichterstattung über die *bevorstehende Haftentlassung* rechtskräftig verurteilter Straftäter aus dieser Gruppe[152] oder auch die *Teilnahme eines entlassenen Täters an einer öffentlichen Diskussionsveranstaltung.*[153] Und zulässig war auch die mit einem Foto des Betroffenen bebilderte Berichterstattung darüber, dass *ein zu einer Freiheitsstrafe verurteilter bundesweit bekannter Fernsehschauspieler bereits zwei Wochen nach Haftantritt Freigang* für einen Besuch bei seiner Familie erhielt, weil der BGH[154] in der Frage nach der Angemessenheit eines derart lockeren Strafvollzugs anhand des Beispiels eines prominenten Strafgefangenen mit Recht ein zeitgeschichtlich relevantes Thema sah, das zu erörtern und zu bebildern die Medien berechtigt sein müssen. Zulässig war auch die mit dem Abbild *eines der Rädelsführer* versehene Berichterstattung über einen *tätlichen Angriff eines Fan-Clubs eines Vereins der Fußballbundesliga auf Fans eines anderen Vereins* aus Anlass der gegen den Betroffenen wegen dieses Delikts beginnenden strafprozessualen Hauptverhandlung.[155] Unzulässig ist es aber, selbst einen äußerst prominenten Untersuchungshäftling, dessen Festnahme mit Recht große publizistische Wellen geschlagen hat, *mittels Teleobjektivs beim Freigang im Hof der Justizvollzugsanstalt* zu fotografieren und die Bilder zu veröffentlichen; hier fehlt es jedenfalls mehrere Wochen nach Anordnung der Untersuchungshaft an dem erforderlichen zeitgeschichtlichen Kontext, und aus der Tatsache, dass der Hof der Justizvollzugsanstalt für die Öffentlichkeit nicht zugänglich ist, folgt auch, dass der Betroffene auf die Privatheit der Situation vertrauen darf, während die Aufnahme desselben Betroffenen auf dem öffentlichen Weg zum Büro seiner Verteidiger statthaft war.[156]

---

148 Löffler/*Steffen*, § 6 LPG Rz. 211.
149 OLG Frankfurt a. M. GRUR 1987, 195 – Foto der Freundin; OLG Hamburg AfP 1985, 209.
150 OLG Hamburg AfP 1993, 576.
151 LG Berlin AfP 2008, 222.
152 KG AfP 2008, 396 = NJW-RR 2008, 1625; KG AfP 2007, 376 = NJW-RR 2008, 492; LG Berlin AfP 2007, 282.
153 LG Berlin AfP 2008, 222.
154 BGH NJW 2009, 150 = ZUM 2009, 148 = GRUR 2009, 150 = WRP 2009, 190 – Karsten Speck.
155 OLG Köln AfP 2019, 74.
156 BVerfG AfP 2017, 149 – NJW 2017, 1377; EGMR AfP 2019, 31 = NJW 2019, 741 – Kachelmann/Innenhof-Foto und BVerfG NJW 2017, 1376 – Kachelmann/Gehweg-Foto; OLG Köln AfP 2012, 71 = ZUM 2012, 703.

Besonders schutzbedürftig gegen eine Verletzung ihres Allgemeinen Personsrechts sind   21.42
schließlich **Verbrechensopfer**. Gerade für sie gilt, dass Personen im Blickpunkt der Öffentlichkeit Gegenstand eines berechtigten Informationsinteresses und damit erlaubtes Objekt der
Herstellung und Verbreitung von Fotografien nur im Zusammenhang mit dem jeweiligen Ereignis sind, durch das sie bekanntgeworden sind. So ist es etwa zulässig, das Opfer einer Geiselnahme während des für die Öffentlichkeit sichtbaren Abtransports zum Fluchtauto des
Geiselnehmers und später im Zusammenhang mit seinem Zeugenauftritt im Strafprozess zu
fotografieren. Losgelöst von diesen Ereignissen stellt die Herstellung fotografischer Aufnahmen eine Verletzung des Rechts des Betroffenen an seinem eigenen Bild dar.[157]

cc) Demonstrationen und Polizeieinsätze

Stets umstritten ist in der Praxis die Frage, ob und in welchem Umfang es zulässig ist, Foto-   21.43
grafien von **Demonstrationen** und **Polizeieinsätzen** herzustellen und zu verbreiten. Dabei
wurde traditionell Widerstand gegen die Tätigkeit der Fotojournalisten in diesem Bereich
nicht ausschließlich von Seiten der bei Demonstrationen eingesetzten Polizeibeamten, sondern wegen des Versagens von Zeugnisverweigerungsrecht und Beschlagnahmeverbot bei
selbst recherchiertem Material und damit vor allem bei selbst gefertigten Fotos auch von Seiten der Teilnehmer an Demonstrationen geleistet. Hieraus ergab sich eine bedenkliche Einschränkung der Freiheit der Berichterstattung gerade in einem Bereich, der nicht nur durch
Art. 9 GG selbst verfassungsrechtlich gewährleistet ist, in dem sich vielmehr die Einschränkung der Berichterstattung in erhöhtem Maß kontraproduktiv auswirkt. Demonstrationen,
die unter Ausschluss der Öffentlichkeit einschließlich derjenigen, die nur durch Vermittlung
der Medien Kenntnis nehmen kann oder will, stattfinden, verfehlen ihren ureigensten Zweck.
Nachdem der Gesetzgeber durch die StPO-Novelle 2002 grundsätzlich auch das selbst recherchierte Material dem Zeugnisverweigerungsrecht und damit dem Beschlagnahmeverbot unterworfen hat (Rz. 8.4 und Rz. 8.26 ff.), hat sich aber auch die Rechtslage bei der fotografischen Begleitung von Demonstrationen und Polizeieinsätzen entspannt. Allerdings vertreten
Polizisten bis heute die fehlerhafte Auffassung, die Herstellung von Aufnahmen, die sie bei
der Ausübung ihrer Funktionen zeigen, sei als jedenfalls potenzielle Verletzung ihres Rechts
am eigenen Bild bereits ohne Hinzutreten konkreter Beweisanzeichen rechtswidrig;[158] dazu
schon Rz. 9.3 ff.

Die Aufnahme von **Fotografien von Demonstrationen und Polizeieinsätzen** ist im Licht der   21.44
modifizierten Interpretation von § 23 Abs. 1 Nr. 1 KUG durch die Rechtsprechung
(Rz. 21.2 ff.) schon nach dieser Vorschrift zulässig. Denn bei Demonstrationen und Polizeieinsätzen handelt es sich regelmäßig um **Ereignisse der Zeitgeschichte**. Entgegenstehende
Belange der auf beiden Seiten beteiligten Personen im Sinn von § 23 Abs. 2 KUG kommen
regelmäßig nicht in Betracht. Das folgt zwingend aus dem verfassungsrechtlich gesicherten
Auftrag der Medien zur Beobachtung und Kontrolle staatlichen Handelns, der gerade dort
besondere Bedeutung erlangt, wo dieses – wie bei Polizeieinsätzen gelegentlich ganz unvermeidlich – in Gewaltanwendung mündet. Obendrein gestattet § 23 Abs. 1 Nr. 3 KUG die einwilligungslose Verbreitung von Fotografien ausdrücklich für

„Bilder von Versammlungen, Aufzügen und ähnlichen Vorgängen, an denen dargestellte Personen
teilgenommen haben".

---

157 OLG Hamburg NJW 1975, 649 – Aus nichtigem Anlass?
158 Zutreffend BVerfG ZUM 2015, 986 entgegen OVG Lüneburg ZUM-RD 2014, 305 und VG Göttin-
     gen ZUM-RD 2013, 490.

Ist aber die Verbreitung derartiger Aufnahmen rechtmäßig, dann muss das denknotwendig für deren Herstellung erst recht gelten.

21.45 Bei Demonstrationen und Versammlungen sowie bei deren Begleitung und Sicherung durch die Polizei handelt es sich um **zeitgeschichtliche Ereignisse**, an die das Recht zur Herstellung und Verbreitung von Personenbildern ohne Einwilligung der Betroffenen nach heutiger Rechtslage in allererster Linie anknüpft. Damit ist die Anfertigung und Verbreitung von Bildern von Demonstrationen und Versammlungen gerechtfertigt, an denen die abgebildeten Personen teilnehmen oder teilgenommen haben.[159] Die grundsätzliche Berechtigung der Medien, bei derartigen Ereignissen Aufnahmen herzustellen, erkennen auch die von den journalistischen Berufsverbänden und der Innenministerkonferenz herausgegebenen **Verhaltensgrundsätze für Presse/Rundfunk und Polizei zur Vermeidung von Behinderungen bei der Durchführung polizeilicher Aufgaben und der freien Ausübung der Berichterstattung** (dazu Rz. 6.31) seit jeher an, die ausdrücklich festlegen, dass auch das Fotografieren mehrerer oder einzelner Polizeieinsätze bei aufsehenerregenden Einsätzen im Allgemeinen zulässig ist.

21.46 Insbesondere in diesem Zusammenhang ist daher zunächst der Grundsatz zu betonen, dass die Herstellung von Aufnahmen in diesem Bereich nicht gesetzlich verboten ist, weil es auch deren Verbreitung nicht wäre. Wer sich an einer öffentlichen Demonstration beteiligt, begibt sich *per se* in den Anwendungsbereich von § 23 Abs. 1 Nr. 3 KUG, gerät obendrein allein dadurch jedenfalls für den Zeitraum der Veranstaltung und im Umfang seines persönlichen Engagements in den Blickpunkt der Öffentlichkeit und verzichtet schon damit auf ein Stück seiner Anonymität. Berechtigte Belange, die er der Anfertigung von **Fotografien des Vorgangs als solchen** entgegensetzen könnte, an dem er sich beteiligt, gibt es im Allgemeinen nicht,[160] auch wenn er aufgrund seiner Teilnahme auf derartigen Aufnahmen erkennbar ist; zu den sogenannten Porträt-Aufnahmen s. aber Rz. 21.47 ff. Und wer als Polizist an einer Demonstration oder einer anderen Aktion in der Öffentlichkeit teilnimmt, wird seinerseits im Anwendungsbereich von § 23 Abs. 1 Nr. 1 und 3 KUG tätig, so dass ein generelles Verbot der Herstellung von Aufnahmen auch insoweit nicht in Betracht kommt.[161] Soweit die Rechtsprechung[162] insbesondere der Strafgerichte eine gegenteilige Tendenz erkennen lässt, ist sie mit § 23 Abs. 1 Nr. 3 KUG ebenso wenig zu vereinbaren wie mit der verfassungsrechtlichen Gewährleistung auch der Bildberichterstattung[163] wie schließlich der heutigen Interpretation von § 23 Abs. 1 Nr. 1 KUG durch die Rechtsprechung des BGH und des BVerfG (Rz. 21.2 ff.). Mit Recht haben Kritiker der Rechtsprechung, die von der prinzipiellen Unzulässigkeit des Fotografierens oder Filmens von Polizisten bei Demonstrationen und Einsätzen ausgeht, den Vorwurf gemacht, sie messe mit zweierlei Maß, indem sie das Fotografieren von Demonstranten regelmäßig erlaube, dasjenige der sie begleitenden Polizisten hingegen regelmäßig verbiete.[164]

21.47 Tatsächlich ist in beiden Bereichen eine **differenzierende Betrachtungsweise** geboten.[165] Soweit sie den Vorgang an sich, mithin die **konkrete Situation** erfassen, sind Herstellung und Verbreitung fotografischer Aufnahmen von Demonstrationen und Polizeieinsätzen erlaubt.[166]

---

159 *Damm/Rehbock*, Rz. 251; *Ricker/Weberling*, Kap. 43 Rz. 29.
160 Schricker/*Götting*, § 23 KUG Rz. 88.
161 *Damm/Rehbock*, Rz. 252.
162 OLG Hamburg NJW 1972, 1290; OLG Bremen NJW 1977, 158; OLG Celle NJW 1979, 57.
163 BVerfG ZUM 2015, 986.
164 Schricker/*Götting*, § 23 KUG Rz. 89; *Schomburg*, AfP 1984, 80.
165 *Ricker/Weberling*, Kap. 43 Rz. 32 ff.
166 BVerfG ZUM 2015, 986 = GRUR 2016, 311; Schricker/*Götting*, § 23 KUG Rz. 91; *Ricker/Weberling*, Kap. 43 Rz. 32 ff; *Damm/Rehbock*, Rz. 252.

Nur diese Auffassung ist mit der Regel des § 23 Abs. 1 Nr. 3 KUG zu vereinbaren, die die Verbreitung von Bildern von Versammlungen und ähnlichen Veranstaltungen auch ohne die Einwilligung derjenigen für rechtmäßig erklärt, die daran – sei es als Demonstranten, sei es als Polizisten – teilnehmen. Eine Entscheidung des BVerfG[167] vom 17.2.2009, die die Fertigung und Speicherung von Übersichtsaufnahmen von Demonstrationen an bestimmte Voraussetzungen knüpft, steht dem nicht entgegen, da sie die Tätigkeit der Polizei auf der Basis des Bayerischen Versammlungsgesetzes und nicht diejenige der Medien betrifft. Einzelne Personen geraten aber durch ihre schlichte Teilnahme an einer Demonstration als Individuen nur sehr eingeschränkt in den Blickpunkt der Öffentlichkeit; Gleiches gilt für die Zugehörigkeit zu einer Polizeieinheit, die die Aufgabe hat, die Demonstration zu begleiten und bei etwaigen Gewalttätigkeiten einzuschreiten. Mit dieser Begründung galten nach der früheren Rechtslage Herstellung und Verbreitung so genannter **Porträtaufnahmen** von Demonstranten wie auch von Polizisten, Aufnahmen also, deren optischer Schwerpunkt nicht dem Vorgang der Demonstration oder des Polizeieinsatzes an sich, sondern der Erfassung und Darstellung einzelner daran beteiligter Personen gilt, in der Regel als unzulässig.[168]

Daran hat sich auch durch die Neuausrichtung der Rechtsprechung zu § 23 Abs. 1 Nr. 1 KUG nichts geändert. Denn wer in einem Demonstrationszug lediglich mitmarschiert, ohne sich etwa als Redner oder durch Gewaltakte zu exponieren, nimmt bei einem solchen zeitgeschichtlichen Ereignis nur eine derart zurückgezogene Rolle ein, dass seine isolierte Herausstellung im Bild von dieser Rolle nicht legitimiert werden kann. Insoweit gilt nichts anderes als bei anderen Massenveranstaltungen auch. So ist es etwa ohne Weiteres zulässig, die Gesamtansicht einer vollen Stadiontribüne bei einem Fußballspiel abzulichten, während es unzulässig ist, einzelne Besucher mittels Teleobjektivs aus der Masse der Zuschauer zu isolieren. Ob auch die filmische Abbildung eines **Trauerzugs** nach § 23 Abs. 1 Nr. 3 KUG zulässig ist, kann nur in Abhängigkeit von der jeweiligen Situation beurteilt werden; handelt es sich um einen Zug, an dem wegen der Prominenz des Verstorbenen zahlreiche Menschen teilnehmen, so wird Bildberichterstattung prinzipiell zulässig, bei einem privaten Zug von der Kirche zum Friedhof wird sie eher unzulässig sein.[169] Sie ist aber immer unzulässig, wenn einzelne Teilnehmer nach Art einer Porträtaufnahme gezielt herausgestellt werden.[170]

21.48

Die **gezielte Aufnahme einzelner Demonstranten** wird erst dann zulässig, wenn sie durch die Art ihrer Teilnahme in den Blickpunkt öffentlichen Interesses geraten.[171] Das kann sich etwa aus ihrer Funktion als Versammlungsleiter oder Veranstalter der Demonstration, als Redner oder auch durch die Begehung von Straftaten wie des Einwerfens von Fensterscheiben oder tätlicher Angriffe auf Dritte ergeben. Gleiches gilt für die **gezielte Aufnahme von Polizisten** im Einsatz. Auch sie wird in dem Augenblick zulässig, in dem an ihr ein besonderes öffentliches Informationsinteresse entsteht, weil etwa der Polizist selbst bei der Ausübung seines Amts eine strafbare Handlung begeht und insbesondere durch die Situation nicht gerechtfertigte Gewalt ausübt.[172] Die bloße Mitwirkung einer Gruppe von Polizisten an einer häuslichen Durchsuchungsmaßnahme, an deren Rechtmäßigkeit kein Zweifel bestand, hat das OLG

21.49

---

167 BVerfG NVwZ 2009, 441.
168 Schricker/*Götting*, § 23 KUG Rz. 92, 95.
169 Wenzel/*v. Strobl-Albeg/Peifer*, Kap. 8 Rz. 78.
170 LG Köln AfP 1994, 246 = NJW-RR 1995, 1175.
171 Schricker/*Götting*, § 23 KUG Rz. 92.
172 *Rebmann*, AfP 1982, 189, 194.

Celle aber mit Recht als nicht hinreichenden Anlass für die Verbreitung von Porträtfotos der Beamten angesehen.[173]

21.50 Es ist jedoch nicht gerechtfertigt, allein aus der Tatsache, dass Fotojournalisten Polizeieinheiten bei einem Demonstrationseinsatz aufnehmen oder filmen, zu folgern, dass dadurch das Recht einzelner Beamten an ihrem eigenen Bild verletzt werden soll oder könnte;[174] vgl. dazu schon Rz. 9.9. Das VG Köln[175] hat in diesem Zusammenhang zutreffend darauf hingewiesen, dass von Fotoreportern und Journalisten in der Regel die Kenntnis der einschlägigen gesetzlichen Bestimmungen und dementsprechend eine sachgerechte und gesetzeskonforme Verwendung des hergestellten fotografischen oder filmischen Materials erwartet werden darf. Schon aus diesem Grund besteht kein Anlass für die Vermutung, zulässige Aufnahmen der bei Demonstrationen und Polizeieinsätzen entstehenden Situationen könnten in einer Weise missbräuchlich veröffentlicht werden, die zu einer Verletzung des Rechts der Beteiligten an ihrem eigenen Bild führen.

c) Berechtigte Interessen des Abgebildeten

21.51 Auch soweit in den vorstehend dargestellten Grenzen die Herstellung und Verbreitung von fotografischen oder filmischen Aufnahmen von Personen ohne Einwilligung des Abgebildeten zulässig sind, gilt dies nicht ohne Einschränkung. § 23 Abs. 2 KUG bestimmt vielmehr, dass die Verbreitung von Aufnahmen, durch die **ein berechtigtes Interesse des Abgebildeten** oder, im Fall seines Todes, der Angehörigen **verletzt wird**, stets unzulässig ist. Ob das der Fall ist, lässt sich in der Regel erst anhand der konkreten Art der Veröffentlichung unter Berücksichtigung der Umstände des Einzelfalls und nach Abwägung der widerstreitenden Interessen feststellen. Dabei sind insbesondere auch das redaktionelle Umfeld der Bildveröffentlichung sowie der Text etwaiger Bildlegenden von Bedeutung.[176]

21.52 GüterabwägungNach der neueren Rechtsprechung zu § 23 Abs. 1 KUG sind zwar Herstellung und Verbreitung von Aufnahmen aus der Privatsphäre jedenfalls bei Personen des öffentlichen Lebens nicht schlechthin unzulässig, bedürfen sie aber stets der Legitimation durch ein zeitgeschichtliches Ereignis. Erst wenn festgestellt wird, dass danach eine Bildveröffentlichung grundsätzlich zulässig sein kann, stellt sich die Frage, ob sie dennoch wegen **entgegenstehender berechtigter Belange** des Abgebildeten oder gegebenenfalls seiner Angehörigen zu unterbleiben hat. Da es sich aber auch beim Recht am eigenen Bild als einer Ausprägung des Allgemeinen Persönlichkeitsrechts um einen offenen Tatbestand handelt, der im Einzelfall im Wege der Güterabwägung auszufüllen ist, sind die Konturen zwischen der Tatbestandlichkeit im Sinn von § 23 Abs. 1 KUG und seiner Einschränkung durch entgegenstehende berechtigte Belange gemäß Abs. 2 unscharf. Eine Bildveröffentlichung mag daher durch ein zeitgeschichtliches Ereignis von nur geringem Wert gerade noch gerechtfertigt sein, dann aber an berechtigten entgegenstehenden Belangen des Betroffenen scheitern, wie sie bereits an der Auffas-

---

173 OLG Celle ZUM 2011, 341.
174 BVerfG ZUM 2015, 986 = GRUR 2016, 311; BVerwG AfP 2012, 411 = NJW 2012, 2676; *Schoreit*, AfP 1989, 413, 415; *Ricker/Weberling*, Kap. 43 Rz. 33.
175 VG Köln AfP 1988, 182; vgl. auch BVerwG AfP 2000, 205; VGH Baden-Württemberg AfP 1996, 193.
176 BGH AfP 2007, 208 = NJW 2007, 1977 – abgestuftes Schutzkonzept; BGH ZUM 2007, 651 = GRUR 2007, 532; BGH AfP 2007, 121 = NJW 2007, 1981 – Ernst August von Hannover; BGH NJW 1956, 1554 = GRUR 1956, 427 – Paul Dahlke; BGH GRUR 1962, 212 – Hochzeitsbild; BGH NJW 1957, 1315 = GRUR 1957, 494 – Spätheimkehrer.

sung des entscheidenden Gerichts scheitern kann, dass der in Anspruch genommene zeitgeschichtliche Kontext nicht ausreicht. Hier kann also eine Wechselwirkung bestehen, die im Einzelfall eine Gesamtschau unverzichtbar macht. Nach der neuen Rechtsprechung des BGH[177] läuft dies darauf hinaus, dass jedenfalls bei behaupteter Verletzung der Privatsphäre die Entscheidung bereits auf der Ebene der Prüfung des Vorliegens eines zeitgeschichtlichen Anlasses fällt und § 23 Abs. 2 KUG noch mehr als herkömmlich den Charakter eines Auffangtatbestands hat,[178] für den die bisherige Kasuistik allerdings weiter relevant ist. So blieb offen, ob die Zurschaustellung des *Bildnisses einer Person auf einem im öffentlichen Raum aufgestellten plakatartigen Hinweis auf eine Kunstausstellung* durch § 23 Abs. 1 Nr. 4 KUG gerechtfertigt sein konnte; im konkreten Fall standen dieser Verbreitung ihres Abbilds berechtigte Interessen der einem großen Publikum auf einer Hauptverkehrsstraße präsentierten Person entgegen.[179] Und wird ein Prominenter dabei gefilmt, wie er sich *tätlich gegen zwei Paparazzi zur Wehr setzt, die ihn und seine Lebensgefährtin bei der Ankunft auf einem Flughafen filmen*, dann stehen der Ausstrahlung der dabei entstandenen Bildstrecke nur dann berechtigte Interessen des Betroffenen im Sinn von § 23 Abs. 2 KUG entgegen, wenn durch Schnitt und Umgruppierung der Filmsequenzen ein falsches Bild des tatsächlichen Geschehens vermittelt wird.[180]

Berechtigte Belange im Sinn von § 23 Abs. 2 KUG sind insbesondere im Fall der Verbreitung von Bildern aus der **Intimsphäre** verletzt, sofern nicht im Einzelfall eine Einwilligung vorliegt (dazu Rz. 21.69 ff.). Trotz gelockerter Moralvorstellungen geht die Rechtsprechung noch immer vom Grundsatz aus, dass der unbekleidete menschliche Körper fast ausnahmslos diesem Bereich zuzurechnen ist und damit ausschließlich der Verfügungsgewalt des Einzelnen unterliegt. Die Veröffentlichung einer Aktaufnahme ohne Einwilligung des Betroffenen ist daher auch dann nicht zulässig, wenn sie der *optischen Illustration eines im Fernsehen ausgestrahlten Beitrags eines Wissenschaftsmagazins*[181] oder derjenigen eines Artikels über die *familieninterne Auseinandersetzung zwischen Eva und Nina Hagen* über die rechtliche Zulässigkeit der Verbreitung der Memoiren der Mutter mit der Schilderung und Bebilderung intimer Details aus dem Leben der Tochter dient und daher als durch das betreffende zeitgeschichtliche Ereignis gerechtfertigt gelten kann.[182] Auch wenn ein Fotomodell freiwillig *Aktfotos für ein Herrenmagazin* anfertigen lässt, stellt die einwilligungslose Veröffentlichung von Fotos ihres unbekleideten Körpers, die *während eines Strandurlaubs angefertigt wurden und nicht zur Veröffentlichung bestimmt* waren, eine Verletzung der Intimsphäre der Betroffenen dar.[183] Die Verbreitung von Bildern des nackten menschlichen Körpers ohne Einwilligung des Betroffenen soll sogar dann unzulässig sein, wenn er auf dem Bild nicht identifizierbar ist.[184] Das kann zwar nicht mit seinem Recht am eigenen Bild begründet werden, das nicht verletzt sein kann, wenn er nicht erkennbar ist; wohl aber mit seinem Allgemeinen Persönlichkeitsrecht, weil in diesem Fall schon die Herstellung der Fotografie einen Bereich betrifft, der allein der freien Verfügung des Individuums unterliegt. Unrichtig ist auch die Auffassung, *im MRT-Verfahren hergestellte diagnostische Aufnahmen* des menschlichen Körpers oder von Teilen davon seien als Eingriff in das Recht des Patienten am eigenen Bild zu qualifizieren, obwohl

21.53

---

177 BGH AfP 2007, 208 = NJW 2007, 1977 – abgestuftes Schutzkonzept.
178 Schricker/*Götting*, § 23 KUG Rz. 109 ff.
179 KG ZUM 2016, 383; bestätigt durch BVerfG NJW 2018, 1744.
180 OLG Köln AfP 2018, 363.
181 LG München I NJW 2004, 617.
182 LG Berlin AfP 2001, 246.
183 OLG Hamburg AfP 2012, 473.
184 LG Frankfurt a.M. AfP 2006, 380.

die Identität des Patienten darauf nicht erkennbar ist; zutreffend hat das KG[185] festgestellt, dass dieser vermeintliche Eingriff von der Einwilligung des Patienten gedeckt ist, sofern er auftrags- und fachgerecht im gebotenen Umfang erfolgt. Ein *gemaltes Aktbildnis der Dresdner Oberbürgermeisterin* vor dem Modell der damals politisch umstrittenen neuen Waldschlösschenbrücke mit dem Text *Frau O. wirbt für das Welterbe* wurde als satirische Anspielung und daher mit Recht nicht als ein Einbruch in deren Intimsphäre angesehen; seine Veröffentlichung war in der Abwägung des Grundrechts der Kunstfreiheit der Malerin gegen das Allgemeine Persönlichkeitsrecht der Abgebildeten auch unter Berücksichtigung ihrer berechtigten Interessen gerechtfertigt.[186]

21.54   Zur Intimsphäre gehört aber etwa auch das *Krankenlager des hilflosen und pflegebedürftigen Schwerstkranken*, so dass die fotografische Aufnahme eines *Wachkomapatienten* ohne Einwilligung selbst dann unzulässig ist, wenn sie zu Dokumentationszwecken gefertigt wird und man den erforderlichen zeitgeschichtlichen Kontext bejahen kann.[187] Einem derartigen, nicht durch die Einwilligung des Betroffenen gedeckten Eingriff in die Intimsphäre stehen regelmäßig seine berechtigten Interessen entgegen, wenn die Abbildung überhaupt gemäß § 23 Abs. 1 Nr. 1 KUG als Teil eines zeitgeschichtlichen Ereignisses gelten kann. Denn sie verletzt in der Regel die durch Art. 1 Abs. 1 GG geschützte Menschenwürde des Betroffenen.[188] Als Verletzung des postmortalen Achtungsanspruchs (Rz. 13.8 ff.) ist auch die Herstellung und Verbreitung des *Fotos einer Leiche* jedenfalls dann einzustufen, wenn es intime Details sichtbar macht.[189] Das gilt unabhängig von der Prominenz des Betroffenen. Auch der *voyeuristische Blick mittels Teleobjektivs in den Garten oder Swimmingpool eines Filmstars* ist heute in der Regel gemäß § 201a StGB strafbar und jedenfalls als Verletzung seines Allgemeinen Persönlichkeitsrechts auch dann unzulässig, wenn der Betreffende in Filmen bereits unbekleidet aufgetreten ist und die Verbreitung gestellter Aktaufnahmen gestattet hat.[190]

21.55   Gleiches gilt nach der deutschen Rechtslage auch für die Verbreitung einschlägiger **Paparazzi-Fotos** aus der Intimsphäre von *Mitgliedern des englischen Königshauses* oder anderer Angehöriger des europäischen Hochadels.[191] Wegen des besonderen Öffentlichkeitswerts solcher unter Verletzung der Intimsphäre, jedenfalls aber der Privatsphäre der Betroffenen hergestellter Aufnahmen, deren Auswirkungen bis zum Sturz der Monarchie reichen können, kann allerdings in besonderen Fällen ein berechtigtes Informationsinteresse auch der deutschen Öffentlichkeit an den durch solche Bilder dokumentierten Vorgängen und Zuständen angenommen werden. Im Rahmen der Abwägung der widerstreitenden Interessen nach § 23 Abs. 2 KUG kann dann dem Berichterstattungsinteresse der Medien bei der Wiedergabe jedenfalls solcher Fotos der Vorzug zu geben sein, die in England oder im Heimatland anderer Betroffener bereits durch die Massenpresse veröffentlicht worden sind.[192] Ein originärer Einbruch in die Intimsphäre wäre hingegen auch bei diesem Personenkreis nicht zu rechtfertigen.

185 KG NJW-RR 2018, 232.
186 OLG Dresden AfP 2010, 402 = NJW-RR 2010, 1490.
187 OLG Karlsruhe AfP 1999, 489.
188 BGH NJW 1974, 1947 = GRUR 1975, 561 – Nacktaufnahme; OLG Stuttgart AfP 1983, 396; OLG Düsseldorf AfP 1984, 229 – Rückenakt.
189 BGH AfP 2006, 67 = NJW 2006, 605 – Obduktionsfoto; LG Köln AfP 2002, 343.
190 OLG Hamburg AfP 2012, 473; OLG Hamburg AfP 1982, 41 – Heimliche Nacktfotos; OLG Hamburg AfP 2012, 473.
191 Vgl. auch BGH AfP 1996, 140 = NJW 1996, 1128 – Caroline von Monaco III; BVerfG AfP 2000, 76 = NJW 2000, 1021 – Caroline von Monaco I.
192 Vgl. für den Bereich der Wortberichterstattung BGH AfP 1999, 350 = NJW 1999, 2893 – Ehebruch.

Auch der Grundsatz, dass der einwilligungslosen Verbreitung von Bildern des unbekleideten 21.56
Körpers berechtigte Belange der Abgebildeten entgegenstehen, gilt jedoch nicht ausnahmslos.
Im Einzelfall kann vielmehr das **öffentliche Informationsinteresse** an einer durch einen zeitgeschichtlichen Anlass legitimierten Veröffentlichung des Bildes unbekleideter Menschen
schwerer wiegen als das entgegenstehende Interesse der Abgebildeten. Das OLG München[193]
hat dies mit Recht etwa angenommen im Fall der Veröffentlichung des Fotos einer *Gruppe
von acht Personen, die entgegen einer einschlägigen Polizeiverordnung nackt ein Sonnenbad im
Englischen Garten nahmen.* Und die Veröffentlichung von Fotografien, die ein Paar bei der
Ausübung des Geschlechtsverkehrs zeigen, stellt keinen Einbruch in die Intimsphäre der Beteiligten dar, wenn sich der Akt außerhalb des privaten Bereichs *auf dem Küchentisch eines bekannten Restaurants* abgespielt hat.[194]

Ein in die Mediengeschichte eingegangener unzulässiger Einbruch in die Intimsphäre war 21.57
hingegen die Aufnahme der Fotografien des toten **Uwe Barschel** in der Badewanne seines
Genfer Hotelzimmers durch Journalisten;[195] s. dazu schon Rz. 10.7. Die erstmalige Veröffentlichung der so entstandenen Aufnahmen war dennoch nicht rechtswidrig, weil es sich um ein
zeitgeschichtliches Ereignis von überragender Bedeutung handelte, bei dem sich das Informationsinteresse der Öffentlichkeit in der Abwägung gegenüber den berechtigten Interessen der
Angehörigen des Verstorbenen durchsetzen musste (dazu Rz. 21.80 ff.). Dass in diesem Beispielsfall die Herstellung der Aufnahmen durch die in das Hotelzimmer eindringenden Journalisten auch zu Zwecken der Beweissicherung geboten war, rechtfertigt als solches deren
Vorgehen nicht, ist vielmehr ein Gesichtspunkt, der ausschließlich die Herstellung der Fotografien durch Angehörige der Ermittlungsbehörden nach § 24 KUG gerechtfertigt hätte, hätte
sich der Vorgang im Geltungsbereich des deutschen Rechts abgespielt; zur Veröffentlichung
rechtswidrig erlangter Informationen im Einzelnen Rz. 12.88 ff. Und mit zunehmendem zeitlichen Abstand verflüchtigt sich auch der zeitgeschichtliche Kontext, der die erstmalige Veröffentlichung der Bilder legitimierte.

Außerhalb des Bereichs der Intimsphäre ist wie beim Allgemeinen Persönlichkeitsrecht (dazu 21.58
im Einzelnen Rz. 19.23 ff.) im Wege der **Güterabwägung** zu prüfen, ob einer Verbreitung
von Bildern, deren Veröffentlichung prinzipiell nach § 23 Abs. 1 KUG ohne dessen Einwilligung zulässig wäre, berechtigte Belange des Betroffenen entgegenstehen. Wo eine Person des
öffentlichen Lebens sich *zum Einkauf auf einen privaten Markt* begibt, wo sie *an öffentlichen
Stränden schwimmt* oder *auf öffentlichen Wegen ausreitet* oder *Fahrrad fährt,* wo sie *in Begleitung ein Restaurant mit normalem Publikumsverkehr* oder *eine Oper* besucht, galten ihre Auftritte und Handlungen bis zur ersten *Caroline von Monaco*-Entscheidung des EGMR als Gegenstand eines berechtigten Informationsinteresses,[196] das schwerer wog als die entgegenstehenden Interessen der Betroffenen. Heute ist derartige Bildberichterstattung ohne die Legitimation durch einen Funktionszusammenhang zwischen der Position des Betroffenen im öffentlichen Leben und seinem bildlich festgehaltenen Auftreten in der Öffentlichkeit nicht
mehr zu rechtfertigen.[197] Prinzipiell ist es allerdings auch heute unbeachtlich, ob die Bericht-

---

193 OLG München AfP 1986, 69.
194 LG Hamburg AfP 2009, 618.
195 Schweizerisches Bundesgericht NJW 1994, 504.
196 BGH AfP 1996, 140 = NJW 1996, 1128 – Caroline von Monaco III; BVerfG AfP 2000, 76 = NJW
   2000, 1021 – Caroline von Monaco I.
197 BGH AfP 2007, 208 = NJW 2007, 1977 – abgestuftes Schutzkonzept; BGH ZUM 2007, 651 =
   GRUR 2007, 532; BGH AfP 2007, 121 = NJW 2007, 1981 – Ernst August von Hannover; BVerfG
   AfP 2008, 163 = NJW 2008, 1793 – Caroline von Monaco II.

erstattung, die mit ihr dokumentiert werden soll, primär der seriösen Information der Öffentlichkeit oder ob sie primär der Unterhaltung dient,[198] wobei die Toleranzschwelle für die Überwindung der entgegenstehenden Belange der Betroffenen umso höher liegt, desto mehr der Informationscharakter eines bebilderten Berichts hinter denjenigen purer Unterhaltung oder gar der Befriedigung von Neugier und Sensationslust zurück tritt.[199] Die Auffassung aber, Wortberichterstattung über Personen des öffentlichen Lebens dürfe nur durch Bilder illustriert werden, die im Zusammenhang mit dem Gegenstand des konkreten Berichts entstanden sind,[200] findet in § 23 Abs. 2 KUG keine Grundlage. Es ist vielmehr zulässig, auch bei anderer Gelegenheit entstandene kontextneutrale Bilder zu verwenden.[201] Und § 23 Abs. 2 KUG fordert auch nicht, dass nur der Kopf, nicht aber der Körper des Betroffenen im Bild gezeigt wird.

21.59 Zu dem durch entgegenstehende berechtigte Belange geschützten engeren **privaten Bereich** gehört wie bisher die eigene Wohnung, deren Inneres daher ohne Zustimmung des Berechtigten nicht fotografiert werden darf.[202] Auch bei Trägern hoher politischer Ämter und anderen Personen der Zeitgeschichte endet das berechtigte Informationsinteresse der Öffentlichkeit bereits an der Haus-, und nicht erst an der Schlafzimmertür,[203] sofern der Betreffende nicht seine Haustür öffnet und mit dem Fotografen auch die Öffentlichkeit in seine private Sphäre ausdrücklich einlädt.[204]

21.60 Allerdings stellt der ohnehin nicht wörtlich zu nehmende Begriff der Haustür nun nicht mehr das alleinige Abgrenzungskriterium zur Bestimmung der berechtigten Belange der Betroffenen dar. Hatte das BVerfG[205] noch in seiner ersten *Caroline von Monaco*-Entscheidung ausgesprochen, der Schutz der Privatsphäre des Betroffenen erstrecke sich über den eigenen, ohnehin geschützten Wohnbereich hinaus nur auf Örtlichkeiten und Situationen,

„... in denen er objektiv erkennbar für sich allein sein will und in denen er sich im Vertrauen auf die Abgeschiedenheit so verhält, wie er es in der breiten Öffentlichkeit nicht tun würde",

und ausschlaggebend sei,

„... ob der Betroffene eine Situation vorfindet oder schafft, in der er begründetermaßen und somit auch für Dritte erkennbar davon ausgehen darf, den Blicken der Öffentlichkeit nicht ausgesetzt zu sein",

so ist heute entscheidend, ob die Bebilderung einer Darstellung von Ereignissen oder Situationen aus dem Privatleben jedenfalls einen gewissen Nachrichtenwert mit Orientierungsfunktion für die Öffentlichkeit hat oder ob es sich um belanglose Informationen ohne jeden Sach-

---

198 BVerfG AfP 2000, 76 = NJW 2000, 1021 – Caroline von Monaco I.
199 BVerfG AfP 2008, 163 = NJW 2008, 1793 – Caroline von Monaco II; BGH AfP 2008, 507 = NJW 2008, 3138 – Einkaufsbummel auf Mallorca.
200 LG Hamburg AfP 1999, 523 unter Hinweis auf OLG Hamburg v. 17.3.1998 – 7 U 208/97 und v. 31.1.1998 – 7 U 179/97, jeweils unveröffentlicht.
201 BVerfG AfP 2000, 76 = NJW 2000, 1021 – Caroline von Monaco I; BVerfG AfP 2001, 212 = NJW 2001, 1921 – Ernst August von Hannover; BGH AfP 2010, 259 = NJW 2010, 3025 – Galadinner im Centre Pompidou; BGH ZUM 2002, 634 – Marlene Dietrich.
202 OLG Düsseldorf NJW 1994, 1971.
203 Schricker/*Götting*, § 23 KUG Rz. 51.
204 BGH NJW 1957, 1315 = GRUR 1957, 494 – Spätheimkehrer.
205 BVerfG AfP 2000, 76 = NJW 2000, 1021 – Caroline von Monaco I; BGH AfP 1996, 140 = NJW 1996, 1128 – Caroline von Monaco III.

zusammenhang mit einem zeitgeschichtlichen Ereignis handelt.[206] Liegt ein zeitgeschichtliches Ereignis vor, so stellt die vom Betroffenen dennoch geschaffene räumliche Abschottung dieses Ereignisses kein zwingendes Hindernis für die Veröffentlichung eines Bilds und begleitender Informationen mehr dar, ist diese Maßnahme vielmehr unter dem Aspekt des § 23 Abs. 2 KUG gesondert zu werten. So hat das OLG Hamburg[207] mit Billigung durch den EGMR[208] die Verbreitung eines *Berichts über die mit großem Pomp, aber unter Ausschluss der Öffentlichkeit gefeierte Hochzeit des Fernsehmoderators Günther Jauch und eines begleitenden Fotos des Betroffenen* mit Recht als zulässig angesehen, weil das Ereignis in einer normalerweise für die Öffentlichkeit frei zugänglichen, aus Anlass der Feierlichkeit aber gesperrten historischen Schlossanlage in Anwesenheit des Regierenden Bürgermeisters von Berlin stattfand und schon aus diesem Grund ein berechtigtes Interesses der Öffentlichkeit daran bestand, zu erfahren, wo und mit wem dieses Ereignis gefeiert wurde, dem zu berücksichtigende Belange des Betroffenen nicht entgegenstanden.

Auf den ersten Blick erscheint es allerdings bedenklich, dass BVerfG[209] und BGH[210] die Gerichte auch für befugt halten zu prüfen, ob ein **begleitender Text** lediglich dazu bestimmt ist, den Anlass für die Abbildung prominenter Personen zu schaffen, ohne dass die Berichterstattung einen Beitrag zur öffentlichen Meinungsbildung erkennen ließe; denn Wortberichterstattung bedarf prinzipiell nicht der Begründung ihrer Erforderlichkeit (Rz. 19.6 ff.). Im Ergebnis freilich ist dies konsequent, wenn es nach der neuen Rechtsprechung darauf ankommt, ob die Veröffentlichung eines Bilds durch ein weit verstandenes **zeitgeschichtliches Ereignis** veranlasst ist oder nicht. Denn fehlt es an einem derartigen Anlass, so wird man der begleitenden Wortberichterstattung auch keinen Nachrichtenwert attestieren können, der für die Meinungsbildung der Öffentlichkeit auch nur entfernt relevant sein könnte; die unbebilderte Wortberichterstattung mag in solchen Fällen dennoch zulässig sein,[211] zumal der Schutz des Rechts am eigenen Bild im Vergleich zu demjenigen des Allgemeinen Persönlichkeitsrechts gegen Wortberichterstattung stärker ausgeprägt ist. Betrifft sie aber kein zeitgeschichtliches Ereignis, dann kann sie den Eingriff in das Recht der Betroffenen an ihrem eigenen Bild nicht legitimieren.

21.61

Unter dem Aspekt des § 23 Abs. 2 KUG unzulässig wird es in der Regel sein, Bilder aus **Urlaubssituationen** auch von Prominenten jeglicher Gattung zu veröffentlichen. Gerade der Urlaub wird mit Recht als ein Lebensbereich angesehen, der nicht nur der Erholung dient, sondern der entspannten und ausschließlich selbst bestimmten Entfaltung der Persönlichkeit. Das haben die Gerichte so entschieden in den Fällen der Eheleute *Caroline von Monaco* und *Ernst August von Hannover*,[212] der bekannten Fernsehmoderatorin *Sabine Christiansen*,[213]

21.62

---

206 BGH AfP 2007, 208 = NJW 2007, 1977 – abgestuftes Schutzkonzept; BGH ZUM 2007, 651 = GRUR 2007, 532; BGH AfP 2007, 121 = NJW 2007, 1981 – Ernst August von Hannover; BGH AfP 2008, 507 = NJW 2008, 3138 – Einkaufsbummel auf Mallorca; BVerfG AfP 2008, 163 = NJW 2008, 1793 – Caroline von Monaco II.
207 OLG Hamburg AfP 2008, 631 = ZUM 2009, 65.
208 EGMR ZUM 2018, 179 - Fernsehmoderator.
209 BVerfG AfP 2008, 163 = NJW 2008, 1793 – Caroline von Monaco II.
210 BGH AfP 2008, 507 = NJW 2008, 3138 – Einkaufsbummel auf Mallorca; BGH AfP 2008, 608 = NJW 2009, 757 – Kleiner Spaziergang in St. Rémy.
211 BGH AfP 2008, 507 = NJW 2008, 3138 – Einkaufsbummel auf Mallorca; BGH AfP 2008, 608 = NJW 2009, 757 – Kleiner Spaziergang in St. Rémy.
212 BGH AfP 2007, 208 = NJW 2007, 1977 – abgestuftes Schutzkonzept; BGH AfP 2008, 608 = NJW 2009, 757 – Kleiner Spaziergang in St. Rémy.
213 BGH AfP 2008, 507 = NJW 2008, 3138 – Einkaufsbummel auf Mallorca.

der Fußballspieler *Oliver Kahn*[214] und *Lukas Podolski*[215] und des Liedermachers *Herbert Grönemeyer*;[216] zur Kritik an der letztgenannten Entscheidung Rz. 21.37. Unzulässig ist nach der jetzt maßgeblichen Rechtsprechung auch die Verbreitung von Urlaubsfotos von **Kindern**[217] oder **Begleitern Prominenter.**[218] Im Fall *Sabine Christiansen* hat der BGH obendrein entschieden, dass auch die *Begründung einer neuen Liebesbeziehung* kein Ereignis ist, das eine bebilderte Berichterstattung rechtfertigen kann.[219] Und *lassen sich Prominente auf einer Premierenfeier gehen, auf der erkennbar nicht offiziell fotografiert wird,* dann stehen ihre berechtigten Belange der Veröffentlichung von Fotografien intimer Szenen entgegen, die ohne ihre Einwilligung von einem sogenannten Leser-Reporter gefertigt und einer Redaktion zugeleitet werden.[220]

21.63 Auch der Verknüpfung einer Bildveröffentlichung mit einem Bericht über eine **Erkrankung** *Ernst Augusts von Hannover* standen berechtigte Interessen des Betroffenen entgegen.[221] Die *Ehefrau des bei einem Unfall lebensgefährlich verletzten Rennfahrers Michael Schumacher,* die sich vor dem Krankenhaus, in dem er behandelt wird, öffentlich dagegen wendet, dass Medienvertreter dort Position beziehen und möglicherweise die Arbeit im Krankenhaus behindern, kann aber kein berechtigtes Interesse dagegen ins Feld führen, dass die Medien über diesen Appell einen mit ihrem Bild illustrierten Bericht veröffentlichen.[222] Und eine bekannte, im *Fernsehen häufig präsente Kabarettistin und Entertainerin* muss es hinnehmen, dass aus Anlass eines Parallelfalls *ein mit ihrem Bild illustrierter Bericht über die Tatsache veröffentlicht wird, dass sie vor einem Jahr ausgesundheitlichen Gründen eine Tournee hatte abbrechen müssen* und seither weder im Fernsehen noch auf der Bühne wieder gesehen wurde.[223] Als überzogener Tribut an den Stellenwert des Rechts am eigenen Bild muss es daher gewertet werden, wenn der BGH[224] die Verbreitung eines Bilds des Betroffenen auch *im Zusammenhang mit einem Interview* untersagt, in dem er sich selbst zu seiner Krankheit geäußert hat; wertet das Gericht den Betroffenen mit Recht als eine Person des öffentlichen Lebens und begibt er sich durch die Gewährung des Interviews über seine Erkrankung des ihm insoweit prinzipiell zustehenden Persönlichkeitsschutzes, dann sind berechtigte Interessen im Sinn von § 23 Abs. 2 KUG, die der Veröffentlichung des Bilds entgegenstehen, nicht ersichtlich.[225] Berechtigte entgegenstehende Belange konnten auch einen bebilderten Bericht über einen Urlaub der Eheleute *Hannover/Monaco* zu einem Zeitpunkt, zu dem der seither *verstorbene Vater der Ehefrau schwer erkrankt war,* nicht verhindern, da nach der zutreffenden Auffassung des BGH[226] die Wortberichterstattung in diesem Fall durch einen die interessierte Öffentlichkeit berührenden zeitgeschichtlichen Anlass geprägt war.

---

214 BGH AfP 2007, 475 = NJW 2007, 749 – Oliver Kahn; OLG Hamburg AfP 2006, 471.
215 LG Berlin AfP 2007, 547 = NJW-RR 2007, 923 – Podolski.
216 BGH AfP 2007, 472 = NJW 2007, 3440 – Caféhausbesuch in Rom.
217 OLG Hamburg AfP 2007, 558.
218 BGH AfP 2007, 472 = NJW 2007, 3440 – Caféhausbesuch in Rom; ebenso KG AfP 2004, 564 = NJW 2005, 605; a.A. noch KG AfP 2004, 556 = NJW 2005, 603.
219 BGH AfP 2009, 256 = NJW 2009, 1502 – Private Lebensvorgänge.
220 OLG Köln ZUM 2014, 806 = NJW-RR 2014, 1069.
221 BGH AfP 2008, 606 = ZUM 2009, 58; BGH AfP 2008, 610 = NJW 2009, 254; BGH AfP 2008, 609 = NJW 2009, 271.
222 OLG Köln ZUM 2016, 290.
223 BGH AfP 2012, 551 = GRUR 2013, 91 – Comedy-Darstellerin.
224 BGH AfP 2008, 606 = NJW 2009, 756.
225 Konsequent ist es dann allerdings, dass der BGH auch die Verbreitung eines Fotos der Ehefrau in diesem Kontext untersagt hat: BGH AfP 2008, 608 = NJW 2009, 757.
226 BGH AfP 2008, 503 = NJW 2008, 3141 – abgestuftes Schutzkonzept.

Neben Urlaubssituationen kommt eine Vielzahl anderer Konstellationen als Gegenstand eines   21.64
berechtigten Interesses im Sinn von § 23 Abs. 2 KUG in Betracht, das zur Unzulässigkeit der
Bildnisveröffentlichung auch dann führen kann, wenn sie vom Grundsatz her durch ein zeitgeschichtliches Ereignis legitimiert ist. So kann die Verbreitung eines Lichtbilds etwa unzulässig sein, weil zu befürchten ist, dass seine Veröffentlichung den *Abgebildeten dem Risiko von
Gewalttaten oder Entführungen aussetzen*[227] oder zu einer nicht hinnehmbaren *Prangerwirkung zu Lasten der Angeklagten in prominenten Strafverfahren* führen würde.[228] Mit Recht hat
das LG Berlin[229] etwa die Veröffentlichung des Porträts und damit die *Demaskierung eines
Komikers, dessen Geschäftsprinzip es war, stets nur mit Maske aufzutreten und seine Identität
geheim zu halten*, als Verletzung von dessen berechtigten Belangen eingestuft. Wehrt sich ein
Betroffener gegen die Herstellung von Fotografien, die ihn erkennbar in einer Alltagssituation
ohne Nachrichtenwert zeigen, dann stehen der Veröffentlichung von *Fotos, die bei dem anschließenden Gerangel entstehen*, ebenfalls berechtigte Belange des Betroffenen entgegen,[230] da
Fotografen es anderenfalls in der Hand hätten, den Nachrichtenwert einer solchen Konfrontation zu provozieren. Mit dem heutigen Verständnis des Rechts am eigenen Bild ist es auch
nicht mehr zu vereinbaren, wenn das LG Berlin[231] angenommen hat, der TV-Showmaster
Thomas Gottschalk müsse es als einer der bekanntesten Deutschen hinnehmen, dass er *bei
einem privaten Einkaufsgang an seinem Wohnort in Kalifornien fotografiert* und dass das entsprechende Foto veröffentlicht wird; dem steht sein berechtigtes Interesse an der Wahrung
seiner Privatsphäre ebenso entgegen wie dies beim privaten Einkaufsbummel *Sabine Christi-
ansens* an ihrem Urlaubsort der Fall war.[232]

Berechtigte Belange des Abgebildeten im Sinn von § 23 Abs. 2 KUG sollen eine Veröffent-   21.65
lichung und Verbreitung der Fotografie einer Person auch dann ausschließen, wenn sie durch
eine Redaktion in einer Weise bearbeitet wird, die nicht nur reproduktionstechnisch bedingt
ist. Das BVerfG[233] hat dies angenommen im Fall einer satirischen Verfremdung des Bilds des
damaligen Vorstandsvorsitzenden der *Deutsche Telekom AG, Ron Sommer*. Nach Auffassung
des OLG Hamburg sind berechtigte Belange des Abgebildeten schon verletzt, wenn der Kopf
des Abgebildeten auf dem Bild vom Mund bis zum Hemdkragen um 2 mm gestaucht ist [234]
oder wenn eine Frau auf einem Foto stärker geschminkt erscheint, als dies in der abgebildeten
Situation der Realität entsprach.[235] Diese Rechtsprechung wird jedoch jedenfalls in den hier
genannten Fällen in der auch im Rahmen des § 23 KUG erforderlichen Abwägung der berechtigten Belange des Betroffenen gegen die journalistische und gegebenenfalls künstlerische
Freiheit des Fotografen und der veröffentlichenden Redaktion dem Stellenwert von Art. 5
Abs. 1 und 3 GG nicht gerecht und überzeugt daher nicht.[236] Sie verkennt, dass niemand beanspruchen kann, von den Medien nur *so* dargestellt zu werden, wie er sich selbst sieht oder
gesehen werden möchte. Was in dieser Hinsicht für das Allgemeine Persönlichkeitsrecht stän-

---

227 BVerfG AfP 2000, 348 = NJW 2000, 2194; BVerfG AfP 2002, 213.
228 BVerfG AfP 2007, 551; BVerfG AfP 2009, 46 = NJW 2009, 350 – Holzklotz-Fall; vgl. aber BGH
     AfP 2011, 356 = NJW 2011, 3153 – Bildveröffentlichung von Irakterroristen.
229 LG Berlin AfP 2005, 292.
230 OLG Köln ZUM 2017, 844; KG AfP 2007, 139 = NJW-RR 2007, 1196.
231 LG Berlin AfP 2007, 257.
232 BGH AfP 2008, 507 = NJW 2008, 3138 – Einkaufsbummel auf Mallorca.
233 BVerfG AfP 2005, 171 = NJW 2005, 3271 – Satirische Fotomontage.
234 OLG Hamburg ZUM 2013, 582.
235 OLG Hamburg ZUM 2013, 581.
236 Dazu im Einzelnen zutreffend *Ludyga*, AfP 2017, 196 ff.

diger Rechtsprechung auch und gerade des BVerfG[237] (dazu schon Rz. 19.12 ff.) entspricht, sollte im Rahmen von § 23 Abs. 2 KUG nicht anders gesehen werden.[238] Sofern der Abgebildete auf einem manipulierten Bild erkennbar bleibt, wird er in seinem sozialen Geltungsanspruch nicht dadurch verletzt, dass das Bild satirisch oder künstlerisch verfremdet wird und dadurch etwa bestimmte Charakterzüge seiner Person oder Charakteristika seines Gesichts hervorgehoben werden (zur Kritik an der *Ron Sommer* betreffenden Entscheidung im Einzelnen Rz. 14.49 f.). Und wo, wie wiederum im Fall *Ron Sommer*, erst durch ein Sachverständigengutachten geklärt werden kann, ob die Manipulation für den durchschnittlichen Betrachter überhaupt erkennbar ist,[239] ist schlechterdings nicht ersichtlich, welche schutzwürdigen Belange des Betroffenen durch die Manipulation verletzt sein könnten. Maßstab für die Beurteilung der Frage, ob eine **Bildmanipulation** den Abgebildeten in seinem Recht aus § 23 Abs.2 KUG verletzt, kann daher nur die auch dem Fotografen zustehende künstlerische Freiheit sein, die es dem Porträtmaler gestattet, eine Person, die im Rahmen eines zeitgeschichtlichen Zusammenhangs nach den Kriterien des § 23 Abs. 1 KUG überhaupt abgebildet werden darf, so darzustellen, wie er, und eben nicht der Betroffene selbst, sie sieht. Nach den zum Allgemeinen Persönlichkeitsrecht entwickelten Kriterien (Rz. 19.1 ff.) kann daher die Manipulation eines Personenbilds erst dann als Verletzung berechtigter Belange des Abgebildeten angesehen werden, wenn sie eine falsche und ehrverletzende Tatsachenbehauptung vermittelt oder einen Eingriff in die Menschenwürde des Abgebildeten darstellt, wovon in den von der Rechtsprechung bisher entschiedenen Fällen keine Rede sein kann.[240]

21.66 Nahezu ausnahmslos unzulässig ist es weiterhin, das Lichtbild jeder Art von Personen ohne deren Einwilligung **zu Zwecken der Werbung** oder zu sonstigen primär kommerziellen Zwecken zu benutzen.[241] Die Rechtslage entspricht hier derjenigen bei der unautorisierten Einspannung der Namen Prominenter zu Zwecken der Werbung (Rz. 17.24 ff.). So war etwa die Werbung mit einem Foto der *deutschen Fußballnationalmannschaft von 1954* für einen Autohersteller[242] ebenso unzulässig wie diejenige mit dem Lichtbild von *Oliver Kahn* für ein Fußball-Computerspiel[243] oder der *Kopie einer gestatteten Werbeanzeige mit dem Bild von Boris Becker* im Rahmen der Anzeige für ein Konkurrenzprodukt.[244] Die Abbildung eines *ehemaligen Torwarts der deutschen Fußball-Nationalmannschaft* auf einer rückwärtig mit Informationen bedruckten Sammelkarte, die Bestandteil einer auf Fortsetzung angelegten Serie über

---

237 BVerfG AfP 2016, 430 = NJW 2016, 3362; BVerfG AfP 2000, 76 = NJW 2000, 1021 – Caroline von Monaco I; BVerfG AfP 2012, 37 = NJW 2012, 756 – Caroline von Hannover; BGH AfP 2017, 48 = GRUR 2017, 298 – Mal PR-Agent, mal Reporter; BGH NJUW 2011, 744 = GRUR 2011, 261 – Party-Prinzessin.

238 A. A. *Wanckel*, Rz. 150, der meint, durch jede Art von Bildmanipulation werde der Abgebildete in einen falschen Kontext versetzt, was in den im Text erwähnten Fällen aber gerade nicht der Fall ist.

239 Das war auch im Fall OLG Hamburg ZUM 2013, 582 zwischen den beiden gerichtlichen Instanzen streitig.

240 Ob in den Fällen, in denen die Manipulation nicht durch den Fotografen selbst vorgenommen wird, eine Verletzung von dessen Urheberrecht in Betracht kommt, ist nach § 24 UrhG zu beurteilen; vgl. dazu nur Dreier/Schulze/*Schulze*, § 24 UrhG Rz. 25 ff.

241 BGH NJW 1956, 1554 = GRUR 1956, 427 – Paul Dahlke; BGH NJW 1961, 558 = GRUR 1961, 138 – Familie Schölermann; BGH AfP 1992, 149 = NJW 1992, 2084 – Joachim Fuchsberger; LG Köln AfP 2018, 457 = ZUM 2018, 889.

242 LG München I ZUM 2003, 418.

243 OLG Hamburg ZUM 2004, 309.

244 OLG München AfP 2001, 244 = ZUM 2001, 434; vgl. auch LG München I NJW-RR 2002, 617 = ZUM 2002, 238.

alle deutschen Nationalspieler ist, ist nach der zutreffenden Auffassung des OLG Frankfurt[245] hingegen erlaubte Bildnis-Nutzung im Sinn von § 23 Abs. 1 Nr. 1 KUG. Unzulässig ist allerdings auch die Werbung mit dem Bild eines **Doubles;**[246] dies aber nur dann, wenn das äußere Erscheinungsbild des in der Werbung Abgebildeten mit dem Vorbild zweifelsfrei identisch ist, so dass bloße Typengleichheit nicht ausreicht.[247] Ebenfalls unzulässig ist die Werbung mit einer *nachgestellten Szene*, die der Betrachter aufgrund ihrer Einmaligkeit mit einer lebenden oder verstorbenen Person assoziiert,[248] sofern der Verstorbene noch Rechtsschutz genießt (dazu Rz. 13.23), oder die Benutzung eines *Fotos des berühmten Sängers Bob Dylan für das Cover einer Schallplatte* mit seiner Musik ohne seine Einwilligung, obgleich die Veröffentlichung der Musik als solche urheberrechtlich erlaubt war.[249] Als unzulässige kommerzielle Ausbeutung des Bilds des Betroffenen wurde mit Recht die großformatige Abbildung des *an Deck seiner Motoryacht in Saint Tropez frühstückenden Gunther Sachs* durch eine Sonntagszeitung mit der einzigen Textmeldung eingeordnet, der Abgebildete lese eben diese Zeitung.[250] Gleiches gilt für die Herausgabe von sogenannten *Gedenkmünzen mit dem Reliefbild des verstorbenen Franz Josef Strauß* ohne Einwilligung der Angehörigen,[251] während der BGH[252] im Fall *Willy Brandt* die Herausgabe einer *Gedächtnismedaille* mit der Begründung für zulässig erachtet hat, deren konkrete Ausgestaltung lasse erkennen, dass der Herausgeber der Medaille Informationsinteressen verfolge, weil sie nicht nur das Bild des früheren Bundeskanzlers, sondern auch schlagwortartig dessen historische Verdienste erkennbar machte; dass es ihm daneben auch um erwerbswirtschaftliche Interessen gehe, sei in diesem Kontext ebenso wenig schädlich wie bei Presse und Rundfunk, die von ihrem Recht zur Abbildung von Personen des öffentlichen Lebens auch aus erwerbswirtschaftlichen Gründen Gebrauch machen und dazu berechtigt sind, soweit sie damit publizistische Interessen im weitesten Sinn verfolgen. Mit ähnlichen Erwägungen hat das OLG Frankfurt im Ergebnis zu Recht die Klage eines *vormaligen Torwarts der deutschen Fußballnationalmannschaft* gegen den Vertrieb einer Karte abgewiesen, die als Bestandteil einer Serie über alle deutschen Fußballnationalspieler seit 1908 auf der Vorderseite sein Abbild und auf der Rückseite Informationen über ihn enthielt.[253]

Ausnahmen vom Verbot, das Bildnis Anderer **zu Zwecken der Werbung** zu nutzen, werden aber in geeigneten Fällen zugelassen. So ist die Abbildung der Titelseite einer Zeitschrift, auf der eine Person des öffentlichen Lebens berechtigtermaßen abgebildet wird, *im Rahmen einer Anzeige oder auf einem Plakat, mit dem die betreffende Zeitschrift beworben wird*, zulässig, da die Gewährleistung der Pressefreiheit durch Art. 5 Abs. 1 Satz 2 GG auch die Werbung für Presseerzeugnisse umfasst; berechtigte Interessen des Abgebildeten im Sinn von § 23 Abs. 2 KUG stehen einer solchen Werbung nicht entgegen.[254] Auch bei der *Abbildung eines Künst-*

21.67

---

245 OLG Frankfurt a.M. AfP 2018, 437 = ZUM-RD 2018, 621.
246 OLG Köln AfP 2015, 347 = ZUM-RD 2015, 521; OLG Karlsruhe AfP 1998, 326; LG Köln ZUM 2001, 180.
247 LG Hamburg NJW-RR 2011, 1677.
248 BGH AfP 2000, 354 = NJW 2000, 2201 – Der blaue Engel.
249 BGH AfP 1997, 475 = NJW 1997, 1152 – Bob Dylan.
250 BGH NJW 2013, 793 = ZUM 2013, 132; OLG Hamburg ZUM 2010, 884 – Playboy am Sonntag.
251 OLG München NJW-RR 1990, 1327.
252 BGH NJW 1996, 593 = GRUR 1996, 195 – Willy Brandt; BVerfG NJW 2001, 594 = ZUM 2001, 232 – Willy Brandt.
253 OLG Frankfurt a.M. AfP 2018, 437 = ZUM-RD 2018, 621.
254 BGH AfP 2002, 435 = NJW 2002, 2317 – Marlene Dietrich II; OLG Köln AfP 2011, 574 = ZUM 2011, 504; a.A. noch OLG München AfP 1999, 507 = NJW-RR 2000, 29; LG Berlin NJW 1996, 1142 – Schalck-Golodkowski; vgl. aber auch LG Köln AfP 1982, 49 – Fernsehansagerin.

lers, der zu den Personen des öffentlichen Lebens gehört, *auf der Titelseite einer ihm gewidmeten Publikation* handelt es sich nicht um eine Werbemaßnahme, sondern um legitime publizistische Tätigkeit.[255] In der Tatsache, dass Bilder bekannter Schauspieler oder Fernsehmoderatoren, die als Personen des öffentlichen Lebens galten, in einer **Kundenzeitschrift**[256] wiedergegeben wurden, hat die Rechtsprechung denn auch mit Recht noch keine Verwendung des Bilds zu Zwecken der Werbung gesehen, da auch derartige Publikationen einem Informationsinteresse der Leser dienen und eine ausdrücklich werbliche Verwendung des Bilds nicht in Rede stand. Die Abbildung des Fernsehmoderators *Günther Jauch*, der mit dem TV-Format *Wer wird Millionär* einen überragenden Bekanntheitsgrad erworben hat, *auf dem Titelblatt einer Rätselzeitschrift*, die sich inhaltlich nicht mit dem Abgebildeten oder der von ihm verantworteten Sendung auseinandersetzte, hat das OLG Hamburg[257] zwar noch als gerechtfertigt angesehen, der BGH[258] hingegen mit Recht als Verletzung des Rechts des Betroffenen an seinem eigenen Bild eingestuft, weil diese Bildnutzung durch keinen publizistischen Anlass gerechtfertigt werden konnte.

21.68   Ausnahmen vom Verbot der Nutzung des Bildes und des Namens Prominenter zu Zwecken der eigenen Produktwerbung gestattet die Rechtsprechung schließlich in den Fällen, in denen die Werbeaussage jedenfalls auch einen meinungsbildenden Charakter hat[259] und damit **publizistisch veranlasst** ist (s. dazu schon Rz. 17.26). Voraussetzung dafür ist allerdings stets, dass der Werbende den Abgebildeten nicht werblich vereinnahmt,[260] dass also dem Betrachter nicht der Eindruck vermittelt wird, der Abgebildete nehme aktiv an der betreffenden Werbung teil oder identifiziere sich mit dem beworbenen Produkt. So hat der BGH die Werbung des Autovermieters *Sixt* mit einem Foto des kurz zuvor nach nur wenigen Monaten im Amt zurückgetretenen Bundesfinanzministers *Oskar Lafontaine* und der Textzeile *Sixt verleast auch Autos für Mitarbeiter in der Probezeit* wegen der erkennbaren Anspielung auf den kurz zuvor erfolgten spektakulären Rücktritt des Betroffenen ebenso als zulässig angesehen[261] wie erkennbar auf *Ernst August von Hannover* bzw. *Dieter Bohlen* zielende Zigarettenwerbung mit den Motiven *War das Ernst? Oder August?*[262] oder *Schau mal, lieber Dieter, so einfach schreibt man Bücher*.[263] In den beiden letztgenannten Fällen hat der EGMR die Rechtsauffassung des BGH ausdrücklich gebilligt.[264] Zulässig war es aber auch, ein Porträtfoto des früheren Tennisspielers *Boris Becker* auf der Titelseite einer der Einführung der damals noch in der Vorbereitungsphase befindlichen *Frankfurter Allgemeine Sonntagszeitung* dienenden Nullnummer als Illustration einer Schlagzeile zu verwerten, die sich mit dem *sozialen Abstieg des Betroffenen in der Folge von Ehekrisen und Steuerskandalen* befasste.[265] Die gegenteilige Auffassung des

---

255 KG UFITA 90 (1981), 163.
256 BGH AfP 1995, 495 = NJW-RR 1995, 789 – Chris Revue; BVerfG AfP 2000, 163 = NJW 2000, 1026 – Chris Revue; OLG München AfP 1998, 409 = ZUM 1998, 1042 – Uschi Glas; OLG Köln AfP 1993, 751; BVerfG NJW 2000, 1026.
257 OLG Hamburg ZUM 2007, 210.
258 BGH AfP 2009, 485 = NJW 2009, 3032 – Wer wird Millionär?
259 *Alexander*, AfP 2008, 556 ff.
260 OLG Hamburg AfP 2008, 210 = ZUM 2008, 690.
261 BGH AfP 2006, 559 = NJW 2007, 689 – Lafontaine.
262 BGH AfP 2008, 596 = NJW 2008, 3782 – Zerknitterte Zigarettenschachtel.
263 BGH AfP 2008, 598 – Geschwärzte Worte; vgl. auch OLG Dresden AfP 2018, 423 = GRUR 2018, 532 – Mitarbeiter des Monats.
264 EGMR AfP 2015, 323 = ZUM-RD 2015, 561 (Bohlen); EGMR AfP 2015, 327 = NJW 2016, 781 (Ernst August von Hannover).
265 BGH AfP 2010, 237 = NJW-RR 2010, 855 – Der strauchelnde Liebling; vgl. auch BGH AfP 2011, 350 = NJW-RR 2011, 1132 – Markt & Leute in einem *Günther Jauch* betreffenden Parallelfall; im

OLG München[266] berücksichtigte nicht, dass auch die Werbung für eine Zeitung vom Grundrecht der Pressefreiheit erfasst ist[267] und dass berechtigte Interessen des Betroffenen mangels dessen Vereinnahmung für das beworbene Produkt dieser Bildnutzung nicht entgegenstanden.

d) Einwilligung und Zweckbestimmung

Der Schutz des Rechts am eigenen Bild versagt auch dort, wo eine Einwilligung des Betroffenen vorliegt. Im Streit um die Zulässigkeit von Bildveröffentlichungen insbesondere im Bereich der Fernsehberichterstattung erweist sich die Einwilligung als der vermutlich am häufigsten vertretene Rechtfertigungsversuch. Die Frage nach Wirksamkeit, Fortdauer und Umfang der Einwilligung wirft jedoch nicht selten schwierige Probleme auf.

21.69

aa) Erteilung und Widerruf

Für die **Einwilligung zur Veröffentlichung eines Bilds** gelten dieselben Grundsätze wie für diejenige zur Veröffentlichung von Informationen, sofern diese dem Schutz des Allgemeinen Persönlichkeitsrechts unterliegen und daher nur im Fall der Einwilligung verbreitet werden dürfen. Das gilt sowohl für die Art der Erteilung als auch für die Probleme der Einwilligung durch **Minderjährige** und der sogenannten Grundrechtsmündigkeit. Auch ein etwaiger **Widerruf** der einmal erteilten Einwilligung kommt nach denselben Regeln in Betracht. Es kann daher auf die Darstellung zum Allgemeinen Persönlichkeitsrecht verwiesen werden (Rz. 19.91 ff.). Allerdings tendiert die Rechtsprechung dazu, für den Bereich des Rechts am eigenen Bild eine Einschränkung zu postulieren, die im Fall der Wortberichterstattung der Natur der Sache nach nicht zu Tragen kommen kann. Danach soll die Einwilligung in die Veröffentlichung des eigenen Bildes oder auch der konkludente Verzicht auf den Bildnisschutz im Hinblick auf ein bestimmtes Ereignis nur für Bilder gelten, die zeitgleich oder danach angefertigt werden, während die Nutzung früher unter Verletzung von § 22 KUG angefertigter Bilder weiterhin untersagt sein soll (Rz. 21.80 ff.). Diese Einschränkung ist jedoch nicht gerechtfertigt. Erlaubt § 23 KUG die Veröffentlichung einer Abbildung aus zeitgeschichtlichem Anlass, dann ist kein Grund dafür ersichtlich, die Veröffentlichung vorbestehender Aufnahmen von diesem Erlaubnistatbestand auszunehmen, sofern ihr nicht aus der konkreten Ausgestaltung des genutzten älteren Bilds resultierende berechtigte Interessen im Sinn von § 23 Abs. 2 KUG entgegenstehen; die Nutzung eines *vorhanden Porträtfotos* ist damit zulässig, diejenige eines *Strandfotos zur Illustration eines Wortberichts über einen politischen Sachverhalt* demgegenüber nicht. Andererseits muss mit der Wiedergabe seiner Bilder in einer Suchmaschine rechnen, wer sie trotz der ihm eingeräumten Möglichkeit einer Sperre frei zugänglich in das Internet einstellt.[268]

21.70

Fall *Boris Becker* hat der BGH der auf Schadenersatz gerichteten Klage allerdings nach entsprechender Güterabwägung insoweit dem Grunde nach stattgegeben, als der werbende Verlag das umstrittene Motiv auch nach Beginn des regelmäßigen Erscheinens des beworbenen Blatts noch benutzt hat, weil ab diesem Zeitpunkt für die Werbung mit der Nullnummer kein publizistischer Anlass mehr bestanden habe.

266 OLG München AfP 2003, 363 = ZUM 2003, 787; OLG München AfP 2007, 237 = ZUM-RD 2007, 360 – Sonntagszeitung.

267 BGH AfP 2002, 435 = NJW 2002, 2317 – Marlene Dietrich II.

268 OLG Köln ZUM 2010, 706; LG Hamburg AfP 2010, 606 = ZUM-RD 2010, 623.

bb) Postmortaler Bildnisschutz

21.71 § 22 Satz 3 und 4 KUG begründet für das Recht am eigenen Bild einen **postmortalen Schutz** und bestimmt zugleich die Frist, binnen deren er durch die Angehörigen des Abgebildeten geltend gemacht werden kann. Danach ist die Einwilligung der Angehörigen für die Dauer von zehn Jahren nach dem Tod des Abgebildeten erforderlich. Zu den Angehörigen im Sinn dieser Bestimmung zählen Ehegatten oder Lebenspartner und die Kinder sowie die Eltern des Verstorbenen, letztere aber nur, wenn weder ein überlebender Ehegatte oder Lebenspartner noch Kinder vorhanden sind. Zu beachten ist dabei besonders, dass die Einwilligung aller Angehörigen erforderlich ist, dass also bereits der Widerspruch nur eines der Berechtigten genügt, um die Abbildung eines Verstorbenen innerhalb der gesetzlichen Schutzfrist zu verhindern, sofern nicht die Voraussetzungen der einwilligungslosen Verbreitung gemäß § 23 Abs. 1 KUG vorliegen; dementsprechend ist im Fall unerlaubter Abbildung bereits einer von mehreren Berechtigten klagebefugt.[269] Nach Ablauf der Zehnjahresfrist kann die Verbreitung eines Bilds des Verstorbenen unter Umständen als Verletzung seines **postmortalen Achtungsanspruchs** gleichwohl unzulässig sein, da dieser zu diesem Zeitpunkt noch nicht endet (dazu Rz. 13.17 ff.). Das kommt allerdings wie in den sonstigen Fällen des Schutzes des postmortalen Achtungsanspruchs nur bei einer schwerwiegenden Beeinträchtigung des Lebensbilds des Verstorbenen in Betracht. So konnten die Eltern nach Ablauf der Zehnjahresfrist des § 22 Satz 3 KUG die Veröffentlichung eines Bilds, das *ihre entführte Tochter kurz vor ihrer Ermordung in Todesangst zeigte*, nicht unter Berufung auf deren postmortalen Achtungsanspruch verhindern, weil eine Verfälschung ihres Lebensbilds hier nicht in Rede stand.

21.72 Während der Schutzfrist des § 22 Satz 3 KUG darf auch das Bild eines Toten veröffentlicht werden, ohne dass eine Einwilligung der Angehörigen vorliegt, sofern die Voraussetzungen von § 23 Abs. 1 KUG vorliegen. Allerdings stellt die Abbildung eines Menschen in der *konkreten Situation seines Todes* in der Regel einen Einbruch in dessen Intimsphäre dar, der zugleich als Verletzung seiner Menschenwürde und damit auch seines **postmortalen Achtungsanspruchs** zu werten ist.[270] Die Informationsinteressen der Öffentlichkeit können aber überwiegen, wenn der Tod und seine Begleitumstände Folge eines Ereignisses sind, das seinerseits ein berechtigtes Informationsinteresse der Öffentlichkeit auf sich zieht. Das war etwa der Fall bei der erstmaligen Verbreitung des Bilds des verstorbenen *Uwe Barschel* in der Badewanne seines Genfer Hotels im Hinblick auf den überragenden Informationswert des Bilds zum Zeitpunkt dieses historischen Ereignisses,[271] während spätere Verbreitungen desselben Bilds durch einen Informationszweck nicht mehr gedeckt und daher rechtswidrig waren; vgl. schon Rz. 21.57. Zulässig war auch die Veröffentlichung eines Fotos der *Leiche eines bei einem spektakulären Bombenanschlag ums Leben gekommenen Täters*.[272] Auch in solchen Fällen ist die Abbildung eines Verstorbenen gegen den Willen seiner Angehörigen allerdings nur statthaft, sofern sie ihn nicht in einem nicht mehr erträglichen Maß bloßstellt oder ohne inhaltlichen Bezug zum begleitenden Text lediglich zum Mittel der Befriedigung reiner Neugier oder Sensationslust wird.[273]

---

269 Schricker/*Götting*, § 22 KUG Rz. 58; *v. Gamm*, Einführung Rz. 108; für den postmortalen Achtungsanspruch ebenso OLG Köln AfP 1998, 647 = NJW 1999, 1969 – Adenauer.
270 Vgl. dazu BGH AfP 2006, 67 = NJW 2006, 605 – Obduktionsfoto; LG Köln AfP 2002, 343.
271 A.A. Löffler/*Steffen*, § 6 LPG Rz. 137 a.E.; *Prinz/Peters*, Rz. 882.
272 OLG Hamburg AfP 1983, 466 – Bombenattentäter.
273 OLG Hamburg AfP 1983, 466 – Bombenattentäter.

cc) Zweckbestimmung

Besondere praktische Bedeutung für die Bestimmung von Tragweite und Umfang der Einwilligung zur Veröffentlichung von Bildern hat das Problem der **Zweckbestimmung**. Insbesondere freie Fotografen sind sich der Notwendigkeit einer Definition des Geltungsbereichs einer von ihnen erwirkten Einwilligung häufig nicht bewusst und nehmen daher mehr oder weniger sorglos an, sie könnten mit der ihnen in einer bestimmten Konstellation gestatteten Abbildung einer Person künftig nach Belieben verfahren und die Veröffentlichungsrechte daran ohne Berücksichtigung des Veröffentlichungszwecks veräußern. Dass Redaktionen sich beim Erwerb der Rechte die Einwilligung des Abgebildeten vom Fotografen ausdrücklich zusichern lassen (Rz. 9.39 ff.), mag ihnen gegebenenfalls Regressansprüche gegen den Fotografen verschaffen, stellt im Verhältnis zum Abgebildeten jedoch regelmäßig keine Rechtfertigung dar, wenn eine ursprünglich erteilte Einwilligung die konkrete Veröffentlichung nicht deckt. Die Verantwortung für die Prüfung des Vorliegens und des Umfangs der Einwilligung trifft immer auch die Redaktion, die ein Bild tatsächlich veröffentlicht,[274] und nicht nur den Fotografen, der es aufnimmt, oder die Agentur, die die Rechte daran vergibt; vgl. zur Haftung der Agenturen Rz. 2.29. | 21.73

Wie im Bereich des Allgemeinen Persönlichkeitsrechts generell (Rz. 19.91 ff.) reicht auch für den Spezialfall des Rechts am eigenen Bild die Einwilligung in der Regel nur so weit wie der **mit ihrer Erteilung verfolgte Zweck**.[275] So deckt die pauschale Einwilligung zur Veröffentlichung eines Fotos *in einer Zeitschrift, in der nicht ausschließlich erotische Texte veröffentlicht werden,* nicht die Veröffentlichung des Bilds zur *Illustration eines pornografischen Texts.*[276] Ist der Veröffentlichungszweck nicht Gegenstand einer ausdrücklichen Einigung, so ist er den Umständen zu entnehmen, die für die Erteilung maßgeblich waren.[277] Lassen sich etwa *professionelle Fotomodelle anlässlich einer Modenschau* von erkennbar professionell agierenden Fotografen ablichten, ohne hinsichtlich der Verwendung der Fotos Vorbehalte zu machen, dann liegt darin die jedenfalls *konkludente Einwilligung* der Abgebildeten zur Verwendung der Fotos zu Berichterstattungszwecken.[278] Auch wer sich *anlässlich einer öffentlichen Veranstaltung gemeinsam mit einem prominenten Politiker* fotografieren lässt, willigt damit konkludent in die spätere Veröffentlichung der Bilder ein, sofern nicht die konkrete Art der Veröffentlichung berechtigte Belange verletzt.[279] Die Auffassung,[280] diese konkludente Einwilligung erfasse nur die Veröffentlichung des Bilds im Zusammenhang mit einer Berichterstattung über eben diejenige Veranstaltung, auf der das Bild mit Zustimmung der Betroffenen entstanden ist, nicht aber im Zusammenhang mit anderen, den abgebildeten Politiker betreffenden Angelegenheiten von zeitgeschichtlicher Bedeutung, ist demgegenüber zu eng; es ist vielmehr in einer solchen Situation für jeden einsichtigen Betroffenen erkennbar, dass das Interesse des Fotografen der Verbindung der Abgebildeten zu dem prominenten Politiker gilt. Hingegen deckt die konkludente Einwilligung in die Fertigung und Veröffentlichung von Bildern *aus Anlass eines Reitturniers* die erneute Verbreitung der Bilder aus Anlass eines anderen Reitturniers jedenfalls dann nicht mehr, wenn sich der begleitende Text nicht in erster Linie | 21.74

---

274 BGH GRUR 1962, 211 – Hochzeitsbild; BGH AfP 1980, 35 = NJW 1980, 994 – Wahlkampfillustrierte; BGH NJW 1965, 1374 = GRUR 1965, 495 – Wie uns die Anderen sehen.
275 Löffler/*Steffen*, § 6 LPG Rz. 127; dazu im Einzelnen *Wanckel*, Rz. 153 ff.
276 OLG Hamburg AfP 1995, 508 = NJW-RR 1995, 220 – Heiße Quickies.
277 OLG Hamburg AfP 1981, 356 – Intime Sprechstunde; Wenzel/*v. Strobl-Albeg*, Kap. 7 Rz. 161.
278 LG Düsseldorf AfP 2003, 469; LG Berlin AfP 2008, 634.
279 BVerfG AfP 2002, 417 = NJW 2002, 3767 – Bonnbons.
280 OLG Hamburg AfP 2012, 166 = ZUM-RD 2011, 589.

mit dem zeitgeschichtlichen Ereignis dieses anderen Turniers, sondern *mit dem Aussehen der Abgebildeten* befasst;[281] denn daran kann ein legitimes zeitgeschichtlich determiniertes Interesse der Öffentlichkeit schlechthin nicht bestehen.

21.75 Wer erkennt, dass er *von einem Kamerateam gefilmt wird und dabei an ihn gerichtete Fragen beantwortet*, ohne sich gegen die Ausstrahlung der Bilder zu verwahren, willigt dadurch konkludent in die spätere Ausstrahlung ein.[282] Die gegenteilige Auffassung des OLG Hamburg,[283] das trotz der erkennbaren Bereitwilligkeit eines Betroffenen, die Herstellung von Filmaufnahmen zu ermöglichen, und trotz der Tatsache, dass er persönliche Fragen des Aufnahmeteams beantwortet und sich nach dem Datum der Sendung des aufgenommenen Beitrags erkundigt, noch eine **ausdrückliche Belehrung** über die Erforderlichkeit der Einwilligung verlangt, überspannt die Anforderungen an eine konkludente Einwilligung bei Weitem und wird auch der Arbeit der Aufnahmeteams in konkreten Situationen und damit ihrem Grundrecht der Rundfunkfreiheit nicht gerecht. Gleiches gilt für die Auffassung des OLG München,[284] der Betroffene müsse nicht nur einwilligen, sondern obendrein noch nachweislich über die Notwendigkeit seiner Einwilligung unterrichtet sein. Verwendet eine Redaktion allerdings derart zustande gekommene Aufnahmen in einem Kontext, mit dem der Betroffene in der konkreten Aufnahmesituation billigerweise nicht rechnen konnte, dann trägt die konkludent erteilte Einwilligung eine solche Verbreitung der Aufnahmen nicht.

21.76 Mangels ausdrücklicher Vereinbarung erfasst daher die Einwilligung zur Herstellung von Fotografien eines *Schauspielers im Rahmen eines Interviews*[285] oder einer *öffentlichen Informationsveranstaltung*[286] oder diejenige eines *Wanderers auf einer Bergtour*[287] nicht die Verwendung der so entstandenen Fotos für **Zwecke der Werbung**. Der Einsatz einer Aufnahme zu Werbezwecken ist vielmehr ohne spezielle Vereinbarung prinzipiell unzulässig (Rz. 21.66) und kann ausnahmsweise nur dann zulässig sein, wenn den Umständen des konkreten Falls eine jedenfalls konkludente Einwilligung entnommen werden kann oder die Voraussetzungen meinungsbildender Werbung (Rz. 21.68) vorliegen. Sie liegen nicht vor, wenn ein Model *anlässlich einer Modenschau* berechtigtermaßen fotografiert wird und die so entstandenen Bilder nicht nur im Rahmen der Berichterstattung über die Modenschau, sondern auch in der Werbung benutzt werden.[288] Hingegen ist es zulässig, wenn ein Verlag ein Titelbild einer von ihm verlegten Zeitung oder Zeitschrift zur Plakat- oder Anzeigenwerbung für das betreffende Objekt benutzt, auf dem eine Person mit deren Einverständnis oder im Hinblick auf § 23 Abs. 1 Nr. 1 KUG rechtmäßig abgebildet ist (Rz. 21.67). Und eine wirksam erteilte Einwilligung zur Verwendung von Aufnahmen eines Arbeitnehmers als *Bestandteil von Szenenfotos in einem Werbe-Video des Arbeitgebers* erlischt mangels ausdrücklicher gegenteiliger Vereinbarung nicht automatisch mit dem Ende des betreffenden Arbeitsverhältnisses.[289]

21.77 Die generelle Einwilligung in die Veröffentlichung eines Bilds deckt nicht solche Veröffentlichungen, die den Betreffenden in unvorhersehbarer Weise in einen Zusammenhang brin-

---

281 BGH AfP 2004, 533 = WRP 2004, 1494 – Springturnierfotos I; BGH AfP 2004, 534 = NJW 2005, 56 – Springturnierfotos II.
282 OLG Karlsruhe AfP 2006, 467 = NJW-RR 2006, 1198.
283 OLG Hamburg AfP 2005, 73 = NJW-RR 2005, 479.
284 OLG München ZUM 2009, 429.
285 BGH NJW 1956, 1554 = GRUR 1956, 427 – Paul Dahlke.
286 BGH AfP 1992, 149 = NJW 1992, 2084 – Joachim Fuchsberger.
287 OLG Frankfurt a.M. AfP 1986, 140 = GRUR 1986, 614 – Ferienprospekt.
288 OLG Koblenz NJW-RR 1995, 1112 = WRP 1995, 962.
289 BAG AfP 2015, 358 = NJW 2015, 2140.

gen, durch den seine Ehre schwer beeinträchtigt wird.[290] Ein erlaubtermaßen hergestelltes **Werbefoto** darf nicht als *Reklame für eine politische Partei* benutzt werden, wenn sich die Erlaubnis nicht speziell auch darauf bezieht und dadurch der Eindruck erweckt wird, der Abgebildete sei Mitglied dieser Partei oder unterstütze sie, während er tatsächlich einer anderen angehört.[291] Das Einverständnis eines *auffällig tätowierten Strafgefangenen* mit Herstellung und Veröffentlichung seines in der Zelle aufgenommenen Lichtbilds im Rahmen eines Bildbands über das Leben in der Haftanstalt rechtfertigt nicht die Verwendung des selben Bilds zur Illustration eines redaktionellen Beitrags über das *Aids-Risiko Tätowierung*, und zwar unabhängig von der Frage, ob im Zusammenhang mit der Veröffentlichung behauptet oder der Eindruck erweckt wird, der Betroffene sei infiziert.[292] Und das konkludent erteilte Einverständnis mit der Herstellung von Aufnahmen einer als belastend empfundenen Situation wie des *Verschwindens eines Kindes* auf einem unübersehbar großen, bevölkerten Campingplatz deckt nicht die Ausstrahlung der betreffenden Aufnahmen im Rahmen einer Unterhaltungssendung über *die kleinen Skurrilitäten des Alltags*.[293]

Besonders kritisch werden Redaktionen die Frage der Einwilligung schließlich immer dort prüfen müssen, wo durch die Veröffentlichung die **Intimsphäre** des Betroffenen verletzt werden könnte. Das ist auch bei der Ermittlung des Umfangs einer erteilten Einwilligung besonders zu berücksichtigen. Fertigt ein Fotograf *im Rahmen einer sexuellen Beziehung* mit Kenntnis und damit konkludent erteilter Einwilligung seiner Partnerin Fotos ihres *Intimbereichs oder auch intimer Handlungen* an, so ist die Einwilligung dahingehend auszulegen, dass sie mit der Beendigung der Beziehung konkludent widerrufen wird.[294] Die Einwilligung zur Herstellung und Verbreitung von Aktaufnahmen in einem *Schulbuch zur Sexualkunde* rechtfertigt die Ausstrahlung des Bilds in einer Fernsehsendung oder die Wiedergabe in einer satirischen Zeitschrift auch dann nicht, wenn das behördliche Verbot der Abbildung des unbekleideten menschlichen Körpers in bayerischen Schulbüchern einen sachbezogenen Anlass für die publizistische Behandlung des Themas bietet und eine Illustration des Beitrags sich geradezu aufdrängt;[295] vgl. dazu aber sogleich Rz. 21.79. Unzulässig ist auch die Verwendung von *Aktfotos aus einem Aufklärungsfilm* zur Illustration von Zeitschriftenbeiträgen.[296] Ebenso wenig ist es gerechtfertigt, ein Bild, das mit Einwilligung des Betroffenen *für eine Modebeilage* gefertigt wurde und ihn in Unterwäsche zeigt, Jahre später zur Illustration eines redaktionellen *Texts mit sexuell-anzüglichem Inhalt* zu nutzen.[297] Selbst in Fällen, in denen die abgebildete Person nicht mehr erkennbar ist, kann die nicht von der speziellen Einwilligung gedeckte Bildveröffentlichung unzulässig sein.[298] Als unzulässig haben Gerichte schließlich im Fall der mit Einwilligung erfolgten Veröffentlichung von Bildern des zwar *unbekleideten, aber im Rahmen einer body painting-Aktion bemalten Körpers* einer berühmten Pop-Sängerin in einer Zeitschrift, die die Aktion initiiert hatte, die Veröffentlichung der Bilder durch eine andere

21.78

---

290 OLG Hamburg AfP 1981, 356 – Intime Sprechstunde.
291 BGH AfP 1980, 35 = NJW 1980, 994 – Wahlkampfillustrierte.
292 OLG Hamburg AfP 1987, 703 – Aids-Risiko.
293 OLG Karlsruhe AfP 2006, 467 = NJW-RR 2006, 1198.
294 BGH AfP 2016, 243 = NJW 2016, 1049.
295 OLG Stuttgart AfP 1983, 396; BGH AfP 1985, 110 = NJW 1985, 1617 – Nacktfoto.
296 KG Schulze KGZ 51.
297 KG NJW-RR 1999, 1703; OLG Hamburg AfP 1995, 508 = NJW-RR 1995, 220 – Heiße Quickies.
298 BGH NJW 1974, 1947 = GRUR 1975, 561 – Nacktaufnahme; OLG Düsseldorf AfP 1984, 229 – Rückenakt.

Zeitschrift,[299] und im Fall der Veröffentlichung von *Aktaufnahmen von Fernsehstars* u.a. in der Zeitschrift *Playboy* den Nachdruck in anderen Publikationen[300] angesehen.

21.79 Diese Entscheidungen werden jedoch der Tatsache nicht hinreichend gerecht, dass die Bereitschaft der Betroffenen, ihren unbekleideten Körper in der Unterhaltungspresse abbilden zu lassen, für die Unterhaltungsbranche durchaus einen Informationswert hat. Jedenfalls nachdem das BVerfG[301] in anderem Zusammenhang mit Recht betont hat, dass der durch das Recht am eigenen Bild bezweckte Schutz der Privatsphäre entfällt, wenn sich eine Person etwa aufgrund von Exklusivverträgen damit einverstanden erklärt, dass bestimmte, gewöhnlich als privat geltende Angelegenheiten der Öffentlichkeit zugänglich gemacht werden, sind aus dem Aspekt der geschützten **Privat**- oder auch **Intimsphäre** abzuleitende Gesichtspunkte, die in der erforderlichen Abwägung größeres Gewicht hätten als das auch im Rahmen der Unterhaltungspresse verfassungsrechtlich geschützte Recht der Medien an ungehinderter Berichterstattung,[302] nicht mehr ersichtlich.[303] Für das Recht am eigenen Bild kann insoweit nichts Anderes gelten als für das Allgemeine Persönlichkeitsrecht im Rahmen der Wortberichterstattung, wo schon lange anerkannt ist, dass der Schutz der Intimsphäre endet, wo ein Betroffener auf ihn verzichtet hat (Rz. 19.19). Dass ein allseits bekannter *Fernseh- oder Pop-Star für ein bestimmtes Medium gegen Entgelt die Hüllen fallen lässt*, ist vielmehr ein zeitgeschichtliches Ereignis, über das andere Medien unter Verwendung von Belegfotos berichten dürfen. Das Recht, über derartige Aktionen dann, wenn sie die Intimsphäre einer Akteurin mit deren Einwilligung offenlegen, mit entsprechender Bebilderung zu berichten, erkennt auch das OLG Hamburg[304] im Prinzip an; erforderlich ist jedoch, dass das Medium, das das in Rede stehende Bild nachdruckt, einen thematischen Bezug zu dem Ereignis herstellt und sich nicht darauf beschränkt herauszustellen, die Abgebildete sei *ganz schön sexy*. Gesondert zu prüfen ist in diesen Fällen allerdings die Frage, ob die Veröffentlichung der Einwilligung des Fotografen oder sonstigen Inhabers der Bildrechte bedarf oder ob sie vom Zitatrecht des nachdruckenden Mediums gedeckt ist (dazu Rz. 3.20 ff. und Rz. 21.85 ff.).

e) Veröffentlichung rechtswidrig hergestellter Aufnahmen

21.80 In anderem Zusammenhang (Rz. 12.88 ff., Rz. 12.104 ff.) ist dargelegt worden, dass die Veröffentlichung von Informationen, die unter Verletzung bestehender Gesetze beschafft worden sind, nicht notwendigerweise unzulässig ist. Das gilt im Prinzip auch für die Verbreitung **rechtswidrig hergestellter Fotografien und Filme**. Da das Recht am eigenen Bild eine besondere Ausprägung des Allgemeinen Persönlichkeitsrechts darstellt und insbesondere auch bei der Auslegung des § 23 Abs. 2 KUG eine Abwägung der widerstreitenden Interessen nach denselben Kriterien vorzunehmen ist, die auch für die Lösung des Spannungsfelds von Allgemeinem Persönlichkeitsrecht und Pressefreiheit heranzuziehen sind, lässt sich auch aus der Feststellung der Rechtswidrigkeit der Herstellung einer Aufnahme nicht zwingend auf die Unzulässigkeit ihrer Verbreitung schließen.

---

299 LG Hamburg AfP 1995, 526 – Nena.

300 LG Berlin AfP 1999, 191; OLG Hamburg AfP 1995, 665 = NJW 1996, 1151 – Esther Schweins.

301 BVerfG AfP 2000, 76 = NJW 2000, 1021 – Caroline von Monaco I; dazu *Soehring*, AfP 2000, 230 ff.

302 BVerfG AfP 2000, 76 = NJW 2000, 1021 – Caroline von Monaco I; BVerfG AfP 2008, 163 = NJW 2008, 1793 – Caroline von Monaco II.

303 OLG Frankfurt a.M. AfP 2000, 185 = NJW 2000, 594 – Katharina Witt; vgl. auch KG AfP 2000, 282.

304 OLG Hamburg AfP 1992, 159; OLG Hamburg AfP 1995, 665 = NJW 1996, 1151 – Esther Schweins.

Allerdings kommt eine rechtmäßige Verbreitung unrechtmäßig gefertigter Fotografien oder 21.81
Filme nur in Ausnahmefällen in Betracht. Da die heimliche Aufnahme von Personenfotos
häufig bereits nach § 201a StGB **strafbar** ist (Rz. 10.15 ff.) und sich die Frage nach der Zulässigkeit der Fertigung der Aufnahme *de facto* an derjenigen nach ihrer Verbreitung orientiert
(Rz. 9.3 ff.), kann in den Fällen, in denen bereits die Herstellung der Aufnahme strafbar ist
oder jedenfalls eine Verletzung des Allgemeinen Persönlichkeitsrechts darstellt, deren Verbreitung nur in Ausnahmefällen gerechtfertigt sein; dazu Rz. 21.83. Das gilt insbesondere für
Aufnahmen, die mit **versteckter Kamera** hergestellt wurden; ist die Herstellung derartiger
Aufnahmen im Ausnahmefall rechtmäßig, dann ist es auch die anschließende Veröffentlichung (dazu Rz. 9.8 f.). Prinzipiell muss die Güterabwägung hier früher ansetzen und bereits
die Rechtmäßigkeit der Herstellung der Aufnahme bejahen, wenn deren Verbreitung zulässig
sein soll.

Anders ist die Situation in Fällen, in denen die Unzulässigkeit der Herstellung einer Fotogra- 21.82
fie aus der Verletzung sonstiger Rechtsnormen wie etwa des Hausrechts des Betroffenen her-
zuleiten ist. Hierfür gelten dieselben Kriterien wie für die Verwendung rechtswidrig erlangter
Informationen, ist also die Verbreitung zulässig, wenn ein öffentliches Informationsinteresse
an dem Gegenstand der Bildberichterstattung existiert, hinter dem im Einzelfall die Rechte
des Betroffenen zurückzustehen haben.[305] Daher hat der BGH die Veröffentlichung der *unge-
pixelten Lichtbilder zweier verurteilter Terroristen* in zeitlichem Zusammenhang mit der Urteilsverkündung im Hinblick auf die zeitgeschichtliche Bedeutung des Vorgangs als rechtmäßig erachtet, obwohl der Gerichtsvorsitzende im Strafverfahren angeordnet hatte, dass die
Bilder nur in verpixelter Form verbreitet werden durften.[306] Die Veröffentlichung eines Fotos,
das nur durch *Betreten eines befriedeten Besitztums und gegen den erklärten Willen des Betroffenen* gefertigt werden konnte, kann zulässig sein, wenn hinsichtlich der auf dem Foto erkennbaren Missstände ein berechtigtes Informationsinteresse der Öffentlichkeit besteht, das ohne
die Veröffentlichung des Fotos nicht ausreichend befriedigt werden könnte.[307] Auch im Wege
des Einschleichens gefertigte Filmaufnahmen über *tarifvertragswidrige Arbeitsbedingungen bei
einem führenden Automobilhersteller* dürfen wegen des überragenden Informationsinteresses
der Öffentlichkeit im öffentlich-rechtlichen Fernsehen verbreitet werden.[308] Unzutreffend ist
es demgegenüber, wenn das LG Berlin[309] die Veröffentlichung des Lichtbilds eines Angeklagten, dessen Abbildung es im Hinblick auf die zeitgeschichtliche Bedeutung der Tat ausdrücklich als zulässig bezeichnet, nur deswegen untersagt, weil das Bild ohne Einwilligung des Gerichts heimlich in der Hauptverhandlung angefertigt wurde. Richtig ist demgegenüber die
Auffassung des LG Hamburg,[310] im Fall eines Fernsehberichts über *sittenwidriges Lohndumping* komme dem Informationsinteresse der Öffentlichkeit ein größeres Gewicht zu als dem
Unternehmenspersönlichkeitsrecht eines Handwerksbetriebs, das das Fernsehteam durch die
Anfertigung heimlicher Aufnahmen eines Gesprächs verletzte, in dem der Tatbestand des
Lohndumping eingeräumt wurde.

Leitet sich die Rechtswidrigkeit der Herstellung der Aufnahme hingegen aus dem Allgemei- 21.83
nen Persönlichkeitsrecht des Betroffenen ab, so kommt eine Rechtfertigung der dennoch erfolgenden Veröffentlichung allenfalls in extremen Ausnahmesituationen in Betracht. Das

305 BVerfG AfP 2000, 76 = NJW 2000, 1021 – Caroline von Monaco I.
306 BGH AfP 2011, 356 = NJW 2011, 3153 – Bildveröffentlichung von Irak-Terroristen.
307 OLG Rostock AfP 2015, 350.
308 OLG Stuttgart AfP 2015, 450; gleicher Ansicht die Vorinstanz LG Stuttgart AfP 2014, 548.
309 LG Berlin AfP 1994, 332.
310 LG Hamburg AfP 2008, 639.

kann dann der Fall sein, wenn die zeitgeschichtliche Bedeutung des in Betracht kommenden Ereignisses erst durch die Veröffentlichung eines Bilds erkennbar wird, das unter Rechtsbruch zustande gekommen ist. Im Fall des in der Badewanne fotografierten toten *Uwe Barschel* etwa war die Herstellung der Fotografien unzulässig, bestand jedoch an der Kenntnis der tatsächlichen Situation am Sterbeort angesichts wuchernder Gerüchte über verschiedenste Todesursachen einschließlich eines angeblichen Todes durch Erschießen ein so überragendes Informationsinteresse der Allgemeinheit, dass die erstmalige Veröffentlichung der rechtswidrig zustande gekommenen Bilder gerechtfertigt war (dazu schon Rz. 21.57). Gleiches kann etwa im Rahmen der Berichterstattung über das *englische Königshaus* für die Veröffentlichung von Bildern gelten, deren Herstellung nach deutschem Recht eine Verletzung des Persönlichkeitsrechts der Betroffenen ist, deren Veröffentlichung im Ursprungsland aber nicht verhindert wurde oder werden konnte (dazu Rz. 21.55).

21.84   Hingegen lehnen die Gerichte[311] eine **Rückwirkung** einer in einer konkreten zeitgeschichtlichen Konstellation erteilten Einwilligung oder eines bei dieser Gelegenheit konkludent erteilten Verzichts auf die Wahrung der Personssphäre in der Regel ab. Die Veröffentlichung von Bildern, die zu demselben tatsächlichen Komplex bei früherer Gelegenheit unter Verletzung des Allgemeinen Persönlichkeitsrechts des Betroffenen entstanden sind, bleibt nach dieser Auffassung rechtswidrig. Das ist jedoch nur in Konstellationen gerechtfertigt, in denen § 201a StGB verletzt ist oder sich aus der konkreten Art der Veröffentlichung eine Missachtung berechtigter Belange der Betroffenen im Sinn von § 23 Abs. 2 KUG ergibt. Prinzipiell bringt aber ein Betroffener durch die Einwilligung in die Veröffentlichung von Bildern, die ihn etwa mit einem neuen Lebenspartner zeigen,[312] zum Ausdruck, dass er diesen prinzipiell geschützten Lebensbereich zur Kenntnisnahme durch die Öffentlichkeit freigibt; es ist dann nicht zu erkennen, welcher Gesichtspunkt diese Freigabe auf nach deren Erteilung entstandene Bilder beschränken könnte und welche berechtigten Belange des Betroffenen dadurch verletzt werden, dass die Medien das nun für Berichterstattung geöffnete Informationsinteresse der Öffentlichkeit durch Verwendung eines früher entstandenen Bildes zu demselben Thema befriedigen.

2. Sonstige Schranken der Bildberichterstattung

21.85   Häufig werden die Medien mit der Fragestellung konfrontiert, ob sie in fremde Rechte bereits dadurch eingreifen, dass sie Bilder von Gegenständen veröffentlichen, die sich im Eigentum Dritter befinden oder an denen sonstige Rechte Dritter bestehen. Das Recht am eigenen Bild im Sinn der §§ 22, 23 KUG scheidet in diesem Zusammenhang als Eingriffsnorm aus, da es ausschließlich den Schutz von Personen gegen unberechtigte Verbreitung ihres Bilds gewährleistet. In Betracht kommen als derartige entgegenstehende Rechte Dritter vielmehr insbesondere das Urheberrecht sowie die Rechtsinstitute Eigentum und Besitz.

a) Urheberrechte

21.86   Die Veröffentlichung von Lichtbildern und Filmberichten kann vor allem Urheberrechte Dritter verletzen, und zwar auch dann, wenn der Fotograf als Inhaber des Urheberrechts seine

---

311 BGH AfP 2004, 540 = NJW 2004, 594 – Rivalin von Uschi Glas; KG AfP 2007, 48 = NJW 2007, 703; KG AfP 2008, 199.
312 BGH AfP 2004, 540 = NJW 2004, 594 – Rivalin von Uschi Glas.

Einwilligung zur Veröffentlichung gegeben hat. Das ist der Fall, wenn Gegenstände abgebildet werden, die ihrerseits urheberrechtlich geschützt sind, insbesondere also in den Fällen der fotografischen oder filmischen Wiedergabe von urheberrechtlich geschützten **Werken der bildenden Kunst**. Nach §§ 15 ff. UrhG steht das Recht, derartige Werke zu vervielfältigen und zu verbreiten, ausschließlich dem Urheber zu. Da zu den auf diese Weise für den Urheber reservierten Rechten insbesondere auch das Recht zur Herstellung und Verbreitung von fotografischen oder filmischen Aufnahmen der geschützten Werke gehört,[313] bedürfen die Medien, die diese Werke im Rahmen ihrer Berichterstattung ohne Einwilligung des Urhebers optisch sichtbar machen wollen, hierzu einer speziellen gesetzlichen Ermächtigung. Rechtsgrundlage für erlaubte Medienberichterstattung ist insoweit die Bestimmung des § 50 UrhG. Danach sind die Medien im Rahmen ihrer Bild- (und Ton-) **Berichterstattung über Tagesereignisse** zur Vervielfältigung und Verbreitung solcher geschützter Werke berechtigt, die im Verlauf der Vorgänge, über die berichtet wird, optisch (bzw. akustisch) wahrnehmbar werden, soweit dies durch den Zweck der Berichterstattung geboten ist. Damit wird dem Umstand Rechnung getragen, dass eine aktuelle Berichterstattung häufig die Einholung der an sich erforderlichen Zustimmung des Urhebers nicht zulässt. Ungeschriebenes Tatbestandsmerkmal des § 50 UrhG ist daher, dass eine solche Zustimmung vor einem Abdruck oder einer Sendung des urheberrechtlich geschützten Werks nicht oder nicht in zumutbarer Weise zu erlangen ist.[314]

Voraussetzung für die zulässige fotografische oder filmische Wiedergabe geschützter Werke ist damit zunächst ihre optische Wahrnehmbarkeit im Rahmen von Tagesereignissen. Tagesereignis ist dabei ein aktuelles Geschehen, das für die Öffentlichkeit von Interesse ist. Die **Aktualitätsgrenze** ist gegeben, wenn eine Darstellung von der Öffentlichkeit nicht mehr als Gegenwartsberichterstattung empfunden wird.[315] Dazu kann auch der Bericht einer Zeitschrift über aktuelle Ereignisse selbst gehören, so dass es zulässig sein kann, einzelne Illustrationen aus einem derartigen Bericht in einem anderen wiederzugeben.[316] In erster Linie kommen aber Kunstausstellungen,[317] die Schenkung einer Kunstsammlung durch einen Mäzen an eine Kommune[318] oder die Neuerscheinung einer Kunstbuchreihe[319] als Tagesereignisse im Sinn von § 50 UrhG in Betracht. Zulässig ist auch der Abdruck eines geschützten Kunstwerks auf dem Titelbild eines Versteigerungskatalogs.[320] Kein Tagesereignis stellt damit die **kommerzielle Verwendung** geschützter Werke dar, bei der es schon regelmäßig am Aktualitätsbezug fehlen dürfte. Abgelehnt wurde daher das Verwenden seitens eines Museums gefertigter Fotografien ohne Zustimmung des Museumsbetreibers für ein Online-Lexikon, obwohl die abgebildeten Gemälde zwischenzeitlich gemeinfrei geworden waren; der BGH stellte hier auf den Lichtbildschutz des klagenden Museums aus Art. 72 UrhG ab.[321] Hinsichtlich der durch den verklagten Fotografen selbst gefertigten Bilder bejahte der BGH wie schon die Vorinstanz[322] einen aus den Besichtigungsbedingungen des Museums folgenden Unterlassungsanspruch.

21.87

---

313 Schricker/*Loewenheim*, § 16 UrhG Rz. 5 ff.
314 BGH AfP 2008, 376 – TV Total; BGH GRUR 2012, 678 – Elektronischer Programmführer; BGH AfP 2016, 151 = NJW 2016, 2576 – Exklusivinterview.
315 BGH GRUR 2011, 415 – Kunstausstellung im Online-Archiv.
316 BGH AfP 2002, 504 = NJW 2002, 3473 – Zeitungsbericht als Tagesereignis; KG AfP 2000, 282.
317 BGH AfP 1982, 221 – Presseberichterstattung und Kunstwiedergabe I; Schricker/*Vogel*, § 50 UrhG Rz. 17.
318 BGH AfP 1982, 221 – Presseberichterstattung und Kunstwiedergabe I.
319 BGH AfP 1982, 224 = GRUR 1983, 28 – Presseberichterstattung und Kunstwiedergabe II.
320 BGH NJW 1993, 1468.
321 BGH WRP 2019, 458 – Museumsfotos.
322 OLG Stuttgart GRUR 2017, 91 – Museumsfotos.

Bei der Abwägung aus dem aus Art. 5 GG folgenden Informationsanspruch werde durch die Besichtigungsbedingungen in zulässiger Weise dem Ordnungs- und Schutzinteresse des Museums Rechnung getragen.[323] Problematisch ist die Erstreckung des § 50 UrhG auf Designs. Zwar werden diese oftmals als „kleines Urheberrecht" bezeichnet. Eine dem § 50 UrhG entsprechende Regelung kennt das DesignG jedoch nicht und eine analoge Anwendung des § 50 UrhG wird kontrovers betrachtet.[324]

21.88 Hingegen ist die redaktionelle Ankündigung einer Versteigerung in den Medien ein Tagesereignis. Ein Tagesereignis in diesem Sinn ist aber auch eine politische oder gesellschaftliche Veranstaltung in einem Raum, der mit urheberrechtlich geschützten Kunstwerken dekoriert ist. Erforderlich ist ferner, dass das wiedergegebene Kunstwerk aus Anlass des Ereignisses, über das berichtet wird, optisch wahrnehmbar ist. Dies rechtfertigt die Wiedergabe eines oder mehrerer Bilder eines Künstlers, die auf einer Ausstellung gezeigt werden, nicht aber die Wiedergabe anderer Bilder desselben Künstlers lediglich aus Anlass der Ausstellung. Berichtet ein Medium über eine Ausstellungseröffnung, so darf es seinen Bericht nach § 50 UrhG mit einem der dort gezeigten Bilder illustrieren; berichtet es hingegen über den 250.000. Besucher derselben Ausstellung, so ist die Veröffentlichung desselben Bilds nicht mehr durch den Berichterstattungszweck geboten und daher nach § 50 UrhG nicht mehr zulässig.[325] Sind Werke aus Anlass des Tagesereignisses optisch sichtbar geworden, so ist ihre Wiedergabe durch die Medien auch dann zulässig, wenn sie sie nicht bei dem Ereignis selbst ablichten, sondern dafür vorhandene Archivbilder einsetzen.[326]

21.89 Soweit danach die Wiedergabe in den Medien prinzipiell zulässig ist, dürfen die betreffenden Bilder jedoch nur in einem durch den **Zweck der Berichterstattung gebotenen Umfang** gezeigt werden. Die Wiedergabe darf damit nicht Selbstzweck sein, muss vielmehr der optischen Illustration eines primär dem Ereignis und nicht dem Werk geltenden Berichts dienen. Dieser Rahmen ist etwa überschritten, wenn zahlreiche Werke eines Künstlers aus Anlass des Ereignisses in optisch großer Aufmachung als Seitenfüller wiedergegeben werden.[327] Die Auffassung, aus Anlass eines derartigen Ereignisses dürfe jeweils nur ein Bild veröffentlicht werden, hat der BGH[328] jedoch mit Recht zurückgewiesen und im Zusammenhang mit der Eröffnung einer durch den Europarat veranstalteten Kunstausstellung die kleinformatige, im Schwarz-weiß-Druck gehaltene Wiedergabe von vier in der Ausstellung gezeigten geschützten Werken durch eine Tageszeitung für zulässig erachtet.

21.90 Bei Hörfunk- oder Fernsehberichterstattung dürfen in Anwendung dieses Grundsatzes urheberrechtlich geschützte Aufführungen nicht in voller Länge, sondern nur auszugsweise übertragen werden[329] und dies auch jeweils nur innerhalb der urheberrechtlichen Schrankenbestimmungen. Hinsichtlich eines **Tagesereignisses** gilt dabei nichts anderes als in Pressepu-

---

323 BGH WRP 2019, 458 – Museumsfotos; vgl. BGH GRUR 2015, 578 – Preußische Kunstwerke m. krit. Anm. von *Stang* zu der dadurch bedingten „Re-Monopolisierung" gemeinfreier Kunstwerke; BGH ZUM 2011, 333 – Preußische Gärten und Parkanlagen I; BGH ZUM 2013, 571 – Preußische Gärten und Parkanlagen II; zur – unzulässigen – kommerziell genutzten Verwendung eines urheberrechtlich geschützten Bildes als „Beiwerk" in einem Möbelkatalog s. BGH AfP 2016, 71 – Möbelkatalog; krit. *Raue*, ZRP 2014, 2.
324 Ablehnend z.B. *Starcke*, GRUR 2018, 1102.
325 AG München ZUM 2010, 915.
326 BGH AfP 1982, 221 – Presseberichterstattung und Kunstwiedergabe I.
327 Schricker/*Vogel*, § 50 UrhG Rz. 33.
328 BGH AfP 1982, 221 – Presseberichterstattung und Kunstwiedergabe I.
329 OLG Frankfurt a.M. GRUR 1985, 380 – Operneröffnung.

blikationen. So liegt etwa in der Übernahme zweier Ausschnitte aus einem Exklusivinterview eines Senders mit der früheren Ehefrau eines Fußballnationalspielers durch einen Mitbewerber kein Bericht über ein Tagesereignis, weil schon dem ursprünglichen Interview **keine Aktualität** zukam, die auch nicht dadurch geschaffen werden kann, dass über den Umstand eines Interviews als solchen berichtet wird.[330] Auch bei einem Tagesereignis gelten im Übrigen dieselben Grundsätze, die die Rechtsprechung für das sogenannte große Kleinzitat im Rahmen von § 51 Nr. 2 UrhG entwickelt hat (Rz. 3.20 ff.). So darf etwa ein urheberrechtlich geschützter Film auch in einem kurzen Ausschnitt nur dann in einen Fernsehbeitrag eingespielt werden, wenn zwischen der aufnehmenden Sendung und dem übernommenen Ausschnitt eine sachliche Verbindung besteht.[331] Das geschützte Sendematerial eines Fernsehunternehmens, das den Zusammenbruch eines Kandidaten einer Casting Show dokumentiert, darf von einem anderen Fernsehunternehmen, das sich kritisch mit diesem Sendeformat und dem Verhalten eines Jury-Mitglieds auseinandersetzt, auch dann gezeigt werden, wenn es mehr als die Hälfte des Gesamtbeitrags ausmacht.[332] Und bei **Online-Berichterstattung** gewinnt es besondere Bedeutung, dass § 50 UrhG die Berichterstattung nur über Tagesereignisse privilegiert. Daher dürfen aus Anlass eines solchen Ereignisses wie etwa einer Ausstellungseröffnung berechtigtermaßen gezeigte Bilder nur so lange auf der betreffenden Online-Plattform abrufbar bleiben, wie die Ausstellungseröffnung noch als Tagesereignis angesehen werden kann.[333] Das ist so lange der Fall, als der entsprechende Bericht von der Öffentlichkeit noch als Gegenwartsberichterstattung empfunden wird.[334]

Nach § 59 UrhG versagt das Urheberrecht als Schranke der Bildberichterstattung ferner in den Fällen der so genannten **Panoramafreiheit**, mithin der fotografischen oder filmischen Wiedergabe von Werken, die sich bleibend an öffentlichen Wegen, Straßen oder Plätzen befinden. Dabei wird es sich in der Regel um Bauwerke oder Skulpturen handeln, die demnach uneingeschränkt abgelichtet und deren Abbildungen uneingeschränkt veröffentlicht werden dürfen,[335] soweit die Aufnahmen von den öffentlichen Straßen, Wegen oder Plätzen aus gemacht werden, an denen sie sich befinden; die Anfertigung von Fotos aus anderer Position wie etwa anliegenden Gebäuden oder aus der Luft ist von der Ausnahmebestimmung des § 59 UrhG hingegen nicht gedeckt.[336] Bei Bauwerken, soweit sie urheberrechtlich geschützt sind, gilt dieses Veröffentlichungsrecht nur für die Außenansicht. Voraussetzung ist allerdings stets die bleibende Anbringung solcher Werke an öffentlich zugänglichen Straßen und Plätzen. Dazu gehört nicht die erklärtermaßen nur vorübergehende Platzierung von Skulpturen durch eine Galerie in einer öffentlichen Anlage oder ein so genanntes Landschaftskunstwerk, das unter Einbeziehung der Natur oder anderer örtlicher Gegebenheiten für bestimmte Zeit errichtet und dann wieder entfernt wird.[337] Auch die Verhüllung des Berliner Reichstags im Sommer 1995 war ein in diesem Sinn vorübergehendes Ereignis, das daher nach der aller-

21.91

---

330 BGH AfP 2016, 151 = NJW 2016, 2576 – Exklusivinterview.
331 OLG Köln NJW 1994, 1968.
332 OLG Köln AfP 2010, 275 = NJW 2010, 782.
333 BGH AfP 2011, 247 = GRUR 2011, 415 – Kunstausstellung im Online-Archiv; bestätigt durch BVerfG NJW 2012, 754.
334 BGH AfP 2002, 504 = NJW 2002, 3473 – Zeitungsbericht als Tagesereignis; BGH AfP 2011, 247 = GRUR 2011, 415 – Kunstausstellung im Online-Archiv.
335 LG Mannheim AfP 1997, 738 – Freiburger Holbein-Pferd.
336 BGH AfP 2003 543 = NJW 2004, 594 – Hundertwasser-Haus; OLG München GRUR 2005, 1038 – Hundertwasser-Haus II.
337 LG Hamburg AfP 1988, 381 – Neonrevier; LG Hamburg NJW 1990, 2004.

dings nicht unumstrittenen Auffassung der Gerichte nicht unter Berufung auf § 59 UrhG fotografiert[338] bzw. zum Gegenstand einer Gedenkmünze[339] gemacht werden durfte.

21.92 Abbildungen derart auf befristete Zeit öffentlich ausgestellter Kunstwerke können im Zusammenhang mit deren öffentlicher Vorstellung als Objekt von Tagesereignissen nach den Regeln des § 50 UrhG zulässig sein. Losgelöst davon ist ihre Wiedergabe durch die Medien unbeschadet der Tatsache unzulässig, dass sie während einer bestimmten Zeit öffentlich zugänglich waren oder sind. Ist eine Abbildung nach § 59 UrhG zulässig, so sind die Medien nach § 63 Abs. 1 UrhG zur Angabe des Urhebers verpflichtet, wenn er auf dem abgebildeten Kunstwerk angegeben oder sonst wie bekannt ist. Das wird bei abgebildeten Skulpturen in der Regel der Fall sein, bei urheberrechtlich geschützten Außenansichten von Bauwerken hingegen im Regelfall nicht. Ist in diesen Fällen der Architekt den Medien nicht bekannt, so wird es unzumutbar sein, von ihnen aufwändige Recherchen nach der Identität des Urhebers zu verlangen; sie sind dann berechtigt, das Bild ohne die Benennung des Architekten zu veröffentlichen.[340]

b) Eigentum und Besitz

21.93 Verschiedentlich ist darüber hinaus angenommen worden, dass auch die Rechtsinstitute Eigentum und Besitz eine Schranke für die Ausübung von fotografischer Tätigkeit und Bildberichterstattung darstellen, dass also der Eigentümer oder Besitzer die Herstellung und Verbreitung von Abbildungen ihm gehörender oder in seinem Besitz befindlicher Gegenstände aus Rechtsgründen verhindern kann. Diese Ansicht kann zutreffen, wo es sich um die einwilligungslose Abbildung des Inneren einer Wohnung und damit um einen Einbruch in die Privatsphäre handelt.[341] Ansonsten läuft sie auf die These des Bestehens eines **Rechts am Bild der eigenen Sache** hinaus. Ein derartiges Recht und ein daraus abzuleitendes Fotografier- und Veröffentlichungsverbot existiert jedoch entgegen vereinzelter Tendenzen der Rechtsprechung nicht.[342]

21.94 Allerdings hat der BGH[343] im Fall *Schloss Tegel* schon früh die Unzulässigkeit der Veröffentlichung des Lichtbilds der Außenansicht eines Schlosses festgestellt und sich zur Begründung auf das aus §§ 903, 1004 BGB abzuleitende Recht des Eigentümers bezogen, andere von jeder Einwirkung oder Beeinträchtigung auszuschließen. Dieser Fall zeichnet sich jedoch durch die Besonderheit aus, dass die abgebildete Schlossansicht nur im Wege des Hausfriedensbruchs fotografiert werden konnte. In den die Bauten der *Stiftung Preußische Schlösser und Gärten Berlin-Brandenburg* betreffenden Entscheidungen hat der BGH[344] diese Auffassung bestätigt und generell festgestellt, dass ein Grundeigentümer berechtigt ist, den Zugang zu seinem

---

338 BGH AfP 2002, 219 = NJW 2002, 2394 – Verhüllter Reichstag; KG NJW 1997, 1160 – Verhüllter Reichstag II.
339 KG NJW 1996, 2370 = GRUR 1997, 128 – Verhüllter Reichstag I; zustimmend in beiden Fällen u.a. *Ernst*, ZUM 1998, 475; a.A. u.a. *Weberling*, AfP 1996, 34.
340 Loewenheim/*Götting*, § 31 Rz. 245; auch Schricker/*Vogel*, § 59 UrhG Rz. 30.
341 OLG Düsseldorf NJW 1994, 1971.
342 BGH AfP 1989, 660 = NJW 1989, 2251 – Friesenhaus; BGH AfP 2003 543 = NJW 2004, 594 – Hundertwasser-Haus; BGH ZUM 2013, 571 – Preußische Gärten und Parkanlagen II; OLG Köln NJW 2004, 619 = GRUR 2003, 1066; OLG Brandenburg GRUR 2010, 927 = MMR 2010, 706.
343 BGH NJW 1975, 778 = GRUR 1975, 500 – Schloss Tegel.
344 BGH NJW 2011, 753 = ZUM 2011, 325; BGH AfP 2011, 158 = NJW 2011, 749; BGH ZUM 2011, 333 – Preußische Gärten und Parkanlagen; auch BGH ZUM 2013, 571 – Preußische Gärten und Parkanlagen II.

Grundstück unter Auflagen zu eröffnen und insbesondere festzulegen, dass eine gewerbliche Herstellung und Verbreitung von Fotos oder Filmaufnahmen von auf dem Grundstück befindlichen Gebäuden unzulässig ist; das gelte auch für die Stiftung Preußische Schlösser und Gärten Berlin-Brandenburg trotz der Tatsache, dass es sich um eine im Interesse der Allgemeinheit errichtete öffentlich-rechtliche Einrichtung handelt, deren Grundstücke obendrein für die Öffentlichkeit frei zugänglich sind;[345] die gewerbliche Verbreitung der verbotswidrig hergestellten Aufnahmen vertiefe die bereits in der Missachtung des Fotografierverbotes liegende Eigentumsverletzung und werde auch nicht dadurch gerechtfertigt, dass die urheberrechtliche Verfügungsmacht hinsichtlich der Fotos beim Fotografen und eben nicht beim Grundeigentümer liege.

Eine Verallgemeinerung der Auffassung des BGH in jenen Fällen ist aber weder zulässig noch geboten, zumal sie auch rechtsdogmatisch nicht überzeugen kann. Durch die Herstellung und Verbreitung von Fotografien eines Gebäudes oder eines sonstigen Gegenstands wird nicht in deren Substanz eingegriffen und dadurch das Eigentum verletzt, werden vielmehr allenfalls Vermögens- oder ideelle Interessen des Eigentümers tangiert, die im Rahmen der eigentumsrechtlichen Bestimmungen nicht unmittelbar geschützt sind; anderes gilt allenfalls in Fällen, in denen die Herstellung von Fotografien zu einem Substanzschaden führen kann, wie dies etwa bei lichtempfindlichen Kunstwerken der Fall sein mag.[346] Das hat der BGH[347] mehrfach ausdrücklich klargestellt. So war die Herstellung der Außenaufnahme eines charakteristischen *Friesenhauses* von allgemein zugänglicher Stelle aus und die anschließende Verbreitung des Fotos nicht rechtswidrig. Gleiches gilt etwa für Außenaufnahmen des Anwesens einer Sekte,[348] die Aufnahme einer in einschlägigen Kreisen bundesweit bekannten Segelyacht[349] oder diejenige einer von öffentlichem Grund einsehbaren Cannabis-Plantage.[350] Entgegen einer in der Rechtsprechung[351] vereinzelt vertretenen These hängt die Berechtigung der Medien zur Veröffentlichung von Fotografien fremden Eigentums auch nicht davon ab, ob höherrangige Informationsinteressen der Öffentlichkeit bestehen. Soweit die Rechtsprechung in Einzelfällen die Verbreitung von Lichtbildern von Ferienhäusern auf Antrag ihrer Eigentümer untersagt hat, sind die Entscheidungen zu Recht nicht mit dem Eigentum der Betroffenen, sondern mit deren Allgemeinem Persönlichkeitsrecht begründet worden (dazu Rz. 19.40 m.w.N.).

21.95

Die Herstellung von Lichtbildern von Sachen und ihre Veröffentlichung durch die Medien ist vielmehr prinzipiell uneingeschränkt zulässig,[352] sofern sich nicht aus der Art der Veröffentlichung Anhaltspunkte für eine Verletzung sonstiger Rechte des Eigentümers oder Besitzers ergeben, wie dies verschiedentlich bei der soeben erwähnten Verbreitung von Aufnahmen von Ferienhäusern Prominenter angenommen wurde. Dafür spricht nicht nur die Tatsache, dass sich Eigentum und Besitz als Schranke fotografischer Aktivitäten entgegen der vom

21.96

---

345 Kritisch dazu mit guter Begründung *Maaßen*, GRUR 2010, 880 ff., der für die hier in Rede stehenden historischen Grundstücke und Gebäude das Recht zum Fotografieren und Filmen aus der öffentlich-rechtlichen Widmung der Liegenschaften ableitet.

346 *Euler*, AfP 2009, 459 ff.

347 BGH AfP 1989, 660 = NJW 1989, 2251 – Friesenhaus.

348 OLG Frankfurt a.M. NJW 1995, 878 – Universelles Leben II.

349 LG Hamburg AfP 1994, 161.

350 OLG Brandenburg NJW-RR 2012, 1250.

351 OLG München AfP 1988, 45.

352 OLG Köln AfP 2003, 447 = NJW 2003, 619; LG Freiburg GRUR 1985, 544; Wenzel/*v. Strobl-Albeg*, Kap. 7 Rz. 181 ff.

BGH[353] in den Fällen *Schloss Tegel* und *Stiftung Preußische Schlösser und Gärten* vertretenen Auffassung schon rechtsdogmatisch nicht eignen; nicht das Eigentum wird durch die Verbreitung davon gefertigter Bilder in seiner Substanz geschädigt, sondern allenfalls das kommerzielle Interesse des Eigentümers daran, es selbst auszubeuten, das als solches nicht Gegenstand des Eigentumsschutzes ist.[354] Dafür spricht auch die in § 59 UrhG zum Ausdruck kommende gesetzgeberische Wertung. Dürfen Außenansichten allgemein zugänglicher geschützter Kunstwerke während des Bestehens des Urheberrechts uneingeschränkt fotografiert und die entsprechenden Aufnahmen uneingeschränkt verbreitet werden, so sind rechtliche Gesichtspunkte nicht erkennbar, die für nicht urheberrechtlich geschütztes Eigentum eine restriktivere Auffassung rechtfertigen könnten. Eigentum und Besitz mögen zwar dazu berechtigen, durch vertragliche Nutzungsregeln die Herstellung von Aufnahmen zu untersagen oder zu beschränken; so darf der Eigentümer eines zoologischen Gartens, eines Museums oder einer Kirche deren Betreten davon abhängig machen, dass Lichtbilder nicht, nur gegen ein gesondert zu entrichtendes Entgelt oder nur mit bestimmten Verwendungsbeschränkungen hergestellt werden,[355] wozu auch die Auflage gehören kann, auf dem Eigentum entstandene Aufnahmen nicht oder nur gegen ein Zusatzentgelt gewerblich zu verwerten.[356] Derartige Verbote oder Nutzungsbedingungen haben dann aber ihre Grundlage nicht in dem in seiner Substanz nicht verletzten Eigentum, sondern in den jeweiligen Nutzungsverträgen, die auch konkludent abgeschlossen werden können.

c) Banknoten

21.97 Nach § 128 Abs. 1 Nr. 1 OWiG stellt das Herstellen oder Verbreiten von Drucksachen oder Abbildungen, die nach ihrer Art geeignet sind, im Zahlungsverkehr mit Papiergeld verwechselt zu werden, eine Ordnungswidrigkeit dar. Gleiches gilt für die Verwendung derartiger Drucksachen oder Abbildungen zur Herstellung anderer Drucksachen, die ihrerseits mit Papiergeld verwechselungsfähig sind. Das gilt nicht nur für deutsche, sondern ebenso für fremde Zahlungsmittel. Nach Vorschriften, die der Rat der *Europäischen Zentralbank* erlassen hat,[357] verstößt eine Abbildung gültiger Banknoten des Euro-Währungsraums in Originalgröße oder einer dem Original ähnlichen Größe oder eine aus sonstigen, in der Vorschrift im Einzelnen definierten Gründen mit den Originalen verwechselungsfähige Abbildung dieser Banknoten gegen die zitierte Bestimmung; das gilt auch für Banknoten anderer Währungsgebiete. Nur gegen solche Abbildungen von Banknoten, die aufgrund ihrer Größe oder Beschaffenheit jede auch nur entfernte Gefahr der Verwechslung mit dem jeweiligen Original ausschließen, erhebt die Europäische Zentralbank keine Einwendungen.

---

353 BGH NJW 1975, 778 = GRUR 1975, 500 – Schloss Tegel; BGH AfP 2011, 156 = NJW 2011, 753; BGH AfP 2011, 158 = NJW 2011 749; BGH ZUM 2011, 333 – Preußische Gärten und Parkanlagen I; BGH ZUM 2013, 571 – Preußische Gärten und Parkanlagen II.

354 *Euler*, AfP 2009, 459 ff.

355 KG Schulze KGZ 52; LG Potsdam ZUM 2009, 430.

356 OLG Köln AfP 2003, 447 = NJW 2003, 619.

357 Mitteilung der Deutschen Bundesbank v. 27.3.2003, Bundesanzeiger Nr. 71/2001.

§ 22 Produktkritik und Wirtschaftsberichterstattung

1. Rechtsgrundlagen

Wirtschaftsberichterstattung ist eine ureigene Aufgabe aktiver, auf umfassende Informationsvermittlung ausgerichteter Medien.[1] Sie fällt naturgemäß aber nicht immer zur Zufriedenheit der von ihr betroffenen Personen oder Unternehmen aus. Noch schwieriger wird es, wenn Medienberichterstattung das Wirtschaftsleben nicht nur – kritisch – spiegelt, sondern bewusst oder auch nur mittelbar gestaltet. Genau dies geschieht aber regelmäßig als Bestandteil üblicher Redaktionskonzepte. Nahezu alle Medien stellen regelmäßig Neuheiten vor. Warentests und Produktberichte sind längst nicht mehr auf bestimmte Verbrauchergruppen oder bestimmte Medien wie etwa Test-, Automobil-, Computer- oder Reisezeitschriften oder die entsprechenden Formate der Rundfunkmedien beschränkt. Leser, die auf zahllosen Vergleichs- und Bewertungsportalen aufgefordert werden, selbst Kritik zu üben, erwarten dies von den Medien natürlich erst recht journalistisch aufbereitet und selbstverständlich objektiv.   22.1

Die Risiken, denen sich die Medien in diesem Zusammenhang aussetzen, und zugleich das Gefährdungspotential solcher Berichterstattung können somit beträchtlich sein. Bedenkt man, welchen Einfluss publizistische Berichterstattung im Einzelfall haben kann, so kann es nicht verwundern, dass Unternehmen und Verbände **Wirtschaftsberichterstattung** mit großer Aufmerksamkeit und häufig argwöhnisch betrachten und sie auf ihre inhaltliche Richtigkeit und rechtliche Zulässigkeit hin untersuchen. Denn die potenziellen Schäden, die insbesondere durch negative Warenkritik verursacht werden können, sind beträchtlich. Beispiele sind etwa die Berichterstattung über die schlechten Arbeitsbedingungen bei der Drogeriekette Schlecker, die zur Insolvenz des Unternehmens beigetragen haben soll[2] oder auch die ursprüngliche Abwertung des Produkts *Ritter Sport Voll-Nuss* durch die Stiftung Warentest. Zu Recht hielt das OLG München hier fest, dass mit einer Formulierung wie „So haben wir getestet" die ganze Kompetenz und besondere Sorgfalt des Prüfinstituts hervorgehoben und dies vom Leser auch so verstanden wird.[3]   22.2

Produktberichterstattung und -kritik sowie die Berichterstattung über sonstige wirtschaftliche Sachverhalte unterscheiden sich von anderen publizistischen Themen prinzipiell dadurch,   22.3

---

1 Gegenstand dieses Kapitels sind ausschließlich Fragen des Inhalts von Wirtschaftsberichtserstattung und Produktkritik; zu Absprachen mit Werbungtreibenden wie Anzeigenplatzierung, Product Placement und Sponsoring s. Rz. 24.1 ff.

2 S. etwa fr-online v. 5.4.2012: Nach der Schlecker-Insolvenz bilden sich Mythen.

3 OLG München AfP 2015, 47 = WRP 2015, 104 – Voll-Nuss.

dass sie nahezu unvermeidlich Auswirkungen auf die geschäftliche Position des Betroffenen hat. Selbst wo diese Auswirkungen auf den unmittelbar Betroffenen positiv sind, können sie für dessen Mitbewerber, der nicht oder nicht gleich positiv erwähnt wird, durchaus negativ sein.[4] Die Förderung eines Dritten muss sich daher außerhalb des Bereichs publizistischer Tätigkeit an den Maßstäben des **UWG** messen lassen. Dessen Generalklausel sieht in § 3 vor, dass unlautere geschäftliche Handlungen unzulässig sind. Geschäftliche Handlungen wiederum stellen nach der Legaldefinition des § 2 Abs. 1 Nr. 1 UWG jedes Verhalten einer Person zugunsten des eigenen oder fremden Unternehmens dar, das mit der Förderung des Absatzes oder des Bezugs von Waren oder Dienstleistungen objektiv zusammenhängt. Wirtschaftsberichterstattung, so könnte man daher meinen, ist stets als wettbewerbsrechtlich relevante Handlung zu qualifizieren, bei der lediglich noch eine Unlauterkeitsprüfung stattzufinden hat. Dass dies der Berichterstattungsfreiheit auch dort, wo es um die Verbreitung von erweislich wahren Tatsachenbehauptungen oder fundierten Meinungen geht, erhebliche Restriktionen auferlegen, wenigstens aber einen Unsicherheitsfaktor erzeugen würde, ob eine Berichterstattung überhaupt oder aber in der angedachten Form erfolgen kann, liegt auf der Hand. Will man also Wirtschaftsberichterstattung nicht dem Generalverdacht einer latenten Unlauterkeit unterstellen, ist eine klare Trennung zwischen zulässigen, gleichwohl in das Wirtschaftsleben eingreifenden publizistischen Äußerungen einerseits und dem nach dem Gesetz gegen unlauteren Wettbewerb sanktionierten Verhalten andererseits vorzunehmen. Dazu ist der erste Prüfungsmaßstab das Vorliegen eines Wettbewerbsverhältnisses, also einer konkreten geschäftlichen Handlung, die den Gegenstand der Prüfung bildet. Da die Medien regelmäßig mit den Personen oder Unternehmen, über die sie berichten, nicht in einem Kaufkraft- oder Substitutionswettbewerb stehen werden,[5] kommt für sie eine geschäftliche Handlung, die eine Anwendung lauterkeitsrechtlicher Vorschriften ermöglicht – namentlich in der Form des Behinderungswettbewerbs (§ 4 UWG), des unzulässigen Werbevergleichs (§ 6 Abs. 2 Nr. 4 und 5 UWG) und – in Ausnahmefällen – allgemeiner Unlauterkeit nach der Generalklausel[6] – nur selten in Betracht.[7] Daneben kann eine Produktkritik auch einen Eingriff in den eingerichteten und ausgeübten Gewerbebetrieb (§ 823 BGB)[8] darstellen oder sogar den Tatbestand der Geschäftsschädigung erfüllen (§ 824 BGB).

22.4 Trotz dieses Gefährdungspotentials spricht jedoch bei publizistischer Behandlung von Wirtschaftsfragen und insbesondere Unternehmens-, Produkt- oder Dienstleistungskritik eine **Vermutung für die Wahrnehmung von Informationsinteressen**, wenn der redaktionelle Beitrag allein der Information und Meinungsbildung seiner Adressaten dient.[9] Das gilt zunächst in den Fällen, in denen die Medien einschlägige Äußerungen Dritter verbreiten, die

---

4 OLG Stuttgart WRP 1991, 528.
5 Näher zu diesen Begriffen *Köhler/Bornkamm/Feddersen*, § 2 UWG Rz. 96 ff.
6 BGH AfP 2013, 129 = GRUR 2013, 301 – Solarinitiative; BGH GRUR 2012, 76 = WRP 2012, 77 – Coaching Newsletter.
7 Zu einem solchen Fall s. BGH AfP 2014, 441 = ZUM 2014, 795 – Good News II.
8 BGH NJW 2015, 773; zuvor schon BGH NJW 1997, 2593 – PC-Drucker.
9 BGH GRUR 2018, 622 = WRP 2018, 682 – Verkürzter Versorgungsweg II; BGH GRUR 2012, 74 = WRP 2012, 77 – Coaching Newsletter; BGH AfP 2006, 460 = GRUR 2006, 875 – Rechtsanwalts-Ranglisten; BGH AfP 1997, 909 = GRUR 1998, 167; BGH AfP 1997, 798 = WRP 1997, 1054 – Kaffeebohnen; BGH NJW-RR 1995, 301 = WRP 1995, 186 – Dubioses Geschäftsgebaren; BGH AfP 1986, 219 = NJW 1987, 1082 – Gastrokritiker; BGH AfP 1986, 228 = NJW-RR 1986, 1484 – Frank der Tat; OLG Karlsruhe GRUR-RR 2003, 61 = NJW-RR 2002, 1695; OLG Köln GRUR-RR 2013, 466 – Bach-Blüten; OLG Köln AfP 1996, 398; OLG München AfP 1996, 278 = NJW-RR 1996, 811; OLG Hamburg AfP 2009, 497; OLG Hamburg AfP 2005, 474 = ZUM-RD 2005, 442; OLG Hamburg NJW-RR 2004, 1558 = ZUM-RD 2004, 519; s. auch die Gesetzesbegründung zum UWG 2008, BT-Drucks. 16/10145, S. 21;

ihrerseits bei der Beleuchtung wirtschaftlicher Fakten oder gewerblicher Leistungen in Ausübung ihrer Meinungsäußerungsfreiheit und nicht geschäftlich im Sinn des Wettbewerbsrechts handeln, wie etwa Fachverbände,[10] Gewerkschaften,[11] Verbraucherverbände,[12] Betreiber von Online-Vergleichs-Portalen[13] oder auch ein Handwerkerverband, wenn dieser nicht öffentliche Aufgaben wahrnimmt, sondern als Interessensvertretung der Mitglieder tätig wird.[14] Auch ein Rechtsanwalt, der sich im Rahmen eines Seminars zur Fragen der Anlegerberatung über einen bestimmten Prospekt äußert und dabei das Rechnen mit steigenden Charterraten über zehn Jahre als objektiv nicht plausibel bezeichnet, kann für diese Äußerung den Schutz des Art. 5 Abs. 1 Satz 1 GG beanspruchen und muss sich nicht an wettbewerbsrechtlichen Kriterien messen lassen.[15] Gleiches gilt für eine Rechtsanwaltskanzlei, die sich in einem Internetvideo kritisch über die Abmahntätigkeit anderer Anwälte[16] oder aber das Geschäftsgebaren bestimmter Unternehmen äußert. Auch eine negative Bewertung eines Medizinprodukts stellt keine wettbewerbsrelevante Handlung dar, solange sich die in der Publikation geäußerte Auffassung vertreten lässt.[17] Hingegen kann die Nutzung medialer Kontakte zur Gewinnung potentieller Mandanten eine geschäftliche Handlung darstellen, die nach den Grundsätzen des Wettbewerbsrechts zu beurteilen ist, selbst wenn dadurch auf einen (vermeintlichen) Missstand aufmerksam gemacht werden soll.[18] Eine geschäftliche Handlung i.S.d. § 3 UWG liegt auch in wirtschaftlichen Aktivitäten der öffentlichen Hand, z.B. in der *kostenlosen Verteilung eines „Stadtblattes"* durch eine Kommune, wenn über gesetzliche Unterrichtungspflichten hinaus eine allgemeine Berichterstattung über Tagesereignisse erfolgt.[19] Auch die Bewerbung eines zu einer Sendung einer öffentlich-rechtlichen Rundfunkanstalt konzipierten und mit der entsprechenden *Marke der Rundfunkanstalt erscheinenden Magazins* in eben dieser Sendung wurde vom BGH als geschäftliche Handlung eingeordnet.[20] Gleiches galt auch für die *„Tagesschau-App"* der *ARD*, jedenfalls in der mit einem Hilfsantrag wiedergegebenen konkreten Ausgestaltung.[21]

Eine kritische Würdigung von Waren, Dienstleistungen oder Geschäftspraktiken außerhalb eines Geschäftsverhältnisses ist daher regelmäßig zulässig. Erst recht gilt dies natürlich für die Medien, die solche Äußerungen nur weiterverbreiten. Sie können insbesondere nicht unter dem Gesichtspunkt der wettbewerbsrechtlichen Störerhaftung in Anspruch genommen wer-   22.5

---

ein Beispiel, in dem eine in erster Linie meinungsbildende Aufgabenwahrnehmung seitens der Presse verneint wurde, findet sich in BGH AfP 1990, 202 = GRUR 1990, 1012 – Pressehaftung.

10 BGH GRUR 1968, 205 – Teppichreinigung.

11 BGH AfP 1972, 229 = NJW 1971, 1655 – Sabotage; BGH NJW 1980, 1685 = GRUR 1980, 309 – Flugschrift.

12 Sog. qualifizierte Einrichtungen, s. BGH GRUR 1973, 78 – Verbraucherverband; OLG München WRP 2013, 226; BGH NJW 1981, 2304 = GRUR 1981, 658 – Preisvergleich.

13 OLG Hamburg WRP 2012, 485 = ZUM-RD 2012, 669; OLG Hamburg NJW-RR 2004, 1558 = ZUM-RD 2004, 519; OLG Hamburg AfP 2005, 474 = ZUM-RD 2005, 442.

14 BGH GRUR 2018, 622 = WRP 2018, 682 – Verkürzter Versorgungsweg II; s. auch *Sakowski*, WRP 2017, 138.

15 OLG Hamburg AfP 2007, 483 = NJW-RR 2007, 702 – Emissionsprospekt.

16 OLG Köln ZUM-RD 2012, 35; OLG Köln GRUR-RR 2012, 372 – Die gesunde Versicherung.

17 OLG Frankfurt a.M. WRP 2017, 875 = GRUR-RR 2018, 105 – Fachbeitrag.

18 BGH AfP 2016, 440 = GRUR 2016, 710 – Im Immobiliensumpf.

19 BGH WRP 2019, 317 = NJW 2019, 763 – Crailsheimer Stadtblatt II; BGH AfP 2012, 368 – Einkauf Aktuell; s. dazu auch *Degenhart*, AfP 2018, 189.

20 BGH AfP 2017, 149 – ARD-Buffet.

21 BGH AfP 2015, 553 – Tagesschau-App.

den.[22] Das Setzen eines Hyperlinks auf eine *Webseite mit einem unzulässigen Glücksspielangebot* ist daher nicht nach den Maßstäben des Wettbewerbsrechts zu beurteilen, wenn die dadurch eintretende Förderung des auf diese Weise leichter zugänglichen Angebots lediglich eine Nebenfolge der Wahrnehmung publizistischer Aufgaben war.[23] Die in einem vom Fernsehen ausgestrahlten *Expertengespräch fallenden kritischen Äußerungen* über eine Branche oder ein Unternehmen können in der Regel weder demjenigen, der sich äußert, noch der Fernsehanstalt als geschäftliches Handeln unterstellt werden.[24] Selbst Werkszeitungen, die naturgemäß einseitig über ein Unternehmen berichten, können sich auf das Grundrecht der Pressefreiheit berufen.[25]

22.6 Ebenso wenig darf geschäftliches Handeln in den Fällen unterstellt oder vermutet werden, in denen die Medien eigene Stellungnahmen zu den entsprechenden Themen erarbeiten und verbreiten. Unternehmen müssen sich der Beurteilung und Bewertung ihrer Angebote und Dienstleistungen durch die Medien ebenso stellen[26] wie derjenigen durch sonstige Dritte. Es liegt auch im publizistischen Ermessen, ob Berichterstattung über bestimmte Branchen oder Dienstleistungen mit namentlicher Nennung oder bildlicher Hervorhebung einzelner Anbieter illustriert wird. So stellte es kein geschäftliches Handeln dar, dass der Titel der Zeitschrift *Finanztest* im Bild einer Fernsehsendung über Finanzdienstleistungen gezeigt wurde.[27] Und im Wesentlichen auf Interviews beruhende *Ranglisten von wirtschaftsrechtlich tätigen Anwaltssozietäten* enthalten schwerpunktmäßig wertende Äußerungen, die durch das Grundrecht der Meinungsfreiheit aus Art. 5 Abs. 1 Satz 1 GG gedeckt und nicht als geschäftliches Handeln im Sinn einer Störung des Leistungswettbewerbs innerhalb der untersuchten Branche der Rechtsanwälte gewertet werden dürfen,[28] wenngleich sie geeignet sind, die geschäftliche Position der positiv eingestuften Berufsangehörigen zu Lasten derjenigen zu beeinflussen, die nicht genannt oder schlechter eingestuft werden.

22.7 Schließlich kann geschäftliches Handeln der Medien im wettbewerbsrechtlichen Sinn im Allgemeinen auch in den Fällen nicht unterstellt werden, in denen diese Porträts von oder Interviews mit Angehörigen der freien Berufe veröffentlichen, die durch die Art ihrer Selbstdarstellung und ihres Zusammenwirkens mit den Medien ihrerseits berufs- und wettbewerbswidrig oder jedenfalls geschäftlich handeln mögen.[29] In diesen Fällen können sich zwar die Interview-Partner bzw. Informanten Ansprüchen anderer Berufsangehöriger oder der Verbände aussetzen, die ihre Interessen repräsentieren,[30] nicht aber die berichtenden Medien; Einzelheiten in Rz. 7.30 f.[31] Auch soweit für Angehörige freier Berufe nach den einschlägigen berufs-

---

22 BGH AfP 2016, 43 = GRUR 2016, 209 – Haftung für Hyperlinks; BGH AfP 2004, 357 = GRUR 2004, 693– Schöner Wetten; BGH AfP 2006, 460 = GRUR 2006, 875 – Rechtsanwalts-Ranglisten; BGH NJW 1990, 1529 = GRUR 1990, 373 – Schönheitschirurgie.
23 BGH AfP 2004, 357 = GRUR 2004, 693 – Schöner Wetten.
24 OLG Hamburg v. 2.2.1989 – 3 U 114/89, unveröffentlicht.
25 BVerfG NJW 1997, 386; OLG München v. 12.4.2018 – 6 U 1679/17, zit. nach juris.
26 BGH NJW-RR 2002, 982 = GRUR 2002, 633 – Hormonersatztherapie.
27 OLG Hamburg AfP 1993, 578 = WRP 1993, 405.
28 BVerfG NJW 2003, 277 = ZUM-RD 2003, 1 – Juve-Handbuch; BGH AfP 2006, 460 = GRUR 2006, 875 – Rechtsanwalts-Ranglisten.
29 BGH NJW 1990, 1529 = GRUR 1990, 373 – Schönheitschirurgie.
30 Vgl. etwa BGH GRUR 2018, 622 = WRP 2018, 682 – Verkürzter Versorgungsweg II zur Neutralitätspflicht einer Handwerksinnung und der sich daraus ergebenden Einschränkung der Meinungsfreiheit; EGMR AfP 1986, 33 – Barthold/Deutschland; OLG Hamburg AfP 1988, 350.
31 BGH AfP 2006, 460 = GRUR 2006, 875 – Rechtsanwalts-Ranglisten; OLG München NJW 2003, 1534 = GRUR 2003, 719; umgekehrt trifft ein Unternehmen keine Verantwortung für einen übertrie-

rechtlichen Bestimmungen ein Werbeverbot gilt, sind sie im Hinblick auf ihr Grundrecht der Meinungsfreiheit nicht schlechthin daran gehindert, durch Gewährung von Interviews oder Informationen an der Entstehung einschlägiger Medienberichte mitzuwirken. So kann von ihnen insbesondere nicht verlangt werden, die Veröffentlichung von Informationen oder Äußerungen gegenüber den Medien davon abhängig zu machen, dass ihnen die betreffenden Publikationen vorher zur Billigung vorgelegt werden.[32]

Ist also davon auszugehen, dass Medien, die über Produkte oder Dienstleistungen Dritter berichten, dabei im Regelfall nicht geschäftlich im Sinn des Wettbewerbsrechts handeln, so können sich diejenigen Unternehmen oder Verbände, die sich von einschlägiger Berichterstattung verletzt fühlen, zur Rechtfertigung entsprechender Unterlassungs- oder Schadenersatzansprüche nicht auf die Tatbestände der §§ 3 ff. UWG berufen. Rechtsschutz gegen solche Berichterstattung gewähren ausschließlich die Tatbestände der Kreditgefährdung nach § 824 BGB, wo es um die Verbreitung unrichtiger Tatsachenbehauptungen geht, sowie Ansprüche aus dem Recht am Unternehmen gemäß § 823 Abs. 1 BGB in den Fällen unvertretbarer Wertungen und insbesondere von Schmähungen (dazu Rz. 12.72 ff. und Rz. 12.78 ff.). Das Wettbewerbsrecht kommt nur dann zum Tragen, wenn die Medien nicht die Informationsabsicht in den Vordergrund stellen, sondern andere Interessen verfolgen, die in aller Regel primär wirtschaftlich bedingt sein werden.[33]

22.8

2. Produktkritik und Tests

a) Produkt- und Dienstleistungskritik

In der kritischen Behandlung von Produkten oder Dienstleistungen unterliegen die Medien damit nur den allgemeinen Schranken, die sich aus den erwähnten zivilrechtlichen Bestimmungen ergeben. Die in anderem Zusammenhang dargestellte Regel, dass Medienäußerungen, deren eindeutige Zuordnung in den Bereich der Tatsachenbehauptung oder der Meinungsäußerung nicht möglich ist, im Zweifel als Meinungsäußerung zu qualifizieren sind (Rz. 14.41 f.), gilt auch für Unternehmens- oder Produktkritik,[34] wenngleich im Hinblick auf den in anderem Zusammenhang besprochenen *Stolpe*-Beschluss des BVerfG[35] im Rahmen der Beurteilung von Unterlassungsansprüchen Mehrdeutigkeiten zu Lasten des Kritisierenden gewürdigt werden können.[36] Kritische Äußerungen über die Waren oder Dienstleistungen eines anderen liegen damit prinzipiell im Schutzbereich der Meinungsäußerungs- und Pressefreiheit und sind insbesondere nicht schon deswegen rechtswidrig, weil sie für den Betroffenen ungünstig oder nachteilig sind.[37] Das gilt jedenfalls solange, wie die sachliche Unterrichtung des Lesers, Hörers oder Zuschauers im Vordergrund steht, die Vor- bzw. Nachteile für

22.9

---

benen oder unsachlichen redaktionellen Beitrag, der in Eigenverantwortung des Presseunternehmens erschienen ist, BGH AfP 1994, 302 = GRUR 1994, 819 – Produktinformation II.

32 BVerfG AfP 1992, 128 = NJW 1992, 2341 – Hackethal-Interview; BVerfG NJW 1994, 123 – Anwaltsinterview; BGH AfP 1994, 302 = NJW-RR 1994, 1385 – Produktinformation II; BGH WRP 1997, 24 – Orangenhaut; BGH AfP 1996, 64 = GRUR 1996, 71 – Produktinformation III.

33 BGH AfP 2014, 441 = ZUM 2014, 795 – Good News II; BGH AfP 1997, 795 = GRUR 1997, 912 – Die Besten I; BGH AfP 1997, 797 = GRUR 1997, 914 – Die Besten II.

34 OLG München AfP 2015, 47 = WRP 2015, 104 – Voll-Nuss; BGH AfP 1976, 34 = NJW 1976, 620 – Warentest II.

35 BVerfG AfP 2005, 544 = AfP 2006, 41 = NJW 2006, 207 – Stolpe/IM Sekretär.

36 OLG Hamburg AfP 2007, 483 = NJW-RR 2007, 702 – Emissionsprospekt.

37 BGH GRUR 1969, 304 – Kredithaie; BGH NJW 1970, 187 = GRUR 1969, 624 – Hormoncreme.

den Absatz der Waren oder Dienstleistungen einzelner davon betroffener Unternehmen nur eine unvermeidliche Folge der Berichterstattung sind[38] und Feststellungen zu einer etwaigen Gefährdung des Leistungswettbewerbs durch ein im konkreten Einzelfall sittenwidriges Verhalten des kritisierenden Mediums nicht getroffen werden können.[39] Abgesehen von derartigen Sonderkonstellationen, die in der Praxis kaum festzustellen sein dürften, darf kritische Berichterstattung die Namen von Unternehmen, deren Erzeugnissen oder Dienstleistungen nennen oder in sonstiger Weise erkenntlich machen.

22.10 Das gilt auch für **positive Berichterstattung** und Kritik. Sind die Medien zu negativer Kritik und dabei zur Verwendung auch scharfer oder überzeichneter Formulierungen in Ausübung der verfassungsrechtlich gewährleisteten Meinungsfreiheit berechtigt (Rz. 20.5 ff.), so kann ihr Recht, gewerbliche Leistungen oder Produkte positiv zu beschreiben, als solches nicht in Frage stehen und geschäftliches Handeln im wettbewerbsrechtlichen Sinn auch bei positiver Berichterstattung nicht vermutet werden, solange ihre Berichterstattung und Kritik sachbezogen bleibt.[40] Die Frage, ob Berichterstattung im Interesse der Information der Öffentlichkeit geboten oder veranlasst ist, ist primär von den Medien und nicht von den Gerichten zu entscheiden. So war etwa die auf der Titelseite einer Publikumszeitschrift in Gestalt einer Schlagzeile gehaltene Ankündigung der Markteinführung des *iPhone* und der Kooperation des Anbieters mit einem Mobilfunkunternehmen nicht als gewerbliche, sondern als publizistische Äußerung und damit als rechtmäßig zu behandeln.[41] Nur dann, wenn aufgrund des Inhalts von Veröffentlichungen **publizistische Motive mit Sicherheit auszuschließen** sind, ist es zulässig, aus dem Inhalt von Berichten auf die Absicht zu schließen, nicht die Öffentlichkeit zu informieren, sondern ausschließlich den Wettbewerb des positiv kritisierten Unternehmens zu fördern (s. auch Rz. 22.12 ff.).[42] Die Feststellung, dass Berichterstattung bewusst falsch ist, kann ein Indiz hierfür sein.[43]

22.11 Ist Berichterstattung über gewerbliche Produkte oder Leistungen im Einzelfall als Tatsachenbehauptung zu behandeln und als solche unwahr, so kann sie einen Eingriff in den eingerichteten und ausgeübten Gewerbebetrieb und eine Kreditgefährdung im Sinn der §§ 823, 824 BGB darstellen.[44] Unwahr und damit tatbestandlich im Sinn dieser Bestimmung kann insbesondere eine allgemeine Kritik an bestimmten Waren oder Warenarten sein, die anhand eines bildlich dargestellten individuellen Produkts erläutert wird, gerade auf dieses spezielle Produkt aber nicht zutrifft. Behandelt etwa ein Fernsehmagazin Probleme der *Belastung von Grund- und Mineralwasser* mit schädlichen Stoffen und zeigt es zur *Illustration das Etikett*

---

38 BGH NJW 1968, 1419 = GRUR 1968, 645 – Pelzversand.

39 BVerfG NJW 2003, 277 = ZUM-RD 2003, 1 – Juve-Handbuch; BGH AfP 2006, 460 = GRUR 2006, 875 – Rechtsanwalts-Ranglisten.

40 BGH NJW 1966, 1617 = GRUR 1966, 693 – Höllenfeuer; BGH AfP 1986, 219 = NJW 1987, 1082 – Gastrokritiker; BGH AfP 1986, 228 = NJW-RR 1986, 1484 – Frank der Tat; BGH NJW-RR 1995, 301 = WRP 1995, 186 – Dubioses Geschäftsgebaren; OLG Stuttgart BB 1963, 831; OLG Düsseldorf AfP 1997, 621.

41 OLG Hamburg AfP 2009, 497.

42 Dies ist insbesondere dann der Fall, wenn über eine sachliche Bewertung eines Produkts oder einer Dienstleistung hinaus diese im besonderen Maß anpreisend und werblich herausgestellt werden, s. OLG Hamburg AfP 2014, 336; LG Hamburg WRP 2015, 501– Abnehmen wie die Stars; BGH AfP 1997, 795 = GRUR 1997, 912 – Die Besten I; BGH AfP 1997, 797 = GRUR 1997, 914 – Die Besten II.

43 BGH AfP 1994, 293 = WRP 1994, 862 – Bio-Tabletten.

44 OLG München AfP 2015, 47 = WRP 2015, 104 – Voll-Nuss; OLG Saarbrücken v. 27.1.2016 – 5 U 5/15, zit. nach juris; s. dazu auch schon OLG Düsseldorf GRUR-RR 2012, 297 – Natürliches Erdbeeraroma; OLG Frankfurt a.M. NJW 1996, 1146.

einer bestimmten Mineralwasserflasche, so ist dies nur zulässig, wenn die Sachaussage des Beitrags auf dieses bestimmte Produkt zutrifft (vgl. auch Rz. 13.47).[45] Auch die Aussage, eine *Schokolade enthalte einen künstlichen Inhaltsstoff*, stellt einen betriebsbezogenen Eingriff dar, wenn das Testinstitut den diesbezüglichen Nachweis nicht erbringen kann.[46] Allerdings kommt es auch in diesem Zusammenhang auf die konkreten Umstände des Einzelfalls und insbesondere den Kontext an. Daraus kann sich nach Auffassung des BGH ergeben, dass die Einblendung eines bestimmten Firmenkennzeichens in einen solchen Fernsehbeitrag keine über den gesprochenen Text hinausgehende Sachaussage enthält, sondern lediglich optischen Demonstrationszwecken dient.[47]

Dasselbe kann gelten, wenn die Printmedien im Zusammenhang mit der redaktionellen Behandlung allgemeiner systemtypischer Missstände zur Illustration einzelne Produkte oder etwa Ladengeschäfte der besprochenen Gattung im Bild zeigen, ohne im Text Aussagen darüber zu treffen, dass das gezeigte Bild als Prototyp des besprochenen Missstands gelten soll. Nennen sie aber im Rahmen solcher Berichte Unternehmens- oder Produktnamen, auf die die Kritik sachlich nicht zutrifft, ohne dies klarzustellen, oder erwecken sie durch die Illustration eines derartigen Textbeitrags mit der Abbildung eines individualisierbaren Produkts oder Unternehmens den Eindruck, es handele sich um eines der im Text kritisierten Unternehmen (vgl. dazu Rz. 16.90 ff.), dann wird es sich um die jedenfalls konkludente Behauptung handeln, die Kritik betreffe das genannte oder gezeigte Unternehmen oder Produkt.

22.12

Ist Medienberichterstattung über Waren oder Dienstleistungen hingegen wahr oder entzieht sie sich als Ausdruck von Kritik der Beurteilung nach dem Kriterium der Wahrheit oder Unwahrheit, so haben die betroffenen Unternehmen ihre Verbreitung in aller Regel hinzunehmen. So muss es etwa ein Arzt, der sich öffentlich dazu bekennt, auf die Heilkunst der *Hildegard von Bingen* und deren göttliche Erleuchtung zu setzen, hinnehmen, dass seine Behandlungsmethoden besonders kritisch beleuchtet werden.[48] Zulässig war etwa der *Vergleich eines so genannten Zuschuss-Verlags*, dem Autoren für die Veröffentlichung ihrer Werke finanzielle Leistungen erbringen müssen, *mit einem Käsehändler*, der seine Kunden übervorteile,[49] oder die Bezeichnung eines *Gutachters als namenlos* in einem Beitrag, der sich mit der zweifelhaft hohen Bewertung einer Sacheinlage in eine wirtschaftlich angeschlagene Aktiengesellschaft befasst.[50] Auch drastische Kritik an den hygienischen Verhältnissen in einer Großbäckerei sind dementsprechend von der Meinungsäußerungsfreiheit gedeckt.[51]

22.13

Unzulässig ist wertende Wirtschaftsberichterstattung daher nur, wenn es an jedwedem tatsächlichen Bezugspunkt für die Kritik fehlt, da dann in der Regel die Grenze zur **Schmähkritik** überschritten sein wird und im Spannungsfeld zwischen dem Grundrecht der Presse- und Meinungsäußerungsfreiheit und dem Allgemeinen Persönlichkeitsrecht des betroffenen Unternehmens schon nach allgemeinen Grundsätzen Letzteres überwiegt.[52] Wie generell im An-

22.14

---

45 OLG Stuttgart AfP 1988, 147.

46 OLG München AfP 2015 = WRP 2015, 104 – Voll-Nuss.

47 BGH AfP 1992, 140 = NJW 1992, 1312 – Bezirksleiter Straßenbauamt; zur Zulässigkeit der Verwendung einer Marke anstelle einer Gattungsbezeichnung und ohne Hinweis, dass es sich um eine Marke handelt, im Rahmen redaktioneller Berichterstattung vgl. OLG Frankfurt a.M. AfP 2000, 189.

48 OLG Karlsruhe NJW 1996, 1140.

49 BGH AfP 2002, 169 = NJW 2002, 1192 – Zuschussverlag.

50 BGH AfP 2008, 193 = NJW-RR 2008, 913 – Namenloser Gutachter.

51 OLG Saarbrücken v. 27.1.2016 – 5 U 5/15, zit. nach juris.

52 BGH NJW 1980, 881 – Vermögensverwaltung; zur Abgrenzung vgl. auch OLG Köln NJW-RR 1997, 786.

wendungsbereich des Grundrechts der freien Meinungsäußerung endet auch das Recht zur Äußerung gewerblicher Kritik dort, wo es dem Kritisierenden erkennbar nicht in erster Linie um die Sache, sondern um die Herabsetzung des Kritisierten geht.[53] Das war etwa der Fall im Rahmen einer Restaurantkritik mit den Aussagen, die *Preise seien außerirdisch*, das Management treibe durch gezielte personelle Unterbesetzung die Gäste bis zum Randalieren, und es handele sich um ein Unternehmen der Wucherkategorie.[54] Auch die Bezeichnung eines Lokals als *Pygmäen-Lokal* und die Abqualifizierung eines Cappuccino als mehr nach Haarwaschwasser denn nach italienischem Kaffee schmeckend fällt jedenfalls dann in diese Kategorie, wenn sie auf einem einzigen Besuch des Kritikers in dem so abqualifizierten Restaurant beruht.[55] Demgegenüber handelt es sich bei der Bezeichnung einer *Fluggesellschaft als Flop-Airline* in einer im Internet veröffentlichten vergleichenden Übersicht über die Sicherheit von Fluglinien jedenfalls dann um eine vom Informationsauftrag des Mediums gedeckte und damit zulässige Meinungsäußerung, wenn dem Nutzer des betreffenden Online-Services die Möglichkeit eingeräumt wird, alle für dieses negative Urteil relevanten Informationen über einen Link abzurufen.[56]

22.15   Regelmäßig unzulässig ist eine Produktkritik auch dann, wenn sie sich abweichend von den dargestellten Grundsätzen nicht als primär redaktionelle Äußerung, sondern tatsächlich als **verschleierte Werbung** erweist. In diesem Fall kann auch eine Medienberichterstattung als wettbewerbsrechtlich relevante geschäftliche Handlung im Sinn von § 2 Abs. 1 Nr. 1 UWG eingestuft werden. Anhaltspunkte sind etwa übertrieben anpreisende Ausführungen, die über das für die Produktdarstellung erforderliche sachliche Maß hinausgehen. So handelte nach Auffassung des OLG Düsseldorf[57] eine Redaktion unlauter, die in einer Rubrik Bauen und Wohnen ausschließlich die *Produkte eines einzelnen Anbieters* unter drucktechnischer Hervorhebung der Preise und Angabe der Bezugsquelle herausstellt. Die kritiklose Bezeichnung einer Sportsalbe als Wundermittel, das auch zu *seidenweicher Haut* führe und daher bei Münchens Society-Ladies auf begeisterte Akzeptanz stoße, in einer sogenannten In/Out-Liste einer Unterhaltungszeitschrift wurde mit Recht als nicht mehr durch Art. 5 Abs. 1 GG gedeckte werbliche Anpreisung und damit als geschäftliche Handlung im Sinn von § 2 Abs. 1 Nr. 1 UWG angesehen, die zugleich unlauter im Sinn von § 3 UWG war.[58] Auch die Anpreisung *„Abnehmen wie die Stars"* ist zutreffend ebenso als irreführende Werbung angesehen worden[59] wie eine Serie mehrerer aufeinander folgender redaktioneller Berichte über ein und dasselbe Produkt, die sich inhaltlich in nichts von Werbeanpreisungen unterschieden und Äußerungen begeisterter Nutzer wiedergaben.[60] Die Auffassung des KG[61] allerdings, im erwähnten Fall treffe die veröffentlichende Zeitschrift die Beweislast dafür, dass ihr Beitrag keine ge-

---

53 BVerfG AfP 1990, 192 = NJW 1991, 95 – Zwangsdemokrat; BVerfG AfP 1980, 147 = NJW 1980, 2069 – Römerberg-Gespräche; BVerfG AfP 1976, 119 = NJW 1976, 1680 – Deutschlandstiftung; BGH GRUR 2012, 74 = WRP 2012, 77 – Coaching Newsletter; BGH AfP 1974, 702 = NJW 1974, 1762 – Deutschlandstiftung; BGH AfP 1978, 33 = GRUR 1977, 801 – Halsabschneider; BGH AfP 1971, 132 = GRUR 1971, 529 – Dreckschleuder; OLG Düsseldorf NJW-RR 1997, 105 = WRP 1996, 925; OLG Brandenburg NJW 1996, 666.

54 OLG Frankfurt a.M. NJW 1990, 2002.

55 OLG München AfP 1993, 760 = NJW 1994, 1964 – Pygmäen-Lokal.

56 OLG München NJW-RR 2006, 1131 = GRUR-RR 2006, 208.

57 OLG Düsseldorf AfP 1994, 311.

58 OLG München AfP 2004, 360; s. auch OLG Düsseldorf AfP 1988, 354 – Leserreise; OLG Köln AfP 1992, 272.

59 LG Hamburg WRP 2015, 502 – Abnehmen wie die Stars.

60 KG AfP 1989, 741.

61 KG AfP 1989, 741.

schäftliche Handlung sei, und zur Führung dieses Nachweises reiche die Feststellung nicht aus, das positiv besprochene Unternehmen habe ihr keinen Auftrag erteilt, kein Entgelt gezahlt oder versprochen und auf den Text oder die Aufmachung des infrage stehenden Beitrags auch keinen Einfluss genommen, ist unzutreffend. Sie trägt der Gewährleistung der Grundrechte des Art. 5 Abs. 1 GG auch im Bereich der Produktkritik ebenso wenig Rechnung wie der allgemeinen zivilprozessualen Beweislastverteilung, nach der der jeweilige Kläger die tatbestandlichen Voraussetzungen zu beweisen hat. Mit Recht hat daher das OLG München[62] angenommen, die Beweislast für die angebliche Eignung der Anwaltsrankings der Zeitschrift *Juve* für eine unlautere Störung des Leistungswettbewerbs hätten diejenigen zu tragen, die die weitere Verbreitung des in Rede stehenden Handbuchs im Wege der Unterlassungsklage unterbinden wollten. Zutreffend ist auch die Entscheidung des KG, die Vermarktung des eigenen Images einer *Influencerin* stelle eine geschäftliche Handlung dar. Allerdings reiche das Versehen einzelner Bestandteile der Garderobe der Influencerin mit Tags zu den jeweiligen Produktanbietern oder -händlern nicht aus, um bereits von einer verschleierten Werbung auszugehen, solange dafür keine Vergütung gezahlt wurde (näher s. Rz. 24.12).[63]

Die Tatsache allein, dass einzelne Produkte in einem redaktionellen Beitrag namentlich genannt und positiv besprochen werden, reicht allerdings zur Widerlegung der **Vermutung des Handelns zu Informationszwecken** insbesondere dann nicht aus, wenn ein Beitrag sachlich gehalten ist.[64] Daran ändert auch nichts, dass der Hersteller eines Produkts in dem betreffenden redaktionellen Bericht zu Wort kommt.[65] Unrichtig ist daher die Auffassung des OLG Köln,[66] die *Nennung mehrerer medizinischer Präparate* unter ihrem Handelsnamen in populärwissenschaftlichen Ratgeber-Taschenbüchern sei selbst dann als unlautere geschäftliche Handlung im Sinn des Wettbewerbsrechts anzusehen, wenn zwischen Verlag und Autoren einerseits und den Produktherstellern andererseits keine wirtschaftlichen oder tatsächlichen Beziehungen bestehen. Diese Ansicht führt zu einer mit Art. 5 Abs. 1 GG nicht zu vereinbarenden Einschränkung der legitimen Ratgeber- und Aufklärungsfunktion der Medien.   22.16

So liegt auch keine geschäftliche Handlung vor, wenn eine Redaktion im Zusammenhang mit der redaktionellen Besprechung von Kapitalanlagen ankündigt, sie nenne dem Leser auf Anfrage die Namen von auf dem infrage stehenden Gebiet *besonders qualifizierten Rechtsanwälten und Steuerberatern*. Die gegenteilige Auffassung des OLG Düsseldorf,[67] hier liege zugleich ein Fall der Förderung des Verstoßes gegen die berufsrechtlichen Werbeverbote durch die empfohlenen Anwälte und Steuerberater selbst vor, hat der BGH[68] im Ergebnis mit Recht verworfen.   22.17

Die **Vermutung** der Wahrnehmung von Informationsinteressen ist regelmäßig auch dann **widerlegt**, wenn ein redaktioneller Beitrag sich inhaltlich in nichts von *Reklame* unterscheidet, wie etwa ein Bericht über die Erweiterung der Geschäftsräume eines Textileinzelhandelsgeschäfts, in dem das betreffende Geschäft als die optimale Adresse bezeichnet wird, die im weiten Umkreis längst zu einem Begriff geworden sei und sich durch interessante Preise und   22.18

62 OLG München NJW 2003, 1534 = GRUR 2003, 719 – Juve-Handbuch; BGH AfP 2006, 460 = GRUR 2006, 875 – Rechtsanwalts-Ranglisten.
63 KG AfP 2019, 68.
64 BGH AfP 1994, 293 = WRP 1994, 862 – Bio-Tabletten; OLG Dresden WRP 1995, 38 – Beispielhafter Produkthinweis.
65 OLG Hamm AfP 1992, 256.
66 OLG Köln WRP 1993, 515 – Verdeckte Arzneimittelwerbung.
67 OLG Düsseldorf AfP 1994, 323.
68 BGH AfP 1997, 621 = NJW 1997, 1304 – Versierter Ansprechpartner.

ein ständig wechselndes Warenangebot auszeichne.[69] Dasselbe gilt auch in den Fällen der Veröffentlichung *pauschaler Listen mit Namen*, Fachgebieten und Anschriften der besten Ärzte,[70] der besten Scheidungsanwälte und deren Tricks[71] oder der 500 besten Anwälte.[72] Diese Entscheidungen sind im Wesentlichen darin begründet, dass Leistungen, die sich ihrer Natur nach einer Objektivierung entziehen, pauschal und ohne die gebotene Relativierung sowie ohne jeden Hinweis auf das Fehlen objektiver Kriterien mit einem Superlativ versehen und damit im Ergebnis beworben werden. Derartige Veröffentlichungen sind jedenfalls wegen fehlender Objektivität und Sachkunde unzulässig (Rz. 22.25 ff.).[73] Redaktionelle Beiträge hingegen, die die größten deutschen Wirtschaftskanzleien oder vergleichbare Arztpraxen in sachlich begründeter Form in so genannten **Rankings** vorstellen und die Bewertungskriterien nennen, die ihrem Urteil zugrunde liegen, halten sich innerhalb der Schranken der durch Art. 5 Abs. 1 GG gewährleisteten freien Wirtschaftsberichterstattung.[74]

22.19   Probleme können sich insbesondere bei der **Auslobung von Gewinnen** im Rahmen von Preisrätseln oder sonstigen Leseraktionen ergeben, wenn die ausgelobten Produkte zugleich im redaktionellen Teil angepriesen oder sonst besprochen werden. Werden derartige Gewinne dem Verleger vom Hersteller unentgeltlich zur Verfügung gestellt und weist die Redaktion hierauf im Rahmen der Auslobung nicht hin, so liegt nach Auffassung des BGH stets ein Verstoß gegen § 3 UWG vor.[75] Handelt es sich hingegen um einen Preis, den der Verleger selbst aussetzt, und nennt die Redaktion Produkt und Hersteller bei der redaktionellen Ankündigung des Preisausschreibens in einer Weise, die einen Anreiz zur Teilnahme darstellt, dann handelt sie noch nicht allein deswegen geschäftlich im Sinn des Wettbewerbsrechts, weil mit der Ankündigung eine Werbewirkung für das infrage stehende Produkt verbunden ist.[76] Anderes kann gelten, wenn sie das Produkt dabei besonders in den Vordergrund stellt und dem Leser auf diese Weise die Empfehlung vermittelt, das Produkt zu kaufen.[77] Ist dies nicht der Fall, so ist auch eine Abbildung des als Gewinn ausgelobten Produkts nicht als unzulässige redaktionelle Werbung zu beanstanden.[78] Problematisch ist es daher, wenn das OLG Karlsruhe in einem Preisrätsel, in dem als Gewinn ein *kostenloser Aufenthalt in einer Fastenklinik* ausgelobt wurde, eine verschleierte Werbung sah und dabei insbesondere auch den Begriff „Verlagsanzeige", mit dem das Preisrätsel überschrieben war, nur als Hinweis auf eine (vermeintlich) redaktionelle Berichterstattung ansah.[79]

---

69 OLG Köln AfP 1992, 272.
70 OLG München NJW-RR 1994, 171; OLG München GRUR 1994, 835 – Ärzteliste; BGH AfP 1997, 795 = NJW 1997, 2679 – Die Besten I; die Wettbewerbswidrigkeit verneinend LG München AfP 1998, 332.
71 OLG München AfP 1992, 282 = NJW 1992, 1332; OLG München NJW 1996, 237.
72 BGH AfP 1997, 797 = NJW 1997, 2681 – Die Besten II.
73 *Zuck*, NJW 1994, 297.
74 BVerfG NJW 2003, 277 = ZUM-RD 2003, 1 – Juve-Handbuch; BGH AfP 2006, 460 = GRUR 2006, 875 – Rechtsanwalts-Ranglisten; LG München AfP 1997, 945; OLG München MedR 1999, 76.
75 BGH NJW 1994, 2954 = WRP 1994, 816 – Preisrätselgewinnauslobung II; BGH WRP 1996, 1034; LG Freiburg GRURPrax 2011, 480; kritisch zu dieser Rechtsprechung *Gröning*, WRP 1995, 181; *Köhler/Bornkamm/Feddersen*, § 5a UWG Rz. 7.47 ff.
76 BGH NJW 1996, 3278 = GRUR 1997, 145 – Preisrätselgewinnauslobung IV; OLG Karlsruhe WRP 2012, 991.
77 BGH NJW 1994, 2953 = WRP 1994, 814 – Preisrätselgewinnauslobung I.
78 BGH NJW 1996, 3278 = GRUR 1996, 804 – Preisrätselgewinnauslobung III.
79 OLG Karlsruhe WRP 2013, 1055 = GRUR-RR 2013, 443 – All Net Flat mit Handy, unbegrenzt surfen.

Schließlich kann die Vermutung, die Medien handelten bei Produktberichterstattung zu Informationszwecken, auch widerlegt sein, wenn dem kritisierenden Medium die erforderliche **Neutralität** fehlt. Wettbewerbswidrig ist daher eine als objektive Stellungnahme des Herausgebers einer Fachzeitschrift getarnte Eigenwerbung.[80] Auch eine *Internetseite mit als blog-ähnlichen Beiträgen* getarnter Werbung für ein PKW-Modell ist nach Auffassung des OLG Köln wettbewerbswidrig, es sei denn, es wird auf den werblichen Charakter durch einen Hinweis, z.B. durch den auch beim Scrollen verbleibenden Schriftzug „Anzeige" im Kopfzeilenbereich, aufmerksam gemacht.[81] Die publizistische Darstellung und Bewertung verschiedener Verlagserzeugnisse stellt unabhängig von ihrer inhaltlichen Richtigkeit einen Verstoß gegen § 3 UWG dar und ist damit unzulässig, wenn ein besprochenes Erzeugnis von einer Schwestergesellschaft des Verlags vertrieben wird, in dem die berichtende Zeitung erscheint,[82] sofern nicht eindeutig auf die entsprechenden Zusammenhänge hingewiesen wird. Unzulässig ist daher auch die *positive Berichterstattung über ein Reiseangebot*, wenn dem Leser nicht deutlich mitgeteilt wird, dass es sich dabei um ein Angebot der berichtenden Zeitung selbst handelt,[83] oder diejenige über einen bestimmten Freizeitpark, dessen Geschäftsführer der Verfasser des Beitrags ist, selbst wenn die Redaktion in einem Kasten auf diesen Umstand hinweist.[84] In solchen Fällen handelt es sich in Wahrheit um unlauteres geschäftliches Handeln zur Förderung eigenen Wettbewerbs. Eine Förderung fremden Wettbewerbs, die ebenfalls als geschäftliches Handeln zu qualifizieren und nach § 3 Abs. 1 UWG unzulässig sein kann, ist insbesondere in den Ausnahmefällen anzunehmen, in denen sich Medien im Grenzbereich zwischen Berichterstattung und Werbung (Rz. 24.10 ff.) in Wahrheit vor den Karren eines Wettbewerbers des Kritisierten haben spannen lassen. Allerdings besteht keine generelle Verpflichtung der Medien zur Kennzeichnung solcher Produktinformationen, die sie direkt vom Hersteller erhalten haben.[85]

22.20

b) Tests

Auch wenn die Medien Produkte und Dienstleistungen mehrerer Unternehmen, insbesondere in der Form von **Tests**, einander gegenüberstellen, handeln sie in der Regel nicht geschäftlich im Sinne des Wettbewerbsrechts. Vergleichende Werbung ist unter den Voraussetzungen von § 6 UWG heute auch Marktteilnehmern erlaubt. Wie im Fall der nicht vergleichenden Waren- oder Dienstleistungskritik können sich aber Unternehmer oder Verbände, die sich durch die Veröffentlichung von Tests in den Medien in ihren Rechten verletzt fühlen, zur Rechtfertigung daraus abgeleiteter Unterlassungs- oder Schadenersatzansprüche in der Regel nicht auf die Tatbestände der §§ 3, 6 UWG berufen. Rechtsschutz gegen die stets vom Grundrecht der Meinungsfreiheit gedeckte[86] Berichterstattung über selbst oder von dritter Seite durchgeführte Tests gewähren vielmehr wie im Fall der isolierten Kritik ausschließlich die Tatbestände des § 823 Abs. 1 BGB oder, sofern es ausnahmsweise um unrichtige Tatsachenbehauptungen geht, des § 824 BGB.[87]

22.21

---

80 BGH GRUR 1968, 382 – Favorit II.
81 OLG Köln AfP 2014, 147 = NJW 2014, 795 – Anti-Status-Auto.
82 OLG Koblenz AfP 1988, 356.
83 OLG Düsseldorf AfP 1988, 354 – Leserreise.
84 OLG Köln AfP 2004, 136.
85 BGH AfP 1993, 567 = GRUR 1993, 656 – Faltenglätter.
86 OLG Karlsruhe AfP 2003, 346 = NJW-RR 2003, 177.
87 *Köhler/Bornkamm/Feddersen*, § 6 UWG Rz. 203 ff.; BGH AfP 1997, 911 = GRUR 1997, 942 – Drucker mit Druckerkabel; LG Berlin GRUR-RR 2005, 290; LG Frankfurt GRUR-RR 2010, 83.

22.22 Die rechtliche Beurteilung der Tests und ihrer Verbreitung durch die Medien vollzieht sich in der Regel nicht nach den am Maßstab der Wahrheit orientierten Regeln des § 824 BGB, sondern nur anhand derjenigen des § 823 Abs. 1 BGB. Denn die Rechtsprechung des BGH[88] hat mit der Entscheidung *Warentest II* eine wichtige Weichenstellung zu Gunsten von Testern und berichtenden Medien vorgenommen. Der Inhalt von und die Berichterstattung über Tests ist im Zweifel nicht Tatsachenbehauptung, sondern das Ergebnis einer Bewertung. Dies gilt nicht nur für die eigentlichen Testresultate, sondern auch für deren Begründung. So handelt es sich etwa bei der Mitteilung über eine festgestellte Schadstoffbelastung im Rahmen eines unter Angabe der Untersuchungsmethode veröffentlichten Lebensmitteltests nicht um eine Tatsachenbehauptung, sondern um eine Bewertung.[89] Um Bewertungen handelt es sich auch bei der Durchführung von Modellrechnungen im Rahmen der vergleichenden Beurteilung von Versicherungsprodukten.[90]

22.23 Damit finden auf Warentests und vergleichbare Publikationen im Ansatz ausschließlich die allgemeinen Schranken wertender Berichterstattung Anwendung. Vom testenden Institut wie von den berichterstattenden Medien wird nicht verlangt, dass Ergebnisse von Tests und deren Begründung objektiv richtig sind. Sie benötigen insbesondere einen angemessenen **Spielraum** für die angewandten Untersuchungsmethoden, die Bewertung der gefundenen Ergebnisse wie schließlich auch für die Art und Weise der redaktionellen Präsentation. Wäre das anders, dann wäre die Durchführung von Tests und insbesondere die Berichterstattung darüber mit wirtschaftlichen Risiken verbunden, die im Ergebnis faktisch zu einer Abschottung der Wirtschaft gegen derartige Formen der Kritik und damit auch zu einer unannehmbaren Einschränkung der Berichterstattungsfreiheit führen müsste. Dazu gehört auch, dass man ebenso wie ganz allgemein bei redaktioneller Berichterstattung nur in seltenen Ausnahmefällen gegen zukünftige Rechtsverletzungen prozessual mit Erfolg vorgehen kann. Die bloße Ankündigung eines Testinstituts, in bestimmter Weise zu berichten, begründet jedenfalls dann keinen Unterlassungsanspruch, wenn das Testinstitut zusagt, sich mit Einwendungen des Getesteten vor Veröffentlichung auseinander zu setzen.[91]

22.24 Allerdings kommt es für die Ermittlung der Schranken der Kritik auch in diesem Zusammenhang stets auf die Umstände des Einzelfalls an. So wird die Veröffentlichung auch eines vernichtenden Testurteils im redaktionellen Teil einer Zeitschrift unter entsprechender redaktioneller Aufbereitung sich noch im Rahmen der Verbraucheraufklärung halten und damit den Schutz der Meinungsfreiheit gemäß Art. 5 Abs. 1 Satz 1 GG beanspruchen können. Hingegen kann es als ein Fall des unlauteren geschäftlichen Handelns gemäß § 3 Abs. 1 UWG anzusehen sein, wenn dasselbe Testurteil als Aufmacher auf dem Titelblatt des publizierenden Mediums oder als Blickfang einer Werbeanzeige des betreffenden Verlags benutzt wird. Insbesondere beim Einsatz von Testergebnissen für die redaktionelle Eigenwerbung ist daher Zurückhaltung geboten.[92]

---

88 BGH AfP 1976, 34 = NJW 1976, 620 – Warentest II; *Köhler/Bornkamm/Feddersen*, § 6 UWG Rz. 204; OLG Köln AfP 1995, 498 = NJW-RR 1995, 24.
89 OLG Karlsruhe AfP 2003, 346 = NJW-RR 2003, 177.
90 OLG Frankfurt a.M. NJW-RR 2002, 1697 = ZUM-RD 2003, 121 – Analog-FinanzTest.
91 LG München I AfP 2018, 89.
92 Vgl. zu einer ähnlichen Fallkonstellation OLG Frankfurt a.M. AfP 1987, 528.

In Anerkenntnis des mit der Veröffentlichung von Testergebnissen verbundenen Gefähr-   22.25
dungspotentials hat der BGH in einer Reihe von Entscheidungen[93] die Kriterien für die Prüfung der Rechtmäßigkeit veröffentlichter Warentests herausgearbeitet, die auch für die Durchführung von Tests von Dienstleistungen maßgeblich sind.[94] Dabei handelt es sich um die Gebote der **Neutralität, Objektivität** und **Sachkunde**. Jedes dieser Kriterien ist für die Durchführung von Tests und die Verbreitung ihrer Ergebnisse durch die Medien unverzichtbar.

aa) Neutralität

Nur wenn ein Test **neutral** ist, kann derjenige, der ihn veranstaltet oder verbreitet, die Frei-   22.26
stellung vom schärferen Regime des Wettbewerbsrechts für sich in Anspruch nehmen. Wer
eigene Produkte testet, ohne den darin liegenden Mangel an Neutralität deutlich erkennbar
zu machen, wird ebenso geschäftlich unlauter handeln,[95] wie diejenige Redaktion zielgerichtet
fremden Wettbewerb fördert, die in Kenntnis dieses Umstands einen solchen Testbericht
ohne entsprechende Klarstellung veröffentlicht. Als unlauteres geschäftliches Handeln ist
auch die Veröffentlichung einer Steuerberater-Rangliste einzustufen, die eine Kanzlei positiv
bewertet, die mit dem für die Erstellung der Rangliste verantwortlichen Institut wirtschaftlich
verflochten ist.[96] Derartige Konstellationen bewirken eine Täuschung des Lesers. Die Verbreitung auf diese Weise durchgeführter Tests ist sowohl nach § 823 Abs. 1 BGB als auch nach
§ 3 UWG selbst dann unzulässig, wenn ihre Ergebnisse sachlich zutreffen.[97] In diesen Fällen
werden Gerichte mit Recht stets sensibel sein, und schon eine gewisse Abhängigkeit zwischen
dem Getesteten und dem berichtenden Medium kann zum Urteil führen, dass dieses mangels
Neutralität unzulässig handelt.

Auch im Rahmen einer geschäftlichen Handlung kann ein Testbericht allerdings auf dem be-   22.27
sonderen Anliegen der Medien beruhen, die Öffentlichkeit über Vorgänge von allgemeiner
Bedeutung zu unterrichten. Dass derjenige, der einen Test durchführt oder dessen Ergebnisse
veröffentlicht, in der betreffenden Branche auch eigene Interessen verfolgt, ist mithin nicht
per se schädlich; häufig vermitteln derartige Eigeninteressen dem Testenden auch erst die
Sachkunde, die ihm die Durchführung des Tests ermöglicht. Im Fall einer *Restaurantkritik*
hat das OLG Düsseldorf[98] das Neutralitätsgebot schon deswegen als verletzt angesehen, weil
der Kritiker sich auch als Weinhändler betätigte, der am Absatz seiner Weine bei Restaurants
interessiert war; es sah die Gefahr, dass diejenigen Restaurants im Rahmen der Kritik Vorteile
haben, die zu den Abnehmern der Weine des Kritikers gehören. Der BGH[99] hat jedoch im
selben Fall im Interesse der Berichterstattungsfreiheit entschieden, das generelle Interesse des
Kritikers am Absatz seiner Ware beim Kritisierten und dessen Wettbewerbern begründe noch
keine Verletzung des Neutralitätsgebots; erforderlich sei stattdessen die Feststellung einer gezielten Absicht zur Förderung von Wettbewerbern des Kritisierten. Gleiches galt für einen
auch als *Journalist tätigen Architekten*, der als gelegentlicher Mitveranstalter von Fortbil-

---

93 BGH GRUR 1967, 113 – Warentest I; BGH AfP 1976, 34 = NJW 1976, 620 – Warentest II; BGH
   AfP 1986, 47 = NJW 1986, 981 = Warentest III; BGH AfP 1987, 504 = NJW 1987, 2222 – Warentest
   IV; BGH AfP 1989, 538 = GRUR 1989, 539 – Warentest V.
94 OLG Frankfurt a.M. NJW-RR 2002, 1697 = ZUM-RD 2003, 121 – Analog-Finanz-Test.
95 OLG Hamm WRP 1980, 281; OLG Koblenz AfP 1988, 356 = NJW-RR 1989, 166.
96 LG München I MMR 2008, 491.
97 BGH AfP 1976, 34 = NJW 1976, 620 – Warentest II; *Köhler/Bornkamm/Feddersen*, § 6 UWG
   Rz. 198.
98 OLG Düsseldorf AfP 1984, 52.
99 BGH AfP 1987, 219 = NJW 1987, 1082 – Gastrokritiker.

dungsseminaren objektiv in einem Wettbewerbsverhältnis zu einem Seminarveranstalter stand, den er in einem Pressebeitrag scharf kritisierte.[100] Unter diesem Aspekt stellt es auch keinen Verstoß gegen das Neutralitätsgebot dar, wenn in einer Fernsehsendung über die Grundlagen einer alternativen, gesünderen Ernährungsweise bestimmte Produkte namentlich erwähnt werden, die der Moderator auch in einem derselben Thematik gewidmeten Buch vorstellt, sofern nicht zwischen dem Hersteller und dem Autor wirtschaftliche oder sonstige Verbindungen bestehen.[101]

22.28 Das Gebot der Neutralität ist auch nicht verletzt, wenn ein Test nach bestimmten parteilichen Kriterien wie etwa der Umweltverträglichkeit aufgelegt wird, sofern dies im Rahmen seiner Verbreitung offengelegt wird. So bestehen keine Bedenken gegen die Durchführung eines Tests von Kosmetikprodukten, der sich auf etwaige gesundheitlich oder ökologisch bedenkliche Inhaltsstoffe beschränkt und die Frage nach der Wirksamkeit der Produkte ausblendet, wenn der so eingeschränkte Testumfang dem Verbraucher in geeigneter Weise offen gelegt wird.[102] Selbst die Tatsache, dass ein Test im Auftrag nicht eines neutralen Instituts oder einer Zeitschrift, sondern im Auftrag eines Wettbewerbers um den Absatz der getesteten Produkte durchgeführt worden ist, muss nicht zu einer Verletzung des Neutralitätsgebots führen, wenn der Leser hierüber aufgeklärt wird.[103] Allerdings sind an die Deutlichkeit dieser **Aufklärung** hohe Anforderungen zu stellen; die Vermutung spricht bei solcher Fallgestaltung gegen die Einhaltung des Neutralitätsgebots.

22.29 Keinen Verstoß gegen die Neutralitätspflicht stellt es prinzipiell auch dar, wenn in der Zeitschrift, in der ein Warentest veröffentlicht wird, Anzeigen der getesteten Unternehmen veröffentlicht werden,[104] sofern sich nicht im Einzelfall aus der Platzierung von Testbericht und Inserat oder sonstigen besonderen Umständen die Absicht der Zeitschrift ergibt, gerade einen ganz bestimmten Testbeteiligten zu fördern oder zu behindern. Die große Mehrheit der Medien ist auf die Veröffentlichung von Anzeigen angewiesen, und aus der Sachnähe von Inseraten zum Themenschwerpunkt des betreffenden Mediums allein kann nicht auf die Sittenwidrigkeit der Veröffentlichung von Tests geschlossen werden.[105] Ein Indiz gegen die Neutralität stellt es jedoch dar, wenn mit einem der getesteten Unternehmen schon vor der Durchführung und Veröffentlichung des Tests die Abnahme einer größeren Menge von Exemplaren der den Testbericht enthaltenden Ausgabe der Zeitschrift vereinbart wird.[106] Schließlich handelt es sich bei der Fehlerhaftigkeit der Anlage des Tests als solcher nicht um einen Verstoß gegen das Neutralitätsgebot; nach Auffassung des BGH[107] kann sie aber als Indiz für unlauteres geschäftliches Handeln in Betracht kommen.

bb) Objektivität

22.30 Besonders deutlich im Sinn der Freiheit der Berichterstattung ist die Aussage der Rechtsprechung zum Gebot der **Objektivität**. Es bedeutet nicht, dass das Ergebnis oder eine daraus ge-

---

100 BGH NJW-RR 1995, 301 = WRP 1995, 186 – Dubioses Geschäftsgebaren.
101 OLG Frankfurt a.M. AfP 1994, 47 = NJW-RR 1994, 367.
102 OLG Frankfurt a.M. AfP 2007, 49 = NJW-RR 2007, 38.
103 BGH GRUR 1961, 189 – Rippenstreckmetall.
104 BVerfG NJW 2003, 277 = ZUM-RD 2003, 1 – Juve-Handbuch; OLG München NJW 2003, 1534 = GRUR 2003, 719 – Juve-Handbuch.
105 BVerfG NJW 2003, 277 = ZUM-RD 2003, 1 – Juve-Handbuch.
106 *Köhler/Bornkamm/Feddersen*, § 6 UWG Rz. 198.
107 BGH NJW 1981, 2304 = GRUR 1981, 658, 660 – Preisvergleich.

zogene Schlussfolgerung richtig sein muss; gefordert wird aber zu Recht, dass die Prüfungsmethoden und -kriterien von der Sache her vertretbar sein müssen. Zudem muss eine an der Verbrauchererwartung orientierte Auswahl der getesteten Produkte oder Leistungen erfolgen, und die Darstellung der Testergebnisse darf nicht missverständlich sein.[108] Damit wird wie generell bei redaktioneller Berichterstattung ein **Bemühen um Richtigkeit** verlangt (dazu Rz. 2.12 ff.).[109] Trotz hieran lautgewordener Kritik, die im Fall der Testveröffentlichung prinzipiell eine Richtigkeitsgewähr fordert,[110] hat der BGH an dieser Auffassung zutreffend festgehalten und dem Berichtenden zusätzlich – wiederum allgemeinen Grundsätzen zur Berichterstattung im wertenden Bereich folgend – einen weiten Ermessensspielraum und das Recht zu drastischer Darstellung eingeräumt.[111] Das Bemühen um Richtigkeit hingegen ist unverzichtbar. Gegen dieses Kriterium verstößt ein Kritiker, der ein *Restaurant nur ein einziges Mal aufsucht*, dort nur ein einziges Getränk zu sich nimmt und anschließend das Restaurant generell und in herabsetzender Weise negativ kritisiert[112] und auch die *Verwendung eines einzigen Prüfmusters* zur Bewertung eines Naturprodukts (Salat) ist zu Recht vom OLG München als unzureichend angesehen worden.[113]

An Normen ohne Gesetzeskraft, wie etwa die DIN, ist der Tester nicht gebunden. Insbesondere stellt es keine Verletzung des Objektivitätsgebots dar, wenn er etwa an Sicherheitskriterien höhere Anforderungen stellt als die einschlägige DIN und hierauf im Testbericht ausdrücklich hinweist.[114] Allerdings hat das *Deutsche Institut für Normung* spezielle Normen für die Durchführung von Warentests entwickelt, deren Einhaltung sich für die Testenden zur Vermeidung späterer Auseinandersetzungen über die Beachtung des Objektivitätsgebots empfehlen dürfte.[115] Abweichungen hiervon sind aber zulässig, wenn diese vertretbar sind. So entschied das OLG Stuttgart, dass die fehlende Anonymisierung („Verblendung") von Nass-Rasierern trotz einer entsprechenden Vorgabe in den DIN-Vorschriften vom Ermessen des Prüfinstituts gedeckt war, wenn diese die Handhabung der Rasierer erschwert hätte und die Rasierer ohnehin an der Form erkannt worden wären.[116]

22.31

Auch ist absolute Vollständigkeit bei der Aufnahme von Produkten einer bestimmten Warengattung in die Testreihe nicht zu verlangen, vorausgesetzt, die getesteten Produkte bilden einen **repräsentativen Querschnitt** ihrer Gattung und die Auswahlkriterien gehen aus dem Test hervor.[117] So ist es nicht wettbewerbswidrig oder aus anderen Gründen rechtlich zu missbilligen, wenn eine Lokalredaktion im Rahmen einer Übersicht über Notdiensttelefonnummern auch die Nummer eines von der örtlichen Elektroinnung angebotenen Bereitschaftsdienstes für Elektrostörungen veröffentlicht, nicht aber diejenige eines außerhalb des Bereitschaftsdienstsystems tätigen Spezialbetriebs für die kurzfristige Beseitigung einschlägiger Schäden.[118] Gleiches gilt für die Nennung nur einer zentralen Notrufnummer im Leser-

22.32

---

108 OLG Stuttgart AfP 2018, 242; BGH GRUR 2016, 1076 = WRP 2016, 1221 – LGA-tested; BGH AfP 1989, 538 = NJW 1989, 1923 – Warentest V.
109 BGH AfP 1976, 34 = NJW 1976, 620 – Warentest II; OLG Frankfurt a.M. NJW-RR 2002, 1697 = ZUM-RD 2003, 121 – Analog-Finanz-Test.
110 Wenzel/*Burkhardt*/*Peifer*, Kap. 10 Rz. 95.
111 BGH AfP 1987, 504 = NJW 1987, 2222 – Warentest IV.
112 OLG Köln ZUM 2012, 493; OLG München AfP 1993, 760 = NJW 1994, 1964 – Pygmäen-Lokal.
113 OLG München GRUR-RR 2015, 395 – Nitratgehalt.
114 BGH AfP 1987, 504 = NJW 1987, 2222 – Warentest IV; LG Frankfurt GRUR-RR 2010, 83.
115 Wenzel/*Burkhardt*/*Peifer*, Kap. 10 Rz. 102 ff.
116 OLG Stuttgart AfP 2018, 242.
117 *Köhler*/*Bornkamm*/*Feddersen*, § 6 UWG Rz. 199.
118 OLG Stuttgart WRP 1991, 528.

Service-Teil einer Lokalzeitung.[119] Zulässig ist es auch, wenn bei der Herausgabe sogenannter Tonträger-Charts bestimmte Kategorien und Sparten gebildet werden, die zur Nichtberücksichtigung eines Anbieters der in die Erhebung einbezogenen Tonträger führen, sofern das erhebende Unternehmen sachliche Kriterien für die Bildung der Kategorien und Sparten anführen kann.[120] Allerdings sind hier Grenzfälle denkbar. Die Nichtberücksichtigung etwa eines führenden Anbieters eines bestimmten Produkts im Rahmen eines Tests kann im Einzelfall jedenfalls dann einen Mangel an Objektivität darstellen, wenn der Testbericht ansonsten den Anschein erweckt, eine vollständige Marktübersicht im fraglichen Segment zu vermitteln. Umgekehrt hat der BGH[121] in der Durchführung eines Tests einen Verstoß gegen das Objektivitätsgebot gesehen, in den neben hochpreisiger französischer Mantelmode ein in einem deutlich niedrigeren Preissegment angesiedelter negativ beurteilter Konfektionsmantel einbezogen wurde, ohne dass auf die Zugehörigkeit zu den völlig unterschiedlichen Preiskategorien hingewiesen wurde.

22.33 Werden einzelne Produkte im Test zu gut beurteilt, dann ergibt sich hieraus auch nicht deswegen eine Verletzung des Objektivitätsgebots, weil dies nachteilige Auswirkungen auf die relativ schlechter abschneidenden Konkurrenzprodukte hat, die objektiv richtig beurteilt worden sind. Dies ist vielmehr als Reflex der in diesem Bereich für Testinstitute und Medien bestehenden Bewertungs- und Berichterstattungsfreiheit hinzunehmen.[122] Die Möglichkeit, dass ein getestetes Produkt ein Ausreißer ist, und dass es sich aus Sicherheitsgründen anbietet, mehrere Stücke eines Produkts zu Kontrollzwecken in den Test einzubeziehen, muss aber jedenfalls in der Regel einkalkuliert werden.[123] Der BGH[124] hat dies allerdings für den Bereich der Markenwaren in einem die *Stiftung Warentest* betreffenden Fall verneint. Grobe Verzerrungen, nicht nachvollziehbare Folgerungen oder eine Schmähkritik sind aber nicht hinzunehmen.

22.34 Wo Testaussagen entgegen der Regel im Einzelfall als Tatsachenbehauptungen anzusehen sind, ist der Maßstab, an dem sich Test und Testberichterstattung messen lassen müssen, deutlich schärfer als in den Regelfällen.[125] Hier genügt, wie stets im Anwendungsbereich von § 824 BGB, die gerichtliche Feststellung, dass eine Behauptung falsch und dass sie geeignet ist, den Kredit des Getesteten zu gefährden.[126] Der BGH[127] hat dies für einen Test angenommen, in dem die Preiswürdigkeit von Handelsketten getestet wurde und in den eine Gruppe von Supermärkten einbezogen war, die trotz Namensgleichheit mit einem der getesteten Unternehmen nicht zu diesem Unternehmen gehörten und deren im Test berücksichtigte Preise zu einer Verfälschung des ermittelten Gesamtbilds führten. Die verschärfte Haftung nach § 824 BGB kommt auch in Betracht, wenn einzelne Testaussagen auch bei voller Berücksichtigung ihres Wertungszusammenhangs als Tatsachenbehauptungen zu qualifizieren und als solche unwahr sind.[128]

---

119 LG Leipzig AfP 2004, 577.
120 OLG Hamburg AfP 2000, 362.
121 BGH NJW 1963, 484 = GRUR 1963, 277 – Maris.
122 BGH AfP 1976, 34 = NJW 1976, 620 – Warentest II.
123 *Köhler/Bornkamm/Feddersen*, § 6 UWG Rz. 202; s. auch OLG München GRUR-RR 2015, 395 – Nitratgehalt.
124 BGH AfP 1976, 34 = NJW 1976, 620 – Warentest II.
125 BGH ZUM 1998, 160.
126 OLG Frankfurt a.M. NJW 1996, 1146 = WRP 1996, 440.
127 BGH AfP 1986, 47 = NJW 1986, 981 – Warentest III.
128 BGH AfP 1989, 538 = NJW 1989, 1923 – Warentest V; so auch OLG Düsseldorf GRUR-RR 2012, 297 oder OLG München GRUR-RR 2015, 395 – Nitratgehalt.

cc) Sachkunde

Schließlich wird vom Testveranstalter **Sachkunde** gefordert. Dazu gehört die Sorgfalt bei der   22.35
Auswahl des testenden Personals ebenso wie diejenige bei der Festlegung der Testverfahren
und -apparaturen. Redakteure werden in der Regel die erforderliche Sachkunde und Erfahrung zur eigenständigen Durchführung von Tests nicht haben. Ein Redakteur etwa, der sich
mit alkoholhaltiger Zahncreme die Zähne geputzt, unmittelbar danach in ein Alkoholtest-
röhrchen geblasen und sodann das Testurteil „Zähneputzen genügt – Führerschein futsch"
verbreitet hatte, obwohl sich der irreführende Einfluss des Alkohols auf die Atemluft bereits
etwa nach 15 Minuten verflüchtigte, besaß nicht die erforderliche Sachkunde.[129] Insbesondere
im Bereich der Sachkunde dürften die wesentlichen Gefahren für diejenigen Redaktionen liegen, die Tests selbst veranstalten und sich nicht auf die Ergebnisse der Arbeit der *Stiftung
Warentest* verlassen oder die Dienste anderer unabhängiger und entsprechend ausgestatteter
Institute in Anspruch nehmen wollen oder können. Ob die Aussage des OLG Düsseldorf[130]
verallgemeinerungsfähig ist, bei einem regional verbreiteten Anzeigenblatt bestünden hinsichtlich der Sachkunde und Sorgfalt bei der Durchführung von Produktuntersuchungen weniger hohe Anforderungen als bei einer Testzeitschrift mit überregionaler Verbreitung, erscheint jedenfalls zweifelhaft.

Unter dem Aspekt der Sachkunde können die Medien trotz der grundsätzlichen Berichterstat-   22.36
tungsfreundlichkeit der Rechtsprechung bestehende Restrisiken allerdings auch nicht dadurch
ausschließen, dass sie unabhängige Institute beauftragen und auf die eigenständige Durchführung von Tests ganz verzichten. Unterlaufen diesen im Einzelfall grobe **Methodenfehler**, die
auf mangelnde Sachkunde auf dem getesteten Sachgebiet schließen lassen, so haften Medien,
die die so entstandenen Testergebnisse verbreiten, für die Folgen, obwohl sie den Test selbst
nicht durchgeführt haben. Ihr Vertrauen in die Seriosität und Sachkunde des beauftragten
Instituts entlastet sie auch nicht gemäß § 831 BGB, da es sich bei der Verbreitung eines aufgrund mangelnder Sachkunde im Einzelfall unvertretbaren Testergebnisses um eine eigene
Verletzungshandlung der betreffenden Redaktion und nicht nur um eine solche des beauftragten Testinstituts handelt. Unter dem Aspekt mangelnder Sachkunde unzulässig waren die
von einem Münchener Verlag veranstalteten Testreihen über die besten Ärzte,[131] die besten
Scheidungsanwälte und deren Tricks[132] sowie die 500 besten Anwälte,[133] da objektiv nachvollziehbare Standards, anhand derer derartige Rangfolgen aufgestellt werden könnten, nicht
zur Verfügung standen.[134] Gibt es hingegen objektive Bewertungskriterien oder wird, wie im
Fall *Rechtsanwalts-Ranglisten* (vgl. auch Rz. 22.18),[135] mangels deren Vorliegens mit der gebotenen Deutlichkeit auf die Subjektivität der Auswahl und die bei ihrer Erstellung angewandten
Methoden hingewiesen, dann ist gegen die Veröffentlichung derartiger Listen nichts ein-
zuwenden.

129 BGH AfP 1978, 29 = NJW 1978, 210 – Alkoholtest.
130 OLG Düsseldorf AfP 1985, 38.
131 OLG München NJW-RR 1994, 171; OLG München GRUR 1994, 835 – Ärzteliste; BGH AfP 1997,
   795 = NJW 1997, 2679 – Die Besten I.
132 OLG München NJW 1992, 1332 = GRUR 1992, 409.
133 LG München AfP 1994, 61 = NJW 1994, 331; BGH AfP 1997, 797 = NJW 1997, 2681 – Die Besten II.
134 BGH AfP 1997, 795 = NJW 1997, 2679 – Die Besten I; BGH AfP 1997, 797 = WRP 1997, 1053 –
   Die Besten II; *Zuck*, NJW 1994, 297.
135 BVerfG NJW 2003, 277 = ZUM-RD 2003, 1 – Juve-Handbuch; BGH AfP 2006, 460 = GRUR 2006,
   875 – Rechtsanwalts-Ranglisten.

3. Pressefehde

22.37 Besonderer Aufmerksamkeit und gegebenenfalls Sorgfalt bedarf kritische Auseinandersetzung mit und Berichterstattung über andere Medien. Sie wirft nicht selten die Frage auf, ob sie darauf abzielt, einen Beitrag zur öffentlichen Meinungsbildung zu leisten, oder ob es der betreffenden Redaktion darum geht, durch Kritik an anderen Medien den eigenen Wettbewerb zu fördern.

22.38 Grundsätzlich können die Medien die Meinungsäußerungsfreiheit uneingeschränkt auch dort für sich in Anspruch nehmen, wo sie sich kritisch mit anderen Medien auseinandersetzen,[136] mithin mit ihren tatsächlichen oder potenziellen Wettbewerbern. Wie bei der Berichterstattung über Produkte oder Dienstleistungen generell besteht daher auch bei Äußerungen der Medien über andere Medien keine Vermutung für ein geschäftliches Handeln im Sinn von § 2 Abs. 1 Nr. 1 UWG. Vielmehr ist prinzipiell davon auszugehen, dass es sich bei redaktionellen Äußerungen eines Mediums über ein anderes um einen Beitrag zum geistigen Meinungskampf handelt,[137] und zwar auch im Fall einer direkten Auseinandersetzung mit und kritischen Kommentierung von Handlungen eines anderen Verlegers.[138]

22.39 Leisten die Medien nach der Entscheidung der Landespressegesetze und der ständigen Rechtsprechung des BVerfG einen unverzichtbaren Beitrag zum öffentlichen Meinungskampf, so liegt es in der Natur der Sache, dass sich dieser Kampf auch unter den konkurrierenden Medien abspielen muss, die im Sinn erwünschter Meinungsvielfalt häufig zugleich Protagonisten bestimmter politischer, religiöser oder weltanschaulicher Strömungen sind. Sie nach wettbewerbsrechtlichen Kriterien gegen scharfe, gelegentlich auch unsachliche oder herabsetzende Kritik zu schützen, die sie selbst nach den zur Tragweite der Meinungsfreiheit entwickelten Grundsätzen (dazu Rz. 20.1 ff.) gegenüber jedem anderen Kritisierten äußern dürften, liefe nicht nur auf eine unzulässige Einschränkung der Meinungsäußerungs- und Pressefreiheit des kritisierenden Mediums,[139] sondern obendrein darauf hinaus, ausgerechnet die Medien, deren gesetzliche Aufgabe die Mitwirkung an Auseinandersetzung und Kritik ist, in einen Freiraum zu stellen, der sie selbst vor kritischer Beobachtung und Kommentierung schützt. Da bei Medienäußerungen über branchenfremde Waren und Leistungen grundsätzlich nicht von der Vermutung geschäftlichen Handelns im Sinn von § 2 Abs. 1 Nr. 1 UWG, sondern von der Wahrnehmung von Informationsinteressen auszugehen ist (Rz. 22.4 ff.), kann kein anderer Wirtschaftszweig eine derartige Abschottung gegen Medienkritik für sich in Anspruch nehmen.

22.40 Nach diesen Grundsätzen ist ein geschäftliches Handeln im Sinn des Wettbewerbsrechts nicht zu vermuten im Fall einer kleinen Tageszeitung, die im redaktionellen Teil über eine einstweilige Verfügung berichtete, die sie gegen einen größeren Wettbewerber wegen unlauterer Methoden der Bezieherwerbung erwirkt hatte.[140] Gleiches gilt im Fall harter Kritik an den Aus-

---

136 BGH NJW 1965, 1476 – Glanzlose Existenz; BGH AfP 1982 = NJW 1982, 637 – Großbanken-Restquoten; BGH AfP 1986, 219 = NJW 1987, 1082 – Gastrokritik; BGH AfP 1986, 228 = NJW-RR 1986, 1484 – Frank der Tat; *Ricker/Weberling*, Kap. 73 Rz. 10.
137 BGH NJW 1966, 1617 = GRUR 1966, 693 – Höllenfeuer; OLG Hamburg NJW 1996, 1002.
138 BGH NJW 1965, 1476 – Glanzlose Existenz; BGH AfP 1982 = NJW 1982, 637 – Großbankenrestquoten; BGH AfP 1986, 219 = NJW 1987, 1082 – Gastrokritiker; BGH AfP 1986, 228 = NJW-RR 1986, 1484 – Frank der Tat; BGH NJW-RR 1995, 301 = WRP 1995, 186 – Dubioses Geschäftsgebaren; BGH AfP 1998, 215; BGH AfP 1997, 798.
139 BGH NJW 1952, 1617 = GRUR 1952, 693 – Höllenfeuer.
140 OLG Hamm AfP 1983, 469.

schreibungsbedingungen eines von einem Zeitschriftenverleger ausgelobten Kunstpreises durch eine konkurrierende Kunstzeitschrift.[141] Die Einblendung des Titels der Zeitschrift *Finanztest* in einem im Fernsehen ausgestrahlten *Ratgeber Geld* kann mangels besonderer Anhaltspunkte ebenfalls nicht als geschäftliches Handeln und daher nicht als Verstoß gegen die dem öffentlich-rechtlichen Fernsehen auferlegten Werbebeschränkungen angesehen werden.[142] Auch die Bezeichnung eines Spezialblatts für Kapitalanleger als *dünnleibiges Blatt*, das nicht gerade zu den herausragenden Publikationen gehört, in einem Zeitschriftenartikel, der sich auch mit angeblich strafbarem Verhalten des Herausgebers des Kapitalanlagedienstes befasst, ist nicht als geschäftliche Handlung anzusehen und daher durch das Grundrecht der Meinungsfreiheit gedeckt.[143]

Ebensowenig kann von einem an den Maßstäben von § 3 UWG zu messenden geschäftlichen Handeln die Rede sein, wenn eine Publikation sich kritisch mit grob fehlerhafter und ehrabschneiderischer Berichterstattung durch eine Boulevardzeitung befasst, die zu einer nicht weniger als vier Textseiten langen Gegendarstellung und einer Reihe von Folgepublikationen geführt hat, und wenn es darin heißt, die Boulevardzeitung führe ihre Leser in Niederungen, die auf keiner Landkarte der Publizistik oder Kriminalistik verzeichnet sind, die aber dort liegen müssten, wo auf beiden noch weiße Flecken seien.[144] Und die Veröffentlichung eines Solidaritätsschreibens von Redakteuren der *taz* zu Gunsten der Mitarbeiter des in wirtschaftliche Schwierigkeiten geratenen *Tagesspiegel* durch diese Zeitung stellt auch dann kein wettbewerblich relevantes Handeln dar, wenn sich das Solidaritätsschreiben kritisch mit Äußerungen des eigenen Verlags zur Situation des Konkurrenzunternehmens auseinandersetzt.[145]   22.41

Unzutreffend ist daher jedenfalls nach heutigen Maßstäben die Auffassung des BGH,[146] die Charakterisierung eines Börseninformationsdienstes als nicht gerade für Seriosität bekannt im redaktionellen Teil eines Wirtschaftsmagazins sei nach dem damaligen § 1 UWG unzulässig. Das Gericht hat seine Auffassung, diese Äußerung sei jedenfalls deswegen als geschäftliche Handlung und als solche nach den Kriterien des Wettbewerbsrechts als rechtswidrig anzusehen, damit begründet, es würden keine näheren Umstände mitgeteilt, die diese Kennzeichnung rechtfertigen. Diese Auffassung ist mit dem Grundsatz nicht vereinbar, dass derjenige, der Kritik äußert, nicht verpflichtet ist, deren tatsächliche Grundlagen zusammen mit der Kritik zu veröffentlichen,[147] und dass auch im Rahmen der Wirtschafts- und Produktkritik eine drastische Sprache erlaubt ist, sofern sie nicht in Schmähkritik abgleitet.[148]   22.42

Die grundsätzliche Befreiung der publizistischen Befassung der Medien mit Mitbewerbern von den Fesseln des Wettbewerbsrechts macht jedoch den Angegriffenen nicht schlechthin schutzlos. Denn die Bestimmungen der §§ 823, 824 BGB und § 186 StGB gelten auch für den Bereich der **Pressefehde**. Ihre Freistellung von den Restriktionen des Wettbewerbsrechts ermöglicht daher den Medien auch in diesem Bereich harte, drastische Kritik, wie sie im Gel-   22.43

---

141 OLG Köln AfP 1993, 657.
142 OLG Hamburg AfP 1993, 578 = WRP 1993, 405 – Finanztest.
143 OLG Frankfurt a.M. AfP 1989, 675.
144 OLG München AfP 1991, 534.
145 KG AfP 2004, 64 = ZUM-RD 2004, 117.
146 BGH AfP 1982, 107 = NJW 1982, 637 – Großbankenrestquoten.
147 BVerfG AfP 1976, 119 = NJW 1976, 1680 – Deutschlandstiftung; BGH AfP 1974, 702 = NJW 1974, 1762 – Deutschlandstiftung.
148 BVerfG AfP 1982, 163 = NJW 1982, 2655 – Kredithaie; BGH NJW-RR 1995, 301 = WRP 1995, 186 – Dubioses Geschäftsgebaren; BGH AfP 2008, 193 = NJW-RR 2008, 913 – Namenloser Gutachter.

tungsbereich des Art. 5 Abs. 1 Satz 1 GG auch ansonsten statthaft ist.[149] Sie rechtfertigt aber auch in diesem Rahmen weder die Aufstellung oder Verbreitung unwahrer oder irreführender Tatsachenbehauptungen noch Äußerungen, die als Schmähkritik anzusehen sind. So ist es nicht wettbewerbswidrig, wohl aber ein Verstoß gegen die genannten deliktsrechtlichen Bestimmungen, wenn eine Lokalzeitung über die konkurrierende Lokalausgabe eines größeren Wettbewerbers wahrheitswidrig behauptet, sie stehe vor dem Aus.[150] In der Bezeichnung Ruhrgebietszeitung für eine im Münsterland vertriebene Lokalzeitung hat das OLG Hamm[151] eine rechtswidrige Herabsetzung gesehen, weil sie dem Leser suggeriere, es handele sich nicht um eine bodenständige Publikation, sondern um einen Fremdkörper auf dem in Betracht kommenden engen lokalen Markt. Und der von einem Brancheninformationsdienst gegenüber einem Wirtschaftsmagazin erhobene Vorwurf des vom Anzeigenaufkommen eines Großunternehmens abhängigen *Gefälligkeitsjournalismus* stellt mangels Vorhandenseins belastbarer Anhaltspunkte für seine Richtigkeit eine Verletzung des Unternehmenspersönlichkeitsrechts des kritisierten Unternehmens dar.[152]

22.44 Allerdings ist im Hinblick auf die Grundrechte aus Art. 5 Abs. 1 GG bei der Annahme von **Schmähkritik** auch dann Zurückhaltung geboten, wenn ein Medium Kritik über einen Wettbewerber äußert. Unzutreffend ist es daher, wenn das OLG München[153] in der Gleichsetzung des inzwischen verstorbenen Medienunternehmers *Leo Kirch* mit dem publizistischen Wegbereiter des Dritten Reichs *Alfred Hugenberg* durch den Geschäftsführer eines der größten privaten Fernsehveranstalter Deutschlands ein unlauteres geschäftliches Handeln gesehen hat. Im Hinblick auf die Marktmacht, die *Kirch* seinerzeit im Bereich insbesondere des Fernsehens aufgebaut hatte, erscheint der drastische Hinweis auf die mit einer solchen Marktmacht verbundenen Gefahren für die Meinungsvielfalt und das politische Klima vielmehr als Ausdruck einer publizistischen Überzeugung vertretbar und damit vom Grundrecht der Meinungsfreiheit gedeckt. Auch die Abqualifizierung einer neuen Frauenzeitschrift durch einen Konkurrenzverlag als *billiges Plagiat* in zeitlichem Kontext mit einer von beiden beteiligten Verlagen geführten Folge gerichtlicher Auseinandersetzungen über die wettbewerbsrechtliche Zulässigkeit der jeweiligen Konkurrenzprodukte ist entgegen der Auffassung des OLG München[154] jedenfalls dann eine vom Grundrecht der Meinungsfreiheit gedeckte, wenngleich aggressive Meinungsäußerung, wenn sie von der Pressesprecherin des betroffenen Verlags gegenüber einem Journalisten geäußert wird, der sie zum Stand der branchenbekannten Serie von gerichtlichen Auseinandersetzungen befragt.

22.45 Wo sich Redaktionen allerdings zum direkten Sprachrohr fremder und vor allem eigener geschäftlicher Interessen machen, liegt ein geschäftliches Handeln vor, so dass das schärfere Schwert des Wettbewerbsrechts zur Anwendung kommen muss. Das kann etwa der Fall sein bei der herabsetzenden Berichterstattung über Verkaufsstrategien eines Diamantenhändlers, wenn dieser zugleich als Verleger von Spezialpublikationen für den Schmuck- und Diamantenhandel tätig ist und zwischen diesen Publikationen und dem kritisierenden Medium ein Wettbewerbsverhältnis besteht.[155] Und das ist immer dann der Fall, wenn es um werbliche Äußerungen eines Mediums geht, hinter die die durch Art. 5 Abs. 1 GG geschützten Informa-

---

149 OLG Köln NJW-RR 1998, 83.
150 OLG Hamm AfP 1992, 255 = WRP 1991, 37.
151 OLG Hamm GRUR 1991, 56.
152 OLG Köln NJW-RR 2001, 1486.
153 OLG München WRP 1993, 414; vgl. auch OLG Hamburg NJW 1996, 1002 – Schmuddelsender.
154 AfP 2004, 269 = ZUM 2004, 491.
155 OLG Frankfurt a.M. AfP 1992, 297 = WRP 1992, 570.

tionsanliegen in der Regel zurück treten. Allerdings ist auch hier stets zu berücksichtigen, ob sich die werbliche Äußerung noch in den Grenzen sachlicher Erörterung hält.[156] Herabsetzend ist beispielsweise die Auseinandersetzung mit einer konkurrierenden Tageszeitung dann nicht, wenn lediglich Aufmerksamkeit und Schmunzeln erregt werden.[157]

4. Wirtschaftliche Prognosen

Insbesondere im Rahmen von Wirtschaftsberichterstattung nimmt die Vornahme und Veröffentlichung von Einschätzungen und Bewertungen einen breiten Raum ein. Es ist kaum ein Bericht der Medien etwa über die Hauptversammlung eines Großunternehmens oder bedeutsame wirtschaftliche Ereignisse wie Messen, Verbandstagungen o.Ä. denkbar, in den neben der Mitteilung von Daten und Fakten nicht auch Reflexionen oder Spekulationen sowohl Dritter, die mit solchen Äußerungen zitiert werden, als auch der berichtenden Medien selbst über die Zukunftserwartungen und -aussichten der betroffenen Unternehmen oder Branchen einfließen. Soweit derartige Einschätzungen oder Erwartungen eine negative Tendenz haben, befürchten die betroffenen Unternehmen oder Branchen – in Anbetracht der Meinungsführerschaft mancher Medien nicht selten zu Recht –, dass derartige Publikationen negative Konsequenzen für ihre eigene wirtschaftliche Entwicklung und den Absatz ihrer Dienstleistungen oder Produkte haben können. Wird etwa über ein führendes Unternehmen der EDV-Branche berichtet, es habe nach Jahren kontinuierlichen Aufschwungs erstmals starke *Einbußen an Umsatz und Auftragseingängen* hinnehmen müssen, und mit einer Umkehr des dadurch eingeleiteten negativen Trends sei auch für die nähere Zukunft nicht zu rechnen, so liegt es nahe, dass ein derartiger Bericht die Marktposition des betreffenden Unternehmens weiter schwächen kann. Und bescheinigt Wirtschaftsberichterstattung einer ganzen Branche aufgrund näher erläuterter Einzelheiten eine *negative Entwicklungsprognose*, so kann auch das sich auf die Akzeptanz der angebotenen Waren oder Dienstleistungen beim Publikum nachteilig auswirken und damit zu einer Beeinträchtigung sämtlicher ihr angehörigen Unternehmen führen. | 22.46

Soweit sich derartige Äußerungen mit ganzen Branchen oder Warengattungen befassen, besteht im Allgemeinen kein rechtliches Risiko für die Medien. Insbesondere fehlt es in der Regel an der erforderlichen individuellen Betroffenheit im Sinn eines betriebsbezogenen Eingriffs, wenn sich einzelne Angehörige der betroffenen Branche gegen diese Art von Berichterstattung zur Wehr setzen wollen (Rz. 13.27 ff.).[158] So muss es etwa trotz der beschränkten Anzahl der Marktteilnehmer jedes Unternehmen der westeuropäischen Automobilindustrie hinnehmen, wenn in den Medien Überlegungen darüber veröffentlicht werden, dass im Zuge weltweiter Konzentrationsbestrebungen in den nächsten Jahren jedenfalls ein europäischer Automobilproduzent auf der Strecke bleiben wird. | 22.47

Wo sich derartige Äußerungen hingegen mit einzelnen Unternehmen oder ihnen erkennbar zuzurechnenden Angeboten befassen, liegen rechtliche Konflikte mit den Betroffenen erheblich näher. Auch im vorliegenden Zusammenhang kommt es dann darauf an, ob es sich bei | 22.48

---

156 BGH AfP 2010, 56 = GRUR 2010, 161 – Gib mal Zeitung; a.A. OLG Hamburg, AfP 2008, 387.
157 BGH AfP 2010, 56 = GRUR 2010, 161 – Gib mal Zeitung.
158 BGH NJW 1963, 1871 – Elektronenorgeln; BGH AfP 1989, 456 = NJW-RR 1989, 924 = GRUR 1989, 222 – Filmbesprechung; OLG Köln NJW 1985, 1643; OLG Hamburg AfP 1988, 348 = GRUR 1988, 480 – Schadstoff Zucker.

den umstrittenen Äußerungen um Tatsachenbehauptungen oder Meinungsäußerungen handelt. Auch in diesem Zusammenhang beansprucht der Satz Geltung, dass Aussagen im Zweifel als Meinungsäußerungen zu qualifizieren (Rz. 14.41 ff.) und daher nicht schon dann unzulässig sind, wenn die Richtigkeit der entsprechenden Prognose nicht bewiesen werden kann oder wenn sie sich gar nachträglich als unrichtig darstellt. Das BVerfG (dazu Rz. 14.32 ff.)[159] hat insbesondere herausgestellt, dass auch die Artikulierung von Fragen vom Grundrecht der Meinungsfreiheit gedeckt ist und dass Aussagen **in Frageform nur dann als verdeckte Tatsachenbehauptung** angesehen werden dürfen, wenn sie dem Leser oder Hörer in der Beantwortung keine Wahl lassen, ihm mithin (nur) eine bestimmte Antwort gleichsam vorgeben. Damit ist auch die Formulierung der Frage oder des Zweifels, ob ein bestimmtes Unternehmen oder eine bestimmte Branche eine bestehende Krise längerfristig überstehen wird, grundsätzlich zulässige Meinungsäußerung. Mit Recht hat das BVerfG[160] im Zusammenhang mit kritischer Wirtschaftsberichterstattung auch darauf hingewiesen, dass es der Publikumspresse im Regelfall nicht um die Verbreitung exakter Marktanalysen geht, sondern um die Warnung vor unlauteren Geschäftspraktiken oder das Aufzeigen von Tendenzen oder möglichen Entwicklungen. Derartige Medienäußerungen werden auch vom Adressaten im Allgemeinen nicht dahingehend verstanden, dass mit ihnen feststehende Sachverhalte im Sinne einer Wahrheitsgewähr gekennzeichnet werden.

22.49   In Anwendung dieser Grundsätze hat etwa der BGH[161] in der Äußerung, es müsse sich erst zeigen, ob der Erlös aus dem Verkauf einer Beteiligung durch ein bestimmtes Unternehmen ausreiche, um dieses in den nächsten Monaten liquiditätsmäßig über die Runden zu bringen, keine Tatsachenbehauptung gesehen, da es sich nicht um eine definitive Zukunftsprognose, sondern um das Aufwerfen einer Frage handelte, deren Beantwortung ausdrücklich offengelassen wird. Und mit Recht hat der BGH in derselben Entscheidung ausgesprochen, die in der aufgeworfenen Frage enthaltene Andeutung der Möglichkeit, dass das betreffende Unternehmen in erneute Schwierigkeiten kommen könne, sei auch nicht als Eingriff in die Rechte des Unternehmens aus § 823 Abs. 1 BGB unzulässig. Auch die Äußerung derartiger Zweifel und die darin liegende Andeutung der Möglichkeit, es könnten sich Schwierigkeiten ergeben, müssen Unternehmen vielmehr als Ausfluss der Meinungs- und Pressefreiheit in der Regel hinnehmen, sofern nicht im Einzelfall falsche Tatsachenbehauptungen oder Elemente der Schmähkritik hinzutreten.

22.50   Den Charakter von Tatsachenbehauptungen haben **Zukunfts- oder Erfolgsprognosen** aber dann, wenn sie vom Leser oder Hörer als Äußerung einer bereits feststehenden künftigen Tatsache oder einer bereits getroffenen Entscheidung verstanden werden, wie etwa die Aussage, ein Unternehmen werde im nächsten Jahr eine bestimmte Anzahl von Mitarbeitern entlassen. Für die etwaige Unwahrheit einer derartigen Behauptung müssen die Medien nach den Regeln des § 824 BGB unbeschadet der Tatsache einstehen, dass es sich um eine Prognose handelt. Auch insoweit wird von den Medien aber keine absolute Wahrheitsgewähr verlangt, sondern nur das Bemühen um Richtigkeit. Insbesondere im Fall der Geltendmachung von Schadenersatzansprüchen durch die betroffenen Unternehmen ist daher zu prüfen, ob die Medien nicht in Wahrnehmung berechtigter Interessen gehandelt haben.

---

159 BVerfG AfP 1992, 51 = NJW 1992, 1442 – Fragen.
160 BVerfG AfP 1982, 163 = NJW 1982, 2655 – Kredithaie.
161 BGH AfP 1975, 801 – Metzeler.

5. Boykottaufrufe

Boykottaufrufe sind eine besondere Form der publizistischen Auseinandersetzung mit den Leistungen oder Produkten eines Unternehmens. Sie stellen die in unterschiedlichster Gestaltung auftretende Aufforderung dar, bestimmte Erzeugnisse oder bei bestimmten Unternehmen nicht zu kaufen. Für sie gilt der Grundsatz, dass Medien bei der publizistischen Befassung mit wirtschaftlichen Sachverhalten in der Regel nicht geschäftlich handeln, nach der bisherigen Rechtsprechung von BVerfG[162] und BGH[163] aber nicht ohne Einschränkung.[164] Auch dort aber, wo eine wettbewerbsrechtliche Beurteilung ausscheidet, wird dem Boykottaufruf in der Abwägung der Kommunikationsgrundrechte aus Art. 5 Abs. 1 GG gegenüber dem Recht am Unternehmen durch die Rechtsprechung ein deutlich engerer Rahmen gezogen als der Meinungsfreiheit generell. Insbesondere findet der Satz keine uneingeschränkte Anwendung, dass sich Meinungsäußerungen im Allgemeinen keiner Kontrolle der Angemessenheit des angewandten Mittels unterziehen lassen müssen.[165] In jedem Fall aber ist ein Boykottaufruf unzulässig, wenn er mit unwahren Tatsachen verknüpft wird.[166]

a) Ideelle Zwecke

Boykottaufrufe zur Förderung politischer, sozialer oder kultureller Belange unterliegen grundsätzlich dem Schutz der Meinungsfreiheit.[167] Das war etwa der Fall beim Aufruf eines Politikers, keine Filme eines in der nationalsozialistischen Epoche zu Ruhm und Erfolg gekommenen Regisseurs anzusehen,[168] beim Aufruf, einer bestimmten Zeitschrift im Hinblick auf ihre jugendgefährdende Titelblattgestaltung keine Anzeigenaufträge zu erteilen,[169] bei demjenigen der *Jungen Union*, Druck auf Plakatflächenvermieter auszuüben, die Flächen an die *Scientology*-Bewegung vermieteten,[170] die von einer Tierschutzvereinigung verbreitete Aufforderung, keine Seehundmäntel mehr zu kaufen[171] oder die mit einem Boykottaufruf verbundene Forderung an eine Bank, das Konto eines Interessenverbands von Tierzüchtern zu kündigen.[172] Auch das Abkleben von Kühlregalen in Verkaufsstätten durch eine Umweltorganisation mit dem Ziel, auf die ökologischen Auswirkungen gentechnisch veränderter Futtermittel aufmerksam zu machen, ist von Art. 5 GG geschützt.[173] Gleiches gilt für den Aufruf einer Verbraucherzentrale mit dem Ziel, Banken zur Beendigung von Geschäftsbeziehungen mit Betreibern sogenannter Abofallen im Internet zu bewegen.[174] Das Angebot von sogenannten „Adblockern", mit denen das Ausspielen von Werbung auf kostenlos zugänglichen redaktio-

22.51

22.52

---

162 BVerfG AfP 1983, 267 = NJW 1983, 1181 – Denkzettel.
163 BGH GRUR 1980, 241 – Denkzettel.
164 Zur Abgrenzung der zulässigen Information von unzulässigen Boykottaufrufen vgl. auch *Bechtold/ Uhlig*, NJW 1999, 3532.
165 BGH AfP 1985, 114 = NJW 1985, 1620 – Mietboykott; bestätigt durch BVerfG AfP 1988, 236 = NJW 1989, 381 – Mietboykott.
166 OLG Hamm GRURPrax 2012, 382.
167 BVerfG NJW-RR 2008, 200 – Plakatieren für Scientology-Bewegung; OLG Hamm GRURPrax 2012, 382; OLG München NJW 2013, 398 = WRP 2013, 226 – Abofallenbetreiberin.
168 BVerfG NJW 1958, 257 – Lüth.
169 OLG Köln NJW 1965, 2345.
170 BVerfG NJW-RR 2008, 200 – Plakatieren für Scientology-Bewegung.
171 OLG Frankfurt a.M. NJW 1969, 2095.
172 BGH AfP 2016, 248 = NJW 2016, 1584 – Nerzquäler; BGH NJW-RR 2014, 1508 = WRP 2014, 1067 – Aufruf zur Kontokündigung.
173 OLG Stuttgart GRUR-RR 2006, 20 = NJW-RR 2006, 765.
174 OLG München NJW 2013, 398 = WRP 2013, 226 – Abofallenbetreiberin.

nellen Webseiten verhindert werden kann, stellt nach Auffassung des OLG München hingegen schon deswegen keinen Boykottaufruf dar, weil der Adressatenkreis eines solchen Aufrufs aus dem Kreis potentieller Internetnutzer besteht und daher unbestimmt sei.[175]

22.53 Im Hinblick auf die gravierenden wirtschaftlichen Auswirkungen, die Boykottaufrufe auf den Boykottierten haben können, gewährt die Rechtsprechung die Meinungsäußerungsfreiheit jedoch nicht in demselben Umfang wie in anderen Bereichen. Insbesondere ist das eingesetzte Mittel in Betracht zu ziehen. So war zu Zeiten des Kalten Krieges der ausschließlich aus politischer Überzeugung motivierte Aufruf des *Axel Springer-Verlags* an den Pressegrosso unzulässig, die Auslieferung einer bestimmten Zeitung aus einem anderen Verlag davon abhängig zu machen, ob dessen Verleger von der bisher geübten Praxis ablasse, die Rundfunk- und Fernsehprogramme der DDR-Sender zu veröffentlichen.[176] Mit der Begründung, das Grundrecht der Meinungs- und Pressefreiheit schütze den Austausch und Einsatz von Argumenten, nicht aber denjenigen von wirtschaftlichem Druck, ist auch der Aufruf einer Zeitungsredaktion als rechtswidriger Eingriff in das Recht des Betroffenen an seinem eingerichteten und ausgeübten Gewerbebetrieb angesehen worden, zur Durchsetzung einer geforderten Änderung der Wohnungsmarktpolitik einem Berliner Unternehmen der Wohnungswirtschaft mit mehr als 30 000 Mietern einen Monat lang die vertraglich geschuldete Miete nicht zu zahlen.[177] Und in der durch anhaltendes Tragen eines Sandwich-Plakats und Ansprechen von potenziellen Patientinnen vor der Praxis eines Gynäkologen, der legale Abtreibungen durchführte, manifestierten Aufforderung eines Abtreibungsgegners, die Praxis des betroffenen Arztes nicht aufzusuchen, hat der BGH[178] im Hinblick auf die Intensität des Eingriffs und insbesondere die Behinderung einer legalen beruflichen Tätigkeit eine nicht mehr durch die Meinungsfreiheit gedeckte Verletzung des Allgemeinen Persönlichkeitsrechts des betroffenen Arztes gesehen.

22.54 In diesen Fällen sieht die Rechtsprechung das Unlauterkeitsmoment mit Recht darin, dass die jeweiligen Boykott-Verrufer zur Durchsetzung ihrer ideellen Ziele wirtschaftliche Druckmittel aufbauen, gegen die sich der Boykottierte nur durch Aufgabe seiner ebenfalls durch Art. 5 Abs. 1 GG geschützten abweichenden Position wehren kann, und nicht auf den Austausch von Argumenten setzen, wie er für den Meinungskampf typisch und durch Art. 5 Abs. 1 Satz 1 GG geschützt ist. Demgegenüber hat das BVerfG[179] in dem genannten Aufruf der *Jungen Union* gegen Plakatvermieter noch keine Überschreitung der gebotenen Zweck/Mittel-Relation und damit eine zulässige Meinungsäußerung gesehen. Und zulässige Meinungsäußerung war auch der durch ein *ARD*-Magazin ausgestrahlte Appell an die deutsche Kreditwirtschaft, keine Geschäftsbeziehungen zur rechtsradikalen *NPD* zu unterhalten.[180] Das ist zutreffend, weil die Intensität der Auswirkungen dieser Boykott-Aufrufe auf die wirtschaftliche Position der Angegriffenen mit derjenigen in den in Rz. 22.53 genannten Fällen nicht annähernd vergleichbar ist.

---

175 OLG München AfP 2017, 504 = WRP 2017, 1347 – Whitelisting I; zum „Whitelisting" s. auch BGH AfP 2018, 515 – Werbeblocker II und zuvor OLG Köln AfP 2016, 359.
176 BVerfG NJW 1969, 1161 – Blinkfüer.
177 BGH AfP 1985, 114 = NJW 1985, 1620 – Mietboykott; bestätigt durch BVerfG AfP 1988, 236 = NJW 1989, 381 – Mietboykott.
178 BGH NJW 2005, 592 = GRUR 2005, 612 – Abtreibungs-Arzt; anders für einen vergleichbaren Fall LG München I NJW 2006, 3791.
179 BVerfG NJW-RR 2008, 200; anders OLG München AfP 2002, 235 = ZUM-RD 2002, 370.
180 LG Mainz AfP 2001, 157 = NJW 2001, 761.

b) Wirtschaftliche Zwecke

Wo der Boykottaufruf aber nicht nur wirtschaftliche Auswirkungen zur Durchsetzung ideeller Ziele anstrebt, sondern wirtschaftliche Ziele verfolgt, ist er in der Regel unzulässig. Insbesondere steht seiner Qualifizierung als **unlauterer Wettbewerbsverstoß** die Tatsache nicht entgegen, dass das Medium, das ihn verbreitet, damit nicht immer eigene wettbewerbliche Interessen, sondern nicht selten auch diejenigen einer bestimmten Gruppe von Unternehmen wie etwa derjenigen der Fach-Einzelhändler fördert. Als Verstoß gegen das Verbot unlauterer geschäftlicher Handlungen im Sinn von § 3 Abs. 1 UWG sowie gegen das Verbot **sittenwidriger Schädigung** gemäß § 826 BGB unzulässig war daher die Veröffentlichung der an Fachhändler gerichteten Aufforderung, Hersteller bekanntzugeben, die Verbrauchermärkte belieferten, damit diese künftig von der Belieferung von Fachhändlern ausgeschlossen werden konnten,[181] sowie die ebenfalls an Fachhändler gerichtete Aufforderung eines Brancheninformationsdienstes, die Geschäftsbeziehungen zu einem angeblich zu teuer liefernden Händler zu beenden und den Bedarf stattdessen bei von dem Dienst zu benennenden preisgünstigeren Lieferanten zu decken.[182]

22.55

Allerdings hat die Europäische Kommission für Menschenrechte[183] in einem Bericht vom 18.12.1987 die erste dieser beiden Entscheidungen für unvereinbar mit dem auch durch Art. 10 EMRK garantierten Recht auf freie Meinungsäußerung erklärt. Es mag daher zweifelhaft erscheinen, ob jede Förderung wettbewerblicher Drittinteressen durch in Medien verbreitete Boykottaufrufe als rechtswidriger Eingriff in das Recht am Unternehmen des Boykottierten angesehen werden kann. Die prinzipielle Eignung auch der Generalklausel des § 3 Abs. 1 UWG als Schranke der Meinungsäußerungsfreiheit und damit die prinzipielle Befugnis der Gerichte, Boykottaufrufe als Verstoß gegen diese Bestimmung anzusehen, hat jedoch auch die Kommission nicht in Frage gestellt, so dass weiterhin von der Vermutung der Unzulässigkeit der Verbreitung wirtschaftlich motivierter Boykottaufrufe auszugehen ist.

22.56

Zulässig kann eine Boykottaufforderung entgegen dieser Regel insbesondere dann sein, wenn mit ihr neben eigenem oder fremdem Wettbewerb auch gemeinschaftswichtige allgemeine Ziele verfolgt werden. So hat der EGMR[184] die Untersagung einer vom OLG Hamburg als wettbewerbswidrig eingestuften Aussage eines Tierarztes über den von ihm eingerichteten tierärztlichen Notdienst nicht deswegen als Verstoß gegen die Gewährleistung der freien Meinungsäußerung angesehen, weil sie nicht der Förderung (auch) des eigenen Wettbewerbs gedient habe, sondern deswegen, weil mit der Hervorhebung der Missstände der tierärztlichen Versorgung an Sonn- und Feiertagen ein die Öffentlichkeit allgemein berührender Missstand angesprochen worden sei, zu dem sich auch der Betroffene als Angehöriger des Berufsstands müsse äußern dürfen. Das erscheint insbesondere in Anbetracht der Tatsache zutreffend, dass die Rechtsprechung heute anerkennt, dass werbende Äußerungen auch einen meinungsbildenden Inhalt haben können und dass der Schutz der Meinungsfreiheit ein höheres Gewicht hat als das Interesse der Allgemeinheit an einer Unterbindung vermeintlich unlauterer Werbeäußerungen, wenn das der Fall ist (Rz. 17.26 m.w.N.).

22.57

Daher können auch Boykottaufrufe zur Durchsetzung wirtschaftlicher Ziele im Einzelfall zulässig sein, wenn das Anliegen deutlich wird, neben dem eigenen oder fremden Wettbewerb

22.58

---

181 BVerfG AfP 1983, 267 = NJW 1983, 1181 – Denkzettel; BGH GRUR 1980, 242 – Denkzettel.
182 BGH AfP 1984, 31 = NJW 1985, 62 – Copy-Charge.
183 Europäische Kommission für Menschenrechte AfP 1988, 231.
184 EGMR AfP 1986, 33 – Barthold/Deutschland.

mit ihnen primär **Belange der Allgemeinheit** zu fördern. So stellt es keinen sittenwidrigen Boykott dar, wenn ein gewerblicher Konzertveranstalter einen Konkurrenzbetrieb schriftlich und mit drastischen Worten dazu auffordert, von dem bereits vereinbarten Engagement einer rechtsradikalen Rock-Gruppe Abstand zu nehmen, selbst wenn in dieser Aufforderung die Ankündigung zum Ausdruck kommt, der Adressat müsse für den Fall der Durchführung der beanstandeten Veranstaltung mit einer Beeinträchtigung der ansonsten zwischen den Parteien bestehenden Geschäftsverbindung rechnen.[185] Ein sachlicher Grund liegt auch dann vor, wenn der Boykottaufruf zulässigerweise mit der schlechten Qualität der Leistungen des Verrufenen begründet wird.[186] Und Boykottaufrufe durch die Medien, durch die nicht eigener, sondern fremder Wettbewerb beeinflusst wird, sind dann regelmäßig zulässig, wenn neben der direkten Beeinträchtigung eines bestimmten Marktteilnehmers das Bestreben deutlich wird, mit dem Aufruf außerwirtschaftliche Anliegen politischer oder gesellschaftlicher Art zu fördern.

6. Abbildung von Marken und sonstigen Kennzeichen

22.59 Durch die Eintragung einer **Marke** erwirbt deren Inhaber prinzipiell das Recht, andere von der Verwendung desselben oder eines damit verwechselungsfähigen Zeichens zur Kennzeichnung einer identischen oder gleichartigen Ware oder zur Werbung dafür auszuschließen (§ 14 Abs. 2 Nr. 1 und 2 MarkenG). Hat sich das Zeichen zu einer im Inland bekannten Marke verfestigt, entfällt die Beschränkung auf identische oder gleichartige Waren- oder Dienstleistungsgattungen. In diesen Fällen ist nicht (nur) die durch eine Zeichenverwendung hervorgerufene Identitätstäuschung oder Verwechselungsgefahr der Angriffsfaktor, sondern auch die durch die Verwendung einer bekannten Marke hervorgerufene Ruf- oder Aufmerksamkeitsausbeutung (§ 14 Abs. 2 Nr. 3 MarkenG). In demselben Sinn schützen die Bestimmungen des § 5 Abs. 2 und 3 MarkenG den Inhaber einer besonderen Geschäftsbezeichnung oder eines Werktitels gegen die Verwendung von Kennzeichen, die mit ihren eigenen identisch oder verwechselungsfähig sind.

22.60 Ungeschriebener Grundsatz einer Marken- oder Kennzeichenverletzung ist dabei eine zeichenmäßige Benutzung durch den Verletzer. Diese liegt in aller Regel nicht vor, wenn sich Medien dieser geschützten Kennzeichnungen im Rahmen ihrer Berichterstattung bedienen.[187] Daher kann in der publizistischen Verwendung derartiger Kennzeichen kein Eingriff in das Markenrecht des Inhabers noch in die sonstigen genannten vergleichbaren Rechte gesehen werden. So stellte nach der zutreffenden Ansicht des BGH[188] die Benutzung des berühmten Emblems der *BILD-Zeitung* durch ein Gewerkschaftsblatt zur Kennzeichnung eines Artikels, der sich kritisch mit dem in dieser Zeitung praktizierten Journalismus auseinandersetzte, entgegen der Auffassung der Vorinstanz[189] keinen Eingriff in die gewerblichen Schutzrechte des *Axel Springer-Verlags* an diesem Emblem dar. Gleiches galt für einen Werbevergleich der *TAZ* mit der *BILD-Zeitung.*[190]

---

185 LG Köln GRUR 1994, 741 – Rechtsradikale Musikgruppe.
186 OLG Frankfurt a.M. ZUM-RD 2018, 74.
187 BGH WRP 1999, 189 – Tour de culture; KG MarkenR 2003, 360; OLG Köln GRUR-RR 2002, 130 – Focus.
188 BGH NJW 1980, 280 = GRUR 1979, 564 – Metallzeitung.
189 OLG Hamburg GRUR 1975, 72 – Metallzeitung.
190 BGH AfP 2010, 56 = GRUR 2010, 161 – Gib mal Zeitung.

Da es in Fällen **redaktioneller Nennung** regelmäßig am Element der zeichenmäßigen Benut-   22.61
zung fehlt, bestehen erst recht keine rechtlichen Bedenken dagegen, im Rahmen von Wirtschaftsberichterstattung über bestimmte Unternehmen oder deren Produkte oder im Rahmen
von Karikaturen die auf sie hindeutenden Marken oder sonstigen geschützten Kennzeichnungen bildlich darzustellen,[191] sofern nicht der Hinweis auf das betreffende Unternehmen oder
die betreffende Ware im Einzelfall aus anderen Gründen unzulässig ist. Unzulässig wird der
Gebrauch fremder Kennzeichen jedoch stets, wenn dies nicht im Rahmen eigener redaktioneller Beiträge oder satirischer oder karikierender Aussagen,[192] sondern zum Zweck der Werbung für das eigene Medium[193] oder zur Kennzeichnung eigener Produkte geschieht,[194] selbst
wenn damit die Absicht verknüpft ist, das Originär-Produkt gleichzeitig satirisch zu verfremden.[195]

Insoweit müssen dieselben Grundsätze wie diejenigen für den unbefugten Gebrauch des Na-   22.62
mens oder Bildnisses Dritter für Werbezwecke zur Anwendung kommen, der nach heutiger
Rechtslage nicht mehr ausnahmslos unzulässig ist, sondern vielmehr dann zulässig sein kann,
wenn das damit verknüpfte Motiv jedenfalls auch einen meinungsbildenden oder auch künstlerischen Charakter hat und eine Vereinnahmung des Abgebildeten für die eigentliche Werbebotschaft nicht in Rede steht (Rz. 17.26, Rz. 21.68).[196] Durch Art. 5 Abs. 3 GG gerechtfertigt
war daher wegen ihres fraglos meinungsbildenden Charakters die Verfremdung der berühmten Zigarettenmarke *Marlboro* zu der auf die gesundheitlichen Risiken des Rauchens verweisenden fiktiven Marke *Mordoro*.[197] Für zulässig erachtet hat die Rechtsprechung mit Recht
auch die Verwandlung des *Lufthansa*-Kranichs in einen *Lusthansa*-Vogel, die ersichtlich
scherzhafte Erweiterung des *BMW*-Logos um den Slogan „BummsMalWieder"[198] oder die
Verfremdung der berühmten *Milka*-Marke Lila auf einer Postkarte mit dem Slogan „Über allen Wipfeln ist Ruh, irgendwo blökt eine Kuh. Muh! Rainer Maria Milka".[199] Auch die Verfremdung der Marke *Thor Steinar* durch den eierlegenden Storch Heinar wurde mit Recht
weder als Marken- noch als Wettbewerbsverletzung unter dem Gesichtspunkt des § 4 Nr. 7
UWG angesehen.[200] Und auch die *"Schönsten Wanderwege der Wanderhure"* stellten trotz
der möglicherweise gesteigerten Unterscheidungskraft der Wanderhure-Romanserie wegen
der ironisierenden Anspielung keine Titelverletzung dar.[201] Zulässig war daher auch die Verfremdung des berühmten *AOL*-Werbeslogans „Bin ich schon drin ... oder was?" zu dem Slogan „Bin ich da schon durch ... oder was?" auf einem sogenannten Abi-T-Shirt,[202] während

---

191 BGH NJW 1986, 2951 = GRUR 1986, 759 – BMW; OLG Frankfurt a.M. NJW 1982, 648 = GRUR
     1982, 319 – Lusthansa; BGH AfP 1984, 151 = NJW 1984, 1956 – Mordoro; BGH NJW 2005, 2856
     = GRUR 2005, 583 – Lila Postkarte; OLG Düsseldorf v. 28.9.2010 – I-20 U 47/10, zit. nach juris; s.
     auch *Büttner*, FS für Eicke Ullmann, 157.
192 KG WRP 1997, 85 – Alles wird teurer.
193 Vgl. BGH NJW 1981, 2402 = GRUR 1981, 846 – Rennsportgemeinschaft.
194 OLG Hamburg AfP 2000, 382 = NJW-RR 2000, 48.
195 BGH NJW 1995, 871 = GRUR 1995, 57 – Markenverunglimpfung II; BGH NJW 1994, 1954 =
     GRUR 1994, 808 – Markenverunglimpfung; BVerfG NJW 1994, 3342 – Mars-Kondom.
196 Vgl. zu dem hier besprochenen Problem der Markenparodie auch *Mahr*, WRP 2006, 1083 ff.
197 BGH AfP 1984, 151 = NJW 1984, 1956 – Mordoro.
198 BGH NJW 1986, 2951 = GRUR 1986, 759 – BMW.
199 BGH NJW 2005, 2856 = GRUR 2005, 583 – Lila Postkarte; vgl. auch OLG Hamburg MD 2000, 597
     – Doppelherz (Verwendung des bekannten Zeichens zur Eigenwerbung für ein Nachrichtenmaga-
     zin).
200 LG Nürnberg-Fürth GRUR-RR 2010, 384 – Storch Heinar.
201 OLG Düsseldorf AfP 2014, 535 = GRUR-RR 2015, 10 – Die schönsten Wanderwege der Wander-
     hure.
202 OLG Hamburg GRUR-RR 2006, 231.

die Nutzung des vergleichbaren Slogans „Trabi 03 … Nach uns die Wende" auf einem anderen T-Shirt im Hinblick auf die Tatsache untersagt wurde,[203] dass die Marke *Trabi* nicht nur für das berühmte Automobil aus DDR-Produktion, sondern auch für Textilien geschützt war.

22.63   Die Verwendung geschützter Kennzeichen begründet schließlich auch dann keine Kennzeichenverletzung, wenn die Nennung nicht in einem redaktionellen Beitrag, sondern etwa im Rahmen einer Gewinnauslobung erfolgt. Diese Bezugnahme auf Kennzeichen- oder Namensrechte Dritter, die unter dem Begriff **Ambush Marketing** immer wieder thematisiert wird, ist so lange zulässig, als nicht der Eindruck einer besonderen Verbindung zum Zeicheninhaber hergestellt wird. So entschied das OLG Frankfurt, dass die Nennung einer bekannten Marke im Zusammenhang mit einem Preisgewinn zulässig ist.[204] Unklar in der Rechtsprechung ist die Beurteilung von – auch verfremdeten – Darstellungen von Eintrittskarten für ein namentlich genanntes Fußballgroßereignis als Marken- oder Wettbewerbsverstoß.[205] Das OLG München entschied, dass ein Outdoor-Teamevent unter dem Begriff „Bauernhof-Olympiade" nicht gegen das Olympiaschutzgesetz verstieß.[206] Wettbewerbswidrig ist hingegen die Verwendung des Titelschriftzugs einer anderen Zeitschrift, wenn dies nicht zu Zwecken der inhaltlichen Auseinandersetzung mit ihr, sondern als Werbung für das eigene Medium[207] erfolgt, oder aber die Nutzung der geschützten Marke *FC Schalke 04* auf dem Titelblatt eines Buchs, das sich inhaltlich mit dem betreffenden Fußballklub befasst.[208]

7. Rechtsberatung

22.64   Rechtliche Ratschläge und Empfehlungen, etwa in Fragen des Miet-, Verkehrs- oder auch des Steuerrechts, lassen sich nahezu durchweg in allen Medien finden. Dies ist jedoch nicht unproblematisch. Nach § 3 des Rechtsdienstleistungsgesetz (RDG) ist eine außergerichtliche Rechtsdienstleistung außer in den dort oder in anderen Gesetzen geregelten Fällen unzulässig. Eine Rechtsdienstleistung ist wiederum nach § 2 RDG

„… jede Tätigkeit in konkreten fremden Angelegenheiten, sobald sie eine rechtliche Prüfung des Einzelfalls erfordert".

Hingegen ist nach § 2 Abs. 3 Nr. 5 RDG

„… die an die Allgemeinheit gerichtete Darstellung und Erörterung von Rechtsfragen und Rechtsfällen in den Medien,"

keine Rechtsdienstleistung und daher nicht erlaubnispflichtig.

22.65   Die allgemeine Erörterung rechtlicher Probleme in den Medien ist damit zulässig, wie dies der BGH bereits vor Inkrafttreten des Rechtsdienstleistungsgesetzes in einer Serie von Entscheidungen vom 6.12.2001 betreffend Beratungsservices zweier öffentlich-rechtlicher[209] und

---

203 OLG Hamburg GRUR-RR 2006, 224.
204 OLG Frankfurt WRP 2014, 258 – Musikfestival.
205 LG Stuttgart WRP 2012, 1154 – EURO 2012; a.A allerdings LG Stuttgart GRUR-RR 2012, 362 (Ls).
206 OLG München WRP 2018, 502 – Bauernhofolympiade.
207 OLG Hamburg v. 3.12.1992 – 3 U 90/92, unveröffentlicht.
208 OLG Hamburg AfP 2000, 382 = NJW-RR 2000, 48.
209 BGH AfP 2002, 419 = NJW 2002, 2877 – Bürgeranwalt; BGH AfP 421 = NJW 2002, 2882 – Wir Schuldenmacher; BGH NJW 2002, 2884 – Ohne Gewähr; BGH AfP 2002, 426 = NJW 2002, 2880 – WISO; vgl. auch OLG München AfP 1989, 757 und OLG Köln AfP 1997, 551.

eines privaten[210] Fernsehveranstalters entschieden hatte. Eine gegen diese medienfreundliche Auffassung eingelegte Verfassungsbeschwerde eines Rechtsanwalts hat das BVerfG[211] zurückgewiesen, das im Übrigen in weiteren Entscheidungen[212] die Auffassung des BGH auch für die Printmedien im Wesentlichen geteilt hat.

Publikumspresse und elektronische Medien sind damit berechtigt, sich rechtlicher Fragestellungen redaktionell anzunehmen und sie in allgemein verständlicher Weise aufzubereiten und abzuhandeln. Dass die damit verbundene Belehrung abstrakt und losgelöst von individuellen Fällen ihrer Leser oder Zuschauer erfolgt, ist nicht erforderlich; zulässig ist es vielmehr auch, dem Publikum die Möglichkeit zu geben, in einer entsprechenden Sendung der Rundfunkmedien anzurufen und den anwesenden Experten Fälle zur Diskussion und Abgabe von Empfehlungen vorzutragen.[213] Redaktionen dürfen ihre Sendungen auch so gestalten, dass der von ihrer Darstellung und der Kommentierung konkreter Fälle ausgehende öffentliche Druck geeignet ist, die Kontrahenten derjenigen, die mit ihrem Anliegen zu Wort kommen, zum Einlenken zu veranlassen.[214] Erst wenn das Beratungsangebot dadurch konkretisiert wird, dass Zuschauer nach der betreffenden Sendung den telefonischen Rat der dort auftretenden Experten individuell in Anspruch nehmen können, ist die Grenze zu unerlaubter Rechtsberatung überschritten.[215] Zulässig ist es aber, wenn die Publikumspresse um der besseren Verständlichkeit willen bei der Abhandlung rechtlicher Probleme von allgemeinem Interesse an fingierte Leseranfragen anknüpft[216] oder auf tatsächliche Erfahrungen realer, mit Phantasienamen belegter Personen zurückgreift.[217] Dass auf diese Weise die Erteilung von Rechtsrat auf eine konkrete Frage und damit objektiv ein Tatbestand erlaubnispflichtiger Rechtsberatung vorgetäuscht wird, führt auch unter wettbewerbsrechtlichen Gesichtspunkten nicht zur Unzulässigkeit eines derartigen abstrakten Leserservices.

Unzulässige Rechtsdienstleistung ist hingegen nach wie vor die **individuelle Beantwortung** jedweder Art von rechtlichen Fragen außerhalb der jeweiligen redaktionellen Präsentation. Ist es mithin zulässig, wenn die Medien Rechtsuchende in Magazinsendungen bzw. Hörer- oder Telefonaktionen mit konkreten Rechtsfragen zu Wort kommen lassen und den von ihnen eingeladenen Experten Gelegenheit geben, sich dazu ad hoc zu äußern, so vermitteln sie auch unter dem neuen Recht erlaubnispflichtige Rechtsdienstleistungen, wenn sie individuelle Rechtsfragen außerhalb der jeweiligen Sendung oder Telefonaktion konkret beantworten lassen.[218] Unzulässig ist auch die individuelle Durchführung von Rentenberechnungen.[219] Das Angebot einer Zeitschrift an ihre Leser, derartige Berechnungen auf Anfrage in Zusammenarbeit mit einem Versicherungsunternehmen durchzuführen, ist daher gesetzeswidrig und

22.66

22.67

---

210 BGH AfP 2002, 423 = NJW 2002, 2879 – Wie bitte?!.

211 BVerfG NJW 2002, 3387.

212 BVerfG NJW 2004, 672 = ZUM 2004, 304; BVerfG ZUM 2004, 556.

213 BGH AfP 2002, 426 = NJW 2002, 2880 – WISO.

214 BGH AfP 2002, 419 = NJW 2002, 2877 – Bürgeranwalt; BGH NJW 2002, 2884 – Ohne Gewähr; BGH AfP 2002, 423 = NJW 2002, 2879 – Wie bitte?!; kritisch dazu *Huff*, NJW 2002, 2840 f.

215 BGH AfP 421 = NJW 2002, 2882 – Wir Schuldenmacher.

216 BGH NJW 1981, 1616 = GRUR 1981, 529 – Rechtsberatungsanschein; OLG München AfP 1989, 757.

217 OLG Köln AfP 1997, 551.

218 BGH AfP 421 = NJW 2002, 2882 – Wir Schuldenmacher; OLG München AfP 1989, 757; OLG Düsseldorf AfP 1992, 153; OLG Düsseldorf AfP 1998, 232; OLG Nürnberg AfP 1998, 229 = NJW-RR 1998, 137.

219 BGH AfP 1987, 497 = NJW 1987, 1894 – Rentenberechnungsaktion.

kann, auch als Verstoß gegen § 3 Abs. 1 UWG, auf Antrag eines zugelassenen gewerblichen Rentenberaters oder Rechtsanwalts gerichtlich untersagt werden.[220]

§ 23 Redaktionelle Empfehlungen und Ratschläge

1. Überblick

23.1   Medien verstehen sich nicht nur als Informationsvermittler, sondern auch als Ratgeber ihrer Leser oder Zuschauer. Konsumenten erwarten und Redaktionen gewähren neben Information und Unterhaltung Ratschläge vielfältigster Art. Von der richtigen Art der Geldanlage über besonders geeignete Verfahren der Ernährung oder Körperpflege oder die besten Rahmenbedingungen für das Bestellen des häuslichen Gartens bis zur Pflege und Wartung des eigenen PKW gibt es so gut wie kein Thema, zu dem sich nicht die Publikumspresse sowie Hörfunk und Fernsehen in verschiedenster Art und Weise regelmäßig äußern. Eine noch größere Rolle spielen Ratschläge in Fachzeitschriften. Häufig richten Redaktionen überdies so genannte Leserservices ein, bei denen ergänzende Auskünfte oder Anleitungen zu redaktionell behandelten Themen abgerufen werden können; zur wettbewerbsrechtlichen Beurteilung von Rechtsberatung durch die Medien Rz. 22.64 ff.

23.2   Auch derartige redaktionelle Empfehlungen und Ratschläge bergen das Risiko, dass ihre Erteilung oder Befolgung Rechte Dritter verletzt. Als Schutzgut kommen das Allgemeine Persönlichkeitsrecht, das Recht am Unternehmen im Sinn von § 823 Abs. 1 BGB oder ein spezieller gesetzlicher Tatbestand wie derjenige der § 186 StGB, § 824 BGB ebenso in Betracht wie die Gesundheit oder das Vermögen desjenigen, der sich auf die inhaltliche Richtigkeit redaktioneller Ratschläge verlässt und danach handelt. Insbesondere in dieser Hinsicht unterscheiden sich Ratschläge und Empfehlungen haftungsrechtlich von sonstigen Formen der Berichterstattung.

2. Empfehlungen

23.3   Keine Besonderheiten ergeben sich in diesem Zusammenhang allerdings, soweit redaktionelle Ratschläge oder Empfehlungen unmittelbare Eingriffe in besonders geschützte Rechte Dritter darstellen oder die genannten gesetzlichen Bestimmungen zum Schutz Dritter unmittelbar verletzen. Wie bei sonstigen Formen der Berichterstattung auch können die Medien einen

---

220 BGH AfP 1987, 497 = NJW 1987, 1894 – Rentenberechnungsaktion.

Freiraum für die Übernahme fremder oder die Durchführung eigener Bewertungen für sich in Anspruch nehmen. Sie dürfen das Ergebnis dieser Bewertungen auch in der Form von **Empfehlungen** veröffentlichen. Kommt eine Redaktion etwa aufgrund objektiver und neutraler Überlegungen zu dem Ergebnis, ein bestimmtes Produkt oder Verfahren sei zur Erreichung eines bestimmten Zwecks besonders geeignet, so darf sie es empfehlen, ohne sich Ansprüchen anderer, schlechter bewerteter oder nicht berücksichtigter Anbieter auszusetzen (s. aber auch Rz. 22.15 und Rz. 24.12 ff. zum Influencer-Marketing). Insoweit handelt es sich um nichts anderes als eine Konsequenz aus dem Recht der Medien, auch positive Produkt- oder Dienstleistungskritik zu äußern (Rz. 22.9). Fließen in die Empfehlungen hingegen unwahre und im Sinne von § 824 BGB kreditschädigende Behauptungen über nicht berücksichtigte Wettbewerbserzeugnisse oder -verfahren ein oder ergibt sich aus sonstigen Umständen der Empfehlung, insbesondere aus dem Gesichtspunkt **mangelnder Neutralität**, deren Unzulässigkeit, so haften die Medien nach den dargestellten Grundsätzen auch im vorliegenden Zusammenhang (Einzelheiten in Rz. 22.11 und Rz. 22.20).

Keine Verletzung der Rechte nicht empfohlener Dritter stellt die mangelnde Objektivität einer Empfehlung dann dar, wenn sie sich aus der Natur der Sache ergibt oder redaktionell hinreichend klargestellt wird. So bestehen insbesondere trotz ihrer subjektiven Ausrichtung keine rechtlichen Bedenken dagegen, dass Medien etwa Autoren oder Buchhändlern Raum für die Vorstellung ihrer aktuellen Lieblingsbücher einräumen oder Redaktionen Einkaufs- bzw. Geschenktipps veröffentlichen, deren gewollte Subjektivität sie dem Leser oder Hörer hinreichend deutlich machen. Wenn derartige Formen des Journalismus allerdings von den Anbietern der empfohlenen Waren oder Dienstleistungen in irgendeiner Weise gefördert werden (dazu Rz. 24.1 ff.), verlassen sie häufig den Bereich zulässiger Ausübung redaktioneller Tätigkeit und stellen dann einen Verstoß gegen § 5a UWG unter dem Gesichtspunkt der **verschleierten Werbung** dar. Daneben kommt in Einzelfällen auch noch eine Verletzung des Rechts am Unternehmen der nicht berücksichtigten oder herabgesetzten Mitbewerber und damit eine Haftung nach allgemeinen schadenersatzrechtlichen Regeln in Betracht. 23.4

Besonderen Beschränkungen unterliegen aber im Hinblick auf die Vorschriften der neuen europäischen Marktmissbrauchsverordnung redaktionelle Empfehlungen von Wertpapieren. Wer etwa in einem Wirtschaftsmagazin Empfehlungen zum Kauf bestimmter Aktien ausspricht, um die Reaktionen der Leser oder Zuschauer für sich selbst gewinnbringend auszunutzen, verwirklicht den Tatbestand des sogenannten **Scalping** und macht sich nach den einschlägigen Vorschriften der Marktmissbrauchsverordnung und des Wertpapierhandelsgesetzes gegebenenfalls strafbar. Insoweit kann auf die Darstellung in Rz. 12.64 ff. verwiesen werden. 23.5

3. Ratschläge und Handlungsanleitungen

Besondere Haftungsprobleme ergeben sich erst dort, wo Leser, Hörer oder Zuschauer dadurch in ihrem Vermögen oder ihrer Gesundheit geschädigt werden, dass sie sich an bestimmten redaktionellen Ratschlägen oder Handlungsanleitungen orientieren oder wo sie aufgrund solcher Empfehlungen anderen Schäden zufügen. Aufgerufen ist insofern die Frage nach der Haftung der Medien für die inhaltliche **Richtigkeit** der von ihnen veröffentlichen Beiträge gegenüber den Käufern und sonstigen Lesern ihrer Verlagserzeugnisse oder den Zuschauern oder Hörern entsprechender Fernseh- und Hörfunksendungen. 23.6

23.7   Schädigungen können sich in vielfältiger Weise ergeben. So kann derjenige, der einer redaktionellen Empfehlung zum Erwerb einer bestimmten Aktie durch einen Börseninformationsdienst folgt, binnen kurzem das eingesetzte Kapital verlieren, wenn das empfohlene Unternehmen entgegen der redaktionellen Prognose nicht prosperiert, sondern Insolvenz anmelden
muss.[1] Vermögensschäden kann auch erleiden, wer im Vertrauen auf die redaktionelle Darstellung einer bestimmten Rechtslage danach handelt und als Folge dessen seinerseits einem
Dritten schadenersatzpflichtig wird,[2] und wiederum Gesundheits- und Vermögensschäden
kann es verursachen, wenn sich in die redaktionelle Darstellung eines medizinischen Tests infolge eines Druckfehlers eine fehlerhafte Angabe über die Konzentration einer anzuwenden
Lösung einschleicht[3] und ein Leser den auf diese Weise fehlerhaften Test bei sich oder anderen anwendet.

23.8   Die juristische Bewältigung der aus solchen Konstellationen resultierenden Probleme ist dadurch gekennzeichnet, dass das deutsche Deliktsrecht das Vermögen als solches in der Regel
nicht als geschütztes Rechtsgut anerkennt. Das ist anders nur im Fall der Verletzung eines
zum Schutz des Vermögens bestimmten Gesetzes im Sinn von § 823 Abs. 2 BGB, wie etwa
der Betrugs- und Untreuetatbestände der §§ 263 ff. StGB, deren Verletzung im vorliegenden
Zusammenhang nicht in Betracht gezogen werden muss. Unmittelbar durch die Bestimmung
des § 823 Abs. 1 BGB geschützt sind demgegenüber nur absolute Rechte wie das Leben, die
Gesundheit, das Eigentum oder als sonstige Rechte das Allgemeine Persönlichkeitsrecht und
das Recht am Unternehmen. Diese Tatbestände aber greifen in den angeführten Beispielsfällen nicht ein, weil es an einer **unmittelbaren Verletzung** eines dieser speziell geschützten
Rechte durch den Inhalt der redaktionellen Auskunft oder Empfehlung gerade **fehlt**.[4] Die Gesundheit eines Hobbybastlers wird nicht unmittelbar dadurch verletzt, dass eine redaktionelle
Anleitung zur Durchführung einer Kfz-Reparatur falsch ist, sondern erst dadurch, dass er sie
im Vertrauen auf ihre Richtigkeit ausführt und es als weitere Konsequenz daraus zu einem
Unfall kommt. Und der Kapitalanleger, der sich aufgrund einer unvertretbaren Anlageempfehlung verspekuliert, erleidet dadurch Schäden nicht an seinem Eigentum, sondern an seinem Vermögen, das eben nicht als absolutes Recht, sondern nur durch speziell zu seinem
Schutz bestehende Gesetze oder als Folge vertraglicher Haftung geschützt ist.[5]

a) Vertragliche Haftung

aa) Kaufvertrag

23.9   Eine **Haftung der Medien** für die inhaltliche Richtigkeit der von ihnen verbreiteten Ratschläge, Meldungen und Empfehlungen nach den Regeln des Kaufrechts kommt nur in besonderen **Ausnahmefällen** in Betracht. In der Regel scheitert sie schon daran, dass zwischen den
Rundfunkveranstaltern und Verlagen einerseits und dem Publikum andererseits direkte vertragliche Beziehungen nicht bestehen. Sie sind beim Hörfunk de facto ausgeschlossen, bei
Fernsehen und Online-Medien nur in den Fällen entgeltlichen Abrufs und bei Zeitungen und
Zeitschriften nur im Fall des Abonnements und auch dort nur insoweit denkbar, als dieses
nicht über zwischengeschaltete Vertriebsunternehmen bezogen wird. Bei anderen Vertriebs-

---

1 BGH NJW 1978, 997 = GRUR 1978, 380 – Börseninformationsdienst.
2 BGH NJW 1973, 843 = GRUR 1974, 50 – Nottestament.
3 BGH NJW 1970, 1963 – Carter-Robbins-Test.
4 *Lang*, S. 82 f.
5 Hierzu im Einzelnen *Lang*, S. 78 ff.; *Röhl*, JZ 1979, 369; *Schröder*, NJW 1980, 2279; *Köndgen*, JZ 1978,
389; *Foerste*, NJW 1991, 1433.

formen entstehen kaufvertragliche Beziehungen nur zwischen dem jeweiligen Händler und dem Käufer der Zeitung oder Zeitschrift, so dass eine vertragliche Haftung der Verlage gegenüber den Käufern schon aus diesem Grund ausscheidet.

Selbst im Bereich der rechtlich als Kaufverträge einzuordnenden[6] Abonnementsverträge zwischen Verlag und Abonnent kommt eine Haftung des Verlegers für den Inhalt der vertriebenen Zeitung oder Zeitschrift aber in aller Regel nicht in Betracht. Sie scheitert daran, dass die gesetzliche Sachmängelhaftung des Verkäufers nach §§ 434 ff. BGB unmittelbar nur die körperliche Beschaffenheit des gekauften Gegenstands oder dessen Freiheit von Rechten Dritter im Sinn eines Rechtsmangels betrifft, bei Zeitungen oder Zeitschriften mithin nur in Fällen von Verschmutzung, schlechter Druckqualität oder Fehlerhaftigkeit des Papiers[7] oder in dem nur theoretisch denkbaren Fall eingreift, dass das verkaufte Exemplar bereits einem Dritten gehört. Damit scheidet eine Haftung des Verlegers nach den Regeln des Kaufrechts auch dort, wo überhaupt vertragliche Beziehungen zu den Lesern bestehen, in der Regel aus. Für im Wege entgeltlicher Online-Dienste verbreitete Informationen gilt nichts anderes.[8] 23.10

In den wenigen Fällen, in denen die Rechtsprechung unter Rückgriff auf kaufvertragliche Gesichtspunkte dennoch eine solche Haftung gegenüber einem Leser angenommen hat, handelte es sich um atypische Ausnahmekonstellationen. So hat der BGH[9] im Fall eines für bestimmte Adressaten konzipierten Ratgebers für die Gestaltung von Nottestamenten, der mit der Anpreisung des Verlags vertrieben wurde, der Erwerber entledige sich mit dem Erwerb jeder Sorge von Irrtümern und unabsehbaren Haftungskosten und sichere sich vor der Gefahr empfindlicher Schadenersatzansprüche, ausnahmsweise eine vertragliche Zusicherung der inhaltlichen Richtigkeit des angebotenen Werks angenommen, die gemäß damaligem (§ 463 BGB a.F.) und heutigem Recht (§§ 435, 437 BGB) zu einer Haftung des Verkäufers für Vermögensschäden führte und führt. Für redaktionelle Empfehlungen durch Medien lässt sich aber aus diesem Gedanken eine Haftung in der Regel nicht ableiten. Nur wenn sie ihre Empfehlungen mit einer ausdrücklichen Richtigkeitsgarantie versehen oder wenn sie sie in einer Weise anpreisen, die dieser in den Augen des Verkehrs gleichkommt, wird ihre Haftung ausnahmsweise in Betracht kommen, sofern zu dem Geschädigten obendrein unmittelbare kaufvertragliche Rechtsbeziehungen bestehen. 23.11

In einem anderen Fall hat der BGH[10] eine Haftung des Verlegers eines Börseninformationsdienstes für die inhaltliche Richtigkeit einer Anlageempfehlung bejaht und dies mit der Erwägung begründet, abweichend vom Regeltypus des Abonnementsvertrags handele es sich bei dem infrage stehenden Börseninformationsdienst um eine atypische Vertragskonstellation mit kauf- und dienstvertraglichen Elementen, weil der Verleger gegenüber den Beziehern durch die konkrete Aufmachung des Dienstes und die Werbung dafür spezielle **Beratungspflichten** übernommen habe, die er im konkreten Fall grob fahrlässig verletzt habe. Für diesen Informationsdienst war mit dem Hinweis geworben worden, er enthalte in jeder Ausgabe zahlreiche sorgfältig geprüfte Anlageempfehlungen, die dem Abonnenten einen Informationsvorsprung vor anderen Anlegern und erhebliche Börsengewinne ermöglichten. Auch diese 23.12

---

6 BGH 1978, 997 = GRUR 1978, 380 – Börseninformationsdienst; *Lang*, S. 5 ff.; *Schröder*, NJW 1980, 2279.

7 BGH NJW 1978, 997 = GRUR 1978, 380 – Börseninformationsdienst.

8 Die in § 434 Abs. 2 Satz 2 BGB begründete Haftung für die Richtigkeit von Montageanleitungen bleibt hier außer Betracht, da sie nur Gegenstände betrifft, die der Geschädigte auf der Grundlage beigefügter Anleitungen selbst montiert.

9 BGH NJW 1973, 843 = GRUR 1974, 50 – Nottestament.

10 BGH NJW 1978, 997 = GRUR 1978, 380 – Börseninformationsdienst.

Entscheidung betrifft eine Ausnahmekonstellation schon deswegen, weil es sich bei der betreffenden Publikation nicht um eine auf den üblichen Vertriebswegen verbreitete Zeitschrift, sondern um einen hochpreisigen Spezialinformationsdienst handelte, der ausschließlich im persönlichen Abonnement vertrieben wurde. Trotz der Zustimmung, die die Entscheidung im Schrifttum insbesondere unter dem Gesichtspunkt des Anlegerschutzes gefunden hat,[11] ist die aus ihr ersichtliche Auffassung, der Verleger hafte jedenfalls gegenüber dem Abonnenten aus der stillschweigenden Übernahme einer Beratungspflicht neben der vertraglichen Verpflichtung zur regelmäßigen Lieferung der entsprechenden Publikation, nicht über den entschiedenen Fall hinaus verallgemeinerungsfähig.[12] Beim typischen Massengeschäft der Zeitungs- und Zeitschriftenverleger liegt die Annahme einer derartigen Beratungspflicht außerhalb der Realität.

23.13 Eine kaufrechtlich begründete Vertragshaftung des Verlegers für den Inhalt der Publikation scheidet daher in aller Regel auch dort aus, wo auf dem Wege eines direkten Abonnementsvertrags eine vertragliche Haftung jedenfalls theoretisch denkbar ist.

bb) Auskunftshaftung

23.14 Von unmittelbarer rechtlicher Relevanz für das Rechtsverhältnis zwischen Medien und ihren Lesern, Hörern oder Zuschauern ist demgegenüber die Bestimmung des § 675 Abs. 2 BGB. Nach ihr ist derjenige, der einem anderen einen Rat oder eine Empfehlung erteilt, diesem nicht zum Ersatz des Schadens verpflichtet, der sich aus der Befolgung des Rats oder der Empfehlung ergibt, sofern nicht eine Haftung aus speziellen vertraglichen Bindungen oder den Normen des Deliktsrechts (dazu Rz. 23.19 ff.) abzuleiten ist. Eine vertragliche **Beratungspflicht**, die der Verleger zusätzlich zur vertraglichen Hauptpflicht zur regelmäßigen Lieferung des abonnierten Dienstes übernommen habe, hat der BGH[13] in der erwähnten Entscheidung Börseninformationsdienst angenommen.

23.15 Die Annahme derartiger nebenvertraglicher Beratungspflichten für Ratschläge oder Empfehlungen durch redaktionelle Beiträge ist jedoch ohne das **Hinzutreten besonderer Umstände** nicht möglich. Sie kommt nur in Betracht, wenn demjenigen, der den Rat oder die Auskunft erteilt, ein rechtsgeschäftlicher Bindungswille unterstellt werden kann. Das ist mangels ausdrücklicher Absprachen insbesondere dann anzunehmen, wenn die Empfehlung oder der Rat für den Empfänger erkennbar von wesentlicher Bedeutung ist und er sie zur Grundlage seiner Entschlüsse machen will.[14] Dies aber kann in der Regel nur angenommen werden, wenn diejenigen, denen gegenüber die Auskunft erteilt und eine Haftung erwogen wird, dem anderen Teil bekannt sind. Auf andere Personen als den Empfänger kann die Annahme eines konkludenten Auskunftsvertrags, der den Auskunft Erteilenden zur Haftung verpflichtet, allenfalls dann ausgedehnt werden, wenn der Auskunftsgeber weiß, dass die Auskunft für Dritte bestimmt und für diese von erheblicher Bedeutung ist.[15] Auch dann haftet der Auskunftsgeber aber nicht, wenn die Auskunft, wie regelmäßig im Fall von Medienveröffentlichungen, an ei-

---

11 *Köndgen*, JZ 1978, 389 ff.
12 *Schröder*, NJW 1980, 2279; eine Haftung wurde beispielsweise abgelehnt in OLG Düsseldorf, OLGR 1996, 193.
13 BGH NJW 1978, 997 = GRUR 1978, 380 – Börseninformationsdienst.
14 Dazu Staudinger/*Martinek/Omlor*, § 675 BGB Rz. C14 ff.
15 BGH NJW 1954, 793.

nen unüberschaubaren Kreis von Dritten gerichtet ist.[16] Der BGH[17] hat daher vor Inkrafttreten der Bestimmung des § 434 Abs. 2 Satz 2 BGB betreffend die Haftung des Verkäufers einer zu montierenden Sache für die Richtigkeit von Montageanleitungen die Annahme eines Auskunftsvertrags sogar im Fall der Herausgabe einer Gebrauchsanweisung und deren Übergabe an den Käufer einer Ware abgelehnt. Umso weniger kommt sie im Verhältnis zwischen den Medien und ihren Lesern, Hörern oder Zuschauern in Betracht. Rechtliche Ratschläge wiederum sind ohnehin unzulässig, wenn sie für einen konkreten rechtlichen Einzelfall erteilt werden (§ 2 RDG); s. Rz. 22.64.

Dem liegt die Erwägung zugrunde, dass bei einer Haftung für eine Auskunft oder Empfehlung entgegen der Regel des § 675 Abs. 2 BGB das daraus resultierende Haftungsrisiko überschaubar bleiben muss. Typische, aber seltene Fälle, in denen die Rechtspraxis eine Haftung trotz der Regel des § 675 Abs. 2 BGB bejaht, sind etwa Kreditauskünfte, Gutachten oder auch individuelle Anlageempfehlungen. Auf die sich regelmäßig an einen breiten, in sich nicht abgegrenzten Rezipientenkreis richtenden redaktionellen Empfehlungen oder Ratschläge durch Medien trifft dies nicht zu, zumal sich diese Auskünfte in der Regel auch nicht auf einen konkreten Sachverhalt und damit auch nicht auf ein konkretes, kalkulierbares Risiko beziehen, sondern für eine unübersehbare Anzahl von Anwendungsfällen abstrakt gefasst werden. 23.16

Mangels Vorliegens besonderer Umstände haften die Medien damit jedenfalls für Empfehlungen oder Ratschläge im redaktionellen Teil ihrer jeweiligen Produkte auch nach den Grundsätzen der Auskunftshaftung nicht.[18] Die gegenteilige Auffassung[19] wird dem Normzweck des § 675 Abs. 2 BGB und der in ihm ausdrücklich angelegten Haftungsbeschränkung nicht gerecht. Anderes kann allerdings gelten, wenn derartige Vorgänge sich nicht im redaktionellen Teil abspielen, wenn vielmehr Redaktionen im Rahmen ihrer **Leserservices** einzelnen Interessenten auf spezifische Nachfrage hin Auskünfte oder Ratschläge erteilen. In solchen Fällen ist eine Haftung nach denselben Grundsätzen, nach denen die Rechtspraxis trotz der Grundregel des § 675 Abs. 2 BGB eine Haftung für die Richtigkeit erteilter Ratschläge oder Empfehlungen bejaht,[20] auch für die Medien denkbar. 23.17

Auch § 311 Abs. 3 Satz 2 BGB begründet keine Haftung der Medien für den Inhalt von ihnen gegebener Empfehlungen. Nach dieser Bestimmung können haftungsbegründende Vertragsbeziehungen auch zu einem Dritten entstehen, der nicht Vertragspartei wird oder werden soll, sofern er im Rahmen von Vertragsverhandlungen besonderes Vertrauen für sich in Anspruch nimmt und dadurch die Verhandlungen oder den Vertragsschluss erheblich beeinflusst. Hier geht es mithin um eine Konstellation, wie sie jedenfalls im Fall *Börseninformationsdienst* (Rz. 23.12) vorgelegen hat. Allerdings setzt die Haftung nach § 311 Abs. 3 Satz 2 BGB voraus, dass der Dritte, mithin im Rahmen der hier erörterten Problematik der Verlag, an den Vertragsverhandlungen teilgenommen oder, sofern das nicht der Fall war, jedenfalls durch sein Verhalten dafür gesorgt hat, dass er dem Vertragspartner als derjenige erscheint, von dessen Entscheidung der Vertragsschluss abhängt.[21] Mit diesen Erwägungen ließe sich selbst in der Konstellation der *Börseninformationsdienst*-Entscheidung die Haftung des Verlags nicht be- 23.18

---

16 BGH VersR 1986, 35.
17 BGH NJW 1989, 1029.
18 *Lang*, S. 63 ff.
19 Wenzel/*Burkhardt*/*Peifer*, Kap. 10 Rz. 268 f.
20 Staudinger/*Martinek*/*Omlor*, § 675 BGB Rz. C42 f.
21 BGH NJW 2004, 2523.

gründen; dass sie bei üblichen redaktionellen Empfehlungen nicht in Betracht kommt, liegt im Hinblick auf die genannten Haftungsvoraussetzungen auf der Hand.

b) Produkthaftung

23.19 Als Grundlage einer Haftung kommen jedoch unter Umständen die Grundsätze der **Produkthaftung** in Betracht.[22] Danach haftet der Hersteller einer Ware gegenüber dem Endverbraucher unabhängig vom Bestehen vertraglicher Beziehungen dann, wenn die Ware die im Verkehr erwartete Gebrauchssicherheit nicht aufweist und der Hersteller dies unter dem Gesichtspunkt der Verletzung einer Verkehrssicherungspflicht zu vertreten hat.[23]

23.20 Die Frage, ob dieses Prinzip auf den Inhalt von Verlagserzeugnissen anwendbar ist, ist vom BGH[24] in der, soweit ersichtlich, einzigen hierzu veröffentlichten Entscheidung verneint worden, während sie im Schrifttum umstritten ist.[25] Der Entscheidung des BGH lag ein Fall zugrunde, in dem aufgrund eines Druckfehlers die Konzentration einer chemischen Substanz um eine Zehnerpotenz zu hoch angegeben worden war, was zu einer Gesundheitsschädigung desjenigen geführt hatte, bei dem der infrage stehende Test angewendet wurde. Der BGH[26] ist dabei einer grundsätzlichen Entscheidung der Frage nach einer Produkthaftung des Verlegers von Druckschriften für deren inhaltliche Richtigkeit aus dem Weg gegangen und hat die Haftung für den konkreten Fall mit der Begründung verneint, es lasse sich anhand der Existenz lediglich eines Druckfehlers die Verletzung einer Verkehrssicherungspflicht durch den Verleger nicht feststellen. Hingegen deutet das Gericht an, dass eine Verkehrssicherungspflicht des Verlegers und damit eine Produkthaftung für den Inhalt von Druckwerken jedenfalls in solchen Fällen in Betracht komme, in denen es aus der Natur der Sache heraus erforderlich sei, Druckfehler durch besondere, unter Umständen aufwendige Maßnahmen mit Sicherheit zu vermeiden. Das könne etwa bei mathematischen und technischen Tabellen, baustatischen Anleitungen und im medizinischen Bereich bei Anweisungen für die Dosierung von Medikamenten und Anleitungen zur Vornahme neuer gefährlicher Eingriffe der Fall sein.

23.21 Gegen die Anwendung der Grundsätze der Produkthaftung auf den Inhalt von Medienberichterstattung sprechen jedoch schon grundsätzliche Bedenken. Zeitungen und Zeitschriften wie auch Bücher unterschieden sich ihrer Art nach von sonstigen Erzeugnissen industrieller Fertigung deutlich. Sie sind in erster Linie Vermittler von Informationen und sonstigen gedanklichen Inhalten. Bei Hörfunk- und Fernsehsendungen handelt es sich schlechthin nicht um Produkte, die in den Verkehr gebracht werden und für deren Beschaffenheit der Veranstalter wie ein industrielles Erzeugnis haften könnte, sondern um Dienstleistungen. Wie sich bereits bei der kaufrechtlichen Einordnung des Problems (Rz. 23.9 ff.) gezeigt hat, sind die für Waren bestimmten Mängelhaftungsnormen nur auf ihre körperliche, industriell erzeugte Beschaffenheit, nicht aber auf ihren informationellen und gedanklichen Inhalt anwendbar. Im Bereich der Produkthaftung kann im Prinzip nichts anderes gelten. Da es bei der Verbreitung von Anleitungen, Ratschlägen oder Empfehlungen durch die Rundfunkmedien zudem schon am Vorliegen eines körperlichen Produkts fehlt, bei dessen Herstellung eine

---

22 *Foerste*, NJW 1991, 1433 ff.
23 Dazu Staudinger/*Mansel*, Vor § 823 BGB Rz. 23 ff.; *Foerste*, NJW 1991, 1433 ff.
24 BGH NJW 1970, 1963 – Carter-Robbins-Test.
25 Bejahend: Wenzel/*Burkhardt/Peifer*, Kap. 10 Rz. 268 f.; *Röhl*, JZ 1979, 369; *Foerste*, NJW 1991, 1433; verneinend *Lang*, S. 71 ff.
26 BGH NJW 1970, 1963 – Carter-Robbins-Test; zustimmend Wenzel/*Burkhardt/Peifer*, Kap. 10 Rz. 268; *Foerste*, NJW 1991, 1433.

Verkehrssicherungspflicht verletzt werden und von dem eine Gefährdung des Benutzers ausgehen könnte, läuft die Annahme, die Grundsätze der Produkthaftung seien auf redaktionelle Ratschläge oder Handlungsanweisungen der Printmedien anzuwenden, im Ergebnis darauf hinaus, dass die Presse für einen Tatbestand haftbar gemacht würde, für den eine vergleichbare Haftung des Rundfunks schlechthin nicht zu begründen ist. Rechtliche Gesichtspunkte, die eine derartige Differenzierung in der Haftung der Printmedien einerseits und der elektronischen Medien andererseits rechtfertigen oder gar gebieten könnten, sind jedoch nicht ersichtlich.

Obendrein zielt auch das Institut der Produkthaftung im Normalfall der industriellen Fertigung von Waren auf deren unmittelbare körperliche Beschaffenheit und die von ihr ausgehenden Gefahren. Daher würde die Übertragung dieses Haftungsprinzips auf den gedanklichen Inhalt von Medienberichterstattung und damit auch auf in ihr enthaltene Handlungsanweisungen und Ratschläge im Ergebnis eine **Gefährdungshaftung** der Medien für die Richtigkeit der von ihnen verbreiteten Inhalte begründen, gegen die gravierende Bedenken bestehen. Sie ergeben sich nicht nur aus der Gewährleistung der Presse- und Rundfunkfreiheit durch Art. 5 Abs. 1 Satz 2 GG,[27] sondern schon daraus, dass die Landespressegesetze von den Medien das **Bemühen um Wahrheit** unter Anwendung der pressemäßigen Sorgfalt, nicht aber inhaltliche Richtigkeitsgewähr verlangen (Rz. 2.12 ff.). Auch würde durch die Anwendung des Rechtsinstituts der Produkthaftung auf den Inhalt redaktionell erteilter Auskünfte, Ratschläge und Empfehlungen die Grundentscheidung des Gesetzgebers in § 675 Abs. 2 BGB, nach der eine Haftung für die inhaltliche Richtigkeit erteilter Ratschläge oder gegebener Empfehlungen ausgeschlossen ist, in ihr Gegenteil verkehrt.[28]

23.22

Auch mit den Bestimmungen des Produkthaftungsgesetzes ist eine Haftung der Medien für die Richtigkeit von ihnen verbreiteter Ratschläge oder Handlungsanweisungen nicht zu begründen.[29] Dieses Gesetz begründet eine verschuldensunabhängige Haftung des Herstellers für bestimmte beim Endverbraucher industriell gefertigter Güter entstehende Schäden. Für den Rundfunk scheidet die Anwendung dieses Gesetzes wie schon diejenige der deliktsrechtlichen Grundsätze der Produkthaftung schon deswegen aus, weil es sich bei Hörfunk- oder Fernsehsendungen nicht um fehlerhafte Sachen handelt, an deren Produktion das Gesetz anknüpft (§§ 2 Satz 1, 4 Abs. 1 Satz 1 ProdHaftG). Eine Anwendung dieses Gesetzes kommt aber auch für die Printmedien nicht in Betracht. Denn die Fehler, um die es im vorliegenden Zusammenhang geht, betreffen, wie bereits im Rahmen der kaufrechtlichen Erörterung gezeigt (Rz. 23.9 ff.), auch bei ihnen nicht die Substanz der gelieferten Ware, mithin Papier und Druck, sondern den Inhalt der von ihr übermittelten Informationen, die, wie beim Rundfunk, auch bei den Printmedien als Dienstleistung anzusehen sind.[30]

23.23

Für redaktionelle Ratschläge und Handlungsanleitungen bleibt es daher dabei, dass eine Haftung der Medien prinzipiell nur in Betracht kommt, wenn sie sich aus allgemeinen deliktsrechtlichen Grundsätzen ergibt.[31] Haftungsvoraussetzung ist daher, dass die Medien durch die Verbreitung ihrer Empfehlungen im Einzelfall ausnahmsweise ein Schutzgesetz verletzen

23.24

---

27 Vgl. im Einzelnen *Lang*, S. 71 ff.; für Art. 5 Abs. 3 GG *Foerste*, NJW 1991, 1433 m.w.N.

28 Zum Zusammenhang zwischen der deliktsrechtlichen Beurteilung nach den Grundsätzen der Produkthaftung und dem Regelungsgehalt des § 675 Abs. 2 BGB, jedoch mit anderem Ergebnis vgl. auch Wenzel/*Burkhardt*/*Peifer*, Kap. 10 Rz. 269.

29 Vgl. zu diesem Problemkreis *Cahn*, NJW 1996, 2899 ff.

30 *Foerste*, NJW 1991, 1433, 1439.

31 *Lang*, S. 77.

oder unmittelbar in absolut geschützte Rechte Dritter eingreifen. Eine darüber hinausgehende Haftung speziell für den Inhalt von Empfehlungen oder Ratschlägen wird man nur in den Ausnahmefällen annehmen können, in denen sich aus der Art ihrer Präsentation Anhaltspunkte für eine jedenfalls konkludente Richtigkeitsgewähr[32] oder, wie etwa im Fall der Erteilung individuellen Rats, für die Übernahme einer besonderen vertraglichen Haftung[33] ergeben.

4. Prüf- oder Qualitätssiegel

23.25 Insbesondere in Printmedien ist es in den letzten Jahren üblich geworden, Produkte oder Dienstleistungen einer Untersuchung – häufig auch durch externe Bewertungsinstitute – zu unterziehen und als Folge einer Bewertung die Möglichkeit zur Lizensierung eines „Testsiegels" anzubieten. Die Erwartungen des Publikums an die Kompetenz und Integrität der Medien ist in diesem Bereich besonders hoch, erwartet doch der Verkehr, dass die Auswahl und Bewertung ausschließlich nach neutralen Gesichtspunkten stattgefunden hat. Für die Verleihung dieser Prüf- oder Testsiegel gilt daher nichts anderes als für die Werbung mit Testergebnissen (näher zur Testberichterstattung Rz. 22.21). Insbesondere darf der Verkehr auch bei einer Siegelvergabe durch eine private Stelle wie etwa die Medien eine Prüfung nach objektiven Kriterien und einem vorab definierten Standard erwarten.[34] Die Eigenschöpfung eines Siegels *Top Titel* für die Erzeugnisse des eigenen Verlags ist daher vom OLG Hamburg zutreffend als Vortäuschung einer – tatsächlich nicht gegebenen – Neutralität und damit als Verstoß gegen § 5 UWG angesehen worden.[35]

§ 24 Redaktionelle Arbeit und Werbung

---

32 BGH NJW 1973, 843 = GRUR 1974, 50 – Nottestament.
33 BGH NJW 1978, 997 = GRUR 1978, 380 – Börseninformationsdienst.
34 BGH WRP 2016, 1221 = GRUR 2016, 1076 – LGA tested; OLG Köln WRP 2018, 737 – BVBG-Gütesiegel.
35 OLG Hamburg AfP 2013, 420 – Top 100 Titel.

1. Grundsätze

Unter den ökonomischen und gesellschaftlichen Realitäten der heutigen Zeit ist die Tätigkeit   24.1
der Medien ohne Werbung nicht denkbar. Nur wenige sehr speziell ausgerichtete Zeitschriften können noch mit dem Anspruch antreten, ihre Arbeit ausschließlich aus Vertriebserlösen
zu finanzieren und daher auf Erträge aus der Werbung ganz zu verzichten. Die Rechtsordnung hat dem stets Rechnung getragen. So entspricht es der Rechtsprechung des BVerfG,
aber auch des BGH, dass sich der verfassungsrechtliche Schutz der Presse nicht auf deren redaktionelle Arbeit beschränkt, sondern **die Akquisition und Verbreitung von Werbung** vielmehr ausdrücklich einschließt.[1] Dass auch Hörfunk und Fernsehen heute nicht mehr ohne
Erträge aus der Werbung auskommen, zeigen die Entwicklung des privaten Rundfunksystems
ebenso wie die Diskussionen über Art und Höhe der Finanzierung des öffentlich-rechtlichen
Rundfunks, die Apps der öffentlich-rechtlichen Sender und damit zusammenhängend auch
die Verteilung der Werbeeinnahmen auf die privaten und öffentlich-rechtlichen Anbieter von
drahtloser Werbung. Die namentlich während des letzten Jahrzehnts ständig ausgeweiteten
Informationsangebote im Internet schließlich wären ohne Werbeerlöse nicht denkbar, die in
vielen Fällen zusätzlich die Trägermedien im Printbereich subventionieren.

Der Kampf um das als (über-)lebensnotwendig zu bezeichnende Werbeaufkommen wird je-   24.2
doch nicht nur in den und durch die Anzeigen- und Marketingabteilungen der Medienunternehmen ausgetragen. Er macht vor den Redaktionstüren keineswegs halt. In der Praxis ergeben sich vielfältige Anfechtungen und Versuchungen, und die Aufmerksamkeit namentlich
der für wettbewerbsrechtliche Probleme zuständigen Gerichte, der einschlägig interessierten
Fachverbände und Juristen sowie der Landesmedienanstalten als der Kontrollinstanzen des
privaten Rundfunks für die hiermit angesprochene Thematik[2] ist in den letzten Jahren ständig
gestiegen.

Das Grundprinzip ist einfach. Zwar dürfen und müssen die Medien sich redaktionell mit An-   24.3
gelegenheiten der gewerblichen Wirtschaft, mit ihren Produkten und Dienstleistungen befassen und ihre Leser, Hörer und Zuschauer auch in diesem Bereich umfassend unterrichten.
Indem sie das tun, erfüllen sie ihren publizistischen Auftrag und handeln unter dem Schutz
der Gewährleistung der Presse- und Rundfunkfreiheit. Die Absicht, fremden Wettbewerb zu
fördern, oder geschäftliches Handeln im Sinn von § 2 Abs. 1 Nr. 1 UWG darf ihnen bei ihrer
redaktionellen Tätigkeit insoweit nicht unterstellt werden, sofern sie die von der Rechtsprechung gezogenen Grenzen nicht überschreiten; Einzelheiten in Rz. 22.3 ff.

Für die in Deutschland tätige Presse gilt jedoch ein striktes Gebot der **Trennung von redak-**   24.4
tionellem Teil und Werbung. Nr. 11 der als Anlage zu § 3 Abs. 3 UWG bekanntgemachten
so genannten **Blacklist** definiert den

„… vom Unternehmer finanzierte[n] Einsatz redaktioneller Inhalte zu Zwecken der Verkaufsförderung, ohne dass sich dieser Zusammenhang aus dem Inhalt oder aus der Art der optischen oder
akustischen Darstellung eindeutig ergibt",

---

1 BGH AfP 2011, 350 = GRUR 2011, 647 – Markt & Leute; BGH AfP 2010, 237 = GRUR 2010, 546 –
  Der strauchelnde Liebling; BGH AfP 2009, 485 = GRUR 2009, 1085 – Wer wird Millionär; OLG
  Köln AfP 2014, 151.
2 Gegenstand dieses Kapitels sind Fragen der Gestaltung, Aufmachung und Platzierung von Werbung
  und deren Verschleierung; zu den Wechselbezügen zwischen der Berichterstattungsfreiheit der Medi-
  en und den durch das Wettbewerbsrecht beeinflussten Einschränkungen der Berichterstattung s.
  Rz. 22.1 ff.

und damit die als Information getarnte Werbung als gemäß § 3 UWG unlautere geschäftliche Handlung. Nach § 5a Abs. 6 UWG handelt ferner unlauter,

„… wer den kommerziellen Zweck einer geschäftlichen Handlung nicht kenntlich macht, sofern sich dieser nicht unmittelbar aus den Umständen ergibt, und das Nichtkenntlichmachen geeignet ist, den Verbraucher zu einer geschäftlichen Entscheidung zu veranlassen, die er andernfalls nicht getroffen hätte".

Mit diesen Bestimmungen kodifiziert das Gesetz freilich nur, was aufgrund medienrechtlicher Bestimmungen sowie einer umfangreichen wettbewerbsrechtlichen Rechtsprechung seit jeher gilt.

24.5   Problemfelder und Grauzonen beschäftigen die Gerichte dennoch seit Jahrzehnten. Allerdings sind die tatsächlichen und ihnen folgend die rechtlichen Verhältnisse der Printmedien einerseits und der Medien Hörfunk und Fernsehen andererseits nur zum Teil identisch, so dass im vorliegenden Zusammenhang zwischen beiden Mediengruppen Differenzierung geboten ist. Hinzu kommen neue Problemstellungen durch die Bedeutung der hier angesprochenen Thematik für Äußerungen im Internet, namentlich in den sozialen Medien (Rz. 24.74).

2. Presse

24.6   Den Rechtsgrund für das Prinzip der strikten **Trennung** von redaktionellem Teil und Anzeigen bilden zunächst die Bestimmungen der Landespressegesetze.[3] Sie regeln, in leicht voneinander abweichenden Formulierungen, dass der Verleger, der für eine Veröffentlichung ein Entgelt erhält, fordert oder sich versprechen lässt, diese Veröffentlichung deutlich mit dem Wort **Anzeige** kennzeichnen muss,

„… soweit sie nicht schon durch Anordnung und Gestaltung allgemein als Anzeige zu erkennen ist".[4]

24.7   Ziel dieser klaren Regelung ist es, eine Irreführung des Lesers zu vermeiden. Dieser ist redaktionellen Inhalten gegenüber grundsätzlich aufgeschlossener und nimmt diese weniger kritisch auf als Werbung. Weiterhin geht es um die Gewährleistung der **Objektivität** und **Neutralität** der Presse.[5] Damit herrscht hinsichtlich des Prinzips zunächst Klarheit. Wer als Verleger Werbung veröffentlicht, ohne sie entweder durch die deutlich sichtbare Hinzufügung des Worts Anzeige als solche kenntlich zu machen oder auf anderem Wege – etwa durch Umbruch und Layout – für hinreichend klare Trennung vom redaktionellen Teil zu sorgen, verstößt seit jeher gegen die genannten Bestimmungen der Landespressegesetze; der Verstoß gilt als **Ordnungswidrigkeit**,[6] die allerdings erfahrungsgemäß in der Praxis fast niemals als solche verfolgt und geahndet wird. Er verstößt ferner gegen die Richtlinien, die der Zentralausschuss der Werbewirtschaft zusammen mit Journalisten- und Verlegerverbänden bereits vor Inkrafttreten der Landespressegesetze aufgestellt hat[7] und die heute mit Recht als eine Art Standes-

---

3   Jeweils § 10; in Bayern, Berlin, Hessen, Mecklenburg-Vorpommern, Sachsen-Anhalt, Sachsen und Schleswig-Holstein § 9; in Brandenburg § 11, in Rheinland-Pfalz und Saarland § 13; in Hessen § 8.

4   So z.B. § 10 LPG Nordrhein-Westfalen; BGH AfP 2014, 441 = ZUM 2014, 795 – Good News II; s. dazu auch EuGH GRUR 2013, 1245 = ZUM 2013, 942.

5   BGH AfP 2012, 464 = GRUR 2012, 1056 – Good News; BGH AfP 2011, 600 = GRUR 2011, 163 – Flappe.

6   Vgl. etwa § 23 Abs. 1 Nr. 2 LPG Nordrhein-Westfalen und die entsprechenden Bestimmungen der übrigen Landespressegesetze.

7   Abgedruckt im Jahrbuch Deutscher Werberat 2003, S. 71 ff.

recht der Presse bezeichnet werden.[8] Der Deutsche Presserat teilt diese Auffassung und konkretisiert sie in Ziffer 7 des **Pressekodex**:

„Die Verantwortung der Presse gegenüber der Öffentlichkeit gebietet, dass redaktionelle Veröffentlichungen nicht durch private oder geschäftliche Interessen Dritter beeinflusst werden. Verleger und Redakteure wehren derartige Versuche ab und achten auf eine klare Trennung zwischen redaktionellem Text und Veröffentlichungen zu werblichen Zwecken. Bei Veröffentlichungen, die ein Eigeninteresse des Verlags betreffen, muss dieses erkennbar sein."

Das BVerfG hat entschieden, dass das in den Landespressegesetzen verankerte Trennungs-   24.8
gebot verfassungsrechtlich nicht zu beanstanden ist[9] und insbesondere nicht gegen Art. 5 Abs. 1 GG verstößt. Es gilt auch für Anzeigenblätter, sofern diese entsprechend dem Regelfall über einen redaktionellen Teil verfügen.[10] Ein Verstoß gegen das Trennungsgebot stellt einen Vorsprung durch Rechtsbruch im Sinne von §§ 3, 3a UWG dar.[11]

Verstöße gegen dieses Prinzip bleiben auch nicht sanktionslos. Sie sind vielmehr nach den   24.9
§§ 3, 3a, 5a Abs. 6 UWG sowie in Nr. 11 der Blacklist zu § 3 Abs. 3 UWG zugleich ein Verstoß gegen das Verbot unlauterer geschäftlicher Handlungen im Sinn von § 3 UWG, gegen den mittels eines Unterlassungsanspruches vorgegangen werden kann (§ 8 UWG).[12] Das gilt entgegen einer in der Rechtsprechung[13] vereinzelt vertretenen These nicht nur für Tageszeitungen herkömmlicher Art, sondern gleichermaßen für die sonstige Presse sowie den Rundfunk. Auch wenn die gesetzlichen Bestimmungen und gleichlaufenden Standesüberzeugungen als solche klar und eindeutig sind, so bedeutet das jedoch weder, dass diese Regelungen durchgängig eingehalten werden, noch, dass sie keine rechtlichen Probleme aufwerfen. Das gilt nicht nur bei der heute von Nr. 11 der Blacklist zu § 3 Abs. 3 UWG erfassten versteckten redaktionellen Werbung für Erzeugnisse Dritter, sondern gleichermaßen für die getarnte Werbung eines Verlags für eigene geschäftliche Angebote unter dem Deckmantel positiver Berichterstattung.

a) Redaktionelle Werbung

Es kommt in der Praxis immer wieder vor, dass Unternehmen oder Verbände versuchen, An-   24.10
zeigenwerbung als redaktionell verbrämte Berichterstattung zu gestalten. Geschieht dies ohne jede Kennzeichnung, so liegt der Verstoß gegen die dargestellten Prinzipien auf der Hand[14] und zwar unabhängig davon, ob das positiv besprochene Unternehmen für derartige Beiträge ein Entgelt entrichtet oder nicht (Einzelheiten in Rz. 22.20), oder ob die werbliche Darstellung in der Form eines Content- oder Influencer-Marketings erfolgt (dazu s. Rz. 24.12).[15] Berichtet

---

8 *Ricker/Weberling*, Kap. 14 Rz. 19; OLG Frankfurt a.M. AfP 1984, 240.

9 BVerfG AfP 2006, 39 = NJW 2005, 3201.

10 OLG Hamm AfP 2008, 513.

11 BGH AfP 2014, 441 = ZUM 2014, 795 – Good News II; BGH AfP 2012, 464 = GRUR 2012, 1056 – Good News; BGH AfP 2011, 60 = GRUR 2011, 163 – Flappe.

12 BGH AfP 1974, 618 = NJW 1974, 1141 – Wirtschaftswerbung-public relations; BGH AfP 1981, 458 = GRUR 1981, 835 – Getarnte Werbung I; BGH AfP 1997, 795 = GRUR 1997, 912 – Die Besten I; BGH AfP 1997, 797 = GRUR 1997, 914 – Die Besten II; *Ricker/Weberling*, Kap. 14 Rz. 20 f.; *Kübler*, AfP 1988, 309, 314; *Groß*, AfP 1993, 548 ff.; Einzelheiten bei *Gröning*, WRP 1993, 685; *Ruhl/Bohner*, WRP 2011, 375.

13 OLG Hamm GRUR 1986, 172.

14 OLG München AfP 1997, 915 = NJWE-WettbR 1996, 218; OLG Hamburg AfP 1997, 806; OLG Karlsruhe WRP 2011, 1335; LG Erfurt v. 5.2.2010 – 1 HK O 301/09, zit. nach juris.

15 OLG Celle AfP 2018, 65 = WRP 2017, 1236; *Henning-Bodewig*, WRP 2017, 1415.

etwa ein Gesundheitsmagazin nahezu ausschließlich über Produkte eines einzelnen Arznei-
mittelproduzenten, dessen als solche gekennzeichnete Anzeigen nahezu den gesamten Anzeigenteil des betreffenden Hefts bestücken, dann liegt ein Fall unlauterer getarnter Werbung
auch dann vor, wenn das so geförderte Unternehmen neben den Insertionshonoraren nicht
auch noch eine Vergütung für die Berichterstattung bezahlt.[16] Auch eine **Gewinnauslobung**
in einer „Verlagsanzeige" kann eine unzulässige Schleichwerbung sein, wenn der drittwerben-
de Charakter nicht „sofort und zweifelsfrei" erkennbar wird.[17] Darüber hinaus können die
Grundsätze des Verbots der getarnten redaktionellen Werbung u.U. auch dann eingreifen,
wenn der als redaktioneller Beitrag erscheinende Text nicht von der Presse, sondern vom
Hersteller des darin beschriebenen Produkts verfasst worden ist (vgl. dazu Rz. 7.60 ff.). Es
genügt auch nicht, in einer ganzseitigen Anzeige den unteren Seitenteil mit *Anzeige* zu über-
schreiben, wenn die beigestellte redaktionelle Werbung nicht gekennzeichnet und für den Leser auch nicht als solche erkennbar ist.[18] Und kündigt eine Zeitschrift auf der Titelseite plaka-
tiv einen Persönlichkeitstest an, um dem Leser erst im Heftinneren zu offenbaren, dass er daran nur teilnehmen kann, wenn er einem Drittunternehmen ein Entgelt dafür bezahlt, dann
ist auch das ein Fall verschleierter Werbung.[19]

24.11 Das strikte Gebot der **Kenntlichmachung** von Anzeigen wird auch verletzt, wenn statt des
präzisen Begriffs „Anzeige" ein weicherer wie etwa „Wirtschaftsanzeigen",-„public relations",
„PR-Mitteilung", „PR-Anzeige", „Promotion" oder „sponsored by" gewählt wird.[20] Gleiches
gilt, wenn der Begriff zwar erscheint, aber so unauffällig gestaltet ist, dass er von einem situa-
tionsadäquat aufmerksamen Leser nicht mehr wahrgenommen werden kann oder dem Wer-
bebeitrag nicht zugeordnet wird.[21] Die Rechtsprechung[22] hat diese Art von Aufweichungsver-
suchen bisher stets zurückgewiesen und in allen genannten Fällen gefordert, dass entsprechend der Vorgabe durch die Landespressegesetze der Begriff „Anzeige" als solcher Verwendung findet, wo sich der Anzeigencharakter einer Veröffentlichung nicht schon aus den sonstigen Umständen klar ergibt. Eine besondere Kenntlichmachung als Anzeige ist danach
beispielsweise nicht erforderlich, wenn der Vorderteil einer mehrseitigen Werbung den Wer-
becharakter nicht erkennen lässt, dieser aber durch die Gestaltung der Rückseite klar erkennbar wird.[23]

24.12 Um eine entgeltliche Veröffentlichung von als solcher nicht gekennzeichneter Werbung kann
es sich auch handeln, wenn ein unmittelbarer Zusammenhang zwischen der Veröffentlichung
und dem Entgelt im Einzelfall nicht hergestellt werden kann. So ändert es am Merkmal der
Entgeltlichkeit und damit an der Gesetzeswidrigkeit einer nicht als solche gekennzeichneten
Werbepublikation nichts, wenn das Entgelt nicht für die einzelne Veröffentlichung gewährt

---

16 LG München I WRP 2006, 284.
17 BGH AfP 2013, 241 = NJW-RR 2013, 817 – Preisrätselgewinnauslobung V; OLG Karlsruhe WRP
   2015, 898; OLG Karlsruhe WRP 2013, 1053.
18 OLG Hamburg WRP 2012, 476 – Werbung in redaktioneller Gestalt; OLG Hamburg AfP 2013, 139.
19 OLG Hamburg AfP 2002, 324 = NJW-RR 2002, 687.
20 BGH, AfP 2014, 441 = ZUM 2014, 795 – Good News II; BGH AfP 1974, 618 = NJW 1974, 1141 –
   Wirtschaftswerbung-public relations; OLG München AfP 1997, 801 = NJW-RR 1996, 1132; OLG
   Düsseldorf WRP 2011, 127; ZAW-Richtlinien für redaktionell gestaltete Anzeigen Nr. 8.
21 OLG München GRUR-RR 2009, 257; OLG Frankfurt a.M. WRP 2010, 156; OLG Hamburg WRP
   2012, 1287.
22 BGH AfP 1996, 375 = NJW 1996, 2580 – Editorial II; BGH GRUR 1975, 75; OLG Hamburg WRP
   1972, 89; OLG Düsseldorf WRP 1979, 165; nach *Köhler/Bornkamm/Feddersen*, § 5a UWG Rz. 7.42
   sind aber „gleichwertige Ausdrücke" wie beispielsweise „Werbeinformation" ebenfalls zulässig.
23 BGH AfP 2011, 60 = GRUR 2011, 163 – Flappe.

wird, der Werbungtreibende sich vielmehr stattdessen verpflichtet, den Verleger bzw. eine ihm nahestehende Institution mit vorgeblich neutralen Zuwendungen wie Spenden, Mitgliedsbeiträgen o.ä. zu unterstützen, wenn seine als redaktionelle Beiträge getarnte Werbung in regelmäßigen bzw. unregelmäßigen Abständen unentgeltlich veröffentlicht wird. Derartige Absprachen sind etwa in der häufig als "Public Relations" bezeichneten Zusammenarbeit zwischen gewerblichen Unternehmen und Verbänden festzustellen, deren Publikationsorgane vereinbarungsgemäß zur vertriebsfördernden Berichterstattung über die Erzeugnisse des jeweiligen Partners eingesetzt werden. Unproblematisch als unlauter einzustufen sind daher auch die als „**Content-Marketing**" oder „**Influencer-Marketing**" bezeichneten Werbeformen, wenn diese nichts anderes sind als getarnte Produktwerbung, die lediglich durch die an ein redaktionelles Umfeld angepasste Darstellung oder die Verbreitung über soziale Medien besondere Authentizität erhalten soll. Wer in Social Media-Auftritten, etwa auf *Facebook*, *Instagram* oder in einem Blog Produkte präsentiert und dann auch noch Links zu den Internetauftritten der jeweiligen Unternehmen setzt, muss deutlich machen, wenn er dafür ein Entgelt oder sonstige Vorteile erhalten hat.[24] Gleiches gilt, wenn jemand in einem Blog vermeintlich als Privatperson handelt, tatsächlich aber seinen Arbeitgeber überschwänglich lobt[25] oder aber wenn der werbliche Charakter eines Blogs aufgrund seiner redaktionellen Aufmachung nicht sofort erkennbar ist.[26] Auch solche Vereinbarungen oder faktische Kooperationen verstoßen gegen das Gebot der Kennzeichnung entgeltlicher Veröffentlichungen. Allerdings gelten auch für diese neuen „Werbeträger" keine anderen Regeln als für „herkömmliche" Medien (dazu s. Rz. 23.3 ff.). Soweit daher in einem redaktionellen Beitrag eines Bloggers oder einer Influencerin Produktempfehlungen erfolgen, sind diese nur dann als Werbung zu kennzeichnen, wenn diese entweder übermäßig anpreisend sind oder aber dafür ein Entgelt gezahlt wurde (s. auch Rz. 22.15).[27]

Die Tatsache allein, dass ein Beitrag von einem darin erwähnten Unternehmen stammt, begründet andererseits noch nicht den Vorwurf versteckter redaktioneller Werbung (dazu Rz. 7.60 ff. und Rz. 23.4),[28] wenn finanzielle oder sonstige geldwerte Zuwendungen nicht geleistet werden. Ist dessen Inhalt allerdings nicht neutral, sondern deutlich vom Bestreben gekennzeichnet, das infrage stehende Erzeugnis nach Art einer Anpreisung hervorzuheben, dann ist die Veröffentlichung eines zugelieferten Beitrags als Verstoß gegen § 3 UWG unzulässig.[29] Regelmäßig haftet auch nicht das Unternehmen, sondern das veröffentlichende Medienunternehmen selbst, wenn dieses etwas eine PR-Mitteilung des Unternehmens „redaktionell verbessert" hat.[30]   24.13

b) Mischformen

Schwierigkeiten bereiten dagegen verschiedene Formen der rechtlichen oder auch nur faktischen **Koppelung** von entgeltlicher – und entsprechend gekennzeichneter – Anzeigenver-   24.14

---

24 KG AfP 2019, 68; OLG Celle AfP 2018, 65 = WRP 2017, 1236; LG Hagen K&R 2017, 816 = NJW-RR 2018, 170; KG K&R 2018, 64; LG Itzehoe MMR 2019, 186; näher dazu *Lettmann*, GRUR 2018, 1206; *Ahrens*, GRUR 2018, 1211; *Peifer*, GRUR 2018, 1218.
25 LG Hamburg NJW-RR 2012, 1001.
26 OLG Köln AfP 2014, 147 = NJW 2014, 795 – Status-Angst.
27 KG AfP 2019, 68.
28 BGH AfP 1994, 141 = GRUR 1994, 445 – Beipackzettel.
29 OLG Saarbrücken AfP 1988, 135.
30 BGH AfP 1994, 141 = GRUR 1994, 445 – Beipackzettel; vgl. auch OLG Hamm v. 20.12.2011 – I-4 U 152/11, zit. nach juris.

öffentlichung und begleitender redaktioneller Berichterstattung. Die Gerichte begegnen derartigen Konstellationen im Allgemeinen mit großer Skepsis und tendieren dazu, in ihnen Verstöße gegen das Trennungsprinzip und damit gegen die Bestimmung der §§ 3, 5a UWG zu sehen.

24.15 Bei der rechtlichen Beurteilung dieses Problemkreises ist jedoch wiederum Differenzierung geboten. Die Berichterstattung über wirtschaftliche Fragen einschließlich derjenigen über Produkte und Unternehmen ist eine originäre und durch Art. 5 Abs. 1 GG in gleicher Weise geschützte Aufgabe wie diejenige über politische, weltanschauliche oder gesellschaftliche Fragen (Rz. 22.1 ff.). Es geht daher nicht an, die wettbewerbsrechtliche Unzulässigkeit von Presseberichten aus der bloßen Tatsache abzuleiten, dass in einem bestimmten räumlichen, zeitlichen oder gestalterischen Zusammenhang Anzeigen veröffentlicht werden, die sachlich zur Berichterstattung passen.[31]

24.16 Zwei Leitsätze älterer gerichtlicher Entscheidungen verdeutlichen die Problematik anschaulich. So vertritt das KG Berlin die Auffassung:

„Hat eine Lokalzeitung einen aktuellen publizistischen Anlass, auf ein ortsansässiges gewerbliches Unternehmen und seine Erzeugnisse/Leistungen hinzuweisen (etwa bei einer Geschäftseröffnung oder einer bevorstehenden Modenschau), und entsteht durch den Zeitungsbeitrag eine gewisse Werbewirkung, so ist ein Verstoß gegen § 1 UWG [heute: ein Verstoß gegen § 3 UWG] auch dann nicht ohne Weiteres gegeben, wenn in derselben Zeitungsausgabe an anderer Stelle eine bezahlte Werbeanzeige des betreffenden Unternehmens veröffentlicht wird."[32]

Das OLG Frankfurt andererseits formuliert:

„Wird einem Anzeigenblatt untersagt, in redaktionell gestalteten und nicht als Anzeigen kenntlich gemachten Beiträgen für einzelne Unternehmen zu werben, so ist damit nicht nur ein Verhalten erfasst, bei welchem bezahlte Werbeanzeigen als redaktionelle Beiträge aufgemacht werden, sondern auch ein Verhalten, bei welchem eine unbezahlte Berichterstattung, die von dem Anzeigenblatt ausgeht, die sachliche Information des Lesers so in den Hintergrund treten lässt, dass sie in Reklame abgleitet."[33]

24.17 Mit diesen Leitsätzen sind nicht nur faktische Erscheinungsformen angesprochen, denen der Zeitungsleser begegnet, und namentlich der Leser von Anzeigenblättern und Lokalberichterstattung, bei denen derartige Fallgestaltungen schon der Natur der Sache nach häufiger zu beobachten sein werden als bei der überregionalen Tages- und Magazinpresse. Sie kennzeichnen auch den weiten Bogen der Möglichkeiten, die die Rechtsprechung nutzt, um einerseits – so im ersten Fall – der Presse einen gewissen Freiraum zu erhalten und andererseits – so die zweite Entscheidung – dem Gebot der Lauterkeit des Wettbewerbs auch gegenüber Presseberichterstattung zur Geltung zu verhelfen. Es erscheint kaum möglich, für dieses Konfliktfeld allgemeinverbindliche Leitlinien zu formulieren. Die Möglichkeiten, deren sich die Werbung treibende Wirtschaft, aber auch namentlich kleinere Zeitungen und Anzeigenblätter bedienen, um sich an den Schranken des Verbots der verschleierten Werbung vorbei Nischen zu erschließen, erscheinen zu vielfältig. In der Praxis hat sich jedoch eine Reihe von Fallgruppen herausgebildet, die eine gewisse Systematisierung ermöglicht.

---

31 BGH AfP 1993, 735 = GRUR 1992, 463 – Anzeigenplatzierung; OLG Düsseldorf WRP 2011, 1085.
32 KG AfP 1987, 697; vgl. auch BVerfG NJW 2003, 277 = ZUM-RD 2003, 1 – Juve-Handbuch; BGH AfP 1998, 221; OLG München NJW 2003, 1534 = GRUR 2003, 719 – Juve-Handbuch; LG Köln NJW-RR 1996, 1131 = AfP 1996, 387.
33 OLG Frankfurt a.M. AfP 1988, 59.

aa) Koppelung

Ausdrücklich vereinbarte, rechtlich abgesicherte **Koppelungen** sind regelmäßig verboten. Wo   24.18
im Rahmen eines Insertionsauftrages vereinbart wird, dass in derselben Ausgabe einer Zeitung oder Zeitschrift oder aber auch später eine positive, inhaltlich abgestimmte Berichterstattung über das inserierte Produkt oder die inserierte gewerbliche Leistung veröffentlicht wird, liegt ein klarer Verstoß gegen das Gebot der Trennung von redaktioneller Berichterstattung und Werbung vor.[34] Dabei kommt es auch nicht darauf an, ob die begleitende Berichterstattung von der Redaktion des betreffenden Blatts selbst erarbeitet oder ob sie – wie vielfach üblich – vom Inserenten gleich mit der Anzeige zur Veröffentlichung eingereicht wird. Nach Auffassung des OLG Hamburg[35] lag eine seinerzeit noch ausdrücklich gesetzlich verbotene Zugabe in diesem Sinn selbst dann vor, wenn die Veröffentlichung eines die Anzeige positiv begleitenden redaktionellen Artikels zwar nicht bei Abschluss des Insertionsvertrags ausdrücklich vereinbart wurde, wenn sie aber vom Inserenten auf Grund der Veröffentlichungspraxis des betreffenden Verlages erwartet werden konnte.

Trotz zahlreicher neuer Werbeformen gilt auch heute nichts anderes. Denn der Sinn der ge-   24.19
setzlichen Bestimmungen über das Gebot der Kenntlichmachung entgeltlicher Veröffentlichungen liegt nicht nur im Schutz der Unabhängigkeit der Redaktionen vor Einflussnahmen wirtschaftlicher und politischer Gruppierungen, die mit dem verfassungsrechtlichen Verständnis der Pressefreiheit nicht vereinbar wären.[36] Durch das **Trennungsprinzip** soll vielmehr vor allem der Leser vor Irreführung geschützt werden,[37] er soll also in erster Linie darauf vertrauen können, dass die Presse ihre Informationsaufgabe auch im Bereich der Wirtschafts- und Produktberichterstattung im Rahmen des Möglichen objektiv erfüllt und sich nicht aus wirtschaftlichen Gründen und für den Leser unerkennbar vor den Karren einseitiger Unternehmer- oder Inserenteninteressen spannen lässt.

bb) Bezahlte Berichterstattung

Keine Probleme bereiten erst recht die Fälle, in denen Unternehmen Geld oder geldwerte   24.20
Leistungen einsetzen, um die Presse zu einer bestimmten, positiven Berichterstattung zu veranlassen. Hier ist ohne ausdrückliche, gut sichtbare Kennzeichnung als Anzeige das Verbot der bezahlten Berichterstattung offensichtlich verletzt, und zwar unabhängig davon, ob die betreffenden Zuwendungen dem Verlag oder den berichtenden Autoren zufließen (Pressekodex Nr. 15). Das gilt auch dann, wenn bezahlte redaktionelle Berichterstattung formal als Anzeige bezeichnet, dies aber wegen der konkreten Aufmachung des Beitrags von relevanten Teilen der Leser nicht wahrgenommen wird (Rz. 24.10 f.). So sind etwa redaktionell aufgemachte **Einkaufstipps** einer mit ihrem Namen zeichnenden Redakteurin wettbewerbswidrig und damit unzulässig, wenn die Inhaber der besprochenen Geschäfte dafür bezahlen, dass sie in die betreffende Rubrik aufgenommen werden.[38] Auch die Erscheinungsformen des In-

---

34 BGH AfP 1993, 735 = GRUR 1992, 378 – Anzeigenplatzierung; BGH AfP 1994, 136 = NJW-RR 1994, 872 – Kosmetikstudio; OLG München NJWE-WettbR 1996, 243; *Fuchs*, GRUR 1988, 736.
35 OLG Hamburg NJW-RR 1988, 1258; OLG Hamburg AfP 1990, 215; vgl. auch BVerfG NJW 2003, 277 = ZUM-RD 2003, 1 – Juve-Handbuch; BGH AfP 2006, 460 = GRUR 2006, 875 – Rechtsanwalts-Ranglisten.
36 *Ricker/Weberling*, Kap. 14 Rz. 2.
37 *Köhler/Bornkamm/Feddersen*, § 5a UWG Rz. 7.37.
38 OLG Karlsruhe AfP 1989, 462; unklar insoweit OLG München WRP 1992, 199 – Redaktionelle Anzeige.

fluencer-Marketings ohne deutliche Hinweise auf gewährte Vorteile sind darunter zu fassen (Rz. 24.12). Hingegen liegt es im Rahmen zulässiger Wirtschaftsberichterstattung, subjektiv gewonnene und als solche gekennzeichnete Einkaufstipps oder etwa Buch- oder Restaurantempfehlungen zu veröffentlichen, wenn dies in eigener redaktioneller Verantwortung und ohne finanzielle oder sonstige wirtschaftliche Gegenleistung des rezensierten Unternehmens oder Anbieters geschieht.

24.21 Wo die Gegenleistung für bezahlte Berichterstattung nicht dem Verleger zufließt, sondern einzelnen Redakteuren, und dies für den Verleger nicht erkennbar ist, stellen die zugrunde liegenden Vereinbarungen Verstöße gegen das Verbot der **Bestechung im geschäftlichen Verkehr** gemäß § 299 StGB dar und sind aus diesem Grund nichtig. Dass derartige Berichterstattung, würde sie im Einzelfall entdeckt, unter Berufung auf § 3 UWG verboten würde, ist nicht zweifelhaft. Der Leser wird auch in solchen Fällen darüber getäuscht, dass etwa ein positiver Bericht über einen Urlaubsort oder über ein extravagantes Automobil nicht das Ergebnis eigener objektiver Überzeugungsbildung der Redaktion, sondern stattdessen Folge der Tatsache ist, dass der betreffende Redakteur mit seiner Familie dort einen Gratisurlaub verbringen bzw. sich des unentgeltlichen Gebrauchs des betreffenden PKW erfreuen durfte. Der *Deutsche Presserat* hat daher mit vollem Recht in Richtlinie 15.1 zum Pressekodex festgestellt, dass die Annahme von Geschenken oder Einladungen, deren Wert das im gesellschaftlichen Verkehr übliche und im Rahmen der beruflichen Tätigkeit notwendige Maß übersteigt, eine Beeinträchtigung der Entscheidungsfreiheit des betreffenden Journalisten und damit des Verlags darstellt, die zu missbilligen ist. Darauf beruhende und in der Regel positive Berichterstattung oder Kritik ist daher stets wettbewerbswidrig.

cc) Umfeldgestaltung

24.22 Größere rechtliche Schwierigkeiten als eindeutige Koppelungen oder bezahlte Berichte bereiten der Praxis die Mischfälle, die zum Teil jenseits klarer vertraglicher Absprachen angesiedelt sind und die heute zunehmend unter dem Stichwort des **Product Placements** erörtert werden – einem Stichwort, das allerdings im Bereich von Hörfunk und vor allem Fernsehen größere Aufmerksamkeit findet; dazu Rz. 24.44 ff.

24.23 Aus der bloßen thematischen Nähe einer Anzeige zu einem dazu passenden redaktionellen Bericht allein kann dessen Wettbewerbswidrigkeit nicht abgeleitet werden (Rz. 24.16).[39] Die vertragsgemäße Veröffentlichung einer bezahlten und als solche gekennzeichneten Anzeige und eines thematisch dazu gehörenden redaktionellen Beitrags auf derselben Seite bzw. auf zwei vorhergehenden oder folgenden Seiten soll allerdings *per se* einen Verstoß gegen § 3 UWG darstellen.[40] Als wettbewerbswidrig wird auch der redaktionelle Hinweis auf den guten Ruf bestimmter Restaurants in Verbindung mit der Anregung angesehen, sie aus bestimmtem Anlass aufzusuchen, wenn in räumlichem Zusammenhang damit Anzeigen der betreffenden Restaurants veröffentlicht werden.[41] Gleiches gilt im Rahmen der Bildberichterstattung für die Abbildung einer Szene aus einem Spiel der Fußballbundesliga, in der im Wesentlichen die Frontalansicht eines Spielers mit dem deutlich sichtbaren Sponsorenlogo auf dem Trikot zu sehen ist, wenn unmittelbar daneben eine gewerbliche Anzeige desselben Sponsoren ver-

---

39 KG AfP 1987, 697; vgl. auch OLG Köln AfP 1996, 387 = NJW-RR 1996, 1131.
40 OLG Hamburg NJW-RR 1988, 1258; OLG Hamburg AfP 1990, 215; OLG Karlsruhe AfP 1995, 670; differenzierend OLG Düsseldorf WRP 2011, 1085.
41 OLG München AfP 1990, 56.

öffentlicht wird[42] und auch redaktionell aufgemachte Printwerbung ist trotz eines deutlichen Sponsorenhinweises unzulässig.[43] Ob allerdings diese Einordnung der Mischformen angesichts der anderen Rechtslage in der Rundfunkwerbung (dazu Rz. 24.44 ff.) für den Printbereich zeitgemäß ist, kann bezweifelt werden. Ein Verbraucher, der in Radio oder Fernsehen regelmäßig mit Product Placement oder Sponsorenhinweisen konfrontiert wird, wird auch in der Lage sein, entsprechendes in einem Printmedium zu erkennen, und die generelle Entwicklung in der Presse zeigt auch, dass die Tendenz dahin geht, diese rechtlich derzeit noch angreifbaren Werbeformen zu tolerieren.

Der verbotene enge Zusammenhang zwischen Berichterstattung und Werbung kann aber auch auf andere Weise hergestellt werden, wie z.B. durch Text und Abbildung.[44] Das OLG Hamburg[45] etwa hat in der Gestaltung des Titelblattes einer Jugendzeitschrift in enger optischer Anlehnung an die Gestaltung einer auf der hinteren äußeren Umschlagseite desselben Hefts abgedruckten Anzeige einen Fall unlauterer verschleierter Werbung gesehen. Generelle Abgrenzungskriterien lassen sich aber kaum aufstellen. Stets kommt es auf die Gesamtumstände des Einzelfalls an. So muss es nicht unbedingt wettbewerbswidrig sein, wenn eine nicht ausdrücklich als solche gekennzeichnete Anzeige neben einer fettgedruckten Überschrift und einem hervorgehobenen Produktnamen auch Fließtextanteile und damit eine Gesamtanmutung hat, die einem redaktionellen Beitrag jedenfalls nahe kommt.[46]   24.24

Gerichte[47] sprechen andererseits sogar das Verbot einer positiven, reklamehaften redaktionellen Berichterstattung über einzelne Unternehmen oder deren gewerbliche Angebote bereits dann aus, wenn sie in Erwartung **künftiger Insertionsaufträge** erfolgt. Selbst wenn das nicht der Fall ist, kann die einseitige Hervorhebung nur eines einzelnen Anbieters im Rahmen redaktioneller Berichterstattung einen Verstoß gegen das Verbot unlauterer geschäftlicher Handlungen darstellen.[48] Auch wenn nur ein Inserat eines Unternehmens, dessen Angebote oder gewerbliche Leistungen redaktionell besprochen werden, in derselben Ausgabe der Publikation erscheint wie der Bericht, soll das nach der allerdings unzutreffenden Auffassung des OLG Hamburg[49] bereits einen Wettbewerbsverstoß darstellen, und zwar unabhängig davon, ob dem eine vertragliche Absprache zu Grunde liegt oder nicht, sofern nicht der redaktionelle Bericht durch publizistische Anlässe wie Firmenjubiläen, Geschäftseröffnungen oder Inhaberwechsel veranlasst ist.[50]   24.25

Es entspricht langjährig bewährter Praxis der Zeitungs- und Zeitschriftenverlage, bestimmte Ausgaben oder bestimmte Teile ihrer Publikationen bestimmten Themenkreisen zu widmen und darauf in der Anzeigenakquisition auch hinzuweisen. Zu denken ist etwa an Sonder- oder Spezialhefte zu bestimmten wirtschaftlichen Themen wie erneuerbare Energien, Immobilien oder Datenschutz, an die traditionell in Zeitungen erscheinenden Reiseteile oder an Themenhefte, wie sie nicht selten von Magazinen mit bestimmten inhaltlichen Schwerpunkten angeboten werden. Das Interesse der Werbung treibenden Wirtschaft, durch Insertion ge-   24.26

---

42 KG AfP 1994, 313.
43 BGH AfP 2014, 441 = ZUM 2014, 795 – Good News II.
44 OLG München AfP 1997, 801.
45 OLG Hamburg AfP 2004, 126 = NJW-RR 2004, 196.
46 OLG Stuttgart NJW-RR 1996, 1133.
47 OLG Frankfurt a.M. AfP 1988, 59; OLG Düsseldorf AfP 1987, 418.
48 OLG Köln AfP 2004, 136.
49 OLG Hamburg WRP 1984, 628; OLG Hamburg NJW-RR 1988, 1258; OLG Hamburg AfP 1990, 215.
50 OLG Jena MD 2016, 382; OLG Karlsruhe WRP 2011, 1335.

rade in derartigen Spezialausgaben oder -teilen das Augenmerk derjenigen Leser auf sich zu ziehen, die an der betreffenden Thematik besonders interessiert sind und daher auch als Nachfrager der angebotenen Waren oder Dienstleistungen in erster Linie in Betracht kommen, ist prinzipiell legitim. Zu Recht wird daher auch darauf abgestellt, welches redaktionelle Erzeugnis präsentiert wird. **Special Interest-** oder **Kundenzeitungen** werden von einem Leser schon mit einer ganz anderen Erwartungshaltung an werbliche Inhalte wahrgenommen, als sonstige, üblicherweise neutrale Presseerzeugnisse (Näheres in Rz. 24.31 ff.).[51] Aus der bloßen Tatsache etwa, dass eine Automobilanzeige in einer Automobilzeitschrift erscheint, die sich mit der inserierten Marke auch thematisch befasst, kann daher entgegen den dargestellten Tendenzen der Rechtsprechung ebensowenig auf die Wettbewerbswidrigkeit der Berichterstattung geschlossen werden wie aus der Veröffentlichung des Inserats eines New Yorker Hotels in einer Reisebeilage, die sich mit dieser Stadt und auch dem dortigen Angebot an Hotelunterkünften beschäftigt.

24.27 Soweit den zitierten gerichtlichen Entscheidungen Gegenteiliges zu entnehmen ist, schränken sie die Freiheit der Wirtschaftsberichterstattung und des ebenfalls verfassungsrechtlich geschützten[52] Anzeigenwesens in unzulässiger Weise ein. Auch Wirtschaftsberichterstattung ist eine legitime Aufgabe der Presse, die in vollem Umfang an der verfassungsrechtlich gewährleisteten Pressefreiheit teilnimmt. Es kann nicht Aufgabe der Wettbewerbsrechtsprechung sein, sie durch Einschränkungen in der Art und Weise der Anzeigenplatzierung über das unumgänglich Notwendige hinaus zu kontrollieren oder gar zu verhindern. Die sachliche oder räumliche Nähe einer **themenbezogenen Berichterstattung** zu Anzeigen, die zum Thema passen, kann daher für sich allein **kein Unzulässigkeitskriterium** sein. Das gilt auch für einen darauf gerichteten Vertrag, sofern dieser nur sichert, dass die Anzeige im vereinbarten thematischen Umfeld veröffentlicht wird.

24.28 In der Platzierung einer Anzeige im unmittelbaren räumlichen Zusammenhang mit einem redaktionellen Textbeitrag allein kann daher kein Wettbewerbsverstoß gesehen werden. Steht allerdings ein inhaltlich reklamehafter Bericht über ein einziges Unternehmen über, unter oder neben einer Anzeige desselben Unternehmens, dann ist dies ein Verstoß gegen § 3 UWG.[53] Redaktionelle Berichterstattung in einem Anzeigenblatt über Ausbildungsmöglichkeiten bei den inserierenden Unternehmen der Region ist jedoch von einem publizistischen Anlass gedeckt und daher nicht wettbewerbswidrig.[54] Das OLG Hamburg[55] hat zudem zutreffend klargestellt, dass ein publizistischer Anlass im Sinn seiner Rechtsprechung zur prinzipiellen Unzulässigkeit der Platzierung von Anzeigen in unmittelbarem Zusammenhang mit begleitenden redaktionellen Beiträgen auch in Zielen der **Verbraucheraufklärung** liegen kann.

24.29 Mit der Rechtsprechung des BGH[56] ist daher für die wettbewerbsrechtliche Beurteilung weniger auf die Platzierung als auf den Inhalt der vertraglichen Gestaltungen und der Berichterstattung im Einzelfall abzustellen. Ist Berichterstattung generell themenbezogen, so ist sie auch dann wettbewerbsrechtlich unbedenklich, wenn sie von themenbezogenen Anzeigen begleitet wird, ist also auch die Platzierung der Anzeige ihrerseits nicht zu beanstanden. Wird

---

51 BGH GRUR 1997, 907 = WRP 1997, 843 – Emil-Grünbär-Klub; OLG Hamburg GRUR-RR 2006, 15.
52 BVerfG NJW 1967, 976 – Südkurier.
53 Ganz herrschende Meinung; OLG Hamburg AfP 2014, 336; OLG Karlsruhe WRP 2011, 1335; OLG Düsseldorf WRP 2011, 1085; OLG Nürnberg WRP 1995, 338; OLG Karlsruhe AfP 1995, 670.
54 BGH AfP 1998, 221 = NJW-RR 1998, 831.
55 OLG Hamburg WRP 1984, 628.
56 BGH AfP 1993, 735 = GRUR 1992, 463 – Anzeigenplatzierung.

hingegen eine Anzeigenveröffentlichung von einer Veröffentlichung begleitet, die sich speziell mit dem Unternehmen oder den gewerblichen Angeboten des Inserenten befasst und die in der Regel dann auch positiv eingestimmt sein wird, dann sind jedenfalls im Regelfall die Grenzen des wettbewerbsrechtlich Unbedenklichen überschritten. In einer solchen Konstellation ist zum Mindesten ein starkes Indiz für unlauteres geschäftliches Handeln durch gezielte Förderung fremden Wettbewerbs zu sehen.[57]

Gleiches gilt für Konstellationen, in denen der Inserent speziell dafür bezahlt oder seinen Insertionsauftrag in sonstiger Weise davon abhängig macht, dass seine Anzeige nicht nur im angebotenen redaktionellen Umfeld wie einem Sonderheft oder einem Spezialteil, sondern darin an einer bestimmten Stelle und/oder in einem bestimmten räumlichen Zusammenhang mit Berichten über sein eigenes Unternehmen oder Angebot platziert wird. Nicht unlauter in diesem Sinn war jedoch nach Auffassung des OLG Düsseldorf[58] die Begleitung einer Werbeanzeige der damaligen *Deutschen Bundesbahn* betreffend ein neues Streckenangebot mit einer positiven redaktionellen Besprechung eben dieses neuen Angebots. Hier hat sich das Gericht von der zutreffenden Erwägung leiten lassen, dass die Inserentin als damaliges Monopolunternehmen im Allgemeininteresse liegende Aufgaben der Verkehrsplanung wahrnahm, deren Bekanntmachung gegenüber der Öffentlichkeit durch einen berechtigten publizistischen Anlass gerechtfertigt war. Im Fall vergleichbarer begleitender Berichterstattung über normale Produkte, die sich dem Wettbewerb stellen müssen, wäre anders zu entscheiden gewesen.[59]

c) Kundenzeitschriften

Die Grundsätze über die strikte Trennung von redaktionellem und Anzeigenteil gelten für **Kundenzeitschriften** nur mit Einschränkungen,[60] sofern sie nach ihrer Aufmachung und Ausstattung der Werbung von Kunden und den Interessen des Verbreiters dienen. Derartige Zeitschriften müssen durch einen entsprechenden Aufdruck auf der Titelseite unübersehbar und unmissverständlich als einschlägige Publikationen gekennzeichnet sein. Dabei ist die Verwendung des Begriffs „Kundenzeitschrift" allerdings nicht erforderlich. Die Zweckbestimmung derartiger Zeitschriften als Werbemedium kann sich vielmehr auch aus dem Titel selbst oder anderen Angaben auf dem Titelblatt hinreichend deutlich ergeben.[61] Ausreichend ist jeder Aufdruck, der dem durchschnittlichen Empfänger darüber Aufschluss gibt, dass die Zeitschrift Werbezwecken dient.[62] Dafür kann bei einer Zeitschrift mit einem inhaltsbestimmten Titel wie etwa *Drogisten-Illustrierte* der Werbeaufdruck des Einzelhandelsgeschäfts ausreichen, in dem sie verteilt wird.[63] Auch aus anderen Umständen kann sich im Einzelfall die Zweckbestimmung als Werbeschrift ergeben.[64]

Wie Kundenzeitschriften im herkömmlichen Sinn sind auch solche Werbeschriften einzuordnen, die von einem einzelnen Unternehmen oder in seinem Auftrag herausgegeben werden

24.30

24.31

24.32

---

57 *Kohl*, AfP 1984, 201, 208 f.; OLG Düsseldorf WRP 2011, 1085.

58 OLG Düsseldorf NJW-RR 1992, 677.

59 OLG Nürnberg WRP 1995, 338.

60 BGH GRUR 1997, 907 = WRP 1997, 843 – Emil-Grünbär-Klub; OLG Naumburg WRP 2010, 1561; OLG Hamburg AfP 2005, 282 = GRUR-RR 2006, 15.

61 BGH GRUR 1966, 338 – Drogisten-Illustrierte; BGH GRUR 1967, 665 – Fernsehprogramm; BGH NJW-RR 1989, 937 = DB 1989, 1325 – Vermögensberater.

62 BGH GRUR 1966, 338 – Drogisten-Illustrierte.

63 BGH GRUR 1966, 338 – Drogisten-Illustrierte; BGH GRUR 1967, 665 – Fernsehprogramm.

64 BGH NJW-RR 1989, 937 = DB 1989, 1325 – Vermögensberater.

und dementsprechend neben informativen oder unterhaltenden Beiträgen Werbung nur für dieses einzelne Unternehmen enthalten, sofern sie im erwähnten Sinn deutlich als Werbeschrift gekennzeichnet sind.[65] Nicht zu den Kundenzeitschriften in diesem Sinn gehören **Anzeigenblätter**, für die die allgemeinen medien- und wettbewerbsrechtlichen Regeln gelten (dazu s. Rz. 24.17).

24.33 Sind Kundenzeitschriften und vergleichbare Publikationen auf dem Titelblatt im dargestellten Sinn ausreichend als Werbedruckschriften kenntlich gemacht, dann galt früher für deren Inhalt nach der Rechtsprechung das **Trennungsprinzip** nicht, da der Verkehr von derartigen Publikationen redaktionelle Unabhängigkeit nicht erwartet. Der Werbezweck brauchte insbesondere nicht in Gestalt von Anzeigen verfolgt zu werden, durfte vielmehr auch im Inhalt der in informative oder unterhaltende Form gekleideten Beiträge selbst zum Ausdruck kommen.[66]

24.34 Von dieser Auffassung hat sich aber die neuere Rechtsprechung[67] gelöst, die nun auch für Kundenzeitschriften die Einhaltung des Trennungsgebots fordert. Jedenfalls gilt das, wenn in derartigen Blättern Werbung verbreitet wird, die nicht ohne Weiteres dem Herausgeber-Unternehmen zugeordnet werden kann; für **Eigenwerbung** des Herausgebers liegt aber die Toleranzschwelle auch heute noch niedriger als in den Fällen klassischer Medienwerbung. In solchen Blättern stellt es auch keine relevante Irreführung des Lesers dar, wenn ein dem jeweiligen Werbungtreibenden zugeschriebenes Editorial in Wahrheit nicht von ihm, sondern von dem Verlag stammt, der die Kundenzeitschrift im Auftrag einer Vielzahl von Werbungtreibenden produziert.[68] Werbende publizistische Darstellung und Selbstdarstellung ist im Rahmen derartiger Publikationen erlaubt. Sie dürfen der äußeren Anmutung nach auch ähnlich wie käufliche Zeitschriften gestaltet sein.[69] Soweit sie informative oder unterhaltende Beiträge enthalten, gelten sie allerdings nicht als Werbung, können sie vielmehr den Schutz der Pressefreiheit wie sonstige Medienveröffentlichungen auch für sich in Anspruch nehmen. Im Rahmen der Information oder Unterhaltung veröffentlichte Lichtbilder gelten daher auch nicht als zu Zwecken der Werbung veröffentlicht.[70] Fehlt hingegen die eindeutige Kennzeichnung als Werbepublikation auf dem Titelblatt, so gilt auch für Kundenzeitschriften das Gebot der Trennung von Text- und Anzeigenteil uneingeschränkt.[71]

3. Hörfunk und Fernsehen

24.35 Die für die Presse dargestellten Grundsätze über die Trennung von redaktionellem Teil und Werbung gelten, wenn auch mit einigen Modifikationen, auch für die Medien Hörfunk und Fernsehen.[72]

---

65 OLG Hamm WRP 1979, 561.
66 BGH GRUR 1966, 338 – Drogisten-Illustrierte; OLG Hamm WRP 1979, 561; a.A. LG Hamburg WRP 1997, 253; a.A. *Hefermehl*, AfP 1971, 111.
67 BGH GRUR 1997, 907 = WRP 1997, 843 – Emil-Grünbär-Klub; LG Hamburg WRP 1997, 253.
68 BGH NJW 1995, 873 = GRUR 1995, 125 – Editorial.
69 BGH GRUR 1967, 665 – Fernsehprogramm.
70 BGH AfP 1995, 495 = NJW-RR 1995, 789 – Chris Revue; OLG Köln AfP 1993, 751.
71 BGH NJW-RR 1989, 937; OLG Hamm WRP 1979, 561.
72 *Köhler/Bornkamm/Feddersen*, § 5a UWG Rz. 7.37.

a) Trennungsprinzip

Dies gilt zunächst für das generelle Gebot der Trennung von Anzeigenwerbung und redaktionellem Teil bzw. – beim Film – dem eigentlichen Programm. Rechtsgrundlage dieses Gebots ist heute im Wesentlichen § 7 Abs. 3 RStV. Im Zuge einer zunehmenden Internationalisierung des Angebots auf diesem Gebiet ist es bedeutsam, dass das Trennungsprinzip rechtlich auch grenzüberschreitend abgesichert ist. Das gewährleistet die EG-Richtlinie über die Ausübung von Fernsehtätigkeit vom 3.10.1989, die der Rundfunkstaatsvertrag hinsichtlich seiner werberechtlichen Komponenten in innerstaatliches Recht umgesetzt hat.[73]

24.36

Im Bereich der reinen Anzeigenwerbung sowie für das in Deutschland den privaten Fernsehveranstaltern vorbehaltene **Teleshopping** (§ 18 RStV) gilt das Trennungsprinzip für die Medien Rundfunk und den Film mithin genauso unangefochten wie für die Printmedien. So bestimmt etwa der Rundfunkstaatsvertrag in § 7 Abs. 3 ausdrücklich:

24.37

„Werbung und Teleshopping müssen als solche leicht erkennbar und vom redaktionellen Inhalt unterscheidbar sein. In der Werbung und im Teleshopping dürfen keine Techniken der unterschwelligen Beeinflussung eingesetzt werden. Auch bei Einsatz neuer Werbetechniken müssen Werbung und Teleshopping dem Medium angemessen durch optische oder akustische Mittel oder räumlich eindeutig von anderen Sendungsteilen abgesetzt sein."[74]

Einen Verstoß gegen das Trennungsgebot stellte es etwa dar, dass die in der ARD zusammengeschlossenen Fernsehanstalten dazu übergingen, vor der allabendlichen Tagesschau einen Werbespot als sogenannte Werbe-Uhr unmittelbar auf die Zeittafel der Programmvorschau auszustrahlen.[75] Gleiches gilt auch für eine allzu lobende An- und Abmoderation bei einem Interview mit einem Unternehmer über dessen Tätigkeit.[76] Unzulässig ist auch die Ausstrahlung einer Magazinsendung über Baumärkte im Fernsehen, die nahezu ausschließlich einen bestimmten Baumarkt als verlässlichen Partner für Heimwerker präsentiert und dessen Firmenlogo weit über das Übliche und dramaturgisch Notwendige hinaus ins Bild rückt.[77]

Zulässig ist hingegen heute die so genannte **Splitscreen-Werbung**, bei der redaktionelles Programm und Werbung bei räumlicher Unterteilung des Bildschirms gleichzeitig ausgestrahlt werden (§ 7 Abs. 4 RStV).[78] Im Fernsehen kann das Gebot der Trennung der redaktionellen Inhalte von der Werbung mithin nicht nur durch zeitliche Separierung, sondern auch in Analogie zur Regelung bei den Printmedien durch Einrichtung räumlicher Strukturen erfüllt werden.

24.38

Das Verbot der Vermengung von Programm und Werbung in den Rundfunkmedien ist, solange und soweit es von den Rundfunkveranstaltern befolgt wird, theoretisch sogar effektiver als bei den Printmedien. Denn ein Äquivalent für die namentlich im Bereich der Magazinpresse, aber auch in der herkömmlichen Tagespresse seit Langem fest etablierte optische Mischung von redaktionellen Beiträgen und Anzeigen ist bei den Rundfunkmedien so lange ausgeschlossen, als sie sich an die zitierte Bestimmung des Rundfunkstaatsvertrags halten. Oben-

24.39

---

73 Dazu im Einzelnen *Holznagel/Stenner*, ZUM 2004, 617 ff.
74 20. RStV; vgl. zur näheren Bestimmung der hier enthaltenen Vorgaben auch Ziff. 3 der Werberichtlinien Fernsehen 2012.
75 LG Hamburg AfP 1993, 664.
76 KG Berlin GRUR-RR 2005, 320.
77 OVG Berlin-Brandenburg ZUM 2007, 765.
78 VG Berlin MMR 1999, 176; OVG Berlin AfP 1999, 203 = ZUM 1999, 500; *Holznagel/Stenner*, ZUM 2004, 617 unter IV 1.

drein stellen Verstöße gegen die im Folgenden nur kursorisch dazustellenden werberechtlichen Spezialbestimmungen des Rundfunkstaatsvertrags Ordnungswidrigkeiten dar, die durch die zuständige Landesmedienanstalt mit empfindlichen Bußgeldern geahndet werden können.[79]

24.40   Bei der Praxis der vom privaten Rundfunk praktizierten **Unterbrecherwerbung** (§§ 43 ff. RStV) allerdings hat der Hörer oder Zuschauer im Ergebnis noch weniger die Möglichkeit, sich aus Werbesendungen auszublenden, als es dem Leser einer Zeitung oder einer Illustrierten möglich ist, sich der jedenfalls beiläufigen Rezeption der Anzeigenwerbung zu entziehen, sofern er die durch die Werbung unterbrochenen redaktionellen Sendungen lückenlos verfolgen will. Dies und die Tatsache, dass insbesondere im privaten Hörfunk Verstöße gegen das Trennungsprinzip an der Tagesordnung zu sein scheinen[80] und offenbar wegen der Flüchtigkeit des Mediums von Verbänden oder Wettbewerbern nicht annähernd mit derselben Intensität verfolgt werden, wie dies im Bereich der Printmedien der Fall ist, führt im Ergebnis zu der Feststellung, dass der Zuschauer oder Hörer jedenfalls im privaten Rundfunk vom Programm nicht eindeutig abgegrenzter Werbung häufiger ausgesetzt ist als in den Printmedien.

24.41   Rundfunkwerbung zeichnet sich daneben durch Werbeformen aus, die segmentspezifisch bei Printerzeugnissen nicht möglich sind. Das gilt insbesondere für die Möglichkeit der Einfügung virtueller Werbung und insbesondere virtueller Billboards in redaktionelle Sendungen. Deren Funktion besteht darin, dass sie, wie etwa bei der in Sportstadien regelmäßig vorhandenen Bandenwerbung, eine am Originalschauplatz ohnehin vorhandene Werbung durch eine andere ersetzen. Darauf ist sowohl am Anfang als auch am Ende der Sendung hinzuweisen (§ 7 Abs. 6 Satz 2 RStV).[81]

24.42   Zulässig sind schließlich sogenannte **Dauerwerbesendungen**. Dabei handelt es sich nach den Werberichtlinien Fernsehen der Landesmedienanstalten[82] um Sendungen mit einer Länge von mindestens 90 Sekunden, deren wesentlicher Bestandteil das Bewerben von Produkten ist (Ziffer 3 der Werberichtlinien Fernsehen). Die Präsentation der Produkte ist in der Regel redaktionell gestaltet. Sie müssen zu Beginn als Dauerwerbesendung angekündigt werden und während ihres gesamten Verlaufs als solche gekennzeichnet bleiben (§ 7 Abs. 5 Satz 2 RStV). Entsprechend den strikten Regeln für die Kennzeichnung von Anzeigen in den Printmedien (Rz. 24.11) verlangt die Rechtsprechung auch hier, dass in dieser Ankündigung der Begriff „Dauerwerbesendung" nicht nur zu Beginn, sondern während des gesamten Verlaufs der Sendung eingeblendet wird; die Einblendung eines neutraleren Begriffs wie etwa „Promotion" wird den Anforderungen von § 7 Abs. 5 Satz 2 RStV nicht gerecht.[83]

---

79 § 49 RStV; soweit die Landespressegesetze Verstöße gegen das Trennungsgebot durch die Presse ebenfalls als Ordnungswidrigkeiten einordnen, laufen diese Bestimmungen in der Praxis erfahrungsgemäß mangels Verfolgung faktisch leer. So ergibt sich aus dem Jahresrückblick 2017 der ZAK (Kommission für Zulassung und Aufsicht der Medienanstalten), dass zwar 16 Beanstandungen und 12 Hinweise wegen einer Verletzung des Trennungsgebotes ausgesprochen wurden. Weitere Sanktionen erfolgten anscheinend aber nicht.

80 Dazu *Ladeur*, ZUM 2001, 643 ff.

81 Dazu *Holznagel/Stenner*, ZUM 2004, 617 unter IV 2.

82 Abzurufen unter www.alm.de.

83 BayOVG ZUM 2008, 889; OVG Koblenz AfP 2008, 657 = MMR 2009, 72; VG Berlin ZUM 2008, 810; der RStV regelt, dass die Dauerwerbesendung *als solche* gekennzeichnet sein muss.

b) Mischformen

Charakteristisch für den Hörfunk, vor allem aber für Film und Fernsehen sind die unter den   24.43
Stichwörtern **Product Placement** und **Sponsoring** bekannten Werbeformen, für die der
Rundfunkstaatsvertrag sowie die Richtlinie über audiovisuelle Mediendienste (AVMD-Richt-
linie)[84] eine Reihe von Regeln enthält (§ 7 Abs. 7 RStV; Artt. 9 ff. AVMD-Richtlinie). Diese
Regeln differenzieren das in Deutschland schon traditionell geltende Trennungsprinzip für
diese medialen Formen weiter aus, um sie zum Teil aber auch zu modifizieren.

aa) Product Placement

Mit dem Begriff des **Product Placement** werden Sachverhalte bezeichnet, die herkömmlich   24.44
auch mit dem sehr viel deutlicheren Terminus der Schleichwerbung erfasst zu werden pflegen.[85] Ihn benutzt § 2 Abs. 2 Nr. 8 RStV im Rahmen einer Legaldefinition:

„Schleichwerbung [ist] die Erwähnung oder Darstellung von Waren, Dienstleistungen, Namen, Marken oder Tätigkeiten eines Herstellers von Waren oder eines Erbringers von Dienstleistungen in Sendungen, wenn sie vom Veranstalter absichtlich zu Werbezwecken vorgesehen ist und mangels Kennzeichnung die Allgemeinheit hinsichtlich des eigentlichen Zwecks dieser Erwähnung oder Darstellung
irreführen kann. Eine Erwähnung oder Darstellung gilt insbesondere dann als zu Werbezwecken beabsichtigt, wenn sie gegen Entgelt oder eine ähnliche Gegenleistung erfolgt."[86]

Die Medien und vornehmlich das Fernsehen werden dazu benutzt, dem Publikum die Bot-   24.45
schaft der Werbung treibenden Wirtschaft unter Umgehung des Trennungsgebots und der
herkömmlichen, offenen Darstellungsform des Anzeigenspots versteckt zu vermitteln; der
Held einer Fernsehserie etwa raucht ständig und unübersehbar eine bestimmte Zigarettenmarke, trinkt eine bestimmte Whiskysorte oder fährt ein bestimmtes extravagantes Fahrzeug
– all dies so aufgemacht, dass die Botschaft der jeweiligen Konsumempfehlung, obgleich nicht
traditionelle Werbung, vom Betrachter nicht übersehen werden kann.[87] Darüber hinaus kann
Werbung auch durch in das Programm eingebundene Schleichwerbung betrieben werden.
Hierbei handelt es sich um so genanntes **Imageplacement**, eine Art des Product Placement,
bei der jedoch die Thematik eines ganzen Films auf ein Unternehmen oder ein Produkt zu-
geschnitten ist. Auch das Imageplacement kann verbotene Schleichwerbung darstellen, wenn
die Förderung werblicher Interessen durch die redaktionelle Gestaltung nicht gerechtfertigt
ist.[88] Auf die Verwirklichung derartiger verbotener Werbeformen gerichtete Verträge sind
nichtig.[89]

Die Problematik des **Product Placement** ist vielfach rechtlich erörtert worden.[90] Seit dem   24.46
13. Änderungsstaatsvertrag zum Rundfunkstaatsvertrag vom 1.4.2010 sind sowohl öffentlich-
rechtlichen Rundfunkanstalten wie auch privaten Anbietern bestimmte Maßnahmen dieser
Werbeform erlaubt (§§ 15, 44 RStV). Prinzipiell ist nun bei (Kino-) Filmen, Serien, Sportsendungen und so genannten Sendungen der leichten Unterhaltung, die nicht vom Veranstalter

---

84 Richtlinie 2010/13/EU v. 10.3.2010 (AVMD-Richtlinie).
85 *Henning-Bodewig*, GRUR 1988, 867; zum RStV Binder/Vesting/*Ladeur*, § 7 RStV Rz. 28 ff., 58 f.
86 S. auch Art. 1 Abs. 1 lit. j der Richtlinie 2010/13/EU v. 10.3.2010 (AVMD-Richtlinie).
87 Weitere eindrucksvolle Beispiele aus deutscher Fernsehgeschichte bei *Bork*, GRUR 1988, 264, 265.
88 Niedersächs. OVG AfP 1999, 300 = ZUM 1999, 347.
89 OLG München AfP 2006, 183 = ZUM 2006, 479.
90 Vgl. z.B. *Henning-Bodewig*, BB 1986, Beilage 18; *Hauschka*, DB 1988, 165 ff.; *Bork*, GRUR 1988,
    264 ff.; *Kohl*, AfP 1984, 201; *Sack*, AfP 1991, 704, 707; *Holznagel/Stenner*, ZUM 2004, 617 ff. unter
    III 2.

selbst oder einem mit diesem verbundenen Unternehmen produziert wurden, eine Produktplatzierung gestattet; das gilt allerdings nicht für Kindersendungen. Dazu muss zu Beginn und
am Ende einer jeden Sendung sowie nach Werbeunterbrechungen ausdrücklich darauf hingewiesen werden, dass das Sendeformat Product Placement enthält, wobei bei fremd produzierten Sendungen unter Umständen auf diesen Hinweis verzichtet werden darf (Werberichtlinie
Fernsehen, Ziff. 4). Das Product Placement darf aber den Inhalt und den Programmplatz von
Fernsehsendungen nicht so beeinflussen, dass die redaktionelle Verantwortung und Unabhängigkeit des Veranstalters beeinträchtigt wird; es darf auch nicht unmittelbar zum Bezug von
Waren oder Dienstleistungen auffordern und das betreffende Produkt nicht zu stark heraus-
stellen.[91] In Anbetracht dieser generalklauselartigen Fassung verbleibt den Fernsehveranstaltern ein weiter Interpretationsspielraum.[92]

24.47   Unmittelbar einschlägige gerichtliche Entscheidungen zum Product Placement fehlen im Bereich des Rundfunks weitgehend (Rz. 24.71 ff.),[93] wenngleich Vorwürfe unzulässigen Product
Placements gegenüber zahlreichen Sendeformaten wie etwa *Wetten Dass?*, die ARD-Serie *Ma-
rienhof* oder auch *Tatort* erhoben worden sind.[94] Tatsächlich ergeben sich in diesem Bereich
wohl weniger Probleme der rechtlichen Einordnung als solche des tatsächlichen Nachweises
missbräuchlichen Verhaltens. Auch für den Bereich des Films, auf den die Bestimmungen
des Rundfunkstaatsvertrags nicht anwendbar sind, ist von einem prinzipiellen Verbot der
Schleichwerbung auszugehen,[95] wobei eine vollständige Untersagung der Vorführung oder
des Verleihs von Filmen mit werblichen Elementen nach Auffassung des BGH[96] nicht verfügt
werden kann, da dem die Gewährleistung der Kunstfreiheit durch Art. 5 Abs. 3 GG entgegensteht. Im Fall eines Kinofilms, der Markenartikel und Firmenlogos grotesk verfremdet und in
thematisch-stilistischem Übermaß als Teil der Handlung zur Schau stellte, war die Grenze des
Zulässigen nach Auffassung der Gerichte daher noch nicht überschritten, obwohl die Platzierung der Artikel gegen Entgelt erfolgte; aufgrund der Eigenheiten dieses Films war eine Irreführung des Publikums ausgeschlossen.[97]

24.48   Bei der rechtlichen Beurteilung des nach der neuen Rechtslage noch fortbestehenden Verbots
des Product Placement ist zu beachten, dass auch Produktion und Verbreitung von Fernseh-
oder Kinofilmen unter dem Schutz des Grundgesetzes stehen. Die Rundfunkfreiheit wird
durch Art. 5 Abs. 1 Satz 2 GG in demselben Maß geschützt wie die Pressefreiheit, und die in
Art. 5 Abs. 3 GG besonders gewährleistete **Freiheit der Kunst** unterliegt, anders als diejenige
von Presse und Rundfunk, nicht einmal einem allgemeinen Gesetzesvorbehalt. Verzehr und
Gebrauch von Konsumartikeln gehören zur modernen Lebenswirklichkeit. Rundfunkstaatsvertrag und Wettbewerbsrecht können daher ebenso wenig fordern, dass filmische Darstellung gänzlich darauf verzichtet, diese Lebenswirklichkeit in Anlehnung an die Realitäten zu
verarbeiten und zu zeigen, wie sie verlangen können, dass etwa Konsumartikel nur noch nach
Art der *no-names* in neutraler, weißer Verpackung ins Bild gesetzt werden.

---

91 § 7 RStV; zu einer neuen Form des Product Placement durch die Verwendung von Fantasieproduk-
    ten s. *Eckert/Freudenberg*, GRUR 2012, 343.
92 Vgl. im Einzelnen *Glockzin*, MMR 2010, 161 und *Kilian*, WRP 2010, 826.
93 Vgl. aber OVG Koblenz ZUM 2009, 507 sowie BGH AfP 1990, 1458 = NJW 1990, 3199 – Wer er-
    schoss Boro?
94 Vgl. nur „Margarine für Alle", Süddeutsche Zeitung v. 24.9.2007 oder auch „Wetten dass ...? verlost
    weiter Autos", Handelsblatt online v. 16.1.2013.
95 BGH NJW 1995, 3177 = GRUR 1995, 744 – Feuer, Eis & Dynamit I; BGH NJW 1995, 3182 =
    GRUR 1995, 750 – Feuer, Eis & Dynamit II.
96 BGH NJW 1995, 3182 = GRUR 1995, 750 – Feuer, Eis & Dynamit II.
97 OLG Hamburg WRP 1994, 125; OLG München WRP 1993, 420 – Feuer, Eis & Dynamit.

Es kann damit bei dem Versuch, die Grenzen zwischen erlaubtem Film- und Fernsehschaffen 24.49 und unerlaubtem Product Placement abzustecken, nur darum gehen, Auswüchsen entgegen zu steuern. Den rechtlichen Rahmen dafür schaffen wiederum § 7 Abs. 3 RStV i.V.m. § 5a UWG und Nr. 11 der *Blacklist* zu § 3 Abs. 3 UWG sowie die wettbewerbsrechtliche General-klausel des § 3 UWG. Ziffern 8.3 ff. der *ARD-Richtlinien für Werbung, Sponsoring, Gewinn-spiele und Produktionshilfe*[98] enthalten dazu eine Reihe wesentlicher Klarstellungen, z.B.:

„Zulässig ist die Erwähnung oder Darstellung von Produkten, wenn und soweit sie aus journalisti-schen oder künstlerischen Gründen, insbesondere zur Darstellung der realen Umwelt, zwingend er-forderlich ist. Soweit gemäß Satz 1 Produkte erwähnt oder dargestellt werden, ist durch die Art der Darstellung nach Möglichkeit die Förderung werblicher Interessen zu vermeiden (z.B. Marktübersich-ten statt Einzeldarstellungen, Vermeiden werbewirksamer Kameraführung und – insbesondere bei Se-rien – Wechsel der Produkte und unterschiedliche Ausstattung)."

Damit dürften die wesentlichen Kriterien zur rechtlichen Bewältigung des grundsätzlichen Problems nach geltendem Recht hinreichend deutlich umschrieben sein.

Künstlerischer und journalistischer Arbeit kann zunächst einmal nicht von vornherein die für 24.50 das wettbewerbsrechtliche Unlauterkeitsurteil unverzichtbare gezielte Absicht geschäftlichen Handelns unterstellt werden. Das gilt auch insoweit, als sie Produkte und Dienstleistungen bestimmter Anbieter optisch kenntlich macht. Auch in diesem Punkt unterscheidet sich die Situation von Film und Fernsehen nicht substantiell von derjenigen der Printmedien, deren Berichterstattung über Produkte oder unter Einbeziehung von Produkten bestimmter Unter-nehmen in der Regel auch nicht als geschäftliches Handeln gilt und daher nicht nach wett-bewerbsrechtlichen Kriterien zu beurteilen ist; vgl. hierzu Rz. 22.6 ff.[99]

Werden für die optische Präsentation einer Ware oder einer Dienstleistung Geld oder geld- 24.51 werte Vorteile gewährt oder versprochen, dann handelt es sich auch im Bereich des Rund-funks um einen Verstoß gegen das Trennungsgebot und damit um **verbotenes Product Placement**. Das gilt schon dann, wenn auch nur eine entsprechende vertragliche Verpflich-tung übernommen wird (Rz. 24.49),[100] Geschäftliches Handeln im Sinn von § 2 Abs. 1 Nr. 1 UWG ist nicht nur zu vermuten, sondern positiv festzustellen.[101] Ob die großzügigere Auffas-sung, die das OLG München[102] und OLG Hamburg[103] für den Bereich des Kinofilms in dem in Rz. 24.47 erwähnten Fall vertreten haben, über diesen Einzelfall hinaus verallgemeine-rungsfähig sind, erscheint jedenfalls zweifelhaft.[104] Die Erwartung des Verkehrs an die Objek-tivität ist bei Presse und Rundfunk ein höherer ist als bei Kinofilmen.[105] Voraussetzungen für **erlaubtes Product Placement** enthalten § 7 i.V.m § 15 bzw. § 44 RStV. Danach ist allerdings nur die Gewährung von **Waren** oder **Dienstleistungen** als Produktionshilfen oder Preise zu-gelassen und dies auch nur für bestimmte Sendeformate wie Kinofilme, Filme und Serien, Sportsendungen und Sendungen der „leichten Unterhaltung". Ein Product Placement für Verbraucher- oder Kindersendungen ist ebenso unzulässig wie für Nachrichten oder Sendun-gen zum politischen Zeitgeschehen.

---

 98 Abzurufen u.a. unter www.ard.de; vergleichbare Regelungen finden sich für das ZDF in Ziff. 9 der *ZDF-Richtlinien für Werbung, Sponsoring, Gewinnspiele und Produktionshilfe 2010*.
 99 Im vorliegenden Kontext etwa *Henning-Bodewig*, BB Beilage 18/1986, 3 f.; *Bork*, GRUR 1988, 264 ff.
100 Vgl. ARD-Richtlinien für Werbung, Sponsoring, Gewinnspiele und Produktionshilfe Ziff. 8.5.
101 Vgl. OVG Koblenz ZUM 2009, 507.
102 OLG München WRP 1993, 420 – Feuer, Eis & Dynamit.
103 OLG Hamburg WRP 1994, 125 – Feuer, Eis & Dynamit.
104 Bejahend *Köhler/Bornkamm/Feddersen*, § 5a UWG Rz. 7.82, 7.86.
105 *Köhler/Bornkamm/Feddersen*, § 5a UWG Rz. 7.82, 7.86.

24.52 Können Gegenleistungen nicht festgestellt werden, so kann prinzipiell nicht davon ausgegangen werden, dass redaktionelle Beiträge, Filme oder Serien ein wettbewerbsrechtlich relevantes geschäftliches Handeln darstellen. Auch insoweit gilt nichts anderes als bei der Berichterstattung durch die Printmedien. Der Rechtsverstoß muss dann vielmehr im Einzelfall konkret festgestellt werden. Indizien für wettbewerbsrechtlich unlauteres Handeln sind etwa eine gezielte Art der Kameraführung, ein dramaturgisch nicht motiviertes Verweilen auf einem bestimmten Produkt[106] oder vergleichbare Stilmittel, die in der Gesamtschau die Feststellung rechtfertigen, bei der betreffenden Produktdarstellung gehe es in Wahrheit nicht um die optische Unterlegung der Handlung, sondern eben um die Darstellung des Produkts und die Förderung seines Absatzes. Es ist dann Sache des Veranstalters der betreffenden Sendung, die Gesichtspunkte darzulegen, die die beanstandete Produktdarstellung dennoch rechtfertigen könnten.[107] Unzulässig ist es nach diesen Kriterien etwa auch, wenn, wie häufig zu beobachten, Fernsehredaktionen ihren Talkshow-Gästen Gelegenheit geben, in der Sendung auf eigene Buchveröffentlichungen hinzuweisen, die inhaltlich keinen Bezug zur Thematik der betreffenden Sendung haben. Auch das *Hasseröder Männercamp*, bei dem die Biermarke *Hasseröder* mehrfach und lobend erwähnt wurde, war nach Auffassung der ZAK trotz Einblendung eines Hinweises auf Produktplatzierung rechtswidrig.[108] Werden hingegen solche Buchtitel und -preise eingeblendet, mit denen sich eine Sendung redaktionell befasst, so hält sich das im Rahmen zulässiger Berichterstattung, ist es folglich auch wettbewerbsrechtlich nicht zu beanstanden.

bb) Sponsoring

24.53 Fest etabliert in der Praxis von Hörfunk und Fernsehen haben sich in den letzten zwei Jahrzehnten Tatbestände, die sich unter den Begriff des **Sponsoring** subsumieren lassen: Ein Elektrokonzern stellt einem Opernhaus einen bestimmten Geldbetrag für die Durchführung einer künstlerisch besonders förderungswürdigen Inszenierung zur Verfügung mit der einzigen Auflage, dass er im Programmheft, bei öffentlichen Ankündigungen, aber auch im Vor- oder Nachspann von Fernseh- oder Videoaufnahmen als Sponsor genannt wird; ein Unternehmen der Konsumgüterindustrie kauft sich vom *Deutschen Fußballbund* ein Länderspiel mit der Absprache, dass bei Fernsehübertragungen der einschlägige Markenname im Vor- oder Abspann einzublenden ist; und der Hörer privater Rundfunksendungen erfährt regelmäßig, dass die mehrmals täglich ausgestrahlten Sportmeldungen von einer namentlich genannten Versicherungsgesellschaft präsentiert werden. Diese Beispiele des Rundfunksponsorings lassen sich beliebig vermehren und sind Beleg für die Bedeutung, die das Sponsoring für die Hörfunk- und Fernsehveranstalter inzwischen erlangt hat.

24.54 Sponsoring ist gemäß § 8 RStV ausdrücklich zugelassen, wobei für den öffentlich-rechtlichen Rundfunk eine zeitliche Einschränkung gilt. Sponsoring ist den öffentlich-rechtlichen Rundfunkanbietern nach 20.00 Uhr sowie an Sonntagen und an bundesweiten Feiertagen nur noch in Verbindung mit der Übertragung von Großereignissen[109] gestattet. Weiterhin ist zwischen den Formen des Sendungssponsoring einerseits und des Ereignissponsoring andererseits zu unterscheiden, die unterschiedlichen rechtlichen Regeln folgen.

---

106 Vgl. dazu OVG Berlin-Brandenburg ZUM 2007, 765.
107 *Bork*, GRUR 1988, 264, 268 f.; a.A. *Bülow* WRP 1991, 9.
108 Pressemitteilung der ZAK v. 22.11.2011, abrufbar unter www.die-medienanstalten.de.
109 § 16 RStV; „Großereignisse" werden in § 4 Abs. 2 RStV abschließend aufgezählt. Es handelt sich um die großen Sportereignisse, wie Olympische Spiele (§ 4 Abs. 2 Nr. 1 RStV) und Fußballgroßereignisse (§ 4 Abs. 2 Nr. 2–5 RStV).

(1) Sendungssponsoring

Unter dem Begriff des **Sendungssponsorings** ist die partielle oder vollständige, direkte oder indirekte Finanzierung von Rundfunksendungen durch Dritte zu verstehen.[110] Das Sendungssponsoring ist in § 8 RStV eingehend geregelt. Legitimes Ziel dieser Werbeform ist es, durch die finanzielle Förderung von Rundfunksendungen den Namen, die Marke oder das Erscheinungsbild von Unternehmen oder Personen bekannt zu machen. Bei Sendungen, die ganz oder teilweise gesponsert werden,

24.55

„… muss zu Beginn oder am Ende auf die Finanzierung durch den Sponsor in vertretbarer Kürze und in angemessener Weise deutlich hingewiesen werden; der Hinweis ist in diesem Rahmen auch durch Bewegbild möglich. Neben oder anstelle des Namens des Sponsors kann auch dessen Firmenemblem oder eine Marke, ein anderes Symbol des Sponsors, ein Hinweis auf seine Produkte oder Dienstleistungen oder ein entsprechendes unterscheidungskräftiges Zeichen eingeblendet werden".[111]

Die damit für das Sendungssponsoring vorgeschriebene Einblendung des Namens des Sponsors ist eine Form der Werbung,[112] für die das Trennungsgebot allein deswegen nicht gilt, weil der Rundfunkstaatsvertrag sie in den Grenzen des § 8 ausdrücklich vorschreibt. Die früher vertretene Auffassung, Marken dürften als Hinweis auf den Sponsor nicht genannt werden,[113] ist durch die ausdrückliche gegenteilige Regelung in § 8 Abs. 1 Satz 2 RStV überholt. Die nach dieser Bestimmung zulässige Einblendung einer Marke als Hinweis auf den Sponsor ist auch nicht auf Marken beschränkt, die zugleich Bestandteil der Firma des unterstützenden Unternehmens sind.[114]

24.56

Für das **Ereignissponsoring** (dazu Rz. 24.65 ff.) ist diese Sonderform der Werbung hingegen weder vorgeschrieben noch erlaubt. Anderes gilt nur, wenn ein und derselbe Sponsor ein bestimmtes Ereignis und zusätzlich die ihm geltende Sendung sponsert. Dann ist § 8 RStV anwendbar, die Einblendung des Sponsorenhinweises mithin wiederum vorgeschrieben.[115]

24.57

Die jetzt geltenden Regelungen zu dieser Sonderform der Werbung bekennen sich mit der Forderung nach dem Sponsorenhinweis ausdrücklich zu den Interessen der Sponsoren. So bestimmen etwa die *ARD-Richtlinien für Werbung, Sponsoring, Gewinnspiele und Produktionshilfe* in der Fassung vom 12.3.2010 in Ziff. 12.1 (Rz. 24.49):

24.58

„Sponsoring ist jeder Beitrag einer natürlichen oder juristischen Person oder einer Personenvereinigung, die an Rundfunktätigkeiten oder an der Produktion audiovisueller Werke nicht beteiligt ist, zur direkten oder indirekten Finanzierung einer Sendung, um den Namen, die Marke, das Erscheinungsbild der Person oder Personenvereinigung, ihre Tätigkeit oder ihrer Leistung zu fördern."

Die Absicht und das Recht des Sponsors, eigene wirtschaftliche Interessen zu fördern, sind damit nicht mehr illegitim. Die im Rundfunkstaatsvertrag vorgesehene Regelung, dass der Sponsor im Vor- oder Abspann einer entsprechenden Fernsehaufzeichnung namentlich oder gar unter Verwendung seiner Marke genannt wird, stellt eine klare Durchbrechung des Grundsatzes der Trennung von Programm und Werbung dar. Die Umsetzung durch den jeweiligen Rundfunkveranstalter zielt geradezu unvermeidlich auch auf eine Förderung der Geschäfte des Sponsors.

24.59

---

110 *Henning-Bodewig,* AfP 1991, 487, 488; *Weiand,* NJW 1994, 227, 231.
111 § 8 Abs. 1 RStV.
112 BGH NJW 1992, 2089 = GRUR 1992, 518 – Ereignis-Sponsoring; *Sack,* AfP 1991, 704, 710.
113 OLG Frankfurt a.M. AfP 1994, 45 = NJW-RR 1994, 365.
114 OLG Frankfurt a.M. AfP 1995, 609 = NJW-RR 1996, 491– Isostar.
115 *Weiand,* NJW 1994, 227, 232.

24.60 Wettbewerbspolitisch mag diese Einschränkung vertretbar sein, da jedenfalls das Täuschungs-element, das für versteckte redaktionelle Werbung und Product Placement kennzeichnend ist, beim Sponsoring weitgehend fehlt.[116] Seine ausdrückliche Zulassung durch den Rundfunk-staatsvertrag wird man daher als politische Entscheidung dafür werten müssen, den Anbietern von Hörfunk und Fernsehen zusätzliche Finanzierungsquellen zu erschließen, und letztlich die – auch und gerade im Hinblick auf die gesamteuropäische Vereinheitlichung – auf dem Markt ohnehin schon gegebenen Gepflogenheiten zu kanalisieren, statt Sanktionen oder Be-schränkungen vorzusehen, die sich in der Praxis als wirkungslos erwiesen haben.[117]

24.61 Auch das nunmehr gesetzlich zugelassene Sendungssponsoring unterliegt jedoch **Einschrän-kungen**. Insbesondere dürfen Nachrichtensendungen und Sendungen zum politischen Zeit-geschehen nicht gesponsert werden (§ 8 Abs. 6 RStV). Das Sponsoring durch Unternehmen der Tabakindustrie ist verboten (§ 8 Abs. 4 RStV), dasjenige durch Unternehmen der pharma-zeutischen Industrie sowie des Gesundheitswesens auf den Namen oder das Image unter Aus-schluss bestimmter Produkte des Sponsors beschränkt (§ 8 Abs. 5 RStV). Wie auch im Rah-men des nunmehr partiell zulässigen Product Placements dürfen auch durch das Sponsoring Inhalt und Programmplatz von Sendungen nicht so beeinflusst werden, dass die redaktionelle Verantwortung und Unabhängigkeit des Programmanbieters beeinträchtigt wird (§ 8 Abs. 2 RStV; vgl. insoweit auch Art. 10 und 11 der AVMD-Richtlinie).

24.62 Besondere Bedeutung haben aber vor allem die Bestimmungen, dass der vorgeschriebene **Sponsorenhinweis** nur in **vertretbarer Kürze** gesendet werden darf (§ 8 Abs. 1 Satz 1 RStV), und dass er – entsprechend der Regelung zum erlaubten Product Placement – nicht zur Ab-nahme der Waren oder Dienstleistungen des Sponsors oder auch eines Dritten anregen darf (§ 8 Abs. 3 RStV). Mit dem Gebot vertretbarer Kürze wird im Ergebnis die Zweck-/Mittel-Relation zwischen Sendung und Sponsorenhinweis angesprochen. Ein optisches oder längen-mäßiges Übergewicht des Sponsorenhinweises über die gesponserte Sendung wird dadurch ausgeschlossen. Es läge etwa beim sogenannten Wetter- oder Uhrenpatronat vor, wenn bei ihnen die Sponsorenhinweise in An- und Abspann länger dauerten als die eigentliche Sen-dung.[118]

24.63 Mit dem Verbot der Anregung zum Erwerb versucht der Rundfunkstaatsvertrag, dem Tren-nungsgebot jedenfalls für den Inhalt der gesponserten Sendungen Geltung zu verschaffen.[119] Kündigt allerdings ein Hörfunksender nicht nur an, dass eine regelmäßig ausgestrahlte Wirt-schaftssendung von einem namentlich genannten Unternehmen gesponsert wird, sondern gibt er im Anschluss an den Abspann der Sendung dem Sponsor zusätzlich Gelegenheit, unter Nennung der eigenen Telefonnummer auf die von ihm angebotenen Dienstleistungen zu ver-weisen, so liegt ein klarer Verstoß gegen das Trennungsgebot und das auch für das Sendungs-sponsoring geltende Verbot der direkten Verkaufsförderung vor.

24.64 Diesem Verbot werden Rundfunkunternehmen und werbungtreibende Wirtschaft im Ergeb-nis nur gerecht werden können, wenn sie erlaubtes Sponsoring als nicht produktbezogenes Sponsoring verstehen und praktizieren. Das Sponsoring eines Fernsehfilms über eine Opern-inszenierung durch einen Automobilhersteller ist danach unbedenklich, dasjenige eines Films

---

116 *Henning-Bodewig*, BB 1986, Beilage 18, 9; *Henning-Bodewig*, AfP 1991, 487 ff.
117 Zur großzügigeren Beurteilung des Sponsoring vgl. *Schaub*, GRUR 2008, 955 oder – im Bereich des Wettbewerbsrechts – BGH NJW 2007, 919 = GRUR 2007, 247 – Regenwaldprojekt I.
118 *Sack*, AfP 1991, 704, 710; *Henning-Bodewig*, AfP 1991, 487 ff.
119 *Weiand*, NJW 1994, 227 ff.

über die Produktion von Automobilen und dabei zu wahrende Qualitätsstandards durch einen Angehörigen derselben Branche demgegenüber als produktspezifisches Sponsoring nach wie vor unzulässig. Und für die gesponserte Aufzeichnung eines Automobilrennens gilt jedenfalls dann dasselbe, wenn Fahrzeuge oder sonstige Produkte des Sponsors am Rennen beteiligt sind.

(2) Ereignissponsoring

Nicht von den genannten Regeln des Rundfunkstaatsvertrags erfasst werden alle Formen des **Ereignissponsorings**.[120] Der oben erwähnte Fall eines gesponserten Fußballländerspiels[121] gehört ebenso in diese Gruppe wie derjenige der Übertragung einer gesponserten Opernaufführung. Weitere Fälle sind jedem Fernsehzuschauer insbesondere aus der Frühzeit dieser Werbeform bekannt: Interviews mit Sport- oder Schaugrößen in einschlägigen Fernsehsendungen etwa kamen nur zustande, indem die betreffenden Stars im Sportwagen in das Studio rollten und sich auf dessen Kühlerhaube sitzend befragen ließen.[122] Und auch die seit Langem eingeführte und von der Praxis im Ergebnis akzeptierte Trikot- und Bandenwerbung bei Sportveranstaltungen gehört in diesen Bereich.

24.65

Das Ereignissponsoring wird durch den Rundfunkstaatsvertrag zwar nicht erlaubt. Es wird damit aber auch nicht verboten, sondern von dessen Regelungsbereich nicht erfasst. Seine rechtliche Beurteilung folgt vielmehr dem generellen Gebot der Trennung von Werbung und Programm und den dieses Gebot konkretisierenden wettbewerbs- und rundfunkrechtlichen Werberegeln.[123] An der Eignung und Zweckbestimmung der Sponsorenbenennung, der Werbedisplays oder der offen zum Sponsoring eingesetzten Gegenstände zur Förderung des Wettbewerbs des jeweiligen Herstellers oder Anbieters kann beim Ereignissponsoring ebenso wenig gezweifelt werden wie an der Tatsache, dass die Ausstrahlung der Sponsorennamen und/oder -marken zu Beginn und am Ende der Sendungen, aber auch diejenige der Banden- oder Trikotwerbung eine zielgerichtete Förderung der Geschäfte des Sponsors und dass sie damit wettbewerbsrechtlich relevant sind. Eine Fernsehanstalt etwa, die – entsprechend einer Forderung des Veranstalters, der ihr die Senderechte eingeräumt hat – vor und nach der Übertragung eines Fußballländerspiels Namen und Firmenemblem des Unternehmens, das das Spiel gesponsert hat, jeweils 15 Sekunden lang einblendet, handelte geschäftlich unlauter und verstieß nach der zutreffenden Auffassung des BGH[124] wegen der Verletzung des Trennungsgebots selbst dann gegen § 1 UWG a.F., wenn sie ohne die Erfüllung der Forderung des Sponsors auf die Übertragung vollständig hätte verzichten müssen, weil der Veranstalter darauf bestand, die Übertragungsrechte nur gegen die Zusage einer derart auffällig herausgestellten Sponsorenbenennung zu vergeben.

24.66

Sponsorenhinweise am Anfang und Ende einer Sendung sind daher in den Fällen des Ereignissponsorings im Gegensatz zum Sendungssponsoring unzulässig,[125] da sie als Teil der Sen-

24.67

---

120 BGH NJW 1992, 2089 = GRUR 1992, 518 – Ereignis-Sponsoring; *Sack*, AfP 1991, 704, 711; *Henning-Bodewig*, AfP 1991, 487 ff.; *Weiand*, NJW 1994, 227 ff.; nicht speziell auf die Medien ausgerichtet: *Schaub*, GRUR 2008, 955 ff.
121 BGH NJW 1992, 2089 = GRUR 1992, 518 – Ereignis-Sponsoring.
122 Vgl. *Bork*, GRUR 1988, 264 ff.
123 BGH NJW 1992, 2089 = GRUR 1992, 518 – Ereignis-Sponsoring; *Henning-Bodewig*, AfP 1991, 487 ff.; *Sack*, AfP 1991, 704 ff.; *Schaub*, GRUR 2008, 955 ff.
124 BGH NJW 1992, 2089 = GRUR 1992, 518 – Ereignis-Sponsoring; KG AfP 1987, 712 – Agfa; LG Frankfurt a.M. AfP 1988, 172 – Agfa; a.A. OLG Frankfurt a.M. ZUM 1990, 482 – Agfa.
125 KG AfP 1987, 712 – Agfa; LG Frankfurt a.M. AfP 1988, 172 – Agfa; *Sack*, AfP 1991, 704, 711.

dung und damit des redaktionellen Programms gelten[126] und damit dem Trennungsgebot unterliegen.[127] So halten die *ARD Richtlinien für Werbung, Sponsoring, Gewinnspiele und Produktionshilfe* vom 12.3.2010 in Ziff. 13.2 fest:

„Es ist darauf hinzuwirken, dass der Programminhalt nicht mit dem Sponsor des Ereignisses identifiziert werden kann und Hinweise auf den Sponsor das von den Rundfunkanstalten nicht zu vermeidende Maß an Werbung nicht überschreitet. Der Sponsor des Ereignisses wird nicht im Vor- und Abspann genannt. Die Vorschriften über das Sponsoring von Sendungen nach Ziffer 12 bleiben unberührt." (s. auch Rz. 24.49).[128]

24.68 Dennoch wäre ein aus § 3 UWG abgeleitetes uneingeschränktes Verbot, über gesponserte Veranstaltungen zu berichten, mit dem verfassungsrechtlich gesicherten Berichterstattungsauftrag der Medien unvereinbar. Denn es ist nicht zu bestreiten, dass ein Informationsbedürfnis der Öffentlichkeit auch an solchen Veranstaltungen bestehen kann, die durch Wirtschaftsunternehmen finanziell auf die eine oder andere Weise gefördert und damit im Ergebnis jedenfalls mittelbar gesponsert werden. Das gilt etwa für Sportveranstaltungen, die im Fernsehen nicht übertragen werden können, ohne die regelmäßig eingesetzte Banden- oder Trikotwerbung mit zu übertragen;[129] dem trägt § 7 Abs. 6 Satz 2 RStV ausdrücklich Rechnung, indem er insoweit die so genannte virtuelle Werbung, mithin das Überblenden von Bandenwerbung vor Ort mit einer anderen, auf die Zuschauer der entsprechenden Übertragungssendung abgestimmten Werbung gestattet.[130]

24.69 Gleiches kann aber auch für die Übertragung kultureller Ereignisse gelten, in deren Rahmen der Name oder die Marke des Sponsors auf andere Weise sichtbar wird als durch die Benennung durch das übertragende Medium selbst. Insoweit kann die Problemlösung im Einzelfall nur über das Element der wettbewerbsrechtlichen Unlauterkeit gefunden werden, deren ausdrückliche Feststellung erforderlich ist, bevor eine bestimmte Programmmaßnahme nach § 3 UWG verboten werden kann. Bei der Ausfüllung des Begriffs der Unlauterkeit aber wird man im Ergebnis auch heute noch ohne Rückgriff auf das Prinzip der Güterabwägung nicht auskommen.[131]

24.70 Ist das Informationsinteresse der Öffentlichkeit groß und die Werbewirkung des sichtbaren Sponsorenhinweises vergleichsweise gering, so kann die Unlauterkeit dieser Art einer in das Programm integrierten Werbung in der Regel nicht festgestellt werden. Ist der publizistische (Informations- oder Unterhaltungs-)Wert der infrage stehenden Sendung demgegenüber gering, die Last der Werbeauflage dagegen groß, dann muss einem Sender trotz seiner prinzipiellen Freiheit der Berichterstattung im Hinblick auf § 3 UWG ein Verzicht auf die Ausstrahlung zugemutet werden, wenn sie ohne die Werbeauflage nicht zu haben ist.[132] Von den eingangs erwähnten Beispielsfällen kann die Ausstrahlung eines gesponserten Fußball-Länderspiels oder einer gesponserten Oper danach nur in Fällen einer ganz besonders krassen Werbebelastung für unzulässig erklärt werden, will nicht das Wettbewerbsrecht in verfassungsrechtlich bedenklicher Weise in die Freiheit der Berichterstattung eingreifen. Dem-

---

126 BGH AfP 1990, 120 = GRUR 1990, 611 – Wer erschoss Boro?; *Schaub*, GRUR 2008, 955.
127 *Sack*, AfP 1991, 704, 711.
128 Abrufbar u.a. unter www.ard.de.
129 *Sack*, AfP 1991, 704, 711.
130 Dazu *Holznagel/Stenner*, ZUM 2004, 617 ff. unter IV 2.
131 OLG München WRP 1976, 393; *Henning-Bodewig*, DB 1986, Beilage 18, 9; *Bork*, GRUR 1988, 264, 269.
132 KG AfP 1987, 712 – Agfa; LG Frankfurt a.M. AfP 1988, 172 – Agfa.

gegenüber ist die Ausstrahlung eines eher belanglosen Interviews mit einem Star, das davon abhängig gemacht wird, dass sein Sponsor im Interview entsprechend herausgestellt oder dessen Ware ohne sachlichen Zusammenhang mit dem Gegenstand des Interviews ins Bild gerückt wird, gemäß § 3 UWG in der Regel unzulässig.[133]

cc) Medienübergreifende Kooperationen

Probleme bereiten schließlich gelegentlich medienübergreifende Formen der **Kooperation** und des **Merchandisings**. Als wettbewerbswidrig anzusehen ist etwa die seit geraumer Zeit namentlich von öffentlich-rechtlichen Rundfunkanstalten praktizierte werbliche Präsentation bei ihnen oder im Handel erhältlicher DVDs mit den Inhalten gerade ausgestrahlter Filme oder Serienfolgen. Derartige Anpreisungen wird man kaum als Hinweis auf direkt aus dem Programm abgeleitete Begleitmaterialien ansehen können. Nur solche Programmhinweise gelten aber, neben der Werbung für das eigene Programm und unentgeltlichen Spots zu karitativen Zwecken, nicht als Werbung (§ 16 Abs. 4, § 45 Abs. 2 RStV). Darüber hinausgehende Eigenvermarktung erfüllt diesen Ausnahmecharakter nicht. Sie erfolgt außerhalb der festgelegten Werbeblöcke,[134] ist damit Bestandteil des Programms und folglich als Verstoß gegen das Trennungsgebot gemäß § 7 Abs. 3 RStV unzulässig. Verfasst etwa der Autor einer populären Fernsehserie einen begleitenden oder zusammenfassenden Roman (das Buch zur Serie), auf den bei der Ausstrahlung weiterer Serienteile in werblich wirksamer Weise hingewiesen wird, gelten insoweit keine Besonderheiten. Auch der Hinweis auf eine zu einer Sendung konzipierte Zeitschrift stellt keinen programmbezogenen Inhalt dar.[135] Das Verbot der Werbung im Programmteil findet uneingeschränkte Anwendung. Allerdings ist die Ausstrahlung der Serie ohne Hinweis auf die Möglichkeit zum Erwerb des Buchs nicht allein deswegen wettbewerbswidrig, weil das Buch im Einzelhandel erhältlich ist.[136] Kreiert eine Brauerei eine bis dahin unbekannte Biermarke, die zunächst als das Fantasieprodukt einer Fernsehserie bekannt geworden ist, so kann die Zulässigkeit der weiteren Ausstrahlung der Serie dadurch nicht in Frage gestellt werden. Die Beurteilung des wettbewerblichen Verhaltens der Brauerei, die sich an die Bekanntheit der Fantasiemarke anhängt, folgt allgemeinen wettbewerbs- bzw. kennzeichenrechtlichen Regeln.[137]

24.71

Geplante Kooperationen zwischen Fernsehanstalten und Buchverlagen schließlich wie die gemeinsame Produktion eines Buchs und einer Fernsehfilmserie, die nach Art eines Spiels aufeinander abgestimmt sind und sich inhaltlich ergänzen, sind nach Auffassung des BGH im Fall *Wer erschoss Boro?*[138] jedenfalls dann nicht durch die Gewährleistung der Kunstfreiheit gedeckt, stellen vielmehr einen Verstoß gegen § 3 UWG dar, wenn in der ausgestrahlten Serie, die inhaltlich auch ohne Verweisung auf das dazugehörige Buch auskäme, zugleich Werbung für das betreffende Buch gemacht wird oder wenn dessen Kenntnis die Chancen des Zuschauers erhöht, an einer für das Ende der Serie angekündigten Gewinnauslosung teilzunehmen. Der BGH stützt sich dabei in erster Linie auf das in § 7 Abs. 3 RStV normierte Trennungs-

24.72

---

133 Vgl. auch *Bork*, GRUR 1988, 264 (269).
134 § 16 RStV für die öffentlich-rechtlichen Sender und § 45 für private Anbieter.
135 BGH AfP 2017, 149 – ARD-Buffet.
136 OLG Frankfurt a.M. AfP 1994, 47 = NJW-RR 1994, 367.
137 Dazu BGH AfP 1993, 485 = GRUR 1993, 692 – Guldenburg; BVerfG NJW 1999, 709 – Guldenburg.
138 BGH AfP 1990, 120 = GRUR 1990, 611 – Wer erschoss Boro?; a.A. die Vorinstanz OLG Stuttgart AfP 1988, 76 = GRUR 1988, 546; dazu *Sack*, WRP 1990, 791.

und Kennzeichnungsgebot, aber auch auf das ursprünglich für die Printmedien entwickelte Verbot der getarnten redaktionellen Werbung (Rz. 24.6 ff.).[139] Die Tatsache, dass im entschiedenen Fall der Buchverlag der sendenden *ARD*-Anstalt einen Produktionskostenzuschuss zahlte, dessen Höhe vom Absatz des Buchs abhängig war, hat bei dieser Entscheidung sicher eine Rolle gespielt, da sie in besonders augenfälliger Weise dokumentiert, dass die Kooperation ein zielgerichtetes geschäftliches Handeln darstellt.[140]

24.73 Die Zulässigkeit eines Medienverbunds als solchen wird durch die *Boro-Entscheidung* jedoch nicht infrage gestellt. Der BGH[141] geht im vorliegenden Zusammenhang vielmehr davon aus, dass die Grenzen zwischen vom Programmauftrag noch gedeckten Kooperationsformen und wettbewerbswidriger redaktioneller Werbung fließend sind und dass insoweit eine Gesamtbetrachtung unter Berücksichtigung aller Umstände des Einzelfalls angezeigt ist. So bestehen etwa keine Bedenken gegen einen Sprachkurs, der von vornherein als Kombination einer Rundfunksendung und dazugehöriger gedruckter Lernmittel konzipiert wird und dessen Veranstaltung sich fraglos im Rahmen des publizistischen Auftrags des Rundfunks hält. Sofern derartige Koproduktionen aus inhaltlichen Gründen ohne wechselseitige Verweisungen nicht auskommen, sind sie als prinzipiell zulässig anzusehen, obwohl sie schon ihrer Natur nach eine gewisse Aufweichung des Prinzips der Trennung von redaktionellem Teil und Werbung mit sich bringen, die aber unmittelbar programmbedingt und damit von der in §§ 16, 45 RStV vorgesehenen Bereichsausnahme erfasst sind. Die beteiligten Medien müssen aber bei der konkreten Ausgestaltung besonders peinlich auf die Einhaltung allgemeiner wettbewerbsrechtlicher Grundsätze achten. Das OLG Stuttgart[142] etwa hat es bei der von ihm grundsätzlich für zulässig erachteten Koppelung von Buch und Fernsehspiel im Fall *Boro* als wettbewerbswidrig angesehen, dass in der Sendung die Chance angekündigt wurde, durch den Kauf des Buchs und die dadurch erst geschaffene Möglichkeit zur Lösung der Spielaufgabe an der Verlosung eines Geldpreises teilzunehmen.

4. Telemedien

24.74 Telemedien unterliegen ebenfalls den Regelungen des Rundfunkstaatsvertrags, wenn sie inhaltlich-redaktionell gestaltete Angebote enthalten (§§ 2 Abs. 1, 54 ff. RStV). Dabei handelt es sich um elektronische **Informations- und Kommunikationsdienste**, soweit sie nicht Telekommunikationsdienste im Sinne des § 3 Nr. 24 TKG oder Rundfunk sind (s. § 1 Abs. 1 TMG). Für diese Medien gelten im hier erörterten Zusammenhang von redaktioneller Arbeit und Werbung keine Besonderheiten. Wie für die Printmedien sowie für Hörfunk und Fernsehen gilt auch für diese Medien das Gebot der eindeutigen Trennung verbreiteter Werbung von den übrigen Inhalten der betreffenden Dienste (§ 58 Abs. 1 RStV). So bestimmt § 54 RStV, dass Telemedien mit journalistisch-redaktionell gestalteten Angeboten den anerkannten journalistischen Grundsätzen zu entsprechen haben. Werbung muss gemäß § 58 RStV klar erkennbar sein, und soweit Inhalte derartiger Dienste gesponsert werden, gilt gemäß § 58 Abs. 2 die Regelung des § 8 RStV entsprechend (§ 58 Abs. 3 RStV). Auch die grafisch häufig

---

139 BGH AfP 1974, 618 = NJW 1974, 1141 – Wirtschaftswerbung-public relations; BGH AfP 1981, 458 = NJW 1981, 2572 – Getarnte Werbung I.

140 Kritisch hierzu *Sack*, WRP 1990, 857.

141 *v. Gamm*, GRUR 1991, 405.

142 OLG Stuttgart AfP 1988, 76 = GRUR 1988, 546 – Wer erschoss Boro?

unübersichtlichen und mit als solchen erkennbaren Werbebannern angereicherten Online-Dienste sind mithin verpflichtet, bezahlte Werbung, die nicht ausdrücklich durch den Begriff Anzeige als solche gekennzeichnet ist, und insbesondere redaktionell aufgemachte, aber von Dritten bezahlte Beiträge eindeutig als solche zu kennzeichnen.[143] Verstöße gelten wie bei den Printmedien und beim Rundfunk als unlautere Werbung im Sinn von §§ 3, 5a Abs. 6 UWG.[144] Daher haftet auch der Auftraggeber eines **Virals**,[145] wenn dessen werblicher Charakter nicht erkennbar wird.[146] Die Unterscheidung zwischen einem dem Rundfunkstaatsvertrag unterfallendem Telemedium und den davon negativ abgegrenzten sonstigen Informations- und Kommunikationsdiensten (etwa elektronische Presse, Shopping-Plattformen, Social Media-Dienste etc.) spielt für die Abgrenzung von werblichen Leistungen zu sonstiger Berichterstattung keine Rolle, da auch § 6 TMG eine klare Erkennbarkeit kommerzieller Kommunikation vorschreibt und die Aufsicht über Telemediendienste – wie diejenige über den Rundfunk – von den Landesmedienanstalten wahrgenommen wird.

Allerdings kann sich bei Internet-Angeboten das Problem der Verletzung des Trennungsgebots nur dann stellen, wenn der Nutzer eines individuellen Angebots erwartet, dort objektive Informationen vorzufinden. Anderenfalls wird es am für die Beurteilung maßgeblichen Täuschungselement fehlen. Wer sich etwa auf die Homepage eines Automobilproduzenten oder eines Versandhändlers begibt, erwartet dort nichts anderes als Kommunikation zur Förderung der Geschäfte des Anbieters. Maßgeblich ist, wie im sonstigen Wettbewerbsrecht auch, die Sicht eines durchschnittlich informierten verständigen Verbrauchers.[147] Wo hingegen der Informationszweck im Vordergrund steht wie bei den Homepages der Medienunternehmen, staatlicher oder sonstiger anerkannter Organisationen, ist das Gebot der Trennung des redaktionellen oder sonstwie informativen Angebots von der Werbung in gleicher Weise zu beachten wie bei den anderen Medien auch.[148] Es ist daher unzulässig, wenn bei einem für Kinder konzipierten Internetportal auf einer Unterseite Spielen eine animierte Joghurt-Werbung aufrufbar ist, ohne dass diese deutlich als Werbung gekennzeichnet wird.[149] Und erst Recht gilt dies für einen *Wikipedia*-Beitrag, der getarnte Werbung enthält, auch wenn der Verkehr weiß, dass diese Einträge von jedermann verfasst werden können.[150]

Diese Grundsätze gelten auch für die Verwendung der für diese mediale Form kennzeichnenden und auch nur in ihr verwendeten so genannten **Links**. Steht dabei der Informationszweck im Vordergrund, so kann das Setzen eines Hyperlinks auf die Homepage eines in einem redaktionellen Beitrag besprochenen Unternehmens noch vom Informationszweck gedeckt und damit rechtlich unbedenklich sein; das KG[151] hat mit Recht darauf hingewiesen, dass das Setzen von Links für Online-Kommunikation charakteristisch ist und vom Nutzer als eine nur dort verfügbare Service-Funktion auch erwartet wird. Führt hingegen ein Link aus einem pu-

24.75

24.76

---

143 KG NJW-RR 2006, 1633 = ZUM-RD 2007, 503 – Getarnte Link-Werbung.
144 Fezer/Büscher/Obergfell/*Hoeren*, § 5a UWG Rz. 286.
145 Unter *Virals* versteht man für das Internet aufbereitete Formate, üblicherweise Filmclips, die sich dann idealerweise epidemisch über die Internetnutzer weiterverbreiten. Ein Klassiker ist die VW-Werbung mit dem Komiker *Hape Kerkeling* als *Horst Schlämmer*.
146 LG Köln GRUR-RR 2009, 154; hier handelte es sich allerdings um einen Fall vergleichender Werbung.
147 BGH NJW-RR 2000, 1490 = ZUM-RD 2000, 279 – Orient-Teppichmuster.
148 Fezer/Büscher/Obergfell/*Hoeren*, § 5a UWG Rz. 284 ff.
149 KG AfP 2013, 151 = GRUR-RR 2013, 223 – Klick und wirf zurück.
150 OLG München WRP 2012, 1145 – Verschleierte Werbung auf Wikipedia.
151 KG MMR 2002, 119; KG MMR 2006, 680; OLG Jena NJW-RR 2003, 1199 = GRUR 2003, 531.

blizistischen Zusammenhang direkt zu einer Produkt- oder Dienstleistungswerbung, dann muss schon der Link selbst für den Nutzer erkennbar machen, dass er auf eine Werbeseite mit werblichen Inhalten verweist.[152] Wenn daher das Setzen des Links und der Inhalt der über ihn verfügbaren weiteren Information noch vom Informationszweck des primär genutzten Online-Service gedeckt ist, handelt es sich insgesamt um eine publizistische und damit wettbewerbsrechtlich unbedenkliche Information; führt hingegen ein Link aus einer redaktionellen Darstellung nicht nur zu dem besprochenen Unternehmen, sondern direkt zur Präsentation des beschriebenen Produkts, dann verschwimmen die Grenzen zwischen Informationszweck und Werbung, so dass eine Verletzung des Trennungsgebots festgestellt werden muss.[153] Auch Werbeeinblendungen, die optisch an ein Spielangebot anknüpfen und es zum Teil überlagern (sog. Interstitials) stellen daher trotz eines – um 90° gedrehten – Hinweises Werbung einen Verstoß gegen das Verschleierungsverbot dar.[154] Gleiches gilt in der Regel in den Fällen des so genannten **Framings**, sofern auf diese Weise die Werbebotschaft einer zweiten Website in das Informationsangebot der zunächst aufgerufenen Homepage integriert wird.[155]

24.77 **Bannerwerbung** hingegen hat sich als das klassische Werbemedium für Internet-Kommunikation etabliert, ist in der Regel unschwer als solche zu erkennen und verstößt dann nicht gegen das Trennungsgebot. Dass der Begriff „Anzeige" dort in aller Regel nicht verwendet wird, schadet nicht, da es ja auch in den klassischen Werbemedien ausreicht, wenn eine nicht als Anzeige bezeichnete Werbung aus den konkreten Umständen ihrer Platzierung oder sonstigen Aufmachung heraus als solche zu erkennen ist (Rz. 24.6). Und nicht als Verstoß gegen das Trennungsgebot ist es schließlich anzusehen, wenn Suchmaschinen als Reaktion auf die Suche nach einer Information auch auf Websites mit werbendem Inhalt verweisen, weil der Verkehr inzwischen weiß, dass die Suchmaschinenbetreiber eine saubere Trennung informativer von werbenden Hinweisen nicht gewährleisten können.[156]

---

152 KG NJW-RR 2006, 1633 = ZUM-RD 2007, 503 – Getarnte Link-Werbung; OLG München WRP 2010, 671.
153 Fezer/Büscher/Obergfell/*Hoeren*, § 5a UWG Rz. 292 ff.; s. auch die Hinweise der Medienanstalten zur YouTube-Werbung, abrufbar unter https://www.die-medienanstalten.de/fileadmin/user_upload/die_medienanstalten/Themen/Werbeaufsicht/FAQ-Flyer_Kennzeichnung_Werbung_Social_Media.pdf.
154 LG Berlin GRUR-RR 2011, 332 – Interstitial.
155 Fezer/Büscher/Obergfell/*Hoeren*, § 5a UWG Rz. 296.
156 Dazu Fezer/Büscher/Obergfell/*Hoeren*, § 5a UWG Rz. 296; vgl. hierzu auch OLG Stuttgart MMR 2009, 190.

§ 25 Impressum, Anbieterkennzeichnung

1. Presse

Nach den Bestimmungen aller Landespressegesetze[1] hat jedes im Geltungsbereich des jeweiligen Gesetzes erscheinende Druckwerk ein **Impressum** aufzuweisen, in dem der Name oder die Firma sowie die Anschrift des Verlegers und des Druckers anzugeben sind. Ausgenommen sind nur die sogenannten *harmlosen Druckwerke* wie Formulare, Werbedrucksachen, Preislisten, Stimmzettel o.ä.[2] Die Angaben müssen so klar und eindeutig sein, dass dem Verkehr eine problemlose Identifizierung insbesondere des Verlegers möglich ist.[3] Angaben über die konkrete Ausgestaltung, Aufmachung und Platzierung des Impressums enthalten die Landespressgesetze hingegen nicht.[4]   25.1

Zusätzlich verlangen etliche Landespressegesetze[5] in unterschiedlicher Regelungstiefe die regelmäßige Offenlegung der **wirtschaftlichen Beteiligungsverhältnisse** des Verlags, die in der Regel quartals- bzw. halbjahresweise gefordert wird. Einige dieser Gesetze bestimmen ergänzend, dass Änderungen der Beteiligungsverhältnisse unverzüglich im Blatt bekanntzugeben sind.[6] In Bayern[7] und Hessen[8] ist zusätzlich die Offenlegung jeder unmittelbaren oder mittelbaren **Beteiligung einer politischen Partei** im Sinn des Parteiengesetzes offenzulegen, sofern sie mindestens 5 % der Anteile oder der Stimmrechte vermittelt.   25.2

Darüber hinaus hat das Impressum **periodischer Druckschriften** den Namen und die Anschrift des- oder derjenigen anzugeben, die als **Verantwortliche Redakteure** bezeichnet werden. Das gilt für alle periodischen Printmedien, mithin Tageszeitungen sowie Wochen- oder Monatszeitschriften, aber nicht für Bücher. Bezeichnet ein Impressum mehrere Redakteure als verantwortlich, so ist ferner anzugeben, für welchen Teil oder sachlichen Bereich des Periodikums jeder von ihnen verantwortlich ist. Die Angabe jedenfalls eines Verantwortlichen Redakteurs ist unverzichtbar. Dessen oder deren gesetzlich Aufgabe ist es, die Presse von strafbarem Inhalt freizuhalten (dazu Rz. 26.8 ff.) und für die Erfüllung von Gegendarstellungsansprüchen zu sorgen, soweit sie ihm gegenüber persönlich geltend gemacht werden   25.3

---

1 Hessen und Sachsen § 6; Bayern Art. 7, 8; Berlin, Mecklenburg-Vorpommern, Sachsen-Anhalt, Schleswig-Holstein und Thüringen § 7; Baden-Württemberg, Brandenburg, Bremen, Hamburg, Niedersachsen, Nordrhein-Westfalen und Saarland § 8; Rheinland-Pfalz § 9.

2 Löffler/*Löhner*, § 7 LPG Rz. 59 ff.

3 BGH AfP 1989, 732 = NJW 1990, 1991 – Impressumspflicht; OLG Hamm AfP 1991, 441 = GRUR 1991, 58; OLG Frankfurt a.M. AfP 1988, 55.

4 OLG Hamm AfP 1991, 441 = GRUR 1991, 58.

5 Hessen § 5 Abs. 2; Mecklenburg-Vorpommern und Schleswig-Holstein § 7 Abs. 4; Berlin § 7a; Bayern Art. 8 Abs. 3; Sachsen und Thüringen § 8; Brandenburg § 9; Rheinland-Pfalz § 9 Abs. 4.

6 Bayern Art. 8 Abs. 3 Satz 2; Sachsen § 8 Satz 2; Thüringen § 8 Abs. 1 Satz 4; Brandenburg § 9 Abs. 1 Satz 4.

7 Art. 8 Abs. 4 Satz 7.

8 § 5 Abs. 7.

(dazu § 29). Aus dieser Verpflichtung kann sich im Einzelfall hinsichtlich spezifischer Veröffentlichungen ein Vetorecht gegenüber dem Verleger oder Chefredakteur ergeben.[9]

25.4 Wegen der damit verbundenen Verantwortung stellen die Landespressegesetze[10] bestimmte Mindestanforderungen an die **persönliche Qualifikation der Verantwortlichen Redakteure**. Diese Anforderungen variieren im Detail.[11] Im Wesentlichen werden ein ständiger Aufenthalt im Inland,[12] in der *Europäischen Union*[13] oder auch einem Land des *Europäischen Wirtschaftsraums*[14] einschließlich der *Schweiz*[15] gefordert; ferner mit Ausnahme der so genannten Jugendpresse Geschäftsfähigkeit bzw. Einhaltung eines bestimmten Mindestalters. Qualifikationsmerkmal sind ferner die Fähigkeit zur Bekleidung öffentlicher Ämter (§§ 45 ff. StGB) sowie uneingeschränkte strafrechtliche Verfolgbarkeit. Durch das zuletzt genannte Kriterium wird insbesondere die Benennung solcher Personen als Verantwortliche Redakteure ausgeschlossen, die aufgrund ihrer Immunität als Bundes- bzw. Landtagsabgeordnete strafrechtlich nicht ohne Weiteres zur Verantwortung gezogen werden könnten.[16] Namentlich zu benennen ist schließlich die für den **Anzeigenteil** verantwortliche Person. Für sogenannte *Kopf-* bzw. *Anschlusszeitungen* ist zusätzlich bestimmt, dass ihr Impressum auch Angaben über den Verleger und den Verantwortlichen Redakteur vollständig übernommener fertiger Seiten für den redaktionellen Teil sowie gegebenenfalls über den Verleger der jeweiligen Hauptausgabe enthält.

25.5 Demgegenüber müssen, soweit vorhanden, **Herausgeber, Chefredakteure** und **Ressortleiter** im Impressum nicht genannt werden. Ihnen weist das Presserecht keine eindeutig definierte Rolle und damit rechtlich auch keine Sonderstellung zu.[17] Soweit, wie vielfach üblich, Presseunternehmen derartige Funktionsträger im Impressum gesondert ausweisen, handeln sie mithin aufgrund freiwilliger Entscheidung und ohne rechtliche Verpflichtung. Aus ihrer Nennung im Impressum können daher auch keine Folgerungen im Hinblick auf eine etwaige straf- oder zivilrechtliche Haftung gezogen werden.

25.6 Sinn der Impressumspflicht und insbesondere der Verpflichtung zur Benennung des **Verlegers** ist es, denjenigen, die durch den Inhalt von Presseberichten in ihren Rechten verletzt werden, die Möglichkeit der Rechtsverfolgung zu eröffnen.[18] Missverständliche Angaben gehen zu Lasten des Verlags. So muss sich etwa derjenige, der sich in einem Impressum als Verleger bezeichnen lässt, auch dann als solcher in Anspruch nehmen lassen, wenn an anderer Stelle des Impressums noch ein mit ihm nicht identischer Verleger genannt wird.[19] Blieben insbesondere die Verleger dem Publikum verborgen, würden sich bei der Rechtsverfolgung

---

9 *Ricker/Weberling*, Kap. 13 Rz. 24, 24a.
10 Bayern Art. 5 Abs. 2; Hessen § 7 Abs. 3; Sachsen § 7; Schleswig-Holstein, Berlin, Mecklenburg-Vorpommern und Sachsen-Anhalt § 8; Baden-Württemberg, Bremen, Hamburg, Niedersachsen, Nordrhein-Westfalen, Saarland und Thüringen§ 9; Brandenburg und Rheinland-Pfalz § 10.
11 Nachweise bei *Ricker/Weberling*, Kap. 13 Rz. 29 ff.
12 Sachsen § 7; Schleswig-Holstein § 8; Bremen, Nordrhein-Westfalen, Sachsen-Anhalt, Thüringen § 9.
13 Mecklenburg-Vorpommern § 8; Saarland § 9; Rheinland-Pfalz § 10.
14 Hessen § 7; Berlin § 8; Baden-Württemberg, Hamburg, Niedersachsen § 9.
15 Brandenburg § 8.
16 *Ricker/Weberling*, Kap. 13 Rz. 33.
17 *Ricker/Weberling*, Kap. 13 Rz. 21.
18 BGH AfP 1989, 732 = NJW 1990, 1991 – Impressumspflicht; OLG Frankfurt a.M. AfP 1988, 55; OLG Karlsruhe AfP 1992, 373; *Ricker/Weberling*, Kap. 13 Rz. 2.
19 OLG Karlsruhe AfP 1992, 373.

erhebliche, unter Umständen unüberwindliche Schwierigkeiten ergeben, denen der Verletzte nicht ausgesetzt werden soll.[20] Und durch die Bestimmungen über die Benennung des **Verantwortlichen Redakteurs** wird im Fall des Vorliegens von Presseinhaltsdelikten (Rz. 26.3) der staatliche Strafanspruch gesichert. In im Detail unterschiedlicher Ausprägung sehen die Landespressegesetze vor, dass der Verantwortliche Redakteur strafbar ist, wenn er vorsätzlich, leichtfertig oder fahrlässig seine Verpflichtung verletzt, die Druckschrift **von strafbarem Inhalt freizuhalten** (dazu Rz. 26.8 ff.). Inwieweit die Verpflichtung, auch den Verantwortlichen Redakteur im Impressum anzugeben, auch der Durchsetzung zivilrechtlicher Ansprüche Betroffener dienen soll, hängt hingegen von der umstrittenen Frage ab, ob und unter welchen Voraussetzungen Verantwortliche Redakteure zivilrechtlich haftbar sind (dazu Rz. 28.13 f.).

Verstöße gegen die Impressumspflicht gelten als so genannte **Presseordnungsdelikte**. Sie sind nach den Bestimmungen der meisten Landespressegesetze[21] strafbar, sofern ein Verleger jemanden zum Verantwortlichen Redakteur bestellt, der die gesetzlichen Voraussetzungen dafür nicht erfüllt, oder sofern jemand, auf den dies zutrifft, faktisch als Verantwortlicher Redakteur handelt. Sonstige Verstöße gegen die Impressumspflicht können, wie in den übrigen Bundesländern[22] auch die genannten Tatbestände, als **Ordnungswidrigkeiten** mit Geldbuße geahndet werden.[23]   25.7

Hingegen stellen Verletzungen der Impressumspflicht keinen Verstoß gegen die Bestimmungen des UWG dar. Das hat der BGH[24] zu § 1 UWG a. F. entschieden und zur Begründung ausgeführt, dass es sich bei den Bestimmungen über die Impressumspflicht nach damaliger Rechtslage nicht um sogenannte wertbezogene Normen handelte, deren Verletzung ohne Weiteres auch einen Verstoß gegen die guten Sitten im Wettbewerb im Sinn von § 1 UWG a.F. darstellte; Presseverleger, die die ihnen gesetzlich obliegenden Angaben über das Impressum nicht oder nicht vollständig machten, verschafften sich allein dadurch gegenüber rechtstreuen Mitbewerbern noch keine unlauteren Vorteile, obgleich sie durch fehlende oder unvollständige Impressums-Angaben gegebenenfalls die Durchsetzung von Ansprüchen in der Folge rechtswidriger Berichterstattung erschwerten oder vereitelten. Nachdem an die Stelle des früheren Verbots sittenwidriger Werbung gemäß § 1 UWG a.F. das Verbot unlauterer geschäftlicher Handlungen im Sinn von §§ 2 Abs. 1 Nr. 1, 3 UWG getreten ist und nach § 3 Abs. 2 UWG nur solche geschäftlichen Handlungen als unlauter gelten, die geeignet sind, die Entscheidungsfähigkeit des Verbrauchers spürbar zu beeinträchtigen, sind auch nach heute geltendem Recht Verstöße gegen die Impressumspflicht nicht als Wettbewerbsverletzungen anzusehen. Sie können daher auch nicht gemäß § 8 UWG von Wettbewerbern geahndet werden.[25]   25.8

---

20 *Ricker/Weberling*, Kap. 13 Rz. 21.
21 Baden-Württemberg, Niedersachsen § 21; Bayern Art. 13; Berlin, Hamburg, Mecklenburg-Vorpommern § 20; Bremen § 21; Nordrhein-Westfalen § 22; Rheinland-Pfalz § 35 Abs. 1; Saarland § 63 Abs. 1; Sachsen-Anhalt § 13; Schleswig-Holstein § 15.
22 Sachsen, Thüringen § 13; Hessen § 14; Brandenburg § 15.
23 Baden-Württemberg, Niedersachsen § 22; Bayern Art. 13; Berlin, Hamburg, Mecklenburg-Vorpommern § 21; Bremen § 22; Nordrhein-Westfalen § 23; Rheinland-Pfalz § 36; Saarland § 64; Sachsen-Anhalt § 14; Schleswig-Holstein § 16.
24 BGH AfP 1989, 732 = NJW 1990, 1991 – Impressumspflicht.
25 Im Ergebnis ebenso Löffler/*Lehr*, § 8 LPG Rz. 158.

2. Rundfunk

25.9 Den Impressumspflichten der Printmedien im Ansatz vergleichbare Bestimmungen enthalten auch nahezu alle Landesgesetze oder Staatsverträge über den **Rundfunk**.[26] Allerdings haben sie wegen der Flüchtigkeit der Inhalte von Rundfunkmedien in der Praxis nur eingeschränkte Bedeutung. Im Wesentlichen beschränken sie sich auf die Bestimmung, dass die Veranstalter einen **Verantwortlichen Redakteur** zu benennen haben, ohne diesem allerdings ausdrücklich spezifische Funktionen wie etwa die strafrechtliche Verantwortlichkeit oder diejenige für die Ausstrahlung von Gegendarstellungen zuzuweisen. Während die Auffassung, der für einen Rundfunkbeitrag verantwortliche Redakteur hafte persönlich für die Ausstrahlung etwaiger Gegendarstellungen, ersichtlich nicht vertreten wird, soll sich die strafrechtliche Haftung der Verantwortlichen Rundfunkredakteure aus einer Analogie zu den Bestimmungen der Landes-pressegesetze ergeben.[27] Im Hinblick auf das für den Bereich des Strafrechts geltende Analogieverbot (§ 1 StGB)[28] bestehen gegen die Richtigkeit dieser Auffassung allerdings durchgreifende Bedenken, so dass eine gesetzlich definierte Spezialverantwortlichkeit der Verantwortlichen Redakteure im Bereich des Rundfunks nicht besteht.[29] Von einer näheren Darstellung der insoweit im Einzelnen geltenden Bestimmungen wird daher an dieser Stelle abgesehen, zumal Rechtsprobleme in diesem Zusammenhang nicht bekannt geworden sind.

3. Internet

25.10 § 5 TMG begründet die Verpflichtung, geschäftsmäßig verbreitete Telemedien mit einer üblicherweise auch hier als **Impressum** bezeichneten **Anbieterkennzeichnung** zu versehen. Dabei handelt es sich um die Umsetzung der so genannten *E-Commerce-Richtlinie der Europäischen Union*[30] in nationales Recht. In Anlehnung an die Regelung in den Landespressegesetzen fordert § 5 TMG im Wesentlichen die Angabe von Namen, Anschrift und Rechtsform sowie bei registrierungspflichtigen Anbietern diejenige des zuständigen Registers des jeweiligen Anbieters. Zusätzlich und über das aus den Impressumsvorschriften für die Printmedien Bekannte hinausgehend fordert das Gesetz (§ 5 Abs. 1 Nr. 2 TMG) Angaben, die eine schnelle elektronische Kontaktaufnahme und unmittelbare Kommunikation mit dem Anbieter ermöglichen, einschließlich der **E-Mail-Adresse**. Die Angabe allein der E-Mail-Adresse ist jedoch unzureichend, wenn es sich dabei um eine Autoreply-Funktion handelt, die den Nutzer auf anderweitige Kontaktmöglichkeiten verweist.[31] Hingegen ist es unbeachtlich, wer der Inhaber einer genutzten Domain ist. Derjenige, der in einem Internet-Impressum benannt wird, ist für die zugänglich gemachten Leistungen und Angebote auch dann verantwortlich, wenn er im Einzelfall nicht der Domain-Inhaber ist.[32]

---

26 LMG Baden-Württemberg § 7; BremLMG § 16; Staatsvertrag über das Medienrecht in Hamburg und Schleswig-Holstein § 8; Hessisches Privatrundfunkgesetz § 23; Rundfunkgesetz Mecklenburg-Vorpommern § 27; Niedersächsisches Mediengesetz § 17; LMG Nordrhein-Westfalen § 31 Abs. 6; LMG Rheinland-Pfalz § 9 Abs. 6; Saarländisches Mediengesetz § 8 Abs. 2; Sächsisches Privatradiogesetz § 16; Mediengesetz Sachsen-Anhalt § 24; LMG Thüringen § 20.
27 *Hermann/Lausen*, § 26 Rz. 19.
28 Dazu *Fischer*, § 1 StGB Rz. 21 ff.
29 So für den vergleichbaren Fall des § 55 Abs. 2 RStV *Lent*, ZUM 2015, 134 ff.
30 Richtlinie 2000/31/EG über den elektronischen Geschäftsverkehr vom 6.6.2000.
31 KG ZUM 2018, 615.
32 OLG Hamburg AfP 2005, 366 = ZUM-RD 2005, 229.

Zusätzlich schreibt § 55 Abs. 2 RStV für die Anbieter der **elektronischen Presse** die Bekannt- 25.11
gabe mindestens eines **Verantwortlichen** vor, der im Wesentlichen dieselben Qualifikations-
merkmale erfüllen muss wie der Verantwortliche Redakteur gemäß den Landespressegesetzen
(Rz. 25.4). Werden mehrere Verantwortliche benannt, so ist kenntlich zu machen, für welchen Teil des Dienstes der jeweils Benannte verantwortlich ist (§ 55 Abs. 2 RStV). Anders als
die Landespressegesetze und damit in Übereinstimmung mit den einschlägigen rundfunkrechtlichen Bestimmungen begründet § 55 Abs. 2 RStV für diese Verantwortlichen jedoch
weder die Verpflichtung zur Veröffentlichung von Gegendarstellungen noch eine spezifische
strafrechtliche Haftung.[33]

Betreiber sogenannter **Sozialer Netzwerke** mit mindestens zwei Millionen registrierten Nut- 25.12
zern im Inland müssen nach § 5 Abs. 1 des am 1.1.2018 in Kraft getretenen NetzDG unabhängig von den Verpflichtungen aus § 5 TMG einen **inländischen Zustellungsbevollmäch-
tigten** benennen, der auf ihrer Website deutlich erkennbar und direkt über sie erreichbar ist.
An ihn können Zustellungen in Bußgeldverfahren gemäß § 4 NetzDG und in Verfahren vor
deutschen Gerichten wegen der Verbreitung rechtswidriger Inhalte einschließlich solcher Zustellungen erfolgen, die derartige Verfahren einleiten. Zusätzlich müssen diese Anbieter eine
empfangsberechtigte Person im Inland benennen, an die Auskunftsersuchen inländischer
Strafverfolgungsbehörden gerichtet werden können und die verpflichtet ist, derartige Ersuchen zeitnah zu beantworten (§ 5 Abs. 2 NetzDG). Diese Verpflichtungen gelten aber nicht
für Plattformen mit journalistisch-redaktionell gestalteten Angeboten, die vom Anbieter selbst
verantwortet werden (§ 1 Abs. 1 Satz 2 NetzDG), mithin für die **elektronische Presse**, für die
weiterhin die Impressumspflichten aus §§ 5 TMG, 55 RStV maßgeblich sind. § 5 NetzDG
wendet sich ausdrücklich und unter Berücksichtigung der erforderlichen Mindestzahl registrierter Teilnehmer vornehmlich an ausländische Anbieter wie *Facebook* oder *Twitter*. Da diese Dienste im Anwendungsbereich von § 3 der E-Commerce-Richtlinie der *Europäischen Union* agieren, bestehen bisher nicht ausgeräumte Zweifel an der Europarechtskonformität dieser
gesetzlichen Bestimmungen;[34] Näheres dazu in Rz. 16.27 f.

Wie die elektronischen Medien diese Vorschriften im Einzelnen in die Praxis umzusetzen ha- 25.13
ben, war zunächst unter verschiedenen Aspekten ungeklärt. Das gilt in erster Linie für die
Frage, ob der Anbieter das Online-Impressum auf der Startseite oder sonstwie unmittelbar
auf seiner Homepage anbringen muss oder ob die leichte Erkennbarkeit und unmittelbare Erreichbarkeit im Sinn des Gesetzes auch auf andere Weise gesichert werden kann. Diese leichte
Erkennbarkeit hat das OLG Hamburg[35] für den Fall der Erreichbarkeit des Impressums über
einen als *Backstage* bezeichneten Link im Ergebnis mit Recht verneint, weil dieser Begriff für
den verständigen Durchschnittsnutzer nicht hinreichend erkennen lässt, dass er zu den gesetzlichen Pflichtangaben führt. Hingegen ist es ausreichend, wenn das Impressum über einen
auf der Startseite angebrachten gestaffelten Link mit der Bezeichnung *Kontakt und Impressum*
erreichbar ist.[36]

Im Handels-, Vereins-, Partnerschafts- oder Genossenschaftsregister eingetragene Anbieter 25.14
müssen gemäß § 5 Abs.1 Nr. 4 TMG auch das für sie zuständige **Register** und die betreffende
Registernummer im Impressum angeben. Das gilt auch für solche Anbieter, die in einem

---

33 Dazu im Einzelnen *Lent*, ZUM 2015, 134 ff.
34 Zum Ganzen *Spindler*, GRUR 2018, 365 ff.
35 OLG Hamburg NJW-RR 2003, 985 = ZUM 2003, 566 – Backstage.
36 BGH AfP 2006, 557 = NJW 2006, 3633 – Anbieterkennzeichnung.

ausländischen Register eingetragen sind.[37] Gerade in diesen Fällen kann die Erreichbarkeit des Anbieters für den durchschnittlichen Internet-Nutzer nur über das Impressum hergestellt werden, und die bei deutschen Anbietern verfügbare Möglichkeit, sich etwa zur Rechtsverfolgung benötigte Angaben aus dem Handelsregister zu beschaffen, wird nicht oder nur unter größeren Schwierigkeiten bestehen. Bei ausländischen Anbietern, die die Pflichtangaben nicht machen, sind Verstöße daher auch nicht als wettbewerbsrechtliche Bagatellen anzusehen;[38] dazu Rz. 25.16.

25.15 Umstritten war schließlich insbesondere die Frage, ob im Hinblick auf die Forderung nach der Ermöglichung einer unmittelbaren Kommunikation mit dem Anbieter die **Angabe einer Telefonnummer** erforderlich ist. Diese Frage hat der EuGH[39] für den Regelfall verneint, in dem der Anbieter auf elektronische Kontaktaufnahmen binnen angemessen kurzer Frist per E-Mail antwortet und darauf organisatorisch eingestellt ist;[40] lediglich in einer für die elektronischen Medien praktisch nicht relevanten Konstellation, in der der Anbieter seinerseits keinen Online-Zugriff und daher keine Möglichkeit der Beantwortung von Kontaktwünschen per E-Mail hat, ist die Angabe einer Telefonnummer erforderlich.

25.16 **Verstöße gegen die Impressumspflicht** stellen auch bei den Telemedien Ordnungswidrigkeiten dar, die mit Bußgeldern geahndet werden können. Es gilt dieselbe Rechtslage wie bei den Printmedien. Wie bei diesen (Rz. 25.4) stellt sich aber auch hier die Frage, ob Verstöße auch als Verletzung des Verbots unlauterer geschäftlicher Handlungen im Sinn von §§ 2 Abs. 1 Nr. 1, 3 UWG anzusehen sind, die auch von Wettbewerbern auf dem Zivilrechtsweg verfolgt werden können. Diese Frage ist für gewerbliche Kommunikation einerseits und die elektronische Presse andererseits unterschiedlich zu beantworten.

25.17 Für den Bereich der **gewerblichen Kommunikation** war zunächst umstritten, ob **Impressumsverstöße** von Wettbewerbern der Anbieter oder Verbänden als Wettbewerbsverstöße verfolgt werden können.[41] Anders als im Fall von Impressumsverstößen der Printmedien ist diese Frage nach heutigem Recht im Hinblick auf die europarechtliche Fundierung von § 5 TMG jedenfalls für den Regelfall zu bejahen, da § 5a Abs. 4 UWG bestimmt, dass es eine wesentliche Rechtsverletzung darstellt, wenn dem Verbraucher Informationen vorenthalten werden, die nach europarechtlichen Bestimmungen zu erteilen sind.[42] Verfehlt ist aber die Auffassung,[43] schon das Fehlen des ausgeschriebenen Vornamens eines Geschäftsführers eines Anbieters im Impressum stelle eine spürbare Beeinträchtigung der Entscheidungsfreiheit des Verbrauchers gemäß § 3 Abs. 2 UWG dar.

25.18 Demgegenüber können **Impressumsverstöße der elektronischen Presse** nicht als Wettbewerbsverstöße angesehen werden. Denn nachdem auf der Basis der Rechtsprechung des

---

37 LG Frankfurt a.M. ZUM-RD 2003, 544 = GRUR-RR 2003, 347 zu § 6 TeledensteG, der Vorgängernorm von § 5 TMG.
38 OLG Hamm MMR 2009, 469.
39 EuGH AfP 2009, 40; so schon OLG Hamm NJW-RR 2004, 1045 = ZUM-RD 2004, 526; dazu Vorlagebeschluss BGH NJW 2007, 2352 = ZUM 2007, 742.
40 So auch für Art. 6 Abs. 1 lit. c der auf das Fernabsatzrecht anwendbaren Richtlinie 2011/83/EU die Schlussanträge des Generalanwalts v. 28.2.2019 in der Rechtssache EuGH C-649/17; es entspricht eingeführter Praxis des EuGH, derartigen Schlussanträgen zu folgen.
41 Bejahend OLG Hamburg NJW-RR 2003, 985 = ZUM 2003, 566 – Backstage; LG Frankfurt a.M. ZUM-RD 2003, 544 = GRUR-RR 2003, 347; OLG Düsseldorf MMR 2009, 266; verneinend u.a. OLG Hamburg AfP 2008, 511; OLG Düsseldorf MMR 2008, 56.
42 KG MMR 2012, 240; OLG Hamm MMR 2009, 552; LG Aschaffenburg MMR 2012, 38.
43 OLG Düsseldorf MMR 2009, 266.

BGH[44] zu § 3 UWG a.F. für den Bereich der Printmedien geklärt ist, dass derartige Verstöße nicht als für den Verbraucher spürbare Verletzungshandlungen eingestuft werden können, die zu einer Klagbefugnis von Wettbewerbern führen könnten (Rz. 25.8), sind Gesichtspunkte, die im Fall der elektronischen Presse zu einem gegenteiligen Ergebnis führen könnten, nicht ersichtlich. Das gilt umso mehr, als die Verletzung der Impressumspflicht durch die elektronischen Medien anders als die der Printmedien ohnehin nicht zu spezifischen Haftungstatbeständen führt (Rz. 25.11).

---

44 BGH AfP 1989, 732 = NJW 1990, 1991 – Impressumspflicht.

Teil III
Haftung und Ansprüche

Erster Abschnitt
Strafrechtliche Haftung

§ 26 Allgemeine Voraussetzungen der Strafbarkeit

1. Einführung

Die praktische Relevanz des im Zweiten Teil behandelten Rechts der Berichterstattung für die Arbeit der Redaktionen bei der Umsetzung vorhandener Informationen erweist sich anhand der **rechtlichen Folgen rechtswidriger Berichterstattung**. Die Verletzung der Rechte Dritter durch die Medien kann **straf- und zivilrechtliche Sanktionen** nach sich ziehen. Insbesondere der in Art. 5 Abs. 2 GG als Schranke der Kommunikationsgrundrechte aus Art. 5 Abs. 1 GG gewährleistete Ehrenschutz ist vom Gesetzgeber in Gestalt der §§ 185 ff. in erster Linie im Strafgesetzbuch geregelt, während sich das Zivilrecht hinsichtlich des ausdrücklich kodifizierten Ehrenschutzes auf den Tatbestand der Kreditgefährdung nach § 824 BGB beschränkt. Zwar finden die speziellen Tatbestände des strafrechtlichen Ehrenschutzes über die Bestimmung des § 823 Abs. 2 BGB Eingang auch in den Bereich des Zivilrechts und steht mit dem Allgemeinen Persönlichkeitsrecht als sonstigem Recht im Sinn von § 823 Abs. 1 BGB eine Generalklausel zur Verfügung, die die zivilrechtliche Sanktionierung rechtswidriger Medienberichterstattung umfassend ermöglicht. Auch hat sich in der Praxis seit langem eine Entwicklung vom straf- zum zivilrechtlichen Ehrenschutz vollzogen, die im Hinblick auf den *chilling effect*, den Strafverfolgungsmaßnahmen auf publizistische Tätigkeit ausüben können (dazu Rz. 26.21 f.), geboten ist und als deren Ergebnis sich feststellen lässt, dass rechtliche Auseinandersetzungen über die Zulässigkeit oder Unzulässigkeit von Darstellungen in den Medien heute in der weit überwiegenden Zahl der Fälle vor den Zivilgerichten geführt werden. Die zivilrechtlichen Sanktionen stehen daher im Allgemeinen im Zentrum der Aufmerksamkeit und des Interesses derjenigen Journalisten und Juristen, die die Rechtsfolgen möglicherweise rechtswidriger Berichterstattung vorausschauend beurteilen und im Einzelfall gegen den Informationswert der zur Veröffentlichung anstehenden Texte oder Bilder abwägen müssen. Dennoch besteht auch weiterhin das Risiko der Verletzung der einschlägigen Straftatbestände und damit der Strafbarkeit von Medienveröffentlichungen, haben daher auch Staatsanwälte

26.1

sowie Strafrichter immer wieder Veranlassung, sich mit den Folgen von Medienberichterstattung zu befassen.

26.2 Wie in Rz. 12.3 ff. gezeigt, wird die Freiheit der Berichterstattung durch eine Reihe von Normen des Strafrechts eingeschränkt. Verstöße gegen diese Bestimmungen stellen **strafbare Handlungen** dar. Dabei ist der **Strafrahmen** den einzelnen im Wesentlichen im StGB angesiedelten Tatbeständen zu entnehmen. In der Mehrzahl der geregelten Tatbestände droht das Gesetz für diejenigen Delikte, die typischerweise durch Verbreitung von Äußerungen oder bildlichen Darstellungen begangen werden, Geld- oder niedrige Freiheitsstrafen an, wobei die Verhängung von Freiheitsstrafen nach heutiger Rechtspraxis eine seltene Ausnahme bleiben und eine dennoch verhängte Freiheitsstrafe in der Regel zur Bewährung ausgesetzt wird; höhere Freiheitsstrafen, die gegebenenfalls auch vollstreckt werden, drohen etwa die Bestimmungen der §§ 94, 95 StGB über den Landesverrat oder des § 130 über die Volksverhetzung an. Die praktische Bewältigung der strafrechtlichen Folgen rechtswidriger Medienberichterstattung und ihre richtige Einschätzung durch Journalisten oder Fotografen wird dadurch erschwert, dass zahlreiche Normen ineinandergreifen, die teils im Strafgesetzbuch, teils in der Strafprozessordnung, teils in den Landespressegesetzen und schließlich auch in einer Reihe strafrechtlicher Nebengesetze[1] geregelt sind.

26.3 Straftaten, die durch das Verbreiten von Druckschriften begangen werden, werden als **Presseinhaltsdelikte** bezeichnet.[2] Für sie verweisen fast alle Landespressegesetze[3] auf die allgemeinen Strafgesetze, zu denen insbesondere die in Rz. 12.3 ff. behandelten Normen, aber auch alle anderen Straftatbestände gehören, die mittels Verbreitung einer Druckschrift begangen werden können.[4] Diese Verweise haben im Hinblick auf die konkurrierende Gesetzgebungskompetenz des Bundes für den Bereich des Strafrechts (Art. 72 Abs. 1, 74 Abs. 1 Nr. 1 GG) freilich nur deklaratorische Bedeutung,[5] so dass in den beiden Ländern, die eine entsprechende Verweisung in ihren Landespressegesetzen nicht kennen (Rheinland-Pfalz und Thüringen), nichts Anderes gilt.[6] Für die Medien gelten im Rahmen der damit auf ihre Berichterstattung anwendbaren generellen strafrechtlichen Bestimmungen nur wenige Besonderheiten.

2. Täterschaft und Teilnahme

a) Verfasser

26.4 Jede strafrechtliche Haftung knüpft primär an die **Täterschaft** desjenigen an, der haftbar gemacht werden soll. Das gilt auch für Presseinhaltsdelikte.[7] Als Täter eines Presseinhaltsdelikts wie etwa einer Beleidigung oder einer üblen Nachrede kommt daher rechtlich in erster Linie

---

1 Vgl. nur § 33 KUG für das Recht am eigenen Bild.
2 *Ricker/Weberling*, Kap. 17 Rz. 7 ff.
3 Baden-Württemberg, Bremen und Niedersachsen § 20 Abs. 1; Berlin, Hamburg und Mecklenburg-Vorpommern § 19 Abs. 1; Bayern § 11 Abs. 1; Brandenburg und Schleswig-Holstein § 14 Abs. 1; Nordrhein-Westfalen § 21 Abs. 1; Sachsen § 12 Abs. 1; Sachsen-Anhalt § 12; Saarland § 12 Abs. 2; modifiziert Hessen § 12 Abs. 1.
4 *Ricker/Weberling*, Kap. 17 Rz. 7.
5 *Schumann*, AfP 2019, 19 ff.
6 *Ricker/Weberling*, Kap. 17 Rz. 9; a.A. Löffler/*Kühl*, § 20 LPG Rz. 61 mit einem irrtümlichen Verweis auf *Groß*, Rz. 644, der aber eine eigenständige Bedeutung der landesrechtlichen Bestimmungen mit Recht nur für die sogenannten Presse-Ordnungsdelikte anerkennt.
7 BGH AfP 1990, 117 = NJW 1990, 2828.

der **Verfasser** des in Rede stehenden Beitrags in Betracht. Wird ein redaktioneller Beitrag von mehreren Personen gemeinschaftlich als Verfasser gezeichnet, weil sie ihn gemeinsam recherchiert oder weil sie jeweils Teile des Beitrags verfasst haben, dann kann Täter gleichwohl nur derjenige sein, der für die Veröffentlichung der im konkreten Fall strafbaren Äußerung persönlich verantwortlich ist.[8] Eine strafrechtliche Haftung des oder der Anderen kommt nicht in Betracht. Wirken hingegen mehrere Redakteure bei der Erstellung eines Beitrags mit strafbarem Inhalt tatsächlich zusammen, so haften sie als Mittäter. Darüber hinausgehend kann Täter, jedenfalls aber Gehilfe im strafrechtlichen Sinn (§ 27 StGB) sein, wer zwar nicht Autor ist, den strafbaren Inhalt einer Veröffentlichung aber als eigene Handlung mitgetragen, mithin mit entsprechendem Willen auf das Verhalten des oder der Autoren mit dem Erfolg Einfluss genommen hat, dass der strafbare Beitrag veröffentlicht wird.[9] Das kann etwa der Fall sein, wenn ein Autor hinsichtlich der Veröffentlichungsfähigkeit eines Beitrags gegenüber seinem **Ressortleiter, Chefredakteur** oder **Herausgeber** intern Zweifel äußert, diese aber die Veröffentlichung in Kenntnis ihrer Strafbarkeit anordnen.[10] Im Rundfunk kommen als Täter neben den Autoren insbesondere diejenigen Redakteure in Betracht, die Beiträge mit strafbarem Inhalt in ausgestrahlten Sendungen verlesen oder moderieren.

Die strafrechtliche Verfolgung der Täter in diesem Sinn ist in der Praxis allerdings nur in den Fällen möglich, in denen sie ihre Beiträge mit ihrem Namen zeichnen oder in denen sie als Autoren eines rechtsverletzenden Beitrags sonstwie bekannt werden. Nicht selten kann eine strafrechtliche Verfolgung der Täter daran scheitern, dass Medienberichterstattung häufig Ergebnis interner Arbeitsteilung ist und der Verfasser eines bestimmten Beitrags nicht benannt wird. Da sich das Zeugnisverweigerungsrecht der Pressemitarbeiter auch auf die Identität redaktionsangehöriger Verfasser erstreckt (Rz. 8.21 f.), können die Strafverfolgungsbehörden dieses praktische Strafverfolgungshindernis auch nicht etwa dadurch überwinden, dass sie Angehörige der Verlage oder Rundfunkveranstalter als Zeugen laden und versuchen, deren Aussage über die Person des Verfassers eines bestimmten Beitrags zu erzwingen. 26.5

b) Chefredakteur und Herausgeber

Das Prinzip, dass nur derjenige strafrechtlich haftbar ist, der eine bestimmte Tat begangen hat, gilt auch für Funktionsträger in Verlagen oder Rundfunkunternehmen wie **Geschäftsführer, Herausgeber, Chefredakteure** oder **Ressortleiter.** Keineswegs kann bei den periodischen Printmedien, mithin den Zeitungen und Zeitschriften, ihre strafrechtliche Haftung damit begründet werden, dass sie bereits aufgrund derartiger Funktionen besondere Verantwortung tragen. Selbst wenn unter Verstoß gegen die Impressumspflicht die Bestellung eines **Verantwortlichen Redakteurs** unterbleibt, ist das zwar nach den Landespressegesetzen eine Straftat, jedenfalls aber eine Ordnungswidrigkeit (Rz. 25.7), ist es jedoch mit dem im Strafrecht geltenden Analogieverbot nicht zu vereinbaren, aus diesem Gesetzesverstoß eine strafrechtliche Haftung dieser Gruppe von Funktionsträgern für den Inhalt von Beiträgen abzuleiten, sofern sie mit ihnen vor der Veröffentlichung nicht befasst waren. Nur wenn ihnen entgegen der Regel im Einzelfall ein konkreter Tatbeitrag nachgewiesen werden kann, kommt ihre persönliche strafrechtliche Verantwortlichkeit in Betracht, wobei sie in der Mehrheit solcher Fälle nicht als Täter, sondern als Gehilfen anzusehen sein werden.[11] Bei nicht periodischen Druck- 26.6

---

8 Vgl. für die insoweit identische Problematik der strafrechtlichen Haftung des Verantwortlichen Redakteurs KG AfP 1998, 324 = NJW 1998, 1420.
9 BGH AfP 1990, 117 = NJW 1990, 2828.
10 BGH AfP 1990, 117 = NJW 1990, 2828; Löffler/*Kühl*, § 20 LPG Rz. 89.
11 BGH AfP 1190, 117 = NJW 1990, 2828; Löffler/*Kühl*, § 20 LPG Rz. 89 f.

werken hingegen, für die die Bestellung eines Verantwortlichen Redakteurs nicht vorgeschrieben ist, ist der Verleger oder auch, sofern vorhanden, der Herausgeber für den Inhalt originär strafrechtlich verantwortlich.[12]

c) Verantwortlicher Redakteur und Verleger

26.7 Um den Schwierigkeiten zu begegnen, die sich bei der Durchsetzung des staatlichen Strafanspruchs daraus ergeben können, dass die Täter von Presseinhaltsdelikten häufig unbekannt bleiben,[13] begründen die Landespressegesetze[14] die besondere strafrechtliche Haftung des **Verantwortlichen Redakteurs**. Nur in Rheinland-Pfalz und Thüringen fehlt eine entsprechende Regelung; zu den Sonderregelungen in Bayern und Hessen vgl. Rz. 26.9. Im Detail weichen die gesetzlichen Bestimmungen nicht unerheblich voneinander ab.[15] In ihrer Grundfunktion ist jedoch diese besondere strafrechtliche Haftung in den einzelnen Landespressegesetzen identisch ausgestaltet. Für die **Verantwortlichen Redakteure des Rundfunks** und die **Verantwortlichen des Internet** sehen die einschlägigen Normen des Rundfunkrechts (Rz. 25.9) sowie der für die elektronische Presse maßgebliche § 55 Abs. 2 RStV (Rz. 25.11) eine entsprechende strafrechtliche Haftung nicht vor.

26.8 Nach den in Rz. 25.9 und Rz. 26.7 zitierten Bestimmungen der Landespressegesetze haben die **Verantwortlichen Redakteure** einer periodischen Druckschrift die gesetzliche Verpflichtung, jeweils von ihnen verantwortete Inhalte auf ihre Strafbarkeit hin zu überprüfen und strafbaren Inhalt vor der Veröffentlichung auszuscheiden.[16] Ist nur ein Verantwortlicher bestellt, so verantwortet er den gesamten Inhalt der Druckschrift. Diese Verpflichtung trifft denjenigen, der die Position des Verantwortlichen Redakteurs mit dem Willen des Verlegers tatsächlich bekleidet und kraft dieser Stellung die Entscheidung darüber innehat, ob ein bestimmter Beitrag veröffentlicht wird oder nicht.[17] Das gilt selbst dann, wenn er im Impressum nicht als verantwortlich ausgewiesen wird, die entsprechende Verantwortung aber faktisch wahrnimmt. Wird er aber im Impressum irrtümlich als Verantwortlicher Redakteur benannt, während ein Anderer diese Funktion tatsächlich ausübt, so begründet allein die fehlerhafte Benennung seine strafrechtliche Haftung nicht.[18] In der Verpflichtung zur Verhinderung der Publikation strafbarer Inhalte besteht die wesentliche Funktion des Verantwortlichen Redakteurs und der bindenden Anordnung der Gesetzgeber, dass für jede periodische Druckschrift bzw. für jeden ihrer Teile ein Verantwortlicher Redakteur bestellt und im Impressum bekanntgegeben werden muss.[19]

26.9 Weitergehend stellt das Landespressegesetz in Hessen[20] für den **Verantwortlichen Redakteur** die Vermutung auf, dass er die Veröffentlichung eines Texts mit strafbarem Inhalt als eigene Äußerung gewollt habe. Hier geht es also nicht darum, dass dem Verantwortlichen Redakteur ein Fahrlässigkeitsvorwurf zu machen ist, wie im Fall der übrigen Landespressgesetze, son-

---

12 Löffler/*Kühl*, § 20 LPG Rz. 90 f.; *Ricker/Weberling*, Kap. 17 Rz. 11.
13 BGH AfP 1990, 117 = NJW 1990, 2828.
14 Baden-Württemberg § 20 Abs. 2; Bayern Art. 12 Abs. 1; Berlin, Hamburg, Mecklenburg-Vorpommern § 19 Abs. 2; Brandenburg, Schleswig-Holstein § 14 Abs. 2; Bremen, Niedersachsen § 20; Nordrhein-Westfalen § 21 Abs. 2; Saarland § 63 Abs. 1; Sachsen § 12 Abs. 2; Sachsen-Anhalt § 12.
15 Einzelheiten bei *Ricker/Weberling*, Kap. 17 Rz. 11 ff.
16 RGSt 59, 181; BGH NJW 1966, 1857; Löffler/*Kühl*, § 20 LPG Rz. 123; Löffler/*Lehr*, § 9 LPG Rz. 37.
17 Löffler/*Kühl*, § 20 LPG Rz. 124.
18 KG AfP 1998, 324 = NJW 1998, 1320; Löffler/*Kühl*, § 20 LPG Rz. 125.
19 Löffler/*Lehr*, § 9 LPG Rz. 37.
20 § 12 Abs. 1 HPresseG.

dern um eine echte Garantenhaftung des Verantwortlichen Redakteurs, deren praktische Bedeutung jedoch gering ist, da die Vermutung widerleglich ist. Der Verantwortliche Redakteur kann also in diesen Fällen den Nachweis dafür führen, dass er den in Rede stehenden Text vor seiner Veröffentlichung nicht gekannt oder aber dass er der Veröffentlichung widersprochen hat und sich mit seinem Widerspruch gegenüber seinen Vorgesetzten nicht hat durchsetzen können; im zuletzt genannten Fall trifft dann dieselbe Vermutung den Verleger. Führt er diesen Nachweis, dann kann aber gemäß § 11 Abs. 2 HPresseG immer noch wegen fahrlässiger Normverletzung bestraft werden;[21] dazu Rz. 26.11 ff.

Bei der **nicht periodischen Presse** tritt an die Stelle des Verantwortlichen Redakteurs der **Verleger**. Entgegen der für die periodische Presse geltenden Regel lässt sich für diese Gruppe von Presseerzeugnissen allein aus dessen Funktion eine eigene strafrechtliche Verantwortlichkeit herleiten. Sie greift indessen nur ein, wenn ihm eine konkrete Verletzung seiner Aufsichtspflicht nachgewiesen wird.[22]   26.10

Der **Verantwortliche Redakteur** und im Fall der nicht periodischen Presse der Verleger haben die Verpflichtung, das Druckwerk von strafbarem Inhalt freizuhalten. Sie machen sich strafbar, wenn sie diese Verpflichtung verletzen, sofern sie nicht bereits nach allgemeinen strafrechtlichen Bestimmungen als Täter oder Teilnehmer strafbar sind, weil sie an der rechtsverletzenden Berichterstattung konkret mitgewirkt haben.[23] Die Auffassung, es handele sich insoweit um eine allein am Erfolg orientierte und damit verschuldensunabhängige strafrechtliche Garantenhaftung,[24] ist jedoch verfehlt.[25] Strafbar ist vielmehr nur derjenige Verantwortliche Redakteur und gegebenenfalls Verleger, der seine Verpflichtung, das ihm anvertraute Periodikum von strafbarem Inhalt freizuhalten, vorsätzlich oder fahrlässig verletzt;[26] in Nordrhein-Westfalen wird sogar vorsätzliches oder leichtfertiges Handeln gefordert.[27]   26.11

Erforderlich ist damit im Einzelfall die Feststellung, dass der für eine Publikation mit strafbarem Inhalt Verantwortliche die Veröffentlichung mit der von ihm zu fordernden Sorgfalt hätte verhindern können.[28] Das setzt zunächst voraus, dass er am Erscheinen des betreffenden Objekts überhaupt mitgewirkt hat. Das ist nicht der Fall, wenn er etwa aufgrund Urlaubs oder Krankheit in den Produktionsprozess nicht eingebunden war.[29] Gleiches gilt im Fall seiner fehlerhaften Benennung.[30]   26.12

Wirkt der **Verantwortliche Redakteur** tatsächlich mit, so kann nur unter Berücksichtigung der Umstände des Einzelfalls konkret beurteilt werden, welcher Sorgfaltsmaßstab von ihm zu fordern ist. Eine **absolute Richtigkeitsgewähr** darf auch in diesem Zusammenhang nicht gefordert werden, da die Landespressegesetze nicht mehr als die pressemäßige Sorgfalt fordern (Rz. 2.12 ff.). So wird gerade bei umfangreichen Publikationen vom Verantwortlichen Redakteur zwar die kritische Lektüre der unter seiner Verantwortung entstehenden Beiträge sowie im Zweifelsfall Rücksprache mit dem oder den Autoren zu fordern sein, nicht aber eine voll-   26.13

---

21 So auch Art. 12 Abs. 2 BayPrG; dazu *Ricker/Weberling*, Kap. 17 Rz. 12.
22 *Ricker/Weberling*, Kap. 17 Rz. 11.
23 BGH AfP 1990, 117 = NJW 1990, 2828.
24 So wohl *Ricker/Weberling*, Kap. 17 Rz. 10 f.
25 So mit detaillierter Begründung auch *Schumann*, AfP 2019, 19, 21 ff.
26 *Schumann*, AfP 2019, 19, 21 ff.; LG Berlin AfP 1992, 86.
27 § 21 Abs. 2 LPG NRW.
28 Löffler/*Kühl*, § 20 LPG Rz. 129, 137 ff.; *Schumann*, AfP 2019, 19, 21 ff.
29 *Engels*, AfP 2005, 39 ff.
30 KG AfP 1998, 324 = NJW 1998, 1320; Löffler/*Kühl*, § 20 LPG Rz. 125.

ständige eigene Recherche aller in dem in Rede stehenden Artikel verarbeiteten tatsächlichen Informationen. Wird dem Verantwortlichen Redakteur auf Befragen vom Autor schlüssig dargelegt, dass und wie er kritische Behauptungen verifiziert hat, so verletzt er die erforderliche Sorgfalt jedenfalls dann nicht und scheidet damit seine strafrechtliche Haftung aus, wenn er sich darauf verlässt und aufgrund der beruflichen Erfahrungen des Verfassers und seiner Stellung innerhalb der Redaktion dessen Auskünften Glauben schenken darf. Die Verpflichtung, persönliche Recherche zu betreiben, trifft ihn nicht, wohl aber die Verpflichtung, die Veröffentlichung zu verhindern oder bis zur Klärung aufzuschieben, wenn er den Verdacht haben muss, dass sie jedenfalls in Teilen einen strafbaren Inhalt haben könnte.[31] Jedenfalls theoretisch haftet der Verantwortliche Redakteur auch dann, wenn sich die Strafbarkeit begründende Fehler erst im technischen Herstellungsprozess einschleichen; in aller Regel wird er sich in einem solchen Fall aber entlasten können, wenn er nachweist, dass der Herstellungsprozess aufgrund der Verlagsorganisation anderweitig verlässlich kontrolliert und überwacht wird.[32]

26.14   Liegen die Voraussetzungen der Strafbarkeit des Verantwortlichen Redakteurs vor, so tritt die Haftung auch dann ein, wenn es sich bei dem betreffenden Artikel um einen **Namensartikel** handelt, der Autor mithin bekannt ist und seinerseits wegen des Inhalts strafrechtlich zur Verantwortung gezogen werden kann.[33] Daran kann wegen der zwingenden Natur der einschlägigen Bestimmungen der Landespressegesetze auch ein Hinweis im Impressum nichts ändern, wonach für namentlich gezeichnete Beiträge die Autoren die Verantwortung übernehmen,[34] sofern nicht der Verleger im Rahmen der Organisation der redaktionellen Tätigkeit die presserechtliche Verantwortung tatsächlich den Namensautoren überträgt und sie im Impressum als für ihre Beiträge verantwortlich ausweist.

d) Internet

26.15   Die **Verantwortlichkeit der Diensteanbieter im Internet** ergibt sich heute für die elektronische Presse aus den speziellen Haftungsvorschriften der §§ 7–10 TMG; dazu im Einzelnen Rz. 16.17 ff. Strafrechtlich ist neben dem Verfasser von Beiträgen derjenige täterschaftlich verantwortlich, der Inhalte ins Netz stellt (§ 7 Abs. 1 TMG). Das gilt auch für solche Inhalte, die nicht von ihm stammen, die er sich aber zu eigen macht;[35] insoweit kann auf die für die Printmedien entwickelten Prinzipien der Verbreiterhaftung verwiesen werden (dazu im Einzelnen Rz. 16.5 ff.). Der sogenannte **Content Provider** (Rz. 16.23 ff.) kann aufgrund eigenen aktiven Tuns strafbar sein, während die sogenannten **Host- und Access-Provider**, mithin diejenigen Anbieter, die nur fremde Inhalte bereithalten oder durchleiten (Rz. 16.23 f.), für diese Inhalte nach § 8 Abs. 1 Satz 1 Nr. 3 TMG nur verantwortlich sind, wenn sie sie selbst ausgewählt oder verändert und damit einen aktiven Tatbeitrag geleistet haben; sie haften allerdings auch dann, wenn sie mit einem Nutzer ihres Dienstes in der Absicht zusammenarbeiten, rechtswidrige Handlungen zu begehen (§ 8 Abs. 1 Satz 3 TMG), oder einer Verpflichtung zur Entfernung von Informationen strafbaren Inhalts aus ihren Diensten nicht nachkommen; derartige Verpflichtungen können sich insbesondere aus gerichtlichen oder behördlichen Anordnungen (§ 7 Abs. 3 Satz 1 TMG), aus § 9 Satz 1 Nr. 5 und § 10 Satz 1 Nr. 2 TMG sowie für den Fall der Verletzung des geistigen Eigentums aus § 7 Abs. 4 TMG ergeben.

---

31 Löffler/*Lehr*, § 9 LPG Rz. 47.
32 *Löffler/Lehr*, § 9 LPG Rz. 48.
33 LG Berlin AfP 1992, 86; *Ricker/Weberling*, Kap. 17 Rz. 11.
34 LG Berlin AfP 1992, 86.
35 Dazu im Einzelnen *Spindler/Schuster*, § 7 TMG Rz. 7, 18 ff.

3. Strafantrag und Privatklage

a) Strafantrag

Bei der Mehrzahl der als **Presseinhaltsdelikt** infrage kommenden Tatbestände handelt es sich   **26.16**
um Delikte, die nur **auf Antrag des Verletzten** strafrechtlich verfolgt werden. Das gilt nach
§ 194 Abs. 1 Satz 1 StGB vor allem für die gesamte Gruppe der Beleidigungsdelikte der
§§ 185 ff. StGB. Ausgenommen sind nach §§ 194 Abs. 1 Satz 2, 130 Abs. 3 StGB die unter
dem Stichwort der sogenannten *Auschwitzlüge* bekanntgewordenen Tatbestände der Beleidigung der Angehörigen von Gruppen, die unter der nationalsozialistischen oder einer anderen
Gewalt- oder Willkürherrschaft verfolgt wurden, sowie die *Leugnung des Holocaust* (dazu
Rz. 12.22, Rz. 12.56). Derartige Delikte werden von Amts wegen verfolgt, sofern sie durch die
Medien begangen werden. Gleiches gilt nach § 194 Abs. 2 Satz 2 StGB bei der öffentlichen
Beleidigung von verstorbenen Opfern derartiger Regime, sofern die Beleidigung mit ihrer Op-
ferrolle zusammenhängt.

Das **Strafantragsrecht** steht zu seinen Lebzeiten ausschließlich dem Verletzten und gemäß   **26.17**
§ 194 Abs. 2 Satz 1 StGB nach seinem Tod seinen Angehörigen zu, zu denen nach § 77 Abs. 2
StGB primär der Ehegatte oder Lebenspartner und die Kinder und, sofern Kinder nicht vorhanden sein sollten, unter Umständen auch Eltern, Geschwister und Enkel gehören. Bei Beleidigungen von Amtsträgern oder Soldaten der Bundeswehr steht nach Maßgabe von § 194
Abs. 3 Satz 1 StGB das Strafantragsrecht auch dem Dienstvorgesetzten, im Fall der Tat zum
Nachteil von Behörden oder sonstigen Stellen der öffentlichen Verwaltung steht nach § 194
Abs. 3 Satz 2 StGB dem jeweiligen Behördenleiter zu. Ausführungsbestimmungen hierzu enthält § 77a StGB. Nach Abs. 4 dieser Vorschrift können etwa Beleidigungsdelikte zum Nachteil
der Bundes- oder einer Landesregierung bzw. eines ihrer Mitglieder nur auf Antrag der betroffenen Regierung verfolgt werden. Die in der Praxis nicht seltenen Beschwerden oder auch
Strafanzeigen Einzelner gegen Medien, mit deren politischer Ausrichtung oder Problembe-
handlung im Einzelfall sie nicht einverstanden sind, wegen einzelner Beiträge zum Nachteil
von Regierungen und deren Mitgliedern sind damit rechtlich unbeachtlich; zur Beschwerde
an den Beschwerdeausschuss des *Deutschen Presserats* s. aber Rz. 33.1).

Ermächtigung zur StrafverfolgungSofern die Tat zum Nachteil eines Gesetzgebungsorgans   **26.18**
des Bundes oder eines Landes oder einer anderen politischen Körperschaft begangen ist, tritt
nach § 194 Abs. 4 StGB an die Stelle des Strafantrags des Verletzten die **Ermächtigung der
betroffenen Körperschaft** zur Strafverfolgung. Entsprechendes gilt bei den Tatbeständen der
Verunglimpfung des Bundespräsidenten oder von Verfassungsorganen nach §§ 90, 90b StGB.
Sie dürfen nur mit Ermächtigung des Bundespräsidenten bzw. des betroffenen Verfassungs-
organs verfolgt werden (§ 90 Abs. 4, § 90b Abs. 2 StGB).

b) Privatklage

Ergänzend zum insbesondere für die Beleidigungsdelikte bestehenden Erfordernis des Straf-   **26.19**
antrags bestimmt § 374 Abs. 1 Nr. 2 StPO, dass diese Delikte vom Verletzten persönlich im
Wege der **Privatklage** zu verfolgen sind, sofern er auf ihre strafrechtliche Ahndung überhaupt
Wert legt und daher einen Strafantrag stellt. Eine Strafverfolgung durch die Staatsanwaltschaften kommt bei diesen Delikten nach § 376 StPO nur dann in Betracht, wenn sie im **öffentlichen Interesse** liegt. Ob dies der Fall ist, beurteilen die Ermittlungsbehörden anhand der

Regeln in Nr. 86 der **Richtlinien für das Straf- und Bußgeldverfahren**.[36] Danach soll ein öffentliches Interesse an der Strafverfolgung in der Regel vorliegen, wenn

„... der Rechtsfrieden über den Lebenskreis des Verletzten hinaus gestört und die Strafverfolgung ein gegenwärtiges Anliegen der Allgemeinheit ist, z.B. wegen des Ausmaßes der Rechtsverletzung, wegen der Rohheit oder Gefährlichkeit der Tat, der rassistischen, fremdenfeindlichen oder sonstigen menschenverachtenden Beweggründe des Täters oder der Stellung des Verletzten im öffentlichen Leben ...“

26.20   Schon aus diesen Formulierungen ergibt sich, dass ein öffentliches Interesse an der Strafverfolgung von Presseinhaltsdelikten in der Regel nicht vorliegt, soweit es sich um Antragsdelikte handelt. Soweit nach den Richtlinien das öffentliche Interesse darauf gestützt werden soll, dass der Verletzte eine besondere Stellung im öffentlichen Leben einnimmt, bestehen dagegen die bereits in anderem Zusammenhang geäußerten prinzipiellen Bedenken gegen die Ausweitung des Ehrenschutzes zu Lasten der Medien und zugunsten namentlich der Träger hoheitlicher Gewalt (Rz. 12.29). In dieser Hinsicht sind die *Richtlinien* auch mit der klaren gesetzlichen Bestimmung des § 374 Abs. 1 Nr. 2 StPO nicht zu vereinbaren, die Verstöße gegen die Bestimmungen der §§ 185 - 189 StGB dem Bereich der Privatklage zuweist, zu denen auch diejenige des § 188 StGB betreffend die politische üble Nachrede gehört. Da dieses Delikt sich schon kraft Gesetzes nur gegen Persönlichkeiten richten kann, die aufgrund ihrer politischen Position eine hervorgehobene Stellung im öffentlichen Leben einnehmen (Rz. 12.33 ff.), muss seine Verfolgung durch die Staatsanwaltschaften an andere Voraussetzungen anknüpfen als an die bloß herausgehobene Stellung des Verletzten im öffentlichen Leben. Das besondere öffentliche Interesse, das § 376 StPO für eine Verfolgung der Beleidigungsdelikte im Wege der öffentlichen Klage voraussetzt, muss sich folglich auch bei Delikten zu Lasten der Träger öffentlicher Funktionen aus zusätzlichen Kriterien ergeben; daran können die nicht mit Gesetzeskraft ausgestatteten Richtlinien für das Straf- und Bußgeldverfahren nichts ändern.

26.21   Obendrein ist im Rahmen der Prüfung, ob ein öffentliches Interesse an der Strafverfolgung vorliegt, die Gewährleistung der Meinungsfreiheit durch Art. 10 EMRK zu beachten. Nach der Rechtsprechung des EGMR[37] ist es im Lichte dieser Gewährleistung unverhältnismäßig, wenn in den Mitgliedstaaten der Konvention Medienveröffentlichungen strafrechtlich verfolgt werden, obwohl dem Betroffenen die Möglichkeit offensteht, Ansprüche auf dem Zivilrechtsweg geltend zu machen. Gerade die Gewichtigkeit strafrechtlicher Ahndung stellt einen Aspekt dar, der Einschränkungen der Meinungsfreiheiten dann unzulässig macht, wenn andere Sanktionsmöglichkeiten zur Verfügung stehen. Insbesondere der *chilling effect*, der sich bereits aus dem Risiko einer strafrechtlichen Ahnung auf die Bereitschaft der Medien ergibt, sich an der Diskussion von Fragen allgemeinen Interesses und der Aufdeckung politisch, wirtschaftlich oder gesellschaftlich brisanter Informationen zu beteiligen,[38] steht der Eröffnung eines Strafverfahrens in aller Regel entgegen.

26.22   Bei der Entscheidung über die Frage, ob bei Beleidigungsdelikten ein Strafverfahren eingeleitet werden soll, haben die Staatsanwaltschaften den Begriff des **öffentlichen Interesses** damit restriktiv auszulegen. Das gebieten die grundsätzliche verfassungsrechtliche Gewährleistung der Pressefreiheit und der vom EGMR mit Recht betonte Umstand, dass es auf die Medien abschreckend wirken und die freie Kommunikation in konventionswidriger Weise beeinträchtigen kann, wenn Medien vor der Veröffentlichung heikler und insbesondere für die Gesellschaft bedeutsamer Informationen das Risiko einkalkulieren müssen, wegen derartiger

---

36 Abrufbar u.a. bei www.verwaltungsvorschriften-im-internet.de/bsvwvbund_01011977.
37 EGMR BeckRS 2016, 10860 – Lehideux.
38 EGMR NJW 1985, 2885 – Barthold/Deutschland; NJW-RR 2007, 1524 – Monnat/Schweiz.

Veröffentlichungen mit strafrechtlichen Ermittlungen und gegebenenfalls Anklagen und Hauptverhandlungen überzogen zu werden. Die prinzipielle Zurückhaltung, die die Richtlinien für das Straf- und Bußgeldverfahren den Strafverfolgungsbehörden bei der Verfolgung von Presseinhaltsdelikten aus dem Bereich der Beleidigungsdelikte nicht in hinreichender Weise auferlegen, ist daher durch die verfassungs- und konventionsrechtliche Gewährleistung der Medienfreiheiten geboten. Im Wesentlichen auf der daraus resultierenden und von den Ermittlungsbehörden mehrheitlich auch praktizierten restriktiven Handhabung strafrechtlicher Instrumentarien gegenüber Medienberichterstattung beruht die Tatsache, dass sich der Ehrenschutz trotz seiner prinzipiellen Verankerung im StGB in der Praxis in den Bereich zivilrechtlicher Sanktionen verlagert hat.

4. Verjährung

Unabhängig von den allgemeinen Verjährungsregeln des Strafgesetzbuchs enthalten alle Landespressegesetze[39] eine **besondere Verjährungsregelung**. Sie hat ihre größte Bedeutung für Presseinhaltsdelikte, gilt aber auch für Pressordnungsdelikte und Pressordnungswidrigkeiten. Danach verjähren Straftaten, aber auch Ordnungswidrigkeiten, die durch die Veröffentlichung oder Verbreitung von Druckschriften begangen werden, in der Regel in sechs Monaten. Lediglich bei Verbrechen, Handlungen also, die im Mindestmaß mit einer Freiheitsstrafe von einem Jahr oder darüber bedroht sind (§ 12 Abs. 1 StGB), beträgt die Verjährungsfrist ein Jahr. Diese kurze Verjährung findet nach den Bestimmungen einer Reihe von Landespresse- oder Mediengesetzen auf Inhaltsdelikte, die über Hörfunk und Fernsehen verbreitet werden, entsprechende Anwendung.[40] Im Bereich des Fernsehens findet die kurze Verjährung auch Anwendung für Äußerungen Dritter, die etwa im Rahmen einer Talk Show ausgestrahlt werden.[41]

26.23

Die **kurze Verjährung** wird als eine bedeutsame Privilegierung der Medien im Bereich ihrer strafrechtlichen Haftung bezeichnet.[42] Das ist jedenfalls rechtsdogmatisch zutreffend, weil der Lauf der presserechtlichen Verjährung mit der erstmaligen Verbreitung einer Veröffentlichung und nicht erst mit dem Abschluss der Verbreitung beginnt. Da insbesondere die nicht periodische Presse, aber auch nicht aktuelle Monatsmagazine häufig über einen langen Zeitraum verbreitet werden, ergibt sich dadurch im Einzelfall eine beträchtliche Verkürzung der Verjährung im Vergleich zur Verjährung nach allgemeinem Strafrecht. Theoretisch führt die kurze presserechtliche Verjährung obendrein zu einer nennenswerten Entlastung insbesondere im Bereich der Dokumentation und Beweissicherung, da mit Ablauf der Verjährungsfrist jedenfalls aus strafrechtlicher Sicht keine Veranlassung mehr zu weiterer Sicherung vorgehaltenen Beweismaterials besteht.

26.24

---

39 Baden-Württemberg, Bremen, Niedersachsen § 24 Abs. 1; Bayern, Sachsen § 14 Abs. 1; Brandenburg § 16 Abs. 1; Berlin, Mecklenburg-Vorpommern § 22 Abs. 1; Hamburg § 23 Abs. 1; Hessen § 13 Abs. 1; Nordrhein-Westfalen § 25 Abs. 1; Rheinland-Pfalz § 37 Abs. 1; Saarland § 66 Abs. 1; Sachsen-Anhalt § 15 Abs. 1; Schleswig-Holstein § 17 Abs. 1; Thüringen § 14 Abs. 2.

40 LPG Baden-Württemberg § 25 Abs. 1; BayMG Art. 38; LPG Berlin § 23 Abs. 1; LPG Nordrhein-Westfalen § 26 Abs. 1; LPG Sachsen-Anhalt § 16 Abs. 1 sowie Landesmediengesetze Rheinland-Pfalz § 37 Abs. 1 und Saarland § 66 Abs. 1.

41 BGH NJW 1999, 508 = ZUM 1999, 75.

42 *Ricker/Weberling*, Kap. 17 Rz. 49 ff.

26.25 Im Gegensatz zu ihrem theoretischen Wert ist jedoch die praktische Bedeutung der **kurzen Verjährung** gering. Sie wird schon dadurch relativiert, dass die Landesmediengesetze nur die strafrechtliche Verjährung im Vergleich zum Regelfall verkürzen. Die zivilrechtliche Verjährung beträgt demgegenüber entsprechend allgemeinen deliktsrechtlichen Regeln drei Jahre (§ 195 BGB), so dass die erwähnte Entlastung im Bereich der Beweissicherung im Hinblick auf etwaige zivilrechtliche Ansprüche nicht mit dem Ablauf der kurzen strafrechtlichen Verjährung in Anspruch genommen werden sollte. Aber auch für den Bereich des Strafrechts wird der Entlastungseffekt dadurch relativiert, dass § 78c StGB den Strafverfolgungsbehörden die Unterbrechung der Verfolgungsverjährung außerordentlich leicht macht. So reicht zur Unterbrechung der Verjährung bereits eine formlose Bekanntgabe durch die Staatsanwaltschaft an den Beschuldigten darüber aus, dass ein Ermittlungsverfahren wegen einer bestimmten Veröffentlichung eingeleitet worden ist. Wo die strafrechtliche Verfolgung von Presseinhaltsdelikten tatsächlich von den Staatsanwaltschaften betrieben wird, scheitert sie daher erfahrungsgemäß nur selten am Eintritt der Verfolgungsverjährung.

§ 27 Beschlagnahme und Einziehung

1. Kompetenzfragen

27.1 Weit gravierender als die Folgen individueller Verfolgung von Presseinhaltsdelikten für die als Täter in Betracht kommenden Journalisten oder die neben ihnen haftenden Verantwortlichen Redakteure können für die Presse die Folgen sein, die sich aus einer etwaigen **Beschlagnahme einer ganzen Ausgabe** oder gar der **Einziehung** einer Zeitung oder Zeitschrift, aber auch eines Buches wegen einer durch ihre Verbreitung begangenen strafbaren Handlung ergeben können. Hiervon zu unterscheiden ist die Beschlagnahme zu Beweiszwecken (dazu Rz. 8.9 ff.). Schon wegen des Aktualitätsdrucks, unter dem Medienberichterstattung im Allgemeinen steht, sind die wirtschaftlichen Folgen der Beschlagnahme einer ganzen Ausgabe einer Zeitung oder Zeitschrift verheerend. Ihre spätere Verbreitung ist in aller Regel nicht mehr möglich. Selbst für Periodika mit ausschließlich unterhaltendem oder belehrendem Inhalt, die ihrer Art nach nicht aktualitätsbezogen und die daher auf die Verbreitung zu einem fest bestimmten Zeitpunkt nicht unbedingt angewiesen sind, werden sich wegen des straff durchorganisierten Verteilungssystems des Pressegrosso und wegen der in der Regel festen Terminierung von Folgeausgaben Verzögerungen und Behinderungen, die sich aus einer Auflagenbeschlagnahme ergeben können, kaum weniger gravierend auswirken.

27.2 Das **Recht der Pressebeschlagnahme** zeichnet sich durch eine vermutlich einmalige Unübersichtlichkeit aus, die sich daraus ergibt, dass es über lange Jahre vom Bundesgesetzgeber und in einzelnen Landespressegesetzen in teils identischen, teils unterschiedlichen Bestimmungen geregelt wurde und zum Teil noch geregelt wird; die dem zugrundeliegende verfassungsrechtlich umstrittene Frage, ob die Gesetzgebungskompetenz insoweit beim Bund oder bei den Landesgesetzgebern liegt, ist immer noch nicht verbindlich geklärt. Ursprünglich wurde der

Komplex der Pressebeschlagnahme ebenso wie derjenige des journalistischen Zeugnisverweigerungsrechts in den Pressegesetzen der alten Bundesländer geregelt,[1] weil beide Regelungsbereiche traditionell als Teil der Materie *Presserecht* galten, hinsichtlich deren die Gesetzgebungskompetenz bei den Ländern liegt. Im Rahmen der durch zwei im Jahr 1973 ergangene Urteile des BVerfG[2] erforderlich gewordenen Neuregelung des Zeugnisverweigerungsrechts (Rz. 8.2 ff.) und des Rechts der Beschlagnahme zu Beweiszwecken (Rz. 8.35 ff.) nahm sich jedoch der nach der Kompetenzverteilung des Grundgesetzes u.a. für das Verfahrensrecht zuständige Bundesgesetzgeber auch des Rechts der Pressebeschlagnahme an, indem er es als §§ 111m und 111n in die StPO einfügte.[3] Diese Vorschriften wurden mit Wirkung vom 1.7.2017 durch den neu in das Gesetz eingefügten § 111q StPO im Wesentlichen inhaltsgleich ersetzt.[4] Da der Bundesgesetzgeber jedoch nicht in der Lage war und ist, seinerseits Landesgesetze außer Kraft zu setzen, bestehen seither in einigen Bundesländern bundes- und landesrechtliche Regelungen desselben Gegenstands nebeneinander. Zwar hat die Mehrheit der alten Bundesländer[5] die einschlägigen Bestimmungen in ihren Landespressegesetzen aufgehoben und hat die Mehrheit der neuen Bundesländer im Rahmen der Verabschiedung ihrer Landespressegesetze im Hinblick auf das Bestehen der bundeseinheitlichen Regelung darauf verzichtet, diese Materie zu regeln.[6] In den übrigen alten Bundesländern[7] gelten jedoch trotz ausnahmsloser Novellierung der Gesetze nach 1975 die jeweiligen Bestimmungen über die Pressebeschlagnahme und Einziehung fort,[8] und Mecklenburg-Vorpommern hat unter ausdrücklichem, wenn auch terminologisch missglücktem Hinweis auf den Vorrang der einschlägigen Bestimmungen der StPO[9] im Rahmen seines Landespressegesetzes eine detaillierte Neuregelung der Pressebeschlagnahme in Kraft gesetzt, weil auf diese Weise jedenfalls eine Regelung vorhanden sei, sollte die Gesetzgebungskompetenz des Bundes für diese Materie im Ergebnis verneint werden.

Diese Frage nach der **Gesetzgebungskompetenz des Bundes** für das Recht der Pressebeschlagnahme ist durch die Rechtsprechung des BVerfG bisher nicht beantwortet worden. Im Schrifttum[10] wird sie überwiegend und mit guten Gründen bejaht. Mehr als vierzig Jahre nach Inkrafttreten der Bestimmungen der heute durch § 111q ersetzten §§ 111m und 111n StPO erscheint aber vor allem die Feststellung gerechtfertigt, dass die praktische Bedeutung des durch das partielle Nebeneinander von bundes- und landesrechtlichen Bestimmungen aufgeworfenen Problems erheblich geringer sein dürfte als es zunächst den Anschein hatte. Nach dem in Art. 31 GG verankerten Grundsatz, dass Bundesrecht dem Landesrecht vorgeht,

27.3

---

1 *Ricker/Weberling*, Kap. 31 Rz. 3 ff.
2 BVerfG NJW 1974, 356; BVerfG NJW 1974, 743.
3 Gesetz über das Zeugnisverweigerungsrecht der Mitarbeiter von Presse und Rundfunk v. 25.7.1975, BGBl. I 1975, 1973 ff.
4 Art. 3 des Gesetzes zur Reform der strafrechtlichen Vermögensabschöpfung v. 13.4.2017, BGBl. I S. 872.
5 Hamburg, Hessen, Niedersachsen, Nordrhein-Westfalen, Rheinland-Pfalz und Saarland; in Schleswig-Holstein regelt § 13 nur noch das Verbot der Verbreitung während einer angeordneten Beschlagnahme.
6 Brandenburg, Sachsen, Sachsen-Anhalt und Thüringen.
7 Baden-Württemberg §§ 13–18; Bayern §§ 15, 16; Berlin §§ 12–16; Bremen §§ 13–17.
8 Baden-Württemberg, Bremen, Hessen, Rheinland-Pfalz, Saarland §§ 13 ff.; Bayern §§ 16 f.; Berlin §§ 12 ff.
9 §§ 12–17 LPG Mecklenburg-Vorpommern: „unbeschädigt der Bestimmungen der Strafprozessordnung".
10 Löffler/*Achenbach*, vor §§ 13 ff. LPG Rz. 24 ff.; *Ricker/Weberling*, Kap. 31 Rz. 5 ff.; *Meyer-Goßner/ Schmitt*, § 111m StPO Rz. 2.

ist auch in den Bundesländern, die auf einer eigenen Regelung beharren, von der ausschließlichen Geltung der bundesrechtlichen Regelungen auszugehen.

2. Einzelheiten

a) Beschlagnahme

27.4 Nach § 111b StPO können Gegenstände im Wege der **Beschlagnahme** sichergestellt werden, wenn dringende Gründe für die Annahme vorhanden sind, dass im weiteren Verfahren ihre **Einziehung** in Betracht kommt. An die Stelle dieser generellen Ermächtigung für Ermittlungsbehörden zur Beschlagnahme von Gegenständen tritt für Druckschriften die Bestimmung des § 111 q StPO, der die Bedeutung dieses Komplexes für die Presse erheblich relativiert. Danach steht die Presse in diesem für sie außerordentlich sensiblen Bereich unter dem besonderen Schutz des bereits von Verfassungs wegen geltenden Prinzips der **Verhältnismäßigkeit**. Eine Beschlagnahme setzt die Prognose der hohen Wahrscheinlichkeit einer späteren Einziehung voraus. Sie ist unzulässig, wenn ihre nachteiligen Folgen und insbesondere die Gefährdung des öffentlichen Interesses an unverzögerter Verbreitung außer Verhältnis zur Bedeutung der durch die Presse inhaltlich begangenen Straftat stehen. Erforderlich ist eine Güterabwägung zwischen den nachteiligen Folgen der Beschlagnahme für den Verlag und der Bedeutung der strafbaren Handlung, die durch die Verbreitung der zu beschlagnahmenden Druckschrift begangen wird.[11]

27.5 Zu berücksichtigen ist dabei insbesondere das Informationsinteresse der Öffentlichkeit, das durch die Verhinderung der Verbreitung beeinträchtigt wird und das sich nicht nur auf den strafbaren Bestandteil, sondern auf den Gesamtinhalt einer Zeitung oder Zeitschrift einschließlich des Anzeigenteils bezieht.[12] Nach diesen Kriterien ist eine Beschlagnahme nur wegen eines besonders gravierenden Delikts statthaft. Zulässig kann sie bei der Gefährdung wichtiger Gemeinschaftsinteressen wie etwa in schweren Fällen des Landesverrats[13] oder dann sein, wenn das infrage stehende Delikt seiner Art nach geeignet ist, die Existenz eines betroffenen Unternehmens zu vernichten.[14] Zudem darf sich eine danach nur ausnahmsweise zulässige Beschlagnahme nur auf ausscheidbare Teile der Druckschrift beziehen, sofern eine Trennung möglich ist. Das hat der Gesetzgeber in § 111m Abs. 2 Satz 1 StPO a. F. und § 111q Abs. 2 Satz 1 StPO ausdrücklich angeordnet. Und vor allem ist im Einzelfall stets zu prüfen, ob der mit der Beschlagnahme verfolgte Zweck noch erreicht werden kann. Das ist nicht der Fall, wenn – wie in aller Regel – jedenfalls eine Teilauflage der betreffenden Druckschrift bereits verbreitet worden und damit die strafbare Meldung, deren Verbreitung die Beschlagnahme verhindern soll, jedenfalls einem Teil des Publikums bereits bekannt geworden ist.[15]

27.6 Damit kommt eine **Beschlagnahme periodischer Presse** zur Sicherung ihrer späteren Einziehung wegen strafbaren Inhalts nur in extrem seltenen Ausnahmefällen in Betracht. Ist sie nach Ansicht der Strafverfolgungsbehörden aber ausnahmsweise dennoch geboten, so darf sie nach § 111q Abs. 4 Satz 1 StPO nur durch den Richter angeordnet werden. Die in anderen

---

11 *Ricker/Weberling*, Kap. 31 Rz. 23; Einzelheiten bei *Löffler/Achenbach*, § 13 LPG Rz. 34 ff., 91 ff.
12 LG Hamburg AfP 1971, 168; *Löffler/Achenbach*, § 13 LPG Rz. 97 ff.; *Meyer-Goßner/Schmitt*, § 111m StPO Rz. 5.
13 *Löffler/Achenbach*, § 13 LPG Rz. 107; *Ricker/Weberling*, Kap. 31 Rz. 30.
14 *Löffler/Achenbach*, § 13 LPG Rz. 107.
15 *Löffler/Achenbach*, § 13 LPG Rz. 109.

Fällen der Beschlagnahme zulässigen Sicherungsmaßnahmen durch Staatsanwaltschaft oder Polizei sind im Fall der Pressebeschlagnahme schlechthin unzulässig. Wird aber entgegen der Regel ein Beschlagnahmebeschluss erlassen und vollzogen, der später im Instanzenzug wieder aufgehoben wird, dann steht dem dadurch geschädigten Verlag allerdings ein Schadenersatzanspruch aus dem Gesichtspunkt der Amtshaftung allenfalls dann zu, wenn der Anordnungsbeschluss schlechthin unvertretbar war.[16]

b) Einziehung

Ausgangspunkt der bundesrechtlichen Regelung ist die Bestimmung des § 74d StGB, nach dessen Abs. 1 Schriften, die einen strafbaren Inhalt haben, prinzipiell jeweils mit ihrer gesamten Auflage **einzuziehen** und **unbrauchbar zu machen** sind.[17] Das gilt mangels speziellerer Regelungen mithin auch für Zeitungen oder Zeitschriften, sofern deren Verbreitung ein Presseinhaltsdelikt darstellt. Prinzipiell wäre dann jeweils die ganze Ausgabe des betreffenden Titels einzuziehen, auch wenn sie nur einen einzigen kurzen Artikel etwa beleidigenden Inhalts enthält. Diese außerordentlich weit gehende Bestimmung wird allerdings dadurch entscheidend relativiert, dass auch ihre Anwendung unter dem **Vorbehalt der Verhältnismäßigkeit** steht.[18] Kann der Zweck der Einziehung durch ein **milderes Mittel** erreicht werden, wie etwa die Schwärzung eines Beitrags oder das Überkleben eines strafbaren Symbols auf dem Titelblatt, so sind derartige Maßnahmen anstelle der Einziehung der gesamten Druckschrift anzuordnen.[19]

27.7

Dennoch handelt es sich bei der **Einziehung von Presseerzeugnissen** um ein scharfes Schwert. Seine Bedeutung für die periodische Presse wird allerdings durch § 74d Abs. 2 StGB auf ein erträgliches Maß reduziert, da die Einziehung nach dieser Bestimmung nur solche Druckschriften erfassen darf, die sich zum Zeitpunkt der Verkündung des Urteils, durch das sie angeordnet wird, noch beim Verlag oder im Vertrieb befinden. In Anbetracht der Dauer gerichtlicher Verfahren wird diese Phase bei der periodischen Presse zum Zeitpunkt des Erlasses eines Einziehungsurteils regelmäßig abgeschlossen sein, so dass sich die praktische Bedeutung der Einziehung für die periodische Presse auf Remittenden beschränkt.

27.8

---

16 BGH AfP 2017, 234 = NJW 2017, 1322.
17 OLG Düsseldorf AfP 1992, 280; *Ricker/Weberling*, Kap. 49 Rz. 30; Einzelheiten bei Löffler/*Achenbach*, § 13 LPG Rz. 34 ff.; *Fischer*, § 74d StGB Rz. 3 ff.
18 BGHSt 23, 208; BGHSt 23, 267; Löffler/*Achenbach*, § 13 LPG Rz. 48 ff.; *Ricker/Weberling*, Kap. 49 Rz. 30.
19 Löffler/*Achenbach*, § 13 LPG Rz. 51.

Zweiter Abschnitt
Zivilrechtliche Ansprüche

§ 28 Verantwortliche

1. Medienunternehmen

28.1 Für die zivilrechtlichen Folgen von Medienberichterstattung haften stets die Verlage bzw. bei Hörfunk und Fernsehen die Rundfunkveranstalter. Die Haftung für nicht presseähnliche Online-Inhalte wird im Rahmen der Darstellung der Verbreiterhaftung erörtert (Rz. 16.23 ff.), soweit dafür segmentspezifische Regeln gelten.

28.2 Die **Haftung der Verlage**, Rundfunkveranstalter und Anbieter elektronischer Presse beruht nur im Fall der Gegendarstellung auf medienspezifischer gesetzlicher Anordnung (zu den Rechtsquellen s. Rz. 29.5 ff. und Rz. 29.122 ff.). Hinsichtlich aller anderen zivilrechtlichen Ansprüche gelten auch für die Haftung der Verlage bzw. Rundfunkveranstalter allgemeine zivilrechtliche Prinzipien und eine gefestigte Rechtsprechung, die im Ergebnis von dem Gedanken geprägt ist, dass der wirtschaftliche Träger einer Publikation auch das damit verbundene Haftungsrisiko tragen soll. Da zivilrechtliche Haftung für die Folgen rechtswidriger Medienberichterstattung mit Ausnahme des Spezialproblems der Gegendarstellung und der verschuldensunabhängigen Folgenbeseitigungsansprüche (dazu Rz. 30.1 ff., Rz. 31.1 ff.) stets deliktische Haftung im Sinn von §§ 823 ff. BGB ist, kann ein Verleger oder Rundfunkunternehmer sich im Prinzip von jeder eigenen Haftung dadurch entlasten, dass er den durch § 831 Abs. 1 Satz 2 BGB erlaubten Nachweis führt, diejenigen, die an der betreffenden Berichterstattung mitgewirkt und damit die behauptete Rechtsverletzung konkret verursacht haben, sorgfältig ausgewählt und überwacht zu haben.

28.3 Auf diesem Wege wäre in der Mehrzahl aller Fälle eine Freistellung der Unternehmer von eigener zivilrechtlicher Haftung möglich. Das hätte zur Folge, dass dem Betroffenen, der die Autoren eines ihn schädigenden Beitrags und damit die primär haftbaren Täter der unerlaubten Handlung häufig nicht einmal kennt, ein Haftungssubjekt in vielen Fällen überhaupt nicht zur Verfügung stünde. Um dieses untragbare Ergebnis zu vermeiden, konstruiert die Rechtsprechung[1] eine eigene **Verpflichtung des Verlegers** oder des Rundfunkveranstalters, sämtliche veröffentlichten Beiträge auf ihre **inhaltliche Richtigkeit und rechtliche Unbedenklichkeit zu überprüfen** und dafür zu sorgen, dass durch sie Rechte Dritter nicht verletzt werden; für die Betreiber von Internet-Services gilt nichts anderes, soweit nach den Grundsätzen der

---

1 BGH NJW 1952 = GRUR 1952, 410 – Constanze I; BGH NJW 1954, 1682 – Constanze II; BGH NJW 1963, 902 = GRUR 1963, 490 – Fernsehansagerin; BGH NJW 1965, 685 – Soraya; BGH NJW 1980, 2810 = GRUR 1980, 1099 – Medizin-Syndikat II; OLG Stuttgart NJW 1976, 628 – Siemens-Festschrift.

Verbreiterhaftung ihre Haftung überhaupt in Betracht kommt (dazu Rz. 16.23 ff.). Zwar erkennen die Gerichte an, dass die Einhaltung dieser Verpflichtung von einem Zeitungs- oder Zeitschriftenverleger oder gar einem Rundfunkintendanten in der Praxis nicht gewährleistet werden kann, dass er sich vielmehr der Mitwirkung verlässlicher Hilfskräfte bedienen muss. Diese sind aber verpflichtet, bei erkennbar schadengeneigter Berichterstattung und der Behandlung sogenannter heißer Eisen die persönliche Entscheidung des Verlegers oder – bei Medienunternehmen in der Rechtsform der juristischen Person – seines gesetzlichen Vertreters einzuholen, und für die Folgen des Unterbleibens dieser Maßnahme haftet wiederum der Verlag oder der Rundfunkveranstalter selbst.[2] Im Ergebnis können sich die Medienunternehmen daher ihrer eigenen zivilrechtlichen Haftung nicht entziehen. Das gilt auch dann, wenn sie den Nachweis führen, die Überprüfung einer bestimmten Publikation ihrer Rechtsabteilung oder einem mit Spezialkenntnissen ausgestatteten Rechtsanwalt übertragen zu haben.[3]

Allerdings setzt die Haftung der Medienunternehmen nach diesen Grundsätzen die Feststellung voraus, dass sie ihrerseits **schuldhaft gehandelt** hätten, hätten sie die Überprüfung der infrage stehenden Veröffentlichung selbst vorgenommen.[4] Die im Einzelfall unterbliebene Überwachung oder persönliche Prüfung einer Veröffentlichung durch ein Medienunternehmen muss somit kausal für die eingetretene Rechtsverletzung geworden sein.[5] Die Medienunternehmen haften mithin ohne die Möglichkeit des Entlastungsbeweises dafür, dass sie das Verfahren einer sorgfältigen Überprüfung aller zu veröffentlichenden Beiträge in der erforderlichen Form sicherstellen, nicht aber für den Eintritt oder Nichteintritt eines bestimmten Erfolgs.   28.4

Damit haften die Medienunternehmen in vollem Umfang, soweit die Verbreiterhaftung des primär haftenden Redakteurs oder Autors reicht (dazu Rz. 16.13 ff. und Rz. 16.23 ff.). Sie haften nicht, wo die Verbreiterhaftung versagt, wie dies insbesondere nach neuer Rechtsprechung hinsichtlich des Inhalts von **Leserbrief- und Interviewäußerungen** (Rz. 16.43 ff.)[6] sowie beim Rundfunk in den Fällen in Betracht kommt, in denen er ohne eigene redaktionelle Einfluss- und Kontrollmöglichkeit als Forum für **Äußerungen Dritter** handelt oder einem Dritten Sendezeit als sogenanntes Fensterprogramm zur Verfügung stellt (Rz. 16.22). Hingegen haftet der Verlag einer so genannten Mantelzeitung für den Inhalt auch solcher Beiträge, die er unverändert von einem Dritten übernimmt.[7] Auf Vorschriften der Landespressegesetze, die bei Mantelzeitungen einen Hinweis auf Verleger und verantwortlichen Redakteur des Inhalts übernommener Blattbestandteile vorschreiben (vgl. etwa Art. 8 Abs. 4 Bay LPG; § 7 Abs. 2 Hess LPG) und damit gegebenenfalls deren strafrechtliche Haftung begründen (dazu Rz. 26.8 ff.), kann sich der Verleger einer solchen Publikation schon deswegen nicht berufen, weil die Landespressegesetze außerhalb des Gegendarstellungsrechts eine zivilrechtliche Haftung des Verantwortlichen Redakteurs nicht begründen (Rz. 28.12 ff.) und die Landesgesetzgeber obendrein keine Kompetenz für das zivile Haftungsrecht der Medien haben (dazu Rz. 28.14).   28.5

---

2 BGH AfP 1978, 29 = NJW 1978, 210 – Alkoholtest; Löffler/*Steffen*, § 6 LPG Rz. 221, 223; *Damm/Rehbock*, Rz. 684 ff.

3 BGH NJW 1980, 2810 = GRUR 1980, 1099 – Medizin-Syndikat II.

4 OLG München AfP 1990, 222 = NJW-RR 1990, 1433; OLG Karlsruhe AfP 1990, 223.

5 OLG München AfP 1990, 222 = NJW-RR 1990, 1433.

6 S. auch OLG Saarbrücken v. 22.3.2010 – 5 U 51/10-9, zit. nach juris OLG München AfP 2007, 229.

7 OLG München NJW-RR 2002, 1339.

28.6 Werden neben dem Medienunternehmen auch Redakteure oder Autoren persönlich in Anspruch genommen, so ersetzt ihre Haftung nicht diejenige des Verlags oder Veranstalters. Beide haften vielmehr gegebenenfalls gemäß §§ 830, 840 BGB als Gesamtschuldner. Die Frage, ob einem neben einem Verlag, Rundfunkveranstalter oder Internet-Anbieter persönlich haftenden angestellten Redakteur oder freien Mitarbeiter hinsichtlich der Prozesskosten und etwaiger Schadenersatzansprüche des Betroffenen ein Freistellungsanspruch zusteht, regelt sich in erster Linie nach den Bedingungen des jeweiligen Anstellungs- oder eines sonstigen seiner Tätigkeit zugrunde liegenden Vertrags. Enthält er keine oder keine abweichenden Regelungen, so steht dem Redakteur oder sonstigen Mitarbeiter ein Freistellungsanspruch jedenfalls dann nicht zu, wenn er bei der Veröffentlichung des infrage stehenden Beitrags grob fahrlässig gehandelt hat.[8]

2. Mitwirkende

28.7 Neben den Unternehmen haften die von ihnen Beschäftigten für die Rechtsfolgen widerrechtlicher Publikationen, soweit sie dafür aufgrund ihrer Mitwirkung individuelle Verantwortung tragen. Dabei handelt es sich im Wesentlichen um die **Chefredakteure** und, soweit vorhanden, **Herausgeber**, den oder die **Verfasser individueller Beiträge** sowie schließlich die **verantwortlichen Redakteure** im Sinn der Landespressegesetze. Gesondert zu betrachten ist sodann eine etwaige Haftung der so genannten technischen Verbreiter.

a) Chefredakteur und Herausgeber

28.8 Die Feststellung, dass persönliche Haftung eine persönliche Mitwirkung am Zustandekommen rechtsverletzender Beiträge voraussetzt, gilt auch **für Herausgeber** und **Chefredakteure**. Deren Funktionen sind presserechtlich nicht einheitlich definiert, hängen vielmehr von der Ausgestaltung der Rechtsverhältnisse und den Funktionszuweisungen in den einzelnen Medienunternehmen ab. Ihnen kommt allein aufgrund ihrer Funktionsbezeichnung keine haftungsrechtliche Sonderstellung zu.[9] Ihre Benennung im Impressum wird von den Landespressegesetzen nicht gefordert (Rz. 25.5) und begründet ihre persönliche Haftung auch dann nicht, wenn sie erfolgt. Auch sie haften persönlich nur dann, wenn sie an der strittigen Veröffentlichung selbst mitgewirkt oder die notwendige Überwachung ihrer Mitarbeiter pflichtwidrig unterlassen haben.[10] Von einer derartigen persönlichen Überwachungspflicht wird man aber nur bei kleinen Redaktionen ohne spezielle Ressorts und interne Verantwortung der jeweiligen Ressortleiter ausgehen können, während in größeren Redaktionen der oder die Chefredakteure oder Herausgeber überfordert wären, wollte man von ihnen Kenntnis und eigenverantwortliche Prüfung sämtlichen veröffentlichten Materials verlangen.[11] Nimmt etwa ein Herausgeber keinen Einfluss auf die einzelnen Beiträge der Zeitschrift, beschränkt er sich vielmehr im Wesentlichen auf die Festlegung und Überwachung der grundsätzlichen Linie

---

8 BAG NJW 1992, 2109.

9 *Ricker/Weberling*, Kap. 13 Rz. 21; im Ergebnis ebenso Löffler/*Steffen*, § 6 LPG Rz. 224, 227; *Damm/Rehbock*, Rz. 680 ff.

10 BGH AfP 1979, 307 = NJW 1979, 1041 – Exdirektor; OLG Celle AfP 1992, 295; *Damm/Rehbock*, Rz. 681; Löffler/*Steffen*, § 6 LPG Rz. 224, 227; Wenzel/*Burkhardt*, Kap. 12 Rz. 67; OLG Köln AfP 1985, 293; OLG Düsseldorf AfP 1988, 154.

11 Löffler/*Steffen*, 6 LPG Rz. 224, 227.

des Blatts, so haftet er für den Inhalt einzelner Artikel nicht.[12] Der Chef der Regionalredaktion einer überregionalen Tageszeitung haftet für deren Gesamtinhalt persönlich weder in seiner Eigenschaft als örtlicher Redaktionsleiter noch als Verantwortlicher Redakteur für den Abdruck einer Gegendarstellung, sofern er nicht tatsächlich für die infrage stehende Veröffentlichung die Verantwortung übernommen hat oder die Funktion des Verantwortlichen Redakteurs tatsächlich wahrnimmt.[13]

Eine Ausweitung der Haftung auch der Herausgeber und Chefredakteure über den Rahmen individuell vorwerfbarer Verantwortung hinaus wäre weder notwendig noch gerechtfertigt. Die in der Praxis unbestrittene umfassende Haftung des Medienunternehmens und gegebenenfalls derjenigen, die an rechtsverletzenden Beiträgen individuell mitwirken, ermöglicht den von Medienberichterstattung Betroffenen die Durchsetzung ihrer Ansprüche in ausreichender Weise. Soweit die Rechtsprechung ihre Haftung in Einzelfällen mit der Begründung bejaht hat, es handele sich etwa beim Herausgeber um den Herrn der Zeitung,[14] übersieht sie, dass dies im Regelfall der Verleger ist[15] und dessen Haftung im Hinblick auf eben diese Eigenschaft auch in Fällen begründet wird, in denen er mit dem konkreten Gegenstand eines Berichts mit rechtsverletzendem Inhalt persönlich nichts zu tun hat und in denen er auch den Entlastungsbeweis nach § 831 BGB ohne Weiteres führen könnte.

28.9

b) Verfasser

Neben dem Unternehmen haften für alle zivilrechtlichen Ansprüche mit Ausnahme der Gegendarstellung diejenigen, die einen Beitrag rechtsverletzenden Inhalts erarbeitet oder daran mitgewirkt haben. Hierfür kommt eine Vielzahl von Personen in Betracht wie **Autoren**, Rechercheure, Redakteure, Informanten (zur Informantenhaftung s. Rz. 7.49 ff.) sowie im Bereich des Rundfunks Moderatoren und diejenigen, die Beiträge rechtswidrigen Inhalts verlesen. Keiner von ihnen haftet nach Maßgabe einer Garantenstellung allein aufgrund seiner Funktion. Stets ist die Feststellung erforderlich, dass sie an der Verbreitung eines Beitrags mit rechtsverletzendem Inhalt konkret mitgewirkt haben.[16] Wird ein redaktioneller Beitrag von mehreren Personen gemeinschaftlich als Verfasser gezeichnet, weil sie ihn gemeinsam recherchiert oder jeweils teilweise verfasst haben, dann haftet nach Auffassung des OLG Frankfurt[17] jeder von ihnen für die Gesamtheit des Artikels. Das ist indessen nicht zutreffend, weil ein Name auch versehentlich unter einen Beitrag gesetzt werden kann (Rz. 26.8);[18] der Name des vermeintlichen Verfassers kann allenfalls in Anwendung des Rechtsgedankens des § 10 UrhG eine Vermutung für eine Autorenschaft begründen, die indes widerlegt werden kann. Individuelle Haftung setzt auch im Zivilrecht **individuelle Verantwortlichkeit** voraus, und für eine Lockerung dieses Prinzips besteht auch unter praktischen Aspekten im Interesse der Gewährung eines umfassenden Rechtsschutzes kein Bedürfnis, da der Verlag bzw. der Rundfunkveranstalter dem Betroffenen in jedem Fall haften.

28.10

---

12 OLG Celle AfP 1992, 295.
13 OLG Celle AfP 1996, 274 = NJW 1996, 1149.
14 OLG Köln AfP 1985, 293; OLG Düsseldorf AfP 2011, 188.
15 BGH NJW 1952, 660 = GRUR 1952, 410 – Constanze I; BGH NJW 1974, 1371 = GRUR 1974, 797 – Fiete Schulze.
16 BGH AfP 1976, 75 = NJW 1976, 1198 – Panorama.
17 OLG Frankfurt a.M. v. 10.2.2000 – 16 U 146/99, unveröffentlicht.
18 Vgl. für die insoweit identische Problematik des irrtümlich benannten Verantwortlichen Redakteurs KG AfP 1998, 324 = NJW 1998, 1420.

28.11 Wie bereits die strafrechtliche Verantwortlichkeit führt aber auch die zivilrechtliche Haftung der Verfasser nicht zu praktischen Konsequenzen, wenn die jeweils mitwirkenden Redakteure oder sonstigen Beteiligten dem Verletzten nicht bekannt sind. In Anbetracht der im Ergebnis uneingeschränkten Haftung der Verleger und Rundfunkveranstalter ist indessen auch damit eine Gefährdung der Durchsetzung von Ansprüchen der Betroffenen nicht verbunden.

c) Verantwortliche Redakteure

28.12 Den **Verantwortlichen Redakteur** im Sinn der Landespressegesetze trifft neben der Haftung für den strafbaren Inhalt von Publikationen (Rz. 26.8 ff.) kraft ausdrücklicher Anordnung in den Landespressegesetzen[19] auch die Haftung für die Veröffentlichung von Gegendarstellungen. Nur in der Presse tritt damit die Haftung des Verantwortlichen Redakteurs neben diejenige des Verlegers; für die Verantwortlichen Redakteure im Rundfunk sowie die Verantwortlichen der elektronischen Presse gilt dies nicht (Rz. 25.9 und Rz. 25.11). Der Anspruch kann wahlweise gegen den Verlag oder den Verantwortlichen Redakteur oder auch gegen beide zusammen durchgesetzt werden; in diesem Fall haften sie für den Abdruck der Gegendarstellung als Gesamtschuldner. Wird der Anspruch nur gegen den Verantwortlichen Redakteur durchgesetzt, so kann dieser sich der Abdruckverpflichtung nicht mit dem Einwand entziehen, er könne den Abdruck innerbetrieblich nicht durchsetzen. Die Durchsetzung des Anspruchs kann vielmehr auch ihm gegenüber mit den Mitteln des § 888 ZPO erzwungen werden.[20]

28.13 Für alle anderen zivilrechtlichen Ansprüche Betroffener haftet der Verantwortliche Redakteur jedoch nur nach den allgemeinen deliktsrechtlichen Grundsätzen, mithin dann, wenn er zugleich Autor eines Beitrags mit rechtsverletzendem Inhalt ist oder an dessen Zustandekommen auf sonstige Weise aktiv mitgewirkt hat, nicht jedoch allein aufgrund der ihm durch die Landespressegesetze zugewiesenen Funktion.[21] Gegenteiliges ist auch einer häufig fehlinterpretierten Entscheidung des BGH[22] nicht zu entnehmen, der im Ergebnis eine persönliche Haftung des Verantwortlichen Redakteurs im Einzelfall lediglich deswegen angenommen hat, weil ihm zugleich die inhaltliche redaktionelle Verantwortung für den Bereich übertragen worden war, in dem es zu einer Rechtsverletzung kam.[23]

28.14 Zivilrechtlich haftet der verantwortliche Redakteur auch dann nicht, wenn es sich um einen Beitrag mit strafbarem Inhalt handelt und er seiner Verpflichtung, dessen Veröffentlichung zu verhindern, in schuldhafter Weise nicht nachgekommen ist, sofern er nicht zugleich Autor des infrage stehenden Beitrags ist oder in sonstiger Weise an dessen Zustandekommen aktiv mitgewirkt hat. Denn die Bestimmungen der Landespressegesetze über die strafrechtliche Haftung des Verantwortlichen Redakteurs sind nicht Schutzgesetz im Sinn von § 823 Abs. 2 BGB.[24] Sie bestehen im Allgemeininteresse und nicht im Interesse derjenigen, die von Presse-

---

19 Baden-Württemberg, Bremen, Hamburg, Niedersachsen, Nordrhein-Westfalen, Rheinland-Pfalz, Schleswig-Holstein und Thüringen § 11; Bayern, Berlin, Mecklenburg-Vorpommern, Saarland, Sachsen und Sachsen-Anhalt § 10; Hessen § 9; Brandenburg § 12.
20 OLG Köln NJW 1969, 755; Wenzel/*Burkhardt*, Kap. 11 Rz. 68; a.A. *Seitz*, Kap. 14 Rz. 11 f.
21 KG AfP 1991, 639 = NJW 1991, 1490; OLG Bremen NJW-RR 1993, 726; OLG München NJW-RR 2002, 1339 = ZUM-RD 2003, 354; Löffler/*Steffen*, § 6 LPG Rz. 226; Löffler/*Lehr*, § 9 LPG Rz. 38 ff.; *Ricker/Weberling*, Kap. 13 Rz. 24a; *Soehring*, AfP 1977, 330; unzutreffend OLG Frankfurt a.M. AfP 2016, 167.
22 BGH AfP 1977, 223 = NJW 1977, 626 – Konkret; dazu Löffler/*Lehr*, § 9 LPG Rz. 40.
23 Wenzel/*Burkhardt*, Kap. 12 Rz. 66; Löffler/*Lehr*, § 9 LPG Rz. 40.
24 Löffler/*Lehr*, § 9 LPG Rz. 42.

berichterstattung individuell zivilrechtlich betroffen sind, und bezwecken schon daher nicht die Begründung zusätzlicher zivilrechtlicher Haftungsverhältnisse.[25] Das kann in Anbetracht der Kompetenzverteilung in Art. 31, 74 Abs. 1 Nr. 1 GG und der Tatsache auch nicht anders sein, dass es sich bei sämtlichen denkbaren Ansprüchen abseits der Gegendarstellung um zivilrechtliche Ansprüche handelt, für deren Begründung die Bundesländer keine Gesetzgebungskompetenz haben.[26]

d) Technische Verbreiter

Besondere Probleme wirft eine etwaige Haftung der sogenannten **technischen Verbreiter** auf,[27] mithin der Druckereien und deren Mitarbeiter, Vertriebsunternehmen sowie im Bereich des Rundfunks der Kabelnetz- oder Satellitenbetreiber. Zwar wirken sie an der Verbreitung von Beiträgen mit rechtswidrigem Inhalt objektiv mit, setzen damit Ursachen für den eintretenden Erfolg und sind daher nach allgemeinen zivilrechtlichen Kriterien haftbar. Sie haben jedoch auf den Inhalt der von ihnen verbreiteten Medien keinen Einfluss. Eine verschuldensabhängige Haftung kommt daher schlechthin nicht in Betracht. Ob aber im Bereich der verschuldensunabhängigen Störerhaftung für Unterlassungs- und Folgenbeseitigungsansprüche eine Haftung auch des technischen Verbreiters und damit insbesondere des Vertriebsunternehmens möglich ist, ist in der Rechtsprechung nicht abschließend geklärt.

Das OLG München[28] hat diese Frage hinsichtlich eines Unterlassungsanspruchs gegen das inländische Vertriebsunternehmen einer im Ausland hergestellten Publikation bejaht. Dem wird man über den Anlassfall hinaus für die Haftung für Unterlassungsansprüche generell insoweit zustimmen müssen, als es um die weitere Verbreitung fertig gestellter, bereits an sie ausgelieferter und bei ihnen noch vorhandener Ausgaben geht, da die technischen Verbreiter einen echten kausalen Beitrag für die infrage stehende Rechtsverletzung setzen;[29] allerdings kommt im Hinblick auf den Grundsatz der Verhältnismäßigkeit ein Verbot der Auslieferung einer gesamten Ausgabe oder eines vollständigen Buchs ohnehin nur in extremen Ausnahmefällen in Betracht (dazu Rz. 30.58 ff.). Auch für Unterlassungsansprüche hinsichtlich einzelner Exemplare haftet aber ein Pressegrossist oder Buchhändler[30] nur dann, wenn seine Mitwirkung an der Verbreitung rechtswidrig ist. Das setzt in Analogie zu den heute für Internet-Provider geltenden Regeln (dazu Rz. 16.28 ff.) die Verletzung einer Prüfungspflicht voraus, die die technischen Verbreiter aber erst dann trifft, wenn sie auf die Rechtswidrigkeit hingewiesen wurden,[31] und auch danach nur dann, wenn ihnen eine Prüfung im Einzelfall zuzumuten ist.[32] Im Ergebnis wird man daher eine Haftung der technischen Verbreiter unter dem Gesichtspunkt der Erstbegehungsgefahr (dazu Rz. 30.17 ff.) nahezu ausnahmslos verneinen müssen und sie auch unter dem Aspekt der Wiederholungsgefahr (dazu Rz. 30.8 ff.) nur dann bejahen können, wenn sie nach von ihnen geschuldeter Prüfung an der weiteren Verbreitung festhalten.

28.15

28.16

---

25 Löffler/*Lehr*, § 9 LPG Rz. 42.
26 OLG München NJW-RR 2002, 1339 = ZUM-RD 2003, 354.
27 Hierzu im Einzelnen *Ingendaay*, AfP 2011, 126 ff.
28 OLG München AfP 2001, 139.
29 OLG Frankfurt a.M. ZUM-RD 2008, 128; zustimmend *Ricker/Weberling*, Kap. 41 Rz. 21; Wenzel/*Burkhardt*, Kap. 12 Rz. 61 f.
30 LG Berlin AfP 2009, 75.
31 OLG Frankfurt a.M. ZUM-RD 2008, 128; LG Hamburg AfP 2011, 396.
32 Vgl. für die ähnliche Konstellation der DENIC BGH AfP 2001, 507 – ambiente.de; OLG Frankfurt a.M. ZUM-RD 2008, 128; so wohl auch *Ricker/Weberling*, Kap. 41 Rz. 21.

28.17 Für vorbeugende Unterlassungsansprüche können die technischen Verbreiter unter keinen Umständen haftbar gemacht werden, da sie auf den Inhalt der von ihnen verbreiteten Medien keinen Einfluss nehmen und von ihm vor Beginn des Auslieferungsprozesses auch keine Kenntnis erhalten.[33] Auch für Folgenbeseitigungsansprüche wie etwa den Widerruf oder die Richtigstellung ist das Prinzip der Verbreiterhaftung mit der Folge einzuschränken, dass die technischen Verbreiter nicht in Anspruch genommen werden können; insoweit würde einer Klage jedenfalls der Einwand mangelnden Rechtsschutzinteresses entgegenstehen, da von vornherein feststeht, dass der technische Verbreiter einen derartigen Anspruch mangels Herrschaft über das Objekt nicht würde erfüllen können. Gleiches gilt für Schadensersatzansprüche, da sie stets Verschulden voraussetzen und dem technischen Verbreiter wegen des Inhalts vom ihm verbreiteter Printmedien ein Verschuldensvorwurf nicht gemacht werden kann.

§ 29 Gegendarstellung

1. Rechtsgrundlagen

29.1 Ein Gegendarstellungsverlangen stellt häufig eine erste Reaktion von Personen oder Institutionen dar, die sich durch journalistisch-redaktionelle Angebote in ihren Rechten beeinträchtigt fühlen. Dieses Rechtsinstitut unterscheidet sich von allen anderen zivilrechtlichen Ansprüchen gegen inhaltlich umstrittene Medienveröffentlichungen grundlegend dadurch, dass es die Rechtswidrigkeit der infrage stehenden Veröffentlichung nicht voraussetzt.

---

33 Wenzel/*Burkhardt*, Kap. 12 Rz. 61.

Beim Anspruch auf Abdruck oder – im Rundfunk – Verlesung einer Gegendarstellung han- **29.2** delt es sich nach heute einhelliger Auffassung um eine im Spannungsfeld der Art. 2 Abs. 1 einer- und Art. 5 Abs. 1 GG andererseits angesiedelte Ausprägung des Allgemeinen Persönlichkeitsrechts.[1] Wenngleich der Gegendarstellungsanspruch heute wohl für alle in Betracht kommenden Medien gesetzlich geregelt ist, ist er der Disposition des Gesetzgebers weitgehend entzogen.[2]

Das BVerfG räumt dem Institut der Gegendarstellung einen hohen Stellenwert ein. Als Teil **29.3** eines durch Art. 2 Abs. 1 i.V.m. Art. 1 Abs. 1 GG gewährleisteten Rechts auf Selbstbestimmung des Einzelnen über die Darstellung der eigenen Person ist der Anspruch unverzichtbar.[3] Der Einzelne soll eine rechtlich gesicherte Möglichkeit haben, einer Darstellung seiner Person in den Medien zeitnah entgegentreten zu können. Gesetzliche Regelungen zur Ausgestaltung des Gegendarstellungsrechts sind zwar allgemeine Gesetze im Sinn von Art. 5 Abs. 2 GG, gegen deren Verfassungsmäßigkeit keine Bedenken bestehen.[4] Sie müssen sich aber verfahrensrechtlich an dem Art. 2 Abs. 1 i.V.m. Art. 1 Abs. 1 GG gewährleisteten Persönlichkeitsrecht messen lassen. Das BVerfG[5] sah es beispielsweise als einen Verstoß gegen die verfassungsrechtliche Gewährleistung des Allgemeinen Persönlichkeitsrechts durch Art. 2 Abs. 1 i.V.m. Art. 1 Abs. 2 GG an, dass der Staatsvertrag über den *Norddeutschen Rundfunk* die Ausschlussfrist zur Geltendmachung des Gegendarstellungsanspruchs mit nur zwei Wochen so kurz bemaß, dass sie vielfach nicht eingehalten werden konnte und der Gegendarstellungsanspruch damit in vielen Fällen leerzulaufen drohte. Das gilt auch für das von der Rechtsprechung entwickelte Prinzip, dass die Verpflichtung zur Veröffentlichung der Gegendarstellung unabhängig von der Wahrheit oder Unwahrheit der Erstmitteilung (Rz. 29.23) und unabhängig davon besteht, ob die Erstmitteilung den Betroffenen in einem seiner geschützten Rechte wie etwa seiner Ehre oder seinem Allgemeinen Persönlichkeitsrecht verletzt. Diese Unabhängigkeit der Gegendarstellung von den Kategorien Wahrheit/Unwahrheit und Rechtmäßigkeit/Rechtswidrigkeit ist damit die wichtigste Ausprägung des vom BVerfG so bezeichneten Gebots der Sicherstellung gleicher publizistischer Wirkung.[6]

Andererseits erkennt das BVerfG[7] ausdrücklich an, dass es sich bei der Verpflichtung der Medien zur Veröffentlichung von Gegendarstellungen um einen Eingriff in die Grundrechte der Presse- bzw. Rundfunkfreiheit handelt, der einer gesetzlichen Grundlage bedarf. Eine solche Grundlage enthalten dementsprechend die Landespressegesetze der Bundesländer sowie die rundfunkrechtlichen Bestimmungen.

---

1 BVerfG AfP 1983, 334 = NJW 1983, 1179 – Gegendarstellung I; BGH AfP 1976, 75 = NJW 1976, 1198 – Panorama; Löffler/*Sedelmeier*, § 11 LPG Rz. 40; Wenzel/*Burkhardt*, Kap. 11 Rz. 3.
2 BVerfG AfP 1983, 334 = NJW 1983, 1179 – Gegendarstellung I.
3 BVerfG AfP 1983, 334 = NJW 1983, 1179 – Gegendarstellung I; BVerfG AfP 1986, 314 = NJW 1987, 239 – 4. Rundfunkurteil; BVerfG AfP 1998, 500 = NJW 1999, 483; BayVerfGH AfP 1994, 216 = NJW 1994, 2477.
4 BVerfG AfP 1998, 184 = NJW 1998, 1381 – Gegendarstellung auf der Titelseite; zur Vereinbarkeit mit Art. 10 EMRK s. EGMR NJW-RR 2013, 1132 – Kaperzynski/Polen.
5 BVerfG AfP 1983, 334 = NJW 1983, 1179 – Gegendarstellung I.
6 BVerfG AfP 1998, 184 = NJW 1998, 1381 – Gegendarstellung auf der Titelseite.
7 BVerfG AfP 1993, 474 – Gegendarstellung II; BVerfG AfP 1993, 733 = NJW 1994, 1948 – Veröffentlichung auf der Titelseite; ebenso BayVerfGH NJW 1994, 2944; BayVerfGH AfP 1994, 216 = NJW 1994, 2477.

29.4 Wegen dieser verfassungsrechtlichen Verankerung des Gegendarstellungsanspruchs können einschlägige Entscheidungen der Zivilgerichte sowohl vom Abdruckpflichtigen[8] als auch vom Betroffenen mit der Verfassungsbeschwerde zum BVerfG angefochten werden,[9] sofern die generellen Voraussetzungen der Statthaftigkeit und Zulässigkeit einer Verfassungsbeschwerde erfüllt sind. Stellt das BVerfG auf die Verfassungsbeschwerde eines Betroffenen hin fest, dass ein Zivilgericht bei der Zurückweisung seines Anspruchs seinem Allgemeinen Persönlichkeitsrecht nicht hinreichend Geltung verschafft hat, dann ist das betreffende Gericht bei der neuerlichen Sachentscheidung nach Zurückverweisung des Falls durch das BVerfG an dessen Entscheidung weitgehend gebunden.[10]

a) Presse

29.5 Eine Verpflichtung der periodischen Presse zur Veröffentlichung von Gegendarstellungen Betroffener sehen mit Abweichungen nur im Detail sämtliche Landespressegesetze vor.[11] Die Frage nach der rechtlichen Einordnung des Gegendarstellungsanspruchs hat keine praktische Bedeutung mehr,[12] nachdem alle Landespressegesetze die Durchsetzung des Gegendarstellungsanspruchs vor den Zivilgerichten ausdrücklich ermöglichen und mit Ausnahme Bayerns obendrein anordnen, dass der Anspruch im Wege der einstweiligen Verfügung geltend gemacht werden kann; für Bayern enthält nur das dortige Landesmediengesetz die entsprechende Regelung. Die gerichtliche Praxis erkennt die Möglichkeit des **Eilverfahrens** aber auch für den Bereich der Pressegegendarstellung an.

29.6 Aus der Eröffnung dieses beschleunigten Verfahrens zur **Durchsetzung des Gegendarstellungsanspruchs** folgt auch die weitgehende Akzeptanz dieses Instruments durch diejenigen, die von Medienberichterstattung betroffen sind. Nur im Anwendungsbereich des Bayerischen Landespressegesetzes stellt einerseits die Ablehnung eines berechtigten Gegendarstellungsanspruchs, andererseits die Durchsetzung einer in wesentlichen Punkten unwahren Gegendarstellung eine **Ordnungswidrigkeit** dar (§ 12 Abs. 1 Nr. 3 und 4 LPG Bayern), die allerdings nur auf Antrag verfolgt wird; stellt ein Betroffener einen derartigen Antrag, so kann er gleichzeitig beantragen, dass die zuständige Ordnungsbehörde den Abdruck der Gegendarstellung anordnet. In der Praxis werden jedoch Gegendarstellungsansprüche auch in Bayern in aller Regel vor den Zivilgerichten im Verfahren der einstweiligen Verfügung durchgesetzt.

29.7 Trotz im Wesentlichen einheitlicher gesetzlicher Regelungen herrscht im Gegendarstellungsrecht eine beträchtliche, dem deutschen Rechtssystem ansonsten weitgehend fremde, regionale Rechtszersplitterung. Sie hat ihre Ursache zum einen darin, dass die Landespressegesetze – und zusätzlich die zahlreichen Regelungen des Gegendarstellungsrechts für das Gebiet des Rundfunks – im Detail eine Reihe von Regelungen enthalten, die nur im Geltungsbereich des jeweiligen Gesetzes zur Anwendung kommen.[13] Zum anderen folgt diese Rechtszersplitterung aus der Eröffnung des Verfahrens der einstweiligen Verfügung zur Durchsetzung des An-

---

8 BVerfG AfP 1993, 733 = NJW 1994, 1948; BVerfG AfP 1998, 184 = NJW 1998, 1381 – Gegendarstellung auf der Titelseite.
9 BVerfG AfP 1998, 500 = NJW 1999, 483.
10 OLG München AfP 1999, 84 = NJW-RR 1999, 964.
11 Baden-Württemberg, Bremen, Hamburg, Niedersachsen, Nordrhein-Westfalen, Rheinland-Pfalz, Schleswig-Holstein und Thüringen § 11; Bayern, Berlin, Mecklenburg-Vorpommern, Saarland, Sachsen und Sachsen-Anhalt § 10; Hessen § 9; Brandenburg § 12.
12 *Seitz*, Kap. 1 Rz. 16.
13 Wenzel/*Burkhardt*, Kap. 11 Rz. 7 f.

spruchs. Da eine Revision zum BGH in diesem Verfahren nicht statthaft ist, endet der Instanzenzug beim jeweils zuständigen Oberlandesgericht. Die zentrale Rolle des BGH als der für die Klärung zivilrechtlicher Fragen von grundsätzlicher Bedeutung zuständigen Instanz kann damit für das Gegendarstellungsrecht nicht nutzbar gemacht werden.

Wegen der landesrechtlichen Gesetzgebungskompetenz für diesen Bereich muss im Einzelfall geklärt werden, welches Recht auf eine bestimmte Publikation anwendbar ist, da sich aus der unterschiedlichen Detailausgestaltung des Gegendarstellungsrechts Rückwirkungen sowohl auf Detailfragen des materiellen Rechts als auch auf die Zuständigkeit regionaler Gerichte zur Konfliktentscheidung ergeben können. Maßgeblich ist insoweit der **Erscheinungsort**, mithin der Ort, an dem die Zeitung oder Zeitschrift mit Willen des Verlegers der Öffentlichkeit zugänglich gemacht wird.[14] Das ist in aller Regel der Verlagsort; auf die Frage, wo ein Periodikum gedruckt wird, kommt es in diesem Zusammenhang nicht an. Die vom LG München I in ständiger Praxis vertretene Auffassung,[15] wonach bei überregionalen Tageszeitungen mit Regionalausgaben in Bayern Erscheinungsort der Sitz der jeweiligen Lokalredaktion und daher das Bayerische Pressegesetz anzuwenden ist, ist unzutreffend, da sie zu dem inakzeptablen Ergebnis führt, dass sich für ein und dasselbe Periodikum mehrere unterschiedliche anwendbare Rechtsordnungen in Abhängigkeit davon ergeben können, ob ein Bericht von einer Lokal- oder der Zentralredaktion stammt. Dabei kann dem Anspruchsteller nicht zugemutet werden zu prüfen, ob eine Regionalausgabe selbständige Angaben herausgibt, zumal heutzutage eine Tendenz zu gemeinsamen Mantelredaktionen sogar bei unterschiedlichen Printerzeugnissen eines Verlagshauses erkennbar ist.[16] Davon unabhängig ist die Frage zu entscheiden, ob in derartigen Fällen neben dem **Verlagssitz** zusätzlich noch der Sitz der Lokaloder Regionalredaktion als Gerichtsstand zur Durchsetzung des Gegendarstellungsanspruchs in Betracht kommt; dazu Rz. 29.78 ff.

29.8

b) Rundfunk

Die schon für Gegendarstellungsansprüche gegenüber der Presse konstatierte Rechtszersplitterung kennzeichnet das Gegendarstellungsrecht des Rundfunks noch mehr. Rechtsgrundlagen sind insoweit die einschlägigen Bestimmungen der **Staatsverträge** bzw. Gesetze über die öffentlich-rechtlichen Rundfunkanstalten der Länder und des Bundes[17] sowie für den privaten Rundfunk die jeweiligen Bestimmungen der Landesmedien- bzw. -rundfunkgesetze[18] und der einschlägigen Staatsverträge.[19]

29.9

Hinsichtlich der Frage des im Einzelfall anwendbaren Rechts tritt bei Veranstaltern des privaten Rundfunks der Sitz der Landesmedienanstalt, die dem in Anspruch genommenen Sender die Zulassung erteilt hat, an die Stelle des für die Printmedien maßgeblichen Erschei-

29.10

---

14 *Seitz*, Kap. 3 Rz. 2; Wenzel/*Burkhardt*, Kap. 11 Rz. 9.
15 Zitiert nach *Seitz*, Kap. 3 Rz. 4 Fn. 9.
16 A.A. Wenzel/*Burkhardt*, Kap. 11 Rz. 9.
17 Deutsche Welle-Gesetz § 18; ARD-StV § 8; ZDF-StV § 9; Deutschlandradio-StV § 9; RBB-StV § 9; NDR-StV § 12; MDR-StV § 15; SWR-StV § 10; Gesetz über den Bayerischen Rundfunk Art. 17; Gesetz über den Hessischen Rundfunk § 3 in Verbindung mit § 10 LPG Hessen; WDR-Gesetz § 9; Radio Bremen-Gesetz § 27; Saarländisches Mediengesetz § 10.
18 Baden-Württemberg § 57; Bayern Art. 18; Bremen § 19; Hessen § 28; Mecklenburg-Vorpommern § 30; Niedersachsen § 20; Nordrhein-Westfalen § 44; Rheinland-Pfalz § 11; Saarland § 10; Sachsen § 19; Sachsen-Anhalt § 26; Thüringen § 24.
19 Staatsvertrag über die Zusammenarbeit zwischen Berlin und Brandenburg im Bereich des Rundfunks § 52; Staatsvertrag über das Medienrecht in Hamburg und Schleswig-Holstein § 10.

nungsorts. So beurteilt sich etwa der Gegendarstellungsanspruch gegen den Fernsehveranstalter *Pro 7* nach § 52 des Staatsvertrags über die Zusammenarbeit zwischen Berlin und Brandenburg im Bereich der Medien und Zulassungsstelle des Senders *SAT 1* ist die Medienanstalt Hamburg/Schleswig-Holstein, obwohl der Veranstalter seinen Sitz am Rand von München hat und das dortige LG für die Entscheidung über den Anspruch auch örtlich zuständig ist.[20] Für den öffentlich-rechtlichen Rundfunk ergibt sich das anwendbare Recht demgegenüber aus den Gesetzen und Staatsverträgen, die für die jeweils ausstrahlende Anstalt maßgeblich sind (Nachweise in Rz. 29.9).

c) Telemedien

29.11 Dass es sich beim Institut der Gegendarstellung um einen Rechtsbehelf handelt, der dem Betroffenen auch gegenüber Darstellungen auf Internetseiten oder Apps mit journalistisch-redaktionellen Angeboten zusteht, ergibt sich wiederum aus Art. 56 RStV.[21] Wie schon beim Rundfunk bestehen auch für die über das Internet verbreitete elektronische Presse hinsichtlich der Anspruchsvoraussetzungen und der Durchsetzung keine wesentlichen, sondern lediglich systembedingte Unterschiede im Vergleich zur gedruckten Presse; Einzelheiten dazu in Rz. 29.122 ff.

2. Materielle Anspruchsvoraussetzungen

29.12 Zur Geltendmachung des Anspruchs auf Veröffentlichung einer Gegendarstellung berechtigt ist, wer von einer in einer periodischen Druckschrift, einer Rundfunksendung oder in der elektronischen Presse aufgestellten oder verbreiteten Tatsachenbehauptung selbst und individuell betroffen ist.

a) Betroffenheit

29.13 Der Gegendarstellungsanspruch steht jeder **Person** oder **Stelle** zu, die die Unrichtigkeit einer sie betreffenden veröffentlichten Tatsachenbehauptung behauptet. Dies folgert eine völlig einhellige gerichtliche Praxis aus der Tatsache, dass alle einschlägigen Bestimmungen den Anspruch jedermann gewähren, der von einer Tatsachenbehauptung betroffen ist, ohne deren Unwahrheit zur Anspruchsvoraussetzung zu machen. Dabei entspricht der Begriff der Betroffenheit grundsätzlich demjenigen, der auch ansonsten im Zusammenhang mit Medienäußerungen Anwendung findet (Einzelheiten in Rz. 13.34 ff.).[22]

29.14 Unter einer Person sind daher auch in diesem Zusammenhang nicht nur **natürliche Personen**, sondern auch **juristische Personen** des Privatrechts und des öffentlichen Rechts sowie sonstige Personenvereinigungen zu verstehen, sofern diese eine jedenfalls partielle Rechtsfähigkeit haben und vor Gericht klagen oder verklagt werden können.[23] Dazu gehören auch

---

20 OLG München AfP 1998, 89 = ZUM 1998, 166; OLG München AfP 2001, 70 = NJW-RR 2000, 1573.
21 LG München I AfP 2015, 71; s. auch *Lent*, ZUM 2016, 954.
22 *Seitz*, Kap. 4 Rz. 6 ff.; Wenzel/*Burkhardt*, Kap. 11 Rz. 59 ff.; *Prinz/Peters*, Rz. 465 ff.
23 OLG Thüringen AfP 2007, 559 für eine Gemeinde; *Seitz*, Kap. 4 Rz. 3; Löffler/*Sedelmeier*, § 11 LPG Rz. 48; *Ricker/Weberling*, Kap. 24 Rz. 1.

nicht rechtsfähige Vereine, Bürgerinitiativen,[24] politische Parteien (und ihre Mitglieder)[25] und Gewerkschaften.[26] Als Stelle gelten auch **Behörden**[27] einschließlich Gerichten und Staatsanwaltschaften, Organisationseinheiten der körperschaftlich verfassten **Kirchen**,[28] die Bundesregierung,[29] Ministerien[30] sowie **Gesetzgebungsorgane** wie der Bundestag oder Landes- bzw. Kommunalparlamente.[31] Allerdings ist bei der Beurteilung von Gegendarstellungen von Behörden oder anderen öffentlich-rechtlichen Stellen den Kommunikationsgrundrechten aus Art. 5 Abs. 1 Satz 2 GG besondere Beachtung zu schenken, da ihnen das Allgemeine Persönlichkeitsrecht nicht zusteht (dazu schon Rz. 13.28) und damit für diesen Kreis Betroffener die maßgebliche Grundlage für die Verankerung des Gegendarstellungsanspruchs im Verfassungsrecht entfällt. Nicht jede behauptete Unwahrheit eines Medienberichts berechtigt daher Behörden zur Geltendmachung von Gegendarstellungsansprüchen; in Betracht kommt dieser Anspruch vielmehr hier nur gegenüber Tatsachenbehauptungen, die gravierend in die Rechtsstellung einer Behörde oder anderen öffentlichen Stelle eingreifen und sich auf deren Erscheinungsbild erheblich auswirken können.[32] Für den Gegendarstellungsanspruch öffentlicher Stellen gelten insofern dieselben Abwägungskriterien wie für den Berichtigungsanspruch; s. Rz. 31.19.

Die Betroffenheit im gegendarstellungsrechtlichen Sinn erfordert allerdings keine negative Beeinträchtigung und nicht die Darlegung, dass der Anspruchssteller in seinen Rechten verletzt ist.[33] Auch eine **positive Meldung** kann einen Anspruch auf Veröffentlichung einer Gegendarstellung auslösen,[34] wie etwa die zwar positiv klingende, im Ergebnis aber kreditschädigende unzutreffende Meldung, ein Theater sei über Monate hinaus ausverkauft, die zwangsläufig dazu führen würde, dass sich das interessierte Publikum nicht mehr um Eintrittskarten bemüht (Rz. 12.82). Allerdings muss der Betroffene in seiner eigenen Interessensphäre berührt sein, wobei eine wertende Betrachtung zur Anwendung kommt. So hat die Rechtsprechung Betroffenheit etwa angenommen im Fall des Chefredakteurs, der sich gegen eine sein Blatt oder seine Redaktion betreffende Behauptung wendet,[35] oder des Theaterintendanten im Zusammenhang mit einem Bericht über Zustände im von ihm geleiteten Theater.[36] Betroffen in diesem Sinne sind auch der Vorsitzende des Landesverbands einer politischen Partei von Behauptungen über seine Partei, die Bundesregierung von der Behauptung, die Regierungsparteien hätten öffentliche Mittel verschwendet,[37] oder die Eltern von Behauptungen, die ihre minderjährigen Kinder betreffen.[38]

29.15

---

24 LG Aachen IV JW 1977, 255.
25 OLG Karlsruhe AfP 1981, 363.
26 BVerfG NJW 2002, 3388 (Verein); *Seitz*, Kap. 4 Rz. 3; *Löffler/Sedelmeier*, § 11 LPG Rz. 49.
27 LG Berlin MMR 2012, 68 (LS); BerlVerfGH AfP 2008, 593; *Seitz*, Kap. 4 Rz. 4; *Ricker/Weberling*, Kap. 24 Rz. 1; *Wenzel/Burkhardt*, Kap. 11 Rz. 60 ff.
28 OLG Karlsruhe AfP 1998, 65.
29 LG München I ZUM 2006, 81; OLG München AfP 1976, 188.
30 LG Hamburg NJW 1967, 734.
31 *Seitz*, Kap. 4 Rz. 4; *Wenzel/Burkhardt*, Kap. 11 Rz. 61.
32 BerlVerfGH AfP 2008, 593 = NJW 2008, 3491; KG BeckRS 2011, 28792.
33 *Seitz*, Kap. 1 Rz. 18.
34 OLG München NJW 1954, 927.
35 KG AfP 2007, 231; OLG Hamburg AfP 2008, 314 = ZUM-RD 2008, 475; OLG Frankfurt a.M. AfP 1984, 225; OLG; Hamburg AfP 1973, 387.
36 LG München v. 2.11.1977 – 9 O 16335/77, unveröffentlicht, zitiert nach *Seitz*, Kap. 4 Rz. 13 Fn. 33.
37 OLG München AfP 1976, 188.
38 *Wenzel/Burkhardt*, Kap. 11 Rz. 60.

29.16 Andererseits ist der Gegendarstellungsanspruch untrennbar mit der Person der Betroffenen verbunden.[39] Nicht betroffen sind daher in der Regel die Kinder oder sonstigen Erben von Berichterstattung über ihre Eltern oder Erblasser. Der von der Rechtsprechung bei schweren Beeinträchtigungen des Lebensbilds zur Verfügung gestellte **postmortale Achtungsanspruch** (dazu Rz. 13.8 ff.) kann zur Begründung einer gegendarstellungsrechtlichen Betroffenheit nicht herangezogen werden.[40] Insoweit fehlt es an der erforderlichen Betroffenheit der Kinder oder Erben. Stirbt der Betroffene, nachdem die Veröffentlichung seiner Gegendarstellung angeordnet, aber bevor sie tatsächlich abgedruckt oder ausgestrahlt wurde, so kann der Veröffentlichungspflichtige die Aufhebung des gerichtlichen Titels verlangen.[41] Anderes kann allenfalls dann gelten, wenn die primär dem Verstorbenen geltende Berichterstattung auch die Kinder in ihrer eigenen Sphäre und insbesondere in der Frage betrifft, wie sie selbst zu den originär den Verstorbenen betreffenden Behauptungen stehen oder wie sie sich zum referierten Sachverhalt selbst eingelassen haben.[42]

b) Inhalt der Erstmitteilung

29.17 Der Gegendarstellungsanspruch setzt voraus, dass der Anspruchsteller von einer **Tatsachenbehauptung** in der Erstmitteilung betroffen ist. Für die Auslegung von Tatsachenbehauptungen sowie die Abgrenzung der Tatsachenbehauptung von der Meinungsäußerung gelten im Rahmen des Gegendarstellungsrechts keine Besonderheiten,[43] es sind vielmehr die allgemein gültigen Kriterien anzuwenden. Wegen der umfangreichen Kasuistik wird daher auf die Darstellung der Abgrenzung von Tatsachenbehauptungen und Meinungsäußerungen verwiesen (Rz. 14.1 ff.).[44]

29.18 Auch im Gegendarstellungsrecht findet die **Variantenlehre** Anwendung, nach der unter mehreren möglichen Deutungen einer Äußerung derjenigen der Vorzug zu geben ist, die dem Betroffenen am günstigsten ist und nicht zur Verurteilung der Medien führt.[45] Das BVerfG hat in den *Stolpe*-[46] und *Babycaust*-Entscheidungen[47] für den Bereich der Unterlassungsansprüche einerseits und aller anderer Sanktionen medialer Äußerungen (zivilrechtliche Ansprüche auf Schadensersatz, Entschädigung und Berichtigung) andererseits differenziert und die Anwendung der Variantenlehre sowohl bei mehrdeutigen Tatsachenbehauptungen als auch bei Äußerungen im Grenzbereich zwischen Tatsachenbehauptung und Meinungsäußerung ausgeschlossen, soweit ein in die Zukunft gerichteter Unterlassungsanspruch geltend gemacht wird. Der Gegendarstellungsanspruch hat nach der Rechtsprechung des BVerfG[48] und ihm

---

39 KG AfP 2007, 137 = ZUM-RD 2007, 232; OLG Hamburg AfP 1994, 322; vgl. auch LG Hamburg AfP 2002, 70 für den Untergang des Gegendarstellungsanspruchs bei Verschmelzung einer Firma.
40 KG AfP 2007, 137 = ZUM-RD 2007, 232; OLG Hamburg AfP 1994, 322; OLG Stuttgart NJW-RR 1996, 599.
41 KG AfP 2007, 137 = ZUM-RD 2007, 232.
42 OLG Hamburg v. 23.6.1994 – 3 U 113/94, unveröffentlicht.
43 BVerfG AfP 1998, 500 = NJW 1999, 483; OLG Karlsruhe AfP 1999, 373 = NJW-RR 2000, 323; Löffler/*Sedelmeier*, § 11 LPG Rz. 89.
44 Vgl. auch die zahlreichen Beispiele bei *Seitz*, Kap. 6 Rz. 129 ff.
45 Sogenannte Variantenlehre; vgl. BVerfG AfP 1992, 53 = NJW 1992, 1439 – Bayer; BVerfG NJW 1993, 1845; BVerfG NJW 1999, 204 = ZUM 1998, 930; BGH AfP 1998, 506 = NJW 1998, 3047 – IM Sekretär; BayObLG AfP 1995, 496 = NJW 1995, 2501; *Seitz*, Kap. 6 Rz. 36; *Mann*, AfP 2011, 326.
46 BVerfG AfP 2006, 41 = NJW 2006, 207 – Stolpe/IM Sekretär.
47 BVerfG AfP 2006, 349 = NJW 2006, 3769 – Babycaust.
48 BVerfG AfP 2008, 58 = NJW 2008, 1654.

folgend einzelner Oberlandesgerichte[49] einen Einschüchterungseffekt und kann einen Image-schaden für den Äußernden begründen, der dem Grundrecht der Kommunikationsfreiheit zuwiderlaufen kann. Daher bleibt es auch bei der Entscheidung über Gegendarstellungs-ansprüche bei der Grundregel: Im Fall mehrdeutiger Äußerungen ist derjenigen Deutung der Vorzug zu geben, die nicht zur Verurteilung der Medien führt.

Ein Verlag, ein Rundfunkveranstalter oder der Betreiber eines geeigneten Internet-Portals darf daher nicht schon dann zur Veröffentlichung einer Gegendarstellung verurteilt werden, wenn nur eine nicht fernliegende **Deutung** der Erstmitteilung einen gegendarstellungsfähigen Inhalt ergibt[50] oder wenn es zur gewählten und beanstandeten Deutungsvariante eine gleich-wertige Alternative gibt.[51] Es reicht auch nicht aus, dass sich eine Gegendarstellung gegen eine von zwei vom Gericht als gleichwertig angesehene Deutungen richtet.[52] Nicht gegendar-stellungsfähig ist etwa eine als Vermutung gekennzeichnete Schlussfolgerung aus dem Ver-kauf des Wohnhauses eines Prominenten auf den Zustand seiner Ehe.[53] Auch bei mehrdeuti-gen Fragen, bei denen eine Deutung diese als echte, die andere als rhetorische Frage erschei-nen lässt, muss im Interesse der Meinungsäußerungsfreiheit von einem weiten Fragebegriff ausgegangen werden.[54] Ein Gegendarstellungsanspruch kann demgemäß nur begründet sein, wenn die Formulierung mit hinreichender Deutlichkeit als überhaupt gegendarstellungsfähige Tatsachenbehauptung eingestuft werden kann. Nur solche mehrdeutigen Äußerungen kom-men damit als Basis für Gegendarstellungen in Betracht, deren Deutung sich dem Leser oder Hörer unter Berücksichtigung des Kontexts der Erstmitteilung[55] als **unabweisbare Schluss-folgerung aufdrängt**.[56] Dass eine Behauptung zwischen den Zeilen aufgestellt wurde,[57] be-gründet daher einen Gegendarstellungsanspruch ebenfalls nur, wenn der Leser sie der Erst-mitteilung zwingend entnimmt.

Auf **Meinungsäußerungen** und Kritik kann **nicht im Wege der Gegendarstellung erwidert** werden.[58] Dass sich allerdings eine als solche gegendarstellungsfähige Tatsachenbehauptung innerhalb eines Kommentars befindet, steht dem Anspruch nicht entgegen.[59] Voraussetzung für die Durchsetzung eines Gegendarstellungsanspruchs ist stets die Anknüpfung an eine Tat-sachenbehauptung, deren Gegenstand im vorliegenden Zusammenhang auch innere Tatsa-

29.19

29.20

---

49 OLG Köln v. 6.2.2013 – 15 W 9/13, zit. nach juris OLG Düsseldorf AfP 2008, 208 = NJW 2008, 1825; OLG Hamburg AfP 2008, 314 = ZUM-RD 2008, 475.
50 OLG Karlsruhe AfP 2008, 89 = NJW-RR 2008, 641; a.A. LG München I NJW-RR 2006, 911 = ZUM-RD 2006, 198.
51 OLG Düsseldorf AfP 2008, 523; OLG Düsseldorf AfP 2008, 208 = NJW 2008, 1825; OLG Hamburg AfP 2008, 314 = ZUM-RD 2008, 475; LG München AfP 2015, 180.
52 So aber LG München AfP 2006, 379 = NJW-RR 2006, 911.
53 OLG Karlsruhe AfP 2003, 439 = NJW-RR 2003, 109.
54 BVerfG AfP 2018, 219 = NJW 2018, 1596; BVerfG AfP 2014, 433 = NJW 2014, 766, a.A. OLG Zwei-brücken AfP 2015, 169 = NJW-RR 2015, 561 – Sterbedrama.
55 BVerfG AfP 2004, 48 = NJW 2004, 1235.
56 BVerfG AfP 2018, 219 = NJW 2018, 1596; BVerfG AfP 2008, 58; OLG Düsseldorf AfP 2008, 208 = NJW 2008, 1825; OLG Hamburg AfP 2008, 314 = ZUM-RD 2008, 475; OLG Karlsruhe AfP 2016, 164 = NJW-RR 2016, 565; kritisch dazu Wenzel/*Burkhardt*, Kap. 11 Rz. 22.
57 OLG Karlsruhe AfP 2007, 55.
58 Löffler/*Sedelmeier*, § 11 LPG Rz. 90 ff.; *Seitz*, Kap. 5 Rz. 87; *Ricker/Weberling*, Kap. 25 Rz. 9 ff.
59 BVerfG AfP 2004, 48 = NJW 2004, 1235; s. aber auch OLG Koblenz AfP 2018, 144 = NJW-RR 2018, 623.

chen sein können; Einzelheiten in Rz. 14.7 ff.[60] Tatsachenbehauptungen können auch in diesem Zusammenhang Verdachtsäußerungen, Gerüchte oder sogar Fragen sein.[61] Auch Äußerungen, die als solche zutreffend sind, durch deren Darstellung aber ein unrichtiger oder irreführender Eindruck (dazu Rz. 16.78 ff.) erweckt wird, gelten als gegendarstellungsfähige Tatsachenbehauptungen, sofern sich der Eindruck dem Leser oder Hörer als unabweisliche Schlussfolgerung aufdrängt.[62] Daher ist auch die Aussage, ein Dritter habe sich in einem bestimmten Sinn wörtlich oder inhaltlich geäußert, gegendarstellungsfähig, selbst wenn die inhaltliche Richtigkeit dieser Äußerung als solche nicht infrage steht.[63] Umgekehrt sind Presseberichte über einen Verdacht von Ermittlungsbehörden so lange nicht gegendarstellungsfähig, als sie den Gegenstand des Verdachts nicht als wahr hinstellen.[64]

29.21 Das Format einer **Erstmitteilung** ist für die Gegendarstellungsfähigkeit unbeachtlich. Einer Gegendarstellung zugänglich sind auch solche Tatsachenbehauptungen, die im Rahmen von **Satire** oder Karikatur aufgestellt werden.[65] Für die Ermittlung ihres tatsächlichen Aussagegehalts ist auch in diesem Zusammenhang die Äußerung von ihrer satirischen Einkleidung zu befreien (Rz. 14.47). Die Äußerung etwa, der Leiter einer Behörde erscheine aufgrund seiner gesellschaftlichen Verpflichtungen regelmäßig erst nachmittags gegen 17.00 Uhr zum Dienst, wo er dann aber durchaus bis gegen 21.00 Uhr verweile,[66] ist daher auch dann gegendarstellungsfähig, wenn sie im Rahmen eines satirischen Beitrags fällt. Ebenfalls gegendarstellungsfähig sind tatsächliche Aussagen, die durch die Verbreitung von Bildern bzw. durch begleitende Bildberichterstattung vermittelt werden.[67] Die bloße Tatsache, dass ein Bild im Wege der Fotomontage entstanden ist, kommt aber als Anknüpfungspunkt für eine Gegendarstellung nicht in Betracht, sofern dem Betrachter nicht durch die Montage eine tatsächliche Aussage nahegelegt wird, an die ihrerseits eine Gegendarstellung anknüpfen kann.[68] Auch ist in diesem Zusammenhang die Rechtsprechung des BGH[69] zu beachten, nach der das in erster Linie zu Illustrationszwecken eingesetzte Bild nicht ohne weiteres als Ergänzung einer im Text formulierten Sachaussage zu verstehen ist.

29.22 Entgegen dem Wortlaut der Landespressegesetze kommt es nach einhelliger Auffassung nicht darauf an, ob die betreffende Zeitung oder Zeitschrift eine Behauptung als eigene aufgestellt oder sie sich nur zu Eigen gemacht hat.[70] Die Gegendarstellung darf sich damit auch gegen solche Behauptungen wenden, die die Presse nicht selbst aufstellt, sondern nur ver-

---

60 OLG Dresden v. 14.3.2017 – 4 U 142/17, zit. nach juris; OLG Karlsruhe AfP 2011, 281 = ZUM-RD 2011, 556; BVerfG AfP 2018, 219 = NJW 2018, 361; BVerfG AfP 2008, 58 = NJW 2008, 1654; Wenzel/*Burkhardt*, Kap. 11 Rz. 18.

61 BVerfG AfP 2014, 433 = NJW 2017, 766; OLG Hamburg ZUM 2018, 546; *Seitz*, Kap. 6 Rz. 18.

62 OLG Dresden NJW-RR 2017, 1258 = ZUM 2017, 931; OLG Frankfurt a.M. AfP 2008, 628.

63 OLG Hamburg NJW-RR 1994, 1179; Löffler/*Sedelmeier*, § 11 LPG Rz. 108; *Seitz*, Kap. 6 Rz. 10 f.

64 OLG Hamburg ZUM 2018, 546; KG v. 12.6.1986 – 9 W 2595/86 und v. 23.2.1988 – 9 W 891/88, jeweils unveröffentlicht.

65 *Seitz*, Kap. 6 Rz. 92; Wenzel/*Burkhardt*, Kap. 11 Rz. 21; *Ricker/Weberling*, Kap. 25 Rz. 11.

66 OLG Frankfurt a.M. NJW-RR 1993, 852.

67 OLG München AfP 1979, 364; OLG Hamburg ArchPR 1976, 55; LG München AfP 2003, 373 = NJW 2004, 606; OLG München AfP 2017, 499 = ZUM 2018, 195; OLG München AfP 2017 323; *Seitz*, Kap. 6 Rz. 78; Wenzel/*Burkhardt*, Kap. 11 Rz. 43, 45; *Ricker/Weberling*, Kap. 25 Rz. 11.

68 OLG Karlsruhe AfP 2011, 282 = ZUM-RD 2011, 556.

69 BGH AfP 1992, 140 = NJW 1992, 1312 – Bezirksleiter Straßenbau.

70 OLG Frankfurt a.M. AfP 1985, 288; OLG München ArchPR 1974, 108; *Seitz*, Kap. 6 Rz. 10; Löffler/*Sedelmeier*, § 11 LPG Rz. 107; *Ricker/Weberling*, Kap. 25 Rz. 13.

breitet, wobei es auch auf die Form der Verbreitung in aller Regel nicht ankommt. Auch Äußerungen Dritter, die die Medien unter Nennung der Quelle verbreiten,[71] und selbst **Leserbriefe** sind damit im Prinzip gegendarstellungsfähig.[72] Die durch die aktuelle Rechtsprechung bewirkte Einschränkung der Haftung der Medien für als solche gekennzeichnete und nicht anonymisierte Drittäußerungen (Rz. 16.15 f.) steht dem nicht entgegen, solange die Gegendarstellung deutlich erkennen lässt, dass sie sich gegen eine im veröffentlichungspflichtigen Medium verbreitete Drittäußerung wendet.[73] Die Behauptung des Betroffenen, der Dritte habe sich nicht im zitierten Sinn geäußert, kann diesen aber seinerseits in seinen Rechten verletzen und daher unter Umständen einen strafbaren Inhalt der Gegendarstellung darstellen (Rz. 29.40).

Grundsätzlich besagt der Abdruck einer Gegendarstellung nichts über die **Wahrheit** oder Unwahrheit der darin in Bezug genommenen Erstmitteilung. Mit dem Abdruck ist auch nicht etwa ein ausdrückliches oder auch nur inzidentes Eingeständnis des betroffenen Periodikums verbunden, dass die frühere Mitteilung unrichtig war, wenngleich ein Teil der Leser diese unrichtige Schlussfolgerung ziehen wird. Nach der Konzeption der Gesetzgeber und der Auffassung des BVerfG handelt es sich bei der Veröffentlichung der Gegendarstellung um nicht mehr als die Verwirklichung des Rechts des Betroffenen, sich gegenüber der Öffentlichkeit, an die sich die Erstmitteilung gewandt hat, mit seiner eigenen Darstellung Gehör zu verschaffen[74] und so die Möglichkeit zu bekommen, die Frage der Wahrheit in die Schwebe zu bringen.[75] Dass deren Richtigkeit nachgewiesen oder glaubhaft gemacht wird, ist daher nicht Anspruchsvoraussetzung.[76] Anderes galt nur im Geltungsbereich der wenigen Normen, die den Gegendarstellungsanspruch an die Verbreitung einer unwahren Tatsachenbehauptung knüpften.[77] Eine Verletzung besonders geschützter Rechte des Betroffenen ist nicht Anspruchsvoraussetzung. Gleiches gilt für die Glaubhaftmachung der Unwahrheit der Erstmitteilung.[78] Der Gegendarstellungsanspruch ist damit im Wesentlichen formaler Natur.

29.23

Einschränkungen des Gegendarstellungsanspruchs ergeben sich aber für den Bereich der **Parlaments- und Gerichtsberichterstattung**. Für den Bundestag und seine Ausschüsse ergibt sich dies unmittelbar aus Art. 42 Abs. 3 GG, für die Parlamente von Ländern und Kommunen sowie die Gerichtsberichterstattung aus § 10 bzw. § 11 Abs. 5 der Landespressegesetze.[79] Einzelne Landespressegesetze gehen weiter und privilegieren Berichterstattung auch über inter-

29.24

---

71 OLG Hamburg AfP 1983, 345; OLG Brandenburg NJW-RR 2000, 326; OLG Karlsruhe AfP 1999, 373 = NJW-RR 2000, 323; OLG Karlsruhe AfP 2009, 267.
72 OLG Hamburg AfP 1983, 345.
73 *Ricker/Weberling*, Kap. 25 Rz. 13.
74 BVerfG AfP 1983, 334 = NJW 1983, 1179 – Gegendarstellung I.
75 BVerfG AfP 2018, 219 = NJW 2018, 361; BVerfG AfP 1998, 184 = NJW 1998, 1381 – Gegendarstellung auf der Titelseite.
76 *Seitz*, Kap. 9 Rz. 106; Löffler/*Sedelmeier*, § 11 LPG Rz. 113; für den Gegendarstellungsanspruch vor Inkrafttreten der Landespressegesetze BGH NJW 1963, 151 = GRUR 1963, 83 – Staatskarosse; BGH NJW 1963, 1155 = GRUR 1963, 638 – Geisterreigen; BGH NJW 1964, 1132 = GRUR 1964, 562 – Uhren-Weiß.
77 Vgl. insoweit OLG Karlsruhe AfP 1994, 318 = ZUM 1995, 142; s. dazu § 3 Nr. 8 Hess. PrivatrundfunkG i.V.m. § 9 LPG Hessen.
78 OLG Hamburg NJW 1968, 2383.
79 In Brandenburg § 12 Abs. 5; in Bayern fehlt diese Regelung, beschränkt sich daher die Privilegierung der Parlamentsberichterstattung auf den Bundestag und seine Ausschüsse sowie nach § 37 StGB auf die Bundesversammlung und die Landesparlamente; vgl. Löffler/*Sedelmeier*, § 11 LPG Rz. 72 ff.; *Seitz*, Kap. 5 Rz. 221.

nationale parlamentarische Organe[80] bzw. die beschließenden Organe der *Europäischen Union*;[81] entsprechende Regelungen enthalten heute die Mehrheit der für den Rundfunk maßgeblichen Landesmediengesetze[82] und Staatsverträge[83] sowie für die elektronische Presse der Rundfunkstaatsvertrag.[84]

29.25   Nach diesen Bestimmungen bleiben wahrheitsgemäße Berichte über Ablauf von und Erörterungen in den Sitzungen von Gerichten und Parlamenten gegendarstellungsfrei. Das gilt auch dann, wenn der Betroffene geltend macht, dass die von den Medien referierten Äußerungen in derartigen Sitzungen als solche unrichtig sind.[85] Dieses Privileg der Parlaments- und Gerichtsberichterstattung stellt die einzige spezialgesetzliche Einschränkung des Prinzips der Verbreiterhaftung (Rz. 16.13 ff.) dar. Es ist weit auszulegen und entfällt nicht etwa bereits deswegen, weil ein bestimmter Pressebericht nicht ausdrücklich als Parlaments- oder Gerichtsbericht aufgemacht und gekennzeichnet ist.[86] Die Berichterstattung darf zusammenfassen, Schwerpunkte bilden, über Ausschnitte oder Teilkomplexe der Erörterungen berichten und muss auch nicht wörtlich zitieren, um privilegiert zu sein.[87]

29.26   Vorausgesetzt wird allerdings, dass der Bericht **wahrheitsgetreu** ist. Damit kann die Privilegierung der Parlaments- und Gerichtsberichterstattung dann nicht in Anspruch genommen werden, wenn aus der Sitzung Tatsachen oder Äußerungen berichtet werden, die sich so nicht ereignet haben oder die nicht oder nicht wie berichtet gefallen sind. Macht ein Betroffener geltend, eine von einer Zeitung wiedergegebene, in einer Parlamentssitzung oder einer Gerichtsverhandlung gefallene Äußerung sei inhaltlich unwahr, so scheidet ein Gegendarstellungsanspruch schlechthin aus.[88] Behauptet er hingegen, der Bericht sei deswegen unwahr, weil die betreffende Äußerung in der Sitzung, über die berichtet wird, nicht oder nicht so gefallen sei, dann müssen die Gerichte entgegen dem in Rz. 29.23 dargestellten Grundsatz die Wahrheit ermitteln.[89] Dazu ist im für die Durchsetzung von Gegendarstellungsansprüchen vorgeschriebenen Verfahren der einstweiligen Verfügung die Glaubhaftmachung der Unwahrheit des Berichts über den Verlauf der betreffenden Sitzung durch eidesstattliche Versicherung erforderlich, aber auch ausreichend.[90] Die in einem Teil des Schrifttums[91] vertretene Auffassung, es komme auch insoweit auf die Wahrheit der Gegendarstellung nicht an und bedürfe daher keiner Glaubhaftmachung, ist unzutreffend. Sie missachtet den klaren Wortlaut der einschlägigen Normen, die die Wahrheit der Parlaments- bzw. Gerichtsberichterstattung ausdrücklich als Voraussetzung dafür nennen, dass der Gegendarstellungsanspruch entfällt,

---

80   § 11 Abs. 5 LPG Rheinland-Pfalz, § 10 Abs. 5 LPG Saarland.
81   § 12 Abs. 5 LPG Brandenburg, § 10 Abs. 6 LPG Sachsen, § 11 Abs. 5 LPG Thüringen.
82   Baden-Württemberg § 9 Abs. 7; Bremen § 19 Abs. 7; Hessen § 28 Abs. 7; Mecklenburg-Vorpommern § 30 Abs. 5; Niedersachsen § 20 Abs. 6; Nordrhein-Westfalen § 44 Abs. 6; Rheinland-Pfalz § 11 Abs. 5; Saarland § 10 Abs. 5; Sachsen § 26 Abs. 7.
83   ZDF-StV § 9 Abs. 7; DLR-StV § 9 Abs. 7; MDR-StV § 15 Abs. 6; NDR-StV § 12 Abs. 6; RBB-StV § 9 Abs. 6; SWR-StV § 10 Abs. 7.
84   § 56 Abs. 4 RStV.
85   *Seitz*, Kap. 5 Rz. 219 ff.; Löffler/*Sedelmeier*, § 11 LPG Rz. 75; a. A. Wenzel/*Burkhardt*, Kap. 11 Rz. 45.
86   Löffler/*Sedelmeier*, § 11 LPG Rz. 74; Wenzel/*Burkhardt*, Kap. 11 Rz. 43.
87   OLG Hamburg AfP 1979, 361; *Seitz*, Kap. 5 Rz. 222.
88   *Seitz*, Kap. 5 Rz. 224.
89   OLG Hamburg AfP 1979, 361.
90   OLG Hamburg AfP 1979, 361; OLG Jena AfP 2007, 559; *Seitz*, Kap. 5 Rz. 226 f.
91   Löffler/*Sedelmeier*, § 11 LPG Rz. 76; Rz. 282 f.; Wenzel/*Burkhardt*, Kap. 11 Rz. 446.

woraus sich zwingend ergibt, dass sie den Anspruch mithin gegenüber unwahrer Parlaments- oder Gerichtsberichterstattung nicht ausschließen.

c) Inhalt der Gegendarstellung

Wie die Gegendarstellung sich nur gegen Tatsachenbehauptungen der Erstmitteilung wenden darf, so darf auch ihr entgegnender Teil ausschließlich aus Tatsachenbehauptungen bestehen. Es gilt das Prinzip **Tatsache gegen Tatsache**.[92]   29.27

Erforderlich ist dabei die sachgerechte **Anknüpfung an die Erstmitteilung**. Die Gegendarstellung muss die Erstmitteilung konkret bezeichnen und diejenigen Tatsachenbehauptungen, gegen die sie sich wendet, konkret und zutreffend wiedergeben. Stammt sie von einem Unternehmen, dann muss sie die vollständige Firmenbezeichnung enthalten.[93] Dass die Gegendarstellung die Tatsachenbehauptungen, auf die sie erwidert, wörtlich wiedergibt, ist zwar keine gesetzliche Anforderung; die wörtliche Wiedergabe der Erstmitteilung ist aber in der Regel schon deswegen angeraten, weil durch sie die Gefahr am zuverlässigsten vermieden werden kann, dass die Aussagen der Erstmitteilung unzutreffend oder sinnentstellend wiedergegeben werden. Unzulässig ist stets eine irreführende oder gar falsche Wiedergabe der Erstmitteilung.[94] So darf die Gegendarstellung nicht die Aussage enthalten, die infrage stehende Zeitung oder Zeitschrift habe eine bestimmte Behauptung aufgestellt, wenn sie in Wahrheit einen Dritten zitiert[95] oder den Gegenstand des Verdachts einer Ermittlungsbehörde wiedergegeben hat.[96] Hat die Erstmitteilung die betreffende Behauptung durch Anführungszeichen als diejenige eines Dritten gekennzeichnet, so muss auch das in der Wiedergabe durch die Gegendarstellung zutreffend zum Ausdruck gebracht werden.[97] Und verlangt ein Betroffener eine Gegendarstellung zu einer im Inland erscheinenden fremdsprachigen Zeitung, dann muss sowohl die Wiedergabe der Erstmitteilung als auch die Entgegnung in derselben Sprache gehalten sein.[98]   29.28

Die eigentliche Entgegnung muss in einem **gedanklichen Zusammenhang** mit dem Inhalt der Erstmitteilung stehen, gegen den sie sich wendet. Sie muss sich thematisch mit dem von ihr in Bezug genommenen Teil der Erstmitteilung befassen[99] und ihr eine abweichende Darstellung entgegenstellen.[100] Ausreichend sein kann allerdings auch eine bloße Negation,[101] sofern sie als solche eindeutig ist und insbesondere keine Irreführung hervorruft.[102] Dies kann durchaus zu Formulierungsschwierigkeiten führen. Die Erwiderung des Betroffenen, er sei entgegen der Erstmitteilung kein enger Mitarbeiter der in der Erstmitteilung genannten Person, ist beispielsweise mehrdeutig, weil offenbleibt, ob der Betroffene überhaupt kein oder nur kein enger Mitarbeiter ist[103] und es sich in der zweiten Alternative obendrein um eine im   29.29

---

92 OLG Hamburg AfP 1978, 155.
93 KG AfP 2008, 394 = ZUM-RD 2008, 229.
94 OLG Köln AfP 1972, 231; OLG Hamburg AfP 1980, 106; OLG Hamburg AfP 1983, 289; Wenzel/ *Burkhardt*, Kap. 11 Rz. 112.
95 OLG Karlsruhe AfP 1999, 373 = NJW-RR 2000, 323; LG Dresden AfP 2010, 595.
96 OLG Düsseldorf AfP 1976, 194.
97 OLG Hamburg ArchPR 1974, 111.
98 LG Darmstadt AfP 2005, 484.
99 OLG München AfP 1972, 278; *Seitz*, Kap. 5 Rz. 153; Wenzel/*Burkhardt*, Kap. 11 Rz. 83.
100 OLG Frankfurt a.M. NJW 1950, 270.
101 OLG Hamburg AfP 1979, 403; OLG Hamburg AfP 1980, 106; *Seitz*, Kap. 5 Rz. 47 ff.
102 OLG München NJW-RR 2000, 319; OLG Düsseldorf AfP 2005, 368 = ZUM-RD 2005, 25.
103 Zutreffend Wenzel/*Burkhardt*, Kap. 11 Rz. 85; a.A. OLG Hamburg AfP 1980, 106.

Rahmen der Gegendarstellung unzulässige Wertung handelt. Gerade weil sehr knappe und auf bloße Negation beschränkte Entgegnungen häufig eine derartige Irreführungsgefahr beinhalten, lässt die Rechtsprechung[104] auch ergänzende Erläuterungen zu, soweit sie zur Klarstellung des Sachverhalts erforderlich sind.

29.30 Zulässig ist es im Prinzip auch, einem durch die Erstmitteilung hervorgerufenen bestimmten **Eindruck** im Wege der Erwiderung entgegenzutreten.[105] Dazu hat das BVerfG klargestellt, dass die Variantenlehre (dazu Rz. 29.18) auch im Rahmen des Gegendarstellungsrechts gilt.[106] Verdeckte Behauptungen sind so zu prüfen und auszulegen, dass dem Aussagegehalt der Vorzug gegeben wird, der den Betroffenen am wenigsten belastet und nicht zu einer Verurteilung führt.[107] Es genügt nicht, dass einer mehrdeutigen Äußerung oder einer verdeckten Behauptung der Eindruck entnommen werden kann, gegen den sich der Betroffene mit seiner Gegendarstellung wehren will. Erforderlich ist es vielmehr, dass die Erstmitteilung dem Leser oder Hörer den vom Betroffenen bekämpften Eindruck als unabweisliche Schlussfolgerung nahelegt.[108]

d) Berechtigtes Interesse

29.31 Die in Rz. 29.23 getroffene Feststellung, dass die Gegendarstellung auch bezogen auf ihren Inhalt im Wesentlichen formaler Natur ist, wird durch das das gesamte Zivilrecht beherrschende Verbot rechtsmissbräuchlichen Verhaltens gemäß §§ 226, 242 BGB eingeschränkt. Nach ständiger Praxis bedeutet dies im vorliegenden Zusammenhang, dass ein Gegendarstellungsanspruch dann nicht besteht, wenn es am **berechtigten Interesse** des Betroffenen fehlt. Diese Einschränkung sieht die Mehrheit der Landespressegesetze[109] heute ausdrücklich vor. Wo das nicht der Fall ist, gilt sie dennoch als allgemeingültiges Prinzip.[110]

29.32 Häufiger Streitpunkt ist der Wahrheitsgehalt der Gegendarstellung. Grundsätzlich ist der **Wahrheitsgehalt** nicht zu überprüfen.[111] Dieses Prinzip begründet entgegen der Vorstellung eines manchen Anspruchsstellers aber kein **Recht zur Lüge**.[112] Am erforderlichen berechtigten Interesse an der Durchsetzung des Gegendarstellungsanspruchs fehlt es daher insbesondere, wenn sich ergibt, dass der Inhalt der Gegendarstellung offen- bzw. gerichtskundig un-

---

104 OLG München AfP 2017, 499 = ZUM 2018, 195; OLG Hamburg AfP 1973, 387; OLG Frankfurt a.M. AfP 1980, 38; OLG Hamburg AfP 1987, 625; *Seitz*, Kap. 5 Rz. 150, 155; OLG Frankfurt a.M. AfP 2014, 73 = ZUM-RD 2014, 352; Wenzel/*Burkhardt*, Kap. 11 Rz. 87.

105 *Seitz*, Kap. 5 Rz. 154.

106 BVerfG AfP 2008, 58 = NJW 2008, 1654; LG Offenburg, AfP 2017, 538.

107 BVerfG AfP 1992, 53 = NJW 1992, 1439 – Bayer; BVerfG NJW 1993, 1845; BVerfG NJW 1999, 204 = ZUM 1998, 930; BGH AfP 1998, 506 = NJW 1998, 3047 – IM Sekretär; BayObLG AfP 1995, 496 = NJW 1995, 2501; *Seitz*, Kap. 6 Rz. 25.

108 BVerfG AfP 2018, 219 = NJW 2018, 1596; *Seitz*, Kap. 6 Rz. 14 m.w.N.

109 Baden-Württemberg, Hamburg und Schleswig-Holstein § 11 Abs. 2 Satz 1; Brandenburg § 12 Abs. 2 Nr. 1; Berlin, Hessen und Mecklenburg-Vorpommern § 10 Abs. 2 Satz 1; Bremen, Nordrhein-Westfalen und Thüringen § 11 Abs. 2 Nr. 1; Rheinland-Pfalz § 11 Abs. 3 Nr. 1; Saarland § 10 Abs. 3 Nr. 1; Sachsen § 10 Abs. 2 Nr. 4.

110 OLG Naumburg AfP 2006, 464 = ZUM 2006, 482; *Seitz*, Kap. 5 Rz. 182; Löffler/*Sedelmeier*, § 11 LPG Rz. 61; *Ricker/Weberling*, Kap. 26 Rz. 4; für Bayern: OLG München NJW-RR 2000, 319; OLG München AfP 1999, 484.

111 *Seitz*, Kap. 5 Rz. 192 ff.; Wenzel/*Burkhardt*, Kap. 11 Rz. 110.

112 LG München ZUM-RD 2014, 117; OLG Hamburg MDR 1966, 593; Wenzel/*Burkhardt*, Kap. 11 Rz. 110; *Korte*, S. 60 ff.

wahr[113] oder offen- bzw. gerichtskundig irreführend[114] ist. Ein Fall der offenkundigen Unwahrheit liegt etwa vor, wenn der Betroffene sich in seiner Entgegnung mit eigenen Äußerungen in Widerspruch setzt, die er früher in schriftlicher Form niedergelegt hat, oder wenn sich die Unwahrheit seiner Entgegnung aus sonstigen Dokumenten ergibt, deren inhaltliche Richtigkeit ihrerseits nicht in Streit steht.[115] Auch sein Verhalten im gerichtlichen Verfahren zur Durchsetzung des Gegendarstellungsanspruchs und insbesondere darin auftretende Widersprüchlichkeiten können unter diesem Aspekt von Bedeutung sein.[116] Irreführend ist auch die vorbehaltlose Negierung einer Behauptung, die lediglich einer Ergänzung oder Einschränkung bedarf.[117]

So entfällt etwa der Gegendarstellungsanspruch wegen offenkundiger **Irreführung**, wenn die Gegendarstellung die Behauptung enthält, die Teilnahme an Verlosungsaktionen eines Unternehmens sei nicht davon abhängig, dass der Teilnehmer Einkäufe bei dem Unternehmen tätigt, und sich aus dem eigenen Vortrag des Betroffenen ergibt, dass dies zwar auf den Fall zutrifft, der Anlass für die Erstmitteilung war, aber der generellen Praxis des Unternehmens nicht entspricht.[118] Bleibt im Verfahren über die Durchsetzung eines Gegendarstellungsanspruchs zu einem Bericht über die Tätigkeit eines Bundestagsausschusses unstreitig, dass Mitglieder des Ausschusses den *Entwurf eines Abschlussberichts vorgelegt* haben, dann ist die Gegendarstellung offenkundig irreführend, wenn sie die Behauptung enthält, *es gebe keinen Bericht des Ausschusses.*[119] Wird in der Gegendarstellung auf eine Berichterstattung verwiesen („in der Berichterstattung heißt es") und richtet sich die Gegendarstellung tatsächlich auf eine dort wiedergegebene Äußerung Dritter, ist das Gegendarstellungsverlangen ebenfalls irreführend, weil eine eigene Behauptung der Redaktion suggeriert wird.[120] Ein Fall der Irreführung, die den Gegendarstellungsanspruch entfallen lässt, sofern sie offen- oder gerichtskundig ist, liegt schließlich auch vor, wenn der Betroffene auf die Behauptung der Erstmitteilung, er sei in einem bestimmten tatsächlichen Zusammenhang wegen *Erpressung bestraft worden*, mit einer schlichten Negation entgegnet und auf diese Weise verschweigt, dass er tatsächlich wegen *Nötigung* bestraft worden ist, oder aber wenn in der Negation behauptet wird, ein Verein werde nicht vom Landesverfassungsschutz beobachtet, wenn sich gleichzeitig eine solche Beobachtung aus dem Bundesverfassungsschutzbericht ergibt.[121]

Damit erweist sich die Wahrheit bzw. Unwahrheit der Gegendarstellung als ein Kriterium, das trotz seiner prinzipiellen Unbeachtlichkeit im Verfahren über die Durchsetzung des Anspruchs häufig doch eine beträchtliche Rolle spielt. Die Gerichte haben zwar nur offenkundige Unwahrheiten oder Irreführungen zu beachten; vor diesen dürfen sie aber ihre Augen nicht verschließen. Daraus folgt, dass insbesondere die gesetzliche Verpflichtung zu wahrheitsgemä-

29.33

29.34

---

113 OLG Hamburg AfP 1974, 573; OLG Hamburg AfP 1977, 245; OLG Karlsruhe AfP 1977, 356; OLG Karlsruhe AfP 1998, 89 = ZUM 1998, 166; OLG Köln AfP 1971, 174; *Seitz*, Kap. 5 Rz. 192 ff.; *Löffler/Sedelmeier*, § 11 LPG Rz. 63; *Wenzel/Burkhardt*, Kap. 11 Rz. 127.

114 OLG München AfP 1992, 171; OLG München AfP 1998, 515 = ZUM 1998, 846; *Seitz*, Kap. 5 Rz. 200 ff.; *Wenzel/Burkhardt*, Kap. 11 Rz. 112.

115 OLG Hamburg AfP 1973, 387; *Seitz*, Kap. 5 Rz. 193.

116 OLG Hamburg AfP 1980, 104.

117 OLG Düsseldorf AfP 2005, 368 = ZUM-RD 2005, 25; OLG Dresden AfP 2002, 55 = ZUM-RD 2002, 287.

118 OLG München AfP 1998, 89 = ZUM 1998, 166.

119 OLG München AfP 1998, 515 = ZUM 1998, 846.

120 OLG Köln AfP 2014, 340.

121 OLG Hamburg ArchPR 1974, 110.

ßem Sachvortrag im Zivilprozess (§ 138 Abs. 1 ZPO)[122] auch im gerichtlichen Verfahren zur Durchsetzung der Gegendarstellung gilt. Die Darlegungs- und Glaubhaftmachungslast für die **offenkundige Unwahrheit** oder Irreführungsneigung der Gegendarstellung liegt zwar bei den Abdruck- bzw. Sendepflichtigen.[123] Der Betroffene muss sich aber auf substantiierte Behauptungen der Medien im Prozess, nach denen der Inhalt der Erwiderung unwahr ist, jedenfalls substantiiert einlassen. Kann oder tut er es nicht, so muss das Gericht nach allgemeinen zivilprozessualen Regeln den Sachvortrag des in Anspruch genommenen Mediums als wahr unterstellen (§ 138 Abs. 3 ZPO) und demgemäß von der Unwahrheit der Gegendarstellung ausgehen. In diesem Fall fehlt das für jede Anspruchsverfolgung erforderliche berechtigte Interesse des Betroffenen an der Durchsetzung seiner Gegendarstellung.

29.35 Entscheidend für die Frage der Irreführung ist der Sachverhalt zum Zeitpunkt der gerichtlichen Entscheidung, wenn sich in der Zeit zwischen der Veröffentlichung der Erstmitteilung und der gerichtlichen Durchsetzung der Gegendarstellung die für die Beurteilung der vom Veröffentlichungspflichtigen behaupteten Irreführung maßgeblichen tatsächlichen Umstände geändert haben.[124] Denn die Medien dürfen schon im Hinblick auf den verfassungsrechtlichen **Eingriffscharakter** der Veröffentlichungsanordnung (Rz. 29.3) nicht gerichtlich zur Veröffentlichung einer Gegendarstellung verpflichtet werden, deren Unwahrheit oder Irreführungseignung zum Zeitpunkt der Anordnung feststeht und damit offenkundig ist.

29.36 Neben den Fällen der offenkundigen Unwahrheit oder Irreführungseignung kennt die Praxis weitere Fälle, in denen ein berechtigtes Interesse an der Durchsetzung der Gegendarstellung zu verneinen ist: Ein berechtigtes Interesse fehlt bei einer Entgegnung mit Belanglosigkeiten.[125] Da der Gegendarstellungsanspruch dem Schutz der Persönlichkeit dient, kommt er nach der Rechtsprechung des BVerfG[126] dann nicht in Betracht, wenn es um Tatsachenbehauptungen geht, die sich nicht in nennenswerter Weise auf das Persönlichkeitsbild des Betroffenen auswirken können. So rechtfertigt etwa ein in Teilen vom autorisierten Original abweichender Abdruck eines Interviews nicht die Forderung nach erneutem Abdruck des vollständigen autorisierten Interviews im Wege der Gegendarstellung, wenn die einzelnen Abweichungen inhaltlich belanglos sind.[127]

29.37 Ein berechtigtes Interesse fehlt ferner dann, wenn sich mehrere Betroffene bei gleicher Interessenlage mit mehreren Gegendarstellungen zu derselben Behauptung der Erstmitteilung zu Wort melden,[128] und insbesondere dann, wenn eine dieser inhaltsgleichen Gegendarstellungen schon veröffentlicht worden ist.[129] Ist eine Redaktion in einer derartigen Konstellation zum Abdruck mehrerer Gegendarstellungen verpflichtet, weil zwar die Anknüpfungspunkte der Erstmitteilung identisch, die Beeinträchtigung der Betroffenen aber unterschiedlich ist, dann genügt es den berechtigten Interessen der Betroffenen, wenn die in allen Fällen identischen Aussagen der Erstmitteilung zur Anknüpfung der Erwiderungen nur einmal zusam-

---

122 Näher *Schippan*, ZUM 2014, 959.
123 OLG München NJW-RR 2000, 319; *Seitz*, Kap. 5 Rz. 199.
124 A.A. OLG München AfP 1999, 484.
125 OLG Koblenz AfP 2018, 144 = NJW-RR 2018, 623; OLG Hamburg ArchPR 1970, 81; Löffler/*Sedelmeier*, § 11 LPG Rz. 62; *Seitz*, Kap. 5 Rz. 189 f.
126 BVerfG AfP 2008, 35 = NJW 2008, 747; BVerfG AfP 1998, 184 = NJW 1998, 1381 – Gegendarstellung auf der Titelseite; OLG Dresden v. 27.11.2018 – 4 U 1282/18, zit. nach juris; OLG Düsseldorf AfP 2008, 83.
127 LG Düsseldorf AfP 2010, 87.
128 *Seitz*, Kap. 5 Rz. 208.
129 OLG Hamburg AfP 1974, 576.

mengefasst wiedergegeben werden.[130] Unzulässig ist es auch, wenn ein Betroffener eine Medienveröffentlichung inhaltlich zerlegt und sich zu verschiedenen darin enthaltenen Tatsachenbehauptungen mit verschiedenen Gegendarstellungen zu Wort meldet.

Das berechtigte Interesse kann auch entfallen, wenn der Betroffene bereits im Rahmen der   29.38
Erstmitteilung mit seiner Darstellung **zu Wort gekommen ist**. Das gilt etwa dann, wenn er dort mit einer Einlassung zu dem tatsächlichen Vorwurf wörtlich zitiert worden ist, um den es in der Erstmitteilung und in der Gegendarstellung geht.[131] In solchen Fällen wird allerdings häufig eine klare Distanzierung des Mediums von der umstrittenen Tatsachenbehauptung verlangt, um das berechtigte Interesse des Betroffenen an der Veröffentlichung der Gegendarstellung entfallen zu lassen.[132] Das ist indessen wenig konsequent und daher im Ergebnis unzutreffend, da es bei der Gegendarstellung eben nicht um die Aufklärung der Wahrheit geht, sondern darum, dem Betroffenen mit seiner Darstellung Gehör zu verschaffen. Richtiger erscheint es daher, in derartigen Fällen die Entscheidung davon abhängig zu machen, ob die Aussagen des Betroffenen im Rahmen der Erstmitteilung inhaltlich wie ein ihm zuzurechnendes Dementi wiedergegeben werden; ist das der Fall, fehlt für eine inhaltsgleiche oder im Wesentlichen identische Gegendarstellung das berechtigte Interesse.[133] Hat hingegen eine Redaktion dem Betroffenen vor der Veröffentlichung des streitigen Texts zwar Gelegenheit zur Stellungnahme gegeben, der Betroffene aber von dieser Möglichkeit keinen Gebrauch gemacht und sich nicht geäußert, dann entfällt allein dadurch nicht das berechtigte Interesse an der Veröffentlichung seiner Gegendarstellung,[134] da es keine Verpflichtung Betroffener gibt, auf Auskunftsersuchen der Medien zu reagieren (Rz. 4.101 f.). Dies gilt richtigerweise auch für den Fall, dass der Betroffene sich zu einer Presseanfrage äußert, gleichzeitig aber untersagt, dass seine Erläuterungen in die Presseberichterstattung einfließen.[135]

Das **berechtigte Interesse** kann ferner **entfallen**, wenn die Medien vor Veröffentlichung der   29.39
Gegendarstellung einen Widerruf oder eine Richtigstellung veröffentlichen.[136] Denn hier erhält der Betroffene mit dem in der freiwilligen Veröffentlichung des **Widerrufs** liegenden Eingeständnis der Unwahrheit der Erstmitteilung mehr als mit der Veröffentlichung seiner Gegendarstellung, die dem Leser über die Wahrheit oder Unwahrheit der Erstmitteilung gerade keine Information vermittelt. Allerdings kann es Situationen geben, in denen eine bereits veröffentlichte redaktionelle Berichtigung das berechtigte Interesse an der Durchsetzung des Gegendarstellungsanspruchs nicht beseitigt. Das wird insbesondere dann der Fall sein, wenn sich die Berichtigung im Wege des einfachen Widerrufs auf eine schlichte Negation beschränkt (dazu Rz. 31.11 ff.), der Betroffene aber ein berechtigtes Interesse an einer aus seiner Sicht qualifizierten Richtigstellung des streitgegenständlichen Sachverhalts geltend machen kann.[137]

Schließlich besteht schon nach dem Wortlaut der Landespressegesetze kein Anspruch auf Ab-   29.40
druck einer Gegendarstellung, die ihrerseits einen **strafbaren Inhalt** hat. Das kann dann der Fall sein, wenn sie die Redaktion oder den Verlag der Publikation, an die sie sich wendet,

---

130 OLG Karlsruhe AfP 2006, 372 = ZUM-RD 2006, 515.
131 LG Düsseldorf AfP 1992, 315; *Seitz*, Kap. 5 Rz. 209; *Löffler/Sedelmeier*, § 11 LPG Rz. 65 f.
132 *Seitz*, Kap. 5 Rz. 209; *Löffler/Sedelmeier*, § 11 LPG Rz. 66.
133 BVerfG NJW 2018, 2250.
134 OLG Hamburg AfP 2012, 57.
135 LG Hamburg AfP 2014, 94.
136 OLG Schleswig AfP 2004, 125; LG Berlin AfP 2004, 148; *Seitz*, Kap. 5 Rz. 209 f.; a.A. *Löffler/Sedelmeier*, § 11 LPG Rz. 66.
137 OLG Düsseldorf AfP 2016, 163 = ZUM 2015, 1009; *Seitz*, Kap. 5 Rz. 209.

beleidigt, wie etwa durch die Bezeichnung der Erstmitteilung als lügnerisch, verleumderisch oder frei erfunden.[138] Die Bezeichnung der Erstmitteilung als unwahr oder unrichtig ist hingegen in den meisten Fällen durch das Anliegen der Gegendarstellung gerechtfertigt und stellt daher keine Beleidigung dar.

29.41　Die Strafbarkeit des Inhalts einer Gegendarstellung kann sich aber auch daraus ergeben, dass sie eine Beleidigung **zu Lasten eines Dritten** enthält.[139] Das kann etwa der Fall sein, wenn die Entgegnung einen Dritten inhaltlich der Lüge oder einer strafbaren Handlung bezichtigt. Derartige Äußerungen erfüllen, sofern sie nicht erweislich wahr sind, den Tatbestand der üblen Nachrede zu Lasten des Dritten. In diesem Fall stellt sich entgegen der Regel die Frage nach der Wahrheit des Teils der Gegendarstellung, der als üble Nachrede in Betracht kommt.

29.42　Auch bei der etwaigen Strafbarkeit des Inhalts der Gegendarstellung handelt es sich um ein von den Gesetzgebern ausdrücklich aufgestelltes Anspruchshindernis, so dass die Gerichte wie bei der vergleichbaren Problematik der Parlaments- oder Gerichtsberichterstattung (Rz. 29.25 ff.) die Wahrheit berücksichtigen müssen. Die Medien haben mithin auch in diesem Fall die Möglichkeit, im Wege der Glaubhaftmachung darzutun, dass die den Dritten betreffende Behauptung der Gegendarstellung, etwa als üble Nachrede gemäß § 186 StGB, strafbar ist. Erhält der Dritte selbst Kenntnis von der ihn betreffenden Behauptung, so hat er jedenfalls so lange nicht die Möglichkeit, die Veröffentlichung der Gegendarstellung durch eine einstweilige Verfügung zu verhindern, als das Verfahren der gerichtlichen Durchsetzung noch nicht abgeschlossen ist. Er kann sich aber an diesem Verfahren im Wege der Nebenintervention auf Seiten des Verlags beteiligen[140] und dann seinerseits glaubhaft machen, dass die ihn betreffende Behauptung unwahr ist. Macht der Dritte von dieser Möglichkeit keinen Gebrauch oder verhindert seine Nebenintervention die Verurteilung des Verlags oder Sendeunternehmens zur Veröffentlichung der Gegendarstellung nicht, dann steht ihm im Hinblick auf den ihn betreffenden Inhalt der Gegendarstellung aber kein eigener Anspruch auf Veröffentlichung einer weiteren Gegendarstellung zu.[141]

29.43　Rechte Dritter können auch durch nicht strafbare Inhalte einer Gegendarstellung tangiert werden.[142] Dabei kann es sich etwa um einen Verstoß gegen zivil- oder gesellschaftsrechtliche **Verschwiegenheitspflichten** oder vertragliche oder gesetzliche Werbeverbote handeln. Derartige Verstöße sind aber gegendarstellungsrechtlich im Prinzip unbeachtlich, beseitigen den Anspruch auf Abdruck der Gegendarstellung mithin nicht. Der betroffene Verlag kann sich auf sie nicht berufen. Die Feststellung, eine Gegendarstellung sei inhaltlich unzulässig, weil sie werbende Angaben enthält, rechtfertigt nur dann die Verweigerung des Abdrucks, wenn die Entgegnung zugleich ohne sachlichen Bezug zur beanstandeten Erstmitteilung[143] oder wenn sie zugleich strafrechtlich relevant ist.

29.44　Ausnahmsweise kann aber auch eine solche Konstellation zur Verneinung des berechtigten Interesses des Betroffenen führen. Das kann etwa der Fall sein, wenn ein Betroffener in der Gegendarstellung die Identität eines bisher nicht bekannten Täters oder Mittäters einer strafbaren Handlung offenbart,[144] oder dann, wenn ein Betroffener einem Dritten im Rahmen sei-

---

138　*Seitz*, Kap. 5 Rz. 176; Wenzel/*Burkhardt*, Kap. 11 Rz. 103.
139　Löffler/*Sedelmeier*, § 11 LPG Rz. 115; Wenzel/*Burkhardt*, Kap. 11 Rz. 105; *Seitz*, Kap. 5 Rz. 175.
140　OLG Hamburg AfP 1983, 475.
141　*Seitz*, Kap. 5 Rz. 232 f.
142　Wenzel/*Burkhardt*, Kap. 11 Rz. 104; *Seitz*, Kap. 5 Rz. 242.
143　OLG Hamburg AfP 1988, 345; s. auch Wenzel/*Burkhardt*, Kap. 11 Rz. 106, 109.
144　LG Oldenburg AfP 1986, 299; *Seitz*, Kap. 5 Rz. 178.

ner Gegendarstellung Verfehlungen im Intimbereich nachsagt, deren Veröffentlichung der Dritte im Hinblick auf sein Allgemeines Persönlichkeitsrecht nicht hinnehmen müsste. Wie im Fall der oben dargestellten strafbaren Gegendarstellung steht Dritten, deren Rechte durch den Inhalt einer Gegendarstellung unter zivil- oder wettbewerbsrechtlichen Aspekten verletzt werden, auch hier die Möglichkeit offen, sich als Nebenintervenient am Verfahren der gerichtlichen Durchsetzung zu beteiligen und auf diese Weise unter Berufung auf ihre geschützten Rechtspositionen den Versuch zu unternehmen, den Abdruck der Gegendarstellung zu verhindern.[145]

e) Umfang

Der Anspruch auf Abdruck einer Gegendarstellung setzt ferner voraus, dass sie ihrem **Umfang** nach nicht unangemessen ist. Bei dieser Regel handelt es sich in Bayern um eine Sollvorschrift, deren Nichtbeachtung einen Anspruch des abdruckpflichtigen Verlags auf Zahlung eines Annoncenentgelts auslöst,[146] während es sich nach allen anderen Landespressegesetzen um zwingendes Recht handelt.[147] Die Landespressegesetze konkretisieren das Gebot der Angemessenheit des Umfangs dahingehend, dass es stets beachtet ist, wenn der Umfang der Gegendarstellung denjenigen des beanstandeten Textes nicht überschreitet.[148] Dabei handelt es sich allerdings nicht um den infrage stehenden Artikel insgesamt, sondern um denjenigen Teil eines Artikels, auf den sich die Gegendarstellung konkret bezieht;[149] andererseits ist bei der Ermittlung der Angemessenheit des Umfangs der für die Wiedergabe der in Bezug genommenen Behauptung erforderliche Raum nicht zu berücksichtigen.[150] Wo die anwendbaren gesetzlichen Bestimmungen für den Fall eines unverhältnismäßigen Umfangs der Gegendarstellung die Zahlung einer Annoncenvergütung vorsehen, ist sie nur für den Teil der Gegendarstellung zu entrichten, der den angemessenen Umfang überschreitet; das Gericht kann sie gegebenenfalls der Höhe nach im Wege der Schätzung gemäß § 287 ZPO festsetzen und den Abdruck der Gegendarstellung von der Leistung eines entsprechenden Vorschusses abhängig machen.[151]

29.45

Die Gerichte beurteilen das Kriterium des unverhältnismäßigen Umfangs in der Regel restriktiv zugunsten der Betroffenen.[152] Dem liegt die zutreffende Erwägung zugrunde, dass die Widerlegung einer Tatsachenbehauptung häufig mehr Platz beanspruchen wird als deren erstmalige Verbreitung. Das OLG München[153] etwa nimmt Unverhältnismäßigkeit erst an, wenn der Text der Gegendarstellung denjenigen der beanstandeten Meldung um mehr als das Doppelte überschreitet. Aus der Tatsache allein, dass die Gegendarstellung länger ist als der beanstandete Teil der Erstmitteilung, kann jedenfalls noch nicht auf die Unverhältnismäßigkeit ih-

29.46

---

145 OLG Hamburg AfP 1983, 475.
146 § 10 Abs. 2 Satz 4 LPG Bayern ordnet den kostenfreien Abdruck nur für Gegendarstellungen mit angemessenem Umfang an; gleiches gilt für § 10 Abs. 3 Satz 3 LPG Hessen, obwohl nach dessen Abs. 2 Satz 1 die Angemessenheit des Umfangs dort Anspruchsvoraussetzung ist.
147 Zu den im Detail abweichenden Regelungen der einschlägigen Normen vgl. *Seitz*, Kap. 5 Rz. 163 ff.
148 OLG Karlsruhe AfP 2017, 75; OLG Düsseldorf AfP 1988, 160; OLG Karlsruhe NJW-RR 1992, 1305.
149 OLG Düsseldorf AfP 1988, 160; *Seitz*, Kap. 5 Rz. 166; *Löffler/Sedelmeier*, § 11 LPG Rz. 134.
150 OLG Karlsruhe AfP 2009, 267.
151 OLG München AfP 2017, 499 = ZUM 2018, 195; OLG München AfP 1999, 72.
152 OLG Hamburg AfP 1979, 405; OLG Frankfurt a.M. AfP 1983, 279; LG Hamburg AfP 1971, 87; *Seitz*, Kap. 5 Rz. 168; *Wenzel/Burkhardt*, Kap. 11 Rz. 1 ff.; *Löffler/Sedelmeier*, § 11 LPG Rz. 134.
153 OLG München AfP 2017, 499 = ZUM 2018, 195; OLG München AfP 1999, 72.

res Umfangs geschlossen werden. Ein schematisches Wörter- und Buchstabenzählen verbietet sich laut dem OLG München[154] besonders dann, wenn eine schlagwortartige Ausgangsmitteilung eine Aussage enthält, auf die nur durch eine deutlich längere Gegendarstellung verständlich entgegnet werden kann. Eine Unverhältnismäßigkeit ergibt sich nach Auffassung des OLG Hamburg[155] auch nicht daraus, dass der Umfang durch eine knappere Art der Formulierung und den Einsatz anderer Stilmittel etwas reduziert werden könnte. Generell wird es weniger auf den absoluten Umfang der Gegendarstellung ankommen als darauf, ob sie unter Berücksichtigung des berechtigten Interesses des Betroffenen sowohl in der Wiedergabe des beanstandeten Teils der Erstmitteilung als auch in der Entgegnung hinreichend konzentriert ist. So führen insbesondere unnötige Weitschweifigkeiten zur Zurückweisung eines Gegendarstellungsanspruchs wegen unverhältnismäßigen Umfangs.[156] Ein solcher Fall liegt etwa vor, wenn die Gegendarstellung eine aus mehreren Einzelbehauptungen bestehende Erstmitteilung insgesamt als unrichtig bezeichnet, um sodann jeden einzelnen Punkt ohne Hinzufügung ergänzender Tatsachen negierend zu wiederholen.[157] Gleiches gilt, wenn eine Gegendarstellung eine Behauptung, die durch die Erstmitteilung mehrfach ohne inhaltliche Abweichungen verbreitet wird, allein mit dieser Begründung mehrfach negiert.[158]

3. Formelle Anspruchsvoraussetzungen

a) Schriftform

29.47 Nahezu alle einschlägigen gesetzlichen Bestimmungen schreiben für die Gegendarstellung die **Schriftform** sowie die **eigenhändige Unterzeichnung** durch den Betroffenen oder seinen gesetzlichen Vertreter vor. Geringfügige Abweichungen in den Texten der einzelnen gesetzlichen Bestimmungen sind im Ergebnis ohne rechtliche Relevanz, da sich das Erfordernis der eigenhändigen Unterzeichnung bereits aus der gebotenen entsprechenden Anwendung von § 126 BGB ergibt.[159]

29.48 Dem Gebot der Schriftform genügt jede Art der schriftlichen Fixierung. Das gilt unabhängig von der Frage, ob die Zuleitung der Gegendarstellung mittels Fax oder als Datei den gesetzlichen Anforderungen genügt (Rz. 29.50). Die Gegendarstellung selbst muss schriftlich fixiert und im Original eigenhändig durch den Betroffenen unterzeichnet sein. Die Niederlegung des **Gegendarstellungstexts in gesonderter Urkunde** entspricht zwar weitgehend eingeführter Praxis und empfiehlt sich schon deswegen, weil dadurch Zweifel über den Inhalt des Texts der Gegendarstellung und hinsichtlich deren eigenhändiger Unterzeichnung ausgeschlossen werden können; rechtlich erforderlich ist sie nicht.[160] Befinden sich aber Gegendarstellung und Abdruckverlangen in einem einheitlichen Dokument, so muss der Text der Gegendarstellung als solcher eigenhändig unterschrieben sein. Das bereitet zwar dann keine Probleme, wenn die Gegendarstellung den abschließenden Teil des Dokuments bildet und die ihr folgende Unterschrift mithin den gesamten Text des Dokuments abdeckt, wohl aber dann, wenn

---

154 OLG München AfP 2017, 499 = ZUM 2018, 195.
155 OLG Hamburg AfP 1985, 53.
156 *Seitz*, Kap. 5 Rz. 169 f.
157 OLG Düsseldorf AfP 2006, 475.
158 *Seitz*, Kap. 5 Rz. 169 f.
159 *Seitz*, Kap. 5 Rz. 93 ff.; *Ricker/Weberling*, Kap. 25 Rz. 18; *Wenzel/Burkhardt*, Kap. 11 Rz. 131.
160 *Seitz*, Kap. 5 Rz. 89; *Wenzel/Burkhardt*, Kap. 11 Rz. 128.

dem Gegendarstellungstext noch andere Inhalte einschließlich einer üblichen Grußformel folgen. In diesem Fall muss der Gegendarstellungstext gesondert unterschrieben werden.

Die schriftlich formulierte Gegendarstellung muss **eigenhändig** unterzeichnet werden. Das 29.49
bedeutet nach ganz herrschender Praxis[161] die handschriftliche Unterzeichnung. Nur die eigenhändige Unterzeichnung gibt dem Abdruckpflichtigen die Gewähr, dass die Gegendarstellung wirklich vom Betroffenen selbst stammt, und schließt Manipulationen weitgehend aus.[162] Im Hinblick darauf, dass es sich bei der Gegendarstellung um eine höchstpersönliche Erklärung des Betroffenen handelt, die zugleich als Ausdruck seines Allgemeinen Persönlichkeitsrechts gilt (Rz. 29.3), ist dieses strikte Erfordernis unverzichtbar. Damit ist insbesondere die Verwendung von Stempeln oder Faksimile-Unterschriften ausgeschlossen. Stammt die Gegendarstellung von einem Unternehmen, so muss der Unterschrift des oder der Vertretungsberechtigten die vollständige Firmenbezeichnung beigefügt werden.[163]

Umstritten ist die Abdruckverpflichtung, wenn die eigenhändig zu unterzeichnende Gegen- 29.50
darstellung dem Abdruckpflichtigen lediglich als **Telefax** oder als pdf-Datei per **E-Mail** zugeleitet wird. Während einzelne Oberlandesgerichte oder Teile der Literatur[164] die Zuleitung des Originals als unabdingbar bezeichnen, halten andere die Zuleitung per Telefax oder E-Mail prinzipiell[165] oder jedenfalls dann für ausreichend, wenn die Gegendarstellung dem Adressaten ohne Zwischenempfänger[166] bspw. direkt vom Telefaxgerät des Betroffenen[167] oder seines Anwalts[168] zugeleitet wird. Schon im Hinblick auf diese unterschiedlichen gerichtlichen Entscheidungen herrscht eine beträchtliche Rechtsunsicherheit.

Dabei ist den Befürwortern der großzügigeren Auffassung zuzugeben, dass das Telefax ein 29.51
eingeführtes Kommunikationsmittel ist, das eine schnelle Übermittlung ermöglicht, und dass die Rechtsprechung der obersten Bundesgerichte die Einlegung von Rechtsmitteln auf diesem Wege trotz der auch insoweit vorgeschriebenen Schriftform zulässt.[169] Gleiches gilt für die Übermittlung unterzeichneter fristgebundener Schriftsätze als pdf-Datei per E-Mail.[170]

Richtig ist dennoch die allein am Wortlaut des Gesetzes orientierte Auffassung, dass eine un- 29.52
terzeichnete Gegendarstellung, welche per Telefax oder als pdf-Datei per E-Mail versandt wird, nicht die im **Original** unterzeichnete Gegendarstellung ersetzt.[171] Die Pressegesetze se-

---

161 OLG Hamburg ArchPR 1970, 82; OLG Hamburg AfP 1989, 746; OLG München NJW 1990, 2895; OLG Saarbrücken AfP 1992, 287; OLG Köln AfP 1985, 151; LG Frankfurt a.M. AfP 2009, 73; *Seitz*, Kap. 5 Rz. 97; Wenzel/*Burkhardt*, Kap. 11 Rz. 131 ff.; Löffler/*Sedelmeier*, § 11 LPG Rz. 145; *Ricker/ Weberling*, Kap. 25 Rz. 18.

162 OLG München NJW 1990, 2895; OLG Saarbrücken AfP 1992, 287.

163 KG AfP 2008, 394 = ZUM-RD 2008, 229.

164 OLG Hamburg AfP 2011, 72 = ZUM-RD 2011, 306; OLG Köln AfP 1985, 151; OLG Hamburg AfP 1989, 746 = NJW 1990, 1613; LG Düsseldorf AfP 1993, 498; zustimmend Löffler/*Sedelmeier*, § 11 LPG Rz. 154; *Redeker*, Rz. 843; Löffler/*Sedelmeier*, AfP 2012, 345 ff.

165 OLG Dresden ZUM-RD 2007, 117; OLG München AfP 1999, 72; OLG Saarbrücken AfP 1992, 287; LG Köln AfP 1995, 684; Wenzel/*Burkhardt*, Kap. 11 Rz. 142; unentschieden *Ricker/Weberling*, Kap. 25 Rz. 18.

166 KG AfP 1993, 748.

167 OLG München AfP 1991, 531 = NJW 1990, 2895.

168 OLG München ZUM-RD 2000, 428; *Seitz*, Kap. 25 Rz. 98 unter der Voraussetzung, dass der Betroffene das Original der unterzeichneten Gegendarstellung unverzüglich nachsendet.

169 Wenzel/*Burkhardt*, Kap. 11 Rz. 142.

170 BGH BB 2008, 1741 (nur Leitsatz).

171 So mit z.T. unterschiedlicher Begründung auch *Sedelmeier*, AfP 2012, 345 ff.

hen nicht die Schriftform nach § 125 BGB, sondern darüber hinausgehend eine eigenhändige Unterzeichnung vor. Dieser Grundsatz würde entwertet, wenn man eine Zuleitung als pdf-Datei oder Telefax für ausreichend hielte. Das gilt umso mehr, als weder einem Telefax und erst recht nicht der pdf-Datei verlässlich entnommen werden kann, ob das Original eigenhändig unterzeichnet worden ist. Textverarbeitungsprogramme ermöglichen die Speicherung und das anschließende Einkopieren handschriftlicher Schriftzüge. Die Gründe, die nach der Rechtsprechung der obersten Bundesgerichte gegen die Wirksamkeit von Bürgschafts- oder Vollmachtsurkunden sprechen, die nur als Telefax vorgelegt werden, haben daher auch im vorliegenden Zusammenhang ihre Berechtigung. Zeitliche Verzögerungen, die sich aus dem Erfordernis der Zuleitung des Originals im Einzelfall ergeben können, sind hinzunehmen. Und Betroffene, die sich auf die Rechtsprechung einzelner Gerichte über die Zulässigkeit der Vorlage der Telefaxe verlassen, laufen das Risiko, dass sie den Nachweis des Zugangs nicht führen können, wenn er vom Verlag bestritten wird. In jedem Fall aber ist den Betroffenen zu empfehlen, die Originalausfertigung der Gegendarstellung zeitgleich auf dem Postweg oder per Boten zu übermitteln, wenn sie sie dem Abdruckpflichtigen zunächst per Telefax oder E-Mail-Anhang zusenden, und die Diskussion über die Wahrung der Form dadurch zu vermeiden, dass sie dem betroffenen Medium auch das Original innerhalb der Unverzüglichkeitsgrenze (dazu Rz. 29.61 ff.) zuleiten.[172]

29.53   Die **Unterschrift** unter der Gegendarstellung ist nach nahezu allen Landespressegesetzen durch den Betroffenen oder seinen gesetzlichen Vertreter eigenhändig zu leisten. Stellvertretung ist also bei natürlichen Personen ausgeschlossen, soweit es sich nicht um die gesetzlichen Vertreter Minderjähriger handelt.[173] In den Ländern Berlin, Bremen, Niedersachsen und Sachsen-Anhalt ist demgegenüber nach der Rechtsprechung der dortigen Oberlandesgerichte[174] die **gewillkürte Stellvertretung** in der Unterzeichnung der Gegendarstellung zulässig, weil die dort geltenden Pressegesetze lediglich die Schriftform, nicht aber zusätzlich die Unterzeichnung durch den Betroffenen oder seinen gesetzlichen Vertreter fordern.[175]

29.54   Bei **juristischen Personen** und klagebefugten nicht rechtsfähigen Handelsgesellschaften wird die **Unterzeichnung** durch den **gesetzlichen Vertreter** verlangt. Hat eine Gesellschaft mehrere Organe, so genügt die Unterzeichnung in der Weise, wie sie in der Satzung bzw. im Gesellschaftsvertrag vorgesehen und im Handelsregister eingetragen ist.[176] Das gilt auch im Fall der gemischten Stellvertretung, mithin der Unterzeichnung durch einen Geschäftsführer oder ein Vorstandsmitglied in Verbindung mit einem Prokuristen, sofern es sich dabei um die satzungsmäßige Vertretungsform handelt.[177] Gewillkürte Stellvertretung wie etwa die Unterzeichnung durch zwei Prokuristen ist auch insoweit ausgeschlossen.[178] Daher ist die Auffassung des OLG Düsseldorf[179] abzulehnen, bei einer Aktiengesellschaft mit Gesamtvertretungsbefugnis der Vorstandsmitglieder genüge die Unterzeichnung durch ein Vorstandsmitglied,

---

172 *Ricker/Weberling*, Kap. 25 Rz. 18 a.E.; *Seitz*, Kap. 5 Rz. 97 ff.
173 OLG Frankfurt a.M. NJW 1953, 1068; OLG Schleswig AfP 1982, 45 m. Anm. *Soehring*; OLG Hamburg AfP 1971, 37; OLG Hamburg AfP 1979, 405; OLG Stuttgart AfP 1979, 363; LG Frankfurt a.M. AfP 2009, 73; *Seitz*, Kap. 5 Rz. 109, 116 ff.; *Löffler/Sedelmeier*, § 11 LPG Rz. 146; zweifelhaft *Wenzel/Burkhardt*, Kap. 11 Rz. 136 ff.: Unterzeichnung auch durch die nicht geschäftsfähige Person.
174 OLG Bremen AfP 1978, 157; KG NJW 1970, 2029; OLG Celle NJW-RR 1988, 956; OLG Naumburg NJW-RR 2000, 475.
175 Zu Recht kritisch dazu *Seitz*, Kap. 5 Rz. 117.
176 *Löffler/Sedelmeier*, § 11 LPG Rz. 146a.
177 LG Düsseldorf AfP 1993, 498.
178 OLG Frankfurt a.M. AfP 2003, 459; *Seitz*, Kap. 5 Rz. 115.
179 OLG Düsseldorf AfP 2006, 473.

wenn dieses von einem anderen zur alleinigen Unterzeichnung ermächtigt worden ist; diese Art der Ermächtigung unterscheidet sich rechtlich nicht von sonstigen Fällen der gewillkürten Stellvertretung und wird dem strikten Formerfordernis der Eigenhändigkeit der Unterzeichnung nicht gerecht.

b) Zuleitung

Nach allen einschlägigen gesetzlichen Vorschriften muss die Gegendarstellung dem Verlag oder dem Verantwortlichen Redakteur zugeleitet werden, damit ihr Abdruck verlangt werden kann.[180] Hierbei handelt es sich um eine rechtsgeschäftsähnliche Erklärung,[181] die an **keine Form** gebunden ist und für die insbesondere das Erfordernis höchstpersönlichen Handelns des Betroffenen oder seiner gesetzlichen Vertreter nicht gilt. Stellvertretung ist mithin insoweit ebenso zulässig wie die Übermittlung der Aufforderung zur Veröffentlichung der Gegendarstellung per Telefon, Telefax oder E-Mail; umstritten ist die Zulässigkeit der Stellvertretung nur für die Fälle, in denen der Text einer Gegendarstellung im Verfahren der gerichtlichen Durchsetzung geändert und der Abdruckpflichtige bei dieser Gelegenheit zur Veröffentlichung der geänderten Fassung aufgefordert wird (dazu Rz. 29.81). Bis zur tatsächlichen Zuleitung trägt der Betroffene das Übermittlungsrisiko.[182] Das gilt dort, wo die Gerichte die Zuleitung per Telefax genügen lassen, auch für das Risiko unvollständiger Übermittlung.[183] Den Nachweis der erfolgten Zuleitung der vollständigen Gegendarstellung hat im Streitfall der Betroffene zu führen.

29.55

Von der Zuleitung ist das förmliche **Abdruckverlangen** zu unterscheiden.[184] Beides kann, muss aber nicht in einem einheitlichen Vorgang erfolgen. Insoweit ist umstritten, ob es sich um eine materiellrechtliche Anspruchs- oder ob es sich um eine Prozessvoraussetzung handelt.[185] Nach richtiger Ansicht ist es weder das eine noch das andere. Der Anspruch entsteht vielmehr materiellrechtlich mit der Zuleitung der Gegendarstellung an den richtigen Adressaten, und beim Abdruckverlangen des Betroffenen oder seines Vertreters handelt es sich um die einseitige, empfangsbedürftige Willenserklärung darüber, dass die entstandene Forderung tatsächlich geltend gemacht wird.[186] Bedeutsam ist diese gesonderte Erklärung insbesondere in Fällen, in denen ein Betroffener einem Medienunternehmen mehrere inhaltlich unterschiedliche Gegendarstellungen zu einer Erstmitteilung zuleitet, weil er sich selbst nicht sicher ist, welche Version er im gerichtlichen Verfahren wird durchsetzen können. Erklärt er in einer solchen Konstellation nicht eindeutig, hinsichtlich welcher Version er seinen Erfüllungsanspruch in erster Linie und hinsichtlich welcher Version er ihn gegebenenfalls hilfsweise geltend macht, so entsteht der Veröffentlichungsanspruch hinsichtlich keiner der zugeleiteten Versionen.[187] Ähnlich verhält es sich, wenn der Betroffene die Gegendarstellung dem Abdruckpflichtigen, etwa im Rahmen von Vergleichsverhandlungen, mit der ausdrücklichen Erklärung zuleitet, dass der Abdruck zunächst noch nicht gefordert wird. Entschließt er sich in einer solchen Situation, den Anspruch tatsächlich geltend zu machen und tut er das durch

29.56

---

180 Wenzel/*Burkhardt*, Kap. 11 Rz. 141.
181 *Seitz*, Kap. 5 Rz. 8; *Ricker/Weberling*, Kap. 25 Rz. 25.
182 *Prinz/Peters*, Rz. 564.
183 KG AfP 1993, 748.
184 OLG Hamburg AfP 1978, 155; OLG Hamburg AfP 1981, 410; Wenzel/*Burkhardt*, Kap. 11 Rz. 141.
185 Nachweise bei Löffler/*Sedelmeier*, § 11 LPG Rz. 150; Wenzel/*Burkhardt*, Kap. 11 Rz. 215; *Sedelmeier*, AfP 2012, 345.
186 LG München I AfP 2006, 573; Löffler/*Sedelmeier*, § 11 LPG Rz. 150.
187 OLG Hamburg AfP 2012, 400 = NJW 2012, 2670; OLG Hamburg AfP 2013, 66.

Einreichung eines Antrags auf Erlass der einstweiligen Verfügung, ohne dem Abdruckpflichtigen noch das bisher fehlende Abdruckverlangen zu übermitteln, dann ist der Anspruch gleichwohl entstanden und fällig. Allerdings hat der Betroffene gemäß § 93 ZPO die Verfahrenskosten zu tragen, wenn der Abdruckpflichtige den Anspruch im gerichtlichen Verfahren sofort anerkennt.[188]

29.57 Anders als für die Gegendarstellung selbst und entsprechend der Situation bei der Zuleitung gelten für das **Abdruckverlangen** keine besonderen gesetzlichen **Formerfordernisse**. Zwar wird das Abdruckverlangen in aller Regel schriftlich übermittelt. Notwendig ist das aber nicht; die telefonische Übermittlung des Abdruckverlangens genügt ebenso wie diejenige per Telefax oder E-Mail.[189] Auch das Verbot der **gewillkürten Stellvertretung** gilt insoweit nicht. Die Handlungsvollmacht etwa des mit der Durchsetzung des Anspruchs beauftragten Rechtsanwalts kann daher, anders als die Gegendarstellung selbst, wirksam auch von einem bevollmächtigten Vertreter des Betroffenen unterzeichnet werden.[190] Im Fall der Einschaltung eines Bevollmächtigten empfiehlt sich die Vorlage einer schriftlichen Vollmacht des Betroffenen oder seines gesetzlichen Vertreters,[191] da anderenfalls der Abdruckpflichtige berechtigt ist, das Abdruckverlangen gemäß § 174 Satz 1 BGB zurückzuweisen.[192]

29.58 Eine Verpflichtung der Medienunternehmen zur Abgabe einer Erklärung über ihre Veröffentlichungsbereitschaft kennen die einschlägigen Gesetze nicht. Faktisch stellt sich diese Frage nur in den seltenen Konstellationen, in denen ein Verlag oder ein Rundfunkveranstalter die Gegendarstellung nach Zuleitung veröffentlicht, der Betroffene aber in Unkenntnis dieses Umstands beim zuständigen Gericht einen in Anbetracht der bereits erfolgten Erfüllung offenbar unbegründeten Antrag auf Erlass einer einstweiligen Verfügung stellt. Hat der Veröffentlichungspflichtige dadurch, dass er den Betroffenen über die umgehende Veröffentlichung der Gegendarstellung nicht unterrichtet, Anlass zur Einleitung des in dieser Situation ebenso unnützen wie unbegründeten Verfahrens gegeben, so hat er nach § 93 ZPO die Verfahrenskosten zu tragen; war er zur Benachrichtigung des Betroffenen nicht verpflichtet, hat dieser das gerichtliche Verfahren auf eigenes Risiko mit der Folge eingeleitet, dass ihn die Kosten treffen. Nach Auffassung der Rechtsprechung trifft in diesen Konstellationen den Verlag oder Rundfunkveranstalter eine im Sinn einer Rechtspflicht verstandene Obliegenheit zur **Benachrichtigung des Betroffenen** jedenfalls dann, wenn dieser mit dem Abdruckverlangen zu einer solchen Benachrichtigung unter Fristsetzung aufgefordert hat,[193] während ohne eine solche Aufforderung eine Benachrichtigungsobliegenheit nicht bestehen soll.[194]

29.59 Im Schrifttum[195] wird demgegenüber teilweise die Auffassung vertreten, den Veröffentlichungspflichtigen treffe eine Benachrichtigungsobliegenheit jedenfalls dann, wenn die Gegendarstellung formal veröffentlichungsfähig ist. Rechtlich ist eine solche Verpflichtung jedoch nicht zu begründen. Gesetz und Rechtsprechung kennen auch außerhalb dieses Rechtsgebiets keine Verpflichtung oder Obliegenheit des Schuldners, nicht nur seine Verpflichtung zu erfüllen, sondern den Gläubiger obendrein ausdrücklich darüber zu informieren, ob er be-

---

188 *Seitz*, Kap. 5 Rz. 10.
189 OLG Schleswig AfP 1982, 45 m. Anm. *Soehring*; Wenzel/*Burkhardt*, Kap. 11 Rz. 216; *Seitz*, Kap. 5 Rz. 29.
190 Wenzel/*Burkhardt*, Kap. 11 Rz. 143.
191 A.A. Löffler/*Sedelmeier*, § 11 LPG Rz. 156.
192 LG München I AfP 2006, 573; *Seitz*, Kap. 5 Rz. 19.
193 KG AfP 2006, 476; OLG Düsseldorf NJW 1970, 760; OLG Karlsruhe AfP 1981, 363.
194 KG AfP 2007, 245 = ZUM 2007, 537; *Seitz*, Kap. 11 Rz. 22 f.
195 Löffler/*Sedelmeier*, § 11 LPG Rz. 180; *Sedelmeier*, AfP 2007, 324 ff.

reit ist, dies zu tun; ist das aber so, dann ist nicht erkennbar, aus welchem Grund eine einseitige Aufforderung des Gläubigers zur Abgabe einer solchen Erklärung eine derartige Verpflichtung sollte begründen können. Auch die in diesem Zusammenhang vom AG Hamburg[196] bemühte Analogie zum Wettbewerbsrecht kommt nicht in Betracht, da es sich bei der Aufklärungspflicht des Abgemahnten im Wettbewerbsrecht[197] um die Verpflichtung zur Erklärung über tatsächliche Vorgänge handelt, auf die der Betroffene im Zusammenhang mit der Durchsetzung einer Gegendarstellung nicht angewiesen sein kann, und da eine Aufklärungspflicht über Tatsachen auch im Wettbewerbsrecht denjenigen nicht trifft, der zu Unrecht abgemahnt wird.[198]

Eine Verpflichtung des in Anspruch genommenen Mediums zur **Begründung einer etwaigen Weigerung**, die Gegendarstellung zu veröffentlichen, besteht nicht. Das gilt auch dort, wo die Rechtsprechung eine Benachrichtigungsobliegenheit bejaht, und auch dann, wenn der Betroffene die Begründung verlangt.[199] Soweit die Rechtsprechung die Medien überhaupt für verpflichtet hält, sich gegenüber dem Betroffenen zu erklären, bezieht sich dies entgegen einigen älteren gerichtlichen Entscheidungen[200] nur auf die Frage, ob die Gegendarstellung ohne gerichtliche Entscheidung veröffentlicht wird. Eine Verpflichtung eines leistungsunwilligen Schuldners, seine Leistungsverweigerung außerhalb gerichtlicher Auseinandersetzungen zu begründen, ist unserer Rechtsordnung auch ansonsten fremd.

29.60

c) Fristen

Die Medien sind zur Verbreitung der Gegendarstellung nicht verpflichtet, wenn diese dem Veröffentlichungspflichtigen nicht **unverzüglich** zugeleitet wird. Dies erfordert nach der Legaldefinition des § 121 Abs. 1 BGB Handeln des Betroffenen **ohne schuldhaftes Zögern**.[201] Dabei kommt es für den Beginn der dem Betroffenen zur Verfügung stehenden Frist nicht auf das Datum der erstmaligen Veröffentlichung der Erstmitteilung, sondern auf dasjenige der erstmaligen vollständigen Kenntnisnahme durch den Betroffenen an.[202] Ob derjenige, der bei einem Fortsetzungsbericht vom ersten Teil betroffen ist, mit der Geltendmachung des Gegendarstellungsanspruchs den Abschluss der Serie in der Erwägung abwarten darf, dass er auch in den folgenden Teilen erwähnt werden könnte, ist streitig.[203] Man wird das allenfalls in Fällen annehmen können, in denen die Anzahl der infrage kommenden Serienteile bekannt und überschaubar ist[204] und konkrete Anhaltspunkte dafür ersichtlich sind, dass sich auch weitere Folgen mit dem Betroffenen befassen werden. In solchen Fällen kann es auch im Interesse der Medien sein, Entgegnungen des unter Umständen mehrfach genannten Betroffenen gegebenenfalls in einer einheitlichen Gegendarstellung zu veröffentlichen. Ist der Abschluss der Serie hingegen nicht voraussehbar, liegt er in weiter Zukunft oder sind Anhaltspunkte für eine neuerliche Erwähnung des Betroffenen in den folgenden Serienteilen nicht ersichtlich,

29.61

---

196 AG Hamburg AfP 1994, 169.
197 BGH NJW-RR 1987, 225.
198 BGH NJW 1995, 715 = WRP 1995, 300.
199 Löffler/*Sedelmeier*, § 11 LPG Rz. 180 f.; Wenzel/*Burkhardt*, Kap. 11 Rz. 200 ff.; *Seitz*, Kap. 8 Rz. 4 f.
200 OLG Düsseldorf NJW 1970, 760; OLG München ArchPR 1969, 76; OLG Karlsruhe AfP 1981, 363.
201 OLG Dresden, Beschl. v. 14.3.2017 – 4 U 142/17, zit. nach juris OLG Stuttgart ZUM 2000, 773.
202 OLG Köln AfP 2014, 340; LG Hamburg AfP 1971, 87; OLG Hamburg AfP 1971, 172; LG Frankfurt a.M. AfP 1981, 414; *Seitz*, Kap. 5 Rz. 35; Wenzel/*Burkhardt*, Kap. 11 Rz. 154.
203 Bejahend *Seitz*, Kap. 5 Rz. 37; Wenzel/*Burkhardt*, Kap. 11 Rz. 154; verneinend OLG Hamburg AfP 1971, 172.
204 Wenzel/*Burkhardt*, Kap. 11 Rz. 168.

dann muss der Betroffene nach dem Erscheinen desjenigen Teils handeln, gegen dessen Darstellung er vorgehen will.

29.62 Ob dem Erfordernis unverzüglicher Zuleitung entsprochen wird, ist anhand der konkreten Umstände des Einzelfalls ohne Anwendung starrer Fristen zu beurteilen.[205] Eine zusätzliche **Aktualitätsgrenze** gibt es neben dem Unverzüglichkeitskriterium nicht.[206] Jedoch ist der Gesichtspunkt der Aktualität, der den gesetzlichen Regeln über die Unverzüglichkeit zugrunde liegt, bei der Anwendung des Unverzüglichkeitskriteriums im Einzelfall zu berücksichtigen.[207] Lediglich in Bayern, dessen Landespressegesetz das Erfordernis der Unverzüglichkeit der Zuleitung der Gegendarstellung nicht kennt, ersetzt die Rechtsprechung dieses Kriterium durch eine Aktualitätsgrenze.[208]

29.63 Eine starre **Zwei-Wochen-Frist**, wie sie in früherer Rechtsprechung zu finden ist, gibt es seit einer BVerfG-Entscheidung aus dem Jahr 1983 nicht mehr.[209] Gleichwohl findet immer noch eine Orientierung an dieser Frist statt.[210] Im Schrifttum[211] wird ebenfalls die Auffassung vertreten, dass eine Gegendarstellung niemals verspätet ist, wenn sie dem Verlag oder dem verantwortlichen Redakteur binnen zwei Wochen nach Erscheinen der beanstandeten Meldung zugeleitet wird, während der Betroffene bei längerem Zuwarten die Gründe darlegen muss. Die Berliner Gerichte wenden insoweit eine Frist von zehn Tagen an.[212] Die in Bayern geltende Aktualitätsgrenze soll bei Veröffentlichungen in Magazinen oder überregionalen Tageszeitungen bei vier bis sechs Wochen liegen,[213] bei regionalen oder lokalen Tageszeitungen bei vier Wochen.[214] Unter dem Aspekt des Unverzüglichkeitskriteriums geht das OLG Stuttgart[215] davon aus, dass bei täglich ausgestrahlten Fernsehsendungen die erwähnte Zweiwochenfrist maßgeblich ist.

29.64 Tatsächlich sind derartige Regeln mit dem Gebot des unverzüglichen Handelns nicht zu vereinbaren, wenn sie als mehr verstanden werden denn als abstrakte Interpretationsmaximen. Das Gebot unverzüglichen Handelns entspricht einem Verbot schuldhafter Verzögerung. Unter den konkreten Umständen des Einzelfalls kann daher auch schnelleres Handeln geboten sein.[216] Davon ist insbesondere auszugehen, wenn der Betroffene sonstige presserechtliche Ansprüche frühzeitig geltend macht und sich nur mit der Zuleitung der Gegendarstellung mehr Zeit lässt.[217] Allerdings sind auch insoweit Konstellationen denkbar, in denen ein zeitlich gestaffeltes Vorgehen gerechtfertigt ist; das kann insbesondere dann der Fall sein, wenn

---

205 KG AfP 2009, 61 = ZUM 2009, 228; OLG Hamburg ArchPR 1977, 50; *Seitz*, Kap. 5 Rz. 38; *Löffler/Sedelmeier*, § 11 LPG Rz. 159.
206 OLG Karlsruhe NJW-RR 1992, 1305; OLG Karlsruhe AfP 1994, 318.
207 OLG Stuttgart AfP 2006, 252 = ZUM 2006, 427; KG AfP 1993, 749; *Seitz*, Kap. 5 Rz. 38.
208 OLG München ZUM-RD 2014,104; OLG München AfP 2001, 137 = NJW-RR 2001, 832; OLG München AfP 2003, 165 = NJW-RR 2002, 1271.
209 BVerfG AfP 1983, 334.
210 OLG Dresden AfP 2018, 353; OLG Stuttgart ZUM 2000, 773; OLG Hamburg NJW-RR 2001, 186; OLG Dresden ZUM-RD 2007, 117; LG Hamburg v. 16.2.2016 – 324 O 40/16, zit. nach juris; OLG Dresden, Beschl. v. 14.3.2017 – 4 U 142/17, zit. nach juris; *Seitz*, Kap. 5 Rz. 39.
211 *Löffler/Sedelmeier*, § 11 LPG Rz. 159; *Wenzel/Burkhardt*, Kap. 11 Rz. 151 ff.
212 LG Berlin GRURPrax 2010, 322.
213 OLG München AfP 2000, 126.
214 OLG München AfP 2001, 137 = NJW-RR 2001, 832; OLG München AfP 2012, 161.
215 OLG Stuttgart AfP 2006, 252 = ZUM 2006, 427.
216 KG AfP 2009, 61 = ZUM 2009, 228.
217 KG AfP 2009, 61 = ZUM 2009, 228; OLG Hamburg v. 2.10.1992 – 3 U 151/92, unveröffentlicht; a.A. LG Berlin GRUR-Prax 2010, 322.

der Betroffene wegen Abwesenheit die erforderliche Unterschrift unter eine Gegendarstellung noch nicht leisten kann, aber in der Lage ist, durch einen Bevollmächtigten bereits einen Unterlassungsanspruch geltend zu machen. Mit Recht hat jedenfalls das OLG Koblenz[218] die Zuleitung einer Gegendarstellung als nicht mehr unverzüglich angesehen, die dem sendepflichtigen Rundfunkveranstalter mehr als eine Woche nach dem Zeitpunkt zugeleitet wurde, zu dem der Betroffene einen zunächst eingereichten Antrag auf Erlass einer einstweiligen Verfügung zur Sicherung eines Unterlassungsanspruchs zurückgenommen hatte. Und eine schuldhafte Verzögerung bedeutet es auch, wenn ein Betroffener die Gegendarstellung zunächst nicht dem abdruckpflichtigen Verlag, sondern dessen Muttergesellschaft zuleitet.[219] Gleiches gilt, wenn zunächst ein persönlich nicht betroffener Repräsentant eines betroffenen Unternehmens einen Gegendarstellungsanspruch im eigenen Namen geltend macht, das betroffene Unternehmen selbst aber erst tätig wird, nachdem das zuständige Gericht auf die mangelnde Betroffenheit des Repräsentanten hingewiesen hat.[220]

Die Befürchtung, wegen der Durchsetzung einer unwahren Gegendarstellung mit Schadenersatzansprüchen überzogen zu werden, rechtfertigt es nicht, mit der Zuleitung der Gegendarstellung bis zum Eintritt einer optimalen Beweislage zu warten.[221] Gleiches gilt für den Wunsch nach Erzielung einer umfassenden gütlichen Einigung; der Betroffene kann und muss auch in solchen Fällen seinen Anspruch auf Abdruck oder Verlesung der Gegendarstellung zunächst durch deren ordnungsgemäße Zuleitung wahren und dies mit der Erklärung verbinden, dass er die Aufforderung zur Veröffentlichung der Gegendarstellung bis zum Abschluss der Verhandlungen zurückstellt (Rz. 29.56). Lässt er sich anwaltlich beraten und vertreten, so muss er sich Säumnisse in der zügigen Geltendmachung des Anspruchs, die nicht ihm selbst, wohl aber seinem Anwalt unterlaufen sind, wie eigenes Verschulden zurechnen lassen.[222]   29.65

Zugeleitet werden muss dem Abdruckpflichtigen innerhalb der Unverzüglichkeitsfrist eine im Prinzip abdruckfähige Gegendarstellung.[223] Das bedeutet nach einhelliger gerichtlicher Praxis nicht, dass die Gegendarstellung allen inhaltlichen Anforderungen entsprechen muss. Sie muss aber die äußere Form einer Gegendarstellung aufweisen, formal ordnungsgemäß, also insbesondere durch den Betroffenen oder seinen oder seine gesetzlichen Vertreter eigenhändig unterzeichnet sein und obendrein sowohl in der Wiedergabe der Erstmitteilung als auch in der Entgegnung die tatsächlichen Punkte in vollem Text bezeichnen, die ihren Gegenstand bilden.[224] Die Zuleitung einer Gegendarstellung, die diesen Mindestanforderungen nicht gerecht wird und die insbesondere an groben, ohne Weiteres erkennbaren Mängeln leidet,[225] führt zu einer schuldhaften Verzögerung im Sinn von § 121 BGB; sie erfolgt damit nicht mehr unverzüglich.   29.66

Wird dem Abdruckpflichtigen eine in diesem Sinn abdruckfähige Gegendarstellung unverzüglich zugeleitet, so ist sie nach dem **Alles-oder-Nichts-Prinzip** dennoch insgesamt nicht durchsetzbar, wenn sie inhaltlich auch nur in einem Punkt nicht den dargestellten Anfor-   29.67

218 OLG Koblenz NJW-RR 1998, 25.
219 OLG Düsseldorf AfP 2008, 523.
220 KG AfP 2011, 187.
221 OLG Hamburg AfP 1994, 225; *Seitz*, Kap. 5 Rz. 48.
222 OLG Hamburg ArchPR 1977, 50; OLG Hamburg AfP 1994, 225; *Seitz*, Kap. 5 Rz. 43.
223 OLG Hamburg AfP 1981, 410; OLG Hamburg AfP 1985, 216; LG Frankfurt a.M. AfP 2009, 73; *Seitz*, Kap. 5 Rz. 52; a.A. KG NJW 1970, 2029; KG AfP 1977, 286.
224 *Seitz*, Kap. 5 Rz. 88 ff.
225 OLG Stuttgart AfP 2006, 252 = ZUM 2006, 427.

derungen entspricht.[226] Dies beruht darauf, dass jede Gegendarstellung einen einheitlichen Streitgegenstand bildet und die Abdruckpflichtigen weder berechtigt noch verpflichtet sind, nach ihrem Ermessen dasjenige aus einer ihnen zugeleiteten Gegendarstellung herauszusuchen, das sie für abdruckpflichtig halten.[227] Allerdings wird das Alles-oder-Nichts-Prinzip von den Oberlandesgerichten nicht uneingeschränkt angewendet (vgl. hierzu auch Rz. 29.81 ff.). So haben etwa das OLG Frankfurt a.M. und das OLG Köln die Auffassung vertreten, das Gericht dürfe einzelne Punkte streichen, wenn es sie für undurchsetzbar hält und sich der Aussagegehalt der Gegendarstellung dadurch nicht grundsätzlich ändert.[228] Dieselbe Auffassung hat das OLG München[229] jedenfalls für die so genannte selbständige Kürzung[230] vertreten, in der inhaltlich voneinander unabhängige Behauptungen gerügt werden und einzelne der Entgegnungen sich als nicht durchsetzbar erweisen. *Seitz*[231] vertritt heute eine differenzierende Auffassung und hält neben Korrekturen von Fehlern im Gegendarstellungstext auch selbständige Kürzungen für zulässig, ohne dass die generellen Voraussetzungen für die Geltendmachung von Gegendarstellungen für die durch die Kürzung entstehende Neufassung eingehalten werden müssten. Danach kann der Betroffene gegenüber dem Abdruckpflichtigen auf die Veröffentlichung einzelner, selbständiger Teile der Gegendarstellung verzichten, ohne die Neufassung noch einmal unterzeichnen und zuleiten zu müssen.

29.68 Stets erlaubt die Rechtsprechung (s. auch Rz. 29.81 ff.)[232] jedoch das **Nachschieben weiterer Fassungen** derselben Gegendarstellung, sofern die Erstfassung abdruckfähig war und der Betroffene in jedem einzelnen Verfahrensschritt unverzüglich handelt. Unverzüglich handelt der Betroffene in diesem Verfahrensstadium nicht, wenn er aus einem gerichtlichen Hinweis weiß, dass und aus welchen Gründen die Erstfassung der Gegendarstellung nicht durchsetzbar ist, und sich mit der Zuleitung der Zweitfassung nach Eingang des gerichtlichen Hinweises einen Monat Zeit lässt;[233] schiebt er andererseits eine Zweitfassung so schnell nach, dass über sie in demselben Gerichtstermin verhandelt werden kann, in dem über die Erstfassung verhandelt wird, dann genügt das immer dem Unverzüglichkeitskriterium.[234] Dass im Fall des Nachschiebens einer neuen Fassung der Zeitraum zwischen der Veröffentlichung der beanstandeten Erstmitteilung und der Zuleitung der schließlich abzudruckenden Gegendarstellung als solcher unter dem Aspekt der Unverzüglichkeit zu lang ist, schadet nicht, solange der Betroffene in jedem dazwischen liegenden Verfahrensschritt unverzüglich gehandelt hat.[235]

29.69 Es muss sich der Sache nach aber immer um dieselbe Gegendarstellung handeln. Dass der Betroffene sie kürzt und insbesondere einzelne Punkte ausscheidet, die sich als nicht durch-

---

226 OLG Hamburg AfP 1984, 155; OLG Hamburg AfP 1983, 345; OLG Karlsruhe AfP 1994, 317; OLG Karlsruhe AfP 1994, 318 = ZUM 1995, 142; OLG Karlsruhe AfP 1999, 74 = ZUM-RD 1998, 220; LG Düsseldorf AfP 1993, 498.

227 OLG Hamburg AfP 1979, 405; OLG Hamburg AfP 1981, 408; OLG Hamburg AfP 1984, 155; *Seitz*, Kap. 10 Rz. 5 ff. und Kap. 12 Rz. 7 ff.; *Löffler/Sedelmeier*, § 11 LPG Rz. 180; a.A. *Wenzel/Burkhardt*, Kap. 11 Rz. 247, die eine aus mehreren selbständigen Punkten bestehende Gegendarstellung als ein Bündel mehrerer selbständiger Gegendarstellungen auffassen, das vom Betroffenen aufgeschnürt und gegebenenfalls auch mit seinen Einzelteilen durchgesetzt werden könne.

228 OLG Frankfurt a.M. AfP 1985, 288 = NJW-RR 1986, 606; OLG Köln AfP 1985, 64.

229 OLG München AfP 1998, 523 = NJW-RR 1998, 1632.

230 Dazu *Seitz*, Kap. 12 Rz. 26 ff.; kritisch *Sedelmeier*, AfP 2006, 24.

231 *Seitz*, Kap. 12 Rz. 23 ff.

232 OLG Hamburg AfP 1984, 155; OLG München AfP 1990, 53; OLG Koblenz NJW-RR 1998, 23.

233 OLG Düsseldorf AfP 2001, 327 = ZUM 2002, 63.

234 OLG München AfP 2001, 137 = NJW-RR 2001, 832.

235 OLG Hamburg AfP 1979, 405; OLG Hamburg AfP 1981, 410.

setzungsfähig erweisen, schadet nicht.[236] Das ändert aber nichts daran, dass es sich bei der **gekürzten Fassung** um einen neuen Streitgegenstand handelt und ein Anspruch auf ihre Veröffentlichung nur besteht, wenn der Betroffene bei der Zuleitung der gekürzten Fassung wiederum unverzüglich gehandelt hat.[237] Daran fehlt es, wenn er einem Berufungsgericht nach Zurückweisung seines Antrags in erster Instanz erstmals in der Berufungsverhandlung eine Ermächtigung erteilt, die Ursprungsfassung seiner Gegendarstellung um bestimmte Punkt zu kürzen.[238] Nicht um dieselbe Gegendarstellung handelt es sich, wenn der Betroffene den Gegenstand der zunächst geltend gemachten Gegendarstellung durch Aufnahme neuer Punkte inhaltlich **erweitert**. Dann handelt es sich vielmehr um eine neue Gegendarstellung, die sich erneut am Unverzüglichkeitskriterium messen lassen muss und die dann regelmäßig als zu spät zugeleitet gilt.[239] Leitet der Betroffene mehrere Gegendarstellungsverlangen zu, muss er gleichzeitig deutlich machen, mit welcher er sein Veröffentlichungsverlangen erfüllt ansieht.[240] Die Zuleitung mehrerer, inhaltlich voneinander abweichender Gegendarstellungen kann schließlich auch dem Sinn und Zweck dieser Rechtsschutzform zuwiderlaufen, wenn dadurch ein zu großer Bearbeitungsaufwand entsteht.[241]

Der Anspruch ist nicht mehr durchsetzbar, wenn die Gegendarstellung dem Abdruckpflichtigen nicht binnen einer Frist von drei Monaten zugeleitet wird. Das gilt nach den Bestimmungen aller Landespressegesetze bis auf Bayern und Hessen sowie einer Reihe rundfunkrechtlicher Bestimmungen. Hierbei handelt es sich um eine **Ausschlussfrist** mit absolutem Geltungsanspruch, die im Gegensatz zur Frist für die unverzügliche Zuleitung der Gegendarstellung mit dem erstmaligen Erscheinen der Erstmitteilung beginnt.[242] Ihre Anwendung kann der Betroffene nicht einmal mit der Begründung verhindern, er habe von der ihn betreffenden Veröffentlichung erst nach Ablauf der Frist Kenntnis erlangt bzw. sei an der früheren Geltendmachung seines Anspruchs gehindert gewesen. Auch steht es der Anwendung der Ausschlussfrist nicht entgegen, dass ein Betroffener in komplizierten Einzelfällen während des gesamten Dreimonatszeitraums um die Zuleitung einer inhaltlich durchsetzbaren Fassung seiner Gegendarstellung bemüht war und dabei in jedem einzelnen Schritt unverzüglich gehandelt hat. Wird dem Verlag oder Rundfunkveranstalter eine Gegendarstellung nach Ablauf der Ausschlussfrist zugeleitet, dann ist sie unter keinen Umständen mehr durchsetzbar. Eine andere Auffassung vertreten allerdings die Gerichte, die eine Kürzung einer in einem Punkt undurchsetzbaren Gegendarstellung auch im gerichtlichen Verfahren für zulässig halten (dazu Rz. 29.81 ff.); nach ihrer Auffassung[243] genügt die Zuleitung einer formal abdruckfähigen Gegendarstellung innerhalb der Ausschlussfrist und kann dann auch nach deren Ablauf noch eine gekürzte Fassung gerichtlich durchgesetzt werden. 29.70

In Bayern[244] und Hessen tritt an die Stelle der Dreimonatsfrist eine verschuldensunabhängige **Aktualitätsgrenze**. Dasselbe gilt im Anwendungsbereich derjenigen rundfunkrechtlichen Bestimmungen, die eine Ausschlussfrist nicht kennen. Der insoweit maßgebliche Zeitraum ist wie derjenige für die Unverzüglichkeitsgrenze nicht generell festgelegt. Er liegt nach Auffassung des OLG München bei einem wöchentlich erscheinenden Objekt regelmäßig bei etwa 29.71

---

236 *Seitz*, Kap. 12 Rz. 26 ff.; Wenzel/*Burkhardt*, Kap. 11 Rz. 249.
237 Anders für die sog. selbstständige Kürzung *Seitz*, Kap. 12 Rz. 26 ff.
238 OLG Frankfurt a.M. AfP 2010, 478.
239 OLG Hamburg UFITA 90 (1981), 180.
240 OLG Hamburg AfP 2013, 66.
241 OLG Köln AfP 2014, 340.
242 *Seitz*, Kap. 5 Rz. 55; *Ricker/Weberling*, Kap. 25 Rz. 26; Wenzel/*Burkhardt*, Kap. 11 Rz. 158.
243 LG Frankfurt/Oder AfP 2000, 388; LG Köln NJW-RR 2006, 846 = ZUM-RD 2006, 43.
244 Dazu *Seitz*, Kap. 5 Rz. 58 ff.; BayObLG NJW 1970, 1927.

vier bis sechs Wochen[245] und bei einer Meldung einer großen Illustrierten an prominenter Stelle bei knapp sieben Wochen,[246] während bei durchschnittlichen Meldungen in Tageszeitungen die Aktualitätsgrenze bei vier Wochen liegt.[247]

29.72　Die Pflicht zur unverzüglichen Verfolgung des Gegendarstellungsanspruchs betrifft nur die Zuleitung der Gegendarstellung an den Abdruckpflichtigen, nicht jedoch die Einleitung des gerichtlichen Verfahrens zur Durchsetzung des Anspruchs.[248] Das ergibt sich aus dem Wortlaut aller einschlägigen Normen. Das OLG München[249] geht demgegenüber für die in Bayern maßgebliche Aktualitätsgrenze davon aus, dass innerhalb der daraus abzuleitenden Frist nicht nur die Gegendarstellung dem Betroffenen zugeleitet, dass vielmehr auch das gegebenenfalls erforderliche gerichtliche Verfahren eingeleitet sein muss. Außerhalb Bayerns aber können sich die Medien der Veröffentlichungspflicht nicht dadurch entziehen, dass sie die Erledigung des Abdruckersuchens dilatorisch behandeln und darauf setzen, dass der Betroffene sich nicht unverzüglich an das zuständige Gericht wendet.

29.73　Eine angemessene Beschleunigung auch dieses Verfahrensabschnitts gebieten jedoch die Regeln des anwendbaren Rechts der einstweiligen Verfügung.[250] Die in diesem Verfahren erforderliche **Dringlichkeit** wird sehr unterschiedlich betrachtet und reicht von vier Wochen[251] bis zu acht Wochen[252]. Umstände des Einzelfalls – wie etwa Verhandlungen der Parteien über einen Abdruck – können dazu führen, dass sich die Dringlichkeitsfrist etwas verschiebt.[253] Insgesamt ist man jedoch gehalten, ein gerichtliches Verfahren zügig einzuleiten. Die zeitweilig vom OLG Karlsruhe[254] vertretene Auffassung, die gerichtliche Geltendmachung des Anspruchs auf Abdruck einer dem Verleger unverzüglich zugeleiteten Gegendarstellung sei jedenfalls bei einem Monatsmagazin auch vier Monate später noch statthaft, ist mit den Prinzipien des Verfahrens der einstweiligen Verfügung nicht zu vereinbaren und wurde von demselben Gericht[255] in einem Fall nicht aufrechterhalten, in dem zwischen der Zuleitung der Gegendarstellung und der Einleitung des gerichtlichen Verfahrens zwei Monate verstrichen waren. Derartige Fälle extrem säumigen Verhaltens sind unabhängig vom zivilprozessualen Gesichtspunkt mangelnder Dringlichkeit bereits materiellrechtlich unter dem Gesichtspunkt des Verbots rechtsmissbräuchlichen Verhaltens zu werten;[256] sie führen damit zur **Verwirkung** des Gegendarstellungsanspruchs,[257] jedenfalls aber zu einem Fortfall des berechtigten Interesses an der Veröffentlichung.[258] Das kann auch dann gelten, wenn der Betroffene dem Verlag eine nicht abdruckfähige Gegendarstellung ohne Setzung einer Frist für

---

245　OLG München AfP 1998, 86 = NJW-RR 1998, 26.
246　OLG München AfP 1999, 72.
247　OLG München AfP 2001, 137 = NJW-RR 2001, 832.
248　OLG Hamburg ArchPR 1977, 50; Wenzel/*Burkhardt*, Kap. 11 Rz. 212.
249　OLG München AfP 2001, 126 = ZUM-RD 2000, 428.
250　*Seitz*, Kap. 9 Rz. 94 ff.; Wenzel/*Burkhardt*, Kap. 11 Rz. 213 f.
251　OLG Karlsruhe ZUM 2015, 400.
252　OLG Stuttgart v. 8.2.2017 – 4 U 166/16, zit. nach juris; OLG Stuttgart AfP 2016, 268; *Seitz*, Kap. 9 Rz. 103 m.w.N.
253　OLG Dresden v. 27.11.2018 – 4 U 1282/18, zit. nach juris.
254　OLG Karlsruhe NJW-RR 1992, 1305.
255　OLG Karlsruhe AfP 1999, 356 = NJW-RR 1999, 387.
256　OLG Hamburg AfP 1980, 210; OLG Hamburg AfP 1987, 434.
257　OLG Karlsruhe AfP 1999, 356 = NJW-RR 1999, 387; Wenzel/*Burkhardt*, Kap. 11 Rz. 214; *Soehring*, NJW 1994, 16, 22.
258　*Seitz*, Kap. 9 Rz. 95.

Abdruck oder Rückäußerung zuleitet, danach eine Weile untätig bleibt und dem Verlag erst nach längerer Zeit eine neue, nunmehr abdruckfähige Zweitfassung zuleitet.[259]

4. Durchsetzung des Anspruchs

a) Verfahrensart

Nach den ausdrücklichen Bestimmungen aller Landespressegesetze mit Ausnahme Bayerns kann die Gegendarstellung im Verfahren der **einstweiligen Verfügung** vor den Zivilgerichten durchgesetzt werden. Auch für Bayern gilt aber im Ergebnis nichts anderes, da hier die Rechtsprechung[260] die Durchsetzung des Gegendarstellungsanspruchs im Verfügungsverfahren in ständiger Praxis zulässt. Diese Regelung ermöglicht die Durchsetzung des Anspruchs in einem beschleunigten Verfahren von hoher Effektivität. Die Gerichte entscheiden meist ohne mündliche Verhandlung im Beschlussweg; sofern sie nicht ohne mündliche Verhandlung entscheiden, wird diese in der Regel sehr kurzfristig anberaumt werden. Das Bedürfnis eines schnellen und effektiven Verfahrens rechtfertigt aber keine einseitigen „Geheimverfahren" zwischen dem beschließenden Gericht und dem Antragssteller; vielmehr ist das betroffene Medium nach einer aktuellen Entscheidung des BVerfG aufgrund des Rechts auf prozessuale Waffengleichheit und der Gewährung rechtlichen Gehörs in das Verfahren einzubeziehen, z.B. indem es angehört wird und von richterlichen Hinweisen erfährt,[261] zumal die erstinstanzliche gerichtliche Entscheidung bereits mit Erlass des die Veröffentlichung anordnenden Beschlusses oder Urteils sofort vollziehbar ist. Dafür genügt die durch den Antragsteller veranlasste Zustellung , ohne dass innerhalb der einmonatigen Vollziehungsfrist des § 929 Abs. 2 ZPO ein Erzwingungsantrag gemäß § 888 ZPO erforderlich wäre.[262]   29.74

Rechtsbehelfe der Abdruckpflichtigen hemmen die Vollziehung gerichtlicher Abdruck- oder Ausstrahlungsanordnungen nicht. Anderes gilt nur, soweit die Gerichte auf Antrag gemäß §§ 924 Abs. 3, 707 ZPO von der Möglichkeit Gebrauch machen, die Zwangsvollstreckung bis zur Entscheidung über die Rechtsbehelfe einzustellen. Die Voraussetzungen hierfür liegen nach der Praxis einiger Oberlandesgerichte[263] nur vor, wenn aus der Sicht des Berufungsgerichts bereits aufgrund des Akteninhalts der ersten Instanz feststeht, dass die erstinstanzliche Anordnung der Veröffentlichung unrichtig ist. Richtiger Ansicht nach kommt es gemäß §§ 936, 924 Abs. 3, 707 Abs. 1 Satz 2 ZPO darauf an, ob dem zur Veröffentlichung der Gegendarstellung Verpflichteten durch die sofortige Vollziehung der erstinstanzlichen Anordnung ein nicht zu ersetzender Nachteil entsteht. Das ist aber auch dann der Fall, wenn nur ernstliche Zweifel an der Rechtmäßigkeit der erstinstanzlichen Anordnung bestehen. Denn die einmal erfolgte Veröffentlichung kann nach Aufhebung der Entscheidung, die sie angeordnet   29.75

---

259 OLG Hamburg AfP 1985, 216.
260 OLG München AfP 1973, 483; dazu und zu einzelnen weiteren abweichenden Regelungen *Seitz*, Kap. 9 Rz. 85 ff.
261 BVerfG AfP 2018, 508 = NJW 2018, 1288 (zum Unterlassungsanspruch) und BVerfG AfP 2018, 504 = NJW 2018, 3634 zum Gegendarstellungsanspruch (zur Anhörungspflicht bei Gegendarstellungen).
262 OLG München AfP 2002, 528 = ZUM-RD 2003, 93; OLG München AfP 2007, 53; OLG Hamm AfP 2011, 377.
263 OLG Karlsruhe AfP 1999, 506; KG AfP 2006, 255 = ZUM 2006, 565; OLG Brandenburg NJW-RR 2002, 190.

hat, nicht rückgängig gemacht werden, was einen nicht reversiblen Nachteil für die veröffentlichungspflichtigen Medien darstellt. Das BVerfG[264] lehnt es allerdings bereits dann ab, die Vollziehung einer Anordnung zum Abdruck einer Gegendarstellung im Wege der einstweiligen Anordnung nach § 32 Abs. 1 BVerfGG auszusetzen, wenn der Ausgang des Verfahrens aus seiner Sicht offen ist; die im Rahmen von § 32 BVerfGG erforderliche Rechtsfolgenabwägung mache es erforderlich, bei offenem Verfahrensausgang dem Interesse des Betroffenen am Abdruck ein größeres Gewicht beizulegen als demjenigen des Verpflichteten, nicht zur Veröffentlichung einer Gegendarstellung gezwungen zu werden, auf die der Betroffene nach dem noch offenen Ausgang des Berufungsverfahrens keinen Anspruch haben könnte.

29.76   Für den Gegendarstellungsanspruch ist – abweichend von den normalen Regeln des Zivilprozesses – die Durchführung eines **Hauptsacheverfahrens ausgeschlossen**. Das ergibt sich aus den Bestimmungen der Mehrheit der Landespressegesetze[265] bzw. dort, wo ausdrückliche Regelungen fehlen, aus der Rechtsprechung.[266] Daher enden Instanzenzug und Verfahren stets bei den Oberlandesgerichten. Für die Fortentwicklung des Rechts der Gegendarstellung fehlt dem BGH damit die Rechtsprechungskompetenz. Der Ausschluss des Hauptsacheverfahrens führt auch dazu, dass der Gegendarstellungsanspruch stets in einem gesonderten Verfahren geltend gemacht werden muss und nicht mit anderen zivilrechtlichen Ansprüchen des Betroffenen in einem gerichtlichen Verfahren gekoppelt werden kann.[267] Auch im Geltungsbereich derjenigen Landespressegesetze,[268] die die Geltendmachung des Anspruchs auch im Wege der Klage nicht ausdrücklich ausschließen, wird in der gerichtlichen Praxis der Gegendarstellungsanspruch schon wegen des offensichtlichen Beschleunigungsinteresses der Betroffenen ausschließlich im Verfahren der einstweiligen Verfügung geltend gemacht. Für Hessen hat das OLG Frankfurt a.M.[269] ausdrücklich klargestellt, dass ein Hauptsachverfahren in Gegendarstellungssachen nicht mehr zulässig ist, wenn im Verfahren der einstweiligen Verfügung ein rechtskräftiges Urteil vorliegt.

29.77   Für die Durchsetzung des Gegendarstellungsanspruchs sind in erster Instanz, abhängig vom Streitwert des Anspruchs, sachlich die Amts- oder Landgerichte zuständig. Die bis 1993 geltende Spezialzuständigkeit der Landgerichte für nicht vermögensrechtliche Streitigkeiten, aufgrund deren Gegendarstellungssachen stets vor den Landgerichten zu verhandeln waren, ist entfallen.[270] Da die Streitwerte in aller Regel oberhalb eines Betrags von 5000 Euro und meistens in der Größenordnung zwischen 10 000 und 50 000 Euro liegen werden,[271] werden Gegendarstellungsstreitigkeiten in der Praxis nahezu ausnahmslos vor den **Landgerichten** ausgetragen. Größere Landgerichte haben daher Spezialkammern für Pressesachen eingerichtet.

---

264 BVerfG AfP 2000, 456 = NJW-RR 2000, 1713.
265 Baden-Württemberg, Bremen, Niedersachsen, Nordrhein-Westfalen und Thüringen § 11 Abs. 4 Satz 5; Berlin und Sachsen § 10 Abs. 4 Satz 5; Brandenburg § 12 Abs. 4 Satz 5; Rheinland-Pfalz § 11 Abs. 4 Satz 4; Saarland § 10 Abs. 4 Satz 4; Sachsen-Anhalt und Schleswig-Holstein § 11 Abs. 4 Satz 2.
266 OLG Hamburg MDR 1972, 333; OLG Frankfurt a.M. NJW-RR 2002, 1474; zu einzelnen Problemfällen *Seitz*, Kap. 9 Rz. 85 ff.
267 Löffler/*Sedelmeier*, § 11 LPG Rz. 189.
268 Bayern, Hamburg, Hessen, Mecklenburg-Vorpommern und Nordrhein-Westfalen.
269 OLG Frankfurt a.M. NJW-RR 2002, 1474.
270 Gesetz zur Entlastung der Rechtspflege v. 11.1.1993, BGBl. I 1993, 50.
271 Wenzel/*Burkhardt*, Kap. 11 Rz. 224; *Seitz*, Kap. 10 Rz. 17.

b) Örtliche Zuständigkeit

Die **örtliche Zuständigkeit** richtet sich nach dem Sitz des in Anspruch genommenen Verlags, Rundfunkveranstalters oder Telemedienanbieters. Soweit der Betroffene den Verantwortlichen Redakteur in Anspruch nehmen kann und von dieser Möglichkeit Gebrauch macht, ist der Anspruch beim für dessen Wohnsitz zuständigen Gericht geltend zu machen.[272] Hat ein Medienunternehmen ausnahmsweise zwei Registersitze, sind die Gerichte an beiden Sitzorten nach Wahl des Betroffenen zuständig,[273] sofern nicht spezialgesetzlich etwas anderes bestimmt ist wie in den Fällen Deutsche Welle (§ 2 Abs. 1 Satz 2 DWG), Deutschlandradio (§ 1 Abs. 3 Satz 2 DLR-StV) oder Südwestrundfunk (§ 1 Abs. 1 Satz 3 SWR-StV). Richtet sich die Gegendarstellung gegen eine von der *ARD* verbreitete Behauptung, so ist im Hinblick auf § 8 ARD-StV ausschließlich das Gericht am Sitz desjenigen Senders zuständig, der den in Rede stehenden Beitrag in das Programm eingebracht hat (dazu Rz. 29.120). Und bei einem privaten Rundfunkveranstalter ist das Gericht am Sitz des Unternehmens selbst dann zuständig, wenn es durch eine Landesmedienanstalt in einem anderen Bundesland lizensiert worden ist.[274]

29.78

Hingegen findet der sogenannte **fliegende Gerichtsstand der Presse** auf das Verfahren zur Durchsetzung von Gegendarstellungsansprüchen keine Anwendung.[275] Dieser aus § 32 ZPO abgeleitete gesetzliche Gerichtsstand erlaubt es dem Betroffenen, alle anderen zivilrechtlichen Ansprüche aus Medienveröffentlichungen bei jedem inländischen Gericht geltend zu machen, in dessen Bezirk die fragliche Zeitung oder Zeitschrift bestimmungsgemäß verbreitet oder das betreffende Rundfunkprogramm ausgestrahlt wird (Gerichtsstand der unerlaubten Handlung, § 32 ZPO; dazu im Einzelnen Rz. 30.25 ff.). Er knüpft aber an eine unerlaubte Handlung gemäß §§ 823 ff. BGB an und ist auf den Gegendarstellungsanspruch schon deswegen nicht anwendbar, weil dieser Anspruch seinerseits eine unerlaubte Handlung nicht voraussetzt (Rz. 29.2 ff.).

29.79

Nicht völlig geklärt ist die Frage, ob auch das Gericht am Sitz der örtlichen Redaktionsvertretung eines Verlags oder des Regionalstudios eines Rundfunkveranstalters zuständig ist, wenn sich die Gegendarstellung gegen einen dort produzierten und verbreiteten Beitrag wendet. Für Gegendarstellungen zu Meldungen, die ausschließlich in einer von der betreffenden **Lokalredaktion** betreuten Regionalausgabe erschienen sind und die daher nach dem Prinzip der Waffengleichheit ihrerseits nur in derselben Regionalausgabe zu veröffentlichen sind, kann dieser spezielle Gerichtsstand nach richtiger Ansicht[276] in Anspruch genommen werden. Hingegen ist die Zuständigkeit der Gerichte am Sitz der Lokalredaktion bzw. der Regionalstudios für Gegendarstellungen zu Meldungen aus dem überregionalen Teil der jeweiligen Publikation bzw. des jeweiligen Programms nicht zu begründen.[277] Von der Frage der örtlichen Zu-

29.80

---

272 BayObLG NJW 1958, 1825; OLG Frankfurt a.M. NJW-RR 1986, 606.
273 LG Berlin AfP 2004, 148.
274 OLG München AfP 1998, 89 = ZUM 1998, 166.
275 *Löffler/Sedelmeier*, § 11 LPG Rz. 192; *Seitz*, Kap. 9 Rz. 19 f.; *Wenzel/Burkhardt*, Kap. 11 Rz. 222; *Soehring*, AfP 1978, 81.
276 OLG Naumburg NJW-RR 2000, 475; *Seitz*, Kap. 9 Rz. 15 f.; *Wenzel/Burkhardt*, Kap. 11 Rz. 221; *Löffler/Sedelmeier*, § 11 LPG Rz. 192; *Ricker/Weberling*, Kap. 28 Rz. 5.
277 LG Stuttgart AfP 2002, 340; *Löffler/Sedelmeier*, § 11 LPG Rz. 192; a.A. aus Gründen der Praktikabilität *Seitz*, Kap. 9 Rz. 16.

ständigkeit zu unterscheiden ist stets diejenige des im Einzelfall anwendbaren Rechts (dazu Rz. 29.8).

c) Änderung der Gegendarstellung im Prozess

29.81 Einen breiten Raum nimmt in der Praxis der Gerichte die Frage ein, ob und in welchem Umfang es statthaft ist, eine dem Abdruckpflichtigen ordnungsgemäß zugeleitete Gegendarstellung **im gerichtlichen Verfahren zu ändern**. Dabei geht es darum, eine Gegendarstellung, die sich in den Augen des zuständigen Gerichts als nicht durchsetzungsfähig erweist, der Rechtsauffassung des Gerichts so anzupassen, dass sie danach durchgesetzt werden kann. Derartige Situationen kommen in der Praxis nahezu täglich vor und sind Ausdruck der beträchtlichen Schwierigkeiten, die sich auch für den erfahrenen Medienrechtspraktiker im Einzelfall bei dem Versuch ergeben, eine den Anforderungen der Rechtsprechung in allen Einzelheiten gerecht werdende Gegendarstellung zu formulieren. Dabei wird es in der Regel entweder darum gehen, dass das zuständige Gericht einzelne Punkte der Erstmitteilung, gegen die sich die Gegendarstellung wendet, für überhaupt nicht gegendarstellungsfähig hält, weil etwa nach seiner Auffassung eine Meinungsäußerung angegriffen wird – in diesen Fällen kommt nur die Streichung des betreffenden Punkts bei Weiterverfolgung der Gegendarstellung im Übrigen in Betracht –, oder dass es eine Formulierung zu einem im Prinzip gegendarstellungsfähigen Punkt für korrekturbedürftig hält, weil etwa nach seiner Auffassung die Wiedergabe der Erstmitteilung nicht sachgerecht ist.[278]

29.82 Angesprochen sind durch diese Problematik im Wesentlichen die Rechtsprobleme der eigenhändigen Unterzeichnung (Rz. 29.47 ff.) sowie der Zuleitung (Rz. 29.55 f.) der gegebenenfalls geänderten Fassung der Gegendarstellung. Ausgehend davon, dass es sich bei einer Gegendarstellung um die höchstpersönliche Erklärung des Betroffenen und zudem um einen einheitlichen Streitgegenstand handelt, verlangt eine Reihe von Gerichten[279] in ständiger Rechtsprechung jedenfalls im Prinzip die **eigenhändige Unterzeichnung** durch den Betroffenen oder seinen gesetzlichen Vertreter und die erneute **Zuleitung** an den Verlag oder Verantwortlichen Redakteur hinsichtlich jeder Neufassung einer Gegendarstellung, unabhängig davon, ob die Änderung innerhalb oder außerhalb des gerichtlichen Verfahrens erfolgt. Nach dieser Rechtsprechung gilt insoweit das Alles-oder-nichts-Prinzip; dazu schon Rz. 29.67. Konsequenz dieser Auffassung ist es, dass ein Antrag auf Verurteilung der Medien zur Veröffentlichung einer mehrgliedrigen Gegendarstellung schon dann zurückzuweisen und der Anspruch auf Veröffentlichung der unter Berücksichtigung der Rechtsauffassung des Gerichts geänderten oder gekürzten Gegendarstellung erneut außergerichtlich durch Zuleitung der geänderten Fassung geltend zu machen ist, wenn die Gegendarstellung auch nur in einem Punkt nicht den Anforderungen des Gerichts entspricht.

---

278 Vgl. hierzu die eingehende Darstellung bei *Seitz*, Kap. 12 Rz. 1 ff.; *Löffler/Sedelmeier*, § 11 LPG Rz. 207 ff.

279 OLG Hamburg AfP 1978, 158; OLG Hamburg AfP 1979, 405; OLG Hamburg AfP 1984, 155; OLG München NJW 1988, 349; OLG München AfP 1998, 523 = NJW-RR 1998, 1632; OLG München AfP 1998, 89 = ZUM 1998, 166; OLG Karlsruhe AfP 1994, 317; OLG Karlsruhe AfP 1999, 74; OLG Karlsruhe AfP 2003, 439 = NJW-RR 2003, 109; OLG Köln NJW-RR 1990, 1119; OLG Düsseldorf AfP 1972, 281; OLG Koblenz NJW-RR 1998, 23; LG Berlin AfP 2008, 532; LG Baden-Baden AfP 1998, 91; *Löffler/Sedelmeier*, § 11 LPG Rz. 215 f.; zustimmend hinsichtlich des Streitgegenstands und damit im Prinzip *Seitz*, Kap. 12 Rz. 23 ff.; *Wenzel/Burkhardt*, Kap. 11 Rz. 251; a.A. aus Gründen der Opportunität *Prinz/Peters*, Rz. 618 f.

Andere Gerichte gestatten im Hinblick auf die damit verbundene Erschwernis in der Durch-   29.83
setzung des Anspruchs die Änderung im Prozess,[280] ohne dass die jeweilige Neufassung dem
Verlag oder Verantwortlichen Redakteur erneut zugeleitet werden muss. Die Oberlandesgerichte München,[281] Celle[282] und Karlsruhe,[283] die im Ansatz der in Rz. 29.82 genannten
Praxis folgen, halten in ihrer jüngeren Rechtsprechung die Streichung einzelner selbständiger
Punkte der Gegendarstellung, durch die der Aussagegehalt der übrigen Punkte nicht verändert wird, durch das Gericht dann für zulässig, wenn der Betroffene das im Verfahren –
regelmäßig im Hinblick auf Bedenken des Gerichts – beantragt oder das Gericht jedenfalls
dazu ermächtigt.[284] Derartige Streichungen führen nach Auffassung dieser Gerichte[285] zu einer Teilabweisung des Antrags mit Kostenfolgen für den Betroffenen. Dabei soll eine in erster
Instanz erteilte Ermächtigung des Gerichts zur Streichung einer Passage der Gegendarstellung
auch für die Berufungsinstanz gelten,[286] während sie für eine dort etwa anhängig werdende
Zweitfassung der Gegendarstellung nicht gelten soll.[287]

Nach Auffassung des OLG Frankfurt[288] ist sogar das Gericht selbst befugt, die von ihm als   29.84
sachdienlich angesehenen Änderungen der Gegendarstellung vorzunehmen und damit im Ergebnis die Gegendarstellung des Betroffenen zu formulieren. Diese Auffassung verlässt jedoch
nicht nur die eingeführte und dogmatisch richtige Streitgegenstandslehre. Sie berücksichtigt
vor allem nicht den höchstpersönlichen Charakter des Gegendarstellungsanspruchs und den
daraus abzuleitenden Grundsatz, dass auch der abdruckpflichtige Verlag oder der zur Ausstrahlung verpflichtete Rundfunkveranstalter nicht berechtigt ist, das nach seiner Auffassung
Abdruckfähige auszusondern und nach eigenem Ermessen zu veröffentlichen.[289] Mit Recht
hält daher das OLG Karlsruhe[290] die Ausscheidung eines einzelnen Punkts aus einer mehrgliedrigen Gegendarstellung im gerichtlichen Verfahren dann für unzulässig, wenn sie nicht
von dem Betroffenen persönlich, sondern von seinem Prozessbevollmächtigten vorgenommen wird.

Als Konsequenz aus der Erkenntnis, dass jede konkrete Fassung einer Gegendarstellung einen   29.85
einheitlichen Streitgegenstand bildet (Rz. 29.67), ist jedoch eine Änderung im Prozess unzulässig, soweit es nicht um die Korrektur offenbarer **formaler Unrichtigkeiten** geht. Das gilt

---

280 OLG Frankfurt a.M. AfP 2008, 628; OLG Frankfurt a.M. AfP 1980, 225; KG AfP 2006, 255 = ZUM
     2006, 565; KG NJW 1970, 2029; KG AfP 1977, 286; OLG Köln AfP 1985, 227 = NJW-RR 1986,
     418.
281 OLG München AfP 1998, 515 = NJW-RR 1999, 386; OLG München AfP 1998, 523 = NJW-RR
     1998, 1632; OLG München AfP 2000, 172; Löffler/*Sedelmeier*, § 11 LPG Rz. 220, soweit durch die
     Streichung einzelner Punkte ein minus, nicht aber ein aliud entsteht.
282 OLG Celle NJW-RR 1995, 794.
283 OLG Karlsruhe AfP 2003, 439 = NJW-RR 2003, 109; OLG Karlsruhe AfP 2009, 267.
284 OLG München AfP 2001, 132 = ZUM-RD 2001, 163; OLG München AfP 2003, 70 = NJW-RR 2002,
     1048; *Seitz*, Kap. 12 Rz. 26 ff.
285 OLG München AfP 1998, 515 = NJW-RR 1999, 386; OLG München AfP 1998, 523 = NJW-RR
     1998, 1632; OLG München AfP 2000, 172; OLG Celle NJW-RR 1995, 794; OLG Brandenburg
     NJW-RR 2000, 326; zu den kostenrechtlichen Problemen, die jede Zulassung einer Änderungspraxis
     mit sich bringt, vgl. *Seitz*, Kap. 12 Rz. 76 ff.
286 OLG München AfP 2003, 70 = NJW-RR 2002, 1048.
287 OLG München AfP 2001, 132 = ZUM-RD 2001, 163.
288 OLG Frankfurt a.M. NJW 1971, 471; OLG Frankfurt a.M. AfP 1979, 359; OLG Frankfurt a.M. AfP
     1982, 179; OLG Frankfurt a.M. AfP 1983, 279; differenzierend OLG Frankfurt a.M. AfP 2008, 628:
     Änderungsbefugnis im Fall der Ermächtigung des Gerichts durch den Betroffenen.
289 Löffler/*Sedelmeier*, § 11 LPG Rz. 215 ff.
290 OLG Karlsruhe NJW-RR 2000, 323.

etwa für grammatikalische, orthografische oder offenkundige Fehler wie die Verwechselung einer Jahreszahl in der Wiedergabe der Erstmitteilung. Derartige Korrekturen können vom Gericht selbst, mithin auch ohne Mitwirkung des Betroffenen vorgenommen werden.[291] Ansonsten schafft trotz ihrer Nachteile nur die dargestellte Lehre vom einheitlichen Streitgegenstand und der Notwendigkeit der Einhaltung des für die Geltendmachung des Gegendarstellungsanspruchs allgemein geltenden Verfahrens einen gerechten Ausgleich zwischen den berechtigten Belangen der Beteiligten. Die Nachteile, die für den Betroffenen mit der Notwendigkeit der erneuten Unterzeichnung und Zuleitung der geänderten Gegendarstellung fraglos verbunden sind, lassen sich durch die Möglichkeit, eine formal korrekt entstandene und zugeleitete Zweitfassung im Wege eines **Hilfsantrags** in ein laufendes gerichtliches Verfahren einzuführen,[292] im Wesentlichen kompensieren. Allerdings sollten Hilfsfassungen der Gegendarstellung unter Berücksichtigung etwaiger erkennbarer Bedenken des Gerichts oder auch von Einwendungen des Veröffentlichungspflichtigen nach Möglichkeit bereits in erster Instanz in das Verfahren eingeführt werden, weil der Betroffene nur so das Risiko vermeidet, dass eine erst in der Berufungsinstanz eingeführte Hilfsfassung dadurch gegenstandslos wird, dass das Berufungsgericht von der Möglichkeit Gebrauch macht, die Berufung des Betroffenen gemäß § 522 Abs. 2 ZPO ohne mündliche Verhandlung zurück zu weisen.[293]

29.86 Der Grundsatz, dass es sich bei der Gegendarstellung um eine höchstpersönliche Erklärung des Betroffenen handelt, gilt nur für ihren Inhalt, nicht hingegen für die **Abdruckmodalitäten**. Diese Modalitäten können daher im gerichtlichen Verfahren durch das Gericht auf Antrag des Betroffenen, aber auf der Basis von § 938 Abs. 1 ZPO auch von Amts wegen jederzeit geändert oder ergänzt werden, ohne dass es der erneuten Formulierung, Unterzeichnung und Zuleitung der Gegendarstellung durch den Betroffenen bedarf.[294]

29.87 Führt der Betroffene nach Hinweisen des Gerichts 1. Instanz eine Hilfsfassung seiner Gegendarstellung in das Verfahren ein, dann kann der Veröffentlichungspflichtige dem zweiten Anspruch nicht die Einrede der Rechtshängigkeit des ersten entgegenhalten. Das gilt auch dann, wenn der Betroffene seinen primär geltend gemachten Anspruch im Berufungsverfahren weiterverfolgt. Dies ergibt sich zwingend aus der Streitgegenstandslehre (Rz. 29.67 ff.), da beide Versionen der Gegendarstellung unterschiedliche Streitgegenstände bilden. Der Auffassung des OLG Hamburg,[295] der Betroffene dürfe in einer solchen Situation beide Versionen der Gegendarstellung ohne Herstellung eines Rangverhältnisses gerichtlich durchsetzen, und die Frage, welche Fassung schließlich zu veröffentlichen ist, müsse im Vollstreckungsverfahren geklärt werden, kann aber nicht gefolgt werden. Sie ist im rechtlichen Ansatz und in der praktischen Konsequenz verfehlt. Denn die Zweitversion kann unter Umständen schnell und problemlos durchsetzbar und ein Erzwingungsverfahren gemäß § 888 ZPO insoweit bereits anhängig sein, während der Streit über die Erstfassung der Gegendarstellung noch beim Berufungsgericht anhängig ist.

29.88 Richtiger Ansicht nach ist diese Konstellation daher über das berechtigte Interesse zu lösen: Wer mit Hilfe des Gerichts noch eine Basisfassung seiner Gegendarstellung durchzusetzen

---

291 OLG Hamburg NJW-RR 1995, 1053; OLG München AfP 1999, 484.
292 Die Zulässigkeit der Einführung von Hilfsfassungen im Wege von Hilfsanträgen in das laufende Verfahren ist allgemein anerkannt; vgl. nur KG AfP 2007, 52 = NJW 2006, 3505; OLG Koblenz NJW-RR 1998, 23; *Seitz*, Kap. 12 Rz. 55.
293 KG AfP 2007, 52 = NJW 2006, 3505.
294 KG AfP 2007, 231; *Seitz*, Kap. 12 Rz. 19.
295 OLG Hamburg AfP 1993, 591.

versucht, der hat kein berechtigtes Interesse an der Erzwingung einer anderen Version, solange er nicht beide Fassungen eindeutig als Haupt- und Hilfsfassung mit der Folge bezeichnet, dass das Gericht in einer einheitlichen Entscheidung über beide zu befinden hat. Erkennt ein erstinstanzliches Gericht dem Betroffenen nur die Hilfsfassung zu und will er die Hauptfassung im Berufungsverfahren weiter verfolgen, so kann er das berechtigte Interesse an deren späterer Veröffentlichung nur wahren, wenn er für die Dauer des Berufungsverfahrens auf die Zwangsvollstreckung hinsichtlich der ihm bereits zuerkannten Hilfsfassung verzichtet.

d) Rechtswidrige Anspruchsdurchsetzung

Wird aufgrund einer erstinstanzlichen Entscheidung der Abdruck der Gegendarstellung erzwungen und diese Entscheidung später auf Grund eines Rechtsbehelfs des Verlags aufgehoben, dann haftet der Betroffene dem Verlag nach § 945 ZPO auf Ersatz des aus der Erzwingung des Abdrucks entstandenen Schadens.[296] Das wird allerdings nur dann zu einer spürbaren finanziellen Belastung des Betroffenen führen, wenn einem Verlag der Nachweis möglich ist, dass er den für den Abdruck der Gegendarstellung benötigten Raum anderenfalls für den Abdruck von Anzeigen hätte verwenden können und dass ihm durch den Verzicht auf diese Anzeigen finanzielle Verluste entstanden sind. Derartige Konstellationen kommen in der Praxis kaum vor. Und im Fall der Ausstrahlung einer Gegendarstellung durch den Rundfunk sind durch deren Verlesung entstehende Schäden ausgeschlossen, weil sie stets zu Lasten der redaktionellen Zeiten und nicht zu Lasten der Werbeblöcke erfolgen muss; anderes kann allenfalls für die in der Praxis kaum nachweisbaren Kosten der technischen Umsetzung der Ausstrahlung gelten.

29.89

e) Kosten

Die Gegendarstellung selbst ist in der Regel **kostenfrei** zu veröffentlichen. Anderes gilt nur insoweit, als einzelne Landespressegesetze die Kostenfreiheit des Abdrucks nur für den Fall anordnen, dass die Gegendarstellung einen angemessenen Umfang nicht überschreitet (Rz. 29.45), sowie für Gegendarstellungen, die den Anzeigenteil betreffen, wenn dies das Gesetz anordnet.[297]

29.90

Zur Erstattung von **Anwaltskosten** des Betroffenen sind die Medien nicht ohne weiteres verpflichtet. Auch unter dem Gesichtspunkt des Verzugs kann die Erstattung der Kosten der erstmaligen Formulierung und Geltendmachung einer ordnungsgemäßen Gegendarstellung nicht verlangt werden, da sich die Medien vor der Zuleitung einer abdruckfähigen Gegendarstellung mit ihrer Pflicht zur Veröffentlichung nicht in Verzug befinden.[298] Stellt allerdings die Erstmitteilung ihrerseits eine unerlaubte Handlung wie etwa eine üble Nachrede gemäß § 186 StGB zu Lasten des Betroffenen dar, dann handelt es sich bei der Geltendmachung des Gegendarstellungsanspruchs nicht nur um die Ausübung eines gesetzlichen Rechts, sondern zugleich auch um eine Maßnahme der Schadensminderung.[299] Die dem Betroffenen entstehenden Anwaltskosten müssen in diesem Fall vom Verlag oder dem Rundfunkveranstalter in der Höhe erstattet werden, wie sie sich aus den anwendbaren gebührenrechtlichen Bestim-

29.91

---

296 BGH AfP 1974, 571 = NJW 1974, 642.
297 In Berlin, Bremen, Hamburg, Niedersachsen, Rheinland-Pfalz, Sachsen-Anhalt, Schleswig-Holstein und Thüringen; vgl. auch Wenzel/*Burkhardt*, Kap. 11 Rz. 195.
298 *Seitz*, Kap. 8 Rz. 41a f.
299 BGH AfP 1976, 75 = NJW 1976, 1198 – Panorama.

mungen ergeben.[300] Wird der Anspruch gerichtlich geltend gemacht, so ergibt sich die Kostenerstattungspflicht der unterliegenden Partei aus den allgemeinen Regeln der §§ 91 ff. ZPO. Verlangt allerdings ein Betroffener außergerichtlich die Veröffentlichung einer Gegendarstellung, die inhaltlich nicht den gesetzlichen Anforderungen entspricht und auf deren Veröffentlichung er folglich keinen Anspruch hat, dann steht ihm insoweit auch kein Kostenerstattungsanspruch zu; die Verfolgung eines unbegründeten Anspruchs kann nicht als sachdienliche Maßnahme der Schadensminderung angesehen werden, so dass es für einen Kostenerstattungsanspruch auch keine Rechtsgrundlage gibt.[301] Anderes kann nur im Verhältnis zwischen dem Betroffenen und seinem Anwalt gelten, wenn dieser den Betroffenen auf die Fragwürdigkeit seines primär geltend gemachten Anspruchs hinweist und der Betroffene auf dem Versuch der Durchsetzung besteht. In einem solchen Fall ist die Geltendmachung eines subsidiären Anspruchs auf Veröffentlichung einer gegenüber der Erstfassung gekürzten Gegendarstellung Teil eines einheitlichen anwaltlichen Auftrags und daher nicht gesondert zu vergüten, so dass dem Betroffenen auch insoweit kein Erstattungsanspruch zusteht.[302]

29.92   Macht der Betroffene neben dem Anspruch auf Abdruck der Gegendarstellung wegen derselben Veröffentlichung gleichzeitig weitere Ansprüche wie etwa Unterlassungs- und Schadensersatzansprüche geltend, so sind die Anwaltskosten für die vorprozessuale Geltendmachung für jeden dieser Ansprüche getrennt zu berechnen.[303] Unter der Voraussetzung, dass es sich bei der Erstmitteilung um eine unerlaubte Handlung gemäß §§ 823 f. BGB handelt, müssen dem erfolgreichen Betroffenen die Kosten seiner anwaltlichen Vertretung bei der außergerichtlichen Durchsetzung wegen der Besonderheit des für die Durchsetzung der Gegendarstellung vorgeschriebenen Verfahrens auch dann separat erstattet werden, wenn er etwaige weitere Ansprüche in getrennten Verfahren geltend macht.

5. Erfüllung des Anspruchs

a) Nächstfolgende Ausgabe

29.93   Die Gegendarstellung ist nach Zuleitung in der nächsten, für den Druck noch nicht abgeschlossenen Ausgabe der betreffenden Zeitung oder Zeitschrift **in demselben Teil** zu veröffentlichen, in dem die **Erstmitteilung verbreitet** wurde. Das bestimmen alle einschlägigen Normen mit Ausnahme des Bayerischen Presse- und des Bayerischen Mediengesetzes, die mit der Forderung nach unverzüglichem Abdruck eine offenere Formulierung verwenden, ohne dass sich daraus ein relevanter Unterschied ergäbe. Ist eine gerichtliche Geltendmachung des Anspruchs erforderlich, so tritt an die Stelle der Zuleitung die Zustellung des den Abdruck anordnenden vollstreckbaren Beschlusses oder Urteils. Ist die Erstmitteilung in einer nur unregelmäßig oder nur in großen zeitlichen Abständen verbreiteten Teilausgabe einer Zeitschrift erschienen, so kann der Betroffene allerdings vom Verlag nicht darauf verwiesen werden, die nächste derartige Teilausgabe abzuwarten. Er kann dann vielmehr die Veröffentlichung in der Hauptausgabe verlangen,[304] muss aber auch berechtigt sein, den Abdruck erst in der nächsten entsprechenden Teilausgabe zu fordern, wenn er sich davon eine größere Aufmerksamkeit

---

300 LG Hamburg AfP 1990, 332; Wenzel/*Burkhardt*, Kap. 11 Rz. 196.
301 Wenzel/*Burkhardt*, Kap. 11 Rz. 196; a.A. LG Berlin NJW-RR 1998, 316 = ZUM-RD 1998, 341.
302 BGH AfP 2011, 262 = NJW 2011, 2509.
303 Hierzu und weiteren Problemen der in Mediensachen zu berechnenden und zu erstattenden Anwaltskosten vgl. Rz. 30.41 ff.
304 OLG Hamburg NJW-RR 1991, 97.

gerade derjenigen Leserschaft verspricht, an die sich die Erstmitteilung gerichtet hat. Aus derselben Erwägung kann derjenige, der von einer Meldung in der Wochenendausgabe einer Zeitung betroffen ist, den Abdruck der Gegendarstellung ebenfalls in der Wochenendausgabe verlangen,[305] während grundsätzlich kein Anspruch darauf besteht, dass eine Gegendarstellung an einem bestimmten Wochentag veröffentlicht wird.[306]

Maßgeblich ist diejenige Ausgabe, die zum Zeitpunkt der Zuleitung für den Druck noch nicht 29.94 abgeschlossen ist. Wann dies der Fall ist, ist in der Rechtsprechung nicht im Einzelnen geklärt. Das Schrifttum[307] stellt für Zeitungen auf den Abschluss des Umbruchs, für Zeitschriften auf die Fertigstellung des Layouts ab. Da die Landespressegesetze nicht den Andruck, sondern den Zeitpunkt als maßgeblich erklären, zu dem die Zeitung oder Zeitschrift für den Druck abgeschlossen wird, ist das zutreffend. Sinn der zeitlichen Zäsur ist es, die einzelnen Ausgaben zwar einerseits für die Aufnahme von Gegendarstellungen möglichst lange offenzuhalten, andererseits aber den in der Regel hochkomplizierten, zeitlich genau geplanten und außerordentlich kostenaufwändigen technischen Herstellungsprozess nicht dadurch aufzuhalten oder zu gefährden, dass er wegen der Notwendigkeit der Aufnahme einer Gegendarstellung unterbrochen oder gar teilweise wiederholt werden muss. Dieser Zeitpunkt ist mit dem Abschluss des Umbruchs bzw. der Fertigstellung des Layouts zutreffend definiert. Obendrein ist dem veröffentlichungspflichtigen Medium eine angemessene Überlegungsfrist einzuräumen, binnen derer es die formalen und inhaltlichen Aspekte der ihm zugeleiteten Gegendarstellung oder gerichtlichen Abdruckanordnung prüfen kann.[308]

Wird in mehreren Teilen produziert, dann kommt es auf die Fertigstellung desjenigen Teils 29.95 an, in dem die Gegendarstellung zu veröffentlichen ist.[309] Das kann insbesondere bei Zeitschriften mit teilweise langfristiger Vorproduktion nicht aktueller Teile zu beachtlichen Verzögerungen führen. Dennoch ist ein generelles Recht des Betroffenen, in solchen Fällen unter Verzicht auf den Abdruck in demselben Teil, in dem die Erstmitteilung erschienen ist, den Abdruck in dem zuletzt abgeschlossenen aktuellen Teil zu verlangen, nicht anzuerkennen. Anderes gilt nur für den Fall, dass die betreffende Rubrik in der nächsterreichbaren Ausgabe überhaupt nicht vorgesehen ist (dazu Rz. 29.97). Da die Pflicht zur Veröffentlichung von Gegendarstellungen auch einen Eingriff in das Grundrecht der Pressefreiheit darstellt (Rz. 29.3), handelt es sich bei der Bestimmung, dass die Gegendarstellung in demselben Teil abzudrucken ist wie die Erstmitteilung, um eine Regel, die auch zu Gunsten der Presse wirken soll. Das redaktionelle Konzept würde etwa empfindlich gestört, wäre ein Wochen- oder Monatsmagazin verpflichtet, eine längere Gegendarstellung zu einem Sportbericht im aktuellen politischen Teil abzudrucken. Jedenfalls bei kürzeren Erscheinungsintervallen und regelmäßig erscheinenden redaktionellen Teilen oder Rubriken muss es daher auch dann bei der gesetzlichen Anordnung der Veröffentlichung in demselben Teil bleiben, in dem die Erstmitteilung erschienen ist, wenn dadurch eine Verschiebung des Abdrucks bis zur übernächsten Ausgabe bedingt wird.

---

305 OLG München AfP 1992, 158; Wenzel/*Burkhardt*, Kap. 11 Rz. 168.
306 LG Oldenburg AfP 1986, 84.
307 *Seitz*, Kap. 7 Rz. 4; Löffler/*Sedelmeier*, § 11 LPG Rz. 167 f.; Wenzel/*Burkhardt*, Kap. 11 Rz. 169;
    Ricker/Weberling, Kap. 27 Rz. 1.
308 *Seitz*, Kap. 7 Rz. 7; *Ricker/Weberling*, Kap. 27 Rz. 1.
309 *Seitz*, Kap. 7 Rz. 4; Wenzel/*Burkhardt*, Kap. 11 Rz. 187.

b) Waffengleichheit

29.96 Die Gegendarstellung muss in demselben Teil der Druckschrift veröffentlicht werden, in dem die Erstmitteilung veröffentlicht worden ist. Sie ist ferner in derselben Schriftgröße wie die Erstmitteilung zu halten.[310] Ihr Abdruck darf nicht durch Einschaltungen oder Weglassungen optisch oder inhaltlich entwertet werden. Durch diese Anordnungen soll erreicht werden, dass sie möglichst dieselbe **Aufmerksamkeit** erweckt und auf diese Weise von demselben Leserkreis zur Kenntnis genommen werden kann, der die Erstmitteilung gelesen hat. Aus den genannten gesetzlichen Anordnungen für die Erfüllung des Gegendarstellungsanspruchs leitet die Rechtsprechung in unterschiedlicher Intensität ein allgemeines **Prinzip der Waffengleichheit** ab.[311]

29.97 Nach diesem Prinzip ist eine Gegendarstellung zu einer auf einer Themenseite wie etwa der aus überregionalen Tageszeitungen bekannten Seite 3 abgedruckten Erstmitteilung auf derselben Seite zu veröffentlichen,[312] während innerhalb definierter Teile oder Rubriken, die über mehr als eine Seite laufen, Seitengleichheit nicht gefordert werden kann. Zeitschriften, die einzelne Rubriken nicht regelmäßig führen, müssen die Rubrik, unter der eine Erstmitteilung erschienen ist, für den Abdruck der Gegendarstellung speziell ins Blatt rücken, wenn sie ansonsten in der Ausgabe nicht enthalten wäre, in der die Gegendarstellung unter Berücksichtigung des Zeitpunkts ihrer Zuleitung bzw. der gerichtlichen Anordnung ihres Abdrucks veröffentlicht werden muss.[313] Erscheint eine Erstmitteilung nur in einer bestimmten Regionalausgabe einer Zeitung, dann ergibt sich aus dem Wortlaut der einschlägigen Gesetze wie auch aus dem Prinzip der Waffengleichheit, dass auch die Gegendarstellung nur dort veröffentlicht werden muss und darf. Das LG München I[314] hat hieraus die Konsequenz gezogen, dass der Gegendarstellungsanspruch entfällt, wenn der abdruckpflichtige Verlag die betreffende Regionalausgabe vor Abdruck der Gegendarstellung einstellt. Das OLG München[315] hingegen nimmt für diesen Fall an, dass das Gebot der Waffengleichheit in erster Linie dem Schutz des Betroffenen dient und die Verpflichtung des Gesetzgebers zur Schaffung eines effektiven Gegendarstellungsrechts (Rz. 29.3) daher zu einer ergänzenden Auslegung des Gesetzes mit der Folge führt, dass der abdruckpflichtige Verlag die Gegendarstellung in diesem Fall im Nachrichtenteil der weiter geführten Bundesausgabe seiner Zeitung zu veröffentlichen hatte.

29.98 Bei Zeitungen kann sich aus dem Gebot der Waffengleichheit die Verpflichtung ergeben, die Gegendarstellung auf der **Titelseite** zu veröffentlichen, wenn auch die Erstmitteilung dort abgedruckt war.[316] Werden insbesondere Boulevardzeitungen üblicherweise gefaltet zum Verkauf ausgelegt, so kann sich aus dem Prinzip der Waffengleichheit auch die Verpflichtung ergeben, die Gegendarstellung in der oberen Hälfte der Titelseite zu platzieren, wenn sie sich gegen eine Erstmitteilung wendet, die ihrerseits der Aufmacher der betreffenden Ausgabe

---

310 KG NJW-RR 2009, 767.
311 Dazu weitere Einzelheiten bei KG NJW-RR 2009, 767.
312 OLG München AfP 2000, 386 = ZUM 2000, 969.
313 OLG Hamburg AfP 1973, 388; OLG Hamburg AfP 1990, 307; vgl. auch OLG Hamburg NJW-RR 1991, 97.
314 LG München I ZUM 2003, 695.
315 OLG München AfP 2003, 458 = NJW 2003, 2756.
316 OLG Karlsruhe AfP 2016, 164 = ZUM 2016, 53; OLG Hamburg AfP 1975, 861; OLG Hamburg AfP 1977, 243; OLG München AfP 1991; einschränkend wegen der Bedeutung des Titelblatts BVerfG AfP 2014, 433 = NJW 2014, 580 bei Aussagen, die nicht mit hinreichender Deutlichkeit als Tatsachenbehauptung, sondern lediglich als „Aufmacherfrage" zu verstehen sind.

war.[317] Auch eine bloße Schlagzeile auf der Titelseite kann damit für sich genommen gegendarstellungsfähig sein; allerdings setzt dies einen gegendarstellungsfähigen Tatsachenkern voraus, der sich aus dieser Schlagzeile selbst ergeben muss.[318] Das LG Berlin[319] hat sogar die Veröffentlichung einer Gegendarstellung auf einer so genannten Händlerschürze angeordnet, nachdem die in Rede stehende Erstmitteilung ebenfalls auf einer solchen Verkaufshilfe abgedruckt worden war; dabei handelt es sich allerdings nicht um eine periodische Druckschrift, die der presserechtliche Gegendarstellungsanspruch voraussetzt, so dass für diese Anordnung ein Rechtsgrund nicht besteht.

Unter Berufung auf das Prinzip der Waffengleichheit ordnen Gerichte[320] den Abdruck von Gegendarstellungen auch auf den Titelblättern von Zeitschriften an, die ihrerseits ganze Meldungen auf dem Titelblatt wiedergeben, wie dies insbesondere bei einer Vielzahl von Titeln der Yellow Press der Fall ist, die mit häufig mehr als einer in sich geschlossenen Schlagzeile auf dem Titelblatt um die Aufmerksamkeit der Leser werben. Dem Prinzip der Waffengleichheit entnimmt die Rechtsprechung[321] auch die Verpflichtung, auf eine im Heftinneren abzudruckende **Gegendarstellung** auf dem Titelblatt **hinzuweisen**, wenn die Erstmitteilung dort entsprechend angekündigt war. Die von den betroffenen Verlagen gegen diese sehr weitgehenden und in den Pressegesetzen nicht ausdrücklich vorgesehenen Anordnungen im Hinblick auf das Grundrecht der Pressefreiheit aus Art. 5 Abs. 1 Satz 2 GG und das Erfordernis einer gesetzlichen Ermächtigung für seine Beschränkungen erhobenen rechtlichen und insbesondere verfassungsrechtlichen Bedenken haben der BGH[322] für die insoweit gleich liegende Problematik der Platzierung von Berichtigungen auf der Titelseite sowie das BVerfG[323] im Ergebnis verworfen. Das BVerfG[324] hat allerdings klargestellt, dass auch die Gestaltung des Titelblatts einer Publikation vom Grundrecht der Pressefreiheit erfasst ist, dem zudem gerade bei der in der Regel nicht im Abonnement verkauften Yellow Press als Kaufanreiz eine besondere Bedeutung zukommt, und dass es daher in den entsprechenden gerichtlichen Anordnungen eine schwerwiegende Beeinträchtigung der Pressefreiheit sieht, die nicht schematisch praktiziert werden darf.

Dennoch hat das BVerfG[325] im Ergebnis die zur Berichtigungsproblematik vom BGH[326] gebilligte Auffassung der Instanzgerichte zur Platzierung auf den Titelseiten bestätigt. Es sieht unter Berücksichtigung des Inhalts der jeweiligen konkreten Titelseiten-Meldung und der Art

29.99

29.100

---

317 LG Hamburg AfP 1987, 631.
318 BVerfG AfP 2019, 38 = NJW 2019, 419.
319 LG Berlin AfP 2000, 98.
320 OLG Karlsruhe AfP 2006, 168 = NJW 2006, 621; OLG Karlsruhe AfP 1992, 307 = NJW-RR 1993, 728; OLG Karlsruhe AfP 1992, 385; weitere Nachweise bei *Damm*, AfP 1994, 270; *Prinz/Peters*, Rz. 594.
321 OLG München AfP 1991, 531.
322 BGH AfP 1995, 411 = NJW 1995, 861– Caroline von Monaco I.
323 BVerfG AfP 1998, 184 = NJW 1998, 1381 – Gegendarstellung auf der Titelseite; BVerfG AfP 1993, 733 = NJW 1994, 1948 – Veröffentlichung auf der Titelseite.
324 BVerfG AfP 2019, 38 = NJW 2019, 419; BVerfG AfP 2018, 219 = NJW 2018, 361; BVerfG AfP 1998, 184 = NJW 1998, 1381 – Gegendarstellung auf der Titelseite; BVerfG AfP 1993, 733 = NJW 1994, 1948 – Veröffentlichung auf der Titelseite; so auch OLG Karlsruhe AfP 2008, 315 = NJW-RR 2008, 856.
325 Zurückhaltend BVerfG AfP 2018, 219 = NJW 2018, 1596; BVerfG AfP 2014, 433 = NJW 2014, 588; BVerfG AfP 1998, 184 = NJW 1998, 1381 – Gegendarstellung auf der Titelseite; BVerfG AfP 1993, 733 = NJW 1994, 1948 – Veröffentlichung auf der Titelseite.
326 BGH AfP 1995, 411 = NJW 1995, 861 – Caroline von Monaco I.

ihrer Anordnung einschließlich der Erreichbarkeit so genannter Kiosk- oder Titelseitenleser einerseits und unter gebotener Rücksichtnahme auch auf das berechtigte Interesse der Verlage an der Freiheit in der Gestaltung ihrer Titelblätter andererseits das Grundrecht der Pressefreiheit durch die Anordnung der Veröffentlichung einer kurzen Gegendarstellung bzw. ihrer Ankündigung auf der Titelseite einer Illustrierten nicht in verfassungswidriger Weise tangiert. In seiner zur Berichtigungsproblematik ergangenen Entscheidung hat der BGH seinerseits klargestellt, dass eine schematische Gleichheit der Platzierung und Schriftgröße auf dem Titelblatt in Hinblick auf den damit verbundenen Eingriff in die verfassungsrechtlich gewährleistete redaktionelle Gestaltungsfreiheit nicht in Betracht kommen kann. Da es sich bei der entsprechenden Anordnung stets um einen schwerwiegenden Eingriff in die Pressefreiheit handelt, kann sie auch stets nur das Ergebnis einer **Güterabwägung** sein. Die Gerichte werden daher immer anhand der Umstände des Einzelfalls abwägen müssen, ob, in welcher Weise und in welchem Umfang es geboten und zulässig ist, die Veröffentlichung einer Gegendarstellung oder ihre Ankündigung auf dem Titelblatt einer Zeitschrift anzuordnen.

29.101 Aus dem Prinzip der Waffengleichheit folgt ferner die Verpflichtung, eine drucktechnisch hervorgehobene Überschrift[327] oder auch eine Gegenüberschrift abzudrucken, wenn die Erstmitteilung eine Überschrift mit einer in sich geschlossenen Sachaussage hatte, gegen die sich die Gegendarstellung jedenfalls auch wendet.[328] Üblicherweise ordnen die Gerichte jedenfalls die drucktechnische Hervorhebung des Worts Gegendarstellung als Überschrift ausdrücklich an.[329] In Betracht kommt auch die Anordnung, die Gegendarstellung farblich zu unterlegen, wenn die Erstmitteilung auf entsprechend farbigem Untergrund veröffentlicht worden ist.

29.102 Aus dem Prinzip der Waffengleichheit leitet die Rechtsprechung[330] schließlich die Verpflichtung der Presse ab, die Gegendarstellung auf Antrag des Betroffenen im **Inhaltsverzeichnis** anzukündigen, wenn das betreffende Periodikum ein Inhaltsverzeichnis hat und die Erstmitteilung dort ihrerseits erwähnt war.[331] Nach Auffassung des OLG München[332] besteht eine solche Verpflichtung allerdings jedenfalls dann nicht, wenn eine Zeitschrift in einem vorhandenen Inhaltsverzeichnis auch sonst nicht sämtliche Beiträge ankündigt. Richtigerweise kann diese Verpflichtung nur angeordnet werden, wenn die Erstmitteilung ihrerseits ausdrücklich im Inhaltsverzeichnis angekündigt war.[333] Richtet sich die Gegendarstellung gegen eine Erstmitteilung, die als Teil einer nur einheitlich angekündigten Rubrik im Inhaltsverzeichnis nicht gesondert genannt wurde, dann würde die Anordnung, die Gegendarstellung ausdrücklich anzukündigen, das Prinzip der Waffengleichheit überspannen; der Betroffene kann aber verlangen, dass die entsprechende Rubrik auch dann im Inhaltsverzeichnis genannt wird, wenn sie im konkreten Einzelfall nur die Gegendarstellung enthält.[334]

---

327 OLG Hamburg AfP 1975, 861.
328 BVerfG AfP 2019, 38 = NJW 2019, 419; OLG München AfP 1978, 27; OLG Hamburg AfP 1975, 861.
329 *Seitz*, Kap. 7 Rz. 27 ff.; Löffler/*Sedelmeier*, § 11 LPG Rz. 175.
330 OLG Hamburg ArchPR 1974, 113; OLG Hamburg AfP 2010, 580 = ZUM-RD 2010, 227 (dort irrtümlich: „Impressum"); *Seitz*, Kap. 7 Rz. 13; Wenzel/*Burkhardt*, Kap. 11 Rz. 170; Löffler/*Sedelmeier*, § 11 LPG Rz. 176.
331 S. vergleichbar OLG Hamburg AfP 2015, 253 = ZUM-RD 2015, 303 zur entsprechenden Anwendung des Grundsatzes der Waffengleichheit beim Berichtigungsanspruch.
332 OLG München ArchPR 1974, 112.
333 OLG München AfP 1995, 667 = NJW 1995, 2297.
334 OLG Hamburg ArchPR 1974, 113.

c) Glossierungsverbot

Erhebliche praktische Bedeutung hat das so genannte **Glossierungsverbot**. Wer sich zum In- 29.103
halt der Gegendarstellung in derselben Ausgabe der Zeitung oder Zeitschrift in einer üblicherweise als **Redaktionsschwanz** bezeichneten Erwiderung äußert, muss sich nach der großen
Mehrheit der einschlägigen Gesetze und Staatsverträge auf tatsächliche Angaben beschränken.
Das gilt für die Presse in allen Bundesländern außerhalb Bayerns. Für den privaten Rundfunk
gilt es in allen Bundesländern bis auf Nordrhein-Westfalen; die früher in allen einschlägigen
Gesetzen übliche weitere Einschränkung, dass der Rundfunk sich zum Inhalt einer Gegendarstellung in zeitlichem Zusammenhang mit seiner Ausstrahlung überhaupt nicht äußern darf,
gilt heute nur noch in einem Teil der Bundesländer.[335] Im Bereich des öffentlich-rechtlichen
Rundfunks schließlich sehen die Regeln für den Bayerischen Rundfunk, den RBB sowie den
WDR heute kein Glossierungsverbot mehr vor; für den MDR gilt noch das Verbot der Äußerung am gleichen Tag,[336] während für die Mehrheit der öffentlich-rechtlichen Sender nun
auch das Gebot der Beschränkung einer Erwiderung auf tatsächliche Angaben eingeführt
wurde.[337] Für den Bereich der Telemedien schließlich enthält § 56 Abs. 1 Satz 5 RStV das
Glossierungsverbot und zusätzlich die Regelung, dass Erwiderungen nicht unmittelbar mit
der Gegendarstellung verknüpft werden dürfen.

Soweit die genannten Normen dem Rundfunk verbieten, sich zum Inhalt einer Gegendarstel- 29.104
lung in unmittelbarem zeitlichen Zusammenhang oder auch nur am Tag der Ausstrahlung zu
äußern, bestehen dagegen im Hinblick auf Art. 5 Abs. 1 Satz 2 GG verfassungsrechtliche
Bedenken.[338] Die Berechtigung der Medien, im Anschluss an die Gegendarstellung durch
Wiederholung, Vertiefung oder Ergänzung der Erstmitteilung auch ihre Sicht noch einmal
darzustellen, solange die Unwahrheit der Erstmitteilung nicht jedenfalls im summarischen
Verfahren der einstweiligen Verfügung im Zusammenhang mit der Durchsetzung eines Unterlassungsanspruchs glaubhaft gemacht worden ist, stellt ein unverzichtbares Korrelat zu der
Tatsache dar, dass der Betroffene die Unwahrheit der Erstmitteilung und die inhaltliche Richtigkeit der Erwiderung nicht beweisen oder auch nur glaubhaft machen muss (Rz. 29.23). Dieses Recht wird bis zur Bedeutungslosigkeit denaturiert, wenn der Rundfunk gezwungen wird,
seine Entgegnung auf einem anderen Sendeplatz als demjenigen der Gegendarstellung vorzutragen – dort also, wo sie der Hörer oder Zuschauer mit einiger Wahrscheinlichkeit nicht
mehr wahrnimmt.

Schon im Hinblick auf diesen Effekt handelt es sich bei diesen Bestimmungen um einen un- 29.105
verhältnismäßigen und damit verfassungswidrigen Eingriff in die Rundfunkfreiheit.[339] Dies
gilt umso mehr, als die betroffenen Rundfunkveranstalter nach dem Wortlaut der einschlägigen Normen sogar daran gehindert werden, im Wege eines positiven Redaktionsschwanzes
einen ihnen im Rahmen der Erstmitteilung unterlaufenen Fehler einzugestehen und die in-

---

335 Staatsvertrag über die Zusammenarbeit zwischen Berlin und Brandenburg im Bereich des Rundfunks § 52 Abs. 3 Satz 2; Staatsvertrag über das Medienrecht in Hamburg und Schleswig-Holstein
   § 10 Abs. 3 Satz 4; Hessisches Privatrundfunkgesetz § 28 Abs. 4 Satz 2; Sächsisches Privatrundfunkgesetz § 19 Abs. 4 Satz 3; Mediengesetz Sachsen-Anhalt § 26 Abs. 4 Satz 2; Thüringer Mediengesetz
   § 27 Abs. 4 Satz 2.
336 MDR-Staatsvertrag § 15 Abs. 4 Satz 3.
337 NDR-Staatsvertrag § 12 Abs. 3 Satz 3; Radio Bremen-Gesetz § 24 Abs. 4 Satz 4; SWR-Staatsvertrag
   § 10 Abs. 4 Satz 3; ZDF-Staatsvertrag § 9 Abs. 4 Satz 3; Deutschlandradio-Staatsvertrag § 9 Abs. 4
   Satz 3; Deutsche Welle-Gesetz § 18 Abs. 4 Satz 3.
338 *Korte*, S. 204 ff.
339 *Korte*, S. 204 ff.

haltliche Richtigkeit der Gegendarstellung zu bestätigen. Die Gesetzgeber nehmen den von diesen Regelungen betroffenen Medien damit ein Instrumentarium aus der Hand, das sich in geeigneten Fällen als Mittel der Folgenbeseitigung und zur Vermeidung weiterer presserechtlicher Auseinandersetzungen bewährt hat (Rz. 31.10 f.) und dessen Anwendung etwa der Deutsche Presserat von den Printmedien in Nr. 3 des Pressekodex in geeigneten Fällen ausdrücklich fordert.

29.106 Auch im Regelungsbereich derjenigen Normen, die ein Glossierungsverbot nicht kennen, ist aber nicht jede Glossierung einer Gegendarstellung zulässig; sie kann im Einzelfall als Verstoß gegen das Gebot der Wahrung von Treu und Glauben im Rechtsverkehr gemäß § 242 BGB oder gar als sittenwidrige Schädigung des Betroffenen gemäß § 826 BGB gelten.[340] Soweit sie sich entsprechend der Anordnung der Mehrheit der einschlägigen Normen auf tatsächliche Angaben beschränkt, ist sie aber gerade im Anwendungsbereich dieser Gesetze und Staatsverträge zulässig.[341] Auch der Einschluss von Wertungen in die Glossierung einer Gegendarstellung kann den Veröffentlichungspflichtigen im Geltungsbereich dieser Normen mangels gesetzlicher Grundlage für den darin liegenden Eingriff in das Grundrecht der Presse- bzw. Rundfunkfreiheit nicht untersagt werden. Die Grenze zulässiger Kommentierung liegt hier erst dort, wo sich eine Entgegnung als Schikane erweist oder wo sie den Zweck der Gegendarstellung vereitelt, dem Betroffenen Gehör zu verschaffen.[342]

29.107 Aus dem Glossierungsverbot folgt zunächst, dass die Medien nicht berechtigt sind, den Abdruck oder die Ausstrahlung mit hämischen Kommentaren oder sonstigem Räsonieren zu begleiten.[343] Bereits die Anmerkung im Redaktionsschwanz, die Gegendarstellung sei irreführend, ist als Verstoß gegen das Glossierungsverbot gewertet worden.[344] Gleiches gilt für die Anmerkung, der Inhalt der Gegendarstellung sei frei erfunden.[345] Als Verstoß gegen das Glossierungsverbot hat es das OLG Hamburg[346] auch angesehen, dass eine Redaktion einer Gegendarstellung die erkennbar ironisierende Schlagzeile der Erstmitteilung voranstellte, während es nach Auffassung des OLG Dresden als Hinweis auf die Rechtslage zulässig ist, im Redaktionsschwanz darauf hinzuweisen, dass die Redaktion verpflichtet ist, auch unwahre Gegendarstellungen abzudrucken.[347] Unzulässig ist schließlich auch die Einfügung einer tatsächlichen Anmerkung der Redaktion zwischen der Überschrift und dem eigentlichen Text der Gegendarstellung.[348] Allerdings kann dem OLG Koblenz[349] nicht in der Auffassung gefolgt werden, das ZDF habe gegen das Glossierungsverbot verstoßen, indem es einer durch einen besonderen Sprecher verlesenen Gegendarstellung eine durch den regulären Moderator des infrage stehenden Magazins vorgetragene tatsächliche Darstellung folgen ließ, deren Umfang deutlich größer war als diejenige der Gegendarstellung selbst.

29.108 **Angaben tatsächlicher Art** im Anschluss an die Gegendarstellung sind vielmehr in allen Bundesländern im Prinzip uneingeschränkt zulässig, soweit nicht einzelne rundfunkrechtliche Normen noch die Einschränkung vorsehen, dass sie nicht am selben Tag wie die Gegendar-

---

340 OLG München AfP 1999, 496; OLG München AfP 2001, 308.
341 BerlVerfGH AfP 2006, 356 = NJW-RR 2006, 1479; KG AfP 2007, 492 = NJW-RR 2008, 357.
342 KG AfP 2007, 492 = NJW-RR 2008, 357.
343 *Seitz*, Kap. 7 Rz. 39; *Ricker/Weberling*, Kap. 27 Rz. 8 ff.; *Löffler/Sedelmeier*, § 11 LPG Rz. 171.
344 OLG Hamburg ArchPR 1971, 91; *Seitz*, Kap. 7 Rz. 39.
345 OLG Stuttgart AfP 1987, 420.
346 OLG Hamburg AfP 1984, 39 – Fidele Ignoranten.
347 OLG Dresden AfP 2001, 523; a.A. *Seitz*, Kap. 7 Rz. 38.
348 OLG München AfP 2001, 308.
349 OLG Koblenz NJW-RR 2006, 484.

stellung oder in zeitlichem Zusammenhang mit deren Ausstrahlung verlesen werden dürfen (dazu Rz. 29.104 ff.). So sind die Medien insbesondere berechtigt, in einer redaktionellen Anmerkung auf der Richtigkeit der früheren eigenen Darstellung zu beharren oder sie inhaltlich zu wiederholen oder zu vertiefen. Enthalten derartige Anmerkungen neue Tatsachenbehauptungen, die über das Bestreiten der Wahrheit der Gegendarstellung hinausgehen, so können diese aber Anknüpfungspunkt für eine neue Gegendarstellung sein.[350] Hat der Betroffene allerdings wegen der umstrittenen Behauptung bereits ein vollstreckbares gerichtliches Unterlassungsgebot erwirkt, so bindet dies die Medien auch im Zusammenhang mit dem Abdruck der Gegendarstellung, und ein ausdrückliches Beharren auf der streitigen Behauptung oder gar deren Wiederholung im Redaktionsschwanz stellt eine Verletzung des gerichtlichen Unterlassungstitels dar,[351] während ohne Vorliegen eines Unterlassungstitels der die Erstmitteilung bekräftigende Redaktionsschwanz ohne Weiteres zulässig ist.[352]

Gewohnheitsrechtlich zulässig ist der so genannte Redaktionsschwanz, mit dem Presse oder Rundfunk darauf hinweisen, dass der Abdruck oder die Verlesung der Gegendarstellung in **Erfüllung einer gesetzlichen Verpflichtung** oder gerichtlichen Anordnung ohne Rücksicht auf ihren Wahrheitsgehalt erfolgt.[353] Das gilt für alle Printmedien und diejenigen Rundfunkveranstalter, die nicht einem strikten Glossierungsverbot unterworfen sind, und zwar selbst dann, wenn gegen den Verlag oder Rundfunkveranstalter hinsichtlich der Erstmitteilung ein gerichtliches Unterlassungsgebot erwirkt worden ist. Der übliche Hinweis darauf, dass die Gegendarstellung in Erfüllung einer gesetzlichen Verpflichtung ohne Prüfung der Wahrheit abgedruckt wird, stellt damit noch keine Verletzung des gerichtlichen Verbots[354] oder einer durch die Medien freiwillig abgegebenen Verpflichtungserklärung dar.

29.109

d) Fehlerhafte Veröffentlichung

Wird die Gegendarstellung nicht entsprechend der gesetzlichen, formellen Anforderungen oder unter Verstoß gegen das Glossierungsverbot veröffentlicht, so wird der Veröffentlichungsanspruch des Betroffenen nicht ordnungsgemäß erfüllt.[355] Er hat dann Anspruch darauf, dass die Gegendarstellung erneut veröffentlicht wird. Dieser Anspruch ist im Wege des **Erzwingungsverfahrens** gemäß § 888 ZPO durchsetzbar. Dass ein derartiger Antrag trotz nicht ordnungsgemäßer Veröffentlichung einer Gegendarstellung seinerseits rechtsmissbräuchlich sein könnte, ist zwar theoretisch denkbar,[356] dürfte aber in der Praxis nicht vorkommen. Eine Erfüllung des Anspruchs liegt auch dann nicht vor, wenn eine Rundfunkanstalt verpflichtet ist, eine Gegendarstellung innerhalb einer bestimmten namentlich bezeichneten Sendung auszustrahlen, sie tatsächlich aber erst nach deren Beendigung und dem zu ihr gehörenden Abspann verlesen lässt.[357] Im Einzelfall kann die Nichtbeachtung einer gerichtlichen Abdruckanordnung allerdings unbeachtlich sein, sofern sie berechtigte Interessen des

29.110

---

350 LG Hamburg ArchPR 1970, 83; *Seitz*, Kap. 7 Rz. 41.
351 OLG Hamburg AfP 1989, 464.
352 OLG Brandenburg NJW-RR 2000, 832.
353 OLG Dresden AfP 2001, 523; *Seitz*, Kap. 7 Rz. 38; Wenzel/*Burkhardt*, Kap. 11 Rz. 183; *Korte*, S. 203 f.
354 OLG Hamburg AfP 1989, 464.
355 OLG Hamburg ArchPR 1971, 91; OLG Frankfurt a.M. AfP 1999, 496 = NJW 1965, 2163; OLG München AfP 1999, 496; OLG München AfP 2000, 386 = ZUM 2000, 969; LG Frankfurt a.M. AfP 1987, 723; *Seitz*, Kap. 7 Rz. 50.
356 OLG München AfP 2001, 308.
357 LG Berlin v. 12.12.1991 – 27 O 671/91, unveröffentlicht.

Betroffenen nicht verletzt und die Wirkung der Gegendarstellung gegenüber dem Publikum dadurch nicht beeinträchtigt wird. Das hat das LG Köln[358] mit Recht in einem Fall angenommen, in dem der Verlag verpflichtet war, die Gegendarstellung auf dem Titelblatt anzukündigen, dort aber tatsächlich ein Dementi der Betroffenen ankündigte, die Gegendarstellung im Heftinneren ordnungsgemäß veröffentlichte und ihr einen eigenen Widerruf folgen ließ.

e) Veröffentlichung zur Abwendung der Zwangsvollstreckung

29.111 Umstritten ist, ob die Veröffentlichung der Gegendarstellung zur Abwendung der Zwangsvollstreckung – etwa ein Antrag auf Verhängung eines Ordnungsgeldes – ein erledigendes Ereignis darstellt, das den Verfügungsanspruch entfallen lässt.[359] Dies ist zu bejahen. Mit der Veröffentlichung der Gegendarstellung ist die geforderte Leistung erfüllt, ohne dass sie rückgängig gemacht werden kann. Der Betroffene kann eine gerichtliche Bewertung immer noch herbeiführen, indem er sich der Erledigungserklärung nicht anschließt.[360]

6. Besonderheiten im Rundfunk

29.112 Inhaltlich gelten für den Gegendarstellungsanspruch gegenüber Hörfunk und Fernsehen die dargestellten Grundsätze entsprechend, soweit sich nicht aus den segmentspezifischen Strukturen dieser Medien die im Folgenden darzustellenden Abweichungen ergeben.[361] Eine zusätzliche Besonderheit besteht insoweit lediglich in Bayern, wo Gegendarstellungsansprüche zu Sendungen des privaten Rundfunks sowohl gegenüber dem Veranstalter als auch der öffentlich-rechtlichen Landeszentrale für Neue Medien geltend zu machen sind (Art. 18 Abs. 1 und 4 BayMG).

a) Sendemanuskript

29.113 Besondere Bedeutung hat im Bereich des Rundfunks der Anspruch der Betroffenen auf Überlassung eines **Manuskripts** des sie betreffenden **Sendebeitrags**, da sie wegen der Flüchtigkeit des gesprochenen und ausgestrahlten Worts den genauen Wortlaut regelmäßig nicht kennen und daher ohne Überlassung des ausgeschriebenen Texts oder eines Mitschnitts, dem sie den Text selbst entnehmen können, nicht in der Lage sind, eine ordnungsgemäße Gegendarstellung zu formulieren. In der Literatur[362] ist dieser Anspruch auf Überlassung eines Sendemanuskripts, den die einschlägigen medienrechtlichen Bestimmungen zunächst nicht vorgesehen haben, mit Recht aus dem allgemeinen Rechtsgedanken des Gebots einer Orientierung des eigenen Verhaltens an den Maßstäben von Treu und Glauben gemäß § 242 BGB abgeleitet worden. Da ohne Gewährung dieses Anspruchs das vom BVerfG mit Verfassungsrang ausgestattete Recht auf Ausstrahlung von Gegendarstellungen gegenüber Hörfunk- und Fernsehberichterstattung im Ergebnis ausgehöhlt würde, ist dieser Anspruch in der Tat faktisch unverzichtbar.

---

358 LG Köln AfP 1992, 389.
359 Verneinend z.B. OLG Karlsruhe AfP 2017, 75; OLG München AfP 2017, 499 = ZUM 2018, 195; OLG München AfP 1990, 53; a.A. OLG Zweibrücken AfP 2015, 169 = NJW-RR 2015, 561; OLG Koblenz NJW-RR 2006, 484; OLG Hamburg MDR 1973, 1028; OLG Frankfurt a.M. AfP 1983, 279.
360 OLG Zweibrücken AfP 2015, 109.
361 Einzelheiten bei Wenzel/*Burkhardt*, Kap. 11 Rz. 272 ff.
362 *Kühle*, AfP 1975, 791; Wenzel/*Burkhardt*, Kap. 11 Rz. 289 f.

Dem trägt die weit überwiegende Mehrheit der neueren rundfunkrechtlichen Bestimmungen   29.114
inzwischen Rechnung, indem sie anordnen, dass alle Sendungen in Ton und Bild vollständig
aufgezeichnet und aufbewahrt werden müssen. Die Aufbewahrungsfrist variiert in den einzelnen Normwerken; sie beträgt in der Regel sechs Wochen bis drei Monate nach Ausstrahlung
und verlängert sich, sofern innerhalb der Frist Beanstandungen geltend gemacht werden.[363]
Innerhalb dieser Frist ist dem Betroffenen auf Verlangen Einsicht in die Aufzeichnungen zu
gewähren; die Erteilung von Abschriften kann er nach den meisten gesetzlichen Bestimmungen gegen Erstattung der Kosten, nach einigen Regelungen auch kostenlos verlangen. Wo,
wie in Bayern für den privaten Rundfunk, eine gesetzliche Regelung dieses Anspruchs noch
fehlt, ergibt er sich weiterhin unmittelbar aus § 242 BGB.[364] Solange ein Rundfunkveranstalter
seiner Verpflichtung zur Herausgabe eines Sendemanuskripts nicht nachkommt, kann für
den Betroffenen die Frist zur unverzüglichen Zuleitung seiner Gegendarstellung nicht laufen.
Auch kann dem Rundfunkveranstalter, der sich weigert, das Manuskript herauszugeben, unter dem rechtlichen Gesichtspunkt des Verbots rechtsmissbräuchlichen Verhaltens der Einwand verwehrt sein, eine vom Betroffenen dennoch verfasste Gegendarstellung sei inhaltlich
nicht durchsetzbar, weil sie in unzutreffender Weise an die Erstmitteilung anknüpfe. In jedem
Fall muss aber in einer solchen Konstellation dem Betroffenen noch im gerichtlichen Verfahren die Gelegenheit gegeben werden, seine Gegendarstellung erforderlichenfalls an den konkreten Wortlaut der Erstmitteilung anzupassen, wenn ihm der Sendemitschnitt erst im Verfahren bekannt wird, ohne dass ihm der Einwand zögerlichen Verhaltens entgegengesetzt
werden kann.

b) Entgegnung

Die Gegendarstellung ist auch im Bereich des Rundfunks vom Betroffenen schriftlich zu for-   29.115
mulieren und eigenhändig zu unterzeichnen. Sie ist sodann von der Redaktion in derselben
Sendung bzw. dann, wenn die Erstmitteilung nicht innerhalb einer regelmäßig ausgestrahlten
Sendung verbreitet wurde, zu gleicher Sendezeit zu verlesen.[365]

Ein Anspruch auf **eigene Sendezeit**, in der der Betroffene selbst eine von ihm formulierte Ge-   29.116
gendarstellung verliest, besteht nach geltender Rechtslage nicht. Der Betroffene hat auf die
Räumlichkeiten und technischen Einrichtungen von Rundfunksendern ebenso wenig einen
Zugriff, wie er ihn nach den Landespressegesetzen im Zuge der Durchsetzung des Gegendarstellungsanspruchs auf die sachlichen und persönlichen Mittel eines Presseverlags hat. Die im

---

363 **Für den privaten Rundfunk:** Baden-Württemberg § 8 Abs. 1 Satz 3 (sechs Wochen); Bremen § 18
Abs. 2 Satz 1 (zwei Monate); Hessen § 27 Abs. 2 Satz 1 (sechs Wochen); Berlin/Brandenburg § 51
Abs. 2 Satz 1 (sechs Wochen); Hamburg/Schleswig-Holstein § 9 Abs. 2 Satz 1 (sechs Wochen);
Mecklenburg-Vorpommern § 28 Abs. 2 Satz 1 (drei Monate); Niedersachsen § 19 Abs. 1 Satz 2
(sechs Wochen); Nordrhein-Westfalen § 43 Abs. 2 Satz 1 (drei Monate); Rheinland-Pfalz § 21
Abs. 2 Satz 1 (zwei Monate); Saarland § 18 Abs. 1 Satz 3 (vier Wochen); Sachsen § 17 Abs. 2 Satz 1
(sechs Wochen); Sachsen-Anhalt § 25 Abs. 2 Satz 1 (sechs Wochen); Thüringen § 26 Abs. 2 Satz 1
(zwei Monate). **Für den öffentlich-rechtlichen Rundfunk:** Gesetz über den Bayerischen Rundfunk
Art. 29 Abs. 3 Satz 1 (zwei Monate); RBB-Staatsvertrag § 11 Abs. 2 Satz 1 (drei Monate); NDR-
Staatsvertrag § 14 Abs. 1 Satz 3 (drei Monate); SWR-Staatsvertrag § 12 Abs. 1 Satz 3 (drei Monate);
MDR-Staatsvertrag § 17 Abs. 2 Satz 1 (zwei Monate); ZDF-Staatsvertrag § 14 Abs. 1 Satz 3 (drei
Monate); Saarland § 18 Abs. 1 Satz 3 (vier Wochen); Deutschlandradio-Staatsvertrag § 14 Abs. 1
Satz 3 (drei Monate); Gesetz über die Deutsche Welle § 21 Abs. 2 Satz 1 (drei Monate).
364 Wenzel/*Burkhardt*, Kap. 11 Rz. 289.
365 Wenzel/*Burkhardt*, Kap. 11 Rz. 285, 287.

Schrifttum[366] vereinzelt vertretene gegenteilige Auffasung, die dem Betroffenen das Recht einräumen will, seine Gegendarstellung persönlich zu verlesen und sich dabei in Szene zu setzen, ist allenfalls rechtspolitischer Natur und findet im geltenden Recht keine Grundlage. Sollte, wie diese Autoren befürchten, ein Rundfunkveranstalter eine Gegendarstellung durch bewusst unverständliches Verlesen oder durch die Art ihrer Umfeldgestaltung,[367] wie insbesondere unzulässige Kommentare (dazu Rz. 29.107 ff.), entwerten, kann es sich im Einzelfall um eine mangelhafte Erfüllung handeln, die dem Betroffenen in gleicher Weise einen Anspruch auf nochmalige Verlesung verschafft, wie er bei den Printmedien im Fall eines nicht ordnungsgemäßen Abdrucks besteht (Rz. 29.110).

29.117 Auch ein Anspruch auf Ausstrahlung eines **Gegenfilms** durch das Fernsehen kommt allenfalls in extremen Ausnahmefällen in Betracht. Auch in diesem Zusammenhang ist zu beachten, dass die Gegendarstellung sich auf die Wiedergabe von Tatsachen zu beschränken hat und filmische Darstellungen in der Regel aus einer Vielzahl Elementen bestehen werden, die nur zum Teil gegendarstellungsfähige Tatsachenbehauptungen darstellen.[368] Daher ist ein Anspruch auf Ausstrahlung eines Gegenfilms allenfalls bei dokumentarischem Material in Betracht zu ziehen, das abgrenzbare Tatsachenbehauptungen enthält, dem dann auch mit anderen im Bild oder Film zu zeigenden Dokumenten entgegnet werden kann.[369]

c) Örtliche Zuständigkeit

29.118 Für Sendungen in der Verantwortung einzelner öffentlich-rechtlicher Anstalten sowie in der Regel Sendungen der privaten Anbieter von Hörfunk und Fernsehen ergeben sich hinsichtlich der örtlichen Zuständigkeit der Gerichte für die Durchsetzung von Gegendarstellungsansprüchen gegenüber der für die Printmedien geltenden Rechtslage (Rz. 29.78 ff.) keine Besonderheiten. Zuständig ist hier das für den Sitz des Rundfunkveranstalters zuständige Gericht. Das gilt auch dann, wenn für einen privaten Veranstalter eine Aufsichtsbehörde in einem anderen Bundesland zuständig ist.[370] Für Gegendarstellungen gegen Sendungen im Gemeinschaftsprogramm der ARD ist das Gericht am Sitz derjenigen Sendeanstalt zuständig, die den entsprechenden Beitrag in das Gemeinschaftsprogramm eingebracht hat.

d) Zur Ausstrahlung Verpflichtete

29.119 Entsprechend den bei den Printmedien geltenden Regeln ist zur Ausstrahlung einer Gegendarstellung derjenige Rundfunkveranstalter verpflichtet, in dessen Verantwortung die Erstmitteilung ausgestrahlt wurde. Hingegen sehen die rundfunkrechtlichen Bestimmungen eine eigene Ausstrahlungsverpflichtung des Verantwortlichen Redakteurs nicht vor (Rz. 25.9).

29.120 Nach § 8 ARD-StV ist bei Sendungen im ARD-Gemeinschaftsprogramm für die Ausstrahlung von Gegendarstellungen diejenige Anstalt verantwortlich, die die Erstmitteilung in das Gemeinschaftsprogramm eingebracht hat. Nur sie kann der Betroffene in Anspruch nehmen. Eine gegen sie erwirkte gerichtliche Ausstrahlungsanordnung ist von allen ARD-Anstalten für ihr jeweiliges Verbreitungsgebiet zu erfüllen. Sofern ein Betroffener nicht weiß, an welche Anstalt er sich mit seinem Gegendarstellungsverlangen wenden muss, sind ihm alle ARD-An-

---

366 *Prinz/Peters,* Rz. 669 ff.
367 Dazu *Seitz,* Kap. 7 Rz. 64.
368 Deshalb den Anspruch auf Sendung eines Gegenfilms ablehnend *Seitz,* Kap. 7 Rz. 65.
369 *Wenzel/Burkhardt,* Kap. 11 Rz. 284.
370 OLG München AfP 1998, 89 = ZUM 1998, 166.

stalten insoweit **auskunftspflichtig**. Eine gegen § 8 des ARD-StV gerichtete Verfassungsbeschwerde eines Betroffenen, der vergeblich versuchte, einen anderen als den produzierenden ARD-Sender auf Veröffentlichung seiner Gegendarstellung in Anspruch zu nehmen, hat das BVerfG[371] mit Recht nicht zur Entscheidung angenommen.

Zu Sendebeiträgen Dritter in den Fensterprogrammen der privaten Fernsehveranstalter kann   29.121
und muss der Gegendarstellungsanspruch prinzipiell gegen den Dritten geltend gemacht werden, und damit auch bei dem für dessen Sitz zuständigen Gericht. Das folgt aus der in Rz. 16.22 vertretenen Auffassung, dass nur der Dritte für den Inhalt der von ihm produzierten Sendungen haftet, sofern durch die Gestaltung der Sendung seine inhaltliche Verantwortung für die in Rede stehende Sendung hinreichend kenntlich gemacht wird. Ist das nicht der Fall, so ist auch der Gegendarstellungsanspruch gegen den Veranstalter des Hauptprogramms zu richten.

7. Besonderheiten im Internet

§ 56 RStV begründet einen im Internet durchsetzbaren Gegendarstellungsanspruch auch ge-   29.122
gen **Telemedien** mit **journalistisch-redaktionell gestalteten Angeboten**, in denen insbesondere vollständig oder teilweise Inhalte periodischer Druckerzeugnisse in Text oder Bild wiedergegeben werden. Der Anspruch kann damit nicht gegen jeden Anbieter von Informationen im Internet geltend gemacht werden, sondern im Ergebnis nur gegen die Betreiber elektronischer Presse. Welche Kategorien von Anbietern dazu neben den im Wortlaut von §§ 54 Abs. 2 und 56 Abs. 1 RStV ausdrücklich genannten Verlegern bei den auch über das Internet verbreiteten Printmedien gehören, ist im Einzelnen immer noch nicht ganz geklärt.[372] Als sicher kann aber gelten, dass alle Anbieter redaktionell gestalteter Dienste, die nach Art der über das Internet verbreiteten periodischen Presse konzipiert sind und regelmäßig aktualisiert werden, gegendarstellungspflichtig sind. Neben den Anbietern der Online-Versionen der etablierten **Tages- oder Magazinpresse**[373] richtet sich der Anspruch daher auch gegen die **Internet-Portale großer Rundfunkanstalten** wie etwa *tagesschau.de* oder *heute.de*, da sie journalistische Inhalte vermitteln, die sich von elektronischer Presse strukturell nicht unterscheiden; das muss dann auch für die Meldungen der *Tagesschau*-App gelten.[374] Maßgeblich für die Anwendbarkeit des § 56 RStV auf sonstige Anbieter von Online-Diensten ist stets das Merkmal der **Periodizität**.[375] Daher erfüllen Wikis und Foren die Voraussetzungen eines journalistisch-redaktionellen Angebots regelmäßig nicht.[376] Auch ein Internetportal, auf dem Informationen über öffentliche Ausschreibungen abrufbar sind, stellt kein journalistisch-redaktionelles Angebot dar, selbst wenn die Informationen als solche redaktionell aufbereitet sind.[377] Hingegen sind **Internetblogs** dann journalistisch-redaktionelle Angebote, wenn diese über ein ausreichendes Maß an Faktizität, eine professionelle Arbeitsweise und einen gewissen Grad organisierter Verfestigung, etwa durch eine regelmäßige Erscheinungsweise, verfü-

---

371 BVerfG NJW 2005, 1343 = ZUM 2005, 473.
372 Dazu Binder/Vesting/*Held*, § 54 RStV Rz. 38 ff.; *Hartstein*, § 54 RStV Rz. 11 ff.; *Seitz*, Kap. 5 Rz. 82 ff.; Wenzel/*Burkhardt*, Kap. 11 Rz. 342.
373 LG München I AfP 2015, 71.
374 BGH AfP 2015, 553 – Tagesschau-App.
375 *Seitz*, Kap. 5 Rz. 83; a.A. *Hartstein*, § 54 RStV Rz. 16; Binder/Vesting/*Held*, § 54 RStV Rz. 46; Spindler/Schuster/*Micklitz*/*Schirmbacher*, § 55 RStV Rz. 18, die vorrangig auf die Aktualität abstellen.
376 Binder/Vesting/*Held*, § 54 RStV Rz. 38 ff.; *Seitz*, Kap. 5 Rz. 82 ff.
377 VGH Baden-Württemberg NJW 2014, 2667.

gen.[378] Jedoch ist es nicht erforderlich, dass ein großes Publikum erreicht wird oder dass der Anbieter gewerblich tätig ist. Gegendarstellungspflichtig kann daher etwa der Inhalt der **Website einer Rechtsanwaltskanzlei** sein, wenn sie nicht nur Eigenwerbung, sondern auch für aktuelle oder potenzielle Mandantenkreise bestimmte, regelmäßig aktualisierte Meldungen enthält.[379] Journalistisch-redaktionelle Angebote können sich auch an eine enge Zielgruppe richten, wenn sie von ihrer Intention her auf die Teilnahme an einem Meinungsbildungsprozess ausgerichtet sind. Weiterhin folgt aus dem Wortlaut des § 56 Abs. 1 RStV, dass ein journalistisch-redaktionelles Angebot auch andere Inhalte als Texte oder Bilder periodischer Druckerzeugnisse haben kann; aus dem Wort „insbesondere" wird zu Recht gefolgert, dass dies lediglich ein Ausführungsbeispiel sein soll.[380]

29.123　Kontrovers wird weiter diskutiert, ob die Haftungsprivilegierung der §§ 7–10 TMG auch auf Gegendarstellungsansprüche anwendbar ist. Diese Auseinandersetzung kann jedoch dahinstehen, da zum einen nur Anbieter solcher Telemedien gegendarstellungspflichtig sind, die journalistisch-redaktionelle Angebote beinhalten (§ 56 RStV), und zum anderen eine presserechtliche Verantwortung für eigene Inhalte übernommen haben.[381]

29.124　Der Gegendarstellungsanspruch gegenüber der elektronischen Presse unterscheidet sich in seinen Voraussetzungen und in der Art der Durchsetzung von der für Presse und Rundfunk geltenden Rechtslage nur insoweit, als dies **durch die Art des Mediums bedingt** ist. Daher kommt auch bei einem „Teaser" – vergleichbar einem Aufmacher in einem Printmedium – eine Gegendarstellung in Betracht, wenn dieser eine eigene, in sich abgeschlossene Tatsachenbehauptung enthält.[382] Bei Einbettung von Videos auf einer Webseite oder in einer App kann ebenfalls ein Telemedium vorliegen und damit der Anwendungsbereich des Art. 56 RStV eröffnet sein, wenn kein lineares Angebot vorliegt; ist letzteres der Fall – z.B. bei einem Livestream in einem Online-Portal einer Zeitung oder Zeitschrift, der nach einem „Sendeplan" ausgestrahlt wird und bestimmungsgemäß mehr als 500 Zuschauer erreichen soll – liegt zulassungspflichtiger „Rundfunk" vor. Das Gegendarstellungsrecht richtet sich in diesem Fall nach den Landesmediengesetzen. Anders als in den Printmedien und im Rundfunk sind in Telemedien Abänderungen beanstandeter Beiträge unschwer möglich. Dass solche Änderungen, wenn sie unaufgefordert durch den Anbieter erfolgen, das berechtigte Interesse des Betroffenen auf Abdruck einer Gegendarstellung nicht von vornherein entfallen lassen, ergibt sich schon aus dem praktischen Umstand, dass die online verfügbare Erstmitteilung gespeichert oder kopiert und weitergeleitet worden sein könnte.[383] Bei der Prüfung der zulässigen Länge der begehrten Gegendarstellung ist der grundsätzlich unbegrenzt zur Verfügung stehende Raum für die Veröffentlichung zu beachten.[384]

29.125　Auch bei Telemedien muss die Gegendarstellung dem Verpflichteten unverzüglich zugeleitet werden.[385] Zu den **Aktualitätsgrenzen** kann auch auf die Rechtsprechung zu Printmedien verwiesen werden (s. auch Rz. 29.63 ff.) Auf ihre Veröffentlichung besteht kein Anspruch,

---

378　KG ZD 2017, 139; VGH Baden-Württemberg NJW 2014, 2667; Binder/Vesting/*Held*, § 54 RStV Rz. 46.

379　OLG Bremen NJW 2011, 1611 = ZUM 2011, 416.

380　*Seitz*, Kap. 5 Rz. 83; *Hartstein*, § 54 RStV Rz. 11.

381　*Lent*, ZUM 2016, 954.

382　LG München I AfP 2015, 71; krit. dazu *Lent*, ZUM 2016, 954.

383　S. auch OLG Düsseldorf AfP 2016, 163 = ZUM 2016, 53; zum Wegfall des berechtigten Interesses bei Berichtigung in Printmedien s. Rz. 31.3 f.

384　OLG Dresden ZUM-RD 2018, 286.

385　LG Hamburg v. 16.2.2016 – 324 O 40/16, zit. nach juris.

wenn dies nicht spätestens sechs Wochen nach dem letzten Tag, an dem die Erstmitteilung abrufbar ist, und spätestens drei Monate nach der erstmaligen Einstellung der Erstmitteilung in das Angebot des Verpflichteten geschieht (§ 56 Abs. 2 Nr. 4 RStV).

Aufgrund ihrer segmentspezifischen Besonderheiten stellt sich nur für die Telemedien die Frage nach der **Dauer der Platzierung**, da derartige Dienste regelmäßig über eine längere Zeit angeboten werden. § 56 Abs. 1 Satz 3 und 4 RStV schreibt dazu vor, dass die Gegendarstellung prinzipiell für die Dauer der Verbreitung der Erstmitteilung zu verbreiten ist, und zwar in unmittelbarer Verknüpfung mit dieser. Diese Verknüpfung kann auch durch Setzen eines Links bewirkt werden, sofern dieser deutlich macht, dass er den Nutzer zu einer Gegendarstellung zu dem Text führt, an dem er angebracht ist.[386] Wird die Erstmitteilung zum Zeitpunkt der Geltendmachung des Gegendarstellungsanspruchs oder der Einstellung der Gegendarstellung in das Online-Angebot des Verpflichteten nicht mehr verbreitet, dann ist die Gegendarstellung dort so lange anzubieten, wie die Erstmitteilung verbreitet wurde, auf die sie erwidert. Sie ist auch dann an einer der Platzierung der Erstmitteilung vergleichbaren Stelle anzubieten.

29.126

§ 56 Abs. 1 Satz 5 RStV schreibt schließlich vor, dass sich Erwiderungen auf die Gegendarstellung auf tatsächliche Angaben beschränken müssen; es gilt mithin das auch für Presse und Rundfunk mit wenigen Ausnahmen geltende **Glossierungsverbot** (Rz. 29.103 ff.). Zusätzlich bestimmt § 56 Abs. 1 Satz 5 RStV jedoch, dass die Erwiderung nicht unmittelbar mit der Gegendarstellung verknüpft werden darf. Wie die Normsetzer diese Bestimmung verstanden wissen wollen, ist unklar. Richtiger Ansicht nach kann sie aber verfassungskonform nur im Sinne einer Klarstellung des Inhalts verstanden werden, dass der Verbreitungspflichtige Gegendarstellung und Erwiderung nicht in einer Weise mit einander verzahnen darf, dass dadurch die Aussage der Gegendarstellung verfälscht wird (Rz. 29.106). Die alternativ mögliche Deutung, dass der Anbieter eine Gegendarstellung überhaupt nicht in räumlichem Zusammenhang mit ihrer Platzierung tatsächlich kommentieren darf, würde aus denselben Gründen als Verstoß gegen die Kommunikationsgrundrechte des Anbieters aus Art. 5 Abs. 1 GG einzustufen sein, wie es das für einige wenige Rundfunkveranstalter noch geltende entsprechende Verbot ist (Rz. 29.103 ff.).[387]

29.127

§ 30 Unterlassungsanspruch

---

386 LG Potsdam AfP 2009, 165; Binder/Vesting/*Schulz*, § 56 RStV Rz. 45.
387 *Korte*, S. 204 ff.; Binder/Vesting/*Schulz*, § 56 RStV Rz. 47; a.A. KG AfP 2012, 474 = ZUM-RD 2012, 388.

1. Überblick

30.1 Neben dem Gegendarstellungs- hat der **Unterlassungsanspruch** die größte praktische Bedeutung unter den von der Rechtsordnung zur Verfügung gestellten zivilrechtlichen Sanktionen unrechtmäßiger Medienberichterstattung. Nach Auffassung des BVerfG[1] handelt es sich beim Unterlassungsanspruch um eine Rechtsfolge **ohne Sanktionscharakter**; dessen Erfüllung sei den Medien eher und leichter zuzumuten sei als Maßnahmen mit Sanktionscharakter wie Gegendarstellungs-, Schadensersatz- und Berichtigungsansprüche (dazu im Einzelnen Rz. 14.16 ff.). Diese Auffassung ist jedoch abzulehnen. Das Gebot, eine bestimmte Tatsachenbehauptung, ein bestimmtes Lichtbild oder eine bestimmte Meinung nicht mehr zu verbreiten, mag zwar im Hinblick auf geschützte Rechte des Betroffenen hinzunehmen sein, stellt aber einen Eingriff in die Kommunikationsgrundrechte der Medien aus Art. 5 Abs. 1 GG dar wie andere Ge- oder Verbote auch, zumal die Rechtsprechung dem Unterlassungsschuldner mit steigender Tendenz auch Handlungspflichten auferlegt, mit deren Erfüllung dem Anspruch des Betroffenen erst Geltung verschafft werden kann (dazu Rz. 30.38 ff.). In anderem Zusammenhang hat das BVerfG selbst völlig zutreffend ausgesprochen, dass ein gerichtliches Verbot stets einen erheblichen Eingriff darstellt.[2] Auch haben sich die Medien mit den Unterlassungsansprüchen Betroffener außergerichtlich oder gegebenenfalls gerichtlich auseinanderzusetzen und den damit verbundenen organisatorischen und finanziellen Aufwand zu tragen. Die überfällige Korrektur seiner Rechtsprechung zum fehlenden Sanktionscharakter des Unterlassungsanspruchs hat das BVerfG jedoch trotz dieser Widersprüche und der gegen sie vorgebrachten Kritik[3] (dazu auch Rz. 14.16 ff.) bisher nicht vorgenommen, so dass in der Praxis von ihrer Maßgeblichkeit auszugehen ist.

30.2 Obendrein wird der **Unterlassungsanspruch** von Betroffenen nicht selten als **politisches** oder **propagandistisches Instrument** oder als solches des **Marketing** eingesetzt. Die öffentliche Bekanntgabe der Tatsache, dass ein Gericht einem Medium bei Androhung von Ordnungsmitteln verboten hat, bestimmte Äußerungen zu verbreiten, gehört zum gebräuchlichen Instrumentarium derjenigen, die sich mit den Medien auseinandersetzen, und belastet deren Reputation und publizistische Glaubwürdigkeit insbesondere in den Fällen, in denen Unterlassungsansprüche den Betroffenen aufgrund summarischer gerichtlicher Prüfung im Wege der **einstweiligen Verfügung** zuerkannt und entsprechende gerichtliche Entscheidungen später wieder aufgehoben werden. Denn wie bei der Gegendarstellung handelt es sich auch beim Unterlassungsanspruch um einen Anspruch, der auf dem beschleunigten Weg der einstweiligen Verfügung durchgesetzt werden kann (dazu im Einzelnen Rz. 30.33 ff.) und dem Betroffenen damit eine schnelle und effektive Reaktion auf rechtsverletzende Medienberichterstattung ermöglicht. Die jahrzehntealte Praxis der Gerichte, diesen Effekt dadurch zu verstärken, dass sie einstweilige Verfügungen in Unterlassungssachen in aller Regel ohne mündliche Verhandlung erlassen, ohne dem Unterlassungsschuldner auch nur rechtliches Gehör zu gewähren, hat das BVerfG allerdings durch zwei Beschlüsse vom 30.9.2018[4] als einen schwerwiegenden Eingriff in die Verfahrensgrundrechte der Medienunternehmen bezeichnet und damit für den Regelfall beendet (dazu Rz. 30.34).

---

1 BVerfG AfP 2005, 544 = AfP 2006, 41 = NJW 2006, 207 – Stolpe/IM Sekretär.
2 BVerfG AfP 2000, 160 = NJW 2000, 1859 – Lebach II.
3 Zur Kritik an der Auffassung des BVerfG im Einzelnen *Grimm*, AfP 2008, 1 ff.; *Mann*, AfP 2008, 6 ff.; *Seelmann-Eggebert*, AfP 2007, 86 ff.; differenzierend *Helle*, AfP 2006, 110 ff. mit Erwiderung *Gas*, AfP 2006, 428 ff.; a.A. u.a. *Hochhuth*, NJW 2006, 189 ff.
4 BVerfG AfP 2018, 508 = NJW 2018, 3631; BVerfG AfP 2018, 504 = GRUR 2018, 1291.

2. Voraussetzungen

Der für das Recht der Medien an keiner Stelle speziell gesetzlich geregelte Unterlassungs-   30.3
anspruch wird materiellrechtlich aus einer entsprechenden Anwendung der Bestimmung des
§ 1004 Abs. 1 Satz 2 BGB hergeleitet, die dem Eigentümer einer Sache einen klagbaren Anspruch auf Unterlassung zu befürchtender Störungen gibt. Voraussetzung für einen gegen
Medienberichterstattung gerichteten Unterlassungsanspruch ist die Verletzung geschützter
Rechte des Betroffenen, insbesondere in Gestalt seines Allgemeinen Persönlichkeitsrechts aus
§ 823 Abs. 1, seines Rechts am eigenen Bild aus § 22 KUG, seines wirtschaftlichen Rufs im
Sinn von § 824 BGB oder sonstiger geschützter Rechte im Sinn von § 823 Abs. 2 BGB (vgl. zu
alledem Rz. 12.66 ff.). Insoweit gilt nichts anderes als im Fall des eigentumsrechtlichen Unterlassungsanspruchs, der die bevorstehende Verletzung oder Störung des Eigentums voraussetzt.

a) Rechtsverletzung

Erforderlich für die Geltendmachung eines Unterlassungsanspruchs im Sinn einer materiell-   30.4
rechtlichen **Anspruchsvoraussetzung** ist damit die Darlegung des Betroffenen, dass eine konkrete Darstellung tatsächlich unwahr oder aus sonstigen Gründen unzulässig ist und dass er
dadurch objektiv in seinen Rechten, etwa seinem Allgemeinen Persönlichkeitsrecht oder seinem Recht am eigenen Bild, verletzt wird.[5] Auch Verstöße gegen ausdrückliche straf- oder
zivilrechtliche Bestimmungen zum Schutz der Ehre und des wirtschaftlichen Rufs als Schutzgesetze im Sinn von § 823 Abs. 2 BGB können einen Unterlassungsanspruch begründen. Hingegen reicht die schlichte Darlegung der Unrichtigkeit einer von den Medien verbreiteten Behauptung, durch die Rechte des Betroffenen nicht verletzt werden, nicht aus.[6] Im Fall von
wertneutralen Falschmeldungen (dazu Rz. 18.4 ff.) kommt mithin auch die Geltendmachung
von Unterlassungsansprüchen nicht in Betracht.[7]

Als quasi-negatorischer Anspruch[8] setzt der Unterlassungsanspruch nur die Darlegung **objek-**   30.5
tiver Rechtswidrigkeit voraus. Die Darlegung der subjektiven Voraussetzungen einer unerlaubten Handlung auf Seiten des Verletzers, insbesondere also des **Verschuldens**, ist hingegen nicht erforderlich.[9] Die Medien sehen sich daher berechtigten Unterlassungsansprüchen häufig auch dann ausgesetzt, wenn sie selbst bei der Darstellung und Verbreitung der
beanstandeten Meldung in gutem Glauben an deren Richtigkeit gehandelt haben, die Voraussetzungen für die Inanspruchnahme des Rechtfertigungsgrunds der **Wahrnehmung berech-**
tigter Interessen (dazu im Einzelnen § 15) und damit für die Rechtmäßigkeit der Berichterstattung aber nicht darlegen und beweisen oder im Verfahren der einstweiligen Verfügung
glaubhaft machen können.

Der Anspruch ist nach ständiger Rechtsprechung[10] **höchstpersönlicher Natur** (dazu   30.6
Rz. 13.4 ff.). Er kann daher nur persönlich geltend gemacht werden und ist nicht übertragbar.

---

5 Löffler/*Steffen*, § 6 LPG Rz. 261.
6 *Damm/Rehbock*, Rz. 799.
7 LG Hamburg AfP 2015, 69; zu den satirespezifischen Aspekten dieses Falls s. die Revisionsentschei-
dung BGH AfP 2017, 157 = NJW 2017, 1617 – Die Anstalt.
8 Löffler/*Steffen*, § 6 LPG Rz. 260; Wenzel/*Burkhardt*, Kap. 12 Rz. 1.
9 BGH AfP 2007, 357 = NJW 2007, 3429; Löffler/*Steffen*, § 6 LPG Rz. 260.
10 BGH NJW 1952, 660 = GRUR 1952, 410 – Constanze I; BGH AfP 1981, 270 = NJW 1981, 1089 –
Der Aufmacher I; BGH NJW 1981, 2062 = GRUR 1981, 297 – Anne Frank.

Verzichtet daher etwa eine religiöse Glaubensgemeinschaft, die unter einem bestimmten Namen an die Öffentlichkeit tritt, darauf, sich in einer ihre Rechts- oder Parteifähigkeit begründenden Weise zu organisieren, dann können ihre Mitglieder und selbst eine mit ihr namensgleiche rechtsfähige Organisation gegenüber Medienäußerungen, die sich auf sie beziehen, Unterlassungsansprüche nicht geltend machen.[11] Vererblich ist der Unterlassungsanspruch allerdings dann, wenn die Erben an seiner Geltendmachung ein eigenes wirtschaftliches Interesse haben. Das ist nach der Anerkennung der vermögenswerten Bestandteile des Allgemeinen Persönlichkeitsrechts (dazu Rz. 13.20 ff.) stets der Fall, wenn derartige Aspekte durch rechtswidrige Ausbeutung verletzt werden. Im Fall des Tagebuchs der *Anne Frank* ergab sich die Berechtigung der Erben zur Geltendmachung eines Unterlassungsanspruchs gegenüber dem Bestreiten der Authentizität des Werks[12] aus dem auf die Erben übergegangenen Urheberrecht der Verstorbenen. Fehlt es an wirtschaftlichen Eigeninteressen, so kann der Unterlassungsanspruch durch Abkömmlinge des Verstorbenen nur unter den Voraussetzungen des **postmortalen Achtungsanspruchs** (Rz. 13.6 ff.) geltend gemacht werden.

b) Begehungsgefahr

30.7 Die Geltendmachung eines Unterlassungsanspruchs setzt ferner eine **Begehungsgefahr,** mithin die Darlegung voraus, dass die behauptete Rechtsverletzung bevorsteht. Dieses Tatbestandsmerkmal kann sich aus den Gesichtspunkten der **Wiederholungs-** oder der **Erstbegehungsgefahr** ergeben. Wiederholungs- oder Erstbegehungsgefahr sind damit zwingende materiell-rechtliche Voraussetzung jedes Unterlassungsanspruchs.[13] Können sie im Einzelfall nicht konkret festgestellt werden und sind sie auch nicht zu vermuten, so kann ein Unterlassungsanspruch nicht durchgesetzt werden.

aa) Wiederholungsgefahr

30.8 Die **Wiederholungsgefahr vermutet** die gerichtliche Praxis in aller Regel bereits dann, wenn eine bestimmte Äußerung einmal verbreitet worden ist und der Betroffene ihre Rechtswidrigkeit behauptet. Wie im Wettbewerbsrecht begründet nach dieser Auffassung allein die erstmalige Rechtsverletzung die Gefahr ihrer Wiederholung.[14] Während aber viele Angelegenheiten, über die die Medien berichten, sich eines bleibenden oder doch länger andauernden Interesses der Öffentlichkeit erfreuen und damit die Gefahr ihrer erneuten publizistischen Behandlung jedenfalls naheliegt, widmet sich Medienberichterstattung in der täglichen Praxis in mindestens gleichem Umfang Begebenheiten von nur flüchtigem Interesse, deren Wiederaufgreifen in späterer Berichterstattung schon aus Gründen fehlender Aktualität ausgeschlossen erscheint oder doch jedenfalls fernliegt.

30.9 An der gerichtlichen Praxis der schematischen **Vermutung der Wiederholungsgefahr** aufgrund einmal erfolgter Rechtsverletzung ist daher Kritik geübt worden,[15] die im Prinzip be-

---

11 OLG Frankfurt a. M. NJW 1995, 876 – Universelles Leben I.

12 BGH NJW 1981, 2062 = GRUR 1981, 297 – Anne Frank.

13 BGH AfP 2004, 540 = NJW 2005, 594 – Rivalin von Uschi Glas; BGH NJW 1954, 1682 – Constanze II; Löffler/*Steffen*, § 6 LPG Rz. 263; *Damm/Rehbock*, Rz. 1011.

14 BGH GRUR 1966, 157 – Wo ist mein Kind?; BGH AfP 1975, 804 = GRUR 1975, 89 – Brüning-Memoiren I; BGH AfP 1994, 138 = NJW 1994, 1281 – Bilanzanalyse; BGH AfP 1998, 218 = NJW 1998, 1391 – Klartext; BGH AfP 2013, 251; Löffler/*Steffen*, § 6 LPG Rz. 264; *Wenzel/Burkhardt*, Kap. 12 Rz. 8 ff.

15 *Mathy/Wendt*, AfP 1982, 144, 153 f.; OLG Celle AfP 1977, 345; OLG Köln AfP 1976, 185.

rechtigt erscheint. Strikt angewendet ist diese Vermutung nichts Anderes als eine reine Fiktion. Allerdings ist nicht zu verkennen, dass der Betroffene zu konkreten Darlegungen über eine bevorstehende oder jedenfalls zu befürchtende Wiederholung der angegriffenen Äußerungen nur in Ausnahmefällen in der Lage ist. Das wird in der Regel nur in Fällen fortdauernden Interesses der Öffentlichkeit an dem in Rede stehenden Vorgang oder dann der Fall sein, wenn der Betroffene zugleich einen Gegendarstellungs- oder Berichtigungsanspruch geltend macht und sich die Gefahr der Wiederholung aus der damit zwangsläufig bevorstehenden erneuten Befassung der Medien mit der betreffenden Thematik ergibt. Hingegen liegt die Gefahr der Wiederholung der publizistischen Behandlung von aktuellen Tagesereignissen in der Realität einigermaßen fern. Und fast niemals ist ein Betroffener in der Lage, konkrete Angaben über weitere Veröffentlichungsabsichten des betreffenden Mediums zu machen oder gar entsprechende Nachweise zu führen.

Dennoch ist die in der Praxis unbestrittene **Vermutung der Wiederholungsgefahr** im Ergebnis gerechtfertigt,[16] solange sie nicht als Fiktion missverstanden wird und folglich widerleglich ausgestaltet wird. Ohne diese Vermutung ergäbe sich aus der Tatsache, dass es für den Außenstehenden nahezu ausnahmslos unmöglich ist, die bevorstehende Wiederholung einer Rechtsverletzung konkret darzulegen und gegebenenfalls zu beweisen, die untragbare Konsequenz, dass der Betroffene außer Stande wäre, ihre erneute Verbreitung zu verhindern. Unabhängig von ihrer Vermutung kann sich die Wiederholungsgefahr aber auch aus dem konkreten Verhalten des Verletzers und insbesondere daraus ergeben, dass er im Prozess die Rechtmäßigkeit der umstrittenen Veröffentlichung verteidigt,[17] ohne zugleich deutlich zu machen, dass dies ausschließlich zu Zwecken der Rechtsverteidigung und mit der verbindlichen Versicherung geschieht, die umstrittene Äußerung unabhängig vom Ausgang des Rechtsstreits nicht zu wiederholen.[18] Und hat eine Redaktion dieselbe Behauptung bereits mehrmals veröffentlicht, so findet die Vermutung der Wiederholungsgefahr ohne Weiteres Anwendung.[19] Liegt andererseits die Wiederholung einer beanstandeten Äußerung nach den Umständen des Falls außerhalb vernünftiger Wahrscheinlichkeit, dann findet die Vermutung keine Anwendung.

30.10

Das kann etwa bei der Veröffentlichung von Behauptungen Dritter als **Leserbrief** (vgl. zur eingeschränkten Haftung der Medien für den Inhalt von Leserbriefen Rz. 16.43 f.)[20] oder bei erkennbar situationsbedingten Äußerungen der Fall sein. Unter Berücksichtigung der neueren Rechtsprechung zur eingeschränkten Haftung der Medien für den Inhalt von **Interview-Äußerungen** (Rz. 16.45 ff.) ist auch die Annahme, die Wiederholungsgefahr sei bei einer beiläufigen Interview-Äußerung nicht nur zu Lasten des Interviewten, sondern auch zu Lasten des Verlags zu vermuten,[21] nicht mehr vertretbar. Die Vermutung der Wiederholungsgefahr kann ferner in Situationen entfallen, in denen der Verletzer jenseits allen Zweifels deutlich macht, dass er die beanstandete Behauptung unter keinen Umständen wiederholen wird. Unter diesem Aspekt entfällt sie etwa dann, wenn der Verletzer dem Verletzten eine förmliche schriftliche Entschuldigung aushändigt, aus der sich zweifelsfrei ergibt, dass er den ihm unterlaufenen Irrtum einräumt, bevor der Verletzte seinen Unterlassungsanspruch erstmals geltend

30.11

---

16 Wenzel/*Burkhardt*, Kap. 12 Rz. 8 f.; Löffler/*Steffen*, § 6 LPG Rz. 264.

17 BGH AfP 1998, 218 = NJW 1998, 1391 – Klartext.

18 BGH NJW-RR 2001, 1483 = ZUM-RD 2002, 59.

19 OLG Saarbrücken NJW 1997, 1376 – Rotlichtfürst.

20 BGH AfP 1986, 241 = NJW 1986, 2503 – Ostkontakte.

21 OLG Hamburg v. 22.7.1993 – 3 U 247/91, unveröffentlicht; a.A. zutreffend LG Düsseldorf AfP 1999, 518.

macht.[22] Widerlegt ist sie auch im Fall der zeitnah zur Erstmitteilung erfolgenden freiwilligen Veröffentlichung eines Widerrufs oder einer Richtigstellung,[23] und zwar auch dann, wenn das Medienunternehmen den Betroffenen nicht ausdrücklich von der freiwilligen Berichtigung in Kenntnis setzt.[24] Dasselbe gilt im Fall einer Folgeberichterstattung, die deutlich macht, dass im Zusammenhang mit einem früher erhobenen Vorwurf einzelne Betroffene nicht mehr genannt werden, weil sich herausgestellt hat, dass sich der Vorwurf insoweit als falsch erwiesen hat.[25] Die Vermutung der Wiederholungsgefahr kommt auch in einem Fall nicht zur Anwendung, in dem eine Zeitung aus einer Dokumentation des Bundespresseamts zitiert, das seinerseits die entsprechende Meldung zwischenzeitlich zurückgezogen hat,[26] oder im Fall der Wiedergabe einer Behauptung aus einem Buch im Rahmen einer Rezension.[27]

30.12 In derlei Fällen aus dem Fehlen einer gesonderten strafbewehrten Unterlassungserklärung auf fortbestehende Wiederholungsgefahr schließen zu wollen, liefe darauf hinaus, dass die Vermutung im Ergebnis unwiderleglich wäre. Die dann vorliegende Fiktion einer in solchen Konstellationen fortbestehenden Wiederholungsgefahr wäre aber pure Förmelei, die dem Bestreben derjenigen Vorschub leistet, die rechtliche Auseinandersetzungen um ihrer selbst willen oder im anwaltlichen Gebühreninteresse auch dann noch beginnen, wenn dazu materiell kein Anlass mehr besteht. Auch ein ungewöhnlich langer Zeitablauf, während dessen der Verletzer die Verletzungshandlung nicht erneut begangen und während dessen der Verletzte sie nicht beanstandet hat, kann im Einzelfall zum **Fortfall** der ursprünglich zu vermutenden Wiederholungsgefahr führen.[28] So hat es das AG Hamburg[29] mit Recht abgelehnt, dem Verlangen des Verletzten nach Erstattung anwaltlicher Abmahnkosten in einem Fall zu entsprechen, in dem der Anwalt des Verletzten nach Erwirkung einer einstweiligen Verfügung und deren Hinnahme durch den Verletzer die Angelegenheit erst annähernd zwei Jahre später wieder aufgenommen und die im Regelfall geschuldete Abschlusserklärung unter Geltendmachung eines Kostenerstattungsanspruchs gefordert hatte.

30.13 Unter keinen Umständen darf die Wiederholungsgefahr aus der Erstveröffentlichung abgeleitet werden, wenn diese in **Wahrnehmung berechtigter Interessen** (Einzelheiten dazu in § 15) erfolgt ist.[30] Das gilt sowohl in Fällen, in denen nicht geklärt ist, ob die streitgegenständliche Behauptung wahr oder unwahr ist,[31] als auch insbesondere dann, wenn die Unwahrheit einer Behauptung im Zeitpunkt der Geltendmachung des Unterlassungsanspruchs feststeht, die Medien aber bei ihrer früheren Verbreitung in Wahrnehmung berechtigter Interessen gehandelt haben. Auch wenn eine ursprünglich rechtswidrige Meldung aufgrund einer **Veränderung der tatsächlichen Verhältnisse** rechtmäßig wird, kann die Wiederholungsgefahr ab dem Zeitpunkt der Änderung der Sachlage nicht mehr vermutet werden. Das hat der BGH

---

22 LG Hamburg v. 20.5.1994 – 324 O 64/94, unveröffentlicht; verfehlt daher die Entscheidung des Berufungsgerichts: OLG Hamburg NJW-RR 1996, 90 – RTL Aktuell.
23 OLG Köln AfP 1989, 764; OLG Köln AfP 1993, 744; OLG Karlsruhe AfP 1989, 542; KG AfP 2010, 85 = NJW-RR 2010, 1424; Löffler/*Steffen*, § 6 LPG Rz. 268; a.A. offenbar OLG Hamburg NJW-RR 1996, 90 – RTL Aktuell; KG AfP 2005, 78 = NJW-RR 2005, 274.
24 LG Köln AfP 2010, 605.
25 OLG Köln AfP 1993, 744; OLG Dresden AfP 2011, 189.
26 LG Oldenburg AfP 1988, 79.
27 OLG Köln AfP 1976, 185.
28 LG Köln NJW-RR 2006, 908 – Marienfeld.
29 AG Hamburg AfP 1996, 189.
30 BGH AfP 1987, 597 = NJW 1987, 2225 – Pressemäßige Sorgfalt; OLG Karlsruhe AfP 2006, 170 = NJW 2006, 617; Löffler/*Steffen*, § 6 LPG Rz. 262.
31 OLG Saarbrücken AfP 2010, 81 = NJW-RR 2010, 346.

etwa angenommen im Fall der rechtswidrigen Wiedergabe von Äußerungen des Fernsehmoderators *Kachelmann* über seine sexuellen Neigungen in einer nicht öffentlichen richterlichen Vernehmung wegen des Verdachts der Vergewaltigung, nachdem dieselben Äußerungen auch in der öffentlichen Hauptverhandlung gegen ihn wiederholt worden waren.[32] Wird in solchen Fällen die ursprünglich zu vermutende Wiederholungsgefahr durch die tatsächliche Entwicklung beseitigt, so muss der Betroffene, verfolgt er seinen Unterlassungsanspruch weiter, sie konkret darlegen, was dann in aller Regel nicht möglich sein wird.[33]

Grundsätzlich kann die Wiederholungsgefahr zur Vermeidung einer gerichtlichen Entscheidung aber auch in medienrechtlichen Auseinandersetzungen nur durch Abgabe einer mit einem Vertragsstrafeversprechen versehenen **Unterlassungserklärung** oder eine von den Parteien abgeschlossene rechtsverbindliche Unterlassungsvereinbarung beseitigt werden.[34] Das gilt entsprechend der Praxis im Wettbewerbsrecht unabhängig davon, ob sie konkret dargelegt oder – wie im Regelfall – vermutet wird.[35] Diese Unterlassungserklärung muss bei Medienäußerungen die Begehungsformen des Behauptens und des Verbreitens abdecken, selbst wenn sie an eine Meldung anknüpft, die eine Redaktion nicht als eigene Behauptung aufgestellt, sondern nur verbreitet hat.[36] Liegt eine ausreichende Unterlassungserklärung vor, dann beseitigt sie die Wiederholungsgefahr auch dann, wenn der Betroffene ihre Annahme ablehnt.[37] Die Wiederholungsgefahr kann aber auch in den Fällen der **Drittunterwerfung** ausgeräumt sein, in denen der Unterlassungsschuldner hinsichtlich einer mehrere Betroffene in ihren Rechten verletzenden Äußerung eine verbindliche Unterlassungserklärung nur gegenüber einem der Betroffenen abgibt, ihre Abgabe gegenüber einem weiteren hingegen mit dem Hinweis darauf verweigert, dass mit der bereits abgegebenen Erklärung die Wiederholungsgefahr hinsichtlich der konkret betroffenen Äußerung schlechthin entfallen sei. Diese für den Bereich des Wettbewerbsrechts aufgestellte Regel[38] ist nach der zutreffenden jüngsten Rechtsprechung des BGH[39] entgegen der bisherigen gerichtlichen Praxis[40] auch in Fällen von Persönlichkeitsrechtsverletzungen prinzipiell anzuwenden; es ist allerdings stets anhand der konkreten Umstände des einzelnen Falls zu prüfen, ob der Verletzte, dessen Anspruch unter Hinweis auf die bereits vorliegende Drittunterwerfung verweigert wird, bei Anlegung eines objektiven Maßstabs darauf vertrauen kann, dass der Verletzer sich an die Drittunterwerfung halten oder widrigenfalls vom Gläubiger der ersten Verpflichtungserklärung dazu angehalten werden wird.[41]

Eine abweichende Regelung gilt freilich für **mehrdeutige Äußerungen** im Sinn der *Stolpe*-Rechtsprechung[42] des BVerfG (dazu Rz. 30.1, 14.16 ff.). Fordert der von einer derartigen Äußerung Betroffene hinsichtlich einer der in Betracht kommenden Deutungsmöglichkeiten

30.14

30.15

---

32 BGH AfP 2013, 250 = ZUM 2013, 515 – sexuelle Neigungen; vgl. auch BGH AfP 2004, 540 = NJW 2005, 594 – Rivalin von Uschi Glas.
33 BGH AfP 2013, 250 = ZUM 2013, 515 – sexuelle Neigungen; vgl. auch BGH AfP 2004, 540 = NJW 2005, 594 – Rivalin von Uschi Glas.
34 BGH NJW 1994, 1281 = GRUR 1994, 394 – Bilanzanalyse; BGH ZUM 2018, 440.
35 Löffler/*Steffen*, § 6 LPG Rz. 267 m.w.N.
36 OLG Hamburg AfP 2003, 349.
37 OLG München AfP 2004, 60 = NJW-RR 2003, 1487 – Esra.
38 BGH NJW 1983, 1060 = GRUR 1983, 186 – Wiederholte Unterwerfung; BGH NJW 1987, 3251 = GRUR 1987, 186 – Wiederholte Unterwerfung II.
39 BGH GRUR 2019, 431.
40 Vgl. nur OLG Hamburg GRUR-RR 2018, 487.
41 BGH GRUR 2019, 431.
42 BVerfG AfP 2005, 544 = AfP 2006, 41 = NJW 2006, 207 – Stolpe/IM Sekretär.

eine strafbewehrte Unterlassungserklärung, so beseitigt der Verletzer die Wiederholungsgefahr bereits durch eine unmissverständliche Klarstellung gegenüber dem Betroffenen, dass mit der beanstandeten Formulierung lediglich der der Äußerung ebenfalls zu entnehmende alternative, den Betroffenen nicht verletzende Sachverhalt zum Ausdruck gebracht werden sollte und es nicht die Absicht des Verletzers war, den rechtsverletzenden Sachverhalt zu behaupten. Eine strafbewehrte Unterlassungserklärung schuldet der Verletzer in diesen Fällen nicht,[43] und die Äußerung wird auch erst rechtswidrig, wenn der Verletzer nach entsprechender Aufforderung die ihm mögliche Klarstellung verweigert und auf seiner mehrdeutigen Äußerung ohne diese Qualifizierung besteht; erst von diesem Zeitpunkt an kann in derartigen Konstellationen auch die Wiederholungsgefahr vermutet werden.[44] Allenfalls mit dieser Maßgabe ist die Annahme des BVerfG in der *Stolpe*-Entscheidung in Einklang zu bringen, durch die Begründung einer Haftung für nicht zwingende, aber mögliche Verständnisvarianten einer mehrdeutigen Aussage werde eine einschüchternde oder einschnürende Wirkung auf die Ausübung der Kommunikationsgrundrechte durch die Medien nicht herbeigeführt.[45]

30.16 Ist die Wiederholungsgefahr im konkreten Fall nicht zu vermuten und kann sie vom Betroffenen auch nicht spezifiziert dargelegt werden, dann sind die Medien auch nicht zur Abgabe von **Unterlassungserklärungen** verpflichtet. Gleiches gilt, wenn die Vermutung durch das bisherige Verhalten der Medien oder durch externe Ereignisse bereits widerlegt ist, wie etwa im Fall der freiwilligen Veröffentlichung eines Widerrufs (Rz. 30.13). Aus der Verweigerung einer dennoch geforderten Unterlassungserklärung oder aus der Rechtsverteidigung gegenüber einer folgenden Unterlassungsklage mit dem Hinweis auf die fehlende Wiederholungsgefahr kann entgegen einer auch in gerichtlichen Entscheidungen häufig zu lesenden Ansicht nicht darauf geschlossen werden, dass die anderweitig nicht zu begründende Wiederholungsgefahr vorliegt,[46] sofern die Rechtsverteidigung ausdrücklich mit deren Fehlen begründet wird.

bb) Erstbegehungsgefahr

30.17 Neben der Wiederholungsgefahr kommt zur Begründung des Unterlassungsanspruchs gegenüber Medien in Ausnahmefällen die Darlegung der **bevorstehenden erstmaligen Rechtsverletzung** in Betracht. Sie setzt voraus, dass der Betroffene von der seitens eines Mediums beabsichtigten Rechtsverletzung Kenntnis erlangt. Das wird bei noch nicht erfolgter Medienberichterstattung nur in seltenen Ausnahmekonstellationen und namentlich aufgrund von Indiskretionen der Fall sein, durch die dem Betroffenen aus Redaktionen unter Verletzung arbeitsrechtlicher Verschwiegenheitspflichten bereits fertiggestellte oder in Arbeit befindliche Manuskripte zugespielt werden.

30.18 Die tatsächliche Vermutung, die Medien stünden im Begriff, bestimmte Tatsachenbehauptungen zu verbreiten, kann sich aber auch aus der **Recherchetätigkeit** der Medien und namentlich der Nachfrage beim Betroffenen selbst ergeben. Wird er im Rahmen der Recherche mit hinreichend klaren Behauptungen konfrontiert, um ihm die Gelegenheit zu geben, dazu Stellung zu nehmen, so wird er nicht selten allein daraus die Überzeugung gewinnen, dass die

---

43 OLG Stuttgart ZUM 2015, 1009; LG Hamburg AfP 2010, 613; *Mann*, AfP 2011, 326 ff.
44 *Mann*, AfP 2011, 326.
45 BVerfG AfP 2005, 544 = AfP 2006, 41 – Stolpe/IM Sekretär; BVerfG AfP 2008, 58 = NJW 2008, 1654.
46 OLG Hamburg NJW-RR 1996, 90 – RTL Aktuell; OLG Köln AfP 1976, 185; Wenzel/*Burkhardt*, Kap. 12 Rz. 9.

betreffende Redaktion entschlossen ist, die infrage stehende Behauptung unabhängig von seiner Stellungnahme zu veröffentlichen, und mit dieser Begründung das Bestehen einer **Erstbegehungsgefahr** darzulegen versuchen. Die Rechtsprechung[47] geht aber mit Recht überwiegend davon aus, dass die Begehungsgefahr mit Recherchemaßnahmen nicht begründet werden kann. Das gilt auch im Fall des Drehens von Filmaufnahmen für einen Fernsehbeitrag, solange nur Rohmaterial vorliegt und nicht fest steht, welchen konkreten Inhalt ein geplanter Bericht haben wird.[48] Würde diese Frage anders entschieden, müsste dies im Ergebnis dazu führen, dass Redaktionen aus Sorge, mit **vorbeugenden Unterlassungsverfügungen** überzogen zu werden und dadurch beabsichtigte Veröffentlichungen konkret zu gefährden, auf gebotene Recherchemaßnahmen und insbesondere die von der Rechtsprechung im Regelfall geforderte Anhörung des Betroffenen[49] verzichten; dazu im Einzelnen Rz. 2.33 ff.

Auch aus behaupteter **Rechtswidrigkeit der Informationsbeschaffung** kann ohne Darlegung des konkreten Inhalts der daraus entstehenden Veröffentlichung die Erstbegehungsgefahr nicht abgeleitet werden. Mit der zutreffenden Begründung, dass die behauptete Rechtswidrigkeit der Informationsbeschaffung allein kein Grund für die vom Kläger angenommene Rechtswidrigkeit der bevorstehenden Ausstrahlung einer Fernsehreportage war (dazu im Einzelnen Rz. 12.104 ff.), hat der BGH[50] daher den Erlass eines vorbeugenden Unterlassungsurteils abgelehnt, mit dem die Ausstrahlung von nach Auffassung des Klägers im Wege des Hausfriedensbruchs erlangtem Filmmaterial verhindert werden sollte. Die **Erstbegehungsgefahr** kann daher in aller Regel nur dann dargelegt werden, wenn der Betroffene von einem fertiggestellten Artikel[51] oder nach anderer Auffassung jedenfalls einem Rohmanuskript[52] Kenntnis erlangt und dem Gericht die entsprechenden Materialien im Rahmen des beanspruchten vorläufigen Rechtsschutzes vorlegen bzw. ihren Inhalt glaubhaft machen kann.[53]

30.19

Ohne konkrete Kenntnis bevorstehender Berichterstattung kommen vorbeugende einstweilige Verfügungen zur Verhinderung der Veröffentlichung bestimmter Informationen nur in spezifisch gelagerten Ausnahmekonstellationen in Betracht. Das kann etwa der Fall sein, wenn der Betroffene zwar keine Kenntnis von einer Veröffentlichungsabsicht hat, die Veröffentlichung aufgrund bestimmter Umstände aber naheliegt und sich aus ihr voraussehbar eine **konkrete Gefährdung höherwertiger Rechtsgüter** wie des Lebens oder der Gesundheit eines Betroffenen ergeben würde.[54] Mit dieser Begründung hat das LG Hamburg im Fall der Entführung eines Kindes, dessen Ermordung die Entführer für den Fall des Bekanntwerdens der Entführung in der Öffentlichkeit angedroht hatten, den in Betracht kommenden Hamburger Presseverlagen auf Antrag der Familie des Entführten ein zeitlich beschränktes Veröffentlichungs-

30.20

---

47 OLG Hamburg AfP 1992, 279; OLG Hamburg AfP 2000, 188 = ZUM 2000, 163; OLG Karlsruhe AfP 2006, 482 = NJW-RR 2006, 1551; OLG Karlsruhe AfP 2008, 213 = NJW-RR 2008, 1259; LG Köln AfP 2003, 173; LG Frankfurt a.M. AfP 1991, 545; Löffler/*Steffen*, § 6 LPG Rz. 269 m.w.N.; a.A. LG Hamburg NJW 2003, 1952; OLG Koblenz NJW-RR 2010, 1711 = GRUR-RR 2010, 490; wie die herrschende Meinung in derselben Konstellation aber LG Wiesbaden AfP 2010, 282.
48 LG Stuttgart AfP 2003, 471.
49 OLG Frankfurt a.M. AfP 2003, 63 = NJW-RR 2003, 37.
50 BGH AfP 1998, 399 = NJW 1998, 2141 – Appartementanlage; zur Rechtmäßigkeit der Ausstrahlung einer auf Hausfriedensbruch fußenden Sendung auch BGH AfP 2018, 222 = GRUR 2018, 648; OLG Rostock AfP 2015, 350.
51 LG Frankfurt a.M. AfP 1991, 545; Löffler/*Steffen*, § 6 LPG Rz. 269; Wenzel/*Burkhardt*, Kap. 12 Rz. 9.
52 OLG Hamburg AfP 2000, 188.
53 Vgl. auch OLG Dresden NJW-RR 2009, 833.
54 *Senfft*, NJW 1980, 367.

verbot auferlegt.[55] Im Normalfall scheitern Versuche, den Medien Berichterstattung vorbeugend untersagen zu lassen, aber daran, dass der Betroffene die bevorstehende Rechtsverletzung nicht hinreichend deutlich darlegen kann.[56]

3. Durchsetzung

a) Abmahnung

30.21 Bevor derjenige, der von Medienberichterstattung in seinen Rechten verletzt ist, gerichtliche Hilfe in Anspruch nimmt, ist er gehalten, die Medien zur Abgabe einer **strafbewehrten Unterlassungserklärung** aufzufordern. Bei dieser als **Abmahnung** bezeichneten Aufforderung handelt es sich um eine empfangsbedürftige Willenserklärung, die rechtlich beachtlich nur dann ist, wenn sie dem jeweiligen Medium zugeht. Ihre Zusendung verletzt den in Anspruch genommenen Verlag oder Rundfunkveranstalter in der Regel auch dann nicht in seinem Recht am Unternehmen (dazu Rz. 12.72 ff.), wenn sich der darin geltend gemachte Anspruch als ungerechtfertigt erweist. Erschöpft sich eine als *presserechtliches Informationsschreiben* bezeichnete Abmahnung allerdings darin, dem adressierten Medienunternehmen rechtliche Schritte eines Mandanten des Verfassers anzudrohen, ohne konkrete Hinweise auf eine angeblich begangene oder bevorstehende Rechtsverletzung und deren rechtliche Bewertung zu enthalten, dann handelt der Verfasser rechtswidrig, und das in Anspruch genommene Medienunternehmen kann seinerseits mit einem Unterlassungsanspruch gegen den Versender vorgehen.[57] Der Einhaltung besonderer Formalitäten bedarf es bei der Abmahnung hingegen nicht. Eine Übersendung per Telekopie oder im Hinblick auf § 126b BGB auch per E-Mail ist jedenfalls dann ausreichend, wenn sie über den im Impressum des betreffenden Mediums genannten Faxanschluss oder den dort genannten E-Mail-Account übermittelt wird.[58] Nur die auf diesem Weg geforderte strafbewehrte Unterlassungserklärung ist geeignet, die Wiederholungsgefahr zu beseitigen. Das entspricht ganz herrschender Auffassung in Rechtsprechung[59] und Schrifttum.[60] Wer ein gerichtliches Verfahren dennoch ohne vorherige Abmahnung einleitet, trägt im Fall unverzüglicher Anerkennung des Anspruchs nach Einleitung des Verfahrens dessen Kosten, obwohl durch die Anerkennung außer Streit gestellt wird, dass der Anspruch begründet war. Nach Auffassung einer Reihe von Oberlandesgerichten soll die Abmahnung allerdings in Fällen vorsätzlichen[61] oder jedenfalls grob rechtswidrigen[62] Verhaltens der Medien, wie etwa offenkundiger Schmähkritik, entbehrlich sein, während das OLG Hamburg[63] sie zutreffend auch in schwerwiegenden Fällen fordert. Seine gegenteilige Auffassung,[64] bei medienrechtlichen Unterlassungsansprüchen sei eine Abmahnung vor Einleitung gericht-

---

55 Entscheidung v. 19.10.1977, unveröffentlicht; zu den Einzelheiten dieses Falls *Damm/Rehbock*, Rz. 573 Fn. 1554.

56 *Mathy/Wendt*, AfP 1982, 144, 154; OLG Dresden NJW-RR 2009, 833.

57 BGH AfP 2019, 40 = NJW 2019, 781 – Presserechtliches Warnschreiben.

58 OLG Bamberg AfP 2009, 595.

59 OLG Düsseldorf AfP 1982, 4; OLG Köln AfP 1985, 61; OLG Köln AfP 1990, 51; OLG Hamburg WRP 1986, 292; LG Köln AfP 1997, 834.

60 *Damm/Rehbock*, Rz. 819; Wenzel/*Burkhardt*, Kap. 12 Rz. 106; *Ricker/Weberling*, Kap. 44 Rz. 9 f.

61 OLG Düsseldorf AfP 1982, 44; OLG Köln AfP 1995, 506; OLG Frankfurt a. M BeckRS 2014, 17242.

62 OLG Köln AfP 1995, 506; OLG Köln AfP 1990, 51; OLG Düsseldorf AfP 1982, 44; OLG München AfP 2001, 69 = NJW-RR 2001, 42.

63 OLG Hamburg WRP 1995, 1037.

64 OLG München AfP 1992, 285 = NJW-RR 1992, 731; OLG München, Beschl. v. 22.2.1996 – 21 W 817/96, unveröffentlicht.

licher Verfahren prinzipiell nicht erforderlich, hat das OLG München[65] mit Recht wieder aufgegeben. Insbesondere das Argument, das Erfordernis der Abmahnung verzögere die Durchsetzung des Unterlassungsanspruchs, überzeugt im Zeitalter von Telekopie und E-Mail nicht mehr, die es dem in aller Regel anwaltlich vertretenen Verletzten und dem Medienunternehmer ermöglichen, wegen einer etwaigen freiwilligen Anerkennung des Unterlassungsanspruchs binnen kürzester Fristen miteinander zu kommunizieren.

Die von den Medien gegebenenfalls abgegebene **strafbewehrte Unterlassungserklärung** bedarf der **Annahme durch den Betroffenen**; nur so kommt der Unterlassungsvertrag zustande, auf dessen Basis der Verletzte im Fall einer erneuten Verbreitung der rechtswidrigen Äußerung eine Vertragsstrafe fordern und damit seinem Unterlassungsanspruch nachhaltig zur Geltung verhelfen kann. Allerdings kann und wird in der Regel die Annahmeerklärung konkludent erteilt werden, da die Medien im Fall der Abgabe einer geforderten Unterwerfungserklärung davon ausgehen können, dass sie dem Willen des Verletzten entspricht, und folglich eine förmliche Annahmeerklärung nicht erwartet werden kann.[66] An einen auf diesem Weg zustande gekommenen Unterlassungsvertrag sind dessen Parteien rechtlich gebunden. Insbesondere kann sich ein Verlag oder Rundfunkunternehmen von einem solchen Vertrag nicht im Wege der Kündigung mit der Begründung lösen, dass Gerichte in einer Parallelkonstellation entschieden haben, dem Betroffenen stehe der Unterlassungsanspruch nicht zu.[67] Ob das auch gilt, wenn die durch den Unterlassungsvertrag geregelte Frage durch eine Gesetzesänderung oder durch eine höchstrichterliche Entscheidung in dem Sinn geklärt ist, dass die Unterlassungsverpflichtung von Anfang an nicht bestand,[68] hat der BGH für den Bereich äußerungsrechtlicher Unterlassungsansprüche offen gelassen;[69] richtiger Ansicht wird man das aber bejahen müssen. 30.22

Weicht die Unterlassungserklärung in einem nicht ganz unwesentlichen Detail vom geforderten Wortlaut ab, dann bedarf sie, um Wirkung zu entfalten, allerdings der erneuten **förmlichen Annahme** durch den Verletzten.[70] Nimmt er die modifizierte Unterlassungserklärung des Verletzers nicht ausdrücklich an, kann er im späteren erneuten Verletzungsfall die ihm in der Unterwerfungserklärung angebotene Vertragsstrafe nicht fordern.[71] Ist andererseits eine Abmahnung aus der Sicht des in Anspruch Genommenen unbegründet, dann schuldet dieser dem Abmahnenden keine Begründung oder sonstige Stellungnahme. Der Abmahnende kann im gerichtlichen Verfahren nicht mit Erfolg die Auffassung vertreten, der Beklagte habe durch sein Schweigen auf die Abmahnung Veranlassung zur Einleitung des Verfahrens gegeben und daher in entsprechender Anwendung von § 93 ZPO die Verfahrenskosten zu tragen.[72] 30.23

b) Gerichtliches Verfahren

Für Streitigkeiten über zivilrechtliche Unterlassungsansprüche gegenüber Medienäußerungen ist ausnahmslos der **Zivilrechtsweg** eröffnet. Das gilt auch im Fall behaupteter Rechtsverlet- 30.24

---

65 OLG München AfP 2001, 69 = NJW-RR 2001, 42.
66 BGH NJW-RR 2002, 1613 = GRUR 2002, 824.
67 BGH NJW 2010, 1874 = GRUR 2010, 946 – Bericht über Haftlockerungen.
68 So für den Bereich des Wettbewerbsrechts BGH NJW 2009, 3303 = GRUR 2009, 1096 – Mescher Weis.
69 BGH NJW 2010, 1874 = GRUR 2010, 946 – Bericht über Haftlockerungen.
70 BGH NJW-RR 2002, 1613 = GRUR 2002, 824.
71 OLG Karlsruhe AfP 2009, 270.
72 BGH NJW 1995, 715 – Kosten bei unbegründeter Abmahnung; LG Münster WRP 2014, 115.

zungen durch den öffentlich-rechtlichen Rundfunk,[73] durch Presseerklärungen öffentlich-rechtlicher Krankenkassen[74] sowie für Äußerungen von Regierungsmitgliedern oder Beamten, soweit sie in Gestalt von Medieninterviews verbreitet werden.[75] Demgegenüber sind rein behördliche Verlautbarungen als Ausprägung hoheitlicher Betätigung gegebenenfalls vor den Verwaltungsgerichten zu verfolgen.[76] Die Zuständigkeit der Zivilgerichte für etwaige Ansprüche gegen die Medien wegen der Berichterstattung über derartige Verlautbarungen bleibt davon aber unberührt.

30.25 **Örtlich zuständig** für die Durchsetzung von Unterlassungsansprüchen ist nach § 32 ZPO das Gericht an dem Ort, an dem die unerlaubte Handlung begangen worden ist. Daneben kann der Betroffene nach seiner Wahl gemäß § 17 ZPO auch das für den Sitz des Verlags oder des Rundfunkveranstalters und nach § 13 ZPO gegebenenfalls das für den Wohnsitz des- oder derjenigen anrufen, die im Einzelfall persönlich in Anspruch genommen werden können. Der für den in der Praxis am häufigsten angerufenen Gerichtsstand des § 32 ZPO maßgebliche Ort der unerlaubten Handlung ist bei Medienäußerungen jeder Ort, an dem sie **bestimmungsgemäß verbreitet** worden sind. Man spricht insoweit vom **fliegenden Gerichtsstand der Medien**. Bei bundesweit verbreiteten Zeitungen oder Zeitschriften sowie bundesweit empfangbaren Hörfunk- und Fernsehsendungen kann der Betroffene seine Unterlassungsansprüche daher, abhängig allein vom Streitwert, bei jedem deutschen Amts- oder Landgericht geltend machen. Bei regional verbreiteten Medien kommt es auf die bestimmungsgemäße Verbreitung an.[77] Der Gerichtsstand der unerlaubten Handlung wird danach etwa dann nicht am Verbreitungsort begründet, wenn ein Urlaubsreisender eine Ausgabe eines ausschließlich an seinem bayerischen Ferienort erhältlichen Lokalblatts in seine norddeutsche Heimat mitnimmt und er oder ein Dritter dann dort wegen einer behaupteten Rechtsverletzung klagen will. Hingegen kommt es auf die Anzahl derjenigen Exemplare, die regelmäßig und damit bestimmungsgemäß in eine bestimmte Region verbreitet werden, nicht an.[78] Im Extremfall kann bei Printmedien ein regelmäßig ausgeliefertes Abonnementsexemplar zur Begründung der örtlichen Zuständigkeit bereits ausreichen.[79] Bei regionalen oder lokalen Rundfunkveranstaltern kommt es auf die normalen Empfangsmöglichkeiten an.

30.26 Besondere Probleme ergeben sich aus der Begründung des fliegenden Gerichtsstands für die Sanktionierung der Verbreitung rechtsverletzender Inhalte über das **Internet**. Da dessen Inhalte nicht nur im Inland, sondern weltweit abrufbar sind, könnte dieser Gerichtsstand nicht nur zu einer stets anzunehmenden Zuständigkeit aller Gerichte in Deutschland, sondern darüber hinaus zu einer Art Weltgerichtsbarkeit führen. Nach dem deutschen Tatort-Prinzip könnten deutsche Gerichte ihre Zuständigkeit für alle Inhalte weltweit in Anspruch nehmen, und jedes Gericht der Welt wäre nach diesem Prinzip auch für in Deutschland generierte Inhalte zuständig. Das würde auch in den in der Praxis gelegentlich vorkommenden Fällen gelten, dass namentlich wohlhabende Betroffene ein deutsches Medium in einem Drittstaat verklagen, zu dem die angegriffene Berichterstattung zwar keinen Anknüpfungspunkt hat, von

---

73 BGH AfP 1976, 75 = NJW 1976, 1198 – Panorama; BVerwG NJW 1994, 2500; OLG Koblenz GRUR 1973, 42 – Lebach I.
74 BGH NJW 2003, 1192.
75 OLG Düsseldorf AfP 1980, 46; a.A. OVG Münster NJW 1995, 1629, das ohne Begründung die Zulässigkeit des Verwaltungsrechtswegs wegen einer Äußerung des Bundesgesundheitsministers im ZDF angenommen hat.
76 BVerwG NJW 1989, 412.
77 OLG Köln AfP 1988, 146; OLG Frankfurt a.M. GRUR 1989, 136.
78 BGH AfP 1977, 385 = NJW 1977, 1590 – Profil.
79 KG GRUR 1989, 134 – Rhein-Zeitung; Wenzel/*Burkhardt*, Kap. 12 Rz. 121.

dessen Rechtsordnung sie sich aber schärfere Sanktionen und insbesondere höhere Schadenersatzzahlungen versprechen, als sie in Deutschland erzielbar sind; auch in umgekehrter Richtung mussten sich deutsche Gerichte und der EGMR bereits mit deutsch-[80] und fremdsprachlichen Medienberichten[81] aus Drittstaaten ohne oder mit jedenfalls fragwürdiger Anknüpfung an das Inland befassen. Erforderlich ist insoweit eine Differenzierung zwischen innerstaatlichen, innereuropäischen und außereuropäischen Sachverhalten, weil für jede dieser Gruppe unterschiedliche Normen oder jedenfalls Auslegungskriterien gelten.

Für **innerdeutsche Sachverhalte** ist die örtliche Zuständigkeit auf der Grundlage von § 32 ZPO und einer Auslegung dieser Bestimmung zu ermitteln, die sich am Rechtsgedanken der bestimmungsgemäßen Verbreitung orientiert.[82] Hier unterscheidet sich die Rechtslage nicht maßgeblich von derjenigen bei der Verbreitung regionaler Printmedien oder Rundfunksendungen (Rz. 30.25). Nicht ausreichend für die Begründung des Gerichtsstands ist daher die bloße Tatsache der Abrufbarkeit an jedem Ort im Inland. Erforderlich ist vielmehr ein deutlicher Bezug des Inhalts der angegriffenen Internet-Meldung zum Ort des angerufenen Gerichts, der sich insbesondere aus dem dortigen Sitz des Verletzers oder auch des Verletzten ergeben kann.[83] Im Fall einer Meldung auf der Website einer *Regionalzeitung in Brandenburg* konnte daher die örtliche Zuständigkeit des *LG Kassel*, bei einer behaupteten Rechtsverletzung mit deutlichem Bezug zu *München* auf einer obendrein mit *Lokales* betitelten Website diejenige des *LG Gera* nicht mit der Abrufbarkeit am jeweiligen Sitz des angerufenen Gerichts begründet werden.[84]

30.27

Für über das Internet verbreitete Meldungen aus **anderen Mitgliedstaaten der Europäischen Union** richtet sich die örtliche und internationale Zuständigkeit nicht nach § 32 ZPO, sondern nach Art. 5 Abs. 3 EuGVVO; für Island, Norwegen und die Schweiz gilt der inhaltsgleiche Art. 5 Abs. 3 LugÜ.[85] Danach kann der von einer Internetmeldung aus einem dieser Staaten Betroffene die Gerichte in jedem Mitgliedstaat der *Europäischen Union* und des LugÜ anrufen, in dem das schädigende Ereignis eingetreten ist. In der Auslegung durch den EuGH[86] bedeutet das, dass der Betroffene den Verletzer zunächst an dessen Sitz verklagen kann. Alternativ ist er berechtigt, seine Ansprüche unbegrenzt auch vor den Gerichten desjenigen Mitgliedstaats der Konvention geltend zu machen, in dem sich der Mittelpunkt seiner Interessen befindet.[87] Ob der Verletzte oder der Verletzer dort seinen Sitz hat, ist in diesen Fällen rechtlich ohne Bedeutung.[88] So konnte ein Unternehmen, das ausschließlich in Schweden geschäftlich tätig war, seinen Sitz aber in Estland hatte, gegen eine rufschädigende, aus Schweden stammende Internetberichterstattung zur unbegrenzten Durchsetzung seiner aus der Rechts-

30.28

---

80 BGH AfP 2010, 150 = NJW 2010, 1232 – rainbow.at; EuGH AfP 2011, 565 = NJW 2012, 137 – eDate Advertising; BGH NJW 2012, 2197 = ZUM 2012, 675 – rainbow.at II; OLG Frankfurt a. M. AfP 2011, 278 = ZUM-RD 2012, 85; OLG Hamburg AfP 2009, 595.

81 BGH AfP 2010, 167 = NJW 2010, 1752 (Vorinstanz: OLG Düsseldorf AfP 2009, 159 = NJW-RR 2009, 701) – New York Times; BGH AfP 2011, 265 = NJW 2011, 2059 – womenineurope.com.

82 OLG Frankfurt a.M. AfP 2011, 279 = ZUM-RD 2012, 85.

83 BGH AfP 2010, 167 = NJW 2010, 1752 (Vorinstanz: OLG Düsseldorf AfP 2009, 159 = NJW-RR 2009, 701) – New York Times (für außereuropäische Sachverhalte); OLG Jena AfP 2014, 75.

84 OLG Frankfurt a.M. AfP 2011, 279; OLG Jena AfP 2014, 75.

85 BGH AfP 2017, 45 = NJW 2017, 827.

86 EuGH AfP 2011, 565 = NJW 2012, 137 – eDate Advertising; Vorlagebeschluss: BGH AfP 2010, 150 = NJW 2010, 1232 – rainbow.at.

87 BGH AfP 2017, 45 = NJW 2017, 827; OLG Köln MMR 2013, 403.

88 EuGH AfP 2017, 491 = NJW 2017, 3433 – Bolagsupplysningen; BGH AfP 2017, 45 = NJW 2017, 827.

verletzung folgenden Ansprüche nicht in seinem Heimatstaat Estland, sondern eben nur in Schweden gerichtlich vorgehen.[89] Auf eine bestimmungsgemäße Abrufbarkeit am Gerichtsort kommt es damit im Anwendungsbereich von Art. 5 Abs. 3 EuGVVO und des LugÜ, anders als im Rahmen von § 32 ZPO für innerdeutsche Sachverhalte, nicht mehr an. Daher war im Fall einer auf einer österreichischen Internetplattform abrufbaren Altmeldung über die bevorstehende Entlassung zweier wegen Mordes zu lebenslänglicher Haft verurteilter Straftäter mit Wohnsitz und Lebensmittelpunkt in Deutschland das von ihnen angerufene LG Hamburg international und örtlich zuständig.[90] Der nach diesen Normen begründete Gerichtsstand kann auch für negative Feststellungsklagen in Anspruch genommen werden, mit denen ein angeblicher Verletzer die gerichtliche Feststellung begehrt, dass eine Rechtsverletzung nicht vorliegt,[91] sowie für Widerklagen.[92] Die unter Berufung auf eine ältere Entscheidung des EuGH[93] vom OLG Hamburg[94] vertretene Auffassung, die Höhe einer Geldentschädigung, die einem von einer in Österreich generierten Meldung in seinem Allgemeinen Persönlichkeitsrecht verletzten Deutschen zustehe, könne in Deutschland nur auf der Basis der Verbreitung der schädigenden Meldung im Inland eingeklagt werden, ist nach dieser neueren Rechtsprechung des EuGH und des BGH nicht mehr zutreffend, wenn der Verletzte am Sitz des Verletzers oder eben dort klagt, wo sich der Mittelpunkt seiner Interessen befindet. Wenn der Geschädigte aber in einer innereuropäischen Streitigkeit die Gerichte anderer Mitgliedstaaten anruft als die nach Art. 5 Abs. 3 EuGVVO zuständigen, kann er dort nur einen ihm etwa in deren Zuständigkeitsbereich entstandenen Teilschaden und insbesondere einen auf das Hoheitsgebiet des Staats des angerufenen Gerichts beschränkten Unterlassungsanspruch geltend machen.[95]

30.29 Für **im Internet verbreitete Inhalte** aus dem **außereuropäischen Ausland** schließlich ergibt sich die internationale und örtliche Zuständigkeit der Gerichte in Deutschland wiederum aus § 32 ZPO.[96] Mit Recht entnimmt der BGH dieser Bestimmung allerdings auch für diese Fälle keine allumfassende Zuständigkeit der deutschen Gerichte für alle internationalen Sachverhalte. Wie bei den Inlandssachverhalten (Rz. 30.27) reicht es auch in diesen Fällen zur Begründung der Zuständigkeit nicht aus, dass eine Internetveröffentlichung im Inland abrufbar ist und tatsächlich abgerufen wurde. Erforderlich ist vielmehr, dass die behauptete Kollision zwischen den Rechten des Betroffenen einerseits und den berechtigten Interessen des in Anspruch genommenen Internetunternehmens an der Gestaltung seines Internetauftritts und der von ihm beanspruchten Berichterstattungsfreiheit andererseits einen deutlichen **Bezug zum Inland** aufweist und die behauptete Rechtsverletzung unter Berücksichtigung dieser Kriterien im Inland eingetreten ist oder eingetreten sein kann. Das hat der BGH angenommen im Fall eines im Internet abrufbaren Berichts im New York-Teil der *New York Times* über angeblich kriminelle Verstrickungen eines in Deutschland lebenden Betroffenen in Machenschaften der russischen Mafia, weil dieser in dem Bericht namentlich genannt und obendrein behauptet wurde, ein von ihm unterhaltenes und geführtes deutsches Unternehmen sei ausweislich der Berichte deutscher Strafverfolgungsbehörden Teil eines internationalen kriminel-

---

89 EuGH AfP 2017, 491 = NJW 2017, 3433 – Bolagsupplysningen.
90 BGH NJW 2012, 2197 = ZUM 2012, 675 – rainbow.at II; so auch OLG Köln MMR 2013, 403 für einen Inländer betreffende Bilder auf einer Schweizer Plattform.
91 EuGH NJW 2013, 287 = GRUR 2013, 98 – Torpedoklagen; LG Frankfurt a. M. AfP 2010, 509.
92 Art. 8 Nr. 3 EuGVVO; dazu EuGH MMR 2018, 522 – Nothartová/Boldizsár.
93 EuGH NJW 1995, 1881 – Shevill.
94 OLG Hamburg AfP 2009, 595.
95 BGH AfP 2017, 45 = NJW 2017, 827.
96 BGH AfP 2010, 167 = NJW 2010, 1752 (Vorinstanz: OLG Düsseldorf AfP 2009, 159 = NJW-RR 2009, 701) – New York Times; BGH AfP 2011, 265 = NJW 2011, 2059 – womenineurope.com; BGH AfP 2012, 50 = NJW 2012, 148 – Blog Eintrag.

len Netzwerks.[97] International zuständig sind die deutschen Gerichte auch für Rechtsverletzungen durch die Suchmaschine *google.de*, die von der in den USA ansässigen Fa. *Google Inc.* betrieben wird, sofern die Rechtsverletzung materiell Inlandsbezug aufweist.[98] Im Fall eines in kyrillischer Schrift und russischer Sprache verfassten Beitrags einer in den USA lebenden russischen Autorin waren die deutschen Gerichte für die Klage des in Deutschland lebenden russischen Klägers hingegen nicht zuständig.[99]

Erforderlich ist damit für internationale **Fälle außerhalb des Anwendungsbereichs der EUGVVO und des LugÜ** zur Begründung der nationalen und örtlichen Zuständigkeit der deutschen Gerichte wie in den innerdeutschen Fällen (Rz. 30.27) die segmentspezifische Übertragung des Rechtsgedankens der bestimmungsgemäßen Verbreitung auf das Medium Internet. Damit ist die örtliche Zuständigkeit nur in solchen Fällen begründet, in denen sich ein hinreichender **inländischer Sachbezug** zur angegriffenen Meldung ergibt.[100] Anderes ist auch der Entscheidung des BGH[101] zur Strafbarkeit der aus dem Ausland in das Internet eingestellten Auschwitz-Lüge (dazu Rz. 12.55) nicht zu entnehmen, da dieses Delikt stets den zu fordernden Inlandsbezug hat.

30.30

In allen Fällen der Inanspruchnahme eines ausländischen Mediums vor einem inländischen Gericht ist schließlich die Frage des **anwendbaren Rechts** zu bedenken. Nach Art. 40 Abs. 1 Satz 2 EGBGB darf der im Inland klagende Betroffene bestimmen, dass der von ihm angestrengte Rechtsstreit anstelle des primär anwendbaren Rechts des Staats des Verletzers nach deutschem Recht entschieden wird. Das gilt auch in den Fällen behaupteter Rechtsverletzungen durch Internetmedien mit Auswirkungen im Inland.[102] Das kann zu Folgen führen, die angesichts der noch recht neuen Entwicklung des Haftungsrechts der Internetmedien noch nicht in allen Details überschaubar sind. So mag etwa ein ausländischer Medienanbieter zur Vermeidung von ihm nicht zu kalkulierender Risiken aus der Anwendbarkeit des deutschen Rechts hiesige Interessenten von der Nutzung seines Dienstes ausschließen und so im Ergebnis deren verfassungsrechtlichen Anspruch auf freien Zugang zu allgemein verfügbaren Informationsquellen beschneiden.[103]

30.31

In den Fällen, in denen Internetinhalte innerhalb eines Mitgliedsstaats der *Europäischen Union* generiert werden, kommt allerdings das so genannte **Herkunftslandprinzip** des § 3 Abs. 2 TMG ins Spiel. Danach darf die Anwendung des deutschen Rechts auf eine derartige Meldung nicht dazu führen, dass der freie Dienstleistungsverkehr des ausländischen Internetanbieters beeinträchtigt wird.[104] Die deutsche Rechtsordnung muss daher in diesen Fällen si-

30.32

---

97 BGH AfP 2010, 167 = NJW 2010, 1752 – New York Times; kritisch dazu *Schlüter*, AfP 2010, 340 ff.; anders noch die Vorinstanz: OLG Düsseldorf AfP 2009, 159 = NJW-RR 2009, 701.

98 BGH AfP 2013, 260 = NJW 2013, 2348 – Autocomplete.

99 BGH AfP 2011, 265 = NJW 2011, 2059 – womenineurope.com.

100 OLG Köln NJW-RR 2008, 359; OLG Düsseldorf AfP 2009, 159 = NJW-RR 2009, 701; OLG München AfP 2012, 389 = ZUM 2012, 587; LG Düsseldorf AfP 2008, 224; LG Krefeld AfP 2008, 99; grundlegend für den Bereich von Kennzeichenverletzungen BGH NJW 2005, 1435 = GRUR 2005, 431 – Hotel Maritime; a.A. KG AfP 2006, 258.

101 BGH NJW 2001, 624 = MMR 2001, 228.

102 BGH AfP 2010, 167 = NJW 2010, 1752 (Vorinstanz: OLG Düsseldorf AfP 2009, 159 = NJW-RR 2009, 701) – New York Times; BGH AfP 2011, 265 = NJW 2011, 2059 – womenineurope.com; BGH AfP 2012, 50 = NJW 2012, 148 – Blog Eintrag; BGH AfP 2013, 260 = NJW 2013, 2348 – Autocomplete.

103 Hierauf weist etwa *Ole Damm*, GRUR 2010, 891 ff. mit Recht hin.

104 EuGH AfP 2011, 565 = NJW 2012, 137 – eDate Advertising; BGH NJW 2012, 2197 = ZUM 2012, 675 – rainbow.at II; vgl. zu den hierdurch aufgeworfenen Rechtsfragen im Einzelnen *Spindler*, AfP 2012, 114 ff. unter III.

cherstellen, dass der Anbieter eines Internet-Informationsdienstes aus anderen Mitgliedsstaaten der *Europäischen Union* im Inland nur den materiell-rechtlichen Einschränkungen unterworfen wird, die das in seinem Heimatstaat geltende Recht vorsieht.[105] Nach diesen Regeln ist das Risiko, mit im Vergleich zu ihrem Heimatrecht schärferen deutschen Sanktionen belegt zu werden, für europäische Anbieter ausgeschlossen, für außereuropäische wegen der Anwendbarkeit von Art. 40 Abs. 1 Satz 2 EGBG hingegen nicht. Ob diese Differenzierung im Hinblick auf die Kommunikationsgrundrechte des Art. 10 EMRK, auf den sich in Europa auch außereuropäische Anbieter von Medieninhalten berufen können, zu rechtfertigen ist, ist zum Mindesten zweifelhaft. Soweit ersichtlich, hat der EGMR hierüber noch nicht entschieden.

30.33 Wie die Gegendarstellung (dazu Rz. 29.74 ff.) kann auch der Unterlassungsanspruch im **Verfahren der einstweiligen Verfügung** durchgesetzt werden. Darin liegt sein Vorzug für diejenigen, die sich von Medienberichterstattung in ihren Rechten verletzt fühlen. Sie können schnell reagieren und in geeigneten Fällen ihrerseits die Öffentlichkeit wissen lassen, dass sie reagiert und die weitere Verbreitung einer sie betreffenden Äußerung mit Hilfe des Gerichts verhindert haben. Anders als im Gegendarstellungsverfahren, für das die Landespressegesetze ganz überwiegend die Durchsetzung des Anspruchs im Verfahren der einstweiligen Verfügung ausdrücklich vorschreiben (Rz. 29.74), fehlt für den Bereich des Unterlassungsanspruchs eine entsprechende gesetzliche Regel. Die Zulässigkeit des Eilverfahrens beurteilt sich vielmehr nach den allgemeinen Vorschriften der §§ 935, 940, 922 ff. ZPO. Verfahrensvoraussetzung ist nach ständiger Gerichtspraxis die **Dringlichkeit** der einstweiligen Regelung. Sie wird von den Gerichten in der Regel unterstellt, gilt aber als widerlegt, wenn der Betroffene mehr als fünf Wochen nach Kenntnisnahme von der ihn betreffenden Rechtsverletzung untätig bleibt und einen Antrag auf Erlass der einstweiligen Verfügung erst nach Ablauf dieser Frist beim zuständigen Gericht einreicht. Das daraus resultierende Beschleunigungsgebot gilt auch für den weiteren Fortgang des Verfahrens, und wenn ein Betroffener eine Frist von mehr als fünf Wochen zur Begründung einer Berufung gegen ein erstinstanzliches Urteil in Anspruch nimmt, mit dem sein Antrag zurückgewiesen wurde, dann gilt aufgrund seines eigenen Verhaltens die Regelung der Sache als nicht mehr dringlich mit der Folge, dass der Anspruch im beschleunigten Verfahren nicht mehr durchsetzbar ist.[106]

30.34 Insbesondere in der überwiegenden Zahl der Fälle, in denen die Gerichte von der Möglichkeit des Erlasses einstweiliger Verfügungen ohne mündliche Verhandlung Gebrauch machen, findet nach tradierter gerichtlicher Praxis eine Sachverhaltsprüfung im eigentlichen Sinn vor der gerichtlichen Entscheidung nicht statt, weil dem in Anspruch genommenen Medienunternehmen kein **rechtliches Gehör** gewährt wird. Dass diese Praxis, die nicht selten auch die Erteilung einseitiger telefonischer Hinweise an den Antragsteller auf die Notwendigkeit ergänzenden Sachvortrags und vor allem ergänzender Glaubhaftmachungsmittel einschließt, mit den verfassungsrechtlichen Rechten der Medienunternehmen auf prozessuale Waffengleichheit aus Art. 3 Abs. 1 GG und auf ein faires Verfahren aus Art. 20 Abs. 3 GG unvereinbar ist, hat das BVerfG mit zwei Beschlüssen vom 30.9.2018[107] für das Verfahren der Durchsetzung eines äußerungsrechtlichen Unterlassungsanspruchs wie auch für das Gegendarstellungsverfahren

---

105 EuGH AfP 2011, 565 = NJW 2012, 137 – eDate Advertising.
106 KG MDR 2009, 888; OLG Hamburg ZUM 2017, 933: „Selbstwiderlegung der Dringlichkeit"; OLG Dresden ZUM 2018, 617: beantragte Verlängerung der Berufungsbegründungsfrist; OLG Nürnberg ZUM 2019, 190 = NJW-RR 2019, 105: ein Monat.
107 BVerfG AfP 2018, 504 = GRUR 2018, 1291 – Steuersparmodell eines Fernsehmoderators (Gegendarstellungsanspruch); BVerfG AfP 2018, 508 = NJW 2018, 3631 (Unterlassungsanspruch).

(dazu schon Rz. 29.74) mit aller Deutlichkeit klargestellt, nachdem es schon in einem früheren Beschluss entschieden hatte, dass einstweilige Verfügungen, die unter Verstoß gegen diese Verfahrensgrundsätze ergangen sind, unmittelbar mit der Verfassungsbeschwerde angefochten werden können.[108] Die in diesen Beschlüssen mit Recht beanstandete Praxis der Fachgerichte verstößt nicht nur gegen die genannten Verfahrensgrundsätze, sondern auch gegen die Gewährleistung der Kommunikationsgrundrechte durch Art. 5 Abs. 1 GG und Art. 10 Abs. 1 EMRK. Denn auf der Grundlage dieser Verfahrenspraxis besteht die nicht nur theoretische Möglichkeit, dass die ohne mündliche Verhandlung erlassene einstweilige Verfügung aufgrund des einseitigen Parteivorbringens des Betroffenen zu Unrecht ergeht und ihr Erlass damit einen materiell unzulässigen Eingriff in die Presse- oder Rundfunkfreiheit der Medien darstellt, für den die gerichtliche Verfahrenspraxis unmittelbar ursächlich ist. Abweichend von der bisherigen Praxis der Zivilgerichte ist daher ein Erlass eines Unterlassungsgebots im Weg der einstweiligen Verfügung ohne mündliche Verhandlung nur noch in Fällen besonders großer Eilbedürftigkeit,[109] etwa wegen einer Gefährdung besonders schutzbedürftiger Rechtsgüter, und nur noch dann vertretbar, wenn das Gericht dem in Anspruch genommenen Medienunternehmen vor dem Erlass der einstweiligen Verfügung die Antragsschrift des Betroffenen zugeleitet und ihm Gelegenheit zur Stellungnahme gegeben hat; nicht selten wird sich dann ergeben, dass diese Stellungnahme dazu führt, dass das Gericht in voller Kenntnis des Sachverhalts den Antrag zurückweist.

Ist die Gewährung eines einstweiligen Rechtsschutzes gegen Medienäußerungen durch Erlass einer einstweiligen Verfügung ohne mündliche Verhandlung nach Rz. 30.34 überhaupt noch zulässig, so darf das richtigerweise nur unter der Voraussetzung geschehen, dass der Betroffene das Medienunternehmen zuvor vergeblich abgemahnt hat und dass er dem Gericht sowohl seine Abmahnung als auch, soweit vorhanden, die vorprozessuale Einlassung des Medienunternehmens vorlegt. Deckt sich die Begründung der Abmahnung mit derjenigen des späteren Antrags auf Erlass der einstweiligen Verfügung und lässt sich das Medienunternehmen in einer vorprozessualen Erwiderung spezifisch auf die Begründung der Abmahnung ein, dann kann eine Situation vorliegen, in der das Gericht auf die Anhörung des Betroffenen und, bei besonderer Dringlichkeit, die Durchführung einer mündlichen Verhandlung verzichten darf. Denn auf diese Weise kann in geeigneten Fällen gewährleistet werden, dass dem Antragsgegner das **Mindestmaß an rechtlichem Gehör** gewährt wird, das das BVerfG mit Recht als unverzichtbar bezeichnet. Verzichtet der Betroffene aber auf die vorherige Abmahnung, dann ist der Erlass der einstweiligen Verfügung ohne mündliche Verhandlung in jedem Fall prozessual unzulässig. Unterbleibt aber die Abmahnung, erlässt ein Gericht eine einstweilige Verfügung dennoch ohne mündliche Verhandlung und erkennt das in Anspruch genommene Medienunternehmen den Unterlassungsanspruch nach deren Zustellung sogleich an, so hat der Betroffene nach § 93 ZPO die Verfahrenskosten zu tragen.

30.35

Faktisch wurde in dem bisher üblichen Verfahren der ohne mündliche Verhandlung erlassenen einstweiligen Verfügung die Sachverhaltsprüfung in das **Widerspruchsverfahren** verlagert, in dem das in Anspruch genommene Medienunternehmen seine Sachdarstellung und seine Glaubhaftmachungs- oder Beweismittel erstmals vorbringen konnte. Ergeht aber nach

30.36

---

108 BVerfG NJW 2017, 2985.
109 Eine Dringlichkeit der einstweiligen Regelung fordert schon § 937 Abs. 2 ZPO als Voraussetzung für eine Entscheidung ohne mündliche Verhandlung; in den BVerfG NJW 2017, 2985 zugrundeliegenden Fällen hatten die Gerichte die einstweiligen Verfügungen in einem Fall dreieinhalb, im anderen fünf Wochen nach Eingang der Antragsschriften erlassen, woraus sich ohne Weiteres ergibt, dass von einer besonderen Eilbedürftigkeit keine Rede sein konnte.

der nunmehr zwingend einzuhaltenden Praxis eine einstweilige Verfügung ohne mündliche Verhandlung, kann es sich insbesondere in umfangreichen und komplizierten Verfahren für die Medien häufig empfehlen, anstelle der Durchführung des Widerspruchsverfahrens den Betroffenen über § 926 ZPO zu zwingen, die Hauptsacheklage zu erheben, um alsdann im ordentlichen Verfahren die Richtigkeit der eigenen Darstellung mit den normalen Beweismitteln des Zivilprozesses und ohne den einer gründlichen Sachaufklärung oft hinderlichen Zeitdruck des Verfügungsverfahrens nachzuweisen.

30.37 **Sachlich zuständig** sind für medienrechtliche Unterlassungsklagen bei (seltenen) Streitwerten bis zu 5.000 Euro die Amts- und bei höheren Streitwerten die Landgerichte. Die früher diskutierte und häufig umstrittene Frage, inwieweit Unterlassungsansprüche vermögensrechtlicher oder nicht vermögensrechtlicher Natur sind, hat in der Praxis keine Bedeutung mehr, nachdem die früher nur für nicht vermögensrechtliche Ansprüche vorgesehene Zulassungsrevision zum BGH seit dem 1.1.2002 für alle zivilrechtlichen Streitigkeiten vorgeschrieben ist.[110] Gegen Urteile in Verfahren der einstweiligen Verfügung ist allerdings eine Revision nicht möglich (§ 542 Abs. 2 ZPO). Die für die **sachliche Zuständigkeit der Gerichte** (§ 3 ZPO) und die **Verfahrenskosten** (§§ 48 Abs. 2 GKG, 23 Abs. 1 Satz 1 RVG) maßgeblichen Streitwerte von Unterlassungsansprüchen sind ebenso wie diejenigen von Gegendarstellungs- und Berichtigungsansprüchen durch die Gerichte unter Berücksichtigung der Umstände des Einzelfalls wie insbesondere des Umfangs und der Bedeutung der Sache sowie der wirtschaftlichen Verhältnisse der Beteiligten nach billigem Ermessen festzusetzen. Sie werden häufig zwischen 10 000 Euro und 50 000 Euro pro Anspruch liegen, insbesondere in Internetfällen auch darunter und nur selten darüber.[111]

30.38 Ergehen **vollstreckbare gerichtliche Unterlassungsurteile** oder entsprechende **einstweilige Verfügungen**, so sind die Medien gehalten, alle zumutbaren Maßnahmen zu ergreifen, um einen Verstoß gegen den Unterlassungstitel zu verhindern. Das gilt von dem Zeitpunkt an, zu dem der vollstreckbare Unterlassungstitel zugestellt wird, sofern er, wie allgemein üblich, eine Androhung von Sanktionen für den Verletzungsfall enthält; anhängige Rechtsbehelfe ändern an der sofortigen Wirksamkeit der Unterlassungsverpflichtung nichts, wenn sie im Wege der einstweiligen Verfügung oder durch ein für vollstreckbar erklärtes Urteil angeordnet wurde.[112] Das in Anspruch genommene Medium muss insbesondere die geeigneten organisatorischen Vorkehrungen treffen, die sicherstellen, dass seine Mitarbeiter sich an das Unterlassungsgebot halten. Hierzu reichen allgemeine Hinweise an das Archiv nicht aus.[113] Erforderlich sind vielmehr konkrete Hinweise an die einzelnen Mitarbeiter des Archivs und Anweisungen, die sicherstellen, dass dort abgespeicherte oder sonstwie archivierte Hinweise auf ein bestehendes Veröffentlichungsverbot bei der Behandlung der einschlägigen Thematik nicht unbeachtet bleiben können. Ist der Unterlassungsschuldner Mitglied einer Redaktionsgemeinschaft, deren von ihm rechtlich unabhängige andere Mitglieder eine untersagte Meldung ebenfalls veröffentlicht haben, so ist er verpflichtet, diese auf das Vorliegen des Unterlassungstitels hinzuweisen.[114] Verbreitet das rechtlich selbständige Internetportal einer Zeitung eine Meldung aus der mit ihm verbundenen Zeitung, dann ist der Verleger der Zeitung zu einem

---

110 § 543 ZPO in der Fassung des Art. 2 des Gesetzes zur Reform des Zivilprozesses v. 27.6.2001, BGBl. I, 1887.

111 Nachweise und Einzelbeispiele etwa bei *Damm/Rehbock*, Rz. 840; *Seitz*, Kap. 10 Rz. 12 ff. für das Gegendarstellungsverfahren; *Schlüter/C.H. Soehring*, AfP 2011, 317 ff. unter V.

112 BGH GRUR 2009, 890.

113 OLG Hamburg NJW-RR 1993, 1392.

114 LG Hamburg AfP 2015, 469.

entsprechenden Hinweis verpflichtet; beachtet ihn der Betreiber des Internetportals nicht, so trägt der Verleger aber dafür keine Verantwortung, weil er auf den Betreiber des Portals rechtlich nicht einwirken kann.[115] Auch kann und muss ein Unterlassungsanspruch vom Verpflichteten nur insoweit erfüllt werden, als er noch die Herrschaft über das betroffene Medium hat. Das ist gerade bei den aktuellen Printmedien in der Regel nicht der Fall, weil sie im Rahmen festgelegter Vertriebskonzepte unmittelbar nach der Produktion an die verschiedenen Stufen des Pressevertriebs ausgeliefert werden; auch fertig produzierte Bücher werden im Regelfall jedenfalls mit dem größten Teil der Auflage alsbald nach Abschluss der Produktion über Grossisten an den Buchhandel ausgeliefert und befinden sich dann nicht mehr in der Verfügungsgewalt der Verlage. Daher läuft der zukunftsgerichtete Unterlassungsanspruch hinsichtlich der Mehrheit der eine Rechtsverletzung enthaltenden Exemplare faktisch leer. In den Fällen von Rechtsverletzungen durch den Rundfunk ist die pflichtgemäße Umsetzung des Unterlassungstitels effektiver. Hier kann und muss der Rundfunkveranstalter einen untersagten Beitrag aus seiner Mediathek löschen und bei den Betreibern der gängigen Suchmaschinen darauf hinwirken, dass der Beitrag nicht länger aus dem Cache der Suchmaschinen abgerufen werden kann.[116] Hingegen haftet er nicht dafür, dass ein untersagter Beitrag weiter im Internet abrufbar ist, weil ein von ihm unabhängiger Dritter ihn selbstständig in ein Internetportal eingestellt hat.[117]

Um dem insbesondere bei den Printmedien als unbefriedigend empfundenen faktischen Leerlaufen des Unterlassungstitels zu begegnen, wird im Schrifttum[118] unter dem Stichwort des **Rückrufanspruchs** eine Verpflichtung der Verlage erörtert, von einem gerichtlichen Unterlassungsgebot betroffene Auflagen oder Auflagenteile aus dem Vertrieb zurück zu rufen; nur durch die, soweit noch möglich, Verhinderung der faktischen Auslieferung rechtsverletzender Auflagen oder Auflagenteile an den Leser würden gerichtliche Unterlassungsgebote ordnungsgemäß erfüllt. Auf diese Weise träfe den Verleger nicht nur die Verpflichtung, innerhalb seines eigenen Unternehmens für die Beachtung des Unterlassungsgebots zu sorgen, sondern auch auf den nachgeordneten Vertriebsstufen. Einem derartigen Anspruch steht nicht unbedingt der Umstand entgegen, dass die Vertriebsunternehmen rechtlich nicht verpflichtet sind, Rückrufe eines Verlags zu beachten; es genügt in diesen Konstellationen zur Erfüllung des Unterlassungsgebots, dass der Unterlassungsschuldner die Vertriebsunternehmen von dem gerichtlichen Verbreitungsverbot unterrichtet und sie bittet, die Auslieferung zu stoppen.[119] Diese können sich unmittelbaren Ansprüchen des Verletzten aussetzen, wenn sie den Vertrieb in Kenntnis der Rechtswidrigkeit des Produkts fortsetzen. Anders als in Fällen der Verletzung der lauterkeitsrechtlichen Bestimmungen des UWG, in denen der BGH in jüngeren Entscheidungen eine Rückrufverpflichtung nach Erlass eines Unterlassungstitels bejaht hat,[120] steht einer Rückrufverpflichtung in fast allen Fällen der Rechtsverletzung durch Medienveröffentlichungen aber der Grundsatz der Verhältnismäßigkeit entgegen, der in der Regel sogar der Erstreckung von Unterlassungsgeboten auf vollständige Druckwerke auch dann entgegensteht,

30.39

---

115 KG AfP 2013, 413.
116 BGH AfP 2018, 512 = NJW 2019, 56.
117 BGH AfP 2018, 512 = NJW 2019, 56.
118 *Paschke/Busch*, NJW 2004, 2620 ff.; *Prinz/Peters*, Rz. 517; *Wenzel/Burkhardt*, Kap. 15 Rz. 17 ff.; *Wenzel/Burkhardt*, Kap. 12 Rz. 103; *Paschke/Wanckel*, Abschnitt 45 Rz. 1 ff.
119 BGH NJW 2018, 155 = GRUR 2017, 823 – Luftentfeuchter; BGH NJW 2018, 1317 = GRUR 2018, 292 – Produkte zur Wundversorgung; OLG Frankfurt a. M. GRUR 2018, 976.
120 BGH GRUR 2017, 208 – Rescue-Tropfen; BGH NJW 2018, 155 = GRUR 2017, 823 – Luftentfeuchter; BGH NJW 2018, 1317 = GRUR 2018, 292 – Produkte zur Wundversorgung; BGH GRUR 2018, 976 – Quarantäne-Buchung II.

wenn sie sich noch in der Verfügungsgewalt des Verlags befinden (dazu Rz. 30.60 ff.; zur vergleichbaren Haftung der technischen Verbreiter Rz. 28.15 ff.). Denn anders als beim Vertrieb wettbewerbswidriger Produkte oder der Verbreitung wettbewerbswidriger Werbung ist bei der Verpflichtung, eine rechtswidrige Medienäußerung zu unterlassen, deren isolierter Rückruf nicht möglich, so dass die Verpflichtung zum **Rückruf** stets eine ganze Zeitungs-, Zeitschriften- oder Buchauflage beträfe, was im Hinblick auf das Recht der Verleger, die unbedenklichen Teile ihrer jeweiligen Publikation zu verbreiten, als Verstoß gegen Art. 5 Abs. 1 GG und Art. 10 Abs. 1 EMRK angesehen werden muss.[121] Der von der Rechtsprechung bisher mit gutem Grund noch nicht zuerkannte[122] Rückrufanspruch in Fällen der Rechtsverletzung durch die Printmedien kommt daher allenfalls bei ganz außergewöhnlich schwerwiegenden und in der Regel dann vorsätzlichen Rechtsverstößen in Betracht.[123] Hat etwa ein Buchverlag Werbung für eine Publikation gemacht, von der er bereits wusste, dass sie ein Unternehmen in seinem Unternehmenspersönlichkeitsrecht verletzt, und in der Produktwerbung darauf hingewiesen, dass noch kein vollstreckbares Verbreitungsverbot ergangen sei, so dass der Erwerb noch möglich sei, dann liegt eine vorsätzliche Rechtsverletzung mit einer Verletzungsintensität vor, die es rechtfertigt, ihn im Rahmen der Vollziehung des Unterlassungstitels auch zum Rückruf bereits ausgelieferter Exemplare zu verpflichten.[124] Gleiches gilt für die Unterbindung des Vertriebs einer Zeitschrift durch die Verpflichtung zum Rückruf in einem Fall, in dem sie urheberrechtlich geschützte Bilder widerrechtlich verbreitete, nachdem der Versuch ihres Verlegers, vom Nutzungsberechtigten entsprechende Verwertungsrechte zu erwerben, gescheitert war.[125] Mit Recht hat demgegenüber das OLG Hamburg den Rückrufanspruch hinsichtlich eines Buchs abgelehnt, das in wenigen Zeilen eine Urheberrechtsverletzung enthielt und dessen erneute Verbreitung daher erst nach Streichung der betreffenden Textpassagen zulässig war.[126]

30.40 Soweit Provider für im **Internet** verbreitete Rechtsverletzungen haften (dazu im Einzelnen Rz. 16.23 ff.), sind vollstreckbare Unterlassungsansprüche dadurch zu erfüllen, dass die streitgegenständlichen Inhalte **auf dem Server gesperrt** werden. Die weitergehende Auffassung, derartige Inhalte seien in Erfüllung des Unterlassungsanspruchs zu **löschen**,[127] verkennt, dass der Anspruch auf Löschung dogmatisch den Berichtigungsansprüchen zuzuordnen ist und folglich nur verlangt werden kann, wenn eine verbreitete Tatsachenbehauptung nachweislich falsch[128] oder die Rechtswidrigkeit einer Äußerung rechtskräftig festgestellt worden ist (Rz. 31.26). Auch hier reicht aber eine einmalige Anweisung des Unterlassungsschuldners an den Systemadministrator zur Sperrung nicht aus; der Schuldner muss sich vielmehr davon überzeugen, ob der Anweisung Folge geleistet wurde.[129] Wer als Internetbetreiber verpflichtet ist, ein bestimmtes Bild nicht mehr zu verbreiten, genügt dieser Verpflichtung nicht allein dadurch, dass er einen Link zwischen einem redaktionellen Beitrag und dem Bild löscht, sofern er das Bild in sonstiger Weise unter seiner Adresse weiterhin abrufbar hält.[130] Und der Suchmaschinenbetreiber *Google* erfüllt ein durch ein deutsches Gericht erlassenes Unterlassungs-

---

121 Wenzel/*Burkhardt*, Kap. 12 Rz. 78 a. E.
122 Nachweise bei *Paschke/Busch*, NJW 2004, 2620 ff. unter II 2.
123 *Prinz/Peters*, Rz. 780; Paschke/*Wanckel*, Abschnitt 45 Rz. 5.
124 OLG Hamburg AfP 2018, 150 – Krebs-Mafia.
125 OLG München WRP 1992, 809.
126 OLG Hamburg NJW-RR 2000, 1068.
127 OLG München AfP 2003, 76.
128 BGH AfP 2015, 425 = NJW 2016, 56.
129 OLG München AfP 2003, 76.
130 OLG Karlsruhe ZUM 2013, 224.

gebot nicht schon dadurch, dass er eine verbotene Behauptung auf seinem in Deutschland in erster Linie angesteuerten Angebot *google.de* sperrt; da auch *google.com* von Deutschland aus angesteuert werden kann, muss die Sperrung auch auf dieser Website erfolgen.[131] Allerdings erweist sich der Unterlassungsanspruch auch gegenüber Rechtsverletzungen im Internet selbst dann als stumpfes Schwert, wenn er entsprechend inzwischen etablierter Praxis als Anspruch auf Sperrung interpretiert wird, da Meldungen im Internet leicht aus dem Herrschaftsbereich des Providers herauszulösen sind und die Tendenz haben, sich etwa auf anderen Websites oder in Blogs zu verselbständigen.[132] Die Rechtsprechung legt dem Unterlassungsschuldner daher insbesondere für diesen Bereich die Verpflichtung auf, ihm mögliche und zumutbare Maßnahmen zu ergreifen, die zur Beseitigung eines zuvor geschaffenen Störungszustands geeignet sind, wenn nur so die fortbestehende Störung beseitigt werden kann.[133] So soll der Unterlassungsschuldner verpflichtet sein, die Abrufbarkeit des rechtswidrigen Inhalts über *Google* als der am häufigsten genutzten Suchmaschine im Internet auszuschließen und gegebenenfalls bei *Google* die Löschung im Cache und die Entfernung der auf der Website bereits gelöschten Inhalte zu beantragen;[134] richtigerweise muss es aber auch insoweit um eine Sperrung und nicht die endgültige Löschung gehen, die nur bei feststehender Unwahrheit verbreiteter Behauptungen oder rechtskräftig festgestellter Unzulässigkeit anderweitiger Äußerungen verlangt werden kann.[135] Die Verpflichtung, eine bestimmte Meldung nicht erneut zu verbreiten, beinhaltet aber nicht diejenige, Abonnenten eines *RSS-Feed,* die eine Meldung vor der Abgabe einer Unterwerfungserklärung bezogen haben, aktiv auf die Rechtswidrigkeit dieser Meldung hinzuweisen.[136] Und zu weitgehend ist die Auffassung, ein Fernsehveranstalter sei als Unterlassungsschuldner nicht nur verpflichtet, den in Frage stehenden Beitrag aus seiner eigenen Mediathek zu entfernen, sondern auch dazu, die Abrufbarkeit auf *YouTube* als der gängigsten Video-Plattform zu verhindern; selbst bei Annahme einer internet-typischen Gefahrenlage kann vom Unterlassungsschuldner keine anlassunabhängige Kontrolle fremder Anbieter von Inhalten daraufhin gefordert werden, ob die beanstandete Meldung auf ihren Portalen vorgehalten wird.[137] Nur wenn der Unterlassungsschuldner auf die Verfügbarkeit der untersagten Meldung an dritter Stelle hingewiesen wird, kann er verpflichtet sein, im Rahmen seiner Möglichkeiten auf die Sperrung des Inhalts durch den Dritten hinzuwirken.

Lässt sich ein Betroffener bei der Abmahnung anwaltlich vertreten und ist die Abmahnung begründet, so hat der in Anspruch genommene Medienunternehmer dem Betroffenen die **gesetzlichen Gebühren seines Rechtsanwalts** zu erstatten. Gleiches gilt bei erfolgreicher Durchsetzung des Anspruchs im gerichtlichen Verfahren. Problematisch und in der Rechtsprechung nicht abschließend geklärt ist dies allein für die Verfolgung von Äußerungen, die im Sinn der *Stolpe*-Doktrin (Rz. 14.16 ff.) mehrdeutig sind. Geht man mit der hier vertretenen Auffassung davon aus, dass derartige Äußerungen erst rechtswidrig werden, wenn der in Anspruch genommene Verlag oder Rundfunkveranstalter trotz entsprechender Aufforderung die Abgabe der gebotenen Klarstellung verweigert (Rz. 30.15), dann kann der Betroffene auch die Erstat-

30.41

---

131 OLG Hamburg MMR 2010, 432.

132 BGH AfP 2014, 135 = NJW 2014, 2029 – Sächsische Korruptionsaffäre.

133 BGH NJW 1993, 1076 – Straßenverengung (für einen nicht medienspezifischen Unterlassungsanspruch); BGH AfP 2014, 135 = NJW 2014, 2029 – Sächsische Korruptionsaffäre; OLG Celle AfP 2017, 502.

134 OLG Celle AfP 2015, 251 = ZUM 2015, 575; KG NJW-RR 2010, 968; OLG Düsseldorf WRP 2016, 246.

135 BGH AfP 2015, 425 = NJW 2016, 56; ähnlich BGH AfP 2018, 512 = NJW 2019, 56.

136 BGH AfP 2015, 33 = NJW 2015, 1246 – Ex-RAF-Terroristin.

137 OLG Celle AfP 2017, 502.

tung der durch die anwaltliche Aufforderung zur Klarstellung oder durch eine sachlich verfrühte Abmahnung entstandenen Kosten nicht verlangen.[138] Diese Auffassung dürfte auch derjenigen des BVerfG entsprechen, das sich zu dieser Frage nicht eindeutig geäußert, aber in seiner zur Auswirkung der *Stolpe*-Doktrin auf den Gegendarstellungsanspruch ergangenen Entscheidung[139] ausdrücklich betont hat, dass von seiner Auffassung zur Behandlung mehrdeutiger Äußerungen im Rahmen von Unterlassungsansprüchen keine einschüchternden oder einschnürenden Wirkungen auf die Medien ausgehen und diese insbesondere nicht einer hohen Kostenlast ausgesetzt werden dürfen.

30.42 Hinsichtlich der Berechnung der **dem Betroffenen** gegebenenfalls **zu erstattenden Kosten** gab es über lange Jahre höchst unterschiedliche Vorstellungen der Beteiligten und der für Mediensachen zuständigen Gerichte. Wenngleich für diese Praxis in der Regel in erster Linie anwaltliche Gebühreninteressen und nicht sachliche Gesichtspunkte maßgeblich waren, hat es die Rechtsprechung, anders als im Wettbewerbsrecht,[140] in der Vergangenheit überwiegend zugelassen, dass mehrere Unterlassungsschuldner wie etwa ein Verlag und ein Autor in getrennten Verfahren abgemahnt und dementsprechend mehrere getrennte Kostenerstattungsansprüche geltend gemacht wurden.[141] Auch wenn ein Verlag zwei Zeitschriften verbreitete, in denen in engem zeitlichen Zusammenhang identische rechtsverletzende Beiträge veröffentlicht wurden, oder wenn er eine beanstandete Meldung zusätzlich in ein Online-Portal einstellte, wurde es von den Gerichten unter dem Aspekt der Kostenpflicht als statthaft angesehen, diese Rechtsverletzungen in jeweils getrennten Verfahren zu verfolgen.[142] Anwälte, die Betroffene vertreten, pflegten in der Regel auch mehrere aus einer Rechtsverletzung resultierende Unterlassungsansprüche, wie etwa denjenigen gegen eine Wortberichterstattung und denjenigen gegen die Veröffentlichung eines begleitenden Lichtbilds, separat zu verfolgen, was nach Auffassung der Rechtsprechung ebenfalls zulässig sein sollte.[143] Es war seit langem klar, dass diese Praxis keine sachliche Rechtfertigung für sich in Anspruch nehmen konnte und allein das Ziel verfolgte, durch die Vervielfältigung der einem einheitlichen Komplex entspringenden Verfahren die anwaltlichen Honorare in die Höhe zu treiben.[144]

30.43 Dieser Praxis hat der BGH im zurückliegenden Jahrzehnt in einer Reihe von Entscheidungen für die Mehrheit der in Betracht kommenden Konstellationen eine grundsätzliche Absage erteilt, wenngleich er in den einschlägigen Entscheidungen stets betont, dass die konkreten Umstände des Einzelfalls entscheidend sind.[145] So handelt es sich nach der nun weitgehend geklärten Rechtslage jedenfalls im Regelfall bei der Verfolgung von Rechtsverletzungen durch Wortberichterstattung und begleitende Bilder um eine einheitliche und damit auch nach einem zusammengerechneten Streitwert einheitlich abzurechnende Angelegenheit.[146] Gleiches gilt, wenn ein Rechtsanwalt wegen derselben Veröffentlichung für zwei oder mehrere von ei

---

138 *Mann*, AfP 2011, 326; so wohl auch LG Hamburg AfP 2010, 613; a.A. AG Köln AfP 2012, 203.
139 BVerfG AfP 2008, 58 = NJW 2008, 1654.
140 Vgl. dazu nur BGH NJW-RR 2006, 474 = GRUR 2006, 243 – MEGA SALE.
141 KG AfP 2006, 254; LG Berlin AfP 2009, 72.
142 LG Berlin AfP 2009, 71.
143 LG Berlin AfP 2009, 69 = ZUM 2009, 488.
144 Vgl. dazu etwa das Beispiel bei *Schlüter/C.H. Soehring*, AfP 2011, 317 unter I.
145 So schon die von den Instanzgerichten weitgehend ignorierte Entscheidung BGH AfP 1990, 202 = NJW-RR 1990, 1184 – Pressehaftung I. Zur Rechtsprechung des BGH seit 2008 im Einzelnen *Schlüter/C.H. Soehring*, AfP 2011, 317 ff.
146 BGH AfP 2008, 189 = NJW-RR 2008, 656; BGH AfP 2009, 394 = NJW-RR 2010, 428; BGH AfP 2011, 362 = NJW 2011, 3657 – gebührenrechtlich dieselbe Angelegenheit (alle drei Entscheidungen betreffen denselben Ausgangsfall).

nem Medienbericht in einheitlicher Weise betroffene Personen tätig wird,[147] und zwar selbst dann, wenn die Betroffenen ihn an unterschiedlichen Tagen beauftragen.[148] Auch wenn ein Anwalt für einen oder mehrere Betroffene wegen derselben Behauptung gegen einen Zeitungsverlag und einen von ihm abhängigen Betreiber eines Internet-Portals vorgeht, handelt es sich um eine einheitlich abzurechnende Angelegenheit;[149] das gilt auch, wenn der Betroffene zusätzlich noch den Autor[150] oder den Verantwortlichen Redakteur in Anspruch nimmt.[151] Anders wird es sein, wenn zwei Rechtsverletzer rechtlich und wirtschaftlich voneinander unabhängig sind[152] oder wenn mehrere Betroffene trotz der Tatsache, dass sie sich gegen denselben Medienbericht wenden, unterschiedliche Interessen verfolgen.[153] Bloße rechtliche Unabhängigkeit mehrerer Verletzer bei wirtschaftlicher Verflechtung, wie sie häufig bei den für das Online-Geschäft zuständigen Tochtergesellschaften der Verlage oder Rundfunkveranstalter vorliegt, rechtfertigt aber nicht die Geltendmachung in der Sache identischer Ansprüche in verschiedenen Verfahren.[154] Die Kosten der außergerichtlichen Geltendmachung eines Gegendarstellungsanspruchs können nach Auffassung des BGH[155] aber in der Regel neben denjenigen je eines Unterlassungs- und eines Berichtigungsanspruchs separat abgerechnet werden, weil diese Ansprüche ihrem Wesen nach verschieden sind und jedenfalls der Gegendarstellungsanspruch auch in einem gesonderten gerichtlichen Verfahren verfolgt werden muss;[156] s. dazu Rz. 29.92. Für im Hauptsacheverfahren verfolgte Unterlassungs-, Berichtigungs- und gegebenenfalls Schadensersatzansprüche als Folge einer einheitlichen Rechtsverletzung gilt das aber nicht; sie sind kostenrechtlich einheitlich abzuwickeln.

Diese Rechtsprechung führt im Vergleich zur früheren Praxis der Gerichte zu einer drastischen Reduzierung des Honoraraufkommens von Rechtsanwälten, die schwerpunktmäßig mit der Verfolgung von Ansprüchen gegen die Medien befasst sind. Im Gegenzug entlastet sie die Medienunternehmen, aber auch die Betroffenen persönlich, soweit deren Ansprüche erfolglos bleiben und sie daher die Kosten ihrer rechtlichen Vertretung selbst zu tragen haben. In erster Linie für Betroffene tätige Anwälte versuchen seither, dieses Ergebnis dadurch zu konterkarieren, dass sie die nach Maßgabe von Rz. 30.43 kostenrechtlich einheitlich abzuwickelnden Ansprüche verschiedener Betroffener bzw. gegen unterschiedliche Rechtsverletzer oder eine Mehrheit von zusammenzufassenden Ansprüchen aus einheitlichen Komplexen in getrennten Verfahren vor demselben Gericht oder unter Berufung auf den fliegenden Gerichtsstand der Medien auch vor unterschiedlichen Gerichten geltend machen. Kostenentscheidungen in derartigen unterschiedlichen Verfahren können nur das jeweils konkrete Verfahren betreffen, und so meinen die interessierten Kreise, das durch die neuere Rechtsprechung zu Recht missbilligte wirtschaftliche Ergebnis ihrer eingeführten Praxis wiederherstellen zu können. Auch dem hat jedoch der BGH einen Riegel vorgeschoben, indem er entschie-

30.44

---

147 BGH AfP 2010, 469 = NJW 2010, 3035; BGH AfP 2011, 162 = NJW 2011, 784 – Hier sitzen drei Subventionsbetrüger; LG Hamburg AfP 2010, 185.

148 BGH AfP 2011, 360 = NJW 2011, 3167.

149 BGH AfP 2010, 469 = NJW 2010, 3035; BGH AfP 2010, 573 = NJW 2011, 155; LG Berlin AfP 2011, 287, OLG Hamburg AfP 2011, 374.

150 BGH AfP 2010, 571 = NJW 2011, 782.

151 BGH AfP 2011, 184 = NJW 2011, 2591 – Vorliegen derselben Angelegenheit.

152 BGH AfP 2010, 573 = NJW 2011, 155; LG Hamburg AfP 2010, 197.

153 OLG Hamburg AfP 2011, 600; im konkreten Fall der Betroffenheit eines Ehepaars von demselben Bericht ist die Billigung der Durchführung getrennter Verfahren allerdings verfehlt.

154 BGH ZUM 2013, 211.

155 BGH AfP 2016, 75 = GRUR 2016, 318; BGH NJOZ 2016, 190.

156 BGH AfP 2010, 472 = NJW 2010, 472; LG Berlin ZUM 2012, 593; kritisch *Schlüter/C.H. Soehring*, AfP 2011. 317 ff.

den hat, dass die isolierte Geltendmachung nach seiner Rechtsprechung einheitlich zu behandelnder medienrechtlicher Ansprüche vor unterschiedlichen Gerichten **rechtsmissbräuchlich** und dies in den individuellen gerichtlichen Kostenerstattungsverfahren zu berücksichtigen ist;[157] auch in diesen Fällen hat das in Anspruch genommene Medienunternehmen dem Betroffenen die Kosten seiner Rechtsverfolgung daher nur einmal auf der Basis eines aus allen geltend gemachten Ansprüchen gebildeten Streitwerts zu erstatten. Anderes kann aber gelten, wenn der Betroffene auf der Basis eines einheitlichen Verletzungstatbestands von zwei Verletzern zunächst nur einen im Weg der einstweiligen Verfügung in Anspruch nimmt und dem anderen nach Erlass des gerichtlichen Beschlusses unter Hinweis auf diesen Gelegenheit zur außergerichtlichen Streitbeilegung gibt.[158] In derartigen Fällen kann allerdings der Anspruch auch nach den Grundsätzen der Drittunterwerfung (Rz. 30.14) undurchsetzbar werden, so dass ein Kostenerstattungsanspruch des Verletzten schon aus diesem Grund nicht in Betracht kommt.

30.45 Erwirkt ein Betroffener eine einstweilige Verfügung und lässt er dem Unterlassungsschuldner zur Vermeidung eines anschließenden Hauptsacheverfahrens ein so genanntes **Abschlussschreiben** zustellen, so steht ihm dafür ein gesonderter Gebührenerstattungsanspruch zu, sofern das Verfahren damit zum Abschluss kommt, das in Anspruch genommene Medienunternehmen mithin die durch die einstweilige Verfügung getroffene Regelung als endgültig akzeptiert.[159] Voraussetzung für das Entstehen dieses Kostenerstattungsanspruchs ist es allerdings, dass der Verletzte dem Verletzer nach Zustellung der einstweiligen Verfügung ausreichend Zeit zur Prüfung der Frage einräumt, ob er sich dem gerichtlichen Verbot von sich aus unterwerfen und zu diesem Zweck eine freiwillige Abschlusserklärung abgeben will, und ihm auch im Abschlussschreiben selbst erneut eine angemessene Überlegungsfrist einräumt. In beiden Fällen gilt in der Regel eine Frist von jeweils zwei Wochen nach Zustellung der einstweiligen Verfügung und Zugang des Abschlussschreibens als angemessen.[160] Verschickt der Verletzte das Abschlussschreiben vor Ablauf der dafür angemessenen Überlegungsfrist, so hat er die dadurch entstehenden Kosten selbst zu tragen. Anderenfalls trägt der Verletzer die Kosten; daran ändert sich nichts, wenn die im Abschlussschreiben gesetzte Frist zu kurz ist; das führt vielmehr dazu, dass der Verletzte die Kosten des Rechtsstreits selbst zu tragen hat, wenn der Verletzer auf die zu früh erhobene Klage den Anspruch unverzüglich anerkennt (§ 93 ZPO).[161] Hält der Verletzte das dargestellte Verfahren ein, so ist der Verletzer zur Zahlung der Kosten des Abschlussschreibens verpflichtet. Die insoweit zu erstattende Gebühr sollte nach einer älteren Entscheidung des BGH im Regelfall nur in Höhe der gesetzlichen Minimalgebühr entstehen.[162] Die vom BGH in einer jüngeren Entscheidung vertretene Auffassung,[163] ein Abschlussschreiben sei im Regelfall mit einer 1,3-fachen Geschäftsgebühr zu vergüten, trägt dem Umstand nicht hinreichend Rechnung, dass es sich beim Verfassen eines Abschlussschreibens fast ausnahmslos um eine reine Routinemaßnahme handelt, die nur wenige Minuten der anwaltlichen Tätigkeit in Anspruch nimmt.[164]

---

157 BGH NJW 2013, 66 = GRUR-Prax 2012, 497; BGH GRUR 2013, 206; BGH ZUM 2013, 211; BGH NJW 2013, 1369 = ZUM-RD 2013, 61; BGH BeckRS 2012, 24811.
158 BGH NJW 2014, 2285 = GRUR 2014, 709.
159 BGH AfP 2008, 192 = NJW 2008, 1744 – Kostenerstattung Abschlussschreiben.
160 BGH NJW 2015, 3244 = GRUR 2015, 822 – Kosten für Abschlussschreiben II.
161 BGH NJW 2015, 3244 = GRUR 2015, 822 – Kosten für Abschlussschreiben II.
162 BGH GRUR 2010, 1038 = WRP 2010, 1169 – Geschäftsgebühr für Abschlussschreiben.
163 BGH NJW 2015, 3244 = GRUR 2015, 822 – Kosten für Abschlussschreiben II.
164 OLG Frankfurt a. M. GRUR-Prax 2018, 391.

c) Darlegungs- und Beweislast

Werden Unterlassungsansprüche gegen Medien mit der Begründung geltend gemacht, bei 30.46
den von ihnen erfassten Äußerungen handele es sich um unwahre Tatsachenbehauptungen,
so stellt sich die in der gerichtlichen Praxis häufig entscheidende Frage der **Beweislast**. Dieser
Komplex ist gerade beim Unterlassungsanspruch unübersichtlich geregelt. Der Zivilprozess
geht zwar von dem Grundsatz aus, dass derjenige, der einen Anspruch geltend macht, dessen
tatbestandliche Voraussetzungen zu beweisen hat. Im Strafprozess führt die gesetzliche Unschuldsvermutung zu einem entsprechenden Ergebnis, ergibt sich jedoch im für Medienstrei-
tigkeiten besonders bedeutsamen Fall der üblen Nachrede gemäß § 186 StGB eine abweichende Regel, da Äußerungen im Sinn dieses Tatbestands bereits dann strafbar sind, wenn sie
nicht erweislich wahr sind (Rz. 12.13 ff.). In allen anderen Fällen kommt eine strafrechtliche
Verurteilung erst in Betracht, wenn dem Angeklagten die Erfüllung aller gesetzlichen Tatbestandsmerkmale positiv nachgewiesen wird. Für die Medienberichterstattung haben diese
Grundsätze jedoch im Rahmen von Unterlassungsprozessen nur eingeschränkte Bedeutung.
Dabei ist hinsichtlich des Tatbestands der üblen Nachrede und der übrigen deliktsrechtlichen
Tatbestände zu differenzieren.

aa) Darlegungslast

In allen Fällen, in denen sie wegen der Verletzung von Rechten Betroffener durch die von 30.47
ihnen zu verantwortende Berichterstattung in Anspruch genommen werden, trifft die Medien
eine erweiterte **Darlegungs-** oder **Substantiierungslast**.[165] Dem liegt die Erkenntnis zugrunde, dass es in der Regel nicht oder nur mit großen Schwierigkeiten möglich ist, den Beweis
des Nichtvorhandenseins bestimmter Umstände oder Tatbestandelemente zu führen, solange
diese nicht hinreichend konkretisiert werden. Diese Darlegungslast trifft die Medien auch in
den Fällen, in denen die Beweislast beim Verletzten liegt. Die Unrichtigkeit des Vorwurfs
etwa mangelnder Authentizität der Übersetzung eines Buchs braucht vom Betroffenen so lange nicht bewiesen zu werden, als derjenige, der den Vorwurf verbreitet, nicht konkret darlegt,
in welchen Teilen und aus welchen Gründen die Übersetzung von der Originalvorlage abweicht.[166] Können allerdings Medien eine Behauptung nicht vollständig substantiieren, ohne
gegen einen von ihnen zugesagten **Informantenschutz** (dazu Rz. 7.64 ff.) zu verstoßen, dann
genügen sie ihrer Darlegungslast schon dadurch, dass sie ohne Offenbarung ihrer Quelle diejenigen Umstände vortragen, aufgrund deren sie auf die Richtigkeit der umstrittenen Information geschlossen haben.[167]

bb) Beweislast

Aus der in § 186 StGB enthaltenen Risikoverteilung (Rz. 12.10 ff.) folgt die berichterstattungs- 30.48
feindliche Beweislastregel, dass derjenige, der eine gemäß § 186 StGB tatbestandsmäßige Behauptung aufstellt oder verbreitet, im Streitfall ihre Richtigkeit zu beweisen hat. Diese **Beweislastregel** betrifft die Mehrzahl aller Fälle, in denen über die Richtigkeit oder Unrichtigkeit
durch die Medien verbreiteter Tatsachenbehauptungen gestritten wird, da in diesen Fällen

---

165 BGH NJW 1974, 1710 = GRUR 1975, 36 – Arbeitsrealitäten; BGH AfP 1975, 911 = NJW 1975,
   1882 – Geist von Oberzell; OLG Köln ZUM 2018, 625; *Damm/Rehbock*, Rz. 826; Wenzel/*Burkhardt*,
   Kap. 12 Rz. 133.
166 BGH AfP 1975, 804 = GRUR 1975, 89 – Brüning-Memoiren I.
167 LG Köln AfP 2007, 153.

dem Streit die Auffassung des Betroffenen zugrunde liegen wird, die nach seiner Darstellung falsche Meldung sei geeignet, ihn in der öffentlichen Meinung herabzuwürdigen oder seinen sozialen Geltungsanspruch sonstwie zu beeinträchtigen, und erfülle damit den Tatbestand des § 186 StGB. Die allgemeinen Beweislastregeln **kehren sich** mithin im Anwendungsbereich dieser Bestimmung und damit in der weitaus größeren Anzahl der Fälle, in denen die Wahrheit der streitgegenständlichen Behauptungen streitig ist, **zu Lasten der Medien** und ihrer Angehörigen um.[168] Können sie den Nachweis der Richtigkeit der verbreiteten Behauptung nicht führen, so ist die Unterlassungsklage auch dann erfolgreich, wenn der Verletzte seinerseits den Nachweis ihrer Unrichtigkeit ebenfalls nicht führen kann. Das gilt auch dann, wenn die Medien vortragen, zur Führung des ihnen obliegenden Beweises deswegen nicht in der Lage zu sein, weil sie dem oder den in Betracht kommenden Zeugen **Informantenschutz** (dazu Rz. 7.64 ff.) zugesichert haben.[169] Die Führung des Beweises durch mittelbare Zeugen oder im Wege der Parteivernehmung verklagter Redakteure ist in diesen Fällen aber jedenfalls dann möglich, wenn die Medien in der Lage sind, konkret darzulegen, aus welchen Gründen die so gewonnenen Informationen zuverlässig sind;[170] vgl. dazu schon Rz. 11.19 ff.

30.49 Die dargestellte Beweislastregel gilt nach ständiger Rechtsprechung allerdings dann nicht, wenn die Medien bei der Verbreitung der umstrittenen Behauptung in **Wahrnehmung berechtigter Interessen** gehandelt haben. Dann wird durch eine abermalige Umkehr der Beweislast die generelle Regel wiederhergestellt, dass Unklarheiten in der Sachverhaltsaufklärung zu Lasten des Klägers gehen.[171] Das bedeutet aber nicht, dass der Betroffene nicht die Möglichkeit hat, nun seinerseits den Nachweis der Unwahrheit der umstrittenen Behauptung zu führen. Nur wenn er den vom Verletzer in Wahrnehmung berechtigter Interessen zusammengetragenen Belegtatsachen nichts entgegenzusetzen hat, was zu deren Widerlegung geeignet ist, dürfen die Gerichte davon ausgehen, dass der Beweis weder für die Wahrheit noch für die Unwahrheit geführt werden kann und die Klage daher abzuweisen ist.[172] Die weitere Verbreitung der nicht erweislichen Behauptung darf dann demjenigen, der sie aufstellt oder verbreitet, nicht untersagt werden, solange er sie zur Wahrnehmung berechtigter Interessen für erforderlich halten darf.[173] Das gilt auch in einer Gegenschlag-Situation, in der der Betroffene den Vorwurf, er habe in einem maßgeblichen Punkt die Unwahrheit gesagt, seinerseits als Lüge bezeichnet;[174] dazu Rz. 15.20 ff.

30.50 Der Nachweis dafür, dass die Voraussetzungen für die Inanspruchnahme des Rechtfertigungsgrunds der **Wahrnehmung berechtigter Interessen** im Einzelfall vorliegen (dazu Rz. 15.5 ff.), obliegt nicht zwangsläufig den Medien. Nach der Rechtsprechung des BGH[175] ist auch diese Frage am Grundrecht der Presse- bzw. Rundfunkfreiheit zu messen. Steht die Unwahrheit der aufgestellten Behauptung nicht fest, so ist zunächst zugunsten der Medien zu unterstellen, dass sie wahr ist. Von dieser Unterstellung aus ist sodann zu prüfen, ob sie zur

---

168 Ständige Rechtsprechung vgl. etwa BGH AfP 1985, 116 = NJW 1985, 1621 – Türkol I; BGH AfP 1987, 597 = NJW 1987, 2225 – Pressemäßige Sorgfalt; BGH AfP 1997, 144 = NJW 1996, 1131 – Polizeichef; Löffler/*Steffen*, § 6 LPG Rz. 273; Wenzel/*Burkhardt*, Kap. 12 Rz. 134.
169 OLG Hamburg NJW-RR 1992, 1378.
170 OLG Hamburg NJW-RR 1992, 1378.
171 BGH NJW 1981, 2117 = GRUR 1981, 616 – Abgeordnetenprivileg; BGH AfP 1985, 116 = NJW 1985, 1621 – Türkol; BGH AfP 1987, 597 = NJW 1987, 2225 – Pressemäßige Sorgfalt; BGH AfP 1998, 506 = NJW 1998, 3047 – IM Sekretär; OLG Nürnberg ZUM 1998, 849.
172 BVerfG AfP 1999, 57 = NJW 1999, 1322 – Helnwein.
173 BGH AfP 1998, 506 = NJW 1998, 3047 – IM Sekretär.
174 BVerfG AfP 2016, 240 – Kachelmann; OLG Köln AfP 1991, 438.
175 BGH AfP 1987, 597 = NJW 1987, 2225 – Pressemäßige Sorgfalt.

Wahrnehmung berechtigter Interessen aufgestellt oder verbreitet worden ist.[176] Haften die Medien etwa ausnahmsweise für den Inhalt eines von ihnen verbreiteten Zitats (dazu im Einzelnen Rz. 16.63 ff.), so reicht zur Darlegung der Wahrnehmung berechtigter Interessen das öffentliche Interesse am Inhalt des Zitats allein nicht aus. Vielmehr muss die Darlegung hinzukommen, dass und auf welche Weise eine Redaktion sich von der Zuverlässigkeit des Inhalts des Zitats überzeugt hat,[177] da die Einhaltung der pressemäßigen Sorgfalt stets Voraussetzung für die Wahrnehmung berechtigter Interessen ist (Rz. 2.40, Rz. 15.21).

Keiner besonderen Darlegung der Voraussetzungen der Wahrnehmung berechtigter Interessen bedarf es lediglich im Anwendungsbereich von § 190 Satz 1 StGB. Danach kommt eine strafrechtliche Verurteilung wegen einer Beleidigung nicht in Betracht, wenn es um die Behauptung geht, der Betroffene habe **eine strafbare Handlung begangen** und sei wegen der in Rede stehenden Straftat rechtskräftig verurteilt worden. Diese Bestimmung ist entsprechend der Beweislastregel des § 186 StGB in das Zivilrecht zu transponieren und enthebt die Medien in den einschlägigen Fällen der Notwendigkeit der Beweisführung.[178] Ob dies auch in der umgekehrten Situation des § 190 Satz 2 StGB gilt, der für den Bereich des Strafrechts die Führung des Wahrheitsbeweises ausschließt, wenn der Betroffene vom Vorwurf der behaupteten Straftat rechtskräftig freigesprochen worden ist, ist in der Rechtsprechung noch nicht abschließend geklärt.[179] Die Medien werden sich in einem solchen Fall zur Rechtfertigung des erneuten Vorwurfs, der Betroffene haben die Straftat doch begangen, aber regelmäßig nicht mehr auf den Gesichtspunkt der Wahrnehmung berechtigter Interessen berufen können und daher nach der Regel des § 186 StGB ihrerseits den Wahrheitsbeweis führen müssen.

30.51

Das Recht, sich zur Darlegung der Einhaltung der zur Wahrnehmung berechtigter Interessen erforderlichen Sorgfalt auf **Vorveröffentlichungen anderer Medien** zu berufen, steht in der politischen oder weltanschaulichen Auseinandersetzung nur Bürgerinitiativen[180] oder auch Einzelpersonen zu.[181] An die Darlegung der Einhaltung der erforderlichen Sorgfalt durch die Medien stellt die Rechtsprechung[182] demgegenüber im Allgemeinen höhere Anforderungen (dazu Rz. 2.8 ff.). Das gilt mit Einschränkungen auch für die Betreiber von **Internetforen**. Verbreitet ein solches Forum eine Zeitungsmeldung mit rechtsverletzendem Inhalt, so macht der Betreiber sich diesen Inhalt zwar nicht schon durch das Unterlassen pro-aktiver Prüfungsmaßnahmen zu eigen. Wird er aber auf eine Rechtsverletzung auf der von ihm betriebenen Plattform hingewiesen, dann muss er dem mit der von den Medien geforderten Sorgfalt nachgehen. Er kann sich hinsichtlich seiner Sorgfaltspflicht dann nicht auf die Privilegierung berufen, die Privatpersonen für sich in Anspruch nehmen können (Rz. 2.26).

30.52

Macht ein Betroffener unter Berufung auf § 823 Abs. 2 BGB i.V.m. § 186 StGB einen Unterlassungsanspruch im Wege der einstweiligen Verfügung geltend, so muss er die Unwahrheit einer von ihm bestrittenen Behauptung **glaubhaft machen**.[183] Das folgt aus seiner Verfahrensposition als Anspruchsteller und der auf das Verfügungsverfahren anwendbaren Bestim-

30.53

176 BGH AfP 1987, 597 = NJW 1987, 2225 – Pressemäßige Sorgfalt; BGH AfP 1989, 669 = NJW-RR 1990, 1058 – Wünschelrute.
177 OLG Hamburg NJW-RR 1993, 734.
178 BGH AfP 1985, 204 – Nachtigall II; OLG Dresden AfP 1998, 410.
179 Vgl. hierzu OLG Dresden AfP 1998, 410.
180 BVerfG AfP 1992, 53 = NJW 1992, 1439 – Bayer.
181 OLG Hamburg NJW-RR 1993, 1056 – Grundstücksgeschäfte der Scientology-Kirche.
182 BVerfG AfP 1992, 53 = NJW 1992, 1439 – Bayer; BVerfG AfP 1999, 57 = NJW 1999, 1322 – Helnwein.
183 OLG Düsseldorf GRUR 1959, 550; OLG Stuttgart GRUR 1962, 526.

mung des § 920 Abs. 2 ZPO und gilt unabhängig von der dargestellten Beweislastregel auch dann, wenn die behauptete Rechtsverletzung tatbestandlich im Sinn von § 186 StGB ist. § 284 ZPO erlaubt aber die Glaubhaftmachung bereits mittels einer eigenen eidesstattlichen Versicherung des Betroffenen, so dass er diesem Erfordernis in der Regel schnell und unproblematisch genügen kann.

30.54 Wird ein Unterlassungsanspruch nicht auf den Tatbestand der üblen Nachrede, sondern auf sonstige Tatbestände und insbesondere denjenigen der **Kreditgefährdung** gemäß § 824 BGB gestützt, so gelten die allgemeinen Beweislastregeln. Der klagende Verletzte muss dann beweisen, dass die Behauptung, deren weitere Verbreitung er mit der Unterlassungsklage verhindern will, unwahr ist. Die nur für den Bereich der üblen Nachrede geltende Beweislastumkehr findet in diesen Fällen keine Anwendung.[184]

d) Verbotsumfang

30.55 Unterlassungsgebote stellen eine Einschränkung der verfassungsrechtlich gewährleisteten Medienfreiheiten dar und dürfen daher nur erlassen werden, sofern und soweit sie zur Durchsetzung entgegenstehender Rechte unabweisbar sind. Schon hieraus folgt, dass sich ein gerichtliches Unterlassungsgebot stets an der **konkreten Verletzungsform** zu orientieren und sich darauf auch zu beschränken hat.[185] Die Verbreitung eines ganzen Artikels etwa darf daher nicht bereits deswegen verboten werden, weil in ihm eine oder mehrere rechtswidrige Äußerungen enthalten sind.[186]

30.56 Bei der Wortberichterstattung ist das Verbot vielmehr auf die konkreten Äußerungen zu beschränken, deren Rechtswidrigkeit das Gericht im Einzelfall feststellt. Es geht auch nicht an, das Gebot der Anknüpfung an die **konkrete Verletzungsform** dadurch zu unterlaufen, dass ein Verbot der Veröffentlichung bestimmter Behauptungen ohne aktuellen Anlass beantragt und ausgesprochen wird,[187] da ein derartiges Verbot mangels Konkretisierung nicht vollstreckungsfähig wäre. Ist allerdings etwa ein Buch in einer Weise durch ehrverletzende oder aus sonstigen Gründen rechtswidrige Teile geprägt, dass dem Gesamttext durch die individuelle Untersagung aller rechtswidrigen Passagen die Substanz entzogen würde, dann kann auch die Verbreitung des gesamten Buchs untersagt werden.[188]

30.57 Das Erfordernis der Bezugnahme eines beantragten gerichtlichen Verbots auf die **konkrete Verletzungsform** führt allerdings bei **verdeckten Behauptungen** zu Schwierigkeiten (dazu im Einzelnen Rz. 16.84 ff.). Hierzu verlangt die Praxis zum Teil[189] zu Unrecht, dass der Betroffene in einschlägigen Auseinandersetzungen die Aussage, die er dem Text als verdeckte Behauptung entnimmt, selbst offen formuliert und sie als solche zum Gegenstand seines Unterlassungsantrags macht. Gleiches gilt für das Verbot von **Eindrücken** (Rz. 16.78 ff.). Das setzt dann jeweils voraus, dass der Unrechtsgehalt der verdeckten Behauptung oder des erweckten Eindrucks von der konkreten Verletzungsform abstrahiert und verallgemeinert

---

184 BGH GRUR 1972, 435, 439 – Grundstücksgesellschaft; *Damm/Rehbock*, Rz. 830; *Wenzel/Burkhardt*, Kap. 12 Rz. 139.
185 BGH AfP 1975, 911 = NJW 1975, 1882 – Geist von Oberzell; OLG Hamburg AfP 1990, 128; *Löffler/Steffen*, § 6 LPG Rz. 270; *Wenzel/Burkhardt*, Kap. 12 Rz. 152.
186 OLG Hamburg NJW-RR 2000, 1068.
187 KG NJW-RR 2005, 1711 = ZUM 2005, 891.
188 OLG Karlsruhe AfP 2012, 466 = NJW-RR 2012, 820.
189 OLG München NJW-RR 1996, 926; *Löffler/Steffen*, § 6 LPG Rz. 270; a.A. OLG München AfP 2000, 174 = ZUM 1999, 331.

wird[190] und dass der Betroffene das Risiko der korrekten Erfassung der Verletzungshandlung trägt. Bei Eindrucksberichterstattung ist dies obendrein problematisch, weil sich daraus häufig ein zu unbestimmter und damit prozessual unzulässiger Unterlassungsanspruch ergeben wird;[191] hier ist es zum Mindesten erforderlich, durch Aufnahme der beanstandeten konkreten Formulierung in die Fassung des Unterlassungsgebots deutlich zu machen, worauf sich das Verbot in seiner konkreten Ausgestaltung erstreckt. Nach richtiger Auffassung[192] ist indessen die Abstraktion von der konkreten Verletzungsform und die daraus folgende Verallgemeinerung des Verbots auch in diesen Fällen nicht nur nicht geboten; sie ist im Hinblick auf den Eingriffscharakter eines derart abstrahierten Verbots und den Grundsatz der Verhältnismäßigkeit nicht einmal zulässig.[193] Denn die Rechtswidrigkeit folgt gerade aus der konkreten Art der Kombination mehrerer Einzelaussagen, die bei isolierter Betrachtung jeweils für sich rechtmäßig sind. Ergibt sich aus dieser Kombination eine unwahre verdeckte Behauptung oder ein irreführender Eindruck, dann ist das die Konsequenz aus der konkreten Verletzungsform; der Verletzer kann das rechtswidrige Ergebnis vermeiden, indem er die für sich wahren und damit rechtmäßigen Einzelbehauptungen in einer anderen Weise kombiniert und erneut verbreitet. Auch in diesen Fällen ist daher die **konkrete Verletzungsform** der richtige und verfassungsrechtlich gebotene Anknüpfungspunkt für die Formulierung des Unterlassungsgebots.

Ein **Gesamtverbot eines kompletten Artikels** oder gar eines kompletten Buchs kommt bei der Wortberichterstattung allenfalls dann in Betracht, wenn aufgrund der Besonderheit der Materie eine Aussonderung des rechtswidrigen Teils einer Darstellung im Einzelfall nicht möglich ist.[194] Der BGH hat dies etwa angenommen im Fall des von ihm als rechtswidrige Schmähschrift angesehenen Romans *Mephisto* von *Klaus Mann*[195] oder eines aufgrund der konkreten Umstände insgesamt als rechtswidrig angesehenen Theaterstücks.[196] Ebenso wurde entschieden im Fall eines ins Internet eingestellten sogenannten *Enthüllungsromans*, mit dessen Verbreitung der Verfasser erkennbar das Ziel verfolgte, die als Personen ohne weiteres erkennbaren Protagonisten des Romans zu finanziellen Leistungen zu erpressen, und dessen Text aus einer Fülle von Persönlichkeitsrechtsverletzungen bestand.[197] In Fällen herkömmlicher Medienberichterstattung darf ein Gesamtverbot demgegenüber nicht ausgesprochen werden.

30.58

Auch im Zusammenhang mit rechtswidriger **Bildberichterstattung** ist der Erlass von **Gesamtverboten** unzulässig, durch die den Medien die Verbreitung des Fotos eines Prominenten generell und unter allen Umständen und nicht nur in Anknüpfung an die konkrete Verletzungsform untersagt wird.[198] Insbesondere das OLG Hamburg[199] hat demgegenüber Ge-

30.59

---

190 BGH NJW 1980, 2807 = GRUR 1980, 1090 – Medizin-Syndikat I; BGH NJW 1984, 467 – Das unmögliche Möbelhaus; BGH NJW 1991, 254 – Unbestimmter Unterlassungsantrag.
191 OLG München AfP 2000, 174 = ZUM 1999, 331; Löffler/*Steffen*, § 6 LPG Rz. 271.
192 OLG München AfP 2000, 174 = ZUM 1999, 331.
193 BVerfG NJW 2004, 1942 = ZUM 2004, 560.
194 Löffler/*Steffen*, § 6 LPG Rz. 270.
195 BGH NJW 1968, 1773 = GRUR 1968, 552 – Mephisto.
196 BGH AfP 1975, 911 = NJW 1975, 1882 – Geist von Oberzell.
197 OLG Karlsruhe AfP 2012, 466 = NJW-RR 2012, 820 = ZUM 2012, 490.
198 BGH AfP 2004, 267 = NJW 2004, 1795 – Charlotte Casiraghi; BGH AfP 2008, 187 = NJW 2008, 1593; BGH NJW 2009, 2823 = GRUR 2009, 1091 – Andrea Casiraghi mit Fliege; BGH NJW 2010, 1454 = GRUR 2010, 173; BGH ZUM 2010, 262; vgl. auch BGH AfP 2004, 267 = NJW 2004, 1795 – Begleitperson II; KG AfP 2006, 477 = NJW-RR 2007, 47 – Zärtliche Freundschaft; KG AfP 2006, 479 = NJW-RR 2007, 109.
199 OLG Hamburg AfP 2006, 369; OLG Hamburg AfP 2008, 623 = NJW 2009, 784.

samtverbote ausgesprochen und dies mit der Erwägung gerechtfertigt, das Gesamtverbot unterliege einer immanenten Schranke und greife daher nicht, wenn in bestimmten Situationen eine Abbildung des Betroffenen gerechtfertigt ist. Dieses Argument ist aber nicht tragfähig, weil es den Medien in Situationen, in denen eine spätere Abbildung des Betroffenen erlaubt scheint, das Risiko aufbürdet, mit ihr gegen ein bestehendes gerichtliches Verbot zu verstoßen.[200] Diese Praxis errichtet damit eine Hürde für die Bildberichterstattung, die mit Art. 5 Abs. 1 Satz 2 GG nicht vereinbar ist. Gerade aus der neueren Rechtsprechung zum abgestuften Schutzkonzept beim Recht am eigenen Bild (dazu Rz. 21.12 ff., Rz. 21.51 ff.) ergibt sich zwingend, dass die Veröffentlichung insbesondere so genannter kontextneutraler Fotos in einem thematischen Zusammenhang unzulässig, in einem anderen hingegen zulässig sein kann. Es ist daher nur konsequent und sachlich zutreffend, dass der BGH[201] auch für den Bereich der Bildberichterstattung den Erlass generalisierender Unterlassungsgebote für unzulässig erklärt und zugleich ausgesprochen hat, dass auch ein Verbot so genannter kerngleicher Bildberichterstattung nicht in Betracht kommen kann.[202] Auch ein generelles Verbot, Portraitfotos Jugendlicher vor deren Eintritt in die Volljährigkeit zu veröffentlichen, kann nach der zutreffenden Rechtsprechung des BGH nicht ausgesprochen werden.[203]

e) Beschränkung des Unterlassungsanspruchs

30.60   Die Durchsetzung des Unterlassungsanspruchs insbesondere im Wege einstweiliger Verfügungen kann für die Medien und besonders für die Presse im Einzelfall zu einer erheblichen Belastung werden und nicht nur die Freiheit ihrer Berichterstattung, sondern auch ihre wirtschaftliche Betätigung empfindlich beeinträchtigen. Das ist insbesondere dann der Fall, wenn gerichtliche Unterlassungsgebote sich gegen die Verbreitung solcher Äußerungen richten, die sich in **bereits fertiggestellten** bzw. in einem fortgeschrittenen Produktionsstadium befindlichen **Druckwerken** finden. Die dann unter Umständen notwendig werdende Vernichtung einer ganzen Ausgabe einer Zeitung oder Zeitschrift oder eines Buchs würde zu untragbaren wirtschaftlichen Verlusten und obendrein zu einer verfassungsrechtlich bedenklichen Verhinderung der Verbreitung auch des rechtlich unbedenklichen Teils des betreffenden Druckwerks führen. Zwar gilt auch hier, dass jedenfalls derjenige, der eine einstweilige Verfügung vollzieht, die später auf einen Rechtsbehelf hin aufgehoben wird, nach § 945 ZPO schadenersatzpflichtig ist. Nur wenige Betroffene werden aber über die finanziellen Mittel verfügen, derartige Schäden tatsächlich auszugleichen. Vor allem aber stellt sich das Problem der unter Umständen untragbaren Auswirkungen des Vollzugs einer gegen die Verbreitung einer Äußerung innerhalb eines Druckwerks gerichteten einstweiligen Unterlassungsverfügung nicht minder gravierend in solchen Fällen, in denen das Unterlassungsgebot in der Sache zu Recht erlassen wird, es aber, wie im Regelfall, materiell nur einen Teil des betreffenden Druckwerks betrifft und dessen Auslieferung oder weitere Verbreitung dennoch insgesamt verhindert.

30.61   Dieser Situation hat der Gesetzgeber im Bereich der strafprozessualen Beschlagnahmeregeln Rechnung getragen, indem er dort (Rz. 27.4 ff.) für jede Beschlagnahme die besondere Beachtung des **Grundsatzes der Verhältnismäßigkeit** ausdrücklich anordnet. Für den gesetzlich nicht im Detail geregelten zivilrechtlichen Unterlassungsanspruch kann im Ergebnis nichts

---

200 BGH NJW 2009, 2823 = GRUR 2009, 1091 – Andrea Casiraghi mit Fliege.
201 BGH AfP 2004, 267 = NJW 2004, 1795 – Charlotte Casiraghi; BGH AfP 2008, 187 = NJW 2008, 1593; BGH NJW 2009, 2823 = GRUR 2009, 1091 – Andrea Casiraghi mit Fliege.
202 Vgl. auch BGH AfP 2004, 267 = NJW 2004, 1795 – Begleitperson II; KG AfP 2006, 477 = NJW-RR 2007, 47 – Zärtliche Freundschaft; KG AfP 2006, 479 = NJW-RR 2007, 109.
203 BGH NJW 2010, 1454 = GRUR 2010, 173.

Anderes gelten.[204] Auch seine Durchsetzung kann die Erfüllung des Informationsauftrags der Medien dann, wenn er bereits fertig gestellte oder in einem fortgeschrittenen Produktionsstadium befindliche Druckwerke betrifft, in gleicher Weise beeinträchtigen wie eine strafprozessuale Beschlagnahme, und auch die gravierenden wirtschaftlichen Folgen entsprechen einander. Dem muss die Praxis der erstinstanzlich tätigen Gerichte in aller Regel in der Weise Rechnung tragen, dass bereits fertig gestellte bzw. für den Druck abgeschlossene Ausgaben der betreffenden Zeitung oder Zeitschrift vom Unterlassungsgebot ausgenommen werden, sofern sich nicht im Wege der Güterabwägung ausnahmsweise ergibt, dass der dem Medienunternehmen durch die Verhinderung der Verbreitung der Druckschrift entstehende Schaden im Hinblick auf die Art der Rechtsverletzung geringer ist als derjenige, der dem Betroffenen durch die weitere Verbreitung des Druckwerks entsteht;[205] vgl. zum insoweit maßgeblichen Zeitpunkt Rz. 29.93. Dabei ist der strafprozessuale Grundsatz der Verhältnismäßigkeit der Mittel als Auslegungsmaßstab heranzuziehen[206] mit der Folge, dass das Verbot durch die Gerichte von Amts wegen einzuschränken und dies jedenfalls bei vorbeugenden Unterlassungsgeboten auch durch die Fassung des Tenors des gerichtlichen Verbots zum Ausdruck zu bringen ist. Bei dieser Einschränkung des Unterlassungsgebots handelt es sich richtiger Ansicht nach nicht um die aus dem Wettbewerbsrecht bekannte Figur der Gewährung einer Aufbrauchfrist,[207] sondern um eine dem Unterlassungsanspruch bereits im Hinblick auf Art. 5 Abs. 1 GG immanente Beschränkung.[208] Sie muss daher im Wege der Auslegung gerichtlicher Unterlassungsgebote selbst dann gelten, wenn sie durch deren Wortlaut nicht ausdrücklich angeordnet worden ist.

§ 31 Berichtigungsansprüche

1. Voraussetzungen

Als zivilrechtliche Folge von Medienberichterstattung kommen ferner **Berichtigungsansprüche** in Betracht. Diese Ansprüche sind von denjenigen auf Abdruck einer Gegendarstellung scharf zu unterscheiden. Handelt es sich bei der Gegendarstellung um die persönliche Erklä-

31.1

---

204 OLG Hamburg ArchPR 1969, 58; OLG München AfP 1974, 631; OLG Düsseldorf AfP 1985, 51; OLG Frankfurt a.M. GRUR 1985, 395; LG Hamburg ZUM 2012, 345; LG Köln GRUR-RR 2010, 355; Löffler/*Steffen*, § 6 LPG Rz. 272.
205 OLG Hamburg ArchPR 1969, 58; im Ergebnis auch Wenzel/*Burkhardt*, Kap. 12 Rz. 147 f.
206 OLG Hamburg ArchPR 1969, 58.
207 A.A. Löffler/*Steffen*, § 6 LPG Rz. 272.
208 LG Köln GRUR-RR 2010, 355.

rung des Betroffenen, die in der Regel ohne Klärung der Frage nach der Wahrheit oder Unwahrheit der Erstmitteilung zu veröffentlichen ist, so handelt es sich bei der Berichtigung um das Gegenstück des Unterlassungsgebots unter dem Aspekt der Folgenbeseitigung. Die Berichtigung wird von denjenigen, die für den Inhalt von Medienberichterstattung zivilrechtlich verantwortlich sind (Rz. 28.1 ff.), gegebenenfalls als eigene Erklärung geschuldet. Daraus folgt, dass insbesondere der Abdruck einer Gegendarstellung des Betroffenen auf dessen etwaigen Berichtigungsanspruch ohne Einfluss ist. Dessen Erfüllung kann regelmäßig nicht mit der Begründung verweigert werden, dass bereits eine Gegendarstellung erschienen ist.[1]

a) Rechtsverletzung

31.2 Auch der als Folgenbeseitigungsanspruch zu verstehende **zivilrechtliche Berichtigungsanspruch** ist gesetzlich nicht ausdrücklich geregelt. Wie der als Störungsbeseitigung konzipierte Unterlassungsanspruch ist auch er der Bestimmung des § 1004 BGB über den Schutz des Eigentümers vor rechtswidrigen Beeinträchtigungen entlehnt. Wie jener setzt er nicht nur die Unwahrheit der beanstandeten Äußerung, sondern zusätzlich die Verletzung deliktsrechtlich geschützter Rechtsgüter im Sinn der §§ 823, 824 BGB voraus (vgl. dazu Rz. 30.4 ff.). **Wertneutrale Falschmeldungen**, die zwar objektiv unwahr sind, den Betroffenen aber nicht in seinen geschützten Rechten verletzen, scheiden wie beim Unterlassungsanspruch als Anknüpfungspunkt für die Geltendmachung von Berichtigungsansprüchen aus.[2]

31.3 Als Folgenbeseitigungsanspruch ist auch der Berichtigungsanspruch **verschuldensunabhängig**, wenngleich er vom durchschnittlichen Leser oder Hörer fraglos als eine Art Schuldeingeständnis des veröffentlichenden Mediums verstanden wird und insoweit auch einen kompensatorischen Charakter hat, der ihn dogmatisch jedenfalls in die Nähe des Schadenersatzanspruchs rückt.[3] Problematisch sind daher Konstellationen, in denen Berichtigungs-, und insbesondere Widerrufsansprüche gegenüber einer in **Wahrnehmung berechtigter Interessen** veröffentlichten Berichterstattung geltend gemacht werden. Anders als beim Unterlassungsanspruch handelt es sich in diesem Zusammenhang um ein Problem weder der Wiederholungsgefahr noch der Beweislast (Rz. 30.46 f.). Da eine Berichtigung ohnehin nur verlangt werden kann, wenn die Unwahrheit der verbreiteten Meldung positiv feststeht (Rz. 31.6), wirkt sich die Umkehr der Beweislast als Folge der Rechtfertigung durch den Gesichtspunkt der Wahrnehmung berechtigter Interessen in diesem Zusammenhang nicht aus. Die nachträgliche Feststellung der Unwahrheit einer in Wahrnehmung berechtigter Interessen verbreiteten Behauptung führt aber zur Rechtswidrigkeit ihres Weiterwirkens in der Öffentlichkeit. Das gilt ungeachtet der Tatsache, dass ihre erstmalige Verbreitung rechtmäßig war. Aus der Feststellung, dass eine in Wahrnehmung berechtigter Interessen verbreitete unwahre Behauptung nicht tatbestandsmäßig im Sinn der deliktsrechtlichen Normen ist (Rz. 15.2 ff.), dass aber der Folgenbeseitigungsanspruch die Rechtswidrigkeit der zu berichtigenden Behauptung voraussetzt, drängt sich allerdings die Folgerung auf, dass mangels Vorliegens einer unerlaubten Handlung die Durchsetzung eines Berichtigungsanspruchs nicht möglich ist. Diese Konsequenz hat jedoch die Rechtsprechung nicht gezogen und sich stattdessen auf den Standpunkt gestellt, dass derartige Behauptungen mit der Feststellung ihrer Unwahrheit nachträglich tatbestandsmäßig im Sinn der einschlägigen deliktsrechtlichen Normen werden und dass

---

1 BVerfG AfP 1998, 184 = NJW 1998, 1381 – Gegendarstellung auf der Titelseite; Löffler/*Steffen*, § 6 LPG Rz. 290.
2 BGH AfP 1992, 361 = NJW-RR 1992, 93 – Plagiatsvorwurf II; Löffler/*Steffen*, § 6 LPG Rz. 290.
3 *Seyfarth*, NJW 1999, 1287, 1293.

daher neben Unterlassungsansprüchen auch Berichtigungsansprüche geltend gemacht werden können;[4] s. aber zur rechtmäßigen Verdachtsberichterstattung Rz. 31.14.

Rechtsdogmatisch ist diese Auffassung nicht zu halten, und verfassungsrechtlich ist sie wegen des kompensatorischen Elements des Berichtigungsanspruchs bedenklich.[5] Allerdings mag sie einem kaum zu leugnenden praktischen Bedürfnis entgegenkommen. Denn dass es im Einzelfall als unbillig empfunden werden und beim Betroffenen auf wenig Verständnis stoßen würde, wenn gegenüber Meldungen, deren Unwahrheit nachträglich festgestellt wurde, ein Berichtigungsanspruch mit der Begründung versagt würde, die Verbreitung der Meldung sei rechtmäßig gewesen, liegt auf der Hand.[6] Dennoch erscheint es zweifelhaft, ob die Rechtsprechung an der Fiktion der nachträglichen Rechtswidrigkeit festhalten kann, nachdem der BGH[7] mit Recht festgestellt hat, dass für den Bereich des Unterlassungsanspruchs im Fall der **Wahrnehmung berechtigter Interessen** auch die ansonsten im Rahmen von §§ 823 Abs. 2 BGB, 186 StGB geltende Vermutung der Wiederholungsgefahr nicht besteht. Dass aus diesem Grund ein Unterlassungsanspruch nicht durchsetzbar ist (Rz. 30.5), wohl aber der unter Berücksichtigung seines Eingriffscharakters deutlich gewichtigere Berichtigungsanspruch, kann nicht überzeugen. Geht man aber im Interesse eines umfassenden Persönlichkeitsschutzes trotz der bestehenden verfassungsrechtlichen Bedenken von der Fiktion der nachträglichen Rechtswidrigkeit aus, dann kann der Berichtigungsanspruch dem Betroffenen allenfalls nach einer besonders sorgfältigen Prüfung der Frage zugesprochen werden, ob seine Beeinträchtigung tatsächlich nur durch eine veröffentlichte Berichtigung beseitigt werden kann.[8] Und auch wenn diese Frage zu bejahen ist, kommt der Berichtigungsanspruch in diesen Fällen nur in abgeschwächter Form in Betracht.[9] Jedenfalls die **Formulierung der Berichtigung** muss dann der Tatsache Rechnung tragen, dass die Medien bei der Verbreitung der zu berichtigenden Meldung nicht nur guten Glaubens, sondern in **Wahrnehmung berechtigter Interessen** gehandelt haben;[10] s. dazu auch Rz. 31.13. Das kann etwa in Gestalt der Klarstellung geschehen, dass eine Behauptung nach der inzwischen erfolgten Klärung des Sachverhalts nicht aufrechterhalten oder nicht weiter verbreitet werden wird.[11]

b) Beschränkung auf Tatsachenbehauptungen

Anders als der Unterlassungsanspruch kann ein Berichtigungsanspruch gegenüber den Medien nur als Sanktion der Verbreitung **unwahrer Tatsachenbehauptungen** durchgesetzt werden.[12] Die Berichtigung einer Meinungsäußerung im Wege einer den Medien aufgezwungenen Erklärung kommt nicht in Betracht, weil es mit der Gewährleistung der freien Meinungs-

31.4

31.5

4 BGH NJW 1960, 672 – La Chatte; BGH NJW 1966, 647 – Reichstagsbrand; BGH AfP 1986, 333 = NJW 1997, 1398 – Kampfanzug unter der Robe; Löffler/*Steffen*, § 6 LPG Rz. 287; Wenzel/*Gamer/Peifer*, Kap. 13 Rz. 24.

5 *Seyfarth*, NJW 1999, 1287, 1294.

6 Wenzel/*Gamer/Peifer*, Kap. 13 Rz. 23; *Damm/Rehbock*, Rz. 868.

7 BGH AfP 1987, 597 = NJW 1987, 2225 – Pressemäßige Sorgfalt; vgl. auch BGH AfP 2000, 167 = NJW 2000, 1036 – Namensnennung.

8 *Seyfarth*, NJW 1999, 1287, 1294.

9 BVerfG NJW 2004, 354; BGH NJW 1970, 557 – Remington.

10 *Seyfarth* NJW 1999, 1287, 1294; *Damm/Rehbock*, Rz. 868.

11 BVerfG NJW 2004, 354; BGH NJW 1960, 672 – La Chatte; BGH AfP 1976, 75 = NJW 1976, 1198 – Panorama; Löffler/*Steffen*, § 6 LPG Rz. 287.

12 BGH NJW 1974, 1371 = GRUR 1974, 797 – Fiete Schulze; BGH AfP 1976, 75 = NJW 1976, 1198 – Panorama; BGH AfP 1982, 217 = NJW 1982, 2246 – Klinikdirektoren; ständige Rechtsprechung; Löffler/*Steffen*, § 6 LPG Rz. 284.

äußerung durch Art. 5 Abs. 1 Satz 1 GG wie auch Art. 10 Abs. 1 EMRK nicht vereinbar wäre, mittels gerichtlicher Entscheidungen Zwang dahingehend auszuüben, dass jemand seine Meinung aufgibt oder eine Meinung äußert, die nicht der eigenen entspricht.[13] Grundsätzlich sind auch nur solche Behauptungen widerrufsfähig, die die Medien selbst aufgestellt haben.[14] Verbreiten sie **Behauptungen Dritter** und haften sie für deren Inhalt nach der neueren Rechtsprechung zur Haftung für Drittäußerungen überhaupt (dazu Rz. 16.43 ff., Rz. 16.63 ff.), so kommt ein Berichtigungsanspruch unter Umständen in Gestalt eines **Distanzierungsanspruchs** in Betracht.[15] Auch ein solcher Anspruch entfällt allerdings, wenn die erforderliche Distanzierung schon in der Erstmitteilung enthalten war.[16]

31.6 Als Reaktion auf Tatsachenbehauptungen kann der Berichtigungsanspruch nur durchgesetzt werden, wenn die **Unwahrheit** der beanstandeten Behauptung **positiv feststeht**.[17] Gerichte sind nicht befugt, jemanden dadurch der Gefahr der Verbreitung von Unwahrheiten auszusetzen, dass sie ihn zur Veröffentlichung von Behauptungen verurteilen, die ihrerseits möglicherweise unzutreffend sind.[18] Dabei kommt es im gerichtlichen Verfahren für die Feststellung der Unwahrheit auf den Zeitpunkt der letzten mündlichen Verhandlung in der letzten Tatsacheninstanz an; hat sich zu diesem Zeitpunkt die vom Kläger als unwahr behauptete Meldung aufgrund weiterer Entwicklungen als richtig herausgestellt, so entfällt der geltend gemachte Berichtigungsanspruch, auch wenn er anfänglich begründet erschien.[19] Insbesondere die Veröffentlichung von Tatsachenbehauptungen, die zwar wahr sind, deren Bekanntgabe aber schlechthin oder zum infrage stehenden Zeitpunkt als Verletzung des Allgemeinen Persönlichkeitsrechts unzulässig ist, löst keinen Widerrufsanspruch aus.[20] Niemand kann zum Widerruf einer wahren Tatsachenbehauptung gezwungen werden.[21]

31.7 Die Voraussetzungen jeder Art eines Berichtigungsanspruchs sind damit schärfer als diejenigen eines gegen dieselbe Äußerung gerichteten Unterlassungsanspruchs, da letzterer auch in den Fällen der Verletzung des Allgemeinen Persönlichkeitsrechts durch die Verbreitung einer wahren Tatsachenbehauptung sowie bei behaupteter Maßen rechtsverletzenden Tatsachenbehauptungen im Hinblick auf die aus §§ 823 BGB, 186 StGB abgeleitete Beweislastumkehr in der Regel schon gewährt wird, wenn das in Anspruch genommene Medium die Richtigkeit der umstrittenen Behauptung nicht beweisen kann; zur Sondersituation bei Veröffentlichungen im Internet s. Rz. 30.40. Handelt es sich beim Gegenstand einer **Urteilsveröffentlichung** (Rz. 31.9) um eine Tatsachenbehauptung, deren Unwahrheit sich herausgestellt hat, so sind die Medien nicht verpflichtet, neben oder nach einer Veröffentlichung des Unterlassungsurteils zusätzlich noch eine förmliche Berichtigung zu veröffentlichen.[22]

---

13 BGH NJW 1974, 1371 = GRUR 1974, 797 – Fiete Schulze; BGH AfP 1982, 217 = NJW 1982, 2246 – Klinikdirektoren.
14 *Damm/Rehbock*, Rz. 864; Wenzel/*Gamer/Peifer*, Kap. 13 Rz. 21, 66.
15 BGH AfP 1976, 75 = NJW 1976, 1198 – Panorama; Löffler/*Steffen*, § 6 LPG Rz. 286.
16 OLG Köln AfP 1976, 185.
17 BGH AfP 2015, 425 = NJW 2016, 56; BGH AfP 2008, 381 = NJW 2008, 2262 – Richtigstellungsanspruch des BKA; BGH AfP 1976, 75 = NJW 1976, 1198 – Panorama; ständige Rechtsprechung; Löffler/*Steffen*, § 6 LPG Rz. 285.
18 BGH NJW 1962, 1438 – Eheversprechen.
19 OLG Karlsruhe AfP 2003, 338 = NJW-RR 2003, 688.
20 OLG Köln AfP 1975, 866.
21 Löffler/*Steffen*, § 6 LPG Rz. 285.
22 BGH GRUR 1966, 272 – Arztschreiber.

Die Feststellung, dass niemand zur Berichtigung einer wahren Tatsachenbehauptung gezwun-   **31.8**
gen werden darf, gilt auch für **mehrdeutige Äußerungen**, die nach dem Verständnis des
Durchschnittslesers oder -hörers eine Deutung zulassen, die inhaltlich zutrifft und damit keine Rechtsverletzung darstellt.[23] Gerade in diesem Zusammenhang beansprucht die **Variantenlehre** Geltung, die als Interpretationsmaxime dahingehend anzuwenden ist, dass unter
mehreren möglichen Deutungen von Medienäußerungen derjenigen der Vorzug zu geben ist,
die den Betroffenen am wenigsten belastet und nicht zur Verurteilung des angeblichen Verletzers führt.[24] Daran hat der *Stolpe*-Beschluss des BVerfG[25] (dazu Rz. 14.16 ff.) nichts geändert, das keinen Zweifel daran gelassen hat, dass es sich bei der Verpflichtung zur Veröffentlichung einer Berichtigung um eine Sanktion handelt, die den Medien nicht auferlegt werden
darf, wenn nicht eine zwingende Deutung der Erstmitteilung dies gebietet.[26] Trotz Unaufklär-
barkeit des Sachverhalts kann andererseits die Verurteilung zur Veröffentlichung eines **eingeschränkten Widerrufs** ausnahmsweise dann zulässig sein, wenn es, insbesondere bei lange
zurückliegenden Tatbeständen, an jedem ernstlichen Anhaltspunkt für die Wahrheit eines erhobenen Vorwurfs fehlt. Ist es jedoch auch nach durchgeführter Beweisaufnahme noch möglich, dass die umstrittene Behauptung wahr ist, kommt die Verurteilung zur Veröffentlichung
einer Berichtigung unter keinen Umständen in Betracht.[27] Und ist einer **verdeckten Behauptung** (dazu Rz. 16.84 ff.) eine bestimmte Sachverhaltsdarstellung unabweislich zu entnehmen,
dann kann der Betroffene ihr, wenn sie in dieser Deutung unwahr ist, auch mit einem Berichtigungsanspruch entgegentreten.[28]

Dem Berichtigungsanspruch in der Wirkung vergleichbar ist der durch die Rechtsprechung[29]   **31.9**
gelegentlich zuerkannte Anspruch auf **Veröffentlichung einer strafbewehrten Unterlassungserklärung** oder des **Tenors eines Unterlassungsurteils**. Die Aussage, dass Berichtigungsansprüche nur gegenüber Tatsachenbehauptungen geltend gemacht werden können,
wird in solchen Fällen dann unterlaufen, wenn der zu veröffentlichende Unterlassungstitel,
wie in vom BGH[30] und OLG München[31] entschiedenen Fällen, eine ehrverletzende Meinungsäußerung betrifft; für diese Fälle ist dieser Anspruch abzulehnen, weil er in der Wirkung demjenigen auf einen Widerruf einer von der Rechtsordnung missbilligten Meinung
gleichkommt und ein solcher Anspruch mit der Gewährleistung der Kommunikationsgrundrechte des Art. 5 Abs. 1 GG nicht zu vereinbaren wäre (Rz. 31.5). Zielt hingegen die vom
Betroffenen geforderte Veröffentlichung des Tenors eines unanfechtbaren Unterlassungstitels
auf eine unwahre Tatsachenbehauptung, dann bestehen gegen diese Variante des Berichtigungsanspruchs keine durchgreifenden Bedenken, wenngleich angesichts der von der Rechtsprechung anerkannten Berichtigungsformen (dazu Rz. 31.10 ff.) ein Bedürfnis hierfür nicht
zu erkennen ist. In jedem Fall handelt es sich jedoch bei dieser Sanktion um eine Folgenbesei-
tigungsmaßnahme. Es gilt daher auch bei dieser Form der Berichtigung der Grundsatz, dass
nur solche Tatsachenbehauptungen Gegenstand einer Verurteilung sein können, deren Unrichtigkeit feststeht.[32]

---

23 OLG Dresden AfP 1993, 496.
24 BGH AfP 1998, 506 = NJW 1998, 3047 – IM Sekretär; KG AfP 1999, 369.
25 BVerfG AfP 2005, 544 = AfP 2006, 41= NJW 2006, 207 – Stolpe/IM Sekretär.
26 BVerfG AfP 2006, 349 = NJW 2006, 3769 – Babycaust.
27 BGH AfP 1978, 23 = NJW 1977, 1681 – Wohnstättengemeinschaft.
28 OLG Karlsruhe AfP 2014, 76.
29 BGH AfP 1987, 412 = NJW 1987, 1400 – Veröffentlichungsbefugnis bei Ehrenschutz; OLG München
    AfP 1989, 747 = NJW-RR 1990, 1435 – Zwangsdemokrat I.
30 BGH AfP 1987, 412 = NJW 1987, 1400 – Veröffentlichungsbefugnis bei Ehrenschutz.
31 OLG München AfP 1989, 747 = NJW-RR 1990, 1435 – Zwangsdemokrat I.
32 LG Hamburg v. 14.1.1994 – 324 O 607/94, unveröffentlicht.

c) Ausgestaltung

31.10   Beim Berichtigungsanspruch gegenüber Medienveröffentlichungen handelt es sich um eine Schöpfung der Rechtspraxis ohne spezifische gesetzliche Grundlage. Daher gibt es für ihn keine fest vorgeschriebene Form oder Formulierung. In der Praxis hat sich aber eine Reihe von Berichtigungsformen herausgebildet, zu denen insbesondere der **Widerruf**, die **Richtigstellung**, die Erklärung, dass **eine Behauptung nicht aufrechterhalten wird,** die **Distanzierung** sowie in extremen Ausnahmefällen die **Folge- oder Nachtragsberichterstattung** (dazu Rz. 31.14 ff.) gehören.[33] Im Bereich des Internet tritt neben diese Ansprüche noch derjenige auf **Löschung rechtswidriger abrufbarer Tatsachenbehauptungen** oder darauf, dass ein Serviceprovider sie bei demjenigen löscht, der derartige Behauptungen über seine Plattform verbreitet;[34] zu den Verpflichtungen des Unterlassungsschuldners schon Rz. 30.40. Für sonstige Berichtigungssurrogate besteht demgegenüber kein Rechtsschutzbedürfnis. So kann ein Betroffener insbesondere nicht die gerichtliche Feststellung der Rechtswidrigkeit einer Veröffentlichung einer Meldung verlangen, die er als unwahr bezeichnet oder deren Unwahrheit sogar erwiesen ist.[35] Auch im Fall wahrer, aber als Eingriff in das Allgemeine Persönlichkeitsrecht unzulässiger Berichterstattung steht dem Betroffenen ein Anspruch auf Abdruck einer redaktionellen Erklärung darüber, dass die Veröffentlichung unrechtmäßig war, nicht zu,[36] während nach der unzutreffenden Auffassung des BGH und des OLG München in Fällen von Schmähkritik ein Anspruch auf Veröffentlichung eines einschlägigen Unterlassungsurteils in Betracht kommen soll;[37] dazu schon Rz. 31.9. Schließlich konnte das *ZDF* nicht verpflichtet werden, ein in Polen ergangenes Urteil zu erfüllen, das ihm die Ausstrahlung einer Entschuldigung für die Bezeichnung einzelner auf polnischem Gebiet belegener NS-Vernichtungslager als *polnische Vernichtungslager* auferlegte, weil dies auf einen offensichtlichen Verstoß gegen die Meinungs- und Medienfreiheiten aus Art. 5 Abs. 1 GG und Art. 10 EMRK hinauslaufen und die Auferlegung einer derartigen Verpflichtung dem deutschen *ordre public* widersprechen würde.[38]

31.11   Die klassische und in der Praxis gebräuchlichste Form der Berichtigung ist der förmliche **Widerruf**. Die Behauptung, deren Unrichtigkeit sich herausgestellt hat und die im Rahmen der Berichtigung wiederholt wird, wird *widerrufen*. Der förmliche Widerruf setzt ohne Ausnahme die nachgewiesene oder unstreitige Unwahrheit der zu berichtigenden Behauptung voraus.[39]

31.12   Anstelle des förmlichen Widerrufs verwendet die Praxis als mildere Form insbesondere die **Richtigstellung**. Sie eignet sich schon deswegen besser zur Störungsbeseitigung, weil sie sich nicht auf die bloße Negation zu beschränken braucht, sondern unter Umständen erforderliche erläuternde Klarstellungen ermöglicht.[40] Die Richtigstellung vermeidet auch die mit der Verurteilung zur Veröffentlichung des förmlichen Widerrufs in der Sicht des Lesers häufig ein-

---

33   Weitere Beispiele bei *Damm/Rehbock*, Rz. 890 ff.; Wenzel/*Gamer/Peifer*, Kap. 13 Rz. 97 ff.; *Prinz/Peters*, Rz. 688; *Fricke*, AfP 2009, 552 ff.
34   BGH AfP 2015, 425 = NJW 2016, 56.
35   BGH AfP 1977, 340 = NJW 1977, 1288 – Abgeordnetenbestechung.
36   OLG Hamburg NJW-RR 1994, 1437.
37   BGH AfP 1987, 412 = NJW 1987, 1400 – Veröffentlichungsbefugnis bei Ehrenschutz; OLG München AfP 1989, 747 = NJW-RR 1990, 1435 – Zwangsdemokrat I.
38   BGH AfP 2018, 407 = NJW 2018, 3254.
39   *Damm/Rehbock*, Rz. 890; Wenzel/*Gamer/Peifer*, Kap. 13 Rz. 98.
40   BGH AfP 1987, 502 = NJW-RR 1987, 754 – Insiderwissen; BGH AfP 1995, 411 = NJW 1995, 861 – Caroline von Monaco I; BGH AfP 1996, 137 = NJW 1996, 984 – Caroline von Monaco II; *Prinz/Peters*, Rz. 690.

hergehende und von der Rechtsprechung[41] ausdrücklich missbilligte **Demütigung** des Berichtigungspflichtigen. Es liegt daher in der Regel im Interesse beider Seiten, von dem im Vergleich zum Widerruf weniger hölzern wirkenden Mittel der Richtigstellung Gebrauch zu machen, wo eine Berichtigung als solche unvermeidlich ist. Diese Berichtigungsform bietet sich insbesondere auch in Fällen an, in denen die beanstandete Behauptung nicht schlechthin unwahr ist, durch die Art ihrer Darstellung aber ein falscher Anschein erweckt wird,[42] sofern dieser zwingend ist und ein Berichtigungsanspruch daher überhaupt in Betracht kommt; dazu schon Rz. 31.7. Allerdings wird bei der Richtigstellung die Grenze zur Gegendarstellung des Betroffenen nicht immer hinreichend beachtet. Es geht hier nicht, wie bei der Gegendarstellung, darum, dem Leser die Sicht des Betroffenen zu vermitteln, sondern darum, objektiv falsch dargestellte Fakten nach Aufklärung des Sachverhalts in geeigneter Weise zurechtzurücken.

Als **eingeschränkter Widerruf** wird die Erklärung bezeichnet, eine bestimmte *Behauptung werde nicht aufrechterhalten*. Diese Berichtigungsform kommt insbesondere in den Ausnahmefällen in Betracht, in denen Medien trotz Fehlens der positiven Feststellung der Unwahrheit der umstrittenen Behauptung berichtigungspflichtig sind, weil nach der möglichen Klärung des Sachverhalts keine vernünftigen Anhaltspunkte mehr für die Richtigkeit der verbreiteten Behauptung bestehen.[43] Auch bei einer ursprünglich rechtmäßigen Meldung (dazu Rz. 31.3 f.) ist der eingeschränkte Widerruf die geeignete Sanktion, mit der der veröffentlichungspflichtigen Redaktion zugleich Gelegenheit zur Klarstellung gegeben werden kann, dass die ursprüngliche Meldung nicht widerrechtlich war.[44]   31.13

Einen Anspruch auf Veröffentlichung einer **Folgeberichterstattung** erkennt die Rechtsprechung[45] für den Regelfall nicht an. Der von einem Medienbericht Betroffene hat prinzipiell keinen Rechtsanspruch darauf, dass das betreffende Medium die Fortentwicklung der tatsächlichen Situation oder etwa anderweitig veröffentlichte Kritik zum Anlass für die Veröffentlichung eines Folgeberichts nimmt. Ob und in welchem Sinn die Redaktionen derartigen neuen Entwicklungen durch erneute Berichterstattung Rechnung tragen wollen, steht im Regelfall in ihrem Ermessen.[46] Vereinzelt hat die Rechtsprechung[47] allerdings in Fällen der **rechtmäßigen Verdachtsberichterstattung** insbesondere über strafrechtliche Ermittlungsverfahren einen Anspruch auf Folgeberichterstattung anerkannt, nachdem das infrage stehende Strafverfahren mit einer unanfechtbaren Einstellung durch die Staatsanwaltschaft oder mit einem rechtskräftigen Freispruch geendet hat. Dabei handelt es sich aber nicht um eine Richtigstel-   31.14

---

41 BGH AfP 1978, 23 = NJW 1977, 1681 – Wohnstättengemeinschaft; BGH AfP 1984, 33 = NJW 1984, 1104 – Kleiner Kreis.

42 BGH AfP 1995, 411 = NJW 1995, 861 – Caroline von Monaco I; BGH AfP 1996, 137 = NJW 1996, 984 – Caroline von Monaco II.

43 BGH AfP 1978, 73 = NJW 1977, 1681 – Wohnstättengemeinschaft.

44 BVerfG NJW 2004, 354; BGH NJW 1960, 672 – La Chatte; BGH AfP 1976, 75 = NJW 1976, 1198 – Panorama; BGH NJW 1974, 1371 = GRUR 1974, 797 – Fiete Schulze; Löffler/*Steffen*, § 6 LPG Rz. 293.

45 BGH AfP 2015, 36; BGH AfP 2000, 167 = NJW 2000, 1036 – Namensnennung; OLG München AfP 1997, 636 = NJW-RR 1996, 1487; LG Hamburg AfP 1999, 93; *Prinz/Peters*, Rz. 694.

46 BVerfG AfP 1997, 619 = NJW 1997, 2589; BVerfG NJW 2018, 2784 = GRUR 2018, 963; LG Hamburg AfP 1999, 93.

47 BGH AfP 1972, 220 = NJW 1972, 431 – Freispruch; OLG Hamburg AfP 2015, 253 = ZUM-RD 2015, 303; OLG Hamburg v. 18.2.1997 – 7 U 136/96, unveröffentlicht; bestätigt durch BVerfG AfP 1997, 619 = NJW 1997, 2589; a.A. ausdrücklich BGH AfP 2000, 167 = NJW 2000, 1036 – Namensnennung.

lung, die nur bei anfänglich unrechtmäßiger Verdachtsberichterstattung in Betracht käme, sondern um eine vom BGH[48] als **Nachtrag** bezeichnete Sonderform der Störungsbeseitigung, deren Unterlassung durch die Medien vor erstmaliger berechtigter Geltendmachung keine Rechtsverletzung darstellt; die Medien sind nach der zutreffenden Auffassung des BGH insbesondere nicht verpflichtet, die Entwicklung von Sachverhalten, über die sie rechtmäßig berichtet haben, im weiteren Verlauf zu verfolgen und darüber ebenfalls zu berichten.[49]

31.15 Wird nach rechtskräftigem freisprechenden Abschluss eines Ermittlungsverfahrens, über das ein Medium rechtmäßig berichtet hat, oder dessen unanfechtbarer Einstellung ein **Nachtragsbericht** gefordert und dürfen nach Auffassung des BVerfG[50] die Zivilgerichte nach den Prinzipien der Güterabwägung zum Ergebnis kommen, dass er zur Beseitigung einer schweren Beeinträchtigung des Allgemeinen Persönlichkeitsrechts des Betroffenen im Einzelfall geboten ist, dann darf den Medien aber nicht die Veröffentlichung von Folgeberichten abverlangt werden, die vom Leser oder Hörer so verstanden werden könnten, als habe das betroffene Medium im Hinblick auf seine Berichterstattung etwas zu korrigieren.[51] Das BVerfG hat insbesondere klargestellt, dass sie nicht dazu verpflichtet werden können, eine Passage der Ursprungsmitteilung im Wortlaut wiederzugeben und sie dadurch zum Anknüpfungspunkt einer wie immer gearteten Berichtigung zu machen. Der Anspruch ist vielmehr darauf beschränkt, dass das betroffene Medium unter Bezugnahme auf die Ursprungsberichterstattung eine **kurze Meldung** des Inhalts veröffentlicht, das dort erwähnte Ermittlungsverfahren sei durch eine endgültige Verfahrenseinstellung oder einen rechtskräftigen Freispruch beendet worden.[52]

31.16 Verallgemeinerungsfähig sind diese Entscheidungen nicht.[53] Der BGH hat selbst darauf hingewiesen,[54] dass eine Verurteilung zur **Folgeberichterstattung** trotz Rechtmäßigkeit der Erstmitteilung nur im Ausnahmefall und nur dann in Betracht kommt, wenn durch die Formulierung des Nachtrags der Eindruck vermieden wird, die frühere Berichterstattung sei unwahr oder aus sonstigen Gründen rechtswidrig gewesen; eine entsprechende formale und inhaltliche Ausgestaltung des geforderten Nachtrags ist im Hinblick auf die entgegenstehenden Kommunikationsgrundrechte der Medien zwingend geboten.[55] Wegen der beträchtlichen Intensität des Eingriffs in die Pressefreiheit, die mit einer derartigen Verurteilung regelmäßig verbunden ist, ist es in jedem Fall geboten, über die bei jedem Berichtigungsanspruch erforderliche Verhältnismäßigkeitsprüfung hinaus abzuwägen, ob eine derart gravierende und fortdauernde Beeinträchtigung des Allgemeinen Persönlichkeitsrechts vorliegt, dass sie nur durch eine selbständige Folgeberichterstattung beseitigt werden kann.[56] Dabei ist auch in Rechnung zu stellen, dass die Tatsache der Beschuldigung und Anklage des Betroffenen durch den Folgebericht unvermeidlich erneut in den Blickpunkt der Öffentlichkeit gerückt wird; ohne dessen ausdrückliches Einverständnis kann daher ein Folgebericht über einen Freispruch sogar eine selbständige Verletzung des Allgemeinen Persönlichkeitsrechts des Betroffenen darstellen;[57] vgl. dazu schon Rz. 19.81.

---

48 BGH AfP 2015, 36 = NJW 2015, 778.
49 BVerfG NJW 2018, 2784 = GRUR 2018, 963.
50 BVerfG AfP 1997, 619 = NJW 1997, 2589.
51 BVerfG NJW 2018, 2784 = GRUR 2018, 963.
52 BVerfG NJW 2018, 2784 = GRUR 2018, 963.
53 BGH AfP 2000, 167 = NJW 2000, 1036 – Namensnennung; a.A. nur *Prinz/Peters*, Rz. 694.
54 BGH AfP 2015, 36 = NJW 2015, 778; BGH AfP 1972, 220 = NJW 1972, 431 – Freispruch.
55 BVerfG GRUR 2018, 963 = ZUM-RD 2018, 469.
56 *Seyfarth*, NJW 1999, 1287, 1294; *Hartmann*, AfP 2015, 106 ff.
57 OLG Brandenburg NJW-RR 2003, 919; OLG Dresden AfP 1998, 410.

Keine Besonderheiten gelten im Ergebnis auch hinsichtlich eines etwaigen Anspruchs auf eine 31.17
Folgeberichterstattung für das **Internet.** Insoweit kommen im Wesentlichen zwei Fallkonstellationen in Betracht. Wo ein Internetmedium eine ursprünglich rechtmäßige, später aber aufgrund einer neuen Entwicklung wie etwa eines Freispruchs in einem Strafverfahren jedenfalls nicht mehr aktuelle Meldung zum Zeitpunkt der Sachverhaltsänderung von seinem Server löscht, unterscheidet sich die Rechtslage nicht von derjenigen bei den Printmedien; ein Anspruch auf Veröffentlichung eines Folgeberichts kommt nur nach Maßgabe von Rz. 31.14 ff. in Betracht. Hält ein Veranstalter elektronischer Presse derartige ursprünglich rechtmäßige Berichte zum Abruf aus einem Online-Archiv bereit, ohne sie noch zum Bestandteil seines aktuellen Informationsangebots zu machen, dann kann ein Anspruch auf eine redaktionelle Aktualisierung der Altmeldung ebenfalls nur nach Maßgabe von Rz. 31.14 ff. entstehen, mithin nur in den Fällen der endgültigen Rehabilitierung eines von einem strafrechtlichen Ermittlungsverfahren Betroffenen.[58] Das Bereithalten der Altmeldung als solcher bleibt rechtmäßig;[59] dazu schon Rz. 19.67 ff. Und zu einer Aktualisierung ohne entsprechende Aufforderung durch den Betroffenen ist der Betreiber eines solchen Mediums nicht verpflichtet.[60]

d) Erforderlichkeit

Bei der Verpflichtung der Medien zur Veröffentlichung einer Berichtigung handelt es sich um 31.18
einen schwerwiegenden Eingriff in das Grundrecht der Presse- oder Rundfunkfreiheit, der zwar durch §§ 823, 1004 BGB als allgemeinen Gesetzen im Sinn von Art. 5 Abs. 2 GG gerechtfertigt sein kann,[61] der aber die Medien im Hinblick auf die Notwendigkeit der Veröffentlichung einer Erklärung, mit der sie sich im Ergebnis selbst ins Unrecht setzen,[62] nichtsdestoweniger stark belastet.[63] Zusätzlich zur positiven Feststellung der Unwahrheit der zu berichtigenden Behauptung verlangt die Rechtsprechung daher die an den konkreten Umständen des Einzelfalls und am Grundsatz der Verhältnismäßigkeit orientierte Feststellung, dass die Veröffentlichung der Berichtigung zur Beseitigung einer fortdauernden Rufbeeinträchtigung des Betroffenen **erforderlich** und dem Verletzer **zumutbar** ist.[64] Dabei ist abzuwägen zwischen dem Interesse des Betroffenen an der Wiederherstellung seines Rufs auf dem Weg der öffentlichen Berichtigung und dem Interesse der Medien, einmal geäußerte Behauptungen nicht förmlich zurücknehmen zu müssen. Erforderlich ist ein **objektives Berichtigungsbedürfnis.** Ein bloßes **Genugtuungsinteresse** des Betroffenen oder gar der Wunsch, den Verfasser des beanstandeten Berichts **zu demütigen,** reicht zur Begründung des Berichtigungs-

---

58 Vgl. dazu auch schon OLG Düsseldorf NJW 2011, 788 = GRUR-RR 2011, 21 – Überholte Altmeldung im Internet; BGH NJW 2013, 229 = GRUR 2013, 94 – Gazprom-Manager.

59 BGH AfP 2010, 77 = NJW 2010, 757; BGH AfP 2010, 162 = NJW 2010, 2432 – Spiegel-Dossier; BGH AfP 2010, 261 = NJW 2010, 2728; BGH AfP 2011, 172 = GRUR 2011, 550; BGH AfP 2011, 176 = ZUM 2011, 647; BGH AfP 2013, 54 = GRUR 2013, 200 – Appolonia-Prozess; BGH NJW 2013, 229 – Gazprom-Manager; a.A. insoweit noch OLG Hamburg ZUM 2009, 857; BGH AfP 2011, 180 = GRUR-Prax 2011, 171.

60 OLG Düsseldorf NJW 2011, 788 = GRUR-RR 2011, 21 – Überholte Altmeldung im Internet.

61 BVerfG AfP 1998, 184 = NJW 1998, 1381 – Gegendarstellung auf der Titelseite.

62 BGH NJW 1982, 1805 = GRUR 1982, 318 – Schwarzer Filz; BGH AfP 1984, 33 = NJW 1984, 1104 – Kleiner Kreis; BGH AfP 1992, 361 = NJW-RR 1992, 936 – Plagiatsvorwurf II.

63 BGH NJW 1982, 1805 = GRUR 1982, 318 – Schwarzer Filz; BGH AfP 1984, 33 = NJW 1984, 1104 – Kleiner Kreis; BGH AfP 1992, 361 = NJW-RR 1992, 936 – Plagiatsvorwurf II; Löffler/*Steffen*, § 6 LPG Rz. 289.

64 BGH AfP 2015, 425 = NJW 2016, 56; LG Hamburg AfP 2010, 609; Löffler/*Steffen*, § 6 LPG Rz. 289.

anspruchs nicht aus.[65] Gefordert wird vielmehr das Überschreiten einer sogenannten Erheblichkeitsschwelle,[66] so dass bei vernünftiger Betrachtung vorliegende Belanglosigkeiten als Anknüpfungspunkt für Berichtigungsansprüche ausscheiden. Diese Erheblichkeitsschwelle war nicht überschritten etwa bei den behaupteter Maßen unzutreffenden Berichten, eine Prominente *habe eine Galaveranstaltung abrupt verlassen*[67] oder Ex-Kanzler *Schröder* habe *bei deren Trunkenheitsfahrt im Wagen der damaligen Bischöfin Käßmann gesessen.*[68]

31.19 Unter diesem Aspekt ist besondere Zurückhaltung geboten gegenüber **Berichtigungsforderungen des Staats oder seiner Untergliederungen**. Wie schon im Bereich der Gegendarstellung (dazu Rz. 29.14) wirkt sich auch im vorliegenden Zusammenhang aus, dass ihnen weder die Grundrechte der Art. 1 Abs. 1 und 2 Abs. 1 GG noch außerhalb des Anwendungsbereichs von §§ 90a, 90b StGB ein besonderer straf- oder zivilrechtlicher Ehrenschutz zusteht;[69] dazu Rz. 13.28 ff. Nicht jede im Sinn des § 186 StGB tatbestandliche Unwahrheit, deren Feststellung bei einer natürlichen Person einen Berichtigungsanspruch auslösen würde, kommt mithin als Anknüpfungspunkt für Berichtigungsansprüche öffentlicher Stellen in Betracht. Es bedarf vielmehr der einzelfallbezogenen Feststellung einer besonders gravierenden Rufbeeinträchtigung, die sich auf die Rechtsstellung einer Behörde oder sonstigen staatlichen Stelle nachteilig auswirken und ihr Erscheinungsbild gegenüber der Öffentlichkeit erheblich beeinträchtigen kann.[70] Das hat der BGH[71] etwa angenommen im Fall der Behauptung, das *Bundeskriminalamt habe Geheiminformationen über einen international gesuchten Top-Terroristen manipuliert*, der als der gefährlichste Mann der Welt bezeichnet worden war. Demgegenüber wurde ein Berichtigungsanspruch gegenüber der Behauptung, das Bundeskanzleramt habe einen fälschlich *zu hoch bezifferten Betrag in die Ausstattung des individuellen Arbeitszimmers der Ehefrau des damaligen Bundeskanzlers Gerhard Schröder in den Räumen des Bundeskanzleramts investiert*, mit der zutreffenden Erwägung verneint, die insoweit genannte überhöhte Zahl und die aus ihrer Veröffentlichung resultierenden Beeinträchtigung der Belange des Staats erreiche nicht annähernd die Intensität, die einen Richtigstellungsanspruch der Bundesrepublik ausnahmsweise rechtfertigen könne.[72]

31.20 Besonders zu beachten ist unter dem Aspekt der Erforderlichkeit einer Berichtigung stets auch der Gesichtspunkt der **Aktualität**. Wer sich nach Kenntnisnahme von einer ihn betreffenden unwahren, ehrenrührigen Tatsachenbehauptung mit der Geltendmachung eines Berichtigungsanspruchs außergewöhnlich viel Zeit lässt und dafür keine schlüssige Erklärung geben kann, gibt durch sein eigenes Verhalten zu verstehen, dass er die von der falschen Meldung ausgehende Beeinträchtigung für nicht so gravierend hält, dass die Durchsetzung des Berichtigungsanspruchs **erforderlich** ist. Zwar fehlt es in diesem Zusammenhang an der für das Gegendarstellungsrecht ausdrücklich gesetzlich begründeten Erforderlichkeit der unverzüglichen Geltendmachung des Anspruchs (dazu Rz. 29.61 ff.), und man wird daher nicht davon ausgehen können, dass die für das Gegendarstellungsrecht entwickelten Reaktionsfristen auf das Berichtigungsrecht uneingeschränkt entsprechend anzuwenden sind. Die Recht-

---

65 BGH AfP 1978, 23 = NJW 1977, 1681 – Wohnstättengemeinschaft; BGH AfP 1984, 33 = NJW 1984, 1104 – Kleiner Kreis.
66 *Fricke*, AfP 2009, 552 ff.
67 LG Berlin 27 O 935/06, zitiert bei *Fricke*, AfP 2009, 552, Fn. 41.
68 LG Hamburg AfP 2010, 609.
69 LG Hamburg AfP 2002, 450 = ZUM-RD 2003, 48.
70 BerlVerfGH AfP 2008, 593 = NJW 2008, 3491.
71 BGH AfP 2008, 381 = NJW 2008, 2262 – Richtigstellungsanspruch des BKA; ebenso OLG Hamburg AfP 2007, 488.
72 LG Hamburg AfP 2002, 450.

sprechung[73] erkennt aber an, dass einem Berichtigungsverlangen das Rechtsschutzbedürfnis wegen Zeitablaufs fehlen kann.[74] Dafür reicht nach Auffassung des BGH allerdings ein Zeitraum von sieben Monaten zwischen Veröffentlichung der Erstmitteilung und Erhebung der Berichtigungsklage noch nicht aus. Das OLG Karlsruhe[75] etwa hat aber den Fortfall des Rechtsschutzbedürfnisses angenommen in einem Fall, in dem ein Betroffener erst ein Jahr nach Verbreitung der ihn betreffenden Erstmitteilung eine Widerrufsklage erhob. Das erscheint zutreffend. Denn wer sich mit der Geltendmachung des Anspruchs derart lange Zeit lässt, der lässt zugleich erkennen, dass nach seinem eigenen ursprünglichen Empfinden die Beeinträchtigung nicht die für einen Berichtigungsanspruch erforderliche Intensität aufweist; daran kann dann auch eine spätere Sinnesänderung nichts mehr ändern. Das LG Hamburg[76] geht daher zutreffend von einer widerleglichen Vermutung dafür aus, dass nach Ablauf eines Jahres nach Veröffentlichung der beanstandeten Berichterstattung der für die Geltendmachung eines Berichtigungsanspruchs erforderliche Aktualitätsbezug entfällt.

Stets kommt es aber auf den Zeitraum zwischen der erstmaligen Veröffentlichung der ehrverletzenden Behauptung und der Geltendmachung des Anspruchs auf Veröffentlichung der Berichtigung an. Die teilweise sehr lange Dauer der zu dessen Durchsetzung erforderlichen gerichtlichen Verfahren werden die Medien dem Verletzten nicht mit Aussicht aus Erfolg entgegen halten können.[77] Im Schrifttum wird zwar die Auffassung vertreten,[78] dass ein Betroffener nach Erhebung einer Berichtigungsklage im Hinblick auf eine besonders lange Dauer der Verfahrens und den dadurch bewirkten Verlust des Aktualitätsbezugs gehalten sei, die Hauptsache des Verfahrens für erledigt zu erklären. Das erscheint zwar im Hinblick auf den geforderten Aktualitätsbezug konsequent. Diese Auffassung würde aber im Ergebnis dazu führen, dass Berichtigungsansprüche, die die Medien nicht freiwillig erfüllen, vermutlich nur in ganz seltenen Ausnahmefällen durchsetzbar wären. Denn in Anbetracht der Regel, dass Berichtigungsurteile erst nach Rechtskraft vollstreckbar sind (Rz. 31.26), können die Medien das Verfahren durch Einlegung von Rechtsmitteln verzögern, so dass alte Meldungen in aller Regel nicht mehr als aktuell wahrgenommen werden, wenn das Urteil vollstreckbar wird. Man wird daher zur Ermittlung des mit Recht geforderten Aktualitätsbezugs weiter auf den Zeitraum zwischen der Veröffentlichung der beanstandeten Meldung und die Geltendmachung des Berichtigungsanspruchs im Wege der Klage abstellen müssen.

In der Regel wird die gebotene Abwägung der widerstreitenden Interessen bei der Entscheidung über die Frage der **Erforderlichkeit** zu Gunsten der Betroffenen und damit gegen die Medien ausfallen. Die Versagung eines Berichtigungsanspruchs bei feststehender Unwahrheit einer ehrverletzenden Behauptung wird von den Gerichten nur bei Vorliegen besonderer Voraussetzungen ernsthaft in Betracht gezogen. Sie dürfte in der gerichtlichen Praxis die Ausnahme darstellen. Als Ergebnis der erforderlichen Abwägung ausgeschlossen sein kann der Berichtigungsanspruch aber etwa in Fällen vorausgegangener Provokation des Betroffenen.[79]

31.21

31.22

---

73 BGH AfP 2004, 124 = NJW 2004, 1034 – Unechte Frage.
74 BGH GRUR 1998, 415 – Wirtschaftsregister; OLG Hamburg AfP 1971, 105; OLG München AfP 1974, 119.
75 OLG Karlsruhe NJW-RR 2004, 917.
76 LG Hamburg AfP 2007, 273.
77 BGH AfP 2004, 124 = NJW 2004, 1034 – Unechte Frage; OLG Hamburg NJW-RR 1999, 1701.
78 *Fricke*, AfP 2009, 552 ff.
79 BGH GRUR 1962, 315 – Deutsche Miederwoche; BGH AfP 1992, 361 = NJW-RR 1992, 936 – Plagiatsvorwurf II; Löffler/*Steffen*, § 6 LPG Rz. 289.

31.23 Ausgeschlossen ist ein Berichtigungsanspruch auch dann, wenn die Medien die unwahre Behauptung bereits freiwillig widerrufen oder sonst geeignete Maßnahmen zur Störungsbeseitigung ergriffen haben.[80] Dabei kommt es für die Beurteilung der Frage, ob ein an sich begründeter Berichtigungsanspruch durch einseitige Maßnahmen der Medien **abgewendet** werden kann, auch auf die Art und Aufmachung der freiwilligen Störungsbeseitigung an.[81] So hat das OLG Düsseldorf[82] den Abdruck eines richtigstellenden Leserbriefs des Betroffenen, der mit dem redaktionellen Zusatz versehen war, dass der Betroffene *mit seiner Darstellung Recht habe*, unbeschadet der Tatsache als ausreichend angesehen, dass die Erstmitteilung im redaktionellen Teil des Hefts, der Leserbrief indessen in dem allerdings gut platzierten Leserbriefteil abgedruckt war; zum Prinzip der Waffengleichheit auch Rz. 31.31 ff. Verlangt der Betroffene neben einer Berichtigung auch den Abdruck einer Gegendarstellung und steht für die betreffende Redaktion die Unwahrheit der beanstandeten Behauptung bereits frühzeitig fest, so kann insbesondere ein redaktioneller Zusatz zur Gegendarstellung, durch den deren inhaltliche Richtigkeit bestätigt wird, ein geeignetes und auch für die Medien zumutbares Mittel freiwilliger Störungsbeseitigung darstellen, das eine Verpflichtung zur späteren Veröffentlichung einer Berichtigung ausschließt.[83]

2. Durchsetzung

a) Verfahrensart

aa) Hauptsacheklage

31.24 Wird der Berichtigungsanspruch nicht freiwillig erfüllt, so ist er im Wege der **Hauptsacheklage**[84] geltend zu machen. Das folgt aus der Regel, dass eine Verurteilung der Medien zur Veröffentlichung der Berichtigung nur bei festgestellter Unwahrheit zulässig ist. Zu den Fragen der örtlichen und internationalen Zuständigkeit der Gerichte und zu den medienrechtlichen Besonderheiten hinsichtlich der Kosten der Geltendmachung von Ansprüchen wird auf die Darlegungen in Rz. 30.25 ff. und Rz. 30.41 ff. verwiesen.

31.25 Im Rahmen einer Berichtigungsklage bestimmt der Betroffene durch die Formulierung der von ihm geforderten Berichtigung den **Streitgegenstand**. Anders als beim Unterlassungsanspruch, bei dem die Gerichte jedenfalls im Verfahren der einstweiligen Verfügung gemäß § 938 ZPO die Möglichkeit haben, nicht als sachdienlich angesehene Unterlassungsanträge dem aus der Sicht des Richters Erforderlichen anzupassen, sind die Gerichte beim Berichtigungsanspruch an den Antrag des Klägers gebunden. Die Formulierung des Klageantrags dient insoweit der notwendigen Beschränkung auf eine bestimmte, erwiesenermaßen unwahre und damit berichtigungsfähige Tatsachenbehauptung, und das Gericht darf von den Anträgen des Betroffenen weder abweichen noch gar über sie hinausgehen.[85] Das gilt – anders als

---

80 BGH GRUR 1969, 555 – Cellulitis; OLG Köln AfP 1989, 764; Löffler/*Steffen*, § 6 LPG Rz. 290.
81 BGH NJW 1982, 1805 = GRUR 1982, 318 – Schwarzer Filz.
82 OLG Düsseldorf AfP 1997, 711; ähnlich für die Rubrik *Rückspiegel* im Nachrichtenmagazin DER SPIEGEL BGH GRUR 1969, 555 – Cellulitis.
83 OLG Hamburg AfP 1970, 968; OLG Karlsruhe AfP 1989, 542; OLG Köln AfP 1991, 427; Löffler/*Steffen*, § 6 LPG Rz. 290; *Damm/Rehbock*, Rz. 874.
84 Wenzel/*Gamer/Peifer*, Kap. 13 Rz. 143; Löffler/*Steffen*, § 6 LPG Rz. 302.
85 BGH AfP 1992, 361 = NJW-RR 1992, 936 – Plagiatsvorwurf II.

bei der Gegendarstellung (dazu Rz. 29.96 ff.) – auch hinsichtlich der konkreten Abdruckanordnung. Verlangt etwa der Betroffene zu Unrecht den Abdruck einer Berichtigung auf einem Titelblatt einer Zeitschrift, dann hat das Gericht keine Möglichkeit, eine anderweitige Platzierung anzuordnen, die ihrerseits nicht gefordert wurde; es muss die Berichtigungsklage vielmehr insgesamt abweisen,[86] wenn es die geforderte Art der Platzierung nicht für geschuldet hält.

Urteile, durch die die Veröffentlichung einer Berichtigung angeordnet wird, sind erst **nach**   31.26
Rechtskraft vollstreckbar.[87] Das folgt zwingend aus der Tatsache, dass durch die Medien verbreitete Behauptungen nur bei feststehender Unwahrheit zu berichtigen sind und vor rechtskräftigem Abschluss des Verfahrens jedenfalls in aller Regel noch nicht definitiv feststeht, dass die streitige Behauptung unwahr ist. Streiten die Parteien etwa um die *angemessene Platzierung einer Berichtigung*, so schafft auch insoweit erst ein rechtskräftiges Urteil endgültige Klarheit, und die Anordnung des Abdrucks vor diesem Zeitpunkt brächte das Risiko einer Verpflichtung des Verlags zu einem wiederholten Abdruck mit unterschiedlichen Modalitäten mit sich. Auf die Frage, ob die Verurteilung zur Veröffentlichung einer Berichtigung in entsprechender Anwendung des § 894 ZPO zu vollstrecken ist,[88] der stets die Rechtskraft der Entscheidung voraussetzt, oder ob die Zwangsvollstreckung, wie die herrschende Meinung mit Recht annimmt,[89] nach den Regeln des § 888 ZPO über die Erzwingung der Vornahme unvertretbarer Handlungen erfolgt, die im Allgemeinen auch aus nur vorläufig vollstreckbaren Urteilen möglich ist, kommt es daher im Ergebnis nicht an.

bb) Einstweiliger Rechtsschutz

Die Durchsetzung von Berichtigungsansprüchen im Wege der **einstweiligen Verfügung** ist   31.27
prinzipiell nicht möglich.[90] Dem steht schon die allgemeine zivilprozessuale Regel entgegen, dass einstweilige Verfügungen nur der Sicherung, nicht aber der Erfüllung von Ansprüchen dienen und dass der einmal erfolgte Abdruck oder die einmal erfolgte Verlesung einer durch einstweilige Verfügung angeordneten Berichtigung nicht mehr rückgängig gemacht werden kann. Auch würde die Anordnung der Veröffentlichung einer Berichtigung im Wege einer einstweiligen Verfügung dem tragenden Grundsatz des Berichtigungsrechts nicht gerecht, dass eine Berichtigung nur bei feststehender Unwahrheit gefordert werden kann; mit den beschränkten Mitteln des Verfahrens der einstweiligen Verfügung aber kann der Beweis der Unwahrheit nicht mit der erforderlichen Sicherheit geführt werden. Soweit im Wettbewerbsrecht ein Folgenbeseitigungsanspruch im Wege vorläufigen Rechtsschutzes bejaht worden ist,[91]

---

86 OLG Hamburg AfP 1995, 515 = NJW 1995, 885.
87 Löffler/*Steffen*, § 6 LPG Rz. 302; *Damm/Rehbock*, Rz. 906; a.A. Wenzel/*Gamer/Peifer*, Kap. 13 Rz. 148.
88 OLG Frankfurt a.M. NJW 1982, 113.
89 BGH AfP 1977, 340 = NJW 1977, 1288 – Abgeordnetenbestechung; OLG Zweibrücken NJW 1991, 304; OLG Frankfurt a.M. GRUR 1993, 697; Löffler/*Steffen*, § 6 LPG Rz. 302; Wenzel/*Gamer/Peifer*, Kap. 13 Rz. 105; *Damm/Rehbock*, Rz. 906.
90 OLG Bremen AfP 1979, 355; OLG Köln AfP 1981, 358; OLG Hamm AfP 1979, 355; OLG Hamm AfP 1979, 396; OLG Celle BB 1964, 910; LG Dresden AfP 2009, 274; OLG Frankfurt a. M. NJW-RR 1996, 423 für den urheberrechtlichen Berichtigungsanspruch; Löffler/*Steffen*, § 6 LPG Rz. 302; *Damm/Rehbock*, Rz. 899 f.; *Ricker/Weberling*, Kap. 44 Rz. 33.
91 OLG Koblenz GRUR 1987, 730.

kommt eine Übertragung auf das Berichtigungsrecht der Medien prinzipiell nicht in Betracht, da es dort nicht um Eingriffe in die Presse- bzw. Rundfunkfreiheit geht.

31.28 Nur in extremen Ausnahmefällen haben einzelne Gerichte[92] entgegen dieser Regel die Veröffentlichung **vorläufiger Berichtigungen** im Wege des einstweiligen Rechtsschutzes angeordnet. Derartige Ausnahmekonstellationen kommen aber nur in Betracht, wenn die Unwahrheit der veröffentlichten Behauptung und ihre nachteilige Auswirkung auf schützenswerte Belange des Betroffenen offenkundig sind, wenn insbesondere unstreitig ist, dass die beanstandete Meldung unwahr ist.[93] Selbst dann aber kann Streit über die konkrete Ausgestaltung und Platzierung der Berichtigung bestehen, der nicht im Eilverfahren geklärt werden kann.

31.29 Auch eine **vorläufige Berichtigung** des Inhalts, der Betroffene habe *auf Veröffentlichung einer Richtigstellung* geklagt, kann nicht verlangt werden. Die gegenteilige Auffassung,[94] die einen derartigen Anspruch anerkennt und ihn im Wege der einstweiligen Verfügung für durchsetzbar hält, übersieht, dass auch die Verpflichtung zur Veröffentlichung einer solchen vorläufigen Berichtigung einen Eingriff in die Presse- oder Rundfunkfreiheit darstellt, der so lange nicht gerechtfertigt ist, als die Unwahrheit der zu berichtigenden Behauptung nicht feststeht. In Anbetracht der Möglichkeit des Betroffenen, seine Sicht der Dinge im Wege der Gegendarstellung öffentlich zu machen und deren Entwertung durch einen redaktionellen Zusatz mithilfe einer gerichtlichen Unterlassungsverfügung zu verhindern, wird ein derartiger Eingriff stets als unverhältnismäßig anzusehen sein.

b) Darlegungs- und Beweislast

31.30 Anders als beim Unterlassungsanspruch liegt die **Beweislast für die Unwahrheit** der zu berichtigenden Darstellung uneingeschränkt beim Kläger.[95] Das folgt aus der Regel, dass die Durchsetzung eines Berichtigungsanspruchs nur in Betracht kommt, wenn die Unwahrheit zu der beanstandeten Behauptung feststeht, und gilt, trotz der Risikoverteilung im Rahmen des § 186 StGB, wie bei allen anderen deliktischen Tatbeständen auch im Fall der üblen Nachrede. Auch hier trifft die Medien aber die bereits in anderem Zusammenhang (Rz. 30.47) dargestellte **Substantiierungslast**.[96] Bleiben sie im Prozess die Substantiierung und Konkretisierung des von ihnen erhobenen Vorwurfs schuldig und machen sie dem klagenden Verletzten die Führung des ihm obliegenden Negativbeweises damit *de facto* unmöglich, dann kann ausnahmsweise von der Unwahrheit der umstrittenen Behauptung ausgegangen werden und eine Verurteilung zur Veröffentlichung eines Widerrufs trotz ungeklärter Sachlage und prinzipieller Beweislast des Verletzten in Betracht kommen.[97]

---

92 OLG Hamburg AfP 1970, 85; OLG Köln AfP 1972, 331; OLG Stuttgart MDR 1961, 1024; OLG Frankfurt a. M. GRUR 1989, 74.

93 Löffler/*Steffen*, § 6 LPG Rz. 302.

94 LG Hamburg ArchPR 1974, 126; *Schneider*, AfP 1984, 127 ff.; Wenzel/*Gamer*/*Peifer*, Kap. 13 Rz. 123f.

95 BGH AfP 2008, 381 = NJW 2008, 2262 – Richtigstellungsanspruch des BKA; BGH AfP 1976, 75 = NJW 1976, 1198 – Panorama; Löffler/*Steffen*, § 6 LPG Rz. 296.

96 BGH AfP 2008, 381 = NJW 2008, 2262 – Richtigstellungsanspruch des BKA; OLG Köln AfP 2018, 55 = ZUM 2018, 625.

97 BGH NJW 1974, 1710 = GRUR 1975, 36 – Arbeitsrealitäten.

3. Erfüllung

Wie das Gegendarstellungsrecht wird auch das Berichtigungsrecht vom Prinzip der **Waffen-** **31.31**
gleichheit geprägt,[98] Einzelheiten dazu in Rz. 29.96 ff. Die Berichtigung ist daher prinzipiell
wie eine Gegendarstellung in demselben Teil einer Zeitung oder Zeitschrift oder auf demselben Sendeplatz einer Rundfunksendung zu verbreiten wie die zu berichtigende Behauptung.[99]
Handelt es sich dabei um die Titelseite einer Zeitung, so ist die Berichtigung ebenfalls dort zu
veröffentlichen.[100] Die Rechtsprechung zum Gegendarstellungsrecht, die die Platzierung einer
vollständigen Gegendarstellung auf dem Titelblatt einer Zeitschrift anordnet, wenn auch die
Erstmitteilung dort als in sich abgeschlossene Sachaussage platziert war, ist auf das Berichtigungsrecht ebenfalls entsprechend anwendbar.[101] Dabei haben der BGH[102] und das OLG
Hamburg[103] jedoch klargestellt, dass es insoweit nicht um pauschale Gleichmacherei geht,
sondern um sachgerechte Einzelfallentscheidungen.

Immer ist durch die Art der Abdruckanordnung dem berechtigten Interesse des Verlags da- **31.32**
ran, die Titelseite frei zu gestalten und sie zur Ankündigung der Heftinhalte zu nutzen, angemessen Rechnung zu tragen, wenn ein Gericht anordnet, dass eine Berichtigung dort zu
veröffentlichen ist. Die Berichtigung muss zwar für den *Kioskleser* erkennbar sein, wenn die
zu berichtigende Meldung es ihrerseits war. Die gerichtlich verfügte Art der Platzierung darf
aber nicht das Gesicht des Titelblatts prägen.[104] So kann im Hinblick auf die verfassungsrechtliche Garantie der Pressefreiheit und die besondere Bedeutung, die die Gestaltung einer
Titelseite insoweit hat, die Berichtigung nicht direkt unterhalb der Titelmarkette und kann sie
in deutlich kleinerer Schrift als die Ursprungsmeldung abzudrucken sein, selbst wenn diese
direkt unterhalb der Titelmarkette platziert war.[105] Und selbst unter Berücksichtigung des
Prinzips der **Waffengleichheit** kann es ausreichend sein, die Berichtigung im Heftinneren abzudrucken, wenn auf dem Titelblatt bereits eine Gegendarstellung veröffentlicht wurde.[106]

Verfassungsrechtliche Bedenken gegen die Rechtsprechung der Zivilgerichte zur Waffen- **31.33**
gleichheit bestehen nicht mehr, nachdem das BVerfG eine speziell gegen diese Anordnungs-
praxis gerichtete Verfassungsbeschwerde verworfen hat.[107] Diese Entscheidung ändert aber
an der Richtigkeit der Auffassung des BGH[108] und der Instanzgerichte darüber nichts, dass
bei entsprechenden Anordnungen nicht pauschal vorgegangen werden darf, dass vielmehr im
Rahmen der Einzelfallentscheidung dem besonderen verfassungsrechtlichen Stellenwert gera-

---

98 OLG Hamburg AfP 1970, 968 – Prinzessin von Preußen; OLG Hamburg AfP 1995, 515 = NJW
   1995, 885; BGH AfP 1995, 411 – Caroline von Monaco I; Wenzel/*Gamer*/*Peifer*, Kap. 13 Rz. 132;
   a.A. *Damm*/*Rehbock*, Rz. 915.
99 BGH AfP 1995, 411 = NJW 1995, 861 – Caroline von Monaco I; BGH NJW 1968, 644 = GRUR
   1968, 262 – Fälschung; OLG Hamburg AfP 1995, 515 = NJW 1995, 885.
100 BGH AfP 1995, 411 = NJW 1995, 861 – Caroline von Monaco I; BVerfG AfP 1998, 184 = NJW 1998,
   1381 – Gegendarstellung auf der Titelseite; OLG Hamburg AfP 1970, 968 – Prinzessin von Preußen.
101 BGH AfP 1995, 411 = NJW 1995, 861 – Caroline von Monaco I; BVerfG AfP 1998, 184 = NJW
   1998, 1381 – Gegendarstellung auf der Titelseite; OLG Hamburg AfP 1995, 515 = NJW 1995, 885.
102 BGH AfP 1995, 411 = NJW 1998, 1381 – Caroline von Monaco I.
103 OLG Hamburg AfP 1995, 515 = NJW 1995, 885; a.A. LG Hamburg AfP 1994, 243.
104 BGH AfP 1995, 411 = NJW 1998, 1381 – Caroline von Monaco I; OLG Hamburg AfP 1999, 68.
105 OLG Hamburg AfP 1999, 68.
106 OLG Hamburg AfP 1995, 515 = NJW 1995, 885.
107 BVerfG AfP 1998, 184 = NJW 1998, 1381 – Gegendarstellung auf der Titelseite.
108 BGH AfP 1995, 411 = NJW 1998, 1381 – Caroline von Monaco I.

de der Titelseite in angemessener Weise Rechnung zu tragen und ein entsprechender Interessenausgleich zu schaffen ist.

31.34 **Gegenäußerungen** zu einer von den Medien geschuldeten Berichtigung sind nicht ausgeschlossen. Gesetzliche Einschränkungen wie etwa das Glossierungsverbot im Gegendarstellungsrecht (dazu Rz. 29.103 ff.) gibt es im Rahmen des Berichtigungsrechts nicht. Keinesfalls ist die Durchsetzung eines Berichtigungsanspruchs zur Demütigung des Verpflichteten bestimmt.[109] Mit ihr soll auch nicht sein Wille gebrochen, sondern eine vom Gericht im Einzelfall festzustellende fortdauernde Beeinträchtigung des Rufs des Betroffenen beseitigt werden. Mit Recht hat daher das BVerfG[110] festgestellt, dass es dem zur Veröffentlichung eines Widerrufs Verpflichteten nicht verwehrt ist, im Rahmen der Veröffentlichung zum Ausdruck zu bringen, dass sie in Erfüllung eines gerichtlichen Urteils und nicht etwa aus freier Überzeugung erfolgt. Medien, die von dieser Möglichkeit Gebrauch machen, müssen aber darauf achten, dass durch sie nicht der Eindruck der Fehlerhaftigkeit der Berichtigung und damit der Richtigkeit der ursprünglichen Behauptung erweckt wird. Dadurch, aber auch durch einen nicht ordnungsgemäßen Abdruck kann die Berichtigung im Ergebnis so entwertet werden, dass sie nicht als Erfüllung des gerichtlichen Gebots anerkannt wird und daher ein abermaliger Abdruck erzwungen werden kann.[111]

§ 32 Finanzielle Ansprüche

1. Schadenersatzansprüche

32.1 Schadenersatzansprüche gegen Medien richten sich nach allgemeinen Vorschriften. Nach § 823 Abs. 1 BGB ist derjenige, der vorsätzlich oder fahrlässig eines der durch diese Bestim-

---

109 BGH AfP 1978, 23 = NJW 1977, 1681 – Wohnstättengemeinschaft; BGH AfP 1984, 33 = NJW 1984, 1104 – Kleiner Kreis.
110 BVerfG NJW 1970, 651 – Korruptionsvorwurf.
111 Vgl. zu einer solchen Konstellation LG Berlin AfP 2009, 526.

mung geschützten Rechte eines anderen verletzt, diesem zum Ausgleich des daraus entstehenden Schadens verpflichtet. Dieselbe Rechtsfolge knüpfen § 823 Abs. 2 BGB an die Verletzung eines zum Schutz eines anderen bestimmten Gesetzes und § 824 BGB an die Erfüllung des Tatbestands der Kreditgefährdung. Die von den Medien gelegentlich vertretene These, diese Verpflichtung zum Schadenersatz verletze jedenfalls dann die Kommunikationsgrundrechte des Art. 5 Abs. 1 GG, wenn die Höhe eines einem Verletzten zugesprochenen Ersatzbetrags die wirtschaftliche Basis des ersatzpflichtigen Verlags gefährdet, hat das BVerfG[1] ausdrücklich zurückgewiesen und dies mit der Feststellung verbunden, dass sich aus Art. 5 Abs. 1 GG eine Bestandsgarantie zwar für die Institutionen Presse und Rundfunk, nicht aber für ein individuelles Medienunternehmen ergibt.

Schadenersatzansprüche gegen die Medien können gerichtlich nur im **Hauptsacheverfahren geltend gemacht** werden; einstweiliger Rechtsschutz kommt wegen der damit verbundenen Vorwegnahme einer Hauptsache nicht in Betracht. Zu den medientypischen Besonderheiten hinsichtlich der funktionalen, örtlichen und internationalen sowie der sachlichen Zuständigkeit der Gerichte und der den Anwälten der Betroffenen gegebenenfalls zu erstattenden Kosten wird auf die Darstellung im Rahmen der Unterlassungsansprüche verwiesen (Rz. 30.24 ff. und Rz. 30.41 ff.). | 32.2

a) Haftungsvoraussetzungen

aa) Schuldhafte Rechtsverletzung

Voraussetzung für die Verpflichtung der Medien zur Leistung von Schadenersatz ist zunächst die Verletzung eines haftungsbegründenden Tatbestands. Hierbei kann es sich um die unmittelbare Verletzung eines der in **§ 823 Abs. 1 BGB** geschützten Rechte wie des Allgemeinen Persönlichkeitsrechts, des Rechts am Unternehmen oder des Rechts am eigenen Bild ebenso handeln wie um die Erfüllung des Tatbestands der Kreditgefährdung nach **§ 824 BGB** oder schließlich die Verletzung eines Schutzgesetzes im Sinn von **§ 823 Abs. 2 BGB**, wozu im Zusammenhang mit Medienberichterstattung in erster Linie die Bestimmungen der §§ 185 ff. StGB über den strafrechtlichen Ehrenschutz gehören. | 32.3

Die Verpflichtung zur Leistung von Schadenersatz tritt nur ein, wenn eine nicht nur rechtswidrige, sondern auch schuldhafte Rechtsverletzung vorliegt. Darin unterscheiden sich die Voraussetzungen der Schadenersatzpflicht grundlegend von denjenigen der Ansprüche auf Unterlassung oder Berichtigung sowie des Gegendarstellungsanspruchs. Damit scheidet die rechtmäßige Berichterstattung zunächst als Anknüpfungspunkt für eine Schadenersatzpflicht der Medien selbst dann aus, wenn sie unwahr ist und dem Betroffenen durch sie möglicherweise ein Schaden entsteht. Das kann insbesondere der Fall sein, wenn ein Bericht den Voraussetzungen für die Inanspruchnahme des Rechtfertigungsgrunds der Wahrnehmung berechtigter Interessen genügt; dazu auch Rz. 15.5 ff.[2] Auch wenn das nicht der Fall ist, eine Redaktion aber an der Rechtsverletzung kein Verschulden trifft, weil sie etwa Meldungen von Agenturen[3] oder Behörden[4] ungeprüft wiedergibt, auf deren Richtigkeit sie vertrauen darf | 32.4

---

1 BVerfG AfP 2001, 121 = NJW 2001, 1639.
2 Löffler/*Steffen*, § 6 LPG Rz. 304.
3 KG AfP 2007, 571 = NJW-RR 2008, 356; OLG Hamburg AfP 1977, 351; LG München AfP 1975, 758; LG Oldenburg AfP 1988, 79.
4 OLG Dresden NJW 2004, 1181; OLG Karlsruhe AfP 1993, 586 = NJW-RR 1993, 723; vgl. auch BGH AfP 1971, 76 = BGH NJW 1971, 698 = GRUR 1972, 97 – Pariser Liebestropfen; OLG Hamburg AfP

(Rz. 2.29), kommt eine Schadenersatzpflicht nicht in Betracht.[5] Da vorsätzliche Schädigung Dritter durch Medienberichterstattung im Allgemeinen ausscheidet, muss die Herbeiführung der Rechtsverletzung jedenfalls auf **Fahrlässigkeit** beruhen, wobei es auf den Verschuldensmaßstab nicht ankommt. Das Deliktsrecht differenziert bei der Verpflichtung zum Ausgleich rechtswidrig verursachter Schäden nicht zwischen leichter und grober Fahrlässigkeit, so dass im Fall rechtsbeeinträchtigender Berichterstattung jede Verletzung der pressemäßigen Sorgfalt (dazu Rz. 2.11 ff.) die Haftung der Medien auslösen kann. Die rechtswidrige Verwendung von Lichtbildern etwa zu Zwecken der Werbung ohne ausdrückliche Einwilligung des Betroffenen wird nur unter ganz besonderen Umständen unverschuldet sein,[6] kann dann aber immer noch einen Zahlungsanspruch des Betroffenen aus ungerechtfertigter Bereicherung auslösen (dazu Rz. 32.30 ff.).

bb) Kausalität und Schaden

32.5 Voraussetzung ist ferner, dass eine schuldhaft rechtswidrige Veröffentlichung einen **Schaden** verursacht. Dies spielt bei sog. Internetsachverhalten, insbesondere bei der Zubilligung einer Geldentschädigung (dazu Rz. 32.33), eine zunehmend wichtige Rolle. Da eine online veröffentlichte Aussage zumindest nach Annahme der Gerichte „typischerweise" verlinkt und kopiert wird, wirken damit die besonderen Gefahren fort, die durch den Ursprungsbeitrag gesetzt wurden.[7] Weitere hinzutretende Umstände, etwa dass ein Beitrag unter Verletzung der Urheberrechte des verbreitenden Medienunternehmens kopiert wurde, spielen nach der Auffassung des BGH keine Rolle, da die durch die Weiterverbreitung verursachte Rechtsverletzung sowohl äquivalent wie auch adäquat kausal auf die Erstveröffentlichung zurückzuführen sei.[8] Dies führt praktisch zu einer Gefährdungshaftung der Medien. Denn selbst wenn ein Beitrag nur kurze Zeit später als fehlerhaft erkannt und korrigiert werden sollte, muss ein Verlag oder ein Rundfunkunternehmen für zwischenzeitlich ohne sein Zutun oder auch nur Wissen erfolgte Verbreitungshandlungen weiter haften. Dies stellt zumindest im Bereich der Geldentschädigung eine Verschärfung gegenüber der bisherigen Rechtsprechung dar.

32.6 Bei der Prüfung eines materiellen Schadens kann hingegen nach wie vor nicht allein auf die Verbreitungshandlung als solche abgestellt werden. Vielmehr muss auch der **unmittelbare Zusammenhang** mit einem daraus resultierenden Schaden nachgewiesen sein. So wurde bei einer Berichterstattung über eine lange zurück liegende Straftat des Betroffenen darauf abgestellt, dass diese zu einer öffentlichen Diskussion führte, als deren Folge der Betroffene einen Anstellungsvertrag verlor.[9]

32.7 Bei der Verletzung des Tatbestands der **Kreditgefährdung** gemäß § 824 BGB oder der **üblen Nachrede** gemäß §§ 823 Abs. 2 BGB, 186 StGB zum Nachteil eines Unternehmens liegen

---

1977, 351; OLG Hamburg NJW 1980, 842; OLG Hamm NJW 1993, 1209 = GRUR 1993, 154; LG Berlin AfP 2008, 530; LG Oldenburg AfP 1988, 79.

5 Zur etwaigen Haftung einer Bildagentur für die rechtliche Unbedenklichkeit von ihr vermittelter Lichtbilder vgl. BGH AfP 2011, 70 = NJW 2011, 755 – Die Akte H...; KG AfP 2011, 383 = MMR 2012, 258.

6 BGH AfP 1992, 149 = NJW 1992, 2084 – Joachim Fuchsberger.

7 BGH AfP 2015, 33 – RSS-Feed; LG Hamburg AfP 2017, 354.

8 BGH AfP 2014, 135 – Sächsische Korruptionsaffäre; kritisch dazu auch Wenzel/*Burkhardt*, Kap. 14 Rz. 34; anders beim Unterlassungsanspruch, hier genügt das „Hinwirken" auf Dritte, z.B. Suchmaschinen. Selbständiges Handeln Dritter führt nicht zu einer Verletzung von Unterlassungspflichten, s. BGH AfP 2018, 512 m. Anm. *Fricke*.

9 BGH AfP 1997, 700 = NJW 1997, 1148 – Stern TV.

wirtschaftliche Nachteile des Betroffenen als deren Folge noch um etliches näher. Berichte etwa über angebliche wirtschaftliche Schwierigkeiten einer Privatbank, die zum *massiven Abzug von Kundengeldern* führen,[10] über die angebliche mikrobielle Verseuchung eines Markenerzeugnisses der Lebensmittelindustrie,[11] über die *Glykolvergiftung von Wein* oder den *Nematodenbefall* von Meeresfischen können zur wirtschaftlichen Gefährdung oder gar Vernichtung ganzer Unternehmen oder Branchen führen. Sie stellen, wenn sie unwahr, schuldhaft rechtswidrig[12] und auf ein konkretes Unternehmen bezogen sind (dazu Rz. 13.43 ff.), einen klaren Anknüpfungspunkt für Schadenersatzverpflichtungen der Medien dar.

Dennoch ist der erforderliche **Kausalitätsbeweis** in der Regel schwer oder gar nicht zu erbringen. Insbesondere daran scheitert häufig der Versuch Betroffener, die Medien für die Folgen widerrechtlicher Berichterstattung finanziell haftbar zu machen. Fälle, in denen dieser Nachweis gelingt, sind in der Praxis vergleichsweise selten.[13] Insoweit nimmt das Haftungsrisiko der Medien deutlich zu, je dichter die kausale Verknüpfung zwischen einer Meldung und den durch sie nachweislich herbeigeführten wirtschaftlichen Folgen ist. Sagt etwa ein Bericht einer Lokalzeitung einem am Ort tätigen Rechtsanwalt wahrheitswidrig eine persönliche Verwicklung in den *betrügerischen Bankrott* eines seiner Mandanten nach, als dessen Folge zahlreiche Arbeitsplätze am selben Ort verlorengegangen sind, so ist es überwiegend wahrscheinlich, dass dies zu einem unmittelbar spür- und nachweisbaren Rückgang seiner Aufträge und damit seines Umsatzes und Ertrags führt. Die Verbreitung der unwahren Behauptung, eine *Kapitalanlagegesellschaft habe Kundengelder veruntreut*, kann insbesondere dann zu deren wirtschaftlichem Zusammenbruch führen, wenn sie zu einer Jahreszeit veröffentlicht wird, zu der ein solches Unternehmen seinen wesentlichen Umsatz tätigt. Die Behauptung, ein Rechtsanwalt, der sich im Recht der Kapitalanlagen einen Namen gemacht hat, lasse sich von Anbietern von Anlagemodellen, die er im Auftrag von Mandanten zu prüfen hat, *für positive Voten bezahlen*,[14] oder diejenige, einem praktizierenden *Arzt seien serienweise Kunstfehler* unterlaufen,[15] können die berufliche Kariere der Betroffenen und damit deren wirtschaftliches Fortkommen aufs Schwerste beeinträchtigen.

32.8

cc) Beweislast

Werden als Folge von Medienberichterstattung Schadenersatzansprüche geltend gemacht, so gelten für die Frage der objektiven Rechtsverletzung die zum Unterlassungsanspruch dargestellten Grundsätze.[16] Knüpft also der geltend gemachte Anspruch an eine behauptete üble Nachrede an, so obliegt der **Nachweis der Richtigkeit** der verbreiteten Behauptung den **Medien**, sofern sie nicht in Wahrnehmung berechtigter Interessen gehandelt haben. In diesem Fall wird über § 823 Abs. 2 BGB die Beweisregel des § 186 StGB angewendet, nach der grundsätzlich der „Täter" die Beweislast für die Wahrheit der ehrverletzenden Äußerung hat

32.9

---

10 LG Hamburg ZIP 1997, 1409 = ZUM-RD 1998, 166.

11 OLG Stuttgart AfP 1990, 145 – Birkel.

12 Näheres zum Verschulden vgl. Löffler/*Steffen*, § 6 LPG Rz. 305.

13 BGH AfP 1997, 700 = NJW 1997, 1148 – Stern TV; vgl. auch den Fall BGH AfP 2006, 150 = NJW 2006, 830; OLG München BeckRS 2013, 05349 – Breuer, in dem der Verletzte allerdings nicht die Medien, sondern mit der Deutsche Bank AG und ihrem damaligen Vorstandssprecher deren Informanten in Anspruch nimmt.

14 OLG Düsseldorf AfP 1995, 500.

15 BGH AfP 1997, 700 = NJW 1997, 1148 – Stern TV.

16 BGH AfP 1997, 144 = NJW 1996, 1131 – Polizeichef; vgl. auch Löffler/*Steffen*, § 6 LPG Rz. 304 ff.

(Rz. 30.46 ff.).[17] Das gilt auch im Rahmen der Klage auf Zahlung einer Geldentschädigung; dazu Rz. 32.32 ff.[18] Haben die Medien in Wahrnehmung berechtigter Interessen gehandelt, kommt aber mangels Rechtswidrigkeit der Verbreitungshandlung die Geltendmachung von Schadenersatzansprüchen selbst dann nicht in Betracht, wenn der Verletzte den Nachweis der Unrichtigkeit der streitigen Behauptung führt.[19]

32.10 In allen anderen Fällen gilt der Grundsatz, dass der Betroffene die so genannte **haftungsbegründende Kausalität**, d.h. sämtliche tatbestandlichen Voraussetzungen für den Grund des geltend gemachten Anspruchs und damit vor allem die Unwahrheit der umstrittenen Behauptung sowie eines schuldhaften Handelns des Schädigers beweisen muss.[20] Auch insoweit trifft die Medien aber die gesteigerte Substantiierungspflicht, deren Einhaltung es dem Betroffenen in vielen Fällen erst möglich und zumutbar macht, auf Medienäußerungen substantiiert zu erwidern und die erforderlichen Beweise zu führen (Rz. 30.46).

32.11 Stehen Tatbestandsmäßigkeit und Rechtswidrigkeit einer Äußerung sowie das Verschulden auf Seiten des Medienunternehmens fest, dann obliegt der **Nachweis der Ursächlichkeit** ihrer Verbreitung für den behaupteten Schaden nach allgemeinen Beweislastregeln stets **dem Verletzten**.

32.12 Das gilt zunächst für die so genannte **haftungsausfüllende Kausalität**, also die Behauptung, dass als Folge der rechtswidrigen Berichterstattung überhaupt ein Schaden eingetreten ist. Daran scheiterte etwa die Schadenersatzforderung eines Unternehmens der Filmbranche mit der Begründung, ihm seien als Folge einer negativen, auf einer *Verwechslung beruhenden Filmkritik Gewinnausfälle* entstanden; in diesem Fall war die Möglichkeit, dass der ausbleibende wirtschaftliche Erfolg des infrage stehenden Films auf anderen Ursachen wie etwa mangelnder Attraktivität beruhte, nicht auszuschließen.[21] Zum Beweis der haftungsausfüllenden Kausalität gehört auch der Nachweis, dass eine rechtswidrige Einzelbehauptung innerhalb eines insgesamt kritischen, aber ansonsten rechtlich unbedenklichen Artikels für den behaupteten Schaden ursächlich geworden ist, dass also die negative Geschäftsentwicklung des Betroffenen nicht bereits durch die zulässige, negative aber rechtmäßige Kritik verursacht worden ist.[22]

32.13 Zu beweisen hat der Geschädigte aber auch die Behauptung, die widerrechtliche Berichterstattung sei ursächlich für die konkrete **Höhe** des behaupteten **Schadens**.[23] Dabei kommt aber gegebenenfalls die Bestimmung des § 287 ZPO zur Anwendung, die es dem Gericht erlaubt, bei festgestellter Rechtsverletzung und durch sie verursachtem Schaden die Schadenshöhe in freier richterlicher Schätzung zu ermitteln. Es kann daher, sofern der Anspruch dem Grund nach bewiesen ist, zur Begründung der Schadenshöhe eine überwiegende Wahrscheinlichkeit ausreichen.[24] In Anwendung dieses Grundsatzes hat etwa das OLG Frankfurt[25] einem Arzt nach einer rechtswidrigen Berichterstattung, die sich auf seine freiberufliche ärztliche Tätigkeit nachteilig auswirkte, Schadenersatz in einer geschätzten Höhe zugesprochen, ohne einzel-

---

17 S. auch BGH AfP 2013, 57 – IM Christoph; LG Köln ZUM-RD 2018, 163.
18 BGH AfP 1997, 144 = NJW 1996, 1131 – Polizeichef.
19 Löffler/*Steffen*, § 6 LPG Rz. 304.
20 Wenzel/*Burkhardt*, Kap. 14 Rz. 36.
21 BGH AfP 1989, 456 = NJW-RR 1989, 924 – Filmbesprechung.
22 BGH AfP 1987, 494 = NJW 1987, 1403 – Türkol II; OLG Hamburg v. 15.7.2014 – 7 U 75/11, zit. nach juris.
23 Löffler/*Steffen*, § 6 LPG Rz. 321; Wenzel/*Burkhardt*, Kap. 14 Rz. 36.
24 BGH NJW 1972, 1515; Löffler/*Steffen*, § 6 LPG Rz. 322; Wenzel/*Burkhardt*, Kap. 14 Rz. 36.
25 OLG Frankfurt a.M. ZUM 1992, 361.

ne Feststellungen dazu zu treffen, welche Patienten ihn als Folge der Berichterstattung nicht mehr konsultiert und welche Honorarausfälle sich daraus im jeweiligen Einzelfall ergeben haben.

b) Schadenskategorien

aa) Entgangener Gewinn

Sofern einem Betroffenen durch Medienberichterstattung überhaupt nachweisliche finanzielle Einbußen entstehen, wird es sich in aller Regel um **entgangenen Gewinn** handeln. Das ist insbesondere der Fall, wenn aufgrund einer unwahren Behauptung über angeblich negative Eigenschaften eines Produkts oder dem Betroffenen in der Vergangenheit unterlaufene Fehler in der Ausübung einer beruflichen Tätigkeit Kunden oder Interessenten ausbleiben.[26] In solchen Fällen erlaubt § 252 BGB dem Geschädigten, als seinen Schaden den entgangenen Gewinn zu liquidieren, dessen Höhe gegebenenfalls wiederum gemäß § 287 ZPO durch das Gericht geschätzt werden kann, wenn die sonstigen Anspruchsvoraussetzungen unstreitig oder bewiesen sind. Die Regulierung derartiger Ansprüche richtet sich nach dem allgemeinen Schadenersatzrecht der §§ 249 ff. BGB. Medienspezifische Aspekte sind insoweit nicht ersichtlich.

32.14

Das gilt auch für die nicht seltene **Parallelverursachung** des Schadens durch mehrere Veröffentlichungen. Hier wird sich in aller Regel nicht feststellen lassen, auf welche der verschiedenen Rechtsverletzungen etwa die Kündigung des Anstellungsvertrags oder der Umsatzausfall des Betroffenen zurückzuführen ist. Die jeweils Verantwortlichen haften dann gemäß §§ 830 Abs. 1 Satz 2, 840 Abs. 1 BGB als Gesamtschuldner.[27] Die gesamtschuldnerische Haftung setzt aber voraus, dass jede der parallel erfolgenden Rechtsverletzungen ihrer Art nach geeignet ist, den vollen Schaden herbeizuführen; ist das nicht der Fall, so kommt nur eine anteilige Haftung der verschiedenen Rechtsverletzer in Betracht.[28] Im Zusammenhang mit dem Anspruch auf Zahlung einer Geldentschädigung (dazu Rz. 32.32 ff.) soll nach Auffassung des BGH (dazu Rz. 32.83)[29] der Verletzte berechtigt sein, mehrere Schädiger jeweils isoliert in Anspruch zu nehmen. Da der Nachweis der anteiligen Verursachung des eingetretenen Schadens und insbesondere der angemessenen Quoten, mit denen die Verursacher haften, in der Praxis nicht zu führen sein wird, muss in beiden Varianten die Aufteilung der Schadenersatzleistung auf die Mehrheit der Schädiger gegebenenfalls erneut im Wege der richterlichen Schätzung gemäß § 287 ZPO ermittelt werden.

32.15

Von der Parallelverursachung zu unterscheiden sind Fälle, in denen eine schuldhaft rechtswidrige Erstveröffentlichung zu Folgeveröffentlichungen anderer Medien führt und der Schaden erst nach Abschluss der Veröffentlichungswelle eintritt. Hier hat der Geschädigte die Wahl. Er kann auch in diesen Fällen die Mehrheit der Schädiger anteilig in Anspruch nehmen, die sich in der Regel nicht unter Berufung auf die Erstmeldung vom Vorwurf des Verschuldens entlasten können (dazu Rz. 2.25 ff.); tut er dies, wird das Gericht die Verteilung der auf die einzelnen Schädiger entfallenden Haftungsquoten im Ergebnis wiederum auf der Basis von § 287 ZPO schätzen müssen. Der Geschädigte kann sich aber in diesen Fällen auch mit seinem gesamten Schaden an denjenigen halten, der die in Rede stehende Meldung als Erster

32.16

---

26 BGH AfP 1997, 700 = NJW 1997, 1148 – Stern TV; OLG Frankfurt a.M. ZUM 1992, 361.
27 Löffler/*Steffen*, § 6 LPG Rz. 312; Wenzel/*Burkhardt*, Kap. 14 Rz. 32, 67.
28 Löffler/*Steffen*, § 6 LPG Rz. 312.
29 BGH AfP 1985, 110 = NJW 1985, 1617 – Nacktfoto.

publik gemacht hat, da die Weiterverbreitung der schädigenden Meldung durch andere Medien im Rahmen des Voraussehbaren liegt und sich damit auch im Rahmen des von ihm zu verantwortenden Kausalverlaufs hält.[30]

bb) Ersatz von schadensmindernden Aufwendungen

32.17 Von besonderer praktischer Bedeutung kann im Fall rechtswidriger Medienäußerungen die Verpflichtung sein, dem Verletzten die **Kosten** zu ersetzen, die er selbst aufgewandt hat, um das Entstehen eines konkreten **Schadens zu verhindern** oder den bereits eingetretenen Schaden zu begrenzen oder ihn jedenfalls zu mindern. Nach § 254 Abs. 2 Satz 1 BGB ist der Geschädigte verpflichtet, ihm zumutbare Maßnahmen zu treffen, um den eingetretenen oder drohenden Schaden zu mindern. Insbesondere Unternehmen der Wirtschaft machen gelegentlich von der Möglichkeit eigener schadensmindernder Maßnahmen Gebrauch und konfrontieren die Medien sodann mit der Forderung nach dem Ausgleich dadurch entstandener Kosten. Dadurch können selbst dann hohe Schadenersatzrisiken auf die Medien zukommen, wenn – wie in der Mehrzahl der Fälle – der Nachweis der Ursächlichkeit ihrer Berichterstattung für tatsächlich eintretende wirtschaftliche Verluste des Betroffenen nicht geführt werden kann. Dem Einwand einer **Schadensminderungspflicht** kommt daher besondere Bedeutung zu.

32.18 Als schadensmindernde Maßnahme kommt in erster Linie die **Veröffentlichung einer Gegendarstellung** in Betracht. Das hat der BGH[31] in entsprechenden Fällen mit Hinweis darauf entschieden, dass sie im Verfahren der einstweiligen Verfügung schnell durchsetzbar und damit zur Bekämpfung eines befürchteten Schadens besonders geeignet ist. Die damit verbundenen Kosten der Rechtsverfolgung haben die Medien daher immer dann zu erstatten, wenn es sich bei der Verbreitung der Erstmitteilung um eine unerlaubte Handlung handelt.[32] Die Erstattungspflicht besteht insoweit, als die Aufwendungen erforderlich sind; dazu Rz. 29.91 ff.

32.19 Wirtschaftlich erheblich stärker ins Gewicht fallen die Kosten, die Betroffene gelegentlich für die Durchführung von **Anzeigenaktionen** und vergleichbare schadensmindernde Maßnahmen aufwenden und deren Ersatz sie dann von den Medien fordern. Auch insoweit ist eine Schadenersatzpflicht der Medien prinzipiell möglich. In der Zuerkennung derartiger Schadenersatzansprüche sind die Gerichte jedoch mit Recht zurückhaltend. Nach der Rechtsprechung des BGH[33] sind die Kosten von Anzeigen und vergleichbaren Aktionen wie etwa Mailing-, Flugblatt- oder Plakataktionen nur in engen Grenzen erstattungsfähig. Wo die Möglichkeit zur Durchsetzung einer Gegendarstellung besteht, ist der Betroffene in der Regel gehalten, von ihr Gebrauch zu machen, und es ist ihm verwehrt, die Medien mit den erheblich höheren Kosten der Veröffentlichung einer Anzeige oder einer vergleichbaren Aktion zu belasten.[34] Ist

---

30 Löffler/*Steffen*, § 6 LPG Rz. 313; zu der Sonderproblematik eines Schadens bei Online-Veröffentlichungen durch ein dort „typisches" Verbreiten durch Kopieren und Verlinken (auch gegen den Willen des Veröffentlichenden) s. Rz. 32.5.
31 BGH AfP 1976, 75 = NJW 1976, 1198 – Panorama; BGH AfP 1978, 29 = NJW 1978, 210 – Alkoholtest; BGH NJW 1979, 2197 – Konkursfalschmeldung; BGH AfP 1986, 47 = NJW 1986, 981 – Warentest III.
32 LG Hamburg AfP 1990, 332; *Seitz*, Kap. 8 Rz. 22; Wenzel/*Burkhardt*, Kap. 14 Rz. 38.
33 BGH AfP 1976, 75 = NJW 1976, 1198 – Panorama; BGH AfP 1978, 29 = NJW 1978, 210 – Alkoholtest; BGH NJW 1979, 2197 = GRUR 1979, 804 – Konkursfalschmeldung; BGH AfP 1986, 47 = NJW 1986, 981 – Warentest III; BGH AfP 1990, 202 = NJW-RR 1990, 1184 – Pressehaftung I; Löffler/*Steffen*, § 6 LPG Rz. 319.
34 BGH AfP 1976, 75 = NJW 1976, 1198 – Panorama.

die Gegendarstellung ordnungsgemäß veröffentlicht worden, sind Ansprüche auf Ersatz der Kosten, die dem Betroffenen durch zusätzliche Aktionen entstehen, in aller Regel ausgeschlossen.[35] Nur in Ausnahmefällen, in denen ein ganz außerordentlich hoher Schaden droht, in denen die infrage stehenden Verkehrskreise durch geeignete alternative Aktionen gezielter erreicht werden können als durch die Gegendarstellung oder in denen sich das Verfahren zur Durchsetzung der Gegendarstellung ungewöhnlich lange hinzieht, kann eine solche Aktion zulässig sein, deren Kosten die Medien auch dann nicht unbegrenzt, sondern nur in dem Umfang zu ersetzen haben, der unter Berücksichtigung des drohenden Schadens bei Anlegung des Maßstabs wirtschaftlicher Vernunft verhältnismäßig und angemessen erscheint.[36]

Die im Schrifttum[37] vereinzelt vertretene Auffassung, die Medien hätten dem Betroffenen die Kosten einer Anzeigenveröffentlichung oder einer vergleichbaren Aktionen schon dann als Schadenersatz zu erstatten, wenn diese die Veröffentlichung einer Gegendarstellung ablehnen, findet in der Rechtsprechung keine Stütze. Sie ist auch sachlich unzutreffend. Gerade in Anbetracht der Tatsache, dass die Gegendarstellung im Fall der Ablehnung durch die Medien im Wege der einstweiligen Verfügung durchgesetzt werden kann, ist dem Betroffenen der Versuch ihrer Durchsetzung in aller Regel zumutbar, bevor er zu Lasten der Medien kostenträchtige anderweitige Aktionen einleitet. Hingegen kommt eine Anzeigenveröffentlichung oder eine vergleichbare Aktion als schadensmindernde Maßnahme ohne vorgeschaltete Gegendarstellung in den seltenen Fällen in Betracht, in denen die beanstandete Meldung nicht gegendarstellungsfähig und dennoch schadensträchtig ist; das kann etwa bei grob methodenwidrigen Warentests der Fall sein, die zwar rechtswidrig und geschäftsschädigend, als Meinungsäußerungen indessen nicht gegendarstellungsfähig sind (dazu Rz. 22.17 ff.).[38] Eine derartige Konstellation lag auch im Fall einer irreführenden Werbung eines Verlagsunternehmens mit Leserschaftsdaten vor, die ein Wettbewerber im Wege einer Gegenanzeige richtigstellte,[39] nachdem eine Gegendarstellung mangels redaktioneller Erstmitteilung nicht in Betracht kam.

Sofern Anzeigenkosten hiernach erstattungsfähig sind, wird sich der Betroffene in der Regel darauf beschränken müssen, in demjenigen Medium zu inserieren, das die schadenträchtige Meldung verbreitet hat, da er auf diesem Weg die Leser der früheren Publikation mit der größten Wahrscheinlichkeit erreicht.[40] Ausnahmekonstellationen und damit auch ein größeres Haftungsrisiko der Medien sind aber auch insoweit denkbar. Ein bekannter Schlagersänger etwa, dem in einem unwahren Bericht der Boulevardpresse in großer Aufmachung eine *angebliche nichteheliche Vaterschaft* nachgesagt wurde, konnte den Ersatz der Kosten beanspruchen, die ihm durch die *Beauftragung eines PR-Beraters* entstanden, der sich im Kontakt mit der übrigen Boulevardpresse auftragsgemäß darum bemühte, die Verbreitung der Falschmeldung in weiteren Blättern zu verhindern.[41] Der Reeder eines Kreuzfahrtschiffs, hinsichtlich dessen ein nur monatlich erscheinendes Fachblatt für Reisebüros zu Beginn der Reisesaison Zweifel an der wirtschaftlichen Leistungsfähigkeit der Reederei und deswegen auch an der Durchführung des angezeigten Kreuzfahrtprogramms der bevorstehenden Saison geäußert hatte, war berechtigt, sich auf Kosten des Verlags mit einer *Briefaktion an alle Reise-*

32.20

32.21

---

35 BGH NJW 1979, 2197 = GRUR 1979, 804 – Konkursfalschmeldung.
36 BGH AfP 1976, 75 = NJW 1976, 1198 – Panorama; BGH AfP 1978, 29 = NJW 1978,210 – Alkoholtest; BGH AfP 1986, 47 = NJW 1986, 981 – Warentest III.
37 *Prinz/Peters*, Rz. 734.
38 BGH AfP 1986, 47 = NJW 1986, 981 – Warentest III.
39 OLG Hamburg AfP 2002, 50 = ZUM-RD 2001, 551.
40 BGH AfP 1978, 29 = NJW 1978, 210 – Alkoholtest; *Damm/Rehbock*, Rz. 938; *Prinz/Peters*, Rz. 734; kritisch Wenzel/*Burkhardt*, Kap. 14 Rz. 44 ff.
41 OLG München AfP 1990, 45.

büros zu wenden, da infolge des Berichts zu befürchten war, dass die Reisebüros wegen der durch die Berichterstattung hervorgerufenen Ungewissheit die Angebote anderer Veranstalter bevorzugt verkaufen würden.[42] Aufwendungen für *presserechtliche Informationsschreiben*, also Schreiben an einen allgemein gehaltenen Adressatenkreis potentieller künftiger Störer – zumeist Redaktionen – sind dagegen nicht erstattungsfähig, da sie sich nicht auf einen konkreten Schaden beziehen.[43]

cc) Abmahnkosten

32.22 Presserechtliche Auseinandersetzungen beginnen regelmäßig mit einer **Abmahnung** des jeweiligen Mediums. Die daraus resultierenden Kosten sind bei einer anwaltlichen Abmahnung nach den Regelungen einer Geschäftsführung ohne Auftrag (§§ 683, 677 BGB) sowie den §§ 823 Abs. 1 i.V.m. Artt. 2 Abs. 1, 19 Abs. 3 GG erstattungsfähig, sofern eine rechtswidrige Berichterstattung vorliegt (näher dazu s. Rz. 30.41 ff.).[44] Geklärt ist dabei, dass bei der jeweils getrennt erfolgten Abmahnung einer Bild- und der dazu gehörenden Wortberichterstattung nur ein Erstattungsanspruch aus den addierten Streitwerten der getrennt verfolgten Angelegenheiten anfällt,[45] sofern keine sachlichen Gründe für eine getrennte Rechtsverfolgung bestehen. Gleiches gilt, wenn ein innerer Zusammenhang bei mehreren potentiellen „Schädigern" besteht, etwa aufgrund der Veröffentlichung desselben Beitrags in der Print- und in einer von einem anderen Unternehmen herausgegebenen Online-Ausgabe.[46] Dieser Grundsatz kann auch zu „einer Angelegenheit" im gebührenrechtlichen Sinn führen, wenn etwa Autor und Verlag in Anspruch genommen werden sollen[47] oder verschiedene rechtlich unabhängige Unternehmen derselben Mediengruppe.[48] Schließlich ist bei besagtem „inneren Zusammenhang" auch die getrennte Verfolgung derselben Berichterstattung durch mehrere Betroffene – die etwa alle auf demselben Bild gezeigt werden – eine Angelegenheit; hier wird aber häufig zu berücksichtigen sein, dass die individuelle Betroffenheit unterschiedlich ist und dies eine eigene Beurteilung rechtfertigt.[49]

dd) Lizenzgebühren

32.23 Als Methode der Schadensliquidierung kennt die Praxis insbesondere des gewerblichen Rechtsschutzes schließlich die Methode der Schadensberechnung nach den Grundsätzen der **Lizenzanalogie**.[50] Sie hat mit dem generellen Schadenersatzanspruch gemeinsam, dass alle Voraussetzungen dieses Anspruchs einschließlich derjenigen des Verschuldens des Verletzers erfüllt sein müssen. Für den Verletzten hat diese Berechnungsmethode aber den Vorteil, dass die Substantiierung des erlittenen materiellen Schaden leichter darzustellen ist. Der Verletzte kann über die Lizenzanalogie liquidieren, was er hätte verlangen können, hätte der Verletzer sich zuvor um die Erteilung einer Lizenz bemüht. Diese Schadensberechnung kann bei einer Verletzung der ideellen Bestandteile des Allgemeinen Persönlichkeitsrechts (dazu im Einzel-

---

42 LG Hamburg v. 4.7.1986 – 74 O 253/85, unveröffentlicht.
43 BGH AfP 2017, 310.
44 Zu den regelmäßig nicht erstattungsfähigen Kosten für anwaltliche Zuleitungsschreiben in Gegendarstellungsverfahren s. Rz. 29.91 f.
45 BGH AfP 2011, 362, s. auch *Schlüter/C.H. Soehring*, AfP 2011, 317.
46 BGH AfP 2010, 573 = NJW 2011, 155.
47 BGH AfP 2010, 571 = NJW 2011, 782.
48 BGH v. 22.1.2019 – VI ZR 403/17, zit. nach juris.
49 Umfassend zum Thema *Schlüter/C.H. Soehring*, AfP 2011, 317.
50 Vgl. dazu nur *Köhler/Bornkamm/Feddersen*, § 9 UWG Rz. 1.42 ff.

nen Rz. 13.5 ff.) aber nicht angewendet werden. Das Allgemeine Persönlichkeitsrecht in seiner ideellen Ausprägung schafft keine Rechtsposition zur kommerziellen Verwertung[51] und scheidet damit als Anknüpfungspunkt für die Geltendmachung materieller Schadenersatzansprüche in aller Regel aus.[52] Bei der Verletzung des Allgemeinen Persönlichkeitsrechts durch **publizistische Medieninhalte** kommt eine Schadensberechnung nach der Methode der Lizenzanalogie folglich nicht in Betracht.[53] Dass die Rechtsprechung[54] eine Ausbeutung des Persönlichkeitsrechts im Fall der als redaktioneller Bericht aufgemachten bebilderten Meldung, *Gunter Sachs* lese auf seiner Motoryacht in Sankt Tropez zum Sonntagsfrühstück genau die Sonntagszeitung, in der der Bericht veröffentlicht wurde, annahm, stellt keine Durchbrechung dieses Prinzips dar. In diesem Fall stand nicht ein aus einer publizistischen Auseinandersetzung folgender vermögensrechtlicher Anspruch im Vordergrund, sondern die kommerzielle Ausbeutung eines Individuums zu **Werbezwecken**, was zu Schadensersatzansprüchen in Gestalt einer angemessenen Lizenzgebühr führen kann.[55] Voraussetzung dieser Berechnungsmethode ist somit eine **kommerzielle Ausbeutung** derjenigen Teile des Allgemeinen Persönlichkeitsrechts, die einen **vermögenswerten Bestandteil** darstellen, da nur in diesen Fällen die Möglichkeit eines – zumindest theoretisch erzielbaren – Lizenzentgelts denkbar ist; dazu Rz. 13.20 ff. Eine Verletzung des Allgemeinen Persönlichkeitsrechts durch den Inhalt publizistischer Medienäußerungen[56] führt ebensowenig wie die publizistische, ausdrücklich nicht werbliche Verwendung von Lichtbildern zu einem im Wege der Lizenzanalogie berechenbaren Schadenersatz. Dies würde auf eine Kommerzialisierung auch der nicht vermögenswerten Aspekte des Allgemeinen Persönlichkeitsrechts hinauslaufen. Würde man in publizistischen Veröffentlichungen, unabhängig davon wie rechtswidrig sie sein mögen, gleichzeitig auch immer eine kommerzielle Ausbeutung einer Persönlichkeit sehen, würde die in der Rechtsprechung auf der Basis der verfassungsrechtlichen Gewährleistung der Kommunikationsgrundrechte des Art. 5 Abs. 1 GG einerseits und der individuellen Freiheitsrechte der Art. 1 Abs. 1 und 2 Abs. 2 GG andererseits etablierten Koordinaten einseitig zugunsten der von Medienberichterstattung Betroffenen verschoben und jede Bild-, aber auch Wortberichterstattung über Individuen mit einem zusätzlichen wirtschaftlichen Risiko belastet. Eine solche Auffassung wäre daher mit Art. 5 Abs. 1 GG nicht zu vereinbaren. Das BVerfG[57] hat mit gutem Grund eine Kommerzialisierung auch der nicht kommerziellen Aspekte des Allgemeinen Persönlichkeitsrechts ausdrücklich ausgeschlossen. Auch gibt es für derartige Ansprüche keinen praktischen Bedarf, da dem Betroffenen dort, wo seine Persönlichkeit durch Wort- oder Bildberichterstattung gravierend verletzt wird, der Anspruch auf Zahlung einer **Geldentschädigung** zusteht (s. Rz. 32.33), durch den er insoweit hinreichend geschützt wird.

Dementsprechend selten sind die Fälle, in denen die Rechtsprechung einen im Wege der Lizenzanalogie berechenbaren Schadensersatzanspruch zuerkannt hat. Insbesondere bei einer Verletzung des Rechts am eigenen Bild zu Zwecken der Werbung kommen aber die vermögenswerten Aspekte des Allgemeinen Persönlichkeitsrechts zum Tragen. So hat das LG Düsseldorf[58] dem ehemaligen Fußballbundestrainer *Berti Vogts* für die Verwendung seines

32.24

---

51 BVerfG AfP 2000, 78 = NJW 2000, 1021 – Caroline von Monaco I; dazu *Soehring*, AfP 2000, 230 f.
52 Kritisch dazu *Thalmann*, GRUR 2018, 476.
53 Vgl. insoweit den von OLG Hamburg AfP 2008, 631 = ZUM 2009, 297 entschiedenen Fall.
54 OLG Hamburg AfP 2010, 589 = ZUM 2010, 884; BGH NJW 2013, 793 – Playboy am Sonntag; vgl. auch BGH AfP 2009, 485 = NJW 2009, 3032 – Wer wird Millionär?
55 S. dazu auch OLG Köln AfP 2015, 347 – Doppelgänger; LG Köln ZUM 2018, 889.
56 Vgl. dazu den von OLG Hamburg AfP 2008, 631 = ZUM 2009, 297 entschiedenen Fall.
57 BVerfG AfP 2000, 76 = NJW 2000, 1021 – Caroline von Monaco I.
58 LG Düsseldorf AfP 1998, 238 = NJW-RR 1998, 747 – Berti.

ohne Frage individualisierenden Vornamens *Berti* in der Zeitungswerbung für einen Energy-drink eine fiktive Lizenzgebühr von 10 000 Euro und das OLG Karlsruhe[59] einem bekannten Sänger für den *Einsatz eines Doubles* in einer mehr als ein Jahr laufenden Fernsehwerbung für Milchprodukte 155 000 Euro zugesprochen, nachdem der Betroffene eigene Auftritte in der betreffenden Werbekampagne zuvor abgelehnt hatte, weil das werbende Unternehmen seinen Honorarvorstellungen nicht hatte entsprechen wollen (weitere Beispiele in Rz. 32.32). Hingegen wurde die fehlende Zuerkennung einer Lizenzgebühr im Fall einer Werbung für eine Zigarettenmarke mit dem Slogan *War das Ernst? Oder August?* durch die deutschen Gerichte seitens des EGMR gebilligt;[60] vgl. dazu im Einzelnen Rz. 17.26, Rz. 21.68.

32.25   Diese Entscheidungen betreffen Fälle der **kommerziellen Vermarktung** des Allgemeinen Persönlichkeitsrechts, die üblicherweise nur **gegen Entgelt gestattet** zu werden pflegen, und zwar unabhängig davon, ob der konkret Betroffene überhaupt ein solches verlangt hätte oder verlangen dürfte.[61] Die ihnen zugrunde liegenden Konstellationen haben daher mit einer **medientypischen Verletzung** des Allgemeinen Persönlichkeitsrechts nichts zu tun. Die darin zum Ausdruck kommende Anerkennung vermögenswerter Aspekte des Allgemeinen Persönlichkeitsrechts ist nicht dazu bestimmt, die publizistische Auseinandersetzung der Medien mit Persönlichkeiten und Unternehmen als solche einzuschränken.[62]

32.26   Nur in den Fällen einer Verletzung der vermögensrechtlichen Bestandteile des Allgemeinen Persönlichkeitsrechts können neben Ansprüchen auf der Basis einer Lizenzanalogie auch Ansprüche auf einen **Bereicherungsausgleich** geltend gemacht werden (Rz. 32.30 ff.),[63] die allerdings im Ergebnis zu demselben wirtschaftlichen Resultat führen können. Das Erfordernis einer grundsätzlichen (theoretischen) Einwilligung des Betroffenen in die Vermarktung etwa seiner Bildrechte als Voraussetzung für die Geltendmachung derartiger Ansprüche hat der BGH bereits vor einigen Jahren ausdrücklich aufgegeben.[64]

ee) Schadenersatzfeststellung

32.27   Möglich ist auch eine gerichtliche Feststellung einer Schadenersatzpflicht des Verletzers dem Grunde nach. Sie kommt insbesondere in Konstellationen in Betracht, in denen der Betroffene befürchtet, durch rechtswidrige Medienäußerungen in seiner Vermögenssphäre und insbesondere **seinen künftigen Absatz- und Gewinnerwartungen** geschädigt zu sein, ohne diese Befürchtung schon hinreichend konkretisieren oder einen messbaren finanziellen Schaden bereits darlegen und beweisen zu können. Eine auf diese Feststellung gerichtete Klage, die in der Praxis meistens mit der Unterlassungs- und gegebenenfalls Berichtigungsklage verbunden wird, ermöglicht es dem Betroffenen insbesondere, die Verjährung zu unterbrechen und die weitere Entwicklung abzuwarten, ohne befürchten zu müssen, seiner Ansprüche verlustig zu gehen. Gemäß §§ 195, 199 Abs. 1 BGB verjähren Ansprüche aus unerlaubter Handlung, mithin auch alle medienrechtlichen Schadenersatzansprüche, innerhalb einer Frist von drei Jahren, die mit dem Ende des Kalenderjahrs beginnt, in dem der Verletzte Kenntnis vom Eintritt des Schadens erlangt hat.

---

59 OLG Karlsruhe AfP 1998, 326.
60 EGMR AfP 2015, 327 – Ernst August v. Hannover/Bundesrepublik Deutschland.
61 BGH (1. Zivilsenat) AfP 2006, 559 – Rücktritt des Finanzministers.
62 BGH AfP 2007, 42 = NJW 2007, 684 – kinski-klaus.de.
63 Nachweise bei Löffler/*Steffen*, § 6 LPG Rz. 320.
64 BGH AfP 2006, 559 = NJW 2007, 689 – Rücktritt des Finanzministers; s. auch OLG Köln AfP 2015, 347 – Doppelgänger.

Für den **Beginn der Verjährungsfrist** reicht es aus, dass der Verletzte Kenntnis von der 32.28 Rechtsverletzung als solche sowie davon hat, dass ein Schaden überhaupt entstanden ist, so dass die Verjährungsfrist auch dann läuft, wenn er die Höhe des Schadens noch nicht kennt.[65] Die Feststellungsklage hat im Fall ihrer Koppelung mit der Unterlassungs- und gegebenenfalls Berichtigungsklage ferner den Vorteil, dass die Rechtsfrage, ob ein Schadenersatzanspruch dem Grunde nach besteht, gemeinsam mit derjenigen nach der Unwahrheit und gegebenenfalls Rechtswidrigkeit der Berichterstattung in einem einheitlichen Verfahren geklärt werden kann. Zur Begründung einer solchen Feststellungsklage braucht die Kausalität der rechtswidrigen Medienäußerung für den befürchteten, aber konkret noch nicht eingetretenen Schaden noch nicht nachgewiesen zu werden. Es genügt eine gewisse Wahrscheinlichkeit, dass der Schaden eintreten wird.[66] Diese Wahrscheinlichkeit aber muss konkret dargetan werden. Die häufig formelhaft aufgestellte Behauptung, der Eintritt eines Schadens als Folge der beanstandeten Berichterstattung sei wahrscheinlich, ohne nähere Mitteilung der Umstände, aus denen sich die Wahrscheinlichkeit ergeben soll, genügt zur Begründung des Anspruchs auf Schadensfeststellung nicht.[67]

c) Zuständigkeit

Grundsätzlich gilt auch bei Schadenersatzklagen aufgrund eines schuldhaften Verhaltens der 32.29 Medien wie auch sonst, dass sowohl am Gerichtsstand der **Tathandlung** wie auch des **Taterfolgs** geklagt werden kann. Der dadurch begründete fliegende Gerichtsstand führt dazu, dass regelmäßig das vermeintlich klägerfreundlichste Gericht gewählt wird. Die Zuständigkeit eines Gerichts für ein Schadenersatzbegehren kann allerdings dann fraglich werden, wenn die maßgebliche Rechtsverletzung zumindest auch im Ausland begangen wurde. Hier stellte sich zum einen das Problem, ob ein hiesiges Gericht überhaupt und wenn ja, auch für einen im Ausland eingetretenen Schaden zuständig ist. Der EuGH hat entschieden, dass natürliche[68] und auch juristische Personen[69] an dem Ort klagen können, an dem gemäß Art. 7 Nr. 2 der Brüssel Ia-VO (VO Nr. 1215/2012) der Mittelpunkt ihres Interesses liegt. Daneben kann eine betroffene Person ihre Klage auch vor den Gerichten jedes Mitgliedstaates erheben, in dessen Hoheitsgebiet die Rechtsverletzung erfolgt ist; dies aber mit der Einschränkung, dass dort nur der Schaden geltend gemacht werden kann, der in diesem Mitgliedstaat verursacht worden ist; vgl. dazu im Einzelnen Rz. 30.25 ff.

2. Bereicherungsansprüche

Bei rechtswidriger Medienberichterstattung kann unter Umständen auch eine Ausgleichs- 32.30 pflicht aus dem Gesichtspunkt der **ungerechtfertigten Bereicherung** gemäß § 812 BGB in Betracht kommen. Dieser Anspruch setzt die Feststellung eines konkreten Schadens und des Vorliegens der Voraussetzungen eines Geldentschädigungsanspruchs nicht voraus und ist insbesondere auch vom Verschulden des Verletzers unabhängig. Der rechtsgrundlos erlangte „Vorteil" liegt in den (zumindest fiktiven) ersparten Aufwendungen der Medien im Zusammenhang mit einer Veröffentlichung. Die größte Praxisrelevanz hat dabei die kommerzielle

65 Staudinger/*Habermann*, § 199 BGB Rz. 63.
66 BGH GRUR 1981, 80 – Medizin-Syndikat IV; Wenzel/*Burkhardt*, Kap. 14 Rz. 29.
67 BGH AfP 1994, 218 = NJW 1994, 2614 – Börsenjournalist.
68 EuGH NJW 2012, 137; BGH NJW 2018, 2324 – Internetsuchmaschine.
69 EuGH AfP 2017, 491 m. Anm. von *Mann*.

Ausbeutung von Persönlichkeitsrechten, insbesondere bei der Nutzung von Bildern zu Zwecken der Werbung oder bei Urheberrechtsverletzungen. Eine publizistische Medienberichterstattung berührt hingegen den kommerziellen Teil des Allgemeinen Persönlichkeitsrechts auch bei ihrer Rechtswidrigkeit nur in Ausnahmefällen und kommt daher auch nur selten als Grundlage für einen Bereicherungsanspruch in Betracht; dazu auch Rz. 30.26.[70]

32.31 Für die Medienberichterstattung gewinnt dieser Haftungstatbestand daher im Wesentlichen nur Bedeutung in den Fällen der Verletzung von Urheberrechten durch unerlaubte Bildveröffentlichungen.[71] Im Fall der einwilligungslosen Abbildung von Personen kommt er dann in Betracht, wenn die Voraussetzungen des § 23 KUG nicht vorliegen (dazu Rz. 21.1 ff.). Ein solcher Fall lag etwa vor im Fall für den *Playboy* gefertigter Aktaufnahmen, deren Abdruck der Verlag des *Playboy* einem anderen Verlag binnen eines bestimmten kurzen Zeitraums gestattet hatte und die jener Verlag dann tatsächlich kurz vor Beginn dieses Zeitraums veröffentlichte.[72]

32.32 Beim widerrechtlichen Einsatz des Fotos oder des Namens Dritter zu Zwecken der Werbung hingegen handelt es sich um die Ausbeutung eines vermögenswerten Aspekts des Allgemeinen Persönlichkeitsrechts, die üblicherweise nur gegen Entgelt gestattet zu werden pflegt und die nach denselben Kriterien des Bereicherungsrechts zu entschädigen ist, die für die Verletzung anderer Immaterialgüterrechte auch gelten,[73] ohne dass dem die im Fall publizistischer Berichterstattung bestehenden verfassungsrechtlichen Schranken entgegenstünden.[74] Hier werden den Geschädigten unter dem Aspekt der **bereicherungsrechtlichen Lizenzgebühr** beträchtliche Entschädigungsbeträge zugesprochen. So hielt das OLG Hamburg im Fall der Nutzung des Fotos des früheren Finanzministers *Oskar Lafontaine* im Zusammenhang mit dem Werbeslogan *„Sixt vermietet auch Autos an Mitarbeiter in der Probezeit"* eine Entschädigung von 100 000 Euro für angemessen, die aber im Ergebnis nicht zu zahlen war, weil der BGH diese Anzeige ebenso als rechtmäßig ansah[75] wie das OLG Dresden eine Werbung desselben Autovermieters, die den Bundesvorsitzenden der *Gewerkschaft Deutscher Lokomotivführer* als *„Mitarbeiter des Monats"* bezeichnete (dazu Rz. 21.68). 80 000 Euro erhielt der frühere Tennisspieler *Boris Becker* für die unerlaubte Nutzung seines Lichtbilds im Rahmen der Werbung für ein Fernsehgerät.[76] Für die Nutzung seines Lichtbilds im Rahmen einer Einführungskampagne für die *Frankfurter Allgemeine Sonntagszeitung* sollte *Becker* nach Auffassung des OLG München[77] nicht weniger als 1 200 000 Euro erhalten; dieses Urteil ist allerdings durch den BGH aufgehoben worden.[78] Nach Auffassung des LG Hamburg[79] betrug die fiktive Lizenz-

---

70 OLG Hamburg ZUM 2008, 63; LG Hamburg ZUM 2008, 798; LG Hamburg ZUM 2008, 801; Wenzel/*Burkhardt*, Kap. 14 Rz. 7.

71 BGH AfP 2006, 51 = NJW 2006, 615 – Pressefotos.

72 Dazu LG Berlin AfP 2004, 455 = ZUM 2002, 929.

73 BGH NJW 1981, 2402 = GRUR 1981, 846 – Rennsportgemeinschaft; BGH AfP 1979, 345 = NJW 1979, 2205 – Fußballtor; BGH NJW-RR 1987, 231 = GRUR 1987, 128 – Nena; BGH AfP 1992, 149 = NJW 1992, 2084 – Joachim Fuchsberger; LG Hamburg AfP 1995, 526.

74 BVerfG ZUM 2009, 479 = GRUR-RR 2009, 375.

75 BGH AfP 2006, 559 = NJW 2007, 689 – Lafontaine; OLG Dresden WRP 2018, 1350; s. zum Thema auch *Franz*, WRP 2019, 15.

76 OLG München AfP 2003, 71; LG München ZUM 2002, 565.

77 OLG München AfP 2007, 237.

78 BGH AfP 2010, 237 = GRUR 2010, 546 – Der strauchelnde Liebling; nachdem der BGH den Anspruch *Beckers* dem Grunde nach nur teilweise bestätigt hat, ist über die tatsächlich gezahlte Höhe nichts bekannt geworden.

79 LG Hamburg AfP 2006, 585 = ZUM 2007, 155.

gebühr im Parallelfall *Joschka Fischer* insoweit 200 000 Euro.[80] 70 000 Euro wurden der Erbin *Marlene Dietrichs* für die Verwendung eines Filmausschnitts für eine Computerwerbung zuerkannt,[81] 75 000 Euro sollten für den Abdruck eines *Standbilds einer bekannten Schauspielerin* auf einem Katalog gezahlt werden[82] und 50 000 Euro erhielt der bekannte Schauspieler *Manfred Krug* für die Nutzung seines Namens im Rahmen der Werbung eines Internet-Providers.[83]

3. Geldentschädigung

Gemäß § 253 Abs. 1 BGB kennt das deutsche Recht den Anspruch auf Schmerzensgeld nur in den vom Gesetz besonders bestimmten Fällen. Dazu gehören nach § 253 Abs. 2 BGB die Verletzung des Körpers und der Gesundheit sowie die Freiheitsentziehung, nicht aber die Verletzung der Ehre oder des Allgemeinen Persönlichkeitsrechts. Im Zuge der Fortentwicklung des Allgemeinen Persönlichkeitsrechts und seiner Verankerung als Teil der verfassungsrechtlich geschützten Prinzipien der Menschenwürde und der freien Entfaltung der Persönlichkeit in Art. 1 Abs. 1 und Art. 2 Abs. 1 GG war die Rechtsprechung jedoch seit der *Herrenreiter*-Entscheidung des BGH[84] aus dem Jahr 1958 dazu übergegangen, Betroffenen Schmerzensgelder auch als Sanktion der Verletzung des Allgemeinen Persönlichkeitsrechts zuzusprechen.

32.33

An dieser Rechtsprechung hat der BGH[85] mit Billigung des BVerfG[86] stets festgehalten,[87] so dass zum Zeitpunkt der Einführung der heute geltenden Fassung von § 253 BGB im Jahr 2002 von einer gewohnheitsrechtlichen Anerkennung des Geldentschädigungsanspruches als Folge von Persönlichkeitsrechtsverletzungen durch die Medien auszugehen war. Dennoch hat der Gesetzgeber die Gelegenheit der Schuldrechtsreform 2002 nicht dazu genutzt, diesen Anspruch formell in § 253 Abs. 2 BGB zu verankern. Damit hat er indessen nicht zum Ausdruck bringen wollen, dass der Anspruch nach der Regel des § 253 Abs. 1 BGB künftig ausgeschlossen sein sollte. Der Gesetzgeber ist vielmehr mit der Rechtsprechung davon ausgegangen, dass sich der Entschädigungsanspruch unmittelbar aus der Gewährleistung der Freiheitsrechte der Art. 1 Abs. 1 und 2 Abs. 1 GG i.V.m. § 823 Abs. 1 BGB ableitet und dass er aus diesem Grund einer ausdrücklichen Verankerung im Bürgerlichen Gesetzbuch nicht bedarf.[88]

32.34

Damit hat sich trotz des Wortlauts von § 253 BGB an der theoretischen Begründung sowie der praktischen Ausgestaltung des Anspruchs auf Geldentschädigung als Sanktion von Per-

32.35

---

80 Vgl. zu diesen Fällen *Soehring/Link*, S. 296.
81 OLG München AfP 2003, 272 = NJW-RR 2003, 767.
82 OLG Köln v. 11.8.2015 – 15 U 26/15, zit. nach juris (reduziert im Berufungsverfahren auf 20 000 Euro).
83 LG Düsseldorf AfP 2003, 77.
84 BGH NJW 1958, 827 = GRUR 1958, 408 – Herrenreiter.
85 BGH NJW 1961, 2059 = GRUR 1962, 105 – Ginseng-Wurzel; BGH NJW 1965, 685 – Soraya; BGH GRUR 1965, 256 – Gretna Green; BGH GRUR 1966, 157 – Wo ist mein Kind?
86 BVerfG AfP 1973, 435 = NJW 1973, 1221 – Soraya.
87 BGH AfP 1985, 110 = NJW 1985, 1617 – Nacktfoto; BGH AfP 1988, 34 = NJW-RR 1988, 733 – Intime Beziehungen; BGH AfP 1995, 411 = NJW 1995, 861 – Caroline von Monaco I; BGH AfP 1996, 137 = NJW 1996, 984 – Caroline von Monaco II; BGH AfP 1996, 138 = NJW 1996, 985 – Kumulationsgedanke; BGH AfP 1997, 144 = NJW 1996, 1131 – Polizeichef; BGH AfP 1997, 700 = NJW 1997, 1148 – Stern TV.
88 Gesetzesbegründung zu § 253 BGB n.F., BT-Drucks. 14/7752, 25; OLG München ZUM 2008, 984; Staudinger/*Schiemann*, § 253 BGB Rz. 3.

sönlichkeitsrechtsverletzungen nichts geändert. Das BVerfG[89] hat dazu klargestellt, dass die Zuerkennung dieses Anspruchs nach Persönlichkeitsrechtsverletzungen durch die Medien **keinen Verstoß gegen die Kommunikationsgrundrechte** des Art. 5 Abs. 1 GG darstellt; da sich das Allgemeine Persönlichkeitsrecht, an dessen Verletzung dieser Anspruch anknüpft, aus den Grundrechten des Einzelnen aus Art. 1 Abs. 1, 2 Abs. 1 GG ableitet, ist die Zuerkennung einer Geldentschädigung unter den von der Rechtsprechung entwickelten und im Folgenden darzustellenden Voraussetzungen vielmehr sogar verfassungsrechtlich geboten.[90] Mit der Verfassungsbeschwerde kann daher Entscheidungen der Zivilgerichte nicht nur derjenige rügen, der meint, seine Verurteilung zur Leistung einer Entschädigungszahlung verletze ihn in seinen Grundrechten aus Art. 5 Abs. 1 Satz 1 und 2 GG, sondern auch derjenige, der meint, ihm sei in Anbetracht der Schwere einer als solche empfundenen Persönlichkeitsverletzung eine Entschädigung zu Unrecht vorenthalten worden. Auch nach der Rechtsprechung des EGMR verletzt die Verurteilung eines Medienunternehmens zur Leistung von Entschädigungen für immaterielle Schäden nicht *per se* das Kommunikationsgrundrecht des Art. 10 EMRK.[91]

32.36 Der BGH[92] hatte aber schon vor der Schuldrechtsreform 2002 betont, dass es sich bei dieser Entschädigung um einen eigenständigen Rechtsbehelf handelt, der seine Grundlage nicht in § 847 BGB a.F.,[93] sondern unmittelbar in Art. 1 Abs. 1 und Art. 2 Abs. 1 GG hatte und folglich auch nicht dadurch ausgeschlossen war, dass § 847 Abs. 1 BGB a.F. – wie heute § 253 Abs. 1 BGB – eine Verurteilung zum Ausgleich immaterieller Schäden nur in den Fällen erlaubte, die das Gesetz ausdrücklich hierfür vorsah; zu ihnen gehörte und gehört die Verletzung des Allgemeinen Persönlichkeitsrechts nicht. Konsequent haben denn auch der BGH selbst in seiner Entscheidungspraxis seit der ersten *Caroline von Monaco*-Entscheidung[94] sowie ihm folgend die Praxis der Instanzgerichte und das juristische Schrifttum[95] den bislang auch für den Ersatz immaterieller Schäden aufgrund von Persönlichkeitsrechtsverletzungen gebräuchlichen Begriff des Schmerzensgelds durch denjenigen der Geldentschädigung bzw. des Geldersatzes ersetzt. Der letztgenannte Begriff ist allerdings schon deswegen ungenau und damit unzutreffend, weil es beim Ausgleich immaterieller Schäden eben nicht um (materielle) Verluste geht, die dem Betroffenen zu ersetzen wären. Hingegen grenzt der Begriff der Geldentschädigung diese Art der Kompensation von den nunmehr in § 253 Abs. 2 BGB ausdrücklich geregelten Ersatzleistungen für Schäden, die nicht Vermögensschäden sind, in sachgerechter Weise ab. Zudem legitimiert er terminologisch die mit der Entschädigung für Persönlichkeitsrechtsverletzungen verfolgten Zwecke, zu denen insbesondere das Genugtuungs- und das Präventionsinteresse gehören (Rz. 32.54 f.), die bei der Bemessung echter Schmerzensgelder wie etwa derjenigen nach Körperverletzungen in der Regel keine Rolle spielen.[96]

---

89 BVerfG NJW 2004, 2371.
90 BVerfG AfP 1973, 435 = NJW 1973, 1221 – Soraya.
91 EGMR NJW 2010, 751 – Standard Verlags-GmbH/Österreich; EGMR AfP 2015, 30 – Jalba/Rumänien.
92 BGH AfP 1995, 411 = NJW 1995, 861 – Caroline von Monaco I; BGH AfP 1996, 137 = NJW 1996, 984 – Caroline von Monaco II; BGH AfP 1996, 138 = NJW 1996, 985 – Kumulationsgedanke; OLG Hamm NJW-RR 2001, 1622.
93 Entsprechend dem heute geltenden § 253 BGB.
94 BGH AfP 1995, 411 = NJW 1995, 861 – Caroline von Monaco I; BGH AfP 1996, 137 = NJW 1996, 984 – Caroline von Monaco II; BGH AfP 1996, 138 = NJW 1996, 985 – Kumulationsgedanke.
95 Vgl. nur *Steffen*, NJW 1997, 10 ff.; *Gounalakis*, AfP 1998, 10 ff.; *Prinz*, NJW 1996, 953; Löffler/*Steffen*, § 6 LPG Rz. 332 f.
96 BVerfG NJW 2000, 2187 = ZUM 2000, 947.

a) Anspruchsberechtigte

Die Verpflichtung zur Leistung einer Geldentschädigung als Folge rechtswidriger Medienberichterstattung setzt die **schwerwiegende Beeinträchtigung** (dazu Rz. 32.43 ff.) der in Art. 1 Abs. 1 GG geschützten Persönlichkeit voraus. Zwar hat die Rechtsprechung im Hinblick auf Art. 19 Abs. 3 GG den durch das Allgemeine Persönlichkeitsrecht gewährleisteten Schutz auch auf juristische Personen und sonstige Personenvereinigungen ausgedehnt (Rz. 13.24 ff.). Schon nach dem Wortlaut von Art. 19 Abs. 3 GG kommt aber Personenvereinigungen der Schutz der Grundrechte nur insoweit zu, als sie ihrem Wesen nach auf diese anwendbar sind. Das Genugtuungsbedürfnis, dessen Befriedigung die Geldentschädigung immer dient, besteht aber nur bei natürlichen Personen. Juristische Personen und sonstige Personenverbände können es als solche nicht haben, können auch nicht in ihrer Persönlichkeit in einer Weise getroffen werden, die die Zuerkennung einer Geldentschädigung auch zu ihren Gunsten unabweislich machen könnte.[97] Das gilt nicht nur für Handelsgesellschaften, sondern auch für eingetragene Vereine, selbst wenn sie als Glaubensgemeinschaft ideelle Zwecke verfolgen.[98]

32.37

Ansprüche auf eine Geldentschädigung aufgrund rechtsverletzender Medienberichterstattung stehen damit ausschließlich **natürlichen Personen** zu.[99] Sie können den Anspruch, sofern die von der Rechtsprechung dafür aufgestellten Voraussetzungen erfüllt sind, unbeschadet ihrer Nationalität, ihrer beruflichen oder sozialen Stellung und auch ihres Alters geltend machen. Grundsätzlich kann der Entschädigungsanspruch damit auch **Minderjährigen** zustehen,[100] deren Persönlichkeitsrecht im Interesse einer unbelasteten Entwicklung sowie ungestörter Eltern-/Kind-Beziehungen in der Abwägung mit den Kommunikationsfreiheiten der Medien einen besonders hohen Stellenwert einnimmt (Rz. 21.39).[101] Dass das allerdings auch bei Kindern gelten soll, die aufgrund ihres Alters noch kein ausgeprägtes Ehr- oder Rechtsbewusstsein haben können, wie das LG Berlin[102] im Fall eines vierjährigen Kindes angenommen hat, dessen Bild auf einem Buch-Cover verbreitet wurde, überzeugt nicht. Hier fehlt es an der Genugtuungsfunktion der Geldentschädigung, ohne die deren Zuerkennung nicht in Betracht gezogen werden kann (Rz. 32.65). Mit Recht hat das BVerfG[103] entschieden, dass auch ein Kind nicht nach jeder unrechtmäßigen Veröffentlichung seines Lichtbilds einen Anspruch auf Geldentschädigung hat. Auch bei Kindern wird daher geprüft, ob diese im Kern ihrer Persönlichkeit betroffen werden.[104] Hingegen spielt es keine Rolle, ob der von einer rechtsverletzenden Medienberichterstattung Betroffene diese auch wahrnimmt. So wurden dem ver-

32.38

97 Löffler/*Steffen*, § 6 LPG Rz. 344; *Steffen*, NJW 1997, 10, 11; *Gounalakis*, AfP 1998, 10 ff.

98 OLG München AfP 2003, 360.

99 BGH NJW 1980, 2807 = GRUR 1980, 1090 – Medizin-Syndikat I; OLG Stuttgart MDR 1979, 671; OLG Frankfurt a.M. AfP 2000, 576; Wenzel/*Burkhardt*, Kap. 14 Rz. 137; Löffler/*Steffen*, § 6 LPG Rz. 344; *Damm/Rehbock*, Rz. 1007; BGH NJW 1981, 675 – Scientology; diese Entscheidung betrifft jedoch keinen Fall der Medienberichterstattung und dürfte ein Einzelfall bleiben.

100 BGH AfP 2005, 65 = NJW 2005, 215 – Geldentschädigung.

101 BVerfG AfP 2003, 537 = NJW 2003, 3262; BVerfG AfP 2000, 76 = NJW 2000, 1021 – Caroline von Monaco I; BVerfG AfP 2000, 347 = NJW 2000, 2191; BGH AfP 1996, 138 = NJW 1996, 985 – Kumulationsgedanke.

102 LG Berlin GRUR 1974, 415 – Saat der Sünde; anders für den dort entschiedenen Fall LG München I AfP 2008, 419 = ZUM 2008, 619.

103 BVerfG ZUM 2007, 463.

104 BGH AfP 2015, 464.

unfallten Rennfahrer *Michael Schuhmacher* in mehreren Fällen eine Geldentschädigung aufgrund Veröffentlichungen über seinen Gesundheitszustand zugesprochen.[105]

32.39 Der Anspruch auf Geldentschädigung steht nach einhelliger Rechtsauffassung nur dem **unmittelbar Betroffenen** zu und insbesondere nicht seinen Angehörigen (dazu schon Rz. 13.15). Die Rechtsprechung[106] hat dies etwa entschieden in den Fällen der Verletzung des postmortalen Achtungsanspruchs eines von den Nationalsozialisten Hingerichteten, dessen Erben zwar ein Berichtigungs-, aber kein Anspruch auf Geldentschädigung zuerkannt wurde. Auch in anderen Fällen, in denen die Medien im Zusammenhang mit Todesfällen insbesondere durch die Art der Darstellung den postmortalen Achtungsanspruch des Getöteten verletzten, resultierte daraus jedenfalls in der Regel kein Entschädigungsanspruch der Angehörigen des Verstorbenen.[107] Der bislang spektakulärste Fall dürfte dazu die vom LG Köln dem früheren Bundeskanzler *Helmut Kohl* für die Wiedergabe von Zitaten aus Tonbandaufzeichnungen zuerkannte Geldentschädigung in Höhe von 1 000 000 Euro gewesen sein;[108] diese Entscheidung wurde vom OLG Köln aufgrund des zwischenzeitlichen Versterbens des Altkanzlers unter Berufung auf die Rechtsprechung des BGH allerdings wieder aufgehoben.[109] Unter besonderen Umständen kann allerdings die Veröffentlichung des Lichtbilds eines gerade Verstorbenen das Recht der Angehörigen, mit ihrer Trauer allein zu sein, so nachhaltig verletzen, dass daraus ein eigener Entschädigungsanspruch der Angehörigen resultieren kann.[110]

32.40 Dem **mittelbar von einer Medienberichterstattung Betroffenen** steht demgegenüber ein Anspruch auf Geldentschädigung regelmäßig nicht zu.[111] Gleiches gilt auch für die Verletzung der Rechte von Kindern, die jedenfalls dann nicht zu eigenen Ansprüchen der Eltern führen können, wenn den Kindern selbst die Fähigkeit zuerkannt wird, Ansprüche auf Geldentschädigung geltend zu machen.[112] Der Zuerkennung eines Geldentschädigungsanspruchs für die Frau des verunfallten Rennfahrers *Michael Schuhmacher* lag daher auch nicht ein Bericht über dessen Gesundheitszustand zugrunde, sondern die Verbreitung eines Gerüchts über angeblich vor dem Unfall bestehende Trennungsabsichten.[113]

32.41 In den Fällen der Verletzung des **postmortalen Achtungsanspruchs** steht auch dem postmortal Verletzten ein Anspruch auf Zahlung einer Geldentschädigung nicht zu (Rz. 13.21),[114] so dass seine Angehörigen einen solchen Anspruch auch nicht aus abgeleitetem Recht in ihrer Eigenschaft als Erben geltend machen können.[115] Zwar schützt der von der Rechtsprechung

---

105 LG Hamburg AfP 2017, 263; LG Hamburg AfP 2017, 546.
106 BGH NJW 1974, 1371 = GRUR 1974, 797 – Fiete Schulze.
107 BGH AfP 2017, 421; BGH AfP 2014, 458 = NJW 2014, 2871; BGH AfP 2006, 67 = NJW 2006, 605 – Obduktionsfoto; BGH AfP 2012, 260 = NJW 2012, 1728; OLG Jena NJW-RR 2005, 1566; LG Berlin AfP 2002, 540.
108 LG Köln v. 27.4.2017 – 14 O 323/15, zit. nach juris.
109 OLG Köln AfP 2018, 375 (nur Ls.) = FamRZ 2018, 1266 (Ls. und Gründe).
110 OLG Düsseldorf AfP 2000, 574; OLG Dresden AfP 2012, 168 = NJW 2012, 782; LG Berlin AfP 2010, 597.
111 *Damm/Rehbock*, Rz. 1009.
112 A.A. BGH GRUR 1969, 426 – Detektei.
113 OLG Hamburg AfP 2017, 260.
114 BGH AfP 2006, 67 = NJW 2006, 605 – Obduktionsfoto; a.A., wenn auch mit fehlerhafter Begründung, OLG München ZUM 2002, 744; dazu *Götting*, GRUR 2004, 801 ff.
115 BGH AfP 2012, 260 = NJW 2012, 1728 betreffend den Lizenzanspruch des Verstorbenen wegen Verletzung seines Rechts am eigenen Bild.

entwickelte postmortale Achtungsanspruch den Verstorbenen über seinen Tod hinaus gegen schwerwiegende Entstellungen des Persönlichkeitsbilds; dazu Rz. 13.8 ff. Die Genugtuungsfunktion der Geldentschädigung kann aber nach dem Tod des Verletzten nicht mehr zum Tragen kommen.[116]

Der Geldentschädigungsanspruch ist auch dann nicht übertragbar und vererblich, wenn er vor dem **Tod des Verletzten rechtshängig** gemacht wurde. Dies ergab sich bis zur Außerkraftsetzung von § 847 Abs. 2 BGB a.F. im Jahr 1990 auch für den Entschädigungsanspruch nach Persönlichkeitsrechtsverletzung unmittelbar aus dem Wortlaut des Gesetzes.[117] Daran hat sich mit der Aufhebung dieser Bestimmung sowie der Befreiung des Anspruchs auf Geldentschädigung vom Normkorsett des § 847 BGB durch die neuere Rechtsprechung[118] für den Bereich der Persönlichkeitsrechtsverletzung nichts geändert.[119] Der BGH hat in der *Demjanjuk*-Entscheidung daher zutreffend festgehalten, dass die mit einer Geldentschädigung bezweckte Genugtuungsfunktion mit dem Tod des Betroffenen an Bedeutung verliert.[120] Wegen seiner aus dem Persönlichkeitsrecht abgeleiteten Rechtsnatur ist dieser Anspruch weiterhin unabtretbar.[121]

32.42

b) Voraussetzungen

Eine Verpflichtung zur Zahlung einer Geldentschädigung setzt eine **schuldhaft** begangene, **schwerwiegende Rechtsverletzung**, das **Fehlen anderweitiger befriedigender Ausgleichsmöglichkeiten** sowie in der Gesamtwürdigung ein **unabwendbares Bedürfnis** voraus, das nach der Rechtsprechung[122] im Wesentlichen anhand der Kriterien des **Genugtuungsbedürfnisses** und des **Präventionsgedankens** zu ermitteln sein wird. Ob eine entschädigungswürdige Rechtsverletzung vorliegt, hängt mithin von Art und Intensität des Eingriffs, von der Nachhaltigkeit der Rufschädigung sowie von Anlass und Beweggrund des Handelns des Verletzers einschließlich des Maßes seines Verschuldens ab.[123] In der Praxis erfordert dies eine Gesamtbeurteilung des jeweiligen konkreten Falls, in die insbesondere die Kriterien der Schwere der Rechtsverletzung, des Verschuldens sowie des Fehlens anderweitiger Genugtuungsmöglichkeiten einfließen.

32.43

---

116 *G. Müller*, VersR 2008, 1141 ff. unter D I; wegen der Verletzung vermögenswerter Bestandteile des Allgemeinen Persönlichkeitsrechts Verstorbener vgl. Rz. 13.20 ff.

117 BGH GRUR 1969, 426 – Detektei; Wenzel/*Burkhardt*, Kap. 14 Rz. 140; *Damm/Rehbock*, Rz. 1001.

118 BGH AfP 1995, 411 = NJW 1995, 861 – Caroline von Monaco I; BGH AfP 1996, 137 = NJW 1996, 984 – Caroline von Monaco II; BGH AfP 1996, 138 = NJW 1996, 985 – Kumulationsgedanke.

119 *v. Pentz*, AfP 2018, 97.

120 BGH AfP 2017, 421.

121 BGH AfP 2000, 356 = NJW 2000, 2195 – Marlene Dietrich; Wenzel/*Burkhardt*, Kap. 14 Rz. 140; mit eingehender Begründung *Damm/Rehbock*, Rz. 1011 ff.; a.A. *Cronemeyer*, AfP 2012, 10 ff.; die von ihr als Beleg zitierte Entscheidung BGH NJW 1995, 783 betraf jedoch einen Schmerzensgeldanspruch gemäß § 847 Abs. 1 BGB a.F., ist mithin für den Geldentschädigungsanspruch nicht relevant.

122 BGH AfP 1995, 411 = NJW 1995, 861 – Caroline von Monaco I; BGH AfP 1996, 137 = NJW 1996, 984 – Caroline von Monaco II; BGH AfP 1996, 138 = NJW 1996, 985 – Kumulationsgedanke.

123 BVerfG AfP 2017, 228; BGH AfP 2015, 464; BGH AfP 1995, 411 = NJW 1995, 861 – Caroline von Monaco I; KG AfP 2018, 152.

aa) Schwerwiegende Rechtsverletzung

32.44 Voraussetzung für eine Verpflichtung zur Zahlung einer Geldentschädigung ist damit zunächst die Feststellung einer **schwerwiegenden Rechtsverletzung**.[124] Dabei wird es sich in der Regel um Verletzungen des Allgemeinen Persönlichkeitsrechts handeln. Es kommen aber auch andere deliktsrechtliche Tatbestände wie etwa derjenige der üblen Nachrede in Betracht, wobei bei derartigen Rechtsverletzungen der Gesichtspunkt der **Subsidiarität** des Geldentschädigungsanspruchs (Rz. 32.57 ff.) besonders bedeutsam ist, weil bei der Verbreitung nachweislich falscher Tatsachenbehauptungen in der Regel Wiedergutmachung auf andere Weise möglich ist (Rz. 32.61). Erforderlich ist stets, dass der Eingriff erhebliches Gewicht hat. Das wird bei einer Verletzung der **Intimsphäre**,[125] und zwar trotz gewandelter Moralanschauungen auch bei der ungerechtfertigten Verbreitung von Aufnahmen des unbekleideten Körpers[126] in der Regel der Fall sein, sofern es sich nicht um eine durch Einwilligung gedeckte Veröffentlichung von Aufnahmen handelt, die mit Zustimmung des Betroffenen anderweitig verbreitet wurden.[127] Die Verbreitung von Bildaufnahmen eines Paars, das auf *dem Küchentisch eines Luxusrestaurants den Geschlechtsverkehr* ausübte, war jedoch nicht entschädigungswürdig, weil die Betroffenen ihren intimen Akt nicht in privater Zurückgezogenheit, sondern an einem öffentlichem Einblick zugänglichen und auch seiner Zweckbestimmung nach hierfür ungeeigneten Ort ausgeübt hatten.[128] Demgegenüber begründete die Verbreitung von ohne deren Willen anlässlich eines Strandurlaubs hergestellten Lichtbildern einer *Frau mit nacktem Oberkörper* und in einem Fall in intimer Umarmung ihres Lebensgefährten in einer Boulevardzeitung einen Entschädigungsanspruch, der nicht deswegen ausgeschlossen war, weil sie beruflich als Fotomodell arbeitete und nach der infrage stehenden Veröffentlichung in dieser Eigenschaft der Verbreitung von Nacktfotos in einem Herrenmagazin zugestimmt hatte.[129] Eine schwerwiegende Verletzung des Allgemeinen Persönlichkeitsrechts im dargestellten Sinn haben die Gerichte ferner etwa angenommen im Fall der unautorisierten Veröffentlichung des Lichtbilds einer nahezu *unbekleideten Patientin*, das aus Anlass der Vornahme einer Operation zur Brustvergrößerung von der Assistentin des Schönheitschirurgen gefertigt und anschließend der Presse zur Verfügung gestellt worden war.[130]

32.45 Auch **Gerüchte** aus dem Bereich der Privat- oder gar Intimsphäre können zu einer Geldentschädigung führen, so etwa im Fall der in großer Aufmachung u.a. auf den Titelblättern einschlägiger Gazetten verbreiteten Behauptung, eine tatsächlich nicht erkrankte Angehörige des europäischen Hochadels kämpfe tapfer gegen den Brustkrebs,[131] der ausgiebigen verbalen Darstellung *schwerer körperlicher Beeinträchtigungen einer Prominenten als Folge einer Operation* und eines durch Ärzte eingeleiteten künstlichen Komas[132] und bei der Abbildung eines angeblichen Wunderheilers, mit dessen Methoden sich die Presse zulässigerweise kritisch auseinandersetzte, in Handschellen aus Anlass eines zurückliegenden und abgeschlossenen Straf-

---

124 Löffler/*Steffen*, § 6 LPG Rz. 335; *Prinz/Peters*, Rz. 744.
125 BGH AfP 1985, 110 = NJW 1985, 1617 – Nacktfoto; BGH AfP 1988, 34 = NJW-RR 1988, 733 – Intime Beziehungen.
126 OLG Oldenburg AfP 1989, 556 = NJW 1989, 400.
127 BVerfG AfP 2000, 76 = NJW 2000, 1021 – Caroline von Monaco I; OLG Frankfurt a.M. NJW 2000, 594; LG Berlin AfP 1998, 417.
128 LG Hamburg AfP 2009, 618.
129 OLG Hamburg AfP 2012, 473.
130 OLG Karlsruhe NJW-RR 1994, 95.
131 BGH AfP 1996, 137 = NJW 1996, 984 – Caroline von Monaco II.
132 OLG Hamburg ZUM 2010, 976.

verfahrens.[133] Eine krasse Persönlichkeitsrechtsverletzung stellte sowohl das Postulat einer Pop-Gruppe *I wanna make love with Steffi Graf* im Titel eines Pop-Songs dar, der obendrein die Behauptung enthielt, das habe schließlich der *Vater der Betroffenen tausendfach zuvor getan*,[134] als auch die Verbreitung eines durch nichts erhärteten Gerüchts, ein Trainer der Fußballbundesliga habe *sexuelle Verhältnisse mit den Ehefrauen* mehrerer der von ihm trainierten Spieler unterhalten.[135] Auf derselben Linie liegt die Veröffentlichung des Fotos einer jungen Frau neben einem frei erfundenen angeblichen Bekenntnis über sexuelle Frühlingserlebnisse.[136] Schließlich fallen auch *glatte Schmähungen* wie die Bezeichnung eines höheren Verwaltungsbeamten als allergrößte Pfeife,[137] die mehrfache Bezeichnung des als Bundestagsabgeordneter prominenten Miteigentümers eines Mehrfamilienhauses, in dem drei Wohnungen für so genannte Hostessen-Services genutzt wurden, als *Puff-Politiker*[138] oder die wiederholte Veröffentlichung *intimer Details aus der Scheidungsakte* eines Prominenten[139] in diese Kategorie. Fraglich erscheint aber die Auffassung des LG Berlin,[140] die Veröffentlichung des gepixelten Fotos der Gesichtspartie und des Oberkörpers einer Frau im Zusammenhang mit einer Veröffentlichung über ein Strafverfahren gegen einen Mann wegen der Veröffentlichung pornografischer Bilder im Internet sei entschädigungswürdig. Zwar kann sich das Gericht in diesem Fall darauf berufen, dass es für die Erkennbarkeit in der Regel ausreichen soll, dass die Betroffene begründeten Anlass zu der Annahme hat, sie könne erkannt werden (dazu Rz. 13.55 ff.), so dass ein Unterlassungsanspruch ohne Frage bestand. In einem Fall, in dem die Gesichtszüge nach der Feststellung des Gerichts nicht zu erkennen sind und die Betroffene keine weiteren Angabe darüber macht, dass und durch wen sie mit dem Bericht konfrontiert worden sei, liegt die Annahme einer schweren Rechtsverletzung aber eher fern.

Auch **Schmähkritik** wird häufig den Anspruch auf eine Geldentschädigung auslösen.[141]   32.46
Zwingend ist auch das indessen nicht. So wurde die Äußerung eines Profisportlers, ein als TV-Moderator tätiger Ex-Kollege, der seine Leistung in einem Fernsehbeitrag scharf kritisiert hatte, gehöre auf die Couch, *Einweisen in die Geschlossene* sei in dessen Fall das Beste, trotz ihres Charakters als Schmähkritik mit Recht nicht als derart gravierend angesehen, dass eine Geldentschädigung in Betracht käme.[142] Bei anderen Persönlichkeitsrechtsverletzungen durch Wortberichterstattung kann die erforderliche Schwere der Beeinträchtigung nur unter Berücksichtigung der **konkreten Umstände des Einzelfalls** festgestellt werden. Betrifft eine Äußerung nur den beruflichen Bereich des Betroffenen, dann wird das maßgeblich gegen einen Entschädigungsanspruch sprechen.[143] Zu Recht erfolglos war daher der Versuch einer Journalistin, eine Geldentschädigung deswegen zu erlangen, weil ein in einem von ihr verfassten Bericht einer Straftat bezichtigter Betroffener einen Gegendarstellungsanspruch mithilfe einer falschen eidesstattlichen Versicherung durchgesetzt hatte und darin den von ihr verantworteten Bericht in einem bestimmten Punkt zu Unrecht als falsch bezeichnet hatte.[144] Auch der Betreiber einer Suchmaschine kann selbst bei deutlich ehrverletzenden Äußerungen regel-

---

133 OLG Frankfurt a.M. AfP 1993, 753.
134 OLG Karlsruhe NJW-RR 1994, 1963 – Steffi Graf.
135 LG München I ZUM 1998, 576.
136 OLG Hamburg AfP 1995, 508 = NJW-RR 1995, 220 – Heiße Quickies.
137 LG Oldenburg AfP 1995, 679 = NJW-RR 1995, 1427.
138 KG AfP 2008, 407 = ZUM-RD 2008, 466.
139 OLG Hamburg AfP 2008, 411 = ZUM 2009, 234.
140 LG Berlin MMR 2007, 398.
141 BGH NJW 1963, 902 = GRUR 1963, 490 – Fernsehansagerin.
142 LG München II ZUM 2011, 874.
143 OLG Jena AfP 2010, 277 = NJW-RR 2010, 1709.
144 OLG Karlsruhe AfP 2011, 376.

mäßig nicht zur Leistung einer Geldentschädigung verpflichtet werden. Eine Haftung als unmittelbarer oder mittelbarer Störer scheidet bei einer Suchmaschine, die lediglich „Treffer" aufgrund eines Algorithmus ermittelt, regelmäßig aus.[145] Selbst grobe Beleidigungen wie etwa *„asozialer Abschaum"* lösen keinen Geldentschädigungsanspruch aus, wenn einer solchen Aussage die Breitenwirkung fehlt.[146] Auch muss die Reaktion des Betroffenen berücksichtigt werden. Wer etwa auf eine von ihm als rechtswidrig eingestufte Veröffentlichung erstmals drei Jahre danach reagiert, um dann die Zahlung einer Geldentschädigung zu fordern, der zeigt, dass er die gegebenenfalls vorliegende Rechtsverletzung selbst nicht als besonders schwerwiegend eingestuft hat; ein Entschädigungsanspruch kommt dann nicht in Betracht.[147]

32.47 Auch schwerwiegende Persönlichkeitsrechtsverletzungen durch eine **Verbreitung nicht erweislicher Tatsachen** können einen Anspruch auf Geldentschädigung auslösen. Dies hat die Rechtsprechung etwa angenommen in den Fällen der bundesweiten Verbreitung der nicht bewiesenen Behauptung eines Fernsehmagazins, ein namentlich genannter Arzt habe eine nachhaltige *Kette von Kunstfehlern* begangen,[148] der ebenfalls unbewiesenen Behauptung, ein leitender Polizeibeamter habe sich von Angehörigen des *Rotlichtmilieus bestechen* lassen,[149] oder der zweifach in der überregionalen Presse verbreiteten unwahren Behauptung, ein namentlich genannter, vom entsprechenden Vorwurf bereits freigesprochener Betroffener sei ein *Kinderschänder*.[150] Gleiches gilt für die Beschuldigung, ein Betroffener habe eine seiner Unternehmungen durch **Drogengelder** finanziert,[151] ein anderer habe sich wissentlich als Mediziner in den Dienst *nationalsozialistischer Sterilisierungsvorhaben* gestellt, während er tatsächlich zwar einschlägige Studien veröffentlicht hatte, ohne aber zu wissen, welchen Zwecken sie dienen sollten,[152] oder im Fall der wahren Berichterstattung über einen Verdacht des Generalbundesanwalts, ein namentlich genannter Rechtsanwalt sei als Kurier an einem *Informationssystem von RAF-Terroristen* beteiligt, in dem zwischen der Bekanntgabe des Verdachts und der Veröffentlichung bereits einige Zeit verstrichen war und die Presse sich nach dem aktuellen Stand der Ermittlungen nicht gesondert erkundigt hatte.[153] Entschädigungswürdig war auch die dreimalige Veröffentlichung eines Berichts über ein strafrechtliches Ermittlungsverfahren gegen einen Rechtsanwalt wegen *Betrugsverdachts*, das ausschließlich auf der Strafanzeige eines Dritten mit zweifelhafter Seriosität beruhte und später eingestellt wurde.[154]

Eine die Geldentschädigung rechtfertigende schwere Rechtsverletzung waren auch die in den Medien verbreiteten unwahren Behauptungen, der ehemalige Leiter der Hauptverwaltung Aufklärung des Staatssicherheitsdienstes der DDR, *Markus Wolff*, habe zielgerichtet an der *Ermordung* namentlich genannter Stasi-Opfer mitgewirkt, obgleich an seiner politischen Mitverantwortung kein Zweifel bestand und besteht,[155] ein Betroffener habe einen Verkehrsunfall, bei dem ein Ex-Sportler und Dissident zu Tode gekommen ist, im Auftrag der Stasi vorsätzlich herbeigeführt, während nach dem feststehenden Sachverhalt der Verstorbene den

---

145 BGH AfP 2018, 322 = NJW 2018, 2324 – Internetforum.
146 BGH NJW-RR 2016, 1136.
147 LG Berlin AfP 2003, 320.
148 BGH AfP 1997, 700 = NJW 1997, 1148 – Stern TV.
149 BGH AfP 1997, 144 = NJW 1996, 1131 – Polizeichef.
150 LG Ansbach NJW-RR 1997, 978.
151 OLG Hamburg NJW-RR 1996, 90 – RTL aktuell.
152 BGH NJW 1980, 2807 = GRUR 1980, 1090 – Medizin-Syndikat I.
153 OLG Hamburg NJW-RR 1994, 1176.
154 OLG Hamburg NJW-RR 2006, 1707.
155 LG Hamburg AfP 1994, 163.

Unfall selbst schuldhaft verursacht hatte,[156] sowie die Behauptung, ein namentlich genannter Rechtsanwalt sei in einen *Mordkomplott* der *Scientology*-Bewegung verwickelt.[157] Eine schwerwiegende Persönlichkeitsrechtsverletzung stellt auch die Veröffentlichung von *frei erfundenen angeblichen Exklusiv-Interviews* dar.[158] Ob hingegen auch die Tatsache, dass ein an einem spektakulären Verkehrsunfall unbeteiligter Zeuge auf einem Szenenfoto des Unfallgeschehens deutlich sichtbar abgebildet wird, bereits die besondere Eingriffsintensität hat,[159] die für die Zuerkennung einer Geldentschädigung mit Recht gefordert wird, erscheint fraglich.

Keine in diesem Sinn besonders schwere Beeinträchtigung liegt regelmäßig in den Fällen **bloßer Übertreibung oder Überzeichnung** vor, in denen ein erhobener Vorwurf oder eine gegebene Darstellung im Kern zutreffend ist.[160] So kommt ein Anspruch auf Geldentschädigung in einem Fall nicht in Betracht, in dem dem Betroffenen die Begehung von Unzucht mit zwei Kindern nachgesagt wird, der Vorwurf aber nur in einem Fall berechtigt ist. Gleiches ist angenommen worden im Fall des Berichts über eine Straftat unter Namensnennung des Betroffenen, in dem die Berichterstattung inhaltlich in allen Punkten zutreffend war und die Unzulässigkeit der Namensnennung sich nur aus dem Fehlen eines berechtigten Interesses auch an der Offenbarung der Identität des Täters ergab,[161] oder in demjenigen eines wahrheitsgemäßen Berichts über eine strafrechtliche Verurteilung, in dem die Tatsache verschwiegen wurde, dass das Urteil nicht rechtskräftig war.[162] Keine hinreichend schwerwiegende Rechtsverletzung war auch die Veröffentlichung eines Berichts über eine Durchsuchung des Büros eines Rechtsanwalts unter Verschweigen der Mitteilung, dass sich das ihr zugrunde liegende Ermittlungsverfahren nicht gegen den Rechtsanwalt richtete,[163] oder ein reißerisch und übertrieben aufgemachter Bericht über ein spektakuläres Strafverfahren mit im Wesentlichen sachlich zutreffendem Inhalt.[164] Auch der Vorwurf des *„Mobbings"* als Zusammenfassung von Einzelhandlungen und die vermeintliche Vorverurteilung bezüglich des *Abrechnungswesens eines Klinikdirektors* waren nicht schwerwiegend genug, um eine Geldentschädigung zu rechtfertigen.[165]

32.48

Eine schwerwiegende Rechtsverletzung fehlt auch dort, wo eine Darstellung oder Kennzeichnung des Betroffenen zwar unrichtig ist, sich dies aber auf das Bild, das sich die Öffentlichkeit von der Persönlichkeit des Betroffenen macht, **nicht abträglich auswirkt,** er insbesondere nicht der Lächerlichkeit oder öffentlichen Geringschätzung preisgegeben wird. In diese Kategorie fällt etwa die Bezeichnung eines im Bild gezeigten Betroffenen als *doofer lederbehoster Bayer* in einem satirischen Cartoon[166] oder eine andere erkennbar satirische Beschreibung einer Person im Zusammenhang mit einem satirisch-kritischen Beitrag über einen Prominen-

32.49

---

156 OLG Hamm NJW-RR 1993, 735.
157 OLG München NJW-RR 1996, 1365.
158 BGH NJW 1965, 685; BVerfGE 34, 269 = AfP 1973, 435 = NJW 1973, 1221 – Soraya; BGH AfP 1995, 411 = NJW 1995, 861 – Caroline von Monaco I.
159 OLG Karlsruhe NJW-RR 1990, 1328.
160 OLG Bonn AfP 1976, 140; LG München AfP 1972, 276; OLG Brandenburg AfP 1995, 520 = NJW 1995, 886 – Täter-Opfer-Polizei.
161 OLG Düsseldorf AfP 1980, 108; OLG Nürnberg NJW 1996, 530.
162 LG Berlin AfP 1998, 418 = NJW-RR 1999, 1253.
163 OLG Karlsruhe AfP 2006, 262 = NJW-RR 2006, 987.
164 OLG Frankfurt a.M. NJW-RR 2007, 1115 = ZUM 2007, 390.
165 OLG Saarbrücken v. 11.4.2018 – 5 U 28/17, zit. nach juris.
166 BVerfG AfP 2002, 417 = NJW 2002, 3767 – Bonbons; anders in diesem Fall OLG München NJW-RR 1998, 1036.

ten-Ball.[167] Nicht entschädigungswürdig waren auch Berichte über die angeblich bevorstehende, tatsächlich aber zu diesem Zeitpunkt nicht geplante *Hochzeit* einer Angehörigen des europäischen Hochadels,[168] über die vermeintlich *entgeltliche Tätigkeit eines Rechtsanwalts* für einen Verein, dessen Verwaltungsrat er angehört,[169] oder über eine *Geburtstagsfeier* mit deutlichem Öffentlichkeitsbezug, an der Vertreter der Öffentlichkeit und bestimmter, dem Jubilar nahestehender Medien teilgenommen haben und während der alle *drei Strophen des Deutschlandlieds* gesungen wurden, unter Veröffentlichung bei dieser Gelegenheit gegen den Willen des Betroffenen gefertigter Fotos.[170] Dementsprechend wurde auch einer im *Bikini* auf einer Bildveröffentlichung in einer Tageszeitung erkennbaren Urlauberin kein Geldentschädigungsanspruch zugesprochen, da sie nur zufällig neben dem eigentlich darzustellenden Prominenten abgebildet war.[171] Keinen Anspruch auf Geldentschädigung löste es auch aus, dass einer Prominenten aufgrund einschlägiger Gerüchte eine *Krebserkrankung* nachgesagt wurde,[172] während dies bei der Herstellung einer Assoziation zwischen einem Strafgefangenen und einer *Aids-Infizierung* anders entschieden worden ist.[173]

32.50 Nicht entschädigungswürdig war auch die Wiedergabe der Bezeichnung des später kriminell gewordenen früheren Innenministers und Stellvertreters des Ministerpräsidenten der damaligen DDR als solche *Bundesscheiße*, da möchte man überhaupt nicht rein treten durch den Künstler *Wolf Biermann* im Rahmen eines Presseinterviews[174] oder die sachlich nicht veranlasste plakative Frage, ob die ehemalige Ministerpräsidentin *Heide Simonis* jetzt ins *Dschungel-TV* gehen werde, nachdem die Betroffene mit breiter Medienbegleitung an einer im Fernsehen ausgestrahlten Tanz-Show mitgewirkt hatte,[175] und die Veröffentlichung eines *Hochzeitsfotos* des bekannten Fernsehmoderators *Günter Jauch*, der seine Hochzeit mit großem Pomp und breiter publizistischer Begleitung, aber dennoch unter Ausschluss der Öffentlichkeit in Anwesenheit von ca. 150 Gästen einschließlich des regierenden Bürgermeisters von Berlin gefeiert hatte.[176] Hingegen erscheint die Auffassung des OLG Frankfurt[177] verfehlt, es stelle keine schwerwiegende Persönlichkeitsrechtsverletzung dar, wenn jemand, der die entsprechende sexuelle Neigung nicht teilt, durch die Verwendung seines Lichtbilds zur Illustration eines Artikels über homosexuelle Paare dem Leser als vermeintlich Angehöriger dieser Szene präsentiert wird. Hier ist zwar richtig, dass die *Zugehörigkeit zu sexuellen Minderheiten* nach heutigem Verständnis nicht mehr als Makel anzusehen ist; dennoch muss es dem Einzelnen zugestanden werden, sich insoweit selbst zu definieren, und seine öffentliche Vereinnahmung für eine Gruppe, der er sich nicht zugehörig fühlt, ist eine Verletzung seines Persönlichkeitsrechts, deren Intensität eine Geldentschädigung rechtfertigt.[178]

---

167 OLG Frankfurt a.M. AfP 2008, 611.
168 OLG Hamburg NJW-RR 1999, 1701.
169 OLG Karlsruhe AfP 1998, 639 = NJW-RR 1999, 103.
170 LG München I AfP 1994, 162.
171 BGH AfP 2015, 337 – Strandurlaub am Ballermann.
172 OLG Hamburg UFITA 78 (1977), 252 – Gracia Patricia; vgl. aber den ähnlichen, wenngleich aufgrund der Umstände der Veröffentlichung krasseren Fall BGH AfP 1996, 137 = NJW 1996, 984 – Caroline von Monaco II.
173 OLG Hamburg AfP 1987, 703 – Aids-Risiko.
174 KG AfP 2001, 65.
175 KG AfP 2007, 569 = ZUM 2008, 60.
176 OLG Hamburg AfP 2008, 631 = ZUM 2009, 297.
177 OLG Frankfurt a.M. NJW-RR 2003, 553 = GRUR-RR 2003, 122.
178 Richtig insoweit LG Köln ZUM 2003, 325; AG Charlottenburg NJW-RR 1999, 1546.

Auch eine Verletzung des **Rechts am eigenen Bild** ist nicht schlechthin, sondern nur dann   32.51
entschädigungswürdig, wenn sie nach den Umständen des konkreten Falls **besonderes Ge-**
wicht hat.[179] Das gilt auch bei der rechtswidrigen Abbildung von Kindern, deren Lichtbild
zwar durch Augenbalken anonymisiert wurde, die jedoch aus dem begleitenden Text ohne
weiteres identifizierbar waren.[180] So stellt auch die Abbildung des etwa achtjährigen Sohns von
Caroline von Monaco zwar *per se* eine Verletzung seines Rechts am eigenen Bild, mangels hin-
zutretender besonderer Umstände jedoch keine so gravierende Rechtsverletzung dar, dass die
Zuerkennung einer Geldentschädigung geboten oder auch nur zulässig wäre.[181] Erfolgt aber
die Verletzung des Rechts am eigenen Bild eines Betroffenen planmäßig durch eine **Serie von**
Veröffentlichungen in mehreren Blättern eines Verlags und geschieht das gegen den erklärten
Widerspruch des Betroffenen, dann kann sich daraus auch dann ein Anspruch auf Zahlung
einer Geldentschädigung ergeben, wenn die jeweiligen Einzelveröffentlichungen nicht die Eingriffsintensität haben, die diese Sanktion rechtfertigen könnte: s. auch Rz. 32.53.[182]

Nicht gerechtfertigt ist die Auffassung,[183] die Abbildung eines Unfallzeugen auf einem Sze-   32.52
nenfoto habe *per se* die Eingriffsintensität, die für die Zuerkennung der Geldentschädigung
erforderlich ist. Auch die Veröffentlichung des Lichtbilds einer *Frau mit entblößter Brustwar-*
ze ist jedenfalls dann nicht entschädigungswürdig, wenn die Betroffene sich auch ansonsten
freizügig in der Öffentlichkeit bewegt.[184] Die Tatsache, dass eine Frau sich beruflich als Fotomodell betätigt und in dieser Tätigkeit auch unbekleidet abbilden lässt, schließt jedoch den
Geldentschädigungsanspruch nicht aus, wenn die Medien Bilder veröffentlichen, die sie im
Strandurlaub mit nacktem Oberkörper und in inniger Umarmung mit ihrem Lebensgefährten
zeigen.[185] Selbst die unbefugte und damit fast ausnahmslos rechtswidrige Verwendung des
Lichtbilds einer Person zu Zwecken der Werbung rechtfertigt ohne Hinzutreten besonderer
Umstände die Zuerkennung einer Geldentschädigung nicht,[186] wie auch dem Künstler, des-
sen Urheberrecht durch ungerechtfertigte Veröffentlichung seiner Bilder verletzt wird, der
Entschädigungsanspruch allein aus diesem Grund nicht zusteht.[187] In den beiden zuletzt genannten Fällen kann dem Verletzten allerdings ein Anspruch auf Leistung materiellen Scha-
denersatzes nach der Methode der Lizenzanalogie zustehen.[188]

Ein Anspruch auf eine Geldentschädigung kann sich schließlich aus **Kumulationsgesichts-**   32.53
punkten ergeben. So können für sich genommen minder schwere Verstöße bei einer **hartnä-**
ckigen Zuwiderhandlung zu einer Geldentschädigung führen. Dieser bislang nur auf Bildveröffentlichungen angewendete Grundsatz[189] hat in Bezug auf verschiedene Wortberichterstattungen über einen rechtskräftig vom Vorwurf der Vergewaltigung freigesprochenen
Wettermoderator durch das LG Köln zunächst eine Erweiterung erfahren.[190] Das OLG Köln

---

179 Schricker/*Götting*, § 33–50 KUG Rz. 10 f.
180 BVerfG NJW-RR 2007, 1055 = ZUM 2007, 463 – Fernsehberichterstattung.
181 OLG Hamburg AfP 1995, 504 = NJW-RR 1994, 990; vgl. auch LG München I AfP 2008, 419 =
    ZUM 2008, 619.
182 BGH AfP 1996, 138 = NJW 1996, 985 – Kumulationsgedanke; OLG Hamburg AfP 2009, 509 =
    NJW-RR 2010, 624.
183 OLG Karlsruhe NJW-RR 1990, 1328.
184 LG Hamburg AfP 2006, 197.
185 OLG Hamburg AfP 2012, 473.
186 OLG Karlsruhe AfP 1989, 558 = NJW 1989, 401.
187 OLG Hamburg GRUR 1990, 36 – Schmerzensgeld.
188 BGH AfP 1979, 345 = NJW 1979, 2205 – Fußballtor; Schricker/*Götting*, § 33–50 KUG Rz. 9 ff.
189 BGH NJW 96, 985; OLG Köln AfP 2008, 411.
190 LG Köln ZUM-RD 2016, 30.

ist diesem Gedanken einer die Erhöhung der Geldentschädigung rechtfertigenden „Presse-kampagne" entgegen getreten[191] und hat unter Berücksichtigung und Abwägung der einzel-nen Wortberichterstattungen die Höhe der Geldentschädigung jeweils auf die einzelnen Ver-stöße bezogen ermittelt und zu einer sich aus den einzelnen Beträgen zusammengesetzten Gesamthöhe festgelegt. Offen gelassen hat das OLG Köln allerdings die Frage, ob eine Gleichartigkeit der Wortberichterstattung, die im zu entscheidenden Fall nicht gegeben war, analog zum Kumulationsgedanken bei der Bildberichterstattung auch zu einer anderen Ge-samtbetrachtung führen kann.

bb) Verschulden

32.54   Unabdingbare Voraussetzung für den Anspruch auf Geldentschädigung wie für jeden Scha-denersatzanspruch ist ferner ein **Verschulden** auf Seiten des Verletzers. Aus der Genugtu-ungsfunktion der Geldentschädigung[192] ist überwiegend gefolgert worden, dass jedenfalls in der Regel eine Verpflichtung zur Zahlung einer Geldentschädigung nur in Fällen **schweren Verschuldens** in Betracht kommt,[193] wenngleich die Rechtsprechung insoweit nicht ganz ein-heitlich ist und einige ältere Entscheidungen des BGH[194] dieses Kriterium als Voraussetzung der Geldentschädigung nicht ausdrücklich nennen. Selbst wo aber eine gesteigerte Verschul-densform für die Begründung eines Geldentschädigungsanspruchs nicht als unabdingbar an-gesehen wird,[195] so wird doch die erforderliche Gesamtbeurteilung in der Regel nur zum Ur-teil der Entschädigungswürdigkeit gelangen, wenn einer Redaktion der Vorwurf einer beson-ders groben Missachtung der sie treffenden Sorgfaltspflicht zu machen ist.

32.55   Die Rechtsprechung[196] räumt der Geldentschädigung ausdrücklich auch eine **Präventions-funktion** ein. Diese Auffassung ist nur verständlich und sinnvoll, wenn sie unmittelbar an die Feststellung eines besonders groben Verstoßes gegen die für die Medien geltenden Sorgfalts-pflichten anknüpft.[197] Nur dann lässt sich der durch die Aussicht auf die Verpflichtung zu einer Geldentschädigung zwangsläufig entstehende „chilling effect" vor dem Hintergrund des Art. 5 Abs. 1 GG rechtfertigen.[198] Dabei ist zu berücksichtigen, dass gerade für wirtschaftlich angeschlagene oder kleinere Regionalverlage auch schon Zahlungspflichten in einem unteren fünfstelligen Bereich erheblich sind und daher dazu führen können, dass kritische, aber im Rahmen des vorzunehmenden Interessensausgleichs zulässige Meinungsäußerungen vorsorg-lich unterbleiben. Das Erfordernis einer Geldentschädigung muss daher vor dem Hintergrund

---

191 OLG Köln v. 12.7.2016 – 15 U 176/15, zit. nach juris.
192 BGH NJW 1961, 2059 – Ginseng-Wurzel; BGH AfP 1995, 411 = NJW 1995, 861 – Caroline von Monaco I; BGH AfP 1996, 137 = NJW 1996, 984 – Caroline von Monaco II; BGH AfP 1996, 138 = NJW 1996, 985 – Kumulationsgedanke; BGH AfP 1997, 144 = NJW 1996 – Polizeichef; BGH AfP 1997, 700 = NJW 1997, 1148 – Stern TV; BGH AfP 2005, 65 = NJW 2005, 215 – Geldentschädi-gung.
193 BGH NJW 1961, 2059 – Ginseng-Wurzel; BGH NJW 1965, 2395 – Mörder unter uns; BGH NJW 1970, 1077 – Nachtigall I; BGH AfP 1971, 76 = NJW 1971, 698 – Pariser Liebestropfen; *Damm/Reh-bock*, Rz. 984; *Ricker/Weberling*, Kap. 44 Rz. 46.
194 BGH NJW 1965, 1374 – Satter Deutscher; BGH GRUR 1969, 301 – Spielgefährtin II.
195 *Wenzel/Burkhardt*, Kap. 14 Rz. 115; *Löffler/Steffen*, § 6 LPG Rz. 335.
196 BVerfG AfP 2017, 228; BGH AfP 1985, 110 = NJW 1985, 1617 – Nacktfoto; BGH AfP 1995, 411 = NJW 1995, 861 – Caroline von Monaco I; BGH AfP 1996, 137 = NJW 1996, 984 – Caroline von Monaco II; BGH AfP 1996, 138 = NJW 1996, 985 – Kumulationsgedanke; KG AfP 2018, 152; kri-tisch dazu *Gounalakis*, AfP 1998, 10, 14 ff.; *Seitz*, NJW 1996, 2848.
197 A.A. *Prinz/Peters*, Rz. 755.
198 BVerfG AfP 2017, 228.

der Umstände der beanstandeten Äußerung, der Schwere der Persönlichkeitsverletzung sowie deren Eindeutigkeit und Erkennbarkeit geprüft werden und ist daher beispielsweise in Fällen einer mit der schweren Persönlichkeitsrechtsverletzung verbundenen Zwangskommerzialisierung eines Betroffenen geboten; s. auch Rz. 21.68.[199] Lässt sich ein schweres Verschulden nicht feststellen, ist für Präventionserwägungen auch deswegen schon kein Raum, weil es dann regelmäßig an dem unabwendbaren Bedürfnis für eine Geldentschädigung fehlen dürfte, das die Rechtsprechung im Allgemeinen fordert.[200] Mit dem Präventionsgedanken ist es auch unvereinbar, eine Entschädigung dann zuzuerkennen, wenn hinsichtlich der beanstandeten Rechtsverletzung bereits ein Unterlassungstitel besteht und die Gefahr einer erneuten Rechtsverletzung damit konkret beseitigt ist;[201] einer Verurteilung zu einer Zahlung als Präventivmaßnahme bedarf es in diesem Fall nicht.

Allerdings bedeutet das Erfordernis schweren Verschuldens nicht, dass Geldentschädigungen nur nach vorsätzlicher Rechtsverletzung gefordert werden können.[202] Ausreichend ist vielmehr, sofern die übrigen Voraussetzungen des Anspruchs erfüllt sind, die Feststellung, dass die betreffende Redaktion die ihr obliegende pressemäßige Sorgfalt in einer besonders groben Weise verletzt hat. Entschuldbare, aber **vermeidbare Irrtümer** schließen den Geldentschädigungsanspruch daher aus. Aus diesem Grund hat etwa das OLG München[203] mit Billigung durch den BGH[204] die Entschädigungsklage der Betroffenen wegen der Verwendung ihres Lebensbilds im Roman *Esra* mit Recht zurückgewiesen, weil Autor und Verlag in ihrer Fehleinschätzung der Frage der Erkennbarkeit (dazu Rz. 13.50 ff., Rz. 19.49 ff.) zwar fahrlässig, aber nicht grob fahrlässig gehandelt hatten und es damit an der für die Zuerkennung der geforderten Geldentschädigung zwingenden Voraussetzung eines schweren Verschuldens fehlte. Nach dieser Regel werden Entschädigungsansprüche im Allgemeinen auch nicht in Betracht kommen, wenn einer Redaktion von freien Fotografen Lichtbilder ihr unbekannter Personen mit der ausdrücklichen, aber unzutreffenden Zusicherung des Einverständnisses des Abgebildeten zur Verfügung gestellt werden (Rz. 9.40). Ausgeschlossen[205] oder gemindert[206] kann der Geldentschädigungsanspruch auch dann sein, wenn dem Verletzten der Vorwurf mitwirkenden Verschuldens zu machen ist.[207]

32.56

cc) Subsidiarität

Schließlich kommt eine Verpflichtung zur Zahlung von Geldentschädigung nur in Betracht, wenn eine anderweitige zumutbare und angemessene Ausgleichsmöglichkeit nicht besteht. Der Anspruch auf Geldentschädigung ist damit im Prinzip **subsidiär**.[208] Zwar verlangt die

32.57

---

199 BGH AfP 2014, 135 = NJW 2014, 2029 – Sächsische Korruptionsaffäre.
200 A.A. Wenzel/*Burkhardt*, Kap. 14 Rz. 116, der eine Geldentschädigung auch ohne schweres Verschulden aus Gründen der Ausgleichs- und Genugtuungsfunktion zuerkennen will.
201 LG Köln ZUM 2013, 157; ähnlich BGH AfP 2010, 75 = NJW 2010, 763 – Esra.
202 BGH NJW 1963, 902 = GRUR 1963, 490 – Fernsehansagerin; *Damm/Rehbock*, Rz. 985.
203 OLG München AfP 2009, 140 = ZUM 2008, 984.
204 BGH AfP 2010, 75 = NJW 2010, 763 – Esra.
205 OLG Stuttgart ArchPR 1971, 104 – Rosa Luxemburg.
206 OLG Hamburg MDR 1964, 514; OLG Celle NJW 1965, 1338.
207 Wenzel/*Burkhardt*, Kap. 14 Rz. 119; *Damm/Rehbock*, Rz. 987.
208 BVerfG AfP 2017, 228; BGH ZUM 2018, 440; BGH AfP 2014, 135 = NJW 2014, 2029 – Sächsische Korruptionsaffäre; BGH AfP 2010, 75 = NJW 2010, 763 – Esra; BGH AfP 1995, 411 = NJW 1995, 861 – Caroline von Monaco I; BGH NJW 1970, 1077 – Nachtigall I; BGH AfP 1976, 75 = NJW 1976, 1198 – Panorama; OLG Karlsruhe AfP 2006, 262 = ZUM 2006, 571; Löffler/*Steffen*, § 6 LPG Rz. 338; *Hofmann/Fries*, NJW 2017, 2369.

staatliche Pflicht, dem Einzelnen Schutz vor einer Gefährdung seines Allgemeinen Persönlichkeitsrechts zu bieten, unter den genannten Voraussetzungen auch die Zuerkennung einer Geldentschädigung. Gleichzeitig gebietet es Art. 5 Abs. 1 GG aber, Einschüchterungseffekte aus drohenden Kompensationszahlungen zu vermeiden. Die Zuerkennung einer Geldentschädigung muss daher unter Gesamtwürdigung der Umstände erfolgen.[209] Mit dieser Begründung hat etwa der BGH in seiner den Komplex *Esra* abschließenden Entscheidung den Entschädigungsanspruch zurückgewiesen; das in dieser Sache bereits ergangene Verbot der weiteren Verbreitung stelle eine derart gravierende Sanktion zu Lasten des beklagten Verlags und des Autors dar, dass eine darüber hinausgehende Sanktionierung der Rechtsverletzung durch eine Geldentschädigung nur in Betracht gekommen wäre, wenn das umstrittene Werk zusätzlich darauf abgezielt hätte, die Betroffenen zu verleumden oder zu beleidigen.[210]

32.58   Der Entschädigungsanspruch dient entgegen den Vorstellungen manches Betroffenen nicht in erster Linie dem Zweck, rechtswidrige Berichterstattung in eine Quelle zusätzlichen Gelderwerbs umzumünzen.[211] Wer insbesondere in dafür geeigneten Fällen darauf verzichtet, gegen die Veröffentlichung ihn betreffender ehrenrühriger unwahrer Tatsachenbehauptungen mit Ansprüchen auf Veröffentlichung von Gegendarstellungen und Berichtigungen vorzugehen, wird jedenfalls in der Regel später den Anspruch auf Zahlung einer Geldentschädigung nicht mit Aussicht auf Erfolg geltend machen können.[212] Anderes wird nur dann gelten, wenn der Betroffene aufgrund der Sensibilität der infrage stehenden Materie gute Gründe dafür anführen kann, dass es in seinem überwiegenden berechtigten Interesse liegt, die Öffentlichkeit nicht erneut mit dem Vorgang zu befassen oder aber wenn diese Ansprüche faktisch nicht durchsetzbar sind, etwa bei einer Bildberichterstattung.[213] Gleiches gilt bei der Durchsetzung von Ansprüchen ohne „Öffentlichwirksamkeit", wie etwa der Unterlassungsanspruch. Dieser kann einen Anspruch auf Geldentschädigung schon deswegen nicht grundsätzlich ausschließen, weil er die einmal erfolgte Verletzung nicht beseitigt, sondern nur deren Wiederholung untersagt.[214] Allerdings führt die Möglichkeit der Erwirkung von Ordnungsgeldern regelmäßig dazu, dass dadurch die erforderliche Genugtuungsfunktion erreicht werden kann.[215] Es besteht wie bei strafrechtlichen Sanktionierungen kein Anspruch darauf, dass eine Geldleistung des Verletzers dem Betroffenen zufließt.[216] Auch nach der Rechtsprechung des EGMR setzt Art. 8 EMRK nicht voraus, dass der Verletzte – und nicht die Staatskasse – eine Zahlung des Verletzers bekommt; Voraussetzung, aber auch ausreichend ist, dass der betroffenen Person Rechtsschutzmöglichkeiten zustehen, die unter zumutbaren Anforderungen an deren Durchsetzung einen wirksamen Persönlichkeitsschutz begründen.[217]

---

209 BVerfG AfP 2017, 228; BVerfG NJW 2004, 591.

210 BGH AfP 2010, 75 = NJW 2010, 763 – Esra; anders noch in der Vorinstanz OLG München AfP 2009, 140 = ZUM 2008, 984, das auf nicht hinreichendes schweres Verschulden abgestellt hatte.

211 OLG Stuttgart AfP 1981, 362 = NJW 1981, 2817 – Rudi Carrell.

212 *Hoene*, AfP 2014, 123; Wenzel/*Burkhardt*, Kap. 14 Rz. 121; a. A. BGH AfP 2014, 135 = NJW 2014, 2029 – Sächsische Korruptionsaffäre (allerdings ohne nähere Begründung).

213 BGH AfP 2005, 65 = NJW 2005, 215; OLG Dresden AfP 2018, 149.

214 BVerfG AfP 2017, 228.

215 BGH AfP 2015, 564 = NJW 2016, 789; anders noch in BGH AfP 2014, 135 = NJW 2014, 2029 – Sächsische Korruptionsaffäre, hier wurde allerdings auf die fehlende Effektivität der Erwirkung von Ordnungsgeldern abgestellt, da diese das Kopieren und Verbreiten durch Dritte nicht erfassen würden; kritisch zur Ausgleichsfunktion eines Unterlassungstitels Wenzel/*Burkhardt*, Kap. 14 Rz. 125.

216 *v. Pentz*, AfP 2018, 97.

217 EGMR AfP 2016, 527 = NJW 2017, 2891.

Die Durchsetzung und ordnungsgemäße Veröffentlichung eines **Widerrufs** beseitigt in der 32.59
Regel das Bedürfnis nach Zuerkennung einer Geldentschädigung[218] jedenfalls dann, wenn sie
unverzüglich erfolgt; beseitigt sie den Entschädigungsanspruch im Einzelfall nicht dem Grunde nach, so wirkt sie sich jedenfalls mindernd auf die Höhe des Entschädigungsbetrags aus.[219]
Ist eine Berichtigung hingegen erst in einem jahrelangen Rechtsstreit durchsetzbar, so ist das
Genugtuungsbedürfnis des Betroffenen nicht befriedigt. In diesem Fall kommt eine Geldentschädigung als kumulativer Rechtsbehelf in Betracht.[220]

Gleiches gilt, wenn eine geschuldete Berichtigung nicht veröffentlicht werden kann, weil die 32.60
abdruckpflichtige Zeitschrift eingestellt worden ist,[221] oder wenn die rechtswidrige Meldung
einerseits und die Aufmachung und Platzierung einer redaktionellen Berichtigung unter Berücksichtigung der berechtigten Belange der Medien nicht annähernd gleichwertig ausfallen
können.[222] Die Auffassung des OLG Hamburg,[223] die unverzügliche und obendrein mit einer
förmlichen Entschuldigung versehene Veröffentlichung einer freiwilligen Richtigstellung
durch eine Redaktion beseitige das Bedürfnis nach Zahlung einer Geldentschädigung nicht,
sondern mindere es allenfalls, weil die Berichtigung nicht sicher dieselben Leserkreise erreiche
wie die ursprüngliche rechtswidrige Darstellung, ist verfehlt. Das Genugtuungsbedürfnis, auf
das die Rechtsprechung insoweit maßgeblich abstellt, kann nicht davon beeinflusst werden,
ob alle Leser des Erstberichts auch die **freiwillige Berichtigung** zur Kenntnis nehmen. Maßgeblich ist demgegenüber in einem solchen Fall die Feststellung, dass die Redaktion, der ein
Versehen unterlaufen ist, alles ihr Zumutbare und Mögliche zur sofortigen Schadensbegrenzung getan und dem Betroffenen obendrein durch eine förmliche Entschuldigung Genugtuung verschafft hat.

Unter dem Aspekt der Subsidiarität haben daher die Betroffenen die Obliegenheit und die 32.61
Medien die Möglichkeit, durch geeignete Maßnahmen nach erfolgter Rechtsverletzung deren
Folgen zu begrenzen und das Entstehen einer Entschädigungsforderung zu vermeiden. Einigen sich die Beteiligten etwa über die Veröffentlichung einer Richtigstellung, so besteht ein
Bedürfnis für die anschließende Zahlung einer Geldentschädigung nicht mehr.[224] Scheitern
hingegen Verhandlungen über eine angemessene Berichtigung und kommt wegen der Dauer
der Verhandlungen die Durchsetzung einer Gegendarstellung nicht mehr in Betracht, so
kann nach Auffassung des OLG München[225] dem Geldentschädigungsanspruch des Betroffenen die Tatsache nicht entgegengehalten werden, dass er auf den Abdruck einer Gegendarstellung verzichtet hat; das ist indessen nur zutreffend, wenn er seinem Kontrahenten eine
Gegendarstellung zunächst fristgerecht zugeleitet hatte (dazu Rz. 29.61 ff.) und deren Veröffentlichung dann aufgrund des Zeitablaufs infolge der Verhandlungen nicht mehr in Betracht kommt.

Die Möglichkeit der Schadensbegrenzung zur Vermeidung von Entschädigungsforderungen 32.62
besteht allerdings in der Regel nur im Fall der Verbreitung unwahrer ehrenrühriger Tatsachenbehauptungen. Nur die durch sie bewirkte Beeinträchtigung kann durch eine Gegendar-

---

218 BGH NJW 1970, 1077 = GRUR 1970, 370 – Nachtigall I; OLG Köln AfP 1971, 720; KG AfP 1974,
720.
219 LG Berlin NJW-RR 1998, 316.
220 BGH AfP 1995, 411 = NJW 1995, 861 – Caroline von Monaco I.
221 KG NJW-RR 1995, 479.
222 BGH AfP 1995, 411 = NJW 1995, 861 – Caroline von Monaco I.
223 OLG Hamburg AfP 1994, 42.
224 OLG Köln AfP 1991, 427.
225 OLG München AfP 1990, 45.

stellung, gegebenenfalls auch durch eine redaktionelle Berichtigung ausgeglichen werden. Die vereinzelt vertretene Kritik am Subsidiaritätsprinzip[226] pauschaliert daher in unzulässiger Weise die in manchen Fällen in der Tat bestehenden Bedenken gegen die Eignung von Folgenbeseitigungsmaßnahmen der Medien zur Beseitigung des für den Entschädigungsanspruch unverzichtbaren Genugtuungsbedürfnisses des Verletzten. Diese Kritik muss in Wahrheit als Ausdruck eines nicht legitimen Interesses an einer Kommerzialisierung erlittener Verletzungen verstanden werden. Denn tatsächlich wird ein anderweitig begründeter Entschädigungsanspruch gerade nicht dadurch beseitigt, dass die Medien nach jahrelangem Rechtsstreit schließlich eine eingeklagte Berichtigung veröffentlichen oder dass sie eine Gegendarstellung des Verletzten mit einer redaktionellen Anmerkung versehen, in der sie auf ihrem Standpunkt beharren.[227]

32.63 Für freiwillig veröffentlichte Richtigstellungen und unkommentierte Gegendarstellungen oder solche mit einem bestätigenden Redaktionsschwanz gilt dies aber nicht.[228] Macht daher der Verletzte von diesen Möglichkeiten keinen Gebrauch, und beschränkt er sich von vornherein darauf, eine Geldentschädigung zu fordern, so wird dieser Anspruch im Allgemeinen nicht entstehen.[229] Für die Medien ergibt sich hieraus eine effektive Möglichkeit zur Schadensminderung. Förmliche Entschuldigungen, auf deren Erklärung kein Rechtsanspruch besteht, werden zwar nur in extremen Ausnahmefällen in Betracht kommen, den Medien in aller Regel hingegen nicht zumutbar und zur Vermeidung von Entschädigungsforderungen obendrein nur geeignet sein, wenn sie veröffentlicht werden. Durch die Einräumung etwa der Tatsache, dass eine bestimmte Meldung falsch oder nicht so gemeint war, wie sie der Leser verstanden hat, in der redaktionellen Anmerkung zu einer zügig veröffentlichten Gegendarstellung können aber die Folgen rechtswidriger Berichterstattung nennenswert gemildert und Geldentschädigungsansprüche in zumutbarer Weise vermieden werden.[230]

32.64 Allenfalls geringe praktische Bedeutung hat der Subsidiaritätsaspekt aber in den Fällen der **Schmähkritik** oder sonstiger rechtswidriger Meinungsäußerungen.[231] Ihnen kann der Betroffene mit Gegendarstellungs- und Berichtigungsansprüchen nicht begegnen. Gleiches gilt für die Verbreitung von Tatsachenbehauptungen, die zwar zutreffend sind, deren Veröffentlichung aber eine Verletzung des Allgemeinen Persönlichkeitsrechts des Betroffenen darstellt; hier kann vom Betroffenen nicht verlangt werden, dass er durch die dargestellten Schadensminderungsmaßnahmen im Ergebnis dafür sorgt, dass der Vorgang abermals vor die Öffentlichkeit getragen wird.[232]

dd) Unabwendbares Bedürfnis

32.65 Maßgeblich für die Beurteilung des Geldentschädigungsanspruchs ist schließlich eine Gesamtbetrachtung aller konkreten Umstände des Einzelfalls, die ein **unabwendbares Bedürfnis**

226 *Prinz/Peters*, Rz. 761.
227 BGH AfP 1995, 411 = NJW 1995, 861 – Caroline von Monaco I; a.A. *Prinz/Peters*, Rz. 761.
228 Löffler/*Steffen*, § 6 LPG Rz. 338.
229 BGH AfP 1976, 75 = NJW 1976, 1198 – Panorama; BGH AfP 1979, 307 = NJW 1979, 1041 – Exdirektor.
230 A.A. *Prinz/Peters*, Rz. 762.
231 BGH GRUR 1965, 256 – Gretna Green; BGH NJW 1965, 2395 – Mörder unter uns; Wenzel/*Burkhardt*, Kap. 14 Rz. 126.
232 OLG Karlsruhe AfP 2003, 440 = NJW-RR 2003, 410.

für diese Sanktion ergeben muss.[233] Neben dem Genugtuungsaspekt ist hier zusätzlich der Präventionsgedanke zu berücksichtigen. Auf dieser Ebene findet eine Gesamtbetrachtung statt, in die die vorstehend behandelten Gesichtspunkte der Schwere des Eingriffs, des Verschuldens und etwaiger anderweitiger Ausgleichsmöglichkeiten und deren Versäumung einzubeziehen sind. Dabei liegt auf der Hand, dass die Schwere und Intensität des Eingriffs im Rahmen dieser Gesamtbetrachtung auch unter dem Aspekt der Prävention ebenso zu berücksichtigen sind wie vom Betroffenen bereits realisierte anderweitige Sanktionen, so dass die Subsidiaritäts- und Präventionsaspekte einander ergänzen und bedingen können.[234]

Keine besondere Bedeutung hat der Präventionsgedanke allerdings in den Fällen, in denen eine anderweitige zumutbare Ausgleichsmöglichkeit nicht ersichtlich ist wie etwa bei **Schmähkritik**. In ihnen wird die Prüfung der Entschädigungswürdigkeit mit der Feststellung einer besonders schwerwiegenden Rechtsverletzung und der Vorwerfbarkeit eines groben Sorgfaltsverstoßes (Rz. 32.46 ff.) in der Regel abgeschlossen sein. Das Kriterium der Unabweisbarkeit der Genugtuung durch Zahlung einer Geldentschädigung kann aber auch in den Konstellationen vorliegen, in denen sich der Betroffene unter Berücksichtigung von Art und Ausmaß der Rechtsverletzung eine Verbesserung seiner beeinträchtigten Situation von der Veröffentlichung einer Gegendarstellung oder einer redaktionellen Richtigstellung nicht versprechen kann.[235] Das kann etwa der Fall sein bei Ehrbeeinträchtigungen von einer Intensität, die es für den Betroffenen unzumutbar erscheinen lässt, die öffentliche Erörterung des infrage stehenden Vorwurfs durch die Forderung nach Veröffentlichung einer Gegendarstellung oder einer redaktionellen Berichtigung erneut in Gang zu setzen.[236] In den Fällen schließlich, die sich für eine Berichtigung eignen, wird eine sachgerechte Entscheidung regelmäßig nur als Ergebnis einer Einzelfallbewertung zu erzielen sein.

32.66

Das unabwendbare Bedürfnis fehlt ferner, wenn es sich bei der Rechtsverletzung um **Überzeichnungen** handelt, die zwar für sich genommen schwer wiegen, unter Berücksichtigung der Umstände des Einzelfalls aber keine Beeinträchtigung des Lebensbilds oder der Persönlichkeit des konkret Betroffenen darstellen.[237] So ist die Bezeichnung einer unbescholtenen Person als Bordellspion[238] ohne Frage eine schwerwiegende Persönlichkeitsrechtsverletzung. Im Fall eines der Spionage überführten Bordellbesitzers besteht das unabwendbare Bedürfnis nach Zuerkennung der Geldentschädigung jedoch selbst dann nicht, wenn zwischen seinem Gewerbe und der ihm zur Last gelegten Straftat kein sachlicher Zusammenhang besteht. Bei Show-Größen, die die Aufmerksamkeit des Publikums suchen und brauchen, kann die Frage nach dem unabwendbaren Bedürfnis anders zu beurteilen sein als bei Personen, die nicht ständig ins Licht der Öffentlichkeit drängen, und selbst im Fall einer erfundenen Geschichte entfallen.[239]

32.67

---

233 BGH AfP 2015, 564 = NJW 2016, 789; BGH AfP 1995, 411 = NJW 1995, 861 – Caroline von Monaco I; BGH AfP 2005, 65 = NJW 2005, 215 – Geldentschädigung; OLG Saarbrücken NJW-RR 2019, 296; OLG Karlsruhe AfP 2006, 262 = ZUM 2006, 571; Löffler/*Steffen*, § 6 LPG Rz. 338; Wenzel/*Burkhardt*, Kap. 14 Rz. 127.
234 Vgl. auch insoweit BGH AfP 2010, 75 = NJW 2010, 763 – Esra.
235 BGH AfP 1979, 307 = NJW 1979, 1041 – Exdirektor; BGH NJW 1980, 2810 = GRUR 1980, 1099 – Medizin-Syndikat II.
236 OLG Karlsruhe AfP 2003, 440 = NJW-RR 2003, 410.
237 BVerfG AfP 2017, 228; Wenzel/*Burkhardt*, Kap. 14 Rz. 130.
238 Wenzel/*Burkhardt*, Kap. 14 Rz. 129; KG NJW 1968, 1969.
239 OLG Stuttgart AfP 1981, 362 = NJW 1981, 2817 – Rudi Carrell.

c) Anspruchshöhe

32.68 Bei der Bemessung der **Höhe** von Geldentschädigungen[240] in der Folge unrechtmäßiger Medienberichterstattung trägt die Rechtsprechung dem Grundsatz Rechnung, dass nur schwerwiegende Beeinträchtigungen den Anspruch überhaupt auslösen, so dass zu geringe Beträge der Genugtuungs- und Wiedergutmachungsfunktion dieser Sanktion nicht gerecht werden können. Nach der Rechtsprechung des BGH[241] sind im Rahmen der Bemessung der Höhe des Anspruchs insbesondere die **Eingriffsintensität**, die **Verschuldensform** sowie im Einzelfall etwa relevante **Präventionsaspekte** zu berücksichtigen, obliegt die Bemessung der Entschädigung aber im Prinzip den Instanzgerichten.[242]

32.69 Klare Maßstäbe oder gar Tabellen, denen man die Höhe der im Einzelfall gerechtfertigten Entschädigungsbeträge würde entnehmen können, gibt es nicht und kann es angesichts des Fehlens allgemeingültiger, auf eine Vielzahl unterschiedlicher Konstellationen gleichermaßen anwendbarer objektiver Kriterien trotz der dagegen vorgebrachten Kritik[243] auch nicht geben. Die Gerichte werden vielmehr auch weiterhin – wie im Anwendungsbereich des § 253 Abs. 2 BGB auch – anhand der konkreten Umstände des Einzelfalls, der oben dargestellten Parameter sowie des in der Vergangenheit entwickelten Entschädigungsgefüges versuchen müssen, gemäß § 287 ZPO im Wege **richterlicher Schadenschätzung** individuelle, sachgerechte Lösungen zu erarbeiten.

32.70 Von interessierter Seite[244] unternommene Versuche, die Entschädigungen an den Kriterien einer wie auch immer zu berechnenden Gewinnabschöpfung[245] oder an den Anzeigenerlösen der entschädigungspflichtigen Medien zu orientieren[246] und sie dadurch zu erhöhen, sind nicht gerechtfertigt. Das haben der BGH[247] und ihm folgend das OLG Hamburg[248] ausdrücklich und mit Recht entschieden.[249] In den seltenen Fällen vorsätzlichen Handelns soll allerdings von der Höhe der Geldentschädigung ein Hemmungseffekt für die bedenkenlose Vermarktung von Persönlichkeitsrechten ausgehen,[250] womit die Rechtsprechung dem von ihr in den letzten Jahren in das Entschädigungsrecht eingeführten Präventionsgedanken zutreffend Rechnung trägt. Dies führt dazu, dass die Rechtsprechung insbesondere auf vorsätzliche Medienkampagnen zu Lasten einzelner Individuen mit der Verurteilung zu Entschädigungsbeträgen reagiert, die den normalen Rahmen drastisch übersteigen können; vgl. dazu die Beispiele in Rz. 32.73. Eine Differenzierung der Höhe der Entschädigungen nach der Prominenz der Betroffenen lehnt die Rechtsprechung[251] jedenfalls theoretisch ab. In der Praxis kommen

---

240 Nahezu 20 Jahre nach Einführung des Euro verlieren die in der Vergangenheit ausgeurteilten DM-Beträge an Aussagekraft; in der folgenden Darstellung werden die vor 2002 zuerkannten Entschädigungen daher im gerundeten Verhältnis von 2:1 in Euro genannt.
241 OLG München AfP 1990, 45.
242 BGH AfP 2005, 65 = NJW 2005, 215 – Geldentschädigung.
243 *Prinz/Peters*, Rz. 767.
244 *Prinz*, NJW 1996, 953; vgl. auch *Prinz/Peters*, Rz. 766; zur Interessenlage der Autoren vgl. die Anm. in NJW 1996, 953 vor Fn. 1.
245 *Prinz*, NJW 1996, 953 ff.
246 *Prinz/Peters*, Rz. 766.
247 BGH AfP 1995, 411 = NJW 1995, 861 – Caroline von Monaco I.
248 OLG Hamburg AfP 1997, 538 = NJW 1996, 2870 – Caroline von Monaco II.
249 Dazu *Steffen*, NJW 1997, 10 ff.; *Gounalakis*, AfP 1998, 10 ff.
250 BGH AfP 1995, 411 = NJW 1995, 861 – Caroline von Monaco I; BGH AfP 1996, 137 = NJW 1996, 984 – Caroline von Monaco II; OLG Hamburg AfP 1997, 538 = NJW 1996, 2870 – Caroline von Monaco.
251 OLG Karlsruhe NJW-RR 1995, 477; OLG Hamburg ZUM 1994, 35.

die Entschädigungen dennoch weit überwiegend Persönlichkeiten des öffentlichen Lebens zugute, weil sich die Medien in erster Linie mit ihnen befassen.[252]

Entschädigungsverpflichtungen dürfen nie so hoch ausfallen, dass sie die wirtschaftliche Leistungsfähigkeit der Medien überfordern und zu einer **Bestandsgefährdung** führen.[253] Nach Auffassung des BVerfG[254] muss dies aber als das Gebot verstanden werden, die Existenzfähigkeit der Institution der Medien bei der Bemessung der Entschädigungen angemessen zu berücksichtigen; eine Bestandsgarantie zu Gunsten des im Einzelfall ersatzpflichtigen Mediums ist diesem Gedanken hingegen nicht zu entnehmen.   32.71

Die **Obergrenze** bekannt gewordener Verurteilungen zur Zahlung von Geldentschädigungen lag daher über Jahrzehnte bei einem Betrag von jeweils 25 000 Euro, der den Betroffenen in den Fällen *Helmut Horten*[255] und *Prinz Bernhard der Niederlande*[256] zugesprochen wurde. Dem Erstgenannten wurde die Bereitstellung von 3 Millionen Euro zur Bestechung von Bundestagsabgeordneten nachgesagt, die unter Bruch ihrer Fraktionsdisziplin bereit sein würden, das konstruktive Misstrauensvotum gegen den damaligen Bundeskanzler *Willy Brandt* zu unterstützen. Im zweiten der genannten Fälle ging es bereits Ende der sechziger Jahre des zwanzigsten Jahrhunderts um die wahrheitswidrige Behauptung, der Betroffene habe seine Tochter zum Abbruch einer nichtehelichen Schwangerschaft veranlasst.   32.72

Unter dem Einfluss insbesondere des Präventionsgedankens in den Fällen der planmäßigen, **vorsätzlichen Ausbeutung** von Persönlichkeitsrechten hat die Rechtsprechung diesen faktischen Höchstbetrag in einer Reihe von Fällen **kumulierter Rechtsverletzungen** überschritten. Im Fall vorsätzlicher Ausbeutung von Persönlichkeitsrechten wie etwa in den Fällen der Veröffentlichung frei erfundener Interviews soll bei der Bemessung der Höhe auch dem Umstand Rechnung getragen werden, dass die Rechtsverletzung als Mittel der Auflagensteigerung eingesetzt wurde.[257] Daraus ergibt sich aber keine grundsätzliche Erhöhung des Entschädigungsgefüges für individuelle Rechtsverletzungen. So hat das OLG Hamburg auf eine Serie von nicht weniger als *77 Titelgeschichten* von zwei Frauenzeitschriften aus demselben Verlag über eine Tochter des *Schwedischen Königspaars* mit 42 der Betroffenen zugeschriebenen Falschzitaten, 52 Fotomontagen und u.a. unwahren Behauptungen über drei angeblich bevorstehende Verlobungen, 19 Hochzeiten und vier Schwangerschaften mit der Zuerkennung einer Entschädigung von **400 000 Euro** reagiert.[258] Bereits mehr als ein Jahrzehnt früher hatte dasselbe Gericht[259] *Caroline von Monaco* nach Zurückverweisung jenes Falls durch den BGH[260] einen Betrag von **90 000 Euro** als Entschädigung für drei unterschiedliche Verletzungshandlungen mit unterschiedlicher Thematik und in zum Teil unterschiedlichen Objekten des beklagten *Burda*-Verlags zugesprochen. In einem weiteren Fall, in dem der BGH[261] die Zubilligung eines Betrags von **75 000 Euro** durch das Berufungsgericht gebilligt hat,   32.73

---

252 Kritisch dazu insb. *Gounalakis*, AfP 1998, 10 ff.
253 BVerfG AfP 2017, 228; BVerfG AfP 1973, 435 = NJW 1973, 1221 – Soraya.
254 BVerfG NJW 2004, 2371.
255 BGH AfP 1977, 340 = NJW 1977, 1288 – Abgeordnetenbestechung.
256 OLG Hamburg ArchPR 1970, 94 = UFITA 65 (1972), 271.
257 BGH AfP 1995, 411 = NJW 1995, 861 – Caroline von Monaco I; BGH AfP 1996, 137 = NJW 1996, 984 – Caroline von Monaco II; OLG Hamburg AfP 1997, 538 = NJW 1996, 2870 – Caroline von Monaco.
258 OLG Hamburg AfP 2009, 509 = NJW-RR 2010, 624.
259 OLG Hamburg AfP 1997, 538 = NJW 1996, 2870 – Caroline von Monaco.
260 BGH AfP 1995, 411 = NJW 1995, 861 – Caroline von Monaco I.
261 BGH AfP 2005, 65 = NJW 2005, 215 – Geldentschädigung.

ging es um insgesamt neun persönlichkeitsrechtswidrige Bildberichte über die minderjährige Tochter der *Prinzessin Caroline von Monaco.* Der Verurteilung eines Verlags durch das LG Hamburg[262] zur Zahlung eines Betrags von 50 000 Euro lag eine Serie von nicht weniger als *22* Veröffentlichungen zu Grunde, in denen das Gericht fast ohne Ausnahme Persönlichkeitsrechtsverletzungen zu Lasten des Betroffenen sah. Auch das OLG Köln hat dem vom Vorwurf der Vergewaltigung freigesprochenen Wettermoderator *Kachelmann* eine Geldentschädigung von **215 000 Euro** für 14 rechtsverletzende Print- und weitere **180 000 Euro** für 12 Online-Veröffentlichungen zugesprochen; der Höchstbetrag für die einzelne Berichterstattung lag dabei allerdings bei 30 000 Euro.[263] Der Fußballnationaltrainer *Jogi Löw* erhielt aufgrund bebilderter Berichte über seinen Strandurlaub einen Betrag von **220 000 Euro** zugesprochen, wobei sich auch hier die Geldentschädigung aus Einzelbeträgen zwischen 5 000 Euro und 30 000 Euro für insgesamt 22 Abbildungen zusammensetzte.[264] Eine Schriftstellerin, Sängerin und Fernsehmoderatorin erhielt für die Veröffentlichung einer Strecke von nicht weniger als 15 Fotos in einem Magazin der Yellow Press **75 000 Euro** zuerkannt. Die Betroffene wurde im Urlaub teils unbekleidet und teils mit ihren Kindern und ihrem Lebensgefährten gezeigt.[265] **70 000 Euro** erhielt eine Minderjährige, der im Comedy-Format *TV Total* nicht weniger als dreimal nachgesagt wurde, sie sei als geeignet für das Pornogeschäft anzusehen.[266]

32.74 Versuche, Beträge jenseits von **50 000 Euro** als Entschädigung für den **Einzelfall** durchzusetzen, waren demgegenüber, soweit ersichtlich, nur in wenigen Ausnahmefällen erfolgreich. So wurde etwa dem verunglückten Rennsportfahrer *Schumacher* vom LG Hamburg aufgrund einer als Todesnachricht anmutenden Mitteilung auf der Titelseite einer Zeitschrift **100 000 Euro** zugesprochen.[267]

32.75 Eine Sonderstellung im Bereich der **einzelnen Rechtsverletzung** nahm sicher die Geldentschädigung von **1 000 000 Euro** ein, die dem verstorbenen Altkanzler *Helmut Kohl* für die Veröffentlichung von Zitaten durch einen Ghostwriter und seinen Verlag zugesprochen wurden.[268] Bedenken erweckt an dieser Entscheidung, dass der ausgeurteilte Betrag pauschal und damit ohne Bezugnahme auf die Schwere der Persönlichkeitsrechtsverletzung des einzelnen, als rechtsverletzend angesehenen Zitats festgesetzt wurde. Selbst unter dem Gesichtspunkt der Generalprävention und des Genugtuungsinteresses ist eine solche globale Feststellung einer dazu noch erheblichen Geldentschädigung mit der ansonsten von der Rechtsprechung durchgängig geübten Praxis und der vor dem Hintergrund des Art. 5 Abs. 1 GG erforderlichen Einzelfallbetrachtung nicht vereinbar. Das OLG Köln musste im Berufungsverfahren über die Höhe einer Geldentschädigung – die es dem Grunde nach für geboten ansah – aufgrund des Versterbens von *Helmut Kohl* nicht mehr entscheiden (s. auch Rz. 32.39).

32.76 Die Höhe der Geldentschädigung im Fall von einzelnen Rechtsverletzungen liegt aber nach wie vor regelmäßig im Bereich unter 50 000 Euro. So wurde im Fall der kurzzeitig mit dem ehemaligen Tennis-Star *Boris Becker* liierten Frau, deren Affäre zum Gegenstand eines anreißerischeren Internetspiels gemacht worden war, ein Betrag von **45 000 Euro** für angemessen

---

262 LG Hamburg ZUM 1998, 852.
263 OLG Köln v 12.7. 2016 – 15 U 175/15 und 15 U 176/15, zit. nach juris.
264 LG Köln AfP 2017, 540.
265 LG Hamburg ZUM 2001, 67.
266 OLG Hamm AfP 2004, 543 = NJW-RR 2004, 919 – TV Total.
267 LG Hamburg AfP 2017, 540 (n.rkr.); s. auch LG Hamburg ZUM 2001, 68; OLG Hamm AfP 2004, 543 = NJW-RR 2004, 919.
268 LG Köln v. 27.4.2017 – 14 O 323/15, zit. nach juris.

angesehen.[269] **40 000 Euro** wurden dem Verletzten im Fall der Berichterstattung über eine Serie angeblicher ärztlicher Kunstfehler durch das Fernsehmagazin *stern TV* zugesprochen, die zur jedenfalls zeitweiligen Vernichtung der beruflichen Existenz des betroffenen Arztes führte,[270] nachdem der BGH[271] eine zunächst zuerkannte Entschädigung von 25 000 Euro als nicht ausreichend angesehen hatte. **37 500 Euro** erhielt ein Mann, der mehrfach öffentlich als Kinderschänder angeprangert wurde,[272] obgleich er zum Zeitpunkt der Berichterstattung bereits von der entsprechenden Anklage freigesprochen worden war. Insgesamt **35 000 Euro** wurden einer Frau zugesprochen, der im Rahmen eines Illustrierten-Berichts über starke Männer – willige Groupies unter Veröffentlichung ihres Lichtbilds wahrheitswidrig ein sexuelles Verhältnis mit dem früheren Bundeskanzler *Willy Brandt* angedichtet wurde.[273] Und **30 000 Euro** erhielt *Steffi Graf* als Entschädigung für die Verunglimpfung durch den Liedtext *I wanna make love to Steffi Graf.*[274]

25 000 Euro hielt das OLG Hamburg[275] für angemessen im Fall eines niederländischen Spediteurs, dem in einer Nachrichtensendung eines großen privaten Fernsehsenders wahrheitswidrig und ohne ernsthaften Rechercheversuch nachgesagt wurde, er habe seinen Formel-1-Rennstall mit Geldern aus Drogengeschäften finanziert. Denselben Betrag erhielt eine bekannte Fernsehmoderatorin als Entschädigung für einen detaillierten Bericht über schwere körperliche Beeinträchtigungen als Folge einer Operation und eines ärztlicherseits eingeleiteten künstlichen Komas.[276] Beträge von jeweils **20 000 Euro** erhielten die Betroffenen bereits im Jahr 1970 im Fall des wahrheitswidrigen Berichts, die Ehefrau eines Prinzen von Preußen verlange für ihre Scheidung nach nur einjähriger Ehe einen Betrag von 1 Millionen Euro,[277] ein Jahrzehnt später im Fall des Schriftstellers *Heinrich Böll*, dem der Publizist *Matthias Walden* durch Fälschung eines Zitats zu Unrecht nachsagte, er habe den Terrorismus in Deutschland begünstigt und gebilligt,[278] und annähernd weitere zwanzig Jahre später im Fall der Berichterstattung über eine durch den Betroffenen angeblich begangene schwere Beleidigung eines politischen Gegners.[279] Jeweils **15 000 Euro** sprachen die Gerichte den Betroffenen etwa zu in den Fällen der Behauptung der Verwicklung eines Rechtsanwalts in ein angebliches Mordkomplott der *Scientology*-Bewegung,[280] der Veröffentlichung eines unter Überwindung der örtlichen Abgeschiedenheit entstandenen Fotos einer Prominenten unmittelbar vor ihrer Trauung[281] oder der Verwicklung eines leitenden Polizeibeamten in das Rotlichtmilieu[282] sowie der pflicht- und rechtswidrigen Bekanntmachung der Tatsache, dass ein bundesweit bekannter Manager eines Vereins der Fußballbundesliga vor Jahrzehnten als Student kurzfristig für den Verfassungsschutz tätig gewesen war.[283] Jeweils **12 500 Euro** erhielten die Betroffenen bereits vor Jahrzehnten im Fall der nicht erweislichen Behauptung, der damalige Bundes-

32.77

---

269 LG München I AfP 2002, 340 = NJW-RR 2002, 689.
270 OLG Köln ZUM 1999, 948.
271 BGH AfP 1997, 700 = NJW 1997, 1148 – Stern-TV.
272 LG Ansbach AfP 1997, 823 = NJW-RR 1997, 978.
273 OLG Köln NJW-RR 2000, 470.
274 OLG Karlsruhe NJW-RR 1994, 1963 – Steffi Graf.
275 OLG Hamburg NJW-RR 1996, 90 – RTL Aktuell.
276 OLG Hamburg ZUM 2010, 976.
277 OLG Hamburg AfP 1970, 968 – Prinzessin von Preußen.
278 BGH AfP 1982, 32 = NJW 1982, 635 – Böll/Walden II.
279 LG Berlin v. 11.6.1998 – 27 O 131/98, unveröffentlicht.
280 OLG München NJW-RR 1996, 1365; vgl. auch LG Berlin NJW-RR 2000, 555.
281 OLG Köln ZUM 2009, 486.
282 BGH AfP 1997, 144 = NJW 1996, 1131 – Polizeichef.
283 OLG Bremen NJW 1996, 1000 – Willi Lemke.

minister *Franz Josef Strauß* habe sich bestechen lassen und insbesondere Koffer voller neuer 100 DM-Scheine entgegengenommen[284] sowie im Fall des katholischen Priesters, dem zu Unrecht eine sexuelle Beziehung mit einer verheirateten Frau nachgesagt wurde.[285]

32.78 Demgegenüber sprachen die Gerichte den Betroffenen Beträge von jeweils **10 000 Euro** in den Fällen der von einer Boulevardzeitung verbreiteten wahrheitswidrigen Behauptung zu, ein Arzt habe einem Verstorbenen, der mit einem Messer in der Brust abgebildet wurde, im Totenschein einen natürlichen Tod durch Herzinfarkt bescheinigt,[286] des Berichts einer anderen Boulevardzeitung über angebliche sexuelle Verhältnisse eines Trainers der Fußballbundesliga mit den Ehefrauen der ihm anvertrauten Spieler,[287] der Abbildung eines katholischen Priesters im Rahmen eines Berichts über sexuelle Verfehlungen von Priestern an Minderjährigen, mit denen er nichts zu tun hatte,[288] der Veröffentlichung eines Aktfotos, das aus anderem Anlass mit Einwilligung der Betroffenen aufgenommen worden war, im Zusammenhang mit der Veröffentlichung von Orgasmus-Tipps durch eine Illustrierte,[289] eines Jahre nach dem Ereignis verbreiteten Berichts über den Unfalltod des damals vierjährigen Sohns einer Schauspielerin mit Bildern der Betroffenen auf dem Weg zu ihrem toten Sohn[290] und schließlich der Veröffentlichung eingestandener Maßen schmutziger Details aus der Scheidungsakte eines Prominenten;[291] in diesem Fall wäre die Entschädigung deutlich höher ausgefallen, hätten nicht der Betroffene und seine damalige Ehefrau ihre Privatsphäre im Rahmen einer Fülle von Homestories für ein breites Leserpublikum geöffnet. Jeweils **8000 Euro** erhielten eine in sozialen Internetforen u.a. als Nutte mit ekligem Zellulitis-Körper beschimpfte Frau[292] und eine ehemalige Politikerin, die von einer Boulevardzeitung intensiv mit dem Suizid ihres Sohns und Mutmaßungen über die Rolle konfrontiert wurde, die die Betroffene dabei gespielt habe.[293] **7500 Euro** erhielten ein arbeitsunfähiger Lehrer, dem in nicht erweislicher Weise vorgeworfen wurde, er spiegele seine dauerhafte Erkrankung nur vor,[294] ein als allergrößte Pfeife diffamierter Verwaltungsbeamter,[295] eine als Fotomodell tätige Frau für die Veröffentlichung von Bildern, die sie im Strandurlaub mit nacktem Oberkörper und in intimer Umarmung ihres Lebensgefährten zeigten,[296] ein Betroffener, dem zu Unrecht nachgesagt worden war, er sei eines Doppelmords verdächtig, wegen dessen später ein anderer rechtskräftig verurteilt wurde,[297] sowie ein Mann wegen der erfolgten Veröffentlichung von Details aus seinem Privat- und Intimleben, deren Veröffentlichung er von der nie erreichten Einigung über deren Konditionen abhängig gemacht hatte.[298]

---

284 BGH GRUR 1969, 147 – Korruptionsvorwurf.
285 BGH AfP 1988, 34 = NJW-RR 1988, 733 – Intime Beziehungen.
286 LG München I ZUM 1998, 840.
287 LG München I ZUM 1998, 576.
288 OLG Koblenz NJW 1997, 1375.
289 OLG Hamm AfP 1998, 304 = NJW-RR 1997, 1044.
290 LG Berlin AfP 2010, 597.
291 OLG Hamburg AfP 2008, 411.
292 LG Berlin ZUM 2012, 997; die mutmaßlich geringe Zahl der Abrufe dieser Beleidigungen hat in diesem Fall offenbar Einfluss auf die vergleichbar geringe Höhe der Entschädigung gehabt.
293 OLG Dresden AfP 2012, 168 = NJW 2012, 782.
294 LG Berlin NJW 1997, 1373 – Gierigster Lehrer.
295 LG Oldenburg AfP 1995, 679 = NJW-RR 1995, 1427.
296 OLG Hamburg AfP 2013, 65.
297 OLG Dresden NJW 2004, 1181.
298 OLG München AfP 2001, 135 = NJW-R 2001, 629.

6000 Euro erhielt eine junge Frau, die ein Fernsehmoderator während der von einem Millionenpublikum verfolgten Sendung *Wetten Dass?* als ganz schön alt aussehend für dein Alter bezeichnet und der er bei dieser Gelegenheit empfohlen hatte, sich operieren zu lassen.[299] Jeweils **5000 Euro** sprachen Gerichte den Betroffenen zu in den Fällen der ungerechtfertigten Bezeichnung eines namentlich genannten und im Bild gezeigten unbescholtenen Manns als Hochstapler,[300] des Berichts über die Anklage gegen einen Mann wegen eines Betrugsverdachts zu einem Zeitpunkt, zu dem das Strafverfahren bereits seit sechs Jahren anhängig und immer noch nicht abgeschlossen war,[301] sowie eines anderen, der in einem *TV Total*-Beitrag von der Redaktion zu Unrecht als homosexuell dargestellt und den ein Dritter in jener Sendung als schwule Sau bezeichnet hatte.[302] Auch die Bezeichnung eines im Rahmen eines Cartoons abgebildeten Manns als doofer lederbehoster Bayer war nach Auffassung des OLG München mit 5000 Euro zu entschädigen,[303] bevor das BVerfG[304] diese Bezeichnung als noch durch die Satirefreiheit gerechtfertigt ansah. Gleiches galt für die hämische Berichterstattung über die von einem dort als Deutschlands ärmster Prinz bezeichneten Preußen-Prinzen abzugebende eidesstattliche Offenbarungsversicherung.[305]

32.79

Weniger als 5000 Euro erhielten schließlich u.a. ein in der Lokalpresse zu Unrecht als Rotlichtfürst bezeichneter Immobilienmakler,[306] ein verurteilter Straftäter, der ohne Einwilligung während der Sitzung einer Therapiegruppe gefilmt und anschließend in einem Fernsehmagazin-Beitrag gezeigt wurde,[307] ein von der ungenehmigten Veröffentlichung seines Fotos im Rahmen eines Reiseführers für Homosexuelle Betroffener[308] sowie ein im Inland ansässiger Betroffener, dem von einem in Österreich niedergelassenen Internet-Dienstleister wahrheitswidrig eine sexuelle Beziehung während seines Verlöbnisses mit einer anderen Frau nachgesagt wurde.[309]

32.80

Beträge von **1000 bis 1500 Euro**, die der BGH[310] vor drei Jahrzehnten noch als die Untergrenze des Erforderlichen bezeichnet hat, liegen heute unterhalb der Erforderlichkeitsschwelle. Niedrigere Beträge als 2500 Euro werden, soweit ersichtlich, in der gerichtlichen Praxis mit Recht nicht mehr zugesprochen.[311] Bei ihnen würde sich unweigerlich die Frage nach der Schwere der Beeinträchtigung und damit nach der prinzipiellen Erforderlichkeit der Geldentschädigung schlechthin stellen.

32.81

Damit werden sich die Geldentschädigungen nach Verletzung des Allgemeinen Persönlichkeitsrechts oder des Rechts am eigenen Bild weiterhin in einem **vier- bis mittleren fünfstelligen Euro-Bereich** für den einzelnen Verletzungsfall bewegen und allenfalls in Fällen der Kumulation mehrerer Rechtsverletzungen höher ausfallen. Wirken mehrere Beteiligte bei einer

32.82

---

299 LG Hannover AfP 2006, 193 = ZUM 2006, 574.
300 OLG Karlsruhe NJW-RR 1995, 477.
301 LG Berlin AfP 2004, 150.
302 LG Köln ZUM 2003, 325.
303 OLG München NJW-RR 1998, 1036.
304 BVerfG AfP 2002, 417 = NJW 2002, 3767 – Bonnbons.
305 OLG Hamburg AfP 1992, 376 – Preußen-Prinz.
306 OLG Saarbrücken NJW 1997, 1376 – Rotlichtfürst (3500 Euro).
307 OLG Karlsruhe AfP 2003, 440 = NJW-RR 2003, 410 (3000 Euro).
308 AG Charlottenburg NJW-RR 1999, 1546 (2500 Euro).
309 OLG Hamburg AfP 2009, 595 (3000 Euro); die Annahme des Gerichts, es könne in diesem Fall der Ermittlung der Entschädigungshöhe nur die im Inland zu vermutenden Abrufe der den Anspruch auslösenden Meldung zugrunde legen, war freilich unzutreffend; vgl. insoweit Rz. 30.28.
310 BGH AfP 1979, 307 = NJW 1979, 1041 – Exdirektor.
311 Vgl. zuletzt OLG Dresden AfP 2018, 149.

Persönlichkeitsrechtsverletzung zusammen wie etwa Verlag und Autor oder auch mehrere Autoren eines Beitrags, so verursachen sie einen einheitlichen Schaden, für den sie nach den Regeln der **Gesamtschuld** einheitlich haften. Die mehrfache Geltendmachung eines Entschädigungsanspruchs ist in solchen Fällen ausgeschlossen.[312]

32.83 Werden hingegen identische oder vergleichbare Persönlichkeitsrechtsverletzungen **durch mehrere Medien** unabhängig voneinander oder durch Übernahme einer rechtsverletzenden Meldung begangen, dann stellt sich die Frage, ob der Verletzte einen nach Lage der Dinge angemessenen Geldentschädigungsanspruch mehrfach realisieren kann. Schrifttum und Rechtsprechung[313] gehen in diesen Fällen teilweise von einer sogenannten Nebentäterschaft aus, die zu einer gesamtschuldnerischen Haftung mehrerer Verletzer und damit zu einer einheitlichen Forderung des Verletzten führt; eine mehrfache Geltendmachung des Geldentschädigungsanspruchs ist nach dieser Auffassung ausgeschlossen. Der BGH[314] hat diese Rechtsauffassung jedoch verworfen und die Ansicht vertreten, dass dem Betroffenen in diesen Fällen mehrere selbständige Schäden entstanden seien, die auch selbständig ausgeglichen werden müssten.[315] Diese Auffassung erscheint jedoch unbefriedigend, weil sie der Genugtuungsfunktion der Geldentschädigung nicht hinreichend Rechnung trägt. Wird etwa in dem vom BGH[316] entschiedenen Fall das für Schulbuchzwecke mit Einverständnis der Beteiligten hergestellte Bild einer unbekleideten Familie aus Anlass der Einführung des Verbots der Abbildung unbekleideter Menschen in bayerischen Schulbüchern in mehreren Medien den vom bayerischen Gesetzgeber nunmehr vorgeschriebenen Strichmännchen-Bildern ironisierend gegenübergestellt, dann erscheint die Annahme, dies führe auf der Erfolgsebene zu mehreren selbständigen Rechtsverletzungen, die mehrfach entschädigungswürdig seien, verfehlt. Die unbillige Folge der Zuerkennung mehrerer und in der Summe unangemessen hoher Geldentschädigungen kann zwar nach Auffassung des BGH dadurch vermieden werden, dass das mit mehrfacher Wiederholung der Rechtsverletzung abnehmende Genugtuungsbedürfnis bei der Bemessung der Höhe der einzelnen Geldentschädigung berücksichtigt wird.[317] Die Gefahr, dass der zuerst in Anspruch Genommene zu einer unangemessen hohen Geldentschädigung verurteilt wird, während spätere Rechtsverletzer begünstigt werden, kann jedoch nur auf dem Weg der Annahme einer gesamtschuldnerischen Haftung aller Verletzer vermieden werden, die einen späteren internen Ausgleich ermöglicht (§ 426 BGB).

32.84 Keine Erhöhung einer Geldentschädigung ergibt sich schließlich aus der Verwirklichung einer **„internettypischen Gefahr"**[318] durch das Kopieren und Verbreiten rechtswidriger Beiträge durch Dritte. Die vom BGH eingenommene Rechtsposition, der Erstverbreiter hafte auch für Handlungen solcher Dritter, die einen Beitrag gegen seinen ausdrücklichen Willen vervielfältigten, erweckt allerdings Bedenken. Da technische Schutzmaßnahmen gleichzeitig ohne eine damit verbundene Zugangseinschränkung für die eigene Webseite kaum einzurichten sein dürften, läuft diese Ansicht faktisch auf eine Gefährdungshaftung bei Internetsachverhalten hinaus.[319]

---

312 OLG Hamburg GRUR 1994, 80.
313 OLG Stuttgart AfP 1983, 291; *Damm/Rehbock*, Rz. 1015.
314 BGH AfP 1985, 110 = NJW 1985, 1617 – Nacktfoto.
315 Ebenso OLG Hamburg NJW-RR 1994, 1176; OLG Köln NJW-RR 1993, 31; *Prinz/Peters*, Rz. 77 1; *Löffler/Steffen*, § 6 LPG Rz. 345.
316 BGH AfP 1985, 110 = NJW 1985, 1617 – Nacktfoto.
317 So LG Berlin AfP 1998, 223; *Wenzel/Burkhardt*, Kap. 14 Rz. 141.
318 BGH AfP 2014, 135 = NJW 2014, 2029 – Sächsische Korruptionsaffäre.
319 *Hoene*, AfP 2014, 123; krit. auch *Wenzel/Burkhardt*, Kap. 14 Rz. 144b.

4. Auskunftserteilung zur Vorbereitung von Schadensersatzansprüchen

Ein Betroffener sieht sich bei der Geltendmachung materieller Schadensersatzansprüche regelmäßig mit der Schwierigkeit einer Darlegung der haftungsausfüllenden Kausalität konfrontiert (s. dazu näher Rz. 32.12 ff.). So können für Betroffene neben den Auflagenzahlen – die sich noch unschwer über die *IVW*[320] oder auch über die Mediadaten der Publikation ermitteln lassen – ebenso die Abrufzahlen einer digitalen Ausgabe des Beitrags oder Art und Umfang der Zweitverwertung von Interesse sein. Ein solcher Anspruch auf Auskunft und Rechnungslegung ist gewohnheitsrechtlich aus dem Rechtsgedanken der §§ 242, 259, 260 BGB dann anerkannt,[321] wenn zwischen den Beteiligten ein **Rechtsverhältnis** besteht, das auch aufgrund der §§ 823, 1004 BGB bestehen kann. Ferner muss der Auskunftsberechtigte über das Ausmaß der Rechtsverletzung in Unkenntnis sein und sich diese Auskünfte auch **nicht** in zumutbarer Weise **selbst beschaffen** können. Umgekehrt muss der auf Auskunft in Anspruch Genommene unschwer in der Lage sein, dem Ersuchen nachzukommen.[322] Das Auskunftsbegehren kann sich auf alle mit der Rechtsverletzung im Zusammenhang stehenden Umstände beziehen, die der Auskunftsberechtigte benötigt, um seine Schadensersatzansprüche entweder auf der Basis des Verletzergewinns, eines eigenen entgangenen Gewinns oder der Lizenzanalogie zu berechnen, wobei sich der Betroffene noch bis zur Erfüllung oder rechtskräftigen Entscheidung im Schadensersatzprozess für eine der drei Berechnungsmethoden (um) entscheiden kann.[323] Der Auskunftsanspruch ist also auch dann begründet, wenn eine bestimmte Auskunft für eine Berechnungsmethode nicht erforderlich wäre. So kann es daher zulässig sein, von einem Presseunternehmen Auskunft über die Absatzzahlen einer Zeitung und eine Aufstellung der Ausgaben und Einnahmen einschließlich der Anzeigenerlöse mit einer Gegenüberstellung von Vergleichszahlen aus dem Vorjahr zu verlangen.[324] Die Auskunft muss sich aber als aus dem Grundsatz von Treu und Glauben abgeleiteter Anspruch auf die Auskünfte beschränken, die zur Schadensersatzberechnung erforderlich sind.[325] Zu Recht wurde daher der Anspruch einer Politikerin, deren Äußerungen von Studenten einer Journalistenschule in einem „Faktenzoom" auf ihren Wahrheitsgehalt untersucht wurden, auf Auskunft über die Empfänger der betreffenden Studie vom OLG Köln als unbegründet angesehen.[326] Der Auskunftsberechtigte kann ferner zur Prüfung die der Auskunftserteilung zugrundeliegenden Unterlagen verlangen; soweit diese vertraulicher Natur sind, wird man sich mit einem **Wirtschaftsprüfervorbehalt** behelfen. Bestehen Zweifel an der Vollständigkeit und der Wahrheit der erteilten Auskunft, kann der Berechtigte gemäß den §§ 259, 260 BGB die Abgabe einer eidesstattlichen Versicherung verlangen.[327]

32.85

Diesem Anspruch kann regelmäßig nicht die **Pressefreiheit** entgegengehalten werden. Zwar schützt die Pressefreiheit die Eigenständigkeit der Presse von der Beschaffung einer Information bis hin zu ihrer Verbreitung.[328] Ihre Grenze findet die Pressefreiheit aber wiederum dort,

32.86

---

320 Informationsgesellschaft zur Feststellung der Verbreitung von Werbeträgern e.V., www.ivw.eu.
321 BGH GRUR 1980, 227, 232 – Monumenta Germaniae Historica; st. Rspr.
322 BGH AfP 2014, 451 – Ärztebewertungsportal I; BGH AfP 2016, 253 – Ärztebewertungsportal III.
323 BGH GRUR 2000, 226 – Planungsmappe; BGH GRUR 1995 – Objektive Schadensersatzberechnung.
324 BGH ZUM 2013, 404; BGH AfP 2010, 567 – Werbung des Nachrichtensenders.
325 LG München ZUM-RD 2003, 601 – Marlene Dietrich.
326 OLG Köln AfP 2018, 344 – Faktenzoom.
327 BVerfG GRUR-Prax 2011, 45; BGH GRUR 1984, 728 – Dampffrisierstab II.
328 St. Rspr., vgl. nur BVerfG AfP 1984, 94 – Günther Wallraff; BVerfG AfP 2011, 51; BGH AfP 2010, 567 – Werbung des Nachrichtensenders.

wo der Betroffene die Auskünfte zur Wahrung seiner Rechte benötigt, zumal wenn es sich um Auskünfte wirtschaftlicher Natur handelt, die auf die Presse- und Kommunikationsfreiheit allenfalls geringe Auswirkungen haben.[329] Zweifelhaft ist indes, ob der Anspruch so weit gehen kann, als auch Auskunft über die **Quelle der Rechtsverletzung** zu erteilen ist (s. zum Informantenschutz auch Rz. 7.67 ff.);[330] denn als unselbständiger Auskunftsanspruch zur Vorbereitung einer Schadensbezifferung zielt dieser Anspruch anders als die selbständigen Auskunftsansprüche beispielsweise aus den § 101 UrhG oder § 19 MarkenG nicht auf die Ermittlung der „Verbreiterkette".

32.87 Eine Grenze findet das Auskunftsrecht nach geltender Rechtslage jedenfalls dort, wo Presse und Rundfunk zwar eine Äußerung verbreiten, sich diese aber nicht zu Eigen gemacht haben, etwa bei nicht redaktionell bearbeiteten Kommentarseiten. Bleibt der Verfasser eines Kommentars anonym, steht dem Betroffenen gegen den Betreiber der Webseite kein Recht auf Auskunft über den Ersteller des Beitrags zu. § 13 TMG verpflichtet vielmehr den Diensteanbieter, diese auch zur anonymen oder pseudonymen Nutzung bereitzustellen.[331]

§ 33 Anrufung des Deutschen Presserats

33.1 Den von Presseberichterstattung Betroffenen steht neben der Einleitung zivil- oder strafrechtlicher Maßnahmen gegen die Verantwortlichen auch die Möglichkeit offen, sich an den vom Deutschen Presserat eingerichteten **Beschwerdeausschuss** zu wenden. Nach § 1 der hierfür bestehenden *Beschwerdeordnung*[1] hat allerdings darüber hinausgehend jedermann das Recht, sich bei diesem Gremium über Veröffentlichungen oder Vorgänge in der deutschen Presse und/oder in deutschen Telemedien mit journalistisch-redaktionellen Inhalten zu beschweren, soweit es sich nicht um im Rundfunk verbreitete Meldungen handelt. Fragen der persönlichen Betroffenheit oder der Verletzung eigener Rechte des Beschwerdeführers spielen hier keine Rolle, so dass das Gremium auch von solchen Personen oder Institutionen mit Beschwerden befasst werden kann, die selbst von der beanstandeten Berichterstattung weder in ihren Rechten verletzt noch sonstwie direkt oder indirekt betroffen sind.[2]

33.2 Der Deutsche Presserat und sein Beschwerdeausschuss üben jedoch keine staatliche oder sonstige öffentliche Gewalt aus;[3] es handelt sich vielmehr um eine von den Verbänden der Zeitungs- und Zeitschriftenverleger einerseits und den Journalistengewerkschaften andererseits getragene Organisation in der Rechtsform des eingetragenen Vereins.[4] Sowohl die Anrufung des Beschwerdeausschusses als auch seine Tätigkeit beruhen auf dem Prinzip der Freiwilligkeit. Hält der Beschwerdeausschuss Beanstandungen für begründet, so kann er nach

---

329 BGH ZUM 2013, 406; BGH AfP 2010, 567 – Werbung des Nachrichtensenders.
330 So aber LG München ZUM-RD 2003, 601 – Marlene Dietrich.
331 Kritisch dazu *Palzer*, AfP 2017, 199.
 1 Abrufbar unter www.presserat.info/beschwerdeordnung.
 2 Vgl. hierzu die zahlreichen Beispiele aus der Arbeit des Beschwerdeausschusses, abrufbar unter www.presserat/onlinerecherche.
 3 OLG Köln AfP 2006, 374.
 4 *Ricker/Weberling*, Kap. 40 Rz. 15.

§ 12 Abs. 5 der Beschwerdeordnung je nach dem Gewicht der von ihm festgestellten Beanstandungen einen Hinweis, eine Missbilligung oder eine Rüge aussprechen.

Nach § 12 Abs. 6 der Beschwerdeordnung können Verhandlungen über anhängige Beschwerden ausgesetzt werden, wenn Anhaltspunkte dafür vorliegen, dass die Entscheidung den Ausgang eines anhängigen Ermittlungs- oder Gerichtsverfahrens beeinflussen könnte. Darin kommt die Tatsache zum Ausdruck, dass die Tätigkeit des Beschwerdeausschusses nicht staatlich autorisiert oder sanktioniert ist und daher jedenfalls in kritischen Fällen hinter diejenige der staatlichen Ermittlungsbehörden oder Gerichte zurücktreten sollte. Der Presserat selbst sieht es als **Standespflicht** und Ausdruck fairer Berichterstattung an, Rügen des Beschwerdeausschusses insbesondere in derjenigen Zeitung oder Zeitschrift abzudrucken, deren Veröffentlichungspraxis im konkreten Fall beanstandet worden ist,[5] sofern nicht der Beschwerdeausschuss in der Entscheidung auf den Abdruck verzichtet; dieser Verzicht soll ausgesprochen werden, wenn es der Schutz eines Betroffenen erfordert.

Diese Standespflicht ist jedoch gegenüber den betroffenen Medien mit **Rechtsmitteln** nicht durchsetzbar. Verstöße gegen sie ziehen keine Rechtsfolgen nach sich. Dem entspricht auf der anderen Seite, dass gelegentliche Versuche von Verlagen, sich gegen eine Missbilligung oder Rüge des Beschwerdeausschusses vor den ordentlichen Gerichten zu wehren, scheitern mussten. Der Beschwerdeausschuss bewegt sich seinerseits bei der Bewertung ihm vorgelegter Veröffentlichungen im Schutzbereich von Art. 5 Abs. 1 Satz 1 GG; er übt mangels Sanktionsmöglichkeit keine Verbandsgerichtsbarkeit aus, so dass Klagen gegen die Verhängung von Maßregeln keinen Erfolg haben können.[6] Eine etwaige gesetzliche Regelung, die die Presse dazu zwingen würde, Rügen zu veröffentlichen, sieht der Deutsche Presserat selbst mit Recht im Hinblick auf Art. 5 Abs. 1 Satz 2 GG als verfassungswidrig an.[7]

33.3

33.4

---

5 Pressekodex Nr. 16; Beschwerdeordnung § 15 Satz 1.
6 OLG Köln AfP 2006, 374; LG Bonn AfP 2006, 198; OLG Frankfurt a.M. AfP 2008, 413 = ZUM-RD 2008, 600; LG Frankfurt a.M. AfP 2007, 390 = ZUM 2007, 663.
7 Deutscher Presserat, Pressemitteilung in AfP 1990, 292.

Entscheidungsverzeichnis

Angeführt werden ausschließlich unter Schlagwörtern veröffentlichte gerichtliche Entscheidungen. Die Zahlen bezeichnen die Randziffern, unter denen die Entscheidung zu finden ist.

Stichwortverzeichnis

Fette Zahlen bezeichnen die Paragraphen, magere Zahlen die Randziffern.